OBSEQUIADA A: _____

_____

POR: _____

_____

FECHA: _____

_____

LÁMPARA ES A MIS PIES TU PALABRA, Y LUZ PARA MI CAMINO.

Salmos 119:105

BIBLIA
visual
DE ESTUDIO PARA
niños

NBLA

 Vida

Tabla de contenido

ANTIGUO TESTAMENTO

NUEVO TESTAMENTO

Libros de la Biblia en orden alfabético

Los libros del Nuevo Testamento están indicados en *cursivas*.

Prefacio de la NBLA

La Nueva Biblia de las Américas, con sus ampliaciones y referencias, es una traducción fiel de las Sagradas Escrituras según fueron escritas originalmente en hebreo, arameo y griego. Se ha realizado con el propósito de ofrecer al mundo de habla hispana la riqueza y el poder de la Palabra de Dios de manera que sea un verdadero tesoro devocional y un instrumento práctico de estudio.

Esta nueva versión es producto de la intensa labor y dedicación de un considerable número de estudiosos de distintas denominaciones cristianas, representantes de varios países de Latinoamérica y de Estados Unidos. La NBLA se publica con la firme convicción de que las Sagradas Escrituras, según fueron redactadas originalmente, fueron inspiradas por Dios y, puesto que son su eterna Palabra, hablan con renovada autoridad a cada generación para impartir el conocimiento que lleva a la salvación en Cristo, equipando al creyente para disfrutar de una vida abundante y feliz en la tierra, y lo transforma en testimonio viviente de la verdad para la gloria de Dios.

El Comité Editorial ha observado dos principios básicos: en primer lugar, ha tratado de ceñirse en todo lo posible a los idiomas originales de las Sagradas Escrituras y, en segundo lugar, ha observado las reglas de la gramática moderna en una dimensión continental contemporánea, usando un estilo dinámico y ameno, procurando mantener su belleza literaria.

La Nueva Biblia de las Américas se ofrece con la certeza de que los que buscan el mensaje y el conocimiento de las Sagradas Escrituras hallarán aquí una traducción clara y fidedigna de la verdad revelada por Dios en Su Palabra.

LAS CUATRO NORMAS BÁSICAS DE LAS PUBLICACIONES DE THE LOCKMAN FOUNDATION

1. Serán fieles a los originales hebreo, arameo y griego.
2. Serán gramaticalmente correctas.
3. Estarán escritas en un lenguaje comprensible para todos.
4. Darán al Señor Jesucristo el lugar que le corresponde, el lugar que la Palabra de Dios le da.

FORMATO GENERAL

Párrafos. Se indican con números o letras en negrita.

Puntuación y símbolos ortográficos. Se usan de acuerdo con las normas editoriales contemporáneas. El diálogo se introduce con dos puntos. Las comillas se usan para indicar citas internas.

Mayúsculas para indicar deidad. El pronombre personal Él (con mayúscula) se refiere siempre a la Deidad. También se usan mayúsculas en los sustantivos referentes a la Deidad, que normalmente no las requieren. Véase Ap 5:5, 6.

Versalitas para indicar citas. En el Nuevo Testamento se escriben en mayúscula las palabras que son citas del Antiguo Testamento.

Bastardilla. Se usa en el texto para indicar palabras que no aparecen en los manuscritos originales, pero que están lógicamente implícitas, o que se añaden para completar el sentido.

Subtítulos. Se han redactado cuidadosamente, haciéndolos didácticos y descriptivos, teniendo en cuenta que pueden servir de ayuda para el estudio y la predicación.

Referencias. Se hacen a pasajes bíblicos relacionados con el texto en cuestión y se indican con letras en voladita dentro de cada versículo y en el margen. Cuando aparecen al principio del versículo se refieren a pasajes paralelos o a referencias largas.

Notas. Se enumeran consecutivamente dentro del versículo y en el margen. Las notas son aclaratorias y no contienen interpretaciones teológicas. Indican equivalencias, explicaciones, otras posibles traducciones del mismo texto y traducciones literales que en el texto resultarían ambiguas.

PRINCIPIOS DE TRADUCCIÓN

En el texto de la Nueva Biblia de las Américas se ha procurado usar la gramática y terminología del español moderno, de acuerdo con las normas de la Real Academia de la Lengua Española. Presenta un texto adecuado para lectores de todo nivel. Utiliza un vocabulario dinámico, pero sin diluirlo, que resulta en una lectura elegante. Entre otras novedades figuran el cambio de «he aquí» por «miren»; se eliminan las repeticiones innecesarias de la conjunción copulativa «y»; se reduce el uso de «sucedió que», «sucedió» y «aconteció que»; se reemplaza el pronombre personal «vosotros» por «ustedes»; el pronombre posesivo «vuestro» por «su, suyo, suya»; el pronombre personal «os» por «los, les, se». Algunos términos bíblicos, universalmente apreciados y aceptados en su forma arcaica, se han preservado en toda su belleza si expresan el sentido del idioma original.

En los casos en que una traducción literal oscureciera notablemente el significado al lector moderno, la expresión se ha aclarado en lenguaje contemporáneo. En estos casos la traducción literal se ha indicado mediante una nota numerada en el margen.

Los pasajes escritos en forma poética en los textos de los idiomas originales preservan esa forma en esta versión.

Texto hebreo. En la traducción del Antiguo Testamento se ha usado la *Biblia Hebraica Stuttgartensia* en la que se ha revisado por completo el aparato crítico de la Biblia Hebraica de Kittel.

Para la traducción de los tiempos de los verbos hebreos, se ha tomado en consideración la secuencia de los tiempos, el contexto inmediato, todo el pasaje en conjunto y si está escrito en prosa o en poesía, tratando siempre de ser lo más fiel posible al original.

El nombre de Dios. Para indicar el nombre de Dios se usan varias palabras en hebreo: uno de los nombres más comunes es «Elohim» traducido «Dios»; otro es «Adonai» traducido «Señor»; pero el nombre asignado a Dios como su nombre especial o su nombre propio está compuesto en hebreo de estas cuatro letras «YHWH». El tetragrámaton no se pronunciaba ni se leía en alto por reverencia a este nombre sagrado de la divinidad, y se sustituía por otro de los nombres de Dios. La versión griega del Antiguo Testamento, conocida como la Septuaginta (LXX), o versión de los Setenta, traduce «YHWH» generalmente por «Kurios» (Señor), y la Vulgata Latina, que tuvo también una gran influencia en la traducción de la Biblia a muchos idiomas, lo traduce por «Dominus» (Señor). En La Nueva Biblia de las Américas hemos usado el nombre de «Señor» (todo en versalitas) para traducir el tetragrámaton. Cuando este nombre ocurre junto al nombre hebreo «Adonai» (Señor) entonces «YHWH» es traducido «DIOS» (todo en mayúsculas) con la nota correspondiente. Algunas versiones traducen este nombre por «Jehová» y otras por «Yavé» o «Yahveh».

Texto griego. Se ha prestado gran atención a los últimos manuscritos descubiertos para determinar el mejor texto posible. En general se ha seguido el texto del *Novum Testamentum Graece* de Nestle-Aland en su vigésima séptima edición.

En cuanto a las voces, modos y tiempos del griego que no tienen equivalencias exactas en castellano, los editores se han guiado por las reglas de la gramática española moderna al traducir los verbos. La fuerza y el sentido cronológico de los tiempos se han respetado consistentemente prestando minuciosa atención al contexto.

Los asteriscos (*) se ponen en el Nuevo Testamento en aquellos verbos que en griego indican el presente histórico, pero que se han traducido en esta versión en tiempo pasado de acuerdo con el contexto. En el Antiguo Testamento los asteriscos se usan en algunos subtítulos del libro de los Salmos para hacer llamadas aclaratorias en el margen.

Pasajes paralelos. Tanto en el Antiguo como en el Nuevo Testamento los pasajes paralelos han sido cuidadosamente revisados, manteniéndose la unidad de estilo y la expresión de cada pasaje.

TRADUCTORES

La Nueva Biblia de las Américas está basada en La Biblia de las Américas. El equipo de traducción está compuesto por pastores y profesores de colegios, universidades y seminarios que representan las diversas denominaciones evangélicas. La traducción se trabajó en equipos durante un período de quince años hasta completar la Biblia. Se escogieron a los traductores por su destreza y dedicación, y de varios lugares de Latinoamérica, España y Estados Unidos de América para asegurarse de que La Nueva Biblia de las Américas sea relevante para los hispanoparlantes del mundo entero.

TRADUCTORES DE LBLA

Dr. Ismael Amaya, Dr. Israel Carmona, Rev. Herbert Cassel, Rev. H. O. Espinoza, Dr. Osvaldo García, Rev. Eduardo Hernández, Dr. Carlos Madrigal, Dr. Jesse Miranda, Dr. Enrique Tolopilo, Rev. Felipe Train, Dr. Duane Wetzler y Dr. Enrique Zone

COLABORADORES DE LA TRADUCCIÓN

Dr. José Arrequín, Sra. Becky Brown, Dr. Antonio Serrano y Rev. Otto de la Torre

CONSULTORES DEL ANTIGUO TESTAMENTO

Dr. Frank García

CONSULTORES DEL NUEVO TESTAMENTO

Dr. Moisés Silva

LECTORES CRÍTICOS

Dr. Américo Castro, Rev. María Luisa Falber, Sra. Antonia Martínez, Rev. Samuel Molina, Dr. Steve Pallady, Dr. José A. Reyes, Dra. Rosa Reyes, Dra. Joanna Roldán, Sra. Helen Sands y Rev. Antonio Tolopilo

NBLA

Rev. Eduardo Hernández, Dr. Osvaldo García y Dr. Duane Wetzler

Antiguo

testamento

Génesis

¿QUIÉN ESCRIBIÓ ESTE LIBRO?	Algunos estudiosos debaten sobre quién es el escritor de Génesis, aunque muchos creen que fue Moisés.
¿POR QUÉ SE ESCRIBIÓ ESTE LIBRO?	Génesis nos cuenta cómo Dios creó el universo y a los seres humanos. También incluye las promesas especiales que Dios les hizo a Abraham, Isaac y Jacob.
¿QUÉ APRENDEMOS ACERCA DE DIOS EN ESTE LIBRO?	Dios creó todas las cosas. Él ama a las personas, pero castigará el pecado. Dios promete salvar a los que confíen en él.
¿QUIÉNES SON LOS PERSONAJES PRINCIPALES DE ESTE LIBRO?	Adán y Eva, Noé, Abraham y Sara, Isaac y Rebeca, Jacob y Raquel, y José.
¿DÓNDE SUCEDIERON ESTAS COSAS?	Génesis 1—11 tuvo lugar en Mesopotamia. Génesis 12—36 se desarrolló en Canaán, que también es llamada la tierra prometida. El resto de Génesis transcurrió en Egipto. (Mira los mapas al final de esta Biblia para encontrar el monte Sinaí).

«En el principio Dios creó los cielos y la tierra» (Génesis 1:1).

PhotoDisc

1:1
Dios era el único en el principio

Aunque todas las otras cosas tuvieron un comienzo, Dios siempre ha existido. La Biblia lo describe como inmortal o eterno. Eso significa que no tiene principio ni final.

1:3-31
En la creación hubo un orden

En los primeros tres días, Dios *formó* la creación con la luz, el agua y el cielo, la tierra y la vegetación. En los últimos tres días, él *llenó* la creación con lumbreras, peces y aves, animales y seres humanos.

1:5
La creación tardó seis días

Cada día pudo haber tenido 24 horas, tal como nosotros entendemos hoy que es un día, o la palabra «día» pudo haber representado un período muy extenso de tiempo.

1:21, 24-25
Dios creó toda clase de animales y plantas

Dios creó las plantas y los animales con distintos estilos y patrones para cada familia y género. Por eso la Biblia dice que los creó «según su especie».

1:24
Dios creó los dinosaurios

Aunque Génesis no menciona específicamente a los dinosaurios, resulta probable que ellos fueran creados en el día sexto. En varios lugares, la Biblia describe a criaturas que podrían ser dinosaurios, tales como los *monstruos* (Salmos 74:13), un *dragón* (Apocalipsis 12:3) o *Behemot* (Job 40:15-19).

LA CREACIÓN

1 En el principio Dios creó los cielos y la tierra. **2** La tierra estaba sin orden y vacía, y las tinieblas cubrían la superficie[1] del abismo, y el Espíritu de Dios se movía sobre la superficie[1] de las aguas. **3** Entonces dijo Dios: «Sea la luz». Y hubo luz. **4** Dios vio que la luz *era* buena; y Dios separó la luz de las tinieblas. **5** Y Dios llamó a la luz día y a las tinieblas llamó noche. Y fue la tarde y fue la mañana: un día.

6 Entonces dijo Dios: «Haya expansión[1] en medio de las aguas, y separe las aguas de las aguas». **7** Dios hizo la expansión[1], y separó las aguas que *estaban* debajo de la expansión de las aguas que *estaban* sobre la expansión. Y así fue. **8** Y Dios llamó a la expansión cielos. Y fue la tarde y fue la mañana: el segundo día.

9 Entonces dijo Dios: «Júntense en un lugar las aguas *que están* debajo de los cielos, y que aparezca lo seco». Y así fue. **10** Dios llamó a lo seco «tierra», y al conjunto de las aguas llamó «mares». Y Dios vio que *era* bueno. **11** Entonces dijo Dios: «Produzca la tierra vegetación[1]: hierbas[2] que den semilla, y árboles frutales que den su fruto con su semilla sobre la tierra según su especie». Y así fue. **12** Y produjo la tierra vegetación[1]: hierbas[2] que dan semilla según su especie, y árboles que dan su fruto con semilla, según su especie. Y Dios vio que *era* bueno. **13** Y fue la tarde y fue la mañana: el tercer día.

14 Entonces dijo Dios: «Haya lumbreras[1] en la expansión de los cielos para separar el día de la noche, y sean para señales y para estaciones y para días y *para* años; **15** y sean por luminarias en la expansión de los cielos para alumbrar sobre la tierra». Y así fue. **16** Dios hizo las dos grandes lumbreras[1], la lumbrera[2] mayor para dominio del día y la lumbrera[2] menor para dominio de la noche. *Hizo* también las estrellas. **17** Dios las puso en la expansión de los cielos para alumbrar sobre la tierra, **18** y para dominar el día y la noche, y para separar la luz de las tinieblas. Y Dios vio que *era* bueno. **19** Y fue la tarde y fue la mañana: el cuarto día.

20 Entonces dijo Dios: «Llénense[1] las aguas de multitudes de seres vivientes, y vuelen las aves sobre la tierra en la abierta[2] expansión de los cielos». **21** Y Dios creó los grandes monstruos marinos y todo ser viviente que se mueve, de los cuales, según su especie, están llenas[1] las aguas, y toda ave[2] según su especie. Y Dios vio que *era* bueno. **22** Dios los bendijo, diciendo: «Sean fecundos y multiplíquense, y llenen las aguas en los mares, y multiplíquense las aves en la tierra». **23** Y fue la tarde y fue la mañana: el quinto día.

24 Entonces dijo Dios: «Produzca la tierra seres vivientes según su especie: ganados, reptiles y animales de la tierra según su especie». Y así fue. **25** Dios hizo las bestias de la tierra según su especie, y el ganado según su especie, y todo lo que se arrastra sobre la tierra según su especie. Y Dios vio que *era* bueno.

1:2 [1] Lit. *faz*.   1:6 [1] O *firmamento*.   1:7 [1] O *el firmamento*.   1:11 [1] O *hierbas*.   [2] O *plantas*.   1:12 [1] O *hierbas*.   [2] O *plantas*.   1:14 [1] O *luminares*.   1:16 [1] O *los grandes luminares*.   [2] O *el luminar*.   1:20 [1] O *Pululen*.   [2] O *en la faz de la*.   1:21 [1] O *pululan*.   [2] Lit. *ave alada*.

CREACIÓN DEL HOMBRE Y DE LA MUJER

26 Y dijo Dios: «Hagamos al hombre a Nuestra imagen, conforme a Nuestra semejanza; y ejerza[1] dominio sobre los peces del mar, sobre las aves del cielo, sobre los ganados, sobre toda la tierra, y sobre todo reptil que se arrastra sobre la tierra». **27** Dios creó al hombre a imagen Suya, a imagen de Dios lo creó; varón y hembra los creó. **28** Dios los bendijo y les dijo: «Sean fecundos y multiplíquense. Llenen la tierra y sométanla. Ejerzan dominio sobre los peces del mar, sobre las aves del cielo y sobre todo ser viviente que se mueve[1] sobre la tierra».

29 También les dijo Dios: «Miren, Yo les he dado a ustedes toda planta que da semilla que hay en la superficie[1] de toda la tierra, y todo árbol que tiene fruto[2] que da semilla; esto les servirá de[3] alimento. **30** Y a todo animal de la tierra, a toda ave de los cielos y a todo lo que se mueve[1] sobre la tierra, y que tiene vida[2], *les he dado* toda planta verde para alimento». Y así fue. **31** Dios vio todo lo que había hecho; y *era* bueno en gran manera. Y fue la tarde y fue la mañana: el sexto día.

2 Así fueron acabados los cielos y la tierra y todas sus huestes. **2** En el séptimo día ya Dios había completado la[1] obra que había estado haciendo, y reposó en el día séptimo de toda la[1] obra que había hecho. **3** Dios bendijo el séptimo día y lo santificó, porque en él reposó de toda la[1] obra que Él había creado y hecho[2].

EL HUERTO DEL EDÉN

4 Estos son los orígenes[1] de los cielos y de la tierra cuando fueron creados, el día en que el SEÑOR Dios hizo la tierra y los cielos. **5** Aún no había ningún arbusto del campo en la tierra, ni había aún brotado ninguna planta[1] del campo, porque el SEÑOR Dios no había enviado lluvia sobre la tierra, ni había hombre para labrar[2] la tierra. **6** Pero se levantaba de la tierra un vapor[1] que regaba toda la superficie[2] del suelo.

1:26 [1] Lit. *ejerzan*.   1:28 [1] O *arrastra*.   1:29 [1] Lit. *sobre la faz*.   [2] Lit. *en el cual está el fruto del árbol.*   [3] O *será*.   1:30 [1] O *arrastra*.   [2] Lit. *en que hay un alma viviente.*   2:2 [1] Lit. *su.*   2:3 [1] Lit. *su.*   [2] Lit. *para hacer.*   2:4 [1] Lit. *Estas son las generaciones.*   2:5 [1] O *hierba*.   [2] Lit. *servir.*   2:6 [1] O posiblemente, *manantial.*   [2] Lit. *faz.*

1:27
Los seres humanos son especiales

Las personas son diferentes a todo lo demás que Dios creó, porque fueron hechas a su imagen. Eso significa que compartimos algunas de las características de Dios, como son la inteligencia, el amor y la creatividad. Debido a que cada persona está hecha a la imagen de Dios, cada una es importante para él.

1:28
Dios les dijo a los seres humanos que cuidaran la tierra

Cuando Dios les dijo a las personas: «Llenen la tierra y sométanla», se refería a que cuidaran de toda la creación y usaran sus recursos con sabiduría.

2:2-3
Dios descansó el séptimo día

Dios no necesitaba descansar debido a que estuviera cansado. Lo hizo porque había terminado de crear el mundo y todo lo que había en él. También descansó para que nosotros supiéramos que es importante hacer una pausa en nuestro trabajo un día a la semana para adorarlo.

PARALELO ENTRE LOS DÍAS DE LA CREACIÓN
Génesis 1

DÍA 1:	Luz	**DÍA 4:**	Sol y luna
DÍA 2:	Agua y cielo	**DÍA 5:**	Peces y aves
DÍA 3:	Vida vegetal	**DÍA 6:**	Animales y personas

¡MARAVILLOSO! EL PODER, LA SABIDURÍA Y EL SENTIDO DEL ORDEN DE DIOS SE REVELAN EN LOS PARALELOS ENTRE LOS DÍAS 1-3 Y 4-6.

2:7
Dios creó al primer hombre del polvo
Tanto los animales como las personas fueron hechos de la tierra con el aliento de vida de Dios.

2:8, 10-14
La ubicación del Edén
El Edén se encontraba probablemente en el lugar que ocupa el país que hoy se conoce como Irán. La ubicación de los ríos nos dice que el Edén también pudo haber sido un área comprendida entre Egipto y Etiopía.

2:9
El árbol de la vida
Este árbol estaba en medio del huerto del Edén. Tenía un fruto especial. Todo el que comiera de él viviría para siempre. Dios les concedió a Adán y Eva acceso al árbol de la vida porque quería que tuvieran vida eterna.

© annat zisovich/Shutterstock

2:17
El bien y el mal
Dios les advirtió a Adán y Eva que no comieran del árbol del conocimiento del bien y del mal. Ellos ya tenían conciencia de lo bueno y lo malo, pero nunca habían *visto* la maldad. Dios los estaba probando para ver si obedecían.

2:18, 20
Adán necesitaba un ayudante
A las otras criaturas Dios las había creado en parejas, pero Adán estaba solo. Eva le brindaría a Adán su amistad y su ayuda, y juntos llevarían adelante a la raza humana.

7 Entonces el SEÑOR Dios formó al hombre del polvo de la tierra, y sopló en su nariz el aliento de vida, y fue el hombre un ser[1] viviente. **8** Y el SEÑOR Dios plantó un huerto hacia el oriente, en Edén, y puso allí al hombre que había formado. **9** El SEÑOR Dios hizo brotar de la tierra todo árbol agradable a la vista y bueno para comer. Asimismo, en medio del huerto, hizo brotar el árbol de la vida y el árbol del conocimiento[1] del bien y del mal.

10 Del Edén salía un río para regar el huerto, y de allí se dividía y se convertía en *otros* cuatro ríos[1]. **11** El nombre del primero es Pisón. Este es el que rodea toda la tierra de Havila, donde hay oro. **12** El oro de aquella tierra es bueno; allí hay bedelio y ónice. **13** El nombre del segundo río es Gihón. Este es el que rodea la tierra de Cus. **14** El nombre del tercer río es Tigris[1]. Este es el que corre[2] al oriente de Asiria. Y el cuarto río es el Éufrates[3].

15 El SEÑOR Dios tomó al hombre y lo puso en el huerto del Edén para que lo cultivara y lo cuidara. **16** Y el SEÑOR Dios ordenó al hombre: «De todo árbol del huerto podrás comer, **17** pero del árbol del conocimiento[1] del bien y del mal no comerás[2], porque el día que de él comas, ciertamente morirás».

FORMACIÓN DE LA MUJER

18 Entonces el SEÑOR Dios dijo: «No es bueno que el hombre esté solo; le haré una ayuda adecuada[1]». **19** Y el SEÑOR Dios formó de la tierra todo animal del campo y toda ave del cielo, y *los* trajo al hombre para ver cómo los llamaría. Como el hombre llamó a cada ser viviente, ese fue su nombre. **20** El hombre puso nombre a todo ganado y a las aves del cielo y a todo animal del campo, pero para Adán[1] no se encontró una ayuda que fuera adecuada para él[2]. **21** Entonces el SEÑOR Dios hizo caer un sueño profundo sobre el hombre, y *este* se durmió. Y *Dios* tomó una de sus costillas, y cerró la carne en ese lugar. **22** De la costilla que el SEÑOR Dios había tomado del hombre, formó[1] una mujer y la trajo al hombre. **23** Y el hombre dijo:

> «Esta es ahora hueso de mis huesos,
> Y carne de mi carne.
> Ella[1] será llamada mujer[2],
> Porque del hombre[3] fue tomada».

24 Por tanto el hombre dejará a su padre y a su madre y se unirá a su mujer, y serán una sola carne. **25** Ambos estaban desnudos, el hombre y su mujer, pero no se avergonzaban.

DESOBEDIENCIA Y CAÍDA DEL HOMBRE

3 La serpiente era más astuta que cualquiera de los animales del campo que el SEÑOR Dios había hecho. Y dijo a la mujer: «¿Conque Dios les ha dicho: "No comerán de ningún árbol del huerto"?». **2** La mujer respondió a la serpiente:

2:7 [1] Lit. *alma*.　　2:9 [1] O *de la ciencia*.　　2:10 [1] Lit. *cabezas*.　　2:14 [1] Heb. *Hidekel*.　　[2] Lit. *va*.　　[3] Heb. *Perat*.　　2:17 [1] O *de la ciencia*.　　[2] Lit. *no comerás de él*.　　2:18 [1] Lit. *que le corresponda*.　　2:20 [1] O *el hombre*.　　[2] Lit. *que le correspondiera*.　　2:22 [1] Lit. *hizo*.　　2:23 [1] Lit. *esta*.　　[2] Heb. *ishshah*.　　[3] Heb. *ish*.

«Del fruto de los árboles del huerto podemos comer; **3** pero del fruto del árbol que está en medio del huerto, Dios ha dicho: "No comerán de él, ni lo tocarán, para que no mueran"». **4** Y la serpiente dijo a la mujer: «Ciertamente no morirán. **5** Pues Dios sabe que el día que de él coman, se les abrirán los ojos y ustedes serán como Dios, conociendo el bien y el mal». **6** Cuando la mujer vio que el árbol era bueno para comer, y que era agradable[1] a los ojos, y que el árbol era deseable para alcanzar sabiduría[2], tomó de su fruto y comió. También dio a su marido que estaba con ella, y él comió. **7** Entonces fueron abiertos los ojos de ambos, y conocieron que estaban desnudos; y cosieron hojas de higuera y se hicieron delantales[1].

SENTENCIA POR EL PECADO Y PROMESA DE REDENCIÓN

8 Y oyeron al[1] SEÑOR Dios que se paseaba en el huerto al fresco[2] del día. Entonces el hombre y su mujer se escondieron de la presencia del SEÑOR Dios entre los árboles del huerto. **9** Pero el SEÑOR Dios llamó al hombre y le dijo: «¿Dónde estás?». **10** Y él respondió: «Te oí[1] en el huerto, tuve miedo porque estaba desnudo, y me escondí». **11** «¿Quién te ha hecho saber que estabas desnudo?», le preguntó Dios. «¿Has comido del árbol del cual Yo te mandé que no comieras?». **12** El hombre respondió: «La mujer que Tú me diste por compañera[1] me dio del árbol, y yo comí». **13** Entonces el SEÑOR Dios dijo a la mujer: «¿Qué es esto que has hecho?». «La serpiente me engañó, y yo comí», respondió la mujer.

14 Y el SEÑOR Dios dijo a la serpiente:

«Por cuanto has hecho esto,
Maldita serás[1] más que todos los animales,
Y más que todas las bestias del campo.
Sobre tu vientre andarás,
Y polvo comerás
Todos los días de tu vida.
15 Pondré enemistad
Entre tú y la mujer,
Y entre tu simiente y su simiente;
Él te herirá en[1] la cabeza,
Y tú lo herirás en el talón».

16 A la mujer dijo:

«En gran manera multiplicaré
Tu dolor en el parto[1],
Con dolor darás a luz los hijos.
Con todo, tu deseo será para tu marido,
Y él tendrá dominio sobre ti».

17 Entonces el SEÑOR dijo a Adán: «Por cuanto has escuchado la voz de tu mujer y has comido del árbol del cual te ordené, diciendo: "No comerás de él",

---

3:6 [1] O *un deleite*.   [2] O *hacer a uno sabio*.   **3:7** [1] O *fajas*.   **3:8** [1] Lit. *la voz del*.
[2] Lit. *aire*.   **3:10** [1] Lit. *Oí Tu voz*.   **3:12** [1] O *para que estuviera conmigo*.
3:14 [1] O *eres*.   **3:15** [1] O *te aplastará*.   **3:16** [1] Lit. *y tu embarazo*.

3:1
La serpiente
Satanás, o el diablo, asumió la forma de una serpiente para tentar a Adán y Eva.

3:1-6
La conversación con la serpiente
Eva fue quien le habló a la serpiente. Y parece, por el versículo seis, que Adán estaba junto a ella. De no haber estado allí, entonces él tomó la decisión de desobedecer sin la presión de la serpiente. Ambos fueron culpables de desobedecer a Dios.

3:4
Las mentiras de la serpiente
La serpiente les dijo a Adán y Eva que sus ojos serían abiertos y ellos serían como Dios. Les indicó que conocerían el bien y el mal. Sus ojos fueron abiertos, pero el resultado fue distinto al que la serpiente había prometido.

© Eric Isselee/Shutterstock

3:8
Dios visita a Adán y Eva
Dios es espíritu, lo que significa que no tiene un cuerpo como los seres humanos. Así que no sabemos bien si en realidad Dios «se paseaba» por el huerto (el versículo quizás lo dice de esa forma para que los seres humanos lo entendamos mejor). Sin embargo, es claro que Dios de veras estaba en el huerto y hablaba con ellos.

3:12-13
Adán y Eva le responden a Dios

Adán culpó a Eva, y Eva culpó a la serpiente. Ninguno se hizo responsable de sus actos.

3:14-15
El significado de la maldición de Dios

Dios maldijo a la serpiente diciéndole que andaría sobre su vientre y lucharía con los seres humanos. La promesa de que los hijos de Eva aplastarían la cabeza de la serpiente es un indicio de la salvación por medio de la muerte de Jesús en la cruz. (Ver Romanos 16:20).

3:17-19
El significado de las palabras de Dios a Adán

Dios le dijo a Adán que por causa del pecado sería difícil y doloroso trabajar para obtener el alimento. Y también le dijo que cuando él muriera, su cuerpo regresaría al polvo de la tierra.

4:3-5
La ofrenda de Abel y la ofrenda de Caín

Tanto una ofrenda vegetal como animal eran aceptables para Dios, pero la ofrenda de Caín no fue hecha con un corazón puro. Él no dio lo mejor que tenía. Abel, en cambio, agradó a Dios porque le ofreció sus mejores animales.

Maldita será[1] la tierra por tu causa;
Con trabajo[2] comerás de ella
Todos los días de tu vida.
18 Espinos y cardos te producirá,
Y comerás de las plantas[1] del campo.
19 Con el sudor de tu rostro
Comerás el pan
Hasta que vuelvas a la tierra,
Porque de ella fuiste tomado;
Pues polvo eres,
Y al polvo volverás».

20 El hombre le puso por nombre Eva[1] a su mujer, porque ella era la madre de todos los vivientes. 21 El SEÑOR Dios hizo vestiduras de piel para Adán y su mujer, y los vistió.

CASTIGO POR EL PECADO

22 Entonces el SEÑOR Dios dijo: «Ahora el hombre ha venido a ser como uno de Nosotros, conociendo ellos el bien y el mal. Cuidado ahora, no vaya a extender su mano y tome también del árbol de la vida, y coma y viva para siempre». 23 Y el SEÑOR Dios lo echó del huerto del Edén, para que labrara la tierra de la cual fue tomado. 24 Expulsó, pues, al hombre; y al oriente del huerto del Edén puso querubines, y una espada encendida que giraba en todas direcciones para guardar el camino del árbol de la vida.

CAÍN Y ABEL

4 Y el hombre se unió a Eva, su mujer, y ella concibió y dio a luz a Caín[1], y dijo: «He adquirido varón[2] con la ayuda del SEÑOR». 2 Después dio a luz a Abel su hermano. Y Abel fue pastor de ovejas y Caín fue labrador de la tierra. 3 Al transcurrir el tiempo[1], Caín trajo al SEÑOR una ofrenda del fruto de la tierra. 4 También Abel, por su parte, trajo de los primogénitos de sus ovejas y de la grasa de los mismos. El SEÑOR miró con agrado a Abel y su ofrenda, 5 pero no miró con agrado a Caín y su ofrenda. Caín se enojó mucho y su semblante se demudó. 6 Entonces el SEÑOR dijo a Caín: «¿Por qué estás enojado, y por qué se ha demudado tu semblante? 7 Si haces bien, ¿no serás aceptado?[1] Pero si no haces bien, el pecado yace a la puerta y te codicia[2], pero tú debes dominarlo». 8 Caín dijo a su hermano Abel: «Vayamos al campo[1]». Y aconteció que cuando estaban en el campo, Caín se levantó contra su hermano Abel y lo mató.

LA MALDICIÓN DE CAÍN

9 Entonces el SEÑOR dijo a Caín: «¿Dónde está tu hermano Abel?». Y él respondió: «No sé. ¿Soy yo acaso guardián de mi hermano?». 10 Y el SEÑOR le dijo: ¿Qué has hecho? La voz de la sangre de tu hermano clama a Mí desde la tierra.

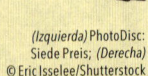

3:17 [1] O es.　[2] O dolor.　3:18 [1] Lit. la planta.　3:20 [1] I.e. viviente, o, vida. 4:1 [1] I.e. adquirido.　[2] U hombre.　4:3 [1] Lit. al final de días.　4:7 [1] Lit. ¿no será levantado tu semblante?　[2] Lit. su deseo es por ti.　4:8 [1] Así en algunas versiones antiguas; el heb. omite: vayamos al campo.

11 Ahora pues, maldito eres de la tierra, que ha abierto su boca para recibir de tu mano la sangre de tu hermano. 12 Cuando cultives el suelo, no te dará más su vigor. Vagabundo y errante serás en la tierra».

13 Y Caín dijo al SEÑOR: «Mi castigo¹ es demasiado grande para soportarlo. 14 Hoy me has arrojado de la superficie de la tierra, y de Tu presencia¹ me esconderé, y seré vagabundo y errante en la tierra. Y sucederá que cualquiera que me halle me matará». 15 Entonces el SEÑOR le dijo: «No será así¹, pues cualquiera que mate a Caín, siete veces sufrirá venganza». Y el SEÑOR puso una señal² sobre Caín, para que cualquiera que lo hallara no lo matara.

DESCENDIENTES DE CAÍN

16 Y salió Caín de la presencia del SEÑOR, y se estableció¹ en la tierra de Nod², al oriente del Edén. 17 Y conoció Caín a su mujer, y ella concibió y dio a luz a Enoc. Caín edificó una ciudad y la llamó¹ Enoc, como el nombre de su hijo. 18 A Enoc le nació Irad. Irad fue padre de Mehujael, Mehujael fue padre

4:13 ¹ O culpa.   4:14 ¹ O rostro.   4:15 ¹ Así en algunas versiones antiguas; en el T.M., por tanto.   ² O marca.   4:16 ¹ Lit. habitó.   ² I.e. errante.   4:17 ¹ Lit. y llamó el nombre de la ciudad.

4:11-12
La maldición de Dios sobre Caín
Caín se ganaba la vida como agricultor, cultivando la tierra. Pero ahora la tierra estaba empapada con la sangre de su hermano, así que Dios le dijo que el suelo no produciría más cosechas para él. En vez de poder quedarse con su familia, Caín fue obligado a deambular por la tierra.

4:15
La marca de Caín
La Biblia no aclara qué clase de marca Dios le puso a Caín, pero era una señal de advertencia para protegerlo de todo el que quisiera matarlo.

EL ESCENARIO DE GÉNESIS

4:19
Casarse con más de una mujer
Tener más de una mujer era algo común en la antigüedad, pero Dios creó el matrimonio para que fuera entre un hombre y una mujer, como en el caso de Adán y Eva. Tener más de una esposa a veces les ocasionaba problemas a los esposos en los tiempos del Antiguo Testamento.

5:5-32
La gente vivía mucho tiempo
El plan original de Dios era que las personas vivieran para siempre. Cuando Adán y Eva pecaron el resultado fue la muerte, y la duración de la vida humana poco a poco se fue acortando.

5:24
Enoc no murió
Enoc tenía una relación muy cercana con Dios. La Biblia nos dice que la vida de Enoc sobre la tierra terminó de un modo muy inusual: Dios se lo llevó sin experimentar la muerte.

de Metusael, y Metusael fue padre de Lamec. **19** Lamec tomó para sí dos mujeres. El nombre de una *era* Ada, y el nombre de la otra, Zila. **20** Y Ada dio a luz a Jabal, el cual fue padre de los que habitan en tiendas y *tienen* ganado. **21** Su hermano se llamaba Jubal, el cual fue padre de todos los que tocan la lira[1] y la flauta. **22** Zila a su vez dio a luz a Tubal Caín, forjador de todo utensilio[1] de bronce y de hierro. Y la hermana de Tubal Caín *era* Naama. **23** Lamec dijo a sus mujeres:

> «Ada y Zila, oigan mi voz;
> Mujeres de Lamec,
> Presten oído a mis palabras,
> Pues he dado muerte[1] a un hombre por haberme
>   herido,
> Y a un muchacho por haberme pegado.
> **24** Si siete veces es vengado Caín,
> Entonces Lamec *lo será* setenta veces siete[1]».

NACIMIENTO DE SET
25 Adán se unió otra vez a su mujer; y ella dio a luz un hijo y le puso por nombre Set[1], porque, *dijo ella:* «Dios me ha dado[2] otro hijo[3] en lugar de Abel, pues Caín lo mató». **26** A Set le nació también un hijo y le puso por nombre Enós. Por ese tiempo comenzaron *los hombres* a invocar[1] el nombre del SEÑOR.

DESCENDIENTES DE ADÁN
5 Este es el libro de las generaciones de Adán. El día que Dios creó al hombre, a semejanza de Dios lo hizo. **2** Varón y hembra los creó. Los bendijo, y los llamó Adán[1] el día en que fueron creados. **3** Cuando Adán había vivido 130 años, engendró *un hijo* a su semejanza, conforme a su imagen, y le puso por nombre Set. **4** Y los días de Adán después de haber engendrado a Set fueron 800 años, y tuvo *otros* hijos e hijas. **5** El total de los días que Adán vivió fue de 930 años, y murió.

6 Set vivió 105 años, y fue padre de Enós. **7** Y vivió Set 807 años después de haber engendrado a Enós, y tuvo *otros* hijos e hijas. **8** El total de los días de Set fue de 912 años, y murió.

9 Enós vivió 90 años, y fue padre de Cainán. **10** Y vivió Enós 815 años después de haber engendrado a Cainán, y tuvo *otros* hijos e hijas. **11** El total de los días de Enós fue de 905 años, y murió.

12 Cainán vivió 70 años, y fue padre de Mahalaleel. **13** Y vivió Cainán 840 años después de haber engendrado a Mahalaleel, y tuvo *otros* hijos e hijas. **14** El total de los días de Cainán fue de 910 años, y murió.

15 Mahalaleel vivió 65 años, y fue padre de Jared. **16** Y vivió Mahalaleel 830 años después de haber engendrado a Jared, y tuvo *otros* hijos e hijas. **17** El total de los días de Mahalaleel fue de 895 años, y murió.

4:21 [1] O *el arpa.*   4:22 [1] O *instrumento cortante.*   4:23 [1] O *mato.*
4:24 [1] O *setenta y siete veces.*   4:25 [1] I.e. *compensación.*   [2] Heb. *shath;* i.e.
compensado.   [3] Lit. *otra simiente.*   4:26 [1] O *a llamar por.*   5:2 [1] U *hombre.*

18 Jared vivió 162 años, y fue padre de Enoc. **19** Y vivió Jared 800 años después de haber engendrado a Enoc, y tuvo *otros* hijos e hijas. **20** El total de los días de Jared fue de 962 años, y murió.

21 Enoc vivió 65 años, y fue padre de Matusalén. **22** Enoc anduvo con Dios 300 años después de haber engendrado a Matusalén, y tuvo *otros* hijos e hijas. **23** El total de los días de Enoc fue de 365 años. **24** Y Enoc anduvo con Dios, y desapareció[1] porque Dios se lo llevó.

25 Matusalén vivió 187 años, y fue padre de Lamec. **26** Y vivió Matusalén 782 años después de haber engendrado a Lamec, y tuvo *otros* hijos e hijas. **27** El total de los días de Matusalén fue de 969 años, y murió.

28 Lamec vivió 182 años, y tuvo un hijo. **29** Y le puso por nombre Noé[1], diciendo: «Este nos dará descanso de[2] nuestra labor y del trabajo de nuestras manos, por *causa* de la tierra que el SEÑOR ha maldecido». **30** Y vivió Lamec 595 años después de haber engendrado a Noé, y tuvo *otros* hijos e hijas. **31** El total de los días de Lamec fue de 777 años, y murió.

32 Noé tenía 500 años, y[1] fue padre de Sem, de Cam y de Jafet.

MALDAD DE LOS HOMBRES

6 Aconteció que cuando los hombres comenzaron a multiplicarse sobre la superficie de la tierra, y les nacieron hijas, **2** los hijos de Dios vieron que las hijas de los hombres eran hermosas[1], y tomaron para sí mujeres de entre todas las que les gustaban. **3** Entonces el SEÑOR dijo: «Mi Espíritu no luchará para siempre con el[1] hombre, porque ciertamente[2] él es carne. Serán, pues, sus días 120 años». **4** Había gigantes[1] en la tierra en aquellos días, y también después, cuando los hijos de Dios se unieron a las hijas de los hombres y ellas les dieron *hijos*. Estos son los héroes[2] de la antigüedad, hombres de renombre.

5 El SEÑOR vio que era mucha la maldad de los hombres en la tierra, y que toda intención[1] de los pensamientos de su corazón era solo *hacer* siempre el mal[2]. **6** Y al SEÑOR le pesó haber hecho al hombre en la tierra, y sintió tristeza en[1] Su corazón. **7** Entonces el SEÑOR dijo: «Borraré de la superficie de la tierra al hombre que he creado, desde el hombre hasta el ganado, los reptiles y las aves del cielo, porque me pesa haberlos hecho». **8** Pero Noé halló gracia ante los ojos del SEÑOR.

MÁS DE UN AÑO EN EL ARCA

Génesis 6–8

Noé pasó 375 días en el arca. Así es como se dividieron esos días:

7 DÍAS
Noé entra en el arca una semana antes del diluvio

40 DÍAS
Se abren las fuentes del abismo y llueve durante 40 días y 40 noches

150 DÍAS
Las aguas retroceden; el arca reposa sobre los montes de Ararat

178 DÍAS
Las aguas siguen retrocediendo; Noé suelta las aves y cuando ellas no regresan, sale del arca

---

5:24 [1] Lit. *no fue más.*   5:29 [1] I.e. consuelo, o, descanso.   [2] Lit. *nos consolará en.*   5:32 [1] Lit. *y Noé.*   6:2 [1] Lit. *buenas.*   6:3 [1] O *No dominará…al;* algunas versiones antiguas dicen: *No permanecerá…en el.*   [2] O *en sus errores.*   6:4 [1] Heb. *nefilim.*   [2] O *valientes.*   6:5 [1] O *inclinación.*   [2] O *lo malo.*   6:6 [1] Lit. *hacia.*

6:4
Los gigantes (*nefilim*)
Los gigantes (*nefilim*) eran personas muy altas, fuertes y poderosas. Eran conocidos como héroes por su poder para gobernar.

6:7
Dios destruyó a otras criaturas además de los seres humanos con el diluvio
El pecado de los seres humanos había contaminado todo lo que Dios había creado. Por eso el mundo animal también estuvo bajo el juicio de Dios.

6:14
El arca
El arca es la embarcación que Dios le dijo a Noé que construyera. Tenía unos 135 metros de largo, 22.5 metros de ancho y 13.5 metros de alto.

©primo-piano/iStock.com

7:2
Animales puros e impuros
Dios le dio a su pueblo leyes sobre lo que debían comer y les dijo que algunos animales no eran limpios o resultaban impuros. Él sabía qué comida era mejor para que consumieran los seres humanos en ese tiempo. Las leyes tendrían sentido para ellos en ese momento. (Ver Levítico 5:2 y Levítico 11).

NOÉ CONSTRUYE EL ARCA

9 Estas son las generaciones de Noé. Noé era un hombre justo, perfecto[1] entre sus contemporáneos[2]. Noé siempre andaba con Dios. **10** Noé engendró tres hijos: Sem, Cam y Jafet. **11** Pero la tierra se había corrompido delante de Dios, y estaba la tierra llena de violencia. **12** Dios miró a la tierra, y vio que estaba corrompida, porque toda carne[1] había corrompido su camino sobre la tierra.

13 Entonces Dios dijo a Noé: «He decidido poner fin a toda carne[1], porque la tierra está llena de violencia por causa de ellos; por eso voy a destruirlos *junto* con la tierra. **14** Hazte un arca de madera de ciprés[1]. Harás el arca con compartimientos, y la cubrirás con brea por dentro y por fuera. **15** De esta manera la harás: de 300 codos (135 metros) la longitud del arca, de 50 codos (22.5 metros) su anchura y de 30 codos (13.5 metros) su altura. **16** Le harás una ventana[1] que terminará a un codo (45 centímetros) del techo[2], y pondrás la puerta en su costado. Harás el arca de tres pisos.

17 »Entonces Yo traeré un diluvio[1] sobre la tierra, para destruir toda carne[2] en que hay aliento de vida debajo del cielo. Todo lo que hay en la tierra perecerá. **18** Pero estableceré Mi pacto contigo. Entrarás en el arca tú, y contigo tus hijos, tu mujer y las mujeres de tus hijos.

19 »Y de todo ser viviente, de toda carne, meterás dos de cada *especie* en el arca, para preservar*les* la vida contigo; macho y hembra serán. **20** De las aves según su especie, de los animales según su especie y de todo reptil de la tierra según su especie, dos de cada *especie* vendrán a ti para que *les* preserves la vida. **21** »Y tú, toma para ti de todo alimento que se come, y almacénalo, y será alimento para ti y para ellos». **22** Así lo hizo Noé; conforme a todo lo que Dios le había mandado, así lo hizo.

NOÉ ENTRA EN EL ARCA

7 Entonces el SEÑOR dijo a Noé: «Entra en el arca tú y todos los de tu casa[1]; porque he visto que *solo* tú eres justo delante de Mí en esta generación. **2** De todo animal limpio tomarás contigo[1] siete parejas, el macho y su hembra; y de todo animal que no es limpio, dos, el macho y su hembra. **3** También de las aves del cielo, siete parejas, macho y hembra, para conservar viva la especie[1] sobre la superficie de toda la tierra.

4 »Porque dentro de siete días Yo haré llover sobre la tierra cuarenta días y cuarenta noches, y borraré de la superficie de la tierra a todo ser viviente[1] que he creado[2]». **5** Y Noé hizo conforme a todo lo que el SEÑOR le había mandado.

6:9 [1] O *íntegro*.   [2] Lit. *en sus generaciones*.   6:12 [1] O *toda la gente*.   6:13 [1] Lit. *El fin de toda carne ha llegado delante de Mí*.   6:14 [1] O *madera resinosa*; heb. *gofer*.   6:16 [1] O *un techo*.   [2] Lit. *de arriba*.   6:17 [1] Lit. *diluvio de agua*. [2] O *todo ser viviente*.   7:1 [1] Lit. *toda tu casa*.   7:2 [1] Lit. *a ti*.   7:3 [1] Lit. *simiente*.   7:4 [1] Lit. *toda existencia*.   [2] Lit. *hecho*.

EL DILUVIO

6 Noé *tenía* 600 años cuando las aguas del diluvio vinieron[1] sobre la tierra. **7** Entonces Noé entró en el arca, y con él sus hijos, su mujer y las mujeres de sus hijos, a causa de las aguas del diluvio. **8** De los animales limpios y de los animales que no son limpios, de las aves y de todo lo que se arrastra sobre la tierra, **9** entraron de dos en dos con[1] Noé en el arca, macho y hembra, como Dios había ordenado a Noé.

10 Aconteció que a los siete días las aguas del diluvio vinieron[1] sobre la tierra. **11** El año 600 de la vida de Noé, el mes segundo, a los diecisiete días del mes, en ese mismo día se rompieron todas las fuentes del gran abismo, y las compuertas[1] del cielo fueron abiertas. **12** Y cayó[1] la lluvia sobre la tierra por cuarenta días y cuarenta noches.

13 En ese mismo día entró Noé en el arca, con Sem, Cam y Jafet, hijos de Noé, la mujer de Noé y las tres mujeres de sus hijos con ellos. **14** También entró toda[1] fiera según su especie, todo ganado según su especie, todo reptil que se arrastra sobre la tierra según su especie, y toda ave según su especie, aves de toda clase[2]. **15** Entraron, pues, con[1] Noé en el arca de dos en dos de toda carne[2] en que había aliento de vida; **16** los que entraron, macho y hembra de toda carne, entraron como Dios se lo había mandado. Después el SEÑOR cerró *la puerta* detrás de Noé[1].

17 Entonces vino[1] el diluvio sobre la tierra por cuarenta días, y las aguas crecieron y alzaron el arca, y esta se elevó sobre la tierra. **18** Las aguas aumentaron y crecieron mucho sobre la tierra, y el arca flotaba[1] sobre la superficie[2] de las aguas. **19** Las aguas continuaron aumentando más y más sobre la tierra, y fueron cubiertos todos los altos montes que hay debajo de todos los cielos. **20** Las aguas subieron 15 codos (6.75 metros) por encima de los montes después que[1] habían sido cubiertos.

21 Y pereció toda carne que se mueve sobre la tierra: aves, ganados, bestias, y todo lo que se mueve sobre la tierra, y todo ser humano. **22** Todo aquello en cuya nariz había aliento de espíritu de vida, todo lo que había sobre la tierra firme, murió. **23** *El SEÑOR* exterminó, pues, todo ser viviente[1] que *había* sobre la superficie de la tierra. Desde el hombre hasta los ganados, los reptiles y las aves del cielo, fueron exterminados de la tierra. Solo quedó Noé y los que *estaban* con él en el arca. **24** Las aguas prevalecieron sobre la tierra 150 días.

BAJAN LAS AGUAS

8 Entonces Dios se acordó de Noé y de todas las bestias y de todo el ganado que estaban con él en el arca. Y Dios hizo pasar un viento sobre la tierra y decrecieron las aguas. **2** Las fuentes del abismo y las compuertas[1] del cielo se cerraron, y se detuvo la lluvia del cielo. **3** Las aguas bajaron[1] gradualmente de sobre la tierra, y después de 150 días, las aguas habían disminuido.

7:6 [1] Lit. *fue.*   7:9 [1] Lit. *a.*   7:10 [1] Lit. *fueron o acontecieron.*
7:11 [1] O *ventanas.*   7:12 [1] Lit. *fue.*   7:14 [1] Lit. *ellos y toda.*   [2] Lit. *toda ave, toda ala.*   7:15 [1] Lit. *a.*   [2] O *todo ser viviente.*   7:16 [1] Lit. *él.*   7:17 [1] Lit. *fue.*
7:18 [1] Lit. *iba.*   [2] Lit. *faz.*   7:20 [1] Lit. *y.*   7:23 [1] Lit. *toda existencia.*
8:2 [1] O *ventanas.*   8:3 [1] O *se retiraron.*

7:2-3
Noé trajo más animales limpios al arca

Además de estar destinados a repoblar la tierra después del diluvio, los animales limpios también se usaron para comer en el arca y luego como sacrificios para Dios.

7:8-9
Cómo Noé trajo a esos animales a bordo del arca

La Biblia nos dice que los animales vinieron a Noé. No sabemos con seguridad, pero tal vez Dios les dio un instinto para saber que un desastre se acercaba.

7:23
Los peces y otros animales acuáticos se salvaron durante el diluvio

La Biblia dice que solo los animales que vivían sobre la tierra y las aves fueron destruidos.

8:1
La historia cambió después del diluvio

Antes de este punto, la historia del diluvio tenía que ver con el juicio de Dios. Sin embargo, ahora se convierte en una historia de redención. Cuando la Biblia dice que Dios *se acordó* de Noé, no quiere decir que se había olvidado de él. En cambio, eso significa que cumplió la promesa que le había hecho.

8:4
La ubicación de los montes de Ararat

Esta cadena montañosa estaba al norte de Mesopotamia y al este de la moderna Turquía.

8:6-12
Noé envió aves

Primero Noé soltó a un cuervo, pero no le dio una respuesta clara. La paloma comía solo hojas, así que podría decirle mejor a Noé que la tierra y la vegetación habían aparecido de nuevo.

© Epitavi/Shutterstock

8:11
Por qué la hoja de olivo es especial

Los olivos crecen en las zonas más bajas. La rama fresca que trajo la paloma le indicaba a Noé que el agua había bajado lo suficiente como para que los árboles de olivo crecieran nuevamente.

8:21-22
Dios prometió no volver a destruir a los seres vivientes

A Dios le agradó el sacrificio de Noé, pero sabía que los seres humanos seguirían pecando. Él estaba mostrando perdón y gracia para la vida en la tierra. Prometió que los ciclos normales de la naturaleza continuarían hasta el final de los tiempos.

4 Y en el día diecisiete del mes séptimo, el arca descansó sobre los montes de Ararat. **5** Las aguas fueron decreciendo lentamente hasta el mes décimo; *y* el *día* primero del mes décimo, se vieron las cimas de los montes.

6 Después de cuarenta días, Noé abrió la ventana del arca que él había hecho, **7** y envió un cuervo, que estuvo yendo y viniendo[1] hasta ver que se secaran las aguas sobre[2] la tierra. **8** Después envió[1] una paloma para ver si las aguas habían disminuido sobre la superficie[2] de la tierra. **9** Pero la paloma no encontró lugar donde posarse[1], de modo que volvió a él, al arca, porque las aguas *estaban* sobre la superficie[2] de toda la tierra. Entonces Noé extendió la mano, la tomó y la metió consigo en el arca. **10** Esperó aún otros siete días, y volvió a enviar la paloma desde el arca. **11** Hacia el[1] atardecer la paloma regresó[2] a él, *trayendo* en su pico[3] una hoja de olivo recién arrancada. Entonces Noé comprendió que las aguas habían disminuido sobre la tierra. **12** Esperó aún otros siete días y envió *de nuevo* la paloma, pero ya no volvió más a él.

NOÉ SALE DEL ARCA

13 Y aconteció que en el año 601 *de Noé*, en el *mes* primero, el *día* primero del mes, se secaron las aguas sobre la tierra. Entonces Noé quitó la cubierta del arca y vio que la superficie[1] de la tierra estaba seca. **14** En el mes segundo, el día veintisiete del mes, la tierra estaba seca. **15** Entonces dijo Dios a Noé: **16** «Sal del arca tú, y contigo tu mujer, tus hijos y las mujeres de tus hijos. **17** Saca contigo todo ser viviente de toda carne que está contigo: aves, ganados y todo reptil que se arrastra sobre la tierra, para que se reproduzcan en abundancia[1] sobre la tierra, y sean fecundos y se multipliquen sobre la tierra».

18 Salió, pues, Noé, y con él sus hijos y su mujer y las mujeres de sus hijos. **19** También salieron del arca todas las bestias, todos los reptiles, todas las aves y todo lo que se mueve sobre la tierra, cada uno según su especie.

20 Entonces Noé edificó un altar al SEÑOR, y tomó de todo animal limpio y de toda ave limpia, y ofreció holocaustos en el altar. **21** El SEÑOR percibió el aroma agradable, y dijo el SEÑOR para sí[1]: «Nunca más volveré a maldecir la tierra por causa del hombre, porque la intención[2] del corazón del hombre es mala desde su juventud. Nunca más volveré a destruir[3] todo ser viviente como lo he hecho.

22 Mientras la tierra permanezca,
La siembra y la siega,
El frío y el calor,
El verano y el invierno,
El día y la noche,
Nunca cesarán».

8:7 [1] Lit. *saliendo y volviendo.*   [2] Lit. *de sobre; y así en los vers.* 8, 11 y 13.
8:8 [1] Lit. *envió de sí.*   [2] Lit. *faz.*   8:9 [1] Lit. *un lugar de reposo para la planta de su pie.*   [2] Lit. *faz.*   8:11 [1] Lit. *al tiempo del.*   [2] Lit. *vino.*   [3] Lit. *boca.*   8:13 [1] Lit. *faz.*   8:17 [1] O *pululen.*   8:21 [1] Lit. *a Su corazón.*   [2] O *inclinación.*   [3] Lit. *herir.*

PACTO DE DIOS CON NOÉ

9 Y Dios bendijo a Noé y a sus hijos, y les dijo: «Sean fecundos y multiplíquense, y llenen la tierra. ² El temor y el terror de ustedes estarán sobre todos los animales de la tierra, sobre todas las aves del cielo, en todo lo que se arrastra sobre el suelo, y en todos los peces del mar. En su mano son *todos* entregados. ³ Todo lo que se mueve y tiene vida les será para alimento. Todo lo doy a ustedes como *les di* la hierba verde. ⁴ Pero carne con su vida, *es decir, con* su sangre, no comerán.

⁵ »De la sangre de ustedes, de la vida de ustedes, ciertamente pediré cuenta: a cualquier animal, y a cualquier hombre¹, pediré cuenta; de cada hombre pediré cuenta de la vida de un ser humano.

⁶ El que derrame sangre de hombre,
Por el hombre su sangre será derramada,
Porque a imagen de Dios
Hizo Él al hombre.

⁷ En cuanto a ustedes, sean fecundos y multiplíquense.
Pueblen en abundancia¹ la tierra y multiplíquense en ella».

⁸ Entonces Dios habló a Noé y a sus hijos *que estaban* con él y les dijo: ⁹ «Miren, Yo establezco Mi pacto con ustedes, y con su descendencia¹ después de ustedes, ¹⁰ y con todo ser viviente que está con ustedes: aves, ganados y todos los animales de la tierra que están con ustedes, todos los que han salido del arca, todos los animales de la tierra. ¹¹ Yo establezco Mi pacto con ustedes, y nunca más volverá a ser exterminada¹ toda carne² por las aguas del diluvio, ni habrá más diluvio para destruir la tierra».

¹² También dijo Dios: «Esta es la señal del pacto que Yo hago con ustedes y todo ser viviente que está con ustedes, por todas las generaciones¹: ¹³ Pongo Mi arco en las nubes¹ y será por señal de² Mi pacto con la tierra.

¹⁴ »Y acontecerá que cuando haga venir nubes¹ sobre la tierra, se verá el arco en las nubes¹, ¹⁵ y me acordaré de Mi pacto, con ustedes y con todo ser viviente de toda carne. Nunca más se convertirán las aguas en diluvio para destruir toda carne. ¹⁶ Cuando el arco esté en las nubes¹, lo miraré para acordarme del pacto eterno entre Dios y todo ser viviente de toda carne que está sobre la tierra». ¹⁷ Y dijo Dios a Noé: «Esta es la señal del pacto que Yo he establecido con toda carne que está sobre la tierra».

NOÉ Y SUS HIJOS

¹⁸ Los hijos de Noé que salieron del arca fueron Sem, Cam y Jafet. Cam fue el padre de Canaán. ¹⁹ Estos tres *fueron* los hijos de Noé, y de ellos se pobló¹ toda la tierra.

²⁰ Noé comenzó a labrar la tierra¹, y plantó una viña. ²¹ Bebió el vino y se embriagó, y se desnudó en medio de

9:1, 7
Instrucciones de Dios a Noé y su familia
Dios le encargó a Noé y su familia que fueran fructíferos, se multiplicaran y cuidaran la tierra, tal como le había dicho a Adán y Eva. (Ver Génesis 1:28).

9:2-3
Por qué los animales les temen a los seres humanos
El pecado introdujo la violencia en el mundo. Dios creó a la humanidad de manera que gobernara sobre toda la creación, incluyendo el mundo animal. También le dio permiso a Noé para comer carne animal.

9:4
Por qué no es bueno comer carne con sangre
La sangre del animal representa su vida. Como la vida es un regalo de Dios, debe honrarse. Por eso se les pedía a las personas que escurrieran la sangre de la carne que iban a comer.

9:5-6
El juicio de Dios por el homicidio
Dios creó a los seres humanos a su propia imagen, de modo que la vida humana es preciosa y valiosa.

9:12-16
La señal del arcoíris
Dios sabe que la gente tiende a olvidarse de las cosas, incluso las cosas importantes como su fidelidad. Él dijo que el arcoíris sería un recordatorio para las personas de que cumpliría su promesa de nunca más destruir el mundo con un diluvio.

9:5 ¹ Lit. *de la mano de.*   9:7 ¹ Lit. *pululen en.*   9:9 ¹ Lit. *simiente.*   9:11 ¹ Lit. *cortada.*   ² O *todo ser viviente.*   9:12 ¹ Lit. *por generaciones eternas.*
9:13 ¹ Lit. *la nube.*   ² Lit. *de un.*   9:14 ¹ Lit. *una nube.*   9:16 ¹ Lit. *la nube.*
9:19 ¹ Lit. *fue dispersada;* i.e. la población.   9:20 ¹ Lit. *ser labrador.*

Digital Stock

9:22
Cam desprecia a Noé
Cam no mostró respeto por su padre, Noé. En vez de cubrir su desnudez como hicieron sus hermanos, Cam les contó a los otros sobre la borrachera y la desnudez de su padre.

10:1-32
Por qué la Biblia contiene listas de nombres
El árbol genealógico era importante en la antigüedad como una forma de recordar la historia de la gente y mostrar cómo las familias estaban conectadas con la comunidad. Las personas se identificaban por sus parientes. Muchos árboles genealógicos en la Biblia señalan el camino hacia delante y hacia atrás: hacia delante, a Jesús; hacia atrás, a las personas de las que él descendía.

su tienda. **22** Cam, padre de Canaán, vio la desnudez de su padre y se lo contó a sus dos hermanos *que estaban* afuera. **23** Entonces Sem y Jafet tomaron un manto, lo pusieron sobre sus hombros, y caminando hacia atrás cubrieron la desnudez de su padre. Como sus rostros estaban vueltos, no vieron la desnudez de su padre.

24 Cuando Noé despertó de su embriaguez[1], y supo lo que su hijo menor le había hecho, **25** dijo:

«Maldito sea Canaán;
Siervo de siervos
Será para sus hermanos».

26 Dijo también:

«Bendito sea el SEÑOR,
El Dios de Sem;
Y sea Canaán su siervo.
27 Engrandezca Dios a Jafet,
Y habite en las tiendas de Sem;
Y sea Canaán su siervo».

28 Noé vivió 350 años después del diluvio. **29** El total de los días de Noé fue de 950 años, y murió.

10 Estas son las generaciones de Sem, Cam y Jafet, hijos de Noé, a quienes les nacieron hijos después del diluvio.

2 Los hijos de Jafet: Gomer, Magog, Madai, Javán, Tubal, Mesec y Tiras. **3** Los hijos de Gomer: Askenaz, Rifat[1] y Togarmá. **4** Los hijos de Javán: Elisa, Tarsis, Quitim y Dodanim[1]. **5** De estos, las costas de las naciones se dividieron[1] en sus tierras, cada uno conforme a su lengua, según sus familias, en sus naciones.

6 Los hijos de Cam: Cus, Mizrayim, Fut y Canaán. **7** Los hijos de Cus: Seba, Havila, Sabta, Raama y Sabteca, y los hijos de Raama: Seba y Dedán.

8 Cus fue el padre de Nimrod, que llegó a ser poderoso en la tierra. **9** Él fue un poderoso cazador delante del SEÑOR. Por tanto se dice: «Como Nimrod, poderoso cazador delante del SEÑOR». **10** El comienzo de su reino fue Babel[1], Erec, Acad y Calne, en la tierra de Sinar. **11** De aquella tierra salió hacia Asiria y edificó Nínive, Rehobot Ir, Cala, **12** y Resén, entre Nínive y Cala; aquella es la gran ciudad.

13 Mizrayim fue el padre de Ludim, de Anamim, de Lehabim, de Naftuhim, **14** de Patrusim, de Casluhim (de donde salieron los filisteos) y de Caftorim.

15 Canaán fue el padre de Sidón su primogénito, y de Het, **16** y *el antepasado* del jebuseo, del amorreo, gergeseo, **17** heveo, araceo, sineo, **18** del arvadeo, zemareo y del hamateo. Y después las familias de los cananeos fueron esparcidas. **19** El territorio de los cananeos se extendía[1] desde Sidón, rumbo a[2] Gerar, hasta Gaza; y rumbo a[2] Sodoma, Gomorra, Adma y Zeboim, hasta Lasa. **20** Estos son los hijos de Cam, según sus familias, según sus lenguas, por sus tierras, por sus naciones.

21 También le nacieron hijos a Sem, padre de todos los hijos de Heber, *y* hermano mayor de Jafet[1]. **22** Los hijos de Sem:

Elam, Asur, Arfaxad, Lud y Aram. **23** Los hijos de Aram: Uz, Hul, Geter y Mas*. **24** Arfaxad fue el padre de Sala, y Sala de Heber.

25 A Heber le nacieron dos hijos: el nombre de uno *fue* Peleg*, porque en sus días fue repartida² la tierra, y el nombre de su hermano, Joctán. **26** Joctán fue el padre de Almodad, Selef, Hazar Mavet, Jera, **27** Adoram, Uzal, Dicla, **28** Obal*, Abimael, Seba, **29** Ofir, Havila y de Jobab. Todos estos fueron hijos de Joctán. **30** Su territorio se extendía* desde Mesa rumbo a² Sefar, la región montañosa del oriente. **31** Estos son los hijos de Sem, según sus familias, según sus lenguas, por sus tierras, conforme a sus naciones.

32 Estas son las familias de los hijos de Noé según sus genealogías, por sus naciones. De ellos se propagaron* las naciones sobre la tierra después del diluvio.

10:23 * En 1Crón. 1:17, *Mesec.*   10:25 * I.e. división.   ² Lit. *dividida.*   10:28 * En 1Crón. 1:22, *Ebal.*   10:30 * Lit. *su morada era.*   ² Lit. *según se va para.*   10:32 * Lit. *se separaron.*

10:25
Cómo se formaron los países
La tierra se dividió en naciones separadas, probablemente cuando Dios confundió su lengua en la torre de Babel (11:8-9).

EDADES DE LOS PRIMEROS ANTEPASADOS

El libro de Génesis registra las largas vidas de los primeros antepasados de la fe. Aquí aparecen algunos de los ejemplos más conocidos:

Antepasado	Referencia bíblica en Génesis	Edad a su muerte
Adán	5:5	930
Set	5:8	912
Matusalén	5:27	969
Noé	9:29	950
Sem	11:10–11	600
Heber	11:16–17	464
Peleg	11:18–19	239
Nacor	11:24–25	148
Taré	11:32	205
Sara	23:1	127
Abraham	25:7	175
Isaac	35:28–29	180
Jacob	47:28	147
José	50:26	110

11:1
Todos hablaban el mismo lenguaje

Antes de la torre de Babel solo existía un lenguaje. Nadie sabe cuál lenguaje era con seguridad. Aunque las personas se entendían las unas a las otras, los nietos y bisnietos de los tres hijos de Noé deben haber tenido sus propias palabras y pronunciaciones particulares. (Ver Génesis 10:5, 20, 31).

11:4
La torre de Babel

Las ciudades antiguas se edificaban alrededor de un templo. La típica torre templo de la Mesopotamia, llamada zigurat, tenía una base cuadrada y laterales inclinados, con escalones que conducían a un santuario que se encontraba en la cima. Los zigurats funcionaban como escaleras que conectaban la tierra con el cielo. Un dios podía «descender» al santuario y recibir adoración de las personas que habían subido al mismo. Dios probablemente vio esta torre como un símbolo del orgullo humano en vez de algo para glorificarlo a él.

11:9
Por qué Dios dispersó a las personas

Las personas que construyeron la torre estaban haciéndolo por la razón equivocada; ellos querían mostrar su gran poder. Dios los dispersó por su propio bien, para frenar esta conducta destructiva.

LA TORRE DE BABEL

11 Toda la tierra hablaba la misma lengua[1] y las mismas[2] palabras. **2** Según iban hacia el oriente, hallaron una llanura en la tierra de Sinar, y se establecieron[1] allí. **3** Y se dijeron unos a otros: «Vamos, fabriquemos ladrillos y cozámos*los* bien». Y usaron ladrillo en lugar de piedra y asfalto en lugar de mezcla. **4** Luego dijeron: «Vamos, edifiquémonos una ciudad y una torre cuya cúspide *llegue* hasta los cielos, y hagámonos un nombre *famoso*, para que no seamos dispersados sobre la superficie de toda la tierra».

5 Pero el SEÑOR descendió para ver la ciudad y la torre que habían edificado los hijos de los hombres. **6** Y dijo el SEÑOR: «Son un solo pueblo y todos ellos tienen la misma lengua[1]. Esto es lo que han comenzado a hacer, y ahora nada de lo que se propongan hacer les será imposible[2]. **7** Vamos, bajemos y confundamos allí su lengua[1], para que ninguno entienda el lenguaje[1] del otro».

8 Así el SEÑOR los dispersó desde allí sobre la superficie de toda la tierra, y dejaron de edificar la ciudad. **9** Por eso la ciudad fue llamada Babel[1], porque allí el SEÑOR confundió la lengua[2] de toda la tierra, y de allí el SEÑOR los dispersó sobre la superficie de toda la tierra.

DESCENDIENTES DE SEM

10 Estas son las generaciones de Sem: Sem *tenía* 100 años, y fue el padre de Arfaxad, dos años después del diluvio. **11** Y vivió Sem 500 años después de haber engendrado a Arfaxad, y tuvo *otros* hijos e hijas.

12 Arfaxad vivió 35 años, y fue padre de Sala. **13** Y vivió Arfaxad 403 años después de haber engendrado a Sala, y tuvo *otros* hijos e hijas.

14 Sala vivió 30 años, y fue padre de Heber. **15** Y vivió Sala 403 años después de haber engendrado a Heber, y tuvo *otros* hijos e hijas.

16 Heber vivió 34 años, y fue padre de Peleg. **17** Y vivió Heber 430 años después de haber engendrado a Peleg, y tuvo *otros* hijos e hijas.

18 Peleg vivió 30 años, y fue padre de Reu. **19** Y vivió Peleg 209 años después de haber engendrado a Reu, y tuvo *otros* hijos e hijas.

20 Reu vivió 32 años, y fue padre de Serug. **21** Y vivió Reu 207 años después de haber engendrado a Serug, y tuvo *otros* hijos e hijas.

22 Serug vivió 30 años, y fue padre de Nacor. **23** Y vivió Serug 200 años después de haber engendrado a Nacor, y tuvo *otros* hijos e hijas.

24 Nacor vivió 29 años, y fue padre de Taré. **25** Y vivió Nacor 119 años después de haber engendrado a Taré, y tuvo *otros* hijos e hijas.

26 Taré vivió 70 años, y fue padre de Abram, de Nacor y de Harán.

11:1 [1] Lit. *era de un mismo labio.*　[2] Lit. *y de pocas.*　11:2 [1] Lit. *habitaron.*
11:6 [1] Lit. *son de un mismo labio.*　[2] Lit. *se les podrá impedir.*　11:7 [1] Lit. *labio.*
11:9 [1] O *Babilonia.*　[2] Lit. *el labio.*

DESCENDIENTES DE TARÉ

27 Estas son las generaciones de Taré: Taré fue padre de Abram, de Nacor y de Harán. Harán fue padre de Lot. **28** Harán murió en presencia de[1] su padre Taré en la tierra de su nacimiento, en Ur de los caldeos.

29 Abram y Nacor tomaron para sí mujeres. El nombre de la mujer de Abram *era* Sarai, y el nombre de la mujer de Nacor, Milca, hija de Harán, padre de Milca y de[1] Isca. **30** Pero Sarai era estéril; no tenía hijo. **31** Y Taré tomó a Abram su hijo, a su nieto Lot, hijo de Harán, y a Sarai su nuera, mujer de su hijo Abram. Salieron juntos[1] de Ur de los caldeos, en dirección a la tierra de Canaán. Llegaron hasta Harán, y se establecieron[2] allí. **32** Los días de Taré fueron 205 años. Y murió Taré en Harán.

DIOS LLAMA A ABRAM

12 Y el SEÑOR dijo a Abram:

«Vete de tu tierra,
De *entre* tus parientes
Y de la casa de tu padre,
A la tierra que Yo te mostraré.
2 Haré de ti una nación grande,
Y te bendeciré,
Engrandeceré tu nombre,
Y serás[1] bendición.
3 Bendeciré a los que te bendigan,
Y al que te maldiga, maldeciré[1].
En ti serán benditas todas las
familias de la tierra».

4 Entonces Abram se fue tal como el SEÑOR le había dicho, y Lot se fue con él. Abram *tenía* 75 años cuando salió de Harán. **5** Abram tomó a Sarai su mujer y a Lot su sobrino, y todas las posesiones que ellos habían acumulado y las personas[1] que habían adquirido en Harán, y salieron para ir a la tierra de Canaán; y a la tierra de Canaán llegaron. **6** Abram atravesó el país hasta el lugar de Siquem, hasta la encina[1] de More. Los cananeos *habitaban* entonces en esa tierra.

7 El SEÑOR se apareció a Abram y *le* dijo: «A tu descendencia[1] daré esta tierra». Entonces Abram *edificó* allí un altar al SEÑOR que se le había aparecido. **8** De allí se trasladó hacia el monte al oriente de Betel[1], y plantó su tienda, *teniendo a* Betel al occidente y Hai al oriente. Edificó allí un altar al SEÑOR, e invocó el nombre del SEÑOR. **9** Y Abram siguió su camino, continuando hacia el Neguev[1].

ABRAM EN EGIPTO

10 Pero hubo hambre en el país, y Abram descendió a Egipto para pasar allí un tiempo, porque el hambre era severa

11:28 [1] O *en vida de.*   11:29 [1] Lit. *y el padre de.*   11:31 [1] Lit. *con ellos.*   [2] Lit. *habitaron.*   12:2 [1] Lit. *para ser.*   12:3 [1] O *sujetaré bajo maldición.*   12:5 [1] Lit. *almas.*   12:6 [1] O *el terebinto.*   12:7 [1] Lit. *simiente.*   12:8 [1] I.e. Casa de Dios.   12:9 [1] I.e. *región del sur.*

12:3
El significado de la promesa de Dios a Abram
La promesa que Dios le hizo a Abram fue que salvaría a la humanidad a través de uno de sus descendientes: Jesús. A su tiempo, Jesús libraría a todo el mundo del pecado y la muerte.

12:13
Por qué Abram mintió acerca de su esposa
Abram probablemente pensó que tenía buenas razones para mentir, pero esto demostró que no confiaba en la protección de Dios.

12:17-18
Cómo supo Faraón que Sarai era la esposa de Abram
Las personas en la antigüedad creían que cuando algo malo ocurría era porque habían hecho enojar a los dioses. Faraón debe haberse dado cuenta de que las enfermedades que vinieron sobre su familia comenzaron cuando llevó a Sarai a su casa.

en aquella tierra. **11** Cuando se estaba acercando a¹ Egipto, Abram dijo a Sarai su mujer: «Mira, sé que eres una mujer de hermoso parecer; **12** y sucederá que cuando te vean los egipcios, dirán: "Esta es su mujer"; y me matarán, pero a ti te dejarán vivir. **13** Di, por favor, que eres mi hermana, para que me vaya bien por causa tuya, y para que yo¹ viva gracias a ti».

14 Cuando Abram entró en Egipto, los egipcios vieron que la mujer era muy hermosa. **15** La vieron los oficiales de Faraón y la alabaron delante de él¹. Entonces la mujer fue llevada a la casa de Faraón. **16** Y *este* trató bien a Abram por causa de ella. Le dio¹ ovejas, vacas, asnos, siervos, siervas, asnas y camellos.

17 Pero el SEÑOR hirió a Faraón y a su casa con grandes plagas por causa de Sarai, mujer de Abram. **18** Entonces Faraón llamó a Abram, y le dijo: «¿Qué es esto que me has hecho? ¿Por qué no me avisaste que era tu mujer? **19** ¿Por qué dijiste: "Es mi hermana", de manera que la tomé por mujer? Ahora pues, aquí está¹ tu mujer, tóm*ala* y vete». **20** Faraón dio órdenes a *sus* hombres acerca de Abram¹; y ellos lo despidieron² con su mujer y con todo lo que le pertenecía.

REGRESO DE ABRAM A CANAÁN

13 Abram subió desde Egipto al Neguev¹, él y su mujer con todo lo que poseía; y con él *iba* Lot. **2** Abram era muy rico en ganado, en plata y en oro. **3** Y anduvo en sus jornadas desde el Neguev hasta Betel¹, al lugar donde su tienda había estado al principio, entre Betel y Hai, **4** al lugar del altar que antes había hecho allí. Allí Abram invocó el nombre del SEÑOR.

SEPARACIÓN DE ABRAM Y LOT

5 También Lot, que andaba con Abram, tenía ovejas, vacas y tiendas. **6** Pero la tierra no podía sostenerlos para que habitaran juntos, porque sus posesiones eran tantas que *ya* no podían habitar juntos. **7** Hubo, pues, problema entre los pastores del ganado de Abram y los pastores del ganado de Lot. Los cananeos y los ferezeos habitaban entonces en aquella¹ tierra.

8 Así que Abram dijo a Lot: «Te ruego que no haya problema entre nosotros¹, ni entre mis pastores y tus pastores, porque somos hermanos. **9** ¿No está toda la tierra delante de ti? Te ruego que te separes de mí. Si *vas a* la izquierda, yo iré a la derecha; y si *a* la derecha, yo iré a la

FALTAS DE ABRAHAM

Génesis 12–20

Aunque Abraham es conocido como el padre de la fe, él no era perfecto. La Biblia enumera un número de faltas que nos dan una idea de su fragilidad humana.

Le pide a Sarai que mienta y diga que es su hermana, permitiendo de ese modo que Faraón la tome para su harén personal.
12:11–13

No confía en que Dios proveerá un heredero por medio de Sarai, así que duerme con su esclava egipcia (Agar) para tener un hijo.
16:1–4

Se ríe cuando Dios le promete que él y Sara tendrían un hijo.
17:15–17

Miente otra vez y dice que Sara es su hermana, dejando que el rey Abimelec la tome para su harén.
20:1–5

12:11 ¹ Lit. *para entrar en.*   12:13 ¹ Lit. *mi alma.*   12:15 ¹ Lit. *Faraón.*   12:16 ¹ Lit. *tuvo.*   12:19 ¹ O *he aquí.*   12:20 ¹ Lit. *él.* ² Lit. *lo enviaron.*   13:1 ¹ I.e. *región del sur.*   13:3 ¹ I.e. *Casa de Dios.*   13:7 ¹ Lit. *la.*   13:8 ¹ Lit. *entre yo y tú.*

izquierda». **10** Y alzó Lot los ojos y vio todo el valle[1] del Jordán, el cual estaba bien regado por todas partes (*esto fue* antes de que el SEÑOR destruyera a Sodoma y Gomorra) como el huerto del SEÑOR, como la tierra de Egipto rumbo[2] a Zoar.

11 Lot escogió para sí todo el valle del Jordán, y viajó Lot hacia el oriente. Así se separaron el uno del otro. **12** Abram se estableció[1] en la tierra de Canaán, en tanto que Lot se estableció[1] en las ciudades del valle, y fue poniendo *sus* tiendas hasta Sodoma. **13** Pero los hombres de Sodoma eran malos y pecadores en gran manera contra el SEÑOR.

PROMESA DE DIOS A ABRAM

14 Y el SEÑOR dijo a Abram después que Lot se había separado de él: «Alza ahora los ojos y mira desde el lugar donde estás hacia el norte, el sur, el oriente y el occidente, **15** pues toda la tierra que ves te la daré a ti y a tu descendencia[1] para siempre. **16** Haré tu descendencia[1] como el polvo de la tierra; de manera que si alguien puede contar el polvo de la tierra, también tu descendencia[1] podrá contarse. **17** Levántate, recorre la tierra a lo largo y a lo ancho de ella, porque a ti te la daré».

18 Entonces Abram levantó su tienda, y fue y habitó en el encinar[1] de Mamre, que está en Hebrón, y allí edificó un altar al SEÑOR.

LA GUERRA DE LOS REYES

14 Aconteció en los días de Amrafel, rey de Sinar, de Arioc, rey de Elasar, de Quedorlaomer, rey de Elam, y de Tidal, rey de Goyim[1], **2** que estos hicieron guerra a Bera, rey de Sodoma, y a Birsa, rey de Gomorra, a Sinab, rey de Adma, a Semeber, rey de Zeboim, y al rey de Bela, es decir, Zoar. **3** Estos últimos se reunieron como aliados[1] en el valle de Sidim, es decir, el mar Salado[2].

4 Doce años habían servido a Quedorlaomer, pero en el año trece se rebelaron. **5** En el año catorce, Quedorlaomer y los reyes que estaban con él, vinieron y derrotaron[1] a los refaítas en Astarot Karnaim, a los zuzitas en Ham, a los emitas en Save Quiriataim[2], **6** y a los horeos en el monte de Seir hasta El Parán, que está junto al desierto. **7** Entonces volvieron a En Mispat, es decir, Cades, y conquistaron[1] todo el territorio de los amalecitas, y también a los amorreos que habitaban en Hazezon Tamar.

8 Entonces el rey de Sodoma, con el rey de Gomorra, el rey de Adma, el rey de Zeboim y el rey de Bela, es decir, Zoar, salieron y les presentaron batalla en el valle de Sidim: **9** *es decir*, a Quedorlaomer, rey de Elam, a Tidal, rey de Goyim[1], a Amrafel, rey de Sinar, y a Arioc, rey de Elasar; cuatro reyes contra cinco. **10** El valle de Sidim estaba lleno de pozos de asfalto, y el rey de Sodoma y el de Gomorra al huir cayeron allí. Y los demás huyeron a los montes.

11 Entonces tomaron todos los bienes de Sodoma y Gomorra con todas sus provisiones, y se fueron. **12** Se llevaron *también* a

---

13:10 [1] Lit. *círculo; y así en los vers.* 11 y 12.   [2] Lit. *cuando uno va.*   13:12 [1] Lit. *habitó.*
13:15 [1] Lit. *simiente.*   13:16 [1] Lit. *simiente.*   13:18 [1] O *los terebintos.*   14:1 [1] O *de naciones.*   14:3 [1] Lit. *se juntaron.*   [2] O *mar Muerto.*   14:5 [1] Lit. *e hirieron.*
[2] O *el llano de Quiriataim.*   14:7 [1] Lit. *e hirieron.*   14:9 [1] O *de naciones.*

13:9, 14-17
Abram dejó que Lot eligiera su tierra primero
Abram recordaba la promesa de Dios de que *toda* la tierra finalmente le pertenecería a él y sus descendientes. Así que Abram puso su confianza en Dios dándole a elegir primero a Lot.

13:16
Dios compara la descendencia de Abram con el polvo de la tierra
Esta era una manera poética de decir que el número de los descendientes de Abram sería tan grande que no se podría contar, así como es difícil contar los granos de arena que hay sobre la tierra. (Ver también 15:5).

14:10
Pozos de asfalto
En esta zona geográfica existía una sustancia negra y pegajosa como el asfalto que se usaba como material para la construcción. Los reyes deben haber caído en esos pozos.

14:13
La primera vez que aparece la palabra *hebreo*
Abram, el padre del pueblo hebreo, es la primera persona en la Biblia en ser llamado hebreo. El término se refiere al pueblo semita, que eran los descendientes de Sem, el hijo de Noé.

14:20
Abram le dio una parte de todo a Melquisedec
Una décima parte, o el diezmo, era lo que le correspondía al rey. Esta es la primera vez que en la Biblia se habla sobre diezmar. Abram le mostró su gratitud a Dios por esta victoria dándole a Melquisedec, el sacerdote de Dios, la décima parte de sus bienes.

Líneas de vida:
ABRAHAM
Génesis 11–25

Edad

¿?   **Sale de Hur**
11:31

75   **Llamado por Dios**
12:1–9

¿?   **Va a Egipto**
12:10–20

75-85   **Recibe el pacto de Dios**
15

85   **Nace Ismael**
16

99   **Recibe la señal de la circuncisión**
17:1–14

Dios le promete a Isaac
17:15–21

100   **Nace Isaac**
21:1–7

¿?   **Intento de sacrificar a Isaac**
22:1–19

137   **Entierra a Sara**
23

¿?   **Encuentra esposa para Isaac**
24

175   **Muere**
25:7–11

Lot, sobrino de Abram, con todas sus posesiones, pues él habitaba en Sodoma, y se fueron.

ABRAM LIBERA A LOT

13 Uno de los que escaparon[1] vino y se lo hizo saber a Abram el hebreo, que habitaba en el encinar[2] de Mamre el amorreo, hermano de Escol y hermano de Aner, y estos eran aliados de[3] Abram. **14** Al oír Abram que su sobrino[1] había sido llevado cautivo, movilizó a sus hombres adiestrados nacidos en su casa, 318 en total, y salió en *su* persecución hasta Dan.

15 Por la noche, él, con sus siervos, organizó sus fuerzas[1] contra ellos, y los derrotó[2] y los persiguió hasta Hoba, que está al norte[3] de Damasco. **16** Y recobró todos sus bienes, también a su sobrino[1] Lot con sus posesiones, y también a las mujeres y a la demás gente.

ABRAM Y MELQUISEDEC

17 A su regreso después de derrotar[1] a Quedorlaomer y a los reyes que estaban con él, salió a su encuentro el rey de Sodoma en el valle de Save, es decir, el valle del Rey. **18** Y Melquisedec, rey de Salem, sacó pan y vino; él era sacerdote del Dios Altísimo[1]. **19** Él lo bendijo, diciendo[1]:

«Bendito sea Abram del Dios Altísimo,
Creador del cielo y de la tierra;
20 Y bendito sea el Dios Altísimo
Que entregó a tus enemigos en tu mano».

Y *Abram* le dio el diezmo de todo.

21 El rey de Sodoma dijo a Abram: «Dame las personas[1] y toma para ti los bienes». **22** Y Abram dijo al rey de Sodoma: «He jurado[1] al SEÑOR, Dios Altísimo, creador del cielo y de la tierra, **23** que no tomaré ni un hilo ni una correa de zapato, ni ninguna cosa suya, para que no diga: "Yo enriquecí a Abram". **24** Nada tomaré[1], excepto lo que los jóvenes han comido y la parte de los hombres que fueron conmigo: Aner, Escol y Mamre. Ellos tomarán su parte».

DIOS PROMETE UN HIJO A ABRAM

15 Después de estas cosas la palabra del SEÑOR vino a Abram en visión, diciendo:

«No temas, Abram,
Yo soy un escudo para ti;
Tu recompensa será muy grande».

14:13 [1] Lit. *el fugitivo.*   [2] O *los terebintos.*   [3] Lit. *poseedores del pacto con.*
14:14 [1] Lit. *hermano.*   14:15 [1] Lit. *él se dividió.*   [2] Lit. *hirió.*   [3] Lit. *a la izquierda.*
14:16 [1] Lit. *hermano.*   14:17 [1] Lit. *de herir.*   14:18 [1] Heb. *El Elyon,* y así en el resto del cap.   14:19 [1] Lit. *y dijo.*   14:21 [1] Lit. *almas.*   14:22 [1] Lit. *levantado mi mano.*   14:24 [1] Lit. *Nada para mí.*

2 Y Abram dijo: «Oh Señor DIOS[1], ¿qué me darás, puesto que yo estoy[2] sin hijos, y el heredero[3] de mi casa es Eliezer de Damasco?». **3** Dijo además Abram: «No me has dado descendencia[1], y uno nacido en mi casa es mi heredero».

4 Pero la palabra del SEÑOR vino a él, diciendo: «Tu heredero no será este, sino uno que saldrá de tus entrañas, él será tu heredero». **5** El SEÑOR lo llevó fuera, y *le* dijo: «Ahora mira al cielo y cuenta las estrellas, si te es posible contarlas». Y añadió: «Así será tu descendencia[1]».

6 Y *Abram* creyó en el SEÑOR, y Él se lo reconoció[1] por justicia. **7** Y le dijo: «Yo soy el SEÑOR que te saqué de Ur de los caldeos, para darte esta tierra para que la poseas[1]». **8** Entonces Abram le preguntó: «Oh Señor DIOS[1], ¿cómo puedo saber que la poseeré[2]?». **9** El SEÑOR le respondió: «Tráeme[1] una novilla de tres años, una cabra de tres años, un carnero de tres años, una tórtola y un pichón». **10** Abram le trajo[1] todos estos, los partió por la mitad, y puso cada mitad enfrente de la otra; pero no partió las aves. **11** Y las aves de rapiña descendían sobre los animales sacrificados[1], pero Abram las ahuyentaba.

PACTO DE DIOS CON ABRAM

12 A la puesta del sol un profundo sueño cayó sobre Abram. El terror de una gran oscuridad cayó sobre él. **13** Y *Dios* dijo a Abram: «Ten por cierto que tus descendientes[1] serán extranjeros en una tierra que no es suya, donde serán esclavizados y oprimidos[2] durante 400 años. **14** Pero Yo también juzgaré a la nación a la cual servirán, y después saldrán *de allí* con grandes riquezas[1]. **15** Tú irás a tus padres en paz, y serás sepultado en buena vejez.

16 »En la cuarta generación ellos regresarán acá, porque hasta entonces no habrá llegado a su colmo la iniquidad de los amorreos». **17** Y sucedió que cuando el sol ya se había puesto, hubo densas tinieblas, y *apareció* un horno humeante y una antorcha de fuego que pasó por entre las mitades[1] *de los animales*.

18 En aquel día el SEÑOR hizo un pacto con Abram, diciendo:

«A tu descendencia[1] he dado esta tierra,
Desde el río de Egipto hasta el río grande, el río Éufrates:

19 la tierra de los quenitas, los cenezeos, los cadmoneos, **20** los hititas, los ferezeos, los refaítas, **21** los amorreos, los cananeos, los gergeseos y los jebuseos».

SARAI Y AGAR

16 Sarai, mujer de Abram, no le había dado a luz *hijo alguno*. Pero ella tenía una sierva egipcia que se llamaba Agar. **2** Entonces Sarai dijo a Abram: «Mira, el SEÑOR me ha

---

15:2
Abram elige a un sirviente para ser su heredero
En la antigüedad, un hombre sin hijos podía adoptar a un sirviente como su heredero. Él heredaría las posesiones de Abram y continuaría el nombre de la familia cuando Abram muriera.

15:10
Por qué Abram cortó las ofrendas de animales por la mitad
Esta era una costumbre antigua que se usaba para hacer un pacto. Las personas que participaban caminaban entre las mitades del animal para mostrar que, al igual que los animales, ellos morirían si rompían el pacto.

15:16
Por qué Dios esperó tanto para darles la tierra a los descendientes de Abram
Dios quería que los amorreos, que vivían en la tierra, tuvieran suficiente tiempo para arrepentirse de sus pecados. Dios tiene compasión de todos.

15:17
Horno humeante y antorcha de fuego
El horno humeante y la antorcha de fuego simbolizaban la presencia de Dios. Era como si Dios estuviera poniendo su firma en el pacto que había hecho con Abram.

© StockPhotosLV/Shutterstock

15:2 [1] Heb. *YHWH*, generalmente traducido *SEÑOR*.   [2] Lit. *ando*.   [3] Lit. *hijo de adquisición*.   15:3 [1] Lit. *simiente*.   15:5 [1] Lit. *simiente*.   15:6 [1] O *y le fue contado*.   15:7 [1] O *para heredarla*.   15:8 [1] Heb. *YHWH*, generalmente traducido *SEÑOR*.   [2] O *heredaré*.   15:9 [1] Lit. *Toma para Mí*.   15:10 [1] Lit. *tomó*.   15:11 [1] Lit. *cuerpos muertos*.   15:13 [1] Lit. *tu simiente*.   [2] Lit. *y les servirán y ellos los afligirán*.   15:14 [1] O *muchos bienes*.   15:17 [1] Lit. *estas partes*.   15:18 [1] Lit. *simiente*.

16:2
Sarai le ofreció su sierva a Abram

Como Sarai no podía tener hijos, la costumbre en aquel entonces era que la sierva se convirtiera en una segunda esposa para tener un hijo, el cual llegaría a ser el heredero. Sarai estaba impaciente porque Dios cumpliera su promesa de darles hijos, de modo que sugirió que Abram tuviera un hijo con Agar.

16:5
Sarai culpó a Abram por el desprecio de Agar

Sarai actuó con malicia porque estaba celosa de su sierva. Dado que Abram era la cabeza de la familia, Sarai lo culpó por su situación. Ella no fue muy amable con su esposo ni con su sierva.

16:12
El hijo de Agar es comparado con un asno montés

Cuando Ismael creció, Dios sabía que él vagaría por el desierto como un asno montés, lejos de otros pueblos y poco amistoso con los demás.

© Sergei25/Shutterstock

impedido tener *hijos*. Llégate, te ruego, a mi sierva; quizá por medio de ella yo tenga hijos». Y Abram escuchó la voz de Sarai. **3** Después de diez años de habitar Abram en la tierra de Canaán, Sarai, mujer de Abram, tomó a su sierva Agar la egipcia, y se la dio a su marido Abram por mujer.

4 Y Abram se llegó a Agar, y ella concibió. Cuando ella vio que había concebido, miraba con desprecio a su señora. **5** Entonces Sarai dijo a Abram: «Recaiga sobre ti mi agravio. Yo entregué a mi sierva en tus brazos[1]. Pero cuando ella vio que había concebido, me miró con desprecio[2]. Juzgue el SEÑOR entre tú y yo». **6** Pero Abram dijo a Sarai: «Mira, tu sierva está bajo tu poder[1]; haz con ella lo que mejor te parezca[2]». Y Sarai trató muy mal a Agar y ella huyó de su presencia.

NACIMIENTO DE ISMAEL

7 El ángel del SEÑOR la encontró junto a una fuente de agua en el desierto, junto a la fuente en el camino de Shur, **8** y *le* dijo: «Agar, sierva de Sarai, ¿de dónde has venido y a dónde vas?». Ella le respondió: «Huyo de la presencia de mi señora Sarai». **9** «Vuelve a tu señora y sométete a su autoridad[1]», le dijo el ángel del SEÑOR. **10** El ángel del SEÑOR añadió: «Multiplicaré de tal manera tu descendencia[1] que no se podrá contar por su multitud». **11** El ángel del SEÑOR le dijo además:

«Has concebido
Y darás a luz un hijo;
Y le llamarás Ismael[1],
Porque el SEÑOR ha oído tu aflicción.
12   Él será hombre *indómito* como asno montés;
Su mano *será* contra todos,
Y la mano de todos contra él,
Y habitará separado de[1] todos sus hermanos».

13 *Agar* llamó el nombre del SEÑOR que le había hablado: «Tú eres un Dios que ve[1]»; porque dijo: «¿Estoy todavía con vida después de ver a Dios?[2]». **14** Por eso se llamó a aquel pozo Beer Lajai Roi[1], el cual está entre Cades y Bered.

15 Agar le dio un hijo a Abram, y Abram le puso el nombre de Ismael al hijo que Agar le había dado. **16** Abram *tenía* 86 años cuando Agar dio a luz a Ismael.

EL PACTO CONFIRMADO

17 Cuando Abram tenía 99 años, el SEÑOR se le apareció, y le dijo:

«Yo soy el Dios Todopoderoso[1];
Anda delante de Mí, y sé perfecto[2].
2   Yo estableceré[1] Mi pacto contigo[2],
Y te multiplicaré en gran manera».

16:5 [1] Lit. *tu seno.*   [2] Lit. *fui despreciada en sus ojos.*   16:6 [1] Lit. *en tu mano.*
[2] Lit. *lo que sea bueno a tus ojos.*   16:9 [1] Lit. *bajo sus manos.*   16:10 [1] Lit.
simiente.   16:11 [1] I.e. Dios oye.   16:12 [1] Lit. *ante la faz de* o *en desafío de.*
16:13 [1] *O Tú, Dios, me ves.*   [2] Lit. *¿Aun aquí he podido ver después del que me vio?*
16:14 [1] I.e. *pozo del Viviente que me ve.*   17:1 [1] Heb. *El Shaddai.*   [2] *O intachable.*
17:2 [1] Lit. *daré.*   [2] Lit. *entre yo y tú.*

3 Entonces Abram se postró sobre su rostro y Dios habló con él:

4   «En cuanto a Mí, ahora Mi pacto es contigo,
     Y serás padre de multitud de naciones.
5   Y no serás[1] llamado más Abram;
     Sino que tu nombre será Abraham;
     Porque Yo te haré padre de multitud de naciones.

6 Te haré fecundo en gran manera, y de ti haré naciones, y de ti saldrán reyes. 7 »Estableceré Mi pacto contigo[1] y *con* tu descendencia[2] después de ti, por *todas* sus generaciones, por pacto eterno, de ser Dios tuyo y de *toda* tu descendencia[2] después de ti. 8 Y te daré a ti, y a tu descendencia después de ti, la tierra de tus peregrinaciones, toda la tierra de Canaán como posesión perpetua. Y Yo seré su Dios».

LA CIRCUNCISIÓN COMO SEÑAL DEL PACTO

9 Dijo además Dios a Abraham: «Tú, pues, guardarás Mi pacto, tú y tu descendencia después de ti, por sus generaciones. 10 Este es Mi pacto con ustedes y tu descendencia después de ti y que ustedes guardarán: Todo varón de entre ustedes será circuncidado. 11 Serán circuncidados en la carne de su prepucio, y esto será la señal de Mi pacto con[1] ustedes.

12 »A la edad de ocho días será circuncidado entre ustedes todo varón por sus generaciones; *asimismo* el *siervo* nacido en tu[1] casa, o que sea comprado con dinero a cualquier extranjero, que no sea de tu descendencia. 13 Ciertamente ha de ser circuncidado el *siervo* nacido en tu casa o el comprado con tu dinero. Así estará Mi pacto en la carne de ustedes como pacto perpetuo. 14 Pero el varón incircunciso, que no es circuncidado en la carne de su prepucio, esa persona será cortada de *entre* su pueblo[1]. Ha quebrantado Mi pacto».

15 Entonces Dios dijo a Abraham: «A Sarai, tu mujer, no la llamarás[1] Sarai, sino que Sara[2] *será* su nombre. 16 La bendeciré, y de cierto te daré un hijo por medio de ella. La bendeciré y será *madre de* naciones. Reyes de pueblos vendrán[1] de ella». 17 Entonces Abraham se postró sobre su rostro y se rió, y dijo en su corazón: «¿A un hombre de 100 años le nacerá un hijo? ¿Y Sara, que tiene 90 años, concebirá?».

18 Y Abraham dijo a Dios: «¡Ojalá que Ismael viva delante de Ti!». 19 Pero Dios respondió: «No, sino que Sara, tu mujer, te dará un hijo, y le pondrás el nombre de Isaac[1]; y estableceré Mi pacto con él, pacto perpetuo para su descendencia después de él. 20 En cuanto a Ismael, te he oído. Yo lo bendeciré y lo haré fecundo y lo multiplicaré en gran manera. Él será el padre de doce príncipes y haré de él una gran nación. 21 Pero Mi pacto lo estableceré con Isaac, el hijo que Sara te dará por este tiempo el año que viene».

22 Cuando terminó de hablar con él, Dios ascendió dejando a[1] Abraham. 23 Entonces Abraham tomó a su hijo Ismael

17:5
Dios le cambia el nombre a Abram
Para los hebreos, los nombres revelaban algo acerca de la persona. Los nombres podían cambiarse a medida que sucedían cambios en la vida. Dios cambió el nombre de Abram a Abraham, que significa «padre de multitudes». Al darle ese nombre, Dios le estaba repitiendo la promesa de que haría de su familia una gran nación.

17:10
La circuncisión
La circuncisión es una clase de cirugía especial para quitar parte de la piel del pene, la cual por lo general se practica ocho días después del nacimiento del bebé. Esta era una señal de la relación entre Dios y su pueblo elegido.

17:15
El nombre de Sarai cambia a Sara
Ambos nombres significan «princesa». El nuevo nombre, Sara, representaba que ella iba a ser madre de naciones y reinos como parte de la promesa de Dios a Abraham.

17:19
El significado del nombre Isaac
Isaac significa «el que ríe». Esto era un recordatorio de la risa de Sara cuando Dios le dijo que tendría un hijo en su vejez.

17:5 [1] Lit. *Y tu nombre no será.*   17:7 [1] Lit. *entre yo y tú.*   [2] Lit. *simiente,* y así en el resto del cap.   17:11 [1] Lit. *del pacto entre yo y.*   17:12 [1] Lit. *la.*   17:14 [1] Lit. *sus parientes.*   17:15 [1] Lit. *no llamarás su nombre.*   [2] I.e. *Princesa.*   17:16 [1] Lit. *serán.*   17:19 [1] I.e. *el que ríe.*   17:22 [1] Lit. *de junto a.*

y a todos *los siervos* nacidos en su casa y a todos los que habían sido comprados con su dinero, a todo varón de entre las personas[1] de la casa de Abraham, y aquel mismo día les circuncidó la carne de su prepucio, tal como Dios le había dicho.

²⁴Abraham *tenía* 99 años cuando fue circuncidado, ²⁵y su hijo Ismael *tenía* trece años cuando fue circuncidado. ²⁶En el mismo día fueron circuncidados Abraham y su hijo Ismael. ²⁷También fueron circuncidados con él todos los varones de su casa, que habían nacido en la casa o que habían sido comprados a extranjeros.

PROMESA DEL NACIMIENTO DE ISAAC

18 Y el SEÑOR se le apareció a Abraham en el encinar[1] de Mamre, mientras él estaba sentado a la puerta de la tienda en el calor del día. ²Cuando Abraham alzó los ojos y miró, había tres hombres parados frente a él. Al ver*los* corrió de la puerta de la tienda a recibirlos, y se postró en tierra, ³y dijo: «Señor mío[1], si ahora he hallado gracia ante sus ojos, le ruego que no pase de largo junto a su siervo. ⁴Que se traiga[1] ahora un poco de agua y lávense ustedes los pies, y reposen[2] bajo el árbol. ⁵Yo traeré[1] un pedazo de pan para que se alimenten[2] y después sigan adelante, puesto que han visitado[3] a su siervo». «Haz así como has dicho», dijeron ellos.

⁶Entonces Abraham fue de prisa a la tienda donde estaba Sara, y dijo: «Apresúrate a preparar[1] 40 litros de flor de harina, amása*la* y haz tortas de pan». ⁷Corrió también Abraham a la vacada y tomó un becerro tierno y de los mejores, y se *lo* dio al criado, que se apresuró a prepararlo. ⁸Tomó también cuajada, leche y el becerro que había preparado, y *lo* puso delante de ellos. Mientras[1] comían, Abraham se quedó de pie junto a ellos bajo el árbol.

⁹Entonces ellos le dijeron: «¿Dónde está Sara tu mujer?». «Allí[1] en la tienda», les respondió. ¹⁰Y *uno de ellos* dijo: «Ciertamente volveré a ti por este tiempo el año próximo[1], y Sara tu mujer tendrá un hijo». Y Sara estaba escuchando a la puerta de la tienda que estaba detrás de él.

¹¹Abraham y Sara eran ancianos, entrados en años[1]. Y a Sara le había cesado ya la costumbre de las mujeres. ¹²Sara se rió para sus adentros, diciendo: «¿Tendré placer después de haber envejecido, siendo también viejo mi señor?».

¹³Y el SEÑOR dijo a Abraham: «¿Por qué se rió Sara, diciendo: "¿Concebiré en verdad[1] siendo yo *tan* vieja?". ¹⁴¿Hay algo demasiado difícil[1] para el SEÑOR? Volveré a ti al tiempo señalado, por este tiempo el año próximo[2], y Sara tendrá un hijo».

¹⁵Pero Sara *lo* negó, porque tuvo miedo, diciendo: «No me reí». «No *es así,* sino que te has reído», le dijo el SEÑOR.

18:1
Cómo se le apareció Dios a Abraham

Dios se le apareció a Abraham de muchas formas. Algunas veces, en sueños o visiones. Otras veces, Dios le hablaba. En unas pocas ocasiones, Dios vino en un cuerpo físico.

18:6
Cuarenta litros

Los ingredientes secos como la harina se calculaban en medidas equivalentes a siete cuartos. Los 40 litros de flor de harina que Sara usó corresponden a tres medidas, es decir, unos veinte kilogramos.

18:14
La gran pregunta de Dios a Abraham

Dios no tenía la intención de que Abraham respondiera a la pregunta: «¿Hay algo demasiado difícil para el SEÑOR?». La respuesta obvia es «no». La risa de Sara demostraba que ella pensaba que era imposible, pero finalmente tuvo un hijo. Dios es todopoderoso y puede hacer cualquier cosa.

17:23 ¹ Lit. *los hombres.*　　18:1 ¹ O *los terebintos.*　　18:3 ¹ U *Oh Señor.* 18:4 ¹ Lit. *Que se tome.*　　² Lit. *apóyense.*　　18:5 ¹ Lit. *tomaré.*　　² Lit. *sustenten su corazón.*　　³ Lit. *venido.*　　18:6 ¹ Lit. *Apresura tres.*　　18:8 ¹ Lit. *y.*　　18:9 ¹ Lit. *He aquí.*　　18:10 ¹ Lit. *cuando el tiempo reviva.*　　18:11 ¹ Lit. *días.*　　18:13 ¹ Lit. *¿Ciertamente en verdad concebiré.*　　18:14 ¹ O *maravilloso.*　　² Lit. *cuando el tiempo reviva.*

ABRAHAM INTERCEDE POR SODOMA Y GOMORRA

16 Entonces los hombres se levantaron de allí, y miraron hacia Sodoma. Abraham iba con ellos para despedirlos. **17** Pero el SEÑOR dijo: «¿Ocultaré a Abraham lo que voy a hacer? **18** Porque ciertamente Abraham llegará a ser una nación grande y poderosa, y en él serán benditas todas las naciones de la tierra. **19** Y Yo lo he escogido¹ para que mande a sus hijos y a su casa después de él que guarden el camino del SEÑOR, haciendo justicia y juicio, para que el SEÑOR cumpla en² Abraham todo lo que Él ha dicho acerca de él».

20 Después el SEÑOR dijo: «El clamor de Sodoma y Gomorra ciertamente es grande, y su pecado es sumamente grave. **21** Descenderé ahora y veré si han hecho en todo conforme a su clamor, el cual ha llegado hasta Mí. Y si no, lo sabré».

22 Entonces los hombres se apartaron de allí y fueron hacia Sodoma, mientras Abraham estaba todavía de pie delante del SEÑOR. **23** Y Abraham se acercó al SEÑOR y dijo: «¿En verdad destruirás al justo junto con el impío? **24** Tal vez haya cincuenta justos dentro de la ciudad. ¿En verdad *la* destruirás y no perdonarás el lugar por amor a los cincuenta justos que hay en ella? **25** Lejos de Ti hacer tal cosa¹: matar al justo con el impío, de modo que el justo y el impío sean *tratados* de la misma manera. ¡Lejos de Ti! El Juez de toda la tierra, ¿no hará justicia²?».

26 Entonces el SEÑOR le respondió: «Si hallo en Sodoma cincuenta justos dentro de la ciudad, perdonaré a todo el lugar por consideración a ellos». **27** Y Abraham respondió: «Ahora que me he atrevido¹ a hablar al Señor, yo que soy polvo y ceniza. **28** Tal vez falten cinco para los cincuenta justos. ¿Destruirás por los cinco a toda la ciudad?». Y el SEÑOR respondió: «No *la* destruiré si hallo allí cuarenta y cinco».

29 *Abraham* le habló de nuevo: «Tal vez se hallen allí cuarenta». Y Él respondió: «No *lo* haré, por consideración a los cuarenta». **30** Entonces *Abraham* dijo: «No se enoje ahora el Señor, y hablaré. Tal vez se hallen allí treinta». «No *lo* haré si hallo allí treinta», respondió el SEÑOR. **31** Y *Abraham* dijo: «Ahora me he atrevido¹ a hablar al Señor. Tal vez se hallen allí veinte». Y Él respondió: «No *la* destruiré por consideración a los veinte». **32** Entonces Abraham dijo: «No se enoje ahora el Señor, y hablaré solo esta vez. Tal vez se hallen allí diez». «No *la* destruiré por consideración a los diez», respondió el SEÑOR. **33** Tan pronto como acabó de hablar con Abraham, el SEÑOR se fue, y Abraham volvió a su lugar.

CORRUPCIÓN DE SODOMA

19 Los dos ángeles llegaron a Sodoma al caer la tarde, cuando Lot estaba sentado a la puerta de Sodoma. Al ver*los,* Lot se levantó para recibirlos y se postró rostro en tierra, **2** y les dijo: «Señores míos, les ruego que entren en¹ la casa de su siervo y pasen *en ella* la noche y laven sus pies. Entonces se levantarán temprano y continuarán su camino».

18:17-19
Dios le mostró sus planes a Abraham
Dios deseaba que Abraham guiara a sus hijos a hacer lo correcto. También le dio la oportunidad de pedir misericordia para la gente de Sodoma y Gomorra.

18:27
El significado de «soy polvo y ceniza»
Esta frase se refiere al hecho de que el cuerpo humano está compuesto por elementos químicos comunes. Por ejemplo, Adán fue creado del polvo de la tierra. La frase nos recuerda lo grande que es Dios y lo pequeños que somos los seres humanos en comparación.

18:27-32
Abraham le ruega a Dios
En un sentido, Abraham estaba negociando con Dios, pero no estaba pidiendo algo para sí mismo de manera egoísta; él le estaba suplicando por el bien de los demás. Estaba orando por la ciudad y por toda persona justa que pudiera hallarse ahí.

18:32
Abraham le pide a Dios que salve a la ciudad por amor a diez justos
Quizás Abraham le pidió por al menos diez porque pensaba que podía haber esa cantidad de personas justas: Lot, su esposa, al menos dos hijas y sus esposos, y probablemente dos hijas solteras. (Ver Génesis 19:12-16).

18:19 ¹ Lit. *conocido.*   ² Lit. *traiga sobre.*   18:25 ¹ Lit. *de esta manera.*
² O *juicio.*   18:27 ¹ Lit. *he comenzado.*   18:31 ¹ Lit. *he comenzado.*
19:2 ¹ Lit. *se desvíen hacia.*

«No», dijeron ellos, «sino que pasaremos la noche en la plaza». **3** Él, sin embargo, les rogó con insistencia, y ellos fueron con[1] él y entraron en su casa. Lot les preparó un banquete y coció pan sin levadura, y comieron.

4 Aún no se habían acostado, cuando los hombres de la ciudad, los hombres de Sodoma, rodearon la casa, tanto jóvenes como viejos, todo el pueblo sin excepción[1]. **5** Y llamaron a Lot, y le dijeron: «¿Dónde están los hombres que vinieron a ti esta noche? Sácalos[1] para que los conozcamos[2]».

6 Entonces Lot salió a ellos a la entrada, y cerró la puerta tras sí, **7** «Hermanos míos, les ruego que no obren perversamente», les dijo Lot. **8** «Miren, tengo dos hijas que no han conocido varón. Permítanme sacarlas a ustedes y hagan con ellas como mejor les parezca[1]. Pero no hagan nada a estos hombres, pues se han amparado bajo[2] mi techo».

9 «¡Hazte a un lado!», dijeron ellos. Y dijeron además: «Este ha venido como extranjero[1], y ya está actuando como juez; ahora te trataremos a ti peor que a ellos». Se lanzaron contra Lot[2] y estaban a punto de romper la puerta, **10** pero los *dos* hombres[1] extendieron la mano y metieron a Lot en la casa con[2] ellos, y cerraron la puerta.

11 Y a los hombres que estaban a la entrada de la casa los hirieron con ceguera desde el menor hasta el mayor, de manera que se cansaban *tratando de* hallar la entrada.

LOT HUYE DE SODOMA

12 Entonces los *dos* hombres dijeron a Lot: «¿A quién más tienes aquí? A *tus* yernos, a tus hijos, a tus hijas y quienquiera que tengas en la ciudad, sáca*los* de este lugar. **13** Porque vamos a destruir este lugar, pues su clamor ha llegado a ser tan grande delante del SEÑOR, que el SEÑOR nos ha enviado a destruirlo».

14 Lot salió y habló a sus yernos que iban a casarse con[1] sus hijas, y dijo: «Levántense, salgan de este lugar porque el SEÑOR destruirá la ciudad». Pero a sus yernos les pareció que[2] bromeaba.

15 Al amanecer, los ángeles apremiaban a Lot, diciendo: «Levántate, toma a tu mujer y a tus dos hijas que están aquí, para que no sean destruidos en el castigo[1] de la ciudad». **16** Pero él titubeaba. Entonces los *dos* hombres los tomaron de la mano, a él, y a su mujer y a sus dos hijas, porque[1] la compasión del SEÑOR *estaba* sobre él. Los sacaron y los pusieron fuera de la ciudad.

17 Cuando los habían llevado fuera, *uno* le dijo: «Huye por tu vida. No mires detrás de ti y no te detengas en ninguna parte del valle[1]. Escapa al monte, no sea que perezcas[2]». **18** «No, por favor, señores míos», les dijo Lot. **19** «Ahora tu siervo ha hallado gracia ante tus ojos, y has engrandecido tu misericordia la cual me has mostrado salvándome la vida. Pero no puedo escapar al monte, no sea que el desastre me

---

19:6-9
Lot fue amable con sus visitantes
Lot no solo invitó a los forasteros a quedarse con él y les dio de comer, sino que también intentó salvarlos de los hombres malvados de la ciudad.

19:14
Los yernos de Lot no escucharon las advertencias
La Biblia dice que ellos pensaron que estaba bromeando. Tal vez no imaginaban que Dios de veras destruiría la ciudad. Al igual que muchos otros, no tomaron a Dios en serio cuando se trataba de la desobediencia y su juicio por el pecado.

19:3 [1] Lit. *se desviaron hacia.* 19:4 [1] Lit. *desde los extremos.* 19:5 [1] Lit. *Sácanoslos.* [2] I.e. *tengamos relaciones sexuales.* 19:8 [1] Lit. *como sea bueno a sus ojos.* [2] Lit. *a la sombra de.* 19:9 [1] Lit. *a peregrinar.* [2] Lit. *el hombre, contra Lot.* 19:10 [1] I.e. *los ángeles.* [2] Lit. *hacia.* 19:14 [1] O *se habían casado con;* lit. *estaban tomando.* [2] Lit. *como uno que.* 19:15 [1] O *la iniquidad.* 19:16 [1] Lit. *en.* 19:17 [1] Lit. *en todo el círculo.* [2] Lit. *seas destruido.*

alcance, y muera. **20** Mira, esta ciudad está *bastante* cerca para huir a ella, y es pequeña. Te ruego que me dejes huir allá (¿acaso no es pequeña?) para salvar mi vida[1]». **21** Y él le respondió: «Bien, te concedo también esta petición[1] de no destruir la ciudad de que has hablado. **22** Date prisa, escapa allá, porque nada puedo hacer hasta que llegues allí». Por eso el nombre que se le puso a la ciudad fue Zoar[1].

DESTRUCCIÓN DE SODOMA Y GOMORRA

23 El sol había salido sobre la tierra cuando Lot llegó a Zoar. **24** Entonces el SEÑOR hizo llover azufre y fuego sobre Sodoma y Gomorra, de parte del SEÑOR desde los cielos. **25** Él destruyó aquellas ciudades y todo el valle[1] y todos los habitantes de las ciudades y *todo* lo que crecía en la tierra. **26** Pero la mujer de Lot[1], *que iba* tras él, miró *hacia atrás* y se convirtió en una columna de sal.

27 Abraham se levantó muy de mañana, *y fue* al sitio donde había estado delante del SEÑOR. **28** Dirigió la vista hacia

19:24
Sobre la ciudad cayó azufre y fuego
Debe haber sido un terremoto que lanzó asfalto sobre la ciudad. El azufre y el asfalto todavía se encuentran en la zona donde estaban ubicadas Sodoma y Gomorra.

19:20 [1] Lit. *y vivirá mi alma.*   19:21 [1] Lit. *cosa.*   19:22 [1] I.e. Pequeña.
19:25 [1] Lit. *círculo,* y así en los vers. 28 y 29.   19:26 [1] Lit. *su mujer.*

EL SOBRINO PROBLEMÁTICO
Génesis 13–19

Lot no es un sobrino ideal para Abraham. La corta visión y el egoísmo de Lot les ocasionaron problemas a ambos.

LOS PROBLEMAS DE LOT:

Elige la mejor tierra en vez de dejar que su tío mayor escogiera primero.
13:5–11

Intencionalmente habita en la ciudad malvada de Sodoma.
13:12–13

Se convierte en un prisionero de guerra y necesita ser rescatado por Abraham.
14:8–16

Sigue viviendo en una ciudad malvada que Dios está a punto de destruir, aunque Abraham intercede a su favor.
18:20–32

Ofrece a sus hijas cuando los hombres de Sodoma tratan de violar a los ángeles que son sus visitantes.
19:1–11

Duda cuando los ángeles le dicen que él y su familia tienen que huir de Sodoma.
19:12–22

Se emborracha y tiene hijos con sus dos hijas.
19:30–38

19:26
La esposa de Lot se convirtió en una columna de sal

A Lot y su esposa les resultó difícil dejar el hogar. Cuando tuvieron que salir de la ciudad, Lot quería quedarse en una ciudad cercana. Su esposa desobedeció las instrucciones de Dios (19:17) y echó un último vistazo al hogar que estaba dejando atrás. Si se hubiera mantenido mirando hacia adelante, habría vivido.

© JPRichard/Shutterstock

19:29
Lot se salva
Dios respondió la oración de Abraham de que Lot fuera salvado.

20:2
Abraham vuelve a mentir sobre su esposa
Abraham cayó en el viejo hábito de mentir (ver Génesis 12:13). Hasta las personas que tienen una fe fuerte pueden cometer errores. Abraham estaba tratando de salir de una situación difícil por sus propios medios en vez de confiar en Dios.

20:3-7
Dios le advierte a Abimelec
La deshonestidad de Abraham llevó a Abimelec a tomar a Sara como esposa. Debido a que sus motivaciones eran inocentes, Dios le habló a Abimelec en un sueño. Ese sueño fue tan poderoso como para convencerlo de clamar su inocencia ante Dios, devolverle la mujer a su esposo, y darle algunos regalos a Abraham.

Sodoma y Gomorra y hacia toda la tierra del valle y miró; y el humo ascendía de la tierra como el humo de un horno. **29** Pero cuando Dios destruyó las ciudades del valle, se acordó de Abraham e hizo salir¹ a Lot de en medio de la destrucción, cuando destruyó las ciudades donde había habitado Lot.

MOAB Y AMÓN

30 Lot subió de Zoar y habitó en los montes¹, y sus dos hijas con él, pues tenía miedo de quedarse² en Zoar. Y habitó en una cueva, él y sus dos hijas. **31** Entonces la mayor dijo a la menor: «Nuestro padre es viejo y no hay ningún hombre en el país que se llegue a nosotras según la costumbre de toda la tierra. **32** Ven, hagamos que beba vino nuestro padre, y acostémonos con él para preservar nuestra familia por medio¹ de nuestro padre». **33** Aquella noche hicieron que su padre bebiera vino, y la mayor entró y se acostó con su padre, y él no supo cuando ella se acostó ni cuando se levantó.

34 Al día siguiente la mayor dijo a la menor: «Mira, anoche yo me acosté con mi padre. Hagamos que beba vino esta noche también, y entonces entra tú y acuéstate con él, para preservar nuestra familia por medio¹ de nuestro padre». **35** De manera que también aquella noche hicieron que su padre bebiera vino, y la menor se levantó y se acostó con él, y él no supo cuando ella se acostó ni cuando se levantó. **36** Así las dos hijas de Lot concibieron de su padre.

37 Y la mayor dio a luz un hijo, y lo llamó Moab. Él es el padre de los moabitas hasta hoy. **38** En cuanto a la menor, también ella dio a luz un hijo, y lo llamó Ben-Ammi. Él es el padre de los amonitas¹ hasta hoy.

ABRAHAM Y ABIMELEC

20 Abraham salió de donde estaba hacia la tierra del Neguev¹, y se estableció² entre Cades y Shur. Entonces estuvo por un tiempo en Gerar. **2** Abraham decía de Sara su mujer: «Es mi hermana». Entonces Abimelec, rey de Gerar, envió y tomó a Sara. **3** Pero Dios vino a Abimelec en un sueño de noche, y le dijo: «Tú eres hombre muerto por razón de la mujer que has tomado, pues está casada¹».

4 Pero Abimelec no se había acercado a ella, y dijo: «Señor, ¿destruirás¹ a una nación aunque *sea* inocente²? **5** ¿No me dijo él mismo: "Es mi hermana"? Y ella también dijo: "Es mi hermano". En la integridad de mi corazón y con manos inocentes¹ yo he hecho esto».

19:29 ¹ Lit. *y envió.*   19:30 ¹ Lit. *el monte.*   ² Lit. *habitar.*   19:32 ¹ Lit. *preservar simiente.*   19:34 ¹ Lit. *preservar simiente.*   19:38 ¹ Lit. *los hijos de Amón;* heb. *Bene-Ammon.*   20:1 ¹ I.e. *región del sur.*   ² Lit. *habitó.*   20:3 ¹ Lit. *casada con marido.*   20:4 ¹ Lit. *matarás.*   ² Lit. *justa.*   20:5 ¹ Lit. *en la inocencia de mis palmas.*

6 Entonces Dios le dijo en el sueño: «Sí, Yo sé que en la integridad de tu corazón has hecho esto. Y además, Yo te guardé[1] de pecar contra mí, por eso no te dejé que la tocaras. **7** Ahora pues, devuelve la mujer al marido, porque él es profeta y orará por ti, y vivirás. Pero si no *la* devuelves, sabe que de cierto morirás, tú y todos los tuyos».

8 Abimelec se levantó muy de mañana, llamó a todos sus siervos y relató todas estas cosas a oídos de ellos; y los hombres se atemorizaron en gran manera. **9** Entonces Abimelec llamó a Abraham, y le dijo: «¿Qué nos has hecho? ¿Y *en* qué he pecado contra ti, para que hayas traído sobre mí y sobre mi reino un pecado tan grande? Me has hecho cosas[1] que no se deben hacer». **10** Abimelec añadió a Abraham: «¿Qué has hallado[1] para que hayas hecho esto?».

11 Y Abraham respondió: «Porque *me* dije: Sin duda no hay temor de Dios en este lugar, y me matarán por causa de mi mujer. **12** Además, en realidad es mi hermana, hija de mi padre, pero no hija de mi madre. Ella vino a ser mi mujer. **13** Cuando Dios me hizo salir errante de la casa de mi padre, yo le dije a ella: "Este es el favor[1] que me harás: a cualquier lugar que vayamos, dirás de mí: 'Es mi hermano'"».

14 Entonces Abimelec tomó ovejas y vacas, siervos y siervas, y se los dio a Abraham, y le devolvió a Sara su mujer. **15** Y le dijo Abimelec: «Mi tierra está delante de ti. Habita donde quieras[1]». **16** A Sara *le* dijo: «Mira, he dado a tu hermano 1,000 monedas de plata. Esta es tu vindicación delante[1] de todos los que están contigo, y ante todos quedas vindicada». **17** Abraham oró a Dios, y Dios sanó a Abimelec, a su mujer y a sus siervas, y tuvieron hijos. **18** Porque el SEÑOR había cerrado completamente toda matriz en la casa de Abimelec por causa de Sara, mujer de Abraham.

NACIMIENTO DE ISAAC

21 Entonces el SEÑOR prestó atención a Sara como había dicho, e hizo el SEÑOR por Sara como había prometido[1]. **2** Sara concibió y dio a luz un hijo a Abraham en su vejez, en el tiempo señalado que Dios le había dicho. **3** Abraham le puso el nombre de Isaac al hijo que le nació, que le dio Sara.

4 A los ocho días Abraham circuncidó a su hijo Isaac, como Dios le había mandado. **5** Abraham *tenía* 100 años cuando le nació su hijo Isaac.

6 Sara dijo: «Dios me ha hecho reír[1]; cualquiera que lo oiga se reirá conmigo[2]». **7** Y añadió: «¿Quién le hubiera dicho a Abraham que Sara amamantaría hijos? Pues bien, le he dado un hijo en su vejez».

AGAR E ISMAEL EXPULSADOS

8 El niño creció y fue destetado, y Abraham hizo un gran banquete el día que Isaac fue destetado. **9** Pero Sara vio al hijo que Agar la egipcia le había dado a Abraham burlándose de[1]

20:6 [1] Lit. *detuve.*   20:9 [1] Lit. *acciones.*   20:10 [1] Lit. *visto.*   20:13 [1] Lit. *Esta es tu bondad.*   20:15 [1] Lit. *donde sea bueno a tus ojos.*   20:16 [1] Lit. *es para ti un velo para los ojos.*   21:1 [1] Lit. *hablado.*   21:6 [1] Lit. *Dios ha hecho risa para mí.* [2] Lit. *por mí.*   21:9 [1] O *jugando con.*

20:7
Abraham, un profeta
Dios le llamó profeta a Abraham. Un profeta bíblico era principalmente un predicador de la voluntad de Dios. El Señor le contaba sus planes, y Abraham les mostraba a las futuras generaciones la importancia de creer y confiar en Dios.

20:16
Por qué Abimelec le dio dinero a Abraham
Abimelec probablemente esperaba que el dinero demostrara que él no había tenido intenciones de causar daño o vergüenza. Esta era su manera de disculparse por su error. También debe haber esperado que el regalo le concediera favor con Abraham y su Dios.

21:4
Por qué fue circuncidado Isaac
Abraham estaba obedeciendo el mandamiento de Dios de que todos los varones de su casa debían ser circuncidados. (Ver Génesis 17:10).

21:8
Abraham hizo un banquete cuando Isaac fue destetado
En los tiempos de la antigüedad, el destete era un logro importante. (Destetar es cuando la madre deja de darle su leche a un niño y comienzan a alimentarlo como un adulto). Si un niño vivía hasta la edad de ser destetado, entonces se esperaba que sobreviviera hasta la adultez. Como Isaac era el hijo prometido, esta era una razón para que Abraham y Sara celebraran.

su hijo Isaac². **10** Por eso le dijo a Abraham: «Echa fuera a esta sierva y a su hijo, porque el hijo de esta sierva no ha de ser heredero junto con mi hijo Isaac¹».

11 El asunto angustió a Abraham en gran manera¹ por tratarse de su hijo. **12** Pero Dios dijo a Abraham: «No te angusties¹ por el muchacho ni por tu sierva. Presta atención a² todo lo que Sara te diga, porque por Isaac será llamada tu descendencia³. **13** También del hijo de la sierva haré una nación, por ser tu descendiente¹».

14 Se levantó, pues, Abraham muy de mañana, tomó pan y un odre de agua y *los* dio a Agar poniéndo*selos* sobre el hombro, y *le dio* el muchacho y la despidió. Y ella se fue y anduvo errante por el desierto de Beerseba. **15** Cuando el agua del odre se acabó, ella dejó¹ al muchacho debajo de uno de los arbustos. **16** Entonces ella fue y se sentó enfrente, como a un tiro de arco de distancia, porque dijo: «Que no vea yo morir al¹ niño». Y se sentó enfrente y alzó su voz y lloró.

17 Dios oyó la voz del muchacho *que lloraba*; y el ángel de Dios llamó a Agar desde el cielo, y le dijo: «¿Qué tienes, Agar? No temas, porque Dios ha oído la voz del muchacho en donde está. **18** Levántate, alza al muchacho y sostenlo con tu mano, porque Yo haré de él una gran nación».

19 Entonces Dios abrió los ojos de ella, y vio un pozo de agua. Fue y llenó el odre de agua y dio de beber al muchacho. **20** Dios estaba con el muchacho, que creció y habitó en el desierto y se hizo arquero. **21** Y habitó en el desierto de Parán, y su madre tomó para él una mujer de la tierra de Egipto.

PACTO ENTRE ABRAHAM Y ABIMELEC

22 Aconteció por aquel tiempo que Abimelec, con¹ Ficol, jefe de su ejército, habló a Abraham: «Dios está contigo en todo lo que haces. **23** Ahora pues, júrame aquí por Dios que no obrarás falsamente conmigo, ni con mi descendencia, ni con mi posteridad, sino que conforme a la bondad que te he mostrado, así me mostrarás a mí y a la tierra en la cual has residido». **24** «Yo lo juro», le dijo Abraham.

25 Pero Abraham se quejó¹ a Abimelec a causa de un pozo de agua del cual los siervos de Abimelec se habían apoderado. **26** Y Abimelec dijo: «No sé quién haya hecho esto, ni tú me lo habías hecho saber, ni yo lo había oído hasta¹ hoy». **27** Abraham tomó ovejas y vacas y se los dio a Abimelec, y los dos hicieron un pacto.

28 Entonces Abraham puso aparte siete corderas del rebaño. **29** Abimelec dijo a Abraham: «¿Qué significan estas siete corderas que has puesto aparte?». **30** Y Abraham respondió: «Tomarás estas siete corderas de mi mano para que esto me sirva de testimonio de que yo cavé este pozo». **31** Por lo cual llamó aquel lugar Beerseba¹, porque allí juraron los dos.

21:13
Dios proveyó para Ismael y Agar
Aunque Dios cumpliría su promesa a Abraham a través de su hijo Isaac, le mostró amor y misericordia a Abraham cuidando a su otro hijo, Ismael, y prometiéndole que él también sería bendecido.

21:27-30
Por qué las personas regalaban animales
En los tiempos antiguos no existían los acuerdos por escrito. En cambio, como no había cortes de justicia ni policías o abogados, las personas cerraban sus acuerdos dándose regalos valiosos, como los animales.

² Así en la versión gr. (sept.); el T.M. omite: *de su hijo Isaac.* 21:10 ¹ Lit. *con mi hijo, con Isaac.* 21:11 ¹ Lit. *fue muy gravoso en los ojos de Abraham.* 21:12 ¹ Lit. *No sea esto gravoso a tus ojos.* ² Lit. *oye su voz en.* ³ Lit. *simiente.* 21:13 ¹ Lit. *simiente.* 21:15 ¹ Lit. *echó.* 21:16 ¹ Lit. *la muerte del.* 21:22 ¹ Lit. *y.* 21:25 ¹ Lit. *reconvino.* 21:26 ¹ Lit. *excepto.* 21:31 ¹ I.e. *Pozo del Juramento.*

32 Hicieron, pues, un pacto en Beerseba. Se levantó Abimelec con Ficol, jefe de su ejército, y regresaron a la tierra de los filisteos. **33** Abraham plantó un tamarisco en Beerseba, y allí invocó el nombre del SEÑOR, el Dios eterno. **34** Y peregrinó Abraham en la tierra de los filisteos por muchos días.

DIOS PRUEBA A ABRAHAM

22 Aconteció que después de estas cosas, Dios probó a Abraham, y le dijo: «¡Abraham!». Y él respondió: «Aquí estoy». **2** Y *Dios* dijo: «Toma ahora a tu hijo, tu único, a quien amas, a Isaac, y ve a la tierra de Moriah, y ofrécelo allí en holocausto sobre uno de los montes que Yo te diré». **3** Abraham se levantó muy de mañana, aparejó su asno y tomó con él a dos de sus criados y a su hijo Isaac. También partió leña para el holocausto, y se levantó y fue al lugar que Dios le había dicho.

4 Al tercer día alzó Abraham los ojos y vio el lugar de lejos. **5** Entonces Abraham dijo a sus criados: «Quédense aquí con el asno. Yo y el muchacho iremos hasta allá, adoraremos y volveremos a ustedes». **6** Tomó Abraham la leña del holocausto y la puso sobre Isaac su hijo, y tomó en su mano el fuego y el cuchillo. Y los dos iban juntos.

7 Isaac habló a su padre Abraham: «Padre mío». Y él respondió: «Aquí estoy, hijo mío». «Aquí están el fuego y la leña», dijo Isaac, «pero ¿dónde está el cordero para el holocausto?». **8** Y Abraham respondió: «Dios proveerá[1] para Sí el cordero para el holocausto, hijo mío». Y los dos iban juntos.

9 Llegaron al lugar que Dios le había dicho y Abraham edificó allí el altar, arregló la leña, ató a su hijo Isaac y lo puso en el altar sobre la leña. **10** Entonces Abraham extendió su mano y tomó el cuchillo para sacrificar a su hijo. **11** Pero el ángel del SEÑOR lo llamó desde el cielo y dijo: «¡Abraham, Abraham!». Y él respondió: «Aquí estoy». **12** Y *el ángel* dijo: «No extiendas tu mano contra el muchacho, ni le hagas nada. Porque ahora sé que temes[1] a Dios, ya que no me has rehusado[2] tu hijo, tu único».

13 Entonces Abraham alzó los ojos y miró, y *vio* un carnero detrás *de él* trabado por los cuernos en un matorral. Abraham fue, tomó el carnero y lo ofreció en holocausto en lugar de su hijo. **14** Y Abraham llamó aquel lugar con el nombre de El SEÑOR Proveerá[1], como se dice hasta hoy: «En el monte del SEÑOR se proveerá[2]».

15 El ángel del SEÑOR llamó a Abraham por segunda vez desde el cielo, **16** y le dijo: «Por Mí mismo he jurado», declara el SEÑOR, «que por cuanto has hecho esto y no me has rehusado[1] tu hijo, tu único, **17** de cierto te bendeciré grandemente, y multiplicaré en gran manera tu descendencia[1] como las estrellas del cielo y como la arena en la orilla del mar, y tu descendencia poseerá la puerta de sus enemigos.

22:1-2
Por qué Dios le dijo a Abraham que sacrificara a su hijo
Dios sometió a Abraham a una prueba muy difícil para que demostrara su fe y su compromiso con Dios. Naturalmente, Abraham no quería sacrificar a su hijo, que representaba la promesa de Dios, pero le respondió al Señor como lo hace un siervo cuando le dijo: «Aquí estoy».

© Irmhild B./Shutterstock

22:8
Abraham cuidaba de Isaac y su fe era muy grande
Abraham estaba demostrando lo grande que era su fe en Dios. Él creía que Dios podía cumplir la promesa que le había hecho. Abraham verdaderamente creía que Dios podía proveer un sustituto, o incluso resucitar a Isaac de la muerte. (Ver Hebreos 11:19).

22:16
Esta historia señala a Jesús
Esta es la primera vez que se menciona en la Biblia la sustitución de una vida por otra. Así como el carnero murió en lugar de Isaac, Jesús dio su vida por muchos. La disposición de Abraham a sacrificar a su hijo apunta a Dios enviando a su Hijo como un sacrificio.

22:8 [1] Lit. *verá*.   22:12 [1] O *reverencias*.   [2] O *negado*.   22:14 [1] Heb. *YHWH-yireh*.
[2] Lit. *se verá*.   22:16 [1] O *negado*.   22:17 [1] Lit. *simiente*.

ABRAHAM PASA LA PRUEBA

Génesis 22

Después de esperar muchos años para tener un heredero, Dios prueba la fe de Abraham pidiéndole que entregue lo que su corazón atesora más: su hijo.

Dios le dice a Abraham que lleve a Isaac a la tierra de Moriah para sacrificarlo.

Abraham e Isaac emprenden el camino de tres días; Abraham les pide a sus criados que esperen, que él e Isaac regresarían.

Isaac le pregunta a su padre dónde estaba el cordero para el sacrificio; Abraham le responde que Dios lo proveería.

Abraham edifica un altar, ata a Isaac y lo pone sobre este.

Cuando Abraham levanta el cuchillo para matar a Isaac, un ángel lo detiene y le dice que ha demostrado temer a Dios.

Abraham ve un carnero trabado en un arbusto y lo sacrifica en lugar de Isaac.

Abraham nombra al lugar «El Señor Proveerá».

Dios le promete nuevamente a Abraham darle una numerosa descendencia.

18 En tu simiente serán bendecidas[1] todas las naciones de la tierra, porque tú has obedecido Mi voz».

19 Entonces Abraham volvió a sus criados, y se levantaron y fueron juntos a Beerseba. Y habitó Abraham en Beerseba.

LA FAMILIA DE REBECA

20 Después de estas cosas, le dieron noticia a Abraham, diciendo: «Milca también[1] le ha dado hijos a tu hermano Nacor: **21** Uz su primogénito, Buz su hermano, y Kemuel, padre de Aram, **22** Quesed, Hazo, Pildas, Jidlaf y Betuel». **23** Y Betuel fue el padre de Rebeca. Estos ocho *hijos* dio a luz Milca a Nacor, hermano de Abraham. **24** También su concubina, de nombre Reúma, dio a luz a Teba, a Gaham, a Tahas y a Maaca.

MUERTE Y SEPULTURA DE SARA

23 Sara vivió[1] 127 años. *Estos fueron los* años de la vida de Sara. **2** Sara murió en Quiriat Arba, que es Hebrón, en la tierra de Canaán. Abraham fue[1] a hacer duelo por Sara y a llorar por ella.

3 Después Abraham dejó a su[1] difunta, y habló a los hijos de Het: **4** «Yo soy extranjero y peregrino entre ustedes; denme en propiedad[1] una sepultura entre ustedes, para que pueda sepultar a mi difunta *y separarla* de delante de mí». **5** Los hijos de Het le respondieron a Abraham: **6** «Escúchenos, señor nuestro[1]: usted es un príncipe poderoso[2] entre nosotros. Sepulte a su difunta en el mejor de nuestros sepulcros, *pues* ninguno de nosotros le negará su sepulcro para que sepulte a su difunta».

7 Abraham se levantó e hizo una reverencia al pueblo de aquella[1] tierra, los hijos de Het, **8** y habló con ellos: «Si es su voluntad[1] que yo sepulte aquí a mi difunta *separándola* de delante de mí, escúchenme e intercedan por mí con Efrón, hijo de Zohar, **9** para que me dé la cueva de Macpela que le pertenece, que está al extremo de su campo. Que en presencia[1] de ustedes me la dé por un precio justo en posesión para una sepultura».

10 Efrón estaba sentado entre los hijos de Het. Y Efrón, el hitita, respondió a Abraham

---

22:18 [1] O a sí mismas se bendecirán.   22:20 [1] Lit. *ella también.*   23:1 [1] Lit. *la vida de Sara fue.* 23:2 [1] O *procedió.*   23:3 [1] Lit. *su.*   23:4 [1] Lit. *denme la posesión de.*   23:6 [1] Lit. *mío.*   [2] Lit. *de Dios.*   23:7 [1] Lit. *la.*   23:8 [1] Lit. *alma.*   23:9 [1] Lit. *medio.*

a oídos de los hijos de Het y de todos los que entraban por la puerta de su ciudad: [11] «No, señor mío, escúcheme. Le doy el campo y le doy la cueva que está en él. A la vista de los hijos de mi pueblo se lo doy. Sepulte a su difunta».

[12] Entonces Abraham se inclinó delante del pueblo de aquella[1] tierra, [13] y a oídos del pueblo de aquella[1] tierra le habló a Efrón: «Le ruego que me oiga. Le daré el precio del campo. Acépte*lo* de mí, para que pueda sepultar allí a mi difunta».

[14] Efrón respondió a Abraham: [15] «Señor mío, escúcheme: una tierra que vale 400 siclos (4.56 kilos) de plata, ¿qué es eso entre usted y yo? Sepulte, pues, a su difunta». [16] Abraham escuchó a Efrón. Y Abraham pesó la plata que *este* había mencionado a oídos de los hijos de Het: 400 siclos de plata, medida comercial[1].

[17] Así el campo de Efrón que está en Macpela, frente a Mamre, el campo y la cueva que hay en él, y todos los árboles en el campo dentro de sus confines[1], fueron cedidos [18] a Abraham en propiedad a la vista de los hijos de Het, delante de todos los que entraban por la puerta de su ciudad. [19] Después de esto, Abraham sepultó a Sara su mujer en la cueva del campo de Macpela frente a Mamre, es decir, Hebrón, en la tierra de Canaán. [20] El campo y la cueva que hay en él fueron cedidos a Abraham en posesión para una sepultura por los hijos de Het.

ABRAHAM BUSCA ESPOSA PARA ISAAC

24 Abraham era viejo, entrado en años[1]; y el SEÑOR había bendecido a Abraham en todo. [2] Y Abraham dijo a su siervo, el más viejo de su casa, que era mayordomo de todo lo que poseía: «Te ruego que pongas tu mano debajo de mi muslo, [3] y te haré jurar por el SEÑOR, Dios de los cielos y Dios de la tierra, que no tomarás mujer para mi hijo de las hijas de los cananeos, entre los cuales yo habito, [4] sino que irás a mi tierra y a mis parientes, y tomarás mujer para mi hijo Isaac».

[5] Y el siervo le dijo: «Tal vez la mujer no quiera seguirme a esta tierra. ¿Debo volver y llevar a su hijo a la tierra de donde usted vino?». [6] «De ningún modo debes llevar allá a mi hijo», le respondió Abraham. [7] «El SEÑOR, Dios de los cielos, que me tomó de la casa de mi padre y de la tierra donde nací, y que me habló y me juró, diciendo: "A tu descendencia[1] daré esta tierra", Él mandará Su ángel delante de ti, y tomarás de allí mujer para mi hijo. [8] Si la mujer no quiere seguirte, quedarás libre de este mi juramento. Solo que no lleves allá a mi hijo».

[9] El siervo puso la mano debajo del muslo de Abraham su señor, y le juró sobre este asunto.

REBECA ES ESCOGIDA

[10] Entonces el siervo tomó diez camellos de entre los camellos de su señor, y partió con toda clase de bienes de su señor en su mano; se levantó y fue a Mesopotamia[1], a

22:16-18
Dios le repite sus promesas a Abraham
Dios honró la obediencia de Abraham haciendo el juramento más poderoso posible: juró por su propio nombre. Él renovó las promesas hechas a Abraham, incluyendo esa de que todas las naciones serían benditas a través de su descendiente, Jesús.

23:15
Cuatrocientos siclos de plata
Un siclo era una medida de peso. Los cuatrocientos siclos deben haber pesado alrededor de diez libras (4.5 kilogramos). El término *siclo* también se usa para referirse a la moneda en el Israel moderno.

Z. Radovan/www.BibleLandPictures.com

23:17-18
Abraham le compró una cueva a Efrón para enterrar a Sara
Como los acuerdos no se solían hacer por escrito, los hombres tenían que cerrar el convenio en las puertas principales de la ciudad, con muchos testigos observando. Si alguna de las partes trataba de romper el contrato, los ciudadanos podían ser llamados como testigos.

24:2
El apretón de manos antiguo
Abraham le dijo a su siervo que pusiera una mano debajo de su muslo. Esto debe haber sido una costumbre antigua que demostraba la confianza que él tenía en el juramento realizado. (Ver Génesis 47:29).

23:12 [1] Lit. *la*.   23:13 [1] Lit. *la*.   23:16 [1] Lit. *peso corriente según el mercader*.
23:17 [1] Lit. *en todos sus límites en derredor*.   24:1 [1] Lit. *días*.   24:7 [1] Lit. *simiente*.
24:10 [1] I.e. *Aram de los dos ríos*.

24:4
Abraham quería que Isaac se casara con alguien de la familia

Abraham deseaba que Isaac se casara con alguien dentro de su mismo grupo familiar, lo cual era algo normal en esos días. Tal vez Abraham no quería que Isaac se casara con alguien que adorara a dioses falsos.

24:6-8
Abraham no quería que Isaac regresara a su tierra natal

Dios les había prometido a Abraham y su familia que heredarían la tierra de Canaán. Enviar a Isaac a su tierra natal de nuevo no era parte del plan de Dios.

24:14
El siervo de Abraham le pidió una señal a Dios

El siervo tenía que tomar una gran decisión por Isaac: encontrarle una esposa. Para eso le pidió a Dios que le mostrara claramente quién era la mujer correcta.

24:15
Rebeca era pariente de Isaac

Rebeca era la nieta del tío de Isaac.

24:19-20
Rebeca fue amable con el siervo de Abraham

El siervo solo le pidió un poco de agua, pero Rebeca trajo agua para él y sus diez camellos. Estos animales pueden beber mucha cantidad de agua, así que este era un gran trabajo.

la ciudad de Nacor. **11** El siervo hizo que se arrodillaran los camellos fuera de la ciudad, junto al pozo de agua, al atardecer, a la hora en que las mujeres salen por agua, **12** y dijo: «Oh SEÑOR, Dios de mi señor Abraham, te ruego que me des éxito[1] hoy, y que tengas misericordia de mi señor Abraham. **13** Yo estoy de pie aquí junto a la fuente de agua, y las hijas de los hombres de la ciudad salen para sacar agua. **14** Que sea la joven a quien yo diga: "Por favor, baje su cántaro para que yo beba", y que responda: "Beba, y también daré de beber a sus camellos", la que Tú has designado para Tu siervo Isaac. Por ello sabré que has mostrado misericordia a mi señor».

15 Y sucedió que antes de haber terminado de hablar, Rebeca, hija de[1] Betuel, hijo de Milca, mujer de Nacor, hermano de Abraham, salió con el cántaro sobre su hombro. **16** La joven era muy hermosa, virgen, ningún hombre la había conocido. Bajó ella a la fuente, llenó su cántaro y subió. **17** Entonces el siervo corrió a su encuentro, y le dijo: «Le ruego que me dé a beber un poco de agua de su cántaro». **18** «Beba, señor mío», le dijo ella. Y enseguida bajó el cántaro a su mano, y le dio de beber. **19** Cuando había terminado de darle de beber, dijo: «Sacaré también para sus camellos hasta que hayan terminado de beber». **20** Rápidamente vació el cántaro en el abrevadero, y corrió otra vez a la fuente para sacar *agua*, y sacó para todos sus camellos. **21** Entretanto el hombre la observaba en silencio[1], para saber si el SEÑOR había dado éxito o no a su viaje.

22 Cuando los camellos habían terminado de beber, el hombre tomó un anillo de oro que pesaba medio siclo[1] (5.7 gramos), y dos brazaletes[2] que pesaban diez siclos (114 gramos) de oro. **23** Y le preguntó: «¿De quién es hija? Dígame, le ruego, ¿hay en la casa de su padre lugar para hospedarnos?». **24** Ella le respondió: «Soy hija de Betuel, el hijo que Milca dio a Nacor». **25** También le dijo: «Tenemos suficiente paja y forraje, y lugar para hospedarse».

26 Entonces el hombre se postró y adoró al SEÑOR, **27** y dijo: «Bendito sea el SEÑOR, Dios de mi señor Abraham, que no ha dejado de mostrar Su misericordia y Su fidelidad hacia mi señor. El SEÑOR me ha guiado en el camino a la casa de los hermanos de mi señor».

REBECA CONFIRMA SU ELECCIÓN

28 La joven corrió y contó estas cosas a los de la casa de su madre. **29** Rebeca tenía un hermano que se llamaba Labán, y Labán salió corriendo hacia el hombre a la fuente. **30** Cuando Labán vio el anillo y los brazaletes en las manos de su hermana, y oyó las palabras de su hermana Rebeca, que le contó: «Esto es lo que el hombre me dijo[1]», *Labán* fue al hombre, que estaba con los camellos junto a la fuente,

24:12 [1] Lit. *haz que suceda para mí.*   24:15 [1] Lit. *que había nacido a.*   24:21 [1] Lit. *guardando silencio.*   24:22 [1] Heb. *becá;* aprox. 5.7 gramos.   [2] Lit. *dos brazaletes para sus manos.*   24:30 [1] Lit. *Así me dijo el hombre.*

³¹ y le dijo: «Entra, bendito del SEÑOR. ¿Por qué estás afuera? Yo he preparado la casa y un lugar para los camellos». ³² Entonces el hombre entró en la casa, y Labán descargó los camellos y les dio¹ paja y forraje, y *trajo* agua para que se lavaran los pies, él y los hombres que estaban con él. ³³ Pero cuando *la comida* fue puesta delante de él para que comiera, dijo: «No comeré hasta que haya dicho el propósito¹ *de mi viaje*». «Habla», le dijo Labán. ³⁴ «Soy siervo de Abraham», comenzó a decir. ³⁵ «Y el SEÑOR ha bendecido en gran manera a mi señor, que se ha enriquecido¹. Le ha dado ovejas y vacas, plata y oro, siervos y siervas, camellos y asnos. ³⁶ Sara, la mujer de mi señor, le dio un hijo a mi señor en su vejez¹; y mi señor le ha dado a él todo lo que posee.

³⁷ »Mi señor me hizo jurar: "No tomarás mujer para mi hijo de entre las hijas de los cananeos, en cuya tierra habito, ³⁸ sino que irás a la casa de mi padre y a mis parientes, y tomarás mujer para mi hijo". ³⁹ Yo dije a mi señor: "Tal vez la mujer no quiera seguirme". ⁴⁰ Y él me respondió: "El SEÑOR, delante de quien he andado, enviará Su ángel contigo para dar éxito a tu viaje, y tomarás mujer para mi hijo de entre mis parientes y de la casa de mi padre. ⁴¹ Entonces cuando llegues a mis parientes quedarás libre de mi juramento; y si ellos no te la dan, también quedarás libre de mi juramento".

⁴² »Hoy llegué a la fuente, y dije: "Oh SEÑOR, Dios de mi señor Abraham, si ahora quieres, Tú puedes dar éxito a mi viaje en el cual ando. ⁴³ Yo estoy parado aquí junto a la fuente de agua. Que la doncella que salga a sacar *agua,* y a quien yo diga: 'Le ruego que me dé a beber un poco de agua de su cántaro', ⁴⁴ y ella me diga, 'Beba, y también sacaré para sus camellos', que sea ella la mujer que el SEÑOR ha designado para el hijo de mi señor".

⁴⁵ »Antes de que yo hubiera terminado de hablar en mi corazón, Rebeca salió con su cántaro al hombro, y bajó a la fuente y sacó *agua,* y yo le dije: "Le ruego que me dé de beber". ⁴⁶ Y ella enseguida bajó el cántaro de su *hombro,* y dijo: "Beba, y daré de beber también a sus camellos"; de modo que bebí, y ella dio de beber también a los camellos.

⁴⁷ »Entonces le pregunté¹: "¿De quién es hija?". Y ella contestó: "*Soy* hija de Betuel, hijo de Nacor, que le dio a luz Milca"; y puse el anillo en su nariz, y los brazaletes en sus manos. ⁴⁸ Y me postré y adoré al SEÑOR, y bendije al SEÑOR, Dios de mi señor Abraham, que me había guiado por camino verdadero para tomar la hija del pariente¹ de mi señor para su hijo. ⁴⁹ Ahora pues, si han de mostrar bondad y sinceridad con mi señor, díganmelo; y si no, díganmelo *también,* para que vaya yo a la mano derecha o a la izquierda».

⁵⁰ Labán y Betuel respondieron: «Del SEÑOR ha salido esto. No podemos decir *que está* mal ni *que está* bien. ⁵¹ Mira, Rebeca está delante de ti, tóma*la* y vete, y que sea ella la mujer del hijo de tu señor, como el SEÑOR ha dicho». ⁵² Cuando el

24:22
El sirviente le entregó a Rebeca algunas joyas
Es probable que el anillo de oro y los brazaletes fueran una señal de que él estaba ahí para arreglar un matrimonio.

Z. Radovan/www.BibleLandPictures.com

24:22
Medio siclo
Medio siclo (un becá) es una medida de peso equivalente a unos 5.7 gramos.

24:34-49
Por qué se repite la historia
Una vieja técnica narrativa es repetir los elementos importantes para que los oyentes puedan memorizar la historia. Esta parte del relato se repite para mostrar lo importante que fue el rol de Dios en estos hechos.

24:32 ¹ Lit. *dio a los camellos.*   24:33 ¹ Lit. *mi asunto.*   24:35 ¹ Lit. *y se ha engrandecido.*   24:36 ¹ Lit. *después de ser anciana.*   24:47 ¹ Lit. *pregunté y dije.*   24:48 ¹ Lit. *hermano.*

24:53
El siervo les dio muchos regalos a Rebeca y su familia

Los lujosos regalos mostraban cuán rica era la casa de Abraham. En un matrimonio acordado, la familia quería saber que su hija se estaba uniendo a una buena familia que podría cuidar de ella.

24:56
El siervo de Abraham quería irse rápido

Probablemente estaba ansioso por terminar su trabajo, el cual marchaba de acuerdo al plan de Dios. También puede haber querido regresar antes de que Abraham muriera, para que su amo pudiera conocer a la nueva esposa de Isaac.

siervo de Abraham escuchó sus palabras, se postró en tierra delante del[1] SEÑOR. 53 Entonces el siervo sacó objetos de plata, objetos de oro y vestidos, y se los dio a Rebeca. También dio cosas preciosas a su hermano y a su madre.

54 Después él y los hombres que *estaban* con él comieron y bebieron y pasaron *allí* la noche. Cuando se levantaron por la mañana, el siervo dijo: «Envíenme a mi señor». 55 Pero el hermano y la madre de Rebeca dijeron: «Permite que la joven se quede con nosotros *unos* días, quizá diez; después se irá». 56 «No me detengan», les dijo el siervo, «puesto que el SEÑOR ha dado éxito a mi viaje; envíenme para que vaya a mi señor». 57 «Llamaremos a la joven», respondieron ellos, «y le preguntaremos cuáles son sus deseos[1]».

58 Entonces llamaron a Rebeca y le dijeron: «¿Te irás con este hombre?». «Iré», dijo ella. 59 Enviaron, pues, a su hermana Rebeca y a su nodriza con el siervo de Abraham y sus hombres. 60 Bendijeron a Rebeca y le dijeron:

> «Que tú, hermana nuestra,
> Te conviertas en millares de miríadas,
> Y posean tus descendientes[1]
> La puerta de los que los aborrecen».

24:52 [1] Lit. *al.*   24:57 [1] Lit. *y preguntaremos a su boca.*   24:60 [1] Lit. *posea tu simiente.*

MESOPOTAMIA

ISAAC Y REBECA SE ENCUENTRAN

⁶¹ Rebeca se levantó con sus doncellas y, montadas en los camellos, siguieron al hombre. El siervo, pues, tomó a Rebeca y se fue. ⁶² Isaac había venido a Beer Lajai Roi[1], pues habitaba en la tierra del Neguev[2].

⁶³ Y por la tarde Isaac salió al campo a meditar[1]. Alzó los ojos y vio que venían unos camellos. ⁶⁴ Rebeca alzó los ojos, y cuando vio a Isaac, bajó del camello, ⁶⁵ y dijo al siervo: «¿Quién es ese hombre que camina por el campo a nuestro encuentro?». «Es mi señor», le respondió el siervo. Y ella tomó el velo y se cubrió. ⁶⁶ El siervo contó a Isaac todo lo que había hecho. ⁶⁷ Entonces Isaac la trajo a la tienda de su madre Sara, y tomó a Rebeca y ella fue su mujer, y la amó. Así se consoló Isaac después *de la muerte* de su madre.

DESCENDIENTES DE ABRAHAM Y CETURA

25 Abraham volvió a tomar mujer, y su nombre *era* Cetura. ² Ella le dio hijos: Zimram, Jocsán, Medán, Madián, Isbac y Súa. ³ Jocsán fue el padre de Seba y de Dedán. Los hijos de Dedán fueron Asurim, Letusim y Leumim. ⁴ Los hijos de Madián *fueron* Efa, Efer, Hanoc, Abida y Elda. Todos estos *fueron* los hijos de Cetura. ⁵ Abraham dio a Isaac todo lo que poseía. ⁶ A los hijos de sus concubinas[1] Abraham les dio regalos, viviendo aún él, y los envió *lejos* de su hijo Isaac hacia el este, a la tierra del oriente.

MUERTE Y SEPULTURA DE ABRAHAM

⁷ Estos *fueron* los años[1] de la vida de Abraham: 175 años. ⁸ Abraham murió en buena vejez, anciano y lleno *de días,* y fue reunido a su pueblo[1]. ⁹ Sus hijos Isaac e Ismael lo sepultaron en la cueva de Macpela, en el campo de Efrón, hijo de Zohar, el hitita, que está frente a Mamre, ¹⁰ el campo que Abraham compró a los hijos de Het. Allí fue sepultado Abraham con Sara su mujer. ¹¹ Después de la muerte de Abraham, Dios bendijo a su hijo Isaac. Y habitó Isaac junto a Beer Lajai Roi[1].

DESCENDIENTES DE ISMAEL

¹² Estas son las generaciones de Ismael, hijo de Abraham, el que Agar la egipcia, sierva de Sara, le dio a Abraham. ¹³ Estos son los nombres de los hijos de Ismael, nombrados por *el orden de* su nacimiento: el primogénito de Ismael, Nebaiot, después, Cedar, Adbeel, Mibsam, ¹⁴ Misma, Duma, Massa, ¹⁵ Hadar, Tema, Jetur, Nafis y Cedema. ¹⁶ Estos fueron los hijos de Ismael, y estos sus nombres, por sus aldeas y por sus campamentos: doce príncipes según sus tribus[1].

¹⁷ Estos *fueron* los años de la vida de Ismael: 137 años. Murió, y fue reunido a su pueblo[1]. ¹⁸ Sus descendientes habitaron desde Havila hasta Shur, que está enfrente de

24:65
Rebeca se cubrió con un velo al ver a Isaac
Era costumbre que las mujeres se cubrieran el rostro cuando estaban cerca de su futuro esposo.

© MJTH/Shutterstock

24:67
Cómo se casaban las personas en ese entonces
El matrimonio se legalizaba después de que las dos familias estaban de acuerdo. La novia se iba de la casa de su padre al hogar de su esposo, y entonces hacían una celebración que duraba una semana.

25:6
Concubina
Una concubina es como una esposa secundaria que es más bien una sierva. Su propósito era tener hijos. Resultaba común en las culturas antiguas que los hombres tuvieran concubinas.

25:6
Abraham envió lejos a los hijos de sus concubinas
Al enviarlos lejos de la tierra que Dios le había prometido a él, les estaba mostrando que Isaac era su único heredero.

24:62 [1] I.e. al pozo del Viviente que me ve.   [2] I.e. región del sur.
24:63 [1] O *pasear*; palabra de significado incierto en Heb.   25:6 [1] Lit. *las concubinas que tenía Abraham.*   25:7 [1] Lit. *los días de los años.*   25:8 [1] Lit. *sus parientes.*   25:11 [1] I.e. al pozo del Viviente que me ve.   25:16 [1] O *pueblos.*   25:17 [1] Lit. *sus parientes.*

Egipto, según se va hacia Asiria. Se establecieron[1] allí frente a[2] todos sus parientes[3].

NACIMIENTO DE ESAÚ Y DE JACOB

[19] Estas son las generaciones de Isaac, hijo de Abraham: Abraham fue el padre de Isaac. [20] Tenía Isaac 40 años cuando tomó por mujer a Rebeca, hija de Betuel, el arameo de Padán Aram, hermana de Labán el arameo. [21] Isaac oró al SEÑOR en favor de su mujer, porque ella era estéril; y el SEÑOR lo escuchó, y Rebeca su mujer concibió.

[22] Los hijos luchaban dentro de ella y ella dijo: «Si esto es así, ¿para qué *vivo* yo?». Y fue a consultar al SEÑOR. [23] Y el SEÑOR le dijo:

> «Dos naciones hay en tu seno,
> Y dos pueblos se dividirán desde tus entrañas;
> Un pueblo será más fuerte que el otro,
> Y el mayor servirá al menor».

25:18 [1] Lit. *se estableció*.   [2] Lit. *cayó en contra de*.   [3] Lit. *hermanos*.

25:23
El mensaje de Dios a Rebeca
Dios iba a darle mellizos a Rebeca, cuyos descendientes se convertirían en dos grandes naciones. Por lo general, el varón menor servía al mayor, pero Dios hizo lo contrario con sus hijos.

EL ENGAÑADOR Y EL ENGAÑADO
Génesis 25–37

Jacob es conocido por haber engañado a otros, pero el engaño en esta historia no solo fue en una sola dirección. Jacob engaña a otros, pero también resulta engañado.

ENGAÑADOR

Se niega a darle algo de guisado a Esaú a menos que le venda su primogenitura.
25:29–34

Finge ser Esaú para que Isaac le dé la bendición de su hermano.
27:1–37

Manipula el rebaño de Labán para que su ganado aumente mientras que el de su suegro disminuye.
30:29–43

Se escapa con su familia sin decirle nada a Labán.
31:17–28

Promete que se encontrará con Esaú en Seir, pero en cambio va a Sucot.
33:12–17

ENGAÑADO

Labán lo engaña para hacerlo casar con Lea.
29:18–25

Labán lo hace trabajar otros siete años por Raquel.
29:26–28

Labán continuamente le cambia el salario.
31:7

Sus hijos le hacen creer que José está muerto.
37:23–35

²⁴ Cuando se cumplieron los días de dar a luz, *había* mellizos en su seno. ²⁵ El primero salió rojizo[1], todo cubierto de vello, y lo llamaron Esaú[2]. ²⁶ Y después salió su hermano, con su mano asida al talón de Esaú, y lo llamaron Jacob[1]. Isaac *tenía* 60 años cuando Rebeca dio a luz a los mellizos.

ESAÚ VENDE SU PRIMOGENITURA

²⁷ Los niños crecieron, y Esaú llegó a ser diestro cazador, hombre del campo. Pero Jacob *era* hombre pacífico[1], que habitaba en tiendas. ²⁸ Isaac amaba a Esaú porque le gustaba lo que cazaba[1], pero Rebeca amaba a Jacob.

²⁹ *Un día,* cuando Jacob había preparado un potaje, Esaú vino agotado del campo. ³⁰ Entonces Esaú dijo a Jacob: «Te ruego que me des a comer un poco de ese *guisado* rojo[1], pues estoy agotado». Por eso lo llamaron Edom[2]. ³¹ «Véndeme primero[1] tu primogenitura», le contestó Jacob. ³² «Mira, yo estoy a punto de morir», le dijo Esaú; «¿de qué me sirve, pues, la primogenitura?». ³³ «Júramelo primero[1]», replicó Jacob. Esaú se lo juró, y vendió su primogenitura a Jacob.

³⁴ Entonces Jacob dio a Esaú pan y guisado de lentejas. Él comió y bebió, se levantó y se fue. Así despreció Esaú la primogenitura.

DIOS RENUEVA LA PROMESA A ISAAC

26 Y hubo hambre en la tierra, además del hambre anterior que había ocurrido durante los días de Abraham. Entonces Isaac se fue a Gerar, *donde vivía* Abimelec, rey de los filisteos. ² El SEÑOR se le apareció a Isaac y le dijo: «No desciendas a Egipto. Quédate[1] en la tierra que Yo te diré. ³ Reside en esta tierra y Yo estaré contigo y te bendeciré, porque a ti y a tu descendencia[1] daré todas estas tierras, y confirmaré *contigo* el juramento que juré a tu padre Abraham. ⁴ Multiplicaré tu descendencia[1] como las estrellas del cielo, y daré a tu descendencia[1] todas estas tierras. En tu simiente serán bendecidas[2] todas las naciones de la tierra, ⁵ porque Abraham me obedeció[1], y guardó Mi ordenanza, Mis mandamientos, Mis estatutos y Mis leyes».

ISAAC ENGAÑA A ABIMELEC

⁶ Habitó, pues, Isaac en Gerar. ⁷ Cuando los hombres de aquel lugar le preguntaron acerca de su mujer, Isaac dijo: «Es mi hermana»; porque tenía temor de decir: «Es mi mujer». *Porque pensaba:* «no sea que los hombres del lugar me maten por causa de Rebeca, pues es de hermosa apariencia». ⁸ Y sucedió que después de haber estado ellos allí largo tiempo, Abimelec, rey de los filisteos, miró por una ventana y vio a Isaac acariciando a Rebeca su mujer.

⁹ Entonces Abimelec llamó a Isaac, y *le* dijo: «Ciertamente ella es tu mujer. ¿Por qué, pues, dijiste: "Es mi hermana"?». «Porque *me* dije: "No sea que yo muera por causa de ella"»,

25:26
El significado de *Jacob*
El nombre Jacob significa «el que toma por el talón». Jacob estaba agarrándole el talón a Esaú cuando nacieron. Debido a la conducta de Jacob, más adelante el nombre vino a significar «el que engaña».

25:34
Esaú *despreció* su primogenitura
Él no la valoró, ni tampoco las promesas de Dios que venían con ella.

26:2-3
Por qué Dios le dice a Isaac que se quede en tierra de Gerar
Dios repitió su promesa anterior a Abraham de bendecir a Isaac con muchos hijos y tierras. Quería que Isaac confiara en él aunque hubiera hambre en la tierra.

26:4
Dios compara la descendencia de Isaac con las estrellas
Esta es una forma poética de decir que el número de los descendientes de Isaac sería tan grande que no podrían contarlos, así como sucede con las estrellas.

26:7
Isaac simula que su esposa es su hermana
Isaac tenía miedo de que alguien lo matara para casarse con su bella esposa. Al igual que su padre, no confió en la protección de Dios.

25:25 [1] O *pelirrojo.*   [2] I.e. velludo.   25:26 [1] I.e. el que toma por el talón, o, suplantador.   25:27 [1] Lit. *íntegro.*   25:28 [1] Lit. *porque la caza estaba en su boca.*   25:30 [1] Lit. *del rojo, este rojo.*   [2] I.e. *rojo.*   25:31 [1] Lit. *hoy.*   25:33 [1] Lit. *hoy.*   26:2 [1] Lit. *habita.*   26:3 [1] Lit. *simiente.*   26:4 [1] Lit. *simiente.*   [2] O *se bendecirán.*   26:5 [1] Lit. *prestó atención a mi voz.*

respondió Isaac. **10** Y Abimelec dijo: «¿Qué es esto que nos has hecho? Porque alguien del pueblo fácilmente pudiera haberse acostado con tu mujer, y hubieras traído culpa sobre nosotros». **11** Abimelec ordenó a todo el pueblo: «El que toque a este hombre o a su mujer, de cierto morirá».

BENDICIÓN DE DIOS SOBRE ISAAC

12 Isaac sembró en aquella tierra, y cosechó[1] aquel año ciento por uno. Y el SEÑOR lo bendijo. **13** Isaac se enriqueció[1], y siguió engrandeciéndose hasta que llegó a ser muy poderoso[2], **14** porque tenía rebaños de ovejas, vacas y mucha servidumbre, y los filisteos le tenían envidia.

15 Todos los pozos que los siervos de su padre habían cavado en los días de su padre Abraham, los filisteos *los* cegaron llenándolos[1] de tierra. **16** Entonces Abimelec dijo a Isaac: «Vete de aquí[1], porque tú eres mucho más poderoso que nosotros». **17** Isaac se fue de allí, acampó en el valle[1] de Gerar y se estableció allí.

18 Isaac volvió a cavar los pozos de agua que habían sido cavados[1] en los días de su padre Abraham, porque los filisteos los habían cegado después de la muerte de Abraham, y les puso los mismos nombres[2] que su padre les había puesto[3]. **19** Cuando los siervos de Isaac cavaron en el valle encontraron allí un pozo de aguas vivas.

20 Entonces riñeron los pastores de Gerar con los pastores de Isaac, diciendo: «El agua es nuestra». Por eso él llamó al pozo Esek[1], porque habían reñido con él. **21** Cavaron otro pozo, y también riñeron por él; por eso lo llamó Sitna[1]. **22** Y se trasladó de allí y cavó otro pozo, y no riñeron por él; por eso lo llamó Rehobot[1], porque dijo: «Al fin[2] el SEÑOR ha hecho lugar[3] para nosotros, y prosperaremos en la tierra».

23 De allí Isaac subió a Beerseba. **24** El SEÑOR se le apareció aquella misma noche y *le* dijo:

> «Yo soy el Dios de tu padre Abraham;
> No temas, porque Yo estoy contigo.
> Y te bendeciré y multiplicaré tu descendencia[1],
> Por amor de Mi siervo Abraham».

25 Y allí Isaac construyó un altar e invocó el nombre del SEÑOR y plantó allí su tienda; y allí abrieron los siervos de Isaac un pozo.

PACTO ENTRE ISAAC Y ABIMELEC

26 Entonces Abimelec vino a él desde Gerar, con su consejero[1] Ahuzat y con Ficol, jefe de su ejército. **27** Y les dijo Isaac: «¿Por qué han venido a mí, ustedes que me odian y me han echado de entre ustedes?». **28** Y ellos respondieron: «Vemos claramente que el SEÑOR ha estado contigo, así es que dijimos: "Haya ahora un juramento entre nosotros, entre tú y

26:15
Los hombres de Abimelec trataron de dañar a Isaac

Estos hombres estaban celosos de la riqueza de Isaac; él poseía muchos rebaños. Ellos sabían que su riqueza dependía de la provisión de agua para los animales, así que taparon los pozos para que no pudieran sacar agua. El agua era escasa en esa región, por eso a menudo la gente se peleaba por ella.

26:16
Abimelec le pidió a Isaac que se fuera de allí

Como Dios había bendecido a Isaac con riqueza y siervos, Abimelec tenía miedo de su gran poder. El rey estaba preocupado porque Isaac era una amenaza para su tierra y su pueblo.

26:25
Isaac le construye un altar a Dios

Los altares se construían para ofrecer sacrificios en gratitud a Dios. Al invocar el nombre de Dios, Isaac estaba honrando su pacto y agradeciéndole por la protección divina.

26:12 [1] Lit. *halló.* 26:13 [1] Lit. *se engrandeció.* [2] Lit. *grande.* 26:15 [1] Lit. *y los llenaron.* 26:16 [1] Lit. *de nosotros.* 26:17 [1] O *torrente.* 26:18 [1] Lit. *que ellos habían cavado.* [2] Lit. *y llamó sus nombres como los nombres.* [3] Lit. *llamado.* 26:20 [1] I.e. *Riña.* 26:21 [1] I.e. *Enemistad.* 26:22 [1] I.e. *Lugares amplios.* [2] Lit. *Ciertamente ahora.* [3] O *anchura.* 26:24 [1] Lit. *simiente.* 26:26 [1] Lit. *y su amigo íntimo.*

nosotros, y hagamos un pacto contigo, **29** de que no nos harás ningún mal, así como nosotros no te hemos tocado y[1] solo te hemos hecho bien, y te hemos despedido en paz. Tú eres ahora el bendito del SEÑOR"».

30 Entonces él les preparó un banquete, y comieron y bebieron. **31** Muy de mañana se levantaron y se hicieron mutuo juramento. Entonces Isaac los despidió y ellos se fueron de su lado en paz. **32** Aquel mismo día los siervos de Isaac llegaron y le informaron acerca del pozo que habían cavado, y le dijeron: «Hemos hallado agua». **33** Y lo llamó Seba[1]. Por eso el nombre de la ciudad es Beerseba[2] hasta hoy.

34 Cuando Esaú tenía 40 años, se casó con[1] Judit, hija de Beeri, el hitita, y con Basemat, hija de Elón, el hitita; **35** y ellas hicieron la vida insoportable[1] para Isaac y Rebeca.

JACOB SUPLANTA A ESAÚ

27 Y aconteció que siendo ya viejo Isaac, y sus ojos demasiado débiles para ver, llamó a Esaú, su hijo mayor, y le dijo: «Hijo mío». «Aquí estoy», le respondió Esaú. **2** Y dijo *Isaac:* «Mira, yo soy viejo y no sé el día de mi muerte. **3** Ahora pues, te ruego, toma tu equipo, tu aljaba y tu arco, sal al campo y tráeme caza. **4** Prepárame un buen guisado[1] como a mí me gusta, y tráemelo para que yo coma, y que mi alma te bendiga antes que yo muera».

5 Rebeca estaba escuchando cuando Isaac hablaba a su hijo Esaú. Y cuando Esaú fue al campo a cazar una pieza para traer *a casa*[1], **6** Rebeca dijo a su hijo Jacob: «Mira, oí a tu padre que hablaba con tu hermano Esaú, diciéndo*le:* **7** "Tráeme caza y prepárame un buen guisado para que coma y te bendiga en presencia del SEÑOR antes de mi muerte". **8** Ahora pues, hijo mío, obedéceme en[1] lo que te mando. **9** Ve ahora al rebaño y tráeme[1] de allí dos de los mejores cabritos de las cabras, y yo prepararé con ellos un buen guisado para tu padre como a él le gusta. **10** »Entonces *se lo* llevarás a tu padre, que comerá, para que te bendiga antes de su muerte». **11** Pero Jacob dijo a su madre Rebeca: «Esaú mi hermano es hombre velludo y yo soy lampiño. **12** Quizá mi padre me toque, y entonces seré para él un engañador[1] y traeré sobre mí una maldición y no una bendición». **13** Pero su madre le respondió: «*Caiga* sobre mí tu maldición, hijo mío. Solamente obedéceme[1]. Ve y tráeme*los*». **14** Jacob fue, tomó los cabritos y *los* trajo a su madre, y su madre hizo un buen guisado, como a su padre le gustaba.

15 Entonces Rebeca tomó las mejores[1] vestiduras de Esaú, su hijo mayor, que ella tenía en la casa, y vistió a Jacob, su hijo menor. **16** Le puso las pieles de los cabritos[1] sobre las manos y sobre la parte lampiña del cuello, **17** y puso el guisado que había hecho y el pan en manos de su hijo Jacob.

18 Entonces Jacob fue a su padre, y *le* dijo: «Padre mío». «Aquí estoy. ¿Quién eres, hijo mío?», preguntó Isaac. **19** Jacob

---

26:35
Las nuevas esposas de Esaú entristecieron a sus padres
Isaac y Rebeca deseaban que Esaú se casara dentro de su familia o grupo étnico. Tal vez no querían que contrajera matrimonio con alguna mujer que adorara a dioses falsos.

27:4
La importancia de la bendición de Isaac en su lecho de muerte
Cuando alguien estaba a punto de morir, toda bendición que diera tenía una importancia legal en el antiguo Medio Oriente. Aunque Esaú le había vendido su primogenitura a Jacob, si su padre pronunciaba una bendición sobre él, eso habría significado que Esaú continuaba siendo el primer heredero. Jacob sabía que Isaac podía dar solo una bendición, y la deseaba para poder asegurar la primogenitura que le había comprado a Esaú.

27:5-10
Rebeca ayudó a Jacob a engañar a su padre
Ella quería que su hijo preferido tuviera la bendición de Isaac. Probablemente pensó en la promesa que Dios le había dado a ella antes de que los mellizos nacieran: que el mayor (Esaú) serviría al menor (25:23). Hasta pudo haber usado la promesa de Dios para decirse a sí misma que estaba bien mentirle a Isaac.

27:18-24
Isaac le hace muchas preguntas a Jacob
Isaac sospechaba algo. Como estaba ciego, le preguntó a su hijo su nombre y cómo había preparado la comida tan rápido. También le pidió que lo dejara tocar su piel, y por último le preguntó si de verdad era Esaú.

26:29 [1] Lit. *y así como.*   26:33 [1] I.e. *Juramento.*   [2] I.e. *Pozo del Juramento.*
26:34 [1] Lit. *tomó por mujer a.*   26:35 [1] Lit. *fueron amargura de espíritu.*
27:4 [1] O *plato sabroso, y así en el resto del cap.*   27:5 [1] La versión gr. (sept.) dice:
para su padre.   27:8 [1] Lit. *oye mi voz conforme a.*   27:9 [1] Lit. *toma para mí.*
27:12 [1] Lit. *seré ante sus ojos un burlador.*   27:13 [1] Lit. *oye mi voz.*   27:15 [1] Lit.
deseables o escogidas.   27:16 [1] Lit. *cabritos de las cabras.*

contestó a su padre: «Soy Esaú tu primogénito. He hecho lo que me dijiste. Levántate, te ruego. Siéntate y come de mi caza para que me bendigas[1]». **20** Pero Isaac dijo a su hijo: «¿Cómo es que *la* has encontrado tan pronto, hijo mío?». «Porque el SEÑOR tu Dios hizo que así me[1] sucediera», respondió Jacob.

21 Isaac entonces dijo a Jacob: «Te ruego que te acerques para tocarte, hijo mío, a ver si en verdad eres o no mi hijo Esaú». **22** Jacob se acercó a Isaac su padre, y él lo tocó y dijo: «La voz es la voz de Jacob, pero las manos son las manos de Esaú». **23** No lo reconoció porque sus manos eran velludas como las de su hermano Esaú, y lo bendijo.

24 Y le preguntó: «¿Eres en verdad mi hijo Esaú?». «Yo soy», respondió Jacob. **25** Entonces dijo: «Sírveme[1], y comeré de la caza de mi hijo para que yo[2] te bendiga». Y le sirvió[3], y comió; le trajo también vino, y bebió.

26 Y su padre Isaac le dijo: «Te ruego que te acerques y me beses, hijo mío». **27** Jacob se acercó y lo besó; y al notar[1] el olor de sus vestidos, Isaac lo bendijo, diciendo[2]:

> «Ciertamente el olor de mi hijo
> Es como el aroma de un campo que el SEÑOR ha bendecido.
> **28** Dios te dé, pues, del rocío del cielo,
> Y de la riqueza de la tierra,
> Y abundancia de grano y de vino nuevo.
> **29** Sírvante pueblos,
> Y póstrense ante ti naciones;
> Sé señor de tus hermanos,
> E inclínense ante ti los hijos de tu madre.
> Malditos los que te maldigan,
> Y benditos los que te bendigan».

30 Pero tan pronto como Isaac había terminado de bendecir a Jacob, y apenas había salido Jacob de la presencia de su padre Isaac, su hermano Esaú llegó de su cacería. **31** También él hizo un buen guisado y *lo* trajo a su padre, y dijo a su padre: «Levántese mi padre, y coma de la caza de su hijo, para que tú me bendigas[1]».

32 Y su padre Isaac le dijo: «¿Quién eres?». «Soy tu hijo, tu primogénito, Esaú», le respondió. **33** Isaac tembló con un estremecimiento muy grande, y dijo: «¿Quién fue entonces el que trajo caza, antes de que tú vinieras, y me la trajo y yo comí de todo, y lo bendije? Sí, y bendito será».

34 Al oír Esaú las palabras de su padre, clamó con un grande y amargo clamor, y dijo a su padre: «¡Bendíceme, *bendíceme* también a mí, padre mío!». **35** Pero Isaac respondió: «Tu hermano vino con engaño y se ha llevado tu bendición».

36 Y Esaú dijo: «Con razón se llama Jacob[1], pues me ha suplantado estas dos veces. Primero me quitó mi primogenitura y ahora me ha quitado mi bendición». Y añadió: «¿No has reservado una bendición para mí?». **37** «Mira», le respondió Isaac, «yo lo he puesto por señor tuyo, y le he dado por

---

27:27
El significado especial del beso de Jacob

Al tratar de obtener la bendición, Jacob traicionó a su hermano con un beso. En un sentido, esto nos recuerda la historia de Jesús, un descendiente de Jacob, que recibió la bendición de Dios para su pueblo luego de ser traicionado con un beso. (Ver Mateo 26:48).

27:35
Dios bendijo a Jacob, aunque este mintió para obtener la bendición

Dios eligió a Jacob aun antes de nacer; esto no estaba basado en que él fuera una buena persona o hubiera hecho lo correcto. Las bendiciones de Dios siempre son inesperadas. Nunca merecemos su gracia.

27:19 [1] Lit. *me bendiga tu alma.*   27:20 [1] Lit. *que delante de mí.*   27:25 [1] Lit. *Acércamela.*   [2] Lit. *mi alma.*   [3] Lit. *Y se la acercó.*   27:27 [1] Lit. *oler.*   [2] Lit. *y dijo.*   27:31 [1] Lit. *tu alma me bendiga.*   27:36 [1] I.e. *el que suplanta.*

siervos a todos sus parientes[1]; y con grano y vino nuevo lo he sustentado. En cuanto a ti ¿qué haré, pues, hijo mío?».

38 Y Esaú dijo a su padre: «¿No tienes más que una bendición, padre mío? Bendíceme, *bendíceme* también a mí, padre mío». Y Esaú alzó su voz y lloró. **39** Entonces su padre Isaac le dijo:

«Lejos de[1] la fertilidad[2] de la tierra será tu morada,
Y lejos del[3] rocío que baja[4] del cielo.
40 Por tu espada vivirás,
Y a tu hermano servirás;
Mas acontecerá que cuando te impacientes,
Arrancarás su yugo de tu cuello».

RENCOR DE ESAÚ

41 Esaú, pues, guardó rencor a Jacob a causa de la bendición con que su padre lo había bendecido; y Esaú se dijo[1]: «Los días de luto por mi padre están cerca; entonces mataré a mi hermano Jacob». **42** Cuando las palabras de Esaú, su hijo mayor, le fueron comunicadas a Rebeca, envió a llamar a Jacob, su hijo menor, y le dijo: «Mira, en cuanto a ti, tu hermano Esaú se consuela con la idea de matarte. **43** Ahora pues, hijo mío, obedece mi voz: levántate y huye[1] a Harán, a *casa de* mi hermano Labán. **44** Quédate con él algunos días hasta que se calme[1] el furor de tu hermano; **45** hasta que la ira de tu hermano contra ti se calme[1], y olvide lo que le hiciste. Entonces enviaré y te traeré de allá. ¿Por qué he de sufrir la pérdida de ustedes dos en un mismo día?».

46 Entonces Rebeca dijo a Isaac: «Estoy cansada de vivir[1] a causa de las hijas de Het. Si Jacob toma mujer de las hijas de Het, como estas, de las hijas de esta[2] tierra, ¿para qué me servirá la vida?».

JACOB ENVIADO A PADÁN ARAM

28 Isaac llamó a Jacob, lo bendijo y le ordenó: «No tomarás mujer de entre las hijas de Canaán. **2** Levántate, ve a Padán Aram, a casa de Betuel, padre de tu madre; y toma de allí mujer de entre las hijas de Labán, hermano de tu madre. **3** El Dios Todopoderoso[1] te bendiga, te haga fecundo y te multiplique, para que llegues a ser multitud de pueblos. **4** Que también te dé la bendición de Abraham, a ti y a tu descendencia[1] contigo, para que tomes posesión de la tierra de tus peregrinaciones, la que Dios dio a Abraham».

5 Entonces Isaac despidió a Jacob, y *este* fue a Padán Aram, a *casa de* Labán, hijo de Betuel el arameo, hermano de Rebeca, madre de Jacob y Esaú. **6** Esaú vio que Isaac había bendecido a Jacob y lo había enviado a Padán Aram para tomar allí mujer para sí, *y que* cuando lo bendijo, le dio órdenes, diciendo: «No tomarás para ti mujer de entre las hijas de Canaán». **7** También supo que Jacob había obedecido a su padre y a su madre, y se había ido a Padán Aram. **8** Vio, pues, Esaú que las hijas de Canaán no eran del agrado de[1] su

---

27:38
Isaac no pudo bendecir también a Esaú
En esta cultura, solo un hijo podía recibir la bendición familiar. Además, el Mesías profetizado, Jesús, solo podía nacer de la familia de uno de los hermanos.

27:42-43
Los resultados del engaño de Rebeca a Isaac
A través de sus acciones, Rebeca generó una pelea entre sus hijos. Ella engañó a Esaú y traicionó la confianza de Isaac. Rebeca envió a su hijo preferido lejos de casa para poder salvar su vida.

28:9
Esaú se casa con una hija de Ismael
Esaú estaba tratando de complacer a su padre casándose con una descendiente de Abraham. Sin embargo, como Ismael no estaba incluido en la promesa que Dios les hizo a Abraham e Isaac, este matrimonio no le ayudaría a recibir esa promesa.

27:37 [1] Lit. *hermanos.*   27:39 [1] O *He aquí, de.*   [2] Lit. *grosura.*   [3] O *y del.*   [4] Lit. *de arriba.*   27:41 [1] Lit. *dijo en su corazón.*   27:43 [1] Lit. *huye por ti mismo.*   27:44 [1] Lit. *se aparte.*   27:45 [1] Lit. *se aparte de ti.*   27:46 [1] Lit. *mi vida.*   [2] Lit. *la.*   28:3 [1] Heb. *El Shaddai.*   28:4 [1] Lit. *simiente.*   28:8 [1] Lit. *a los ojos de.*

28:11
Almohadas antiguas

Jacob usó una piedra como almohada. En los tiempos antiguos, los apoyacabezas eran bastante duros, incluso a veces se hacían de metal. La gente solía descansar en el suelo, así que esta era una manera normal de dormir.

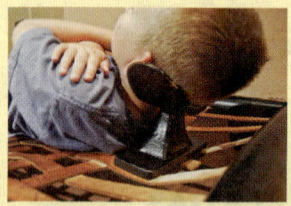

A. D. Riddle/www.BiblePlaces.com, tomada en el Museo Field, Chicago

28:12
El sueño incluía una escalera que iba al cielo

Los ángeles subían y bajaban por la escalera como una señal de que el Señor estaría con Jacob en su viaje.

La escalera de Jacob, Nicolle, Pat/Colección privada/ © Look and Learn/Bridgeman Images

28:12-15
A veces los sueños son mensajes de Dios

En el sueño, Dios le dijo a Jacob que recibiría las promesas que le había hecho a Abraham. Si Dios nos habla en un sueño, el mismo estará de acuerdo con la enseñanza de la Biblia.

---

padre Isaac; **9** y Esaú fue a Ismael, y tomó por mujer, además de las mujeres que ya tenía, a Mahalat, hija de Ismael, hijo de Abraham, hermana de Nebaiot.

SUEÑO DE JACOB

10 Jacob salió de Beerseba, y fue para Harán. **11** Llegó a cierto lugar[1] y pasó la noche allí, porque el sol se había puesto; tomó una de las piedras del lugar, la puso de cabecera y se acostó en aquel lugar. **12** Tuvo un sueño, y vio que había una escalera apoyada en la tierra cuyo extremo superior alcanzaba hasta el cielo. Por ella los ángeles de Dios subían y bajaban. **13** El SEÑOR estaba de pie junto a él[1], y dijo: «Yo soy el SEÑOR, el Dios de tu padre Abraham y el Dios de Isaac. La tierra en la que estás acostado te la daré a ti y a tu descendencia[2]. **14** También tu descendencia[1] será como el polvo de la tierra. Te extenderás[2] hacia el occidente y hacia el oriente, hacia el norte y hacia el sur; y en ti y en tu simiente serán bendecidas todas las familias de la tierra. **15** Ahora bien, Yo estoy contigo. Te guardaré por dondequiera que vayas y te haré volver a esta tierra. No te dejaré hasta que haya hecho lo que te he prometido[1]».

16 Despertó Jacob de su sueño y dijo: «Ciertamente el SEÑOR está en este lugar y yo no lo sabía». **17** Y tuvo miedo y añadió: «¡Cuán imponente[1] es este lugar! Esto no es más que la casa de Dios, y esta es la puerta del cielo».

18 Jacob se levantó muy de mañana, y tomó la piedra que había puesto de cabecera, la erigió por señal[1] y derramó aceite por encima. **19** A aquel lugar le puso el nombre de Betel[1], aunque anteriormente[2] el nombre de la ciudad había sido Luz.

20 Entonces Jacob hizo un voto, diciendo: «Si Dios está conmigo y me guarda en este camino en que voy, y me da alimento[1] para comer y ropa para vestir, **21** y vuelvo sano y salvo[1] a casa de mi padre, entonces el SEÑOR será mi Dios. **22** Y esta piedra que he puesto por señal[1] será casa de Dios; y de todo lo que me des, te daré el diezmo».

ENCUENTRO DE JACOB Y RAQUEL

29 Entonces Jacob siguió su camino[1], y fue a la tierra de los hijos del oriente. **2** Y miró, y vio[1] un pozo en el campo donde tres rebaños de ovejas estaban echados allí junto a él, porque de aquel pozo daban de beber a los rebaños, y la piedra sobre la boca del pozo era grande. **3** Cuando todos los rebaños se juntaban allí, entonces rodaban la piedra de la boca del pozo y daban de beber a las ovejas, y volvían a poner la piedra en su lugar sobre la boca del pozo.

28:11 [1] Lit. *se encontró con el lugar.*   28:13 [1] O *sobre ella.*   [2] Lit. *simiente.*
28:14 [1] Lit. *simiente.*   [2] Lit. *abrirás brecha.*   28:15 [1] Lit. *hablado.*
28:17 [1] O *terrible;* i.e. que inspira temor reverencial.   28:18 [1] Lit. *pilar.*
28:19 [1] I.e. *Casa de Dios.*   [2] Lit. *al principio.*   28:20 [1] Lit. *pan.*   28:21 [1] Lit. *en paz.*   28:22 [1] Lit. *pilar.*   29:1 [1] Lit. *levantó sus pies.*   29:2 [1] Lit. *he aquí.*

⁴ Y Jacob dijo a *los pastores:* «Hermanos míos, ¿de dónde son?». «Somos de Harán», le contestaron. ⁵ Entonces les dijo: «¿Conocen a Labán, hijo de Nacor?». «*Lo* conocemos», le respondieron. ⁶ «¿Se encuentra bien?», les preguntó Jacob. «Está bien. Mira, su hija Raquel viene con las ovejas», le contestaron. ⁷ Entonces Jacob dijo: «Aún es pleno día, no es tiempo de recoger el ganado. Den de beber a las ovejas, y vayan a apacentarlas».

⁸ Pero ellos dijeron: «No podemos, hasta que se junten todos los rebaños y quiten¹ la piedra de la boca del pozo. Entonces daremos de beber a las ovejas». ⁹ Todavía estaba él hablando con ellos, cuando llegó Raquel con las ovejas de su padre, pues ella era pastora. ¹⁰ Cuando Jacob vio a Raquel, hija de Labán, hermano de su madre, y las ovejas de Labán, hermano de su madre, Jacob subió y quitó¹ la piedra de la boca del pozo, y dio de beber al rebaño de Labán, hermano de su madre.

¹¹ Entonces Jacob besó a Raquel, y alzó su voz y lloró. ¹² Jacob hizo saber a Raquel que él era pariente¹ de su padre, y que era hijo de Rebeca. Y ella corrió y se lo hizo saber a su padre.

LABÁN ENGAÑA A JACOB

¹³ Cuando Labán oyó las noticias de Jacob, hijo de su hermana, corrió a su encuentro, lo abrazó, lo besó y lo trajo a su casa. Entonces él contó a Labán todas estas cosas. ¹⁴ Y Labán le dijo: «Ciertamente tú eres hueso mío y carne mía». Y Jacob se quedó con él todo un mes. ¹⁵ Y Labán dijo a Jacob: «¿Acaso porque eres mi pariente¹ has de servirme de balde? Hazme saber cuál será tu salario».

¹⁶ Labán tenía dos hijas. El nombre de la mayor *era* Lea, y el nombre de la menor, Raquel. ¹⁷ Los ojos de Lea eran delicados, pero Raquel era de bella figura y de hermoso parecer.

¹⁸ Jacob se había enamorado de Raquel, y dijo: «Te serviré siete años por Raquel, tu hija menor». ¹⁹ Labán le respondió: «Mejor es dártela a ti que dársela a otro hombre. Quédate conmigo». ²⁰ Jacob, pues, sirvió siete años por Raquel, y le parecieron unos pocos días, por el amor que le tenía.

²¹ Entonces Jacob dijo a Labán: «Dame mi mujer, porque mi tiempo se ha¹ cumplido para unirme² a ella». ²² Labán reunió a todos los hombres del lugar, e hizo un banquete. ²³ Y al anochecer tomó a su hija Lea y se la trajo, y *Jacob* se llegó a ella. ²⁴ Y Labán dio su sierva Zilpa a su hija Lea como sierva.

²⁵ Cuando fue de mañana, sucedió que era Lea. Y *Jacob* dijo a Labán: «¿Qué es esto que me has hecho? ¿No fue por Raquel que te serví¹? ¿Por qué, pues, me has engañado?». ²⁶ Y Labán respondió: «No se acostumbra¹ en nuestro lugar dar a la menor antes que a la mayor²».

28:18
Jacob derramó aceite en la piedra después del sueño
Él erigió la piedra como una señal para honrar a Dios, porque el lugar donde le había hablado era santo. El aceite era una de las maneras en que las personas le dedicaban algo especial a Dios.

28:22
Jacob promete darle el diezmo a Dios
El diezmo, o una décima parte, era conocido como lo que le correspondía al rey. Esta era la manera de Jacob de decir que el Señor era Dios y Rey.

29:2-3
Por qué una piedra grande cubría el pozo
La piedra protegía el agua de contaminarse o ensuciarse. Puede haber sido colocada allí para impedir que alguien cayera en el pozo. Cuando Jacob quitó la piedra (versículo 10), esto fue un acto de fuerza inusual, porque era demasiado grande.

www.HolyLandPhotos.com

29:11
Jacob besó a Raquel y lloró
Jacob probablemente estaba muy contento de encontrar a un familiar en una tierra lejana. Estaba llorando de alegría; se sentía muy agradecido con Dios por haberlo guiado hasta allí. Esta clase de besos entre familiares era un saludo y no una señal de amor romántico.

29:8 ¹ Lit. *rueden.*   29:10 ¹ Lit. *rodó.*   29:12 ¹ Lit. *hermano.*   29:15 ¹ Lit. *hermano.*   29:21 ¹ Lit. *mis días se han.*   ² Lit. *para llegarme.*   29:25 ¹ Lit. *serví contigo.*   29:26 ¹ Lit. *No se hace así.*   ² Lit. *primogénita.*

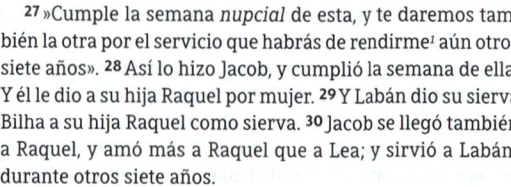

29:18
Jacob trabajó siete años por una esposa
Jacob trabajó durante siete años como su regalo a Labán, para mostrarle que valoraba a su hija. Así fue como le pagó a Labán por llevarse a su hija, que era una trabajadora valiosa.

29:25
Jacob no reconoce a Lea en su noche de boda
La oscuridad de la tienda o un velo debe haber ocultado el rostro de Lea.

29:26-27
Por qué Labán engañó a Jacob
Labán quería que su hija mayor se casara primero, y encontró una forma de engañar a Jacob haciéndolo trabajar de más. Esto resulta irónico, porque Jacob, el engañador, fue engañado.

29:27
Semana nupcial
Este era un banquete de bodas que generalmente duraba siete días.

27 »Cumple la semana *nupcial* de esta, y te daremos también la otra por el servicio que habrás de rendirme[1] aún otros siete años». **28** Así lo hizo Jacob, y cumplió la semana de ella. Y él le dio a su hija Raquel por mujer. **29** Y Labán dio su sierva Bilha a su hija Raquel como sierva. **30** Jacob se llegó también a Raquel, y amó más a Raquel que a Lea; y sirvió a Labán[1] durante otros siete años.

HIJOS DE JACOB

31 Vio el SEÑOR que Lea era aborrecida, y le concedió hijos[1]. Pero Raquel era estéril. **32** Y concibió Lea y dio a luz un hijo, y le puso por nombre Rubén[1], pues dijo: «Por cuanto el SEÑOR ha visto[2] mi aflicción, sin duda ahora mi marido me amará».

33 Concibió de nuevo y dio a luz un hijo, y dijo: «Por cuanto el SEÑOR ha oído que soy aborrecida, me ha dado también este *hijo*». Así que le puso por nombre Simeón[1]. **34** Concibió otra vez y dio a luz un hijo, y dijo: «Ahora esta vez mi marido se apegará a mí, porque le he dado tres hijos». Así que le puso por nombre Leví[1]. **35** Concibió una vez más y dio a luz un hijo, y dijo: «Esta vez alabaré al SEÑOR». Así que le puso por nombre Judá[1]. Y dejó de dar a luz.

LEA Y RAQUEL

30 Pero viendo Raquel que ella no daba hijos a Jacob, tuvo[1] celos de su hermana, y dijo a Jacob: «Dame hijos, o si no, me muero». **2** Entonces se encendió la ira de Jacob contra Raquel, y dijo: «¿Estoy yo en lugar de Dios, que te ha negado[1] el fruto de tu[2] vientre?». **3** Y ella dijo: «Aquí está mi sierva Bilha. Llégate a ella para que dé a luz sobre mis rodillas, para que por medio de ella yo también tenga hijos[1]». **4** Raquel le dio a su sierva Bilha por mujer, y Jacob se llegó a ella. **5** Bilha concibió y dio a luz un hijo a Jacob. **6** Entonces Raquel dijo: «Dios me ha vindicado[1]. Ciertamente ha oído mi voz y me ha dado un hijo». Por tanto le puso por nombre Dan[2].

7 Concibió otra vez Bilha, sierva de Raquel, y dio a luz un segundo hijo a Jacob. **8** Y Raquel dijo: «Con grandes luchas he luchado con mi hermana, *y* ciertamente he prevalecido». Y le puso por nombre Neftalí[2].

9 Viendo Lea que había dejado de dar a luz, tomó a su sierva Zilpa y la dio por mujer a Jacob. **10** Y Zilpa, sierva de Lea, dio a luz un hijo a Jacob. **11** Entonces Lea dijo: «¡Cuán afortunada![1]». Y le puso por nombre Gad[2]. **12** Después Zilpa, sierva de Lea, dio a luz un segundo hijo a Jacob. **13** Y Lea dijo: «Dichosa de mí[1], porque las mujeres me llamarán bienaventurada». Y le puso por nombre Aser[2].

29:27 [1] Lit. *que has de servir conmigo.*   29:30 [1] Lit. *con él.*   29:31 [1] Lit. *abrió su matriz.*   29:32 [1] I.e. *Vean, un hijo.*   [2] Lit. *reparado en.*   29:33 [1] I.e. *El que oye.*   29:34 [1] I.e. *Apegado.*   29:35 [1] I.e. *Alabado.*   30:1 [1] Lit. *Raquel tuvo.*   30:2 [1] Lit. *retenido.*   [2] Lit. *del.*   30:3 [1] Lit. *de ella yo también sea edificada.*   30:6 [1] Lit. *juzgado.*   [2] I.e. *Él juzgó.*   30:8 [1] Lit. *luchas de Dios.*   [2] I.e. *Mi lucha.*   30:11 [1] Lit. *¡Con fortuna!*   [2] I.e. *Fortuna.*   30:13 [1] Lit. *¡Con mi dicha!*   [2] I.e. *Dichoso.*

14 En los días de la cosecha de trigo, Rubén fue y halló mandrágoras en el campo, y las trajo a su madre Lea. Entonces Raquel dijo a Lea: «Dame, te ruego, de las mandrágoras de tu hijo». **15** Pero ella le respondió: «¿Te parece poco haberme quitado el marido? ¿Me quitarás también las mandrágoras de mi hijo?». «Que él duerma, pues, contigo esta noche a cambio de las mandrágoras de tu hijo», le dijo Raquel.

16 Cuando Jacob vino del campo por la tarde, Lea salió a su encuentro y *le* dijo: «Debes llegarte a mí, porque ciertamente te he alquilado por las mandrágoras de mi hijo». Y él durmió con ella aquella noche. **17** Escuchó Dios a Lea, y ella concibió y dio a luz el quinto hijo a Jacob. **18** Entonces Lea dijo: «Dios me ha dado mi recompensa[1] porque di mi sierva a mi marido». Y le puso por nombre Isacar[2].

19 Concibió Lea otra vez y dio a luz el sexto hijo a Jacob. **20** Y Lea dijo: «Dios me ha favorecido con una buena dote. Ahora mi marido vivirá conmigo[1], porque le he dado seis hijos». Y le puso por nombre Zabulón[2]. **21** Después dio a luz una hija, y le puso por nombre Dina. **22** Entonces Dios se acordó de Raquel. Y Dios la escuchó y le concedió hijos[1]. **23** Ella concibió y dio a luz un hijo, y dijo: «Dios ha quitado mi afrenta». **24** Y le puso por nombre José[1], diciendo: «Que el SEÑOR me añada otro hijo».

PROSPERIDAD DE JACOB

25 Cuando Raquel hubo dado a luz a José, Jacob dijo a Labán: «Despídeme para que me vaya a mi lugar y a mi tierra. **26** Dame mis mujeres y mis hijos por los cuales te he servido, y déjame ir. Porque tú *bien* sabes el servicio que te he prestado[1]». **27** Pero Labán le respondió: «Si ahora he hallado gracia ante tus ojos, *quédate conmigo.* Me he dado cuenta de que el SEÑOR me ha bendecido por causa tuya». **28** Y añadió: «Fíjame tu salario, y te lo daré».

29 Pero Jacob le respondió: «Tú sabes cómo te he servido, y cómo le ha ido a[1] tu ganado conmigo. **30** Porque tenías poco antes de que yo viniera[1], y ha aumentado[2] hasta ser multitud. El SEÑOR te ha bendecido en todo lo que he hecho[3]. Y ahora, ¿cuándo proveeré yo también para mi propia casa?». **31** «¿Qué te daré?», preguntó Labán. «No me des nada», respondió Jacob. «Volveré a pastorear *y* a cuidar tu rebaño si *tan solo* haces esto por mí: **32** déjame pasar por entre todo tu rebaño hoy, apartando de él toda oveja moteada o manchada y todos los corderos negros, y las manchadas o moteadas de entre las cabras, y *ese* será mi salario. **33** Mi honradez[1] responderá por mí el día de mañana, cuando vengas a ver acerca de mi salario[2]. Todo lo que no sea moteado y manchado entre las cabras, y negro entre los corderos, *si es hallado* conmigo, se considerará robado».

34 Y Labán dijo: «Muy bien, sea[1] conforme a tu palabra».

30:18 [1] O *pago.* [2] I.e. Recompensa. 30:20 [1] Otra posible traducción es: me *honrará.* [2] I.e. Exaltado. 30:22 [1] Lit. *abrió su matriz.* 30:24 [1] I.e. Él añade. 30:26 [1] Lit. *con que te he servido.* 30:29 [1] Lit. *ha estado.* 30:30 [1] Lit. *antes de mí.* [2] Lit. *ha abierto brecha.* [3] Lit. *a mi pie.* 30:33 [1] Lit. *justicia.* [2] Lit. *mi salario que está delante de ti.* 30:34 [1] Lit. *He aquí, ojalá fuera.*

29:31
Por qué Dios le dio hijos solo a Lea
Dios estaba consolando a Lea, porque era una esposa no deseada. Ella se convirtió en la madre de los primeros cuatro hijos de Jacob, incluyendo a Judá, que fue el ancestro de David y Jesús.

30:3-6
El hijo de Bilha pasa a ser el hijo de Raquel
Como Raquel no podía tener hijos, su sierva Bilha se convirtió en una segunda esposa de Jacob (llamada concubina) para que ella pudiera dar a luz un hijo que luego sería adoptado por Raquel.

30:14
Plantas de mandrágora
La gente pensaba que comer las raíces de la planta de mandrágora ayudaría a una mujer a quedar embarazada.

Wellcome Images/Wikimedia Commons, CC BY 4.0

30:21
Nacimiento de Dina
Las familias en los tiempos bíblicos no valoraban a las hijas tanto como a los hijos. Una mujer se casaría y se iría con la familia de su esposo, de manera que no llevaría el nombre de la familia.

30:23
La afrenta de Raquel
No poder tener hijos era vergonzoso y se consideraba una señal de desaprobación por parte de Dios.

30:35
Labán y Jacob acuerdan un plan y luego hacen algo distinto
Labán simuló estar de acuerdo con Jacob, pero luego intentó ser más astuto que él. En secreto, se llevó los animales que se suponía que debía darle a Jacob para que él no los encontrara o no se diera cuenta de que había sido engañado.

31:2
Labán tiene celos de Jacob
Jacob había trabajado para su suegro por veinte años, pero durante los últimos seis años se había enriquecido mucho. Labán y sus hijos pensaban que Jacob ya había ganado demasiado, y se preocuparon porque no les quedaría ninguna herencia.

31:9
Jacob seguía engañando a las personas
La fe de Jacob no era perfecta. Su plan para aumentar su ganado funcionó, pero él admitió que fue por el poder de Dios y no por su propia superstición.

35 Aquel *mismo* día apartó *Labán* los machos cabríos rayados o manchados y todas las cabras moteadas o manchadas, y todo lo que tenía algo de blanco, y de entre los corderos todos los negros, y lo puso *todo* al cuidado[1] de sus hijos. **36** Y puso *una distancia de* tres días de camino entre sí y Jacob; y Jacob apacentaba el resto de los rebaños de Labán.

37 Entonces Jacob tomó[1] varas verdes de álamo, de almendro y de plátano, y les sacó tiras blancas de la corteza, descubriendo así lo blanco de[2] las varas. **38** Y colocó las varas que había descortezado delante de los rebaños, en los canales, en los abrevaderos, donde los rebaños venían a beber; y se apareaban[1] cuando venían a beber. **39** Así se apareaban[1] los rebaños junto a las varas, y los rebaños tenían crías rayadas, moteadas y manchadas. **40** Jacob apartó los corderos, y puso los rebaños en dirección a[1] lo rayado y a todo lo negro en el rebaño de Labán; y puso su propio rebaño aparte. No lo puso con el rebaño de Labán.

41 Además, cada vez que los más robustos del rebaño se apareaban[1], Jacob ponía las varas a la vista del rebaño en los canales, para que se aparearan[2] *frente* a las varas. **42** Pero cuando el rebaño era débil, no *las* ponía, de manera que las *crías* débiles vinieron a ser de Labán y las robustas de Jacob. **43** Así prosperó[1] el hombre en gran manera, y tuvo grandes rebaños, y siervas y siervos, y camellos y asnos.

JACOB DECIDE VOLVER A CANAÁN

31 Pero Jacob oyó las palabras de los hijos de Labán, que decían[1]: «Jacob se ha apoderado de todo lo que era de nuestro padre, y de lo que era de nuestro padre ha hecho toda esta riqueza[2]». **2** También Jacob observó[1] la actitud[2] de Labán, que *ya* no era *amigable* para con él como antes.

3 Entonces el SEÑOR dijo a Jacob: «Vuelve a la tierra de tus padres y a tus familiares, y Yo estaré contigo». **4** Jacob, pues, envió a llamar a Raquel y a Lea al campo, donde estaba su rebaño[1], **5** y les dijo: «Veo que el semblante de su padre no es *amigable* para conmigo como antes. Pero el Dios de mi padre ha estado conmigo.

6 »Ustedes saben que he servido a su padre con todas mis fuerzas. **7** No obstante él[1] me ha engañado, y ha cambiado mi salario diez veces; sin embargo, Dios no le ha permitido perjudicarme. **8** Si él decía: "Las moteadas serán tu salario", entonces todo el rebaño paría moteadas; y si decía: "Las rayadas serán tu salario", entonces todo el rebaño paría rayadas. **9** De esta manera Dios ha quitado el ganado al padre de ustedes y me *lo* ha dado a mí.

10 »Y sucedió que por el tiempo cuando el rebaño estaba en celo[1], alcé los ojos y vi en sueños que los machos cabríos que cubrían las hembras[2] *eran* rayados, moteados y abigarrados. **11** Entonces el ángel de Dios me dijo en el sueño: "Jacob"; y yo respondí: "Aquí estoy". **12** Y él dijo: "Levanta

30:35 [1] Lit. *en mano.*   30:37 [1] Lit. *tomó para sí.*   [2] Lit. *sobre.*
30:38 [1] O *concebían.*   30:39 [1] O *concebían.*   30:40 [1] Lit. *puso la faz de los rebaños hacia.*   30:41 [1] O *concebían.*   [2] O *concibieran.*   30:43 [1] Lit. *abrió brecha.*   31:1 [1] Lit. *diciendo.*   [2] Lit. *gloria.*   31:2 [1] O *vio.*   [2] Lit. *el rostro.*
31:4 [1] Lit. *a su rebaño.*   31:7 [1] Lit. *su padre.*   31:10 [1] O *se apareaba.*   [2] Lit. *el rebaño.*

ahora los ojos y ve que todos los machos cabríos que están cubriendo las hembras[1] son rayados, moteados y abigarrados, pues yo he visto todo lo que Labán te ha hecho. **13** Yo soy el Dios *de* Betel, donde tú ungiste un pilar, donde me hiciste un voto. Levántate ahora, sal de esta tierra, y vuelve a la tierra donde naciste[1]"».

14 Raquel y Lea le respondieron: «¿Tenemos todavía nosotras parte o herencia alguna en la casa de nuestro padre? **15** ¿No nos ha tratado como extranjeras? Pues nos ha vendido, y también ha consumido por completo el[1] precio de nuestra compra[2]. **16** Ciertamente, toda la riqueza que Dios ha quitado de nuestro padre es nuestra y de nuestros hijos; ahora pues, todo lo que Dios te ha dicho, hazlo».

JACOB HUYE DE LABÁN

17 Entonces Jacob se levantó, montó a sus hijos y a sus mujeres en los camellos, **18** y puso en camino todo su ganado y todas las posesiones que había acumulado, el ganado adquirido que había acumulado en Padán Aram, para ir a Isaac su padre, a la tierra de Canaán. **19** Mientras Labán había ido a trasquilar sus ovejas, Raquel robó los ídolos domésticos[1] que eran de su padre. **20** Jacob engañó a Labán[1] arameo al no informarle que huía.

21 Huyó, pues, Jacob con todo lo que tenía. Se levantó, cruzó el río *Éufrates* y se dirigió[1] hacia la región montañosa de Galaad.

LABÁN ALCANZA A JACOB

22 Al tercer día, cuando informaron a Labán que Jacob había huido, **23** tomó a sus parientes[1] consigo y lo persiguió *por* siete días; y lo alcanzó en los montes de Galaad. **24** Pero Dios vino a Labán arameo en sueños durante la noche, y le dijo: «De ningún modo hables a Jacob ni bien ni mal».

25 Alcanzó, pues, Labán a Jacob, quien había plantado su tienda en la región montañosa, y Labán y sus parientes acamparon en los montes de Galaad. **26** Entonces Labán dijo a Jacob: «¿Qué has hecho, engañándome y[1] llevándote a mis hijas como *si fueran* cautivas de guerra[2]? **27** ¿Por qué huiste en secreto y me engañaste[1], y no me avisaste para que yo pudiera despedirte con alegría y cantos, con panderos y liras? **28** ¿*Por qué* no me has permitido besar a mis hijos y a mis hijas? En esto[1] has obrado neciamente. **29** Tengo poder para[1] hacerte daño, pero anoche el Dios de tu[2] padre me dijo: "De ningún modo hables a Jacob ni bien ni mal". **30** Ahora, ciertamente te has marchado porque anhelabas mucho la casa de tu padre. *Pero* ¿por qué robaste mis dioses?».

31 Entonces Jacob respondió a Labán: «Porque tuve miedo, pues dije: "No sea que me quites a tus hijas a la fuerza". **32** *Pero* aquel con quien encuentres tus dioses, no vivirá. En

31:13
Jacob hace un voto
Jacob prometió que el Señor sería su Dios si guardaba su promesa de que él y sus descendientes heredarían la tierra de Canaán. (Ver Génesis 28:13, 20-22).

31:19
Raquel roba los ídolos de su padre
Ella debe haberlos robado porque creía que los dioses falsos la protegerían y bendecirían, o porque sabía que esos ídolos la ayudarían a reclamarle una herencia a su padre.

31:12 [1] Lit. *el rebaño.*   31:13 [1] Lit. *de tu nacimiento.*   31:15 [1] I.e. disfrutado los beneficios del.   [2] Lit. *dinero nuestro.*   31:19 [1] Heb. *terafim.*   31:20 [1] Lit. *robó el corazón de Labán.*   31:21 [1] Lit. *fijó su rostro.*   31:23 [1] Lit. *hermanos,* y así en el resto del cap.   31:26 [1] Lit. *y has robado mi corazón.*   [2] Lit. *de la espada.* 31:27 [1] Lit. *me robaste.*   31:28 [1] Lit. *Ahora.*   31:29 [1] Lit. *Está en el poder de mi mano.*   [2] Así en la versión gr. (sept.); en heb. *hacerles daño…de su.*

presencia de nuestros parientes indica¹ lo que es tuyo entre mis cosas² y llévate*lo*». Pues Jacob no sabía que Raquel los había robado.

33 Entró entonces Labán en la tienda de Jacob, en la tienda de Lea y en la tienda de las dos siervas, pero no *los* encontró. Después salió de la tienda de Lea y entró en la tienda de Raquel. **34** Raquel había tomado los ídolos domésticos¹, los había puesto en los aparejos del camello y se había sentado sobre ellos. Y Labán buscó² por toda la tienda, pero no *los* encontró. **35** Y ella dijo a su padre: «No se enoje mi señor porque no pueda levantarme delante de usted, pues estoy con lo que es común entre las mujeres¹». Y él buscó, pero no encontró los ídolos domésticos².

JACOB RESPONDE A LABÁN

36 Entonces se enojó Jacob y discutió con Labán. Y Jacob dijo a Labán: «¿Cuál es mi transgresión? ¿Cuál es mi pecado para que con tanta insistencia me hayas perseguido? **37** Aunque has buscado en¹ todas mis cosas, ¿qué has hallado de todas las cosas de tu casa? Pon*lo* delante de mis parientes y de tus parientes para que ellos juzguen entre nosotros dos.

38 »Estos veinte años yo *he estado* contigo. Tus ovejas y tus cabras no han abortado, ni yo he comido los carneros de tus rebaños. **39** No te traía lo despedazado por *las fieras*. Yo cargaba con la pérdida. Tú lo demandabas de mi mano, *tanto lo* robado de día como *lo* robado de noche. **40** Estaba yo que de día el calor¹ me consumía y de noche la helada, y el² sueño huía de mis ojos. **41** Estos veinte años he estado en tu casa. Catorce años te serví por tus dos hijas y seis por tu rebaño, y diez veces cambiaste mi salario.

42 »Si el Dios de mi padre, Dios de Abraham, y temor de Isaac, no hubiera estado conmigo, ciertamente me hubieras enviado ahora con las manos vacías. *Pero* Dios ha visto mi aflicción y la labor de mis manos¹, y anoche hizo justicia²».

31:42
El temor de Isaac
Este es otro nombre para Dios. La palabra hebrea sugiere *pariente* y resalta la relación cercana entre Dios e Isaac.

PACTO ENTRE LABÁN Y JACOB

43 Respondió Labán a Jacob: «Las hijas son mis hijas, y los hijos mis hijos, y los rebaños mis rebaños, y todo lo que ves es mío. ¿Pero qué puedo yo hacer hoy a estas mis hijas, o a sus hijos que ellas dieron a luz? **44** Ahora bien, ven, hagamos un pacto tú y yo y que sirva de testimonio entre los dos».

45 Entonces Jacob tomó una piedra y la levantó *como* señal¹. **46** Y Jacob dijo a sus parientes: «Recojan

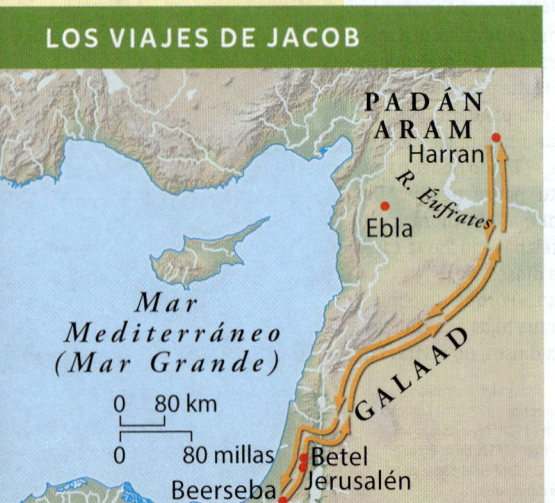

LOS VIAJES DE JACOB

PADÁN ARAM
Harran
R. Éufrates
Ebla

Mar Mediterráneo
(Mar Grande)

GALAAD

0   80 km
0   80 millas

Betel
Jerusalén
Beerseba

31:32 ¹ Lit. *reconoce*.   ² Lit. *conmigo.*
31:34 ¹ Heb. *terafim.*   ² Lit. *palpó.*   31:35 ¹ Lit. *la costumbre de las mujeres es sobre mí.*   ² Heb. *terafim.*   31:37 ¹ Lit. *palpado.*   31:40 ¹ O *la sequía.*   ² Lit. *mi.*   31:42 ¹ Lit. *palmas.*   ² O *te reprendió.*   31:45 ¹ Lit. *pilar.*

piedras». Y tomaron piedras e hicieron un montón, y comieron allí junto al montón. **47** Labán lo llamó Jegar Sahaduta¹, pero Jacob lo llamó Galed².

48 Entonces Labán dijo: «Este montón es hoy un testigo entre tú y yo». Por eso fue llamado Galed, **49** y Mizpa¹, porque dijo: «Que el SEÑOR nos vigile a los dos² cuando nos hayamos apartado³ el uno del otro. **50** Si maltratas a mis hijas, o si tomas *otras* mujeres además de mis hijas, *aunque* nadie lo sepa¹, mira, Dios es testigo entre tú y yo».

51 Y Labán dijo a Jacob: «Mira este montón, y mira el pilar que he puesto entre tú y yo. **52** Testigo sea este montón y testigo sea el pilar de que yo no pasaré de este montón hacia ti y tú no pasarás de este montón y de este pilar hacia mí, para *hacer* daño. **53** El Dios de Abraham y el Dios de Nacor, Dios de sus padres, juzgue entre nosotros». Entonces Jacob juró por el que temía su padre Isaac.

54 Luego ofreció Jacob un sacrificio en el monte, y llamó a sus parientes a comer. Comieron, y pasaron la noche en el monte. **55** Labán se levantó muy de mañana, besó a sus hijos y a sus hijas, y los bendijo. Entonces Labán se fue y regresó a su lugar.

JACOB TEME ENCONTRARSE CON ESAÚ

32 Cuando Jacob siguió su camino, los ángeles de Dios le salieron al encuentro. **2** Y al verlos, Jacob dijo: «Este es el campamento¹ de Dios». Por eso le puso a aquel lugar el nombre de Mahanaim².

3 Entonces Jacob envió mensajeros delante de sí a su hermano Esaú, a la tierra de Seir, región¹ de Edom. **4** Y les dio órdenes, diciendo: «Así dirán a mi señor Esaú: "Así dice su siervo Jacob: 'He morado¹ con Labán, y *allí* me he quedado hasta ahora. **5** Tengo bueyes, asnos *y* rebaños, siervos y siervas; y envío a avisar a mi señor, para hallar gracia ante sus ojos'"».

6 Los mensajeros regresaron a Jacob, diciendo: «Fuimos a su hermano Esaú, y él también viene a su encuentro, y 400 hombres con él». **7** Jacob tuvo mucho temor y se angustió. Dividió en dos campamentos¹ la gente que estaba con él, y las ovejas, las vacas y los camellos, **8** y dijo: «Si Esaú viene a un campamento y lo ataca¹, el campamento que queda escapará».

9 Entonces Jacob dijo: «Oh Dios de mi padre Abraham y Dios de mi padre Isaac, oh SEÑOR, que me dijiste: "Vuelve a tu tierra y a tus familiares, y Yo te haré prosperar¹". **10** Indigno soy de¹ toda misericordia y de toda la fidelidad² que has mostrado a Tu siervo. Porque con *solo* mi cayado crucé este Jordán, y ahora he llegado a tener³ dos campamentos⁴. **11** Líbrame, te ruego, de la mano de mi hermano, de la mano de Esaú, porque yo le tengo miedo, no sea que

31:45-53
El significado de la piedra y el pilar

Ellos eran una señal de la promesa entre Jacob y Labán bajo la mirada vigilante de Dios.

31:50
Labán no quería que Jacob se casara de nuevo

Labán estaba tratando de proteger a sus hijas y sus nietos. Él no quería que Jacob compartiera su riqueza con otras esposas.

32:1-2
Dios le envía ángeles a Jacob

Jacob estaba regresando a la tierra prometida por Dios y a su hermano, a quien le había mentido. Dios envió a los ángeles como una señal de que estaba con Jacob, tal como había prometido.

32:4, 13-15
Jacob trató de hacer las paces con Esaú

Jacob tenía una actitud humilde y se llamó a sí mismo siervo de Esaú. Le envió regalos. Más importante aún, le pidió a Dios que lo salvara de su hermano.

31:47 ¹ I.e. el montón del testimonio, en arameo.   ² I.e. el montón del testimonio, en Heb.   31:49 ¹ I.e. Vigía.   ² Lit. *vigile entre tú y yo.*   ³ Lit. *escondido.*
31:50 ¹ Lit. *ningún hombre esté con nosotros.*   32:2 ¹ O *Esta es la compañía.*
² I.e. *Dos Campamentos.*   32:3 ¹ Lit. *campo.*   32:4 ¹ Lit. *peregrinado.*
32:7 ¹ O *compañías.*   32:8 ¹ Lit. *hiere.*   32:9 ¹ Lit. *haré bien contigo.*
32:10 ¹ Lit. *menos soy que.*   ² O *verdad.*   ³ Lit. *ser.*   ⁴ O *compañías.*

venga y me hiera a mí *y a* las madres con los hijos. **12** Porque Tú me dijiste: "De cierto te haré prosperar[1], y haré tu descendencia[2] como la arena del mar que no se puede contar por *su gran cantidad[3]*"».

13 Jacob pasó la noche allí. Entonces de lo que tenía consigo escogió[1] un presente para su hermano Esaú: **14** 200 cabras y 20 machos cabríos, 200 ovejas y 20 carneros, **15** 30 camellas criando[1] con sus crías, 40 vacas y 10 novillos, 20 asnas y 10 asnos. **16** Jacob *los* entregó a[1] sus siervos, cada manada aparte[2], y dijo a sus siervos: «Pasen delante de mí, y pongan un *buen* espacio entre manada y manada».

17 Y ordenó al primero: «Cuando mi hermano Esaú te encuentre y te pregunte: "¿De quién eres y adónde vas, y de quién son estos *animales que van* delante de ti?", **18** entonces responderás: "Son de su siervo Jacob. Es un presente enviado a mi señor Esaú. Mire, él también *viene* detrás de nosotros"».

19 También dio órdenes al segundo y al tercero, y a todos los que iban tras las manadas, diciendo: «De esta manera hablarán a Esaú cuando lo encuentren, **20** y dirán: "Mire, su siervo Jacob también *viene* detrás de nosotros"». Pues dijo: «Lo apaciguaré con el presente que va delante de mí. Y después veré su rostro; quizá me acepte». **21** El presente pasó, pues, delante de él, y Jacob durmió aquella noche en el campamento.

JACOB LUCHA CON EL ÁNGEL DE DIOS

22 Aquella misma noche Jacob se levantó, y tomó a sus dos mujeres, a sus dos siervas y a sus once hijos, y cruzó el vado de Jaboc. **23** Después que los tomó y los hizo pasar el arroyo, hizo pasar también todo lo que tenía.

24 Jacob se quedó solo, y un hombre luchó con él hasta rayar el alba. **25** Cuando vio que no podía prevalecer contra Jacob, lo tocó en la coyuntura del muslo, y se dislocó la coyuntura del muslo de Jacob mientras luchaba con él. **26** Entonces *el hombre* dijo: «Suéltame porque raya el alba». «No te soltaré si no me bendices», le respondió Jacob. **27** «¿Cómo te llamas?», le preguntó el hombre. «Jacob», le respondió él.

28 Y *el hombre* dijo: «Tu nombre ya no será Jacob, sino Israel[1], porque has luchado con Dios y con los hombres, y has prevalecido». **29** Entonces Jacob le dijo: «Dame a conocer ahora tu nombre». «¿Para qué preguntas por mi nombre?», le respondió el hombre. Y lo bendijo allí.

30 Y Jacob le puso a aquel lugar el nombre de Peniel[1], porque *dijo:* «He visto a Dios cara a cara, y ha sido preservada mi vida[2]». **31** El sol salía cuando Jacob cruzaba Peniel, y cojeaba de su muslo. **32** Por eso, hasta hoy, los israelitas no comen el tendón de la cadera que está en la coyuntura del muslo, porque *el hombre* tocó la coyuntura del muslo de Jacob en el tendón de la cadera.

32:24-30
El desconocido que luchó con Jacob
Ese ser desconocido luchó con Jacob por horas sin cansarse, y luego le dislocó la cadera apenas tocándolo. Se trataba de Dios mismo en forma de ángel.

32:28
Dios cambió el nombre de Jacob por Israel
Israel significa «el que lucha con Dios». Más tarde, también se convertiría en el nombre de la nación que descendería de Jacob. En los tiempos antiguos, el nombre de una persona era cambiado para marcar un suceso importante en su vida.

32:12 [1] Lit. *haré bien contigo.*   [2] Lit. *simiente.*   [3] O *su multitud.*   32:13 [1] Lit. *tomó de lo que había venido a su mano.*   32:15 [1] O *lecheras.*   32:16 [1] Lit. *en mano de.* [2] Lit. *por sí misma.*   32:28 [1] I.e. *El que lucha con Dios.*   32:30 [1] I.e. *el rostro de Dios.*   [2] Lit. *alma.*

ENCUENTRO DE JACOB Y ESAÚ

33 Cuando Jacob alzó los ojos, vio que Esaú venía y 400 hombres con él. Entonces dividió a los niños entre Lea y Raquel y las dos siervas. **2** Puso a las siervas con sus hijos delante¹, a Lea con sus hijos después, y a Raquel con José en último lugar².

3 Entonces Jacob se les adelantó, y se inclinó hasta el suelo siete veces hasta que llegó cerca de su hermano. **4** Esaú corrió a su encuentro y lo abrazó, y echándose sobre su cuello lo besó, y ambos lloraron. **5** Esaú alzó sus ojos y vio a las mujeres y a los niños, y dijo: «¿Quiénes son estos *que vienen* contigo?¹». «Son los hijos que Dios en su misericordia ha concedido a tu siervo», respondió Jacob. **6** Entonces se acercaron las siervas con¹ sus hijos, y se inclinaron. **7** Lea también se acercó con sus hijos, y se inclinaron. Después José se acercó con Raquel, y se inclinaron. **8** «¿Qué te propones con toda esta muchedumbre¹ que he encontrado?», preguntó Esaú. «Hallar gracia ante los ojos de mi señor», respondió Jacob. **9** Pero Esaú dijo: «Tengo bastante, hermano mío. Sea tuyo lo que es tuyo».

10 Pero Jacob respondió: «No, te ruego que si ahora he hallado gracia ante tus ojos, tomes el presente de mi mano, porque veo tu rostro como uno ve el rostro de Dios¹, y me has recibido favorablemente. **11** Acepta, te ruego, el presente¹ que se te ha traído, pues Dios me ha favorecido, y porque yo tengo mucho²». Y le insistió, y él lo aceptó.

12 Entonces *Esaú* dijo: «Pongámonos en marcha y vámonos; yo iré delante de ti». **13** Pero él le dijo: «Mi señor sabe que los niños son tiernos, y que debo cuidar de¹ las ovejas y las vacas que están criando. Si los apuramos mucho, en un solo día todos los rebaños morirán. **14** Adelántese ahora mi señor a su siervo; y yo avanzaré sin prisa, al paso del ganado que va delante de mí, y al paso de los niños, hasta que llegue a mi señor en Seir».

15 Y Esaú dijo: «Permíteme dejarte *parte* de la gente que está conmigo». «¿Para qué?¹ Halle yo gracia ante los ojos de mi señor», le respondió Jacob.

16 Aquel mismo día regresó Esaú por su camino a Seir. **17** Jacob siguió¹ *hasta* Sucot². Allí se edificó una casa e hizo cobertizos para su ganado. Por eso al lugar se le puso el nombre de Sucot².

JACOB EN SIQUEM

18 Jacob llegó sin novedad a la ciudad de Siquem, que está en la tierra de Canaán, cuando vino de Padán Aram, y acampó frente a la ciudad. **19** Y la parcela de campo donde había plantado su tienda se la compró a los hijos de Hamor, padre de Siquem, por 100 monedas (100 siclos, 1,140 gramos de plata). **20** Allí levantó un altar, y lo llamó: El Elohe Israel¹.

33:10
Ver a Esaú era como ver el rostro de Dios

La expresión del rostro de Esaú probablemente era tan cálida y tolerante que Jacob supo que Dios había cambiado el corazón de su hermano y sus sentimientos hacia él.

33:20
Jacob levantó otro altar

Jacob edificó un altar para demostrar que estaba haciendo de este lugar su hogar permanente. El nombre del altar significa *Dios, el Dios de Israel*, e incluye el nuevo nombre de Jacob.

33:2 ¹ Lit. *primero.*   ² Lit. *detrás.*   33:5 ¹ O *¿Qué son de ti estos?*   33:6 ¹ Lit. *ellas y.*   33:8 ¹ O *todo este campamento.*   33:10 ¹ Lit. *pues, por tanto, he visto tu rostro como viendo el rostro de Dios.*   33:11 ¹ Lit. *mi bendición.*   ² Lit. *todo.*   33:13 ¹ Lit. *están sobre mí.*   33:15 ¹ Lit. *¿Por qué esto?*   33:17 ¹ Lit. *viajó.*   ² I.e. *cabañas.*   33:20 ¹ I.e. *Dios, el Dios de Israel.*

DESHONRA DE DINA EN SIQUEM

34 Y Dina, la hija de Lea, a quien esta había dado a luz a Jacob, salió a visitar[1] a las hijas de la tierra. [2] Cuando la vio Siquem, hijo de Hamor heveo, príncipe de la tierra, se la llevó y se acostó con ella y la violó[1].

[3] Pero él se enamoró de[1] Dina, hija de Jacob, y amó a la joven y le habló tiernamente[2]. [4] Entonces Siquem habló a su padre Hamor, diciendo: «Consígueme a esta muchacha por mujer». [5] Y Jacob oyó que *Siquem* había deshonrado a su hija Dina, pero como sus hijos estaban con el[1] ganado en el campo, Jacob guardó silencio hasta que ellos llegaran.

[6] Hamor, padre de Siquem, salió a *donde* Jacob para hablar con él. [7] Y los hijos de Jacob regresaron[1] del campo al oírlo. Y aquellos[2] hombres estaban muy tristes e irritados en gran manera porque *Siquem* había cometido una terrible ofensa[3] en Israel acostándose[4] con la hija de Jacob, pues tal cosa no debe hacerse. [8] Pero Hamor habló con ellos: «El alma de mi hijo Siquem anhela a la hija de ustedes. Les ruego que se la den por mujer. [9] Enlácense con nosotros en matrimonios. Dennos sus hijas y tomen las nuestras[1] para ustedes. [10] Así morarán con nosotros, y la tierra estará a su disposición[1]. Habiten y comercien y adquieran propiedades en ella». [11] Dijo también Siquem al padre y a los hermanos de ella: «Si hallo gracia ante sus ojos, les daré lo que me digan. [12] Pídanme cuanta dote y presentes *quieran* y les daré conforme a lo que me digan, pero denme a la joven por mujer».

[13] Pero los hijos de Jacob respondieron a Siquem y a su padre Hamor y *les* hablaron con engaño, porque *Siquem* había deshonrado a su hermana Dina. [14] Y les dijeron: «No podemos hacer tal cosa, dar nuestra hermana a un hombre no circuncidado, pues para nosotros eso es una deshonra. [15] Solo con esta *condición* los complaceremos: si ustedes se hacen como nosotros, circuncidándose cada uno de sus varones; [16] entonces *sí* les daremos nuestras hijas, y tomaremos sus hijas para nosotros, y moraremos con ustedes y seremos un solo pueblo. [17] Pero si no nos escuchan, y *no* se circuncidan, entonces tomaremos a nuestra hija y nos iremos».

VENGANZA DE LOS HIJOS DE JACOB

[18] Sus palabras parecieron razonables[1] a Hamor y a Siquem, hijo de Hamor. [19] El joven, pues, no tardó en hacerlo porque estaba enamorado de[1] la hija de Jacob. Y él era el más respetado de toda la casa de su padre.

[20] Entonces Hamor y su hijo Siquem vinieron a la puerta de su ciudad, y hablaron a los hombres de la ciudad: [21] «Estos hombres están en paz con nosotros; déjenlos, pues, morar en la tierra y comerciar en ella, porque vean, la tierra es bastante amplia para ellos[1]. Tomemos para nosotros a sus hijas por mujeres y démosles nuestras hijas. [22] *Pero solo con* esta *condición* consentirán ellos[1] en morar con nosotros para

34:9, 23
Hamor quería que los de su pueblo se enlazaran en matrimonio con la familia de Jacob

Los cananeos deseaban los beneficios y bendiciones que Jacob había recibido de parte del Señor. Sin embargo, casarse con personas de otra nación representaba una amenaza para los descendientes de Jacob, que eran el pueblo de Dios.

34:1 [1] Lit. ver.　34:2 [1] Lit. la humilló.　34:3 [1] Lit. su alma se asió a.　[2] Lit. y habló al corazón de la joven.　34:5 [1] Lit. su.　34:7 [1] Lit. vinieron.　[2] Lit. los.　[3] O infamia.　[4] Lit. al acostarse.　34:9 [1] Lit. a nuestras hijas.　34:10 [1] Lit. delante de ustedes.　34:18 [1] Lit. buenas.　34:19 [1] Lit. encantado con.　34:21 [1] Lit. ancha de manos ante ellos.　34:22 [1] Lit. los hombres.

que seamos un solo pueblo: que se circuncide todo varón entre nosotros, como ellos están circuncidados. **23** ¿No serán nuestros su ganado y sus propiedades y todos sus animales? Consintamos solo en esto, y morarán con nosotros».

24 Y escucharon a Hamor y a su hijo Siquem todos los que salían por la puerta de la¹ ciudad, y fue circuncidado todo varón: todos los que salían por la puerta de la¹ ciudad.

25 Pero sucedió que al tercer día, cuando estaban *con más* dolor, dos hijos de Jacob, Simeón y Leví, hermanos de Dina, tomaron cada uno su espada y entraron en la ciudad, que estaba desprevenida, y mataron a todo varón. **26** Mataron también a Hamor y a su hijo Siquem a filo de espada, y tomaron a Dina de la casa de Siquem, y salieron.

27 *Después* vinieron los hijos de Jacob, pasaron sobre los muertos y saquearon la ciudad, porque ellos habían deshonrado a su hermana. **28** Y se llevaron sus ovejas, sus vacas y sus asnos, lo que *había* en la ciudad y lo que *había* en el campo. **29** También se llevaron cautivos a todos sus pequeños y a sus mujeres, y saquearon todos sus bienes y todo lo que *había* en las casas.

30 Entonces Jacob dijo a Simeón y a Leví: «Ustedes me han traído dificultades, haciéndome odioso entre los habitantes del país, entre los cananeos y los ferezeos. Como mis hombres son pocos¹, ellos se juntarán contra mí y me atacarán², y seré destruido yo y mi casa». **31** Pero ellos dijeron: «¿Había de tratar¹ él a nuestra hermana como a una ramera?».

JACOB VUELVE A BETEL

35 Entonces Dios dijo a Jacob: «Levántate, sube a Betel y habita allí. Haz allí un altar a Dios, que se te apareció cuando huías de¹ tu hermano Esaú». **2** Y Jacob dijo a los de su casa y a todos los que estaban con él: «Quiten los dioses extranjeros que hay entre ustedes. Purifíquense y cámbiense los vestidos. **3** Levantémonos, y subamos a Betel; y allí haré un altar a Dios, quien me respondió en el día de mi angustia, y que ha estado conmigo en el camino por donde he andado». **4** Entregaron, pues, a Jacob todos los dioses extranjeros que *tenían* en su poder¹ y los pendientes que *tenían* en sus orejas; y Jacob los escondió debajo de la encina² que *estaba* junto a Siquem.

5 Al continuar el viaje, hubo gran terror¹ en las ciudades alrededor de ellos, y no persiguieron a los hijos de Jacob. **6** Llegó Jacob a Luz, es decir, Betel, que está en la tierra de Canaán, él y todo el pueblo que estaba con él. **7** Edificó allí

34:24 ¹ Lit. *su.*   34:30 ¹ Lit. *yo, poco en número.*   ² Lit. *me herirán.*   34:31 ¹ O *hacer.*   35:1 ¹ Lit. *de la faz de.*   35:4 ¹ Lit. *mano.*   ² O *del terebinto.*   35:5 ¹ O *un terror de Dios.*

34:25
Por qué los hijos de Jacob mataron a *todos* los hombres de la ciudad

Si ellos hubieran matado solamente a Siquem, el hombre que le había hecho daño a Dina, los hombres de la ciudad hubieran venido luego a vengarse. Durante ese tiempo, una familia entera o comunidad podía hacerse responsable por el crimen de una persona.

Líneas de vida:
ISAAC
Génesis 22–28; 35

Edad		
¿?	Intento de sacrificarlo 22:1–19	
40	Se casa con Rebeca 24:62–67; 25:20	
60	Nacen Esaú y Jacob 25:21–26	
¿100?	Dios se le aparece 26:1–6	
	Miente sobre su esposa 26:7–11	
¿?	Bendice a Jacob en vez de a Esaú 27:1—28:5	
180	Muere 35:27–29	

un altar, y llamó al lugar El Betel[1], porque allí Dios se le había manifestado cuando huía de[2] su hermano.

[8] Débora, nodriza de Rebeca, murió y fue sepultada al pie de Betel, debajo de la encina. *Esta* fue llamada Alón Bacut[1].

DIOS BENDICE A JACOB

[9] Cuando Jacob volvió de Padán Aram, Dios se le apareció de nuevo, y lo bendijo. [10] Y Dios le dijo:

> «Tu nombre es Jacob;
> No te llamarás más Jacob,
> Sino que tu nombre será Israel».

Y le puso el nombre de Israel. [11] También le dijo Dios:

> «Yo soy el Dios Todopoderoso[1].
> Sé fecundo y multiplícate;
> Una nación y multitud de naciones vendrán[2] de ti,
> Y reyes saldrán de tus entrañas[3].
> [12] La tierra que les di a Abraham y a Isaac,
> Te la daré a ti
> Y a tu descendencia[1] después de ti».

[13] Entonces Dios se alejó[1] de su lado, del lugar donde había hablado con él. [14] Jacob erigió un pilar en el lugar donde *Dios* había hablado con él, un pilar de piedra, y derramó sobre él una libación; también derramó sobre él aceite. [15] Y Jacob le puso el nombre de Betel[1] al lugar donde Dios había hablado con él.

NACIMIENTO DE BENJAMÍN

[16] Entonces salieron de Betel; y cuando aún faltaba[1] cierta distancia para llegar a Efrata, Raquel comenzó a dar a luz y tuvo *mucha* dificultad en su parto. [17] Cuando ella estaba en lo más duro del parto, la partera le dijo: «No temas, porque ahora[1] tienes este *otro* hijo».

[18] Y cuando su alma partía (pues murió), lo llamó Benoni[1]; pero su padre lo llamó Benjamín[2]. [19] Murió Raquel, y fue sepultada en el camino de Efrata, es decir, Belén. [20] Y Jacob erigió un pilar sobre su sepultura; ese es el pilar de la sepultura de Raquel hasta hoy. [21] Entonces Israel salió y plantó su tienda más allá de Migdal Eder[1].

LOS DOCE HIJOS DE JACOB

[22] Y mientras Israel moraba en aquella tierra, Rubén fue y se acostó con Bilha, concubina de su padre; e Israel *lo* supo[1].

Y los hijos de Jacob fueron doce. [23] Hijos de Lea: Rubén, el primogénito de Jacob, después Simeón, Leví, Judá, Isacar y Zabulón. [24] Hijos de Raquel: José y Benjamín. [25] Hijos de Bilha, sierva de Raquel: Dan y Neftalí. [26] Hijos de Zilpa, sierva de Lea: Gad y Aser. Estos son los hijos de Jacob que le nacieron en Padán Aram.

35:7 [1] I.e. Dios de Betel.   [2] Lit. *de la faz de.*   35:8 [1] I.e. Encina del Llanto.
35:11 [1] Heb. *El Shaddai.*   [2] Lit. *serán.*   [3] Lit. *lomos.*   35:12 [1] Lit. *simiente.*
35:13 [1] Lit. *subió.*   35:15 [1] I.e. Casa de Dios.   35:16 [1] Lit. *había.*   35:17 [1] Lit.
también.   35:18 [1] I.e. Hijo de mi Tristeza.   [2] I.e. Hijo de la Diestra.   35:21 [1] I.e.
torre del rebaño.   35:22 [1] Lit. *oyó.*

35:14
Libación
Esta era una ofrenda líquida. El vino o el aceite a menudo se usaba como sacrificio para honrar y agradecer a Dios.

35:23-26
Por qué Jacob tuvo tantos hijos
Tener muchos hijos era algo común en el antiguo Medio Oriente. Las familias necesitaban muchos hijos para que ayudaran con los animales y las cosechas, y a causa de las enfermedades de ese tiempo, no todos los hijos llegaban a la adultez. Tener muchos hijos también era considerado una señal de la bendición de Dios.

MUERTE DE ISAAC

27 Jacob fue a su padre Isaac en Mamre de Quiriat Arba, es decir, Hebrón, donde habían residido Abraham e Isaac.

28 Isaac vivió[1] 180 años. **29** Y expiró Isaac. Murió y fue reunido a su pueblo[1], anciano y lleno de días. Sus hijos Esaú y Jacob lo sepultaron.

DESCENDIENTES DE ESAÚ

36 Estas son las generaciones de Esaú, es decir, Edom. **2** Esaú tomó sus mujeres de las hijas de Canaán: a Ada, hija de Elón, el hitita; a Aholibama, hija de Aná y nieta[1] de Zibeón el heveo; **3** y a Basemat, hija de Ismael, hermana de Nebaiot. **4** Ada dio a luz a Elifaz para Esaú; y Basemat dio a luz a Reuel. **5** Y Aholibama dio a luz a Jeús, a Jaalam y a Coré. Estos son los hijos que le nacieron a Esaú en la tierra de Canaán.

6 Entonces Esaú tomó a sus mujeres, sus hijos y sus hijas y todas las personas[1] de su casa, también su ganado y todas sus bestias, y todos los bienes que había acumulado en la tierra de Canaán, y se fue a *otra* tierra lejos de su hermano Jacob. **7** Porque los bienes de ellos habían llegado a ser tantos que no podían habitar juntos, y la tierra en que moraban[1] no podía sostenerlos a causa de su *mucho* ganado. **8** Esaú habitó en la región montañosa de Seir. Esaú es Edom. **9** Estas son las generaciones de Esaú, padre de los edomitas[1], en la región montañosa de Seir.

10 Estos son los nombres de los hijos de Esaú: Elifaz, hijo de Ada, mujer de Esaú, *y* Reuel, hijo de Basemat, mujer de Esaú. **11** Y los hijos de Elifaz fueron Temán, Omar, Zefo[1], Gatam y Quenaz. **12** Timna fue concubina de Elifaz, hijo de Esaú, y le[1] dio un hijo, Amalec. Estos son los descendientes de Ada, mujer de Esaú. **13** Estos son los hijos de Reuel: Nahat, Zera, Sama y Miza. Estos fueron los hijos de Basemat, mujer de Esaú. **14** Y estos fueron los hijos de Aholibama, mujer de Esaú, hija de Aná, nieta[1] de Zibeón: ella tuvo de[2] Esaú a Jeús, Jaalam y Coré.

15 Estos son los jefes de entre los hijos de Esaú. Los hijos de Elifaz, primogénito de Esaú, son: el jefe Temán, el jefe Omar, el jefe Zefo, el jefe Quenaz, **16** el jefe Coré, el jefe Gatam *y* el jefe Amalec. Estos son los jefes *que descendieron* de Elifaz en la tierra de Edom; estos son los hijos de Ada. **17** Estos son los hijos de Reuel, hijo de Esaú: el jefe Nahat, el jefe Zera, el jefe Sama y el jefe Miza. Estos son los jefes *que descendieron* de Reuel en la tierra de Edom; estos son los hijos de Basemat, mujer de Esaú. **18** Estos son los hijos de Aholibama, mujer de Esaú: el jefe Jeús, el jefe Jaalam, el jefe Coré. Estos *son* los jefes *que descendieron* de Aholibama, mujer de Esaú, hija de Aná. **19** Estos *fueron* los hijos de Esaú, es decir, Edom, y estos sus jefes.

DESCENDIENTES DE SEIR

20 Estos son los hijos de Seir el Horeo, habitantes de aquella[1] tierra: Lotán, Sobal, Zibeón, Aná, **21** Disón, Ezer y Disán. Estos son los jefes *que descendieron* de los horeos, los

36:1-43
La lista de los descendientes de Esaú
El árbol genealógico era importante en la antigüedad como una forma de recordar la historia de las personas y mostrar cómo estaban conectadas las familias con la comunidad. Las personas se identificaban por sus parentescos. Este árbol familiar muestra cómo Dios cumplió la promesa que le hizo a Sara de que sería madre de naciones. (Ver Génesis 17:16).

36:2
Por qué las esposas de Esaú eran cananeas
Esaú probablemente se casó con ellas porque los pueblos cananeos vivían en los alrededores. Es posible que haya estaba tratando de establecer una relación pacífica con la gente local.

36:6-7
Jacob y Esaú vivían lejos uno de otro
La tierra no contenía suficiente agua para todos sus animales. Ellos se distanciaron a fin de que hubiera bastante tierra y agua para todo su ganado y los miembros de sus familias.

36:24
Fuentes termales
Encontrar agua de cualquier tipo en un desierto era muy importante para la supervivencia del ganado. Las aguas cálidas eran especialmente raras de hallar, y aumentaban el valor de esa tierra.

37:3
La túnica de José
Esta era una túnica elegante de muchos colores. Teñir una túnica habría costado mucho tiempo y dinero, y eso demostraba de forma notoria que José era el favorito de su padre. Los hermanos de José seguramente usaban vestidos simples y de colores naturales, los cuales habrían sido menos costosos.

hijos de Seir en la tierra de Edom. **22** Los hijos de Lotán fueron Hori y Hemam[1]; y la hermana de Lotán era Timna. **23** Estos son los hijos de Sobal: Alván, Manahat, Ebal, Sefo y Onam.

24 Estos son los hijos de Zibeón: Aja y Aná. Este es el Aná que halló las fuentes termales en el desierto cuando pastoreaba los asnos de su padre Zibeón. **25** Estos son los hijos de Aná: Disón y Aholibama, hija de Aná. **26** Estos son los hijos de Disón[1]: Hemdán[2], Esbán, Itrán y Querán. **27** Estos son los hijos de Ezer: Bilhán, Zaaván y Acán[1]. **28** Estos son los hijos de Disán: Uz y Arán. **29** Estos son los jefes *que descendieron* de los horeos: el jefe Lotán, el jefe Sobal, el jefe Zibeón, el jefe Aná, **30** el jefe Disón, el jefe Ezer y el jefe Disán. Estos son los jefes *que descendieron* de los horeos, jefe por jefe[1], en la tierra de Seir.

REYES DE EDOM

31 Estos son los reyes que reinaron en la tierra de Edom, antes de que rey alguno reinara sobre los israelitas: **32** Bela[1], hijo de Beor, reinó en Edom; y el nombre de su ciudad *era* Dinaba. **33** Murió Bela, y reinó en su lugar Jobab, hijo de Zera, de Bosra. **34** Murió Jobab, y reinó en su lugar Husam, de la tierra de los temanitas. **35** Murió Husam, y reinó en su lugar Hadad, hijo de Bedad, el que derrotó[1] a Madián en el campo de Moab; y el nombre de su ciudad *era* Avit. **36** Murió Hadad, y reinó en su lugar Samla de Masreca. **37** Murió Samla, y reinó en su lugar Saúl de Rehobot, junto al río *Éufrates*. **38** Murió Saúl, y reinó en su lugar Baal Hanán, hijo de Acbor. **39** Y murió Baal Hanán, hijo de Acbor, y reinó en su lugar Hadar[1]; y el nombre de su ciudad *era* Pau[2]; y el nombre de su mujer era Mehetabel, hija de Matred, hija de Mezaab.

40 Estos son los nombres de los jefes *que descendieron* de Esaú, según sus familias y sus localidades, por sus nombres: el jefe Timna, el jefe Alva[1], el jefe Jetet, **41** el jefe Aholibama, el jefe Ela, el jefe Pinón, **42** el jefe Quenaz, el jefe Temán, el jefe Mibsar, **43** el jefe Magdiel y el jefe Iram. Estos son los jefes de Edom, es decir, Esaú, padre de los edomitas[1], según sus moradas en la tierra de su posesión.

JOSÉ Y SUS HERMANOS

37 Jacob habitó en la tierra donde había peregrinado su padre[1], en la tierra de Canaán. **2** Esta *es la historia de* las generaciones de Jacob:

Cuando José tenía diecisiete años, apacentaba el rebaño con sus hermanos. El joven *estaba* con los hijos de Bilha y con los hijos de Zilpa, mujeres de su padre. Y José trajo a su padre malos informes sobre ellos. **3** Israel amaba a José más que a todos sus hijos, porque era para él el hijo de su vejez; y le hizo una túnica de muchos colores[1]. **4** Y sus hermanos

36:22 [1] En 1Crón. 1:39, *Homam*.   36:26 [1] Heb. *Dishan.* Véase 1Crón. 1:41, *Disón*. [2] En 1Crón. 1:41, *Amram*.   36:27 [1] En 1Crón. 1:42, *Jaacán*.   36:30 [1] Lit. *según sus jefes*.   36:32 [1] Lit. *Y Bela*.   36:35 [1] O *hirió*.   36:39 [1] En 1Crón. 1:50, *Hadad*.   [2] En 1Crón. 1:50, *Pai*.   36:40 [1] En 1Crón. 1:51, *Alya*.   36:43 [1] Lit. *Edom*.   37:1 [1] Lit. *de las peregrinaciones de su padre*.   37:3 [1] O *túnica larga*.

vieron que su padre amaba más a José que a todos ellos; *por eso* lo odiaban y no podían hablarle amistosamente[1].

SUEÑOS DE JOSÉ

5 José tuvo[1] un sueño y cuando se lo contó a sus hermanos, ellos lo odiaron aún más. **6** Y él les dijo: «Les ruego que escuchen este sueño que he tenido[1]. **7** Estábamos atando gavillas en medio del campo, y sucedió que mi gavilla se levantó y se puso derecha, y entonces las gavillas de ustedes se ponían alrededor y se inclinaban hacia mi gavilla».

8 Y sus hermanos le dijeron: «¿Acaso reinarás sobre nosotros? ¿O acaso te enseñorearás sobre nosotros?». Y lo odiaron aún más por causa de sus sueños y de sus palabras.

9 José tuvo[1] también otro sueño, y se lo contó a sus hermanos, diciendo[2]: «He tenido[3] otro sueño; y el sol, la luna y once estrellas se inclinaban ante mí». **10** Cuando se *lo* contó a su padre y a sus hermanos, su padre lo reprendió, y le dijo: «¿Qué es este sueño que has tenido[1]? ¿Acaso yo, tu madre y tus hermanos vendremos a inclinarnos hasta el suelo ante ti?».

11 Sus hermanos le tenían envidia, pero su padre reflexionaba sobre[1] lo que se había dicho.

JOSÉ VA EN BUSCA DE SUS HERMANOS

12 Después sus hermanos fueron a apacentar el rebaño de su padre en Siquem. **13** Israel dijo a José: «¿No están tus hermanos apacentando *el rebaño* en Siquem? Ven, y te voy a enviar a ellos». «Iré[1]», le dijo José.

14 Entonces *Israel* le dijo: «Ve ahora y mira cómo están tus hermanos y cómo está el rebaño, y tráeme noticias *de ellos*». Lo envió, pues, desde el valle de Hebrón, y José fue a Siquem. **15** Estando él dando vueltas por el campo, un hombre lo encontró, y el hombre le preguntó: «¿Qué buscas?». **16** «Busco a mis hermanos», respondió José; «le ruego que me informe dónde están apacentando *el rebaño*». **17** «Se han ido de aquí», le contestó el hombre, «pues yo *les* oí decir: "Vamos a Dotán"». Entonces José fue tras sus hermanos y los encontró en Dotán.

COMPLOT DE LOS HERMANOS DE JOSÉ

18 Cuando ellos lo vieron de lejos, y antes que se les acercara, tramaron contra él para matarlo. **19** Y se dijeron unos a otros: «Aquí viene el soñador[1]. **20** Ahora pues, vengan, matémoslo y arrojémoslo a uno de los pozos; y diremos: "Una fiera lo devoró". Entonces veremos en qué quedan sus sueños».

21 Pero Rubén oyó *esto* y lo libró de sus manos, y dijo: «No le quitemos la vida[1]». **22** Rubén les dijo además: «No derramen sangre. Échenlo en este pozo del[1] desierto, pero no le pongan la mano encima». *Esto dijo* para poder librarlo de las manos de ellos y devolverlo a su padre.

23 Y cuando José llegó a sus hermanos, lo despojaron de su túnica[1], la túnica de muchos colores que llevaba puesta.

37:21
Rubén trata de salvar a José

Como hijo mayor de Jacob, Rubén probablemente sintió que debía cuidar a José. Él sugirió que los hermanos lo echaran en un pozo para poder rescatarlo después.

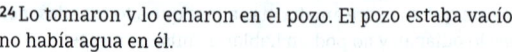

²⁴ Lo tomaron y lo echaron en el pozo. El pozo estaba vacío, no había agua en él.

JOSÉ VENDIDO COMO ESCLAVO

²⁵ Entonces se sentaron a comer¹, y cuando levantaron los ojos, vieron una caravana de ismaelitas que venía de Galaad con sus camellos cargados de resina aromática, bálsamo y mirra, e iban bajando hacia Egipto. ²⁶ Y Judá dijo a sus hermanos: «¿Qué ganaremos con matar a nuestro hermano y ocultar su sangre? ²⁷ Vengan, vendámoslo a los ismaelitas y no pongamos las¹ manos sobre él, pues es nuestro hermano, carne nuestra». Y sus hermanos le hicieron caso².

²⁸ Pasaron entonces los mercaderes madianitas, y ellos sacaron a José, subiéndolo del pozo, y vendieron a José a los ismaelitas por veinte *monedas* de plata. Y *estos* se llevaron a José a Egipto.

JACOB LLORA A JOSÉ

²⁹ Cuando Rubén volvió al pozo, José ya no estaba en el pozo. Entonces rasgó sus vestidos; ³⁰ y volvió a sus hermanos y *les* dijo: «El muchacho no está *allí*; y yo, ¿adónde iré¹?».

³¹ Así que tomaron la túnica de José, mataron un macho cabrío, y empaparon la túnica en la sangre. ³² Entonces enviaron la túnica de muchos colores y la llevaron a su padre, y dijeron: «Encontramos esto. Te rogamos que *lo* examines¹ para *ver* si es la túnica de tu hijo o no». ³³ Él la examinó¹, y dijo: «Es la túnica de mi hijo. Una fiera lo ha devorado. Sin duda José ha sido despedazado». ³⁴ Jacob rasgó sus vestidos, puso cilicio sobre sus lomos y estuvo de duelo por su hijo muchos días.

³⁵ Todos sus hijos y todas sus hijas vinieron¹ para consolarlo, pero él rehusó ser consolado, y dijo: «Ciertamente enlutado bajaré al Seol² por causa de mi hijo». Y su padre lloró por él. ³⁶ Mientras tanto, los madianitas¹ lo vendieron en Egipto a Poti(Cineret)far, oficial de Faraón, capitán de la guardia.

JUDÁ Y TAMAR

38 Por aquel tiempo Judá se separó¹ de sus hermanos, y visitó a² un adulamita llamado Hira. ² Allí Judá vio a la hija de un cananeo llamado Súa. La tomó, y se llegó a ella. ³ Ella concibió y dio a luz un hijo, y le puso por nombre Er. ⁴ Concibió otra vez y dio a luz otro hijo, y le puso por nombre

37:25
Ismaelitas

Estos grupos de personas también eran llamados madianitas. Eran descendientes de Abraham. Es muy probable que esos comerciantes fueran primos segundos o terceros de José y sus hermanos. Ellos compraban y vendían esclavos.

37:28
José es vendido como esclavo

Debajo hay un mapa que muestra el camino que probablemente José transitó en su viaje hacia la esclavitud en Egipto.

38:1-10
El pecado de Onán

Si un hombre moría sin haber tenido hijos, se suponía que su hermano le daría descendencia con la viuda de ese hombre. Onán se negó a hacerlo, y eso no le agradó a Dios.

37:25 ¹ Lit. *a comer pan.*   37:27 ¹ Lit. *y no sean nuestras.*   ² Lit. *escucharon.*
37:30 ¹ Lit. *iré yo.*   37:32 ¹ O *reconozcas.*   37:33 ¹ Lit. *reconoció.*   37:35 ¹ Lit.
se levantaron.   ² I.e. *región de los muertos.*   37:36 ¹ Lit. *Medanitas.*   38:1 ¹ Lit.
descendió.   ² Lit. *se desvió hacia.*

Onán. **5** Aún dio a luz a otro hijo, y le puso por nombre Sela. Y fue en Quezib que*¹* le nació.

6 Entonces Judá tomó mujer para Er su primogénito, la cual se llamaba Tamar. **7** Pero Er, primogénito de Judá, era malo ante los ojos del SEÑOR, y el SEÑOR le quitó la vida.

8 Entonces Judá dijo a Onán: «Llégate a la mujer de tu hermano, y cumple con ella tu deber como cuñado, y levanta descendencia*¹* a tu hermano». **9** Y Onán sabía que la descendencia*¹* no sería suya. Acontecía que cuando se llegaba a la mujer de su hermano, derramaba *su semen* en tierra para no dar descendencia*¹* a su hermano. **10** Pero lo que hacía era malo ante los ojos del SEÑOR. También a él le quitó la vida. **11** Entonces Judá dijo a su nuera Tamar: «Quédate viuda en casa de tu padre hasta que crezca mi hijo Sela»; pues pensaba*¹*: «Temo*²* que él muera también como sus hermanos». Así que Tamar se fue y se quedó en casa de su padre.

12 Pasaron muchos días y murió la hija de Súa, mujer de Judá. Y pasado el duelo, Judá*¹* subió a los trasquiladores de sus ovejas en Timnat, él y su amigo Hira el adulamita. **13** Y se lo hicieron saber a Tamar, diciéndo*le:* «Mira, tu suegro sube a Timnat a trasquilar sus ovejas». **14** Entonces ella se quitó sus ropas de viuda y *se* cubrió con un velo*¹*, se envolvió bien y se sentó a la entrada de Enaim que está en el camino de Timnat. Porque veía que Sela había crecido, y ella *aún* no había sido dada a él por mujer.

15 Cuando la vio Judá, pensó que *era* una ramera, pues se había cubierto el rostro. **16** Y se acercó a ella junto al camino, y *le* dijo: «Vamos*¹*, déjame estar contigo*²*»; pues no sabía que era su nuera. «¿Qué me darás por estar conmigo*³*?», le dijo ella. **17** «Yo te enviaré un cabrito de las cabras del rebaño», respondió Judá. «¿Me darás una prenda hasta que *lo* envíes?», le dijo ella. **18** «¿Qué prenda *tengo* que darte?», preguntó Judá. «Tu sello, tu cordón y el báculo que tienes en la mano», dijo ella. Y él se *los* dio y se llegó a ella, y ella concibió de él. **19** Entonces ella se levantó y se fue. Se quitó el velo*¹* y se puso sus ropas de viuda.

20 Cuando Judá envió el cabrito por medio de*¹* su amigo el adulamita, para recobrar la prenda de mano de la mujer, no la halló. **21** Y preguntó a los hombres del lugar: «¿Dónde está la ramera*¹* que estaba en Enaim, junto al camino?». «Aquí no ha habido ninguna ramera*¹*», dijeron ellos.

22 Él volvió donde Judá, y *le* dijo: «No la encontré. Además, los hombres del lugar dijeron: "Aquí no ha habido ninguna ramera*¹*"». **23** Entonces Judá dijo: «Que se quede con las prendas*¹*, para que no seamos causa de burla. Ya ves*²* que envié este cabrito, y tú no la has encontrado».

24 Y a los tres meses, informaron a Judá, diciendo: «Tu nuera Tamar ha fornicado, y*¹* ha quedado encinta a causa de las fornicaciones». «Sáquenla y que sea quemada», dijo Judá. **25** Cuando la sacaban, ella envió a decir a su suegro:

38:14
Qué ropa usaban las viudas
Las viudas a menudo se vestían con arpillera (una tela rústica) o vestidos rasgados. Se dejaban el cabello suelto y los pies descalzos. Como se suponía que el resto de la comunidad cuidaba a las viudas, su vestimenta especial hacía que pudieran identificar a las que necesitaban ayuda.

38:5 *¹* Lit. *cuando.*   38:8 *¹* Lit. *simiente.*   38:9 *¹* Lit. *simiente.*   38:11 *¹* Lit. *decía.*   *²* O *No sea.*   38:12 *¹* Lit. *Y cuando Judá se hubo consolado.*
38:14 *¹* O *manto.*   38:16 *¹* Lit. *Ven ahora.*   *²* Lit. *llegarme a ti.*   *³* Lit. *llegarte a mí.*
38:19 *¹* O *manto.*   38:20 *¹* Lit. *cabrito de cabras por mano de.*   38:21 *¹* O *ramera de culto pagano.*   38:22 *¹* O *ramera de culto pagano.*   38:23 *¹* Lit. *Que las tome para sí.*   *²* Lit. *He aquí.*   38:24 *¹* Lit. *y también.*

«Del hombre a quien pertenecen estas cosas estoy encinta». Y añadió «Le ruego que examine y vea de quién es este sello, este cordón y este báculo».

26 Judá *los* reconoció, y dijo: «Ella es más justa que yo, por cuanto yo no la di *por mujer* a mi hijo Sela». Y no volvió a tener más relaciones con ella[1].

27 Y sucedió que al tiempo de dar a luz, había mellizos en su seno. **28** Aconteció, además, que mientras daba a luz, uno *de ellos* sacó su mano, y la partera *la* tomó y le ató un *hilo* escarlata en la mano, diciendo: «Este salió primero».
29 Pero sucedió que cuando él retiró su mano, su hermano salió. Entonces ella dijo: «¡Qué brecha te has abierto!». Por eso le pusieron por nombre Fares[1]. **30** Después salió su hermano que tenía el *hilo* escarlata en la mano; y le pusieron por nombre Zara[1].

JOSÉ PROSPERA EN EGIPTO

39 Cuando José fue llevado[1] a Egipto, Potifar, un oficial egipcio de Faraón, capitán de la guardia, lo compró a[2] los ismaelitas que lo habían llevado[1] allá. **2** Pero el SEÑOR estaba con José, que llegó a ser un hombre próspero, y vivía en la casa de su amo el egipcio. **3** Vio su amo que el SEÑOR estaba con él y que el SEÑOR hacía prosperar en su mano todo lo que él hacía.

4 Así José halló gracia ante sus ojos y llegó a ser su siervo personal[1]; y él lo hizo mayordomo sobre su casa y entregó en su mano todo lo que poseía. **5** Y sucedió que desde el tiempo que lo hizo mayordomo sobre su casa y sobre todo lo que poseía, el SEÑOR bendijo la casa del egipcio por causa de José. La bendición del SEÑOR estaba sobre todo lo que poseía en la casa y en el campo. **6** Así que todo lo que poseía lo dejó en mano de José, y con él *allí* no se preocupaba de[1] nada, excepto del pan que comía. Y era José de gallarda[2] figura y de hermoso parecer.

JOSÉ Y LA MUJER DE POTIFAR

7 Sucedió después de estas cosas que la mujer de su amo miró[1] a José con deseo y *le* dijo: «Acuéstate conmigo». **8** Pero él rehusó y dijo a la mujer de su amo: «Estando yo aquí[1], mi amo no se preocupa de nada[2] en la casa, y ha puesto en mi mano todo lo que posee. **9** No hay nadie[1] más grande que yo en esta casa, y nada me ha rehusado excepto a usted, pues es su mujer. ¿Cómo entonces podría yo hacer esta gran maldad

39:1
Potifar
Potifar trabajaba como capitán de la guardia. Él tenía que ayudar a llevar a cabo todos los decretos de Faraón, incluyendo supervisar las prisiones y ejecutar personas.

© 2013 por Zondervan

39:4-6
El trabajo de José con Potifar
José tenía la importante responsabilidad de cuidar la familia y la casa de Potifar.

38:26 [1] Lit. *ya no volvió a conocerla más.*   38:29 [1] I.e. Brecha.   38:30 [1] I.e. Amanecer.   39:1 [1] Lit. *bajado.* [2] Lit. *de mano de.*   39:4 [1] O *y le servía.* 39:6 [1] Lit. *no sabía.* [2] Lit. *hermosa.*   39:7 [1] Lit. *alzó sus ojos.*   39:8 [1] Lit. *He aquí, conmigo.* [2] Lit. *no sabe lo que hay.*   39:9 [1] O *Él no es.*

y pecar contra Dios?». **10** Y ella insistía[1] a José día tras día, pero él no accedió a[2] acostarse con ella o a estar con ella.

11 Pero un día[1] que él entró en casa para hacer su trabajo, y no había ninguno de los hombres de la casa allí dentro, **12** entonces ella tomó a José de la ropa, y le dijo: «¡Acuéstate conmigo!». Pero él le dejó su ropa en la mano, y salió huyendo afuera. **13** Cuando ella vio que él había dejado su ropa en sus manos y había huido afuera, **14** llamó a los hombres de su casa y les dijo: «Miren, *Potifar* nos ha traído un hebreo[1] para que se burle de nosotros; vino a mí para acostarse conmigo, pero yo grité a gran voz. **15** Cuando él oyó que yo alzaba la voz y gritaba, dejó su ropa junto a mí y salió huyendo afuera».

16 Ella dejó junto a sí la ropa de José hasta que su señor vino a casa. **17** Entonces ella le habló con[1] estas palabras: «Vino a mí el esclavo hebreo que nos trajiste, para burlarse de mí. **18** Y cuando levanté la voz y grité, él dejó su ropa junto a mí y huyó afuera».

JOSÉ ECHADO EN LA CÁRCEL

19 Cuando su señor escuchó las palabras que su mujer le dijo: «Esto es lo que[1] tu esclavo me hizo», se encendió su ira. **20** Entonces el amo de José lo tomó y lo echó en la cárcel, *en* el lugar donde se encerraba a los presos del rey. Allí permaneció en la cárcel. **21** Pero el SEÑOR estaba con José, le extendió *Su* misericordia y le concedió gracia ante los ojos del jefe de la cárcel.

22 El jefe de la cárcel confió en mano de José a todos los presos que estaban en la cárcel, y de todo lo que allí se hacía él era responsable. **23** El jefe de la cárcel no supervisaba nada que estuviera bajo la responsabilidad de José[1], porque el SEÑOR estaba con él, y todo lo que él emprendía, el SEÑOR lo hacía prosperar.

JOSÉ INTERPRETA DOS SUEÑOS

40 Después de estas cosas, sucedió que el copero y el panadero del rey de Egipto ofendieron a su señor, el rey de Egipto. **2** Faraón se enojó contra sus dos oficiales, contra el jefe de los coperos y contra el jefe de los panaderos. **3** Y los puso bajo custodia en la casa del capitán de la guardia, en la cárcel, *en el mismo* lugar donde José estaba preso. **4** El capitán de la guardia se los asignó a José, y él les servía. Allí estuvieron bajo custodia por algún tiempo[1].

5 Entonces el copero y el panadero del rey de Egipto, que estaban encerrados en la cárcel, tuvieron[1] ambos un sueño en una misma noche, cada uno con su *propio* sueño, *y* cada sueño con su *propia* interpretación. **6** Cuando José vino a ellos por la mañana y los observó, vio que estaban decaídos. **7** Y preguntó a los oficiales de Faraón que estaban con él bajo custodia en casa de su señor[1]: «¿Por qué están sus rostros tan tristes hoy?». **8** Y ellos le respondieron: «Hemos tenido[1] un sueño y no hay nadie que lo interprete».

39:10 [1] Lit. *hablaba.*   [2] Lit. *no escuchó para.*   39:11 [1] Lit. *como este día.*
39:14 [1] Lit. *hombre hebreo.*   39:17 [1] Lit. *según.*   39:19 [1] Lit. *Según estas cosas.*
39:23 [1] Lit. *en su mano.*   40:4 [1] Lit. *días.*   40:5 [1] Lit. *soñaron.*   40:7 [1] Lit.
señor, diciendo.   40:8 [1] Lit. *soñado.*

39:20
Los presos del rey

Los presos del rey eran tratados mejor que los prisioneros comunes. Los presos del rey seguían siendo custodiados, pero no eran obligados a hacer trabajos manuales.

40:8
La importancia de los sueños

En el mundo antiguo se creía que los sueños venían de los dioses, y que ellos les decían a las personas lo que tenían que hacer. Los sueños de los gobernantes eran especialmente importantes. La gente consultaba a los expertos y en los libros para poder interpretar sus sueños. José, que era un soñador también, confiaba en la interpretación que Dios le daba.

Entonces les dijo José, «¿No pertenecen a Dios las interpretaciones? Les ruego que me *lo* cuenten».

SUEÑO DEL COPERO DEL REY

9 Contó, pues, el jefe de los coperos su sueño a José, y le dijo: «En mi sueño, vi que *había* una vid delante de mí, **10** y en la vid *había* tres ramas. Y al echar brotes, aparecieron las flores, *y* sus racimos produjeron uvas maduras. **11** La copa de Faraón estaba en mi mano. Así que tomé las uvas y las exprimí en la copa de Faraón, y puse la copa en la mano¹ de Faraón». **12** Entonces José le dijo: «Esta es su interpretación: los tres sarmientos son tres días. **13** Dentro de tres días Faraón levantará su cabeza¹, le restaurará a su puesto y usted pondrá la copa de Faraón en su mano como acostumbraba antes cuando era su copero. **14** Solo *le pido que* se acuerde de mí¹ cuando le vaya bien, y le ruego que me haga el favor de hacer mención de mí a Faraón, y me saque de esta casa. **15** Porque la verdad es que yo fui secuestrado de la tierra de los hebreos, y aun aquí no he hecho nada para que me pusieran en el calabozo¹».

SUEÑO DEL PANADERO DEL REY

16 Cuando el jefe de los panaderos vio que había interpretado favorablemente, dijo a José: «Yo también *vi* en mi sueño que *había* tres cestas de pan blanco sobre mi cabeza. **17** Sobre la cesta de encima *había* toda clase de manjares hechos por un panadero para Faraón, y las aves los comían de la cesta sobre mi cabeza».

18 Entonces José respondió: «Esta es su interpretación: las tres cestas son tres días; **19** dentro de tres días Faraón le quitará¹ la cabeza de sobre usted, le colgará en un árbol y las aves comerán la carne² *de su cuerpo*».

CUMPLIMIENTO DE LAS INTERPRETACIONES

20 Y sucedió que al tercer día, *que era* el día del cumpleaños de Faraón, *este* hizo un banquete para todos sus siervos, y levantó la cabeza del jefe de los coperos y la cabeza del jefe de los panaderos en medio de sus siervos. **21** Y restauró al jefe de los coperos a su cargo de copero y este puso la copa en manos¹ de Faraón; **22** pero ahorcó al jefe de los panaderos, tal como les había interpretado José. **23** Pero el jefe de los coperos no se acordó de José, sino que se olvidó de él.

LOS SUEÑOS DE FARAÓN

41 Y aconteció que después de dos años¹, Faraón tuvo un sueño. *Soñó* que estaba de pie junto al Nilo. **2** Y de pronto¹, del Nilo subieron siete vacas de hermoso aspecto y gordas², y pacían en el carrizal. **3** Entonces otras siete vacas de mal aspecto y flacas¹ subieron del Nilo detrás de ellas, y se pararon junto a las *otras* vacas a la orilla del

---

40:11 ¹ Lit. *palma.*   40:13 ¹ O posiblemente, *te perdonará.*   40:14 ¹ Lit. *acuérdate de mí contigo mismo.*   40:15 ¹ Lit. *foso.*   40:19 ¹ Lit. *levantará.*   ² Lit. *carne de sobre ti.*   40:21 ¹ Lit. *la palma.*   41:1 ¹ Lit. *dos años completos.*   41:2 ¹ Lit. *he aquí.*   ² Lit. *gordas de carne.*   41:3 ¹ Lit. *flacas de carne.*

Nilo. **4** Y las vacas de mal aspecto y flacas[1] devoraron las siete vacas de hermoso aspecto y gordas. Entonces Faraón se despertó.

5 Se quedó dormido y soñó por segunda vez. Vio que siete espigas llenas y buenas crecían en una sola caña, **6** y que siete espigas, menudas y quemadas por el viento del este, brotaron después de aquellas. **7** Y las espigas menudas devoraron a las siete espigas gruesas y llenas. Entonces Faraón despertó, y resultó que *era* un sueño.

8 Y por la mañana su espíritu estaba turbado, y mandó llamar a todos los magos[1], y a todos sus sabios de Egipto. Faraón les contó sus sueños[2], pero no hubo quien se los pudiera interpretar a Faraón.

9 Entonces el jefe de los coperos habló a Faraón: «Quisiera hablar hoy de mis faltas[1]. **10** Cuando Faraón se enojó con sus siervos y me puso bajo custodia en la casa del capitán de la guardia, a mí y al jefe de los panaderos, **11** él y yo tuvimos[1] un sueño en una misma noche. Cada uno de nosotros soñó según la interpretación de su *propio* sueño. **12** Y *estaba* allí con nosotros un joven hebreo, un siervo del capitán de la guardia. Y se *los* contamos, y él nos interpretó los sueños. A cada uno interpretó su[1] sueño. **13** Tal como nos lo había interpretado, así sucedió. A mí me restableció *Faraón* en mi puesto, pero al otro[1] lo ahorcó».

JOSÉ INTERPRETA EL SUEÑO DE FARAÓN

14 Entonces Faraón mandó llamar a José, y lo sacaron aprisa del calabozo[1]. Después de afeitarse y cambiarse sus vestidos, vino a Faraón. **15** Y Faraón dijo a José: «He tenido[1] un sueño y no hay quien lo interprete. Pero he oído decir de ti[2], que oyes un sueño y lo puedes interpretar[3]». **16** «No está en mí», respondió José a Faraón. «Dios dará a Faraón una respuesta favorable[1]».

17 Entonces Faraón dijo a José: «En mi sueño yo estaba de pie a la orilla del Nilo. **18** Y vi[1] siete vacas gordas[2] y de hermoso aspecto que salieron del Nilo. Pacían en el carrizal. **19** Pero sucedió que otras siete vacas subieron detrás de ellas, pobres, de muy mal aspecto y flacas[1], de tal fealdad[2] como yo nunca había visto en toda la tierra de Egipto. **20** Y las vacas flacas y feas[1] se comieron las primeras siete vacas gordas. **21** Pero cuando las habían devorado[1], no se podía notar[2] que las hubieran devorado[1]; pues[3] su aspecto era tan feo[4] como al principio. Entonces me desperté.

22 »En mi sueño también vi que siete espigas llenas y hermosas crecían en una sola caña; **23** y que siete espigas marchitas, menudas *y* quemadas por el viento del este, brotaron después de aquellas. **24** Las espigas menudas devoraron a las siete espigas hermosas. Se lo conté a los magos[1], pero no hubo quien me *lo* pudiera explicar».

41:4 [1] Lit. *flacas de carne.*   41:8 [1] O *sacerdotes adivinos.*   [2] Lit. *su sueño.*
41:9 [1] O *pecados.*   41:11 [1] Lit. *soñamos.*   41:12 [1] Lit. *según su.*   41:13 [1] Lit. *a él.*   41:14 [1] Lit. *foso.*   41:15 [1] Lit. *soñado.*   [2] Lit. *de ti, diciendo.*   [3] Lit. *para interpretarlo.*   41:16 [1] Lit. *Aparte de mí, Dios responderá a la paz de Faraón.*
41:18 [1] Lit. *he aquí.*   [2] Lit. *gordas de carne.*   41:19 [1] Lit. *flacas de carne.*   [2] Lit. *tan malas.*   41:20 [1] Lit. *malas.*   41:21 [1] Lit. *habían entrado en sus entrañas.*   [2] O *saber.*   [3] Lit. *y.*   [4] Lit. *malo.*   41:24 [1] O *sacerdotes adivinos.*

41:8
Magos
Los reyes a menudo les pedían consejo a los magos, porque ellos parecían tener poderes sobrenaturales.

41:14
José se afeitó antes de ir a ver a Faraón
Los hombres egipcios a menudo se rasuraban, mientras que los hebreos usaban barba. José se afeitó para identificarse como un egipcio, aunque era extranjero.

41:16
José le habla a Faraón acerca de Dios
José le dijo a Faraón que él no podía interpretar el sueño del rey. No quería recibir el crédito para sí mismo; en cambio, deseaba asegurarse de que Faraón supiera que su interpretación venía de Dios.

41:27
Siete años de hambre
Las largas hambrunas eran raras en Egipto, ya que el río Nilo se desbordaba cada año, brindando mucha agua para las cosechas.

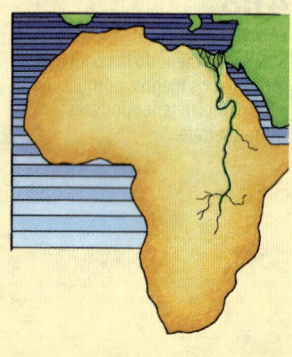

41:40-43
Símbolos del poder
Faraón le dio a José los tres símbolos del poder: un anillo de sellar, vestiduras de lino fino y un collar de oro. José ahora era el segundo al mando sobre todo el reino.

41:45
Faraón le cambia el nombre a José
Él le cambió el nombre para demostrar que José era completamente aceptado como un miembro de la corte de Faraón. El cambio de nombre también demostraba la autoridad de Faraón sobre José, el compromiso de José con Egipto y su ruptura con el pasado.

25 Entonces José dijo a Faraón: «Los *dos* sueños de Faraón son[1] uno. Dios ha anunciado a Faraón lo que Él va a hacer. **26** Las siete vacas hermosas son siete años, y las siete espigas hermosas son siete años. Los dos sueños son[1] uno. **27** Y las siete vacas flacas y feas[1] que subieron detrás de ellas son siete años, y las siete espigas quemadas por el viento del este serán siete años de hambre.

28 »Esto es lo que he dicho a Faraón: Dios ha mostrado a Faraón lo que va a hacer. **29** Van a venir siete años de gran abundancia en toda la tierra de Egipto; **30** y después de ellos vendrán[1] siete años de hambre. Será olvidada toda la abundancia en la tierra de Egipto, y el hambre asolará[2] la tierra. **31** No se conocerá la abundancia en la tierra a causa del hambre que vendrá[1], que *será* muy severa. **32** En cuanto a la repetición del sueño a Faraón dos veces, *quiere decir* que el asunto está determinado por Dios, y que Dios lo hará pronto.

33 »Ahora pues, busque Faraón un hombre prudente y sabio, y póngalo sobre la tierra de Egipto. **34** Decida Faraón nombrar inspectores sobre el país y exija un quinto *de la producción* de la tierra de Egipto en los siete años de abundancia. **35** Que los inspectores recojan todos los víveres de esos años buenos que vienen, y almacenen en las ciudades el grano para alimento bajo la autoridad[1] de Faraón, y que *lo* protejan. **36** Y que los víveres sean una reserva para el país durante los siete años de hambre que ocurrirán en la tierra de Egipto, a fin de que *la gente* del país no perezca por el hambre».

JOSÉ GOBERNADOR DE TODO EGIPTO

37 La idea[1] pareció bien a[2] Faraón y a[2] todos sus siervos. **38** Entonces Faraón dijo a sus siervos: «¿Podemos hallar un hombre como este, en quien esté el espíritu de Dios?». **39** Y Faraón dijo a José: «Puesto que Dios te ha hecho saber todo esto, no hay nadie tan prudente ni tan sabio como tú. **40** Tú estarás sobre mi casa, y todo mi pueblo obedecerá tus órdenes[1]. Solamente en el trono yo seré mayor que tú». **41** Faraón dijo también a José: «Mira, te he puesto sobre toda la tierra de Egipto».

42 Y Faraón se quitó el anillo de sellar de su mano y lo puso en la mano de José. Lo vistió con vestiduras de lino fino y puso un collar de oro en su cuello. **43** Lo hizo montar en su segundo carro[1], y proclamaron delante de él: «¡Doblen la rodilla[2]!». Y lo puso sobre toda la tierra de Egipto.

44 Entonces Faraón dijo a José: «*Aunque* yo soy Faraón, sin embargo, nadie levantará su mano ni su pie sin tu permiso[1] en toda la tierra de Egipto». **45** Y Faraón llamó a José por el nombre de Zafnat Panea[1], y le dio por mujer a Asenat, hija de Potifera, sacerdote de On[2]. Y salió José para ver[3] la tierra de Egipto.

41:25 [1] Lit. *El sueño...es.*   41:26 [1] Lit. *el sueño es.*   41:27 [1] Lit. *malas.*
41:30 [1] Lit. *se levantarán.*   [2] Lit. *destruirá.*   41:31 [1] Lit. *seguirá.*   41:35 [1] Lit. *mano.*   41:37 [1] Lit. *palabra.*   [2] Lit. *a los ojos de.*   41:40 [1] Lit. *besará a causa de tu boca.*   41:43 [1] Lit. *el segundo carro que era suyo.*   [2] Heb. *abrek;* i.e. atención o abran paso.   41:44 [1] Lit. *sin ti.*   41:45 [1] Probablemente en egipcio: *Dios habla; él vive.*   [2] O *Heliópolis.*   [3] Lit. *sobre.*

46 José *tenía* treinta años cuando se presentó ante[1] Faraón, rey de Egipto. Y salió José de la presencia de Faraón y recorrió toda la tierra de Egipto. **47** La tierra produjo a manos llenas durante los siete años de abundancia. **48** José recogió todo el fruto[1] de *estos* siete años de abundancia[2] que hubo en la tierra de Egipto, y guardó[3] el alimento en las ciudades. En cada ciudad guardó el fruto de sus campos circunvecinos. **49** Así José almacenó grano en gran abundancia, como la arena del mar, hasta que dejó de medir*lo*[1] porque no se podía medir[2].

50 Antes de que llegaran los años[1] de hambre, le nacieron a José dos hijos, los que le dio Asenat, hija de Potifera, sacerdote de On[2]. **51** Al primogénito José le puso el nombre de Manasés[1], porque *dijo:* «Dios me ha hecho olvidar todo mi trabajo y toda la casa de mi padre». **52** Y al segundo le puso el nombre de Efraín[1], porque *dijo:* «Dios me ha hecho fecundo en la tierra de mi aflicción».

LOS SIETE AÑOS DE HAMBRE

53 Cuando pasaron los siete años de abundancia que había habido en la tierra de Egipto, **54** comenzaron a venir los siete años de hambre, tal como José había dicho. Entonces hubo hambre en todas las tierras, pero en toda la tierra de Egipto había alimento. **55** Cuando se sintió el hambre en toda la tierra de Egipto, el pueblo clamó a Faraón por alimento. Faraón dijo a todos los egipcios: «Vayan a José, y hagan lo que él les diga».

56 El hambre también se extendió[1] sobre toda la superficie de la tierra. Entonces José abrió todos los graneros[2] y vendió a los egipcios, pues el hambre era severa en la tierra de Egipto. **57** Y *de* todos los países venían a Egipto para comprar grano a José, porque el hambre era severa en toda la tierra.

LOS HERMANOS DE JOSÉ VAN A EGIPTO

42 Viendo Jacob que había alimento[1] en Egipto, dijo[2] a sus hijos: «¿Por qué se están mirando? **2** He oído que hay alimento[1] en Egipto», y añadió; «desciendan allá, y compren de allí *un poco* para nosotros, para que vivamos y no muramos». **3** Entonces diez hermanos de José descendieron para comprar grano en Egipto. **4** Pero Jacob no envió con sus hermanos a Benjamín, hermano de José, porque dijo: «No sea que le suceda algo malo». **5** Los israelitas fueron junto con los que iban a comprar *grano,* pues también había hambre en la tierra de Canaán.

6 Y José era el que mandaba en aquel[1] país. Él era quien vendía a todo el pueblo de la tierra. Cuando los hermanos de José llegaron, se postraron ante él el rostro en tierra. **7** Al ver José a sus hermanos, los reconoció, pero fingió no conocerlos y les habló duramente. Y les dijo: «¿De dónde han

41:51
El primer hijo de José
Manasés significa *olvidar*. El nombre le recordaba a José que las bendiciones de Dios lo ayudaban a olvidar los problemas que había tenido con sus hermanos.

41:46 [1] O entró al servicio de.   41:48 [1] O alimento.   [2] Así en la versión gr.; el heb. omite: de abundancia.   [3] Lit. puso.   41:49 [1] Lit. contarlo.   [2] Lit. era sin número. 41:50 [1] Lit. llegará el año.   [2] O Heliópolis.   41:51 [1] I.e. Hace olvidar.   41:52 [1] I.e. Fecundo.   41:56 [1] Lit. estaba.   [2] Lit. todo lo que había en ellos.   42:1 [1] Lit. grano.   [2] Lit. y dijo Jacob.   42:2 [1] Lit. grano.   42:6 [1] Lit. la.

42:8
José reconoció a sus hermanos, pero ellos no lo reconocieron a él
Cuando los hermanos vendieron a José como esclavo, ellos eran mayores y él era un jovencito. Ahora José era un hombre adulto. Además, estaba en una posición de autoridad, vestido como un egipcio y hablando en un idioma distinto con ayuda de un intérprete.

42:10
Los hermanos de José se llamaron a sí mismos sus siervos
Esta era la forma en que usualmente las personas les hablaban a los líderes poderosos. Sin saberlo, estaban cumpliendo los sueños que José había tenido en Génesis 37:5-9.

42:15, 24
José probó a sus hermanos
José estaba tratando de ver si la historia de ellos era verdadera. También puede haber deseado averiguar si sus hermanos dejarían a su hermano Simeón como esclavo, tal como lo habían dejado a él.

42:21
Los hermanos pensaron que estaban siendo castigados
Ellos deben haberse sentido culpables por lo que le habían hecho a José, y pensaron que este era un castigo como consecuencia de su pecado.

venido?». «De la tierra de Canaán para comprar alimentos», le respondieron ellos.

8 José había reconocido a sus hermanos, aunque ellos no lo habían reconocido a él. **9** José se acordó de los sueños que había tenido[1] acerca de ellos, y les dijo: «Ustedes son espías. Han venido para ver las partes indefensas de nuestra tierra[2]». **10** «No, señor mío», le dijeron ellos, sino que tus siervos han venido para comprar alimentos. **11** «Todos nosotros somos hijos de un mismo padre[1]. Somos hombres honrados, tus siervos no son espías».

12 «No, sino que ustedes han venido para ver las partes indefensas de nuestra tierra[1]», les dijo. **13** Pero ellos dijeron: «Tus siervos eran doce hermanos, hijos del mismo padre[1] en la tierra de Canaán; y el menor está hoy con nuestro padre, y *el otro*[2] ya no existe».

14 Entonces José les dijo: «Es tal como les dije: ustedes son espías. **15** En esto serán probados; por vida de Faraón que no saldrán de este lugar a menos que su hermano menor venga aquí. **16** Envíen a uno de ustedes y que traiga a su hermano, mientras ustedes quedan presos, para que sean probadas sus palabras, *a ver si hay* verdad en ustedes. Y si no, ¡por vida de Faraón!, ciertamente son espías». **17** Y los puso *a todos* juntos bajo custodia por tres días.

18 José les dijo al tercer día: «Hagan esto y vivirán, pues yo temo a Dios: **19** si son *hombres* honrados, que uno de sus hermanos quede encarcelado en su prisión[1]. *El resto de* ustedes, vayan, lleven grano para el hambre de sus casas. **20** Y tráiganme a su hermano menor, para que sus palabras sean verificadas, y no morirán». Y así lo hicieron. **21** Entonces se dijeron el uno al otro: «Verdaderamente somos culpables en cuanto a nuestro hermano, porque vimos la angustia de su alma cuando nos rogaba, y no lo escuchamos, por eso ha venido sobre nosotros esta angustia». **22** Rubén les respondió: «¿No les dije yo[1]: "No pequen contra el muchacho" y no *me* escucharon? Ahora hay que rendir cuentas por su sangre[2]». **23** Ellos, sin embargo, no sabían que José los entendía, porque había un intérprete entre él y ellos. **24** Y se apartó *José* de su lado y lloró. Cuando volvió a ellos y les habló, tomó de entre ellos a Simeón, y lo ató a la vista de sus hermanos[1].

REGRESO A CANAÁN

25 José mandó que les llenaran sus vasijas de grano y que devolvieran el dinero a cada uno *poniéndolo* en su saco, y que les dieran provisiones para el camino. Y así se hizo con ellos. **26** Ellos, pues, cargaron el grano sobre sus asnos, y se fueron de allí.

27 Y cuando uno *de ellos* abrió su saco para dar forraje a su asno en la posada, vio que su dinero estaba en la boca de su costal. **28** Entonces dijo a sus hermanos: «*Me* ha sido devuelto mi dinero, y[1] miren, está en mi costal». Y se les sobresaltó[2] el

42:9 [1] Lit. *soñado.*   [2] Lit. *la desnudez de la tierra.*   42:11 [1] Lit. *hombre.*
42:12 [1] Lit. *la desnudez de la tierra.*   42:13 [1] Lit. *hombre.*   [2] Lit. *uno.*
42:19 [1] Lit. *la casa de su prisión.*   42:22 [1] Lit. *dije, diciendo.*   [2] Lit. *Y he aquí, su sangre es también demandada.*   42:24 [1] Lit. *de ellos.*   42:28 [1] Lit. *y también.*
[2] Lit. *salió.*

corazón, y temblando se decían el uno al otro: «¿Qué es esto que Dios nos ha hecho?».

29 Cuando llegaron a su padre Jacob en la tierra de Canaán, le contaron todo lo que les había sucedido: **30** «El hombre, el señor de aquella[1] tierra, nos habló duramente y nos tomó por espías del país. **31** Pero nosotros le dijimos: "Somos *hombres* honrados, no somos espías. **32** Éramos doce hermanos, hijos de nuestro padre. Uno ya no existe, y el menor está hoy con nuestro padre en la tierra de Canaán".

33 »Entonces el hombre, el señor de aquel[1] país, nos dijo: "Por esto sabré que son *hombres* honrados: dejen uno de sus hermanos conmigo y tomen *grano para* el hambre de sus casas, y márchense. **34** Pero tráiganme a su hermano menor para que yo sepa que ustedes no son espías, sino *hombres* honrados[1]. Les devolveré[2] a su hermano, y podrán comerciar en la tierra"».

35 Cuando vaciaron sus sacos, el atado del dinero de cada uno *estaba* en su saco. Y al ver ellos y su padre los atados de su dinero, tuvieron temor. **36** Y su padre Jacob les dijo: «Ustedes me han privado de mis hijos; José ya no existe, y Simeón ya no existe, y *ahora se* quieren llevar a Benjamín. Todas estas cosas son contra mí».

37 Entonces Rubén habló a su padre: «Puedes dar muerte a mis dos hijos, si no te lo traigo. Ponlo bajo mi cuidado[1], y yo te lo devolveré». **38** Pero Jacob dijo: «Mi hijo no descenderá con ustedes. Pues su hermano ha muerto, y solo él *me* queda. Si algo malo le acontece en el viaje[1] en que van, harán descender mis canas con dolor al Seol[2]».

LOS HERMANOS DE JOSÉ REGRESAN A EGIPTO

43 El hambre iba agravándose en la tierra. **2** Y cuando acabaron de comer el grano que habían traído de Egipto, su padre les dijo: «Vuelvan *allá* y cómprennos un poco de alimento».

3 Pero Judá le respondió: «Aquel[1] hombre claramente nos advirtió[2]: "No verán mi rostro si su hermano no está con ustedes". **4** Si envías a nuestro hermano con nosotros, desceneremos y compraremos alimento. **5** Pero si no *lo* envías, no descenderemos. Porque el hombre nos dijo: "No verán mi rostro si su hermano no está con ustedes"».

6 Entonces Israel respondió: «¿Por qué me han tratado tan mal, informando[1] al hombre que tenían un hermano más?».

7 Pero ellos dijeron: «El hombre nos preguntó específicamente acerca de nosotros y nuestros familiares, diciendo: "¿Vive aún su padre? ¿Tienen *otro* hermano?". Y nosotros contestamos sus preguntas[1]. ¿Acaso podíamos nosotros saber que él diría: "Traigan[2] a su hermano"?».

8 Y Judá dijo a su padre Israel: «Envía al muchacho conmigo. Nos levantaremos e iremos, para que vivamos y no perezcamos, tanto nosotros como tú y nuestros pequeños. **9** Yo me haré responsable[1] de él. De mi mano lo demandarás.

42:37
Rubén garantizó la seguridad de Benjamín

Rubén era el hijo mayor de Jacob, y era quien había tratado de salvarle la vida a José cuando los demás quisieron matarlo. Ahora él le prometió a su padre que protegería al hermano menor.

42:30 [1] Lit. *la*.   42:33 [1] Lit. *la*.   42:34 [1] Lit. *sino que son honrados*.   [2] Lit. *daré*.
42:37 [1] Lit. *en mi mano*.   42:38 [1] O *camino*.   [2] I.e. *región de los muertos*.
43:3 [1] Lit. *El*.   [2] Lit. *testificó*.   43:6 [1] Lit. *al informar*.   43:7 [1] Lit. *le informamos conforme a estas palabras*.   [2] Lit. *Desciendan*.   43:9 [1] Lit. *fiador*.

Si yo no te lo vuelvo a traer[2] y lo pongo delante de ti, que lleve yo la culpa para siempre delante de ti[3]. **10** Porque si no hubiéramos perdido tiempo, sin duda ya habríamos regresado por segunda vez».

11 Entonces su padre Israel les dijo: «Si así *tiene que ser,* hagan esto: tomen de los mejores productos de la tierra en sus vasijas, y lleven a aquel[1] hombre como presente un poco de bálsamo y un poco de miel, resina aromática y mirra, nueces y almendras. **12** Y tomen doble *cantidad de* dinero en su mano, y lleven de nuevo en su mano el dinero que fue devuelto en la boca de sus costales. Tal vez fue un error. **13** Tomen también a su hermano, levántense y vuelvan a aquel[1] hombre. **14** Que el Dios Todopoderoso[1] les conceda misericordia ante aquel[2] hombre para que ponga en libertad a su otro hermano y a Benjamín. En cuanto a mí, si he de ser privado de mis hijos, que así sea[3]».

15 Tomaron, pues, los hombres este presente, doble *cantidad de* dinero en su mano y a Benjamín. Se levantaron y descendieron a Egipto y se presentaron delante de José.

JOSÉ Y BENJAMÍN

16 Cuando José vio a Benjamín con ellos, dijo al mayordomo de su casa: «Haz entrar a estos[1] hombres a casa, y mata un animal y prepára*lo,* porque estos[1] hombres comerán conmigo al mediodía». **17** El hombre hizo como José le dijo, y llevó[1] a los hombres a casa de José.

18 Ellos tenían miedo porque eran llevados a casa de José y dijeron: «Por causa del dinero que fue devuelto en nuestros costales la primera vez hemos sido traídos aquí, para tener pretexto contra[1] nosotros y caer sobre nosotros y tomarnos por esclavos con nuestros asnos». **19** Entonces se acercaron al mayordomo de la casa de José, y le hablaron a la entrada de la casa, **20** y dijeron: «Oh señor mío, ciertamente descendimos la primera vez para comprar alimentos. **21** Y cuando llegamos a la posada, abrimos nuestros costales, y el dinero de cada uno estaba en la boca de su costal, todo nuestro dinero[1]. Así que lo hemos vuelto a traer en nuestra mano. **22** También hemos traído otro dinero en nuestra mano para comprar alimentos. No sabemos quién puso nuestro dinero en nuestros costales».

23 Y el mayordomo les dijo: «No se preocupen[1], no teman. El Dios de ustedes y el Dios de su padre les ha dado *ese* tesoro en sus costales. Yo haré constar que recibí el dinero de ustedes[2]». Entonces les sacó a Simeón.

24 Después el hombre llevó a los hombres a casa de José, y les dio agua y se lavaron los pies. También dio forraje a sus asnos. **25** Entonces prepararon el presente para[1] la venida de José al mediodía, pues habían oído que iban a comer[2] allí.

26 Cuando José regresó a su casa, ellos le trajeron a la casa el presente que traían en su mano y se postraron ante él en

---

43:11
Jacob les dio regalos a sus hijos para llevar a Egipto
Era común ofrecer regalos cuando uno se acercaba a un líder.

© Lik Studio/Shutterstock

43:18
Los hermanos tuvieron miedo cuando José los invitó a cenar
Pensaron que iban a ser puestos en prisión por haber robado la plata. Además, era raro que una persona de la realeza invitara a gente nómada a su casa.

---

[2] Lit. *traigo.*　[3] Lit. *habré pecado delante de ti todos los días.*　43:11 [1] Lit. *y bajen al.*　43:13 [1] Lit. *al.*　43:14 [1] Heb. *El Shaddai.*　[2] Lit. *ante los ojos del.*　[3] Lit. *privado sea.*　43:16 [1] Lit. *los.*　43:17 [1] Lit. *el hombre llevó.*　43:18 [1] Lit. *para rodar sobre.*　43:21 [1] Lit. *nuestro dinero en su peso.*　43:23 [1] Lit. *La paz sea con ustedes.*　[2] Lit. *su dinero había venido a mí.*　43:25 [1] Lit. *hasta.*　[2] Lit. *comer pan.*

tierra. **27** Entonces él les preguntó cómo se encontraban, y añadió: «¿Cómo está su anciano padre de quien me hablaron? ¿Vive todavía?». **28** «Su siervo nuestro padre está bien; todavía vive», contestaron. Y ellos se inclinaron en reverencia[1]. **29** Al alzar José sus ojos y ver a su hermano Benjamín, hijo de su madre, les preguntó: «¿Es este su hermano menor de quien me hablaron?». Y dijo: «Dios te imparta Su favor, hijo mío». **30** José se apresuró a salir, pues se sintió profundamente conmovido[1] a causa de su hermano y buscó dónde llorar. Entró en su aposento y lloró allí.

31 Después se lavó la cara y salió, y controlándose, dijo: «Sirvan la comida[1]». **32** Le sirvieron a José en un lado, a los hermanos en otro lado, y a los egipcios que comían con él, también les sirvieron aparte. Porque los egipcios no podían comer[1] con los hebreos, pues esto es abominación para los egipcios. **33** Los sentaron[1] delante de él, el primogénito conforme a su derecho de primogenitura, y el más joven conforme a su edad. Ellos se miraban unos a otros con asombro. **34** Él les llevó porciones de su propia mesa[1], pero la porción de Benjamín era cinco veces mayor que la de cualquiera de ellos. Bebieron, pues, y se alegraron con él.

LA COPA DE JOSÉ

44 Entonces José ordenó al mayordomo de su casa, diciendo: «Llena de alimento los costales de los hombres, todo lo que puedan llevar, y pon el dinero de cada uno de ellos en la boca de su costal. **2** Y mi copa, la copa de plata, ponla en la boca del costal del menor, con el dinero de su grano». Y el mayordomo hizo conforme a lo[1] que había dicho José. **3** Al rayar el alba[1], fueron despedidos los hombres con sus asnos.

4 Cuando ellos habían salido de la ciudad, y no estaban muy lejos, José dijo al mayordomo de su casa: «Levántate, sigue a esos[1] hombres. Cuando los alcances, diles: "¿Por qué han pagado mal por bien?[2] **5** ¿No es esta la copa en que bebe mi señor, y que de hecho usa para adivinar? Obraron mal en lo que hicieron"».

6 Así que los alcanzó, les dijo estas palabras. **7** Y ellos le dijeron: «¿Por qué habla mi señor de esta manera[1]? Lejos esté de sus siervos hacer tal cosa. **8** El dinero que encontramos en la boca de nuestros costales, se lo volvimos a traer de la tierra de Canaán. ¿Cómo, pues, habíamos de robar de la casa de su señor plata u oro? **9** Aquel de sus siervos que sea hallado con ella, que muera, y también nosotros entonces seremos esclavos de mi señor».

10 Y él dijo: «Sea ahora también conforme a sus palabras. Aquel que sea hallado con ella será mi esclavo, y los demás de ustedes serán inocentes». **11** Ellos se dieron prisa. Cada uno bajó su costal a tierra, y cada cual abrió su costal. **12** El mayordomo registró, comenzando con el mayor y acabando

43:32
Los hermanos de José y los egipcios se sientan separados
Los egipcios consideraban a los hebreos como impuros, ya que ellos no adoraban a los dioses egipcios.

43:33
Los hermanos se sorprendieron de que fueran sentados según sus edades
Los hermanos no pensaban que alguien de la casa de José pudiera saber sus edades. Era común en ese tiempo sentar a las personas a la mesa de acuerdo con su edad. El mayor sería el de más alto rango, de modo que se sorprendieron cuando Benjamín obtuvo la porción más grande, porque él era el menor.

44:1-2
José sigue probando a sus hermanos
Después José provocó una situación en la que Benjamín estaba en riesgo, porque quería ver qué hacían sus hermanos. Quería comprobar si lo abandonaban, como lo habían hecho con él.

44:13
Los hermanos rasgaron sus vestidos
Esta era una señal de angustia y mostraba lo mal que se sentían.

44:18-34
Judá le contó a José los detalles importantes sobre su regreso
Judá le explicó sobre el favoritismo de Jacob hacia José y Benjamín. Judá suplicó que Benjamín fuera librado, y se ofreció a sí mismo como esclavo en lugar de su hermano.

con el menor, y la copa fue hallada en el costal de Benjamín. [13] Entonces ellos rasgaron sus vestidos, y después de cargar cada uno su asno, regresaron a la ciudad.

[14] Cuando Judá llegó con sus hermanos a casa de José, él estaba aún allí, y ellos cayeron a tierra delante de él. [15] Y José les dijo: «¿Qué acción es esta que han hecho? ¿No saben que un hombre como yo puede ciertamente adivinar?».

[16] Entonces dijo Judá: «¿Qué podemos decir a mi señor? ¿Qué podemos hablar y cómo nos justificaremos? Dios ha descubierto la iniquidad de sus siervos. Así que somos esclavos de mi señor, tanto nosotros como aquel en cuyo poder[1] fue encontrada la copa». [17] Pero José respondió: «Lejos esté de mí hacer eso. El hombre en cuyo poder[1] ha sido encontrada la copa será mi esclavo. Pero ustedes, suban en paz a su padre».

JUDÁ INTERCEDE POR BENJAMÍN

[18] Entonces Judá se le acercó, y dijo: «Oh señor mío, permita a su siervo hablar una palabra a los oídos de mi señor, y que no se encienda su ira contra su siervo, pues usted es como Faraón mismo. [19] Mi señor preguntó a sus siervos: "¿Tienen padre o hermano?". [20] Y respondimos a mi señor: "Tenemos un padre *ya* anciano y un hermano[1] pequeño, *hijo* de *su* vejez. Su hermano ha muerto, así que solo queda él *de los hijos* de su madre, y su padre lo ama".

[21] »Entonces usted dijo a sus siervos: "Tráiganmelo para que yo lo vea[1]". [22] Y nosotros respondimos a mi señor: "El muchacho no puede dejar a su padre, pues si dejara a su padre, *este* moriría". [23] Usted, sin embargo, dijo a sus siervos: "Si su hermano menor no desciende con ustedes, no volverán a ver mi rostro".

[24] »Aconteció, pues, que cuando subimos a mi padre, su siervo, le contamos las palabras de mi señor. [25] Y nuestro padre dijo: "Regresen, cómprennos un poco de alimento". [26] Pero nosotros respondimos: "No podemos ir[1]. Si nuestro hermano menor va[2] con nosotros, entonces iremos[3]. Porque no podemos ver el rostro del hombre si nuestro hermano no está con nosotros".

[27] »Y mi padre, su siervo, nos dijo: "Ustedes saben que mi mujer me dio a luz dos hijos; [28] el uno salió de mi lado, y dije: 'Seguro que ha sido despedazado', y no lo he visto desde entonces. [29] Si también se llevan a este de mi presencia[1], y algo malo le sucede, ustedes harán descender mis canas con dolor[2] al Seol[3]".

[30] »Ahora pues, cuando yo vuelva a mi padre, su siervo, y el muchacho no esté con nosotros, como su vida[1] está ligada a la vida del muchacho[2], [31] sucederá que cuando él vea que el muchacho no está *con nosotros*, morirá. Así pues, sus siervos harán descender las canas de nuestro padre, su siervo, con dolor al Seol. [32] Porque *yo*, su siervo, me hice responsable[1] del muchacho con mi padre, diciendo: "Si no te lo traigo, que lleve yo la culpa[2] delante de mi padre para siempre[3]".

44:16 [1] Lit. *cuya mano.*   44:17 [1] Lit. *cuya mano.*   44:20 [1] Lit. *niño.*   44:21 [1] Lit. *Bájenmelo, para que ponga mis ojos sobre él.*   44:26 [1] Lit. *descender.*   [2] Lit. *está.*   [3] Lit. *descenderemos.*   44:29 [1] Lit. *rostro.*   [2] Lit. *mal.*   [3] I.e. región de los muertos.   44:30 [1] Lit. *alma.*   [2] Lit. *a su alma.*   44:32 [1] Lit. *tu siervo se hizo fiador.*   [2] Lit. *habré pecado.*   [3] Lit. *todos los días.*

33 »Ahora pues, le ruego que quede *este* su siervo como esclavo de mi señor, en lugar del muchacho, y que el muchacho suba con sus hermanos. **34** Pues, ¿cómo subiré a mi padre no estando el muchacho conmigo, sin que yo vea el mal que sobrevendrá[1] a mi padre?».

JOSÉ SE DA A CONOCER A SUS HERMANOS

45 José ya no pudo contenerse delante de todos los que estaban junto a él, y exclamó: «Hagan salir a todos de mi lado». Y no había[1] nadie con él cuando José se dio a conocer a sus hermanos. **2** Lloró tan fuerte[1] que *lo* oyeron los egipcios, y la casa de Faraón se enteró[2] *de ello*.

3 José dijo a sus hermanos: «Yo soy José. ¿Vive todavía mi padre?». Pero sus hermanos no podían contestarle porque estaban atónitos delante de él. **4** Y José dijo a sus hermanos: «Acérquense ahora a mí». Y ellos se acercaron, y les dijo: «Yo soy su hermano José, a quien ustedes vendieron a Egipto. **5** Ahora pues, no se entristezcan ni les pese[1] el haberme vendido aquí. Pues para preservar vidas me envió Dios delante de ustedes. **6** Porque en estos dos años *ha habido* hambre en la tierra y todavía quedan otros cinco años en los cuales no habrá ni siembra[1] ni siega. **7** Dios me envió delante de ustedes para preservarles un remanente en la tierra, y para guardarlos con vida mediante una gran liberación[1].

8 »Ahora pues, no fueron ustedes los que me enviaron aquí, sino Dios. Él me ha puesto por padre de Faraón y señor de toda su casa y gobernador sobre toda la tierra de Egipto. **9** Dense prisa y suban adonde mi padre, y díganle: "Así dice tu hijo José: 'Dios me ha hecho señor de todo Egipto. Ven[1] a mí, no te demores.

10 Y habitarás en la tierra de Gosén, y estarás cerca de mí, tú y tus hijos y los hijos de tus hijos, tus ovejas y tus vacas y todo lo que tienes. **11** Allí proveeré también para ti, pues aún quedan cinco años de hambre, para que no caigas en la miseria tú, ni tu casa y todo lo que tienes". **12** Y ahora, los ojos de ustedes y los ojos de mi hermano Benjamín ven que es mi boca la que les habla. **13** Notifiquen, pues, a mi padre toda mi gloria en Egipto y todo lo que han visto; dense prisa y traigan[1] aquí a mi padre».

14 Entonces se echó sobre el cuello de su hermano Benjamín, y lloró. Y Benjamín *también* lloró sobre su cuello. **15** Y besó a todos sus hermanos, y lloró sobre ellos. Después sus hermanos hablaron con él.

INVITACIÓN DE FARAÓN

16 Cuando se oyó la noticia[1] en la casa de Faraón, de[2] que los hermanos de José habían venido, le agradó a Faraón y a[3] sus siervos. **17** Entonces Faraón dijo a José: «Dile a tus hermanos: "Hagan esto: carguen sus animales y vayan[1] a la tierra de Canaán; **18** y tomen a su padre y a sus familias[1] y vengan a

45:3
Los hermanos de José se asustaron cuando supieron que él estaba vivo
Los hermanos quedaron conmocionados cuando descubrieron que José estaba vivo y que era el gran líder de Egipto. Ellos tenían temor de lo que pudiera hacerles ahora.

45:5-7
José perdona a sus hermanos
José entendía que Dios había usado el acto cruel de sus hermanos para un propósito mayor. Dios había colocado a José en Egipto para poder salvar a su familia del hambre y preservar al pueblo elegido de Dios.

45:10
José quería que su familia se mudara a Egipto
José podía cuidarlos y protegerlos solo si estaban cerca de él. Además, esta zona tenía mejores tierras porque estaba cerca del río Nilo, una gran fuente de agua para los animales y las cosechas.

44:34 [1] Lit. *hallará.*   45:1 [1] Lit. *no quedó.*   45:2 [1] Lit. *Y prorrumpió su voz en llanto.*   [2] Lit. *oyó.*   45:5 [1] Lit. *ni se enojen en sus ojos.*   45:6 [1] Lit. *arada.*   45:7 [1] Lit. *escapada.*   45:9 [1] Lit. *desciende.*   45:13 [1] Lit. *desciendan.* 45:16 [1] Lit. *voz.*   [2] Lit. *diciendo.*   [3] Lit. *fue bueno en los ojos de Faraón y en los ojos de.*   45:17 [1] Lit. *y vengan, vayan.*   45:18 [1] Lit. *casas.*

mí y yo les daré lo mejor[2] de la tierra de Egipto, y comerán de la abundancia[3] de la tierra".

19 »Y a ti se te ordena *decirles:* "Hagan esto: tomen[1] carretas de la tierra de Egipto para sus pequeños y para sus mujeres, y traigan a su padre y vengan. **20** Y no se preocupen por sus posesiones personales[1], pues lo mejor[2] de toda la tierra de Egipto es de ustedes"».

REGRESO A CANAÁN

21 Y así lo hicieron los israelitas. José les dio carretas conforme a la orden[1] de Faraón, y les dio provisiones para el camino. **22** A todos ellos les dio[1] mudas de ropa, pero a Benjamín le dio 300 *monedas de* plata y cinco mudas de ropa. **23** Y a su padre le envió lo siguiente[1]: diez asnos cargados de lo mejor[2] de Egipto, y diez asnas cargadas de grano, pan y alimentos para su padre en[3] el camino.

24 Luego despidió a sus hermanos, y cuando se iban les dijo: «No riñan[1] en el camino». **25** Ellos subieron de Egipto y vinieron a la tierra de Canaán, a su padre Jacob. **26** Y le informaron: «José vive todavía y es gobernante en toda la tierra de Egipto». Pero él se quedó atónito[1], porque no les podía creer. **27** Pero cuando ellos le contaron todas las cosas[1] que José les había dicho, y cuando vio las carretas que José había enviado para llevarlo, el espíritu de su padre Jacob revivió. **28** Entonces Israel dijo: «Basta. Mi hijo José vive todavía. Iré y lo veré antes que yo muera».

ISRAEL Y SU FAMILIA EN EGIPTO

46 Israel salió con todo lo que tenía y llegó a Beerseba, y ofreció sacrificios al Dios de su padre Isaac. **2** Y Dios habló a Israel en una visión nocturna[1], y dijo: «Jacob, Jacob». Y él respondió: «Aquí estoy».

3 Y Él dijo: «Yo soy Dios, el Dios de tu padre; no temas descender a Egipto, porque allí te haré una gran nación. **4** Yo descenderé contigo a Egipto, y ciertamente, Yo también te haré volver[1]; y José cerrará[2] tus ojos».

5 Entonces Jacob se fue[1] de Beerseba. Los hijos de Israel llevaron a su padre Jacob, y a sus pequeños y a sus mujeres, en las carretas que Faraón había enviado para llevarlo. **6** Y tomaron sus ganados y los bienes que habían acumulado en la tierra de Canaán y vinieron a Egipto, Jacob y toda su descendencia[1] con él: **7** sus hijos y sus nietos con él, sus hijas y sus nietas. A toda su descendencia[1] trajo consigo a Egipto.

8 Estos son los nombres de los hijos de Israel, Jacob y sus hijos, que fueron a Egipto: Rubén, primogénito de Jacob. **9** Los hijos de Rubén: Hanoc, Falú, Hezrón y Carmi. **10** Los hijos de Simeón: Jemuel[1], Jamín, Ohad, Jaquín[2], Zohar[3] y Saúl, hijo de la cananea. **11** Los hijos de Leví: Gersón, Coat y Merari.

45:22
José le dio a Benjamín más regalos que a los otros hermanos
José le regaló a Benjamín cinco mudas de ropa y trescientas monedas de plata. Mostró preferencia por él debido a que los dos eran hijos de la misma madre, mientras que los demás eran hermanastros.

45:24
José les pidió a sus hermanos que no riñeran
Él no deseaba que nada retrasara la mudanza a Egipto. No quería que ellos pelearan por el pasado o por quién había tenido la culpa. Tal vez José esperaba ayudar a sus hermanos a llevarse mejor entre ellos.

46:1
Jacob ofreció un sacrificio en Beerseba
Beerseba era el lugar donde Abraham e Isaac también habían adorado al Señor.

46:4
Las promesas de Dios a Jacob
Dios le dijo a Jacob: «Yo también te haré volver; y José cerrará tus ojos». Eso significaba que Dios había prometido estar con Jacob cuando dejara su tierra natal, tal como lo había hecho años atrás. (Ver Génesis 28:10-16). Él quería que Jacob supiera que volvería a ver a José, y que su hijo estaría con él al morir.

[2] Lit. *lo bueno.* 　 [3] Lit. *grosura.* 　 45:19 [1] Lit. *tomen para ustedes.* 　 45:20 [1] Lit. *Y que sus ojos no miren con pesar sus enseres.* 　 [2] Lit. *lo bueno.* 　 45:21 [1] Lit. *boca.* 　 45:22 [1] Lit. *dio a cada uno.* 　 45:23 [1] Lit. *así.* 　 [2] Lit. *bueno.* 　 [3] Lit. *para.* 　 45:24 [1] Lit. *se agiten.* 　 45:26 [1] Lit. *su corazón languideció.* 　 45:27 [1] Lit. *palabras.* 　 46:2 [1] Lit. *en las visiones nocturnas.* 　 46:4 [1] Lit. *subir.* 　 [2] Lit. *pondrá sus manos sobre.* 　 46:5 [1] Lit. *se levantó.* 　 46:6 [1] Lit. *simiente.* 　 46:7 [1] Lit. *simiente.* 　 46:10 [1] En Núm. 26:12 y 1Crón. 4:24, *Nemuel.* 　 [2] En 1Crón. 4:24, *Jarib.* 　 [3] En Núm. 26:13 y 1Crón. 4:24, *Zera.*

12 Los hijos de Judá: Er, Onán, Sela, Fares y Zara, pero Er y Onán murieron en la tierra de Canaán. Los hijos de Fares fueron Hezrón y Hamul.

13 Los hijos de Isacar: Tola, Fúa, Job[1] y Simrón. **14** Los hijos de Zabulón: Sered, Elón y Jahleel. **15** Estos son los hijos de Lea, los que le dio a Jacob en Padán Aram, y además su hija Dina; todos[1] sus hijos y sus hijas *eran* treinta y tres. **16** Los hijos de Gad: Zifión[1], Hagui, Suni, Ezbón[1], Eri, Arodi[1] y Areli. **17** Los hijos de Aser: Imna, Isúa, Isúi, Bería y Sera, hermana de ellos. Y los hijos de Bería: Heber y Malquiel.

18 Estos son los hijos de Zilpa, a quien Labán dio a su hija Lea, y que le dio a Jacob; en total[1] dieciséis personas. **19** Los hijos de Raquel, mujer de Jacob: José y Benjamín. **20** A José, en la tierra de Egipto le nacieron Manasés y Efraín, los cuales le dio Asenat, hija de Potifera, sacerdote de On. **21** Los hijos de Benjamín: Bela, Bequer, Asbel, Gera, Naamán, Ehi[1], Ros, Mupim[2], Hupim[3] y Ard[4].

22 Estos son los hijos de Raquel, que le nacieron a Jacob; catorce personas en total. **23** Los hijos de Dan: Husim[1]. **24** Los hijos de Neftalí: Jahzeel[1], Guni, Jezer y Silem[2].

25 Estos son los hijos de Bilha, a quien Labán dio a su hija Raquel, y que ella le dio a Jacob; en total siete personas. **26** Todas las personas *de la familia* de Jacob, que vinieron

---

46:13 [1] En Núm. 26:24 y 1Crón. 7:1, *Jasub.*   46:15 [1] Lit. *todas las almas de.*
46:16 [1] En Núm. 26:15, 16, 17, *Zefón, Ozni y Arod,* respectivamente.   46:18 [1] Lit. *estas.*   46:21 [1] En Núm. 26:38, *Ahiram;* en 1Crón. 7:12, *Aher;* en 1Crón. 8:1, *Ahara.* [2] En Núm. 26:39, *Sufam;* en 1Crón. 7:12, *Supim.*   [3] En Núm. 26:39, *Hufam.*   [4] En 1Crón. 8:3, *Adar.*   46:23 [1] En Núm. 26:42, *Súham.*   46:24 [1] O *Jahziel.*   [2] En 1Crón. 7:13, *Salum.*

46:8-25
La importancia de todos esos nombres

El árbol genealógico era importante en la antigüedad como una forma de recordar la historia de las personas y mostrar cómo estaban conectadas las familias con la comunidad. Esta era una lista completa de los descendientes en lugar de solo una lista de los que habían venido a Egipto.

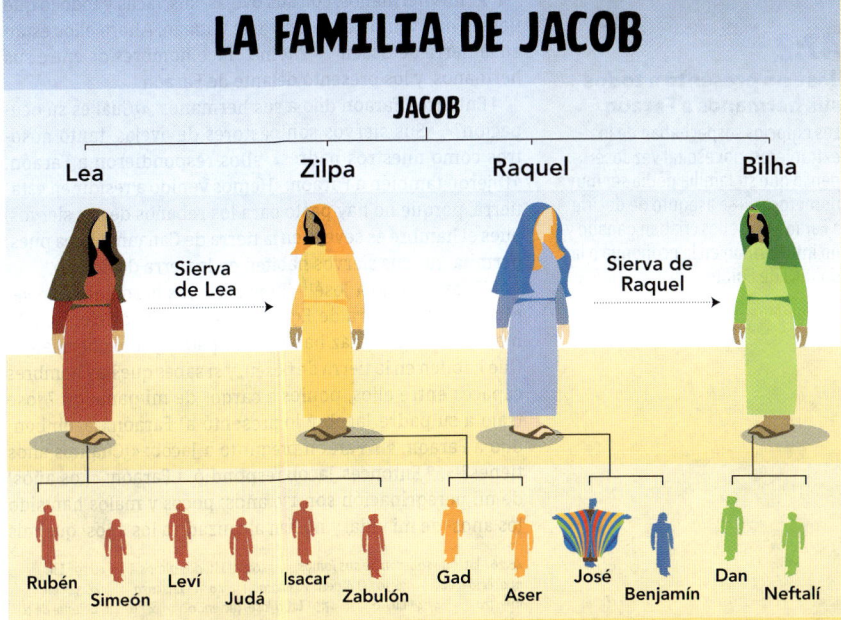

LA FAMILIA DE JACOB

JACOB

Lea · Zilpa · Raquel · Bilha

Sierva de Lea

Sierva de Raquel

Rubén · Simeón · Leví · Judá · Isacar · Zabulón · Gad · Aser · José · Benjamín · Dan · Neftalí

a Egipto, descendientes directos suyos[1], no incluyendo las mujeres de los hijos de Jacob, *eran* en total sesenta y seis personas. [27] Y los hijos de José, que le nacieron en Egipto, eran dos[1]: todas las personas de la casa de Jacob que vinieron a Egipto, *eran* setenta.

ENCUENTRO DE JACOB Y JOSÉ

[28] Jacob envió a Judá delante de sí a José, para indicar delante de él el *camino* a Gosén, y llegaron a la tierra de Gosén. [29] José preparó su carro y subió a Gosén para ir al encuentro de su padre Israel. Apenas lo vio[1], se echó sobre su cuello y lloró largamente sobre su cuello.

[30] Entonces Israel dijo a José: «Ahora ya puedo morir[1], después que he visto tu rostro y *sé* que todavía vives». [31] Y José dijo a sus hermanos y a la familia[1] de su padre: «Subiré y *lo* haré saber a Faraón, y le diré: "Mis hermanos y la familia de mi padre, que *estaban* en la tierra de Canaán, han venido a mí. [32] Los hombres son pastores de ovejas, pues son hombres de ganado. Han traído sus ovejas y sus vacas, y todo lo que tienen".

[33] »Y cuando Faraón los llame y les diga: "¿Cuál es su ocupación?", [34] ustedes responderán: "Sus siervos han sido hombres de ganado desde su[1] juventud hasta ahora, tanto nosotros como nuestros padres", a fin de que habiten en la tierra de Gosén. Porque para los egipcios todo pastor de ovejas es una abominación».

JACOB PRESENTADO A FARAÓN

47 Entonces José vino e informó a Faraón: «Mi padre y mis hermanos, con sus ovejas, sus vacas y todo lo que tienen, han venido de la tierra de Canaán. Ahora ellos están en la tierra de Gosén». [2] Y tomó cinco hombres de entre sus hermanos, y los presentó delante de Faraón. [3] Entonces Faraón dijo a sus hermanos: «¿Cuál es su ocupación?». «Sus siervos son pastores de ovejas, tanto nosotros como nuestros padres», ellos respondieron a Faraón. [4] Dijeron también a Faraón: «Hemos venido a residir en esta[1] tierra, porque no hay pasto para los rebaños de sus siervos, pues el hambre es severa en la tierra de Canaán. Ahora pues, permita que sus siervos habiten en la tierra de Gosén».

[5] Y Faraón dijo a José[1]: «Tu padre y tus hermanos han venido a ti. [6] La tierra de Egipto está a tu disposición[1]. En lo mejor de la tierra haz habitar a tu padre y a tus hermanos. Que habiten en la tierra de Gosén, y si sabes que hay hombres capaces entre ellos, ponlos a cargo[2] de mi ganado». [7] José trajo a su padre Jacob y lo presentó a[1] Faraón. Jacob bendijo a Faraón. [8] Y Faraón preguntó a Jacob: «¿Cuántos años tienes?[1]». [9] Entonces Jacob respondió a Faraón: «Los años[1] de mi peregrinación son 130 años; pocos y malos han sido los años[1] de mi vida, y no han alcanzado a los años[1] que mis

46:29
José lloraba a menudo

José parece haber tenido una personalidad sensible y emocional, y lloraba con frecuencia. Cuando vio a su padre después de tantos años, lloró por un largo rato. Las lágrimas muestran que tienes un corazón tierno.

47:2
José no presentó a todos sus hermanos a Faraón

Los egipcios sospechaban de los extranjeros, por eso tal vez José pensó que su familia podía ser muy numerosa. Él se aseguró de decirle a Faraón que ellos criaban ganado y no interferirían en la economía o la política de Egipto.

46:26 [1] Lit. *que salieron de sus lomos.*   46:27 [1] Lit. *dos almas.*   46:29 [1] Lit. *apareció a él.*   46:30 [1] *O Muera yo ahora.*   46:31 [1] Lit. *casa.*   46:34 [1] Lit. *nuestra.*   47:4 [1] Lit. *la.*   47:5 [1] Lit. *a José, diciendo.*   47:6 [1] Lit. *delante de ti.* [2] Lit. *nómbralos jefes.*   47:7 [1] Lit. *puso delante de.*   47:8 [1] Lit. *¿Cuántos son los días de los años de tu vida?*   47:9 [1] Lit. *días de los años.*

padres vivieron[2] en los días de su peregrinación». **10** Y Jacob bendijo a Faraón, y salió de su presencia[1].

11 Así, pues, José estableció[1] allí a su padre y a sus hermanos, y les dio posesión en la tierra de Egipto, en lo mejor de la tierra, en la tierra de Ramsés, como Faraón había mandado. **12** José proveyó de alimentos a su padre, a sus hermanos y a toda la casa de su padre, según el número de sus hijos[1].

CONSECUENCIAS ECONÓMICAS DEL HAMBRE

13 No había alimento en toda la tierra, de modo que el hambre era muy severa, y la tierra de Egipto y la tierra de Canaán desfallecían a causa del hambre. **14** Y José recogió todo el dinero que había en la tierra de Egipto y en la tierra de Canaán a cambio del grano que le compraban, y José trajo el dinero a la casa de Faraón.

15 Cuando se acabó el dinero en la tierra de Egipto y en la tierra de Canaán, todos los egipcios vinieron a José, diciendo: «Denos alimento, pues ¿por qué hemos de morir delante de usted? ya que nuestro dinero se ha acabado». **16** Entonces José dijo: «Entreguen sus ganados y yo les daré alimento por sus ganados, puesto que su dinero se ha acabado».

17 Trajeron, pues, sus ganados a José, y José les dio pan a cambio de los caballos, las[1] ovejas, las[1] vacas y los asnos; aquel año les proveyó de alimento a cambio de todos sus ganados. **18** Y terminado aquel año, vinieron a él el segundo año, y le dijeron: «No encubriremos a mi señor que el dinero se ha acabado, y que el ganado pertenece a mi señor. No queda nada para[1] mi señor, excepto nuestros cuerpos y nuestras tierras. **19** ¿Por qué hemos de morir delante de sus ojos, tanto nosotros como nuestra tierra? Cómprenos a nosotros y a nuestra tierra a cambio de alimento, y nosotros y nuestra tierra seremos siervos de Faraón. Denos, pues, semilla para que vivamos y no muramos, y no quede la tierra desolada».

20 Así compró José toda la tierra de Egipto para Faraón, pues los egipcios[1] vendieron cada uno su campo, porque el hambre era severa sobre ellos. Y la tierra llegó a ser de Faraón. **21** En cuanto a la gente, la hizo pasar a las ciudades, desde un extremo de la frontera de Egipto hasta el otro. **22** Solamente la tierra de los sacerdotes no compró, pues los sacerdotes tenían ración de parte de Faraón, y vivían de la[1] ración que Faraón les daba. Por tanto no vendieron su tierra.

23 Entonces José dijo al pueblo: «Hoy los he comprado a ustedes y a sus tierras para Faraón. Ahora, aquí hay semilla para ustedes. Vayan y siembren la tierra. **24** Al[1] tiempo de la cosecha darán la quinta parte a Faraón, y cuatro partes serán de ustedes para sembrar la tierra[2] y para el mantenimiento de ustedes, para los de sus casas y para alimento de sus pequeños».

25 Y ellos dijeron: «Nos ha salvado la vida. Hallemos gracia ante los ojos de Faraón mi señor, y seremos siervos de Faraón».

47:11
Ramsés
Ramsés era el nombre de un futuro Faraón: Ramsés II.

© 2013 por Zondervan

47:13-27
Dios usa a los incrédulos en sus planes
Dios controla todas las cosas y obra a través de personas que ni siquiera creen en él. Dios tenía un plan para la nación de Egipto, y usó a los egipcios y a José para cumplir su plan.

47:20-21
José cambió la propiedad de la tierra en Egipto
La mayoría de la tierra pasó a ser propiedad de Faraón, y los antiguos dueños pasaron a ser sus arrendatarios.

---

[2] Lit. de la vida de mis padres.   47:10 [1] Lit. de la presencia de Faraón.
47:11 [1] Lit. hizo habitar.   47:12 [1] Lit. pequeños.   47:17 [1] Lit. los ganados de las.
47:18 [1] Lit. en presencia de.   47:20 [1] Lit. pues en Egipto.   47:22 [1] Lit. comían su.
47:24 [1] Lit. Y sucederá que al.   [2] Lit. para semilla del campo.

26 Entonces José puso una ley respecto a la tierra de Egipto, *en vigor* hasta hoy: que Faraón *debía recibir* la quinta parte. Solo la tierra de los sacerdotes no[1] llegó a ser de Faraón.

PETICIÓN DE JACOB A JOSÉ

27 Israel habitó en la tierra de Egipto, en Gosén[1]. Allí adquirieron propiedades y fueron fecundos y se multiplicaron en gran manera. 28 Jacob vivió diecisiete años en la tierra de Egipto; así que los días de Jacob, los años de su vida, fueron 147 años.

29 Cuando a Israel se le acercó el tiempo[1] de morir, llamó a su hijo José y le dijo: «Si he hallado gracia ante tus ojos, por favor, pon ahora tu mano debajo de mi muslo y trátame con misericordia y fidelidad[2]: Por favor, no me sepultes en Egipto. 30 Cuando duerma con mis padres, me llevarás de Egipto y me sepultarás en el sepulcro de ellos». «Haré según tu palabra», le respondió José. 31 Y *Jacob* dijo: «Júra*me*lo». Y se *lo* juró. Entonces Israel se inclinó *en adoración* en la cabecera de la cama.

JACOB BENDICE A LOS HIJOS DE JOSÉ

48 Y después de estas cosas, le dijeron a José[1]: «Su padre está enfermo». Y él tomó consigo a sus dos hijos, Manasés y Efraín. 2 Cuando se le avisó a Jacob: «Su hijo José ha venido a usted»; entonces Israel hizo un esfuerzo[1] y se sentó en la cama.

3 Y Jacob dijo a José: «El Dios Todopoderoso[1] se me apareció en Luz, en la tierra de Canaán. Me bendijo, 4 y me dijo: "Yo te haré fecundo y te multiplicaré. Y haré de ti multitud de pueblos y daré esta tierra a tu descendencia[1] después de ti en posesión perpetua".

5 »Ahora pues, tus dos hijos que te nacieron en la tierra de Egipto, antes de que yo viniera a ti a Egipto, míos son. Efraín y Manasés serán míos, como lo son Rubén y Simeón. 6 Pero los hijos[1] que has tenido después de ellos, serán tuyos. Serán llamados por el nombre de sus hermanos en su heredad. 7 En cuanto a mí, cuando vine de Padán, Raquel se me murió[1] en la tierra de Canaán, en el camino, cuando faltaba todavía cierta distancia para llegar a Efrata, y la sepulté allí en el camino a Efrata, esto es Belén».

8 Cuando Israel vio a los hijos de José, dijo: «¿Quiénes son estos?». 9 Y José respondió a su padre: «Son mis hijos, los que Dios me ha dado aquí». «Acércalos a mí, te ruego, para que yo los bendiga», le dijo. 10 Los ojos de Israel estaban *tan* débiles por la vejez *que* no podía ver. Entonces *José* se los

---

47:30
Jacob quería ser enterrado cerca de Abraham y Sara

Él deseaba que lo enterraran con sus antepasados, en la cueva de Macpela, en Canaán, la tierra que el Señor le había prometido a él y sus descendientes. (Ver Génesis 23:9 y 50:12-13).

© David Rabkin/Shutterstock

48:3
Luz

Luz era un antiguo nombre para Betel (Génesis 28:19). Jacob se estaba refiriendo al lugar en el que Dios se le había aparecido por primera vez en un sueño con ángeles que subían y bajaban por una escalera al cielo. Allí fue donde Dios le dijo a Jacob que le daría la tierra de Canaán y que sus descendientes serían una gran nación.

47:26 [1] Lit. *sola no.*   47:27 [1] Lit. *en la tierra de Gosén.*   47:29 [1] Lit. *se acercaron los días.*   [2] O *verdad.*   48:1 [1] Lit. *uno dijo a José.*   48:2 [1] Lit. *se fortaleció.*   48:3 [1] Heb. *El Shaddai.*   48:4 [1] Lit. *simiente.*   48:6 [1] Lit. *tu prole.*   48:7 [1] Lit. *Raquel murió sobre mí.*

acercó, y él los besó y los abrazó. **11** Israel dijo a José: «Nunca esperaba[1] ver tu rostro, y mira, Dios me ha permitido ver también a tus hijos[2]».

12 Entonces José los tomó de las[1] rodillas *de Jacob,* y se inclinó con su rostro en tierra. **13** José tomó a los dos, a Efraín con la derecha, hacia la izquierda de Israel, y a Manasés con la izquierda, hacia la derecha de Israel, y se los acercó. **14** Pero Israel extendió su derecha y la puso sobre la cabeza de Efraín, que era el menor, y su izquierda sobre la cabeza de Manasés, cruzando a propósito sus manos, aunque[1] Manasés era el primogénito. **15** Israel bendijo a José, y dijo:

> «El Dios delante de quien anduvieron mis padres
> Abraham e Isaac,
> El Dios que ha sido mi pastor toda mi vida[1] hasta este
> día,
> **16** El ángel que me ha rescatado de todo mal,
> Bendiga a estos muchachos;
> Y viva[1] en ellos mi nombre,
> Y el nombre de mis padres Abraham e Isaac;
> Y crezcan para *ser* multitud en medio de la tierra».

17 Cuando José vio que su padre había puesto su mano derecha sobre la cabeza de Efraín, esto le desagradó. Y tomó la mano de su padre para cambiarla de la cabeza de Efraín a la cabeza de Manasés. **18** Y José dijo a su padre: «No sea así, padre mío, pues este es el primogénito. Pon tu mano derecha sobre su cabeza».

19 Pero su padre rehusó y dijo: «Lo sé, hijo mío, lo sé. Él también llegará a ser un pueblo, y él también será grande. Sin embargo, su hermano menor será más grande que él, y su descendencia[1] llegará a ser multitud[2] de naciones». **20** Y los bendijo aquel día, diciendo:

> «Por ti[1] bendecirá Israel, diciendo:
> "Que Dios te haga como Efraín y Manasés"».

Así puso a Efraín antes de Manasés.

21 Entonces Israel dijo a José: «Yo estoy a punto de morir, pero Dios estará con ustedes y los hará volver a la tierra de sus padres. **22** Yo te doy una parte[1] más que a tus hermanos, la cual tomé de mano del amorreo con mi espada y con mi arco».

PROFECÍA DE ISRAEL ACERCA DE SUS HIJOS

49 Entonces Jacob llamó a sus hijos, y dijo: «Reúnanse para que les haga saber lo que les ha de acontecer en los días venideros[1].

2 Júntense y oigan, hijos de Jacob,
Y escuchen a Israel su padre.

3 »Rubén, tú eres mi primogénito,
Mi poderío y el principio de mi vigor,
Prominente en dignidad y prominente en poder.

48:8, 10
Jacob no reconoció a sus nietos
Jacob era anciano, y le estaba fallando la vista, de modo que no podía ver con claridad. Además, esta era la primera vez que Jacob los conocía.

48:13-14
Jacob le dio una bendición mayor al hermano menor
Jacob cruzó sus brazos para poner su mano derecha en la cabeza de Efraín, porque la diestra era la mano de la fuerza y el privilegio. De este modo, estaba dándole más honor al hijo menor.

48:17-18
José estaba molesto con la bendición
José pensó que su padre estaba cometiendo un error. Él esperaba que su hijo mayor recibiera la bendición especial. Pero Jacob le dijo que el menor sería mayor que su hermano. A través de Jacob, Dios le estaba recordando a José que él no siempre hace las cosas de la forma en que nosotros esperamos.

49:1
Jacob no conocía en realidad el futuro
Si bien el discurso de Jacob tenía la intención de darles consejo y sabiduría a sus hijos antes de morir, Dios hizo realidad algunas de las cosas que Jacob dijo dentro de las tribus que llevaron el nombre de cada hijo.

48:11 [1] Lit. *juzgaba.*   [2] Lit. *tu simiente.*   48:12 [1] Lit. *los hizo salir de sus.*
48:14 [1] Lit. *cuando.*   48:15 [1] Lit. *desde mi continuidad.*   48:16 [1] Lit. *sea llamado.*
48:19 [1] O *simiente.*   [2] Lit. *plenitud.*   48:20 [1] Algunos mss. dicen: *ustedes.*
48:22 [1] Lit. *un hombro,* heb. *Shekem.*   49:1 [1] Lit. *al final de los días.*

⁴ Incontrolable¹ como el agua, no tendrás
   preeminencia,
Porque subiste a la cama de tu padre,
Y *la* profanaste: él subió a mi lecho.

⁵ »Simeón y Leví son hermanos;
Sus armas instrumentos de violencia.

⁶ En su consejo no entre mi alma,
A su asamblea no se una mi gloria,
Porque en su ira mataron hombres¹,
Y en su terquedad mutilaron bueyes².

⁷ Maldita su ira porque es feroz;
Y su furor porque es cruel.
Los dividiré en Jacob,
Y los dispersaré en Israel.

⁸ »A ti Judá, te alabarán tus hermanos;
Tu mano *estará* en el cuello de tus enemigos;
Se inclinarán a ti los hijos de tu padre.

⁹ Cachorro de león es Judá;
De la presa, hijo mío, has subido.
Se agazapa, se echa como león,
O como leona, ¿quién lo despertará?

¹⁰ El cetro no se apartará de Judá,
Ni la vara de gobernante de entre sus pies,
Hasta que venga Siloh¹,
Y a él *sea dada* la obediencia de los pueblos.

¹¹ Él ata¹ a la vid *su* pollino,
Y a la mejor cepa el hijo de su asna;
Él lava en vino sus vestiduras,
Y en la sangre de las uvas su manto.

¹² Sus ojos están apagados por¹ el vino,
Y sus dientes blancos por² la leche.

¹³ »Zabulón habitará a la orilla del mar;
Y él *será* puerto para¹ naves,
Y su límite *será* hasta² Sidón.

¹⁴ »Isacar es un asno fuerte¹,
Echado entre los establos².

¹⁵ Al ver que el lugar de reposo era bueno
Y que la tierra era agradable,
Inclinó su hombro para cargar,
Y llegó a ser esclavo en trabajos forzados.

¹⁶ »Dan juzgará a su pueblo,
Como una de las tribus de Israel.

¹⁷ Sea Dan serpiente junto al camino,
Víbora junto al sendero,
Que muerde los talones del caballo,
Y cae su jinete hacia atrás.

¹⁸ ¡Tu salvación espero, oh SEÑOR!

49:7
Jacob maldijo a Simeón y Leví
En realidad, maldijo su enojo más que a ellos mismos. Tal vez él esperaba que cuando oyeran esta advertencia, corrigieran sus faltas.

49:9-27
Jacob describe a sus hijos como animales
Jacob estaba comparando las características de sus hijos con los animales. Un león, por ejemplo, significaba fuerza y liderazgo, así que Jacob le estaba diciendo a Judá que era un buen líder. En el caso de los otros animales, el asno expresaba sumisión; la serpiente representaba la astucia; la cierva significaba la agilidad y el lobo simbolizaba la persistencia.

PhotoDisc

49:10
El significado del cetro y la vara
Estos eran símbolos de la realeza. La tribu de Judá se convirtió en el grupo más importante, y Jacob estaba confirmando a Judá como líder de la familia.

49:4 ¹ Lit. Desenfrenado.   49:6 ¹ Lit. un hombre.   ² Lit. un buey.
49:10 ¹ O hasta que él venga a Siloh, o hasta que él venga a quien pertenezca.
49:11 ¹ Lit. Atando.   49:12 ¹ O más oscuros que.   ² O más blancos que.
49:13 ¹ Lit. ribera de.   ² Lit. y su costado hacia.   49:14 ¹ Lit. un asno de hueso.
² O las alforjas.

19 »A Gad salteadores[1] lo asaltarán,
   Mas él asaltará su retaguardia[2].

20 »En cuanto a[1] Aser, su alimento[2] será
      sustancioso[3],
   Y él dará manjares de rey.

21 »Neftalí es una cierva en libertad,
   Que pronuncia[1] palabras hermosas.

22 »Rama fecunda[1] es José,
   Rama fecunda[1] junto a un manantial;
   Sus vástagos[2] se extienden sobre el muro.

23 Los arqueros lo atacaron con furor,
   Lo asaetearon y lo hostigaron;

24 Pero su arco permaneció firme
   Y sus brazos[1] fueron ágiles
   Por las manos del Poderoso de Jacob
   (de allí es el Pastor, la Roca de Israel),

25 Por el Dios de tu padre que te ayuda,
   Y por el Todopoderoso[1] que te bendice
   Con bendiciones de los cielos de arriba,
   Bendiciones del abismo que está abajo,
   Bendiciones de los pechos y del seno
      materno.

26 Las bendiciones de tu padre
   Han sobrepasado las bendiciones de mis
      antepasados
   Hasta el límite de los collados eternos;
   Sean ellas sobre la cabeza de José,
   Y sobre la cabeza[1] del consagrado[2] de
      entre sus hermanos.

27 »Benjamín es lobo rapaz[1];
   De mañana devora la presa,
   Y a la tarde reparte los despojos».

MUERTE DE JACOB

28 Todas estas son las doce tribus de Israel, y
esto es lo que les dijo su padre cuando[1] los bendijo. A cada uno lo bendijo con la bendición
que le correspondía[2]. 29 Después les ordenó
y les dijo: «Voy a ser reunido a mi pueblo[1].
Sepúltenme con mis padres en la cueva que
está en el campo de Efrón el hitita, 30 en la cueva que está en el campo de Macpela, que está
frente a Mamre, en la tierra de Canaán, la cual
Abraham compró junto con el campo de Efrón
el hitita, para posesión de una sepultura. 31 Allí
sepultaron a Abraham y a su mujer Sara.
Allí sepultaron a Isaac y a su mujer Rebeca, y

49:19 [1] Lit. *una banda de salteadores.*   [2] Lit. *talón.*   49:20 [1] Lit.
De.   [2] O *pan.*   [3] Lit. *grasoso.*   49:21 [1] Lit. *da.*   49:22 [1] Lit.
Hijo fecundo.   [2] Lit. *hijas.*   49:24 [1] Lit. *los brazos de sus manos.*
49:25 [1] Heb. *Shaddai.*   49:26 [1] O *coronilla.*   [2] O *distinguido.*
49:27 [1] Lit. *que despedaza.*   49:28 [1] Lit. *y.*   [2] Lit. *conforme a su
bendición.*   49:29 [1] Lit. *mis parientes.*

Líneas de vida: JACOB
Génesis 25–49

Edad	
¿?	Negocia con Esaú la primogenitura 25:29–34
¿?	Le roba la bendición a Esaú 27:1–41
¿?	Huye de Esaú 28:1–5
¿?	Sueña con una escalera al cielo 28:10–22
¿?	Se casa con Lea 29:16–27
¿?	Se casa con Raquel 29:28–30
¿?	Nacen sus hijos 29:31–30:24
¿?	Huye de Labán 31
¿?	Lucha con Dios 32:22–32
¿?	Se reencuentra con Esaú 33
¿?	Su nombre es cambiado a Israel 35:9–15
¿?	Queda devastado por la pérdida de José 37:31–35
¿?	Envía a Egipto a sus hijos por el hambre 42:1–5
¿?	Se reencuentra con José 46:29–30
130	Se establece en Egipto 47
147	Muere 47:28; 49:29–33

49:31
Jacob es enterrado junto a su primera esposa

Jacob siguió la tradición de ser enterrado en las sepulturas familiares junto a su primera esposa. Aunque Raquel era su favorita, ella era su segunda esposa y estaba enterrada en otra parte.

50:3, 7
Muchos egipcios lamentaron la muerte de Jacob a pesar de que era un extranjero

José era un gobernante importante en Egipto, de manera que por respeto los egipcios realizaron un funeral especial para su padre. También guardaron luto por siete días, lo cual mostraba cuánto honraban a José.

50:10
La era

Una era consistía en una superficie circular, dura y plana ubicada en una zona abierta y elevada. Las personas sacudían el trigo en esta superficie para separar los granos de la planta. El viento se llevaba la cáscara liviana y luego el trabajador recogía los granos.

© 2010 por Zondervan

allí sepulté yo a Lea. **32** El campo y la cueva que *hay* en él, *fueron* comprados de los hijos de Het».

33 Cuando Jacob terminó de encargar *estas cosas* a sus hijos, recogió sus pies en la cama y expiró, y fue reunido a su pueblo[1].

SEPULTURA DE JACOB

50 José se echó sobre el rostro de su padre, lloró sobre él y lo besó. **2** José ordenó a sus siervos médicos que embalsamaran a su padre, y los médicos embalsamaron a Israel. **3** Se requerían[1] cuarenta días para ello[2], porque este es el tiempo requerido para el embalsamamiento[3]. Y los egipcios lo lloraron setenta días.

4 Cuando pasaron los días de luto[1] por él, José habló a la casa de Faraón: «Si he hallado ahora gracia ante los ojos de ustedes, les ruego que hablen a[2] Faraón, diciendo: **5** "Mi padre me hizo jurar, diciendo: 'Yo voy a morir. En el sepulcro que cavé para mí en la tierra de Canaán, allí me sepultarás'. Ahora pues, le ruego que me permita ir a sepultar a mi padre, y luego volveré"». **6** Y Faraón dijo: «Sube y sepulta a tu padre como él te hizo jurar».

7 Entonces José subió a sepultar a su padre, y con él subieron todos los siervos de Faraón, los ancianos de su casa y todos los ancianos de la tierra de Egipto, **8** y toda la casa de José, y sus hermanos, y la casa de su padre. Solo dejaron a sus pequeños, sus ovejas y sus vacas en la tierra de Gosén. **9** Subieron también con él carros y jinetes; y era un cortejo[1] muy grande.

10 Cuando llegaron hasta la era de Atad[1], que está al otro lado del Jordán, allí hicieron duelo con una grande y dolorosa[2] lamentación. Y *José* guardó[3] siete días de duelo por su padre. **11** Cuando los habitantes de la tierra, los cananeos, vieron el duelo de la era de Atad[1], dijeron: «Este es un duelo doloroso[2] de los egipcios». Por eso llamaron *al lugar* Abel Mizrayim[3], el cual está al otro lado del Jordán.

12 Sus hijos, pues, hicieron con él tal como les había mandado. **13** Pues sus hijos lo llevaron a la tierra de Canaán, y lo sepultaron en la cueva del campo de Macpela, frente a Mamre, la cual Abraham había comprado de Efrón el hitita, junto con el campo como heredad de una sepultura. **14** Después de sepultar a su padre, José regresó a Egipto, él y sus hermanos, y todos los que habían subido con él para sepultar a su padre.

49:33 [1] Lit. *sus parientes.*   50:3 [1] Lit. *Y se cumplieron.*   [2] O *él.*   [3] Lit. *así se cumplen los días del embalsamamiento.*   50:4 [1] Lit. *lloro.*   [2] Lit. *en los oídos de.*   50:9 [1] Lit. *una compañía.*   50:10 [1] Heb. *Goren ha-Atad.*   [2] Lit. *pesada.*   [3] Lit. *hizo.*   50:11 [1] Heb. *Goren ha-Atad.*   [2] Lit. *pesado.*   [1] I.e. *la pradera,* o, *duelo de Egipto.*

MUERTE DE JOSÉ

15 Al ver los hermanos de José que su padre había muerto, dijeron: «Quizá José guarde rencor contra nosotros, y de cierto nos devuelva todo el mal que le hicimos». **16** Entonces enviaron¹ *un mensaje* a José, diciendo: «Tu padre mandó a decir antes de morir: **17** "Así dirán a José: 'Te ruego que perdones la maldad de tus hermanos y su pecado, porque ellos te trataron mal'". Y ahora, te rogamos que perdones la maldad de los siervos del Dios de tu padre». Y José lloró cuando le hablaron.

18 Entonces sus hermanos vinieron también y se postraron delante de él, y dijeron: «Ahora somos tus siervos». **19** Pero José les dijo: «No teman, ¿acaso estoy yo en lugar de Dios? **20** Ustedes pensaron hacerme mal, *pero* Dios lo cambió en bien para que sucediera como *vemos* hoy, y se preservara la vida de mucha gente. **21** Ahora pues, no teman. Yo proveeré para ustedes y para sus hijos¹». Y los consoló y les habló cariñosamente².

22 José se quedó en Egipto, él y la casa de su padre; y José vivió 110 años. **23** José vio la tercera generación de los hijos de Efraín; también los hijos de Maquir, hijo de Manasés, nacieron sobre las rodillas de José.

24 Y José dijo a sus hermanos: «Yo voy a morir, pero Dios ciertamente cuidará de ustedes¹ y los hará subir de esta tierra a la tierra que Él prometió en juramento² a Abraham, a Isaac y a Jacob». **25** Luego José hizo jurar a los hijos de Israel, diciendo: «Dios ciertamente los cuidará¹, y ustedes se llevarán mis huesos de aquí».

26 Y murió José a la edad de 110 años. Lo embalsamaron y lo pusieron en un ataúd en Egipto.

50:24
José predice que Dios un día ayudaría a los hebreos a salir de Egipto

Dios ayudaría a los hebreos a regresar a Canaán, la tierra prometida a los antepasados de José. Él no tenía idea de que, en algunos años, sus descendientes serían esclavos de los egipcios y realmente necesitarían la ayuda de Dios. (Ver Éxodo 1).

50:25
José desea ser enterrado en Canaán

José deseaba regresar a la tierra que Dios le había prometido a Abraham (ver Génesis 12:1-3). Él creía que Dios cumpliría su promesa.

50:16 ¹ Lit. *ordenaron.*   50:21 ¹ Lit. *pequeños.*   ² Lit. *a su corazón.*
50:24 ¹ O *visitará.*   ² Lit. *juró.*   50:25 ¹ O *visitará.*

Éxodo

¿QUIÉN ESCRIBIÓ ESTE LIBRO?	Moisés
¿POR QUÉ SE ESCRIBIÓ ESTE LIBRO?	Éxodo muestra cómo Dios rescató a los israelitas de la esclavitud.
¿QUÉ OCURRE EN ESTE LIBRO?	Dios envía diez plagas terribles a Egipto. Él obliga a Faraón a dejar ir al pueblo de Dios. Dios les da los Diez Mandamientos y otras leyes a los israelitas.
¿QUÉ APRENDEMOS ACERCA DE DIOS EN ESTE LIBRO?	Dios usa su poder para rescatar a las personas que necesitan ayuda. Dios le dice a su pueblo que haga lo correcto.
¿QUIÉNES SON LOS PERSONAJES PRINCIPALES DE ESTE LIBRO?	Moisés y Aarón
¿DÓNDE SUCEDIERON ESTAS COSAS?	Éxodo 1—12 transcurre en Egipto. La mayoría de los otros sucesos tienen lugar en el monte Sinaí. (Mira los mapas al final de esta Biblia para encontrar el monte Sinaí).

¿CUÁLES SON ALGUNAS DE LAS HISTORIAS DE ESTE LIBRO?

El bebé Moisés	Éxodo 2
La zarza ardiendo	Éxodo 3
Las diez plagas	Éxodo 7—11
La Pascua	Éxodo 12
El cruce del mar Rojo	Éxodo 14
Los Diez Mandamientos	Éxodo 20
Construcción del tabernáculo	Éxodo 25—27
El becerro de oro	Éxodo 32

Aunque los estudiosos no están del todo de acuerdo sobre la ubicación exacta del monte Sinaí, Jabal Musa es uno de los sitios tradicionales.
© IGOR ROGOZHNIKOV/Shutterstock

OPRESIÓN DE LOS ISRAELITAS EN EGIPTO

1 Estos son los nombres de los hijos de Israel que fueron a Egipto con Jacob. Cada uno fue con[1] su familia: **2** Rubén, Simeón, Leví y Judá; **3** Isacar, Zabulón y Benjamín; **4** Dan, Neftalí, Gad y Aser. **5** Todas las personas[1] que descendieron[2] de Jacob fueron setenta[3] almas. Pero José estaba *ya* en Egipto.

6 Y murió José, y todos sus hermanos, y toda aquella generación. **7** Pero los israelitas tuvieron muchos hijos y aumentaron mucho[1], y se multiplicaron y llegaron a ser poderosos[2] en gran manera, y el país se llenó de ellos.

8 Se levantó sobre Egipto un nuevo rey que no había conocido a José, **9** y dijo a su pueblo: «Miren, el pueblo de los hijos de Israel es más numeroso y más fuerte que nosotros. **10** Procedamos, pues, astutamente con él, no sea que se multiplique y en caso de guerra[1], se una también con los que nos odian y pelee contra nosotros y se vaya[2] del país».

11 Así que pusieron sobre ellos capataces[1] para oprimirlos con duros trabajos[2]; y edificaron para Faraón las ciudades de almacenaje, Pitón y Ramsés. **12** Pero cuanto más los oprimían, más se multiplicaban y más se extendían[1], de manera que los *egipcios* llegaron a temer a los israelitas. **13** Los egipcios, pues, obligaron a los israelitas a trabajar duramente, **14** y les amargaron la vida con dura servidumbre en *hacer* barro[1] y ladrillos y en toda *clase de* trabajo del campo. Todos sus trabajos se los imponían[2] con rigor.

15 Entonces el rey de Egipto habló a las parteras de las hebreas, una de las cuales se llamaba Sifra, y la otra Puá, **16** y *les* dijo: «Cuando estén asistiendo a las hebreas a dar a luz, y *las* vean sobre el lecho del parto[1], si es un hijo, le darán muerte, pero si es una hija, entonces vivirá». **17** Pero las parteras temían[1] a Dios, y no hicieron como el rey de Egipto les había mandado[2], sino que dejaron con vida a los niños.

18 El rey de Egipto hizo llamar a las parteras y les dijo: «¿Por qué han hecho esto, y han dejado con vida a los niños?». **19** Las parteras respondieron a Faraón: «Porque las mujeres hebreas no son como las egipcias, pues son robustas y dan a luz antes que la partera llegue a ellas». **20** Dios favoreció a las parteras; y el pueblo se multiplicó y llegó a ser muy poderoso[1]. **21** Y por haber las parteras temido[1] a Dios, Él prosperó sus[2] familias[3]. **22** Entonces Faraón ordenó a todo su pueblo: «Todo hijo que nazca[1] lo echarán al Nilo, pero a toda hija la dejarán con vida».

NACIMIENTO DE MOISÉS

2 Un hombre de la casa de Leví fue y tomó *por mujer* a una hija de Leví. **2** Y la mujer concibió y dio a luz un hijo. Viendo que era

1:8
El nuevo rey de Egipto no conocía a José
Habían pasado muchos años desde la muerte de José. Los egipcios se olvidaron de él y de cómo había salvado a su pueblo de morir de hambre.

1:9-10
El nuevo rey estaba preocupado por los israelitas
Los israelitas estaban creciendo en número. El rey temía que se hicieran demasiado poderosos y se rebelaran contra las personas que estaban a cargo. Así que los convirtió en sus esclavos para poder quitarles todo poder.

1:14
Ladrillos egipcios
Los ladrillos antiguos en general eran cuadrados y medían aproximadamente 33 x 33 x 9 cm. Antes de que los trabajadores los pusieran a secar para que se endurecieran, a menudo les estampaban el nombre del rey.

1:1 [1] Lit. *y.*   1:5 [1] Lit. *almas.*   [2] Lit. *que salieron de los lomos.*
[3] Los M.M.M. y la versión gr. (sept.) dicen: *setenta y cinco.* Véase también Hech. 7:14.   1:7 [1] Lit. *pulularon.*   [2] O *numerosos.*
1:10 [1] Lit. *y suceda que cuando sobrevenga guerra.*   [2] Lit. *suba.*
1:11 [1] O *sobrestantes de obras.*   [2] Lit. *con sus cargas.*   1:12 [1] Lit. *abrían brecha.*   1:14 [1] Lit. *mezcla.*   [2] Lit. *que trabajaban por medio de ellos.*
1:16 [1] Lit. *sobre las piedras.*   1:17 [1] O *reverenciaban.*   [2] Lit. *hablado.*
1:20 [1] O *numeroso.*   1:21 [1] O *reverenciado.*   [2] Lit. *les hizo.*   [3] Lit. *casas.*
1:22 [1] Algunas versiones antiguas agregan: *a los hebreos.*

2:3
La madre de Moisés solo obedeció en parte el mandato del rey
Ella puso a su hijo en el río, como él había ordenado, pero no lo *arrojó* al río Nilo para matarlo. En cambio, hizo una cesta de juncos resistente al agua y lo depositó en la orilla, donde se bañaba la hija de Faraón.

2:9-10
A la madre de Moisés se le pide que cuide de él
Le pagaron a la mamá de Moisés para que lo cuidara durante los dos primeros años, o posiblemente por tres o cuatro años.

2:10
La princesa adoptó a Moisés
La princesa le puso un nombre egipcio y lo crio como tal. Su estatus real la colocaba por encima de la ley que otros tenían que cumplir: matar a los bebés varones hebreos.

2:12
Moisés mata a un egipcio cuando crece
Él sabía que eso estaba mal, por eso miró alrededor para ver si alguien lo estaba mirando y después enterró el cuerpo.

2:16
Sacerdote de Madián
Este sacerdote era un líder religioso y probablemente un jefe tribal. Él le dio la bienvenida a Moisés y le entregó a su hija en matrimonio.

hermoso[1], lo escondió por tres meses. **3** Pero no pudiendo ocultarlo por más tiempo, tomó una cestilla de juncos[1] y la cubrió con asfalto y brea. Entonces puso al niño en ella, y *la* colocó entre los juncos a la orilla del Nilo.

4 La[1] hermana *del niño* se puso a lo lejos para ver qué le sucedería[2]. **5** Cuando la hija de Faraón bajó a bañarse al Nilo, mientras sus doncellas se paseaban por la ribera del río, vio la cestilla entre los juncos y mandó a una criada suya para que la trajera.

MOISÉS EN CASA DE FARAÓN

6 Al abrir*la*, vio[1] al niño, y oyó que *el* niño lloraba. Le tuvo compasión, y dijo: «Este es uno de los niños de los hebreos». **7** Entonces la[1] hermana *del niño* dijo a la hija de Faraón: «¿Quiere que vaya y llame a una nodriza de las hebreas para que críe al niño?». **8** «*Sí*, ve», respondió la hija de Faraón. La muchacha fue y llamó a la madre del niño.

9 Y la hija de Faraón le dijo: «Llévate a este niño y críamelo, y yo *te* daré tu salario». La mujer tomó al niño y lo crió. **10** Cuando el niño creció, ella lo llevó a la hija de Faraón, y vino a ser hijo suyo; y le puso por nombre Moisés[1], diciendo: «Pues lo he sacado de las aguas».

MOISÉS HUYE A MADIÁN

11 En aquellos días, crecido ya Moisés, salió a *donde* sus hermanos y vio sus duros trabajos. Vio a un egipcio golpeando a un hebreo, a uno de sus hermanos. **12** Entonces miró alrededor[1] y cuando vio que no había nadie, mató al egipcio y lo escondió en la arena.

13 Al día siguiente salió y vio a[1] dos hebreos que reñían, y dijo al culpable[2]: «¿Por qué golpeas a tu compañero?». **14** «¿Quién te ha puesto de príncipe[1] o de juez sobre nosotros?», le respondió el culpable. «¿Estás pensando[2] matarme como mataste al egipcio?». Entonces Moisés tuvo miedo, y dijo: «Ciertamente se ha divulgado lo sucedido». **15** Al enterarse Faraón de lo que había pasado, trató de matar a Moisés. Pero Moisés huyó de la presencia de Faraón y se fue a vivir a[1] la tierra de Madián, y *allí* se sentó junto a un pozo.

16 Y el sacerdote de Madián tenía siete hijas, las cuales fueron a sacar agua y llenaron las pilas para dar de beber al rebaño de su padre. **17** Entonces vinieron unos[1] pastores y las echaron *de allí*, pero Moisés se levantó y las defendió, y dio de beber a su rebaño. **18** Cuando ellas volvieron a Reuel, su padre, este les preguntó: «¿Por qué han vuelto[1] tan pronto hoy?». **19** «Un egipcio nos ha librado de mano de los pastores», respondieron ellas; «y además, nos sacó agua y dio de beber al rebaño».

2:2 [1] Lit. *lo vio que era bueno.*   2:3 [1] I.e. cañas de papiro.   2:4 [1] Lit. *su.*
[2] Lit. *le harían.*   2:6 [1] Lit. *lo vio.*   2:7 [1] Lit. *su.*   2:10 Heb. *Mosheh,* de *mashah: sacar.*   2:12 [1] Lit. *se volvió a uno y a otro lado.*   2:13 [1] Lit. *he aquí.*
[2] U *ofensor.*   2:14 [1] Lit. *hombre, príncipe.*   [2] Lit. *diciendo en tu corazón.*
2:15 [1] Lit. *habitó en.*   2:17 [1] Lit. *los.*   2:18 [1] Lit. *venido.*

20 Y Reuel dijo a sus hijas: «¿Y dónde está? ¿Por qué han dejado al hombre? Invítenlo a que coma algo¹». **21** Moisés accedió a morar con *aquel* hombre, y este le dio su hija Séfora por mujer a Moisés. **22** Ella dio a luz un hijo, y *Moisés* le puso por nombre Gersón¹, porque dijo: «Peregrino² soy en tierra extranjera».

DIOS OYE A ISRAEL

23 Pasado mucho tiempo¹, murió el rey de Egipto. Los israelitas gemían a causa de la servidumbre, y clamaron. Su clamor subió a Dios, a causa de *su* servidumbre. **24** Dios oyó su gemido y se acordó de su pacto con Abraham, Isaac y Jacob. **25** Dios miró a los israelitas y *los* tuvo en cuenta¹.

MOISÉS Y LA ZARZA ARDIENDO

3 Moisés apacentaba el rebaño de Jetro su suegro, sacerdote de Madián; condujo el rebaño hacia el lado occidental¹ del desierto y llegó a Horeb, el monte de Dios. **2** Y el ángel del SEÑOR se le apareció en una llama de fuego, en medio de una¹ zarza. Al fijarse Moisés, vio que la zarza ardía en fuego, pero la zarza no se consumía. **3** Entonces Moisés dijo: «Me acercaré¹ ahora para ver esta maravilla, por qué la zarza no se quema».

4 Cuando el SEÑOR vio que Moisés se acercaba¹ para mirar, Dios lo llamó de en medio de la zarza, y dijo: «¡Moisés, Moisés!». Y él respondió: «Aquí estoy». **5** Entonces Dios le dijo: «No te acerques aquí. Quítate las sandalias de los pies, porque el lugar donde estás parado es tierra santa». **6** Y añadió: «Yo soy el Dios de tu padre, el Dios de Abraham, el Dios de Isaac y el Dios de Jacob». Entonces Moisés se cubrió el rostro, porque tenía temor de mirar a Dios.

MISIÓN DE MOISÉS

7 Y el SEÑOR dijo: «Ciertamente he visto la aflicción de Mi pueblo que está en Egipto, y he escuchado su clamor a causa de sus capataces¹, pues estoy consciente de sus sufrimientos. **8** Así que he descendido para librarlos de mano de los egipcios, y para sacarlos¹ de aquella tierra a una tierra buena y espaciosa, a una tierra que mana leche y miel, al lugar de los cananeos, de los hititas, de los amorreos, de los ferezeos, de los heveos y de los jebuseos. **9** Y ahora, el clamor de los israelitas ha llegado hasta Mí, y además he visto la opresión con que los egipcios los oprimen. **10** Ahora pues, ven y te enviaré a Faraón, para que saques a Mi pueblo, a los israelitas, de Egipto».

11 Pero Moisés dijo a Dios: «¿Quién soy yo para ir a Faraón, y sacar a los israelitas de Egipto?». **12** «Ciertamente Yo estaré contigo», le respondió el SEÑOR, «y la señal para ti de que

3:5
Por qué Moisés se quitó las sandalias
Dios le habló a Moisés allí, por eso era tierra santa. Los pies descalzos eran un símbolo de respeto hacia Dios.

2:20 ¹ Lit. *pan.*   2:22 ¹ Heb. *ger sham;* i.e. un peregrino allí.   ² Heb. *ger.*   2:23 ¹ Lit. *En aquellos muchos días.*   2:25 ¹ Lit. *conoció.*   3:1 ¹ O *al fondo.*   3:2 ¹ Lit. *la.*   3:3 ¹ Lit. *desviaré.*   3:4 ¹ Lit. *se desviaba.*   3:7 ¹ O *sobrestantes de obra.*   3:8 ¹ Lit. *subirlos.*

3:14
El nombre de Dios

Los nombres *Yo soy el que soy* o *Yo soy* eran los nombres más sagrados de Dios. Cuando Moisés pronunció este nombre, probablemente les recordaba a los israelitas el gran poder de Dios y su promesa hacia ellos.

3:21-22
Dios les dijo que los egipcios les darían sus joyas

Los egipcios a menudo les daban regalos a los esclavos liberados para ayudarlos a comenzar por su cuenta. Para el tiempo en que los egipcios habían sufrido las plagas, seguramente estaban felices de enviar a los israelitas lejos con estas joyas. (Ver Éxodo 12:33-36).

A. D. Riddle/www.BiblePlaces.com, tomada en el Museo Field, Chicago

4:1-9
Dios le dio a Moisés señales especiales para mostrarles a los egipcios que era el Dios verdadero

La vara y la serpiente deben haber sido símbolos egipcios de poder y vida. Así que cuando Moisés los usó, significó que Dios era más poderoso que los egipcios y sus dioses. La mano leprosa le advirtió a Faraón que Dios tenía el poder para enfermar a las personas.

soy Yo el que te ha enviado será esta: cuando hayas sacado al pueblo de Egipto ustedes adorarán[1] a Dios en este monte».

EL NOMBRE DE DIOS

[13] Entonces Moisés dijo a Dios: «*Si* voy a los israelitas, y les digo: "El Dios de sus padres me ha enviado a ustedes", tal vez me digan: "¿Cuál es Su nombre?", ¿qué les responderé?». [14] Y dijo Dios a Moisés: «YO SOY[1] EL QUE SOY[1]», y añadió: «Así dirás a los israelitas: "YO SOY[1] me ha enviado a ustedes"». [15] Dijo además Dios a Moisés: «Así dirás a los israelitas: "El SEÑOR, el Dios de sus padres, el Dios de Abraham, el Dios de Isaac y el Dios de Jacob, me ha enviado a ustedes". Este es Mi nombre para siempre, y con él se hará memoria de Mí[1] de generación en generación.

INSTRUCCIONES DE DIOS A MOISÉS

[16] Ve y reúne a los ancianos de Israel, y diles: "El SEÑOR, el Dios de sus padres, el Dios de Abraham, de Isaac y de Jacob, se me ha aparecido y dijo: 'Ciertamente los he visitado y *he visto* lo que les han hecho en Egipto. [17] Y he dicho: Los sacaré de la aflicción de Egipto a la tierra del cananeo, del hitita, del amorreo, del ferezeo, del heveo y del jebuseo, a una tierra que mana leche y miel'". [18] Ellos escucharán tu voz. Entonces tú irás con los ancianos de Israel al rey de Egipto, y le dirán: "El SEÑOR, el Dios de los hebreos, nos ha salido al encuentro. Ahora pues, permite que vayamos tres días de camino al desierto para ofrecer sacrificios al SEÑOR nuestro Dios". [19] Pero Yo sé que el rey de Egipto no los dejará ir, si no es por la fuerza. [20] Pero Yo extenderé Mi mano y heriré a Egipto con todos los prodigios[1] que haré en medio de él, y después de esto, los dejará ir. [21] Y haré que este pueblo halle gracia ante los ojos de los egipcios, y cuando ustedes se vayan, no se irán con las manos vacías. [22] Cada mujer pedirá a su vecina y a la que vive en su casa, objetos de plata, objetos de oro y vestidos, y los pondrán sobre sus hijos y sobre sus hijas. Así despojarán a los egipcios».

DIOS DA PODERES A MOISÉS

4 Moisés respondió: «¿Y si no me creen, ni escuchan mi voz? Porque quizá digan: "No se te ha aparecido el SEÑOR"». [2] Y el SEÑOR le preguntó: «¿Qué es eso *que tienes* en la mano?». «Una vara», respondió Moisés. [3] «Échala en tierra», le dijo el SEÑOR. Y él la echó en tierra y se convirtió en una serpiente. Moisés huyó de ella; [4] pero el SEÑOR dijo a Moisés: «Extiende tu mano y agárra*la* por la cola». Él extendió la mano, la agarró, y se convirtió en una vara en su mano[1]. [5] «Por esto creerán que se te ha aparecido el SEÑOR, Dios de sus padres, Dios de Abraham, Dios de Isaac, Dios de Jacob. [6] Ahora mete la mano en tu seno», añadió el SEÑOR. Y Moisés metió la mano en su seno, y cuando la sacó, estaba leprosa, *blanca* como la nieve. [7] «Vuelve a meter la mano en tu seno», le dijo Él. Y él volvió a meterla en su seno, y cuando la sacó, se había vuelto

3:12 [1] O *servirán*.   3:14 [1] Expresión relacionada con el nombre de Dios; heb. *YHWH*, generalmente traducido *SEÑOR*, y que se deriva del verbo heb. *HAYAH: ser*.   3:15 [1] Lit. *y este es Mi recuerdo*.   3:20 [1] O *milagros*.   4:4 [1] Lit. *palma*.

como *el resto de* su carne. **8** «Y sucederá que si no te creen, ni obedecen el testimonio¹ de la primera señal, quizá crean el testimonio² de la segunda³ señal. **9** Pero si todavía no creen estas dos señales, ni escuchan tu voz, entonces sacarás agua del Nilo y la derramarás sobre la tierra seca; y el agua que saques del Nilo se convertirá en sangre sobre la tierra seca».

10 Entonces Moisés dijo al SEÑOR: «Por favor, Señor, nunca he sido hombre elocuente¹. Ni ayer ni en tiempos pasados, ni aun después de² que has hablado a Tu siervo; porque soy tardo³ en el habla y torpe³ de lengua». **11** Y el SEÑOR le dijo: «¿Quién ha hecho la boca del hombre? ¿O quién hace *al hombre* mudo o sordo, con vista o ciego? ¿No soy Yo, el SEÑOR? **12** Ahora pues, ve, y Yo estaré con tu boca, y te enseñaré lo que has de hablar». **13** Pero Moisés dijo: «Te ruego, Señor, envía ahora *el mensaje* por medio de quien Tú quieras¹». **14** Entonces se encendió la ira del SEÑOR contra Moisés, y le dijo: «¿No está *allí* tu hermano Aarón, el levita? Yo sé que él habla bien¹. Y además, ahora él sale a recibirte. Al verte, se alegrará en su corazón. **15** Y tú le hablarás, y pondrás las palabras en su boca. Yo estaré con tu boca y con su boca y les enseñaré lo que tienen que hacer. **16** Además, Aarón hablará por ti al pueblo. Él te servirá como boca y tú serás para él como Dios. **17** Y esta vara la llevarás en tu mano, y con ella harás las señales».

MOISÉS REGRESA A EGIPTO

18 Moisés se fue y volvió a casa de su suegro Jetro¹, y le dijo: «Te ruego que me dejes ir para volver a mis hermanos que están en Egipto, y ver si aún viven». «Ve en paz», le contestó Jetro. **19** Y el SEÑOR dijo a Moisés en Madián: «Ve, vuelve a Egipto, porque han muerto todos los hombres que buscaban tu vida». **20** Moisés tomó a su mujer y a sus hijos, los montó sobre un asno y volvió a la tierra de Egipto. Moisés tomó también la vara de Dios en su mano.

21 Y el SEÑOR dijo a Moisés: «Cuando vuelvas¹ a Egipto, mira que hagas delante de Faraón todas las maravillas que he puesto en tu mano. Pero Yo endureceré su corazón de modo que no dejará ir al pueblo. **22** Entonces dirás a Faraón: "Así dice el SEÑOR: 'Israel es Mi hijo, Mi primogénito. **23** Y te he dicho: "Deja ir a Mi hijo para que me sirva", pero te has negado a dejarlo ir. Por tanto mataré a tu hijo, a tu primogénito"».

24 Y aconteció que en una posada en el camino, el SEÑOR le salió al encuentro a Moisés y quiso matarlo. **25** Pero Séfora tomó un pedernal, cortó el prepucio de su hijo y lo echó a los pies de Moisés¹, y le dijo: «Ciertamente tú eres para mí un esposo de sangre». **26** Entonces *Dios* lo dejó¹. Pues ella había dicho: «*Eres* esposo de sangre», a causa de² la circuncisión.

27 Y el SEÑOR dijo a Aarón: «Ve al encuentro de Moisés en el desierto». Él fue y le salió al encuentro en el monte de Dios, y lo besó. **28** Moisés contó a Aarón todas las palabras

---

4:8 ¹ Lit. *ni escuchan la voz.*   ² Lit. *la voz.*   ³ Lit. *última.*   4:10 ¹ Lit. *hombre de palabras.*   ² Lit. *desde.*   ³ Lit. *pesado.*   4:13 ¹ Lit. *envía la mano que envíes.*   4:14 ¹ Lit. *hablando, él habla.*   4:18 ¹ Heb. *Yezer.*   4:21 ¹ Lit. *vayas a regresar.*   4:25 ¹ Lit. *e hizo que tocara sus pies.*   4:26 ¹ O *soltó.*   ² Lit. *con referencia a.*

del SEÑOR con las cuales le enviaba, y todas las señales que le había mandado *hacer*.

29 Entonces fueron Moisés y Aarón y reunieron a todos los ancianos de los israelitas, **30** Aarón les habló todas las palabras que Dios había hablado a Moisés. *Este* hizo entonces las señales en presencia del pueblo. **31** El pueblo creyó, y al oír que el SEÑOR había visitado a los israelitas y había visto su aflicción, se postraron y adoraron.

MOISÉS Y AARÓN ANTE FARAÓN

5 Después Moisés y Aarón fueron y dijeron a Faraón: «Así dice el SEÑOR, Dios de Israel: "Deja ir a Mi pueblo para que me celebre una fiesta en el desierto"». **2** Pero Faraón dijo: «¿Quién es el SEÑOR para que yo escuche Su voz y deje ir a Israel? No conozco al SEÑOR, y además, no dejaré ir a Israel».

3 «El Dios de los hebreos nos ha salido al encuentro», contestaron ellos. «Déjenos ir, le rogamos, camino de tres días al desierto para ofrecer sacrificios al SEÑOR nuestro Dios, no sea que venga sobre nosotros con pestilencia o con espada».

4 Pero el rey de Egipto les dijo: «Moisés y Aarón, ¿por qué apartan¹ al pueblo de sus trabajos? Vuelvan² a sus labores³. **5** Miren», añadió Faraón, «el pueblo de la tierra es mucho ahora, ¡y ustedes quieren que ellos cesen en sus labores!».

ORDEN DESPÓTICA DE FARAÓN

6 Aquel mismo día, Faraón dio órdenes a los capataces¹ que estaban sobre el pueblo, y a sus jefes y les dijo: **7** «Ya no darán, como antes, paja al pueblo para hacer ladrillos. Que vayan ellos y recojan paja por sí mismos. **8** Pero exigirán de¹ ellos la misma cantidad de ladrillos que hacían antes. No la disminuyan en lo más mínimo. Porque son perezosos², por eso claman y dicen: "Déjanos ir a ofrecer sacrificios a nuestro Dios". **9** Recárguese el trabajo sobre estos¹ hombres, para que estén ocupados en él y no presten atención a palabras falsas».

10 Salieron, pues, los capataces del pueblo y sus jefes y hablaron al pueblo y dijeron: «Así dice Faraón: "No les daré paja. **11** Vayan ustedes mismos y recojan paja donde *la* hallen. Pero su tarea no será disminuida en lo más mínimo"».

12 Entonces el pueblo se dispersó por toda la tierra de Egipto para recoger rastrojos en lugar de paja. **13** Los capataces los apremiaban, diciendo: «Acaben sus tareas, *su* tarea diaria¹, como cuando tenían paja. **14** Y azotaban a los jefes de los israelitas que los capataces de Faraón habían puesto sobre ellos, diciéndoles: «¿Por qué no han terminado, ni ayer ni hoy, la cantidad de ladrillos requerida como antes?».

QUEJA DE LOS JEFES HEBREOS

15 Entonces los jefes de los israelitas fueron y clamaron a Faraón y dijeron: «¿Por qué trata usted así a sus siervos? **16** No se da

---

5:2
Faraón no quedó impresionado por Dios al principio
Él no conocía al Dios de los israelitas y pensaba que sus dioses eran más importantes que el Dios de la gente de clase baja a la que él gobernaba.

5:3
Moisés y Aarón le dieron una oportunidad a Faraón
La primera vez que vieron a Faraón no llevaron a cabo las señales de Dios enseguida. Ellos le dieron a Faraón la oportunidad de elegir hacer lo correcto.

5:4 ¹ Lit. *sueltan*.   ² Lit. *Id*.   ³ Lit. *cargas*.   5:6 ¹ O *sobrestantes de obras*; y así en el resto del cap.   5:8 ¹ Lit. *impondrán sobre*.   ² O *están ociosos*. 5:9 ¹ Lit. *los*.   5:13 ¹ Lit. *lo de un día en su día*.

paja a sus siervos, sin embargo, siguen diciéndonos: "Hagan ladrillos". Y además sus siervos son azotados. Pero la culpa es de su pueblo». **17** Pero él contestó: «Son perezosos[1], *muy* perezosos. Por eso dicen: "Déjanos ir a ofrecer sacrificios al SEÑOR". **18** Ahora pues, vayan *y* trabajen. Pero no se les dará paja, sin embargo, deben entregar la *misma* cantidad de ladrillos».

19 Los jefes de los israelitas se dieron cuenta de que estaban en dificultades, cuando les dijeron[1]: «No deben disminuir *su* cantidad diaria de ladrillos[2]». **20** Al salir de la presencia de Faraón, se encontraron con Moisés y Aarón, que los estaban esperando[1], **21** y les dijeron: «Mire el SEÑOR sobre ustedes y *los* juzgue, pues *nos* han hecho odiosos[1] ante los ojos de Faraón y ante los ojos de sus siervos, poniéndo*les* una espada en la mano para que nos maten».

ORACIÓN DE MOISÉS

22 Entonces Moisés se volvió al SEÑOR, y dijo: «Oh Señor, ¿por qué has hecho mal a este pueblo? ¿Por qué me enviaste? **23** Pues desde que vine a Faraón a hablar en Tu nombre, él ha hecho mal a este pueblo, y Tú no has hecho nada por librar a Tu pueblo».

DIOS CONFIRMA SU PROMESA

6 El SEÑOR respondió a Moisés: «Ahora verás lo que haré a Faraón. Porque por la fuerza los dejará ir, y por la fuerza los echará de su tierra».

2 Dios continuó hablando a Moisés, y le dijo: «Yo soy el SEÑOR. **3** Yo me aparecí a Abraham, a Isaac y a Jacob como Dios Todopoderoso[1], pero *por* Mi nombre, SEÑOR[2], no me di a conocer a ellos. **4** También establecí Mi pacto con ellos, de darles la tierra de Canaán, la tierra donde[1] peregrinaron. **5** Además, he oído el gemido de los israelitas, porque los egipcios los tienen esclavizados, y me he acordado de Mi pacto. **6** Por tanto, dile a los israelitas: "Yo soy el SEÑOR, y los sacaré de debajo de las cargas de los egipcios. Los libraré de su esclavitud, los redimiré con brazo extendido y con grandes juicios. **7** Los tomaré a ustedes por pueblo Mío[1], y Yo seré su Dios[2]. Sabrán que Yo soy el SEÑOR su Dios, que los sacó de debajo de las cargas de los egipcios. **8** Los traeré a la tierra que juré[1] dar a Abraham, a Isaac y a Jacob, y se la daré a ustedes *por* heredad. Yo soy el SEÑOR"».

9 De esta manera Moisés habló a los israelitas, pero ellos no escucharon a Moisés a causa del desaliento[1] y de la dura servidumbre.

10 Entonces el SEÑOR habló a Moisés y le dijo: **11** «Ve, habla a Faraón, rey de Egipto, para que deje salir a los israelitas de su

5:7
Se necesitaba paja para hacer los ladrillos
El ladrillo egipcio se fabricaba con barro y arena mezclados con agua. Luego se le agregaba paja para solidificarlo. A los ladrillos se les daba forma a mano o derramando la mezcla en moldes.

© 1995 por Phoenix Data Systems

5:8
Faraón pensó que los israelitas estaban mintiendo
Faraón creía que solo querían descansar debido a que eran personas perezosas.

5:22
Moisés culpó a Dios por los problemas que estaban teniendo
Él vio que Faraón les causaba más problemas a los israelitas, y culpó a Dios porque las dificultades de ellos empeoraron una vez que Moisés le habló a Faraón sobre el mandato de Dios de dejar ir a su pueblo.

6:8
Dios juró
Dios hizo un juramento, una promesa seria, cuando le dijo a Abraham que les daría Canaán a sus descendientes.

5:17 [1] O *Están ociosos.*   5:19 [1] Lit. *diciendo.*   [2] Lit. *de sus ladrillos lo de un día en su día.*   5:20 [1] Lit. *estaban de pie para encontrarlos.*   5:21 [1] Lit. *han hecho que nuestro olor hieda.*   6:3 [1] Heb. *El Shaddai.*   [2] Heb. *YHWH,* generalmente traducido *SEÑOR.*   6:4 [1] Lit. *de su peregrinaje en la cual.*   6:7 [1] Lit. *para mí por pueblo.*   [2] Lit. *para ustedes por Dios.*   6:8 [1] Lit. *levanté mi mano para.*   6:9 [1] Lit. *de la pobreza de espíritu.*

tierra». **12** Pero Moisés habló delante del SEÑOR y le dijo: «Los israelitas no me han escuchado. ¿Cómo, pues, me escuchará Faraón, siendo yo torpe de palabra[1]?». **13** Entonces el SEÑOR habló a Moisés y a Aarón, y les dio órdenes para los israelitas y para Faraón, rey de Egipto, a fin de sacar a los israelitas de la tierra de Egipto.

JEFES DE FAMILIA

14 Estos son los jefes de las casas paternas: Los hijos de Rubén, primogénito de Israel: Hanoc, Falú, Hezrón y Carmi. Estas son las familias de Rubén. **15** Los hijos de Simeón: Jemuel[1], Jamín, Ohad, Jaquín[2], Zohar[3] y Saúl, hijo de una cananea. Estas son las familias de Simeón.

16 Estos son los nombres de los hijos de Leví según sus generaciones: Gersón, Coat y Merari. Los años de la vida de Leví fueron 137 años. **17** Los hijos de Gersón: Libni[1] y Simei, según sus familias. **18** Los hijos de Coat: Amram, Izhar, Hebrón y Uziel. Los años de la vida de Coat fueron 133 años. **19** Los hijos de Merari: Mahli y Musi. Estas son las familias de los levitas según sus generaciones.

20 Amram tomó por mujer a Jocabed, su tía, y ella dio a luz a Aarón y a Moisés. Los años de la vida de Amram fueron 137 años. **21** Los hijos de Izhar: Coré, Nefeg y Zicri. **22** Los hijos de Uziel: Misael, Elzafán[1] y Sitri.

23 Y Aarón tomó por mujer a Eliseba, hija de Aminadab, hermana de Naasón, y ella dio a luz a Nadab, Abiú, Eleazar e Itamar. **24** Los hijos de Coré: Asir, Elcana y Abiasaf[1]. Estas son las familias de los coreítas. **25** Eleazar, hijo de Aarón, tomó por mujer a una de las hijas de Futiel, y ella dio a luz a Finees. Estos son los jefes de las *casas* paternas de los levitas, según sus familias.

26 Aarón y Moisés son a los que el SEÑOR dijo: «Saquen a los israelitas de la tierra de Egipto por sus ejércitos». **27** Ellos son los que hablaron a Faraón, rey de Egipto, para sacar a los israelitas de Egipto. Estos fueron, Moisés y Aarón.

ANUNCIO DE LAS PLAGAS

28 El día que el SEÑOR habló a Moisés en la tierra de Egipto, **29** el SEÑOR dijo a Moisés: «Yo soy el SEÑOR. Dile a Faraón, rey de Egipto, todo lo que Yo te diga». **30** Pero Moisés dijo delante del SEÑOR: «Yo soy torpe de palabra[1]. ¿Cómo, pues, me escuchará Faraón?».

7 Entonces el SEÑOR dijo a Moisés: «Mira, Yo te hago *como* Dios para Faraón, y tu hermano Aarón será tu profeta. **2** Tú hablarás todo lo que Yo te mande, y Aarón tu hermano hablará a Faraón, para que deje salir de su tierra a los israelitas. **3** Pero Yo endureceré el corazón de Faraón para multiplicar Mis señales y Mis prodigios[1] en la tierra de Egipto. **4** Y Faraón no los escuchará. Entonces pondré Mi mano sobre Egipto y sacaré de la tierra de Egipto a Mis ejércitos, a Mi pueblo los israelitas, con grandes juicios. **5** Los egipcios sabrán que Yo

7:1
Moisés era «*como* Dios para Faraón»

Dios le hablaba a Faraón por medio de Moisés. Las personas adoraban a Faraón como si fuera un dios, así que él podría entender que Moisés estaba hablando de parte de Dios. Faraón no lo creía al principio, pero finalmente acabó temiendo el poder de Dios a través de Moisés.

6:12 [1] Lit. *incircunciso de labios.*   6:15 [1] En Núm. 26:12 y 1Crón. 4:24, *Nemuel.*
[2] En 1Crón. 4:24, *Jarib.*   [3] En Núm. 26:13 y 1Crón. 4:24, *Zera.*   6:17 [1] En 1Crón. 23:7, *Laadán.*   6:22 [1] En Núm. 3:30, *Elzafán.*   6:24 [1] En 1Crón. 6:23 y 9:19, *Ebiasaf.*   6:30 [1] Lit. *incircunciso de labios.*   7:3 [1] O *milagros.*

soy el SEÑOR, cuando Yo extienda Mi mano sobre Egipto y saque de en medio de ellos a los israelitas».

⁶ Así hizo Moisés y también Aarón. Tal como el SEÑOR les mandó, así *lo* hicieron. ⁷ Moisés *tenía* 80 años y Aarón 83 cuando hablaron a Faraón.

LA VARA DE AARÓN

⁸ El SEÑOR habló a Moisés y a Aarón y les dijo: ⁹ «Cuando Faraón, les diga: "Hagan¹ un milagro", entonces dirás a Aarón: "Toma tu vara y écha*la* delante de Faraón *para* que se convierta en serpiente"». ¹⁰ Vinieron, pues, Moisés y Aarón a Faraón e hicieron tal como el SEÑOR *les* había mandado. Aarón echó su vara delante de Faraón y de¹ sus siervos, y *esta* se convirtió en serpiente.

¹¹ Entonces Faraón llamó también a *los* sabios y a *los* hechiceros, y también ellos, los magos¹ de Egipto, hicieron lo mismo con sus encantamientos². ¹² Cada uno echó su vara, las cuales se convirtieron en serpientes. Pero la vara de Aarón devoró las varas de ellos. ¹³ Sin embargo el corazón de Faraón se endureció¹ y no los escuchó, tal como el SEÑOR había dicho.

PRIMERA PLAGA: EL AGUA CONVERTIDA EN SANGRE

¹⁴ Entonces el SEÑOR dijo a Moisés: «El corazón de Faraón es terco¹. Se niega a dejar ir al pueblo. ¹⁵ Preséntate¹ a Faraón por la mañana cuando vaya² al agua, y ponte a orillas del Nilo para encontrarte con él. Toma en tu mano la vara que se convirtió en serpiente. ¹⁶ Y dile: "El SEÑOR, el Dios de los hebreos, me ha enviado a ti, diciendo: 'Deja ir a Mi pueblo para que me sirva en el desierto. Pero hasta ahora no has escuchado'. ¹⁷ Así dice el SEÑOR: 'En esto conocerás que Yo soy el SEÑOR: Yo golpearé con la vara que está en mi mano las¹ aguas que están en el Nilo, y se convertirán en sangre. ¹⁸ Los peces que hay en el Nilo morirán, y el río se corromperá¹ y los egipcios tendrán asco de² beber el agua del Nilo'"».

¹⁹ El SEÑOR dijo también a Moisés: «Dile a Aarón: "Toma tu vara y extiende tu mano sobre las aguas de Egipto, sobre sus ríos, sobre sus arroyos¹, sobre sus estanques, y sobre todos sus depósitos de agua, para que se conviertan en sangre. Habrá sangre por toda la tierra de Egipto, tanto en *las vasijas de* madera como en *las de* piedra"».

²⁰ Así lo hicieron Moisés y Aarón, tal como el SEÑOR *les* había ordenado. Aarón alzó la¹ vara y golpeó las aguas que *había* en el Nilo ante los ojos de Faraón y² de sus siervos, y todas las aguas que *había* en el Nilo se convirtieron en sangre. ²¹ Los peces que *había* en el Nilo murieron y el río se corrompió¹, de manera que

7:7
Moisés y Aarón eran ancianos cuando fueron ante Faraón
Moisés comenzó a liderar a los ochenta años. Aarón tenía ochenta y tres. Moisés vivió hasta los ciento veinte años.

7:12
El significado de la serpiente de Aarón tragándose a las otras
Este milagro demostró que el poder de Dios era mayor que cualquier poder que Faraón tuviera. También predecía el desastre para Egipto: la serpiente de Dios había vencido a uno de los símbolos nacionales de Egipto, un animal considerado sagrado.

7:20-21
El río se convirtió en sangre
Algunos creen que el río estaba contaminado con barro rojo, lo que había cambiado el agua al *color* de la sangre. Otros piensan que el agua realmente se había convertido en sangre, algo que Dios podía haber hecho. De cualquier modo, como los egipcios adoraban el Nilo, este ataque sobre el río fue un ataque contra Egipto y sus dioses.

© Jose Arcos Aguilar/Shutterstock

7:9 ¹ Lit. *Den ustedes mismos.*   7:10 ¹ Lit. *y delante de.*
7:11 ¹ O *sacerdotes adivinos.*   ² O *ciencias ocultas.*   7:13 ¹ Lit. *se hizo fuerte.*   7:14 ¹ Lit. *pesado.*   7:15 ¹ Lit. *Ve.*   ² Lit. *he aquí, él sale.*   7:17 ¹ Lit. *sobre las.*   7:18 ¹ I.e. *dará mal olor.*   ² O *dificultad en.*   7:19 ¹ O *canales.*   7:20 ¹ Lit. *con la.*   ² Lit. *y en presencia.*
7:21 ¹ I.e. *daba mal olor.*

7:22
Por qué los magos de Faraón recrearon las plagas

Al copiar el milagro de Moisés y Aarón, los magos estaban tratando de probar que ellos eran tan poderosos como Dios.

8:7
Cómo los magos egipcios fueron capaces de copiar los milagros de Dios

La Biblia dice que ellos usaron «sus encantamientos». Algunos de los magos hacían uso de ilusiones, la hipnosis o trucos para hacer parecer que podían realizar los milagros de Dios. Otros pueden haber usado poderes diabólicos.

8:15
Faraón rompió su promesa

Faraón tenía mucho que perder si dejaba ir a los israelitas. Él se vería débil como gobernante de Egipto. No quería admitir que sus dioses no eran tan poderosos como el Dios de Moisés. Tampoco quería liberar a los esclavos que hacían todo el trabajo duro en Egipto.

los egipcios no podían beber agua del Nilo. Había sangre por toda la tierra de Egipto.

22 Pero los magos[1] de Egipto hicieron lo mismo con sus encantamientos[2]. El corazón de Faraón se endureció[3] y no los escuchó, tal como el SEÑOR había dicho. 23 Entonces se volvió Faraón y entró en su casa, sin hacer caso tampoco de esto[1]. 24 Todos los egipcios cavaron en los alrededores del Nilo *en busca de* agua para beber, porque no podían beber de las aguas del Nilo. 25 Pasaron[1] siete días después que el SEÑOR hirió al Nilo.

SEGUNDA PLAGA: LAS RANAS

8 [1]Entonces el SEÑOR dijo a Moisés: «Ve a Faraón y dile: "Así dice el SEÑOR: 'Deja ir a Mi pueblo para que me sirva. 2 Pero si te niegas a dejar*los* ir, entonces heriré todo tu territorio con ranas. 3 El Nilo se llenará[1] de ranas, que subirán y entrarán en tu casa, en tu alcoba y sobre tu cama, en las casas de tus siervos y en tu pueblo, en tus hornos y en tus artesas. 4 Subirán las ranas sobre ti, sobre tu pueblo y sobre todos tus siervos"». 5 [1]Dijo además el SEÑOR a Moisés: «Dile a Aarón: "Extiende tu mano con tu vara sobre los ríos, sobre los arroyos[2] y sobre los estanques, y haz que suban ranas sobre la tierra de Egipto"».

6 Aarón extendió su mano sobre las aguas de Egipto, y las ranas subieron y cubrieron[1] la tierra de Egipto. 7 Los magos[1] hicieron lo mismo[2] con sus encantamientos[3], e hicieron subir ranas sobre la tierra de Egipto.

8 Entonces Faraón llamó a Moisés y a Aarón, y dijo: «Rueguen al SEÑOR para que quite las ranas de mí y de mi pueblo, y yo dejaré ir al pueblo para que ofrezca sacrificios al SEÑOR». 9 Moisés dijo a Faraón: «Dígnate decirme[1] cuándo he de rogar por ti, por tus siervos y por tu pueblo, para que las ranas sean quitadas[2] de ti y de tus casas *y* queden solamente en el río».

10 «Mañana», respondió Faraón. Entonces *Moisés* dijo: «Sea conforme a tu palabra para que sepas que no hay nadie como el SEÑOR nuestro Dios. 11 Las ranas se alejarán de ti, de tus casas, de tus siervos y de tu pueblo; solo quedarán en el Nilo».

12 Entonces Moisés y Aarón salieron de *la presencia de* Faraón, y Moisés clamó al SEÑOR acerca de las ranas que Él había puesto sobre Faraón. 13 Y el SEÑOR hizo conforme a la palabra de Moisés, y murieron las ranas en las casas, en los patios y en los campos. 14 Las juntaron en montones, y la tierra se corrompió[1]. 15 Pero al ver Faraón que había alivio, endureció su corazón y no los escuchó, tal como el SEÑOR había dicho.

TERCERA PLAGA: LOS PIOJOS

16 Entonces el SEÑOR dijo a Moisés: «Dile a Aarón: "Extiende tu vara y golpea el polvo de la tierra para que se convierta

---

7:22 [1] O *sacerdotes adivinos.*　　[2] O *ciencias ocultas.*　　[3] Lit. *se hizo fuerte.*
7:23 [1] Lit. *y no puso su corazón ni aun en esto.*　　7:25 [1] Lit. *Se cumplieron.*
8:1 [1] En el texto heb. cap. 7:26.　　8:3 [1] O *bullirá.*　　8:5 [1] En el texto heb. cap. 8:1.
[2] O *canales.*　　8:6 [1] Lit. *la rana subió y cubrió.*　　8:7 [1] O *sacerdotes adivinos.*
[2] Lit. *así.*　　[3] O *ciencias ocultas.*　　8:9 [1] Lit. *Gloríate sobre mí.*　　[2] Lit. *cortadas.*
8:14 [1] I.e. *daba mal olor.*　　8:15 [1] Lit. *hizo pesado.*

en piojos¹ por toda la tierra de Egipto"». ¹⁷ Y así lo hicieron. Aarón extendió su mano con su vara, y golpeó el polvo de la tierra, y hubo piojos¹ en hombres y animales. Todo el polvo de la tierra se convirtió en piojos¹ por todo el país de Egipto.

¹⁸ Los magos¹ trataron de producir piojos² con sus encantamientos³, pero no pudieron. Hubo, pues, piojos en hombres y animales. ¹⁹ Entonces los magos¹ dijeron a Faraón: «Este es el dedo de Dios». Pero el corazón de Faraón se endureció² y no los escuchó, tal como el SEÑOR había dicho.

CUARTA PLAGA: LOS INSECTOS

²⁰ El SEÑOR dijo a Moisés: «Levántate muy de mañana y ponte delante de Faraón cuando salga¹ del agua, dile: "Así dice el

8:16 ¹ O *jejenes.*   8:17 ¹ O *jejenes.*   8:18 ¹ O *sacerdotes adivinos.*   ² O *jejenes.*
³ O *ciencias ocultas.*   8:19 ¹ O *sacerdotes adivinos.*   ² Lit. *se hizo fuerte.*
8:20 ¹ Lit. *he aquí, él sale.*

8:19
Los magos le llamaron al milagro de los piojos «el dedo de Dios»

Los magos no pudieron imitar la plaga de los piojos. Sus trucos o poderes demoníacos ya no pudieron reproducir más las plagas que Dios enviaba.

LAS DIEZ PLAGAS DE EGIPTO
Éxodo 7–12

El agua se transforma en sangre
7:19

Invasión de ranas
8:5

Abundancia de piojos
8:16

Enjambres de insectos
8:24

Muerte del ganado
9:6

Brote de úlceras
9:10

Cae granizo
9:22

Nubes de langostas
10:12

Densas tinieblas
10:21

Muerte de los primogénitos
12:29

8:22
Dios protegió a Gosén
Dios le demostró a Faraón que había sido él quien había enviado las plagas, porque protegió a los israelitas que vivían en Gosén.

9:3
La plaga sobre el ganado
Los egipcios adoraban a muchos animales, incluyendo a un dios-toro, un dios-vaca y un dios-carnero. La plaga se burló de la religión egipcia y mostró que Dios era más poderoso.

Dominio público

SEÑOR: 'Deja ir a Mi pueblo para que me sirva. **21** Porque si no dejas ir a Mi pueblo, entonces enviaré enjambres de insectos sobre ti y sobre tus siervos, sobre tu pueblo y dentro de tus casas. Las casas de los egipcios se llenarán de enjambres de insectos, y también el suelo sobre el cual están. **22** Pero en aquel día Yo pondré aparte la tierra de Gosén en la que mora[1] Mi pueblo, para que no haya allí enjambres de insectos, a fin de que sepas que Yo, el SEÑOR, estoy[2] en medio de la tierra. **23** Yo haré distinción[1] entre Mi pueblo y tu pueblo. Mañana tendrá lugar esta señal'"».

24 Así lo hizo el SEÑOR. Y entraron grandes[1] enjambres de insectos en la casa de Faraón y en las casas de sus siervos, y en todo el país de Egipto la tierra fue devastada a causa de los enjambres de insectos.

25 Entonces llamó Faraón a Moisés y a Aarón, y dijo: «Vayan, ofrezcan sacrificio a su Dios dentro del país». **26** «No conviene que *lo* hagamos así», respondió Moisés, «porque es abominación para[1] los egipcios lo que sacrificaremos al SEÑOR nuestro Dios. Si sacrificamos lo que es abominación para[1] los egipcios delante de sus ojos, ¿no nos apedrearán? **27** Andaremos *una distancia* de tres días de camino en el desierto, y ofreceremos sacrificios al SEÑOR nuestro Dios, tal como Él nos manda[1]».

28 Faraón dijo: «Los dejaré ir para que ofrezcan sacrificio al SEÑOR su Dios en el desierto, solo que no vayan muy lejos. Oren por mí». **29** «Voy a salir de tu presencia», le contestó Moisés «y rogaré al SEÑOR que los enjambres de insectos se alejen mañana de Faraón, de sus siervos y de su pueblo. Pero que Faraón no vuelva a obrar con engaño, no dejando ir al pueblo a ofrecer sacrificios al SEÑOR».

30 Salió Moisés de la presencia de Faraón y oró al SEÑOR. **31** Y el SEÑOR hizo como Moisés le pidió[1], y quitó los enjambres de insectos de Faraón, de sus siervos y de su pueblo. No quedó ni uno solo. **32** Pero Faraón endureció[1] su corazón también esta vez y no dejó salir al pueblo.

QUINTA PLAGA: LA PESTE EN EL GANADO

9 Entonces el SEÑOR dijo a Moisés: «Ve a Faraón y dile: "Así dice el SEÑOR, el Dios de los hebreos: 'Deja ir a Mi pueblo para que me sirva. **2** Porque si te niegas a dejar*los* ir y los sigues deteniendo[1], **3** entonces la mano del SEÑOR vendrá[1] con gravísima pestilencia sobre tus ganados que están en el campo: sobre los caballos, sobre los asnos, sobre los camellos, sobre las vacas y sobre las ovejas. **4** Pero el SEÑOR hará distinción entre los ganados de Israel y los ganados de Egipto, y nada perecerá de todo lo que pertenece a los israelitas'"».

8:22 [1] Lit. *está en pie.* 　[2] *O que yo soy el SEÑOR.*
8:23 [1] *Así en algunas versiones antiguas; en heb. redención.* 　8:24 [1] Lit. *pesados.* 　8:26 [1] Lit. *de.*
8:27 [1] Lit. *nos dice.* 　8:31 [1] Lit. *conforme a la palabra de Moisés.* 　8:32 [1] Lit. *hizo pesado.* 　9:2 [1] Lit. *y todavía los detienes.* 　9:3 [1] Lit. *será.*

⁵ Y el SEÑOR fijó un plazo definido y dijo: «Mañana el SEÑOR hará esto en la tierra». ⁶ El SEÑOR hizo esto al día siguiente, y perecieron todos los ganados de Egipto. Pero de los ganados de los israelitas, ni un solo *animal* murió. ⁷ Faraón envió *a ver*, y ni un solo *animal* de los ganados de Israel había perecido. Pero el corazón de Faraón se endureció¹ y no dejó ir al pueblo.

SEXTA PLAGA: LAS ÚLCERAS

⁸ Entonces el SEÑOR dijo a Moisés y a Aarón: «Tomen puñados de hollín de un horno, y que Moisés lo esparza hacia el cielo en presencia de Faraón. ⁹ *El hollín* se convertirá en polvo fino sobre toda la tierra de Egipto, y producirá¹ tumores que resultarán en² úlceras en los hombres y en los animales, por toda la tierra de Egipto».

¹⁰ Tomaron, pues, hollín de un horno, y se presentaron¹ delante de Faraón, y Moisés lo arrojó hacia el cielo, y produjo² tumores que resultaron en³ úlceras en los hombres y en los animales. ¹¹ Y los magos¹ no podían estar delante de Moisés a causa de los tumores, pues los tumores estaban tanto en los magos como en todos los egipcios. ¹² Y el SEÑOR endureció¹ el corazón de Faraón y no los escuchó, tal como el SEÑOR había dicho a Moisés.

SÉPTIMA PLAGA: EL GRANIZO

¹³ Entonces el SEÑOR dijo a Moisés: «Levántate muy de mañana, y ponte delante de Faraón, y dile: "Así dice el SEÑOR, el Dios de los hebreos: 'Deja ir a Mi pueblo para que me sirva. ¹⁴ Porque esta vez enviaré todas Mis plagas sobre ti¹, sobre tus siervos y sobre tu pueblo, para que sepas que no hay otro como Yo en toda la tierra. ¹⁵ Porque *si* Yo hubiera extendido Mi mano y te hubiera herido a ti y a tu pueblo con pestilencia, ya habrías sido cortado de la tierra. ¹⁶ Pero en verdad, por esta razón te he permitido permanecer¹: para mostrarte Mi poder y para proclamar Mi nombre por toda la tierra. ¹⁷ Y todavía te enalteces contra Mi pueblo no dejándolos¹ ir. ¹⁸ Así que mañana como a esta hora, enviaré¹ granizo muy pesado, tal como no ha habido en Egipto desde el día en que fue fundado hasta² ahora. ¹⁹ Ahora pues, manda poner a salvo tus ganados y todo lo que tienes en el campo, *porque* todo hombre o¹ *todo* animal que se encuentre en el campo, y no sea traído a la casa, morirá cuando caiga sobre ellos el granizo'"».

²⁰ El que de entre los siervos de Faraón tuvo temor de¹ la palabra del SEÑOR, hizo poner a salvo a sus siervos y sus ganados en sus² casas, ²¹ pero el que no hizo caso a¹ la palabra del SEÑOR, dejó² a sus siervos y sus ganados en el campo.

²² Entonces el SEÑOR dijo a Moisés: «Extiende tu mano hacia el cielo para que caiga¹ granizo en toda la tierra de

9:11
La plaga de las úlceras
La Biblia dice que tumores que resultaron en úlceras estaban sobre los hombres y los animales. Algunos médicos piensan que eran el resultado de una infección, así que debían haber sido contagiosos.

9:16
Dios permitió que Faraón permaneciera
Eso significa que Dios lo dejó con vida. Él podría haber eliminado a Faraón y a todos los egipcios, pero lo usó para sus propósitos. La terquedad de Faraón resaltaba más el poder de Dios.

9:19-20
No todo el ganado murió con el granizo
Algunos funcionarios egipcios le creyeron a Moisés y salvaron a sus esclavos y su ganado sacándolos de los campos y trayéndolos a las casas, a salvo del peligro.

9:7 ¹ Lit. *se hizo pesado*.   9:9 ¹ Lit. *se convertirá en*.   ² Lit. *brotando*.
9:10 ¹ Lit. *se pusieron de pie*.   ² Lit. *se convirtió en*.   ³ Lit. *brotando*.
9:11 ¹ O *sacerdotes adivinos*.   9:12 ¹ Lit. *hizo fuerte*.   9:14 ¹ Lit. *a tu corazón*.
9:16 ¹ Lit. *estar de pie*.   9:17 ¹ Lit. *como para no dejarlos*.   9:18 ¹ Lit. *haré llover*.   ² Lit. *y hasta*.   9:19 ¹ Lit. *y.*   9:20 ¹ O *reverención*.   ² Lit. *las*.
9:21 ¹ Lit. *no puso su corazón en*.   ² Lit. *entonces dejó*.   9:22 ¹ Lit. *haya*.

Egipto, sobre los hombres, sobre los animales y sobre toda planta del campo por toda la tierra de Egipto».

23 Moisés extendió su vara hacia el cielo, y el SEÑOR envió[1] truenos[2] y granizo, y cayó fuego sobre la tierra. El SEÑOR hizo llover granizo sobre la tierra de Egipto. **24** Y hubo granizo muy intenso, y fuego centelleando continuamente[1] en medio del granizo, muy pesado, tal como no había habido en toda la tierra de Egipto desde que llegó a ser una nación. **25** El granizo hirió todo lo que había en el campo por toda la tierra de Egipto, tanto hombres como animales. El granizo hirió también toda planta del campo, y destrozó todos los árboles del campo. **26** Solo en la tierra de Gosén, donde *estaban* los israelitas, no hubo granizo.

27 Entonces Faraón envió llamar a Moisés y Aarón y les dijo: «Esta vez he pecado. El SEÑOR es el justo, y yo y mi pueblo

9:23 [1] Lit. *dio.*   [2] Lit. *ruidos,* y así en el resto del cap.   9:24 [1] Lit. *fuego asiéndose a sí mismo.*

EL PODER EN LA VARA

Dios usa las varas de Moisés y Aarón para demostrar su poder.

LA VARA DE MOISÉS

Produce truenos, granizo y fuego
Éxodo 9:23

Es sostenida en alto en la batalla
Éxodo 17:9-12

Se convierte en serpiente
Éxodo 4:2-4

Divide el Mar Rojo
Éxodo 14:16-21

Trae a las langostas
Éxodo 10:13

Saca agua de la roca
Números 20:11

LA VARA DE AARÓN

Se convierte en serpiente
Éxodo 7:9-10

Florece y da botones
Números 17

Se traga a las otras varas
Éxodo 7:12

Trae a los piojos
Éxodo 8:16-17

Trae a las ranas
Éxodo 8:5-6

Convierte el agua en sangre
Éxodo 7:19-20

somos los impíos. **28** Rueguen al SEÑOR, porque ha habido ya suficientes truenos y granizo *de parte* de Dios. Los dejaré ir y no se quedarán más *aquí*». **29** «Tan pronto como yo salga de la ciudad», le dijo Moisés, «extenderé mis manos¹ al SEÑOR. Los truenos cesarán, y no habrá más granizo, para que sepas que la tierra es del SEÑOR. **30** En cuanto a ti y a tus siervos, sé que aún no temen¹ al² SEÑOR Dios».

31 Y el lino y la cebada fueron destruidos¹, pues la cebada estaba en espiga y el lino estaba en flor; **32** pero el trigo y el centeno no fueron destruidos¹, por ser tardíos.

33 Salió Moisés de la ciudad, *de la presencia* de Faraón, y extendió sus manos¹ al SEÑOR, y los truenos y el granizo cesaron, y no cayó más² lluvia sobre la tierra. **34** Pero cuando Faraón vio la lluvia y el granizo y los truenos habían cesado, pecó otra vez, y endureció¹ su corazón, tanto él como² sus siervos. **35** Y se endureció¹ el corazón de Faraón y no dejó ir a los israelitas, tal como el SEÑOR había dicho por medio² de Moisés.

OCTAVA PLAGA: LAS LANGOSTAS

10 Entonces el SEÑOR dijo a Moisés: «Preséntate¹ a Faraón, porque Yo he endurecido² su corazón y el corazón de sus siervos, para mostrar³ estas señales Mías en medio de ellos⁴, **2** y para que cuentes a¹ tu hijo y a tu nieto, cómo me he burlado de los egipcios, y cómo he mostrado² Mis señales entre ellos, y para que ustedes sepan que Yo soy el SEÑOR».

3 Moisés y Aarón fueron a Faraón, y le dijeron: «Así dice el SEÑOR, el Dios de los hebreos: "¿Hasta cuándo rehusarás humillarte delante de Mí? Deja ir a Mi pueblo, para que me sirva. **4** Porque si te niegas a dejar ir a Mi pueblo, entonces mañana traeré langostas a tu territorio. **5** Cubrirán la superficie de la tierra, de modo que nadie podrá ver el suelo. También comerán el resto de lo que ha escapado, lo que les ha quedado del granizo, y comerán todo árbol que crece para ustedes en el campo. **6** Llenarán tus casas, las casas de todos tus siervos y las casas de todos los egipcios, *algo* que ni tus padres ni tus abuelos han visto desde el día que vinieron al mundo¹ hasta hoy"». Moisés se volvió y salió de la presencia de² Faraón.

7 Y los siervos de Faraón le dijeron: «¿Hasta cuándo este hombre nos será causa de ruina¹? Deje ir a los hombres para que sirvan al SEÑOR su Dios. ¿No se da cuenta de² que Egipto está destruido?». **8** Entonces hicieron volver a Moisés y Aarón ante Faraón, y él les dijo: «Vayan, sirvan al SEÑOR su Dios. ¿Quiénes¹ son los que han de ir?». **9** Y Moisés respondió: «Iremos con nuestros jóvenes y nuestros ancianos; con nuestros hijos y nuestras hijas; con nuestras ovejas y nuestras vacas iremos, porque hemos de celebrar¹ una fiesta *solemne* al SEÑOR».

10 «¡Así sea el SEÑOR con ustedes», les dijo Faraón, «si los dejo ir¹ a ustedes y a sus pequeños! Tengan cuidado² porque tienen malas intenciones³. **11** No *será* así. Vayan ahora *solo*

9:33
Moisés estuvo a salvo en la tormenta
La tormenta de granizo debe haber ocurrido en el campo, donde crecían las cosechas. O Moisés debe haber caminado entre los chaparrones, donde Dios lo protegió hasta que levantó sus brazos como señal de que la plaga se detuviera.

10:7
Egipto fue muy perjudicado por las plagas
Las plagas arrasaron con las cosechas y el ganado. Las personas sufrieron daños debido a las úlceras, las picaduras de insectos y el agua contaminada. Lo peor fue que su religión quedó avergonzada. Las plagas demostraron que los dioses de los egipcios eran falsos e inútiles.

9:29 ¹ Lit. *palmas.*   9:30 ¹ O reverencian.   ² Lit. *delante del.*   9:31 ¹ Lit. *heridos.*
9:32 ¹ Lit. *heridos.*   9:33 ¹ Lit. *palmas.*   ² Lit. *no fue derramada.*   9:34 ¹ Lit.
e hizo pesado.   ² Lit. *él y.*   9:35 ¹ Lit. *se hizo fuerte.*   ² Lit. *mano.*   10:1 ¹ Lit.
Ve.   ² Lit. *hecho pesado.*   ³ Lit. *poner.*   ⁴ Lit. *él.*   10:2 ¹ Lit. *en los oídos de.*
² Lit. *puesto.*   10:6 ¹ Lit. *fueron sobre la tierra.*   ² Lit. *de junto a.*   10:7 ¹ Lit.
una trampa.   ² Lit. *sabes.*   10:8 ¹ Lit. *¿Quién y quién.*   10:9 ¹ Lit. *tener.*
10:10 ¹ Lit. *cuando los envíe.*   ² O *Mirad.*   ³ Lit. *el mal está delante de sus rostros.*

10:11
Faraón dijo que solo los hombres podían ir
Por lo general, solo los hombres participaban en la adoración. Además, Faraón probablemente quería que las mujeres y los niños se quedaran para que los hombres regresaran a sus casas.

10:21-23
La plaga de las tinieblas
Al igual que la tercera y la sexta plagas, la novena vino sin previo aviso. Una severa *khamsin* –una tormenta de arena que sopla en el desierto– posiblemente ocasionó la oscuridad. La misma era un insulto al dios egipcio del sol, llamado Ra.

10:24-26
Moisés no aceptó la oferta de irse de Faraón
Ambos, Faraón y Moisés, sabían que si los israelitas salían para adorar a Dios, se irían de Egipto para siempre. Entonces Faraón dijo que solo la gente se podía ir. Debe haber querido que el ganado se quedara para ayudar a Egipto en la recuperación tras las plagas. Moisés no estuvo dispuesto a aceptar y dijo que solo se irían con todos sus animales.

ustedes los hombres, y sirvan al SEÑOR, porque eso es lo que han pedido». Y los echaron de la presencia de Faraón.

¹² Entonces el SEÑOR dijo a Moisés: «Extiende tu mano sobre la tierra de Egipto, para *traer* la langosta, a fin de que suba sobre la tierra de Egipto y devore toda planta de la tierra, todo lo que el granizo ha dejado». ¹³ Moisés extendió su vara sobre la tierra de Egipto, y el SEÑOR hizo soplar un viento del oriente sobre el país todo aquel día y toda aquella noche. Y al venir la mañana, el viento del oriente trajo las langostas.

¹⁴ Subieron las langostas sobre toda la tierra de Egipto y se asentaron en todo el territorio de Egipto. *Eran* muy numerosas¹. Nunca había habido *tantas* langostas como entonces, ni las habría después². ¹⁵ Porque cubrieron la superficie de toda la tierra, y la tierra se oscureció. Se comieron toda planta¹ de la tierra y todo el fruto de los árboles que el granizo había dejado. Así que nada verde quedó en árbol o planta¹ del campo por toda la tierra de Egipto.

¹⁶ Entonces Faraón llamó apresuradamente a Moisés y a Aarón, y dijo: «He pecado contra el SEÑOR su Dios y contra ustedes. ¹⁷ Ahora pues, les ruego que perdonen mi pecado solo esta vez, y que rueguen al SEÑOR su Dios, para que quite de mí esta muerte».

¹⁸ *Moisés* salió de la *presencia de* Faraón y oró al SEÑOR. ¹⁹ Y el SEÑOR cambió *el viento* a un viento occidental muy fuerte que se llevó las langostas y las arrojó al mar Rojo¹. Ni una langosta quedó en todo el territorio de Egipto. ²⁰ Pero el SEÑOR endureció¹ el corazón de Faraón, y *este* no dejó ir a los israelitas.

NOVENA PLAGA: LAS TINIEBLAS
²¹ Entonces el SEÑOR dijo a Moisés: «Extiende tu mano hacia el cielo, para que haya tinieblas sobre la tierra de Egipto, tinieblas tales que puedan tocarse». ²² Extendió Moisés su mano hacia el cielo, y hubo densas tinieblas en toda la tierra de Egipto por tres días. ²³ No se veían unos a otros, nadie se levantó de su lugar por tres días, pero todos los israelitas tenían luz en sus moradas.

²⁴ Entonces llamó Faraón a Moisés y le dijo: «Vayan, sirvan al SEÑOR. Solo que sus ovejas y sus vacas queden aquí. Aun sus pequeños pueden ir con ustedes». ²⁵ Pero Moisés contestó: «Tú también tienes que darnos¹ sacrificios y holocaustos para que *los* sacrifiquemos² al SEÑOR nuestro Dios. ²⁶ Por tanto, también nuestros ganados irán con nosotros. Ni una pezuña quedará atrás, porque de ellos tomaremos para servir al SEÑOR nuestro Dios. Nosotros mismos no sabemos con qué hemos de servir al SEÑOR hasta que lleguemos allá». ²⁷ Pero el SEÑOR endureció¹ el corazón de Faraón, y *este* no quiso dejarlos ir.

²⁸ Entonces Faraón dijo a Moisés¹: «¡Apártate de mí! Cuídate de volver a ver mi rostro, porque el día en que veas

10:14 ¹ Lit. *pesadas.*   ² Lit. *langostas como ellas delante de ellas, ni las habría así después de ellas.*   10:15 ¹ O *hierba.*   10:19 ¹ Lit. *mar de Cañas.*   10:20 ¹ Lit. *hizo fuerte.*   10:25 ¹ Lit. *dar en nuestra mano.*   ² Lit. *hagamos.*   10:27 ¹ Lit. *hizo fuerte.*   10:28 ¹ Lit. *le dijo.*

mi rostro morirás». **29** «Bien has dicho, no volveré a ver tu rostro», respondió Moisés.

ANUNCIO DE LA DÉCIMA PLAGA

11 El SEÑOR dijo a Moisés: «Una plaga más traeré sobre Faraón y sobre Egipto, después de la cual los dejará ir de aquí. Cuando los deje ir, ciertamente los echará de aquí completamente. **2** Dile ahora al¹ pueblo que cada hombre pida a su vecino y cada mujer a su vecina objetos de plata y objetos de oro».

3 El SEÑOR hizo que el pueblo se ganara el favor¹ de los egipcios. Además el *mismo* Moisés era muy estimado² en la tierra de Egipto, *tanto* a los ojos de los siervos de Faraón *como* a los ojos del pueblo. **4** Y Moisés dijo: «Así dice el SEÑOR: "Como a medianoche Yo pasaré¹ por toda² la tierra de Egipto, **5** y morirá todo primogénito en la tierra de Egipto, desde el primogénito de Faraón que se sienta en su trono, hasta el primogénito de la sierva que está detrás del molino¹; también todo primogénito del ganado. **6** Y habrá gran clamor en toda la tierra de Egipto, como nunca *antes* lo ha habido y como nunca más lo habrá. **7** Pero a ninguno de los israelitas ni *siquiera* un perro *le* ladrará¹, ni a hombre ni a animal, para que ustedes entiendan² cómo el SEÑOR hace distinción entre Egipto e Israel". **8** Todos estos sus siervos descenderán a mí y se inclinarán ante mí, diciendo: "Sal, tú y todo el pueblo que te sigue¹"; y después de esto yo saldré». Y *Moisés* salió ardiendo en ira de la presencia de Faraón.

9 Entonces el SEÑOR dijo a Moisés: «Faraón no los escuchará, para que Mis maravillas se multipliquen en la tierra de Egipto». **10** Moisés y Aarón hicieron todas estas maravillas en presencia de Faraón. Con todo, el SEÑOR endureció¹ el corazón de Faraón, y *este* no dejó salir de su tierra a los israelitas.

INSTITUCIÓN DE LA PASCUA

12 En la tierra de Egipto el SEÑOR habló a Moisés y a Aarón y les dijo: **2** «Este mes será para ustedes el principio de los meses. Será el primer mes del año para ustedes. **3** Hablen a toda la congregación de Israel y digan: "El *día* diez de este mes cada uno tomará para sí un cordero¹, según sus casas paternas; un cordero¹ para cada² casa. **4** Pero si la casa es muy pequeña para un cordero¹, entonces él y el vecino más cercano a su casa tomarán uno según el número² de personas. Conforme a lo que cada persona coma³, dividirán⁴ ustedes el cordero¹. **5** El cordero¹ será un macho sin defecto, de un año. Lo apartarán de entre las ovejas o de entre las cabras. **6** Y lo guardarán¹ hasta el día catorce del mismo mes. Entonces toda la asamblea de la congregación de Israel lo matará al anochecer². **7** Ellos tomarán parte de la sangre y la pondrán en los postes y en el dintel de¹ las casas donde lo coman.

11:4-5
La plaga sobre los primogénitos
Los hijos primogénitos tenían un estatus especial. Sus muertes deben haber causado una gran tristeza entre el pueblo. Además de eso, el juicio sobre los primogénitos significaba el juicio sobre toda la nación.

11:9-10
Por qué Dios envió diez plagas
Cada plaga mostraba cuánto más poderoso es Dios comparado con todos los dioses egipcios.

12:1-27
Los requisitos para la Pascua eran muy específicos
Dios dio instrucciones específicas para mantener a su pueblo a salvo, guiarlos, unirlos y probar su confianza. La Pascua fue uno de los acontecimientos más importantes en la historia hebrea. Los detalles se convirtieron en símbolos que tenían un significado muy especial.

12:3-11
El pueblo sacrificó corderos
El cordero era un animal inocente sacrificado para salvar a otra persona. Este fue un símbolo de la salvación que Jesucristo traería al mundo. Los israelitas pintaron los marcos de las puertas con la sangre de los corderos como una señal de que Dios protegería esa casa.

11:2 ¹ Lit. *al oído del.*   11:3 ¹ Lit. *dio gracia al pueblo a los ojos.*   ² Lit. *muy grande.*   11:4 ¹ Lit. *saldré.*   ² Lit. *en medio de.*   11:5 ¹ Lit. *de las piedras de molino.*   11:7 ¹ Lit. *aguzará su lengua.*   ² Lit. *sepan.*   11:8 ¹ Lit. *está a tus pies.*   11:10 ¹ Lit. *hizo fuerte.*   12:3 ¹ O *cabrito.*   ² Lit. *la.*   12:4 ¹ O *cabrito.*   ² O *la cantidad.*   ³ Lit. *al comer de cada hombre.*   ⁴ Lit. *calcularán.*   12:5 ¹ O *cabrito.*   12:6 ¹ Lit. *les será para ser guardado.*   ² Lit. *entre las dos tardes.*   12:7 ¹ Lit. *sobre.*

⁸ "Comerán la carne esa *misma* noche, asada al fuego, y la comerán con pan sin levadura y con¹ hierbas amargas. ⁹ Ustedes no comerán nada de él crudo ni hervido en agua, sino asado al fuego, *tanto* su cabeza *como* sus patas y sus entrañas. ¹⁰ No dejarán nada de él para la mañana, sino que lo que quede de él para la mañana lo quemarán en el fuego. ¹¹ De esta manera lo comerán: ceñidas sus cinturas, las sandalias en sus pies y el cayado en su mano, lo comerán apresuradamente. Es la Pascua del SEÑOR.

¹² "Porque esa noche pasaré por la tierra de Egipto, y heriré a todo primogénito en la tierra de Egipto, tanto *de* hombre como *de* animal. Ejecutaré juicios contra todos los dioses de Egipto. Yo, el SEÑOR. ¹³ La sangre les será a ustedes por señal en las casas donde estén. Cuando Yo vea la sangre pasaré de largo, y ninguna plaga vendrá sobre ustedes para destruir*los*¹ cuando Yo hiera la tierra de Egipto. ¹⁴ Y este día será memorable para ustedes y lo celebrarán *como* fiesta al SEÑOR. Lo celebrarán por todas sus generaciones *como* ordenanza perpetua.

¹⁵ "Siete días comerán panes sin levadura. Además, desde el primer día quitarán¹ *toda* levadura de sus casas. Porque cualquiera que coma algo leudado desde el primer día hasta el séptimo, esa persona² será cortada de Israel. ¹⁶ Y en el primer día tendrán una santa convocación, y *otra* santa convocación en el séptimo día. Ningún trabajo se hará en ellos, excepto lo que cada uno deba comer¹. Solo esto podrán hacer. ¹⁷ Guardarán también *la Fiesta de* los Panes sin Levadura, porque en ese mismo día saqué Yo a sus ejércitos de la tierra de Egipto. Por tanto guardarán este día por todas sus generaciones como ordenanza perpetua. ¹⁸ En el *mes* primero comerán los panes sin levadura, desde el día catorce del mes por la tarde, hasta el día veintiuno del mes por la tarde. ¹⁹ Por siete días no habrá¹ levadura en sus casas. Porque cualquiera que coma *algo* leudado, esa persona² será cortada de la congregación de Israel, ya *sea* extranjero o nativo del país. ²⁰ No comerán nada leudado. En todo lugar donde habiten¹ comerán panes sin levadura"».

²¹ Entonces Moisés convocó a todos los ancianos de Israel, y les dijo: «Saquen *del rebaño* corderos¹ para ustedes según sus familias, y sacrifiquen la Pascua. ²² Tomarán un manojo de hisopo, y lo mojarán en la sangre que está en la vasija, y untarán¹ con la sangre que está en la vasija el dintel y los dos postes de la puerta. Ninguno de ustedes saldrá de la puerta de su casa hasta la mañana. ²³ Pues el SEÑOR pasará para herir a los egipcios. Cuando vea la sangre en el dintel y en los dos postes de la puerta, el SEÑOR pasará de largo aquella puerta, y no permitirá que el *ángel* destructor entre en sus casas para herir*los*. ²⁴ Y guardarán esta ceremonia¹ como ordenanza para ustedes y para sus hijos para siempre.

12:15
El pueblo amasó panes sin levadura
El pan sin levadura se hacía rápido, porque no necesitaba tiempo para leudar (fermentar). También simbolizaba la pureza, ya que el pan con levadura creaba una masa agria.

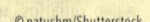

© natushm/Shutterstock

12:23
El ángel destructor
El ángel destructor era un ser espiritual que castigó a los egipcios. Puede haber sido un solo ángel o un grupo de ellos.

12:8 ¹ Lit. *además de.*   12:13 ¹ Lit. *para destrucción.*   12:15 ¹ Lit. *harán cesar.*
² Lit. *alma.*   12:16 ¹ Lit. *lo que ha de comerse concerniente a cada persona.*
12:19 ¹ Lit. *no se hallará.*   ² Lit. *alma.*   12:20 ¹ Lit. *en todas sus moradas.*
12:21 ¹ Lit. *ovejas.*   12:22 ¹ Lit. *harán tocar.*   12:24 ¹ O *este acontecimiento.*

25 »Cuando entren a la tierra que el SEÑOR les dará, como ha prometido[1], guardarán este rito[2]. **26** Y cuando sus hijos les pregunten: "¿Qué significa este rito[1] para ustedes?", **27** ustedes les dirán: "Es un sacrificio de la Pascua al SEÑOR, el cual[1] pasó de largo las casas de los israelitas en Egipto cuando hirió a los egipcios, y libró nuestras casas"». Y el pueblo se postró y adoró. **28** Los israelitas fueron y lo hicieron *así*. Tal como el SEÑOR había mandado a Moisés y a Aarón, así lo hicieron.

MUERTE DE LOS PRIMOGÉNITOS

29 Y a la medianoche, el SEÑOR hirió a todo primogénito en la tierra de Egipto, desde el primogénito de Faraón que se sentaba sobre su trono, hasta el primogénito del cautivo que estaba en la cárcel, y todo primogénito del ganado. **30** Faraón se levantó en la noche, él con todos sus siervos y todos los egipcios. Y se oyó un gran clamor en Egipto, porque no había hogar donde no hubiera alguien muerto. **31** Entonces Faraón llamó a Moisés y a Aarón *aún* de noche, y dijo: «Levántense y salgan de entre mi pueblo, ustedes y los israelitas. Vayan y adoren[1] al SEÑOR, como han dicho. **32** Tomen también sus ovejas y sus vacas, como han dicho, y váyanse, y bendíganme también a mí».

33 Y los egipcios apremiaban al pueblo, dándose prisa en echarlos de la tierra, porque decían: «Todos seremos muertos». **34** Tomó, pues, el pueblo la masa, antes que fuera leudada, *en* sus artesas de amasar envueltas en paños, *y se las llevaron* sobre sus hombros. **35** Los israelitas hicieron según las instrucciones[1] de Moisés, pues pidieron a los egipcios objetos de plata, objetos de oro y ropa. **36** Y el SEÑOR hizo que el pueblo se ganara el favor[1] de los egipcios, que les concedieron lo que pedían. Así despojaron a los egipcios.

LOS ISRAELITAS SALEN DE EGIPTO

37 Los israelitas salieron de Ramsés hacia Sucot, unos 600,000 hombres de a pie, sin contar los niños. **38** Subió también con ellos una multitud mixta, junto con[1] ovejas y vacas, una gran cantidad de ganado. **39** De la masa que habían sacado

12:25 [1] Lit. *hablado.*   [2] Lit. *servicio.*   12:26 [1] Lit. *¿Qué es este servicio.*   12:27 [1] Lit. *porque Él.*   12:31 [1] O *sirvan.*   12:35 [1] Lit. *las palabras.*   12:36 [1] Lit. *había dado gracia al pueblo a los ojos.*   12:38 [1] Lit. *y.*

12:37
Todos los israelitas salieron de Egipto
El número total puede haber sido más de dos millones de personas.

12:38
Algunos egipcios fueron con ellos
Probablemente algunos egipcios querían abandonar la zona de desastre. Otros pueden haber creído en Dios a causa de sus hechos poderosos. Algunos pueden haber sido amigos de los israelitas.

EXPLOSIÓN DE LA POBLACIÓN

Número de hebreos que entraron a Egipto (Jacob, sus hijos y sus familias).
Éxodo 1:1-5

70

Número de hebreos que cruzaron el mar Rojo (más las mujeres, los niños y las personas que no eran hebreas).
Éxodo 12:37-38

600,000

LA GENTE VIVIÓ EN EGIPTO POR 430 AÑOS. *Éxodo 12:40*

de Egipto, cocieron tortas de panes sin levadura, pues no se había leudado, ya que al ser echados de Egipto, no pudieron demorarse ni preparar[1] alimentos para sí mismos.

40 El tiempo que los israelitas vivieron[1] en Egipto *fue* de 430 años. **41** Y después de los 430 años, en aquel mismo día, todos los ejércitos del SEÑOR salieron de la tierra de Egipto. **42** Esta es noche de vigilia para el SEÑOR por haberlos sacado de la tierra de Egipto. Esta noche es para el SEÑOR, para ser guardada[1] por todos los hijos[2] de Israel por *todas* sus generaciones.

ORDENANZA DE LA PASCUA

43 Y el SEÑOR dijo a Moisés y a Aarón: «Esta es la ordenanza de la Pascua: ningún extranjero[1] comerá de ella. **44** Pero el siervo de todo hombre, comprado por dinero, después que lo circunciden, podrá entonces comer de ella. **45** El extranjero y el jornalero no comerán de ella. **46** Se ha de comer *cada cordero* en una misma casa. No sacarán nada de la carne fuera de la casa, ni quebrarán ninguno de sus huesos. **47** Toda la congregación de Israel la celebrará[1]. **48** Pero si un extranjero[1] reside con ustedes y celebra[2] la Pascua al SEÑOR, que sea circuncidado todo varón *de su casa,* y entonces que se acerque para celebrarla[3], pues será como un nativo del país. Pero ninguna persona incircuncisa comerá de ella. **49** La misma ley[1] se aplicará[2] tanto al nativo como al extranjero[3] que habite entre ustedes».

50 Entonces lo hicieron así todos los israelitas. Hicieron tal como el SEÑOR había mandado a Moisés y a Aarón. **51** Y aquel mismo día, el SEÑOR sacó a los israelitas de la tierra de Egipto por[1] sus ejércitos.

CONSAGRACIÓN DE LOS PRIMOGÉNITOS

13 Entonces el SEÑOR habló a Moisés y le dijo: **2** «Conságrame[1] todo primogénito. El primer nacido[2] de toda matriz entre los israelitas, tanto de hombre como de animal, me pertenece».

3 Y Moisés dijo al pueblo: «Acuérdense de este día en que salieron de Egipto, de la casa de esclavitud[1], pues el SEÑOR los ha sacado de este lugar con mano poderosa[2]. No comerán *en él* nada leudado. **4** Van a salir hoy, en el mes de Abib. **5** Y será que cuando el SEÑOR te lleve a la tierra del cananeo, del hitita, del amorreo, del heveo y del jebuseo, la cual juró a tus padres que te daría, tierra que mana leche y miel, celebrarás esta ceremonia[1] en este mes. **6** Por siete días comerás pan sin levadura, y en el séptimo día habrá fiesta *solemne* al SEÑOR. **7** Se comerá pan sin levadura durante los siete días. Nada leudado se verá contigo[1], ni levadura alguna se verá en todo tu territorio.

8 »Lo harás saber a tu hijo en aquel día, diciendo: "*Esto* es con motivo de lo que el SEÑOR hizo por mí cuando salí de Egipto".

12:39 [1] Lit. *hecho.* 12:40 [1] O *de los hijos de Israel que habitaban.* 12:42 [1] O *de vigilia.* [2] Lit. *para los hijos.* 12:43 [1] Lit. *hijo de extraño.* 12:47 [1] Lit. *hará esto.* 12:48 [1] Lit. *peregrino.* [2] Lit. *hace.* [3] Lit. *hacerla.* 12:49 [1] Lit. *Una ley.* [2] Lit. *será.* [3] Lit. *peregrino.* 12:51 [1] Lit. *según.* 13:2 [1] Lit. *Santifícame.* [2] Lit. *la abertura.* 13:3 [1] Lit. *esclavos.* [2] Lit. *fuerza de mano; y así en los vers.* 14 y 16. 13:5 [1] Lit. *servirás este servicio.* 13:7 [1] Lit. *para ti.*

⁹Y te será como una señal en tu mano, y como un recordatorio en tu frente¹, para que la ley del SEÑOR esté en tu boca. Porque con mano fuerte te sacó el SEÑOR de Egipto. ¹⁰Guardarás, pues, esta ordenanza a su debido tiempo de año en año¹.

¹¹»Y cuando el SEÑOR te lleve a la tierra del cananeo, como te juró a ti y a tus padres, y te la dé, ¹²dedicarás¹ al SEÑOR todo primer nacido² de la matriz. También todo primer nacido³ del ganado que poseas. Los machos *pertenecen* al SEÑOR. ¹³Pero todo primer nacido de asno, *lo* redimirás con un cordero; pero si no *lo* redimes, quebrarás su cuello. Todo primogénito de hombre *de* entre tus hijos, lo redimirás.

¹⁴»Y cuando tu hijo te pregunte el día de mañana: "¿Qué es esto?", le dirás: "Con mano fuerte nos sacó el SEÑOR de Egipto, de la casa de servidumbre¹. ¹⁵Y aconteció que cuando Faraón se obstinó en no dejarnos ir, el SEÑOR mató a todo primogénito en la tierra de Egipto, desde el primogénito del hombre hasta el primogénito de los animales. Por esta causa yo sacrifico al SEÑOR los machos, todo¹ primer nacido de la matriz, pero redimo a todo primogénito de mis hijos". ¹⁶Será, pues, como una señal en tu mano y como insignias¹ entre tus ojos. Porque con mano fuerte nos sacó el SEÑOR de Egipto».

DIOS GUÍA A SU PUEBLO

¹⁷Cuando Faraón dejó ir al pueblo, Dios no los guió por el camino de la tierra de los filisteos, aunque estaba cerca, porque dijo Dios: «No sea que el pueblo se arrepienta cuando vea guerra y se vuelva a Egipto». ¹⁸Dios, pues, hizo que el pueblo diera un rodeo por el camino del desierto, hacia el mar Rojo¹. En orden de batalla subieron los israelitas de la tierra de Egipto.

¹⁹Moisés tomó consigo los huesos de José, pues este había hecho jurar solemnemente a los israelitas y dijo: «Ciertamente Dios los visitará, y *entonces* se llevarán de aquí mis huesos con ustedes». ²⁰Y salieron de Sucot y acamparon en Etam, al borde del desierto.

²¹El SEÑOR iba delante de ellos, de día en una columna de nube para guiarlos por el camino, y de noche en una columna de fuego para alumbrarlos, a fin de que anduvieran de día y de noche. ²²No quitó¹ de delante del pueblo la columna de nube durante el día, ni la columna de fuego durante la noche.

FARAÓN PERSIGUE A LOS ISRAELITAS

14 El SEÑOR habló a Moisés y le dijo: ²«Di a los israelitas que den la vuelta¹ y acampen delante de Pi Hahirot, entre Migdol y el mar. Ustedes acamparán frente a Baal Zefón, en el lado opuesto, junto al mar. ³Porque Faraón dirá de los israelitas: "Andan vagando sin rumbo por la tierra. El desierto los ha encerrado". ⁴Pero Yo endureceré¹ el corazón de Faraón, y él los perseguirá. Y seré glorificado por medio de Faraón y de todo su ejército, y sabrán los egipcios que Yo soy el SEÑOR». Y así lo hicieron.

13:17-18
Los israelitas se armaron para la batalla
Ellos estaban listos para defenderse en caso de ser atacados. Probablemente portaban flechas, arcos y hondas. Seguro que marchaban como una unidad de forma ordenada.

13:21-22
Dios guio a su pueblo de una manera especial
El pueblo no veía el rostro de Dios, pero él los guiaba con una columna de nube y una columna de fuego.

13:9 ¹ Lit. *entre tus ojos.*   13:10 ¹ Lit. *de días en días.*   13:12 ¹ Lit. *harás que pase.*   ² Lit. *toda abertura, y así en el resto del cap.*   ³ Lit. *todo nacido de la abertura.*   13:14 ¹ Lit. *esclavos.*   13:15 ¹ Lit. *el.*   13:16 ¹ O *frontales.*   13:18 ¹ Lit. *mar de Cañas.*   13:22 ¹ O *No se apartó.*   14:2 ¹ Lit. *se vuelvan.*   14:4 ¹ Lit. *haré fuerte.*

⁵ Cuando le anunciaron al rey de Egipto que el pueblo había huido, Faraón y sus siervos cambiaron de actitud¹ hacia el pueblo, y dijeron: «¿Qué es esto que hemos hecho, que hemos permitido que Israel se fuera y dejaran de servirnos?». ⁶ Faraón preparó su carro y tomó consigo a su gente. ⁷ Tomó 600 carros escogidos, y todos los *demás* carros de Egipto, con oficiales sobre todos ellos. ⁸ El SEÑOR endureció¹ el corazón de Faraón, rey de Egipto, y *este* persiguió a los israelitas, pero estos habían salido² con mano fuerte³. ⁹ Los egipcios los persiguieron *con* todos los caballos *y* carros de Faraón, su caballería y su ejército, y los alcanzaron acampados junto al mar, junto a Pi Hahirot, frente a Baal Zefón.

¹⁰ Al acercarse Faraón, los israelitas alzaron los ojos, y vieron que los egipcios marchaban tras ellos. Entonces los israelitas tuvieron mucho miedo y clamaron al SEÑOR. ¹¹ Y dijeron a Moisés: «¿Acaso no había sepulcros en Egipto para que nos sacaras a morir en el desierto? ¿Por qué nos has tratado de esta manera, sacándonos¹ de Egipto? ¹² ¿No es esto lo que¹ te dijimos en Egipto: "Déjanos, para que sirvamos a los egipcios"? Porque mejor nos hubiera sido servir a los egipcios que morir en el desierto».

¹³ Pero Moisés dijo al pueblo: «No teman; estén firmes y vean la salvación que el SEÑOR hará hoy por ustedes. Porque los egipcios a quienes han visto hoy, no los volverán a ver jamás. ¹⁴ El SEÑOR peleará por ustedes mientras ustedes se quedan callados».

¹⁵ Entonces dijo el SEÑOR a Moisés: «¿Por qué clamas a Mí? Di a los israelitas que se pongan en marcha. ¹⁶ Y tú, levanta tu vara y extiende tu mano sobre el mar y divídelo. Y los israelitas pasarán¹ por en medio del mar, sobre tierra seca. ¹⁷ Pero Yo endureceré¹ el corazón de los egipcios para que entren a perseguirlos. Me glorificaré en Faraón y en todo su ejército, en sus carros y en su caballería. ¹⁸ Entonces sabrán los egipcios que Yo soy el SEÑOR, cuando sea glorificado en Faraón, en sus carros y en su caballería».

¹⁹ El ángel de Dios que había ido delante del campamento de Israel, se apartó, e iba detrás de ellos. La columna de nube que había ido delante de ellos, se apartó, y se les puso detrás, ²⁰ y vino *a colocarse* entre el campamento de Egipto y el campamento de Israel. La nube estaba junto con¹ las tinieblas. Sin embargo, de noche alumbraba *a Israel*, y en toda la noche no se acercaron los unos a los otros.

PASO DEL MAR ROJO

²¹ Moisés extendió su mano sobre el mar, y el SEÑOR, por medio de un fuerte viento del este *que sopló* toda la noche, hizo que el mar se retirara, y cambió el mar en tierra seca. Así quedaron divididas las aguas. ²² Los israelitas entraron

14:12
Por qué los israelitas dijeron que querían quedarse en Egipto
Ellos probablemente tuvieron miedo porque veían que Faraón los perseguía y no sabían de qué manera Dios los salvaría. Se sentían frustrados por encontrarse en una situación muy difícil. A ellos no les gustaba estar en el desierto y a menudo se quejaban.

14:19
La columna de nube
La columna de nube ocultaba a los israelitas de los egipcios y arrojaba luz para guiarlos en la noche. Sin embargo, aunque alumbraba a los israelitas, creaba oscuridad para los egipcios.

Dominio público

14:21-22
El mar se abrió formando muros de agua
Un fuerte viento como un huracán, conocido como *siroco*, podía mover grandes cantidades de agua. No obstante, el milagro en el mar Rojo fue más que una tormenta natural: Dios dividió las aguas a la derecha y a la izquierda.

14:5 ¹ Lit. *corazón.*   14:8 ¹ Lit. *hizo fuerte.*   ² Lit. *iban saliendo.*   ³ Lit. *levantada.*   14:11 ¹ Lit. *para sacarnos.*   14:12 ¹ Lit. *la palabra que.*   14:16 ¹ Lit. *entrarán.*   14:17 ¹ Lit. *haré fuerte.*   14:20 ¹ Lit. *y.*

por en medio del mar, en seco, y las aguas les *eran como* un muro a su derecha y a su izquierda.

23 Entonces los egipcios reanudaron la persecución, y entraron tras ellos en medio del mar todos los caballos de Faraón, sus carros y sus jinetes. 24 A la vigilia de la mañana (2 a 6 a.m.), el SEÑOR miró el ejército de los egipcios desde[1] la columna de fuego y de nube, y sembró la confusión en el ejército de los egipcios. 25 Y entorpeció[1] las ruedas de sus carros, e hizo que avanzaran con dificultad. Entonces los egipcios dijeron: «Huyamos ante Israel, porque el SEÑOR pelea por ellos contra los egipcios».

DIOS SALVA A SU PUEBLO CON PODER

26 Entonces el SEÑOR dijo a Moisés: «Extiende tu mano sobre el mar para que las aguas vuelvan sobre los egipcios, sobre sus carros y su caballería».

27 Y Moisés extendió su mano sobre el mar, y al amanecer, el mar regresó a su estado normal, y los egipcios al huir se encontraban con él. Así derribó el SEÑOR a los egipcios en medio del mar. 28 Las aguas volvieron y cubrieron los carros y la caballería, a todo el ejército de Faraón que había entrado tras ellos en el mar. No quedó ni uno de ellos.

29 Pero los israelitas pasaron en seco por en medio del mar, y las aguas les *eran como* un muro a su derecha y a su izquierda. 30 Aquel día el SEÑOR salvó a Israel de mano de los egipcios. Israel vio a los egipcios muertos a la orilla del mar. 31 Cuando Israel vio el gran poder[1] que el SEÑOR había usado[2] contra los egipcios, el pueblo temió[3] al SEÑOR, y creyeron en el SEÑOR y en Moisés, Su siervo.

CÁNTICO TRIUNFAL DE MOISÉS

15 Entonces Moisés y los israelitas cantaron este cántico al SEÑOR, y dijeron:

> «Canto al SEÑOR porque ha triunfado gloriosamente;
> Al caballo y a su jinete ha arrojado al mar.
> 2 Mi fortaleza y mi canción es el SEÑOR[1],
> Y ha sido para mí salvación;
> Este es mi Dios, y lo glorificaré,
> El Dios de mi padre, y lo ensalzaré.
> 3 El SEÑOR es *fuerte* guerrero;
> El SEÑOR[1] es Su nombre.
> 4 Los carros de Faraón y su ejército arrojó al mar,
> Y los mejores de sus oficiales se ahogaron[1] en el mar
>   Rojo[2].
> 5 Los abismos los cubren;
> Descendieron a las profundidades como una piedra.
> 6 Tu diestra, oh SEÑOR, es majestuosa en poder;
> Tu diestra, oh SEÑOR, destroza al enemigo.
> 7 En la grandeza de Tu excelencia[1] derribas a los que se
>   levantan contra Ti;
> Envías Tu furor, *y* los consumes como paja.

14:24 [1] O *en.*   14:25 [1] O *quitó.*   14:31 [1] Lit. *la gran mano.*   [2] Lit. *hecho.*
[3] O *reverenció.*   15:2 [1] Heb. *YAH.*   15:3 [1] Heb. *YHWH,* generalmente traducido
SEÑOR.   15:4 [1] Lit. *hundieron.*   [2] Lit. *mar de Cañas.*   15:7 [1] O *exaltación.*

8 Al soplo de Tu aliento[1] se amontonaron las aguas,
Se juntaron las corrientes como en un montón;
Se cuajaron los abismos en el corazón del mar.

9 El enemigo dijo: "Perseguiré, alcanzaré, repartiré el
despojo;
Se cumplirá mi deseo contra[1] ellos;
Sacaré mi espada, los destruirá mi mano".

10 Soplaste con Tu viento, los cubrió el mar;
Se hundieron como plomo en las aguas poderosas[1].

11 ¿Quién como Tú entre los dioses, oh SEÑOR?
¿Quién como Tú, majestuoso en santidad,
Temible en las alabanzas, haciendo maravillas?

12 Extendiste Tu diestra,
Los tragó la tierra.

13 En Tu misericordia has guiado al pueblo que has
redimido;
Con Tu poder *los* has guiado a Tu santa morada.

14 *Lo* han oído los pueblos *y* tiemblan;
El pavor se ha apoderado de los habitantes de Filistea.

15 Entonces se turbaron los príncipes de Edom;
Los valientes[1] de Moab se sobrecogieron de temblor;
Se acobardaron[2] todos los habitantes de Canaán.

16 Terror y espanto cae sobre ellos;
Por la grandeza de Tu brazo quedan inmóviles, como
piedra,
Hasta que Tu pueblo pasa, oh SEÑOR,
Hasta que pasa el pueblo que Tú has comprado.

17 Tú los traerás y los plantarás en el monte de Tu
heredad,
El lugar que has hecho para Tu morada, oh SEÑOR,
El santuario, oh Señor, que Tus manos han
establecido.

18 El SEÑOR reinará para siempre».

19 Porque los caballos de Faraón con sus carros y sus jinetes entraron en el mar, y el SEÑOR hizo volver sobre ellos las aguas del mar. Pero los israelitas anduvieron por en medio del mar sobre tierra seca. 20 Miriam la profetisa, hermana de Aarón, tomó en su mano el pandero, y todas las mujeres salieron tras ella con panderos y danzas. 21 Y Miriam les respondía:

«Canten al SEÑOR porque ha triunfado gloriosamente;
Al caballo y su jinete ha arrojado al mar».

LAS AGUAS DE MARA

22 Moisés hizo partir a Israel del mar Rojo[1], y salieron hacia el desierto de Shur. Anduvieron tres días en el desierto y no encontraron agua. 23 Cuando llegaron a Mara no pudieron beber las aguas de Mara porque eran amargas[1]. Por tanto *al lugar* le pusieron el nombre de Mara[2]. 24 El pueblo murmuró contra Moisés diciendo: «¿Qué beberemos?».

25 Entonces Moisés clamó al SEÑOR, y el SEÑOR le mostró un árbol. Él *lo* echó en las aguas, y las aguas se volvieron

---

15:15
Los príncipes de Edom
Los edomitas eran los descendientes del hermano de Jacob, Esaú. Los príncipes eran sus líderes.

15:20
Miriam
Miriam, la hermana de Moisés y Aarón, también era una líder de Israel. Dios hablaba a través de ella, y lideró la alabanza que cantaron después de la victoria sobre los egipcios.

15:20
Danzaron en celebración
Las mujeres solían danzar, y una mujer era quien las lideraba. Ellas bailaban afuera y a menudo cantaban mientras danzaban.

15:8 [1] Lit. *tus narices.*   15:9 [1] Lit. *se saciará mi alma de.*   15:10 [1] O *majestuosas.*
15:15 [1] O *los jefes.*   [2] Lit. *se derritieron.*   15:22 [1] Lit. *mar de Cañas.*
15:23 [1] Heb. *marim.*   [2] I.e. Amargura.

dulces. Y *Dios* les dio[1] allí un estatuto y una ordenanza, y allí los puso a prueba. **26** Y *Dios les* dijo: «Si escuchas atentamente la voz del SEÑOR tu Dios, y haces lo que es recto ante Sus ojos, y escuchas Sus mandamientos, y guardas todos Sus estatutos, no te enviaré ninguna de las enfermedades que envié sobre los egipcios. Porque Yo, el SEÑOR, soy tu sanador».

27 Entonces llegaron a Elim, donde *había* doce fuentes de agua y setenta palmeras[1], y acamparon allí junto a las aguas.

DESCONTENTO DE LOS ISRAELITAS

16 Partieron de Elim, y toda la congregación de los israelitas llegó al desierto de Sin, que está entre Elim y Sinaí, el día 15 del segundo mes después de su salida de la tierra de Egipto. **2** Y toda la congregación de los israelitas murmuró contra Moisés y contra Aarón en el desierto. **3** Los israelitas les decían: «Ojalá hubiéramos muerto a manos del SEÑOR en la tierra de Egipto cuando nos sentábamos junto a las ollas de carne, cuando comíamos pan hasta saciarnos[1]. Pues nos han traído[2] a este desierto para matar de hambre a toda esta multitud».

4 Entonces el SEÑOR dijo a Moisés: «Yo haré llover pan del cielo para ustedes. El pueblo saldrá y recogerá diariamente la porción de cada día, para ponerlos a prueba si andan o no en Mi ley. **5** Y en el sexto día, cuando preparen lo que traigan, *la porción* será el doble de lo que recogen diariamente».

6 Entonces Moisés y Aarón dijeron a todos los israelitas: «A la tarde sabrán[1] que el SEÑOR los ha sacado de la tierra de Egipto. **7** Por la mañana verán[1] la gloria del SEÑOR, pues Él ha oído sus murmuraciones contra el SEÑOR. ¿Qué somos nosotros para que ustedes murmuren contra nosotros?». **8** Y Moisés dijo: «*Esto sucederá* cuando el SEÑOR les dé carne para comer por la tarde, y pan hasta saciar*se* por la mañana; porque el SEÑOR ha oído sus murmuraciones[1] contra Él. Pues ¿qué somos nosotros? Sus murmuraciones no son contra nosotros, sino contra el SEÑOR». **9** Entonces Moisés dijo a Aarón: «Dile a toda la congregación de los israelitas: "Acérquense a la presencia del SEÑOR, porque Él ha oído sus murmuraciones"».

10 Mientras Aarón hablaba a toda la congregación de los israelitas, miraron[1] hacia el desierto y, vieron que la gloria del SEÑOR se apareció en la nube. **11** Y el SEÑOR habló a Moisés y le dijo: **12** «He oído las murmuraciones de los israelitas. Háblales, y diles: "Al caer la tarde[1] comerán carne, y por la mañana se saciarán de pan. Sabrán que Yo soy el SEÑOR su Dios"».

LAS CODORNICES Y EL MANÁ

13 Por la tarde subieron las codornices y cubrieron el campamento, y por la mañana había una capa de rocío alrededor del campamento. **14** Cuando la capa de rocío se evaporó[1], había sobre la superficie[2] del desierto una cosa delgada, como copos[3], menuda, como la escarcha sobre la tierra.

15:25
Dios transformó las aguas amargas en dulces
Tal vez el poder de Dios haya mejorado el gusto del agua, o quizás Dios le mostró a Moisés qué madera o planta usar para endulzarla. De cualquier modo, Dios hizo este milagro después de que Moisés oró pidiéndole ayuda.

16:4
Dios probó a los israelitas
Dios prometió proveerles todo lo que ellos necesitaran en el desierto. Les dio instrucciones específicas para recoger el pan. Si ellos no seguían las orientaciones de Dios, el pan se pudría, pero si seguían sus pasos, tenían suficiente para comer cada uno. Dios los probó para que aprendieran a confiar en él.

16:7
Estaba mal que el pueblo se quejara
Su queja demostraba que no estaban agradecidos por todo lo que Dios había hecho por ellos. También mostraba que no creían en sus promesas.

15:25 ¹ Lit. *hizo para ellos.*   15:27 ¹ O *palmeras datileras.*   16:3 ¹ Lit. *hasta la saciedad.*   ² Lit. *sacado.*   16:6 ¹ Lit. *y sabrán.*   16:7 ¹ Lit. *y verán.* 16:8 ¹ Lit. *sus quejas que murmuran.*   16:10 ¹ Lit. *se volvieron.*   16:12 ¹ Lit. *Entre las dos tardes.*   16:14 ¹ Lit. *hubo subido.*   ² Lit. *faz.*   ³ O *como escamas.*

15 Al ver*la*, los israelitas se dijeron unos a otros: «¿Qué es esto?[1]», porque no sabían lo que era. «Es el pan que el SEÑOR les da para comer», les dijo Moisés. **16** «Esto es lo que el SEÑOR ha mandado: "Cada uno recoja de él lo que vaya a comer[1]. Tomarán como dos litros por cabeza, conforme al número de personas que cada uno de ustedes tiene en su tienda"». **17** Así lo hicieron los israelitas, y *unos* recogieron mucho y *otros* poco.

18 Cuando lo midieron por litros, al que había recogido mucho no le sobró, ni le faltó al que había recogido poco. Cada uno había recogido lo que iba a comer. **19** «Que nadie deje nada para[1] la mañana *siguiente*», les dijo Moisés.

20 Pero no obedecieron[1] a Moisés, y algunos dejaron parte del maná[2] para la mañana *siguiente,* pero crió gusanos y se pudrió. Entonces Moisés se enojó con ellos. **21** Lo recogían cada mañana, cada uno lo que iba a comer, pero cuando el sol calentaba, se derretía.

22 En el sexto día recogieron doble porción de alimento, unos cuatro litros para cada uno. *Y* cuando todos los jefes de la congregación vinieron y se lo hicieron saber a Moisés, **23** «Esto es lo que ha dicho el SEÑOR», les respondió: «Mañana es día de reposo, día de reposo consagrado al SEÑOR. Cuezan lo que han de cocer y hiervan lo que han de hervir, y todo lo que sobre guárden*lo* para[1] mañana». **24** Y lo guardaron hasta la mañana como Moisés había mandado, y no se pudrió ni hubo en él gusano alguno.

25 Y Moisés dijo: «Cómanlo hoy, porque hoy es día de reposo para el SEÑOR. Hoy no lo hallarán en el campo. **26** Seis días lo recogerán, pero el séptimo día, día de reposo, no habrá nada[1]». **27** Y en el séptimo día, algunos del pueblo salieron a recoger, pero no encontraron nada. **28** Entonces el SEÑOR dijo a Moisés: «¿Hasta cuándo se negarán ustedes a guardar Mis mandamientos y Mis leyes? **29** Miren que el SEÑOR les ha dado el día de reposo. Por eso el sexto día les da pan para dos días. Quédese cada uno en su lugar, y que nadie salga de su lugar el séptimo día». **30** Y el pueblo reposó el séptimo día.

31 La casa de Israel le puso el nombre de maná[1]; y era como la semilla del cilantro, blanco, y su sabor era como de hojuelas con miel. **32** «Esto es lo[1] que el SEÑOR ha mandado», dijo Moisés: «Que se guarden unos dos litros llenos de maná[2] para sus generaciones, para que vean el pan que Yo les di de comer en el desierto cuando los saqué de la tierra de Egipto». **33** Entonces Moisés dijo a Aarón: «Toma una vasija y pon en ella unos dos litros de maná, y colócalo delante del SEÑOR a fin de guardarlo para las generaciones de ustedes». **34** Tal como el SEÑOR ordenó a Moisés, así lo colocó Aarón delante del Testimonio para que fuera guardado.

35 Los israelitas comieron el maná cuarenta años, hasta que llegaron a tierra habitada. Comieron el maná hasta que llegaron a los límites

16:31
Maná

Dios les enviaba el maná por las noches. El maná se parecía a la escarcha y estaba húmedo por el rocío. Era blanco y dulce. Nada de lo que comemos hoy se le parece. Dios proveyó para su pueblo de una manera milagrosa. Más tarde, cuando hubo otro tipo de comida, Dios dejó de darles el maná.

16:15 [1] Heb. *Man hu,* véase vers. 31.   16:16 [1] Lit. *conforme a su comer,* y así en el resto del cap.   16:19 [1] Lit. *nada de ello hasta.*   16:20 [1] Lit. *no escucharon.* [2] Lit. *de ello.*   16:23 [1] Lit. *hasta la.*   16:26 [1] Lit. *nada en él.*   16:31 [1] Heb. *man,* véase vers. 15.   16:32 [1] Lit. *la cosa.*   [2] Lit. *de él.*

de la tierra de Canaán. **36** Un gomer (2.2 litros) es la décima parte de un efa (22 litros).

LA PEÑA DE HOREB

17 Toda la congregación de los israelitas marchó por[1] jornadas desde el desierto de Sin, conforme al mandamiento[2] del SEÑOR. Acamparon en Refidim, y no había agua para que el pueblo bebiera. **2** Entonces el pueblo discutió con Moisés, y le dijeron: «Danos agua para beber». «¿Por qué discuten conmigo?», les dijo Moisés. «¿Por qué tientan al SEÑOR?». **3** Pero el pueblo tuvo sed allí[1], y murmuró el pueblo contra Moisés, y dijo: «¿Por qué nos has hecho subir de Egipto para matarnos[2] de sed *a nosotros,* a nuestros[3] hijos y a nuestros[3] ganados?».

4 Y clamó Moisés al SEÑOR y dijo: «¿Qué haré con este pueblo? Un poco más y me apedrearán». **5** Entonces el SEÑOR dijo a Moisés: «Pasa delante del pueblo y toma contigo a algunos de los ancianos de Israel, y toma en tu mano la vara con la cual golpeaste el Nilo, y ve. **6** Yo estaré allí delante de ti sobre la peña en Horeb. Golpearás la peña, y saldrá agua de ella para que beba el pueblo». Y así lo hizo Moisés en presencia de los ancianos de Israel.

7 Y puso a aquel lugar el nombre de Masah[1] y Meriba[2], por la contienda de los israelitas, y porque tentaron al SEÑOR, diciendo: «¿Está el SEÑOR entre nosotros o no?».

GUERRA CON AMALEC

8 Entonces vino Amalec y peleó contra Israel en Refidim. **9** Y Moisés dijo a Josué: «Escógenos hombres, y sal a pelear contra Amalec. Mañana yo estaré sobre la cumbre de la colina con la vara de Dios en mi mano». **10** Josué hizo como Moisés le dijo, y peleó[1] contra Amalec. Moisés, Aarón y Hur subieron a la cumbre de la colina.

11 Y sucedía que mientras Moisés tenía en alto su mano, Israel prevalecía; y cuando dejaba caer[1] la mano, prevalecía Amalec. **12** Pero las manos de Moisés *se le* cansaban[1]. Entonces tomaron una piedra y la pusieron debajo de él, y se sentó en ella. Y Aarón y Hur le sostenían las manos, uno de un lado y otro del otro. Así estuvieron sus manos firmes hasta que se puso el sol. **13** Josué deshizo[1] a Amalec y a su pueblo a filo de espada.

14 Entonces dijo el SEÑOR a Moisés: «Escribe esto en un[1] libro para *que sirva de* memorial, y haz saber a[2] Josué que Yo borraré por completo la memoria de Amalec de debajo del cielo». **15** Y edificó Moisés un altar, y le puso por nombre El SEÑOR es mi Estandarte, **16** y dijo: «El SEÑOR lo ha jurado[1]. El SEÑOR hará guerra contra Amalec de generación en generación».

VISITA DE JETRO A MOISÉS

18 Jetro, sacerdote de Madián, suegro de Moisés, oyó de todo lo que Dios había hecho por Moisés y por Su pueblo Israel, cómo el SEÑOR había sacado a Israel de Egipto.

17:1 [1] Lit. *por sus.*   [2] Lit. *a la boca.*   17:3 [1] Lit. *sed de agua.*   [2] Lit. *matarme.*
[3] Lit. *mis.*   17:7 [1] I.e. *Prueba.*   [2] I.e. *Contienda.*   17:10 [1] Lit. *pelear.*
17:11 [1] Lit. *descansar.*   17:12 [1] Lit. *pesaban.*   17:13 [1] Lit. *debilitó.*   17:14 [1] Lit. *el.*   [2] Lit. *ponlo en los oídos de.*   17:16 [1] O *Porque una mano está contra el trono del SEÑOR;* lit. *Una mano sobre el trono de YAH.*

16:32
Cómo se pudo guardar este maná por generaciones sin que se echara a perder

El maná fue enviado por Dios como un milagro, y él podía hacer que durara poco o mucho tiempo. Por ejemplo, solo duraba un día durante la semana, pero duraba dos días en el día de reposo. Y Dios preservó un poquito de maná como una señal para el futuro.

17:8
Amalecitas

Eran nómadas y enemigos de los israelitas. Descendían de un nieto de Esaú, el hermano de Jacob.

17:10
Hur

Hur probablemente estaba casado con Miriam, la hermana de Moisés y Aarón. Él ayudó a Moisés durante la batalla contra los amalecitas. Más adelante, Hur y Aarón quedaron a cargo del pueblo cuando Moisés subió al monte Sinaí. (Ver Éxodo 24:14).

18:2-7
La esposa y los hijos de Moisés regresan

No sabemos en qué momento Moisés envió a su esposa e hijos con su suegro. Puede haber sido antes de las plagas, antes del éxodo o después de que los israelitas llegaron a Sinaí. El punto es que finalmente volvieron a estar juntos otra vez.

18:15-16
Cómo conocía Moisés las leyes de Dios

Dios hablaba en forma directa con Moisés, a menudo en el monte Sinaí.

18:21-22
Jetro le dio un buen consejo a Moisés

Moisés estaba escuchando las necesidades de todo el pueblo y eso le llevaba mucho tiempo y esfuerzo. Jetro lo convenció de que eligiera a otros hombres para que lo ayudaran.

2 Entonces Jetro, suegro de Moisés, tomó a Séfora, mujer de Moisés, después que *este* la había enviado *a su casa*, 3 y a sus dos hijos, uno de los cuales se llamaba Gersón[1], pues *Moisés* había dicho: «He sido peregrino en tierra extranjera». 4 El nombre del otro *era* Eliezer[1], pues *había dicho:* «El Dios de mi padre *fue* mi ayuda y me libró de la espada de Faraón».

5 Y vino Jetro, suegro de Moisés, con los hijos y la mujer de Moisés al desierto, donde *este* estaba acampado junto al monte de Dios. 6 Y mandó decir[1] a Moisés: «Yo, tu suegro Jetro, vengo a ti con tu mujer y sus dos hijos con ella». 7 Salió Moisés a recibir a su suegro, se inclinó y lo besó. Se preguntaron uno a otro cómo estaban[1], y entraron en la tienda.

8 Moisés contó a su suegro todo lo que el SEÑOR había hecho a Faraón y a los egipcios por amor a Israel, todas las dificultades que les habían sobrevenido en el camino y *cómo* los había librado el SEÑOR. 9 Y Jetro se alegró de todo el bien que el SEÑOR había hecho a Israel, al librarlo de la mano de los egipcios.

10 Entonces Jetro dijo: «Bendito sea el SEÑOR que los libró de la mano de los egipcios y de la mano de Faraón, *y* que libró al pueblo del poder[1] de los egipcios. 11 Ahora sé que el SEÑOR es más grande que todos los dioses. Ciertamente, esto se probó cuando ellos trataron al pueblo[1] con arrogancia».

12 Y Jetro, suegro de Moisés, tomó un holocausto y sacrificios para Dios, y Aarón vino con todos los ancianos de Israel a comer[1] con el suegro de Moisés delante de Dios.

NOMBRAMIENTO DE JUECES

13 Al día siguiente Moisés se sentó a juzgar al pueblo. El pueblo estuvo delante de Moisés desde la mañana hasta el atardecer. 14 Cuando el suegro de Moisés vio todo lo que él hacía por el pueblo, dijo: «¿Qué es esto que haces por el pueblo? ¿Por qué juzgas[1] tú solo, y todo el pueblo está delante de ti desde la mañana hasta el atardecer?». 15 Y Moisés respondió a su suegro: «Porque el pueblo viene a mí para consultar a Dios. 16 Cuando tienen un pleito[1], vienen a mí, y yo juzgo entre uno y otro[2], dándo*les* a conocer los estatutos de Dios y Sus leyes».

17 El suegro de Moisés le dijo: «No está bien lo que haces. 18 Con seguridad desfallecerás tú, y también este pueblo que está contigo, porque el trabajo[1] es demasiado pesado para ti. No puedes hacerlo tú solo. 19 Ahora, escúchame[1]. Yo te aconsejaré, y Dios estará contigo. Sé tú el representante del[2] pueblo delante de Dios, y somete los asuntos a Dios. 20 Entonces enséñales los estatutos y las leyes, y hazles saber el camino en que deben andar y la obra que han de realizar. 21 Además, escogerás[1] de entre todo el pueblo hombres capaces, temerosos de Dios, hombres veraces que aborrezcan las ganancias deshonestas, y *los* pondrás sobre el pueblo[2] *como* jefes de mil, de[3] cien, de[3] cincuenta y de[3] diez. 22 Que sean ellos los

18:3 [1] I.e. Soy peregrino allí.   18:4 [1] I.e. Mi Dios es ayuda.   18:6 [1] Lit. Y dijo.   18:7 [1] O por su bienestar.   18:10 [1] Lit. de bajo la mano.   18:11 [1] Lit. ciertamente en lo que trataron contra ellos.   18:12 [1] Lit. comer pan. 18:14 [1] Lit. te sientas.   [2] Lit. un asunto.   18:16 [1] Lit. entre un hombre y su prójimo.   18:18 [1] Lit. asunto.   18:19 [1] Lit. escucha mi voz.   [2] Lit. Sé tú por el. 18:21 [1] Lit. verás.   [2] Lit. ellos.   [3] Lit. jefes de.

que juzguen al pueblo en todo tiempo. Que traigan a ti todo pleito grave¹, pero que ellos juzguen todo pleito sencillo². Así será más fácil para ti, y ellos llevarán *la carga* contigo. **23** Si haces esto y Dios te lo manda, tú podrás resistir¹ y todo este pueblo por su parte irá en paz a su lugar».

24 Moisés escuchó a¹ su suegro, e hizo todo lo que él había dicho. **25** Y escogió Moisés hombres capaces de entre todo Israel, y los puso por cabezas del pueblo, *como* jefes de mil, de¹ cien, de¹ cincuenta y de¹ diez. **26** Ellos juzgaban al pueblo en todo tiempo. El pleito¹ difícil lo traían a Moisés, pero todo pleito¹ sencillo² lo juzgaban ellos. **27** Moisés despidió a su suegro, y este se fue a su tierra.

CONSAGRACIÓN DEL PUEBLO

19 Al tercer mes de la salida de los israelitas de la tierra de Egipto, ese mismo¹ día, llegaron al desierto de Sinaí. **2** Salieron de Refidim, llegaron al desierto de Sinaí y acamparon en el desierto. Allí, delante del monte, acampó Israel.

3 Moisés subió hacia Dios, y el SEÑOR lo llamó desde el monte y le dijo: «Así dirás a la casa de Jacob y anunciarás a los israelitas: **4** "Ustedes han visto lo que he hecho a los egipcios, y *cómo* los he tomado sobre alas de águilas y los he traído a Mí. **5** Ahora pues, si en verdad escuchan Mi voz y guardan Mi pacto, serán Mi especial tesoro entre todos los pueblos, porque Mía es toda la tierra. **6** Ustedes serán para Mí un reino de sacerdotes y una nación santa". Estas son las palabras que dirás a los israelitas».

7 Entonces Moisés fue y llamó a los ancianos del pueblo, y expuso delante de ellos todas estas palabras que el SEÑOR le había mandado. **8** Y todo el pueblo respondió a una, y dijeron: «Haremos todo lo que el SEÑOR ha dicho». Y Moisés llevó al SEÑOR las palabras del pueblo.

9 Y el SEÑOR dijo a Moisés: «Yo vendré a ti en una densa nube, para que el pueblo oiga cuando Yo hable contigo y también te crean para siempre». Entonces Moisés comunicó al pueblo las palabras del SEÑOR. **10** El SEÑOR dijo también a Moisés: «Ve al pueblo y conságralos hoy y mañana, y que laven sus vestidos. **11** Que estén preparados para el tercer día, porque al tercer día el SEÑOR descenderá a la vista de todo el pueblo sobre el monte Sinaí. **12** Pondrás límites alrededor para el pueblo, y dirás: "De ningún modo suban al monte o toquen su límite. Cualquiera que toque el monte, ciertamente morirá. **13** Ninguna mano lo tocará, sino que morirá apedreado o a flechazos. Sea animal o sea hombre, no vivirá". Cuando suene largamente la bocina¹ ellos subirán al monte».

14 Y Moisés bajó del monte al pueblo, y santificó al pueblo. Después ellos lavaron sus vestidos. **15** Entonces Moisés dijo al pueblo: «Estén preparados para el tercer día. No se acerquen a mujer».

19:6
El significado de ser un reino de sacerdotes
Como pueblo escogido de Dios, Israel tenía que estar dedicado a Dios, así como los sacerdotes estaban dedicados al servicio del Señor. (Ver Éxodo 19:14).

19:12-13
Se suponía que el pueblo no debía tocar el monte
Todo el monte se volvió santo por causa de la presencia de Dios. Como las personas eran pecadoras, solo les estaba permitido tocar el monte cuando Dios decía que podían hacerlo.

© IGOR ROGOZHNIKOV/Shutterstock

18:22 ¹ Lit. *asunto grande.*   ² Lit. *asunto pequeño.*   18:23 ¹ Lit. *permanecer.*   18:24 ¹ Lit. *la voz de.*   18:25 ¹ Lit. *jefes de.*   18:26 ¹ Lit. *asunto.*   ² Lit. *asunto pequeño.*   19:1 ¹ Lit. *en este.*   19:13 ¹ Lit. *el cuerno.*

LA MAJESTUOSA PRESENCIA DEL Señor

16 Y aconteció que al tercer día, cuando llegó la mañana, hubo truenos¹ y relámpagos y una densa nube sobre el monte y un sonido tan fuerte de trompeta, que hizo temblar a todo el pueblo que *estaba* en el campamento. **17** Entonces Moisés sacó al pueblo del campamento para ir al encuentro de Dios, y ellos se quedaron al pie¹ del monte. **18** Todo el monte Sinaí humeaba, porque el SEÑOR había descendido sobre él en fuego. El humo subía como el humo de un horno, y todo el monte se estremecía con violencia. **19** El sonido de la trompeta aumentaba más y más. Moisés hablaba, y Dios le respondía con el trueno¹. **20** El SEÑOR descendió a la cumbre del monte Sinaí. Entonces el SEÑOR llamó a Moisés a la cumbre del monte, y Moisés subió.

21 Y el SEÑOR dijo a Moisés: «Desciende, advierte¹ al pueblo, no sea que traspasen *los límites* para ver al SEÑOR y perezcan² muchos de ellos. **22** También que se santifiquen los sacerdotes que se acercan al SEÑOR, no sea que el SEÑOR irrumpa contra ellos». **23** Y Moisés dijo al SEÑOR: «El pueblo no puede subir al monte Sinaí, porque Tú nos advertiste¹: "Pon límites alrededor del monte y santifícalo"». **24** Entonces el SEÑOR le dijo: «Ve, desciende, y vuelve a subir¹, tú y Aarón contigo; pero que los sacerdotes y el pueblo no traspasen *los límites* para subir al SEÑOR, no sea que Él se lance contra ellos». **25** Descendió, pues, Moisés y advirtió¹ al pueblo.

LOS DIEZ MANDAMIENTOS

20 Entonces Dios habló todas estas palabras diciendo: **2** «Yo soy el SEÑOR tu Dios, que te saqué de la tierra de Egipto, de la casa de servidumbre¹.

3 »No tendrás otros dioses delante de¹ Mí.

4 »No te harás ningún ídolo, ni semejanza alguna de lo que está arriba en el cielo, ni abajo en la tierra, ni en las aguas debajo de la tierra. **5** No los adorarás¹ ni los servirás². Porque Yo, el SEÑOR tu Dios, soy Dios celoso, que castigo la iniquidad de los padres sobre los hijos hasta³ la tercera y cuarta *generación* de los que me aborrecen, **6** y muestro misericordia a millares, a los que me aman y guardan Mis mandamientos.

7 »No tomarás el nombre del SEÑOR tu Dios en vano, porque el SEÑOR no tendrá por inocente al que tome Su nombre en vano.

8 »Acuérdate del día de reposo para santificarlo. **9** Seis días trabajarás y harás toda tu obra, **10** pero el séptimo día es día de reposo para el SEÑOR tu Dios. No harás *en él* trabajo alguno, tú, ni tu hijo, ni tu hija, ni tu siervo, ni tu sierva, ni tu ganado, ni el extranjero que está contigo¹. **11** Porque en seis días hizo el SEÑOR los cielos y la tierra, el mar y todo lo que en ellos hay, y reposó en el séptimo día. Por tanto, el SEÑOR bendijo el día de reposo y lo santificó.

19:20-24
Moisés y Aarón podían acercarse a Dios en todo tiempo

Moisés y Aarón eran mensajeros de Dios al pueblo, de modo que tenían un permiso especial para acercarse al monte.

20:5
Entender lo que significa que Dios es celoso

Dios no quiere que nada se interponga entre él y su pueblo. Y exige que su pueblo lo adore solo a él. Dios salvará y protegerá a su pueblo, pero juzgará a todos los que se le oponen.

20:5-6
Los mandamientos incluían consecuencias para el futuro

Los mandamientos fueron escritos como un tratado o un acuerdo. Si las personas rompían el acuerdo, las consecuencias afectarían a familias enteras por muchos años. En cambio, si lo obedecían, sus familias serían recompensadas por muchos años.

19:16 ¹ Lit. *sonidos.*   19:17 ¹ Lit. *en la parte baja.*   19:19 ¹ Lit. *con una voz o con un sonido.*   19:21 ¹ Lit. *testifica.*   ² Lit. *caigan.*   19:23 ¹ Lit. *testificaste.*   19:24 ¹ Lit. *y sube.*   19:25 ¹ Lit. *y les dijo.*   20:2 ¹ Lit. *de la esclavitud.*   20:3 ¹ O *además de, o junto a.*   20:5 ¹ O *No te inclinarás ante ellos.*   ² O *ni los honrarás.*   ³ Lit. *sobre.*   20:10 ¹ Lit. *tu peregrino que está en tus puertas.*

¹² »Honra a tu padre y a tu madre, para que tus días sean prolongados en la tierra que el SEÑOR tu Dios te da.

¹³ »No matarás.

¹⁴ »No cometerás adulterio.

¹⁵ »No hurtarás.

¹⁶ »No darás falso testimonio contra tu prójimo.

¹⁷ »No codiciarás la casa de tu prójimo. No codiciarás la mujer de tu prójimo, ni su siervo, ni su sierva, ni su buey, ni su asno, ni nada que sea de tu prójimo».

EL PUEBLO TEME AL SEÑOR

¹⁸ Todo el pueblo percibía los truenos[1] y relámpagos, el sonido de la trompeta y el monte que humeaba. Cuando el pueblo vio *aquello*, temblaron, y se mantuvieron a distancia. ¹⁹ Entonces dijeron a Moisés: «Habla tú con nosotros y escucharemos, pero que no hable Dios con nosotros, no sea que muramos». ²⁰ Moisés respondió al pueblo: «No teman, porque Dios ha venido para ponerlos a prueba, y para que Su temor permanezca en[1] ustedes, y para que no pequen». ²¹ El pueblo se mantuvo a distancia, mientras Moisés se acercaba a la densa nube donde estaba Dios.

²² Entonces el SEÑOR dijo a Moisés: «Así dirás a los israelitas: "Ustedes han visto que les he hablado[1] desde el cielo. ²³ No harán junto a Mí[1] dioses de plata ni dioses de oro. No se *los* harán. ²⁴ Harás un altar de tierra para Mí, y sobre él sacrificarás tus holocaustos y tus ofrendas de paz, tus ovejas y tus bueyes. En todo lugar donde Yo haga recordar Mi nombre, vendré a ti y te bendeciré. ²⁵ Si me haces un altar de piedra, no lo construirás de piedras labradas. Porque si alzas tu cincel sobre él, lo profanarás. ²⁶ Y no subirás por gradas a Mi altar, para que tu desnudez no se descubra sobre él".

LEYES SOBRE LA ESCLAVITUD

21 »Estas son las ordenanzas que pondrás delante de ellos. ² Si compras un siervo hebreo, *te* servirá seis años, pero al séptimo saldrá libre sin pagar nada. ³ Si entró solo[1], saldrá solo[1]. Si tenía mujer, entonces su mujer saldrá con él. ⁴ Si su amo le da mujer, y ella le da hijos o hijas, la mujer y sus hijos

---

20:18 ¹ Lit. *los sonidos*.   20:20 ¹ Lit. *esté delante de*.
20:22 ¹ Lit. *he hablado con ustedes*.   20:23 ¹ O *además de mí*.   21:3 ¹ Lit. *por sí mismo*.

Líneas de vida:
MOISÉS

Edad

3 MESES — **Rescatado por una princesa**
Éxodo 2:1-10

40 — **Huye a Madián**
Éxodo 2:11-22

La zarza ardiendo
Éxodo 3

Las diez plagas
Éxodo 7:1—12:30

80

El éxodo; cruce del mar Rojo
Éxodo 12:31—15:21

Recibe los Diez Mandamientos
Éxodo 20:1-17

El incidente con el becerro de oro
Éxodo 32

80-81 — **Deja el Sinaí; renovación del pacto**
Éxodo 33—34

120 — **Nombra a Josué como sucesor**
Deuteronomio 31:1-8

120 — **Muere**
Deuteronomio 34

20:20
Moisés le dijo al pueblo que no tuviera miedo

Moisés quería que las personas supieran que Dios no venía para asustarlas. Temer a Dios no significa tenerle miedo, sino mostrar un gran respeto por él y lo que hace.

20:24
Dios exigía sacrificios

El Antiguo Testamento está lleno de sacrificios de toda clase: distintos animales, cereales, aceite y vino. Primero, los sacrificios le recordaban al pueblo que hay un precio por el pecado. Alguien tenía que pagar el precio para que Dios perdonara el pecado. Segundo, los sacrificios mostraban que el inocente podía pagar el precio por el culpable. Esto señalaba hacia Jesús, quien sacrificaría su vida para salvarnos del costo del pecado. Tercero, los sacrificios significaban ofrendarle algo valioso a Dios, porque él se merecía lo mejor. Cuarto, los sacrificios reunían a todas las personas de la comunidad para comer juntas.

21:2
Por qué permitieron la esclavitud

En Egipto, los hebreos habían conocido la cruel esclavitud. Moisés permitió una clase diferente de esclavitud con reglas estrictas. Las personas podían ofrecer sus servicios como una manera de pagar las deudas o compensar por algo que hicieron mal.

A. D. Riddle/www.BiblePlaces.com

serán de su amo, y él saldrá solo[1]. **5** Pero si el siervo insiste y dice: "Amo a mi señor, a mi mujer y a mis hijos. No saldré libre", **6** entonces su amo lo traerá a Dios[1], lo traerá a la puerta o al poste de la puerta, y su amo le horadará la oreja con una lezna, y él le servirá para siempre.

7 »Si alguien vende a su hija como sierva, ella no saldrá *libre* como salen los siervos. **8** Si ella no le gusta a[1] su amo que la había destinado para sí[2], permitirá que sea redimida. Pero no podrá venderla a un pueblo extranjero, por haberla tratado con engaño. **9** Si la destina para su hijo, la tratará conforme a la costumbre de las hijas. **10** Si toma para sí otra mujer, no disminuirá *a la primera* su alimento[1], ni su ropa, ni sus derechos conyugales. **11** Y si no hace por ella estas tres *cosas,* entonces ella saldrá libre sin pagar nada.

LEYES SOBRE EL HOMICIDIO Y LA VIOLENCIA

12 »El que hiera de muerte a otro, ciertamente morirá. **13** Pero si[1] no estaba al acecho, sino que Dios permitió que cayera en sus manos, entonces yo te señalaré un lugar donde pueda refugiarse. **14** Sin embargo, si alguien se enfurece contra su prójimo para matarlo con alevosía, lo tomarás *aun* de Mi altar para que muera.

15 »El que hiera a su padre o a su madre, ciertamente morirá.

16 »El que secuestre[1] a una persona, ya sea que la venda o sea hallada en su poder[2], ciertamente morirá.

17 »El que maldiga a su padre o a su madre, ciertamente morirá.

18 »Si *dos* hombres riñen y uno hiere al otro con una piedra o con el puño, y no muere, pero guarda cama, **19** y[1] se levanta y anda afuera con su bastón, el que lo hirió será absuelto. Solo pagará por su tiempo perdido[2], y lo cuidará hasta que esté completamente curado[3].

20 »Si alguien hiere a su siervo o a su sierva con una vara, y muere bajo su mano, será castigado[1]. **21** Sin embargo, si sobrevive[1] uno o dos días, no se tomará venganza, porque es propiedad suya[2].

22 »Si *algunos* hombres luchan entre sí y golpean a una mujer encinta, y ella aborta[1], sin haber *otro* daño, ciertamente *el culpable* será multado según lo que el esposo de la mujer demande de él[2]. Pagará según lo que los jueces decidan[3]. **23** Pero si hubiera *algún otro* daño, entonces pondrás *como castigo,* vida por vida, **24** ojo por ojo, diente por diente, mano por mano, pie por pie, **25** quemadura por quemadura, herida por herida, golpe[1] por golpe[1].

21:4 [1] Lit. por sí mismo.　　21:6 [1] O a los jueces que juzgaban en nombre de Dios. 21:8 [1] Lit. Si es mala a los ojos de.　[2] Así en algunas versiones antiguas; en heb. que no la designó.　21:10 [1] Lit. carne.　21:13 [1] Lit. el que.　21:16 [1] Lit. robe. [2] Lit. mano.　21:19 [1] Lit. si.　[2] Lit. su sentarse.　[3] Lit. y curando hará que cure.　21:20 [1] Lit. sufrirá venganza.　21:21 [1] Lit. permanece.　[2] Lit. dinero suyo.　21:22 [1] Lit. sus hijos salen.　[2] Lit. ponga sobre él.　[3] Lit. mediante arbitrio.　21:25 [1] Lit. verdugón.

LEYES PARA AMOS Y PROPIETARIOS

26 »Si alguien hiere el ojo de su siervo o de su sierva y se lo inutiliza, lo dejará ir libre a causa del ojo. **27** Y si hace saltar[1] un diente a su siervo o a su sierva, lo dejará ir libre a causa del diente.

28 »Si un buey acornea a un hombre o a una mujer, y le causa la muerte, ciertamente el buey será apedreado y su carne no se comerá; pero el dueño del buey no será castigado. **29** Sin embargo, si el buey tenía desde antes el hábito de acornear, y su dueño había sido advertido[1], pero no lo había encerrado, y mata a un hombre o a una mujer, el buey será apedreado, y su dueño también morirá. **30** Si se le impone precio de rescate, entonces dará por la redención de su vida lo que se demande de él[1]. **31** Si acornea a un hijo o a una hija[1], será enjuiciado según la misma ley[2]. **32** Si el buey acornea a un siervo o a una sierva, *el dueño* dará a su amo treinta siclos (342 gramos) de plata, y el buey será apedreado.

33 »Si alguien destapa un pozo, o cava[1] un pozo y no lo cubre, y cae en él un buey o un asno, **34** el dueño del pozo hará restitución. Dará[1] dinero a su dueño, y el *animal* muerto será suyo.

35 »Si el buey de alguien hiere al *buey* de otro y le causa la muerte, entonces venderán el buey vivo y se dividirán el dinero[1], y se dividirán también el *buey* muerto. **36** Pero *si* sabía que el buey tenía desde antes el hábito de acornear y su dueño no lo había encerrado, ciertamente pagará buey por buey, y el *buey* muerto será suyo.

LEYES SOBRE LA RESTITUCIÓN

22 **1** »Si alguien roba un buey o una oveja, y lo mata o vende, pagará cinco bueyes por el buey y cuatro ovejas por la oveja.

2 »[1] Si el ladrón es sorprendido[2] forzando una casa, y es herido y muere, no será homicidio[3]. **3** Pero si ya[1] ha salido el sol, será considerado homicidio[2]. Ciertamente, *el que roba* debe hacer restitución. Si no tiene con qué, entonces será vendido por *el valor de* su robo. **4** Si lo que robó, sea buey o asno u oveja, es hallado vivo en su posesión[1], pagará el doble.

5 »Si alguien deja que un campo o viña sea pastado *totalmente,* y deja suelto su animal para que paste en campo ajeno, hará restitución con lo mejor de su campo y con lo mejor de su viña.

6 »Si estalla un incendio y se extiende a los espinos, de modo que las cosechas, amontonadas o en pie, o el campo *mismo* se consuman, el que encendió el fuego ciertamente hará restitución.

7 »Si alguien da a su vecino dinero o cosas a guardar, y son hurtados de la casa de este, el ladrón, si es hallado, pagará el doble. **8** Si no es hallado el ladrón, entonces el dueño de

---

21:27 [1] Lit. *caer.*   21:29 [1] Lit. *testificado.*   21:30 [1] Lit. *se le imponga.*
21:31 [1] Lit. *o acornea a una hija.*   [2] Lit. *este juicio.*   21:33 [1] Lit. *o si alguno cava.*
21:34 [1] Lit. *devolverá.*   21:35 [1] O *su precio.*   22:1 [1] En el texto heb. cap. 21:37.
22:2 [1] En el texto heb. cap. 22:1.   [2] Lit. *hallado.*   [3] Lit. *por su.*   22:3 [1] Lit. *si sobre él.*   [2] Lit. *por su.*   22:4 [1] Lit. *mano.*

21:12
Por qué el asesinato se castigaba con la muerte

La vida humana es preciosa, ya que Dios creó a los seres humanos a su imagen. Matar a una persona era como atacar la imagen de Dios, por esa razón requería la pena más severa.

21:23-25
«Ojo por ojo, diente por diente»

Esta idea quería decir que el castigo era igual al daño ocasionado. En otras palabras, lo mismo que le hiciste a otra persona, te lo hacían a ti. Esto era un avance sobre las otras leyes que había en el antiguo Medio Oriente, porque limitaba cuánto debía ser reparado y le ponía un freno a la venganza.

21:28
Por qué no podían comerse el buey

Si un buey mataba a alguien, entonces tenían que matarlo apedreándolo, y un animal que había muerto de ese modo era considerado impuro. Tampoco podían comer su carne, porque eso apartaría la atención de la tristeza por la persona que había muerto.

22:7-9
El pueblo recibe leyes detalladas acerca de la propiedad

Las leyes sobre la tierra y las posesiones ayudaban a mantener la paz y la buena disposición. Todos los detalles contribuían a terminar con las peleas sobre la propiedad.

la casa se presentará[1] ante los jueces[2], *para* determinar si él metió la mano en[3] la propiedad de su vecino. **9** En toda clase de fraude[1], *ya se trate* de buey, de asno, de oveja, de ropa, *o* de cualquier cosa perdida, de la cual se pueda decir: "Esto es mío", la causa[2] de ambos se llevará ante los jueces[3]; *y* aquel a quien los jueces[3] declaren culpable pagará el doble a su vecino.

10 »Si alguien da a su vecino un asno, un buey, una oveja, o cualquier *otro* animal para ser guardado, y muere o sufre daño, o es robado[1] sin que nadie lo vea, **11** los dos harán juramento delante del SEÑOR de que[1] no metieron la mano en[2] la propiedad de su vecino, y el dueño *lo* aceptará, y *el otro* no hará restitución. **12** Pero si en verdad *el animal* le ha sido robado, hará restitución a su dueño. **13** Si ha sido despedazado, que lo traiga como prueba. No hará restitución por lo que ha sido despedazado.

14 »Si alguien pide *prestado un animal* a su vecino, y *el animal* sufre daño o muere en ausencia de su dueño, hará completa restitución. **15** Si el dueño está presente, no hará restitución. Si es alquilado, *solamente* pagará el alquiler.

LEYES DIVERSAS

16 »Si alguien seduce a una doncella que no esté comprometida para casarse, y se acuesta con ella, deberá pagar una dote por ella para *que sea* su mujer. **17** Y si el padre rehúsa dársela, él pagará una cantidad[1] igual a la dote de las vírgenes.

18 »No dejarás con vida a la hechicera.

19 »A cualquiera que se eche[1] con un animal, ciertamente se le dará muerte.

20 »El que ofrezca sacrificio a otro dios[1], que no sea el SEÑOR, será destruido por completo[2].

21 »Al extranjero no maltratarás ni oprimirás, porque ustedes fueron extranjeros en la tierra de Egipto. **22** A la viuda y al huérfano no afligirán. **23** Si los afliges *y* ellos claman a Mí, ciertamente Yo escucharé su clamor, **24** y se encenderá Mi ira y a ustedes los mataré a espada, y sus mujeres quedarán viudas y sus hijos huérfanos.

25 »Si prestas dinero a Mi pueblo, a los pobres entre[1] ustedes, no serás usurero con él; no le cobrarás[2] interés. **26** Si tomas en prenda el manto de tu prójimo, se lo devolverás antes de ponerse el sol, **27** porque es su único abrigo; es el vestido para su cuerpo[1]. ¿En qué *otra cosa* dormirá? Y será que cuando él clame a Mí, Yo *le* oiré, porque soy clemente.

28 »No maldecirás[1] a Dios[2], ni maldecirás al príncipe de tu pueblo.

29 »No demorarás *la ofrenda de* tu cosecha ni *de* tu vendimia[1]. Me darás el primogénito de tus hijos. **30** Lo mismo harás con tus bueyes *y* con tus ovejas. Siete días estará con su madre, y al octavo día me lo darás.

22:16-31
Responsabilidad social
Esta sección de leyes muestra la conexión entre los asuntos sociales, es decir sus relaciones y la correcta adoración. Para las tribus de Israel, la forma de comportarse con otras personas mostraba la calidad de su adoración a Dios.

22:8 ¹ Lit. *se acercará.*   ² O *Dios.*   ³ Lit. *extendió su mano a.*   22:9 ¹ O *todo asunto de transgresión.*   ² Lit. *el asunto.*   ³ O *Dios.*   22:10 ¹ Lit. *llevado.*   22:11 ¹ Lit. *si.*   ² Lit. *extendió su mano a.*   22:17 ¹ Lit. *pesará plata.*   22:19 ¹ I.e. cohabite.   22:20 ¹ Lit. *los dioses.*   ² O *dedicado al anatema.*   22:25 ¹ Lit. *con.*   ² Lit. *no pondrás sobre él.*   22:27 ¹ Lit. *piel.*   22:28 ¹ O *injuriarás.*   ² O *a los jueces.*   22:29 ¹ Lit. *tu plenitud y tus lágrimas.*

31 »Ustedes serán hombres santos para Mí. No comerán carne despedazada *por las fieras* en el campo. A los perros la echarán.

23 »No propagarás falso rumor. No te concertarás[1] con el impío para ser testigo falso[2]. **2** No seguirás a la multitud[1] para hacer el mal, ni testificarás[2] en un pleito inclinándote a la multitud[1] para pervertir *la justicia*. **3** Tampoco serás parcial[1] al pobre en su pleito.

4 »Si encuentras extraviado el buey de tu enemigo o su asno, ciertamente se lo devolverás. **5** Si ves caído debajo de su carga el asno de uno que te aborrece, no se lo dejarás a él *solo*, ciertamente lo ayudarás a levantar*lo*[1].

6 »No pervertirás el derecho de tu *hermano* menesteroso en su pleito.

7 »Aléjate de acusación falsa, y no mates al inocente ni al justo, porque Yo no absolveré al culpable. **8** No aceptarás soborno[1], porque el soborno[1] ciega *aun* al de vista clara y pervierte las palabras[2] del justo.

9 »No oprimirás al extranjero[1], porque ustedes conocen los sentimientos[2] del extranjero[1], ya que ustedes *también* fueron extranjeros[1] en la tierra de Egipto.

10 »Seis años sembrarás tu tierra y recogerás su producto; **11** pero el séptimo año la dejarás descansar[1], sin cultivar, para que coman los pobres de tu pueblo, y de lo que ellos dejen, coman los animales del campo. Lo mismo harás con tu viña *y* con tu olivar. **12** Seis días trabajarás, pero el séptimo día dejarás *de trabajar,* para que descansen tu buey y tu asno, y para que el hijo de tu sierva, así como el extranjero[1] renueven sus fuerzas.

13 »Y en cuanto a todo lo que les he dicho, estén alerta; no mencionen ni se oiga en sus labios[1] el nombre de otros dioses.

FIESTAS ANUALES Y PRIMICIAS

14 »Tres veces al año me celebrarán fiesta. **15** Guardarás la Fiesta de los Panes sin Levadura. Siete días comerás pan sin levadura, como Yo te mandé, en el tiempo señalado del mes de Abib, pues en él saliste de Egipto. Y nadie se presentará[1] ante Mí con las manos vacías. **16** También *guardarás* la fiesta de la siega de los primeros frutos de tus labores, de lo que siembres en el campo, y la fiesta de la cosecha al fin del año cuando recojas del campo *el fruto de* tu trabajo. **17** Tres veces al año se presentarán todos tus varones delante del Señor DIOS[1].

18 »No ofrecerás la sangre de Mi sacrificio con pan leudado, ni la grasa de Mi fiesta quedará hasta la mañana. **19** Traerás lo mejor de

23:4-5
Dios le dijo a su pueblo que actuara de manera justa con sus enemigos
Dios les dijo a los hebreos que trataran a todas las personas con consideración. Más adelante, Jesús les expresó a sus seguidores: «Amen a sus enemigos». (Ver Mateo 5:44).

23:15-16
Festividades
Era importante celebrar y recordar la bondad de Dios. La Fiesta de los Panes sin Levadura se celebraba al comienzo de la cosecha de la cebada en memoria del éxodo de Egipto. La fiesta de la siega celebraba los primeros cultivos de la estación. La Fiesta de los Tabernáculos celebraba la cosecha de las frutas y viñas.

23:1 [1] *Lit. unirás tu mano.*   [2] *O malicioso.*   23:2 [1] *Lit. a muchos.*   [2] *O responderás.*   23:3 [1] *Lit. ni honrarás.*   23:5 [1] *Lit. ciertamente lo librarás junto con él.*   23:8 [1] *O presente.*   [2] *O la causa.*   23:9 [1] *O peregrino(s).*   [2] *Lit. el alma.*   23:11 [1] *Lit. caer.*   23:12 [1] *Lit. el peregrino.*   23:13 [1] *Lit. la boca de ustedes.*   23:15 [1] *Lit. no se presentarán.*   23:17 [1] *Heb. YHWH, generalmente traducido SEÑOR.*

© Lisa S./Shutterstock

23:19
Se les prohibió cocinar un cabrito en la leche de su madre

Las religiones paganas pensaban que la leche tenía poderes mágicos, y la usaban para regar las cosechas y viñedos a fin de hacerlos producir más. Por lo tanto, Dios quería que su pueblo evitara usar esta práctica falsa.

23:24
Por qué Dios les dijo a los israelitas que aniquilaran a los cananeos

Los cananeos adoraban a dioses paganos. Ellos habrían arruinado a los israelitas. Dios los juzgó duramente y quería que fueran destruidos.

23:27-30
Dios no quiso sacar a los cananeos de una sola vez

Dios ayudó a los israelitas a tomar la tierra poco a poco para que tuvieran tiempo de formar y entrenar a sus tropas a fin de cuidar la nueva tierra. Si expulsaban a todos sus enemigos de repente, habría un montón de tierra sin ocupar y los animales salvajes les causarían problemas a los colonizadores.

24:1
Nadab y Abiú

Ellos eran los dos hijos mayores de Aarón y ambos se convirtieron en sacerdotes. (Lee más acerca de ellos en Levítico 10:1-2).

24:6-8
La sangre se solía usar para confirmar un pacto

La sangre se usó para sellar el acuerdo entre el pueblo y Dios. La sangre rociada sobre el altar representaba el perdón de Dios. La sangre rociada sobre el pueblo daba cuenta de su promesa de seguir a Dios.

las primicias de tu tierra a la casa del SEÑOR tu Dios. No cocerás el cabrito en la leche de su madre.

PROMESA DEL REGRESO A CANAÁN

20 »Yo enviaré un ángel delante de ti, para que te guarde en el camino y te traiga al lugar que Yo he preparado. 21 Sé prudente[1] delante de él y obedece su voz. No seas rebelde contra él, pues no perdonará la rebelión de ustedes, porque en él está Mi nombre. 22 Pero si en verdad obedeces su voz y haces todo lo que Yo digo, entonces seré enemigo de tus enemigos y adversario de tus adversarios.

23 »Pues Mi ángel irá delante de ti y te llevará a *la tierra del* amorreo, del hitita, del ferezeo, del cananeo, del heveo y del jebuseo; y los destruiré por completo. 24 No adorarás sus dioses, ni los servirás, ni harás lo que ellos hacen; sino que los derribarás totalmente y harás pedazos sus pilares *sagrados*. 25 Pero ustedes servirán al SEÑOR su Dios. Él bendecirá[1] tu pan y tu agua. Yo quitaré las enfermedades de en medio de ti. 26 En tu tierra no habrá *mujer* que aborte ni *que sea* estéril. Haré que se cumpla[1] el número de tus días.

27 »Enviaré Mi terror delante de ti, y llenaré de confusión a todo pueblo donde llegues; y haré que todos tus enemigos vuelvan la espalda ante ti. 28 Enviaré avispas delante de ti para que echen fuera de delante de ti a los heveos, a los cananeos y a los hititas. 29 No los echaré de delante de ti en un solo año, a fin de que la tierra no quede desolada y se multipliquen contra ti las bestias del campo. 30 Poco a poco los echaré de delante de ti, hasta que te multipliques y tomes posesión de la tierra.

31 »Fijaré tus límites desde el mar Rojo[1] hasta el mar de los filisteos, y desde el desierto hasta el río *Éufrates*. Porque en tus manos entregaré a los habitantes de esa[2] tierra, y tú los echarás de delante de ti. 32 No harás[1] pacto con ellos ni con sus dioses. 33 Ellos no habitarán en tu tierra, no sea que te hagan pecar contra Mí. Porque *si* sirves a sus dioses, ciertamente esto será tropezadero[1] para ti».

EL PACTO DE DIOS CON ISRAEL

24 Entonces *Dios* dijo a Moisés: «Sube hacia el SEÑOR, tú y Aarón, Nadab y Abiú, y setenta de los ancianos de Israel, y adorarán desde lejos. 2 Sin embargo, Moisés se acercará solo al SEÑOR. Ellos no se acercarán, ni el pueblo subirá con él».

3 Moisés vino y contó al pueblo todas las palabras del SEÑOR y todas las ordenanzas[1]. Todo el pueblo respondió a una voz, y dijo: «Haremos todas las palabras que el SEÑOR ha dicho».

4 Moisés escribió todas las palabras del SEÑOR. Levantándose muy de mañana, edificó un altar al pie[1] del monte, con doce columnas por las doce tribus de Israel. 5 Y envió jóvenes israelitas, que ofrecieron holocaustos y sacrificaron novillos como ofrendas de paz al SEÑOR. 6 Moisés tomó

23:21 [1] Lit. Ponte en guardia.　　23:25 [1] O para que bendiga.
23:26 [1] O completaré.　　23:31 [1] Lit. mar de Cañas.　　[2] Lit. la.
cortarás.　　23:33 [1] Lit. trampa.　　24:3 [1] O leyes, o juicios.
24:4 [1] Lit. debajo.

la mitad de la sangre y *la* puso en vasijas, y la *otra* mitad de la sangre la roció sobre el altar.

7 Luego tomó el libro del pacto y *lo* leyó a oídos del pueblo, y ellos dijeron: «Todo lo que el SEÑOR ha dicho haremos y obedeceremos». **8** Entonces Moisés tomó la sangre y *la* roció sobre el pueblo, y dijo: «Esta es la sangre del pacto que el SEÑOR ha hecho[1] con ustedes, según[2] todas estas palabras».

9 Y subió Moisés con[1] Aarón, Nadab y Abiú, y setenta de los ancianos de Israel; **10** y vieron al Dios de Israel. Debajo de Sus pies *había* como un embaldosado de zafiro, tan[1] claro como el mismo cielo. **11** Pero Él no extendió Su mano contra los príncipes de los israelitas. Ellos vieron a Dios, y comieron y bebieron.

12 Y el SEÑOR dijo a Moisés: «Sube hasta Mí, al monte, y espera[1] allí, y te daré las tablas de piedra con[2] la ley y los mandamientos[3] que he escrito para instrucción de ellos». **13** Moisés se levantó con Josué su ayudante, y subió Moisés al monte de Dios, **14** y dijo a los ancianos: «Espérennos aquí hasta que volvamos a ustedes. Aarón y Hur estarán con ustedes. El que tenga algún asunto legal[1], acuda a ellos».

15 Entonces Moisés subió al monte, y la nube cubrió el monte. **16** Y la gloria del SEÑOR reposó[1] sobre el monte Sinaí, y la nube lo cubrió por seis días. Al séptimo día, *Dios* llamó a Moisés de en medio de la nube. **17** A los ojos de los israelitas la apariencia de la gloria del SEÑOR era como un fuego consumidor sobre la cumbre del monte. **18** Moisés entró en medio de la nube, y subió al monte. Moisés estuvo en el monte cuarenta días y cuarenta noches.

OFRENDA PARA EL TABERNÁCULO

25 El SEÑOR habló a Moisés y le dijo: **2** «Dile a los israelitas que tomen una ofrenda[1] para Mí. De todo aquel cuyo corazón le mueva *a hacerlo*, ustedes tomarán Mi ofrenda[1]. **3** Y esta es la ofrenda[1] que tomarán de ellos: oro, plata y bronce; **4** tela azul[1], púrpura y escarlata, lino fino y *pelo de* cabra; **5** pieles de carnero teñidas de rojo, pieles de marsopa y madera de acacia; **6** aceite para el alumbrado, especias para el aceite de la unción y para el incienso aromático; **7** piedras de ónice y piedras de engaste para el efod y para el pectoral[1].

8 »Que me hagan un santuario, para que Yo habite entre ellos. **9** Conforme a todo lo que te voy a mostrar, *conforme* al diseño del tabernáculo y al diseño de todo su mobiliario[1], así ustedes *lo* harán.

EL ARCA DEL TESTIMONIO

10 »Harán también un arca de madera de acacia. Su longitud *será* de 2.5 codos (1.12 metros), su anchura de 1.5 codos (68 centímetros), y su altura de 1.5 codos (68 centímetros). **11** La revestirás de oro puro. Por dentro y por fuera la revestirás, y harás una moldura de oro alrededor de[1] ella. **12** Además

---

24:8 [1] Lit. *cortado.*   [2] Lit. *sobre.*   24:9 [1] Lit. *y.*   24:10 [1] Lit. *y tan.*
24:12 [1] Lit. *estate.*   [2] Lit. *y.*   [3] Lit. *el mandamiento.*   24:14 [1] Lit. *sea dueño de asuntos.*   24:16 [1] Lit. *moró.*   25:2 [1] U *ofrenda alzada.*   25:3 [1] U *ofrenda alzada.*   25:4 [1] O *violeta.*   25:7 [1] O *la bolsa.*   25:9 [1] O *sus utensilios.*
25:11 [1] Lit. *alrededor sobre.*

24:9-11
Solo unos pocos lograron ver a Dios
Como Dios es tan santo y poderoso, no era posible verlo y vivir. Él les dio un permiso especial a Moisés y Aarón, los hijos de Aarón y los ancianos para ir a verlo, pero probablemente solo llegaron a ver un poquito de la grandeza de Dios.

25:4
La importancia del color azul, púrpura y escarlata
Estos eran colores reales. Los pigmentos azul y púrpura provenían de las conchas del mar Mediterráneo. (La tierra prometida se conocía como Canaán, que significa «tierra de la púrpura»). La tintura escarlata se preparaba a partir de un gusano que se adhería a la planta de encina.

Z. Radovan/www.BibleLandPictures.com

25:10-22
El propósito del arca

El arca era como un templo portátil en miniatura. La misma representaba la presencia de Dios dondequiera que la llevaban. Dentro de ella estaban las tablas de piedra, una vasija con el maná y la vara de Aarón.

25:11, 17, 24, 31, 39
Por qué usaron tanto oro

El oro era uno de los metales más valiosos de la tierra. Ellos lo usaron para mostrar honor y respeto hacia Dios.

25:30
El pan de la Presencia

Era una ofrenda de doce panes. Los panes representaban a cada tribu de Israel. El pan se colocaba fresco cada semana.

fundirás para ella cuatro argollas de oro, y las pondrás en sus cuatro esquinas¹, dos argollas a un lado de ella y dos argollas al otro lado².

13 »También harás varas de madera de acacia y las revestirás de oro. **14** Meterás las varas por las argollas a los lados del arca, para llevar el arca con ellas. **15** Las varas permanecerán¹ en las argollas del arca. No serán quitadas de ella. **16** Y pondrás en el arca el testimonio que Yo te daré.

17 »Harás además un propiciatorio de oro puro. Su longitud *será* de 2.5 codos (1.12 metros), y su anchura de 1.5 codos (68 centímetros). **18** Harás también dos querubines de oro. Los harás de oro labrado a martillo, en¹ los dos extremos del propiciatorio. **19** Harás un querubín en¹ un extremo y el otro en¹ el otro extremo. Harás el propiciatorio con los querubines en sus dos extremos *de una sola pieza*. **20** Los querubines tendrán extendidas las alas hacia arriba, cubriendo el propiciatorio con sus alas, uno frente al otro¹. Los rostros de los querubines estarán *vueltos* hacia el propiciatorio.

21 »Pondrás el propiciatorio encima del arca, y en el arca pondrás el testimonio que Yo te daré. **22** Allí me encontraré contigo, y de sobre el propiciatorio, de entre los dos querubines que están sobre el arca del testimonio, te hablaré acerca de todo lo que he de darte por mandamiento para los israelitas.

LA MESA DEL PAN DE LA PRESENCIA

23 »Harás asimismo una mesa de madera de acacia. Su longitud *será* de 2 codos (90 centímetros), su anchura de un codo (45 centímetros) y su altura de 1.5 codos (68 centímetros). **24** La revestirás de oro puro y harás una moldura de oro a su alrededor. **25** Le harás también alrededor un borde de 7.5 centímetros de ancho, y harás una moldura de oro alrededor del¹ borde.

26 »Le harás cuatro argollas de oro, y pondrás argollas en las cuatro esquinas que están sobre sus cuatro patas. **27** Cerca del borde estarán las argollas para meter las varas a fin de llevar la mesa. **28** Harás las varas de madera de acacia y las revestirás de oro, y con ellas llevarán la mesa.

29 »Harás también sus fuentes¹, sus vasijas², sus jarros y sus tazones³ con los cuales se harán⁴ las libaciones. De oro puro los harás. **30** Y pondrás sobre la mesa el pan de la Presencia¹ perpetuamente² delante de Mí.

EL CANDELABRO

31 »Entonces harás un candelabro de oro puro. El candelabro, su base y su caña han de hacerse labrados a martillo. Sus copas, sus cálices¹ y sus flores serán *de una pieza* con él. **32** Y saldrán de sus lados seis brazos, tres brazos del candelabro de uno de sus lados y tres brazos del candelabro del otro¹ lado. **33** *Habrá*

25:12 ¹ Lit. *pies.*   ² Lit. *segundo lado de ella.*   25:15 ¹ Lit. *estarán.*   25:18 ¹ Lit. *desde.*   25:19 ¹ Lit. *desde.*   25:20 ¹ Lit. *y sus rostros uno hacia el otro.*   25:25 ¹ Lit. *para el.*   25:29 ¹ O *platos.*   ² O *cucharas.*   ³ Lit. *tazones de libación.*   ⁴ Lit. *se derramarán.*   25:30 ¹ O *de la Proposición.*   ² O *continuamente.*   25:31 ¹ O *bulbos,* y así en el resto del cap.   25:32 ¹ Lit. *segundo.*

tres copas en forma de *flor de* almendro en un brazo, *con* un cáliz y una flor; y tres copas en forma de *flor de* almendro en el otro¹ brazo, *con* un cáliz y una flor; así en los seis brazos que salen del candelabro. **34** En *la caña* del candelabro *habrá* cuatro copas en forma de *flor de* almendro, *con* sus cálices y sus flores. **35** Habrá un cáliz debajo de los dos *primeros* brazos *que salen* de él, y un cáliz debajo de los dos *siguientes* brazos *que salen* de él, y un cáliz debajo de los dos *últimos* brazos *que salen* de él; así con¹ los seis brazos que salen del candelabro. **36** Sus cálices y sus brazos *serán de una pieza* con él. Todo ello será una sola pieza de oro puro labrado a martillo.

37 »Entonces harás sus siete lámparas; sus lámparas serán levantadas de modo que alumbren el espacio frente al candelabro¹. **38** Sus despabiladeras y sus platillos¹ *serán* de oro puro. **39** *El candelabro*, con todos estos utensilios, será hecho

25:33 ¹ Lit. *en un.*   25:35 ¹ Lit. *para.*   25:37 ¹ Lit. *frente a él.*
25:38 ¹ O *ceniceros.*

EL TABERNÁCULO Y SUS MUEBLES

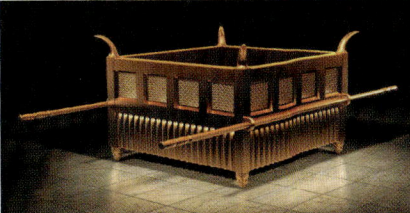

de 34 kilos de oro puro. **40** Mira que *los* hagas según el diseño que te ha sido mostrado en el monte.

CONSTRUCCIÓN DEL TABERNÁCULO

26 »Harás el tabernáculo[1] con diez cortinas de lino fino torcido, y *tela* azul[2], púrpura y escarlata. Las harás con querubines, obra de hábil artífice. **2** La longitud de cada cortina será de 28 codos (12.6 metros), y la anchura de cada cortina de 4 codos (1.8 metros). Todas las cortinas tendrán una *misma* medida. **3** Cinco cortinas estarán unidas una con la otra. También *las otras* cinco cortinas *estarán* unidas una con la otra.

4 »Harás lazos de *tela* azul en el borde de la[1] cortina del extremo del *primer* enlace, y de la misma manera *los* harás en el borde de la cortina del extremo del segundo enlace. **5** Harás cincuenta lazos en la primera cortina, y harás cincuenta lazos en el borde[1] de la cortina que está en el segundo enlace. Los lazos se corresponderán unos a otros. **6** Harás además cincuenta broches de oro, y con los broches unirás las cortinas una a la otra, de manera que el tabernáculo sea una unidad[1].

7 »Harás también cortinas de *pelo de* cabra *a manera de* tienda sobre el tabernáculo. En total harás once cortinas. **8** La longitud de cada cortina *será de* 30 codos (13.5 metros), y la anchura de cada cortina de 4 codos (1.8 metros). Las once cortinas tendrán una *misma* medida. **9** Unirás cinco cortinas entre sí y las *otras* seis cortinas *también* entre sí, y doblarás la sexta cortina en el frente[1] de la tienda.

10 »Harás cincuenta lazos en el borde de la[1] cortina del extremo del *primer* enlace, y cincuenta lazos en el borde de la cortina *del extremo del* segundo enlace. **11** Harás además cincuenta broches de bronce[1], y pondrás los broches en los lazos y unirás la tienda para que sea un todo[2].

12 »El exceso que sobra de las cortinas de la tienda, la media cortina que queda, caerá sobre *la parte* posterior del tabernáculo. **13** En un lado un codo (45 centímetros) y en el otro *lado* un codo (45 centímetros) de lo que sobra de la longitud de las cortinas de la tienda, caerá en los costados del tabernáculo, a un lado y a otro, para cubrirlo. **14** Harás también para la tienda una cubierta de pieles de carnero teñidas de[1] rojo, y otra cubierta de pieles de marsopa por encima.

15 »Harás luego para el tabernáculo tablas de madera de acacia, *colocándolas* verticalmente. **16** La longitud de cada[1] tabla *será* de 10 codos (4.5 metros), y de 1.5 codos (68 centímetros) la anchura de cada tabla. **17** Cada tabla *tendrá* dos espigas para unirlas[1] una con otra. Así harás con todas las tablas del tabernáculo. **18** Harás, pues, las tablas para el tabernáculo: para el lado sur[1] veinte tablas.

26:15
Madera de acacia

El árbol de acacia proveía una madera dura que era muy fuerte y los insectos no podían comérsela.

© slavapolo/Shutterstock

26:1 [1] O *la morada*, y así en el resto del cap.   [2] O *violeta*, y así en el resto del cap.   26:4 [1] Lit. *la primera*.
26:5 [1] Lit. *el extremo*.   26:6 [1] Lit. *uno*.   26:9 [1] Lit. *hacia el frente de la parte delantera*.   26:10 [1] Lit. *la primera*.
26:11 [1] O *cobre*.   [2] Lit. *sea una*.   26:14 [1] O *curtidas en*.
26:16 [1] Lit. *la*.   26:17 [1] Lit. *unidas*.   26:18 [1] Lit. *hacia el lado del Neguev, al sur*.

19 »También harás cuarenta basas de plata debajo de las veinte tablas: dos basas debajo de una tabla para sus dos espigas, y dos basas debajo de la otra tabla para sus espigas. **20** Para el segundo lado del tabernáculo, al lado norte, veinte tablas, **21** y sus cuarenta basas de plata: dos basas debajo de una tabla y dos basas debajo de la otra tabla.

22 »Para la parte posterior[1] del tabernáculo, hacia el occidente, harás seis tablas. **23** Harás además dos tablas para las esquinas del tabernáculo en la parte posterior[1]. **24** Serán dobles por abajo, y estarán completamente unidas por arriba hasta la primera argolla. Así será con las dos: formarán las dos esquinas. **25** Habrá ocho tablas con sus basas de plata, dieciséis basas; dos basas debajo de una tabla y dos basas debajo de la otra tabla.

26 »Harás también barras de madera de acacia; cinco para las tablas de un lado del tabernáculo, **27** y cinco barras para las tablas del otro[1] lado del tabernáculo, y cinco barras para las tablas del lado posterior[2] del tabernáculo, hacia el occidente. **28** La barra del medio en el centro[1] de las tablas pasará de un extremo al otro. **29** Y revestirás de oro las tablas, y harás de oro sus argollas por donde pasarán[1] las barras. Revestirás de oro las barras. **30** Entonces levantarás el tabernáculo según el plan que te ha sido mostrado en el monte.

EL VELO

31 »Harás además un velo de *tela* azul, púrpura y escarlata, y de lino fino torcido. Será hecho con querubines, obra de hábil artífice. **32** Lo colgarás[1] sobre cuatro columnas de acacia revestidas de oro. Sus ganchos *serán también de* oro, sobre cuatro basas de plata. **33** Colgarás el velo debajo de los broches, y pondrás allí, detrás[1] del velo, el arca del testimonio. El velo les servirá como división entre[2] el lugar santo y el Lugar Santísimo. **34** Pondrás el propiciatorio[1] sobre el arca del testimonio en el Lugar Santísimo. **35** Pondrás la mesa fuera del velo, y el candelabro enfrente de la mesa en el lado del tabernáculo hacia el sur. Pondrás la mesa en el lado norte.

36 »Harás también una cortina para la entrada de la tienda de *tela* azul, púrpura y escarlata, y de lino fino torcido, obra de tejedor[1]. **37** Harás cinco columnas de acacia para la cortina, y las revestirás de oro, *y* sus ganchos *serán también de* oro. Fundirás cinco basas de bronce[1] para ellas.

EL ALTAR DEL HOLOCAUSTO

27 »Harás también el altar de madera de acacia, de 5 codos (2.25 metros) su longitud, de 5 codos (2.25 metros) su anchura, el altar será cuadrado, y de 3 codos (1.35 metros) su altura. **2** Le harás cuernos en sus cuatro esquinas. Los cuernos serán de una misma *pieza* con el altar[1], y lo revestirás de bronce[2]. **3** Harás asimismo sus recipientes para

26:31-33
La cortina del tabernáculo
La cortina dividía el tabernáculo en dos salas: el lugar santo y el Lugar Santísimo. El Lugar Santísimo contenía solamente el arca. Este representaba el salón del trono de Dios.

26:31-37
De dónde procedieron todos los materiales del tabernáculo
Las personas donaban los materiales de los recursos que habían traído de Egipto.

27:2
Los cuernos del altar
Los cuernos eran símbolos de ayuda y refugio.

26:22 [1] Lit. *los extremos.*   26:23 [1] Lit. *los extremos.*   26:27 [1] Lit. *segundo.*
[2] Lit. *los extremos.*   26:28 [1] Lit. *medio.*   26:29 [1] Lit. *como lugares para.*
26:32 [1] Lit. *pondrás.*   26:33 [1] Lit. *dentro.*   [2] Lit. *separará para ustedes.*
26:34 [1] O *asiento de la misericordia.*   26:36 [1] O *recamador.*   26:37 [1] O *cobre.*
27:2 [1] Lit. *con él.*   [2] O *cobre, y así en el resto del cap.*

recoger las cenizas, y sus palas, sus tazones, sus garfios y sus braseros. Todos sus utensilios los harás de bronce.

4 »Le harás un enrejado de bronce en forma de red, y sobre la red harás cuatro argollas de bronce en sus cuatro extremos. 5 Y la pondrás debajo, bajo el borde del altar, *de manera* que la red llegue hasta la mitad del altar.

6 »Harás también varas para el altar, varas de madera de acacia, y las revestirás de bronce. 7 Las[1] varas se meterán en las argollas, de manera que las varas estén en ambos lados del altar cuando sea transportado. 8 Harás el altar hueco, de tablas; según se te mostró en el monte, así *lo* harán.

EL ATRIO DEL TABERNÁCULO

9 »Harás también el atrio del tabernáculo[1]. Al lado sur[2] habrá cortinas de lino fino torcido para el atrio, de 100 codos (45 metros) de largo por un lado. 10 Sus columnas *serán* veinte, con sus veinte basas de bronce. Los ganchos de las columnas y sus molduras[1] *serán* de plata.

11 »Asimismo, a lo largo del lado norte *habrá* cortinas de 100 codos (45 metros) de largo y sus veinte columnas con sus veinte basas *serán* de bronce. Los ganchos de las columnas y sus molduras *serán* de plata.

12 »*Para* el ancho del atrio en el lado occidental *habrá* cortinas de 50 codos (22.5 metros) *con* sus diez columnas y sus diez basas. 13 El ancho del atrio en el lado oriental[1] *será* de 50 codos (22.5 metros). 14 Las cortinas a *un* lado[1] *de la* entrada *serán* de 15 codos (6.75 metros) *con* sus tres columnas y sus tres basas. 15 Y para el otro lado[1] *habrá* cortinas de 15 codos (6.75 metros) con sus tres columnas y sus tres basas.

16 »Para la puerta del atrio *habrá* una cortina de 20 codos (9 metros) de *tela* azul[1], púrpura y escarlata, y de lino fino torcido, obra de tejedor[2], *con* sus cuatro columnas y sus cuatro basas. 17 Todas las columnas alrededor del atrio tendrán molduras de plata. Sus ganchos *serán* de plata y sus basas de bronce. 18 El largo del atrio *será* de 100 codos (45 metros), y el ancho de 50 codos (22.5 metros) por cada lado[1], y la altura 5 codos (2.25 metros); *sus cortinas* de lino fino torcido, y sus basas de bronce. 19 Todos los utensilios del tabernáculo *usados* en todo su servicio, y todas sus estacas, y todas las estacas del atrio *serán* de bronce.

EL ACEITE PARA LAS LÁMPARAS

20 »Ordenarás a los israelitas que te traigan aceite puro de olivas machacadas para el alumbrado[1], para que la lámpara arda[2] continuamente. 21 En la tienda de reunión, fuera del velo que está delante del testimonio, Aarón y sus hijos la mantendrán en orden[1] delante del

27:16
Lino fino torcido
Un tejedor hacía esta tela de algodón de la más alta calidad. Habría sido parecida a la seda, suave, hermosa y fuerte.

27:20
El tipo de aceite para las lámparas
Las olivas eran machacadas en un mortero, a mano o en un molino. La pulpa luego se colocaba en una cesta, y el aceite chorreaba desde el fondo de la misma. La primera prensa producía un combustible transparente que ardía y casi no echaba humo.

© Iryna Denysova/Shutterstock

27:7 [1] Lit. *Sus.*   27:9 [1] O *de la morada.*   [2] Lit. *Hacia el lado del Neguev, al sur.*   27:10 [1] O *filetes, o anillas, y así en los vers.* 11 y 17.   27:13 [1] Lit. *lado oriental, hacia el oriente.*   27:14 [1] Lit. *hombro.*   27:15 [1] Lit. *segundo hombro.* 27:16 [1] O *violeta.*   [2] O *recamador.*   27:18 [1] Lit. *cincuenta por cincuenta.* 27:20 [1] O *la luminaria.*   [2] Lit. *ascienda.*   27:21 [1] O *encendida.*

SEÑOR desde la tarde hasta la mañana. *Será* estatuto perpetuo para todas las generaciones de los israelitas.

LAS VESTIDURAS SACERDOTALES

28 »Entonces harás que se acerque a ti, de entre los israelitas, tu hermano Aarón, y con él sus hijos, para que me sirva como sacerdote: Aarón, *con* Nadab, Abiú, Eleazar e Itamar, hijos de Aarón. **2** Harás vestiduras sagradas para tu hermano Aarón, para gloria y hermosura. **3** Hablarás a todos los hábiles artífices¹, a quienes Yo he llenado de espíritu de sabiduría, y ellos harán las vestiduras de Aarón para consagrarlo, a fin de que me sirva como sacerdote. **4** Estas son las vestiduras que harán: un pectoral¹, un efod, un manto, una túnica tejida a cuadros, una tiara y un cinturón. Harán vestiduras sagradas para tu hermano Aarón y para sus hijos, a fin de que me sirvan como sacerdotes. **5** Tomarán *para ello* el oro y *la tela* azul¹, púrpura y escarlata, y el lino fino.

6 »Harán también el efod de oro, de *tela* azul, púrpura *y* escarlata y de lino fino torcido, obra de hábil artífice. **7** Tendrá dos hombreras que se junten a sus dos extremos, para que se pueda unir. **8** El cinto hábilmente tejido que *estará* sobre él, será de la misma obra, del mismo material¹: de oro, de *tela* azul, púrpura y escarlata y de lino fino torcido.

9 »Tomarás dos piedras de ónice y grabarás en ellas los nombres de los hijos de Israel: **10** seis de los nombres en una piedra y los seis nombres restantes en la otra¹ piedra, según *el orden de* su nacimiento. **11** Así como un joyero graba un sello¹, tú grabarás las dos piedras con los nombres de los hijos de Israel. Las engastarás en filigrana de oro. **12** Pondrás las dos piedras en las hombreras del efod, *como* piedras memoriales para los hijos de Israel, y Aarón llevará sus nombres delante del SEÑOR sobre sus dos hombros por memorial. **13** Harás *engastes de* filigrana de oro, **14** y dos cadenillas de oro puro. Las harás en forma¹ de cordones trenzados, y pondrás las cadenillas trenzadas en los *engastes de* filigrana.

15 »Harás el pectoral del juicio, obra de hábil artífice. Lo harás como la obra del efod: de oro, de *tela* azul, púrpura y escarlata y de lino fino torcido lo harás. **16** Será cuadrado *y* doble¹, de un palmo de largo y un palmo de ancho. **17** Montarás en él cuatro¹ hileras de piedras. La primera hilera *será* una hilera de un rubí, un topacio y una esmeralda; **18** la segunda hilera, una turquesa, un zafiro y un diamante; **19** la tercera hilera, un jacinto, una ágata y una amatista; **20** y la cuarta hilera, un berilo, un ónice y un jaspe. Todas estarán engastadas en filigrana de oro¹. **21** Las piedras serán doce, según los nombres de los hijos de Israel, conforme a sus nombres. Serán *como* las grabaduras de un sello, cada uno según su nombre para las doce tribus.

22 »Harás en el pectoral cadenillas de oro puro en forma¹ de cordones trenzados. **23** Harás también en el pectoral dos

27:20-21
Las lámparas ardían toda la noche

Ellos mantenían las lámparas encendidas como un recordatorio de que la presencia de Dios siempre estaba con su pueblo.

28:1-40
Las vestiduras de los sacerdotes eran elegantes

Dios quería que la vestimenta de los sacerdotes exhibiera la dignidad y el honor de ellos. Los lujosos diseños ayudaban a que la gente viera la adoración como un privilegio asombroso y especial.

28:12
El propósito de las piedras engastadas en el efod

Aarón llevaba los nombres de los doce hijos de Israel sobre sus hombros para mostrar que él representaba a todo el pueblo.

28:3 ¹ Lit. *sabios de corazón*.   28:4 ¹ O *una bolsa, y así en el resto del cap*.
28:5 ¹ O *violeta, y así en el resto del cap*.   28:8 ¹ Lit. *de él*.
28:10 ¹ Lit. *segunda*.   28:11 ¹ Lit. *una obra de lapidario, las grabaduras de un sello*.   28:14 ¹ Lit. *obra*.   28:16 ¹ Lit. *doblado doble*.   28:17 ¹ Lit. *Y lo llenarás de un engaste de piedras, cuatro*.   28:20 ¹ Lit. *entretejidas con oro en sus engastes*.   28:22 ¹ Lit. *obra*.

anillos de oro, y colocarás los dos anillos en los dos extremos del pectoral. **24** Pondrás los dos cordones de oro en los dos anillos en los extremos del pectoral. **25** Y colocarás los *otros* dos extremos de los dos cordones en los *engastes de* filigrana, y los fijarás[1] en las hombreras del efod, en su parte delantera.

26 »Harás *otros* dos anillos de oro y los pondrás en los dos extremos del pectoral, en el borde que da al lado interior del efod. **27** También harás *otros* dos anillos de oro y los pondrás en la parte inferior de las dos hombreras del efod, en la parte delantera, cerca de su unión sobre el cinto tejido del efod. **28** Atarán el pectoral por sus anillos a los anillos del efod con un cordón azul, para que esté sobre el cinto tejido del efod, y para que el pectoral no se desprenda del efod.

29 »Aarón llevará los nombres de los hijos de Israel en el pectoral del juicio sobre su corazón cuando entre en el lugar santo, continuamente por memorial delante del SEÑOR. **30** Pondrás en el pectoral del juicio el Urim y el Tumim[1], y estarán sobre el corazón de Aarón cuando entre a la presencia del SEÑOR. Aarón llevará continuamente el juicio de los israelitas sobre su corazón delante del SEÑOR.

31 »Harás asimismo el manto del efod todo de *tela* azul. **32** Habrá una abertura en el medio de su parte superior[1]. Alrededor de la abertura habrá una orla tejida, como la abertura de una cota de malla, para que no se rompa. **33** »En su borde inferior harás granadas de *tela* azul, púrpura y escarlata alrededor en todo su borde, y entre ellas, *también* alrededor, campanillas de oro: **34** una campanilla de oro y una granada, otra[1] campanilla de oro y otra[1] granada, *y así* alrededor de todo el borde del manto. **35** Estará sobre Aarón cuando ministre[1]. Y el tintineo[2] se oirá cuando entre en el lugar santo delante del SEÑOR y cuando salga, para que no muera.

36 »Harás también una lámina de oro puro, y grabarás en ella, como las grabaduras de un sello: "SANTIDAD[1] AL SEÑOR". **37** La fijarás[1] en un cordón azul, y estará sobre la tiara. Estará en la parte delantera de la tiara. **38** Y estará sobre la frente de Aarón, y Aarón quitará[1] la iniquidad de las cosas sagradas que los israelitas consagren en todas sus ofrendas santas. *La lámina* estará siempre sobre su frente, para que sean aceptas delante del SEÑOR. **39** Tejerás a cuadros la túnica de lino fino, y harás una tiara de lino fino. Harás también un cinturón, obra de un tejedor[1].

40 »Para los hijos de Aarón harás túnicas, también les harás cinturones, y les harás mitras, para gloria y hermosura. **41** Y vestirás con ellos a tu hermano Aarón y a sus hijos con él. Los ungirás y ordenarás[1] y consagrarás para que me sirvan como sacerdotes. **42** Les harás calzoncillos de lino para cubrir *su* desnudez. Llegarán[1] desde los lomos hasta los muslos. **43** Y Aarón y sus hijos los llevarán puestos[1] cuando entren

28:30
El Urim y el Tumim

Aarón los llevaba en su vestidura sacerdotal. El Urim y el Tumim pueden haber sido pequeños objetos de metal, piedras o palillos inscritos con símbolos. (*Urim* comienza con la primera letra del alfabeto hebreo y *Tumim* comienza con la última). Las personas pueden haberlos usado como si fueran dados para obtener un simple sí o no como respuesta de Dios.

28:25 [1] Lit. *pondrás.*   28:30 [1] I.e. las Luces y las Perfecciones.   28:32 [1] O *para su cabeza.*   28:34 [1] Lit. *una.*   28:35 [1] Lit. *para ministrar.*   [2] Lit. *su sonido.*   28:36 [1] O *CONSAGRADO.*   28:37 [1] Lit. *pondrás.*   28:38 [1] O *cargará.*   28:39 [1] O *recamador.*   28:41 [1] Lit. *llenarás su mano.*   28:42 [1] Lit. *serán.*   28:43 [1] Lit. *estarán sobre.*

en la tienda de reunión, o cuando se acerquen al altar para ministrar en el lugar santo, para que no incurran en culpa[2] y mueran. *Será* estatuto perpetuo para él y para su descendencia[3] después de él.

CONSAGRACIÓN DE AARÓN Y LOS SACERDOTES

29 »Esto es lo que les harás para consagrarlos para que me sirvan como sacerdotes: Toma un novillo y dos carneros sin defecto, **2** panes sin levadura, tortas sin levadura amasadas con aceite, y hojaldres sin levadura untados con aceite. Los harás de flor de harina de trigo. **3** Los pondrás en una cesta, y los presentarás en la cesta junto con el novillo y los dos carneros. **4** Después harás que Aarón y sus hijos se acerquen a la entrada de la tienda de reunión, y los lavarás con agua.

5 »Tomarás las vestiduras y pondrás sobre Aarón la túnica, el manto del efod, el efod y el pectoral[1], y lo ceñirás con el cinto tejido del efod. **6** Pondrás la tiara sobre su cabeza, y sobre la tiara pondrás la diadema santa. **7** Luego tomarás el aceite de la unción, lo derramarás sobre su cabeza, y lo ungirás. **8** También harás que sus hijos se acerquen y pondrás túnicas sobre ellos. **9** Les ceñirás los cinturones a Aarón y a sus hijos, y les atarás las mitras, y tendrán el sacerdocio por estatuto perpetuo. Así consagrarás a Aarón y a[1] sus hijos.

10 »Entonces llevarás el novillo delante de la tienda de reunión, y Aarón y sus hijos pondrán sus manos sobre la cabeza del novillo. **11** Matarás el novillo delante del SEÑOR, a la entrada de la tienda de reunión. **12** Tomarás de la sangre del novillo y *la* pondrás sobre los cuernos del altar con tu dedo. Y derramarás toda la sangre al pie del altar. **13** Tomarás todo el sebo que cubre las entrañas, el lóbulo del[1] hígado y los dos riñones, y el sebo que hay sobre ellos, y los ofrecerás quemándolos sobre el altar. **14** Pero la carne del novillo y su piel y su estiércol los quemarás con fuego fuera del campamento. Es ofrenda por el pecado.

15 »También tomarás uno de los carneros, y Aarón y sus hijos pondrán sus manos sobre la cabeza del carnero. **16** Matarás el carnero, y tomarás su sangre y la rociarás en el altar por todos los lados. **17** Luego cortarás el carnero en[1] pedazos, y lavarás sus entrañas y sus piernas, y *las* pondrás con[2] sus pedazos y con[2] su cabeza; **18** y quemarás todo el carnero sobre el altar. Es holocausto al SEÑOR, aroma agradable al SEÑOR, ofrenda encendida al SEÑOR.

19 »Entonces tomarás el otro[1] carnero, y Aarón y sus hijos pondrán sus manos sobre la cabeza del carnero. **20** Y matarás el carnero, y tomarás de su sangre y *la* pondrás sobre el lóbulo de la oreja derecha de Aarón, sobre el lóbulo de la oreja derecha de sus hijos, sobre el pulgar de su mano derecha, y sobre el pulgar de su pie derecho, y rociarás el *resto de la* sangre en el altar por todos los lados.

29:2
No usaban levadura en el pan y las tortas para los sacerdotes

Esto era un recordatorio de que la levadura no se usaba en la comida original de la Pascua, ya que el pueblo tuvo que preparar su comida rápidamente para partir de Egipto.

29:7
El aceite de la unción

Ungir con aceite significaba apartar algo o a alguien para servir a Dios con un propósito especial. Aarón fue ungido, y también el tabernáculo.

29:13-14
Dios les dio instrucciones específicas sobre varias partes del animal

En un sacrificio, cada acción tenía un significado especial. Las mejores partes del animal se ofrendaban a Dios. Las otras partes estaban asociadas con el pecado, por eso las sacaban del campamento y las quemaban afuera.

---

[2] O iniquidad.   [3] Lit. simiente.   29:5 [1] O la bolsa.   29:9 [1] Lit. llenarás la mano de Aarón y de.   29:13 [1] O apéndice sobre el.   29:17 [1] Lit. en sus.   [2] Lit. sobre.   29:19 [1] Lit. segundo.

29:20
La sangre se colocaba en la oreja derecha, y los pulgares de la mano y el pie derechos del sacerdote

Esta ceremonia debe haber simbolizado la purificación de los sacerdotes para Dios. Las orejas probablemente representaban la sensibilidad a oír la Palabra de Dios, mientras que las manos y los pies pueden haber simbolizado el servicio a los demás en nombre de Dios.

29:22-28
La ofrenda mecida

La ofrenda mecida se llama así porque se mecía o movía delante de Dios. Era parte de una ofrenda de paz. Los sacerdotes comían la ofrenda después de que era presentada a Dios.

21 »Después tomarás de la sangre que está sobre el altar y del aceite de la unción, y *lo* rociarás sobre Aarón y sobre sus vestiduras, sobre sus hijos y sobre las vestiduras de sus hijos[1]. Quedarán consagrados él y sus vestiduras, y también sus hijos y las vestiduras de sus hijos con él. 22 Tomarás también el sebo del carnero, la cola gorda, el sebo que cubre las entrañas, el lóbulo del[1] hígado, los dos riñones y el sebo que hay sobre ellos, la pierna derecha (porque es un carnero de consagración[2]), 23 y una torta de pan, una torta de pan *con* aceite y un hojaldre de la cesta de los panes sin levadura que está delante del SEÑOR. 24 »Lo pondrás todo en las manos[1] de Aarón y en las manos[1] de sus hijos. Lo mecerás como ofrenda mecida delante del SEÑOR. 25 Luego lo tomarás de sus manos y lo quemarás en el altar sobre el holocausto como aroma agradable delante del SEÑOR; es ofrenda encendida al SEÑOR.

26 »Entonces tomarás el pecho del carnero de la consagración de[1] Aarón, y lo mecerás como ofrenda mecida delante del SEÑOR. Esa será tu porción. 27 Y consagrarás el pecho de la ofrenda mecida y la pierna de la ofrenda alzada, lo que fue mecido y lo que fue alzado del carnero de consagración, de lo que era para Aarón y de lo que era para sus hijos. 28 Esto será como porción perpetua de parte de los israelitas para Aarón y sus hijos, porque es ofrenda alzada. Será una ofrenda alzada de los israelitas, de los sacrificios de sus ofrendas de paz, *es decir* su ofrenda alzada al SEÑOR.

29 »Las vestiduras sagradas de Aarón serán para sus hijos después de él, para que en ellas sean ungidos y consagrados[1]. 30 Por siete días las vestirá aquel de sus hijos que tome su lugar como sacerdote, cuando entre en la tienda de reunión para ministrar en el lugar santo.

31 »Tomarás el carnero de consagración y cocerás su carne en un lugar santo. 32 Y Aarón y sus hijos comerán la carne del carnero y el pan que está en la cesta, a la entrada de la tienda de reunión. 33 Así comerán las cosas[1] con las cuales se hizo expiación en la ordenación *y* consagración de ellos[2]. Pero el laico[3] no *las* comerá, porque son sagradas. 34 Si sobra algo de la carne de consagración o algo del pan hasta la mañana *siguiente,* quemarás al fuego lo que haya sobrado. No se comerá, porque es sagrado.

35 »Así harás, pues, a Aarón y a sus hijos, conforme a todo lo que te he mandado; por siete días los consagrarás[1]. 36 Cada día ofrecerás en expiación un novillo como ofrenda por el pecado. Purificarás el altar[1] cuando hagas expiación sobre él, y lo ungirás para santificarlo. 37 Durante siete días harás expiación por el altar, y lo santificarás. Entonces el altar será santísimo, *y* todo lo que toque el altar será santificado.

OFRENDAS DIARIAS

38 »Esto es lo que ofrecerás sobre el altar: dos corderos de un año cada día, continuamente. 39 Ofrecerás uno de los

29:21 [1] Lit. *sus hijos con él.*   29:22 [1] O *apéndice sobre el.*   [2] Lit. *plenitud; y así en el resto del cap.*   29:24 [1] Lit. *palmas.*   29:26 [1] Lit. *que es de.*   29:29 [1] Lit. *para ungir en ellas y llenar sus manos en ellas.*   29:33 [1] Lit. *Así las comerán.*   [2] Lit. *para llenar su mano para santificarlos.*   [3] Lit. *el extraño.*   29:35 [1] Lit. *llenarás su mano.*   29:36 [1] U *ofrecerás una ofrenda por el pecado sobre el altar.*

corderos por la mañana y el otro¹ cordero *lo* ofrecerás al atardecer². ⁴⁰Y *ofrecerás* 2.2 litros de flor de harina mezclada con un litro de aceite batido, y para la libación, un litro de vino con un cordero. ⁴¹Ofrecerás el otro¹ cordero al atardecer². Con él ofrecerás la misma³ ofrenda de cereal y la misma⁴ libación que por la mañana, como aroma agradable: una ofrenda encendida al SEÑOR.

⁴²»Será holocausto continuo por las generaciones de ustedes a la entrada de la tienda de reunión, delante del SEÑOR, donde Yo me encontraré con ustedes, para hablar allí contigo. ⁴³Allí me encontraré con los israelitas, y *el lugar* será santificado por Mi gloria. ⁴⁴Santificaré la tienda de reunión y el altar. También santificaré a Aarón y a sus hijos para que me sirvan como sacerdotes. ⁴⁵Habitaré entre los israelitas, y seré su Dios. ⁴⁶Y conocerán que Yo soy el SEÑOR su Dios, que los saqué de la tierra de Egipto para morar Yo en medio de ellos. Yo soy el SEÑOR su Dios.

EL ALTAR DEL INCIENSO

30 »Harás además un altar para quemar incienso en él. De madera de acacia lo harás. ²Será cuadrado: de un codo (45 centímetros) *será* su longitud y de un codo (45 centímetros) su anchura; de 2 codos (90 centímetros) será su altura. Sus cuernos *serán* de una sola pieza con él¹. ³Lo revestirás de oro puro: su parte superior, sus lados¹ en derredor y sus cuernos, y le harás una moldura de oro alrededor. ⁴Le harás dos argollas de oro debajo de su moldura. *Los* harás en dos de sus lados, en lados opuestos¹, y servirán de sostén² para las varas con las cuales transportarlo.

⁵»Harás las varas de madera de acacia y las revestirás de oro. ⁶Pondrás el altar¹ delante del velo que está junto al² arca del testimonio, delante del propiciatorio que está sobre *el arca del* testimonio, donde Yo me encontraré contigo.

⁷»Aarón quemará incienso aromático sobre él. Lo quemará cada mañana al preparar las lámparas. ⁸Cuando Aarón prepare¹ las lámparas al atardecer², quemará incienso. *Habrá* incienso perpetuo delante del SEÑOR por *todas* las generaciones de ustedes. ⁹No ofrecerán incienso extraño en este altar¹, ni holocausto ni ofrenda de cereal; tampoco derramarán libación sobre él. ¹⁰Aarón hará expiación sobre los cuernos del altar¹ una vez al año. Hará expiación sobre él con la sangre de la ofrenda de expiación por el pecado, una vez al año por todas las generaciones de ustedes. Santísimo es al SEÑOR».

LA OFRENDA DEL RESCATE

¹¹El SEÑOR habló también a Moisés y le dijo: ¹²«Cuando hagas un censo¹ de los israelitas para contarlos, cada uno dará al SEÑOR un rescate por su persona² cuando sean contados,

---

29:42-43
Dios les habló a los israelitas
Dios puede haber hablado desde la nube, o lo hizo a través de Moisés.

29:39 ¹ Lit. *segundo.*   ² Lit. *entre las dos tardes.*   29:41 ¹ Lit. *segundo.*   ² Lit. *entre las dos tardes.*   ³ Lit. *conforme a la.*   ⁴ Lit. *conforme a su.*   30:2 ¹ Lit. *cuernos de sí mismo.*   30:3 ¹ Lit. *paredes.*   30:4 ¹ Lit. *sus dos lados.*   ² Lit. *será como lugares.*   30:6 ¹ Lit. *Y lo pondrás.*   ² Lit. *sobre el.*   30:8 ¹ Lit. *haga ascender.*   ² Lit. *entre las dos tardes.*   30:9 ¹ Lit. *él.*   30:10 ¹ Lit. *sobre sus cuernos.*   30:12 ¹ Lit. *una suma.*   ² Lit. *alma.*

para que no haya plaga entre ellos cuando los hayas contado. **13** Esto dará todo el que sea contado[1]: medio siclo (5.7 gramos de plata), conforme al siclo del santuario. El siclo es de veinte geras[2]. Medio siclo es la ofrenda[3] al SEÑOR.

14 »Todo el que sea contado, de veinte años arriba, dará la ofrenda al[1] SEÑOR. **15** El rico no pagará más, ni el pobre pagará menos del medio siclo, al dar la ofrenda al[1] SEÑOR para hacer expiación por sus vidas[2]. **16** Tomarás de los israelitas el dinero de la expiación y lo darás para el servicio de la tienda de reunión, para que sea un recordatorio para los israelitas delante del SEÑOR, como expiación por sus vidas[1]».

LA FUENTE DE BRONCE

17 El SEÑOR habló a Moisés y le dijo: **18** «Harás también una pila de bronce[1], con su base de bronce, para lavatorio. La colocarás entre la tienda de reunión y el altar, y pondrás agua en ella. **19** Con ella se lavarán las manos y los pies Aarón y sus hijos. **20** Al entrar en la tienda de reunión, se lavarán con agua para que no mueran. También[1], cuando se acerquen al altar a ministrar para quemar una ofrenda encendida al SEÑOR, **21** se lavarán las manos y los pies para que no mueran. Será estatuto perpetuo para ellos, para Aarón[1] y su descendencia[2], por todas sus generaciones».

EL ACEITE DE LA UNCIÓN Y EL INCIENSO

22 El SEÑOR habló a Moisés y le dijo: **23** «Toma[1] también de las especias más finas: de mirra fluida, 500 *siclos* (5.7 kilos); de canela aromática, la mitad, 250; y de caña aromática, 250; **24** de casia, 500 *siclos,* conforme al siclo del santuario, y 3.7 litros de aceite de oliva. **25** Y harás con ello el aceite de la santa unción, mezcla de perfume, obra de perfumador. Será aceite de santa unción.

26 »Y con él ungirás la tienda de reunión y el arca del testimonio, **27** la mesa y todos sus utensilios, el candelabro y sus utensilios, el altar del incienso, **28** el altar del holocausto y todos sus utensilios, la pila y su base. **29** Los consagrarás y serán santísimos; todo aquello que los toque será santificado.

30 »Y ungirás a Aarón y a sus hijos y los consagrarás para que me sirvan como sacerdotes. **31** Y hablarás a los israelitas, diciendo: "Este será aceite de santa unción para Mí por todas sus generaciones. **32** No se derramará sobre nadie[1], ni harán *otro* igual en las mismas proporciones[2]. Santo es, *y* santo será para ustedes. **33** Cualquiera que haga[1] *otro* semejante, o el que ponga de él sobre un laico[2], será cortado de entre su pueblo[3]"».

34 Entonces el SEÑOR dijo a Moisés: «Toma[1] especias, estacte, uña aromática[2] y gálbano, especias con incienso puro. Que haya de cada una igual *peso.* **35** Con ello harás incienso, un perfume, obra de perfumador, sazonado[1],

---

30:13 [1] Lit. *que pase a los que sean enumerados; y así en el vers.* 14.　[2] U *óbolos.*　[3] U *ofrenda alzada.*　30:14 [1] U *ofrenda alzada del.*　30:15 [1] U *ofrenda alzada del.*　[2] Lit. *almas.*　30:16 [1] Lit. *almas.*　30:18 [1] O *cobre.*　30:20 [1] Lit. *o.*　30:21 [1] Lit. *él.*　[2] Lit. *simiente.*　30:23 [1] Lit. *Toma para ti.*　30:32 [1] Lit. *la carne de hombre.*　[2] Lit. *su proporción.*　30:33 [1] Lit. *mezcle.*　[2] Lit. *extraño.*　[3] Lit. *sus parientes.*　30:34 [1] Lit. *Toma para ti.*　[2] O *marina,* u *ónice.*　30:35 [1] O *salado.*

puro *y* santo. **36** Y molerás parte de él muy fino, y pondrás una parte delante del testimonio en el tabernáculo de reunión donde Yo me encontraré contigo. Santísimo será para ustedes.

37 »Y el incienso que harás, no lo harán en las mismas proporciones[1] para su propio uso[2]. Te será santo para el SEÑOR. **38** Cualquiera que haga *incienso* como este, para usarlo como perfume[1] será cortado de entre su pueblo[2]».

LLAMAMIENTO DE BEZALEL Y DE AHOLIAB

31 El SEÑOR habló además a Moisés diciendo: **2** «Mira, he llamado por nombre a Bezalel, hijo de Uri, hijo de Hur, de la tribu de Judá. **3** Y lo he llenado del Espíritu de Dios en sabiduría, en inteligencia, en conocimiento y en toda *clase de* arte, **4** para elaborar[1] diseños, para trabajar en oro, en plata y en bronce[2], **5** y en el labrado de piedras para engaste, y en el tallado de madera, a fin de que trabaje en toda *clase de* labor.

6 »Mira, Yo mismo he nombrado[1] con él a Aholiab, hijo de Ahisamac, de la tribu de Dan. En el corazón de todos los que son hábiles[2] he puesto habilidad[3] a fin de que hagan todo lo que te he mandado: **7** la tienda de reunión, el arca del testimonio, el propiciatorio sobre ella y todo el mobiliario del tabernáculo; **8** también la mesa y sus utensilios[1], el candelabro de *oro* puro con todos sus utensilios[1] y el altar del incienso; **9** el altar del holocausto también con todos sus utensilios[1] y la pila con su base; **10** asimismo las vestiduras tejidas[1], las vestiduras sagradas para el sacerdote Aarón y las vestiduras de sus hijos, para ministrar como sacerdotes; **11** también el aceite de la unción, y el incienso aromático para el lugar santo. *Los* harán conforme a todo lo que te he mandado».

EL DÍA DE REPOSO

12 El SEÑOR habló a Moisés y le dijo: **13** «Habla, pues, tú a los israelitas y diles: "De cierto guardarán Mis días de reposo, porque *esto* es una señal entre Yo y ustedes por todas sus generaciones, a fin de que sepan que Yo soy el SEÑOR que los santifico. **14** Por tanto, han de guardar el día de reposo porque es santo para ustedes. Todo el que lo profane ciertamente morirá. Porque cualquiera que haga obra alguna en él, esa persona será cortada de entre su pueblo[1]. **15** Durante seis días se trabajará, pero el séptimo día será día de completo reposo, santo al SEÑOR. Cualquiera que haga obra alguna en el día de reposo ciertamente morirá. **16** Los israelitas guardarán, pues, el día de reposo, celebrándolo[1] por todas sus generaciones como pacto perpetuo". **17** Es una señal entre Yo y los israelitas para siempre. Pues en seis días el SEÑOR hizo los cielos y la tierra, y en el séptimo día cesó *de trabajar* y reposó».

31:1-5
Bezalel

Dios a menudo daba bendiciones especiales a individuos que tenían que hacer artesanías, trabajar el oro, engastar o encajar las piedras y tallar la madera. Bezalel fue ungido a fin de que hiciera los muebles para la tienda de reunión.

30:37 [1] Lit. *en su proporción.*   [2] Lit. *para ustedes.*   30:38 [1] Lit. *para oler de él.*   [2] Lit. *sus parientes.*   31:4 [1] Lit. *diseñar.*   [2] O *cobre.*   31:6 [1] Lit. *dado.*   [2] Lit. *sabios de corazón.*   [3] Lit. *sabiduría.*   31:8 [1] O *vasos.*   31:9 [1] O *vasos.*   31:10 [1] O *del servicio.*   31:14 [1] Lit. *sus parientes.*   31:16 [1] Lit. *celebrando el día de reposo.*

31:18
Las dos tablas de la ley
Estas eran dos copias del mismo documento: una copia para el pueblo y otra para Dios. Ambas se guardaban dentro del arca.

31:18
Las tablas fueron «escritas por el dedo de Dios»
Dios es espíritu y no tiene dedos físicos. La frase quiere decir que el acuerdo y las reglas vinieron directamente de Dios.

32:1
Los israelitas querían un dios al que pudieran ver
Los dioses de los egipcios eran visibles, así que los israelitas estaban acostumbrados a las imágenes que representaban dioses. Mientras Moisés se encontraba en el monte, el pueblo quería saber que Dios estaba cerca. Ellos veían a un ídolo como una señal terrenal de un dios, no como el dios mismo. Los israelitas deben haber visto al becerro como el trono de Dios.

LAS TABLAS DEL TESTIMONIO

¹⁸ Cuando el SEÑOR terminó de hablar con Moisés sobre el monte Sinaí, le dio las dos tablas del testimonio, tablas de piedra, escritas por el dedo de Dios.

EL BECERRO DE ORO

32 Cuando el pueblo vio que Moisés tardaba en bajar del monte, la gente se congregó alrededor de Aarón, y le dijeron: «Levántate¹, haznos un dios que vaya² delante de nosotros. En cuanto a este Moisés, el hombre que nos sacó de la tierra de Egipto, no sabemos qué le haya acontecido». ² Y Aarón les respondió: «Quiten los pendientes de oro de las orejas de sus mujeres, de sus hijos y de sus hijas, y tráiganme*los*». ³ Entonces todo el pueblo se quitó los pendientes de oro que tenían en las orejas y *los* llevaron a Aarón. ⁴ Él *los* tomó de sus manos y les dio forma con buril, e hizo de ellos un becerro de fundición. Y ellos dijeron: «Este es tu dios, Israel, que te ha sacado¹ de la tierra de Egipto». ⁵ Cuando Aarón vio *esto*, edificó un altar delante del becerro¹. Y Aarón hizo una proclama y dijo: «Mañana *será* fiesta para el SEÑOR». ⁶ Al día siguiente se levantaron temprano y ofrecieron holocaustos y trajeron ofrendas de paz. El pueblo se sentó a comer y a beber, y se levantó a regocijarse.

⁷ Entonces el SEÑOR habló a Moisés: «Desciende pronto, porque tu pueblo, que sacaste de la tierra de Egipto, se ha corrompido. ⁸ Bien pronto se han desviado del camino que Yo les mandé. Se han hecho un becerro de fundición y lo han adorado, le han ofrecido sacrificios y han dicho: "Este es tu dios, Israel, que te ha sacado¹ de la tierra de Egipto"». ⁹ El SEÑOR dijo además a Moisés: «He visto a este pueblo, y ciertamente es un pueblo terco¹. ¹⁰ Ahora pues, déjame, para que se encienda Mi ira contra ellos y los consuma. Pero de ti Yo haré una gran nación».

¹¹ Entonces Moisés suplicó ante el SEÑOR su Dios, y dijo: «Oh SEÑOR, ¿por qué se enciende Tu ira contra Tu pueblo, que Tú has sacado de la tierra de Egipto con gran poder y con mano fuerte? ¹² ¿Por qué han de hablar los egipcios, diciendo: "Con malas *intenciones* los ha sacado, para matarlos en los montes y para exterminarlos de la superficie de la tierra"? Vuélvete del ardor de Tu ira, y desiste de *hacer* daño a Tu pueblo. ¹³ Acuérdate de Abraham, de Isaac y de Israel, Tus siervos, a quienes juraste por Ti mismo, y les dijiste: "Yo multiplicaré la descendencia de ustedes¹ como las estrellas del cielo, y toda esta tierra de la cual he hablado, daré a sus descendientes², y ellos *la* heredarán para siempre"». ¹⁴ Y el SEÑOR desistió de *hacer* el daño que había dicho que haría a Su pueblo.

MOISÉS ROMPE LAS TABLAS DEL TESTIMONIO

¹⁵ Entonces se volvió Moisés y descendió del monte con las dos tablas del testimonio en su mano, tablas escritas por ambos¹ lados. Por uno y por el otro estaban escritas. ¹⁶ Las

32:1 ¹ Lit. *Ven*.   ² O *unos dioses que vayan*.   32:4 ¹ O *Estos son tus dioses que te han sacado*.   32:5 ¹ Lit. *de él*.   32:8 ¹ O *Estos son tus dioses que te han sacado*.   32:9 ¹ Lit. *de dura cerviz*.   32:13 ¹ Lit. *simiente*.   ² Lit. *su simiente*.   32:15 ¹ Lit. *por los dos de sus*.

tablas eran obra de Dios, y la escritura era escritura de Dios grabada sobre las tablas. **17** Al oír Josué el ruido del pueblo que gritaba[1], dijo a Moisés: «Hay gritos de guerra en el campamento». **18** Pero él respondió:

> «No es ruido de gritos de victoria,
> Ni es ruido de lamentos de derrota;
> Sino que oigo voces de canto».

19 Tan pronto como *Moisés* se acercó al campamento, vio el becerro y las danzas. Se encendió la ira de Moisés, arrojó las tablas de sus manos, y las hizo pedazos al pie[1] del monte. **20** Y tomando el becerro que habían hecho, *lo* quemó en el fuego, lo molió hasta reducirlo a polvo y lo esparció sobre el agua, e hizo que los israelitas *la* bebieran.

CASTIGO DEL PUEBLO

21 Entonces dijo Moisés a Aarón: «¿Qué te ha hecho este pueblo para que hayas traído sobre él *tan gran pecado*?». **22** «No se encienda la ira de mi señor», respondió Aarón; «tú conoces al pueblo, que es propenso al mal[1]. **23** Porque me dijeron: "Haznos un dios que vaya[1] delante de nosotros, pues no sabemos qué le haya acontecido a este Moisés, el hombre que nos sacó de la tierra de Egipto". **24** Y yo les contesté: "El que tenga oro, que se lo quite". Me *lo* dieron, lo eché al fuego y salió este becerro».

25 Viendo Moisés al pueblo desenfrenado, porque Aarón les había permitido el desenfreno para ser burla de sus enemigos[1], **26** se paró Moisés a la puerta del campamento, y dijo: «El que esté por el SEÑOR, *venga* a mí». Y se juntaron a él todos los hijos de Leví. **27** Y él les dijo: «Así dice el SEÑOR, Dios de Israel: "Póngase cada uno la espada sobre el muslo, y pasen y repasen por el campamento de puerta en puerta, y maten cada uno a su hermano y a su amigo y a su vecino[1]"». **28** Los hijos de Leví hicieron conforme a la palabra de Moisés; y cayeron aquel día unos 3,000 hombres del pueblo. **29** Entonces Moisés dijo: «Conságrense[1] hoy al SEÑOR, pues cada uno ha estado en contra de su hijo y en contra de su hermano, para que hoy Él les dé una bendición».

30 Al día siguiente Moisés dijo al pueblo: «Ustedes han cometido[1] un gran pecado, y ahora yo voy a subir al SEÑOR. Quizá pueda hacer expiación por su pecado».

31 Entonces volvió Moisés al SEÑOR y dijo: «¡Ay!, este pueblo ha cometido[1] un gran pecado: se ha hecho un dios[2] de oro. **32** Pero ahora, si es Tu voluntad, perdona su pecado, y si no, bórrame del[1] libro que has escrito». **33** Y el SEÑOR dijo a Moisés: «Al que haya pecado contra Mí, lo borraré de Mi libro. **34** Pero ahora ve, conduce al pueblo adonde te he dicho. Mi ángel irá delante de ti. Pero el día que Yo los visite, los castigaré por su pecado[1]».

32:10
Dios se enojó con su pueblo elegido
Él estaba listo para destruirlos por completo y empezar de nuevo, pero Moisés oró por el pueblo y Dios lo escuchó.

32:21-25
Aarón no fue castigado por hacer el becerro de oro
Aarón pecó haciendo el ídolo, pero Dios lo perdonó porque Moisés oró por él.

32:29
Los levitas fueron consagrados
Ellos fueron elegidos para servir a Dios de una manera especial. Servían como sacerdotes y cuidaban el tabernáculo.

32:17 [1] Lit. *en su gritería.*   32:19 [1] Lit. *debajo.*   32:22 [1] Lit. *que está en el mal.*   32:23 [1] O *unos dioses que vayan.*   32:25 [1] Lit. *de los que se levantan contra ellos.*   32:27 [1] O *pariente.*   32:29 [1] Lit. *Llenen su mano.*   32:30 [1] Lit. *pecado.*   32:31 [1] Lit. *pecado.*   [2] O *unos dioses.*   32:32 [1] Lit. *de tu.*   32:34 [1] Lit. *visitaré su pecado sobre ellos.*

35 Y el SEÑOR hirió al pueblo por lo que hicieron con el becerro que Aarón había hecho.

LA PRESENCIA DEL Señor

33 Entonces el SEÑOR dijo a Moisés: «Anda, sube de aquí, tú y el pueblo que has sacado de la tierra de Egipto, a la tierra de la cual juré a Abraham, a Isaac y a Jacob, diciendo: "A tu descendencia[1] la daré". **2** Enviaré un ángel delante de ti, y echaré fuera a los cananeos, a los amorreos, a los hititas, a los ferezeos, a los heveos y a los jebuseos. **3** *Sube* a una tierra que mana leche y miel. Pues Yo no subiré en medio de ti, *oh Israel,* no sea que te destruya en el camino, porque eres un pueblo terco[1]».

4 Cuando el pueblo oyó esta mala noticia[1], hicieron duelo, y ninguno de ellos se puso sus joyas. **5** Porque el SEÑOR había dicho a Moisés: «Dile a los israelitas: "Ustedes son un pueblo terco. Si por un momento Yo me presentara[1] en medio de ustedes, los destruiría. Ahora pues, quítense sus joyas, para que Yo sepa qué he de hacer con ustedes"». **6** *A partir* del monte Horeb los israelitas se despojaron de sus joyas.

7 Moisés acostumbraba tomar la tienda, y la levantaba fuera del campamento a buena distancia de este[1], y la llamó la tienda de reunión. Y sucedía que todo el que buscaba al SEÑOR salía a la tienda de reunión, que estaba fuera del campamento. **8** Cuando Moisés salía a la tienda, todo el pueblo se levantaba y permanecía de pie, cada uno a la entrada de su tienda, y seguía con la vista a Moisés hasta que él entraba en la tienda. **9** También cuando Moisés entraba en la tienda, la columna de nube descendía y permanecía a la entrada de la tienda, y *el SEÑOR* hablaba con Moisés. **10** Cuando todo el pueblo veía la columna de nube situada a la entrada de la tienda de reunión todos se levantaban y adoraban, cada cual a la entrada de su tienda.

11 Y el SEÑOR acostumbraba hablar con Moisés cara a cara, como habla un hombre con su amigo. Cuando *Moisés* regresaba al campamento, su joven ayudante Josué, hijo de Nun, no se apartaba de la tienda.

MOISÉS RESPONDE AL Señor

12 Entonces Moisés dijo al SEÑOR: «Mira, Tú me dices: "Haz subir a este pueblo". Pero Tú no me has declarado a quién enviarás conmigo. Además has dicho: "Te he conocido por tu nombre, y también has hallado gracia ante Mis ojos". **13** Ahora pues, si he hallado gracia ante Tus ojos, te ruego que me hagas conocer Tus caminos para que yo te conozca y halle gracia ante Tus ojos. Considera también que esta nación es Tu pueblo».

14 «Mi presencia irá *contigo,* y Yo te daré descanso», le contestó el SEÑOR. **15** Entonces Moisés le dijo: «Si Tu presencia no va *con nosotros,* no nos hagas salir[1] de aquí. **16** ¿Pues en qué se conocerá que he hallado gracia ante Tus ojos, yo y Tu pueblo? ¿No es acaso en que Tú vayas con nosotros, para que

33:11
Moisés hablaba con el Señor cara a cara
Esta frase no es literal. Nadie podía ver el rostro de Dios y vivir. La misma significa que Dios le hablaba a Moisés de una manera directa, como un amigo.

33:12-16
Moisés halló gracia con Dios
Moisés era fiel a Dios. Él aceptó el don de gracia de Dios y lo obedeció. Esto le agradó al Señor. Moisés quería alguna señal o marca para hacerles saber a otras naciones lo especial que era Israel para Dios.

33:1 [1] Lit. *simiente.*   33:3 [1] Lit. *de dura cerviz.*   33:4 [1] Lit. *palabra.*
33:5 [1] Lit. *subiera.*   33:7 [1] Lit. *del campamento.*   33:15 [1] O *subir.*

nosotros, yo y Tu pueblo, nos distingamos de todos los *demás* pueblos que están sobre la superficie de la tierra?».

17 Y el SEÑOR respondió a Moisés: «También haré esto que has hablado, por cuanto has hallado gracia ante Mis ojos y te he conocido por tu nombre». **18** Entonces *Moisés* dijo: «Te ruego que me muestres Tu gloria». **19** Y el SEÑOR respondió: «Yo haré pasar toda Mi bondad delante de ti, y proclamaré el nombre del SEÑOR delante de ti. Tendré misericordia del que tendré misericordia, y tendré compasión de quien tendré compasión». **20** Y añadió: «No puedes ver Mi rostro; porque nadie me puede ver, y vivir».

21 Entonces el SEÑOR dijo: «Hay un lugar junto a Mí[1], y tú estarás sobre la peña; **22** y sucederá que al pasar Mi gloria, te pondré en una hendidura de la peña y te cubriré con Mi mano[1] hasta que Yo haya pasado. **23** Después apartaré Mi mano[1] y verás Mis espaldas; pero Mi rostro no se verá».

NUEVAS TABLAS DE LA LEY

34 El SEÑOR dijo a Moisés: «Lábrate dos tablas de piedra como las anteriores, y Yo escribiré sobre las tablas las palabras que estaban en las primeras tablas que tú quebraste. **2** Prepárate, pues, para la mañana[1], y sube temprano al monte Sinaí, y allí preséntate a Mí en la cumbre del monte. **3** Que no suba nadie contigo, ni se vea a nadie en todo el monte. Ni siquiera ovejas ni bueyes pasten delante de ese monte».

4 Moisés, pues, labró dos tablas de piedra como las anteriores, se levantó muy de mañana y subió al monte Sinaí, como el SEÑOR le había mandado, llevando en su mano las dos tablas de piedra. **5** El SEÑOR descendió en la nube y estuvo allí con él, mientras este invocaba el nombre del SEÑOR.

6 Entonces pasó el SEÑOR por delante de él y proclamó: «El SEÑOR, el SEÑOR, Dios compasivo y clemente, lento para la ira y abundante en misericordia y verdad; **7** que guarda misericordia a millares, el que perdona la iniquidad, la transgresión y el pecado, y que no tendrá por inocente *al culpable*; que castiga la iniquidad de los padres sobre los hijos y sobre los hijos de los hijos hasta la tercera y cuarta generación».

8 Moisés se apresuró a inclinarse[1] a tierra y adoró, **9** y dijo: «Si ahora, Señor, he hallado gracia ante Tus ojos, vaya ahora el Señor en medio de nosotros, aunque el pueblo sea terco[1]. Perdona nuestra iniquidad y nuestro pecado, y tómanos por posesión[2] Tuya».

ADVERTENCIA CONTRA LA IDOLATRÍA

10 Entonces *Dios* contestó: «Voy a hacer un pacto. Delante de todo tu pueblo haré maravillas que no se han hecho[1] en toda la tierra ni en ninguna de las naciones. Y todo el pueblo en medio del cual habitas[2] verá la obra del SEÑOR, porque es cosa temible la que haré por medio de ti. **11** Observa lo que te mando hoy: Voy a echar de delante de ti a los amorreos, a los cananeos, a los hititas, a los ferezeos, a los heveos y a los jebuseos. **12** Cuídate de no hacer pacto con los habitantes de

---

34:15-16

Dios quería que Israel permaneciera separado de los cananeos

Dios sabía que los pueblos que no creían en él invitarían a los israelitas a desobedecerlo.

33:21 [1] Lit. *conmigo.*   33:22 [1] Lit. *palma.*   33:23 [1] Lit. *palma.*   34:2 [1] O *de mañana.*   34:8 [1] Lit. *y se inclinó.*   34:9 [1] Lit. *de dura cerviz.*   [2] O *heredad.*   34:10 [1] Lit. *creado.*   [2] Lit. *estás.*

la tierra adonde vas, no sea que esto se convierta en trope-zadero[1] en medio de ti.

13 »Ustedes derribarán sus altares, quebrarán sus pilares *sagrados* y cortarán sus Aseras[1]. **14** No adorarás a ningún otro dios, ya que el SEÑOR, cuyo nombre es Celoso, es Dios celoso. **15** No hagas pacto con los habitantes de aquella[1] tierra, no sea que *cuando* ellos se prostituyan con sus dioses y les[2] ofrez-can sacrificios, alguien te invite y comas de su sacrificio; **16** y tomes de sus hijas para tus hijos, y ellas[1] se prostituyan con sus dioses, y hagan que *también* tus hijos se prostituyan con los dioses de ellas. **17** No te harás dioses de fundición.

18 »Guardarás la Fiesta de los Panes sin Levadura. Según te he mandado, por siete días comerás panes sin levadura en el tiempo señalado en el mes de Abib, porque en el mes de Abib saliste de Egipto. **19** Todo primer nacido[1] me pertenece, y de todo ganado tuyo, el primer nacido[2] de vaca y de oveja, que sea macho. **20** Redimirás con una oveja el primer nacido[1] de asno; y si no *lo* redimes, quebrarás su cuello. Redimirás a todo primogénito de tus hijos. Nadie se presentará[2] ante Mí con las manos vacías.

21 »Seis días trabajarás, pero en el séptimo día descan-sarás. *Aun* en el tiempo de arar y de segar, descansarás. **22** También celebrarás la Fiesta de las Semanas, *es decir,* los primeros frutos de la siega del trigo, y la Fiesta de la Cosecha al final del año. **23** Tres veces al año se presentarán todos tus varones delante de DIOS[1], el Señor, Dios de Israel. **24** Porque Yo expulsaré[1] a las naciones de tu presencia y ensancharé tus fronteras, y nadie codiciará tu tierra cuando subas tres veces al año a presentarte delante del SEÑOR tu Dios.

25 »No ofrecerás[1] la sangre de Mi sacrificio con pan leuda-do, ni se dejará *nada* del sacrificio de la Fiesta de la Pascua hasta la mañana. **26** Traerás a la casa del SEÑOR tu Dios las primicias de los primeros frutos de tu tierra. No cocerás el cabrito en la leche de su madre».

27 Entonces el SEÑOR dijo a Moisés: «Escribe estas pala-bras. Porque conforme a estas palabras he hecho un pacto contigo y con Israel». **28** Y Moisés estuvo allí con el SEÑOR cuarenta días y cuarenta noches. No comió pan ni bebió agua. Y escribió en las tablas las palabras del pacto, los Diez Mandamientos[1].

EL ROSTRO DE MOISÉS RESPLANDECE

29 Cuando Moisés descendía del monte Sinaí con las dos tablas del testimonio en su mano, al descender del monte, Moisés no sabía que la piel de su rostro resplandecía por haber hablado con Dios. **30** Al ver Aarón y todos los israelitas que la piel del rostro de Moisés resplandecía, tuvieron temor de acercarse a él. **31** Entonces Moisés los llamó, y Aarón y todos los jefes de la congregación regresaron a él, y Moisés les habló. **32** Después

34:29
El rostro de Moisés resplandecía
Moisés había pedido ver la gloria de Dios, y tal vez su rostro resplandeciente era un reflejo de esa gloria.

34:12 [1] Lit. *trampa.*   34:13 [1] I.e. símbolos de madera de una deidad femenina. 34:15 [1] Lit. *la.*   [2] Lit. *a sus dioses.*   34:16 [1] Lit. *sus hijas.*   34:19 [1] Lit. *Toda abertura de matriz.*   [2] Lit. *la abertura.*   34:20 [1] Lit. *la abertura.*   [2] Lit. *no se presentarán.*   34:23 [1] Heb. *YHWH,* generalmente traducido SEÑOR. 34:24 [1] Lit. *desposeeré.*   34:25 [1] Lit. *matarás.*   34:28 [1] Lit. *las Diez Palabras.*

se acercaron todos los israelitas, y él les mandó *que hicieran* todo lo que el SEÑOR había hablado con él en el monte Sinaí. ³³ Cuando Moisés acabó de hablar con ellos, puso un velo sobre su rostro.

³⁴ Pero siempre que Moisés entraba a la presencia del SEÑOR para hablar con Él, se quitaba el velo hasta que salía. Siempre que él salía, decía[1] a los israelitas lo que el SEÑOR le había *ordenado*. ³⁵ Los israelitas veían que la piel del rostro de Moisés resplandecía, y Moisés volvía a ponerse el velo sobre su rostro hasta que entraba a hablar con Dios[1].

EL DÍA DE REPOSO

35 Entonces Moisés reunió a toda la congregación de los israelitas, y les dijo: «Estas son las cosas que el SEÑOR les ha mandado hacer[1]. ² Seis días se trabajará, pero el séptimo día será para ustedes un *día* santo, día de completo reposo para el SEÑOR. Cualquiera que haga trabajo alguno en él, morirá. ³ No encenderán fuego en ninguna de las moradas de ustedes el día de reposo».

OFRENDA PARA EL TABERNÁCULO

⁴ Moisés habló a toda la congregación de los israelitas y les dijo: «Esto es lo que el SEÑOR ha ordenado: ⁵ "Tomen de entre ustedes una ofrenda[1] para el SEÑOR. Todo aquel que sea de corazón generoso, tráigala como ofrenda[1] al SEÑOR: oro, plata y bronce[2]; ⁶ *tela* azul[1], púrpura y escarlata, lino fino y *pelo de* cabra; ⁷ pieles de carnero teñidas de rojo, pieles de marsopa y madera de acacia; ⁸ aceite para el alumbrado, especias para el aceite de la unción y para el incienso aromático; ⁹ piedras de ónice y piedras de engaste para el efod y para el pectoral[1].

OBREROS PARA EL TABERNÁCULO

¹⁰ "Que venga todo hombre hábil[1] de entre ustedes y haga todo lo que el SEÑOR ha ordenado: ¹¹ el tabernáculo[1], su tienda y sus cubiertas, sus broches, sus tablas, sus barras, sus columnas y sus basas; ¹² el arca y sus varas, el propiciatorio y el velo de la cortina; ¹³ la mesa y sus varas y todos sus utensilios[1], y el pan de la Presencia[2]; ¹⁴ también el candelabro para el alumbrado con sus utensilios y sus lámparas, y el aceite para el alumbrado; ¹⁵ el altar del incienso y sus varas, el aceite de la unción, el incienso aromático y la cortina de la puerta[1] a la entrada del tabernáculo; ¹⁶ el altar del holocausto con su enrejado de bronce[1], sus varas y todos sus utensilios[2], y la pila con su base; ¹⁷ todas las cortinas del atrio, sus columnas y sus basas, y la cortina para la puerta del atrio; ¹⁸ las estacas del tabernáculo y las estacas del atrio y sus cuerdas; ¹⁹ las vestiduras tejidas[1] para el ministerio en el lugar santo, las vestiduras sagradas para el sacerdote Aarón, y las vestiduras de sus hijos para ministrar como sacerdotes"».

34:34 [1] Lit. *hablaba*.　　34:35 [1] Lit. *Él*.　　35:1 [1] Lit. *hacerlas*.　　35:5 [1] U ofrenda alzada.　　[2] O cobre.　　35:6 [1] O *violeta*, y así en el resto del cap.　35:9 [1] O *la bolsa*.　　35:10 [1] Lit. *de corazón sabio*.　　35:11 [1] O *la morada*.　35:13 [1] O *vasos*.　　[2] O de la *Proposición*.　　35:15 [1] Lit. *entrada*.　　35:16 [1] O cobre.　[2] O *vasos*.　　35:19 [1] O *del servicio*.

34:33

Moisés puso un velo sobre el rostro

Moisés sabía que el resplandor se disiparía, pero no quería que la gente lo viera. Si lo hacían, él pensaba que podrían perder la fe o cuestionar su posición como representante de Dios. (Ver 2 Corintios 3:13).

35:3

No había que encender fuego el día de reposo

Encender un fuego representaba mucho trabajo, incluyendo cortar la madera, transportarla y prender el fuego. El día de reposo no se debía hacer trabajo alguno, así que las personas usaban el resto del fuego del día anterior.

35:5-9

Las personas ofrendaron materiales para construir el tabernáculo

Moisés dijo que todo aquel que fuera *de corazón generoso* debía contribuir al proyecto. Las personas tuvieron buena voluntad para dar.

35:5—39:43

Las instrucciones se repetían mucho

La repetición era común en los escritos del antiguo Medio Oriente para ayudar a las personas a recordar lo que estaban aprendiendo.

20 Entonces toda la congregación de los israelitas salió de la presencia de Moisés. **21** Y todo aquel a quien impulsó[1] su corazón y todo aquel a quien movió su espíritu, vino y trajo la ofrenda[2] del SEÑOR para la obra de la tienda de reunión, para todo su servicio y para las vestiduras santas. **22** Todos aquellos de corazón generoso, tanto hombres como mujeres, vinieron y trajeron broches, pendientes, anillos y brazaletes, *toda clase de* objetos de oro. Cada cual, pues, presentó una ofrenda[1] de oro al SEÑOR. **23** Todo aquel que tenía[1] *tela* azul, púrpura, escarlata y lino fino, *pelo* de cabra, pieles de carnero teñidas de[2] rojo y pieles de marsopa, los trajo. **24** Todo aquel que podía hacer una contribución[1] de plata y bronce[2] trajo la contribución reservada para el SEÑOR. Todo el que tenía[3] madera de acacia para cualquier obra del servicio, la trajo.

25 Todas las mujeres hábiles[1] hilaron con sus manos, y trajeron lo que habían hilado, *de tela* azul, púrpura, escarlata y lino fino. **26** Y todas las mujeres cuyo corazón las llenó de habilidad[1], hilaron *pelo* de cabra. **27** Los jefes trajeron piedras de ónice y piedras de engaste para el efod y para el pectoral[1]; **28** y las especias y el aceite para el alumbrado, para el aceite de la unción y para el incienso aromático. **29** Todos los israelitas, tanto hombres como mujeres, cuyo corazón los movía a traer *algo* para toda la obra que el SEÑOR había ordenado por medio[1] de Moisés que se hiciera, trajeron una ofrenda voluntaria al SEÑOR.

30 Entonces Moisés dijo a los israelitas: «Miren, el SEÑOR ha llamado por nombre a Bezalel, hijo de Uri, hijo de Hur, de la tribu de Judá. **31** Y lo ha llenado del Espíritu de Dios en sabiduría, en inteligencia, en conocimiento y en toda *clase de* arte, **32** para elaborar[1] diseños, para trabajar en oro, en plata y en bronce[2], **33** y en el labrado de piedras para engaste, y en el tallado de madera, y para trabajar en toda clase de obra ingeniosa.

34 »También le ha puesto en su corazón *el don de* enseñar, tanto a él como a Aholiab, hijo de Ahisamac, de la tribu de Dan. **35** Los ha llenado de habilidad[1] para hacer toda clase de obra de grabador, de diseñador y de bordador en *tela* azul, en púrpura y en escarlata y en lino fino, y de tejedor; capacitados para toda obra y creadores de diseños.

36 »Bezalel, Aholiab y toda persona hábil[1] en quien el SEÑOR ha puesto sabiduría e inteligencia para saber hacer toda la obra de construcción[2] del santuario, harán todo conforme a lo que el SEÑOR ha ordenado».

2 Entonces Moisés llamó a Bezalel y a Aholiab y a toda persona hábil[1] en quien[2] el SEÑOR había puesto sabiduría, y a todo aquel cuyo corazón le impulsaba a venir a la obra para hacerla. **3** Y recibieron de Moisés todas las ofrendas[1] que los israelitas habían traído para hacer la obra de la

---

35:21 [1] Lit. *levantó.* [2] U *ofrenda alzada.*   35:22 [1] Lit. *meció una ofrenda mecida.*   35:23 [1] Lit. *con quien se encontraba.* [2] O *curtidas en.*   35:24 [1] U *ofrenda alzada.* [2] O *cobre.* [3] Lit. *con quien se encontraba.*   35:25 [1] Lit. *de corazón sabio.*   35:26 [1] Lit. *las levantó en sabiduría.*   35:27 [1] O *la bolsa.*   35:29 [1] Lit. *mano.*   35:32 [1] Lit. *diseñar.* [2] O *cobre.*   35:35 [1] Lit. *sabiduría de corazón.*   36:1 [1] Lit. *de corazón sabio.* [2] O *relacionada con el ministerio;* lit. *del servicio.*   36:2 [1] Lit. *de corazón sabio.* [2] Lit. *en cuyo corazón.*   36:3 [1] O *la ofrenda alzada.*

construcción[2] del santuario. Los israelitas *seguían* trayéndole ofrendas voluntarias cada mañana.

4 Así que vinieron todos los hombres hábiles[1] que hacían todo el trabajo del santuario, cada cual del[2] trabajo que estaba[3] haciendo, **5** y dijeron a Moisés: «El pueblo trae más de lo que se necesita para la obra de construcción[1] que el SEÑOR *nos* ha ordenado que se haga[2]». **6** Entonces Moisés dio una orden, y se pasó una proclama[1] por todo el campamento y dijo: «Ningún hombre ni mujer haga *más* trabajo para las contribuciones[2] del santuario». Así el pueblo dejó de traer *más*. **7** Porque el material[1] que tenían era abundante, y más que suficiente para hacer toda la obra.

CONSTRUCCIÓN DEL TABERNÁCULO

8 Todos los hombres hábiles[1] de entre los que estaban haciendo la obra hicieron el tabernáculo[2] con diez cortinas de lino fino torcido, y *tela* azul[3], púrpura y escarlata, con querubines, obra de hábil artífice. *Bezalel* las hizo. **9** La longitud de cada cortina era de 28 codos (12.6 metros) y la anchura de cada cortina de 4 codos (1.8 metros). Todas las cortinas tenían una *misma* medida. **10** Unió cinco cortinas una con otra, también *las otras* cinco cortinas las unió una con otra.

11 Hizo lazos de *tela* azul en el borde de la cortina del extremo del primer enlace. Lo mismo hizo en el borde de la cortina del extremo del segundo enlace. **12** Hizo cincuenta lazos en una cortina, e hizo cincuenta lazos en el borde de la cortina que estaba en el segundo enlace. Los lazos se correspondían unos a otros. **13** Hizo además cincuenta broches de oro, y unió las cortinas una a la otra con los broches, de manera que el tabernáculo llegó a ser una unidad[1].

14 Hizo también cortinas de *pelo de* cabra *a manera* de tienda sobre el tabernáculo. Hizo once cortinas en total[1]. **15** La longitud de cada cortina *era* de 30 codos (13.5 metros), y la anchura de cada cortina de 4 codos (1.8 metros). Las once cortinas tenían una *misma* medida. **16** Unió cinco cortinas entre sí y *las otras* seis cortinas *también* entre sí. **17** Hizo cincuenta lazos en el borde de la cortina del extremo del *primer* enlace, y cincuenta lazos en el borde de la cortina del *extremo del* segundo enlace.

18 Hizo además cincuenta broches de bronce[1] para unir la tienda, a fin de que fuera un todo[2]. **19** Hizo también para la tienda una cubierta de pieles de carnero teñidas de[1] rojo, y encima otra cubierta de pieles de marsopa.

20 Hizo luego para el tabernáculo tablas de madera de acacia, *colocándolas* verticalmente. **21** La longitud de cada[1] tabla *era* de 10 codos (4.5 metros), y de 1.5 codos (68 centímetros) la anchura de cada tabla. **22** Cada tabla *tenía* dos espigas para unirlas[1] una con otra. Así hizo con todas las tablas del tabernáculo. **23** Hizo, pues, las tablas para el tabernáculo: veinte

36:4-7
Las personas dieron generosamente para construir el tabernáculo

El pueblo debe haber quedado impresionado por el poder de Dios, inspirado por el resplandor del rostro de Moisés y temeroso del castigo divino. Sin importar cuál fuera la razón, ellos dieron tanto que Moisés les tuvo que decir que no trajeran nada más.

[2] Lit. *para hacerla para el servicio.*   36:4 [1] Lit. *sabios.*   [2] Lit. *de su.*   [3] Lit. *estaban.*   36:5 [1] Lit. *para el servicio para la obra.*   [2] Lit. *la haga.*   36:6 [1] Lit. *voz.*   [2] O *la ofrenda alzada.*   36:7 [1] Lit. *el trabajo.*   36:8 [1] Lit. *sabios de corazón.*   [2] O *la morada.*   [3] O *violeta, y así en el resto del cap.*   36:13 [1] Lit. *uno.*   36:14 [1] Lit. *número.*   36:18 [1] O *cobre.*   [2] Lit. *uno.*   36:19 [1] O *curtidas en.*   36:21 [1] Lit. *la.*   36:22 [1] Lit. *unidas.*

tablas para el lado sur¹. ²⁴ También hizo cuarenta basas de plata debajo de las veinte tablas: dos basas debajo de una tabla para sus dos espigas, y dos basas debajo de otra tabla para sus dos espigas.

²⁵ Para el segundo lado del tabernáculo, el lado norte, hizo veinte tablas, ²⁶ y sus cuarenta basas de plata: dos basas debajo de una tabla y dos basas debajo de la otra tabla.

²⁷ Para la parte posterior¹ del tabernáculo, hacia el occidente, hizo seis tablas. ²⁸ Hizo además dos tablas para las esquinas del tabernáculo en la parte posterior¹. ²⁹ Eran dobles por abajo y estaban unidas por arriba¹ hasta la² primera argolla. Así hizo con las dos para las dos esquinas. ³⁰ Había ocho tablas con sus basas de plata; dieciséis basas, dos basas debajo de cada tabla.

³¹ Hizo también barras de madera de acacia: cinco para las tablas de un lado del tabernáculo, ³² y cinco barras para las tablas del otro¹ lado del tabernáculo, y cinco barras para las tablas del lado posterior² del tabernáculo, hacia el occidente. ³³ La barra del medio en el centro de las tablas la hizo pasar de un extremo al otro. ³⁴ Revistió de oro las tablas y revistió de oro las barras e hizo de oro sus argollas por donde pasaran¹ las barras.

³⁵ Hizo además, el velo de *tela* azul, púrpura y escarlata y lino fino torcido. Lo hizo con querubines, obra de hábil artífice. ³⁶ Le hizo cuatro columnas de acacia y las revistió de oro. Sus ganchos *eran* también de oro, y fundió para ellas cuatro basas de plata. ³⁷ Hizo también una cortina para la entrada de la tienda de *tela* azul, púrpura y escarlata y de lino fino torcido, obra de tejedor¹, ³⁸ con sus cinco columnas y sus ganchos. Revistió de oro sus capiteles y sus molduras, pero sus cinco basas eran de bronce¹.

MOBILIARIO DEL TABERNÁCULO

37 Bezalel hizo también el arca de madera de acacia. Su longitud *era* de 2.5 codos (1.13 metros), su anchura de 1.5 codos (68 centímetros), y su altura de 1.5 codos (68 centímetros). ² La revistió de oro puro por dentro y por fuera, y le hizo una moldura de oro alrededor. ³ Además fundió para ella cuatro argollas de oro en sus cuatro esquinas¹: dos argollas a un lado de ella y dos argollas al otro lado².

⁴ También hizo varas de madera de acacia y las revistió de oro. ⁵ Y metió las varas por las argollas a los lados del arca, para transportarla¹. ⁶ Hizo además un propiciatorio de oro puro; su longitud *era* de 2.5 codos (1.13 metros), y su anchura de 1.5 codos (68 centímetros).

⁷ Hizo igualmente dos querubines de oro. Los hizo labrados a martillo, en¹ los dos extremos del propiciatorio; ⁸ un querubín en¹ un extremo, y el otro querubín en¹ el otro extremo. Hizo los querubines en¹ los dos extremos *de una sola pieza* con el propiciatorio. ⁹ Los querubines tenían extendidas

36:23 ¹ Lit. *hacia el lado del Neguev, al sur.*   36:27 ¹ Lit. *los extremos.*
36:28 ¹ Lit. *los extremos.*   36:29 ¹ O *su cabeza.*   ² O *con relación a la.*
36:32 ¹ Lit. *segundo.*   ² Lit. *los extremos.*   36:34 ¹ Lit. *como lugares para.*
36:37 ¹ O *recamador.*   36:38 ¹ O *cobre.*   37:3 ¹ Lit. *pies.*   ² Lit. *segundo lado de ella.*   37:5 ¹ Lit. *cargar el arca.*   37:7 ¹ Lit. *de.*   37:8 ¹ Lit. *desde.*

las alas hacia arriba, cubriendo el propiciatorio con sus alas, uno[1] frente al otro. Los rostros de los querubines estaban *vueltos* hacia el propiciatorio.

10 Hizo asimismo la mesa de madera de acacia. Su longitud *era* de 2 codos (90 centímetros), su anchura de un codo (45 centímetros) y su altura de 1.5 codos (68 centímetros). **11** La revistió de oro puro y le hizo una moldura de oro alrededor. **12** Le hizo también alrededor un borde de un palmo menor (7.5 centímetros) de ancho, e hizo una moldura de oro alrededor del[1] borde.

13 Fundió para ella cuatro argollas de oro, y puso las argollas en las cuatro esquinas que estaban sobre sus cuatro patas. **14** Cerca del borde estaban las argollas donde se metían[1] las varas para llevar la mesa. **15** Hizo las varas de madera de acacia para llevar la mesa y las revistió de oro.

16 Hizo también los utensilios que estaban en la mesa: sus fuentes[1], sus vasijas[2], sus tazones[3] y sus jarros, con los cuales hacer[4] las libaciones; *todo* de oro puro.

17 Hizo además el candelabro de oro puro. Hizo el candelabro labrado a martillo, su base y su caña. Sus copas, sus cálices[1] y sus flores eran *de una pieza* con él. **18** Salían seis brazos de sus lados, tres brazos del candelabro de uno de sus lados y tres brazos del candelabro del otro[1] lado. **19** Había tres copas en forma de *flor de* almendro, un cáliz y una flor en un brazo, y tres copas en forma de *flor de* almendro, un cáliz y una flor en el otro brazo. Así en los seis brazos que salían del candelabro.

20 En *la caña* del candelabro *había* cuatro copas en forma de *flor de* almendro, con sus cálices y sus flores. **21** Y había un cáliz debajo de los dos *primeros* brazos *que salían* de él, y un cáliz debajo de los dos *siguientes* brazos *que salían* de él, y un cáliz debajo de los dos *últimos* brazos *que salían* de él. Así con[1] los seis brazos que salían del candelabro. **22** Sus cálices y sus brazos eran de *una sola pieza* con él. Todo *era* una sola *pieza* de oro puro labrado a martillo.

23 También hizo de oro puro sus siete lámparas con sus despabiladeras y sus platillos[1]. **24** Hizo el *candelabro* y todos sus utensilios de un talento (34 kilos) de oro puro.

25 Entonces hizo el altar del incienso de madera de acacia. Era cuadrado, de un codo (45 centímetros) su longitud, de un codo (45 centímetros) su anchura y de 2 codos (90 centímetros) su altura. Sus cuernos eran *de una sola pieza* con él. **26** Revistió de oro puro su parte superior, sus lados[1] en derredor y sus cuernos. Hizo también una moldura de oro alrededor. **27** También le hizo dos argollas de oro debajo de su moldura, en dos de sus lados, en lados opuestos[1], por donde pasaran[2] las varas con las cuales transportarlo. **28** Entonces hizo las varas de madera de acacia y las revistió de oro. **29** E hizo el aceite de la santa unción y el incienso puro, de especias aromáticas, obra de perfumador.

37:9 [1] Lit. *con sus rostros el uno*.   37:12 [1] Lit. *para el*.   37:14 [1] Lit. *como lugares para*.   37:16 [1] O *platos*.   [2] O *cucharas*.   [3] Lit. *tazones de libación*.   [4] Lit. *derramar*.   37:17 [1] O *bulbo(s)*, y así en el resto del cap.   37:18 [1] Lit. *segundo*.   37:21 [1] Lit. *para*.   37:23 [1] Lit. *ceniceros*.   37:26 [1] Lit. *paredes*.   37:27 [1] Lit. *sus dos lados*.   [2] Lit. *como lugares para*.

EL ALTAR DEL HOLOCAUSTO Y LA PILA

38 Bezalel hizo también el altar del holocausto de madera de acacia. Era cuadrado, de 5 codos (2.25 metros) su longitud, de 5 codos (2.25 metros) su anchura, y de 3 codos (1.35 metros) su altura. **2** Le hizo cuernos en sus cuatro esquinas. Los cuernos eran de una sola *pieza* con el altar[1], y lo revistió de bronce[2]. **3** Hizo asimismo todos los utensilios del altar: los calderos, las palas, los tazones, los garfios y los braseros. Todos sus utensilios los hizo de bronce.

4 Por debajo, debajo de su borde, hizo para el altar un enrejado de bronce en forma de red, que llegaba hasta la mitad *del altar*. **5** Fundió cuatro argollas en los cuatro extremos del enrejado de bronce por donde se metían[1] las varas. **6** Hizo también las varas de madera de acacia y las revistió de bronce. **7** Y metió las varas por las argollas *que estaban* en los lados del altar, para transportarlo. Hizo el altar hueco, de tablas.

8 Además hizo la pila de bronce y su base de bronce, de los espejos de las mujeres que servían a la puerta de la tienda de reunión.

38:8
Las mujeres en la puerta de la tienda de reunión
Esas mujeres estaban para servir a Dios. Pueden haber sido músicos o las que limpiaban o cuidaban la tienda de reunión.

EL ATRIO DEL TABERNÁCULO

9 Hizo también el atrio. Hacia el lado del Neguev, al sur, las cortinas del atrio eran de lino fino torcido, de 100 codos (45 metros). **10** Sus veinte columnas y sus veinte basas *eran* de bronce. Los ganchos de las columnas y sus molduras[1] *eran* de plata.

11 Por el lado norte *había* 100 codos (45 metros). Sus veinte columnas con sus veinte basas *eran* de bronce, los ganchos de las columnas y sus molduras *eran* de plata. **12** Por el lado occidental *había* cortinas de 50 codos (22.5 metros) *con* sus diez columnas y sus diez basas. Los ganchos de las columnas y sus molduras *eran* de plata. **13** Y por el lado oriental[1] *medía* 50 codos (22.5 metros). **14** Las cortinas a *un* lado[1] *de la entrada eran* de 15 codos (6.75 metros), *con* tres[2] columnas y sus tres basas, **15** y lo mismo al otro[1] lado[2]. A los dos lados[3] de la puerta del atrio *había* cortinas de 15 codos (6.75 metros), *con* sus tres columnas y sus tres basas. **16** Todas las cortinas alrededor del atrio *eran* de lino fino torcido.

17 Las basas para las columnas *eran* de bronce, los ganchos de las columnas y sus molduras, de plata, y el revestimiento de sus capiteles, de plata, y todas las columnas del atrio tenían molduras de plata.

18 La cortina de la entrada del atrio *de tela* azul[1], púrpura y escarlata, y lino fino torcido *era* obra de tejedor[2]. La longitud *era* de 20 codos (9 metros) y la altura[3] de 5 codos (2.25 metros), lo mismo que las cortinas del atrio. **19** Sus cuatro columnas y sus cuatro basas *eran* de bronce; sus ganchos *eran* de plata, y el revestimiento de sus capiteles y sus molduras

---

38:2 [1] Lit. *con él*.   [2] O *cobre*, y así en el resto del cap.   38:5 [1] Lit. *como lugares para*.   38:10 [1] O *filetes*, o *anillas*, y así en el resto del cap.   38:13 [1] Lit. *lado oriental, hacia el oriente*.   38:14 [1] Lit. *hombro*.   [2] Lit. *sus tres*.   38:15 [1] Lit. *segundo*.   [2] Lit. *hombro*.   [3] Lit. *En este lado y en aquel lado*.   38:18 [1] O *violeta*.   [2] O *recamador*.   [3] Lit. *altura en el ancho*.

eran también de plata. **20** Todas las estacas del tabernáculo[1] y del atrio alrededor *eran* de bronce.

EL COSTO DEL TABERNÁCULO

21 Esta es la suma de los materiales[1] del tabernáculo, el tabernáculo del testimonio, según fueron enumerados conforme al mandato[2] de Moisés para el servicio de los levitas, bajo la dirección[3] de Itamar, hijo del sacerdote Aarón. **22** Bezalel, hijo de Uri, hijo de Hur, de la tribu de Judá, hizo todo lo que el SEÑOR había mandado a Moisés. **23** Y con él *estaba* Aholiab, hijo de Ahisamac, de la tribu de Dan, un grabador, artífice y tejedor[1] en *tela* azul[2], púrpura y escarlata, y en lino fino.

24 El total del oro empleado para la obra, en toda la obra del santuario, es decir, el oro de la ofrenda mecida, fue de una tonelada, según la evaluación del santuario. **25** La plata de los que fueron contados de la congregación, *fue* 100 talentos (3.4 toneladas) y 1,775 siclos (20.2 kilos), según el siclo del santuario; **26** un becá por cabeza, o sea medio siclo (5.7 gramos de plata), según el siclo del santuario, por cada uno de[1] los que fueron contados de veinte años arriba, por *cada uno de los* 603,550 hombres.

27 Los 100 talentos de plata fueron para fundir las basas del santuario y las basas del velo; 100 basas por los 100 talentos, un talento (34 kilos) por basa. **28** Y de los 1,775 *siclos* hizo ganchos para las columnas y revistió sus capiteles y les hizo molduras.

29 El *total del* bronce de la ofrenda mecida fue de 70 talentos (2.4 toneladas) y 2,400 siclos (27.36 kilos). **30** Con él Bezalel hizo las basas de la entrada de la tienda de reunión, el altar de bronce y su enrejado de bronce y todos los utensilios del altar, **31** las basas de alrededor del atrio y las basas de la entrada del atrio, todas las estacas del tabernáculo y todas las estacas de alrededor del atrio.

LAS VESTIDURAS SACERDOTALES

39 Las vestiduras finamente tejidas para ministrar en el lugar santo se hicieron de tela azul[1], púrpura y escarlata, *y* también se hicieron las vestiduras sagradas para Aarón, tal como el SEÑOR había mandado a Moisés.

2 Bezalel hizo el efod de oro, de *tela* azul, púrpura y escarlata y de lino fino torcido. **3** Y batieron a martillo láminas de oro, y *las* cortaron en hilos para entretejer*las*[1] con la *tela* azul, púrpura y escarlata y el lino fino, obra de hábil artífice. **4** Hicieron para el efod[1] hombreras que se fijaban *al mismo,* y lo fijaron sobre sus dos extremos. **5** El cinto hábilmente tejido que estaba sobre el efod, era del mismo *material,* de la misma hechura: de oro, de *tela* azul, púrpura y escarlata y de lino fino torcido, tal como el SEÑOR había mandado a Moisés.

38:24-29
Cómo hicieron los levitas para cargar tanto peso
El peso del oro, la plata y el bronce era de más de 7.25 toneladas, pero había miles de levitas para compartir la carga. Números 3:39 dice que había 22,000 levitas, incluyendo a los niños, en el momento en que Dios le habló a Moisés en el monte Sinaí. Como hay 2,000 libras en una tonelada, el peso equivalía a 14,500 libras. Eso es menos de una libra por persona para cargar.

38:24-29
Mucho oro, plata y bronce
El peso del oro solamente habría valido millones de dólares hoy en día.

© Africa Studio/Shutterstock

---

⁶ También labraron las piedras de ónice, montadas en *engastes de* filigrana de oro. Fueron grabadas *como* las grabaduras de un sello, con¹ los nombres de los hijos de Israel. ⁷ Bezalel las puso sobre las hombreras del efod, *como* piedras memoriales para los hijos de Israel, tal como el SEÑOR había mandado a Moisés.

⁸ También hizo el pectoral, obra de hábil artífice como la obra del efod: de oro, de *tela* azul, púrpura y escarlata, y de lino fino torcido. ⁹ Era cuadrado y doble. Hicieron el pectoral de un palmo de largo y un palmo de ancho al ser doblado. ¹⁰ En él se montaron¹ cuatro hileras de piedras. La primera hilera *era* una hilera de un rubí, un topacio y una esmeralda; ¹¹ la segunda hilera, una turquesa, un zafiro y un diamante; ¹² la tercera hilera, un jacinto, una ágata y una amatista; ¹³ y la cuarta hilera, un berilo, un ónice y un jaspe. Estaban montadas en engaste de filigrana de oro.

¹⁴ Las piedras correspondían a los nombres de los hijos de Israel. Eran doce, conforme a sus nombres, *grabadas como* las grabaduras de un sello, cada una con su nombre conforme a las doce tribus. ¹⁵ Para el pectoral se hicieron cadenillas de oro puro en forma¹ de cordones trenzados.

¹⁶ Se hicieron también dos *engastes de* filigrana de oro y dos anillos de oro, y se pusieron los dos anillos en los dos extremos del pectoral. ¹⁷ Los dos cordones de oro se pusieron en los anillos al extremo del pectoral, ¹⁸ y se colocaron los *otros dos* extremos de los dos cordones en los dos *engastes de* filigrana, y los fijaron en las hombreras del efod en su parte delantera.

¹⁹ Hicieron *otros dos* anillos de oro y *los* colocaron en los dos extremos del pectoral, en el borde que da al lado interior del efod. ²⁰ También hicieron otros dos anillos de oro, y los pusieron en la parte inferior de las dos hombreras del efod, delante, cerca de su unión, sobre el cinto tejido del efod. ²¹ Ataron el pectoral por sus anillos a los anillos del efod con un cordón azul, para que estuviera sobre el cinto tejido del efod y para que el pectoral no se desprendiera del efod, tal como el SEÑOR había mandado a Moisés.

²² Entonces Bezalel hizo el manto del efod de obra tejida, todo de *tela* azul. ²³ La abertura del manto estaba en el centro, como la abertura de una cota de malla, con una orla todo alrededor de la abertura para que no se rompiera. ²⁴ En el borde inferior del manto se hicieron granadas de *tela* azul, púrpura y escarlata *y de lino* torcido. ²⁵ Hicieron también campanillas de oro puro, y pusieron las campanillas entre las granadas alrededor de todo el borde del manto¹, ²⁶ alternando una campanilla¹ y una granada alrededor de todo el borde del manto para el servicio, tal como el SEÑOR había mandado a Moisés.

²⁷ Para Aarón y sus hijos hicieron las túnicas de lino fino tejido, ²⁸ la tiara de lino fino, los adornos de las mitras de lino fino, los calzoncillos de lino, de lino fino torcido, ²⁹ y el cinturón de lino fino torcido, de azul, púrpura y escarlata, obra de tejedor¹, tal como el SEÑOR había mandado a Moisés.

39:24-26
Frutas en las vestiduras sacerdotales
Las granadas no eran frutas de verdad, sino hilos retorcidos o anudados para asemejarse a las granadas.

39:6 ¹ Lit. *conforme a.*　　39:10 ¹ Lit. *llenaron.*　　39:15 ¹ Lit. *obra.*
39:25 ¹ Lit. *manto entre las granadas.*　　39:26 ¹ Lit. *una campanilla y una granada, una campanilla.*　　39:29 ¹ O *recamador.*

30 La lámina de la diadema santa la hicieron de oro puro, y grabaron en ella como la grabadura[1] de un sello: SANTIDAD[2] AL SEÑOR. **31** Y le pusieron un cordón azul para sujetarla[1] sobre la tiara por arriba, tal como el SEÑOR había mandado a Moisés.

32 Así fue acabada toda la obra del tabernáculo[1] de la tienda de reunión. Los israelitas hicieron conforme a todo lo que el SEÑOR había mandado a Moisés. Así lo hicieron.

LA OBRA PRESENTADA A MOISÉS

33 Entonces trajeron el tabernáculo a Moisés, la tienda con todo su mobiliario[1]: sus broches, sus tablas, sus barras, sus columnas y sus basas; **34** la cubierta de pieles de carnero teñidas de[1] rojo, la cubierta de pieles de marsopa y el velo de separación; **35** el arca del testimonio, sus varas y el propiciatorio; **36** la mesa, todos sus utensilios y el pan de la Presencia[1]; **37** el candelabro de *oro* puro con su conjunto de lámparas[1] y todos sus utensilios, y el aceite para el alumbrado; **38** el altar de oro, el aceite de la unción, el incienso aromático y la cortina para la entrada de la tienda; **39** el altar de bronce[1] con su enrejado de bronce[1], sus varas y todos sus utensilios, la pila y su base; **40** las cortinas del atrio *con* sus columnas y sus basas, la cortina para la entrada del atrio, sus cuerdas, sus estacas y todos los utensilios del servicio del tabernáculo de la tienda de reunión; **41** las vestiduras tejidas para ministrar en el lugar santo y las vestiduras sagradas para el sacerdote Aarón y las vestiduras de sus hijos para ministrar como sacerdotes.

42 Los israelitas hicieron toda la obra conforme a todo lo que el SEÑOR había ordenado a Moisés. **43** Y Moisés examinó[1] toda la obra, y vio que la habían llevado a cabo. Tal como el SEÑOR había ordenado, así la habían hecho. Y Moisés los bendijo.

MOISÉS LEVANTA EL TABERNÁCULO

40 Entonces el SEÑOR habló a Moisés y le dijo: **2** «El primer día del mes primero levantarás el tabernáculo[1] de la tienda de reunión. **3** Pondrás allí el arca del testimonio y cubrirás el arca con el velo. **4** Meterás la mesa y pondrás en orden lo que va sobre ella[1]. Meterás también el candelabro y colocarás encima sus lámparas.

5 »Asimismo pondrás el altar de oro para el incienso delante del arca del testimonio, y colocarás la cortina a la entrada del tabernáculo. **6** Pondrás el altar del holocausto delante de la entrada del tabernáculo de la tienda de reunión. **7** Después colocarás la pila entre la tienda de reunión y el altar, y pondrás agua en ella[1].

39:30
La diadema santa
Se trataba de una corona decorativa como señal de realeza. Ellos pusieron una lámina de oro puro grabada sobre la tiara para mostrar que el sacerdote estaba consagrado como santo para el Señor.

39:34
Pieles de marsopa
Se trataba de animales mamíferos de la familia del manatí. Ellos vivían en el mar Rojo y crecían hasta medir entre 2.5 y 4.5 metros de largo, y pesaban alrededor de 680 kilos. La imagen que aparece debajo es de un pariente de la marsopa, el manatí.

© Liquid Productions, LLC/Shutterstock

39:30 [1] Lit. *escribieron en ella una escritura.*   [2] O *CONSAGRADO.*   39:31 [1] Lit. *ponerla.*   39:32 [1] O *de la morada.*   39:33 [1] O *todos sus utensilios.* 39:34 [1] O *curtidas en.*   39:36 [1] O *de la Proposición.*   39:37 [1] Lit. *sus lámparas, las lámparas en orden.*   39:39 [1] O *cobre.*   39:43 [1] Lit. *vio.*   40:2 [1] O *la morada.*   40:4 [1] Lit. *arreglarás su arreglo.*   40:7 [1] Lit. *allí.*

8 »Pondrás el atrio alrededor y colgarás el velo[1] a la entrada del atrio. 9 Luego tomarás el aceite de la unción, y ungirás el tabernáculo y todo lo que hay en él. Lo consagrarás con todos sus utensilios, y será santo. 10 Ungirás además el altar del holocausto y todos sus utensilios. Consagrarás el altar, y el altar será santísimo. 11 Ungirás también la pila con su base, y la consagrarás.

12 »Entonces harás que Aarón y sus hijos se acerquen a la entrada de la tienda de reunión, y los lavarás con agua. 13 Y vestirás a Aarón con las vestiduras sagradas, lo ungirás y lo consagrarás para que me sirva como sacerdote. 14 También harás que sus hijos se acerquen y les pondrás las túnicas. 15 Los ungirás, como ungiste a su padre, para que me sirvan[1] como sacerdotes. Su unción les servirá[2] para sacerdocio perpetuo por todas sus generaciones». 16 Así Moisés lo hizo conforme a todo lo que el SEÑOR le había mandado, así lo hizo.

17 Y en el primer mes del[1] año segundo, el[1] día primero del mes, el tabernáculo fue levantado. 18 Moisés levantó el tabernáculo y puso sus basas, colocó sus tablas, metió[1] sus barras y erigió sus columnas. 19 Y extendió la tienda sobre el tabernáculo y puso la cubierta de la tienda arriba, sobre él, tal como el SEÑOR había mandado a Moisés.

20 Entonces tomó el testimonio y lo puso en el arca, colocó las varas en el arca y puso el propiciatorio arriba, sobre el arca. 21 Y metió el arca en el tabernáculo y puso un velo por cortina y cubrió el arca del testimonio, tal como el SEÑOR había mandado a Moisés. 22 Puso también la mesa en la tienda de reunión, en el lado norte del tabernáculo, fuera del velo; 23 y puso en orden sobre ella los panes delante del SEÑOR, tal como el SEÑOR había mandado a Moisés.

24 Entonces colocó el candelabro en la tienda de reunión, frente a la mesa, en el lado sur del tabernáculo, 25 y encendió las lámparas delante del SEÑOR, tal como el SEÑOR había mandado a Moisés. 26 Luego colocó el altar de oro en la tienda de reunión, delante del velo; 27 y quemó en él incienso aromático, tal como el SEÑOR había ordenado a Moisés.

28 Después colocó la cortina para la entrada del tabernáculo, 29 y puso el altar del holocausto delante de la entrada del tabernáculo de la tienda de reunión, y ofreció sobre él el holocausto y la ofrenda de cereal, tal como el SEÑOR había ordenado a Moisés. 30 Puso la pila entre la tienda de reunión y el altar, y puso en ella agua para lavarse, 31 y Moisés, Aarón y sus hijos se lavaban las manos y los pies en ella. 32 Cuando entraban en la tienda de reunión y cuando se acercaban al altar, se lavaban, tal como el SEÑOR había ordenado a Moisés. 33 Moisés levantó el atrio alrededor del tabernáculo y del altar, y colgó[1] la cortina para la entrada del atrio. Así terminó Moisés la obra.

LA NUBE SOBRE EL TABERNÁCULO

34 Entonces la nube cubrió la tienda de reunión y la gloria del SEÑOR llenó el tabernáculo. 35 Moisés no podía entrar

---

40:17
Cuánto tiempo llevó construir el tabernáculo
Probablemente se tardó cerca de seis meses.

40:8 [1] Lit. pondrás la cortina.　　40:15 [1] O ministren.　　[2] Lit. les será.
40:17 [1] Lit. en el.　　40:18 [1] Lit. puso.　　40:33 [1] Lit. puso.

en la tienda de reunión porque la nube estaba[1] sobre ella y la gloria del SEÑOR llenaba el tabernáculo. **36** Y en todas sus jornadas cuando la nube se alzaba de sobre el tabernáculo, los israelitas se ponían en marcha. **37** Pero si la nube no se alzaba, ellos no se ponían en marcha hasta el día en que se alzaba. **38** Porque en todas sus jornadas la nube del SEÑOR estaba de día sobre el tabernáculo, y de noche había fuego allí[1] a la vista de toda la casa de Israel.

40:35
Permiso para entrar en la tienda de reunión

Los sacerdotes eran los únicos que podían entrar al tabernáculo. Ni siquiera Moisés podía hacerlo, porque él no era sacerdote.

40:35 *1* Lit. *se había posado.*   40:38 *1* I.e. en la nube.

Levítico

¿QUIÉN ESCRIBIÓ ESTE LIBRO?	Moisés
¿POR QUÉ SE ESCRIBIÓ ESTE LIBRO?	Levítico les muestra a los israelitas cómo adorar a Dios y vivir según sus reglas.
¿QUÉ OCURRE EN ESTE LIBRO?	Moisés les da al pueblo y los sacerdotes de Israel las instrucciones de Dios.
¿QUÉ APRENDEMOS ACERCA DE DIOS EN ESTE LIBRO?	Dios es santo y le dice a su pueblo que sea santo. Dios acepta los sacrificios y perdona a los que pecan.
¿QUIÉNES SON LOS PERSONAJES PRINCIPALES DE ESTE LIBRO?	Moisés y Aarón
¿DÓNDE SUCEDIERON ESTAS COSAS?	Los israelitas estaban acampando en el monte Sinaí cuando Dios le dio a Moisés estas instrucciones para que las siguieran. (Mira los mapas que están al final de esta Biblia para ver dónde estaba situado el monte Sinaí).
¿CUÁLES SON ALGUNAS DE LAS HISTORIAS DE ESTE LIBRO?	Aarón es nombrado sumo sacerdote — Levítico 8 Los hijos de Aarón desobedecen a Dios — Levítico 10 Dios establece las fiestas especiales — Levítico 23

Esta es una recreación del tabernáculo.
Creada por Externa CGI; © 2011 por Zondervan

LA LEY DE LOS HOLOCAUSTOS

1 El SEÑOR llamó a Moisés y le habló desde la tienda de reunión: **2** «Di a los israelitas: "Cuando alguien de ustedes traiga una ofrenda al SEÑOR, traerán su ofrenda de animales del ganado o del rebaño. **3** Si su ofrenda es un holocausto[J] del ganado, ofrecerá un macho sin defecto; lo ofrecerá a la entrada de la tienda de reunión, para que sea aceptado delante del SEÑOR. **4** Pondrá su mano sobre la cabeza del holocausto, y le será aceptado para expiación suya. **5** Entonces degollará el novillo delante del SEÑOR; y los sacerdotes hijos de Aarón ofrecerán la sangre y la rociarán por todos los lados sobre el altar que está a la entrada de la tienda de reunión.

6 "Después desollará el holocausto y lo cortará en pedazos. **7** Y los hijos del sacerdote Aarón pondrán fuego en el altar, y colocarán leña sobre el fuego. **8** Luego los sacerdotes hijos de Aarón arreglarán los pedazos, la cabeza y el sebo sobre la leña que está en el fuego sobre el altar. **9** El que presenta el holocausto lavará las entrañas y las patas con agua, y el sacerdote *lo* quemará todo sobre el altar como holocausto. Es una ofrenda encendida de aroma agradable para el SEÑOR.

10 "Pero si su ofrenda para holocausto es del rebaño, de los corderos o de las cabras, ofrecerá un macho sin defecto. **11** Lo degollará al lado norte del altar, delante del SEÑOR; y los sacerdotes hijos de Aarón rociarán la sangre sobre el altar, por todos los lados. **12** Después lo cortará en pedazos, con su cabeza y el sebo, y el sacerdote los colocará sobre la leña que está en el fuego sobre el altar. **13** Las entrañas y las patas las lavará con agua, y el sacerdote *lo* ofrecerá todo, quemándolo sobre el altar. Es un holocausto, una ofrenda encendida de aroma agradable para el SEÑOR.

14 "Pero si su ofrenda para el SEÑOR es un holocausto de aves, entonces traerá su ofrenda de tórtolas o de pichones. **15** Y el sacerdote la traerá al altar, le quitará la cabeza y la quemará sobre el altar; y su sangre será exprimida sobre el costado del altar. **16** Le quitará también el buche con sus plumas y lo echará junto al altar, hacia el oriente, en el lugar de las cenizas. **17** La partirá después por las alas, sin dividir*la.* Entonces el sacerdote la quemará en el altar, sobre la leña que está en el fuego. Es un holocausto, una ofrenda encendida de aroma agradable para el SEÑOR.

LA LEY DE LAS OFRENDAS DE CEREAL

2 "Cuando alguien ofrezca una ofrenda de cereal como ofrenda al SEÑOR, su ofrenda será de flor de harina, sobre la cual echará aceite y pondrá incienso. **2** Entonces la llevará a los sacerdotes hijos de Aarón; y *el sacerdote* tomará de ella un puñado de la flor de harina, con el aceite *y* con todo su incienso, y el sacerdote *la* quemará *como* memorial sobre el altar. Es una ofrenda encendida de aroma agradable para el SEÑOR. **3** El resto de la ofrenda de cereal

1:2
Tipos de ofrendas
Había cinco tipos de ofrendas: holocausto (ofrenda quemada), de cereal, de paz, por el pecado y por la culpa. Cada ofrenda tenía un propósito diferente.

1:3-17
El propósito del holocausto
El propósito del holocausto era pedir perdón y pagar el precio por el pecado para hacer a una persona justa con Dios. Quemar el animal por completo mostraba la plena lealtad de la persona hacia Dios.

Dominio público

1:9, 13
Se lavaban las partes del animal antes de quemarlo
Esto quitaba todo el polvo o los restos de excremento del interior del animal y las piernas a fin de dejarlo limpio para Dios. La limpieza del animal simbolizaba la limpieza del corazón.

1:14
Dios se agradaba tanto de un ave como de un animal grande
A Dios le agradaban las ofrendas que provenían de un corazón sincero. Los israelitas que no podían comprar una oveja o un carnero podían sustituirlos por un ave.

1:3 *J* U *ofrenda encendida.*

2:1-16
El propósito de una ofrenda de cereal
Las ofrendas de cereal mostraban lo devotas que eran las personas ante Dios.

2:4-7, 11-12
No importaba cómo se cocinaba el cereal
Ellos podían cocer el grano con cualquier método, siempre y cuando se mezclara con aceite y no tuviera levadura ni miel. El aceite representaba el gozo y la gratitud. La levadura y la miel no se usaban porque a menudo eran utilizadas para preparar bebidas alcohólicas.

2:13
La sal era importante
En la antigüedad, la sal resultaba muy costosa, pero era una parte importante de la dieta. La sal también servía para preservar la comida, y debe haber simbolizado el eterno amor de Dios.

© Olga Miltsova/Shutterstock

3:1-17
El propósito de la ofrenda de paz
Esta ofrenda simbolizaba comer una comida en gratitud y comunión con Dios. Era la única vez que las personas comían algo de la ofrenda. A menudo compartían la comida con los vecinos que tenían necesidad.

pertenece a Aarón y a sus hijos. Es cosa santísima de las ofrendas encendidas para el SEÑOR.

⁴"Cuando ofrezcas una ofrenda al SEÑOR, una ofrenda de cereal cocida al horno, *será de* tortas de flor de harina sin levadura, amasadas con aceite, o de hojaldres sin levadura, untados con aceite. ⁵Y si tu ofrenda es una ofrenda de cereal *preparada* en sartén, *será* de flor de harina sin levadura, amasada con aceite. ⁶La partirás en pedazos y echarás aceite sobre ella. Es una ofrenda de cereal.

⁷"Si tu ofrenda es una ofrenda de cereal *preparada* en cazuela, será hecha de flor de harina con aceite. ⁸Cuando traigas al SEÑOR la ofrenda de cereal hecha de estas cosas, será presentada al sacerdote y él la llevará al altar. ⁹El sacerdote tomará su porción de la ofrenda de cereal *como* memorial, y *la* quemará sobre el altar *como* ofrenda encendida de aroma agradable para el SEÑOR. ¹⁰El resto de la ofrenda de cereal pertenece a Aarón y a sus hijos. Es cosa santísima de las ofrendas encendidas para el SEÑOR.

¹¹"Ninguna ofrenda de cereal que ustedes ofrezcan al SEÑOR será hecha con levadura, porque no quemarán ninguna levadura ni ninguna miel como ofrenda encendida para el SEÑOR. ¹²Como ofrenda de primicias las ofrecerán al SEÑOR, pero no ascenderán como aroma agradable sobre el altar. ¹³Además, toda ofrenda de cereal tuya sazonarás con sal, para que la sal del pacto de tu Dios no falte de tu ofrenda de cereal; con todas tus ofrendas ofrecerás sal.

¹⁴"Pero si ofreces al SEÑOR una ofrenda de cereal de los primeros frutos, ofrecerás espigas verdes tostadas al fuego, granos tiernos desmenuzados, como ofrenda de cereal de tus primeros frutos. ¹⁵Luego echarás aceite y pondrás incienso sobre ella. Es una ofrenda de cereal. ¹⁶Y el sacerdote quemará como memorial parte de los granos desmenuzados, con su aceite y con todo su incienso. Es una ofrenda encendida para el SEÑOR.

LA LEY DE LAS OFRENDAS DE PAZ

3 "Si alguien ofrece su ofrenda como sacrificio de las ofrendas de paz, si la ofrece del ganado, sea macho o hembra, la ofrecerá sin defecto delante del SEÑOR. ²Pondrá su mano sobre la cabeza de su ofrenda y la degollará a la puerta de la tienda de reunión. Entonces los sacerdotes hijos de Aarón rociarán la sangre sobre el altar por todos los lados. ³El que ofrece el sacrificio de las ofrendas de paz, presentará una ofrenda encendida al SEÑOR: la grasa que cubre las entrañas y toda grasa que hay sobre las entrañas, ⁴los dos riñones con la grasa que *está* sobre ellos y sobre los lomos, y el lóbulo del hígado, que quitará con los riñones. ⁵Los hijos de Aarón lo quemarán en el altar, sobre el holocausto que está sobre la leña en el fuego. Es una ofrenda encendida de aroma agradable para el SEÑOR.

⁶"Pero si su ofrenda como sacrificio de las ofrendas de paz para el SEÑOR es del rebaño, sea macho o hembra, sin defecto la ofrecerá. ⁷Si va a presentar un cordero como su ofrenda, lo ofrecerá delante del SEÑOR. ⁸Pondrá su mano sobre la cabeza de su ofrenda y la degollará delante de la

tienda de reunión. Entonces los hijos de Aarón rociarán su sangre sobre el altar por todos los lados. **9** Del sacrificio de las ofrendas de paz, traerá una ofrenda encendida al SEÑOR: la grasa, la cola entera, que cortará cerca del espinazo, la grasa que cubre las entrañas y toda la grasa que hay sobre las entrañas, **10** los dos riñones con la grasa que *está* sobre ellos y sobre los lomos, y el lóbulo del hígado, que quitará con los riñones. **11** Entonces el sacerdote lo quemará sobre el altar *como* alimento. Es una ofrenda encendida para el SEÑOR.

12 "Si su ofrenda es una cabra, la ofrecerá delante del SEÑOR. **13** Pondrá su mano sobre su cabeza y la degollará delante de la tienda de reunión. Entonces los hijos de Aarón rociarán su sangre sobre el altar por todos los lados. **14** Después presentará de ella su ofrenda como ofrenda encendida para el SEÑOR: la grasa que cubre las entrañas y toda la grasa que hay sobre las entrañas, **15** los dos riñones con la grasa que *está* sobre ellos y sobre los lomos, y el lóbulo del hígado, que quitará con los riñones. **16** Entonces el sacerdote los quemará sobre el altar *como* alimento. Es una ofrenda encendida como aroma agradable. Toda la grasa es del SEÑOR. **17** Estatuto perpetuo será por todas sus generaciones, dondequiera que ustedes habiten: ninguna grasa ni ninguna sangre comerán"».

LA LEY DE LAS OFRENDAS POR EL PECADO

4 Entonces el SEÑOR habló a Moisés: **2** «Di a los israelitas: "Si alguien peca inadvertidamente en cualquiera de las cosas que el SEÑOR ha mandado que no se hagan, y hace alguna de ellas; **3** si el que peca es el sacerdote ungido, trayendo culpa sobre el pueblo, que entonces ofrezca al SEÑOR un novillo sin defecto como ofrenda por el pecado, por el pecado que ha cometido. **4** Traerá el novillo a la puerta de la tienda de reunión delante del SEÑOR, pondrá su mano sobre la cabeza del novillo y lo degollará delante del SEÑOR. **5** Luego el sacerdote ungido tomará de la sangre del novillo y la traerá a la tienda de reunión, **6** y el sacerdote mojará su dedo en la sangre y rociará siete veces de la sangre delante del SEÑOR, frente al velo del santuario.

7 "El sacerdote pondrá también de esa sangre sobre los cuernos del altar del incienso aromático que está en la tienda de reunión delante del SEÑOR, y derramará toda la sangre del novillo al pie del altar del holocausto que está a la puerta de la tienda de reunión. **8** Y quitará toda la grasa del novillo de la ofrenda por el pecado: la grasa que cubre las entrañas, toda la grasa que *está* sobre las entrañas, **9** los dos riñones con la grasa que *está* sobre ellos y sobre los lomos, y el lóbulo del hígado, que quitará con los riñones **10** (de la manera que se quita del buey del sacrificio de las ofrendas de paz); y el sacerdote los quemará sobre el altar del holocausto. **11** Pero la piel del novillo y toda su carne, con su cabeza, sus patas, sus entrañas y su estiércol, **12** es decir, todo *el resto del* novillo, lo llevará a un lugar limpio fuera del campamento, donde se echan las cenizas, y lo quemará al fuego sobre la leña. Donde se echan las cenizas lo quemará.

13 "Si toda la congregación de Israel es la que comete error, y el asunto pasa desapercibido a la asamblea, y hacen

3:11, 16
La comida se quemaba como sacrificio

Los israelitas sabían que en realidad Dios no iba a comerse sus ofrendas. Así que las quemaban como una forma de pedirle perdón y expresar gratitud. Dios apreciaba todas esas ofrendas.

4:1-35
Ofrendas por el pecado

Estas ofrendas se hacían para cubrir toda clase de pecados de muchas personas a la vez. Las ofrendas por el pecado se entregaban por toda la congregación en los días de fiesta.

4:2
También se hacían sacrificios por pecados inadvertidos

En este contexto *inadvertido* significa «errar». Este tipo de pecado sucedía por debilidad más que por desobediencia activa.

4:5-6
La sangre se rociaba siete veces

Siete es el número de días que le llevó a Dios crear el mundo. Siete también representa la perfección y la pureza de Dios.

cualquiera de las cosas que el SEÑOR ha mandado que no se hagan, haciéndose así culpables, **14** cuando se llegue a saber el pecado que ellos han cometido, entonces la asamblea ofrecerá un novillo del ganado como ofrenda por el pecado, y lo traerán delante de la tienda de reunión. **15** Los ancianos de la congregación pondrán sus manos sobre la cabeza del novillo delante del SEÑOR, y el novillo será degollado delante del SEÑOR.

16 "Entonces el sacerdote ungido traerá sangre del novillo a la tienda de reunión; **17** el sacerdote mojará su dedo en la sangre y *la* rociará siete veces delante del SEÑOR, frente al velo. **18** Pondrá sangre sobre los cuernos del altar que está delante del SEÑOR en la tienda de reunión, y derramará toda la sangre al pie del altar del holocausto, que está a la puerta de la tienda de reunión. **19** Le quitará toda la grasa y lo quemará sobre el altar. **20** Hará con este novillo lo mismo que hizo con el novillo de la ofrenda por el pecado; de esta manera hará con él. Así el sacerdote hará expiación por ellos, y ellos serán perdonados. **21** Sacará el novillo fuera del campamento y lo quemará como quemó el primer novillo. Es la ofrenda por el pecado de la asamblea.

22 "Cuando es un jefe el que peca e inadvertidamente hace alguna de las cosas que el SEÑOR su Dios ha mandado que no se hagan, haciéndose así culpable, **23** y se le hace saber el pecado que ha cometido, traerá como su ofrenda un macho cabrío sin defecto. **24** Pondrá su mano sobre la cabeza del macho cabrío y lo degollará en el lugar donde se degüella el holocausto delante del SEÑOR; es una ofrenda por el pecado. **25** Entonces el sacerdote tomará con su dedo de la sangre de la ofrenda por el pecado y *la* pondrá sobre los cuernos del altar del holocausto, y derramará *el resto de* la sangre al pie del altar del holocausto. **26** Quemará toda la grasa sobre el altar como *en el caso* de la grasa del sacrificio de las ofrendas de paz. Así el sacerdote hará expiación por él, por su pecado, y será perdonado.

27 "Y si es alguien del pueblo el que peca inadvertidamente, haciendo cualquiera de las cosas que el SEÑOR ha mandado que no se hagan, y se hace así culpable, **28** y se le hace saber el pecado que ha cometido, traerá como su ofrenda una cabra sin defecto por el pecado que ha cometido. **29** Pondrá su mano sobre la cabeza de la ofrenda por el pecado y la degollará en el lugar del holocausto. **30** Entonces el sacerdote tomará con su dedo de la sangre y *la* pondrá sobre los cuernos del altar del holocausto, y derramará todo *el resto de* la sangre al pie del altar. **31** Luego quitará toda la grasa, de la manera que se quitó la grasa del sacrificio de las ofrendas de paz, y el sacerdote *lo* quemará sobre el altar como aroma agradable para el SEÑOR. Así el sacerdote hará expiación por él y será perdonado.

32 "Pero si trae un cordero como su ofrenda por el pecado, que traiga una hembra sin defecto. **33** Pondrá su mano sobre la cabeza de la ofrenda por el pecado y la degollará como ofrenda por el pecado en el lugar donde se degüella el holocausto. **34** Entonces el sacerdote tomará con su dedo de la sangre de la ofrenda por el pecado y *la* pondrá sobre los cuernos del altar del holocausto, y derramará todo *el resto de* la sangre al pie del altar. **35** Luego quitará toda la grasa de la misma manera que se quita la grasa del cordero del sacrificio de las ofrendas de paz; y el sacerdote lo quemará en el altar con las ofrendas encendidas para el SEÑOR. Así el sacerdote hará expiación por él, por el pecado que ha cometido, y será perdonado.

CASOS PARTICULARES DE OFRENDAS POR EL PECADO

5 "Si alguien peca al ser llamado a testificar, siendo testigo de lo que ha visto o sabe, y no *lo* declara, será culpable. **2** O si alguien toca cualquier cosa inmunda, ya sea el cadáver de una fiera inmunda, o el cadáver de ganado inmundo, o el cadáver de un reptil inmundo, aunque no se dé cuenta de ello y se contamina, será culpable. **3** O si toca inmundicia humana, de cualquier *clase* que *sea* la inmundicia con que se contamine, sin darse cuenta, y después llega a saber*lo,* será culpable. **4** O si alguien, sin pensar, jura con sus labios hacer mal o hacer bien, en cualquier asunto que el hombre hable sin pensar con juramento, sin darse cuenta, y luego llega a saber*lo,* será culpable de cualquiera de estas cosas.

5 "Cuando alguien llegue a ser culpable de cualquiera de estas cosas, confesará aquello en que ha pecado. **6** Traerá también al SEÑOR su ofrenda por la culpa, por el pecado que ha cometido, una hembra del rebaño, una cordera o una cabra como ofrenda por el pecado. Entonces el sacerdote le hará expiación por su pecado.

7 "Pero si no tiene lo suficiente para ofrecer un cordero, entonces traerá al SEÑOR como ofrenda por la culpa de aquello en que ha pecado, dos tórtolas o dos pichones, uno como ofrenda por el pecado y el otro como holocausto. **8** Los traerá al sacerdote, el cual ofrecerá primero el que es para ofrenda por el pecado, y le cortará la cabeza por el cuello sin arrancar*la.* **9** Rociará también de la sangre de la ofrenda por el pecado sobre un lado del altar, y el resto de la sangre será exprimida al pie del altar; es ofrenda por el pecado. **10** Entonces preparará el segundo como holocausto según la ordenanza. Así el sacerdote hará expiación por él, por el pecado que ha cometido, y le será perdonado.

11 "Pero si no tiene lo suficiente para dos tórtolas o dos pichones, entonces, como ofrenda por el pecado que ha cometido, traerá la décima parte de un efa (2.2 litros) de flor de harina como ofrenda por el pecado; no pondrá aceite ni incienso en ella, pues es ofrenda por el pecado. **12** Y la traerá al sacerdote, y el sacerdote tomará de ella un puñado como memorial, y *la* quemará sobre el altar con las ofrendas encendidas para el SEÑOR. Es una ofrenda por el pecado. **13** Así el sacerdote hará expiación por él, por el pecado que ha cometido en alguna de estas cosas, y le será perdonado; *el resto* será del sacerdote, como *en* la ofrenda de cereal"».

14 El SEÑOR le dijo a Moisés: **15** «Si alguien comete una falta y peca inadvertidamente en las cosas sagradas del SEÑOR, traerá su ofrenda por la culpa al SEÑOR: un carnero sin defecto del rebaño, conforme a tu valuación en siclos de plata

5:4
Alguien podía jurar sin saber lo que estaba haciendo
A veces las personas juran antes de conocer o pensar en las consecuencias. Romper un juramento era un crimen, especialmente si el juramento le era hecho a Dios.

5:15
Las cosas sagradas del Señor
Las cosas sagradas pueden hacer referencia a todo lo ofrecido a Dios. Se consideraba una violación a las cosas sagradas del Señor comer la comida reservada para los sacerdotes o dejar de cumplir una promesa o pagar un diezmo.

(un siclo equivale 11.4 gramos), según el siclo del santuario, como ofrenda por la culpa. **16** Hará restitución por aquello en que ha pecado en las cosas sagradas, y añadirá a ello la quinta parte, y se lo dará al sacerdote. Y el sacerdote hará expiación por él con el carnero de la ofrenda por la culpa, y le será perdonado.

17 »Si alguien peca y hace cualquiera de las cosas que el SEÑOR ha mandado que no se hagan, aunque no se dé cuenta, será culpable y llevará su castigo. **18** Entonces traerá al sacerdote un carnero sin defecto del rebaño, conforme a tu valuación, como ofrenda por la culpa. Así el sacerdote hará expiación por él por su error mediante el cual ha pecado inadvertidamente, y sin él saberlo, y le será perdonado. **19** Es ofrenda por la culpa; ciertamente era culpable delante del SEÑOR».

6 **1**Entonces el SEÑOR le dijo a Moisés: **2** «Cuando alguien peque y cometa una falta contra el SEÑOR, engañando a su prójimo en cuanto a un depósito o alguna cosa *que se le ha* confiado, o por robo, o *por haber* extorsionado a su prójimo, **3** o ha encontrado lo que estaba perdido y ha mentido acerca de ello, y ha jurado falsamente, de manera que peca en cualquiera de las cosas que suele hacer el hombre, **4** será, entonces, que cuando peque y sea culpable, devolverá lo que tomó al robar, o lo que obtuvo mediante extorsión, o el depósito que le fue confiado, o la cosa perdida que ha encontrado, **5** o cualquier cosa acerca de la cual juró falsamente; hará completa restitución de ello y le añadirá una quinta parte más. Se la dará al que le pertenece el día *que presente* su ofrenda por la culpa. **6** Entonces traerá al sacerdote su ofrenda por la culpa para el SEÑOR, un carnero sin defecto del rebaño, conforme a tu valuación como ofrenda por la culpa, **7** y el sacerdote hará expiación por él delante del SEÑOR, y le será perdonada cualquier cosa que haya hecho por la cual sea culpable».

EL SACERDOTE Y LOS SACRIFICIOS

8 **1**Entonces el SEÑOR le dijo a Moisés: **9** «Ordena a Aarón y a sus hijos, y diles: "Esta es la ley del holocausto: el holocausto mismo *permanecerá* sobre el fuego, sobre el altar, toda la noche hasta la mañana, y el fuego del altar ha de mantenerse encendido en él. **10** El sacerdote vestirá su túnica de lino y se pondrá calzoncillos de lino fino sobre su cuerpo. Tomará las cenizas *a* que el fuego ha reducido el holocausto sobre el altar y las pondrá junto al altar. **11** Después se quitará sus vestiduras, se pondrá otras vestiduras y llevará las cenizas fuera del campamento a un lugar limpio. **12** El fuego del altar se mantendrá encendido sobre el altar; no se apagará, sino que el sacerdote quemará leña en él todas las mañanas, y pondrá sobre él el holocausto, y quemará sobre él la grasa de las ofrendas de paz. **13** El fuego se mantendrá encendido continuamente en el altar; no se apagará.

14 "Esta es la ley de la ofrenda de cereal: los hijos de Aarón la presentarán delante del SEÑOR frente al altar. **15** Entonces uno *de los sacerdotes* tomará de ella un puñado de flor de

6:12-13
Dios necesitaba que el fuego del altar ardiera continuamente

Dios quería que el fuego ardiera sin parar a fin de recordarles a los israelitas cómo él está siempre con su pueblo.

harina de la ofrenda de cereal, con su aceite y todo el incienso que *hay* en la ofrenda de cereal, y *la* quemará sobre el altar. Es aroma agradable, su ofrenda memorial para el SEÑOR. **16** Y lo que quede de ella, Aarón y sus hijos lo comerán. Debe comerse como tortas sin levadura en lugar santo; en el atrio de la tienda de reunión lo comerán. **17** No se cocerá con levadura. Se la he dado como parte de Mis ofrendas encendidas; es *cosa* santísima, lo mismo que la ofrenda por el pecado y la ofrenda por la culpa. **18** Todo varón entre los hijos de Aarón puede comerla; es una ordenanza perpetua por *todas* las generaciones de ustedes tocante a las ofrendas encendidas para el SEÑOR. Todo lo que las toque quedará consagrado"».

19 Y el SEÑOR le dijo a Moisés: **20** «Esta es la ofrenda que Aarón y sus hijos han de ofrecer al SEÑOR el día de su unción: la décima parte de un efa (2.2 litros) de flor de harina como ofrenda perpetua de cereal, la mitad por la mañana y la mitad por la tarde. **21** Se preparará con aceite en *una* sartén, y cuando se haya mezclado *bien* la traerás. Ofrecerás la ofrenda de cereal en pedazos cocidos al horno como aroma agradable para el SEÑOR. **22** La ofrecerá el sacerdote, que de entre los hijos de Aarón sea ungido en su lugar. Por ordenanza perpetua será totalmente quemada para el SEÑOR. **23** Así que toda ofrenda de cereal del sacerdote será totalmente quemada. No se comerá».

24 Entonces el SEÑOR habló a Moisés: **25** «Di a Aarón y a sus hijos: "Esta es la ley de la ofrenda por el pecado: la ofrenda por el pecado será ofrecida delante del SEÑOR en el *mismo* lugar donde el holocausto es ofrecido; es *cosa* santísima. **26** El sacerdote que la ofrezca por el pecado la comerá. Se comerá en un lugar santo, en el atrio de la tienda de reunión. **27** Todo el que toque su carne quedará consagrado; y si la sangre salpica sobre una vestidura, lavarás en un lugar santo lo que fue salpicado. **28** Y la vasija de barro en la cual fue hervida, será quebrada; y si se hirvió en una vasija de bronce, se restregará y se lavará con agua. **29** Todo varón de entre los sacerdotes puede comer de ella; es *cosa* santísima. **30** Pero no se comerá de ninguna ofrenda por el pecado, cuya sangre se haya traído a la tienda de reunión para hacer expiación en el lugar santo; al fuego será quemada.

LA LEY DE LA OFRENDA POR LA CULPA

7 "Esta es la ley de la ofrenda por la culpa; es *cosa* santísima. **2** En el lugar donde degüellan el holocausto han de degollar la ofrenda por la culpa, y el sacerdote rociará su sangre sobre el altar por todos los lados. **3** Luego ofrecerá de ella toda la grasa: la cola gorda, la grasa que cubre las entrañas, **4** los dos riñones con la grasa que hay sobre ellos y sobre los lomos, y quitará el lóbulo del hígado con los riñones. **5** Y el sacerdote los quemará sobre el altar como ofrenda encendida para el SEÑOR. Es una ofrenda por la culpa. **6** Todo varón de entre los sacerdotes puede comer de ella. Se comerá en un lugar santo; es *cosa* santísima.

7 "La ofrenda por la culpa es como la ofrenda por el pecado, hay una *misma* ley para ambas; le pertenecerá al sacerdote que hace expiación con ella. **8** También al sacerdote que

6:28
Ellos quebraban la vasija de barro después del sacrificio

Las vasijas de barro eran difíciles de limpiar. La grasa y los jugos quedaban en el fondo o eran absorbidos. Romperlas era una forma de asegurarse de que no quedara nada del sacrificio en ellas.

presente el holocausto de alguien, la piel del holocausto que haya presentado será para él. **9** De la misma manera, toda ofrenda de cereal que sea cocida al horno, y todo lo que sea preparado en cazuela o en sartén, pertenecerá al sacerdote que la presente. **10** Y toda ofrenda de cereal mezclada con aceite, o seca, pertenecerá a todos los hijos de Aarón, a todos por igual.

OFRENDAS DE PAZ

11 "Esta es la ley del sacrificio de la ofrenda de paz que será ofrecido al SEÑOR: **12** Si lo ofrece en acción de gracias, entonces, junto con el sacrificio de acción de gracias, ofrecerá tortas sin levadura amasadas con aceite, y hojaldres sin levadura untados con aceite, y tortas de flor de harina *bien* mezclada, amasadas con aceite. **13** Con el sacrificio de sus ofrendas de paz en acción de gracias, presentará su ofrenda con tortas de pan leudado. **14** Y de ello presentará una *parte* de cada ofrenda como contribución al SEÑOR; será para el sacerdote que rocía la sangre de las ofrendas de paz.

15 "*En cuanto a* la carne del sacrificio de sus ofrendas de paz en acción de gracias, se comerá el día que la ofrezca; no dejará nada hasta la mañana *siguiente*. **16** Pero si el sacrificio de su ofrenda es por un voto o una ofrenda voluntaria, se comerá en el día que ofrezca el sacrificio; y al día siguiente se podrá comer lo que quede; **17** pero lo que quede de la carne del sacrificio será quemado en el fuego al tercer día. **18** De manera que si se come de la carne del sacrificio de sus ofrendas de paz en el tercer día, el que la ofrezca no será acepto, ni se le tendrá en cuenta. Será cosa ofensiva, y la persona que coma de ella llevará su *propia* iniquidad.

19 "La carne que toque cualquier cosa inmunda no se comerá; se quemará en el fuego. En cuanto a *otra* carne, cualquiera que esté limpio puede comer de ella. **20** Pero la persona que coma la carne del sacrificio de las ofrendas de paz que pertenecen al SEÑOR, estando inmunda, esa persona será exterminada de entre su pueblo. **21** Y cuando alguien toque alguna cosa inmunda, ya sea inmundicia humana o un animal inmundo, o cualquier cosa abominable *e* inmunda y coma de la carne del sacrificio de la ofrenda de paz que pertenece al SEÑOR, esa persona será exterminada de entre su pueblo".

22 Después el SEÑOR habló a Moisés: **23** «Diles a los israelitas: "No comerán ninguna grasa de buey, ni de cordero, ni de cabra. **24** La grasa de *un animal* muerto y la grasa de un animal despedazado *por las fieras* podrá servir para cualquier uso, pero ciertamente no deben comerlo. **25** Porque cualquiera que coma la grasa del animal del cual se ofrece una ofrenda encendida al SEÑOR, la persona que coma será exterminada de entre su pueblo. **26** Y ustedes no comerán sangre, ni de ave ni de animal, en ningún lugar en que habiten. **27** Toda persona que coma cualquier *clase de* sangre, esa persona será exterminada de entre su pueblo"».

28 Entonces el SEÑOR habló a Moisés: **29** «Di a los israelitas: "El que ofrezca el sacrificio de sus ofrendas de paz al SEÑOR, traerá su ofrenda del sacrificio de sus ofrendas de paz al

7:13
Tortas de pan leudado
Los panes leudados (hechos con levadura) se permitían si estos no eran quemados. No se trataba de un holocausto, el cual tenía otros requisitos.

Artville

7:15
La comida debía comerse el mismo día que fue cocinada
Los israelitas no tenían refrigeradores o una manera de conservar la carne, así que se echaría a perder enseguida si no la comían.

7:20
Lo que hacía inmunda a una persona
Alguien podía volverse «inmundo» por tocar cualquier cosa impura como una persona enferma, un cuerpo muerto o animales inmundos. Para estar limpio otra vez, había que hacer un ritual especial de purificación.

7:26-27
Por qué estaba mal comer sangre
La sangre representaba la vida. También se usaba en las ofrendas para pedir perdón. No se suponía que fuera una comida. (Ver Levítico 17:11).

SEÑOR. **30** Sus propias manos traerán ofrendas encendidas al SEÑOR. Traerá la grasa con el pecho, para que el pecho sea presentado como ofrenda mecida delante del SEÑOR. **31** El sacerdote quemará el sebo sobre el altar; pero el pecho pertenecerá a Aarón y a sus hijos. **32** Y ustedes darán al sacerdote la pierna derecha como contribución de los sacrificios de sus ofrendas de paz. **33** Aquel que de entre los hijos de Aarón ofrezca la sangre de las ofrendas de paz y la grasa, recibirá la pierna derecha como *su* porción. **34** Pues Yo he tomado de los israelitas, de los sacrificios de sus ofrendas de paz, el pecho de la ofrenda mecida y la pierna de la contribución, y los he dado al sacerdote Aarón y a sus hijos, como *su* porción para siempre de *parte de* los israelitas.

35 "Esta es la porción consagrada a Aarón y la porción consagrada a sus hijos de las ofrendas encendidas para el SEÑOR, desde[1] el día en que Moisés los presentó para ministrar como sacerdotes al SEÑOR. **36** El SEÑOR había ordenado que se les diera esa porción de *parte de* los israelitas el día en que Él los ungió. Es la porción *de ellos* para siempre, por todas sus generaciones"».

37 Esta es la ley del holocausto, de la ofrenda de cereal, de la ofrenda por el pecado, de la ofrenda por la culpa, de la ofrenda de consagración y del sacrificio de las ofrendas de paz. **38** El SEÑOR la ordenó a Moisés en el monte Sinaí, el día en que Él mandó a los israelitas que presentaran sus ofrendas al SEÑOR en el desierto de Sinaí.

CONSAGRACIÓN DE AARÓN Y DE SUS HIJOS

8 Entonces el SEÑOR dijo a Moisés: **2** «Toma a Aarón y con él a sus hijos, y las vestiduras, el aceite de la unción, el novillo de la ofrenda por el pecado, los dos carneros y la cesta de los panes sin levadura; **3** y reúne a toda la congregación a la entrada de la tienda de reunión». **4** Moisés hizo tal como el SEÑOR le ordenó, *y* cuando la congregación se había reunido a la entrada de la tienda de reunión, **5** Moisés dijo a la congregación: «Esto es lo que el SEÑOR ha ordenado hacer».

6 Entonces Moisés hizo que Aarón y sus hijos se acercaran, y los lavó con agua. **7** Puso sobre él la túnica, lo ciñó con el cinturón y lo vistió con el manto; luego le puso el efod, y lo ciñó con el cinto tejido del efod, con el cual se *lo* ató. **8** Después le puso el pectoral, y dentro del pectoral puso el Urim y el Tumim[1]. **9** Puso también la tiara sobre su cabeza, y sobre la tiara, al frente, puso la lámina de oro, la diadema santa, tal como el SEÑOR había ordenado a Moisés.

10 Entonces Moisés tomó el aceite de la unción y ungió el tabernáculo y todo lo que en él había, y los consagró. **11** Con el aceite roció el altar siete veces y ungió el altar y todos sus utensilios, así como la pila y su base, para consagrarlos. **12** Después derramó del aceite de la unción sobre la cabeza de Aarón y lo ungió, para consagrarlo.

8:7-9
El sumo sacerdote vestía ropas especiales
El sacerdote era el representante de Dios, y sus vestiduras mostraban que tenía un honor especial.

7:35 [1] Lit. *en.*   8:8 [1] I.e. las luces y las perfecciones.

¹³ Luego Moisés hizo que los hijos de Aarón se acercaran y los vistió con túnicas, los ciñó con cinturones, y les ajustó las tiaras tal como el SEÑOR había ordenado a Moisés.

¹⁴ Entonces trajo el novillo de la ofrenda por el pecado, y Aarón y sus hijos pusieron sus manos sobre la cabeza del novillo de la ofrenda por el pecado. ¹⁵ Después Moisés *lo* degolló y tomó la sangre y con su dedo puso *parte de ella* en los cuernos del altar por todos los lados, y purificó el altar. Luego derramó *el resto de* la sangre al pie del altar y lo consagró, para hacer expiación por él.

¹⁶ Tomó también toda la grasa que había en las entrañas y el lóbulo del hígado, y los dos riñones con su grasa, y Moisés *los* quemó sobre el altar. ¹⁷ Pero el novillo, con su piel, su carne y su estiércol, lo quemó en el fuego fuera del campamento, tal como el SEÑOR había mandado a Moisés.

¹⁸ Entonces presentó el carnero del holocausto, y Aarón y sus hijos pusieron sus manos sobre la cabeza del carnero. ¹⁹ Y Moisés *lo* degolló y roció la sangre sobre el altar, por todos los lados. ²⁰ Cuando había cortado el carnero en pedazos, Moisés quemó la cabeza, los pedazos y el sebo. ²¹ Después de lavar las entrañas y las patas con agua, Moisés quemó todo el carnero sobre el altar. Fue holocausto de aroma agradable; fue ofrenda encendida para el SEÑOR, tal como el SEÑOR había ordenado a Moisés.

²² Luego presentó el segundo carnero, el carnero de la consagración, y Aarón y sus hijos pusieron sus manos sobre la cabeza del carnero. ²³ Moisés *lo* degolló y tomó de la sangre y *la* puso en el lóbulo de la oreja derecha de Aarón, en el pulgar de su mano derecha y en el pulgar de su pie derecho. ²⁴ Hizo también que se acercaran los hijos de Aarón; y Moisés puso sangre en el lóbulo de la oreja derecha de ellos, en el pulgar de su mano derecha y en el pulgar de su pie derecho. Entonces Moisés roció *el resto de* la sangre sobre el altar, por todos los lados. ²⁵ Después tomó la grasa y la cola gorda, y toda la grasa que estaba en las entrañas, el lóbulo del hígado, los dos riñones con su grasa y la pierna derecha. ²⁶ Y de la cesta de los panes sin levadura que estaba delante del SEÑOR, tomó una torta sin levadura, una torta de pan *mezclada con* aceite y un hojaldre, y *los* puso sobre las porciones de grasa y sobre la pierna derecha. ²⁷ Entonces lo puso todo en las manos de Aarón y en las manos de sus hijos, y lo presentó como una ofrenda mecida delante del SEÑOR.

²⁸ Después Moisés tomó *todo* esto de las manos de ellos y lo quemó en el altar con el holocausto. Fue una ofrenda de consagración como aroma agradable, ofrenda encendida para el SEÑOR. ²⁹ Moisés tomó también el pecho y lo presentó como ofrenda mecida delante del SEÑOR; era la porción del carnero de la consagración que pertenecía a Moisés, tal como el SEÑOR le había ordenado.

³⁰ Moisés tomó del aceite de la unción y de la sangre que estaba sobre el altar, y roció a Aarón y sus vestiduras, y a sus hijos y las vestiduras de sus hijos; y consagró a Aarón y sus vestiduras, y a sus hijos y las vestiduras de sus hijos con él.

³¹ Entonces Moisés dijo a Aarón y a sus hijos: «Cuezan la carne a la entrada de la tienda de reunión, y cómanla allí

8:23

Qué tenían de especiales la oreja derecha y el pulgar derecho de la mano y el pie del sacerdote

Esas partes del cuerpo se consideraban especiales por las habilidades que representan. Las orejas simbolizan escuchar, los pulgares representan el trabajo y los dedos de los pies simbolizan caminar.

8:30

Aunque Aarón era pecador, Dios lo hizo sumo sacerdote

Todas las personas pecan. Nadie es perfecto. Aunque Aarón tomó algunas malas decisiones, también ayudó a Moisés a servir y hablar en nombre de Dios. Dios lo consagró y lo apartó para una tarea especial.

junto con el pan que está en la cesta de la ofrenda de consagración, tal como lo he ordenado, diciendo: "Aarón y sus hijos lo comerán". **32** El resto de la carne y del pan ustedes lo quemarán en el fuego. **33** Y no saldrán de la entrada de la tienda de reunión por siete días, hasta que termine el tiempo de su consagración; porque por siete días serán consagrados. **34** El SEÑOR ha mandado hacer tal como se ha hecho hoy, para hacer expiación a favor de ustedes. **35** Además, permanecerán a la entrada de la tienda de reunión día y noche por siete días, y guardarán la ordenanza del SEÑOR para que no mueran, porque así se me ha ordenado». **36** Y Aarón y sus hijos hicieron todas las cosas que el SEÑOR había ordenado por medio de Moisés.

PRIMEROS SACRIFICIOS DE AARÓN

9 Al octavo día Moisés llamó a Aarón, a sus hijos y a los ancianos de Israel; **2** y le dijo a Aarón: «Toma un becerro para la ofrenda por el pecado, y un carnero para el holocausto, *ambos* sin defecto, y ofréce*los* delante del SEÑOR. **3** Luego

MESES JUDÍOS Y SUS MESES ACTUALES EQUIVALENTES

Julio — TAMUZ
Agosto — AB
Junio — SIVÁN
Mayo — IVAR
ELUL — Septiembre
Abril — ABIB (o Nisán)
ETANIM (o Tisri) — Octubre
Marzo
ESVÁN — Noviembre
ADAR*
QUISLEU — Diciembre
SEBAT — Febrero
TEBET — Enero

*Un mes adicional llamado «Segundo Adar» se agregaba cada segundo o tercer año para alinear el calendario lunar con el año solar.

9:4, 24
Cómo se apareció Dios
Dios decidió mostrarle su gloria al pueblo cuando ellos entregaban sus ofrendas. Él envió fuego del cielo.

hablarás a los israelitas: "Tomen un macho cabrío para la ofrenda por el pecado, y un becerro y un cordero, ambos de un año, sin defecto, para el holocausto, ⁴y un buey y un carnero para las ofrendas de paz, para sacrificar delante del SEÑOR, y una ofrenda de cereal mezclado con aceite; porque hoy el SEÑOR se aparecerá a ustedes"».

⁵Llevaron, pues, al frente de la tienda de reunión lo que Moisés había ordenado, y toda la congregación se acercó y permaneció de pie delante del SEÑOR. ⁶Y Moisés dijo: «Esto es lo que el SEÑOR ha mandado que hagan, para que la gloria del SEÑOR se aparezca a ustedes» ⁷Entonces Moisés dijo a Aarón: «Acércate al altar y presenta tu ofrenda por el pecado y tu holocausto, para que hagas expiación por ti mismo y por el pueblo; luego presenta la ofrenda por el pueblo, para que puedas hacer expiación por ellos, tal como el SEÑOR ha ordenado».

⁸Se acercó, pues, Aarón al altar y degolló el becerro de la ofrenda por el pecado que era por sí mismo. ⁹Y los hijos de Aarón le presentaron la sangre; y él mojó su dedo en la sangre, puso *parte de ella* sobre los cuernos del altar, y derramó *el resto de* la sangre al pie del altar. ¹⁰Después quemó sobre el altar la grasa, los riñones y el lóbulo del hígado de la ofrenda por el pecado, tal como el SEÑOR había ordenado a Moisés. ¹¹Sin embargo, la carne y la piel las quemó en el fuego fuera del campamento.

¹²Luego degolló el holocausto; y los hijos de Aarón le dieron la sangre y la roció sobre el altar, por todos los lados. ¹³Y le dieron el holocausto en pedazos, con la cabeza, y *los* quemó sobre el altar. ¹⁴Lavó también las entrañas y las patas, y *las* quemó con el holocausto sobre el altar.

¹⁵Luego presentó la ofrenda por el pueblo, y tomó el macho cabrío para la ofrenda por el pecado que era por el pueblo, lo degolló y lo ofreció por los pecados, como el primero. ¹⁶Presentó también el holocausto, y lo ofreció conforme a la ordenanza. ¹⁷Después presentó la ofrenda de cereal, y llenó de ella su mano, y *la* quemó sobre el altar, además del holocausto de la mañana.

¹⁸Luego degolló el buey y el carnero, el sacrificio de las ofrendas de paz que era por el pueblo; y los hijos de Aarón le dieron la sangre y él la roció sobre el altar, por todos los lados. ¹⁹En cuanto a los pedazos de grasa del buey y del carnero, la cola gorda, la grasa que cubre *las entrañas*, los riñones y el lóbulo del hígado, ²⁰los pusieron sobre los pechos *de los animales sacrificados;* y él quemó los pedazos de sebo sobre el altar. ²¹Pero Aarón presentó los pechos y la pierna derecha como ofrenda mecida delante del SEÑOR, tal como Moisés había ordenado.

²²Entonces Aarón alzó sus manos hacia el pueblo y lo bendijo, y después de ofrecer la ofrenda por el pecado, el holocausto y las ofrendas de paz, descendió. ²³Moisés y Aarón entraron en la tienda de reunión, y cuando salieron y bendijeron al pueblo, la gloria del SEÑOR apareció a todo el pueblo. ²⁴Y salió fuego de la presencia del SEÑOR que consumió el holocausto y los pedazos de grasa sobre el altar. Al verlo, todo el pueblo aclamó y se postró rostro en tierra.

EL PECADO DE NADAB Y ABIÚ

10 Pero Nadab y Abiú, hijos de Aarón, tomaron sus respectivos incensarios, y después de poner fuego en ellos y echar incienso sobre él, ofrecieron delante del SEÑOR fuego extraño, que Él no les había ordenado. ² Y de la presencia del SEÑOR salió fuego que los consumió, y murieron delante del SEÑOR. ³ Entonces Moisés dijo a Aarón: «*Esto es* lo que el SEÑOR dijo:

"Como santo seré tratado por los que se acercan a Mí,
Y en presencia de todo el pueblo seré honrado"».

Y Aarón guardó silencio. ⁴ Moisés llamó también a Misael y a Elzafán, hijos de Uziel, tío de Aarón, y les dijo: «Acérquense, llévense a sus parientes de delante del santuario, fuera del campamento». ⁵ Y ellos se acercaron y los llevaron fuera del campamento todavía en sus túnicas, como Moisés había dicho.

⁶ Luego Moisés dijo a Aarón y a sus hijos Eleazar e Itamar: «No descubran su cabeza ni rasguen sus vestidos, para que no mueran y para que Él no desate todo Su enojo contra toda la congregación. Pero sus hermanos, toda la casa de Israel, se lamentarán por el incendio que el SEÑOR ha traído. ⁷ Ni siquiera saldrán de la entrada de la tienda de reunión, no sea que mueran; porque el aceite de unción del SEÑOR está sobre ustedes». Y ellos hicieron conforme al mandato de Moisés.

DEBERES Y PORCIONES DE LOS SACERDOTES

⁸ El SEÑOR le dijo a Aarón: ⁹ «Ustedes no beberán vino ni licor, ni tú ni tus hijos contigo, cuando entren en la tienda de reunión, para que no mueran. Es un estatuto perpetuo por todas sus generaciones, ¹⁰ y para que hagan distinción entre lo santo y lo profano, entre lo inmundo y lo limpio, ¹¹ y para que enseñen a los israelitas todos los estatutos que el SEÑOR les ha dicho por medio de Moisés».

¹² Entonces Moisés dijo a Aarón y a los hijos que le quedaban, Eleazar e Itamar: «Tomen la ofrenda de cereal que queda de las ofrendas encendidas para el SEÑOR, y cómanla sin levadura junto al altar, porque es santísima. ¹³ La comerán, pues, en lugar santo, porque es la porción tuya y la porción de tus hijos de las ofrendas encendidas al SEÑOR; porque así se me ha ordenado. ¹⁴ Sin embargo, el pecho de la ofrenda mecida y la pierna de la ofrenda pueden comerlos en un lugar limpio, tú, y tus hijos y tus hijas contigo; porque han sido dadas como la porción tuya y la de tus hijos de los sacrificios de las ofrendas de paz de los israelitas. ¹⁵ La pierna *que fue* ofrecida levantándola, y el pecho *que fue* ofrecido meciéndolo, los traerán junto con las ofrendas encendidas de los pedazos de grasa, para presentarlos como ofrenda mecida delante del SEÑOR. Así será para siempre la porción tuya y la de tus hijos contigo, tal como el SEÑOR ha ordenado».

¹⁶ Moisés preguntó con diligencia por el macho cabrío de la ofrenda por el pecado, y aconteció que había sido quemado. Y se enojó con Eleazar e Itamar, los hijos que le habían quedado a Aarón y les dijo: ¹⁷ «¿Por qué no comieron la ofrenda por el pecado en el lugar santo? Porque es santísima y les

10:1
Fuego extraño
Los hijos de Aarón, Nadab y Abiú, murieron porque no siguieron la manera indicada de ofrecerle sacrificios a Dios. Él los castigó por no seguir las instrucciones específicas que les había dado a los sacerdotes.

10:19-20
Aarón y sus otros hijos no comieron la ofrenda

Aarón y sus hijos no estaban siendo descuidados ni desobedientes. Tal vez la muerte de Nadab y Abiú les había hecho perder el apetito. Moisés pudo ver que eran físicamente incapaces de comer la ofrenda.

11:1-47
La diferencia entre alimentos limpios e inmundos

Había muchas razones posibles por las cuales Dios marcaba a algunas criaturas como limpias y a otras como inmundas para comer. Esas leyes ayudaron a los israelitas a ingerir una dieta saludable que era distinta a la de las naciones paganas que los rodeaban. Obedecer estas leyes era una manera de apartarse y ser santos.

11:24
La importancia del atardecer

El atardecer marcaba el final del día y el comienzo de uno nuevo. Este nuevo comienzo le daba al individuo una nueva oportunidad de reanudar la adoración a Dios.

ha sido dada para quitar la culpa de la congregación, para hacer expiación por ellos delante del SEÑOR. ¹⁸ Miren, puesto que la sangre no había sido traída dentro, al santuario, ciertamente debieran haber comido la ofrenda en el santuario, tal como yo ordené». ¹⁹ Pero Aarón respondió a Moisés: «Mira, hoy mismo han presentado ellos su ofrenda por el pecado y su holocausto delante del SEÑOR. Ya que esto me ha sucedido, si yo hubiera comido hoy de la ofrenda por el pecado, ¿hubiera sido grato a los ojos del SEÑOR?». ²⁰ Cuando Moisés oyó *esto,* quedó satisfecho.

ANIMALES LIMPIOS E INMUNDOS

11 El SEÑOR habló de nuevo a Moisés y a Aarón: ² «Digan a los israelitas: "Estos son los animales que pueden comer de entre todos los animales que hay sobre la tierra. ³ De entre los animales, todo el que tiene pezuña dividida, formando así cascos hendidos, *y* rumia, este comerán. ⁴ Sin embargo, de los que rumian o tienen pezuña dividida, no comerán estos: el camello, porque aunque rumia no tiene pezuña dividida; *será* inmundo para ustedes. ⁵ El damán, porque aunque rumia, no tiene pezuña dividida; *será* inmundo para ustedes. ⁶ El conejo, porque aunque rumia, no tiene pezuña dividida; *será* inmundo para ustedes. ⁷ Y el cerdo, porque aunque tiene pezuña dividida, formando así un casco hendido, no rumia; *será* inmundo para ustedes. ⁸ No comerán de su carne ni tocarán sus cadáveres; *serán* inmundos para ustedes.

⁹ "De todos los animales que hay en las aguas, podrán comer estos: todos los que tienen aletas y escamas, en las aguas, en los mares o en los ríos, podrán comer. ¹⁰ Pero todos los que no tienen aletas ni escamas en los mares y en los ríos, entre todo lo que se mueve en las aguas y entre todas las criaturas vivientes que están en el agua, serán abominación para ustedes; ¹¹ les serán abominación, no comerán de su carne y abominarán sus cadáveres. ¹² Todo lo que en las aguas no tenga aletas ni escamas, les *será* abominación.

¹³ "Además, estas abominarán de entre las aves, no se comerán, son abominación: el águila, el buitre y el buitre negro, ¹⁴ el milano y el halcón según su especie; ¹⁵ todo cuervo según su especie; ¹⁶ el avestruz, la lechuza, la gaviota y el gavilán según su especie; ¹⁷ el búho, el somormujo, el búho real, ¹⁸ la lechuza blanca, el pelícano, el buitre común, ¹⁹ la cigüeña, la garza según su especie; la abubilla y el murciélago.

²⁰ "Todo insecto alado que ande sobre cuatro *patas* les será abominación. ²¹ Sin embargo, estos pueden comer de entre todos los insectos alados que andan sobre cuatro *patas:* los que tienen, además de sus patas, piernas con coyunturas para saltar con ellas sobre la tierra. ²² De ellos pueden comer estos: la langosta según sus especies, la langosta destructora según sus especies, el grillo según sus especies y el saltamontes según sus especies. ²³ Pero todos los demás insectos alados que tengan cuatro patas les *serán* abominación.

²⁴ "Por estos *animales,* pues, serán inmundos; todo el que toque sus cadáveres quedará inmundo hasta el atardecer,

²⁵ y todo el que levante parte de sus cadáveres lavará sus vestidos y quedará inmundo hasta el atardecer. ²⁶ En cuanto a todo animal de pezuña dividida, pero que no forma *pezuña* hendida, o que no rumian, *serán* inmundos para ustedes; todo el que los toque quedará inmundo. ²⁷ De entre los animales que andan sobre cuatro *patas,* los que andan sobre sus garras son inmundos para ustedes; todo el que toque sus cadáveres quedará inmundo hasta el atardecer, ²⁸ y el que levante sus cadáveres lavará sus ropas y quedará inmundo hasta el atardecer; les son inmundos.

²⁹ "Entre los animales que se arrastran sobre la tierra, estos *serán* inmundos para ustedes: el topo, el ratón y el lagarto según sus especies; ³⁰ el erizo, el cocodrilo, el lagarto, la lagartija de arena y el camaleón. ³¹ Estos *serán* inmundos para ustedes de entre todos los *animales* que se arrastran; todo el que los toque cuando estén muertos quedará inmundo hasta el atardecer. ³² También quedará inmunda cualquier cosa sobre la cual caiga muerto uno de ellos, incluso cualquier artículo de madera, ropa, piel, saco, o cualquier utensilio de trabajo; será puesto en el agua y quedará inmundo hasta el atardecer; entonces quedará limpio.

³³ "Respecto a cualquier vasija de barro en la cual caiga uno de ellos, lo que está en la vasija quedará inmundo y quebrarán la vasija. ³⁴ Todo alimento que se come, sobre el cual caiga *de esta* agua, quedará inmundo, y todo líquido que se bebe, *que esté* en tales vasijas quedará inmundo. ³⁵ Todo aquello sobre lo cual caiga parte de sus cadáveres quedará inmundo; el horno o fogón será derribado; son inmundos y seguirán siendo inmundos para ustedes. ³⁶ Sin embargo, una fuente o cisterna donde se recoge agua será limpia, pero lo que toque sus cadáveres quedará inmundo. ³⁷ Y si parte de sus cadáveres cae sobre cualquier semilla que se ha de sembrar, *quedará* limpia. ³⁸ Pero si se pone agua en la semilla, y una parte de sus cadáveres cae en ella, *será* inmunda para ustedes.

³⁹ "Si muere uno de los animales que ustedes tienen para comer, el que toque su cadáver quedará inmundo hasta el atardecer. ⁴⁰ Y el que coma parte de su cadáver lavará sus vestidos y quedará inmundo hasta el atardecer; y el que levante el cadáver lavará sus vestidos y quedará inmundo hasta el atardecer.

⁴¹ "Todo animal que se arrastra sobre la tierra es abominable; no se comerá. ⁴² Todo lo que anda sobre su vientre, todo lo que camina sobre cuatro *patas,* todo lo que tiene muchos pies, con respecto a todo lo que se arrastra sobre la tierra, no los comerán porque es abominación. ⁴³ No se hagan abominables por causa de ningún animal que se arrastra; y no se

ANIMALES INMUNDOS
Levítico 11

Búhos

Camellos

Lagartijas

Cerdos

Conejos

Todo animal acuático sin aletas ni escamas

Otros animales inmundos enumerados en este capítulo incluyen: damanes, águilas, buitres, halcones, ratas, comadrejas, todos los insectos voladores que caminan sobre cuatro patas, excepto los que saltan, como la langosta.

11:44-47
Seguir esas leyes no los hacía santos automáticamente

Por supuesto que Dios deseaba que su pueblo siguiera las reglas, pero ellos tenían que tener fe para poder ser verdaderamente santos.

12:1-5
Dar a luz hacía a la mujer ceremonialmente impura

El bebé no hacía a la mujer impura. El nacimiento de un bebé siempre debe ser celebrado. Era la sangre asociada al parto lo que la hacía impura.

12:7
La ofrenda por el nacimiento de un bebé

Esta ofrenda podría haber sido una manera en que los padres adoraban a Dios por la nueva vida, y servía como una promesa de criar a sus hijos en los caminos de Dios. La ofrenda por el pecado era para librarse de la impureza asociada con el parto.

13:1-39
Clases de enfermedades de la piel

Había varias enfermedades posibles de la piel que encajan en las descripciones: dermatitis crónica, infección cutánea crónica, soriasis y cáncer de piel.

contaminen con ellos para que ustedes no sean inmundos. **44** Porque Yo soy el SEÑOR su Dios. Por tanto, conságrense y sean santos, porque Yo soy santo. No se contaminen, pues, con ningún animal que se arrastra sobre la tierra. **45** Porque Yo soy el SEÑOR, que los he hecho subir de la tierra de Egipto para ser su Dios; serán, pues, santos porque Yo soy santo"».

46 Esta es la ley acerca de los animales, de las aves, de todo ser viviente que se mueve en las aguas y de todo animal que se arrastra sobre la tierra, **47** para hacer distinción entre lo inmundo y lo limpio, entre el animal que se puede comer y el animal que no se puede comer.

PURIFICACIÓN DE LA MUJER DESPUÉS DEL PARTO

12 Entonces el SEÑOR habló a Moisés: **2** «Di a los israelitas: "Cuando una mujer dé a luz y tenga varón, quedará impura por siete días; como en los días de su menstruación, será impura. **3** Al octavo día la carne del prepucio *del niño* será circuncidada. **4** Y ella permanecerá en la sangre de su purificación por treinta y tres días; no tocará ninguna cosa consagrada ni entrará al santuario hasta que los días de su purificación sean cumplidos. **5** Pero si da a luz una niña, quedará impura por dos semanas, como en *los días de* su menstruación; y permanecerá en la sangre de su purificación por sesenta y seis días.

6 "Cuando se cumplan los días de su purificación por un hijo o por una hija, traerá al sacerdote, a la entrada de la tienda de reunión, un cordero de un año como holocausto, y un pichón o una tórtola como ofrenda por el pecado. **7** Entonces él los ofrecerá delante del SEÑOR y hará expiación por ella, y quedará limpia del flujo de su sangre. Esta es la ley para la que da a *luz, sea* hijo o hija. **8** Pero si no le alcanzan los recursos para ofrecer un cordero, entonces tomará dos tórtolas o dos pichones, uno para el holocausto y el otro para la ofrenda por el pecado; y el sacerdote hará expiación por ella, y quedará limpia"».

LEYES ACERCA DE LA LEPRA

13 El SEÑOR les dijo a Moisés y a Aarón: **2** «Cuando alguien tenga en la piel de su cuerpo hinchazón, o erupción, o mancha *blanca* lustrosa, y se convierta en infección de lepra en la piel de su cuerpo, será traído al sacerdote Aarón o a uno de sus hijos, los sacerdotes. **3** El sacerdote mirará la infección en la piel del cuerpo; y si el pelo en la infección se ha vuelto blanco, y la infección parece más profunda que la piel de su cuerpo, es una infección de lepra; cuando el sacerdote lo haya examinado lo declarará inmundo. **4** Pero si la mancha lustrosa es blanca en la piel de su cuerpo, y no parece ser más profunda que la piel, y el pelo en ella no se ha vuelto blanco, entonces el sacerdote aislará por siete días *al que tiene* la infección. **5** Al séptimo día el sacerdote lo examinará, y si en su parecer la infección no ha cambiado, *y si* la infección no se ha extendido en la piel, entonces el sacerdote lo aislará por otros siete días. **6** El sacerdote lo examinará de nuevo al séptimo día; y si la infección ha oscurecido, y la infección no se ha extendido en la piel, entonces el sacerdote lo declarará limpio; es *solo* una postilla. La persona lavará sus vestidos y quedará limpia.

⁷»Pero si la postilla se extiende en la piel después que él se haya mostrado al sacerdote para su purificación, volverá a presentarse al sacerdote. ⁸ Y el sacerdote *lo* examinará, y si la postilla se ha extendido en la piel, entonces el sacerdote lo declarará inmundo; es lepra.

⁹»Cuando haya infección de lepra en un hombre, será traído al sacerdote. ¹⁰ Entonces el sacerdote lo examinará, y si hay hinchazón blanca en la piel, y el pelo se ha vuelto blanco, y hay carne viva en la hinchazón, ¹¹ es lepra crónica en la piel de su cuerpo, y el sacerdote lo declarará inmundo; no lo aislará, porque es inmundo. ¹² Y si la lepra brota y se extiende en la piel, y la lepra cubre toda la piel *del que tenía* la infección, desde su cabeza hasta sus pies, hasta donde pueda ver el sacerdote, ¹³ entonces el sacerdote mirará, y *si* ve que la lepra ha cubierto todo su cuerpo, declarará limpio *al que tenía* la infección; se ha vuelto toda blanca *y* él es limpio.

¹⁴»Pero cuando aparezca en él carne viva, quedará inmundo. ¹⁵ El sacerdote mirará la carne viva, y lo declarará inmundo; la carne viva es inmunda, es lepra. ¹⁶ Pero si la carne viva cambia nuevamente y se vuelve blanca, entonces vendrá al sacerdote, ¹⁷ y el sacerdote lo mirará, y *si* ve que la infección se ha vuelto blanca, el sacerdote declarará limpio *al que tenía* la infección; limpio es.

¹⁸»Cuando el cuerpo tenga una úlcera en su piel, y se sane, ¹⁹ y en el lugar de la úlcera haya hinchazón blanca, o una mancha lustrosa, blanca rojiza, será mostrada al sacerdote, ²⁰ y el sacerdote *la* examinará, y *si* parece que está a un nivel más bajo que la piel y su pelo se ha vuelto blanco, el sacerdote lo declarará inmundo. Es infección de lepra, ha brotado en la úlcera. ²¹ Pero si el sacerdote la examina, y ve que no hay pelos blancos en ella, y no está a nivel más bajo que la piel y se ha oscurecido, el sacerdote lo aislará por siete días; ²² y si se extiende en la piel, el sacerdote lo declarará inmundo: es infección. ²³ Pero si la mancha lustrosa permanece en su lugar y no se extiende, es *solo* la cicatriz de la úlcera. El sacerdote lo declarará limpio.

²⁴»Asimismo, si el cuerpo sufre en su piel una quemadura de fuego, y la *carne* viva de la quemadura se vuelve una mancha lustrosa, blanca rojiza o *solo* blanca, ²⁵ entonces el sacerdote la examinará. Y si el pelo en la mancha lustrosa se ha vuelto blanco, y la mancha parece estar más profunda que la piel, es lepra; ha brotado en la quemadura. Por tanto, el sacerdote lo declarará inmundo. Es infección de lepra. ²⁶ Pero si el sacerdote la examina, y ve que no hay pelo blanco en la mancha lustrosa y no está más profunda que la piel, pero está oscura, entonces el sacerdote lo aislará por siete días. ²⁷ Al séptimo día el sacerdote lo examinará. Si se ha extendido en la piel, el sacerdote lo declarará inmundo. Es infección de lepra. ²⁸ Pero si la mancha lustrosa permanece en su lugar y

13:2-3
El pueblo venía al sacerdote cuando tenía una enfermedad de la piel

Los sacerdotes no eran médicos, pero podían determinar si una erupción era una infección de lepra. La lepra hacía a la persona ceremonialmente impura, y debía aislarse hasta estar sana.

13:13
La carne blanca podía indicar que la piel había sanado

Si una erupción no estaba sana y todavía era infecciosa, se vería de color rojo o sangraría.

no se ha extendido en la piel, sino que está oscura, es la hinchazón de la quemadura; y el sacerdote lo declarará limpio, pues es *solo* la cicatriz de la quemadura.

29 »Si un hombre o una mujer tiene una infección en la cabeza o en la barba, 30 el sacerdote le examinará la infección, y si parece estar más profunda que la piel y hay en ella pelo fino amarillento, entonces el sacerdote lo declarará inmundo. Es tiña, es lepra de la cabeza o de la barba. 31 Pero si el sacerdote examina la infección de la tiña, y no parece ser más profunda que la piel y no hay en ella pelo negro, el sacerdote aislará por siete días *a la persona* con la infección de la tiña. 32 Al séptimo día el sacerdote examinará la infección, y si la tiña no se ha extendido, ni ha crecido en ella pelo amarillento, ni la tiña parece ser más profunda que la piel, 33 entonces se rasurará, pero no rasurará la *parte con* tiña; y el sacerdote aislará *al que tiene* la tiña por otros siete días. 34 Al séptimo día el sacerdote examinará la tiña, y si esta no se ha extendido en la piel y no parece estar más profunda que la piel, el sacerdote *lo* declarará limpio. Entonces, *el enfermo* lavará sus vestidos y quedará limpio.

35 »Pero si la tiña se extiende en la piel después de su purificación, 36 el sacerdote *lo* examinará, y si la tiña se ha extendido en la piel, el sacerdote no tiene que buscar pelo amarillento; es inmundo. 37 Si en su parecer la tiña ha permanecido *igual* y ha crecido pelo negro en ella, la tiña ha sanado; es limpio, y el sacerdote *lo* declarará limpio.

38 »Cuando un hombre o una mujer tenga manchas lustrosas en la piel de su cuerpo, manchas blancas lustrosas, 39 el sacerdote *las* examinará, y si las manchas lustrosas en la piel de su cuerpo son de color blanquecino, es eczema que ha brotado en la piel; *la persona* es limpia.

40 »Si un hombre pierde el pelo de la cabeza, es calvo, *pero* limpio. 41 Y si su cabeza pierde el pelo por delante y por los lados, es calvo en la frente; es limpio. 42 Pero si en la calva de la cabeza o de la frente aparece una infección blanca rojiza, es lepra que brota en la calva de su cabeza o en la calva de su frente. 43 Entonces el sacerdote *lo* examinará; y si la hinchazón de la infección es blanca rojiza en la calva de la cabeza o en la calva de la frente, como la apariencia de la lepra en la piel del cuerpo, 44 es un leproso, es inmundo. El sacerdote ciertamente *lo* declarará inmundo; su infección está en su cabeza.

45 »En cuanto al leproso que tenga la infección, sus vestidos estarán rasgados, el cabello de su cabeza estará descubierto, se cubrirá el bozo y gritará: "¡Inmundo, inmundo!". 46 Permanecerá inmundo todos los días que tenga la infección; es inmundo. Vivirá solo; su morada estará fuera del campamento.

47 »Cuando un vestido tenga una marca de lepra, sea un vestido de lana o de lino, 48 sea en la urdimbre o en la trama, de lino o de lana, en cuero o en cualquier artículo hecho de cuero, 49 si la marca en el vestido o en el cuero, en la urdimbre o en la trama, o en cualquier artículo de cuero, es verdosa o rojiza, es marca de lepra y le será mostrada al sacerdote. 50 Entonces el sacerdote examinará la marca, y aislará el

13:45
Los requisitos para las personas con lepra
Ellas tenían que usar ropas rasgadas, dejarse el cabello suelto, cubrirse el bozo y gritar: «¡Inmundo, inmundo!» cuando estuvieran cerca de otras personas. Esas eran señales de duelo y advertían a todos para que se mantuvieran alejados.

13:46
Por qué las personas con lepra eran excluidas del campamento
Mantener a los enfermos alejados del tabernáculo impedía que todos se volvieran inmundos. Esas reglas también prevenían el contagio del resto del pueblo.

13:47-52
Marca de lepra
Una marca sobre una tela podía ser señal de una enfermedad o podía ser inofensiva. Un sacerdote la examinaría para determinar qué tipo de marca era.

artículo con marca por siete días. **51** Al séptimo día examinará la marca; si la marca se ha extendido en el vestido, sea en la urdimbre o en la trama, o en el cuero, cualquiera que sea el uso que se le dé al cuero, la marca es una lepra maligna, es inmunda. **52** Quemará, pues, el vestido, ya sea la urdimbre o la trama, en lana o en lino, o cualquier artículo de cuero en el cual aparezca la marca, porque es una lepra maligna; será quemado en el fuego.

53 »Pero si el sacerdote la examina, y la marca no se ha extendido en el vestido, en la urdimbre o en la trama, o en cualquier artículo de cuero, **54** entonces el sacerdote les ordenará lavar aquello donde aparezca la marca, y lo aislará por otros siete días. **55** Después que el artículo con la marca haya sido lavado, el sacerdote lo examinará otra vez, y si la marca no ha cambiado de aspecto, aun cuando la marca no se haya extendido, es inmundo; en el fuego lo quemarás, ya sea que la corrosión lo haya raído por el derecho o el revés.

56 »Entonces el sacerdote *lo* examinará, y si la marca se ha oscurecido después de haber sido lavada, la arrancará del vestido o del cuero, sea de la urdimbre o de la trama; **57** y si aparece otra vez en el vestido, sea en la urdimbre o en la trama, o en cualquier artículo de cuero, es una erupción; el artículo con la marca será quemado en el fuego. **58** El vestido, sea *en* la urdimbre o *en* la trama, o cualquier artículo de cuero del cual se haya quitado la marca después de haberlo lavado, será lavado por segunda vez y quedará limpio».

59 Esta es la ley para la marca de lepra en un vestido de lana o de lino, sea en la urdimbre o en la trama, o en cualquier artículo de cuero, para declararlo limpio o inmundo.

LA PURIFICACIÓN DE LOS LEPROSOS

14 Entonces el SEÑOR le dijo a Moisés: **2** «Esta será la ley del leproso en los días de su purificación. Será llevado al sacerdote, **3** y el sacerdote saldrá fuera del campamento. El sacerdote lo examinará, y si la infección ha sido sanada en el leproso, **4** entonces el sacerdote mandará tomar dos avecillas vivas y limpias, madera de cedro, un cordón escarlata e hisopo para el que ha de ser purificado. **5** Después el sacerdote mandará degollar una de las avecillas en una vasija de barro sobre agua corriente. **6** *En cuanto a* la avecilla viva, la tomará junto con la madera de cedro, el cordón escarlata y el hisopo, y los mojará *junto* con la avecilla viva en la sangre del ave muerta sobre el agua corriente. **7** Después rociará siete veces al que ha de ser purificado de la lepra, lo declarará limpio, y soltará al ave viva en campo abierto.

8 »El que ha de ser purificado lavará su ropa, se rasurará todo el cabello, se bañará en agua y quedará limpio. Después podrá entrar al campamento, pero por siete días permanecerá fuera de su tienda. **9** Al séptimo día se rasurará todo el cabello: se rasurará la cabeza, la barba y las cejas; todo su cabello. Entonces lavará su ropa y se lavará el cuerpo en agua, y quedará limpio.

10 »En el octavo día tomará dos corderos sin defecto, una cordera de un año sin defecto, tres décimas *de un efa* (7.3 litros) de flor de harina mezclada con aceite como ofrenda

14:4-7
El ritual de las avecillas
Este ritual de purificación era para la persona que había sido sanada de lepra. Las dos avecillas limpias pueden haber representado que la persona había sido curada.

14:10-11
Después que la persona estaba sana, llevaba su ofrenda
Aunque la enfermedad no era un pecado, hacía que el campamento entero resultara inapropiado para la presencia de Dios. Después que la persona hacía un sacrificio, Dios permitía que se uniera a la adoración y la comunidad otra vez.

de cereal y un tercio de litro de aceite; [11] y el sacerdote que lo declare limpio, presentará delante del SEÑOR al hombre que ha de ser purificado, con las ofrendas, a la entrada de la tienda de reunión. [12] Entonces el sacerdote tomará uno de los corderos y lo traerá como ofrenda por la culpa, con el tercio de litro de aceite, y los presentará como ofrenda mecida delante del SEÑOR. [13] Enseguida degollará el cordero en el lugar donde degüellan la ofrenda por el pecado y el holocausto, en el lugar del santuario, porque la ofrenda por la culpa, lo mismo que la ofrenda por el pecado, pertenece al sacerdote; es *cosa* santísima.

[14] »Entonces el sacerdote tomará de la sangre de la ofrenda por la culpa, y *la* pondrá el sacerdote sobre el lóbulo de la oreja derecha del que ha de ser purificado, sobre el pulgar de su mano derecha y sobre el pulgar de su pie derecho. [15] El sacerdote tomará también del tercio de litro de aceite, y *lo* derramará en la palma de su mano izquierda; [16] después el sacerdote mojará el dedo de su mano derecha en el aceite que está en la palma de su mano izquierda, y con el dedo rociará del aceite siete veces delante del SEÑOR. [17] De lo que quede del aceite que está en su mano, el sacerdote pondrá un poco sobre el lóbulo de la oreja derecha del que se ha de purificar, sobre el pulgar de su mano derecha y sobre el pulgar de su pie derecho, encima de la sangre de la ofrenda por la culpa; [18] y el resto del aceite que está en la mano del sacerdote, lo pondrá sobre la cabeza del que ha de ser purificado. Así el sacerdote hará expiación por él delante del SEÑOR.

[19] »Luego el sacerdote ofrecerá el sacrificio por el pecado y hará expiación por el que se ha de purificar de su inmundicia. Y después, degollará el holocausto. [20] Y el sacerdote ofrecerá sobre el altar el holocausto y la ofrenda de cereal. Así hará expiación el sacerdote por él, y quedará limpio.

[21] »Pero si es pobre y no tiene suficientes recursos, entonces tomará un cordero como ofrenda por la culpa, como ofrenda mecida, a fin de hacer expiación por él, y una décima *de un efa* (2.2 litros) de flor de harina mezclada con aceite para ofrenda de cereal, y un tercio de litro de aceite, [22] y dos tórtolas o dos pichones, según sus recursos; uno será como ofrenda por el pecado y el otro para holocausto. [23] Al octavo día los llevará al sacerdote para *ofrecerlos por* su purificación, a la entrada de la tienda de reunión, delante del SEÑOR.

[24] »El sacerdote tomará el cordero de la ofrenda por la culpa y el tercio del litro de aceite, y los presentará como ofrenda mecida delante del SEÑOR. [25] Luego degollará el cordero de la ofrenda por la culpa, y el sacerdote tomará de la sangre de la ofrenda por la culpa y *la* pondrá sobre el lóbulo de la oreja derecha del que ha de ser purificado, sobre el pulgar de su mano derecha y sobre el pulgar de su pie derecho. [26] El sacerdote derramará también del aceite sobre la palma de su mano izquierda; [27] y con el dedo de su mano derecha el sacerdote rociará un poco del aceite que está en la palma de su mano izquierda siete veces delante del SEÑOR.

[28] »Después el sacerdote pondrá del aceite que está en su mano sobre el lóbulo de la oreja derecha del que ha de ser purificado, sobre el pulgar de su mano derecha y sobre el

pulgar de su pie derecho, en el lugar de la sangre de la ofrenda por la culpa. ²⁹ Y el resto del aceite que está en la mano del sacerdote lo pondrá en la cabeza del que ha de ser purificado, a fin de hacer expiación por él delante del SEÑOR. ³⁰ Entonces ofrecerá una de las tórtolas o de los pichones, según sus recursos. ³¹ *Ofrecerá* lo que pueda, uno como ofrenda por el pecado, y el otro como holocausto, junto con la ofrenda de cereal. Así el sacerdote hará expiación delante del SEÑOR en favor del que ha de ser purificado. ³² Esta es la ley para *el que* tenga infección de lepra, cuyos recursos para su purificación sean limitados».

CUARENTENA DE CASAS INFECTADAS

³³ También el SEÑOR les dijo a Moisés y a Aarón: ³⁴ «Cuando ustedes entren en la tierra de Canaán, que les doy en posesión, y Yo ponga una marca de lepra sobre una casa en la tierra de su posesión, ³⁵ el dueño de la casa irá y le avisará al sacerdote: "*Algo así* como la marca *de la lepra* ha aparecido en mi casa". ³⁶ El sacerdote entonces ordenará que desocupen la casa antes de que él entre para examinar la marca, a fin de que nada se contamine en la casa; y después el sacerdote entrará y examinará la casa. ³⁷ Examinará la marca, y si la marca sobre las paredes de la casa tiene cavidades verdosas o rojizas, y parece más profunda que la superficie, ³⁸ el sacerdote saldrá a la puerta de la casa, y cerrará la casa por siete días.

³⁹ »Al séptimo día el sacerdote regresará y *la* inspeccionará. Si la marca se ha extendido en las paredes de la casa, ⁴⁰ el sacerdote les ordenará quitar las piedras que tienen la marca y arrojarlas a un lugar inmundo fuera de la ciudad. ⁴¹ Y hará raspar toda la casa por dentro, y arrojarán fuera de la ciudad, a un lugar inmundo, el polvo que raspen. ⁴² Luego tomarán otras piedras y reemplazarán aquellas piedras; y él tomará otra mezcla y volverá a recubrir la casa.

⁴³ »Sin embargo, si la marca vuelve a aparecer en la casa después de que él haya quitado las piedras y raspado la casa, y después de haberla recubierto con mezcla, ⁴⁴ el sacerdote entrará y *la* examinará. Si ve que la marca se ha extendido en la casa, será una lepra maligna en la casa; es inmunda. ⁴⁵ Derribará, pues, la casa, sus piedras, sus maderas y todo el emplaste de la casa, y *los* llevará fuera de la ciudad a un lugar inmundo. ⁴⁶ Además, cualquiera que entre a la casa durante el tiempo que él la cerró, quedará inmundo hasta el atardecer. ⁴⁷ También, el que duerma en la casa lavará sus ropas, y el que coma en la casa lavará sus ropas.

⁴⁸ »Pero si el sacerdote entra y *la* examina, y la marca no se ha extendido en la casa después de que la casa fue recubierta, el sacerdote declarará la casa limpia, porque la marca no ha vuelto a aparecer. ⁴⁹ Entonces, para purificar la casa, tomará dos avecillas, madera de cedro, un cordón escarlata e hisopo, ⁵⁰ y degollará una de las avecillas en una vasija de barro sobre agua corriente. ⁵¹ Después tomará la madera de cedro, el hisopo y el cordón escarlata, *junto* con la avecilla viva, y los mojará en la sangre de la avecilla muerta y en el agua corriente, y rociará la casa siete veces. ⁵² Así purificará la casa

14:53
Por qué una casa necesitaba expiación
Toda imperfección, incluso en los edificios, hacía que este no fuera apto para la presencia de Dios. Así como los israelitas querían que sus cuerpos estuvieran puros, sus casas debían ser puras también.

15:1-33
Dios dio leyes sobre la limpieza personal
Esas leyes ayudaban a mantener al pueblo limpio y a prevenir enfermedades. Las leyes también eran una manera en la que Dios se aseguraba de que su pueblo sobresaliera como diferente a los demás.

15:5-13
Dónde encontraban agua en el desierto para bañarse y lavar la ropa
El baño ritual no precisaba mucha agua. Por lo cual, si ellos podían sacar un poco de agua de los pozos o cisternas que recogían el agua de lluvia, sería suficiente.

© 2018 por Zondervan

con la sangre de la avecilla y con el agua corriente, junto con la avecilla viva, con la madera de cedro, con el hisopo y con el cordón escarlata. **53** Sin embargo, a la avecilla viva la dejará ir en libertad, fuera de la ciudad, hacia el campo abierto. Así hará expiación por la casa, y quedará purificada».

54 Esta es la ley acerca de toda infección de lepra, o de tiña; **55** y para la ropa o la casa con lepra, **56** para una hinchazón, una erupción o una mancha blanca lustrosa, **57** para enseñar cuándo son inmundas y cuándo son limpias. Esta es la ley sobre la lepra.

PURIFICACIÓN DE IMPUREZAS FÍSICAS

15 El SEÑOR continuó hablando a Moisés y a Aarón: **2** «Díganles a los israelitas: "Cuando algún hombre tenga flujo de su cuerpo, su flujo *será* inmundo. **3** Esta será, por tanto, su inmundicia en su flujo: será su inmundicia, ya sea que su cuerpo permita su flujo o que su cuerpo obstruya su flujo. **4** Toda cama sobre la cual se acueste la persona con flujo será inmunda, y todo sobre lo que se siente será inmundo. **5** Además, cualquiera que toque su cama lavará su ropa, se bañará en agua y quedará inmundo hasta el atardecer; **6** y cualquiera que se siente en aquello sobre lo cual el que tiene el flujo ha estado sentado, lavará su ropa, se bañará en agua y quedará inmundo hasta el atardecer.

7 "También, cualquiera que toque a la persona con el flujo lavará su ropa, se bañará en agua y quedará inmundo hasta el atardecer. **8** O si la persona con el flujo escupe sobre uno que es limpio, este también lavará su ropa, se bañará en agua y quedará inmundo hasta el atardecer. **9** Y toda montura sobre la cual cabalgue la persona con el flujo será inmunda. **10** Todo el que toque cualquiera de las cosas que han estado debajo de él quedará inmundo hasta el atardecer, y el que las lleve lavará su ropa, se bañará en agua y quedará inmundo hasta el atardecer. **11** Asimismo, a quien toque el que tiene el flujo sin haberse lavado las manos con agua, lavará su ropa, se bañará en agua y quedará inmundo hasta el atardecer. **12** Sin embargo, una vasija de barro que toque la persona con el flujo será quebrada, y toda vasija de madera será lavada con agua.

13 "Cuando el que tiene el flujo quede limpio de su flujo, contará para sí siete días para su purificación; entonces lavará su ropa, bañará su cuerpo en agua corriente y quedará limpio. **14** Entonces al octavo día tomará para sí dos tórtolas o dos pichones, y vendrá delante del SEÑOR a la entrada de la tienda de reunión y los dará al sacerdote; **15** y el sacerdote los ofrecerá, uno como ofrenda por el pecado y el otro como holocausto. Así el sacerdote hará expiación por él delante del SEÑOR a causa de su flujo.

16 "Y si un hombre tiene emisión de semen, bañará todo su cuerpo en agua y quedará inmundo hasta el atardecer. **17** En cuanto a cualquier vestidura o piel sobre la cual haya emisión de semen, será lavada con agua y quedará inmunda hasta el atardecer.

18 Si un hombre se acuesta con una mujer y hay emisión de semen, ambos se bañarán en agua y quedarán inmundos hasta el atardecer.

19 "Cuando una mujer tenga flujo, *si* el flujo en su cuerpo es sangre, ella permanecerá en su impureza menstrual por siete días; y cualquiera que la toque quedará inmundo hasta el atardecer. **20** También todo aquello sobre lo que ella se acueste durante su impureza menstrual quedará inmundo, y todo aquello sobre lo que ella se siente quedará inmundo. **21** Cualquiera que toque su cama lavará su ropa, se bañará en agua y quedará inmundo hasta el atardecer. **22** Y todo el que toque cualquier cosa sobre la que ella se siente, lavará su ropa, se bañará en agua y quedará inmundo hasta el atardecer. **23** Sea que esté sobre la cama o sobre aquello en lo cual ella se haya sentado, el que lo toque quedará inmundo hasta el atardecer. **24** Y si un hombre se acuesta con ella y su impureza menstrual lo mancha, quedará inmundo por siete días, y toda cama sobre la que él se acueste quedará inmunda.

25 "Si una mujer tiene un flujo de sangre por muchos días, no en el período de su impureza menstrual, o si tiene un flujo después de ese período, todos los días de su flujo impuro continuará como en los días de su impureza menstrual; es inmunda. **26** Toda cama sobre la cual ella se acueste durante los días de su flujo será para ella como la cama durante su menstruación, y todo sobre lo que ella se siente quedará inmundo, como la impureza de su impureza menstrual. **27** Cualquiera que toque esas *cosas* quedará inmundo; lavará su ropa, se bañará en agua y quedará inmundo hasta el atardecer. **28** Cuando ella quede limpia de su flujo, contará siete días; después quedará limpia. **29** Al octavo día ella tomará consigo dos tórtolas o dos pichones, y los traerá al sacerdote a la entrada de la tienda de reunión. **30** El sacerdote ofrecerá uno *de ellos* como ofrenda por el pecado y el otro como holocausto. Así hará expiación el sacerdote por ella delante del SEÑOR a causa de su flujo impuro".

31 Así ustedes mantendrán a los israelitas separados de sus impurezas, para que no mueran en sus impurezas por haber contaminado Mi tabernáculo que está entre ellos». **32** Esta es la ley para el que tiene flujo y para el hombre que tiene una emisión de semen, contaminándose por él, **33** y para la mujer que está enferma por causa de su impureza menstrual, para el que tenga un flujo, sea hombre o mujer, y para el hombre que se acueste con una mujer inmunda.

EL DÍA DE LA EXPIACIÓN

16 El SEÑOR habló a Moisés después de la muerte de los hijos de Aarón, cuando se acercaron a la presencia del SEÑOR y murieron. **2** El SEÑOR le dijo a Moisés: «Dile a tu hermano Aarón que no entre en cualquier tiempo en el lugar santo detrás del velo, delante del propiciatorio que está sobre el arca, no sea que muera; porque Yo apareceré en la nube sobre el propiciatorio. **3** Aarón podrá entrar en el lugar santo con esto: con un novillo para ofrenda por el pecado y un carnero para holocausto. **4** Se vestirá con la túnica sagrada de lino, y los calzoncillos de lino estarán sobre su cuerpo,

15:16-24
Por qué las funciones naturales del cuerpo ocasionaban inmundicia
Toda clase de secreción era «inmunda» debido a que requería algún tipo de limpieza. No hay nada pecaminoso en las funciones naturales del cuerpo.

16:2
El propiciatorio
El propiciatorio era la tapa del arca del pacto. Ese era el lugar donde Dios se aparecía. (Ver Éxodo 25:22).

y se ceñirá con el cinturón de lino y se cubrirá con la tiara de lino (estas son vestiduras sagradas). Lavará, pues, su cuerpo con agua y se vestirá con ellas.

5 »Aarón tomará de la congregación de los israelitas dos machos cabríos para ofrenda por el pecado y un carnero para holocausto. 6 Entonces Aarón ofrecerá el novillo como ofrenda por el pecado, que es por sí mismo, para hacer expiación por sí mismo y por su casa. 7 Y tomará los dos machos cabríos y los presentará delante del SEÑOR a la entrada de la tienda de reunión. 8 Aarón echará suertes sobre los dos machos cabríos, una suerte por el SEÑOR, y otra suerte para el macho cabrío expiatorio. 9 Luego Aarón ofrecerá el macho cabrío sobre el cual haya caído la suerte para el SEÑOR, haciéndolo ofrenda por el pecado. 10 Pero el macho cabrío sobre el cual cayó la suerte para el macho cabrío expiatorio, será presentado vivo delante del SEÑOR para hacer expiación sobre él, para enviarlo al desierto como macho cabrío expiatorio.

11 »Entonces Aarón ofrecerá el novillo de la ofrenda por el pecado, que es por sí mismo, y hará expiación por sí mismo y por su casa, y degollará el novillo de la ofrenda por el pecado hecha por sí mismo. 12 Y tomará un incensario lleno de brasas de fuego de sobre el altar *que está* delante del SEÑOR, y dos puñados de incienso aromático molido, y *lo* llevará detrás del velo. 13 Pondrá el incienso sobre el fuego delante del SEÑOR, para que la nube del incienso cubra el propiciatorio que está sobre el *arca del* testimonio, no sea que *Aarón* muera. 14 Tomará además de la sangre del novillo y *la* rociará con su dedo en el *lado* oriental del propiciatorio; también delante del propiciatorio rociará de la sangre siete veces con su dedo.

15 »Después degollará el macho cabrío de la ofrenda por el pecado que es por el pueblo, y llevará su sangre detrás del velo y hará con ella como hizo con la sangre del novillo, y la rociará sobre el propiciatorio y delante del propiciatorio. 16 Hará, pues, expiación por el lugar santo a causa de las impurezas de los israelitas y a causa de sus transgresiones, por todos sus pecados; así hará también con la tienda de reunión que permanece con ellos en medio de sus impurezas.

17 »Cuando *Aarón* entre a hacer expiación en el lugar santo, nadie estará en la tienda de reunión hasta que él salga, para que haga expiación por sí mismo, por su casa y por toda la asamblea de Israel. 18 Entonces saldrá al altar que está delante del SEÑOR y hará expiación por él, y tomará de la sangre del novillo y de la sangre del macho cabrío y la pondrá en los cuernos del altar por todos los lados. 19 Y con su dedo rociará sobre él de la sangre siete veces, y lo limpiará, y lo santificará de las impurezas de los israelitas.

20 Cuando acabe de hacer expiación por el lugar santo, la tienda de reunión y el altar, presentará el macho cabrío vivo. 21 Después Aarón pondrá ambas manos sobre la cabeza del macho cabrío y confesará sobre él todas las iniquidades de los israelitas y todas sus transgresiones, todos sus pecados, y poniéndolos sobre la cabeza del macho cabrío,

16:13
El testimonio
Esto se refería a las tablas de piedra con los Diez Mandamientos que se guardaban en el arca.

lo enviará al desierto por medio de un hombre preparado *para esto.* **22** El macho cabrío llevará sobre sí todas las iniquidades de ellos a una tierra solitaria; y *el hombre* soltará el macho cabrío en el desierto.

23 »Entonces Aarón entrará en la tienda de reunión y se quitará las vestiduras de lino que se había puesto al entrar en el lugar santo, y las dejará allí. **24** Lavará su cuerpo con agua en un lugar sagrado, se pondrá sus vestidos, y saldrá y ofrecerá su holocausto y el holocausto del pueblo, y hará expiación por sí mismo y por el pueblo. **25** Luego quemará en el altar la grasa de la ofrenda por el pecado. **26** Y el que soltó el macho cabrío como macho cabrío expiatorio, lavará sus ropas y lavará su cuerpo con agua, y después entrará en el campamento. **27** Pero el novillo de la ofrenda por el pecado y el macho cabrío de la ofrenda por el pecado, cuya sangre fue llevada dentro del lugar santo para hacer expiación, serán llevados fuera del campamento, y quemarán en el fuego su piel, su carne y su estiércol. **28** Entonces el que los queme lavará sus ropas y lavará su cuerpo con agua, y después entrará en el campamento.

29 »Y *esto* será para ustedes un estatuto perpetuo: en el mes séptimo, a los diez *días* del mes, humillarán sus almas y no harán obra alguna, ni el nativo ni el extranjero que reside entre ustedes. **30** Porque en este día se hará expiación por ustedes para que sean limpios; serán limpios de todos sus pecados delante del SEÑOR. **31** Será para ustedes día de reposo, de descanso solemne, para que humillen sus almas; es estatuto perpetuo.

32 »Así el sacerdote que es ungido y ordenado para ministrar como sacerdote en lugar de su padre hará expiación: se pondrá las vestiduras de lino, las vestiduras sagradas, **33** y hará expiación por el santo santuario; hará expiación también por la tienda de reunión y por el altar. Además hará expiación por los sacerdotes y por todo el pueblo de la asamblea. **34** Ustedes tendrán esto por estatuto perpetuo para hacer expiación por los israelitas, por todos sus pecados, una vez cada año». Tal como el SEÑOR lo ordenó a Moisés, *así* lo hizo.

MÁS LEYES SOBRE SACRIFICIOS

17 Entonces el SEÑOR habló a Moisés: **2** «Di a Aarón y a sus hijos, y a todos los israelitas: "Esto es lo que el SEÑOR ha ordenado: **3** 'Cualquier hombre de la casa de Israel que degüelle un buey, un cordero o una cabra en el campamento, o el que *lo* degüelle fuera del campamento, **4** sin llevarlo a la puerta de la tienda de reunión para presentar*lo* como una ofrenda al SEÑOR, delante del tabernáculo del SEÑOR, ese hombre será culpable de la sangre. Ha derramado sangre y ese hombre será exterminado de entre su pueblo. **5** *Esto es* para que los israelitas traigan los sacrificios que sacrificaban en campo abierto, los traigan al SEÑOR a la puerta de la tienda de reunión, al sacerdote, y los sacrifiquen como sacrificios de las ofrendas de paz al SEÑOR. **6** Y el sacerdote rociará la sangre sobre el altar del SEÑOR a la puerta de la tienda de reunión, y quemará la grasa como aroma

16:29-30
La razón para un día de expiación

Dios es perfecto y santo, así que los israelitas tenían que pagar por todos sus pecados, incluso por los que no sabían que habían cometido. Los sacrificios del día de expiación limpiaban a toda la nación de sus pecados. La muerte de Cristo fue el día de expiación final, haciendo que ya no se necesitaran más sacrificios.

17:3-4
Los israelitas hacían sus sacrificios delante del tabernáculo

Los paganos adoraban a sus dioses en muchos santuarios, pero Dios quería que su pueblo se enfocara en él en un solo lugar: la tienda de reunión.

17:7
Sacrificios a los demonios
Pueden haber sido ídolos con forma de machos cabríos o becerros, los cuales eran adorados en Egipto. O pueden haber sido alguna clase de espíritus malignos.

Todd Bolen/www.BiblePlaces.com, tomada en el Museo Británico

17:11
La sangre limpiaba el pecado
La sangre es necesaria para vivir. Cuando el animal derramaba su sangre, estaba pagando el precio por el pecador con su vida.

18:7-24
Por qué muchas leyes empiezan con «No...»
Esas reglas comunicaban claramente lo que estaba bien y lo que estaba mal.

agradable al SEÑOR. **7** Y ya no sacrificarán sus sacrificios a los demonios[1] con los cuales se prostituyen. Esto les será estatuto perpetuo por todas sus generaciones".

8 »Entonces les dirás: "Cualquier hombre de la casa de Israel, o de los extranjeros que residen entre ellos, que ofrezca holocausto o sacrificio, **9** y no lo traiga a la entrada de la tienda de reunión para ofrecerlo al SEÑOR, ese hombre también será exterminado de su pueblo.

LEY ACERCA DE LA SANGRE

10 "Si algún hombre de la casa de Israel, o de los extranjeros que residen entre ellos, come sangre, Yo pondré Mi rostro contra esa persona que coma sangre, y la exterminaré de entre su pueblo. **11** Porque la vida de la carne está en la sangre, y Yo se la he dado a ustedes sobre el altar para hacer expiación por sus almas. Porque es la sangre, por razón de la vida, la que hace expiación". **12** Por tanto dije a los israelitas: "Ninguna persona entre ustedes comerá sangre; tampoco comerá sangre ningún extranjero que reside entre ustedes". **13** Y cuando algún hombre de los israelitas o de los extranjeros que residen entre ellos, que al cazar capture un animal o un ave que sea permitido comer, derramará su sangre y la cubrirá con tierra.

14 »Porque la vida de toda carne es su sangre. Por tanto, dije a los israelitas: "No comerán la sangre de ninguna carne, porque la vida de toda carne es su sangre; cualquiera que la coma será exterminado". **15** Y cuando alguna persona, sea nativo o extranjero, coma *de un animal* muerto, o que haya sido despedazado *por fieras*, lavará sus vestidos y se bañará en agua, y quedará inmundo hasta el atardecer; entonces quedará limpio. **16** Pero si no *los* lava o no baña su cuerpo, llevará su culpa».

LEYES SOBRE EL INCESTO Y OTRAS INMORALIDADES

18 El SEÑOR también dijo a Moisés: **2** «Di a los israelitas: "Yo soy el SEÑOR su Dios. **3** Ustedes no harán como hacen en la tierra de Egipto en la cual moraron, ni harán como hacen en la tierra de Canaán adonde Yo los llevo; no andarán en los estatutos de ellos. **4** Habrán de cumplir Mis leyes[1] y guardarán Mis estatutos para vivir según ellos. Yo soy el SEÑOR su Dios. **5** Por tanto, guardarán Mis estatutos y Mis leyes, por los cuales el hombre vivirá si los cumple. Yo soy el SEÑOR.

6 "Ninguno de ustedes se acercará a una parienta cercana suya para descubrir *su* desnudez. Yo soy el SEÑOR. **7** No descubrirás la desnudez de tu padre, o la desnudez de tu madre. Es tu madre, no descubrirás su desnudez. **8** No descubrirás la desnudez de la mujer de tu padre; es la desnudez de tu padre. **9** La desnudez de tu hermana, *sea hija* de tu padre o de tu madre, nacida en casa o nacida fuera, su desnudez no descubrirás. **10** La desnudez de la hija de tu hijo, o de la hija de tu hija,

17:7 [1] O en forma de machos cabríos.　　18:4 [1] O juicios.

su desnudez no descubrirás; porque su desnudez es *la* tuya. **11** La desnudez de la hija de la mujer de tu padre, engendrada de tu padre, su desnudez no descubrirás; tu hermana es. **12** No descubrirás la desnudez de la hermana de tu padre; parienta de tu padre es. **13** No descubrirás la desnudez de la hermana de tu madre; parienta de tu madre es. **14** No descubrirás la desnudez del hermano de tu padre; no te acercarás a su mujer, tu tía es. **15** No descubrirás la desnudez de tu nuera; es mujer de tu hijo, no descubrirás su desnudez. **16** No descubrirás la desnudez de la mujer de tu hermano; es la desnudez de tu hermano. **17** No descubrirás la desnudez de una mujer y *la* de su hija, ni tomarás la hija de su hijo ni la hija de su hija para descubrir su desnudez; son parientas. Es aborrecible[1]. **18** No tomarás mujer junto con su hermana, para que sea rival *suya*, descubriendo su desnudez mientras *esta* viva.

19 "Y no te acercarás a una mujer para descubrir su desnudez durante su impureza menstrual. **20** No te acostarás con la mujer de tu prójimo, contaminándote con ella. **21** Tampoco darás hijo tuyo para ofrecerlo a Moloc, ni profanarás el nombre de tu Dios. Yo soy el SEÑOR. **22** No te acostarás con varón como los que se acuestan con mujer; es una abominación. **23** No tendrás trato sexual con ningún animal, contaminándote con él, ni mujer alguna se pondrá delante de un animal para tener trato sexual con él; es una perversión.

24 "No se contaminen con ninguna de estas cosas, porque por todas estas cosas se han contaminado las naciones que voy a echar de delante de ustedes. **25** Porque esta tierra se ha corrompido, por tanto, he castigado su iniquidad sobre ella, y la tierra ha vomitado a sus moradores. **26** Pero en cuanto a ustedes, guardarán Mis estatutos y Mis leyes y no harán ninguna de estas abominaciones, *ni* el nativo ni el extranjero que reside entre ustedes **27** (porque los hombres de esta tierra que *fueron* antes de ustedes han hecho todas estas abominaciones, y la tierra se ha contaminado), **28** no sea que la tierra los vomite por haberla contaminado, como vomitó a la nación que *estuvo* antes de ustedes. **29** Porque todo el que haga cualquiera de estas abominaciones, aquellas personas que *las* hagan, serán exterminadas de entre su pueblo. **30** Por tanto, ustedes guardarán Mi ordenanza, no practicando ninguna de las costumbres abominables que se practicaron antes de ustedes, para que no se contaminen con ellas. Yo soy el SEÑOR su Dios"».

VARIAS LEYES Y ORDENANZAS

19 Entonces el SEÑOR le dijo a Moisés: **2** «Habla a toda la congregación de los israelitas y diles: "Santos serán porque Yo, el SEÑOR su Dios, soy santo. **3** Cada uno de ustedes ha de reverenciar a su madre y a su padre, y guardarán Mis días de reposo. Yo soy el SEÑOR su Dios. **4** No se vuelvan a los ídolos, ni se hagan dioses de fundición; Yo soy el SEÑOR su Dios.

5 "Cuando ofrezcan sacrificio de ofrendas de paz al SEÑOR, ofrézcanlo de tal manera que sean aceptos. **6** Será comido

18:21
Por qué Dios les dijo a los padres que no sacrificaran a sus hijos
Otras naciones sacrificaban niños a sus dioses. Dios dejó en claro que él no aprobaba esta práctica.

19:2
Dios no esperaba que sus seguidores fueran perfectos
Él espera que sean santos. Ser santo significa estar apartado para Dios. La santidad es el tema del libro de Levítico.

18:17 [1] O *lujuria.*

19:9-10
Alimentos para los pobres

La ley de Dios les decía a los agricultores que dejaran los cereales que caían al suelo y las uvas sin cosechar para que los pobres los recogieran.

19:13
Por qué había que pagarles a los obreros cada día

Esta regla probablemente era a fin de ayudar al pobre, que necesitaba dinero cada día para poder sobrevivir.

19:16
La frase «Yo soy el Señor» se repite mucho

Esta frase le recordaba al pueblo que esas reglas no venían de parte de una persona o una religión falsa; era Dios el que estaba detrás de ellas.

19:27-28
Leyes sobre los cortes de cabello y los tatuajes

Algunos pueblos paganos se hacían tatuajes, se sajaban (rajaban) la piel o se cortaban la barba. Si los israelitas hacían esas cosas, mostraban respeto por los dioses paganos y falta de reverencia hacia Dios.

el mismo día que *lo* ofrezcan y al día siguiente; pero lo que quede hasta el tercer día será quemado en el fuego. 7 Y si se come algo *de él* en el tercer día, es una abominación; no será acepto. 8 Y todo el que lo coma llevará su iniquidad, porque ha profanado lo santo del SEÑOR; y esa persona será exterminada de entre su pueblo.

9 "Cuando siegues la cosecha de tu tierra, no segarás hasta los últimos rincones de tu campo, ni espigarás el sobrante de tu cosecha. 10 Tampoco rebuscarás tu viña, ni recogerás el fruto caído de tu viña; lo dejarás para el pobre y para el extranjero. Yo soy el SEÑOR su Dios.

11 "No hurtarán, ni engañarán, ni se mentirán unos a otros. 12 Y no jurarán en falso por Mi nombre, profanando así el nombre de tu Dios. Yo soy el SEÑOR.

13 "No oprimirás a tu prójimo, ni *le* robarás. El salario de un jornalero no ha de quedar contigo toda la noche hasta la mañana. 14 No maldecirás al sordo, ni pondrás tropiezo delante del ciego, sino que tendrás temor de[1] tu Dios. Yo soy el SEÑOR.

15 "No harás injusticia en el juicio; no favorecerás al pobre ni complacerás al rico, *sino que* con justicia juzgarás a tu prójimo. 16 No andarás de calumniador entre tu pueblo; no harás nada contra la vida de tu prójimo. Yo soy el SEÑOR.

17 "No odiarás a tu compatriota en tu corazón; ciertamente podrás reprender a tu prójimo, pero no incurrirás en pecado a causa de él. 18 No te vengarás, ni guardarás rencor a los hijos de tu pueblo, sino que amarás a tu prójimo como a ti mismo. Yo soy el SEÑOR.

19 "Mis estatutos guardarán. No juntarás dos clases *distintas* de tu ganado; no sembrarás tu campo con dos clases de semilla, ni te pondrás un vestido con mezcla de dos clases de material. 20 Si un hombre se acuesta con una mujer que sea sierva adquirida para *otro* hombre, pero que no haya sido redimida ni se le haya dado su libertad, habrá castigo; *sin embargo,* no se les dará muerte, porque ella no era libre. 21 Pero él traerá al SEÑOR su ofrenda por la culpa a la entrada de la tienda de reunión; *traerá* un carnero como ofrenda por la culpa. 22 Y el sacerdote hará expiación por él con el carnero de la ofrenda por la culpa, delante del SEÑOR, por el pecado que ha cometido; y el pecado que ha cometido le será perdonado.

23 "Cuando ustedes entren en la tierra y planten toda clase de árboles frutales, tendrán por prohibido su fruto. Por tres años les será prohibido; no *se* comerá. 24 Pero en el cuarto año todo su fruto les será santo, una ofrenda de alabanza al SEÑOR. 25 En el quinto año comerán de su fruto, para que les aumente su rendimiento. Yo soy el SEÑOR su Dios.

26 "No comerán *cosa alguna* con su sangre, ni serán adivinos ni agoreros. 27 No se cortarán los extremos de su cabellera en forma circular, ni se dañarán los bordes de su barba. 28 No se harán sajaduras en su cuerpo por un muerto, ni se harán tatuajes. Yo soy el SEÑOR.

19:14 [1] O *reverenciarás a.*

29 "No degradarás a tu hija haciendo que se prostituya, para que la tierra no se entregue a la prostitución ni se llene de corrupción. **30** Mis días de reposo guardarán y tendrán Mi santuario en reverencia. Yo soy el SEÑOR.

31 "No se vuelvan a los adivinos ni a los espiritistas, ni los busquen para ser contaminados por ellos. Yo soy el SEÑOR su Dios.

32 "Delante de las canas te pondrás en pie; honrarás al anciano, y a tu Dios temerás¹. Yo soy el SEÑOR.

33 "Cuando un extranjero resida con ustedes en su tierra, no lo maltratarán. **34** El extranjero que resida con ustedes les será como uno nacido entre ustedes, y lo amarás como a ti mismo, porque ustedes fueron extranjeros en la tierra de Egipto. Yo soy el SEÑOR su Dios.

35 "No harán injusticia en los juicios, ni en las medidas de peso ni de capacidad. **36** Tendrán balanzas justas y pesas justas, un efa justo (22 litros) y un hin justo (3.7 litros). Yo soy el SEÑOR su Dios que los saqué de la tierra de Egipto. **37** Así pues, observarán todos mis estatutos y todas mis ordenanzas, y los cumplirán. Yo soy el SEÑOR"».

CASTIGOS POR ACTOS DE INMORALIDAD

20 El SEÑOR le dijo a Moisés: **2** «Dirás también a los israelitas: "Cualquiera de los israelitas, o de los extranjeros que residen en Israel, que entregue alguno de sus hijos a Moloc, ciertamente se le dará muerte; el pueblo de la tierra lo matará a pedradas. **3** Yo pondré Mi rostro contra ese hombre y lo exterminaré de entre su pueblo, porque ha entregado de sus hijos a Moloc, contaminando así Mi santuario y profanando Mi santo nombre. **4** Pero si el pueblo de la tierra cierra sus ojos con respecto a ese hombre, cuando él entregue alguno de sus hijos a Moloc, y no le da muerte, **5** entonces Yo mismo pondré Mi rostro contra ese hombre y contra su familia; y lo exterminaré de entre su pueblo, a él y a todos los que con él se prostituyan, prostituyéndose en pos de Moloc.

6 "En cuanto a la persona que vaya a los adivinos o a los espiritistas, para prostituirse en pos de ellos, también pondré Mi rostro contra esa persona y la exterminaré de entre su pueblo. **7** Santifíquense, pues, y sean santos, porque Yo soy el SEÑOR su Dios. **8** Guarden Mis estatutos y cúmplanlos. Yo soy el SEÑOR que los santifico.

9 "Todo aquel que maldiga a su padre o a su madre, ciertamente se le dará muerte; ha maldecido a su padre o a su madre, su culpa de sangre sea sobre él.

10 "Si un hombre comete adulterio con la mujer de *otro* hombre, (que cometa adulterio con la mujer de su prójimo), el adúltero y la adúltera ciertamente han de morir. **11** Si alguien se acuesta con la mujer de su padre, ha descubierto la desnudez de su padre; ciertamente han de morir los dos; su culpa de sangre sea sobre ellos. **12** Si alguien se acuesta con su nuera, ciertamente han de morir los dos, han cometido *grave* perversión; su culpa de sangre sea sobre ellos. **13** Si alguien se acuesta con varón como los que se acuestan con mujer, los

19:36
El efa y el hin
Un *efa* era una medida para productos secos que equivalía aproximadamente a 22 litros. Un *hin* era una medida para líquidos equivalente a unos 3.7 litros.

20:6, 27
Por qué era mala la hechicería
Confiar en la hechicería y la brujería era una forma de volverse a otras fuentes y confiar en ellas como si fueran más poderosas que Dios. Él es el único ser todopoderoso que puede cambiar el futuro.

20:9
Un severo castigo por maldecir al padre o la madre
Maldecir a un padre o una madre era más que decir malas palabras. Esto mostraba odio hacia ellos, lo cual iba en contra del mandamiento de honrar a los padres.

19:32 ¹ O *reverenciarás*.

dos han cometido abominación; ciertamente han de morir. Su culpa de sangre sea sobre ellos. **14** Si alguien toma a una mujer y a la madre de ella, es una inmoralidad; él y ellas serán quemados para que no haya inmoralidad entre ustedes. **15** Si alguien tiene trato sexual con un animal, ciertamente se le dará muerte; también matarán al animal. **16** Si alguna mujer se llega a un animal para tener trato sexual con él, matarás a la mujer y al animal; ciertamente han de morir. Su culpa de sangre sea sobre ellos.

17 "Si alguien toma a su hermana, hija de su padre o hija de su madre, viendo la desnudez de ella, y ella ve la desnudez de él, es cosa abominable; serán exterminados a la vista de los hijos de su pueblo. Él ha descubierto la desnudez de su hermana, lleva su culpa. **18** Si alguien se acuesta con mujer menstruosa y descubre su desnudez, ha descubierto su flujo, y ella ha puesto al descubierto el flujo de su sangre; por tanto, ambos serán exterminados de entre su pueblo. **19** No descubrirás tampoco la desnudez de la hermana de tu madre, ni *la* de la hermana de tu padre, porque el que lo haga ha desnudado a su pariente carnal, ellos llevarán su culpa. **20** Si alguien se acuesta con la mujer de su tío, ha descubierto la desnudez de su tío; ellos llevarán su pecado. Sin hijos morirán. **21** Si alguien toma a la mujer de su hermano, es cosa aborrecible; ha descubierto la desnudez de su hermano. Se quedarán sin hijos.

22 "Guarden, por tanto, todos Mis estatutos y todas Mis ordenanzas, y cúmplanlos, a fin de que no los vomite la tierra a la cual los llevo para morar en ella. **23** Además, no anden en las costumbres de la nación que Yo echaré de delante de ustedes; porque ellos hicieron todas estas cosas, Yo los aborrecí. **24** Por eso les he dicho: 'Ustedes poseerán su tierra, y Yo mismo se la daré para que la posean, una tierra que mana leche y miel'. Yo soy el SEÑOR su Dios, que los he apartado de los pueblos. **25** Ustedes harán una distinción entre el animal limpio y el inmundo, entre el ave limpia y la inmunda; no hagan sus almas abominables por causa de animal o de ave o de cosa alguna que se arrastra sobre la tierra, los cuales Yo he apartado de ustedes por inmundos. **26** Sean ustedes santos, porque Yo, el SEÑOR, soy santo, y los he apartado de los pueblos para que sean Míos.

27 "Si hay adivino o espiritista entre ellos, hombre o mujer, ciertamente han de morir; serán apedreados; su culpa de sangre sea sobre ellos"».

LEYES PARA EL SACERDOCIO

21 Entonces el SEÑOR dijo a Moisés: «Habla a los sacerdotes, los hijos de Aarón, y diles: "Ninguno se contamine con persona *muerta* entre su pueblo[1], **2** salvo por sus parientes más cercanos, su madre, su padre, su hijo, su hija o su hermano, **3** o por su hermana virgen, que está cerca de él, por no haber tenido marido; por ella puede contaminarse. **4** No se contaminará como pariente por matrimonio entre su pueblo, pues él se profanaría. **5** No se harán tonsura

21:1 [1] Lit. *sus parientes* y así en los vers. 4, 14 y 15.

en la cabeza, ni se rasurarán los bordes de la barba, ni se harán sajaduras en su carne. **6** Serán santos a su Dios y no profanarán el nombre de su Dios, porque presentarán las ofrendas encendidas al SEÑOR, el alimento de su Dios; por tanto, ustedes serán santos. **7** No tomarán mujer *que haya sido* profanada como ramera, ni tomarán mujer divorciada de su marido; porque el sacerdote es santo a su Dios. **8** Lo consagrarás, pues, porque él ofrece el alimento de tu Dios; será santo para ti; porque Yo, el SEÑOR que los santifico, soy santo. **9** Y la hija de un sacerdote, si se profana como ramera, a su padre profana; en el fuego será quemada.

10 "Y el que sea sumo sacerdote entre sus hermanos, sobre cuya cabeza haya sido derramado el aceite de la unción y que haya sido consagrado para llevar las vestiduras, no descubrirá su cabeza ni rasgará sus vestiduras. **11** No se acercará a ningún muerto, ni *aun* por su padre o por su madre se contaminará. **12** No saldrá del santuario ni profanará el santuario de su Dios, porque la consagración del aceite de la unción de su Dios está sobre él. Yo soy el SEÑOR. **13** Tomará por mujer a una virgen. **14** De estas no tomará: viuda, divorciada o una profanada como ramera, sino que tomará por mujer a una virgen de su propio pueblo, **15** para que no profane a su descendencia entre su pueblo; porque Yo soy el SEÑOR que lo santifico"».

16 Entonces el SEÑOR habló a Moisés: **17** «Dile a Aarón: "Ningún hombre de tu descendencia, por todas sus generaciones, que tenga algún defecto, se acercará para ofrecer el alimento de su Dios. **18** Porque ninguno que tenga defecto se acercará: ni ciego, ni cojo, ni uno que tenga el *rostro* desfigurado, o *extremidad* deformada, **19** ni hombre que tenga pie quebrado o mano quebrada, **20** ni jorobado, ni enano, ni *uno que tenga* defecto en un ojo, o sarna, o postillas, ni castrado. **21** Ningún hombre de la descendencia del sacerdote Aarón que tenga defecto se acercará para ofrecer las ofrendas encendidas del SEÑOR; *porque* tiene defecto no se acercará para ofrecer el alimento de su Dios. **22** Podrá comer el alimento de su Dios, *tanto* de las cosas santísimas como de las sagradas, **23** solo que no ha de entrar hasta el velo o acercarse al altar, porque tiene defecto, para que no profane Mis santuarios; porque Yo soy el SEÑOR que los santifico"». **24** Así habló Moisés a Aarón, a sus hijos y a todos los israelitas.

LEYES SOBRE LA PUREZA SACERDOTAL

22 Entonces el SEÑOR habló a Moisés: **2** «Dile a Aarón y a sus hijos que tengan cuidado con las cosas sagradas que los israelitas me consagran, para que no profanen Mi santo nombre. Yo soy el SEÑOR. **3** Diles: "Si alguien de entre sus descendientes en todas sus generaciones, se acerca a las cosas sagradas que los israelitas consagran al SEÑOR, estando inmundo, esa persona será eliminada de Mi presencia. Yo soy el SEÑOR. **4** Ningún varón de los descendientes de Aarón que sea leproso, o que tenga flujo, podrá comer de las cosas sagradas hasta que sea limpio. Y si alguien toca alguna cosa contaminada por un cadáver, o si un hombre tiene una emisión seminal, **5** si alguien toca ciertos animales por los cuales se

21:5-6
Rasurarse

Los cananeos que adoraban a otros dioses a menudo se rasuraban para expresar su tristeza cuando alguien moría. Dios quería que su pueblo evitara cualquier práctica pagana, incluso afeitarse, a fin de que se vieran diferentes como una señal de haber sido consagrados para Dios.

¡INMUNDO!

Levítico 21—22

A fin de estar limpios y ser capaces de realizar sus tareas en el tabernáculo, los sacerdotes tenían prohibido hacer lo siguiente:

TOCAR UN CUERPO MUERTO (excepción: los parientes cercanos)

AFEITARSE LA CABEZA O LOS BORDES DE LA BARBA

CORTARSE EL CUERPO

PROFANAR EL NOMBRE DE DIOS

CASARSE CON UNA PROSTITUTA O DIVORCIADA

ACERCARSE A LA CORTINA DEL ALTAR (si el sacerdote tenía defectos físicos)

COMER DE LAS COSAS SANTAS DEDICADAS AL SEÑOR ESTANDO IMPUROS

SACRIFICAR ANIMALES CON DEFECTOS

MATAR UNA VACA U OVEJA Y SU CRÍA EL MISMO DÍA

GUARDAR EL SACRIFICIO DE ACCIÓN DE GRACIAS POR MÁS DE UN DÍA (debían comerlo el mismo día del sacrificio)

Otras acciones prohibidas para el sumo sacerdote:

Cabello descuidado • Vestiduras rotas • Casarse con una viuda (solo podía casarse con una virgen) • Entrar en una habitación donde hubiera un cuerpo muerto, incluso si era pariente cercano • Profanar el santuario de Dios.

---

pueda contaminar, o a cualquier hombre que lo contamine, cualquiera que sea su inmundicia. 6 La persona que toque a cualquiera de estos quedará inmunda hasta el atardecer; no comerá de las cosas sagradas a menos que haya lavado su cuerpo con agua. 7 Cuando el sol se ponga quedará limpio, y después comerá de las cosas sagradas, porque son su alimento. 8 No comerá *animal* que muera o sea despedazado *por fieras,* contaminándose por ello; Yo soy el SEÑOR. 9 Guardarán, pues, Mi ordenanza para que no se carguen de pecado por ello, y mueran porque la profanen. Yo soy el SEÑOR que los santifico.

10 "Ningún extraño comerá cosa sagrada; ni huésped del sacerdote, ni jornalero comerán cosa sagrada. 11 Pero si un sacerdote compra con su dinero un esclavo como propiedad *suya,* este sí puede comer de ella, y también los nacidos en su casa podrán comer de su alimento. 12 Y si la hija del sacerdote se casa con un extraño, ella no comerá de la ofrenda de las cosas sagradas. 13 Pero si la hija del sacerdote queda viuda o se divorcia, y no tiene hijo y regresa a la casa de su padre como en su juventud, podrá comer del alimento de su padre; pero ningún extraño comerá de él. 14 Y si un hombre come inadvertidamente cosa sagrada, entonces añadirá a ella una quinta parte y restituirá la cosa sagrada al sacerdote. 15 *Los sacerdotes* no profanarán las cosas sagradas que los israelitas ofrecen al SEÑOR, 16 causándoles *así* sufrir castigo por la culpa al comer sus cosas sagradas; porque Yo soy el SEÑOR que los santifico"».

ANIMALES PARA EL SACRIFICIO

17 También el SEÑOR le dijo a Moisés: 18 «Habla a Aarón y a sus hijos y a todos los israelitas: "Cualquier hombre de la casa de Israel o de los extranjeros en Israel, que presente su ofrenda, ya sea de sus ofrendas votivas¹ o de sus ofrendas voluntarias, las cuales presenta al SEÑOR como holocausto, 19 para que les sea aceptada, *esta debe ser* macho sin defecto del ganado, de los corderos o de las cabras. 20 Lo que tenga defecto, no *lo* ofrecerán, porque no les será aceptado. 21 Cuando alguien ofrezca sacrificio de ofrenda de paz al SEÑOR para cumplir un voto especial o como ofrenda voluntaria, del ganado o del rebaño, tiene que ser sin defecto para ser aceptado; no

22:18 ¹ Lit. *de sus votos.*

habrá imperfección en él. **22** Los *que estén* ciegos, quebrados, mutilados, o con llagas purulentas, sarna o roña, no los ofrecerán al SEÑOR, ni harán de ellos una ofrenda encendida sobre el altar al SEÑOR. **23** En cuanto al buey o carnero que tenga un miembro deformado o atrofiado, podrán presentarlo como ofrenda voluntaria, pero por voto no será aceptado. **24** También cualquier *animal con sus testículos* magullados, aplastados, rasgados o cortados, no lo ofrecerán al SEÑOR ni lo sacrificarán en su tierra; **25** tampoco aceptarán tales *animales* de mano de un extranjero por ofrenda como alimento para su Dios; porque su corrupción está en ellos, tienen defecto y no les serán aceptados"».

26 El SEÑOR habló a Moisés: **27** «Cuando nazca un ternero, un cordero o un cabrito, quedará siete días con su madre, y desde el octavo día en adelante será aceptable como sacrificio de ofrenda encendida al SEÑOR. **28** Pero, *ya* sea vaca u oveja, no matarán a ella y a su cría en el mismo día. **29** Y cuando ofrezcan sacrificio de acción de gracias al SEÑOR, lo sacrificarán para que sean aceptados. **30** Lo comerán en el mismo día, no dejarán nada de él para la mañana siguiente. Yo soy el SEÑOR. **31** Así, pues, guardarán Mis mandamientos y los cumplirán. Yo soy el SEÑOR. **32** No profanarán Mi santo nombre, sino que seré santificado entre los israelitas. Yo soy el SEÑOR que los santifico, **33** que los saqué de la tierra de Egipto para ser su Dios. Yo soy el SEÑOR».

LEYES DE LAS FIESTAS RELIGIOSAS

23 El SEÑOR habló a Moisés: **2** «Habla a los israelitas y diles: "Las fiestas señaladas del SEÑOR, que ustedes habrán de proclamar como santas convocaciones, son estas: **3** Seis días se trabajará, pero el séptimo día será día de completo reposo, santa convocación en que no harán trabajo alguno; es día de reposo al SEÑOR dondequiera que ustedes habiten.

4 "Estas son las fiestas señaladas por el SEÑOR, santas convocaciones que ustedes proclamarán en las fechas señaladas para ellas: **5** En el mes primero, el *día* catorce del mes, al anochecer, es la Pascua del SEÑOR. **6** El día quince del mismo mes es la Fiesta de los Panes sin Levadura para el SEÑOR; por siete días comerán pan sin levadura. **7** En el primer día tendrán una santa convocación; no harán ningún trabajo servil. **8** Y durante siete días presentarán al SEÑOR una ofrenda encendida. El séptimo día es santa convocación; no harán ningún trabajo servil"».

9 Entonces el SEÑOR habló a Moisés: **10** «Di a los israelitas: "Cuando ustedes entren en la tierra que Yo les daré, y sieguen su cosecha, entonces traerán al sacerdote una gavilla de las primicias de su cosecha. **11** Y él mecerá la gavilla delante del SEÑOR, a fin de que ustedes sean aceptados; el día siguiente al día de reposo el sacerdote la mecerá. **12** El mismo día en que sea mecida la gavilla, ofrecerán un cordero de un año sin defecto como holocausto al SEÑOR. **13** La ofrenda de cereal será de dos décimas *de un efa* (4.4 litros) de flor de harina mezclada con aceite, ofrenda encendida para el SEÑOR, *como* aroma agradable, con su libación, un cuarto de hin (un litro)

22:9
Los sacerdotes tenían penas más severas por la desobediencia
Las penalidades eran mayores para los sacerdotes, porque ellos tenían más responsabilidad y debían ser un ejemplo para que los demás los siguieran.

22:23
Las diferencias entre una ofrenda voluntaria y un voto
El voto estaba basado en una promesa o pacto. La ofrenda voluntaria se daba en cualquier momento y por cualquier razón.

23:1-44
Fiestas
Las fiestas reunían a las personas en una gozosa celebración y aseguraban que todos fueran incluidos.

23:3
El día de reposo está en la lista de las fiestas
Las familias y los pequeños grupos de personas celebraban el descanso y la adoración semanal. Dios estableció el día de reposo en el séptimo día de la creación.

23:9-10
Los israelitas le presentaban las primicias de su cosecha al Señor
Esta ofrenda mostraba que todas las cosechas de la tierra venían de Dios y que ellos estaban agradecidos por su bondad.

23:13
Libación
El vino podía ofrecerse junto con una ofrenda de granos. Las libaciones u ofrendas líquidas medían un cuarto de *hin* (un litro) de vino.

de vino. **14** Hasta ese mismo día, hasta que ustedes hayan traído la ofrenda de su Dios, no comerán pan, ni grano tostado, ni espiga tierna. Estatuto perpetuo será para todas sus generaciones dondequiera que habiten.

15 "Contarán desde el día que sigue al día de reposo, desde el día en que trajeron la gavilla de la ofrenda mecida; contarán siete semanas completas. **16** Contarán cincuenta días hasta el día siguiente al séptimo día de reposo; entonces presentarán una ofrenda de espiga tierna al SEÑOR. **17** Traerán de sus moradas dos panes para ofrenda mecida, hechos de dos décimas *de un efa;* serán de flor de harina, amasados con levadura, como primeros frutos al SEÑOR. **18** Junto con el pan presentarán siete corderos de un año sin defecto, un novillo del ganado y dos carneros; serán holocausto al SEÑOR, junto con sus ofrendas de cereal y sus libaciones, una ofrenda encendida como aroma agradable al SEÑOR. **19** Ofrecerán también un macho cabrío como ofrenda por el pecado y dos corderos de un año como sacrificio de las ofrendas de paz. **20** Entonces el sacerdote los mecerá junto con el pan de los primeros frutos y los dos corderos, como ofrenda mecida delante del SEÑOR; serán *cosa* sagrada del SEÑOR para el sacerdote. **21** En este mismo día ustedes harán también una proclamación; habrán de tener una santa convocación. No harán ningún trabajo servil. Estatuto perpetuo será para todas sus generaciones dondequiera que habiten.

FIESTAS JUDÍAS
Festividades anuales del Señor en Levítico

Meses judíos

ABIB O NISÁN	IYAR	SIVÁN	TAMUZ	AB	ELUL	ETANIM O TISRI	ESVÁN	QUISLEU	TEBET	SEBAT	ADAR

Fiesta de las Semanas
23:15-21
Alrededor del día 6 de Siván

Fiesta de los Tabernáculos
23:33-43
Día 15 de Tisri

Ofrenda de las primicias
(durante la Fiesta de los Panes sin Levadura)
23:9-14
Día 16 de Abib

Día de la expiación
16; 23:26-32
Día 10 de Tisri

Fiesta de los Panes sin Levadura
23:6-8
Día 15 de Abib

Fiesta de las trompetas
23:23-25
Día 1 de Tisri

Pascua
23:4-8
Día 14 de Abib

22 "Cuando sieguen la cosecha de su tierra, no segarán hasta el último rincón de ella ni espigarán el sobrante de su cosecha; los dejarán para el pobre y para el extranjero. Yo soy el SEÑOR su Dios"».

23 Otra vez el SEÑOR habló a Moisés: **24** «Di a los israelitas: "En el séptimo mes, el primer día del mes, tendrán día de reposo, un memorial al son *de trompetas*, una santa convocación. **25** No harán ningún trabajo servil, pero presentarán una ofrenda encendida al SEÑOR"».

26 Y el SEÑOR dijo a Moisés: **27** «A los diez *días* de este séptimo mes será el día de expiación; será santa convocación para ustedes, y humillarán sus almas y presentarán una ofrenda encendida al SEÑOR. **28** Tampoco harán ningún trabajo en este día, porque es día de expiación, para hacer expiación por ustedes delante del SEÑOR su Dios. **29** Si alguna persona no se humilla en este mismo día, será cortada de su pueblo. **30** Y a cualquier persona que haga trabajo alguno en este mismo día, a esa persona la exterminaré de entre su pueblo. **31** Ustedes no harán, pues, trabajo alguno. Estatuto perpetuo será para sus generaciones dondequiera que habiten. **32** Será día de completo reposo para ustedes, y humillarán sus almas; a los nueve días del mes por la tarde, de una tarde a otra tarde, guardarán su reposo».

33 De nuevo el SEÑOR habló a Moisés: **34** «Di a los israelitas: "El día quince de este séptimo mes es la Fiesta de los Tabernáculos[1]; *se celebrará* al SEÑOR por siete días. **35** El primer día es santa convocación; no harán ninguna clase de trabajo servil. **36** Durante siete días presentarán al SEÑOR una ofrenda encendida. El octavo día tendrán una santa convocación, y presentarán al SEÑOR una ofrenda encendida; es asamblea solemne. No harán trabajo servil.

37 "Estas son las fiestas señaladas[1] del SEÑOR que proclamarán como santas convocaciones, para presentar ofrendas encendidas al SEÑOR, holocaustos y ofrendas de cereal, sacrificios y libaciones, *cada* asunto en su propio día, **38** además *de las ofrendas de* los días de reposo del SEÑOR, además de sus dones, y además de todos sus votos y ofrendas voluntarias que den al SEÑOR.

39 "El día quince del mes séptimo, cuando hayan recogido el fruto de la tierra, celebrarán la fiesta del SEÑOR por siete días, con reposo en el primer día y reposo en el octavo día. **40** Y el primer día tomarán para ustedes frutos de árboles hermosos, hojas de palmera y ramas de árboles frondosos, y sauces de río; y se alegrarán delante del SEÑOR su Dios por siete días. **41** Así la celebrarán *como* fiesta al SEÑOR por siete días en el año. *Será* estatuto perpetuo para todas sus generaciones; la celebrarán en el mes séptimo. **42** Habitarán en tabernáculos por siete días; todo nativo de Israel vivirá en tabernáculos, **43** para que sus generaciones sepan que Yo hice habitar en tabernáculos a los israelitas cuando los saqué de la tierra de Egipto. Yo soy el SEÑOR su Dios"». **44** Así declaró Moisés a los israelitas las fiestas señaladas del SEÑOR.

23:34 [1] O *de las enramadas.*   23:37 [1] O *los tiempos señalados.*

24:3
Las tareas nocturnas de Aarón en el tabernáculo

Aarón debía asegurarse de que las lámparas especiales de oro de la tienda de reunión estuvieran encendidas toda la noche. No tenía que quedarse allí la noche entera, sino solo asegurarse de que ardieran continuamente.

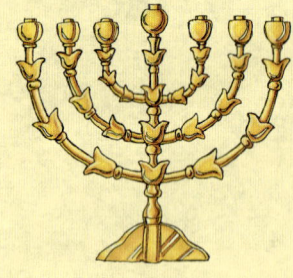

24:20
Qué significaba el principio de «ojo por ojo, diente por diente»

Esta idea quería decir que el castigo era igual al mal causado. Si lastimabas a alguien, eras castigado recibiendo lo mismo que habías hecho. Este principio también se presenta en Éxodo 21:23-25.

LAS LÁMPARAS Y LOS PANES DEL SANTUARIO

24 Entonces el SEÑOR le dijo a Moisés: **2** «Manda a los israelitas que te traigan aceite puro de olivas machacadas para el alumbrado, para hacer arder la lámpara continuamente. **3** Fuera del velo del testimonio, en la tienda de reunión, Aarón las dispondrá para que ardan desde el anochecer hasta la mañana delante del SEÑOR continuamente; *será* estatuto perpetuo para todas sus generaciones. **4** Mantendrá las lámparas en orden en el candelabro de *oro* puro, continuamente delante del SEÑOR.

5 »Tomarás flor de harina y con ella cocerás doce tortas; *en* cada torta habrá dos décimas *de efa*. **6** Las colocarás *en* dos hileras, seis *en* cada hilera, sobre la mesa de *oro* puro delante del SEÑOR. **7** Y en cada hilera pondrás incienso puro, para que sea porción memorial del pan, una ofrenda encendida para el SEÑOR. **8** Cada día de reposo, continuamente, se pondrá en orden delante del SEÑOR. Es un pacto eterno para los israelitas. **9** Y será para Aarón y para sus hijos, y lo comerán en un lugar santo; porque lo tendrá como cosa muy sagrada de las ofrendas encendidas para el SEÑOR, *por* derecho perpetuo».

CASTIGO DEL BLASFEMO

10 El hijo de una mujer israelita, cuyo padre era egipcio, salió entre los israelitas; y el hijo de la israelita y un hombre de Israel lucharon en el campamento. **11** Y el hijo de la israelita blasfemó el Nombre, y maldijo. Entonces lo llevaron a Moisés. (El nombre de su madre *era* Selomit, hija de Dibri, de la tribu de Dan). **12** Lo pusieron en la cárcel, hasta que se les aclarara la palabra del SEÑOR.

13 Entonces el SEÑOR le dijo a Moisés: **14** «Saca fuera del campamento al que maldijo, y que todos los que *lo* oyeron pongan las manos sobre su cabeza, y que toda la congregación lo apedree. **15** Hablarás a los israelitas y les dirás: "Si alguien maldice a su Dios, llevará su pecado. **16** Además, el que blasfeme el nombre del SEÑOR, ciertamente ha de morir; toda la congregación ciertamente lo apedreará. Tanto el extranjero como el nativo, cuando blasfeme el Nombre, ha de morir.

17 "Si un hombre le quita la vida a algún ser humano, ciertamente ha de morir. **18** Y el que quite la vida a un animal lo restituirá, vida por vida. **19** Si un hombre hiere a su prójimo, según hizo, así se le hará: **20** fractura por fractura, ojo por ojo, diente por diente; según la lesión que haya hecho a otro, así se le hará. **21** El que mate un animal, lo restituirá, pero el que mate a un hombre, ha de morir. **22** Habrá una misma ley para ustedes; será tanto para el extranjero como para el nativo, porque Yo soy el SEÑOR su Dios"». **23** Entonces Moisés habló a los israelitas, y ellos sacaron fuera del campamento al que había maldecido, y lo apedrearon. Los israelitas hicieron tal como el SEÑOR había mandado a Moisés.

25 Entonces el SEÑOR habló a Moisés en el monte Sinaí: **2** «Habla a los israelitas, y diles: "Cuando entren a la tierra que Yo les daré, la tierra guardará reposo para el SEÑOR. **3** Seis años sembrarás la tierra, seis años podarás tu viña y recogerás sus frutos, **4** pero el séptimo año la tierra tendrá completo descanso, un reposo para el SEÑOR; no sembrarás tu campo ni podarás tu viña. **5** Lo que nazca espontáneamente *después* de tu cosecha no lo segarás, y no recogerás las uvas de los sarmientos de tu viñedo; la tierra tendrá un año de reposo. **6** Y *el fruto* del reposo de la tierra les servirá de alimento: a ti, a tus siervos, a tus siervas, a tu jornalero y al extranjero, a los que residen contigo. **7** También a tu ganado y a los animales que están en tu tierra, todas sus cosechas les servirán de alimento.

8 "Contarás también siete semanas de años para ti, siete veces siete años, para que tengas el tiempo de siete semanas de años, *es decir,* cuarenta y nueve años. **9** Entonces tocarás fuertemente el cuerno de carnero en el décimo *día* del séptimo mes; en el día de la expiación ustedes tocarán el cuerno por toda la tierra. **10** Así consagrarán el quincuagésimo año y proclamarán libertad en la tierra para todos sus habitantes. Será de jubileo para ustedes, y cada uno de ustedes volverá a su posesión, y cada uno de ustedes volverá a su familia. **11** Tendrán el quincuagésimo año como *año de* jubileo: no sembrarán, ni segarán lo que nazca espontáneamente, ni vendimiarán sus viñas *que estén* sin podar. **12** Porque es jubileo, les será santo. De lo que produzca el campo, comerán.

13 "En este año de jubileo cada uno de ustedes volverá a su propia posesión. **14** Asimismo, si venden algo a su prójimo, o compran algo de la mano de su prójimo, no se hagan mal uno a otro. **15** Conforme al número de años después del jubileo, comprarás de tu prójimo, y él te venderá conforme al número de años de cosecha. **16** Si son muchos los años, aumentarás su precio, y si son pocos los años, disminuirás su precio; porque *es* un número de cosechas *lo que* te está vendiendo. **17** Así que no se hagan mal uno a otro, sino teman[1] a su Dios; porque Yo soy el SEÑOR su Dios.

18 "Cumplirán, pues, Mis estatutos y guardarán Mis leyes, para ejecutarlos, para que habiten seguros en la tierra. **19** Entonces la tierra dará su fruto, comerán hasta que se sacien y habitarán en ella con seguridad. **20** Pero si ustedes dicen: '¿Qué vamos a comer el séptimo año si no sembramos ni recogemos nuestras cosechas?'. **21** Yo entonces les enviaré Mi bendición en el sexto año, de modo que producirá fruto para tres años. **22** Cuando estén sembrando en el octavo año, todavía podrán comer cosas añejas de la cosecha, comiendo de lo añejo hasta el noveno año cuando venga la cosecha.

23 "Además, la tierra no se venderá en forma permanente, pues la tierra es Mía; porque ustedes son *solo* extranjeros y peregrinos *para* conmigo. **24** Así que en toda tierra que ustedes tengan en propiedad, proveerán para que la tierra pueda ser redimida. **25** Si uno de tus hermanos llega a ser tan pobre que tiene que vender parte de su posesión, su pariente más cercano[1] vendrá y redimirá lo que su hermano haya

25:4-7, 21
Qué comía la gente durante el séptimo año

Cada siete años los israelitas tenían que darle a la tierra un descanso de los cultivos. Dios prometió bendecir sus cosechas durante el sexto año para que hubiera suficiente a fin de guardar para el séptimo. Y todos podían comer los brotes que nacieran de manera espontánea.

25:10
El año de jubileo

En Israel, cada cincuenta años era un año especial de Dios para liberar a los esclavos, cancelar deudas y permitirles a las personas regresar a su propiedad si la habían vendido o perdido. Estas reglas impedían que las personas se aprovecharan unas de otras y ayudaban a que las tierras familiares siguieran perteneciéndole a la familia.

© CHOATphotographer/Shutterstock

25:24
El significado de redimir la tierra

El propietario original de la tierra tenía el derecho de comprar nuevamente cualquier terreno que pertenecía a su familia. Un pariente del dueño original también podía tener el derecho de comprarlo basándose en el valor de las cosechas. De otro modo, la tierra regresaría a manos de la familia original sin costo durante el año de jubileo.

25:17 [1] O reverencien.   25:25 [1] O redentor.

vendido. **26** Y en caso de que un hombre no tenga redentor[1], pero consiga los medios suficientes para su redención, **27** entonces contará los años desde la venta y devolverá el resto al hombre a quien había vendido la tierra, y así volverá a su posesión. **28** Pero si no ha hallado medios suficientes para recobrarla por sí mismo, entonces lo que ha vendido permanecerá en manos del comprador hasta el año de jubileo; pero en el jubileo saldrá *de su poder,* y el vendedor volverá a su posesión.

29 "Si un hombre vende una casa de vivienda en una ciudad amurallada, su derecho a redimirla es válido hasta que se cumpla un año de su venta; su derecho de redención dura todo un año. **30** Pero si no se la redimen en el espacio de un año, la casa que está en la ciudad amurallada pasará para siempre a su comprador por todas sus generaciones; no saldrá *de su poder* en el jubileo. **31** Las casas de las aldeas que no tienen muro alrededor, serán consideradas como campo abierto; tienen derechos de redención, y son recuperadas en el jubileo. **32** En cuanto a las ciudades de los levitas, ellos tienen un derecho permanente de redención para las casas de las ciudades que son propiedad suya. **33** Así que lo que pertenece a los levitas se puede redimir, y una casa de su propiedad vendida en la ciudad es recuperada en el jubileo, porque las casas de las ciudades de los levitas son propiedad suya entre los israelitas. **34** Pero las tierras de pasto de sus ciudades no se venderán porque son propiedad suya para siempre.

35 "En caso de que un hermano tuyo empobrezca y sus medios para contigo decaigan, tú lo sustentarás como a un extranjero o peregrino, para que viva contigo. **36** No tomes interés y usura de él, pero teme a tu Dios, para que tu hermano viva contigo. **37** No le darás tu dinero a interés, ni tus víveres con ganancia. **38** Yo soy el SEÑOR su Dios, que los saqué de la tierra de Egipto para darles la tierra de Canaán y para ser su Dios.

39 "Si un hermano tuyo llega a ser tan pobre para contigo que se vende a ti, no lo someterás a trabajo de esclavo. **40** Estará contigo como jornalero, como si fuera un peregrino; él servirá contigo hasta el año de jubileo. **41** Entonces saldrá *libre* de ti, él y sus hijos con él, y volverá a su familia, para que pueda regresar a la propiedad de sus padres. **42** Porque ellos son Mis siervos, los cuales saqué de la tierra de Egipto; no serán vendidos *en* venta de esclavos. **43** No te enseñorearás de él con severidad, más bien, teme a tu Dios. **44** En cuanto a los esclavos y esclavas que puedes tener de las naciones paganas que los rodean, de ellos podrán adquirir esclavos y esclavas. **45** También podrán adquirir*los* de los hijos de los extranjeros que residen con ustedes, y de sus familias que están con ustedes, que hayan sido engendradas en su tierra; estos también pueden ser posesión de ustedes. **46** Aun podrán dejarlos en herencia a sus hijos después de ustedes, como posesión; podrán servirse de ellos como esclavos para siempre. Pero en cuanto a sus hermanos, los israelitas, no se enseñorearán unos de otros con severidad.

25:26 [1] O *pariente.*

25:35
Extranjeros y peregrinos
Un extranjero era alguien que estaba viviendo en Israel sin ser israelita. Un peregrino, o residente temporal, podía ser israelita o extranjero, pero no era dueño de la propiedad. Ambos tipos de personas eran muy pobres y tenían que trabajar para pagar sus deudas. Dios hizo reglas a fin de que los israelitas los trataran con justicia.

25:44-46
Esclavos cananeos
Dios le permitía a su pueblo comprar esclavos de las naciones que los rodeaban. Sin embargo, él cambió las costumbres de la esclavitud. Sus leyes mejoraron la vida de los esclavos al establecer algunas restricciones para que los israelitas los trataran bien.

47 "Si aumentan los bienes del extranjero o del peregrino que *mora* contigo, y si empobrece tu hermano que está con él, y se vende al extranjero que mora contigo, o *se vende* a los descendientes de la familia de un extranjero, **48** él tendrá derecho de redención después de ser vendido; uno de sus hermanos podrá redimirlo; **49** o su tío o el hijo de su tío podrán redimirlo; o un pariente cercano de su familia podrá redimirlo; o si prospera, él mismo podrá redimirse. **50** Entonces él, con su comprador, calculará desde el año en que se vendió a él hasta el año de jubileo, y el precio de su venta corresponderá al número de años. Los días *que* estará con él *serán* como los días de un jornalero. **51** Si aún le quedan muchos años, devolverá parte de su precio de compra en proporción a ellos para su propia redención; **52** y si quedan pocos años hasta el año de jubileo, así los calculará con él. En proporción a los años devolverá *la cantidad* de su redención. **53** Lo tratará como quien trabaja a jornal año por año; no se enseñoreará de él con severidad delante de sus ojos. **54** Aunque no sea redimido por estos *medios,* todavía saldrá *libre* en el año de jubileo, él y sus hijos con él. **55** Pues los israelitas son Mis siervos; siervos Míos son, a quienes saqué de la tierra de Egipto. Yo soy el SEÑOR su Dios.

BENDICIONES DE LA OBEDIENCIA

26 "Ustedes no se harán ídolos, ni se levantarán imagen tallada ni pilares *sagrados*, ni pondrán en su tierra piedra grabada para inclinarse ante ella; porque Yo soy el SEÑOR su Dios. **2** Guardarán Mis días de reposo, y tendrán en reverencia Mi santuario. Yo soy el SEÑOR. **3** Si andan en Mis estatutos y guardan Mis mandamientos para ponerlos por obra, **4** Yo les daré lluvias en su tiempo, de manera que la tierra dará sus productos, y los árboles del campo darán su fruto. **5** Ciertamente, su trilla les durará hasta la vendimia, y la vendimia hasta el tiempo de la siembra. Comerán, pues, su pan hasta que se sacien y habitarán seguros en su tierra. **6** Daré también paz en la tierra, para que duerman sin que nadie *los* atemorice. Asimismo eliminaré las fieras dañinas de su tierra, y no pasará espada por su tierra.

7 "Ustedes perseguirán a sus enemigos y caerán a espada delante de ustedes. **8** Cinco de ustedes perseguirán a cien, y cien de ustedes perseguirán a diez mil, y sus enemigos caerán a espada delante de ustedes. **9** Me volveré hacia ustedes y los haré fecundos y los multiplicaré y confirmaré Mi pacto con ustedes. **10** Comerán las provisiones añejas y sacarán lo añejo para guardar lo nuevo. **11** Además, haré Mi morada en medio de ustedes, y Mi alma no los aborrecerá. **12** Andaré entre ustedes y seré su Dios, y ustedes serán Mi pueblo. **13** Yo soy el SEÑOR su Dios, que los saqué de la tierra de Egipto para que no fueran esclavos de ellos; rompí las varas de su yugo y los hice andar erguidos.

RESULTADOS DE LA DESOBEDIENCIA

14 "Pero si ustedes no me obedecen y no ponen por obra todos estos mandamientos, **15** si desprecian Mis estatutos y si su

25:47-49
Los esclavos podían ser liberados

A veces las personas pobres se vendían como esclavas cuando no podían pagar lo que debían. Para liberar a un esclavo, sus parientes le pagaban un dinero al dueño. Durante el año de jubileo, el dueño debía liberar a todos los esclavos. Los cristianos usan la misma expresión acerca de la redención: «Éramos esclavos del pecado, pero Jesús nos redimió cuando murió en la cruz».

26:1
Los ídolos estaban prohibidos

Dios es el único al que debemos adorar. Aun si el ídolo fue hecho para representar a Dios, resultaría tentador adorar al ídolo y no a Dios.

26:11
Dios tenía su morada entre su pueblo

Como Dios es espíritu, está en todas partes. Sin embargo, su presencia estaba con los israelitas de una manera especial en el tabernáculo, que significa «morada».

26:18, 23-24
Las aflicciones a veces son castigos de Dios

El pacto de Dios con Israel prometía bendiciones por la obediencia y maldiciones por la desobediencia. Dios les hizo saber a los israelitas que a veces las cosas malas que pasan son castigos por el pecado. El Nuevo Testamento enseña que los hechos trágicos y las enfermedades no son castigos de Dios, pero cuando ocurren, él puede usarlos para probar a su pueblo y fortalecer su fe. (Ver Santiago 1:2-4).

alma aborrece Mis ordenanzas para no poner por obra todos Mis mandamientos, quebrantando así Mi pacto, **16** Yo, por Mi parte, les haré esto: Pondré sobre ustedes terror repentino, tisis y fiebre que consuman los ojos y hagan desfallecer el alma. En vano sembrarán su semilla, pues sus enemigos la comerán. **17** Fijaré Mi rostro contra ustedes, para que sean derrotados delante de sus enemigos; los que los aborrecen los dominarán y ustedes huirán sin que nadie los persiga. **18** Y si aun con todas estas cosas no me obedecen, entonces los castigaré siete veces más por sus pecados. **19** También quebrantaré el orgullo de su poderío, y haré sus cielos como hierro y su tierra como bronce. **20** Y sus fuerzas se consumirán en vano, porque su tierra no dará su producto y los árboles de la tierra no darán su fruto.

21 "Si proceden con hostilidad contra Mí y no quieren obedecerme, aumentaré la plaga sobre ustedes siete veces conforme a sus pecados. **22** Soltaré entre ustedes las fieras del campo que los privarán de sus hijos, destruirán su ganado y los reducirán en número de manera que sus caminos queden desiertos.

23 "Y si con estas cosas no se enmiendan ante Mí, sino que proceden con hostilidad contra Mí, **24** entonces Yo procederé con hostilidad contra ustedes; y Yo mismo los heriré siete veces por sus pecados. **25** Y traeré sobre ustedes una espada que ejecutará venganza a causa del pacto; y cuando se reúnan en sus ciudades, enviaré pestilencia entre ustedes, para que sean entregados en manos del enemigo. **26** Cuando Yo les quite el sustento del pan, diez mujeres cocerán su pan en un horno, y les darán su pan en cantidades medidas, de modo que comerán y no se saciarán.

27 "Si a pesar de todo esto no me obedecen, sino que proceden con hostilidad contra Mí, **28** entonces Yo procederé con ira y hostilidad contra ustedes, Yo mismo los castigaré siete veces por sus pecados. **29** Comerán la carne de sus hijos, y la carne de sus hijas comerán. **30** Destruiré sus lugares altos, derribaré sus altares de incienso y amontonaré sus cadáveres sobre los cadáveres de sus ídolos, pues Mi alma los aborrecerá. **31** También dejaré en ruinas sus ciudades, desolaré sus santuarios y no oleré sus suaves aromas. **32** Asolaré la tierra de tal modo que sus enemigos que se establezcan en ella queden pasmados. **33** A ustedes, sin embargo, los esparciré entre las naciones y desenvainaré la espada en pos de ustedes, y su tierra será asolada y sus ciudades quedarán en ruinas.

34 "Entonces la tierra gozará de sus días de reposo durante todos los días de su desolación, mientras que ustedes habiten en la tierra de sus enemigos; entonces descansará la tierra y gozará de sus días de reposo. **35** Durante todos los días de *su* desolación *la tierra* guardará el descanso que no guardó en sus días de reposo mientras habitaban en ella. **36** En cuanto a los que queden de ustedes, infundiré cobardía en sus corazones en la tierra de sus enemigos; y el sonido de una hoja que se mueva los ahuyentará, y aun cuando nadie los persiga, huirán como quien huye de la espada, y caerán. **37** Tropezarán unos con otros como si *huyeran* de la espada aunque nadie *los* persiga; ustedes no tendrán *fuerza* para hacer frente a sus enemigos. **38** Perecerán entre las naciones y los devorará la tierra de sus enemigos. **39** Así que los que sobrevivan de ustedes se pudrirán a causa de su iniquidad en la tierra de sus enemigos; también a causa de las iniquidades de sus antepasados se pudrirán junto con ellos.

40 "Si confiesan su iniquidad y la iniquidad de sus antepasados, por las infidelidades que cometieron contra Mí, y también porque procedieron con hostilidad contra Mí, **41** (Yo también procedía con hostilidad contra ellos para llevarlos a la tierra de sus enemigos), o si su corazón incircunciso se humilla, y reconocen sus iniquidades, **42** entonces me acordaré de Mi pacto con Jacob, me acordaré también de Mi pacto con Isaac y de Mi pacto con Abraham, y me acordaré de la tierra. **43** Porque la tierra será abandonada por ellos, y gozará de sus días de reposo mientras quede desolada por su ausencia. Entretanto, ellos pagarán su iniquidad, porque despreciaron Mis ordenanzas y su alma aborreció Mis estatutos. **44** Sin

CONSECUENCIAS TERRIBLES

Levítico 26:14-39

CASTIGOS POR DESOBEDECER LA LEY DE MOISÉS

Permitir que **fieras salvajes** maten a los niños y el ganado

terror repentino

Los enemigos comerán sus cosechas

Se pudrirán en la tierra de sus enemigos

Devastar la tierra para que los enemigos que vivan allí se queden pasmados

Campos **infértiles**

Exiliarlos a la tierra de sus enemigos

enemigos imaginarios

Destruir los lugares altos y los altares de incienso

Huir de

Derrotas militares

Esparcirlos entre las naciones

Hambre tan severa que se comerán a sus propios hijos

Ciudades en *ruina* y santuarios desolados

Causar *ceguera*

Contraer *enfermedades* debilitantes

embargo, a pesar de esto, cuando estén en la tierra de sus enemigos no los desecharé ni los aborreceré tanto como para destruirlos, quebrantando Mi pacto con ellos, porque Yo soy el SEÑOR su Dios. **45** Sino que por ellos me acordaré del pacto con sus antepasados, que Yo saqué de la tierra de Egipto a la vista de las naciones, para ser su Dios. Yo soy el SEÑOR"».

46 Estos son los estatutos, ordenanzas y leyes que el SEÑOR estableció entre Él y los israelitas por medio de¹ Moisés en el monte Sinaí.

LEYES SOBRE VOTOS PERSONALES

27 El SEÑOR habló de nuevo a Moisés: **2** «Di a los israelitas: "Cuando un hombre haga un voto difícil *de cumplir,* él *será evaluado* según tu valuación de personas pertenecientes al SEÑOR. **3** Si tu valuación es de varón de veinte hasta sesenta años, entonces tu valuación será de cincuenta siclos (570 gramos) de plata, según el siclo del santuario. **4** O si es de una mujer, tu valuación será de treinta siclos. **5** Si es una *persona* de cinco hasta veinte años, entonces tu valuación será de veinte siclos para un varón y de diez siclos para una mujer. **6** Pero si *son* de un mes hasta cinco años, entonces tu valuación será de cinco siclos de plata para el varón, y para la mujer tu valuación *será* de tres siclos de plata. **7** Y si *son* de sesenta años o más, si es varón, tu valuación será de quince siclos, y para la mujer, de diez siclos. **8** Pero si es más pobre que tu valuación, entonces será llevado delante del sacerdote, y este lo valuará; según los recursos del que hizo el voto, el sacerdote lo valuará.

9 "Si es un animal de los que se pueden presentar como ofrenda al SEÑOR, cualquiera de los tales que uno dé al SEÑOR, será sagrado. **10** No lo reemplazará ni lo cambiará, el bueno por el malo, o el malo por el bueno; pero si cambia un animal por *otro* animal, entonces ambos, el animal y su sustituto serán sagrados. **11** Sin embargo, si es algún animal inmundo de la clase que no se puede presentar como ofrenda al SEÑOR, entonces pondrá el animal delante del sacerdote; **12** y el sacerdote lo valuará como bueno o como malo; como tú, el sacerdote, lo valúes, así será. **13** Pero si alguna vez él lo *quiere* redimir, él añadirá la quinta parte a tu valuación.

14 "Si un hombre consagra su casa como cosa sagrada al SEÑOR, el sacerdote la valuará como buena o como mala; como el sacerdote la valúe, así será. **15** Pero si el que la consagra *quisiera* redimir su casa, añadirá a tu valuación la quinta parte del valor de ella; y así será suya.

16 "También, si un hombre consagra al SEÑOR parte de las tierras de su propiedad, entonces tu valuación será en proporción a la semilla que se necesite para ella: cada homer (220 litros) de semilla de cebada a cincuenta siclos de plata. **17** Si consagra su campo durante el año de jubileo, conforme a tu valuación quedará. **18** Pero si consagra su campo después del jubileo, entonces el sacerdote le calculará el precio en proporción a los años que queden hasta el año de jubileo, y será rebajado de tu valuación. **19** Y si el que lo consagra quiere

---

27:2
El significado de dedicar algo al Señor

A veces las personas le hacían un voto a Dios (a cambio de una petición) y daban a un hijo, un esclavo, o se entregaban a sí mismas para el servicio en el tabernáculo. Ana le dedicó su hijo Samuel a Dios, quien vivió y trabajó en el templo. (Ver 1 Samuel 1:11).

27:3-8
Los hombres valían más que las mujeres, y los de mediana edad, más que los ancianos

Los sacerdotes esperaban más esfuerzo físico y productividad de parte de los hombres que de las mujeres, y más de los jóvenes que de los ancianos. Esas cantidades no reflejan el valor de las personas, sino de sus habilidades y experiencia para trabajar en el tabernáculo.

26:46 ¹ Lit. *por la mano de.*

redimir el campo, le añadirá una quinta parte al precio de tu valuación para que pase a su posesión. **20** Pero si no quiere redimir el campo, y se vende el campo a otro, ya no podrá redimirlo; **21** y cuando quede libre en el jubileo, el campo será consagrado al SEÑOR, como campo dedicado; será para el sacerdote como posesión suya.

22 "Si alguno consagra al SEÑOR un campo que ha comprado, que no es parte del campo de su propiedad, **23** entonces el sacerdote le calculará la cantidad de tu valuación hasta el año de jubileo; y en ese día dará tu valuación como cosa consagrada al SEÑOR. **24** En el año de jubileo el campo volverá a aquel de quien lo compró, a quien pertenece la posesión de la tierra. **25** Toda valuación que hagas será conforme al siclo del santuario. Veinte geras son un siclo (11.4 gramos de plata).

26 "Sin embargo, el primogénito de los animales, que por su primogenitura pertenece al SEÑOR, nadie puede consagrarlo; ya sea buey u oveja, es del SEÑOR. **27** Pero si está entre los animales inmundos, entonces lo redimirá conforme a tu valuación, y le añadirá a ella una quinta parte; pero si no es redimido, será vendido conforme a tu valuación.

28 "Sin embargo, cualquier cosa dedicada que alguien separe para el SEÑOR de lo que posee, sea hombre o animal, o campos de su propiedad, no se venderá ni redimirá. Toda cosa dedicada es santísima al SEÑOR. **29** Ninguna persona que haya sido dedicada como anatema será redimida; ciertamente se le dará muerte.

30 "Así pues, todo el diezmo de la tierra, de la semilla de la tierra o del fruto del árbol, es del SEÑOR; es cosa consagrada al SEÑOR. **31** Y si un hombre quiere redimir parte de su diezmo, le añadirá la quinta parte. **32** Todo diezmo del ganado o del rebaño, *o sea,* de todo lo que pasa debajo del cayado, la décima *cabeza* será cosa consagrada al SEÑOR. **33** No debe considerar si es bueno o malo, tampoco lo cambiará; si lo cambia, tanto el animal como su sustituto serán sagrados. No podrán ser redimidos"».

34 Estos son los mandamientos que el SEÑOR ordenó a Moisés para los israelitas en el monte Sinaí.

27:30
El diezmo
El diezmo es la décima parte de algo. Aquí se refiere a darle el diezmo de la cosecha y el ganado al Señor como una especie de voto.

Números

¿QUIÉN ESCRIBIÓ ESTE LIBRO?	Moisés
¿POR QUÉ SE ESCRIBIÓ ESTE LIBRO?	Números nos relata la desobediencia de los israelitas a Dios. Su pecado les impidió continuar avanzando hacia la tierra prometida.
¿QUÉ OCURRE EN ESTE LIBRO?	Los israelitas tenían temor de los poderosos cananeos. Ellos no obedecieron a Dios cuando les dijo que atacaran Canaán. Así que él los mantuvo dando vueltas en el desierto por cuarenta años.
¿QUÉ APRENDEMOS ACERCA DE DIOS EN ESTE LIBRO?	Dios no bendice a las personas que no quieren obedecerlo ni confiar en él.
¿QUIÉNES SON LOS PERSONAJES PRINCIPALES DE ESTE LIBRO?	Moisés y Aarón.
¿DÓNDE SUCEDIERON ESTAS COSAS?	Números 1—10 ocurrió en el monte Sinaí. Números 11—14 tuvo lugar a las afueras de Canaán. El resto del libro transcurre en el desierto, de regreso a Canaán cuarenta años después. (Mira los mapas que están al final de esta Biblia para ver dónde estaba situada Canaán).

¿CUÁLES SON ALGUNAS DE LAS HISTORIAS DE ESTE LIBRO?		
	Los israelitas se quejan	Números 11
	Aarón y Miriam se vuelven contra Moisés	Números 12
	Los espías exploran Canaán	Números 13
	Los israelitas desobedecen a Dios	Números 14
	Coré lidera una rebelión	Números 16
	Balaam intenta maldecir a Israel	Números 22—24
	Israel derrota a los madianitas	Números 31

Este es el paisaje de la Canaán actual, donde los israelitas pasaron mucho de su tiempo en el libro de Números.

Gary Pratico/www.BiblePlaces.com

CENSO DE LOS GUERREROS DE ISRAEL

1 El SEÑOR habló a Moisés en el desierto de Sinaí, en la tienda de reunión, el primer *día* del mes segundo, en el segundo año de su salida de la tierra de Egipto y le dijo: 2 «Haz un censo de toda la congregación de los israelitas por sus familias, por sus casas paternas, según el número de los nombres, de todo varón, uno por uno; 3 de veinte años arriba, todos *los que pueden* salir a la guerra en Israel, tú y Aarón los contarán por sus ejércitos. 4 Con ustedes estará además, un hombre de cada tribu, cada uno jefe de su casa paterna.

5 »Estos son los nombres de los hombres que estarán con ustedes: de Rubén, Elisur, hijo de Sedeur; 6 de Simeón, Selumiel, hijo de Zurisadai; 7 de Judá, Naasón, hijo de Aminadab; 8 de Isacar, Natanael, hijo de Zuar; 9 de Zabulón, Eliab, hijo de Helón; 10 de los hijos de José: de Efraín, Elisama, hijo de Amiud, y de Manasés, Gamaliel, hijo de Pedasur; 11 de Benjamín, Abidán, hijo de Gedeoni; 12 de Dan, Ahiezer, hijo de Amisadai; 13 de Aser, Pagiel, hijo de Ocrán; 14 de Gad, Eliasaf, hijo de Deuel; 15 de Neftalí, Ahira, hijo de Enán. 16 Estos son los que fueron llamados de la congregación, los principales de las tribus de sus padres; ellos eran los jefes de las divisiones de Israel».

17 Entonces Moisés y Aarón tomaron a estos hombres que habían sido designados por sus nombres, 18 y reunieron a toda la congregación el primer *día* del mes segundo. Y se registraron según sus antepasados por familias, por sus casas paternas, según el número de nombres, de veinte años arriba, uno por uno. 19 Tal como el SEÑOR se lo había mandado, Moisés los contó en el desierto de Sinaí.

20 De los descendientes de Rubén, primogénito de Israel, *fueron contados por* su registro genealógico, por sus familias, por sus casas paternas, según el número de nombres, uno por uno, todo varón de veinte años arriba, todo *el que podía* salir a la guerra; 21 los enumerados de la tribu de Rubén *fueron* 46,500.

22 De los descendientes de Simeón, *fueron contados por* su registro genealógico, por sus familias, por sus casas paternas, sus enumerados, según el número de nombres, uno por uno, todo varón de veinte años arriba, todo *el que podía* salir a la guerra; 23 los enumerados de la tribu de Simeón *fueron* 59,300.

24 De los descendientes de Gad, *fueron contados por* su registro genealógico, por sus familias, por sus casas paternas, según el número de nombres, de veinte años arriba, todo *el que podía* salir a la guerra; 25 los enumerados de la tribu de Gad *fueron* 45,650.

26 De los descendientes de Judá, *fueron contados por* su registro genealógico, por sus familias, por sus casas paternas, según el número de nombres, de veinte años arriba, todo *el que podía* salir a la guerra; 27 los enumerados de la tribu de Judá *fueron* 74,600.

28 De los descendientes de Isacar, *fueron contados por* su registro genealógico, por sus familias, por sus casas paternas, según el número de nombres, de veinte años arriba,

1:1
El Señor le hablaba mucho a Moisés

La frase «el SEÑOR habló a Moisés» aparece más de 150 veces en más de 20 formas en este libro. A veces Moisés escuchaba de verdad la voz de Dios (ver Números 7:89 y Éxodo 33:11). Otras veces puede haber experimentado una conversación interna con Dios.

todo *el que podía* salir a la guerra; **29** los enumerados de la tribu de Isacar *fueron* 54,400.

30 De los descendientes de Zabulón, *fueron contados por* su registro genealógico, por sus familias, por sus casas paternas, según el número de nombres, de veinte años arriba, todo *el que podía* salir a la guerra; **31** los enumerados de la tribu de Zabulón *fueron* 57,400.

32 De los descendientes de José: de los descendientes de Efraín, *fueron contados por* su registro genealógico, por sus familias, por sus casas paternas, según el número de nombres, de veinte años arriba, todo *el que podía* salir a la guerra; **33** los enumerados de la tribu de Efraín *fueron* 40,500.

34 De los descendientes de Manasés, *fueron contados por* su registro genealógico, por sus familias, por sus casas paternas, según el número de nombres, de veinte años arriba, todo *el que podía* salir a la guerra; **35** los enumerados de la tribu de Manasés *fueron* 32,200.

36 De los descendientes de Benjamín, *fueron contados por* su registro genealógico, por sus familias, por sus casas paternas, según el número de nombres, de veinte años arriba, todo *el que podía* salir a la guerra; **37** los enumerados de la tribu de Benjamín *fueron* 35,400.

38 De los descendientes de Dan, *fueron contados por* su registro genealógico, por sus familias, por sus casas paternas, según el número de nombres, de veinte años arriba, todo *el que podía* salir a la guerra; **39** los enumerados de la tribu de Dan *fueron* 62,700.

40 De los descendientes de Aser, *fueron contados por* su registro genealógico, por sus familias, por sus casas paternas, según el número de nombres, de veinte años arriba, todo *el que podía* salir a la guerra; **41** los enumerados de la tribu de Aser *fueron* 41,500.

42 De los descendientes de Neftalí, *fueron contados por* su registro genealógico, por sus familias, por sus casas paternas, según el número de nombres, de veinte años arriba, todo *el que podía* salir a la guerra; **43** los enumerados de la tribu de Neftalí *fueron* 53,400.

44 Estos son los que fueron enumerados, los que Moisés y Aarón contaron con los principales de Israel, doce hombres, cada uno de los cuales era *jefe* de su casa paterna. **45** Así que todos los enumerados de los israelitas por sus casas paternas, de veinte años arriba, todo *el que podía* salir a la guerra en Israel, **46** fueron en total 603,550.

47 Pero los levitas no fueron enumerados con ellos según la tribu de sus padres. **48** Porque el SEÑOR le había dicho a Moisés: **49** «Solamente la tribu de Leví no enumerarás, ni los contarás con los israelitas; **50** sino que pondrás a los levitas a cargo del tabernáculo[1] del testimonio, de todos sus utensilios y de todo lo que le pertenece. Ellos llevarán el tabernáculo y todos sus utensilios, y lo cuidarán; además, acamparán alrededor del tabernáculo. **51** Y cuando el tabernáculo haya de ser trasladado, los levitas lo desarmarán; y cuando el tabernáculo acampe, los levitas lo armarán. Pero el extraño[1]

1:46
El número de los israelitas que salieron de Egipto
El recuento de este versículo es solo del número de hombres en condición de pelear que había; la población total era probablemente más de dos millones de personas cuando salieron de Egipto.

1:50 ¹ O *de la morada.*　　1:51 ¹ I.e. el que no era de los levitas.

que se acerque, morirá. **52** Los israelitas acamparán, cada uno en su campamento, y cada uno junto a su bandera, según sus ejércitos. **53** Pero los levitas acamparán alrededor del tabernáculo del testimonio, para que no venga la ira sobre la congregación de los israelitas. Los levitas, pues, tendrán a *su* cargo el tabernáculo del testimonio». **54** Así hicieron los israelitas; conforme a todo lo que el SEÑOR había mandado a Moisés, así lo hicieron.

CAMPAMENTOS Y JEFES DE LAS TRIBUS

2 El SEÑOR habló a Moisés y a Aarón y les dijo: **2** «Los israelitas acamparán, cada uno junto a su bandera, bajo las insignias de sus casas paternas; acamparán alrededor de la tienda de reunión, a cierta distancia. **3** Los que acampen al oriente, hacia la salida del sol, *serán los* de la bandera del campamento de Judá, según sus ejércitos. El jefe de la tribu de Judá es Naasón, hijo de Aminadab, **4** y su ejército, los enumerados, 74,600. **5** Junto a él acampará la tribu de Isacar. El jefe de la tribu de Isacar es Natanael, hijo de Zuar, **6** y su ejército, los enumerados, 54,400. **7** *Después,* la tribu de Zabulón. El jefe de la tribu de Zabulón es Eliab, hijo de Helón, **8** y su ejército, los enumerados, 57,400. **9** El total de los enumerados del campamento de Judá: 186,400 según sus ejércitos. Ellos marcharán primero.

10 »Al sur *estará* la bandera del campamento de Rubén, según sus ejércitos. El jefe de la tribu de Rubén es Elisur, hijo de Sedeur, **11** y su ejército, los enumerados, 46,500. **12** Junto a él acampará la tribu de Simeón. El jefe de la tribu de Simeón es Selumiel, hijo de Zurisadai, **13** y su ejército, los enumerados, 59,300. **14** Después, la tribu de Gad. El jefe de la tribu de Gad es Eliasaf, hijo de Deuel, **15** y su ejército, los enumerados, 45,650. **16** El total de los enumerados del campamento de Rubén: 151,450 según sus ejércitos. Ellos marcharán en segundo *lugar.*

17 »Entonces irá la tienda de reunión *con* el campamento de levitas en medio de los campamentos; tal como acampan así marcharán, cada uno en su lugar, por sus banderas.

18 »Al occidente *estará* la bandera del campamento de Efraín, según sus ejércitos. El jefe de la tribu de Efraín es Elisama, hijo de Amiud, **19** y su ejército, los enumerados, 40,500. **20** Junto a él *estará* la tribu de Manasés. El jefe de la tribu de Manasés es Gamaliel, hijo de Pedasur, **21** y su ejército, los enumerados, 32,200. **22** Después, la tribu de Benjamín. El jefe de la tribu de Benjamín es Abidán, hijo de Gedeoni, **23** y su ejército, los enumerados, 35,400. **24** El total de los enumerados del campamento de Efraín: 108,100 según sus ejércitos. Ellos marcharán en tercer *lugar.*

25 »Al norte *estará* la bandera del campamento de Dan, según sus ejércitos. El jefe de la tribu de Dan es Ahiezer, hijo de Amisadai, **26** y su ejército, los enumerados, 62,700. **27** Y junto a él acampará la tribu de Aser. El jefe de la tribu de

1:47-49
La tribu de Leví quedaba excluida del censo
El censo era un recuento y una lista de los hombres del ejército israelita. Los levitas no podían servir en el ejército. Ellos ya tenían la tarea especial de cuidar el tabernáculo y ofrecer sacrificios por los israelitas.

2:2
Banderas e insignias
Cada tribu tenía su propia bandera y cada grupo de tres tribus tenía una insignia. Estas eran como estandartes que se llevaban a la batalla. Las banderas tribales llevaban los colores de las piedras correspondientes en el pectoral del efod del sumo sacerdote (ver Éxodo 28:15-21). La insignia del grupo liderado por Judá probablemente tenía la figura de un león; el de Rubén, la de un hombre; el de Efraín, la de un buey; y el de Dan, la de un águila.

© Yan Simkin/Shutterstock

2:3-4
Judá estaba primero en la lista
Aunque Judá era el cuarto hijo de Jacob, el Mesías vendría de la tribu de Judá.

2:17-34

La importancia del orden en el campamento y durante el viaje

Al organizar el campamento alrededor del tabernáculo, el Señor estaba más cerca de su pueblo. Además, Dios quería que su pueblo estuviera seguro. Las instrucciones precisas evitaban que los israelitas estuvieran peleando con respecto a cómo armar el campamento y organizarse para la batalla.

3:15 (ver también 1:47-49)

Por qué Dios le dijo a Moisés que contara a los levitas

La razón de este censo era distinta a la del anterior. El último censo había sido para contar a todos los hombres suficientemente grandes y capaces de servir en el ejército. Este censo contaba a todos lo que eran capaces de servir en las tareas sacerdotales. Solo los varones podían estar en el ejército o ser sacerdotes, así que las mujeres no fueron contadas.

Aser es Pagiel, hijo de Ocrán, **28** y su ejército, los enumerados, 41,500. **29** Después, la tribu de Neftalí. El jefe de la tribu de Neftalí es Ahira, hijo de Enán, **30** y su ejército, los enumerados, 53,400. **31** El total de los enumerados del campamento de Dan: 157,600. Ellos serán los últimos en marchar, según sus banderas».

32 Estos son los enumerados de los israelitas, por sus casas paternas; el total de los enumerados de los campamentos, según sus ejércitos: 603,550. **33** Pero los levitas no fueron contados entre los israelitas, tal como el SEÑOR había ordenado a Moisés. **34** Y los israelitas hicieron conforme a todo lo que el SEÑOR había ordenado a Moisés; así acamparon por sus banderas y así marcharon, cada uno según su familia, conforme a su casa paterna.

CENSO DE LOS LEVITAS

3 Y estos son *los registros* de los descendientes de Aarón y Moisés, el día en que el SEÑOR habló con Moisés en el monte Sinaí. **2** Estos son los nombres de los hijos de Aarón: Nadab, el primogénito, Abiú, Eleazar e Itamar. **3** Estos son los nombres de los hijos de Aarón, los sacerdotes ungidos, a quienes él ordenó para que ministraran como sacerdotes. **4** Pero Nadab y Abiú murieron delante del SEÑOR cuando ofrecieron fuego extraño ante el SEÑOR en el desierto de Sinaí; y no tuvieron hijos. Y Eleazar e Itamar ejercieron el sacerdocio durante la vida de su padre Aarón.

5 Entonces el SEÑOR habló a Moisés: **6** «Haz que se acerque la tribu de Leví y ponlos delante del sacerdote Aarón, para que le sirvan. **7** Ellos se encargarán de las obligaciones de él y de toda la congregación delante de la tienda de reunión, para cumplir *con* el servicio del tabernáculo. **8** También guardarán todos los utensilios de la tienda de reunión, junto con las obligaciones de los israelitas, para cumplir *con* el servicio del tabernáculo. **9** Darás, pues, los levitas a Aarón y a sus hijos; le son dedicados por completo de entre los israelitas. **10** Y designarás a Aarón y a sus hijos para que se encarguen de su sacerdocio; pero el extraño[1] que se acerque será muerto».

11 El SEÑOR dijo además a Moisés: **12** «Yo he tomado a los levitas de entre los israelitas en lugar de todos los primogénitos, los que abren el seno materno de entre los israelitas. Los levitas, pues, serán Míos. **13** Porque Mío es todo primogénito; el día en que herí a todos los primogénitos en la tierra de Egipto, consagré para Mí a todos los primogénitos en Israel, desde el hombre hasta el animal. Míos serán; Yo soy el SEÑOR».

14 Después el SEÑOR habló a Moisés en el desierto de Sinaí: **15** «Cuenta a los hijos de Leví por sus casas paternas, por sus familias; contarás todo varón de un mes arriba». **16** Entonces Moisés los contó conforme a la orden del SEÑOR, tal como se le había ordenado. **17** Estos, pues, son los hijos de Leví por sus nombres: Gersón, Coat y Merari. **18** Estos son los nombres de los hijos de Gersón por sus familias: Libni y Simei; **19** y los hijos de Coat, por sus familias: Amram, Izhar, Hebrón y Uziel;

3:10 [1] I.e. el que no era de los levitas.

20 y los hijos de Merari, por sus familias: Mahli y Musi. Estas son las familias de los levitas conforme a sus casas paternas.

21 De Gersón *era* la familia de Libni y la familia de Simei; estas *eran* las familias de los gersonitas. **22** Los enumerados de ellos, *o sea* en la cuenta de todos los varones de un mes arriba, *fueron* 7,500. **23** Las familias de los gersonitas acampaban detrás del tabernáculo, al occidente; **24** el jefe de las casas paternas de los gersonitas *era* Eliasaf, hijo de Lael. **25** Las responsabilidades de los hijos de Gersón en la tienda de reunión *incluían* el tabernáculo y la tienda, su cubierta, el velo de la entrada de la tienda de reunión, **26** las cortinas del atrio, el velo para la entrada del atrio que está alrededor del tabernáculo y del altar, y sus cuerdas, conforme a todo su servicio.

27 Y de Coat *eran* la familia de los amramitas, la familia de los izharitas, la familia de los hebronitas y la familia de los uzielitas; estas eran las familias de los coatitas. **28** Según el censo de todos los varones de un mes arriba, *había* 8,600 que desempeñaban los deberes del santuario. **29** Las familias de los hijos de Coat acampaban al lado sur del tabernáculo. **30** El jefe de las casas paternas de las familias coatitas era Elizafán, hijo de Uziel. **31** A cargo de ellos *estaban* el arca, la mesa, el candelabro, los altares, los utensilios del santuario con que ministran, el velo y todo su servicio. **32** El principal de los jefes de Leví *era* Eleazar, hijo del sacerdote Aarón, encargado de los guardas que cuidaban el santuario.

33 De Merari *eran* la familia de los mahlitas y la familia de los musitas; estas *eran* las familias de Merari. **34** Los enumerados en el censo de todos los varones de un mes arriba *eran* 6,200. **35** Y el jefe de las casas paternas de las familias de Merari *era* Zuriel, hijo de Abihail. Estas familias acampaban al lado norte del tabernáculo. **36** A cargo de los hijos de Merari *estaban* el maderaje del tabernáculo, sus barras, sus columnas, sus basas, todos sus utensilios y el servicio relacionado con ellos, **37** las columnas alrededor del atrio con sus basas, sus estacas y sus cuerdas.

38 Los que acampaban delante del tabernáculo al oriente, delante de la tienda de reunión hacia la salida del sol, *eran* Moisés, Aarón y sus hijos, desempeñando los deberes del santuario para *cumplir* la obligación de los israelitas; pero el extraño que se acercara, moriría. **39** Todos los enumerados de los levitas, que Moisés y Aarón contaron por sus familias por mandato del SEÑOR, todos los varones de un mes arriba, *eran* 22,000.

REDENCIÓN DE LOS PRIMOGÉNITOS

40 Entonces el SEÑOR dijo a Moisés: «Cuenta a todos los primogénitos varones de los israelitas de un mes arriba, y haz una lista de sus nombres. **41** Tomarás a los levitas para Mí en lugar de todos los primogénitos de los israelitas, y el ganado de los levitas en lugar de todos los primogénitos del ganado

3:25-26
El propósito de todas las cortinas
Las tres cortinas eran como pantallas protectoras para el tabernáculo.

Creado por Externa CGI; © 2011 por Zondervan

3:45
La tarea de la tribu de los levitas
Dios reclamaba a los levitas para una tarea especial en vez de tomar a los primogénitos de las otras tribus. Al elegir a una tribu para que trabajara en el sacerdocio, las familias y los clanes podían permanecer juntos. Puede haber resultado menos confuso tener solo una tribu de sacerdotes.

3:47
El siclo del santuario
Era una unidad de peso equivalente a 11.4 gramos. Eso es casi el peso de dos monedas de 0.25 centavos de dólar.

4:1-48
Instrucciones detalladas para cada familia levita
Organizar las tareas simplificaba el trabajo y hacía que se terminara más rápido y de la forma correcta.

4:1-48
El tabernáculo tenía que trasladarse con cuidado
El tabernáculo era muy especial e importante. Todo lo asociado con él debía ser santo, incluso la forma de transportarlo.

de los israelitas. Yo soy el SEÑOR». **42** Y Moisés contó a todos los primogénitos de los israelitas, tal como el SEÑOR le había ordenado; **43** y todos los primogénitos varones conforme al número de sus nombres de un mes arriba, los enumerados eran 22,273.

44 Entonces el SEÑOR le dijo a Moisés: **45** «Toma a los levitas en lugar de todos los primogénitos de los israelitas, y el ganado de los levitas. Los levitas serán Míos. Yo soy el SEÑOR. **46** Y como precio de rescate por los 273 de los primogénitos de los israelitas que exceden a los levitas, **47** tomarás cinco siclos (57 gramos de plata) por cada uno; *los* tomarás conforme al siclo del santuario; el siclo (11.4 gramos de plata) tiene veinte geras, **48** y da el dinero, el rescate de los que hay en exceso entre ellos, a Aarón y a sus hijos». **49** Moisés, pues, tomó el dinero de rescate de los que excedían *el número de* los redimidos por los levitas; **50** de los primogénitos de los israelitas tomó el dinero conforme al siclo del santuario, 1,365 *siclos*. **51** Entonces Moisés dio a Aarón y a sus hijos el dinero del rescate, por mandato del SEÑOR, tal como el SEÑOR había ordenado a Moisés.

DEBERES DE LOS COATITAS

4 Entonces el SEÑOR habló a Moisés y a Aarón y les dijo: **2** «Hagan un censo de los descendientes de Coat, de entre los hijos de Leví, por sus familias, conforme a sus casas paternas, **3** de treinta años arriba hasta los cincuenta, todos los que se enlistan para servir en la tienda de reunión. **4** Este *será* el servicio de los descendientes de Coat en la tienda de reunión, *con relación* a las cosas más sagradas:

5 »Cuando el campamento se traslade, Aarón y sus hijos entrarán *en el Lugar Santísimo* y quitarán el velo de separación, y con él cubrirán el arca del testimonio. **6** Colocarán sobre ella una cubierta de piel de marsopa, y extenderán encima un paño todo de azul puro, y *luego* colocarán sus varas. **7** Sobre la mesa *del pan* de la Presencia *del SEÑOR* tenderán también un paño azul, y en él pondrán las fuentes, las cucharas, los tazones para los sacrificios y los jarros para *hacer* libación; el pan perpetuo estará sobre él. **8** Extenderán sobre ellos un paño carmesí, y los cubrirán con una cubierta de piel de marsopa, y *luego* colocarán sus varas. **9** Tomarán entonces un paño azul y cubrirán el candelabro del alumbrado, las lámparas, las despabiladeras, los platillos y todos los utensilios para el aceite con que lo sirven. **10** Lo pondrán con todos sus utensilios en una cubierta de piel de marsopa, y lo colocarán sobre las varas.

11 »Extenderán sobre el altar de oro un paño azul, y lo cubrirán con una cubierta de piel de marsopa, y colocarán sus varas; **12** y tomarán todos los utensilios para el ministerio con que sirven en el santuario, los pondrán en un paño azul, los cubrirán con una cubierta de piel de marsopa y los colocarán sobre las varas. **13** Quitarán entonces las cenizas del altar y extenderán sobre él un paño de púrpura. **14** Y le pondrán encima todos los utensilios con que sirven en relación con él: los braseros, los garfios, las palas y los tazones, todos los utensilios del altar. Y extenderán sobre él una cubierta de piel de marsopa y colocarán sus varas.

¹⁵ »Cuando Aarón y sus hijos hayan terminado de cubrir los *objetos* sagrados y todos los utensilios del santuario, cuando el campamento esté para trasladarse, vendrán después los hijos de Coat para transportar*los,* pero que no toquen los *objetos* sagrados, pues morirían. Estas son las cosas que transportarán los hijos de Coat en la tienda de reunión. ¹⁶ Pero la responsabilidad de Eleazar, hijo del sacerdote Aarón, será el aceite para el alumbrado, el incienso aromático, la ofrenda continua de cereal y el aceite para ungir. *Tendrá* la responsabilidad de todo el tabernáculo¹ y de todo lo que en él hay, con el santuario y sus utensilios».

¹⁷ Después el SEÑOR habló a Moisés y a Aarón y les dijo: ¹⁸ «No permitan que la tribu de las familias de los coatitas sea exterminada de entre los levitas. ¹⁹ Esto harán con ellos para que vivan y no perezcan cuando se acerquen a los *objetos* santísimos: Aarón y sus hijos entrarán y señalarán a cada uno de ellos su trabajo y su carga; ²⁰ pero no entrarán, ni por un momento, a ver los *objetos* sagrados, para que no mueran».

DEBERES DE LOS GERSONITAS

²¹ Entonces el SEÑOR dijo a Moisés: ²² «Haz también un censo de los hijos de Gersón por sus casas paternas, según sus familias; ²³ los contarás desde los treinta hasta los cincuenta años de edad; todos los que se enlisten para cumplir el servicio, para hacer la obra en la tienda de reunión. ²⁴ Este será el ministerio de las familias de los gersonitas para servir y para transportar: ²⁵ llevarán las cortinas del tabernáculo¹, de la tienda de reunión, *con* su cubierta, la cubierta de piel de marsopa que está encima de él, el velo de la entrada de la tienda de reunión, ²⁶ las cortinas del atrio, el velo para la entrada del atrio que está alrededor del tabernáculo y del altar, con sus cuerdas y todos los utensilios para el servicio de ellos; todo lo que se deba hacer, ellos lo harán. ²⁷ Bajo las órdenes de Aarón y de sus hijos *estará* todo el ministerio de los hijos de los gersonitas, en relación con todas sus cargas y todo su trabajo; y tú les asignarás como responsabilidad todas sus cargas. ²⁸ Este es el servicio de las familias de los hijos de los gersonitas en la tienda de reunión; sus deberes *estarán* bajo la dirección de Itamar, hijo del sacerdote Aarón.

DEBERES DE LOS HIJOS DE MERARI

²⁹ »A los hijos de Merari los contarás por sus familias, por sus casas paternas. ³⁰ Los contarás desde los treinta hasta los cincuenta años de edad, todos los que se enlisten para servir en la tienda de reunión. ³¹ Esta es su responsabilidad de lo que han de transportar, para todo su servicio en la tienda de reunión: las tablas del tabernáculo, sus barras, sus columnas, sus basas, ³² las columnas alrededor del atrio y sus

4:5-6
Ver el arca del pacto
Solo el sumo sacerdote podía ver el arca del pacto o entrar al Lugar Santísimo, donde el arca se guardaba. Incluso cuando trasladaban el tabernáculo, los sacerdotes la cubrían con una cortina y varias cubiertas para que nadie pudiera verla.

Dominio público

4:15
El tamaño de los objetos sagrados
El arca del pacto y el altar del incienso tenían el tamaño de un sofá de la actualidad. Los sesenta pilares de madera del atrio tenían cada uno aproximadamente 2.3 metros de alto.

4:20
Por qué Dios mataría a los que vieran las cosas sagradas
Dios quería recalcar que hay que tener mucho respeto por las cosas espirituales. Él no toleraría la falta de reverencia.

4:16 ¹ O morada.   4:25 ¹ O la morada.

basas, sus estacas y sus cuerdas, con todos sus utensilios y con todo su servicio; y *les* asignarás por nombre los objetos que han de transportar. **33** Este es el servicio de las familias de los hijos de Merari. Para todo su servicio en la tienda de reunión *estarán* bajo las órdenes de Itamar, hijo del sacerdote Aarón».

LOS LEVITAS EN EDAD DE SERVICIO

34 Entonces Moisés y Aarón y los jefes de la congregación contaron a los hijos de los coatitas por sus familias y por sus casas paternas, **35** de treinta años en adelante hasta los cincuenta, todo el que se enlistó para servir en la tienda de reunión. **36** Y los enumerados por sus familias fueron 2,750. **37** Estos son los enumerados de las familias coatitas, todos los que servían en la tienda de reunión, a quienes Moisés y Aarón contaron conforme al mandamiento[1] del SEÑOR por medio de Moisés.

38 *Estos son* los enumerados de los hijos de Gersón por sus familias y por sus casas paternas, **39** de treinta años en adelante hasta los cincuenta, todo el que se enlistó para servir en la tienda de reunión; **40** los enumerados, por sus familias, por sus casas paternas, fueron 2,630. **41** Estos son los enumerados de las familias de los hijos de Gersón, todos los que servían en la tienda de reunión, a quienes Moisés y Aarón contaron conforme al mandamiento del SEÑOR.

42 Y *estos son* los enumerados de las familias de los hijos de Merari por sus familias *y* por sus casas paternas, **43** de treinta años en adelante hasta los cincuenta, todo el que se enlistó para servir en la tienda de reunión; **44** los enumerados por sus familias fueron 3,200. **45** Estos son los enumerados de las familias de los hijos de Merari, a quienes Moisés y Aarón contaron conforme al mandamiento del SEÑOR por medio de Moisés.

46 Todos los enumerados de los levitas a quienes Moisés y Aarón y los jefes de Israel contaron, por sus familias y por sus casas paternas, **47** de treinta años en adelante hasta los cincuenta, todo el que podía enlistarse para servir y hacer el trabajo de transportar la tienda de reunión, **48** fueron 8,580. **49** Fueron contados conforme al mandamiento del SEÑOR dado por medio de Moisés, cada uno según su ministerio o según su cargo. Estos fueron los enumerados, tal como el SEÑOR había ordenado a Moisés.

LEYES SOBRE LOS INMUNDOS

5 Y el SEÑOR le dijo a Moisés: **2** «Manda a los israelitas que echen del campamento a todo leproso, a todo el que padece de flujo y a todo el que es inmundo por causa de un muerto. **3** Ustedes echarán tanto a hombres como a mujeres. Los echarán fuera del campamento para que no contaminen su campamento, donde Yo habito en medio de ellos». **4** Y así *lo* hicieron los israelitas, y los echaron fuera del campamento. Tal como el SEÑOR había dicho a Moisés, así *lo* hicieron los israelitas.

5:1-31

Cómo se organizó este capítulo

Este capítulo se centra en la pureza. El primer párrafo se refiere a las impurezas invisibles. El segundo párrafo trata de los pecados secretos que dañan a otros. La tercera sección es sobre los asuntos privados en el matrimonio.

4:37 [1] Lit. *a la boca*, y así en el resto del cap.

LEY SOBRE LA RESTITUCIÓN

5 Entonces el SEÑOR dijo a Moisés: **6** «Habla a los israelitas y diles: "El hombre o la mujer que cometa cualquiera de los pecados de la humanidad, actuando pérfidamente contra el SEÑOR, esa persona es culpable; **7** entonces confesará los pecados que ha cometido, y hará completa restitución por el daño *causado*, añadirá un quinto y *lo* dará al que él perjudicó. **8** Pero si la persona no tiene pariente a quien se le haga la restitución por el daño, la restitución hecha por el daño *debe ir* al SEÑOR, para el sacerdote, además del carnero de expiación, con el cual se hace expiación por él. **9** También toda ofrenda correspondiente a todas las cosas consagradas de los israelitas que ofrecen al sacerdote, serán suyas. **10** Las cosas consagradas de toda persona serán del sacerdote; lo que una persona dé al sacerdote será de él"».

LA LEY SOBRE LOS CELOS

11 El SEÑOR dijo además a Moisés: **12** «Habla a los israelitas, y diles: "Si la mujer de alguien se desvía y le es infiel, **13** teniendo relaciones carnales con otro sin que su marido se dé cuenta, ni sea descubierta, aunque ella se haya contaminado y no haya testigo contra ella, ni haya sido sorprendida en el acto *mismo*, **14** y un espíritu de celo viene sobre él y tiene celos de su mujer, habiéndose ella contaminado, o si viene un espíritu de celos sobre él y tiene celos de su mujer, no habiéndose ella contaminado, **15** el hombre llevará su mujer al sacerdote y llevará *como* ofrenda por ella 2.2 litros de harina de cebada. No derramará aceite sobre la ofrenda, ni pondrá sobre ella incienso, porque es una ofrenda de cereal, de celos, una ofrenda memorial de cereal, un recordatorio de iniquidad.

16 "El sacerdote hará que ella se acerque y la pondrá delante del SEÑOR, **17** y el sacerdote tomará agua santa en una vasija de barro; tomará del polvo que está sobre el piso del tabernáculo[j], y *lo* pondrá en el agua. **18** Luego el sacerdote hará que la mujer esté delante del SEÑOR y descubrirá la cabeza de la mujer, y pondrá en sus manos la ofrenda memorial de cereal, que es la ofrenda de celos, y en la mano del sacerdote estará el agua de amargura que trae maldición.

19 "Entonces el sacerdote hará que ella pronuncie juramento, y dirá a la mujer: 'Si ningún hombre se ha acostado contigo, y si no te has desviado a la inmundicia, *estando* sujeta a tu marido, sé inmune a esta agua de amargura que trae maldición; **20** pero si te has desviado, *estando* sujeta a tu marido, y te has corrompido, y otro hombre que no es tu marido se ha llegado a ti', **21** (entonces el sacerdote hará que la mujer jure con el juramento de maldición, y el sacerdote dirá a la mujer): 'El SEÑOR te haga maldición y juramento entre tu pueblo, haciendo el SEÑOR que tu muslo se enjute y tu vientre se hinche; **22** y esta agua que trae maldición entrará en tus entrañas, y hará que tu vientre se hinche y tu muslo se enjute'. Y la mujer dirá: 'Amén, amén'.

23 "Entonces el sacerdote escribirá estas maldiciones en un rollo, y las lavará en el agua de amargura. **24** Después hará

5:17 [j] *O de la morada.*

5:2-3
Las personas con lepra o flujo no podían estar en el campamento

Esto no debía tomarse como un castigo. El asunto importante era la santidad de Dios, y la lepra o las secreciones de alguien hacían que todo el campamento quedara impuro. Además, estas reglas impedían que las personas se contagiaran con la enfermedad. Si un sacerdote consideraba que el individuo estaba sano, él o ella podían regresar al campamento.

5:17
De dónde venía el agua santa

Esta agua había sido purificada y almacenada en un recipiente especial. Era dedicada a Dios, por eso solo podía usarse en el servicio a él.

5:22
El significado del vientre hinchado

Esta era una forma poética de decir que una mujer no podría tener hijos.

que la mujer beba el agua de amargura que trae maldición, para que el agua que trae maldición entre a ella para *causar* amargura. **25** Y el sacerdote tomará la ofrenda de cereal de los celos de la mano de la mujer, y mecerá la ofrenda de cereal delante del SEÑOR y la llevará al altar; **26** el sacerdote tomará un puñado de la ofrenda de cereal como su ofrenda memorial y *la* quemará en el altar, y después hará que la mujer beba el agua. **27** Cuando le haya hecho beber el agua, sucederá que si ella se ha contaminado y ha sido infiel a su marido, el agua que trae maldición entrará en ella para *producir* amargura, y su vientre se hinchará, su muslo se enjutará y la mujer vendrá a ser una maldición en medio de su pueblo. **28** Pero si la mujer no se ha contaminado y es limpia, quedará libre y concebirá hijos.

29 "Esta es la ley de los celos: Cuando una mujer *que esté* sujeta a su marido, se desvíe y se contamine, **30** o cuando un espíritu de celos venga sobre alguien y esté celoso de su mujer, entonces hará que la mujer se presente delante del SEÑOR, y el sacerdote le aplicará a ella toda esta ley. **31** Además, el marido quedará libre de culpa, pero la mujer llevará su culpa"».

LA LEY DEL NAZAREATO

6 De nuevo el SEÑOR dijo a Moisés: **2** «Habla a los israelitas, y diles: "El hombre o la mujer que haga un voto especial, el voto de nazareo, para dedicarse al SEÑOR, **3** se abstendrá de vino y licor; no beberá vinagre, ya sea de vino o de licor, tampoco beberá ningún jugo de uva, ni comerá uvas frescas ni secas. **4** Todos los días de su nazareato no comerá nada de lo que se hace de la vid, desde las semillas hasta la cáscara.

5 "*Durante* todos los días del voto de su nazareato no pasará navaja sobre su cabeza. Será santo hasta que se cumplan los días por los cuales se apartó a sí mismo para el SEÑOR; se dejará crecer el cabello.

6 "*Durante* todos los días de su nazareato para el SEÑOR, no se acercará a persona muerta. **7** Ni por su padre, ni por su madre, ni por su hermano, ni por su hermana se contaminará a causa de ellos cuando mueran, pues su nazareato para Dios está sobre su cabeza. **8** Todos los días de su nazareato él es santo al SEÑOR.

9 "Pero si alguien muere repentinamente junto a él, y *el nazareo* contamina su cabeza consagrada, entonces se rasurará la cabeza el día de su purificación; el día séptimo se la rasurará. **10** Y al octavo día traerá al sacerdote dos tórtolas o dos pichones a la entrada de la tienda de reunión. **11** El sacerdote ofrecerá uno como ofrenda por el pecado y *el* otro como holocausto, y hará expiación por él, por su pecado, a causa de la persona *muerta*. Y consagrará su cabeza ese mismo día, **12** y dedicará al SEÑOR los días de su nazareato, y traerá un cordero de un año como ofrenda por su culpa; pero los primeros días quedarán anulados, por cuanto su nazareato fue contaminado.

13 "Esta es la ley del nazareo cuando se hayan cumplido los días de su nazareato: Él llevará la ofrenda a la

6:5
Por qué un nazareo no podía cortarse el cabello
El cabello largo de un nazareo era una señal visible de su dedicación al Señor.

entrada de la tienda de reunión, **14** y presentará su ofrenda delante del SEÑOR, un cordero de un año, sin defecto, como holocausto, y una cordera de un año, sin defecto, como ofrenda por el pecado, y un carnero sin defecto, como ofrenda de paz, **15** y una cesta de tortas sin levadura, de flor de harina mezcladas con aceite, y hojaldres sin levadura untados con aceite, junto con sus ofrendas de cereal y sus libaciones.

16 "Entonces el sacerdote ofrecerá *todo esto* delante del SEÑOR, y presentará su ofrenda por el pecado y el holocausto. **17** Hará con el carnero un sacrificio de las ofrendas de paz al SEÑOR, junto con la cesta de los panes sin levadura; asimismo, el sacerdote presentará su ofrenda de cereal y su libación. **18** Entonces el nazareo se rasurará *el cabello* de su cabeza consagrada a la entrada de la tienda de reunión, y tomará el cabello de su cabeza consagrada y *lo* pondrá en el fuego que *arde* debajo del sacrificio de las ofrendas de paz.

19 "El sacerdote tomará la espaldilla hervida, y un pan sin levadura de la cesta, y un hojaldre sin levadura, y *los* pondrá en las manos del nazareo cuando *este* se haya rasurado su *cabello de* nazareo. **20** Después el sacerdote los mecerá como ofrenda mecida delante del SEÑOR. Es cosa sagrada para el sacerdote, junto con el pecho mecido y la pierna levantada; después el nazareo podrá beber vino".

21 »Esta es la ley del nazareo que *hace* voto de su ofrenda al SEÑOR, según su nazareato, además de lo que sus recursos le permitan; según el voto que tome, así hará conforme a la ley de su nazareato».

LA BENDICIÓN SACERDOTAL

22 Entonces el SEÑOR dijo a Moisés: **23** «Habla a Aarón y a sus hijos, y diles: "Así bendecirán a los israelitas. Les dirán:

24   El SEÑOR te bendiga y te guarde;

25   El SEÑOR haga resplandecer Su rostro sobre ti,
       Y tenga de ti misericordia;

26   El SEÑOR alce sobre ti Su rostro,
       Y te dé paz".

27 Así invocarán Mi nombre sobre los israelitas, y Yo los bendeciré».

LAS OFRENDAS DE LOS JEFES

7 El día en que Moisés terminó de levantar el tabernáculo[1], lo ungió y lo consagró con todos sus muebles; también ungió y consagró el altar y todos sus utensilios. **2** Entonces los jefes de Israel, las cabezas de las casas paternas, presentaron *una ofrenda* (ellos eran los jefes de las tribus, los que estaban sobre los enumerados). **3** Y ellos trajeron su ofrenda delante del SEÑOR: seis carretas cubiertas y doce bueyes, una carreta por *cada* dos jefes y un buey por *cada* uno. Los presentaron ante el tabernáculo. **4** Entonces el SEÑOR dijo a Moisés: **5** «Acepta de ellos *estas cosas,* para que sean usadas

7:1 [1] O *la morada.*

6:6-12
El contacto con los muertos les estaba prohibido a los nazareos

El contacto con un cuerpo muerto haría ceremonialmente inmundos a los nazareos. La medida se aplicaba aun para los familiares que murieran. Incluso el contacto accidental hacía al nazareo ceremonialmente impuro.

6:13-20
Qué hacía un nazareo al terminar su voto

El nazareo tenía que ofrecer muchos sacrificios costosos. Ellos representaban el compromiso total que el nazareo había hecho con el Señor. Además, tenía que cortarse el cabello que había crecido como una señal del voto y quemarlo.

6:21
Por qué una persona hacía el voto nazareo

Un padre podía hacer ese voto por un hijo antes del nacimiento. Alguien que estaba en apuros o que estuviera extremadamente agradecido por las bendiciones de Dios podía hacer el voto también. Las mujeres y los esclavos solo podían hacerse nazareos si tenían permiso de sus esposos o amos.

7:1
Dedicación del tabernáculo

El aceite se usaba para dedicar las personas o los objetos al servicio de Dios. Moisés probablemente derramó o pasó un paño con un aceite de oliva especial sobre el tabernáculo y las otras cosas sagradas.

en el servicio de la tienda de reunión, y las darás a los levitas, a cada uno conforme a su ministerio».

6 Entonces Moisés tomó las carretas y los bueyes, y se los dio a los levitas. **7** A los hijos de Gersón, les dio dos carretas y cuatro bueyes conforme a su ministerio. **8** Cuatro carretas y ocho bueyes les dio a los hijos de Merari, conforme a su ministerio, bajo la dirección de Itamar, hijo del sacerdote Aarón. **9** Pero a los hijos de Coat no les dio *nada,* porque su ministerio *consistía en* llevar sobre sus hombros los *objetos* sagrados. **10** Los jefes presentaron *la ofrenda* de dedicación del altar el día que fue ungido; los jefes presentaron su ofrenda ante el altar. **11** Entonces el SEÑOR dijo a Moisés: «Que presenten su ofrenda, un jefe cada día, para la dedicación del altar».

12 El que presentó su ofrenda el primer día fue Naasón, hijo de Aminadab, de la tribu de Judá. **13** Y su ofrenda *fue* una fuente de plata de 130 *siclos* (1.48 kilos) de peso, un tazón de

7:12-83
Ofrendas durante la dedicación
La dedicación llevó doce días. Cada tribu trajo una ofrenda idéntica. Fue una enorme ceremonia.

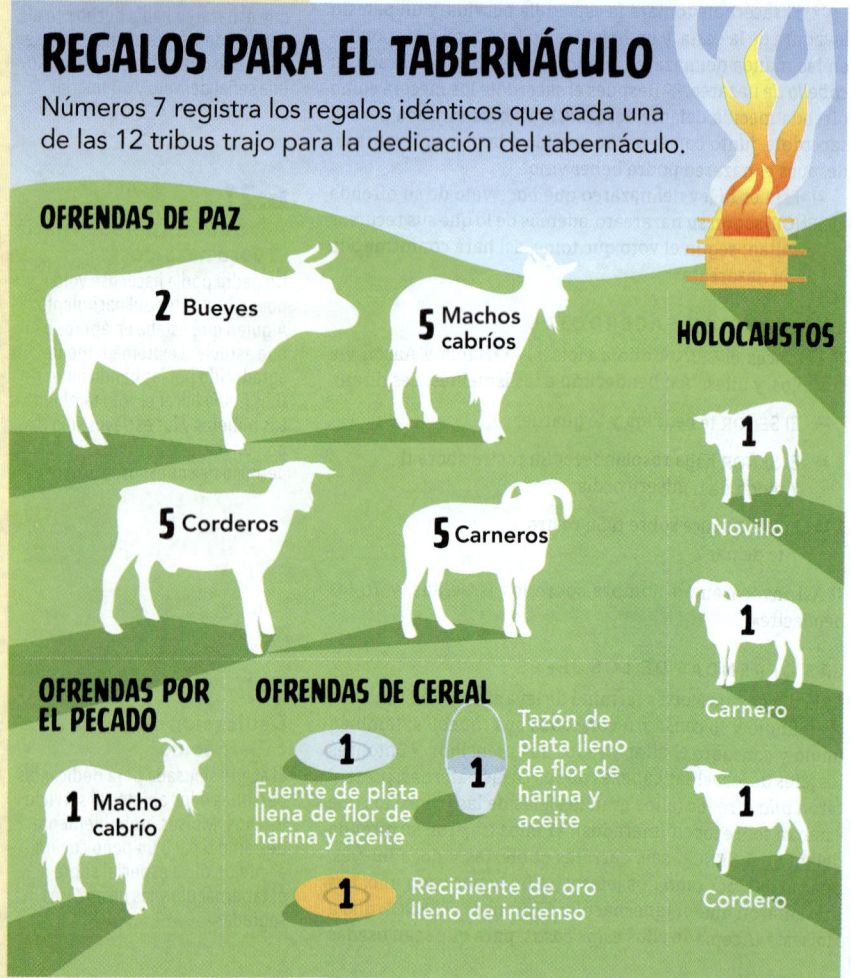

REGALOS PARA EL TABERNÁCULO

Números 7 registra los regalos idénticos que cada una de las 12 tribus trajo para la dedicación del tabernáculo.

OFRENDAS DE PAZ

2 Bueyes

5 Machos cabríos

5 Corderos

5 Carneros

HOLOCAUSTOS

1 Novillo

1 Carnero

1 Cordero

OFRENDAS POR EL PECADO

1 Macho cabrío

OFRENDAS DE CEREAL

1 Fuente de plata llena de flor de harina y aceite

1 Tazón de plata lleno de flor de harina y aceite

1 Recipiente de oro lleno de incienso

plata de setenta siclos (798 gramos) conforme al siclo del santuario, ambos llenos de flor de harina mezclada con aceite como ofrenda de cereal; **14** un recipiente de oro de diez *siclos* (114 gramos) lleno de incienso; **15** un novillo, un carnero y un cordero de un año, como holocausto; **16** un macho cabrío como ofrenda por el pecado; **17** y para el sacrificio de las ofrendas de paz, dos bueyes, cinco carneros, cinco machos cabríos y cinco corderos de un año. Esta *fue* la ofrenda de Naasón, hijo de Aminadab.

18 El segundo día, Natanael, hijo de Zuar, jefe de Isacar, presentó *su ofrenda.* **19** Y él presentó *como* su ofrenda una fuente de plata de 130 *siclos* de peso, un tazón de plata de setenta siclos, conforme al siclo del santuario, ambos llenos de flor de harina mezclada con aceite como ofrenda de cereal; **20** un recipiente de oro de diez *siclos* lleno de incienso; **21** un novillo, un carnero y un cordero de un año, como holocausto; **22** un macho cabrío como ofrenda por el pecado; **23** y para el sacrificio de las ofrendas de paz, dos bueyes, cinco carneros, cinco machos cabríos y cinco corderos de un año. Esta *fue* la ofrenda de Natanael, hijo de Zuar.

24 El tercer día *se presentó* Eliab, hijo de Helón, jefe de la tribu de Zabulón. **25** Y su ofrenda *fue* una fuente de plata de 130 *siclos* de peso, un tazón de plata de setenta siclos, conforme al siclo del santuario, ambos llenos de flor de harina mezclada con aceite como ofrenda de cereal; **26** un recipiente de oro de diez *siclos,* lleno de incienso; **27** un novillo, un carnero y un cordero de un año, como holocausto; **28** un macho cabrío como ofrenda por el pecado; **29** y para el sacrificio de las ofrendas de paz, dos bueyes, cinco carneros, cinco machos cabríos y cinco corderos de un año. Esta *fue* la ofrenda de Eliab, hijo de Helón.

30 El cuarto día *se presentó* Elisur, hijo de Sedeur, jefe de la tribu de Rubén. **31** Y su ofrenda *fue* una fuente de plata de 130 *siclos* de peso, un tazón de plata de setenta siclos, conforme al siclo del santuario, ambos llenos de flor de harina mezclada con aceite como ofrenda de cereal; **32** un recipiente de oro de diez *siclos,* lleno de incienso; **33** un novillo, un carnero y un cordero de un año, como holocausto; **34** un macho cabrío como ofrenda por el pecado; **35** y para el sacrificio de las ofrendas de paz, dos bueyes, cinco carneros, cinco machos cabríos y cinco corderos de un año. Esta *fue* la ofrenda de Elisur, hijo de Zedeur.

36 El quinto día *se presentó* Selumiel, hijo de Zurisadai, jefe de la tribu de Simeón. **37** Y su ofrenda *fue* una fuente de plata de 130 *siclos* de peso, un tazón de plata de setenta siclos, conforme al siclo del santuario, ambos llenos de flor de harina mezclada con aceite como ofrenda de cereal; **38** un recipiente de oro de diez *siclos,* lleno de incienso; **39** un novillo, un carnero y un cordero de un año, como holocausto; **40** un macho cabrío como ofrenda por el pecado; **41** y para el sacrificio de las ofrendas de paz, dos bueyes, cinco carneros, cinco machos cabríos y cinco corderos de un año. Esta *fue* la ofrenda de Selumiel, hijo de Zurisadai.

42 El sexto día *se presentó* Eliasaf, hijo de Deuel, jefe de la tribu de Gad. **43** Y su ofrenda *fue* una fuente de plata de 130 *siclos*

7:15-83
Se sacrificaron toda clase de animales

Esta ofrenda muy especial solo se hacía una vez al año. Para demostrar su gratitud al Señor por todo lo que les había dado, los israelitas ofrecían un gran número de sacrificios.

de peso, un tazón de plata de setenta siclos, conforme al siclo del santuario, ambos llenos de flor de harina mezclada con aceite como ofrenda de cereal; **44** un recipiente de oro de diez *siclos,* lleno de incienso; **45** un novillo, un carnero y un cordero de un año, como holocausto; **46** un macho cabrío como ofrenda por el pecado; **47** y para el sacrificio de las ofrendas de paz, dos bueyes, cinco carneros, cinco machos cabríos y cinco corderos de un año. Esta *fue* la ofrenda de Eliasaf, hijo de Deuel.

48 El séptimo día *se presentó* Elisama, hijo de Amiud, jefe de la tribu de Efraín. **49** Y su ofrenda *fue* una fuente de plata de 130 *siclos* de peso, un tazón de plata de setenta siclos, conforme al siclo del santuario, ambos llenos de flor de harina mezclada con aceite como ofrenda de cereal; **50** un recipiente de oro de diez *siclos,* lleno de incienso; **51** un novillo, un carnero y un cordero de un año, como holocausto; **52** un macho cabrío como ofrenda por el pecado; **53** y para el sacrificio de las ofrendas de paz, dos bueyes, cinco carneros, cinco machos cabríos y cinco corderos de un año. Esta *fue* la ofrenda de Elisama, hijo de Amiud.

54 El octavo día *se presentó* Gamaliel, hijo de Pedasur, jefe de la tribu de Manasés. **55** Y su ofrenda *fue* una fuente de plata de 130 *siclos* de peso, un tazón de plata de setenta siclos, conforme al siclo del santuario, ambos llenos de flor de harina mezclada con aceite como ofrenda de cereal; **56** un recipiente de oro de diez *siclos,* lleno de incienso; **57** un novillo, un carnero y un cordero de un año, como holocausto; **58** un macho cabrío como ofrenda por el pecado; **59** y para el sacrificio de las ofrendas de paz, dos bueyes, cinco carneros, cinco machos cabríos y cinco corderos de un año. Esta *fue* la ofrenda de Gamaliel, hijo de Pedasur.

60 El noveno día *se presentó* Abidán, hijo de Gedeoni, jefe de la tribu de Benjamín. **61** Y su ofrenda *fue* una fuente de plata de 130 *siclos* de peso, un tazón de plata de setenta siclos, conforme al siclo del santuario, ambos llenos de flor de harina mezclada con aceite como ofrenda de cereal; **62** un recipiente de oro de diez *siclos,* lleno de incienso; **63** un novillo, un carnero y un cordero de un año, como holocausto; **64** un macho cabrío como ofrenda por el pecado; **65** y para el sacrificio de las ofrendas de paz, dos bueyes, cinco carneros, cinco machos cabríos y cinco corderos de un año. Esta *fue* la ofrenda de Abidán, hijo de Gedeoni.

66 El décimo día *se presentó* Ahiezer, hijo de Amisadai, jefe de la tribu de Dan. **67** Y su ofrenda *fue* una fuente de plata de 130 *siclos* de peso, un tazón de plata de setenta siclos, conforme al siclo del santuario, ambos llenos de flor de harina mezclada con aceite como ofrenda de cereal; **68** un recipiente de oro de diez *siclos,* lleno de incienso; **69** un novillo, un carnero y un cordero de un año, como holocausto; **70** un macho cabrío como ofrenda por el pecado; **71** y para el sacrificio de las ofrendas de paz, dos bueyes, cinco carneros, cinco machos cabríos y cinco corderos de un año. Esta *fue* la ofrenda de Ahiezer, hijo de Amisadai.

72 El undécimo día *se presentó* Pagiel, hijo de Ocrán, jefe de la tribu de Aser. **73** Y su ofrenda *fue* una fuente de plata de 130 *siclos* de peso, un tazón de plata de setenta siclos, conforme al siclo del santuario, ambos llenos de flor de harina mezclada con aceite como ofrenda de cereal; **74** un recipiente de oro de diez *siclos,* lleno de incienso; **75** un novillo, un carnero y un cordero de un año, como holocausto; **76** un macho cabrío como ofrenda por el pecado; **77** y para el sacrificio de *las* ofrendas de paz, dos bueyes, cinco carneros, cinco machos cabríos y cinco corderos de un año. Esta *fue* la ofrenda de Pagiel, hijo de Ocrán.

78 El duodécimo día *se presentó* Ahira, hijo de Enán, jefe de la tribu de Neftalí. **79** Y su ofrenda *fue* una fuente de plata de 130 *siclos* de peso, un tazón de plata de setenta siclos, conforme al siclo del santuario, ambos llenos de flor de harina mezclada con aceite como ofrenda de cereal; **80** un recipiente de oro de diez *siclos,* lleno de incienso; **81** un novillo, un carnero y un cordero de un año, como holocausto; **82** un macho cabrío como ofrenda por el pecado; **83** y para el sacrificio de las ofrendas de paz, dos bueyes, cinco carneros, cinco machos cabríos y cinco corderos de un año. Esta *fue* la ofrenda de Ahira, hijo de Enán.

84 Esta *fue* la *ofrenda* de dedicación del altar presentadas por los jefes de Israel cuando lo ungieron: doce fuentes de plata, doce tazones de plata, doce recipientes de oro, **85** cada fuente de plata *pesaba* 130 *siclos,* y cada tazón setenta *siclos;* toda la plata de los utensilios *era* 2,400 *siclos* (27.4 kilos), conforme al siclo del santuario; **86** los doce recipientes de oro, llenos de incienso, *pesaban* diez *siclos* cada uno, conforme al siclo del santuario. Todo el oro de los recipientes *era* 120 *siclos* (1.4 kilos). **87** El total de los animales para el holocausto *fue de* doce novillos; los carneros, doce; los corderos de un año con sus ofrendas de cereal, doce; y los machos cabríos para la ofrenda por el pecado, doce. **88** El total de los animales para el sacrificio de las ofrendas de paz, fue de veinticuatro novillos; los carneros, sesenta; los machos cabríos, sesenta; y los corderos de un año, sesenta. Esta *fue* la *ofrenda* de la dedicación del altar después que fue ungido.

89 Y al entrar Moisés en la tienda de reunión para hablar con el Señor, oyó la voz que le hablaba desde encima del propiciatorio que *estaba* sobre el arca del testimonio, de entre los dos querubines. Así Él le habló.

LAS SIETE LÁMPARAS

8 Entonces el SEÑOR dijo a Moisés: **2** «Habla a Aarón y dile: "Cuando pongas las lámparas, las siete lámparas alumbrarán al frente del candelabro"». **3** Y así lo hizo Aarón; puso las lámparas al frente del candelabro, como el SEÑOR había ordenado a Moisés. **4** Así estaba hecho el candelabro: de oro labrado a martillo; desde su base hasta sus flores fue obra labrada a martillo; según el modelo que el SEÑOR le mostró a Moisés, así hizo el candelabro.

LA PURIFICACIÓN DE LOS LEVITAS

5 De nuevo el SEÑOR habló a Moisés y le dijo: **6** «Toma de entre los israelitas a los levitas y purifícalos. **7** Así harás con ellos para su purificación: *rociarás* sobre ellos agua

7:89
El arca tenía muchos nombres
Se le llamaba *arca del pacto, arca del Señor, arca de Dios* y *arca del testimonio.*

8:5-14
Dedicación de los levitas
Algunos levitas eran ayudantes de los sacerdotes, de modo que su dedicación era un poco diferente a la de los sacerdotes. Los sacerdotes eran santificados; los levitas eran purificados. Los sacerdotes eran ungidos y bañados; los levitas eran rociados con agua. Los sacerdotes recibían vestiduras nuevas; los levitas lavaban las suyas. La sangre era aplicada a los sacerdotes, pero era mecida sobre los levitas.

8:7
El significado de la purificación ritual
Esta ceremonia preparaba a la persona para participar en la adoración a Dios. Estar puros era importante para los israelitas y para Dios. El lavamiento y la oración eran señales de que una persona quedaba purificada delante de Dios.

8:10
Los israelitas ponían sus manos sobre los levitas
Al poner sus manos sobre los levitas, el pueblo mostraba que ellos eran los sustitutos de toda la nación.

8:24-25
Restricciones de edad para los sacerdotes
Servir en el tabernáculo era un trabajo duro. Un mínimo de edad aseguraba que la persona que servía pudiera haber crecido lo suficiente para desempeñar las tareas. Un límite de edad también aseguraba que el levita estuviera en buena forma física, porque tenían que levantar muchas cosas para mudar y volver a instalar el tabernáculo.

purificadora, y que ellos hagan pasar una navaja sobre todo su cuerpo, laven sus ropas y quedarán purificados. 8 Tomarán entonces un novillo con su ofrenda de cereal, flor de harina mezclada con aceite; y tú tomarás otro novillo como ofrenda por el pecado. 9 Y harás que se acerquen los levitas delante de la tienda de reunión. Reunirás también a toda la congregación de los israelitas, 10 y presentarás a los levitas delante del SEÑOR; y los israelitas pondrán sus manos sobre los levitas.

11 »Entonces Aarón presentará a los levitas delante del SEÑOR, como ofrenda mecida de los israelitas, para que ellos puedan cumplir el ministerio del SEÑOR. 12 Los levitas pondrán sus manos sobre la cabeza de los novillos, y entonces ofrecerán uno como ofrenda por el pecado y el otro como holocausto al SEÑOR, para hacer expiación por los levitas. 13 Harás que los levitas estén de pie delante de Aarón y delante de sus hijos, para presentarlos como ofrenda mecida al SEÑOR.

14 »Así separarás a los levitas de entre los israelitas, y los levitas serán Míos. 15 Y después de eso, los levitas podrán entrar para ministrar en la tienda de reunión, tú los purificarás y los presentarás como ofrenda mecida; 16 porque son enteramente dedicados para Mí de entre los israelitas. Los he tomado para Mí en lugar de todo primer fruto de la matriz, los primogénitos de todos los israelitas. 17 Porque Míos son todos los primogénitos de entre los israelitas, tanto de hombres como de animales; el día en que herí a todo primogénito en la tierra de Egipto, los santifiqué para Mí. 18 Pero he tomado a los levitas en lugar de los primogénitos de entre los israelitas. 19 Y he dado a los levitas como un don a Aarón y a sus hijos de entre los israelitas, para cumplir el ministerio de los israelitas en la tienda de reunión y para hacer expiación en favor de los israelitas, para que no haya plaga entre ellos al acercarse al santuario».

20 Moisés, Aarón y toda la congregación de los israelitas hicieron así a los levitas. Conforme a todo lo que el SEÑOR había mandado a Moisés acerca de los levitas, así hicieron con ellos los israelitas. 21 Los levitas se purificaron a sí mismos de pecados, y lavaron sus ropas; y Aarón los presentó como ofrenda mecida delante del SEÑOR. También Aarón hizo expiación por ellos para purificarlos. 22 Entonces, después de eso, los levitas entraron para cumplir su ministerio en la tienda de reunión delante de Aarón y delante de sus hijos. Como el SEÑOR había ordenado a Moisés acerca de los levitas, así hicieron con ellos.

LA JUBILACIÓN DE LOS LEVITAS
23 Entonces el SEÑOR le dijo a Moisés: 24 «Esto es lo que se refiere a los levitas: desde los veinticinco años en adelante entrarán a cumplir el servicio en el ministerio de la tienda de reunión. 25 Pero a los cincuenta años se jubilarán de ejercer el ministerio, y no trabajarán más. 26 Sin embargo, pueden ayudar a sus hermanos en la tienda de reunión a cumplir sus obligaciones, pero no a ejercer el ministerio. Así harás con los levitas en cuanto a sus obligaciones».

LA PASCUA

9 El SEÑOR habló así a Moisés en el desierto de Sinaí, en el primer mes del segundo año de su salida de la tierra de Egipto: **2** «Que los israelitas celebren la Pascua a su tiempo señalado. **3** En el día catorce de este mes, al atardecer, ustedes la celebrarán a su tiempo señalado; la celebrarán conforme a todos sus estatutos y conforme a todas sus ordenanzas». **4** Mandó, pues, Moisés a los israelitas que celebraran la Pascua. **5** Y celebraron la Pascua en el *mes* primero, en el día catorce del mes, al atardecer, en el desierto de Sinaí; tal como el SEÑOR había ordenado a Moisés, así *lo* hicieron los israelitas. **6** Pero había *algunos* hombres que estaban inmundos por causa de una persona muerta, y no pudieron celebrar la Pascua aquel día. Y vinieron ante Moisés y Aarón aquel día, **7** y aquellos hombres les dijeron: «*Aunque* estemos inmundos por causa de una persona muerta, ¿por qué se nos impide presentar la ofrenda del SEÑOR en su tiempo señalado entre los israelitas?». **8** Entonces Moisés les dijo: «Esperen, y oiré lo que el SEÑOR ordene acerca de ustedes».

LEY DE LA PASCUA

9 Entonces el SEÑOR dijo a Moisés: **10** «Habla a los israelitas *y* diles: "Si alguien de ustedes o de sus descendientes está inmundo por causa de un muerto, o anda lejos de viaje, puede, sin embargo, celebrar la Pascua al SEÑOR. **11** La celebrarán a los catorce días del segundo mes, al atardecer; la comerán con pan sin levadura y hierbas amargas. **12** Nada dejarán de ella hasta la mañana, ni quebrarán hueso de ella; conforme a todos los estatutos de la Pascua la celebrarán. **13** Pero si alguien que está limpio y no anda de viaje, deja de celebrar la Pascua, esa persona será eliminada de entre su pueblo, porque no presentó la ofrenda del SEÑOR a su tiempo señalado. Ese hombre llevará su pecado. **14** Y si un extranjero reside entre ustedes y celebra la Pascua al SEÑOR, conforme al estatuto de la Pascua y conforme a su ordenanza lo hará; ustedes tendrán un solo estatuto, tanto para el extranjero como para el nativo de la tierra"».

LA NUBE SOBRE EL TABERNÁCULO

15 El día que fue erigido el tabernáculo, la nube cubrió el tabernáculo, la tienda del testimonio, y al atardecer estaba sobre el tabernáculo algo que parecía de fuego, hasta la mañana. **16** Así sucedía continuamente; la nube lo cubría *de día*, y la apariencia de fuego de noche. **17** Y cuando la nube se levantaba de sobre la tienda, enseguida los israelitas partían; y en el lugar donde la nube se detenía, allí acampaban los israelitas.

18 Al mandato del SEÑOR los israelitas partían, y al mandato del SEÑOR acampaban; mientras la nube estaba sobre el tabernáculo, permanecían acampados. **19** Aun cuando la nube se detenía sobre el tabernáculo por muchos días, los israelitas guardaban la ordenanza del SEÑOR y no partían. **20** Cuando la nube permanecía algunos días sobre el tabernáculo, según la orden del SEÑOR, permanecían acampados;

9:9-12
Los ceremonialmente inmundos también podían participar de la Pascua
Dios les permitía a los ceremonialmente inmundos celebrar la Pascua un mes más tarde.

9:13
La Pascua no era opcional
Si alguien se negaba a participar, esto mostraba que esa persona no tenía fe en Dios y sería eliminada. *Eliminada* significaba la muerte o el destierro de las tribus de Israel. Este castigo tan severo mostraba lo importante que era la Pascua para los israelitas.

9:15-23
La nube sobre el tabernáculo
Dios usó la nube para darles instrucciones a los israelitas. Su presencia estaba en la nube, y esta les recordaba que Dios estaba con ellos. Moisés interpretaba el movimiento de la nube para los israelitas.

y según la orden del SEÑOR, partían. **21**Pero cuando la nube permanecía desde el atardecer hasta la mañana, y la nube se levantaba por la mañana, ellos partían; y *si permanecía* durante el día y durante la noche, cuando la nube se levantaba, ellos partían. **22** Ya fuera que la nube se detuviera sobre el tabernáculo permaneciendo sobre él dos días, o un mes, o un año, los israelitas permanecían acampados y no partían; pero cuando se levantaba, partían. **23**Al mandato del SEÑOR acampaban, y al mandato del SEÑOR partían; guardaban la ordenanza del SEÑOR según el mandato del SEÑOR por medio¹ de Moisés.

LAS TROMPETAS DE PLATA

10 El SEÑOR dijo a Moisés: **2** «Hazte dos trompetas de plata; las harás labradas a martillo. Y te servirán para convocar a la congregación y para *dar la orden de* poner en marcha los campamentos. **3** Cuando se toquen las dos, toda la congregación se reunirá junto a ti a la puerta de la tienda de reunión. **4**Cuando se toque una sola, entonces se reunirán junto a ti los principales, los jefes de las divisiones de Israel.

5»Pero cuando ustedes toquen alarma, marcharán los que estén acampados al oriente. **6**Y cuando toquen alarma la segunda vez, marcharán los acampados al sur; se tocará una alarma para que ellos se pongan en marcha. **7**Sin embargo, cuando se convoque la asamblea, tocarán, pero no con toque de alarma. **8**Además, los hijos de Aarón, los sacerdotes, tocarán las trompetas; y les será a ustedes por estatuto perpetuo por sus generaciones.

9»Cuando vayan a la guerra en su tierra contra el adversario que los ataque, tocarán alarma con las trompetas a fin de que el SEÑOR su Dios se acuerde de ustedes, y sean salvados de sus enemigos. **10** Asimismo, en el día de su alegría, en sus fiestas señaladas y en el primer *día* de sus meses, tocarán las trompetas durante sus holocaustos y durante los sacrificios de sus ofrendas de paz; y serán para ustedes como recordatorio delante de su Dios. Yo soy el SEÑOR su Dios».

ISRAEL PARTE DEL SINAÍ

11En el año segundo, en el mes segundo, el *día* veinte del mes, la nube se levantó de sobre el tabernáculo¹ del testimonio; **12** y los israelitas salieron, según su orden de marcha, del desierto de Sinaí. Y la nube se detuvo en el desierto de Parán. **13** Así marcharon la primera vez conforme al mandamiento del SEÑOR por medio de Moisés. **14** La bandera del campamento de los hijos de Judá, según sus ejércitos, salió primero, con Naasón, hijo de Aminadab, al frente de su ejército; **15** Natanael, hijo de Zuar, al frente del ejército de la tribu de los hijos de Isacar; **16**Eliab, hijo de Helón, al frente del ejército de la tribu de los hijos de Zabulón.

17 Entonces el tabernáculo fue desarmado; y los hijos de Gersón, y los hijos de Merari, que llevaban el tabernáculo, partieron. **18** Después salió la bandera del campamento de Rubén, según sus ejércitos, con Elisur, hijo de Sedeur, al

10:1-10
Las trompetas
Ellas se veían un poco diferentes a las de hoy en día. Eran unos tubos de metal largos, rectos y delgados con el final acampanado.

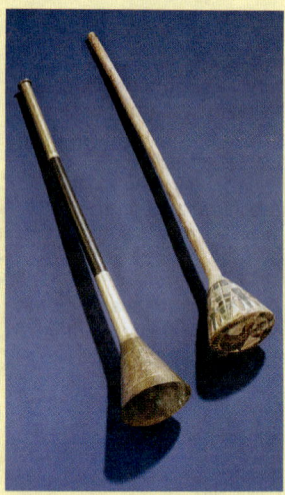

Trompeta y tapón de madera, de la tumba de Tutankamón (c. 1370-1352 a. C.) Imperio Nuevo, decimoctava dinastía egipcia (c. 1567-1320 a. C.) / Museo Nacional Egipcio, El Cairo, Egipto/Foto © Boltin Picture Library/Bridgeman Images

10:9
Para que Dios «se acuerde» de los israelitas
Dios nunca olvida a su pueblo, ni siquiera por un segundo. Aquí, el hecho de que *se acuerde* significa que Dios estaba listo para actuar en beneficio de ellos.

frente de su ejército; **19** Selumiel, hijo de Zurisadai, al frente del ejército de la tribu de Simeón, **20** y Eliasaf, hijo de Deuel, estaba al frente del ejército de la tribu de los hijos de Gad.

21 Luego se pusieron en marcha los coatitas llevando los *objetos* sagrados; y el tabernáculo fue erigido antes de que ellos llegaran. **22** Después salió la bandera del campamento de los hijos de Efraín, según sus ejércitos, con Elisama, hijo de Amiud, al frente de su ejército; **23** Gamaliel, hijo de Pedasur, al frente del ejército de la tribu de los hijos de Manasés; **24** y Abidán, hijo de Gedeoni, al frente del ejército de la tribu de los hijos de Benjamín.

25 Después salió la bandera del campamento de los hijos de Dan, según sus ejércitos, *los cuales formaban* la retaguardia de todos los campamentos, con Ahiezer, hijo de Amisadai, al frente de su ejército; **26** Pagiel, hijo de Ocrán, al frente del ejército de la tribu de los hijos de Aser; **27** y Ahira, hijo de Enán, al frente del ejército de la tribu de los hijos de Neftalí. **28** Este fue el orden de marcha de los israelitas por sus ejércitos cuando partieron.

LA MARCHA DE SINAÍ A EDOM

29 Entonces Moisés dijo a Hobab, hijo de Reuel madianita, suegro de Moisés: «Nosotros salimos hacia el lugar del cual el SEÑOR dijo: "Yo se lo daré a ustedes". Ven con nosotros y te haremos bien, pues el SEÑOR ha prometido el bien a Israel». **30** Pero él le dijo: «No iré, sino que me iré a mi tierra y a mi familia». **31** Después dijo *Moisés:* «Te ruego que no nos dejes, puesto que tú sabes dónde debemos acampar en el desierto, y serás como ojos para nosotros. **32** Y será que si vienes con nosotros, el bien que el SEÑOR nos haga, te haremos nosotros».

33 Así partieron desde el monte del SEÑOR tres días de camino, y el arca del pacto del SEÑOR iba delante de ellos por los tres días, buscándoles un lugar dónde descansar. **34** La nube del SEÑOR iba sobre ellos de día desde que partieron del campamento.

35 Y sucedía que cuando el arca se ponía en marcha, Moisés decía:

«¡Levántate, oh SEÑOR!
Y sean dispersados Tus enemigos,
Huyan de Tu presencia los que te aborrecen».

36 Y cuando *el arca* descansaba, él decía:

«Vuelve, oh SEÑOR,
A los millares de millares de Israel».

EL PUEBLO SE QUEJA CONTRA EL SEÑOR

11 El pueblo comenzó a quejarse en la adversidad a oídos del SEÑOR; y cuando el SEÑOR *lo* oyó, se encendió Su ira, y el fuego del SEÑOR ardió entre ellos y consumió un extremo del campamento. **2** Entonces el pueblo clamó a Moisés, y Moisés oró al SEÑOR y el fuego se apagó. **3** Y se le dio a aquel lugar el nombre de Tabera*ʲ*, porque el fuego del SEÑOR había ardido entre ellos.

11:3 *ʲ* I.e. Encendido.

10:21
El tabernáculo era llevado primero

Cuando los israelitas se movían a una nueva ubicación, todo el grupo no viajaba junto. Una parte de ellos avanzaba antes que los demás a fin de poder tener armado el tabernáculo para el momento en que llegara el resto del grupo.

11:1
Los israelitas se quejaron tanto que hicieron enojar a Dios

Dios siempre había cuidado de su pueblo. Los había sacado de Egipto y les había dado lo necesario para sobrevivir en el desierto. Dios se enojó porque ellos eran ingratos y no tenían fe en él.

11:4
Por qué los israelitas estaban descontentos
Ellos no depositaban toda su confianza en Dios. En vez de creerle e ir directamente a la tierra prometida, dieron vueltas por el desierto. Cuando eran esclavos en Egipto, sabían qué podían esperar, pero en el desierto no conocían los peligros que enfrentarían.

11:10-15
Por qué Moisés estaba frustrado
Los israelitas seguían quejándose, y culparon a Moisés por todo lo malo que les ocurría. Moisés se quejó con Dios y estaba tan triste que le pidió que lo matara. En cambio, Dios le dio ancianos que lo ayudaran con el pueblo.

11:25
Setenta ancianos
Dios les dio a los ancianos el don de la profecía. Esto era una señal de que el Espíritu de Dios reposaba sobre esos líderes.

4 El populacho que estaba entre ellos tenía un deseo insaciable; y también los israelitas volvieron a llorar, y dijeron: «¿Quién nos dará carne para comer? **5** Nos acordamos del pescado que comíamos gratis en Egipto, de los pepinos, de los melones, los puerros, las cebollas y los ajos; **6** pero ahora no tenemos apetito. Nada hay para nuestros ojos excepto este maná». **7** Y el maná era como una semilla de cilantro, y su aspecto como el del bedelio. **8** El pueblo iba, *lo* recogía y *lo* molía entre dos piedras de molino, o *lo* machacaba en el mortero, y *lo* hervía en el caldero y hacía tortas con él; y tenía el sabor de tortas cocidas con aceite. **9** Cuando el rocío caía en el campamento por la noche, con él caía el maná.

10 Y Moisés oyó llorar al pueblo, por sus familias, cada uno a la puerta de su tienda; y la ira del SEÑOR se encendió en gran manera, y a Moisés no le agradó. **11** Entonces Moisés dijo al SEÑOR: «¿Por qué has tratado tan mal a Tu siervo? ¿Y por qué no he hallado gracia ante Tus ojos para que hayas puesto la carga de todo este pueblo sobre mí? **12** ¿Acaso concebí yo a todo este pueblo? ¿Fui yo quien lo dio a luz para que me dijeras: "Llévalo en tu seno, como la nodriza lleva al niño de pecho, a la tierra que Yo juré a sus padres"? **13** ¿De dónde he de conseguir carne para dar a todo este pueblo? Porque claman a mí, diciendo: "Danos carne para que comamos". **14** Yo solo no puedo llevar a todo este pueblo, porque es mucha carga para mí. **15** Y si así me vas a tratar, te ruego que me mates si he hallado gracia ante Tus ojos, y no me permitas ver mi desventura».

16 Entonces el SEÑOR dijo a Moisés: «Reúneme a setenta hombres de los ancianos de Israel, a quienes tú conozcas como los ancianos del pueblo y a sus oficiales, y tráelos a la tienda de reunión y que permanezcan allí contigo. **17** Entonces descenderé y hablaré contigo allí, y tomaré del Espíritu que está sobre ti y *lo* pondré sobre ellos, y llevarán contigo la carga del pueblo para que no *la* lleves tú solo. **18** Y dile al pueblo: "Conságrense para mañana, y comerán carne, pues han llorado a oídos del SEÑOR, diciendo: '¡Quién nos diera de comer carne! Porque nos iba mejor en Egipto'. El SEÑOR, pues, les dará carne y comerán. **19** No comerán un día, ni dos días, ni cinco días, ni diez días, ni veinte días, **20** sino todo un mes, hasta que les salga por las narices y les sea aborrecible, porque han rechazado al SEÑOR, que está entre ustedes, y han llorado delante de Él, diciendo: '¿Por qué salimos de Egipto?'"». **21** Pero Moisés dijo: «El pueblo, en medio del cual estoy, *llega a* 600,000 de a pie; y Tú has dicho: "Les daré carne a fin de que coman, por todo un mes". **22** ¿Sería suficiente degollar para ellos las ovejas y los bueyes? ¿O sería suficiente juntar para ellos todos los peces del mar?». **23** Y el SEÑOR dijo a Moisés: «¿Está limitado el poder del SEÑOR? Ahora verás si Mi palabra se te cumple o no».

24 Salió Moisés y dijo al pueblo las palabras del SEÑOR. Reunió después a setenta hombres de los ancianos del pueblo y los colocó alrededor de la tienda. **25** Entonces el SEÑOR descendió en la nube y le habló; y tomó del Espíritu que estaba sobre él y *lo* colocó sobre los setenta ancianos. Y sucedió que cuando el Espíritu reposó sobre ellos, profetizaron; pero no volvieron a hacer*lo más*.

26 Pero dos hombres habían quedado en el campamento; uno se llamaba Eldad, y el otro se llamaba Medad. Y el Espíritu reposó sobre ellos, (ellos estaban entre los que se habían inscrito, pero no habían salido a la tienda), y profetizaron en el campamento. **27** Y un joven corrió y avisó a Moisés: «Eldad y Medad están profetizando en el campamento». **28** Entonces respondió Josué, hijo de Nun, ayudante de Moisés desde su juventud: «Moisés, señor mío, detenlos». **29** Pero Moisés le dijo: «¿Tienes celos por causa mía? ¡Ojalá todo el pueblo del SEÑOR fuera profeta, que el SEÑOR pusiera Su Espíritu sobre ellos!». **30** Después Moisés volvió al campamento, y con él los ancianos de Israel.

31 Y salió de parte del SEÑOR un viento que trajo codornices desde el mar y *las* dejó caer junto al campamento, como un día de camino de este lado, y un día de camino del otro lado, por todo alrededor del campamento, y como 2 codos (90 centímetros) *de espesor* sobre la superficie de la tierra. **32** Y el pueblo *estuvo* levantado todo el día, toda la noche, y todo el día siguiente, y recogieron las codornices, y *las* tendieron para sí por todos los alrededores del campamento; el que recogió menos, recogió diez montones (homeres: 2 toneladas). **33** Pero mientras la carne estaba aún entre sus dientes, antes que la masticaran, la ira del SEÑOR se encendió contra el pueblo, y el SEÑOR hirió al pueblo con una plaga muy mala. **34** Por eso llamaron a aquel lugar Kibrot Hataava[j], porque allí sepultaron a los que habían sido codiciosos. **35** Y de Kibrot Hataava el pueblo salió para Hazerot, y permaneció en Hazerot.

MURMURACIÓN CONTRA MOISÉS

12 Entonces Miriam y Aarón hablaron contra Moisés por causa de la mujer cusita con quien se había casado, pues se había casado con una mujer cusita; **2** y dijeron: «¿Es cierto que el SEÑOR ha hablado solo mediante Moisés? ¿No ha hablado también mediante nosotros?». Y el SEÑOR *lo* oyó. **3** Moisés era un hombre muy humilde, más que cualquier otro hombre sobre la superficie de la tierra. **4** Y el SEÑOR de repente les dijo a Moisés, a Aarón y a Miriam: «Salgan ustedes tres a la tienda de reunión». Y salieron los tres. **5** Entonces el SEÑOR descendió en una columna de nube y se puso a la puerta de la tienda; y llamó a Aarón y a Miriam. Y cuando los dos se adelantaron, **6** Él dijo:

> «Oigan ahora Mis palabras:
> Si entre ustedes hay profeta,
> Yo, el SEÑOR, me manifestaré a él en visión.
> Hablaré con él en sueños.
> **7** No así con Mi siervo Moisés;
> En toda Mi casa él es fiel.
> **8** Cara a cara hablo con él,
> Abiertamente y no en dichos oscuros,
> Y él contempla la imagen del SEÑOR.
> ¿Por qué, pues, no temieron
> Hablar contra Mi siervo, contra Moisés?».

11:34 [j] I.e. Tumbas de la Codicia.

11:26
Otros ancianos
Eldad y Medad quizás no estaban entre los setenta ancianos que Moisés llamó a la tienda. Claramente, ellos tenían el don del Espíritu de Dios, así que no habría tenido sentido castigarlos por haber recibido un don de parte del Señor.

11:31
La llegada de las codornices
Un gran número de codornices migraba cada año a través de la península de Sinaí, en su viaje desde África a Europa y Asia. Las aves tenían cuerpos pesados y no volaban muy bien, así que dependían de los vientos para volar. Probablemente estaban débiles y cansadas, de modo que fue fácil para los israelitas atraparlas.

© Roman Teteruk/Shutterstock

12:1-2
Miriam y Aarón murmuraron contra Moisés
Ellos envidiaban a su hermano Moisés, ya que era el vocero de Dios. Incluso criticaron a su esposa.

12:14

Escupir a alguien en el rostro

Escupir era un castigo público.

13:1-2

Los exploradores van a Canaán

Varones de cada tribu fueron a reconocer la tierra prometida. Si hubieran tenido fe en Dios, habrían sido recompensados con la tierra de la que fluía leche y miel.

13:16

Moisés cambió el nombre de Oseas por el de Josué

Esos nombres están muy relacionados. *Oseas* significa *salvación*. *Josué* significa *el Señor salva*. El nuevo nombre resaltaba el futuro rol de Josué como el líder de Dios para los israelitas.

Un sello de piedra de calcedonia con el nombre de Oseas inscrito en la parte inferior.
A. D. Riddle/www.BiblePlaces.com, tomada en el Museo Ashmolean.

⁹ Y se encendió la ira del SEÑOR contra ellos, y Él se fue. ¹⁰ Pero cuando la nube se retiró de sobre la tienda, vieron *que* Miriam *estaba* leprosa, *blanca* como la nieve. Y cuando Aarón se volvió hacia Miriam, vio que *estaba* leprosa. ¹¹ Entonces Aarón dijo a Moisés: «Señor mío, te ruego que no nos cargues *este* pecado, en el cual hemos obrado neciamente y con el cual hemos pecado. ¹² No permitas que ella sea como *quien nace* muerto, que cuando sale del vientre de su madre ya está medio consumida». ¹³ Y Moisés clamó al SEÑOR y dijo: «Oh Dios, sánala ahora, te ruego». ¹⁴ Pero el SEÑOR le respondió a Moisés: «Si su padre le hubiera escupido a ella en el rostro, ¿no llevaría su vergüenza por siete días? Que sea echada fuera del campamento por siete días, y después puede ser admitida de nuevo». ¹⁵ Miriam fue confinada fuera del campamento por siete días y el pueblo no se puso en marcha hasta que Miriam volvió.

¹⁶ Después el pueblo salió de Hazerot y acampó en el desierto de Parán.

LOS DOCE ESPÍAS

13 Entonces el SEÑOR habló a Moisés: ² «Tú mismo envía hombres a fin de que reconozcan la tierra de Canaán, que voy a dar a los israelitas. Enviarás un hombre de cada una de las tribus de sus padres, cada uno de ellos jefe entre ellos». ³ Y Moisés los envió desde el desierto de Parán, al mandato del SEÑOR; todos aquellos hombres eran jefes de los israelitas. ⁴ Y estos *eran* sus nombres: de la tribu de Rubén, Samúa, hijo de Zacur; ⁵ de la tribu de Simeón, Safat, hijo de Hori; ⁶ de la tribu de Judá, Caleb, hijo de Jefone; ⁷ de la tribu de Isacar, Igal, hijo de José; ⁸ de la tribu de Efraín, Oseas, hijo de Nun; ⁹ de la tribu de Benjamín, Palti, hijo de Rafú; ¹⁰ de la tribu de Zabulón, Gadiel, hijo de Sodi; ¹¹ de la tribu *de los hijos* de José y de la tribu de Manasés, Gadi, hijo de Susi; ¹² de la tribu de Dan, Amiel, hijo de Gemali; ¹³ de la tribu de Aser, Setur, hijo de Micael; ¹⁴ de la tribu de Neftalí, Nahbi, hijo de Vapsi; ¹⁵ de la tribu de Gad, Geuel, hijo de Maqui. ¹⁶ Así se llamaban los hombres a quienes Moisés envió a reconocer la tierra; pero a Oseas, hijo de Nun, Moisés lo llamó Josué.

¹⁷ Cuando Moisés los envió a reconocer la tierra de Canaán, les dijo: «Suban allá, al Neguev¹; después suban a la región montañosa. ¹⁸ Vean cómo es la tierra, y si la gente que habita en ella es fuerte *o* débil, si son pocos o muchos; ¹⁹ y cómo es la tierra en que viven, si es buena o mala; y cómo son las ciudades en que habitan, si son como campamentos *abiertos* o con fortificaciones; ²⁰ y cómo es el terreno, si fértil o estéril. ¿Hay allí árboles o no? Procuren obtener algo del fruto de la tierra». Aquel tiempo era el tiempo de las primeras uvas maduras.

²¹ Entonces ellos subieron y reconocieron la tierra desde el desierto de Zin hasta Rehob, en Lebo Hamat.

13:17 ¹ I.e. región del sur.

22 Y subieron por el Neguev, y llegaron hasta Hebrón, donde estaban Ahimán, Sesai y Talmai, los descendientes de Anac. Hebrón fue edificada siete años antes que Zoán en Egipto. **23** Y llegaron hasta el valle de Escol[1] y de allí cortaron un sarmiento con un solo racimo de uvas; y lo llevaban en un palo entre dos *hombres,* con algunas de las granadas y de los higos. **24** A aquel lugar se le llamó valle de Escol por razón del racimo que los israelitas cortaron allí.

25 Y volvieron de reconocer la tierra después de cuarenta días, **26** y fueron y se presentaron a Moisés, a Aarón, y a toda la congregación de los israelitas en el desierto de Parán, en Cades; y les dieron un informe a ellos y a toda la congregación, y les enseñaron el fruto de la tierra. **27** Y le contaron a Moisés, y le dijeron: «Fuimos a la tierra adonde nos enviaste; ciertamente mana leche y miel, y este es el fruto de ella. **28** Solo que es fuerte el pueblo que habita en la tierra, y las ciudades, fortificadas y muy grandes; y además vimos allí a los descendientes de Anac. **29** Amalec habita en la tierra del Neguev, y los hititas, los jebuseos y los amorreos habitan en la región montañosa, y los cananeos habitan junto al mar y a la ribera del Jordán».

30 Entonces Caleb calmó al pueblo delante de Moisés, y dijo: «Debemos ciertamente subir y tomar posesión de ella, porque sin duda la conquistaremos». **31** Pero los hombres que habían subido con él dijeron: «No podemos subir contra ese pueblo, porque es más fuerte que nosotros». **32** Y dieron un mal informe a los israelitas de la tierra que habían reconocido, diciendo: «La tierra por la que hemos ido para reconocerla es una tierra que devora a sus habitantes, y toda la gente que vimos en ella son hombres de *gran* estatura. **33** Vimos allí también a los gigantes (los hijos de Anac son parte de *la raza de* los gigantes); y a nosotros nos pareció que éramos como langostas; y así parecíamos ante sus ojos».

EL PUEBLO SE REBELA

14 Entonces toda la congregación levantó la voz y clamó, y el pueblo lloró aquella noche. **2** Todos los israelitas murmuraron contra Moisés y Aarón, y toda la congregación les dijo: «¡Ojalá hubiéramos muerto en la tierra de Egipto! ¡Ojalá hubiéramos muerto en este desierto! **3** ¿Por qué nos trae el SEÑOR a esta tierra para caer a espada? Nuestras mujeres y nuestros hijos van a caer cautivos. ¿No sería mejor que nos volviéramos a Egipto?». **4** Y se decían unos a otros: «Nombremos un jefe y volvamos a Egipto».

5 Entonces Moisés y Aarón cayeron sobre sus rostros en presencia de toda la asamblea de la congregación de los israelitas. **6** Y Josué, hijo de Nun, y Caleb, hijo de Jefone, *que eran* de los que habían reconocido la tierra, rasgaron sus vestidos; **7** y hablaron a toda la congregación de los israelitas y dijeron: «La tierra por la que pasamos para reconocerla es una tierra buena en gran manera. **8** Si el SEÑOR se agrada de nosotros, nos llevará a esa tierra y nos la dará; es una tierra que mana leche y miel. **9** Solo que ustedes no se rebelen

13:23 [1] I.e. del Racimo.

13:22, 28, 33
Los descendientes de Anac
Los descendientes de Anac eran gigantes. Los espías israelitas tuvieron temor de los anaceos y su gran fuerza.

14:1-4
El informe de los espías
El pueblo estaba asustado y enojado por el informe que trajeron los espías, así que fueron a quejarse con Moisés y Aarón por haber dejado Egipto. Parecía que se habían olvidado de todas las formas milagrosas en las que Dios los había cuidado desde que habían salido de Egipto.

14:6
Por qué Josué y Caleb rasgaron sus vestidos
Esta era una señal tradicional de lamentación. Estos dos varones tenían cosas buenas que decir sobre Canaán, de modo que se entristecieron y se molestaron porque los israelitas creyeron el informe negativo que habían dado los otros espías.

14:10
¡Los israelitas quisieron apedrear a sus líderes!

Moisés, Aarón, Josué y Caleb animaron a los israelitas a entrar en la región peligrosa de Canaán. El pueblo pensó que los líderes estaban poniendo en riesgo las vidas de todos. El apedreamiento era una clase de ejecución pública por una ofensa importante contra Dios o la comunidad.

14:13-19
Moisés razonó con Dios para que perdonara a los israelitas

Moisés quería proteger la reputación del Señor. Si los israelitas morían en el desierto, los egipcios pensarían que las plagas habían sido una coincidencia y no un acto de Dios. Moisés también le recordó al Señor su amor leal por su pueblo.

14:20-25
Dios realmente perdonó a su pueblo por sus pecados

Dios definitivamente los perdonó. Sin embargo, las consecuencias del pecado pueden ocurrir. Dios no los mató, pero no les permitió entrar a la tierra prometida.

contra el SEÑOR, ni tengan miedo de la gente de la tierra, pues serán presa nuestra. Su protección les ha sido quitada, y el SEÑOR está con nosotros; no les tengan miedo». 10 Pero toda la congregación dijo que los apedrearan. Entonces la gloria del SEÑOR apareció en la tienda de reunión a todos los israelitas.

11 Y el SEÑOR dijo a Moisés: «¿Hasta cuándo me desdeñará este pueblo? ¿Y hasta cuándo no creerán en Mí a pesar de todas las señales que he hecho en medio de ellos? 12 Los heriré con pestilencia y los desalojaré, y a ti te haré una nación más grande y poderosa que ellos».

13 Pero Moisés respondió al SEÑOR: «Entonces lo oirán los egipcios, pues Tú sacaste a este pueblo de en medio de ellos con Tu poder, 14 y se lo dirán a los habitantes de esta tierra. Estos han oído que Tú, oh SEÑOR, estás en medio de Tu pueblo, porque Tú, oh SEÑOR, eres visto cara a cara cuando Tu nube está sobre ellos; y Tú vas delante de ellos de día en una columna de nube, y de noche en una columna de fuego. 15 Pero si Tú destruyes a este pueblo como a un solo hombre, entonces las naciones que han oído de Tu fama, dirán: 16 "Porque el SEÑOR no pudo introducir a este pueblo a la tierra que les había prometido con juramento, por eso los mató en el desierto".

17 »Pero ahora, yo te ruego que sea engrandecido el poder del Señor, tal como Tú lo has declarado: 18 "El SEÑOR es lento para la ira y abundante en misericordia, y perdona la iniquidad y la transgresión; pero de ninguna manera tendrá por inocente *al culpable*; *sino que* castigará la iniquidad de los padres sobre los hijos hasta la tercera y la cuarta *generación*". 19 Perdona, te ruego, la iniquidad de este pueblo conforme a la grandeza de Tu misericordia, así como has perdonado a este pueblo desde Egipto hasta aquí».

20 Entonces el SEÑOR dijo: «*Los* he perdonado según tu palabra; 21 pero ciertamente, vivo Yo, que toda la tierra será llena de la gloria del SEÑOR. 22 Ciertamente todos los que han visto Mi gloria y las señales que hice en Egipto y en el desierto, y *que* me han puesto a prueba estas diez veces y no han oído Mi voz, 23 no verán la tierra que juré a sus padres, ni la verá ninguno de los que me desdeñaron. 24 Pero a Mi siervo Caleb, porque ha habido en él un espíritu distinto y me ha seguido plenamente, lo introduciré a la tierra donde entró, y su descendencia tomará posesión de ella. 25 Ahora bien, los amalecitas y los cananeos moran en los valles. Mañana, ustedes vuelvan y partan para el desierto, camino del mar Rojo».

26 Y el SEÑOR habló a Moisés y a Aarón y les dijo: 27 «¿Hasta cuándo *tendré que sobrellevar a* esta congregación malvada que murmura contra Mí? He oído las quejas de los israelitas, que murmuran contra Mí. 28 Diles: "Vivo Yo", declara el SEÑOR, "*que* tal como han hablado a mis oídos, así haré Yo con ustedes. 29 En este desierto caerán los cadáveres de ustedes, todos sus enumerados de todos los contados de veinte años arriba, que han murmurado contra Mí. 30 De cierto que ustedes no entrarán en la tierra en la cual juré establecerlos, excepto Caleb, hijo de Jefone, y Josué, hijo de Nun. 31 Sin embargo, sus pequeños, de quienes dijeron que serían presa

del enemigo, a ellos los introduciré, y conocerán la tierra que ustedes han despreciado. ³²Pero en cuanto a ustedes, sus cadáveres caerán en este desierto. ³³Y sus hijos serán pastores por cuarenta años en el desierto, y sufrirán *por* la infidelidad de ustedes, hasta que sus cadáveres queden en el desierto. ³⁴Según el número de los días que ustedes reconocieron la tierra, cuarenta días, por cada día llevarán su culpa un año, *hasta* cuarenta años, y conocerán Mi enemistad. ³⁵Yo, el SEÑOR, he hablado; ciertamente esto haré a toda esta perversa congregación que se han juntado contra Mí. En este desierto serán destruidos, y aquí morirán"».

³⁶En cuanto a los hombres a quienes Moisés envió a reconocer la tierra, y que volvieron e hicieron murmurar contra él a toda la congregación dando un mal informe acerca de la tierra, ³⁷aquellos hombres que dieron el mal informe acerca de la tierra, murieron debido a una plaga delante del SEÑOR. ³⁸Pero Josué, hijo de Nun, y Caleb, hijo de Jefone, sobrevivieron de entre aquellos hombres que fueron a reconocer la tierra.

³⁹Cuando Moisés habló estas palabras a todos los israelitas, el pueblo lloró mucho. ⁴⁰Y se levantaron muy de mañana y subieron a la cumbre del monte, y dijeron: «Aquí estamos; subamos al lugar que el SEÑOR ha dicho, porque hemos pecado». ⁴¹Pero Moisés dijo: «¿Por qué, entonces, quebrantan ustedes el mandamiento del SEÑOR, si esto no *les* saldrá bien? ⁴²No suban, no sea que sean derribados delante de sus enemigos, pues el SEÑOR no está entre ustedes. ⁴³Pues los amalecitas y los cananeos estarán allí frente a ustedes, y caerán a espada por cuanto se han negado a seguir al SEÑOR. Y el SEÑOR no estará con ustedes». ⁴⁴Pero ellos se obstinaron en subir a la cumbre del monte; *mas* ni el arca del pacto del SEÑOR ni Moisés se apartaron del campamento. ⁴⁵Entonces descendieron los amalecitas y los cananeos que habitaban en la región montañosa, y los hirieron y los derrotaron *persiguiéndolos* hasta Horma.

LEYES SOBRE VARIAS OFRENDAS

15 Y el SEÑOR dijo a Moisés: ²«Habla a los israelitas, y diles: "Cuando entren en la tierra que Yo les doy por morada, ³y presenten, de vacas o de ovejas, una ofrenda encendida al SEÑOR en holocausto o sacrificio para cumplir un voto especial, o como ofrenda voluntaria, o para ofrecer en sus fiestas señaladas aroma agradable al SEÑOR, ⁴entonces el que presente su ofrenda, traerá al SEÑOR una ofrenda de cereal de una décima *de un efa* (2.2 litros) de flor de harina mezclada con un cuarto de un hin (un litro) de aceite. ⁵Tú prepararás vino para la libación, un cuarto de un hin (un litro) con el holocausto o para el sacrificio, por cada cordero.

⁶"Por un carnero prepararás como ofrenda de cereal 4.4 litros de flor de harina mezclada con 1.2 litros de aceite; ⁷y para la libación ofrecerás 1.2 litros de vino, como aroma suave al SEÑOR. ⁸Cuando prepares un novillo, como holocausto o sacrificio para cumplir un voto especial, o para las ofrendas de paz al SEÑOR, ⁹entonces ofrecerás con el novillo una ofrenda de cereal de 6.6 litros de flor de

14:34-35
El significado de los cuarenta años en el desierto
Los israelitas tuvieron que pasar un año en el desierto por cada día que los espías pasaron en Canaán.

15:3
Por qué el aroma era agradable a Dios
Las ofrendas le mostraban a Dios que el pueblo estaba dispuesto a seguirlo y ellas producían el olor. La obediencia era en realidad lo que le agradaba a Dios.

harina mezclada con 2 litros de aceite; [10] y ofrecerás como libación 2 litros de vino como ofrenda encendida, como aroma agradable al SEÑOR.

[11] "Así se hará con cada buey, o con cada carnero, o con cada uno de los corderos o de las cabras. [12] Según el número que ustedes preparen, así harán con cada uno conforme a su número. [13] Todo nativo hará estas cosas en esta forma al presentar una ofrenda encendida, como aroma agradable al SEÑOR. [14] Y si un extranjero reside con ustedes, o uno que esté entre ustedes por sus generaciones, y *desea* presentar una ofrenda encendida como aroma agradable al SEÑOR, como lo hacen ustedes, así lo hará él. [15] *En cuanto a* la asamblea, un estatuto habrá para ustedes y para el extranjero que reside *con ustedes*, un estatuto perpetuo por sus generaciones; como ustedes son, así será el extranjero delante del SEÑOR. [16] Una sola ley habrá, una sola ordenanza, para ustedes y para el extranjero que reside con ustedes"».

[17] Después el SEÑOR dijo a Moisés: [18] «Habla a los israelitas, y diles: "Cuando entren en la tierra adonde los llevo, [19] será que cuando coman de la comida de la tierra, elevarán una ofrenda al SEÑOR. [20] De las primicias de su masa elevarán una torta como ofrenda; como la ofrenda de la era, así la elevarán. [21] De las primicias de su masa darán al SEÑOR una ofrenda por sus generaciones.

[22] "Pero cuando ustedes yerren y no observen todos estos mandamientos que el SEÑOR ha hablado a Moisés, [23] todo lo que el SEÑOR les ha mandado por medio de Moisés, desde el día en que el SEÑOR dio mandamiento, en el futuro, por todas sus generaciones, [24] entonces sucederá que si se hizo inadvertidamente, sin el conocimiento de la congregación, toda la congregación ofrecerá un novillo como holocausto, como aroma agradable al SEÑOR, con su ofrenda de cereal y su libación, según la ordenanza, y un macho cabrío como ofrenda por el pecado. [25] Entonces el sacerdote hará expiación por toda la congregación de los israelitas, y serán perdonados, pues fue un error. Cuando presenten su ofrenda, una ofrenda encendida al SEÑOR, y su ofrenda por el pecado delante del SEÑOR por su error, [26] será perdonada toda la congregación de los israelitas, y el extranjero que reside entre ellos, pues *sucedió* a todo el pueblo por error.

[27] "También, si una persona peca inadvertidamente, ofrecerá una cabra de un año como ofrenda por el pecado. [28] Y el sacerdote hará expiación delante del SEÑOR por la persona que ha cometido error, cuando peca inadvertidamente, haciendo expiación por él, y será perdonado. [29] Para el que es nativo entre los israelitas y para el extranjero que reside entre ellos, ustedes tendrán una sola ley para el que haga *algo* inadvertidamente. [30] Pero aquel que obre con desafío, ya sea nativo o extranjero, ese blasfema *contra* el SEÑOR, y esa persona será exterminada de entre su pueblo. [31] Porque ha despreciado la palabra del SEÑOR, y ha quebrantado Su mandamiento, esa persona será enteramente exterminada; su culpa *caerá* sobre ella"».

[32] Cuando los israelitas estaban en el desierto, encontraron a un hombre que recogía leña en el día de reposo. [33] Los

15:22-29
Sacrificios por los pecados involuntarios

El sacerdote era quien decidía si el pecado había sido intencional. Un pecado producto de la debilidad tenía un castigo diferente al de un pecado de rebeldía contra Dios. Incluso si ellos no cometieron el pecado a propósito, todavía había una culpa por hacer algo malo, de modo que tenían que hacer un sacrificio para ser perdonados.

15:32-36
Un hombre fue apedreado por recoger leña el día de reposo

En Éxodo 31:12-17 y 35:1-3, Dios estableció la pena de muerte por quebrantar el día de reposo, y estas reglas tenían que ser obedecidas. El apedreamiento mostraba que Dios hablaba en serio.

que lo encontraron recogiendo leña, lo llevaron a Moisés y a Aarón y a toda la congregación; **34** y lo pusieron bajo custodia, porque no se había aclarado qué debería hacerse con él. **35** Entonces el SEÑOR dijo a Moisés: «Ciertamente al hombre se le dará muerte; toda la congregación lo apedreará fuera del campamento». **36** Y toda la congregación lo sacó fuera del campamento y lo apedrearon, y murió, tal como el SEÑOR había ordenado a Moisés.

37 También el SEÑOR habló a Moisés y dijo: **38** «Habla a los israelitas y diles que se hagan flecos en los bordes de sus vestidos, por sus generaciones, y que pongan en el fleco de cada borde un cordón azul. **39** Y el fleco les servirá a ustedes para que cuando lo vean se acuerden de todos los mandamientos del SEÑOR, a fin de que los cumplan y no sigan ni a su corazón ni a sus ojos, tras los cuales se han prostituido, **40** para que se acuerden de cumplir todos Mis mandamientos y sean santos a su Dios. **41** Yo soy el SEÑOR su Dios que los saqué de la tierra de Egipto para ser el Dios de ustedes. Yo soy el SEÑOR su Dios».

LA REBELIÓN DE CORÉ

16 Y se rebeló Coré, hijo de Izhar, hijo de Coat, hijo de Leví, con Datán y Abiram, hijos de Eliab, y On, hijo de Pelet, hijos de Rubén, **2** y se alzaron contra Moisés, junto con algunos de los israelitas, 250 jefes de la congregación, escogidos en la asamblea, hombres de renombre. **3** Y se juntaron contra Moisés y Aarón, y les dijeron: «¡Basta ya de ustedes! Porque toda la congregación, todos ellos son santos, y el SEÑOR está en medio de ellos. ¿Por qué, entonces, ustedes se levantan por encima de la asamblea del SEÑOR?».

4 Cuando Moisés escuchó *esto*, cayó sobre su rostro; **5** y habló a Coré y a todo su grupo y dijo: «Mañana temprano el SEÑOR mostrará quién es de Él, y quién es santo, y *lo* acercará a Él; aquel a quien Él escoja, *lo* acercará a Él. **6** Hagan esto, Coré y todo el grupo suyo: tomen incensarios para ustedes, **7** y pongan fuego en ellos, y echen incienso sobre ellos mañana en la presencia del SEÑOR; y el hombre a quien el SEÑOR escoja *será* el que es santo. ¡Basta ya de ustedes, hijos de Leví!».

8 Entonces Moisés dijo a Coré: «Oigan ahora, hijos de Leví. **9** ¿No les es suficiente que el Dios de Israel los haya separado del *resto de* la congregación de Israel, para acercarlos a Él, a fin de cumplir el ministerio del tabernáculo del SEÑOR, y para estar ante la congregación para ministrarles, **10** y que se te ha acercado a ti, *Coré,* y a todos tus hermanos, hijos de Leví, contigo? ¿Y pretenden también el sacerdocio? **11** Por tanto, tú y toda tu compañía se han juntado contra el SEÑOR; pues en cuanto a Aarón, ¿quién es él para que murmuren contra él?».

12 Entonces Moisés mandó llamar a Datán y a Abiram, hijos de Eliab, pero ellos dijeron: «No iremos. **13** ¿No es suficiente que nos hayas sacado de una tierra que mana leche y miel para que muramos en el desierto, sino que también quieras enseñorearte sobre nosotros? **14** En verdad, tú no

15:38-40
Flecos
Todos los judíos usaban flecos en sus vestidos. Al mirarlos, recordarían su promesa de ser fieles a los mandamientos de Dios. El cordón azul probablemente representaba la realeza y que Dios reinaba sobre todo.

16:3
Coré y sus seguidores acusaron a Moisés y Aarón
Coré, Datán, Abiram y On afirmaban que como todo el pueblo de Dios era santo, Moisés y Aarón no eran los únicos calificados para dirigir a Israel. Ellos dijeron que Moisés y Aarón habían abusado de sus posiciones como líderes.

16:10
No todos los levitas eran sacerdotes
Todos los levitas servían a Dios, pero solo algunos de ellos eran sacerdotes. Todos tenían trabajos relacionados con lo sacerdotal y las cosas sagradas, pero solo los descendientes de Aarón podían ser sacerdotes.

16:17-21
Probar a los rebeldes
Para ver a quiénes aceptaría el Señor como sacerdotes en el tabernáculo santo, la prueba se haría con fuego. Los 250 hombres que estaban con Coré vinieron con sus incensarios para desafiar a Moisés y Aarón a la puerta de la tienda de reunión.

Loïc Evanno/CC BY 2.5

nos has traído a una tierra que mana leche y miel, ni nos has dado herencia de campos y viñas. ¿Les sacarías los ojos a estos hombres? ¡No iremos!».

15 Moisés se enojó mucho y dijo al SEÑOR: «¡No aceptes su ofrenda! No he tomado de ellos ni un solo asno, ni le he hecho daño a ninguno de ellos». 16 Y dijo Moisés a Coré: «Tú y toda tu compañía preséntense mañana delante del SEÑOR; tú, ellos y Aarón. 17 Cada uno de ustedes tome su incensario y ponga incienso en él, y cada uno de ustedes traiga su incensario delante del SEÑOR, 250 incensarios; tú también, y Aarón, cada uno *traiga* su incensario». 18 Y cada uno tomó su incensario y puso fuego en él, y echó incienso en él; y se pusieron a la puerta de la tienda de reunión con Moisés y Aarón. 19 Así reunió Coré a toda la congregación en contra de ellos a la puerta de la tienda de reunión, y la gloria del SEÑOR apareció a toda la congregación.

CASTIGO DE CORÉ, SUS COMPAÑEROS Y SUS FAMILIAS
20 Entonces el SEÑOR habló a Moisés y a Aarón: 21 «Apártense de entre esta congregación, para que Yo la destruya en un instante». 22 Pero ellos cayeron sobre sus rostros, y dijeron: «Oh Dios, Dios de los espíritus de toda carne, cuando un hombre peque, ¿te enojarás con toda la congregación?». 23 Entonces respondió el SEÑOR a Moisés: 24 «Habla a la congregación, y diles: "Aléjense de los alrededores de las tiendas de Coré, Datán y Abiram"».

25 Entonces se levantó Moisés y fue a Datán y a Abiram, y le seguían los ancianos de Israel, 26 y habló a la congregación: «Apártense ahora de las tiendas de estos malvados, y no toquen nada que les pertenezca, no sea que perezcan con todo su pecado».

27 Se retiraron, pues, de los alrededores de las tiendas de Coré, Datán y Abiram; y Datán y Abiram salieron *y* se pusieron a la puerta de sus tiendas, junto con sus mujeres, sus hijos y sus pequeños. 28 Y Moisés dijo: «En esto conocerán que el SEÑOR me ha enviado para hacer todas estas obras, y que no es iniciativa mía. 29 Si estos mueren como mueren todos los hombres o si sufren la suerte de todos los hombres, *entonces* el SEÑOR no me envió. 30 Pero si el SEÑOR hace algo enteramente nuevo y la tierra abre su boca y los traga con todo lo que les pertenece, y descienden vivos al Seol[1], entonces sabrán que estos hombres han despreciado al SEÑOR».

31 Y aconteció que cuando terminó de hablar todas estas palabras, la tierra debajo de ellos se partió, 32 y la tierra abrió su boca y se los tragó, a ellos y a sus casas y a todos los hombres de Coré con todos *sus* bienes. 33 Ellos y todo lo que les pertenecía descendieron vivos al Seol; y la tierra los cubrió y perecieron de en medio de la asamblea. 34 Todos los israelitas que *estaban* alrededor de ellos huyeron a sus

16:30
La señal del juicio del Señor sobre los rebeldes
Los hombres que se rebelaron morirían de una forma inusual, como siendo tragados por la tierra. Y eso fue exactamente lo que sucedió.

16:30 [1] I.e. región de los muertos.

gritos, pues decían: «¡No sea que la tierra nos trague!».
35 Salió también fuego del SEÑOR y consumió a los 250 hombres que ofrecían el incienso.

36 [1] Entonces el SEÑOR habló a Moisés y dijo: **37** «Dile a Eleazar, hijo del sacerdote Aarón, que levante los incensarios de en medio de la hoguera, pues son santos; y esparce allí las brasas. **38** En cuanto a los incensarios de estos que han pecado a costa de sus vidas, que se hagan de ellos láminas batidas para cubrir el altar, puesto que los presentaron ante el SEÑOR y son santos; y serán por señal a los israelitas». **39** El sacerdote Eleazar tomó los incensarios de bronce que habían presentado los que fueron quemados, y a golpe de martillo los hicieron una cubierta para el altar, **40** *como* recordatorio para los israelitas de que ningún laico[1], que no fuera descendiente de Aarón, debería acercarse a quemar incienso delante del SEÑOR, para que no le sucediera como a Coré y a su grupo, tal como el SEÑOR se lo había dicho por medio de Moisés.

PLAGA MORTAL POR CAUSA DE LAS QUEJAS DEL PUEBLO

41 Pero al día siguiente, toda la congregación de los israelitas murmuró contra Moisés y Aarón, diciendo: «Ustedes son los que han sido la causa de la muerte del pueblo del SEÑOR». **42** Sucedió, sin embargo, que cuando la congregación se había juntado contra Moisés y Aarón, se volvieron hacia la tienda de reunión y vieron que la nube la cubría, y la gloria del SEÑOR apareció. **43** Entonces Moisés y Aarón fueron al frente de la tienda de reunión, **44** y el SEÑOR habló a Moisés y dijo: **45** «Apártense de en medio de esta congregación, para que Yo la destruya en un instante». Entonces ellos cayeron sobre sus rostros. **46** Y Moisés le dijo a Aarón: «Toma tu incensario y pon en él fuego del altar, y echa incienso *en él;* tráelo entonces pronto a la congregación y haz expiación por ellos, porque la ira ha salido de parte del SEÑOR. ¡La plaga ha comenzado!». **47** Aarón tomó el incensario como Moisés le había dicho, y corrió hacia el medio de la asamblea, pues vio que la plaga ya había comenzado entre el pueblo. Y echó el incienso e hizo expiación por el pueblo. **48** Entonces se colocó entre los muertos y los vivos, y la plaga se detuvo. **49** Y los que murieron a causa de la plaga fueron 14,700 sin contar los que murieron por causa de Coré. **50** Después Aarón regresó a Moisés a la puerta de la tienda de reunión, pues la plaga había sido detenida.

LA VARA DE AARÓN FLORECE

17 [1] Entonces el SEÑOR dijo a Moisés: **2** «Habla a los israelitas y toma de ellos una vara por cada una de las casas paternas: doce varas de todos los jefes conforme a sus casas paternas. Y escribirás el nombre de cada uno en su vara, **3** y escribirás el nombre de Aarón en la vara de Leví; porque hay una vara

16:41
¡Los israelitas se quejaron de lo sucedido!
Al día siguiente, los israelitas estaban de nuevo murmurando contra Moisés y Aarón. Su actitud era tan mala que no pudieron admitir que era Dios el que había juzgado a Coré y los demás.

16:46
La razón de quemar incienso
El incienso era parte del proceso de expiación; era una señal del arrepentimiento del pecado y de tener un corazón recto delante de Dios.

16:36 [1] En el texto heb. cap. 17:1.   16:40 [1] Lit. *extraño.*   17:1 [1] En el texto heb. cap. 17:16.

para *cada* jefe de sus casas paternas. ⁴ Las pondrás en la tienda de reunión delante del testimonio donde me encuentro contigo. ⁵ Y acontecerá que la vara del hombre que Yo escoja, retoñará. Así disminuiré de sobre Mí las quejas de los israelitas que murmuran contra ustedes».

⁶ Moisés habló a los israelitas, y todos los jefes de ellos le dieron varas, una por cada jefe según sus casas paternas; doce varas, con la vara de Aarón entre sus varas. ⁷ Y Moisés colocó las varas en la tienda del testimonio delante del SEÑOR.

⁸ Al siguiente día, Moisés entró en la tienda del testimonio, y vio que la vara de Aarón de la casa de Leví había retoñado y echado botones, y había producido flores, y almendras maduras. ⁹ Moisés entonces sacó todas las varas de la presencia del SEÑOR y las llevó a los israelitas; y ellos las miraron y cada uno tomó su vara. ¹⁰ Pero el SEÑOR dijo a Moisés: «Vuelve a poner la vara de Aarón delante del testimonio para guardarla por señal a los rebeldes, para que hagas cesar sus murmuraciones contra Mí, y no mueran». ¹¹ Así lo hizo Moisés; como el SEÑOR le había ordenado, así lo hizo.

¹² Entonces los israelitas dijeron a Moisés: «Vamos a morir; estamos perdidos; todos nosotros estamos perdidos. ¹³ Cualquiera que se acerca al tabernáculo del SEÑOR, muere. ¿Hemos de perecer todos?».

OFICIO DE LOS SACERDOTES

18 Entonces el SEÑOR dijo a Aarón: «Tú y tus hijos, y tu casa paterna contigo, llevarán la culpa en relación con el santuario; y tú y tus hijos contigo llevarán la culpa en relación con su sacerdocio. ² Pero también a tus hermanos, la tribu de Leví, la tribu de tu padre, haz que se acerquen para que se junten contigo y te sirvan, mientras que tú y tus hijos contigo están delante de la tienda del testimonio. ³ Atenderán a lo que tú ordenes y a las obligaciones de toda la tienda, pero no se acercarán a los utensilios del santuario y del altar, para que no mueran, tanto ellos como ustedes. ⁴ Y ellos se juntarán contigo, y atenderán a las obligaciones de la tienda de reunión, para todo el servicio de la tienda; pero ningún extraño se acercará a ustedes. ⁵ Así atenderán a las obligaciones del santuario y a las obligaciones del altar, a fin de que la ira no venga más sobre los israelitas.

⁶ »Yo mismo he tomado a sus hermanos, los levitas, de entre los israelitas; son un regalo para ustedes, dedicados al SEÑOR, para servir en el ministerio de la tienda de reunión. ⁷ Pero tú y tus hijos contigo atenderán a su sacerdocio en todo lo concerniente al altar y a *lo que está* dentro del velo, y ministrarán. Les doy el sacerdocio como un regalo para servir, pero el extraño que se acerque morirá».

⁸ Entonces el SEÑOR habló a Aarón: «Yo te he dado el cuidado de Mis ofrendas, todas las cosas consagradas de los israelitas; te las he dado a ti como porción, y a tus hijos como provisión perpetua. ⁹ Esto será tuyo de las *ofrendas* santísimas *preservadas* del fuego: toda ofrenda de ellos, aun toda ofrenda de cereal y toda ofrenda por el pecado y toda ofrenda por la culpa, que ellos me han de presentar, será

17:12
Los israelitas ahora tenían miedo
Ellos finalmente comprendieron que era Dios el que había causado el desastre sobre los hijos de Coré, no Moisés ni Aarón, así que temieron por su vida.

18:3
Los sacerdotes tenían que guardar los muebles del santuario y el altar
Solo los sacerdotes tenían autorización para entrar en los lugares santos. Si un sacerdote le permitía a un levita u otra persona que no era sacerdote entrar en los lugares santos, ambos eran culpables de quebrar el mandamiento de Dios.

18:7
Ser sacerdote era un regalo
Los sacerdotes tenían una relación especial con Dios. Eran importantes porque podían salvar al pueblo de la ira de Dios.

santísima para ti y para tus hijos. **10** Como *ofrenda* santísima la comerás; todo varón la comerá. *Cosa* santa será para ti. **11** Esto también *será* para ti: la ofrenda de sus dádivas, todas las ofrendas mecidas de los israelitas; las he dado a ti, a tus hijos y a tus hijas contigo, como porción perpetua. Todo el que esté limpio en tu casa podrá comerla.

12 »Todo lo mejor del aceite nuevo y todo lo mejor del vino nuevo y del cereal, las primicias que presenten al SEÑOR, te las daré a ti. **13** Los primeros frutos maduros de todo lo que hay en su tierra, que traigan al SEÑOR, serán tuyos. Todo el que esté limpio en tu casa podrá comer de ello. **14** Toda cosa dedicada en Israel, será tuya. **15** Todo lo que abre la matriz de toda carne[1], ya sea hombre o animal, que presenten al SEÑOR, será tuyo; sin embargo, el primogénito de hombre ciertamente redimirás, y el primogénito de animales inmundos redimirás. **16** En cuanto a su redención, de un mes los redimirás, según tu valuación, por cinco siclos (57 gramos) en plata, según el siclo del santuario que es de veinte geras (11.4 gramos de plata).

17 »Pero no redimirás el primogénito de buey, ni el primogénito de oveja, ni el primogénito de cabra; son sagrados. Rociarás su sangre en el altar y quemarás su grasa *como* ofrenda encendida, como aroma agradable al SEÑOR. **18** Y su carne será para ti; así como el pecho de la ofrenda mecida y la pierna derecha son tuyas. **19** Todas las ofrendas de lo que es santo, que los israelitas ofrezcan al SEÑOR, las he dado a ti, a tus hijos y a tus hijas contigo, como porción perpetua; es un pacto permanente[1] delante del SEÑOR para ti y para tu descendencia contigo». **20** Entonces el SEÑOR dijo a Aarón: «No tendrás heredad en su tierra, ni tendrás posesión entre ellos. Yo soy tu porción y tu herencia entre los israelitas.

LOS DIEZMOS PARA LOS LEVITAS

21 »Ten en cuenta que Yo he dado a los hijos de Leví todos los diezmos en Israel por heredad, a cambio de su ministerio en el cual sirven, el ministerio de la tienda de reunión. **22** Y los israelitas no se acercarán más a la tienda de reunión, no sea que carguen con un pecado y mueran. **23** Solo los levitas servirán en el ministerio de la tienda de reunión, y ellos cargarán con la iniquidad del pueblo; será estatuto perpetuo por todas las generaciones de ustedes, y entre los israelitas no tendrán heredad. **24** Porque el diezmo de los israelitas, el cual ofrecen como ofrenda al SEÑOR, Yo lo he dado a los levitas por heredad; por tanto, en cuanto a ellos he dicho: "Entre los israelitas no tendrán heredad"».

25 Entonces el SEÑOR dijo a Moisés: **26** «También hablarás a los levitas y les dirás: "Cuando reciban de los israelitas los diezmos que de ellos les he dado a ustedes por su heredad, ofrecerán de ello una ofrenda al SEÑOR, el diezmo de los diezmos. **27** Y su ofrenda les será considerada como los cereales de la era o como el producto del lagar. **28** Así

18:12
La importancia del aceite, el vino y el cereal
Esas eran las comidas principales de los israelitas. El pueblo le entregaba al Señor sus mejores productos.

18:20, 23
Los levitas no poseían tierras
Los levitas estaban enfocados en servir a Dios. Poseer una tierra era una gran responsabilidad y los hubiera distraído de su servicio en el tabernáculo.

18:26-32
Los levitas también daban un diezmo
Aunque ellos recibían los diezmos y ofrendas del pueblo como su salario, los levitas también adoraban a Dios dándole al sumo sacerdote la décima parte de lo recibido. Se suponía que tenían que dar la mejor parte para honrar al Señor, así como hacían todos los demás.

18:15 [1] O de todo ser viviente.   18:19 [1] Lit. permanente de sal.

también ustedes presentarán al SEÑOR una ofrenda de sus diezmos que reciben de los israelitas; y de ellos darán la ofrenda del SEÑOR al sacerdote Aarón. 29 De todos los dones que reciban presentarán las ofrendas que le pertenecen al SEÑOR, de lo mejor de ellas, la parte consagrada de ellas". 30 Y les dirás: "Cuando hayan ofrecido de ello lo mejor, entonces *el resto* será contado a los levitas como el producto de la era o como el producto del lagar. 31 Lo comerán en cualquier lugar, ustedes y sus casas, porque es su pago a cambio de su ministerio en la tienda de reunión. 32 Y no llevarán pecado por ello, cuando hayan ofrecido lo mejor; así no profanarán las cosas consagradas de los israelitas, y no morirán"».

LA PURIFICACIÓN DE LOS INMUNDOS

19 Después el SEÑOR habló a Moisés y a Aarón: 2 «Este es el estatuto de la ley que el SEÑOR ha ordenado: "Dile a los israelitas que te traigan una novilla alazana sin defecto, que no tenga manchas *y* sobre la cual nunca se haya puesto yugo. 3 Y ustedes se la darán al sacerdote Eleazar, y él la sacará fuera del campamento, y será degollada en su presencia. 4 Entonces el sacerdote Eleazar tomará con su dedo de la sangre, y rociará un poco de sangre hacia el frente de la tienda de reunión, siete veces. 5 Luego la novilla será quemada en su presencia; *todo* se quemará, su cuero, su carne, su sangre y su estiércol. 6 El sacerdote tomará madera de cedro, e hisopo y escarlata, y los echará en medio del fuego en que arde la novilla.

7 "Luego el sacerdote lavará su ropa y bañará su cuerpo en agua, y después entrará en el campamento, pero el sacerdote quedará inmundo hasta el atardecer. 8 Asimismo, el que la haya quemado lavará su ropa con agua y bañará su cuerpo con agua, y quedará inmundo hasta el atardecer. 9 Entonces un hombre que esté limpio juntará las cenizas de la novilla y las depositará fuera del campamento en un lugar limpio, y la congregación de los israelitas las guardará para el agua para la impureza; es *agua* para purificar del pecado. 10 Y el que haya recogido las cenizas de la novilla lavará su ropa y quedará inmundo hasta el atardecer; y será un estatuto perpetuo para los israelitas y para el extranjero que reside entre ellos.

11 "El que toque el cadáver de una persona quedará inmundo por siete días. 12 Y aquel se purificará a sí mismo de *su* inmundicia con el agua al tercer día y al séptimo día, *y entonces* quedará limpio; pero si no se purifica a sí mismo al tercer día y al séptimo día, no quedará limpio. 13 Cualquiera que toque un cadáver, el cuerpo de un hombre que ha muerto, y no se purifique a sí mismo, contamina el tabernáculo[1] del SEÑOR; y esa persona será eliminada de Israel. Será inmundo porque el agua para la impureza no se roció sobre él; su impureza aún permanece sobre él.

19:13 [1] O *la morada.*

19:2-3
El significado de una novilla alazana

La ternera de piel rojiza se mataba y después se quemaba. Luego ellos usaban las cenizas para preparar «el agua de la purificación», la cual mostraba que la persona estaba limpiando su pecado. El color rojizo representaba la sangre, y la ternera simbolizaba la vida nueva.

© DragoNika/Shutterstock

19:12
Por qué los días tercero y séptimo eran especiales

Los números tres y siete representan lo pleno o completo.

14 "Esta es la ley para cuando un hombre muera en una tienda: Todo el que entre en la tienda y todo el que esté en la tienda, quedará inmundo por siete días. **15** Y toda vasija abierta que no tenga la cubierta atada sobre ella, será inmunda. **16** De igual manera, todo el que en campo abierto toque a uno que ha sido muerto a espada, o que ha muerto *de causas naturales,* o que toque hueso humano, o tumba, quedará inmundo durante siete días. **17** Entonces para la *persona* inmunda tomarán de las cenizas de lo que se quemó *para* purificación del pecado, y echarán sobre ella agua corriente en una vasija. **18** Y una persona limpia tomará hisopo y *lo* mojará en el agua, y *lo* rociará sobre la tienda y sobre todos los muebles, y sobre las personas que estuvieron allí y sobre aquel que tocó el hueso, o al muerto, o al que moría *por causas naturales,* o la tumba. **19** Entonces la *persona* limpia rociará sobre el inmundo al tercer y al séptimo día; al séptimo día lo purificará de la inmundicia, y él lavará su ropa y *se* bañará en agua, y quedará limpio al llegar la tarde.

20 "Pero el hombre que sea inmundo y que no se haya purificado a sí mismo de *su* inmundicia, esa persona será eliminada de en medio de la asamblea, porque ha contaminado el santuario del SEÑOR; el agua para la impureza no se ha rociado sobre él; es inmundo. **21** Por tanto será estatuto perpetuo para ellos. Y el que rocíe el agua para la impureza lavará su ropa, y el que toque el agua para impureza quedará inmundo hasta el atardecer. **22** Y todo lo que la *persona* inmunda toque quedará inmundo; y la persona que *lo* toque quedará inmunda hasta el atardecer"».

DIOS DA AL PUEBLO AGUA DE UNA ROCA

20 Toda la congregación de los israelitas llegaron al desierto de Zin en el mes primero; y el pueblo se quedó en Cades. Allí murió Miriam y allí la sepultaron.

2 Y no había agua para la congregación; y se juntaron contra Moisés y Aarón. **3** El pueblo discutió con Moisés y *le* dijo: «¡Ojalá hubiéramos perecido cuando nuestros hermanos murieron delante del SEÑOR! **4** ¿Por qué, pues, has traído al pueblo del SEÑOR a este desierto, para que nosotros y nuestros animales muramos aquí? **5** ¿Y por qué nos hiciste subir de Egipto, para traernos a este miserable lugar? No es lugar de siembras, ni de higueras, ni de viñas, ni de granados, ni *aun* hay agua para beber».

6 Entonces Moisés y Aarón fueron de delante de la asamblea a la puerta de la tienda de reunión, y se postraron sobre sus rostros; y se les apareció la gloria del SEÑOR. **7** Y el SEÑOR habló a Moisés: **8** «Toma la vara y reúne a la congregación, tú y tu hermano Aarón, y hablen a la peña a la vista de ellos, para que *la peña* dé su agua. Así sacarás para ellos agua de la peña, y beban la congregación y sus animales». **9** Tomó Moisés la vara de la presencia del SEÑOR, tal como Él se lo había ordenado; **10** y Moisés y Aarón reunieron al pueblo ante la peña. Y él les dijo: «Oigan, ahora, rebeldes. ¿Sacaremos agua de esta peña para ustedes?». **11** Entonces Moisés levantó su mano y golpeó la peña dos

20:3-4
¡El pueblo de Israel se vuelve a quejar!
Esto ocurrió cuarenta años después de la revuelta de Coré y sus seguidores. La mayoría de estas personas no había visto la respuesta de Dios a esa rebelión.

20:11
Moisés desobedece a Dios
El Señor le había dicho a Moisés que le hablara a la roca y ella daría agua. Sin embargo, Moisés estaba tan enojado con el pueblo que golpeó la roca dos veces con su vara. Él no creyó que hablarle sería suficiente para hacer brotar el agua.

20:14

Los israelitas consideraban a los edomitas como sus hermanos

Ellos tenían un antepasado en común: eran descendientes de Esaú, el hijo de Isaac. Los israelitas descendían del hermano melizo de Esaú, Jacob, que más tarde se llamó Israel. A través de Jacob, los israelitas heredaron las promesas que Dios le había hecho a Abraham, a pesar de que Esaú había sido el hermano que nació primero. (Ver Génesis 27:1-40). Todavía había un poco de tensión entre los israelitas y los edomitas, como si fueran hermanos.

20:20-21

Edom se negó a dejar pasar a los israelitas por su tierra

Los edomitas tenían miedo de que un país vecino atacara a Israel y comenzara una guerra mientras ellos estaban pasando por el territorio de Edom.

20:29

Los israelitas lamentan la muerte de Aarón

Después de que Aarón murió (la Biblia dice que fue «reunido a su pueblo»), los israelitas lo honraron llorando su muerte por treinta días. Eso significa que pasaban un poco de tiempo cada día recordando a su gran líder.

veces con su vara, y brotó agua en abundancia, y bebió el pueblo y sus animales.

12 Y el SEÑOR dijo a Moisés y a Aarón: «Porque ustedes no me creyeron a fin de tratarme como santo ante los ojos de los israelitas, por tanto no conducirán a este pueblo a la tierra que les he dado». **13** Aquellas *fueron* las aguas de Meriba[1] porque los israelitas discutieron con el SEÑOR, y Él manifestó *Su* santidad entre ellos.

EDOM REHÚSA EL PASO A ISRAEL

14 Moisés envió mensajeros desde Cades al rey de Edom, *diciéndole:* «Así ha dicho su hermano Israel: "Usted sabe todas las dificultades que nos han sobrevenido; **15** que nuestros padres descendieron a Egipto, y estuvimos por largo tiempo en Egipto, y los egipcios nos maltrataron a nosotros y a nuestros padres. **16** Pero cuando clamamos al SEÑOR, Él oyó nuestra voz y envió un ángel y nos sacó de Egipto. Ahora estamos en Cades, un pueblo de la frontera de tu territorio. **17** Permítanos, por favor, pasar por su tierra. No pasaremos por campo *labrado* ni por viñedo; ni siquiera beberemos agua de pozo. Iremos por el camino real, sin volver a la derecha ni a la izquierda hasta que crucemos su territorio"». **18** Pero, Edom le respondió: «Tú no pasarás por mi *tierra;* para que no salga yo con espada a tu encuentro».

19 Entonces los israelitas le contestaron: «Iremos por el camino *principal,* y si yo y mi ganado bebemos de su agua, entonces *le* pagaré su precio. Solamente déjeme pasar a pie, nada *más*». **20** Pero él dijo: «Tú no pasarás». Y Edom salió a su encuentro con mucha gente y con mano fuerte. **21** Rehusó, pues, Edom dejar pasar a Israel por su territorio, así que Israel tuvo que desviarse.

MUERTE DE AARÓN

22 Partiendo de Cades, toda la congregación de los israelitas llegó al monte Hor. **23** El SEÑOR habló a Moisés y a Aarón en el monte Hor, en la frontera de la tierra de Edom y les dijo: **24** «Aarón será reunido a su pueblo, pues no entrará a la tierra que Yo he dado a los israelitas, porque ustedes se rebelaron contra Mi orden en las aguas de Meriba. **25** Toma a Aarón y a su hijo Eleazar y tráelos al monte Hor; **26** y quítale a Aarón sus vestidos y pon-los sobre su hijo Eleazar. Entonces Aarón será reunido *a su pueblo,* y morirá allí». **27** Moisés hizo tal como el SEÑOR le ordenó, y subieron al monte Hor ante los ojos de toda la congregación. **28** Y después que Moisés le quitó a Aarón sus vestidos y se los puso a su hijo Eleazar, Aarón murió allí sobre la cumbre del monte, y Moisés y Eleazar descendieron del monte. **29** Cuando toda la congregación vio que Aarón había muerto, toda la casa de Israel lloró a Aarón por treinta días.

20:13 [1] I.e. Contienda.

CONQUISTA DE ARAD

21 Cuando el cananeo, el rey de Arad, que habitaba en el Neguev[1], oyó que Israel subía por el camino de Atarim[2], peleó contra Israel y le tomó algunos prisioneros. **2** Entonces Israel hizo un voto al SEÑOR y dijo: «Si en verdad entregas a este pueblo en mis manos, yo destruiré por completo sus ciudades». **3** Y oyó el SEÑOR la voz de Israel y *les* entregó a los cananeos; e *Israel* los destruyó por completo, a ellos y a sus ciudades. Por eso se llamó a aquel lugar Horma[1].

LA SERPIENTE DE BRONCE

4 Partieron del monte Hor, por el camino del mar Rojo, para rodear la tierra de Edom, y el pueblo se impacientó por causa del viaje. **5** Y el pueblo habló contra Dios y Moisés: «¿Por qué nos han sacado de Egipto para morir en el desierto? Pues no hay comida[1] ni agua, y detestamos este alimento tan miserable». **6** Y el SEÑOR envió serpientes abrasadoras entre el pueblo, y mordieron al pueblo, y mucha gente de Israel murió. **7** Entonces el pueblo vino a Moisés y dijo: «Hemos pecado, porque hemos hablado contra el SEÑOR y contra ti; intercede con el SEÑOR para que quite las serpientes de entre nosotros». Y Moisés intercedió por el pueblo. **8** El SEÑOR dijo a Moisés: «Hazte una *serpiente* abrasadora y ponla sobre un asta; y acontecerá que cuando todo el que sea mordido la mire, vivirá». **9** Y Moisés hizo una serpiente de bronce y la puso sobre el asta; y sucedía que cuando una serpiente mordía a alguien, y este miraba a la serpiente de bronce, vivía.

10 Después los israelitas salieron y acamparon en Obot. **11** Y salieron de Obot y acamparon en Ije Abarim, en el desierto que está frente a Moab, al oriente. **12** De allí salieron y acamparon en el valle de Zered. **13** De allí salieron y acamparon al otro lado del Arnón, que está en el desierto y que sale del territorio de los amorreos, pues el Arnón es la frontera de Moab, entre Moab y los amorreos. **14** Por tanto se dice en el Libro de las Guerras del SEÑOR:

> «Vaheb *que está* en Sufa
> Y los arroyos del Arnón,
> **15** Y la ladera de los arroyos
> Que llega hasta el sitio de Ar
> Y descansa en la frontera de Moab».

21:1 [1] I.e. región del sur.   [2] O *los espías.*   21:3 [1] I.e. Destrucción.   21:5 [1] Lit. *pan.*

21:2
Por qué las ciudades cananeas debían ser destruidas
Destruir las ciudades era una forma de eliminar todo rastro de adoración pagana. Esto ayudaba a que los israelitas no fueran tentados a alejarse de Dios.

21:5-6
Dios se enojó con el pueblo otra vez
Los israelitas se pusieron impacientes y empezaron a quejarse de nuevo. Esto mostraba falta de respeto y desobediencia hacia Dios.

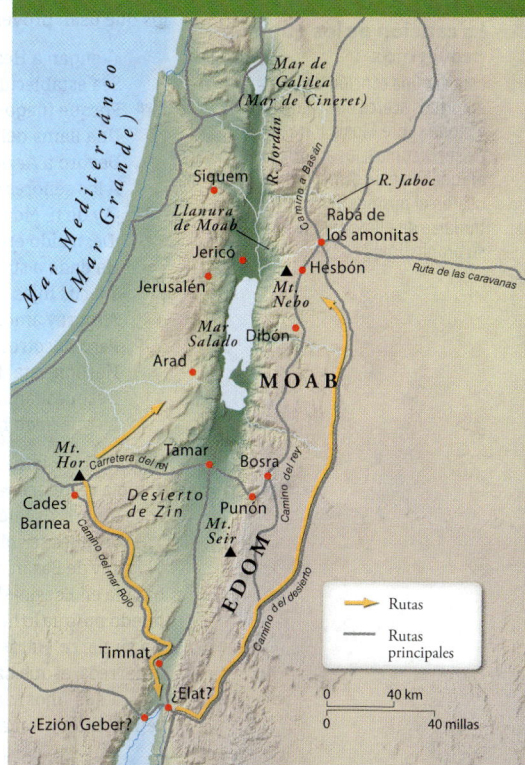

VAGANDO POR EL DESIERTO

21:14
El *Libro de las Guerras del Señor*

Este libro se menciona solo una vez. Probablemente era una colección de canciones de guerra en adoración a Dios.

21:17-18
El pueblo cantó después de que Dios les dio agua

Este «cántico del pozo» puede haber sido parte del *Libro de las Guerras del Señor*.

21:27-30
La canción de los que usan proverbios

Esta era una canción de los amorreos acerca de su anterior victoria sobre Moab. Para burlarse de sus víctimas, los amorreos entonaban este canto. Los israelitas usaron el mismo canto para burlarse de ellos, pero le añadieron su propio final.

---

16 Y de allí *continuaron* hasta Beer; este es el pozo donde el SEÑOR le dijo a Moisés: «Reúne al pueblo y les daré agua».

17 Entonces cantó Israel este cántico:

«¡Salta, oh pozo! A él canten.
18 El pozo que cavaron los jefes,
Que los nobles del pueblo hicieron
Con el cetro *y* con sus báculos».

Y desde el desierto *fueron* a Mataná. **19** Y de Mataná a Nahaliel, y de Nahaliel a Bamot, **20** y de Bamot al valle que está en la tierra de Moab, en la cumbre del Pisga, que da al desierto.

21 Entonces Israel envió mensajeros a Sehón, rey de los amorreos, diciéndole: **22** «Déjeme pasar por su tierra. No nos desviaremos, ni por campos ni por viñedos, ni beberemos agua de pozo. Iremos por el camino real hasta que hayamos cruzado sus fronteras». **23** Pero Sehón no permitió a Israel pasar por su territorio. Y reunió Sehón a todo su pueblo y salió al encuentro de Israel en el desierto, y llegó a Jahaza y peleó contra Israel. **24** Pero Israel lo hirió a filo de espada y tomó posesión de su tierra desde el Arnón hasta el Jaboc, hasta *la frontera con* los amonitas, porque Jazer era la frontera de los amonitas. **25** Israel tomó todas estas ciudades, y habitó Israel en todas las ciudades de los amorreos, en Hesbón y en todas sus aldeas. **26** Porque Hesbón era la ciudad de Sehón, rey de los amorreos, quien había peleado contra el rey anterior de Moab y le había quitado de su mano toda su tierra, hasta el Arnón. **27** Por eso dicen los que usan proverbios:

«Vengan a Hesbón. Sea edificada.
Sea establecida la ciudad de Sehón.
28 Porque fuego salió de Hesbón,
Una llama del pueblo de Sehón;
Devoró a Ar de Moab,
A los señores de las alturas del Arnón.
29 ¡Ay de ti, Moab!
¡Destruido eres, oh pueblo de Quemos!
Ha dado a sus hijos como fugitivos
Y a sus hijas a la cautividad,
A un rey amorreo, Sehón.
30 Pero nosotros los hemos arrojado;
Hesbón está destruido hasta Dibón;
Después también asolamos hasta Nofa,
La que *llega* hasta Medeba».

31 Así habitó Israel en la tierra de los amorreos. **32** Moisés envió a reconocer a Jazer, y tomaron sus villas y expulsaron a los amorreos que *vivían* allí.

33 Después se volvieron y subieron por el camino de Basán; y Og, rey de Basán, salió con todo su pueblo para presentarles batalla en Edrei. **34** Pero el SEÑOR dijo a Moisés: «No le tengas miedo porque lo he entregado en tu mano, y a todo su pueblo y a su tierra. Harás con él como hiciste con Sehón, rey de los amorreos, el que habitaba en Hesbón». **35** Así que lo mataron a él, a sus hijos y a todo su pueblo, hasta que no le quedó remanente; y tomaron posesión de su tierra.

BALAC Y BALAAM

22 Después salieron los israelitas y acamparon en las llanuras de Moab, al otro lado del Jordán, *frente a* Jericó.

2 Y Balac, hijo de Zipor, vio todo lo que Israel había hecho a los amorreos. **3** Entonces Moab tuvo mucho temor a causa del pueblo, porque eran muchos; y Moab tuvo miedo ante los israelitas. **4** Y Moab dijo a los ancianos de Madián: «Esta multitud lamerá todo lo que hay a nuestro derredor, como el buey lame la hierba del campo». En aquel tiempo Balac, hijo de Zipor, era rey de Moab. **5** Y envió mensajeros a Balaam, hijo de Beor, en Petor, que está cerca del Río¹, *en* la tierra de los hijos de su pueblo, para llamarlo y le dijo: «Mira, un pueblo salió de Egipto y cubren la superficie de la tierra y habitan frente a mí. **6** Ven ahora, te ruego, y maldíceme a este pueblo porque es demasiado poderoso para mí; quizá pueda derrotarlos y echarlos de la tierra. Porque yo sé que a quien tú bendices es bendecido, y a quien tú maldices es maldecido».

7 Los ancianos de Moab y los ancianos de Madián fueron con *el precio de* la adivinación en la mano; y llegaron a Balaam, y le repitieron las palabras de Balac. **8** Y él les dijo: «Pasen la noche aquí y yo les traeré palabra según lo que el SEÑOR me diga». Y los jefes de Moab se quedaron con Balaam. **9** Entonces Dios vino a Balaam y le preguntó: «¿Quiénes son estos hombres *que están* contigo?». **10** Y Balaam respondió a Dios: «Balac, hijo de Zipor, rey de Moab, me ha enviado un *mensaje:* **11** "Mira, el pueblo que salió de Egipto cubre la superficie de la tierra; ven ahora, maldícemelos; quizá yo pueda pelear contra ellos y expulsarlos"». **12** Y Dios dijo a Balaam: «No vayas con ellos; no maldecirás al pueblo, porque es bendito». **13** Balaam se levantó de mañana y dijo a los jefes de Balac: «Vuelvan a su tierra, porque el SEÑOR ha rehusado dejarme ir con ustedes». **14** Y los jefes de Moab se levantaron y volvieron a Balac, y le dijeron: «Balaam rehusó venir con nosotros».

15 Entonces Balac envió jefes otra vez, más numerosos y más distinguidos que los anteriores. **16** Y fueron a Balaam, y le dijeron: «Así dice Balac, hijo de Zipor: "Te ruego que no rehúses venir a mí; **17** porque en verdad te honraré en gran manera, y haré cualquier cosa que me digas. Ven, pues, te ruego, y maldíceme a este pueblo"». **18** Y Balaam respondió a los siervos de Balac: «Aunque Balac me diera su casa llena de plata o oro, yo no podría traspasar el mandamiento del SEÑOR mi Dios para hacer ni poco ni mucho. **19** Pero, les ruego que permanezcan aquí también esta noche, y sabré qué más me dice el SEÑOR». **20** Dios vino a Balaam de noche, y le dijo: «Si los hombres han venido a llamarte, levántate *y* ve con ellos; pero solo dirás la palabra que Yo te hable».

21 Y Balaam se levantó muy de mañana, aparejó su asna y se fue con los jefes de Moab. **22** Pero Dios se enojó porque él iba, y el ángel del SEÑOR se puso en el camino como un

22:5
Balaam
Balaam era un famoso profeta que se ganaba la vida engañando a las personas y haciéndoles creer que él podía predecir el futuro e interpretar los sueños. Era conocido por lanzar hechizos y actuar con maldad, así que Balac le pidió a Balaam que maldijera a Israel.

22:8
Este profeta pagano oró para escuchar a Dios
La expresión que se usa aquí y en el versículo 18 (el «SEÑOR mi Dios») ha llevado a algunas personas a creer que Balaam adoraba a Dios. Sin embargo, él probablemente solo quería ser visto como un portavoz de cualquier dios, o estaba tratando de robarle el poder de Dios a Israel para su propio uso.

22:20-22
Dios estaba enojado con Balaam por haber ido con los hombres de Moab
Dios le permitió a Balaam ir con los moabitas, pero solo si seguía sus instrucciones. Cuando fue con los hombres de Moab, Dios supo enseguida que Balaam planeaba desobedecerlo y maldecir a Israel.

22:21
Aparejar el asna
Aunque el versículo dice que «aparejó su asna», este animal en realidad no se ensilla para montarlo. Más bien, los asnos que servían para transportar cargas pesadas llevaban una especie de almohadón grueso en la espalda para su protección.

© Konstantin Karchevskiy/Shutterstock

adversario contra él. Y *Balaam* iba montado sobre su asna, y sus dos sirvientes con él. **23** Cuando el asna vio al ángel del SEÑOR de pie en el camino con la espada desenvainada en la mano, el asna se salió del camino y se fue por medio del campo; pero Balaam golpeó el asna para hacerla volver al camino. **24** Entonces el ángel del SEÑOR se puso en una senda estrecha de los viñedos, *con* una pared a un lado y otra pared al otro lado. **25** Al ver el asna al ángel del SEÑOR, se pegó contra la pared y presionó el pie de Balaam contra la pared; entonces él la golpeó otra vez. **26** El ángel del SEÑOR se fue más lejos, y se puso en un sitio estrecho donde no había manera de volverse ni a la derecha ni a la izquierda. **27** Y viendo el asna al ángel del SEÑOR, se echó debajo de Balaam; y Balaam se enojó y golpeó al asna con su palo. **28** Entonces el SEÑOR abrió la boca del asna, la cual dijo a Balaam: «¿Qué te he hecho yo que me has golpeado estas tres veces?». **29** Y Balaam respondió al asna: «Porque te has burlado de mí. Ojalá tuviera una espada en mi mano, que ahora *mismo* te mataría». **30** Y el asna dijo a Balaam: ¿No soy yo tu asna, y sobre mí has cabalgado toda tu vida hasta hoy? ¿He tenido la costumbre de portarme así contigo?». «No», respondió Balaam.

31 Entonces el SEÑOR abrió los ojos de Balaam, y él vio al ángel del SEÑOR de pie en el camino, con la espada desenvainada en su mano, e inclinándose, se postró rostro en tierra; **32** y el ángel del SEÑOR le dijo: «¿Por qué has golpeado a tu asna estas tres veces? Mira, yo he salido como adversario, porque tu camino me era contrario; **33** pero el asna me vio y se apartó de mí estas tres veces. Si no se hubiera apartado de mí, ciertamente yo te hubiera matado ahora mismo, y a ella la hubiera dejado vivir». **34** Y Balaam dijo al ángel del SEÑOR: «He pecado, pues no sabía que tú estabas en el camino para enfrentarte a mí. Pero ahora, si te desagrada, me volveré». **35** El ángel del SEÑOR respondió a Balaam: «Ve con los hombres, pero hablarás solo la palabra que yo te diga». Y Balaam se fue con los jefes de Balac.

36 Al oír Balac que Balaam se acercaba, salió a recibirlo en una ciudad de Moab, que está sobre la frontera del Arnón, al extremo de la frontera. **37** Entonces Balac dijo a Balaam: «¿No envié a llamarte con urgencia? ¿Por qué no viniste a mí? ¿Acaso no soy capaz de honrarte?». **38** Balaam respondió a Balac: «Mira, ahora he venido a ti. ¿Hay algo, acaso, que pueda decir? La palabra que Dios ponga en mi boca, esa diré». **39** Balaam fue con Balac, y llegaron a Quiriat Huzot. **40** Balac sacrificó bueyes y ovejas, y envió *algunos* a Balaam y a los jefes que estaban con él.

41 Y a la mañana siguiente, Balac tomó a Balaam y lo hizo subir a los lugares altos de Baal, y desde allí vio un extremo del pueblo.

PRIMERA PROFECÍA DE BALAAM

23 Entonces Balaam dijo a Balac: «Constrúyeme aquí siete altares y prepárame aquí siete novillos y siete carneros». **2** Y Balac hizo tal como Balaam le había dicho, y Balac y Balaam ofrecieron un novillo y un carnero en cada altar. **3** Luego Balaam dijo a Balac: «Ponte junto a tu holocausto,

---

22:28
Por qué Dios usó un asna
Dios quería que Balaam lo obedeciera y usó una humilde asna para humillarlo.

23:1
Por qué Balaam quiso edificar siete altares y usar siete novillos y siete carneros
Para el pueblo, el número siete era especial; este representaba lo pleno o completo.

y yo iré; quizá el SEÑOR venga a mi encuentro, y lo que me manifieste te lo haré saber». Y se fue a un cerro sin vegetación. ⁴ Dios salió al encuentro de Balaam, y este le dijo: «He preparado los siete altares y he ofrecido un novillo y un carnero sobre cada altar». ⁵ Y el SEÑOR puso palabra en la boca de Balaam, y *le* dijo: «Vuelve a Balac y así hablarás». ⁶ Él entonces volvió a Balac, y él estaba junto a su holocausto con todos los jefes de Moab. ⁷ Y comenzó su discurso¹, y dijo:

> «Desde Aram me ha traído Balac,
> Rey de Moab, desde los montes del oriente:
> "Ven, y maldíceme a Jacob;
> Ven, y condena a Israel".
>
> 8 ¿Cómo maldeciré a quien Dios no ha maldecido?
>   ¿Cómo condenaré a quien el SEÑOR no ha condenado?
> 9 Porque desde la cumbre de las peñas lo veo,
>   Y desde los montes lo observo.
>   Este *es* un pueblo *que* mora aparte,
>   Y *que* no será contado entre las naciones.
> 10 ¿Quién puede contar el polvo de Jacob,
>   O numerar la cuarta parte de Israel?
>   Muera yo la muerte de los rectos,
>   Y sea mi fin como el suyo».

SEGUNDA PROFECÍA

¹¹ Entonces Balac dijo a Balaam: «¿Qué me has hecho? Te he traído para maldecir a mis enemigos, pero mira, ¡los has llenado de bendiciones!». ¹² Y él le respondió: «¿No debo tener cuidado de hablar lo que el SEÑOR pone en mi boca?».

¹³ Entonces Balac le dijo: «Te ruego que vengas conmigo a otro sitio desde donde podrás verlos, aunque solo verás el extremo de ellos, y no los verás a todos; y desde allí maldícemelos». ¹⁴ Lo llevó al campo de Zofim, sobre la cumbre del Pisga, y edificó siete altares y ofreció un novillo y un carnero en *cada* altar. ¹⁵ Y Balaam le dijo a Balac: «Ponte aquí junto a tu holocausto, mientras voy allá a encontrarme *con el SEÑOR*». ¹⁶ El SEÑOR salió al encuentro de Balaam y puso palabra en su boca y *le* dijo: «Vuelve a Balac y así hablarás». ¹⁷ Y él volvió a Balac, quien estaba de pie junto a su holocausto, y los jefes de Moab con él. Y Balac le preguntó: «¿Qué ha dicho el SEÑOR?». ¹⁸ Y comenzó su discurso¹, y dijo:

> «Levántate, Balac, y escucha;
> Dame oídos, hijo de Zipor.
>
> 19 Dios no es hombre, para que mienta,
>   Ni hijo de hombre, para que se arrepienta.
>   ¿Lo ha dicho Él, y no lo hará?
>   ¿Ha hablado, y no lo cumplirá?
> 20 Mira, he recibido *orden* de bendecir;
>   Si Él ha bendecido, yo no lo puedo anular.
> 21 Él no ha observado iniquidad en Jacob,
>   Ni ha visto malicia en Israel;
>   En él está el SEÑOR su Dios,
>   Y el júbilo de un rey está en él.

23:19
El significado de «Dios no es hombre, para que mienta»

Este versículo muestra el carácter de Dios. Él es completamente veraz. Él no cambia de parecer. Dado que Dios había bendecido a Israel, ningún poder humano como el de Balaam podía quitar o cambiar esa bendición.

23:7 ¹ Lit. *parábola*.   23:18 ¹ Lit. *parábola*.

23:22
El significado del búfalo
Un búfalo (posiblemente llamado
«uro») era un animal de poder en el
antiguo Medio Oriente.

23:24
El significado de la leona
Israel estaba a punto de levantarse
y devorar a sus enemigos como una
leona en su cacería.

© Bildagentur Zoonar GmbH/Shutterstock

24:1
Balaam buscaba presagios
Dios había prohibido todo tipo de
adivinación, pero usó a Balaam
para su propio propósito –bendecir
a Israel– a pesar de las prácticas
paganas de Balaam. De algún
modo, Dios permitió que Balaam
viera el futuro y profetizara sobre
Israel y otras naciones.

24:6-7
Balaam describió la vida
de Israel en la tierra
prometida
Él describió la maravillosa vida que
Israel tendría; las ricas bendiciones
del Señor sobre esta tierra la harían
semejante al Edén.

²² Dios lo saca de Egipto;
  Es para él como los cuernos del búfalo.
²³ Porque no hay agüero contra Jacob,
  Ni hay adivinación contra Israel.
  A su tiempo se le dirá a Jacob
  Y a Israel: "¡Vean lo que ha hecho Dios!".
²⁴ Son un pueblo que se levanta como leona,
  Y se yergue como león;
  No se echará hasta que devore la presa
  Y beba la sangre de los que ha matado».

²⁵ Entonces Balac dijo a Balaam: «¡De ninguna
manera los maldigas ni los bendigas!». ²⁶ Pero
Balaam respondió a Balac: «¿No te dije que
todo lo que el SEÑOR hable, eso debo hacer?».
²⁷ Y Balac dijo a Balaam: «Ven, te ruego, te
llevaré a otro lugar; quizá le plazca a Dios que
me los maldigas desde allí». ²⁸ Entonces Balac
llevó a Balaam a la cumbre del monte Peor,
que da hacia el desierto. ²⁹ Y Balaam dijo a
Balac: «Constrúyeme aquí siete altares y prepárame aquí siete novillos y siete carneros».
³⁰ Balac hizo tal como Balaam le había dicho y
ofreció un novillo y un carnero en cada altar.

TERCERA PROFECÍA DE BALAAM

24 Cuando Balaam vio que agradaba al SEÑOR bendecir
a Israel, no fue como otras veces a buscar presagios,
sino que puso su rostro hacia el desierto. ² Y levantó Balaam
sus ojos y vio a Israel acampado por tribus; y vino sobre él el
Espíritu de Dios. ³ Y comenzando su discurso¹, dijo:

  «Oráculo de Balaam, hijo de Beor,
    Y oráculo del hombre de ojos abiertos;
⁴ Oráculo del que escucha las palabras de Dios,
    Del que ve la visión del Todopoderoso¹;
    Caído, pero con los ojos descubiertos.
⁵ ¡Cuán hermosas son tus tiendas, oh Jacob;
    Tus moradas, oh Israel!
⁶ Como valles que se extienden,
    Como jardines junto al río,
    Como áloes plantados por el SEÑOR,
    Como cedros junto a las aguas.
⁷ Agua correrá de sus baldes,
    Y su simiente estará junto a muchas aguas;
    Más grande que Agag será su rey,
    Y su reino será exaltado.
⁸ Dios lo saca de Egipto;
    Es para Israel como los cuernos del búfalo.
    Devorará a las naciones que son sus adversarios,
    Y desmenuzará sus huesos,
    Y los traspasará con sus flechas.
⁹ Se agazapa, se echa como león,
    O como leona ¿quién se atreverá a despertarlo?

24:3 ¹ Lit. parábola.   24:4 ¹ Heb. Shaddai.

Benditos los que te bendigan,
Y malditos los que te maldigan».

CUARTA PROFECÍA

10 Entonces se encendió la ira de Balac contra Balaam, y palmoteando, dijo Balac a Balaam: «Te llamé para maldecir a mis enemigos, pero los has llenado de bendiciones estas tres veces. **11** Ahora pues, huye a tu lugar. Yo dije que te colmaría de honores, pero mira, el SEÑOR te ha privado de honores». **12** Y Balaam dijo a Balac: «¿No les hablé yo también a los mensajeros que me enviaste y les dije: **13** "Aunque Balac me diera su casa llena de plata y oro, no podría yo traspasar el mandamiento del SEÑOR para hacer lo bueno o lo malo de mi propia iniciativa. Lo que hable el SEÑOR, eso hablaré"? **14** Ahora, mira, me voy a mi pueblo; *pero* ven, *y* te advertiré lo que este pueblo hará a tu pueblo en los días venideros». **15** Y comenzando su discurso*ʲ*, dijo:

«Oráculo de Balaam, hijo de Beor,
Y oráculo del hombre de ojos abiertos.
16 Oráculo del que escucha las palabras de Dios,
Y conoce la sabiduría del Altísimo*ʲ*;
Del que ve la visión del Todopoderoso,
Caído, pero con los ojos descubiertos.
17 Lo veo, pero no ahora;
Lo contemplo, pero no cerca;
Una estrella saldrá de Jacob,
Y un cetro se levantará de Israel
Que aplastará la frente de Moab
Y derrumbará a todos los hijos de Set.
18 Edom será una posesión,
También será una posesión Seir, su enemigo;
Mientras que Israel se conducirá con valor.
19 De Jacob *saldrá* el que tendrá dominio,
Y destruirá al remanente de la ciudad».

20 Al ver a Amalec, continuó su discurso*ʲ*, y dijo:

«Amalec fue la primera de las naciones,
Pero su fin *será* destrucción».

21 Después vio al quenita, y continuó su discurso*ʲ*, y dijo:

«Perdurable es tu morada,
Y en la peña está puesto tu nido.
22 No obstante, el quenita será consumido;
¿Hasta cuándo te tendrá cautivo Asiria?».

23 Y continuando su discurso*ʲ*, dijo:

«¡Ay! ¿Quién puede vivir, si Dios no lo ha ordenado?
24 Pero las naves *vendrán* de la costa de Quitim,
Y afligirán a Asiria y afligirán a Heber;
Pero él también perecerá para siempre».

25 Entonces se levantó Balaam y se marchó, y volvió a su lugar; también Balac se fue por su camino.

24:15 *ʲ* Lit. *parábola.*   24:16 *ʲ* Heb. *Elyon.*   24:20 *ʲ* Lit. *parábola.*
24:21 *ʲ* Lit. *parábola.*   24:23 *ʲ* Lit. *parábola.*

24:17
Esta profecía señala a dos gobernantes
La profecía se cumplió parcialmente en la vida de David, un rey que más adelante libró a Israel de sus enemigos. También describía al Mesías, que libertaría a su pueblo de los poderes del pecado y la muerte.

24:17
Los hijos de Set
Pueden haber sido los primeros habitantes de Moab. Documentos del antiguo Egipto se refieren a ellos como los «shutu-itas».

EL PUEBLO PECA EN SITIM

25 Mientras Israel habitaba en Sitim, el pueblo comenzó a prostituirse con las hijas de Moab. ² Y estas invitaron al pueblo a los sacrificios *que hacían* a sus dioses, y el pueblo comió y se postró ante sus dioses. ³ Así Israel se unió a Baal de Peor, y se encendió la ira del SEÑOR contra Israel. ⁴ Y el SEÑOR dijo a Moisés: «Toma a todos los jefes del pueblo y ejecútalos delante del SEÑOR a plena luz del día, para que se aparte de Israel la ardiente ira del SEÑOR». ⁵ Entonces Moisés dijo a los jueces de Israel: «Cada uno de ustedes mate a aquellos de los suyos que se han unido a Baal de Peor».

⁶ Entonces un hombre, uno de los israelitas, vino y presentó una madianita a sus parientes, a la vista de Moisés y a la vista de toda la congregación de los israelitas, que lloraban a la puerta de la tienda de reunión. ⁷ Cuando lo vio Finees, hijo

25:6
Un pecador desvergonzado
Zimri (ver el versículo 14) tenía poco respeto por Dios y sus leyes, y eso le costó la vida.

REBELDÍA Y GRACIA

En el libro de Números, Dios cubre a su pueblo con gracia una y otra vez después de que se rebelan.

Dios perdona al pueblo por quejarse después de que ellos claman cuando envió fuego al campamento.
11:1-3

Dios decide no destruir al pueblo con una plaga, pero los sentencia a vagar por el desierto después de que se niegan a entrar a Canaán.
14:1-23

Dios salva al resto de la asamblea luego de destruir a los rebeldes de Coré y hacer caer su ira sobre ellos.
16:19-24

Dios detiene una plaga después de que Aarón ofrece incienso.
16:42-50

Dios les da agua a pesar de que el pueblo muestra falta de fe al quejarse.
20:2-11

Dios perdona al pueblo y les provee una serpiente de bronce como remedio para el castigo a través de las serpientes venenosas.
21:4-9

Dios permite que el asna de Balaam lo proteja y no lo mata.
22:32-33

Dios detiene una plaga y su furor contra los israelitas se apacigua cuando Finees mata a un hombre israelita y una mujer madianita.
25:6-9

de Eleazar, hijo del sacerdote Aarón, se levantó de en medio de la congregación, y tomando una lanza en su mano, **8** fue tras el hombre de Israel, entró en la alcoba y los traspasó a los dos, al hombre de Israel y a la mujer por su vientre. Y así cesó la plaga sobre los israelitas. **9** Y los que murieron por la plaga fueron 24,000.

10 Entonces el SEÑOR dijo a Moisés: **11** «Finees, hijo de Eleazar, hijo del sacerdote Aarón, ha apartado Mi furor de los israelitas porque demostró su celo por Mí entre ellos, y en Mi celo no he destruido a los israelitas. **12** Por tanto, dile: "Ciertamente Yo le doy Mi pacto de paz; **13** y será para él y para su descendencia después de él, un pacto de sacerdocio perpetuo, porque tuvo celo por su Dios e hizo expiación por los israelitas"».

14 El nombre del hombre de Israel que fue muerto con la madianita era Zimri, hijo de Salu, jefe de una casa paterna de Simeón. **15** Y el nombre de la mujer madianita que fue muerta era Cozbi, hija de Zur, el cual era cabeza del pueblo de una casa paterna en Madián.

16 Entonces el SEÑOR habló a Moisés y le dijo: **17** «Hostiguen a los madianitas y hiéranlos; **18** pues ellos han sido hostiles a ustedes con sus engaños, con los que los engañaron en el asunto de Peor, y en el asunto de Cozbi, hija del jefe de Madián, hermana de ellos, que fue muerta el día de la plaga por causa de Peor».

CENSO DEL PUEBLO EN MOAB

26 **1** Y aconteció después de la plaga, **2** que el SEÑOR habló a Moisés y a Eleazar, hijo del sacerdote Aarón y les dijo: **2** «Levanten un censo de toda la congregación de los israelitas de veinte años arriba por sus casas paternas, todo el que en Israel pueda salir a la guerra». **3** Entonces Moisés y el sacerdote Eleazar hablaron con ellos en las llanuras de Moab, junto al Jordán, *frente a* Jericó y les dijeron: **4** *«Hagan un censo del pueblo* de veinte años arriba, como el SEÑOR ordenó a Moisés».

Y los israelitas que salieron de la tierra de Egipto *fueron:* **5** Rubén, primogénito de Israel. Los hijos de Rubén: *de* Enoc, la familia de los enoquitas; de Falú, la familia de los faluitas; **6** de Hezrón, la familia de los hezronitas; de Carmi, la familia de los carmitas. **7** Estas son las familias de los rubenitas, y los que fueron contados de ellas eran 43,730. **8** El hijo de Falú: Eliab. **9** Los hijos de Eliab: Nemuel, Datán y Abiram. Estos son el Datán y *el* Abiram que fueron escogidos por la congregación, *y* que se rebelaron contra Moisés y contra Aarón con el grupo de Coré, cuando se rebelaron contra el SEÑOR, **10** y la tierra abrió su boca y los tragó a ellos junto con Coré cuando aquel grupo murió, *y* cuando el fuego devoró a 250 hombres, y sirvieron de escarmiento. **11** Pero los hijos de Coré no murieron.

12 Los hijos de Simeón según sus familias: de Nemuel, la familia de los nemuelitas; de Jamín, la familia de los jaminitas; de Jaquín, la familia de los jaquinitas; **13** de Zera, la familia de los zeraítas; de Saúl, la familia de los saulitas. **14** Estas son las familias de los simeonitas: 22,200.

25:9
Por qué Dios castigó a tanta gente
Toda la comunidad era responsable del pecado por no haber intentado detener a los que adoraban a Baal. Así que la plaga mató a muchas personas de la comunidad.

26:2
Es tiempo de hacer otro censo
Israel estaba a punto de entrar a la tierra prometida, y la población había cambiado en los últimos cuarenta años. El censo ayudaba a los líderes a decidir cómo dividir el territorio entre las tribus. La otra razón para hacer un censo era que Dios ya les había dicho que pelearan contra los madianitas. Por lo tanto, necesitaban contar el número de hombres que podían servir como soldados.

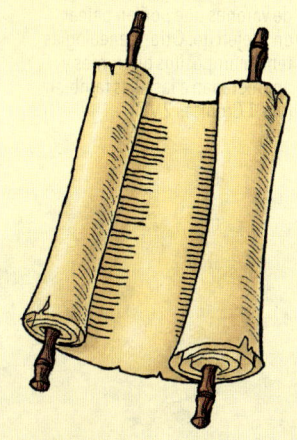

26:1 **1** En el texto heb. cap. 25:19.   **2** En el texto heb. cap. 26:1.

26:4-61
La importancia de esta lista de nombres
La lista fortalecía la fe del pueblo y los ayudaba a ver cómo estaban conectados con las generaciones anteriores del pueblo de Dios. Una de las cosas que recordarían era que Dios le había pedido a Abraham que pusiera su confianza en él y viajara a una tierra desconocida a miles de kilómetros de distancia. Unos quinientos años más tarde, esta lista les mostraba que Dios había cumplido sus promesas a Abraham y había convertido a sus descendientes en una gran nación.

26:33
No se nombraban muchas mujeres en esta genealogía
Esta lista, y muchas similares, no nombraban a las hijas, porque el propósito era registrar el número de varones que podían pelear en el ejército. Otras genealogías tenían propósitos diferentes y enumeraban a las hijas también. (Ver 1 Crónicas 2 y 7).

¹⁵ Los hijos de Gad según sus familias: de Zefón, la familia de los zefonitas; de Hagui, la familia de los haguitas; de Suni, la familia de los sunitas; ¹⁶ de Ozni, la familia de los oznitas; de Eri, la familia de los eritas; ¹⁷ de Arod, la familia de los aroditas; de Areli, la familia de los arelitas. ¹⁸ Estas son las familias de los hijos de Gad según los que fueron contados en ellas: 40,500.

¹⁹ Los hijos de Judá: Er y Onán; pero Er y Onán murieron en la tierra de Canaán. ²⁰ Los hijos de Judá según sus familias fueron: de Sela, la familia de los selaítas; de Fares, la familia de los faresitas; de Zera, la familia de los zeraítas. ²¹ Los hijos de Fares fueron: de Hezrón, la familia de los hezronitas; de Hamul, la familia de los hamulitas. ²² Estas son las familias de Judá según los que fueron contados en ellas: 76,500.

²³ Los hijos de Isacar según sus familias: de Tola, la familia de los tolaítas; de Fúa, la familia de los funitas; ²⁴ de Jasub, la familia de los jasubitas; de Simrón, la familia de los simronitas. ²⁵ Estas son las familias de Isacar según los que fueron contados en ellas: 64,300.

²⁶ Los hijos de Zabulón según sus familias: de Sered, la familia de los sereditas; de Elón, la familia de los elonitas; de Jahleel, la familia de los jahleelitas. ²⁷ Estas son las familias de los zabulonitas según los que fueron contados en ellas: 60,500.

²⁸ Los hijos de José según sus familias: Manasés y Efraín. ²⁹ Los hijos de Manasés: de Maquir, la familia de los maquiritas; y Maquir fue el padre de Galaad; de Galaad, la familia de los galaaditas. ³⁰ Estos son los hijos de Galaad: de Jezer, la familia de los jezeritas; de Helec, la familia de los helequitas; ³¹ y de Asriel, la familia de los asrielitas; de Siquem, la familia de los siquemitas; ³² y de Semida, la familia de los semidaítas; de Hefer, la familia de los heferitas. ³³ Pero Zelofehad, hijo de Hefer, no tuvo hijos, sino solo hijas; y los nombres de las hijas de Zelofehad fueron Maala, Noa, Hogla, Milca y Tirsa. ³⁴ Estas son las familias de Manasés, y los que fueron contados de ellas: 52,700.

³⁵ Estos son los hijos de Efraín según sus familias: de Sutela, la familia de los sutelaítas; de Bequer, la familia de los bequeritas; de Tahán, la familia de los tahanitas. ³⁶ Y estos son los hijos de Sutela: de Erán, la familia de los eranitas. ³⁷ Estas son las familias de los hijos de Efraín según los que fueron contados de ellas: 32,500. Estos son los hijos de José según sus familias.

³⁸ Los hijos de Benjamín según sus familias: de Bela, la familia de los belaítas; de Asbel, la familia de los asbelitas; de Ahiram, la familia de los ahiramitas; ³⁹ de Sufam, la familia de los sufamitas; de Hufam, la familia de los hufamitas. ⁴⁰ Los hijos de Bela fueron Ard y Naamán: de Ard, la familia de los arditas; de Naamán, la familia de los naamitas. ⁴¹ Estos son los hijos de Benjamín según sus familias, y de ellos los que fueron contados: 45,600.

⁴² Estos son los hijos de Dan según sus familias: de Súham, la familia de los suhamitas. Estas son las familias de Dan según sus familias. ⁴³ Todas las familias de los suhamitas, según los que fueron contados en ellas: 64,400.

44 Los hijos de Aser según sus familias: de Imna, la familia de los imnitas; de Isúi, la familia de los isuitas; de Bería, la familia de los beriaítas. **45** De los hijos de Bería: de Heber, la familia de los heberitas; de Malquiel, la familia de los malquielitas. **46** El nombre de la hija de Aser *era* Sera. **47** Estas son las familias de los hijos de Aser según los que fueron contados en ellas: 53,400.

48 Los hijos de Neftalí según sus familias: de Jahzeel, la familia de los jahzeelitas; de Guni, la familia de los gunitas; **49** de Jezer, la familia de los jezeritas; de Silem, la familia de los silemitas. **50** Estas son las familias de Neftalí según sus familias, y los que fueron contados en ellas: 45,400.

51 Estos son los que fueron contados de los israelitas: 601,730.

DIVISIÓN DE LA TIERRA PROMETIDA

52 Entonces el SEÑOR le dijo a Moisés: **53** «La tierra se dividirá entre estos por heredad según el número de nombres. **54** Al *grupo* más grande aumentarás su heredad, y al *grupo* más pequeño disminuirás su heredad; a cada uno se le dará su heredad según los que fueron contados de ellos. **55** Pero la tierra se dividirá por suerte. Recibirán su heredad según los nombres de las tribus de sus padres. **56** Según la selección por suerte se dividirá la heredad entre el *grupo* más grande y el más pequeño».

57 Y estos son los que fueron contados de los levitas según sus familias: de Gersón, la familia de los gersonitas; de Coat, la familia de los coatitas; de Merari, la familia de los meraritas. **58** Estas son las familias de Leví: la familia de los libnitas, la familia de los hebronitas, la familia de los mahlitas, la familia de los musitas, la familia de los coreítas. Y Coat fue el padre de Amram. **59** El nombre de la mujer de Amram *era* Jocabed, hija de Leví, que *le* nació a Leví en Egipto; y ella dio a luz de Amram, a Aarón, a Moisés y a su hermana Miriam. **60** A Aarón le nacieron Nadab, Abiú, Eleazar e Itamar. **61** Pero Nadab y Abiú murieron cuando ofrecieron fuego extraño delante del SEÑOR. **62** Los contados de los levitas fueron 23,000, todo varón de un mes en adelante. Porque no fueron contados entre los israelitas, ya que ninguna heredad les fue dada entre los israelitas.

63 Estos son los que fueron contados por Moisés y el sacerdote Eleazar, los cuales contaron a los israelitas en los llanos de Moab, junto al Jordán, *frente a* Jericó. **64** Pero entre estos no había ninguno de los que fueron contados por Moisés y el sacerdote Aarón, cuando contaron a los israelitas en el desierto de Sinaí. **65** Porque el SEÑOR había dicho de ellos: «Ciertamente morirán en el desierto». Y no quedó ninguno de ellos, sino Caleb, hijo de Jefone, y Josué, hijo de Nun.

LAS HIJAS DE ZELOFEHAD

27 Entonces las hijas de Zelofehad, hijo de Hefer, hijo de Galaad, hijo de Maquir, hijo de Manasés, de las familias de Manasés, hijo de José, se acercaron; y estos eran los nombres de sus hijas: Maala, Noa, Hogla, Milca y Tirsa. **2** Y se

26:46
La hija de Aser fue incluida en el censo
No está claro por qué su hija fue seleccionada. Sera debe haber sido la única nieta de Jacob.

26:51
Los nuevos números comparados con los anteriores
Cuando los israelitas comenzaron la travesía en el desierto eran 603,550 hombres. Incluso con todas las desgracias que atravesaron en el desierto, la población siguió siendo casi la misma, con un total de 601,730 hombres. Esto mostraba que Dios estaba cumpliendo su promesa de hacer de los descendientes de Abraham una gran nación.

26:62
Los levitas menores de veinte años eran contados
Este censo no solo contaba a los hombres que eran bastante adultos como para ir a la guerra, sino también contaba a los hombres que podían ser elegidos como sacerdotes. Los levitas podían servir en el tabernáculo desde una edad más temprana de la que debía tener un soldado para servir en el ejército.

27:1-11
Las hijas de Zelofehad
La ley decía que solo los hijos tenían el derecho de heredar, y que el hijo primogénito debía recibir una doble porción de las propiedades de la familia. Las hijas de Zelofehad, un hombre que no tenía hijos varones, estaban preocupadas por su herencia y por preservar el nombre familiar de su padre. Ellas se acercaron a Moisés con su petición, mostrando que tenían coraje y convicción.

presentaron delante de Moisés, delante del sacerdote Eleazar, delante de los jefes y *de* toda la congregación, a la entrada de la tienda de reunión y dijeron: ³«Nuestro padre murió en el desierto, aunque no estuvo entre el grupo de los que se juntaron contra el SEÑOR, en el grupo de Coré, sino que murió por su pecado, y no tuvo hijos. ⁴¿Por qué ha de desaparecer el nombre de nuestro padre de entre su familia *solo* porque no tuvo hijo? Dennos herencia entre los hermanos de nuestro padre». ⁵Y Moisés presentó su caso ante el SEÑOR.

⁶Entonces el SEÑOR habló a Moisés y le dijo: ⁷«Las hijas de Zelofehad tienen razón en lo que dicen. Ciertamente les darás herencia entre los hermanos de su padre, y pasarás a ellas la herencia de su padre. ⁸Además, dirás a los israelitas: "Si un hombre muere y no tiene hijo, ustedes pasarán su herencia a su hija. ⁹Si no tiene hija, entonces darán su herencia a sus hermanos. ¹⁰Si no tiene hermanos, entonces darán su herencia a los hermanos de su padre. ¹¹Y si su padre no tiene hermanos, entonces darán su herencia al pariente más cercano en su familia, y él la poseerá. Y será norma de derecho para los israelitas, tal como el SEÑOR ordenó a Moisés"».

JOSUÉ UNGIDO SUCESOR DE MOISÉS

¹²Entonces el SEÑOR dijo a Moisés: «Sube a este monte Abarim, y mira la tierra que Yo he dado a los israelitas. ¹³Y cuando la hayas visto, tú también te reunirás a tu pueblo, como se reunió tu hermano Aarón. ¹⁴Porque cuando ustedes se rebelaron contra Mi mandamiento en el desierto de Zin durante la contienda de la congregación, debieron santificarme en las aguas ante sus ojos». (Esas son las aguas de Meriba, de Cades, en el desierto de Zin).

¹⁵Entonces Moisés respondió al SEÑOR: ¹⁶«Ponga el SEÑOR, Dios de los espíritus de toda carne, un hombre sobre la congregación, ¹⁷que salga y entre delante de ellos, y que los haga salir y entrar a fin de que la congregación del SEÑOR no sea como ovejas que no tienen pastor». ¹⁸Y el SEÑOR dijo a Moisés: «Toma a Josué, hijo de Nun, hombre en quien está el Espíritu, y pon tu mano sobre él; ¹⁹y haz que se ponga delante del sacerdote Eleazar, y delante de toda la congregación, e impártele autoridad a la vista de ellos. ²⁰Pondrás sobre él parte de tu dignidad a fin de que *le* obedezca toda la congregación de los israelitas. ²¹Él se presentará delante del sacerdote Eleazar, quien consultará por él por medio del juicio del Urim delante del SEÑOR. A su palabra saldrán y a su palabra entrarán, él y todos los israelitas con él, *es decir,* toda la congregación». ²²Moisés hizo tal como el SEÑOR le ordenó; tomó a Josué y lo puso delante del sacerdote Eleazar y delante de toda la congregación. ²³Luego puso sus manos sobre él y le impartió autoridad, tal como el SEÑOR había hablado por medio de Moisés.

LEYES DE LAS OFRENDAS

28 Después el SEÑOR dijo a Moisés: ²«Ordena a los israelitas, y diles: "Tendrán cuidado de presentar Mi ofrenda, Mi alimento para Mis ofrendas encendidas, aroma

---

27:5-7
Cómo tomaba las decisiones Moisés
Aunque Dios le había dado leyes básicas, ellas no abarcaban cada situación que podía ocurrir. Cuando el pueblo necesitaba resolver algún problema nuevo o poco común, Moisés de manera habitual le pedía ayuda a Dios.

27:12-16
Moisés nunca entró a la tierra prometida
Moisés había pecado al golpear la peña con su vara en Meriba (Números 20:1-13). Por causa de este pecado contra el Señor, no le fue permitido entrar a la tierra prometida.

agradable para Mí, a su tiempo señalado". **3** Y les dirás: "Esta es la ofrenda encendida que ofrecerán al SEÑOR: dos corderos de un año, sin defecto, cada día *como* holocausto continuo. **4** Ofrecerás un cordero por la mañana, y ofrecerás el otro cordero al atardecer; **5** y como ofrenda de cereal, 2.2 litros de flor de harina mezclada con un litro de aceite batido. **6** Es un holocausto continuo instituido en el monte Sinaí como aroma agradable, ofrenda encendida al SEÑOR. **7** Y su libación *será* de la cuarta parte de un hin (un litro) por cada cordero; en el lugar santo derramarás una libación de bebida fermentada al SEÑOR. **8** El segundo cordero lo ofrecerás al atardecer; como la ofrenda de cereal de la mañana y como su libación *lo* ofrecerás, ofrenda encendida, aroma agradable al SEÑOR.

9 "El día de reposo ofrecerás dos corderos de un año, sin defecto, y 4.4 litros de flor de harina mezclada con aceite, como ofrenda de cereal y su libación. **10** El holocausto de cada día de reposo será además del holocausto continuo y *de* su libación.

11 "También, al principio de cada mes, ustedes presentarán un holocausto al SEÑOR: dos novillos y un carnero, y siete corderos de un año, sin defecto, **12** como ofrenda de cereal, 6.6 litros de flor de harina mezclada con aceite, por cada novillo; y dos décimas de flor de harina como ofrenda de cereal, mezclada con aceite, por el carnero; **13** como ofrenda de cereal, 2.2 litros de flor de harina mezclada con aceite, por cada cordero, como holocausto de aroma agradable, ofrenda encendida al SEÑOR. **14** Sus libaciones serán medio hin (2 litros) de vino por novillo, la tercera parte de un hin (1.2 litros) por el carnero y la cuarta parte de un hin (un litro) por cordero. Este es el holocausto de cada mes por los meses del año. **15** Y un macho cabrío como ofrenda por el pecado al SEÑOR, se ofrecerá con su libación además del holocausto continuo.

16 "El mes primero, el día catorce del mes, será la Pascua del SEÑOR. **17** Y el día quince de este mes *habrá* fiesta; por siete días se comerá pan sin levadura. **18** El primer día *habrá* santa convocación; no harán trabajo servil. **19** Presentarán una ofrenda encendida, holocausto al SEÑOR: dos novillos, un carnero y siete corderos de un año; serán sin defecto. **20** Y como su ofrenda de cereal, prepararán flor de harina mezclada con aceite: 6.6 litros por novillo y 4.4 litros por el carnero; **21** prepararán 2.2 litros por cada uno de los siete corderos; **22** y un macho cabrío como ofrenda por el pecado, para hacer expiación por ustedes. **23** Estos *los* prepararán además del holocausto de la mañana, el cual es como holocausto continuo. **24** De esta manera prepararán cada día, por siete días, el alimento de la ofrenda encendida, como aroma agradable al SEÑOR; se preparará con su libación además del holocausto continuo. **25** Y al séptimo día tendrán santa convocación; no harán trabajo servil.

26 "También, el día de los primeros frutos, cuando ustedes presenten una ofrenda de cereal nuevo al SEÑOR en la *fiesta de las* semanas, tendrán santa convocación; no harán trabajo servil. **27** Ofrecerán un holocausto como aroma agradable al

28:11
Cómo los israelitas sabían cuándo empezaba un nuevo mes
Los hebreos basaban su calendario en las fases de la luna.

28:14
Un hin
Un hin era una medida líquida de aproximadamente 4 litros.

A. D. Riddle/www.BiblePlaces.com, tomada en el Museo del Instituto Oriental, Chicago

28:31

Los animales ofrecidos en sacrificio debían ser perfectos

Un animal limpio y perfecto simbolizaba la pureza que Dios, que es santo, exige.

29:1

Santa convocación

Esos eran los tiempos en que toda la comunidad adoraba y celebraba junta.

29:7

El significado de humillarse

Como una forma de mostrar que estaban arrepentidos de sus pecados y deseaban ser perdonados, el pueblo no comía nada en el día de la expiación.

29:12-39

La Fiesta de los Tabernáculos

Durante esta fiesta, los israelitas construían chozas o enramadas temporales para recordar los refugios en los que habían vivido cuando Dios los sacó de Egipto. (Ver Levítico 23:33-34).

SEÑOR: dos novillos, un carnero, siete corderos de un año; **28** y su ofrenda de cereal, flor de harina mezclada con aceite: 6.6 litros por cada novillo, 4.4 litros por el carnero, **29** y 2.2 litros por cada uno de los siete corderos, **30** y un macho cabrío para hacer expiación por ustedes. **31** *Esto* harán además del holocausto continuo con su ofrenda de cereal y sus libaciones. *Los animales* serán sin defecto.

OFRENDAS DEL SÉPTIMO MES

29 "En el mes séptimo, el primer *día* del mes, tendrán también santa convocación; no harán trabajo servil. Será para ustedes día de tocar las trompetas. **2** Ofrecerán un holocausto como aroma agradable al SEÑOR: un novillo, un carnero *y* siete corderos de un año, sin defecto; **3** y su ofrenda de cereal, flor de harina mezclada con aceite: tres décimas *de un efa* por el novillo, dos décimas por el carnero, **4** una décima por cada uno de los siete corderos; **5** y un macho cabrío como ofrenda por el pecado, para hacer expiación por ustedes; **6** esto, además del holocausto de la luna nueva y de su ofrenda de cereal, y del holocausto continuo y de su ofrenda de cereal y de sus libaciones, según su ordenanza, como aroma agradable, ofrenda encendida al SEÑOR.

7 "El décimo *día* de este mes séptimo tendrán santa convocación y se humillarán; no harán ningún trabajo. **8** Y ofrecerán al SEÑOR un holocausto *como* aroma agradable: un novillo, un carnero, siete corderos de un año, sin defecto; **9** y su ofrenda de cereal, flor de harina mezclada con aceite: 6.6 litros por el novillo, 4.4 litros por el carnero, **10** por cada uno de los siete corderos, 2.2 litros; **11** y un macho cabrío como ofrenda por el pecado, además de la ofrenda de expiación por el pecado y del holocausto continuo, de su ofrenda de cereal y de sus libaciones.

12 "Después, el día quince del séptimo mes, ustedes tendrán santa convocación; no harán trabajo servil, y por siete días celebrarán una fiesta al SEÑOR. **13** Ofrecerán un holocausto, una ofrenda encendida como aroma agradable al SEÑOR: trece novillos, dos carneros, catorce corderos de un año, que sean sin defecto; **14** y su ofrenda de cereal, flor de harina mezclada con aceite: 6.6 litros por cada uno de los trece novillos, 4.4 litros por cada uno de los dos carneros, **15** y 2.2 litros por cada uno de los catorce corderos; **16** y un macho cabrío como ofrenda por el pecado, además del holocausto continuo, de su ofrenda de cereal y de su libación.

17 "El segundo día: doce novillos, dos carneros, catorce corderos de un año, sin defecto; **18** y su ofrenda de cereal, y sus libaciones por los novillos, por los carneros y por los corderos, por su número según la ordenanza; **19** un macho cabrío como ofrenda por el pecado, además del holocausto continuo, de su ofrenda de cereal y de sus libaciones.

20 "El tercer día: once novillos, dos carneros, catorce corderos de un año, sin defecto; **21** y su ofrenda de cereal, y sus libaciones por los novillos, por los carneros y por los corderos, por su número según la ordenanza; **22** y un macho cabrío como ofrenda por el pecado, además del holocausto continuo, de su ofrenda de cereal y de su libación.

23 "El cuarto día: diez novillos, dos carneros, catorce corderos de un año, sin defecto; **24** y su ofrenda de cereal, y sus libaciones por los novillos, por los carneros y por los corderos, por su número según la ordenanza; **25** y un macho cabrío como ofrenda por el pecado, además del holocausto continuo, de su ofrenda de cereal y de su libación.

26 "El quinto día: nueve novillos, dos carneros, catorce corderos de un año, sin defecto; **27** y su ofrenda de cereal, y sus libaciones por los novillos, por los carneros y por los corderos, por su número según la ordenanza; **28** y un macho cabrío como ofrenda por el pecado, además del holocausto continuo, de su ofrenda de cereal y de su libación.

29 "El sexto día: ocho novillos, dos carneros, catorce corderos de un año, sin defecto; **30** y su ofrenda de cereal, y sus libaciones por los novillos, por los carneros y por los corderos, por su número según la ordenanza; **31** y un macho cabrío como ofrenda por el pecado, además del holocausto continuo, de su ofrenda de cereal y de sus libaciones.

32 "El séptimo día: siete novillos, dos carneros, catorce corderos de un año, sin defecto; **33** y su ofrenda de cereal, y sus libaciones por los novillos, por los carneros y por sus corderos, por su número según la ordenanza; **34** y un macho cabrío como ofrenda por el pecado, además del holocausto continuo, de su ofrenda de cereal y de su libación.

35 "El octavo día ustedes tendrán asamblea solemne; no harán trabajo servil. **36** Pero ofrecerán un holocausto, una ofrenda encendida como aroma agradable al SEÑOR: un novillo, un carnero, siete corderos de un año, sin defecto; **37** y su ofrenda de cereal, y sus libaciones por el novillo, por el carnero y por los corderos, por su número según la ordenanza; **38** y un macho cabrío como ofrenda por el pecado, además del holocausto continuo, de su ofrenda de cereal y de su libación.

39 "Esto prepararán para el SEÑOR en sus fechas señaladas, además de sus ofrendas votivas[1] y de sus ofrendas de buena voluntad, para sus holocaustos, para sus ofrendas de cereal, para sus libaciones y para sus ofrendas de paz"». **40** [1] Y Moisés habló a los israelitas conforme a todo lo que el SEÑOR había ordenado a Moisés.

LA LEY DE LOS VOTOS

30 Entonces Moisés habló a los jefes de las tribus de los israelitas: «Esto es lo que el SEÑOR ha ordenado. **2** Si un hombre hace un voto al SEÑOR, o hace un juramento para imponerse una obligación, no faltará a su palabra; hará conforme a todo lo que salga de su boca. **3** Asimismo, si una mujer hace un voto al SEÑOR, y se impone una obligación en su juventud estando en casa de su padre, **4** y su padre escucha su voto y la obligación que se ha impuesto, y su padre no le dice nada, entonces todos los votos de ella

29:39 [1] Lit. *de sus votos.*   29:40 [1] En el texto heb. cap. 30:1.

30:2-15
Por qué hacían tantos votos
Un voto era un acuerdo o promesa. Debido a que los escritores y los materiales utilizados para la escritura eran escasos, varias personas presenciaban los votos y eso ayudaba a la gente a mantener su palabra.

30:2
Las diferencias entre un voto y un juramento
Un voto era una promesa de hacer algo para Dios, mientras que un juramento era una promesa de no hacer algo o de dejar de hacerlo. Los votos y juramentos eran formas en que las personas le mostraban su devoción a Dios.

serán firmes, y toda obligación que se ha impuesto será firme. **5** Pero si su padre se lo prohíbe el día en que se entera *de ello,* ninguno de sus votos ni las obligaciones que se ha impuesto serán firmes. El SEÑOR la perdonará porque su padre *se* lo prohibió.

6 »Si ella se casa mientras está bajo sus votos o *bajo* la declaración imprudente de sus labios con que se ha atado, **7** y su marido se entera de ello y no le dice nada el día en que *lo* oye, entonces su voto permanecerá firme, y las obligaciones que se ha impuesto, serán firmes. **8** Pero si el día en que su marido se entera *de ello, se lo* prohíbe, entonces él anulará el voto bajo el cual ella está, y la declaración imprudente de sus labios con que se ha comprometido, y el SEÑOR la perdonará.

9 »Pero el voto de una viuda o de una divorciada, todo aquello por lo cual se ha comprometido, será firme contra ella. **10** Sin embargo, si hizo el voto en casa de su marido, o se impuso una obligación por juramento, **11** y su marido *lo* oyó, pero no le dijo nada *y* no se lo prohibió, entonces sus votos serán firmes, y toda obligación que se impuso será firme. **12** Pero si el marido en verdad los anula el día en que se entera *de ello,* entonces todo lo que salga de los labios de ella en relación con sus votos, o en relación con la obligación de sí misma, no será firme; su marido los ha anulado, y el SEÑOR la perdonará.

13 »Todo voto y todo juramento de obligación para humillarse a sí misma, su marido puede confirmarlo o su marido puede anularlo. **14** Pero si en verdad el marido nunca le dice nada a ella, entonces confirma todos sus votos o todas sus obligaciones que están sobre ella; las ha confirmado porque no le dijo nada el día en que se enteró *de ello.* **15** Pero si en verdad él los anula después de haberlos oído, entonces él llevará la culpa de ella».

16 Estos son los estatutos que el SEÑOR mandó a Moisés, entre un marido y su mujer, *y* entre un padre y su hija que durante su juventud *está aún* en casa de su padre.

VENGANZA SOBRE MADIÁN

31 Entonces el SEÑOR dijo a Moisés: **2** «Toma completa venganza sobre los madianitas por los israelitas; después serás reunido a tu pueblo». **3** Y Moisés habló al pueblo y le dijo: «Armen a algunos hombres de entre ustedes para la guerra, a fin de que suban contra Madián para ejecutar la venganza del SEÑOR en Madián. **4** Enviarán a la guerra 1,000 de cada tribu, de todas las tribus de Israel».

5 Entonces se prepararon de entre los miles de Israel 1,000 de cada tribu, 12,000 *hombres* armados para la guerra. **6** Y Moisés los envió a la guerra, 1,000 de cada tribu, y a Finees, hijo del sacerdote Eleazar, a la guerra con ellos, con los vasos sagrados y las trompetas en su mano para la alarma.

7 Los israelitas hicieron guerra contra Madián, tal como el SEÑOR había ordenado a Moisés, y mataron a todos los varones. **8** Junto con sus muertos, mataron a los reyes de Madián: Evi, Requem, Zur, Hur y Reba, los cinco reyes de Madián. También mataron a espada a Balaam, hijo de Beor.

31:4
Mil hombres de cada tribu para la batalla
No sería justo o siquiera inteligente enviar a todos los hombres de una sola tribu. Al enviar mil de cada una, se repartía por igual la carga de la guerra y las muertes en combate entre todas las tribus.

⁹ Y los israelitas tomaron cautivas a las mujeres de Madián y a sus pequeños; y saquearon todo su ganado, todos sus rebaños y todos sus bienes. ¹⁰ Después prendieron fuego a todas las ciudades donde habitaban y a todos sus campamentos. ¹¹ Y tomaron todo el despojo y todo el botín, tanto de hombres como de animales. ¹² Los cautivos, el botín y los despojos los trajeron a Moisés, al sacerdote Eleazar y a la congregación de los israelitas, al campamento en las llanuras de Moab que están junto al Jordán, *frente a* Jericó.

¹³ Moisés y el sacerdote Eleazar, y todos los jefes de la congregación salieron a recibirlos fuera del campamento. ¹⁴ Moisés se enojó con los oficiales del ejército, los capitanes de miles y los capitanes de cientos, que volvían del servicio en la guerra, ¹⁵ y Moisés les dijo: «¿Han dejado con vida a todas las mujeres? ¹⁶ Estas fueron la causa de que los israelitas, por el consejo de Balaam, fueran infieles al SEÑOR en el asunto de Peor, por lo que hubo plaga entre la congregación del SEÑOR. ¹⁷ Ahora pues, maten a todo varón entre los niños, y maten a toda mujer que haya conocido varón acostándose con él. ¹⁸ Pero a todas las jóvenes que no hayan conocido varón acostándose con él, las dejarán con vida para ustedes. ¹⁹ Y ustedes, acampen fuera del campamento *por* siete días; todo el que haya matado a una persona y todo el que haya tocado a un muerto, purifíquense, ustedes y sus cautivos, al tercero y al séptimo día. ²⁰ Y purificarán todo vestido, todo artículo de cuero y toda obra de *pelo de* cabra y todo objeto de madera».

²¹ Entonces el sacerdote Eleazar dijo a los hombres de guerra que habían ido a la batalla: «Este es el estatuto de la ley que el SEÑOR ha ordenado a Moisés: ²² solo el oro, la plata, el bronce, el hierro, el estaño y el plomo, ²³ todo lo que resiste el fuego, pasarán por el fuego y será limpio, pero será purificado con el agua para la impureza. Pero todo lo que no resiste el fuego lo pasarán por agua. ²⁴ Y en el séptimo día lavarán su ropa y serán limpios; después podrán entrar al campamento».

²⁵ Entonces el SEÑOR dijo a Moisés: ²⁶ «Cuenta el botín que fue tomado tanto de hombres como de animales; tú con el sacerdote Eleazar, y los jefes de *las casas* paternas de la congregación, ²⁷ y divide en mitades el botín entre los guerreros que salieron a la batalla y toda la congregación. ²⁸ Y toma un tributo para el SEÑOR de los hombres de guerra que salieron a la batalla, uno por cada 500 tanto de las personas como de los bueyes, de los asnos y de las ovejas; ²⁹ tómalo de la mitad de ellos, y dáselo al sacerdote Eleazar, como ofrenda al SEÑOR. ³⁰ De la mitad de los israelitas tomarás uno de cada cincuenta, tanto de las personas como de los bueyes, de los asnos y de las ovejas, de cualquier animal, y los darás a los levitas que guardan el tabernáculo del SEÑOR».

³¹ Moisés y el sacerdote Eleazar hicieron tal como el SEÑOR había ordenado a Moisés.

³² Y el botín que quedó del despojo que los hombres de guerra habían tomado fue de 675,000 ovejas, ³³ 72,000 *cabezas de* ganado, ³⁴ y 61,000 asnos; ³⁵ y de los seres humanos, de las mujeres que no habían conocido varón

31:9
A veces los israelitas se podían quedar con el botín

Dios les dijo que tomaran la riqueza de los madianitas. Sin embargo, cuando pelearon contra el rey de Arad (Números 21:1-3), ellos habían hecho un voto de destruirlo todo si ganaban la batalla.

31:19
Cómo fue que los soldados que obedecían los mandamientos de Dios terminaron impuros

Cualquiera que tocara un cuerpo muerto era ceremonialmente impuro. En batalla, los soldados habrían tenido contacto con personas muertas. Incluso aunque Dios había ordenado la matanza, los soldados necesitaban purificarse.

acostándose *con él, fueron* en total 32,000. **36** Y la mitad, la porción para los que salieron a la guerra, fue de 337,500 ovejas el número; **37** el tributo al SEÑOR fue de 675 ovejas; **38** y *las cabezas* de ganado, 36,000 de las cuales el tributo al SEÑOR fue de 72; **39** y los asnos, 30,500 de los cuales el tributo al SEÑOR fue de 61. **40** Y los seres humanos, 16,000 de los cuales el tributo al SEÑOR fue de 32 personas. **41** Moisés dio el tributo, *que era* la ofrenda del SEÑOR, al sacerdote Eleazar, tal como el SEÑOR había ordenado a Moisés.

42 En cuanto a la mitad *para* los israelitas, que Moisés había apartado de los hombres que habían ido a la guerra, **43** la mitad *del botín* de la congregación fue de 337,500 ovejas, **44** 36,000 *cabezas* de ganado, **45** 30,500 asnos, **46** y 16,000 seres humanos. **47** De la mitad *del botín* de los israelitas, Moisés tomó uno de cada 50, tanto de hombres como de animales, y se los dio a los levitas, los cuales estaban encargados del tabernáculo del SEÑOR, tal como el SEÑOR había ordenado a Moisés.

48 Entonces los oficiales que estaban sobre los miles del ejército, los capitanes de miles y los capitanes de cientos, se acercaron a Moisés; **49** y dijeron a Moisés: «Tus siervos han levantado un censo de los hombres de guerra que están a nuestro cargo, y no falta ninguno de nosotros. **50** Por tanto, hemos traído al SEÑOR, como ofrenda, lo que cada hombre ha hallado: objetos de oro, pulseras, brazaletes, anillos, pendientes y collares, para hacer expiación por nosotros ante el SEÑOR».

51 Moisés y el sacerdote Eleazar recibieron de ellos el oro y toda clase de objetos labrados. **52** Y el total del oro de la ofrenda que ellos ofrecieron al SEÑOR, de los capitanes de miles y de los capitanes de cientos, fue de 16,750 siclos (191 kilos). **53** Los hombres de guerra habían tomado botín, cada hombre *tomó algo* para sí mismo. **54** Moisés y el sacerdote Eleazar recibieron el oro de los capitanes de miles y de cientos, y lo llevaron a la tienda de reunión como memorial para los israelitas delante del SEÑOR.

RUBÉN Y GAD SE ESTABLECEN EN GALAAD

32 Los hijos de Rubén y los hijos de Gad tenían una cantidad muy grande de ganado. Por eso, cuando vieron la tierra de Jazer y la tierra de Galaad, que en verdad era un lugar bueno para ganado, **2** los hijos de Gad y los hijos de Rubén fueron y hablaron a Moisés, al sacerdote Eleazar y a los jefes de la congregación y les dijeron: **3** «Atarot, Dibón, Jazer, Nimra, Hesbón, Eleale, Sebam, Nebo y Beón, **4** la tierra que el SEÑOR conquistó delante de la congregación de Israel es tierra para ganado; y tus siervos tienen ganado. **5** Si hemos hallado gracia ante tus ojos, que se dé esta tierra a tus siervos como posesión; no nos hagas pasar el Jordán», le dijeron.

6 Pero Moisés dijo a los gaditas y a los rubenitas: «¿Irán sus hermanos a la guerra, mientras ustedes se quedan aquí? **7** ¿Por qué desalientan a los israelitas a fin de que no pasen a la tierra que el SEÑOR les ha dado? **8** Esto es lo que los padres de ustedes hicieron cuando los envié de Cades Barnea a ver la tierra. **9** Pues cuando subieron hasta el valle de Escol, y vieron la tierra, desalentaron a los israelitas para que no entraran a la tierra que el SEÑOR les había dado. **10** La ira

31:49
¡Los doce mil soldados israelitas sobrevivieron a la guerra!
Dios estaba con el ejército israelita y los protegía.

32:1-5
Los hijos de Rubén y los hijos de Gad pidieron quedarse en Jazer y Galaad
En esta zona había una gran porción de tierras fértiles, y ellos tenían un ganado muy numeroso que podía pastar en esta tierra.

32:6-14
Al principio, Moisés les negó su petición
Moisés tenía temor de que si estas dos tribus acampaban lejos del resto de la comunidad, los otros israelitas se contentarían con terrenos que no estaban dentro de la tierra prometida. Sin embargo, después de que los líderes de esas tribus prometieran que ayudarían a conquistar Canaán, Moisés les permitió vivir al este del río Jordán.

del SEÑOR se encendió aquel día y juró y dijo: **11** "Ninguno de estos hombres que salieron de Egipto, de veinte años arriba, verá la tierra que juré a Abraham, a Isaac y a Jacob, porque no me siguieron fielmente, **12** sino Caleb, hijo de Jefone el cenezeo, y Josué, hijo de Nun, pues ellos *sí* han seguido fielmente al SEÑOR".

13 »La ira del SEÑOR se encendió contra Israel, y los hizo vagar en el desierto por cuarenta años, hasta que fue acabada toda la generación de los que habían hecho mal ante los ojos del SEÑOR. **14** Ahora ustedes se han levantado en lugar de sus padres, prole de hombres pecadores, para añadir aún más a la ardiente ira del SEÑOR contra Israel. **15** Pues si dejan de seguirle, otra vez Él los abandonará en el desierto, y ustedes destruirán a todo este pueblo».

16 Entonces ellos se acercaron a él, y le dijeron: «Edificaremos aquí establos para nuestro ganado y ciudades para nuestros pequeños; **17** pero nosotros nos armaremos *para ir* delante de los israelitas hasta que los introduzcamos en su lugar, mientras que nuestros pequeños se quedarán en las ciudades fortificadas por causa de los habitantes de la tierra. **18** No volveremos a nuestros hogares hasta que cada uno de los israelitas haya ocupado su heredad. **19** Porque no tendremos heredad con ellos al otro lado del Jordán y más allá, pues nuestra heredad nos ha tocado de este lado del Jordán, al oriente».

20 Y Moisés les dijo: «Si hacen esto, si se arman delante del SEÑOR para la guerra, **21** y todos sus guerreros cruzan el Jordán delante del SEÑOR hasta que Él haya expulsado a Sus enemigos delante de Él, **22** y la tierra quede sometida delante del SEÑOR; después volverán y quedarán libres de obligación para con el SEÑOR y para con Israel; y esta tierra será de ustedes en posesión delante del SEÑOR. **23** Pero si no lo hacen así, miren, habrán pecado ante el SEÑOR, y tengan por seguro que su pecado los alcanzará. **24** Edifíquense ciudades para sus pequeños, y rediles para sus ovejas; y hagan lo que han prometido». **25** Entonces los gaditas y los rubenitas hablaron a Moisés y dijeron: «Tus siervos harán tal como mi señor ordena. **26** Nuestros pequeños, nuestras mujeres, nuestro ganado y nuestros rebaños quedarán allí en las ciudades de Galaad; **27** mientras tus siervos, todos los que están armados para la guerra, cruzarán delante del SEÑOR para la batalla, tal como mi señor dice».

28 Así lo ordenó Moisés en relación a ellos, al sacerdote Eleazar, a Josué, hijo de Nun, y a los jefes *de las casas* paternas de las tribus de los israelitas. **29** Y Moisés les dijo: «Si los gaditas y los rubenitas, todos los que están armados para la batalla, cruzan con ustedes el Jordán en presencia del SEÑOR, y la tierra es sometida delante de ustedes, entonces les darán a ellos la tierra de Galaad en posesión; **30** pero si no cruzan armados con ustedes, tendrán la herencia entre ustedes en la tierra de Canaán». **31** Los gaditas y los rubenitas respondieron: «Como el SEÑOR ha dicho a

32:17
Ciudades fortificadas
Esas ciudades por lo general tenían murallas construidas alrededor para protección, y a veces eran edificadas en lo alto de una colina para dificultar aún más el ataque y la conquista.

32:23
Moisés les advierte que «su pecado los alcanzará»
Moisés aceptó la petición de los hijos de Rubén y los hijos de Gad, pero les advirtió que guardaran su promesa de ayudar a conquistar la tierra de Canaán. Si ellos no cumplían su palabra, habría serias consecuencias.

sus siervos, así haremos. **32** Nosotros cruzaremos armados en la presencia del SEÑOR a la tierra de Canaán, y la posesión de nuestra heredad *quedará* con nosotros de este lado del Jordán».

33 Entonces Moisés dio a los gaditas, y a los rubenitas, y a la media tribu de Manasés, hijo de José, el reino de Sehón, rey de los amorreos, y el reino de Og, rey de Basán: la tierra con sus ciudades, con *sus* territorios[1], *y* las ciudades de la tierra circunvecina.

34 Los gaditas construyeron a Dibón, Atarot, Aroer, **35** Atarot Sofán, Jazer, Jogbeha, **36** Bet Nimra[1] y Bet Arán[2], ciudades fortificadas, y rediles para las ovejas.

37 Los rubenitas construyeron a Hesbón, Eleale y Quiriataim, **38** y Nebo, y Baal Meón, cambiando *sus* nombres, y Sibma; y dieron *otros* nombres a las ciudades que edificaron.

39 Los hijos de Maquir, hijo de Manasés, fueron a Galaad y la tomaron, y expulsaron a los amorreos que estaban en ella. **40** Entonces Moisés dio Galaad a Maquir, hijo de Manasés, y este habitó en ella. **41** Jair, hijo de Manasés, fue y conquistó sus pueblos, y los llamó Havot Jair[1]. **42** También Noba fue y conquistó a Kenat y sus aldeas, y la llamó Noba, igual que él.

DE RAMSÉS AL JORDÁN

33 Estas son las jornadas de los israelitas, que salieron de la tierra de Egipto por sus ejércitos, bajo la dirección de Moisés y Aarón. **2** Moisés anotó los puntos de partida según sus jornadas, por el mandamiento del SEÑOR, y estas son sus jornadas, conforme a sus puntos de partida. **3** El mes primero salieron de Ramsés el día quince del mes primero; el día después de la Pascua, los israelitas marcharon con mano poderosa a la vista de todos los egipcios, **4** mientras los egipcios sepultaban a todos sus primogénitos, a quienes el SEÑOR había herido entre ellos. El SEÑOR también había ejecutado juicios contra sus dioses.

5 Entonces los israelitas salieron de Ramsés y acamparon en Sucot. **6** Salieron de Sucot y acamparon en Etam, que está en el extremo del desierto. **7** Salieron de Etam, se volvieron a Pi Hahirot, frente a Baal Zefón, y acamparon delante de Migdol. **8** Salieron de delante de Hahirot y cruzaron por en medio del mar hasta el desierto; y anduvieron tres días en el desierto de Etam y acamparon en Mara. **9** Salieron de Mara y llegaron a Elim; y en Elim había doce fuentes de agua y setenta palmeras; y acamparon allí. **10** Salieron de Elim y acamparon junto al mar Rojo.

11 Salieron del mar Rojo y acamparon en el desierto de Sin. **12** Salieron del desierto de Sin y acamparon en Dofca. **13** Salieron de Dofca y acamparon en Alús. **14** Salieron de Alús y acamparon en Refidim; allí fue donde el pueblo no tuvo agua para beber. **15** Salieron de Refidim y acamparon en el desierto de Sinaí. **16** Salieron del desierto de Sinaí y acamparon en Kibrot Hataava.

33:1
Ejércitos
Este tipo de pequeños ejércitos probablemente significara que cada tribu se dividía en grupos para hacer el viaje más organizado. Tal vez se estuviera haciendo referencia a divisiones o escuadrones. El hecho de que se empleara un término militar indica que los soldados deben haber protegido a los grupos.

32:33 [1] Lit. *fronteras*.   32:36 [1] I.e. Casa de Nimra.   [2] I.e. Casa de Arán.
32:41 [1] Lit. *las Aldeas de Jair*.

17 Salieron de Kibrot Hataava y acamparon en Hazerot. **18** Salieron de Hazerot y acamparon en Ritma. **19** Salieron de Ritma y acamparon en Rimón Peres. **20** Salieron de Rimón Peres y acamparon en Libna. **21** Salieron de Libna y acamparon en Rissa. **22** Salieron de Rissa y acamparon en Ceelata.

23 Salieron de Ceelata y acamparon en el monte Sefer. **24** Salieron del monte Sefer y acamparon en Harada. **25** Salieron de Harada y acamparon en Macelot. **26** Salieron de Macelot y acamparon en Tahat. **27** Salieron de Tahat y acamparon en Tara. **28** Salieron de Tara y acamparon en Mitca.

29 Salieron de Mitca y acamparon en Hasmona. **30** Salieron de Hasmona y acamparon en Moserot. **31** Salieron de Moserot y acamparon en Bene Jaacán. **32** Salieron de Bene Jaacán y acamparon en Hor Haggidgad[1]. **33** Salieron de Hor Haggidgad y acamparon en Jotbata.

34 Salieron de Jotbata y acamparon en Abrona. **35** Salieron de Abrona y acamparon en Ezión Geber. **36** Salieron de Ezión Geber y acamparon en el desierto de Zin, esto es, Cades. **37** Salieron de Cades y acamparon en el monte Hor, al extremo de la tierra de Edom.

38 Entonces el sacerdote Aarón subió al monte Hor por mandato del SEÑOR, y allí murió, el año cuarenta después que los israelitas habían salido de la tierra de Egipto, el primer *día* del mes quinto. **39** Aarón tenía 123 años de edad cuando murió en el monte Hor.

40 Y el cananeo, el rey de Arad que habitaba en el Neguev[1], en la tierra de Canaán, oyó de la llegada de los israelitas.

41 Entonces partieron del monte Hor y acamparon en Zalmona. **42** Salieron de Zalmona y acamparon en Punón. **43** Salieron de Punón y acamparon en Obot. **44** Salieron de Obot y acamparon en Ije Abarim, en la frontera con Moab. **45** Salieron de Ije Abarim y acamparon en Dibón Gad. **46** Salieron de Dibón Gad y acamparon en Almón Diblataim. **47** Salieron de Almón Diblataim y acamparon en los montes de Abarim, frente a Nebo. **48** Partieron de los montes de Abarim y acamparon en las llanuras de Moab, junto al Jordán, *frente a* Jericó. **49** Y acamparon junto al Jordán, desde Bet Jesimot hasta Abel Sitim, en las llanuras de Moab.

50 Entonces el SEÑOR habló a Moisés en las llanuras de Moab, junto al Jordán, *frente a* Jericó: **51** «Habla a los israelitas, y diles: "Cuando crucen el Jordán a la tierra de Canaán, **52** expulsarán a todos los habitantes de la tierra delante de ustedes, y destruirán todas sus piedras grabadas, y destruirán todas sus imágenes fundidas, y demolerán todos sus lugares altos; **53** y tomarán posesión de la tierra y habitarán en ella, porque les he dado la tierra para que la posean. **54** Heredarán la tierra por sorteo, por sus familias; a las más grandes darán más heredad, y a las más pequeñas darán menos heredad. Donde la suerte caiga a cada uno, eso será suyo. Heredarán conforme a las tribus de sus padres. **55** Pero si no expulsan de delante de ustedes a los habitantes de la tierra, entonces sucederá que los que de ellos dejen *serán* como aguijones en sus ojos y como espinas en sus costados, y los hostigarán

33:52
Lugares altos
Los lugares altos, a menudo en las colinas, eran sitios donde se adoraba a los ídolos. A veces, la adoración pagana incluía sacrificios humanos.

33:32 ¹ O *el monte de Gidgad.*   33:40 ¹ I.e. región del sur.

en la tierra en que habiten. **56** Y sucederá que como pensaba hacerles a ellos, así les haré a ustedes"».

INSTRUCCIONES SOBRE EL REPARTO DE CANAÁN

34 Entonces el SEÑOR habló a Moisés: **2** «Manda a los israelitas y diles: "Cuando entren en la tierra de Canaán, esta es la tierra que les tocará como herencia, la tierra de Canaán según sus fronteras. **3** Su límite sur será desde el desierto de Zin, por la frontera de Edom, y su frontera sur será desde el extremo del mar Salado hacia el oriente. **4** Luego, la frontera de ustedes cambiará *de dirección,* del sur a la subida de Acrabim y continuará a Zin, y su término será al sur de Cades Barnea; y llegará a Hasaradar y continuará hasta Asmón. **5** Y la frontera cambiará *de dirección* de Asmón al torrente de Egipto, y su término será el mar Grande.

6 "En cuanto a la frontera occidental, tendrán el mar Grande, esto es, *su* costa; esta será su frontera occidental.

7 "Y esta será su frontera norte: trazarán la línea *fronteriza* desde el mar Grande hasta el monte Hor. **8** Trazarán una línea desde el monte Hor hasta Lebo Hamat, y el término de la frontera será Zedad; **9** y la frontera seguirá hacia Zifrón, y su término será Hazar Enán. Esta será su frontera norte.

10 "Para su frontera oriental, trazarán también una línea desde Hazar Enán hasta Sefam, **11** y la frontera descenderá de Sefam a Ribla, sobre el lado oriental de Aín; y la frontera descenderá y alcanzará la ribera sobre el lado oriental del mar de Cineret. **12** Y la frontera descenderá al Jordán, y su término será el mar Salado. Esta será la tierra de ustedes, según sus fronteras alrededor"».

13 Entonces Moisés dio órdenes a los israelitas y les dijo: «Esta es la tierra que repartirán por sorteo entre ustedes como posesión, la cual el SEÑOR ha ordenado dar a las nueve tribus y a la media tribu. **14** Pues la tribu de los hijos de Rubén ha recibido *lo suyo* según sus casas paternas, y la tribu de los hijos de Gad según sus casas paternas y la media tribu de Manasés han recibido su posesión. **15** Las dos tribus y la media tribu han recibido su posesión al otro lado del Jordán, frente a Jericó, al oriente, hacia la salida del sol».

16 Entonces el SEÑOR dijo a Moisés: **17** «Estos son los nombres de los hombres que les repartirán la tierra por heredad: el sacerdote Eleazar y Josué, hijo de Nun. **18** De cada tribu tomarás un jefe para repartir la tierra por heredad. **19** Y estos son los nombres de los hombres: de la tribu de Judá, Caleb, hijo de Jefone. **20** De la tribu de los hijos de Simeón, Semuel, hijo de Amiud. **21** De la tribu de Benjamín, Elidad, hijo de Quislón. **22** De la tribu de los hijos de Dan, un jefe: Buqui, hijo de Jogli. **23** De los hijos de José: de la tribu de los hijos de Manasés, un jefe: Haniel, hijo de Efod. **24** De la tribu de los hijos de Efraín, un jefe: Kemuel, hijo de Siftán. **25** De la tribu de los hijos de Zabulón, un jefe: Elizafán, hijo de Parnac. **26** De la tribu de los hijos de Isacar, un jefe: Paltiel, hijo de Azán. **27** De la tribu de los hijos de Aser, un jefe: Ahiud, hijo de Selomi. **28** Y de la tribu de los hijos de Neftalí,

34:5
El torrente de Egipto
Un *torrente* es un valle que está siempre seco, excepto en las estaciones lluviosas. Este torrente probablemente se hallaba al sudoeste del mar Muerto, terminando en el mar Mediterráneo.

34:13-15
Moisés solo repartió la tierra a nueve tribus y media
Las tribus de Rubén, Gad y media tribu de Manasés se alojaron en la región llamada Transjordania, al este del río Jordán.

un jefe: Pedael, hijo de Amiud». **29** Estos son los que el
SEÑOR mandó que repartieran la heredad a los israelitas en
la tierra de Canaán.

CIUDADES PARA LOS LEVITAS Y CIUDADES DE REFUGIO

35 El SEÑOR habló a Moisés en las llanuras de Moab, junto al Jordán, *frente a* Jericó y le dijo: **2** «Manda a los
israelitas que de la herencia de su
posesión den a los levitas ciudades
en que puedan habitar; también
darán a los levitas tierras de pasto
alrededor de las ciudades. **3** Las ciudades serán suyas para habitar; y
sus tierras de pasto serán para sus
animales, para sus ganados y para
todas sus bestias.

4 »Las tierras de pasto de las
ciudades que darán a los levitas
se extenderán desde la muralla de
la ciudad hacia afuera 1,000 codos
(450 metros) alrededor. **5** Medirán
también afuera de la ciudad, al
lado oriental 2,000 codos (900 metros), al lado sur 2,000
codos, al lado occidental 2,000 codos, y al lado norte 2,000
codos, con la ciudad en el centro. Esto será de ellos para
tierras de pasto en las ciudades.

6 »De las ciudades que ustedes darán a los levitas, seis *serán* ciudades de refugio. Darán estas ciudades para que el
que haya matado a alguien huya a ellas. Además de estas,
les darán cuarenta y dos ciudades. **7** Todas las ciudades que
ustedes darán a los levitas *serán* cuarenta y ocho ciudades,
junto con sus tierras de pasto. **8** En cuanto a las ciudades
que darán de la posesión de los israelitas, tomarán más del
más grande y tomarán menos del más pequeño; cada uno
dará algunas de sus ciudades a los levitas en proporción a la
posesión que herede».

9 Luego el SEÑOR dijo a Moisés:
10 «Habla a los israelitas, y diles: "Cuando
crucen el Jordán a la tierra de Canaán,
11 escogerán para ustedes ciudades para
que sean sus ciudades de refugio, a fin de
que pueda huir allí el que haya matado a
alguna persona sin intención. **12** Las ciudades serán para ustedes como refugio
contra el vengador, para que el que haya
matado a alguien no muera hasta que
comparezca delante de la congregación
para juicio.

13 "Las ciudades que darán serán sus
seis ciudades de refugio. **14** Darán tres
ciudades al otro lado del Jordán y tres ciudades en la tierra de Canaán; serán ciudades de refugio. **15** Estas seis ciudades serán
por refugio para los israelitas, y para el

© 1995 por Phoenix Data Systems

35:1
Jericó

La ciudad de Jericó estaba ubicada
a unos 11 kilómetros al oeste del río
Jordán y al norte del mar Salado.

35:6, 9-15
Ciudades de refugio

Esas ciudades eran lugares seguros
para las personas acusadas de
haber cometido un crimen, las
cuales no podían ser dañadas
mientras se encontraban dentro
de las ciudades de refugio. Estas
personas vivían y trabajaban allí
hasta que su caso iba a juicio. Los
levitas eran los que administraban
las seis ciudades de refugio.

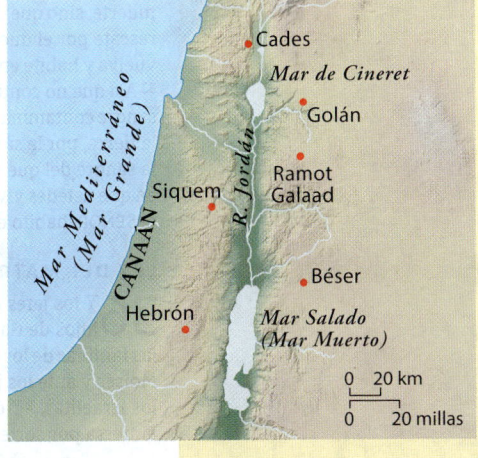

extranjero y para el peregrino entre ellos, para que huya allí cualquiera que sin intención mate a una persona.

16 "Pero si lo hirió con un objeto de hierro, y murió, es un asesino; al asesino ciertamente se le dará muerte. **17** Y si lo hirió con una piedra en la mano, por la cual pueda morir, y muere, es un asesino; al asesino ciertamente se le dará muerte. **18** O si lo golpeó con un objeto de madera en la mano, por lo cual pueda morir, y muere, es un asesino; al asesino ciertamente se le dará muerte. **19** El vengador de sangre, él mismo dará muerte al asesino; le dará muerte cuando se encuentre con él. **20** Y si lo empujó con odio, o le arrojó algo *mientras* lo acechaba, y murió, **21** o si lo hirió con la mano en enemistad, y murió, al que lo hirió ciertamente se le dará muerte; es un asesino. El vengador de sangre dará muerte al asesino cuando se encuentre con él.

22 "Pero si lo empujó súbitamente sin enemistad, o le arrojó algo sin acecharlo, **23** o tiró cualquier piedra que pudo matarlo, y sin ver que le cayó encima, murió, no siendo su enemigo ni procurando herirlo, **24** entonces la congregación juzgará entre el que mató y el vengador de la sangre conforme a estas ordenanzas. **25** La congregación librará al acusado de la mano del vengador de sangre, y la congregación lo restaurará a la ciudad de refugio a la cual huyó; y vivirá en ella hasta la muerte del sumo sacerdote que fue ungido con óleo santo.

26 "Pero si el que causó la muerte del otro sale alguna vez de los límites de la ciudad de refugio a la cual pudo huir, **27** y el vengador de sangre lo encuentra fuera de los límites de la ciudad de refugio, y el vengador de sangre mata al acusado, no será culpable de sangre. **28** Porque *el acusado* debió haber permanecido en la ciudad de refugio hasta la muerte del sumo sacerdote. Pero después de la muerte del sumo sacerdote, el que mató a otro volverá a su tierra.

29 "Estas cosas serán por norma de derecho para ustedes por sus generaciones en todas sus moradas. **30** Si alguien mata a una persona, al asesino se le dará muerte ante la evidencia de testigos, pero a ninguna persona se le dará muerte por el testimonio de un solo testigo. **31** Además, ustedes no tomarán rescate por la vida de un asesino que es culpable de muerte, sino que de cierto se le dará muerte; **32** y no tomarán rescate por el que ha huido a la ciudad de refugio para que vuelva y habite en la tierra antes de la muerte del sacerdote. **33** Así que no contaminarán la tierra en que están; porque la sangre contamina la tierra, y no se puede hacer expiación por la tierra, por la sangre derramada en ella, excepto mediante la sangre del que la derramó. **34** Y no contaminarán la tierra en que ustedes viven, en medio de la cual Yo habito, pues Yo, el SEÑOR, habito en medio de los israelitas"».

LEY DEL MATRIMONIO DE UNA HEREDERA

36 Y los jefes *de las casas* paternas de la familia de los hijos de Galaad, hijo de Maquir, hijo de Manasés, de las familias de los hijos de José, se acercaron y hablaron ante Moisés y ante los jefes, las cabezas *de las casas* paternas de los israelitas. **2** Y dijeron: «El SEÑOR ordenó a mi señor dar la tierra por sorteo a los israelitas por heredad, y el SEÑOR

35:19
El vengador de sangre

El vengador de sangre era el pariente varón más cercano a la persona que había muerto.

ordenó a mi señor dar la heredad de Zelofehad, nuestro hermano, a sus hijas. ³ Pero si ellas se casan con alguien de los hijos de las *otras* tribus de los israelitas, su heredad será quitada de la herencia de nuestros padres, y será añadida a la heredad de la tribu a la que ellos pertenezcan; y así será quitada de nuestra heredad. ⁴ Y cuando llegue el jubileo de los israelitas, entonces su heredad será añadida a la heredad de la tribu a la que ellos pertenezcan; así su heredad será quitada de la heredad de la tribu de nuestros padres».

⁵ Entonces Moisés ordenó a los israelitas, conforme a la palabra del SEÑOR y dijo: «La tribu de los hijos de José tiene razón en lo que dice. ⁶ Esto es lo que el SEÑOR ha ordenado tocante a las hijas de Zelofehad: "Cásense con el que bien les parezca; pero deben casarse dentro de la familia de la tribu de su padre". ⁷ Así, ninguna heredad de los israelitas será traspasada de tribu a tribu, pues los israelitas retendrán cada uno la heredad de la tribu de sus padres. ⁸ Y toda hija que entre en posesión de una heredad en alguna de las tribus de los israelitas, se casará con alguien de la familia de la tribu de su padre, a fin de que los israelitas posean cada uno la heredad de sus padres. ⁹ De esta manera, ninguna heredad será traspasada de una tribu a otra tribu, pues las tribus de los israelitas retendrán cada una su propia heredad».

¹⁰ Y las hijas de Zelofehad hicieron tal como el SEÑOR había ordenado a Moisés, ¹¹ pues Maala, Tirsa, Hogla, Milca y Noa, las hijas de Zelofehad, se casaron con los hijos de sus tíos. ¹² Se casaron *con los* de las familias de los hijos de Manasés, hijo de José, y su heredad permaneció con la tribu de la familia de su padre.

¹³ Estos son los mandamientos y las ordenanzas que el SEÑOR dio a los israelitas por medio de Moisés en las llanuras de Moab, junto al Jordán, *frente a* Jericó.

36:3-6
Algunas mujeres tenían que casarse dentro de su misma tribu

Las mujeres que heredaban tierras tenían que casarse dentro de su propia tribu. La tierra era muy importante para los israelitas. Si una mujer se casaba con un hombre de otra tribu y ella tenía tierras, se haría parte de la tribu de su esposo y su tierra pertenecería a su nueva tribu.

Deuteronomio

¿QUIÉN ESCRIBIÓ ESTE LIBRO?	Moisés
¿POR QUÉ SE ESCRIBIÓ ESTE LIBRO?	Después de la muerte de los israelitas que partieron de Egipto, era tiempo de que sus hijos entraran a la tierra prometida. Deuteronomio les cuenta a esos hijos cómo agradar a Dios para que él pueda bendecirlos.
¿QUÉ OCURRE EN ESTE LIBRO?	Moisés les habla a los israelitas. Describe lo que Dios ha hecho por ellos, recordándoles también los mandamientos. Los israelitas prometen obedecer a Dios.
¿QUÉ APRENDEMOS ACERCA DE DIOS EN ESTE LIBRO?	Dios ayuda a su pueblo porque lo ama. Los mandamientos de Dios fueron dados con amor, y él bendice al pueblo que los guarda.
¿QUIÉNES SON LOS PERSONAJES PRINCIPALES DE ESTE LIBRO?	Moisés
¿DÓNDE SUCEDIERON ESTAS COSAS?	Los israelitas estaban acampando junto al río Jordán, al otro lado de Canaán, la tierra prometida. (Mira los mapas que están al final de esta Biblia para ver dónde se encuentra el río Jordán).

¿CUÁLES SON ALGUNAS DE LAS HISTORIAS DE ESTE LIBRO?		
	Moisés les cuenta sobre el viaje de Israel	Deuteronomio 1—3
	Moisés les habla del becerro de oro	Deuteronomio 9
	Moisés da instrucciones para un altar	Deuteronomio 27
	Israel promete obedecer a Dios	Deuteronomio 29
	Moisés muere	Deuteronomio 34

El monte Nebo puede verse a la distancia en esta vista mirando al sudeste desde el mar Salado. Moisés avistó la tierra prometida desde este monte (Deuteronomio 32:49).

ORDEN DE ENTRAR A LA TIERRA PROMETIDA

1 Estas son las palabras que Moisés habló a todo Israel al otro lado del río Jordán, en el desierto, en el Arabá, frente a Suf[1], entre Parán, Tofel, Labán, Hazerot y Dizahab. **2** Hay once días *de camino* desde Horeb hasta Cades Barnea por el camino del monte Seir. **3** En el año cuarenta, el mes undécimo, el primer *día* del mes, Moisés habló a los israelitas conforme a todo lo que el SEÑOR le había ordenado que les *diera*, **4** después de haber derrotado[1] a Sehón, rey de los amorreos, que habitaba en Hesbón, y a Og, rey de Basán, que habitaba en Astarot y[2] en Edrei.

5 Al otro lado del Jordán, en la tierra de Moab, Moisés comenzó a explicar esta ley: **6** «El SEÑOR nuestro Dios nos habló en Horeb y dijo: "Ustedes han permanecido[1] bastante tiempo en este monte. **7** Vuélvanse; pónganse en marcha y vayan a la región montañosa de los amorreos, y a todos sus vecinos, en el Arabá, en la región montañosa, en el valle[1], en el Neguev[2], y por la costa del mar, la tierra de los cananeos y el Líbano, hasta el gran río, el río Éufrates. **8** Miren, he puesto la tierra delante de ustedes. Entren y tomen posesión de la tierra que el SEÑOR juró dar a sus padres Abraham, Isaac y Jacob, a ellos y a su descendencia[1] después de ellos".

AYUDANTES PARA MOISÉS

9 »En aquel tiempo les hablé: "Yo solo no puedo llevar *la carga* de *todos* ustedes. **10** El SEÑOR su Dios los ha multiplicado y hoy son como las estrellas del cielo en multitud. **11** Que el SEÑOR, el Dios de sus padres, los multiplique mil veces más de lo que son y los bendiga, tal como les ha prometido[1]. **12** ¿Cómo puedo yo solo llevar el peso y la carga de ustedes y sus pleitos? **13** Escojan[1] de entre sus tribus hombres sabios, entendidos y expertos, y yo los nombraré como sus jefes". **14** Entonces ustedes me respondieron: "Bueno es que se haga lo que has dicho". **15** Así que tomé a los principales[1] de sus tribus, hombres sabios y expertos, y los nombré[2] como dirigentes[1] suyos: jefes de mil, de[3] cien, de[3] cincuenta y de[3] diez, y oficiales para sus tribus.

16 »En aquella ocasión di órdenes a sus jueces y les dije: "Oigan *los pleitos* entre sus hermanos[1], y juzguen justamente entre un hombre y su hermano[1], o el extranjero que está con él. **17** No mostrarán parcialidad en el juicio; lo mismo oirán al pequeño que al grande. No tendrán temor del[1] hombre, porque el juicio es de Dios. El caso que sea muy difícil para ustedes, me *lo* traerán a mí, y yo lo oiré". **18** En aquella misma ocasión les mandé todas las cosas que debían hacer.

MISIÓN DE LOS DOCE ESPÍAS

19 »Entonces salimos de Horeb y pasamos por todo aquel vasto y terrible desierto que ustedes vieron, camino de la región montañosa de los amorreos, tal como el SEÑOR nuestro Dios

1:5-46
Por qué Moisés vuelve a contar la historia

El pueblo estaba a punto de entrar a la tierra prometida después de cuarenta años dando vueltas por el desierto. Muchos de ellos no habían vivido toda la experiencia, así que Moisés quería dejarles en claro el papel de Dios. Él les explicó acerca de la redención de Dios y su fidelidad a través de los años. También les contó sobre la desobediencia del pueblo y los desafió a obedecerlo siempre.

1:1 [1] Posiblemente, el mar Rojo.   1:4 [1] Lit. *herido.*   [2] Así en algunas versiones antiguas; el T.M. no incluye, *y.*   1:6 [1] Lit. *morado.*   1:7 [1] Heb. *Sefela.*
[2] I.e. región del sur.   1:8 [1] Lit. *simiente.*   1:11 [1] Lit. *hablado.*
1:13 [1] Lit. *Darles.*   1:15 [1] Lit. *cabezas.*   [2] Lit. *di.*   [3] Lit. *jefes de.*
1:16 [1] O *conciudadano(s).*   1:17 [1] Lit. *a causa del.*

nos había mandado, y llegamos a Cades Barnea. **20** Y les dije: "Han llegado a la región montañosa de los amorreos que el SEÑOR nuestro Dios nos va a dar. **21** Mira, *Israel,* el SEÑOR tu Dios ha puesto la tierra delante de ti; sube, toma posesión de ella, como el SEÑOR, el Dios de tus padres, te ha dicho. No temas ni te acobardes".

22 »Entonces todos ustedes se acercaron a mí, y dijeron: "Enviemos hombres delante de nosotros, que nos exploren la tierra, y nos traigan noticia[1] del camino por el cual hemos de subir y de las ciudades a las cuales entraremos". **23** Me agradó el plan[1], y tomé a doce hombres de entre ustedes, un hombre por cada tribu. **24** Ellos salieron[1] y subieron a la región montañosa, y llegaron hasta el valle[2] de Escol, y reconocieron la tierra[3]. **25** Entonces tomaron en sus manos del fruto de la tierra y nos lo trajeron; y nos dieron[1] un informe y dijeron[2]: "Es una tierra buena que el SEÑOR nuestro Dios nos da".

26 »Sin embargo, ustedes no quisieron subir, y se rebelaron contra el mandato[1] del SEÑOR su Dios. **27** Murmuraron en sus tiendas y dijeron[1]: "Porque el SEÑOR nos aborrece, nos ha sacado de la tierra de Egipto para entregarnos en manos de los amorreos y destruirnos. **28** ¿Adónde subiremos? Nuestros hermanos nos han atemorizado[1], diciendo: 'El pueblo es más grande y más alto que nosotros; las ciudades son grandes y fortificadas hasta el cielo. Y además vimos allí a los hijos de Anac'.

29 »Entonces yo les dije: "No teman ni les tengan miedo. **30** El SEÑOR su Dios, que va delante de ustedes, Él peleará por ustedes, así como lo[1] hizo delante de sus ojos en Egipto **31** y en el desierto, donde has visto cómo el SEÑOR tu Dios te llevó, como un hombre lleva a su hijo, por todo el camino que anduvieron hasta llegar a este lugar". **32** Pero con todo esto[1], ustedes no confiaron en el SEÑOR su Dios, **33** que iba delante de ustedes en el camino para buscarles lugar donde acampar, con fuego de noche y nube de día, para mostrarles el camino por donde debían andar.

EL CASTIGO DE DIOS

34 »Entonces el SEÑOR oyó la voz de las palabras de ustedes, y se enojó y juró: **35** "Ninguno de estos hombres, esta generación perversa, verá la buena tierra que juré dar a sus padres, **36** excepto Caleb, hijo de Jefone; él la verá, y a él y a sus hijos daré la tierra que ha pisado, pues él ha seguido fielmente al SEÑOR". **37** El SEÑOR se enojó también contra mí por causa de ustedes y dijo: "Tampoco tú entrarás allá. **38** Josué, hijo de Nun, que está delante de ti, él entrará allá; anímale, porque él hará que Israel la posea. **39** Además, en cuanto a los pequeños, que ustedes dijeron que vendrían a ser presa, y sus hijos, que hoy no tienen conocimiento del bien ni del mal, entrarán allá, y a ellos les daré la tierra y ellos la poseerán. **40** Pero ustedes, vuélvanse y vayan hacia el desierto por el camino del mar Rojo[1]".

1:37
El castigo de Dios para Moisés

Dios castigó a Moisés por su pecado. Él pecó cuando se enojó y golpeó la peña con su vara en Meriba (Números 20:1-13). Por eso, no pudo entrar a la tierra prometida.

1:22 [1] Lit. *palabra.*　　1:23 [1] Lit. *la palabra.*　　1:24 [1] Lit. *Y se volvieron.* [2] O *torrente.* [3] Lit. *y la exploraron.*　　1:25 [1] Lit. *trajeron.* [2] Lit. *y dijeron.* 1:26 [1] Lit. *la boca.*　　1:27 [1] Lit. *y dijeron.*　　1:28 [1] Lit. *han atemorizado nuestro corazón.*　　1:30 [1] Lit. *conforme a todo lo que.*　　1:32 [1] Lit. *en este asunto.* 1:40 [1] Lit. *mar de Cañas.*

⁴¹»Entonces ustedes respondieron: "Hemos pecado contra el SEÑOR; nosotros subiremos y pelearemos tal como el SEÑOR nuestro Dios nos ha mandado". Y cada uno de ustedes se puso sus armas de guerra, y pensaron que era fácil subir a la región montañosa. ⁴²Pero el SEÑOR me dijo: "Diles: 'No suban, ni peleen, pues Yo no estoy entre ustedes; para que no sean derrotados por¹ sus enemigos". ⁴³Así les hablé, pero no quisieron escuchar. Al contrario, se rebelaron contra el mandamiento¹ del SEÑOR, y obraron con orgullo, y subieron a la región montañosa. ⁴⁴Los amorreos que moraban en aquella región montañosa salieron contra ustedes, y los persiguieron como lo hacen las abejas, y los derrotaron¹ desde Seir hasta Horma. ⁴⁵Entonces volvieron y lloraron delante del SEÑOR, pero el SEÑOR no escuchó su voz, ni les hizo caso. ⁴⁶Por eso ustedes permanecieron en Cades muchos días, los días¹ que pasaron *allí*.

LA PROVIDENCIA DEL SEÑOR

2»Después nos volvimos y salimos hacia el desierto por el camino del mar Rojo¹, como el SEÑOR me había mandado², y por muchos días dimos vueltas al³ monte Seir. ²Entonces el SEÑOR me habló: ³"Ustedes han dado ya bastantes vueltas alrededor de este monte. Vuélvanse *ahora* hacia el norte, ⁴y da orden al pueblo, diciendo: 'Ustedes van a pasar por el territorio de sus hermanos, los hijos de Esaú que habitan en Seir, y ellos les tendrán miedo. Así que tengan mucho cuidado; ⁵no los provoquen¹, porque no les daré nada de su tierra, ni siquiera la huella de un pie², porque a Esaú he dado el monte Seir por posesión. ⁶Les comprarán con dinero los alimentos para comer, y también con dinero comprarán de ellos agua para beber. ⁷Pues el SEÑOR tu Dios te ha bendecido en todo lo que has hecho¹; Él ha conocido tu peregrinar² a través de este inmenso desierto. Por³ cuarenta años el SEÑOR tu Dios ha estado contigo; nada te ha faltado".

EN CAMINO DE CADES A ZERED

⁸»Pasamos, pues, de largo a nuestros hermanos, los hijos de Esaú que habitan en Seir, lejos del camino del Arabá, lejos de Elat y de Ezión Geber. Y nos volvimos, y pasamos por el camino del desierto de Moab. ⁹Entonces el SEÑOR me dijo: "No molestes a Moab, ni los provoques a la guerra, porque no te daré nada de su tierra por posesión, pues he dado Ar a los hijos de Lot por posesión. ¹⁰(Antes habitaban allí los emitas, un pueblo tan grande, numeroso y alto como los anaceos. ¹¹Como los anaceos, ellos también son considerados gigantes¹, pero los moabitas los llaman emitas. ¹²Los horeos habitaban antes en

1:45
Por qué Dios no había aceptado el arrepentimiento del pueblo
El pueblo no había sido sincero en su arrepentimiento. Ellos desobedecieron a Dios reiteradas veces. Cuando eran derrotados, se entristecían, pero Dios no se dejaba impresionar. Su arrepentimiento no era real.

2:4-5
Los descendientes de Esaú tenían miedo de los israelitas
Ellos probablemente habían oído sobre las grandes victorias de Israel y sabían que Dios estaba de su lado debido a su promesa a Abraham. Aunque tenían antepasados en común, temían que los israelitas pudieran superarlos.

2:5-6
El Señor protegía a los descendientes de Esaú
Dios les había prometido a Esaú y sus descendientes la región montañosa. Mucho tiempo atrás, cuando Jacob regresaba a su casa con Raquel y Lea, Esaú lo había perdonado y le dio la bienvenida con amor. (Ver Génesis 33:1-9).

Todd Bolen/www.BiblePlaces.com

1:42 ¹ Lit. *heridos delante de.*   1:43 ¹ Lit. *la boca.*
1:44 ¹ Lit. *despedazaron.*   1:46 ¹ Lit. *como los días.*   2:1 ¹ Lit. *mar de Cañas.*   ² Lit. *hablado.*
³ O *anduvimos alrededor del.*   2:5 ¹ O *entren en batalla.*   ² Lit. *el pisar de la planta de un pie.*
2:7 ¹ Lit. *toda la obra de tu mano.*   ² Lit. *tus idas.*
³ Lit. *Estos.*   2:11 ¹ Heb. *refaím.*

Seir, pero los hijos de Esaú los desalojaron y los destruye-ron delante de ellos, y se establecieron*¹* en su lugar, tal como Israel hizo con la tierra que el SEÑOR les dio en posesión).

13 "Levántense ahora, y crucen el torrente de Zered", *dijo el SEÑOR*. Y cruzamos el torrente de Zered. **14** El tiempo que nos llevó para venir*¹* de Cades Barnea, hasta que cruzamos el torrente de Zered, fue de treinta y ocho años; hasta que pere-ció toda la generación de los hombres de guerra de en medio del campamento, como el SEÑOR les había jurado. **15** Además, la mano del SEÑOR fue contra ellos, para destruirlos de en medio del campamento, hasta que todos perecieron.

16»Cuando todos los hombres de guerra ya habían perecido de entre el pueblo, **17** el SEÑOR me habló: **18** "Tú cruzarás hoy por Ar la frontera de Moab. **19** Y cuando llegues frente a los amonitas, no los molestes ni los provoques, porque no te daré en posesión nada de la tierra de los amonitas, pues se la he dado a los hijos de Lot por heredad". **20** (Esta región es también conocida como la tierra de los gigantes*¹*, *porque* antiguamen-te habitaban gigantes en ella*¹*, a los que los amonitas llaman zomzomeos, **21** pueblo grande, numeroso y alto como los ana-ceos, pero que el SEÑOR destruyó delante de ellos. Y *los amo-nitas* los desalojaron y se establecieron en su lugar, **22** tal como *Dios* hizo con*¹* los hijos de Esaú, que habitan en Seir, cuando destruyó a los horeos delante de ellos; y ellos los desalojaron, y se establecieron en su lugar hasta hoy. **23** Y a los aveos que habitaban en aldeas hasta Gaza, los caftoreos*¹*, que salieron de Caftor*²*, los destruyeron y se establecieron en su lugar).

24 "Levántense; pónganse en marcha y pasen por el valle*¹* del Arnón. Mira, he entregado en tu mano a Sehón amorreo, rey de Hesbón, y a su tierra; comienza a tomar posesión y en-tra*²* en batalla con él. **25** Hoy comenzaré a infundir*¹* el espanto y terror tuyo sobre*²* los pueblos debajo del cielo*³*, quienes, al oír tu fama, temblarán y se angustiarán a causa de ti".

CONQUISTA DE SEHÓN

26 »Entonces, desde el desierto de Cademot, envié mensaje-ros a Sehón, rey de Hesbón, con palabras de paz, diciéndole: **27** "Déjeme pasar por su tierra; solamente iré por el camino, sin apartarme ni a la derecha ni a la izquierda. **28** Me venderá comestibles por dinero para que yo pueda comer, y me dará agua por dinero para que pueda beber; déjeme tan solo pa-sar a pie*¹*, **29** tal como hicieron conmigo los hijos de Esaú que habitan en Seir y los moabitas que habitan en Ar, hasta que cruce el Jordán a la tierra que el SEÑOR nuestro Dios nos da". **30** Pero Sehón, rey de Hesbón, no quiso dejarnos pasar por su tierra*¹* porque el SEÑOR tu Dios endureció su espíritu e hizo obstinado su corazón, a fin de entregarlo en tus manos, como *lo está* hoy. **31** Y el SEÑOR me dijo: "Mira, he comenzado a entregar a Sehón y su tierra en tus manos*¹*. Comienza a ocupar*la²* para que poseas la tierra".

2:24
Algunas naciones fueron salvadas y otras derrotadas
Dios trataba con cada nación de manera distinta. Algunas eran pecadoras y merecían el juicio. Otras eran usadas como herramientas para castigar a Israel por desobedecerlo. Algunas naciones, como los amorreos, habían tenido muchas oportunidades de arrepentirse del mal antes de que Dios las destruyera.

2:25
Dios hizo que los enemigos de Israel le temieran
Todas las culturas en ese entonces veían las victorias militares como una intervención divina. Cuando oyeron que Israel había sido liberado de Egipto, supieron que eso había sido obra de Dios. Tenían miedo de Israel, porque sabían que su Dios era más poderoso que los dioses de ellos.

32 »Entonces Sehón salió con[1] todo su pueblo a encontrarnos en batalla en Jahaza. **33** Y el SEÑOR nuestro Dios lo entregó a[1] nosotros; y lo derrotamos[2] a él, a sus hijos y a todo su pueblo. **34** En aquel tiempo tomamos todas sus ciudades, y exterminamos[1] a hombres, mujeres y niños de cada ciudad[2]. No dejamos ningún sobreviviente. **35** Tomamos solamente como nuestro botín los animales y los despojos de las ciudades que habíamos capturado. **36** Desde Aroer, que está a la orilla del valle del Arnón, y *desde* la ciudad que está en el valle[1], aun hasta Galaad, no hubo ciudad inaccesible[2] para nosotros; el SEÑOR nuestro Dios nos[3] *las* entregó todas. **37** Pero, conforme a todo lo que el SEÑOR nuestro Dios había prohibido[1], no te acercaste a la tierra de los amonitas, a todo lo largo del arroyo Jaboc, ni a las ciudades del monte.

DERROTA DEL REY DE BASÁN

3 »Volvimos, pues, y subimos por el camino de Basán, y Og, rey de Basán, nos salió al encuentro con[1] todo su pueblo para pelear en Edrei. **2** Pero el SEÑOR me dijo: "No le tengas miedo, porque Yo lo he entregado en tu mano a todo su pueblo y su tierra; y harás con él tal como hiciste con Sehón, rey de los amorreos, que habitaba en Hesbón". **3** Así que el SEÑOR nuestro Dios también entregó en nuestra mano a Og, rey de Basán, con todo su pueblo, y los[1] herimos hasta que no quedaron sobrevivientes[2]. **4** Conquistamos en aquel entonces todas sus ciudades; no quedó ciudad que no les tomáramos: sesenta ciudades, toda la región de Argob, el reino de Og en Basán. **5** Todas estas eran ciudades fortificadas con altas murallas, puertas y barras, aparte de muchos otros pueblos sin murallas. **6** Las destruimos totalmente[1], como hicimos con Sehón, rey de Hesbón, exterminando[2] a todos los hombres, mujeres y niños de cada ciudad[3]. **7** Pero tomamos como nuestro botín todos los animales y los despojos de las ciudades.

8 »Tomamos entonces la tierra de mano de los dos reyes de los amorreos que estaban del otro lado del Jordán, desde el valle[1] del Arnón hasta el monte Hermón **9** (los sidonios llaman Sirión, a Hermón, y los amorreos lo llaman Senir): **10** todas las ciudades de la meseta, todo Galaad y todo Basán, hasta Salca y Edrei, ciudades del reino de Og en Basán. **11** Porque solo Og, rey de Basán, quedaba de los gigantes[1]. Su[2] cama era una cama de hierro; está en Rabá, ciudad de los amonitas. Tenía 9 codos (4 metros) de largo y 4 codos (1.6 metros) de ancho, según el codo de un hombre.

RUBÉN, GAD Y MANASÉS SE ESTABLECEN

12 »Tomamos posesión, pues, de esta tierra en aquel tiempo. Desde Aroer, que está en el valle[1] del Arnón, y la mitad de la región montañosa de Galaad y sus ciudades, se la di a los rubenitas y a los gaditas. **13** Y el resto de Galaad y todo Basán,

2:34
Algunas naciones fueron destruidas por completo
Algunas naciones eran tan malvadas que Dios quiso eliminarlas. Los israelitas tenían que destruir todo y a todos en esos países.

3:11
Una cama grande para Og
Esta cama de 4 por 1.6 metros probablemente no era donde dormía en realidad Og, sino que puede haber sido un ataúd de piedra, también conocido como sarcófago.

2:32 [1] Lit. *él y.*   2:33 [1] Lit. *delante de.*   [2] Lit. *herimos.*   2:34 [1] O *dedicamos al anatema.*   [2] Lit. *toda ciudad de hombres.*   2:36 [1] O *torrente.*   [2] O *fuerte.*   [3] Lit. *delante de nosotros.*   2:37 [1] Lit. *ordenado.*   3:1 [1] Lit. *él y.*   3:3 [1] Lit. *lo.*   [2] Lit. *no le quedó sobreviviente.*   3:6 [1] O *Las dedicamos al anatema.*   [2] O *dedicando al anatema.*   [3] Lit. *toda ciudad de hombres.*   3:8 [1] O *torrente.*   3:11 [1] Heb. *refaím.*   [2] Lit. *He aquí, su.*   3:12 [1] O *torrente.*

el reino de Og, toda la región de Argob, se la di a la media tribu de Manasés. (En cuanto a todo Basán, se le llama la tierra de los gigantes¹. **14** Jair, hijo de Manasés, tomó toda la región de Argob hasta la frontera con Gesur y Maaca, y la¹ llamó, *es decir a* Basán, según su propio nombre, Havot Jair², *como se llama* hasta hoy. **15** A Maquir le di Galaad. **16** A los rubenitas y a los gaditas les di desde Galaad hasta el valle¹ del Arnón, el medio del valle¹ como² frontera, hasta el arroyo Jaboc, frontera de los amonitas; **17** también el Arabá, con el Jordán como¹ frontera, desde el Cineret² hasta el mar del Arabá, el mar Salado³, al pie⁴ de las laderas del Pisga al oriente.

18 »En aquel tiempo yo les ordené a ustedes: "El SEÑOR su Dios les ha dado esta tierra para poseerla. Todos ustedes, hombres valientes, cruzarán armados delante de sus hermanos, los israelitas. **19** Pero sus mujeres, sus pequeños y su ganado (yo sé que ustedes tienen mucho ganado) permanecerán en las ciudades que les he dado, **20** hasta que el SEÑOR dé reposo a sus compatriotas como a ustedes, y ellos posean también la tierra que el SEÑOR, Dios de ustedes, les dará al otro lado del Jordán. Entonces podrán volver cada hombre a la posesión que les he dado".

21 »En aquel tiempo le ordené a Josué: "Tus ojos han visto todo lo que el SEÑOR, Dios de ustedes, ha hecho a estos dos reyes; así hará el SEÑOR a todos los reinos por los cuales vas a pasar. **22** No les teman, porque el SEÑOR su Dios es el que pelea por ustedes".

NO SE LE CONCEDE A MOISÉS CRUZAR EL JORDÁN

23 »Yo también supliqué al SEÑOR en aquel tiempo: **24** "Oh Señor DIOS¹, Tú has comenzado a mostrar a Tu siervo Tu grandeza y Tu mano poderosa; porque ¿qué dios hay en los cielos o en la tierra que pueda hacer obras y hechos *tan* poderosos como los Tuyos? **25** Permíteme, te suplico, cruzar y ver la buena tierra que está al otro lado del Jordán, aquella¹ buena región montañosa y el Líbano".

26 »Pero el SEÑOR se enojó conmigo por causa de ustedes, y no me escuchó; y el SEÑOR me dijo: "¡Basta!¹ No me hables más de esto. **27** Sube a la cumbre del monte Pisga y alza tus ojos al occidente, al norte, al sur y al oriente, y mír*ala* con tus propios ojos, porque tú no cruzarás este Jordán. **28** Pero encarga a Josué, y anímalo y fortalécelo, porque él pasará a la cabeza¹ de este pueblo, y él les dará por heredad la tierra *que* tú verás". **29** Así que nos quedamos en el valle frente a Bet Peor.

3:18-20
Cómo se protegían las mujeres y los niños cuando el ejército salía a pelear
Los muchachos (de menos de veinte años) y los adultos mayores se quedaban con las mujeres y los niños. Algunos hombres estaban exentos de ir a la guerra si tenían cosechas nuevas o se habían casado recientemente.

3:27
Pisga
Moisés quería ver la tierra prometida. Así que Dios le dijo que subiera a esta cumbre para que pudiera verla.

Todd Bolen/www.BiblePlaces.com

3:13 ¹ Heb. *refaím.*   3:14 ¹ Lit. *las.*   ² I.e. las aldeas de Jair.   3:16 ¹ O *torrente.*   ² Lit. *y.*   3:17 ¹ Lit. *debajo de la.*   ² I.e. mar de Galilea.   ³ O *mar Muerto.* ⁴ Lit. *debajo.*   3:24 ¹ Heb. *YHWH,* generalmente traducido *SEÑOR.*   3:25 ¹ Lit. *esta.*   3:26 ¹ Lit. *¡Basta de tu parte!*   3:28 ¹ Lit. *delante.*

MOISÉS EXHORTA AL PUEBLO A LA OBEDIENCIA

4 »Ahora pues, oh Israel, escucha los estatutos y los decretos que yo les enseño para que los cumplan, a fin de que vivan y entren a tomar posesión de la tierra que el SEÑOR, el Dios de sus padres, les da. **2** Ustedes no añadirán *nada* a la palabra que yo les mando, ni quitarán *nada* de ella, para que guarden los mandamientos del SEÑOR su Dios que yo les mando. **3** Sus ojos han visto lo que el SEÑOR hizo en el caso de Baal Peor, pues a todo hombre que siguió a Baal Peor, el SEÑOR, su Dios lo destruyó de en medio de ti. **4** Pero ustedes, que permanecieron fieles al SEÑOR su Dios, todos están vivos hoy.

5 »Miren, yo les he enseñado estatutos y decretos tal como el SEÑOR mi Dios me ordenó, para que así los cumplan en medio de la tierra en que van a entrar para poseerla. **6** Así que guárden*los* y pónganlos por obra, porque esta será su sabiduría y su inteligencia ante los ojos de los pueblos que al escuchar todos estos estatutos, dirán: "Ciertamente esta gran nación es un pueblo sabio e inteligente". **7** Porque, ¿qué nación grande hay que tenga un dios tan cerca de ella como está el SEÑOR nuestro Dios siempre que lo invocamos? **8** ¿O qué nación grande hay que tenga estatutos y decretos tan justos como toda esta ley que hoy pongo delante de ustedes?

ISRAEL EN HOREB

9 »Por tanto, cuídate y guarda tu alma con diligencia, para que no te olvides de las cosas que tus ojos han visto, y no se aparten de tu corazón todos los días de tu vida; sino que las hagas saber a tus hijos y a tus nietos. **10** *Recuerda* el día que estuviste delante del SEÑOR tu Dios en Horeb, cuando el SEÑOR me dijo: "Reúneme el pueblo para que Yo les haga oír Mis palabras, a fin de que aprendan a temerme¹ todos los días que vivan sobre la tierra y *las* enseñen a sus hijos". **11** Ustedes se acercaron, pues, y permanecieron al pie del monte, y el monte ardía en fuego hasta el mismo cielo¹: oscuridad, nube y densas tinieblas.

12 »Entonces el SEÑOR les habló de en medio del fuego; oyeron su voz¹, solo la voz², pero no vieron figura alguna. **13** Y Él les declaró Su pacto, el cual les mandó poner por obra: *esto es,* los Diez Mandamientos, y los¹ escribió en dos tablas de piedra. **14** El SEÑOR me ordenó en aquella ocasión que les enseñara estatutos y decretos, a fin de que los cumplieran en la tierra a la cual van a entrar para poseerla.

ADVERTENCIA CONTRA LA IDOLATRÍA

15 »Así que tengan mucho cuidado, ya que no vieron ninguna figura el día en que el SEÑOR

4:15-19
Por qué los ídolos resultaban tentadores

En ese tiempo, la gente solía adorar estatuas u otros objetos que representaban a alguno de sus dioses. Los israelitas habían escuchado la voz de Dios, pero no lo habían visto de manera física, así que podían sentirse tentados a adorar algo que pudieran ver.

4:10 ¹ O reverenciarme.   4:11 ¹ Lit. *el corazón de los cielos.*
4:12 ¹ O *el sonido de palabras.*   ² O *el sonido.*   4:13 ¹ Lit. *las diez palabras y las.*

les habló en Horeb de en medio del fuego; **16** no sea que se corrompan y hagan para ustedes una imagen tallada semejante a cualquier figura: semejanza de varón o de hembra, **17** semejanza de cualquier animal que está en la tierra, semejanza de cualquier ave que vuela en el cielo, **18** semejanza de cualquier animal que se arrastra sobre la tierra, semejanza de cualquier pez que *hay* en las aguas debajo de la tierra. **19** *Y ten cuidado,* no sea que levantes los ojos al cielo y veas el sol, la luna, las estrellas y todo el ejército del cielo, y seas impulsado a adorarlos y servirlos, *cosas* que el SEÑOR tu Dios ha concedido a todos los pueblos debajo de todos los cielos. **20** Pero a ustedes el SEÑOR los ha tomado y los ha sacado del horno de hierro, de Egipto, para que fueran pueblo de Su heredad como *lo son* ahora.

21 »Y el SEÑOR se enojó conmigo por causa de ustedes, y juró que yo no pasaría el Jordán, ni entraría en la buena tierra que el SEÑOR tu Dios te da por heredad. **22** Porque yo moriré en esta tierra, no cruzaré el Jordán; pero ustedes pasarán y tomarán posesión de esta buena tierra. **23** Tengan cuidado, pues, no sea que olviden el pacto que el SEÑOR su Dios hizo con ustedes, y se hagan imagen tallada en forma de cualquier cosa que el SEÑOR tu Dios te ha prohibido[1]. **24** Porque el SEÑOR tu Dios es fuego consumidor, un Dios celoso.

25 »Cuando hayan engendrado hijos y nietos, y hayan permanecido largo *tiempo* en la tierra, y se corrompan y hagan un ídolo[1] en forma de cualquier cosa, y hagan lo que es malo ante los ojos del SEÑOR su Dios para provocarlo a ira, **26** hoy pongo por testigo contra ustedes al cielo y a la tierra, que pronto serán totalmente exterminados de la tierra donde van a pasar el Jordán para poseerla. No vivirán por mucho tiempo[1] en ella, sino que serán totalmente destruidos. **27** El SEÑOR los dispersará entre los pueblos, y quedarán pocos en número entre las naciones adonde el SEÑOR los llevará. **28** Allí ustedes servirán a dioses hechos por manos de hombre, de madera y de piedra, que no ven, ni oyen, ni comen, ni huelen.

29 »Pero desde allí buscarás[1] al SEÑOR tu Dios, y *lo* hallarás si lo buscas con todo tu corazón y con toda tu alma. **30** En los postreros días, cuando estés angustiado y todas esas cosas te sobrevengan, volverás al SEÑOR tu Dios y escucharás Su voz. **31** Pues el SEÑOR tu Dios es Dios compasivo; no te abandonará, ni te destruirá, ni olvidará el pacto que Él juró a tus padres.

32 »Ciertamente, pregunta ahora acerca de los tiempos[1] pasados que fueron antes de ti, desde el día en que Dios creó al hombre[2] sobre la tierra; *averigua* desde un extremo de los cielos hasta el otro. ¿Se ha hecho cosa tan grande como esta, o se ha oído *algo* como esto? **33** ¿Ha oído pueblo *alguno* la voz de Dios, hablando de en medio del fuego, como tú *la* has oído, y ha sobrevivido? **34** ¿O ha intentado dios *alguno* tomar para sí una nación de en medio de *otra* nación, con pruebas, con señales y maravillas, con guerra y mano fuerte y con brazo extendido y hechos aterradores[1], como[2] el SEÑOR

4:20
El pueblo de su heredad
Los israelitas eran el pueblo que Dios había escogido para que lo representara. Ellos también habían recibido una herencia de parte de Dios: su tierra y el conocimiento del Dios verdadero que ninguna otra nación poseía.

4:24
Fuego consumidor
Esta imagen de un fuego mostraba lo serio que sería el enojo de Dios si su pueblo era desleal y adoraba a los ídolos.

4:26
Dios llamó al cielo y a la tierra por testigos
En los tratados antiguos, cada persona o nación llamaba a sus dioses como testigos, ya que creían que ellos tenían el poder de reforzar el pacto. Como no hay nadie superior a Dios, él llamó al cielo y la tierra como testigos. Esto también les recordaba a los israelitas que si quebrantaban el pacto, las consecuencias serían los desastres naturales y las malas cosechas.

4:33
Por qué Dios eligió a los israelitas como su pueblo escogido
Ellos no eran especiales y no se ganaron el favor de Dios más que alguna otra nación. Elegirlos puede haber sido una cuestión del tiempo de Dios, que usó a los israelitas como instrumentos para llevar su bendición al mundo entero.

4:23 [1] Lit. *ordenado.*   4:25 [1] O *imagen tallada.*   4:26 [1] Lit. *No prolongarán sus días.*   4:29 [1] Lit. *buscarán.*   4:32 [1] Lit. *días.*   [2] O a *Adán.*   4:34 [1] O *grandes terrores.*   [2] Lit. *conforme a todo lo que.*

tu Dios hizo por ti en Egipto delante de tus ojos? **35** A ti te fue mostrado, para que supieras que el SEÑOR, Él es Dios; ningún otro hay fuera de Él.

36 »Desde los cielos el SEÑOR te hizo oír Su voz para disciplinarte[1]; y sobre la tierra te hizo ver Su gran fuego, y oíste Sus palabras de en medio del fuego. **37** Porque[1] Él amó a tus padres, por eso escogió a su descendencia[2] después de ellos; y personalmente[3] te sacó de Egipto con Su gran poder, **38** expulsando[1] delante de ti naciones más grandes y más poderosas que tú, para hacerte entrar y darte la tierra de ellos por heredad, como *sucede* hoy. **39** Por tanto, reconoce hoy y reflexiona en tu corazón, que el SEÑOR es Dios arriba en los cielos y abajo en la tierra; no hay otro. **40** Así pues, guardarás Sus estatutos y Sus mandamientos que yo te ordeno hoy, a fin de que te vaya bien a ti y a tus hijos después de ti, y para que prolongues tus días sobre la tierra que el SEÑOR tu Dios te da para siempre».

LAS CIUDADES DE REFUGIO

41 Entonces Moisés designó[1] tres ciudades al otro lado del Jordán, al oriente[2], **42** para que huyera allí el que involuntariamente[1] hubiera matado a su vecino sin haber tenido enemistad contra él en el pasado; y huyendo a una de estas ciudades, salvara su vida: **43** Beser en el desierto, sobre la meseta, para los rubenitas, Ramot en Galaad para los gaditas, y Golán en Basán para los de Manasés.

44 Esta es, pues, la ley que Moisés puso delante de los israelitas. **45** Estos son los testimonios, los estatutos y las ordenanzas que Moisés dio[1] a los israelitas cuando salieron de Egipto, **46** al otro lado del Jordán en el valle frente a Bet Peor, en la tierra de Sehón, rey de los amorreos, que habitaba en Hesbón, a quien Moisés y los israelitas derrotaron[1] cuando salieron de Egipto. **47** Y tomaron posesión de su tierra y de la tierra de Og, rey de Basán, los dos reyes de los amorreos que *estaban* al otro lado del Jordán hacia el oriente[1], **48** desde Aroer, que está a la orilla del valle[1] del Arnón, hasta el monte Sión, es decir, Hermón, **49** con todo el Arabá al otro lado del Jordán, al oriente, hasta el mar del Arabá, al pie[1] de las laderas del monte Pisga.

LOS DIEZ MANDAMIENTOS

5 Entonces llamó Moisés a todo Israel y les dijo: «Oye, oh Israel, los estatutos y ordenanzas que hablo hoy a oídos de ustedes, para que los aprendan y pongan por obra[1]. **2** El SEÑOR nuestro Dios hizo un pacto con nosotros en Horeb. **3** No hizo el SEÑOR este pacto con nuestros padres, sino con nosotros, *con* todos aquellos de nosotros[1] que estamos vivos aquí hoy. **4** Cara a cara el SEÑOR habló con ustedes en el monte de en medio del fuego, **5** *mientras* yo estaba en aquella ocasión entre el SEÑOR y ustedes para declararles

4:40
Israel no iba a mantener la tierra *para siempre*

Dios les daba la tierra siempre y cuando obedecieran sus mandamientos. Desafortunadamente, Israel desobedeció a Dios y terminaron perdiéndola.

5:1
Moisés repitió los Diez Mandamientos

Antes de que los israelitas entraran a la tierra prometida, Moisés quería recordarles la ley y explicársela un poco mejor, especialmente a los jóvenes.

4:36 [1] O *enseñarte.*   4:37 [1] Lit. *Y al contrario, porque.*   [2] Lit. *simiente.*   [3] Lit. *con su presencia.*   4:38 [1] Lit. *desposeyendo.*   4:41 [1] Lit. *separó.*   [2] Lit. *hacia la salida del sol.*   4:42 [1] Lit. *sin saber.*   4:45 [1] Lit. *habló.*   4:46 [1] Lit. *hirieron.*   4:47 [1] Lit. *hacia la salida del sol.*   4:48 [1] O *torrente.*   4:49 [1] Lit. *debajo.*   5:1 [1] Lit. *y observen para hacerlos.*   5:3 [1] Lit. *nosotros mismos.*

5:6-21
Aún usamos los Diez Mandamientos en la actualidad

Las leyes de Dios muestran lo que él espera como un buen comportamiento. También muestran lo pecadores que somos; nunca podemos guardar todos los mandamientos a la perfección. Afortunadamente, Jesucristo les ofrece salvación a todas las personas, porque nunca podríamos ganarla por nuestros esfuerzos. Los mandamientos les enseñan ahora a los cristianos cómo vivir con gratitud hacia Dios y tratar a los demás con mucho amor.

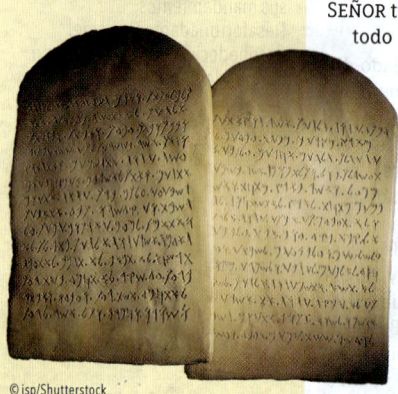

© jsp/Shutterstock

5:9-10
Por qué los mandamientos incluían consecuencias para el futuro

Esta forma de expresarse se usaba en los tratados de la antigüedad. Si las personas rompían el acuerdo, entonces las consecuencias afectarían a familias enteras por muchos años. Si lo obedecían, sus descendientes serían recompensados.

la palabra del SEÑOR, porque temían a causa del fuego y no subieron al monte. Y Él dijo[1]:

6 "Yo soy el SEÑOR tu Dios, que te saqué de la tierra de Egipto, de la casa de servidumbre[1].

7 "No tendrás otros dioses delante de[1] Mí.

8 "No te harás ningún ídolo[1], *ni* semejanza alguna de lo que está arriba en el cielo, ni abajo en la tierra, ni en las aguas debajo de la tierra. **9** No los adorarás ni los servirás; porque Yo, el SEÑOR tu Dios, soy Dios celoso, que castigo la iniquidad de los padres sobre los hijos, y sobre la tercera y la cuarta *generación* de los que me aborrecen, **10** pero que muestro misericordia a millares, a los que me aman y guardan Mis mandamientos.

11 "No tomarás en vano el nombre del SEÑOR tu Dios, porque el SEÑOR no tendrá por inocente a quien tome Su nombre en vano.

12 "Guardarás el día de reposo para santificarlo, como el SEÑOR tu Dios lo ha mandado. **13** Seis días trabajarás y harás todo tu trabajo, **14** mas el séptimo día es día de reposo para el SEÑOR tu Dios; no harás *en él* ningún trabajo, tú, ni tu hijo, ni tu hija, ni tu siervo, ni tu sierva, ni tu buey, ni tu asno, ni ninguno de tus animales, ni el extranjero que está contigo[1], para que tu siervo y tu sierva también descansen como tú. **15** Acuérdate que fuiste esclavo en la tierra de Egipto, y que el SEÑOR tu Dios te sacó de allí con mano fuerte y brazo extendido; por tanto, el SEÑOR tu Dios te ha ordenado que guardes el día de reposo.

16 "Honra a tu padre y a tu madre, como el SEÑOR tu Dios te ha mandado, para que tus días sean prolongados y te vaya bien en la tierra que el SEÑOR tu Dios te da.

17 "No matarás[1].

18 "No cometerás adulterio.

19 "No hurtarás.

20 "No darás falso testimonio contra tu prójimo.

21 "No codiciarás la mujer de tu prójimo, y no desearás la casa de tu prójimo, *ni* su campo, ni su siervo, ni su sierva, *ni* su buey, ni su asno, ni nada que sea de tu prójimo".

22 »Estas palabras habló el SEÑOR a toda la asamblea de ustedes en el monte, de en medio del fuego, *de* la nube y *de* las densas tinieblas con una gran voz, y no añadió más. Y las escribió en dos tablas de piedra y me las dio. **23** Y cuando ustedes oyeron la voz de en medio de las tinieblas, mientras el monte ardía con fuego, se acercaron a mí, todos los jefes[1] de sus tribus y sus ancianos, **24** y dijeron: "El SEÑOR nuestro Dios nos ha mostrado Su gloria y Su grandeza, y hemos oído Su voz de en medio del fuego; hoy hemos visto que Dios habla con el hombre, y *este aún* vive. **25** Ahora pues, ¿por qué hemos de morir? Porque este gran fuego nos consumirá; si seguimos oyendo la voz del SEÑOR nuestro Dios, entonces

5:5 [1] Lit. *Diciendo.*   5:6 [1] Lit. *de esclavos.*   5:7 [1] O *además de, o junto a.*
5:8 [1] O *ninguna imagen tallada.*   5:14 [1] Lit. *tu peregrino que está en tus puertas.*
5:17 [1] O *No asesinarás.*   5:23 [1] Lit. *todas las cabezas.*

moriremos. **26** Porque, ¿qué hombre[1] hay que haya oído la voz del Dios vivo hablando de en medio del fuego, como nosotros, y haya sobrevivido? **27** Acércate tú, y oye lo que el SEÑOR nuestro Dios dice; entonces dinos todo lo que el SEÑOR nuestro Dios te diga, y *lo* escucharemos y *lo* haremos".

28 »El SEÑOR oyó la voz de las palabras de ustedes cuando me hablaron y el SEÑOR me dijo: "He oído la voz de las palabras de este pueblo, que ellos te han hablado. Han hecho bien en todo lo que han dicho. **29** ¡Oh, si ellos tuvieran tal corazón que me temieran, y guardaran siempre todos Mis mandamientos, para que les fuera bien a ellos y a sus hijos para siempre! **30** Ve y diles: 'Vuelvan a sus tiendas'. **31** Pero tú, quédate aquí conmigo, para que Yo te diga todos los mandamientos, los estatutos y los decretos que les enseñarás, a fin de que *los* cumplan en la tierra que les doy en posesión".

32 Así que cuiden de hacer tal como el SEÑOR su Dios les ha mandado; no se desvíen a la derecha ni a la izquierda. **33** Anden en todo el camino que el SEÑOR su Dios les ha mandado, a fin de que vivan y les vaya bien, y prolonguen *sus* días en la tierra que van a poseer.

EXHORTACIONES Y ADVERTENCIAS

6 »Estos, pues, son los mandamientos, los estatutos y los decretos que el SEÑOR su Dios *me* ha mandado que les enseñe, para que *los* cumplan en la tierra que van a poseer, **2** para que temas al SEÑOR tu Dios, guardando todos Sus estatutos y Sus mandamientos que yo te ordeno, tú y tus hijos y tus nietos, todos los días de tu vida, para que tus días sean prolongados. **3** Escucha, pues, oh Israel, y cuida[1] de hacer*lo,* para que te vaya bien y te multipliques en gran manera, *en* una tierra que mana leche y miel, tal como el SEÑOR, el Dios de tus padres, te ha prometido.

4 »Escucha, oh Israel, el SEÑOR es nuestro Dios, el SEÑOR uno es. **5** Amarás al SEÑOR tu Dios con todo tu corazón, con toda tu alma y con toda tu fuerza. **6** Estas palabras que yo te mando hoy, estarán sobre tu corazón. **7** Las enseñarás diligentemente a tus hijos, y hablarás de ellas cuando te sientes en tu casa y cuando andes por el camino, cuando te acuestes y cuando te levantes. **8** Las atarás como una señal a tu mano, y serán por insignias[1] entre tus ojos. **9** Las escribirás en los postes de tu casa y en tus puertas.

10 »Y sucederá que cuando el SEÑOR tu Dios te traiga a la tierra que juró a tus padres Abraham, Isaac y Jacob, que te daría, *una tierra con* grandes y espléndidas ciudades que tú no edificaste, **11** y casas llenas de toda buena cosa que tú no llenaste, y cisternas cavadas que tú no cavaste, viñas y olivos que tú no plantaste, y comas y te sacies; **12** entonces ten cuidado, no sea que te olvides del SEÑOR que te sacó de la tierra de Egipto, de la casa de servidumbre[1]. **13** Temerás[1] solo al SEÑOR tu Dios; y a Él adorarás[2] y jurarás por Su nombre. **14** No seguirán

6:4
El significado de «el SEÑOR uno es»
Hay un solo Dios, y él es inigualable, único en su género.

6:4-9
Estos cinco versículos siguen siendo especiales hoy en día
Estos versículos son conocidos como la *Shemá,* que es la palabra hebrea para «escuchar». La misma se ha convertido en la confesión de fe judía, y el pueblo judío la sigue recitando hasta hoy.

iStock.com/peterspiro

5:26 [1] Lit. *carne.*　　6:3 [1] Lit. *y guarda.*　　6:8 [1] O *frontales.*
6:12 [1] Lit. *de esclavos.*　　6:13 [1] O *Reverenciarás.*　　[2] O *servirás.*

6:10-11

Por qué Israel tomó las tierras y las propiedades de otros pueblos

Esto era un castigo para los malvados amorreos y la forma de Dios de cumplir la promesa hecha a Abraham. Dios le daba a su pueblo la tierra siempre y cuando le fueran fieles. Más tarde, cuando los israelitas se alejaron de Dios, la tierra les fue quitada.

6:16

Masah

Este era uno de los lugares donde los israelitas se quejaron con Moisés por no tener agua. El pueblo no confió en que Dios podía cuidar de ellos. Así que el Señor le dijo a Moisés que golpeara la roca con su vara y el agua brotó en abundancia.

7:2-6

El Señor les dijo a los israelitas que no tuvieran misericordia con los cananeos

Dios quería que su pueblo se mantuviera alejado de las prácticas religiosas falsas, por eso les dijo que destruyeran a los cananeos. Esto también les advertía a los israelitas sobre el castigo por alejarse de Dios.

a otros dioses, a ninguno de los dioses de los pueblos que los rodean, **15** porque el SEÑOR tu Dios, que está en medio de ti, es Dios celoso, no sea que se encienda la ira del SEÑOR tu Dios contra ti, y Él te borre[1] de la superficie de la tierra.

16 »No pondrán a prueba al SEÑOR su Dios, como *lo* hicieron en Masah. **17** Ustedes deben guardar diligentemente los mandamientos del SEÑOR su Dios, y Sus testimonios y Sus estatutos que te ha mandado. **18** Harás lo que es justo y bueno a los ojos del SEÑOR, para que te vaya bien, y para que entres y tomes posesión de la buena tierra que el SEÑOR juró *que daría* a tus padres, **19** echando fuera a todos tus enemigos de delante de ti, como el SEÑOR ha dicho.

20 »Cuando en el futuro tu hijo te pregunte: "¿Qué *significan* los testimonios y los estatutos y los decretos que el SEÑOR nuestro Dios les ha mandado?", **21** entonces dirás a tu hijo: "Nosotros éramos esclavos de Faraón en Egipto, y el SEÑOR nos sacó de Egipto con mano fuerte. **22** Además, el SEÑOR hizo grandes y temibles señales y maravillas delante de nuestros ojos contra Egipto, contra Faraón y contra toda su casa; **23** y nos sacó de allí para traernos y darnos la tierra que Él había jurado *dar* a nuestros padres". **24** Así que el SEÑOR nos mandó que observáramos todos estos estatutos, y que temiéramos siempre al SEÑOR nuestro Dios para nuestro bien y para preservarnos la vida, como *hasta* hoy. **25** Y habrá justicia para nosotros si cuidamos de[1] observar todos estos mandamientos delante del SEÑOR nuestro Dios, tal como Él nos ha mandado.

ADVERTENCIA CONTRA LA IDOLATRÍA

7 »Cuando el SEÑOR tu Dios te haya introducido en la tierra donde vas a entrar para poseerla y haya echado de delante de ti a muchas naciones: los hititas, los gergeseos, los amorreos, los cananeos, los ferezeos, los heveos y los jebuseos, siete naciones más grandes y más poderosas que tú, **2** y cuando el SEÑOR tu Dios los haya entregado delante

6:15 [1] Lit. *destruya.*   6:25 [1] Lit. *guardamos para.*

PUNTOS DÉBILES

Los pecados del pueblo de Dios registrados en Deuteronomio

	Pasaje
Se niegan a entrar en la tierra prometida	1:26-36
Desobedecen a Dios peleando contra los amorreos	1:41-46
Adoran al becerro de oro	9:7-17
Se quejan en Tabera	9:22; ver Números 11:1-3
Se quejan en Masah (y Meriba)	9:22; ver Éxodo 17:1-7
Se quejan del maná en Kibrot Hataava	9:22; ver Números 11:18-20,31-35

de ti, y los hayas derrotado[1], los destruirás por completo[2]. No harás alianza con ellos ni te apiadarás de ellos. **3** No contraerás matrimonio con ellos; no darás tus hijas[1] a sus hijos[2], ni tomarás sus hijas[3] para tus hijos[4]. **4** Porque ellos apartarán[1] a tus hijos[2] de seguirme para servir a otros dioses; entonces la ira del SEÑOR se encenderá contra ti, y Él pronto te destruirá. **5** Pero así harán ustedes con ellos: derribarán sus altares, destruirán sus pilares *sagrados,* y cortarán sus imágenes de Asera[1], y quemarán a fuego sus imágenes talladas.

UN PUEBLO SANTO PARA EL SEÑOR

6 »Porque tú eres pueblo santo para el SEÑOR tu Dios; el SEÑOR tu Dios te ha escogido para ser pueblo Suyo[1] de entre todos los pueblos que están sobre la superficie de la tierra. **7** El SEÑOR no puso Su amor en ustedes ni los escogió por ser ustedes más numerosos que otro pueblo, pues eran el más pequeño de todos los pueblos; **8** mas porque el SEÑOR los amó y guardó el juramento que hizo a sus padres, el SEÑOR los sacó con mano fuerte y los redimió de casa de servidumbre[1], de la mano de Faraón, rey de Egipto. **9** Reconoce, pues, que el SEÑOR tu Dios es Dios, el Dios fiel, que guarda Su[1] pacto y Su[2] misericordia hasta mil generaciones con aquellos que lo aman y guardan Sus mandamientos; **10** pero al que lo odia, le da el pago en su misma cara, destruyéndolo; *y* no se tarda *en castigar* al que lo odia, en su misma cara le dará el pago. **11** Guarda, por tanto, el mandamiento y los estatutos y los decretos que yo te mando hoy, para cumplirlos.

BENDICIONES DE LA OBEDIENCIA

12 »Entonces sucederá, que porque escuchas estos decretos y los guardas y los cumples, el SEÑOR tu Dios guardará Su[1] pacto contigo y Su[2] misericordia que juró a tus padres. **13** Te amará, te bendecirá y te multiplicará; también bendecirá el fruto de tu vientre y el fruto de tu tierra, tu cereal, tu vino nuevo, tu aceite, el aumento de tu ganado y las crías de tu rebaño en la tierra que Él juró a tus padres que te daría. **14** Bendito serás más que todos los pueblos; no habrá varón ni hembra estéril en ti, ni en tu ganado. **15** Y el SEÑOR apartará de ti toda enfermedad; y no pondrá sobre ti ninguna de las enfermedades malignas de Egipto que has conocido, sino que las pondrá sobre los que te odian. **16** Destruirás[1] a todos los pueblos que el SEÑOR tu Dios te entregue; tu ojo no tendrá piedad de ellos; tampoco servirás a sus dioses, porque esto *sería* un tropiezo[2] para ti.

17 »Si dijeras en tu corazón: "Estas naciones son más poderosas que yo, ¿cómo podré desposeerlas?". **18** No tengas temor de ellas; recuerda bien lo que el SEÑOR tu Dios hizo a Faraón y a todo Egipto: **19** las grandes pruebas que tus ojos vieron, las

7:16

A los israelitas se les dijo que no debían tener piedad

Ellos estaban llevando a cabo el juicio de Dios. Tenían que mostrar la determinación de Dios y el compromiso del pueblo con los propósitos del Señor.

7:2 [1] Lit. *herido.*   [2] O *ciertamente los dedicarás al anatema.*   7:3 [1] Lit. *tu hija.* [2] Lit. *su hijo.*   [3] Lit. *tu hijo.*   7:4 [1] Lit. *él apartará.*   [2] Lit. *tu hijo.*   7:5 [1] I.e. *símbolos de madera de una deidad femenina.*   7:6 [1] O *su tesoro especial.*   7:8 [1] Lit. *de esclavos.*   7:9 [1] Lit. *el.*   [2] Lit. *la.*   7:12 [1] Lit. *el.*   [2] Lit. *la.*   7:16 [1] Lit. *devorarás.*   [2] Lit. *trampa.*

señales y maravillas, y la mano poderosa y el brazo extendido con el cual el SEÑOR tu Dios te sacó. Así el SEÑOR tu Dios hará con todos los pueblos a los cuales temes. **20** Además, el SEÑOR tu Dios enviará la avispa contra ellos, hasta que perezcan los que queden y se escondan de ti. **21** No te espantes de*ʲ* ellos, porque en medio de ti está el SEÑOR tu Dios, Dios grande y temible.

22 »El SEÑOR tu Dios echará estas naciones de delante de ti poco a poco; no podrás acabar con ellas rápidamente, no sea que las fieras del campo lleguen a ser demasiado numerosas para ti. **23** Pero el SEÑOR tu Dios las entregará delante de ti, y producirá entre ellas*ʲ* gran confusión hasta que perezcan. **24** Entregará en tus manos a sus reyes de modo que harás perecer sus nombres de debajo del cielo; ningún hombre podrá hacerte frente, hasta que tú los hayas destruido *a todos.* **25** Quemarás a fuego las esculturas*ʲ* de sus dioses; no codiciarás la plata ni el oro que las recubren, ni lo tomarás para ti, no sea que por ello caigas en un lazo, porque es abominación al SEÑOR tu Dios. **26** No traerás cosa abominable a tu casa, pues serás anatema*ʲ* como ella; ciertamente la aborrecerás y la abominarás, pues es anatema.

7:25
Ídolos en llamas
El metal había sido usado para hacer una imagen de un dios falso, por eso hasta el metal estaba corrompido a los ojos de Dios y debía ser quemado.

DESCRIPCIÓN DE LA TIERRA PROMETIDA

8 »Todos los mandamientos que yo te ordeno hoy, tendrán cuidado de poner*los* por obra, a fin de que vivan y se multipliquen, y entren y tomen posesión de la tierra que el SEÑOR juró *dar* a sus padres. **2** Y te acordarás de todo el camino por donde el SEÑOR tu Dios te ha traído por el desierto *durante* estos cuarenta años, para humillarte, probándote, a fin de saber lo que había en tu corazón, si guardarías o no Sus mandamientos. **3** Él te humilló, y te dejó tener hambre, y te alimentó con el maná que tú no conocías, ni tus padres habían conocido, para hacerte entender*ʲ* que el hombre no solo vive de pan, sino que vive*²* de todo lo que procede de la boca del SEÑOR. **4** Tu ropa no se gastó sobre ti, ni se hinchó tu pie *durante* estos cuarenta años.

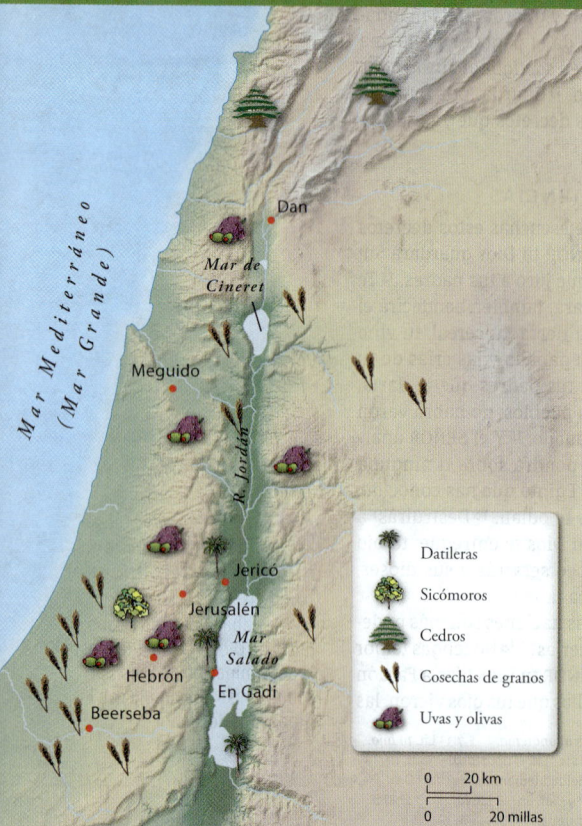

LA AGRICULTURA EN LA TIERRA PROMETIDA

Dan

Mar Mediterráneo (Mar Grande)

Mar de Cineret

Meguido

R. Jordán

Jericó

Jerusalén

Mar Salado

Hebrón

En Gadi

Beerseba

	Datileras
	Sicómoros
	Cedros
	Cosechas de granos
	Uvas y olivas

0   20 km

0   20 millas

7:21 *¹ Lit. de delante de.*   7:23 *¹ Lit. las confundirá con.*   7:25 *¹ O imágenes talladas.*   7:26 *¹ O destruido.*   8:3 *¹ Lit. saber.* *² Lit. el hombre vive.*

5 »Por tanto, debes comprender[i] en tu corazón que el SEÑOR tu Dios te estaba disciplinando, así como un hombre disciplina a su hijo. **6** Guardarás, pues, los mandamientos del SEÑOR tu Dios, para andar en Sus caminos y para temerlo[i]. **7** Porque el SEÑOR tu Dios te trae a una tierra buena, a una tierra de corrientes de aguas, de fuentes y manantiales que fluyen por valles y colinas; **8** una tierra de trigo y cebada, de viñas, higueras y granados; una tierra de aceite de oliva y[i] miel; **9** una tierra donde comerás el pan sin escasez, donde nada te faltará; una tierra cuyas piedras son hierro, y de cuyos montes puedes sacar cobre. **10** Cuando hayas comido y te hayas saciado, bendecirás al SEÑOR tu Dios por la buena tierra que Él te ha dado.

EL PELIGRO DE OLVIDAR A DIOS

11 »Cuídate de no olvidar al SEÑOR tu Dios dejando de guardar Sus mandamientos, Sus ordenanzas y Sus estatutos que yo te ordeno hoy; **12** no sea que cuando hayas comido y te hayas saciado, y hayas construido buenas casas y habitado en ellas, **13** y cuando tus vacas y tus ovejas se multipliquen, y tu plata y oro se multipliquen, y todo lo que tengas se multiplique, **14** entonces tu corazón se enorgullezca[i], y te olvides del SEÑOR tu Dios que te sacó de la tierra de Egipto de la casa de servidumbre[2]. **15** Él te condujo a través del inmenso y terrible desierto, con sus serpientes abrasadoras y escorpiones, tierra sedienta donde no había agua; Él sacó para ti agua de la roca de pedernal. **16** En el desierto te alimentó con el maná que tus padres no habían conocido, para humillarte y probarte, y para finalmente[i] hacerte bien. **17** No sea que digas en tu corazón: "Mi poder y la fuerza de mi mano me han producido esta riqueza". **18** Pero acuérdate del SEÑOR tu Dios, porque Él es el que te da poder para hacer riquezas, a fin de confirmar Su pacto, el cual juró a tus padres como en este día.

19 »Pero sucederá que si alguna vez te olvidas del SEÑOR tu Dios, y vas en pos de otros dioses, y los sirves y los adoras, yo testifico contra ustedes hoy, que ciertamente perecerán. **20** Como las naciones que el SEÑOR destruye delante de ustedes, así perecerán ustedes, porque no oyeron la voz del SEÑOR su Dios.

DIOS DESTRUIRÁ A LAS NACIONES DE CANAÁN

9 »Oye, Israel: Hoy vas a pasar el Jordán para entrar a desposeer a naciones más grandes y más poderosas que tú, ciudades grandes y fortificadas hasta el cielo, **2** un pueblo grande y alto, los hijos de los anaceos, a quienes conoces y de quienes has oído decir: "¿Quién puede resistir ante los hijos de Anac?". **3** Comprende, pues, hoy, que es el SEÑOR tu Dios el que pasa delante de ti como fuego consumidor. Él los destruirá y los humillará delante de ti, para que los expulses[i] y los destruyas rápidamente, tal como el SEÑOR te ha dicho.

4 »No digas en tu corazón cuando el SEÑOR tu Dios los haya echado de delante de ti[i]: "Por mi justicia el SEÑOR me

---

8:3
El significado de «el hombre no solo vive de pan»

La comida es importante para vivir, pero la vida es un regalo de Dios. En el desierto, Dios enseñó a los israelitas a depender solamente de él, que los protegería y les daría agua y comida. Las verdades de Dios son más importantes incluso que la comida. Jesús citó este versículo cuando Satanás lo tentó. (Ver Mateo 4:4 y Lucas 4:4).

9:4
Dios responsabilizó a otras naciones por no adorarlo

Dios se había revelado a la gente desde el comienzo del mundo, pero esos grupos de personas voluntariamente ignoraron a Dios y lo desobedecieron.

8:5 [1] Lit. saber.   8:6 [1] O reverenciarlo.   8:8 [1] O de olivo, aceite y.
8:14 [1] Lit. se levante.   [2] Lit. de esclavos.   8:16 [1] Lit. en tu fin.   9:3 [1] Lit. desposeas.   9:4 [1] Lit. de ti, diciendo.

ha hecho entrar para poseer esta tierra", sino *que es* a causa de la maldad de estas naciones *que* el SEÑOR las expulsa² de delante de ti. **5** No es por tu justicia ni por la rectitud de tu corazón que vas a poseer su tierra, sino que por la maldad de estas naciones el SEÑOR tu Dios las expulsa¹ de delante de ti, para confirmar el pacto² que el SEÑOR juró a tus padres Abraham, Isaac y Jacob. **6** Comprende, pues, que no *es* por tu justicia *que* el SEÑOR tu Dios te da esta buena tierra para poseerla, pues eres un pueblo terco¹.

LA REBELIÓN DE ISRAEL EN HOREB

7 »Acuérdate; no olvides cómo provocaste a ira al SEÑOR tu Dios en el desierto; desde el día en que saliste de la tierra de Egipto hasta que ustedes llegaron a este lugar, han sido rebeldes contra el SEÑOR. **8** Hasta en Horeb provocaron a ira al SEÑOR, y el SEÑOR se enojó tanto contra ustedes que estuvo a punto de destruirlos. **9** Cuando subí al monte para recibir las tablas de piedra, las tablas del pacto que el SEÑOR había hecho con ustedes, me quedé en el monte cuarenta días y cuarenta noches; no comí pan ni bebí agua. **10** El SEÑOR me dio las dos tablas de piedra escritas por el dedo de Dios; y en ellas *estaban* todas las palabras que el SEÑOR les había dicho en el monte, de en medio del fuego, el día de la asamblea.

11 »Y aconteció después de cuarenta días y cuarenta noches, que el SEÑOR me dio las dos tablas de piedra, las tablas del pacto. **12** Entonces el SEÑOR me dijo: "Levántate; baja aprisa de aquí, porque tu pueblo que sacaste de Egipto se ha corrompido. Pronto se han apartado del camino que Yo les había ordenado; se han hecho un ídolo de fundición". **13** También el SEÑOR me habló y dijo: "He visto a este pueblo, y en verdad es un pueblo terco. **14** Déjame que los destruya y borre su nombre de debajo del cielo; y de ti haré una nación más grande y más poderosa que ellos". **15** Y volví, y descendí del monte mientras el monte ardía en fuego, y las dos tablas del pacto estaban en mis dos manos. **16** Y vi que en verdad ustedes habían pecado contra el SEÑOR su Dios. Se habían hecho un becerro de fundición; pronto se habían apartado del camino que el SEÑOR les había ordenado. **17** Tomé las dos tablas, las arrojé de mis manos y las hice pedazos delante de ustedes.

18 »Entonces me postré delante del SEÑOR como al principio, por cuarenta días y cuarenta noches; no comí pan ni bebí agua, a causa de todo el pecado que habían cometido al hacer lo malo ante los ojos del SEÑOR, provocando así Su ira. **19** Porque temí la ira y el furor con que el SEÑOR estaba enojado contra ustedes para destruirlos, pero el SEÑOR me escuchó también esta vez. **20** El SEÑOR se enojó tanto con Aarón que quiso destruirlo; y también intercedí por Aarón al mismo tiempo. **21** Y tomé *el objeto del* pecado de ustedes, el becerro que se habían hecho, y lo quemé en el fuego, y lo hice pedazos,

9:10
Por qué había dos tablas de la ley
Se hizo una tabla para cada parte participante en el acuerdo. Los israelitas conservaron su copia junto con la de Dios dentro del arca del pacto.

9:16
El ídolo del becerro
El becerro era un símbolo conocido de un ídolo en esa época. Los israelitas deben haber estado familiarizados con el ídolo egipcio en forma de toro llamado Apis. Un becerro o toro también simbolizaba al dios cananeo Baal, que era el dios de la fertilidad y la fuerza.

Todd Bolen/www.BiblePlaces.com, tomada en el Museo de Israel

² Lit. *desposee. cerviz.*   9:5 ¹ Lit. *desposee.*   ² Lit. *la palabra.*   9:6 ¹ Lit. *de dura*

desmenuzándolo hasta que quedó tan fino como el polvo; y eché su polvo al arroyo que bajaba del monte.

22 »Nuevamente, en Tabera, en Masah y en Kibrot Hataava, provocaron a ira al SEÑOR. **23** Y cuando el SEÑOR los envió de Cades Barnea, diciendo: "Suban y tomen posesión de la tierra que Yo les he dado", entonces se rebelaron contra la orden[1] del SEÑOR su Dios; no le creyeron, ni escucharon Su voz. **24** Ustedes han sido rebeldes al SEÑOR desde el día en que los conocí.

ORACIÓN DE MOISÉS POR ISRAEL

25 »Entonces me postré delante del SEÑOR los cuarenta días y cuarenta noches, lo cual hice[1] porque el SEÑOR había dicho que los iba a destruir. **26** Oré al SEÑOR, y dije: "Oh Señor DIOS[1], no destruyas a Tu pueblo, a Tu heredad, que Tú has redimido con Tu grandeza, que Tú has sacado de Egipto con mano fuerte. **27** Acuérdate de Tus siervos Abraham, Isaac y Jacob; no mires la dureza de este pueblo ni su maldad ni su pecado. **28** De otra manera los de la tierra de donde Tú nos sacaste dirán: 'Por cuanto el SEÑOR no pudo hacerlos entrar en la tierra que les había prometido[1] y porque los aborreció, los sacó para hacerlos morir en el desierto'. **29** Sin embargo, ellos son Tu pueblo, Tu heredad, a quien Tú has sacado con Tu gran poder y Tu brazo extendido".

RENOVACIÓN DEL PACTO

10 »En aquel tiempo el SEÑOR me dijo: "Lábrate dos tablas de piedra como las anteriores, y sube a Mí al monte, y hazte un arca de madera. **2** Yo escribiré sobre esas tablas las palabras que estaban sobre las primeras tablas que quebraste, y las pondrás en el arca". **3** Hice, pues, un arca de madera de acacia y labré dos tablas de piedra como las anteriores, y subí al monte con las dos tablas en mi mano. **4** Y Él escribió sobre las tablas, conforme a la escritura anterior, los Diez Mandamientos[1] que el SEÑOR les había hablado a ustedes en el monte de en medio del fuego el día de la asamblea; y el SEÑOR me las dio. **5** Entonces me volví y descendí del monte, y puse las tablas en el arca que yo había hecho; y allí están tal como el SEÑOR me ordenó.

6 (Después los israelitas salieron de Beerot Bene Jaacán[1] hacia Mosera. Allí murió Aarón y allí fue sepultado, y su hijo Eleazar ministró como sacerdote en su lugar. **7** De allí salieron hacia Gudgoda; y de Gudgoda hacia Jotbata, una tierra de corrientes de aguas. **8** En aquel tiempo el SEÑOR apartó la tribu de Leví para que llevara el arca del pacto del SEÑOR, y para que estuviera delante del SEÑOR, sirviéndole y bendiciendo en Su nombre hasta el día de hoy. **9** Por tanto, Leví no tiene porción o herencia con sus hermanos; el SEÑOR es su herencia, así como el SEÑOR tu Dios le habló).

10 »Me quedé en el monte cuarenta días y cuarenta noches como la primera vez, y el SEÑOR me escuchó también esta vez; y el SEÑOR no quiso destruirte. **11** Entonces me dijo el

9:25-29
La oración de Moisés
Dios estaba dispuesto a destruir a los israelitas hasta que Moisés le suplicó que los perdonara. Esta puede ser una forma de explicar las acciones de Dios con palabras humanas en lugar de significar que Moisés realmente convenció a Dios.

10:1
El arca de madera
Esta era el arca del pacto. (Ver Éxodo 25:10-12).

9:23 [1] Lit. *boca*.   9:25 [1] Lit. *me postré*.   9:26 [1] Heb. *YHWH*, generalmente traducido *SEÑOR*.   9:28 [1] Lit. *hablado*.   10:4 [1] Lit. *las diez palabras*.
10:6 [1] O *los pozos de los hijos de Jaacán*.

SEÑOR: "Levántate, continúa tu marcha al frente del pueblo, para que entren y tomen posesión de la tierra que Yo juré a sus padres que les daría".

LO QUE DIOS REQUIERE

12 »Y ahora, Israel, ¿qué requiere de ti el SEÑOR tu Dios, sino que temas[1] al SEÑOR tu Dios, que andes en todos Sus caminos, que lo ames y que sirvas al SEÑOR tu Dios con todo tu corazón y con toda tu alma, **13** y que guardes los mandamientos del SEÑOR y Sus estatutos que yo te ordeno hoy para tu bien? **14** Al SEÑOR tu Dios pertenecen los cielos y los cielos de los cielos, la tierra y todo lo que en ella hay. **15** Sin embargo, el SEÑOR se agradó de tus padres, los amó, y escogió a su descendencia[1] después de ellos, *es decir,* a ustedes, de entre todos los pueblos, como *se ve* hoy. **16** Circunciden, pues, su corazón[1], y no sean más tercos. **17** Porque el SEÑOR su Dios es Dios de dioses y Señor de señores, Dios grande, poderoso y temible que no hace acepción de personas ni acepta soborno. **18** Él hace justicia al huérfano y a la viuda, y muestra Su amor al extranjero[1] dándole pan y vestido. **19** Muestren, pues, amor al extranjero, porque ustedes fueron extranjeros en la tierra de Egipto.

20 »Temerás[1] al SEÑOR tu Dios; le servirás, te allegarás[2] a Él y *solo* en Su nombre jurarás. **21** Él es *el objeto de* tu alabanza y Él es tu Dios, que ha hecho por ti estas cosas grandes y portentosas que tus ojos han visto. **22** *Cuando* tus padres descendieron a Egipto *eran* setenta personas, y ahora el SEÑOR tu Dios te ha hecho tan numeroso como las estrellas del cielo.

GRANDEZA Y PODER DEL SEÑOR

11 »Amarás, pues, al SEÑOR tu Dios, y guardarás siempre[1] Sus mandatos, Sus estatutos, Sus ordenanzas y Sus mandamientos. **2** Comprendan ustedes hoy que no *estoy hablando* con sus hijos, los cuales no han visto la disciplina[1] del SEÑOR su Dios: Su grandeza, Su mano poderosa, Su brazo extendido, **3** Sus señales y Sus obras que hizo en medio de Egipto a Faraón, rey de Egipto, y a toda su tierra; **4** lo que hizo al ejército de Egipto, a sus caballos y a sus carros, al hacer que el agua del mar Rojo[1] los cubriera[2] cuando los perseguían a ustedes, y el SEÑOR los destruyó completamente[3]; **5** lo que hizo por ustedes en el desierto hasta que llegaron a este lugar.

6 »También vieron lo que hizo a Datán y Abiram, los hijos de Eliab, hijo de Rubén, cuando la tierra abrió su boca y los tragó a ellos, a sus familias, a sus tiendas y a todo ser viviente[1] que los seguía[2], en medio de todo Israel. **7** Pero ustedes, con sus propios ojos, han visto toda la gran obra que el SEÑOR ha hecho.

OBEDIENCIA Y RECOMPENSA

8 »Guarden, pues, todos los mandamientos que les ordeno hoy, para que sean fuertes, y entren y tomen posesión de la tierra

---

10:17

«Dios de dioses y Señor de señores»

Moisés no tenía la intención de decir que en realidad había otros dioses, sino que usó palabras poéticas para describir la majestad de Dios. Esta expresión significa que Dios está por encima del entendimiento humano y es totalmente asombroso.

11:1

Mandatos, estatutos, ordenanzas y mandamientos

Todas estas palabras se refieren a las leyes de Dios para su pueblo.

11:6

Datán y Abiram

Ellos se unieron a la rebelión de Coré y desafiaron la autoridad de Moisés. Dios los juzgó por su pecado abriendo la tierra y tragándoselos junto con sus familias y sus posesiones. (Ver Números 16:1-34).

10:12 [1] O *reverencies.*　　　10:15 [1] Lit. *simiente.*　　　10:16 [1] Lit. *el prepucio de su corazón.*　　　10:18 [1] O *peregrino; y así en el vers.* 19.　　　10:20 [1] O *Reverencarás.*
[2] Lit. *te adherirás.*　　　11:1 [1] Lit. *todos los días.*　　　11:2 [1] O *instrucción.*
11:4 [1] Lit. *mar de Cañas.*　　　[2] Lit. *corriera sobre sus rostros.*　　　[3] Lit. *hasta hoy.*
11:6 [1] Lit. *toda existencia.*　　　[2] Lit. *que estaba a sus pies.*

a la cual entran para poseerla; **9** para que prolonguen *sus* días en la tierra que el SEÑOR juró dar a sus padres y a su descendencia¹, una tierra que mana leche y miel. **10** Porque la tierra a la cual entras para poseerla, no es como la tierra de Egipto de donde ustedes vinieron, donde sembrabas tu semilla, y la regabas con el pie¹ como una huerta de hortalizas, **11** sino que la tierra a la cual entran para poseerla, tierra de montes y valles, bebe el agua de las lluvias del cielo. **12** Es una tierra que el SEÑOR tu Dios cuida; los ojos del SEÑOR tu Dios están siempre sobre ella, desde el principio¹ hasta el fin del año.

13 »Y sucederá que si obedecen mis mandamientos que les ordeno hoy, de amar al SEÑOR su Dios y de servirle con todo su corazón y con toda su alma, **14** Él dará¹ a la tierra de ustedes la lluvia a su tiempo, lluvia temprana² y lluvia tardía³, para que recojas tu grano, tu vino nuevo y tu aceite. **15** Y Él dará hierba en tus campos para tu ganado, y comerás y te saciarás. **16** Tengan cuidado, no sea que se engañe su corazón y se desvíen y sirvan a otros dioses, y los adoren. **17** No sea que la ira del SEÑOR se encienda contra ustedes, y cierre los cielos y no haya lluvia y la tierra no produzca su fruto, y pronto perezcan en¹ la buena tierra que el SEÑOR les da.

18 »Graben¹, pues, estas mis palabras en su corazón y en su alma; átenlas como una señal en su mano, y serán por insignias² entre sus ojos. **19** Enséñenlas a sus hijos, hablando de ellas cuando te sientes en tu casa y cuando andes por el camino, cuando te acuestes y cuando te levantes. **20** Y escríbelas en los postes de tu casa y en tus puertas, **21** para que tus días y los días de tus hijos sean multiplicados en la tierra que el SEÑOR juró dar a tus padres, por todo el tiempo que los cielos¹ *permanezcan* sobre la tierra.

22 »Porque si guardan cuidadosamente todo este mandamiento que les ordeno para cumplirlo, amando al SEÑOR su Dios, andando en todos Sus caminos y allegándose¹ a Él, **23** entonces el SEÑOR expulsará¹ de delante de ustedes a todas estas naciones, y ustedes desposeerán a naciones más grandes y más poderosas que ustedes. **24** Todo lugar donde pise la planta de su pie será de ustedes; sus fronteras serán¹ desde el desierto hasta el Líbano, *y* desde el río, el río Éufrates, hasta el mar occidental². **25** Nadie les podrá hacer frente¹; el SEÑOR su Dios infundirá, como Él les ha dicho, el espanto y terror de ustedes en toda la tierra que pise su pie.

26 »Miren, hoy pongo delante de ustedes una bendición y una maldición: **27** la bendición, si escuchan los mandamientos del SEÑOR su Dios que les ordeno hoy; **28** y la maldición, si no escuchan los mandamientos del SEÑOR su Dios, sino que se apartan del camino que les ordeno hoy, para seguir a otros dioses que no han conocido. **29** Y acontecerá, que cuando el SEÑOR tu Dios te lleve a la tierra donde entras para poseerla, pondrás la bendición sobre el monte Gerizim y la maldición

11:10-14
Canaán era muy diferente a Egipto
En Egipto, los israelitas tenían agua para sus cultivos cavando zanjas de riego. Sin embargo, en Canaán el pueblo dependía de que Dios enviara lluvias para las cosechas. La temporada de lluvias en Palestina comenzaba en octubre y terminaba en abril.

11:18
Poner las palabras de Dios en sus frentes y brazos
Los israelitas usaban filacterias, las cuales eran pequeñas cajas atadas al antebrazo o la frente que contenían tiras de papel pergamino con textos de las Escrituras (ver Éxodo 13:9). Muchos judíos devotos todavía las usan hoy.

11:20
Escribir las palabras de Dios en los postes y las puertas
Ellos inscribían palabras o letras claves de la ley de Dios en los postes de madera de las puertas. Una mezuzá es una caja que contiene un pequeño rollo con las palabras de Deuteronomio 6:4-9 y 11:13-21. Hoy en día, algunos judíos colocan una mezuzá en el marco de la puerta en vez de escribir en él.

11:9 ¹ Lit. *simiente.*   11:10 ¹ I.e. posiblemente una rueda hidráulica movida con el pie.   11:12 ¹ Lit. *principio del año.*   11:14 ¹ Así en algunas versiones antiguas; en el T.M., *yo daré,* y así en el vers. 15.   ² I.e. de otoño.   ³ I.e. de primavera.   11:17 ¹ Lit. *de sobre.*   11:18 ¹ Lit. *Pongan.*   ² O *frontales.*   11:21 ¹ Lit. *como los días de los cielos.*   11:22 ¹ Lit. *adhiriéndose.*   11:23 ¹ Lit. *desposeerá.*   11:24 ¹ Lit. *su límite será.*   ² I.e. el Mediterráneo.   11:25 ¹ O *Nadie podrá permanecer delante de ustedes.*

sobre el monte Ebal. **30** ¿No están ellos al otro lado del Jordán, detrás del camino al oeste, en la tierra de los cananeos que habitan en el Arabá, frente a Gilgal, junto al encinar[1] de More? **31** Porque ustedes van a pasar el Jordán para ir a poseer la tierra que el SEÑOR su Dios les da, y la tomarán y habitarán en ella, **32** y tendrán cuidado de cumplir todos los estatutos y decretos[1] que hoy pongo delante de ustedes.

EL ÚNICO LUGAR DE CULTO

12 »Estos son los estatutos y los decretos[1] que observarán cuidadosamente en la tierra que el SEÑOR, el Dios de tus padres, te ha dado para que la poseas todos los días que ustedes vivan sobre su[2] suelo. **2** Destruirán completamente todos los lugares donde las naciones que desposeerán sirven a sus dioses: sobre los montes altos, sobre las colinas y debajo de todo árbol frondoso. **3** Y demolerán sus altares, quebrarán sus pilares *sagrados*, quemarán a fuego sus *imágenes de Asera*[1], derribarán las imágenes talladas de sus dioses y borrarán su nombre de aquel lugar.

4 »No actuarán así con el SEÑOR su Dios, **5** sino que buscarán *al SEÑOR* en el lugar en que el SEÑOR su Dios escoja de todas sus tribus, para poner allí Su nombre para Su morada, y allí ustedes irán. **6** Allí llevarán sus holocaustos, sus sacrificios, sus diezmos, la contribución[1] de su mano, sus ofrendas votivas[2], sus ofrendas voluntarias, y el primogénito de sus vacas y de sus ovejas. **7** Allí también ustedes y sus familias comerán en presencia del SEÑOR su Dios, y se alegrarán en todas sus empresas en las cuales[1] el SEÑOR su Dios los ha bendecido. **8** De ninguna manera harán lo que hacemos aquí hoy, que cada cual *hace* lo que le parece bien a sus propios ojos; **9** porque todavía no han llegado al lugar de reposo y a la heredad que el SEÑOR su Dios les da.

10 »Cuando crucen el Jordán y habiten en la tierra que el SEÑOR su Dios les da en heredad, y Él les dé descanso de todos sus enemigos alrededor *de ustedes* para que habiten seguros, **11** entonces sucederá que al lugar que el SEÑOR, su Dios, escoja para morada de Su nombre, allí traerán todo lo que yo les mando: sus holocaustos y sus sacrificios, sus diezmos y la ofrenda alzada de su mano, y todo lo más selecto de sus ofrendas votivas que han prometido al SEÑOR. **12** Y se alegrarán en presencia del SEÑOR su Dios, ustedes, sus hijos y sus hijas, sus siervos y sus siervas, y el levita que vive dentro de sus puertas, ya que no tiene parte ni heredad entre ustedes.

13 »Cuídate de no ofrecer tus holocaustos en cualquier lugar que veas, **14** sino en el lugar que el SEÑOR escoja en una de tus tribus, allí ofrecerás tus holocaustos, y allí harás todo lo que yo te mando.

LA CARNE Y LAS OFRENDAS

15 »Sin embargo, podrás matar y comer carne dentro de todas tus puertas[1], conforme a tu deseo[2], según la bendición que

---

12:4-7
Mandamientos sobre la adoración
Estas leyes fueron dadas para mostrar la importancia de la adoración al establecerse en la nueva tierra. Obedecer las leyes de Dios sobre la adoración unificaría al pueblo y los conservaría puros delante del Señor.

11:30 [1] Lit. *a los terebintos.*   11:32 [1] O *juicios.*   12:1 [1] O *juicios.*   [2] Lit. *el.*
12:3 [1] I.e. símbolos de madera de una deidad femenina.   12:6 [1] Lit. *ofrenda alzada.*   [2] Lit. *de sus votos.*   12:7 [1] Lit. *todo el extender de su mano en el cual.*
12:15 [1] Lit. *tus ciudades.*   [2] Lit. *en todo deseo de tu alma.*

el SEÑOR tu Dios te ha dado; el inmundo y el limpio podrán comerla, como *si fuera* de gacela o de ciervo. **16** Solo que ustedes no comerán la sangre; la derramarán sobre la tierra como el agua.

17 »No te es permitido comer dentro de tus ciudades[1] el diezmo de tu grano, de tu vino nuevo o de tu aceite, ni de los primogénitos de tus vacas o de tus ovejas, ni ninguna de las ofrendas votivas[2] que prometas, ni tus ofrendas voluntarias, ni la ofrenda alzada de tu mano, **18** sino que lo comerás en presencia del SEÑOR tu Dios en el lugar que el SEÑOR tu Dios escoja, tú, tu hijo y tu hija, tu siervo y tu sierva, y el levita que vive dentro de tus puertas[1]; y te alegrarás en presencia del SEÑOR tu Dios de toda la obra de tus manos[2]. **19** Cuídate de no desamparar al levita mientras vivas en tu tierra.

20 »Cuando el SEÑOR tu Dios haya extendido tus fronteras como te ha prometido, y tú digas: "Comeré carne", porque deseas[1] comer carne, *entonces* podrás comer carne, toda la que desees[2]. **21** Si el lugar que el SEÑOR tu Dios escoge para poner Su nombre está muy lejos de ti, entonces podrás matar de tus vacas y de tus ovejas que el SEÑOR te ha dado, como te he ordenado, y podrás comer dentro de tus puertas[1] todo lo que desees[2]. **22** Tal como se come la gacela y el ciervo, así la podrás comer; el inmundo y el limpio podrán comer de ella. **23** Solo cuídate de no comer la sangre, porque la sangre es la vida[1], y no comerás la vida[1] con la carne. **24** No la comerás; la derramarás sobre la tierra como el agua. **25** No la comerás, para que te vaya bien a ti y a tus hijos después de ti, porque estarás haciendo lo que es justo delante del SEÑOR.

26 »Solamente las cosas sagradas que tengas y tus ofrendas votivas[1], las tomarás e irás al lugar que el SEÑOR escoja. **27** Ofrecerás tus holocaustos, la carne y la sangre, sobre el altar del SEÑOR tu Dios; y la sangre de tus sacrificios será derramada sobre el altar del SEÑOR tu Dios, y podrás comer la carne. **28** Escucha con cuidado todas estas palabras que te mando, para que te vaya bien a ti y a tus hijos después de ti para siempre, porque estarás haciendo lo que es bueno y justo delante del SEÑOR tu Dios.

ADVERTENCIA CONTRA LA IDOLATRÍA

29 »Cuando el SEÑOR tu Dios haya destruido delante de ti las naciones que vas a desposeer, y las hayas desposeído y habites en su tierra, **30** cuídate de no caer en una trampa imitándolas[1], después que hayan sido destruidas delante de ti, y de no buscar[2] sus dioses, diciendo: "¿Cómo servían estas naciones a sus dioses para que también yo haga lo mismo?". **31** No procederás así para con el SEÑOR tu Dios, porque toda acción abominable que el SEÑOR odia, ellos *la* han hecho en honor de[1] sus dioses; porque aun a sus hijos y a sus hijas queman en el fuego *en honor* a sus dioses.

12:17 [1] Lit. *puertas.*   [2] Lit. *los votos.*   12:18 [1] Lit. *de tus ciudades.*   [2] Lit. *en lo que alcance tu mano.*   12:20 [1] Lit. *tu alma desea.*   [2] Lit. *en todo deseo de tu alma.*   12:21 [1] Lit. *de tus ciudades.*   [2] Lit. *en todo deseo de tu alma.*   12:23 [1] Lit. *el alma.*   12:26 [1] Lit. *de tus votos.*   12:30 [1] Lit. *tras ellas.*   [2] O *inquirir acerca de.*   12:31 [1] O *para con.*

12:17
Diezmo
El diezmo era la décima parte de un todo. Aquí el diezmo se refiere a dar una décima parte de las cosechas y el ganado. El diezmo sostenía a los levitas que servían en el sacerdocio, así como también a los que tenían necesidad. (Ver Levítico 27:30-32).

12:31
Dios le advirtió a su pueblo que no sacrificara a sus hijos
La adoración pagana a veces incluía sacrificios humanos, aun de niños. Dios quería que su pueblo evitara estas prácticas.

32 »¹Cuidarás de hacer todo lo que te mando; nada le añadirás ni le quitarás.

ADVERTENCIA CONTRA FALSOS PROFETAS E IDÓLATRAS

13 ¹»Si se levanta en medio de ti un profeta o soñador de sueños, y te anuncia² una señal o un prodigio, **2** y la señal o el prodigio se cumple, acerca del cual él te había hablado, diciendo: "Vamos en pos de otros dioses (a los cuales no has conocido) y sirvámoslos", **3** no darás oído a las palabras de ese profeta o de ese soñador de sueños; porque el SEÑOR tu Dios te está probando para ver si amas al SEÑOR tu Dios con todo tu corazón y con toda tu alma.

4 »En pos del SEÑOR su Dios ustedes andarán y a Él temerán; guardarán Sus mandamientos, escucharán Su voz, le servirán y a Él se unirán. **5** Pero a ese profeta o a ese soñador de sueños se le dará muerte, por cuanto ha aconsejado¹ rebelión contra el SEÑOR tu Dios², que te³ sacó de la tierra de Egipto y te redimió de casa de servidumbre⁴, para apartarte del camino en el cual el SEÑOR tu Dios te mandó andar. Así quitarás el mal de en medio de ti.

6 »Si tu hermano, el hijo de tu madre, o tu hijo, o tu hija, o la mujer que amas¹, o tu amigo entrañable², te invita en secreto, diciendo: "Vamos y sirvamos a otros dioses" (a quienes ni tú ni tus padres han conocido, **7** de los dioses de los pueblos que te rodean, cerca o lejos de ti, de un término de la tierra al otro), **8** no cederás ni le escucharás; y tu ojo no tendrá piedad de él, tampoco lo perdonarás ni lo encubrirás, **9** sino

---

13:3
Por qué Dios probó a su pueblo

Dios les estaba advirtiendo que no dejaran que los falsos profetas los engañaran y los hicieran adorar a dioses falsos. La prueba les enseñaba a los israelitas lo que debían conocer sobre ellos mismos y probaba si permanecerían fieles a Dios. Rechazar a los falsos profetas fortalecía su obediencia a Dios.

13:5
Castigo para un profeta falso

La muerte era el castigo para un profeta falso. Un profeta falso predicaba la rebeldía contra Dios, de modo que Dios quería eliminar a los malhechores, así como también la maldad.

12:32 ¹ En el texto heb. cap. 13:1.   13:1 ¹ En el texto heb. cap. 13:2.   ² Lit. *da*.
13:5 ¹ Lit. *hablado*.   ² Lit. *Dios de ustedes*.   ³ Lit. *los*.   ⁴ Lit. *siervos*.   13:6 ¹ Lit. *de tu seno*.   ² Lit. *que es como tu alma*.

CERO TOLERANCIA
Deuteronomio 13

Instrucciones para tratar con los que engañan a Israel a fin de que adore a otros dioses.

- ☑ Si son profetas, matarlos.
- ☑ Si son miembros de la familia o amigos, apedrearlos.
- ☑ Investigar toda ciudad que fuera reportada de estar desviándose.
- ☑ Asesinar a espada a todo el que viva en la ciudad rebelde.
- ☑ Matar a todo el ganado de la ciudad.
- ☑ Quemar la ciudad rebelde y su botín.
- ☑ Nunca más reedificar la ciudad.

que ciertamente lo matarás; tu mano será la primera contra él para matarlo, y después la mano de todo el pueblo. **10** Lo apedrearás hasta que muera[1] porque él trató de apartarte del SEÑOR tu Dios que te sacó de la tierra de Egipto, de la casa de servidumbre[2]. **11** Entonces todo Israel oirá y temerá, y nunca volverá a hacer tal maldad en medio de ti.

12 »Si oyes decir *que* en alguna de las ciudades que el SEÑOR tu Dios te da para habitar, **13** han salido hombres indignos[1] de en medio de ti y han seducido a los habitantes de su ciudad, diciendo: "Vamos y sirvamos a otros dioses" (a quienes no has conocido), **14** entonces consultarás, buscarás y preguntarás con diligencia. Y si es verdad *y* se comprueba que se ha hecho tal abominación en medio de ti, **15** ciertamente herirás a filo de espada a los habitantes de esa ciudad, destruyéndola por completo[1] con todo lo que hay en ella, y *también* su ganado a filo de espada. **16** Entonces amontonarás todo su botín en medio de su plaza, y prenderás fuego a la ciudad con todo su botín, todo ello como ofrenda encendida al SEÑOR tu Dios; y será montón de ruinas para siempre. Nunca será reconstruida. **17** Nada de lo dedicado al anatema[1] quedará en tu mano, para que el SEÑOR se aparte del ardor de Su ira y sea misericordioso contigo, tenga compasión de ti y te multiplique, tal como Él juró a tus padres, **18** si escuchas la voz del SEÑOR tu Dios, guardando todos Sus mandamientos que yo te ordeno hoy, haciendo lo que es justo ante los ojos del SEÑOR tu Dios.

ANIMALES LIMPIOS E INMUNDOS

14 »Ustedes son hijos del SEÑOR su Dios; no se sajarán ni se rasurarán la frente[1] a causa de un muerto. **2** Porque eres pueblo santo para el SEÑOR tu Dios; y el SEÑOR te ha escogido para que le seas un pueblo de Su exclusiva posesión[1] de entre los pueblos que están sobre la superficie de la tierra.

3 No comerás nada abominable. **4** Estos son los animales que ustedes podrán comer: el buey, la oveja, la cabra, **5** el ciervo, la gacela, el corzo, la cabra montés, el íbice, el antílope y el carnero montés. **6** Y cualquier animal de pezuña dividida que tenga la *pezuña* hendida en dos mitades[1] *y* que rumie[2], lo podrán comer. **7** Pero estos no comerán de entre los que rumian o de entre los que tienen la pezuña dividida en dos[1]: el camello, el conejo[2] y el damán[3]; pues aunque rumian, no tienen la pezuña dividida; para ustedes serán inmundos. **8** El cerdo, aunque tiene la pezuña dividida, no rumia; será inmundo para ustedes. No comerán de su carne ni tocarán sus cadáveres.

9 »De todo lo que vive en el agua, estos podrán comer: todos los que tienen aletas y escamas, **10** pero no comerán nada que no tenga aletas ni escamas; será inmundo para ustedes.

11 »Toda ave limpia podrán comer. **12** Pero estas no comerán: el águila[1], el buitre y el buitre negro; **13** el azor, el halcón

13:10
Libertad religiosa
Ellos tenían libertad para elegir su religión, pero si los israelitas rechazaban a Dios, pagarían por sus acciones. De hacerlo así, estarían rechazando la promesa que le habían hecho.

13:15
Por qué debían matar a todos, hasta los animales
Con la victoria, los israelitas podrían verse tentados a llevarse el botín de guerra, ya que esta era la práctica común. La destrucción de personas, animales y objetos hacía que estos fueran inservibles para los israelitas y mostraba cuán seriamente tomaba Dios el hecho de que su pueblo no adorara a otros dioses.

14:1
Sajarse y rasurarse
Estas eran costumbres de las religiones paganas. La gente se sajaba o cortaba la piel como una señal de duelo. Afeitarse la frente también era una práctica de los que lamentaban la muerte de alguien en Canaán.

Ytrottier/CC BY 2.5

13:10 [1] Lit. *con piedras, y muera.*   [2] Lit. *de esclavos.*   13:13 [1] Lit. *hijos de Belial.*
13:15 [1] O *dedicándola al anatema.*   13:17 [1] I.e. a la destrucción.   14:1 [1] Lit. *ni harán tonsura entre sus ojos.*   14:2 [1] O *tesoro especial.*   14:5 [1] La identidad exacta de los animales en este verso es incierta.   14:6 [1] Lit. *pezuñas.*   [2] Lit. *rumie entre los animales.*   14:7 [1] Lit. *una hendidura.*   [2] O *la liebre.*   [3] O *tejón.*
14:12 [1] O *buitre.*

14:3-21
Algunas carnes no eran aceptables

Con los años, las personas han sugerido muchas razones por las que algunas criaturas eran consideradas puras y otras impuras para comer. La Biblia no da una respuesta, pero esas leyes sobre la comida ayudaron a los israelitas a tener una dieta saludable. Obedecer estas leyes alimentarias también los apartaba como santos y distintos a las otras naciones.

14:3-21
Algunos judíos todavía siguen practicando estas leyes sobre la comida

Los judíos ortodoxos aún siguen estas reglas. La comida que se prepara según estas leyes se llama *kosher*.

14:21
Regla sobre cocinar el cabrito en la leche de su madre

Dios quería que su pueblo evitara esta práctica religiosa pagana. Los paganos pensaban que la leche materna tenía poderes mágicos para la fertilidad y la usaban en las cosechas y viñas para hacerlas más productivas.

14:26
Sidra

La sidra y otras bebidas fermentadas eran alcohólicas. Se aceptaba que los israelitas tomaran alcohol y vino, pero no podían emborracharse.

15:1, 12
Las deudas eran canceladas y los esclavos liberados cada siete años

Cada siete años había un año de remisión. Al perdonar las deudas y liberar a los esclavos cada siete años, Israel ayudaba a los pobres a estar mejor.

y el milano según su especie; **14** todo cuervo según su especie; **15** el avestruz, la lechuza, la gaviota y el gavilán según su especie; **16** el búho, el búho real, la lechuza blanca, **17** el pelícano, el buitre, el somormujo, **18** la cigüeña y la garza según su especie; la abubilla y el murciélago. **19** Todo insecto alado será inmundo para ustedes; no se comerá. **20** Toda ave limpia podrán comer.

21 »No comerán ningún animal que se muera. Lo podrás dar al extranjero que está en tus ciudades¹, para que lo coma, o lo podrás vender a un extranjero, porque tú eres un pueblo santo al SEÑOR tu Dios. No cocerás el cabrito en la leche de su madre.

LEYES ACERCA DEL DIEZMO

22 »Fielmente diezmarás todo el producto de tu siembra¹, lo que rinda tu campo cada año. **23** Comerás en la presencia del SEÑOR tu Dios, en el lugar que Él escoja para poner allí Su nombre, el diezmo de tu grano, de tu vino nuevo y de tu aceite, y los primogénitos de tus vacas y de tus ovejas, para que aprendas a temer siempre al SEÑOR tu Dios. **24** Pero si el camino es tan largo para ti, que no seas capaz de llevar *el diezmo* por estar lejos el lugar donde el SEÑOR tu Dios escoja para poner allí Su nombre, cuando el SEÑOR tu Dios te haya bendecido, **25** entonces *lo* cambiarás por dinero¹, y atarás el dinero en tu mano e irás al lugar que el SEÑOR tu Dios escoja. **26** Podrás gastar el dinero en todo lo que tu corazón apetezca: en vacas u ovejas, en vino o sidra, o en cualquier *otra* cosa que tu corazón¹ desee²; allí comerás en presencia del SEÑOR tu Dios, y te alegrarás tú y tu casa. **27** Tampoco desampararás al levita que habite en tus ciudades, porque él no tiene parte ni heredad contigo.

28 »Al fin de cada tercer año, sacarás todo el diezmo de tus productos de aquel año y *lo* depositarás en tus ciudades. **29** Y vendrá el levita, que no tiene parte ni herencia contigo, también el extranjero, el huérfano y la viuda que habitan en tus ciudades, y comerán y se saciarán, para que el SEÑOR tu Dios te bendiga en toda obra que tu mano haga.

AÑO DE REMISIÓN

15 »Al cabo de *cada* siete años harás remisión¹ *de deudas*. **2** Así se hará¹ la remisión²: todo acreedor³ hará remisión de lo que haya prestado a su prójimo; no lo exigirá de su prójimo ni de su hermano, porque se ha proclamado la remisión del SEÑOR. **3** De un extranjero *lo* puedes exigir, pero tu mano perdonará¹ cualquier cosa tuya que tu hermano tenga². **4** Sin embargo, no habrá menesteroso entre ustedes, ya que el SEÑOR de cierto te bendecirá en la tierra que el SEÑOR tu Dios te da por heredad para poseerla, **5** si solo escuchas fielmente la voz del SEÑOR tu Dios, para guardar cuidadosamente todo mandamiento que te ordeno hoy. **6** Pues el SEÑOR tu Dios te bendecirá como

---

14:21 ¹ Lit. *puertas*, y así en el resto del cap.   14:22 ¹ Lit. *semilla.*   14:25 ¹ Lit. *darás en dinero.*   14:26 ¹ Lit. *alma.*   ² Lit. *te pida.*   15:1 ¹ O *perdón.*
15:2 ¹ Lit. *Y esta es la manera de.*   ² O *el perdón.*   ³ Lit. *señor que presta de su mano.*   15:3 ¹ O *exonerará.*   ² Lit. *esté con tu hermano.*

te ha prometido, y tú prestarás a muchas naciones, pero tú no tomarás prestado; y tendrás dominio sobre muchas naciones, pero ellas no tendrán dominio sobre ti.

7 »Si hay un menesteroso contigo, uno de tus hermanos, en cualquiera de tus ciudades¹ en la tierra que el SEÑOR tu Dios te da, no endurecerás tu corazón, ni cerrarás tu mano a tu hermano pobre, 8 sino que le abrirás libremente tu mano, y con generosidad le prestarás lo que le haga falta para *cubrir* sus necesidades. 9 Cuídate de que no haya pensamiento perverso¹ en tu corazón, diciendo: "El séptimo año, el año de remisión, está cerca", y mires con malos ojos a² tu hermano pobre, y no le des nada; porque³ él podrá clamar al SEÑOR contra ti, y esto te será pecado. 10 Con generosidad le darás, y no te dolerá el corazón cuando le des, ya que el SEÑOR tu Dios te bendecirá por esto en todo tu trabajo y en todo lo que emprendas¹. 11 Porque nunca faltarán pobres en tu¹ tierra; por eso te ordeno: "Con liberalidad abrirás tu mano a tu hermano, al² necesitado y al² pobre en tu tierra".

12 »Si un hermano tuyo, hebreo o hebrea, te es vendido, te servirá por seis años, pero al séptimo año lo pondrás en libertad¹. 13 Y cuando lo dejes ir libre, no lo enviarás con las manos vacías. 14 Le abastecerás generosamente de tu rebaño, de tu era y de tu lagar; le darás conforme te haya bendecido el SEÑOR tu Dios. 15 Y te acordarás que fuiste esclavo en la tierra de Egipto, y que el SEÑOR tu Dios te redimió; por eso te ordeno esto hoy. 16 Y sucederá que si él te dice: "No me iré de tu lado", porque te ama a ti y a tu casa, pues le va bien contigo, 17 entonces tomarás una lezna y horadarás su oreja contra la puerta, y será tu siervo para siempre. Y lo mismo harás a tu sierva. 18 No te parezca duro cuando lo dejes en libertad¹, porque te ha dado seis años *con el doble del servicio²* de un jornalero; y el SEÑOR tu Dios te bendecirá en todo lo que hagas.

19 »Todo primogénito que nazca de tu ganado y de tu rebaño consagrarás al SEÑOR tu Dios; no trabajarás con el primogénito de tu ganado ni trasquilarás el primogénito de tu rebaño. 20 Tú y tu casa lo comerán cada año delante del SEÑOR tu Dios en el lugar que el SEÑOR escoja. 21 Pero si tiene algún defecto, *si es* cojo o ciego o con cualquier *otro* defecto grave, no lo sacrificarás al SEÑOR tu Dios. 22 Lo comerás dentro de tus ciudades¹; el inmundo lo mismo que el limpio *pueden comerlo,* como *se come* una gacela o un ciervo. 23 Pero no comerás su sangre; la derramarás como agua sobre la tierra.

FIESTA DE LA PASCUA

16 »Observarás el mes de Abib y celebrarás¹ la Pascua al SEÑOR tu Dios, porque en el mes de Abib el SEÑOR tu Dios te sacó de Egipto de noche. 2 Sacrificarás la Pascua al SEÑOR tu Dios *con ofrendas* de tus rebaños y de tus manadas, en el lugar que el SEÑOR escoja para poner allí Su nombre. 3 No comerás la Pascua con¹ pan con levadura. Siete

15:3
Por qué los extranjeros debían pagar sus deudas en el año de descanso
Los extranjeros no tenían los mismos derechos como ciudadanos. Debido a que no se les exigía dejar descansar la tierra al séptimo año como a los israelitas, los extranjeros tendrían más ingresos y serían capaces de pagar sus deudas.

15:11
Actitudes hacia los pobres
El mandamiento de Dios es ser generosos al ayudar a los pobres.

15:17
Perforaciones en las orejas
El siervo que elegía seguir siéndolo para toda la vida estaba de acuerdo en escuchar las órdenes de su amo. Horadarse o perforarse la oreja era una señal de la decisión de escuchar.

A. D. Riddle/www.BiblePlaces.com

16:1
Abib
Abib (también llamado Nisán) es un mes del calendario judío que equivale a marzo-abril para nosotros.

15:7 ¹ Lit. *puertas.*   15:9 ¹ Lit. *palabra de Belial.*   ² Lit. *tu ojo sea malo para con.*   ³ Lit. *y.*   15:10 ¹ Lit. *en todo extender de tu mano.*   15:11 ¹ Lit. *en medio de la.*   ² Lit. *a tu.*   15:12 ¹ Lit. *le libertarás de ti.*   15:18 ¹ Lit. *lo libertarás de ti.*   ² Lit. *valor.*   15:22 ¹ Lit. *puertas.*   16:1 ¹ Lit. *harás.*   16:3 ¹ I.e. la víctima sacrificada.

LA PASCUA

Deuteronomio 16:1-8

Reglas con respecto a la celebración de la Pascua

Observarla en el mes de Abib.

Sacrificar un animal en el lugar que Dios elija.

Comer panes sin levadura durante siete días.

No tener guardado nada de levadura.

No dejar ningún resto de carne del sacrificio hasta la mañana.

Sacrificar la Pascua en la noche.

La comida debía ser asada.

Hacer una asamblea al séptimo día.

Estaba prohibido trabajar.

16:3

Pan de aflicción

Era un pan sin levadura. *Aflicción* significa un gran sufrimiento, y el pan sin leudar les recordaba a los israelitas las dificultades que habían atravesado en Egipto.

días comerás con ella pan sin levadura, pan de aflicción (porque aprisa saliste de la tierra de Egipto), para que recuerdes todos los días de tu vida el día que saliste de la tierra de Egipto. **4** Durante siete días no se verá contigo levadura en todo tu territorio. De la carne que sacrifiques en la tarde del primer día, no quedará nada para la mañana *siguiente*.

5 »No podrás sacrificar la Pascua en cualquiera de las ciudades[1] que el SEÑOR tu Dios te da, **6** sino que en el lugar que el SEÑOR tu Dios escoja para poner allí Su nombre, sacrificarás la Pascua al atardecer, al ponerse el sol, a la hora en que saliste de Egipto. **7** *La* asarás y *la* comerás en el lugar que el SEÑOR tu Dios escoja. Luego, por la mañana, regresarás a tu habitación. **8** Seis días comerás pan sin levadura, y en el séptimo día habrá una asamblea solemne para el SEÑOR tu Dios. Ningún trabajo harás *en él*.

FIESTA DE LAS SEMANAS

9 »Vas a contar siete semanas. Comenzarás a contar siete semanas desde el momento en que empieces a meter la hoz a la cosecha. **10** Entonces celebrarás[1] la Fiesta de las Semanas al SEÑOR tu Dios con el tributo de una ofrenda voluntaria de tu mano, la cual darás según el SEÑOR tu Dios te haya bendecido. **11** Y te alegrarás delante del SEÑOR tu Dios, tú, tu hijo, tu hija, tu siervo, tu sierva, el levita que *habita* en tus ciudades, y el extranjero, el huérfano y la viuda que están en medio de ti, en el lugar donde el SEÑOR tu Dios escoja para poner allí Su nombre. **12** Te acordarás de que fuiste esclavo en Egipto; cuídate de guardar estos estatutos.

FIESTA DE LOS TABERNÁCULOS

13 »Durante siete días celebrarás[1] la Fiesta de los Tabernáculos[2], cuando hayas recogido *el producto* de tu era y de tu lagar. **14** Y te alegrarás en tu fiesta, tú, con tu hijo y tu hija, tu siervo y tu sierva, el levita y el extranjero, el huérfano y la viuda que están en tus ciudades. **15** Siete días celebrarás fiesta al SEÑOR tu Dios en el lugar que escoja el SEÑOR; porque el SEÑOR tu Dios te bendecirá en todos tus productos y en toda la obra de tus manos; por tanto, estarás realmente alegre. **16** Tres veces al año se presentarán todos tus varones delante del SEÑOR tu Dios en el lugar que Él escoja: en la Fiesta de los Panes sin Levadura, en la Fiesta de las Semanas y en la Fiesta de los Tabernáculos[1]; y no se presentarán con las manos vacías delante del SEÑOR. **17** Cada hombre dará lo que pueda[1], de acuerdo con la bendición que el SEÑOR tu Dios te haya dado.

16:5 [1] Lit. *tus puertas,* y así en el resto del cap.   16:10 [1] Lit. *harás.*   16:13 [1] Lit. *harás.*   [2] O *de las enramadas,* o *de las tiendas.*   16:16 [1] O *de las enramadas,* o *de las tiendas.*   16:17 [1] Lit. *conforme a la dádiva de su mano.*

ADMINISTRACIÓN DE LA JUSTICIA

18 »Nombrarás jueces y oficiales en todas las ciudades que el SEÑOR tu Dios te da, según tus tribus, y ellos juzgarán al pueblo con justo juicio. **19** No torcerás la justicia; no harás acepción de personas, ni tomarás soborno, porque el soborno ciega los ojos del sabio y pervierte las palabras del justo. **20** La justicia, *y solo* la justicia buscarás, para que vivas y poseas la tierra que el SEÑOR tu Dios te da.

21 »No plantarás para ti Asera[1] de ninguna clase de árbol junto al altar del SEÑOR tu Dios que harás para ti. **22** Ni levantarás para ti pilar *sagrado*, lo cual aborrece el SEÑOR tu Dios.

17 »No sacrificarás al SEÑOR tu Dios buey o cordero que tenga defecto *o* alguna imperfección[1], porque es cosa abominable al SEÑOR tu Dios.

2 »Si en medio de ti, en cualquiera de las ciudades[1] que el SEÑOR tu Dios te da, se encuentra un hombre o una mujer que hace lo malo ante los ojos del SEÑOR tu Dios, violando Su pacto, **3** y que haya ido y servido a otros dioses, adorándolos, o *adorando* al sol, a la luna o a cualquiera de las huestes celestiales, lo cual Yo no he mandado, **4** y si te lo dicen y has oído *hablar* de ello, harás una investigación minuciosa. Y si es verdad y es cierto el hecho que esta abominación ha sido cometida en Israel, **5** entonces sacarás a tus puertas[1] a ese hombre o a esa mujer que ha cometido esta mala acción, y los apedrearás, al hombre o a la mujer, hasta que mueran. **6** Al que ha de morir se le dará muerte por la declaración[1] de dos o tres testigos. No se le dará muerte por la declaración[1] de un solo testigo. **7** La mano de los testigos caerá[1] primero contra él para darle muerte, y después la mano de todo el pueblo. Así quitarás el mal de en medio de ti.

8 »Si un caso te es muy difícil de juzgar, *como* entre una clase de homicidio y otra[1], entre una clase de pleito y otra[2], o entre una clase de asalto y otra[3], siendo casos de litigio en tus puertas[4], te levantarás y subirás al lugar que el SEÑOR tu Dios escoja. **9** Y vendrás al sacerdote levita o al juez que *oficie* en aquellos días, y consultarás *con ellos*, y ellos te declararán el fallo del caso. **10** Harás conforme a los términos[1] de la sentencia que te declaren desde aquel lugar que el SEÑOR escoja; y cuidarás de observar todo lo que ellos te enseñen. **11** Según los términos[1] de la ley que ellos te enseñen, y según la sentencia que te declaren, así harás; no te apartarás a la derecha ni a la izquierda de la palabra que ellos te declaren. **12** Y el hombre que proceda con orgullo, no escuchando al sacerdote que está allí para servir al SEÑOR tu Dios, ni al juez, ese hombre morirá. Así quitarás el mal de en medio de Israel. **13** Entonces todo el pueblo escuchará y temerá, y no volverá a proceder con arrogancia.

INSTRUCCIONES SOBRE LOS REYES

14 »Cuando entres en la tierra que el SEÑOR tu Dios te da, y la poseas y habites en ella, y digas: "Pondré un rey sobre

17:7
Ejecución pública por adorar a un ídolo

La adoración a los ídolos violaba el pacto de Dios con su pueblo. Ellos tenían que trabajar en conjunto para librarse de esta maldad en toda la comunidad.

17:15
Dios no quería que los israelitas tuvieran un rey, pero dio instrucciones para nombrar uno

Dios sabía que el pueblo querría tener un rey, así como las otras naciones. Si lo iban a nombrar, él quería que eligieran a alguien de su propia nación que fuera un buen gobernante.

16:21 [1] I.e. ídolo.   17:1 [1] Lit. *cosa mala*.   17:2 [1] Lit. *tus puertas*.   17:5 [1] I.e. de la ciudad.   17:6 [1] Lit. *boca*.   17:7 [1] Lit. *será*.   17:8 [1] Lit. *entre sangre a sangre*.   [2] Lit. *entre juicio a juicio*.   [3] Lit. *entre golpe a golpe*.   [4] I.e. tribunales.   17:10 [1] Lit. *la boca*.   17:11 [1] Lit. *la boca*.

17:16-17
Dios establece normas sobre lo que podía poseer un rey

El Señor deseaba que cualquier rey que Israel tuviera fuera humilde y estuviera enfocado en hacer la voluntad de Dios. Si el rey estaba interesado en el dinero o el poder, haría tratos que solo serían buenos para él y no para el pueblo.

17:18
El rey tendría que escribir su propia copia de la ley

Escribir nuevamente la ley de Dios sería una señal de que el rey reconocía al Señor como *su* Rey.

Inmagine

18:9-13
Costumbres detestables

Esta sección describe las horribles prácticas de las religiones paganas.

mí, como todas las naciones que me rodean", **15** ciertamente pondrás sobre ti al rey que el SEÑOR tu Dios escoja, a *uno* de entre tus hermanos[1] pondrás por rey sobre ti; no pondrás sobre ti a un extranjero que no sea hermano[1] tuyo. **16** Además, el *rey* no tendrá muchos caballos, ni hará que el pueblo vuelva a Egipto para tener muchos caballos, pues el SEÑOR te ha dicho: "Jamás volverán ustedes por ese camino". **17** Tampoco tendrá muchas mujeres, no sea que[1] su corazón se desvíe; ni tendrá grandes cantidades de plata y oro.

18 »Y cuando él se siente sobre el trono de su reino, escribirá para sí una copia de esta ley en un libro[1], en presencia de[2] los sacerdotes levitas. **19** La tendrá consigo y la leerá todos los días de su vida, para que aprenda a temer al SEÑOR su Dios, observando cuidadosamente[1] todas las palabras de esta ley y estos estatutos, **20** para que no se eleve su corazón sobre sus hermanos[1] y no se desvíe del mandamiento ni a la derecha ni a la izquierda, a fin de que prolongue sus días en su reino, él y sus hijos, en medio de Israel.

PROVISIÓN PARA LOS LEVITAS

18 »Los sacerdotes levitas, toda la tribu de Leví, no tendrán porción ni heredad con *el resto de* Israel. Ellos comerán *de* las ofrendas encendidas al SEÑOR y *de* Su porción[1]. **2** No tendrán heredad entre sus hermanos[1]; el SEÑOR es su heredad, como les ha prometido[2].

3 »Este será el derecho de los sacerdotes *de parte* del pueblo, de los que ofrecen *como* sacrificio buey u oveja: darán para el sacerdote la espaldilla, las quijadas y el cuajar. **4** Le darás las primicias de tu grano, de tu vino nuevo, de tu aceite y del primer esquileo de tus ovejas. **5** Porque el SEÑOR tu Dios lo ha escogido, a él y a sus hijos de *entre* todas tus tribus, para que esté *allí* y sirva[1] en el nombre del SEÑOR, para siempre.

6 »Y si un levita sale de alguna de tus ciudades[1], de cualquier parte de Israel en que resida, y llega con todo el deseo de su alma al lugar que el SEÑOR escoja, **7** él ministrará en el nombre del SEÑOR su Dios, como todos sus hermanos levitas que están allí delante del SEÑOR. **8** Comerán porciones iguales[1], excepto *lo que reciban* de la venta de sus patrimonios.

PROHIBICIÓN DE LAS COSTUMBRES PAGANAS

9 »Cuando entres en la tierra que el SEÑOR tu Dios te da, no aprenderás a hacer[1] las cosas abominables de esas naciones. **10** No sea hallado en ti nadie que haga pasar a su hijo o a su hija por el fuego, ni quien practique adivinación, ni hechicería, o que sea agorero, o hechicero, **11** o encantador, o adivino, o espiritista, ni quien consulte a los muertos. **12** Porque cualquiera que hace estas cosas es abominable al SEÑOR; y por causa de estas abominaciones el SEÑOR tu

17:15 [1] O *conciudadano(s)*.   17:17 [1] Lit. *ni*.   17:18 [1] O *rollo*.   [2] Lit. *de delante de*.   17:19 [1] Lit. *guardando cuidadosamente para hacer*.   17:20 [1] O *conciudadanos*.   18:1 [1] O *heredad*.   18:2 [1] O *conciudadanos, y así en el resto del cap*.   [2] Lit. *ha hablado*.   18:5 [1] Lit. *para servir*.   18:6 [1] Lit. *puertas*.   18:8 [1] Lit. *porción igual a porción*.   18:9 [1] Lit. *hacer conforme a*.

Dios expulsará a esas naciones¹ de delante de ti. **13** Serás intachable¹ delante del SEÑOR tu Dios.

14 »Porque esas naciones que vas a desalojar escuchan a los que practican hechicería y a los adivinos, pero a ti el SEÑOR tu Dios no te lo ha permitido. **15** Un profeta de en medio de ti, de tus hermanos, como yo, te levantará el SEÑOR tu Dios; a él oirán. **16** Esto es conforme a todo lo que pediste al SEÑOR tu Dios en Horeb el día de la asamblea, diciendo: "No vuelva yo a oír la voz del SEÑOR mi Dios, no vuelva a ver este gran fuego, no sea que muera". **17** Y el SEÑOR me dijo: "Bien han hablado¹ en lo que han dicho. **18** Un profeta como tú levantaré de entre sus hermanos, y pondré Mis palabras en su boca, y él les hablará todo lo que Yo le mande. **19** Y sucederá que a cualquiera que no oiga Mis palabras que él ha de hablar en Mi nombre, Yo mismo le pediré cuenta. **20** Pero el profeta que hable con orgullo en Mi nombre una palabra que Yo no le haya mandado hablar, o que hable en el nombre de otros dioses, ese¹ profeta morirá". **21** Y si dices en tu corazón: "¿Cómo conoceremos la palabra que el SEÑOR no ha hablado?". **22** Cuando un profeta hable en el nombre del SEÑOR, si lo que fue dicho no acontece ni se cumple, esa es palabra que el SEÑOR no ha hablado; con arrogancia la ha hablado el profeta; no tendrás temor de él.

CIUDADES DE REFUGIO

19 »Cuando el SEÑOR tu Dios destruya las naciones cuya tierra el SEÑOR tu Dios te da, y las desalojes y habites en sus ciudades y en sus casas, **2** te reservarás tres ciudades en medio de tu tierra que el SEÑOR tu Dios te da en posesión¹. **3** Prepararás los caminos¹, y dividirás en tres partes el territorio de tu tierra que el SEÑOR tu Dios te dé en posesión, para que huya allí todo el que haya matado a alguien².

4 »Y este será el caso del que mató y que huye allí para vivir: cuando mate¹ a su amigo sin querer², sin haberlo odiado³ anteriormente **5** (como cuando *un hombre* va al bosque con su amigo para cortar leña, y su mano blande el hacha para cortar el árbol, y el hierro salta del mango¹ y golpea² a su amigo, y este muere), él puede huir a una de estas ciudades y vivir. **6** No sea que el vengador de la sangre en el furor de su ira¹ persiga al que lo mató, y lo alcance porque el camino es largo, y le quite la vida² aunque él no merecía la muerte, porque no lo había odiado anteriormente.

7 »Por tanto, te ordeno: "Reservarás para ti tres ciudades". **8** Si el SEÑOR tu Dios ensancha tu territorio, como ha jurado a tus padres, y te da toda la tierra que ha prometido¹ dar a tus padres **9** (si guardas cuidadosamente¹ todos estos mandamientos que te mando hoy, de amar al SEÑOR tu Dios y de andar siempre en Sus caminos), entonces te añadirás tres

18:14-15
Diferencias entre profecía y adivinación
La adivinación era una forma en que las personas trataban de predecir el futuro. La profecía era una manera en que Dios se comunicaba con su pueblo.

18:21-22
Cómo las personas podían saber si un mensaje era de un profeta falso
Dios haría que esto se supiera con claridad. Si una profecía contradecía las leyes o las palabras de Dios, o demostraba ser errónea, venía de la boca de un profeta falso.

19:1-7
Ciudades de refugio
Tres ciudades en la tierra prometida ofrecían seguridad para las personas acusadas de haber cometido un crimen. En la ciudad de refugio, esa persona estaba a salvo de la venganza de alguien mientras esperaba el juicio.

18:12 ¹ Lit. *Dios las desposeerá.*   18:13 ¹ Lit. *perfecto o con integridad.*
18:17 ¹ Lit. *hecho.*   18:20 ¹ Lit. *y ese.*   19:2 ¹ Lit. *para poseerla.*   19:3 ¹ Lit.
el camino para ti.   ² Lit. *y será para huir allí todo homicida.*   19:4 ¹ Lit. *hiera.*
² Lit. *sin saber.*   ³ Lit. *y no estaba odiándolo.*   19:5 ¹ Lit. *de la madera.*   ² Lit.
encuentra.   19:6 ¹ Lit. *mientras su corazón esté encendido.*   ² Lit. *lo hiera en
el alma.*   19:8 ¹ Lit. *ha hablado.*   19:9 ¹ Lit. *para hacerlo.*

ciudades más, además de estas tres. **10** Así no se derramará sangre inocente en medio de tu tierra que el SEÑOR tu Dios te da por heredad, y no seas culpable de derramar sangre[1].

11 »Pero si hay un hombre que odia a su prójimo, y acechándolo, se levanta contra él, lo hiere[1] y *este* muere, y *después* él huye a una de estas ciudades, **12** entonces los ancianos de su ciudad enviarán a sacarlo de allí, y lo entregarán en mano del vengador de la sangre para que muera. **13** No tendrás[1] piedad de él; sino que limpiarás de Israel la sangre del inocente, para que te vaya bien.

LEY DE LÍMITES Y DE TESTIGOS

14 »No moverás los linderos de tu prójimo, fijados por los antepasados, en la herencia que recibirás en la tierra que el SEÑOR tu Dios te da en posesión[1].

15 »No se levantará un solo testigo contra un hombre por cualquier iniquidad o por cualquier pecado que haya cometido[1]. El caso será confirmado por el testimonio de dos o tres[2] testigos. **16** Si un testigo falso se levanta contra un hombre para acusarlo[1] de transgresión[2], **17** los dos litigantes se presentarán delante del SEÑOR, delante de los sacerdotes y de los jueces que haya en esos días. **18** Y los jueces investigarán minuciosamente; y si el testigo es un testigo falso y ha acusado a[1] su hermano falsamente, **19** entonces ustedes le harán a él lo que él intentaba hacer a su hermano. Así quitarás el mal de en medio de ti. **20** Los demás oirán y temerán, y nunca más volverán a hacer una maldad semejante en medio de ti. **21** No tendrás[1] piedad: vida por vida, ojo por ojo, diente por diente, mano por mano, pie por pie.

LEYES SOBRE LA GUERRA

20 »Cuando salgas a la batalla contra tus enemigos y veas caballos y carros, *y* pueblo más numeroso que tú, no tengas temor de ellos; porque el SEÑOR tu Dios que te sacó de la tierra de Egipto está contigo. **2** Cuando se acerquen a la batalla, el sacerdote se llegará y hablará al pueblo, **3** y les dirá: "Oye, Israel, hoy ustedes se acercan a la batalla contra sus enemigos; no desmaye su corazón; no teman ni se alarmen, ni se aterroricen delante de ellos, **4** porque el SEÑOR su Dios es el que va con ustedes, para pelear por ustedes contra sus enemigos, para salvarlos".

5 »Los oficiales hablarán al pueblo: "¿Quién es el hombre que ha edificado una casa nueva y no la ha estrenado[1]? Que salga y regrese a su casa, no sea que muera en la batalla y otro la estrene[2]. **6** ¿Quién es el hombre que ha plantado una viña y no ha tomado *aún* de su fruto[1]? Que salga y regrese a su casa, no sea que muera en la batalla y otro goce de su fruto[2]. **7** ¿Y quién es el hombre que está comprometido con una mujer y no se ha casado[1]? Que salga y regrese a su casa, no

19:14
Los linderos

Los linderos o piedras delimitantes marcaban el límite de la propiedad de una persona. Mover las piedras estaba prohibido, porque era una manera de robarle la tierra.

© 2013 por Zondervan

19:21
El significado de «ojo por ojo, diente por diente»

Esta idea quería decir que el castigo debía ser igual al daño ocasionado, pero no excederlo. El mismo principio se expresa en Éxodo 21:23-25 y en Levítico 24:20.

19:10 [1] Lit. *haya sobre ti sangre.*   19:11 [1] Lit. *lo hiere en el alma.*   19:13 [1] Lit. *Tu ojo no tendrá.*   19:14 [1] Lit. *para poseerla.*   19:15 [1] Lit. *pecado que él peca.* [2] Lit. *en la boca de dos testigos o por la boca de tres.*   19:16 [1] Lit. *para testificar contra él.* [2] Lit. *desviarse.*   19:18 [1] Lit. *testificado contra.*   19:21 [1] Lit. *tu ojo no tendrá.*   20:5 [1] Lit. *dedicado.* [2] Lit. *dedique.*   20:6 [1] Lit. *no la ha considerado como algo común.* [2] Lit. *la considere como algo común.* 20:7 [1] Lit. *y no la ha tomado.*

sea que muera en la batalla y otro se case con ella". **8** Entonces los oficiales hablarán otra vez al pueblo, y dirán: "¿Quién es hombre medroso y de corazón apocado? Que salga y regrese a su casa para que no haga desfallecer[1] el corazón de sus hermanos como *desfallece* el corazón suyo". **9** Y cuando los oficiales acaben de hablar al pueblo, nombrarán capitanes de tropas *que irán* a la cabeza del pueblo.

10 »Cuando te acerques a una ciudad para pelear contra ella, primero le ofrecerás la paz[1]. **11** Y si ella está de acuerdo en hacer la paz contigo[1] y te abre *sus puertas,* entonces todo el pueblo que se encuentra en ella estará sujeto a ti para trabajos forzados y te servirá. **12** Sin embargo, si no hace la paz contigo, sino que emprende la guerra contra ti, entonces la sitiarás. **13** Cuando el SEÑOR tu Dios la entregue en tu mano, herirás a filo de espada a todos sus hombres[1]. **14** Solo las mujeres y los niños, los animales y todo lo que haya en la ciudad, todos sus despojos, tomarás para ti como botín. Comerás *del* botín de tus enemigos, que el SEÑOR tu Dios te ha dado. **15** Así harás a todas las ciudades que están muy lejos de ti, que no sean de las ciudades de las naciones cercanas[1].

16 »Pero en las ciudades de estos pueblos que el SEÑOR tu Dios te da en heredad, no dejarás con vida nada que respire, **17** sino que los destruirás por completo[1]: a los hititas, amorreos, cananeos, ferezeos, heveos y jebuseos, tal como el SEÑOR tu Dios te ha mandado, **18** para que ellos no les enseñen a ustedes a imitar todas las abominaciones que ellos han hecho con sus dioses y no pequen contra el SEÑOR su Dios.

19 »Cuando sities una ciudad por muchos días, peleando contra ella para tomarla, no destruirás sus árboles

20:8 [1] Así en algunas versiones antiguas; en el T.M., *para que no desfallezca.*
20:10 [1] Lit. *la llamarás a la paz.*   20:11 [1] Lit. *si te responde paz.*
20:13 [1] Lit. *todo varón suyo.*   20:15 [1] Lit. *aquí.*   20:17 [1] O *ciertamente los dedicarás al anatema.*

20:5-8
Razones para enviar a casa a un soldado
Los soldados podían quedar excusados o librados del servicio militar por unas cuantas razones. Se suponía que solo los que estuvieran en forma y dispuestos debían ir a pelear, porque si no estaban concentrados en la batalla, podían poner a los demás en peligro.

20:14
Por qué tomaban a las mujeres y los niños después de la guerra
Era común tomar prisioneros de guerra. Dios esperaba que trataran a estas personas con justicia.

20:19
Salvar los árboles
Cuando capturaban una ciudad, tenían que resguardar los árboles que podían proveerles alimentos. Otras naciones destruían todo y dejaban la tierra inservible.

LAS REGLAS DEL JUEGO
Deuteronomio 20

LAS LEYES DE DIOS SOBRE LA GUERRA

1 ALENTAR
Los sacerdotes debían alentar al ejército.

2 EXCUSAR
Los líderes debían excusar a los que no se habían mudado todavía a una casa nueva, los que no habían disfrutado de su viña, los recién casados, o hasta los que tuvieran miedo de ir a la batalla.

3 OFRECER LA PAZ
Los israelitas debían ofrecerles a sus enemigos una oportunidad de hacer las paces y una vida de servidumbre; si la oferta era rechazada, entonces debían matar a todos los hombres adultos y tomar todas las posesiones como botín.

metiendo el hacha contra ellos; no los talarás, pues de ellos puedes comer. Porque, ¿es acaso el árbol del campo un hombre para que le pongas[1] sitio?[2] **20** Solo los árboles que sabes que no dan fruto[1] podrás destruir y talar, para construir máquinas de sitio[2] contra la ciudad que está en guerra contigo, hasta que caiga.

EXPIACIÓN EN CASO DE ASESINATO

21 »Si en la tierra que el SEÑOR tu Dios te da para que la poseas, fuera encontrado alguien asesinado, tendido en el campo, y no se sabe quién lo mató, **2** entonces tus ancianos y tus jueces irán y medirán *la distancia* a las ciudades que están alrededor del muerto. **3** Y sucederá que los ancianos de la ciudad más próxima al lugar donde fue hallado el muerto, tomarán de la manada una novilla que no haya trabajado y que no haya llevado yugo; **4** y los ancianos de esa ciudad traerán la novilla a un valle de aguas perennes, el cual no haya sido arado ni sembrado, y quebrarán el cuello de la novilla allí en el valle.

5 »Entonces se acercarán los sacerdotes, hijos de Leví, porque el SEÑOR tu Dios los ha escogido para que le sirvan y para bendecir en el nombre del SEÑOR, y ellos decidirán[1] todo litigio y toda ofensa[2]; **6** y todos los ancianos de la ciudad más cercana[1] al lugar donde fue hallado el muerto, lavarán sus manos sobre la novilla cuyo cuello fue quebrado en el valle; **7** y responderán y dirán: "Nuestras manos no han derramado esta sangre, ni nuestros ojos han visto *nada*. **8** Perdona[1] a Tu pueblo Israel, al cual has redimido, oh SEÑOR, y no culpes de sangre inocente a Tu pueblo Israel". Y la culpa de la sangre les será perdonada[2]. **9** Así limpiarás la culpa de sangre inocente de en medio de ti, cuando hagas lo que es recto a los ojos del SEÑOR.

OTRAS LEYES

10 »Cuando salgas a la guerra contra tus enemigos, y el SEÑOR tu Dios los entregue en tus manos, y los tomes en cautiverio, **11** y veas entre los cautivos una mujer hermosa, y la desees, y la tomes para ti por mujer, **12** la traerás a tu casa, y ella se rasurará la cabeza y se cortará[1] sus uñas. **13** También se quitará el vestido de su cautiverio, permanecerá en tu casa y llorará por su padre y por su madre por todo un mes; después de eso podrás llegarte a ella y ser su marido, y ella será tu mujer. **14** Pero si no te agrada, la dejarás ir adonde quiera[1]. No la venderás por dinero, ni la maltratarás[2], porque la has humillado.

15 »Si un hombre tiene dos mujeres, una amada y otra aborrecida, y *tanto* la amada como la aborrecida le han dado hijos, si el primogénito es de la aborrecida, **16** el día que reparta[1] lo que tiene entre sus hijos, no puede él hacer primogénito

---

21:1-9
Asesinatos sin resolver
Este ritual con la novilla purificaba simbólicamente la tierra contaminada después de un asesinato cuando no había nadie a quien castigar.

21:14
Dejar ir a una esposa extranjera
Estaba bien que un israelita dejara ir a su esposa si no estaba contento con ella. Esta regla en realidad protegía a la mujer de ser maltratada o mantenida como esclava. Dejarla ir a donde ella quisiera era mejor que lo que hacían las otras naciones que las tomaban cautivas.

20:19 [1] Lit. *para que venga delante de ti en el.* [2] Esta oración es interrogativa en algunas versiones antiguas, pero no en el T.M.   20:20 [1] Lit. *que no son árboles para comer.* [2] O *baluartes.*   21:1 [1] Lit. *hirió.*   21:5 [1] Lit. *será de acuerdo con su boca.* [2] Lit. *todo golpe.*   21:6 [1] Lit. *que están más cerca.*   21:8 [1] O *Expía; lit. Cubre.* [2] O *expiada; lit. cubierta.*   21:12 [1] Lit. *hará.*   21:14 [1] Lit. *según su alma.* [2] O *esclavizarás.*   21:16 [1] Lit. *haga heredar.*

al hijo de la amada con preferencia al hijo de la aborrecida, que es el primogénito, **17** sino que reconocerá al primogénito, al hijo de la aborrecida, dándole una porción doble de todo lo que tiene[1], porque él es el principio de su vigor; a él le pertenece el derecho de primogenitura.

18 »Si un hombre tiene un hijo terco y rebelde que no obedece a su padre ni a su madre, y aunque lo castiguen, ni aun así les hace caso, **19** el padre y la madre lo tomarán y lo llevarán fuera a los ancianos de su ciudad, a la puerta de su ciudad natal[1]. **20** Y dirán a los ancianos de la ciudad: "Este hijo nuestro es terco y rebelde, no nos obedece, es glotón y borracho". **21** Entonces todos los hombres de la ciudad lo apedrearán hasta que muera. Así quitarás el mal de en medio de ti, y todo Israel oirá *esto* y temerá.

22 »Si un hombre ha cometido pecado digno de muerte, y se le ha dado muerte, y lo has colgado de un árbol, **23** su cuerpo no quedará colgado del árbol toda la noche, sino que ciertamente lo enterrarás el mismo día (pues el colgado es maldito de Dios[1]), para que no contamines la tierra que el SEÑOR tu Dios te da en heredad.

LEYES DIVERSAS

22 »No verás extraviado el buey de tu hermano[1], o su oveja, sin que te ocupes de ellos[2]; sin falta los llevarás a tu hermano. **2** Y si tu hermano no *vive* cerca de ti, o si no lo conoces, entonces lo traerás a tu casa, y estará contigo hasta que tu hermano lo busque; entonces se lo devolverás. **3** Así harás con su asno, y lo mismo harás con su vestido; así harás igualmente con cualquier cosa que tu hermano haya perdido y que tú halles. No te es permitido ignorarlos[1]. **4** No verás el asno de tu hermano, o su buey, caído en el camino sin ocuparte de ellos[1]; sin falta lo ayudarás a levantar*los*.

5 »La mujer no vestirá ropa de hombre, ni el hombre se pondrá ropa de mujer; porque cualquiera que hace esto es abominación al SEÑOR tu Dios.

6 »Si encuentras un nido de pájaros por el camino, en un árbol o en la tierra, con polluelos o con huevos, y la madre echada sobre los polluelos o sobre los huevos, no tomarás la madre con los hijos; **7** sin falta dejarás ir a la madre, aunque a los hijos los puedes tomar para ti, para que te vaya bien y prolongues tus días.

8 »Cuando edifiques casa nueva, le harás un muro a tu azotea, para que no traigas culpa de sangre sobre tu casa si alguien se cayera de ella.

9 »No sembrarás tu viña con dos clases de semilla, no sea que todo el fruto[1] de la semilla que hayas sembrado y el producto de la viña queden inservibles[2]. **10** No ararás con buey y asno juntos. **11** No vestirás ropa de material mezclado de lana y lino.

12 »Te harás borlas en las cuatro puntas del manto con que te cubras.

21:15-17
Derechos de los primogénitos
El primer hijo tenía el derecho de primogenitura (el derecho a una doble porción de las posesiones de su padre). También tenía la obligación de cuidar a las mujeres de la familia.

22:6-7
Dañar a un ave madre estaba prohibido
Si dejaban vivir a la madre, entonces podría poner más huevos. Esto garantizaba una fuente de comida para las personas.

22:9-11
Mezclar semillas, telas y animales que no eran iguales
No se podían mezclar distintas clases de semillas, telas o animales, lo cual puede que fuera un símbolo de pureza. Probablemente había además otras razones prácticas. Por ejemplo, una planta híbrida no se reproduce.

21:17 [1] Lit. *se encuentra consigo.*   21:19 [1] Lit. *y a la puerta de su lugar.*   21:23 [1] Lit. *la maldición de Dios.*   22:1 [1] O *conciudadano, y así en el resto del cap.*   [2] Lit. *y te escondas de ellos.*   22:3 [1] Lit. *esconderte.*   22:4 [1] Lit. *y te escondas de ellos.*   22:9 [1] Lit. *que la plenitud.*   [2] Lit. *consagrados.*

LEYES SOBRE LA MORALIDAD

13 »Si un hombre toma a una mujer y se llega a ella, y *después* la aborrece, **14** y la acusa de actos vergonzosos y la denuncia públicamente[1] y dice: "Tomé a esta mujer, *pero* al llegarme a ella no la encontré virgen", **15** entonces el padre y la madre de la joven tomarán las *pruebas* de la virginidad de la joven y las llevarán[1] a los ancianos de la ciudad, a la puerta. **16** Y el padre de la joven dirá a los ancianos: "Yo di mi hija por mujer a este hombre, pero él la aborreció; **17** ahora él le atribuye actos vergonzosos, diciendo: 'No encontré virgen a tu hija'. Pero esta es[1] *la prueba de* la virginidad de mi hija". Y extenderán la ropa delante de los ancianos de la ciudad.

18 »Entonces los ancianos de la ciudad tomarán al hombre y lo castigarán; **19** le pondrán una multa de 100 *siclos* (1.14 kilos) de plata, que darán al padre de la joven, porque denunció públicamente a[1] una virgen de Israel. Y ella seguirá siendo su mujer; no podrá despedirla en todos sus días. **20** Pero si el asunto es verdad, que la joven no fue hallada virgen, **21** entonces llevarán a la joven a la puerta de la casa de su padre, y los hombres de su ciudad la apedrearán hasta que muera, porque ella ha cometido una terrible ofensa[1] en Israel prostituyéndose en la casa de su padre. Así quitarás el mal de en medio de ti.

22 »Si se encuentra a un hombre acostado con una mujer casada, los dos morirán, el hombre que se acostó con la mujer, y la mujer. Así quitarás el mal de Israel.

23 »Si hay una joven virgen que está comprometida a un hombre, y *otro* hombre la encuentra en la ciudad y se acuesta con ella, **24** entonces ustedes llevarán a los dos a la puerta de esa ciudad y los apedrearán hasta que mueran; la joven, porque no dio voces en la ciudad, y el hombre, porque ha violado a la mujer de su prójimo; así quitarás el mal de en medio de ti.

25 »Pero si el hombre encuentra en el campo a la joven que está comprometida, y el hombre la fuerza y se acuesta con ella; entonces morirá solo el que se acuesta con ella. **26** No harás nada a la joven; no hay en la joven pecado digno de muerte, porque como cuando un hombre se levanta contra su vecino y lo mata, así es este caso. **27** Cuando él la encontró en el campo, la joven comprometida dio voces, pero no había nadie que la salvara.

28 »Si un hombre encuentra a una joven virgen que no está comprometida, y se apodera de ella y se acuesta con ella, y son descubiertos, **29** entonces el hombre que se acostó con ella dará cincuenta *siclos* de plata al padre de la joven, y ella será su mujer porque la ha violado. No podrá despedirla en todos sus días.

30 »[1] Ninguno tomará a la mujer de su padre para que no descubra lo que es[2] de su padre.

LOS EXCLUIDOS DE LA ASAMBLEA

23 »Ninguno que haya sido castrado[1] o que tenga cortado su miembro viril entrará en la asamblea del SEÑOR.

22:22-25
El adulterio se castigaba con la muerte

Dios quería que el matrimonio fuera algo permanente. Él deseaba que los esposos y esposas fueran fieles mutuamente.

22:14 [1] Lit. *hace que se divulgue contra ella mal nombre.*　　22:15 [1] Lit. *sacarán.*　　22:17 [1] Lit. *estas son.*　　22:19 [1] Lit. *hizo que se divulgara mal contra.*　　22:21 [1] O *infamia.*　　22:30 [1] En el texto heb. cap. 23:1.　　[2] Lit. *la vestidura.*　　23:1 [1] Lit. *herido magullando los testículos.*

2 Ningún bastardo entrará en la asamblea del SEÑOR, ninguno de sus *descendientes,* aun hasta la décima generación, entrará en la asamblea del SEÑOR. **3** Ningún amonita ni moabita entrará en la asamblea del SEÑOR; ninguno de sus *descendientes,* aun hasta la décima generación, entrará jamás en la asamblea del SEÑOR, **4** porque no fueron al encuentro de ustedes con pan y agua en el camino cuando salieron de Egipto, y porque alquilaron contra ti a Balaam, hijo de Beor, de Petor en Mesopotamia[1], para maldecirte. **5** Pero el SEÑOR tu Dios no quiso escuchar a Balaam, sino que el SEÑOR tu Dios te cambió la maldición en bendición, porque el SEÑOR tu Dios te ama. **6** Nunca procurarás la paz ni la prosperidad de ellos en todos tus días.

7 »No aborrecerás al edomita, porque es tu hermano; no aborrecerás al egipcio, porque fuiste extranjero[1] en su tierra. **8** Los hijos de la tercera generación que les nazcan podrán entrar en la asamblea del SEÑOR.

LEYES DIVERSAS

9 »Cuando salgas como ejército[1] contra tus enemigos, te guardarás de toda cosa impura. **10** Si hay en medio de ti un hombre inmundo a causa de una emisión nocturna, debe salir fuera del campamento; no volverá a entrar al[1] campamento. **11** Pero[1] al llegar la tarde se bañará con agua, y cuando se ponga el sol, podrá entrar de nuevo al[2] campamento. **12** Tendrás también un lugar fuera del campamento y saldrás allí; **13** y entre tus herramientas tendrás una pala,[1] y[2] cuando te sientes allá fuera, cavarás con ella, y te darás vuelta para cubrir[3] tu excremento. **14** Porque el SEÑOR tu Dios anda en medio de tu campamento para librarte y para derrotar[1] a tus enemigos de delante de ti, por tanto, tu campamento debe ser santo; y Él no debe ver nada indecente[2] en medio de ti, no sea que[3] se aparte de ti.

15 »No entregarás a su amo un esclavo que venga[1] a ti huyendo de su señor. **16** Contigo habitará en medio de ti, en el lugar que él escoja en una de tus ciudades[1] donde le parezca bien; no lo maltratarás.

17 »Ninguna mujer de Israel será ramera de culto pagano; tampoco ninguno de los israelitas será sodomita de culto pagano. **18** No traerás la paga de una ramera ni el sueldo de un perro[1] a la casa del SEÑOR tu Dios para cualquier ofrenda votiva[2], porque los dos son abominación para el SEÑOR tu Dios. **19** No cobrarás interés a tu hermano[1]: interés sobre dinero, alimento, *o* cualquier cosa que pueda ser prestado a interés. **20** Podrás cobrar interés a un extranjero, pero a tu hermano no le cobrarás interés a fin de que el SEÑOR tu Dios te bendiga en todo lo que emprendas[1] en la tierra que vas a entrar para poseerla.

21 »Cuando hagas un voto al SEÑOR tu Dios, no tardarás en pagarlo, porque el SEÑOR tu Dios

23:3-6
Los israelitas no podían ser amigos de los amonitas ni los moabitas
Esos grupos no ayudaron a Israel cuando salieron de Egipto, así que este era el castigo de Dios.

23:19
Cobrar intereses sobre los préstamos
Dios no quería que su pueblo se aprovechara de los demás, cobrando tasas adicionales cuando se prestaban dinero unos a otros.

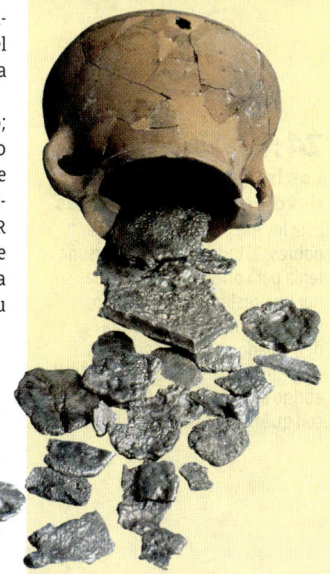

Z. Radovan/www.BibleLandPictures.com

23:4 [1] Heb. *Aram-naharaim.*   23:7 [1] O *peregrino.*
23:9 [1] O *campamento.*   23:10 [1] Lit. *no vendrá al medio del.*
23:11 [1] Lit. *Y será que.*   [2] Lit. *al medio del.*   23:13 [1] Lit. *estaca.*
[2] Lit. *será que.*   [3] Lit. *y cubrirás.*   23:14 [1] Lit. *entregar.*   [2] Lit. *la desnudez de ninguna cosa.*   [3] Lit. *y.*   23:15 [1] Lit. *se ha entregado.*
23:16 [1] Lit. *puertas.*   23:18 [1] I.e. *de un sodomita.*   [2] Lit. *de voto.*
23:19 [1] O *conciudadano.*   23:20 [1] Lit. *el extender de tu mano.*

23:24-25
Comerse la cosecha del otro

Podían comer frutas o cereales mientras estaban en el campo de un vecino, pero no podían llevárselos en una cesta o arrancarlos. Esto puede haber sido una manera de compartir con los pobres y a la vez limitaba la cantidad que podían tomar.

24:1-4
Divorcio

Dios permitía el divorcio en algunas circunstancias, pero como la idea de la familia era tan importante, el divorcio no resultaba común entre los hebreos.

24:10-13
Los israelitas tenían que devolver algunas prendas

Esta ley era para proteger a los pobres. Si todo lo que una persona tenía para ofrecer como prenda por un préstamo era su abrigo, entonces probablemente era demasiado pobre. Así que Dios ordenó que había que devolverle el abrigo a la persona para que tuviera con qué calentarse por las noches.

ciertamente te lo reclamará, y sería pecado en ti *si no lo cumples*. **22** Sin embargo, si te abstienes de hacer un voto, no sería pecado en ti. **23** Lo que salga de tus labios, cuidarás de cumplirlo, tal como voluntariamente has hecho voto al SEÑOR tu Dios, lo cual has prometido[1] con tu boca.

24 »Cuando entres en la viña de tu prójimo, podrás comer las uvas que desees hasta saciarte[1], pero no pondrás ninguna en tu cesto[2]. **25** Cuando entres en la cosecha de tu prójimo, entonces podrás arrancar espigas con tu mano, pero no meterás la hoz a la cosecha de tu prójimo.

24 »Cuando alguien toma una mujer y se casa con ella, si sucede que no le es agradable[1] porque ha encontrado algo reprochable en ella, y le escribe certificado de divorcio, *lo* pone en su mano y la despide de su casa, **2** y ella sale de su casa y llega a ser *mujer* de otro hombre; **3** si el segundo marido la aborrece y le escribe certificado de divorcio, *lo* pone en su mano y la despide de su casa, o si muere este último marido que la tomó para ser su mujer, **4** al primer marido que la despidió no le es permitido tomarla nuevamente como mujer, porque ha sido despreciada[1]; pues eso es abominación ante el SEÑOR. No traerás pecado sobre la tierra que el SEÑOR tu Dios te da por heredad.

5 »Cuando un hombre es recién casado[1], no saldrá con el ejército ni se le impondrá ningún deber; quedará libre en su casa por un año para hacer feliz a la mujer que ha tomado.

6 »Ninguno tomará en prenda el molino de mano ni la muela del molino[1], porque sería tomar en prenda la vida *del* hombre.

7 »Si se encuentra a un hombre que haya secuestrado[1] a alguien de sus hermanos[2] de los israelitas, y lo haya tratado con violencia, o lo haya vendido, entonces ese ladrón morirá. Así quitarás el mal de en medio de ti.

8 »Cuídate de una infección[1] de lepra, para que observes diligentemente y hagas conforme a todo lo que los sacerdotes levitas les enseñen. Como les he ordenado, así cuidarán de hacer. **9** Recuerda lo que el SEÑOR tu Dios hizo a Miriam en el camino, cuando ustedes salían de Egipto.

10 »Cuando prestes cualquier cosa[1] a tu prójimo, no entrarás en su casa para tomar su prenda. **11** Tú te quedarás afuera, y el hombre a quien hiciste el préstamo te traerá la prenda. **12** Si él es un hombre pobre, no te acostarás *reteniendo aún* su prenda. **13** Al ponerse el sol, sin falta le devolverás la prenda para que se acueste con su ropa, y te bendiga; y te será justicia delante del SEÑOR tu Dios.

14 »No oprimirás al jornalero pobre y necesitado, ya sea uno de tus conciudadanos[1] o uno de los extranjeros[2] que habita en tu tierra y en tus ciudades[3]. **15** En su día le darás su jornal antes de la puesta del sol[1], porque es pobre y ha puesto su corazón[2] en él; para que él no clame contra ti al SEÑOR, y llegue a ser pecado en ti.

23:23 [1] Lit. *hablado*.   23:24 [1] Lit. *tu saciedad*.   [2] O *vasija*.   24:1 [1] Lit. *no halla gracia ante sus ojos*.   24:4 [1] Lit. *manchada*.   24:5 [1] Lit. *toma una nueva mujer*.   24:6 [1] O *piedra de moler*.   24:7 [1] Lit. *robando*.   [2] O *conciudadanos*. 24:8 [1] Lit. *marca o lesión*.   24:10 [1] Lit. *préstamo*.   24:14 [1] Lit. *hermanos*. [2] O *peregrinos*.   [3] Lit. *puertas*.   24:15 [1] Lit. *para que el sol no se ponga sobre él*.   [2] Lit. *alma*.

16 »Los padres no morirán por¹ sus hijos, ni los hijos morirán por¹ sus padres; cada uno morirá por su propio pecado.

17 »No pervertirás la justicia debida al¹ extranjero ni al¹ huérfano, ni tomarás en prenda la ropa de la viuda, **18** sino que recordarás que fuiste esclavo en Egipto y que el SEÑOR tu Dios te rescató de allí; por tanto, yo te mando que hagas esto.

19 »Cuando siegues tu cosecha en tu campo y olvides alguna gavilla en el campo, no regresarás a recogerla; será para el extranjero, para el huérfano y para la viuda, para que el SEÑOR tu Dios te bendiga en toda obra de tus manos. **20** Cuando sacudas¹ tus olivos, no recorrerás las ramas que hayas dejado tras de ti, serán para el extranjero, para el huérfano y para la viuda. **21** Cuando vendimies tu viña, no la repasarás¹; será para el extranjero, para el huérfano y para la viuda. **22** Recordarás que tú fuiste esclavo en la tierra de Egipto; por tanto, yo te mando que hagas estas cosas.

25 »Si hay pleito entre *dos* hombres y van a la corte¹, y los jueces deciden el caso², y absuelven al justo y condenan al culpable³, **2** y si el culpable merece ser azotado¹, entonces el juez le hará tenderse, y será azotado en su presencia con el número de azotes de acuerdo con su culpa². **3** Puede darle cuarenta azotes, *pero* no más, no sea que le dé muchos más azotes que estos, y tu hermano quede degradado ante tus ojos.

4 »No pondrás bozal al buey mientras trilla.

DEBERES PARA CON LA VIUDA DEL HERMANO

5 »Cuando *dos* hermanos habitan juntos y uno de ellos muere y no tiene hijo, la mujer del fallecido no se *casará* fuera *de la familia* con un extraño. El cuñado se allegará a ella y la tomará para sí como mujer, y cumplirá con ella su deber de cuñado. **6** Y será que el primogénito que ella dé a luz llevará¹ el nombre de su hermano difunto, para que su nombre no sea borrado de Israel. **7** Pero si el hombre no quiere tomar a su cuñada, entonces su cuñada irá a la puerta, a los ancianos, y dirá: "Mi cuñado se niega a establecer un nombre para su hermano en Israel; no quiere cumplir para conmigo su deber de cuñado". **8** Entonces los ancianos de su ciudad lo llamarán y le hablarán. Y *si* él persiste y dice: "No deseo tomarla", **9** entonces su cuñada vendrá a él a la vista de los ancianos, le quitará la sandalia de su pie y le escupirá en la cara; y ella declarará¹: "Así se hace al hombre que no quiere edificar la casa de su hermano". **10** Y en Israel se le llamará: "La casa del de la sandalia quitada".

LEYES DIVERSAS

11 »Si *dos* hombres luchan entre sí, un hombre y su conciudadano¹, y la mujer de uno se acerca para librar a su marido de la mano del que lo golpea, y ella extiende su mano

24:16 ¹ O con.   24:17 ¹ Lit. del.   24:20 ¹ O golpees.
24:21 ¹ Lit. rebuscarás tras de ti.   25:1 ¹ Lit. al juicio.
² Lit. los juzgan.   ³ O al malo.   25:2 ¹ Lit. es hijo de azotes.   ² O maldad.
25:6 ¹ Lit. se levantará sobre.   25:9 ¹ Lit. responderá, y dirá.   25:11 ¹ Lit.
hermano.

24:19-22
Preocuparse por los pobres
Dios le dio instrucciones al pueblo a fin de que dejaran algo de la cosecha sin recoger para los pobres.

25:2-3
Dios limita el número de azotes
Azotar era una manera común de castigo en la antigüedad. Dios impuso un límite de azotes para impedir que el castigo se tornara abusivo.

25:7
Las puertas de la ciudad
Ya que la gente trabajaba en los campos o con sus rebaños fuera de la ciudad, muchos pasaban por las puertas todos los días, así que este lugar se volvió un sitio común de reunión.

© Eunika Sopotnicka/Shutterstock

25:11-12
Un castigo severo por dañar las partes íntimas de un hombre
Lastimar las partes íntimas de un hombre podía impedirle ser padre, de manera que este castigo apuntaba a reducir el riesgo de daño.

26:2
Primicias
Eran las primeras cosechas que se recogían. Los israelitas le daban los primeros frutos a Dios para mostrarle que él era su prioridad.

26:5
El arameo errante
Esto se refería a Jacob, que tuvo que vagar desde el sur de Canaán hasta Harán, luego regresar, y más tarde migrar a Egipto.

y le agarra sus partes vergonzosas, **12** entonces le cortarás su mano[1]; no tendrás[2] piedad.

13 »No tendrás en tu bolsa pesas diferentes[1], una grande y una pequeña. **14** No tendrás en tu casa medidas diferentes[1], una grande y una pequeña. **15** Tendrás peso completo y justo; tendrás medida completa y justa[1], para que se prolonguen tus días en la tierra[2] que el SEÑOR tu Dios te da. **16** Porque todo el que hace estas cosas, todo el que comete injusticia, es abominación para el SEÑOR tu Dios.

17 »Acuérdate de lo que te hizo Amalec en el camino cuando saliste de Egipto, **18** cómo te salió al encuentro en el camino, y atacó[1] entre los tuyos a todos los agotados en tu retaguardia cuando tú *estabas* fatigado y cansado; y él no temió[2] a Dios. **19** Por tanto, cuando el SEÑOR tu Dios te haya dado descanso de todos tus enemigos alrededor, en la tierra que el SEÑOR tu Dios te da en heredad para poseerla, borrarás de debajo del cielo la memoria de Amalec; no lo olvides.

OFRENDAS DE LAS PRIMICIAS

26 »Cuando entres en la tierra que el SEÑOR tu Dios te da por herencia, tomes posesión de ella y habites en ella, **2** tomarás las primicias de todos los frutos del suelo que recojas de la tierra que el SEÑOR tu Dios te da, y *las* pondrás en una canasta e irás al lugar que el SEÑOR tu Dios escoja para establecer[1] Su nombre. **3** Te presentarás al sacerdote que esté en funciones en esos días y le dirás: "Declaro hoy al SEÑOR mi[1] Dios que he entrado en la tierra que el SEÑOR juró a nuestros padres que nos daría".

4 »Entonces el sacerdote tomará la canasta de tu mano, y la pondrá delante del altar del SEÑOR tu Dios. **5** Y tú responderás delante del SEÑOR tu Dios: "Mi padre fue un arameo errante[1] y descendió a Egipto y residió[2] allí, *siendo* pocos en número; pero allí llegó a ser una nación grande, fuerte y numerosa. **6** Pero los egipcios nos maltrataron y nos afligieron y pusieron sobre nosotros dura servidumbre. **7** Entonces clamamos al SEÑOR, el Dios de nuestros padres, y el SEÑOR oyó nuestra voz y vio nuestra aflicción, nuestro trabajo y nuestra opresión. **8** Y el SEÑOR nos sacó de Egipto con mano fuerte y brazo extendido, con gran terror, con señales y milagros; **9** y nos ha traído a este lugar y nos ha dado esta tierra, una tierra que mana leche y miel. **10** Ahora, yo he traído las primicias de los frutos de la tierra que Tú, oh SEÑOR, me has dado". Entonces las pondrás delante del SEÑOR tu Dios, y adorarás delante del SEÑOR tu Dios; **11** y tú te alegrarás, y también el levita y el extranjero que está en medio de ti, por todo el bien que el SEÑOR tu Dios te ha dado a ti y a tu casa.

LOS DIEZMOS DE UN PUEBLO CONSAGRADO

12 »Cuando acabes de separar[1] todo el diezmo de tus frutos en el tercer año, el año del diezmo, entonces se lo darás

---

25:12 [1] Lit. *palma.*   [2] Lit. *tu ojo no tendrá.*   25:13 [1] Lit. *una piedra y una piedra.* 25:14 [1] Lit. *un efa y un efa.*   25:15 [1] Lit. *efa completo y justo.*   [2] Lit. *el suelo.* 25:18 [1] Lit. *hirió.*   [2] O *reverención.*   26:2 [1] O *hacer habitar.*   26:3 [1] Así en la versión gr. (sept.); en heb. *tu.*   26:5 [1] O *a punto de perecer.*   [2] O *vivió como extranjero.*   26:12 [1] Lit. *diezmar.*

al levita, al extranjero, al huérfano y a la viuda, para que puedan comer en tus ciudades[2] y sean saciados. **13** Entonces dirás delante del SEÑOR tu Dios: "He sacado de *mi* casa la *porción* consagrada y también la he dado al levita, al extranjero, al huérfano y a la viuda conforme a todos Tus mandamientos que Tú me has mandado. No he violado[1] ni olvidado ninguno de Tus mandamientos. **14** No he comido de ella estando de[1] luto, ni he tomado de ella mientras estaba inmundo, ni he ofrecido de ella a los muertos. He escuchado la voz del SEÑOR mi Dios; he hecho conforme a todo lo que Tú me has mandado. **15** Mira desde Tu morada santa, desde el cielo, y bendice a Tu pueblo Israel y a la tierra que nos has dado, una tierra que mana leche y miel, como juraste a nuestros padres".

16 »El SEÑOR tu Dios te manda hoy que cumplas estos estatutos y ordenanzas. Cuidarás, pues, de cumplirlos con todo tu corazón y con toda tu alma. **17** Has declarado hoy que el SEÑOR es tu Dios y que andarás[1] en Sus caminos y guardarás[2] Sus estatutos, Sus mandamientos y Sus ordenanzas, y que escucharás Su voz. **18** Y el SEÑOR ha declarado hoy que tú eres Su pueblo, Su exclusiva posesión[1], como Él te prometió, y que debes guardar[2] todos Sus mandamientos; **19** y que Él te pondrá[1] en alto sobre todas las naciones que ha hecho, para alabanza, renombre y honor; y serás un pueblo consagrado al SEÑOR tu Dios, como Él ha dicho».

LA INSCRIPCIÓN DE LA LEY EN EBAL

27 Moisés y los ancianos de Israel dieron[1] orden al pueblo y dijeron: «Guarden todos los mandamientos que yo les ordeno hoy. **2** El día que pasen el Jordán a la tierra que el SEÑOR tu Dios te da, levantarás para ti piedras grandes, y las blanquearás con cal, **3** y escribirás en ellas todas las palabras de esta ley, cuando hayas pasado, para entrar en la tierra que el SEÑOR tu Dios te da, una tierra que mana leche y miel, tal como el SEÑOR, el Dios de tus padres te prometió[1]. **4** Así que cuando pases el Jordán, levantarás estas piedras en el monte Ebal, como[1] yo te ordeno hoy, y las blanquearás con cal. **5** Además, edificarás allí un altar al SEÑOR tu Dios, un altar de piedras; pero no alzarás sobre ellas *herramientas* de hierro. **6** Construirás el altar del SEÑOR tu Dios de piedras enteras; y sobre él ofrecerás holocaustos al SEÑOR tu Dios; **7** y sacrificarás ofrendas de paz y comerás allí, y te alegrarás delante del SEÑOR tu Dios. **8** Escribirás claramente en las piedras[1] todas las palabras de esta ley».

9 Entonces Moisés y los sacerdotes levitas dijeron a todo Israel: «Guarda silencio y escucha, oh Israel. Hoy te has convertido en pueblo del SEÑOR

26:18
Dios llamó a Israel su exclusiva posesión
Dios había elegido a Israel para que recibiera su bendición especial. La responsabilidad de Israel era compartir su conocimiento y adoración del único Dios verdadero. Jesús extendió esta relación de pacto a todos los creyentes.

27:1-8
La primera prioridad cuando los israelitas entraran a la tierra prometida
En el monte Ebal debían colocar unas piedras formando un altar y otras piedras en las que habían escrito las leyes de Dios. Escribir las leyes sobre piedras o en las laderas de las montañas era una práctica común del antiguo Medio Oriente.

A. D. Riddle/www.BiblePlaces.com

---

[2] Lit. *puertas.*   26:13 [1] O *transgredido.*   26:14 [1] Lit. *mientras en mí.*   26:17 [1] Lit. *y para andar.*   [2] Lit. *y para guardar.* 26:18 [1] O *su tesoro especial.*   [2] Lit. *y para guardar.*   26:19 [1] Lit. *y para ponerte.*   27:1 [1] Lit. *dio.*   27:3 [1] Lit. *habló.*   27:4 [1] Lit. *que.*   27:8 [1] I.e. las piedras cubiertas de cal (véase vers. 4).

27:6
Holocaustos
El holocausto representaba un acto de adoración y amor a Dios, o podía ser un requisito para el perdón de los pecados.

27:7
Ofrendas de paz
Esta ofrenda expresaba gratitud. También se le llamaba ofrenda de comunión.

27:15, 24
Dios ve los pecados cometidos en secreto
Dios ve todos los pecados.

27:18
Cómo tratar al ciego
Las personas con discapacidades eran fáciles de engañar. Esta ley dice que es un crimen maltratar a una persona con discapacidades como la ceguera.

28:2-6
Quién recibe esas bendiciones
Estas bendiciones fueron prometidas a la nación de Israel, no a los individuos. A las personas buenas les siguen sucediendo cosas malas por causa del pecado en el mundo, pero Dios quería que Israel le mostrara a las naciones vecinas que ellos servían al único Dios verdadero.

tu Dios. **10** Por tanto, obedecerás al[1] SEÑOR tu Dios, y cumplirás Sus mandamientos y Sus estatutos que hoy te ordeno».

LAS MALDICIONES

11 También aquel día Moisés ordenó al pueblo: **12** «Cuando pases el Jordán, estas *tribus* estarán sobre el monte Gerizim para bendecir al pueblo: Simeón, Leví, Judá, Isacar, José y Benjamín. **13** Y para la maldición, estas *tribus* estarán en el monte Ebal: Rubén, Gad, Aser, Zabulón, Dan y Neftalí. **14** Entonces los levitas responderán y dirán en alta voz a todos los hombres de Israel:

15 "Maldito el hombre que haga ídolo[1] o imagen de fundición, abominación al SEÑOR, obra de las manos del artífice, y *la* erige en secreto". Y todo el pueblo responderá, y dirá: "Amén".

16 "Maldito el que desprecie a su padre o a su madre". Y todo el pueblo dirá: "Amén".

17 "Maldito el que cambie[1] el lindero de su vecino". Y todo el pueblo dirá: "Amén".

18 "Maldito el que haga errar al ciego en el camino". Y todo el pueblo dirá: "Amén".

19 "Maldito el que pervierta el derecho del extranjero, del huérfano y de la viuda". Y todo el pueblo dirá: "Amén".

20 "Maldito el que se acueste con la mujer de su padre, porque ha descubierto lo que es[1] de su padre". Y todo el pueblo dirá: "Amén".

21 "Maldito el que se eche con cualquier animal". Y todo el pueblo dirá: "Amén".

22 "Maldito el que se acueste con su hermana, la hija de su padre o de su madre". Y todo el pueblo dirá: "Amén".

23 "Maldito el que se acueste con su suegra". Y todo el pueblo dirá: "Amén".

24 "Maldito el que hiera a su vecino secretamente". Y todo el pueblo dirá: "Amén".

25 "Maldito el que acepte soborno para quitar la vida a un inocente". Y todo el pueblo dirá: "Amén".

26 "Maldito el que no confirme las palabras de esta ley para ponerlas por obra". Y todo el pueblo dirá: "Amén".

BENDICIONES DE LA OBEDIENCIA

28 »Y sucederá que si obedeces diligentemente al[1] SEÑOR tu Dios, cuidando de cumplir todos Sus mandamientos que yo te mando hoy, el SEÑOR tu Dios te pondrá en alto sobre todas las naciones de la tierra. **2** Y todas estas bendiciones vendrán sobre ti y te alcanzarán, si obedeces al[1] SEÑOR tu Dios: **3** Bendito *serás* en la ciudad, y bendito *serás* en el campo. **4** Bendito el fruto de tu vientre, el producto[1] de tu suelo, el fruto de tu ganado, el aumento de tus vacas y las crías de tus ovejas. **5** Benditas *serán* tu canasta y tu artesa. **6** Bendito *serás* cuando entres, y bendito *serás* cuando salgas.

7 »El SEÑOR hará que los enemigos que se levanten contra ti sean derrotados[1] delante de ti; saldrán contra ti por un

27:10 [1] Lit. *escucharás la voz del.*   27:15 [1] O *imagen tallada.*
27:17 [1] O *mueva.*   27:20 [1] Lit. *la vestidura.*   28:1 [1] Lit. *escuchas la voz del.*
28:2 [1] Lit. *escuchas la voz del.*   28:4 [1] Lit. *fruto.*   28:7 [1] Lit. *heridos.*

camino y huirán delante de ti por siete caminos. **8** El SEÑOR mandará que la bendición sea contigo en tus graneros y en todo aquello en que pongas tu mano, y te bendecirá en la tierra que el SEÑOR tu Dios te da. **9** Te establecerá el SEÑOR como pueblo santo para sí, como te juró, si guardas los mandamientos del SEÑOR tu Dios y andas en Sus caminos. **10** Entonces verán todos los pueblos de la tierra que sobre ti es invocado[1] el nombre del SEÑOR; y te temerán.

11 »El SEÑOR te hará abundar en bienes, en el fruto de tu vientre, en el fruto de tu ganado y en el producto[1] de tu suelo, en la tierra que el SEÑOR juró a tus padres que te daría. **12** El SEÑOR abrirá para ti Su buen tesoro, los cielos, para dar lluvia a tu tierra a su tiempo y para bendecir toda la obra de tu mano; y tú prestarás a muchas naciones, pero no tomarás prestado. **13** El SEÑOR te pondrá a la cabeza y no a la cola, solo estarás encima y nunca estarás debajo, si escuchas los mandamientos del SEÑOR tu Dios que te ordeno hoy, para que *los* guardes cuidadosamente[1]. **14** No te desvíes de ninguna de las palabras que te ordeno hoy, ni a la derecha ni a la izquierda, para ir tras otros dioses y servirles.

CONSECUENCIAS DE LA DESOBEDIENCIA

15 »Pero sucederá que si no obedeces al[1] SEÑOR tu Dios, y no guardas todos Sus mandamientos y estatutos que hoy te ordeno, vendrán sobre ti todas estas maldiciones y te alcanzarán:

16 »Maldito *serás* en la ciudad, y maldito *serás* en el campo.

17 »Malditas *serán* tu canasta y tu artesa.

18 »Maldito el fruto de tu vientre y el producto[1] de tu suelo, el aumento de tu ganado y las crías de tu rebaño.

19 »Maldito *serás* cuando entres y maldito *serás* cuando salgas.

20 »El SEÑOR enviará sobre ti maldición, confusión y censura en todo lo que emprendas[1], hasta que seas destruido y hasta que perezcas rápidamente, a causa de la maldad de tus hechos, porque me has abandonado. **21** El SEÑOR hará que la peste se te pegue hasta que te haya consumido de sobre la tierra adonde vas a entrar para poseerla. **22** Te herirá el SEÑOR de tisis, de fiebre, de inflamación y de gran ardor, con la espada[1], con pestes y plagas; y te perseguirán hasta que perezcas. **23** El cielo que está encima de tu cabeza será de bronce, y la tierra que está debajo de ti, de hierro. **24** El SEÑOR hará que la lluvia de tu tierra sea polvo y ceniza; descenderá del cielo sobre ti hasta que seas destruido. **25** El SEÑOR hará que seas derrotado[1] delante de tus enemigos; saldrás contra ellos por un camino, pero huirás por siete caminos delante de ellos, y serás *ejemplo de* terror para todos los reinos de la tierra.

28:5
La artesa de amasar
Era una herramienta usada para fabricar pan.

Mujer amasando pan sobre una losa cuadrada, Griega, de Aulis, c. 500 – 475 a.C./Museo Ashmolean, Universidad de Oxford, Reino Unido/Bridgeman Images

28:10
La importancia de ser llamado por el nombre del Señor
Cuando una persona le daba su nombre a otra, eso significaba que eran cercanas. Cuando Dios le dio su nombre a Israel (o el nombre del Señor era invocado sobre Israel), eso significaba que era su pueblo elegido.

28:23
Maldición del cielo de bronce y la tierra de hierro
Moisés estaba hablando sobre una fuerte sequía. Sin lluvias, el sol recalentaría la tierra y la haría extremadamente seca y dura como el hierro. Las plantas y toda la vegetación morirían.

26 »Y tus cadáveres serán alimento para todas las aves del cielo y para los animales de la tierra, y no habrá nadie que *los* espante.

27 »El SEÑOR te herirá con los tumores de Egipto y con úlceras, sarna y comezón, de los que no podrás ser sanado. **28** Te herirá el SEÑOR con locura, con ceguera y con turbación de corazón[1]; **29** y andarás a tientas a mediodía como el ciego anda a tientas en la oscuridad, y no serás prosperado en tus caminos; más bien serás oprimido y robado continuamente, sin que nadie te salve. **30** Te desposarás con una mujer, pero otro hombre se acostará con ella; edificarás una casa, pero no habitarás en ella; plantarás una viña, pero no aprovecharás su fruto[1]. **31** Tu buey será degollado delante de tus ojos, pero no comerás de él; tu asno será arrebatado, y no te será devuelto; tu oveja será dada a tus enemigos, y no tendrás quien te salve. **32** Tus hijos y tus hijas serán dados a otro pueblo, mientras tus ojos miran y desfallecen por ellos continuamente, pero no habrá nada que puedas hacer[1]. **33** Un pueblo que no conoces comerá el producto de tu suelo y de todo tu trabajo, y no serás más que *un pueblo* oprimido y quebrantado todos los días. **34** Y te volverás loco por lo que verán tus ojos[1]. **35** Te herirá el SEÑOR en las rodillas y en las piernas con llagas malignas de las que no podrás ser sanado, desde la planta de tu pie hasta la coronilla.

36 »El SEÑOR te llevará a ti y a tu rey, al que hayas puesto sobre ti, a una nación que ni tú ni tus padres han conocido, y allí servirás a otros dioses de madera y de piedra. **37** Y vendrás a ser *motivo de* horror, proverbio y burla entre todos los pueblos donde el SEÑOR te lleve.

38 »Sacarás mucha semilla al campo, pero recogerás poco, porque la langosta la devorará. **39** Plantarás y cultivarás viñas, pero no beberás del vino ni recogerás *las uvas*, porque el gusano se las comerá. **40** Tendrás olivos por todo tu territorio pero no te ungirás con el aceite, porque tus aceitunas se caerán. **41** Tendrás[1] hijos e hijas, pero no serán tuyos, porque irán al cautiverio. **42** Todos tus árboles y el fruto de tu suelo los consumirá[1] la langosta[2].

43 »El extranjero que esté en medio de ti se elevará sobre ti cada vez más alto, pero tú descenderás cada vez más bajo. **44** Él te prestará, pero tú no le podrás prestar. Él será la cabeza y tú serás la cola.

45 »Todas estas maldiciones vendrán sobre ti y te perseguirán y te alcanzarán hasta que seas destruido, porque tú no escuchaste la voz del SEÑOR tu Dios, y no guardaste los mandamientos y estatutos que Él te mandó. **46** Ellas serán señal y maravilla sobre ti y sobre tu descendencia[1] para siempre. **47** Por cuanto no serviste al SEÑOR tu Dios con alegría y con gozo de corazón, cuando tenías[1] la abundancia de todas las cosas, **48** por tanto servirás a tus enemigos, los cuales el SEÑOR enviará

28:48
Yugo de hierro
Un yugo era un objeto, por lo general hecho de madera, que se ajustaba al cuello y los hombros de una persona o animal que llevaba cargas pesadas. Era un símbolo de esclavitud. Un yugo de hierro era una forma de esclavitud más temible y perdurable.

contra ti: en hambre, en sed, en desnudez y en escasez de todas las cosas. Él pondrá yugo de hierro sobre tu cuello hasta que te haya destruido.

49 »El SEÑOR levantará contra ti una nación de lejos, desde el extremo de la tierra, *que* descenderá veloz como águila, una nación cuya lengua no entenderás, 50 una nación de rostro fiero que no tendrá respeto al anciano ni tendrá compasión del niño[1]. 51 Se comerá la cría[1] de tu ganado y el fruto de tu suelo, hasta que seas destruido; tampoco te dejará grano, ni vino nuevo, ni aceite, ni el aumento de tu ganado, ni las crías de tu rebaño, hasta que te haya hecho perecer.

52 »Y esa nación te pondrá sitio en todas tus ciudades[1], hasta que tus muros altos y fortificados en los cuales tú confiabas caigan por toda tu tierra; y te sitiará en todas tus ciudades[1], por toda la tierra que el SEÑOR tu Dios te ha dado. 53 Entonces comerás el fruto de tu vientre, la carne de tus hijos y de tus hijas que el SEÑOR tu Dios te ha dado, en el asedio y en la angustia con que tu enemigo te oprimirá[1]. 54 El hombre que es tierno[1] y muy delicado en medio de ti, será hostil[2] hacia su hermano, hacia la mujer que ama[3] y hacia el resto de sus hijos que le queden, 55 y no dará a ninguno de ellos nada de la carne de sus hijos que se comerá, ya que no le quedará nada en el asedio y en la angustia con que tu enemigo te oprimirá[1] en todas tus ciudades[2]. 56 La *mujer* tierna[1] y delicada en medio tuyo, que no osaría poner la planta de su pie en tierra por ser delicada y tierna, será hostil[2] hacia el esposo que ama[3], también hacia su hijo, hacia su hija, 57 hacia la placenta que salga de su seno[1] y hacia los hijos que dé a luz; porque se los comerá en secreto por falta de otra *cosa*, en el asedio y en la angustia con que tu enemigo te oprimirá[2] en tus ciudades[3].

58 »Si no cuidas de poner en práctica todas las palabras de esta ley que están escritas en este libro, temiendo[1] este nombre glorioso y temible, el SEÑOR tu Dios, 59 entonces el SEÑOR hará horribles tus plagas y las plagas de tus descendientes[1], plagas severas[2] y duraderas, y enfermedades perniciosas y crónicas. 60 Y traerá de nuevo sobre ti todas las enfermedades de Egipto de las cuales tenías temor, y no te dejarán[1].

61 »También el SEÑOR traerá sobre ti toda enfermedad y toda plaga que no están escritas en el libro de esta ley, hasta que seas destruido. 62 Entonces quedarán pocos de ustedes en número, aunque eran multitud como las estrellas del cielo, porque no obedeciste al[1] SEÑOR tu Dios. 63 Y sucederá que tal como el SEÑOR se deleitaba en ustedes para prosperarlos y multiplicarlos, así el SEÑOR se deleitará en ustedes para hacerlos perecer y destruirlos; y serán arrancados de la tierra en la cual entran para poseerla.

64 »Además, el SEÑOR te dispersará entre todos los pueblos de un extremo de la tierra hasta el otro extremo de la tierra;

28:49
La nación que podía destruirlos
Un águila descendiendo velozmente puede haber sido un símbolo de la velocidad y el poder de Asiria y Babilonia.

28:60
Las enfermedades de Egipto
Estas fueron las enfermedades durante las plagas: forúnculos, tumores, enfermedades de los intestinos, pérdida de la vista, enfermedades mentales y enfermedades de la piel.

28:63
A Dios no le agradaba castigar a las personas
Dios no quería castigar a su pueblo, pero quería asegurarse de que se hiciera justicia.

28:50 [1] O *joven.*   28:51 [1] Lit. *el fruto.*   28:52 [1] Lit. *puertas.*
28:53 [1] O *angustiará.*   28:54 [1] O *refinado.*   [2] Lit. *su ojo será malo.*   [3] Lit. *de su seno.*   28:55 [1] O *angustiará.*   [2] Lit. *puertas.*   28:56 [1] O *refinada.*   [2] Lit. *su ojo será malo.*   [3] Lit. *de su seno.*   28:57 [1] Lit. *de entre sus pies.*   [2] O *angustiará.*   [3] Lit. *puertas.*   28:58 [1] O *reverenciando.*   28:59 [1] Lit. *y plaga sobre tu simiente.*   [2] Lit. *grandes.*   28:60 [1] Lit. *y se pegarán a ti.*   28:62 [1] Lit. *no escuchaste la voz del.*

28:65
El significado de la «desesperación de alma»
La frase significa que no tendrían paz.

29:1
Dios hizo un nuevo pacto
Dios hizo muchos pactos en la Biblia. Habían pasado cuarenta años desde que él había hecho su primer pacto con Moisés en el monte Sinaí (ver Éxodo 19:5). Como Josué iba a convertirse en el nuevo líder, era tiempo de actualizar el pacto.

y allí servirás a otros dioses, de madera y de piedra, que ni tú ni tus padres han conocido. **65** Y entre esas naciones no hallarás descanso, ni habrá reposo para la planta de tu pie, sino que allí el SEÑOR te dará un corazón temeroso, desfallecimiento de ojos y desesperación de alma. **66** Tendrás la vida pendiente de un hilo[1]; y estarás aterrado de noche y de día, y no tendrás seguridad de tu vida. **67** Por la mañana dirás: "¡Oh, si fuera la tarde!". Y por la tarde dirás: "¡Oh, si fuera la mañana!", por causa del espanto de tu corazón con que temerás y por lo que verán tus ojos[1]. **68** Y el SEÑOR te hará volver a Egipto en naves, por el camino del cual yo te había dicho: "Nunca más volverás a verlo". Y allí ustedes se ofrecerán en venta como esclavos y esclavas a sus enemigos, pero no habrá comprador».

EL PACTO HECHO EN MOAB

29 **1** Estas son las palabras del pacto que el SEÑOR mandó a Moisés que hiciera con los israelitas en la tierra de Moab, además del pacto que Él había hecho con ellos en Horeb.

2 [1] Moisés convocó a todo Israel y les dijo: «Delante de sus ojos, ustedes han visto todo lo que el SEÑOR hizo en la tierra de Egipto a Faraón, a todos sus siervos y a toda su tierra, **3** las grandes pruebas que vieron sus[1] ojos, aquellas grandes señales y maravillas. **4** Pero hasta el día de hoy el SEÑOR no les ha dado corazón para entender, ni ojos para ver, ni oídos para oír.

5 »Yo los he conducido *durante* cuarenta años en el desierto; no se han gastado los vestidos sobre ustedes y no se ha gastado la sandalia en su[1] pie. **6** No han comido pan ni han bebido vino ni sidra, para que sepan que Yo soy el SEÑOR su Dios. **7** Cuando ustedes llegaron[1] a este lugar, Sehón, rey de Hesbón, y Og, rey de Basán, salieron a nuestro encuentro para pelear, pero los derrotamos[2]; **8** y tomamos su tierra y la dimos en herencia a los rubenitas, a los gaditas y a la media tribu de Manasés. **9** Guarden, pues, las palabras de este pacto y pónganlas en práctica, para que prosperen en todo lo que hagan.

10 »Hoy están todos ustedes en presencia del SEÑOR su Dios: sus jefes[1], sus tribus, sus ancianos y sus oficiales, todos los hombres de Israel, **11** sus pequeños, sus mujeres, y el extranjero que está dentro de tus campamentos, desde tu leñador hasta el que saca tu agua, **12** para que entres en el pacto con el SEÑOR tu Dios, y en Su juramento que el SEÑOR tu Dios hace hoy contigo, **13** a fin de establecerte hoy como Su pueblo y que Él sea tu Dios, tal como te lo ha dicho y como lo juró a tus padres Abraham, Isaac y Jacob.

14 »Y no hago solo con ustedes este pacto y este juramento, **15** sino también con los que hoy están aquí con nosotros en la presencia del SEÑOR nuestro Dios, y con los que no están hoy aquí con nosotros **16** (pues ustedes saben cómo habitamos en

---

28:66 [1] Lit. *La vida te será colgada delante.*   28:67 [1] Lit. *el espectáculo de tus ojos que verás.*   29:1 [1] En el texto heb. cap. 28:69.   29:2 [1] En el texto heb. cap. 29:1.   29:3 [1] Lit. *tus.*   29:5 [1] Lit. *tu.*   29:7 [1] O *vinieron.*   [2] Lit. *herimos.*   29:10 [1] Lit. *sus cabezas.*

la tierra de Egipto y cómo pasamos en medio de las naciones por las cuales han pasado, **17** además, han visto sus abominaciones y los ídolos de madera y de piedra, de plata y de oro, que *tenían* con ellos); **18** no sea que haya entre ustedes hombre o mujer, familia o tribu, cuyo corazón se aleje hoy del SEÑOR nuestro Dios para ir y servir a los dioses de aquellas naciones; no sea que haya entre ustedes una raíz que produzca fruto venenoso y ajenjo.

19 »Y sucederá que cuando él oiga las palabras de esta maldición, se envanecerá[1], diciendo: "Tendré paz aunque ande en la terquedad de mi corazón, a fin de destruir la *tierra* regada junto con la seca". **20** El SEÑOR jamás querrá perdonarlo, sino que la ira del SEÑOR y Su celo arderán[1] contra ese hombre, y toda maldición que está escrita en este libro caerá sobre él, y el SEÑOR borrará su nombre de debajo del cielo. **21** Entonces el SEÑOR lo señalará para adversidad[1] de entre todas las tribus de Israel, según todas las maldiciones del pacto que están escritas en este libro de la ley.

22 »Y la generación venidera, sus hijos que se levanten después de ustedes y el extranjero que venga de tierra lejana, cuando vean las plagas de la tierra y las enfermedades con las que el SEÑOR la ha afligido[1], dirán: **23** "Toda su tierra es azufre, sal y calcinación, sin sembrar, nada germina[1] y el pasto no crece en ella, como en la destrucción de Sodoma y Gomorra, de Adma y de Zeboim que el SEÑOR destruyó en Su ira y en Su furor". **24** Y todas las naciones dirán: "¿Por qué ha hecho así el SEÑOR a esta tierra? ¿Por qué esta gran explosión[1] de ira?".

25 »Entonces *los hombres* dirán: "Porque abandonaron el pacto que el SEÑOR, el Dios de sus padres, hizo con ellos cuando los sacó de la tierra de Egipto. **26** Y ellos fueron y sirvieron a otros dioses y los adoraron, dioses que no habían conocido y los cuales Él no les había dado[1]. **27** Por eso, ardió la ira del SEÑOR contra aquella tierra, para traer sobre ella toda maldición que está escrita en este libro; **28** y el SEÑOR los desarraigó de su tierra con ira, con furor y con gran enojo, y los arrojó a otra tierra, hasta hoy".

29 »Las cosas secretas pertenecen al SEÑOR nuestro Dios, pero las cosas reveladas nos pertenecen a nosotros y a nuestros hijos para siempre, a fin de que guardemos todas las palabras de esta ley.

PROMESA DE RESTAURACIÓN

30 »Y sucederá que cuando todas estas cosas hayan venido sobre ti, la bendición y la maldición que he puesto delante de ti, y tú *las* recuerdes[1] en todas las naciones adonde el SEÑOR tu Dios te haya desterrado, **2** y vuelvas al SEÑOR tu Dios, tú y tus hijos, y le obedezcas[1] con todo tu corazón y con toda tu alma conforme a todo lo que yo te ordeno hoy, **3** entonces el SEÑOR tu Dios te hará volver de tu cautiverio[1], y tendrá compasión de ti y te recogerá de nuevo de entre todos los

29:18-20
El pecado que Dios no perdonaría
Una persona que le daba la espalda a Dios para adorar a un dios pagano no tendría perdón.

29:23
Adma y Zeboim
Estas dos ciudades, junto con Sodoma y Gomorra, fueron destruidas a causa de su maldad cuando Dios hizo llover azufre del cielo.

29:29
Las cosas secretas que pertenecen a Dios
Estas cosas eran los sucesos escondidos del futuro de Israel. Solo Dios sabía si Israel obedecería y sería bendecida.

29:19 [1] Lit. *se bendecirá a sí mismo en su corazón.*   29:20 [1] Lit. *humearán.*
29:21 [1] Lit. *mal.*   29:22 [1] Lit. *ha hecho enfermar.*   29:23 [1] Lit. *ni hace que germine.*   29:24 [1] Lit. *este gran ardor.*   29:26 [1] Lit. *repartido.*
30:1 [1] Lit. *las hagas volver a tu corazón.*   30:2 [1] Lit. *y escuches Su voz.*
30:3 [1] O *restaurará tu bienestar.*

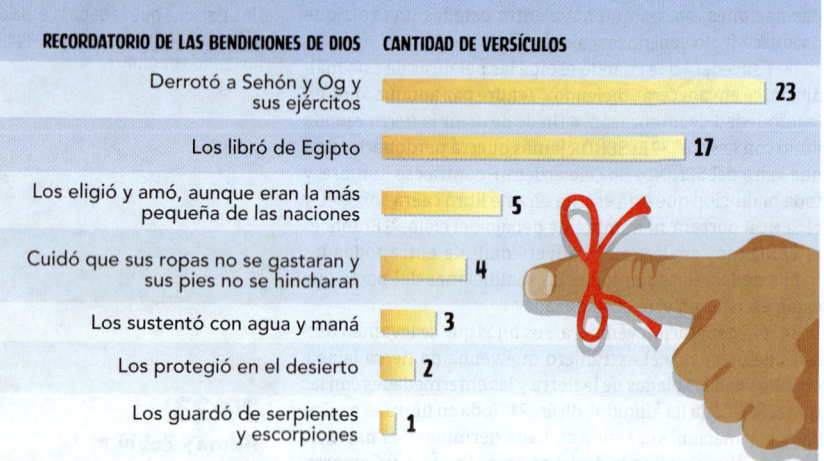

NO OLVIDES

Cantidad de versículos en Deuteronomio que le recuerdan al pueblo las bendiciones de Dios.

RECORDATORIO DE LAS BENDICIONES DE DIOS	CANTIDAD DE VERSÍCULOS
Derrotó a Sehón y Og y sus ejércitos	23
Los libró de Egipto	17
Los eligió y amó, aunque eran la más pequeña de las naciones	5
Cuidó que sus ropas no se gastaran y sus pies no se hincharan	4
Los sustentó con agua y maná	3
Los protegió en el desierto	2
Los guardó de serpientes y escorpiones	1

30:6
La diferencia entre el corazón y el alma

Corazón a menudo se refiere a la mente o el intelecto, y *alma* al deseo o la voluntad. Solo cuando las personas limpiaran sus corazones del pecado podrían amar completamente a Dios con su corazón (mente) y alma (voluntad).

30:11
Era imposible obedecer a la perfección la ley del Antiguo Testamento

Aunque Moisés dijo que obedecer la ley no era difícil o no estaba fuera del alcance del pueblo, el pecado impedía que las personas guardaran la ley de Dios a la perfección. Por eso Dios creó un sistema de sacrificios a fin de pagar por los pecados. La única persona capaz de cumplir la ley sin cometer ningún pecado jamás fue Jesús.

pueblos adonde el SEÑOR tu Dios te haya dispersado. **4** Si tus desterrados están en los confines de la tierra[1], de allí el SEÑOR tu Dios te recogerá y de allí te hará volver[2]. **5** Y el SEÑOR tu Dios te llevará a la tierra que tus padres poseyeron, y tú la poseerás; y Él te prosperará y te multiplicará más que a tus padres.

6 »Además, el SEÑOR tu Dios circuncidará tu corazón y el corazón de tus descendientes[1], para que ames al SEÑOR tu Dios con todo tu corazón y con toda tu alma, a fin de que vivas. **7** El SEÑOR tu Dios pondrá todas estas maldiciones sobre los enemigos y sobre los aborrecedores que te persiguieron. **8** Y tú volverás a escuchar la voz del SEÑOR, y guardarás todos Sus mandamientos que yo te ordeno hoy. **9** Entonces el SEÑOR tu Dios te hará prosperar abundantemente[1] en toda la obra de tu mano, en el fruto de tu vientre, en el fruto de tu ganado y en el producto[2] de tu tierra, pues el SEÑOR de nuevo se deleitará en ti para bien, tal como se deleitó en tus padres, **10** si obedeces a[1] la voz del SEÑOR tu Dios, guardando Sus mandamientos y Sus estatutos que están escritos en este libro de la ley, y si te vuelves al[2] SEÑOR tu Dios con todo tu corazón y con toda tu alma.

11 »Este mandamiento que yo te ordeno hoy no es muy difícil para ti, ni está fuera de tu alcance[1]. **12** No está en el cielo, para que digas[1]: "¿Quién subirá por nosotros al cielo para traérnoslo y hacérnoslo oír a fin de que lo guardemos?". **13** Ni está más allá del mar, para que digas[1]: "¿Quién cruzará el mar

30:4 [1] Lit. *del cielo.*   [2] Lit. *tomará.*   30:6 [1] Lit. *tu simiente.*   30:9 [1] Lit. *te hará tener exceso para bien.*   [2] Lit. *fruto.*   30:10 [1] Lit. *porque escucharás.* [2] Lit. *escuchas la voz del.*   30:11 [1] Lit. *ni está lejos.*   30:12 [1] Lit. *para decir.* 30:13 [1] Lit. *para decir.*

por nosotros para traérnoslo y para hacérnoslo oír, a fin de que lo guardemos?". **14** Pues la palabra está muy cerca de ti, en tu boca y en tu corazón, para que la guardes.

15 »Mira, yo he puesto hoy delante de ti la vida y el bien[1], la muerte y el mal[2]. **16** Hoy te ordeno amar al SEÑOR tu Dios, andar en Sus caminos y guardar Sus mandamientos, Sus estatutos y Sus decretos, para que vivas y te multipliques, a fin de que el SEÑOR tu Dios te bendiga en la tierra que vas a entrar para poseerla. **17** Pero si tu corazón se desvía y no escuchas, sino que te dejas arrastrar y te postras ante otros dioses y los sirves, **18** Yo les declaro hoy que ciertamente perecerán. No prolongarán *sus* días en la tierra adonde tú *vas*, cruzando el Jordán para entrar en ella y[1] poseerla. **19** Al cielo y a la tierra pongo hoy como testigos contra ustedes de que he puesto ante ti la vida y la muerte, la bendición y la maldición. Escoge, pues, la vida para que vivas, tú y tu descendencia[1], **20** amando al SEÑOR tu Dios, escuchando Su voz y allegándote a Él; porque eso[1] es tu vida y la largura de tus días, para que habites en la tierra que el SEÑOR juró dar a tus padres Abraham, Isaac y Jacob».

JOSUÉ SUCESOR DE MOISÉS

31 Entonces Moisés fue y habló estas palabras a todo Israel, **2** y les dijo: «Hoy tengo 120 años; ya no puedo ir ni venir, y el SEÑOR me ha dicho: "No pasarás este Jordán". **3** El SEÑOR tu Dios pasará delante de ti. Él destruirá estas naciones delante de ti y las desalojarás. Josué es el que pasará delante de ti, tal como el SEÑOR ha dicho. **4** El SEÑOR hará con ellos como hizo con Sehón y con Og, reyes de los amorreos, y con su tierra cuando Él los destruyó. **5** Y el SEÑOR los entregará delante de ustedes y harán con ellos conforme a los mandamientos que les he ordenado. **6** Sean firmes y valientes, no teman ni se aterroricen ante ellos, porque el SEÑOR tu Dios es el que va contigo; no te dejará ni te desamparará». **7** Entonces Moisés llamó a Josué y le dijo en presencia de todo Israel: «Sé firme y valiente, porque tú entrarás con este pueblo en la tierra que el SEÑOR ha jurado a sus padres que les daría, y se la darás en heredad. **8** El SEÑOR irá delante de ti; Él estará contigo, no te dejará ni te desamparará; no temas ni te acobardes».

ÚLTIMAS DISPOSICIONES DE MOISÉS

9 Moisés escribió esta ley y la dio a los sacerdotes, hijos de Leví, que llevaban el arca del pacto del SEÑOR, y a todos los ancianos de Israel. **10** Entonces Moisés les ordenó: «Al fin de *cada* siete años, durante el tiempo del año de la remisión de deudas, en la Fiesta de los Tabernáculos[1], **11** cuando todo Israel venga a presentarse delante del SEÑOR tu Dios en el lugar que Él escoja, leerás esta ley delante de todo Israel, a oídos de ellos. **12** Congrega al pueblo, hombres, mujeres y niños, y al[1] extranjero que está en tu

30:19-20
El significado de escoger la vida
La ley, el Señor y la vida estaban interconectados. De manera que cuando los israelitas elegían seguir al Señor y guardar sus leyes, sus vidas se llenaban de bendiciones.

31:11
La lectura de la ley
La lectura pública de la ley durante el día de reposo era un tiempo especial para que todos oyeran la ley y pensaran en ella juntos. Sin embargo, la ley también se leía en reuniones más pequeñas para que las personas pudieran memorizarla.

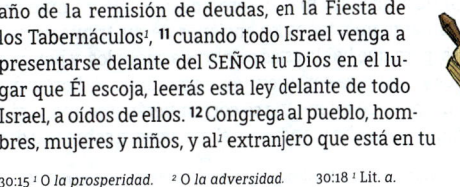

30:15 [1] O la prosperidad.   [2] O la adversidad.   30:18 [1] Lit. a.
30:19 [1] Lit. simiente.   30:20 [1] Algunas versiones dicen: Él.
31:10 [1] O de las enramadas, o de las tiendas.   31:12 [1] Lit. tu.

ciudad[2], para que escuchen, aprendan a temer al SEÑOR tu Dios, y cuiden de observar todas las palabras de esta ley. [13] Y sus hijos, que no *la* conocen, *la* oirán y aprenderán a temer al SEÑOR su Dios, mientras vivan en la tierra adonde ustedes[1] *van,* cruzando al otro lado del Jordán para poseerla».

[14] Entonces el SEÑOR dijo a Moisés: «El tiempo de tu muerte está[1] cerca; llama a Josué y preséntense en la tienda de reunión para que Yo le dé *mis* órdenes». Fueron, pues, Moisés y Josué y se presentaron en la tienda de reunión. [15] El SEÑOR se apareció en la tienda en una columna de nube, y la columna de nube se puso a la entrada de la tienda. [16] Y el SEÑOR dijo a Moisés: «Mira, tú vas a dormir con tus padres; y este pueblo se levantará y fornicará tras los dioses extranjeros de la tierra en la cual va a entrar, y me dejará y quebrantará Mi pacto que hice con él. [17] Entonces Mi ira se encenderá contra él en aquel día; los abandonaré y esconderé Mi rostro de ellos. Será consumido, y muchos males y tribulaciones vendrán sobre él, por lo que dirá en aquel día: "¿No será porque mi Dios no está en medio de mí que me han alcanzado estos males?". [18] Pero ciertamente esconderé Mi rostro en aquel día por todo el mal que habrá hecho, pues se volverá a otros dioses.

[19] »Ahora pues, escriban este cántico para ustedes, y tú, enséñaselo a los israelitas; ponlo en su boca, para que este cántico me sea por testigo contra los israelitas. [20] Porque cuando Yo los introduzca en la tierra que mana leche y miel, la cual juré a sus padres, y ellos coman y se sacien y prosperen[1], se volverán a otros dioses y los servirán, y me despreciarán y quebrantarán Mi pacto. [21] Sucederá entonces que cuando muchos males y tribulaciones vengan sobre ellos, este cántico declarará contra[1] ellos como testigo (pues no lo olvidarán los labios de sus descendientes[2]). Porque Yo conozco el plan que ahora están tramando[3] antes de que los traiga a la tierra que juré *darles*». [22] Y escribió Moisés este cántico aquel mismo día, y lo enseñó a los israelitas.

[23] Entonces el SEÑOR nombró a Josué, hijo de Nun, y *le* dijo: «Sé fuerte y valiente, pues tú llevarás a los israelitas a la tierra que les he jurado, y Yo estaré contigo».

LA LEY ES COLOCADA JUNTO AL ARCA

[24] Cuando Moisés terminó de escribir las palabras de esta ley en un libro, hasta su conclusión, [25] ordenó a los levitas que llevaban el arca del pacto del SEÑOR: [26] «Tomen este libro de la ley y colóquenlo junto al arca del pacto del SEÑOR su Dios, para que permanezca[1] allí como testigo contra ustedes. [27] Porque conozco su rebelión y su obstinación[1]; si estando yo hoy todavía vivo con ustedes, han sido rebeldes contra el SEÑOR; ¿cuánto más *lo serán* después de mi muerte? [28] Reúnan ante mí a todos los ancianos de sus tribus y a sus oficiales, para que hable estas palabras a sus oídos, y ponga a los cielos y a la tierra como testigos en su contra. [29] Porque yo sé que después de mi muerte se corromperán y se apartarán del camino que les he mandado; y el mal vendrá sobre ustedes

31:19-22
El poder de un cántico
Es fácil recordar cosas cuando se entonan en forma de cántico. Esta canción ayudaba a los israelitas a recordar que debían obedecer a Dios.

31:20
El significado de «la tierra que mana leche y miel»
Esta era una imagen empleada a fin de describir el rico suelo y el excelente clima de Canaán para las cosechas y los animales.

---

[2] Lit. *tus puertas.*   31:13 [1] Lit. *donde.*   31:14 [1] Lit. *tus días para morir están.* 31:20 [1] Lit. *engorden.*   31:21 [1] Lit. *ante.*   [2] Lit. *la boca de su simiente.*   [3] Lit. *haciendo.*   31:26 [1] Lit. *esté.*   31:27 [1] Lit. *su dura cerviz.*

en los postreros días, pues harán lo que es malo a la vista del SEÑOR, provocándole a ira con la obra de sus manos».

30 Entonces Moisés habló a oídos de toda la asamblea de Israel las palabras de este cántico hasta terminarlas.

CÁNTICO DE MOISÉS

32 «Presten atención, oh cielos, y déjenme hablar;
Y oiga la tierra las palabras de mi boca.

2 Caiga como la lluvia mi enseñanza,
Y destile como el rocío mi discurso,
Como llovizna sobre el verde prado
Y como aguacero sobre la hierba.

3 Porque yo proclamo el nombre del SEÑOR;
Atribuyan grandeza a nuestro Dios.

4 ¡La Roca! Su obra es perfecta,
Porque todos Sus caminos son justos[1];
Dios de fidelidad y sin injusticia,
Justo y recto es Él.

5 En forma pervertida se han[1] portado con Él.
No *son* Sus hijos, debido a los defectos de ellos;
Son una generación perversa y torcida.

6 ¿Así pagan ustedes al SEÑOR,
Oh pueblo insensato e ignorante?
¿No es Él tu Padre que te compró?
Él te hizo y te estableció.

7 Acuérdate de los días pasados;
Considera los años de todas las generaciones.
Pregunta a tu padre, y él te lo hará saber;
A tus ancianos, y ellos te *lo* dirán.

8 Cuando el Altísimo dio a las naciones su herencia,
Cuando separó los hijos del hombre[1],
Fijó los límites de los pueblos
Según el número de los israelitas.

9 Pues la porción del SEÑOR es Su pueblo;
Jacob es la parte de Su heredad.

10 Lo encontró en tierra desierta,
En la horrenda[1] soledad de un desierto;
Lo rodeó, cuidó de él,
Lo guardó como a la niña de Sus ojos.

11 Como un águila que despierta su nidada,
Que revolotea sobre sus polluelos,
Extendió Sus alas y los tomó,
Los llevó sobre Su plumaje.

12 El SEÑOR solo lo guió,
Y con él no hubo dios extranjero.

13 Lo hizo cabalgar sobre las alturas de la tierra,
Y comió el producto del campo;
Le hizo gustar[1] miel de la peña,
Y aceite del[2] pedernal,

14 Cuajada de vacas y leche de ovejas,
Con grasa de corderos,
Y carneros de raza de Basán y machos cabríos,

32:10
La niña de sus ojos
Esta es una metáfora para la pupila del ojo. La pupila es necesaria para la vista, por lo cual debe ser protegida a toda costa. Así es como Dios se siente con respecto a Israel.

32:13
Miel de la peña
En Canaán, las abejas a veces hacían sus nidos en los espacios que había entre las peñas. Los viajeros comían esa miel y recobraban fuerzas para el camino. Esta es una forma poética de decir que Dios cuida a su pueblo, proveyéndoles comida y cuidados en lugares donde normalmente no se encuentran.

© Africa Studio/Shutterstock

32:4 [1] O *juicio.*   32:5 [1] Lit. *se ha.*   32:8 [1] O *de Adán.*   32:10 [1] O *rugiente.*
32:13 [1] Lit. *chupar.*   [2] Lit. *de la roca de.*

Con lo mejor del trigo;
De la sangre de uvas bebiste vino.

15 »Pero Jesurún[1] engordó y dio coces
(has engordado, estás cebado y rollizo);
Entonces abandonó a Dios que lo hizo,
Y despreció a la Roca de su salvación.

16 Lo provocaron a celos con *dioses* extraños,
Con abominaciones lo provocaron a ira.

17 Ofrecieron sacrificios a demonios, no a Dios,
A dioses que no habían conocido,
Dioses nuevos que vinieron recientemente,
A los que los padres de ustedes no temieron.

18 Despreciaste a la Roca que te engendró,
Y olvidaste al Dios que te dio a luz.

19 »Y el SEÑOR vio *esto,* y se llenó de ira[1]
A causa de la provocación de Sus hijos y de Sus hijas.

20 Entonces Él dijo: "Esconderé de ellos Mi rostro,
Veré cuál *será* su fin;
Porque son una generación perversa,
Hijos en los cuales no hay fidelidad.

21 Ellos me han provocado a celo con *lo que* no es Dios;
Me han irritado con sus ídolos[1].
Yo, pues, los provocaré a celos con *los que* no son un pueblo;
Los irritaré con una nación insensata.

22 Porque fuego se ha encendido en Mi ira,
Que quema hasta las profundidades del Seol[1],
Consume la tierra con su fruto,
E incendia los fundamentos de los montes.

23 "Amontonaré calamidades sobre ellos,
Emplearé en ellos Mis flechas.

24 *Serán* debilitados por el hambre, y consumidos por la plaga[1]
Y destrucción amarga;
Dientes de fieras enviaré sobre ellos,
Con veneno de *serpientes* que se arrastran en el polvo.

25 Afuera traerá duelo la espada,
Y dentro el terror,
Tanto al joven como a la virgen,
Al niño de pecho como al hombre encanecido.

26 Yo hubiera dicho: 'Los haré pedazos,
Borraré la memoria de ellos de entre los hombres',

27 Si no hubiera temido la provocación del enemigo,
No sea que entendieran mal sus adversarios,
No sea que dijeran: 'Nuestra mano ha triunfado[1],
Y no es el SEÑOR el que ha hecho todo esto".

28 »Porque son una nación privada[1] de consejo,
Y no hay en ellos inteligencia.

29 Ojalá que fueran sabios, que comprendieran esto,
Que comprendieran su futuro[1].

32:21
Dios es celoso
Dios esperaba que su pueblo lo adorara *solo* a él. El Señor se enojaba cuando su pueblo le daba la espalda y adoraba a los ídolos.

32:15 [1] I.e. Israel.   32:19 [1] Lit. *y los despreció.*   32:21 [1] Lit. *vanidades.*
32:22 [1] I.e. región de los muertos.   32:24 [1] Lit. *el calor abrasador.*   32:27 [1] Lit. *está alta.*   32:28 [1] Lit. *pereciendo.*   32:29 [1] O *postrer fin.*

30 ¿Cómo es que uno puede perseguir a mil,
   Y dos hacer huir a diez mil,
   Si su Roca no los hubiera vendido,
   Y el SEÑOR no los hubiera entregado?
31 En verdad, su roca no es como nuestra Roca;
   Aun nuestros *mismos* enemigos *así* lo juzgan[1].
32 Porque la vid de ellos es de la vid de Sodoma
   Y de los campos de Gomorra;
   Sus uvas son uvas venenosas,
   Sus racimos, amargos.
33 Su vino es veneno de serpientes,
   Y ponzoña mortal[1] de cobras.

34 "¿No tengo Yo esto guardado conmigo,
   Sellado en Mis tesoros?
35 Mía es la venganza y la retribución;
   A su tiempo el pie de ellos resbalará,
   Porque el día de su calamidad está cerca,
   Ya se apresura lo que les está preparado".
36 Porque el SEÑOR vindicará a Su pueblo
   Y tendrá compasión de Sus siervos,
   Cuando vea que *su* fuerza[1] se ha ido,
   Y que nadie *queda*, ni siervo ni libre.
37 Entonces Él dirá: "¿Dónde están sus dioses,
   La roca en que buscaban refugio,
38 Que comían la grasa de sus sacrificios,
   Y bebían el vino de su libación?
   ¡Que se levanten y los ayuden!
   ¡Que sean ellos su refugio!
39 Vean ahora que Yo, Yo soy el Señor[1],
   Y fuera de Mí no hay dios.
   Yo hago morir y hago vivir.
   Yo hiero y Yo sano,
   Y no hay quien pueda librar de Mi mano.
40 Ciertamente, alzo a los cielos Mi mano,
   Y digo: Como que vivo Yo para siempre,
41 Cuando afile Mi espada flameante[1]
   Y Mi mano empuñe la justicia,
   Me vengaré de Mis adversarios
   Y daré el pago a los que me aborrecen.
42 Embriagaré Mis flechas con sangre,
   Y Mi espada se hartará de carne,
   De sangre de muertos y cautivos,
   De los jefes[1] de larga cabellera del enemigo".
43 Regocíjense, naciones, *con* Su pueblo,
   Porque Él vengará la sangre de Sus siervos;
   Traerá venganza sobre Sus adversarios,
   Y hará expiación por Su tierra *y* Su pueblo».

SE ORDENA A MOISÉS SUBIR AL MONTE NEBO

44 Entonces llegó Moisés y habló todas las palabras de
este cántico a oídos del pueblo, él, con Josué[1], hijo de Nun.
45 Cuando terminó Moisés de hablar todas estas palabras a

32:30
La Roca
La palabra *Roca* era una manera de describir a Dios.

32:40
Levantar una mano a los cielos
Esto formaba parte de hacer un juramento, como hoy en día levantamos la mano cuando hacemos una promesa.

32:31 [1] Lit. *son jueces.*   32:33 [1] Lit. *cruel.*   32:36 [1] Lit. *mano.*   32:39 [1] Lit. *Él.*
32:41 [1] O *relampagueante.*   32:42 [1] Lit. *la cabeza.*   32:44 [1] Lit. *Oseas.*

todo Israel, **46** les dijo: «Fijen en su corazón todas las palabras con que les advierto[1] hoy: ordenarán a sus hijos que obedezcan cuidadosamente[2] todas las palabras de esta ley. **47** Porque no es palabra inútil para ustedes; ciertamente es su vida. Por esta palabra prolongarán sus días en la tierra adonde ustedes *van,* cruzando el Jordán a fin de poseerla».

48 En aquel mismo día, el SEÑOR le dijo a Moisés: **49** «Sube a estos montes de Abarim, al monte Nebo, que está en la tierra de Moab frente[1] a Jericó, y mira hacia la tierra de Canaán, la cual doy en posesión a los israelitas. **50** Morirás en el monte al cual subes, y serás reunido a tu pueblo, así como tu hermano Aarón murió sobre el monte Hor, y fue reunido a su pueblo; **51** porque ustedes me fueron infieles en medio de los israelitas en las aguas de Meriba de Cades, en el desierto de Zin, porque no me santificaron en medio de los israelitas. **52** Por tanto, solo de lejos verás la tierra, pero no entrarás allí, a la tierra que doy a los israelitas».

MOISÉS BENDICE A LAS DOCE TRIBUS

33 Esta es la bendición con la que Moisés, hombre de Dios, bendijo a los israelitas antes de morir. **2** Dijo:

«El SEÑOR vino del Sinaí
Esclareciéndoles[1] desde Seir;
Resplandeció desde el monte Parán,
Y vino de en medio de diez millares de santos[2];
A Su diestra había fulgor centelleante[3] para ellos.
3 En verdad, Él ama al pueblo[1];
Todos Tus[2] santos están en Tu mano,
Y siguen en Tus pasos[3];
Todos reciben de Tus palabras.
4 Una ley nos dio Moisés,
Una herencia para la asamblea de Jacob.
5 Él era rey en Jesurún[1],
Cuando se reunieron los jefes[2] del pueblo,
Junto con las tribus de Israel.

6 »Viva Rubén, y no muera,
Y no sean pocos sus hombres».

7 En cuanto a Judá, esto dijo:

«Escucha, oh SEÑOR, la voz de Judá,
Y tráelo a su pueblo.
Con sus manos luchó por ellos[1];
Sé Tú su ayuda contra sus adversarios».

8 De Leví dijo:

«Tu Tumim y Tu Urim *sean* para Tu hombre santo[1],
A quien pusiste a prueba en Masah,
Con quien luchaste en las aguas de Meriba;
9 El que dijo de su padre y de su madre:
"No los conozco[1]";

33:1
Moisés les da la bendición a todas las tribus de Israel
Como líder de Israel, Moisés era la figura paternal para el pueblo. Era costumbre que el padre bendijera a los hijos antes de morir.

33:2
Diez millares de santos
Estos eran ángeles que estaban con Dios cuando le dio las leyes a Moisés.

33:9
Ignorar a la propia familia
Esta es una exageración para resaltar el compromiso total de los levitas con la ley de Dios. Proteger la ley era tan importante para ellos que ningún otro compromiso, incluso con la familia, se le comparaba en solemnidad.

32:46 [1] Lit. *testifico.* [2] Lit. *obedezcan para hacer.* 32:49 [1] Lit. *que está frente.* 33:2 [1] Lit. *se levantó para ellos.* [2] Lit. *miríadas de santidad.* [3] O una ley de fuego. 33:3 [1] Lit. *a los pueblos.* [2] Lit. *sus.* [3] O *se postraron a tus pies.* 33:5 [1] I.e. Israel. [2] Lit. *las cabezas.* 33:7 [1] Lit. *él.* 33:8 [1] Lit. *para él.* 33:9 [1] Lit. *veo.*

Y no reconoció a sus hermanos,
Ni consideró a sus propios hijos,
Porque obedecieron Tu palabra,
Y guardaron Tu pacto.

10 Ellos enseñarán Tus ordenanzas a Jacob
Y Tu ley a Israel.
Pondrán incienso delante de Ti[1],
Y holocaustos perfectos sobre Tu altar.

11 Bendice, oh SEÑOR, sus esfuerzos,
Y acepta la obra de sus manos;
Quebranta los lomos de los que se levantan contra él
Y de los que lo odian, para que no se levanten *más*».

12 De Benjamín, dijo:

«Habite el amado del SEÑOR en seguridad junto a Aquel
Que le protege[1] todo el día,
Y entre cuyos hombros mora».

13 De José, dijo:

«Bendita del SEÑOR *sea* su tierra,
Con lo mejor de los cielos, con el rocío
Y con las profundidades que están[1] debajo;

14 Con lo mejor de los frutos del sol
Y con los mejores productos de los meses;

15 Con lo mejor de los montes antiguos
Y con lo escogido de los collados eternos;

16 Con lo mejor de la tierra y cuanto contiene
Y el favor del que habitaba en la zarza.
Descienda *la bendición* sobre la cabeza de José,
Y sobre la coronilla del consagrado[1] entre sus
hermanos.

17 Su majestad es como la del primogénito del toro,
Y sus cuernos son los cuernos del búfalo.
Con ellos empujará a los pueblos,
Todos juntos, *hasta* los confines de la tierra.
Tales son los diez millares de Efraín,
Y tales los millares de Manasés».

18 De Zabulón, dijo:

«Alégrate, Zabulón, en tus salidas[1]
Y tú Isacar, en tus tiendas.

19 Llamarán a los pueblos *al* monte;
Allí ofrecerán sacrificios de justicia,
Pues disfrutarán[1] de la abundancia de los mares,
Y de los tesoros escondidos en la arena».

20 De Gad, dijo:

«Bendito el que ensancha a Gad;
Se echa como león[1],
Y desgarra el brazo y también la coronilla.

21 Entonces reservó[1] para sí la primera *parte*,
Pues allí la porción de gobernante *le* estaba reservada[2].

33:10 [1] Lit. *en tus narices.*   33:12 [1] O *lo cubre.*   33:13 [1] Lit. *reposan.*
33:16 [1] O *distinguido.*   33:18 [1] O *tus empresas.*   33:19 [1] Lit. *chuparán.*
33:20 [1] O *leona.*   33:21 [1] Lit. *vio.*   [2] O *cubierta.*

Y él vino *con* los jefes del pueblo;
Ejecutó la justicia del SEÑOR,
Y Sus ordenanzas con Israel».

22 De Dan, dijo:

«Dan es cachorro de león
Que salta desde Basán».

23 De Neftalí, dijo:

«Neftalí, colmado de favores,
Y lleno de la bendición del SEÑOR,
Toma posesión del mar y del sur».

24 Y de Aser, dijo:

«Más bendito que[1] hijos es Aser;
Sea favorecido por sus hermanos,
Y moje su pie en aceite.
25 De hierro y de bronce *serán* tus cerrojos,
Y tan largo como tus días *será* tu reposo[1].

26 »Nadie hay como el Dios de Jesurún[1],
Que cabalga los cielos *para venir* en tu ayuda,
Y las nubes, en Su majestad.
27 El eterno Dios es *tu* refugio[1],
Y debajo están los brazos eternos.
Él echó al enemigo delante de ti,
Y dijo: "¡Destruye!".
28 Por eso Israel habita confiado[1],
La fuente de Jacob *habita* separada
En una tierra de grano y vino nuevo;
Sus cielos también destilan rocío.
29 Dichoso tú, Israel.
¿Quién como tú, pueblo salvado por el SEÑOR?
Él es escudo de tu ayuda,
Y espada de tu gloria.
Tus enemigos simularán someterse ante ti,
Y tú pisotearás sus lugares altos».

MUERTE DE MOISÉS

34 Y subió Moisés desde la llanura de Moab al monte Nebo, a la cumbre del Pisga, que está frente a Jericó, y el SEÑOR le mostró toda la tierra: Galaad hasta Dan, **2** todo Neftalí, la tierra de Efraín y de Manasés, toda la tierra de Judá hasta el mar occidental[1], **3** el Neguev[1] y la llanura[2] del valle de Jericó, la ciudad de las palmeras, hasta Zoar. **4** Entonces le dijo el SEÑOR: «Esta es la tierra que juré *dar* a Abraham, a Isaac y a Jacob: "Yo la daré a tu descendencia[1]". Te he permitido ver*la* con tus ojos, pero no pasarás a ella[2]».

5 Y allí murió Moisés, siervo del SEÑOR, en la tierra de Moab, conforme a la palabra[1] del SEÑOR. **6** Y Él lo enterró en el valle, en la tierra de Moab, frente a Bet Peor; pero nadie sabe hasta hoy el lugar de su sepultura. **7** Aunque Moisés

33:24
Mojar el pie en aceite
En el desierto, los pies se resecaban y se endurecían. El aceite resultaba un lujo, ya que era costoso, pero aliviaba los pies ásperos, secos y cansados.

33:29
Por qué Israel era tan bendecido
Israel no era bendecido porque fuera justo o especialmente bueno, sino porque Dios lo había elegido para ser un modelo de su amor hacia el resto del mundo.

34:6
Moisés fue enterrado en una tumba secreta
Adorar a los muertos era una práctica cananea. La tumba de Moisés probablemente se mantuvo oculta para que nadie hiciera un santuario de ella.

34:8
Señales del duelo
Los israelitas deben haber expresado la aflicción rompiéndose las vestiduras, lamentándose y llorando en voz alta, echándose cenizas sobre la cabeza, vistiendo ropas ásperas y cantando canciones funerarias.

33:24 [1] O *Bendito entre los.*　33:25 [1] O *fuerza.*　33:26 [1] I.e. Israel.
33:27 [1] O *una morada.*　33:28 [1] O *en seguridad.*　34:2 [1] I.e. el Mediterráneo.
34:3 [1] I.e. región del sur.　[2] Lit. *el círculo.*　34:4 [1] Lit. *simiente.*　[2] Lit. *allá.*
34:5 [1] Lit. *boca.*

tenía 120 años cuando murió, no se habían apagado sus ojos, ni había perdido su vigor. **8** Los israelitas lloraron a Moisés por treinta días en la llanura de Moab; así se cumplieron los días de llanto y duelo por Moisés.

9 Y Josué, hijo de Nun, estaba lleno del espíritu de sabiduría, porque Moisés había puesto sus manos sobre él; y los israelitas le escucharon e hicieron tal como el SEÑOR había mandado a Moisés. **10** Desde entonces no ha vuelto a surgir en Israel un profeta como Moisés, a quien el SEÑOR conocía cara a cara, **11** *nadie como él* por todas las señales y prodigios que el SEÑOR le mandó hacer en la tierra de Egipto, contra Faraón, contra todos sus siervos y contra toda su tierra, **12** y por la mano poderosa y por todos los hechos grandiosos y terribles que Moisés realizó ante los ojos de todo Israel.

34:9
El significado de la imposición de manos de Moisés sobre Josué

En las culturas antiguas, este era un acto importante para mostrar que Moisés le pasaba el liderazgo a Josué. También era un símbolo de que Dios aprobaba a Josué como líder.

Josué

¿QUIÉN ESCRIBIÓ ESTE LIBRO?	El autor de Josué no se nombra. Probablemente fue alguien que vio de primera mano los acontecimientos de este libro.
¿POR QUÉ SE ESCRIBIÓ ESTE LIBRO?	El libro de Josué detalla cómo Dios ayudó a los israelitas a vencer a los cananeos y entrar a la tierra prometida.
¿QUÉ OCURRE EN ESTE LIBRO?	Josué se convierte en el líder de Israel. Él lleva a las tropas a la victoria. Más tarde les reparte la tierra a las doce tribus de Israel.
¿QUÉ APRENDEMOS ACERCA DE DIOS EN ESTE LIBRO?	Dios le dará victoria a su pueblo cuando ellos lo obedezcan.
¿QUIÉN ES EL PERSONAJE PRINCIPAL DE ESTE LIBRO?	Josué
¿DÓNDE SUCEDIERON ESTAS COSAS?	Los hechos de este libro ocurrieron en Canaán. Hoy le llamamos a esa tierra Israel. (Mira los mapas que están al final de esta Biblia para ver dónde se encuentra Canaán/Israel).

¿CUÁLES SON ALGUNAS DE LAS HISTORIAS DE ESTE LIBRO?		
	El Señor instruye a Josué	Josué 1
	Rahab protege a los espías	Josué 2
	Israel cruza el Jordán	Josué 3—4
	Las murallas de Jericó caen	Josué 6
	El pecado de Acán trae la derrota	Josué 7
	Los gabaonitas engañan a Josué	Josué 9
	El sol se detiene	Josué 10
	Despedida de Josué	Josué 24

Vista de Jericó y las colinas del oeste. Josué 2 relata cómo los espías israelitas se quedaron en casa de Rahab, situada en la muralla de Jericó.
© Robert Hoetink/Shutterstock

COMISIÓN DE DIOS A JOSUÉ

1 Después de la muerte de Moisés, siervo del SEÑOR, el SEÑOR habló a Josué, hijo de Nun, y ayudante[1] de Moisés, y le dijo: **2** «Mi siervo Moisés ha muerto. Ahora pues, levántate, cruza este Jordán, tú y todo este pueblo, a la tierra que Yo les doy a los israelitas. **3** Todo lugar que pise la planta de su pie les he dado a ustedes, tal como dije a Moisés. **4** Desde el desierto y este Líbano hasta el gran río, el río Éufrates, toda la tierra de los hititas hasta el mar Grande[1] *que está* hacia la puesta del sol, será territorio de ustedes. **5** Nadie te *podrá* hacer frente[1] en todos los días de tu vida. Así como estuve con Moisés, estaré contigo. No te dejaré ni te abandonaré.

6 »Sé fuerte y valiente, porque tú darás a este pueblo posesión de la tierra que juré a sus padres que les daría. **7** Solamente sé fuerte y muy valiente. Cuídate[1] de cumplir toda la ley que Moisés Mi siervo te mandó. No te desvíes de ella ni a la derecha ni a la izquierda, para que tengas éxito[2] dondequiera que vayas.

8 »Este libro de la ley no se apartará de tu boca, sino que meditarás en él día y noche, para que cuides[1] de hacer todo lo que en él está escrito. Porque entonces harás prosperar tu camino y tendrás éxito[2]. **9** ¿No te *lo* he ordenado Yo? ¡Sé fuerte y valiente! No temas ni te acobardes, porque el SEÑOR tu Dios *estará* contigo dondequiera que vayas».

PREPARATIVOS PARA CRUZAR EL JORDÁN

10 Entonces Josué dio órdenes a los oficiales del pueblo: **11** «Pasen por medio del campamento y den órdenes al pueblo, diciéndoles: "Preparen provisiones para ustedes, porque dentro de tres días cruzarán el[1] Jordán para entrar a poseer la tierra que el SEÑOR su Dios les da en posesión"».

12 Y a los rubenitas, a los gaditas y a la media tribu de Manasés, Josué les dijo: **13** «Recuerden la palabra que Moisés, siervo del SEÑOR, les ordenó: "El SEÑOR su Dios les da reposo y les dará esta tierra". **14** Sus mujeres, sus pequeños y su ganado permanecerán en la tierra que Moisés les dio al otro lado del Jordán. Pero ustedes, todos los valientes guerreros, pasarán en orden de batalla delante de sus hermanos, y los ayudarán, **15** hasta que el SEÑOR dé reposo a sus hermanos como a ustedes, y ellos también posean la tierra que el SEÑOR su Dios les da. Entonces volverán a su tierra[1] y poseerán lo[2] que Moisés, siervo del SEÑOR, les dio al otro lado del Jordán hacia el oriente[3]».

16 Y ellos respondieron a Josué: «Haremos todo lo que nos has mandado, y adondequiera que nos envíes, iremos.

1:1
Dios realmente le habló a Josué

Tal vez Josué haya escuchado la voz de Dios o quizás él haya puesto sus palabras en la mente de Josué. En ambos casos, el Señor se comunicó de manera directa con Josué y le dio instrucciones para entrar a la tierra prometida.

1:2
El cruce del río Jordán

El caudal del río Jordán era bajo durante la mayor parte del año; solo medía entre 25 y 30 metros de ancho aproximadamente. Sin embargo, en la etapa de la inundación, el río medía más de 1.6 kilómetros de ancho. Habría sido muy difícil cruzarlo en ese momento, pero eso fue lo que los israelitas hicieron. (Si quieres saber más detalles del cruce, ver el capítulo 3).

1:4
Tomar la tierra de Canaán

Los israelitas estaban siguiendo las órdenes de Dios. Él les dijo que les quitaran la tierra a los cananeos como castigo por sus pecados. Más adelante, cuando Israel se alejó de Dios, él se las quitó a ellos.

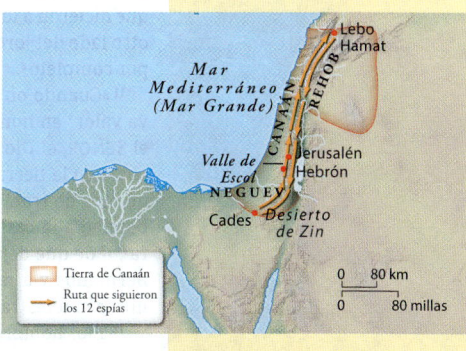

1:1 [1] O *ministro*.   1:4 [1] I.e. el Mediterráneo.   1:5 [1] Lit. *podrá estar delante de ti*.   1:7 [1] Lit. *observa*.   [2] O *actúes sabiamente*.   1:8 [1] Lit. *observes*.
[2] O *actuarás sabiamente*.   1:11 [1] Lit. *este*.   1:15 [1] Lit. *la tierra de su posesión*.
[2] Lit. *la poseerán*.   [3] Lit. *hacia la salida del sol*.

17 Como obedecimos en todo a Moisés, así te obedeceremos a ti, con tal que el SEÑOR tu Dios esté contigo como estuvo con Moisés. **18** Cualquiera que se rebele contra tu mandato[1] y no obedezca tus palabras en todo lo que le mandes, se le dará muerte. Solamente sé fuerte y valiente».

RAHAB Y LOS ESPÍAS DE JOSUÉ

2 Entonces Josué, hijo de Nun, envió secretamente desde Sitim a dos espías diciéndoles: «Vayan, reconozcan la tierra, especialmente Jericó». Fueron, pues, y entraron en la casa de una ramera que se llamaba Rahab, y allí se hospedaron[1]. **2** Pero le dieron *este* aviso al rey de Jericó: «Unos hombres de los israelitas han venido aquí esta noche para reconocer toda la tierra». **3** Entonces el rey de Jericó mandó decir a Rahab: «Saca a los hombres que han venido a ti, que han entrado en tu casa, porque han venido para reconocer toda la tierra».

4 Pero la mujer había tomado a los dos hombres y los había escondido, y respondió: «Sí, los hombres vinieron a mí, pero yo no sabía de dónde eran. **5** Los hombres salieron *a la hora de* cerrar la puerta, al oscurecer. No sé adónde fueron[1]. Vayan de prisa tras ellos, que los alcanzarán». **6** Pero ella los había hecho subir al terrado, y los había escondido entre los tallos de lino que había puesto en orden en el terrado. **7** Los hombres los persiguieron por el camino al Jordán hasta los vados. Tan pronto como salieron los que los perseguían, fue cerrada la puerta *de la ciudad*.

8 Antes que los espías se acostaran, Rahab subió al terrado *donde* ellos *estaban*, **9** y dijo a los hombres: «Sé que el SEÑOR les ha dado esta tierra, y que el terror de ustedes ha caído sobre nosotros, y que todos los habitantes del país se han acobardado[1] ante ustedes. **10** Porque hemos oído cómo el SEÑOR secó el agua del mar Rojo[1] delante de ustedes cuando salieron de Egipto. También supimos lo que hicieron a los dos reyes de los amorreos que estaban al otro lado del Jordán, a Sehón y a Og, a quienes destruyeron por completo[2].

11 »Cuando oímos *esto,* nos acobardamos[1], no quedando ya valor[2] en hombre alguno por causa de ustedes. Porque el SEÑOR, el Dios de ustedes, es Dios arriba en los cielos y abajo en la tierra. **12** Ahora pues, júrenme por el SEÑOR, ya que los he tratado con bondad, que ustedes tratarán con bondad a la casa de mi padre. Denme una promesa segura[1], **13** de que dejarán vivir a mi padre y a mi madre, a mis hermanos y a mis hermanas, con todos los suyos, y que librarán nuestras vidas[1] de la muerte».

14 Y los hombres le dijeron: «Nuestra vida[1] responderá por la de ustedes[2], si no revelan nuestro propósito. Y sucederá que cuando el SEÑOR nos dé la tierra, te trataremos con bondad y lealtad[3]».

2:1
Los espías hacen una parada extraña
Ellos visitaron la casa de una prostituta. Este era probablemente un buen lugar para encontrar información sobre la ciudad y su gente. Y además sería fácil escapar rápidamente, porque la casa de Rahab estaba en la muralla de la ciudad.

2:4-5
Dios bendijo a Rahab aunque ella mintió
La ley de Dios prohíbe mentir, pero Dios bendijo a Rahab por haber ocultado a los hombres y enviarlos lejos sanos y salvos. Ella creía en el Dios de Israel (versículos 10-13) y fue recompensada por su fe.

1:18 [1] Lit. *boca.*   2:1 [1] Lit. *se acostaron.*   2:5 [1] Lit. *fueron los hombres.*   2:9 [1] Lit. *disuelto.*   2:10 [1] Lit. *mar de Cañas.*   [2] O *dedicaron al anatema.*   2:11 [1] Lit. *se acobardó nuestro corazón.*   [2] Lit. *no se levantó espíritu.*   2:12 [1] O *de fidelidad.*   2:13 [1] Lit. *almas.*   2:14 [1] Lit. *alma.*   [2] Lit. *en vez de que ustedes mueran.*   [3] O *sinceridad.*

15 Entonces ella los hizo bajar con una cuerda por la ventana, porque su casa estaba en la muralla de la ciudad y ella vivía en la misma muralla. **16** Rahab les dijo: «Vayan a la región montañosa, no sea que los perseguidores los encuentren. Escóndanse allí por tres días hasta que los perseguidores regresen. Entonces pueden seguir su camino».

17 Los hombres le dijeron: «Nosotros *quedaremos* libres de este juramento¹ que nos has hecho jurar, **18** a menos que, cuando entremos en la tierra, ates este cordón de hilo escarlata a la ventana por la cual nos dejas bajar, y reúnas contigo en la casa a tu padre y a tu madre, a tus hermanos y a toda la casa de tu padre. **19** Cualquiera que salga de las puertas de tu casa a la calle, su sangre *caerá* sobre su propia cabeza, y *quedaremos* libres; pero la sangre de cualquiera que esté en la casa contigo *caerá* sobre nuestra cabeza si alguien pone su mano sobre él¹. **20** Pero si divulgas nuestro propósito, quedaremos libres del juramento que nos has hecho jurar».

21 Rahab respondió: «Conforme a lo que ustedes han dicho, así sea». Y los envió. Ellos se fueron, y ella ató el cordón escarlata a la ventana.

22 Los espías se fueron y llegaron a la región montañosa. Allí permanecieron por tres días, hasta que los perseguidores regresaron. Los perseguidores *los* habían buscado por todo el camino, pero no *los* habían encontrado. **23** Entonces los dos hombres regresaron y bajaron de la región montañosa, y pasaron y vinieron a Josué, hijo de Nun, y le contaron todo lo que les había acontecido. **24** Y dijeron a Josué: «Ciertamente, el SEÑOR ha entregado toda la tierra en nuestras manos, y además, todos los habitantes de la tierra se han acobardado¹ ante nosotros».

EL PASO DEL JORDÁN

3 Josué se levantó muy de mañana; y él y todos los israelitas salieron de Sitim y llegaron al Jordán. Allí acamparon antes de cruzar. **2** Después de tres días los oficiales pasaron por medio del campamento **3** y dieron órdenes al pueblo: «Cuando ustedes vean el arca del pacto del SEÑOR su Dios y a los sacerdotes levitas llevándola, entonces saldrán de su lugar y la seguirán. **4** Sin embargo, dejarán entre ustedes y ella una distancia de unos 2,000 codos (900 metros). No se acerquen a ella para saber el camino por donde deben ir, porque no han pasado antes por este camino».

5 Entonces Josué dijo al pueblo: «Conságrense, porque mañana el SEÑOR hará maravillas entre ustedes». **6** Y Josué dijo a los sacerdotes: «Tomen el arca del pacto y pasen delante del pueblo». Y ellos tomaron el arca del pacto y fueron delante del pueblo.

7 El SEÑOR dijo a Josué: «Hoy comenzaré a exaltarte a los ojos de todo Israel, para que sepan que tal como estuve con

2:15
La muralla de la ciudad
Las ciudades como Jericó a menudo tenían dos murallas: una más alta y una más baja. La gente a veces construía sus casas entre ellas. La más baja quedaba en la parte trasera de la casa. Eso les habría dado a los espías la oportunidad de escapar fácilmente.

2:18
Los espías le dicen a Rahab que use un cordón de hilo escarlata
Este era probablemente un cordón decorativo. Su color rojo es un recordatorio de la sangre untada en los postes de las puertas durante la primera Pascua. Rahab se salvaría al igual que aquellos que pusieron sangre en los postes de sus puertas fueron salvados de la última plaga en Egipto.

3:4
Mantener una distancia sana del arca
El arca representaba la santidad de Dios y su presencia. Solo los sacerdotes podían acercarse a ella.

3:5
Cómo se consagraban los israelitas
Las personas simbólicamente se dedicaban a Dios lavando sus ropas y bañándose con agua. Esta era una forma de estar ceremonialmente puros antes de cruzar el río.

2:17 ¹ Lit. *juramento tuyo*.   2:19 ¹ Lit. *si mano es contra él*.   2:24 ¹ Lit. *disuelto*.

Moisés, estaré contigo. **8** Además, darás órdenes a los sacerdotes que llevan el arca del pacto, diciéndoles: "Cuando lleguen a la orilla de las aguas del Jordán, se detendrán en el Jordán"».

9 Entonces Josué dijo a los israelitas: «Acérquense y oigan las palabras del SEÑOR su Dios». **10** Josué añadió: «En esto conocerán que el Dios vivo está entre ustedes, y que ciertamente expulsará[1] de delante de ustedes a los cananeos, a los hititas, a los heveos, a los ferezeos, a los gergeseos, a los amorreos y a los jebuseos. **11** Miren, el arca del pacto del Señor de toda la tierra va a pasar el Jordán delante de ustedes.

12 »Ahora pues, tomen doce hombres de las tribus de Israel, un hombre de cada tribu. **13** Y sucederá que cuando los sacerdotes que llevan el arca del SEÑOR, el Señor de toda la tierra, pongan las plantas de los pies en las aguas del Jordán, las aguas del Jordán quedarán cortadas, y las aguas que fluyen[1] de arriba se detendrán en un montón».

14 Así que cuando el pueblo salió de sus tiendas para pasar el Jordán con los sacerdotes llevando el arca del pacto delante del pueblo, **15** y cuando los que llevaban el arca entraron en el Jordán y los pies de los sacerdotes que llevaban el arca se mojaron en la orilla del agua (porque el Jordán se desborda por todas sus riberas todos los días de la cosecha), **16** las aguas que venían[1] de arriba se detuvieron y se elevaron en un montón, a una gran distancia en Adam, la ciudad que está al lado de Saretán. Las aguas que descendían hacia el mar de Arabá, el mar Salado, fueron cortadas

3:10 [1] Lit. *desposeerá.*   3:13 [1] Lit. *descienden.*   3:16 [1] Lit. *descendían.*

3:15
Cuando cruzaron el río Jordán
Fue durante el tiempo de la cosecha (abril y mayo), cuando el río debía haber estado en su etapa de desbordamiento. El río tenía probablemente entre 3 y 3.60 metros de profundidad y más de 1.5 kilómetros de ancho.

3:16
Dios detuvo el caudal del río
No sabemos cómo Dios detuvo el agua. No importa qué método usó, fue un milagro como cuando los israelitas cruzaron el mar Rojo por tierra seca.

LA CONQUISTA DE CANAÁN

completamente. Así el pueblo pasó *hasta estar* frente a Jericó. **17** Los sacerdotes que llevaban el arca del pacto del SEÑOR estuvieron en tierra seca en medio del Jordán mientras que todo Israel cruzaba sobre tierra seca, hasta que todo el pueblo acabó de pasar el Jordán.

DOCE PIEDRAS CONMEMORATIVAS

4 Cuando todo el pueblo acabó de pasar el Jordán, el SEÑOR le dijo a Josué: **2** «Escojan doce hombres del pueblo, uno de cada tribu, **3** y ordénenles: "Tomen doce piedras de aquí, de en medio del Jordán, del lugar donde los pies de los sacerdotes están firmes, y llévenlas con ustedes y colóquenlas en el lugar donde han de pasar la noche"».

4 Josué llamó a los doce hombres que había señalado de entre los israelitas, uno de cada tribu; **5** y Josué les dijo: «Pasen delante del arca*ʲ* del SEÑOR su Dios al medio del Jordán, y alce cada uno una piedra sobre su hombro, de

4:5 ʲ O *Pasen de nuevo al arca.*

CRECIDO Y SECO
Josué 3—4
Instrucciones para cruzar el Jordán

- Los sacerdotes iban primero con el arca del pacto.

- El pueblo debía permanecer 900 m detrás del arca.

- Las personas debían primero consagrarse.

- Los sacerdotes tenían que pararse en medio de río Jordán hasta que el pueblo hubiera cruzado.

- Doce hombres elegidos, uno de cada tribu, recogerían piedras del fondo del Jordán.

- Josué coloca las 12 piedras como un monumento a lo que Dios había hecho.

- Rubén, Gad y la media tribu de Manasés guiaron a los israelitas hasta el otro lado del Jordán.

4:5-7
Monumentos de piedra

Los monumentos de piedra eran comunes en los tiempos del Antiguo Testamento para ayudar a las personas que vivieran muchos años más tarde a recordar las grandes cosas que Dios había hecho por su pueblo. Las doce piedras también les recordaban a los israelitas su unidad como una nación de doce tribus.

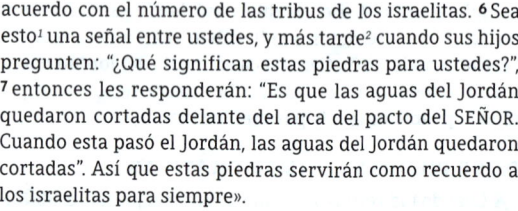

acuerdo con el número de las tribus de los israelitas. **6** Sea esto[1] una señal entre ustedes, y más tarde[2] cuando sus hijos pregunten: "¿Qué significan estas piedras para ustedes?", **7** entonces les responderán: "Es que las aguas del Jordán quedaron cortadas delante del arca del pacto del SEÑOR. Cuando esta pasó el Jordán, las aguas del Jordán quedaron cortadas". Así que estas piedras servirán como recuerdo a los israelitas para siempre».

8 Así lo hicieron los israelitas, tal como Josué ordenó, y alzaron doce piedras de en medio del Jordán, como el SEÑOR dijo a Josué, según el número de las tribus de los israelitas. Las llevaron consigo al lugar donde acamparon y allí las depositaron. **9** Entonces Josué colocó doce piedras en medio del Jordán, en el lugar donde habían estado los pies de los sacerdotes que llevaban el arca del pacto, y allí permanecen hasta hoy.

10 Porque los sacerdotes que llevaban el arca estuvieron parados en medio del Jordán hasta que se cumpliera todo lo que el SEÑOR había mandado a Josué que dijera al pueblo, de acuerdo con todo lo que Moisés había mandado a Josué. Y el pueblo se apresuró y pasó. **11** Cuando todo el pueblo había acabado de pasar, el arca del SEÑOR y los sacerdotes pasaron delante del pueblo.

12 Los hijos de Rubén, los hijos de Gad y la media tribu de Manasés pasaron en orden de batalla delante de los israelitas, tal como Moisés les había dicho. **13** Como 40,000 equipados para la guerra, pasaron delante del SEÑOR hacia los llanos de Jericó, *listos* para la batalla. **14** Aquel día el SEÑOR engrandeció a Josué ante los ojos de todo Israel; y le temieron[1], tal como habían temido[2] a Moisés todos los días de su vida.

15 Entonces el SEÑOR habló a Josué: **16** «Ordena a los sacerdotes que llevan el arca del testimonio que suban del Jordán». **17** Josué dio órdenes a los sacerdotes y les dijo: «Suban del Jordán». **18** Y cuando los sacerdotes que llevaban el arca del pacto del SEÑOR subieron de en medio del Jordán, y las plantas de los pies de los sacerdotes salieron[1] a tierra seca, las aguas del Jordán volvieron a su lugar y corrieron sobre todas sus riberas como antes.

4:19
Calendarios de los israelitas

Israel usaba dos calendarios: uno sagrado y uno agrícola. En el calendario sagrado –o religioso– Abib (marzo-abril) es el primer mes del año, y constituye un recordatorio de cuando los israelitas fueron liberados de Egipto. En el calendario agrícola –de las cosechas– Etanim (o Tisri: septiembre-octubre) era el primer mes.

LAS PIEDRAS ERIGIDAS EN GILGAL

19 El pueblo subió del Jordán el día diez del mes primero y acamparon en Gilgal al lado oriental de Jericó. **20** Y aquellas[1] doce piedras que habían sacado del Jordán, Josué las erigió en Gilgal.

21 Entonces habló a los israelitas: «Cuando sus hijos pregunten a sus padres el día de mañana: "¿Qué significan estas piedras?", **22** ustedes se lo explicarán a sus hijos y les dirán: "Israel cruzó este Jordán en tierra seca". **23** Porque el SEÑOR su Dios secó las aguas del Jordán delante de ustedes hasta que pasaron, tal como el SEÑOR su Dios había hecho al mar Rojo¹, el cual Él secó delante de nosotros hasta que pasamos, ²⁴ para que todos los pueblos de la tierra conozcan que la mano del SEÑOR es poderosa, a fin de que ustedes teman¹ al SEÑOR su Dios para siempre²».

CIRCUNCISIÓN DE LOS ISRAELITAS Y PRIMERA PASCUA EN CANAÁN

5 Cuando todos los reyes de los amorreos que *estaban* al otro lado del Jordán hacia el occidente, y todos los reyes de los cananeos que *estaban* junto al mar, oyeron cómo el SEÑOR había secado las aguas del Jordán delante de los israelitas hasta que ellos habían¹ pasado, sus corazones se acobardaron, y ya no había ánimo en ellos a causa de los israelitas.

² En aquel tiempo el SEÑOR dijo a Josué: «Hazte cuchillos de pedernal y vuelve a hacer la circuncisión, por segunda vez, a los israelitas». ³ Entonces Josué hizo cuchillos de pedernal y circuncidó a los israelitas en la colina de Aralot¹. ⁴ Esta es la razón por la cual Josué los circuncidó: todos los del pueblo que salieron de Egipto que eran varones, todos los hombres de guerra, murieron en el desierto, por el camino, después que salieron de Egipto. ⁵ Porque todos los del pueblo que salieron fueron circuncidados, pero todos los del pueblo que nacieron en el desierto, por el camino, después de salir de Egipto, no habían sido circuncidados. ⁶ Pues los israelitas anduvieron por el desierto cuarenta años, hasta que pereció¹ toda la nación, *es decir,* los hombres de guerra que salieron de Egipto, porque no escucharon la voz del SEÑOR. A ellos el SEÑOR les juró que no les permitiría ver la tierra que el SEÑOR había jurado a sus padres que nos daría, una tierra que mana leche y miel.

⁷ Y a los hijos de ellos, que Él levantó en su lugar, Josué los circuncidó; pues eran incircuncisos, porque no los habían circuncidado en el camino. ⁸ Cuando terminaron de circuncidar a toda la nación, permanecieron en sus lugares en el campamento hasta que sanaron¹.

⁹ Entonces el SEÑOR dijo a Josué: «Hoy he quitado¹ de ustedes el oprobio de Egipto». Por eso aquel lugar se ha llamado Gilgal² hasta hoy. ¹⁰ Estando los israelitas acampados en Gilgal, celebraron la Pascua en la noche del día catorce del mes en los llanos de Jericó.

¹¹ El día¹ después de la Pascua, ese² mismo día, comieron del producto de la tierra, panes sin levadura y cereal tostado. ¹² El maná cesó el día¹ después que habían comido del producto de la tierra, y los israelitas no tuvieron más maná, sino que comieron del producto de la tierra de Canaán durante aquel año.

EL CAPITÁN DEL EJÉRCITO DEL SEÑOR

¹³ Cuando Josué estaba ya cerca de Jericó, levantó los ojos y vio que un hombre estaba frente a él con una espada

5:2-3
Por qué Josué circuncidó a los israelitas

Esta era la señal de que estaban de acuerdo con el pacto que Dios hizo con su pueblo. Esta señal mostraba que ellos se separaban de la vieja vida y comenzaban una vida nueva con Dios. (Ver Génesis 17:13).

5:12
No más maná

Dios había provisto el maná para los israelitas mientras estaban en el desierto y no tenían otra fuente de comida, pero cuando llegaron a la tierra prometida, había mucha comida para ellos allí.

4:23 ¹ Lit. *mar de Cañas.*   4:24 ¹ O *reverencien.*   ² Lit. *todos los días.*   5:1 ¹ Algunos mss. dicen: *nosotros habíamos.*   5:3 ¹ I.e. de los prepucios.   5:6 ¹ Lit. *fue acabada.*   5:8 ¹ Lit. *revivieron.*   5:9 ¹ Lit. *rodado.*   ² I.e. rueda, del heb. *galal;* i.e. rodar.   5:11 ¹ Lit. *La mañana.*   ² Lit. *este.*   5:12 ¹ Lit. *la mañana.*

5:14
El capitán del ejército del Señor
Era un ángel o bien el mismo Dios apareciéndose en forma humana.

6:3
Marchando alrededor de la ciudad
En los tiempos antiguos, dar vueltas alrededor de una ciudad era una práctica común antes de atacarla. La gente de Jericó tuvo miedo cuando los israelitas marcharon alrededor de la ciudad, porque sabían que una batalla estaba por ocurrir.

6:4
Trompetas
Estas trompetas estaban hechas de cuernos de carnero. Estaban diseñadas para enviar señales militares y religiosas.

© A1design/Shutterstock

6:9
Llevaron el arca alrededor de la ciudad
El arca era el símbolo de la presencia de Dios en medio de su pueblo.

desenvainada en la mano, y Josué fue hacia él y le dijo: «¿Es usted de los nuestros o de nuestros enemigos?». **14** «No», respondió; «más bien yo vengo ahora *como* capitán del ejército del SEÑOR». Y Josué se postró en tierra, le hizo reverencia[1], y dijo: «¿Qué tiene que decirle mi señor a su siervo?». **15** Entonces el capitán del ejército del SEÑOR dijo a Josué: «Quítate las sandalias de tus pies, porque el lugar donde estás es santo». Y así lo hizo Josué.

LA CONQUISTA DE JERICÓ

6 Jericó estaba muy bien cerrada por miedo a los israelitas. Nadie salía ni entraba. **2** Pero el SEÑOR dijo a Josué: «Mira, he entregado en tu mano a Jericó, y a su rey *con sus* valientes guerreros. **3** Ustedes marcharán alrededor de la ciudad, todos los hombres de guerra rodeando la ciudad una vez. Así lo harás por seis días.

4 »Siete sacerdotes llevarán siete trompetas de cuerno de carnero delante del arca. Al séptimo día ustedes marcharán alrededor de la ciudad siete veces, y los sacerdotes tocarán las trompetas. **5** Y sucederá que cuando toquen un sonido prolongado con el cuerno de carnero, y ustedes oigan el sonido de la trompeta, todo el pueblo gritará a gran voz, y la muralla de la ciudad se vendrá abajo[1]. Entonces el pueblo subirá, cada hombre derecho hacia adelante[2]».

6 Josué, hijo de Nun, llamó a los sacerdotes, y les dijo: «Tomen el arca del pacto, y que siete sacerdotes lleven siete trompetas de cuerno de carnero delante del arca del SEÑOR». **7** Entonces dijo[1] al pueblo: «Pasen, y marchen alrededor de la ciudad, y que los hombres armados vayan delante del arca del SEÑOR».

8 Después que Josué había hablado al pueblo, los siete sacerdotes que llevaban las siete trompetas de cuerno de carnero delante del SEÑOR, se adelantaron y tocaron las trompetas. Y el arca del pacto del SEÑOR los seguía. **9** Los hombres armados iban delante de los sacerdotes que tocaban las trompetas, y la retaguardia iba detrás del arca, mientras ellos continuaban tocando las trompetas.

10 Pero Josué dio órdenes al pueblo: «No gritarán ni dejarán oír su voz, ni saldrá palabra de su boca, hasta el día que yo les diga: "¡Griten!". Entonces gritarán». **11** Así hizo que el arca del SEÑOR fuera alrededor de la ciudad, rodeándo*la* una vez. Entonces volvieron al campamento, y pasaron la noche en el campamento.

12 Josué se levantó muy de mañana, y los sacerdotes tomaron el arca del SEÑOR. **13** Los siete sacerdotes llevando las siete trompetas de cuerno de carnero iban delante del arca del SEÑOR, andando continuamente y tocando las trompetas. Los hombres armados iban delante de ellos y la retaguardia iba detrás del arca del SEÑOR mientras ellos seguían tocando las trompetas. **14** Así que el segundo día marcharon una vez alrededor de la ciudad y volvieron al campamento. Así lo hicieron por seis días.

5:14 [1] O *se inclinó.*   6:5 [1] Lit. *caerá en su lugar.*   [2] Lit. *delante de sí.*
6:7 [1] O *dijeron.*

15 Entonces en el séptimo día se levantaron temprano, al despuntar el día, y marcharon alrededor de la ciudad de la misma manera, *pero* siete veces. Solo aquel día marcharon siete veces alrededor de la ciudad. **16** A la séptima vez, cuando los sacerdotes tocaron las trompetas, Josué dijo al pueblo: «¡Griten! Pues el SEÑOR les ha entregado la ciudad. **17** La ciudad será dedicada al anatema[1], ella y todo lo que hay en ella pertenece al SEÑOR. Solo Rahab la ramera y[2] todos los que están en su casa vivirán, porque ella escondió a los mensajeros que enviamos. **18** Pero ustedes, tengan mucho cuidado en cuanto a las cosas dedicadas al anatema, no sea que *las* codicien[1] y tomando de las cosas del anatema, hagan maldito el campamento de Israel y traigan desgracia sobre él. **19** Toda la plata y el oro, y los utensilios de bronce y de hierro, están consagrados al SEÑOR. Entrarán en el tesoro del SEÑOR».

20 Entonces el pueblo gritó y *los sacerdotes* tocaron las trompetas; y sucedió que cuando el pueblo oyó el sonido de la trompeta, el pueblo gritó a gran voz y la muralla se vino abajo[1]. El pueblo subió a la ciudad, cada hombre derecho hacia adelante[2], y tomaron la ciudad. **21** Destruyeron por completo[1], a filo de espada, todo lo que había en la ciudad: hombres y mujeres, jóvenes y ancianos, bueyes, ovejas y asnos.

22 Pero Josué dijo a los dos hombres que habían reconocido la tierra: «Entren en la casa de la ramera y saquen de allí a la mujer y todo lo que posea, tal como se lo juraron». **23** Entraron, pues, los jóvenes espías y sacaron a Rahab, a su padre, a su madre, a sus hermanos, y todo lo que poseía. También sacaron a todos sus parientes y los colocaron fuera del campamento de Israel. **24** Entonces prendieron fuego a la ciudad y a todo lo que en ella había. Solo pusieron en el tesoro de la casa[1] del SEÑOR, la plata, el oro y los utensilios de bronce y de hierro.

25 Pero Josué dejó vivir a Rahab la ramera, a la casa de su padre y todo lo que ella tenía. Ella ha habitado en medio de Israel hasta hoy, porque escondió a los mensajeros a quienes Josué había enviado a reconocer a Jericó.

26 Entonces Josué les hizo un juramento en aquel tiempo y dijo: «Maldito sea delante del SEÑOR el hombre que se levante y reedifique esta ciudad de Jericó. Con *la pérdida de* su primogénito echará su cimiento, y con *la pérdida de* su hijo menor colocará sus puertas». **27** El SEÑOR estaba con Josué, y su fama se extendió[1] por toda la tierra.

6:17 [1] O *a la destrucción.*   [2] Lit. *ella y.*   6:18 [1] Lit. *dediquen.*
6:20 [1] Lit. *cayó en su lugar.*   [2] Lit. *delante de sí.*   6:21 [1] O Y
dedicaron al anatema.   6:24 [1] I.e. del tabernáculo.
6:27 [1] Lit. *estaba.*

PLAN DE BATALLA

Josué 6

Configuración de la marcha de Jericó

1

La guardia armada marchaba adelante

2

7 sacerdotes que llevaban trompetas marchaban detrás

3

Los sacerdotes que llevaban el arca iban de terceros

4

La retaguardia iba en cuarto lugar

5 Los israelitas marcharon alrededor de Jericó una vez al día, por seis días, con los sacerdotes haciendo sonar las trompetas

6 Los israelitas marcharon alrededor de Jericó siete veces el séptimo día

7 Los israelitas gritaron y tocaron las trompetas en la séptima vuelta alrededor de Jericó

DERROTA DE ISRAEL EN HAI

7 Pero los israelitas fueron infieles en cuanto a las cosas dedicadas al anatema[1], porque Acán, hijo de Carmi, hijo de Zabdi[2], hijo de Zera, de la tribu de Judá, tomó de las cosas dedicadas al anatema. Entonces la ira del SEÑOR se encendió contra los israelitas.

2 Josué envió hombres desde Jericó a Hai, que está cerca de Bet Avén al este de Betel[1], y les dijo: «Suban y reconozcan la tierra». Y los hombres subieron y reconocieron a Hai. 3 Cuando volvieron a Josué, le dijeron: «Que no suba todo el pueblo. Solo[1] dos o tres mil hombres subirán[2] a Hai. No hagas cansar a todo el pueblo subiendo allá, porque ellos son pocos».

4 Así que subieron allá unos tres mil hombres del pueblo, pero huyeron ante los hombres de Hai. 5 Los hombres de Hai hirieron de ellos a unos treinta y seis hombres, y los persiguieron desde[1] la puerta hasta Sebarim, y los derrotaron[2] en la bajada. El corazón del pueblo desfalleció y se hizo como agua.

6 Entonces Josué rasgó sus vestidos y postró su rostro en tierra delante del arca del SEÑOR hasta el anochecer, él y los ancianos de Israel; y echaron polvo sobre sus cabezas. 7 Y Josué dijo: «¡Ah, Señor DIOS[1]! ¿Por qué hiciste pasar a este pueblo el Jordán, para entregarnos después en manos de los amorreos y destruirnos? ¡Ojalá nos hubiéramos propuesto habitar[2] al otro lado del Jordán! 8 ¡Ah, Señor! ¿Qué puedo decir, ya que Israel ha vuelto la espalda[1] ante sus enemigos? 9 Porque los cananeos y todos los habitantes de la tierra se enterarán de ello, y nos rodearán y borrarán nuestro nombre de la tierra. ¿Y qué harás Tú por Tu gran nombre?».

EL PECADO DE ACÁN

10 Y el SEÑOR dijo a Josué: «¡Levántate! ¿Por qué te has postrado rostro en tierra? 11 Israel ha pecado y también ha transgredido Mi pacto que les ordené. Y hasta han tomado de las cosas dedicadas al anatema, y también han robado y mentido, y además *las* han puesto entre sus propias cosas. 12 No pueden, pues, los israelitas hacer frente a sus enemigos. Vuelven la espalda[1] delante de sus enemigos porque se han convertido en anatema. No estaré más con ustedes a menos que destruyan las cosas dedicadas al anatema de en medio de ustedes.

13 »Levántate, consagra al pueblo y di: "Conságrense para mañana, porque así ha dicho el SEÑOR, Dios de Israel: 'Hay anatema en medio de ti, oh Israel. No podrás hacer frente a tus enemigos hasta que quiten el anatema de en medio de ustedes'. 14 Por la mañana se acercarán, pues, por[1] tribus. Y será que la tribu que el SEÑOR señale se acercará por familias, y la familia que el SEÑOR señale se acercará por casas, y la casa que el SEÑOR señale se acercará hombre por hombre. 15 Y será que el *hombre* que sea sorprendido con las cosas dedicadas al anatema será quemado, él y todo lo que le pertenece,

7:6
Por qué Josué rasgó sus vestidos y postró su rostro en tierra
Las personas en la antigüedad expresaban su dolor con acciones como estas. Josué estaba asustado y triste, porque Dios los había abandonado en la batalla contra Hai.

7:11, 24-25
Las consecuencias del pecado de una persona
Los israelitas pensaban que si una persona pecaba trayendo ídolos al campamento, toda la comunidad era culpable. Como Acán quebrantó la ley de Dios, toda la nación sufrió las consecuencias. Para poder purificar a toda la nación, Dios destruyó todo lo que le pertenecía a Acán, incluyendo a sus hijos.

7:1 [1] O a la destrucción.   [2] En 1Crón. 2:6, Zimri.   7:2 [1] I.e. Casa de Dios.
7:3 [1] Lit. como.   [2] Lit. y herirán.   7:5 [1] Lit. delante de.   [2] Lit. hirieron.
7:7 [1] Heb. YHWH, generalmente traducido SEÑOR.   [2] Lit. propuesto y hubiéramos habitado.   7:8 [1] Lit. cerviz.   7:12 [1] Lit. las cervices.   7:14 [1] Lit. por sus.

porque ha quebrantado el pacto del SEÑOR, y ha cometido una terrible ofensa[1] en Israel"».

16 Josué se levantó muy de mañana, e hizo acercar a Israel por[1] tribus, y fue designada la tribu de Judá. **17** Mandó acercar a las familias de Judá, y fue designada la familia de los de Zera. Hizo acercar a la familia de Zera, hombre por hombre, y Zabdi fue designado. **18** Mandó acercar su casa hombre por hombre. Fue designado Acán[1], hijo de Carmi, hijo de Zabdi, hijo de Zera, de la tribu de Judá. **19** Entonces Josué dijo a Acán: «Hijo mío, te ruego, da gloria al SEÑOR, Dios de Israel, y dale alabanza. Declárame ahora lo que has hecho. No me lo ocultes». **20** Y Acán respondió a Josué: «En verdad he pecado contra el SEÑOR, Dios de Israel, y esto es lo que he hecho[1]. **21** Cuando vi entre el botín un hermoso manto de Sinar y 200 siclos (2.28 kilos) de plata y una barra de oro de cincuenta siclos de peso, los codicié y los tomé; todo eso está escondido en la tierra dentro de mi tienda con la plata debajo».

22 Josué envió emisarios, que fueron corriendo a la tienda y hallaron *el manto* escondido en su tienda con la plata debajo. **23** Los sacaron de la tienda y los llevaron a Josué y a todos los israelitas, y los pusieron delante del SEÑOR. **24** Entonces Josué, y todo Israel con él, tomaron a Acán, hijo de Zera, y la plata, el manto, la barra de oro, sus hijos, sus hijas, sus bueyes[1], sus asnos, sus ovejas, su tienda y todo lo que le pertenecía, y los llevaron al valle de Acor.

25 Y Josué dijo: «¿Por qué nos has turbado? El SEÑOR te turbará hoy». Todo Israel los apedreó[1] y los quemaron después de haberlos apedreado[2]. **26** Levantaron sobre él un gran montón de piedras que permanece hasta hoy. El SEÑOR se volvió del furor de su ira. Por eso se ha llamado aquel lugar el valle de Acor[1] hasta el día de hoy.

LA CONQUISTA DE HAI

8 Entonces el SEÑOR dijo a Josué: «No temas ni te acobardes. Toma contigo a todo el pueblo de guerra y levántate, sube a Hai. Mira, he entregado en tu mano al rey de Hai, su pueblo, su ciudad y su tierra. **2** Harás con Hai y con su rey lo mismo que hiciste con Jericó y con su rey. Tomarán para ustedes como botín solamente los despojos y el ganado. Prepara[1] una emboscada a la ciudad detrás de ella».

3 Josué se levantó con todo el pueblo de guerra para subir a Hai. Y escogió Josué 30,000 hombres, valientes guerreros, y los envió de noche.

4 Josué les *dio* órdenes, diciéndoles: «Miren, ustedes van a poner emboscada a la ciudad por detrás de ella[1]. No se alejen mucho de la ciudad, sino estén todos alerta. **5** Entonces yo y todo el pueblo que me acompaña nos acercaremos a la ciudad. Cuando ellos salgan a nuestro encuentro como la primera vez, nosotros huiremos delante de ellos, **6** y ellos saldrán tras nosotros hasta que los hayamos alejado de la ciudad, porque dirán: "Huyen ante nosotros como la primera

7:19
Confesar el pecado le daba gloria a Dios
Al confesar su pecado, el pecador admitía su error y que Dios tenía la razón.

8:1
El Señor le dijo a Josué que no temiera
Una vez que Israel estuvo limpio del pecado de Acán, el Señor le reafirmó a Josué que estaría con ellos.

8:2
El botín de Hai
Tomar los bienes de la ciudad vencida ayudaba al ejército a reabastecerse de comida y equipamiento. En algunas ocasiones Dios lo permitía, pero otras veces no. En Jericó, el Señor les ordenó a los israelitas que destruyeran todo como una forma de dedicarle la ciudad a Dios.

7:15 [1] O *infamia*.   7:16 [1] Lit. *por sus*.   7:18 [1] En 1Crón. 2:7, *Acar*.
7:20 [1] Lit. *así y así he hecho*.   7:24 [1] O *su ganado*.   7:25 [1] Lit. *lo apedreó con piedras*.   [2] Lit. *y los apedrearon con piedras*.   7:26 [1] I.e. dificultad.
8:2 [1] Lit. *Prepárate*.   8:4 [1] Lit. *la ciudad*.

vez". Huiremos, pues, ante ellos. **7** Ustedes saldrán[1] de la emboscada y se apoderarán de la ciudad, porque el SEÑOR su Dios la entregará en sus manos. **8** Cuando hayan tomado la ciudad, le[1] prenderán fuego. *Lo* harán conforme a la palabra del SEÑOR. Miren que yo se lo he mandado».

9 Josué los envió, y fueron al lugar de la emboscada y se quedaron entre Betel[1] y Hai, al occidente de Hai; pero Josué pasó la noche entre el pueblo.

10 Josué se levantó muy de mañana, pasó revista al pueblo y subió con los ancianos de Israel frente al pueblo de Hai. **11** Entonces todos los hombres[1] de guerra que *estaban* con él subieron y se acercaron, y llegaron frente a la ciudad, y acamparon al lado norte de Hai. *Había* un valle entre él y Hai. **12** Josué tomó unos 5,000 hombres y los puso en emboscada entre Betel y Hai, al occidente de la ciudad[1]. **13** Y apostaron al pueblo: todo el ejército que *acampó* al norte de la ciudad, y su retaguardia *que acampó* al occidente de la ciudad. Y Josué pasó[1] aquella noche en medio del valle.

14 Al ver *esto* el rey de Hai, los hombres de la ciudad se apresuraron, se levantaron temprano y salieron para enfrentarse a Israel en batalla, él y todo su pueblo, en el lugar señalado frente a la llanura del desierto, sin saber que *había* una emboscada contra él por detrás de la ciudad. **15** Josué y todo Israel se fingieron vencidos delante de ellos, y huyeron camino del desierto. **16** Y todo el pueblo que estaba en la ciudad fue llamado para perseguirlos, y persiguieron a Josué, y se alejaron de la ciudad. **17** No quedó hombre en Hai o Betel que no saliera tras Israel, y dejaron la ciudad sin protección[1] por perseguir a Israel.

18 Entonces el SEÑOR dijo a Josué: «Extiende la jabalina que está en tu mano hacia Hai, porque la entregaré en tu mano». Y Josué extendió hacia la ciudad la jabalina que estaba en su mano. **19** Los *que estaban* emboscados se levantaron rápidamente de su lugar, y corrieron cuando él extendió su mano, entraron en la ciudad y se apoderaron de ella, inmediatamente le prendieron fuego a la ciudad.

20 Cuando los hombres de Hai se volvieron y miraron, vieron que el humo de la ciudad subía al cielo y no tenían lugar adónde huir, ni por un lado ni por el otro, porque el pueblo que iba huyendo hacia el desierto se volvió contra sus perseguidores. **21** Al ver Josué y todo Israel que los emboscados habían tomado la ciudad y que el humo de la ciudad subía, se volvieron y comenzaron a matar[1] a los hombres de Hai. **22** Y los de la emboscada[1] salieron de la ciudad a su encuentro, así que *los de Hai* quedaron en medio de Israel, unos[1] por un lado y otros[1] por el otro. Los mataron[2] hasta no quedar de ellos[3] ni sobreviviente ni fugitivo. **23** Pero al rey de Hai lo tomaron vivo, y lo trajeron a Josué.

24 Cuando Israel acabó de matar a todos los habitantes de Hai en el campo *y* en el desierto, adonde ellos los habían perseguido y todos habían caído a filo de espada hasta ser exterminados, todo Israel volvió a Hai y la hirieron a filo de

---

8:7 [1] Lit. *se levantarán.*   8:8 [1] Lit. *a la ciudad.*   8:9 [1] O *Casa de Dios.*
8:11 [1] Lit. *todo el pueblo.*   8:12 [1] I.e. Hai.   8:13 [1] Lit. *anduvo.*   8:17 [1] Lit.
abierta.   8:21 [1] Lit. *e hirieron.*   8:22 [1] Lit. *estos.*   [2] Lit. *hirieron.*   [3] Lit. *para él.*

espada. **25** El total de los que cayeron aquel día, tanto hombres como mujeres, fue de 12,000; todo el pueblo[1] de Hai.

26 Josué no retiró su mano con la cual tenía extendida la jabalina, hasta que hubo exterminado por completo[1] a todos los habitantes de Hai. **27** Solo el ganado y los despojos de aquella ciudad tomó Israel para sí como botín, conforme a la palabra que el SEÑOR había ordenado a Josué.

28 Josué incendió la ciudad de Hai y la convirtió en un montón *de ruinas* para siempre, en una desolación hasta el día de hoy. **29** También colgó al rey de Hai en un árbol hasta la tarde. A la puesta del sol Josué dio orden que bajaran su cadáver del árbol. Lo arrojaron a la entrada de la puerta de la ciudad y levantaron sobre él un gran montón de piedras *que permanece* hasta el día de hoy.

LA LECTURA DE LA LEY

30 Entonces Josué edificó un altar al SEÑOR, Dios de Israel, en el monte Ebal, **31** tal como Moisés, siervo del SEÑOR, había ordenado a los israelitas, como está escrito en el libro de la ley de Moisés, un altar de piedras sin labrar[1], sobre las cuales nadie había alzado *herramienta* de hierro. Sobre él ofrecieron holocaustos al SEÑOR y sacrificaron ofrendas de paz.

32 Allí, sobre las piedras, Josué escribió una copia de la ley que Moisés había escrito, en presencia de los israelitas. **33** Todo Israel, con sus ancianos, oficiales y jueces, estaba de pie a ambos lados del arca, delante de los sacerdotes levitas que llevaban el arca del pacto del SEÑOR, tanto el extranjero como el nativo. La otra mitad de ellos *estaba* frente al monte Gerizim, y la otra mitad frente al monte Ebal, tal como Moisés, siervo del SEÑOR, había ordenado la primera vez, para que bendijeran al pueblo de Israel.

34 Después Josué leyó todas las palabras de la ley, la bendición y la maldición, conforme a todo lo que está escrito en el libro de la ley. **35** No hubo ni una palabra de todo lo que había ordenado Moisés que Josué no leyera delante de toda la asamblea de Israel, incluyendo las mujeres, los niños y los extranjeros que vivían[1] entre ellos.

ASTUCIA DE LOS GABAONITAS

9 Y sucedió que cuando se enteraron todos los reyes que *estaban* al otro lado del Jordán, en los montes, en los valles y en toda la costa del mar Grande hacia el Líbano, *los reyes* de los hititas, amorreos, cananeos, ferezeos, heveos y jebuseos, **2** a una se reunieron y se pusieron de acuerdo[1] para pelear contra Josué y contra Israel.

3 Cuando los habitantes de Gabaón también se enteraron de lo que Josué había hecho a Jericó y a Hai, **4** ellos usaron de astucia y fueron como embajadores[1], y llevaron alforjas viejas sobre sus asnos, y odres de vino viejos, rotos y remendados[2], **5** y sandalias gastadas y remendadas en sus pies, y vestidos viejos sobre sí. Todo el pan de su provisión estaba seco *y* desmenuzado.

8:31
No se permitía labrar las piedras

Ellos tenían que hacer el altar de piedras sin labrar, es decir, que no estuvieran trabajadas con ninguna herramienta. La ley decía que el altar se profanaría si usaban alguna herramienta (ver Éxodo 20:25). Esto puede haber sido porque los paganos utilizaban herramientas de hierro para hacer sus altares. Como los israelitas no poseían esta clase de herramientas, habría sido impuro usar algunas tomadas de naciones paganas a fin de hacer un altar para el Dios verdadero.

8:32
Josué hizo otra copia de la ley

La piedra duraba más que ningún otro material. Era importante tener los mandamientos cerca como un recordatorio de lo importantes que eran las leyes de Dios.

8:33-34
Dos montes importantes

El monte Gerizim representaba las bendiciones que venían por obedecer la ley de Dios. El monte Ebal representaba las maldiciones por desobedecerla. (Ver Deuteronomio 11:29).

Todd Bolen/www.BiblePlaces.com

8:35
Los extranjeros que vivían con los israelitas

Los extranjeros incluían a Rahab y su familia, otras personas que habían venido al campamento israelita por comida o refugio, y algunos descendientes de los egipcios que habían abandonado Egipto junto con los israelitas.

9:9
Los habitantes de Gabaón

Ellos en realidad no creían en el Señor, pero entendieron lo grande y poderoso que era. Los gabaonitas quisieron hacer un tratado con los israelitas para no ser destruidos.

9:18
El pueblo se enojó

El pueblo se quejó probablemente porque los gabaonitas habían engañado a sus líderes. También pueden haberse preocupado por lo que sucedería al no seguir la instrucción de Dios de destruir a todos los cananeos.

6 Vinieron a Josué al campamento en Gilgal, y le dijeron a él y a los hombres de Israel: «Hemos venido de un país lejano. Hagan, pues, pacto con nosotros». **7** Y los hombres de Israel dijeron a los heveos: «Quizá habitan en nuestra tierra¹, ¿cómo, pues, haremos pacto con ustedes²?».

8 Respondieron ellos a Josué: «Somos tus siervos». Y Josué les preguntó: «¿Quiénes son, y de dónde vienen?».

9 Ellos le dijeron: «Tus siervos han venido de un país muy lejano a causa de la fama del SEÑOR tu Dios. Porque hemos oído hablar de Él, de todo lo que hizo en Egipto, **10** y de todo lo que hizo a los dos reyes de los amorreos que *estaban* al otro lado del Jordán, a Sehón, rey de Hesbón, y a Og, rey de Basán, que *estaba* en Astarot. **11** Y nuestros ancianos y todos los habitantes de nuestro país nos dijeron: "Tomen provisiones en su mano para el camino, vayan a su encuentro y díganles: 'Somos siervos de ustedes; hagan, pues, pacto con nosotros'". **12** Este pan nuestro *estaba* caliente *cuando* lo sacamos de nuestras casas para provisión el día que salimos para venir a ustedes, pero ahora está seco y desmenuzado. **13** Estos odres de vino que llenamos eran nuevos, y vean que están rotos. Estos vestidos nuestros y nuestras sandalias están gastados a causa de lo muy largo del camino».

14 Y los hombres *de Israel* tomaron de sus provisiones, y no pidieron el consejo¹ del SEÑOR. **15** Josué hizo paz con ellos y celebró pacto con ellos para conservarles la vida. También los jefes de la congregación se *lo* juraron.

16 Pero sucedió que después de tres días de haber hecho pacto con ellos, los israelitas se enteraron de que eran vecinos y que habitaban en su tierra¹. **17** Entonces salieron los israelitas, y al tercer día llegaron a sus ciudades. Sus ciudades *eran* Gabaón, Cafira, Beerot y Quiriat Jearim. **18** Los israelitas no los mataron¹ porque los jefes de la congregación les habían hecho un juramento por el SEÑOR, Dios de Israel. Y toda la congregación murmuraba contra los jefes.

19 Pero todos los jefes dijeron a¹ la congregación: «Nosotros les hemos jurado por el SEÑOR, Dios de Israel, y ahora no podemos tocarlos. **20** Esto es lo que haremos con ellos: los dejaremos vivir, para que no venga sobre nosotros la ira por el juramento que les hemos hecho». **21** Y los jefes les dijeron: «Déjenlos vivir». Y ellos fueron leñadores y aguadores para toda la congregación, tal como los jefes les habían dicho.

JUICIO CONTRA LOS GABAONITAS

22 Entonces Josué los mandó llamar y les habló: «¿Por qué nos han engañado, diciendo: "Habitamos muy lejos de ustedes", cuando habitan en nuestra tierra¹? **23** Ahora pues,

---

9:7 ¹ Lit. *habitas en medio mío*. ² Lit. *haré pacto contigo*. 9:14 ¹ Lit. *preguntaron a la boca*. 9:16 ¹ Lit. *en medio de él*. 9:18 ¹ Lit. *hirieron*. 9:19 ¹ Lit. *a toda*. 9:22 ¹ Lit. *entre nosotros*.

malditos son y nunca dejarán de ser esclavos[1], leñadores y aguadores para la casa de mi Dios».

24 Y ellos respondieron a Josué: «Porque ciertamente tus siervos fueron informados de que el SEÑOR tu Dios había ordenado a Su siervo Moisés que les diera toda la tierra, y que destruyera a todos los habitantes de la tierra delante de ustedes. Por tanto, temimos en gran manera por nuestras vidas a causa de ustedes, y hemos hecho esto. **25** Ahora pues, estamos en tus manos. Haz con nosotros lo que te parezca bueno y justo».

26 Y así hizo él con ellos, y los libró de las manos de los israelitas, y *estos* no los mataron. **27** Y aquel día Josué los hizo leñadores y aguadores para la congregación y para el altar del SEÑOR, en el lugar que Él escogiera, hasta el día de hoy.

DERROTA DE LOS AMORREOS

10 Cuando Adonisedec, rey de Jerusalén, se enteró de que Josué había capturado a Hai y que la había destruido por completo[1] (como había hecho con Jericó y con su rey así había hecho con Hai y con su rey), y que los habitantes de Gabaón habían concertado la paz con Israel y estaban dentro de su tierra[2], **2** tuvo[1] gran temor, porque Gabaón *era* una gran ciudad, como una de las ciudades reales, y porque era más grande que Hai, y todos sus hombres *eran* valientes.

3 Por tanto, Adonisedec, rey de Jerusalén, envió *mensaje* a Hoham, rey de Hebrón, a Piream, rey de Jarmut, a Jafía, rey de Laquis y a Debir, rey de Eglón, diciéndoles: **4** «Suban a mí y ayúdenme, y ataquemos[1] a Gabaón, porque ha hecho paz con Josué y con los israelitas».

5 Se reunieron, pues, los cinco reyes de los amorreos: el rey de Jerusalén, el rey de Hebrón, el rey de Jarmut, el rey de Laquis y el rey de Eglón, y subieron ellos con todos sus ejércitos, y acamparon junto a Gabaón y lucharon contra ella.

6 Entonces los hombres de Gabaón enviaron *mensaje* a Josué al campamento de Gilgal y le dijeron: «No abandone a[1] sus siervos; suba rápidamente a nosotros, sálvenos y ayúdenos, porque todos los reyes de los amorreos que habitan en los montes se han reunido contra nosotros». **7** Josué subió de Gilgal, él y toda la gente de guerra con él, y todos los valientes guerreros.

8 Y el SEÑOR dijo a Josué: «No les tengas miedo, porque los he entregado en tus manos. Ninguno[1] de ellos te podrá resistir». **9** Vino, pues, Josué sobre ellos de repente, habiendo marchado[1] toda la noche desde Gilgal. **10** Y el SEÑOR los desconcertó delante de Israel, y los hirió con gran matanza en Gabaón. Luego los persiguió por el camino de la subida de Bet Horón y los hirió hasta Azeca y Maceda.

9:23 [1] Lit. *y un siervo no será cortado de entre ustedes.*
10:1 [1] O *dedicado al anatema.*   [2] Lit. *entre ellos.*
10:2 [1] Lit. *tuvieron.*   10:4 [1] Lit. *e hiramos.*
10:6 [1] Lit. *No aflojes tu mano para con.*
10:8 [1] Lit. *ningún hombre.*   10:9 [1] Lit. *subido.*

9:19
Los líderes honraron el juramento a pesar de haber sido engañados

Aunque los israelitas habían sido engañados para hacer un tratado con Gabaón (una violación de Éxodo 34:12), habría sido un error romper el juramento hecho a los gabaonitas, que respetaban a Israel y su Dios. Ellos admitieron su engaño y se sometieron a los israelitas.

10:6-7
Israel defendió a Gabaón

Israel y Gabaón ahora eran aliados. Josué debe haber pensado además que defender Gabaón era parte del plan de Dios para que Israel librara una batalla contra cinco ciudades enemigas.

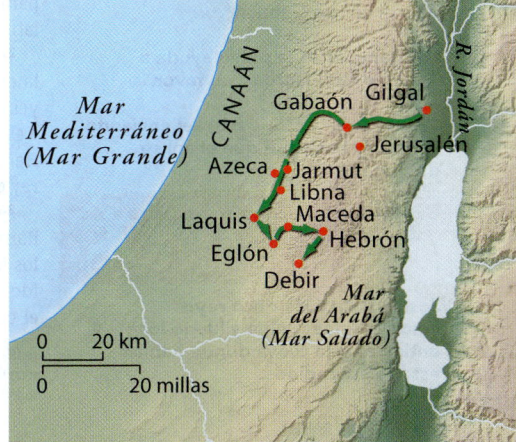

10:13-14
El milagro del sol que se detiene

Al igual que otros milagros en la Biblia, no sabemos cómo Dios lo hizo. Algunos creen que el sol permaneció en el cielo un rato más ese día. Otros dicen que solo puede haber parecido un día muy largo. Lo importante es que el Señor hizo un milagro y les dio la victoria a los israelitas.

LOS GABAONITAS
Josué 9—10

Esto es lo que les sucedió a los gabaonitas después de engañar a los israelitas para hacer un tratado de paz:

Los israelitas no pueden atacar a los gabaonitas por causa del tratado de paz, así que los emplean como leñadores y aguadores.

El rey de Jerusalén se entera de que los gabaonitas habían hecho alianza con Israel y persuade a otros cuatro reyes amorreos a unirse a él en guerra contra Gabaón.

Los gabaonitas le piden ayuda a Josué, e Israel lucha a su favor.

Dios le da la victoria a Israel enviando granizo y haciendo que el sol se detenga.

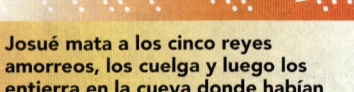

Josué mata a los cinco reyes amorreos, los cuelga y luego los entierra en la cueva donde habían estado escondidos.

[11] Mientras huían delante de Israel, *cuando* estaban en la bajada de Bet Horón, el SEÑOR arrojó desde el cielo grandes piedras sobre ellos hasta Azeca y murieron. Y *fueron* más los que murieron por las piedras del granizo que los que mataron a espada los israelitas.

[12] Entonces Josué habló al SEÑOR el día en que el SEÑOR entregó a los amorreos delante de los israelitas, y dijo en presencia de Israel:

> «Sol, detente en Gabaón,
> Y *tú* luna, en el valle de Ajalón».

[13] Y el sol se detuvo, y la luna se paró,
Hasta que la nación se vengó de sus enemigos.

¿No está esto escrito en el libro de Jaser? Y el sol se detuvo en medio del cielo y no se apresuró a ponerse como por un día entero.

[14] Ni antes ni después hubo día como aquel, cuando el SEÑOR prestó atención a la voz de un hombre, porque el SEÑOR peleó por Israel. [15] Entonces Josué, y todo Israel con él, volvió al campamento en Gilgal.

MUERTE DE LOS CINCO REYES

[16] Aquellos cinco reyes habían huido y se habían escondido en la cueva de Maceda. [17] Y fue dado aviso a Josué: «Los cinco reyes han sido hallados escondidos en la cueva de Maceda». [18] Y Josué dijo: «Rueden piedras grandes hacia la entrada[1] de la cueva, y pongan junto a ella hombres que los vigilen, [19] pero ustedes no se queden *ahí*. Persigan a sus enemigos y atáquenlos[1] por la retaguardia. No les permitan entrar en sus ciudades, porque el SEÑOR, Dios de ustedes, los ha entregado en sus manos».

[20] Cuando Josué y los israelitas terminaron de herirlos con gran matanza, hasta que fueron destruidos, y los sobrevivientes que de ellos quedaron habían[1] entrado en las ciudades fortificadas, [21] todo el pueblo volvió en paz al campamento y a Josué en Maceda. Nadie profirió palabra alguna[1] contra ninguno de los israelitas.

[22] Entonces Josué dijo: «Abran la entrada[1] de la cueva y sáquenme de ella[2] a esos cinco reyes». [23] Así lo hicieron, y le trajeron[1] de la cueva a estos cinco reyes: el rey de Jerusalén, el rey de Hebrón, el rey de Jarmut, el rey de Laquis y el rey de Eglón.

[24] Cuando llevaron[1] estos reyes a Josué, Josué llamó a todos los hombres de Israel, y dijo a los jefes de los hombres de guerra que habían ido con él: «Acérquense, pongan su pie sobre el cuello de estos reyes». Ellos se acercaron y

10:18 [1] Lit. *boca*.   10:19 [1] Lit. *hiéranlos*.   10:20 [1] Lit. *y habían*.
10:21 [1] Lit. *afiló su lengua*.   10:22 [1] Lit. *boca*.   [2] Lit. *de la cueva*.
10:23 [1] Lit. *sacaron*.   10:24 [1] Lit. *sacaron*.

pusieron los pies sobre sus cuellos. **25** Entonces Josué les dijo: «No teman ni se acobarden. Sean fuertes y valientes, porque así hará el SEÑOR a todos los enemigos con los que ustedes luchen».

26 Después Josué les dio muerte y los colgó de cinco árboles, y quedaron colgados de los árboles hasta la tarde. **27** A la hora de la puesta[1] del sol, Josué dio órdenes y los bajaron de los árboles, y los echaron en la cueva donde se habían escondido, y sobre la boca de la cueva pusieron grandes piedras *que permanecen* hasta el día de hoy.

28 Aquel día Josué conquistó a Maceda. La hirió a filo de espada junto con su rey y la[1] destruyó por completo[2] con todas las personas[3] que había en ella. No dejó ningún sobreviviente, e hizo con el rey de Maceda como había hecho con el rey de Jericó.

OTRAS CONQUISTAS DE JOSUÉ

29 Josué, y todo Israel con él, pasó de Maceda a Libna, y peleó contra Libna. **30** El SEÑOR la entregó también, junto con su rey, en manos de Israel, que la hirió a filo de espada con todas las personas que *había* en ella. No dejó ningún sobreviviente en ella, e hizo con su rey como había hecho con el rey de Jericó.

31 Josué, y todo Israel con él, pasó de Libna a Laquis, acampó cerca de ella y la atacó. **32** El SEÑOR entregó a Laquis en manos de Israel, la cual conquistaron al segundo día, y la hirieron a filo de espada con todas las personas que *había* en ella, conforme a todo lo que había hecho a Libna.

33 Entonces Horam, rey de Gezer, subió en ayuda de Laquis, pero Josué lo derrotó[1] a él y a su pueblo, hasta no dejar sobreviviente alguno.

34 Josué, y todo Israel con él, pasaron de Laquis a Eglón, y acamparon cerca de ella y la atacaron. **35** La conquistaron aquel mismo día y la hirieron a filo de espada. Destruyeron por completo aquel día a todas las personas que *había* en ella, conforme a todo lo que habían hecho a Laquis.

36 Entonces subió Josué, y todo Israel con él, de Eglón a Hebrón, y pelearon contra ella. **37** La conquistaron y la hirieron a filo de espada, con su rey, todas sus ciudades y todas las personas que *había* en ella. No dejaron ningún sobreviviente, conforme a todo lo que había hecho a Eglón. La destruyeron por completo con todas las personas que *había* en ella.

38 Después Josué, y todo Israel con él, se volvieron *contra* Debir y peleó contra ella. **39** La conquistaron, con su rey y todas sus ciudades, hiriéndolas a filo de espada. Destruyeron por completo a todas las personas que *había* en ella. Josué no dejó sobreviviente alguno. Como había hecho con Hebrón, *y* como había hecho también con Libna y su rey, así hizo con Debir y su rey.

40 Hirió, pues, Josué toda la tierra: la región montañosa, el Neguev[1], las tierras bajas[2] y las laderas, y a todos sus reyes. No dejó ningún sobreviviente, sino que destruyó por

10:13
El libro de Jaser
Este libro, ahora extraviado, era una colección de canciones y notas históricas sobre las guerras de Israel.

10:27 [1] Lit. *ida*.   10:28 [1] Algunos mss. dicen: *los*.   [2] O *dedicó al anatema*, y así en el resto del cap.   [3] Lit. *toda alma*, y así en el resto del cap.   10:33 [1] Lit. *hirió*.   10:40 [1] I.e. región del sur.   [2] Heb. *la Sefela*.

completo a todo el que tenía vida[3], tal como el SEÑOR, Dios de Israel, había mandado. **41** Josué los hirió desde Cades Barnea hasta Gaza, y todo el territorio de Gosén hasta Gabaón. **42** A todos estos reyes y sus territorios los capturó Josué de una vez, porque el SEÑOR, Dios de Israel, combatía por Israel. **43** Entonces Josué, y todo Israel con él, volvieron al campamento en Gilgal.

DERROTA DE JABÍN Y SUS ALIADOS

11 Cuando Jabín, rey de Hazor, se enteró *de todo esto* envió mensajeros a Jobab, rey de Madón, al rey de Simrón, al rey de Acsaf. **2** También *avisó* a los reyes que *estaban* al norte en la región montañosa, en el Arabá, al sur del mar de Cineret[1], y en las tierras bajas[2] y en las alturas de Dor[3] al occidente, **3** a los cananeos *que estaban* al oriente y al occidente, a los amorreos, a los hititas, a los ferezeos y a los jebuseos en la región montañosa, y a los heveos al pie[1] del Hermón en la tierra de Mizpa.

4 Salieron ellos, y todos sus ejércitos con ellos, tanta gente como la arena que está a la orilla del mar, con muchísimos caballos y carros. **5** Así que todos estos reyes, habiendo acordado unirse, vinieron y acamparon juntos cerca de las aguas de Merom para pelear contra Israel.

6 Entonces el SEÑOR dijo a Josué: «No temas a causa de ellos, porque mañana a esta hora Yo los entregaré a todos ellos muertos delante de Israel. Desjarretarás sus caballos y les quemarás sus carros». **7** Josué, y toda la gente de guerra con él, vinieron de repente sobre ellos junto a las aguas de Merom, y los atacaron.

8 Y el SEÑOR los entregó en manos de Israel, los derrotaron[1] y los persiguieron hasta Sidón la grande, hasta Misrefot Maim y hasta el valle de Mizpa al oriente. Los hirieron hasta que no les quedó sobreviviente alguno. **9** Josué hizo con ellos como el SEÑOR le había mandado: desjarretó sus caballos y les quemó sus carros.

10 Por ese mismo tiempo Josué volvió y se apoderó de Hazor e hirió a espada a su rey, porque Hazor antes había sido cabeza de todos estos reinos. **11** Mataron a filo de espada a todas las personas[1] que *había* en ella, destruyéndo*las* por completo[2]. No quedó nadie con vida[3]. A Hazor le prendió fuego. **12** Josué capturó todas las ciudades de estos reyes, y a todos sus reyes. Los hirió a filo de espada *y* los destruyó por completo, tal como Moisés, siervo del SEÑOR, había ordenado.

13 Sin embargo, Israel no quemó ninguna de las ciudades que estaban sobre sus colinas, con la única excepción de Hazor, *la cual* Josué incendió. **14** Los israelitas tomaron como botín todos los despojos de estas ciudades y el ganado; pero a los hombres hirieron a filo de espada hasta destruirlos. No dejaron a ninguno con vida[1]. **15** Tal como el SEÑOR había ordenado a Moisés Su siervo, así Moisés lo

11:1-5
Los reyes a menudo unían fuerzas con otros reyes
Canaán estaba compuesta de estados-ciudades independientes que en general se detestaban unos a otros. Cuando oyeron acerca de las victorias de Israel, unieron sus tropas para pelear. Este era un enemigo muy difícil para los israelitas debido a la cantidad de caballos y carros que poseían. Los israelitas solo tenían soldados de a pie.

11:6
Por qué Josué desjarretó a los caballos que capturó
Dios quería que su pueblo confiara en él más que en la fuerza de los carros y los caballos. Por eso desjarretó a estos últimos, es decir, les cortó el músculo trasero de sus patas.

---

[3] Lit. *que respiraba.*   11:2 [1] I.e. mar de Galilea.   [2] Heb. *la Sefela.*
[3] Heb. *Nafot-dor.*   11:3 [1] Lit. *debajo.*   11:8 [1] Lit. *hirieron.*   11:11 [1] Lit. *almas.*
[2] O *dedicándolos al anatema,* y así en el resto del cap.   [3] Lit. *que respirara.*
11:14 [1] Lit. *que respirara.*

ordenó a Josué, y así Josué lo hizo. No dejó de hacer nada de todo lo que el SEÑOR había ordenado a Moisés.

RESUMEN DE LA CONQUISTA

16 Tomó, pues, Josué toda aquella tierra: la región montañosa, todo el Neguev[1], toda la tierra de Gosén, las tierras bajas[2], el Arabá, la región montañosa de Israel y sus llanuras, **17** desde el monte Halac, que se levanta hacia Seir, hasta Baal Gad en el valle del Líbano, al pie[1] del monte Hermón. Capturó a todos sus reyes, los hirió y los mató. **18** Por mucho tiempo Josué estuvo en guerra con todos estos reyes.

19 No hubo ciudad que hiciera paz con los israelitas, excepto los heveos que vivían en Gabaón. De todas se apoderaron por la fuerza[1]. **20** Porque fue *la intención* del SEÑOR endurecer[1] el corazón de ellos, para que se enfrentaran en batalla con Israel, a fin de que fueran destruidos por completo, sin que tuviera piedad de ellos y[2] los exterminara, tal como el SEÑOR había ordenado a Moisés.

21 Por aquel tiempo Josué fue y destruyó a los anaceos de la región montañosa, de Hebrón, de Debir, de Anab, de toda la región montañosa de Judá y de toda la región montañosa de Israel. Josué los destruyó por completo con sus ciudades. **22** No quedaron anaceos en la tierra de los israelitas. Solo quedaron algunos en Gaza, en Gat y en Asdod. **23** Tomó, pues, Josué toda la tierra de acuerdo con todo lo que el SEÑOR había dicho a Moisés. Y Josué la dio por heredad a Israel conforme a sus divisiones por sus tribus. Entonces la tierra descansó de la guerra.

REYES DERROTADOS POR MOISÉS Y JOSUÉ

12 Estos son los reyes de la tierra a quienes los israelitas derrotaron[1], y cuya tierra poseyeron al otro lado del Jordán, hacia el oriente, desde el valle[2] del Arnón hasta el monte Hermón, y todo el Arabá hacia el oriente[3]:

2 Sehón, rey de los amorreos, que habitaba en Hesbón y gobernaba desde Aroer, que está al borde del valle[1] del Arnón, el medio del valle y la mitad de Galaad, y hasta el arroyo de Jaboc, frontera de los amonitas; **3** y el Arabá hasta el mar de Cineret[1] hacia el oriente, y hasta el mar de Arabá, el mar Salado, al oriente hacia[2] Bet Jesimot, y al sur, al pie[3] de las laderas del Pisga; **4** y el territorio de Og, rey de Basán, uno de los que quedaba de los refaítas, que habitaba en Astarot y en Edrei, **5** y que gobernaba en el monte Hermón, en Salca y en todo Basán, hasta las fronteras del Gesureo y del maacateo, y la mitad de Galaad, *hasta* la frontera de Sehón, rey de Hesbón.

6 *A estos* Moisés, siervo del SEÑOR, y los israelitas los derrotaron[1]; y Moisés, siervo del SEÑOR, dio su tierra[2] en posesión a los rubenitas, a los gaditas y a la media tribu de Manasés.

7 Estos son los reyes de la tierra que Josué y los israelitas derrotaron[1] al otro lado del Jordán, hacia el occidente,

11:23
La conquista de Canaán
Probablemente llevó siete años tomar la tierra por completo.

12:1-24
La lista de los reyes derrotados
Este capítulo es como una canción de alabanza que mostraba lo que el Señor había hecho por su pueblo.

11:16 [1] I.e. región del sur.   [2] Heb. *la Sefela*.   11:17 [1] Lit. *debajo*.   11:19 [1] Lit. *en batalla*.   11:20 [1] Lit. *hacer fuerte*.   [2] Lit. *sino para que*.   12:1 [1] Lit. *hirieron*.   [2] O *torrente*.   [3] Lit. *hacia la salida del sol*.   12:2 [1] O *torrente*.   12:3 [1] I.e. mar de Galilea.   [2] Lit. *camino de*.   [3] Lit. *debajo*.   12:6 [1] Lit. *hirieron*.   [2] Lit. *la dio*.   12:7 [1] Lit. *hirieron*.

desde Baal Gad en el valle del Líbano hasta el monte Halac que se levanta hacia Seir. Josué dio la tierra[2] de estos reyes en posesión a las tribus de Israel según sus divisiones, **8** en la región montañosa, en las tierras bajas, en el Arabá, en las laderas, en el desierto y en el Neguev[1]; de los hititas, amorreos, cananeos, ferezeos, heveos y jebuseos: **9** el rey de Jericó, uno; el rey de Hai, que está al lado de Betel[1], uno; **10** el rey de Jerusalén, uno; el rey de Hebrón, uno; **11** el rey de Jarmut, uno; el rey de Laquis, uno; **12** el rey de Eglón, uno; el rey de Gezer, uno; **13** el rey de Debir, uno; el rey de Geder, uno; **14** el rey de Horma, uno; el rey de Arad, uno; **15** el rey de Libna, uno; el rey de Adulam, uno; **16** el rey de Maceda, uno; el rey de Betel[1], uno; **17** el rey de Tapúa, uno; el rey de Hefer, uno; **18** el rey de Afec, uno; el rey de Sarón, uno; **19** el rey de Madón, uno; el rey de Hazor, uno; **20** el rey de Simrón Merón, uno; el rey de Acsaf, uno; **21** el rey de Taanac, uno; el rey de Meguido, uno; **22** el rey de Cedes, uno; el rey de Jocneam del Carmelo, uno; **23** el rey de Dor, en las alturas de Dor[1], uno; el rey de Goyim en Gilgal, uno; **24** el rey de Tirsa, uno. Treinta y un reyes en total.

TIERRA AÚN SIN CONQUISTAR

13 Cuando Josué ya era viejo el SEÑOR le dijo: «Tú ya eres anciano y *todavía* queda mucha tierra por conquistar. **2** Esta es la tierra que queda: todos los distritos *de* los filisteos y todos *los de* los gesureos; **3** desde el Sihor, que está al oriente de[1] Egipto, hasta la frontera de Ecrón al norte (que se considera de los cananeos); los cinco príncipes de los filisteos: el gazeo, el asdodeo, el ascaloneo, el geteo, y el ecroneo; también los aveos. **4** Hacia el sur[1], toda la tierra de los cananeos, y Mehara que pertenece a los sidonios, hasta Afec, hasta la frontera de los amorreos; **5** y la tierra de los giblitas, y todo el Líbano hacia el oriente[1], desde Baal Gad al pie del monte Hermón, hasta Lebo Hamat[2].

6 »A todos los habitantes de la región montañosa desde el Líbano hasta Misrefot Maim, a todos los sidonios, yo los expulsaré[1] de delante de los israelitas. Solamente tú tienes que repartir la tierra[2] por suerte a Israel como heredad tal como te he mandado. **7** Ahora pues, reparte esta tierra como heredad a las nueve tribus, y a la media tribu de Manasés».

8 Los rubenitas y los gaditas con la otra media tribu[1] habían recibido *ya* su heredad, la cual Moisés les había dado al otro lado del Jordán, hacia el oriente, tal como se *la* había dado Moisés, siervo del SEÑOR: **9** desde Aroer, que está a la orilla del valle[1] del Arnón, con la ciudad que está en medio del valle[1], y

13:1-6
Mucho más para conquistar en Canaán

Los israelitas se habían apoderado de la región montañosa, pero todavía los cananeos controlaban la mayoría de las llanuras fértiles y las ciudades. Como los israelitas no habían expulsado del todo a los cananeos, eso significó que convivieron con ellos como vecinos.

13:6-7
Josué divide el resto de la tierra

Como líder, era responsabilidad de Josué dividir la tierra antes de morir. Él se estaba haciendo viejo y sabía que tenía que actuar rápido.

Mar Mediterráneo (Mar Grande)

ASER
NEFTALÍ
Mar de Cineret (Mar de Galilea)
ZABULÓN
ISACAR
MANASÉS
MANASÉS
EFRAÍN
DAN
BENJAMÍN
GAD
JUDÁ
RUBÉN
SIMEÓN
Mar Salado (Mar Muerto)

0   20 km
0   20 millas

[2] Lit. *la dio.*   12:8 [1] I.e. región del sur.   12:9 [1] I.e. Casa de Dios.   12:16 [1] I.e. Casa de Dios.   12:23 [1] Heb. *Nafat-dor.*   13:3 [1] Lit. *en la faz de.*   13:4 [1] O *desde el Temán.*   13:5 [1] Lit. *hacia la salida del sol.*   [2] O *hasta la entrada de Hamat.*   13:6 [1] Lit. *desposeeré.*   [2] Lit. *repártela.*   13:8 [1] Lit. *Con ella.*   13:9 [1] O *torrente.*

toda la llanura de Medeba, hasta Dibón; **10** todas las ciudades de Sehón, rey de los amorreos, que reinaba en Hesbón, hasta la frontera de los amonitas.

11 También Galaad y el territorio[1] de los gesureos y los maacateos, y todo el monte Hermón, y todo Basán hasta Salca; **12** todo el reino de Og en Basán, el cual reinaba en Astarot y en Edrei (solo él quedaba del remanente de los refaítas); porque Moisés los hirió y los desposeyó.

13 Pero los israelitas no desposeyeron a los gesureos ni a los maacateos. Así que Gesur y Maaca habitan en medio de Israel hasta hoy.

14 Solo a la tribu de Leví no le dio Moisés heredad; las ofrendas encendidas al SEÑOR, Dios de Israel, son su heredad, como Él le había dicho.

DIVISIÓN DE CANAÁN ENTRE LAS TRIBUS

15 Moisés le había dado *una heredad* a la tribu de los hijos de Rubén conforme a sus familias. **16** Y el territorio[1] de ellos era desde Aroer, que está a la orilla del valle[2] del Arnón, con la ciudad que está en medio del valle[2], y toda la llanura hasta Medeba; **17** Hesbón y todas sus ciudades que están en la llanura: Dibón, Bamot Baal, Bet Baal Meón, **18** Jahaza, Cademot, Mefaat, **19** Quiriataim, Sibma, Zaret Sahar en el monte del valle, **20** Bet Peor, las laderas de Pisga, Bet Jesimot, **21** todas las ciudades de la llanura, y todo el reino de Sehón, rey de los amorreos, que reinaba en Hesbón, al cual Moisés hirió, así como a los jefes de Madián, Evi, Requem, Zur, Hur y Reba, príncipes de Sehón que habitaban en aquella tierra.

22 Entre los que mataron[1] los israelitas, también dieron muerte a espada al adivino Balaam, hijo de Beor. **23** El límite de los rubenitas era el Jordán[1]. Esta fue la heredad de la tribu de Rubén según sus familias: las ciudades y sus aldeas.

24 Moisés también había dado *una heredad* a la tribu de Gad, a los hijos de Gad, conforme a sus familias. **25** Y su territorio era Jazer, todas las ciudades de Galaad y la mitad de la tierra de los amonitas hasta Aroer, que está frente a Rabá; **26** desde Hesbón hasta Ramat Mizpa y Betonim, y desde Mahanaim hasta la frontera de Debir[1]; **27** y en el valle, Bet Aram, Bet Nimra, Sucot y Zafón, el resto del reino de Sehón, rey de Hesbón, *con* el Jordán como[1] límite, hasta el extremo del mar de Cineret[2] al otro lado del Jordán, al oriente. **28** Esta es la heredad de los hijos de Gad según sus familias, las ciudades y sus aldeas.

29 Moisés también le había dado *una heredad* a la media tribu de Manasés. Fue para la media tribu de los hijos de Manasés, conforme a sus familias. **30** Su territorio abarcaba desde Mahanaim, todo Basán, todo el reino de Og, rey de Basán, y todos los pueblos[1] de Jair que están en Basán, sesenta ciudades. **31** También la mitad de Galaad con Astarot y Edrei, ciudades del reino de Og en Basán, *fueron* para los hijos de Maquir, hijo de Manasés, para la mitad de los hijos de Maquir conforme a sus familias.

13:11 [1] O *límite.*   13:16 [1] O *límite.*   [2] O *torrente.*   13:22 [1] Lit. *Entre sus muertos.*   13:23 [1] Lit. *Jordán y límite.*   13:26 [1] O *Lidebir.*   13:27 [1] Lit. *y el.* [2] I.e. *mar de Galilea.*   13:30 [1] Lit. *las aldeas de tiendas.*

32 Estos *son los territorios* que Moisés repartió por heredad en las llanuras de Moab, al otro lado del Jordán, al oriente de Jericó. 33 Pero a la tribu de Leví, Moisés no le dio heredad. El SEÑOR, Dios de Israel, es su heredad, como Él les había prometido[1].

14

Estos *son los territorios* que los israelitas recibieron como heredad en la tierra de Canaán, los cuales les repartieron como heredad el sacerdote Eleazar y Josué, hijo de Nun, y las cabezas de familias[1] de las tribus de los israelitas. 2 Repartieron por suerte su heredad a las nueve tribus y a la media tribu, tal como el SEÑOR había ordenado por medio de[1] Moisés.

3 Pues Moisés había dado la heredad de las dos tribus[1] y de la media tribu[2] al otro lado del Jordán; pero no dio heredad entre ellos a los levitas. 4 Porque los hijos de José eran dos tribus, Manasés y Efraín. Ellos no dieron a los levitas ninguna porción en *su* tierra, sino ciudades donde habitar, con sus tierras de pasto para sus ganados y para sus posesiones. 5 Tal como el SEÑOR había ordenado a Moisés, así hicieron los israelitas, y repartieron la tierra.

LA HEREDAD DE CALEB

6 Entonces los hijos de Judá vinieron a Josué en Gilgal, y Caleb, hijo de Jefone el cenezeo, le dijo: «Tú sabes lo que[1] el SEÑOR dijo a Moisés, hombre de Dios, acerca de ti y de mí[2] en Cades Barnea. 7 Yo tenía cuarenta años cuando Moisés, siervo del SEÑOR, me envió de Cades Barnea a reconocer la tierra, y le informé[1] como yo *lo sentía* en mi corazón. 8 Sin embargo, mis hermanos que subieron conmigo, hicieron atemorizar[1] el corazón del pueblo. Pero yo seguí plenamente al SEÑOR mi Dios. 9 Y aquel día Moisés juró y dijo: "Ciertamente, la tierra que ha pisado tu pie será herencia tuya y de tus hijos para siempre, porque has seguido plenamente al SEÑOR mi Dios". 10 El SEÑOR me ha permitido vivir, tal como prometió[1], estos cuarenta y cinco años, desde el día en que el SEÑOR habló estas palabras a Moisés, cuando Israel caminaba en el desierto; así que ahora tengo ochenta y cinco años. 11 Todavía estoy tan fuerte como el día en que Moisés me envió. Como era entonces mi fuerza, así es ahora mi fuerza para la guerra, y para salir y para entrar. 12 Ahora pues, dame esta región montañosa de la cual el SEÑOR habló aquel día, porque tú oíste aquel día que allí *había* anaceos con grandes ciudades fortificadas. Tal vez el SEÑOR esté conmigo y los expulsaré[1] como el SEÑOR ha dicho».

13 Y Josué lo bendijo, y dio Hebrón por heredad a Caleb, hijo de Jefone. 14 Por tanto, Hebrón vino a ser hasta hoy heredad de Caleb, hijo de Jefone el cenezeo, porque siguió plenamente al SEÑOR, Dios de Israel. 15 Y el nombre de Hebrón antes era Quiriat Arba[1]. *Pues Arba era* el hombre más grande entre los anaceos. Entonces la tierra descansó de la guerra.

14:6-14
Caleb le pidió a Josué que le diera una tierra especial, aunque su tribu ya tenía un lugar

Después de que Josué y Caleb exploraron Canaán, hacía más de cuarenta años atrás, Dios le había prometido a Caleb una tierra por el informe favorable que había traído (ver Números 14:24). Josué le entregó Hebrón a Caleb y su descendencia.

13:33 [1] Lit. *hablado*.   14:1 [1] Lit. *de los padres*.   14:2 [1] Lit. *la mano de*.
14:3 [1] O *Rubén y Gad*.   [2] O *Manasés*.   14:6 [1] Lit. *la palabra que*.   [2] Lit. *acerca de mí y acerca de ti*.   14:7 [1] Lit. *traje palabra*.   14:8 [1] Lit. *derretir*.
14:10 [1] Lit. *habló*.   14:12 [1] Lit. *desposeeré*.   14:15 [1] I.e. *la ciudad de Arba*.

TERRITORIO DE JUDÁ

15 La *parte* que tocó en suerte a la tribu de los hijos de Judá conforme a sus familias, llegaba[1] hasta la frontera de Edom, hacia el sur, hasta el desierto de Zin al extremo sur. **2** Su límite al sur se extendía desde el extremo del mar Salado, desde la bahía que da hacia el sur, **3** y seguía por el sur hacia la subida de Acrabim y continuaba hasta Zin. Entonces subía por el lado sur de Cades Barnea hasta Hezrón, y subía hasta Adar y volvía a Carca. **4** Después pasaba por Asmón y seguía hasta el torrente de Egipto. Y el límite terminaba[1] en el mar *Grande*[2]. Este será el límite sur para ustedes.

5 El límite oriental *era* el mar Salado[1] hasta la desembocadura[2] del Jordán. El límite por el lado norte *era* desde la bahía del mar en la desembocadura[1] del Jordán. **6** Entonces el límite subía hasta Bet Hogla y seguía al norte de Bet Arabá y[1] subía hasta la piedra de Bohán, hijo de Rubén. **7** El límite subía hasta Debir desde el valle de Acor, y volvía hacia el norte, hacia Gilgal que está frente a la subida de Adumín, al sur del valle, y seguía hasta las aguas de En Semes[1] y terminaba[2] en En Rogel[3].

8 Después el límite subía por el valle de Ben Hinom[1] hasta la ladera del jebuseo al sur, es decir, Jerusalén, y subía hasta la cumbre del monte que está frente al valle de Hinom hacia el occidente, que está al extremo del valle de Refaim hacia el norte. **9** Desde la cumbre del monte el límite doblaba hacia la fuente de las aguas de Neftoa, y seguía hasta las ciudades del monte Efrón, girando hacia Baala, es decir, Quiriat Jearim. **10** De Baala el límite giraba hacia el occidente, hacia el monte Seir, y continuaba hasta la ladera del monte Jearim al norte, es decir, Quesalón, y bajaba a Bet Semes, y continuaba por Timna. **11** El límite seguía hacia el norte por el lado de Ecrón, girando hacia Sicrón, y continuaba hasta el monte Baala, seguía hasta Jabneel y terminaba[1] en el mar *Grande*[2]. **12** El límite occidental *era* el mar Grande[1], es decir, *su* costa[2]. Este es el límite alrededor de los hijos de Judá conforme a sus familias.

13 Y Josué dio a Caleb, hijo de Jefone, una porción entre los hijos de Judá, según el mandato[1] del SEÑOR a Josué, *es decir*, Quiriat Arba[2], *siendo Arba* el padre de Anac, es decir, Hebrón. **14** Caleb expulsó[1] de allí a los tres hijos de Anac: Sesai, Ahimán y Talmai, hijos de Anac. **15** De allí subió contra los habitantes de Debir (el nombre de Debir antes *era* Quiriat Séfer).

16 Y Caleb dijo: «Al que ataque[1] a Quiriat Séfer y la tome, yo le daré a mi hija Acsa por mujer». **17** Otoniel, hijo de Quenaz, hermano de Caleb, la tomó, y él le dio a su hija Acsa por mujer.

18 Y cuando ella vino *a él,* este la[1] persuadió a que pidiera un campo a su padre. Ella entonces se bajó del asno, y Caleb

---

15:1 [1] Lit. *fue.*   15:4 [1] Lit. *las salidas del límite estaban.*   [2] I.e. el Mediterráneo.
15:5 [1] I.e. mar Muerto.   [2] Lit. *el extremo.*   15:6 [1] Lit. *y el límite.*   15:7 [1] I.e.
fuente de Semes.   [2] Lit. *las salidas de él estaban.*   [3] I.e. fuente de
Rogel.   15:8 [1] I.e. hijo de Hinom.   15:11 [1] Lit. *las salidas estaban.*   [2] I.e. el
Mediterraneo.   15:12 [1] I.e. el Mediterráneo.   [2] Lit. *límite.*   15:13 [1] Lit. *la
boca.*   [2] I.e. la ciudad de Arba.   15:14 [1] Lit. *desposeyó.*   15:16 [1] Lit. *hiera.*
15:18 [1] Lit. *ello lo.*

15:17
Los padres a menudo entregaban a sus hijas como regalo o premio

Las muchachas israelitas eran tratadas como una propiedad. Ellas no tenían muchos derechos, así que podían ser entregadas como premio a un hombre que había alcanzado una victoria militar. Esta práctica continuó por al menos otros cuatrocientos años.

15:19
Acsa pidió agua
Cuando su padre, Caleb, le dio a ella y su esposo una tierra, esta no tenía agua. Ellos necesitaban el agua para los cultivos y los animales. Así que Caleb le dio a su hija dos fuentes también.

© 1995 por Phoenix Data Systems

le dijo: «¿Qué quieres?²». ¹⁹«Dame una bendición¹», respondió ella; «ya que me has dado la tierra del Neguev², dame también fuentes de agua». Y él le dio las fuentes de las regiones altas y las fuentes de las regiones bajas.

LAS CIUDADES DE JUDÁ

²⁰Esta es la heredad de la tribu de los hijos de Judá conforme a sus familias.

²¹Las ciudades al extremo de la tribu de los hijos de Judá, hacia la frontera de Edom en el sur, fueron: Cabseel, Edar, Jagur, ²²Cina, Dimona, Adada, ²³Cedes, Hazor, Itnán, ²⁴Zif, Telem, Bealot, ²⁵Hazor Hadata, Queriot Hezrón¹, es decir, Hazor, ²⁶Amam, Sema¹, Molada, ²⁷Hazar Gada, Hesmón, Bet Pelet, ²⁸Hazar Sual, Beerseba, Bizotia, ²⁹Baala, Iim, Esem, ³⁰Eltolad, Quesil, Horma, ³¹Siclag, Madmana, Sansana, ³²Lebaot, Silhim, Aín y Rimón; en total veintinueve ciudades con sus aldeas.

³³En las tierras bajas: Estaol, Zora, Asena, ³⁴Zanoa, En Ganim, Tapúa, Enam, ³⁵Jarmut, Adulam, Soco, Azeca, ³⁶Saaraim, Aditaim, Gedera y Gederotaim; catorce ciudades con sus aldeas.

³⁷Zenán, Hadasa, Migdal Gad, ³⁸Dileán, Mizpa, Jocteel, ³⁹Laquis, Boscat, Eglón, ⁴⁰Cabón, Lahmam, Quitlis, ⁴¹Gederot, Bet Dagón, Naama y Maceda; dieciséis ciudades con sus aldeas.

⁴²Libna, Eter, Asán, ⁴³Jifta, Asena, Nezib, ⁴⁴Keila, Aczib y Maresa; nueve ciudades con sus aldeas.

⁴⁵Ecrón con sus pueblos y sus aldeas; ⁴⁶desde Ecrón hasta el mar, todas las que estaban cerca¹ de Asdod, con sus aldeas.

⁴⁷Asdod, sus pueblos y sus aldeas; Gaza, sus pueblos y sus aldeas; hasta el torrente de Egipto y el mar Grande¹ y sus costas².

⁴⁸Y en la región montañosa: Samir, Jatir, Soco, ⁴⁹Dana, Quiriat Sana, es decir, Debir, ⁵⁰Anab, Estemoa, Anim, ⁵¹Gosén, Holón y Gilo; once ciudades con sus aldeas.

⁵²Arab, Duma, Esán, ⁵³Janum, Bet Tapúa, Afeca, ⁵⁴Humta, Quiriat Arba, es decir, Hebrón, y Sior; nueve ciudades con sus aldeas.

⁵⁵Maón, Carmel, Zif, Juta, ⁵⁶Jezreel, Jocdeam, Zanoa, ⁵⁷Caín, Guibeá y Timna; diez ciudades con sus aldeas.

⁵⁸Halhul, Bet Sur, Gedor, ⁵⁹Maarat, Bet Anot y Eltecón; seis ciudades con sus aldeas.

⁶⁰Quiriat Baal, es decir, Quiriat Jearim, y Rabá; dos ciudades con sus aldeas.

⁶¹En el desierto: Bet Arabá, Midín, Secaca, ⁶²Nibsán, la Ciudad de la Sal y Engadi; seis ciudades con sus aldeas.

² Lit. ¿Qué para ti?   15:19 ¹ O un don.   ² I.e. región del sur.
15:25 ¹ O Queriot, Hezrón.   15:26 ¹ En Jos. 19:2, Seba.   15:46 ¹ Lit. a la mano.
15:47 ¹ I.e. mar Mediterráneo.   ² O y su límite.

63 Pero a los jebuseos, habitantes de Jerusalén, los hijos de Judá no pudieron expulsarlos[1]; por tanto, los jebuseos habitan hasta hoy en Jerusalén con los hijos de Judá.

TERRITORIO DE EFRAÍN

16 Tocó en[1] suerte a los hijos de José desde el Jordán *frente a* Jericó (las aguas de Jericó) al oriente, hacia el desierto, subiendo desde Jericó por la región montañosa a Betel[2]. **2** Seguía desde Betel a Luz, y continuaba hasta la frontera de los arquitas en Atarot. **3** Y descendía hacia el occidente al territorio de los jafletitas, hasta el territorio de Bet Horón de abajo, y hasta Gezer, y terminaba[1] en el mar.

4 Recibieron, pues, su heredad los hijos de José, Manasés y Efraín. **5** *Este* fue el territorio de los hijos de Efraín conforme a sus familias: el límite de su heredad hacia el oriente era Atarot Adar, hasta Bet Horón de arriba. **6** El límite iba hacia el occidente en Micmetat al norte, girando hacia el oriente en Taanat Silo, y continuaba *más allá* al oriente de Janoa. **7** Descendía de Janoa a Atarot y a Naarat[1], llegaba a Jericó y salía al Jordán.

8 De Tapúa el límite continuaba hacia el occidente hasta el arroyo de Caná, y terminaba[1] en el mar. Esta es la heredad de la tribu de los hijos de Efraín, conforme a sus familias, **9** *junto* con las ciudades que fueron apartadas para los hijos de Efraín en medio de la heredad de los hijos de Manasés, todas las ciudades con sus aldeas. **10** Pero los de Efraín no expulsaron[1] a los cananeos que habitaban en Gezer. Por tanto, los cananeos habitan en medio de Efraín hasta hoy, pero fueron sometidos a trabajos forzados.

TERRITORIO DE MANASÉS

17 Esta fue la suerte *que le tocó* a la tribu de Manasés, porque él era el primogénito de José: a Maquir, primogénito de Manasés, padre de Galaad, por cuanto era hombre de guerra, se le otorgó[1] Galaad y Basán. **2** También echaron suertes[1] para el resto de los hijos de Manasés conforme a sus familias: para los hijos de Abiezer[2], para los hijos de Helec, para los hijos de Asriel, para los hijos de Siquem, para los hijos de Hefer y para los hijos de Semida. Estos *eran* los descendientes[3] varones de Manasés, hijo de José, conforme a sus familias.

3 Sin embargo, Zelofehad, hijo de Hefer, hijo de Galaad, hijo de Maquir, hijo de Manasés, no tenía hijos, sino solo hijas. Estos son los nombres de sus hijas: Maala, Noa, Hogla, Milca y Tirsa. **4** Ellas vinieron delante del sacerdote Eleazar, delante de Josué, hijo de Nun, y delante de los principales y les dijeron: «El SEÑOR mandó a Moisés que nos diera una heredad entre nuestros hermanos». Así que según el mandato[1] del SEÑOR, Josué les dio heredad entre los hermanos de su padre.

5 A Manasés le tocaron diez porciones, además de la tierra de Galaad y Basán que está al otro lado del Jordán, **6** porque

17:3-4
Derechos de las mujeres
Las mujeres tenían pocos derechos comparadas con los hombres. Normalmente, ellas no podían poseer tierras, pero en algunos casos podían heredar las de su padre si no tenían hermanos. Las leyes también protegían a las mujeres de los divorcios injustos.

15:63 [1] Lit. *desposeerlos.*   16:1 [1] Lit. *Y salió la.*   [2] I.e. *Casa de Dios.*
16:3 [1] Lit. *y sus salidas estaban.*   16:7 [1] En 1Crón. 7:28, *Naarán.*   16:8 [1] Lit. *y sus salidas estaban.*   16:10 [1] Lit. *no desposeyeron.*   17:1 [1] Lit. *fue para él.*
17:2 [1] Lit. *Y fue.*   [2] En Núm. 26:30, *Jezer.*   [3] Lit. *hijos.*   17:4 [1] Lit. *la boca.*

las hijas de Manasés recibieron heredad entre sus hijos. Y la tierra de Galaad perteneció al resto de los hijos de Manasés.

7 El límite de Manasés se extendía[1] desde Aser hasta Micmetat, que estaba al oriente de Siquem. Entonces el límite iba hacia el sur[2] hasta los habitantes de En Tapúa. **8** La tierra de Tapúa pertenecía a Manasés, pero Tapúa en la frontera con Manasés *pertenecía* a los hijos de Efraín. **9** El límite descendía hasta el arroyo de Caná, hacia el sur del arroyo (estas ciudades *pertenecían* a Efraín entre las ciudades de Manasés). El límite de Manasés *estaba* al lado norte del arroyo, y terminaba[1] en el mar.

10 El lado sur *pertenecía* a Efraín, el lado norte a Manasés y el mar era su límite. Lindaban con Aser al norte y con Isacar al oriente. **11** En Isacar y en Aser, Manasés tenía Bet Seán y sus aldeas, Ibleam y sus aldeas, los habitantes de Dor y sus aldeas, los habitantes de Endor y sus aldeas, los habitantes de Taanac y sus aldeas, y los habitantes de Meguido y sus aldeas. La tercera es Náfet. **12** Pero los hijos de Manasés no pudieron tomar posesión de estas ciudades, porque los cananeos persistieron en habitar en esa tierra. **13** Pero cuando los israelitas se hicieron fuertes, sometieron a los cananeos a trabajos forzados, aunque no los expulsaron[1] totalmente.

14 Entonces los hijos de José hablaron a Josué: «¿Por qué me has dado solo una suerte y una porción como heredad, siendo yo un pueblo numeroso que hasta ahora el SEÑOR ha bendecido?».

15 Josué les dijo: «Si son pueblo tan numeroso, suban[1] al bosque y limpien[2] un lugar para ustedes allí en la tierra de los ferezeos y los refaítas, ya que la región montañosa de Efraín es muy estrecha para ustedes».

16 Los hijos de José le respondieron: «La región montañosa no es suficiente para nosotros, y todos los cananeos que viven en la tierra del valle tienen carros de hierro, tanto los que están en Bet Seán y sus aldeas, como los que están en el valle de Jezreel».

17 Pero Josué dijo a la casa de José, a *las tribus* de Efraín a Manasés: «Eres un pueblo numeroso y tienes gran poder. No te tocará *solo* una suerte, **18** sino que la región montañosa será tuya. Porque aunque es bosque, la desmontarás[1], y será tuya hasta sus límites más lejanos[2]. Porque expulsarás[3] a los cananeos, aunque tengan carros de hierro y aunque sean fuertes».

DIVISIÓN DEL RESTO DEL TERRITORIO

18 Entonces toda la congregación de los israelitas se reunió en Silo, y levantaron allí la tienda de reunión; y la tierra estaba sometida delante de ellos. **2** Quedaban siete tribus de los israelitas que no habían recibido aún su heredad.

17:14
Los descendientes de José piden más tierras
Ellos solicitaron más tierra porque eran muchos herederos, y la que les habían dado no alcanzaba para todos. Josué les dijo que talaran algunos bosques cercanos para tener más territorio.

17:17-18
Las tribus tenían que pelear por su cuenta
Como no había un líder que tomara el lugar de Josué al morir, cada tribu debería tener su propio líder. Las tribus individuales tendrían entonces que aprender a pelear sus propias batallas por su tierra. Josué les aseguró que ellos eran lo suficientemente fuertes como para echar al resto de los cananeos.

18:1
La tienda de reunión
Esta era la tienda que contenía el arca del pacto, y era el lugar donde Dios se encontraba con su pueblo. (Ver Éxodo 25:8-22).

17:7 1 Lit. *era*.　　2 Lit. *a la mano derecha*.　　17:9 1 Lit. *y sus salidas estaban*.
17:13 1 Lit. *no los desposeyeron*.　　17:15 1 Lit. *suban por ustedes mismos*.
2 Lit. *corten*.　　17:18 1 Lit. *cortarás*.　　2 Lit. *salidas*.　　3 Lit. *desposeerás*.

3 Dijo, pues, Josué a los israelitas: «¿Hasta cuándo pospondrán el entrar a tomar posesión de la tierra que el SEÑOR, el Dios de sus padres, les ha dado? **4** Escojan¹ tres hombres de cada² tribu, y yo los enviaré, y ellos se levantarán y recorrerán la tierra, y harán una descripción de ella según su heredad. Entonces volverán³ a mí. **5** Dividirán la tierra en siete partes. Judá se quedará en su territorio en el sur, y la casa de José se quedará en su territorio en el norte.

6 »Describirán la tierra en siete partes, y me traerán aquí *la descripción,* y yo les echaré suertes aquí delante del SEÑOR nuestro Dios. **7** Pues los levitas no tienen porción entre ustedes, porque el sacerdocio del SEÑOR es su herencia. Gad, Rubén y la media tribu de Manasés también han recibido su herencia al otro lado del Jordán hacia el oriente, la cual les dio Moisés, siervo del SEÑOR».

8 Entonces los hombres se levantaron y salieron, y Josué ordenó a los que salieron a describir la tierra diciéndoles: «Vayan y recorran la tierra, y descríbanla y vuelvan a mí. Entonces les echaré suertes aquí en Silo delante del SEÑOR». **9** Los hombres fueron y recorrieron la tierra, la describieron por ciudades en siete partes en un libro, y vinieron a Josué en el campamento en Silo. **10** Y Josué les echó suertes en Silo delante del SEÑOR, y allí Josué repartió la tierra a los israelitas conforme a sus divisiones.

11 Salió la suerte de la tribu de los hijos de Benjamín conforme a sus familias, y el territorio de su suerte estaba¹ entre la tribu de Judá y la tribu de José. **12** Su límite por el lado norte comenzaba en¹ el Jordán, subía² por el lado de Jericó al norte, ascendía por la región montañosa hacia el occidente y terminaba³ en el desierto de Bet Avén. **13** De allí el límite seguía hasta Luz, por el lado sur de Luz, es decir, Betel. Después el límite bajaba hasta Atarot Adar, cerca del monte que está al sur de Bet Horón de abajo.

14 El límite doblaba *allí* y se extendía hacia el sur por el lado occidental, desde el monte que está frente a Bet Horón hacia el sur; y terminaba¹ en Quiriat Baal, es decir, Quiriat Jearim, ciudad de los hijos de Judá. Este *era* el límite occidental. **15** Por el lado sur, desde el extremo de Quiriat Jearim, el límite seguía hacia el occidente e iba hasta la fuente de las aguas de Neftoa.

16 Entonces el límite bajaba hasta la orilla del monte que está en el valle de Ben Hinom¹, que está en el valle de Refaim hacia el norte; y bajaba al valle de Hinom, hasta la ladera del jebuseo hacia el sur, y bajaba hasta En Rogel². **17** Luego doblaba hacia el norte e iba hasta En Semes y hasta Gelilot, que está frente a la subida de Adumín, y bajaba hasta la piedra de Bohán, hijo de Rubén, **18** continuaba por el lado frente al Arabá hacia el norte y bajaba hasta el Arabá.

19 El límite seguía por el lado de Bet Hogla hacia el norte, y terminaba¹ en la bahía norte del mar Salado, en el extremo sur del Jordán. Este *era* el límite sur. **20** El Jordán era su límite

18:1-3
Siete tribus todavía aguardaban su tierra
Ellos no podían establecer los límites hasta no saber dónde había agua y dónde estaba la tierra más fértil. Primero tenían que explorar la tierra y asegurarse de que fuera dividida de una manera justa.

18:10
Echar suertes
Como si sacaran nombres de un sombrero, probablemente ellos ponían pequeñas piedras marcadas en una vasija y las iban sacando una a una. Los israelitas confiaban en que Dios controlaba el resultado de la suerte.

18:17
La piedra de Bohán
Grandes piedras marcaban los límites. Esta probablemente se encontraba al sureste de Jericó. No sabemos quién fue Bohán, pero esta piedra que establecía un límite se llamaba así por él.

18:4 ¹ Lit. *Dense.* ² Lit. *la.* ³ Lit. *vendrán.* 18:11 ¹ Lit. *salió.* 18:12 ¹ Lit. *era desde.* ² Lit. *y el límite subía.* ³ Lit. *las salidas de él estaban.* 18:14 ¹ Lit. *las salidas de él estaban.* 18:16 ¹ I.e. *hijo de Hinom.* ² I.e. *fuente de Rogel.* 18:19 ¹ Lit. *y las salidas del límite estaban.*

al lado oriental. Esta *fue* la heredad de la tribu de Benjamín, conforme a sus familias *y* conforme a sus límites alrededor.

21 Las ciudades de la tribu de Benjamín, conforme a sus familias, eran: Jericó, Bet Hogla, Emec Casis, **22** Bet Arabá, Zemaraim, Betel[1], **23** Avim, Pará, Ofra, **24** Quefar Haamoni, Ofni y Geba; doce ciudades con sus aldeas. **25** Gabaón, Ramá, Beerot, **26** Mizpa, Cafira, Mozah, **27** Requem, Irpeel, Tarala, **28** Zela, Elef, Jebús, es decir, Jerusalén, Guibeá[1] y Quiriat; catorce ciudades con sus aldeas. Esta *fue* la heredad de la tribu de Benjamín conforme a sus familias.

TERRITORIO DE SIMEÓN

19 La segunda suerte tocó[1] a Simeón, a la tribu de los hijos de Simeón conforme a sus familias, y su heredad estaba en medio de la heredad de los hijos de Judá. **2** Y les correspondió[1] por heredad: Beerseba, Seba[2], Molada, **3** Hazar Sual, Bala, Ezem, **4** Eltolad, Betul, Horma, **5** Siclag, Bet Marcabot, Hazar Susa, **6** Bet Lebaot y Saruhén; trece ciudades con sus aldeas; **7** Aín, Rimón, Eter y Asán; cuatro ciudades con sus aldeas; **8** y todas las aldeas que *estaban* alrededor de estas ciudades hasta Baalat Beer[1], Ramat del Neguev[2]. Esta *fue* la heredad de la tribu de los hijos de Simeón conforme a sus familias.

9 La heredad de los hijos de Simeón *se tomó* de la porción de los hijos de Judá, porque la porción de los hijos de Judá era demasiado grande para ellos. Los hijos de Simeón recibieron, pues, heredad en medio de la heredad de Judá[1].

TERRITORIO DE ZABULÓN

10 La tercera suerte tocó[1] a los hijos de Zabulón conforme a sus familias. El territorio de su heredad llegaba hasta Sarid. **11** Y su límite subía hacia el occidente hasta Marala, tocaba a[1] Dabeset y llegaba hasta el arroyo que está frente a Jocneam. **12** Luego doblaba desde Sarid al oriente hacia la salida del sol hasta el límite de Quislot Tabor, seguía hasta Daberat y subía hasta Jafía.

13 Desde allí continuaba al oriente hacia la salida del sol hasta Gat Hefer a Ita Cazín, y seguía hasta Rimón rodeando a Nea. **14** Y por el lado norte el límite la rodeaba hasta Hanatón y terminaba[1] en el valle del Jefte Él. **15** También *estaban incluidas* Catat, Naalal, Simrón, Idala y Belén; doce ciudades con sus aldeas.

16 Esta *fue* la heredad de los hijos de Zabulón conforme a sus familias; estas ciudades con sus aldeas.

TERRITORIO DE ISACAR

17 La cuarta suerte tocó a Isacar, a los hijos de Isacar conforme a sus familias. **18** Su territorio llegaba hasta[1] Jezreel e *incluía* Quesulot, Sunem, **19** Hafaraim, Sihón, Anaharat, **20** Rabit, Quisión, Abez, **21** Remet, En Ganim, En Hada y Bet Pases.

19:1
La tierra de Simeón estaba dentro del territorio de Judá

Esto le daba cumplimiento a la profecía de Jacob de que los descendientes de Simeón serían esparcidos entre el resto de la nación. Algunas de las ciudades de Judá le fueron dadas a la tribu de Simeón.

19:9
La tribu de Judá recibió más territorio del que necesitaba

Ellos habían sido rápidos para pelear contra los cananeos, así que recibieron su territorio antes de que las últimas siete tribus recibieran el suyo. Luego de derrotar a los cananeos, la tribu de Judá había sido la primera en reclamar y tomar más de lo necesario.

19:15
Las diferencias entre una ciudad y una aldea

Las aldeas pequeñas en general rodeaban a las ciudades más grandes y amuralladas. Era más conveniente para los aldeanos vivir cerca de sus campos. Cuando temían un ataque enemigo, se reunían en la ciudad, donde los muros y las personas podían protegerlos.

18:22 [1] O *Casa de Dios.*   18:28 [1] Heb. *Guibeat.*   19:1 [1] Lit. *salió,* y así en el resto del cap.   19:2 [1] Lit. *Y fue para ellos.*   [2] En Jos. 15:26, *Sema.*   19:8 [1] En 1Crón. 4:33, *Baal.*   [2] I.e. región del sur.   19:9 [1] Lit. *de su heredad.*   19:10 [1] Lit. *subió.*   19:11 [1] O *llegaba hasta.*   19:14 [1] Lit. *las salidas de él estaban,* y así en los vers. 29 y 33.   19:18 [1] Lit. *fue.*

22 Y el límite llegaba hasta Tabor, Sahazima y Bet Semes y terminaba[1] en el Jordán; dieciséis ciudades con sus aldeas. 23 Esta *fue* la heredad de la tribu de los hijos de Isacar conforme a sus familias; estas[1] ciudades con sus aldeas.

TERRITORIO DE ASER

24 La quinta suerte tocó a la tribu de los hijos de Aser conforme a sus familias. 25 Su territorio *fue:* Helcat, Halí, Betén, Acsaf, 26 Alamelec, Amad y Miseal. *Su límite* al occidente llegaba hasta el monte Carmelo y hasta Sihor Libnat.

27 Y doblaba hacia el oriente[1] hasta Bet Dagón, y llegaba hasta Zabulón y hacia el norte al valle del Jefte Él hasta Bet Emec y Neiel. Entonces continuaba hacia el norte[2] hasta Cabul, 28 Hebrón, Rehob, Hamón y Caná, hasta la gran Sidón. 29 Después el límite doblaba hacia Ramá y la ciudad fortificada de Tiro; entonces el límite doblaba hacia Hosa y terminaba en el mar por la región de Aczib. 30 También *estaban incluidas* Uma, Afec y Rehob; veintidós ciudades con sus aldeas. 31 Esta *fue* la heredad de la tribu de los hijos de Aser conforme a sus familias; estas ciudades con sus aldeas.

TERRITORIO DE NEFTALÍ

32 La sexta suerte tocó a los hijos de Neftalí; a los hijos de Neftalí conforme a sus familias. 33 Y su límite era desde Helef, desde la encina de Saananim, Adami Neceb y Jabneel hasta Lacum; y terminaba en el Jordán.

34 Entonces el límite doblaba al occidente hacia Aznot Tabor, y de allí seguía a Hucoc; alcanzaba a Zabulón en el sur, tocaba a[1] Aser en el occidente y a Judá en el Jordán hacia el oriente[2]. 35 Y las ciudades fortificadas *eran* Sidim, Zer, Hamat, Racat, Cineret, 36 Adama, Ramá, Hazor, 37 Cedes, Edrei, En Hazor, 38 Irón, Migdal Él, Horem, Bet Anat y Bet Semes; diecinueve ciudades con sus aldeas.

39 Esta *fue* la heredad de la tribu de los hijos de Neftalí conforme a sus familias; estas[1] ciudades con sus aldeas.

TERRITORIO DE DAN

40 La séptima suerte tocó a la tribu de los hijos de Dan conforme a sus familias. 41 Y el territorio de su herencia fue: Zora, Estaol, Irsemes, 42 Saalabín, Ajalón, Jetla, 43 Elón, Timnat, Ecrón, 44 Elteque, Gibetón, Baalat, 45 Jehúd, Bene Berac, Gat Rimón, 46 Mejarcón y Racón, con el territorio junto a Jope[1].

47 Pero el territorio de los hijos de Dan continuaba más allá de estas[1]. Porque los hijos de Dan subieron y lucharon contra Lesem y la capturaron. La hirieron a filo de espada, la poseyeron y se establecieron[2] en ella; y a Lesem la llamaron Dan, según el nombre de Dan su padre. 48 Esta *fue* la heredad de la tribu de los hijos de Dan conforme a sus familias; estas ciudades con sus aldeas.

49 Cuando terminaron de repartir la tierra en heredad según sus límites, los israelitas dieron heredad en medio de

19:47
Los danitas ocuparon un territorio distinto al que planeaban

Los danitas eran incapaces de vencer a los enemigos que vivían en su territorio. Ellos resolvieron el problema yéndose un poco más al norte, donde podían tomar la ciudad de Lesem con más facilidad.

19:22 [1] Lit. *las salidas de su límite estaban.*   19:23 [1] Lit. *las.*   19:27 [1] Lit. *hacia la salida del sol.*   [2] Lit. *de la mano izquierda.*   19:34 [1] O *llegaba hasta.*   [2] Lit. *hacia la salida del sol.*   19:39 [1] Lit. *las.*   19:46 [1] Heb. *Yafo.*   19:47 [1] Lit. *continuaba de ellas.*   [2] Lit. *habitaron.*

HERENCIA DE LAS TRIBUS

Josué

Tamaño estimado de la herencia de la tierra

MANASÉS
16:1-4
8,546
km²

JUDÁ
15:21-63
3,625
km²

GAD
13:24-28
3,367
km²

SIMEÓN
19:1-9
2,590
km²

NEFTALÍ
19:32-39
2,072
km²

RUBÉN
13:15-23
1,813
km²

1,554
km²
EFRAÍN
16:5-10

1,295
km²
DAN
19:40-48

1,036
km²
ISACAR
19:17-23

BENJAMÍN
18:11-28
808
km²

ZABULÓN
19:10-16
777
km²

ASER
19:24-31
518
km²

LEVÍ
13:14,33
0

19:49-50

La familia de Josué recibió una tierra especial

De los doce hombres que habían sido enviados a la misión de espiar la tierra de Canaán, Caleb y Josué fueron los únicos dos que creyeron en la promesa de Dios de que Israel conquistaría la tierra (ver Números 13:1-33). Dios recompensó su fiel servicio permitiéndoles elegir la tierra que quisieran.

ellos a Josué, hijo de Nun. **50** De acuerdo con el mandato[1] del SEÑOR le dieron la ciudad que él pidió, Timnat Sera, en la región montañosa de Efraín. Y él reconstruyó la ciudad y se estableció[2] en ella.

51 Estas fueron las heredades que el sacerdote Eleazar, Josué, hijo de Nun, y los jefes de las casas[1] de las tribus de los israelitas repartieron por suertes en Silo, en presencia del SEÑOR, a la entrada de la tienda de reunión. Así terminaron de repartir la tierra.

LAS CIUDADES DE REFUGIO

20 Entonces el SEÑOR habló a Josué y le dijo: **2** «Diles a los israelitas: "Designen[1] las ciudades de refugio de las cuales les hablé por medio[2] de Moisés, **3** para que huya allí

19:50 [1] Lit. *la boca.*   [2] Lit. *habitó.*   19:51 [1] Lit. *de los padres.*
20:2 [1] Lit. *diciendo: Pongan para ustedes.*   [2] Lit. *mano.*

el que haya matado¹ a cualquier persona sin intención y sin premeditación². Ellas les servirán a ustedes de refugio contra el vengador de la sangre. ⁴ El que busca refugio huirá a una de estas ciudades, se presentará a la entrada de la puerta de la ciudad y expondrá su caso a oídos de los ancianos de la ciudad. *Estos* lo llevarán¹ con ellos dentro de la ciudad y le darán un lugar para que habite en medio de ellos.

⁵ "Y si el vengador de la sangre lo persigue, ellos no entregarán al acusado en su mano, porque hirió¹ a su prójimo sin premeditación² y sin odiarlo de antemano. ⁶ Habitará en esa ciudad hasta que comparezca en juicio delante de la congregación, y hasta la muerte del que sea sumo sacerdote en aquellos días. Entonces el refugiado volverá¹ a su ciudad y a su casa, a la ciudad de donde huyó"».

⁷ Entonces ellos separaron¹ a Cedes en Galilea², en la región montañosa de Neftalí, y a Siquem en la región montañosa de Efraín, y a Quiriat Arba, es decir, Hebrón, en la región montañosa de Judá. ⁸ Y más allá del Jordán, al oriente de Jericó, designaron¹ a Beser en el desierto, en la llanura de la tribu de Rubén, a Ramot en Galaad, de la tribu de Gad, y a Golán en Basán, de la tribu de Manasés.

⁹ Estas fueron las ciudades designadas para todos los israelitas y para el extranjero que resida entre ellos, para que cualquiera que hubiera matado¹ a cualquier persona sin intención, pudiera huir allí, y no muriera a mano del vengador de la sangre hasta que hubiera comparecido ante la congregación.

CIUDADES DE LOS LEVITAS

21 Entonces los jefes de las casas¹ de los levitas se acercaron al sacerdote Eleazar, a Josué, hijo de Nun, y a los jefes de las casas¹ de las tribus de los israelitas, ² y les hablaron en Silo en la tierra de Canaán y les dijeron: «El SEÑOR ordenó por medio¹ de Moisés que se nos dieran ciudades donde habitar, con sus tierras de pasto para nuestro ganado».

³ Entonces los israelitas dieron de su heredad a los levitas estas ciudades con sus tierras de pasto, de acuerdo al mandato¹ del SEÑOR. ⁴ Y la suerte cayó en¹ las familias de los coatitas. Y a los hijos del sacerdote Aarón, que eran de los levitas, les tocaron² en suerte trece ciudades de la tribu de Judá, de la tribu de Simeón³ y de la tribu de Benjamín.

⁵ Al resto de los hijos de Coat les tocaron en suerte diez ciudades de las familias de la tribu de Efraín, de la tribu de Dan y de la media tribu de Manasés. ⁶ A los hijos de Gersón les tocaron en suerte trece ciudades de las familias de la tribu de Isacar, de la tribu de Aser, de la tribu de Neftalí y de la media tribu de Manasés en Basán.

20:3 ¹ Lit. *hiera.*   ² Lit. *sin saber.*   20:4 ¹ Lit. *recogerán.*   20:5 ¹ O *mató.*
² Lit. *sin saber.*   20:6 ¹ Lit. *volverá y vendrá.*   20:7 ¹ Lit. *santificaron.*
² Heb. *Galil.*   20:8 ¹ Lit. *pusieron.*   20:9 ¹ Lit. *hiriera.*   21:1 ¹ Lit. *los padres.*   21:2 ¹ Lit. *mano.*   21:3 ¹ Lit. *con la boca.*   21:4 ¹ Lit. *salió para.*
² Lit. *tuvieron, y así en el resto del cap.*   ³ Lit. *simeonitas.*

20:2
Ciudades de refugio
Seis ciudades funcionaban como cárceles temporales sin muros para la gente que aguardaba la resolución de un crimen y para aquellos que eran culpables de haber matado a alguien por accidente. Esas ciudades les brindaban un lugar seguro donde vivir y trabajar bajo la supervisión de los levitas.

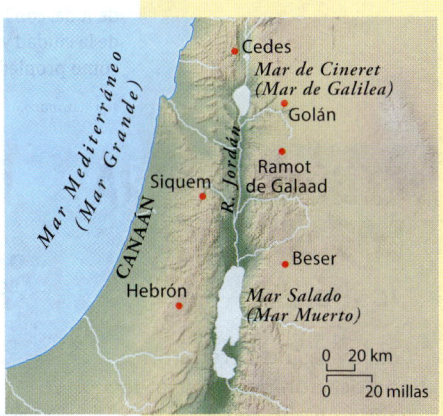

20:3
Qué se suponía que debía hacer el vengador de la sangre
El vengador de la sangre era el pariente masculino más cercano de la persona que había sido asesinada. Él estaba obligado a compensar la pérdida de la vida en su familia. Sin embargo, el vengador no podía matar en venganza al causante de la muerte de alguien. Su objetivo era restaurar el equilibrio de vida en su sociedad.

21:3
Los levitas estaban esparcidos entre las tribus
Cuando Israel entró a la tierra prometida, la tribu de los levitas era pequeña. Distribuirlos entre las otras tribus cumplía la maldición de Jacob sobre Leví por su parte en la matanza de Siquem (ver Génesis 49:7). Sin embargo, los levitas se convirtieron en sacerdotes y en una bendición para toda la nación.

7 A los hijos de Merari les tocaron, según sus familias, doce ciudades de la tribu de Rubén, de la tribu de Gad y de la tribu de Zabulón. 8 Los israelitas dieron por suerte a los levitas estas ciudades con sus tierras de pasto, como el SEÑOR había ordenado por medio[1] de Moisés.

9 Les dieron estas ciudades que *aquí* se mencionan por nombre, de la tribu de los hijos de Judá y de la tribu de los hijos de Simeón. 10 Fueron para los hijos de Aarón, una de las familias de los coatitas, de los hijos de Leví, porque la suerte *fue* de ellos primero. 11 Les dieron Quiriat Arba, *siendo Arba* el padre de Anac, es decir, Hebrón, en la región montañosa de Judá, con las tierras de pasto alrededor. 12 Pero los campos de la ciudad y sus aldeas se los dieron a Caleb, hijo de Jefone, como propiedad suya.

21:8 [1] Lit. *mano.*

21:8-42
Las ciudades de los levitas
Como los levitas no heredaban tierras y estaban repartidos entre el resto de las tribus, se hizo una lista de las ciudades donde ellos vivían para poder pagarles sus diezmos.

CIUDADES PARA LOS LEVITAS

Josué 21

Los levitas no heredaron una porción de la tierra de Israel; en cambio, recibieron ciudades en los territorios de las otras tribus.

Ciudades asignadas ●

Familias

■ **Descendientes de Aarón (coatitas)**

■ **Otros coatitas**

■ **Descendientes de Gersón**

■ **Descendientes de Merari**

ASER ●●●●
NEFTALÍ ●●●
Media tribu de MANASÉS ●●
ZABULÓN ●●●●
ISACAR ●●●●
Media tribu de MANASÉS ●●
GAD ●●●●
EFRAÍN ●●●●
DAN ●●●●
BENJAMÍN ●●●●
JUDÁ/SIMEÓN ●●●●●●●
RUBÉN ●●●●

Mar Mediterráneo (Mar Grande)

Mar Muerto (Mar Salado)

13 Y a los hijos del sacerdote Aarón les dieron Hebrón, la ciudad de refugio para el que haya matado a alguien, con sus tierras de pasto, Libna con sus tierras de pasto, **14** Jatir con sus tierras de pasto, Estemoa con sus tierras de pasto, **15** Holón[j] con sus tierras de pasto, Debir con sus tierras de pasto, **16** Aín[j] con sus tierras de pasto, Juta con sus tierras de pasto y Bet Semes con sus tierras de pasto; nueve ciudades de estas dos tribus.

17 De la tribu de Benjamín, Gabaón con sus tierras de pasto, Geba con sus tierras de pasto, **18** Anatot con sus tierras de pasto y Almón[j] con sus tierras de pasto; cuatro ciudades. **19** Todas las ciudades de los sacerdotes, hijos de Aarón, eran trece ciudades con sus tierras de pasto.

20 Las ciudades de la tribu de Efraín fueron dadas por suerte a las familias de los hijos de Coat, los levitas, el resto de los hijos de Coat. **21** Y les dieron Siquem, la ciudad de refugio para el que haya matado a alguien, con sus tierras de pasto, en la región montañosa de Efraín y Gezer con sus tierras de pasto, **22** Kibsaim con sus tierras de pasto y Bet Horón con sus tierras de pasto; cuatro ciudades.

23 De la tribu de Dan, Elteque con sus tierras de pasto, Gibetón con sus tierras de pasto, **24** Ajalón con sus tierras de pasto y Gat Rimón con sus tierras de pasto; cuatro ciudades.

25 De la media tribu de Manasés, *les dieron por suertes* Taanac con sus tierras de pasto y Gat Rimón con sus tierras de pasto; dos ciudades. **26** Todas las ciudades con sus tierras de pasto para las familias del resto de los hijos de Coat fueron diez.

27 Para los hijos de Gersón, una de las familias de los levitas, de la media tribu de Manasés, *les dieron* Golán en Basán, la ciudad de refugio para el que haya matado a alguien, con sus tierras de pasto y Beestera con sus tierras de pasto; dos ciudades.

28 De la tribu de Isacar, *les dieron* Quisión con sus tierras de pasto, Daberat con sus tierras de pasto, **29** Jarmut con sus tierras de pasto y Enganim con sus tierras de pasto; cuatro ciudades.

30 De la tribu de Aser, *les dieron* Miseal con sus tierras de pasto, Abdón con sus tierras de pasto, **31** Helcat con sus tierras de pasto y Rehob con sus tierras de pasto; cuatro ciudades.

32 De la tribu de Neftalí, *les dieron* Cedes en Galilea, la ciudad de refugio para el que haya matado a alguien, con sus tierras de pasto, Hamot Dor con sus tierras de pasto y Cartán con sus tierras de pasto; tres ciudades. **33** Todas las ciudades de los gersonitas, conforme a sus familias, eran trece ciudades con sus tierras de pasto.

34 A las familias de los hijos de Merari, el resto de los levitas, *les dieron* de la tribu de Zabulón, Jocneam con sus tierras de pasto, Carta con sus tierras de pasto, **35** Dimna con sus tierras de pasto y Naalal con sus tierras de pasto; cuatro ciudades.

36 De la tribu de Rubén, *les dieron* Beser con sus tierras de pasto, Jahaza con sus tierras de pasto, **37** Cademot con sus tierras de pasto y Mefaat con sus tierras de pasto; cuatro ciudades.

38 De la tribu de Gad, *les dieron* Ramot en Galaad, la ciudad de refugio para el que haya matado a alguien, con sus tierras de pasto, Mahanaim con sus tierras de pasto, **39** Hesbón con

---

21:15 [j] En 1Crón. 6:58, *Hilén*.   21:16 [j] En 1Crón. 6:59, *Asán*.   21:18 [j] En 1Crón. 6:60, *Alemet*.

sus tierras de pasto y Jazer con sus tierras de pasto; cuatro ciudades en total. **40** Todas *estas fueron* las ciudades de los hijos de Merari conforme a sus familias, el resto de las familias de los levitas y su suerte *fue* doce ciudades.

41 Todas las ciudades de los levitas en medio de la posesión de los israelitas *fueron* cuarenta y ocho ciudades con sus tierras de pasto. **42** Cada una de estas ciudades tenía sus tierras de pasto alrededor; así *fue* con todas estas ciudades.

43 De esa manera el SEÑOR dio a Israel toda la tierra que había jurado dar a sus padres, y la poseyeron y habitaron en ella. **44** Y el SEÑOR les dio reposo en derredor, conforme a todo lo que había jurado a sus padres. Ninguno de sus enemigos pudo hacerles frente; el SEÑOR entregó a todos sus enemigos en sus manos. **45** No faltó ni una palabra de las buenas promesas[1] que el SEÑOR había hecho[2] a la casa de Israel. Todas se cumplieron.

REGRESO DE LAS TRIBUS DEL OTRO LADO DEL JORDÁN

22 Entonces Josué llamó a los rubenitas, a los gaditas y a la media tribu de Manasés, **2** y les dijo: «Ustedes han guardado todo lo que Moisés, siervo del SEÑOR, les mandó, y han escuchado mi voz en todo lo que les mandé. **3** Hasta el día de hoy no han abandonado a sus hermanos durante este largo tiempo[1], sino que ustedes han cuidado de guardar el mandamiento del SEÑOR su Dios. **4** Y ahora el SEÑOR su Dios ha dado descanso a sus hermanos, como Él les había dicho. Vuelvan, pues, y vayan a sus tiendas, a la tierra de su posesión que Moisés, siervo del SEÑOR, les dio al otro lado del Jordán. **5** Solamente guarden cuidadosamente el mandamiento y la ley que Moisés, siervo del SEÑOR, les mandó, de amar al SEÑOR su Dios, andar en todos Sus caminos, guardar Sus mandamientos y de allegarse[1] a Él y servirle con todo su corazón y con toda su alma». **6** Josué los bendijo y los despidió, y ellos se fueron a sus tiendas.

7 Moisés había dado a la media tribu de Manasés *una posesión* en Basán, pero a la otra media *tribu* Josué dio *una posesión* entre sus hermanos hacia el occidente, al otro lado del Jordán. Y cuando Josué los mandó a sus tiendas, los bendijo, **8** y les dijo: «Vuelvan a sus tiendas con grandes riquezas, con mucho ganado, con plata, oro, bronce, hierro y con muchos vestidos. Repartan con sus hermanos el botín de sus enemigos».

9 Entonces los rubenitas y los gaditas y la media tribu de Manasés, volvieron y se separaron de los israelitas en Silo, que está en la tierra de Canaán, para ir a la tierra de Galaad, a la tierra de su posesión la cual ellos habían poseído, conforme al mandato[1] del SEÑOR por medio[2] de Moisés.

EL ALTAR JUNTO AL JORDÁN

10 Cuando llegaron a la región del Jordán que está en la tierra de Canaán, los rubenitas, los gaditas y la media tribu de Manasés, edificaron allí un altar junto al Jordán, un altar de aspecto grande.

11 Y los israelitas oyeron decir: «Los rubenitas, los gaditas y la media tribu de Manasés han edificado un altar en el límite[1]

22:10-12
Algunos israelitas estaban dispuestos a ir a una guerra por el asunto del altar

Ellos pensaron que el altar estaba compitiendo con el altar del Señor que se encontraba en Silo. Estaban preocupados, porque pensaban que si las tribus que vivían al este del Jordán hacían sus propios altares, podrían estar desobedeciendo al Señor y Dios juzgaría a la nación entera.

21:45 [1] Lit. *palabras.*   [2] Lit. *hablado.*   22:3 [1] Lit. *estos muchos días.*
22:5 [1] Lit. *adherirse.*   22:9 [1] Lit. *la boca.*   [2] Lit. *mano.*   22:11 [1] Lit. *frente.*

de la tierra de Canaán, en la región del Jordán, en el lado *que pertenece a* los israelitas». **12**Cuando los israelitas oyeron *esto,* toda la congregación de los israelitas se reunió en Silo para subir a pelear contra ellos.

13Entonces los israelitas enviaron a los hijos de Rubén, a los hijos de Gad y a la media tribu de Manasés, en la tierra de Galaad, a Finees, hijo del sacerdote Eleazar, **14**y con él a diez jefes, un jefe por cada casa paterna de cada tribu de Israel. Cada uno de ellos *era* cabeza de la casa de sus padres entre los millares[1] de Israel.

15Y vinieron a los hijos de Rubén, a los hijos de Gad y a la media tribu de Manasés, a la tierra de Galaad, y les dijeron: **16**«Así dice toda la congregación del SEÑOR: "¿Qué infidelidad es esta que ustedes han cometido contra el Dios de Israel, apartándose hoy de seguir al SEÑOR, edificándose un altar, y rebelándose hoy contra el SEÑOR?

17"¿No nos es suficiente[1] la iniquidad de Peor, de la cual no nos hemos limpiado hasta hoy, a pesar de que vino una plaga sobre la congregación del SEÑOR, **18**para que también ustedes se aparten hoy de seguir al SEÑOR? Y sucederá que si hoy se rebelan contra el SEÑOR, mañana Él se enojará con toda la congregación de Israel.

19"Pero si la tierra de la posesión de ustedes es inmunda, entonces pasen[1] a la tierra de la posesión del SEÑOR, donde está[2] el tabernáculo del SEÑOR, y tomen posesión entre nosotros. Pero no se rebelen contra el SEÑOR, ni se rebelen contra nosotros edificándose un altar aparte del altar del SEÑOR nuestro Dios. **20**¿No fue infiel Acán, hijo de Zera, en cuanto al anatema, y vino la ira sobre toda la congregación de Israel? Y aquel hombre no pereció solo en su iniquidad"».

21Entonces los hijos de Rubén, los hijos de Gad y la media tribu de Manasés respondieron a las cabezas de las familias[1] de Israel: **22**«¡El Poderoso Dios[1], el SEÑOR, el Poderoso Dios[1], el SEÑOR! Él lo sabe; que Israel mismo lo sepa. Si *fue* rebelión, o una infidelidad contra el SEÑOR, que no nos salve[2] hoy. **23**Si nos hemos edificado un altar para apartarnos de seguir al SEÑOR, o para ofrecer holocausto u ofrenda de cereal sobre él, o para ofrecer en él sacrificios de ofrendas de paz, que el SEÑOR mismo *nos* lo demande.

24»En verdad, hemos hecho esto más bien[1] por temor, diciendo: "El día de mañana los hijos de ustedes pudieran decir a nuestros hijos[2]: '¿Qué tienen que ver ustedes con el SEÑOR, Dios de Israel? **25**Porque el SEÑOR ha puesto el Jordán por límite entre nosotros y ustedes, hijos de Rubén e hijos de Gad. Ustedes no tienen parte con el SEÑOR'. Así sus hijos podrían hacer que nuestros hijos dejaran de temer al SEÑOR".

26»Por tanto, dijimos: "Construyamos[1] ahora un altar, no para holocaustos ni para sacrificios, **27**sino para que sea testigo entre nosotros y ustedes, y entre nuestras generaciones después de nosotros, que hemos de cumplir el servicio del SEÑOR delante de Él con nuestros holocaustos, con nuestros

22:17
La iniquidad de Peor
En Peor, algunos hombres israelitas se involucraron con mujeres de Moab y Madián, y adoraron al dios Baal junto con ellas.

22:22
La importancia de repetir los nombres de Dios
Invocar a Dios de esta manera era como tomar un juramento. Cada uno de los nombres resaltaba un aspecto distintivo de quién es Dios.

22:25-29
Todo fue un gran malentendido
Las tribus del este no habían edificado el altar como un lugar donde ofrecer sacrificios. En cambio, habían hecho una réplica del altar de Dios para mostrar que ellos adoraban al mismo Dios que el resto de los israelitas. Las tribus del este tenían miedo de que un día las tribus del oeste vieran el río Jordán como una barrera natural del territorio del Señor y se olvidaran de que las tribus del otro lado también eran el pueblo escogido de Dios.

22:14 [1] O *las familias.*   22:17 [1] Lit. *pequeña.*   22:19 [1] Lit. *pasen por ustedes mismos.*   [2] Lit. *mora.*   22:21 [1] Lit. *los millares.*   22:22 [1] O *Dios de dioses.*   [2] Así en algunas versiones antiguas; en heb. *no nos salves.*   22:24 [1] Lit. *por un motivo.*   [2] Lit. *hijos, diciendo.*   22:26 [1] Lit. *Preparémonos para construirnos.*

sacrificios y con nuestras ofrendas de paz, para que en el día de mañana los hijos de ustedes no digan a nuestros hijos: 'No tienen porción en el SEÑOR".

28 »Nosotros, pues, dijimos: "Sucederá el día de mañana, que si nos dicen *esto* a nosotros o a nuestras generaciones, entonces diremos: 'Vean la réplica del altar del SEÑOR que nuestros padres edificaron, no para holocaustos ni para sacrificios, sino más bien como testigo entre nosotros y ustedes". **29** Lejos esté de nosotros que nos rebelemos contra el SEÑOR y nos apartemos de seguir hoy al SEÑOR, construyendo un altar para holocaustos, para ofrenda de cereal o para sacrificios, aparte del altar del SEÑOR nuestro Dios que está frente a Su tabernáculo[1]».

30 Cuando el sacerdote Finees y los principales de la congregación, es decir, las cabezas de las familias[1] de Israel que *estaban* con él, oyeron las palabras que dijeron los rubenitas, los gaditas y la media tribu de Manasés, les pareció bien. **31** Y Finees, hijo del sacerdote Eleazar, dijo a los rubenitas, a los gaditas y a la media tribu de Manasés: «Hoy sabemos que el SEÑOR está en medio de nosotros, porque no han cometido esta infidelidad contra el SEÑOR. Ahora han librado a los israelitas de la mano del SEÑOR».

32 Entonces Finees, hijo del sacerdote Eleazar, y los jefes, dejaron a los rubenitas y a los gaditas, y regresaron de la tierra de Galaad a la tierra de Canaán, a los israelitas, y les dieron respuesta[1]. **33** La respuesta[1] agradó a los israelitas. Estos bendijeron a Dios, y no hablaron más de subir a pelear contra ellos para destruir la tierra en que habitaban los rubenitas y los gaditas. **34** Y los rubenitas y los gaditas llamaron al altar *Testigo;* pues *dijeron:* «Es testigo entre nosotros de que el SEÑOR es Dios».

DISCURSO DE DESPEDIDA DE JOSUÉ

23 Aconteció muchos días después de haber dado el SEÑOR reposo a Israel de todos sus enemigos de alrededor, siendo Josué ya muy anciano y avanzado en años, **2** que Josué llamó a todo Israel, a sus ancianos, a sus jefes, a sus jueces y a sus oficiales, y les dijo: «Yo ya soy viejo *y* avanzado en años. **3** Y ustedes han visto todo lo que el SEÑOR su Dios ha hecho a todas estas naciones por causa de ustedes, porque el SEÑOR su Dios es quien ha peleado por ustedes.

4 »Miren, les he asignado por suerte, como heredad para sus tribus, estas naciones que aún quedan *junto* con todas las naciones que he destruido, desde el Jordán hasta el mar Grande[1], hacia la puesta del sol. **5** El SEÑOR su Dios las echará de delante de ustedes y las expulsará[1] de su presencia; y ustedes poseerán su tierra, tal como el SEÑOR su Dios les ha prometido[2].

6 »Esfuércense, pues, en guardar y en hacer todo lo que está escrito en el libro de la ley de Moisés, para que no se aparten de ella ni a la derecha ni a la izquierda, **7** a fin de que no se junten con[1] estas naciones, las que quedan entre ustedes. No mencionen el nombre de sus dioses, ni hagan

---

22:29 [1] O *Su morada.*　　22:30 [1] Lit. *los millares.*　　22:32 [1] Lit. *palabra.*
22:33 [1] Lit. *palabra.*　　23:4 [1] I.e. el Mediterráneo.　　23:5 [1] Lit. *desposeerá.*
[2] Lit. *ha hablado.*　　23:7 [1] Lit. *vayan entre.*

que nadie jure *por ellos,* ni los sirvan, ni se inclinen ante ellos, **8** sino que al SEÑOR, el Dios de ustedes, se mantendrán unidos[1], como lo han hecho hasta hoy.

9 »Porque el SEÑOR ha expulsado[1] a naciones grandes y poderosas de delante de ustedes. En cuanto a ustedes, nadie les ha podido hacer frente hasta hoy. **10** Un solo hombre de ustedes hace huir a mil, porque el SEÑOR su Dios es quien pelea por ustedes, tal como Él les ha prometido[1]. **11** Tengan sumo cuidado, por la vida de ustedes, de amar al SEÑOR su Dios.

12 »Porque si se vuelven, y se unen al resto de estos pueblos que[1] permanecen entre ustedes, y contraen matrimonio con ellos, y se juntan con[2] ellos, y ellos con ustedes, **13** ciertamente sepan que el SEÑOR su Dios no continuará expulsando[1] a estas naciones de delante de ustedes, sino que serán como lazo y trampa para ustedes, como azote en sus costados y como espinas en sus ojos, hasta que perezcan de sobre esta buena tierra que el SEÑOR su Dios les ha dado.

14 »Miren, hoy me voy por el camino de toda la tierra, y ustedes saben con todo su corazón y con toda su alma que ninguna de las buenas palabras que el SEÑOR su Dios habló acerca de ustedes ha faltado. Todas les han sido cumplidas[1], ninguna de ellas[2] ha faltado.

15 »Y sucederá que así como han venido sobre ustedes todas las buenas palabras que el SEÑOR su Dios les habló, de la misma manera el SEÑOR traerá sobre ustedes toda amenaza, hasta que los haya destruido de sobre esta buena tierra que el SEÑOR su Dios les ha dado.

16 »Cuando quebranten el pacto que el SEÑOR su Dios les ordenó, y vayan y sirvan a otros dioses, y se inclinen ante ellos, entonces la ira del SEÑOR se encenderá contra ustedes, y perecerán prontamente de sobre esta buena tierra que Él les ha dado».

23:8 *1* Lit. *se adherirán.*   23:9 *1* Lit. *desposeído.*   23:10 *1* Lit. *ha habla-do.*   23:12 *1* Lit. *estos que.*   *2* Lit. *vayan entre.*   23:13 *1* Lit. *desposeyendo.*   23:14 *1* Lit. *han venido.*   *2* Lit. *ni una palabra de ella.*

LAS ÚLTIMAS PALABRAS DE JOSUÉ

Josué 23—24

Instrucciones finales para los israelitas

Obedezcan todo lo que está escrito en el libro de la ley.

No se casen ni junten con las naciones vecinas.

No reconozcan a sus dioses ni se inclinen ante ellos.

Amen a Dios, aférrense a él, témanle, sírvanle.

Si desobedecen a Dios, él no echará más a las naciones delante de ustedes; ellas se volverán una trampa para ustedes y morirán.

Desháganse de los dioses que sus antepasados adoraron en Egipto.

Líneas de vida:
JOSUÉ

Edad

16-20	**Espía en Canaán** *Números 13—14*
	Nombrado sucesor de Moisés *Deuteronomio 31:1-8*
	Lidera Israel *Josué 1*
56-60	**Envía espías a Jericó** *Josué 2*
	Dirige el cruce del Jordán *Josué 3—4*
	Caída de Jericó *Josué 5:13—6:27*
¿ ?	**Renovación del pacto** *Josué 8:30-35*
¿ ?	**El sol se detiene; Canaán es derrotada** *Josué 10—12*
110	**Muere** *Josué 24:29-30*

24:12
Avispas

Es posible que en verdad Dios haya enviado avispas. También es posible que el término se refiera a las tropas egipcias, porque la abeja o la avispa era uno de los símbolos que usaba Faraón. Los egipcios atacaban a Canaán con frecuencia, y pueden haber debilitado la región antes de que llegaran los israelitas.

DISCURSO DE JOSUÉ EN SIQUEM

24 Entonces Josué reunió a todas las tribus de Israel en Siquem, llamó a los ancianos de Israel, a sus jefes, a sus jueces y a sus oficiales, y ellos se presentaron delante de Dios. ² Y Josué dijo a todo el pueblo: «Así dice el SEÑOR, Dios de Israel: "Al otro lado del Río[1] habitaban antiguamente los padres de ustedes, *es decir,* Taré, padre de Abraham y de[2] Nacor, y servían a otros dioses. ³ Entonces tomé a Abraham, padre de ustedes, del otro lado del río y lo guié por toda la tierra de Canaán, multipliqué su descendencia[1] y le di a Isaac. ⁴ A Isaac le di a Jacob y a Esaú, y a Esaú le di el monte Seir para que lo poseyera; pero Jacob y sus hijos descendieron a Egipto.

⁵ "Entonces envié a Moisés y a Aarón, y herí con plagas a Egipto conforme a lo que hice en medio de él. Después los saqué a ustedes. ⁶ Saqué a sus padres de Egipto y llegaron al mar, y Egipto persiguió a sus padres con carros y caballería hasta el mar Rojo[1]. ⁷ Pero cuando clamaron al SEÑOR, Él puso tinieblas entre ustedes y los egipcios, e hizo venir sobre ellos el mar, que los cubrió. Sus propios ojos vieron lo que hice en Egipto. Y por mucho tiempo ustedes vivieron en el desierto.

⁸ "Entonces los traje a la tierra de los amorreos que habitaban al otro lado del Jordán, y ellos pelearon contra ustedes. Los entregué en sus manos, y tomaron posesión de su tierra cuando Yo los destruí delante de ustedes. ⁹ Después Balac, hijo de Zipor, rey de Moab, se levantó y peleó contra Israel, y envió a llamar a Balaam, hijo de Beor, para que los maldijera. ¹⁰ Pero Yo no quise escuchar a Balaam; y él tuvo que bendecirlos a ustedes, y los libré de su mano.

¹¹ "Ustedes pasaron el Jordán y llegaron a Jericó. Los habitantes de Jericó pelearon contra ustedes, *y también* los amorreos, los ferezeos, los cananeos, los hititas, los gergeseos, los heveos y los jebuseos, pero yo los entregué en sus manos. ¹² Entonces envié delante de ustedes avispas que[1] expulsaron a los dos reyes de los amorreos de delante de ustedes, *pero no fue* por su espada ni por su arco. ¹³ Y les di a ustedes una tierra en que no habían trabajado, y ciudades que no habían edificado, y habitan en ellas. De viñas y olivares que no plantaron, comen".

¹⁴ »Ahora pues, teman[1] al SEÑOR y sírvanle con integridad y con fidelidad. Quiten los dioses que sus padres sirvieron al otro lado del Río[2] y en Egipto, y sirvan al SEÑOR. ¹⁵ Y si no les parece bien servir al SEÑOR, escojan hoy a quién han de servir: si a los dioses que sirvieron sus padres, que *estaban* al otro lado del río, o a los dioses de los amorreos en cuya tierra habitan. Pero yo y mi casa, serviremos al SEÑOR».

24:2 ¹ I.e. Éufrates.   ² Lit. *y el padre de.*   24:3 ¹ Lit. *simiente.*   24:6 ¹ Lit. *mar de Cañas.*   24:12 ¹ Lit. *que los.*   24:14 ¹ O *reverencien.*   ² I.e. Éufrates.

16 Y el pueblo respondió: «Lejos esté de nosotros abandonar al SEÑOR para servir a otros dioses. 17 Porque el SEÑOR nuestro Dios es el que nos sacó, a nosotros y a nuestros padres, de la tierra de Egipto, de la casa de servidumbre[1], el que hizo estas grandes señales delante de nosotros y nos guardó por todo el camino en que anduvimos y entre todos los pueblos por entre los cuales pasamos. 18 Y el SEÑOR echó de delante de nosotros a todos los pueblos, incluso a los amorreos, que moraban en la tierra. Nosotros, *pues,* también serviremos al SEÑOR, porque Él es nuestro Dios».

PACTO DEL PUEBLO EN SIQUEM

19 Entonces Josué dijo al pueblo: «Ustedes no podrán servir al SEÑOR, porque Él es Dios santo. Él es Dios celoso; Él no perdonará la transgresión de ustedes ni sus pecados. 20 Si abandonan al SEÑOR y sirven a dioses extranjeros, Él se volverá y les hará daño, y los consumirá después de haberlos tratado bien».

21 Respondió el pueblo a Josué: «No, sino que serviremos al SEÑOR». 22 Y Josué dijo al pueblo: «Ustedes son testigos contra sí mismos de que han escogido al SEÑOR para servirle». «Testigos somos», le contestaron. 23 «Ahora pues», les dijo Josué, «quiten los dioses extranjeros que están en medio de ustedes, e inclinen su corazón al SEÑOR, Dios de Israel». 24 Y el pueblo respondió a Josué: «Al SEÑOR nuestro Dios serviremos y Su voz obedeceremos[1]».

25 Entonces Josué hizo un pacto con el pueblo aquel día, y les impuso estatutos y ordenanzas en Siquem. 26 Josué escribió estas palabras en el libro de la ley de Dios. Tomó una gran piedra y la colocó debajo de la encina que estaba junto al santuario del SEÑOR.

27 Y Josué dijo a todo el pueblo: «Ciertamente esta piedra servirá de testigo contra nosotros, porque ella ha oído todas las palabras que el SEÑOR ha hablado con nosotros. Será, pues, testigo contra ustedes para que no nieguen a su Dios». 28 Entonces Josué despidió al pueblo, cada uno a su heredad.

MUERTE DE JOSUÉ

29 Después de estas cosas Josué, hijo de Nun, siervo del SEÑOR, murió a la edad de 110 años. 30 Y lo sepultaron en la tierra de su heredad, en Timnat Sera, que está en la región montañosa de Efraín, al norte del monte Gaas. 31 Israel sirvió al SEÑOR todos los días de Josué y todos los días de los ancianos que sobrevivieron a[1] Josué y que habían conocido todas las obras que el SEÑOR había hecho por Israel.

32 Los huesos de José, que los israelitas habían traído de Egipto, fueron sepultados en Siquem, en la parcela de campo que Jacob había comprado a los hijos de Hamor, padre de Siquem, por 100 monedas de plata. Y pasaron a ser posesión de los hijos de José. 33 Y murió Eleazar, hijo de Aarón. Lo sepultaron en Guibeá[1] de su hijo Finees, que le había sido dada en la región montañosa de Efraín.

24:17 [1] Lit. *esclavos.*   24:24 [1] Lit. *escucharemos.*   24:31 [1] Lit. *prolongaron*
días después de.   24:33 [1] O *en la colina.*

© Masterfile

24:19
Josué fue muy severo con respecto a servir a Dios
Josué reprendió al pueblo por responder con tanta rapidez y confianza. Él quería que vieran que estaban espiritualmente débiles y que se dieran cuenta de su necesidad de depender de Dios.

24:25
Tiempo para repasar estatutos y ordenanzas
Josué no agregó ni cambió nada de la ley que Moisés había dado, sino que solamente repitió el pacto.

24:26
El «santuario del SEÑOR»
Puede haber sido el lugar de un viejo altar que quedaba en Siquem, cerca de una encina. El árbol de la encina aparece en otros pasajes del Antiguo Testamento.

24:32
El pueblo llevaba los huesos de José con ellos
Antes de que José muriera, él hizo que los hijos de Israel le juraran que lo enterrarían en la tierra prometida. El deseo de ser enterrado en Canaán mostraba su fe en que Dios cumpliría su promesa a su pueblo. (Ver Génesis 50:24-26).

Jueces

¿QUIÉN ESCRIBIÓ ESTE LIBRO?	No se sabe con seguridad, pero muchos estudiosos creen que Samuel fue el autor.
¿POR QUÉ SE ESCRIBIÓ ESTE LIBRO?	El libro de Jueces revela lo que sucedía cuando los israelitas abandonaban a Dios para adorar a los ídolos.
¿QUÉ OCURRE EN ESTE LIBRO?	El pueblo de Dios peca una y otra vez, así que Dios permite que los enemigos de Israel los derroten. Cuando los israelitas se vuelven a Dios, él les envía un líder llamado «juez» para vencer al enemigo y liderar a Israel.
¿QUÉ APRENDEMOS ACERCA DE DIOS EN ESTE LIBRO?	Dios quiere perdonar y ayudar a las personas que pecaron, pero solo puede hacerlo si se vuelven a él.
¿QUIÉNES SON LOS PERSONAJES PRINCIPALES DE ESTE LIBRO?	Débora, Gedeón, Jefté y Sansón
¿DÓNDE SUCEDIERON ESTAS COSAS?	Los sucesos de este libro ocurrieron en diferentes partes de Canaán.

Sansón se enamora de Dalila en el valle de Sorec (Jueces 16:4).
Bill Schlegel/www.BiblePlaces.com

DERROTA DE ADONI BEZEC

1 Después de la muerte de Josué, los israelitas consultaron al SEÑOR, diciendo: «¿Quién de nosotros subirá primero contra los cananeos para pelear contra ellos?». **2** Y el SEÑOR respondió: «Judá subirá *primero;* ya le he entregado el país en sus manos». **3** Entonces Judá dijo a su hermano Simeón: «Sube conmigo al territorio que me ha tocado[1], para que peleemos contra los cananeos. Yo también iré contigo al territorio que te ha tocado[2]». Y Simeón fue con él.

4 Judá subió, y el SEÑOR entregó en sus manos a los cananeos y a los ferezeos, y derrotaron[1] a 10,000 hombres en Bezec. **5** Hallaron a Adoni Bezec en Bezec y pelearon contra él, y derrotaron[1] a los cananeos y a los ferezeos. **6** Adoni Bezec huyó, pero lo persiguieron, lo prendieron y le cortaron los pulgares de las manos y de los pies. **7** Y Adoni Bezec dijo: «Setenta reyes, con los pulgares de sus manos y de sus pies cortados, recogían *migajas* debajo de mi mesa. Como yo he hecho, así me ha pagado Dios». Lo llevaron a Jerusalén, y allí murió.

CONQUISTA DE JERUSALÉN

8 Entonces los hijos de Judá pelearon contra Jerusalén y la tomaron, pasaron a filo de espada *a sus habitantes* y prendieron fuego a la ciudad. **9** Después los hijos de Judá descendieron a pelear contra los cananeos que vivían en la región montañosa, en el Neguev[1] y en las tierras bajas[2]. **10** Y Judá marchó contra los cananeos que habitaban en Hebrón (el nombre de Hebrón antes *era* Quiriat Arba); e hirieron a Sesai, a Ahimán y a Talmai.

CONQUISTA DE OTRAS CIUDADES

11 Desde allí Judá fue contra los habitantes de Debir (el nombre de Debir antes *era* Quiriat Séfer). **12** Entonces Caleb dijo: «Al que ataque[1] a Quiriat Séfer y la tome, yo le daré a mi hija Acsa por mujer». **13** Y Otoniel, hijo de Quenaz, hermano menor de Caleb, tomó la ciudad, y Caleb le dio a su hija Acsa por mujer. **14** Y cuando ella llegó, Otoniel la[1] persuadió a que pidiera un campo a su padre. Ella entonces se bajó del asno, y Caleb le dijo: «¿Qué quieres?[2]». **15** «Dame una bendición», le dijo ella, «ya que me has dado la tierra del Neguev, dame también fuentes de agua». Y Caleb le dio las fuentes de arriba y las fuentes de abajo.

16 Los descendientes[1] del quenita, suegro de Moisés, subieron de la ciudad de las palmeras con los hijos de Judá, al desierto de Judá que está al sur de Arad; y fueron y habitaron con el pueblo. **17** Entonces Judá fue con Simeón su hermano, y derrotaron[1]

1:1-2
Cómo los israelitas escuchaban a Dios
Los sacerdotes usaban el Urim y el Tumim para recibir respuestas de sí o no de parte de Dios. (Ver Éxodo 28:30 y Números 27:21).

1:6
Por qué le cortaron al rey los pulgares de las manos y los pies
Cortarle los pulgares de las manos a un prisionero lo incapacitaría para manejar un arma. Cortarle los pulgares de los pies no le permitiría correr en la batalla. El rey derrotado entendía su castigo, porque les había hecho lo mismo a los hombres que su ejército había tomado como prisioneros.

1:12-13
Caleb entrega a su hija
Tradicionalmente, el novio le pagaba una dote al padre cuando se casaba con alguna de sus hijas. Esto ayudaba a cubrir el costo de perder a una hija, que era valorada por su trabajo en la familia. Caleb renunció al precio de la dote y ofreció a su hija Acsa como premio al hombre que conquistara a la ciudad de Quiriat Séfer.

1:16
La ciudad de las palmeras
Este era otro nombre para Jericó.

© Sergii Rudiuk/Shutterstock

1:3 [1] Lit. *a mi suerte*.   [2] Lit. *a tu suerte*.   1:4 [1] Lit. *los hirieron*.   1:5 [1] Lit. *e hirieron*.   1:9 [1] I.e. *región del sur*.   [2] Heb. *Sefela*.   1:12 [1] Lit. *hiera*.   1:14 [1] Así en algunas versiones antiguas; en el T.M., *ella lo*.   [2] Lit. *¿Qué para ti?*   1:16 [1] Lit. *hijos*.   1:17 [1] Lit. *e hirieron*.

a los cananeos que vivían en Sefat, y la destruyeron por completo[2]. Por eso pusieron por nombre a la ciudad, Horma[3]. **18** Y Judá tomó a Gaza con su territorio, a Ascalón con su territorio y a Ecrón con su territorio.

19 El SEÑOR estaba con Judá, que tomó posesión de la región montañosa. Pero Judá no pudo expulsar[1] a los habitantes del valle porque estos tenían carros de hierro. **20** Entonces dieron Hebrón a Caleb, como Moisés había prometido[1]. Y él expulsó[2] de allí a los tres hijos de Anac. **21** Pero los hijos de Benjamín no expulsaron[1] a los jebuseos que vivían en Jerusalén. Así que los jebuseos han vivido con los benjamitas en Jerusalén hasta el día de hoy.

JOSÉ CONQUISTA A BETEL

22 De igual manera la casa de José subió contra Betel[1]; y el SEÑOR estaba con ellos. **23** Y la casa de José envió espías[1] a Betel (el nombre de la ciudad antes *era* Luz). **24** Y los espías vieron a un hombre que salía de la ciudad y le dijeron: «Te rogamos que nos muestres la entrada de la ciudad y te trataremos con misericordia». **25** Él les mostró la entrada de la ciudad, e hirieron la ciudad a filo de espada, pero dejaron ir al hombre y a toda su familia. **26** Y el hombre fue a la tierra de los hititas y edificó una ciudad a la que llamó Luz. Y este es su nombre hasta hoy.

LUGARES NO CONQUISTADOS

27 Pero Manasés no tomó posesión de Bet Seán y sus aldeas, ni de Taanac y sus aldeas, ni de los habitantes de Dor y sus aldeas, ni de los habitantes de Ibleam y sus aldeas, ni de los habitantes de Meguido y sus aldeas, porque los cananeos persistían en habitar en aquella tierra. **28** Pero cuando Israel se hizo fuerte, sometieron a los cananeos a trabajos forzados, aunque no los expulsaron totalmente.

29 Tampoco Efraín expulsó a los cananeos que habitaban en Gezer; y los cananeos habitaron en medio de ellos en Gezer.

30 Zabulón no expulsó a los habitantes de Quitrón, ni a los habitantes de Naalal; de manera que los cananeos habitaron en medio de ellos, aunque fueron sometidos a trabajos forzados.

31 Aser no expulsó a los habitantes de Aco, ni a los habitantes de Sidón, ni de Ahlab, ni de Aczib, ni de Helba, ni de Afec, ni de Rehob. **32** Así que los de Aser habitaron entre los cananeos, los habitantes de aquella[1] tierra, porque no los pudieron expulsar.

33 Neftalí no expulsó a los habitantes de Bet Semes, ni a los habitantes de Bet Anat, sino que habitó entre los cananeos, los habitantes de aquella[1] tierra. Pero los habitantes de Bet Semes y de Bet Anat fueron sometidos a trabajos forzados.

1:19
Carros de hierro

Era difícil pelear contra enemigos que tenían carros, porque ellos podían desplazarse y maniobrar con rapidez. Las partes de hierro, como los ejes, los hacían casi invencibles. Los cananeos guardaban sus secretos sobre la fabricación del metal, y el hierro se convirtió en algo tan valioso como el oro o la plata. Los filisteos también tenían armas de hierro, las cuales los hacían muy feroces en la batalla.

1:28
Los israelitas tomaron como esclavos a algunos cananeos

En vez de seguir el mandamiento del Señor de expulsar a los cananeos, los israelitas los convirtieron en esclavos. Tener sirvientes que realizaran las tareas hacía que los israelitas vivieran mejor, pero más adelante habría consecuencias.

---

² O *dedicaron al anatema.*   ³ I.e. *Destrucción.*   **1:19** ¹ Lit. *desposeer.*
1:20 ¹ Lit. *hablado.*   ² Lit. *desposeyó,* y así en el resto del cap.
1:21 ¹ Lit. *desposeyeron,* y así en el resto del cap.   **1:22** ¹ I.e. *Casa de Dios.*
1:23 ¹ Lit. *espió.*   **1:32** ¹ Lit. *la.*   **1:33** ¹ Lit. *la.*

FINALIZAR LA TAREA

Jueces 1:27-35; 3:3-5

Las ciudades y naciones que quedaban en Canaán y las tribus responsables de vencerlas.

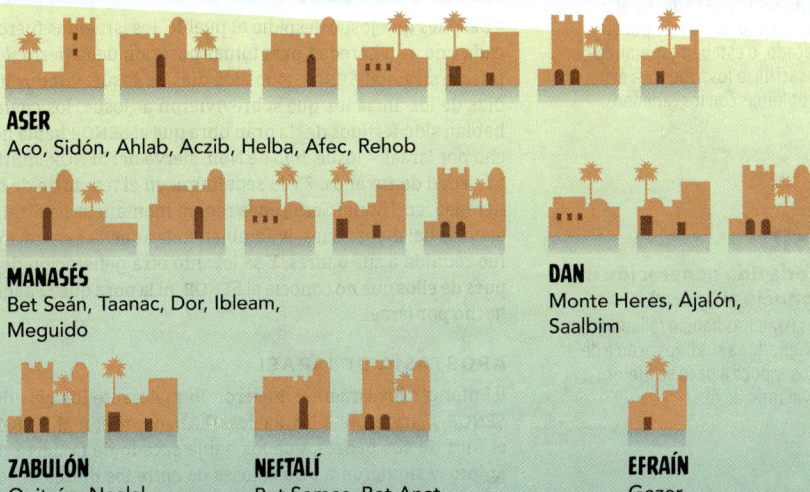

ASER
Aco, Sidón, Ahlab, Aczib, Helba, Afec, Rehob

MANASÉS
Bet Seán, Taanac, Dor, Ibleam, Meguido

DAN
Monte Heres, Ajalón, Saalbim

ZABULÓN
Quitrón, Naalal

NEFTALÍ
Bet Semes, Bet Anat

EFRAÍN
Gezer

Estas naciones cubrían áreas más amplias y también fueron dejadas: filisteos, cananeos, sidonios, heveos, hititas, amonitas, ferezeos y jebuseos.

TOTAL: 20 CIUDADES, 8 NACIONES

34 Entonces los amorreos forzaron[1] a los hijos de Dan hacia la región montañosa, y no los dejaron descender al valle. **35** Y los amorreos persistieron en habitar en el monte Heres, en Ajalón y en Saalbim; pero cuando el poder[1] de la casa de José se fortaleció[2], los amorreos fueron sometidos a trabajos forzados. **36** La frontera de los amorreos iba desde la subida de Acrabim, desde Sela hacia arriba.

EL ÁNGEL DEL SEÑOR EN BOQUIM

2 El ángel del SEÑOR subió de Gilgal a Boquim y dijo a los israelitas: «Yo los saqué a ustedes de Egipto y los conduje a la tierra que había prometido a sus padres y les dije: "Jamás quebrantaré Mi pacto con ustedes, **2** y en cuanto a ustedes, no harán pacto con los habitantes de esta tierra; sus altares

1:34 [1] Lit. presionaron.   1:35 [1] Lit. la mano.   [2] O fue pesada.

2:1,4
El ángel del SEÑOR
Algunos creen que era Dios en forma humana. Otros piensan que era un ángel o un espíritu enviado por Dios, o tal vez un profeta o un sacerdote.

2:5
Por qué ofrecían sacrificios

El pueblo debe haber estado mostrando su tristeza por el pecado, o estaban esperando que el sacrificio los ayudara a evitar los problemas con los cananeos.

2:10
¡Toda una generación no conocía al Señor!

Los israelitas habían fallado en enseñarles a sus hijos acerca de Dios, y poco a poco se fueron olvidando de él.

2:19
Los jueces ayudaban al pueblo a ser fieles a Dios

Sin líderes fuertes, el pueblo de Israel dejó de seguir al Señor y comenzaron a imitar las prácticas de las naciones paganas a su alrededor. La mayoría de los jueces eran líderes militares fuertes. Pero cuando un juez moría después de haber libertado al pueblo de sus enemigos, ellos volvían otra vez a los ídolos en vez de acudir a Dios.

derribarán". Pero no me han obedecido[1]. ¿Qué es esto que han hecho? **3** Por lo cual también dije: "No los echaré de delante de ustedes, sino que serán *como espinas* en su costado[1], y sus dioses les serán lazo para ustedes"».

4 Cuando el ángel del SEÑOR habló estas palabras a todos los israelitas, el pueblo alzó su voz y lloró. **5** Y llamaron a aquel lugar Boquim[1]. Y allí ofrecieron sacrificio al SEÑOR.

MUERTE DE JOSUÉ

6 Después que Josué despidió al pueblo, los israelitas fueron cada uno a su heredad para tomar posesión de la tierra. **7** El pueblo sirvió al SEÑOR todos los días de Josué, y todos los días de los ancianos que sobrevivieron a[1] Josué, los cuales habían sido testigos de[2] la gran obra que el SEÑOR había hecho por Israel. **8** Josué, hijo de Nun, siervo del SEÑOR, murió a la edad de 110 años. **9** Y lo sepultaron en el territorio de su heredad, en Timnat Sera[1], en la región montañosa de Efraín, al norte del monte Gaas. **10** También toda aquella generación fue reunida a sus padres. Y se levantó otra generación después de ellos que no conocía al SEÑOR, ni la obra que Él había hecho por Israel.

APOSTASÍA DE ISRAEL

11 Entonces los israelitas hicieron lo malo ante los ojos del SEÑOR y sirvieron[1] a los Baales. **12** Abandonaron al SEÑOR, el Dios de sus padres, que los había sacado de la tierra de Egipto, y siguieron a otros dioses de *entre* los dioses de los pueblos que *estaban* a su derredor; se postraron ante ellos y provocaron a ira al SEÑOR. **13** Dejaron al SEÑOR y sirvieron a Baal y a Astarot.

14 La ira del SEÑOR se encendió contra Israel, y los entregó en manos de salteadores que los saquearon. También los vendió en mano de sus enemigos de alrededor, y ya no pudieron hacer frente a sus enemigos. **15** Por dondequiera que iban, la mano del SEÑOR estaba contra ellos para mal, tal como el SEÑOR había dicho y como el SEÑOR les había jurado, y se angustiaron en gran manera.

16 Entonces el SEÑOR levantó jueces que[1] los libraron de la mano de los que los saqueaban. **17** Sin embargo, no escucharon a sus jueces, porque se prostituyeron siguiendo a[1] otros dioses, y se postraron ante ellos. Se apartaron pronto del camino en que sus padres habían andado en obediencia a los mandamientos del SEÑOR. No hicieron como *sus padres*. **18** Cuando el SEÑOR les levantaba jueces, el SEÑOR estaba con el juez y los libraba de mano de sus enemigos todos los días del juez. Porque el SEÑOR se compadecía por sus gemidos a causa de los que los oprimían y afligían. **19** Pero cuando moría el juez, ellos volvían atrás y se corrompían aún más que sus padres, siguiendo a otros dioses, sirviéndoles e inclinándose ante ellos. No dejaban sus costumbres ni su camino obstinado.

20 Entonces se encendió la ira del SEÑOR contra Israel, y dijo: «Por cuanto esta nación ha quebrantado Mi pacto que ordené a sus padres, y no ha escuchado Mi voz, **21** tampoco Yo volveré a expulsar[1] de delante de ellos a ninguna de las naciones que Josué dejó cuando murió, **22** para probar por medio de ellas a Israel, a ver si guardan o no el camino del SEÑOR, y andan en él como *lo hicieron*[1] sus padres». **23** Así pues, el SEÑOR permitió que aquellas naciones se quedaran *allí,* sin expulsarlas[1] enseguida, ni las entregó en manos de Josué.

ISRAEL PROBADO POR MEDIO DE OTRAS NACIONES

3 Estas son las naciones que el SEÑOR dejó para probar con ellas a Israel (*es decir,* a los que no habían experimentado[1] ninguna de las guerras de Canaán, **2** y así las generaciones de los israelitas conocieran[1] la guerra, o sea, aquellos[2] que antes no la habían experimentado[3]). **3** *Estas naciones son:* los cinco príncipes de los filisteos, todos los cananeos, los sidonios y los heveos que habitaban en el monte Líbano, desde el monte de Baal Hermón hasta Lebo Hamat[1]. **4** Y eran para probar[1] a Israel, para ver si obedecían[2] los mandamientos que el SEÑOR había ordenado a sus padres por medio[3] de Moisés.

5 Los israelitas habitaron entre los cananeos, los hititas, los amorreos, los ferezeos, los heveos y los jebuseos. **6** Tomaron para sí a sus hijas por mujeres, y dieron sus propias hijas a los hijos de ellos, y sirvieron a sus dioses.

OTONIEL LIBRA A ISRAEL DE CUSÁN RISATAIM

7 Los israelitas hicieron lo malo ante los ojos del SEÑOR, y olvidaron al SEÑOR su Dios, y sirvieron a los Baales y a las imágenes de Asera[1]. **8** Entonces se encendió la ira del SEÑOR contra Israel, y los vendió en manos de Cusán Risataim, rey de Mesopotamia[1]. Y los israelitas sirvieron a Cusán Risataim por ocho años.

9 Cuando los israelitas clamaron al SEÑOR, el SEÑOR levantó un libertador a los israelitas para que los librara, a Otoniel, hijo de Quenaz, hermano menor de Caleb. **10** Y vino sobre él el Espíritu del SEÑOR, y juzgó[1] a Israel. Cuando salió a la guerra, el SEÑOR entregó en su mano a Cusán Risataim, rey de Mesopotamia[2], y su poder[3] prevaleció sobre Cusán Risataim. **11** La tierra tuvo descanso por cuarenta años. Y murió Otoniel, hijo de Quenaz.

AOD LIBRA A ISRAEL DE MOAB

12 Los israelitas volvieron a hacer lo malo ante los ojos del SEÑOR. Entonces el SEÑOR fortaleció a Eglón, rey de Moab,

3:2
El propósito de la guerra
A través de las guerras que Israel enfrentó, el Señor enseñó a su pueblo a protegerse de sus enemigos y probó su obediencia.

A. D. Riddle/www.BiblePlaces.com, tomada en la Universidad de Pennsylvania

3:10
Dios nombró a Otoniel como juez
Otoniel probablemente tenía habilidades de liderazgo notables. Las personas podían decir que Dios le había dado sabiduría, valor y fuerza.

2:21 [1] Lit. *desposeer.*   2:22 [1] Lit. *guardaron.*   2:23 [1] Lit. *desposeerlas.*   3:1 [1] Lit. *conocido.*   3:2 [1] Lit. *conocieran, para enseñarles.*   [2] Lit. *solo.*   [3] Lit. *conocido.*   3:3 [1] O *la entrada de Hamat.*   3:4 [1] Lit. *para probar por medio de ellos.*   [2] Lit. *escuchaban.*   [3] Lit. *mano.*   3:7 [1] I.e. deidad femenina.   3:8 [1] Heb. *Aram-naharayim;* i.e. Aram de los dos ríos.   3:10 [1] O *gobernó.*   [2] Heb. *Aram.*   [3] Lit. *mano.*

3:15-21
El astuto complot de Aod
Como Aod era zurdo, escondía una espada atada a su muslo derecho. Cuando los guardias lo revisaron antes de entrar a la sala del rey, probablemente buscaron en su pierna izquierda, que es el lugar donde una persona diestra escondería un arma.

3:19
Ídolos que estaban en Gilgal
Deben haber sido estatuas del rey de Eglón que marcaban los límites de su tierra. También pueden haber sido las piedras que Josué colocó después de que los israelitas cruzaron el río Jordán. (Ver Josué 4:19-24).

3:31
Samgar
Hay un solo versículo que describe a este juez. Él mató a 600 filisteos con una aguijada. La aguijada era una larga vara de madera (a veces con una punta metálica) que se usaba para conducir a los bueyes. La palabra *aguijada* significa «instrumento de aprendizaje».

© 1995 por Phoenix Data Systems

contra Israel, porque habían hecho lo malo ante los ojos del SEÑOR. **13** Y *Eglón* reunió consigo a los amonitas y amalecitas. Fue y derrotó[1] a Israel, y se apoderaron de la ciudad de las palmeras[2]. **14** Y los israelitas sirvieron a Eglón, rey de Moab, por dieciocho años.

15 Pero los israelitas clamaron al SEÑOR, y el SEÑOR les levantó un libertador, a Aod, hijo de Gera, el benjamita, el cual era zurdo. Y los israelitas enviaron tributo con él[1] a Eglón, rey de Moab. **16** Aod se hizo una espada de dos filos, de un codo (45 centímetros) de largo, y la ató a su muslo derecho debajo de la ropa. **17** Y presentó el tributo a Eglón, rey de Moab; y Eglón era un hombre muy grueso.

18 Cuando Aod terminó de presentar el tributo, despidió a la gente que había traído el tributo. **19** Pero él se volvió desde los ídolos que estaban en Gilgal, y dijo: «Tengo un mensaje secreto para usted, oh rey». «Guarda silencio», le dijo el rey. Y todos los que le servían salieron. **20** Aod vino a él cuando estaba sentado solo en su sala de verano[1]. Y Aod dijo: «Tengo un mensaje de Dios para usted». Y él se levantó de su silla.

21 Aod alargó la mano izquierda, tomó la espada de su muslo derecho, y se la hundió en el vientre. **22** Y la empuñadura entró también tras la hoja, y la gordura se cerró sobre la hoja, pues no sacó la espada de su vientre. Y se le salieron los excrementos. **23** Entonces salió Aod al corredor, cerró tras sí las puertas de la sala de la terraza y *les* pasó el cerrojo.

24 Después que él salió, vinieron los siervos y vieron que las puertas de la sala de la terraza tenían el cerrojo pasado, y dijeron: «Sin duda *que el rey* está haciendo su necesidad[1] en la sala de verano[2]». **25** Y esperaron hasta sentir inquietud[1], pues él no abría las puertas de la sala de la terraza. Entonces tomaron la llave y las abrieron, y su señor estaba en el suelo[2], muerto.

26 Pero Aod había escapado mientras ellos esperaban. Pasando por los ídolos, había huido a Seirat. **27** Cuando llegó, tocó la trompeta en la región montañosa de Efraín; y los israelitas descendieron con él de la región montañosa, *estando* él al frente de ellos. **28** Entonces Aod les dijo: «Persíganlos, porque el SEÑOR ha entregado en sus manos a sus enemigos, los moabitas». Y descendieron tras él y se apoderaron de los vados del Jordán frente a Moab, y no dejaron pasar a nadie. **29** En aquella ocasión mataron a unos 10,000 moabitas, todos hombres robustos y valientes; ninguno escapó. **30** Así Moab fue subyugado aquel día bajo la mano de Israel. Y la tierra tuvo descanso durante ochenta años.

SAMGAR LIBRA A ISRAEL DE LOS FILISTEOS
31 Después de Aod[1] vino Samgar, hijo de Anat, el cual hirió a 600 filisteos con una aguijada de bueyes. Y él también salvó a Israel.

3:13 [1] Lit. *e hirió.*   [2] I.e. Jericó.   3:15 [1] Lit. *por su mano.*   3:20 [1] O *sala fresca en la terraza.*   3:24 [1] Lit. *cubriendo sus pies.*   [2] O *sala fresca en la terraza.*   3:25 [1] Lit. *avergonzarse*; i.e. de esperar.   [2] Lit. *la tierra.*   3:31 [1] Lit. *él.*

DÉBORA Y BARAC

4 Después que Aod murió, los israelitas volvieron a hacer lo malo ante los ojos del SEÑOR. **2** Y el SEÑOR los vendió en mano de Jabín, rey de Canaán, que reinaba en Hazor. El comandante de su ejército era Sísara, que vivía en Haroset Goyim. **3** Entonces los israelitas clamaron al SEÑOR, porque Jabín*¹* tenía 900 carros de hierro y había oprimido duramente a los israelitas durante veinte años.

4 Débora, profetisa, mujer de Lapidot, juzgaba a Israel en aquel tiempo. **5** Ella se sentaba*¹* debajo de la palmera de Débora entre Ramá y Betel, en la región montañosa de Efraín; y los israelitas subían a ella a *pedir* juicio. **6** Ella mandó llamar a Barac, hijo de Abinoam, de Cedes de Neftalí, y le dijo: «Esto ha ordenado*¹* el SEÑOR, Dios de Israel: "Ve, marcha al monte Tabor y lleva contigo a 10,000 hombres de los hijos de Neftalí y de los hijos de Zabulón. **7** Y yo atraeré hacia ti a Sísara, comandante del ejército de Jabín, con sus carros y sus muchas tropas*¹* hacia el torrente Cisón, y lo entregaré en tus manos"».

8 Barac le respondió: «Si tú vas conmigo, yo iré; pero si no vas conmigo, no iré». **9** «Ciertamente iré contigo», le dijo Débora. «Sin embargo, el honor no será tuyo en la jornada que vas a emprender, porque el SEÑOR venderá a Sísara en manos de una mujer». Entonces Débora se levantó y fue con Barac a Cedes. **10** Barac convocó a Zabulón y a Neftalí en Cedes, y subieron con él*¹* 10,000 hombres. Débora también subió con él.

11 Heber el quenita se había separado de los quenitas, de los hijos de Hobab, suegro de Moisés, y había plantado su tienda cerca de la encina en Zaanaim, que está junto a Cedes.

DERROTA Y MUERTE DE SÍSARA

12 Avisaron a Sísara que Barac, hijo de Abinoam, había subido al monte Tabor. **13** Y juntó Sísara todos sus carros, 900 carros de hierro, y a toda la gente que *estaba* con él, desde Haroset Goyim hasta el torrente Cisón. **14** Entonces Débora dijo a Barac: «¡Levántate! Porque este es el día en que el SEÑOR ha entregado a Sísara en tus manos. Ya que el SEÑOR ha salido delante de ti*¹*». Bajó, pues, Barac del monte Tabor seguido de 10,000 hombres.

15 El SEÑOR derrotó*¹* a Sísara, con todos *sus* carros y todo *su* ejército, a filo de espada delante de Barac. Y Sísara bajó de *su* carro, y huyó a pie. **16** Barac persiguió los carros y el ejército hasta Haroset Goyim, y todo el ejército de Sísara cayó a filo de espada. No quedó ni uno.

17 Pero Sísara huyó a pie a la tienda de Jael, mujer de Heber el quenita. Porque *había* paz entre Jabín, rey de Hazor, y la casa de Heber el quenita. **18** Jael salió al encuentro de Sísara, y le dijo: «Venga*¹*, señor mío, venga*¹* a mí; no tema». Y él fue*²* hacia ella a la tienda, y ella lo cubrió con una manta. **19** Y él le dijo: «Te ruego que me des a beber un poco de agua, porque tengo sed». Y ella abrió un odre de leche y le dio de beber; entonces lo cubrió. **20** Y él le dijo: «Ponte

4:1-2
Cómo el Señor «vendió» a su pueblo
El Señor «los vendió» permitiendo que una tribu pagana derrotara a Israel y los hiciera esclavos de Jabín.

4:4
Una mujer se convierte en jueza
Aunque era raro que una mujer fuera una líder de este tipo, Dios bendijo a Débora por su confianza en él. Ella es la única mujer que se describe como jueza y profetisa.

4:8
Barac le pide a Débora que vaya con él
Débora podía oír la voz de Dios. Así que Barac pensó que sería una buena idea que ella fuera con él para asegurarse de que Dios los respaldaría y ayudaría a derrotar a sus enemigos.

4:18
La tienda de Jael era un buen escondite
La costumbre antigua no permitía que un hombre que no fuera el padre o el esposo de una mujer entrara a su tienda. Por eso, nadie pensaría en buscar a Sísara allí.

4:3 ¹ Lit. *él*.   4:5 ¹ O *vivía*.   4:6 ¹ O *¿No ha ordenado*.   4:7 ¹ Lit. *su multitud*.   4:10 ¹ Lit. *a sus pies*.   4:14 ¹ O *¿no ha salido el SEÑOR delante de ti?*   4:15 ¹ Lit. *confundió*.   4:18 ¹ Lit. *desvíate*.   ² Lit. *se desvió*.

a la entrada de la tienda, y si alguien viene y te pregunta: "¿Hay alguien aquí?", tú responderás: "No"».

21 Pero Jael, mujer de Heber, tomó una estaca de la tienda y tomando[1] en la mano un martillo, se le acercó silenciosamente y le clavó la estaca en las sienes, la cual penetró en la tierra, pues él estaba profundamente dormido y agotado, y murió. **22** Y cuando Barac venía persiguiendo a Sísara, Jael salió a su encuentro, y le dijo: «Ven, y te mostraré al hombre que buscas». Y él entró con[1] ella, y vio que Sísara estaba tendido, muerto con la estaca en la sien.

23 Así sometió Dios en aquel día a Jabín, rey de Canaán, delante de los israelitas. **24** Y la mano de los israelitas se hizo más y más dura[1] sobre Jabín, rey de Canaán, hasta que lo destruyeron[2].

CÁNTICO DE DÉBORA Y BARAC

5 Entonces Débora y Barac, hijo de Abinoam, cantaron en aquel día y dijeron:

2 «¡Por haberse puesto al frente los jefes[1] en Israel,
Por haberse ofrecido el pueblo voluntariamente,
Bendigan al SEÑOR!
3 ¡Oigan, reyes; presten oído, príncipes!
Yo al SEÑOR, yo cantaré,
Cantaré alabanzas al SEÑOR, Dios de Israel.
4 SEÑOR, cuando saliste de Seir,
Cuando marchaste del campo de Edom,
La tierra tembló, también cayeron gotas del cielo[1],
Y las nubes destilaron agua.
5 Los montes se estremecieron[1] ante la presencia del
    SEÑOR,
Aquel[2] Sinaí, ante la presencia del SEÑOR, Dios de Israel.

6 »En los días de Samgar, hijo de Anat,
En los días de Jael, quedaron desiertos[1] los caminos,
Y los viajeros andaban por sendas tortuosas.
7 Se habían terminado los campesinos, se habían
    terminado en Israel,
Hasta que yo, Débora, me levanté,
Hasta que me levanté, *como* madre en Israel.
8 Habían escogido nuevos dioses;
Entonces la guerra *estaba* a las puertas.
No se veía escudo ni lanza
Entre 40,000 en Israel.
9 Mi corazón está con[1] los jefes de Israel,
Los voluntarios entre el pueblo.
¡Bendigan al SEÑOR!
10 Ustedes que cabalgan en asnas blancas,
Que se sientan en *ricos* tapices,
Que viajan por el camino, canten[1].
11 Al sonido de los que dividen las *manadas* entre los
    abrevaderos,

5:1
El cántico de Débora
El cántico de Débora y Barac alababa a Dios por la victoria obtenida. Este aplaudía a las tribus que se aliaron con Israel y despreciaba a las que no lo hicieron. Las canciones a menudo se usaban como métodos de enseñanza.

5:6
Por qué estaban desiertos los caminos
El país se había vuelto difícil y violento. Los viajeros tomaban los caminos secundarios en vez de las rutas principales para evitar a los ladrones.

5:7
La vida en las aldeas se había marchitado
Los agricultores que vivían en pueblos pequeños y desprotegidos no estaban a salvo, así que se escondían o se mudaban a las ciudades amuralladas para mayor seguridad.

4:21 [1] Lit. *colocando*.   4:22 [1] Lit. *hacia*.   4:24 [1] O *pesaba más y más*.
[2] Lit. *cortaron a Jabín, rey de Canaán*.   5:2 [1] O *Por soltarse la cabellera*.   5:4 [1] Lit. *también destilaron los cielos*.   5:5 [1] Lit. *fluyeron*.   [2] Lit. *este*. 5:6 [1] Lit. *habían dejado de existir*.   5:9 [1] Lit. *es para*.   5:10 [1] O *declárenlo*.

Allí repetirán los actos de justicia del SEÑOR,
Los actos de justicia para con Sus campesinos en
  Israel.
Entonces el pueblo del SEÑOR descendió a las
  puertas.

12 »Despierta, despierta, Débora.
Despierta, despierta, entona un cántico.
Levántate, Barac, y lleva a tus cautivos, hijo de
  Abinoam.
13 Entonces los sobrevivientes descendieron sobre los
  nobles.
El pueblo del SEÑOR vino a mí como guerreros.
14 De Efraín *descendieron* los arraigados[1] en Amalec,
En pos de ti, Benjamín, con tus pueblos.
De Maquir descendieron jefes,
Y de Zabulón los que manejan vara de mando[2].
15 Los[1] príncipes de Isacar *estaban* con Débora;
Como *estaba* Isacar, así *estaba* Barac.
Al valle se apresuraron pisándole los talones[2].
Entre las divisiones de Rubén
Había grandes resoluciones de corazón.
16 ¿Por qué te sentaste entre los rediles,
Escuchando los toques de flauta para los rebaños?
Entre las divisiones de Rubén
Había grandes indecisiones de corazón.
17 Galaad se quedó[1] al otro lado del Jordán.
¿Y por qué se quedó Dan en *las* naves?
Aser se sentó a la orilla del mar,
Y se quedó[1] junto a sus puertos.
18 Zabulón *era* pueblo que despreció su vida *hasta* la
  muerte.
Y también Neftalí, en las alturas del campo.

19 »Vinieron los reyes y pelearon;
Pelearon entonces los reyes de Canaán
En Taanac, cerca de las aguas de Meguido.
No tomaron despojos de plata.
20 Desde los cielos las estrellas pelearon,
Desde sus órbitas pelearon
  contra Sísara.
21 El torrente Cisón los barrió,
El antiguo torrente, el torrente
  Cisón.
Marcha, alma mía con poder.
22 Entonces resonaron[1] los cascos
  de los caballos
Por el galopar, el galopar de sus
  valientes corceles[2].
23 "Maldigan a Meroz", dijo el ángel
  del SEÑOR,
"Maldigan, maldigan a sus
  moradores;

5:15-17
No todas las tribus pelearon junto a Débora
Aunque algunas de las tribus se unieron a Débora y Barac, varias no lo hicieron. Débora no estaba contenta con esto. Al no salir a pelear, las otras tribus demostraban que solo les importaba su propia tribu en vez de toda la nación de Israel.

5:19-23
Ubicación de la batalla
Sísara eligió el valle de Jezreel junto al torrente Cisón como lugar para la batalla, a fin de que sus carros tuvieran espacio para maniobrar. Sin embargo, Dios peleó desde los cielos, usando una tormenta y una inundación para derrotar a Sísara.

© pokku/Shutterstock

5:14 [1] Lit. *que tienen sus raíces.*   [2] Lit. *del escriba.*   5:15 [1] Así en algunas
versiones antiguas; en heb. *Mis.*   [2] Lit. *en sus pies.*   5:17 [1] O *habitó.*
5:22 [1] Lit. *golpearon.*   [2] Lit. *de sus poderosos.*

Porque no vinieron en ayuda del SEÑOR,
En ayuda del SEÑOR contra los guerreros".

24 »Bendita entre las mujeres es Jael,
Mujer de Heber el quenita;
Bendita sea entre las mujeres de la tienda.

25 Él pidió agua, y ella le dio leche.
En taza de nobles le trajo cuajada[1].

26 Extendió ella la mano hacia la estaca de la tienda,
Y su diestra hacia el martillo de trabajadores.
Entonces golpeó a Sísara, desbarató su cabeza.
Destruyó y perforó sus sienes.

27 A[1] sus pies él se encorvó, cayó, quedó tendido;
A[1] sus pies se encorvó y cayó.
Donde se encorvó, allí quedó muerto[2].

28 »Miraba por la ventana y se lamentaba
La madre de Sísara, por entre la celosía[1]:
"¿Por qué se tarda en venir su carro?
¿Por qué se retrasa el trotar[2] de sus carros?".

29 Sus sabias princesas le respondían,
Aun a sí misma ella repite sus palabras:

30 "¿Acaso no han hallado el botín y se lo están repartiendo?
¿Una doncella, dos doncellas para cada guerrero.
Para Sísara un botín de tela de colores,
Un botín de tela de colores bordada,
Tela de colores de doble bordadura en el cuello del victorioso[1]?".

31 Así perezcan todos Tus enemigos, oh SEÑOR.
Pero sean los que te aman como la salida del sol en toda su fuerza».

Y el país tuvo descanso por cuarenta años.

OPRESIÓN DE ISRAEL POR LOS MADIANITAS

6 Entonces los israelitas hicieron lo malo ante los ojos del SEÑOR, y el SEÑOR los entregó en manos de Madián por siete años. **2** Y el poder[1] de Madián prevaleció sobre Israel. Por causa de los madianitas, los israelitas se hicieron escondites en las montañas y en las cavernas y en los lugares fortificados. **3** Porque sucedía que cuando *los hijos de* Israel sembraban, los madianitas venían[1] con los amalecitas y los hijos del oriente y subían contra ellos. **4** Acampaban frente a ellos y destruían el producto de la tierra hasta[1] Gaza, y no dejaban sustento alguno en Israel, ni oveja, ni buey, ni asno. **5** Porque subían con su ganado y sus tiendas, y entraban como langostas en multitud. Tanto ellos como sus camellos eran innumerables, y entraban en la tierra para devastarla. **6** Así fue empobrecido Israel en gran manera por causa de Madián, y los israelitas clamaron al SEÑOR.

7 Cuando los israelitas clamaron al SEÑOR a causa de Madián, **8** el SEÑOR envió un profeta a los israelitas que les

---

5:28-30
El cántico menciona a la madre de Sísara
Esta es una forma poética de imaginar cómo la madre de Sísara podría haber reaccionado.

6:4
Por qué los madianitas destruyeron las cosechas de Israel
Esta práctica de guerra común debilitaba a los israelitas, que luchaban por sobrevivir. Sin alimentos, estarían muy débiles para pelear. Los madianitas también deben haber tomado parte de la cosecha para ellos mismos.

5:25 [1] O requesón.   5:27 [1] Lit. *Entre*.   [2] Lit. *devastado*.   5:28 [1] O *la ventana*.
[2] Lit. *los pasos*.   5:30 [1] Lit. *los cuellos del botín*.   6:2 [1] Lit. *la mano*.
6:3 [1] Lit. *subían*.   6:4 [1] Lit. *hasta tu llegada a*.

dijo: «Así dice el SEÑOR, Dios de Israel: "Fui Yo el que los hice subir a ustedes de Egipto, y los saqué de la casa de servidumbre[1]. **9** Los libré de la mano de los egipcios y de la mano de todos sus opresores. Los desalojé delante de ustedes, les di su tierra, **10** y les dije: 'Yo soy el SEÑOR su Dios. No temerán[1] a los dioses de los amorreos en cuya tierra habitan. Pero ustedes no me han obedecido[2]"».

LLAMAMIENTO DE GEDEÓN

11 Entonces vino el ángel del SEÑOR y se sentó debajo de la encina[1] que *estaba* en Ofra, la cual pertenecía a Joás de Abiezer. Y su hijo Gedeón estaba sacudiendo el trigo en el lagar, para esconderlo[2] de los madianitas. **12** Y el ángel del SEÑOR se le apareció, y le dijo: «El SEÑOR está contigo, valiente guerrero».

13 Entonces Gedeón le respondió: «Ah, señor mío, si el SEÑOR está con nosotros, ¿por qué nos ha ocurrido todo esto? ¿Y dónde están todas Sus maravillas que nuestros padres nos han contado, diciendo: "¿No nos hizo el SEÑOR subir de Egipto?". Pero ahora el SEÑOR nos ha abandonado, y nos ha entregado en mano[1] de los madianitas». **14** Y el SEÑOR lo miró[1], y le dijo: «Ve con esta tu fuerza, y libra a Israel de la mano[2] de los madianitas. ¿No te he enviado Yo?».

15 «Ah Señor», le respondió Gedeón, «¿cómo[1] libraré a Israel? Mi familia es la más pobre en Manasés, y yo el menor de la casa de mi padre». **16** Pero el SEÑOR le dijo: «Ciertamente Yo estaré contigo, y derrotarás[1] a Madián como a un solo hombre».

17 Y *Gedeón* le dijo: «Si he hallado gracia ante Tus ojos, muéstrame una señal de que eres Tú el que hablas conmigo. **18** Te ruego que no te vayas de aquí hasta que yo vuelva a Ti, y traiga mi ofrenda y la ponga delante de Ti». «Me quedaré hasta que vuelvas», le respondió el SEÑOR.

19 Y Gedeón entró y preparó un cabrito y pan sin levadura con un efa de harina (22 litros). Puso la carne en una cesta y[1] el caldo en un caldero, y *los* llevó y *se los* presentó al ángel debajo de la encina[2]. **20** Y el ángel de Dios le dijo: «Toma la carne y el pan sin levadura, ponlos sobre esta peña y derrama el caldo». Y así lo hizo Gedeón. **21** Entonces el ángel del SEÑOR extendió la punta de la vara que estaba en su mano y tocó la carne y el pan sin levadura. Y subió fuego de la roca que consumió la carne y el pan sin levadura. Y el ángel del SEÑOR desapareció[1] de su vista.

22 Al ver Gedeón que era el ángel del SEÑOR, dijo[1]: «¡Ay de mí, Señor DIOS[2]! Porque ahora he visto al ángel del SEÑOR

6:11
Gedeón estaba sacudiendo el trigo en un lagar
El lagar debe haber sido un espacio muy reducido. Gedeón probablemente se sentía más seguro sacudiendo el trigo en secreto que en una zona más abierta.

Mindy McKinny/www.BiblePlaces.com

6:11, 14
Un ángel o el Señor
Ambos términos se usan para describir al visitante. Dios se aparecía en forma humana o angélica en el Antiguo Testamento para comunicarse de forma directa con los seres humanos.

6:15
Gedeón no creía que él pudiera salvar a Israel
La familia de Gedeón era la más pobre de su tribu, y él era uno de los miembros menos importantes de ella. No obstante, el Señor a menudo elige a personas pobres o que no parecen calificadas para llevar a cabo su obra.

6:8 [1] Lit. *de esclavos.*   6:10 [1] Lit. *reverenciarán.*   [2] Lit. *no han escuchado mi voz.*   6:11 [1] O *terebinto.*   [2] O *salvarlo.*   6:13 [1] Lit. *la palma.*   6:14 [1] O *se volvió hacia él.*   [2] Lit. *palma.*   6:15 [1] Lit. *con qué.*   6:16 [1] Lit. *herirás.*   6:19 [1] Lit. *y puso.*   [2] O *terebinto.*   6:21 [1] O *se fue.*   6:22 [1] Lit. *Gedeón dijo.*   [2] Heb. *YHWH,* generalmente traducido *SEÑOR.*

6:17
Gedeón pide una señal

Él quería asegurarse de que el mensaje venía realmente de Dios y todo lo que el mensajero le había dicho se haría realidad. Al Señor le pareció bien darle una señal.

6:25
La familia de Gedeón dividía su adoración entre muchos dioses

La familia de Gedeón adoraba a Dios a la misma vez que a los ídolos paganos. Lamentablemente, esto era algo común en Israel en ese tiempo. Gedeón sabía que tenía sus debilidades y deficiencias, pero Dios le dio valor.

6:36-40
La fe de Gedeón

Gedeón no se sentía confiado de que podía hacer lo que Dios le estaba pidiendo. No obstante, Dios le aseguró su presencia (6:12) y le prometió que lo usaría. También le dio una señal consumiendo su ofrenda con fuego. Ahora Gedeón quería más pruebas y extendió un vellón... dos veces. Dios fue paciente con él y fortaleció su fe y su confianza.

cara a cara». **23** Y el SEÑOR le dijo: «La paz *sea* contigo. No temas; no morirás». **24** Y Gedeón edificó allí un altar al SEÑOR y lo llamó El SEÑOR es Paz[1], el cual permanece en Ofra de Abiezer hasta hoy.

DESTRUCCIÓN DEL ALTAR DE BAAL

25 Aquella misma noche el SEÑOR le dijo: «Toma el novillo de tu padre y otro[1] novillo de siete años. Derriba el altar de Baal que pertenece a tu padre y corta la Asera[2] que está junto a él. **26** Edifica después, en debida forma, un altar al SEÑOR tu Dios sobre la cumbre de este peñasco. Toma el segundo novillo y ofrece holocausto con la leña de la Asera que has cortado». **27** Gedeón tomó diez hombres de sus siervos e hizo como el SEÑOR le había dicho. Pero como temía mucho a la casa de su padre y a los hombres de la ciudad para hacer esto de día, lo hizo de noche.

28 Cuando los hombres de la ciudad se levantaron temprano en la mañana, vieron que el altar de Baal había sido derribado y cortada la Asera que estaba junto a él, y que el segundo novillo había sido ofrecido en el altar que se había edificado. **29** Y se dijeron unos a otros: «¿Quién ha hecho esto?». Y cuando buscaron e investigaron, dijeron: «Gedeón, hijo de Joás, ha hecho esto». **30** Entonces los hombres de la ciudad dijeron a Joás: «Saca a tu hijo para que muera, porque ha derribado el altar de Baal, y también ha cortado la Asera que estaba a su lado».

31 Pero Joás dijo a todos los que estaban contra él: «¿Lucharán ustedes por Baal, o lo librarán? A cualquiera que luche por él, se le dará muerte antes de llegar la mañana. Si es un dios, que luche por sí mismo, porque alguien ha derribado su altar». **32** Por tanto, aquel día Gedeón[1] fue llamado Jerobaal, es decir, que Baal luche contra él, porque había derribado su altar.

33 Todos los madianitas, los amalecitas y los hijos del oriente se reunieron, y cruzaron y acamparon en el valle de Jezreel. **34** Y el Espíritu del SEÑOR vino sobre[1] Gedeón, y *este* tocó la trompeta y los de Abiezer se juntaron para seguirlo. **35** Envió mensajeros por todo Manasés, que también se juntó para seguirlo. Y envió mensajeros a Aser, a Zabulón y a Neftalí, que subieron a su encuentro.

LA PRUEBA DEL VELLÓN

36 Entonces Gedeón dijo a Dios: «Si has de librar a Israel por mi mano, como has dicho, **37** voy a poner un vellón de lana en la era. Si hay rocío solamente en el vellón y toda la tierra queda seca, entonces sabré que librarás a Israel por mi mano, como has dicho». **38** Y así sucedió. Cuando se levantó temprano en la mañana, exprimió el vellón y escurrió el rocío del vellón, un tazón lleno de agua. **39** Y Gedeón dijo a Dios: «No se encienda Tu ira contra mí si hablo otra vez. Te ruego que me permitas hacer otra vez una prueba con el vellón. Que ahora quede seco el vellón y haya rocío en toda la tierra».

6:24 [1] Heb. *Yahweh-shalom.*   6:25 [1] Lit. *y un segundo.*   [2] I.e. deidad femenina.
6:32 [1] Lit. *él.*   6:34 [1] Lit. *revistió a.*

40 Así lo hizo Dios aquella noche, porque solamente quedó seco el vellón y había rocío en toda la tierra.

EL EJÉRCITO DE GEDEÓN REDUCIDO

7 Jerobaal, es decir, Gedeón, se levantó temprano y todo el pueblo que *estaba* con él, y acamparon junto a la fuente de Harod[1]. El campamento de Madián estaba al norte de ellos[2], *cerca* de la colina de More, en el valle.

2 Y el SEÑOR dijo a Gedeón: «El pueblo que está contigo es demasiado numeroso para que Yo entregue a Madián en sus manos; no sea que Israel se vuelva orgulloso[1], y diga: "Mi propia fortaleza[2] me ha librado". **3** Ahora pues[1], proclama a oídos del pueblo: "Cualquiera que tenga miedo y tiemble, que regrese y se vaya del monte Galaad"». Y 22,000 personas regresaron, pero quedaron 10,000.

4 Entonces el SEÑOR dijo a Gedeón: «Todavía el pueblo es demasiado numeroso. Hazlos bajar al agua y allí te los probaré. Y será que de quien Yo te diga: "Este irá contigo", ese irá contigo. Pero todo aquel de quien Yo te diga: "Este no irá contigo", ese no irá». **5** E hizo bajar el pueblo al agua. Y el SEÑOR dijo a Gedeón: «Pondrás a un lado a todo aquel que lame el agua con su lengua, como lame el perro, y a todo el que se arrodilla para beber». **6** Y fue el número de los que lamieron, poniendo la mano a su boca, 300 hombres. Pero todo el resto del pueblo se arrodilló para beber.

7 El SEÑOR dijo entonces a Gedeón: «Los salvaré con los 300 hombres que lamieron el agua y entregaré a los madianitas en tus manos. Que todos los *demás* del pueblo se vayan, cada uno a su casa[1]». **8** Y los 300 hombres tomaron en sus manos las provisiones del pueblo y sus trompetas. Y *Gedeón* envió a todos los *demás* hombres de Israel, cada uno a su tienda, pero retuvo a los 300 hombres. El campamento de Madián le quedaba abajo en el valle.

9 Aquella misma noche, el SEÑOR le dijo a Gedeón: «Levántate, desciende contra el campamento porque lo he entregado en tus manos. **10** Pero si tienes temor de descender, baja al campamento con tu criado Fura, **11** y oirás lo que dicen. Entonces tus manos serán fortalecidas para descender contra el campamento». Y descendió con su criado Fura hasta los puestos avanzados del ejército[1] que *estaban* en el campamento. **12** Los madianitas, los amalecitas y todos los hijos del oriente estaban recostados en el valle, numerosos como langostas; y sus camellos eran innumerables, tan numerosos como la arena a la orilla del mar.

13 Cuando Gedeón llegó *allí*, un hombre estaba contando un sueño a su amigo: «Escuchen, tuve[1] un sueño. Un pan de cebada iba rodando hasta el campamento de Madián, y llegó hasta la tienda y la golpeó de manera que cayó, y la volcó de arriba abajo[2] y la tienda quedó extendida». **14** Su amigo le

7:5-7
La importancia de la forma en que los hombres tomaron agua
La prueba de beber el agua fue simplemente una manera que Dios usó para reducir el número del ejército a trescientos hombres. Nada indica que ellos fueran los mejores luchadores. Dios simplemente escogió a este pequeño grupo de soldados para mostrar que era él quien les daba la victoria.

© swissmediavision/Getty Images

7:13-14
Escuchó por casualidad el sueño
Cuando Gedeón escuchó sobre este sueño, se dio cuenta de que los madianitas les tenían miedo a los israelitas. Dios usó esto para convencerlo de que les daría la victoria.

7:1 [1] O *junto a En Harod*.   [2] Lit. *él*.   7:2 [1] Lit. *se gloríe contra mí*.   [2] Lit. *mano*.
7:3 [1] Lit. *Y ahora te ruego*.   7:7 [1] Lit. *lugar*.   7:11 [1] Lit. *la extremidad del frente de batalla*.   7:13 [1] Lit. *soñé*.   [2] Lit. *hacia arriba*.

7:15
Gedeón podía entender su idioma

Aunque el idioma de los madianitas no era idéntico al de los israelitas, había suficiente similitud para que Gedeón pudiera entender su conversación.

7:19
La guardia de medianoche

Los israelitas dividían la noche en tres guardias de cuatro horas cada una. La guardia de medianoche debía ser desde las 10:00 p. m. hasta las 2:00 a. m.

respondió: «Esto no es otra cosa que la espada de Gedeón, hijo de Joás, varón de Israel. Dios ha entregado en su mano a Madián y a todo el campamento».

15 Cuando Gedeón oyó el relato del sueño y su interpretación, se inclinó y adoró. Volvió al campamento de Israel, y dijo: «Levántense, porque el SEÑOR ha entregado en manos de ustedes el campamento de Madián». 16 Y dividió los 300 hombres en tres compañías[1], y puso trompetas y cántaros vacíos en las manos de todos ellos, con antorchas dentro de los cántaros. 17 «Mírenme», les dijo, «y hagan lo mismo que yo. Y cuando yo llegue a las afueras del campamento, como yo haga, así harán ustedes. 18 Cuando yo y todos los que estén conmigo toquemos la trompeta, entonces también ustedes tocarán las trompetas alrededor de todo el campamento, y digan: "Por el SEÑOR y por Gedeón"».

DERROTA DE LOS MADIANITAS

19 Gedeón llegó con los 100 hombres que estaban con él a las afueras del campamento, al principio de la guardia de medianoche, cuando apenas habían apostado la guardia. Entonces tocaron las trompetas y rompieron los cántaros que tenían en las manos. 20 Cuando las tres compañías tocaron las trompetas, rompieron los cántaros, y sosteniendo las antorchas en la mano izquierda y las trompetas en la mano derecha para tocarlas, gritaron: «¡La espada del SEÑOR y de Gedeón!». 21 Cada uno se mantuvo en su lugar alrededor del campamento; y todo el ejército[1] de los madianitas echó a correr gritando mientras huían.

22 Cuando tocaron las 300 trompetas, el SEÑOR puso la espada del uno contra el otro por todo el campamento; y el ejército huyó hasta Bet Sita, en dirección de Zerera, hasta la orilla de Abel Mehola, junto a Tabat. 23 Y los hombres de Israel se reunieron, de Neftalí, de Aser y de todo Manasés, y persiguieron a los madianitas[1].

24 Gedeón envió mensajeros por toda la región montañosa de Efraín y dijo: «Desciendan contra[1] Madián y tomen los vados antes que ellos[2], hasta Bet Bara y el Jordán». Y todos los hombres de Efraín se reunieron y tomaron los vados[2] hasta Bet Bara y el Jordán. 25 Y capturaron a los dos jefes de Madián, Oreb y Zeeb. Mataron a Oreb en la peña de Oreb y mataron a Zeeb en el lagar

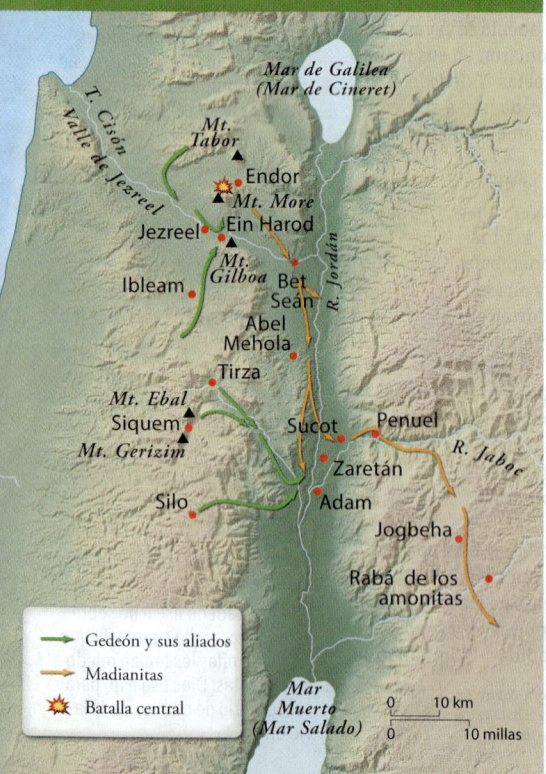

LAS BATALLAS DE GEDEÓN

Mar de Galilea
(Mar de Cineret)

T. Cisón
Valle de Jezreel

Mt. Tabor

Endor
Mt. More
Ein Harod
Jezreel
Mt. Gilboa
Ibleam
Bet Seán
R. Jordán
Abel Mehola
Tirza
Mt. Ebal
Siquem
Mt. Gerizim
Sucot
Penuel
R. Jaboc
Zaretán
Silo
Adam
Jogbeha
Rabá de los amonitas

Mar Muerto
(Mar Salado)

→ Gedeón y sus aliados
→ Madianitas
✷ Batalla central

0   10 km
0   10 millas

7:16 [1] Lit. *cabezas.*　　7:21 [1] O *campamento.*
7:23 [1] Lit. *a Madián.*　　7:24 [1] Lit. *al encuentro de.*　[2] Lit. *los vados de las aguas.*

de Zeeb, cuando perseguían a Madián, y le llevaron a Gedeón las cabezas de Oreb y Zeeb, del otro lado del Jordán.

DERROTA DE ZEBA Y ZALMUNA

8 Entonces los hombres de Efraín le dijeron: «¿Qué es esto que nos has hecho, al no llamarnos cuando fuiste a pelear contra Madián?». Y lo criticaron duramente. **2** Pero él les dijo: «¿Qué he hecho yo ahora en comparación con ustedes? ¿No es mejor el rebusco de Efraín que la vendimia de Abiezer? **3** Dios ha entregado en manos de ustedes a los jefes de Madián, Oreb y Zeeb; ¿y qué pude hacer yo en comparación con ustedes?». Entonces se aplacó la ira[1] de ellos contra él cuando dijo esto[2].

4 Gedeón y los 300 hombres que *iban* con él llegaron al Jordán y lo cruzaron, cansados, pero continuando la persecución. **5** Entonces Gedeón dijo a los hombres de Sucot: «Les ruego que den pan[1] a la gente que me sigue, porque están cansados, y estoy persiguiendo a Zeba y a Zalmuna, reyes de Madián». **6** Pero los jefes de Sucot dijeron: «¿Están ya las manos[1] de Zeba y Zalmuna en tu poder[2] para que demos pan a tu ejército?». **7** Gedeón respondió: «Muy bien[1], cuando el SEÑOR haya entregado en mi mano a Zeba y a Zalmuna, trillaré[2] las carnes de ustedes con espinos y cardos del desierto».

8 De allí subió Gedeón a Peniel, y les habló de la misma manera; y los hombres de Peniel le respondieron tal como los de Sucot le habían contestado. **9** Y habló también a los hombres de Peniel: «Cuando yo vuelva sano y salvo[1], derribaré esta torre». **10** Ahora bien, Zeba y Zalmuna estaban en Carcor, y sus ejércitos[1] con ellos, unos 15,000 hombres, los que habían quedado de todo el ejército[2] de los hijos del oriente. Porque los que habían caído eran 120,000 hombres que sacaban espada.

11 Gedeón subió por el camino de los que habitaban en tiendas al este de Noba y Jogbeha, y atacó[1] el campamento cuando el campamento estaba desprevenido[2]. **12** Cuando Zeba y Zalmuna huyeron, los persiguió. Capturó a los dos reyes de Madián, Zeba y Zalmuna, y llenó de terror a todo el ejército[1].

13 Después Gedeón, hijo de Joás, volvió de la batalla por la subida a Heres[1]. **14** Y capturó a un joven de[1] Sucot y lo interrogó. Entonces *el joven* le dio por escrito *los nombres de* los príncipes de Sucot y de sus ancianos, setenta y siete hombres. **15** Entonces Gedeón fue a los hombres de Sucot y les dijo: «Aquí están Zeba y Zalmuna, acerca de los cuales ustedes me injuriaron, diciendo: "¿Están ya las manos[1] de Zeba y Zalmuna en tu mano para que demos pan a tus hombres que están fatigados?"». **16** Entonces tomó a los ancianos de la ciudad, y espinos del desierto y cardos, y con ellos castigó a[1] los hombres de Sucot. **17** Derribó la torre de Peniel y mató a los hombres de la ciudad.

18 Después dijo a Zeba y a Zalmuna: «¿Qué clase de hombres *eran* los que ustedes mataron en Tabor?». «Eran como

7:24

El significado de «tomar los vados»

Las personas comúnmente usaban el río como una ruta de escape durante una guerra. Si los israelitas tomaban el control del río y sabían por dónde este podía ser cruzado, serían capaces de detener a los madianitas en su fuga.

8:6, 8

Algunas ciudades se negaron a ayudar a sus compatriotas israelitas

El ejército de Gedeón era tan pequeño que la gente no creía que ellos podían brindar protección y seguridad duraderas. Las personas de esas ciudades pensaron que estarían más seguras si mantenían buenas relaciones con los madianitas.

8:16

La lección de los espinos del desierto y los cardos

El pueblo de Sucot aprendió a apoyar a Gedeón cuando vieron a sus ancianos sufrir una muerte dolorosa al ser azotados con látigos de espinos y cardos.

8:17

Castigo extremo

Gedeón había prometido que la gente de Sucot y Peniel sufrirían severas consecuencias por no haberlo ayudado. Negarse a brindarle ayuda en la batalla fue equivalente a cometer una traición.

8:3 [1] Lit. *el espíritu.*   [2] Lit. *esta palabra.*   8:5 [1] Lit. *tortas de pan.*
8:6 [1] Lit. *¿Está la palma.*   [2] Lit. *tus manos.*   8:7 [1] Lit. *Porque así.*   [2] U *hollaré.*
8:9 [1] O *en paz.*   8:10 [1] O *campamentos.*   [2] O *campamento.*   8:11 [1] Lit. e
hirió.   [2] O *seguro.*   8:12 [1] O *campamento.*   8:13 [1] O *antes de subir el*
sol.   8:14 [1] Lit. *un joven de los hombres de.*   8:15 [1] Lit. *¿Está la palma.*
8:16 [1] Lit. *hizo que conocieran.*

8:21
Adornos
Los adornos eran collares en forma de medialuna en honor al dios popular de la luna.

A. D. Riddle/www.BiblePlaces.com, tomada en el Museo de Israel

8:27
El efod de Gedeón
Pudo haber sido un atuendo o una estatua que hizo con los anillos de oro. El problema no era el efod en sí mismo, sino el hecho de que la gente haya comenzado a adorarlo.

8:30
Gedeón tuvo muchas esposas
Él ahora era visto como un héroe entre los israelitas, así que pudo casarse con varias mujeres. Aunque esta práctica era común en los tiempos del Antiguo Testamento, ese no era el plan de Dios para el matrimonio y muchas veces ocasionaba problemas familiares.

tú», respondieron ellos, «cada uno parecía hijo[1] de rey». [19] «*Eran* mis hermanos», dijo él, «hijos de mi madre. Vive el SEÑOR, que si los hubieran dejado con vida, yo no les quitaría la vida a ustedes». [20] Y dijo a Jeter su primogénito: «Levántate y mátalos». Pero el joven no sacó la espada porque tenía temor, pues todavía era muchacho. [21] Entonces Zeba y Zalmuna dijeron: «Levántate tú y cae sobre nosotros; porque como es el hombre, así es su fortaleza[1]». Y se levantó Gedeón y mató a Zeba y a Zalmuna, y tomó los adornos de media luna que sus camellos llevaban al cuello.

ÚLTIMOS AÑOS DE GEDEÓN

[22] Los hombres de Israel le dijeron a Gedeón: «Reina sobre nosotros, tú y tus hijos, y también el hijo de tu hijo, porque nos has librado de la mano de Madián». [23] Pero Gedeón les respondió: «No reinaré sobre ustedes, ni tampoco reinará sobre ustedes mi hijo. El SEÑOR reinará sobre ustedes».

[24] «Quisiera pedirles[1]», Gedeón les dijo, «que cada uno de ustedes me dé un zarcillo[2] de su botín» (pues tenían zarcillos de oro, porque eran ismaelitas). [25] «De cierto *te los* daremos», dijeron ellos. Y tendieron un manto, y cada uno de ellos echó allí un zarcillo de su botín.

[26] El peso de los zarcillos de oro que él pidió fue de 1,700 *siclos* (19.4 kilos) de oro, sin contar los adornos de media luna, los pendientes y los vestidos de púrpura que *llevaban* los reyes de Madián y sin contar los collares que *llevaban* sus camellos al cuello. [27] Gedeón hizo de ello un efod, y lo colocó en Ofra, su ciudad, con el cual todo Israel se prostituyó allí, y esto vino a ser ruina[1] para Gedeón y su casa. [28] Pero Madián fue sometido delante de los israelitas, y ya no volvieron a levantar cabeza. Y el país tuvo descanso por cuarenta años en los días de Gedeón.

[29] Entonces Jerobaal, hijo de Joás, fue y habitó en su casa. [30] Y tuvo setenta hijos que fueron sus descendientes directos[1], porque tuvo muchas mujeres. [31] La concubina que *tenía* en Siquem también le dio un hijo, y le puso por nombre Abimelec. [32] Gedeón, hijo de Joás, murió a una edad avanzada y fue sepultado en el sepulcro de su padre Joás, en Ofra de los abiezeritas.

[33] Al morir Gedeón, los israelitas volvieron a prostituirse con los Baales e hicieron a Baal Berit su dios. [34] Así que los israelitas se olvidaron del SEÑOR su Dios que los había librado de manos de todos sus enemigos en derredor. [35] Tampoco mostraron bondad a la casa de Jerobaal, *es decir*, Gedeón, conforme a todo el bien que él había hecho a Israel.

CONSPIRACIÓN DE ABIMELEC

9 Abimelec, hijo de Jerobaal, fue a Siquem, a los parientes[1] de su madre, y les dijo a ellos y a toda la familia de la casa

8:18 [1] Lit. *como la apariencia de hijos.*　　8:21 [1] O *valentía.*
8:24 [1] Lit. *pedirles una petición.*　　[2] O *una nariguera, y así en los vers.*
25 y 26.　　8:27 [1] Lit. *trampa.*　　8:30 [1] Lit. *que vinieron de sus lomos.*
9:1 [1] Lit. *hermano(s), y así en el resto del cap.*

del padre de su madre: **2** «Hablen ahora a oídos de todos los habitantes[1] de Siquem: "¿Qué es mejor para ustedes, que todos los hijos de Jerobaal, setenta hombres, reinen sobre ustedes, o que reine sobre ustedes un solo hombre?". Además, acuérdense que yo soy hueso y carne de ustedes».

3 Y los parientes de su madre hablaron todas estas palabras por él a oídos de todos los habitantes de Siquem. Y ellos se inclinaron a seguir a[1] Abimelec, porque dijeron: «Es pariente nuestro». **4** Le dieron setenta *piezas* de plata de la casa de Baal Berit, con las cuales Abimelec tomó a sueldo hombres indignos y temerarios que lo siguieron. **5** Luego fue a la casa de su padre en Ofra y sobre una piedra mató a sus hermanos, los hijos de Jerobaal, setenta hombres. Pero Jotam, el hijo menor de Jerobaal, se libró[1] porque se escondió. **6** Y se reunieron todos los habitantes de Siquem y todo Bet Milo[1], y fueron e hicieron rey a Abimelec, junto a la encina[2] del pilar que había en Siquem.

7 Cuando se lo informaron a Jotam, fue y se paró en la cumbre del monte Gerizim, y alzando su voz, clamó y les dijo: «Escúchenme, habitantes de Siquem, para que los oiga Dios. **8** Una vez los árboles fueron a ungir un rey sobre ellos, y dijeron al olivo: "Reina sobre nosotros".

9 »Pero el olivo les respondió: "¿He de dejar mi aceite[1] con el cual[2] se honra a Dios y a los hombres, para ir a ondear sobre los árboles?".

10 »Entonces los árboles dijeron a la higuera: "Ven, reina sobre nosotros".

11 »Pero la higuera les respondió: "¿He de dejar mi dulzura y mi buen fruto, para ir a ondear sobre los árboles?".

12 »Después los árboles dijeron a la vid: "Ven tú, reina sobre nosotros".

13 »Pero la vid les respondió: "¿He de dejar mi vino nuevo, que alegra a Dios y a los hombres, para ir a ondear sobre los árboles?".

14 »Dijeron entonces todos los árboles a la zarza: "Ven tú, reina sobre nosotros".

15 »Y la zarza dijo a los árboles: "Si en verdad[1] me ungen por rey sobre ustedes, vengan y refúgiense a mi sombra; y si no, salga fuego de la zarza y consuma los cedros del Líbano".

16 »Ahora pues, si ustedes han procedido con verdad[1] e integridad al hacer rey a Abimelec, y si han procedido bien con Jerobaal y su casa, y si han procedido con él como él merecía[2] **17** (pues mi padre peleó por ustedes, y arriesgó su vida[1] y los libró de la mano de Madián, **18** pero ustedes se han rebelado hoy contra la casa de mi padre y han matado a sus hijos, setenta hombres, sobre una piedra, y han hecho rey sobre los habitantes de Siquem a Abimelec, el hijo de su sierva, porque es pariente de ustedes), **19** si han, pues, procedido hoy en verdad[1] e integridad *para* con Jerobaal y su casa, regocíjense en Abimelec, y que él también se regocije

9:7
El mensaje de Jotam desde el monte

Para protegerse de ser asesinado, Jotam escaló la ladera del monte Gerizim, probablemente gritando desde la cima de un acantilado o desde un escondite detrás de algunas rocas o una cueva. Las paredes del valle pueden haber amplificado su voz.

9:8-15
El significado de la historia de Jotam

La zarza dañina representa a Abimelec. Aunque los árboles, que representan a los siquemitas, querían que la zarza fuera el rey, ellos se arrepentirían de su decisión. Jotam dijo que el olivo, la higuera y la vid habrían sido mejores reyes. Al menos podían haber brindado olivas, higos y vino para el pueblo.

9:2 [1] O *jefes* heb. *baalim*, y así en el resto del cap.   9:3 [1] Lit. *sus corazones se inclinaron tras.*   9:5 [1] O *quedó.*   9:6 [1] O *toda la casa de Milo.*   [2] O *al terebinto.*   9:9 [1] Lit. *grosura.*   [2] Lit. *con el cual por mí.*   9:15 [1] O *sinceridad.*   9:16 [1] O *sinceridad.*   [2] Lit. *conforme al proceder de sus manos.*   9:17 [1] Lit. *echó su alma por delante.*   9:19 [1] O *sinceridad.*

9:20
Predicción de incendio

Esta era una predicción de que Abimelec y el pueblo de Siquem terminarían destruyéndose uno al otro por medio del fuego. La maldición de Jotam se hizo realidad tres años más tarde. (Ver los versículos 49 y 57).

9:22-24, 45
Siquem estaba dividida por demasiados conflictos

Se suponía que Siquem sería una ciudad de refugio, un lugar seguro para los que estaban acusados de un crimen o una muerte accidental, pero se convirtió en un sitio lleno de violencia a causa del pueblo que vivía allí.

© 1995 por Phoenix Data Systems

en ustedes. **20** Y si no, salga fuego de Abimelec y consuma a los habitantes de Siquem y de Bet Milo*. Y salga fuego de los habitantes de Siquem y de Bet Milo* y consuma a Abimelec». **21** Entonces Jotam escapó y huyó, y se fue a Beer y permaneció allí a causa de su hermano Abimelec.

REINADO DE ABIMELEC

22 Abimelec reinó tres años sobre Israel. **23** Pero Dios envió un espíritu de discordia entre Abimelec y los habitantes de Siquem; y los habitantes de Siquem procedieron pérfidamente con Abimelec, **24** para que viniera la violencia hecha a los* setenta hijos de Jerobaal, y recayera la sangre de ellos sobre su hermano Abimelec que los mató, y sobre los habitantes de Siquem que fortalecieron las manos de él para matar a sus hermanos. **25** Los habitantes de Siquem pusieron emboscadas* contra él en las cumbres de los montes y robaban a todos los que pasaban cerca de ellos por el camino; y se lo hicieron saber a Abimelec.

26 Gaal, hijo de Ebed, vino con sus parientes, y pasaron a Siquem; y los habitantes de Siquem pusieron su confianza en él. **27** Y salieron al campo y vendimiaron sus viñedos, pisaron las uvas e hicieron fiesta. Y entrando a la casa de su dios, comieron y bebieron y maldijeron a Abimelec. **28** Entonces Gaal, hijo de Ebed, dijo: «¿Quién es Abimelec y quién es Siquem para que le sirvamos? ¿No es acaso hijo de Jerobaal, y *no es* Zebul su oficial*? Sirvan a los hombres de Hamor, padre de Siquem; pero ¿por qué hemos de servirle a él? **29** ¡Quién pusiera este pueblo en mis manos! Entonces yo quitaría a Abimelec». Diría a Abimelec: «Aumenta tu ejército, y sal».

30 Cuando Zebul, gobernante de la ciudad, oyó las palabras de Gaal, hijo de Ebed, se encendió en ira. **31** Y envió secretamente mensajeros a Abimelec, diciendo: «Gaal, hijo de Ebed, y sus parientes han venido a Siquem, y están alborotando* a la ciudad contra ti. **32** Ahora pues, levántate de noche, tú y el pueblo que está contigo, y pon emboscada en el campo. **33** Y en la mañana, en cuanto salga el sol, te levantarás temprano y atacarás la ciudad. Entonces, cuando Gaal y el pueblo que está con él salga contra ti, harás con ellos lo que te venga a mano».

34 Abimelec y todo el pueblo que *estaba* con él, se levantaron de noche y pusieron emboscada contra Siquem con cuatro compañías*. **35** Gaal, hijo de Ebed, salió y se paró a la entrada de la puerta de la ciudad. Y Abimelec y el pueblo que *estaba* con él salieron de la emboscada. **36** Al ver Gaal a la gente, dijo a Zebul: «Mira, viene gente bajando de las cumbres de los montes». «Estás viendo la sombra de los montes como *si fueran* hombres», le dijo Zebul.

9:20 *¹ O la casa de Milo.*   9:24 ¹ Lit. *de los.*   9:25 ¹ Lit. *asechadores.*
9:28 ¹ O *supervisor.*   9:31 ¹ Lit. *sitiando.*   9:34 ¹ Lit. *cabezas,* y así en el resto del cap.

37 Pero Gaal volvió a hablar y dijo: «Veo gente que baja de la parte más alta[1] de la tierra, y una compañía viene por el camino de la encina[2] de los adivinos[3]». **38** Entonces Zebul le dijo: «¿Dónde está ahora tu jactancia[1] con la cual decías: "¿Quién es Abimelec para que le sirvamos?"? ¿No es este el pueblo que despreciabas? Ahora pues, sal y pelea contra él».

39 Y salió Gaal delante de los habitantes de Siquem y peleó contra Abimelec. **40** Abimelec lo persiguió pero Gaal[1] huyó delante de él. Y muchos cayeron heridos hasta la entrada de la puerta. **41** Y Abimelec se quedó en Aruma, pero Zebul expulsó a Gaal y a sus parientes para que no se quedaran en Siquem.

CAPTURA DE SIQUEM

42 Al día siguiente el pueblo salió al campo, y se lo hicieron saber a Abimelec. **43** Y él tomó a su[1] gente, la dividió en tres compañías y puso emboscadas en el campo. Cuando miró y vio al pueblo salir de la ciudad, se levantó contra ellos y los mató[2]. **44** Entonces Abimelec y la compañía[1] que *estaba* con él se lanzaron con ímpetu y se situaron a la entrada de la puerta de la ciudad, y las otras dos compañías se lanzaron contra todos los que *estaban* en el campo y los mataron[2]. **45** Y peleó Abimelec contra la ciudad todo aquel día, capturó la ciudad y mató a la gente que *había* en ella. Entonces arrasó la ciudad y la sembró de sal.

46 Al oír *esto* todos los habitantes de la torre de Siquem, se metieron en la fortaleza[1] del templo[2] de El Berit[3]. **47** Y le informaron a Abimelec que todos los habitantes de la torre de Siquem estaban reunidos. **48** Abimelec subió entonces al monte Salmón, él y toda la gente que *estaba* con él; y tomando Abimelec un hacha[1] en su mano, cortó una rama de los árboles, la levantó y *la* puso sobre su hombro. Y dijo a la gente que *estaba* con él: «Lo que me han visto hacer, apresúrense y hagan lo mismo[2]». **49** Y todo el pueblo cortó también cada uno su rama y siguió a Abimelec, y *las* pusieron sobre la fortaleza[1]; prendieron fuego a la fortaleza[1] sobre los que estaban *adentro*, y murieron también todos los[2] de la torre de Siquem, como 1,000 hombres y mujeres.

MUERTE DE ABIMELEC

50 Después Abimelec fue a Tebes, la sitió[1] y la tomó. **51** Pero había una torre fortificada en el centro de la ciudad, y todos los hombres y mujeres, todos los habitantes de la ciudad, huyeron allí, se encerraron y subieron al techo de la torre. **52** Abimelec vino a la torre, la atacó y se acercó a la entrada de la torre para prenderle fuego. **53** Pero una mujer arrojó una rueda de molino sobre la cabeza de Abimelec rompiéndole el cráneo. **54** Entonces él llamó apresuradamente al muchacho que era su escudero, y le dijo: «Saca tu espada y mátame, no sea

9:52-53
Defensa desde la torre
Si bien los hombres usaban arcos y flechas, las mujeres también ayudaron a defender la torre arrojando pesadas piedras sobre los atacantes.

9:37 [1] O *del centro.*   [2] O *el terebinto.*   [3] Heb. *Elommeonenim.*   9:38 [1] Lit. *boca.*   9:40 [1] Lit. *él.*   9:43 [1] Lit. *la.*   9:44 [1] Lit. *las cabezas*; singular en la versión gr. (sept.).   [2] Lit. *hirieron.*   9:46 [1] Lit. *cámara interna.*   [2] Lit. *de la casa.*   [3] I.e. del dios Berit.   9:48 [1] Lit. *las hachas.*   [2] Lit. *como yo.*   9:49 [1] Lit. *cámara interna.*   [2] Lit. *toda la gente.*   9:50 [1] Lit. *sitió a Tebes.*

que se diga de mí: "Una mujer lo mató"». Y el[1] muchacho lo traspasó, y murió. **55** Cuando los hombres de Israel vieron que Abimelec había muerto, cada cual se fue para su casa[1]. **56** Así pagó Dios a Abimelec por la maldad que había hecho a su padre al matar a sus setenta hermanos. **57** Dios también hizo volver sobre sus cabezas toda la maldad de los hombres de Siquem, y vino sobre[1] ellos la maldición de Jotam, hijo de Jerobaal.

TOLA Y JAIR, JUECES DE ISRAEL

10 Después de *la muerte de* Abimelec para salvar a Israel se levantó Tola, hijo de Puá, hijo de Dodo, varón de Isacar. Y habitó en Samir, en la región montañosa de Efraín. **2** Tola juzgó a Israel veintitrés años. Y murió y fue sepultado en Samir. **3** Y tras él se levantó Jair el galaadita, y juzgó a Israel veintidós años. **4** *Este* tuvo treinta hijos que cabalgaban en treinta asnos, y tenían treinta ciudades en[1] la tierra de Galaad que se llaman Havot Jair[2] hasta hoy. **5** Y murió Jair, y fue sepultado en Camón.

OPRESIÓN AMONITA

6 Pero los israelitas volvieron a hacer lo malo ante los ojos del SEÑOR. Sirvieron a los Baales, a Astarot, a los dioses de Aram, a los dioses de Sidón, a los dioses de Moab, a los dioses de los amonitas y a los dioses de los filisteos. Abandonaron, pues, al SEÑOR y no le sirvieron. **7** Entonces se encendió la ira del SEÑOR contra Israel, y los entregó en manos de los filisteos y en manos de los amonitas. **8** Y ellos afligieron[1] y quebrantaron a los israelitas ese año. Y por dieciocho años *oprimieron* a todos los israelitas que *estaban* al otro lado del Jordán, en Galaad, en la tierra de los amorreos. **9** Los amonitas cruzaron el Jordán para pelear también contra Judá, contra Benjamín y contra la casa de Efraín, y se angustió Israel en gran manera.

10 Entonces los israelitas clamaron al SEÑOR: «Hemos pecado contra Ti, porque ciertamente hemos abandonado a nuestro Dios y hemos servido a los Baales». **11** Y el SEÑOR respondió a los israelitas: «¿No *los libré* Yo de los egipcios, de los amorreos, de los amonitas y de los filisteos? **12** Cuando los sidonios, los amalecitas y los maonitas[1] los oprimían, clamaron a Mí, y Yo los libré de sus manos. **13** Pero ustedes me han dejado y han servido a otros dioses. Por tanto, no los libraré más. **14** Vayan y clamen a los dioses que han escogido; que ellos los libren en el tiempo de su aflicción».

15 Los israelitas respondieron al SEÑOR: «Hemos pecado, haz con nosotros como bien te parezca. Solo te rogamos que nos libres en este día». **16** Y quitaron los dioses extranjeros de en medio de ellos y sirvieron al SEÑOR. Y Él no pudo soportar más[1] la angustia de Israel.

17 Entonces los amonitas se reunieron y acamparon en Galaad, y los israelitas se juntaron y acamparon en Mizpa. **18** Y el pueblo, los jefes de Galaad, se dijeron unos a otros:

10:4
El significado de treinta hijos, treinta asnos y treinta ciudades
Esto mostraba lo rico y poderoso que era Jair. Montar un asno era una marca de prestigio y poder.

10:6
¡Los israelitas seguían repitiendo los mismos errores!
Aunque el Señor los había salvado en repetidas ocasiones, ellos recaían en los viejos patrones y comenzaban a adorar a los dioses de sus vecinos, los cananeos. No podían resistir la tentación de adorar a los dioses falsos.

9:54 [1] Lit. *su.*   9:55 [1] Lit. *lugar.*   9:57 [1] Lit. *a.*   10:4 [1] Lit. *las cuales están en.*   [2] I.e. las aldeas de Jair.   10:8 [1] Lit. *destrozaron.*   10:12 [1] Algunos mss. de la versión gr. (sept.) dicen: *madianitas.*   10:16 [1] Lit. *y su alma se acortó por.*

«¿Quién es el hombre que comenzará la batalla contra los amonitas? Él será caudillo de todos los habitantes de Galaad».

JEFTÉ LIBRA A ISRAEL

11 Jefté el galaadita era un guerrero valiente[1], hijo de una ramera. Galaad era el padre de[2] Jefté. **2** Y la mujer de Galaad le dio hijos. Y cuando los hijos de su mujer crecieron, echaron fuera a Jefté, y le dijeron: «No tendrás heredad en la casa de nuestro padre, porque eres hijo de otra mujer». **3** Jefté huyó de sus hermanos y habitó en la tierra de Tob. Y hombres indignos se juntaron con[1] Jefté y salían con él.

4 Después de cierto tiempo sucedió que los amonitas pelearon contra Israel. **5** Y cuando los amonitas pelearon contra Israel, los ancianos de Galaad fueron a traer a Jefté de la tierra de Tob. **6** Y dijeron a Jefté: «Ven y sé nuestro jefe para que peleemos contra los amonitas». **7** Entonces Jefté contestó a los ancianos de Galaad: «¿No me odiaron y me echaron de la casa de mi padre? ¿Por qué, pues, han venido a mí ahora cuando están en apuros?».

8 Y los ancianos de Galaad dijeron a Jefté: «Por esta causa hemos vuelto a ti: para que vengas con nosotros y pelees contra los amonitas y seas jefe sobre todos los habitantes de Galaad». **9** Jefté respondió a los ancianos de Galaad: «Si me hacen volver para pelear contra los amonitas y el SEÑOR me[1] los entrega, ¿seré yo el jefe de ustedes?». **10** Y los ancianos de Galaad dijeron a Jefté: «El SEÑOR es testigo[1] entre nosotros. Ciertamente haremos como has dicho[2]». **11** Entonces Jefté fue con los ancianos de Galaad, y el pueblo lo hizo cabeza y jefe sobre ellos. Y Jefté habló todas sus palabras delante del SEÑOR en Mizpa.

12 Y envió Jefté mensajeros al rey de los amonitas para que le dijeran: «¿Qué hay entre usted y yo[1], que ha venido a mí para pelear contra mi tierra?». **13** El rey de los amonitas dijo a los mensajeros de Jefté: «Porque Israel tomó mi tierra, cuando subieron de Egipto, desde el Arnón hasta el Jaboc y el Jordán; por tanto devuélvela ahora en paz».

14 Pero Jefté volvió a enviar mensajeros al rey de los amonitas, **15** que le dijeron: «Así dice Jefté: "Israel no tomó la tierra de Moab, ni la tierra de los amonitas.

16 "Porque cuando subieron de Egipto, e Israel pasó por el desierto hasta el mar Rojo[1] y llegó a Cades, **17** entonces Israel envió mensajeros al rey de Edom diciéndole: 'Permítanos, le rogamos, pasar por su tierra', pero el rey de Edom no los escuchó. También enviaron *mensajeros* al rey de Moab pero él no consintió, así que Israel permaneció en Cades. **18** Luego atravesaron el desierto y rodearon la tierra de Edom y de Moab, llegaron al lado oriental de la tierra de Moab y acamparon al otro lado del Arnón; pero no entraron en el territorio de Moab, porque el Arnón *era* la frontera de Moab.

19 "Entonces Israel envió mensajeros a Sehón, rey de los amorreos, rey de Hesbón, y le dijo Israel: 'Permítanos, le rogamos, pasar por su tierra a nuestro lugar'. **20** Pero Sehón

11:4-6
Un marginado se convierte en el siguiente líder
Como estaban en medio de una crisis, los ancianos no se preocuparon demasiado por la historia de vida cuestionable de Jefté. Él había demostrado ser un buen líder. Así que cuando nadie más se ofreció como líder, los ancianos lo reclutaron. (Ver 10:17-18).

11:1 [1] O *poderoso hombre de valor.*   [2] Lit. *engendró a.*   11:3 [1] Lit. *a.*
11:9 [1] Lit. *delante de mí.*   11:10 [1] Lit. *oyente.*   [2] Lit. *conforme a tu palabra.*
11:12 [1] Lit. *Qué a mí y a ti.*   11:16 [1] Lit. *Mar de Cañas.*

no confió en Israel para darle paso por su territorio. Reunió, pues, Sehón a todo su pueblo y acampó en Jahaza, y peleó contra Israel. **21** El SEÑOR, Dios de Israel, entregó a Sehón y a todo su pueblo en manos de Israel, y los derrotaron[1], e Israel tomó posesión de toda la tierra de los amorreos, los habitantes de esa región.

22 ”Y poseyeron todo el territorio de los amorreos desde el Arnón hasta el Jaboc, y desde el desierto hasta el Jordán. **23** Puesto que el SEÑOR, Dios de Israel, expulsó[1] a los amorreos de delante de su pueblo Israel, ¿va usted a poseerla?

24 ”¿No posee usted lo que Quemos, su dios, le ha dado para poseer? De modo que todo el territorio que el SEÑOR nuestro Dios ha desposeído delante de nosotros, lo poseeremos. **25** Ahora pues, ¿es usted mejor que Balac, hijo de Zipor, rey de Moab? ¿Acaso luchó él con Israel, o acaso peleó contra ellos?

26 ”Mientras Israel habitaba en Hesbón y sus pueblos, y en Aroer y sus aldeas, y en todas las ciudades que están a orillas del Arnón por 300 años, ¿por qué no las recuperó durante ese tiempo? **27** Por tanto, yo no he pecado contra usted, pero usted me está haciendo mal al hacer guerra contra mí. Que el SEÑOR, el Juez, juzgue hoy entre los israelitas y los amonitas”». **28** Pero el rey de los amonitas no hizo caso al mensaje[1] que Jefté le envió.

VOTO Y VICTORIA DE JEFTÉ

29 El Espíritu del SEÑOR vino sobre Jefté. Entonces Jefté pasó por Galaad y Manasés. Luego pasó por Mizpa de Galaad, y de Mizpa de Galaad fue adonde *estaban* los amonitas. **30** Y Jefté hizo un voto al SEÑOR, y dijo: «Si en verdad entregas en mis manos a los amonitas, **31** sucederá que cualquiera que salga de las puertas de mi casa a recibirme cuando yo vuelva en paz de los amonitas, será del SEÑOR, o[1] lo ofreceré como holocausto».

32 Jefté cruzó adonde *estaban* los amonitas para pelear contra ellos, y el SEÑOR los entregó en su mano. **33** Y los hirió con una gran matanza desde Aroer hasta la entrada de Minit, veinte ciudades, hasta Abel Keramim. Y los amonitas fueron sometidos delante de los israelitas.

34 Cuando Jefté llegó a su casa en Mizpa, su hija salió a recibirlo con panderos y con danzas. Ella era su única hija. Fuera de ella no tenía hijo ni hija.

35 Al verla, él rasgó sus ropas y dijo: «¡Ay, hija mía! Me has abatido y estás entre los que me afligen. Porque he dado mi palabra[1] al SEÑOR, y no me puedo retractar». **36** Entonces ella le dijo: «Padre mío, has dado tu palabra[1] al SEÑOR. Haz conmigo conforme a lo que has dicho[2], ya que el SEÑOR te ha vengado de tus enemigos, los amonitas».

37 Y ella dijo a su padre: «Que se haga esto por mí; déjame sola por dos meses, para que vaya yo a[1] los montes y llore por mi virginidad, yo y mis compañeras». **38** Y él dijo: «Ve», y la dejó ir por dos meses; y ella se fue con sus compañeras, y lloró su virginidad por los montes.

11:29-31
Jefté hizo un voto imprudente
Aunque contaba con el poder del Espíritu de Dios, todavía cometía errores. Este juramento impulsivo traería serias consecuencias para su hija.

11:37
Por qué la hija de Jefté vagó dos meses por los montes
Su retiro a las montañas fue su manera de hacer duelo por el hecho de que nunca se casaría ni tendría hijos.

11:21 [1] Lit. *hirieron.*   11:23 [1] Lit. *desposeyó.*   11:28 [1] Lit. *no escuchó las palabras.*
11:31 [1] O *y.*   11:35 [1] Lit. *he abierto mi boca.*   11:36 [1] Lit. *has abierto tu boca.*
[2] Lit. *a lo que ha salido de tu boca.*   11:37 [1] Lit. *vaya y descienda sobre.*

39 Al[1] cabo de los dos meses ella regresó a su padre, que cumplió con ella conforme al voto que había hecho; y ella no tuvo relaciones con ningún hombre[2]. Y se hizo costumbre en Israel, **40** que de año en año las hijas de Israel fueran cuatro días en el año a conmemorar[1] a la hija de Jefté el galaadita.

MUERTE DE JEFTÉ

12 Los hombres de Efraín se reunieron y cruzaron *el Jordán* hacia el norte[1], y dijeron a Jefté: «¿Por qué cruzaste a pelear contra los amonitas sin llamarnos para que fuéramos contigo? Quemaremos tu casa sobre ti». **2** Y Jefté les respondió: «Yo y mi pueblo estábamos en gran lucha con los amonitas, y cuando los llamé a ustedes, no me libraron de sus manos. **3** Viendo, pues, que no *me* iban a librar, arriesgué mi vida[1] y crucé contra los amonitas, y el SEÑOR los entregó en mi mano. ¿Por qué, pues, han subido hoy a pelear contra mí?».

4 Entonces Jefté reunió a todos los hombres de Galaad y peleó contra Efraín. Los hombres de Galaad derrotaron[1] a Efraín, porque *estos* decían: «Son fugitivos de Efraín, ustedes los galaaditas, en medio de Efraín *y* en medio de Manasés».

5 Y se apoderaron los galaaditas de los vados del Jordán al lado opuesto de Efraín. Cuando alguno *de* los fugitivos de Efraín decía: «Déjenme cruzar», los hombres de Galaad le decían: «¿Eres efrateo?». Si él respondía: «No», **6** entonces, le decían: «Di, pues, *la palabra* Shibolet». Pero él decía: «Sibolet», porque no podía pronunciarla correctamente[1]. Entonces le echaban mano y lo mataban junto a los vados del Jordán. Y cayeron en aquella ocasión 42,000 de los de Efraín. **7** Jefté juzgó a Israel seis años. Y murió Jefté el galaadita, y fue sepultado en *una de* las ciudades de Galaad.

IBZÁN, ELÓN Y ABDÓN, JUECES DE ISRAEL

8 Después de Jefté[1] juzgó a Israel Ibzán de Belén. **9** Y tuvo treinta hijos y treinta hijas, *a estas las* casó[1] fuera *de la familia*, y trajo de afuera treinta hijas para sus hijos. Él juzgó a Israel siete años. **10** Murió Ibzán, y fue sepultado en Belén.

11 Después de Ibzán, juzgó a Israel Elón el zabulonita; quien juzgó a Israel diez años. **12** Murió Elón el zabulonita, y fue sepultado en Ajalón, en la tierra de Zabulón.

13 Entonces Abdón, hijo de Hilel el piratonita, juzgó a Israel después de Elón[1]. **14** Tuvo cuarenta hijos y treinta nietos que cabalgaban en setenta asnos. Él juzgó a Israel ocho años. **15** Y murió Abdón, hijo de Hilel el piratonita, y fue sepultado en Piratón, en la tierra de Efraín, en la región montañosa de los amalecitas.

OPRESIÓN FILISTEA

13 Los israelitas volvieron a hacer lo malo ante los ojos del SEÑOR, y el SEÑOR los entregó en manos de los filisteos durante cuarenta años.

11:39 [1] Lit. *Y fue que al.*   [2] Lit. *no conoció hombre.*   11:40 [1] Lit. *recontar;* algunas versiones antiguas dicen: *lamentar.*   12:1 [1] O *hacia Zafón.* 12:3 [1] Lit. *puse mi alma en mi palma.*   12:4 [1] Lit. *hirieron.*   12:6 [1] Lit. *hablar así.*   12:8 [1] Lit. *él.*   12:9 [1] Lit. *envió.*   12:13 [1] Lit. *él.*

12:1
Los hombres de Efraín se enojaron
No ser invitado a participar en la batalla era un insulto. Efraín afirmó la responsabilidad de todas las tribus del norte y las que vivían al este del Jordán.

12:6
La prueba de decir *shibolet*
El pueblo que vivía al oeste del río Jordán tenía dificultad para pronunciar el sonido de la *sh*, porque esta no formaba parte de su dialecto natural. Así que los israelitas eligieron la palabra *shibolet*, que significa «diluvio», como palabra clave.

12:9
Reglas acerca de casarse con alguien de afuera
Estaba bien casarse con alguien de otra familia o tribu, siempre y cuando fuera israelita. Sin embargo, casarse con un extranjero o extranjera –una persona que no era israelita– estaba prohibido. (Ver Éxodo 34:15-17 y Deuteronomio 7:1-4).

2 Había un hombre de Zora, de la familia de los danitas, el cual se llamaba Manoa; su mujer era estéril y no había tenido hijos. **3** Entonces el ángel del SEÑOR se le apareció a la mujer, y le dijo: «Tú eres estéril y no has tenido hijos, pero vas a concebir y a dar a luz un hijo. **4** Ahora pues, cuídate de no beber vino ni licor, y de no comer ninguna cosa inmunda. **5** Porque vas a concebir y a dar a luz un hijo. Él no pasará navaja sobre su cabeza, porque el niño será nazareo para Dios desde el seno materno. Y él comenzará a salvar a Israel de manos de los filisteos».

6 La mujer fue y se lo dijo a su marido: «Un hombre de Dios vino a mí, y su aspecto era como el aspecto del ángel de Dios, muy imponente. Yo no le pregunté de dónde venía, ni él me hizo saber su nombre. **7** Pero él me dijo: "Vas a concebir y a dar a luz un hijo; desde ahora no beberás vino ni licor, ni comerás cosa inmunda, porque el niño será nazareo para Dios desde el seno materno hasta el día de su muerte"».

8 Entonces Manoa imploró al SEÑOR, y dijo: «Te ruego Señor, que el hombre de Dios que Tú enviaste venga otra vez a nosotros, para que nos enseñe lo que hemos de hacer con el niño que ha de nacer». **9** Dios escuchó la voz de Manoa. Y el ángel de Dios vino otra vez a la mujer cuando estaba sentada en el campo; pero Manoa su marido no estaba con ella.

LAS CINCO CIUDADES FILISTEAS

¹⁰ La mujer corrió rápidamente y avisó a su marido, y le dijo: «Ven, se me ha aparecido el hombre que vino¹ el *otro día*». ¹¹ Manoa se levantó y siguió a su mujer, y cuando llegó al hombre, le dijo: «¿Eres el hombre que habló a la mujer?». «Yo soy», respondió él.

¹² Y Manoa le preguntó: «Cuando tus palabras se cumplan, ¿cómo debe ser el modo de vivir del muchacho y cuál su vocación?». ¹³ Y el ángel del SEÑOR contestó a Manoa: «Que la mujer atienda a¹ todo lo que *le* dije. ¹⁴ No comerá nada que venga de la vid, no *beberá* vino ni licor, ni comerá nada inmundo. Ella deberá guardar todo lo que *le* he ordenado».

NACIMIENTO DE SANSÓN

¹⁵ Entonces Manoa dijo al ángel del SEÑOR: «Permítenos detenerte y prepararte un cabrito». ¹⁶ Y el ángel del SEÑOR respondió a Manoa: «Aunque me detengas, no comeré de tu alimento¹, pero si preparas un holocausto, ofrécelo al SEÑOR». Y² Manoa no sabía que era el ángel del SEÑOR.

¹⁷ Y Manoa dijo al ángel del SEÑOR: «¿Cuál es tu nombre, para que cuando se cumplan tus palabras, te honremos?». ¹⁸ El ángel del SEÑOR le respondió: «¿Por qué preguntas mi nombre, viendo que es maravilloso¹?».

¹⁹ Entonces Manoa tomó el cabrito con la ofrenda de cereal y los ofreció sobre una piedra al SEÑOR, y el *ángel* hizo maravillas mientras que Manoa y su mujer observaban. ²⁰ Pues sucedió que cuando la llama subía del altar hacia el cielo, el ángel del SEÑOR ascendió en la llama del altar. Al ver *esto,* Manoa y su mujer cayeron rostro en tierra.

²¹ El ángel del SEÑOR no se volvió a aparecer a Manoa ni a su mujer. Entonces Manoa supo que era el ángel del SEÑOR. ²² Y Manoa dijo a su mujer: «Ciertamente moriremos, porque hemos visto a Dios». ²³ Pero su mujer le contestó: «Si el SEÑOR hubiera deseado matarnos, no habría aceptado el holocausto ni la ofrenda de cereal de nuestras manos; tampoco nos habría mostrado todas estas cosas, ni nos habría permitido ahora oír *cosas* como estas».

²⁴ Y la mujer dio a luz un hijo y le puso por nombre Sansón. El niño creció y el SEÑOR lo bendijo. ²⁵ Y el Espíritu del SEÑOR comenzó a manifestarse en él en Majané Dan¹, entre Zora y Estaol.

EL MATRIMONIO DE SANSÓN

14 Sansón descendió a Timnat y vio allí¹ a una mujer de las hijas de los filisteos. ² Cuando regresó¹, se lo contó a su padre y a su madre: «Vi en Timnat a una mujer de las hijas de los filisteos. Ahora pues, tómenmela por mujer». ³ Le respondieron¹ su padre y su madre: «¿No hay mujer entre

---

13:14
La importancia de las uvas y el vino

Las uvas y el vino eran considerados algo delicado, pero para un nazareo tenían un significado espiritual.

© 2012 por Zondervan

13:15
Manoa ofreció un cabrito como comida

Un cabrito era considerado una comida especial. La hospitalidad de esta clase era común en el Medio Oriente.

13:18
El nombre del ángel

Literalmente, su nombre era *Maravilloso*. Eso significaba que no era un mensajero común y corriente, sino que estaba conectado a Dios mismo. Como Dios es tan maravilloso y está fuera de la comprensión humana, las palabras nunca serán suficientes para describirlo. Lo mismo era cierto con respecto a este ángel.

13:24
El significado del nombre *Sansón*

Este nombre proviene de la palabra hebrea que significa «sol» o «resplandor». Aquí, se refería al gozo del nacimiento de un niño.

14:4
Cómo Dios usó la desobediencia de Sansón para bien
Sansón era responsable por sus malas decisiones. Sin embargo, Dios usó sus fracasos así como también sus éxitos para cumplir los propósitos divinos.

14:8-9
Por qué estaba mal comer miel del cadáver de un león
Esto era una grave violación de las leyes sobre los animales muertos y los alimentos limpios e inmundos que aparecen en Levítico 11. (Ver los versículos 26-28).

14:12-14
Sansón hizo una adivinanza en su boda
El uso de adivinanzas en las fiestas y celebraciones era común en la antigüedad. Sansón usó esta adivinanza para ponerles una trampa a sus enemigos, pero cuando descubrieron la respuesta, ellos lo atraparon a él.

las hijas de tus parientes[2] o entre todo nuestro[3] pueblo, para que vayas a tomar mujer de los filisteos incircuncisos?». Pero Sansón dijo a su padre: «Tómala para mí, porque ella me agrada[4]». **4** Su padre y su madre no sabían que esto era del SEÑOR, porque Él buscaba ocasión contra los filisteos, pues en aquel tiempo los filisteos dominaban a Israel.

5 Entonces Sansón descendió a Timnat con su padre y con su madre, y llegó hasta los viñedos de Timnat. Y allí un león joven *venía* rugiendo hacia él. **6** Pero el Espíritu del SEÑOR vino[1] sobre él con gran poder, y lo despedazó como se despedaza un cabrito, aunque no tenía nada en su mano. Pero no contó a su padre ni a su madre lo que había hecho. **7** Descendió y habló con la mujer; y ella le agradó a Sansón[1].

8 Cuando regresó más tarde para tomarla, se apartó *del camino* para ver el cadáver del león. Y había un enjambre de abejas y miel en el cuerpo del león. **9** Recogió la miel[1] en sus manos[2] y siguió adelante, comiéndo*la* mientras caminaba. Cuando llegó *adonde estaban* su padre y su madre, les dio *miel* y ellos comieron. Pero no les contó que había recogido la miel del cuerpo del león.

LA ADIVINANZA DE SANSÓN

10 Después el padre descendió adonde *estaba* la mujer. Y Sansón hizo allí un banquete, porque así acostumbraban hacer los jóvenes. **11** Y cuando lo vieron, trajeron a treinta compañeros para que estuvieran con él.

12 Entonces Sansón les dijo: «Permítanme proponerles ahora una adivinanza. Y si en verdad me la declaran dentro de los siete días del banquete, y la descifran, entonces les daré treinta vestidos de lino y treinta mudas de ropa. **13** Pero si no pueden declarármela, entonces ustedes me darán treinta vestidos de lino y treinta mudas de ropa». «Dinos tu adivinanza, para que la escuchemos», le dijeron ellos. **14** Entonces les dijo:

> «Del que come salió comida,
> Y del fuerte salió dulzura».

Y no pudieron declararle la adivinanza en tres días.

15 Al cuarto[1] día dijeron a la mujer de Sansón: «Persuade a tu marido a que nos declare la adivinanza, o te quemaremos a fuego a ti y a la casa de tu padre. Nos han invitado para empobrecernos. ¿No es *así*?». **16** La mujer de Sansón lloró delante de él, y dijo: «Solo me aborreces y no me quieres. Has propuesto una adivinanza a los hijos de mi pueblo, y no me *la* has declarado». Y él le dijo: «No se *la* he declarado ni a mi padre ni a mi madre. ¿Y te la he de declarar a ti?». **17** Pero ella lloró delante de él los siete días que duró su banquete. Y sucedió el séptimo día que él se la declaró porque ella le presionaba mucho. Entonces ella declaró la adivinanza a los hijos de su pueblo.

18 Y al séptimo día, antes de ponerse el sol, los hombres de la ciudad le dijeron:

---

[2] Lit. *hermanos*.   [3] Lit. *mi*.   [4] Lit. *es perfecta en mis ojos*.   14:6 [1] Lit. *cayó*.   14:7 [1] Lit. *era perfecta en los ojos de Sansón*.   14:9 [1] Lit. *Y la recogió*.   [2] Lit. *palmas*.   14:15 [1] Así en algunas versiones antiguas; en heb. *séptimo*.

«¿Qué es más dulce que la miel?
¿Y qué es más fuerte que un león?».

Y Sansón les contestó:

«Si no hubieran arado con mi novilla,
No habrían descubierto mi adivinanza».

19 Entonces el Espíritu del SEÑOR vino[1] sobre él con gran poder, y descendió a Ascalón y mató a treinta de ellos y tomando sus despojos, dio las mudas *de ropa* a los que habían declarado la adivinanza. Y ardiendo en ira, subió a la casa de su padre. **20** Pero la mujer de Sansón fue *dada* al compañero que había sido su amigo íntimo.

LAS ZORRAS INCENDIARIAS

15 Después de algún tiempo, en los días de la siega del trigo, sucedió que Sansón fue a visitar a su mujer con un cabrito, y dijo: «Llegaré a mi mujer en *su* recámara». Pero el padre de ella no lo dejó entrar. **2** Y el padre[1] dijo: «Realmente pensé que la odiabas intensamente y se la di a tu compañero. ¿No es su hermana menor más hermosa[2] que ella? Te ruego que la tomes en su lugar».

3 Entonces Sansón le[1] respondió: «Esta vez no tendré culpa en cuanto a los filisteos cuando les haga daño». **4** Y Sansón fue y capturó 300 zorras, tomó antorchas, juntó *las zorras* cola con cola y puso una antorcha en medio de cada dos colas. **5** Después de prender fuego a las antorchas, soltó las zorras[1] en los sembrados de los filisteos, quemando la cosecha recogida, la cosecha en pie, y además las viñas *y* los olivares. **6** Entonces los filisteos dijeron: «¿Quién hizo esto?». Y les respondieron: «Sansón, el yerno del Timnateo, porque *este* tomó a su mujer y se la dio a su compañero». Y los filisteos vinieron y la quemaron a ella y a su padre. **7** Y Sansón les dijo: «Ya que actúan así, ciertamente me vengaré de ustedes, y después de eso, cesaré[1]». **8** Sin piedad los hirió[1] con gran mortandad. Y descendió y habitó en la hendidura de la peña de Etam.

LA QUIJADA DE ASNO

9 Entonces los filisteos subieron y acamparon en Judá, y se esparcieron por Lehi. **10** Y los hombres de Judá dijeron: «¿Por qué han subido contra nosotros?». Y ellos dijeron: «Hemos subido para prender a Sansón a fin de hacerle como él nos ha hecho». **11** De Judá descendieron 3,000 hombres a la hendidura de la peña de Etam, y dijeron a Sansón: «¿No sabes que los filisteos reinan sobre nosotros? ¿Qué, pues, es esto que nos has hecho?». «Como ellos me hicieron, así les he hecho», contestó él.

12 Y ellos le dijeron: «Hemos descendido para prenderte y entregarte en manos de los filisteos». «Júrenme que no me

14:19-20
Por qué el padre de la novia la dejó casarse con otro

Quizás consideraron que la boda todavía no era oficial. Como Sansón se fue tan rápido y enojado, el padre de la novia puede haber pensado que Sansón la había abandonado y no iba a regresar.

15:1-19
Los filisteos y Sansón continuaron buscando vengarse mutuamente

La venganza era algo común en esta cultura. Si alguien dañaba a otro, esa persona podía buscar lastimar al que lo dañó también.

15:4
¡Sansón cazó trescientas zorras!

Tal vez Sansón no solo era extremadamente fuerte, sino también muy rápido. Además, es posible que haya atrapado a las zorras y esperado hasta tener suficientes para vengarse de los filisteos.

© Eric Isselee/Shutterstock

15:11-12
Los israelitas planeaban entregar a Sansón a los filisteos

Ellos temían que el ciclo de venganza entre Sansón y los filisteos empeoraría cada vez más. Eso pondría a toda la nación en riesgo.

14:19 [1] Lit. *cayó*.   15:2 [1] Lit. *el padre de ella*.   [2] Lit. *mejor*.   15:3 [1] Lit. *les*.
15:5 [1] Lit. *las soltó*.   15:7 [1] I.e. de tomar venganza.   15:8 [1] Lit. *Y les hirió la pierna sobre el muslo*.

matarán[1]», les dijo Sansón. **13** Ellos le respondieron[1]: «No, sino que te ataremos bien y te entregaremos en sus manos. Ciertamente no te mataremos». Entonces lo ataron con dos sogas nuevas y lo sacaron de la peña.

14 Al llegar él a Lehi, los filisteos salieron a su encuentro gritando. Y el Espíritu del SEÑOR vino[1] sobre él con poder, y las sogas que estaban en sus brazos fueron como lino quemado con fuego y las ataduras cayeron[2] de sus manos. **15** Y halló una quijada de asno fresca *aún*, y extendiendo su mano, la tomó y mató[1] a 1,000 hombres con ella.

16 Entonces Sansón dijo:

«Con la quijada de un asno,
Montones sobre montones[1],
Con la quijada de un asno
He matado[2] a 1,000 hombres».

17 Al terminar de hablar, arrojó la quijada de su mano, y llamó a aquel lugar Ramat Lehi[1].

18 Después sintió una gran sed, y clamando al SEÑOR, dijo: «Tú has dado esta gran liberación por mano de Tu siervo, y ahora, ¿moriré yo[1] de sed y[2] caeré en manos de los incircuncisos?». **19** Y abrió Dios la cuenca que está en Lehi y salió agua de ella. Cuando bebió, recobró sus fuerzas[1] y se reanimó. Por eso llamó a aquel lugar[2] En Hacore[3], el cual está en Lehi hasta el día de hoy.

20 *Sansón* juzgó a Israel veinte años en los días de los filisteos.

SANSÓN Y DALILA

16 Sansón fue a Gaza, y allí vio a una ramera y se llegó a ella. **2** Entonces fue dicho a los de Gaza: «Sansón ha venido acá». Y ellos cercaron *el lugar* y se apostaron a la puerta de la ciudad toda la noche, acechándolo. Y estuvieron callados toda la noche y dijeron: «*Esperemos* hasta que amanezca[1], entonces lo mataremos». **3** Pero Sansón permaneció acostado hasta la medianoche, y a la medianoche se levantó, y tomando las puertas de la ciudad con los dos postes, las arrancó junto con las trancas. Entonces se las echó sobre los hombros y las llevó hasta la cumbre del monte que está frente a Hebrón.

4 Después de esto, Sansón se enamoró de una mujer del[1] valle de Sorec, que se llamaba Dalila. **5** Los príncipes de los filisteos fueron a ella y le dijeron: «Persuádelo, y ve dónde está su gran fuerza, y cómo[1] podríamos dominarlo para atarlo y castigarlo[2]. Entonces cada uno de nosotros te dará 1,100 *monedas* de plata». **6** Dalila le dijo a Sansón: «Te ruego que me declares dónde está tu gran fuerza y cómo se te puede atar para castigarte[1]». **7** Sansón le respondió: «Si me atan con siete cuerdas frescas que no se hayan secado, me debilitaré y seré como cualquier *otro* hombre».

15:12 [1] Lit. *caerán sobre mí.*   15:13 [1] Lit. *le dijeron.*   15:14 [1] Lit. *cayó.*   [2] Lit. *se derritieron.*   15:15 [1] Lit. *e hirió.*   15:16 [1] Lit. *un montón, dos montones.*   [2] Lit. *herido.*   15:17 [1] I.e. *Alto de la Quijada.*   15:18 [1] O *y ahora, yo moriré.*   [2] U o.   15:19 [1] Lit. *su espíritu.*   [2] Lit. *lo llamó.*   [3] I.e. *Manantial del que Clamó.*   16:2 [1] Lit. *la luz de la mañana.*   16:4 [1] Lit. *en el.*   16:5 [1] Lit. *con qué.*   [2] Lit. *afligirlo.*   16:6 [1] Lit. *afligirte.*

8 Los príncipes de los filisteos le llevaron siete cuerdas frescas que no se habían secado, y *Dalila* lo ató con ellas. 9 Y ella tenía *hombres* al acecho en un aposento interior. Entonces le dijo: «¡Sansón, los filisteos se te echan encima[1]!». Pero él rompió las cuerdas como se rompe un hilo de estopa cuando toca[2] el fuego. Así que no se descubrió *el secreto de* su fuerza.

10 Entonces Dalila dijo a Sansón: «Mira, me has engañado y me has dicho mentiras. Ahora pues, te ruego que me declares cómo se te puede atar». 11 «Si me atan fuertemente con sogas nuevas que no se hayan usado[1]», le respondió él, «me debilitaré y seré como cualquier *otro* hombre». 12 Dalila tomó sogas nuevas, lo ató con ellas, y le dijo: «¡Sansón, los filisteos se te echan encima[1]!». Pues los *hombres* estaban al acecho en el aposento interior. Pero él rompió las sogas[2] de sus brazos como un hilo.

13 Dalila entonces dijo a Sansón: «Hasta ahora me has engañado y me has dicho mentiras. Declárame, ¿cómo se te puede atar?». «Si tejes siete trenzas de mi cabellera[1] con la tela[2] y la aseguras con una clavija», le dijo él, «entonces me debilitaré y seré como cualquier *otro* hombre». 14 Y mientras él dormía, Dalila tomó las siete trenzas de su cabellera[1] y las tejió con la tela. Entonces *la* aseguró con la clavija, y le dijo: «¡Sansón, los filisteos se te echan encima[2]!». Pero él despertó de su sueño y arrancó la clavija del telar y la tela.

15 Así que ella le dijo: «¿Cómo puedes decir: "Te quiero", cuando tu corazón no está conmigo? Me has engañado estas tres veces y no me has declarado dónde reside tu gran fuerza». 16 Y[1] como ella le presionaba diariamente con sus palabras y le apremiaba, su alma se angustió hasta[2] la muerte.

17 Él le reveló[1], pues, todo *lo que había* en su corazón, diciéndole: «Nunca ha pasado navaja sobre mi cabeza, pues he sido nazareo para Dios desde el vientre de mi madre. Si me cortan el cabello[2], mi fuerza me dejará y me debilitaré y seré como cualquier *otro* hombre».

18 Viendo Dalila que él le había declarado todo *lo que había* en su corazón, mandó llamar a los príncipes de los filisteos y dijo: «Vengan una vez más, porque él me ha declarado todo *lo que hay* en su corazón». Entonces los príncipes de los filisteos vinieron a ella y trajeron el dinero en sus manos. 19 Y ella lo hizo dormir sobre sus rodillas, y mandó llamar a un hombre que le rasuró las siete trenzas de su cabellera[1]. Luego ella comenzó a afligirlo y su fuerza lo dejó.

20 Ella entonces dijo: «¡Sansón, los filisteos se te echan encima[1]!». Y él despertó de su sueño, y dijo: «Saldré como las otras veces y escaparé[2]». Pero no sabía que el SEÑOR se había apartado de él. 21 Los filisteos lo prendieron y le sacaron los ojos. Y llevándolo a

16:13
Sansón tenía siete trenzas
En el antiguo Israel, el número siete indicaba lo pleno y perfecto. Como Sansón era nazareo, las siete trenzas deben haber sido una señal de su llamado de parte de Dios.

16:17
Lamentablemente, Sansón cedió ante Dalila
Las emociones, más que el compromiso, a menudo controlaban la vida de Sansón. Él se enamoró de Dalila, una mujer filistea, y dejó que sus sentimientos por ella se interpusieran en su camino. Sansón se rindió, porque estaba cansado de que Dalila le suplicara que le revelara su secreto.

16:20
El cabello de Sansón era una señal de su fuerza
Sansón perdió su fuerza porque había roto su pacto con Dios, no porque tenía el cabello corto. Cortárselo era una señal de que se había alejado de Dios.

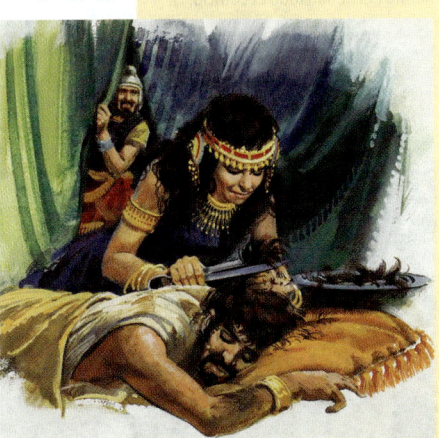

Sansón y Dalila, Andrew Howat (siglo veinte)/ Colección privada/© Look and Learn/ Bridgeman Images

16:9 [1] Lit. *están sobre ti.*   [2] Lit. *huele.*   16:11 [1] Lit. *con las que no se ha hecho trabajo.*   16:12 [1] Lit. *están sobre ti.*   [2] Lit. *las rompió.*   16:13 [1] Lit. *cabeza.* [2] Las palabras: *y la aseguras...con la tela* (vers. 14), están en la sept., pero no en ningún ms. Heb.   16:14 [1] Lit. *cabeza.*   [2] Lit. *están sobre ti.*   16:16 [1] Lit. *Y fue que.*   [2] Lit. *impacientó hasta el punto de.*   16:17 [1] O *descubrió.*   [2] Lit. *fuera rapado.*   16:19 [1] Lit. *cabeza.*   16:20 [1] Lit. *están sobre ti.*   [2] Lit. *me soltaré.*

16:20
El Señor no dejó a Sansón

El amor de Dios por Sansón continuó. Aunque era un esclavo ciego de los filisteos, Sansón puede haberle pedido perdón a Dios y renovado su voto nazareo. Su cabello comenzó a crecer de nuevo, y Dios lo usó para librar a Israel.

16:29-30
Cómo colapsó el edificio

Un tipo de templo antiguo tenía dos columnas centrales hechas de madera. Esas columnas descansaban sobre bases de mármol y soportaban el mayor peso del techo. Empujar esas columnas hasta sacarlas de la base de mármol habría derribado todo el edificio.

La venganza de Sansón, Clive Uptton (1911-2006)/
Colección privada/© Look and Learn/Bridgeman
Images

Gaza, lo ataron con cadenas de bronce y lo pusieron a girar el molino[1] en la prisión. **22** Pero el cabello de su cabeza comenzó a crecer de nuevo después de rasurado.

23 Los príncipes de los filisteos se reunieron para ofrecer un gran sacrificio a su dios Dagón, y para regocijarse, pues decían:

> «NUESTRO DIOS HA ENTREGADO A NUESTRO
> ENEMIGO SANSÓN EN NUESTRAS MANOS».

24 Cuando la gente lo vio, alabaron a su dios, pues decían:

> «Nuestro dios ha entregado en nuestras manos a
> nuestro enemigo,
> Al que asolaba nuestra tierra,
> Y multiplicaba nuestros muertos».

25 Y cuando estaban bien alegres[1], dijeron: «Llamen a Sansón para que nos divierta». Llamaron, pues, a Sansón de la cárcel, y él los divertía[2]. Y lo pusieron de pie entre las columnas. **26** Entonces Sansón dijo al muchacho que lo tenía de la mano: «Déjame tocar las columnas sobre las que el edificio[1] descansa, para apoyarme en ellas». **27** El edificio estaba lleno de hombres y mujeres, y todos los príncipes de los filisteos estaban allí. Y sobre la azotea *había* como 3,000 hombres y mujeres mirando mientras Sansón *los* divertía.

28 Entonces Sansón invocó al SEÑOR y dijo: «Señor DIOS[1], te ruego que te acuerdes de mí, y te suplico que me des fuerzas solo esta vez, oh Dios, para vengarme ahora de los filisteos por mis dos ojos». **29** Sansón palpó las dos columnas del medio sobre las que el edificio descansaba y se apoyó contra ellas, con su mano derecha sobre una y con su mano izquierda sobre la otra.

30 Y dijo Sansón: «¡Muera yo con los filisteos!». Y se inclinó con todas sus fuerzas y el edificio se derrumbó sobre los príncipes y sobre todo el pueblo que *estaba* en él. Así que los[1] que mató al morir fueron más que los que había matado durante su vida.

31 Entonces descendieron sus hermanos y toda la casa de su padre, y tomándolo, lo llevaron y lo sepultaron entre Zora y Estaol en la tumba de Manoa, su padre. Sansón había juzgado a Israel veinte años.

IDOLATRÍA DE MICAÍA

17 Había un hombre de la región montañosa de Efraín, llamado Micaía. **2** Y él dijo a su madre: «Las 1,100 *monedas* de plata que te quitaron, acerca de las cuales proferiste una maldición a mis oídos[1], mira, esa plata está en mi poder[2]; yo la tomé». «Bendito sea mi hijo por el SEÑOR»,

16:21 [1] Lit. *fue molinero.*　　16:25 [1] Lit. *el corazón de ellos estaba alegre.*　　[2] Lit. *era objeto de burla.*　　16:26 [1] Lit. *la casa, y así en el resto del cap.*　　16:28 [1] Heb. *YHWH, generalmente traducido SEÑOR.*　　16:30 [1] Lit. *los muertos.*　　17:2 [1] Lit. *y también lo hablaste a mis oídos.*　　[2] Lit. *conmigo.*

le dijo su madre. ³ Entonces él devolvió las 1,100 *monedas* de plata a su madre, y su madre dijo: «Yo de corazón¹ dedico la plata de mi mano al SEÑOR por mi hijo, para hacer una imagen tallada y una de fundición; ahora, por tanto, yo te las² devuelvo».

⁴ Cuando él devolvió la plata a su madre, su madre tomó 200 *monedas* de plata y se las dio al platero que las¹ convirtió en una imagen tallada y una de fundición, las cuales quedaron² en casa de Micaía. ⁵ Y este hombre Micaía tenía un santuario¹. Hizo un efod e ídolos domésticos², y consagró a³ uno de sus hijos para que fuera su sacerdote.

⁶ En aquellos días no había rey en Israel. Cada uno hacía lo que le parecía bien ante sus propios ojos.

⁷ Había un joven de Belén de Judá, de la familia de Judá, que era levita y extranjero allí. ⁸ Y el hombre salió de la ciudad, de Belén de Judá, para residir donde encontrara *lugar*; y mientras proseguía¹ su camino, llegó a la región montañosa de Efraín, a la casa de Micaía. ⁹ «¿De dónde vienes?», le preguntó Micaía. «Soy un levita de Belén de Judá», le respondió él; «y voy a residir donde encuentre *lugar*».

¹⁰ Entonces Micaía le dijo: «Quédate conmigo y sé padre y sacerdote para mí, y yo te daré diez *monedas* de plata por año¹, el² vestido y la comida». Entonces el levita entró³. ¹¹ El levita consintió en quedarse con el hombre, y el joven fue para él como uno de sus hijos.

¹² Micaía consagró al¹ levita, y el joven vino a ser su sacerdote, y vivió² en la casa de Micaía. ¹³ Entonces Micaía dijo: «Ahora sé que el SEÑOR me prosperará, porque tengo un levita por sacerdote».

LOS DANITAS EN BUSCA DE HEREDAD

18 En aquellos días no había rey en Israel. Y por aquel tiempo¹ la tribu de los danitas buscaba para sí una heredad donde habitar, porque hasta entonces ninguna heredad se le había asignado² como le correspondía³ entre las tribus de Israel. ² Los hijos de Dan enviaron de su tribu¹, de entre todos ellos, a cinco hombres, hombres valientes² de Zora y Estaol, a reconocer la tierra y explorarla. Y les dijeron: «Vayan, exploren la tierra». Y llegaron a la región montañosa de Efraín, a la casa de Micaía, y se hospedaron allí.

³ Cuando estaban cerca de la casa de Micaía, reconocieron la voz del joven levita; y llegándose allá, le dijeron: «¿Quién te trajo aquí? ¿Qué estás haciendo en este *lugar* y qué tienes aquí?». ⁴ Él les dijo: «Así y de esta manera me ha hecho Micaía, me ha tomado a sueldo y ahora soy su sacerdote».

⁵ Y le dijeron: «Te rogamos que consultes a Dios para saber si el¹ camino en que vamos será próspero». ⁶ El sacerdote les respondió: «Vayan en paz; el¹ camino en que andan tiene la aprobación² del SEÑOR».

16:30
La muerte de Sansón señalaba a Jesús
Mediante su muerte, Sansón salvó a su pueblo. Ese acto apuntaba a lo que Jesús haría en la cruz: morir para salvarnos de nuestros pecados.

17:6; 18:1; 19:1; 21:25
Israel no tenía rey en ese tiempo
Durante ese tiempo, las personas hacían lo que les parecía bien en vez de obedecer a Dios. Estos versículos fueron escritos por alguien que miraba hacia atrás y vio que tener un rey más tarde mejoró la vida espiritual en Israel.

17:12
Un levita acepta ser un sacerdote personal en la casa de Micaía
Este sacerdote más tarde aceptó liderar a toda una tribu en la adoración a los ídolos, ya que se había alejado de Dios y solo estaba interesado en el éxito o la fama.

18:3
Los exploradores de Dan reconocieron la voz del levita
Su acento sureño puede haberlo delatado. Los exploradores también pueden haber reconocido su orden religiosa por la forma en que cantaba el ritual.

17:3 ¹ O *totalmente.*   ² Lit. *la.*   17:4 ¹ Lit. *la.*   ² Lit. *y estaba.*   17:5 ¹ Lit. *una casa de dioses.*   ² Heb. *terafim.*   ³ Lit. *llenó la mano de.*   17:8 ¹ Lit. *hacía.*   17:10 ¹ Lit. *días.*   ² Lit. *combinaciones de.*   ³ Lit. *fue.*   17:12 ¹ Lit. *llenó la mano del.*   ² Lit. *estuvo.*   18:1 ¹ Lit. *en aquellos días.*   ² Lit. *le había caído.*   ³ O *heredad.*   18:2 ¹ Lit. *familia.*   ² Lit. *hombres, hijos de valor.*   18:5 ¹ Lit. *nuestro.*   18:6 ¹ Lit. *su.*   ² Lit. *está delante.*

7 Entonces los cinco hombres salieron y llegaron a Lais y vieron al pueblo que *había* en ella viviendo en seguridad, tranquilo y confiado, según la costumbre de los sidonios. Porque no había gobernante[1] humillánd*olos* en nada en aquella[2] tierra, y estaban lejos de los sidonios, y no tenían relaciones con nadie. **8** Al regresar a sus hermanos en Zora y Estaol, sus hermanos les dijeron: «¿Qué *noticias* tienen?[1]».

9 Y ellos respondieron: «Levántense, subamos contra ellos, porque hemos visto la tierra, la cual es muy buena. ¿Estarán, pues, quietos? No se demoren en ir, para entrar a tomar posesión de la tierra. **10** Cuando entren, llegarán a un pueblo confiado, con una tierra espaciosa que Dios ha entregado en manos de ustedes. Es un lugar donde no falta nada de lo que hay sobre la tierra».

11 Entonces de la familia de los danitas, de Zora y de Estaol, salieron 600 hombres con armas de guerra. **12** Subieron y acamparon en Quiriat Jearim en Judá. Por tanto, llamaron aquel lugar Majané Dan[1] hasta hoy. Está al occidente[2] de Quiriat Jearim. **13** De allí pasaron a la región montañosa de Efraín y llegaron a la casa de Micaía.

14 Y los cinco hombres que fueron a reconocer la región de Lais, les dijeron a sus parientes: «¿No saben que en estas casas hay un efod, ídolos domésticos[1], una imagen tallada y una imagen de fundición? Ahora pues, consideren lo que deben hacer». **15** Allí se desviaron y llegaron a la casa del joven levita, a la casa de Micaía, y le preguntaron cómo estaba. **16** Y los 600 hombres armados con sus armas de guerra, que *eran* de los hijos de Dan, se pusieron a la entrada de la puerta.

17 Y los cinco hombres que fueron a reconocer la tierra subieron y entraron allí, y tomaron la imagen tallada, el efod, los ídolos domésticos y la imagen de fundición, mientras el sacerdote estaba junto a la entrada de la puerta con los 600 hombres con armas de guerra. **18** Cuando aquellos entraron a la casa de Micaía y tomaron la imagen tallada, el efod, los ídolos domésticos y la imagen de fundición, el sacerdote les dijo: «¿Qué hacen?».

19 Ellos le respondieron: «Calla, pon la mano sobre tu boca y ven con nosotros, y sé padre y sacerdote para nosotros. ¿Te es mejor ser sacerdote para la casa de un hombre, o ser sacerdote para una tribu y una familia de Israel?». **20** Y se alegró el corazón del sacerdote, y tomó el efod, los ídolos domésticos y la imagen tallada, y se fue en medio del pueblo.

21 Entonces ellos se volvieron y salieron, y pusieron los niños, el ganado y sus bienes por delante. **22** Cuando se alejaron de la casa de Micaía, los hombres que *estaban* en las casas cerca de la casa de Micaía, se juntaron y alcanzaron a los hijos de Dan.

23 Y gritaron a los hijos de Dan, y estos se volvieron[1] y dijeron a Micaía: «¿Qué te pasa[2] que has juntado *gente*?». **24** Y él respondió: «Ustedes se han llevado mis dioses que yo hice, también al sacerdote, y se han marchado, ¿y qué me queda?

18:17
Los hombres de Dan le robaron los ídolos a Micaía
Al igual que Micaía, los danitas pensaron que los ídolos podían darles alguna clase de poder o revelación sobrenatural.

18:20
El sacerdote estaba contento de irse con los danitas
El levita prefería servir a una tribu entera que a una sola familia. Probablemente dejó Belén en primer lugar para convertirse en un sacerdote que participaba en una adoración falsa porque deseaba poder y fama.

18:7 [1] Lit. *uno que posee dominio.* [2] Lit. *la.* 18:8 [1] Lit. *¿Ustedes qué?*
18:12 [1] I.e. Campamento de Dan. [2] Lit. *detrás.* 18:14 [1] Heb. *terafim,* y así en el resto del cap. 18:23 [1] Lit. *y volvieron sus rostros.* [2] Lit. *¿Qué a ti.*

¿Cómo, pues, me dicen: "¿Qué pasa¹?"». 25 Los hijos de Dan le dijeron: «Que no se oiga tu voz entre nosotros, no sea que caigan sobre ti hombres fieros¹ y pierdas² tu vida y las vidas de *los de* tu casa». 26 Y los hijos de Dan prosiguieron su camino. Cuando Micaía vio que eran muy fuertes para él, dio la vuelta y regresó a su casa.

27 Entonces los danitas tomaron lo que Micaía había hecho, y al sacerdote que le había pertenecido, y llegaron a Lais, a un pueblo tranquilo y confiado. Y los hirieron a filo de espada e incendiaron la ciudad. 28 Y no había nadie que la librara, porque estaba lejos de Sidón, en el valle que está cerca de Bet Rehob, y ellos no tenían trato con nadie. Después *los danitas* reedificaron la ciudad y habitaron en ella. 29 Le pusieron el nombre de Dan a la ciudad, según el nombre de Dan su padre, que le nació a Israel. Pero el nombre de la ciudad anteriormente era Lais. 30 Y los hijos de Dan levantaron para sí la imagen tallada. Jonatán, hijo de Gersón, hijo de Manasés¹, y² sus hijos fueron sacerdotes para la tribu de los danitas, hasta el día del cautiverio de la tierra. 31 Levantaron, pues, para sí la imagen tallada que Micaía había hecho, todo el tiempo que la casa de Dios estuvo en Silo.

EL LEVITA Y SU CONCUBINA

19 En aquellos días, cuando no había rey en Israel, había un levita que residía en la parte más remota de la región montañosa de Efraín, el cual tomó para sí una concubina de Belén de Judá. 2 Pero su concubina cometió adulterio contra él, y ella se fue de su lado, a la casa de su padre en Belén de Judá, y estuvo allí por espacio de cuatro meses. 3 Su marido se levantó y fue tras ella para hablarle cariñosamente¹ y hacerla volver, llevando² consigo a su criado y un par de asnos. Y ella lo llevó dentro de la casa de su padre, y cuando el padre de la joven lo vio, se alegró de conocerlo. 4 Su suegro, el padre de la joven, lo retuvo, y se quedó con él tres días. Y comieron, bebieron y se alojaron allí.

5 Al cuarto día se levantaron muy de mañana y el levita se preparó¹ para irse; y el padre de la joven dijo a su yerno: «Aliméntate² con un bocado de pan y después se pueden ir». 6 Se sentaron, pues, los dos y comieron y bebieron juntos. Y el padre de la joven dijo al hombre: «Te ruego que te dignes pasar la noche, y que se alegre tu corazón». 7 El hombre se levantó para irse, pero su suegro insistió, de modo que pasó allí la noche otra vez.

8 Y al quinto día se levantó muy de mañana para irse, y el padre de la joven dijo: «Aliméntate¹, te ruego, y espera hasta la tarde²»; y los dos comieron. 9 Cuando el hombre se levantó para irse con su concubina y su criado, su suegro, el padre de la joven, le dijo: «Mira, ya ha declinado el día¹; te ruego que pases la noche, pues el día llega a su fin. Pasa la noche

18:27
Los danitas destruyeron injustamente a Lais
Los hombres de Dan perdieron la fe en Dios. Josué les había asignado un territorio entre las tierras de Efraín y Judá. En vez de confiar en que Dios los ayudaría a echar a los filisteos, buscaron una forma fácil de encontrar un hogar.

18:30-31
Un nuevo sacerdocio falso
Los descendientes de Dan reclutaron al sacerdote de Micaía, Jonatán el levita, como su propio sacerdote. Aunque era nieto de Moisés, él guió a los danitas en la adoración a los ídolos.

19:5-10
El padre de la mujer mostró una gran hospitalidad
Esto era costumbre en el Medio Oriente. Como su hija había sido infiel y había regresado a la casa de su familia, el padre debe haber decidido ser muy amable con su esposo el levita.

18:24 ¹ Lit. ¿Qué a ti.   18:25 ¹ Lit. amargados de alma.   ² Lit. recojas.
18:30 ¹ Algunas versiones antiguas dicen: *Moisés.*   ² Lit. él y.   19:3 ¹ Lit. a su corazón.   ² Lit. y.   19:5 ¹ Lit. se levantó.   ² Lit. Alimenta tu corazón.
19:8 ¹ Lit. Alimenta tu corazón.   ² Lit. hasta que el día decline.   19:9 ¹ Lit. el día para anochecer.

aquí para que se alegre tu corazón. Y mañana se levantarán temprano para su viaje y te irás a tu casa[2]».

10 Pero el hombre no quiso pasar la noche, así que se levantó y partió, y fue hasta *un lugar* frente a Jebús, es decir, Jerusalén. Y estaban con él un par de asnos aparejados; también con él estaba su concubina. **11** Cuando *estaban* cerca de Jebús, el día casi había declinado. Y el criado dijo a su señor: «Te ruego que vengas, nos desviemos, y entremos en esta ciudad de los jebuseos y pasemos la noche en ella». **12** Pero su señor le dijo: «No nos desviaremos para entrar en la ciudad de extranjeros que no son de los israelitas, sino que iremos hasta Guibeá». **13** Y dijo a su criado: «Ven, acerquémonos a uno de estos lugares; y pasaremos la noche en Guibeá o en Ramá».

14 Así que pasaron de largo y siguieron su camino, y el sol se puso sobre ellos cerca de Guibeá que pertenece a Benjamín. **15** Y se desviaron allí para entrar *y* alojarse en Guibeá. Cuando entraron, se sentaron[1] en la plaza de la ciudad porque nadie los llevó a *su* casa para pasar la noche.

16 Entonces, un anciano venía de su trabajo del campo al anochecer. Y el hombre era de la región montañosa de Efraín y se alojaba[1] en Guibeá, pero los hombres del lugar eran benjamitas. **17** Y alzó sus ojos y vio al viajero en la plaza de la ciudad. Y el anciano dijo: «¿A dónde vas y de dónde vienes?».

18 Y él le dijo: «Estamos pasando de Belén de Judá a la parte más remota de la región montañosa de Efraín, *pues soy de* allí. Fui hasta Belén de Judá, y *ahora* voy a mi casa[1], pero no hay quien me reciba en su casa. **19** Sin embargo, tenemos[1] paja y forraje para nuestros asnos, y también pan y vino para mí, para tu sierva[2] y para el joven que está con tu siervo; no *nos* falta nada». **20** «Paz sea contigo», dijo el anciano. «Permíteme *suplir* todas tus necesidades. Pero no pases la noche en la plaza». **21** Y lo llevó a su casa y dio forraje a los asnos. Ellos se lavaron los pies, comieron y bebieron.

22 Mientras ellos se alegraban[1], los hombres de la ciudad, hombres perversos[2], rodearon la casa; *y* golpeando la puerta, hablaron al dueño de la casa, al anciano, diciendo: «Saca al hombre que entró en tu casa para que tengamos relaciones[3] con él». **23** Entonces el hombre, el dueño de la casa, salió a ellos y les dijo: «No, hermanos míos, no se porten tan vilmente. Puesto que este hombre ha entrado en mi casa, no cometan esta terrible ofensa[1]. **24** Aquí está mi hija virgen y la concubina de él. Permítanme que las saque para que abusen de ellas y hagan con ellas lo que quieran[1], pero no cometan semejante ofensa contra este hombre».

25 Pero los hombres no quisieron escucharle, así que el levita[1] tomó a su concubina y *la* trajo a ellos. Y ellos la ultrajaron y abusaron de ella toda la noche hasta la mañana; entonces la dejaron libre al amanecer. **26** Cuando amanecía[1], la mujer vino y cayó a la entrada de la casa del hombre donde estaba su señor hasta *que se hizo* de día.

19:24
Por qué un hombre sacrificaría a su hija para proteger a un extraño
Este hombre valoraba más la hospitalidad que proteger a su propia hija. Esta historia es similar a la de Lot y los visitantes celestiales (ver Génesis 19). En ambos casos, la gente del pueblo era muy corrupta.

[2] Lit. *tienda.*　　19:15 [1] Así en la versión gr. (sept.); en el T.M., *entró, se sentó.* 19:16 [1] O *peregrinaba.*　　19:18 [1] Así en la versión gr. (sept.); el T.M. dice: *a la casa del SEÑOR.*　　19:19 [1] Lit. *hay.*　　[2] I.e. *la concubina.*　　19:22 [1] Lit. *alegraban sus corazones.*　　[2] Lit. *hijos de Belial.*　　[3] I.e. relaciones sexuales; lit. *lo conozcamos.* 19:23 [1] O *infamia.*　　19:24 [1] Lit. *lo bueno a sus ojos.*　　19:25 [1] Lit. *hombre.* 19:26 [1] Lit. *al llegar la mañana.*

27 Al levantarse su señor por la mañana, abrió las puertas de la casa y salió para seguir su camino, y vio que su concubina estaba tendida a la entrada de la casa, con sus manos en el umbral. 28 Y él le dijo: «Levántate y vámonos». Pero ella no respondió[1]. Entonces la recogió, y colocándola sobre el asno, el hombre se levantó y se fue a su casa[2].

29 Cuando entró en su casa tomó un cuchillo, y tomando a su concubina, la cortó en doce pedazos, miembro por miembro, y la envió por todo el territorio de Israel. 30 Y todos los que *lo* veían, decían: «Nada como esto *jamás* ha sucedido ni se ha visto desde el día en que los israelitas subieron de la tierra de Egipto hasta el día de hoy. Considérenlo, tomen consejo y hablen».

GUERRA CONTRA BENJAMÍN

20 Entonces salieron todos los israelitas, desde Dan hasta Beerseba, incluyendo la tierra de Galaad, y la congregación se reunió al SEÑOR como un solo hombre en Mizpa. 2 Y los jefes[1] de todo el pueblo, de todas las tribus de Israel, tomaron su puesto en la asamblea del pueblo de Dios, 400,000 soldados[2] de a pie que sacaban espada.

3 (Y los hijos de Benjamín oyeron que los israelitas habían subido a Mizpa). Entonces los israelitas preguntaron: «Dígan*nos*, ¿cómo ocurrió esta maldad?». 4 El levita, marido de la mujer que había sido asesinada, respondió: «Vine con mi concubina a pasar la noche en Guibeá de Benjamín. 5 Pero los hombres de Guibeá se levantaron contra mí, y rodearon la casa por la noche por causa mía. Tenían intención de matarme. Pero en vez de esto, violaron a mi concubina de tal manera que murió. 6 Tomé entonces a mi concubina, la corté en pedazos y la envié por todo el territorio de la heredad de Israel, porque han cometido lascivia y terrible ofensa[1] en Israel. 7 Así que todos ustedes, israelitas, den aquí su parecer y consejo».

8 Entonces todo el pueblo se levantó como un solo hombre y dijeron: «Ninguno de nosotros irá a su tienda, ni ninguno de nosotros volverá a su casa. 9 Esto es lo que haremos ahora a Guibeá: *subiremos* contra la ciudad[1] por sorteo. 10 Tomaremos diez hombres de cada 100 por todas las tribus de Israel, y 100 de cada 1,000 y 1,000 de cada 10,000 para proveer[1] víveres para el ejército[2], que vaya a Guibeá de Benjamín a castigarlos por toda la infamia que han cometido en Israel». 11 Así se juntaron contra la ciudad todos los hombres de Israel, como un solo hombre.

12 Entonces las tribus de Israel enviaron hombres por toda la tribu[1] de Benjamín y dijeron: «¿Qué es esta infamia que se ha cometido entre ustedes? 13 Entreguen ahora a los hombres, esos perversos[1] en Guibeá, para que les demos muerte y quitemos *esta* infamia de Israel». Pero los de la tribu de Benjamín no quisieron escuchar la voz de *sus* hermanos, los israelitas. 14 Y los benjamitas, de sus[1] ciudades, se reunieron en Guibeá para salir a combatir contra los israelitas. 15 De las

19:29
Por qué el levita cortó el cuerpo de su concubina
El levita hizo este acto horrible para motivar a las tribus vecinas a buscar justicia por las cosas terribles que le habían hecho a su esposa.

20:13-14
¡Los benjamitas protegieron al culpable!
Los de Benjamín valoraron más la lealtad a su tribu que la justicia. Los israelitas solo querían castigar a los culpables, pero cuando los benjamitas se negaron a entregárselos, comenzó la batalla.

20:14-17
Esta guerra era distinta a todas las guerras que habían peleado los israelitas
Se trataba de una gran guerra de venganza contra sus compatriotas israelitas. Las batallas anteriores que habían tenido habían sido contra tribus paganas.

19:28 [1] Lit. *no hubo respuesta.*   [2] Lit. *lugar.*   20:2 [1] Lit. *las esquinas.*
[2] Lit. *hombres.*   20:6 [1] *O infamia.*   20:9 [1] Lit. *ella.*   20:10 [1] Lit. *llevar.*
[2] Lit. *el pueblo.*   20:12 [1] Lit. *todas las tribus.*   20:13 [1] Lit. *hijos de Belial.*
20:14 [1] Lit. *las.*

ciudades fueron contados¹ en aquel día, de los benjamitas, 26,000 hombres que sacaban espada, además de los habitantes de Guibeá que fueron contados¹, 700 hombres escogidos. **16** De toda esta gente, 700 hombres escogidos eran zurdos; capaces cada uno de lanzar *con la honda* una piedra a un cabello sin errar.

17 Entonces los hombres de Israel, aparte de Benjamín, fueron contados¹, 400,000 hombres que sacaban espada. Todos estos eran hombres de guerra. **18** Los israelitas se levantaron, subieron a Betel¹, y consultaron a Dios, y preguntaron: «¿Quién de nosotros subirá primero a pelear contra la tribu de Benjamín?». Entonces el SEÑOR respondió: «Judá *subirá primero*».

19 Los israelitas se levantaron por la mañana y acamparon contra Guibeá. **20** Los hombres de Israel salieron a combatir contra Benjamín, y los hombres de Israel se pusieron en orden de batalla contra ellos en Guibeá. **21** Pero los benjamitas salieron de Guibeá y derribaron¹ por tierra en aquel día 22,000 hombres de Israel.

22 Pero el pueblo, los hombres de Israel, se reanimaron, y se pusieron otra vez en orden de batalla en el lugar donde se habían puesto el primer día. **23** Y subieron los israelitas y lloraron delante del SEÑOR hasta la noche, y consultaron al SEÑOR, diciendo: «¿Nos acercaremos otra vez para combatir contra los hijos de mi hermano Benjamín?». Y el SEÑOR dijo: «Suban contra él».

24 Entonces los israelitas fueron contra¹ los de Benjamín el segundo día. **25** Y salió Benjamín de Guibeá contra¹ ellos el segundo día y otra vez hizo caer² 18,000 hombres de los israelitas. Todos estos sacaban espada.

26 Todos los israelitas y todo el pueblo subieron y vinieron a Betel y lloraron; y permanecieron allí delante del SEÑOR y ayunaron ese día hasta la noche. Y ofrecieron holocaustos y ofrendas de paz delante del SEÑOR. **27** Los israelitas consultaron al SEÑOR, porque el arca del pacto de Dios *estaba* allí en aquellos días, **28** y Finees, hijo de Eleazar, hijo de Aarón, estaba delante de ella para *ministrar* en aquellos días y preguntó: «¿Volveré a salir otra vez a combatir contra los hijos de mi hermano Benjamín, o desistiré?». Y el SEÑOR respondió: «Suban, porque mañana lo entregaré en tu mano».

DERROTA Y EXTERMINIO DE LOS BENJAMITAS

29 Puso, pues, Israel emboscadas alrededor de Guibeá. **30** Los israelitas subieron contra los de Benjamín al tercer día, y se pusieron en orden de batalla contra Guibeá como las otras veces. **31** Salieron los hijos de Benjamín contra¹ el pueblo, y fueron alejados de la ciudad. Comenzaron como las otras veces a herir y a matar a algunos del pueblo por los caminos, uno de los cuales sube a Betel² y el otro a Guibeá, en campo abierto. Y *mataron a* unos treinta hombres de

---

20:16
Soldados zurdos
Estos guerreros zurdos habían practicado sus destrezas y se convirtieron en excelentes tiradores con las hondas. Ellos podían lanzar piedras de medio kilo o más a una velocidad entre 145 y 160 kilómetros por hora.

20:18-25
Por qué los israelitas perdieron a tantos hombres en la batalla a pesar de que Dios los había guiado
Los israelitas habían hecho varios votos (20:8; 21:1,5). Esto sugiere que no descansaban totalmente en Dios, sino que confiaban en sus propias habilidades para alcanzar la victoria. Ellos debieron haber puesto su confianza en Dios solamente.

20:15 ¹ O *alistados.*   20:17 ¹ O *alistados.*   20:18 ¹ I.e. Casa de Dios.
20:21 ¹ Lit. *destruyeron.*   20:24 ¹ Lit. *se acercaron a.*   20:25 ¹ Lit. *al encuentro de.*   ² Lit. *destruyó.*   20:31 ¹ Lit. *al encuentro de.*   ² I.e. Casa de Dios.

Israel. **32** Y los hijos de Benjamín dijeron: «Están derrotados delante de nosotros como la primera vez». Pero los israelitas dijeron: «Huyamos para que los alejemos de la ciudad hacia los caminos».

33 Entonces todos los hombres de Israel se levantaron de sus puestos y se pusieron en orden de batalla en Baal Tamar. Y los emboscados de Israel salieron de sus puestos, de Maareh Geba. **34** Cuando 10,000 hombres escogidos de todo Israel fueron contra Guibeá, la batalla se hizo reñida[1]; pero Benjamín no sabía[2] que el desastre[3] se le acercaba[4]. **35** Y el SEÑOR hirió a Benjamín delante de Israel, de modo que los israelitas mataron ese día a 25,100 hombres de Benjamín, todos ellos[1] sacaban espada.

36 Y los de Benjamín vieron que estaban derrotados[1]. Cuando los hombres de Israel cedieron terreno[2] a Benjamín porque confiaban en las emboscadas que habían puesto contra Guibeá, **37** los emboscados se apresuraron y se lanzaron contra Guibeá. Entonces se desplegaron e hirieron toda la ciudad a filo de espada.

38 La señal convenida entre los hombres de Israel y los emboscados, era de que ellos harían que se levantara una gran nube de humo de la ciudad, **39** entonces los hombres de Israel regresarían a la batalla. Y los de Benjamín empezaron a herir y matar a unos treinta hombres de Israel, porque dijeron: «Ciertamente están derrotados[1] delante de nosotros como en la primera batalla».

40 Pero cuando la nube de humo como columna empezó a levantarse de la ciudad, los de Benjamín miraron tras sí; y de toda la ciudad subía *humo* al cielo. **41** Entonces los hombres de Israel se volvieron, y los de Benjamín se aterrorizaron porque vieron que el desastre[1] se les acercaba[2]. **42** Por tanto, volvieron la espalda ante los hombres de Israel en dirección al desierto, pero la batalla los alcanzó, y los que salían de las ciudades los destruían en medio de ellos. **43** Cercaron a Benjamín, lo persiguieron sin tregua *y* lo aplastaron frente a Guibeá, hacia el oriente[1]. **44** Cayeron 18,000 hombres de Benjamín; todos ellos eran valientes guerreros.

45 Cuando los demás[1] se volvieron y huyeron al desierto, a la peña de Rimón, los israelitas capturaron[2] a 5,000 de ellos en los caminos, y a *otros* los persiguieron muy de cerca hasta Gidom y mataron[3] a 2,000 de ellos. **46** El total de los de Benjamín que cayeron aquel día fue de 25,000 hombres que sacaban espada, todos ellos valientes guerreros. **47** Pero 600 hombres se volvieron y huyeron al desierto, a la peña de Rimón, y permanecieron en la peña de Rimón cuatro meses. **48** Entonces los hombres de Israel se volvieron contra los hijos de Benjamín y los hirieron a filo de espada, a toda[1] la ciudad, así como el ganado y todo lo que encontraron; también prendieron fuego a todas las ciudades que hallaron.

20:34 [1] Lit. *pesada*.   [2] Lit. *ellos no sabían*.   [3] Lit. *mal*.   [4] Lit. *les tocaba*.
20:35 [1] Lit. *todos estos*.   20:36 [1] Lit. *heridos*.   [2] Lit. *lugar*.   20:39 [1] Lit. *heridos*.   20:41 [1] Lit. *mal*.   [2] Lit. *les tocaba*.   20:43 [1] Lit. *hacia la salida del sol*.
20:45 [1] Así en la versión gr. (sept.); el T.M. omite, *los demás*.   [2] Lit. *recogieron*.
[3] Lit. *e hirieron*.   20:48 [1] Otra posible lectura es, *a los hombres de*.

20:48
Los israelitas trataron de destruir a los benjamitas, aunque solo unos pocos eran culpables
El deseo de venganza se volvió mayor que el crimen en sí. Los israelitas estaban peleando contra su propio pueblo, y se olvidaron de las leyes de Dios que limitaban la venganza. (Ver Éxodo 21:12-36).

MUJERES PARA LOS BENJAMITAS

21 Los hombres de Israel habían jurado en Mizpa y dijeron: «Ninguno de nosotros dará su hija por mujer a *los de* Benjamín». **2** Entonces el pueblo vino a Betel[1], y permaneció allí delante de Dios hasta la noche. Y alzaron sus voces y lloraron amargamente[2]. **3** «¿Por qué, oh SEÑOR, Dios de Israel», dijeron, «ha sucedido esto en Israel, que falte hoy una tribu en Israel?». **4** Y al día siguiente el pueblo se levantó temprano, y edificaron allí un altar y ofrecieron holocaustos y ofrendas de paz.

5 Después los israelitas dijeron: «¿Quién de entre todas las tribus de Israel no subió a[1] la asamblea del[2] SEÑOR?». Porque habían hecho[3] gran juramento en cuanto a todo aquel que no subiera al SEÑOR en Mizpa, diciendo: «Ciertamente se le dará muerte». **6** Los israelitas se entristecieron por su hermano Benjamín, y dijeron: «Hoy ha sido cortada una tribu de Israel. **7** ¿Qué haremos para *conseguir* mujeres para los que han quedado, ya que hemos jurado por el SEÑOR no darles ninguna de nuestras hijas en matrimonio?».

8 Entonces dijeron: «¿Cuál de las tribus de Israel no subió al SEÑOR en Mizpa?». Y sucedió que ninguno de Jabes Galaad había venido al campamento, a la asamblea. **9** Porque cuando contaron al pueblo, ninguno de los habitantes de Jabes Galaad estaba allí. **10** La congregación envió a 12,000 de los hombres de guerra[1] allá, y les mandaron diciendo: «Vayan y hieran a los habitantes de Jabes Galaad a filo de espada, con las mujeres y los niños. **11** Esto es lo que harán: destruirán a todo hombre y a toda mujer que se haya acostado[1] con varón. **12** Y hallaron entre los habitantes de Jabes Galaad a 400 vírgenes que no se habían acostado[1] con varón. Y las llevaron al campamento en Silo, que está en la tierra de Canaán.

13 Toda la congregación envió *palabra,* y hablaron a los benjamitas que estaban en la peña de Rimón, y les hablaron de paz. **14** Volvieron entonces *los* benjamitas, y les dieron las mujeres que habían guardado vivas de *entre* las mujeres de Jabes Galaad. Pero no había suficientes para todos[1]. **15** Y el pueblo tuvo tristeza por Benjamín, porque el SEÑOR había abierto una brecha en las tribus de Israel.

16 Entonces los ancianos de la congregación dijeron: «¿Qué haremos para *conseguir* mujeres para los que quedan, ya que las mujeres de Benjamín fueron destruidas?». **17** Y dijeron: «*Debe haber* herencia para los benjamitas que han escapado, para que no sea exterminada[1] una tribu de Israel. **18** Pero nosotros no le podemos dar mujeres de nuestras hijas». Porque los israelitas habían jurado: «Maldito el que dé mujer a *los de* Benjamín».

19 Y dijeron: «Cada año hay una fiesta del SEÑOR en Silo, que está al norte de Betel[1], al lado oriental del camino que

---

21:6-7
Los israelitas estaban preocupados por encontrar esposas para los benjamitas que quedaron

Ahora estaban tristes, ya que casi eliminan por completo a una tribu de Israel. Para ayudar a reconstruir la tribu, querían encontrar esposas para los hombres de Benjamín.

21:2 [1] I.e. Casa de Dios.   [2] Lit. con gran llanto.   21:5 [1] Lit. en.   [2] O ante el. [3] Lit. había un.   21:10 [1] Lit. valientes guerreros.   21:11 [1] Lit. que haya conocido el acostarse.   21:12 [1] Lit. que no habían conocido hombre, acostándose. 21:14 [1] Lit. no encontraron así para ellos.   21:17 [1] O borrada.   21:19 [1] I.e. Casa de Dios.

sube de Betel a Siquem, y al sur de Lebona». **20** Y dieron esta orden a los benjamitas: «Vayan, y embósquense en las viñas, **21** y velen. Cuando las hijas de Silo salgan a tomar parte[1] en las danzas, entonces ustedes saldrán de las viñas y cada uno tomará una[2] mujer de las hijas de Silo, y vuelvan[3] a la tierra de Benjamín. **22** Y cuando sus padres o sus hermanos vengan a quejarse a nosotros, les diremos: "Dénnoslas voluntariamente, porque no pudimos tomar en batalla una[1] mujer para cada hombre *de Benjamín*. Tampoco[2] ustedes *se* las dieron, *pues* entonces serían culpables"».

23 Así lo hicieron los benjamitas, y tomaron mujeres conforme a su número de entre las que danzaban, de las que se apoderaron. Entonces se fueron y volvieron a su heredad, reedificaron las ciudades y habitaron en ellas. **24** Los israelitas se fueron entonces de allí, cada uno a su tribu y a su familia. Cada uno de ellos salió de allí para su heredad.

25 En esos días no había rey en Israel; cada uno hacía lo que le parecía bien ante sus propios ojos.

21:20-22
Por qué era una buena sugerencia el secuestro

Los israelitas habían hecho un voto necio: no darían a ninguna de sus hijas a los benjamitas en matrimonio. Por lo tanto, sugirieron que si los benjamitas secuestraban a las mujeres, los israelitas no estarían rompiendo su promesa.

21:21 [1] Lit. *a danzar.*   [2] Lit. *su.*   [3] Lit. *vayan.*   21:22 [1] Lit. *su.*   [2] Lit. *porque ustedes no.*

Rut

¿QUIÉN ESCRIBIÓ ESTE LIBRO?	Se desconoce el autor.
¿POR QUÉ SE ESCRIBIÓ ESTE LIBRO?	El libro de Rut muestra cómo algunas personas confiaban en Dios aun en los tiempos difíciles.
¿QUÉ OCURRE EN ESTE LIBRO?	Rut, una joven viuda moabita, viaja a Israel con su suegra judía y se casa con un buen hombre allí.
¿QUÉ APRENDEMOS ACERCA DE DIOS EN ESTE LIBRO?	Dios ama a quienes ponen su confianza en él sin importar de qué nación vengan.
¿QUIÉNES SON LOS PERSONAJES PRINCIPALES DE ESTE LIBRO?	Noemí, Rut y Booz
¿DÓNDE SUCEDIERON ESTAS COSAS?	Rut y Noemí vivían en Belén, la ciudad donde más tarde nacieron David y Jesús. (Mira los mapas que están al final de esta Biblia para ver dónde se encuentra Belén).

¿CUÁLES SON ALGUNAS DE LAS HISTORIAS DE ESTE LIBRO?		
	Rut viaja con Noemí	Rut 1
	Rut conoce a Booz	Rut 2
	Booz y Rut se casan	Rut 4

Rut y su suegra Noemí se instalaron cerca de Belén.

© Przemyslaw Skibinski/Shutterstock

RUT Y NOEMÍ

1 Aconteció que en los días en que gobernaban[1] los jueces, en Israel hubo hambre en el país. Y un hombre de Belén de Judá fue a residir en los campos de Moab con[2] su mujer y sus dos hijos. **2** Aquel hombre se llamaba Elimelec, y su mujer se llamaba Noemí. Los nombres de sus dos hijos *eran* Mahlón y Quelión, efrateos de Belén de Judá. Y llegaron a los campos de Moab y allí se quedaron. **3** Y murió Elimelec, marido de Noemí, y quedó ella con sus dos hijos. **4** Ellos se casaron con[1] mujeres moabitas; el nombre de una *era* Orfa y el nombre de la otra Rut. Y vivieron allí unos diez años. **5** Murieron también los dos[1], Mahlón y Quelión, y la mujer quedó privada de sus dos hijos y de su marido.

6 Entonces se levantó con sus nueras para regresar de la tierra de Moab, porque ella había oído en la tierra de Moab que el SEÑOR había visitado a Su pueblo dándole alimento. **7** Salió, pues, del lugar donde estaba, y sus dos nueras con ella, y se pusieron en camino para volver a la tierra de Judá. **8** Y Noemí dijo a sus dos nueras: «Vayan, regrese cada una a la casa de su madre. Que el SEÑOR tenga misericordia de ustedes como ustedes la han tenido con los que murieron y conmigo. **9** Que el SEÑOR les conceda que hallen descanso, cada una en la casa de su marido». Entonces las besó, y ellas alzaron sus voces y

1:1 [1] O *juzgaban*.   [2] Lit. *él, y.*   1:4 [1] Lit. *tomaron para sí.*   1:5 [1] Lit. *los dos de ellos.*

1:8-13
Noemí animó a sus dos nueras a volver a su casa
Noemí era viuda y no tenía manera de sostenerlas económicamente. Ella creía que Rut y Orfa podían volver a casarse si regresaban a su tierra natal. Noemí no podía ayudarlas a encontrar nuevos maridos.

EL LIBRO DE RUT: VIAJE DE ELIMELEC Y NOEMÍ

lloraron, **10** y le dijeron: «*No,* sino que ciertamente volveremos contigo a tu pueblo». **11** Pero Noemí dijo: «Vuélvanse, hijas mías. ¿Por qué quieren ir conmigo? ¿Acaso tengo aún hijos en mis entrañas para que sean sus maridos? **12** Vuélvanse, hijas mías. Váyanse, porque soy demasiado vieja para tener marido. Si dijera que tengo esperanza, y si aun tuviera un marido esta noche y también diera a luz hijos, **13** ¿esperarían por eso hasta que fueran mayores? ¿Dejarían ustedes de casarse por eso? No, hijas mías, porque eso es más difícil[1] para mí que para ustedes, pues la mano del SEÑOR se ha levantado[2] contra mí». **14** Y ellas alzaron sus voces y lloraron otra vez; y Orfa besó a su suegra, pero Rut se quedó con ella.

15 Entonces *Noemí* dijo: «Mira, tu cuñada ha regresado a su pueblo y a sus dioses; vuelve tras tu cuñada». **16** Pero Rut le respondió: «No insistas en que te deje *o* que deje de seguirte; porque adonde tú vayas, yo iré, y donde tú mores, moraré. Tu pueblo *será* mi pueblo, y tu Dios mi Dios. **17** Donde tú mueras, *allí* moriré, y allí seré sepultada. Así haga el SEÑOR conmigo, y aún peor[1], *si algo, excepto* la muerte, nos separa». **18** Al ver *Noemí* que *Rut* estaba decidida a ir con ella, no le insistió más[1].

19 Caminaron, pues, las dos hasta que llegaron a Belén. Cuando llegaron a Belén, toda la ciudad se conmovió a causa de ellas, y las *mujeres* decían: «¿*No* es esta Noemí?». **20** Ella les dijo: «No me llamen Noemí[1], llámenme Mara[2], porque el trato del Todopoderoso[3] me ha llenado de amargura[4]. **21** Llena me fui, pero vacía me ha hecho volver el SEÑOR. ¿Por qué me llaman Noemí, ya que el SEÑOR ha dado testimonio contra mí y el Todopoderoso[1] me ha afligido?».

22 Y volvió Noemí, y con ella su nuera Rut la moabita, regresando así de los campos de Moab. Llegaron a Belén al comienzo de la siega de la cebada.

RUT EN EL CAMPO DE BOOZ

2 Noemí tenía un pariente[1] de su marido, un hombre de mucha riqueza[2], de la familia de Elimelec, el cual se llamaba Booz. **2** Y Rut la moabita dijo a Noemí: «Te ruego que me dejes ir al campo a recoger espigas en pos de aquel a cuyos ojos halle gracia». Ella le respondió: «Ve, hija mía». **3** Partió, pues, y espigó en el campo en pos de los segadores; y fue a[1] la parte del campo que pertenecía a Booz, que *era* de la familia de Elimelec. **4** En ese momento vino Booz de Belén, y dijo a los segadores: «El SEÑOR sea con ustedes». «Que el SEÑOR te bendiga», le respondieron ellos. **5** Entonces Booz dijo a su siervo que estaba a cargo de[1] los segadores: «¿De quién es esta joven?». **6** Y el siervo a cargo de los

---

www.holylandphotos.org

1:13 [1] Lit. *amargo.*   [2] Lit. *ha salido.*   1:17 [1] O *más.*   1:18 [1] Lit. *cesó de hablar.*
1:20 [1] I.e. *Placentera.*   [2] I.e. *Amarga.*   [3] Heb. *Shaddai.*   [4] Lit. *el Todopoderoso me ha causado mucha amargura.*   1:21 [1] Heb. *Shaddai.*   2:1 [1] O *un conocido.*   [2] U *hombre poderoso y valiente.*   2:3 [1] Lit. *su suerte cayó sobre.*
2:5 [1] Lit. *puesto sobre.*

segadores respondió: «Es la joven moabita que volvió con Noemí de la tierra de Moab. **7** Y ella me dijo: "Te ruego que me dejes espigar y recoger tras los segadores entre las gavillas". Y vino y ha permanecido desde la mañana hasta ahora; *solo* se ha sentado en la casa por un momento».

RUT Y BOOZ

8 Entonces Booz dijo a Rut: «Oye*¹*, hija mía. No vayas a espigar a otro campo; tampoco pases de aquí, sino quédate con mis criadas. **9** Fíjate en el campo donde ellas siegan y síguelas, pues he ordenado a los siervos que no te molesten*¹*. Cuando tengas sed, ve a las vasijas y bebe *del agua* que sacan los siervos». **10** Ella bajó su rostro, se postró en tierra y le dijo: «¿Por qué he hallado gracia ante sus ojos para que se fije en mí, siendo yo extranjera?». **11** Booz le respondió: «Todo lo que has hecho por tu suegra después de la muerte de tu esposo me ha sido informado en detalle, y *cómo* dejaste a tu padre, a tu madre y tu tierra natal, y viniste a un pueblo que antes no conocías. **12** Que el SEÑOR recompense tu obra y que tu pago sea completo de parte del SEÑOR, Dios de Israel, bajo cuyas alas has venido a refugiarte». **13** Entonces ella dijo: «Señor mío, he hallado gracia ante sus ojos, porque me ha consolado y en verdad ha hablado con bondad a su*¹* sierva, aunque yo no soy ni como una de sus criadas».

14 A la hora de comer, Booz le dijo a Rut: «Ven acá*¹* para que comas del pan y mojes tu pedazo de pan en el vinagre».*²* Así pues ella se sentó junto a los segadores. Booz le sirvió*²* grano tostado, y ella comió hasta saciarse y *aún* le sobró. **15** Cuando ella se levantó para espigar, Booz ordenó a sus siervos y les dijo: «Déjenla espigar aun entre las gavillas y no la avergüencen. **16** También sacarán a propósito para ella *un poco de grano* de los manojos y *lo* dejarán para que ella *lo* recoja. No la reprendan».

17 Rut espigó en el campo hasta el anochecer, y desgranó lo que había espigado, y fue como 22 litros de cebada. **18** Ella *lo* tomó y fue a la ciudad, y su suegra vio lo que había recogido. Rut sacó también lo que le había sobrado después de haberse saciado*¹* y se lo dio a Noemí*²*. **19** Entonces su suegra le dijo: «¿Dónde espigaste y dónde trabajaste hoy? Bendito sea aquel que se fijó en ti». Y ella informó a su suegra con quién había trabajado, y dijo: «El hombre con quien trabajé hoy se llama Booz». **20** Noemí dijo a su nuera: «Sea él bendito del SEÑOR, porque no ha rehusado su bondad ni a los vivos ni a los muertos». Le dijo también Noemí: «El hombre es nuestro pariente*¹*; es uno de nuestros parientes más cercanos». **21** Entonces Rut la moabita dijo: «Además*¹*, él me dijo: "Debes estar cerca de mis siervos hasta que hayan terminado toda mi cosecha"». **22** Noemí dijo a Rut su nuera: «Es bueno, hija mía, que salgas con sus criadas, no sea que en otro campo te maltraten*¹*». **23** Y Rut se quedó cerca de las criadas de Booz espigando hasta que se acabó la cosecha de cebada y de trigo. Y ella vivía con su suegra.

2:8 ¹ Lit. *¿No has oído.* 2:9 ¹ Lit. *toquen.* 2:13 ¹ Lit. *al corazón de tu.* 2:14 ¹ Lit. *Acércate.* ² Lit. *extendió.* 2:18 ¹ Lit. *su saciedad.* ² Lit. *a ella.* 2:20 ¹ Lit. *cercano a nosotras.* 2:21 ¹ Lit. *También que.* 2:22 ¹ Lit. *caigan sobre ti.*

2:8-9
Rut iba detrás de las criadas

Generalmente los hombres cortaban las espigas y las criadas iban detrás de ellos envolviéndolas. Al seguir a otras mujeres, Rut debe haber estado más resguardada de los hombres que trabajaban en los campos, porque algunas veces ellos acosaban a las mujeres solteras.

2:20
Pariente cercano

El familiar más cercano era el pariente redentor. Los miembros de una familia extendida podían buscar ayuda en ellos. El pariente redentor podía volver a comprar la tierra de la familia que había sido vendida para pagar deudas. Podía pagar el precio para liberar a los familiares de la esclavitud. También podía vengar el homicidio de un pariente y cuidar de sus familiares cercanos en los tiempos difíciles. Además, era responsable de proveer un heredero a su hermano si había muerto sin tener hijos.

RUT PIDE A BOOZ QUE SIRVA DE REDENTOR

3 Después su suegra Noemí le dijo: «Hija mía, ¿no he de buscar seguridad[1] para ti, para que te vaya bien? **2** Ahora pues, ¿no es Booz nuestro pariente[1], con cuyas criadas estabas? Mira, él va a aventar cebada en la era esta noche. **3** Lávate, pues, perfúmate y ponte tu *mejor* vestido y baja a la era; *pero* no te des a conocer al hombre hasta que haya acabado de comer y beber. **4** Y sucederá que cuando él se acueste, notarás[1] el lugar donde se acuesta; irás, descubrirás sus pies y te acostarás; entonces él te dirá lo que debes hacer». **5** Ella respondió: «Todo lo que *me* dices, haré».

6 Descendió, pues, Rut a la era e hizo todo lo que su suegra le había mandado. **7** Cuando Booz hubo comido y bebido, y su corazón estaba contento, fue a acostarse al pie[1] del montón *de grano;* y ella vino calladamente, le destapó los pies y se acostó. **8** A medianoche Booz se sorprendió, y al voltearse[1] notó que una mujer estaba acostada a sus pies. **9** Booz le preguntó: «¿Quién eres?». Y ella respondió: «Soy Rut, su sierva. Extienda, pues, su manto sobre su sierva, por cuanto es pariente cercano[1]». **10** Entonces él dijo: «Bendita seas del SEÑOR, hija mía. Has hecho tu última bondad mejor que la primera, al no ir en pos de *los* jóvenes, ya sean pobres o ricos. **11** Ahora, hija mía, no temas. Haré por ti todo lo que *me* pidas[1], pues todo mi pueblo en la ciudad[2] sabe que eres una mujer virtuosa. **12** Ahora bien, es verdad que soy pariente cercano[1], pero hay un pariente[1] más cercano que yo. **13** Quédate esta noche, y cuando venga la mañana, si él quiere redimirte[1], bien, que te redima. Pero si no quiere redimirte[1], entonces, como que el SEÑOR vive, yo te redimiré. Acuéstate hasta la mañana».

14 Ella se acostó a sus pies hasta la mañana, y se levantó antes que una *persona* pudiera reconocer a otra; y él dijo: «Que no se sepa que ha venido mujer a la era». **15** Luego Booz le dijo: «Dame el manto que tienes puesto y sujétalo». Y ella lo sujetó, y él midió seis *porciones* de cebada y se *las* puso encima. Entonces ella[1] entró en la ciudad. **16** Cuando llegó a *donde estaba* su suegra, *esta* le preguntó: «¿Cómo te fue[1], hija mía?». Y Rut le contó todo lo que Booz había hecho por ella. **17** Y añadió: «Me dio estas seis *porciones* de cebada, pues dijo: "No vayas a tu suegra con las manos vacías"». **18** Entonces Noemí dijo: «Espera, hija mía, hasta que sepas cómo se resolverá[1] el asunto; porque este hombre no descansará hasta que lo haya arreglado[2] hoy *mismo*».

BOOZ REDIME LA HEREDAD DE ELIMELEC

4 Booz subió a la puerta y allí se sentó, y cuando el pariente más cercano[1] de quien Booz había hablado iba

3:7
Por qué Booz durmió en la era

Algunas veces los ladrones robaban el grano en la noche, así que el dueño y los obreros a menudo dormían allí para proteger la cosecha.

Todd Bolen/www.BiblePlaces.com

3:7-8; 13-14
Rut estaba haciendo un pedido especial

Rut le estaba pidiendo a Booz que se casara con ella, porque era pariente cercano de su familia.

3:10
Booz sabía de la bondad de Rut

Rut había mostrado una gran bondad hacia Noemí. Booz también le agradeció por haberle pedido que se casara con ella en vez de buscar a un hombre más joven.

3:1 [1] Lit. *reposo.*   3:2 [1] O *conocido.*   3:4 [1] Lit. *sabrás.*   3:7 [1] Lit. *extremo.*
3:8 [1] Lit. *y se torció.*   3:9 [1] O *redentor,* y así en el cap. 4.   3:11 [1] Lit. *digas.*
[2] Lit. *puerta.*   3:12 [1] O *redentor.*   3:13 [1] O *actuar como pariente cercano.*
3:15 [1] Así en muchos mss. y versiones antiguas; en el T.M., *él.*   3:16 [1] Lit. *¿Quién eres tú.*   3:18 [1] Lit. *caerá.*   [2] Lit. *termine el asunto.*   4:1 [1] O *redentor,* y así en el resto del cap.

pasando, le dijo: «Oye, amigo², ven acá y siéntate». Y él vino y se sentó. **2** Y *Booz* tomó diez hombres de los ancianos de la ciudad, y *les* dijo: «Siéntense aquí». Y ellos se sentaron. **3** Entonces dijo al pariente más cercano: «Noemí, que volvió de la tierra de Moab, tiene que vender la parte de la tierra que pertenecía a nuestro hermano Elimelec. **4** Y pensé informarte¹, diciéndo*te: "*Cómprala* en presencia de los que están *aquí* sentados, y en presencia de los ancianos de mi pueblo. Si *la* vas a redimir, redím*ela*; y si no², dím*elo* para que yo *lo* sepa; porque no hay otro aparte de ti que *la* redima, y yo después de ti"». Él dijo: «*La* redimiré». **5** Entonces Booz dijo: «El día que compres el campo de manos de Noemí, también debes adquirir a Rut la moabita, viuda¹ del difunto, a fin de conservar el nombre del difunto en su heredad». **6** Y el pariente más cercano respondió: «No puedo redimir*la* para mí mismo, no sea que perjudique¹ mi heredad. Redím*ela* para ti; *usa* tú mi derecho de redención, pues yo no puedo redimir*la*».

7 Y *la costumbre* en tiempos pasados en Israel tocante a la redención y el intercambio *de tierras* para confirmar cualquier asunto era esta: uno se quitaba la sandalia y se la daba al otro; y esta era la *manera de* confirmar *tratos* en Israel. **8** El pariente más cercano dijo a Booz: «Cómpra*la* para ti». Y se quitó la sandalia. **9** Entonces Booz dijo a los ancianos y a todo el pueblo: «Ustedes son testigos hoy que he comprado de la mano de Noemí todo lo que pertenecía a Elimelec y todo lo que pertenecía a Quelión y a Mahlón. **10** Además, he adquirido a Rut la moabita, la viuda de Mahlón, para que sea mi mujer a fin de preservar el nombre del difunto en su heredad, para que el nombre del difunto no sea cortado de entre sus hermanos, ni del atrio¹ de su lugar *de nacimiento;* ustedes son testigos hoy». **11** Y todo el pueblo que *estaba* en el atrio, y los ancianos, dijeron: «*Somos* testigos. Haga el SEÑOR a la mujer que entra en tu casa como a Raquel y a Lea, las cuales edificaron la casa de Israel; y que tú adquieras riquezas¹ en Efrata y seas célebre² en Belén. **12** Además, sea tu casa como la casa de Fares, el que Tamar dio a luz a Judá, por medio de la descendencia¹ que el SEÑOR te dará de esta joven».

BOOZ SE CASA CON RUT

13 Booz tomó a Rut y ella fue su mujer, y se llegó a ella. Y el SEÑOR hizo que concibiera¹, y ella dio a luz un hijo. **14** Entonces las mujeres dijeron a Noemí: «Bendito sea el SEÑOR que no te ha dejado hoy sin redentor¹; que su nombre sea célebre² en Israel. **15** Que el *niño* también sea para ti restaurador de *tu* vida y sustentador de tu vejez; porque tu nuera,

4:6
Por qué el pariente más cercano estaba preocupado por su propiedad
Él ya debía tener su propia familia. Puede haberse preocupado por las peleas entre los miembros de su familia debido a la herencia si tenía otra esposa y nuevos hijos.

4:8
Por qué el pariente más cercano se quitó la sandalia
En los tiempos bíblicos, una persona mostraba que había llegado a un acuerdo con otra quitándose una sandalia y dándosela. Los que miraban esto serían los testigos del acuerdo.

---

² Lit. *fulano.*   4:4 ¹ Lit. *destapar tu oído.*   ² Lit. *y si él no redime.*
4:5 ¹ Lit. *mujer.*   4:6 ¹ Lit. *arruine.*   4:10 ¹ Lit. *de la puerta.*   4:11 ¹ O *poder.*
² Lit. *se proclame el nombre.*   4:12 ¹ Lit. *simiente.*   4:13 ¹ Lit. *le dio concepción.*   4:14 ¹ O *pariente cercano.*   ² Lit. *llamado.*

ÁRBOL GENEALÓGICO DE RUT

Rut 4:21-22
(Ver también Mateo 1)

Rut —— Booz

Obed

Isaí

David

Jesús

4:18-22
Rut, una mujer de Moab, fue elegida para ser una abuela muy importante

La fe de Rut en el Señor hizo posible que ella fuera la bisabuela del rey David y una antepasada de Jesús. Dios la eligió para recibir este honor a fin de mostrar que su pacto era para todas las personas.

que te ama y que es de más valor para ti que siete hijos, lo ha dado a luz». **16** Entonces Noemí tomó al niño, lo puso en su regazo[j] y se encargó de criarlo. **17** Las mujeres vecinas le dieron un nombre y dijeron: «Le ha nacido un hijo a Noemí». Y lo llamaron Obed. Él es el padre de Isaí, padre de David.

18 Estas son las generaciones de Fares: Fares fue el padre de Hezrón, **19** Hezrón el padre de Ram, Ram el padre de Aminadab, **20** Aminadab el padre de Naasón, Naasón el padre de Salmón, **21** Salmón el padre de Booz, Booz el padre de Obed, **22** Obed el padre de Isaí e Isaí fue el padre de David.

1 Samuel

¿QUIÉN ESCRIBIÓ ESTE LIBRO?

Se desconoce el autor.

¿POR QUÉ SE ESCRIBIÓ ESTE LIBRO?

El libro 1 Samuel nos cuenta cómo los israelitas se convirtieron en un reino.

¿QUÉ OCURRE EN ESTE LIBRO?

Samuel sirve como el último juez de Israel. Saúl se convierte en el primer rey de Israel. David mata a Goliat y luego se une al ejército de Saúl. Saúl desobedece a Dios y resulta muerto.

¿QUÉ APRENDEMOS ACERCA DE DIOS EN ESTE LIBRO?

Dios quiere líderes que lo obedezcan.

¿QUIÉNES SON LOS PERSONAJES PRINCIPALES DE ESTE LIBRO?

Samuel, Saúl, David y Jonatán

¿DÓNDE SUCEDIERON ESTAS COSAS?

Las historias de este libro ocurren en los reinos israelitas de Saúl y David. (Mira los mapas que están al final de esta Biblia para ver dónde se encuentra Israel).

¿CUÁLES SON ALGUNAS DE LAS HISTORIAS DE ESTE LIBRO?

Dios llama al niño Samuel	1 Samuel 3
El arca es capturada y devuelta	1 Samuel 4—6
Samuel unge a Saúl como rey	1 Samuel 9
Saúl desobedece a Dios	1 Samuel 13, 15
Samuel unge a David como rey	1 Samuel 16
David mata a Goliat	1 Samuel 17
Saúl está celoso de David	1 Samuel 18
David y Jonatán	1 Samuel 20
David le perdona la vida a Saúl	1 Samuel 24
Abigail enfrenta a David	1 Samuel 25
David vuelve a perdonar a Saúl	1 Samuel 26
Saúl muere en la batalla	1 Samuel 31

Vista del valle de Ela, donde David mató a Goliat.
© 1995 por Phoenix Data Systems

ORACIÓN DE ANA

1 Había un hombre de Ramataim de Zofim, de la región montañosa de Efraín, que se llamaba Elcana, hijo de Jeroham, hijo de Eliú, hijo de Tohu, hijo de Zuf, el efrateo. **2** Elcana tenía dos mujeres: el nombre de una *era* Ana y el[1] de la otra Penina. Penina tenía hijos, pero Ana no los tenía[2]. **3** Todos los años aquel hombre subía de su ciudad para adorar y ofrecer sacrificio al SEÑOR de los ejércitos en Silo. Allí los dos hijos de Elí, Ofni y Finees, eran sacerdotes del SEÑOR.

4 Cuando llegaba el día en que Elcana ofrecía sacrificio, daba porciones a Penina su mujer y a todos sus hijos e hijas; **5** pero a Ana le daba una doble porción, pues él amaba a Ana, aunque el SEÑOR no le había dado hijos[1]. **6** Su rival, Penina, la provocaba amargamente para irritarla, porque el SEÑOR no le había dado hijos. **7** Esto sucedía año tras año; siempre que ella subía a la casa del SEÑOR, Penina[1] la provocaba, por lo que Ana lloraba y no comía. **8** Entonces Elcana su marido le dijo: «Ana, ¿por qué lloras y no comes? ¿Por qué está triste tu corazón? ¿No soy yo para ti mejor que diez hijos?».

9 Pero Ana se levantó después de haber comido y bebido estando en Silo, y *mientras* el sacerdote Elí estaba sentado en la silla junto al poste de la puerta del templo del SEÑOR, **10** ella, muy angustiada[1], oraba al SEÑOR y lloraba amargamente. **11** Entonces hizo voto y dijo: «Oh SEÑOR de los ejércitos, si te dignas mirar la aflicción de Tu sierva, te acuerdas de mí y no te olvidas de Tu sierva, sino que das un hijo[1] a Tu sierva, yo lo dedicaré al SEÑOR por todos los días de su vida y nunca pasará navaja sobre su cabeza».

12 Mientras ella continuaba en[1] oración delante del SEÑOR, Elí le estaba observando la boca. **13** Pero Ana hablaba en su corazón, solo sus labios se movían y su voz no se oía. Elí, pues, pensó que estaba ebria. **14** Entonces Elí le dijo: «¿Hasta cuándo estarás embriagada? Echa de ti tu vino». **15** Pero Ana respondió: «No, señor mío, soy una mujer angustiada[1] en espíritu. No he bebido vino ni licor, sino que he derramado mi alma delante del SEÑOR. **16** No tenga[1] a su sierva por mujer indigna[2]. Hasta ahora he estado orando[3] a causa de mi gran congoja y aflicción[4]». **17** «Ve en paz», le respondió Elí, «y que el Dios de Israel te conceda la petición que le has hecho[1]». **18** «Halle su sierva gracia ante sus ojos», le dijo ella. Entonces la mujer se puso en camino, comió y ya no estaba *triste* su semblante.

1:2
Elcana tenía dos esposas
Aunque Dios había creado el matrimonio para que fuera entre un hombre y una mujer, muchos hombres se casaban con más de una mujer en el mundo antiguo. Dios permitió esta práctica.

1:5
Ana no culpó a Dios por no poder tener hijos
Los israelitas creían que Dios era la causa primaria detrás de todo lo que ocurría. Ella no estaba culpando a Dios, sino reconociendo que él controlaba todas las cosas.

1:11
Ana hizo un voto de no cortarle el cabello a su hijo
Esto era parte de su promesa de dedicar a su hijo al servicio del Señor como nazareo (ver Jueces 13:5). Uno de los votos nazareos era no cortarse el cabello. La mayoría de estos votos eran solo por un tiempo, pero el de Samuel era para toda la vida.

ERRORES DE ELÍ
1 Samuel 1—4

Confunde la oración de Ana con el comportamiento de una persona ebria
1:12-14

Era ineficaz como padre; no pudo refrenar a sus hijos malvados
2:12, 22-25

Deshonra al Señor comiendo la grasa de las ofrendas y reverenciando a sus hijos antes que a Dios
2:29

Incapaz de reconocer al principio el llamado de Dios a Samuel
3:2-9

Inútil para proteger el arca del pacto
4:1-11

1:2 [1] Lit. *el nombre.*　[2] Lit. *no tenía hijos, cerrado su matriz.*　1:7 [1] Lit. *ella.*　1:11 [1] Lit. *simiente de varón.*　1:15 [1] Lit. *severa.*　1:16 [1] Lit. *des.*　[3] Lit. *hablado.*　[4] Lit. *mi provocación.*　1:5 [1] Lit. *había*　1:10 [1] Lit. *amargada de alma.*　1:12 [1] O *multiplicaba la.*　[2] Lit. *hija de Belial.*　1:17 [1] Lit. *pedido.*

NACIMIENTO Y DEDICACIÓN DE SAMUEL

19 A la mañana siguiente se levantaron bien temprano, adoraron delante del SEÑOR y regresaron[1] de nuevo a su casa en Ramá. Y Elcana se llegó a[2] Ana su mujer, y el SEÑOR se acordó de ella. **20** Y a su debido tiempo[1], después de haber concebido, Ana dio a luz un hijo, y le puso por nombre Samuel[2], *diciendo:* «Porque se lo he pedido al SEÑOR».

21 Subió el varón Elcana con toda su casa a ofrecer al SEÑOR el sacrificio anual y *a pagar* su voto. **22** Pero Ana no subió, pues dijo a su marido: «*No subiré* hasta que el niño sea destetado. Entonces lo llevaré para que se presente delante del SEÑOR y se quede allí para siempre». **23** Elcana su marido le dijo: «Haz lo que mejor te parezca[1]. Quédate hasta que lo hayas destetado; solamente confirme el SEÑOR Su palabra». Ana se quedó y crió a su hijo hasta que lo destetó. **24** Después de haberlo destetado, llevó consigo al niño, y lo trajo a la casa del SEÑOR en Silo, aunque el niño era pequeño. También llevó un novillo de tres años[1], un efa (22 litros) de harina y un odre de vino. **25** Entonces sacrificaron el novillo, y trajeron el niño a Elí. **26** «¡Oh señor mío!», dijo Ana. «Vive su alma, señor mío. Yo soy la mujer que estuvo aquí junto a usted orando al SEÑOR. **27** Por este niño oraba, y el SEÑOR me ha concedido la petición que le hice[1]. **28** Por lo cual yo también lo he dedicado[1] al SEÑOR. Todos los días de su vida estará dedicado[1] al SEÑOR». Y adoró[2] allí al SEÑOR.

CÁNTICO DE ANA

2 Entonces Ana oró y dijo:

«Mi corazón se regocija en el SEÑOR,
Mi fortaleza[1] en el SEÑOR se exalta;
Mi boca habla sin temor[2] contra mis
    enemigos,
Por cuanto me regocijo en Tu salvación.
2 No hay santo como el SEÑOR;
En verdad, no hay otro fuera de Ti,
Ni hay roca como nuestro Dios.
3 No se jacten más[1] ustedes con tanto orgullo,
No salga la arrogancia de su boca.
Porque el SEÑOR es Dios de sabiduría,
Y por Él son pesadas las acciones.
4 Quebrados son los arcos de los fuertes,
Pero los débiles se ciñen de poder.
5 Los que estaban saciados se alquilan por pan,
Y dejan *de tener hambre* los que estaban hambrientos.
Aun la estéril da a luz a siete,
Pero la que tiene muchos hijos desfallece.
6 El SEÑOR da muerte y da vida;
Hace bajar al Seol[1] y hace subir.

1:13-14
Elí pensaba que Ana estaba ebria

Elí probablemente estaba acostumbrado a ver a personas ebrias, porque se solía tomar mucho vino en las fiestas anuales.

1:22
Ana cuidó a Samuel en casa algunos años

En el antiguo Medio Oriente, las madres a menudo amamantaban a los hijos por tres años o más. Los niños no dejaban sus casas por largos períodos de tiempo hasta haber empezado a comer comida sólida y no necesitar más la leche de la madre.

© Zurijeta/Shutterstock

1:28
Ana le entrega a Samuel al Señor

Ana lo dedicó a Dios para que sirviera en el tabernáculo. Siendo un jovencito, Samuel llevaba a cabo tareas como limpiar y hacer mandados.

1:19 [1] O *regresaron y fueron.*   [2] Lit. *conoció a.*   1:20 [1] Lit. *al correr de los días.*   [2] I.e. *Oído por Dios.*   1:23 [1] Lit. *Haz lo bueno a tus ojos.*   1:24 [1] Así en los M.M.M., la versión gr. (sept.) y la siriaca; en el T.M., *tres novillos.*   1:27 [1] Lit. *pedí.*   1:28 [1] Lit. *cedido.*   [2] Algunos mss. y versiones antiguas dicen: *Y adoraron.*   2:1 [1] Lit. *cuerno.*   [2] Lit. *mi boca se ensancha.*   2:3 [1] Lit. *hablen mucho.*   2:6 [1] I.e. región de los muertos.

7 El SEÑOR empobrece y enriquece;
   Humilla y también exalta.
8 Levanta del polvo al pobre,
   Del muladar levanta al necesitado
   Para hacer*los* sentar con los príncipes,
   Y heredar un sitio de honor;
   Pues las columnas de la tierra son del SEÑOR,
   Y sobre ellas ha colocado el mundo.
9 Él guarda los pies de Sus santos,
   Pero los malvados son acallados en tinieblas,
   Pues no por la fuerza ha de prevalecer el hombre.
10 Los que se oponen al SEÑOR serán quebrantados,
   Él tronará desde los cielos contra ellos.
   El SEÑOR juzgará los confines de la tierra,
   Dará fortaleza a Su rey,
   Y ensalzará el poder[1] de Su ungido».

11 Entonces Elcana regresó a Ramá, a su casa. Y el niño Samuel *se quedó* sirviendo al SEÑOR delante del sacerdote Elí.

EL PECADO DE LOS HIJOS DE ELÍ

12 Pero los hijos de Elí *eran* hombres indignos[1]; no conocían al SEÑOR 13 ni la costumbre de los sacerdotes con el pueblo: cuando alguien ofrecía sacrificio, venía el criado del sacerdote con un tenedor de tres dientes en su mano mientras se cocía la carne, 14 lo introducía en la cazuela, la olla, la caldera o el caldero, y todo lo que el tenedor sacaba, lo tomaba el sacerdote para sí. Así hacían ellos en Silo con todos los israelitas que iban allí. 15 Además, antes de quemar la grasa, el criado del sacerdote venía y decía al hombre que ofrecía el sacrificio: «Da al sacerdote carne para asar, pues no aceptará de ti carne cocida, sino solamente cruda». 16 Y si el hombre le decía: «Ciertamente deben quemar primero[1] la grasa y después toma todo lo que quieras[2]»; él respondía: «No, sino que *me la* darás ahora, y si no la tomaré por la fuerza». 17 El pecado de los jóvenes era muy grande delante del SEÑOR, porque[1] despreciaban la ofrenda del SEÑOR.

LOS HIJOS DE ANA

18 Samuel, siendo niño, ministraba delante del SEÑOR usando[1] un efod de lino. 19 Su madre le hacía una túnica pequeña cada año, y se la traía cuando subía con su marido a ofrecer el sacrificio anual. 20 Entonces Elí bendecía a Elcana y a su mujer, y decía: «Que el SEÑOR te dé hijos[1] de esta mujer en lugar del que ella dedicó[2] al SEÑOR». Y regresaban a su casa[3]. 21 El SEÑOR visitó a Ana, y ella concibió y dio a luz tres hijos y dos hijas. Y el niño Samuel crecía delante del SEÑOR.

ELÍ REPRENDE A SUS HIJOS

22 Elí *era ya* muy anciano; y oyó todo lo que sus hijos estaban haciendo a todo Israel, y cómo se acostaban con las mujeres

2:12-15
Lo que los sacerdotes hicieron mal
El primer pecado: tomaron lo que no les pertenecía. El segundo pecado: no ofrecieron una parte de la carne al Señor. El tercer pecado: no siguieron las leyes sobre cómo se comía la carne.

2:22
Las mujeres que servían en la tienda de reunión
Esas mujeres probablemente hacían tareas en el tabernáculo como lavar o coser.

2:10 [1] Lit. *cuerno*.   2:12 [1] Lit. *hijos de Belial.*   2:16 [1] Lit. *como el día;* i.e.
como de costumbre.   [2] Lit. *tu alma quiera.*   2:17 [1] Lit. *porque los hombres.*
2:18 [1] Lit. *ceñido con.*   2:20 [1] Lit. *simiente.*   [2] Lit. *del que fue pedido y fue
cedido.*   [3] Lit. *lugar.*

que servían a la entrada de la tienda de reunión, **23** y les preguntó: «¿Por qué hacen estas cosas, las cosas malas de que oigo *hablar a* todo este pueblo? **24** No, hijos míos; porque no es bueno el informe que oigo circular por el¹ pueblo del SEÑOR. **25** Si un hombre peca contra otro, Dios mediará por él; pero si un hombre peca contra el SEÑOR, ¿quién intercederá por él?». Pero ellos no escucharon la voz de su padre, porque el SEÑOR quería que murieran. **26** Y el niño Samuel crecía en estatura y en gracia¹ para con el SEÑOR y para con los hombres.

PROFECÍA CONTRA LA CASA DE ELÍ

27 Entonces un hombre de Dios vino a Elí y le dijo: «Así dice el SEÑOR: "¿*No* me revelé ciertamente a la casa de tu padre cuando ellos estaban en Egipto *como esclavos* de la casa de Faraón? **28** ¿*No* los escogí de entre todas las tribus de Israel para ser Mis sacerdotes, para subir a Mi altar, para quemar incienso, para llevar un efod delante de Mí? ¿*No* le di a la casa de tu padre todas las ofrendas encendidas de los israelitas? **29** ¿Por qué pisotean Mi sacrificio y Mi ofrenda que he ordenado *en Mi* morada, y honras a tus hijos más que a Mí, engordándose ustedes con lo mejor¹ de cada ofrenda de Mi pueblo Israel?". **30** Por tanto, el SEÑOR, Dios de Israel, declara: "Ciertamente Yo había dicho que tu casa y la casa de tu padre andarían delante de Mí para siempre"; pero ahora el SEÑOR declara: "Lejos esté esto de Mí, porque Yo honraré a los que me honran, y los que me desprecian serán tenidos en poco. **31** Por tanto, vienen días cuando cortaré tu fuerza¹, y la fuerza¹ de la casa de tu padre, y no habrá anciano en tu casa. **32** Y verás la angustia de *Mi* morada, a *pesar de* todo el bien que hago¹ a Israel; y nunca habrá anciano en tu casa.

33 "Sin embargo, a algunos de los tuyos no cortaré de Mi altar para que tus ojos se consuman *llorando* y tu alma sufra¹; pero todos los nacidos en tu casa morirán² en la flor de la juventud³. **34** Y para ti, esta será la señal que vendrá en cuanto a tus dos hijos, Ofni y Finees: en el mismo día morirán los dos. **35** Pero levantaré para Mí un sacerdote fiel que hará conforme a *los deseos* de¹ Mi corazón y de¹ Mi alma; y le edificaré una casa duradera, y él andará siempre² delante de Mí ungido. **36** Y todo aquel que haya quedado de tu casa vendrá y se postrará ante él por una moneda¹ de plata o una torta de pan, y le dirá: 'Asígname² a uno de los oficios sacerdotales para *que pueda* comer un bocado de pan'"».

DIOS LLAMA A SAMUEL

3 El joven Samuel servía¹ al SEÑOR en presencia de Elí. La palabra del SEÑOR escaseaba en aquellos días, y las visiones no eran frecuentes². **2** Y aconteció un¹ día, estando Elí acostado en su aposento² (sus ojos habían comenzado a

2:25
Los pecados de los hijos de Elí

Los hijos de Elí quebrantaron las reglas de las ofrendas, maltrataron a las mujeres que trabajaban en el tabernáculo, ignoraron el consejo de su padre y le faltaron el respeto.

2:31-33
Las consecuencias de los pecados de sus hijos

El pecado afectaba a muchos más que la persona que lo cometía. El culpable tenía que pagar un castigo, y también los miembros de su familia y la comunidad.

2:24 ¹ O que oigo, haciendo pecar al.   2:26 ¹ Lit. *continuaba grande y bueno.*
2:29 ¹ O *primero.*   2:31 ¹ Lit. *brazo.*   2:32 ¹ Lit. *hace.*   2:33 ¹ Lit. *para consumir tus ojos y entristecer tu alma.*   ² Lit. *todo el aumento en tu casa morirá.*   ³ Lit. *como hombres.*   2:35 ¹ Lit. *en.*   ² Lit. *todos los días.*
2:36 ¹ O *un pago.*   ² Lit. *Agrégame.*   3:1 ¹ O *ministraba.*   ² Lit. *no se extendía visión.*   3:2 ¹ Lit. *aquel.*   ² Lit. *lugar.*

3:3
Samuel dormía cerca del arca

Samuel no estaba en el mismo lugar que el arca, pero él y Elí dormían fuera del lugar santo en la tienda de reunión.

Elí preguntándole a Samuel sobre la visión, de una Biblia impresa por Edward Gover, 1870, Siegfried Detlev Bendixen (1786-1864)/Colección privada/The Stapleton Collection/Bridgeman Images

3:17
Por qué Elí amenazó a Samuel

Elí quería que Samuel supiera que romper una promesa tenía serias consecuencias. Como sumo sacerdote, él hizo que Samuel le prometiera decir la verdad. Elí debe haberse dado cuenta de que el Señor le había hablado de manera directa a Samuel.

oscurecerse y no podía ver *bien*), **3** cuando la lámpara de Dios aún no se había apagado y Samuel estaba acostado en el templo del SEÑOR donde *estaba* el arca de Dios, **4** que el SEÑOR llamó a Samuel, y él respondió: «Aquí estoy». **5** Entonces corrió a Elí y le dijo: «Aquí estoy, pues me llamaste». Pero Elí *le* respondió: «Yo no he llamado, vuelve a acostarte». Y él fue y se acostó. **6** El SEÑOR lo volvió a llamar: «¡Samuel!». Y Samuel se levantó, fue a Elí y le dijo: «Aquí estoy, pues me llamó». Elí respondió: «Yo no te he llamado, hijo mío, vuelve a acostarte».

7 Y Samuel no conocía aún al SEÑOR, ni se le había revelado aún la palabra del SEÑOR. **8** El SEÑOR volvió a llamar a Samuel por tercera vez. Y él se levantó, fue a Elí y le dijo: «Aquí estoy, pues me llamó». Entonces Elí comprendió que el SEÑOR estaba llamando al muchacho. **9** Y Elí dijo a Samuel: «Ve y acuéstate, y si Él te llama, dirás: "Habla, SEÑOR, que Tu siervo escucha"». Y Samuel fue y se acostó en su aposento[1].

10 Entonces vino el SEÑOR y se detuvo, y llamó como en las otras ocasiones: «¡Samuel, Samuel!». Y Samuel respondió: «Habla, que Tu siervo escucha». **11** Y el SEÑOR dijo a Samuel: «Estoy a punto de hacer una cosa en Israel la cual hará retumbar ambos oídos a todo aquel que la oiga. **12** Ese día cumpliré contra Elí todo lo que he hablado sobre su casa, desde el principio hasta el fin. **13** Porque le he hecho saber que estoy a punto de juzgar su casa para siempre a causa de la iniquidad de la cual él sabía, pues sus hijos trajeron sobre sí una maldición, y él no los reprendió. **14** Por tanto he jurado a la casa de Elí que la iniquidad de su casa[1] no será expiada jamás, ni con sacrificio ni con ofrenda».

15 Samuel se acostó hasta la mañana. Entonces abrió las puertas de la casa del SEÑOR; pero Samuel temía contar la visión a Elí. **16** Así que Elí llamó a Samuel, y le dijo: «Samuel, hijo mío». «Aquí estoy», respondió Samuel. **17** Y Elí dijo: «¿Cuál es la palabra que *el SEÑOR* te habló? Te ruego que no me la ocultes. Así te haga Dios, y aún más, si me ocultas algo de todas las palabras que Él te habló». **18** Entonces Samuel se lo contó todo, sin ocultarle nada. Y *Elí* dijo: «Él es el SEÑOR; que haga lo que bien le parezca».

19 Samuel creció, y el SEÑOR estaba con él. No dejó sin cumplimiento[1] ninguna de sus palabras. **20** Y todo Israel, desde Dan hasta Beerseba, supo que Samuel había sido confirmado como profeta del SEÑOR. **21** Y el SEÑOR se volvió a aparecer en Silo. Porque el SEÑOR se revelaba a Samuel en Silo por la palabra del SEÑOR.

LOS FILISTEOS DERROTAN A ISRAEL

4 La palabra de Samuel llegaba a todo Israel. Cuando Israel salió para enfrentarse en batalla con los filisteos, acampó junto a Ebenezer, mientras que los filisteos habían acampado

3:5 [1] Lit. *él.*   3:9 [1] Lit. *lugar.*   3:14 [1] Lit. *de la casa de Elí.*   3:19 [1] Lit. *no hizo caer a tierra.*

en Afec. **2** Los filisteos se pusieron en orden de batalla para enfrentarse a Israel. Entablado el combate, Israel fue derrotado[1] delante de los filisteos, quienes mataron como a 4,000 hombres en el campo de batalla. **3** Cuando el pueblo volvió[1] al campamento, los ancianos de Israel dijeron: «¿Por qué nos ha derrotado hoy el SEÑOR delante de los filisteos? Tomemos con nosotros, de Silo, el arca del pacto del SEÑOR, para que vaya en medio de nosotros y nos libre del poder[2] de nuestros enemigos». **4** El pueblo envió gente a Silo, y trajeron de allí el arca del pacto del SEÑOR de los ejércitos que está[1] *sobre* los querubines. Los dos hijos de Elí, Ofni y Finees, *estaban* allí con el arca del pacto de Dios.

5 Y aconteció que cuando el arca del pacto del SEÑOR entró al campamento, todo Israel gritó con voz tan fuerte que la tierra tembló. **6** Al oír los filisteos el ruido del clamor, dijeron: «¿Qué *significa* el ruido de este gran clamor en el campamento de los hebreos?». Entonces comprendieron que el arca del SEÑOR había llegado al campamento. **7** Y los filisteos tuvieron temor, pues dijeron: «Dios ha venido al campamento». Y añadieron: «¡Ay de nosotros! Porque nada como esto ha sucedido antes. **8** ¡Ay de nosotros! ¿Quién nos librará de la mano de estos dioses poderosos? Estos son los dioses que hirieron a los egipcios en el desierto con toda *clase de* plagas. **9** Cobren ánimo y sean hombres, oh filisteos, para que no lleguen a ser esclavos de los hebreos como ellos han sido esclavos de ustedes. Sean hombres, pues, y peleen».

10 Los filisteos pelearon, Israel fue derrotado y cada cual huyó a su tienda; la mortandad fue muy grande, pues de Israel cayeron 30,000 soldados de a pie. **11** El arca de Dios fue capturada, y murieron Ofni y Finees, los dos hijos de Elí.

MUERTE DE ELÍ

12 Y un hombre de Benjamín corrió del campo de batalla, y llegó aquel mismo día a Silo, con sus vestidos rotos y polvo[1] sobre su cabeza. **13** Cuando llegó, Elí estaba sentado en *su* asiento junto al camino esperando ansiosamente[1], porque su corazón temblaba por causa del arca de Dios. Así pues, el hombre fue a anunciar*lo* en la ciudad, y toda la ciudad prorrumpió en gritos. **14** Al oír Elí el ruido de los gritos, dijo: «¿Qué *significa* el ruido de este tumulto?». Entonces el hombre se acercó apresuradamente y dio la noticia a Elí. **15** Elí tenía 98 años, sus ojos se habían cegado[1] y no podía ver. **16** El hombre le dijo a Elí: «Yo soy el que vine del campo de batalla. Hoy escapé del campo de batalla». «¿Cómo fueron las cosas, hijo mío?», preguntó Elí. **17** El que trajo la noticia respondió: «Israel ha huido delante de los filisteos, además ha habido gran matanza entre el pueblo, también han muerto tus dos hijos, Ofni y Finees, y el arca de Dios ha sido tomada». **18** Cuando mencionó el arca de Dios, *Elí* cayó de su asiento hacia atrás, junto a la puerta, *se* rompió la nuca y murió, pues[1] *era* entrado en años y pesaba mucho. Elí había juzgado a Israel durante cuarenta años.

4:4
El pueblo mandó a buscar el arca al entrar en la batalla
Pensaban que si tenían el arca con ellos, el Señor los ayudaría a ganar la batalla. Sin embargo, el arca no era una caja mágica y no garantizaba la victoria. Lo importante era si el pueblo estaba siendo fiel y verdadero con Dios.

4:10
Los israelitas huyeron a sus tiendas
Eso significa que cada soldado trató de huir a su casa. Los israelitas se dispersaron cuando los filisteos los derrotaron.

4:2 [1] Lit. *herido.*   4:3 [1] Lit. *entró.*   [2] Lit. *de la palma.*   4:4 [1] Lit. *está sentado.*
4:12 [1] Lit. *tierra.*   4:13 [1] La versión gr. (sept.) dice: *junto a la puerta, mirando el camino.*   4:15 [1] Lit. *quedado fijos.*   4:18 [1] Lit. *pues el hombre.*

4:21
El significado del nombre Icabod

Icabod significa «sin gloria». La esposa de Finees eligió ese nombre para su hijo porque ella se estaba muriendo y su esposo, su cuñado y su suegro habían muerto. Además, el arca había sido capturada. Eso significaba que la presencia de Dios ya no estaba con Israel.

5:6
Por qué los filisteos fueron castigados

Ellos habían robado el arca y la pusieron en el templo de su dios falso, Dagón, pensando que su dios era superior. Sin embargo, el Señor derribó al ídolo de Dagón y le quebró la cabeza y las manos para mostrar que solo Dios es Dios.

19 Su nuera, la mujer de Finees, estaba encinta y a punto de dar a luz, y al oír la noticia que el arca de Dios había sido tomada y que su suegro y su marido habían muerto, se arrodilló y dio a luz, porque le sobrevinieron los dolores *de parto*. **20** Al tiempo que moría, las mujeres que estaban junto a ella le dijeron: «No temas, porque has dado a luz un hijo». Ella no respondió ni prestó atención[1]. **21** Pero llamó al niño Icabod[1] y dijo: «¡Se ha ido la gloria de Israel!», por haber sido tomada el arca de Dios, y por *la muerte de* su suegro y de su marido. **22** Ella dijo: «Se ha ido la gloria de Israel, porque el arca de Dios ha sido tomada».

EL ARCA EN MANOS DE LOS FILISTEOS

5 Los filisteos tomaron el arca de Dios y la llevaron de Ebenezer a Asdod. **2** Entonces los filisteos tomaron el arca de Dios y la introdujeron en el templo[1] de Dagón, y la pusieron junto a Dagón. **3** A la mañana siguiente, cuando los de Asdod se levantaron temprano, vieron que Dagón había caído rostro en tierra delante del arca del SEÑOR. Así que tomaron a Dagón y lo pusieron otra vez en su lugar. **4** Pero al levantarse temprano al día siguiente, otra vez Dagón había caído rostro en tierra delante del arca del SEÑOR. Y la cabeza de Dagón y las dos palmas de sus manos *estaban* cortadas sobre el umbral; solo el tronco le quedaba a Dagón[1]. **5** Por tanto, hasta hoy, ni los sacerdotes de Dagón ni ninguno de los que entran en el templo[1] de Dagón, pisan el umbral de Dagón en Asdod.

6 Y la mano del SEÑOR se hizo pesada sobre los de Asdod, y los desoló y los hirió con tumores, tanto a Asdod como a sus territorios. **7** Cuando los hombres de Asdod vieron lo que les sucedía[1], dijeron: «El arca del Dios de Israel no debe quedar con nosotros, pues su mano es dura sobre nosotros y sobre Dagón nuestro dios». **8** Así que enviaron a buscar e hicieron venir[1] a todos los príncipes de los filisteos, y les dijeron: «¿Qué haremos con el arca del Dios de Israel?». «Que se traslade el arca del Dios de Israel a Gat», respondieron ellos. Y trasladaron el arca del Dios de Israel. **9** Pero después que la habían trasladado, la mano del SEÑOR estuvo contra la ciudad *causando* gran confusión; e hirió a los hombres de la ciudad, desde el menor hasta el mayor, saliéndoles tumores. **10** Entonces enviaron el arca de Dios a Ecrón. Y sucedió que cuando el arca de Dios llegó a Ecrón, los ecronitas clamaron y dijeron: «Han traído el arca del Dios de Israel hasta nosotros[1] para matarnos a nosotros[2] y a nuestro[3] pueblo».

11 Por tanto, mandaron reunir a todos los príncipes de los filisteos, y les dijeron: «Saquen de aquí[1] el arca del Dios de Israel, y que vuelva a su sitio, para que no nos mate a nosotros[2] y a nuestro pueblo».

4:20 [1] Lit. *puso su corazón.*   4:21 [1] I.e. Sin gloria.   5:2 [1] Lit. *la casa.*
5:4 [1] Así en algunas versiones antiguas; en heb. *solo Dagón le quedaba.*
5:5 [1] Lit. *la casa.*   5:7 [1] Lit. *que era así.*   5:8 [1] Lit. *y congregaron.*
5:10 [1] Lit. *mí.*   [2] Lit. *matarme a mí.*   [3] Lit. *mi.*   5:11 [1] Lit. *Enviad.*   [2] Lit. *me mate a mí.*

Porque había un pánico mortal por toda la ciudad; la mano de Dios se hizo muy pesada allí. **12** Y los hombres que no murieron fueron heridos con tumores, y el clamor de la ciudad subió hasta el cielo.

LOS FILISTEOS DEVUELVEN EL ARCA

6 El arca del SEÑOR había estado siete meses en la tierra[1] de los filisteos. **2** Entonces los filisteos llamaron a los sacerdotes y a los adivinos y les preguntaron: «¿Qué haremos con el arca del SEÑOR? Dígannos cómo[1] la hemos de enviar a su lugar». **3** Y ellos contestaron: «Si envían el arca del Dios de Israel, no la envíen vacía; sino que ciertamente devolverán a Dios una ofrenda por la culpa. Entonces serán sanados y sabrán por qué Su mano no se ha apartado de ustedes».

4 Y *los filisteos* preguntaron: «¿Cuál será la ofrenda por la culpa que le hemos de devolver?». Y ellos dijeron: «Cinco tumores de oro y cinco ratones de oro *conforme* al número de los príncipes de los filisteos, porque la misma plaga *estuvo* sobre todos ustedes y sobre sus príncipes. **5** Harán, pues, semejanzas de sus tumores, y semejanzas de sus ratones que asolan la tierra, y darán gloria al Dios de Israel. Tal vez Él alivie Su mano de sobre ustedes, de sobre sus dioses y de sobre su tierra. **6** ¿Por qué entonces endurecen sus corazones, como endurecieron sus corazones los egipcios y Faraón? Cuando Él los trató severamente, ¿no dejaron ir al pueblo[1], y ellos se fueron?

7 »Ahora pues, tomen y preparen un carro nuevo y dos vacas con crías sobre las cuales no se haya puesto ningún yugo. Aten las vacas al carro y lleven sus becerros a casa,

6:1 [1] Lit. *el campo.*   6:2 [1] O *con qué.*   6:6 [1] Lit. *a ellos.*

5:11
¡Los filisteos querían enviar el arca de regreso a Jerusalén!
Después de que Dios hirió a tres ciudades con tumores al llegar el arca, el pueblo se dio cuenta de que el Dios de Israel era la razón de sus problemas.

6:4-5
La conexión entre los ratones y los tumores
Los ratones pueden haber llevado la enfermedad que ocasionó los tumores. La enfermedad podría haber sido la peste bubónica, que se contagia a través de las pulgas que se alojan en las ratas.

CAPTURA Y DEVOLUCIÓN DEL ARCA

LA CAJA SAGRADA

1 Samuel

Hechos milagrosos asociados con el arca

Alojada en el tabernáculo, donde Dios le habla a Samuel *3:3-9*

El dios filisteo Dagón cae y se quiebra ante su presencia *5:1-4*

Los filisteos que la retenían fueron afectados por tumores, ratones y muerte *5:6-12; 6:5*

Conducida por vacas desde el territorio filisteo directo hasta Israel *6:7-15*

Muchas personas mueren después de mirar dentro de ella *6:19-20*

6:7-9

Cómo intentaron descubrir los filisteos la voluntad de Dios

Los filisteos enviaron el arca de vuelta a los israelitas en un carro tirado por dos vacas que tenían crías. Las vacas nunca habían llevado un yugo ni habían sido entrenadas para tirar de un carro. Si dejaban sus crías para conducir el arca de vuelta a los israelitas, entonces los filisteos sabrían que el Señor había enviado la plaga.

lejos de ellas. **8** Tomen el arca del SEÑOR y colóquenla en el carro; y pongan en una caja a su lado los objetos de oro que le entregarán como ofrenda por la culpa. Luego, déjenla ir, y que se vaya. **9** Y observen bien: si sube por el camino de su territorioᴵ a Bet Semes, entonces Él nos ha hecho este gran mal. Pero si no, entonces sabremos que no fue Su mano la que nos hirió; nos sucedió por casualidad».

10 Entonces los hombres lo hicieron así. Tomaron dos vacas con crías, las ataron al carro y encerraron sus becerros en casa. **11** Colocaron el arca del SEÑOR en el carro, y la caja con los ratones de oro y las semejanzas de sus tumores. **12** Y las vacas tomaron el camino recto en direcciónᴵ a Bet Semes. Iban por el camino, mugiendo mientras iban, no se desviaron ni a la derecha ni a la izquierda. Los príncipes de los filisteos las siguieron hasta el límite de Bet Semes. **13** *El pueblo de* Bet Semes estaba segando elᴵ trigo en el valle, y alzaron sus ojos y, al ver el arca, se alegraron al ver*la.*

14 El carro llegó al campo de Josué el Bet Semita y se detuvo allí donde *había* una gran piedra; y ellos partieron la madera del carro y ofrecieron las vacas en holocausto al SEÑOR. **15** Los levitas bajaron el arca del SEÑOR y la caja que estaba con ella, en la cual estaban los objetos de oro, y las colocaron sobre la piedra grande. Entonces los hombres de Bet Semes ofrecieron holocaustos e hicieron sacrificios aquel día al SEÑOR. **16** Cuando los cinco príncipes de los filisteos vieron *esto*, regresaron a Ecrón el mismo día.

17 Estos son los tumores de oro que los filisteos entregaron como ofrenda por la culpa al SEÑOR: uno por Asdod, uno por Gaza, uno por Ascalón, uno por Gat y uno por Ecrón; **18** y ratones de oro *conforme* al número de todas las ciudades de los filisteos que pertenecían a los cinco príncipes, tanto de ciudades fortificadas como de aldeas sin murallas. La piedra grandeᴵ sobre la cual colocaron el arca del SEÑOR *es testigo* hasta el día de hoy en el campo de Josué el Bet Semita.

19 *El Señor* hirió a los hombres de Bet Semes porque habían mirado dentro del arca del SEÑOR. De todo el pueblo hirió a 50,070 hombres, y el pueblo lloró porque el SEÑOR había herido al pueblo con gran mortandad. **20** Y los hombres de Bet Semes dijeron: «¿Quién puede estar delante del SEÑOR, este Dios santo? ¿Y a quién subirá *al alejarse* de nosotros?». **21** Entonces enviaron mensajeros a los habitantes de Quiriat Jearim y les dijeron: «Los filisteos han devuelto el arca del SEÑOR; desciendan, y llévenla con ustedes».

6:9 ᴵ Lit. *frontera.*　6:12 ᴵ Lit. *sobre el camino.*　6:13 ᴵ Lit. *segando la cosecha del.*　6:18 ᴵ Así en algunos mss. y versiones antiguas; en el T.M., *Abel.*

EL ARCA EN QUIRIAT JEARIM

7 Los hombres vinieron de Quiriat Jearim, tomaron el arca del SEÑOR y la llevaron a la casa de Abinadab en la colina, y consagraron a Eleazar su hijo para que guardara el arca del SEÑOR. **2** Pero pasó mucho tiempo[1], veinte años, desde el día en que el arca quedó en Quiriat Jearim; y toda la casa de Israel añoraba al[2] SEÑOR.

3 Entonces Samuel habló a toda la casa de Israel: «Si es que ustedes se vuelven al SEÑOR con todo su corazón, entonces quiten de entre ustedes los dioses extranjeros y a Astarot, y dirijan su corazón al SEÑOR, y sírvanle solo a Él; y Él los librará de la mano de los filisteos». **4** Los israelitas quitaron a los Baales y a Astarot, y sirvieron solo al SEÑOR.

5 Y Samuel dijo: «Reúnan en Mizpa a todo Israel, y yo oraré al SEÑOR por ustedes». **6** Se reunieron los israelitas en Mizpa, y sacaron agua y *la* derramaron delante del SEÑOR, ayunaron aquel día y dijeron allí: «Hemos pecado contra el SEÑOR». Y Samuel juzgó a los israelitas en Mizpa. **7** Cuando los filisteos oyeron que los israelitas se habían reunido en Mizpa, los príncipes de los filisteos subieron contra Israel. Cuando oyeron esto los israelitas, tuvieron temor de los filisteos.

8 Entonces los israelitas dijeron a Samuel: «No dejes de clamar al SEÑOR nuestro Dios por nosotros, para que Él nos libre de la mano de los filisteos». **9** Tomó Samuel un cordero de leche y lo ofreció como completo holocausto al SEÑOR; y clamó Samuel al SEÑOR por Israel y el SEÑOR le respondió. **10** Mientras Samuel estaba ofreciendo el holocausto, los filisteos se acercaron para pelear con Israel. Pero el SEÑOR tronó con gran estruendo[1] aquel día contra los filisteos y los confundió, y fueron derrotados[2] delante de Israel. **11** Saliendo de Mizpa los hombres de Israel, persiguieron a los filisteos, hiriéndolos hasta más allá de Bet Car.

DERROTA DE LOS FILISTEOS

12 Entonces Samuel tomó una piedra y la colocó entre Mizpa y Sen, y la llamó Ebenezer[1] y dijo: «Hasta aquí nos ha ayudado el SEÑOR». **13** Los filisteos fueron sometidos y no volvieron más dentro de los límites de Israel. Y la mano del SEÑOR estuvo contra los filisteos todos los días de Samuel. **14** Las ciudades que los filisteos habían tomado de Israel fueron restituidas a Israel, desde Ecrón hasta Gat, e Israel libró su territorio de la mano de los filisteos. Y hubo paz entre Israel y los amorreos.

15 Samuel juzgó a Israel todos los días de su vida. **16** Cada año acostumbraba hacer un recorrido por Betel, Gilgal y Mizpa, y juzgaba a Israel en todos estos lugares. **17** Después volvía a Ramá, pues allí *estaba* su casa, y allí juzgaba a Israel; y edificó allí un altar al SEÑOR.

EL PUEBLO PIDE REY

8 Cuando Samuel *ya* era viejo, puso a sus hijos como jueces sobre Israel. **2** El nombre de su primogénito era Joel, y

---

6:19
Por qué Dios mató a tantos hombres de Bet Semes
Esos hombres desobedecieron el mandamiento de Dios de que nadie debía tocar el arca o mirar dentro de ella.

7:2
El arca se quedó en Quiriat Jearim por un largo tiempo
La gente allí estaba triste por la forma en que el arca había sido maltratada. Deben haber estado esperando instrucciones de parte de Dios sobre cómo mover el arca. Ellos querían evitar que siguieran muriendo personas por mirar adentro del arca o por los ratones y tumores relacionados con ella.

7:3
Astarot
Esta era una deidad femenina cananea. Astarot era considerada la diosa del amor. Se le conocía con varios nombres: Ishtar en Babilonia, Athtart en Aram, Astarté o Afrodita en Grecia y Venus en Roma.

7:2 [1] Lit. *los días fueron largos.*   [2] Lit. *se lamentaba tras el.*   7:10 [1] Lit. *voz.*
[2] Lit. *heridos.*   7:12 [1] I.e. Piedra de Ayuda.

PERSONAJES OPUESTOS

Los hijos de Elí vs. Samuel
1 Samuel

Los hijos de Elí	Samuel
Trataban el oficio sacerdotal con desprecio *2:12-17*	Servía con reverencia *2:11,18*
No respetaban a Elí *2:25*	Respetaba a Elí *3:1*
Reprendidos por Elí *2:23-25*	Afirmado por Elí *2:20,26; 3:16*
Ignoraron al Señor *2:12*	Escuchó al Señor *3:10*
Profecía contra ellos *2:27-36*	Llamado por Dios a ser profeta *3:1-21*
Derrotados por los filisteos *4:10*	Derrotó a los filisteos *7:2-14*
Murieron en batalla *4:11*	Sirve toda su vida a Israel como juez; muere en paz *7:15-17; 25:1*

7:6
Por qué derramaron agua delante del Señor
Esta ceremonia representaba el acto de purificación de los corazones en arrepentimiento y humildad.

7:12
El significado de esta piedra
Samuel le llamó a la piedra *Ebenezer*, que significa «Piedra de Ayuda». La piedra puede haber mostrado lo lejos que Dios hizo retroceder a los filisteos. Los israelitas se volvieron a Dios y prometieron pedirle toda la ayuda que necesitaran.

8:5
Por qué el pueblo quería un rey
Los líderes dijeron que necesitaban un rey porque Samuel ya se estaba poniendo viejo y sus hijos no seguían a Dios como él. Sin embargo, la razón verdadera es que querían ser como las otras naciones. Un rey sería un símbolo de poder y los guiaría en la batalla.

el nombre del segundo, Abías; *estos* juzgaban en Beerseba. ³ Pero sus hijos no anduvieron en los caminos de su padre, sino que se desviaron tras ganancias deshonestas, aceptaron sobornos y pervirtieron el derecho.

⁴ Entonces se reunieron todos los ancianos de Israel y fueron a Samuel en Ramá, ⁵ y le dijeron: «Mira, has envejecido y tus hijos no andan en tus caminos. Ahora pues, danos un rey para que nos juzgue, como todas las naciones». ⁶ Pero¹ fue desagradable² a los ojos de Samuel que dijeran: «Danos un rey que nos juzgue». Y Samuel oró al SEÑOR.

⁷ Y el SEÑOR dijo a Samuel: «Escucha la voz del pueblo en cuanto a todo lo que te digan, pues no te han desechado a ti, sino que me han desechado a Mí para que Yo no sea rey sobre ellos. ⁸ Así como todas las obras que han hecho desde el día en que los saqué de Egipto hasta hoy, abandonándome y sirviendo a otros dioses, así lo están haciendo contigo también. ⁹ Ahora pues, oye su voz. Sin embargo, les advertirás¹ solemnemente y les harás saber el proceder² del rey que reinará sobre ellos».

¹⁰ Entonces Samuel habló todas las palabras del SEÑOR al pueblo que le había pedido rey. ¹¹ Y dijo: «Así será el proceder del rey que reinará sobre ustedes: tomará a sus hijos, *los* pondrá a su servicio en sus carros y entre su gente de a caballo, y correrán delante de sus carros reales. ¹² El rey nombrará para su servicio jefes de mil y de cincuenta, y *a otros* para labrar sus campos y recoger sus cosechas, y hacer sus armas

8:6 ¹ Lit. *Y la palabra.*   ² O *malo.*   8:9 ¹ Lit. *testificarás.*   ² Lit. *la costumbre.*

de guerra y pertrechos para sus carros. **13** También tomará a sus hijas para perfumistas, cocineras y panaderas.

14 »Les tomará lo mejor de sus campos, de sus viñedos y de sus olivares y *se los* dará a sus siervos. **15** De su grano y de sus viñas tomará el diezmo, para dar*lo* a sus oficiales y a sus siervos. **16** Les tomará también sus siervos y sus siervas, sus mejores jóvenes y sus asnos, y *los* usará¹ para su servicio. **17** De sus rebaños tomará el diezmo, y ustedes mismos vendrán a ser sus siervos. **18** Ese día clamarán por causa de su rey a quien escogieron para ustedes, pero el SEÑOR no les responderá en ese día».

19 No obstante, el pueblo rehusó oír la voz de Samuel, y dijeron: «No, sino que habrá rey sobre nosotros, **20** a fin de que seamos como todas las naciones, para que nuestro rey nos juzgue, salga delante de nosotros y dirija¹ nuestras batallas». **21** Después que Samuel escuchó todas las palabras del pueblo, las repitió a oídos del SEÑOR. **22** Y el SEÑOR dijo a Samuel: «Escúchalos y nómbrales un rey¹». Entonces Samuel dijo a los hombres de Israel: «Váyase cada uno a su ciudad».

SAÚL Y SAMUEL

9 Había un hombre de Benjamín que se llamaba Cis, hijo de Abiel, hijo de Zeror, hijo de Becorat, hijo de Afía, hijo de un benjamita, un hombre poderoso e influyente¹. **2** Tenía un hijo que se llamaba Saúl, joven y bien parecido. No había nadie más bien parecido que él entre los israelitas; de los hombros arriba sobrepasaba a cualquiera del pueblo. **3** Las asnas de Cis, padre de Saúl, se habían perdido, por lo cual Cis dijo a su hijo Saúl: «Toma ahora contigo uno de los criados, levántate, y ve en busca de las asnas». **4** *Saúl* pasó por la región montañosa de Efraín y recorrió la tierra de Salisa, pero no *las* hallaron. Luego pasaron por la tierra de Saalim, pero no *estaban allí*. Después atravesaron la tierra de los benjamitas, pero tampoco *las* encontraron.

5 Cuando llegaron a la tierra de Zuf, Saúl dijo al criado que estaba con él: «Ven, regresemos, no sea que mi padre deje *de preocuparse* por las asnas y se angustie por nosotros». **6** El criado le respondió: «Mira, en esta ciudad hay un hombre de Dios, el cual¹ es tenido en alta estima; todo lo que él dice se cumple sin falta. Vayamos ahora, quizá pueda orientarnos² acerca de la jornada que hemos emprendido». **7** Entonces Saúl dijo a su criado: «Pero, si vamos, ¿qué le llevaremos al hombre? Porque el pan de nuestras alforjas se ha acabado y no hay presente para llevar al hombre de Dios. ¿Qué tenemos?». **8** Y el criado volvió a responder a Saúl: «Aquí tengo la cuarta parte de un siclo (unos 3 gramos) de plata; se *lo* daré al hombre de Dios, y él nos indicará¹ nuestro camino». **9** (Antiguamente en Israel, cuando uno iba a consultar a Dios, decía: «Vengan, vamos al vidente»; porque al que hoy *se le llama* profeta, antes se le llamaba vidente). **10** Entonces Saúl dijo a su criado: «Bien dicho; anda, vamos». Y fueron a la ciudad donde *estaba* el hombre de Dios.

8:16 ¹ Lit. *hará*.   8:20 ¹ Lit. *pelee*.   8:22 ¹ Lit. *haz que un rey reine para ellos*.
9:1 ¹ O *valiente*.   9:6 ¹ Lit. *y el hombre*.   ² Lit. *decirnos*.   9:8 ¹ O *dirá*.

8:11-18
Samuel les advierte sobre tener un rey
Samuel le dijo al pueblo que tener un rey no sería algo fácil. Ellos serían esclavos de las demandas del rey.

9:7
Por qué le llevaron un presente a Samuel
Era normal darles regalos a los profetas como señal de respeto y agradecimiento.

9:12
Por qué estaba permitido adorar en un lugar alto allí
Dios les había dicho a los israelitas que no adoraran en los lugares altos como los cananeos. En cambio, ellos debían adorar en el tabernáculo. Sin embargo, como el arca había sido quitada del tabernáculo en Silo, Dios debe haberles permitido adorar allí por un tiempo.

9:21
Saúl no se sentía digno de ser rey
Él venía de la tribu más pequeña de Israel: Benjamín. Su tribu había perdido un montón de gente (ver Jueces 20:46-48). Cuando Dios hizo rey a Saúl, confirmó que a menudo elige como líderes a los menos probables.

11 Según subían por la cuesta de la ciudad, se encontraron con unas muchachas que salían a sacar agua y les preguntaron: «¿Está aquí el vidente?». **12** Y ellas les respondieron: «Sí¹, él va delante de ustedes. Apresúrense ahora, pues ha venido a la ciudad porque el pueblo tiene hoy un sacrificio en el lugar alto. **13** Cuando entren en la ciudad lo encontrarán antes que suba al lugar alto a comer, pues el pueblo no comerá hasta que él llegue, porque él tiene que bendecir el sacrificio; después comerán los convidados. Suban ahora, que lo encontrarán enseguida». **14** Ellos, pues, subieron a la ciudad. Cuando entraban a la ciudad, Samuel salía hacia ellos para subir al lugar alto.

15 Ahora bien, un día antes de la llegada de Saúl, el SEÑOR había revelado esto a¹ Samuel: **16** «Mañana como a esta hora te enviaré un hombre de la tierra de Benjamín, lo ungirás para que sea príncipe sobre Mi pueblo Israel, y él librará a Mi pueblo del dominio de los filisteos. Porque Yo he visto la aflicción de Mi pueblo, pues su clamor ha llegado hasta Mí». **17** Cuando Samuel vio a Saúl, el SEÑOR le dijo¹: «Este es el hombre de quien te hablé. Él gobernará a Mi pueblo».

18 Entonces Saúl se acercó a Samuel en medio de la puerta y le dijo: «Le ruego que me enseñe dónde está la casa del vidente». **19** Respondió Samuel a Saúl: «Yo soy el vidente. Sube delante de mí al lugar alto, pues hoy comerás conmigo, y por la mañana te dejaré ir y te declararé todo lo que está en tu corazón. **20** En cuanto a tus asnas que se perdieron hace tres días, no te preocupes por¹ ellas pues han sido halladas. Y ¿para quién es todo lo deseable en Israel? ¿No es para ti y para toda la casa de tu padre?». **21** Saúl respondió: «¿No soy yo benjamita, de la más pequeña de las tribus de Israel, y no es mi familia la menos importante de todas las familias de la tribu¹ de Benjamín? ¿Por qué, pues, me habla de esta manera?».

22 Entonces Samuel tomó a Saúl y a su criado, los llevó a la sala y les dio un lugar a la cabecera de los invitados, que eran unos treinta hombres. **23** Y Samuel dijo al cocinero: «Trae¹ la porción que te di, de la cual te dije: "Ponla aparte²"». **24** Entonces el cocinero alzó el pernil con lo que estaba en él y lo colocó delante de Saúl. Y Samuel dijo: «Esto es lo que estaba reservado. Ponlo delante de ti y come, porque ha sido guardado para ti hasta el momento señalado, ya que dije: He invitado al pueblo». Y Saúl comió con Samuel aquel día.

25 Cuando descendieron del lugar alto a la ciudad, Samuel habló con Saúl en el terrado¹. **26** Se levantaron temprano, y al romper el alba Samuel llamó a Saúl en el terrado y le dijo: «Levántate, para que yo te despida». Saúl se levantó, y ambos, Saúl y Samuel, salieron a la calle. **27** Mientras descendían a las afueras de la ciudad, Samuel dijo a Saúl: «Dile al criado que pase delante de nosotros y siga, pero tú quédate para que yo te declare la palabra de Dios».

9:12 ¹ Lit. Está.   9:15 ¹ Lit. había destapado el oído de.   9:17 ¹ Lit. respondió.   9:20 ¹ Lit. no pongas tu corazón en.   9:21 ¹ Así en algunas versiones antiguas; en heb. las tribus.   9:23 ¹ Lit. Da.   ² Lit. contigo.   9:25 ¹ La versión gr. dice: a la ciudad; y tendieron una cama para Saúl en el terrado, y él durmió. 9:26 ¹ Lit. él.

SAÚL UNGIDO POR SAMUEL

10 Entonces Samuel tomó el frasco de aceite, lo derramó sobre la cabeza de Saúl[1], lo besó y le dijo: «¿No te ha ungido el SEÑOR por príncipe sobre Su heredad? **2** Cuando te apartes hoy de mí, hallarás a dos hombres cerca del sepulcro de Raquel, en el territorio de Benjamín, en Selsa, y te dirán: "Las asnas que fuiste a buscar han sido halladas. Ahora tu padre ha dejado de preocuparse por[1] las asnas y está angustiado por ustedes y dice: ¿Qué haré en cuanto a mi hijo?". **3** De allí seguirás más adelante, llegarás hasta la encina[1] de Tabor, y allí te encontrarás con tres hombres que suben a Dios en Betel, uno llevando tres cabritos, otro llevando tres tortas de pan y otro llevando un odre de vino; **4** ellos te saludarán y te darán dos *tortas* de pan, las cuales recibirás[1] de sus manos.

5 »Después llegarás a la colina de Dios[1] donde está la guarnición de los filisteos; y sucederá que cuando llegues a la ciudad, allá encontrarás a un grupo de profetas que descienden del lugar alto con arpa, pandero, flauta y lira delante de ellos, y estarán profetizando. **6** Entonces el Espíritu del SEÑOR vendrá sobre ti con gran poder, profetizarás con ellos y serás cambiado en otro hombre. **7** Cuando estas señales te hayan sucedido, haz lo que la situación requiera[1], porque Dios está contigo. **8** Descenderás delante de mí a Gilgal, y también yo descenderé a donde estás para ofrecer holocaustos y sacrificar ofrendas de paz. Esperarás siete días hasta que venga a verte y te muestre lo que debes hacer».

9 Cuando Saúl volvió la espalda para dejar a Samuel, Dios le cambió el[1] corazón, y todas aquellas señales le acontecieron aquel mismo día. **10** Cuando Saúl y su criado llegaron allá a la colina[1], un grupo de profetas *salió* a su encuentro; y el Espíritu de Dios vino sobre él con gran poder, y profetizó entre ellos. **11** Cuando todos los que lo conocían de antes vieron que ahora profetizaba con los profetas, los del pueblo se decían unos a otros: «¿Qué le ha sucedido al hijo de Cis? ¿Está Saúl también entre los profetas?». **12** Un hombre de allí respondió: «¿Y quién es el padre de ellos?». Por lo cual esto se hizo proverbio: «¿Está Saúl también entre los profetas?». **13** Cuando acabó de profetizar vino al lugar alto.

14 Y un tío de Saúl le preguntó a él y a su criado: «¿Adónde fueron?». Saúl respondió: «A buscar las asnas. Cuando vimos que no aparecían, fuimos a ver a Samuel». **15** El tío le dijo: «Te ruego que me cuentes qué les dijo Samuel». **16** Y Saúl respondió a su tío: «Nos hizo saber claramente que las asnas habían sido halladas». Pero *Saúl* no le contó acerca del asunto del reino que Samuel *le* había mencionado.

17 Después Samuel convocó al pueblo delante del SEÑOR en Mizpa; **18** y dijo a los hijos de Israel: «Así dice el SEÑOR, Dios de Israel: "Yo saqué a Israel de Egipto, y los libré del poder[1] de los egipcios y del poder[1] de todos los reinos que los oprimían". **19** Pero ustedes han rechazado hoy a su Dios,

10:5
Grupo de profetas

Estos profetas probablemente eran pequeñas comunidades de hombres que se apoyaban unos a otros en su crecimiento espiritual. Este grupo usaba instrumentos musicales mientras adoraba a Dios.

10:9-10
Cómo cambió Saúl

Dios le dio confianza para liderar al pueblo (ver 9:21). El «Espíritu de Dios vino sobre él con gran poder».

10:1 [1] Lit. *su cabeza.*   10:2 [1] Lit. *ha dejado los asuntos de.*   10:3 [1] O *el terebinto.*   10:4 [1] O *aceptarás.*   10:5 [1] Heb. *Guibeat-haelohim.*   10:7 [1] Lit. *tu mano encuentre.*   10:9 [1] Lit. *cambió para él otro.*   10:10 [1] Heb. *Guibeat.*   10:18 [1] Lit. *de la mano.*

10:20-21
Cómo la tribu de Benjamín resultó elegida

Echar suertes era en general la forma en que Dios dirigía a su pueblo al tomar decisiones.

Todd Bolen/www.BiblePlaces.com, tomada en el Museo de Israel

10:25
Las ordenanzas del reino

Estas eran las reglas de Dios para el rey, las cuales lo ayudarían a gobernar bien al pueblo. Estas directivas habrían coincidido con las de Deuteronomio 17:14-20.

11:2
¡Nahas exigió sacarle el ojo derecho a todo el pueblo!

Los amonitas sabían que esto desanimaría y debilitaría al pueblo de Jabes de Galaad. Sus soldados también se volverían inservibles si no podían ver de su ojo derecho.

11:5
Por qué Saúl estaba arando los campos

Saúl todavía no era plenamente el rey. Él se fue a su casa y siguió trabajando en los campos hasta que estuviera claro qué se suponía que debía hacer como rey.

que los libra de todas sus calamidades y sus angustias, y han dicho: "No, sino[1] pon un rey sobre nosotros". Ahora pues, preséntense delante del SEÑOR por sus tribus y por sus familias[2]».

20 Samuel hizo que se acercaran todas las tribus de Israel, y fue escogida por sorteo la tribu de Benjamín. **21** Entonces hizo que se acercara la tribu de Benjamín por sus familias, y fue escogida la familia de Matri. Y Saúl, hijo de Cis, fue escogido; pero cuando lo buscaron no lo pudieron hallar.

22 Volvieron, pues, a consultar al SEÑOR: «¿Llegó ya el hombre aquí?». Y el SEÑOR respondió: «Sí, está escondido junto al equipaje». **23** Corrieron y lo trajeron de allí. Cuando estuvo en medio del pueblo, de los hombros arriba sobrepasaba a todos. **24** Y Samuel dijo a todo el pueblo: «¿Ven al que el SEÑOR ha escogido? En verdad que no hay *otro* como él entre todo el pueblo». Entonces todo el pueblo gritó, y dijo: «¡Viva el rey!». **25** Entonces Samuel dio[1] al pueblo las ordenanzas del reino, y *las* escribió en el libro, el cual puso delante del SEÑOR. Y despidió Samuel a todo el pueblo, cada uno a su casa. **26** Saúl también se fue a su casa en Guibeá, y con él fueron los valientes cuyos corazones Dios había tocado. **27** Pero *ciertos* hombres indignos[1] dijeron: «¿Cómo puede este salvarnos?». Y lo despreciaron y no le trajeron presente alguno. Pero él guardó silencio.

SAÚL ASUME EL REINADO

11 Y subió Nahas el amonita y sitió a[1] Jabes de Galaad, y todos los hombres de Jabes dijeron a Nahas: «Haz un pacto con nosotros y te serviremos». **2** Pero Nahas el amonita les dijo: «*Lo* haré con esta condición: que a todos ustedes les saque yo el ojo derecho; así haré que esto sea una afrenta sobre todo Israel». **3** Y los ancianos de Jabes le dijeron: «Danos[1] siete días para que enviemos mensajeros por todo el territorio de Israel. Y si no hay quien nos libre, nos entregaremos[2] a ti». **4** Entonces los mensajeros fueron a Guibeá de Saúl y hablaron estas palabras a oídos del pueblo, y todo el pueblo alzó la voz y lloró. **5** Y sucedió que Saúl regresaba[1] del campo detrás de los bueyes, y dijo[2]: «¿Qué *pasa* con el pueblo que está llorando?». Entonces le contaron las palabras de los mensajeros[3] de Jabes.

6 El Espíritu de Dios vino con poder sobre Saúl al escuchar estas palabras, y Saúl se enojó grandemente[1]. **7** Tomando una yunta de bueyes, los cortó en pedazos y *los* mandó por todo el territorio de Israel por medio[1] de mensajeros, diciendo: «Así se hará a los bueyes del que no salga en pos de Saúl y

10:19 [1] Así en algunos mss. y versiones antiguas; en el T.M., *y le han dicho: Sino.* [2] Lit. *por sus millares.*   10:25 [1] Lit. *habló.*   10:27 [1] Lit. *hijos de Belial.* 11:1 [1] Lit. *acampó contra.*   11:3 [1] Lit. *Déjanos solos por.* [2] Lit. *saldremos.* 11:5 [1] Lit. *venía.* [2] Lit. *Saúl dijo.* [3] Lit. *hombres.*   11:6 [1] Lit. *y su ira ardió en extremo.*   11:7 [1] Lit. *mano.*

en pos de Samuel». Entonces el terror del SEÑOR cayó sobre el pueblo, y salieron como un solo hombre. **8** Y Saúl los contó[1] en Bezec, y los israelitas eran 300,000 y los hombres de Judá 30,000.

9 Y dijeron a los mensajeros que habían venido: «Así dirán a los hombres de Jabes de Galaad: "Mañana cuando caliente el sol serán librados[1]"». Entonces los mensajeros fueron y *lo* anunciaron a los hombres de Jabes, y *estos* se regocijaron. **10** Entonces los hombres de Jabes dijeron *a Nahas:* «Mañana saldremos a ustedes y podrán hacernos lo que les parezca bien[1]». **11** A la mañana siguiente, a la vigilia de la mañana (2 a 6 a.m.), Saúl dispuso al pueblo en tres compañías; y entraron en medio del campamento, e hirieron a los amonitas hasta que calentó el día. Los que quedaron fueron dispersados, no quedando dos de ellos juntos.

12 Entonces el pueblo dijo a Samuel: «¿Quién es el que dijo: "¿Ha de reinar Saúl sobre nosotros?"»? Traigan a esos[1] hombres para que los matemos». **13** Pero Saúl dijo: «A nadie se matará en este día, porque hoy el SEÑOR ha hecho liberación en Israel».

14 Entonces Samuel dijo al pueblo: «Vengan, vayamos a Gilgal y renovemos el reino allí». **15** Así que todo el pueblo fue a Gilgal, y allí en Gilgal, hicieron rey a Saúl delante del SEÑOR. Allí también ofrecieron sacrificios de las ofrendas de paz delante del SEÑOR; y se regocijaron grandemente allí Saúl y todos los hombres de Israel.

SAMUEL HABLA AL PUEBLO

12 Entonces Samuel dijo a todo Israel: «Yo he escuchado su voz en todo lo que me dijeron, y he puesto un rey sobre ustedes. **2** Ahora, aquí está el rey que va delante de ustedes. Yo *ya* soy viejo y lleno de canas, y mis hijos son parte suya. Yo he andado delante de ustedes desde mi juventud hasta hoy. **3** Aquí estoy; testifiquen contra mí delante del SEÑOR y delante de Su ungido. ¿A quién he quitado[1] un buey, o a quién he quitado[1] un asno, o a quién he defraudado? ¿A quién he oprimido, o de mano de quién he tomado soborno para cegar mis ojos con él? *Testifiquen, y* se *lo* restituiré». **4** Ellos respondieron: «Tú no nos has defraudado, tampoco nos has oprimido, ni has tomado nada de mano de ningún hombre». **5** Y Samuel les dijo: «El SEÑOR es testigo contra ustedes, y Su ungido es testigo en este día que nada han hallado en mi mano». «*Él es* testigo», contestaron ellos.

6 Entonces Samuel dijo al pueblo: «El SEÑOR es el que designó[1] a Moisés y a Aarón, y el que sacó a sus padres de la tierra de Egipto. **7** Ahora pues, preséntense para que yo discuta con ustedes delante del SEÑOR acerca de todos los hechos de justicia del SEÑOR que Él hizo por ustedes y *por* sus padres. **8** Cuando Jacob fue a Egipto y sus padres clamaron al SEÑOR, el SEÑOR envió a Moisés y a Aarón, quienes[1] sacaron a sus padres de Egipto y los establecieron[2] en este lugar. **9** Pero ellos olvidaron al SEÑOR su Dios, y Él los vendió en manos

11:14-15
Saúl tenía que ser confirmado como rey

Aunque Samuel lo había ungido como el elegido de Dios, algunas personas todavía no lo aceptaban como su gobernante (ver 10:27). Sin embargo, el éxito de Saúl en la batalla unió al pueblo. Así que Samuel aprovechó la oportunidad para que el pueblo estuviera de acuerdo en aceptarlo como su rey bajo la dirección de Dios.

12:7
Samuel confrontó al pueblo de Israel

Samuel le recordó al pueblo por qué estaba mal desear un rey. Dios los había cuidado bien durante años. Cuando pidieron un rey, era como si estuvieran rechazando a Dios como su Rey.

11:8 [1] Lit. *alistó.*   11:9 [1] O *tendrán liberación.*   11:10 [1] Lit. *todo lo bueno ante sus ojos.*   11:12 [1] Lit. *Den los.*   12:3 [1] Lit. *tomado.*   12:6 [1] Lit. *hizo.* 12:8 [1] Lit. *y ellos.*   [2] Lit. *hicieron habitar.*

de Sísara, jefe del ejército de Hazor, en manos de los filisteos y en manos del rey de Moab, los cuales pelearon contra ellos. 10 Entonces clamaron al SEÑOR, y dijeron: "Hemos pecado porque hemos dejado al SEÑOR y hemos servido a los Baales y a Astarot; pero ahora, líbranos de la mano de nuestros enemigos, y te serviremos".

11 »Entonces el SEÑOR envió a Jerobaal, a Bedán[1], a Jefté y a Samuel, y los libró a ustedes de mano de sus enemigos en derredor, de manera que habitaron con seguridad. 12 Cuando vieron que Nahas, rey de los amonitas, venía contra ustedes, me dijeron: "No, sino que un rey ha de reinar sobre nosotros", aunque el SEÑOR su Dios *era* su rey. 13 Ahora pues, aquí está el rey que han escogido, a quien han pedido; este es a quien el SEÑOR ha puesto rey sobre ustedes. 14 Si temen al SEÑOR y le sirven, escuchan Su voz y no se rebelan contra el mandamiento[1] del SEÑOR, entonces ustedes, como el rey que reine sobre ustedes, estarán siguiendo al SEÑOR su Dios. 15 Pero si no escuchan la voz del SEÑOR, sino que se rebelan contra el mandamiento del SEÑOR, entonces la mano del SEÑOR estará contra ustedes, *como estuvo* contra sus padres.

16 »Preséntense ahora, y vean esta gran cosa que el SEÑOR hará delante de sus ojos. 17 ¿No es ahora[1] la siega del trigo? Yo clamaré al SEÑOR, para que mande truenos[2] y lluvia. Entonces conocerán y verán que es grande la maldad que han hecho ante los ojos del SEÑOR, al pedir para ustedes un rey». 18 Clamó Samuel al SEÑOR, y el SEÑOR envió aquel día truenos y lluvia; y todo el pueblo temió grandemente al SEÑOR y a Samuel.

19 Entonces todo el pueblo dijo a Samuel: «Ruega por tus siervos al SEÑOR tu Dios para que no muramos, porque hemos añadido *este* mal a todos nuestros pecados al pedir para nosotros un rey». 20 Y Samuel dijo al pueblo: «No teman; aunque ustedes han hecho todo este mal, no se aparten de seguir al SEÑOR, sino sirvan al SEÑOR con todo su corazón. 21 No se deben apartar, porque *entonces irían* tras vanidades que ni ayudan ni libran, pues son vanidades. 22 Porque el SEÑOR, a causa de Su gran nombre, no desamparará a Su pueblo, pues el SEÑOR se ha complacido en hacerlos pueblo Suyo.

23 »Y en cuanto a mí, lejos esté de mí que peque contra el SEÑOR cesando de orar por ustedes, antes bien, les instruiré en el camino bueno y recto. 24 Solamente teman al SEÑOR y sírvanle en verdad con todo su corazón; pues han visto cuán grandes cosas ha hecho por ustedes. 25 Pero si perseveran en hacer mal, ustedes y su rey perecerán».

GUERRA CONTRA LOS FILISTEOS

13 Saúl tenía *treinta*[1] años cuando comenzó a reinar, y reinó *cuarenta*[2] y dos años sobre Israel. 2 Y Saúl escogió para sí 3,000 hombres de Israel, de los cuales 2,000 estaban con Saúl en Micmas y en la región montañosa de Betel[1], y 1,000 estaban con Jonatán en Geba de Benjamín. Y al resto del pueblo lo despidió, cada uno a su tienda.

12:12
Por qué los israelitas querían un rey
Ellos se dieron cuenta de que Nahas iba a atacarlos, y pueden haber querido tener un líder militar fuerte que defendiera a Israel. Además, deseaban ser como las otras naciones que tenían reyes en vez de jueces.

12:23
No orar por los israelitas podría haber sido un pecado
Samuel era nazareo. Toda su vida estaba dedicada al servicio de Dios. Parte de su trabajo era ofrecer oraciones por el pueblo. Si Samuel no lo hacía, no estaría cumpliendo sus votos.

12:11 [1] *Barac* en la versión LXX y la siriaca   12:14 [1] Lit. *la boca.*
12:17 [1] Lit. *hoy.*   [2] Lit. *ruidos.*   13:1 [1] Así en algunos mss. de la versión gr. (sept.), el T.M. omite treinta.   [2] Véase Hech. 13:21.   13:2 [1] I.e. Casa de Dios.

3 Jonatán hirió la guarnición de los filisteos que *estaba* en Geba, y *lo* supieron los filisteos. Entonces Saúl tocó la trompeta por toda la tierra diciendo: «Que lo oigan los hebreos». **4** Y todo Israel oyó decir que Saúl había herido la guarnición de los filisteos, y también que Israel se había hecho odioso a los filisteos. Entonces el pueblo se reunió con[1] Saúl en Gilgal.

5 Y los filisteos se reunieron para pelear contra Israel: 30,000 carros, 6,000 hombres de a caballo y gente tan numerosa como la arena a la orilla del mar; y subieron y acamparon en Micmas, al oriente de Bet Avén. **6** Cuando los hombres de Israel vieron que estaban en un apuro, pues el pueblo estaba en gran aprieto, el pueblo se escondió en cuevas, en matorrales, en peñascos, en sótanos y en fosos. **7** También *algunos de* los hebreos pasaron el Jordán a la tierra de Gad y de Galaad. Pero Saúl *estaba* todavía en Gilgal, y todo el pueblo le seguía atemorizado.

8 Él esperó siete días, conforme al tiempo que Samuel había señalado, pero Samuel no llegaba a Gilgal, y el pueblo se le dispersaba. **9** Entonces Saúl dijo: «Tráiganme el holocausto y las ofrendas de paz». Y él ofreció el holocausto. **10** Tan pronto como terminó de ofrecer el holocausto, llegó Samuel; y Saúl salió a su encuentro para saludarle[1].

11 Pero Samuel dijo: «¿Qué has hecho?». Y Saúl respondió: «Como vi que el pueblo se me dispersaba, que tú no llegabas dentro de los días señalados y que los filisteos estaban reunidos en Micmas, **12** me dije: "Ahora los filisteos descenderán contra mí en Gilgal, y no he implorado el favor del SEÑOR". Así que me vi forzado, y ofrecí el holocausto».

13 Samuel dijo a Saúl: «Has obrado neciamente; no has guardado el mandamiento que el SEÑOR tu Dios te ordenó, pues ahora el SEÑOR hubiera establecido tu reino sobre[1] Israel para siempre. **14** Pero ahora tu reino no perdurará. El SEÑOR ha buscado para sí un hombre conforme a Su corazón, y el SEÑOR lo ha designado como príncipe sobre Su pueblo porque tú no guardaste lo que el SEÑOR te ordenó».

15 Entonces Samuel se levantó y subió de Gilgal a Guibeá de Benjamín. Y Saúl contó[1] el pueblo que se hallaba con él, como 600 hombres. **16** Y Saúl, su hijo Jonatán y el pueblo que se hallaba con ellos, estaban situados en Geba de Benjamín, mientras los filisteos acampaban en Micmas.

17 Y salió una avanzada del campamento de los filisteos en tres compañías; una compañía se dirigió por el camino de Ofra, a la tierra de Sual; **18** otra compañía se dirigió por el camino de Bet Horón, y la otra compañía se dirigió por el camino de la frontera que mira sobre el valle de Zeboim, hacia el desierto.

19 En toda la tierra de Israel no podía hallarse ningún herrero, pues los filisteos decían: «No sea que los hebreos hagan espadas o lanzas». **20** Y todo Israel tenía que descender a los filisteos, cada cual para afilar la reja de su arado, su azuela, su hacha o su azadón. **21** El precio era dos tercios de siclo (8 gramos de plata)

13:8-12
Samuel llegó tarde

Samuel le dijo a Saúl que aguardara sus instrucciones; en cambio, Saúl ofreció un sacrificio. Samuel puede haberse atrasado a propósito para probar la obediencia de Saúl.

13:14
El castigo a Saúl fue severo

Saúl no era un líder religioso ni un sacerdote. Eso significaba que no tenía derecho a hacer sacrificios. Él usó su posición como rey de una manera pecaminosa, así que Dios lo castigó declarando que sus hijos no serían futuros reyes de Israel.

13:19-20
Los israelitas no tenían herreros

Los filisteos guardaban sus secretos de la fabricación de armas de hierro. Como no había herreros en Israel, los israelitas tenían que acudir a los filisteos para afilar sus herramientas.

13:4 [1] Lit. *tras*.   13:10 [1] Lit. *bendecirle*.   13:13 [1] Lit. *a*.   13:15 [1] Lit. *alistó*.

13:22
Las armas de los israelitas

Ellos deben haber usado herramientas como armas, tales como hachas, hoces y picos. También usaban hondas y arcos y flechas.

14:10-12
Jonatán confió en la señal de Dios

Jonatán estaba seguro de que Dios le mostraría qué debía hacer, porque creía que el Señor ayudaría a Israel a vencer a los filisteos aun si eran mucho más poderosos. Como resultado, Dios le dio la señal de que podía atacar y derrotar a los enemigos si ellos tenían mucho temor de acercarse a él.

14:14
El tamaño del campo de batalla

El término traducido como «yugada» se refiere a la cantidad de terreno que una yunta de bueyes podía arar en un día. De modo que media yugada sería una superficie pequeña, lo cual significaba que probablemente la batalla terminó rápido.

por las rejas de arado, las azuelas, las horquillas, las hachas, y para arreglar los azadones. **22** Y sucedió que en el día de la batalla, no había espada ni lanza en mano de ninguna de la gente que *estaba* con Saúl y Jonatán, solo las tenían Saúl y su hijo Jonatán. **23** Y la guarnición de los filisteos salió hacia el paso de Micmas.

VICTORIA DE JONATÁN EN MICMAS

14 Y aconteció que un día Jonatán, hijo de Saúl, dijo al joven que llevaba su armadura: «Ven y pasemos a la guarnición de los filisteos que está al otro lado». Pero no se lo hizo saber a su padre. **2** Saúl estaba situado en las afueras de Guibeá, debajo del granado que está en Migrón, y la gente que *estaba* con él *eran* unos 600 hombres; **3** y Ahías, hijo de Ahitob, hermano de Icabod, hijo de Finees, hijo de Elí, el sacerdote del SEÑOR en Silo, llevaba un efod. El pueblo no sabía que Jonatán se había ido. **4** Y entre los desfiladeros por donde Jonatán intentaba cruzar a la guarnición de los filisteos, *había* un peñasco puntiagudo por un lado, y un peñasco puntiagudo por el otro lado; el nombre de uno era Boses y el nombre del otro Sene. **5** Uno de los peñascos se levantaba al norte, frente a Micmas, y el otro al sur, frente a Geba.

6 Jonatán dijo al joven que llevaba su armadura: «Ven y pasemos a la guarnición de estos incircuncisos; quizá el SEÑOR obrará por nosotros, pues el SEÑOR no está limitado a salvar con muchos o con pocos». **7** Y su escudero le respondió: «Haga todo lo que tenga en su corazón; vea[1], aquí estoy con usted a su disposición[2]». **8** Entonces dijo Jonatán: «Mira, vamos a pasar hacia esos hombres y nos mostraremos a ellos. **9** Si nos dicen[1]: "Esperen hasta que lleguemos a ustedes", entonces nos quedaremos en nuestro lugar y no subiremos a ellos. **10** Pero si dicen: "Suban a nosotros", entonces subiremos, porque el SEÑOR los ha entregado en nuestras manos; esta será la señal para nosotros».

11 Cuando ambos se mostraron a la guarnición de los filisteos, estos[1] dijeron: «Miren, los hebreos salen de las cavernas donde se habían escondido». **12** Los hombres de la guarnición saludaron[1] a Jonatán y a su escudero y dijeron: «Suban a nosotros y les diremos algo». Y Jonatán dijo a su escudero: «Sube tras mí, pues el SEÑOR los ha entregado en manos de Israel». **13** Entonces Jonatán trepó con manos y pies, y tras su escudero; y *los filisteos* caían delante de Jonatán, y tras él su escudero *los* remataba.

14 La primera matanza que hicieron Jonatán y su escudero fue de unos veinte hombres en el espacio de media yugada (aprox. 15 metros cuadrados) de tierra. **15** Hubo estremecimiento en el campamento, en el campo y entre todo el pueblo. Aun la guarnición y los de la avanzada se estremecieron, y la tierra tembló; fue un gran temblor[1].

16 Los centinelas de Saúl *que estaban* en Guibeá de Benjamín vieron que la multitud se dispersaba[1] e iban en todas direcciones. **17** Y Saúl dijo al pueblo que *estaba* con él:

14:7 [1] Lit. *vuélvete.*   [2] Lit. *según tu corazón.*   14:9 [1] Lit. *dicen así.* 14:11 [1] Lit. *los filisteos.*   14:12 [1] Lit. *respondieron.*   14:15 [1] Lit. *un temblor de Dios.*   14:16 [1] Lit. *se disolvía.*

«Pasen lista¹ ahora y vean quién ha salido de entre nosotros». Cuando ellos pasaron lista², notaron que Jonatán y su escudero no estaban. **18** Entonces Saúl dijo a Ahías: «Trae el arca de Dios». Porque en ese tiempo el arca de Dios estaba con¹ los israelitas.

19 Y sucedió que mientras Saúl hablaba con el sacerdote, el alboroto en el campamento de los filisteos continuaba y aumentaba. Entonces Saúl dijo al sacerdote: «Retira tu mano». **20** Y Saúl y todo el pueblo que *estaba* con él se agruparon y fueron a la batalla, y vieron que la espada de cada filisteo se volvía contra su compañero, *y había* gran confusión.

21 Entonces los hebreos que de antes estaban con los filisteos *y* que habían subido con ellos de los alrededores al campamento, aun ellos también *se unieron* con los israelitas que *estaban* con Saúl y Jonatán. **22** Cuando todos los hombres de Israel que se habían escondido en la región montañosa de Efraín oyeron que los filisteos habían huido, ellos también los persiguieron muy de cerca en la batalla. **23** Así libró el SEÑOR a Israel en aquel día. La batalla se extendió más allá de¹ Bet Avén.

24 Pero los hombres de Israel estaban en gran aprieto aquel día, porque Saúl había puesto al pueblo bajo juramento, diciendo: «Maldito sea el hombre que tome alimento antes del¹ anochecer, *antes* que me haya vengado de mis enemigos». Y nadie del pueblo probó alimento. **25** Y todo *el pueblo de* la tierra entró en el bosque, y había miel en el suelo. **26** Y al entrar el pueblo en el bosque, vieron que la miel destilaba, pero nadie se llevó la mano a la boca, porque el pueblo temía el juramento. **27** Pero Jonatán no había oído cuando su padre puso al pueblo bajo juramento; por lo cual extendió la punta de la vara que *llevaba* en su mano, la metió en un panal de miel y se llevó la mano a la boca, y brillaron sus ojos. **28** Entonces uno del pueblo *le* dijo¹: «Tu padre puso bajo estricto juramento al pueblo y dijo: "Maldito sea el hombre que tome alimento hoy"». Y el pueblo estaba desfallecido. **29** Entonces Jonatán dijo: «Mi padre ha traído dificultades a esta¹ tierra. Vean ahora cómo brillan mis ojos porque probé un poco de esta miel. **30** Cómo sería, si el pueblo hubiera comido hoy libremente del despojo que encontraron de sus enemigos. Pues hasta ahora la matanza entre los filisteos no ha sido grande».

31 Aquel día, después de herir a los filisteos desde Micmas hasta Ajalón, el pueblo estaba muy cansado. **32** Entonces el pueblo se lanzó sobre el¹ despojo, y tomó ovejas, bueyes y becerros y *los* mataron en el suelo; y el pueblo *los* comió con la sangre. **33** Y avisaron a Saúl: «Ven, porque el pueblo está pecando contra el SEÑOR, comiendo *carne* con la sangre». Y él dijo: «Han obrado pérfidamente. Tráiganme¹ una piedra grande inmediatamente».

34 Y Saúl añadió: «Dispérsense entre el pueblo, y díganles: "Tráigame cada uno de ustedes su buey o su oveja; máten*los* aquí y coman, pero no pequen contra el SEÑOR comiendo

14:18
Saúl pide que traigan el arca
Los filisteos habían capturado el arca, pero ahora los israelitas la habían recuperado. Saúl debe haber querido llevarla a la batalla. Quizás necesitaba la guía de Dios.

14:18-19
Saúl se impacienta
Cuando Saúl oyó el ruido en el campamento filisteo, no quiso seguir hablando con el sacerdote. Él decidió atacar de inmediato en vez de esperar a oír de Dios.

14:21-22
Los israelitas permitieron que los traidores y cobardes regresaran
Tal vez Saúl estaba contento de aceptar refuerzos, incluso si anteriormente habían desertado. Esos hombres debían cargar con la vergüenza de ser cobardes, pero habría sido peor si se hubieran mantenido alejados cuando estaba claro que Saúl ganaría la batalla.

14:24
Por qué Saúl hizo un juramento de no comer
Saúl quería asegurarse de que todos sus soldados siguieran peleando. Pero ellos se debilitaron y molestaron.

14:17 ¹ Lit. *Alisten.*   ² Lit. *alistaron.*   14:18 ¹ Lit. *y.*   14:23 ¹ Lit. *pasó sobre.*
14:24 ¹ Lit. *hasta el.*   14:28 ¹ Lit. *respondió.*   14:29 ¹ Lit. *la.*   14:32 ¹ Lit. *hizo con respecto al.*   14:33 ¹ Lit. *Ruédenme.*

14:37
Dios no respondió la pregunta de Saúl
Es posible que Dios no respondiera porque ellos habían roto un juramento durante la batalla o porque los soldados habían comido la carne con la sangre todavía en ella.

14:44
Saúl estaba determinado a cumplir su promesa
Saúl habría sido humillado si no hubiera cumplido su voto. Si salvaba a Jonatán, parecería que había estado equivocado en primer lugar al pronunciar la maldición.

carne con sangre"». Y aquella noche todo el pueblo trajo cada cual su buey consigo[1], y *los* mataron allí. **35** Y edificó Saúl un altar al SEÑOR; este fue el primer altar que él edificó al SEÑOR.

36 Entonces Saúl dijo: «Descendamos contra[1] los filisteos de noche, tomemos despojo de entre ellos hasta el amanecer, y no dejemos *ni* uno de ellos». Y ellos dijeron: «Haz lo que te parezca bien[2]». Entonces el sacerdote dijo: «Acerquémonos a Dios aquí». **37** Y consultó Saúl a Dios: «¿Descenderé contra[1] los filisteos? ¿Los entregarás en manos de Israel?». Pero Él no le contestó en aquel día.

38 Y Saúl dijo: «Acérquense aquí todos ustedes, jefes[1] del pueblo, y averigüen y vean cómo este pecado ha acontecido hoy. **39** Porque vive el SEÑOR que libra a Israel, que aunque *la culpa* esté en mi hijo Jonatán, ciertamente morirá». Pero nadie, en todo el pueblo, le respondió.

40 Entonces dijo a todo Israel: «Ustedes estarán a un lado, y yo y mi hijo Jonatán estaremos al otro lado». Y el pueblo dijo a Saúl: «Haz lo que bien te parezca[1]». **41** Saúl entonces dijo al SEÑOR, Dios de Israel: «Da *suerte* perfecta». Y fueron señalados[1] Jonatán y Saúl, pero el pueblo quedó libre[2]. **42** Y Saúl dijo: «Echen *suertes* entre mí y Jonatán mi hijo». Y Jonatán fue señalado[1].

43 Dijo, pues, Saúl a Jonatán: «Cuéntame lo que has hecho». Y Jonatán le respondió: «En verdad probé un poco de miel con la punta de la vara que *tenía* en la mano. Aquí estoy, debo morir». **44** Y dijo Saúl: «Que Dios *me* haga esto[1], y aun más, pues ciertamente morirás, Jonatán». **45** Pero el pueblo dijo a Saúl: «¿Debe morir Jonatán, el que ha obtenido[1] esta gran liberación en Israel? No sea así. Vive el SEÑOR que ni un cabello de su cabeza caerá a tierra, porque él ha obrado con Dios en este día». Así el pueblo rescató[2] a Jonatán, y no murió. **46** Luego Saúl subió, dejando de perseguir a[1] los filisteos, y los filisteos se fueron a su tierra[2].

47 Cuando Saúl asumió el reinado sobre Israel, luchó contra todos sus enemigos en derredor: contra Moab, contra los amonitas, contra Edom, contra los reyes de Soba y contra los filisteos; adondequiera que se volvía, resultaba vencedor[1]. **48** Obró con valentía derrotando[1] a los amalecitas, y libró a Israel de manos de los que lo saqueaban.

49 Los hijos de Saúl fueron Jonatán, Isúi[1] y Malquisúa. Y *estos eran* los nombres de sus dos hijas: el nombre de la mayor, Merab, y el nombre de la menor, Mical. **50** El nombre de la mujer de Saúl *era* Ahinoam, hija de Ahimaas. Y el nombre del jefe de su ejército *era* Abner, hijo de Ner, tío de Saúl. **51** Cis, padre de Saúl, y Ner, padre de Abner, *eran* hijos[1] de Abiel.

52 La guerra contra los filisteos fue encarnizada todos los días de Saúl. Cuando Saúl veía algún hombre fuerte o valiente, lo unía a su servicio[1].

14:34 [1] Lit. *en su mano.*   14:36 [1] Lit. *tras.*   [2] Lit. *todo lo bueno ante tus ojos.*
14:37 [1] Lit. *tras.*   14:38 [1] Lit. *esquinas.*   14:40 [1] Lit. *lo bueno ante tus ojos.*
14:41 [1] Lit. *tomados.*   [2] Lit. *escapó.*   14:42 [1] Lit. *tomado.*   14:44 [1] Lit. *así.*
14:45 [1] Lit. *obrado.*   [2] Lit. *redimió.*   14:46 [1] Lit. *de ir tras.*   [2] Lit. *lugar.*
14:47 [1] Lit. *imponía condenas.*   14:48 [1] Lit. *hiriendo.*   14:49 [1] En 1Crón. 8:33, *Abinadab.*   14:51 [1] En heb. *hijo.*   14:52 [1] Lit. *lo reunía a sí mismo.*

DESOBEDIENCIA DE SAÚL

15 Entonces Samuel dijo a Saúl: «El SEÑOR me envió a que te ungiera por rey sobre Su pueblo, sobre Israel; ahora pues, está atento a[1] las palabras del SEÑOR. **2** Así dice el SEÑOR de los ejércitos: "Yo castigaré a Amalec *por* lo que hizo a Israel, cuando se puso contra él en el camino mientras subía de Egipto. **3** Ve ahora, y ataca[1] a Amalec, y destruye[2] por completo[3] todo lo que tiene, y no te apiades de él; antes bien, da muerte tanto a hombres como a mujeres, a niños como a niños de pecho, a bueyes como a ovejas, a camellos como a asnos"».

4 Entonces Saúl convocó al pueblo, y los contó[1] en Telaim: 200,000 soldados de a pie, y 10,000 hombres de Judá. **5** Saúl fue a la ciudad de Amalec y se emboscó en el valle. **6** Y dijo Saúl a los quenitas: «Váyanse, apártense, desciendan de entre los amalecitas, para que yo no los destruya junto con ellos; porque ustedes mostraron misericordia a todos los israelitas cuando subían de Egipto». Entonces los quenitas se apartaron de entre los amalecitas.

7 Saúl derrotó[1] a los amalecitas desde Havila en dirección a Shur, que está al oriente[2] de Egipto. **8** Capturó vivo a Agag, rey de los amalecitas, y destruyó por completo a todo el pueblo a filo de espada. **9** Pero Saúl y el pueblo perdonaron a Agag, y lo mejor de las ovejas, de los bueyes, de los animales engordados, de los corderos y de todo lo bueno. No lo quisieron destruir por completo; pero todo lo despreciable y sin valor lo destruyeron totalmente.

10 Entonces vino la palabra del SEÑOR a Samuel: **11** «Me pesa haber hecho rey a Saúl, porque ha dejado de seguirme[1] y no ha cumplido Mis mandamientos». Y Samuel se conmovió, y clamó al SEÑOR toda la noche. **12** Y se levantó Samuel muy de mañana para *ir* al encuentro de Saúl; y se le dio aviso a Samuel: Saúl se ha ido a Carmel, donde se ha levantado un monumento para sí, y dando la vuelta, ha seguido adelante bajando[1] a Gilgal.

13 Entonces Samuel vino a Saúl, y Saúl le dijo: «¡Bendito seas del SEÑOR! He cumplido el mandamiento del SEÑOR». **14** Pero Samuel dijo: «¿Qué es este balido[1] de ovejas en mis oídos y el mugido[1] de bueyes que oigo?». **15** Y Saúl respondió: «Los han traído de los amalecitas, porque el pueblo perdonó lo mejor de las ovejas y de los bueyes, para sacrificar al SEÑOR tu Dios; pero lo demás lo destruimos por completo». **16** Dijo entonces Samuel a Saúl: «Espera, déjame declararte lo que el SEÑOR me dijo anoche». Y él le dijo: «Habla».

17 Y Samuel dijo: «¿No es verdad que aunque eras pequeño a tus propios ojos, fuiste *nombrado* jefe de las tribus de Israel y el SEÑOR te ungió rey sobre Israel, **18** y que el SEÑOR te envió en una misión[1], y te dijo: "Ve, y destruye por completo a los pecadores, los amalecitas, y lucha contra ellos hasta que sean exterminados?". **19** ¿Por qué, pues, no obedeciste la voz del SEÑOR, sino que te lanzaste sobre el botín e hiciste lo malo ante los ojos del SEÑOR?».

15:2-3
Dios quería eliminar a los amalecitas
Los amalecitas habían atacado a Israel en el desierto, así que Dios había prometido destruirlos (ver Deuteronomio 25:17-18). Él sabía que continuarían atacando a su pueblo si no los detenían.

15:6
Quenitas
Los quenitas eran descendientes de Hobab, el cuñado de Moisés. Moisés le pidió a Hobab que fuera su guía (ver Números 10:29-32). Los quenitas eran amigables con Israel, así que Saúl les perdonó la vida.

15:8
Por qué Saúl no mató a Agag
Saúl probablemente quería avergonzar a Agag haciendo desfilar al rey derrotado delante del pueblo de Israel.

15:20-22
Saúl trató de poner excusas
Saúl dijo que había guardado la ley matando a todos los amalecitas (y trayendo al rey) y a la mayoría de los animales, pero que se había quedado con los mejores para ofrecerlos como sacrificio. Sin embargo, Samuel le respondió que el Señor se complacía más en la obediencia que en los sacrificios.

15:25-26
Las consecuencias del pecado de Saúl
Dios castigó a Saúl y lo rechazó como rey. Eso significaba que los hijos y nietos de Saúl no serían reyes. Sin embargo, cuando se arrepintió, Dios lo perdonó.

20 Entonces Saúl dijo a Samuel: «Yo obedecí la voz del SEÑOR, y fui en la misión[1] a la cual el SEÑOR me envió, y he traído a Agag, rey de Amalec, y he destruido por completo a los amalecitas. **21** Pero el pueblo tomó del botín ovejas y bueyes, lo mejor de las cosas dedicadas al anatema[1], para ofrecer sacrificio al SEÑOR tu Dios en Gilgal». **22** Y Samuel dijo:

«¿Se complace el SEÑOR *tanto*
En holocaustos y sacrificios
Como en la obediencia[1] a la voz del SEÑOR?
Entiende, el obedecer es mejor que un sacrificio,
Y el prestar atención, que la grasa de los carneros.
23 Porque la rebelión *es como* el pecado de adivinación,
Y la desobediencia[1], *como* la iniquidad e idolatría.
Por cuanto tú has desechado la palabra del SEÑOR,
Él también te ha desechado para que no seas[2] rey».

SAÚL RECHAZADO POR EL SEÑOR

24 Entonces Saúl dijo a Samuel: «He pecado. En verdad he quebrantado el mandamiento[1] del SEÑOR y tus palabras, porque temí al pueblo y escuché su voz. **25** Ahora pues, te ruego que perdones mi pecado y vuelvas conmigo para que adore al SEÑOR». **26** Pero Samuel respondió a Saúl: «No volveré contigo; porque has desechado la palabra del SEÑOR, y el SEÑOR te ha desechado para que no seas[1] rey sobre Israel».

27 Cuando Samuel se volvía para irse, *Saúl* asió el borde de su manto, y *este* se rasgó. **28** Entonces Samuel le dijo: «Hoy

15:20 [1] Lit. *el camino.*   15:21 [1] O *a la destrucción.*   15:22 [1] Lit. *obedecer.*
15:23 [1] O *insubordinación.*   [2] Lit. *de ser.*   15:24 [1] Lit. *la boca.*   15:26 [1] Lit. *de ser.*

PERSONAJES OPUESTOS
Dios vs. Saúl
1 Samuel 15

ACCIONES DE DIOS	DESOBEDIENCIA DE SAÚL
Instruye a Saúl para que destruya por completo a los amalecitas	Le perdona la vida al rey Agag
Instruye a Saúl para que destruya las posesiones de los amalecitas	Toma como botín las mejores ovejas y vacas de los amalecitas
Se lamenta de haber puesto por rey a Saúl	Levanta un monumento en honor a sí mismo
Se deleita en la obediencia más que en los sacrificios	Dice que el botín era para sacrificarlo
Rechaza a Saúl como rey	Rechaza las órdenes del Señor

el SEÑOR ha arrancado de ti el reino de Israel, y lo ha dado a un prójimo tuyo que es mejor que tú. **29** También la Gloria[1] de Israel no mentirá ni cambiará su propósito, porque Él no es hombre para que cambie de propósito». **30** Saúl respondió: «He pecado, *pero* te ruego que me honres ahora delante de los ancianos de mi pueblo y delante de Israel y que regreses conmigo para que yo adore al SEÑOR tu Dios». **31** Volvió Samuel tras Saúl, y Saúl adoró al SEÑOR.

32 Entonces Samuel dijo: «Tráiganme a Agag, rey de los amalecitas». Y Agag vino a él alegremente. Y Agag dijo: «Ciertamente, la amargura de la muerte ha pasado *ya*». **33** Pero Samuel dijo: «Como tu espada ha dejado a las mujeres sin hijos, así *también* tu madre será sin hijo entre las mujeres». Y Samuel despedazó a Agag delante del SEÑOR en Gilgal.

34 Luego Samuel se fue a Ramá, pero Saúl subió a su casa en Guibeá de Saúl. **35** Samuel no vio más a Saúl mientras vivió. Y Samuel lloraba por Saúl, pues el SEÑOR se había arrepentido de haber puesto a Saúl por rey sobre Israel.

DAVID UNGIDO POR SAMUEL

16 Y el SEÑOR dijo a Samuel: «¿Hasta cuándo te lamentarás por Saúl, después que Yo lo he desechado para que no reine[1] sobre Israel? Llena tu cuerno de aceite y ve; te enviaré a Isaí, el de Belén, porque de entre sus hijos he escogido[2] un rey para Mí». **2** Samuel respondió: «¿Cómo puedo ir? Cuando Saúl *lo* sepa, me matará». Y el SEÑOR dijo: «Toma contigo una novilla y di: "He venido a ofrecer sacrificio al SEÑOR". **3** Invitarás a Isaí al sacrificio y Yo te mostraré lo que habrás de hacer; entonces me ungirás a aquel que Yo te indique[1]».

4 Samuel hizo lo que el SEÑOR dijo, y fue a Belén. Y los ancianos de la ciudad vinieron a su encuentro temblando y dijeron: «¿Vienes en paz?». **5** Y él respondió: «En paz. He venido a ofrecer sacrificio al SEÑOR. Conságrense y vengan conmigo al sacrificio». Samuel consagró también a Isaí y a sus hijos y los invitó al sacrificio.

6 Cuando ellos entraron, Samuel vio a Eliab, y *se* dijo: «Ciertamente el ungido del SEÑOR está delante de Él». **7** Pero el SEÑOR dijo a Samuel: «No mires a su apariencia, ni a lo alto de su estatura, porque lo he desechado; porque Dios no ve como[1] el hombre ve, pues el hombre mira la apariencia exterior, pero el SEÑOR mira el corazón».

8 Entonces Isaí llamó a Abinadab y lo hizo pasar delante de Samuel, y dijo: «Tampoco a este ha escogido el SEÑOR». **9** Después Isaí hizo pasar a Sama[1]. Y Samuel dijo: «Tampoco a este ha escogido el SEÑOR». **10** Así Isaí hizo pasar a siete de sus hijos delante de Samuel. Pero Samuel dijo a Isaí: «El SEÑOR no ha escogido a estos». **11** Samuel preguntó: «¿Son *estos* todos tus hijos[1]?». Isaí respondió: «Aún queda el menor, es el que está apacentando las ovejas». Samuel insistió: «Manda a buscarlo[2], pues no nos sentaremos *a la mesa* hasta que él venga acá». **12** Y envió a buscarlo y lo hizo entrar. Era rubio[1], de ojos

15:29
La gloria de Israel
Gloria aquí significa «el que no cambia». Samuel estaba haciendo énfasis en que Dios es inmutable, y no cambiaría de parecer en cuanto a reemplazar a Saúl por otro rey.

15:33
Samuel mata a Agag
Samuel mató a Agag porque era el último amalecita. Saúl se había negado a obedecer el mandato de Dios de matar a todos los amalecitas.

16:7
Por qué la apariencia externa no era importante
El Señor no se preocupa por cómo luce una persona. En cambio, mira el corazón para ver si él o ella lo aman y confían en él. Una vez más, Dios eligió a una persona improbable –el hijo menor de una pequeña aldea– para llevar a cabo una tarea importante.

15:29 [1] O *Eminencia.*   16:1 [1] Lit. *de reinar.*   [2] Lit. *he visto.*   16:3 [1] Lit. *diga.*
16:7 [1] Así en gr.; en heb. *pues no es lo que.*   16:9 [1] En 2Sam. 13:3 y en 1Crón. 2:13, *Simea.*   16:11 [1] Lit. *los muchachos.*   [2] Lit. *Envía y tómalo.*   16:12 [1] Lit. *rojizo.*

16:13
La familia de David probablemente no sabía lo que Samuel estaba haciendo

Samuel tenía buenas razones para mantener en secreto por qué estaba haciéndoles esta visita, ya que Saúl todavía era el rey. La familia de David debe haber pensado que la unción era una dedicación especial al servicio de Dios.

16:14
El espíritu malo

El término *espíritu malo* puede significar también «un espíritu perturbador o perjudicial». Es posible que Saúl hubiera sido vencido por la depresión, ya que el Espíritu del Señor lo había abandonado.

16:23
La música hacía sentir mejor a Saúl

Cuando David tocaba el arpa, Saúl se calmaba. Él estaba afectado por el hecho de que el Señor lo había dejado.

Arpa de madera, del cementerio occidental de Qurnet Murai/De Agostini Picture Library/G. Dagli Orti/ Bridgeman Images

hermosos y bien parecido. Y el SEÑOR dijo: «Levántate, úngelo; porque este es». **13** Entonces Samuel tomó el cuerno de aceite y lo ungió en medio de sus hermanos. Y el Espíritu del SEÑOR vino poderosamente sobre David desde aquel día en adelante. Luego Samuel se levantó y se fue a Ramá.

DAVID, ESCUDERO DE SAÚL

14 El Espíritu del SEÑOR se apartó de Saúl, y un espíritu malo de parte del SEÑOR lo atormentaba. **15** Entonces los siervos de Saúl le dijeron: «Puesto que un espíritu malo de parte de Dios lo está atormentando, **16** ordene ahora nuestro señor a sus siervos que están delante de usted, que busquen un hombre que sepa tocar el arpa¹, y cuando el espíritu malo de parte de Dios esté sobre usted, él tocará con su mano y le pondrá bien».

17 Entonces Saúl dijo a sus siervos: «Búsquenme ahora un hombre que toque bien y tráiganme*lo*». **18** Y respondió uno de los mancebos: «Yo he visto a un hijo de Isaí, el de Belén, que sabe tocar, es poderoso y valiente, un hombre de guerra, prudente en su hablar, hombre bien parecido y el SEÑOR está con él». **19** Entonces Saúl envió mensajeros a Isaí y dijo: «Envíame a tu hijo David, el que está con el rebaño». **20** Isaí tomó un asno *cargado de* pan, un odre de vino y un cabrito, y *los* envió a Saúl con su hijo David.

21 David fue a Saúl y le servía¹; y *Saúl* lo amó grandemente y lo hizo su escudero. **22** Y Saúl envió a decir a Isaí: «Te ruego que David se quede delante de mí, pues ha hallado gracia ante mis ojos». **23** Sucedía que cuando el espíritu *malo* de parte de Dios venía a Saúl, David tomaba el arpa¹, *la* tocaba *hábilmente* con su mano, y Saúl se calmaba y se ponía bien, y el espíritu malo se apartaba de él.

DESAFÍO DE GOLIAT

17 Los filisteos reunieron sus ejércitos para la guerra, y se concentraron en Soco, que pertenece a Judá; y acamparon entre Soco y Azeca, en Efes Damim¹. **2** Y Saúl y los hombres de Israel se reunieron y acamparon en el valle de Ela, y se pusieron en orden de batalla para enfrentarse a los filisteos. **3** Los filisteos estaban a un lado del monte, e Israel estaba al otro lado del monte, y entre ellos, el valle.

4 Entonces de los ejércitos de los filisteos salió un campeón llamado Goliat, de Gat, cuya estatura era de 6 codos y un palmo (casi 3 metros). **5** *Tenía* un casco de bronce sobre la cabeza y llevaba puesta una cota de malla, y el peso de la cota era de 5,000 siclos (57 kilos) de bronce. **6** *Tenía* también grebas¹ de bronce en las piernas y una jabalina de bronce *colgada* entre los hombros. **7** El asta de su lanza *era* como un rodillo de telar y la punta de su lanza *pesaba* 600 siclos (6.84 kilos) de hierro; y su escudero iba delante de él.

8 *Goliat* se paró y gritó a las filas de Israel: «¿Para qué han salido a ponerse en orden de batalla? ¿Acaso no soy yo filisteo y ustedes siervos de Saúl? Escojan un hombre y que venga

16:16 ¹ O *la lira.*   16:21 ¹ Lit. *estaba delante de él.*   16:23 ¹ O *la lira.*
17:1 ¹ En 1Crón. 11:13, *Pasdamim.*   17:6 ¹ I.e. pieza de la armadura que protege la pierna.

contra¹ mí. **9** Si es capaz de pelear conmigo y matarme¹, entonces seremos sus siervos; pero si yo lo venzo y lo mato², entonces ustedes serán nuestros siervos y nos servirán». **10** De nuevo el filisteo dijo: «Hoy desafío a las filas de Israel. Denme un hombre para que luchemos mano a mano¹». **11** Cuando Saúl y todo Israel oyeron estas palabras del filisteo, se acobardaron y tuvieron gran temor.

12 David *era* hijo del¹ efrateo de Belén de Judá, llamado Isaí, y *este* tenía ocho hijos. En los días de Saúl, Isaí *ya* era viejo, avanzado *en años* entre los hombres. **13** Los tres hijos mayores de Isaí habían ido con¹ Saúl a la guerra. Los nombres de los tres hijos que fueron a la guerra *eran:* Eliab, el primogénito, Abinadab, el segundo, y Sama, el tercero. **14** David era el menor. Los tres mayores siguieron, pues, a Saúl, **15** pero David iba y venía de donde estaba Saúl a Belén para apacentar el rebaño de su padre. **16** Durante cuarenta días el filisteo vino mañana y tarde, presentándose *en desafío.*

17:8 ¹ Lit. *a.*   17:9 ¹ Lit. *herirme.*   ² Lit. *hiero.*   17:10 ¹ Lit. *juntos.*
17:12 ¹ Lit. *de este.*   17:13 ¹ Lit. *ido; fueron tras.*

17:4
Campeones de batallas
En la antigüedad, los ejércitos a veces decidían las batallas haciendo que campeones de cada bando lucharan como representantes de cada ejército. Esto se basaba en la creencia de que los dioses de cada ejército eran quienes realmente peleaban o decidían el resultado de la batalla.

PERSONAJES OPUESTOS
 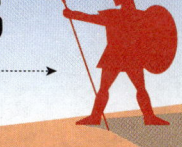
David vs. Goliat
1 Samuel 17

Pastor israelita	Guerrero filisteo
Muchacho apuesto	Campeón de casi tres metros
Defiende a los ejércitos de Dios	Desafía a los ejércitos de Dios
Confía en Dios; no le teme a Goliat	Temido por los israelitas
Descansa en el poder de Dios para vencer a Goliat	Descansa en su propio poder para vencer a David
Proclama el nombre del Señor cuando se enfrenta a Goliat	Maldice a David por sus dioses
No usa armadura	Usa un casco de bronce y una armadura completa de bronce
Lleva una vara, cinco piedras y una honda	Lleva espada, lanza y jabalina
Se enfrenta a Goliat solo	Lleva a su escudero delante de él
Mata a Goliat con una sola piedra	Sufre una muerte humillante y le cortan la cabeza

17 Y dijo Isaí a su hijo David: «Lleva ahora a tus hermanos un efa (22 litros) de grano tostado y estos diez panes, y corre al campamento a *donde están* tus hermanos. 18 Lleva también estos diez quesos[1] al capitán de los mil, y mira a ver cómo están[2] tus hermanos y trae noticias[3] de ellos. 19 Porque Saúl y tus hermanos y todos los hombres de Israel están en el valle de Ela, peleando contra los filisteos».

20 Y se levantó David muy de mañana, dejó el rebaño con un guarda, y tomando *las provisiones,* se fue como Isaí le había mandado. Llegó al perímetro del campamento cuando el ejército salía en orden de batalla, lanzando el grito de guerra. 21 E Israel y los filisteos se pusieron en orden de batalla, ejército contra ejército. 22 Entonces David dejó su carga[1] al cuidado[2] del que guardaba el equipaje y corrió a la línea de combate y entró a saludar a[3] sus hermanos. 23 Mientras hablaba con ellos, el campeón, el filisteo de Gat llamado Goliat, subió de entre las filas de los filisteos y habló las mismas palabras *de su desafío,* y David *las* oyó. 24 Cuando todos los hombres de Israel vieron a Goliat, huyeron de él, y tenían gran temor. 25 Y los hombres de Israel decían: «¿Han visto a ese hombre que sube? Ciertamente sube para desafiar a Israel. El rey colmará[1] con grandes riquezas al que lo mate[2], le dará su hija y hará libre[3] en Israel a la casa de su padre».

26 Entonces David preguntó a los que estaban junto a él: «¿Qué harán por el hombre que mate a este filisteo y quite el oprobio de Israel? ¿Quién es este filisteo incircunciso para desafiar a los escuadrones del Dios viviente?». 27 Y el pueblo le respondió según aquella palabra: «Así se hará al hombre que lo mate».

28 Eliab, su hermano mayor, oyó cuando él hablaba con los hombres; y se encendió la ira de Eliab contra David, y le dijo: «¿Para qué has descendido *acá?* ¿Con quién has dejado aquellas pocas ovejas en el desierto? Yo conozco tu soberbia y la maldad de tu corazón, que has descendido para ver la batalla». 29 Pero David respondió: «¿Qué he hecho yo ahora? ¿No fue solo una pregunta[1]?». 30 Entonces se apartó de su lado hacia otro y preguntó lo mismo[1]; y el pueblo respondió lo mismo que antes[2].

DAVID ACEPTA EL RETO

31 Cuando se supieron las palabras que David había hablado, se *lo* dijeron a[1] Saúl, y él lo hizo venir. 32 Y dijo David a Saúl: «No se desaliente el corazón de nadie a causa de él; su siervo irá y peleará con este filisteo». 33 Entonces Saúl dijo a David: «Tú no puedes ir contra este filisteo a pelear con él, porque tú eres un muchacho y él ha sido un guerrero desde su juventud». 34 Pero David respondió a Saúl: «Su siervo apacentaba las ovejas de su padre, y cuando un león o un oso venía y se llevaba un cordero del rebaño, 35 yo salía tras él,

17:33
La edad de David cuando peleó con Goliat
No se sabe con seguridad, pero algunos creen que David puede haber tenido diecisiete o dieciocho años cuando peleó con Goliat.

17:18 [1] Lit. *pedazos de queso.*   [2] Lit. *el bienestar de.*   [3] Lit. *prenda.*
17:22 [1] Lit. *O bagaje.*   [2] Lit. *en la mano.*   [3] Lit. *entró y preguntó por el bienestar de.*
17:25 [1] Lit. *enriquecerá.*   [2] Lit. *hiera, y así en los vers. 26 y 27.*   [3] I.e. *libre de impuestos y de servicio público.*   17:29 [1] Lit. *palabra.*   17:30 [1] Lit. *dijo como esta palabra.*   [2] Lit. *como la primera palabra.*   17:31 [1] Lit. *delante de.*

lo atacaba[1], y *lo* rescataba de su boca; y cuando se levantaba contra mí, *lo* tomaba por la quijada, lo hería y lo mataba. **36** Su siervo ha matado[1] tanto al león como al oso; y este filisteo incircunciso será como uno de ellos, porque ha desafiado a los escuadrones del Dios viviente». **37** Y David añadió: «El SEÑOR, que me ha librado de las garras del león y de las garras del oso, me librará de la mano de este filisteo». Y Saúl dijo a David: «Ve, y que el SEÑOR sea contigo». **38** Saúl vistió a David con sus ropas militares, le puso un casco de bronce en la cabeza y lo cubrió con una armadura. **39** David se ciñó la espada sobre sus ropas militares y trató de caminar, pues no se *las* había probado *antes*. Entonces David dijo a Saúl: «No puedo caminar con esto, pues no tengo experiencia con[1] *ellas*». David se las quitó, **40** y tomando su cayado en la mano, escogió[1] del arroyo cinco piedras lisas y las puso en el saco de pastor que traía, en el zurrón, y con la honda en la mano se acercó al filisteo.

VICTORIA DE DAVID Y DEL PUEBLO

41 El filisteo vino, y se fue acercando a David, con su escudero delante de él. **42** Cuando el filisteo miró y vio a David, lo tuvo en poco porque era un muchacho, rubio[1] y bien parecido. **43** Y el filisteo dijo a David: «¿Acaso soy un perro, que vienes contra mí con palos?». Y el filisteo maldijo a David por sus dioses. **44** También dijo el filisteo a David: «Ven a mí, y daré tu carne a las aves del cielo y a las fieras del campo». **45** Entonces dijo David al filisteo: «Tú vienes a mí con espada, lanza y jabalina, pero yo vengo a ti en el nombre del SEÑOR de los ejércitos, el Dios de los escuadrones de Israel, a quien tú has desafiado. **46** El SEÑOR te entregará hoy en mis manos, y yo te derribaré y te cortaré la cabeza. Y daré hoy los cadáveres del ejército de los filisteos a las aves del cielo y a las fieras de la tierra, para que toda la tierra sepa que hay Dios en Israel, **47** y para que toda esta asamblea sepa que el SEÑOR no libra ni con espada ni con lanza; porque la batalla es del SEÑOR y Él los entregará a ustedes en nuestras manos».

48 Sucedió que cuando el filisteo se levantó y se fue acercando para enfrentarse a David, este[1] corrió rápidamente hacia el frente de batalla para enfrentarse al filisteo. **49** David metió la mano en su saco, sacó de él una piedra, *la lanzó con la honda,* e hirió al filisteo en la frente. La piedra se hundió en su frente y *Goliat* cayó a tierra sobre su rostro.

50 Así venció David al filisteo con una honda y una piedra, e hirió al filisteo y lo mató; pero no había espada en la mano de David. **51** Entonces David corrió y se puso sobre el filisteo, tomó su espada, la sacó de la vaina y lo mató, cortándole la cabeza con ella. Cuando los filisteos vieron que su campeón estaba muerto, huyeron. **52** Y levantándose los hombres de Israel y de Judá, gritaron y

17:38
Saúl viste a David con su armadura

Saúl trató de ponerle a David su propia armadura, pero como él no estaba acostumbrado a usar esas prendas tan pesadas, decidió pelear contra Goliat sin armadura.

17:40
La honda como arma

Muchos soldados usaban hondas y bolas de piedra del tamaño de una pelota de béisbol. Los honderos más habilidosos probablemente podían lanzar piedras a una velocidad de casi 160 kilómetros por hora.

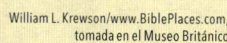

William L. Krewson/www.BiblePlaces.com, tomada en el Museo Británico

---

17:35 [1] Lit. *hería.*   **17:36** [1] Lit. *herido.*   **17:39** [1] Lit. *no las he probado.*   **17:40** [1] Lit. *escogió para sí.*   **17:42** [1] Lit. *rojizo.*   **17:48** [1] Lit. *y David.*

17:54
David le cortó la cabeza a Goliat
La cabeza de Goliat sería un recordatorio de esa victoria, así como también un trofeo de guerra. Además, les confirmaría a todos que Goliat estaba bien muerto.

17:55
Saúl no reconoce a David
Probablemente habían pasado algunos años desde que Saúl había visto a David. El muchacho creció en ese tiempo, por lo que físicamente debía haber cambiado. Además, seguramente Saúl quería saber el nombre del padre de David para poder recompensar a la familia, tal como lo había prometido (versículo 25).

18:1-3
Amistad de David y Jonatán
Ellos tenían una fuerte amistad e hicieron un pacto o una promesa de cuidarse uno al otro.

18:5
El rango de David en el ejército
Aunque no se menciona específicamente su rango en el ejército, tenía una gran autoridad. En poco tiempo llegó a estar al mando de miles de soldados.

18:7
Los números de David frente a los de Saúl
En la poesía hebrea, «diez miles» solía usarse para referirse a «miles». Esta puede haber sido una forma poética de decir que Saúl y David juntos habían matado a miles. Sin embargo, Saúl interpretó la canción como si la gente le estuviera dando a David un mayor crédito que a él.

persiguieron a los filisteos hasta el[1] valle y hasta las puertas de Ecrón. Los filisteos muertos estaban tendidos[2] a lo largo del camino a Saaraim, aun hasta Gat y Ecrón. **53** Los israelitas regresaron de perseguir a los filisteos y saquearon sus campamentos. **54** Entonces David tomó la cabeza del filisteo y la llevó a Jerusalén, pero puso sus armas en su tienda.

55 Cuando Saúl vio a David salir contra el filisteo, dijo a Abner, el comandante del ejército: «Abner, ¿de quién es hijo este joven?». Y Abner dijo: «Por su vida, oh rey, no sé». **56** Y el rey dijo: «Pregunta de quién es hijo el joven». **57** Cuando regresó David de matar[1] al filisteo, Abner lo tomó y lo llevó ante Saúl, con la cabeza del filisteo en su mano. **58** Y Saúl le dijo: «Joven, ¿de quién eres hijo?». Y David respondió: «*Yo soy* hijo de su siervo Isaí el de Belén».

AMISTAD DE DAVID Y JONATÁN

18 Y aconteció que cuando David acabó de hablar con Saúl, el alma de Jonatán quedó ligada al alma de David, y Jonatán lo amó como a sí mismo. **2** Saúl tomó a David aquel día y no lo dejó volver a la casa de su padre. **3** Entonces Jonatán hizo un pacto con David, porque lo amaba como a sí mismo. **4** Jonatán se quitó el manto que llevaba puesto y se lo dio a David con sus ropas militares, incluyendo su espada, su arco y su cinturón. **5** David salía adondequiera que Saúl le enviaba, y prosperaba[1]. Saúl lo puso sobre hombres de guerra, y esto fue agradable a los ojos de todo el pueblo y también a los ojos de los siervos de Saúl.

ENVIDIA DE SAÚL

6 Y aconteció que cuando regresaban, al volver David de matar al filisteo, las mujeres de todas las ciudades de Israel salían cantando y danzando al encuentro del rey Saúl, con panderos, con *cánticos de* júbilo y con instrumentos musicales[1]. **7** Las mujeres cantaban mientras tocaban[1], y decían:

> «Saúl ha matado a sus miles,
> Y David a sus diez miles».

8 Entonces Saúl se enfureció, pues este dicho le desagradó[1], y dijo: «Han atribuido a David diez miles, pero a mí me han atribuido miles. ¿Y qué más le falta sino el reino?». **9** De aquel día en adelante Saúl miró a David con recelo.

10 Y aconteció al día siguiente que un espíritu malo *de parte* de Dios se apoderó de Saúl, y este deliraba en medio de la casa, mientras David tocaba *el arpa* con su mano como de costumbre[1]. Saúl *tenía* la lanza en la mano, **11** y Saúl le arrojó la lanza, pues *se* dijo: «Clavaré a David en[1] la pared». Pero David lo evadió[2] dos veces.

12 Saúl temía a David, porque el SEÑOR estaba con él pero Él se había apartado de Saúl. **13** Por tanto, Saúl alejó a David de su presencia[1] nombrándolo capitán de 1,000 hombres; y

17:52 [1] Lit. *hasta tu llegada al.*   [2] Lit. *caían.*   17:57 [1] Lit. *herir.*
18:5 [1] O *actuaba sabiamente.*   18:6 [1] Le. triángulos, o, instrumentos de tres cuerdas.   18:7 [1] O *celebraban.*   18:8 [1] Lit. *fue malo a sus ojos.*
18:10 [1] Lit. *día tras día.*   18:11 [1] Lit. *Heriré a David y a.*   [2] Lit. *se volvió delante de él.*   18:13 [1] Lit. *de estar con él.*

él salía y entraba al frente de la tropa[2]. **14** David prosperaba[1] en todos sus caminos, porque el SEÑOR *estaba* con él. **15** Cuando Saúl vio que él prosperaba mucho[1], le tuvo temor. **16** Pero todo Israel y Judá amaba a David, porque él salía y entraba delante de ellos.

17 Entonces Saúl dijo a David: «Mira, te daré por mujer a Merab, mi hija mayor, con tal que me seas hombre valiente y pelees las batallas del SEÑOR». Pues Saúl *se* decía: «No será mi mano contra él, sino sea contra él la mano de los filisteos». **18** Y David respondió a Saúl: «¿Quién soy yo, o qué es mi vida, *o quién es* la familia de mi padre en Israel, para que yo sea yerno del rey?». **19** Pero llegado el tiempo en que Merab, hija de Saúl, debía ser dada a David, esta fue dada por mujer a Adriel el meholatita.

20 Mical, *la otra* hija de Saúl, amaba a David. Cuando se lo informaron a Saúl, el asunto le agradó[1]. **21** Y Saúl *se* dijo: «Se la daré para que le sirva de lazo y para que la mano de los filisteos sea contra él». Saúl, pues, dijo a David por segunda vez: «Serás mi yerno hoy». **22** Entonces Saúl ordenó a sus siervos: «Hablen en secreto a David y díganle: "El rey se deleita en ti y todos sus siervos te aman; ahora pues, sé yerno del rey"». **23** Así que los siervos de Saúl hablaron estas palabras a oídos de David. Pero David dijo: «¿Les parece poca cosa llegar a ser yerno del rey, siendo yo un hombre pobre y de poca estima?». **24** Y los siervos de Saúl le informaron conforme a[1] estas palabras *que* David había hablado. **25** Entonces Saúl dijo: «Así dirán a David: "El rey no desea dote[1] alguna, sino 100 prepucios de los filisteos, para tomar venganza de los enemigos del rey"». Pero Saúl pensaba hacer caer a David por mano de los filisteos.

26 Cuando sus siervos contaron a David estas palabras, agradó a David[1] llegar a ser yerno del rey. Y antes que el plazo se cumpliera[2], **27** se levantó David y se fue con[1] sus hombres, y mató[2] a 200 hombres de entre los filisteos. Entonces David trajo sus prepucios y se los dio[3] todos al rey a fin de ser yerno del rey. Y Saúl le dio a su hija Mical por mujer. **28** Cuando Saúl vio y comprendió que el SEÑOR *estaba* con David, y que su hija Mical lo amaba, **29** temió Saúl aún más a David. Y Saúl fue siempre[1] enemigo de David.

---

[2] Lit. *del pueblo*.   18:14 [1] O *actuaba sabiamente*. 18:15 [1] O *actuaba muy sabiamente*.   18:20 [1] Lit. *fue agradable a sus ojos*.   18:24 [1] Lit. *diciéndole según*. 18:25 [1] O *compensación*.   18:26 [1] Lit. *fue agradable a los ojos de David*.   [2] Lit. *Y los días no se habían cumplido*.   18:27 [1] Lit. *él y*.   [2] Lit. *e hirió*.   [3] Lit. *dieron*. 18:29 [1] Lit. *todos los días*.

SALVARSE POR POCO

1 Samuel 18—27

Las veces que David escapó por un pelo de Saúl

Mientras tocaba el arpa, esquiva la lanza que Saúl le arroja *18:10-11; 19:9-10*

Él y sus hombres arriesgan su vida para matar a 200 filisteos y ganarse a la hija de Saúl en matrimonio *18:27*

Se esconde luego de que Jonatán le advierte sobre la orden de Saúl de matarlo *19:1–3*

Huye por una ventana para evitar ser asesinado en la cama *19:11-12*

El Espíritu de Dios le impide a Saúl encontrarlo *19:22-23*

Después de escapar de Saúl, finge locura en presencia del rey de Gat *21:10-15*

Dios lo protege en el desierto *23:14*

Saúl se acerca de un modo peligroso, pero luego es llamado a pelear con los filisteos *23:26-28*

Dos veces se encuentra arriesgadamente cerca de Saúl, pero le perdona la vida *24; 26*

Se esconde entre los filisteos, enemigos de Israel *27*

18:10
El tipo de delirio que estaba experimentando Saúl
Probablemente estaba hablando con dificultad o alucinando a causa del espíritu malo.

18:21
Usó a Mical como una trampa para David
Cuando Saúl descubrió que su hija Mical estaba enamorada de David, le prometió que podría casarse con él si David peleaba contra los filisteos. Saúl esperaba tenderle una trampa a David y que muriera en la pelea.

18:25-29
Por qué Saúl quería cien prepucios
Esto habría sido una prueba de que David había matado a cien filisteos. Saúl en realidad deseaba que los filisteos mataran a David, pero Dios no permitió que eso sucediera.

19:13
Por qué había un ídolo en la casa de David
Mical debe haber mantenido el ídolo en secreto. O quizás era más un símbolo cultural que un ídolo para adorar.

30 Y salían los capitanes de los filisteos *a campaña*, y sucedía que cada vez que salían, David se comportaba con más sabiduría que todos los siervos de Saúl, por lo cual su nombre era muy estimado.

JONATÁN INTERCEDE POR DAVID

19 Saúl les dijo a su hijo Jonatán y a todos sus siervos que dieran muerte a David; pero Jonatán, hijo de Saúl, apreciaba grandemente a David. **2** Así que Jonatán le avisó a David: «Saúl mi padre procura matarte. Ahora pues, te ruego que estés alerta por la mañana, y permanezcas en un lugar secreto y te escondas. **3** Yo saldré y me pondré al lado de mi padre en el campo donde tú te encuentres, y hablaré con mi padre de ti. Si descubro[1] algo, te avisaré». **4** Entonces Jonatán habló bien de David a Saúl su padre, y le dijo: «No peque el rey contra David su siervo, puesto que él no ha pecado contra usted, y puesto que sus hechos *han sido* de mucho beneficio[1] para usted. **5** Porque puso su vida en peligro[1] e hirió al filisteo, y el SEÑOR trajo una gran liberación a todo Israel; usted *lo* vio y se regocijó. ¿Por qué, pues, pecará contra sangre inocente, dando muerte a David sin causa?». **6** Y escuchó Saúl la voz de Jonatán, y juró[1]: «Vive el SEÑOR que no morirá». **7** Entonces Jonatán llamó a David y le[1] comunicó todas estas palabras. Y Jonatán llevó a David ante Saúl, y estuvo en su presencia como antes.

8 Cuando hubo guerra de nuevo, David salió y peleó contra los filisteos, y los derrotó[1] con gran matanza, y huyeron delante de él. **9** Y vino[1] un espíritu malo *de parte* del SEÑOR sobre Saúl; y estaba él sentado en su casa con su lanza en la mano mientras David tocaba[2] *el arpa*. **10** Y Saúl trató de clavar a David en[1] la pared con la lanza, pero *este* se echó de la presencia de Saúl, y la lanza se clavó en la pared. David huyó y escapó aquella noche.

DAVID SALVADO POR MICAL

11 Saúl envió mensajeros a la casa de David para vigilarlo a fin de matarlo por la mañana; pero Mical, mujer de David, le avisó: «Si no pones a salvo tu vida esta noche, mañana te darán muerte». **12** Mical descolgó a David por una ventana, y él salió, huyó y escapó. **13** Entonces Mical tomó el ídolo doméstico[1] y *lo* puso en la cama, después puso a su cabecera una almohada de *pelo de* cabra y *lo* cubrió con ropa. **14** Cuando Saúl envió mensajeros para llevarse a David, ella dijo: «Está enfermo». **15** Pero Saúl envió a los mensajeros a ver a David, diciéndoles: «Tráiganmelo en la cama, para que yo lo mate». **16** Cuando los mensajeros entraron, vieron que el ídolo doméstico *era lo que estaba* sobre la cama con la almohada de *pelo de* cabra en su cabecera. **17** Entonces Saúl dijo a Mical: «¿Por qué me has engañado de esta manera y has dejado ir a mi enemigo, de modo que ha escapado?». Y Mical dijo a Saúl: «Él me dijo: "Déjame ir, porque *si no* te mato"».

19:3 [1] Lit. *veo*.   19:4 [1] Lit. *muy buenos*.   19:5 [1] Lit. *en su palma*.   19:6 [1] Lit. *Saúl juró*.   19:7 [1] Lit. *y Jonatán le*.   19:8 [1] Lit. *hirió*. 19:9 [1] Lit. *había*.   [2] Lit. *tocaba con la mano*.   19:10 [1] Lit. *de herir a David y a*. 19:13 [1] Heb. *terafim*.

18 Huyó, pues, David y escapó, y fue a *donde estaba* Samuel en Ramá, y le contó todo lo que Saúl le había hecho. Y David y Samuel fueron y se quedaron en Naiot. **19** Y se le informó a Saúl: «David está en Naiot, en Ramá». **20** Así que Saúl envió mensajeros para llevarse a David, pero cuando vieron al grupo de los profetas profetizando, y a Samuel de pie presidiéndolos, el Espíritu de Dios vino sobre los mensajeros de Saúl, y ellos también profetizaron. **21** Cuando se lo dijeron a Saúl, envió otros mensajeros, y también ellos profetizaron. Y por tercera vez Saúl envió mensajeros, y ellos también profetizaron. **22** Entonces él mismo fue a Ramá, y llegó hasta el pozo grande que está en Secú; y preguntó: «¿Dónde están Samuel y David?». Y *alguien* dijo: «Están en Naiot en Ramá». **23** Y él prosiguió[1] hasta Naiot en Ramá; y el Espíritu de Dios también vino sobre él, e iba profetizando continuamente hasta llegar a Naiot en Ramá. **24** Se quitó además la ropa, también profetizó delante de Samuel, y estuvo echado[1] desnudo[2] todo aquel día y toda la noche. Por lo que suele decirse: «¿También está Saúl entre los profetas?».

JONATÁN AYUDA A DAVID

20 Entonces David huyó de Naiot en Ramá, vino ante Jonatán, y le dijo: «¿Qué he hecho yo? ¿Cuál es mi maldad y cuál es mi pecado contra[1] tu padre para que busque mi vida?». **2** Y él le respondió: «De ninguna manera; no morirás. Mi padre no hace ninguna cosa, grande o pequeña, sin revelármela[1]. ¿Por qué, pues, me ha de ocultar esto mi padre? No será así». **3** Pero David volvió a jurar y dijo: «Tu padre sabe bien que he hallado gracia ante tus ojos, y ha dicho: "Que no lo sepa Jonatán para que no se entristezca". Pero ciertamente, vive el SEÑOR y vive tu alma, que apenas[1] hay un paso entre mí y la muerte». **4** «Lo que tú digas[1], haré por ti», dijo Jonatán a David. **5** Y David respondió a Jonatán: «Mira, mañana es luna nueva y debo sentarme a comer con el rey, pero déjame irme, para que me esconda en el campo hasta el atardecer del tercer día[1]. **6** Si tu padre me echa de menos, entonces di*le*: "David me rogó mucho *que le dejara* ir a toda prisa[1] a Belén su ciudad, porque allá *se celebra* el sacrificio anual por toda la familia". **7** Si él dice[1]: "Está bien", tu siervo *estará* seguro; pero si se enoja, sabrás que ha decidido *hacer* el mal. **8** Trata entonces con misericordia a tu siervo, ya que has hecho entrar a tu siervo en un pacto del SEÑOR contigo. Pero si hay maldad en mí, mátame tú; pues, ¿por qué llevarme a tu padre?». **9** Respondió Jonatán: «¡Nunca te suceda tal cosa! Porque si yo me entero que mi padre ha decidido que el mal caiga sobre ti, ¿no te lo avisaría yo?». **10** David respondió a Jonatán: «¿Quién me avisará si[1] tu padre te responde ásperamente?». **11** «Ven, salgamos al campo», dijo Jonatán a David. Y ambos salieron al campo.

19:19-22
Los hombres de Saúl no pueden matar a David
Cada vez que Saúl enviaba hombres a matar a David, el Espíritu de Dios venía sobre ellos y comenzaban a profetizar. Dios frenaba las intenciones malvadas de Saúl.

19:23-24
El Espíritu hizo que Saúl profetizara
Como Dios quería que David fuera rey, no permitiría que nadie –incluso Saúl– lo matara. Dios probablemente hizo que Saúl hablara su verdad acerca del derecho de David al trono.

20:9
Jonatán no conocía los planes de su padre de matar a David
Saúl sabía que Jonatán y David eran buenos amigos, por eso probablemente no le contó a su hijo sus planes. Además, Saúl le había jurado a Jonatán que no mataría a David (19:6).

19:23 [1] Lit. *fue.*　　19:24 [1] Lit. *cayó.*　　[2] I.e. sin ropas exteriores.
20:1 [1] Lit. *delante de.*　　20:2 [1] Lit. *y no destape mi oído.*　　20:3 [1] O *casi.*
20:4 [1] Lit. *tu alma diga.*　　20:5 [1] Lit. *la tercera tarde.*　　20:6 [1] O *correr.*
20:7 [1] Lit. *dice así.*　　20:10 [1] Lit. *avisará? ¿o qué si.*

12 Entonces Jonatán dijo a David: «El SEÑOR, Dios de Israel, *sea testigo.* Cuando yo haya hablado con[1] mi padre como a esta hora mañana, *o* al tercer *día,* si hay buen *ánimo* para con David, ¿no habré de enviar a ti para hacértelo saber[2]? **13** Si mi padre quiere hacerte mal, que así haga el SEÑOR a Jonatán y aun le añada si no te lo hago saber[1] y te envío para que vayas en paz. Y que el SEÑOR sea contigo, como ha sido con mi padre. **14** Y si todavía vivo, ¿no me mostrarás la misericordia del SEÑOR, para que no me maten, **15** ni quitarás[1] tu misericordia de mi casa para siempre, ni aun cuando el SEÑOR haya quitado[2] de la superficie de la tierra a cada uno de los enemigos de David?». **16** Jonatán, pues, hizo *un pacto* con la casa de David, *diciendo:* «El SEÑOR *lo* demande de la mano de los enemigos de David». **17** Y Jonatán hizo jurar a David otra vez a causa de su amor por él, pues lo amaba como a sí mismo[1].

18 Entonces Jonatán le dijo: «Mañana es luna nueva y serás echado de menos, porque tu asiento estará vacío. **19** Cuando hayas estado *ausente* tres días, descenderás aprisa y vendrás al lugar donde te escondiste el día de *aquel* suceso, y permanecerás junto a la piedra de Ezel. **20** Yo tiraré tres flechas hacia un lado, como tirando al blanco. **21** Entonces enviaré al muchacho, *diciendo:* "Ve, busca las flechas". Si digo claramente al muchacho: "Mira, las flechas están más acá de ti, tómalas", entonces ven porque hay seguridad para ti y no *habrá* mal[1], vive el SEÑOR. **22** Pero si digo[1] al joven: "Mira, las flechas están más allá de ti", vete, porque el SEÑOR quiere que te vayas. **23** En cuanto al acuerdo[1] del cual tú y yo hemos hablado, que el SEÑOR esté entre nosotros dos[2] para siempre».

24 Se escondió, pues, David en el campo. Cuando llegó la luna nueva, el rey se sentó a comer[1]. **25** El rey se sentó en su asiento como de costumbre, en el asiento junto a la pared. Jonatán se levantó, y Abner se sentó al lado de Saúl, pero el lugar de David estaba vacío. **26** Sin embargo, Saúl no dijo nada aquel día, porque *se* dijo: «Es una casualidad, no estará limpio; de seguro que no se ha purificado». **27** Pero al día siguiente, el segundo *día* de la luna nueva, el lugar de David estaba aún vacío. Entonces Saúl dijo a su hijo Jonatán: «¿Por qué no ha venido el hijo de Isaí a la comida ni ayer ni hoy?». **28** Y Jonatán respondió a Saúl: «David me rogó encarecidamente que le dejara *ir* a Belén. **29** Me dijo: "Te ruego que me dejes ir[1], pues nuestra familia tiene sacrificio en la ciudad y mi hermano me ha mandado que asista. Ahora pues, si he hallado gracia ante tus ojos, te ruego me dejes ir para ver a mis hermanos". Por este motivo no ha venido a la mesa del rey».

30 Se encendió la ira de Saúl contra Jonatán, y le dijo: «¡Hijo de perversa *y* rebelde! ¿Acaso no sé yo que prefieres al hijo de Isaí, para tu propia vergüenza y para vergüenza de la desnudez de tu madre? **31** Pues mientras[1] viva sobre la tierra el hijo de Isaí, ni tú ni tu reino serán establecidos. Ahora pues,

---

20:14
Por qué Jonatán le pide a David que no lo mate

Era común que un nuevo gobernante de una nueva familia real matara a toda la familia del rey anterior que pudiera querer reclamar el trono.

20:12 [1] Lit. *sondeado a.*   [2] Lit. *destapar tu oído.*   20:13 [1] Lit. *si no destapo tu oído.*   20:15 [1] Lit. *cortarás.*   [2] Lit. *cortado.*   20:17 [1] Lit. *por amor a su alma lo amaba.*   20:21 [1] Lit. *y no hay nada.*   20:22 [1] Lit. *digo así.*   20:23 [1] Lit. *a la palabra.*   [2] Lit. *entre mí y entre ti.*   20:24 [1] Lit. *a comer pan.*   20:29 [1] Lit. *me despidas.*   20:31 [1] Lit. *todos los días que.*

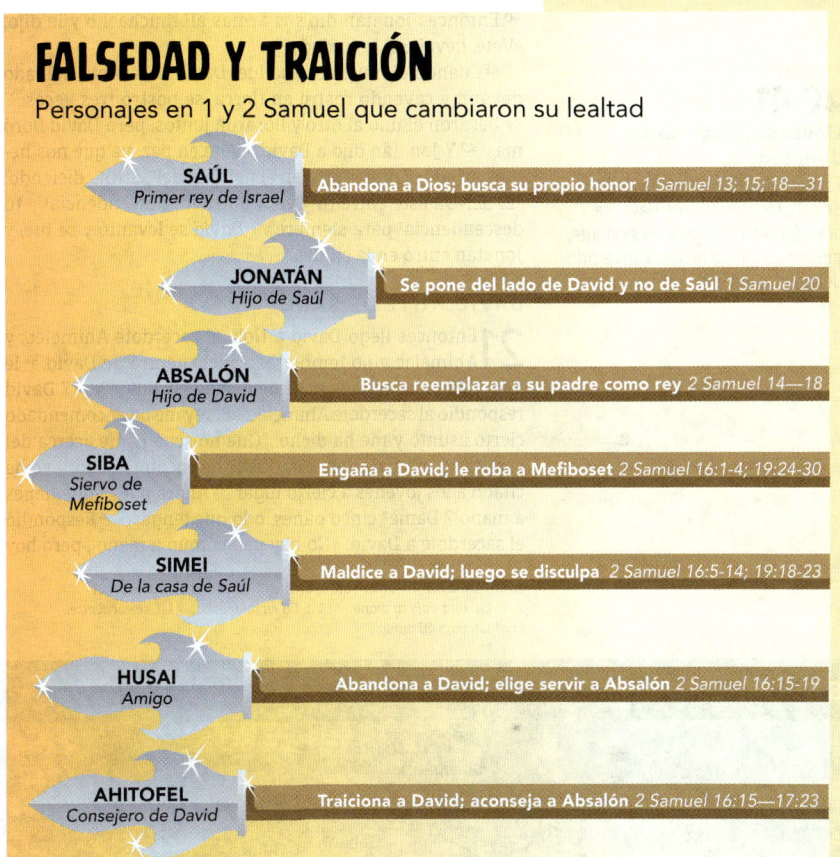

FALSEDAD Y TRAICIÓN

Personajes en 1 y 2 Samuel que cambiaron su lealtad

SAÚL Primer rey de Israel	Abandona a Dios; busca su propio honor *1 Samuel 13; 15; 18—31*
JONATÁN Hijo de Saúl	Se pone del lado de David y no de Saúl *1 Samuel 20*
ABSALÓN Hijo de David	Busca reemplazar a su padre como rey *2 Samuel 14—18*
SIBA Siervo de Mefiboset	Engaña a David; le roba a Mefiboset *2 Samuel 16:1-4; 19:24-30*
SIMEI De la casa de Saúl	Maldice a David; luego se disculpa *2 Samuel 16:5-14; 19:18-23*
HUSAI Amigo	Abandona a David; elige servir a **Absalón** *2 Samuel 16:15-19*
AHITOFEL Consejero de David	Traiciona a David; aconseja a **Absalón** *2 Samuel 16:15—17:23*

manda a traérmelo, porque ciertamente ha de morir[2]». **32** Pero Jonatán respondió a su padre Saúl, y le dijo: «¿Por qué ha de morir? ¿Qué ha hecho?». **33** Entonces Saúl le arrojó la lanza para matarlo; así Jonatán supo que su padre había decidido matar a David. **34** Jonatán se levantó de la mesa ardiendo en ira y no comió pan el segundo día de la luna nueva, pues estaba entristecido por David, porque su padre le había afrentado.

35 A la mañana *siguiente* Jonatán salió al campo para reunirse[1] con David, y un muchacho pequeño *iba* con él. **36** Y dijo al[1] muchacho: «Corre, busca ahora las flechas que voy a tirar». Y mientras el muchacho corría, tiró una[2] flecha más allá de él. **37** Cuando el muchacho llegó a[1] la flecha que Jonatán había tirado, Jonatán le gritó al[2] muchacho: «¿No está la flecha más allá de ti?». **38** Y Jonatán llamó al[1] muchacho: «Corre, date prisa, no te detengas». Y el muchacho de Jonatán recogió la flecha y volvió a su señor. **39** Pero el muchacho no sospechaba nada; solo Jonatán y David sabían del asunto.

20:35-40
Jonatán usó señales secretas

Jonatán no quería que nadie viera a David y lo pusiera en peligro, por eso usó señales para comunicarse con su amigo. Después de que el sirviente de Jonatán regresó a la ciudad, era seguro para David dejar su escondite.

[2] Lit. *es hijo de la muerte.*   20:35 [1] Lit. *la reunión.*   20:36 [1] Lit. *a su.*
[2] Lit. *la.*   20:37 [1] Lit. *al lugar de.*   [2] Lit. *dio voces tras él.*   20:38 [1] Lit. *dio voces tras él.*

20:41
David se postra ante Jonatán
Esta era una de las muchas formas de saludar y agradecer. David se acercó a Jonatán como un sirviente, porque su amigo le había advertido del peligro de Saúl.

40 Entonces Jonatán dio sus armas al[1] muchacho y le dijo: «Vete, llévalas a la ciudad».

41 Cuando el muchacho se fue, David se levantó del lado del sur, y cayendo rostro en tierra, se postró tres veces. Y se besaron el uno al otro y lloraron juntos, pero David lloró más. **42** Y Jonatán dijo a David: «Vete en paz, ya que nos hemos jurado el uno al otro en el nombre del SEÑOR, diciendo: "El SEÑOR esté entre tú y yo, y entre mi descendencia[1] y tu descendencia[1] para siempre"». **2** David se levantó y se fue, y Jonatán entró en la ciudad.

DAVID HUYE DE SAÚL

21 Entonces llegó David a Nob, al sacerdote Ahimelec; y Ahimelec vino tembloroso al encuentro de David, y le dijo: «¿Por qué estás solo y no hay nadie contigo?». **2** Y David respondió al sacerdote Ahimelec: «El rey me ha encomendado cierto asunto y me ha dicho: "Que no sepa nadie acerca del asunto por el cual te envío y que te he encomendado; y yo he citado a los jóvenes a cierto lugar". **3** Ahora pues, ¿qué tienes a mano[1]? Dame[2] cinco panes, o lo que tengas[3]». **4** Respondió el sacerdote a David: «No hay pan común a mano[1], pero hay

20:40 [1] Lit. a su.   20:42 [1] Lit. simiente.   [2] En el texto heb. cap. 21:1.
21:3 [1] Lit. está bajo tu mano.   [2] Lit. Da en mi mano.   [3] Lit. se encuentre.
21:4 [1] Lit. bajo mi mano.

DAVID EL FUGITIVO

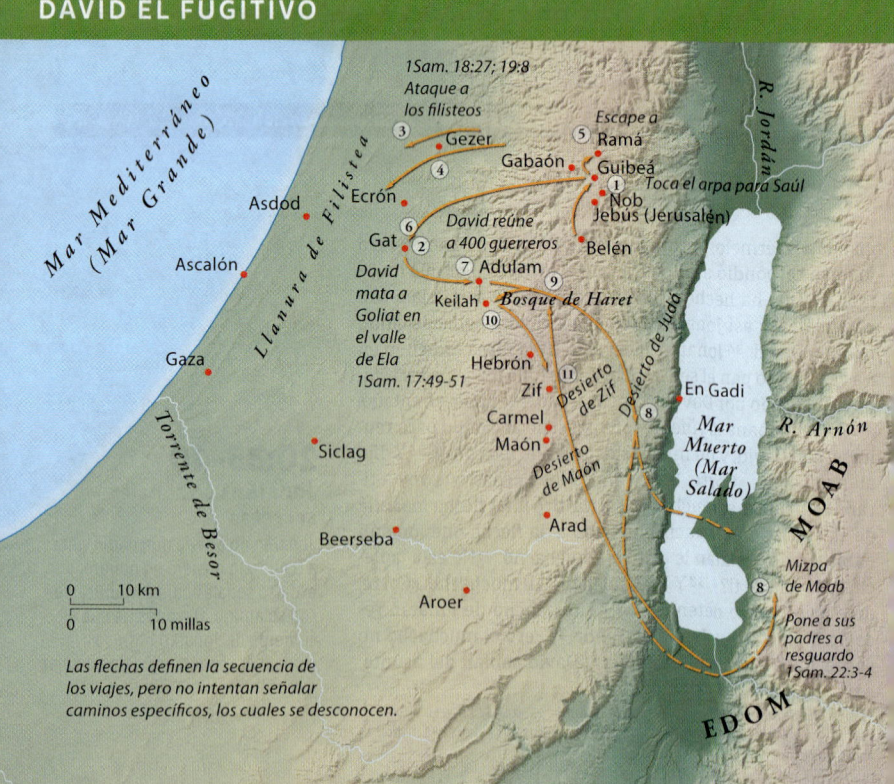

1Sam. 18:27; 19:8
Ataque a los filisteos

Escape a Ramá

Toca el arpa para Saúl

Gezer

Gabaón   Guibeá

Ecrón   Nob

Asdod   Jebus (Jerusalén)

David reúne a 400 guerreros   Belén

Gat

Ascalón   Adulam

David mata a Goliat en el valle de Ela
1Sam. 17:49-51   Keilah • Bosque de Haret

Gaza   Hebrón

Zif   Desierto de Zif   En Gadi

Carmel   Mar Muerto (Mar Salado)   R. Arnón

Siclag   Maón   Desierto de Maón

Beerseba   Arad

Mizpa de Moab

Aroer   Pone a sus padres a resguardo
1Sam. 22:3-4

Mar Mediterráneo (Mar Grande)

Llanura de Filistea

Torrente de Besor

Desierto de Judá

R. Jordán

MOAB

EDOM

0   10 km
0   10 millas

Las flechas definen la secuencia de los viajes, pero no intentan señalar caminos específicos, los cuales se desconocen.

pan consagrado; siempre que los jóvenes se hayan abstenido de mujer». **5** Y David respondió al sacerdote: «Ciertamente las mujeres nos han sido vedadas; como anteriormente, cuando he salido *en campaña,* los cuerpos[1] de los jóvenes se han mantenido puros, aunque haya sido un viaje profano; ¿cuánto más puros estarán sus cuerpos[2] hoy?». **6** Entonces el sacerdote le dio *pan* consagrado; porque allí no había *otro* pan, sino el pan de la Presencia[1] que había sido quitado de delante del SEÑOR para colocar pan caliente *en su lugar* al ser retirado.

7 Y uno de los siervos de Saúl estaba allí aquel día, detenido delante del SEÑOR; se llamaba Doeg el edomita, jefe de los pastores de Saúl.

8 David dijo a Ahimelec: «¿No tienes aquí a mano[1] una lanza o una espada? Pues no traje ni espada ni armas conmigo[2], porque el asunto del rey era urgente». **9** Entonces el sacerdote le dijo: «Mira, la espada de Goliat el filisteo, a quien mataste[1] en el valle de Ela, está envuelta en un paño detrás del efod; si *quieres* llevártela, tóm*ala,* porque aquí no hay otra sino esa». Y David dijo: «Como esa no hay otra; dámela».

Creada por Externa CGI; © 2011 por Zondervan

10 David se levantó y huyó aquel día de Saúl, y fue a *donde estaba* Aquis, rey de Gat. **11** Pero los siervos de Aquis le dijeron: «¿No es este David, el rey de la tierra? ¿No cantaban de él en las danzas, diciendo:

> "Saúl mató a sus miles,
> Y David a sus diez miles"?».

12 David tomó en serio[1] estas palabras y temió grandemente a Aquis, rey de Gat. **13** Y se fingió demente[1] ante sus ojos y actuaba como loco en medio[2] de ellos; escribía garabatos en las puertas de la entrada y dejaba que su saliva le corriera por la barba. **14** Entonces Aquis dijo a sus siervos: «Vean al hombre portándose como un loco. ¿Por qué me lo traes? **15** ¿Acaso me hacen falta locos, para que me traigan a este y haga de loco en mi presencia? ¿Va a entrar este en mi casa?».

22 David se fue de allí y se refugió en la cueva de Adulam. Cuando sus hermanos y toda la casa de su padre *lo* supieron, descendieron a él allá. **2** Todo el que estaba en apuros, todo el que estaba endeudado[1] y todo el que estaba descontento[2] se unió a él, y él vino a ser jefe sobre ellos. Y con él había unos 400 hombres.

3 De allí David fue a Mizpa de Moab, y dijo al rey de Moab: «Permite que mi padre y mi madre vengan *y se queden* con ustedes hasta que yo sepa lo que Dios hará por mí». **4** Los dejó, pues, con el rey de Moab, y se quedaron con[1] él todo el tiempo que David estuvo en el refugio[2]. **5** El profeta Gad dijo a David:

21:4
El pan consagrado

Esas doce hogazas de pan estaban hechas de pura harina de trigo y representaban a las doce tribus de Israel y su devoción a Dios. El pan fresco se ponía delante de Dios en el lugar santo del tabernáculo cada semana, y el pan viejo se retiraba y se lo comían los sacerdotes.

21:4-6
Por qué el sacerdote le dio el pan consagrado a David y sus hombres

El sacerdote primero se aseguró de que los hombres de David estuvieran ceremonialmente puros. Luego los dejó comer del pan para salvar la vida de los que estaban hambrientos. Esto era más importante que guardar el pan para que lo comieran solo los sacerdotes.

21:12-15
David le hizo creer a Aquis que estaba demente

David fingió estar loco porque le tenía miedo a Aquis. En los tiempos antiguos, las personas a menudo pensaban que los espíritus malignos causaban la locura.

22:2
Los seguidores de David

Ahora que David se había vuelto un forajido, se le unieron cuatrocientos hombres más que estaban en circunstancias similares.

21:5 [1] Lit. *vasos.*   [2] Lit. *estará santo en el vaso.*   21:6 [1] *O de la Proposición;* lit. *del Rostro.*   21:8 [1] Lit. *bajo tu mano.*   [2] Lit. *en mi mano.*   21:9 [1] Lit. *heriste.*   [2] Lit. *manos.*   21:12 [1] Lit. *en su corazón.*   21:13 [1] Lit. *cambió su juicio.*   [2] Lit. *manos.* 22:2 [1] Lit. *tenía un acreedor.*   [2] Lit. *amargado de alma.*   22:4 [1] *Así en algunas versiones antiguas; en el texto heb. Y los llevó ante.*   [2] *O lugar fuerte, y así en el vers. 5.*

22:3-4
David buscó la ayuda del rey de Moab
El rey de Moab era un aliado natural, porque Saúl había iniciado una guerra contra él (14:47), y la bisabuela de David, Rut, era moabita. (Ver Rut 4:13, 22).

22:4
El refugio
Este puede haber sido una fortaleza o una zona donde era fácil esconderse, algo así como una cueva.

22:17
Los oficiales de Saúl desobedecen su orden
Si ellos mataban a los sacerdotes del Señor, era como declararle la guerra a Dios mismo. Aun los oficiales de Saúl sabían que todo el asunto ya estaba llegando demasiado lejos.

«No te quedes en el refugio; vete y entra en la tierra de Judá». Y David se fue y entró en el bosque de Haret.

6 Entonces se enteró Saúl de que David y los hombres que *estaban* con él habían sido descubiertos. Saúl estaba en Guibeá, sentado bajo un tamarisco, en el alto, con su lanza en la mano, y todos sus siervos estaban de pie alrededor de él. **7** Y Saúl dijo a sus siervos que estaban a su alrededor: «Óigan*me* ahora, hijos de Benjamín. ¿Les dará también el hijo de Isaí a todos ustedes campos y viñas? ¿Los hará a todos capitanes de miles y capitanes de cientos? **8** Porque todos ustedes han conspirado contra mí y no hay quien me revele[1] cuando mi hijo hace *un pacto* con el hijo de Isaí. Tampoco hay entre ustedes quien tenga piedad de mí ni me revele[1] que mi hijo ha instigado a mi siervo contra mí para tenderme una emboscada, como *sucede* hoy». **9** Entonces respondió Doeg el edomita, que estaba junto a[1] los siervos de Saúl: «Yo vi al hijo de Isaí venir a Nob, a *donde estaba* Ahimelec, hijo de Ahitob. **10** Y consultó al SEÑOR por él, le dio provisiones y le dio la espada de Goliat el filisteo».

MATANZA DE LOS SACERDOTES DE NOB

11 El rey mandó llamar al sacerdote Ahimelec, hijo de Ahitob, y a toda la casa de su padre, los sacerdotes que *estaban* en Nob, y todos ellos vinieron al rey. **12** Y Saúl dijo: «Escucha ahora, hijo de Ahitob». Y *este* respondió: «Aquí estoy, mi señor». **13** Y le dijo Saúl: «¿Por qué tú y el hijo de Isaí han conspirado contra mí, dándole pan y una espada, y has consultado a Dios por él para que se rebelara contra mí, tendiéndome una emboscada como *sucede* hoy?». **14** Ahimelec respondió al rey: «¿Y quién entre todos tus siervos es tan fiel como David, yerno del rey, jefe de[1] tu guardia y se le honra en tu casa? **15** ¿Acaso comencé hoy a consultar a Dios por él? Lejos esté esto de mí. No culpe el rey de nada a su siervo *ni* a ninguno de la casa de mi padre, porque su siervo no sabe nada[1] de todo este asunto». **16** Pero el rey dijo: «Ciertamente morirás, Ahimelec, tú y toda la casa de tu padre».

17 Y el rey dijo a los guardias[1] que le asistían: «Vuélvanse y den muerte a los sacerdotes del SEÑOR, porque la mano de ellos también está con David, y porque sabían que él estaba huyendo y no me lo revelaron[2]». Pero los siervos del rey no quisieron levantar la mano para atacar a[3] los sacerdotes del SEÑOR. **18** Entonces el rey dijo a Doeg: «Vuélvete y ataca a[1] los sacerdotes». Y Doeg el edomita, se volvió y atacó a[2] los sacerdotes, y mató aquel día a ochenta y cinco hombres que vestían el efod de lino. **19** Y a Nob, ciudad de los sacerdotes, la hirió a filo de espada, tanto a hombres como a mujeres, tanto a niños como a niños de pecho; también *hirió* a filo de espada bueyes, asnos y ovejas.

20 Pero un hijo de Ahimelec, hijo de Ahitob, llamado Abiatar, escapó y huyó tras David. **21** Abiatar avisó a David que Saúl había matado a los sacerdotes del SEÑOR. **22** Entonces

22:8 [1] Lit. *destape mi oído.* 22:9 [1] O *puesto sobre.* 22:14 [1] Así en la versión gr. (sept.); en heb. *rey, que se desvía a.* 22:15 [1] Lit. *nada pequeño o grande.* 22:17 [1] Lit. *corredores.* [2] Lit. *no destaparon mi oído.* [3] Lit. *caer sobre.* 22:18 [1] Lit. *cae sobre.* [2] Lit. *cayó sobre.*

David dijo a Abiatar: «Yo sabía aquel día, cuando Doeg el edomita *estaba* allí, que de seguro se *lo* haría saber a Saúl. He causado *la muerte* de todas las personas en la casa de tu padre. **23** Quédate conmigo, no temas, porque el que busca mi vida, busca tu vida; pues conmigo estarás a salvo[1]».

DAVID LIBRA A KEILA

23 Entonces dieron aviso a David: «Los filisteos están atacando a Keila, y están saqueando las eras». **2** Entonces consultó David al SEÑOR: «¿Debo ir a atacar[1] a estos filisteos?». Y el SEÑOR dijo a David: «Ve, ataca[2] a los filisteos y libra a Keila». **3** Pero los hombres de David le dijeron: «Mira, estamos con temor aquí en Judá. ¿Cuánto más si vamos a Keila contra las filas de los filisteos?». **4** De nuevo David consultó al SEÑOR; y el SEÑOR le respondió: «Levántate, desciende a Keila, pues entregaré a los filisteos en tu mano». **5** Y David y sus hombres fueron a Keila y pelearon contra los filisteos; y él se llevó sus ganados y los hirió con gran mortandad. Así libró David a los habitantes de Keila.

SAÚL PERSIGUE A DAVID

6 Al huir Abiatar, hijo de Ahimelec, a *donde estaba* David en Keila, descendió *con* un efod en la mano. **7** Cuando se avisó a Saúl que David había ido a Keila, Saúl dijo: «Dios lo ha entregado[1] en mi mano, pues se ha encerrado entrando en una ciudad con puertas dobles y barras». **8** Y Saúl convocó a todo el pueblo a la guerra, para descender a Keila a fin de cercar a David y sus hombres. **9** David supo que Saúl tramaba el mal contra él; así que le dijo al sacerdote Abiatar: «Trae el efod». **10** Entonces David dijo: «Oh SEÑOR, Dios de Israel, Tu siervo ciertamente ha oído que Saúl procura venir a Keila para destruir la ciudad por causa mía. **11** ¿Me entregarán en su mano los hombres de Keila? ¿Descenderá Saúl tal como Tu siervo ha oído? Oh SEÑOR, Dios de Israel, te ruego que *lo* hagas saber a Tu siervo». Y el SEÑOR dijo: «*Sí*, descenderá». **12** Entonces David dijo: «¿Me entregarán los hombres de Keila a mí y a mis hombres en manos de Saúl?». Y el SEÑOR dijo: «*Sí*, los entregarán». **13** Se levantó, pues, David con sus hombres, como 600, y salieron de Keila y anduvieron de un lugar a otro[1]. Cuando a Saúl le informaron que David se había escapado de Keila, cesó de perseguirlo[2]. **14** David se quedó en el desierto en los refugios[1], y permaneció en la región montañosa en el desierto de Zif. Saúl lo buscaba todos los días, pero Dios no lo entregó en su mano.

23:6, 9
David quería el efod
El pectoral que estaba unido al efod contenía el Urim y el Tumim, que eran para echar suertes y pedirle al Señor que revelara su voluntad. David necesitaba saber qué quería Dios que hiciera.

Todd Bolen/www.BiblePlaces.com

22:23 [1] Lit. *bajo custodia*.　　23:2 [1] Lit. *herir*.　　[2] Lit. *y hiere*.
23:7 [1] Lit. *abandonado*.　　23:13 [1] Lit. *fueron por donde pudieron ir*.　　[2] Lit. *dejó de salir*.　　23:14 [1] O *lugares fuertes, y así en los vers. 19 y 29.*

23:16-18
David y Jonatán hicieron otro pacto

Este acuerdo era más serio que las promesas anteriores. Los dos amigos acordaron que después de que Saúl dejara de ser rey, David tomaría su lugar y Jonatán sería su segundo al mando. Esto podría ser una manera de unificar al pueblo de Israel, uniendo a los bandos contrarios.

15 Y David se enteró[1] de que Saúl había salido para quitarle la vida[2], y David *se encontraba* en el desierto de Zif, en Hores. **16** Jonatán, hijo de Saúl, se levantó y fue *donde estaba* David en Hores, y lo fortaleció[1] en Dios. **17** Y le dijo: «No temas, porque la mano de Saúl mi padre no te encontrará, y tú reinarás sobre Israel y yo seré segundo después de ti; Saúl mi padre también sabe esto». **18** Hicieron los dos un pacto delante del SEÑOR; y David permaneció en Hores mientras Jonatán se fue a su casa.

19 Entonces subieron los de Zif a Saúl en Guibeá y dijeron: «¿No está David escondido entre[1] nosotros en los refugios de Hores, en la colina de Haquila que está al sur[2] de Jesimón[3]? **20** Ahora bien, oh rey, usted descienda conforme a todo el deseo de su alma para hacerlo[1]; y nuestra parte *será* entregarlo en manos del rey». **21** Y Saúl dijo: «Benditos sean del SEÑOR, porque se compadecieron de mí. **22** Vayan ahora, asegúrense, investiguen y vean dónde está su escondite[1], *y* quién lo ha visto allí, porque me han dicho que es muy astuto. **23** Miren entonces, reconozcan todos los escondites donde se oculta, regresen a mí cuando estén seguros, y yo iré con ustedes; y sucederá que si estuviera en la tierra, voy a hallarlo[1] entre todos los miles de Judá».

24 Ellos se levantaron y fueron a Zif delante de Saúl. Y David y sus hombres *estaban* en el desierto de Maón, en el Arabá, al sur[1] de Jesimón. **25** Saúl fue con sus hombres a buscar*lo,* pero le avisaron a David, y *este* bajó a la peña y permaneció en el desierto de Maón. Cuando Saúl *lo* supo, persiguió a David en el desierto de Maón. **26** Saúl iba por un lado del monte y David y sus hombres por el otro lado del monte. David se apresuraba para huir de Saúl, pues Saúl y sus hombres estaban rodeando a David y a sus hombres para apresarlos. **27** Pero un mensajero vino a Saúl diciendo: Apresúrese y venga, pues los filisteos han hecho una incursión en la tierra. **28** Regresó entonces Saúl, *dejando* de perseguir a David, y fue al encuentro de los filisteos. Por eso llamaron a aquel lugar la Peña de Escape. **29** [1] Y subió David de allí, y permaneció en los refugios de En Gadi.

DAVID PERDONA LA VIDA A SAÚL

24 Cuando Saúl regresó de perseguir a los filisteos, le dieron aviso: «David está en el desierto de En Gadi». **2** Entonces Saúl tomó de todo Israel 3,000 hombres escogidos, y fue en busca de David y de sus hombres por[1] los peñascos de las cabras monteses. **3** Llegó a unos rediles de ovejas en el camino, donde *había* una cueva, y Saúl entró *en ella* para hacer sus necesidades[1]. Y David y sus hombres estaban sentados en los rincones de la cueva. **4** Y los hombres de David le dijeron: «Mira, *este es* el día del que el SEÑOR te habló: "Voy a entregar a tu enemigo en tu mano, y harás con él como bien te parezca[1]"». Entonces David se levantó y cortó a escondidas la orilla del manto de Saúl.

24:4
El significado de cortar la orilla del manto de una persona

Este era un símbolo de rebelión y deslealtad.

23:15 [1] Lit. *vio.*　[2] Lit. *buscar su vida.*　23:16 [1] Lit. *fortaleció su mano.*
23:19 [1] Lit. *con.*　[2] Lit. *lado derecho.*　[3] O *del desierto.*　23:20 [1] Lit. *descender.*
23:22 [1] Lit. *pie.*　23:23 [1] Lit. *buscarle.*　23:24 [1] Lit. *lado derecho.*　23:29 [1] En el texto heb. cap. 24:1.　24:2 [1] Lit. *delante de.*　24:3 [1] Lit. *cubrir sus pies.*
24:4 [1] Lit. *lo que sea bueno ante tus ojos.*

5 Aconteció después de esto que la conciencia de David le remordía[1], porque había cortado la orilla *del manto* de Saúl. **6** Y dijo a sus hombres: «El SEÑOR me guarde de hacer tal cosa contra mi rey[1], el ungido del SEÑOR, de extender contra él mi mano, porque es el ungido del SEÑOR». **7** David contuvo[1] a sus hombres con *estas* palabras y no les permitió que se levantaran contra Saúl. Y Saúl se levantó, *salió* de la cueva, y siguió *su* camino.

8 Después *de esto* David se levantó, salió de la cueva y dio voces tras Saúl, diciendo: «¡Mi señor el rey!». Y cuando Saúl miró hacia atrás[1], David inclinó su rostro a tierra y se postró. **9** Y dijo David a Saúl: «¿Por qué escucha usted las palabras de los hombres, que dicen: "Mire que David procura su mal"? **10** Hoy han visto sus ojos que el SEÑOR lo ha puesto en mis manos en la cueva en este día; y algunos me dijeron que lo matara, pero *mis ojos* tuvieron piedad de usted, y dije: "No extenderé mi mano contra mi rey[1], porque es el ungido del SEÑOR". **11** Mire, padre mío, mire la orilla de su manto en mi mano. Puesto que corté la orilla de su manto y no lo maté, reconozca y vea que no hay maldad ni rebeldía[1] en mis manos y que no he pecado contra usted, a pesar de que usted acecha mi vida para quitármela. **12** Juzgue el SEÑOR entre usted y yo y que el SEÑOR me vengue de usted, pero mi mano no será contra usted. **13** Como dice el proverbio de los antiguos: "De los malos procede la maldad", pero mi mano no será contra usted. **14** ¿Tras quién ha salido el rey de Israel? ¿A quién persigue? ¿A un perro muerto? ¿A una pulga? **15** Sea el SEÑOR juez y decida[1] entre usted y yo; que Él vea y defienda mi causa y me libre[2] de su mano».

16 Cuando David acabó de decir a Saúl estas palabras, Saúl dijo: «¿Es esta tu voz, David, hijo mío?». Entonces Saúl alzó su voz y lloró. **17** Y dijo a David: «Eres más justo que yo, porque tú me has tratado bien mientras que yo te he tratado con maldad. **18** Tú has demostrado hoy que me has hecho bien, ya que el SEÑOR me entregó en tu mano y *sin embargo* no me diste muerte. **19** Porque si un hombre halla a su enemigo, ¿lo dejará ir sano y salvo[1]? Que el SEÑOR, por tanto, te recompense con bien por lo que has hecho por mí hoy. **20** Mira, ahora sé que ciertamente serás rey, y que el reino de Israel será establecido en tu mano. **21** Ahora pues, júrame por el SEÑOR que no cortarás mi descendencia[1] después de mí, y que no borrarás mi nombre de la casa de mi padre». **22** Y David se *lo* juró a Saúl. Y Saúl se fue a su casa, pero David y sus hombres subieron al refugio[1].

MUERTE DE SAMUEL

25 Murió Samuel, y se reunió todo Israel; lo lloraron, y lo sepultaron en su casa en Ramá. Después David se levantó y descendió al desierto de Parán.

DAVID Y ABIGAIL

2 *Había* un hombre en Maón que tenía sus bienes en Carmel; el hombre era muy rico[1] y tenía 3,000 ovejas y 1,000 cabras;

24:5-6, 11
Por qué David le mostró a Saúl el trozo de su manto

David había tratado de ser leal con Saúl y estaba determinado a confiar en Dios. David se lamentó por haberle cortado el manto, porque eso era una señal de rebeldía contra Saúl como rey. Él quería mostrarle a Saúl su fidelidad, así que se arrodilló y le mostró el trozo de tela.

24:5 [1] Lit. *el corazón...le hería.*   24:6 [1] Lit. *señor.*   24:7 [1] Lit. *apartó.*
24:8 [1] Lit. *tras sí.*   24:10 [1] Lit. *señor.*   24:11 [1] Lit. *transgresión.*
24:15 [1] O *juzgue.*   [2] Lit. *vindique.*   24:19 [1] Lit. *¿lo enviará por buen camino.*
24:21 [1] Lit. *simiente.*   24:22 [1] O *lugar fuerte.*   25:2 [1] Lit. *grande.*

25:7-8
El pedido de David a Nabal

El pedido de David era común en un tiempo en que no había fuerzas policiales. David solamente pedía apoyo porque sus hombres habían protegido a los pastores y las ovejas de Nabal de los animales salvajes y los asaltos de los nómadas del desierto.

25:8
Invitados en los tiempos de fiesta

Los dueños de los rebaños organizaban fiestas en el tiempo de la esquila de las ovejas, es decir cuando se les cortaba la lana. Era costumbre invitar a los vecinos y amigos. Los pobres y los necesitados también solían asistir. David y sus hombres deberían haber sido bien recibidos, especialmente luego de haber protegido los rebaños de Nabal.

© berna namoglu/Shutterstock

25:18-19
Abigail tomó una decisión arriesgada

Abigail hizo una elección inteligente en una situación de emergencia, a pesar de poner en riesgo su vida. Ella pensó que no hacer nada para salvar a su gente sería más peligroso que hacer enojar a su marido. Cuando él ya no estaba borracho, le dijo a Nabal lo que había hecho.

y estaba en Carmel trasquilando sus ovejas. ³ El hombre se llamaba Nabal, y su mujer se llamaba Abigail. Y la mujer *era* inteligente¹ y de hermosa apariencia, pero el hombre *era* áspero y malo en *sus* tratos, y *era* calebita. ⁴ Y David oyó en el desierto que Nabal estaba trasquilando sus ovejas.

⁵ Entonces David envió diez jóvenes, y les dijo¹: «Suban a Carmel, visiten² a Nabal y salúdenlo en mi nombre; ⁶ y *le* dirán así: "Ten una larga vida¹, paz para ti, paz para tu casa y paz para todo lo que tienes. ⁷ He oído que tienes esquiladores. Ahora bien, tus pastores han estado con nosotros, y no los hemos maltratado, ni les ha faltado nada todos los días que estuvieron en Carmel. ⁸ Pregunta a tus criados, y ellos te *lo* dirán. Por tanto, permite que *mis* criados hallen gracia ante tus ojos, porque hemos llegado en un día de fiesta¹. Te ruego que de lo que tengas a mano, des a tus siervos y a tu hijo David"».

⁹ Cuando llegaron los jóvenes de David, dijeron a Nabal todas estas palabras en nombre de David; entonces esperaron. ¹⁰ Pero Nabal respondió a los siervos de David: «¿Quién es David y quién es el hijo de Isaí? Hay muchos siervos hoy día que huyen de su señor. ¹¹ ¿He de tomar mi pan, mi agua y la carne que he preparado¹ para mis esquiladores, y he de dárselos a hombres cuyo origen no conozco²?». ¹² Entonces los jóvenes de David se volvieron por su camino, y regresaron; y llegaron y le comunicaron todas¹ estas palabras. ¹³ Y David dijo a sus hombres: «Cíñase cada uno su espada». Y cada hombre se la ciñó. David también se ciñó la suya, y unos 400 hombres subieron tras David, mientras que otros 200 se quedaron cuidando el equipaje.

¹⁴ Pero uno de los criados avisó a Abigail, mujer de Nabal: «David envió mensajeros desde el desierto a saludar¹ a nuestro señor, pero él los ha tratado mal. ¹⁵ Sin embargo, los hombres *fueron* muy buenos con nosotros; no nos maltrataron ni nos faltó nada cuando¹ andábamos con ellos, mientras estábamos en el campo. ¹⁶ Como muro fueron para nosotros tanto de noche como de día, todo el tiempo que estuvimos con ellos apacentando las ovejas. ¹⁷ Ahora pues, reflexione¹ y mire lo que ha de hacer, porque el mal *ya* está determinado contra nuestro señor y contra toda su casa, y él es un hombre tan indigno² que nadie puede hablarle».

¹⁸ Entonces Abigail se dio prisa y tomó 200 panes, dos odres de vino, cinco ovejas ya preparadas, cinco medidas de grano tostado, 100 racimos de uvas pasas, y 200 tortas de higos, y *los* puso sobre asnos. ¹⁹ Y dijo a sus criados: «Vayan delante de mí; porque yo los seguiré». Pero no dijo nada a su marido Nabal. ²⁰ Cuando ella cabalgaba en su asno y descendía por la parte encubierta del monte, David y sus hombres

venían bajando hacia ella, y se encontró con ellos. **21** Y David había dicho: «Ciertamente, en vano he guardado todo lo que este *hombre* tiene en el desierto, de modo que nada se perdió de todo lo suyo; y él me ha devuelto mal por bien. **22** Así haga Dios a los enemigos de David, y aun más, si al *llegar* la mañana he dejado *tan solo* un varón[1] de los suyos».

23 Cuando Abigail vio a David se dio prisa y bajó de su asno, y cayendo sobre su rostro delante de David, se postró en tierra. **24** Y se echó a sus pies y le dijo: «Señor mío, solo sobre mí sea la culpa. Le ruego que permita que su sierva le hable[1], y que escuche las palabras de su sierva. **25** Ruego a mi señor que no haga caso a[1] este hombre indigno[2], Nabal, porque conforme a su nombre, así es. Se llama Nabal[3], y la insensatez está con él; pero yo su sierva no vi a los jóvenes que usted, mi señor, envió. **26** Ahora pues, señor mío, vive el SEÑOR y vive su alma. Puesto que el SEÑOR le ha impedido derramar[1] sangre y vengarse[2] por su propia mano, sean pues como Nabal sus enemigos y los que buscan el mal contra mi señor. **27** Y ahora permita que este presente[1] que su sierva ha traído para mi señor se dé a los jóvenes que acompañan a[2] mi señor. **28** Le ruego que perdone la ofensa de su sierva, porque el SEÑOR ciertamente establecerá[1] una casa duradera para mi señor, pues mi señor pelea las batallas del SEÑOR, y el mal no se hallará en usted en todos sus días. **29** Y si alguien se levanta para perseguirlo y buscar su vida[1], entonces la vida[1] de mi señor estará bien atada en el haz de los que viven con el SEÑOR su Dios; pero Él lanzará la vida de sus enemigos como de en medio de una honda. **30** Y sucederá que cuando el SEÑOR haga por mi señor conforme a todo el bien que Él ha hablado de usted, y se ponga por príncipe sobre Israel, **31** esto no causará pesar ni remordimiento[1] a mi señor, tanto por haber derramado sangre sin causa como por haberse vengado[2] mi señor. Cuando el SEÑOR haya hecho bien a mi señor, entonces acuérdese de su sierva».

32 Entonces David dijo a Abigail: «Bendito sea el SEÑOR, Dios de Israel, que te envió hoy a encontrarme, **33** bendito sea tu razonamiento, y bendita seas tú, que me has impedido derramar sangre[1] hoy y vengarme[2] por mi propia mano. **34** Sin embargo, vive el SEÑOR, Dios de Israel, que me ha impedido hacerte mal, que si tú no hubieras venido pronto a encontrarme, ciertamente, para la luz del alba, no le hubiera quedado a Nabal *ni* un varón[1]». **35** Recibió David de su mano lo que ella había traído y le dijo: «Sube en paz a tu casa. Mira, te he escuchado[1] y te he concedido tu petición[2]».

MUERTE DE NABAL

36 Entonces Abigail regresó a Nabal, y este tenía un banquete en su casa, como el banquete de un rey. Y el corazón de Nabal

25:25
Abigail dice que el nombre de su esposo significa Insensato

La palabra hebrea *nabal* significa insensato o necio. Este puede haber sido un sobrenombre que le pusieron en algún momento de su vida debido a que actuaba con necedad. Él era malo con las personas e irrespetuoso con Dios.

25:22 [1] Lit. *uno que orina contra la pared.*   25:24 [1] Lit. *hable en tus oídos.*
25:25 [1] Lit. *ponga su corazón en.*   [2] Lit. *este hijo de Belial.*   [3] I.e. Insensato.
25:26 [1] Lit. *venir con.*   [2] Lit. *salvarte.*   25:27 [1] Lit. *esta bendición.*
[2] Lit. *caminan a los pies de.*   25:28 [1] Lit. *hará.*   25:29 [1] Lit. *alma.*
25:31 [1] Lit. *no te será motivo para tambalear ni tropezadero del corazón.*
[2] Lit. *salvado.*   25:33 [1] Lit. *entrar con sangre.*   [2] Lit. *salvarme.*
25:34 [1] Lit. *uno que orina contra la pared.*   25:35 [1] Lit. *he escuchado tu voz.*
[2] Lit. *he alzado tu rostro.*

25:37
Cómo murió Nabal
Cuando Abigail le dijo a Nabal lo que había hecho, puede haberle dado un ataque al corazón o un derrame cerebral. Aparentemente entró en coma («se puso *como* una piedra») y murió unos diez días más tarde.

26:9
David seguía refiriéndose a Saúl como «el ungido del Señor»
El término «el ungido del Señor» se usaba para aludir al *rey* y tenía el mismo significado. Samuel había ungido a Saúl como rey. Aunque él desobedeció repetidamente a Dios, todavía era el rey y David lo respetaba a pesar de sus acciones.

estaba alegre, pues estaba muy ebrio, por lo cual ella no le comunicó nada¹ hasta el amanecer. **37** Pero sucedió que por la mañana, cuando se le pasó el vino a Nabal, su mujer le contó estas cosas, y su corazón se quedó *como* muerto dentro de él, y se puso *como* una piedra. **38** Y unos diez días después, sucedió que el SEÑOR hirió a Nabal, y murió.

39 Cuando David supo que Nabal había muerto, dijo: «Bendito sea el SEÑOR, que ha defendido la causa de mi afrenta de manos de Nabal, y ha preservado a Su siervo del mal. El SEÑOR también ha devuelto la maldad de Nabal sobre su propia cabeza». Entonces David envió un mensaje a Abigail, para tomarla para sí por mujer. **40** Y los siervos de David fueron a *casa de* Abigail en Carmel, y le hablaron diciendo: «David nos ha enviado a usted, para tomarla para sí por mujer». **41** Ella se levantó y postrándose rostro en tierra, dijo: «Miren, su sierva es una criada para lavar los pies de los siervos de mi señor». **42** Abigail se levantó apresuradamente, montó en un asno, y con sus cinco doncellas que la atendían¹ siguió a los mensajeros de David, y fue su mujer.

43 David había tomado también a Ahinoam de Jezreel, y ambas fueron mujeres suyas.

44 Pues Saúl había dado a su hija Mical, mujer de David, a Palti, hijo de Lais, que *era* de Galim.

DAVID PERDONA DE NUEVO LA VIDA A SAÚL

26 Entonces vinieron los zifeos a Saúl en Guibeá y *le* dijeron: «¿No está David escondido en la colina de Haquila, *que está* frente a Jesimón¹?». **2** Se levantó, pues, Saúl y descendió al desierto de Zif, teniendo consigo 3,000 hombres escogidos de Israel, para buscar a David en el desierto de Zif. **3** Y acampó Saúl en la colina de Haquila, que está frente a Jesimón, junto al camino, y David permanecía en el desierto. Cuando vio que Saúl venía tras él al desierto, **4** David envió espías, y supo que Saúl en verdad se acercaba. **5** Se levantó David y vino al lugar donde Saúl había acampado. Y vio David el lugar donde estaban acostados Saúl y Abner, hijo de Ner, el comandante de su ejército. Saúl dormía en medio del campamento y el pueblo estaba acampado alrededor de él.

6 Entonces habló¹ David a² Ahimelec el hitita y a Abisai, hijo de Sarvia, hermano de Joab y les preguntó: «¿Quién descenderá conmigo a *donde está* Saúl en el campamento?». «Yo descenderé contigo», dijo Abisai. **7** David y Abisai llegaron de noche al campamento¹. Saúl estaba durmiendo en medio del campamento, con su lanza clavada en tierra a su cabecera, y Abner y la gente estaban acostados alrededor de él. **8** Entonces Abisai dijo a David: «Hoy Dios ha entregado a tu enemigo en tu mano. Ahora pues, déjame clavarlo a¹ la tierra de un solo golpe; no tendré que darle por segunda vez».

9 Pero David dijo a Abisai: «No lo mates, pues, ¿quién puede extender su mano contra el ungido del SEÑOR y quedar sin castigo?». **10** Dijo también David: «Vive el SEÑOR, que

25:36 ¹ Lit. *nada pequeño ni grande.*   25:42 ¹ Lit. *andaban a sus pies.*
26:1 ¹ O *al desierto.*   26:6 ¹ Lit. *respondió.*   ² Lit. *y dijo a.*   26:7 ¹ Lit. *pueblo.*
26:8 ¹ Lit. *aun en.*

ciertamente el SEÑOR lo herirá, o llegará el día en que muera, o descenderá a la batalla y perecerá. **11** No permita el SEÑOR que yo extienda mi mano contra el ungido del SEÑOR; pero ahora, te ruego, toma la lanza que está a su cabecera y la vasija de agua, y vámonos». **12** Tomó, pues, David la lanza y la vasija de agua de *junto a* la cabecera de Saúl, y se fueron. Pero nadie *lo* vio ni *lo* supo, tampoco nadie se despertó, pues todos estaban dormidos, ya que un sueño profundo de parte del SEÑOR había caído sobre ellos.

13 David pasó al otro lado y se colocó en la cima del monte a *cierta* distancia, *con* un gran espacio entre ellos. **14** Entonces David dio voces al pueblo y a Abner, hijo de Ner y le preguntó: «¿No responderás, Abner?». Entonces Abner respondió: «¿Quién eres tú que llamas al rey?». **15** Y David dijo a Abner: «¿No eres tú un hombre? ¿Quién es como tú en Israel? ¿Por qué, pues, no has protegido a tu señor el rey? Porque uno del pueblo vino para matar a tu señor el rey. **16** Esto que has hecho no es bueno. Vive el SEÑOR, *todos* ustedes ciertamente deberían morir[1], porque no protegieron a su señor, el ungido del SEÑOR. Y ahora, mira dónde está la lanza del rey y la vasija de agua que *estaba* a su cabecera».

26:16 [1] Lit. *sois hijos de muerte.*

PROEZAS DE DAVID

26:19
David le hizo preguntas importantes a Saúl

David quería saber por qué Saúl estaba tratando de matarlo. Le preguntó si él había cometido alguna falta o si otras personas lo habían convencido de perseguirlo. David le preguntó si acaso había ofendido a Dios. Finalmente, Saúl admitió que él era quien había pecado, no David.

27:2-3
Aquis permitió que David, sus hombres y sus familias vivieran en su territorio

El rey probablemente había oído de los éxitos militares de David contra Saúl. Al ofrecerle un lugar seguro donde vivir, Aquis sabía que David y sus hombres lo protegerían a él y a su pueblo.

27:9
David mataba a todos en los territorios que atacaba

En un sentido estaba continuando el trabajo que Israel había empezado, pero nunca había terminado, después de tomar la tierra de Canaán. Matar a los cananeos era algo que Dios le había ordenado a su pueblo. Otra razón era que David no quería que ningún sobreviviente le dijera a Aquis lo que él y sus hombres habían hecho.

---

17 Entonces Saúl reconoció la voz de David y dijo: «¿Es esta tu voz, David, hijo mío?». Y David respondió: «Mi voz es, mi señor el rey». **18** También dijo: «¿Por qué persigue mi señor a su siervo? ¿Pues qué he hecho? ¿Qué maldad hay en mi mano? **19** Ahora pues, ruego a mi señor el rey que escuche las palabras de su siervo. Si el SEÑOR lo ha movido a usted contra mí, que Él acepte[1] una ofrenda, pero si son hombres[2], malditos sean delante del SEÑOR, porque me han expulsado hoy para que yo no tenga parte en la heredad del SEÑOR, y me dicen: "Ve, sirve a otros dioses". **20** Ahora pues, no caiga mi sangre a tierra, lejos de la presencia del SEÑOR; porque el rey de Israel ha salido en busca de una pulga, como quien va a la caza de una perdiz en los montes».

21 Saúl dijo: «He pecado. Vuelve, David, hijo mío, porque no volveré a hacerte daño pues mi vida fue muy estimada en tus ojos hoy. Yo he actuado neciamente y he cometido un grave error». **22** David respondió: «Aquí está la lanza del rey. Que pase acá uno de los jóvenes y la recoja. **23** El SEÑOR pagará a cada uno *según* su justicia y su fidelidad; pues el SEÑOR lo entregó hoy en *mi* mano, pero yo no quise extender mi mano contra el ungido del SEÑOR. **24** Así como su vida fue preciosa ante mis ojos hoy, que así sea preciosa mi vida ante los ojos del SEÑOR, y que Él me libre de toda aflicción». **25** «Bendito seas, David, hijo mío, ciertamente harás *grandes cosas* y prevalecerás», respondió Saúl. David siguió por su camino y Saúl se volvió a su lugar.

DAVID ENTRE LOS FILISTEOS

27 Entonces David se dijo[1]: «Ahora bien, voy a perecer algún día por la mano de Saúl. Lo mejor para mí es huir[2] a la tierra de los filisteos. Saúl se cansará[3], *y no me* buscará más en todo el territorio de Israel, y escaparé de su mano». **2** Se levantó, pues, David y se pasó con los 600 hombres que *estaban* con él a Aquis, hijo de Maoc, rey de Gat. **3** David moró con Aquis en Gat, él y sus hombres, cada cual con los de su casa; David con sus dos mujeres Ahinoam la jezreelita, y Abigail la de Carmel, viuda[1] de Nabal. **4** Y le dieron la noticia a Saúl que David había huido a Gat, y no lo buscó más.

5 Entonces David dijo a Aquis: «Si he hallado ahora gracia ante sus ojos, que me dé un lugar en una de las aldeas en el campo para que habite allí; pues, ¿por qué ha de morar su siervo con usted en la ciudad real?». **6** Aquis le dio Siclag aquel día; por eso Siclag ha pertenecido a los reyes de Judá hasta hoy. **7** El número de los días que David habitó en el territorio de los filisteos fue un año[1] y cuatro meses.

8 David y sus hombres subieron e hicieron incursiones contra los guesuritas, los guerzitas y los amalecitas; porque ellos eran los habitantes de la tierra desde tiempos antiguos, según se va a Shur, hasta la tierra de Egipto. **9** David atacaba[1] el territorio, y no dejaba con vida hombre ni mujer, y se llevaba las ovejas, el ganado, los asnos, los camellos y la ropa. Entonces regresaba y venía a Aquis. **10** Y Aquis decía: «¿Dónde

---

26:19 [1] Lit. *huela*.　　[2] Lit. *hijos de hombres*.　　27:1 [1] Lit. *dijo en su corazón*.　　[2] Lit. *que de seguro yo escape*.　　[3] O *perderá la esperanza*.　　27:3 [1] Lit. *mujer*.　　27:7 [1] Lit. *días*.　　27:9 [1] Lit. *hería*.

atacaron[1] hoy?». Y David respondía: «Contra el Neguev[2] de Judá, contra el Neguev de Jerameel y contra el Neguev de los quenitas». [11] David no dejaba con vida hombre ni mujer para traer a Gat y dijo: «No sea que nos descubran[1], diciendo: "Así ha hecho David, y así *ha sido* su costumbre todo el tiempo que ha morado en el territorio de los filisteos"». [12] Aquis confiaba en David y se decía: «En verdad que se ha hecho odioso a su pueblo Israel y será mi servidor para siempre».

SAÚL Y LA ADIVINA DE ENDOR

28 Aconteció en aquellos días que los filisteos reunieron sus ejércitos para la guerra, para pelear contra Israel. Y dijo Aquis a David: «Bien sabes que saldrás conmigo a campaña, tú y tus hombres». [2] Respondió David a Aquis: «Muy bien, usted sabrá lo que puede hacer su siervo». Entonces Aquis dijo a David: «Muy bien, te haré mi guarda personal[1] mientras viva».

[3] Samuel había muerto, y todo Israel lo había llorado, y lo habían sepultado en Ramá su ciudad. Y Saúl había echado de la tierra a los adivinos y espiritistas. [4] Así que los filisteos se reunieron, fueron y acamparon en Sunem; y Saúl reunió a todo Israel y acamparon en Gilboa. [5] Al ver Saúl el campamento de los filisteos, tuvo miedo y su corazón se turbó[1] en gran manera. [6] Y Saúl consultó al SEÑOR, pero el SEÑOR no le respondió ni por sueños, ni por Urim, ni por profetas. [7] Entonces Saúl dijo a sus siervos: «Búsquenme una mujer que sea adivina para ir a consultarla». Y sus siervos le dijeron: «Hay una mujer en Endor que es adivina».

[8] Saúl se disfrazó poniéndose otras ropas y fue con dos hombres. Llegaron de noche a ver a la mujer, y él dijo: «Te ruego que evoques por mí a un espíritu, y que hagas subir al que yo te diga». [9] Pero la mujer le dijo: «Usted sabe lo que Saúl ha hecho, cómo ha echado de la tierra a los que son adivinos y espiritistas. ¿Por qué, pues, pone trampa contra mi vida para hacerme morir?». [10] Saúl le juró por el SEÑOR: «Vive el SEÑOR que ningún castigo vendrá sobre ti por esto». [11] Entonces la mujer dijo: «¿A quién debo hacerle subir?». Y él respondió: «Tráeme a Samuel». [12] Cuando la mujer vio a Samuel, clamó a gran voz; y la mujer le dijo a Saúl: «¿Por qué me ha engañado? ¡Usted es Saúl!». [13] «No temas; pero ¿qué ves?», le dijo el rey. Y la mujer respondió a Saúl: «Veo a un ser divino[1] subiendo de la tierra». [14] «¿Qué aspecto tiene?», le dijo él. Y ella dijo: «Un anciano sube, y está envuelto en un manto». Y Saúl supo que era Samuel, e inclinando su rostro a tierra, se postró ante él.

[15] Entonces Samuel dijo a Saúl: «¿Por qué me has perturbado haciéndome subir?». Y Saúl respondió: «Estoy en gran

28:6-7
Saúl visitó a una adivina

Como el Señor no le respondía a Saúl, él se empezó a desesperar por conocer la voluntad de Dios y pensó que una adivina –alguien que supuestamente podía hablar con los muertos– podría ayudarle.

Dominio público

27:10 [1] Lit. *hicieron incursión*.   [2] I.e. región del sur.   27:11 [1] Lit. *digan de nosotros*.   28:2 [1] Lit. *guarda de mi cabeza*.   28:5 [1] O *se estremeció*.
28:13 [1] O *un dios*.

28:12
La adivina clamó a gran voz cuando apareció Samuel

Cuando vio a Samuel en una visión, se dio cuenta de que Saúl la había engañado y que él era el rey. Como Saúl había prohibido a todos los adivinos, tenía miedo de que terminara matándola.

28:12
La aparición de Samuel

Se han dado distintas explicaciones para esta aparición: Dios debe haber permitido que Samuel se le apareciera a la mujer. O ella puede haber estado en contacto con un espíritu maligno que tomó la forma de Samuel. O quizás la mujer fue capaz de leer los pensamientos de Saúl y vio una imagen de Samuel en su propia mente.

angustia, pues los filisteos hacen guerra contra mí; Dios se ha apartado de mí y ya no me responde ni por los profetas ni por sueños; por esto te he llamado, para que me reveles lo que debo hacer». **16** Y Samuel dijo: «¿Entonces, por qué me preguntas a mí, ya que el SEÑOR se ha apartado de ti y se ha hecho tu enemigo? **17** El SEÑOR ha hecho conforme a lo que[1] dijo por medio de mí; y el SEÑOR ha arrancado el reino de tu mano, y se lo ha dado a tu prójimo, a David. **18** Porque tú no obedeciste al[1] SEÑOR, ni llevaste a cabo Su gran ira contra Amalec, el SEÑOR te ha hecho esto hoy. **19** Además, el SEÑOR entregará a Israel y a ti en manos de los filisteos; por tanto, mañana tú y tus hijos *estarán* conmigo. Ciertamente, el SEÑOR entregará el ejército de Israel en manos de los filisteos».

20 Al instante Saúl cayó por tierra cuan largo era, y tuvo gran temor por las palabras de Samuel; además estaba sin fuerzas, porque no había comido nada[1] en todo el día y toda la noche. **21** La mujer se acercó a Saúl, y viendo que estaba aterrorizado, le dijo: «Mire, su sierva le ha obedecido[1] y he puesto mi vida en peligro[2] al oír las palabras que usted me habló. **22** Ahora pues, le ruego que también escuche la voz de su sierva, y me permita poner delante de usted un bocado de pan para que coma y tenga fuerzas cuando siga *su* camino». **23** Pero él rehusó, y dijo: «No comeré». Sin embargo, sus siervos junto con la mujer le insistieron, y él los escuchó[1]. Se levantó, pues, del suelo y se sentó en la cama. **24** La mujer tenía en casa un ternero engordado y se apresuró a matarlo; y tomando harina, la amasó y horneó de ella pan sin levadura. **25** Y *lo* trajo delante de Saúl y de sus siervos, y comieron. Después se levantaron y se fueron aquella noche.

LOS FILISTEOS DESCONFÍAN DE DAVID

29 Los filisteos reunieron todos sus ejércitos en Afec, mientras los israelitas acamparon junto a la fuente que está en Jezreel. **2** Y los príncipes de los filisteos iban avanzando por cientos y por miles, y David y sus hombres marchaban en la retaguardia con Aquis. **3** Entonces los jefes de los filisteos dijeron: «¿Qué *hacen aquí* estos hebreos?». Y Aquis dijo a los jefes de los filisteos: «¿No *ven* que este es David, el siervo de Saúl, rey de Israel, que ha estado conmigo estos días, o *más bien* estos años, y no he hallado falta en él desde el día en que se pasó[1] *a mí* hasta hoy?». **4** Pero los jefes de los filisteos se enojaron contra él, y[1] le dijeron: «Haz que ese[2] hombre se vaya, y regrese al lugar que le asignaste, y no le permitas que descienda a la batalla con nosotros, no sea que en la batalla se convierta en nuestro adversario. Pues, ¿con qué podría hacerse él aceptable a su señor? ¿No *sería* con las cabezas de estos[3] hombres? **5** ¿No es este David, de quien cantaban en las danzas, diciendo:

> "Saúl mató a sus miles,
> Y David a sus diez miles"?».

28:17 [1] Lit. *ha hecho por sí como.*   28:18 [1] Lit. *escuchaste la voz del.*
28:20 [1] Lit. *pan.*   28:21 [1] Lit. *ha escuchado tu voz.*   [2] Lit. *en mi palma.*
28:23 [1] Lit. *escuchó sus voces.*   29:3 [1] Lit. *cayó.*   29:4 [1] Lit. *y los jefes de los filisteos.*   [2] Lit. *al.*   [3] Lit. *aquellos.*

⁶Aquis llamó a David y le dijo: «Vive el SEÑOR que tú *has sido* recto; tu salir y tu entrar en el ejército conmigo son agradables a mis ojos, pues no he hallado mal en ti desde el día en que te pasaste a mí hasta hoy. Sin embargo, no eres agradable a los ojos de los príncipes. ⁷Ahora pues, vuelve y vete en paz, para que no desagrades a¹ los príncipes de los filisteos». ⁸Y David dijo a Aquis: «Pero ¿qué he hecho? ¿Y qué ha hallado en su siervo desde el día en que estuve delante de usted hasta hoy, para que yo no vaya y pelee contra los enemigos de mi señor el rey?». ⁹Aquis respondió a David: «Yo sé que eres grato a mis ojos como un ángel de Dios; sin embargo, los comandantes de los filisteos han dicho: "Él no debe subir con nosotros a la batalla". ¹⁰Por tanto¹, levántate muy de mañana con los siervos de tu señor que han venido contigo, y luego que se hayan levantado temprano y haya claridad², partan *de aquí*». ¹¹David, pues, se levantó temprano, él y sus hombres, para salir por la mañana y regresar a la tierra de los filisteos. Y los filisteos subieron a Jezreel.

DAVID CONTRA LOS AMALECITAS

30 Al tercer día, cuando David y sus hombres llegaron a Siclag, los amalecitas habían hecho una incursión en el Neguev¹ y contra Siclag, y habían asolado² a Siclag y la habían incendiado, ²y se habían llevado cautivas a las mujeres *y a todos* los que *estaban* en ella, grandes y pequeños, sin dar muerte¹ a nadie. Se *los* llevaron y siguieron su camino. ³Cuando David y sus hombres llegaron a la ciudad, vieron que había sido quemada; y que sus mujeres, sus hijos y sus hijas habían sido llevados cautivos. ⁴Entonces David y la gente que *estaba* con él alzaron su voz y lloraron, hasta que no les quedaron fuerzas para llorar. ⁵Las dos mujeres de David, Ahinoam la jezreelita y Abigail, la viuda¹ de Nabal, el de Carmel, habían sido llevadas cautivas. ⁶Y David estaba muy angustiado porque la gente hablaba de apedrearlo, pues todo el pueblo estaba amargado¹, cada uno a causa de sus hijos y de sus hijas. Pero David se fortaleció en el SEÑOR su Dios.

⁷Entonces dijo David al sacerdote Abiatar, hijo de Ahimelec: «Te ruego que me traigas el efod». Y Abiatar llevó el efod a David. ⁸Y David consultó al SEÑOR: «¿Perseguiré a esta banda? ¿Podré alcanzarlos?». Y Él le respondió: «Persígue*los*, porque de cierto los alcanzarás y sin duda los rescatarás *a todos*». ⁹Partió, pues, David, él y los 600 hombres que *estaban* con él, y llegaron hasta el torrente Besor, *donde* algunos se quedaron rezagados. ¹⁰Pero David siguió adelante¹, él y 400 hombres, porque 200, que estaban demasiado fatigados para cruzar el torrente Besor, se quedaron *atrás*. ¹¹Y hallaron en el campo a un egipcio y se lo llevaron a David; le dieron pan y comió, y le dieron a beber agua. ¹²*También* le dieron un pedazo de torta de higos y dos racimos de uvas pasas y comió, y su espíritu se reanimó¹; porque

29:6
Por qué un rey filisteo juró por el Dios de Israel
Aquis juró por el Dios de Israel para demostrarle su sinceridad a David. Eso no significaba que creyera verdaderamente en el Señor.

29:8
Qué significa «los enemigos de mi señor el rey»
A simple vista esta frase parece referirse a los enemigos de Aquis, pero David puede haber estado pensando en realidad en los enemigos del rey Saúl o los del Señor.

30:6
Por qué los hombres de David querían apedrearlo
Los hombres de David estaban molestos por la destrucción de Siclag, donde estaban viviendo. Ellos culparon a David, porque sus asaltos a los amalecitas los habían llevado a buscar esta venganza. Y cuando David llevó a todas sus tropas a Afec (29:1-2), no quedó nadie para cuidar el campamento base en Siclag.

29:7 ¹ Lit. *no hagas mal ante los ojos de.*   29:10 ¹ Lit. *Y ahora.*   ² Lit. *tengan luz.*   30:1 ¹ I.e. *región del sur.*   ² Lit. *herido.*   30:2 ¹ Lit. *no mataron.*   30:5 ¹ Lit. *mujer.*   30:6 ¹ Lit. *amargado en alma.*   30:10 ¹ Lit. *persiguió.*   30:12 ¹ Lit. *le volvió.*

no había comido pan ni bebido agua en tres días y tres noches. **13** Y David le dijo: «¿De quién eres tú, y de dónde eres?». Y él dijo: «Soy un joven de Egipto, siervo de un amalecita; mi amo me dejó atrás cuando me enfermé hace tres días. **14** Hicimos una incursión contra el Neguev de los cereteos, contra el de Judá y contra el Neguev de Caleb, y pusimos fuego a Siclag». **15** Entonces David le dijo: «¿Me llevarás a esa banda?». Y él respondió: «Júreme por Dios que no me matará ni me entregará en manos de mi amo, y lo llevaré a esa banda».

16 Cuando lo llevó, vieron que los amalecitas estaban desparramados[1] sobre toda aquella[2] tierra, comiendo, bebiendo y bailando[3] por el gran botín que habían tomado de la tierra de los filisteos y de la tierra de Judá. **17** Y David los hirió desde el anochecer hasta[1] el atardecer del[2] día siguiente. Ninguno de ellos escapó, excepto 400 jóvenes que montaron en camellos y huyeron. **18** David recuperó todo lo que los amalecitas habían tomado, también rescató[1] a sus dos mujeres. **19** Nada de lo *que era* de ellos les faltó, pequeño o grande, hijos o hijas, botín o cualquier cosa que habían tomado para sí; David lo recuperó todo. **20** David tomó también todas las ovejas y el ganado *de los amalecitas,* llevándolos delante de los otros[1] ganados, y decían: «Este es el botín de David».

21 Cuando David llegó a *donde estaban* los 200 hombres que, demasiado fatigados para seguir a David, se habían quedado en el torrente Besor, *estos* salieron al encuentro de David y del[1] pueblo que *estaba* con él, y David se acercó al pueblo y los saludó. **22** Entonces todos los hombres malvados e indignos de entre los que habían ido con David respondieron, y dijeron: «Porque no fueron con nosotros[1], no les daremos nada del botín que hemos recuperado, sino a cada hombre su mujer y sus hijos, para que se *los* lleven y se vayan». **23** Pero David dijo: «No deben hacer eso, hermanos míos, con lo que nos ha dado el SEÑOR, quien nos ha guardado y ha entregado en nuestra mano la banda que vino contra nosotros. **24** ¿Y quién los escuchará a ustedes sobre este asunto? Porque conforme a la parte del que desciende a la batalla, así será la parte de los que se quedan cuidando el equipaje; ellos recibirán lo mismo». **25** Y así ha sido desde aquel día en adelante, en que David lo estableció como estatuto y ordenanza para Israel hasta el día de hoy.

26 Cuando llegó David a Siclag, mandó *parte* del botín a los ancianos de Judá, sus amigos, diciendo: «Aquí está un presente[1] para ustedes del botín de los enemigos del SEÑOR». **27** Y lo envió a los de[1] Betel, a los de Ramot del Neguev, a los de Jatir, **28** a los de Aroer, a los de Sifmot, a los de Estemoa, **29** a los de Racal, a los de las ciudades de Jerameel, a los de las ciudades del quenita, **30** a los de Horma, a los de Corasán[1], a los de Atac, **31** a los de Hebrón y a todos los lugares por donde David y sus hombres habían andado.

30:16 [1] Lit. *dejados.* [2] Lit. *la.* [3] Lit. *teniendo fiesta.*   30:17 [1] Lit. *aun hasta.* [2] Lit. *de su.*   30:18 [1] Lit. *David rescató.*   30:20 [1] Lit. *aquellos.*   30:21 [1] Lit. *al encuentro del.*   30:22 [1] Lit. *conmigo.*   30:26 [1] Lit. *una bendición.*   30:27 [1] Lit. *a los que estaban en,* y así en el resto del cap.   30:30 [1] Así en muchos mss.; en el T.M., *Borasán.*

MUERTE DE SAÚL Y DE SUS HIJOS

31 Los filisteos pelearon contra Israel y los hombres de Israel huyeron delante de los filisteos y cayeron muertos en el monte Gilboa. **2** Los filisteos persiguieron muy de cerca a Saúl y a sus hijos, y mataron[1] a Jonatán, a Abinadab[2] y a Malquisúa, hijos de Saúl. **3** La batalla se intensificó contra Saúl, y los arqueros lo alcanzaron[1] y fue gravemente herido por ellos[2]. **4** Entonces Saúl dijo a su escudero: «Saca tu espada y traspásame con ella, no sea que vengan estos incircuncisos y me traspasen y hagan burla de mí». Pero su escudero no quiso, porque tenía mucho miedo. Así que Saúl tomó su espada y se echó sobre ella. **5** Al ver su escudero que Saúl había muerto, él también se echó sobre su espada y murió con él. **6** Así murió Saúl aquel día, junto con sus tres hijos, su escudero y todos sus hombres.

7 Cuando los hombres de Israel que *estaban* al otro lado del valle, con los que *estaban* más allá del Jordán, vieron que los hombres de Israel habían huido y que Saúl y sus hijos habían muerto, abandonaron las ciudades y huyeron. Entonces vinieron los filisteos y habitaron en ellas. **8** Al día siguiente, cuando vinieron los filisteos a despojar a los muertos, hallaron a Saúl y a sus tres hijos caídos en el monte Gilboa. **9** Le cortaron la cabeza y lo despojaron de sus armas, y enviaron *mensajeros* por *toda* la tierra de los filisteos[1], para que

31:4
Saúl estaba decidido a no ser capturado por los filisteos

Cuando los filisteos capturaban a los líderes o reyes, a veces les cortaban partes del cuerpo, los mutilaban o torturaban a sus cautivos.

31:2 [1] Lit. *y los filisteos hirieron.*   [2] En 1Sam. 14:49, *Isúi.*   31:3 [1] Lit. *hallaron.*
[2] Lit. *los arqueros.*   31:9 [1] Lit. *filisteos en derredor.*

FINALES TRÁGICOS
Las muertes de Saúl, sus hijos y su escudero

MUERTE	PROFANACIÓN	ENTIERRO
Los filisteos mataron a los hijos de Saúl: Jonatán, Abinadab y Malquisúa *1 Samuel 31:1-2*	Los filisteos le quitaron la armadura a Saúl y la colgaron en el templo de Astarot *1 Samuel 31:9-10*	Los hombres valientes de Jabes de Galaad rescataron los cuerpos de Saúl y sus hijos y los quemaron *1 Samuel 31:11-12*
Los arqueros hieren gravemente a Saúl; él se mata con su propia espada *1 Samuel 31:3-4*	Los filisteos le cortaron la cabeza a Saúl y la colgaron en el templo de Dagón *1 Samuel 31:9-10;* *1 Crónicas 10:9-10*	El pueblo de Jabes de Galaad enterró los huesos de Saúl y sus hijos bajo un árbol de tamarisco en Jabes; el pueblo entonces ayunó por siete días. *1 Samuel 31:13*
El escudero de Saúl se mata cuando Saúl muere *1 Samuel 31:5*	Los filisteos colgaron los cuerpos de Saúl y sus hijos en el muro de Bet Sán. *1 Samuel 31:10,12*	

31:10

Los filisteos colocaron la armadura de Saúl en el templo de Astarot

Ellos la exhibieron allí como un trofeo. Creían que su dios había tenido la victoria sobre el Dios de los israelitas.

31:11-12

Los hombres de Jabes de Galaad querían recuperar los cuerpos de Saúl y sus hijos

El pueblo de Jabes de Galaad estaba agradecido por la defensa y la protección que Saúl les había dado cuando los amonitas habían amenazado su ciudad.

llevaran las buenas nuevas a la casa de sus ídolos y al pueblo. **10** Pusieron sus armas en el templo*[j]* de Astarot, y ataron su cuerpo al muro de Bet Sán.

11 Cuando oyeron los*[j]* habitantes de Jabes de Galaad lo que los filisteos habían hecho a Saúl, **12** se levantaron todos los hombres valientes, y caminando toda la noche, tomaron el cuerpo de Saúl y los cuerpos de sus hijos del muro de Bet Sán, y volviendo a Jabes, los quemaron allí. **13** Y tomando sus huesos, los enterraron debajo del tamarisco en Jabes, y ayunaron siete días.

31:10 *j* Lit. *la casa.*   31:11 *j* Lit. *acerca de él los.*

2 Samuel

¿QUIÉN ESCRIBIÓ ESTE LIBRO?	Se desconoce el autor.
¿POR QUÉ SE ESCRIBIÓ ESTE LIBRO?	El libro 2 Samuel relata la historia de los cuarenta años de reinado de David como rey de Israel.
¿QUÉ OCURRE EN ESTE LIBRO?	David es nombrado rey de Israel. Durante su reinado, sus ejércitos derrotaron a los enemigos e Israel se convirtió en una gran nación.
¿QUÉ APRENDEMOS ACERCA DE DIOS EN ESTE LIBRO?	Dios usa a las personas que lo aman y desean agradarle, así como hizo el rey David.
¿QUIÉN ES EL PERSONAJE PRINCIPAL DE ESTE LIBRO?	El rey David
¿DÓNDE SUCEDIERON ESTAS COSAS?	Los hechos de este libro transcurren en el reino de David. (Mira los mapas que están al final de esta Biblia para ver dónde se encuentra Israel).

¿CUÁLES SON ALGUNAS DE LAS HISTORIAS DE ESTE LIBRO?		
	David conquista Jerusalén	2 Samuel 5
	David trae el arca a Jerusalén	2 Samuel 6
	David ayuda a Mefiboset	2 Samuel 9
	David peca con Betsabé	2 Samuel 11
	David confiesa su pecado	2 Samuel 12
	Absalón lidera una rebelión	2 Samuel 15—18
	David edifica un altar	2 Samuel 24

Fotografía del campo en la parte norte de Hebrón. Allí los hombres de Judá ungieron a David como su rey.

1:10
Por qué el amalecita dijo que había matado a Saúl

Saúl se quitó la vida, así que el amalecita estaba mintiendo. Tal vez pensó que recibiría alguna recompensa de parte de David. Sin embargo, su plan se le volvió en contra, y él fue ejecutado por asumir la responsabilidad de haber matado al ungido del Señor.

1:12
David y sus hombres se lamentan por la muerte de Saúl, aunque era su enemigo

El hijo de Saúl, Jonatán, era amigo íntimo de David, así que tiene sentido que David estuviera triste por su muerte. Saúl era el rey ungido de Israel aunque fuera corrupto. La muerte de un rey significaría un tiempo difícil para Israel. Además, la muerte de Saúl y sus soldados era el resultado de otra derrota ante los filisteos.

DAVID OYE DE LA MUERTE DE SAÚL

1 Después de la muerte de Saúl, habiendo regresado David de derrotar[1] a los amalecitas, David permaneció dos días en Siclag. **2** Al tercer día, un hombre llegó del campamento de Saúl con sus ropas rasgadas y polvo[1] sobre su cabeza. Al llegar ante David, se inclinó a tierra y se postró. **3** David le preguntó: «¿De dónde vienes?». «Me he escapado del campamento de Israel», le respondió. **4** David le preguntó[1]: «¿Qué aconteció? Te ruego que me lo digas». Y él respondió[1]: «El pueblo ha huido de la batalla, y también muchos del pueblo han caído y han muerto; también Saúl y su hijo Jonatán han muerto». **5** Así que David le preguntó al joven que se lo había contado: «¿Cómo sabes que Saúl y su hijo Jonatán han muerto?».

6 El joven que se lo había contado, dijo: «Yo estaba por casualidad en el monte Gilboa, y vi que Saúl estaba apoyado sobre su lanza. Y que los carros y los jinetes lo perseguían de cerca. **7** Al mirar él hacia atrás, me vio y me llamó. Y dije: "Aquí estoy". **8** Y él me dijo: "¿Quién eres?". Y le respondí: "Soy un amalecita". **9** Entonces él me dijo: "Te ruego que te pongas junto a mí y me mates, pues la agonía se ha apoderado de mí, porque todavía estoy con vida[1]". **10** Me puse, pues, junto a él y lo maté, porque yo sabía que él no podía vivir después de haber caído. Tomé la corona que *estaba* en su cabeza y la pulsera que *estaba* en su brazo, y los he traído aquí a mi señor».

11 Entonces David agarró sus ropas y las rasgó, y *así hicieron* también todos los hombres que *estaban* con él. **12** Se lamentaron y lloraron y ayunaron hasta el atardecer por Saúl y por su hijo Jonatán, por el pueblo del SEÑOR y *por* la casa de Israel, porque habían caído a espada. **13** David le preguntó al joven que se lo había contado: «¿De dónde eres?». «Soy hijo de un extranjero, un amalecita», le respondió. **14** Y David le dijo: «¿Cómo es que no tuviste temor de extender tu mano para destruir al ungido del SEÑOR?». **15** Llamando David a uno de

1:1 [1] Lit. *de herir.*   1:2 [1] Lit. *tierra.*   1:4 [1] Lit. *dijo.*   1:9 [1] Lit. *porque toda mi alma está aún en mí.*

LA VOZ DE DIOS
1 y 2 Samuel
Maneras en que Dios se comunica

3 VECES
Dirige a través de señales y al echar suerte

5 VECES
Responde a la oración con silencio

7 VECES
Responde con actos de la naturaleza

8 VECES
Revela una palabra por medio de David o un profeta

20 VECES
Habla de manera directa a su audiencia

los jóvenes, *le* dijo: «Ve, mátalo*¹*». Y él lo hirió, y murió. **16** Y David le dijo: «Tu sangre sea sobre tu cabeza, porque tu boca ha testificado contra ti, al decir: "Yo he matado al ungido del SEÑOR"».

ELEGÍA DE DAVID POR SAÚL Y JONATÁN

17 Entonces David entonó esta elegía por Saúl y por su hijo Jonatán, **18** y ordenó*¹* que enseñaran a los hijos de Judá el *cántico del* arco; el cual está escrito en el libro de Jaser:

19 «Tu*¹* hermosura, oh Israel, ha perecido sobre tus montes*²*.
¡Cómo han caído los valientes!

20 No *lo* anuncien en Gat,
No lo proclamen en las calles de Ascalón;
Para que no se regocijen las hijas de los filisteos,
Para que no se alegren las hijas de los incircuncisos.

21 Oh montes de Gilboa,
No haya sobre ustedes rocío ni lluvia, ni campos de ofrendas;
Porque allí fue deshonrado el escudo de los valientes,
El escudo de Saúl, no ungido con aceite.

22 De la sangre de los muertos, de la grasa de los poderosos,
El arco de Jonatán no volvía atrás,
Y la espada de Saúl no volvía vacía.

23 Saúl y Jonatán, amados y amables en su vida,
Y en su muerte no fueron separados;
Más ligeros eran que águilas,
Más fuertes que leones.

24 Hijas de Israel, lloren por Saúl,
Que las vestía lujosamente de escarlata,
Que ponía adornos de oro en sus vestidos.

25 ¡Cómo han caído los valientes en medio de la batalla!
Jonatán, muerto en tus alturas.

26 Estoy afligido por ti, Jonatán, hermano mío;
Tú me has sido muy estimado.
Tu amor fue para mí más maravilloso
Que el amor de las mujeres.

27 ¡Cómo han caído los valientes,
Y perecido las armas de guerra!».

DAVID PROCLAMADO REY DE JUDÁ

2 Después de esto David consultó al SEÑOR: «¿Subiré a alguna de las ciudades de Judá?». Y el SEÑOR le dijo: «Sube». «¿Adónde subiré?», dijo David. Y Él dijo: «A Hebrón». **2** Entonces David subió allá, y también sus dos mujeres, Ahinoam la jezreelita y Abigail, viuda*¹* de Nabal, el de Carmel.

1:15 *¹* Lit. *cae sobre él.*   1:18 *¹* Lit. *dijo.*   1:19 *¹* Lit. *La.*   *²* O *tus lugares altos.*
2:2 *¹* Lit. *mujer.*

1:18
El libro de Jaser
El libro de Jaser, que ahora está perdido, era el relato de los héroes de Israel. La práctica de componer canciones poéticas tristes por los líderes caídos era común en el antiguo Medio Oriente.

1:21
Aceite para los escudos
Los escudos se fabricaban de madera o mimbre recubiertos de cuero. Una capa de aceite los protegía del daño de la lluvia, haciendo que duraran más, y el óleo resbaladizo hacía que las espadas de los enemigos resbalaran sobre los escudos.

A. D. Riddle/www.BiblePlaces.com, tomada en el Museo Egipcio, El Cairo

1:26
David dijo que el amor de Jonatán era mejor que el de las mujeres
En ese tiempo, los hombres solían ver a las esposas como posesiones, así que muchos matrimonios no estaban basados en la confianza y el compromiso. En el caso de la amistad de Jonatán con David, los dos se trataban como iguales y confiaban el uno en el otro. Jonatán incluso le prometió lealtad a David como el próximo rey en lugar de serlo él mismo.

³ Y David trajo a los hombres que *estaban* con él, cada uno con su familia; y habitaron en las ciudades de Hebrón. ⁴ Los hombres de Judá vinieron y ungieron allí a David como rey sobre la casa de Judá.

Y avisaron a David: «Fueron los hombres de Jabes de Galaad los que sepultaron a Saúl». ⁵ Y David envió mensajeros a los hombres de Jabes de Galaad, a decirles: «Benditos sean del SEÑOR, porque han mostrado¹ esta bondad a Saúl su señor, y lo han sepultado. ⁶ Ahora, que el SEÑOR les muestre¹ misericordia y verdad; y yo también les haré bien por esto que han hecho. ⁷ Fortalezcan, pues, sus manos, y sean valientes¹ porque Saúl su señor ha muerto, y² la casa de Judá me ha ungido rey sobre ellos».

ISBOSET PROCLAMADO REY DE ISRAEL

⁸ Pero Abner, hijo de Ner, comandante del ejército de Saúl, había tomado a Isboset¹, hijo de Saúl, y lo llevó a Mahanaim. ⁹ Y le hizo rey sobre Galaad, sobre Gesuri¹, sobre Jezreel, sobre Efraín, sobre Benjamín y sobre todo Israel. ¹⁰ Isboset, hijo de Saúl, tenía cuarenta años cuando comenzó a reinar sobre Israel, y reinó dos años. La casa de Judá, sin embargo, siguió a David. ¹¹ El tiempo¹ que David reinó en Hebrón sobre la casa de Judá fue de siete años y seis meses.

¹² Abner, hijo de Ner, salió de Mahanaim a Gabaón con los siervos de Isboset, hijo de Saúl. ¹³ Y Joab, hijo de Sarvia, y los siervos de David salieron y los encontraron¹ junto al estanque de Gabaón; y se sentaron, unos a un² lado del estanque y los otros al otro lado³. ¹⁴ Entonces Abner dijo a Joab: «Que se levanten ahora los jóvenes y compitan¹ delante de nosotros». «Que se levanten», respondió Joab. ¹⁵ Se levantaron y pasaron en igual número, doce por Benjamín e Isboset, hijo de Saúl, y doce de los siervos de David. ¹⁶ Cada uno agarró a su adversario¹ por la cabeza, y *metió* su espada en el costado del adversario¹ de manera que cayeron juntos. Por eso aquel lugar fue llamado Helcat Hazurim², el cual está en Gabaón. ¹⁷ Aquel día la batalla fue muy reñida, y Abner y los hombres de Israel fueron derrotados delante de los siervos de David.

¹⁸ Estaban allí los tres hijos de Sarvia: Joab, Abisai y Asael. Y Asael *era tan* ligero de pies como una gacela del campo. ¹⁹ Asael persiguió a Abner, y no se desvió¹ ni a derecha ni a izquierda de *ir* tras Abner. ²⁰ Entonces Abner, miró atrás y dijo: «¿Eres tú Asael?». «Yo soy», respondió él. ²¹ Abner le dijo: «Desvíate a tu derecha o a tu izquierda, apodérate de uno de los jóvenes y toma para ti sus despojos». Pero Asael no quería dejar de perseguirlo. ²² Abner volvió a decirle a Asael: «Deja de perseguirme. ¿Por qué he de derribarte en tierra? ¿Cómo podría entonces levantar mi rostro ante tu hermano Joab?». ²³ Pero él rehusó apartarse; por tanto, Abner lo hirió en el estómago con la parte trasera de la

2:5-7
David les agradeció a los hombres de Jabes de Galaad por haber enterrado a Saúl
David apreciaba el respeto que ellos habían mostrado hacia el ungido del Señor, el rey Saúl. David además debe haberles agradecido por su bondad y valentía con la esperanza de que ellos lo apoyaran como nuevo rey, así como lo habían hecho con Saúl.

2:14-16
Los dos ejércitos acordaron escoger a doce hombres de cada bando para pelear
Abner y Joab deben haber propuesto este tipo de combate para impedir una guerra mayor. Tener una pequeña pelea en vez de una enorme batalla evitaría que murieran demasiados soldados. Usar a un pequeño número de campeones para pelear a favor de un ejército era común. Este era el mismo tipo de lucha que libraron David y Goliat.

2:17
Por qué de todos modos tuvo lugar una batalla a gran escala
Los veinticuatro soldados elegidos fueron muertos, así que la batalla había finalizado sin ningún ganador. El resto de los soldados de ambos lados decidieron terminar la guerra.

2:5 ¹ Lit. *hecho.*   2:6 ¹ Lit. *haga.*   2:7 ¹ Lit. *hijos de valor.*   ² Lit. *y también.*
2:8 ¹ En 1Crón. 8:33, *Es-baal.*   2:9 ¹ Heb. *Ashuri.*   2:11 ¹ Lit. *número de días.*
2:13 ¹ Lit. *los encontraron juntos.*   ² Lit. *estos a este.*   ³ Lit. *estos a este lado del estanque.*   2:14 ¹ Lit. *nos diviertan.*   2:16 ¹ Lit. *compañero.*   ² I.e. el campo de filos de espada.   2:19 ¹ Lit. *no se desvió para ir.*

lanza, y la lanza le salió por la espalda; allí cayó, y allí mismo murió. Y todos los que venían al lugar donde Asael había caído y muerto, se detenían.

24 Pero Joab y Abisai persiguieron a Abner, y cuando el sol se ponía, llegaron a la colina de Amma, que está frente a Gía junto al camino del desierto de Gabaón. **25** Los benjamitas se agruparon detrás de Abner formando una sola banda, y se detuvieron en la cumbre de una colina. **26** Abner llamó a Joab, y dijo: «¿Devorará la espada para siempre? ¿No sabes que el final será amargo? ¿Hasta cuándo esperarás para decirles¹ que dejen de perseguir a sus hermanos?». **27** Respondió Joab: «Vive Dios, que si no hubieras hablado, ciertamente el pueblo, después de perseguir cada cual a su hermano, *no se hubiera ido* hasta la mañana». **28** Entonces Joab tocó la trompeta y todo el pueblo se detuvo; no persiguieron más a Israel ni continuaron peleando más. **29** Abner y sus hombres marcharon toda aquella noche por el Arabá, cruzaron el Jordán, y caminando toda la mañana¹, llegaron a Mahanaim.

30 Joab volvió también de perseguir a Abner, y cuando reunió a todo el pueblo, faltaban de los siervos de David, diecinueve hombres, además de Asael. **31** Pero los siervos de David habían herido de Benjamín y de los hombres de Abner, a 360 hombres, *los cuales* murieron. **32** Se llevaron a Asael y lo sepultaron en el sepulcro de su padre, que *estaba* en Belén. Joab y sus hombres caminaron toda la noche hasta que les amaneció¹ en Hebrón.

3 Hubo larga guerra entre la casa de Saúl y la casa de David; pero David se iba fortaleciendo, mientras que la casa de Saúl se iba debilitando.

HIJOS DE DAVID NACIDOS EN HEBRÓN

2 A David le nacieron hijos en Hebrón; su primogénito fue Amnón, *hijo* de Ahinoam la jezreelita; **3** el segundo, Quileab, de Abigail, viuda¹ de Nabal de Carmel; el tercero, Absalón, hijo de Maaca, hija de Talmai, rey de Gesur; **4** el cuarto, Adonías, hijo de Haguit; el quinto, Sefatías, hijo de Abital, **5** y el sexto, Itream, de Egla, mujer de David. Estos le nacieron a David en Hebrón.

DAVID Y ABNER

6 Durante la guerra que había entre la casa de Saúl y la casa de David, Abner se fortaleció en la casa de Saúl. **7** Y Saúl había tenido una concubina cuyo nombre era Rizpa, hija de Aja; entonces Isboset¹ dijo a Abner: «¿Por qué te has llegado a la concubina de mi padre?». **8** Abner se enojó mucho por las palabras de Isboset, y dijo:

2:26 ¹ Lit. *no le dirás al pueblo.*   2:29 ¹ Heb. *bitrón.*
2:32 ¹ Lit. *los iluminó.*   3:3 ¹ Lit. *mujer.*   3:7 ¹ Así en algunos mss. y versiones antiguas; en el T.M., *él dijo.*

2:23
Todos los hombres se detenían donde había muerto Asael

Asael tuvo una muerte horrible. Abner hundió el extremo de su lanza en el estómago de Asael hasta atravesarlo. Esta imagen debe haber impresionado a los soldados. Asael era un buen soldado, increíblemente veloz, y era el hermano del líder. Así que los hombres deben haberse sorprendido de ver a un soldado tan fuerte morir de un modo tan trágico.

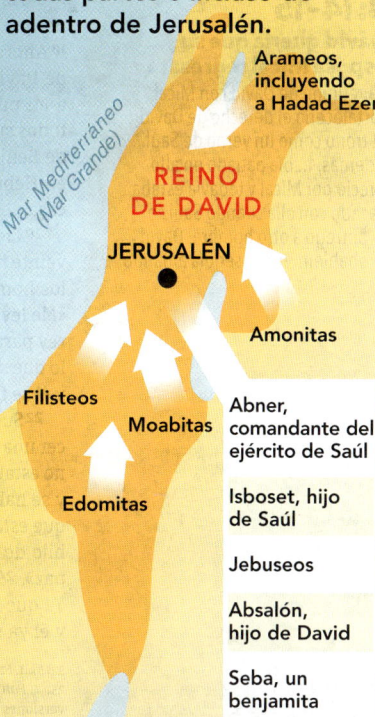

ENEMIGOS DE DAVID

2 Samuel 2—21

Israel enfrenta enemigos de todas partes e incluso de adentro de Jerusalén.

Mar Mediterráneo (Mar Grande)

REINO DE DAVID

JERUSALÉN

Arameos, incluyendo a Hadad Ezer

Amonitas

Filisteos

Moabitas

Edomitas

Abner, comandante del ejército de Saúl

Isboset, hijo de Saúl

Jebuseos

Absalón, hijo de David

Seba, un benjamita

3:8
Llamar a alguien «perro»
Hoy pensamos en los perros como leales y confiables. Sin embargo, en el Antiguo Testamento los perros eran generalmente carroñeros salvajes. El término *perro* se aplicaba a la gente de bajo carácter, así que esto puede haber sido un insulto.

© sivanadar/Shutterstock

3:14-15
David quería que su esposa Mical regresara
La reunión de David con Mical fortalecería el derecho de David al trono como un yerno de Saúl. Además, había pagado un alto precio por Mical y todavía estaba casado con ella cuando Saúl se la entregó a otro hombre. David probablemente la seguía amando.

«¿Acaso soy yo cabeza de perro que pertenece a Judá? Hoy he mostrado bondad hacia la casa de tu padre Saúl, hacia sus hermanos y hacia sus amigos, y no te he entregado en manos de David; sin embargo, tú me acusas hoy de una ofensa con esta[1] mujer. **9** Así haga Dios a Abner, y aún más, si lo que[1] el SEÑOR ha jurado a David no lo obtengo para él: **10** transferir el reino de la casa de Saúl y establecer el trono de David sobre Israel y sobre Judá desde Dan hasta Beerseba». **11** Y él ya no pudo responder a Abner ni una palabra, porque le temía.

12 Entonces Abner envió mensajeros a David de su parte y preguntó: «¿De quién es la tierra? Y que dijeran *también:* Haga su pacto conmigo, y mi mano será con usted para traer a usted a todo Israel». **13** Y David respondió: «Muy bien. Haré pacto contigo, pero una cosa demando de ti: No verás mi rostro a menos de que cuando vengas a verme[1] traigas a Mical, la hija de Saúl». **14** Y David envió mensajeros a Isboset, el hijo de Saúl y le dijo: «Dame a mi mujer Mical, con la cual me desposé por 100 prepucios de los filisteos». **15** Isboset, pues, envió a quitársela a *su* esposo, a Paltiel[1], hijo de Lais. **16** Pero su esposo fue con ella, llorando mientras iba, y la siguió hasta Bahurim. Entonces Abner le dijo: «Ve, vuélvete». Y Paltiel se volvió.

17 Abner habló[1] con los ancianos de Israel: «Hace tiempo que ustedes buscaban a David para que fuera su rey. **18** Ahora pues, hágan*lo*. Porque el SEÑOR ha hablado acerca de David, diciendo: "Por mano de Mi siervo David salvaré[1] a Mi pueblo Israel de mano de los filisteos y de mano de todos sus enemigos"». **19** También Abner habló a oídos de *los* de Benjamín. Abner además fue a hablar a oídos de David en Hebrón de todo lo que parecía bien a[1] Israel y a toda la casa de Benjamín.

20 Llegó Abner adonde *estaba* David, en Hebrón, y con él veinte hombres. Y David preparó un banquete para Abner y los hombres que lo acompañaban. **21** Y Abner dijo a David: «Me levantaré e iré a reunir a todo Israel junto a mi señor el rey para que hagan un pacto con usted, y sea rey sobre todo lo que su corazón[1] desea». Entonces David despidió a Abner, y él se fue en paz.

22 Sucedió que los siervos de David y Joab vinieron de hacer una incursión trayendo consigo mucho botín; pero Abner no estaba con David en Hebrón, porque él lo había despedido y se había ido en paz. **23** Cuando llegó Joab y todo el ejército que *estaba* con él, le dieron aviso a Joab diciéndole: «Abner, hijo de Ner, vino al rey, y él lo ha despedido y se ha ido en paz». **24** Entonces Joab vino al rey y dijo: «¿Qué ha hecho? Ya que Abner vino a usted; ¿por qué, pues, lo ha despedido y él ya se ha ido? **25** Conoce a Abner, hijo de Ner, que vino a

3:8 [1] Lit. *la.*   3:9 [1] Lit. *como.*   3:13 [1] Lit. *a ver mi rostro.*   3:15 [1] En 1Sam. 25:44, *Palti.*   3:17 [1] Lit. *tuvo una palabra.*   3:18 [1] Así en muchos mss. y versiones antiguas; en el T.M., *él salvará.*   3:19 [1] Lit. *era bueno a los ojos de.*   3:21 [1] Lit. *alma.*

engañarlo y saber de sus salidas y de sus entradas, y a enterarse de todo lo que usted hace».

LA MUERTE DE ABNER

26 Y saliendo Joab de donde estaba David, envió mensajeros tras Abner, y lo hicieron volver desde el pozo de Sira; pero David no *lo* sabía. **27** Cuando Abner regresó a Hebrón, Joab lo llevó aparte en medio de la puerta para hablarle en privado, y allí, por causa de la sangre de Asael su hermano, lo hirió en el vientre y murió. **28** Cuando David lo supo después, dijo: «Yo y mi reino somos inocentes para siempre delante del SEÑOR de la sangre de Abner, hijo de Ner. **29** Caiga[1] *su sangre* sobre la cabeza de Joab y sobre toda la casa de su padre, y nunca falte en la casa de Joab quien padezca flujo, ni quien sea leproso, ni quien se sostenga con báculo, ni quien muera a espada, ni quien carezca de pan». **30** Joab y su hermano Abisai mataron a Abner porque él había dado muerte a Asael, hermano de ellos, en la batalla de Gabaón.

31 Entonces David dijo a Joab y a todo el pueblo que estaba con él: «Rasguen sus vestidos, y cíñanse de cilicio, y hagan duelo delante de Abner». Y el rey David iba detrás del féretro. **32** Sepultaron, pues, a Abner en Hebrón. El rey alzó su voz y lloró junto al sepulcro de Abner, y lloró *también* todo el pueblo. **33** Y el rey entonó una *elegía* por Abner, y dijo:

> «¿Había de morir Abner como muere un insensato?
> **34** Tus manos no estaban atadas, ni tus pies puestos en
>   grillos;
>   Como el que cae delante de los malvados[1], has caído».

Y todo el pueblo volvió a llorar por él.

35 Entonces todo el pueblo se llegó a David para persuadirlo a[1] que comiera pan mientras aún era de día. Pero David juró: «Así me haga Dios y aun más, si pruebo pan o cosa alguna antes de ponerse el sol». **36** Todo el pueblo reparó *en ello,* y les agradó[1], pues todo lo que el rey hacía agradaba a[2] todo el pueblo. **37** Así todo el pueblo y todo Israel comprendió aquel día que no había sido el deseo del rey que se diera muerte a Abner, hijo de Ner. **38** Entonces el rey dijo a sus siervos: «¿No saben que un príncipe y un gran hombre ha caído hoy en Israel? **39** Hoy soy débil, aunque ungido rey; y estos hombres, hijos de Sarvia, son más duros que yo. Que el SEÑOR pague al malhechor conforme a su maldad».

DUELO DE DAVID POR LA MUERTE DE ISBOSET

4 Cuando oyó Isboset, hijo[1] de Saúl, que Abner había sido muerto en Hebrón, se llenó de miedo[2], y todo Israel se turbó. **2** El hijo de Saúl *tenía* dos hombres que eran jefes de bandas: el nombre de uno era Baana, y el del otro Recab, hijos de Rimón el beerotita, de la tribu de Benjamín (porque Beerot es también considerado *parte* de Benjamín, **3** pues los beerotitas habían huido a Gitaim y han sido extranjeros allí hasta el día de hoy).

3:31-34
David mostró respeto por Abner
David quería mostrar que la muerte de Abner no había sido culpa suya. A tal fin, David siguió la procesión del funeral de Abner, lloró y ayunó por él.

3:29 [1] Lit. *Arremolínese.*   3:34 [1] Lit. *hijos de maldad.*   3:35 [1] Lit. *para hacer.*
3:36 [1] Lit. *fue bueno a sus ojos.*   [2] Lit. *era bueno a los ojos de.*   4:1 [1] Así en
algunos mss.; en el T.M., *oyó el hijo.*   [2] Lit. *cayeron sus manos.*

4:12
Por qué les cortaban las manos y los pies a los asesinos

Este era un castigo típico para los que cometían traición y servía como advertencia a los demás. Ellos cortaron las manos que mataron a Isboset y los pies que corrieron con las buenas nuevas.

5:3
Los ancianos hicieron un pacto con David

David e Israel entraron en un pacto para que David fuera su rey.

5:9-10
David elige a Jerusalén como su capital

Jerusalén estaba ubicada al centro y tanto las tribus del norte como las del sur podían llegar con facilidad. La ciudad era fácil de defender porque estaba en lo alto de una planicie rodeada por tres valles. No tenía vínculo con ninguna de las tribus (aunque estaba en territorio de Benjamín), y quedaba cerca de Belén, la ciudad natal de David.

4 Jonatán, hijo de Saúl, tenía un hijo lisiado de los pies. *Este* tenía cinco años cuando de Jezreel llegaron las noticias *de la muerte* de Saúl y Jonatán, y su nodriza lo tomó y huyó, pero sucedió que en su prisa por huir, él se cayó y quedó cojo. Su nombre *era* Mefiboset[1].

5 Y los hijos de Rimón el beerotita, Recab y Baana, fueron y entraron en la casa de Isboset en el calor del día, mientras él dormía la siesta. **6** Llegaron hasta la mitad de la casa como si fueran a buscar trigo[1], y lo hirieron en el vientre. Después Recab y su hermano Baana escaparon. **7** Habían entrado en la casa mientras Isboset[1] estaba acostado en su lecho, en su alcoba; lo hirieron y lo mataron, y le cortaron la cabeza. Y tomando su cabeza, anduvieron toda la noche camino del Arabá, **8** y trajeron la cabeza de Isboset a David en Hebrón, y dijeron al rey: «Esta es la cabeza de Isboset, hijo de su enemigo Saúl, el que buscaba su vida; de esta manera el SEÑOR hoy ha concedido venganza a mi señor el rey sobre Saúl y sus descendientes[1]».

9 Respondiendo David a Recab y a su hermano Baana, hijos de Rimón el beerotita, les dijo: «Vive el SEÑOR que ha redimido mi vida de toda angustia, **10** porque cuando uno me avisó: "Saúl ha muerto", pensando que me traía buenas noticias[1], yo lo prendí y lo maté en Siclag, lo cual fue el pago que le di por *sus* noticias. **11** ¿Cuánto más, cuando hombres malvados han matado a un hombre justo en su propia casa y sobre su cama, no demandaré ahora su sangre de las manos de ustedes, borrándolos[1] de la tierra?». **12** Y David dio una orden a los jóvenes, y ellos los mataron y les cortaron las manos y los pies y *los* colgaron junto al estanque en Hebrón. Pero tomaron la cabeza de Isboset y *la* sepultaron en el sepulcro de Abner, en Hebrón.

DAVID, REY DE ISRAEL Y DE JUDÁ

5 Entonces todas las tribus de Israel fueron a David, en Hebrón, y le dijeron[1]: «Aquí estamos, hueso suyo y carne suya somos. **2** Ya desde antes, cuando Saúl aún era rey sobre nosotros, usted era el que guiaba a Israel en *sus* salidas y entradas. Y el SEÑOR le dijo: "Tú pastorearás a Mi pueblo Israel, y serás príncipe sobre Israel"». **3** Vinieron, pues, todos los ancianos de Israel al rey en Hebrón, y el rey David hizo un pacto con ellos en Hebrón delante del SEÑOR; luego ungieron a David como rey sobre Israel. **4** David *tenía* treinta años cuando llegó a ser rey, *y* reinó cuarenta años. **5** En Hebrón reinó sobre Judá siete años y seis meses, y en Jerusalén reinó treinta y tres años sobre todo Israel y Judá.

6 Y el rey y sus hombres fueron a Jerusalén para atacar a los jebuseos, los habitantes de la tierra. Los jebuseos le dijeron a David[1]: «Usted no entrará aquí; aun los ciegos y los cojos lo rechazarán»; pues pensaban[2]: «David no puede entrar aquí». **7** No obstante, David

---

4:4 [1] En 1Crón. 8:34 y 9:40, *Merib-baal.*   4:6 [1] Lit. recogedores de trigo.
4:7 [1] Lit. él.   4:8 [1] Lit. su simiente.   4:10 [1] Lit. y él era portador de buenas noticias ante sus propios ojos.   4:11 [1] Lit. quemándolos.   5:1 [1] Lit. dijeron, diciendo.   5:6 [1] Lit. a David, diciendo.   [2] Lit. diciendo.

conquistó la fortaleza de Sión, es decir, la ciudad de David. **8** Y dijo David aquel día: «Todo el que quiera herir a los jebuseos, que suba por el túnel del agua y llegue *adonde están* los cojos y los ciegos, a los cuales el alma de David aborrece». Por eso se dice: «Ni los ciegos ni los cojos entrarán en la casa». **9** David habitó en la fortaleza, y la llamó la ciudad de David. Y edificó[1] David *la muralla* en derredor desde el Milo[2] hacia adentro. **10** David se engrandecía cada vez más, porque el SEÑOR, Dios de los ejércitos, *estaba* con él.

11 Entonces Hiram, rey de Tiro, envió mensajeros a David con madera de cedros, carpinteros y canteros, y construyeron una casa para David. **12** Y comprendió David que el SEÑOR lo había confirmado por rey sobre Israel, y que había exaltado Su reino por amor a Su pueblo Israel.

13 Después que vino de Hebrón, David tomó más concubinas y mujeres de Jerusalén; y le nacieron a David más hijos e hijas. **14** Estos son los nombres de los que le nacieron en Jerusalén: Samúa, Sobab, Natán, Salomón, **15** Ibhar, Elisúa, Nefeg, Jafía, **16** Elisama, Eliada y Elifelet.

17 Al oír los filisteos que David había sido ungido rey sobre Israel, todos los filisteos subieron a buscar a David; y cuando David se enteró, bajó a la fortaleza. **18** Los filisteos llegaron y se esparcieron por el valle de Refaim. **19** Entonces David consultó al SEÑOR: «¿Subiré contra los filisteos? ¿Los entregarás en mi mano?». Y el SEÑOR dijo a David: «Sube, porque ciertamente entregaré a los filisteos en tu mano». **20** Así que David fue a Baal Perazim, y allí los derrotó[1]; y dijo: «El SEÑOR ha abierto brecha entre mis enemigos delante de mí, como brecha de aguas». Por eso llamó a aquel lugar Baal Perazim[2]. **21** Los filisteos abandonaron allí sus ídolos, y David y sus hombres se los llevaron.

22 Después los filisteos subieron de nuevo, y se esparcieron por el valle de Refaim. **23** Cuando David consultó al SEÑOR, Él le dijo: «No subas *directamente;* da un rodeo por detrás de ellos y sal a ellos frente a las balsameras. **24** Y[1] cuando oigas el sonido de marcha en las copas de las balsameras, entonces actuarás rápidamente, ya que el SEÑOR habrá salido delante de ti para herir al ejército de los filisteos». **25** Entonces David lo hizo así, tal como el SEÑOR le había ordenado, e hirió a los filisteos desde Geba[1] hasta[2] Gezer.

5:9 [1] O *fortificó.*   [2] I.e. la ciudadela.   5:20 [1] Lit. *David los hirió.*   [2] I.e. el señor que abre brecha.
5:24 [1] Lit. *Y será que.*   5:25 [1] En 1Crón. 14:16, *Gabaón.*   [2] Lit. *hasta tu llegada a.*

5:21
Los filisteos llevaron sus ídolos a la batalla
Unas cuantas naciones llevaban objetos religiosos con ellos cuando iban a pelear. Por ejemplo, los israelitas llevaron el arca a la batalla (ver 1 Samuel 4:1-9). La gente pensaba que los ídolos y objetos religiosos les darían buena suerte. Los filisteos esperaban que los suyos les dieran la victoria.

LA JERUSALÉN DE DAVID

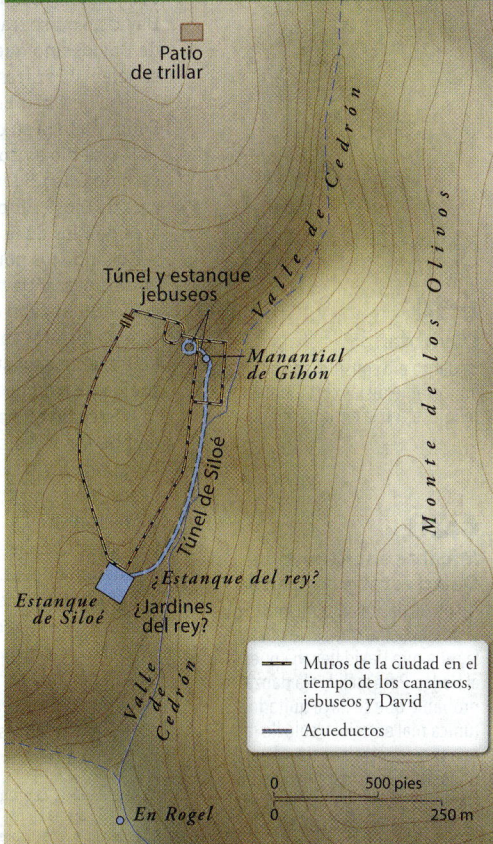

Patio de trillar

Valle de Cedrón

Monte de los Olivos

Túnel y estanque jebuseos

Manantial de Gihón

Túnel de Siloé

¿Estanque del rey?

Estanque de Siloé

¿Jardines del rey?

Valle de Cedrón

En Rogel

Muros de la ciudad en el tiempo de los cananeos, jebuseos y David

Acueductos

500 pies
250 m

DAVID LLEVA EL ARCA A JERUSALÉN

6 Volvió David a reunir a todos los hombres escogidos de Israel, 30,000. **2** Y David se levantó y fue con todo el pueblo que *estaba* con él a[1] Baala[2] de Judá, para hacer subir desde allí el arca de Dios, la cual es llamada por el Nombre, el nombre del SEÑOR de los ejércitos, que está[3] sobre los querubines. **3** Pusieron[1] el arca de Dios sobre un carro nuevo, para que la pudieran llevar de la casa de Abinadab que *estaba* en la colina. Uza y Ahío, hijos de Abinadab, guiaban el carro nuevo. **4** Y lo llevaron con el arca de Dios de la casa de Abinadab que *estaba* en la colina, y Ahío iba delante del arca. **5** David y toda la casa de Israel se regocijaban delante del SEÑOR con toda clase *de instrumentos hechos* de madera de abeto[1], y con liras, arpas, panderos, castañuelas y címbalos.

6 Pero cuando llegaron a la era de Nacón, Uza extendió *la mano* hacia el arca de Dios, y la sostuvo porque los bueyes casi *la* volcaron. **7** Y se encendió la ira del SEÑOR contra Uza, y Dios lo hirió allí por su[1] irreverencia; y allí murió junto al arca de Dios. **8** Entonces David se enojó porque el SEÑOR había estallado en ira[1] contra Uza, y llamó aquel lugar Pérez Uza[2] hasta el día de hoy. **9** David tuvo temor del SEÑOR aquel día, y dijo: «¿Cómo podrá venir a mí el arca del SEÑOR?». **10** Y David no quiso trasladar el arca del SEÑOR con él a la ciudad de David, sino que[1] la hizo llevar[2] a la casa de Obed Edom el geteo. **11** Por tres meses permaneció el arca del SEÑOR en la casa de Obed Edom el geteo; y bendijo el SEÑOR a Obed Edom y a toda su casa.

12 Y se dio aviso al rey David: «El SEÑOR ha bendecido la casa de Obed Edom y todo lo que le pertenece a causa del arca de Dios». Entonces David fue, y con alegría hizo subir el arca de Dios de la casa de Obed Edom a la ciudad de David. **13** Y cuando los portadores del arca del SEÑOR habían andado seis pasos, David sacrificó un buey y un carnero cebado. **14** David danzaba con toda *su* fuerza delante del SEÑOR, y estaba vestido[1] con un efod de lino. **15** David y toda la casa de Israel hacían subir el arca del SEÑOR con aclamación y sonido de trompeta.

16 Sucedió que cuando el arca del SEÑOR entraba a la ciudad de David, Mical, hija de Saúl, miró desde la ventana y vio al rey David saltando y danzando delante del SEÑOR, y lo despreció en su corazón. **17** Metieron el arca del SEÑOR y la colocaron en su lugar dentro de la tienda que David había levantado para ella, y David ofreció holocaustos y ofrendas de paz delante del SEÑOR. **18** Cuando David terminó de ofrecer el holocausto y las ofrendas de paz, bendijo al pueblo en el nombre del SEÑOR de los ejércitos. **19** Después repartió a todo el pueblo, a toda la multitud de Israel, tanto a hombres como a mujeres, una torta de pan, una de dátiles y una de pasas a cada uno. Entonces todo el pueblo se fue, cada uno a su casa.

20 Pero al regresar David para bendecir su casa, Mical, hija de Saúl, salió al encuentro de David, y le dijo: «¿Cómo se ha

---

6:14
David danzó
La danza era considerada una parte importante de las ceremonias religiosas en la antigua Israel.

6:20
Mical se enojó porque David estaba danzando
No era la danza en sí misma lo que la enfadó, sino que no le gustaba la ropa que David llevaba puesta al bailar. Para facilitar la danza, es probable que se haya quitado su túnica real exterior y solo llevara una túnica corta debajo. Mical pensaba que no estaba bien que David vistiera solo una túnica que le llegaba a la mitad de los muslos y danzara así delante de sus súbditos.

6:2 [1] Lit. *desde*. [2] I.e. Quiriat Jearim. [3] Lit. *está sentado*. 6:3 [1] Lit. *E hicieron andar*. 6:5 [1] O *ciprés*. 6:7 [1] Lit. *la*. 6:8 [1] Lit. *el SEÑOR irrumpió por una brecha*. [2] I.e. la brecha de Uza. 6:10 [1] Lit. *y David*. [2] Lit. *desviar*. 6:14 [1] Lit. *y David estaba ceñido*.

distinguido hoy el rey de Israel! Se descubrió hoy ante los ojos de las criadas de sus siervos, como se descubriría sin decoro un insensato». **21** Y David dijo a Mical: «*Eso fue* delante del SEÑOR que me escogió en preferencia a tu padre y a toda su casa para constituirme por príncipe sobre el pueblo del SEÑOR, sobre Israel. Por tanto, *lo* celebraré delante del SEÑOR. **22** Y aún seré menos estimado que esto, y seré humillado ante mis propios ojos, pero con las criadas de quienes has hablado, ante ellas seré honrado». **23** Y Mical, hija de Saúl, no tuvo hijos hasta el día de su muerte.

PROMESA DEL SEÑOR A DAVID

7 Sucedió que cuando el rey David *ya* moraba en su casa, y el SEÑOR le había dado descanso de sus enemigos por todos lados, **2** el rey dijo al profeta Natán: «Mira, yo habito en una casa de cedro, pero el arca de Dios mora en medio de cortinas». **3** Entonces Natán dijo al rey: «Vaya, haga todo lo que está en su corazón, porque el SEÑOR está con usted». **4** Y esa misma noche la palabra del SEÑOR vino a Natán: **5** «Ve y dile a Mi siervo David: "Así dice el SEÑOR: ¿Eres tú el que me va a edificar una casa para morar *en ella*? **6** Pues no he morado en una casa desde el día en que saqué de Egipto a los israelitas hasta hoy, sino que he andado errante en una tienda, en un tabernáculo[1]. **7** Dondequiera que he ido con todos los israelitas, ¿hablé palabra a alguna de las tribus de Israel, a la cual haya ordenado que pastoreara a Mi pueblo Israel, diciéndoles: "¿Por qué ustedes no me han edificado una casa de cedro?"'".

8 »Ahora pues, así dirás a Mi siervo David: "Así dice el SEÑOR de los ejércitos: 'Yo te tomé del pastizal[1], de seguir las ovejas, para que fueras príncipe sobre Mi pueblo Israel. **9** Y he estado contigo por dondequiera que has ido y he exterminado[1] a todos tus enemigos de delante de ti, y haré de ti un gran nombre como el nombre de los grandes que hay en la tierra. **10** Asignaré también un lugar para Mi pueblo Israel, y lo plantaré *allí* a fin de que habite en su propio lugar y no sea perturbado de nuevo, ni los malvados[1] los aflijan más como antes, **11** desde el día en que ordené *que hubiera* jueces sobre Mi pueblo Israel. A ti te daré reposo de todos tus enemigos. El SEÑOR también te hace saber que el SEÑOR te edificará una casa. **12** Cuando tus días se cumplan y reposes con tus padres, levantaré a tu descendiente[1] después de ti, el cual saldrá de tus entrañas, y estableceré su reino. **13** Él edificará casa a Mi nombre, y Yo estableceré el trono de su reino para siempre. **14** Yo seré padre para él y él será hijo para Mí. Cuando cometa iniquidad, lo castigaré con vara de hombres y con azotes de hijos de hombres, **15** pero Mi misericordia no se apartará de él, como *la* aparté de Saúl a quien quité de delante de ti. **16** Tu casa y tu reino permanecerán para siempre delante de Mí[1]; tu trono será establecido para siempre"'». **17** Conforme a todas estas palabras y conforme a toda esta visión, así Natán habló a David.

7:6 [1] O *una morada.*   7:8 [1] O *del redil.*   7:9 [1] Lit. *cortado.*   7:10 [1] Lit. *hijos de maldad.*   7:12 [1] Lit. *simiente.*   7:16 [1] Así en algunos mss. y versiones antiguas; en el T.M., *ti.*

7:2
David pensaba que una tienda era un lugar inapropiado para el arca
Ahora David vivía en el palacio real, un símbolo de su reinado, y una tienda no le parecía lo suficientemente buena para contener el trono de Dios en la tierra. David quiso construirle al Rey celestial de Israel una casa real.

7:3
Natán habló muy rápido
David hizo lo correcto al preguntarle al profeta cuál era la voluntad de Dios. Natán aprobó con valentía los planes de David antes de haber recibido en realidad una revelación del Señor.

7:13
Dios no quería que David edificara un templo
La misión de David era pelear las batallas del Señor y derrotar a los enemigos de Israel hasta que la nación estuviera segura. El hijo de David, Salomón, tendría la tarea de construir un templo para Dios.

7:16
La casa y el reino de David permanecerían para siempre
Todos los reyes que reinaron en Jerusalén después de David eran sus descendientes. Cuando Cristo el Mesías vino a la tierra, él pertenecía a esta línea de reyes. Cristo es el rey final que reina para siempre.

18 Entonces el rey David entró y se sentó delante del SEÑOR y dijo: «¿Quién soy yo, oh Señor DIOS[1], y qué es mi casa para que me hayas traído hasta aquí? **19** Y aun esto fue insignificante ante Tus ojos, oh Señor DIOS, pues también has hablado de la casa de Tu siervo concerniente a un futuro lejano. Y esta es la ley de los hombres[1], oh Señor DIOS. **20** ¿Y qué más podría decirte David? Pues Tú conoces a Tu siervo, oh Señor DIOS. **21** A causa de Tu palabra, conforme a Tu propio corazón, Tú has hecho toda esta grandeza, para que lo sepa Tu siervo.

22 »Oh Señor DIOS, por eso Tú eres grande; pues no hay nadie como Tú, ni hay Dios fuera de Ti, conforme a todo lo que hemos oído con nuestros oídos. **23** ¿Y qué otra nación en la tierra es como Tu pueblo Israel, al cual viniste[2] a redimir para Ti[2] como pueblo, a fin de darte[3] un nombre, y hacer grandes cosas a su favor y cosas portentosas para Tu tierra, ante Tu pueblo que rescataste para Ti de Egipto, *de* naciones y *de* sus dioses? **24** Pues Tú has establecido para Ti a Tu pueblo Israel como pueblo Tuyo para siempre, y Tú, SEÑOR, has venido a ser su Dios.

25 »Y ahora, oh Señor DIOS, confirma para siempre la palabra que has hablado acerca de Tu siervo y acerca de su casa, y haz según has hablado. **26** Y sea engrandecido Tu nombre para siempre, al decirse: "El SEÑOR de los ejércitos es Dios sobre Israel"; y que la casa de Tu siervo David sea establecida delante de Ti. **27** Porque Tú, oh SEÑOR de los ejércitos, Dios de Israel, has revelado a[1] Tu siervo, diciendo: "Yo te edificaré casa"; por tanto, Tu siervo ha hallado ánimo para elevar[2] esta oración a Ti.

28 »Ahora pues, oh Señor DIOS, Tú eres Dios, Tus palabras son verdad y Tú has prometido[1] este bien a Tu siervo. **29** Y ahora, ten a bien bendecir la casa de Tu siervo, a fin de que permanezca[1] para siempre delante de ti. Porque Tú, oh Señor DIOS, has hablado y con Tu bendición será bendita para siempre la casa de Tu siervo».

VICTORIAS DE DAVID

8 Después de esto, David derrotó[1] a los filisteos y los sometió, y David tomó el mando de la ciudad principal[2] de mano de los filisteos. **2** También derrotó a Moab, y los midió con cordel, haciéndolos tenderse en tierra. Midió dos cordeles para dar*les* muerte, y un cordel entero para dejar*los* vivos. Y los moabitas fueron siervos de David, trayéndo*le* tributo.

3 David derrotó también a Hadad Ezer, hijo de Rehob, rey de Soba, cuando este iba a restaurar su dominio[1] en el Río[2]. **4** David le tomó 1,700 hombres de a caballo y 20,000 soldados de a pie. David desjarretó los caballos de los carros, pero dejó *suficientes* de ellos para 100 carros. **5** Cuando vinieron los arameos de Damasco en ayuda de Hadad Ezer, rey de Soba,

7:18 [1] Heb. *YHWH*, generalmente traducido *SEÑOR*, y así en el resto del cap.
7:19 [1] O *costumbre del hombre.*   7:23 [1] Lit. *Dios vino.*   [2] Lit. *para sí.*   [3] Lit. *darse.*   7:27 [1] Lit. *has destapado el oído de.*   [2] Lit. *ha hallado su corazón para orar.*
7:28 [1] Lit. *hablado.*   7:29 [1] Lit. *esté.*   8:1 [1] Lit. *hirió,* y así en el resto del cap.
[2] Lit. *la rienda de la ciudad madre.*   8:3 [1] Lit. *mano.*   [2] I.e. el Éufrates.

DAVID, UN HOMBRE DE GUERRA

Con la fuerza del Señor, David guio a sus hombres a derrotar a sus enemigos.

200
Filisteos
1 Samuel 18:27

40,700
Arameos, contratados
por los amonitas
2 Samuel 10:18

18,000
Edomitas
2 Samuel 8:13

22,000
Arameos de
Damasco
2 Samuel 8:5

21,700
Arameos, bajo
Hadad Ezer
2 Samuel 8:4

20,000
Israelitas,
bajo Absalón
2 Samuel 18:7

David además derrota a los moabitas, amalecitas y amonitas, pero no hay números específicos sobre esas victorias.

David mató a 22,000 hombres de los arameos. **6** Entonces David puso guarniciones entre los arameos de Damasco, y los arameos fueron siervos de David, trayéndo*le* tributo. Y el SEÑOR ayudaba a David dondequiera que iba. **7** David tomó los escudos de oro que llevaban[1] los siervos de Hadad Ezer, y los trajo a Jerusalén. **8** Y de Beta[1] y de Berotai, ciudades de Hadad Ezer, el rey David tomó una gran cantidad de bronce.

9 Cuando Toi, rey de Hamat, oyó que David había derrotado[1] a todo el ejército de Hadad Ezer, **10** Toi envió a su hijo Joram[1] al rey David, para saludarlo[2] y bendecirlo, porque había peleado contra Hadad Ezer y lo había derrotado[3]; pues Hadad Ezer había estado en guerra[4] con Toi. Y *Joram* trajo consigo[5] objetos de plata, de oro y de bronce, **11** que el rey David dedicó también al SEÑOR, junto con la plata y el oro que había dedicado de todas las naciones que él había sometido: **12** de Aram[1] y Moab, de los amonitas, de los filisteos y de los amalecitas, y del botín de Hadad Ezer, hijo de Rehob, rey de Soba.

13 Y David se hizo de renombre cuando regresó de derrotar[1] a 18,000 arameos[2] en el valle de la Sal. **14** Puso guarniciones en Edom; por todo Edom puso guarniciones, y todos los edomitas fueron siervos de David. Y el SEÑOR daba la victoria a David dondequiera que iba.

8:7 [1] Lit. *estaban sobre.*   8:8 [1] En 1Crón. 18:8, *Tibhat.*   8:9 [1] Lit. *herido.*
8:10 [1] En 1Crón. 18:10, *Adoram.*   [2] Lit. *preguntarle por su bienestar.*   [3] Lit. *herido.*
[4] Lit. *era un hombre de guerras.*   [5] Lit. *había en su mano.*   8:12 [1] Algunos
mss. y las versiones gr. y siriaca dicen: *de Edom.*   8:13 [1] Lit. *herir.*   [2] Algunos
mss. y las versiones gr. y siriaca dicen: *de Edom.*

8:16-18
Tareas importantes en el reino de David

Esos hombres eran líderes poderosos bajo el mando de David. Joab lideraba el ejército y Josafat registraba los acontecimientos. Sadoc y Ahimelec eran jefes de los sacerdotes. Y como secretario, Seraías escribía y archivaba los documentos oficiales y registros históricos.

9:4
Mefiboset vivía lejos, en Lodebar

El nieto de Saúl probablemente vivía en lo oculto porque temía que David quisiera matarlo a fin de que no fuera una amenaza al heredar el trono. También es posible que, como era lisiado, Mefiboset haya elegido vivir aislado.

9:7
Mefiboset más tarde comió muchas comidas con David

David fue bueno al reservar un lugar para Mefiboset durante las comidas, aunque no necesariamente en la mesa del rey. Este gran honor fue un acto para que todos vieran que cumplía el pacto que había hecho con su amigo Jonatán. (Ver 1 Samuel 20:14-16).

9:9-10
Siba

Él era el administrador principal o el mayordomo, que manejaba las propiedades de Saúl, las cuales había heredado el hijo de Jonatán, Mefiboset. Siba tenía veinte siervos a cargo y había servido en la casa del rey Saúl.

OFICIALES DE DAVID

15 David reinó sobre todo Israel, y administraba[1] justicia y derecho a todo su pueblo. **16** Joab, hijo de Sarvia, *era* jefe del[1] ejército, y Josafat, hijo de Ahilud, *era* cronista; **17** Sadoc, hijo de Ahitob, y Ahimelec, hijo de Abiatar, *eran* sacerdotes, y Seraías *era* secretario; **18** Benaía, hijo de Joiada, *era* jefe de[1] los cereteos y peleteos; y los hijos de David eran ministros principales[2].

BONDAD DE DAVID HACIA MEFIBOSET

9 Entonces David dijo: «¿Hay todavía alguien que haya quedado de la casa de Saúl, para que yo le muestre bondad por amor a Jonatán?». **2** Y *había* un siervo de la casa de Saúl que se llamaba Siba, y lo llamaron ante David. Y el rey le dijo: «¿Eres tú Siba?». «Su servidor», respondió él. **3** Y el rey le preguntó: «¿No queda aún alguien de la casa de Saúl a quien yo pueda mostrar la bondad de Dios?». Y Siba respondió al rey: «Aún queda un hijo de Jonatán lisiado de ambos pies». **4** «¿Dónde está él?», le preguntó el rey. Y Siba respondió al rey: «Está en casa de Maquir, hijo de Amiel, en Lodebar». **5** Entonces el rey David mandó traerlo de la casa de Maquir, hijo de Amiel, de Lodebar. **6** Y Mefiboset, hijo de Jonatán, hijo de Saúl, vino a David, y cayendo sobre su rostro, se postró. Y David dijo: «Mefiboset». «Su siervo», respondió él. **7** David le dijo: «No temas, porque ciertamente te mostraré bondad por amor a tu padre Jonatán, y te devolveré toda la tierra[1] de tu abuelo[2] Saúl; y tú comerás[3] siempre a mi mesa». **8** Él se postró de nuevo, y dijo: «¿Quién es su siervo, para que tome en cuenta a un perro muerto como yo?».

9 Entonces el rey llamó a Siba, siervo de Saúl, y le dijo: «Todo lo que pertenecía a Saúl y a su casa, lo he dado al nieto[1] de tu señor. **10** Y tú, tus hijos y tus siervos cultivarán la tierra para él, y le llevarás *los frutos* para que el nieto[1] de tu señor tenga alimento. Sin embargo, Mefiboset, nieto[1] de tu señor, comerá[2] siempre a mi mesa». Siba tenía quince hijos y veinte siervos. **11** Respondió Siba al rey: «Conforme a todo lo que mi señor el rey mande a su siervo, así hará su siervo». Y Mefiboset comió a la mesa de David[1] como uno de los hijos del rey. **12** Mefiboset tenía un hijo pequeño que se llamaba Micaía. Todos los que moraban en la casa de Siba *eran* siervos de Mefiboset. **13** Pero Mefiboset moraba en Jerusalén, porque siempre comía a la mesa del rey. Estaba lisiado de ambos pies.

HUMILLACIÓN DE LOS SIERVOS DE DAVID

10 Sucedió después de esto que murió el rey de los amonitas, y su hijo Hanún reinó en su lugar. **2** Y David dijo: «Seré bondadoso con Hanún, hijo de Nahas, tal como su padre fue bondadoso conmigo». Entonces David envió algunos[1] de sus siervos para consolarlo por *la muerte* de su padre. Pero cuando los siervos de David llegaron a la tierra de los amonitas, **3** los príncipes de los amonitas dijeron a Hanún

---

8:15 [1] Lit. *y David hacía.*　　8:16 [1] Lit. estaba *sobre el.*　　8:18 [1] Lit. *y.*
[2] Lit. *sacerdotes.*　　9:7 [1] Lit. *el campo.*　　[2] Lit. *padre.*　　[3] Lit. *comerás pan.*
9:9 [1] Lit. *hijo.*　　9:10 [1] Lit. *hijo.*　　[2] Lit. *comerá pan.*　　9:11 [1] Lit. *a mi mesa.*
10:2 [1] Lit. *por mano.*

su señor: «¿Cree usted que David está[1] honrando a su padre porque le ha enviado consoladores? ¿No le ha enviado David sus siervos para reconocer la ciudad, para espiarla y conquistarla?». 4 Entonces Hanún tomó a los siervos de David, les rasuró la mitad de la barba, les cortó los vestidos por la mitad hasta las caderas, y los despidió. 5 Cuando *le* avisaron a David, envió *mensajeros* a encontrarse con ellos, porque los hombres estaban sumamente avergonzados. Y el rey *les* dijo: «Quédense en[1] Jericó hasta que les crezca la barba, y *después* vuelvan».

6 Al ver los amonitas que se habían hecho odiosos a David, los amonitas mandaron a tomar a sueldo a los arameos de Bet Rehob y a los arameos de Soba, 20,000 soldados de a pie, y del rey de Maaca 1,000 hombres, y de Is Tob 12,000 hombres. 7 Cuando David se enteró, envió a Joab y a todo el ejército de los valientes. 8 Y los amonitas salieron y se pusieron en orden de batalla a la entrada de la ciudad[1], mientras que los arameos de Soba y de Rehob y los de Is Tob y de Maaca *estaban* aparte en el campo.

DERROTA DE AMÓN Y ARAM

9 Viendo Joab que se le presentaba batalla[1] por el frente y por la retaguardia, escogió de entre todos los mejores hombres de Israel, y *los* puso en orden de batalla contra los arameos. 10 Al resto del pueblo lo colocó al mando de su hermano Abisai y *lo* puso en orden de batalla contra los amonitas. 11 Y dijo: «Si los arameos son demasiado fuertes para mí, entonces tú me ayudarás, y si los amonitas son demasiado fuertes para ti, entonces vendré en tu ayuda. 12 Esfuérzate, y mostrémonos valientes por amor a nuestro pueblo y por amor a las ciudades de nuestro Dios; y que el SEÑOR haga lo que le parezca bien[1]».

13 Entonces Joab se acercó con el pueblo que *estaba* con él para pelear contra los arameos, y *estos* huyeron delante de él. 14 Cuando los amonitas vieron que los arameos huían, ellos *también* huyeron delante de Abisai y entraron en la ciudad. Entonces Joab se volvió de *pelear* contra los amonitas y vino a Jerusalén.

15 Al ver los arameos que habían sido derrotados por[1] Israel, volvieron a concentrarse. 16 Hadad Ezer mandó sacar a los arameos que *estaban* al otro lado del Río[1] y fueron a Helam; y Sobac, comandante del ejército de Hadad Ezer, *iba* al frente de ellos. 17 Cuando se dio aviso a David, *este* reunió a todo Israel, cruzó el Jordán y llegó a Helam. Los arameos se pusieron en orden de batalla para enfrentarse a David, y pelearon contra él. 18 Pero los arameos huyeron delante de Israel, y David mató a 700 hombres de los carros de los arameos, y a 40,000 hombres de a caballo, e hirió a Sobac, comandante de su ejército, el cual murió allí. 19 Cuando todos los reyes, siervos de Hadad Ezer, vieron que habían sido derrotados por Israel, hicieron la paz con Israel y le sirvieron. Y los arameos tuvieron temor de ayudar más a los amonitas.

10:4-6
Por qué les rasuraron la barba y les cortaron los vestidos

Ambas acciones eran extremadamente bochornosas. Los hombres solo se afeitaban las barbas como una señal de luto o de humillación. Y la desnudez pública era considerada vergonzosa, así que esto fue muy denigrante para ellos.

10:6
Cómo los amonitas contrataron a un ejército

Los ejércitos mercenarios, o tropas contratadas, eran muy comunes en los tiempos del Antiguo Testamento. Esos soldados solo tenían permitido tomar los bienes del enemigo por la fuerza si ganaban la batalla para el rey o el pueblo que los había contratado.

10:3 [1] Lit. *En tus ojos está David.*   10:5 [1] Lit. *Vuélvanse a.*   10:8 [1] Lit. *puerta.*
10:9 [1] Lit. *los frentes de la batalla estaban contra él.*   10:12 [1] Lit. *lo bueno en sus ojos.*   10:15 [1] Lit. *heridos delante de.*   10:16 [1] I.e. el Éufrates.

11:1
Tiempo de salir a la batalla
David no contaba con un ejército todo el año. Muchos hombres que servían como soldados también trabajaban como agricultores. Ellos cosechaban los granos en la primavera y plantaban los cultivos en otoño, así que los soldados que tenían fincas no podían salir a la batalla en esos meses. Para poder ir a la guerra con todos sus soldados, David tenía que esperar al tiempo en que no hubiera actividad agrícola.

11:2
Las personas solían pasar tiempo en el terrado
Los terrados eran planos, y David probablemente fue allí para disfrutar el aire fresco de la tarde.

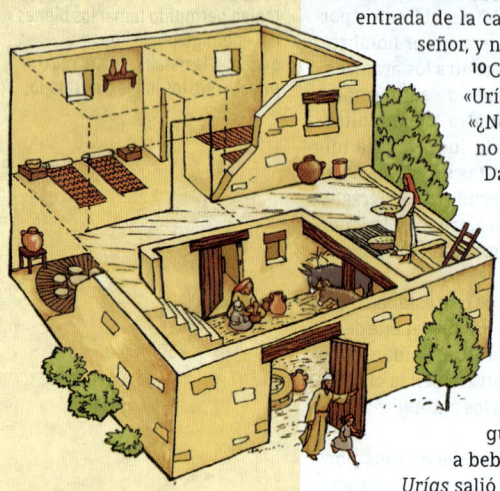

11:2-4
Por qué Betsabé se estaba bañando
Ella estaría tomando el baño ritual de la purificación.

11:11
Por qué Urías se quedó lejos de su casa
Durante la guerra, los soldados israelitas usualmente hacían votos de no dormir con mujeres. Para evitar la tentación de romper este voto, Urías se mantuvo lejos de su propia casa.

DAVID Y BETSABÉ

11 Acontedió que en la primavera[1], en el tiempo cuando los reyes salen *a la batalla,* David envió a Joab y con él a sus siervos y a todo Israel, y destruyeron a los amonitas y sitiaron a Rabá. Pero David permaneció en Jerusalén.

2 Al atardecer David se levantó de su lecho y se paseaba por el terrado de la casa del rey, y desde el terrado vio a una mujer que se estaba bañando; y la mujer era de aspecto muy hermoso. **3** David mandó a preguntar acerca de aquella mujer. Y alguien dijo: «¿No es esta Betsabé, hija de Eliam, mujer de Urías el hitita?». **4** David envió mensajeros y la tomaron; y cuando ella vino a él, él durmió con ella. Después que ella se purificó de su inmundicia, regresó a su casa. **5** Y Betsabé concibió; y envió aviso a David diciéndole: «Estoy encinta».

6 Entonces David envió *a decir* a Joab: «Envíame a Urías el hitita». Y Joab envió a Urías a David. **7** Cuando Urías vino a él, David le preguntó por[1] Joab, por[1] el pueblo y por el estado de la guerra. **8** Después dijo David a Urías: «Desciende a tu casa, y lava tus pies». Salió Urías de la casa del rey, y tras él fue enviado[1] un obsequio del rey. **9** Pero Urías durmió a la entrada de la casa del rey con todos los siervos de su señor, y no bajó a su casa.

10 Cuando *se lo* contaron a David, le dijeron: «Urías no bajó a su casa», David dijo a Urías: «¿No has venido de hacer un viaje? ¿Por qué no bajaste a tu casa?». **11** Urías respondió a David: «El arca, Israel y Judá están bajo tiendas[1], y mi señor Joab y los siervos de mi señor acampan a campo abierto. ¿He de ir yo a mi casa para comer, beber y acostarme con mi mujer? Por su vida y la vida de su alma, que no haré tal cosa». **12** Entonces David dijo a Urías: «Quédate aquí hoy también, y mañana te dejaré ir». Y se quedó Urías en Jerusalén aquel día y el siguiente[1]. **13** Y David lo convidó a comer y a beber con él[1], y lo embriagó. Al anochecer *Urías* salió a acostarse en su cama con los siervos de su señor, pero no descendió a su casa.

14 A la mañana siguiente, David escribió una carta a Joab, y *la* envió por mano de Urías. **15** En la carta había escrito[1]: «Pongan[2] a Urías al frente de la batalla más reñida[3] y retírense de él, para que sea herido y muera». **16** Así que cuando Joab asediaba la ciudad, puso a Urías en el lugar donde sabía que *había* hombres valientes. **17** Y los hombres de la ciudad salieron y pelearon contra Joab, y algunos de los siervos de David cayeron, y murió también Urías el hitita.

18 Joab envió a informar a David de todos los sucesos de la guerra, **19** y dio orden al mensajero: «Cuando hayas acabado de contar al rey todos los sucesos de la guerra, **20** si sucede

que el furor del rey se enciende[1] y te dice: "¿Por qué se acercaron tanto a la ciudad para pelear? ¿No sabían que dispararían
desde el muro? **21** ¿Quién mató a Abimelec, hijo de Jerobaal?
¿No arrojó una mujer sobre él una muela de molino[1] desde
lo alto del muro de manera que murió en Tebes? ¿Por qué se
acercaron *tanto* al muro?". Entonces le dirás: "También su
siervo Urías el hitita ha muerto"».

22 Partió, pues, el mensajero, y llegó e informó a David
todo lo que Joab le había enviado *a decir*. **23** Y el mensajero
dijo a David: «Los hombres prevalecieron contra nosotros y
salieron al campo contra nosotros, pero los rechazamos[1] hasta la entrada de la puerta. **24** Pero los arqueros tiraron contra
sus siervos desde la muralla; y algunos de los siervos del rey
han muerto, y también su siervo Urías el hitita ha muerto».
25 Entonces David dijo al mensajero: «Así dirás a Joab: "No
tengas pesar por esto[1], porque la espada devora tanto a uno
como al otro. Haz más fuerte tu combate contra la ciudad y
destrúyela"; y tú aliéntalo».

26 Al oír la mujer de Urías que su marido Urías había muerto, hizo duelo por su marido. **27** Cuando pasó el luto, David
mandó traerla[1] a su casa, y ella fue su mujer; y dio a luz un hijo.
Pero lo que David había hecho fue malo a los ojos del SEÑOR.

NATÁN REPRENDE A DAVID

12 Entonces el SEÑOR envió a Natán a David. Y Natán vino
a él y le dijo:

> «Había dos hombres en una ciudad, el uno rico, y el
> otro pobre.
> **2** El rico tenía muchas ovejas y vacas.
> **3** Pero el pobre no tenía más que una corderita
> Que él había comprado y criado,
> La cual había crecido junto con él y con sus hijos.
> Comía de su pan[1], bebía de su copa y dormía en su seno,
> Y era como una hija para él.
> **4** Vino un viajero *a visitar* al hombre rico
> Y este no quiso[1] tomar de sus ovejas ni de sus vacas
> Para preparar *comida* para el caminante que había
> venido a él,
> Sino que tomó la corderita de aquel hombre pobre
> y la preparó para el hombre que había venido a
> visitarlo».

5 Y se encendió la ira de David en gran manera contra aquel
hombre, y dijo a Natán: «Vive el SEÑOR, que ciertamente el
hombre que hizo esto merece morir[1]; **6** y debe pagar cuatro
veces por la cordera, porque hizo esto y no tuvo compasión».

7 Entonces Natán dijo a David: «Tú eres aquel hombre. Así
dice el SEÑOR, Dios de Israel: "Yo te ungí rey sobre Israel y te
libré de la mano de Saúl. **8** Yo también entregué a tu cuidado[1]
la casa de tu señor y las mujeres de tu señor, y te di la casa
de Israel y de Judá; y si *eso hubiera sido* poco, te hubiera

11:12-13
David quería que Urías fuera a su casa con Betsabé
David quería que Urías durmiera con su esposa para que pensara que él era el padre cuando Betsabé tuviera a su hijo.

11:18-21
Por qué Joab le dijo al mensajero que informara sobre la batalla de este modo
Joab sabía que David se enojaría porque el ejército hubiera peleado tan cerca de los muros de la ciudad, ya que muchos soldados habían muerto. Así que Joab hizo que el mensajero guardara la noticia de la muerte de Urías para el final.

12:8
Natán reprende a David
Natán regañó a David por haber sido tan egoísta. Aunque Dios le había dado a David todo lo que había sido de Saúl, incluyendo algunas de sus esposas, no había sido suficiente para saciar los deseos egoístas de David. Él había tomado la mujer de otro hombre y luego lo había asesinado para cubrir sus actos.

11:20 [1] Lit. *se sube.*   11:21 [1] O *piedra de moler.*   11:23 [1] Lit. *estuvimos sobre ellos.*   11:25 [1] Lit. *No sea esto malo ante tus ojos.*   11:27 [1] Lit. *recogerla.*   12:3 [1] Lit. *bocado.*   12:4 [1] Lit. *y se abstuvo de.*   12:5 [1] Lit. *es un hijo de muerte.*   12:8 [1] Lit. *en tu seno.*

añadido muchas cosas como estas. **9** ¿Por qué has despreciado la palabra del SEÑOR haciendo lo malo ante Sus ojos? Has matado[1] a espada a Urías el hitita, has tomado su mujer para que sea mujer tuya, y a él lo has matado con la espada de los amonitas. **10** Ahora pues, la espada nunca se apartará de tu casa, porque me has despreciado y has tomado la mujer de Urías el hitita para que sea tu mujer".

11 Así dice el SEÑOR: "Por eso, de tu misma casa levantaré el mal contra ti; *y* aun tomaré tus mujeres delante de tus ojos y *las* daré a tu compañero, y este se acostará con tus mujeres a plena luz del día[1]. **12** En verdad, tú lo hiciste en secreto, pero Yo haré esto delante de todo Israel y a plena luz[1] del sol"». **13** Entonces David dijo a Natán: «He pecado contra el SEÑOR». Y Natán dijo a David: «El SEÑOR ha quitado tu pecado[1]; no morirás. **14** Sin embargo, por cuanto con este hecho has dado ocasión de blasfemar a los enemigos del SEÑOR, ciertamente morirá el niño que te ha nacido». **15** Y Natán regresó a su casa.

Entonces el SEÑOR hirió al niño que la viuda[1] de Urías dio[2] a David, y se puso muy enfermo. **16** David rogó a Dios por el niño; y[1] ayunó, y fue y pasó la noche acostado en el suelo. **17** Los ancianos de su casa se pusieron a su lado para levantarlo del suelo, pero él no quiso, y no comió con ellos. **18** Sucedió que al séptimo día el niño murió. Los siervos de David temían informarle que el niño había muerto, pues se decían: «Si cuando el niño *todavía* estaba vivo, le hablábamos y no nos escuchaba[1], ¿cómo, pues, vamos a decirle que el niño ha muerto? Puede hacerse daño». **19** Pero viendo David que sus siervos susurraban entre sí, comprendió[1] que el niño había muerto, y[2] dijo a sus siervos: «¿Ha muerto el niño?». «Ha muerto», respondieron ellos. **20** Entonces David se levantó del suelo, se lavó, *se* ungió y se cambió de ropa; entró en la casa del SEÑOR y adoró. Después vino a su casa y cuando pidió, le pusieron comida delante y comió. **21** Así que sus siervos le dijeron: «¿Qué es esto que ha hecho? Mientras[1] el niño vivía, usted ayunaba y lloraba, pero cuando el niño murió, se levantó y comió pan[2]». **22** Y él respondió: «Mientras el niño *aún* vivía, yo ayunaba y lloraba, pues me decía: "¿Quién sabe si el SEÑOR tendrá compasión de mí y el niño viva?". **23** Pero ahora que ha muerto, ¿por qué he de ayunar? ¿Podré hacer que vuelva? Yo iré a él, pero él no volverá a mí».

24 Entonces David consoló a Betsabé su mujer, y vino a ella y se acostó con ella; y ella dio a luz un hijo; y él[1] le puso por nombre Salomón. Y el SEÑOR lo amó, **25** y envió *un mensaje* por medio[1] del profeta Natán, y le puso el nombre de Jedidías[2], por causa del SEÑOR.

DAVID CONQUISTA A RABÁ

26 Joab combatió contra Rabá, ciudad de los amonitas, y conquistó la ciudad real. **27** Entonces Joab envió mensajeros a

12:10
La espada nunca se apartaría de la casa de David
Eso significaba que la familia de David sufriría por causa de su pecado. Tres de los hijos de David murieron de manera violenta: Amnón (13:28-29), Absalón (18:14) y Adonías (1 Reyes 2:25).

12:13
La confesión de David
David admitió su culpa y confesó su pecado sin poner ninguna excusa. Él fue sincero y se lamentó. Natán le dijo que el Señor aceptaba su confesión y lo perdonaba.

12:25
El nombre del nuevo hijo
El niño tenía dos nombres: *Jedidías*, que significa «amado por el SEÑOR», y *Salomón*, una forma del término *shalom*, que significa «paz».

12:9 [1] Lit. *herido*.   12:11 [1] Lit. *a vista de este sol*.   12:12 [1] Lit. *delante*.
12:13 [1] Lit. *hecho que tu pecado pase*.   12:15 [1] Lit. *mujer*.   [2] Lit. *dio a luz*.
12:16 [1] Lit. *y David*.   12:18 [1] Lit. *no escuchaba nuestra voz*.   12:19 [1] Lit. *David entendió*.   [2] Lit. *y David*.   12:21 [1] Lit. *Por causa de que*.   [2] O *alimento*.
12:24 [1] Algunos mss. y dos versiones antiguas dicen: *ella*.   12:25 [1] Lit. *mano*.
[2] I.e. *amado del SEÑOR*.

David que *le* dijeran: «He combatido contra Rabá, *y* también he tomado la ciudad de las aguas. **28** Ahora pues, reúna el resto del pueblo y acampe contra la ciudad y tómala, no sea que tome yo la ciudad y sea llamada por mi nombre».

29 David reunió a todo el pueblo y fue a Rabá, y peleó contra ella y la tomó. **30** Quitó la corona de la cabeza de su rey[1], la cual pesaba 34 kilos de oro y *tenía* una piedra preciosa, y fue puesta[2] sobre la cabeza de David. Y él sacó botín de la ciudad en grandes cantidades. **31** Y la gente que *había* en ella, la sacó y la puso *a trabajar* con sierras, con trillos de hierro y con hachas de hierro; también la puso a trabajar en[1] los hornos de ladrillos. Así hizo a todas las ciudades de los amonitas. Entonces regresó David con todo el pueblo *a* Jerusalén.

AMNÓN Y TAMAR

13 Después de esto aconteció que Absalón, hijo de David, tenía una hermana *muy* hermosa que se llamaba Tamar, de la cual se enamoró Amnón, hijo de David. **2** Y Amnón estaba tan atormentado a causa de su hermana Tamar que se enfermó, porque ella era virgen, y le parecía difícil a[1] Amnón hacerle cosa alguna. **3** Pero Amnón tenía un amigo que se llamaba Jonadab, hijo de Simea[1], hermano de David; y Jonadab era un hombre muy astuto. **4** Y *este* le dijo: «Hijo del rey, ¿por qué estás tan deprimido día tras día[1]? ¿No me *lo* contarás?». «Estoy enamorado de Tamar, hermana de mi hermano Absalón», le respondió Amnón. **5** Entonces Jonadab le dijo: «Acuéstate en tu cama, y finge que estás enfermo; y cuando tu padre venga a verte, dile: "Te ruego que dejes que mi hermana Tamar venga y me dé *algún* alimento para comer, y que prepare la comida delante de mí para que yo *la* vea y la coma de su mano"». **6** Amnón se acostó y se fingió enfermo. Cuando el rey vino a verlo, Amnón dijo al rey: «Te ruego que venga mi hermana Tamar y haga dos tortas delante de mí para que yo coma de su mano».

7 Y David envió *mensaje* a Tamar, a *su* casa, diciendo: «Ve ahora a la casa de tu hermano Amnón, y prepárale la comida». **8** Fue, pues, Tamar a la casa de su hermano Amnón, y él estaba acostado. Y ella tomó masa, *la* amasó, hizo tortas delante de él y las coció. **9** Y tomando la sartén, *las* sirvió[1] delante de él, pero él rehusó comer. Y Amnón dijo: «Que salgan todos de aquí[2]». Y todos salieron de allí[3]. **10** Entonces Amnón dijo a Tamar: «Trae la comida a la alcoba para que yo coma de tu mano». Y Tamar tomó las tortas que había hecho y *las* llevó a su hermano

13:15
El amor de Amnón por Tamar rápidamente se torna en odio

El amor de Amnón era solo lujuria. Él no la amaba realmente desde el principio. Y ahora era culpable de haberla maltratado.

EL HIJO CAÍDO
2 Samuel 13—18

La rebelión de Absalón

Huye luego de matar a su hermano Amnón para vengar la deshonra de su hermana 13

Se declara a sí mismo rey en Hebrón; David escapa a Jerusalén 15

Asume el trono y duerme con las concubinas de David 16:21-22

Su ejército es vencido por los hombres de David en el bosque de Efraín 18:1-8

Su cabello se enreda en un árbol y Joab lo mata 18:9-15

David lo llora 18:33

12:30 [1] O de *Milcam*; véase Sof. 1:5.   [2] Lit. *estaba.*   12:31 [1] Lit. *y los hizo pasar por.*   13:2 [1] Lit. *a ojos de.*   13:3 [1] En 1Sam. 16:9, *Sama.*   13:4 [1] Lit. *mañana tras mañana.*   13:8 [1] Lit. *coció las tortas.*   13:9 [1] Lit. *vació.*   [2] Lit. *de mí.*   [3] Lit. *de él.*

13:19
Tamar se cubre la cabeza de cenizas y se rasga su vestido

Las cenizas eran un símbolo de muerte. Así que ponerse cenizas sobre la cabeza era una señal de duelo, como si alguien hubiera muerto. Los vestidos rotos mostraban que la persona tenía un gran dolor interior. Ponerse la mano sobre la cabeza era otra señal de angustia.

13:21
David no hizo nada para castigar a Amnón

David puede haber recordado su propio pecado con Betsabé y tal vez sintió que no tenía derecho a confrontar a su hijo. Otra posibilidad es que haya sido misericordioso con Amnón porque era el hijo mayor de David.

Amnón a la alcoba. **11** Cuando ella se *las* llevó para que comiera, él le echó mano, y le dijo: «Ven, acuéstate conmigo, hermana mía». **12** Pero ella le respondió: «No, hermano mío, no abuses de mí, porque tal cosa no se hace en Israel; no cometas esta terrible ofensa[1]. **13** Pues, ¿adónde iría yo con mi deshonra? Y tú serías como uno de los insensatos[1] de Israel. Ahora pues, te ruego que hables al rey, que él no me negará a ti». **14** Pero él no quiso escucharla[1]; como era más fuerte que ella, la forzó, y se acostó con ella.

15 Entonces Amnón la aborreció con un odio muy grande; porque el odio con que la aborreció fue mayor que el amor con que la había amado. Y Amnón le dijo: «Levántate, vete». **16** Pero ella le respondió: «No, porque esta injusticia *que me haces,* echándome fuera, es mayor que la otra que me has hecho». Pero él no quiso oírla. **17** Llamó, pues, a su criado[1] que le servía y *le* dijo: «Echa a esta mujer fuera de aquí[2], y cierra la puerta tras ella». **18** (Ella llevaba un vestido de manga larga[1], porque así las hijas vírgenes del rey se vestían con túnicas). Su criado la echó fuera, y cerró la puerta tras ella. **19** Entonces Tamar se puso ceniza[1] sobre la cabeza, rasgó el vestido de manga larga[2] que llevaba puesto, y se fue gritando con las manos sobre la cabeza.

VENGANZA DE ABSALÓN

20 Su hermano Absalón le dijo: «¿Ha estado contigo tu hermano Amnón? Guarda silencio ahora, hermana mía; tu hermano es; no se angustie tu corazón por este asunto». Tamar, pues, se quedó desconsolada en casa de su hermano Absalón. **21** Cuando el rey David se enteró de todas estas cosas, se enojó mucho. **22** Pero Absalón no le habló a Amnón ni bien ni mal; pues odiaba a Amnón, porque había violado a su hermana Tamar.

23 Después de dos años, teniendo Absalón esquiladores de ovejas en Baal Hazor, que está junto a Efraín, invitó a todos los hijos del rey. **24** Y Absalón vino al rey y le dijo: «Su siervo tiene ahora esquiladores de ovejas; ruego que venga el rey y sus asistentes con su siervo». **25** Pero el rey respondió a Absalón: «No, hijo mío, no debemos ir todos, para no ser carga para ti». Y aunque le insistió, no quiso ir, pero lo bendijo. **26** Entonces Absalón dijo: «Pues si no, le ruego que deje ir a mi hermano Amnón con nosotros». «¿Por qué ha de ir contigo?», le preguntó el rey. **27** Pero cuando Absalón le insistió, dejó ir con él a Amnón y a todos los hijos del rey.

28 Absalón ordenó a sus siervos y dijo: «Miren, cuando el corazón de Amnón esté alegre por el vino, y cuando yo les diga: "Hieran a Amnón", entonces mátenlo. No teman; ¿no se lo he mandado yo? Tengan ánimo y sean valientes[1]». **29** Y los siervos de Absalón hicieron a Amnón tal como Absalón *les* había mandado. Entonces todos los hijos del rey se levantaron, y montándose cada uno en su mulo, huyeron.

13:12 [1] O *infamia.*   13:13 [1] O *infames.*   13:14 [1] Lit. *escuchar su voz.*
13:17 [1] O *joven.*   [2] Lit. *de mí.*   13:18 [1] Lit. *una túnica de diversos colores.*
13:19 [1] O *polvo.*   [2] Lit. *la túnica de diversos colores.*   13:28 [1] Lit. *hijos de valor.*

30 Estando aún ellos en el camino, llegó a David el rumor que decía: «Absalón ha dado muerte[i] a todos los hijos del rey, y no ha quedado ni uno de ellos». **31** Entonces el rey se levantó, rasgó sus vestidos y se echó en tierra; y todos sus siervos estaban a su lado con los vestidos rasgados. **32** Y Jonadab, hijo de Simea, hermano de David, dijo[i]: «No crea[2] mi señor que han dado muerte a todos los jóvenes, hijos del rey, pues solo ha muerto Amnón; porque esto había sido determinado por decisión[3] de Absalón desde el día en que Amnón violó a su hermana Tamar. **33** Ahora pues, no tome en serio[i] mi señor el rey el rumor que dice: "todos los hijos del rey murieron", porque solo Amnón ha muerto».

HUIDA DE ABSALÓN

34 Entre tanto Absalón había huido. Y el joven que estaba de atalaya alzó los ojos y miró, y había mucha gente que venía por el camino *que estaba* a sus espaldas del lado del monte. **35** Y Jonadab dijo al rey: «Son los hijos del rey que vienen; conforme a la palabra de su siervo, así ha sucedido». **36** Apenas había acabado de hablar, los hijos del rey llegaron, alzaron su voz y lloraron. También el rey y todos sus siervos lloraron muy amargamente[i].

37 Huyó Absalón y fue a Talmai, hijo de Amiud, rey de Gesur. Y *David* lloraba por su hijo todos los días. **38** Así fue que Absalón huyó a Gesur, y estuvo allí tres años. **39** Y el rey David ansiaba ir adonde *estaba* Absalón, pues con respecto a Amnón que había muerto, ya se había consolado.

JOAB Y LA MUJER DE TECOA

14 Joab, hijo de Sarvia, comprendió que el corazón del rey *se inclinaba* hacia Absalón. **2** Y Joab envió a Tecoa a traer[i] a una mujer sabia de allí, y le dijo: «Te ruego que finjas estar de duelo, te pongas ahora ropas de luto y no te unjas con óleo, sino pórtate como una mujer que por muchos días ha estado de duelo por un muerto; **3** después ve al rey y háblale de esta manera». Y Joab puso las palabras en su boca.

4 Cuando la mujer de Tecoa habló[i] al rey, cayó sobre su rostro en tierra, y postrándose, dijo: «¡Ayúdeme, oh rey!». **5** «¿Qué te sucede?», le dijo el rey. Ella le respondió: «Ciertamente soy viuda, pues mi marido ha muerto. **6** Su sierva tenía dos hijos; lucharon entre sí en el campo, y no habiendo quien los apartara[i], uno hirió al otro y lo mató. **7** Y toda la familia se ha levantado contra su sierva, y dicen: "Entrega al que hirió a su hermano, para que le demos muerte por la vida de su hermano a quien mató, y destruyamos al heredero también". Así extinguirán el ascua que me queda, no dejando[i] a mi marido nombre ni remanente sobre la superficie de la tierra».

8 «Ve a tu casa, y daré órdenes respecto a ti», el rey respondió a la mujer. **9** Y la mujer de Tecoa dijo al rey: «Oh rey mi señor, la iniquidad sea sobre mí y sobre la casa de mi padre, pero el rey y su trono sean sin culpa». **10** «Cualquiera que te

13:39
David no fue a ver a Absalón

Absalón estaba en el exilio, es decir, en un lugar lejos como castigo. De modo que ahora David había perdido a sus dos hijos mayores. Quizás él se dio cuenta de que Absalón debía ser castigado, pero lo amaba mucho como para hacerlo él mismo.

14:2-3
Joab creó un plan elaborado para convencer a David de que trajera a Absalón

Contar historias en forma de parábolas era algo común en ese tiempo. Tanto el profeta Natán como Joab probablemente pensaron que este tipo de relato sorprendería a David con la guardia baja y él cambiaría de opinión fácilmente.

13:30 [i] Lit. *ha herido.*   13:32 [i] Lit. *respondió y dijo.*   [2] Lit. *diga.*   [3] Lit. *boca.*
13:33 [i] Lit. *en su corazón.*   13:36 [i] Lit. *con muy gran lamento.*   14:2 [i] Lit. *y*
tomó.   14:4 [i] Muchos mss. y versiones antiguas dicen: *vino.*
14:6 [i] Lit. *libertador entre ellos.*   14:7 [i] Lit. *no poniendo.*

REINO ANIMAL

1 y 2 Samuel

Principales referencias a los animales que se mencionan en estos libros

36 Oveja/Cordero/Carnero(s)/Rebaño(s)

14 Asno(s)

15 Vaca(s)/Ganado Becerro/Becerros

18 Buey/Bueyes

6 León

5 Perro

4 Cabra

hable, tráemelo, y no te molestará más», dijo el rey. **11** Y ella dijo: «Le ruego, oh rey, que se acuerde del SEÑOR su Dios, *para que* el vengador de sangre no aumente el daño, no sea que destruya a mi hijo». Y él dijo: «Vive el SEÑOR, ni un pelo de tu hijo caerá a tierra».

12 Dijo entonces la mujer: «Permita que su sierva diga una palabra a mi señor el rey». «Habla», le dijo David. **13** Y la mujer dijo: «¿Por qué, pues, ha pensado tal cosa contra el pueblo de Dios? Porque al decir esta palabra, el rey *se hace* como uno que es culpable, *ya que* el rey no hace volver a su desterrado. **14** Pues ciertamente moriremos; somos como el agua derramada en tierra que no se vuelve a recoger. Pero Dios no quita la vida, sino designa medios para que el desterrado no sea alejado de él. **15** Ahora, la razón por la cual[1] he venido a decir esta palabra a mi señor el rey, es porque el pueblo me ha atemorizado; por eso su sierva se dijo: "Hablaré ahora al rey, tal vez el rey cumpla la petición[2] de su sierva. **16** Pues el rey oirá y librará[1] a su sierva de mano[2] del hombre que destruiría a ambos[3], a mí y a mi hijo, de la heredad de Dios". **17** Se dijo además su sierva: "Sea de consuelo[1] la palabra de mi señor el rey, pues como el ángel de Dios, así es mi señor el rey para discernir el bien y el mal. ¡Que el SEÑOR su Dios sea con usted!"».

18 Respondió el rey y dijo a la mujer: «Te ruego que no me ocultes nada de lo que voy a preguntarte». «Hable mi señor el rey», le dijo la mujer. **19** Y el rey dijo: «¿Está contigo la mano de Joab en todo esto?». Y la mujer respondió: «Vive su alma, mi señor el rey, nadie *puede desviarse* ni a la derecha ni a la izquierda de todo lo que mi señor el rey ha hablado. En verdad fue su siervo Joab quien me mandó, y fue él quien puso todas estas palabras en boca de su sierva; **20** su siervo Joab ha hecho esto con el fin de cambiar el aspecto de las cosas. Pero mi señor es sabio, como *con* la sabiduría del ángel de Dios, para saber todo lo que hay en la tierra».

REGRESO DE ABSALÓN

21 Entonces el rey dijo a Joab: «Mira, ciertamente ahora haré esto; ve *y* trae al joven Absalón». **22** Joab cayó rostro en tierra, y postrándose, bendijo al rey. Entonces Joab

14:15 [1] Lit. *Y ahora que.*   [2] Lit. *palabra.*   14:16 [1] Lit. *para librar.*   [2] Lit. *palma.*   [3] Lit. *juntos.*   14:17 [1] Lit. *para descanso.*

dijo: «Oh rey mi señor, hoy su siervo sabe que he hallado gracia ante sus ojos, puesto que el rey ha concedido la petición[1] de su siervo». **23** Joab se levantó, fue a Gesur y trajo a Absalón a Jerusalén. **24** Pero el rey dijo: «Que vuelva a su casa y no vea mi rostro». Y Absalón volvió a su casa, y no vio el rostro del rey.

25 En todo Israel no había nadie tan bien parecido ni tan celebrado como Absalón. Desde la planta de su pie hasta su coronilla no había defecto en él. **26** Cuando se cortaba el cabello (y era al final de cada año que se *lo* cortaba, pues le pesaba mucho y por eso se lo cortaba), el cabello pesaba 200 siclos (2.3 kilos) según el peso real. **27** A Absalón le nacieron tres hijos y una hija que se llamaba Tamar; ella era una mujer de hermosa apariencia.

28 Absalón residió dos años completos en Jerusalén sin ver el rostro del rey. **29** Entonces Absalón mandó a buscar a Joab para enviarlo al rey, pero él no quiso venir. Y por segunda vez envió por él, pero no quiso venir. **30** Dijo, pues, a sus siervos: «Miren, el campo[1] de Joab está junto al mío, y allí tiene cebada; vayan y préndanle fuego». Y los siervos de Absalón prendieron fuego al campo[2]. **31** Entonces Joab se levantó, vino a la casa de Absalón y le dijo: «¿Por qué tus siervos han prendido fuego a mi campo[1]?». **32** Y Absalón respondió a Joab: «Mira, mandé a decirte: "Ven acá, para enviarte al rey a decir*le*: '¿Para qué vine de Gesur? Mejor me hubiera sido estar aún allá". Ahora pues, vea yo el rostro del rey; y si hay iniquidad en mí, que me dé muerte». **33** Cuando Joab vino al rey y le hizo saber *esto*, llamó a Absalón, quien vino ante el rey y se postró sobre su rostro en tierra delante del rey. Y el rey besó a Absalón.

CONSPIRACIÓN DE ABSALÓN

15 Aconteció después de esto que Absalón consiguió un carro y caballos, y cincuenta hombres que corrieran[1] delante de él. **2** Absalón se levantaba temprano y se situaba junto al camino de la puerta; y sucedía que todo aquel que tenía un pleito y venía al rey para juicio, Absalón lo llamaba y decía: «¿De qué ciudad eres?». Y *este* respondía: «Tu siervo es de una de las tribus de Israel». **3** Entonces Absalón le decía: «Mira, tu causa[1] es buena y justa, pero nadie te va a escuchar de parte del rey». **4** Decía además Absalón: «¡Quién me nombrara juez en la tierra! Entonces todo hombre que tuviera pleito o causa alguna podría venir a mí y yo le haría justicia». **5** Y sucedía que cuando alguien se acercaba y se postraba ante él, él extendía su mano, lo levantaba[1] y lo besaba. **6** De esta manera Absalón trataba a todo israelita que venía al rey para juicio. Así Absalón robó el corazón de los hombres de Israel.

7 Después de cuatro[1] años, Absalón dijo al rey: «Le ruego me deje ir a Hebrón a pagar mi voto que he hecho al SEÑOR. **8** Pues su siervo prometió un voto mientras habitaba en

14:22
Joab estaba ansioso por el regreso de Absalón
Como el hijo mayor vivo, Absalón era el próximo en la línea al trono. Joab sabía que Absalón tenía que estar en buenos términos con su padre para evitar potenciales peleas y una posible guerra.

14:24
David se negó a ver a Absalón cara a cara
David todavía no podía perdonar a Absalón por haber matado a Amnón, aun cuando le permitió regresar a Jerusalén.

14:25-26
El cabello largo de Absalón
La apariencia de Absalón lo hacía ver impresionante y con aspecto de la realeza. Su hermosa cabellera era una señal de fuerza y vigor. Los reyes y otras figuras heroicas a menudo tenían grandes cantidades de cabello, mientras que la calvicie era señal de desgracia.

Dominio público

15:2-6
David toleraba las acciones de Absalón
Aunque claramente Absalón estaba tratando de socavar la autoridad de David, él tuvo misericordia una vez más. Quizás David subestimó a Absalón.

14:22 [1] Lit. *palabra.*   14:30 [1] Lit. *la porción.*   [2] Lit. *a la porción.*
14:31 [1] Lit. *porción.*   15:1 [1] Lit. *hombres corredores.*   15:3 [1] Lit. *tu palabra.*
15:5 [1] Lit. *asía de él.*   15:7 [1] Así en algunas versiones antiguas; en el T.M., *cuarenta.*

15:8-12
Absalón elige Hebrón para su levantamiento
Absalón debe haber pensado que este era un buen sitio en donde comenzar su rebelión, porque había nacido allí y David había sido proclamado rey en ese lugar.

15:18
Cereteos, peleteos y geteos
Los cereteos y los peleteos eran soldados mercenarios, o contratados, que formaron parte de los guardaespaldas de David. No eran israelitas, así que no les importaba quién estaba a cargo. Su lealtad era hacia quien los contrataba. Los geteos eran soldados filisteos de Gat que se habían unido a la fuerza militar de David.

Gesur, en Aram y dijo: "Si en verdad el SEÑOR me hace volver a Jerusalén, entonces yo serviré al SEÑOR"». **9** «Vete en paz», le dijo el rey. Y él se levantó y fue a Hebrón. **10** Pero Absalón envió espías por todas las tribus de Israel y dijo: «Tan pronto oigan el sonido de la trompeta, entonces dirán: "Absalón es rey en Hebrón"». **11** Con Absalón fueron 200 hombres de Jerusalén como invitados; fueron inocentemente[1], sin saber nada. **12** Y Absalón envió por Ahitofel el gilonita, consejero de David, desde Gilo su ciudad, cuando ofrecía los sacrificios. Y la conspiración se hacía fuerte porque constantemente aumentaba la gente que seguía a Absalón.

13 Entonces un mensajero vino a David y le dijo: «El corazón de los hombres de Israel está con[1] Absalón». **14** Y David dijo a todos sus siervos que *estaban* con él en Jerusalén: «Levántense y huyamos, porque *si no,* ninguno de nosotros escapará de Absalón. Vayan de prisa, no sea que nos alcance pronto, traiga desgracia sobre nosotros y hiera la ciudad a filo de espada». **15** Y los siervos del rey le dijeron[1]: «Sus siervos *están listos para hacer* todo lo que nuestro[2] señor el rey quiera». **16** Salió el rey, y toda su casa con él[1], dejando el rey a diez concubinas para cuidar la casa. **17** Salió, pues, el rey y toda la gente con él[1], y se detuvieron en la última casa. **18** Todos sus siervos pasaron junto a él, todos los cereteos, los peleteos y todos los geteos, 600 hombres que habían venido con él[1] desde Gat; *todos* pasaron delante del rey.

19 Y el rey dijo a Itai el geteo: «¿Por qué has de venir tú también con nosotros? Regresa y quédate con el rey, porque eres un extranjero y también un desterrado; *regresa* a tu lugar. **20** Llegaste *apenas* ayer, ¿y he de hacer que vagues hoy con nosotros mientras yo voy por donde quiera ir? Regresa y haz volver a tus hermanos, y que sean contigo la misericordia y la verdad[1]». **21** Pero Itai respondió al rey: «Vive el SEÑOR y vive mi señor el rey, ciertamente dondequiera que esté mi señor el rey, ya sea para muerte o para vida, allí también estará su siervo». **22** Entonces David dijo a Itai: «Ve y pasa adelante». Así Itai el geteo pasó con todos sus hombres y con todos los pequeños que *estaban* con él. **23** Mientras todo el país lloraba en alta voz, todo el pueblo cruzó. El rey también cruzó el torrente Cedrón, y todo el pueblo pasó en dirección al desierto.

24 Y Sadoc *pasó* también, y todos los levitas con él, llevando el arca del pacto de Dios. Y asentaron el arca de Dios, y Abiatar subió después[1] que había terminado de pasar todo el pueblo *que salía* de la ciudad. **25** Entonces el rey dijo a Sadoc: «Haz volver el arca de Dios a la ciudad. Si hallo gracia ante los ojos del SEÑOR, Él me hará volver y me mostrará tanto el arca[1] como Su morada. **26** Pero si Él dijera así: "No me complazco en ti", mira, aquí estoy, que haga conmigo lo que bien le parezca[1]». **27** También el rey David dijo al sacerdote Sadoc: «¿*No* eres vidente? Regresa en paz a la ciudad, y con ustedes sus dos hijos, tu hijo Ahimaas, y Jonatán, hijo de Abiatar. **28** Miren, esperaré en los vados del desierto hasta que venga

---

15:11 [1] Lit. *con su integridad.*   15:13 [1] Lit. *tras.*   15:15 [1] Lit. *dijeron al rey.*
[2] Lit. *mi.*   15:16 [1] Lit. *a sus pies.*   15:17 [1] Lit. *a sus pies.*   15:18 [1] Lit. *a sus pies.*   15:20 [1] O *fidelidad.*   15:24 [1] Lit. *hasta.*   15:25 [1] Lit. *ella.*
15:26 [1] Lit. *lo que sea bueno ante sus ojos.*

palabra de ustedes para informarme». **29** Sadoc y Abiatar hicieron volver el arca de Dios a Jerusalén, y se quedaron allí.

30 David subía a la cuesta del *monte de los Olivos*, y mientras iba, lloraba con la cabeza cubierta y *los pies* descalzos. Entonces todo el pueblo que *iba* con él cubrió cada uno su cabeza, e iban llorando mientras subían. **31** *Alguien* dio aviso a David: «Ahitofel está entre los conspiradores con Absalón». Y David dijo: «Oh SEÑOR, te ruego, haz necio el consejo de Ahitofel».

32 Sucedió que mientras David se acercaba a la cumbre donde se adoraba a Dios, Husai el arquita salió a su encuentro con su manto desgarrado[1] y polvo[2] sobre la cabeza. **33** Y David le dijo: «Si pasas conmigo, entonces me serás una carga. **34** Pero si regresas a la ciudad, y dices a Absalón: "Seré su siervo, oh rey; como en el pasado he sido siervo de su padre, así ahora seré su siervo", entonces hará nulo el consejo de Ahitofel en favor mío. **35** ¿Y no están allí contigo Sadoc y Abiatar los sacerdotes? Por tanto[1], todo lo que oigas de la casa del rey lo comunicarás a los sacerdotes Sadoc y Abiatar. **36** También, sus dos hijos están allí con ellos, Ahimaas, hijo de Sadoc, y Jonatán, hijo de Abiatar, y por medio de ellos me comunicarás todo lo que oigas». **37** Husai, amigo de David, entró en la ciudad cuando Absalón entraba en Jerusalén.

SIMEI MALDICE A DAVID

16 Cuando David pasó un poco más allá de la cumbre, vio que Siba, el criado de Mefiboset, *salía* a su encuentro con un par de asnos aparejados, y sobre ellos *había* 200 panes, 100 racimos de uvas pasas, 100 frutas de verano y un odre de vino. **2** Y el rey dijo a Siba: «¿Para qué tienes esto?». Y Siba respondió: «Los asnos son para que monte la familia[1] del rey, y el pan y la fruta de verano para que los jóvenes coman, y el vino para que beba cualquiera que se fatigue en el desierto». **3** Entonces el rey dijo: «¿Y dónde está el hijo de tu señor?». Y Siba respondió al rey: «Está en Jerusalén, pues ha dicho: "Hoy la casa de Israel me devolverá el reino de mi padre"». **4** Y el rey dijo a Siba: «Mira, todo lo que pertenece a Mefiboset es tuyo». Y Siba dijo: «Me inclino *ante usted;* que halle yo gracia ante sus ojos, oh rey, mi señor».

5 Al llegar el rey David a Bahurim, entonces, salió de allí un hombre de la familia de la casa de Saúl que se llamaba Simei, hijo de Gera. Cuando salió, iba maldiciendo, **6** y tiraba piedras a David y a todos los siervos del rey David, aunque todo el pueblo y todos los *hombres* valientes *estaban* a su derecha y a su izquierda. **7** Así decía Simei mientras maldecía: «¡Fuera, fuera, hombre sanguinario e indigno! **8** El SEÑOR ha hecho volver sobre ti toda la sangre derramada de la casa de Saúl, en cuyo lugar has reinado; el SEÑOR ha entregado el reino en mano de tu hijo Absalón. Aquí *estás prendido* en tu propia maldad, porque eres hombre sanguinario».

9 Entonces Abisai, hijo de Sarvia, dijo al rey: «¿Por qué ha de maldecir este perro muerto a mi señor el rey? Déjeme que vaya ahora y le corte[1] la cabeza». **10** Pero el rey dijo: «¿Qué

15:30
La señal de cubrirse la cabeza

Cubrirse la cabeza demostraba la pérdida de la libertad de una persona, porque en Israel una cabeza descubierta era una señal de la integridad de un hombre y su libertad delante de Dios.

16:4
David rompió la promesa hecha a Mefiboset

David creyó la falsa historia de Siba de que Mefiboset se había vuelto un traidor, así que cambió su promesa y le dio su bendición a Siba.

15:32 [1] O *túnica desgarrada.*   [2] Lit. *tierra.*   15:35 [1] Lit. *Y será que.*
16:2 [1] Lit. *casa.*   16:9 [1] Lit. *quite.*

16:10-11

David pensó que las maldiciones de Simei venían de parte de Dios

David se dio cuenta de que la rebelión de Absalón era una consecuencia de su pecado contra Urías y Betsabé. Dios estaba usando estas aflicciones para mantenerlo humilde. Así que David supo que las maldiciones de Simei podrían haber venido de parte del Señor también.

16:12

David pensó que Dios todavía lo recompensaría

David confiaba en que Dios guardaría el pacto que habían hecho. Dios había recompensado a David por soportar la persecución de Saúl y le había mostrado su fidelidad. Más importante aún, Dios había hecho un pacto con David y él era fiel a sus promesas.

16:21-22

Por qué Absalón durmió con las concubinas de David

Esto mostraba que Absalón se había proclamado rey. Esa era una práctica común cuando un nuevo rey asumía el trono. Así también se cumplió la profecía de Natán a David (12:11-12).

tengo yo que ver con ustedes, hijos de Sarvia? Si él maldice, y si el SEÑOR le ha dicho: "Maldice a David", ¿quién, pues, le dirá: "¿Por qué has hecho esto?"». **11** Entonces David dijo a Abisai y a todos sus siervos: «Mi hijo que salió de mis entrañas busca mi vida; ¿cuánto más entonces este benjamita? Déjenlo, que siga maldiciendo, porque el SEÑOR se lo ha dicho. **12** Quizá el SEÑOR mire mi aflicción y me devuelva[1] bien por su maldición de hoy». **13** Así pues, David y sus hombres siguieron su camino; y Simei iba por el lado del monte paralelo a él, y mientras iba lo maldecía, le tiraba piedras[1] y le arrojaba polvo. **14** Y el rey y todo el pueblo que iba con él llegaron al Jordán[1] fatigados, y allí descansaron[2].

15 Entonces Absalón y todo el pueblo, los hombres de Israel, entraron en Jerusalén, y Ahitofel con él. **16** Sucedió que cuando Husai el arquita, amigo de David, vino a Absalón, Husai dijo a Absalón: «¡Viva el rey! ¡Viva el rey!». **17** Y Absalón dijo a Husai: «¿Es esta tu lealtad[1] para con tu amigo? ¿Por qué no fuiste con tu amigo?». **18** Respondió Husai a Absalón: «No, pues a quien el SEÑOR, este pueblo y todos los hombres de Israel han escogido, de él seré, y con él me quedaré. **19** Además, ¿a quién debería yo servir? ¿No habría de ser en la presencia de su hijo? Tal como he servido delante de tu padre, así seré delante de ti».

20 Entonces Absalón dijo a Ahitofel: «Den ustedes su consejo. ¿Qué debemos hacer?». **21** Y Ahitofel respondió a Absalón: «Lléguese a las concubinas de su padre, a quienes él ha dejado para guardar la casa. Entonces todo Israel sabrá que usted ha hecho odioso a su padre, y las manos de todos los que están con usted se fortalecerán». **22** Levantaron, pues, una tienda en el terrado para Absalón, y él se llegó a las concubinas de su padre a la vista de todo Israel. **23** El consejo que Ahitofel daba[1] en aquellos días era como si uno consultara la palabra de Dios. Así era considerado todo consejo de Ahitofel tanto por David como por Absalón.

CONSEJOS DE AHITOFEL Y DE HUSAI

17 Ahitofel dijo también a Absalón: «Le ruego que me deje escoger 12,000 hombres, y esta noche me levantaré y perseguiré a David. **2** Caeré sobre él cuando esté cansado y fatigado[1], le infundiré terror y huirá todo el pueblo que está con él. Entonces heriré al rey solamente, **3** y haré volver a usted a todo el pueblo. El regreso de todos depende del hombre a quien busca[1]; después todo el pueblo estará en paz». **4** Y el plan agradó a[1] Absalón y a todos los ancianos de Israel.

5 Entonces Absalón dijo: «Llame[1] también ahora a Husai el arquita y escuchemos lo que él tiene que decir[2]». **6** Cuando Husai vino a Absalón, este le dijo[1]: «Ahitofel ha hablado de esta manera[2]. ¿Llevaremos a cabo su plan?[3] Si no, habla».

16:12 [1] Lit. y el SEÑOR me devuelva.　　16:13 [1] Lit. piedras paralelo a él.
16:14 [1] Así en un ms. de la versión gr.; el T.M. omite: al Jordán.　　[2] Lit. renovó sus fuerzas.　　16:17 [1] O bondad.　　16:23 [1] Lit. aconsejaba.　　17:2 [1] Lit. débil de manos.　　17:3 [1] Lit. Como el regreso de la totalidad es el hombre a quien buscas. 17:4 [1] Lit. la palabra fue agradable a los ojos de.　　17:5 [1] Algunas versiones antiguas dicen: Llamen.　　[2] Lit. tiene en su boca; también él.　　17:6 [1] Lit. y Absalón le dijo, diciendo.　　[2] Lit. según esta palabra.　　[3] Lit. ¿Haremos su palabra?

7 Y Husai dijo a Absalón: «Esta vez el consejo que Ahitofel ha dado[1] no es bueno». **8** Dijo además Husai: «Usted conoce a su padre y a sus hombres, que son hombres valientes y que están enfurecidos[1] como una osa en el campo privada de sus cachorros. Su padre es un experto en la guerra[2], y no pasará la noche con el pueblo. **9** Ciertamente, él ahora se habrá escondido en una de las cuevas[1] o en algún *otro* lugar. Y sucederá que si en el primer *asalto* caen algunos de los suyos[2], cualquiera que se entere, dirá: "Ha habido una matanza entre el pueblo que sigue a Absalón".

10 »Y aun el valiente, cuyo corazón es como el corazón de un león, se desanimará[1] completamente, pues todo Israel sabe que su padre es un hombre poderoso y que todos los que están con él son valientes. **11** Pero yo aconsejo que todo Israel se reúna con usted, desde Dan hasta Beerseba, abundantes como la arena que está a la orilla del mar, y que usted personalmente vaya[1] al combate. **12** Así que iremos a él en cualquiera de los lugares donde se encuentre, y descenderemos sobre él como cae el rocío sobre la tierra. De él y de todos los hombres que están con él no quedará ni uno. **13** Si se refugia en una ciudad, todo Israel traerá sogas a aquella ciudad y la arrastraremos al valle[1] hasta que no se encuentre en ella ni una piedra pequeña». **14** Absalón y todos los hombres de Israel dijeron: «El consejo de Husai el arquita es mejor que el consejo de Ahitofel». Pues el SEÑOR había ordenado que se frustrara el buen consejo de Ahitofel para que el SEÑOR trajera calamidad sobre Absalón.

15 Después Husai dijo a los sacerdotes Sadoc y Abiatar: «Esto[1] es lo que Ahitofel aconsejó a Absalón y a los ancianos de Israel, y esto[1] es lo que yo he aconsejado. **16** Ahora pues, envíen inmediatamente y avisen a David: "No pase la noche en los vados del desierto sino pase al otro lado sin falta, no sea que el rey y el pueblo que está con él sean destruidos[1]"». **17** Y Jonatán y Ahimaas aguardaban en En Rogel[1]. Una criada iría a avisarles y ellos irían a avisar al rey David, porque no debían verse entrando a la ciudad. **18** Pero un muchacho los vio y avisó a Absalón; así que los dos salieron rápidamente y fueron a la casa de un hombre en Bahurim que tenía un pozo en su patio, al cual[1] descendieron. **19** Y tomando la mujer una manta, la extendió[1] sobre la boca del pozo y esparció grano sobre ella, de modo que nada se notaba[2]. **20** Entonces los siervos de Absalón fueron a la casa de la mujer[1] y dijeron: «¿Dónde están Ahimaas y Jonatán?». Y la mujer les dijo: «Ellos han pasado el arroyo[2]». Buscaron, y al no encontrarlos, regresaron a Jerusalén.

17:18-19
Pozos

La mayoría de las casas tenían una cisterna (un hoyo para recolectar el agua de lluvia). Los pozos eran más profundos, conducían a una fuente de agua, resultaban escasos, y generalmente pertenecían a un grupo de personas o comunidad.

Todd Bolen/www.BiblePlaces.com

17:7 [1] Lit. *aconsejado.*   17:8 [1] Lit. *amargados de alma.*   [2] Lit. *hombre de guerra.*   17:9 [1] Lit. *los fosos.*   [2] Lit. *según la caída entre ellos.*
17:10 [1] Lit. *derretirá.*   17:11 [1] Lit. *tu cara vaya.*
17:13 [1] O *torrente.*   17:15 [1] Lit. *Así y así.*
17:16 [1] Lit. *tragados.*   17:17 [1] O *la fuente de Rogel.*
17:18 [1] Lit. *y allí.*   17:19 [1] Lit. *tomó y extendió la manta.*   [2] Lit. *sabía.*   17:20 [1] Lit. *a la mujer, a la casa.*   [2] Lit. *arroyo de aguas.*

17:23
Ahitofel se ahorca
Ahitofel actuó con cobardía. En vez de enfrentar el castigo por cometer traición, decidió ahorcarse. Tal vez estaba enojado porque nadie había seguido su consejo.

18:3
Los hombres de David dijeron que él valía por 10,000 soldados
David era el comandante del ejército. De haber sido capturado o muerto, no quedaría nadie para liderar la causa. Así que, incluso si Absalón capturaba o destruía a la mitad del ejército de David, todavía tenían una oportunidad de ganar, porque aún les quedaba un líder fuerte.

ABSALÓN PERSIGUE A DAVID

21 Después que los siervos se fueron, salieron del pozo, y fueron y dieron aviso al rey David, diciéndole[1]: «Levántense y pasen aprisa las aguas, porque Ahitofel ha aconsejado así contra ustedes». **22** Entonces David y todo el pueblo que *estaba* con él se levantaron y pasaron el Jordán. Ya al amanecer[1] no quedaba ninguno que no hubiera pasado el Jordán. **23** Viendo Ahitofel que no habían seguido[1] su consejo, aparejó[2] *su* asno, se levantó y fue a su casa, a su ciudad, puso en orden[3] su casa y se ahorcó. Así murió, y fue sepultado en la tumba de su padre.

24 Al llegar David a Mahanaim, Absalón pasó el Jordán y con él todos los hombres de Israel. **25** Absalón nombró a Amasa jefe del ejército en lugar de Joab. Amasa *era* hijo de un hombre que se llamaba Itra, el israelita[1], el cual se había llegado a Abigail, hija de Nahas, hermana de Sarvia, madre de Joab. **26** Y acampó Israel con[1] Absalón en la tierra de Galaad.

27 Cuando David llegó a Mahanaim, entonces Sobi, hijo de Nahas de Rabá, de los hijos de Amnón, Maquir, hijo de Amiel de Lodebar, y Barzilai el galaadita de Rogelim, **28** trajeron camas, copas, vasijas de barro, trigo, cebada, harina, *grano* tostado, habas, lentejas, *semillas* tostadas, **29** miel, cuajada, ovejas, y queso de vaca, para que comieran David y el pueblo que *estaba* con él, pues decían: «El pueblo está hambriento, cansado y sediento en el desierto».

DERROTA Y MUERTE DE ABSALÓN

18 Entonces David contó[1] el pueblo que *estaba* con él, y puso sobre ellos capitanes de miles y capitanes de cientos. **2** Y envió David al pueblo: una tercera parte bajo el mando[1] de Joab, otra tercera parte bajo el mando[1] de Abisai, hijo de Sarvia, hermano de Joab, y otra tercera parte bajo el mando[1] de Itai el geteo. Y el rey dijo al pueblo: «Ciertamente yo también saldré con ustedes». **3** Pero el pueblo dijo: «No debe salir; porque si tenemos que huir, no harán caso de nosotros. Aunque muera la mitad de nosotros, no harán caso de nosotros. Pero usted vale *por* 10,000 de[1] nosotros; ahora pues, será mejor que usted *esté listo* para ayudarnos desde la ciudad». **4** «Yo haré lo que les parezca mejor[1]», les dijo el rey. Y el rey se puso junto a la puerta, y todo el pueblo salió por centenares y por millares. **5** Y el rey David mandó a Joab, a Abisai y a Itai y dijo: «Por amor a mí *traten* bien al joven Absalón». Y todo el pueblo oyó cuando el rey dio orden a todos los capitanes acerca de Absalón.

6 El pueblo salió al campo al encuentro de Israel, y se entabló la batalla en el bosque de Efraín. **7** Allí fue derrotado[1] el pueblo de Israel delante de los siervos de David, y la matanza aquel día allí fue grande: 20,000 hombres. **8** La[1] batalla se extendió por toda aquella región[2], y el bosque devoró más gente aquel día que la que devoró la espada.

17:21 [1] Lit. *y dijeron a David.*　　　17:22 [1] Lit. *a la luz de la mañana.*
17:23 [1] Lit. *hecho.*　　[2] Lit. *ató.*　　[3] Lit. *dio órdenes a.*　　17:25 [1] En 1Crón. 2:17, *Jeter ismaelita.*　　17:26 [1] Lit. *y.*　　18:1 [1] O *alistó.*　　18:2 [1] Lit. *por mano.*
18:3 [1] Así en dos mss. y algunas versiones antiguas; en el T.M., *porque ahora hay diez mil como.*　　18:4 [1] Lit. *lo que sea bueno ante sus ojos.*　　18:7 [1] Lit. *herido.*
18:8 [1] Lit. *Y fue allí que la.*　　[2] Lit. *tierra.*

9 Absalón se encontró con los siervos de David. Absalón iba montado en *su* mulo, y pasó el mulo debajo del espeso ramaje de una gran encina, y se le trabó la cabeza *a Absalón* en la encina, y quedó colgado¹ entre el cielo y la tierra, mientras que el mulo que estaba debajo de él siguió de largo. 10 Cuando uno de los hombres vio *esto,* avisó a Joab: «Yo vi a Absalón colgado de una encina». 11 Joab dijo al hombre que le había avisado: «Así que *tú lo* viste, ¿por qué no lo heriste allí *derribándolo* a tierra? Yo te hubiera dado diez *monedas* de plata y un cinturón». 12 Respondió el hombre a Joab: «Aunque yo recibiera 1,000 *monedas* de plata en la mano¹, no extendería la mano contra el hijo del rey. Porque ante nuestros oídos el rey te ordenó a ti, a Abisai y a Itai: "Protéjanme² al joven Absalón". 13 De otro modo, si yo hubiera hecho traición contra su vida (y no hay nada oculto al rey), tú mismo te hubieras mostrado indiferente¹». 14 Respondió Joab: «No malgastaré mi tiempo¹ aquí contigo». Y tomando tres dardos en la mano², los clavó en el corazón de Absalón mientras todavía estaba vivo en medio³ de la encina. 15 Y diez jóvenes escuderos de Joab rodearon e hirieron a Absalón y lo remataron.

16 Entonces Joab tocó la trompeta, y el pueblo regresó de perseguir a Israel, porque Joab detuvo al pueblo. 17 Y tomaron a Absalón, lo echaron en una fosa profunda¹ en el bosque y levantaron sobre él un gran montón de piedras. Y todo Israel huyó, cada uno a su tienda. 18 En vida, Absalón había tomado y erigido para sí una columna que está en el Valle del Rey, pues se había dicho: «No tengo hijo para perpetuar¹ mi nombre». Y llamó la columna por su propio nombre, y hasta hoy día se llama Monumento de Absalón.

19 Y Ahimaas, hijo de Sadoc, dijo: «Te ruego que me dejes correr y llevar las noticias al rey de que el SEÑOR lo ha liberado¹ de la mano de sus enemigos». 20 Pero Joab le dijo: «Tú no eres el hombre para llevar hoy las noticias; las llevarás otro día. No llevarás noticias hoy, porque el hijo del rey ha muerto». 21 Entonces Joab dijo al cusita¹: «Ve, anuncia al rey lo que has visto». Y el cusita se inclinó ante Joab, y corrió. 22 Y Ahimaas, hijo de Sadoc, volvió a decir a Joab: «Pase lo que pase, te ruego que me dejes correr tras el cusita». «¿Por qué correrás, hijo mío, ya que no

18:9
Las señales en torno a la muerte de Absalón

Los príncipes y reyes generalmente cabalgaban sobre mulos, de modo que cuando Absalón perdió a su mulo, fue como perder también su posición como rey. El hecho de que quedara colgando en el aire lo dejaba impotente para defenderse a sí mismo... o liderar a la nación. El cabello de Absalón debe haber sido para él un motivo de orgullo, pero ahora contribuyó a su muerte.

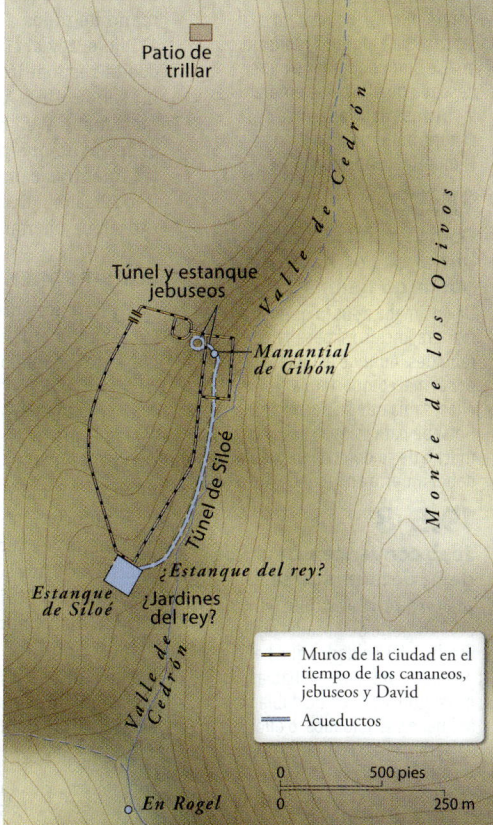

LA CIUDAD DE LOS JEBUSEOS / LA JERUSALÉN DE DAVID

Patio de trillar

Valle de Cedrón

Monte de los Olivos

Túnel y estanque jebuseos

Manantial de Gihón

Túnel de Siloé

¿Estanque del rey?

Estanque de Siloé

¿Jardines del rey?

Valle de Cedrón

Muros de la ciudad en el tiempo de los cananeos, jebuseos y David

Acueductos

0   500 pies

0   250 m

○ En Rogel

18:9 ¹ Lit. *colocado.*   18:12 ¹ Lit. *palma.*   ² Lit. *Así en dos mss. y algunas versiones antiguas; en el T.M., Protejan, quien sea,*   18:13 ¹ O *en contra.*   18:14 ¹ Lit. *No me quedaré.*   ² Lit. *palma.*   ³ Lit. *el corazón.*   18:17 ¹ Lit. *la gran fosa.*   18:18 ¹ Lit. *por amor al recuerdo de.*   18:19 ¹ Lit. *vindicado.*   18:21 ¹ O *etíope.*

18:14
Joab desobedece las órdenes y mata a Absalón
David aún amaba a Absalón, pero Joab se dio cuenta de que si Absalón vivía, sus seguidores hubieran continuado siendo una amenaza para el reino de David. La preocupación de Joab era por el bienestar de la nación, mientras que la preocupación personal de David era por su hijo.

18:18
Los hijos de Absalón
Absalón tenía tres hijos y todos murieron jóvenes. Su hija fue la única que quedó viva, de modo que Absalón murió sin dejar herederos (14:27).

18:29
Ahimaas no respondió la pregunta de David
Ahimaas no quería que lo mataran por traer malas noticias, lo cual les sucedía a algunos mensajeros en ese tiempo. O puede haber deseado que David se enterara de las buenas noticias acerca de la victoria antes de oír las malas sobre la muerte de Absalón.

18:33
David se sintió mal por un hijo al que no había visto por largo tiempo
David amaba a sus hijos en gran manera, incluso si pecaban o eran rebeldes. Aunque estaba enojado por el mal comportamiento de ellos, sabía que su pecado con Betsabé había sido la causa de mucho de su dolor. Él deseaba haber muerto en lugar de Absalón.

19:5-8
Joab convence a David de dejar de lamentarse
Joab le dice a David que su tristeza por la muerte de Absalón era un insulto a los soldados que habían peleado por David y lo habían protegido. Le dijo que debía ir y animar a sus soldados, o ellos se volverían en su contra.

tendrás recompensa por ir?», le dijo Joab. **23** Pero *él dijo:* «Pase lo que pase, correré». Entonces le dijo: «Corre». Y Ahimaas corrió por el camino de la llanura, y pasó al cusita.

24 David estaba sentado entre las dos puertas; y el atalaya subió al terrado de la puerta en el muro, y alzando los ojos miró, y vio a un hombre que corría solo. **25** Y el atalaya llamó y avisó al rey. Y el rey dijo: «Si viene solo hay buenas noticias en su boca». Mientras se acercaba más y más, **26** el atalaya vio a otro hombre corriendo. Entonces el atalaya dio voces al portero, y dijo: «Veo a *otro* hombre corriendo solo». «Este también trae buenas noticias», dijo el rey. **27** Y el atalaya dijo: «Creo[1] que el correr del primero es como el correr de Ahimaas, hijo de Sadoc». Y el rey dijo: «Este es un buen hombre y viene con buenas noticias».

28 Y Ahimaas dio voces, y dijo al rey: «Todo está bien[1]». Se postró rostro en tierra delante del rey, y dijo: «Bendito es el SEÑOR su Dios, que ha entregado a los hombres que levantaron sus manos contra mi señor el rey» **29** «¿Le va bien al joven Absalón?», preguntó el rey. Y Ahimaas respondió: «Cuando Joab envió al siervo del rey y a su siervo, vi un gran tumulto, pero no supe qué *era*». **30** «Ponte a un lado y quédate aquí», le dijo el rey. Y él se puso a un lado, y se quedó allí.

31 Y cuando llegó el cusita, dijo: «Reciba mi señor el rey buenas noticias, porque el SEÑOR lo ha librado[1] hoy de la mano de todos aquellos que se levantaron contra usted». **32** Dijo el rey al cusita: «¿Le va bien al joven Absalón?». Y el cusita respondió: «Sean como ese joven los enemigos de mi señor el rey, y todos los que se levantan contra usted para mal». **33** [1]El rey se conmovió profundamente, y subió al aposento *que había* encima de la puerta y lloró. Y decía así mientras caminaba: ¡Hijo mío Absalón; hijo mío, hijo mío Absalón! ¡Quién me diera haber muerto yo en tu lugar! ¡Absalón, hijo mío, hijo mío!».

JOAB REPRENDE A DAVID

19 Entonces dieron aviso a Joab: «El rey está llorando y se lamenta por Absalón». **2** Y la victoria[1] aquel día se convirtió en duelo para todo el pueblo, porque el pueblo oyó decir aquel día: «El rey está entristecido por su hijo». **3** Aquel día el pueblo entró calladamente en la ciudad, como pueblo que humillado, entra a escondidas cuando huye de la batalla. **4** Y el rey con su rostro cubierto, clamaba[1] en alta voz: «¡Oh hijo mío Absalón, oh Absalón, hijo mío, hijo mío!».

5 Entonces Joab entró en la casa del rey, y dijo: «Hoy usted ha cubierto de vergüenza el rostro de todos sus siervos que han salvado hoy su vida, la vida de sus hijos e hijas, la vida de sus mujeres y la vida de sus concubinas, **6** al amar a aquellos que lo odian y al odiar a aquellos que lo aman. Pues hoy ha demostrado que príncipes[1] y siervos no son nada para usted; porque ahora en este día sé que si Absalón estuviera vivo y todos nosotros hoy estuviéramos muertos, entonces usted estaría complacido[2]. **7** Ahora pues, levántese, salga y hable bondadosamente a[1] sus siervos, porque juro por el SEÑOR que si no sale, ciertamente ni un solo hombre pasará la noche con usted, y esto le será peor que todo el mal que ha venido sobre usted desde su juventud hasta ahora». **8** Entonces el rey se levantó y se sentó a la puerta. Y cuando avisaron a todo el pueblo, diciendo: «Miren, el rey está sentado a la puerta», entonces todo el pueblo vino delante del rey.

DAVID REGRESA A JERUSALÉN

Pero *los de* Israel habían huido, cada uno a su tienda. **9** Y todo el pueblo reñía en todas las tribus de Israel, diciendo: «El rey nos ha librado de mano[1] de nuestros enemigos y nos ha salvado de mano[1] de los filisteos, pero ahora ha huido de la tierra *por causa* de Absalón. **10** Sin embargo, Absalón, a quien ungimos sobre nosotros, ha muerto en combate. Ahora pues, ¿por qué guardan silencio *respecto a* restaurar al rey?».

11 Entonces el rey David envió *mensaje* a los sacerdotes Sadoc y Abiatar y dijo: «Hablen a los ancianos de Judá, y díganles: "¿Por qué son los últimos en hacer volver al rey a su casa, ya que la palabra de todo Israel ha llegado al rey, a su casa? **12** Ustedes son mis hermanos; mi hueso y mi carne son. ¿Por qué, pues, son los últimos en hacer volver al rey?". **13** Y díganle a Amasa: "¿No eres hueso mío y carne mía? Así haga Dios conmigo y aun más si no has de ser comandante del ejército delante de mí para siempre en lugar de Joab"». **14** Así inclinó el corazón de todos los hombres de Judá como el de un solo hombre, y enviaron *palabra* al rey, *diciendo:* «Regresa, tú y todos tus siervos». **15** Volvió el rey y llegó hasta el Jordán. Y Judá vino a Gilgal para ir al encuentro del rey, para conducir al rey al otro lado del Jordán.

16 Entonces Simei, hijo de Gera, el benjamita que *era* de Bahurim, se dio prisa y descendió con los hombres de Judá al encuentro del rey David. **17** Con él *había* 1,000 hombres de Benjamín, y Siba, siervo de la casa de Saúl, y con él sus quince hijos y sus veinte siervos; y se apresuraron a *pasar* el Jordán delante del rey. **18** Y seguían cruzando el vado para pasar a *toda* la casa del rey, y hacer lo que le pareciera bien[1]. Y Simei, hijo de Gera, se postró ante el rey cuando *este* iba a pasar el Jordán. **19** Y dijo al rey: «No me considere culpable mi señor, ni se acuerde del mal que su siervo hizo el día en que mi señor el rey salió de Jerusalén. Que el rey *no lo* guarde en su corazón. **20** Pues yo su siervo reconozco que he pecado; por tanto, hoy he venido, el primero de toda la casa de José, para descender al encuentro de mi señor el rey». **21** Pero Abisai, hijo de Sarvia, respondió: «¿No ha de morir Simei por esto, porque maldijo al ungido del SEÑOR?». **22** Entonces David dijo: «¿Qué tengo yo que ver con ustedes, hijos de Sarvia, para que en este día me sean adversarios? ¿Ha de morir hoy hombre alguno en Israel? ¿Acaso no sé que hoy soy rey sobre Israel?». **23** Y el rey dijo a Simei: «No morirás». Así el rey se lo juró.

24 También Mefiboset, nieto de Saúl, descendió al encuentro del rey; y no se había aseado[1] los pies, ni recortado[1] el bigote, ni lavado la ropa, desde el día en que el rey se

19:22
David le pone fin a las matanzas

David comprendió que este era un tiempo de sanidad más que de revancha. Si hubiera permitido que sus soldados buscaran venganza, habría perdido la oportunidad de tener paz.

19:7 [1] Lit. *al corazón de.*   19:9 [1] Lit. *la palma.*   19:18 [1] Lit. *lo bueno ante sus ojos.*   19:24 [1] Lit. *hecho.*

19:24
Mefiboset se veía bastante harapiento

Él no había lavado su ropa ni su cabello desde que David había partido a la batalla. Debido a su discapacidad y al hecho de que Siba, su sirviente, lo había dejado, Mefiboset no había podido salir de Jerusalén. Su suciedad daba prueba de su lealtad a David.

19:34-37
Barzilai no aceptó el ofrecimiento de David de proveer para sus necesidades

Barzilai era un anciano que no viviría mucho tiempo más para beneficiarse de la generosidad de David. Así que le pidió que proveyera en cambio para su hijo Quimam.

marchó hasta el día en que volvió en paz. **25** Y cuando vino de Jerusalén al encuentro del rey, este¹ le dijo: «¿Por qué no fuiste conmigo, Mefiboset?». **26** Y él respondió: «Oh rey, señor mío, mi siervo me engañó; pues su siervo se dijo: "Me aparejaré un asno para montar en él e ir con el rey", porque su siervo es cojo. **27** Además, ha calumniado a su siervo ante mi señor el rey; pero mi señor el rey es como el ángel de Dios; haga, pues, lo que le parezca bien. **28** Porque toda la casa de mi padre no era más que hombres muertos ante mi señor el rey. Con todo, puso a su siervo entre los que comían a su propia mesa. ¿Qué derecho tengo todavía para quejarme¹ más al rey?». **29** Y el rey le dijo: «¿Por qué sigues hablando de tus asuntos? Yo he decidido¹: "Tú y Siba se repartirán las tierras"». **30** «Que él las tome todas, ya que mi señor el rey ha vuelto en paz a su propia casa», dijo Mefiboset al rey.

31 Barzilai el galaadita también había descendido de Rogelim, y había cruzado el Jordán con el rey para despedirlo en el Jordán. **32** Barzilai era muy anciano, de ochenta años, y había dado provisiones al rey mientras *este* permanecía en Mahanaim, porque era hombre muy poderoso¹. **33** Y el rey dijo a Barzilai: «Pasa conmigo y yo te sustentaré¹ junto a mí en Jerusalén». **34** Pero Barzilai respondió al rey: «¿Cuánto tiempo me queda de vida¹ para que yo suba con el rey a Jerusalén? **35** Ahora tengo¹ ochenta años. ¿Puedo distinguir entre lo bueno y lo malo? ¿Puede su siervo saborear lo que come o bebe? ¿Puede oír aún la voz de los cantores o de las cantoras? ¿Por qué, pues, ha de ser su siervo otra carga más para mi señor el rey? **36** Su siervo no haría más que pasar el Jordán con el rey. ¿Por qué ha de concederme el rey esta recompensa? **37** Permita que su siervo vuelva, para morir en mi ciudad junto al sepulcro de mi padre y de mi madre. Sin embargo, aquí *tiene a* su siervo Quimam; que pase él con mi señor el rey, y haz por él lo que le parezca bien». **38** Y el rey respondió: «Quimam pasará conmigo, y haré por él lo que te parezca bien; y todo lo que me pidas¹, lo haré por ti». **39** Todo el pueblo pasó el Jordán y el rey también pasó. Entonces el rey besó a Barzilai y lo bendijo, y *este* regresó a su lugar.

40 El rey siguió hasta Gilgal y Quimam fue con él; y todo el pueblo de Judá y también la mitad del pueblo de Israel acompañaban al¹ rey. **41** Y todos los hombres de Israel vinieron al rey y le dijeron¹: «¿Por qué te han secuestrado nuestros hermanos, los hombres de Judá, y han hecho pasar el Jordán al rey y a su casa, y a todos los hombres de David con él?». **42** Entonces todos los hombres de Judá respondieron a los hombres de Israel: «Porque el rey es pariente cercano nuestro¹. ¿Por qué, pues, están enojados por esto?² ¿Acaso hemos comido algo *a costa* del rey, o se nos ha dado algo³?». **43** Pero los hombres de Israel respondieron¹ a los hombres de Judá: «Nosotros tenemos diez partes en el rey, y por eso

19:25 ¹ Lit. *y el rey.*   19:28 ¹ Lit. *clamar.*   19:29 ¹ Lit. *dicho.*   19:32 ¹ O *grande,* o *rico.*   19:33 ¹ O *proveeré alimentos para ti.*   19:34 ¹ Lit. *¿Cuántos son los días de los años de mi vida.*   19:35 ¹ Lit. *Hoy.*   19:38 ¹ Lit. *lo que escojas de mí.*   19:40 ¹ Lit. *pasaban con él.*   19:41 ¹ Lit. *y dijeron al rey.* 19:42 ¹ Lit. *mío.*   ² Lit. *esto es algo que te quema?*   ³ O *se ha tomado regalo para nosotros.*   19:43 ¹ Lit. *respondió;* en el resto del vers.; los verbos y formas pronominales son también singular en Heb.

también tenemos más *derecho* que ustedes sobre David. ¿Por qué, pues, nos han despreciado? ¿No fue nuestro consejo² el primero que se dio para hacer volver a nuestro rey?». Pero las palabras de los hombres de Judá fueron más duras que las palabras de los hombres de Israel.

REBELIÓN Y MUERTE DE SEBA

20 Y se encontraba allí un hombre indigno que se llamaba Seba, hijo de Bicri, el benjamita; y *este* tocó la trompeta y dijo:

«No tenemos parte con David,
Ni tenemos heredad con el hijo de Isaí;
¡Israel, cada uno a sus tiendas!».

² Y todos los hombres de Israel dejaron¹ de seguir a David, y siguieron a Seba, hijo de Bicri; pero los hombres de Judá permanecieron fieles² a su rey, desde el Jordán hasta Jerusalén.

³ Cuando David llegó a su casa en Jerusalén, el rey tomó las diez mujeres, las concubinas que había dejado para guardar la casa, las puso bajo custodia y les dio alimento, pero no se llegó a ellas. Ellas estuvieron encerradas hasta el día de su muerte, viviendo como viudas.

⁴ Entonces el rey dijo a Amasa: «Convócame a los hombres de Judá dentro de tres días, y tú también preséntate aquí». ⁵ Amasa fue para convocar a *los hombres de* Judá, pero tardó más que el tiempo que él le había señalado. ⁶ Y David dijo a Abisai: «Ahora Seba, hijo de Bicri, nos hará más daño que Absalón. Toma a los siervos de tu señor y persíguelo, no sea que halle para sí ciudades fortificadas y se nos escape¹». ⁷ Entonces los hombres de Joab salieron tras él, junto con los cereteos, los peleteos y todos los hombres valientes; salieron de Jerusalén para perseguir a Seba, hijo de Bicri. ⁸ Estaban junto a la piedra grande que está en Gabaón, cuando Amasa vino a su encuentro¹. Joab estaba vestido con su ropa militar², y sobre ella llevaba un cinturón atado a la cintura con espada en la vaina y mientras avanzaba, se le cayó *la espada*. ⁹ Y Joab dijo a Amasa: «¿Te va bien, hermano mío?». Y Joab tomó a Amasa por la barba con su mano derecha para besarlo.

¹⁰ Pero Amasa no se protegió de la espada que estaba en la mano de Joab y este lo hirió en el vientre con ella y derramó sus entrañas por tierra, sin *herirlo* de nuevo, y murió. Entonces Joab y Abisai su hermano siguieron tras Seba, hijo de Bicri. ¹¹ Y junto a Amasa estaba uno de los jóvenes de Joab, y dijo: «Quien esté por Joab y quien esté por David, que siga a Joab». ¹² Y Amasa estaba revolcándose en *su* sangre en medio del camino. Al ver el hombre que todo el pueblo se detenía, trasladó¹ a Amasa del camino al campo, y echó sobre él una vestidura porque vio que todo el que pasaba junto a él se detenía. ¹³ Cuando *Amasa* fue apartado del camino, todos los hombres pasaron tras Joab para perseguir a Seba, hijo de Bicri.

20:3
Las concubinas de David tuvieron que permanecer encerradas
Absalón las había deshonrado públicamente y ahora tenían que vivir como viudas. Ya no eran aptas para estar con David, y nadie más podía casarse con ellas.

20:10
Joab mata a Amasa
Después de que Joab mató a Absalón, el hijo de David, Amasa lo reemplazó como jefe del ejército. Joab probablemente mató a su rival para recuperar su posición. Quizás él sospechaba que Amasa estaba trabajando en secreto contra David (versículos 4-5).

20:10
Joab sorprendió a Amasa
Como eran primos, Amasa no debe haber sospechado que Joab le haría daño. Además, Joab le había extendido su diestra en señal de amistad. Típicamente, un soldado miraría la mano derecha del otro soldado para ver si llevaba algún arma. Joab engañó a Amasa sosteniendo la espada en su mano izquierda.

---

² Lit. *palabra*.   20:2 ¹ Lit. *subieron*.   ² Lit. *se adhirieron*.   20:6 ¹ Lit. *y escape de nuestros ojos*.   20:8 ¹ Lit. *ante ellos*.   ² Lit. *ceñido de su ropa militar por vestido*.   20:12 ¹ Lit. *hizo volver*.

14 Y pasó *Seba* por todas las tribus de Israel *hasta* Abel Bet Maaca y todo Barim, *quienes* se reunieron y fueron también tras él. **15** Llegaron *los de Joab* y lo sitiaron en Abel Bet Maaca, y levantaron[1] un terraplén contra la ciudad, *y este* estaba junto al baluarte. Todo el pueblo que *iba* con Joab se puso a socavar el muro para derribarlo.

16 Entonces una mujer sabia gritó desde la ciudad: «Oigan, oigan; ruego que digan a Joab: "Venga acá para que hable con usted"». **17** Y él se acercó a ella, y la mujer dijo: «¿Es usted Joab?». «Yo soy», respondió él. Entonces ella le dijo: «Escuche las palabras de su sierva». «Escucho», respondió Joab. **18** Ella dijo: «Antes acostumbraban decir: "Ellos ciertamente pedirán *consejo* en Abel", y así terminaban *la querella*. **19** Yo soy de las pacíficas *y* fieles en Israel. Usted procura destruir una ciudad madre[1] en Israel. ¿Por qué ha de destruir[2] la heredad del SEÑOR?». **20** Y Joab respondió: «Lejos, lejos esté de mí que yo destruya[1] o extermine. **21** Este no es el caso, sino que un hombre de la región montañosa de Efraín, llamado Seba, hijo de Bicri, ha levantado su mano contra el rey David. Solamente entréguenlo, y yo me iré de la ciudad». Y la mujer dijo a Joab: «Enseguida su cabeza le será arrojada por encima del muro».

22 Entonces la mujer, con su sabiduría, fue *a hablar* a todo el pueblo; y ellos le cortaron la cabeza a Seba, hijo de Bicri, y se *la* arrojaron a Joab. Él, pues, tocó la trompeta y se retiraron de la ciudad, cada uno a su tienda. Joab también regresó al rey en Jerusalén.

23 Joab *era jefe* sobre todo el ejército de Israel, y Benaía, hijo de Joiada, *era jefe* sobre los cereteos y los peleteos. **24** Adoram *estaba* a cargo de los trabajos forzados, y Josafat, hijo de Ahilud, *era* cronista; **25** Seva *era* escriba, y Sadoc y Abiatar *eran* sacerdotes; **26** también Ira el jaireo era sacerdote de David.

VENGANZA DE LOS GABAONITAS

21 En los días de David hubo hambre por tres años consecutivos, y David buscó la presencia del SEÑOR. Y el SEÑOR dijo: «Es por causa de Saúl y de su casa sangrienta, porque él dio muerte a los gabaonitas». **2** Y llamó el rey a los gabaonitas y les habló. (Los gabaonitas no eran de los israelitas, sino del remanente de los amorreos, y los israelitas habían hecho un pacto con[1] ellos, pero Saúl había procurado matarlos[2] en su celo por los israelitas y los de Judá). **3** Dijo, pues, David a los gabaonitas: «¿Qué debo hacer por ustedes? ¿Y cómo haré restitución para que bendigan la heredad del SEÑOR?». **4** Entonces los gabaonitas le respondieron: «No nos importa la plata ni el oro de Saúl o de su casa, ni nos corresponde dar muerte a ningún hombre en Israel». «Haré por ustedes lo que digan», les dijo el rey. **5** Y ellos dijeron al rey: «Del hombre que nos consumió y que trató de exterminarnos[1] para que no quedáramos dentro del territorio de Israel, **6** que nos entreguen siete hombres de entre sus hijos,

20:16-22
La mujer sabia de Abel Bet Maaca

Esta mujer anónima salvó a su ciudad entregando a Seba, la única persona que Joab quería capturar. Ella fue una de las muchas mujeres que eran sabias consejeras en Israel.

20:15 [1] Lit. *vaciaron*.   20:19 [1] O *importante*.   [2] Lit. *devorar*.
20:20 [1] Lit. *devore*.   21:2 [1] Lit. *habían jurado a*.   [2] Lit. *herirlos*.   21:5 [1] Lit. *y que tramó contra nosotros para que fuéramos exterminados*.

y los ahorcaremos¹ delante del SEÑOR en Guibeá de Saúl, el elegido del SEÑOR». «*Los* entregaré²», dijo el rey.

7 Pero el rey perdonó a Mefiboset, hijo de Jonatán, hijo de Saúl, a causa del pacto del SEÑOR que había entre ellos, entre David y Jonatán, hijo de Saúl. **8** El rey tomó a los dos hijos de Rizpa, hija de Aja, Armoni y Mefiboset, que ella había dado a Saúl, y a los cinco hijos de Merab¹, hija de Saúl, que ella había dado a Adriel, hijo de Barzilai el meholatita. **9** Entonces los entregó en manos de los gabaonitas, que los ahorcaron¹ en el monte delante del SEÑOR, de modo que los siete cayeron a la vez. Les dieron muerte en los primeros días de la cosecha, al comienzo de la cosecha de la cebada.

10 Y Rizpa, hija de Aja, tomó tela de cilicio y lo tendió para sí sobre la roca, desde el comienzo de la cosecha hasta que llovió¹ del cielo sobre ellos; y no permitió² que las aves del cielo se posaran sobre ellos de día ni las fieras del campo de noche. **11** Cuando le contaron a David lo que había hecho Rizpa, hija de Aja, concubina de Saúl, **12** David fue y recogió los huesos de Saúl y los huesos de Jonatán su hijo, *que estaban en posesión* de los hombres de Jabes de Galaad, quienes los habían robado de la plaza de Bet Sán, donde los filisteos los habían colgado el día que los filisteos mataron¹ a Saúl en Gilboa. **13** David trajo de allí los huesos de Saúl y los huesos de su hijo Jonatán, y recogieron también los huesos de los ahorcados¹. **14** Entonces sepultaron los huesos de Saúl y de su hijo Jonatán en tierra de Benjamín, en Zela, en el sepulcro de su padre Cis, e hicieron todo lo que el rey había ordenado. Después de esto Dios fue movido a misericordia para con la tierra.

GUERRAS CONTRA LOS FILISTEOS

15 De nuevo hubo guerra entre los filisteos e Israel. Descendió David con sus siervos, y mientras peleaban contra los filisteos, David se cansó. **16** Entonces Isbi Benob, que *era* de los descendientes del gigante¹, y cuya lanza pesaba 300 *siclos* (3.4 kilos) de bronce, y que estaba ceñido con una *espada* nueva, trató de matar² a David; **17** pero Abisai, hijo de Sarvia, vino en su ayuda, e hirió al filisteo y lo mató. Entonces los hombres de David le juraron: «Nunca más saldrá a la batalla con nosotros, para que no apague la lámpara de Israel».

18 Después de esto otra vez hubo guerra en Gob¹ contra los filisteos. Entonces Sibecai el husatita mató² a Saf, que *era* de los descendientes del gigante. **19** De nuevo hubo guerra contra los filisteos en Gob, y Elhanán, hijo de Jaare Oregim, de Belén, mató a Goliat¹ el geteo. El asta de su

21:8
Rizpa y Merab
Rizpa era una de las concubinas de Saúl (3:7). Merab era la hija de Saúl que le había sido prometida a David por haber matado a Goliat. (Ver 1 Samuel 18:19).

21:10
Rizpa mantuvo a los animales carroñeros lejos de los cadáveres de sus hijos
Si Rizpa vigilaba los cadáveres desde la primera cosecha, que era de mediados de abril a la estación lluviosa en octubre y noviembre, podría haber estado allí seis o siete meses. Si llovía antes de ese tiempo, su vigilia sería más corta.

21:15-17
La habilidad de David como guerrero
David ahora era un anciano y sabía que necesitaba que otros lo ayudaran en la batalla. Lo necesitaba en especial porque Isbi Benob debe haber sido un guerrero enorme, basándose en la medida y el tipo de arma que usaba.

21:6 ¹ Lit. *dejaremos expuestos.*   ² Lit. *Yo daré.*   21:8 ¹ Así en dos mss. heb. en algunos mss. de la versión gr. y en la versión siríaca; en el T.M., *Mical.*
21:9 ¹ Lit. *dejaron expuestos.*   21:10 ¹ Lit. *agua fue derramada.*   ² Lit. *dio.*
21:12 ¹ Lit. *hirieron.*   21:13 ¹ Lit. *expuestos.*   21:16 ¹ Heb. *Rafá,* y así en el resto del cap.   ² Lit. *dijo de herir.*   21:18 ¹ En 1Crón. 20:4, *Gezer.*   ² Lit. *hirió,* y así en los vers. 19 y 21.   21:19 ¹ En 1Crón. 20:5, *Lahmi, hermano de Goliat.*

21:19
Otro Goliat
Este era un hermano del Goliat al que David había matado unos años antes.

22:14-15
Describir a Dios
La idea de lanzar relámpagos es similar a las imágenes de las historias de otras naciones sobre los dioses. David estaba usando una imagen común para describir el poder del Dios de Israel.

Dominio público

lanza *era* como un rodillo de tejedor. **20** Hubo guerra otra vez en Gat, donde había un hombre de *gran* estatura que tenía seis dedos en cada mano y seis dedos en cada pie, veinticuatro en total. Él también descendía del gigante. **21** Cuando desafió a Israel, lo mató Jonatán, hijo de Simea, hermano de David. **22** Estos cuatro descendían del gigante en Gat y cayeron por mano de David y por mano de sus siervos.

SALMO DE ALABANZA DE DAVID

22 David habló las palabras de este cántico al SEÑOR el día que el SEÑOR lo libró de la mano¹ de todos sus enemigos y de la mano¹ de Saúl. **2** Y dijo:

«El SEÑOR es mi roca¹, mi baluarte y mi libertador;
3 Mi Dios, mi roca en quien me refugio;
Mi escudo y el poder de mi salvación, mi altura
    inexpugnable y mi refugio;
Salvador mío, Tú me salvas de la violencia.
4 Invoco al SEÑOR, que es digno de ser alabado,
Y soy salvo de mis enemigos.
5 Las ondas de la muerte me cercaron,
Los torrentes de iniquidad¹ me atemorizaron,
6 Los lazos del Seol¹ me rodearon,
Las redes de la muerte surgieron ante mí.
7 En mi angustia invoqué al SEÑOR,
Sí, clamé¹ a mi Dios;
Desde Su templo oyó mi voz,
Y mi clamor *llegó* a Sus oídos.
8 Entonces la tierra se estremeció y tembló,
Los cimientos de los cielos temblaron
Y fueron sacudidos, porque Él se indignó.
9 Humo subió de Su nariz¹,
Y el fuego de Su boca consumía;
Carbones fueron por él encendidos.
10 Inclinó también los cielos, y descendió
Con densas tinieblas debajo de Sus pies.
11 Cabalgó sobre un querubín, y voló;
Y apareció¹ sobre las alas del viento.
12 De tinieblas hizo pabellones a Su alrededor,
Abundantes aguas, densos nubarrones.
13 Del fulgor de Su presencia
Ascuas de fuego se encendieron.
14 Tronó el SEÑOR desde los cielos,
Y el Altísimo dio Su voz.
15 Envió flechas, y los dispersó,
Relámpagos, y los confundió.
16 Entonces los abismos¹ del mar aparecieron,
Los cimientos del mundo quedaron al descubierto,
Por la reprensión del SEÑOR,
Por el soplo del aliento de Su nariz.
17 Extendió *la mano* desde lo alto *y* me tomó;

22:1 ¹ Lit. *palma.*   22:2 ¹ O *peñón.*   22:5 ¹ O *destrucción;* heb. *Belial.*
22:6 ¹ I.e. región de los muertos.   22:7 ¹ O *invoqué.*   22:9 ¹ O *en su ira.*
22:11 ¹ Muchos mss. dicen: *raudo voló;* también en Sal. 18:10.   22:16 ¹ Lit. *canales.*

Me sacó de las muchas aguas.

18 Me libró de mi poderoso enemigo,
De los que me aborrecían, pues eran más fuertes
que yo.

19 Se enfrentaron a mí el día de mi infortunio,
Pero el SEÑOR fue mi sostén.

20 También me sacó a un lugar espacioso;
Me rescató, porque se complació en mí.

21 El SEÑOR me ha premiado conforme a mi justicia;
Conforme a la pureza de mis manos me ha
recompensado.

22 Porque he guardado los caminos del SEÑOR,
Y no me he apartado impíamente de mi Dios.

23 Pues todas Sus ordenanzas *estaban* delante de mí,
Y *en cuanto a* Sus estatutos, no me aparté de ellos.

24 También fui íntegro[1] para con Él,
Y me guardé de mi iniquidad.

25 Por tanto el SEÑOR me ha recompensado conforme a
mi justicia,
Conforme a mi pureza delante de Sus ojos.

26 Con el benigno[1] te muestras benigno[1],
Con el hombre íntegro te muestras íntegro;

27 Con el puro eres puro,
Y con el perverso eres sagaz[1].

28 Salvas al pueblo afligido,
Pero Tus ojos están sobre los altivos
A quienes Tú humillas.

29 Porque Tú eres mi lámpara, oh SEÑOR;
El SEÑOR alumbra mis tinieblas.

30 Pues contigo aplastaré ejércitos,
Con mi Dios escalaré murallas.

31 En cuanto a Dios, Su camino es perfecto;
Acrisolada es la palabra del SEÑOR;
Él es escudo a todos los que a Él se acogen.

32 Pues ¿quién es Dios, fuera del SEÑOR?
¿Y quién es roca, sino solo nuestro Dios?

33 Dios es mi fortaleza poderosa,
Y *el que* pone[1] al íntegro[2] en Su[3] camino.

34 Él hace mis[1] pies como de ciervas,
Y me afirma en mis alturas.

35 Él adiestra mis manos para la batalla,
Y mis brazos para tensar el arco de bronce.

36 Tú me has dado también el escudo de Tu salvación,
Y Tu ayuda[1] me engrandece.

37 Ensanchas mis pasos debajo de mí,
Y mis pies[1] no han resbalado.

38 Perseguí a mis enemigos y los destruí,
Y no me volví hasta acabarlos.

39 Los he consumido y los he destrozado, y no pudieron
levantarse;
Cayeron debajo de mis pies.

22:24
David retomó su integridad al confesar su pecado

Esta canción fue escrita mucho tiempo antes del pecado de David con Betsabé y del asesinato de Urías. No obstante, incluso si hubiera sido escrita después, David podía reclamar su integridad, porque había confesado su pecado y Dios lo había perdonado.

22:24 [1] O *intachable*.   22:26 [1] O *leal*.   22:27 [1] Lit. *torcido*.   22:33 [1] O *libera*.
[2] O *al intachable*.   [3] Otra posible lectura es: *mi*; véase Sal. 18:32.   22:34 [1] Así
en muchos mss. y versiones antiguas y en Sal. 18:33; en el texto heb. *sus*.
22:36 [1] Lit. *respuesta*.   22:37 [1] Lit. *tobillos*.

40 Pues Tú me has ceñido con fuerzas para la batalla;
Has subyugado[1] debajo de mí a los que contra mí se
    levantaron.
41 También has hecho que mis enemigos me vuelvan las
    espaldas[1],
Y destruí[2] a los que me odiaban.
42 Clamaron[1], pero no hubo quién *los* salvara;
Aun al SEÑOR *clamaron,* mas no les respondió.
43 Entonces los pulvericé, como polvo de la tierra,
Como lodo de las calles los trituré *y* los pisé.
44 Tú me has librado también de las contiendas de mi
    pueblo;
Me has guardado para ser[1] cabeza de naciones;
Pueblo que yo no conocía me sirve.
45 Los extranjeros me fingen obediencia[1],
Al oírme, me obedecen.
46 Los extranjeros desfallecen,
Y salen temblando[1] de sus fortalezas[2].
47 El SEÑOR vive, bendita sea mi roca,
Y ensalzado sea Dios, roca[1] de mi salvación,
48 El Dios que por mí hace venganza,
Y hace caer pueblos debajo de mí;
49 El que me libra[1] de mis enemigos.
Tú me exaltas sobre los que se levantan contra mí;
Me rescatas del hombre violento.
50 Por tanto, te daré gracias, oh SEÑOR, entre las
    naciones,
Y cantaré alabanzas a Tu nombre.
51 *Él* es torre de salvación[1] a Su rey,
Y muestra misericordia a Su ungido,
A David y a su descendencia[2] para siempre».

22:47
David le llamaba a Dios «mi roca»
David a menudo se había refugiado entre las rocas en el desierto, pero reconocía que la verdadera seguridad se encontraba solamente en el Señor.

ÚLTIMAS PALABRAS DE DAVID

23 Estas son las últimas palabras de David:

«Declara David, el hijo de Isaí,
Y declara el hombre que fue exaltado,
El ungido del Dios de Jacob,
El dulce salmista de Israel:
2 El Espíritu del SEÑOR habló por mí,
Y Su palabra *estuvo* en mi lengua.
3 Dijo el Dios de Israel,
Me habló la Roca de Israel:
"El que con justicia gobierna sobre los hombres,
Que en el temor de Dios gobierna,
4 Es como la luz de la mañana *cuando* se levanta el sol
En una mañana sin nubes,
Cuando brota de la tierra la tierna hierba
Por el resplandor *del sol* tras la lluvia".
5 En verdad, ¿no es así mi casa para con Dios?
Pues Él ha hecho conmigo un pacto eterno,
Ordenado en todo y seguro.

22:40 [1] Lit. *has hecho postrar.*   22:41 [1] Lit. *la cerviz.*   [2] O *hice callar.*
22:42 [1] Lit. *Miraron.*   22:44 [1] O *como.*   22:45 [1] Lit. *me engañan.*
22:46 [1] Lit. *se ciñen.*   [2] Lit. *encierros.*   22:47 [1] Lit. *el Dios de la roca.*
22:49 [1] Lit. *me saca.*   22:51 [1] I.e. de victorias.   [2] Lit. *simiente.*

Porque toda mi salvación y todo *mi* deseo,
¿No *los* hará ciertamente germinar?

6 Pero los indignos, todos ellos serán arrojados como
    espinos,
Porque no pueden ser tomados con la mano;

7 Y el hombre que los toque
Ha de estar armado con[1] hierro y con asta de lanza,
Y por fuego serán consumidos completamente en *su*
    lugar[2]».

LOS VALIENTES DE DAVID

8 Estos son los nombres de los valientes que tenía David:
Joseb Basebet el tacmonita, principal de los capitanes[1]; este[2]
era *llamado* Adino el eznita, por los 800 que mató una vez.
9 Y después de él, Eleazar, hijo de Dodo el ahohíta, uno de los
tres valientes *que estaban* con David cuando desafiaron a los
filisteos que se habían reunido allí para la batalla y se habían
retirado[1] los hombres de Israel. 10 Él se levantó e hirió a los
filisteos hasta que su mano se cansó y[1] se quedó pegada a la
espada; aquel día el SEÑOR concedió una gran
victoria[2]. El pueblo volvió en pos de él, *pero* solo
para despojar *a los muertos.*

11 Después de él, *fue* Sama, hijo de Age el
ararita. Los filisteos se habían concentrado en
tropa[1] donde había un terreno lleno de lentejas,
y el pueblo había huido de los filisteos. 12 Pero
él se puso en medio del terreno, lo defendió e
hirió a los filisteos; y el SEÑOR le concedió una
gran victoria[1].

13 Descendieron tres de los treinta jefes y fueron a David en la cueva de Adulam al tiempo
de la cosecha, mientras la tropa de los filisteos
acampaba en el valle de Refaím. 14 David *estaba* entonces en la fortaleza, mientras la guarnición de los filisteos *estaba* en Belén. 15 David
sintió un gran deseo, y dijo: «¡Quién me diera a
beber agua del pozo de Belén que está junto a la
puerta!». 16 Entonces los tres valientes se abrieron paso por el campamento de los filisteos,
y sacando agua del pozo de Belén que *estaba*
junto a la puerta, *se la* llevaron y *la* trajeron a
David. Pero él no quiso beberla, sino que la derramó para el SEÑOR, 17 y dijo: «Lejos esté de mí,
oh SEÑOR, que yo haga esto. ¿*Beberé* la sangre
de los hombres que fueron con *riesgo de* sus
vidas?». Por eso no quiso beberla. Estas cosas
hicieron los tres valientes.

18 Y Abisai, hermano de Joab, hijo de Sarvia,
era jefe de los treinta[1]. Y este[2] blandió su lanza
contra 300 y los mató[3], y tuvo tanto renombre

23:8
Historias del pasado
Estas historias de hombres
valientes señalaban al pasado. Esta
sección narra acerca de un período
anterior en la vida de David, cuando
era fugitivo de Saúl o estaba
batallando contra los filisteos.

23:16-17
David no quiso beber el agua
David derramó el agua delante del
Señor. Los tres hombres habían
arriesgado su vida por el agua, y
David pensó que toda su lealtad y
compromiso deberían más bien ser
consagrados al Señor antes que a
apagar su sed.

HAZAÑAS DE LOS VALIENTES DE DAVID
2 Samuel 23:8-12, 18-21

**Joseb Basebet, jefe de los poderosos
guerreros de David, mata a 800
hombres de una sola vez con su lanza.**

**Eleazar y Sama derriban a muchos
filisteos después de que Israel se
retirara.**

**Abisai mata a 300 hombres con su
lanza.**

**Benaía mata a dos de los guerreros
más poderosos de Moab, a un león
en un foso y a un egipcio enorme
con su propia lanza.**

23:7 [1] Lit. *lleno de.*   [2] Lit. *asentamiento.*   23:8 [1] O *de los
tres.*   [2] Lit. *él.*   23:9 [1] Lit. *subido.*   23:10 [1] Lit. *y su
mano.*   [2] O *salvación.*   23:11 [1] Posiblemente, en *Lehí.*
23:12 [1] O *salvación.*   23:18 [1] Así en dos mss. y en la versión
siriaca; en el T.M., *tres.*   [2] Lit. *él.*   [3] Lit. *trescientos muertos.*

como los tres. **19** Él *era* el más distinguido de los treinta, por eso llegó a ser su jefe; pero no igualó a los tres *primeros*.

20 Benaía, hijo de Joiada, hijo de un valiente de Cabseel, de grandes hazañas, mató[1] a los dos *hijos de* Ariel[2] de Moab. Y él descendió y mató[1] a un león en medio de un foso un día que estaba nevando. **21** También mató[1] a un egipcio, un hombre de apariencia *impresionante*. El egipcio *tenía* una lanza en la mano, pero *Benaía* descendió a él con un palo, y arrebatando la lanza de la mano del egipcio, lo mató con su propia lanza. **22** Estas *cosas* hizo Benaía, hijo de Joiada, y tuvo tanto renombre como los tres valientes. **23** Fue el más distinguido entre los treinta, pero no igualó a los tres; y David lo puso sobre su guardia.

24 Asael, hermano de Joab, *estaba* entre los treinta; *también,* Elhanán, hijo de Dodo de Belén, **25** Sama[1] el harodita, Elica el harodita, **26** Heles el Paltita[1], Ira, hijo de Iques el tecoíta, **27** Abiezer el anatotita, Mebunai[1] el husatita, **28** Salmón[1] el ahohíta, Maharai el netofatita, **29** Heleb[1], hijo de Baana el netofatita, Itai, hijo de Ribai de Guibeá de los benjamitas, **30** Benaía el piratonita, Hidai[1] de los arroyos de Gaas, **31** Abi Albón[1] el arbatita, Azmavet el barhumita, **32** Eliaba el saalbonita, los hijos de Jasén[1], Jonatán, **33** Sama el ararita, Ahíam, hijo de Sarar[1] el ararita, **34** Elifelet[1], hijo de Ahasbai, hijo de Maaca, Eliam, hijo de Ahitofel el gilonita, **35** Hezrai el carmelita, Paarai[1] el arbita, **36** Igal, hijo de Natán de Soba, Bani el gadita, **37** Selec el amonita, Naharai el beerotita, escuderos de Joab, hijo de Sarvia, **38** Ira el itrita, Gareb el itrita, **39** Urías el hitita; treinta y siete en total.

CENSO DEL PUEBLO Y CASTIGO DE DIOS

24 De nuevo la ira del SEÑOR se encendió contra Israel, y provocó a David contra ellos y dijo: «Ve, haz un censo de Israel y de Judá». **2** Y el rey dijo a Joab, comandante del ejército, que *estaba* con él: «Recorre todas las tribus de Israel, desde Dan hasta Beerseba, y haz un censo del pueblo para que yo sepa el número de la gente». **3** Pero Joab respondió al rey: «Que el SEÑOR su Dios añada al pueblo cien veces más de lo que son, mientras *todavía* vean los ojos de mi señor el rey; pero, ¿por qué se complace mi señor el rey en esto?». **4** Sin embargo, la palabra del rey prevaleció contra Joab y contra los jefes del ejército. Salieron, pues, Joab y los jefes del ejército de la presencia del rey para hacer el censo del pueblo de Israel.

5 Pasaron el Jordán y acamparon en Aroer, a la derecha de la ciudad que está en medio del valle de Gad, y en dirección a Jazer. **6** Luego fueron a Galaad y a la tierra de Tahtim Hodsi[1]; fueron a Dan Jaán y doblaron para Sidón. **7** Fueron a la fortaleza de Tiro y a todas las ciudades de los heveos y de los cananeos, saliendo *finalmente* hacia el sur de Judá, *a*

24:3, 10
Hacer un censo
Esto estuvo mal, porque David contó a los soldados para ver cuán fuerte era militarmente. Él estaba dependiendo más de su fuerza militar que de Dios.

24:13-15
David elige una plaga como castigo
David elige el castigo menos severo. La plaga duraría solo tres días. David le suplicó a Dios misericordia y le pidió que el castigo recayera sobre él y no sobre el pueblo de Israel.

23:20 [1] Lit. *hirió.* [2] O *dos héroes como leones.*   23:21 [1] Lit. *hirió.*   23:25 [1] En 1Crón. 11:27, *Samot.*   23:26 [1] En 1Crón. 11:27, *pelonita.*   23:27 [1] En 1Crón. 11:29, *Sibecai.*   23:28 [1] En 1Crón. 11:29, *Ilai.*   23:29 [1] En 1Crón. 11:30, *Heled.* 23:30 [1] En 1Crón. 11:32, *Hurai.*   23:31 [1] En 1Crón. 11:32, *Abiel.*   23:32 [1] En 1Crón. 11:34, *Hasem.*   23:33 [1] En 1Crón. 11:35, *Sacar.*   23:34 [1] En 1Crón. 11:35, *Elifal hijo de Ur.*   23:35 [1] En 1Crón. 11:37, *Naarai hijo de Ezbai.*   24:6 [1] O *Cades, en la tierra de los hititas.*

Beerseba. **8** Habiendo recorrido todo el país, volvieron a Jerusalén después de nueve meses y veinte días. **9** Joab dio al rey la cifra del censo del pueblo: había en Israel 800,000 hombres valientes que sacaban espada, y los de Judá *eran* 500,000 hombres.

10 Después que David contó el pueblo le pesó en[1] su corazón. Y David dijo al SEÑOR: «He pecado en gran manera por lo que he hecho. Pero ahora, oh SEÑOR, te ruego que quites[2] la iniquidad de Tu siervo, porque he obrado muy neciamente». **11** Cuando David se levantó por la mañana, la palabra del SEÑOR vino al profeta Gad, vidente de David, diciendo: **12** «Ve y dile a David: "Así dice el SEÑOR: 'Te ofrezco tres cosas; escoge para ti una de ellas, para que Yo la haga'"». **13** Así que Gad fue a David y se lo hizo saber, diciéndole: *¿Quieres que* te vengan siete años de hambre en tu tierra, o que huyas por tres meses delante de tus enemigos mientras te persiguen, o que haya tres días de pestilencia en tu tierra? Considera ahora, y mira qué respuesta he de dar al que me envió». **14** David respondió a Gad: «Estoy muy angustiado. Te ruego que nos dejes caer en manos del SEÑOR porque grandes son Sus misericordias, pero no caiga yo en manos de hombre».

15 Y el SEÑOR envió[1] pestilencia sobre Israel desde la mañana hasta el tiempo señalado; y desde Dan hasta Beerseba murieron 70,000 hombres del pueblo. **16** Cuando el ángel extendió su mano hacia Jerusalén para destruirla, el SEÑOR se arrepintió del mal, y dijo al ángel que destruía al pueblo: «¡Basta! ¡Detén ahora tu mano!». Y el ángel del SEÑOR estaba junto a la era de Arauna[1] el jebuseo. **17** Entonces David habló al SEÑOR, cuando vio al ángel que hería al pueblo, y dijo: «Yo soy el que ha pecado, y yo soy el que ha hecho mal; pero estas ovejas, ¿qué han hecho? Te ruego que Tu mano caiga sobre mí y sobre la casa de mi padre».

18 Y Gad vino a David aquel día y le dijo: «Sube, edifica un altar al SEÑOR en la era de Arauna el jebuseo». **19** David subió conforme a la palabra de Gad, tal como el SEÑOR había ordenado. **20** Y Arauna miró y vio al rey y a sus siervos que venían hacia él; y saliendo Arauna, se postró rostro en tierra delante del rey. **21** Entonces Arauna dijo: «¿Por qué ha venido mi señor el rey a su siervo?». Y

Líneas de vida:
DAVID

Edad

¿?	**Ungido por Samuel** *1 Samuel 16:1-3*
	Sirve a Saúl *1 Samuel 16:14-23*
16-20	**Vence a Goliat** *1 Samuel 17*
¿?	**Huye de Saúl** *1 Samuel 21:10-15; 23*
¿?	**Le perdona la vida a Saúl** *1 Samuel 24; 26*
30	**Se convierte en rey** *2 Samuel 2:1—5:5*
¿?	**Recibe el pacto de Dios** *2 Samuel 7*
¿?	**Peca con Betsabé** *2 Samuel 11*
¿?	**Su hijo Absalón se rebela** *2 Samuel 15; 17:24—19:8*
70	**Muere** *1 Reyes 2:10-11*

24:10 [1] Lit. *lo hirió.*   [2] Lit. *hagas desaparecer.*
24:15 [1] Lit. *dio.*   24:16 [1] En 1Crón. 21:15, *Ornán.*

24:18-24
Este sitio se volvió especial

David hizo un sacrificio por su pecado allí, y más tarde Dios eligió la parcela de Arauna como ubicación para el templo que construiría Salomón, el hijo de David.

David respondió: «A comprarte la era para edificar un altar al SEÑOR a fin de detener la plaga del pueblo». [22] Y Arauna dijo a David: «Tome y ofrezca mi señor el rey lo *que parezca* bien a sus ojos. Mire, los bueyes para el holocausto, y los trillos y los yugos de los bueyes para la leña. [23] Todo, oh rey, Arauna lo da al rey». Y Arauna dijo al rey: «Que el SEÑOR su Dios le sea propicio». [24] Pero el rey dijo a Arauna: «No, sino que ciertamente por precio te *lo* compraré, pues no ofreceré al SEÑOR mi Dios holocausto que no me cueste nada[1]». Y David compró la era y los bueyes por cincuenta siclos (570 gramos) de plata. [25] Y allí edificó David un altar al SEÑOR, y ofreció holocaustos y ofrendas de paz. El SEÑOR escuchó la súplica por la tierra y la plaga fue detenida en Israel.

24:24 [1] Lit. *gratuitamente*.

1 Reyes

¿QUIÉN ESCRIBIÓ ESTE LIBRO?	Se desconoce el autor.
¿POR QUÉ SE ESCRIBIÓ ESTE LIBRO?	El libro 1 Reyes registra cómo los reyes de Israel y Judá obedecían o desobedecían a Dios.
¿QUÉ OCURRE EN ESTE LIBRO?	Salomón reina por cuarenta años. Al morir, su reino se divide. Las diez tribus del norte son llamadas Israel. Las dos tribus del sur son llamadas Judá.
¿QUÉ APRENDEMOS ACERCA DE DIOS EN ESTE LIBRO?	Dios envía profetas para llamar al pueblo desobediente a volver a él.
¿QUIÉNES SON LOS PERSONAJES PRINCIPALES DE ESTE LIBRO?	Los personajes principales de este libro son Salomón, Elías y el malvado rey Acab.
¿CUÁLES SON ALGUNAS DE LAS HISTORIAS DE ESTE LIBRO?	Salomón pide sabiduría ... 1 Reyes 3
	Salomón edifica el templo ... 1 Reyes 6
	Salomón dedica el templo ... 1 Reyes 8
	Una reina visita a Salomón ... 1 Reyes 10
	Un profeta le advierte a Jeroboam ... 1 Reyes 13
	Los cuervos alimentan a Elías ... 1 Reyes 17
	Elías en el monte Carmelo ... 1 Reyes 18

Vista del monte Carmelo, el lugar donde Elías demostró que Dios es el único Dios sobre todo.

1:2
Los servidores buscaron a una muchacha virgen para calentar a David

A su avanzada edad, David estaba enfermo y a menudo se enfriaba. Ellos esperaban que si una joven se acostaba a su lado la temperatura de su cuerpo aumentaría.

1:5-6
David no trató de detener a Adonías

Como padre, a menudo David dejaba que sus hijos se salieran con la suya.

1:9-10
El profeta del rey

Había dos tipos de profetas en los tiempos del Antiguo Testamento: los independientes (como Elías) y los profetas oficiales que servían en la corte real (como Natán).

ANCIANIDAD DE DAVID

1 El rey David ya era muy anciano, entrado en días; lo cubrían de ropas pero no entraba en calor. **2** Entonces sus siervos le dijeron: «Que se busque para mi señor el rey una joven virgen para que atienda al[1] rey y sea quien lo cuide; que ella se acueste en su seno, para que mi señor el rey entre en calor». **3** Por toda la tierra de Israel se buscó a una joven hermosa, y hallaron a Abisag la sunamita y la trajeron al rey. **4** La joven era muy hermosa; ella cuidaba al rey y le servía, pero el rey no tuvo relaciones con ella.

REBELIÓN DE ADONÍAS

5 Entretanto Adonías, hijo de Haguit, se ensalzaba diciendo: «Yo seré rey». Y preparó para sí carros, hombres de a caballo y cincuenta hombres que corrieran delante de él. **6** Su padre nunca lo había contrariado[1] preguntándole: «¿Por qué has hecho esto?». Él era también hombre de muy hermoso parecer, y había nacido después de Absalón. **7** Y había consultado[1] con Joab, hijo de Sarvia, y con el sacerdote Abiatar, que respaldaban a Adonías. **8** Pero el sacerdote Sadoc, Benaía, hijo de Joiada, el profeta Natán, Simei, Rei y los valientes que tenía David, no estaban con Adonías. **9** Adonías sacrificó ovejas, bueyes y animales cebados junto a la piedra de Zohélet[1], que está al lado de En Rogel. Invitó a todos sus hermanos, los hijos del rey David, y a todos los hombres de Judá, siervos del rey. **10** Pero no invitó al profeta Natán, ni a Benaía, ni a los valientes, ni a Salomón su hermano.

1:2 [1] Lit. *esté delante del.*   1:6 [1] Lit. *lastimado.*   1:7 [1] Lit. *sus palabras eran.*
1:9 [1] I.e. piedra de la serpiente.

HIJOS PROBLEMÁTICOS DE DAVID

DAVID

Amnón	Absalón	Adonías
▸ Viola a su hermana Tamar	▸ Mata a su hermano Amnón por haber violado a su hermana Tamar	▸ Intenta nombrarse rey en lugar de Salomón
▸ Absalón lo asesina	▸ Se rebela contra David	▸ Asesinado luego de pedirle a Salomón la concubina de David
2 Samuel 13	▸ Es asesinado en una revuelta contra David	*1 Reyes 1; 2:13-25*
	2 Samuel 13:22-39; 15; 18	

11 Entonces Natán habló a Betsabé, madre de Salomón y dijo: «¿No has oído que Adonías, hijo de Haguit, se ha hecho rey y que David nuestro señor no *lo* sabe? **12** Ahora pues, ven, voy a darte un consejo para que salves tu vida y la vida de tu hijo Salomón. **13** Ve ahora mismo[1] al rey David y dile: "¿No ha jurado usted, oh rey mi señor, a su sierva, diciendo: 'Ciertamente tu hijo Salomón será rey después de mí y se sentará en mi trono'?. ¿Por qué, pues, se ha hecho rey Adonías?". **14** Así que mientras estés aún hablando con el rey, yo entraré tras de ti y confirmaré tus palabras».

15 Betsabé vino *a ver* al rey en la alcoba. El rey ya era muy anciano, y Abisag la sunamita le servía. **16** Entonces Betsabé se inclinó y se postró ante el[1] rey. Y el rey le preguntó: «¿Qué deseas?[2]». **17** Ella le respondió: «Mi señor, usted juró a su sierva por el SEÑOR su Dios: "Ciertamente su hijo Salomón será rey después de mí y se sentará en mi trono". **18** Sin embargo, ahora Adonías es rey; y *usted,* mi señor el rey, *hasta* ahora no *lo* sabe. **19** Él ha sacrificado bueyes, animales cebados y ovejas en abundancia, y ha invitado a todos los hijos del rey, al sacerdote Abiatar y a Joab, jefe del ejército, pero no ha invitado a Salomón su siervo. **20** En cuanto a usted, mi señor el rey, los ojos de todo Israel están sobre usted, para que les haga saber quién ha de sentarse en el trono de mi señor el rey después de él. **21** Pues sucederá que en cuanto mi señor el rey duerma con sus padres, yo y mi hijo Salomón seremos tenidos por culpables[1]».

22 Sucedió que mientras ella estaba aún hablando con el rey, entró el profeta Natán. **23** Y le informaron al rey: «Aquí está el profeta Natán». Cuando *este* entró a la presencia del rey, se postró ante el[1] rey rostro en tierra. **24** Entonces Natán dijo: «Mi señor el rey, ¿acaso ha dicho usted: "Adonías será rey después de mí y se sentará en mi trono"? **25** Porque él ha descendido hoy y ha sacrificado bueyes, animales cebados y ovejas en abundancia, ha invitado a todos los hijos del rey, a los jefes del ejército y al sacerdote Abiatar, y allí están comiendo y bebiendo en su presencia, y gritando[1]: "¡Viva el rey Adonías!". **26** Pero ni a mí, su siervo, ni al sacerdote Sadoc, ni a Benaía, hijo de Joiada, ni a su siervo Salomón ha invitado. **27** ¿Ha sido hecho esto por mi señor el rey, y no ha declarado a sus siervos quién había de sentarse en el trono de mi señor el rey después de él?».

SALOMÓN ESCOGIDO POR DAVID

28 Entonces el rey David respondió: «Llamen a Betsabé». Y ella entró a la presencia del rey, y se puso delante del rey. **29** Y el rey juró: «Vive el SEÑOR, que ha redimido mi vida de toda angustia, **30** que ciertamente como te juré por el SEÑOR, Dios de Israel: "Tu hijo Salomón será rey después de mí, y él se sentará sobre mi trono en mi lugar", así lo haré hoy mismo». **31** Betsabé se inclinó rostro en tierra, se postró ante el[1] rey y dijo: «Viva para siempre mi señor el rey David».

32 Entonces el rey David dijo: «Llamen al sacerdote Sadoc, al profeta Natán y a Benaía, hijo de Joiada». Ellos entraron a la presencia del rey, **33** y el rey les dijo: «Tomen con ustedes

1:13 [1] Lit. *y entra.*   1:16 [1] Lit. *al.*   [2] Lit. *¿Qué a ti?*   1:21 [1] Lit. *pecadores.*
1:23 [1] Lit. *al.*   1:25 [1] Lit. *dicen.*   1:31 [1] Lit. *al.*

1:12
Betsabé se preocupa por su vida y la de Salomón
A menudo los nuevos reyes mataban a todos los que pudieran llegar a reclamar el trono. Si Adonías hubiera sido rey, habría matado a Salomón y a su madre.

1:30
David no había anunciado que Salomón lo sucedería
David debe haber pensado que Salomón todavía era demasiado joven para gobernar sobre el reino. Además, Samuel había ungido tanto a Saúl como a David. Como Samuel ya no estaba, tal vez David no sabía cómo proceder.

1:33
Salomón monta la mula de David

En ese tiempo, una mula era un animal real reservado solamente para los reyes. David quería que las personas supieran que él deseaba que Salomón fuera el próximo rey. Cuando Salomón montó la mula de David, eso mostraba el deseo de David de pasarle el reinado.

1:39
Un sacerdote unge a Salomón como rey

Los profetas ungían a los reyes que no habían heredado el trono, pero habían sido elegidos por Dios. Los sacerdotes ungían a los reyes que habían heredado el reino de su padre.

1:50
Adonías se agarra de los cuernos del altar

Agarrarse de los cuernos del altar le brindaba protección a la persona acusada de un crimen mientras su caso estaba siendo revisado. Él se encontraría completamente a salvo ahí. Pero si era hallado culpable, sería alejado del altar para ser castigado.

a los siervos de su señor, hagan montar a mi hijo Salomón en mi propia mula y llévenlo a Gihón. **34** Que allí el sacerdote Sadoc y el profeta Natán lo unjan como rey sobre Israel; y toquen trompeta y digan: "¡Viva el rey Salomón!". **35** Después subirán tras él, y él vendrá, se sentará en mi trono y reinará en mi lugar; porque lo he escogido para que sea príncipe sobre Israel y sobre Judá». **36** Y Benaía, hijo de Joiada, respondió al rey: «¡Amén! Así *lo* diga *también* el SEÑOR, el Dios de mi señor el rey. **37** Como el SEÑOR ha estado con mi señor el rey, así esté con Salomón, y haga su trono más grande que el trono de mi señor el rey David».

38 Entonces el sacerdote Sadoc, el profeta Natán, Benaía, hijo de Joiada, los cereteos y los peleteos, descendieron e hicieron que Salomón montara en la mula del rey David, y lo llevaron a Gihón. **39** El sacerdote Sadoc tomó el cuerno de aceite de la tienda y ungió a Salomón. Entonces tocaron trompeta, y todo el pueblo gritó[1]: «¡Viva el rey Salomón!». **40** Luego todo el pueblo subió tras él. El pueblo tocaba flautas y se regocijaba con gran alegría, de modo que la tierra se estremecía[1] con su sonido.

41 Y *lo* oyó Adonías y todos los invitados que *estaban* con él cuando habían terminado de comer. Al oír Joab el sonido de la trompeta, dijo: «¿Por qué hace la ciudad tal alboroto?». **42** Estaba aún hablando, cuando llegó Jonatán, hijo del sacerdote Abiatar. Y Adonías *le* dijo: «Entra, pues tú eres hombre valiente y traerás buenas noticias». **43** Pero Jonatán respondió a Adonías: «Al contrario. Nuestro señor el rey David ha hecho rey a Salomón. **44** El rey también ha enviado con él al sacerdote Sadoc, al profeta Natán, a Benaía, hijo de Joiada, a los cereteos y a los peleteos, y ellos lo han montado en la mula del rey. **45** Y el sacerdote Sadoc y el profeta Natán lo han ungido rey en Gihón, y de allí han subido gozosos y se ha alborotado la ciudad. Este es el ruido que han oído. **46** Además, Salomón *ya* se ha sentado en el trono del reino, **47** y aun los siervos del rey han ido a bendecir a nuestro señor el rey David, diciéndole: "Que su Dios haga el nombre de Salomón más célebre[1] que su nombre y su trono más grande que el trono de usted". Y el rey ha adorado en el lecho. **48** El rey también ha dicho así: "Bendito sea el SEÑOR, Dios de Israel, que ha concedido que se siente hoy en mi trono un descendiente mío[1] mientras mis ojos *lo* ven"».

49 Entonces todos los invitados de Adonías se aterrorizaron, y se levantaron y cada uno se fue por su camino. **50** Adonías tuvo miedo de Salomón, y se levantó, se fue y se agarró de los cuernos del altar. **51** Y avisaron a Salomón, diciéndole: «Adonías tiene miedo del rey Salomón, y se ha asido de los cuernos del altar, diciendo: "Que el rey Salomón me jure hoy que no matará a espada a su siervo"». **52** Y Salomón dijo: «Si es hombre digno, ni uno de sus cabellos caerá en tierra; pero si se halla maldad en él, morirá». **53** Entonces el rey Salomón envió que lo hicieran descender del altar. Y él vino y se postró ante el rey Salomón, y Salomón le dijo: «Ve¿te a tu casa».

1:39 [1] Lit. *dijo*.   1:40 [1] Lit. *se hendía*.   1:47 [1] Lit. *mejor*.   1:48 [1] Así en la versión gr. (sept.); el T.M. omite: *un descendiente mío*.

ÚLTIMAS PALABRAS DE DAVID

2 Y acercándose los días de su muerte, David dio órdenes a su hijo Salomón: **2** «Yo voy por el camino de todos en la tierra. Sé, pues, fuerte y sé hombre. **3** Guarda los mandatos del SEÑOR tu Dios, andando en Sus caminos, guardando Sus estatutos, Sus mandamientos, Sus ordenanzas y Sus testimonios, conforme a lo que está escrito en la ley de Moisés, para que prosperes en todo lo que hagas y dondequiera que vayas, **4** para que el SEÑOR cumpla la promesa que me hizo[1]: "Si tus hijos guardan su camino, andando delante de Mí con fidelidad[2], con todo su corazón y con toda su alma, no te faltará[3] hombre sobre el trono de Israel".

5 »También sabes lo que me hizo Joab, hijo de Sarvia, lo que hizo a los dos jefes de los ejércitos de Israel, a Abner, hijo de Ner, y a Amasa, hijo de Jeter, a los cuales mató; también derramó sangre de guerra en *tiempo de paz*. Y puso sangre de guerra en el cinturón que lo ceñía y en las sandalias que tenía en sus pies. **6** Haz, pues, conforme a tu sabiduría, y no permitas que sus canas desciendan al Seol[1] en paz. **7** Pero muestra bondad a los hijos de Barzilai el galaadita, y que estén entre los que comen a tu mesa; porque ellos me ayudaron[1] cuando huía de tu hermano Absalón.

8 »Mira, contigo está Simei, hijo de Gera, el benjamita de Bahurim; él fue el que me maldijo con una terrible[1] maldición el día que yo iba a Mahanaim. Pero cuando descendió a mi encuentro en el Jordán, le juré por el SEÑOR, diciendo: "No te mataré a espada". **9** Pero ahora, no lo dejes sin castigo, porque eres hombre sabio. Sabrás lo que debes hacer con él y harás que desciendan sus canas con sangre al Seol».

10 Y durmió David con sus padres y fue sepultado en la ciudad de David. **11** Los días que David reinó sobre Israel *fueron* cuarenta años: siete años reinó en Hebrón, y treinta y tres años reinó en Jerusalén. **12** Salomón se sentó en el trono de David su padre y su reino se afianzó en gran manera.

2:4 [1] Lit. *su palabra que habló de mí.*
[2] O *verdad.*   [3] Lit. *diciendo: no te será cortado.*
2:6 [1] I.e. *región de los muertos.*   2:7 [1] Lit. *se me acercaron.*   2:8 [1] O *dolorosa.*

2:4
La promesa de Dios a David

Dios le había prometido a David que tendría una dinastía que reinaría por siempre (ver 2 Samuel 7:11-16). Las bendiciones de Dios serían dadas a los descendientes de David que siguieron la ley de Moisés. Jesús fue el último rey de esta promesa.

LA JERUSALÉN DE SALOMÓN

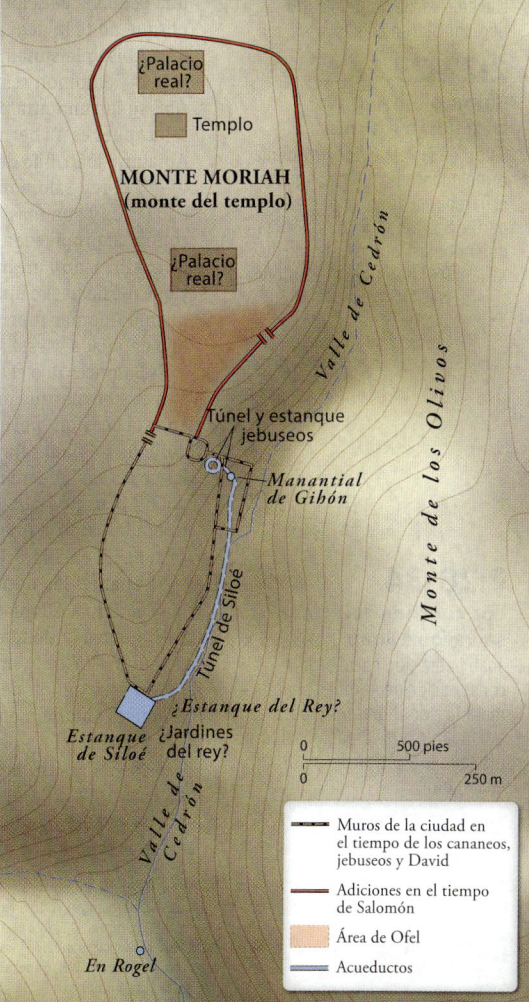

¿Palacio real?

Templo

MONTE MORIAH
(monte del templo)

¿Palacio real?

Valle de Cedrón

Túnel y estanque jebuseos

Manantial de Gihón

Monte de los Olivos

Túnel de Siloé

¿Estanque del Rey?

Estanque de Siloé   ¿Jardines del rey?

Valle de Cedrón

En Rogel

0	500 pies
0	250 m

Muros de la ciudad en el tiempo de los cananeos, jebuseos y David

Adiciones en el tiempo de Salomón

Área de Ofel

Acueductos

2:5-6
David le dice a Salomón qué hacer con Joab

Joab había sido el fiel comandante de David por muchos años y era el hijo de la hermana de David, Sarvia. David no había sido capaz de matarlo, pero Joab había matado a mucha gente en tiempos de paz y merecía un castigo.

2:17
Adonías pide casarse con Abisag

Aunque Abisag solo había cuidado de David, era igual a una concubina. Si Adonías se casaba con ella, eso le hubiera dado derecho al trono del rey.

2:22-23
Salomón le negó la petición a Adonías

Salomón vio el pedido de Adonías como un intento de ganar poder. El harén real de concubinas le pertenecía al rey. Salomón sabía que Adonías estaba tratando de reclamar el trono, así que ordenó su muerte.

2:28-34
Los cuernos del altar no salvaron a Joab

Joab había sido parte de la conspiración de Adonías y había matado a dos hombres inocentes, por lo tanto, era culpable. Salomón hizo que lo alejaran del altar y lo ejecutaran.

SALOMÓN CONSOLIDA SU REINO

13 Entonces Adonías, hijo de Haguit, vino a Betsabé, madre de Salomón; y ella *le* dijo: «¿Vienes en paz?». «En paz», respondió él. **14** Y añadió: «Tengo algo que decirle*1*». Y ella dijo: «Habla». **15** «Usted sabe», dijo él, «que el reino era mío y que todo Israel esperaba que yo fuera rey*1*; pero el reino ha cambiado *de manos* y ha venido a ser de mi hermano, porque *por voluntad* del SEÑOR era suyo. **16** Ahora yo le hago una petición, no me la niegue*1*». «Habla», le dijo ella. **17** Él entonces dijo: «Le ruego que hable al rey Salomón, pues él no se lo negará, para que me dé por mujer a Abisag la sunamita». **18** «Muy bien», dijo Betsabé, «hablaré por ti al rey».

19 Betsabé fue al rey Salomón para hablarle por Adonías. El rey se levantó a recibirla, se inclinó delante de ella, y se sentó en su trono; hizo colocar un trono para la madre del rey y ella se sentó a su diestra. **20** Entonces ella dijo: «Te hago una pequeña petición; no me la niegues». «Pide, madre mía, porque no te la negaré», le dijo el rey. **21** Y ella dijo: «Que se dé a Abisag la sunamita por mujer a tu hermano Adonías». **22** El rey Salomón respondió a su madre: «¿Por qué pides a Abisag la sunamita para Adonías? Pide para él también el reino, pues es mi hermano mayor, y con él están el sacerdote Abiatar y Joab, hijo de Sarvia».

23 Y el rey Salomón juró por el SEÑOR, diciendo: «Así me haga Dios y aun más, si Adonías no ha hablado esta palabra contra su propia vida*1*. **24** Ahora pues, vive el SEÑOR que me ha confirmado y me ha puesto en el trono de mi padre David, y que me ha hecho una casa*1* como había prometido, que hoy mismo Adonías morirá». **25** El rey Salomón envió a*1* Benaía, hijo de Joiada, y *este* atacó a Adonías*2* y lo mató*3*.

26 Entonces dijo el rey al sacerdote Abiatar: «Vete a Anatot, a tu campo, porque mereces morir*1*; pero no te daré muerte en esta ocasión*2* porque llevaste el arca del Señor DIOS*3* delante de mi padre David, y porque fuiste afligido con todas las cosas con que mi padre fue afligido». **27** Así Salomón privó*1* a Abiatar de ser sacerdote del SEÑOR, para que se cumpliera la palabra que el SEÑOR había hablado acerca de la casa de Elí en Silo.

28 Cuando las noticias llegaron a Joab, porque Joab había seguido a Adonías, aunque no había seguido a Absalón, Joab huyó a la tienda del SEÑOR y se agarró de los cuernos del altar. **29** Y se le informó al rey Salomón que Joab había huido a la tienda del SEÑOR, y que estaba junto al altar. Entonces Salomón envió a Benaía, hijo de Joiada, diciendo: «Ve y atácalo».

30 Benaía entró en la tienda del SEÑOR y le dijo: «Así ha dicho el rey: "Sal *de ahí*"». Pero él dijo: «No, pues moriré aquí». Benaía llevó la respuesta*1* al rey: «Así Joab habló y así me respondió». **31** Y el rey le dijo: «Haz como él ha dicho;

2:14 *1* Lit. *palabra para ti.*　　　2:15 *1* Lit. *ponía su rostro en mí para reinar.*
2:16 *1* Lit. *no hagas (haré) volver mi (tu) rostro,* y así en los vers. 17 y 20.
2:23 *1* Lit. *alma.*　　　2:24 *1* I.e. *una dinastía.*　　　2:25 *1* Lit. *envió por mano de.*
2 Lit. *él.*　　　*3* Lit. *y murió.*　　　2:26 *1* Lit. *eres hombre de muerte.*　　　*2* Lit. *este día.*　　　*3* Heb. *YHWH,* generalmente traducido *SEÑOR.*　　　2:27 *1* Lit. *expulsó.*
2:30 *1* Lit. *palabra.*

atácalo, *mátalo* y entiérralo, para que quites de mí y de la casa de mi padre la sangre que Joab derramó sin causa. **32** El SEÑOR hará volver su sangre sobre su propia cabeza, porque él atacó a dos hombres más justos y mejores que él y los mató a espada sin que mi padre David *lo* supiera: a Abner, hijo de Ner, jefe del ejército de Israel, y a Amasa, hijo de Jeter, jefe del ejército de Judá. **33** Su sangre, pues, recaerá sobre la cabeza de Joab y sobre la cabeza de su descendencia[1] para siempre; pero para David y su descendencia[1], para su casa y su trono, haya paz de parte del SEÑOR para siempre».

34 Entonces subió Benaía, hijo de Joiada, lo atacó y lo mató; y fue sepultado en su casa en el desierto. **35** En su lugar el rey nombró sobre el ejército a Benaía, hijo de Joiada, y el rey nombró al sacerdote Sadoc en lugar de Abiatar.

36 Después el rey envió a llamar a Simei, y le dijo: «Edifícate una casa en Jerusalén, vive ahí y no salgas de allí a ninguna parte. **37** Porque el día que salgas y pases el torrente Cedrón, ten por cierto que sin duda morirás; tu sangre recaerá[1] sobre tu cabeza». **38** Entonces Simei dijo al rey: «La palabra es buena; como ha dicho el rey mi señor, así lo hará su siervo». Y vivió Simei en Jerusalén muchos días.

39 Pero aconteció que después de tres años, dos de los siervos de Simei huyeron a donde Aquis, hijo de Maaca, rey de Gat. Le avisaron a Simei: «Tus siervos están en Gat». **40** Simei se levantó, ensilló su asno y fue a Gat *a ver* a Aquis para buscar a sus siervos. Fue, pues, Simei y trajo sus siervos de Gat. **41** Pero informaron a Salomón que Simei había ido de Jerusalén hasta Gat y había vuelto.

42 Entonces el rey envió a llamar a Simei y le dijo: «¿No te hice jurar por el SEÑOR y te advertí seriamente: "El día que salgas y vayas a cualquier parte, ten por seguro que ciertamente morirás"? Y tú me dijiste: "La palabra que he oído es buena". **43** ¿Por qué, entonces, no guardaste el juramento del SEÑOR y el mandamiento que te impuse?». **44** Dijo además el rey a Simei: «Tú sabes todo el mal que hiciste a mi padre David, que tú reconoces en tu corazón[1]; el SEÑOR, pues, hará recaer tu mal sobre tu propia cabeza. **45** Pero el rey Salomón será bendito, y el trono de David será firme delante del SEÑOR para siempre». **46** Entonces el rey mandó a Benaía, hijo de Joiada, y *este* salió y atacó a Simei[1] y lo mató[2]. Así fue confirmado el reino en las manos de Salomón.

3 Entonces Salomón se emparentó con Faraón, rey de Egipto, pues tomó *por esposa a* la hija de Faraón y la trajo a la ciudad de David mientras acababa de edificar su casa, la casa del SEÑOR y la muralla alrededor de Jerusalén. **2** Solo que el pueblo sacrificaba en los lugares altos, porque en aquellos días aún no se había edificado casa al nombre del SEÑOR.

SABIDURÍA DE SALOMÓN

3 Salomón amaba al SEÑOR, andando en los estatutos de su padre David, aunque[1] sacrificaba y quemaba incienso en los

2:36-46
Salomón le permitió a Simei vivir en la ciudad

Aunque Simei merecía morir, David le había mostrado misericordia. Salomón continúa con esta bondad, pero le pone límites estrictos. Más tarde, cuando Simei desobedece sus órdenes, Salomón lo manda a matar.

3:1
Por qué Salomón se casa con una extranjera

A veces un rey se casaba con la hija de otro rey para hacer la paz entre las dos naciones. Es probable que Salomón haya tenido más de setecientas esposas por razones políticas más que por amor.

2:33 [1] Lit. *simiente*.   2:37 [1] Lit. *será*.   2:44 [1] Lit. *que tu corazón reconoce*.
2:46 [1] Lit. *él*.   [2] Lit. *y murió*.   3:3 [1] Lit. *solamente*.

3:3
Adorar en los lugares altos
Los lugares altos eran santuarios al aire libre ubicados en las colinas. En estos sitios era donde los cananeos adoraban originalmente a sus ídolos. Los israelitas a menudo pecaban mezclando la adoración a Dios con la adoración a los dioses paganos en los lugares altos.

Todd Bolen/www.BiblePlaces.com

3:4
Gabaón era el lugar alto principal
La tienda de reunión y el altar de bronce estaban en Gabaón, lo que lo convertía en el lugar más importante para adorar a Dios.

3:7-9
Salomón se llama a sí mismo muchacho
Salomón admite que no tiene mucha experiencia o conocimiento, y le pide a Dios que le dé sabiduría. Él tenía tan solo veinte años cuando comenzó a reinar.

3:16-27
Cómo supo Salomón cuál era la madre verdadera
Salomón pudo tomar la decisión correcta porque Dios lo había bendecido con sabiduría (v. 12). Estaba claro para él que la mujer que amaba al niño tanto como para entregarlo era la verdadera madre.

lugares altos. **4** El rey fue a Gabaón a sacrificar allí, porque ese era el lugar alto principal. Salomón ofreció mil holocaustos sobre ese altar. **5** Y en Gabaón el SEÑOR se apareció a Salomón de noche en sueños, y Dios le dijo: «Pide lo que *quieras que* Yo te dé».

6 Entonces Salomón le respondió: «Tú has mostrado gran misericordia a Tu siervo David mi padre, según él anduvo delante de Ti con fidelidad, justicia y rectitud de corazón hacia Ti; y has guardado para él esta gran misericordia, en que le has dado un hijo que se siente en su trono, como *sucede* hoy. **7** Ahora, SEÑOR Dios mío, has hecho a Tu siervo rey en lugar de mi padre David, aunque soy un muchacho y no sé cómo salir ni entrar. **8** Tu siervo está en medio de Tu pueblo al cual escogiste, un pueblo inmenso que no se puede numerar ni contar por *su* multitud. **9** Da, pues, a Tu siervo un corazón con entendimiento[1] para juzgar a Tu pueblo *y* para discernir entre el bien y el mal. Pues ¿quién será capaz de juzgar a este pueblo Tuyo tan grande[2]?».

10 Fue[1] del agrado a los ojos del Señor que Salomón pidiera esto. **11** Y Dios le dijo: «Porque has pedido esto y no has pedido para ti larga vida[1], ni has pedido para ti riquezas, ni has pedido la vida de tus enemigos, sino que has pedido para ti inteligencia para administrar[2] justicia, **12** he hecho, pues, conforme a tus palabras. Te he dado un corazón sabio y entendido, de modo que no ha habido ninguno como tú antes de ti, ni se levantará ninguno como tú después de ti. **13** También te he dado lo que no has pedido, tanto riquezas como gloria, de modo que no habrá entre los reyes ninguno como tú en todos tus días. **14** Y si andas en Mis caminos, guardando Mis estatutos y Mis mandamientos como tu padre David anduvo, entonces prolongaré tus días».

15 Salomón se despertó y vio que había sido un sueño. Entró en Jerusalén y se puso delante del arca del pacto del SEÑOR. Ofreció holocaustos e hizo ofrendas de paz y también dio un banquete para todos sus siervos.

16 Por ese tiempo dos mujeres *que eran* rameras, vinieron al rey y se presentaron delante de él. **17** Y una de las mujeres dijo: «Oh, mi señor, yo y esta mujer vivimos en la misma casa; y yo di a luz *estando* con ella en la casa. **18** Y sucedió que al tercer día después de dar yo a luz, esta mujer también dio a luz; estábamos juntas, nadie de fuera estaba con nosotras en la casa, solamente nosotras dos. **19** Y el hijo de esta mujer murió durante la noche, porque ella se durmió sobre él. **20** Entonces ella se levantó a medianoche, tomó a mi hijo de mi lado mientras su sierva estaba dormida y lo puso en su regazo[1], y a su hijo muerto lo puso en mi regazo[2]. **21** Cuando me levanté al amanecer para dar de pecho a mi hijo, vi que estaba muerto; pero cuando lo observé con cuidado por la mañana, vi que no era mi hijo, el que yo había dado a luz».

3:9 [1] Lit. *que oiga.*   [2] Lit. *pesado.*   3:10 [1] Lit. *El asunto fue.*   3:11 [1] Lit. *muchos días.*   [2] Lit. *oír.*   3:20 [1] O *junto a ella.*   [2] O *junto a mí.*

22 Entonces la otra mujer dijo: «No, pues mi hijo es el que vive y tu hijo es el muerto». Pero la primera mujer dijo[1]: «No, tu hijo es el muerto y mi hijo es el que vive». Así hablaban ellas delante del rey.

23 Entonces el rey dijo: «Esta dice: "Este es mi hijo que está vivo y tu hijo es el muerto"; y la otra dice: "No, porque tu hijo es el muerto y mi hijo es el que vive"». **24** Y el rey dijo: «Tráiganme una espada». Y trajeron una espada al rey. **25** Entonces el rey dijo: «Partan al niño vivo en dos, y den la mitad a una y la otra mitad a la otra». **26** Entonces la mujer de quien *era* el niño vivo habló al rey, pues estaba profundamente conmovida[1] por su hijo, y dijo: «Oh, mi señor, déle a ella el niño vivo, y de ninguna manera lo mate». Pero la otra decía: «No será ni mío ni tuyo; pártan*lo*». **27** Entonces el rey respondió: «Den el niño vivo a la primera mujer[1], y de ninguna manera lo maten. Ella es la madre». **28** Cuando todo Israel oyó del juicio que el rey había pronunciado[1], temieron al rey, porque vieron que la sabiduría de Dios estaba en él para administrar justicia.

OFICIALES DEL GOBIERNO DE SALOMÓN

4 El rey Salomón fue rey sobre todo Israel, **2** y estos eran sus oficiales: Azarías, hijo de Sadoc, *era* el sacerdote; **3** Elihoref y Ahías, hijos de Sisa, *eran* secretarios; Josafat, hijo de Ahilud, *era* el cronista[1]; **4** Benaía, hijo de Joiada, *estaba* sobre el ejército; y Sadoc y Abiatar *eran* sacerdotes; **5** Azarías, hijo de Natán, *estaba* sobre los oficiales[1]; y Zabud, hijo de Natán, un sacerdote, *era* amigo del rey; **6** Ahisar, *era* el mayordomo; y Adoniram, hijo de Abda, *estaba* sobre los hombres que hacían trabajos forzados.

7 Salomón tenía doce oficiales sobre todo Israel, los cuales abastecían[1] al rey y a su casa. Cada uno tenía que hacerlo[2] un mes en el año. **8** Y estos son sus nombres: Ben[1] Hur, en la región montañosa de Efraín; **9** Ben Decar en Macaz, en Saalbim, en Bet Semes y en Elón Bet Hanán; **10** Ben Hesed en Arubot (de él *eran* Soco y toda la tierra de Hefer); **11** Ben Abinadab, *en* toda la altura de Dor[1] (Tafat, hija de Salomón, era su mujer); **12** Baana, hijo de Ahilud, *en* Taanac y Meguido y todo Bet Seán, que está junto a Saretán, más abajo de Jezreel, desde Bet Seán hasta Abel Mehola, hasta el otro lado de Jocmeam;

13 Ben Geber en Ramot de Galaad (las aldeas de Jair, hijo de Manasés, que están en Galaad *eran* de él: la región de Argob que está en Basán, sesenta ciudades grandes con muros y cerrojos[1] de bronce *eran* de él); **14** Ahinadab, hijo de Iddo, *en* Mahanaim; **15** Ahimaas en Neftalí (también se casó con Basemat, hija de Salomón); **16** Baana, hijo de Husai, en Aser y Bealot[1]; **17** Josafat, hijo de Parúa, en Isacar; **18** Simei, hijo de Ela, en Benjamín; **19** Geber, hijo de Uri, en la tierra de Galaad, la región de Sehón, rey de los amorreos, y de Og, rey de Basán; *él era* el único gobernador que *estaba* en aquella[1] tierra.

3:22 [1] Lit. *esta estaba diciendo.*   3:26 [1] Lit. *su compasión se encendió.*
3:27 [1] Lit. *a ella.*   3:28 [1] Lit. *juzgado.*   4:3 [1] O *canciller.*   4:5 [1] O *capataces.*
4:7 [1] O *alimentaban.*   [2] O *alimentar.*   4:8 [1] I.e. *hijo de,* y así en el resto del cap.
4:11 [1] O *Nafat-dor.*   4:13 [1] Lit. *barras.*   4:16 [1] O *en Alot.*   4:19 [1] Lit. *la.*

4:6
Salomón tenía esclavos
Salomón tenía esclavos extranjeros y también algunos israelitas en trabajos manuales forzados. Samuel les había advertido que si el pueblo tenía un rey, a sus hijos e hijas se les exigiría que le sirvieran. (Ver 1 Samuel 8:11-13).

4:20
La actitud de los israelitas durante el reinado de Salomón

Los israelitas se habían convertido en una gran nación. Mientras Salomón fue rey, la nación estuvo en paz y el pueblo tenía abundante comida y bebida. Ellos estaban felices.

4:22-23
Salomón alimentaba a mucha gente cada día

Salomón terminó proveyéndoles comida a más de mil personas. Tenía setecientas esposas, trescientas concubinas y numerosos hijos. Eso requería grandes provisiones de comida.

4:25
Parras e higueras

Las parras, o viñas, y las higueras simbolizaban una economía próspera. Decir «cada uno bajo su parra y bajo su higuera» significaba que había paz y seguridad.

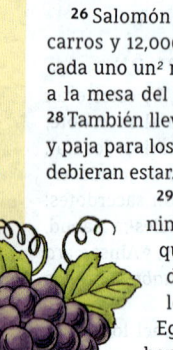

4:29-34
La sabiduría de Salomón

Salomón le había pedido a Dios sabiduría para decidir entre lo malo y lo bueno y gobernar con justicia. Él tenía un amplio conocimiento en ciencia, música, poesía y proverbios. Fue considerado el hombre más sabio de todo el Medio Oriente.

5:6
Cedros del Líbano

Los cedros del Líbano se usaban en la construcción de templos y palacios.

20 Judá e Israel *eran* tan numerosos como la arena que está en abundancia en *la orilla del* mar; comían, bebían y se alegraban.

PODER, RIQUEZA Y SABIDURÍA DE SALOMÓN

21 [i]Salomón gobernaba todos los reinos desde el Río[2] *hasta* la tierra de los filisteos y hasta la frontera de Egipto. Ellos trajeron tributo y sirvieron a Salomón todos los días de su vida. **22** La provisión[1] de Salomón para un día era de 30 coros[2] (6,600 litros) de flor de harina y 60 coros (13,200 litros) de harina, **23** diez bueyes cebados, veinte bueyes de pasto y cien ovejas, sin contar los ciervos, gacelas, corzos y aves cebadas. **24** Porque Salomón tenía dominio sobre todos *los reinos* al oeste[1] del Río[2], desde Tifsa hasta Gaza, sobre todos los reyes al oeste del Río; y tuvo paz por todos lados a su alrededor. **25** Y Judá e Israel vivieron seguros, cada uno bajo su parra y bajo su higuera, desde Dan hasta Beerseba, todos los días de Salomón.

26 Salomón tenía 40,000 establos de caballos para sus carros y 12,000 jinetes. **27** Y los gobernadores abastecían[1], cada uno un[2] mes, al rey Salomón y a todos los que venían a la mesa del rey Salomón. No dejaban que faltara nada. **28** También llevaban, cada uno según su obligación, cebada y paja para los caballos *de tiro* y los corceles al lugar donde debieran estar.

29 Dios dio a Salomón sabiduría, gran discernimiento y amplitud de corazón como la arena que está a la orilla del mar. **30** Y la sabiduría de Salomón sobrepasó la sabiduría de todos los hijos del oriente y toda la sabiduría de Egipto. **31** Porque era más sabio que todos los hombres, *más* que Etán el ezraíta, Hemán, Calcol y Darda[1], hijos de Mahol; y su fama[2] fue *conocida* por todas las naciones de alrededor. **32** También pronunció 3,000 proverbios, y sus cantares fueron 1,005. **33** Disertó sobre los árboles, desde el cedro que está en el Líbano hasta el hisopo que crece en la pared. También habló de ganados, aves, reptiles y peces. **34** Y venían de todos los pueblos para oír la sabiduría de Salomón, de parte de todos los reyes de la tierra que habían oído de su sabiduría.

PACTO DE SALOMÓN CON HIRAM

5 [1]Hiram, rey de Tiro, envió sus siervos a Salomón, cuando oyó que lo habían ungido rey en lugar de su padre, pues Hiram siempre había sido amigo de David. **2** Entonces Salomón envió a decir a Hiram: **3** «Tú sabes que mi padre David no pudo edificar una casa al nombre del SEÑOR su Dios a causa de las guerras en que se vio envuelto, hasta que el SEÑOR puso a sus enemigos[1] bajo las plantas de sus pies. **4** Pero ahora el SEÑOR mi Dios me ha dado paz por todas partes; no hay adversario ni calamidad. **5** Por tanto,

---

4:21 [1] En el texto heb. cap. 5:1. [2] I.e. Éufrates.   4:22 [1] Lit. *El pan.*   [2] Un coro equivale aprox. a 220 litros.   4:24 [1] Lit. *más allá.*   [2] I.e. Éufrates.
4:27 [1] O *alimentaban.*   [2] Lit. *su.*   4:31 [1] En 1Crón. 2:6: *Dara.*   [2] Lit. *nombre.*
5:1 [1] En el texto heb. cap. 5:15.   5:3 [1] Lit. *los puso.*

pienso[1] edificar una casa al nombre del SEÑOR mi Dios, como el SEÑOR habló a mi padre David: "Tu hijo, a quien pondré sobre el trono en tu lugar, él edificará la casa a Mi nombre".

6 »Ahora pues, ordena que me corten cedros del Líbano, y mis siervos estarán con tus siervos. Te daré salarios para tus siervos conforme a todo lo que tú digas, pues sabes que no hay nadie entre nosotros que sepa labrar madera como los sidonios».

7 Cuando Hiram oyó las palabras de Salomón, se alegró mucho y dijo: «Bendito sea hoy el SEÑOR, que ha dado a David un hijo sabio sobre este pueblo tan numeroso». 8 Y envió Hiram respuesta a Salomón: «He oído el mensaje que me enviaste; haré lo que tú quieras en cuanto a las maderas de cedro y de ciprés. 9 Mis siervos las bajarán desde el Líbano hasta el mar; y haré de ellas balsas para ir por mar hasta el lugar adonde me indiques[1], y allí haré que las desaten y tú las llevarás. Entonces cumplirás mi deseo dando alimento a mi casa».

10 Así Hiram[1] dio a Salomón todo lo que deseaba de las maderas de cedro y de ciprés. 11 Y Salomón le daba a Hiram 20,000 coros (4.4 millones de litros)[1] de trigo como alimento para su casa, y 20 coros (4,400 litros)[1] de aceite batido. Esto daba Salomón a Hiram año tras año. 12 El SEÑOR dio sabiduría a Salomón, tal como le había prometido, y hubo paz entre Hiram y Salomón, y los dos hicieron un pacto.

CONSTRUCCIÓN DEL TEMPLO

13 El rey Salomón impuso una leva[1] a todo Israel, y la leva fue de 30,000 hombres. 14 Y los envió al Líbano, en relevos de 10,000 cada mes; y se quedaban un mes en el Líbano y dos meses en su casa. Adoniram estaba al frente de la leva. 15 Salomón tenía 70,000 hombres que llevaban las cargas, y 80,000 canteros en las montañas, 16 además de los 3,300 oficiales[1] de Salomón que estaban al frente de la obra y que gobernaban la gente que hacía el trabajo.

17 Entonces el rey dio órdenes, y sacaron grandes piedras, piedras costosas, para echar los cimientos de la casa con piedras labradas. 18 Y los constructores de Salomón, los constructores de Hiram[1] y los giblitas cortaron y prepararon las maderas y las piedras para edificar la casa[2].

6 Y sucedió que en el año 480 después que los israelitas salieron de la tierra de Egipto, en el cuarto año del reinado de Salomón sobre Israel, en el mes de Zif, que es el segundo mes, comenzó Salomón a edificar[1] la casa[2] del SEÑOR. 2 La casa que el rey Salomón edificó para el SEÑOR tenía 60 codos (27 metros) de largo, 20 codos (9 metros) de

5:7
Hiram debe haber adorado al Señor

Era común que los reyes reconocieran y honraran a los dioses de los otros reyes como una forma de hacer alianzas y acuerdos. La declaración de Hiram puede haber sido una expresión respetuosa, o quizás en verdad creía en Dios.

LA MANO DE OBRA DEL TEMPLO

1 Reyes 5; 2 Crónicas 2

Los que fueron obligados a extraer las piedras del Líbano para la construcción del templo

80,000	Canteros que no eran israelitas
70,000	Acarreadores que no eran israelitas
30,000	Obreros israelitas
3,300	Oficiales o capataces israelitas

5:12
Israel hizo alianzas con naciones paganas

Israel debía conquistar a sus vecinos paganos, a excepción de las naciones alejadas de su territorio. Sin embargo, Tiro y Sidón estaban dentro de los límites de la tierra prometida original, así que Israel no debió hacer un pacto con ellos. Salomón debe haberse convencido de que la adoración de Hiram a Dios era sincera, eliminando los motivos para destruirlos.

6:2-9
Planos de Salomón para el templo

Los planos del templo probablemente se inspiraron en el tabernáculo que Dios le ordenó construir a Moisés (ver Éxodo 25:9). El templo tenía muchos rasgos similares, pero era casi el doble de grande que el tabernáculo. Los templos cananeos y fenicios de esta época eran similares en diseño y construcción.

6:4
El propósito de las ventanas con celosías

Estas ventanas dejaban entrar el aire y la luz solar al edificio.

6:7
No se permitían herramientas en el templo

Durante el tiempo de Moisés, usar herramientas de hierro para tallar la roca era considerada una práctica pagana. Dios le había prohibido usar piedras labradas para la edificación del altar. (Ver Éxodo 20:25).

ancho y 30 codos (13.5 metros) de alto. **3** Y el pórtico delante de la nave del templo[1] *tenía* 20 codos (9 metros) de largo, conforme al ancho de la casa, *y* su ancho al frente de la casa *era* de 10 codos (4.5 metros). **4** También para la casa hizo ventanas con celosías. **5** Junto a la pared de la casa edificó pisos alrededor de las paredes de la casa, tanto de la nave como del santuario interior. También hizo cámaras laterales en derredor.

6 El piso inferior *tenía* 5 codos (2.25 metros) de ancho, el del medio *tenía* 6 codos (2.7 metros) de ancho, y el tercero *tenía* 7 codos (3.2 metros) de ancho; porque por fuera hizo[1] rebajos *en la pared* de la casa por todo alrededor para no empotrar[2] *las vigas* en las paredes de la casa. **7** La casa, mientras se edificaba, se construía de piedras preparadas en la cantera; y no se oyó ni martillo ni hacha ni ningún instrumento de hierro en la casa mientras la construían. **8** La entrada a la cámara lateral inferior[1] *estaba* al lado derecho de la casa; y se subía por una escalera de caracol al *piso* del medio, y del medio al tercero. **9** Edificó, pues, la casa y la terminó; y cubrió la casa con vigas y tablas de cedro. **10** También edificó pisos junto a toda la casa, cada uno de 5 codos (2.25 metros) de alto, y estaban asegurados a la casa con vigas de cedro.

11 Y la palabra del SEÑOR vino a Salomón, diciéndole: **12** «*En cuanto a* esta casa que estás edificando, si tú andas en Mis estatutos, cumples Mis ordenanzas y guardas todos Mis mandamientos andando en ellos, Yo cumpliré Mi palabra contigo, la cual hablé a David tu padre. **13** Habitaré en medio de los israelitas, y no abandonaré a Mi pueblo Israel».

EL LUGAR SANTÍSIMO

14 Cuando Salomón terminó de edificar la casa, **15** construyó las paredes de la casa por dentro con tablas de cedro. Desde el suelo de la casa hasta el techo recubrió *las paredes* interiores con madera. También recubrió el piso de la casa con tablas de ciprés. **16** Edificó los 20 codos (9 metros) del fondo de la casa con tablas de cedro desde el suelo hasta el techo. Así[1] le edificó el santuario interior, el Lugar Santísimo. **17** La casa, es decir, la nave delante del *santuario interior* tenía 40 codos (18 metros) *de largo*. **18** Y por dentro la casa *estaba* revestida de cedro tallado *en forma* de calabazas y flores abiertas. Todo era de cedro, no se veía la piedra.

19 Entonces preparó dentro de la casa el santuario interior, para colocar allí el arca del pacto del SEÑOR. **20** El[1] santuario interior *tenía* 20 codos (9 metros) de largo, 20 codos de ancho y 20 codos de alto, y lo revistió de oro puro. El altar lo recubrió de cedro. **21** Salomón revistió el interior de la casa de oro puro. Puso cadenas de oro a lo largo del frente del santuario

---

6:3 [1] Lit. *de la casa.*　　6:6 [1] Lit. *puso.*　　[2] Lit. *agarrar.*　　6:8 [1] Así en la versión gr. (sept.) y otras versiones antiguas; en el T.M., *del medio.*　　6:16 [1] Lit. *y en el interior.*　　6:20 [1] Lit. *Delante del.*

interior, y lo revistió de oro. **22** Revistió de oro toda la casa, hasta que toda la casa estuvo terminada. También revistió de oro todo el altar que estaba junto al santuario interior.

23 También en el santuario interior hizo dos querubines de madera de olivo, cada uno de 10 codos (4.5 metros) de alto. **24** Un ala del querubín *tenía* 5 codos (2.25 metros) y la otra ala del querubín 5 codos. Desde la punta de una de sus alas hasta la punta de la otra de sus alas *había* 10 codos (4.5 metros). **25** El otro querubín también *medía* 10 codos (4.5 metros); ambos querubines tenían la misma medida y la misma forma. **26** La altura de uno de los querubines *era* de 10 codos (4.5 metros), y asimismo la del otro querubín. **27** Colocó los querubines en medio de la casa interior; las alas de los

TEMPLO DE SALOMÓN Y SU MOBILIARIO

Creado por Externa CGI; © 2011 por Zondervan

6:29-35
Obras de arte decorativas en el templo

El templo tenía tallas de querubines, palmeras y flores. Esto era un recordatorio del huerto del Edén.

6:38—7:1
Salomón pasó más tiempo construyendo su palacio que el templo

Haber pasado el doble de tiempo en su casa mostraba que el amor de Salomón por las posesiones materiales comenzaba a superar su amor por el Señor.

7:2
La casa de Salomón se llamó «la casa del bosque del Líbano»

Las cuatro hileras de columnas hechas de troncos de cedros hacían que pareciera un gran bosque.

7:8
La hija de Faraón vivía en su propio palacio

Salomón no permitía que la hija de Faraón viviera en o cerca de los lugares santos donde se alojaba el arca de Dios. (Ver 2 Crónicas 8:11).

querubines se extendían de modo que el ala del uno tocaba *una* pared y el ala del otro querubín tocaba la otra pared. Sus *otras dos* alas se tocaban ala con ala en el centro de la casa. **28** También revistió de oro los querubines.

29 Luego esculpió todas las paredes de la casa en derredor con grabados de figuras de querubines, palmeras y flores abiertas, tanto el *santuario* interior como el exterior. **30** Revistió de oro el piso de la casa, del *santuario* interior y el exterior.

31 Para la entrada del santuario interior, Salomón hizo puertas de madera de olivo, el dintel *y* postes pentagonales. **32** Las dos puertas eran de madera de olivo, y talló en ellas figuras de querubines, palmeras y flores abiertas, y las revistió de oro; cubrió también de oro los querubines y las palmeras. **33** Además para la entrada de la nave hizo postes cuadrangulares de madera de olivo, **34** y dos puertas de madera de ciprés; las dos hojas de una puerta *eran* giratorias, y las dos hojas[1] de la otra puerta *también eran* giratorias. **35** Talló *en ellas* querubines, palmeras y flores abiertas, y *las* revistió de oro bien ajustado a la talladura. **36** Edificó el atrio interior con tres hileras de piedra labrada y una hilera de vigas de cedro.

37 En el cuarto año, en el mes de Zif, se echaron los cimientos de la casa del SEÑOR, **38** y en el año undécimo, en el mes de Bul, que es el mes octavo, la casa fue acabada en todas sus partes y conforme a todos sus planos. La edificó, pues, en siete años.

EL PALACIO DE SALOMÓN

7 Salomón edificó su propia casa[1], *y* en trece años la terminó toda. **2** Edificó la casa del bosque del Líbano, que tenía 100 codos (45 metros) de largo, 50 codos (22.5 metros) de ancho y 30 codos (13.5 metros) de alto, sobre cuatro hileras de columnas de cedro con vigas de cedro sobre las columnas. **3** Estaba cubierta de cedro sobre las cámaras laterales[1] que estaban sobre las 45 columnas, 15 en cada hilera. **4** Y *había* tres hileras de *ventanas con* celosías, una ventana frente a la otra en tres filas. **5** Todas las puertas y los postes *tenían* marcos cuadrados, una ventana frente a la otra en tres filas.

6 Salomón hizo el pórtico de las columnas de 50 codos (22.5 metros) de largo y 30 codos (13.5 metros) de ancho. *Había otro* pórtico delante de ellas, con columnas y un umbral delante de ellas. **7** También hizo el pórtico del trono donde había de juzgar, el pórtico del juicio, que fue cubierto de cedro desde el suelo hasta el techo. **8** Y la casa[1] donde él había de vivir, *tenía* un atrio dentro del pórtico, de la misma hechura. Salomón también hizo una casa[2] con un pórtico similar, para la hija de Faraón que él había tomado *por mujer*.

9 Todas estas *obras* eran de piedras valiosas, cortadas a la medida, cortadas con sierras por dentro y por fuera, desde el cimiento hasta la cornisa, y por fuera hasta el gran atrio. **10** El cimiento era de piedras valiosas, piedras grandes, piedras de 10 codos (4.5 metros) y piedras de 8 codos (3.6 metros). **11** Y más arriba había piedras valiosas, cortadas a la

6:34 [1] Así en la versión gr. (sept.); en el T.M., *cortinas.*　　7:1 [1] O *su palacio.*
7:3 [1] O *las tablas.*　　7:8 [1] O *el palacio.*　　[2] O *un palacio.*

medida, y madera de cedro. ¹²El gran atrio *tenía* en derredor tres hileras de piedras talladas y una hilera de vigas de cedro, igual que el atrio interior de la casa del SEÑOR y el pórtico de la casa.

LA OBRA DE HIRAM EN EL TEMPLO

¹³Y el rey Salomón envió a buscar a Hiram de Tiro. ¹⁴Este era hijo de una viuda de la tribu de Neftalí, y su padre era un hombre de Tiro, artífice en bronce. *Estaba* lleno de sabiduría, inteligencia y pericia para hacer cualquier obra en bronce. Y él vino al rey Salomón e hizo toda su obra.

¹⁵Fundió las dos columnas de bronce; la altura de una columna era de 18 codos (8.1 metros), y un cordel de 12 codos (5.4 metros) medía la circunferencia de las dos¹. ¹⁶Hizo también dos capiteles de bronce fundido para colocarlos en las cabezas de las columnas. La altura de un capitel era de 5 codos (2.25 metros) y la del otro capitel era de 5 codos. ¹⁷*Había* redes de obra de malla y trenzas de obra de cadenilla para los capiteles que estaban en la cima de las columnas;

7:15 ¹ Lit. *rodeaba la segunda columna.*

EL TEMPLO DE SALOMÓN VS. SU PALACIO

1 Reyes 6—7

Diferencias y similitudes entre los grandes proyectos de construcción de Salomón

TEMPLO	PALACIO 
Siete años de construcción *6:38*	Trece años de construcción *7:1*
Construido según las indicaciones de Dios *6:38; ver 1 Crónicas 28:11-12*	No hay indicaciones de parte de Dios
Dimensiones: 27 metros de largo, 9 metros de ancho y 13.5 metros de alto *6:2*	Dimensiones: 45 metros de largo, 22.5 metros de ancho y 13.5 metros de alto *7:2*
Construido con bloques de piedra preparados en la cantera *6:7*	Construido con bloques de piedras valiosas *7:9*
No se usaron herramientas de hierro en el sitio de la construcción *6:7*	Las piedras fueron extraídas y cortadas a la medida *7:9*
Ventanas con celosías *6:4*	Ventanas con celosías, en tres hileras *7:4*
Atrio interior rodeado por tres hileras de piedra labrada y una hilera de vigas de cedro *6:36; 7:12*	Gran atrio rodeado por tres hileras de piedra labrada y una hilera de vigas de cedro *7:12*
Pisos de ciprés cubiertos de oro; interior completo cubierto de cedro y revestido en oro *6:15,18,22,30*	Salón del trono cubierto del suelo al techo con cedro *7:7*

siete para un capitel y siete para el otro capitel. **18** Así hizo las columnas y dos hileras alrededor de la malla que cubría los capiteles que estaban sobre las granadas; y así hizo para el otro capitel. **19** Los capiteles que *estaban* en las cabezas de las columnas del pórtico tenían forma de lirios, *y medían* 4 codos (1.6 metros). **20** *Había* también capiteles sobre las dos columnas, junto a la protuberancia[1] que *estaba* al lado de la malla; y *había* 200 granadas en hileras alrededor de los dos capiteles[2]. **21** Erigió, pues, las columnas en el pórtico de la nave. Erigió la columna derecha y la llamó Jaquín[1], y erigió la columna izquierda y la llamó Boaz[2]. **22** En lo alto de las columnas había lirios tallados. Así fue terminada la obra de las columnas.

23 Hizo asimismo el mar de *metal* fundido de 10 codos (4.5 metros) de borde a borde, en forma circular. Su altura *era de* 5 codos (2.25 metros), y tenía 30 codos (13.5 metros) de circunferencia. **24** Debajo del borde había calabazas alrededor, diez por cada codo (45 centímetros), rodeando el mar por completo. Las calabazas *estaban* en dos hileras, fundidas en una sola pieza. **25** *El mar* descansaba sobre doce bueyes; tres mirando al norte, tres mirando al occidente, tres mirando al sur y tres mirando al oriente. El mar *descansaba* sobre ellos y todas sus ancas *estaban* hacia adentro. **26** El grueso era de un palmo, y el borde estaba hecho como el borde de un cáliz, *como* una flor de lirio. Tenía capacidad para 2,000 batos (44,000 litros).

27 Entonces hizo las diez basas de bronce; la longitud de cada basa era de 4 codos (1.6 metros), su anchura de 4 codos y su altura de 3 codos (1.35 metros). **28** El diseño de las basas *era* este: tenían bordes[1] y los bordes estaban entre las molduras[2], **29** y en los bordes que *estaban* entre las molduras[1] *había* leones, bueyes y querubines; y en las molduras[1] *había* un pedestal arriba, y debajo de los leones y bueyes *había* guirnaldas en bajorrelieve. **30** Cada basa tenía cuatro ruedas de bronce, con ejes de bronce, y sus cuatro patas tenían soportes. Debajo de la pila *había* soportes fundidos con guirnaldas a cada lado. **31** La boca *de la pila* dentro de la corona en la parte superior *medía* un codo (45 centímetros), y su boca *era* redonda como el diseño de un pedestal, de 1.5 codos (68 centímetros); también en su boca *había* entalladuras, y sus bordes eran cuadrados, no redondos. **32** Las cuatro ruedas *estaban* debajo de los bordes, y los ejes de las ruedas *estaban* en la basa. La altura de una rueda *era* de 1.5 codos (68 centímetros). **33** La hechura de las ruedas *era* como la hechura de una rueda de carro. Sus ejes, sus aros, sus rayos y sus cubos *eran* todos de fundición.

34 *Había* cuatro soportes en las cuatro esquinas de cada basa; sus soportes *eran* parte de la basa misma. **35** En la parte superior de la basa *había* una *pieza* redonda de medio codo

7:21
Nombres de las columnas
Las columnas delanteras del templo eran monumentos o símbolos nacionales. Ellas en realidad no soportaban el peso de la estructura del templo. El nombre *Jaquín* probablemente significaba «él afirmará». El nombre *Boaz* tal vez significaba «en ella hay fortaleza».

7:23
El mar del templo
Era un recipiente enorme que contenía aproximadamente 44,000 litros de agua.

7:25
Estatuas de los bueyes
Estos bueyes no eran ídolos, sino que su función era recordarle al pueblo el poder de Dios.

7:20 [1] Lit. *vientre.* [2] Lit. *en el segundo capitel.* 7:21 [1] I.e. él afirmará. [2] I.e. en ella hay fortaleza. 7:28 [1] O *paneles,* y así en el resto del cap. [2] O *los travesaños.* 7:29 [1] O *los travesaños.*

(23 centímetros) de alto, y en la parte superior de la basa sus soportes¹ y sus bordes *formaban* parte de ella. **36** Y en las planchas de sus soportes y en sus bordes grabó querubines, leones y palmeras, conforme al espacio *disponible* de cada una, con guirnaldas alrededor. **37** Hizo las diez basas de esta manera: todas ellas eran de una misma fundición, de una misma medida y de una misma forma.

38 También hizo diez pilas de bronce. En cada pila cabían 40 batos (880 litros); cada pila *medía* 4 codos (1.6 metros), *y* sobre cada una de las diez basas *había* una pila. **39** Entonces colocó las basas, cinco al lado derecho de la casa y cinco al lado izquierdo de la casa. El mar *de metal fundido* lo colocó al lado derecho de la casa hacia el sureste.

40 Hiram hizo también los calderos¹, las palas y los tazones. Así terminó Hiram toda la obra que hizo para el rey Salomón *en* la casa del SEÑOR: **41** las dos columnas y los tazones de los capiteles que *estaban* en lo alto de las dos

7:35 ¹ Lit. *manos.*   7:40 ¹ Así en 2Crón. 4:11; en heb. *las pilas.*

7:38-40
El propósito de las pilas
Las pilas de agua eran mucho más pequeñas que el mar de bronce. Los sacerdotes usaban el agua de esas pilas con el fin de lavar las partes de los animales sacrificados para el holocausto. Cada una contenía aproximadamente 880 litros de agua.

UTENSILIOS DEL TEMPLO
1 Reyes 7:13-51

Arca del pacto y querubines

LUGAR SANTÍSIMO

2 columnas de bronce
con capiteles en forma de lirio en la parte superior de cada una, decorados con trenzas y granadas

Mesa de oro

LUGAR SANTO

Altar de oro del incienso

Mar de metal fundido *rodeado de calabazas descansando sobre 12 bueyes*

Altar de bronce

10 basas de bronce con 10 pilas

Calderos, palas y tazones de bronce

Mesa de oro

10 candelabros de oro puro

Flores, lámparas y tenazas de oro puro

Copas, despabiladeras, tazones, cucharas e incensarios de oro puro

Goznes de oro para las puertas del Lugar Santísimo y la sala principal

columnas, las dos mallas para cubrir los dos tazones de los capiteles que *estaban* en lo alto de las columnas; **42** las 400 granadas para las dos mallas, dos hileras de granadas por cada malla para cubrir los dos tazones de los capiteles que *estaban* en lo alto de las columnas; **43** las diez basas con las diez pilas sobre las basas; **44** el mar y los doce bueyes debajo del mar; **45** los calderos, las palas y los tazones; todos estos utensilios que Hiram hizo para el rey Salomón *en* la casa del SEÑOR *eran* de bronce bruñido. **46** El rey los fundió en la llanura del Jordán, en la tierra arcillosa entre Sucot y Saretán. **47** Salomón dejó todos los utensilios *sin pesarlos* porque *eran* demasiados. El peso del bronce no se pudo determinar.

48 Salomón hizo todos los utensilios que *estaban en* la casa del SEÑOR: el altar de oro y la mesa de oro sobre la cual *estaba* el pan de la Presencia¹; **49** los candelabros de oro puro, cinco a la mano derecha y cinco a la izquierda, frente al santuario interior; las flores, las lámparas y las tenazas de oro; **50** las copas, las despabiladeras, los tazones, las cucharas y los incensarios de oro puro; y los goznes para las puertas de la casa interior, el Lugar Santísimo, y para las puertas de la casa, *es decir*, de la nave, *también* de oro.

51 Así fue terminada toda la obra que el rey Salomón hizo *en* la casa del SEÑOR. Y Salomón trajo las cosas consagradas por su padre David, es decir, la plata, el oro y los utensilios, y *los* puso en los tesoros de la casa del SEÑOR.

TRASLADO DEL ARCA AL TEMPLO

8 Entonces Salomón reunió a los ancianos de Israel, a todos los jefes de las tribus y a los principales de las casas paternas¹ de los israelitas ante él² en Jerusalén, para hacer subir el arca del pacto del SEÑOR de la ciudad de David, la cual es Sión. **2** Todos los hombres de Israel se reunieron ante el rey Salomón en la fiesta, en el mes de Etanim, que es el mes séptimo. **3** Cuando llegaron todos los ancianos de Israel, los sacerdotes alzaron el arca. **4** Subieron el arca del SEÑOR, la tienda de reunión y todos los utensilios sagrados que *estaban* en la tienda; los sacerdotes y los levitas los subieron.

5 El rey Salomón y toda la congregación de Israel que estaba reunida ante él, *estaban* con él delante del arca, sacrificando tantas ovejas y bueyes que no se podían contar ni numerar. **6** Entonces los sacerdotes trajeron el arca del pacto del SEÑOR a su lugar, al santuario interior de la casa, al Lugar Santísimo, bajo las alas de los querubines. **7** Porque los querubines extendían las alas sobre el lugar del arca, y los querubines cubrían el arca y sus barras por encima. **8** Pero las barras eran tan largas que los extremos de las barras se podían ver desde el lugar santo, *que estaba* delante del santuario interior, pero no se

7:51
Los regalos de David en el templo
David había consagrado algunos utensilios de oro y plata que había tomado como botín en las batallas o que los reyes le habían dado como tributo.

8:1-6
Dónde estaba el arca antes de llevarla al templo
El primer hogar del arca en Canaán fue Silo, hasta que los cananeos la capturaron y la retuvieron por seis meses. Luego fue llevada a Bet Semes por un breve tiempo. Después se mudó a Quiriat Jearim por veinte años. Más tarde la casa de Obed Edom guardó el arca hasta que David la llevó a una tienda en Jerusalén.

Foto de Mishkan Shilo Synagogue en Silo, Mateh Binyamih.
Todd Bolen/www.BiblePlaces.com

8:5
Por qué tantos sacrificios
Esto es una exageración, pero los israelitas ofrecieron muchos porque estaban agradecidos de finalmente tener un lugar permanente donde adorar a Dios.

7:48 ¹ O de la Proposición; lit. *del Rostro.*   8:1 ¹ Lit. *principales de los padres.*
² Lit. *ante el rey Salomón.*

podían ver *desde* afuera; y allí están hasta hoy. **9** En el arca no había más que las dos tablas de piedra que Moisés puso allí en Horeb, donde el SEÑOR hizo *pacto* con los israelitas cuando salieron de la tierra de Egipto. **10** Y sucedió que cuando los sacerdotes salieron del lugar santo, la nube llenó la casa del SEÑOR, **11** así que los sacerdotes no pudieron quedarse a ministrar por causa de la nube, porque la gloria del SEÑOR llenaba la casa del SEÑOR.

12 Entonces Salomón dijo:

«El SEÑOR ha dicho que Él moraría en la densa nube.
13 Ciertamente yo te he edificado una casa majestuosa,
Un lugar para Tu morada para siempre».

14 Después el rey se volvió[1] y bendijo a toda la asamblea de Israel, mientras toda la asamblea de Israel estaba de pie. **15** Les dijo: «Bendito sea el SEÑOR, Dios de Israel, que habló por Su boca a mi padre David y por Su mano *lo* ha cumplido, cuando dijo: **16** "Desde el día en que saqué a Mi pueblo Israel de Egipto, no escogí ninguna ciudad de entre todas las tribus de Israel *en la cual* edificar una casa para que Mi nombre estuviera allí, pero escogí a David para que estuviera sobre Mi pueblo Israel". **17** Y mi padre David tuvo en su corazón edificar una casa al nombre del SEÑOR, Dios de Israel. **18** Pero el SEÑOR dijo a mi padre David: "Por cuanto tuviste en[1] tu corazón edificar una casa a Mi nombre, bien hiciste en desearlo en tu corazón. **19** Sin embargo, tú no edificarás la casa, sino que tu hijo que te nacerá[1], él edificará la casa a Mi nombre".

20 »Ahora el SEÑOR ha cumplido la palabra que había dicho, pues yo me he levantado en lugar de mi padre David y me he sentado en el trono de Israel, como el SEÑOR prometió[1], y he edificado la casa al nombre del SEÑOR, Dios de Israel. **21** Y he puesto allí un lugar para el arca, en la cual está el pacto del SEÑOR que Él hizo con nuestros padres cuando los trajo de la tierra de Egipto».

ORACIÓN DE DEDICACIÓN DEL TEMPLO

22 Entonces Salomón se puso delante del altar del SEÑOR en presencia de toda la asamblea de Israel y extendió las manos al cielo. **23** Y dijo: «Oh SEÑOR, Dios de Israel, no hay Dios como Tú ni arriba en los cielos ni abajo en la tierra, que guardas el pacto y *muestras* misericordia a Tus siervos que andan delante de Ti con todo su corazón, **24** que has cumplido[1] con Tu siervo David mi padre lo que le prometiste; ciertamente has hablado con Tu boca y lo has cumplido con Tu mano como *sucede* hoy. **25** Ahora pues, oh SEÑOR, Dios de Israel, cumple[1] con Tu siervo David mi padre lo que le prometiste, diciendo: "No te faltará quien se siente en el trono de Israel, con tal que tus hijos guarden su camino para andar delante de Mí como tú has andado delante de Mí". **26** Ahora pues, oh Dios de Israel, te ruego que se cumpla Tu palabra que hablaste a Tu siervo, mi padre David.

8:9
Los objetos que desaparecieron del arca
La Biblia no nos dice adónde fueron los objetos o quiénes los tenían. Los filisteos pueden haberse quedado con la vasija que contenía el maná y la vara de Aarón, o Dios puede haberles dicho a los sacerdotes que los quitaran.

8:10-13
La nube
La nube era un símbolo de la gloria de Dios y un recordatorio de la nube que cubrió el monte Sinaí. (Ver Éxodo 19).

8:14 [1] Lit. *volvió su rostro*.   8:18 [1] Lit. *estuvo con.*   8:19 [1] Lit. *saldrá de tus lomos.*   8:20 [1] Lit. *habló.*   8:24 [1] Lit. *guardado.*   8:25 [1] Lit. *guarda.*

8:27-29

La diferencia entre un templo *para Dios* y un templo *para su nombre*

Como la presencia de Dios está en todas partes, consagrar un templo para Dios sería como decir que Dios habitaría solo en el templo. Salomón sabía que ningún edificio podía contener la gloria de Dios, así que dedicó el templo al nombre de Dios: su carácter y naturaleza.

8:30

Cómo tenían que orar los israelitas

Cuando los israelitas no podían orar en el templo, tenían que hacerlo mirando hacia el templo. Este era el lugar donde Dios había prometido estar presente junto a su pueblo.

8:41-43

La oración de Salomón por los extranjeros

La oración de Salomón acerca de que los gentiles vinieran al templo a adorar al Dios de Israel mostraba que había entendido la promesa de Dios. Él le había dicho a Abraham que todas las naciones serían benditas a través de él (Génesis 12:3). Se esperaba que Israel atrajera a todos los pueblos al único Dios verdadero.

27 Pero, ¿morará verdaderamente Dios sobre la tierra? Si los cielos y los cielos de los cielos no te pueden contener, cuánto menos esta casa que yo he edificado. **28** No obstante, atiende a la oración de Tu siervo y a su súplica, oh SEÑOR Dios mío, para que oigas el clamor y la oración que Tu siervo hace[1] hoy delante de Ti; **29** que Tus ojos estén abiertos noche y día hacia esta casa, hacia el lugar del cual has dicho: "Mi nombre estará allí", para que oigas la oración que Tu siervo haga[1] hacia este lugar. **30** Y escucha la súplica de Tu siervo y de Tu pueblo Israel cuando oren hacia este lugar; escucha Tú en el lugar de Tu morada, en los cielos; escucha y perdona.

31 »Si alguien peca contra su prójimo y se le exige juramento, y viene y jura delante de Tu altar en esta casa, **32** escucha Tú *desde* los cielos y obra y juzga a Tus siervos, condenando al impío haciendo recaer su conducta sobre su cabeza, y justificando al justo dándole conforme a su justicia.

33 »Cuando Tu pueblo Israel sea derrotado[1] delante de un enemigo por haber pecado contra Ti, si se vuelven a Ti y confiesan Tu nombre, y oran y te hacen súplica en esta casa, **34** escucha Tú *desde* los cielos y perdona el pecado de Tu pueblo Israel, y hazlos volver a la tierra que diste a sus padres.

35 »Cuando los cielos estén cerrados y no haya lluvia por haber ellos pecado contra Ti, y oren hacia este lugar y confiesen Tu nombre, y se vuelvan de su pecado cuando Tú los aflijas, **36** escucha Tú *desde* los cielos y perdona el pecado de Tus siervos y de Tu pueblo Israel; sí, enséñales el buen camino por el que deben andar. Y envía lluvia sobre Tu tierra, la que diste a Tu pueblo por heredad.

37 »Si hay hambre en la tierra, si hay pestilencia, si hay pestes *o* plagas, langosta *o* saltamontes, si su enemigo los sitia en la tierra de sus ciudades[1], cualquier plaga, cualquier enfermedad *que haya*, **38** toda oración *o* toda súplica que sea hecha por cualquier hombre *o* por todo Tu pueblo Israel, conociendo cada cual la aflicción[1] de su corazón, y extendiendo sus manos hacia esta casa; **39** escucha Tú *desde* los cielos, el lugar de Tu morada, y perdona, actúa y da a cada uno conforme a todos sus caminos, *ya que* conoces su corazón, porque solo Tú conoces el corazón de todos los hijos de los hombres, **40** para que te teman[1] todos los días que vivan sobre la superficie de la tierra que diste a nuestros padres.

41 »También en cuanto al extranjero que no es de Tu pueblo Israel, cuando venga de una tierra lejana a causa de Tu nombre **42** (porque oirán de Tu gran nombre, de Tu mano poderosa y de Tu brazo extendido); cuando venga a orar a esta casa, **43** escucha Tú *desde* los cielos, el lugar de Tu morada, y haz conforme a todo lo que el extranjero te pida. Para que todos los pueblos de la tierra conozcan Tu nombre para que te teman, como *te teme* Tu pueblo Israel, y para que sepan que Tu nombre es invocado sobre esta casa que he edificado.

44 »Cuando Tu pueblo salga a la batalla contra su enemigo, por *cualquier* camino que Tú los envíes, y oren al SEÑOR vueltos hacia la ciudad que Tú has escogido y *hacia* la casa

8:28 [1] Lit. *ora.*   8:29 [1] Lit. *orará.*   8:33 [1] Lit. *herido.*   8:37 [1] Lit. *puertas.*
8:38 [1] Lit. *plaga.*   8:40 [1] O *reverencien.*

que he edificado a Tu nombre, **45** escucha *desde* los cielos su oración y su súplica, y hazles justicia.

46 »Cuando pequen contra Ti (pues no hay hombre que no peque) y estés lleno de ira contra ellos, y los entregues delante del enemigo, y estos[1] los lleven cautivos a la tierra del enemigo, lejos o cerca, **47** si recapacitan[1] en la tierra adonde hayan sido llevados cautivos, y se arrepienten y te hacen súplica en la tierra de los que los llevaron cautivos, diciendo: "Hemos pecado y hemos cometido iniquidad, hemos obrado perversamente", **48** si se vuelven a Ti con todo su corazón y con toda su alma en la tierra de sus enemigos que los llevaron cautivos, y oran a Ti vueltos hacia la tierra que diste a sus padres, *hacia* la ciudad que has escogido, y *hacia* la casa que he edificado a Tu nombre, **49** entonces escucha Tú *desde* los cielos, el lugar de Tu morada, su oración y su súplica y hazles justicia. **50** Perdona a Tu pueblo que ha pecado contra Ti, todas las transgresiones que hayan cometido contra Ti, y hazlos *objeto* de compasión ante los que los llevaron cautivos, para que tengan compasión de ellos **51** (porque ellos son Tu pueblo y Tu heredad que sacaste de Egipto, de en medio del horno de hierro).

52 »Que Tus ojos estén abiertos a la súplica de Tu siervo y a la súplica de Tu pueblo Israel, para escucharlos siempre que te invoquen. **53** Pues Tú los has separado de entre todos los pueblos de la tierra como Tu heredad, como lo dijiste por medio de Tu siervo Moisés, cuando sacaste a nuestros padres de Egipto, oh Señor DIOS[1]».

54 Cuando Salomón terminó de decir[1] toda esta oración y súplica al SEÑOR, se levantó de delante del altar del SEÑOR, de estar de[2] rodillas con sus manos extendidas hacia el cielo. **55** Y se puso de pie y bendijo a toda la asamblea de Israel en alta voz, diciendo: **56** «Bendito sea el SEÑOR, que ha dado reposo a Su pueblo Israel, conforme a todo lo que prometió[1]. Ninguna palabra ha fallado de toda Su buena promesa[2] que hizo[1] por medio de Su siervo Moisés. **57** Que el SEÑOR nuestro Dios esté con nosotros, como estuvo con nuestros padres; que no nos deje ni nos abandone, **58** para que incline nuestro corazón hacia Él, para que andemos en todos Sus caminos y para que guardemos Sus mandamientos, Sus estatutos y Sus preceptos que ordenó a nuestros padres.

59 »Que estas palabras mías, con las que he suplicado delante del SEÑOR, estén cerca del SEÑOR nuestro Dios día y noche, para que Él haga justicia a Su siervo y justicia a Su pueblo Israel, según las necesidades de cada día[1], **60** a fin de que todos los pueblos de la tierra sepan que el SEÑOR es Dios; no hay otro. **61** Estén, pues, los corazones de ustedes enteramente dedicados al SEÑOR nuestro Dios, para que andemos en Sus estatutos y guardemos Sus mandamientos, como en este día».

62 Entonces el rey y todo Israel con él ofrecieron sacrificios delante del SEÑOR. **63** Y Salomón ofreció al SEÑOR como sacrificio de las ofrendas de paz, 22,000 bueyes y 120,000

8:58
Por qué Dios inclina el corazón del pueblo hacia él

Por causa del pecado, las personas no se vuelven a Dios de forma automática. De hecho, sin su ayuda, no podríamos siquiera creer en Dios. Él cambia nuestros corazones y elegimos responder a Dios. Salomón le pidió a Dios que ayudara al pueblo a seguirlo y obedecerlo.

8:46 [1] Lit. *sus captores.*   8:47 [1] Lit. *vuelven a su corazón.*   8:53 [1] Heb. *YHWH,* generalmente traducido *SEÑOR.*   8:54 [1] Lit. *orar.*   [2] Lit. *postrado sobre sus.* 8:56 [1] Lit. *habló.*   [2] Lit. *palabra.*   8:59 [1] Lit. *el asunto de un día en su día.*

ovejas. Así dedicaron la casa del SEÑOR, el rey y todos los israelitas. **64**Aquel día el rey consagró la parte central del atrio que *estaba* delante de la casa del SEÑOR, pues allí ofreció el holocausto, la ofrenda de cereal y la grasa de las ofrendas de paz; porque el altar de bronce que *estaba* delante del SEÑOR *era* demasiado pequeño para contener el holocausto, la ofrenda de cereal y la grasa de las ofrendas de paz. **65**Así Salomón celebró la fiesta en aquella ocasión, y todo Israel con él, una gran asamblea desde la entrada de Hamat hasta el torrente de Egipto, delante del SEÑOR nuestro Dios, por siete días y siete días *más, o sea* catorce días. **66**Al octavo día despidió al pueblo. Ellos bendijeron al rey, y se fueron a sus tiendas gozosos y alegres de corazón por todo el bien que el SEÑOR había mostrado a Su siervo David y a Su pueblo Israel.

PACTO DE DIOS CON SALOMÓN

9 Y sucedió que cuando Salomón había acabado de edificar la casa del SEÑOR, la casa del rey y todo lo que Salomón deseaba hacer, **2** el SEÑOR se apareció a Salomón por segunda vez, tal como se le había aparecido en Gabaón. **3** Y el SEÑOR le dijo: «He oído tu oración y tu súplica que has hecho delante de Mí; he consagrado esta casa que has edificado, poniendo allí Mi nombre para siempre. En ella[1] estarán Mis ojos y Mi corazón perpetuamente. **4** Y en cuanto a ti, si andas delante de Mí como anduvo tu padre David, en integridad de corazón y en rectitud, haciendo conforme a todo lo que te he mandado, *y* guardas Mis estatutos y Mis ordenanzas, **5** Yo afirmaré el trono de tu reino sobre Israel para siempre, tal como prometí a tu padre David, diciendo: "No te faltará hombre sobre el trono de Israel".

6 »*Pero* si en verdad ustedes o sus hijos se apartan de Mí y no guardan Mis mandamientos *y* Mis estatutos que he puesto delante de ustedes, y se van y sirven a otros dioses y los adoran, **7** entonces cortaré a Israel de sobre la superficie de la tierra que les he dado; y la casa que he consagrado a Mi nombre *la* echaré de Mi presencia, e Israel se convertirá en refrán y escarnio entre todos los pueblos. **8** Y esta casa se convertirá en un montón de ruinas[1]. Todo el que pase quedará atónito y silbará, y dirá: "¿Por qué ha hecho así el SEÑOR a esta tierra y a esta casa?". **9** Y le responderán: "Porque abandonaron al SEÑOR su Dios, que sacó a sus padres de la tierra de Egipto, y tomaron para sí otros dioses, los adoraron y los sirvieron. Por eso el SEÑOR ha traído toda esta adversidad sobre ellos"».

OTRAS ACTIVIDADES DE SALOMÓN

10 Y sucedió que después de los veinte años, en los cuales Salomón había edificado las dos casas, la casa del SEÑOR y la casa del rey **11** (Hiram, rey de Tiro, había proporcionado a Salomón maderas de cedro y de ciprés y oro conforme a todo su deseo) que el rey Salomón dio a Hiram veinte ciudades en la tierra de Galilea. **12** Salió Hiram de Tiro para ver las ciudades que Salomón le había dado, y no le gustaron. **13** Y dijo: «¿Qué son estas ciudades que me has dado, hermano mío?».

9:4-5
Dios renueva el pacto

Dios le hizo a Salomón la misma promesa que le había hecho a David, que sus descendientes reinarían sobre Israel. Sin embargo, Dios señaló lo importante que era la obediencia para poder experimentar sus bendiciones antes que sus maldiciones.

9:12-14
Hiram no se conformó con las ciudades que le dio Salomón

Salomón le entregó a Hiram veinte ciudades que estaban junto a la frontera como pago por las muchas toneladas de oro que le había dado. Hiram no pensaba que las ciudades fueran lo suficientemente valiosas como para compensar la deuda de Israel. Salomón pagó la deuda que tenía con Hiram y reedificó esas ciudades. (Ver 2 Crónicas 8:1-2).

9:3 [1] Lit. *allí.*　　9:8 [1] Así en algunas versiones antiguas; en el T.M., *será exaltada.*

Por eso fueron llamadas[1] tierra de Cabul[2] hasta hoy. **14** Hiram había enviado al rey 4.1 toneladas de oro.

15 Y estos son los datos de la leva[1] que el rey Salomón impuso[2] para edificar la casa del SEÑOR, su propia casa, el Milo[3], el muro de Jerusalén, y *las ciudades de* Hazor, Meguido y Gezer. **16** *Porque* Faraón, rey de Egipto, había subido y capturado Gezer, le había prendido fuego, había matado a los cananeos que habitaban en la ciudad, y la había dado *en* dote[1] a su hija, la mujer de Salomón. **17** Entonces Salomón reconstruyó Gezer y también Bet Horón de abajo, **18** Baalat y Tadmor en el desierto, en la tierra *de Judá,* **19** y todas las ciudades de almacenaje que Salomón tenía, y las ciudades de sus carros y las ciudades para sus hombres de a caballo, y todo lo que Salomón quiso edificar en Jerusalén, en el Líbano y en toda la tierra de su dominio.

20 A todo el pueblo que había quedado de los amorreos, hititas, ferezeos, heveos y jebuseos, que no *eran* de los israelitas, **21** *es decir,* a sus descendientes que habían quedado en la tierra después de ellos, a quienes los israelitas no habían podido destruir completamente, Salomón les impuso leva de trabajo forzado hasta el día de hoy. **22** Pero de los israelitas Salomón no hizo esclavos, porque ellos eran los hombres de guerra, sus servidores, sus príncipes, sus capitanes, los comandantes de sus carros y sus hombres de a caballo.

23 Estos *eran* los oficiales[1] que *estaban* al frente de la obra de Salomón: 550 los cuales supervisaban al pueblo que hacía la obra.

24 Tan pronto como la hija de Faraón subió de la ciudad de David a la casa que *Salomón* le había construido, entonces edificó el Milo[1].

25 Tres veces al año Salomón ofrecía holocaustos y ofrendas de paz sobre el altar que él había edificado al SEÑOR, quemando incienso al mismo tiempo[1] *sobre el altar* que *estaba* delante del SEÑOR después que terminó la casa.

26 El rey Salomón también construyó una flota en Ezión Geber, que está cerca de Elot, en la ribera del mar Rojo, en la tierra de Edom. **27** Hiram envió a sus siervos con la flota, marineros que conocían el mar, junto con los siervos de Salomón, **28** y fueron a Ofir, y de allí tomaron 14.3 toneladas de oro que llevaron al rey Salomón.

SALOMÓN Y LA REINA DE SABÁ

10 Cuando la reina de Sabá oyó de la fama de Salomón, por causa del nombre del SEÑOR, vino a probarlo con preguntas difíciles. **2** Llegó a Jerusalén con un séquito muy grande, con camellos cargados de especias, y gran cantidad de oro y piedras preciosas. Cuando vino a Salomón, habló con él de todo lo que tenía en su corazón. **3** Y Salomón

9:20-21
Salomón esclavizó a esos pueblos
Él debió haberlos destruido. Tal como había ordenado Moisés unos años atrás, los israelitas debían destruir a los paganos que vivían en Canaán (ver Deuteronomio 20:16-18). Si no lo hacían, esos pueblos influenciarían a los israelitas con su adoración pagana y sus dioses falsos. Hacerlos esclavos no era una alternativa aceptable.

10:1
Por qué la reina de Sabá quería probar a Salomón
La reina tenía curiosidad por conocer al Dios de Salomón. Ella había oído que la gran sabiduría del rey estaba conectada a su Dios, y adoró al Señor por su amor a su pueblo al ver todos los regalos maravillosos que Dios le había dado a Salomón (versículo 9).

Lars Justinen/GoodSalt

9:13 [1] Lit. *él las llamó.* [2] I.e. Inútil.
[2] Lit. *levantó.* [3] I.e. la fortaleza.
9:23 [1] Lit. *oficiales de los capataces.*
9:25 [1] Lit. *con ello.*

9:15 [1] O *trabajo forzado.*
9:16 [1] O *regalo de bodas.*
9:24 [1] I.e. la fortaleza.

10:2
El gran séquito de la reina
Probablemente ella vino con una gran caravana para poder comerciar las especias, el oro y las piedras preciosas que había traído.

10:12
Madera de sándalo
Esta era una madera perfecta para fabricar ciertos instrumentos musicales. La misma provenía de Ofir. Algunos estudiosos creen que era una madera roja y decoraron los edificios de Salomón con ella.

10:16-17
Escudos de oro
Esos escudos de oro eran muy valiosos. Probablemente eran solo decorativos, y no para usarlos en la batalla.

contestó todas sus preguntas[1]; no hubo nada tan difícil que el rey no pudiera explicárselo[2].

4 Cuando la reina de Sabá vio toda la sabiduría de Salomón, la casa que él había edificado, **5** los manjares de su mesa, las habitaciones de sus siervos, el porte de sus ministros y sus vestiduras, sus coperos, y la escalinata por la cual él subía a[1] la casa del SEÑOR, se quedó sin aliento[2]. **6** Entonces le dijo al rey: «¡Era verdad lo que había oído en mi tierra acerca de sus palabras y de su sabiduría! **7** Pero yo no podía creer lo que me decían, hasta que he venido y mis propios ojos lo han visto. No se me había contado ni la mitad. Usted supera *en* sabiduría y prosperidad la fama que había oído. **8** Bienaventurados sus hombres, bienaventurados estos sus siervos que están delante de usted continuamente *y* oyen su sabiduría. **9** Bendito sea el SEÑOR su Dios que se agradó de usted para ponerle sobre el trono de Israel. Por el amor que el SEÑOR ha tenido siempre a Israel, le ha puesto por rey para hacer derecho y justicia». **10** Entonces ella dio al rey 4.1 toneladas de oro, y gran cantidad de especias aromáticas y piedras preciosas. Nunca más entró tanta abundancia de especias aromáticas como las que la reina de Sabá dio al rey Salomón.

11 También las naves de Hiram, que habían traído oro de Ofir, trajeron de allí gran cantidad de madera de sándalo y piedras preciosas. **12** Con la madera de sándalo, el rey hizo pilares para la casa del SEÑOR y para el palacio del rey; también liras y arpas para los cantores. Esa clase de madera de sándalo no ha entrado *más* ni se ha vuelto a ver hasta hoy.

13 El rey Salomón dio a la reina de Sabá todo cuanto ella quiso pedirle, además de lo que le dio conforme a su real magnificencia[1]. Después ella se volvió, y regresó a su tierra con sus siervos.

RIQUEZA Y SABIDURÍA DE SALOMÓN
14 El peso del oro que llegaba a Salomón en un año era de 22.6 toneladas de oro, **15** sin contar *lo* de los mercaderes, las mercancías[1] de los comerciantes, de todos los reyes de Arabia[2] y de los gobernadores de la tierra. **16** El rey Salomón hizo 200 escudos grandes de oro batido, usando[1] 600 *siclos* (6.84 kilos) *de* oro en cada escudo. **17** También *hizo* 300 escudos de oro batido, usando tres minas (1.7 kilos) de oro en cada escudo; el rey los puso en la casa del bosque del Líbano.

18 El rey hizo además, un gran trono de marfil y lo revistió de oro finísimo. **19** *Había* seis gradas hasta el trono, y por detrás, la parte superior del trono era redonda, con brazos a cada lado del asiento y dos leones de pie junto a los brazos[1]. **20** Doce leones estaban de pie allí en las seis gradas a uno y otro lado; nada semejante se había hecho para ningún *otro* reino. **21** Todos los vasos de beber del rey Salomón *eran* de oro, también todas las vasijas de la casa del bosque del Líbano *eran* de oro puro, ninguna era de plata; *esta* no era

---

10:3 [1] Lit. *le declaró todas sus palabras.*   [2] Lit. *no le declarara.*   10:5 [1] O *y su holocausto que ofrecía en.*   [2] Lit. *no hubo más espíritu en ella.*   10:13 [1] Lit. *conforme a la mano del rey Salomón.*   10:15 [1] O *el tráfico.*   [2] Así en algunas versiones antiguas; en el T.M., *del poniente.*   10:16 [1] O *haciendo resaltar*; lit. *haciendo subir, y así en el vers. 17.*   10:19 [1] Lit. *manos.*

LA GRAN RIQUEZA DE SALOMÓN

1 Reyes

Salomón poseía un gran palacio, así como grandes cantidades de comida y ganado; además, era dueño de lo siguiente:

12,000 jinetes *4:26*

Miles de establos de caballos *4:26*

Alrededor de 22.6 toneladas de oro que recibía cada año *10:14*

Alrededor de 18.4 toneladas de oro de Ofir y Sabá *9:28; 10:10*

500 escudos de oro *10:16-17*

Trono de marfil y oro *10:18*

Una flota de naves comerciales que le traían oro, plata, marfil, monos y pavos reales *10:22*

Vasos de oro; todas las vasijas de la casa de oro puro *10:21*

Mercancías de los mercaderes, comerciantes, gobernadores de la tierra y reyes de Arabia *10:15*

Piedras preciosas *10:10*

Gran cantidad de especias aromáticas *10:10*

¡SALOMÓN ERA TAN RICO QUE HIZO LA PLATA TAN COMÚN COMO LAS PIEDRAS! *10:27*

considerada importante en los días de Salomón. **22** Porque el rey tenía en el mar las naves de Tarsis *junto* con las naves de Hiram, *y* cada tres años las naves de Tarsis le traían oro, plata, marfil, monos y pavos reales.

23 Así el rey Salomón llegó a ser más grande que todos los reyes de la tierra en riqueza y sabiduría. **24** Y toda la tierra procuraba ver a Salomón, para oír la sabiduría que Dios había puesto en su corazón. **25** Cada uno de ellos traía su presente: objetos de plata y objetos de oro, vestidos, armas, especias, caballos y mulos; *y* así año tras año.

26 Salomón reunió carros y hombres de a caballo; y tenía 1,400 carros y 12,000 hombres de a caballo, y los situó¹ en las ciudades de carros y junto al rey en Jerusalén. **27** El rey hizo la plata *tan común* en Jerusalén como las piedras, e hizo los cedros tan abundantes como los sicómoros que *están* en el

10:24
El significado de «toda la tierra»

Se refiere a todo el mundo conocido en ese tiempo. Durante el reinado de Salomón, Israel se convirtió en una superpotencia y comerciaba con muchos países.

10:26 ¹ Así en algunas versiones antiguas; en heb. *guió*; véase 2Crón. 9:25.

llano. **28** Los caballos de Salomón eran importados de Egipto y de Coa, y los mercaderes del rey *los* adquirían de Coa por cierto precio. **29** Un carro de Egipto se importaba[1] por 600 *siclos* (6.84 kilos) de plata, y un caballo por 150, y de la misma forma *los* exportaban a todos los reyes de los hititas y a los reyes de Aram.

APOSTASÍA Y DIFICULTADES DE SALOMÓN

11 Pero el rey Salomón, además de la hija de Faraón, amó a muchas mujeres extranjeras, moabitas, amonitas, edomitas, sidonias e hititas, **2** de las naciones acerca de las cuales el SEÑOR había dicho a los israelitas: «No se unirán a ellas, ni ellas se unirán a ustedes, *porque* ciertamente desviarán su corazón tras sus dioses». *Pero* Salomón se apegó a ellas con amor. **3** Y tuvo 700 mujeres *que eran* princesas y 300 concubinas, y sus mujeres desviaron su corazón. **4** Porque cuando Salomón ya era viejo, sus mujeres desviaron su corazón tras otros dioses, y su corazón no estuvo dedicado por completo al SEÑOR su Dios, como *había estado* el corazón de David su padre. **5** Porque Salomón siguió a Astoret, diosa de los sidonios, y a Milcom, ídolo abominable de los amonitas. **6** Salomón hizo lo malo a los ojos del SEÑOR, y no siguió plenamente al SEÑOR, como *lo había seguido* su padre David. **7** Entonces Salomón edificó un lugar alto a Quemos, ídolo abominable de Moab, en el monte que está frente a Jerusalén, y a Moloc, ídolo abominable de los amonitas. **8** Así hizo también para todas sus mujeres extranjeras, las cuales quemaban incienso y ofrecían sacrificios a sus dioses.

9 Entonces el SEÑOR se enojó con Salomón porque su corazón se había apartado del SEÑOR, Dios de Israel, que se le había aparecido dos veces, **10** y le había ordenado en cuanto a esto que no siguiera a otros dioses, pero él no guardó lo que el SEÑOR le había ordenado. **11** Y el SEÑOR dijo a Salomón: «Porque has hecho esto, y no has guardado Mi pacto y Mis estatutos que te he ordenado, ciertamente arrancaré el reino de ti, y lo daré a tu siervo. **12** Sin embargo, no lo haré en tus días, por amor a tu padre David, *sino que* lo arrancaré de la mano de tu hijo. **13** Tampoco arrancaré todo el reino, sino que daré una tribu a tu hijo por amor a Mi siervo David y por amor a Jerusalén la cual he escogido».

14 Entonces el SEÑOR levantó un adversario a Salomón, Hadad el edomita; este era de linaje real en Edom. **15** Sucedió que cuando David estaba en Edom, Joab, el jefe del ejército, subió a enterrar a los muertos y mató a todos los varones de Edom **16** (pues Joab y todo Israel permanecieron allí seis meses hasta que dieron muerte a todos los varones en Edom), **17** pero Hadad huyó a Egipto, él y algunos edomitas de los siervos de su padre con él, *siendo* Hadad aún un muchacho. **18** Salieron de Madián y fueron a Parán. Tomaron consigo hombres de Parán y fueron a Egipto, a Faraón, rey de Egipto, quien le dio a Hadad una casa, le asignó alimentos y le dio tierra. **19** Hadad halló gran favor ante los ojos de Faraón, y este le dio por mujer a la hermana de su esposa, la hermana de la reina Tahpenes. **20** La hermana de Tahpenes dio a luz

11:1-4
El error de Salomón
A pesar de su sabiduría en muchas áreas, Salomón desobedeció el consejo de Dios de no tener muchas esposas (Deuteronomio 17:17). Además, se casó con mujeres paganas.

11:5-8
Los dioses de sus esposas
Salomón edificó santuarios y ofreció sacrificios a los dioses falsos de sus esposas. Esto demostraba que su corazón se había apartado del Señor.

10:29 [1] Lit. *subía y salía.*

a su hijo Genubat, a quien Tahpenes destetó en casa de Faraón; y Genubat permaneció en casa de Faraón entre los hijos de Faraón. **21** Pero cuando Hadad oyó en Egipto que David había dormido con sus padres, y que Joab, jefe del ejército, había muerto, Hadad dijo a Faraón: «Despídame para que vaya a mi tierra». **22** Entonces Faraón le dijo: «¿Qué te ha faltado junto a mí, que ahora procuras irte a tu tierra?». Y él respondió: «Nada; sin embargo, debe dejarme ir».

23 Dios también le levantó *otro* adversario a *Salomón*, a Rezón, hijo de Eliada, el cual había huido de su señor Hadad Ezer, rey de Soba; **24** y había reunido consigo hombres y se había hecho jefe de una banda de merodeadores, después que David mató a los de Soba; y fueron a Damasco y permanecieron allí, y reinaron en Damasco. **25** Rezón fue adversario de Israel durante todos los días de Salomón, además de la maldad *hecha* por Hadad; y aborreció a Israel y reinó sobre Aram.

26 Entonces Jeroboam, hijo de Nabat, un efrateo de Sereda, cuya madre, una mujer viuda, se llamaba Zerúa, era siervo de Salomón y se rebeló contra el rey. **27** Y esta fue la causa por la cual se rebeló contra el rey: Salomón había edificado el Milo[1] y cerrado la brecha de la ciudad de su padre David. **28** Este Jeroboam era guerrero valiente, y cuando Salomón vio que el joven era industrioso, lo puso al frente de todo el trabajo forzado de la casa de José.

29 Y en aquel tiempo, cuando Jeroboam salía de Jerusalén, el profeta Ahías el silonita lo encontró en el camino. Ahías[1] se había puesto un manto nuevo y los dos estaban solos en el campo. **30** Entonces Ahías tomó el manto nuevo que *llevaba* sobre sí, lo rasgó en doce pedazos, **31** y le dijo a Jeroboam: «Toma para ti diez pedazos; porque así dice el SEÑOR, Dios de Israel: "Voy a arrancar el reino de la mano de Salomón y a ti te daré diez tribus **32** (pero él tendrá una tribu, por amor a Mi siervo David y por amor a Jerusalén, la ciudad que he escogido de entre todas las tribus de Israel), **33** porque me han abandonado, y han adorado a Astoret, diosa de los sidonios, a Quemos, dios de los moabitas, y a Milcom, dios de los amonitas, y no han andado en Mis caminos, para hacer lo recto delante de Mis ojos y *guardar* Mis estatutos y Mis ordenanzas, como *lo hizo* su padre David.

11:27 *¹* I.e. la fortaleza.   11:29 *¹* Lit. *Él.*

EL REINO SE DIVIDE
1 Reyes 11—15

Salomón abandona el pacto adorando a otros dioses
11:1-13

Un profeta le dice a Jeroboam que el plan de Dios era hacerlo reinar sobre diez tribus de Israel
11:29-39

Salomón intenta matar a Jeroboam, quien huye a Egipto hasta que Salomón muere *11:40*

Roboam sucede a Salomón como rey *11:41-43*

Roboam se niega a mostrarles bondad a los israelitas, que se rebelan contra él *12:1-19*

Jeroboam se convierte en rey de Israel; la tribu de Judá permanece fiel a Roboam *12:20*

Jeroboam hizo dos becerros de oro para que el pueblo los adorara, provocando la ira de Dios
12:25-33; 14:7-16

El pueblo de Judá, bajo el gobierno de Roboam, se aleja de la adoración a Dios y provoca su ira *14:21-28*

Hay guerras continuas entre Israel y Judá
14:30; 15:6,16

11:26
El derecho de Jeroboam a ser rey

Por causa de los pecados de Salomón, Dios elige a Jeroboam para que se convierta en rey. Dios le había prometido a Jeroboam el trono de Israel y una dinastía similar a la de David, siempre y cuando él obedeciera al Señor del mismo modo que David lo hizo. Al mismo tiempo, Dios cumplía su promesa hecha a David manteniendo el reino de Judá (y la ciudad de Jerusalén) para sus descendientes. (Ver 2 Samuel 7:16).

11:36
El significado de esta lámpara

La lámpara representaba la presencia viva de Dios.

11:41
El libro de los hechos de Salomón

Se trataba de los registros históricos de Salomón. Esos registros deben haberse perdido cuando Jerusalén fue destruida.

12:4
El yugo pesado

Salomón hizo que el pueblo lo sostuviera a él y a su gran familia. Esclavizó a los extranjeros, pero también hizo trabajar a los israelitas un mes de cada tres (5:13-15). Cada una de las doce tribus tenía que proveer el valor de un mes de alimentos para la familia de Salomón.

---

34 "Sin embargo, no quitaré todo el reino de su mano, sino que lo haré príncipe todos los días de su vida, por amor a Mi siervo David a quien escogí, el cual guardó Mis mandamientos y Mis estatutos; **35** pero quitaré el reino de mano de su hijo y te lo daré a ti, *es decir,* las diez tribus. **36** Y a su hijo le daré una tribu, para que Mi siervo David tenga siempre una lámpara[1] delante de Mí en Jerusalén, la ciudad que Yo he escogido para poner allí Mi nombre. **37** Y a ti te tomaré, y reinarás sobre todo lo que desees, y serás rey sobre Israel. **38** Y sucederá, que si escuchas todo lo que te ordeno y andas en Mis caminos, y haces lo recto delante de Mis ojos, guardando Mis estatutos y Mis mandamientos, como lo hizo David Mi siervo, entonces estaré contigo y te edificaré una casa perdurable como la que edifiqué a David, y Yo te entregaré Israel, **39** y afligiré la descendencia de David por esto, pero no para siempre". **40** Salomón procuró dar muerte a Jeroboam, pero Jeroboam se levantó y huyó a Egipto, a Sisac, rey de Egipto, y estuvo allí hasta la muerte de Salomón.

MUERTE DE SALOMÓN

41 Los demás hechos de Salomón, todo lo que hizo y su sabiduría, ¿no están escritos en el libro de los hechos de Salomón? **42** El tiempo que Salomón reinó en Jerusalén sobre todo Israel *fue de* cuarenta años. **43** Y durmió Salomón con sus padres, y fue sepultado en la ciudad de su padre David; y su hijo Roboam reinó en su lugar.

DIVISIÓN DEL REINO

12 Entonces Roboam fue a Siquem, porque todo Israel había ido a Siquem para hacerlo rey. **2** Cuando *lo* supo Jeroboam, hijo de Nabat, que estaba viviendo[1] en Egipto (porque todavía estaba en Egipto, adonde había huido de la presencia del rey Salomón), **3** y enviaron a llamarlo, entonces vino Jeroboam con toda la asamblea de Israel, y hablaron con Roboam, y le dijeron: **4** «Su padre hizo pesado nuestro yugo. Ahora pues, aligere la dura servidumbre de su padre y el pesado yugo que puso sobre nosotros y le serviremos». **5** Entonces él les dijo: «Váyanse por tres días, después vuelvan a mí». Y el pueblo se fue.

6 El rey Roboam pidió consejo a los ancianos que habían servido a su padre Salomón cuando aún vivía, diciendo: «¿Qué *me* aconsejan que responda a este pueblo?». **7** Y ellos le respondieron: «Si hoy se hace servidor de este pueblo, y les sirve y les concede su petición y les dice buenas palabras, entonces ellos serán sus siervos para siempre». **8** Pero él abandonó el consejo que le habían dado los ancianos, y pidió consejo a los jóvenes que habían crecido con él y le servían[1]. **9** Y les preguntó: «¿Qué aconsejan que respondamos a este pueblo que me ha dicho: "Aligere el yugo que su padre puso sobre nosotros?"». **10** Y los jóvenes que se habían criado con él le respondieron: «Así dirá a este pueblo que le dijo: "Su padre hizo pesado nuestro yugo; pero usted hágalo más ligero para nosotros". Así les hablará:

11:36 [1] I.e. un descendiente en el trono.　12:2 [1] Lit. *y Jeroboam vivía.*
12:8 [1] Lit. *y estaban delante de él.*

"Mi dedo meñique es más grueso que los lomos de mi padre. **11** Por cuanto mi padre los cargó con un pesado yugo, yo añadiré al yugo de ustedes; mi padre los castigó con látigos, pero yo los castigaré con escorpiones"».

12 Entonces vino Jeroboam con todo el pueblo a Roboam al tercer día como el rey había dicho, diciendo: «Vuelvan a mí al tercer día». **13** El rey respondió con dureza al pueblo, pues había despreciado el consejo que los ancianos le habían dado, **14** y les habló conforme al consejo de los jóvenes, diciéndoles: «Mi padre hizo pesado el yugo de ustedes, pero yo añadiré a su yugo; mi padre los castigó con látigos, pero yo los castigaré con escorpiones». **15** El rey no escuchó al pueblo, porque lo que había sucedido era del SEÑOR, para que Él confirmara la palabra que el SEÑOR había hablado por medio de Ahías el silonita a Jeroboam, hijo de Nabat.

16 Cuando todo Israel *vio* que el rey no les escuchaba, el pueblo respondió al rey:

«¿Qué parte tenemos nosotros con David?
No *tenemos* herencia con el hijo de Isaí.
¡A tus tiendas, Israel!
¡Mire ahora por su casa, David!».

Y todo Israel se fue a sus tiendas. **17** Pero en cuanto a los israelitas que habitaban en las ciudades de Judá, Roboam reinó sobre ellos. **18** Entonces el rey Roboam envió a Adoram, que *estaba* a cargo de los trabajos forzados, pero todo Israel lo mató a pedradas; y el rey Roboam se apresuró a subir a *su* carro para huir a Jerusalén. **19** Así Israel ha estado en rebeldía contra la casa de David hasta hoy. **20** Cuando todo Israel supo que Jeroboam había vuelto, enviaron a llamarlo a la asamblea y lo hicieron rey sobre todo Israel. No hubo quien siguiera a la casa de David, sino solo la tribu de Judá.

21 Cuando Roboam llegó a Jerusalén, reunió a toda la casa de Judá y a la tribu de Benjamín, 180,000 hombres, guerreros escogidos, para pelear contra la casa de Israel y restituir el reino a Roboam, hijo de Salomón. **22** Pero la palabra de Dios vino a Semaías, hombre de Dios, diciendo: **23** «Habla a Roboam, hijo de Salomón, rey de Judá, y a toda la casa de Judá y de Benjamín, y al resto del pueblo, diciéndo*les*: **24** "Así dice el SEÑOR: 'No subirán ni pelearán contra sus hermanos los israelitas. Vuelva cada uno a su casa, porque de Mí ha venido esto'"». Y ellos escucharon la palabra del SEÑOR, y se volvieron para irse conforme a la palabra del SEÑOR.

LA IDOLATRÍA DE JEROBOAM

25 Entonces Jeroboam edificó Siquem en la región montañosa de Efraín, y habitó allí. De allí salió y edificó Penuel. **26** Y Jeroboam se dijo en su corazón: «Ahora el reino volverá a la casa de David. **27** Porque si este pueblo continúa subiendo a ofrecer sacrificios en la casa del SEÑOR en Jerusalén, el corazón de este pueblo se volverá a su señor, *es decir* a Roboam, rey de Judá, y me matarán y volverán a Roboam, rey de Judá».

12:11
Escorpiones
Eran tiras de cuero con púas de metal. La carga sobre el pueblo aumentaría, y también el castigo por no obedecer.

12:28
Jeroboam hizo dos becerros de oro
Los becerros simbolizan la fuerza. El problema fue que mezcló la verdadera adoración del Señor con los rituales paganos. Estos becerros eran similares al becerro de oro que los israelitas habían hecho y adorado erróneamente en el desierto. (Ver Éxodo 32:1-4).

12:28-33
Por qué Jeroboam le dio estos dioses a Israel
Jeroboam quería evitar que el pueblo fuera a Jerusalén a adorar. Si iban a Jerusalén, podrían convencerlos de ser leales al rey de allí.

12:31
Jeroboam nombró sacerdotes que no eran levitas
Los levitas se quedaron con Roboam y se negaron a participar en la adoración de los becerros. Los levitas dejaron sus tierras y ciudades en el territorio de Israel y regresaron a Judá y a Jerusalén, donde podían seguir siendo fieles a Dios.

13:1-10
Dios envía a un profeta
La Biblia no dice su nombre. El Señor lo envió desde el reino del sur hasta el reino del norte para mostrar que aunque el reino estaba dividido, Dios no quería lugares de adoración separados.

28 Así que el rey buscó consejo, hizo dos becerros de oro, y dijo al pueblo: «Es mucho para ustedes subir a Jerusalén; aquí están sus dioses, oh Israel, los cuales te hicieron subir de la tierra de Egipto». **29** Puso uno en Betel[1] y el otro lo puso en Dan. **30** Y esto fue motivo de pecado, porque el pueblo iba *aun* hasta Dan *a adorar* delante de uno *de los becerros*. **31** Hizo también casas en los lugares altos, y nombró sacerdotes de entre el[1] pueblo que no eran de los hijos de Leví.

32 Jeroboam instituyó una fiesta en el mes octavo, en el día 15 del mes, como la fiesta que hay en Judá, y subió al[1] altar. Así hizo en Betel[2], ofreciendo sacrificio a los becerros que había hecho. Y puso en Betel a los sacerdotes de los lugares altos que él había construido. **33** Entonces subió al altar que había hecho en Betel el día 15 del mes octavo, es decir en el mes que él había planeado en su propio corazón. Instituyó una fiesta para los israelitas y subió al altar para quemar incienso.

JEROBOAM Y EL HOMBRE DE DIOS

13 Sucedió que un hombre de Dios fue desde Judá a Betel[1] por palabra del SEÑOR, cuando Jeroboam estaba junto al altar para quemar incienso. **2** Y el hombre de Dios clamó contra el altar por palabra del SEÑOR, y dijo: «Oh altar, altar, así dice el SEÑOR: "A la casa de David le nacerá un hijo, que se llamará Josías; y él sacrificará sobre ti a los sacerdotes de los lugares altos que queman incienso sobre ti, y sobre ti serán quemados huesos humanos"».

3 Aquel mismo día dio una señal[1], y dijo: «Esta es la señal de que el SEÑOR ha hablado: "El altar se romperá y las cenizas[2] que están sobre él se derramarán"». **4** Cuando el rey oyó la palabra que el hombre de Dios había clamado contra el altar de Betel, extendió[1] su mano desde el altar y dijo: «¡Préndanlo!». Pero la mano que extendió contra él se le quedó rígida, de modo que no podía volverla hacia sí. **5** El altar se rompió y las cenizas se derramaron del altar, conforme a la señal que el hombre de Dios había dado por palabra del SEÑOR. **6** El rey respondió al hombre de Dios: «Te ruego que supliques al[1] SEÑOR tu Dios, y ores por mí, para que mi mano me sea restaurada». El hombre de Dios suplicó al[2] SEÑOR y la mano del rey le fue restaurada, y quedó como antes. **7** Entonces el rey dijo al hombre de Dios: «Ven conmigo a casa y refréscate, y te daré una recompensa». **8** Pero el hombre de Dios dijo al rey: «Aunque usted me diera la mitad de su casa no iría con usted, tampoco comería pan ni bebería agua en este lugar. **9** Porque así se me ordenó por palabra del SEÑOR, que me dijo: "No comerás pan, ni beberás agua, ni volverás por el camino que fuiste"». **10** Y se fue por otro camino, no regresó por el camino por donde había ido a Betel.

EL PROFETA Y EL HOMBRE DE DIOS

11 Moraba entonces en Betel un anciano profeta; y sus hijos fueron y le contaron todo lo que el hombre de Dios había

---

12:29 [1] I.e. Casa de Dios.   12:31 [1] O *de los extremos del. sobre el.*   [2] I.e. Casa de Dios.   13:1 [1] I.e. Casa de Dios.   [2] Lit. *cenizas de sebo.*   13:4 [1] Lit. *Jeroboam extendió. rostro del.*   [2] Lit. *suavizó el rostro del.*   12:32 [1] U *ofreció*   13:3 [1] Lit. *maravilla.*   13:6 [1] Lit. *suavices el*

hecho aquel día en Betel. Las palabras que él había hablado al rey, también las contaron a su padre. **12** Y su padre les dijo: «¿Por dónde se fue?». Y sus hijos le mostraron[1] el camino por donde se había ido el hombre de Dios que había venido de Judá. **13** Entonces dijo a sus hijos: «Aparéjenme el asno». Le aparejaron el asno, se montó sobre él, **14** y fue tras el hombre de Dios; lo halló sentado debajo de una encina, y le dijo: «¿Eres tú el hombre de Dios que vino de Judá?». Y él respondió: «Yo soy». **15** Entonces le dijo: «Ven conmigo a casa y come pan». **16** Y él respondió: «No puedo volver contigo ni ir contigo; tampoco comeré pan ni beberé agua contigo en este lugar. **17** Porque me *vino* un mandato por palabra del SEÑOR: "No comerás pan ni beberás agua allí, ni volverás por el camino que fuiste"». **18** Y *el otro* le respondió: «Yo también soy profeta como tú, y un ángel me habló por palabra del SEÑOR, diciendo: "Tráelo contigo a tu casa, para que coma pan y beba agua"». *Pero* le estaba mintiendo. **19** Entonces se volvió con él, comió pan en su casa y bebió agua.

20 Y cuando ellos estaban a la mesa, la palabra del SEÑOR vino al profeta que le había hecho volver; **21** y él le gritó al hombre de Dios que vino de Judá: «Así dice el SEÑOR: "Porque has desobedecido el mandato del SEÑOR, y no has guardado el mandamiento que el SEÑOR tu Dios te ha ordenado, **22** sino que has vuelto y has comido pan y bebido agua en el lugar del cual Él te dijo: 'No comerás pan ni beberás agua', tu cadáver no entrará en el sepulcro de tus padres"». **23** Y después de haber comido pan y de haber bebido *agua,* aparejó el asno para él, para el profeta que había hecho volver. **24** Y cuando *este* se fue, un león lo encontró en el camino y lo mató, y su cadáver quedó tirado en el camino y el asno estaba junto a él; también el león estaba junto al cadáver. **25** Entonces pasaron unos hombres y vieron el cadáver tirado en el camino y el león que estaba junto al cadáver; y fueron y *lo* dijeron en la ciudad donde vivía el anciano profeta.

26 Cuando el profeta que le había hecho volver del camino *lo* oyó, dijo: «Es el hombre de Dios, que desobedeció el mandato del SEÑOR; por tanto el SEÑOR lo ha entregado al león que lo ha desgarrado y matado, conforme a la palabra que el SEÑOR le había hablado». **27** Entonces habló a sus hijos, diciendo: «Aparéjenme el asno. Y *se lo* aparejaron. **28** Fue y halló el cadáver tirado en el camino, y el asno y el león estaban junto al cadáver; el león no había comido el cadáver ni desgarrado el asno. **29** El profeta levantó el cadáver del hombre de Dios, lo puso sobre el asno y lo trajo. Vino a la ciudad del anciano profeta para hacer duelo por él y enterrarlo. **30** Puso el cadáver en su propio sepulcro, e hicieron duelo por él, diciendo: «¡Ay, hermano mío!».

31 Y después de haberlo enterrado, dijo a sus hijos: «Cuando yo muera, entiérrenme en el sepulcro donde está enterrado el hombre de Dios; pongan mis huesos junto a sus huesos. **32** Porque ciertamente sucederá lo que él clamó por palabra del SEÑOR contra el altar en Betel y contra todas las casas de los lugares altos que están en las ciudades de Samaria».

13:12 [1] Así en algunas versiones antiguas; en el T.M., *habían visto.*

13:18
Por qué mintió el otro profeta
Quizás estaba probando al profeta de Judá. Si el profeta de Judá desobedecía las órdenes de Dios y regresaba sano y salvo a casa, entonces su mensaje no era verdadero. Pero si moría luego de desobedecer la orden de Dios, entonces el mensaje era cierto.

13:29-30
El viejo profeta causó la muerte del otro profeta
Cuando el hombre de Judá fue muerto por desobedecer a Dios, el viejo profeta se dio cuenta de que sus palabras habían sido ciertas. Estaba apenado por causar la muerte de un verdadero profeta de Dios, y se puso triste por lo que le sucedería a Jeroboam y a Israel.

13:33

Por qué cualquiera podía convertirse en un falso sacerdote

Los sacerdotes de Jeroboam querían dinero y poder. Ellos no temían la profecía de que Dios juzgaría a los falsos sacerdotes.

14:8

Ahías dijo que David hacía «solo lo que era recto»

David había pecado, al igual que todos lo hacemos, pero nunca se había apartado de Dios y siempre había sido un buen rey.

14:12, 17

La esposa de Jeroboam se fue a casa, aunque eso significaba que su hijo moriría

La profecía de Ahías no causó la muerte del niño; esta meramente predijo lo que sucedería. La enfermedad era grave y la madre no podía hacer nada para ayudar.

---

33 Después de este hecho, Jeroboam no se volvió de su mal camino, sino que volvió a nombrar sacerdotes para los lugares altos de entre el pueblo; al que lo deseaba lo investía[1] para que fuera sacerdote de los lugares altos. **34** Y esto fue motivo de pecado para la casa de Jeroboam, lo que hizo que fuera borrada y destruida de sobre la superficie de la tierra.

PROFECÍA DE AHÍAS CONTRA JEROBOAM

14 Por aquel tiempo Abías, hijo de Jeroboam, se enfermó. **2** Y Jeroboam dijo a su mujer: «Levántate ahora y disfrázate para que no conozcan que eres la mujer de Jeroboam, y ve a Silo, pues allí está el profeta Ahías, que dijo de mí *que yo sería* rey sobre este pueblo. **3** Toma en tus manos diez panes, tortas y un jarro de miel, y ve a él. Él te dirá lo que le ha de suceder al niño». **4** Así lo hizo la mujer de Jeroboam; se levantó, fue a Silo y llegó a casa de Ahías. Y Ahías no podía ver porque sus ojos se habían nublado[1] a causa de su vejez. **5** Pero el SEÑOR había dicho a Ahías: «La mujer de Jeroboam viene a consultarte sobre su hijo, pues está enfermo. Esto y esto le dirás, pues será que cuando ella venga, fingirá ser otra mujer».

6 Cuando Ahías oyó el ruido de los pasos de ella al entrar por la puerta, dijo: «Entra, mujer de Jeroboam. ¿Por qué finges ser otra mujer? Pues he sido enviado a ti *con* un duro *mensaje.* **7** Ve, dile a Jeroboam: "Así dice el SEÑOR, Dios de Israel: 'Yo te levanté de entre el pueblo y te hice príncipe sobre Mi pueblo Israel. **8** Arranqué el reino de la casa de David y te lo di a ti, pero tú no has sido como Mi siervo David, que guardó Mis mandamientos y me siguió de todo corazón, para hacer solo lo que era recto a Mis ojos; **9** sino que has hecho más mal que todos los que fueron antes de ti, y fuiste e hiciste para ti otros dioses e imágenes fundidas para provocarme a ira, y me arrojaste detrás de tus espaldas; **10** por tanto, voy a traer mal sobre la casa de Jeroboam, y cortaré de Jeroboam a todo varón, tanto esclavo como libre en Israel. Barreré completamente la casa de Jeroboam, como se barre el estiércol hasta que desaparece del todo. **11** Cualquiera de los de Jeroboam que muera en la ciudad, se lo comerán los perros. Y el que muera en el campo, se lo comerán las aves del cielo; porque el SEÑOR ha hablado". **12** Y tú, levántate, vete a tu casa. Cuando tus pies entren en la ciudad, el niño morirá. **13** Y todo Israel hará duelo por él y lo sepultarán, pues solo este de *la familia de* Jeroboam irá a la sepultura, porque de la casa de Jeroboam, *solo* en él fue hallado algo bueno hacia el SEÑOR, Dios de Israel.

14 »Y el SEÑOR levantará para sí un rey sobre Israel que destruirá la casa de Jeroboam en este día, y de ahora en adelante[1]. **15** El SEÑOR, pues, herirá a Israel, como se agita una caña en el agua, y Él arrancará a Israel de esta buena tierra que dio a sus padres, y los esparcirá más allá del río *Éufrates,* porque han hecho sus Aseras[1], provocando a ira al SEÑOR. **16** Él abandonará a Israel a causa de los pecados que cometió Jeroboam y con los cuales hizo pecar a Israel».

13:33 [1] Lit. *llenaba su mano.*   14:4 [1] Lit. *estaban fijos.*   14:14 [1] Lit. *y ¿qué también ahora?*   14:15 [1] I.e. deidades femeninas.

17 Entonces la mujer de Jeroboam se levantó, se fue y llegó a Tirsa. Y al entrar ella por el umbral de la casa, el niño murió. **18** Y todo Israel lo sepultó e hizo duelo por él, conforme a la palabra que el SEÑOR había hablado por medio de Su siervo, el profeta Ahías.

19 Los demás hechos de Jeroboam, cómo peleó en las guerras y cómo reinó, están escritos en el libro de las Crónicas de los reyes de Israel. **20** El tiempo que Jeroboam reinó *fue* de veintidós años, y durmió con sus padres; y su hijo Nadab reinó en su lugar.

REINADO DE ROBOAM

21 Roboam, hijo de Salomón, reinó en Judá. Roboam *tenía* cuarenta y un años cuando comenzó a reinar, y reinó diecisiete años en Jerusalén, la ciudad que el SEÑOR había escogido de entre todas las tribus de Israel para poner allí Su nombre. El nombre de su madre *era* Naama, una amonita.

22 Judá hizo lo malo ante los ojos del SEÑOR, y lo provocaron a celos más que todo lo que sus padres lo habían provocado con los pecados que habían hecho. **23** Porque ellos también edificaron para sí lugares altos, pilares *sagrados* y Aseras en toda colina alta y bajo todo árbol frondoso. **24** Hubo también en la tierra sodomitas de cultos paganos. Hicieron conforme a todas las abominaciones de las naciones que el SEÑOR había echado delante de los israelitas.

25 Y sucedió que en el quinto año del rey Roboam, Sisac, rey de Egipto, subió contra Jerusalén. **26** Tomó los tesoros de la casa del SEÑOR y los tesoros del palacio del rey. Se apoderó de todo, llevándose aun todos los escudos de oro que había hecho Salomón. **27** Entonces el rey Roboam hizo escudos de bronce en su lugar, y los entregó al cuidado de los jefes de la guardia[1] que custodiaban la entrada de la casa del rey. **28** Cuando el rey entraba en la casa del SEÑOR, los de la guardia llevaban los escudos; y después los devolvían a la sala de los de la guardia.

29 Los demás hechos de Roboam y todo lo que hizo, ¿no están escritos en el libro de las Crónicas de los reyes de Judá? **30** Hubo guerra continua entre Roboam y Jeroboam. **31** Y durmió Roboam con sus padres y fue sepultado con sus padres en la ciudad de David; y el nombre de su madre *era* Naama, una amonita. Y su hijo Abiam[1] reinó en su lugar.

REINADO DE ABIAM

15 En el año dieciocho del rey Jeroboam, hijo de Nabat, Abiam comenzó a reinar sobre Judá. **2** Reinó tres años en Jerusalén; y el nombre de su madre *era* Maaca[1], hija de Abisalom[2]. **3** Y Abiam anduvo en todos los pecados que su padre había cometido antes de él. Su corazón no estuvo dedicado por completo al SEÑOR su Dios, como el corazón de su padre David. **4** Pero por amor a David, el SEÑOR su Dios le dio una lámpara[1] en Jerusalén, levantando a su hijo después de él y sosteniendo a Jerusalén. **5** Porque David había hecho lo recto ante los ojos del SEÑOR, y no se había apartado de

14:23
Pilares sagrados
Estos pilares de piedra se colocaban junto a los altares. Los pilares estaban para representar al dios pagano que se adoraba. Los cananeos usaban comúnmente estos pilares, pero a los israelitas se les había prohibido usarlos.

14:27 [1] Lit. *los corredores*, y así en el vers. 28.   14:31 [1] En 2Crón. 12:16, *Abías*. 15:2 [1] En 2Crón. 13:2, *Micaías, hija de Uriel*.   [2] En 2Crón. 11:20, *Absalón*.   15:4 [1] I.e. un descendiente en el trono.

nada de lo que Él le había ordenado durante todos los días de su vida, excepto en el caso de Urías el hitita. 6 Y hubo guerra entre Roboam y Jeroboam todos los días de su vida.

7 Los demás hechos de Abiam y todo lo que hizo, ¿no están escritos en el libro de las Crónicas de los reyes de Judá? Y hubo guerra entre Abiam y Jeroboam. 8 Y durmió Abiam con sus padres y lo sepultaron en la ciudad de David; y su hijo Asa reinó en su lugar.

REINADOS DE ASA Y NADAB

9 En el año veinte de Jeroboam, rey de Israel, Asa comenzó a reinar sobre Judá. 10 Reinó cuarenta y un años en Jerusalén; y el nombre de su abuela[1] *era* Maaca, hija de Abisalom. 11 Asa hizo lo recto ante los ojos del SEÑOR, como David su padre. 12 También expulsó de la tierra a los sodomitas de cultos paganos, y quitó todos los ídolos que sus padres habían hecho. 13 También quitó a Maaca su abuela *de ser* reina madre, porque ella había hecho una horrible imagen de Asera. Además, Asa derribó su horrible imagen y *la* quemó junto al torrente Cedrón. 14 Pero los lugares altos no fueron quitados; sin embargo, el corazón de Asa estuvo dedicado por completo al SEÑOR todos sus días. 15 Trajo a la casa del SEÑOR las cosas consagradas por su padre y sus propias cosas consagradas: plata, oro y utensilios.

16 Y hubo guerra entre Asa y Baasa, rey de Israel, todos sus días. 17 Baasa, rey de Israel, subió contra Judá y fortificó Ramá para prevenir que *nadie* saliera o entrara en ayuda de Asa, rey de Judá. 18 Entonces Asa tomó toda la plata y el oro que había quedado en los tesoros de la casa del SEÑOR y en los tesoros de la casa del rey, y los puso en manos de sus siervos. Y el rey Asa los envió a Ben Adad, hijo de Tabrimón, hijo de Hezión, rey de Aram, que habitaba en Damasco, diciéndole: 19 «*Haya* alianza entre tú y yo[1], *como hubo* entre mi padre y tu padre. Te envío un presente de plata y de oro. Ve, rompe tu alianza con Baasa, rey de Israel, para que se aparte de mí».

20 Ben Adad escuchó al rey Asa y envió a los jefes de sus ejércitos contra las ciudades de Israel, y conquistó[1] Ijón, Dan, Abel Bet Maaca, y toda Cineret, además de toda la tierra de Neftalí. 21 Y cuando Baasa *lo* oyó, dejó de fortificar Ramá, y se quedó en Tirsa. 22 Entonces el rey Asa hizo una proclamación a todo Judá, sin excepción, y se llevaron las piedras de Ramá y la madera con que Baasa había estado edificando. Y con ellas el rey Asa fortificó[1] Geba de Benjamín y Mizpa.

23 Los demás hechos de Asa y todo su poderío, todo lo que hizo y las ciudades que edificó, ¿no están escritos en el libro de las Crónicas de los reyes de Judá? Solo que en el tiempo de su vejez se enfermó de los pies. 24 Durmió Asa con sus padres y fue sepultado con sus padres en la ciudad de David su padre; y su hijo Josafat reinó en su lugar. 25 Y Nadab, hijo de Jeroboam, comenzó a reinar sobre Israel en el segundo año de Asa, rey de Judá, y reinó sobre Israel dos años. 26 E hizo lo malo ante los ojos del SEÑOR, y anduvo en el camino de su padre y en el pecado con que hizo pecar a Israel.

15:18-19

Por qué un rey bueno envió el tesoro del templo a un rey pagano

Asa le envió un presente del tesoro del templo a Ben Adad, rey de Aram, con la esperanza de formar una alianza con Aram contra Baasa. Baasa había estado trabajando para cortar las rutas comerciales a Jerusalén y rodear la capital. (Ver 2 Crónicas 16:7-10).

15:10 [1] Lit. *madre*, y así en el vers. 13.   15:19 [1] Lit. *mí y ti*.   15:20 [1] Lit. *e hirió*.
15:22 [1] Lit. *edificó*.

27 Entonces Baasa, hijo de Ahías, de la casa de Isacar, conspiró contra él, y Baasa lo hirió en Gibetón, que pertenecía a los filisteos, mientras Nadab y todo Israel sitiaban a Gibetón. **28** Baasa lo mató en el tercer año de Asa, rey de Judá, y reinó en su lugar. **29** Y en cuanto fue rey, Baasa hirió a toda la casa de Jeroboam. No dejó con vida a ninguno de los de Jeroboam, hasta destruirlos, conforme a la palabra que el SEÑOR había hablado por medio de Su siervo Ahías el silonita, **30** por los pecados que Jeroboam había cometido, y con los cuales había hecho pecar a Israel, y por la provocación con que provocó a ira al SEÑOR, Dios de Israel.

31 Los demás hechos de Nadab y todo lo que hizo, ¿no están escritos en el libro de las Crónicas de los reyes de Israel? **32** Hubo guerra entre Asa y Baasa, rey de Israel, todos los días *que vivieron.*

REINADO DE BAASA

33 En el tercer año de Asa, rey de Judá, Baasa, hijo de Ahías, comenzó a reinar sobre todo Israel en Tirsa, *y reinó* veinticuatro años. **34** Hizo lo malo ante los ojos del SEÑOR, y anduvo en el camino de Jeroboam y en el pecado con que hizo pecar a Israel.

16 Y la palabra del SEÑOR vino a Jehú, hijo de Hananí, contra Baasa: **2** «Yo te levanté del polvo y te hice príncipe sobre Mi pueblo Israel, y has andado en el camino de Jeroboam, y has hecho pecar a Mi pueblo Israel provocándome a ira con sus pecados. **3** Por tanto, consumiré a Baasa y a su casa, y haré su[1] casa como la casa de Jeroboam, hijo de Nabat. **4** El que de Baasa muera en la ciudad, se lo comerán los perros, y el que de él muera en el campo, se lo comerán las aves del cielo».

5 Los demás hechos de Baasa, lo que hizo y su poderío, ¿no están escritos en el libro de las Crónicas de los reyes de Israel? **6** Y durmió Baasa con sus padres y fue sepultado en Tirsa; y su hijo Ela reinó en su lugar. **7** También, la palabra del SEÑOR vino por medio del profeta Jehú, hijo de Hananí, contra Baasa y su casa, no solo por todo el mal que hizo ante los ojos del SEÑOR, provocándolo a ira con la obra de sus manos, siendo semejante a la casa de Jeroboam, sino también por haber destruido a esta[1].

REINADOS DE ELA, ZIMRI Y OMRI

8 En el año veintiséis de Asa, rey de Judá, Ela, hijo de Baasa, comenzó a reinar sobre Israel en Tirsa *y reinó* dos años. **9** Y su siervo Zimri, jefe de la mitad de sus carros, conspiró contra él. Y *Ela estaba* en Tirsa bebiendo *hasta* emborracharse en la casa de Arsa, que *era* mayordomo de la casa en Tirsa. **10** Entonces Zimri entró, lo hirió, y le dio muerte en el año veintisiete de Asa, rey de Judá, y reinó en su lugar. **11** Y sucedió que cuando comenzó a reinar, tan pronto como se sentó en su trono, mató[1] a toda la casa de Baasa; no dejó ni un solo varón, ni de sus parientes[2] ni de sus amigos. **12** Así Zimri destruyó toda la casa de Baasa, conforme a la palabra que el SEÑOR había hablado contra Baasa por medio

15:27-29
Otro Ahías

Este era un nombre muy popular en esos tiempos. Tres personas en la Biblia se llamaban Ahías: el sacerdote que estaba con Saúl (1 Samuel 14:3), el profeta de Silo (1 Reyes 11:29) y el padre de Baasa, rey de Israel (15:33).

16:7
Dios castiga a Baasa

Dios lo responsabilizó por sus malas acciones. El intento de Baasa de eliminar la casa de Jeroboam era para aumentar su poder, no para honrar a Dios.

16:9
Ela descuidó su deber

Ela se estaba emborrachando mientras el ejército estaba tomando Gibetón (versículo 15). Él debería haber estado en la batalla junto con sus tropas.

16:3 [1] Lit. *tu.* 16:7 [1] Lit. *porque lo hirió.* 16:11 [1] Lit. *hirió.* [2] Lit. *redentores.*

del profeta Jehú, **13** por todos los pecados de Baasa y por los pecados de su hijo Ela, con los cuales pecaron y con los que hicieron pecar a Israel, provocando a ira con sus ídolos al SEÑOR, Dios de Israel. **14** Los demás hechos de Ela y todo lo que hizo, ¿no están escritos en el libro de las Crónicas de los reyes de Israel?

15 En el año veintisiete de Asa, rey de Judá, Zimri reinó siete días en Tirsa. Y el pueblo estaba acampado contra Gibetón, que pertenecía a los filisteos. **16** El pueblo que estaba acampado oyó decir: «Zimri ha conspirado y también ha matado al rey». Entonces, ese mismo día en el campamento, todo Israel hizo a Omri, jefe del ejército, rey sobre Israel. **17** Entonces Omri subió desde Gibetón, y todo Israel con él, y sitiaron a Tirsa. **18** Cuando Zimri vio que la ciudad era tomada, entró en la ciudadela de la casa del rey, prendió fuego a la casa del rey y murió, **19** a causa de los pecados que había cometido, haciendo lo malo ante los ojos del SEÑOR, andando en el camino de Jeroboam, y por el pecado que cometió, haciendo pecar a Israel. **20** Los demás hechos de Zimri, y la conspiración que llevó a cabo, ¿no están escritos en el libro de las Crónicas de los reyes de Israel?

21 Entonces el pueblo de Israel se dividió en dos partes: la mitad del pueblo siguió a Tibni, hijo de Ginat, para hacerlo rey; la *otra* mitad siguió a Omri. **22** Pero el pueblo que siguió a Omri prevaleció sobre el pueblo que siguió a Tibni, hijo de Ginat. Y Tibni murió, y Omri comenzó a reinar.

23 En el año treinta y uno de Asa, rey de Judá, Omri comenzó a reinar sobre Israel, *y reinó* doce años; seis años reinó en Tirsa. **24** Y compró a Semer el monte Samaria por 68 kilos de plata; edificó sobre el monte, y a la ciudad que edificó puso por nombre Samaria, del nombre de Semer, dueño del monte. **25** Omri hizo lo malo ante los ojos del SEÑOR, y obró más perversamente que todos los que *fueron* antes que él; **26** pues anduvo en todos los caminos de Jeroboam, hijo de Nabat, y en los pecados con que hizo pecar a Israel, provocando al SEÑOR, Dios de Israel, con sus ídolos. **27** Los demás hechos que Omri hizo y el poderío que mostró ¿no están escritos en el libro de las Crónicas de los reyes de Israel? **28** Y durmió Omri con sus padres y fue sepultado en Samaria; y su hijo Acab reinó en su lugar.

REINADO DE ACAB

29 Acab, hijo de Omri, comenzó a reinar sobre Israel en el año treinta y ocho de Asa, rey de Judá, y Acab, hijo de Omri, reinó veintidós años sobre Israel en Samaria. **30** Y Acab, hijo de Omri, hizo lo malo a los ojos del SEÑOR más que todos los que *fueron* antes que él. **31** Como si fuera poco el andar en los pecados de Jeroboam, hijo de Nabat, tomó por mujer a Jezabel, hija de Et Baal, rey de los sidonios, y fue a servir a Baal y lo adoró. **32** Edificó un altar a Baal en la casa de Baal que edificó en Samaria. **33** Acab hizo también una Asera[j]. Así Acab hizo más para provocar al SEÑOR, Dios de Israel, que todos los reyes de Israel que fueron antes que él.

16:33 *j* I.e. deidad femenina.

16:30-33
Acab era malvado
Omri pecó más que todos los reyes anteriores a él (versículo 25). Su hijo Acab fue aún peor según el versículo 30. Él se casó con una mujer pagana y comenzó a adorar a Baal. Introdujo el culto a Baal en el reino del norte y le edificó un templo en Samaria. Además, levantó una imagen de Asera.

34 En tiempos de Acab, Hiel de Betel[1] reedificó Jericó. *A costa de la vida* de Abiram su primogénito puso sus cimientos, y *a costa de la vida* de su hijo menor Segub levantó sus puertas, conforme a la palabra que el SEÑOR había hablado por medio de Josué, hijo de Nun.

ELÍAS PREDICE LA SEQUÍA

17 Elías el tisbita, *que era* de los moradores de Galaad[1], dijo a Acab: «Vive el SEÑOR, Dios de Israel, delante de quien estoy, que ciertamente no habrá rocío ni lluvia en estos años, sino por la palabra de mi boca». **2** Y vino a Elías la palabra del SEÑOR, diciendo: **3** «Sal de aquí y dirígete hacia el oriente, y escóndete junto al arroyo Querit, que está al oriente del Jordán. **4** Y beberás del arroyo, y he ordenado a los cuervos que te sustenten allí». **5** Él fue e hizo conforme a la palabra del SEÑOR, pues fue y habitó junto al arroyo Querit, que está al oriente del Jordán. **6** Y los cuervos le traían pan y carne por la mañana, y pan y carne al atardecer, y bebía del arroyo. **7** Sucedió que después de algún tiempo el arroyo se secó, porque no había caído lluvia en la tierra.

ELÍAS Y LA VIUDA DE SAREPTA

8 Vino después a él la palabra del SEÑOR, diciendo: **9** «Levántate, ve a Sarepta, que pertenece a Sidón, y quédate allí; porque yo he mandado a una viuda de allí que te sustente». **10** Él se levantó y fue a Sarepta. Cuando llegó a la entrada de la ciudad, allí estaba una viuda recogiendo leña, entonces la llamó y *le* dijo: «Te ruego que me consigas un poco de agua en un vaso para que yo beba». **11** Cuando ella iba a conseguir*la*, la llamó y *le* dijo: «Te ruego que me traigas *también* un bocado de pan en tu mano». **12** Pero ella respondió: «Vive el SEÑOR tu Dios, que no tengo pan[1], solo *tengo* un puñado de harina en la tinaja y un poco de aceite en la vasija y estoy recogiendo unos[2] trozos de leña para entrar y prepara*lo* para mí y para mi hijo, para que comamos y muramos». **13** Entonces Elías le dijo: «No temas; ve, haz como has dicho, pero primero hazme una pequeña torta de eso y tráeme*la*; después harás para ti y para tu hijo. **14** Porque así dice el SEÑOR, Dios de Israel: "No se acabará la harina en la tinaja ni se agotará el aceite en la vasija, hasta el día en que el SEÑOR mande lluvia sobre la superficie de la tierra"». **15** Entonces ella fue e hizo conforme a la palabra de Elías, y ella, él y la casa de ella comieron por *muchos* días. **16** La harina de la tinaja no se acabó ni se agotó el aceite de la vasija, conforme a la palabra que el SEÑOR había hablado por medio de Elías.

17 Pero sucedió que después de estas cosas, se enfermó el hijo de la mujer dueña de la casa; y su enfermedad fue tan grave que no quedó aliento en él. **18** Y ella le dijo a Elías: «¿Qué tengo que ver contigo, oh hombre de Dios? ¡Has venido para traer a memoria mis iniquidades y hacer morir a mi hijo!». **19** «Dame a tu hijo», le respondió Elías. Y él lo tomó de su regazo y lo llevó a la cámara alta donde él vivía, y lo acostó en

16:34 [1] I.e. Casa de Dios.   17:1 [1] O de *Tisbé de Galaad*.   17:12 [1] Lit. *torta*.
[2] Lit. *dos*.

16:31
Los pecados de Jeroboam
Jeroboam tuvo dos pecados principales: llevó al pueblo a abandonar el templo de Jerusalén y los hizo adorar al Señor en la forma de ídolos.

17:3
Por qué se escondió Elías
Dios le dijo que lo hiciera. Se suponía que los profetas debían obedecer a Dios sin cuestionar el motivo. Esta fue la forma del Señor de proteger a Elías. El profeta de Dios tuvo suficiente comida y bebida, mientras el resto del pueblo pasó hambre y sed.

17:9
Dios envía a Elías a una mujer extranjera
El Señor bendijo a esta mujer debido a su fe y a que compartió su comida con el profeta de Dios.

17:18-20
La viuda culpó a Elías por la enfermedad y la muerte de su hijo
Ella sabía que la presencia de Elías había traído a su casa un poder sobrenatural, porque la harina y el aceite fluyeron con abundancia. La mujer debe haber pensado que Elías además trajo el castigo de Dios por algo malo que ella hizo. Cuando Elías resucitó al niño, la mujer expresó su fe en Dios.

su propia cama. **20** Y clamó al SEÑOR: «Oh SEÑOR, Dios mío, ¿has traído también mal a la viuda con quien estoy hospedado[1] haciendo morir a su hijo?». **21** Entonces se tendió tres veces sobre el niño, y clamó al SEÑOR: «Oh SEÑOR, Dios mío, te ruego que el alma de este niño vuelva a él[1]». **22** El SEÑOR escuchó la voz de Elías, y el alma del niño volvió a él y revivió. **23** Y Elías tomó al niño, lo bajó de la cámara alta a la casa y se lo dio a su madre; y Elías dijo: «Mira, tu hijo vive». **24** Entonces la mujer dijo a Elías: «Ahora conozco que tú eres hombre de Dios, y que la palabra del SEÑOR en tu boca es verdad».

ENCUENTRO DE ELÍAS Y ACAB

18 *Después de* muchos días, la palabra del SEÑOR vino a Elías en el tercer año, diciéndole: «Ve, muéstrate a Acab, y enviaré lluvia sobre la superficie de la tierra». **2** Y Elías fue a mostrarse a Acab. Y el hambre *era* intensa en Samaria. **3** Y Acab llamó a Abdías que *era* mayordomo de la casa. (Y Abdías temía[1] en gran manera al SEÑOR; **4** pues cuando Jezabel destruyó[1] a los profetas del SEÑOR, Abdías tomó a cien profetas y los escondió de cincuenta en cincuenta en una cueva, y los sustentó con pan y agua). **5** Entonces Acab dijo a Abdías: «Ve por la tierra a todas las fuentes de agua y a todos los valles; quizá hallaremos hierba y conservaremos con vida los caballos y los mulos, y no tendremos que matar parte del ganado». **6** Y dividieron la tierra entre ellos para recorrerla; Acab se fue solo por un camino, y Abdías se fue solo por otro.

7 Abdías estaba en el camino cuando Elías le salió al encuentro, y *Abdías* lo reconoció y cayó sobre su rostro, y le dijo: «¿Es usted Elías, mi señor?». **8** Él le respondió: «Yo soy. Ve, dile a tu señor: "Aquí está Elías"». **9** Y él dijo: «¿Qué pecado he cometido, que entrega a su siervo en manos de Acab para que me mate? **10** Vive el SEÑOR su Dios, que no hay nación ni reino adonde mi señor no haya enviado a buscarlo; y cuando decían: "No está *aquí*", hacía jurar al reino o a la nación que no lo habían hallado. **11** Y ahora dices: "Ve, dile a tu señor: 'Aquí está Elías'". **12** Y sucederá que cuando lo deje, el Espíritu del SEÑOR lo llevará adonde yo no sepa; así que cuando yo vaya y se lo diga a Acab y él no pueda encontrarlo, me matará, aunque *yo* su siervo he temido[1] al SEÑOR desde mi juventud. **13** ¿No le han contado a mi señor lo que hice cuando Jezabel mató a los profetas del SEÑOR, que escondí a cien de los profetas del SEÑOR de cincuenta en cincuenta en una cueva, y los sustenté con pan y agua? **14** Y ahora usted me dice: "Ve, dile a tu señor: 'Aquí está Elías'"; entonces me matará». **15** Elías le dijo: «Vive el SEÑOR de los ejércitos, delante de quien estoy, que hoy ciertamente me mostraré a él».

16 Abdías fue al encuentro de Acab, y le dio aviso; y Acab fue al encuentro de Elías. **17** Cuando Acab vio a Elías, Acab le dijo: «¿Eres tú, perturbador de Israel?». **18** Y él respondió: «Yo no he perturbado a Israel, sino tú y la casa de tu padre,

---

18:4
Abdías escondió y alimentó a cien profetas en el tiempo de hambre

Abdías tenía acceso a las reservas de comida y agua del palacio, porque él supervisaba el lugar. Él debe haber tomado de las reservas para darles a los profetas. O Dios puede haber multiplicado la comida y el agua que ellos ya poseían para que tuvieran suficiente, como había hecho con la viuda en Sarepta.

18:12
Abdías no confió en Elías

El rey Acab había estado buscando a Elías por tres años. Abdías pensaba que Elías podría ponerlo en peligro. Si él le decía al rey que había visto a Elías y después este desaparecía, Acab podría matar a Abdías en su enojo.

18:17
Acab no capturó a Elías

Acab tenía más interés en resolver primero el problema de la sequía. Él estaba desesperado por que terminara y escucharía a cualquiera que pudiera ayudar. Además, Dios impidió que Acab lo matara para poder llamar a Israel al arrepentimiento a través de la vida de Elías.

17:20 [1] Lit. *peregrinando*.   17:21 [1] Lit. *sobre sus entrañas*.
18:3 [1] O *reverenciaba*.   18:4 [1] Lit. *cortó*.   18:12 [1] O *reverenciado*.

porque ustedes han abandonado los mandamientos del SEÑOR y han seguido a los Baales. **19** Ahora pues, envía a reunir conmigo a todo Israel en el monte Carmelo, *junto* con 450 profetas de Baal y 400 profetas de la Asera que comen a la mesa de Jezabel».

ELÍAS Y LOS PROFETAS DE BAAL

20 Acab envió *mensaje* a todos los israelitas y reunió a los profetas en el monte Carmelo. **21** Elías se acercó a todo el pueblo y dijo: «¿Hasta cuándo vacilarán entre[1] dos opiniones? Si el SEÑOR es Dios, síganlo; y si Baal, síganlo a él». Pero el pueblo no le respondió ni una palabra. **22** Entonces Elías dijo al pueblo: «Solo yo he quedado *como* profeta del SEÑOR, pero los profetas de Baal son 450 hombres. **23** Que nos den, pues, dos novillos. Que escojan un novillo para ellos y lo despedacen, y lo coloquen sobre la leña, pero que no *le* pongan fuego *debajo;* y yo prepararé el otro novillo y lo colocaré sobre la leña, y no *le* pondré fuego. **24** Entonces invoquen el nombre de su dios, y yo invocaré el nombre del SEÑOR; y el Dios que responda por fuego, ese es Dios». Y todo el pueblo respondió: «La idea es buena».

25 Y Elías dijo a los profetas de Baal: «Escojan un novillo para ustedes y prepárenlo primero, pues son los más, e invoquen el nombre de su dios, pero no *le* pongan fuego». **26** Entonces tomaron el novillo que les dieron y *lo* prepararon, e invocaron el nombre de Baal desde la mañana hasta el mediodía, diciendo: «Oh Baal, respóndenos». Pero no hubo voz ni nadie respondió. Y danzaban[1] alrededor del altar que habían hecho[2]. **27** Como al mediodía, Elías se burlaba de ellos y decía: «Clamen en voz alta, pues es un dios; tal vez *estará* meditando o se habrá desviado, o estará de viaje, quizá esté dormido y habrá que despertarlo». **28** Y gritaban a grandes voces y se sajaban, según su costumbre, con espadas y lanzas hasta que la sangre chorreaba sobre ellos. **29** Pasado el mediodía, se pusieron a gritar frenéticamente[1] hasta la hora de ofrecerse el sacrificio *de la tarde;* pero no hubo voz, ni nadie respondió ni nadie hizo caso.

30 Entonces Elías dijo a todo el pueblo: «Acérquense a mí». Y todo el pueblo se acercó a Elías. Entonces él reparó el altar del SEÑOR que había sido derribado. **31** Elías tomó doce piedras conforme al número de las tribus de los hijos de Jacob, a quien había venido la palabra del SEÑOR, diciendo: «Israel será tu nombre». **32** Con las piedras edificó un altar en el nombre del SEÑOR, e hizo una zanja alrededor del altar, suficientemente grande para contener dos medidas (14.6 litros) de semilla. **33** Dispuso después la leña, cortó el novillo en pedazos y *lo* colocó sobre la leña. **34** Y dijo: «Llenen cuatro cántaros de agua y derrámen*la* sobre el holocausto y sobre la leña». Después dijo: «Háganlo por segunda vez; y lo hicieron por segunda vez». Y añadió: «Háganlo por tercera vez»; y lo hicieron por tercera vez. **35** El agua corría alrededor del altar, y también llenó la zanja de agua.

18:28
Por qué los profetas de Baal se sajaban

A medida que Acab se impacientaba más, los profetas se volvían más locos. Cortándose la piel esperaban convencer a los dioses de que ellos eran sinceros y merecían una respuesta. Aunque los paganos algunas veces practicaban lastimarse a propósito, los israelitas tenían prohibido hacerlo. (Ver Levítico 19:28).

18:33-34
Por qué Elías derramó tanta agua sobre el altar

Elías estaba demostrando la falta de poder de Baal. Encender un fuego sobre un altar empapado en agua requería verdaderamente un milagro, y eso probaría el gran poder de Dios.

18:21 [1] Lit. *cojearán sobre.*   18:26 [1] Lit. *cojeaban;* i.e. un tipo de danza ceremonial.
[2] Así en algunos mss. y versiones antiguas; en el T.M., *que él había hecho.*
18:29 [1] Lit. *profetizaron.*

36 Y a la hora de ofrecerse el sacrificio de la *tarde*, el profeta Elías se acercó y dijo: «Oh SEÑOR, Dios de Abraham, de Isaac y de Israel, que se sepa hoy que Tú eres Dios en Israel, que yo soy Tu siervo y que he hecho todas estas cosas por palabra Tuya. **37** Respóndeme, oh SEÑOR, respóndeme, para que este pueblo sepa que Tú, oh SEÑOR, eres Dios, y *que* has hecho volver sus corazones». **38** Entonces cayó el fuego del SEÑOR, y consumió el holocausto, la leña, las piedras y el polvo, y secó el agua de la zanja. **39** Cuando todo el pueblo *lo* vio, se postraron sobre su rostro y dijeron: «El SEÑOR, Él es Dios; el SEÑOR, Él es Dios». **40** Entonces Elías les dijo: «Prendan a los profetas de Baal, que no se escape ninguno de ellos». Los prendieron, y Elías los hizo bajar al torrente Cisón y allí los degolló.

FIN DE LA SEQUÍA

41 Y Elías dijo a Acab: «Sube, come y bebe; porque se oye el estruendo de *mucha* lluvia». **42** Acab subió a comer y a beber, pero Elías subió a la cumbre del Carmelo; y allí se agachó en tierra y puso su rostro entre las rodillas. **43** Y dijo a su criado: «Sube ahora, *y* mira hacia el mar». Y él subió, miró y dijo: «No hay nada». Y Elías dijo siete veces: «Vuelve *a mirar*». **44** Y sucedió que a la séptima *vez*, él dijo: «Veo una nube tan pequeña como la mano de un hombre, que sube del mar». Y Elías le dijo: «Sube, *y* dile a Acab: "Prepara[1] *tu carro* y desciende, para que la *fuerte* lluvia no te detenga"». **45** Al poco tiempo, el cielo se oscureció con nubes y viento, y hubo gran lluvia. Y Acab montó *en su carro* y fue a Jezreel. **46** Y la mano del SEÑOR estaba sobre Elías, quien ajustándose el cinturón corrió delante de Acab hasta Jezreel.

ELÍAS HUYE DE JEZABEL

19 Acab le contó a Jezabel todo lo que Elías había hecho y cómo[1] había matado a espada a todos los profetas. **2** Entonces Jezabel envió un mensajero a Elías, diciendo: «Así me hagan los dioses y aun me añadan, si mañana a estas horas yo no he puesto tu vida como la vida de uno de ellos». **3** Elías tuvo miedo[1], y se levantó y se fue para *salvar* su vida; y vino a Beerseba de Judá y dejó allí a su criado, **4** y anduvo por el desierto un día de camino, y vino y se sentó bajo un arbusto[1]; pidió morirse y dijo: «Basta ya, SEÑOR, toma mi vida porque yo no soy mejor que mis padres». **5** Y acostándose bajo el arbusto, se durmió; pero un ángel lo tocó y le dijo: «Levántate, come». **6** Entonces vio que en su cabecera había una torta *cocida sobre* piedras calientes y una vasija de agua. Comió y bebió, y volvió a acostarse. **7** El ángel del SEÑOR volvió por segunda vez, lo tocó y *le* dijo: «Levántate, come, porque es muy largo el camino para ti». **8** Se levantó, pues, y comió y bebió, y con la fuerza de aquella comida caminó cuarenta días y cuarenta noches hasta Horeb, el monte de Dios.

18:46
Elías corre más rápido que el carro
Dios le dio una fuerza extraordinaria a Elías. La escena de Elías corriendo, seguido por Acab en su carro, y seguido por la tormenta de Dios, habría sido una dramática invitación al pueblo para que se volviera al Señor.

18:44 [1] Lit. *Ata*, unce.   19:1 [1] Así en algunas versiones antiguas; en el T.M., *y todo lo que*.   19:3 [1] Así en muchos mss.; en el T.M., *Y él vio*.   19:4 [1] *O una retama o enebro*.

ELÍAS SE ENCUENTRA CON DIOS

⁹ Allí entró en una cueva y pasó en ella la noche; y vino a él la palabra del SEÑOR, y Él le dijo: «¿Qué haces aquí, Elías?». ¹⁰ Y él respondió: «He tenido mucho celo por el SEÑOR, Dios de los ejércitos; porque los israelitas han abandonado Tu pacto, han derribado Tus altares y han matado a espada a Tus profetas. He quedado yo solo y buscan mi vida para quitármela».

¹¹ Entonces el SEÑOR le dijo: «Sal y ponte en el monte delante del SEÑOR». En ese momento el SEÑOR pasaba, y un grande y poderoso viento destrozaba los montes y quebraba las peñas delante del SEÑOR; *pero* el SEÑOR no *estaba* en el viento. Después del viento, un terremoto; *pero* el SEÑOR no *estaba* en el terremoto. ¹² Después del terremoto, un fuego; *pero* el SEÑOR no *estaba* en el fuego. Y después del fuego, el susurro de una brisa apacible. ¹³ Cuando Elías *lo* oyó, se cubrió el rostro con su manto, y salió y se puso a la entrada de la cueva. Y una voz vino a él y *le* preguntó: «¿Qué haces aquí, Elías?». ¹⁴ Entonces él respondió: «He tenido mucho celo por el SEÑOR, Dios de los ejércitos; porque los israelitas han abandonado Tu pacto, han derribado Tus altares y han matado a espada a Tus profetas. He quedado yo solo y buscan mi vida para quitármela».

¹⁵ Y el SEÑOR le dijo: «Ve, regresa por tu camino al desierto de Damasco y cuando hayas llegado, ungirás a Hazael por rey sobre Aram; ¹⁶ y a Jehú, hijo de Nimsi, ungirás por rey sobre Israel; y a Eliseo, hijo de Safat de Abel Mehola, ungirás por profeta en tu lugar. ¹⁷ Al que escape de la espada de Hazael, Jehú lo matará, y al que escape de la espada de Jehú, Eliseo lo matará. ¹⁸ Pero dejaré 7,000 en Israel, todas las rodillas que no se han doblado ante Baal y toda boca que no lo ha besado».

LLAMAMIENTO DE ELISEO

¹⁹ Elías partió de allí y encontró a Eliseo, hijo de Safat, que estaba arando con doce yuntas *de bueyes* delante de él, y él *estaba* con la última. Elías pasó adonde él estaba y le echó su manto encima. ²⁰ Dejando él los bueyes, corrió tras Elías, y dijo: «Permítame besar a mi padre y a mi madre, entonces lo seguiré». Y él le dijo: «Ve, vuélvete, pues, ¿qué te he hecho yo?». ²¹ Entonces se volvió, dejando de seguirlo, tomó un par de bueyes y los sacrificó, y con los aparejos de los bueyes coció su carne, y *la* dio a la gente y ellos comieron. Después se levantó y fue tras Elías, y le servía.

GUERRA CONTRA BEN ADAD

20 Entonces Ben Adad, rey de Aram, reunió todo su ejército, y tenía con él treinta y dos reyes con caballos y carros; y subió, sitió a Samaria y peleó contra ella. ² Envió mensajeros a la ciudad, a Acab, rey de Israel, diciéndole: «Así dice Ben Adad ³ "Tu plata y tu oro son míos; míos son también tus mujeres y tus hijos más hermosos"». ⁴ El rey de Israel le respondió: «*Sea* conforme a tu palabra, oh rey, señor mío;

19:11-13
Dios no estaba en el viento, ni en el terremoto, ni en el fuego

A veces Dios se mostraba a sí mismo en esos días. Pero en esta ocasión se reveló a través de algo común y simple. En el susurro de una brisa apacible, Dios le dijo a Elías cuál era su voluntad.

19:19
Arando con doce yuntas de bueyes

La agricultura era a menudo una actividad comunitaria, y en este caso otras once personas estaban ayudando a Eliseo a arar el campo, cada uno con una yunta de bueyes. Eliseo estaba arando con el último par de bueyes.

© 1995 por Phoenix Data Systems

19:19
Elías le echó encima su manto a Eliseo

Un manto de pelo de animal era la típica prenda de un profeta. Cuando Elías le echó encima su manto a Eliseo, le estaba dando una nueva identidad como uno de los servidores de Dios.

20:9
Acab no cumpliría la segunda demanda de Ben Adad

Acab aceptó las primeras exigencias de Ben Adad como pago a un ejército más fuerte. Esto pondría fin al asedio, salvaría la vida de Acab y evitaría el saqueo de la ciudad. En su segunda demanda, Ben Adad exigió la rendición de la ciudad. Acab sabía que nunca podría satisfacer las demandas, por eso se resistió.

20:18
Ben Adad ordenó que el enemigo fuera capturado con vida

Probablemente deseaba humillar y torturar a los israelitas antes de matarlos.

20:23
Los arameos le temían al dios de los montes

Ben Adad creía que su derrota se debía más al Dios de Israel que a su ejército. Él pensó que Israel tenía un dios de los montes que los protegía, y trató de burlar a ese dios de los montes llevando la batalla a las planicies, donde sus carros y jinetes podrían luchar de manera más eficaz.

tuyo soy yo y todo lo que tengo». **5** Después volvieron los mensajeros y dijeron: «Así dice Ben Adad: "Por cierto que envié a decirte: 'Me darás tu plata, tu oro, tus mujeres y tus hijos'. **6** Pero mañana como a esta hora te enviaré mis siervos, y registrarán tu casa y las casas de tus siervos; y todo lo que sea agradable a tus ojos *lo* tomarán en su mano y se *lo* llevarán"».

7 El rey de Israel llamó a todos los ancianos del país, y *les* dijo: «Miren cómo este *solo* busca hacer daño; pues él envió a *pedir*me mis mujeres, mis hijos, mi plata y mi oro, y no se *los* negué». **8** Y todos los ancianos y todo el pueblo le dijeron: «No escuche ni consienta». **9** Entonces él respondió a los mensajeros de Ben Adad: «Digan a mi señor el rey: "Haré todo lo que mandaste a tu siervo la primera vez, pero esto *otro* no lo puedo hacer"». Se fueron los mensajeros y le llevaron la respuesta. **10** Y Ben Adad envió a decirle: «Así me hagan los dioses y aun me añadan, si el polvo de Samaria bastará para llenar las manos de todo el pueblo que me sigue». **11** Respondió el rey de Israel: «Dígan*le*: "No se jacte el que se pone *las armas* como el que se *las* quita"». **12** Cuando *Ben Adad* oyó esta palabra, estaba bebiendo con[1] los reyes en las tiendas, y dijo a sus siervos: «Tomen posiciones». Y tomaron posiciones contra la ciudad.

13 Y un profeta se acercó a Acab, rey de Israel, y *le* dijo: «Así dice el SEÑOR: "¿Has visto toda esta gran multitud? Hoy la entregaré en tu mano, y sabrás que Yo soy el SEÑOR"». **14** Acab le preguntó: «¿Por medio de quién?». Y él dijo: «Así dice el SEÑOR: "Por medio de los jóvenes de los jefes de las provincias"». Entonces *Acab* dijo: «¿Quién comenzará[1] la batalla?». Y él respondió: «Tú». **15** Entonces pasó revista a los jóvenes de los jefes de las provincias y eran 232; después de ellos, pasó revista a todo el pueblo, *es decir,* todos los israelitas, 7,000.

16 Salieron al mediodía, mientras Ben Adad estaba bebiendo hasta emborracharse en las tiendas junto con[1] los treinta y dos reyes que lo ayudaban. **17** Los jóvenes de los jefes de las provincias salieron primero; y envió Ben Adad *mensajeros* que le avisaron, diciendo: «Han salido hombres de Samaria». **18** Entonces dijo: «Si en paz han salido, préndanlos vivos; o si en guerra han salido, préndanlos vivos». **19** Salieron, pues, aquellos de la ciudad, los jóvenes de los jefes de las provincias y el ejército que los seguía. **20** Y mató cada uno a su hombre; los arameos huyeron e Israel los persiguió, y Ben Adad, rey de Aram, escapó a caballo con *algunos* jinetes. **21** El rey de Israel salió y atacó los caballos y los carros, y derrotó a los arameos *causándoles* gran matanza.

22 Entonces el profeta se acercó al rey de Israel, y le dijo: «Vaya, fortalézcase, y entienda bien lo que tiene que hacer; porque a la vuelta del año el rey de Aram subirá contra usted». **23** Y los siervos del rey de Aram le dijeron: «Sus dioses son dioses de los montes, por eso fueron más fuertes que nosotros; mejor peleemos contra ellos en la llanura, pues ¿no seremos más fuertes que ellos? **24** Haga, pues, esto: quite a los reyes, cada uno de su puesto, y ponga capitanes en su lugar. **25** Aliste un ejército como el ejército que perdió, caballo por caballo y carro por carro. Entonces pelearemos contra ellos

20:12 [1] Lit. *él y.*   20:14 [1] Lit. *ligará.*   20:16 [1] Lit. *él y.*

en la llanura, pues ¿no seremos más fuertes que ellos?». Él escuchó su consejo[j] y lo hizo así.

26 A la vuelta del año, Ben Adad alistó a los arameos y subió a Afec para pelear contra Israel. 27 Y los israelitas fueron alistados y provistos de raciones, y salieron a su encuentro. Los israelitas acamparon delante de ellos como dos rebaños pequeños de cabras pero los arameos llenaban la tierra. 28 Entonces un hombre de Dios se acercó y habló al rey de Israel, y dijo: «Así dice el SEÑOR: "Porque los arameos han dicho: 'El SEÑOR es un dios de los montes, pero no es un dios de los valles; por tanto, entregaré a toda esta gran multitud en tu mano, y sabrás que Yo soy el SEÑOR'". 29 Acamparon unos frente a otros por siete días. Al séptimo día comenzó la batalla, y los israelitas mataron de los arameos a 100,000 hombres de a pie en un solo día. 30 Los demás huyeron a Afec, a la ciudad, y el muro cayó sobre los 27,000 hombres que quedaban. También Ben Adad huyó y se refugió en la ciudad en un aposento interior.

31 Y sus siervos le dijeron: «Hemos oído que los reyes de la casa de Israel son reyes misericordiosos; le rogamos que nos deje poner cilicio en nuestros lomos y cuerdas sobre nuestras cabezas, y salgamos al rey de Israel; quizás él salve su vida». 32 Se ciñeron cilicio en sus lomos, pusieron cuerdas sobre sus cabezas y vinieron al rey de Israel, y dijeron: «Su siervo Ben Adad dice: "Te ruego que me perdones la vida"». Y él dijo: «¿Vive todavía? Es mi hermano». 33 Y los hombres tomaron esto como señal[j], y tomando de él la palabra prestamente dijeron: «Tu hermano Ben Adad vive». Y él dijo: «Vayan y tráiganlo». Entonces Ben Adad salió a él, y él le hizo subir en el carro. 34 Y Ben Adad le dijo al rey: «Devolveré las ciudades que mi padre tomó de tu padre, y te harás calles en Damasco, como mi padre hizo en Samaria. "Y yo", dijo Acab, con este pacto te dejaré ir». Hizo, pues, pacto con él y lo dejó ir.

35 Y cierto hombre de los hijos de los profetas dijo a otro por palabra del SEÑOR: «Te ruego que me hieras». Pero el hombre se negó a herirlo. 36 Entonces le dijo: «Porque no has atendido a la voz del SEÑOR, tan pronto como te apartes de mí, un león te matará». Y tan pronto se apartó de él, un león lo encontró y lo mató. 37 Entonces halló a otro hombre y le dijo: «Te ruego que me hieras». Y el hombre le dio un golpe, hiriéndolo. 38 Y el profeta se fue y esperó al rey en el camino; se había disfrazado con una venda sobre los ojos. 39 Cuando el rey pasaba, clamó al rey y dijo: «Su siervo fue al centro de la batalla; y allí, un hombre se apartó de las filas y me trajo a uno, y me dijo: "Guarda a este hombre; si por alguna razón llega a faltar, entonces tu vida responderá por su vida o pagarás 34 kilos de plata". 40 Mientras su siervo estaba ocupado aquí y allá, él desapareció». Y el rey de Israel le dijo: «Así será tu sentencia; tú mismo lo has decidido». 41 Entonces él se apresuró a quitarse la venda de los ojos, y el rey de Israel lo reconoció como uno de los profetas. 42 Y él le dijo: «Así dice el SEÑOR: "Porque has dejado salir de tu mano al hombre a quien Yo había destinado a la destrucción,

20:31
Los hombres vinieron a Acab con cilicio y cuerdas
Ese atuendo era un símbolo de humildad y sumisión.

20:34
Acab libera a Ben Adad
Acab lo llamó hermano y lo invitó a subir a su carro, tratándolo de igual a igual. Acab debe haberle salvado la vida a Ben Adad con la esperanza de sacar algún provecho de su trato comercial. Este error le costaría a Acab la vida (22:35).

20:36-42
El mensaje de Dios a través del profeta
El profeta envió un claro mensaje de que liberar a Ben Adad sin consultar a Dios resultaría en la muerte de Acab. Dado que él pecó como rey, las consecuencias también recayeron sobre su pueblo.

20:25 [j] Lit. voz.   20:33 [j] Lit. adivinaron.

tu vida responderá por su vida y tu pueblo por su pueblo"». ⁴³ El rey de Israel se fue a su casa disgustado y molesto, y entró en Samaria.

LA VIÑA DE NABOT

21 Después de estas cosas aconteció que Nabot de Jezreel tenía una viña que *estaba* en Jezreel, junto al palacio de Acab, rey de Samaria, ² y Acab le dijo a Nabot: «Dame tu viña para que me sirva de huerta para hortaliza porque está cerca, al lado de mi casa, y en su lugar yo te daré una viña mejor; si prefieres, te daré su precio en dinero». ³ Pero Nabot le dijo a Acab: «No permita el SEÑOR que le dé la herencia de mis padres». ⁴ Acab entonces se fue a su casa disgustado y molesto a causa de la palabra que Nabot de Jezreel le había dicho; pues dijo: «No le daré la herencia de mis padres». Acab se acostó en su cama, volvió su rostro y no comió.

⁵ Pero Jezabel su mujer se acercó a él, y le preguntó: «¿Por qué está tu espíritu tan decaído que no comes?». ⁶ Entonces Acab le respondió: «Porque le hablé a Nabot de Jezreel, y le dije: "Dame tu viña por dinero; o, si prefieres, te daré una viña en su lugar". Pero él dijo: "No te daré mi viña"». ⁷ Su mujer Jezabel le dijo: «¿No reinas ahora sobre Israel? Levántate, come, y alégrese tu corazón. Yo te daré la viña de Nabot de Jezreel». ⁸ Y ella escribió cartas en nombre de Acab, las selló con su sello y envió las cartas a los ancianos y a los nobles que vivían en la ciudad con Nabot. ⁹ Y escribió en las cartas: «Proclamen ayuno y sienten a Nabot a la cabeza del pueblo. ¹⁰ Sienten a dos hombres malvados delante de él que testifiquen contra él, diciendo: "Tú has blasfemado a Dios y al rey". Entonces sáquenlo y apedréenlo para que muera».

¹¹ Los hombres de su ciudad, los ancianos y los nobles que vivían en su ciudad, hicieron como Jezabel les había mandado, tal como estaba escrito en las cartas que ella les había enviado. ¹² Proclamaron ayuno y sentaron a Nabot a la cabeza del pueblo. ¹³ Entonces entraron los dos hombres malvados y se sentaron delante de él; y los dos hombres malvados testificaron contra él, es decir, contra Nabot delante del pueblo, diciendo: «Nabot ha blasfemado a Dios y al rey». Y lo llevaron fuera de la ciudad, lo apedrearon y murió. ¹⁴ Después enviaron un *mensaje* a Jezabel, diciendo: «Nabot ha sido apedreado y ha muerto».

¹⁵ Cuando Jezabel oyó que Nabot había sido apedreado y había muerto, Jezabel dijo a Acab: «Levántate, toma posesión de la viña de Nabot de Jezreel, la cual él se negó a dártela por dinero, porque Nabot no está vivo, sino muerto». ¹⁶ Así que cuando Acab oyó que Nabot había muerto, se levantó para descender a la viña de Nabot de Jezreel, para tomar posesión de ella.

¹⁷ Entonces vino la palabra del SEÑOR a Elías el tisbita, diciendo: ¹⁸ «Levántate, desciende al encuentro de Acab, rey de Israel, que está en Samaria; ahora él está en la viña de Nabot, adonde ha descendido a tomar posesión de ella. ¹⁹ Le hablarás: "Así dice el SEÑOR: ¿Has asesinado, y además has tomado posesión *de la viña*?". También le hablarás: "Así dice el SEÑOR: 'En el lugar donde los perros lamieron la sangre de Nabot, los perros lamerán tu sangre, tu misma *sangre*'"».

21:3
Nabot no acepta el trato
Él creía que la tierra era del Señor y la herencia permanente de su familia en la tierra prometida. Venderla sería violar las leyes de Levítico 25.

21:9
Jezabel proclama un día de ayuno
Ella engañó al pueblo haciéndoles creer que se acercaba un desastre. El día de ayuno fue diseñado con la idea de encubrir el complot de Jezabel.

21:16
Acab toma la viña de Nabot por la fuerza
Los hijos de Nabot fueron asesinados, eliminando a todos los herederos de la tierra (ver 2 Reyes 9:26). La tierra de un traidor pasaba a ser propiedad del rey.

20 Y Acab dijo a Elías: «¿Me has encontrado, enemigo mío?». Y él respondió: «*Te* he encontrado, porque te has vendido para hacer el mal ante los ojos del SEÑOR. **21** Por tanto, traeré mal sobre ti, te barreré completamente y cortaré de Acab todo varón, tanto siervo como libre en Israel. **22** Haré tu casa como la casa de Jeroboam, hijo de Nabat, y como la casa de Baasa, hijo de Ahías, por la provocación con la que *me* has provocado a ira y *porque* has hecho pecar a Israel. **23** También de Jezabel ha hablado el SEÑOR: "Los perros comerán a Jezabel en la parcela[1] de Jezreel". **24** Cualquiera de Acab que muera en la ciudad, lo comerán los perros, y el que muera en el campo, lo comerán las aves del cielo».

25 Ciertamente no hubo nadie como Acab que se vendiera para hacer lo malo ante los ojos del SEÑOR, porque Jezabel su mujer lo había convencido. **26** Su conducta fue muy abominable, *pues* fue tras los ídolos conforme a todo lo que habían hecho los amorreos, a los que el SEÑOR había echado de delante de los israelitas.

27 Cuando Acab oyó estas palabras, rasgó sus vestidos, puso cilicio sobre sí y ayunó, se acostó con el cilicio y andaba abatido[1]. **28** Entonces la palabra del SEÑOR vino a Elías el tisbita, diciendo: **29** «¿Ves como Acab se ha humillado delante de Mí? Porque se ha humillado delante de Mí, no traeré el mal en sus días; pero en los días de su hijo traeré el mal sobre su casa».

MICAÍAS Y LOS FALSOS PROFETAS

22 Pasaron tres años sin que hubiera guerra entre Aram e Israel. **2** Al tercer año, Josafat, rey de Judá, descendió *a visitar* al rey de Israel. **3** El rey de Israel dijo a sus siervos: «¿Saben que Ramot de Galaad nos pertenece y no estamos haciendo nada para quitarla de mano del rey de Aram?». **4** Y le preguntó a Josafat: «¿Quieres venir conmigo a pelear *contra* Ramot de Galaad?». Respondió Josafat al rey de Israel: «Yo soy como tú, mi pueblo como tu pueblo, mis caballos como tus caballos».

5 Josafat dijo además al rey de Israel: «Te ruego que consultes primero[1] la palabra del SEÑOR». **6** Entonces el rey de Israel reunió a los profetas, unos 400 hombres, y les dijo: «¿Debo ir a pelear contra Ramot de Galaad o debo desistir?». Y ellos respondieron: «Suba porque el Señor *la* entregará en manos del rey».

7 Pero Josafat dijo: «¿No queda aún aquí *algún* profeta del SEÑOR, para que lo consultemos?». **8** Y el rey de Israel dijo a Josafat: «Todavía queda un hombre por medio de quien podemos consultar al SEÑOR, pero lo aborrezco, porque no profetiza lo bueno en cuanto a mí, sino lo malo. Es Micaías, hijo de Imla». Pero Josafat dijo: «No hable el rey así». **9** Entonces el rey de Israel llamó a un oficial, y le dijo: «Trae pronto a Micaías, hijo de Imla». **10** El rey de Israel y Josafat, rey de Judá, estaban sentados cada uno en su trono, vestidos con *sus* mantos reales, en la era a la entrada de la puerta de Samaria; y todos los profetas estaban profetizando delante de ellos. **11** Y Sedequías, hijo de Quenaana, se había hecho

21:27-29
Arrepentimiento de Acab
Dios declaró que el arrepentimiento de Acab era sincero, y eso hizo que la profecía se retrasara. Más tarde, Acab vuelve a oponerse al profeta de Dios.

22:4
Por qué Josafat aceptó aliarse con Acab
El hijo de Josafat se casó con la hija de Acab (ver 2 Crónicas 18:1), por lo cual eran aliados mediante lazos familiares. Además, si ellos no se unían, un ejército extranjero los derrotaría con más facilidad.

22:6
Cuatrocientos profetas
Esos cuatrocientos profetas de la corte eran falsos. Ellos hablaban mensajes destinados a complacer al rey para obtener su favor. Josafat reconoció que no podía confiar en ellos, de modo que consultó con un verdadero profeta del Señor.

21:23 [1] Así en algunos mss. y versiones antiguas; en el T.M., *muro.*
21:27 [1] O *lentamente.*   22:5 [1] Lit. *como el día.*

unos cuernos de hierro y decía: «Así dice el SEÑOR: "Con estos acornearás a los arameos hasta acabarlos"». **12** Y todos los profetas profetizaban así: «Suba a Ramot de Galaad y tendrá éxito, pues el SEÑOR *la* entregará en manos del rey».

13 Y el mensajero que fue a llamar a Micaías le dijo: «Mira, las palabras de los profetas son unánimes en favor del rey. Te ruego que tu palabra sea como la palabra de uno de ellos, y que hables favorablemente». **14** Pero Micaías dijo: «Vive el SEÑOR que lo que el SEÑOR me diga, eso hablaré». **15** Cuando llegó al rey, este le dijo: «Micaías, ¿iremos a Ramot de Galaad a pelear, o debemos desistir?». Y él le respondió: «Suba, y tendrá éxito, y el SEÑOR *la* entregará en manos del rey».

16 Entonces el rey le dijo: «¿Cuántas veces he de tomarte juramento de que no me digas más que la verdad en el nombre del SEÑOR?». **17** Micaías respondió:

«Vi a todo Israel
Esparcido por los montes,
Como ovejas sin pastor;
Y el SEÑOR dijo: "Estos no tienen señor,
Que cada uno vuelva a su casa en paz"».

18 Entonces el rey de Israel dijo a Josafat: «¿No te dije que no profetizaría lo bueno acerca de mí, sino lo malo?». **19** Respondió *Micaías:* «Por tanto, escuche la palabra del SEÑOR. Yo vi al SEÑOR sentado en Su trono, y todo el ejército de los cielos estaba junto a Él, a Su derecha y a Su izquierda. **20** Y el SEÑOR dijo: "¿Quién persuadirá a Acab para que suba y caiga en Ramot de Galaad?". Y uno decía de una manera, y otro de otra. **21** Entonces un espíritu se adelantó, y se puso delante del SEÑOR, y dijo: "Yo lo persuadiré". **22** El SEÑOR le preguntó: "¿Cómo?". Y él respondió: "Saldré y seré espíritu de mentira en boca de todos sus profetas". Entonces Él dijo: *Lo persuadirás y también prevalecerás. Ve y hazlo así"*. **23** Y ahora el SEÑOR ya ha puesto un espíritu de mentira en boca de todos estos sus profetas; pues el SEÑOR ha decretado el mal contra usted».

24 Entonces se acercó Sedequías, hijo de Quenaana, y golpeó a Micaías en la mejilla y dijo: «¿Cómo es que el Espíritu del SEÑOR pasó de mí para hablarte a ti?». **25** Respondió Micaías: «Tú mismo *lo* verás aquel día en que entres en un aposento interior para esconderte». **26** Entonces el rey de Israel dijo: «Toma a Micaías y llévaselo a Amón, gobernador de la ciudad, y a Joás, hijo del rey, **27** y dile: "Así dice el rey: 'Echen a este a la cárcel, y aliméntenlo con poco pan y poca agua¹ hasta que yo vuelva en paz'"». **28** Micaías le respondió: «Si en verdad vuelves en paz, el SEÑOR no ha hablado por mí». Y añadió: «Oigan, pueblos todos».

29 El rey de Israel y Josafat, rey de Judá, subieron contra Ramot de Galaad. **30** Y el rey de Israel dijo a Josafat: «Yo me disfrazaré para entrar en la batalla, pero tú ponte tus ropas *reales*». El rey de Israel se disfrazó y entró en la batalla. **31** Pero el rey de Aram había ordenado a los treinta y dos capitanes de sus carros, diciendo: «No peleen contra chico ni contra grande, sino solo contra el rey de Israel». **32** Cuando los capitanes de los carros vieron a Josafat, dijeron: «Ciertamente

22:27 ¹ Lit. *con pan de aflicción y agua de aflicción.*

22:15
Micaías coincidió con los falsos profetas
De manera sarcástica, Micaías imitó a los falsos profetas y se burló de Acab. Ni siquiera Acab pudo creer en sus palabras.

22:20-22
Dios usó las mentiras de los profetas
Dios no aprueba la mentira, pero permitió que los cuatrocientos profetas mintieran para que se cumpliera su plan. Micaías denunció las mentiras de esos profetas. Dios le dio a Acab a elegir: creer las mentiras o creer la verdad.

22:30
Por qué Acab se disfrazó
Él estaba evitando convertirse en un blanco. En las guerras de la antigüedad, si un líder era asesinado o capturado, su ejército se venía abajo. Además, Acab estaba tratando de impedir que se cumpliera la predicción de Micaías acerca de su muerte.

este es el rey de Israel», y se desviaron para pelear contra él, pero Josafat gritó. 33 Al ver los capitanes de los carros que no era el rey de Israel, dejaron de perseguirlo.

MUERTE DE ACAB

34 Un hombre disparó su arco al azar e hirió al rey de Israel por entre la juntura de la armadura. Y él dijo a su cochero: «Da la vuelta¹ y sácame de la batalla, pues estoy gravemente herido». 35 Pero la batalla arreció aquel día, y el rey fue sostenido en su carro frente a los arameos y al atardecer murió. La sangre de la herida corría hasta el fondo del carro. 36 A la puesta del sol, pasó un grito por el ejército que decía: «Cada hombre a su ciudad y cada uno a su tierra».

37 Pues el rey había muerto. Y fue llevado a Samaria, y sepultaron al rey en Samaria. 38 Lavaron el carro junto al estanque de Samaria y los perros lamieron su sangre (y *allí* se bañaban las rameras), conforme a la palabra que el SEÑOR había hablado. 39 Los demás hechos de Acab y todo lo que hizo, la casa de marfil que edificó y todas las ciudades que edificó, ¿no están escritos en el libro de las Crónicas de los reyes de Israel? 40 Durmió, pues, Acab con sus padres; y su hijo Ocozías reinó en su lugar.

REINADOS DE JOSAFAT Y OCOZÍAS

41 Josafat, hijo de Asa, comenzó a reinar sobre Judá en el cuarto año de Acab, rey de Israel. 42 Josafat *tenía* treinta y cinco años cuando comenzó a reinar, y reinó veinticinco años en Jerusalén. El nombre de su madre *era* Azuba, hija de Silhi. 43 Anduvo en todo el camino de su padre Asa; no se desvió de él, haciendo lo recto ante los ojos del SEÑOR. Sin embargo, los lugares altos no fueron quitados; todavía el pueblo sacrificaba y quemaba incienso en los lugares altos. 44 También Josafat hizo la paz con el rey de Israel.

45 Los demás hechos de Josafat, el poderío que mostró y cómo peleó en las guerras, ¿no están escritos en el libro de las Crónicas de los reyes de Judá? 46 Y echó fuera de la tierra al resto de los sodomitas que habían quedado desde los días de su padre Asa. 47 No había entonces ningún rey en Edom; había gobernador *en lugar de* rey. 48 Josafat se construyó naves de Tarsis para ir a Ofir por oro, pero no fueron porque las naves se rompieron en Ezión Geber. 49 Entonces Ocozías, hijo de Acab, dijo a Josafat: «Permite que mis siervos vayan con tus siervos en las naves». Pero Josafat no quiso. 50 Josafat durmió con sus padres y fue sepultado con ellos en la ciudad de su padre David; y su hijo Joram reinó en su lugar.

51 Ocozías, hijo de Acab, comenzó a reinar sobre Israel en Samaria en el año diecisiete de Josafat, rey de Judá, y reinó dos años sobre Israel. 52 Pero hizo lo malo ante los ojos del SEÑOR, y anduvo en el camino de su padre, en el camino de su madre y en el camino de Jeroboam, hijo de Nabat, el que hizo pecar a Israel. 53 Sirvió, pues, a Baal y lo adoró, y provocó a ira al SEÑOR, Dios de Israel, conforme a todo lo que había hecho su padre.

22:34 ¹ Lit. *Vuelve tu mano.*

22:34-35
Acab se quedó en la batalla

Acab probablemente sabía que esta herida lo mataría. Él recibió suficiente ayuda como para poder continuar montando su carro y motivar a sus soldados durante la batalla que se extendió todo el día.

22:52-53
El destino de Ocozías

Ocozías se cayó y se lesionó, por lo cual permaneció en cama por el resto de su vida. Elías reveló que esto era un castigo por su idolatría (ver 2 Reyes 1). Ocozías no dejó heredero, como Elías había profetizado (21:21)

2 Reyes

¿QUIÉN ESCRIBIÓ ESTE LIBRO?

Se desconoce el autor.

¿POR QUÉ SE ESCRIBIÓ ESTE LIBRO?

El libro 2 Reyes muestra por qué Dios finalmente echó al pueblo de Israel y Judá de la tierra prometida.

¿QUÉ OCURRE EN ESTE LIBRO?

El libro cuenta las historias de muchos reyes de Judá e Israel.

¿QUÉ APRENDEMOS ACERCA DE DIOS EN ESTE LIBRO?

Dios es muy paciente, pero castigará a su pueblo si ellos continúan desobedeciéndolo.

¿QUIÉNES SON LOS PERSONAJES PRINCIPALES DE ESTE LIBRO?

Las personas más importantes del libro son Eliseo, Joás, Ezequías y Josías.

¿DÓNDE SUCEDIERON ESTAS COSAS?

Estas historias trascurren en Israel y Judá.

¿CUÁLES SON ALGUNAS DE LAS HISTORIAS DE ESTE LIBRO?

Elías asciende al cielo	2 Reyes 2
Naamán es sanado de la lepra	2 Reyes 5
Jehú mata a la familia de Acab	2 Reyes 9—10
Joás repara el templo	2 Reyes 12
Israel es llevado cautivo	2 Reyes 17
Jerusalén es amenazada	2 Reyes 18
Jerusalén es salvada	2 Reyes 19
Josías lee el libro de Dios	2 Reyes 22
Jerusalén es destruida	2 Reyes 25

La antigua Asiria y Babilonia estaban en las regiones que hoy son parte de los países de Siria (arriba), Irak (medio) y Turquía (abajo).
Dominio público

MUERTE DE OCOZÍAS

1 Después de la muerte de Acab, Moab se rebeló contra Israel. **2** En Samaria, Ocozías se cayó por la ventana de su aposento alto, y se enfermó. Entonces envió mensajeros diciéndoles: «Vayan, consulten a Baal Zebub, dios de Ecrón, si he de sanar de esta enfermedad». **3** Pero el ángel del SEÑOR dijo a Elías el tisbita: «Levántate, sube al encuentro de los mensajeros del rey de Samaria y diles: "¿Acaso no hay Dios en Israel para que ustedes vayan a consultar a Baal Zebub, dios de Ecrón?". **4** Por tanto, así dice el SEÑOR: "No te levantarás del lecho donde te has acostado, sino que ciertamente morirás"». Entonces Elías se fue.

5 Cuando los mensajeros volvieron al rey[1], este les dijo: «¿Por qué han vuelto[2]?». **6** Ellos le respondieron: «Un hombre vino a nuestro encuentro y nos dijo: "Vayan, vuelvan al rey que los envió, y díganle: 'Así dice el SEÑOR: "¿Acaso no hay Dios en Israel para que envíes a consultar a Baal Zebub, dios de Ecrón? Por tanto, no te levantarás del lecho donde te has acostado, sino que ciertamente morirás"'"». **7** Y él rey les preguntó: «¿Qué aspecto tenía el hombre que subió al encuentro de ustedes y les habló estas palabras?». **8** «*Era* un hombre cubierto de pelo, con un cinturón de cuero ceñido a sus lomos», respondieron ellos. «Es Elías el tisbita», dijo el rey.

9 Entonces el rey envió un capitán de cincuenta con sus cincuenta *hombres* a buscarlo. El capitán subió a él, y allí estaba *Elías* sentado en la cumbre del monte, y le dijo: «Hombre de Dios, el rey dice: "Desciende"». **10** Elías respondió al capitán de cincuenta: «Si yo soy hombre de Dios, que descienda fuego del cielo y te consuma a ti y a tus cincuenta». Entonces descendió fuego del cielo, y lo consumió a él y a sus cincuenta.

11 De nuevo el rey envió a él otro capitán de cincuenta con sus cincuenta que *le* habló: «Hombre de Dios, así dice el rey: "Desciende inmediatamente"». **12** «Si yo soy hombre de Dios», respondió Elías, «que descienda fuego del cielo y te consuma a ti y a tus cincuenta». Entonces el fuego de Dios descendió del cielo y lo consumió a él y a sus cincuenta.

13 De nuevo el rey le envió al tercer capitán de cincuenta con sus cincuenta. Cuando el tercer capitán de cincuenta subió, vino y se postró de rodillas delante de Elías y le rogó, diciéndole: «Hombre de Dios, le ruego que mi vida[1] y la vida[1] de estos cincuenta siervos suyos sean de valor ante sus ojos. **14** Ya que ha descendido fuego del cielo y ha consumido a los dos primeros capitanes de cincuenta con sus cincuenta; pero ahora, sea mi vida preciosa ante sus ojos». **15** Entonces el ángel del SEÑOR dijo a Elías: «Desciende con él y no le tengas miedo». Se levantó Elías y descendió con él a ver al rey, **16** y le dijo: «Así dice el SEÑOR: "Por cuanto has enviado mensajeros a consultar a Baal Zebub, dios de Ecrón (¿acaso no hay Dios en Israel para consultar Su palabra?), por tanto no bajarás del lecho al que has subido, sino que ciertamente morirás"».

17 Ocozías murió conforme a la palabra del SEÑOR que Elías había hablado. Y Joram reinó en su lugar durante el

1:6-15
Ocozías quería capturar a Elías

Muchas personas pensaban que podrían cancelar el poder de una maldición si forzaban a la persona que la pronunció a retractarse o la mataban para que de ese modo la maldición fuera a parar al mundo de los muertos. De manera que el rey Ocozías quería capturar a Elías con la esperanza de revertir la maldición.

1:8
Los profetas usaban ropa extraña

La ropa tosca de Elías era lo contrario a la elegante de los reyes malvados. Es posible que Elías usara ropas incómodas para expresar su tristeza por los pecados de Israel.

1:5 [1] Lit. *a él.*   [2] Lit. *¿Qué es esto,*   1:13 [1] Lit. *alma.*

año segundo de Joram, hijo de Josafat, rey de Judá, porque Ocozías no tenía ningún hijo. **18**Los demás hechos de Ocozías, lo que hizo, ¿no están escritos en el libro de las Crónicas de los reyes de Israel?

ELISEO SUCESOR DE ELÍAS

2 Y sucedió que cuando el SEÑOR iba a llevarse a Elías al cielo en un torbellino, Elías venía de Gilgal con Eliseo. **2**Y Elías le dijo a Eliseo: «Te ruego que te quedes aquí, porque el SEÑOR me ha enviado hasta Betel¹». Pero Eliseo le dijo: «Vive el SEÑOR y vive tu alma, que no me apartaré de ti». Así que ambos descendieron a Betel.

3Entonces los hijos de los profetas que *estaban en* Betel salieron al *encuentro de* Eliseo y le dijeron: «¿Sabes que hoy el SEÑOR va a quitarte a tu señor¹?». Y él dijo: «Sí, yo lo sé; cállense». **4**Elías entonces le dijo: «Eliseo, te ruego que te quedes aquí, porque el SEÑOR me ha enviado a Jericó». Pero él dijo: «Vive el SEÑOR y vive tu alma, que no me apartaré de ti». Y fueron juntos a Jericó. **5**También los hijos de los profetas que *estaban* en Jericó se acercaron a Eliseo y le dijeron: «¿Sabes que hoy el SEÑOR va a quitarte a tu señor¹?». Y él respondió: «Sí, yo lo sé; cállense». **6**Entonces Elías le dijo: «Te ruego que te quedes aquí, porque el SEÑOR me ha enviado al Jordán». Pero Eliseo dijo: «Vive el SEÑOR y vive tu alma, que no me apartaré de ti». Y los dos siguieron caminando.

7Y cincuenta hombres de los hijos de los profetas fueron y se pararon frente *a ellos,* a lo lejos, mientras ellos dos se detuvieron junto al Jordán. **8**Entonces Elías tomó su manto, lo dobló y golpeó las aguas, y *estas* se dividieron a uno y a otro lado, y los dos pasaron por tierra seca. **9**Cuando *ya* habían pasado, Elías le dijo a Eliseo: «Pide lo *que quieras* que yo haga por ti antes de que yo sea separado de ti». Y Eliseo le respondió: «Te ruego que una doble porción de tu espíritu sea sobre mí». **10**Elías le dijo: «Has pedido una cosa difícil. *Sin embargo,* si me ves cuando sea llevado de tu lado, así te sucederá; pero si no, no será *así.*»

11Mientras ellos iban andando y hablando, de pronto, *apareció* un carro de fuego y caballos de fuego que separó a los dos. Y Elías subió al cielo en un torbellino. **12**Eliseo *lo* vio y clamó: «Padre mío, padre mío, los carros de Israel y su gente de a caballo». Y no lo vio más. Entonces tomó sus vestidos y los rasgó en dos pedazos. **13**También recogió el manto de Elías que se le había caído, y regresó y se paró a la orilla del Jordán. **14**Y tomando el manto de Elías que se le había caído, golpeó las aguas, y dijo: «¿Dónde está el SEÑOR, el Dios de Elías?». Y cuando él golpeó también las aguas, estas¹ se dividieron a uno y a otro lado, y Eliseo pasó.

2:3-5
Los hijos de los profetas
A partir de Samuel, los profetas se reunían en grupos que a veces se conocían como escuelas de profetas o la comunidad de los profetas. Los más ancianos les enseñaban a los más jóvenes acerca de la voluntad de Dios.

2:9
La petición de Eliseo
Eliseo usó palabras de las leyes sobre la herencia para mostrar que quería llevar adelante el ministerio de Elías. En una herencia, una doble porción de las posesiones del padre era para el primer hijo.

2:11
Un carro y caballos de fuego
Probablemente estos eran ángeles de Dios. La palabra *fuego* puede significar resplandeciente. Los torbellinos y el fuego se asocian con el poder y la presencia de Dios. Al igual que Enoc, Elías fue llevado al cielo sin haber muerto. (Ver Génesis 5:24).

Dominio público

---

15 Cuando lo vieron los hijos de los profetas que *estaban* en Jericó frente a *él*, dijeron: «El espíritu de Elías reposa sobre Eliseo». Entonces fueron a su encuentro y se postraron ante él, **16** y le dijeron: «Aquí entre tus siervos hay cincuenta hombres fuertes; te rogamos que los dejes ir a buscar a tu señor; tal vez el Espíritu del SEÑOR lo ha levantado y lo ha echado en algún monte o en algún valle». Y él dijo: «No *los* envíen». **17** Pero cuando le insistieron hasta la saciedad, dijo: «Envíen*los*». Entonces enviaron cincuenta hombres; y buscaron durante tres días, pero no lo hallaron. **18** Volvieron a Eliseo que se había quedado en Jericó, y él les dijo: «¿No les dije: "No vayan"?».

19 Entonces los hombres de la ciudad dijeron a Eliseo: «El emplazamiento de esta ciudad es bueno, como mi señor ve, pero el agua es mala y la tierra estéril». **20** Y él dijo: «Tráiganme una vasija nueva, y pongan sal en ella». Y se *la* trajeron. **21** Eliseo fue al manantial de las aguas, echó sal en él, y dijo: «Así dice el SEÑOR: "He purificado¹ estas aguas; de allí no saldrá² más muerte ni esterilidad"». **22** Y las aguas han quedado purificadas¹ hasta hoy, conforme a la palabra que habló Eliseo.

23 Después subió de allí a Betel¹; y mientras subía por el camino, unos muchachos salieron de la ciudad y se burlaban de él, diciéndole: «¡Sube, calvo; sube, calvo!». **24** Cuando él miró hacia atrás y los vio, los maldijo en el nombre del SEÑOR. Entonces salieron dos osas del bosque y despedazaron de ellos a cuarenta y dos muchachos. **25** De allí, Eliseo fue al monte Carmelo, y desde allí regresó a Samaria.

REBELIÓN Y DERROTA DE MOAB

3 Joram, hijo de Acab, comenzó a reinar sobre Israel en Samaria en el año dieciocho de Josafat, rey de Judá; y reinó doce años. **2** Hizo lo malo ante los ojos del SEÑOR, aunque no como su padre y su madre, pues quitó el pilar *sagrado* de Baal que su padre había hecho. **3** Sin embargo, se aferró a los pecados de Jeroboam, hijo de Nabat, *con* los que hizo pecar a Israel, y no se apartó de ellos.

4 Y Mesa, rey de Moab, era criador de ovejas, y pagaba al rey de Israel 100,000 corderos y la lana de 100,000 carneros. **5** Pero cuando Acab murió, el rey de Moab se rebeló contra el rey de Israel. **6** Y aquel mismo día el rey Joram salió de Samaria y alistó a todo Israel. **7** Y fue y envió *palabra* a Josafat, rey de Judá, diciendo: «El rey de Moab se ha rebelado contra mí. ¿Irás conmigo a pelear contra Moab?». Y él respondió: «Subiré. Yo soy como tú, mi pueblo como tu pueblo, mis caballos como tus caballos». **8** Y le preguntó: «¿Por qué camino subiremos?». Y Joram respondió: «Por el camino del desierto de Edom».

9 Entonces el rey de Israel fue con el rey de Judá y el rey de Edom; y después de dar un rodeo de siete días de camino, no había agua para el ejército ni para los animales que los seguían. **10** Así que el rey de Israel dijo: «¡Ah! Porque el SEÑOR ha llamado a estos tres reyes para entregarlos en manos de

2:21
Eliseo echó sal en un manantial
Dios usó a Eliseo para purificar el agua. La vasija nueva dedicada al Señor y la sal eran símbolos de purificación y santidad.

2:23
Llamar a alguien «calvo»
La calvicie era poco frecuente, y era vista como algo malo. Por el contrario, el cabello largo y espeso era una señal de fuerza. Al señalar la calvicie de Eliseo, estos jóvenes le estaban faltando el respeto y se estaban burlando del representante del Señor.

3:2
El pilar sagrado de Baal
Acab, el padre de Joram, creó una imagen esculpida dedicada a Baal (1 Reyes 16:32-33). Aunque Joram se deshizo de ella, no fue destruida hasta que los hombres de Jehú la quemaron (10:26-27).

3:10
Joram culpa a Dios por sus problemas
Los tres reyes no oraron ni consultaron a un profeta para pedir consejo hasta después que estaban en graves problemas. Por lo tanto, aunque Joram era el que había planeado la expedición, trató de culpar a Dios.

2:21 ¹ Lit. *sanado*.　² Lit. *habrá*.　2:22 ¹ Lit. *sanas*.　2:23 ¹ I.e. Casa de Dios.

Moab». **11** Pero Josafat dijo: «¿No hay aquí un profeta del SEÑOR para que consultemos al SEÑOR por medio de él?». Y uno de los siervos del rey de Israel respondió: «Aquí está Eliseo, hijo de Safat, el que vertía agua en las manos de Elías». **12** Y Josafat dijo: «La palabra del SEÑOR está con él». Así que el rey de Israel y Josafat y el rey de Edom fueron adonde estaba Eliseo.

13 Entonces Eliseo dijo al rey de Israel: «¿Qué tengo que ver con usted? Vaya a los profetas de su padre y a los profetas de su madre». Y el rey de Israel le dijo: «No, porque el SEÑOR ha llamado a estos tres reyes para entregarlos en mano de Moab». **14** Y Eliseo dijo: «Vive el SEÑOR de los ejércitos, ante quien estoy, que si no fuera por respeto a la presencia de Josafat, rey de Judá, no lo miraría ni lo atendería. **15** Pero tráiganme ahora un músico».

Y sucedió que mientras el músico tocaba, la mano del SEÑOR vino sobre Eliseo, **16** y él dijo: «Así dice el SEÑOR: "Hagan en este valle muchas zanjas". **17** Pues así dice el SEÑOR: "No verán viento, ni verán lluvias; sin embargo ese valle se llenará de agua, y beberán ustedes y sus ganados y sus bestias. **18** Aun esto es poco ante los ojos del SEÑOR; también entregará en manos de ustedes a los moabitas. **19** Ustedes destruirán¹ toda ciudad fortificada y toda ciudad principal, talarán todo árbol bueno, cegarán todas las fuentes de agua y dañarán con piedras todo terreno fértil"». **20** Y aconteció que por la mañana, a la hora de ofrecer el sacrificio, el agua vino por el camino de Edom, y la tierra se llenó de agua.

21 Y todos los moabitas oyeron que los reyes habían subido a pelear contra ellos. Y convocaron a todos, desde los que podían ponerse armadura¹ en adelante, y se colocaron en la frontera. **22** Se levantaron muy de mañana, y cuando el sol brilló sobre el agua, los moabitas vieron el agua frente *a ellos* tan roja como la sangre. **23** Entonces dijeron: «Esto es sangre; sin duda los reyes han peleado entre sí, y se han matado unos a otros. Ahora pues, ¡Moab, al despojo!». **24** Pero cuando llegaron al campamento de Israel, los israelitas se levantaron e hirieron a los moabitas, y *estos* huyeron delante de ellos; y *los israelitas* invadieron el país matando a los moabitas. **25** Destruyeron las ciudades, y cada uno arrojó su piedra en toda parcela de tierra buena, y las llenaron. Cegaron todas las fuentes de agua y talaron todos los árboles buenos, hasta dejar en Kir Hareset *solo* sus piedras; no obstante, los honderos *la* rodearon y la destruyeron¹. **26** Al ver el rey de Moab que la batalla arreciaba contra él, tomó consigo 700 hombres que sacaban espada, para abrir brecha hacia el rey de Edom, pero no pudieron. **27** Entonces tomó a su hijo primogénito que había de reinar en su lugar, y lo ofreció en holocausto sobre la muralla. Y hubo gran ira contra los israelitas, quienes se apartaron de allí y regresaron a *su* tierra.

ELISEO Y LA VIUDA

4 Y una mujer de las mujeres de los hijos de los profetas clamó a Eliseo, diciendo: «Su siervo, mi marido, ha muerto, y usted sabe que su siervo temía al SEÑOR; y ha venido

3:20
Milagro de agua
Era habitual que los cauces secos de los ríos se convirtieran en arroyos después de un chaparrón. La tormenta trajo fuertes lluvias a las montañas de Edom, al sur de Moab, y el agua fluyó hacia el norte a través del valle seco que se inclinaba hacia el mar Muerto.

3:25
Por qué los ejércitos destruyeron la tierra de Moab
Los soldados querían frenar la habilidad de los moabitas para cultivar la tierra. Le llevaría años a Moab recuperarse de la pérdida de las cosechas y la comida. El Señor usó a los ejércitos para combatir la maldad de Moab.

3:19 ¹ Lit. *herirán*.   3:21 ¹ Lit. *ceñirse con cinturón*.   3:25 ¹ Lit. *hirieron*.

el acreedor a tomar a mis dos hijos para esclavos suyos». **2** Y Eliseo le dijo: «¿Qué puedo hacer por ti? Dime qué tienes en casa». Y ella respondió: «Su sierva no tiene en casa más que una vasija de aceite».

3 Entonces Eliseo le dijo: «Ve, pide vasijas prestadas por todas partes de todos tus vecinos, vasijas vacías; no pidas pocas. **4** Luego entra y cierra la puerta detrás de ti y de tus hijos y echa *el aceite* en todas estas vasijas, poniendo aparte las que estén llenas». **5** Y ella se fue de su lado, y cerró la puerta tras sí y de sus hijos; y ellos traían *las vasijas* y ella echaba *el aceite*. **6** Cuando las vasijas estuvieron llenas, ella dijo a un hijo suyo: «Tráeme otra vasija». Y él le dijo: «No hay más vasijas». Y cesó el aceite. **7** Entonces ella fue y se lo contó al hombre de Dios. Y él *le* dijo: «Ve, vende el aceite y paga tu deuda, y tú *y* tus hijos pueden vivir de lo que quede».

ELISEO Y LA SUNAMITA

8 Un día pasaba Eliseo por Sunem, donde había una mujer distinguida, y ella lo persuadió a que comiera. Y sucedía que siempre que pasaba, entraba allí a comer. **9** Y ella dijo a su marido: «Ahora entiendo que este que siempre pasa por nuestra *casa*, es un santo hombre de Dios. **10** Te ruego que hagamos un pequeño aposento alto, con paredes, y pongamos allí para él una cama, una mesa, una silla y un candelero; y cuando venga a nosotros, se podrá retirar allí».

11 Y un día que Eliseo vino por allí, se retiró al aposento alto y allí se acostó. **12** Después dijo a Giezi su criado: «Llama a esta sunamita». Y cuando la llamó, ella se presentó delante de él. **13** Entonces Eliseo le dijo *a Giezi:* «Dile ahora: "Ya que te has preocupado por nosotros con todo este cuidado[1], ¿qué puedo hacer por ti? ¿Quieres que hable por ti al rey o al jefe del ejército?"». Y ella respondió: «Yo vivo en medio de mi pueblo[2]». **14** Eliseo entonces preguntó: «¿Qué, pues, se puede hacer por ella?». Y Giezi respondió: «En verdad ella no tiene ningún hijo y su marido es viejo». **15** Y Eliseo dijo: «Llámala». Cuando él la llamó, ella se detuvo a la entrada. **16** Entonces Eliseo *le* dijo: «Por este tiempo, el año que viene[1], abrazarás un hijo». Y ella dijo: «No, señor mío, hombre de Dios, no engañe usted a su sierva». **17** Pero la mujer concibió y dio a luz un hijo al año siguiente en el[1] tiempo que Eliseo le había dicho.

18 Cuando el niño creció, llegó el día en que salió al campo adonde estaba su padre con los segadores, **19** y dijo a su padre: «¡Ay, mi cabeza, mi cabeza!». Y el padre dijo a un criado: «Llévalo a su madre». **20** Y tomándolo, el criado lo llevó a su madre, y el niño estuvo sentado en sus rodillas hasta el mediodía, y murió. **21** Entonces ella subió y lo puso sobre la cama del hombre de Dios, cerró *la puerta*, y salió. **22** Luego llamó a su marido y *le* dijo: «Te ruego que me envíes uno de

4:1-7
Dios ayudó a la viuda
El milagro demostraba la misericordia y la gracia de Dios. La viuda tenía fe en Dios y obedeció las instrucciones del profeta, aunque no sabía qué sucedería. Dios la recompensó por su obediencia.

4:13 [1] Lit. *temor.*   [2] Lit. *mis parientes.*   **4:16** [1] Lit. *cuando el tiempo reviva.*
4:17 [1] Lit. *cuando el tiempo revivió en este.*

los criados y una de las asnas, para que yo vaya corriendo al hombre de Dios y regrese». **23** Y él dijo: «¿Por qué vas hoy a él? No es luna nueva ni día de reposo». Y ella respondió: «Quédate en paz».

24 Entonces ella aparejó el asna y dijo a su criado: «Arrea[1] y anda; no detengas el paso[2] por mí a menos que yo te lo diga». **25** Y ella fue y llegó al hombre de Dios en el monte Carmelo. Cuando el hombre de Dios la vio a lo lejos, dijo a Giezi su criado: «Mira, allá viene la sunamita. **26** Te ruego que corras ahora a su encuentro y le digas: "¿Te va bien a ti? ¿Le va bien a tu marido? ¿Le va bien al niño?"». Y ella respondió: «*Estamos* bien». **27** Pero cuando ella llegó al monte, al hombre de Dios, se abrazó de sus pies. Y Giezi se acercó para apartarla, pero el hombre de Dios dijo: «Déjala, porque su alma está angustiada y el SEÑOR me lo ha ocultado y no me lo ha revelado». **28** Entonces ella dijo: «¿Acaso pedí un hijo a mi señor? ¿No dije: "No me engañe usted?"».

29 Entonces Eliseo dijo a Giezi: «Prepárate, toma mi báculo en tu mano, y vete. Si encuentras a alguien, no lo saludes, y si alguien te saluda, no le respondas, y pon mi báculo sobre el rostro del niño». **30** Y la madre del niño dijo: «Vive el SEÑOR y vive su alma, que no me apartaré de usted». Entonces Eliseo se levantó y la siguió. **31** Y Giezi se adelantó a ellos y puso el báculo sobre el rostro del niño, pero no hubo voz ni reacción[1]. Así que volvió para encontrar a Eliseo, y le dijo: «El niño no ha despertado».

32 Cuando Eliseo entró en la casa, el niño ya estaba muerto, tendido sobre su cama. **33** Y entrando, cerró la puerta tras ambos y oró al SEÑOR. **34** Entonces subió y se acostó sobre el niño, y puso la boca sobre su boca, los ojos sobre sus ojos y las manos sobre sus manos, y se tendió sobre él; y la carne del niño entró en calor. **35** Entonces Eliseo volvió y caminó por la casa de un lado para otro, y subió y se tendió sobre él; y el niño estornudó siete veces y abrió sus ojos. **36** Eliseo llamó a Giezi y *le* dijo: «Llama a la sunamita». Y él la llamó. Cuando ella vino a Eliseo, él le dijo: «Toma a tu hijo». **37** Entonces ella entró, cayó a sus pies y se postró en tierra, y tomando a su hijo, salió.

OTROS MILAGROS DE ELISEO

38 Cuando Eliseo regresó a Gilgal, había hambre en la tierra. Estando sentados los hijos de los profetas delante de él, dijo a su criado: «Pon la olla grande y prepara un potaje para los hijos de los profetas». **39** Entonces uno *de ellos* salió al campo a recoger hierbas, y encontró una viña silvestre y de ella llenó su manto de calabazas silvestres, y vino y las cortó en pedazos en la olla de potaje, porque no sabía *lo que eran.* **40** Y *lo* sirvieron para que los hombres comieran. Y sucedió que cuando comían el potaje, clamaron y dijeron: «¡Oh hombre de Dios, hay muerte en la olla!». Y no pudieron comer. **41** Pero Eliseo les dijo: «Tráiganme harina». Y la echó en la olla, y dijo: «Sírvanlo a la gente para que coman». Y *ya* no había nada malo en la olla.

4:26
La mujer no le dijo a Giezi que el hijo de ella había muerto
Ella sabía que Giezi no podía resolver el problema. Necesitaba hablar con Eliseo. Él era quien le había prometido que tendría un hijo, así que lo fue a ver cuando su hijo murió.

4:39-40
El potaje malo
Quizás las calabazas de la planta desconocida sabían demasiado amargas al gusto o eran venenosas. Sin embargo, Eliseo hizo un milagro al echar algo de harina en la olla y hacer que el potaje fuera seguro para comer.

4:24 [1] O *Guía.*   [2] Lit. *el cabalgar.*   4:31 [1] Lit. *atención.*

⁴²Y vino un hombre de Baal Salisa y trajo al hombre de Dios panes de primicias, veinte panes de cebada y espigas de grano nuevo en su bolsa. Y él dijo: «Dá*selos* a la gente para que coman». ⁴³Su sirviente le dijo: «¿Cómo pondré esto delante de cien hombres?». Pero él respondió: «Dá*selos* a la gente para que coman, porque así dice el SEÑOR: "Comerán y sobrará"». ⁴⁴Y *lo* puso delante de ellos y comieron, y sobró conforme a la palabra del SEÑOR.

ELISEO Y NAAMÁN

5 Naamán, capitán del ejército del rey de Aram, era un gran hombre delante de su señor y tenido en alta estima, porque por medio de él el SEÑOR había dado la victoria¹ a Aram. También el hombre era un guerrero valiente, *pero* leproso. ²Los arameos, que habían salido en bandas, habían tomado cautiva a una muchacha muy joven de la tierra de Israel, y ella estaba al servicio de la mujer de Naamán. ³Y ella dijo a su señora: «¡Ah, si mi señor estuviera con el¹ profeta que está en Samaria! Él entonces lo curaría de su lepra».

⁴Entonces Naamán fue y habló a su señor *el rey* diciéndole: «Esto y esto ha dicho la muchacha que es de la tierra de Israel». ⁵Y el rey de Aram le dijo: «Ve ahora¹, y enviaré una carta al rey de Israel». Y él fue y llevó consigo 340 kilos de plata y 6,000 *siclos* (68.4 kilos) de oro y diez mudas de ropa. ⁶También llevó al rey de Israel la carta que decía: «Y cuando llegue a ti esta carta, *comprenderás* que te he enviado a mi siervo Naamán para que lo cures de su lepra».

⁷Cuando el rey de Israel leyó la carta, rasgó sus vestidos, y dijo: «¿Acaso soy yo Dios, para dar muerte y para dar vida, para que este me mande *a decir* que cure a un hombre de su lepra? Consideren ahora *esto* y vean cómo busca pleito conmigo¹».

⁸Al oír Eliseo, el hombre de Dios, que el rey de Israel había rasgado sus vestidos, envió *aviso* al rey diciéndole: «¿Por qué ha rasgado sus vestidos? Que venga él a mí ahora, y sabrá que hay profeta en Israel». ⁹Vino, pues, Naamán con sus caballos y con su carro, y se paró a la entrada de la casa de Eliseo. ¹⁰Y Eliseo le envió un mensajero, diciendo: «Ve y lávate en el Jordán siete veces, y tu carne se te restaurará y *quedarás* limpio».

¹¹Pero Naamán se enojó, y se fue diciendo: «Yo pensé¹: "Seguramente él vendrá a mí, y se detendrá e invocará el nombre del SEÑOR su Dios, moverá su mano sobre la parte *enferma* y curará la lepra²". ¹²¿No son el Abaná¹ y el Farfar, ríos de Damasco, mejores que todas las aguas de Israel? ¿No pudiera yo lavarme en ellos y ser limpio?». Y dio la vuelta, y se fue enfurecido. ¹³Pero sus siervos se le acercaron y le dijeron: «Padre mío, si el profeta le hubiera dicho *que* hiciera *alguna* gran cosa, ¿no *la* hubiera hecho? ¡Cuánto más cuando le dice a usted: "Lávese, y quedará limpio"!». ¹⁴Entonces él bajó y se sumergió siete veces en el Jordán conforme a la palabra del hombre de Dios; y su carne se volvió como la carne de un niño, y quedó limpio.

4:42-44
Alimentación de los cien hombres
Este fue otro milagro: cien hombres comieron con veinte hogazas de pan. Esta es una versión en pequeña escala de los milagros de Jesús cuando alimentó a miles de personas. (Ver Mateo 14:15-21 y 15:32-38).

5:1
Incluso la gente buena se enferma
Cuando Dios usa a las personas para buenos propósitos, no necesariamente les resuelve todos sus problemas. En el caso de Naamán, su enfermedad le mostró que un Dios tan poderoso todo lo puede.

5:10-12
A Naamán no le gustaba el río Jordán
El Jordán tenía un aspecto parecido al lodo y era sucio comparado con los ríos transparentes de la nación de donde venía Naamán. Dios lo estaba probando para ver si él obedecía, aunque no tuviera ganas de hacerlo.

5:1 ¹ O *salvación.*   5:3 ¹ Lit. *delante del.*   5:5 ¹ Lit. *Ve, entra.*   5:7 ¹ Lit. *está buscando ocasión contra mí.*   5:11 ¹ Lit. *dije.*   ² Lit. *al leproso.*
5:12 ¹ Muchos mss. dicen: *Amaná.*

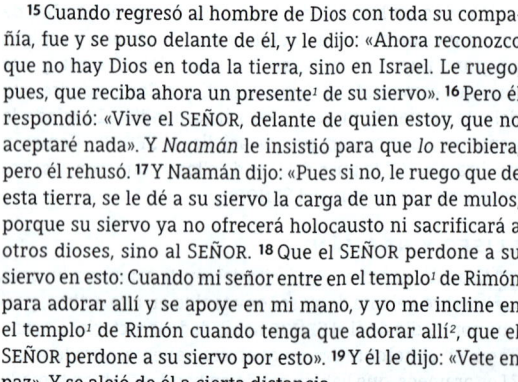

5:17
Naamán quería llevar a su casa tierra de Israel
La gente solía pensar que los dioses necesitaban ser adorados en el suelo de la nación de donde provenía la deidad. Por lo tanto, Naamán quiso adorar a Dios en la tierra de Israel y quería llevársela a casa.

5:23
Naamán le regala plata a Giezi
La plata y el oro se medían por peso, porque la gente no usaba monedas como dinero. Los talentos de plata pesaban alrededor de 64 kilogramos.

5:26
El espíritu de Eliseo fue con Giezi
Aunque él no se había movido de su casa, el don de profecía de Eliseo le permitió saber lo que había hecho Giezi.

6:5
Por qué el trabajador estaba tan preocupado por el hacha
Un hacha de hierro era muy costosa. Si el trabajador no podía comprar otra para reponérsela al dueño, habría tenido que trabajar hasta pagar su deuda.

15 Cuando regresó al hombre de Dios con toda su compañía, fue y se puso delante de él, y le dijo: «Ahora reconozco que no hay Dios en toda la tierra, sino en Israel. Le ruego, pues, que reciba ahora un presente[1] de su siervo». **16** Pero él respondió: «Vive el SEÑOR, delante de quien estoy, que no aceptaré nada». Y *Naamán* le insistió para que *lo* recibiera, pero él rehusó. **17** Y Naamán dijo: «Pues si no, le ruego que de esta tierra, se le dé a su siervo la carga de un par de mulos, porque su siervo ya no ofrecerá holocausto ni sacrificará a otros dioses, sino al SEÑOR. **18** Que el SEÑOR perdone a su siervo en esto: Cuando mi señor entre en el templo[1] de Rimón para adorar allí y se apoye en mi mano, y yo me incline en el templo[1] de Rimón cuando tenga que adorar allí[2], que el SEÑOR perdone a su siervo por esto». **19** Y él le dijo: «Vete en paz». Y se alejó de él a cierta distancia.

20 Pero Giezi, criado de Eliseo, el hombre de Dios, dijo *para sí:* «Puesto que mi señor ha dispensado a este Naamán arameo al no[1] recibir de sus manos lo que él trajo, vive el SEÑOR que correré tras él y tomaré algo de él». **21** Y Giezi siguió a Naamán. Cuando Naamán vio a uno corriendo tras él, bajó de su carro a encontrarlo, y dijo: «¿Está todo bien?». **22** Y él dijo: «Todo está bien. Mi señor me ha enviado, diciendo: "En este mismo momento dos jóvenes de los hijos de los profetas han venido a mí de la región montañosa de Efraín. Te ruego que les des 34 kilos de plata y dos mudas de ropa"». **23** Y Naamán dijo: «Dígnate aceptar 64 kilos». Y le insistió y ató 64 kilos de plata en dos bolsas con dos mudas de ropa, y los entregó a dos de sus criados; y estos *los* llevaron delante de Giezi. **24** Cuando llegó al monte, los tomó de sus manos y los guardó en la casa, luego despidió a los hombres y ellos se fueron. **25** Entonces él entró y se puso delante de su señor. Y Eliseo le dijo: ¿Dónde has estado, Giezi?». Y él respondió: «Tu siervo no ha ido a ninguna parte». **26** Entonces él le dijo: «¿No iba *contigo* mi corazón, cuando el hombre se volvió de su carro para encontrarte? ¿Acaso es tiempo de aceptar dinero y de aceptar ropa, olivares, viñas, ovejas, bueyes, siervos y siervas? **27** Por tanto, la lepra de Naamán se te pegará a ti y a tus descendientes[1] para siempre». Y él salió de su presencia leproso, *blanco* como la nieve.

ELISEO Y EL HACHA PERDIDA

6 Los hijos de los profetas dijeron a Eliseo: «Mire, el lugar en que habitamos con usted[1] es muy estrecho para nosotros. **2** Le rogamos que nos deje ir al Jordán, para que cada uno de nosotros tome de allí una viga, y nos hagamos allí un lugar donde habitar». Y él dijo: «Vayan». **3** Entonces uno dijo: «Le rogamos que consienta ir con sus siervos». Y Eliseo respondió: «Yo iré». **4** Fue, pues, con ellos; y cuando llegaron al Jordán, cortaron árboles. **5** Pero sucedió que cuando uno *de ellos* estaba derribando un tronco, el hierro *del hacha* se le

5:15 [1] Lit. *una bendición.*   5:18 [1] Lit. *casa.*   [2] Lit. *en la casa de Rimón.*
5:20 [1] Lit. *de.*   5:27 [1] Lit. *tu simiente.*   6:1 [1] Lit. *delante de ti.*

cayó al agua; y gritó, y dijo: «¡Ah, señor mío, era prestado!». **6** Entonces el hombre de Dios dijo: «¿Dónde cayó?». Y cuando le mostró el lugar, cortó un palo y *lo* echó allí, e hizo flotar el hierro. **7** Y Eliseo le dijo: «Tómalo». Y el hombre extendió la mano y lo tomó.

ELISEO Y LOS ARAMEOS

8 El rey de Aram estaba en guerra con Israel; y consultó con sus siervos, diciéndoles: «En tal y tal lugar estará mi campamento». **9** Y el hombre de Dios envió *un mensaje* al rey de Israel: «Procura no pasar por tal lugar, porque los arameos van a bajar allí». **10** Entonces el rey de Israel envió *gente* al lugar que el hombre de Dios le había dicho; así que, al prevenirlo él, se cuidó *de ir* allí, *y esto* no una ni dos veces. **11** Y se enfureció el corazón del rey de Aram por este hecho; y llamando a sus siervos, les dijo: «¿No me van a revelar quién de los nuestros está a favor del rey de Israel?». **12** Y uno de sus siervos dijo: «No, rey señor mío, sino que Eliseo, el profeta que está en Israel, le dice al rey de Israel las palabras que tú hablas en el interior de tu alcoba». **13** Y él dijo: «Vayan y vean donde está, y enviaré a prenderlo». Y le avisaron: «Él está en Dotán». **14** Entonces envió allá caballos, carros y un gran ejército; y llegaron de noche y cercaron la ciudad.

15 Y cuando el que servía al hombre de Dios se levantó temprano y salió, vio que un ejército con caballos y carros rodeaba la ciudad. Y su criado le dijo: «¡Ah, señor mío! ¿Qué haremos?». **16** Y él respondió: «No temas, porque los que están con nosotros son más que los que están con ellos». **17** Eliseo entonces oró, y dijo: «Oh SEÑOR, te ruego que abras sus ojos para que vea». Y el SEÑOR abrió los ojos del criado, y miró que el monte estaba lleno de caballos y carros de fuego alrededor de Eliseo.

18 Cuando descendieron hacia él *los* arameos, Eliseo oró al SEÑOR, y dijo: «Te ruego que hieras a esta gente[1] con ceguera». Y Él los hirió con ceguera conforme a la palabra de Eliseo. **19** Entonces Eliseo les dijo: «Este no es el camino, ni es esta la ciudad; síganme y yo los guiaré al hombre que buscan». Y los llevó a Samaria.

20 Cuando llegaron a Samaria, dijo Eliseo: «Oh Señor, abre los ojos de estos para que vean». Y el SEÑOR abrió sus ojos y vieron que estaban en medio de Samaria. **21** Al verlos, el rey de Israel dijo a Eliseo: «¿Los mato, padre mío? ¿Los mato?». **22** Y él respondió: «No *los* mates. ¿Matarías a los que has tomado cautivos con tu espada y con tu arco? Pon delante de ellos pan y agua para que coman y beban y se vuelvan a su señor». **23** Entonces les preparó un gran banquete; y después que comieron y bebieron, los despidió, y se volvieron a su señor. Y las bandas armadas de arameos no volvieron a entrar más en la tierra de Israel.

HAMBRE POR EL SITIO DE SAMARIA

24 Pero aconteció que después de esto, Ben Adad, rey de Aram, reunió a todo su ejército, y subió y sitió a Samaria.

6:21
Por qué el rey le llamó a Eliseo «padre mío»

Esta era una forma de mostrar honor y respeto. El rey reconoció el conocimiento que el profeta tenía de Dios. Del mismo modo, Eliseo le llamó a Elías «padre mío» (2:12).

6:18 [1] Lit. *nación*.

25 Y hubo gran hambre en Samaria. La sitiaron de tal modo que la cabeza de un asno se vendía por¹ ochenta *siclos* (912 gramos) de plata, y medio litro¹ de estiércol de paloma por cinco *siclos* de plata.

26 Pasando el rey de Israel por la muralla, una mujer le gritó, diciendo: «¡Ayúde*me*, oh rey señor mío!». **27** Y él respondió: «Si el SEÑOR no te ayuda, ¿de dónde te podré ayudar? ¿De la era o del lagar?». **28** Y el rey le dijo: «¿Qué te pasa?». Y ella respondió: «Esta mujer me dijo: "Da tu hijo para que lo comamos hoy, y mi hijo lo comeremos mañana". **29** Así que cocimos a mi hijo y nos lo comimos; y al día siguiente, le dije a ella: "Da tu hijo, para que lo comamos"; pero ella ha escondido a su hijo». **30** Cuando el rey oyó las palabras de la mujer, rasgó sus vestidos y como él pasaba por la muralla, la gente miró, y vio que interiormente, llevaba cilicio sobre su cuerpo¹. **31** Entonces él dijo: «Así me haga Dios, y aun me añada, si la cabeza de Eliseo, hijo de Safat, se mantiene sobre sus hombros hoy».

32 Eliseo estaba sentado en su casa, y los ancianos estaban sentados con él. *El rey* envió a un hombre de *los que estaban en* su presencia; pero antes de que el mensajero llegara a Eliseo, *este* dijo a los ancianos: «¿Ven cómo este hijo de asesino ha enviado a cortarme la cabeza? Miren, cuando el mensajero llegue, cierren la puerta y manténganla cerrada contra él¹. ¿No *se* oye tras él el ruido de los pasos de su señor?». **33** Todavía estaba hablando con ellos, cuando el mensajero descendió a él, y le dijo: «Mira, este mal viene del SEÑOR; ¿por qué he de esperar más en el SEÑOR?».

ELISEO PREDICE ABUNDANCIA DE PAN

7 Entonces Eliseo dijo: «Oigan la palabra del SEÑOR. Así dice el SEÑOR: "Mañana como a esta hora en la puerta de Samaria, una medida (7.3 litros) de flor de harina se *venderá* a un siclo (11.4 gramos de plata), y dos medidas de cebada a un siclo"». **2** El oficial real en cuyo brazo se apoyaba el rey, respondió al hombre de Dios, y dijo: «Mira, aunque el SEÑOR hiciera ventanas en los cielos, ¿podría suceder tal cosa?». Entonces *Eliseo* dijo: «Bien, tú lo verás con tus propios ojos, pero no comerás de ello».

3 Había cuatro leprosos a la entrada de la puerta, y se dijeron el uno al otro: «¿Por qué estamos aquí sentados esperando la muerte? **4** Si decimos: "Vamos a entrar en la ciudad", como el hambre está en la ciudad, moriremos allí; y si nos sentamos aquí, también moriremos. Ahora pues, vayamos y pasemos al¹ campamento de los arameos. Si nos perdonan la vida, viviremos; y si nos matan, pues moriremos». **5** Los leprosos se levantaron al anochecer para ir al campamento de los arameos, y cuando llegaron a las afueras del campamento de los arameos, resultó que no había nadie allí. **6** Porque el Señor había hecho que el ejército de los arameos oyera estruendo de carros y ruido de caballos, el estruendo de un gran ejército, de modo que se dijeron el uno al otro: «Ciertamente el rey de Israel ha tomado a sueldo contra

6:30
El rey usaba cilicio debajo de su túnica
El cilicio es una tela rústica y áspera. Usarlo era una señal de tristeza o arrepentimiento. Al esconder el cilicio debajo de su atuendo real, es posible que el rey quisiera mantener un sentido de dignidad delante de su pueblo.

7:3
Los leprosos acampaban fuera de las puertas de la ciudad
Según la ley de Moisés, los leprosos tenían que quedarse fuera de la comunidad para mantener alejadas la enfermedad y la impureza del resto del pueblo. En tiempos normales, los parientes y amigos de la ciudad les hubieran llevado comida a esos leprosos.

nosotros a los reyes de los hititas y a los reyes de los egipcios, para que vengan contra nosotros». **7** Por lo cual se levantaron y huyeron al anochecer, y abandonaron sus tiendas, sus caballos y sus asnos *y* el campamento tal como estaba, y huyeron para *salvar* sus vidas. **8** Cuando los leprosos llegaron a las afueras del campamento, entraron en una tienda y comieron y bebieron, y se llevaron de allí plata y oro y ropas, y fueron y *lo* escondieron; y volvieron y entraron en otra tienda y de allí *también* se llevaron *botín,* y fueron y *lo* escondieron.

9 Entonces se dijeron el uno al otro: «No estamos haciendo bien. Hoy es día de buenas nuevas, pero nosotros estamos callados; si esperamos hasta la luz de la mañana, nos vendrá castigo. Vamos pues, ahora, y entremos a dar la noticia a la casa del rey». **10** Así que fueron y llamaron a los porteros de la ciudad, y les informaron: «Fuimos al campamento de los arameos, y vimos que no había nadie allí, ni siquiera *se oía* voz de hombre; solamente los caballos atados, también los asnos atados y las tiendas intactas». **11** Los porteros de la puerta llamaron, y *lo* anunciaron dentro de la casa del rey. **12** Entonces el rey se levantó de noche y dijo a sus siervos: «Ahora les diré lo que los arameos nos han hecho. Saben que estamos hambrientos; por tanto han salido del campamento para esconderse en el campo, diciendo: "Cuando salgan de la ciudad, los tomaremos vivos y entraremos en la ciudad"».

13 Entonces uno de sus siervos respondió: «Deja que algunos *hombres* tomen cinco de los caballos que quedan, *de los* que quedan en la ciudad. Porque *en todo caso les sucederá* como a toda la multitud de Israel que queda en la ciudad, (como a toda la multitud de Israel que *ya* ha perecido), vamos a enviar*los* y veamos *qué sucede».* **14** Así que tomaron dos carros con caballos, y el rey *los* envió en pos del ejército de los arameos, diciendo: «Vayan y vean». **15** Los siguieron hasta el Jordán, y resultó que todo el camino estaba lleno de vestidos y objetos diferentes que los arameos habían arrojado en su prisa. Entonces los mensajeros volvieron e informaron al rey.

16 Y el pueblo salió y saqueó el campamento de los arameos. Entonces una medida de flor de harina se vendió[1] a un siclo y dos medidas de cebada a un siclo, conforme a la palabra del SEÑOR. **17** El rey había puesto a cargo de la puerta de la ciudad al oficial real en cuyo brazo se apoyaba; pero el pueblo lo atropelló junto a la puerta y murió, tal como había dicho el hombre de Dios, el cual habló cuando el rey descendió a verlo. **18** Aconteció tal como el hombre de Dios había hablado al rey, cuando dijo: «Mañana a estas horas a la puerta de Samaria dos medidas de cebada serán *vendidas* a un siclo y una medida de flor de harina a un siclo». **19** Y el oficial real, había respondido al hombre de Dios, diciendo: «Mira, aunque el SEÑOR hiciera ventanas en los cielos, ¿podría suceder tal cosa?». Y *Eliseo* le dijo: «Bien, tú lo verás con tus propios ojos, pero no comerás de ello». **20** Y así sucedió, porque el pueblo lo atropelló a la puerta, y murió.

7:16 [1] Lit. *era.*

7:7
Por qué los arameos abandonaron sus caballos y asnos
Los arameos pensaban que así sería más fácil escapar. Debido al pánico y a la poca luz, no habría sido nada sencillo enganchar los caballos a los carros o reunir a los asnos.

7:16-20
La historia se repite
El escritor quería enfatizar la forma en que se había cumplido la profecía de Eliseo.

8:1-3
Quién se quedó con la tierra de la mujer
Puede ser que alguien se mudara ilegalmente a su propiedad cuando ella se marchó, o que esta hubiera pasado a ser propiedad del rey porque ella la había abandonado.

8:8
Hazael
Él era el asistente personal del rey de Aram. Llegó a ser rey tras matar a Ben Adad, y cumplió la profecía de Eliseo al derrotar tristemente a Israel y Judá.

DEVOLUCIÓN DE LOS BIENES A LA SUNAMITA

8 Eliseo habló a la mujer, a cuyo hijo él había devuelto la vida, diciéndole: «Levántate y vete, tú y tu casa, y reside donde puedas residir, porque el SEÑOR ha llamado al hambre que vendrá sobre la tierra por siete años». **2** Entonces la mujer se levantó e hizo conforme a la palabra del hombre de Dios, y se fue ella con los de su casa y residió en la tierra de los filisteos siete años.

3 Después de los siete años, la mujer volvió de la tierra de los filisteos; y salió a implorar al rey por su casa y por su campo. **4** El rey estaba hablando con Giezi, criado del hombre de Dios, diciéndole: «Te ruego que me cuentes todas las grandes cosas que ha hecho Eliseo». **5** Mientras él contaba al rey cómo había devuelto la vida a un muerto, en ese momento la mujer a cuyo hijo había devuelto la vida, imploró al rey por su casa y por su campo. Y Giezi dijo: «Oh rey señor mío, esta es la mujer y este es su hijo, al que Eliseo devolvió la vida». **6** Cuando el rey preguntó a la mujer, ella se *lo* contó. Entonces el rey le asignó un oficial, diciendo: «Restáura*le* todo lo que era suyo y todo el fruto del campo desde el día que dejó el país hasta ahora».

ELISEO EN DAMASCO

7 Entonces Eliseo fue a Damasco. Y Ben Adad, rey de Aram, estaba enfermo, y le avisaron: «El hombre de Dios ha venido acá». **8** Y el rey dijo a Hazael: «Toma un presente en tu mano y ve al encuentro del hombre de Dios y consulta al SEÑOR por medio de él, diciendo: "¿Sanaré de esta enfermedad?"».

9 Hazael fue a ver a Eliseo, y tomó un presente en su mano de todo lo bueno de Damasco, la carga de cuarenta camellos; y vino y se puso delante de él y le dijo: «Su hijo Ben Adad, rey de Aram, me ha enviado a usted, a preguntarle: "¿Sanaré de esta enfermedad?"». **10** Entonces Eliseo le dijo: «Ve *y* dile: "Ciertamente usted sanará"; pero el SEÑOR me ha mostrado que ciertamente morirá». **11** Y puso rígido su rostro y fijó *sus ojos en Hazael* hasta que se sintió avergonzado, y el hombre de Dios lloró. **12** Y Hazael dijo: «¿Por qué llora mi señor?». Entonces respondió: «Porque sé el mal que harás a los israelitas: incendiarás sus fortalezas, matarás a espada a sus jóvenes, estrellarás a sus niños y rasgarás *el vientre* a sus mujeres encinta». **13** Entonces Hazael dijo: «Pero, ¿qué es su siervo, *sino* un perro, para que haga tan enorme cosa?». Y Eliseo respondió: «El SEÑOR me ha mostrado que tú serás rey de Aram».

14 Entonces Hazael se alejó de Eliseo y regresó a su señor, quien le dijo: «¿Qué te dijo Eliseo?». Y él respondió: «Me dijo que ciertamente usted sanará». **15** Pero al día siguiente Hazael tomó una colcha, la empapó en agua y se la puso al rey sobre la cara, y murió. Entonces Hazael reinó en su lugar.

REINADOS DE JORAM Y OCOZÍAS

16 En el año quinto de Joram, hijo de Acab, rey de Israel, siendo Josafat rey de Judá, comenzó a reinar Joram, hijo de Josafat, rey de Judá. **17** Tenía treinta y dos años cuando comenzó a reinar, y reinó ocho años en Jerusalén. **18** Y anduvo en el camino de los reyes de Israel, tal como había hecho la casa de Acab (porque la hija de Acab era su mujer); e hizo lo malo ante los ojos del SEÑOR. **19** Sin embargo, el SEÑOR no quiso destruir a Judá por amor a David Su siervo, ya que le había prometido darle una lámpara por medio de sus hijos para siempre.

20 En sus días se rebeló Edom contra el dominio de Judá, y pusieron rey sobre ellos. **21** Entonces pasó Joram a Zair, y todos sus carros con él. Y se levantó de noche y atacó a los edomitas que lo tenían cercado a él y a los jefes de los carros, pero su ejército¹ huyó a sus tiendas. **22** Y Edom se rebeló contra el dominio de Judá, hasta el día de hoy. Entonces Libna se rebeló en ese mismo tiempo. **23** Los demás hechos de Joram y todo lo que hizo, ¿no están escritos en el libro de las Crónicas de los reyes de Judá? **24** Y Joram durmió con sus padres y fue sepultado con ellos en la ciudad de David; y su hijo Ocozías reinó en su lugar.

25 En el año doce de Joram, hijo de Acab, rey de Israel, comenzó a reinar Ocozías, hijo de Joram, rey de Judá. **26** Ocozías *tenía* veintidós años cuando comenzó a reinar, y reinó un año en Jerusalén. El nombre de su madre *era* Atalía, nieta¹ de Omri, rey de Israel. **27** Él también anduvo en el camino de la casa de Acab, e hizo lo malo ante los ojos del SEÑOR, como *había hecho* la casa de Acab, porque era yerno de Acab. **28** Entonces fue con Joram, hijo de Acab, a la guerra contra Hazael, rey de Aram, en Ramot de Galaad; y los arameos hirieron a Joram. **29** Y el rey Joram regresó a Jezreel para ser curado de las heridas que los arameos le habían hecho en Ramot, cuando peleó contra Hazael, rey de Aram. Entonces Ocozías, hijo de Joram, rey de Judá, descendió a Jezreel para visitar a Joram, hijo de Acab, porque estaba enfermo.

JEHÚ REY DE ISRAEL

9 El profeta Eliseo llamó a uno de los hijos de los profetas, y le dijo: «Prepárate, toma este frasco de aceite en tu mano y ve a Ramot de Galaad. **2** Cuando llegues allá, busca a Jehú, hijo de Josafat, hijo de Nimsi. Entra y haz que se levante de entre sus hermanos, y llévalo a un aposento interior. **3** Entonces toma el frasco de aceite, derrámalo sobre su cabeza, y dile: "Así dice el SEÑOR: 'Yo te he ungido rey sobre Israel'". Abre luego la puerta y huye, no esperes».

4 El joven, el siervo del profeta, fue a Ramot de Galaad. **5** Cuando llegó allá los capitanes del ejército estaban sentados, y él dijo: «Capitán, tengo un mensaje para ti». Y Jehú dijo: «¿Para cuál de nosotros?». Y él dijo: «Para ti, capitán». **6** Entonces Jehú se levantó y entró en la casa, y *el joven* derramó el aceite sobre su cabeza y le dijo: «Así dice el SEÑOR, Dios de Israel: "Yo te he ungido rey sobre el pueblo del SEÑOR, sobre Israel. **7** Tú herirás la casa de Acab tu señor, para que Yo cobre venganza por la sangre de Mis siervos los profetas, y la sangre de todos los siervos del SEÑOR *derramada* por mano de Jezabel. **8** Toda la casa de Acab perecerá, y cortaré de Acab todo varón, tanto siervo como libre en Israel. **9** Yo

---

9:3
Por qué le dijeron al joven profeta que huyera
Él ungió a Jehú como el próximo rey. El actual rey Joram vería esto como un acto de traición, un intento de derrocar al gobierno actual. Eliseo le advirtió al joven que huyera para que no fuera capturado y asesinado.

9:11
Llamarle loco al profeta

Los profetas a menudo se vestían de forma inusual y vivían alejados del resto de la sociedad. Este profeta también actuaba de forma extraña. Llegó inesperadamente, atendió sus asuntos en privado y luego huyó.

pondré la casa de Acab como la casa de Jeroboam, hijo de Nabat, y como la casa de Baasa, hijo de Ahías. **10** Los perros se comerán a Jezabel en el campo*ª* de Jezreel, y nadie *la* sepultará"». Entonces abrió la puerta y huyó.

11 Entonces Jehú salió a los siervos de su señor, y *uno* le dijo: «¿Va todo bien? ¿Por qué vino a ti este loco?». Y él les dijo: «Ustedes conocen *bien* al hombre y sus palabras». **12** Y ellos dijeron: «Mentira; cuéntanos ahora». Y él dijo: «Así y así me dijo: "Así dice el SEÑOR: 'Yo te he ungido rey sobre Israel'"».

13 Entonces todos se apresuraron y cada uno tomó su manto y lo puso bajo Jehú sobre los escalones, tocaron la trompeta y dijeron: «Jehú es rey».

MUERTE DE JORAM

14 Y Jehú, hijo de Josafat, hijo de Nimsi, conspiró contra Joram. El rey Joram, con todo Israel, había estado defendiendo a Ramot de Galaad contra Hazael, rey de Aram, **15** pero Joram*ª* había regresado a Jezreel para ser curado de las heridas que los arameos le habían hecho cuando peleó contra Hazael, rey de Aram. Y Jehú dijo: «Si es el deseo de ustedes, que nadie se escape ni salga de la ciudad para ir a anunciar*lo* en Jezreel». **16** Entonces Jehú montó en un carro y fue a Jezreel, porque Joram estaba allí en cama. Y Ocozías, rey de Judá, había descendido para ver a Joram.

17 Y el centinela que estaba en la torre de Jezreel vio la comitiva de Jehú que venía, y dijo: «Veo una comitiva». Y Joram dijo: «Toma un jinete y envíalo a su encuentro, y que diga: "¿Hay paz?"». **18** Fue el jinete a su encuentro, y dijo: «Así dice el rey: "¿Hay paz?"». Y Jehú dijo: «¿Qué tienes tú que ver con la paz? Ponte*ª* detrás de mí». Y el centinela le avisó: «El mensajero llegó hasta ellos, pero no regresó». **19** Entonces envió un segundo jinete, que vino a ellos, y dijo: «Así dice el rey: "¿Hay paz?"». Y Jehú respondió: «¿Qué tienes tú que ver con la paz? Ponte detrás de mí». **20** El centinela le avisó de nuevo: «Él llegó hasta ellos, y no regresó; y el *modo de* guiar es como el guiar de Jehú, hijo de Nimsi, porque guía alocadamente».

21 Entonces Joram dijo: «Preparen el carro». Y prepararon su carro. Y salieron Joram, rey de Israel, y Ocozías, rey de Judá, cada uno en su carro, y fueron al encuentro de Jehú, y lo hallaron en el campo de Nabot de Jezreel. **22** Cuando Joram vio a Jehú, dijo: «¿Hay paz, Jehú?». Y él respondió: «¿Qué paz, mientras sean tantas las prostituciones de tu madre Jezabel y sus hechicerías?».

23 Pero Joram volvió las riendas*ª* para huir, y dijo a Ocozías: «¡Traición, Ocozías!». **24** Pero Jehú entesó su arco con toda su fuerza e hirió a Joram en la espalda; y la flecha salió por su corazón y se desplomó en su carro. **25** Entonces *Jehú* dijo a su oficial Bidcar: «Tóma*lo* y tíralo en la porción del campo de Nabot de Jezreel, pues recuerdo cuando tú y yo íbamos juntos montados detrás de su padre Acab, que el SEÑOR pronunció esta sentencia contra él: **26** "Ayer ciertamente he visto

9:10 *ª* Lit. *la parcela.*   9:15 *ª* Heb. *Jehoram,* aquí y en el resto del cap. excepto en los vers. 16 y 29.   9:18 *ª* Lit. *Vuelve.*   9:23 *ª* Lit. *manos.*

la sangre de Nabot y la sangre de sus hijos", declaró el SEÑOR, "y te recompensaré en este campo", declaró el SEÑOR. Ahora pues, tómalo y tíralo en el campo, conforme a la palabra del SEÑOR».

²⁷ Cuando Ocozías, rey de Judá, vio *esto,* huyó por el camino de la casa del huerto. Y Jehú lo persiguió y dijo: «Mátenlo a él también en el carro». *Y lo hirieron* en la subida de Gur, que está en Ibleam. Y huyó a Meguido, y allí murió. ²⁸ Entonces sus siervos lo llevaron en carro a Jerusalén, y lo sepultaron en su sepulcro con sus padres en la ciudad de David.

²⁹ En el año once de Joram, hijo de Acab, Ocozías había comenzado a reinar sobre Judá.

³⁰ Y llegó Jehú a Jezreel, y cuando Jezabel *lo* oyó, se pintó los ojos, adornó su cabeza y se asomó por la ventana. ³¹ Cuando Jehú entraba por la puerta, ella dijo: «¿Le va bien a Zimri, asesino de tu señor?». ³² Entonces Jehú alzó su rostro hacia la ventana y dijo: «¿Quién está conmigo? ¿Quién?». Y dos o tres oficiales se asomaron desde arriba. ³³ Y Jehú les dijo: «Échenla abajo». Y la echaron abajo y parte de su sangre salpicó la pared y los caballos, y él la pisoteó. ³⁴ Cuando él entró, comió y bebió; entonces dijo: «Encárguense ahora de esta maldita y entiérrenla, pues es hija de rey».

³⁵ Cuando fueron a enterrarla, no encontraron de ella más que el cráneo, los pies y las palmas de sus manos. ³⁶ Entonces, volvieron y se lo hicieron saber. Entonces Jehú dijo: «Esta es la palabra que el SEÑOR habló por medio de Su siervo Elías el tisbita: "En la parcela de Jezreel los perros comerán la carne de Jezabel; ³⁷ y el cadáver de Jezabel será como estiércol sobre la superficie del campo en la parcela de Jezreel, para que no puedan decir: 'Esta es Jezabel'"».

REINADO DE JEHÚ

10 Acab tenía setenta hijos en Samaria. Y Jehú escribió cartas y *las* envió a Samaria, a los príncipes de Jezreel, a los ancianos y a los preceptores *de los hijos* de Acab, diciendo: ² «Ahora, cuando esta carta llegue a ustedes, como los hijos de su señor están con ustedes, así como también los carros y los caballos y una ciudad fortificada y las armas, ³ escojan al mejor y más capaz¹ de entre los hijos de su señor, y pónganlo en el trono de su padre, y luchen por la casa de su señor». ⁴ Pero ellos temieron en gran manera y dijeron: «Si los dos reyes no pudieron sostenerse delante de él; ¿cómo, pues, podremos sostenernos nosotros?». ⁵ Y el que *estaba* a cargo de la casa, y el que *estaba* sobre la ciudad, los ancianos, y los preceptores *de los hijos,* enviaron *palabra* a Jehú, diciendo: «Somos sus siervos, haremos todo lo que nos digas, a nadie proclamaremos rey. Haga usted lo que le parezca bien». ⁶ Entonces por segunda vez les escribió una carta, diciendo: «Si están de mi parte y escuchan mi voz, tomen las cabezas de los hombres, de los hijos de su señor, y vengan a verme a Jezreel mañana a

10:3 ¹ Lit. *justo.*

9:30
Jezabel se pintó los ojos

En ese tiempo las mujeres usaban *kohl* –un polvo de color oscuro– en sus párpados para atraer la atención a sus ojos. Algo parecido a las sombras para los ojos que se utilizan hoy. Debajo hay un ejemplo de Egipto.

Dominio público

9:31
Jezabel llamó a Jehú con el nombre de Zimri

Este fue un comentario sarcástico. Ella sabía que Jehú deseaba su muerte, entonces dijo que Jehú era como Zimri, uno de los oficiales de confianza del rey que mató al rey Ela. (Ver 1 Reyes 16:8-20).

10:6-8
Jehú quería las cabezas de los príncipes

Jehú exhibió las cabezas de los hombres que mató en la guerra como sus trofeos y una señal de lo poderoso que era. Esperaba que esta demostración lo ayudara a establecer su reputación como un rey digno.

estas horas». Y los hijos del rey, setenta personas, *estaban* con los principales de la ciudad, *que* los criaban.

7 Cuando les llegó la carta, tomaron a los hijos del rey y *los* degollaron, setenta personas, pusieron sus cabezas en canastas y se *las* enviaron a Jehú en Jezreel. **8** Cuando el mensajero vino y le avisó: «Han traído las cabezas de los hijos del rey», él dijo: «Pónganlas en dos montones a la entrada de la puerta hasta la mañana». **9** Por la mañana, Jehú salió, y estando en pie, dijo a todo el pueblo: «Ustedes son inocentes[1]; porque yo conspiré contra mi señor y lo maté, pero, ¿quién mató a todos estos? **10** Sepan entonces que no caerá a tierra ninguna de las palabras del SEÑOR, las cuales el SEÑOR habló acerca de la casa de Acab. El SEÑOR ha hecho lo que habló por medio de Su siervo Elías». **11** Jehú mató a todos los que quedaban de la casa de Acab en Jezreel, y a todos sus grandes, a sus amigos íntimos y a sus sacerdotes, hasta que no le dejó ningún sobreviviente.

12 Después Jehú se levantó y partió, y fue a Samaria. En el camino mientras estaba en Bet Eked de los pastores, **13** se encontró con los parientes[1] de Ocozías, rey de Judá, y les preguntó: «¿Quiénes son ustedes?». Y ellos respondieron: «Somos parientes[1] de Ocozías; y hemos descendido para saludar a[2] los hijos del rey y a los hijos de la reina madre». **14** Entonces Jehú dijo: «Tómenlos vivos». Y los tomaron vivos, y los mataron en el foso de Bet Eked, cuarenta y dos hombres. No dejó ninguno de ellos.

15 Cuando partió de allí, Jehú se encontró con Jonadab, hijo de Recab, *que venía* a su encuentro, lo saludó[1] y le dijo: «¿Es recto tu corazón como mi corazón es con el tuyo?». Y Jonadab respondió: «Lo es». *Y Jehú dijo:* «Si lo es, *dame* la mano». Y le dio su mano y lo hizo subir al carro. **16** Y él dijo: «Ven conmigo y verás mi celo por el SEÑOR». Y lo hizo ir con él en su carro. **17** Cuando llegó a Samaria, mató a todos los que quedaban de Acab en Samaria, hasta acabar con ellos, conforme a la palabra que el SEÑOR había hablado a Elías.

18 Entonces Jehú reunió a todo el pueblo, y les dijo: «Acab sirvió a Baal un poco, Jehú lo servirá mucho. **19** Llamen ahora a todos los profetas de Baal, a todos sus adoradores y a todos sus sacerdotes. Que no falte ninguno, porque tengo un gran sacrificio para Baal; todo el que falte no vivirá». Pero Jehú lo hizo con astucia para poder destruir a los adoradores de Baal.

20 Y Jehú dijo: «Santifiquen una asamblea solemne para Baal». Y ellos *la* convocaron. **21** Entonces Jehú envió *aviso* por todo Israel y vinieron todos los adoradores de Baal, y no quedó ninguno que no viniera. Y cuando entraron en la casa de Baal, la casa de Baal se llenó de un extremo al otro. **22** Y dijo al que *estaba* encargado del vestuario: «Saca vestiduras para todos los adoradores de Baal». Y él les sacó vestiduras. **23** Jehú entró en la casa de Baal con Jonadab, hijo de Recab, y dijo a los adoradores de Baal: «Busquen y vean que no haya aquí con ustedes ninguno de los siervos del SEÑOR, sino solo los adoradores de Baal». **24** Entonces entraron a ofrecer

10:11, 17
Por qué Jehú mató a tantas personas
Era común que los reyes eliminaran a los otros rivales al trono. Jehú mató a todos los que podían poner en peligro su oportunidad de ser rey.

10:16
Jehú quería impresionar a Jonadab
Si Jehú lograba la aprobación de Jonadab, su posición se fortalecería.

10:19
Jehú mintió para matar a los profetas de Baal
Estaba bien que Jehú matara a los profetas y adoradores de Baal, porque el castigo por adorar a los ídolos era la muerte. Sin embargo, lo que no estuvo bien fue la forma en que engañó a sus víctimas.

Todd Bolen/www.BiblePlaces.com, tomada en el Louvre

10:9 [1] Lit. *justos*.   10:13 [1] Lit. *hermanos*.   [2] Lit. *para el bienestar de*.
10:15 [1] Lit. *bendijo*.

sacrificios y holocaustos. Y Jehú había colocado ochenta hombres afuera, y había dicho: «El que permita escapar a uno de los hombres que yo ponga en manos de ustedes, dará su vida por la de él».

25 Tan pronto como acabó de ofrecer el holocausto, Jehú dijo a la guardia y a los oficiales reales: «Entren, mátenlos; que ninguno salga». Y los mataron a filo de espada; y la guardia y los oficiales reales *los* echaron fuera, y llegaron hasta el aposento interior[1] de la casa de Baal. **26** Sacaron los pilares *sagrados* de la casa de Baal, y los quemaron. **27** También derribaron el pilar *sagrado* de Baal y demolieron la casa de Baal, y la convirtieron en una letrina, hasta hoy. **28** Así Jehú extirpó a Baal de Israel.

29 Sin embargo, *en cuanto a* los pecados con que Jeroboam, hijo de Nabat, hizo pecar a Israel, Jehú no se apartó de estos, *o sea,* de los becerros de oro que *estaban* en Betel[1] y en Dan. **30** Y el SEÑOR dijo a Jehú: «Porque has hecho bien al hacer lo recto ante Mis ojos, *y* has hecho a la casa de Acab conforme a todo lo que *estaba* en Mi corazón, tus hijos hasta la cuarta generación se sentarán en el trono de Israel». **31** Pero Jehú no se cuidó de andar en la ley del SEÑOR, Dios de Israel, con todo su corazón, ni se apartó de los pecados con que Jeroboam hizo pecar a Israel.

32 En aquellos días el SEÑOR comenzó a cortar *partes* de Israel; *y* Hazael los derrotó[1] por todo el territorio de Israel: **33** desde el Jordán hacia el oriente, toda la tierra de Galaad, de Gad, de Rubén y de Manasés; desde Aroer, que está junto al valle del Arnón, y *hasta* Galaad y Basán. **34** Los demás hechos de Jehú, y todo lo que hizo y todo su poder, ¿no están escritos en el libro de las Crónicas de los reyes de Israel? **35** Y durmió Jehú con sus padres, y lo sepultaron en Samaria. Y su hijo Joacaz reinó en su lugar. **36** El tiempo[1] que Jehú reinó sobre Israel en Samaria *fue* de veintiocho años.

ATALÍA USURPA EL TRONO

11 Cuando Atalía, madre de Ocozías, vio que su hijo había muerto, se levantó y exterminó a toda la descendencia[1] real. **2** Pero Josaba[1], hija del rey Joram, hermana de Ocozías, tomó a Joás, hijo de Ocozías, y lo sacó a escondidas de entre los hijos del rey a quienes estaban dando muerte, y lo puso a él y a su nodriza en la alcoba. Así lo escondieron de Atalía, y no le dieron muerte. **3** Y Joás estuvo escondido con ella en la casa del SEÑOR seis años, mientras Atalía reinaba en el país.

4 Pero en el séptimo año Joiada mandó a buscar e hizo venir a los capitanes de centenas de los cariteos y de la guardia, y los hizo venir a él en la casa del SEÑOR. Entonces hizo un pacto con ellos en la casa del SEÑOR y los puso bajo juramento, y les mostró al hijo del rey. **5** Y les dio orden, diciendo: «Esto es lo que harán: una tercera parte de ustedes, los que entran en el día de reposo y hacen la guardia en la casa del rey, **6** harán la guardia en la casa para su defensa; también otra tercera parte *estará* en la puerta Sur, y la otra tercera

10:29
Jehú eliminó el culto a Baal, pero no los becerros de oro
Jehú detestaba la adoración a Baal. No obstante, dejar los becerros sería una forma de que las tribus del norte se diferenciaran de los que adoraban al Señor en Jerusalén.

11:4
Joiada
Él era el sumo sacerdote que fue mentor de Joás y ayudó a mantener el reinado de la familia de David.

10:25 [1] Lit. *la ciudad.*   10:29 [1] I.e. Casa de Dios.   10:32 [1] Lit. *los hirió.*
10:36 [1] Lit. *los días.*   11:1 [1] Lit. *simiente.*   11:2 [1] En 2Crón. 22:11, *Josabet.*

11:9
Los soldados apoyaron la rebelión
Atalía fue reina en un tiempo en que los hombres eran vistos como superiores. Los soldados probablemente querían a un hombre como líder. Además, Atalía era de Israel, lo cual quería decir que era extranjera. Por eso ella no tuvo mucho apoyo de parte del pueblo de Judá.

11:12
Qué le dieron al joven rey
Los gobernantes de Israel tenían que estudiar las leyes (ver Deuteronomio 17:18-20). Joás debe haber recibido una copia de los Diez Mandamientos, los libros de ley (de Génesis a Deuteronomio) o un documento que describía las responsabilidades de un rey.

12:3
Joás permitió los lugares altos
Aunque el pueblo derribó el templo a Baal de Atalía, no quisieron destruir los lugares altos. Esos santuarios a los dioses cananeos siguieron siendo populares. Muchos llegaron a pensar que ellos tenían algo que ver con el éxito de sus cosechas.

parte en la puerta detrás de los guardias. **7** Dos partes de ustedes, *es decir,* todos los que salen el día de reposo, también harán la guardia en la casa del SEÑOR junto al rey. **8** Entonces rodearán al rey, cada uno con sus armas en la mano; y cualquiera que penetre las filas será muerto. Y estén con el rey cuando salga y cuando entre».

9 Y los capitanes de centenas hicieron conforme a todo lo que había ordenado el sacerdote Joiada. Y cada uno de ellos tomó sus hombres, los que habían de entrar en el día de reposo, junto con los que habían de salir el día de reposo, y vinieron al sacerdote Joiada. **10** Entonces el sacerdote dio a los capitanes de centenas las lanzas y los escudos que *habían sido* del rey David, que *estaban* en la casa del SEÑOR. **11** Y los guardias se colocaron cada uno con sus armas en la mano, desde el lado derecho de la casa hasta el lado izquierdo de la misma, junto al altar y junto a la casa, alrededor del rey. **12** Entonces *Joiada* sacó al hijo del rey y le puso la corona, y *le dio el libro* del testimonio; lo hicieron rey y lo ungieron, y batiendo palmas, gritaron: «¡Viva el rey!».

13 Al oír Atalía el ruido de la guardia *y* del pueblo, se llegó al pueblo en la casa del SEÑOR, **14** y vio que el rey estaba de pie junto a la columna, según la costumbre, y los capitanes y los trompeteros estaban al lado del rey; y todo el pueblo del país se regocijaba y tocaba trompetas. Entonces Atalía rasgó sus vestidos, y gritó: «¡Traición, traición!». **15** Pero el sacerdote Joiada dio orden a los capitanes de centenas que estaban al mando del ejército: «Sáquenla de entre las filas, y al que la siga, mátenlo a espada». Porque el sacerdote había dicho: «No la maten en la casa del SEÑOR». **16** Y le echaron mano; y cuando ella llegó a la entrada de los caballos de la casa del rey, allí la mataron.

17 Entonces Joiada hizo un pacto entre el SEÑOR y el rey y el pueblo, de que ellos serían el pueblo del SEÑOR; asimismo entre el rey y el pueblo. **18** Y todo el pueblo del país fue a la casa de Baal y la derribaron, destruyeron completamente sus altares y sus imágenes y mataron delante de los altares a Matán, sacerdote de Baal. Y el sacerdote nombró oficiales[1] sobre la casa del SEÑOR. **19** Tomó a los capitanes de centenas, a los cariteos, a los guardias y a todo el pueblo del país, e hicieron descender al rey de la casa del SEÑOR, y vinieron por el camino de la puerta de los guardias a la casa del rey, y Joás se sentó en el trono de los reyes. **20** Y todo el pueblo del país se regocijó, y la ciudad quedó tranquila, porque Atalía había sido muerta a espada en la casa del rey.

21[1] Joás *tenía* siete años cuando comenzó a reinar.

REINADO DE JOÁS DE JUDÁ

12 En el séptimo año de Jehú, Joás comenzó a reinar, y reinó cuarenta años en Jerusalén; y el nombre de su madre *era* Sibia de Beerseba. **2** Y Joás hizo lo recto ante los ojos del SEÑOR todos los días en que el sacerdote Joiada lo dirigió[1]. **3** Solo que los lugares altos no fueron quitados. El pueblo aún sacrificaba y quemaba incienso en los lugares altos.

11:18 [1] Lit. *oficios.*   11:21 [1] En el texto heb. cap. 12:1.   12:2 [1] O *instruyó.*

⁴Entonces Joás dijo a los sacerdotes: «Todo el dinero de las cosas sagradas que se trae a la casa del SEÑOR en moneda corriente, *tanto* el dinero estipulado a cada persona, *como* todo el dinero que cada uno voluntariamente traiga a la casa del SEÑOR, ⁵que los sacerdotes lo tomen para sí, cada cual de sus conocidos; y ellos repararán los daños de la casa dondequiera que se encuentre algún daño».

⁶Pero en el año veintitrés del rey Joás, los sacerdotes *aún* no habían reparado los daños de la casa. ⁷Entonces el rey Joás llamó al sacerdote Joiada y a los *otros* sacerdotes, y les dijo: «¿Por qué no reparan los daños de la casa? Ahora pues, no tomen *más* dinero de sus conocidos, sino entréguenlo para los daños de la casa». ⁸Y consintieron los sacerdotes en no tomar *más* dinero del pueblo, ni reparar ellos los daños de la casa.

⁹Entonces el sacerdote Joiada tomó un cofre e hizo un agujero en la tapa, y lo puso junto al altar, al lado derecho conforme se entra a la casa del SEÑOR; y los sacerdotes que custodiaban el umbral depositaban en él todo el dinero que se traía a la casa del SEÑOR. ¹⁰Cuando veían que había mucho dinero en el cofre, el escriba del rey y el sumo sacerdote subían y *lo* ponían en sacos, y contaban el dinero que se encontraba en la casa del SEÑOR. ¹¹Y entregaban el dinero que había sido contado¹ en manos de los que hacían el trabajo, los cuales tenían a su cargo la casa del SEÑOR, y ellos lo traían *para pagar* a los carpinteros y a los constructores que trabajaban en la casa del SEÑOR, ¹²y a los albañiles y canteros, y para comprar madera y piedra de cantería para reparar los daños de la casa del SEÑOR, y para todo lo que se gastaba para la casa, a fin de repararla.

¹³Pero del dinero que se traía a la casa del SEÑOR, no se hicieron ni copas de plata, ni despabiladeras, ni tazones, ni trompetas, ni ninguna vasija de oro, ni vasijas de plata para la casa del SEÑOR; ¹⁴porque lo daban a los que hacían el trabajo, y con él reparaban la casa del SEÑOR. ¹⁵Y no se pedían cuentas a los hombres en cuyas manos se ponía el dinero para dárselo a los que hacían el trabajo, porque procedían fielmente. ¹⁶No se traía a la casa del SEÑOR el dinero de las ofrendas por la culpa ni el dinero de las ofrendas por el pecado; era para los sacerdotes.

¹⁷Entonces Hazael, rey de Aram, subió y peleó contra Gat y la tomó; y Hazael se propuso¹ subir contra Jerusalén. ¹⁸Y Joás, rey de Judá, tomó todas las cosas sagradas que Josafat, Joram y Ocozías, sus padres, reyes de Judá, habían consagrado, y sus propias cosas sagradas y todo el oro que se encontraba en las tesorerías de la casa del SEÑOR y de la casa del rey, y *las* envió a Hazael, rey de Aram. Entonces él se retiró de Jerusalén.

¹⁹Los demás hechos de Joás, y todo lo que hizo, ¿no están escritos en el libro de las Crónicas de los reyes de Judá? ²⁰Y sus siervos se levantaron y tramaron una conspiración, y mataron a Joás en la casa de Milo, *cuando* descendía a Sila. ²¹Pues sus siervos Josacar, hijo de Simeat, y Jozabad, hijo de

12:5
El templo necesitaba reparación
El templo tenía ya más de cien años. La reina Atalía y la mayoría de los reyes recientes no le habían dado mantenimiento al templo.

12:18
Joás saqueó el templo recién remodelado
Hazael amenazó a Joás y a Jerusalén. Joás se había apartado del Señor luego de la muerte de Joiada (ver 2 Crónicas 24:17-25). Sin la ayuda del Señor, Joás pensó que todo lo que podía hacer era pagarle a Hazael con la esperanza de que no atacara Jerusalén.

Somer, *lo* hirieron y murió; y lo sepultaron con sus padres en la ciudad de David, y Amasías su hijo reinó en su lugar.

OTROS REYES DE ISRAEL

13 En el año veintitrés de Joás, hijo de Ocozías, rey de Judá, comenzó a reinar Joacaz, hijo de Jehú, sobre Israel en Samaria, *y reinó* diecisiete años. **2** Hizo lo malo ante los ojos del SEÑOR, y siguió tras los pecados con que Jeroboam, hijo de Nabat, hizo pecar a Israel; no se apartó de ellos. **3** Y la ira del SEÑOR se encendió contra Israel, y los entregó día tras día en mano de Hazael, rey de Aram, y en mano de Ben Adad, hijo de Hazael. **4** Entonces Joacaz imploró el favor del SEÑOR, y el SEÑOR lo oyó; porque Él vio la opresión de Israel, de cómo el rey de Aram los oprimía. **5** Y el SEÑOR dio a Israel un libertador, y escaparon del poder de los arameos; y habitaron los israelitas en sus tiendas como antes.

6 Con todo, no se apartaron de los pecados con que la casa de Jeroboam hizo pecar a Israel, sino que anduvieron en ellos; y también la Asera[1] permaneció en pie en Samaria. **7** Pues a Joacaz no le había quedado del ejército[1] más que cincuenta hombres de a caballo, diez carros y 10,000 hombres de a pie, porque el rey de Aram los había destruido y los había hecho como polvo de trilla. **8** Los demás hechos de Joacaz y todo lo que hizo y su poder, ¿no están escritos en el libro de las Crónicas de los reyes de Israel? **9** Y durmió Joacaz con sus padres y lo sepultaron en Samaria, y su hijo Joás reinó en su lugar.

10 En el año treinta y siete de Joás, rey de Judá, Joás[1], hijo de Joacaz, comenzó a reinar sobre Israel en Samaria, *y reinó* dieciséis años. **11** E hizo lo malo ante los ojos del SEÑOR; no se apartó de todos los pecados con que Jeroboam, hijo de Nabat, hizo pecar a Israel, sino que anduvo en ellos. **12** Los demás hechos de Joás, y todo lo que hizo, y el poder con que peleó contra Amasías, rey de Judá, ¿no están escritos en el libro de las Crónicas de los reyes de Israel? **13** Y durmió Joás con sus padres, y Jeroboam se sentó en su trono; y Joás fue sepultado en Samaria con los reyes de Israel.

14 Cuando Eliseo se enfermó con la enfermedad de la cual había de morir, Joás[1], rey de Israel, descendió a él y lloró sobre su rostro, y dijo: «¡Padre mío, padre mío, los carros de Israel y sus hombres de a caballo!». **15** Y Eliseo le dijo: «Toma un arco y flechas». Y él tomó un arco y flechas. **16** Entonces dijo al rey de Israel: «Pon tu mano en el arco». Y él puso su mano *sobre el arco;* entonces Eliseo colocó sus manos sobre las manos del rey. **17** Y dijo: «Abre la ventana hacia el oriente, y él *la* abrió». Entonces Eliseo dijo: «Tira». Y él tiró. Y *Eliseo* dijo: «Flecha de victoria del SEÑOR, y flecha de victoria sobre Aram, porque derrotarás[1] a los arameos en Afec hasta exterminar*los*.» **18** Entonces añadió: «Toma las flechas»; y él las tomó. Y dijo al rey de Israel: «Golpea la tierra»; y él la golpeó tres veces y se detuvo. **19** Y el hombre de Dios se enojó con él, y dijo: «Deberías haber golpeado cinco o seis veces,

---

13:2
Los pecados de Jeroboam

Jeroboam estableció los becerros de oro en Betel y Dan para que el pueblo fuera a adorar allí (1 Reyes 12:28-30). La frase «los pecados de Jeroboam» se convirtió en una forma común de referirse a los pecados de Israel en general. Esta frase aparece diecisiete veces en 1 y 2 Reyes.

13:2-4
La fe de Joacaz

Joacaz nunca tuvo una fe verdadera en Dios. Él oraba a Dios, pero cuando se encontraba en problemas, también les rezaba a los dioses paganos.

13:14
Por qué un rey malo honraría a un profeta de Dios

Joás quizás no creyó en Dios, pero incluso siendo un rey malo respetó a Dios. Eliseo había sido una presencia fuerte en Israel por un buen tiempo, y su muerte afectó grandemente a toda la nación.

13:18-19
El significado de golpear la tierra solo tres veces

Eliseo criticó a Joás por haber golpeado la tierra solo tres veces, ya que esa era una respuesta poco entusiasta al presagio de Eliseo. Joás debió haber estado más emocionado por la victoria. El hecho de que solo golpeó la tierra unas pocas veces mostraba su falta de fe o coraje.

13:6 [1] I.e. deidad femenina.   13:7 [1] Lit. *pueblo.*   13:10 [1] O *Joás.*
13:14 [1] O *Joás.*   13:17 [1] Lit. *herirás.*

entonces hubieras herido a Aram hasta exterminar*lo*. Pero ahora herirás a Aram *solo* tres veces».

20 Eliseo murió y lo sepultaron. Las bandas de los moabitas solían invadir la tierra en la primavera*ᴵ* de *cada* año. **21** Y *una vez* cuando estaban sepultando a un hombre, *vieron que* una banda de merodeadores se les acercaba; así que arrojaron al hombre en la tumba de Eliseo. Cuando el hombre cayó*ᴵ* y tocó los huesos de Eliseo, revivió, y se puso en pie.

22 Hazael, rey de Aram, había oprimido a Israel todos los días de Joacaz. **23** Pero el SEÑOR tuvo piedad de ellos, y les tuvo compasión y se volvió a ellos a causa de su pacto con Abraham, Isaac y Jacob, y no quiso destruirlos ni echarlos de su presencia hasta hoy. **24** Al morir Hazael, rey de Aram, su hijo Ben Adad reinó en su lugar. **25** Entonces Joás*ᴵ*, hijo de Joacaz, recobró de nuevo de mano de Ben Adad, hijo de Hazael, las ciudades que *este* había tomado en guerra de mano de su padre Joacaz. Tres veces Joás*ᴵ* lo derrotó*²* y recobró las ciudades de Israel.

AMASÍAS REY DE JUDÁ

14 En el año segundo de Joás*ᴵ*, hijo de Joacaz, rey de Israel, comenzó a reinar Amasías, hijo de Joás, rey de Judá. **2** *Tenía* veinticinco años cuando comenzó a reinar, y reinó veintinueve años en Jerusalén. El nombre de su madre *era* Joadán, de Jerusalén. **3** Hizo lo recto ante los ojos del SEÑOR, pero no como su padre David; hizo conforme a todo lo que su padre Joás había hecho. **4** Solo que los lugares altos no fueron quitados. Todavía el pueblo sacrificaba y quemaba incienso en los lugares altos.

5 Una vez afianzado el reino en su mano, Amasías mató a los siervos que habían asesinado a su padre el rey. **6** Pero a los hijos de los asesinos*ᴵ* no les dio muerte, conforme a lo que está escrito en el libro de la ley de Moisés, tal como el SEÑOR ordenó, diciendo: «No se dará muerte a los padres por causa de los hijos, ni se dará muerte a los hijos por causa de los padres, sino que a cada uno se le dará muerte por su propio pecado». **7** Amasías mató a 10,000 *de* Edom en el valle de Sal y tomó a Sela en batalla, y la llamó Jocteel, hasta hoy.

8 Entonces Amasías envió mensajeros a Joás, hijo de Joacaz, hijo de Jehú, rey de Israel, diciéndole: «Ven, veámonos cara a cara». **9** Y Joás, rey de Israel, envió *mensaje* a Amasías, rey de Judá, diciéndole: «El cardo que estaba en el Líbano envió a decir al cedro que estaba en el Líbano: "Da tu hija por mujer a mi hijo". Pero pasó una fiera que estaba en el Líbano, y pisoteó el cardo. **10** Ciertamente has derrotado*ᴵ* a Edom, y tu corazón se ha envanecido. Disfruta tu gloria y quédate en tu casa; pues, ¿por qué quieres provocar el mal de modo que caigas tú y Judá contigo?».

11 Pero Amasías no quiso escuchar. Y subió Joás, rey de Israel; y él y Amasías, rey de Judá, se enfrentaron en Bet Semes, que pertenece a Judá. **12** Y Judá fue derrotado por Israel, y cada uno huyó a su tienda. **13** Entonces Joás, rey de Israel, capturó a Amasías, rey de Judá, hijo de Joás, hijo de

14:8
Amasías desafió a Joás
Para defender su honor, Amasías retó a Joás a una pelea. Amasías también quería recuperar algo de lo perdido después de que una banda de mercenarios matara a cientos de personas en Judá. (Ver 2 Crónicas 25:5-13).

13:20 *ᴵ* Lit. *entrada.*   13:21 *ᴵ* Lit. *vino.*   13:25 *ᴵ* O *Joás.*   *²* Lit. *hirió.*
14:1 *ᴵ* O *Joás.*   14:6 *ᴵ* Lit. *heridores.*   14:10 *ᴵ* Lit. *herido.*

Ocozías, en Bet Semes. Después vino a Jerusalén y derribó la muralla de Jerusalén desde la puerta de Efraín hasta la puerta del Ángulo, 400 codos (180 metros). **14** Tomó todo el oro, la plata y todos los utensilios que se encontraban en la casa del SEÑOR y en los tesoros de la casa del rey, también los rehenes; y volvió a Samaria.

15 Los demás hechos de Joás, cuánto hizo y su poder, y cómo peleó con Amasías, rey de Judá; ¿no están escritos en el libro de las Crónicas de los reyes de Israel? **16** Y durmió Joás con sus padres, y fue sepultado en Samaria con los reyes de Israel; y su hijo Jeroboam reinó en su lugar.

17 Y Amasías, hijo de Joás, rey de Judá, vivió quince años después de la muerte de Joás, hijo de Joacaz, rey de Israel. **18** Los demás hechos de Amasías, ¿no están escritos en el libro de las Crónicas de los reyes de Judá? **19** En Jerusalén conspiraron contra él, y Amasías huyó a Laquis; pero lo persiguieron hasta Laquis y allí lo mataron. **20** Lo trajeron sobre caballos y fue sepultado en Jerusalén con sus padres en la ciudad de David. **21** Y todo el pueblo de Judá tomó a Azarías*¹*, que *tenía* dieciséis años, y lo hicieron rey en lugar de su padre Amasías. **22** Él edificó a Elat y la restituyó a Judá, después que el rey durmió con sus padres.

23 En el año quince de Amasías, hijo de Joás, rey de Judá, Jeroboam, hijo de Joás*¹*, rey de Israel, comenzó a reinar en Samaria, y *reinó* cuarenta y un años. **24** Hizo lo malo ante los ojos del SEÑOR; no se apartó de todos los pecados con que Jeroboam, hijo de Nabat, hizo pecar a Israel. **25** Él restableció la frontera de Israel desde la entrada de Hamat hasta el mar de Arabá, conforme a la palabra que el SEÑOR, Dios de Israel, había hablado por medio de Su siervo el profeta Jonás, hijo de Amitai, que *era* de Gat Hefer. **26** Porque el SEÑOR había visto la aflicción de Israel, *que era* muy amarga; pues no había siervo ni libre, ni nadie que ayudara a Israel. **27** El SEÑOR no había dicho que borraría el nombre de Israel de debajo del cielo, y los salvó por mano de Jeroboam, hijo de Joás*¹*.

28 Los demás hechos de Jeroboam y todo lo que hizo y su poder, cómo peleó y cómo recobró para Israel a Damasco y a Hamat, *que habían pertenecido* a Judá, ¿no están escritos en el libro de las Crónicas de los reyes de Israel? **29** Jeroboam durmió con sus padres, con los reyes de Israel, y su hijo Zacarías reinó en su lugar.

REINADO DE AZARÍAS EN JUDÁ

15 En el año veintisiete de Jeroboam, rey de Israel, comenzó a reinar Azarías*¹*, hijo de Amasías, rey de Judá. **2** Tenía dieciséis años cuando comenzó a reinar, y reinó cincuenta y dos años en Jerusalén. El nombre de su madre *era* Jecolía, de Jerusalén. **3** Hizo lo recto ante los ojos del SEÑOR, conforme a todo lo que su padre Amasías había hecho. **4** Solo que los lugares altos no fueron quitados. El pueblo todavía sacrificaba y quemaba incienso en los lugares altos. **5** Y el SEÑOR hirió al rey, y quedó leproso hasta el día de su muerte. Y habitó en una casa separada, mientras Jotam, hijo del

14:25
Jonás

Este es el mismo Jonás, hijo de Amitai, que es el personaje central del libro de Jonás y fue tragado por el gran pez.

14:21 *¹* En 2Crón. 26:1, *Uzías.*   14:23 *¹* O *Joás.*   14:27 *¹* O *Joás.*   15:1 *¹* En 2Crón. 26:1, *Uzías.*

rey, *estaba* al frente de la casa, gobernando[1] al pueblo de la tierra. **6** Los demás hechos de Azarías y todo lo que hizo, ¿no están escritos en el libro de las Crónicas de los reyes de Judá? **7** Y durmió Azarías con sus padres, y lo sepultaron con ellos en la ciudad de David, y su hijo Jotam reinó en su lugar.

VARIOS REYES DE ISRAEL

8 En el año treinta y ocho de Azarías, rey de Judá, Zacarías, hijo de Jeroboam, reinó seis meses sobre Israel en Samaria. **9** Hizo lo malo ante los ojos del SEÑOR, como habían hecho sus padres; no se apartó de los pecados con que Jeroboam, hijo de Nabat, hizo pecar a Israel. **10** Entonces Salum, hijo de Jabes, conspiró contra él y lo hirió delante del pueblo y lo mató, y reinó en su lugar. **11** Los demás hechos de Zacarías, están escritos en el libro de las Crónicas de los reyes de Israel. **12** Esta es la palabra que el SEÑOR habló a Jehú: «Tus hijos hasta la cuarta generación se sentarán en el trono de Israel». Y así fue.

13 Salum, hijo de Jabes, comenzó a reinar en el año treinta y nueve de Uzías[1], rey de Judá, y reinó un mes en Samaria. **14** Entonces Manahem, hijo de Gadi, subió de Tirsa y vino a Samaria, e hirió a Salum, hijo de Jabes, en Samaria, y lo mató y reinó en su lugar. **15** Los demás hechos de Salum y la[1] conspiración que tramó, están escritos en el libro de las Crónicas de los reyes de Israel. **16** Entonces Manahem hirió a Tifsa y a todos los que *estaban* en ella y en sus alrededores[1] desde Tirsa, porque no *le* abrieron *las puertas,* por eso *la* hirió; y abrió *el vientre* a todas las mujeres que estaban encinta.

17 En el año treinta y nueve de Azarías, rey de Judá, Manahem, hijo de Gadi, comenzó a reinar sobre Israel; *y reinó* diez años en Samaria. **18** Hizo lo malo ante los ojos del SEÑOR; en todos sus días no se apartó de los pecados con que Jeroboam, hijo de Nabat, hizo pecar a Israel.

19 Pul[1], rey de Asiria, vino contra el país, y Manahem dio a Pul 34 toneladas de plata para que su mano estuviera con él para fortalecer el reino bajo su mando. **20** Entonces Manahem exigió este dinero a Israel, a todos los ricos poderosos, de cada uno cincuenta siclos (570 gramos) de plata para pagar al rey de Asiria. Y el rey de Asiria se volvió y no se detuvo allí en el país. **21** Los demás hechos de Manahem y todo lo que hizo, ¿no están escritos en el libro de las Crónicas de los reyes de Israel? **22** Y durmió Manahem con sus padres, y su hijo Pekaía reinó en su lugar.

23 En el año cincuenta de Azarías, rey de Judá, Pekaía, hijo de Manahem, comenzó a reinar sobre Israel en Samaria, *y reinó* dos años. **24** Hizo lo malo ante los ojos del SEÑOR; no se apartó de los pecados con que Jeroboam, hijo de Nabat, hizo pecar a Israel. **25** Entonces su oficial, Peka, hijo de Remalías, conspiró contra él y lo hirió en Samaria, en la ciudadela de la casa del rey, *y también* a Argob y a Arie; y con él estaban cincuenta hombres de los hijos de los galaaditas. Lo mató

15:10, 14
Algunas veces los asesinos se convierten en reyes
Nadie pudo detener al asesino que tomó el trono por la fuerza, especialmente si tenía un ejército respaldándolo. El pueblo no pudo hacer otra cosa que aceptar al nuevo rey.

15:16
El pueblo de Tifsa se negó a abrir las puertas de la ciudad
Manahem debe haber hecho algo para que la gente no confiara en él cuando era comandante del ejército de Zacarías (versículo 14). Sin embargo, de todos modos Manahem no tuvo en cuenta la objeción del pueblo.

15:16
Por qué mataron a los bebés no nacidos
Este acto brutal puede significar que quiso impedir que los bebés crecieran y se unieran al ejército. Esta era una forma de controlar al pueblo conquistado.

15:5 [1] Lit. *juzgando.*   15:13 [1] O *Azarías.*   15:15 [1] Lit. *su.*   15:16 [1] Lit. *sus* límites.   15:19 [1] O *Tiglat Pileser III.*

y reinó en su lugar. **26** Los demás hechos de Pekaía y todo lo que hizo, están escritos en el libro de las Crónicas de los reyes de Israel.

27 En el año cincuenta y dos de Azarías, rey de Judá, Peka, hijo de Remalías, comenzó a reinar sobre Israel en Samaria, *y reinó* veinte años. **28** Hizo lo malo ante los ojos del SEÑOR; no se apartó de los pecados con que Jeroboam, hijo de Nabat, hizo pecar a Israel.

29 En los días de Peka, rey de Israel, vino Tiglat Pileser, rey de Asiria, y tomó Ijón, Abel Bet Maaca, Janoa, Cedes, Hazor, Galaad y Galilea, toda la tierra de Neftalí; y se los llevó cautivos a Asiria. **30** Oseas, hijo de Ela, tramó una conspiración contra Peka, hijo de Remalías, y lo hirió y le dio muerte; y reinó en su lugar, en el año veinte de Jotam, hijo de Uzías. **31** Los demás hechos de Peka y todo lo que hizo, están escritos en el libro de las Crónicas de los reyes de Israel.

REINADO DE JOTAM

32 En el segundo año de Peka, hijo de Remalías, rey de Israel, comenzó a reinar Jotam, hijo de Uzías, rey de Judá. **33** Tenía veinticinco años cuando comenzó a reinar, y reinó dieciséis años en Jerusalén; y el nombre de su madre *era* Jerusa, hija de Sadoc. **34** Hizo lo recto ante los ojos del SEÑOR; hizo conforme a todo lo que su padre Uzías había hecho. **35** Solo que los lugares altos no fueron quitados. El pueblo todavía sacrificaba y quemaba incienso en los lugares altos. Él edificó la puerta superior de la casa del SEÑOR.

36 Los demás hechos de Jotam y *todo* lo que hizo, ¿no están escritos en el libro de las Crónicas de los reyes de Judá? **37** En aquellos días el SEÑOR comenzó a enviar a Rezín, rey de Aram, y a Peka, hijo de Remalías, contra Judá. **38** Jotam durmió con sus padres, y fue sepultado con ellos en la ciudad de su padre David; y su hijo Acaz reinó en su lugar.

REINADO DE ACAZ

16 En el año diecisiete de Peka, hijo de Remalías, comenzó a reinar Acaz, hijo de Jotam, rey de Judá. **2** Acaz *tenía* veinte años cuando comenzó a reinar, y reinó dieciséis años en Jerusalén; pero no hizo lo recto ante los ojos del SEÑOR su Dios como su padre David *había hecho*. **3** Anduvo en el camino de los reyes de Israel, y aun hizo pasar a su hijo por el fuego, conforme a las abominaciones de las naciones que el SEÑOR había arrojado de delante de los israelitas. **4** Y sacrificó y quemó incienso en los lugares altos, en las colinas y debajo de todo árbol frondoso.

5 Entonces Rezín, rey de Aram, y Peka, hijo de Remalías, rey de Israel, subieron a Jerusalén para *hacer* guerra y sitiaron a Acaz; pero no lo podían vencer. **6** En aquel tiempo Rezín, rey de Aram, recuperó a Elat para Aram, y echó a los judíos de Elat[1] completamente; y los arameos vinieron a Elat y allí han morado hasta hoy.

7 Acaz envió mensajeros a Tiglat Pileser, rey de Asiria, diciéndole: «Yo soy tu siervo y tu hijo; sube y líbrame de la

16:6 [1] Heb. *Elot.*

15:30
Azarías era Uzías
Tal vez el escritor usó su nombre de nacimiento y un nombre que tomó cuando fue hecho rey. El escritor de este libro recopiló información de los registros históricos de los reyes de Israel y de Judá. Estos registros deben haber usado distintos nombres.

16:3
Acaz sacrifica a su hijo
Acaz estaba intentando persuadir a los dioses cananeos de la naturaleza para que lo ayudaran. Los paganos pensaban que si el sacrificio animal complacía a sus dioses, los sacrificios humanos los complacerían aún más.

mano del rey de Aram y de la mano del rey de Israel que se han levantado contra mí». **8** Acaz tomó la plata y el oro que se hallaba en la casa del SEÑOR y en los tesoros de la casa del rey, y envió un presente al rey de Asiria. **9** El rey de Asiria lo escuchó, y el rey de Asiria subió contra Damasco y la tomó, y se llevó a *su pueblo* al destierro en Kir, y dio muerte a Rezín.

10 El rey Acaz fue a Damasco a ver a Tiglat Pileser, rey de Asiria, y vio el altar que *estaba* en Damasco; y el rey Acaz envió al sacerdote Urías el diseño del altar y su réplica, conforme a toda su hechura. **11** Y el sacerdote Urías edificó un altar; conforme a todo lo que el rey Acaz había enviado de Damasco, así *lo* hizo el sacerdote Urías antes del regreso del rey Acaz de Damasco. **12** Cuando vino el rey de Damasco y vio el altar, el rey se acercó al altar y subió hasta¹ él; **13** quemó su holocausto y su ofrenda de cereal, derramó su libación y roció la sangre de sus ofrendas de paz sobre el altar; **14** y el altar de bronce, que *estaba* delante del SEÑOR, lo trajo de delante de la casa, de entre *su* altar y la casa del SEÑOR, y lo puso al lado norte de *su* altar.

15 Entonces el rey Acaz dio órdenes al sacerdote Urías: «Quema sobre el gran altar el holocausto de la mañana y la ofrenda de cereal de la tarde, el holocausto del rey y su ofrenda de cereal, con el holocausto de todo el pueblo de la tierra y con su ofrenda de cereal y sus libaciones. Rocía sobre él toda la sangre del holocausto y toda la sangre del sacrificio. Pero el altar de bronce será para mí para consultar». **16** Y el sacerdote Urías hizo conforme a todo lo que el rey Acaz le había ordenado.

17 Entonces el rey Acaz cortó los bordes de las basas, y quitó de ellas la pila. También quitó el mar de sobre los bueyes de bronce que *estaban* debajo de él y lo puso sobre un enlosado de piedra. **18** Y el pórtico para el día de reposo, que habían edificado en la casa, y la entrada exterior del rey, *los* quitó de la casa del SEÑOR a causa del rey de Asiria. **19** Los demás hechos de Acaz, lo que hizo, ¿no están escritos en el libro de las Crónicas de los reyes de Judá? **20** Acaz durmió con sus padres, y fue sepultado con ellos en la ciudad de David; y su hijo Ezequías reinó en su lugar.

CAUSAS DE LA CAÍDA DEL REINO DE ISRAEL

17 En el año doce de Acaz, rey de Judá, Oseas, hijo de Ela, comenzó a reinar sobre Israel en Samaria, *y reinó* nueve años. **2** Hizo lo malo ante los ojos del SEÑOR, aunque no como los reyes de Israel que habían sido antes de él. **3** Subió contra él Salmanasar, rey de Asiria, y Oseas fue hecho su siervo, y le pagaba tributo. **4** Pero el rey de Asiria descubrió una conspiración de¹ Oseas, quien había enviado mensajeros a So, rey de Egipto, y no

16:15
Cómo usaba Acaz el altar de bronce
En la antigüedad, algunas personas buscaban la guía de los dioses examinando los órganos de los animales sacrificados en el altar. Ellos miraban la forma, el color y las marcas para ver alguna señal del futuro.

Z. Radovan/www.BibleLandPictures.com

16:12 ¹ U ofreció sobre.   17:4 ¹ Lit. en.

17:6, 24
Por qué Asiria se llevó a los israelitas

Los asirios a menudo trasladaban a los pueblos conquistados a otras partes de su reino para impedir que se organizaran revueltas y para borrar la identidad de sus cautivos. Ellos esparcieron a las tribus de Israel por todo el Imperio asirio con el fin de mantener una fuerte dominación sobre ellos.

17:13
La diferencia entre un profeta y un vidente

Es posible que no hubiera mucha diferencia. Ambos eran mensajeros de Dios.

17:14
La imagen que describe la terquedad

Un agricultor describía como «duro de cerviz» a un buey o un caballo que no avanzaba de la manera correcta o se desviaba cuando su soga se enredaba. Cuando los israelitas eran llamados tercos o duros de cerviz, eso significaba que eran rebeldes u obstinados.

había pagado tributo al rey de Asiria como *había hecho* año tras año. Por tanto el rey de Asiria lo detuvo y lo encadenó en la cárcel. [5] Entonces el rey de Asiria invadió todo el país y subió a Samaria, y le puso sitio por tres años. [6] En el año noveno de Oseas, el rey de Asiria tomó Samaria y se llevó a Israel al destierro en Asiria, y los puso en Halah y en Habor, río de Gozán, y en las ciudades de los medos.

[7] Esto sucedió porque los israelitas habían pecado contra el SEÑOR su Dios, que los había sacado de la tierra de Egipto de bajo la mano de Faraón, rey de Egipto, y habían reverenciado a otros dioses; [8] y anduvieron en las costumbres de las naciones que el SEÑOR había arrojado de delante de los israelitas, y *en las costumbres* de los reyes de Israel que ellos habían introducido. [9] Los israelitas secretamente hicieron cosas[1] que no eran rectas contra el SEÑOR su Dios. Además se edificaron lugares altos en todas sus ciudades, desde las torres de atalaya hasta las ciudades fortificadas. [10] Se erigieron pilares *sagrados* y Aseras[1] sobre toda colina alta y bajo todo árbol frondoso. [11] Quemaron incienso allí en todos los lugares altos, como las naciones que el SEÑOR se había llevado al destierro de delante de ellos; e hicieron cosas malas provocando al SEÑOR. [12] Y sirvieron a ídolos, acerca de los cuales el SEÑOR les había dicho: «Ustedes no harán esto».

[13] El SEÑOR amonestaba a Israel y a Judá por medio de todos Sus profetas *y* de todo vidente, diciendo: «Vuélvanse de sus malos caminos y guarden Mis mandamientos, Mis estatutos conforme a toda la ley que ordené a sus padres y que les envié por medio de Mis siervos los profetas». [14] Sin embargo, ellos no escucharon, sino que fueron tercos[1] como sus padres, que no creyeron en el SEÑOR su Dios. [15] Desecharon Sus estatutos y el pacto que Él había hecho con sus padres, y Sus advertencias con las cuales les había amonestado. Siguieron la vanidad y se hicieron vanos, y *fueron* en pos de las naciones que los rodeaban, respecto de las cuales el SEÑOR les había ordenado que no hicieran como ellas. [16] Y abandonaron todos los mandamientos del SEÑOR su Dios, y se hicieron imágenes fundidas de dos becerros; hicieron una Asera[1], adoraron a todo el ejército de los cielos y sirvieron a Baal. [17] Hicieron pasar por el fuego a sus hijos y a sus hijas. Practicaron la adivinación y los encantamientos, y se entregaron a hacer lo malo ante los ojos del SEÑOR, provocándolo. [18] Y el SEÑOR se enojó en gran manera contra Israel y los quitó de su presencia. Solo quedó la tribu de Judá.

[19] Tampoco Judá guardó los mandamientos del SEÑOR su Dios, sino que anduvieron en las costumbres[1] que Israel había introducido. [20] Y el SEÑOR desechó a toda la descendencia[1] de Israel, y los afligió y los entregó en mano de saqueadores, hasta que los echó de su presencia. [21] Cuando Él arrancó a Israel de la casa de David, ellos hicieron rey a Jeroboam, hijo de Nabat. Entonces Jeroboam apartó a Israel de seguir al SEÑOR, y les hizo cometer un gran pecado. [22] Los israelitas anduvieron en todos los pecados que había cometido

---

17:9 [1] O *pronunciaron palabras.*   17:10 [1] I.e. *deidades femeninas.*
17:14 [1] Lit. *endurecieron su cerviz.*   17:16 [1] I.e. *deidad femenina.*   17:19 [1] Lit.
los estatutos.   17:20 [1] Lit. *simiente.*

Jeroboam; no se apartaron de ellos, **23** hasta que el SEÑOR quitó a Israel de Su presencia, como Él había hablado por medio de todos Sus siervos los profetas. E Israel fue llevado de su propia tierra al destierro, a Asiria, hasta hoy.

24 El rey de Asiria trajo *hombres* de Babilonia, de Cuta, de Ava*¹*, de Hamat y de Sefarvaim, y *los* puso en las ciudades de Samaria en lugar de los israelitas. Y tomaron posesión de Samaria y habitaron en sus ciudades. **25** Al principio de habitar ellos allí, no temieron al SEÑOR, así que el SEÑOR envió leones entre ellos que mataron a *muchos* de ellos. **26** Entonces hablaron al rey de Asiria: «Las naciones que ha llevado al destierro a las ciudades de Samaria, no conocen la costumbre del dios de la tierra; por eso él ha enviado leones entre ellos, y es la causa por la que *los leones* los matan porque ellos no conocen la costumbre del dios de la tierra».

27 Y el rey de Asiria ordenó: «Lleven allá a uno de los sacerdotes que ustedes llevaron al destierro, y que él vaya y habite allí; y que les enseñe la costumbre del dios de la tierra». **28** Y vino uno de los sacerdotes que habían llevado al destierro desde Samaria, y habitó en Betel*¹*, y les enseñó cómo habían de temer al SEÑOR. **29** Pero cada nación continuó haciendo sus propios dioses, y los pusieron en las casas de los lugares altos que los samaritanos habían hecho, cada nación en las ciudades en que habitaban. **30** Y los hombres de Babilonia hicieron a Sucot Benot; los hombres de Cuta hicieron a Nergal; los hombres de Hamat hicieron a Asima; **31** y los aveos hicieron a Nibhaz y a Tartac; y los de Sefarvaim quemaban a sus hijos en el fuego *como ofrenda* a Adramelec y Anamelec, dioses de Sefarvaim. **32** También temían al SEÑOR pero nombraron de entre sí sacerdotes de los lugares altos, que oficiaban por ellos en las casas de los lugares altos. **33** Temían al SEÑOR pero servían a sus dioses conforme a la costumbre de las naciones de donde habían sido llevados al destierro.

34 Hasta el día de hoy siguen haciendo conforme a sus antiguas costumbres. No temen*¹* al SEÑOR, ni siguen sus estatutos ni sus ordenanzas ni la ley ni el mandamiento que el SEÑOR había ordenado a los hijos de Jacob, a quien puso el nombre de Israel, **35** con los cuales el SEÑOR hizo un pacto y les ordenó: «No temerán*¹* a otros dioses ni se inclinarán ante ellos, no los servirán ni les ofrecerán sacrificios. **36** Sino que al SEÑOR, que los hizo subir de la tierra de Egipto con gran poder y con brazo extendido, a Él temerán*¹* y ante Él se inclinarán y a Él ofrecerán sacrificios. **37** Y los estatutos, las ordenanzas, la ley y el mandamiento que Él les escribió, cuidarán de cumplir*los* siempre, y no temerán a otros dioses. **38** Y el pacto que he hecho con ustedes, no lo olvidarán, ni temerán a otros dioses. **39** Sino que al SEÑOR su Dios temerán, y Él los librará de mano de todos sus enemigos».

40 Pero ellos no escucharon, sino que hicieron conforme a su antigua costumbre. **41** Y aunque estas naciones temían al SEÑOR, también servían a sus ídolos; *y* de la misma manera que hicieron sus padres, así hacen hasta hoy sus hijos y sus nietos.

17:28
El sacerdote enseñó sobre la adoración

Un sacerdote del reino del norte probablemente habría enseñado al pueblo a adorar al Señor junto con otros dioses. Como resultado, los principiantes se consideraban judíos mientras continuaban adorando a los dioses paganos.

17:24 *¹* En 2Rey. 18:34, *Iva.*   17:28 *¹* I.e. Casa de Dios.   17:34 *¹* O *reverencian.*
17:35 *¹* O *reverenciarán.*   17:36 *¹* O *reverenciarán.*

18:4
La serpiente de bronce
Con el tiempo, el pueblo debe
haber empezado a pensar que
la serpiente de bronce podía
ayudarlos, así como había ayudado
a los israelitas en el desierto. La
misma se convirtió en un ídolo
y pensaban que tenía poderes
sobrenaturales.

EZEQUÍAS REY DE JUDÁ

18 En el año tercero de Oseas, hijo de Ela, rey de Israel, comenzó a reinar Ezequías, hijo de Acaz, rey de Judá. ² Tenía veinticinco años cuando comenzó a reinar, y reinó veintinueve años en Jerusalén. El nombre de su madre *era* Abi[1], hija de Zacarías. ³ Hizo lo recto ante los ojos del SEÑOR, conforme a todo lo que su padre David había hecho. ⁴ Quitó los lugares altos, derribó los pilares *sagrados* y cortó la Asera[1]. También hizo pedazos la serpiente de bronce que Moisés había hecho, porque hasta aquellos días los israelitas le quemaban incienso; y la llamaban Nehustán[2].

⁵ Ezequías confió en el SEÑOR, Dios de Israel. Después de él, no hubo ninguno como él entre todos los reyes de Judá, ni *entre los* que fueron antes de él, ⁶ porque se apegó al SEÑOR; no se apartó de Él, sino que guardó los mandamientos que el SEÑOR había ordenado a Moisés. ⁷ El SEÑOR estaba con él; adondequiera que iba prosperaba. Se rebeló contra el rey de Asiria y no le sirvió. ⁸ Derrotó[1] a los filisteos hasta Gaza y su territorio, desde las torres de atalaya hasta las ciudades fortificadas.

⁹ En el año cuarto del rey Ezequías, que era el año séptimo de Oseas, hijo de Ela, rey de Israel, Salmanasar, rey de Asiria, subió contra Samaria y la sitió, ¹⁰ y después de tres años la tomaron. En el año sexto de Ezequías, que era el año noveno de Oseas, rey de Israel, Samaria fue tomada. ¹¹ Y el rey de Asiria llevó a Israel al destierro en Asiria, y los puso en Halah y en el Habor, río de Gozán, y en las ciudades de los medos, ¹² porque no obedecieron la voz del SEÑOR su Dios, sino que quebrantaron Su pacto, *es decir*, todo lo que Moisés, siervo del SEÑOR, había ordenado; no escucharon, ni *lo* cumplieron.

INVASIÓN DE SENAQUERIB

¹³ En el año catorce del rey Ezequías, subió Senaquerib, rey de Asiria, contra todas las ciudades fortificadas de Judá, y las tomó. ¹⁴ Entonces Ezequías, rey de Judá, envió a decir al rey de Asiria en Laquis: «He hecho lo malo. Retírate[1] de mí; lo que me impongas, aceptaré». Y el rey de Asiria impuso a Ezequías, rey de Judá, 10.2 toneladas de plata y una tonelada de oro. ¹⁵ Y Ezequías *le* dio toda la plata que se hallaba en la casa del SEÑOR y en los tesoros de la casa del rey. ¹⁶ En aquel tiempo Ezequías quitó *el oro de* las puertas del templo del SEÑOR, y *de* los postes *de las puertas* que el mismo Ezequías, rey de Judá, había revestido *de oro*, y lo entregó al rey de Asiria.

¹⁷ Desde Laquis el rey de Asiria envió a Jerusalén, al Tartán, al Rabsaris y al Rabsaces[1] con un gran ejército contra el rey Ezequías. Y subieron y llegaron a Jerusalén. Y cuando subieron, llegaron y se colocaron junto al acueducto del estanque superior que está en la calzada del campo del Batanero[2]. ¹⁸ Llamaron al rey, y salió a ellos Eliaquim, hijo de Hilcías, que era mayordomo, con el escriba Sebna y el cronista Joa, hijo de Asaf.

18:2 ¹ En 2Crón. 29:1, *Abías*.
bronce.   18:8 ¹ Lit. *Hirió*.   18:14 ¹ Lit. *Vuelve*.   18:17 ¹ I.e. oficiales de alto
rango.   ² O *Lavandero*.   18:4 ¹ I.e. deidad femenina.   ² I.e. pedazo de   rango.

¹⁹ Entonces el Rabsaces les dijo: «Digan ahora a Ezequías: "Así dice el gran rey, el rey de Asiria: '¿Qué confianza es esta que tú tienes? ²⁰ Tú dices (pero solo *son* palabras vanas): "*Tengo* consejo y poder para la guerra". *Pero* ahora, ¿en quién confías que te has rebelado contra mí? ²¹ Yo sé que tú confías en el báculo de esta caña quebrada, *es decir*, en Egipto, en el cual, si un hombre se apoya, penetrará en su mano y la traspasará. Así es Faraón, rey de Egipto, para todos los que confían en él. ²² Pero si ustedes me dicen: "Nosotros confiamos en el SEÑOR nuestro Dios", ¿no es Él aquel cuyos lugares altos y cuyos altares Ezequías ha quitado y ha dicho a Judá y a Jerusalén: "Adorarán delante de este altar en Jerusalén"? ²³ Ahora pues, te ruego que llegues a un acuerdo¹ con mi señor el rey de Asiria, y yo te daré 2,000 caballos, si por tu parte puedes poner jinetes sobre ellos. ²⁴ ¿Cómo, pues, puedes rechazar a un oficial¹ de los menores de los siervos de mi señor, y confiar en Egipto para *tener* carros y hombres a caballo? ²⁵ ¿He subido ahora sin el *consentimiento del* SEÑOR contra este lugar para destruirlo? El SEÑOR me dijo: "Sube contra esta tierra y destrúyela'"».

²⁶ Entonces Eliaquim, hijo de Hilcías, Sebna y Joa dijeron al Rabsaces: «Le rogamos que hable a sus siervos en arameo, porque nosotros *lo* entendemos¹, y no nos hable en la lengua de Judá² a oídos del pueblo que está sobre la muralla». ²⁷ Pero el Rabsaces les dijo: «¿Acaso me ha enviado mi señor para hablar estas palabras *solo* a tu señor y a ti, y no a los hombres que están sentados en la muralla, *condenados* a comer sus propios excrementos y beber su propia orina con ustedes?». ²⁸ El Rabsaces se puso en pie, gritó a gran voz en la lengua de Judá, y dijo: «Escuchen la palabra del gran rey, el rey de Asiria. ²⁹ Así dice el rey: "Que no los engañe Ezequías, porque él no los podrá librar de mi¹ mano; ³⁰ ni que Ezequías les haga confiar en el SEÑOR, diciendo: 'Ciertamente el SEÑOR nos librará, y esta ciudad no será entregada en manos del rey de Asiria'. ³¹ No escuchen a Ezequías, porque así dice el rey de Asiria: 'Hagan la paz conmigo¹ y salgan a mí, y coma cada uno de su vid y cada uno de su higuera, y beba cada cual de las aguas de su cisterna, ³² hasta que yo venga y los lleve a una tierra como la tierra de ustedes, tierra de grano y de vino nuevo, tierra de pan y de viñas, tierra de olivos y de miel, para que vivan y no mueran'.

Pero no escuchen a Ezequías porque los engaña, diciendo: 'El SEÑOR nos librará'. ³³ ¿Acaso alguno de los dioses de las naciones ha librado su tierra de la mano del rey de Asiria? ³⁴ ¿Dónde están los dioses de Hamat y de Arfad? ¿Dónde están los dioses de Sefarvaim, de Hena y de Iva? ¿Cuándo han librado ellos a Samaria de mi mano? ³⁵ ¿Quiénes de entre todos los dioses de estas tierras han librado su tierra de mi mano, para que el SEÑOR libre a Jerusalén de mi mano?"».

³⁶ Pero el pueblo se quedó callado y no le respondió palabra alguna, porque la orden del rey era: «No le respondan». ³⁷ Entonces Eliaquim, hijo de Hilcías, mayordomo de la casa

18:22
Era importante dónde las personas adoraban a Dios
Los lugares altos estaban asociados a la adoración pagana. Dios no aprobaba que el pueblo lo adorara a él y a los dioses falsos. El pueblo de Dios podía orar en cualquier lugar, pero los sacrificios solo podían ofrecerse en Jerusalén.

18:25
La gran declaración del rey de Asiria
Senaquerib hizo esta declaración para asustar al pueblo. El Rabsaces, el comandante asirio, afirmó que Dios lo había enviado y luego se jactó de que Dios no podía detenerlo.

18:26-28
El idioma hebreo
El arameo había llegado a ser la lengua internacional del Medio Oriente. Es sorprendente que el Rabsaces pudiera hablar el dialecto hebreo común del pueblo de Judá.

18:30, 35
Los asirios insultaron al Señor
Los asirios no creían que Dios es el único Dios verdadero. Ellos pensaban que era simplemente uno más de los muchos dioses que podían ser conquistados por un dios más poderoso.

18:23 ¹ Lit. *intercambies promesas.*   18:24 ¹ O *gobernador.*   18:26 ¹ Lit. *oímos.*
² Lit. *en judío; i.e. en hebreo, y así en el vers. 28.*   18:29 ¹ Así en algunas versiones antiguas; en heb. *su.*   18:31 ¹ Lit. *Hagan conmigo una bendición.*

real, el escriba Sebna y el cronista Joa, hijo de Asaf, fueron a Ezequías con sus vestidos rasgados, y le relataron las palabras del Rabsaces.

EZEQUÍAS Y EL PROFETA ISAÍAS

19 Cuando el rey Ezequías oyó *esto* rasgó sus vestidos, se cubrió de cilicio y entró en la casa del SEÑOR. **2** Envió entonces a Eliaquim, mayordomo de la casa *real*, con el escriba Sebna y los ancianos de los sacerdotes, cubiertos de cilicio, *para hablar* con el profeta Isaías, hijo de Amoz. **3** Y ellos le dijeron: «Así dice Ezequías: "Este día es día de angustia, de reprensión y de desprecio, pues hijos están para nacer, pero no hay fuerzas para dar a luz. **4** Tal vez el SEÑOR tu Dios oirá todas las palabras del Rabsaces, a quien su señor, el rey de Asiria, ha enviado para injuriar al Dios vivo, y *lo* reprenderá por las palabras que el SEÑOR tu Dios ha oído. Eleva, pues, una oración por el remanente que aún queda"».

5 Cuando llegaron los siervos del rey Ezequías ante Isaías, **6** este les dijo: «Así dirán a su señor: "Así dice el SEÑOR: 'No temas por las palabras que has oído, con las que los criados del rey de Asiria me han blasfemado. **7** Yo pondré en él un espíritu, oirá un rumor y se volverá a su tierra; y en su tierra lo haré caer a espada'"».

8 Entonces el Rabsaces volvió y halló al rey de Asiria peleando contra Libna, pues había oído que *el rey* había partido de Laquis. **9** Y *les* oyó decir acerca de Tirhaca, rey de Cus[j]: «Ha salido a pelear contra ti». Entonces envió de nuevo mensajeros a Ezequías, diciendo: **10** «Así dirán a Ezequías, rey de Judá: "No te engañe tu Dios en quien tú confías, diciendo: 'Jerusalén no será entregada en mano del rey de Asiria'. **11** Tú has oído lo que los reyes de Asiria han hecho a todas las naciones[j], destruyéndolas por completo, ¿y serás tú librado? **12** ¿Acaso los libraron los dioses de las naciones que mis padres destruyeron, *es decir*, Gozán, Harán, Resef y a los hijos de Edén que *estaban* en Telasar? **13** ¿Dónde está el rey de Hamat, el rey de Arfad, el rey de la ciudad de Sefarvaim, de Hena y de Iva?"».

14 Entonces Ezequías tomó la carta de mano de los mensajeros y la leyó, y subió a la casa del SEÑOR y la extendió delante del SEÑOR. **15** Y oró Ezequías delante del SEÑOR, y dijo: «Oh SEÑOR, Dios de Israel, que estás *sobre* los querubines, solo Tú eres Dios de todos los reinos de la tierra. Tú hiciste los cielos y la tierra. **16** Inclina, oh SEÑOR, Tu oído y escucha; abre, oh SEÑOR, Tus ojos y mira; escucha las palabras que Senaquerib ha enviado para injuriar al Dios vivo. **17** En verdad, oh SEÑOR, los reyes de Asiria han asolado las naciones y sus tierras, **18** y han echado sus dioses al fuego, porque no eran dioses, sino obra de manos de hombre, de madera y piedra; por eso los han destruido. **19** Y ahora, oh SEÑOR, Dios nuestro, líbranos, te ruego, de su mano para que todos los reinos de la tierra sepan que solo Tú, oh SEÑOR, eres Dios».

20 Entonces Isaías, hijo de Amoz, envió a decir a Ezequías: «Así dice el SEÑOR, Dios de Israel: "Lo que me has rogado

---

19:7
Dios hizo cambiar de opinión a Senaquerib
Es probable que Dios planeara usar la ansiedad u otros sentimientos de Senaquerib para hacerlo desear regresar a su tierra.

19:9 [j] O *Etiopía*.   19:11 [j] Lit. *tierras*.

acerca de Senaquerib, rey de Asiria, he escuchado". **21** Esta es la palabra que el SEÑOR ha hablado contra él:

"Te ha despreciado y se ha burlado de ti
La virgen hija de Sión;
Ha movido la cabeza a tus espaldas
La hija de Jerusalén.
22 ¿A quién has injuriado y blasfemado?
¿Y contra quién has alzado la voz
Y levantado con orgullo tus ojos?
¡Contra el Santo de Israel!
23 Por mano de tus mensajeros has injuriado al Señor,
Y has dicho: 'Con mis numerosos carros
Subí a las cumbres de los montes,
A las partes más remotas del Líbano;
Corté sus altos cedros y sus mejores cipreses,
Y entré en su morada más lejana, en su más frondoso
    bosque.
24 Yo cavé *pozos* y bebí aguas extranjeras,
Y sequé con la planta de mi pie
Todos los ríos de Egipto'.

25 "¿No has oído?
Hace mucho tiempo que lo hice,
Desde la antigüedad lo había planeado.
Ahora lo he realizado,
Para que conviertas las ciudades fortificadas
En montones de ruinas.
26 Sus habitantes, faltos de fuerzas,
Fueron desalentados y humillados;
Vinieron a ser *como* la vegetación del campo
Y *como* la hierba verde,
Como la hierba en los techos que se quema
Antes de que haya crecido.
27 Pero conozco tu sentarte,
Tu salir y tu entrar,
Y tu furor contra Mí.
28 Porque estás lleno de ira contra Mí,
Y porque tu arrogancia[1] ha subido hasta Mis oídos,
Pondré, pues, Mi argolla en tu nariz
Y Mi freno en tus labios,
Y te haré volver por el camino por donde viniste.

29 "Esto te será por señal: Este año ustedes comerán lo que crezca espontáneamente; el segundo año lo que nazca de por sí, y en el tercer año siembren, sieguen, planten viñas y coman su fruto. **30** Y el remanente de la casa de Judá que se salve, de nuevo echará raíces por debajo y dará fruto por arriba. **31** Porque de Jerusalén saldrá un remanente, y del monte Sión sobrevivientes. El celo del SEÑOR de los ejércitos hará esto.

32 "Por tanto, así dice el SEÑOR acerca del rey de Asiria: 'Él no entrará en esta ciudad, ni lanzará allí flecha alguna; tampoco vendrá delante de ella con escudo, ni levantará terraplén contra ella. **33** Por el camino que vino, por él se volverá, y no entrará en esta ciudad'", declara el SEÑOR. **34** "Porque

19:28 [1] Lit. *complacencia*.

19:25
Dios usó a Asiria para destruir a otras naciones
Dios empleó una variedad de maneras para cumplir sus planes. A veces usó los sucesos naturales. Otras veces utilizó a pueblos o naciones para hacer su voluntad, ¡incluso a aquellos que no tenían temor de él!

19:28
El significado de poner una argolla en la nariz de Asiria y un freno en sus labios
Las argollas o ganchos en la nariz se usaban para conducir al buey, y los frenos se empleaban para controlar a los caballos. Los asirios a menudo conducían a los cautivos con una soga atada a una argolla que perforaba la nariz o el labio inferior. Aquí, Isaías predijo que lo mismo le ocurriría a Senaquerib.

defenderé esta ciudad para salvarla por amor a Mí mismo y por amor a Mi siervo David"».

MUERTE DE SENAQUERIB

35 Aconteció que aquella misma noche salió el ángel del SEÑOR e hirió a 185,000 en el campamento de los asirios. Cuando *los demás* se levantaron por la mañana, vieron que todos eran cadáveres. **36** Senaquerib, rey de Asiria, salió y regresó *a su tierra*, y habitó en Nínive. **37** Y mientras él adoraba en la casa de su dios Nisroc, Adramelec y Sarezer lo mataron a espada y huyeron a la tierra de Ararat. Y su hijo Esar Hadón reinó en su lugar.

ENFERMEDAD Y CURACIÓN DE EZEQUÍAS

20 En aquellos días Ezequías cayó enfermo de muerte. Y vino a él el profeta Isaías, hijo de Amoz, y le dijo: «Así dice el SEÑOR: "Pon tu casa en orden, porque morirás y no vivirás"». **2** Entonces él volvió su rostro hacia la pared y oró al SEÑOR, diciendo: **3** «Te ruego, oh SEÑOR, que te acuerdes ahora de cómo yo he andado delante de Ti en verdad y con corazón íntegro, y he hecho lo bueno ante Tus ojos». Y Ezequías lloró amargamente.

4 Y antes que Isaías hubiera salido del patio central, vino a él la palabra del SEÑOR, diciendo: **5** «Vuelve y dile a Ezequías, príncipe de Mi pueblo: "Así dice el SEÑOR, Dios de tu padre David: 'He escuchado tu oración y he visto tus lágrimas; entonces te sanaré. Al tercer día subirás a la casa del SEÑOR. **6** Y añadiré quince años a tu vida¹, y te libraré a ti y a esta ciudad de la mano del rey de Asiria; y defenderé esta ciudad por amor a Mí mismo y por amor a Mi siervo David"». **7** Entonces Isaías dijo: «Tomen una masa de higos». *La* tomaron y *la* pusieron sobre la úlcera, y sanó.

8 Y Ezequías dijo a Isaías: «¿Cuál será la señal de que el SEÑOR me sanará, y de que subiré a la casa del SEÑOR al tercer día?». **9** Respondió Isaías: «Esta será la señal del SEÑOR para ti, de que el SEÑOR hará lo que ha dicho: ¿avanzará la sombra diez grados¹ o retrocederá diez grados¹?». **10** Y Ezequías respondió: «Es fácil que la sombra decline diez grados; *pero* no que la sombra vuelva atrás diez grados». **11** El profeta Isaías clamó al SEÑOR, y Él hizo volver atrás la sombra diez grados en las gradas por las que había declinado, en las gradas de Acaz.

EZEQUÍAS MUESTRA SUS TESOROS

12 En aquel tiempo Berodac Baladán, hijo de Baladán, rey de Babilonia, envió cartas y un regalo a Ezequías, porque oyó que Ezequías había estado enfermo. **13** Y Ezequías los escuchó y les mostró toda su casa del tesoro: la plata y el oro, las especias y el aceite precioso, su arsenal y todo lo que se hallaba en sus tesoros. No hubo nada en su casa ni en todo su dominio que Ezequías no les mostrara. **14** Entonces

19:35
Dios envió una plaga
Aunque no se sabe con certeza, es posible que la tierra haya estado infectada con ratones y ratas. Esto puede haber sido una forma de peste bubónica. En una sola noche murieron 185,000 asirios.

20:2-3
Ezequías no estaba listo para morir
Los israelitas consideraban que una vida larga era una señal del favor de Dios. Se creía que morir antes de llegar a viejo evidenciaba el juicio de Dios. Tal vez Ezequías luchaba con el pensamiento de ser juzgado antes de pasar su vida sirviendo a Dios con fidelidad.

20:5-6
La oración de Ezequías
La oración de Ezequías quizás en realidad no hizo cambiar a Dios de idea. El Señor sabía de antemano lo que iba a pasar, pero tal vez quería que Ezequías expresara su fe una vez más.

20:6 ¹ Lit. *tus días.*   20:9 ¹ O *gradas,* y así en los vers. 10 y 11.

el profeta Isaías vino al rey Ezequías, y le dijo: «¿Qué han dicho esos hombres y de dónde han venido a ti?». Y Ezequías respondió: «Han venido de un país lejano, de Babilonia». **15** Y él dijo: «¿Qué han visto en tu casa?». Y Ezequías respondió: «Han visto todo lo que hay en mi casa; no hay nada entre mis tesoros que yo no les haya mostrado».

16 Entonces Isaías dijo a Ezequías: «Oye la palabra del SEÑOR: **17** "Vienen días cuando todo lo que hay en tu casa y todo lo que tus padres han atesorado hasta el día de hoy, será llevado a Babilonia; nada quedará", dice el SEÑOR. **18** "Y *algunos* de tus hijos que saldrán de ti, los que engendrarás, serán llevados, y serán oficiales¹ en el palacio del rey de Babilonia"». **19** Entonces Ezequías dijo a Isaías: «La palabra del SEÑOR que has hablado es buena. Pues pensaba¹: ¿No es así, si hay paz y seguridad² en mis días?». **20** Los demás hechos de Ezequías y todo su poderío, y cómo hizo el estanque y el acueducto, y trajo agua a la ciudad, ¿no están escritos en el libro de las Crónicas de los reyes de Judá? **21** Y durmió Ezequías con sus padres; y su hijo Manasés reinó en su lugar.

REINADO DE MANASÉS

21 Manasés *tenía* doce años cuando comenzó a reinar, y reinó cincuenta y cinco años en Jerusalén. El nombre de su madre *era* Hepsiba. **2** Hizo lo malo ante los ojos del SEÑOR, conforme a las abominaciones de las naciones que el SEÑOR había desposeído delante de los israelitas. **3** Porque reedificó los lugares altos que su padre Ezequías había destruido; levantó también altares a Baal e hizo una Asera¹, como había hecho Acab, rey de Israel, y adoró a todo el ejército de los cielos y los sirvió.

4 Edificó además altares en la casa del SEÑOR, de la cual el SEÑOR había dicho: «En Jerusalén pondré Mi nombre». **5** Edificó altares a todo el ejército de los cielos en los dos atrios de la casa del SEÑOR. **6** Hizo pasar por fuego a su hijo, practicó la hechicería, usó la adivinación y trató con adivinos y espiritistas. Hizo mucho mal ante los ojos del SEÑOR, provocándo*lo a ira*.

7 Colocó la imagen tallada de Asera¹ que él había hecho, en la casa de la cual el SEÑOR había dicho a David y a su hijo Salomón: «En esta casa y en Jerusalén, que he escogido de entre todas las tribus de Israel, pondré Mi nombre para siempre. **8** Y haré que nunca más los pies de Israel vaguen *fuera* de la tierra que di a sus padres, con tal de que cuiden de hacer conforme a todo lo que les he mandado, y conforme a toda la ley que Mi siervo Moisés les ordenó». **9** Pero ellos no escucharon, y Manasés hizo que se extraviaran para que hicieran lo malo, más que las naciones que el SEÑOR había destruido delante de los israelitas.

10 Entonces el SEÑOR habló por medio de Sus siervos los profetas: **11** «Por cuanto Manasés, rey de Judá, ha hecho estas abominaciones, habiendo hecho lo malo más que todo lo que hicieron los amorreos antes de él, haciendo pecar también a Judá con sus ídolos; **12** por tanto, así dice el SEÑOR, Dios de

20:8-11
Ezequías pide una señal
Ezequías estaba confundido sobre lo que debía creer, así que pidió una señal.

20:11
El milagro de la sombra
Dios puede haber revertido la rotación de la Tierra o usado algún otro método para hacer que la sombra retrocediera, pero de cualquier forma habría sido un milagro. Esta fue la señal con la que Dios le mostró a su siervo fiel que Ezequías continuaría viviendo.

20:16-19
Ezequías dijo que la profecía era buena
Ezequías debe haberse sentido aliviado de que el juicio de Dios no viniera de inmediato, así que pudo tener paz.

21:9
Por qué los israelitas fueron peores que las otras naciones
Los israelitas hicieron las mismas cosas que habían hecho las naciones que los precedieron, aunque ellos deberían haber sabido comportarse mejor. Eran el pueblo elegido de Dios, pero rechazaron el pacto y adoraron a los ídolos.

20:18 ¹ O eunucos.   20:19 ¹ Lit. dijo.   ² O verdad.   21:3 ¹ I.e. deidad femenina.
21:7 ¹ I.e. deidad femenina.

REYES DE ISRAEL Y JUDÁ

Los reyes de Israel y Judá rápidamente nos revelan por qué ambas naciones fueron llevadas cautivas. Este es el número de reyes buenos y malos de cada reino:

ISRAEL

0
Reyes buenos

20
Reyes malos

JUDÁ

8
Reyes buenos

12
11 Reyes malos y 1 Reina mala

21:16
Víctimas inocentes de Manasés

Manasés era un rey muy malo que sacrificó a sus propios hijos, probablemente al dios Moloc, y puede haber influenciado a otros a hacer lo mismo. Él también mató a muchos profetas de Dios. Según la tradición judía, el profeta Isaías fue cortado en dos durante su reinado.

Israel: "Voy a traer *tal* calamidad sobre Jerusalén y Judá, que a todo el que oiga de ello le retumbarán ambos oídos. 13 Extenderé sobre Jerusalén el cordel de Samaria y la plomada de la casa de Acab, y limpiaré a Jerusalén como se limpia un plato, limpiándolo y volviéndolo boca abajo. 14 Abandonaré al remanente de Mi heredad y los entregaré en mano de sus enemigos, y serán para presa y despojo para todos sus enemigos; 15 porque han hecho lo malo ante Mis ojos, y han estado provocándome a ira desde el día en que sus padres salieron de Egipto, hasta el día de hoy"».

16 Además, Manasés derramó muchísima sangre inocente hasta llenar a Jerusalén de un extremo a otro, aparte de su pecado con el que hizo pecar a Judá para que hiciera lo malo ante los ojos del SEÑOR. 17 Los demás hechos de Manasés, todo lo que hizo y el pecado que cometió, ¿no están escritos en el libro de las Crónicas de los reyes de Judá? 18 Manasés durmió con sus padres, y fue sepultado en el jardín de su casa, en el jardín de Uza; y su hijo Amón reinó en su lugar.

REINADO DE AMÓN

19 Amón *tenía* veintidós años cuando comenzó a reinar, y reinó dos años en Jerusalén. El nombre de su madre *era* Mesulemet, hija de Haruz, de Jotba. 20 Hizo lo malo ante los ojos del SEÑOR, como había hecho su padre Manasés. 21 Pues anduvo en todo el camino en que su padre había andado, sirvió a los ídolos a los que su padre había servido y los adoró. 22 Abandonó al SEÑOR, el Dios de sus padres, y no anduvo en el camino del SEÑOR. 23 Y conspiraron contra él los siervos de Amón y mataron al rey en su casa. 24 Pero el pueblo de la tierra mató a todos los que habían conspirado contra el rey Amón, y en su lugar el pueblo de la tierra hizo rey a su hijo Josías. 25 Los demás hechos que Amón hizo, ¿no están escritos en el libro de las Crónicas de los reyes de Judá? 26 Amón fue sepultado en su sepulcro en el jardín de Uza; y su hijo Josías reinó en su lugar.

REINADO DE JOSÍAS

22 Josías *tenía* ocho años cuando comenzó a reinar, y reinó treinta y un años en Jerusalén. El nombre de su madre *era* Jedida, hija de Adaía, de Boscat. 2 Hizo lo recto ante los ojos del SEÑOR y anduvo en todo el camino de su padre David; no se apartó ni a la derecha ni a la izquierda.

3 Y en el año dieciocho del rey Josías, el rey envió al escriba Safán, hijo de Azalía, de Mesulam, a la casa del SEÑOR, diciéndole: 4 «Ve al sumo sacerdote Hilcías para que cuente el dinero traído a la casa del SEÑOR, que los guardianes del umbral han recogido del pueblo, 5 y que lo pongan en mano

de los obreros encargados de supervisar la casa del SEÑOR, y que ellos lo den a los obreros que están asignados en la casa del SEÑOR para reparar los daños de la casa, **6** a los carpinteros, a los constructores y a los albañiles, y para comprar maderas y piedra de cantería para reparar la casa. **7** Pero no se les pedirá cuenta del dinero entregado en sus manos porque obran con fidelidad».

HALLAZGO DEL LIBRO DE LA LEY

8 Entonces el sumo sacerdote Hilcías dijo al escriba Safán: «He hallado el libro de la ley en la casa del SEÑOR». E Hilcías dio el libro a Safán, y *este* lo leyó. **9** Y el escriba Safán vino al rey, y trajo palabra al rey, diciendo: «Sus siervos han tomado el dinero que se halló en la casa, y lo han puesto en mano de los obreros encargados de supervisar la casa del SEÑOR». **10** El escriba Safán informó también al rey: «El sacerdote Hilcías me ha dado un libro». Y Safán lo leyó en la presencia del rey.

11 Cuando el rey oyó las palabras del libro de la ley, rasgó sus vestidos. **12** Entonces el rey ordenó al sacerdote Hilcías, a Ahicam, hijo de Safán, a Acbor, hijo de Micaías[i], al escriba Safán y a Asaías, siervo del rey: **13** «Vayan, consulten al SEÑOR por mí, por el pueblo y por todo Judá acerca de las palabras de este libro que se ha encontrado, porque grande es la ira del SEÑOR que se ha encendido contra nosotros, por cuanto nuestros padres no han escuchado las palabras de este libro, haciendo conforme a todo lo que está escrito de nosotros».

14 Entonces el sacerdote Hilcías, y Ahicam, Acbor, Safán y Asaías fueron a la profetisa Hulda, mujer de Salum, hijo de Ticva, hijo de Harhas, encargado del vestuario. Ella habitaba en Jerusalén en el segundo sector, y hablaron con ella. **15** Y ella les dijo: «Así dice el SEÑOR, Dios de Israel: "Digan al hombre que los ha enviado a mí: **16** Así dice el SEÑOR: 'Voy a traer mal sobre este lugar y sobre sus habitantes, *según* todas las palabras del libro que ha leído el rey de Judá. **17** Por cuanto me han abandonado y han quemado incienso a otros dioses para provocarme a ira con toda la obra de sus manos, por tanto Mi ira arde contra este lugar y no se apagará". **18** Pero al rey de Judá que los envió a consultar al SEÑOR, así le dirán: "Así dice el SEÑOR, Dios de Israel: '*En cuanto* a las palabras que has oído, **19** porque se enterneció tu corazón y te humillaste delante del SEÑOR cuando oíste lo que hablé contra este lugar y contra sus habitantes, que vendrían a ser desolación y maldición, y has rasgado tus vestidos y has llorado delante de Mí, ciertamente te he oído', declara el SEÑOR. **20** 'Por tanto, te reuniré con tus padres y serás recogido en tu sepultura en paz, y tus ojos no verán todo el mal que Yo voy a traer sobre este lugar'"». Y llevaron la respuesta al rey.

REFORMAS DEL REY JOSÍAS

23 Entonces el rey mandó reunir con él a todos los ancianos de Judá y Jerusalén. **2** Y el rey subió a la casa del SEÑOR, y con él todos los hombres de Judá, todos los

22:12 ᵢ En 2Crón. 34:20, *Abdón, hijo de Micaía.*

22:2
Josías venció la influencia maligna de sus antepasados
Josías solo tenía ocho años cuando comenzó a reinar, pero es probable que haya sido criado por personas que temían a Dios. Él fue el último rey bueno de la descendencia de David antes de ser llevados cautivos al exilio.

22:14
Profetisas en Judá
No había muchas profetisas en los tiempos del Antiguo Testamento. Las otras profetisas que la Biblia menciona son Miriam (Éxodo 15:20), Débora (Jueces 4:4) y la esposa de Isaías (Isaías 8:3).

22:20
El significado de que Dios reuniera a Josías con sus antepasados
Eso significaba que Josías moriría y tal vez se encontraría con sus antepasados en la vida eterna. Dios le aseguró a Josías que el juicio final a Judá y Jerusalén no llegaría durante su vida.

habitantes de Jerusalén, los sacerdotes, los profetas y todo el pueblo, desde el menor hasta el mayor; y leyó en su presencia[1] todas las palabras del libro del pacto que había sido hallado en la casa del SEÑOR. **3** Después el rey se puso en pie junto a la columna e hizo pacto delante del SEÑOR de andar en pos del SEÑOR y de guardar Sus mandamientos, Sus testimonios y Sus estatutos con todo *su* corazón y con toda *su* alma, para cumplir las palabras de este pacto escritas en este libro. Y todo el pueblo confirmó el pacto.

4 Después el rey ordenó que el sumo sacerdote Hilcías y los sacerdotes de segundo orden y los guardianes del umbral, sacaran del templo del SEÑOR todas las vasijas que se habían hecho para Baal, para la Asera[1] y para todo el ejército de los cielos, y los quemó fuera de Jerusalén en los campos del Cedrón y llevó sus cenizas a Betel[2]. **5** Josías quitó a los sacerdotes idólatras que los reyes de Judá habían nombrado para quemar incienso en los lugares altos en las ciudades de Judá y en los alrededores de Jerusalén, también a los que quemaban incienso a Baal, al sol y a la luna, a las constelaciones y a todo el ejército de los cielos. **6** Y sacó la Asera de la casa del SEÑOR fuera de Jerusalén, al torrente Cedrón, y la quemó junto al torrente Cedrón; *la* redujo a polvo y arrojó el polvo sobre los sepulcros de los hijos del pueblo. **7** También derribó las casas de los dedicados a la prostitución[1] que *estaban* en la casa del SEÑOR, donde las mujeres tejían pabellones para la Asera.

8 Entonces Josías trajo a todos los sacerdotes de las ciudades de Judá, y profanó los lugares altos donde los sacerdotes habían quemado incienso, desde Geba hasta Beerseba, y derribó los lugares altos de las puertas que *estaban* a la entrada de la puerta de Josué, gobernador de la ciudad, a la izquierda de la puerta de la ciudad. **9** Sin embargo, los sacerdotes de los lugares altos no podían subir al altar del SEÑOR en Jerusalén, sino que comían panes sin levadura entre sus hermanos. **10** También profanó al Tofet que está en el valle de Ben Hinom, para que nadie hiciera pasar por fuego a su hijo o a su hija para *honrar a* Moloc.

11 A la entrada de la casa del SEÑOR, junto a la cámara de Natán Melec, el oficial que *estaba* en las dependencias, quitó los caballos que los reyes de Judá habían dedicado al sol, y prendió fuego a los carros del sol. **12** Y los altares que *estaban* sobre el techo, el aposento alto de Acaz que habían hecho los reyes de Judá, y los altares que había hecho Manasés en los dos atrios de la casa del SEÑOR el rey los derribó, los destrozó[1] allí y arrojó su polvo al torrente Cedrón. **13** El rey también profanó los lugares altos que *estaban* frente a Jerusalén, los que *estaban* a la derecha del monte de destrucción,

23:4-15
Josías destruyó a todos esos ídolos y altares sin encontrar resistencia
El pueblo en general apoyaba a cualquier dios al que su líder quisiera adorar. Si un rey decidía servir al Señor, el pueblo lo seguía.

23:11
Caballos y carros dedicados al sol
Esos caballos deben haber sido usados para tirar de carros que contenían imágenes de un dios sol. La adoración al sol provenía de Egipto, al igual que los carros y caballos.

A. D. Riddle/www.BiblePlaces.com, tomada en el Museo Egipcio, El Cairo

23:2 [1] Lit. *a oídos de ellos.*　　　23:4 [1] I.e. deidad femenina.　　[2] I.e. Casa de Dios.
23:7 [1] I.e. como parte del rito pagano.　　23:12 [1] O *corrió de.*

que Salomón, rey de Israel, había edificado a Astoret, abominación de los sidonios, y a Quemos, abominación de los moabitas, y a Milcom, ídolo abominable de los amonitas. ¹⁴ Asimismo hizo pedazos los pilares *sagrados*, derribó las Aseras y llenó sus lugares con huesos humanos.

¹⁵ Además, derribó el altar que *estaba* en Betel *y* el lugar alto que había hecho Jeroboam, hijo de Nabat, *el* que hizo pecar a Israel, *o sea, derribó* también aquel altar y el lugar alto, destruyó sus piedras, las redujo a polvo y quemó la Asera. ¹⁶ Al regresar, Josías vio los sepulcros que *estaban* allí en el monte, y envió a recoger los huesos de los sepulcros y *los* quemó sobre el altar, profanándolo, conforme a la palabra del SEÑOR que había proclamado el hombre de Dios que había anunciado estas cosas. ¹⁷ Entonces dijo: «¿Qué monumento es este que veo?». Y los hombres de la ciudad le dijeron: «Es el sepulcro del hombre de Dios que vino de Judá y proclamó estas cosas que has hecho contra el altar de Betel». ¹⁸ Y él dijo: «Déjenlo en paz; que nadie moleste sus huesos». Así dejaron sus huesos intactos con los huesos del profeta que vino de Samaria.

¹⁹ Josías quitó también todas las casas de los lugares altos que *estaban* en las ciudades de Samaria, las cuales habían hecho los reyes de Israel provocando a ira al SEÑOR. Les hizo tal y como había hecho en Betel. ²⁰ Y mató sobre los altares a todos los sacerdotes de los lugares altos que *estaban* allí, y quemó huesos humanos sobre ellos. Y regresó a Jerusalén.

²¹ Entonces el rey ordenó a todo el pueblo: «Celebren la Pascua al SEÑOR su Dios como está escrito en este libro del pacto». ²² *En verdad* que tal Pascua no se había celebrado desde los días de los jueces que gobernaban a Israel, ni en ninguno de los días de los reyes de Israel y de los reyes de Judá. ²³ Solo en el año dieciocho del rey Josías fue celebrada esta Pascua al SEÑOR en Jerusalén.

²⁴ Josías también quitó¹ a los adivinos y a los espiritistas, los ídolos domésticos y los *otros* ídolos, y todas las abominaciones que se veían en la tierra de Judá y en Jerusalén, con el fin de confirmar las palabras de la ley que estaban escritas en el libro que el sacerdote Hilcías había hallado en la casa del SEÑOR. ²⁵ Y antes de él no hubo rey como él que se volviera al SEÑOR con todo su corazón, con toda su alma y con todas sus fuerzas, conforme a toda la ley de Moisés, ni otro como él se levantó después de él.

²⁶ Sin embargo, el SEÑOR no desistió del furor de Su gran ira, *ya* que ardía Su ira contra Judá a causa de todas las provocaciones con que Manasés lo había provocado. ²⁷ Y el SEÑOR dijo: «También quitaré a Judá de Mi presencia, como he quitado a Israel. Y desecharé a esta ciudad que Yo había escogido, a Jerusalén, y al templo del¹ cual dije: "Mi nombre estará allí"».

²⁸ Los demás hechos de Josías y todo lo que hizo, ¿no están escritos en el libro de las Crónicas de los reyes de Judá? ²⁹ En sus días subió Faraón Necao, rey de Egipto, contra el rey de Asiria junto al río Éufrates. Y el rey Josías fue a su

23:24 ¹ Lit. *consumió.*   23:27 ¹ Lit. *la casa de la.*

23:13
El monte de destrucción
Ese monte en realidad se llamaba monte de la Unción, pero el escritor quiso mostrar que este lugar en la actualidad estaba corrompido por la falsa adoración. En el Nuevo Testamento se le llamó monte de los Olivos.

23:19-20
Por qué se quemaron huesos humanos en los altares
Josías quería que esos santuarios fueran inutilizados, por lo cual mató a los falsos sacerdotes y quemó sus huesos en los altares. El contacto con los muertos contaminaba el altar y la zona, así no podían volver a usarse para la adoración otra vez.

encuentro, pero Faraón Necao lo mató en Meguido en cuanto lo vio. **30** Sus siervos llevaron su cuerpo en un carro desde Meguido, lo trajeron a Jerusalén y lo sepultaron en su sepulcro. Entonces el pueblo de aquella tierra tomó a Joacaz, hijo de Josías, y lo ungieron y lo hicieron rey en lugar de su padre.

REINADOS DE JOACAZ Y JOACIM

31 Joacaz *tenía* veintitrés años cuando comenzó a reinar, y reinó tres meses en Jerusalén. El nombre de su madre *era* Hamutal, hija de Jeremías, de Libna. **32** Hizo lo malo ante los ojos del SEÑOR, conforme a todo lo que habían hecho sus padres. **33** Y Faraón Necao lo puso en prisión en Ribla, en la tierra de Hamat, para que no reinara en Jerusalén; e impuso una multa sobre la tierra de 34 toneladas de plata y 34 kilos de oro. **34** Faraón Necao hizo rey a Eliaquim, hijo de Josías, en lugar de Josías su padre, y cambió su nombre por el de Joacim. Pero tomó a Joacaz y *lo* llevó a Egipto, y allí murió. **35** Y Joacim dio la plata y el oro a Faraón, e impuso contribuciones al país para entregar el dinero conforme al mandato de Faraón. Exigió la plata y el oro del pueblo del país, a cada uno conforme a sus bienes, para dárselo a Faraón Necao.

36 Joacim *tenía* veinticinco años cuando comenzó a reinar, y reinó once años en Jerusalén. El nombre de su madre *era* Zebuda, hija de Pedaías, de Ruma. **37** Hizo lo malo ante los ojos del SEÑOR, conforme a todo lo que habían hecho sus padres.

INVASIÓN DE JUDÁ POR NABUCODONOSOR

24 En los días *de Joacim* subió Nabucodonosor, rey de Babilonia, y Joacim fue su siervo *por* tres años; después se levantó y se rebeló contra él. **2** Entonces el SEÑOR envió contra Joacim bandas de caldeos, bandas de arameos, bandas de moabitas y bandas de amonitas. Y las envió contra Judá para destruirla, conforme a la palabra que el SEÑOR había hablado por medio de sus siervos los profetas. **3** Ciertamente por mandato del SEÑOR sucedió *esto* contra Judá para quitarlos de Su presencia, por los pecados de Manasés, por todo lo que había hecho. **4** También por la sangre inocente que derramó, pues llenó a Jerusalén de sangre inocente, y el SEÑOR no quiso perdonar.

5 Los demás hechos de Joacim y todo lo que hizo ¿no están escritos en el libro de las Crónicas de los reyes de Judá? **6** Durmió Joacim con sus padres; y su hijo Joaquín reinó en su lugar. **7** El rey de Egipto no salió más de su tierra, porque el rey de Babilonia había tomado todo lo que pertenecía al rey de Egipto desde el torrente de Egipto hasta el río Éufrates.

8 Joaquín *tenía* dieciocho años cuando comenzó a reinar, y reinó tres meses en Jerusalén. El nombre de su madre *era* Nehusta, hija de Elnatán, de Jerusalén. **9** Hizo lo malo ante los ojos del SEÑOR, conforme a todo lo que había hecho su padre.

PRIMERA DEPORTACIÓN

10 En aquel tiempo los siervos de Nabucodonosor, rey de Babilonia, subieron a Jerusalén, y la ciudad fue sitiada.

23:33-34
El Faraón Necao puso en prisión a Joacaz
Él quería mostrar que estaba a cargo. Luego reemplazó al rey de Judá con el hermano de Joacaz.

24:1
Nabucodonosor
Su nombre significaba «¡Oh (dios) Nabu, protege a mi hijo!». Fue el rey más poderoso del Imperio neobabilónico. Nabucodonosor reinó desde 605 a 562 a. C.

24:1
Joacim sirvió a dos naciones
Sin embargo, no las sirvió al mismo tiempo. Joacim había sido un rey vasallo (o rey súbdito) bajo el reino de Necao de Egipto, pero una vez que Babilonia venció a Judá en la guerra, se convirtió en un rey vasallo bajo Nabucodonosor de Babilonia. Los reyes vasallos tenían muy poco poder.

¹¹ Nabucodonosor, rey de Babilonia, llegó a la ciudad mientras sus siervos la tenían sitiada. ¹² Joaquín, rey de Judá, se rindió¹ al rey de Babilonia, él y su madre, sus siervos, sus jefes y sus oficiales. El rey de Babilonia lo apresó en el año octavo de su reinado. ¹³ Nabucodonosor sacó de allí todos los tesoros de la casa del SEÑOR, los tesoros de la casa del rey, y destrozó todos los utensilios de oro que Salomón, rey de Israel, había hecho en el templo del SEÑOR, tal como el SEÑOR había dicho. ¹⁴ Y se llevó en cautiverio a todo Jerusalén: a todos los jefes, a todos los hombres valientes, 10,000 cautivos, y a todos los artesanos y herreros. Nadie quedó, excepto la gente más pobre del país. ¹⁵ También se llevó a Joaquín en cautiverio a Babilonia. Asimismo se llevó en cautiverio de Jerusalén a Babilonia a la madre del rey y a las mujeres del rey, a sus oficiales y a los poderosos del país. ¹⁶ Todos los hombres valientes, 7,000 y los artesanos y herreros, 1,000 todos fuertes y aptos para la guerra, también a estos el rey de Babilonia llevó en cautiverio a Babilonia. ¹⁷ Entonces el rey de Babilonia puso por rey en lugar de Joaquín, a su tío Matanías y cambió su nombre por el de Sedequías.

¹⁸ Sedequías *tenía* veintiún años cuando comenzó a reinar, y reinó once años en Jerusalén. El nombre de su madre *era* Hamutal, hija de Jeremías, de Libna. ¹⁹ Hizo lo malo ante los ojos del SEÑOR, conforme a todo lo que había hecho Joacim. ²⁰ Por causa de la ira del SEÑOR sucedió *esto* en Jerusalén y en Judea, hasta que los echó de Su presencia. Y Sedequías se rebeló contra el rey de Babilonia.

SITIO DE JERUSALÉN

25 Y en el noveno año de su reinado, en el décimo mes, el *día* diez del mes, vino Nabucodonosor, rey de Babilonia, él y todo su ejército contra Jerusalén, acampó contra ella y construyó un muro de asedio alrededor de ella. ² La ciudad estuvo sitiada hasta el undécimo año del rey Sedequías. ³ A los nueve *días* del mes *cuarto* el hambre era tan grande en la ciudad que no había alimento para la población. ⁴ Y al ser abierta una brecha en la ciudad, todos los hombres de guerra *huyeron* de noche por el camino de la puerta entre las dos murallas, junto al jardín del rey, estando los caldeos alrededor de la ciudad, y se fueron por el camino del Arabá. ⁵ Pero el ejército de los caldeos persiguió al rey y lo alcanzó en los llanos de Jericó, y todo su ejército se dispersó de su lado. ⁶ Entonces capturaron al rey y lo trajeron al rey de Babilonia en Ribla, y este lo sentenció. ⁷ Y degollaron a los hijos de Sedequías en su presencia, y a Sedequías le sacó los ojos, lo ató con cadenas de bronce y lo llevó a Babilonia.

CAUTIVERIO DE JUDÁ

⁸ En el mes quinto, a los siete *días* del mes, en el año diecinueve de Nabucodonosor, rey de Babilonia, vino a Jerusalén Nabuzaradán, capitán de la guardia, siervo del rey de Babilonia. ⁹ Y quemó la casa del SEÑOR, la casa del rey y todas las casas de Jerusalén; prendió fuego a toda casa grande.

24:12 ¹ Lit. *salió*.

24:14
Los pobres fueron dejados detrás

Babilonia esclavizaba al pueblo, pero ellos solo querían tomar a aquellos con habilidades o talentos. Los pobres, los que no eran habilidosos ni tenían estudios, les harían perder a Babilonia dinero y alimentos.

25:7
Por qué el rey de Babilonia le perdonó la vida a Sedequías

Nabucodonosor mantuvo con vida al rey para mostrarles a los cautivos lo que le sucedería al que se rebelara en su contra. También ejecutó a los hijos de Sedequías frente a él, lo dejó ciego y lo encadenó como una poderosa lección para los demás.

¹⁰ Todo el ejército de los caldeos que *estaba con* el capitán de la guardia derribó las murallas alrededor de Jerusalén; ¹¹ y al resto del pueblo que había quedado en la ciudad, a los desertores que se habían pasado al rey de Babilonia y al resto de la multitud, *los* llevó en cautiverio Nabuzaradán, capitán de la guardia. ¹² Pero el capitán de la guardia dejó a algunos de los más pobres del país para que *fueran* viñadores y labradores.

¹³ Los caldeos hicieron pedazos las columnas de bronce que *estaban* en la casa del SEÑOR, y las basas y el mar de bronce que *estaban* en la casa del SEÑOR, y llevaron el bronce a Babilonia. ¹⁴ También se llevaron las ollas, las palas, las despabiladeras, las cucharas, y todos los utensilios de bronce que se usaban en el servicio *del* templo. ¹⁵ El capitán de la guardia se llevó además los incensarios y los tazones, lo que era de oro puro y lo que era de plata pura. ¹⁶ *En cuanto a* las dos columnas, el mar y las basas que Salomón había hecho para la casa del SEÑOR; no era posible calcular el peso del bronce de todos estos objetos. ¹⁷ La altura de una columna era de 18 codos (8.1 metros), y *tenía* sobre ella un capitel de bronce; la altura del capitel era de 3 codos (1.35 metros), con una *obra de* malla y granadas alrededor del capitel, todo de bronce. Y la segunda columna era igual con *obra de* malla.

25:13
El mar de bronce
Era una enorme fuente que contenía aproximadamente 44.000 litros de agua, la cual los sacerdotes usaban para la purificación ritual.

EL EXILIO DEL REINO DEL SUR

18 Entonces el capitán de la guardia tomó al sumo sacerdote Seraías y al segundo sacerdote Sofonías y a los tres oficiales del templo[1]. **19** Y de la ciudad prendió a un oficial que estaba encargado de los hombres de guerra, y a cinco hombres de los consejeros del rey que se hallaban en la ciudad, y al escriba del capitán del ejército, que alistaba a la gente del país, y a sesenta hombres del pueblo de la tierra que se hallaban en la ciudad. **20** Nabuzaradán, capitán de la guardia, los tomó y se los llevó al rey de Babilonia en Ribla. **21** Entonces el rey de Babilonia los hirió y les dio muerte en Ribla, en la tierra de Hamat. Así Judá fue llevado al cautiverio, lejos de[1] su tierra.

22 Y *en cuanto* al pueblo que quedó en la tierra de Judá, al que Nabucodonosor, rey de Babilonia, había dejado, puso sobre ellos a Gedalías, hijo de Ahicam, hijo de Safán. **23** Cuando todos los jefes de tropas, ellos y *sus* hombres, oyeron que el rey de Babilonia había nombrado *gobernador* a Gedalías, vinieron a este en Mizpa: Ismael, hijo de Netanías, Johanán, hijo de Carea, Seraías, hijo de Tanhumet el netofatita, y Jaazanías, hijo del maacateo, ellos y sus hombres. **24** Gedalías les hizo un juramento, a ellos y a sus hombres, y les dijo: «No teman a los siervos de los caldeos; habiten en la tierra y sirvan al rey de Babilonia, y les irá bien».

25 Pero sucedió que en el séptimo mes, Ismael, hijo de Netanías, hijo de Elisama, de la familia[1] real, vino con diez hombres e hirió a Gedalías, y este murió junto con los judíos y los caldeos que estaban con él en Mizpa. **26** Entonces todo el pueblo, desde el menor hasta el mayor, y los jefes de las tropas se levantaron y se fueron a Egipto, porque temían a los caldeos.

JOAQUÍN HONRADO EN BABILONIA

27 En el año treinta y siete del cautiverio de Joaquín, rey de Judá, en el mes duodécimo, a los veintisiete *días* del mes, Evil Merodac, rey de Babilonia, en el año en que comenzó a reinar, sacó[1] de la prisión a Joaquín, rey de Judá; **28** y le habló con benevolencia y puso su trono por encima de los tronos de los reyes que *estaban* con él en Babilonia. **29** Le cambió sus vestidos de prisión, y comió siempre en la presencia del rey, todos los días de su vida; **30** y *para* su sustento, se le dio de continuo una ración de parte del rey, una porción para cada día, todos los días de su vida.

25:25
Ismael asesinó a Gedalías
Gedalías estaba emparentado con la familia real, por lo cual, Ismael seguro pensó que podía reinar sobre lo que quedaba de Judá.

25:18 [1] Lit. *guardianes del umbral*. 25:21 [1] Lit. *de sobre*. 25:25 [1] Lit. *simiente*.
25:27 [1] Lit. *levantó la cabeza*.

1 Crónicas

¿QUIÉN ESCRIBIÓ ESTE LIBRO?	El autor es desconocido. Muchos estudiosos creen que fue Esdras.
¿POR QUÉ SE ESCRIBIÓ ESTE LIBRO?	El libro 1 Crónicas brinda la evaluación de Dios sobre el reinado de David.
¿QUÉ OCURRE EN ESTE LIBRO?	David es elegido rey de Israel. Él derrota a los enemigos y hace de Israel una nación poderosa.
¿QUÉ APRENDEMOS ACERCA DE DIOS EN ESTE LIBRO?	Dios les da diferentes habilidades a las personas que le sirven.
¿QUIÉN ES EL PERSONAJE PRINCIPAL DE ESTE LIBRO?	La persona más importante del libro es David.
¿DÓNDE SUCEDIERON ESTAS COSAS?	Los acontecimientos de este libro se desarrollan en la tierra de Israel; David unió a las tribus y las convirtió en una poderosa nación. (Mira los mapas que están al final de esta Biblia para ver dónde se encuentra Israel).

¿CUÁLES SON ALGUNAS DE LAS HISTORIAS DE ESTE LIBRO?

El arca llega a Jerusalén	1 Crónicas 15
La promesa de Dios a David	1 Crónicas 17
David cuenta a su ejército	1 Crónicas 21
Los planos de David para el templo	1 Crónicas 28

Esta foto de Jerusalén muestra parte de la ciudad edificada por David.
© David Ionut/Shutterstock

DESCENDIENTES DE ADÁN Y NOÉ

1 Adán, Set, Enós, **2** Cainán, Mahalaleel, Jared, **3** Enoc, Matusalén, Lamec, **4** Noé, Sem, Cam y Jafet.

5 Los hijos de Jafet *fueron* Gomer, Magog, Madai, Javán, Tubal, Mesec y Tiras. **6** Los hijos de Gomer *fueron* Askenaz, Difat y Togarmá. **7** Los hijos de Javán *fueron* Elisa, Tarsis, Quitim y Rodanim.

8 Los hijos de Cam *fueron* Cus, Mizrayim, Fut y Canaán. **9** Los hijos de Cus *fueron* Seba, Havila, Sabta, Raama y Sabteca; y los hijos de Raama *fueron* Seba y Dedán. **10** Cus fue el padre de Nimrod; este llegó a ser poderoso sobre la tierra. **11** Y Mizrayim fue el padre del pueblo de Ludim, Anamim, Lehabim, Neftuhim, **12** Patrusim y Casluhim, de los cuales vinieron los filisteos, y Caftor.

13 Canaán fue el padre de Sidón su primogénito, y de Het, **14** y de los jebuseos, los amorreos, los gergeseos, **15** de los heveos, los araceos, los sineos, **16** de los arvadeos, los zemareos y hamateos.

17 Los hijos de Sem *fueron* Elam, Asur, Arfaxad, Lud, Aram, Uz, Hul, Geter y Mesec. **18** Arfaxad fue el padre de Sela, y Sela fue padre de Heber. **19** A Heber le nacieron dos hijos, el nombre de uno fue Peleg, porque en sus días fue repartida la tierra, y el nombre de su hermano *era* Joctán. **20** Joctán fue el padre de Almodad, Selef, Hazar Mavet, Jera, **21** Adoram, Uzal, Dicla, **22** Ebal, Abimael, Seba, **23** Ofir, Havila y Jobab; todos estos *fueron* hijos de Joctán.

24 Sem, Arfaxad, Sela, **25** Heber, Peleg, Reu, **26** Serug, Nacor, Taré, **27** Abram, es decir, Abraham.

DESCENDIENTES DE ABRAHAM

28 Los hijos de Abraham *fueron* Isaac e Ismael. **29** Estas son sus genealogías: el primogénito de Ismael, Nebaiot, luego Cedar, Adbeel, Mibsam, **30** Misma, Duma, Massa, Hadad, Tema, **31** Jetur, Nafis y Cedema; estos *fueron* los hijos de Ismael. **32** Los hijos *que* Cetura, concubina de Abraham, dio a luz, *fueron* Zimram, Jocsán, Medán, Madián, Isbac y Súa. Y los hijos de Jocsán *fueron* Seba y Dedán. **33** Los hijos de Madián *fueron* Efa, Efer, Hanoc, Abida y Elda. Todos estos *fueron* hijos de Cetura.

34 Abraham fue el padre de Isaac. Los hijos de Isaac *fueron* Esaú e Israel. **35** Los hijos de Esaú *fueron* Elifaz, Reuel, Jeús, Jaalam y Coré. **36** Los hijos de Elifaz *fueron* Temán, Omar, Zefí, Gatam, Quenaz, Timna y Amalec. **37** Los hijos de Reuel *fueron* Nahat, Zera, Sama y Miza. **38** Los hijos de Seir *fueron* Lotán, Sobal, Zibeón, Aná, Disón, Ezer y Disán. **39** Los hijos de Lotán *fueron* Hori y Homam, y la hermana de Lotán *fue* Timna. **40** Los hijos de Sobal *fueron* Alián, Manahat, Ebal, Sofi y Onam. Y los hijos de Zibeón *fueron* Aja y Aná. **41** El hijo de Aná *fue* Disón. Y los hijos de Disón *fueron* Amram, Esbán, Itrán y Querán. **42** Los hijos de Ezer *fueron* Bilhán, Zaaván y Jaacán. Los hijos de Disán *fueron* Uz y Arán.

43 Estos son los reyes que reinaron en la tierra de Edom antes que reinara rey alguno de los israelitas. Bela *fue* hijo de Beor, y el nombre de su ciudad *era* Dinaba. **44** Cuando murió Bela, reinó en su lugar Jobab, hijo de Zera, de Bosra.

1:1—9:44
La razón de las genealogías

Las genealogías les recordaban a los israelitas su conexión con el pasado. La lista de familias mostraba que Israel estaba en el centro del plan de Dios desde el mismo principio, comenzando con Adán.

1:1
Caín y Abel no figuran en la lista

La lista sigue el orden de las familias que dieron como resultado las naciones del Medio Oriente. Todos los hijos de Caín murieron en el diluvio y Abel no tuvo hijos. Por lo tanto, son los descendientes de Set los que están enumerados.

1:5
Solo los hijos varones son listados

Los israelitas vivían en una cultura donde los hombres tenían el poder. Los hijos varones recibían la herencia y eran quienes le pasaban el nombre familiar a la próxima generación.

1:12
La genealogía incluye el origen de los filisteos

Esto ayudaba a ver cómo las naciones antiguas del Medio Oriente se relacionaban con sus familias. Como los filisteos fueron importantes en la historia de Israel, el autor quiso mostrar cómo encajaban en el árbol familiar.

1:32
La concubina de Abraham está incluida en la lista

Las concubinas a veces figuraban también, dado que la familia entera no podía ser mencionada sin incluirlas a ellas.

1:34
A Jacob se le llama Israel aquí

El autor usó el nombre del pacto de Jacob para recordarles a los israelitas las promesas de Dios.

45 Cuando murió Jobab, reinó en su lugar Husam de la tierra de los temanitas. **46** Cuando murió Husam, reinó en su lugar Hadad, hijo de Bedad, que derrotó[1] a Madián en el campo de Moab. El nombre de su ciudad *era* Avit. **47** Cuando murió Hadad, reinó en su lugar Samla de Masreca. **48** Cuando murió Samla, reinó en su lugar Saúl de Rehobot, *que está* junto al río. **49** Cuando murió Saúl, reinó en su lugar Baal Hanán, hijo de Acbor. **50** Cuando murió Baal Hanán, reinó en su lugar Hadad. El nombre de su ciudad *era* Pai, y el nombre de su mujer *era* Mehetabel, hija de Matred, hija de Mezaab. **51** Hadad murió. Y los jefes de Edom fueron: el jefe Timna, el jefe Alya, el jefe Jetet, **52** el jefe Aholibama, el jefe Ela, el jefe Pinón, **53** el jefe Quenaz, el jefe Temán, el jefe Mibzar, **54** el jefe Magdiel, el jefe Iram. Estos *fueron* los jefes de Edom.

DESCENDIENTES DE JACOB

2 Estos son los hijos de Israel[1]: Rubén, Simeón, Leví, Judá, Isacar, Zabulón, **2** Dan, José, Benjamín, Neftalí, Gad y Aser.

3 Los hijos de Judá *fueron* Er, Onán, y Sela; *estos* tres le nacieron de Bet Súa la cananea. Y Er, primogénito de Judá, fue malo ante los ojos del SEÑOR, quien le dio muerte. **4** Tamar, su nuera, dio a luz a Pérez y a Zera. Judá tuvo cinco hijos en total.

5 Los hijos de Pérez *fueron* Hezrón y Hamul. **6** Los hijos de Zera *fueron* Zimri, Etán, Hemán, Calcol y Dara: cinco en total. **7** El hijo de Carmi *fue* Acar[1], el perturbador de Israel, que hizo mal en cuanto al anatema. **8** El hijo de Etán *fue* Azarías.

9 Los hijos que le nacieron a Hezrón *fueron* Jerameel, Ram y Quelubai. **10** Ram fue el padre de Aminadab y Aminadab fue el padre de Naasón, jefe de los hijos de Judá; **11** Naasón fue el padre de Salmón y Salmón fue padre de Booz;

GENEALOGÍA DE DAVID

12 Booz fue el padre de Obed y Obed el padre de Isaí, **13** e Isaí fue el padre de Eliab su primogénito, luego Abinadab el segundo y Simea el tercero. **14** Natanael el cuarto, Radai el quinto, **15** Ozem el sexto, *y* David el séptimo; **16** y sus hermanas *fueron* Sarvia y Abigail. Y los tres hijos de Sarvia *fueron* Abisai, Joab y Asael. **17** Abigail dio a luz a Amasa, y el padre de Amasa *fue* Jeter el ismaelita.

18 Y Caleb, hijo de Hezrón, tuvo hijos de Azuba *su* mujer, y de Jeriot; y estos *fueron* los hijos de ella: Jeser, Sobab y Ardón. **19** Cuando Azuba murió, Caleb tomó por mujer a Efrata, la cual dio a luz a Hur. **20** Hur fue el padre de Uri y Uri fue el padre de Bezalel.

21 Después Hezrón se unió a la hija de Maquir, padre de Galaad, y la tomó *por mujer* cuando él tenía sesenta años; y ella dio a luz a Segub. **22** Segub fue el padre de Jair, que tuvo veintitrés ciudades en la tierra de Galaad. **23** Pero Gesur y Aram les tomaron las aldeas de Jair, con Kenat y sus aldeas, sesenta ciudades. Todos estos *fueron* los hijos de Maquir, padre de Galaad. **24** Después de la muerte de Hezrón en Caleb Efrata, Abías, mujer de Hezrón, dio a luz a Asur, padre de Tecoa.

1:51
Los jefes eran distintos a los reyes
Los jefes trabajaban bajo los reyes. Podía haber más de un jefe, pero solo un rey. Es posible que un jefe fuera asignado a ciertos distritos.

2:16
Se menciona a las hermanas de David
Ellas seguramente están incluidas porque sus hijos jugaron un rol importante en la fundación de Israel. Abisai, Joab y Asael apoyaron a David en las batallas que libró. Amasa sirvió por un tiempo como comandante del ejército de David.

1:46 [1] Lit. *hirió.* 2:1 [1] O *Jacob.* 2:7 [1] En Jos. 7:18, *Acán.*

²⁵ Los hijos de Jerameel, primogénito de Hezrón, *fueron* Ram el primogénito, luego Buna, Orén, Ozem y Ahías. ²⁶ Jerameel tuvo otra mujer, cuyo nombre *era* Atara; ella *fue* la madre de Onam. ²⁷ Los hijos de Ram, primogénito de Jerameel, fueron Maaz, Jamín y Equer. ²⁸ Los hijos de Onam fueron Samai y Jada. Y los hijos de Samai *fueron* Nadab y Abisur. ²⁹ Y el nombre de la mujer de Abisur *era* Abihail, y ella dio a luz a Ahbán y a Molid. ³⁰ Los hijos de Nadab *fueron* Seled y Apaim, y Seled murió sin hijos. ³¹ El hijo de Apaim *fue* Isi, el hijo de Isi *fue* Sesán, y el hijo de Sesán *fue* Ahlai. ³² Los hijos de Jada, hermano de Samai, *fueron* Jeter y Jonatán. Jeter murió sin hijos. ³³ Los hijos de Jonatán *fueron* Pelet y Zaza. Estos fueron los hijos de Jerameel.

³⁴ Sesán no tuvo hijos, sino hijas. Sesán tenía un siervo egipcio cuyo nombre *era* Jarha. ³⁵ Sesán dio a su hija por mujer a Jarha su siervo, y ella dio a luz a Atai. ³⁶ Atai fue el padre de Natán y Natán fue el padre de Zabad, ³⁷ Zabad fue el padre de Eflal y Eflal fue el padre de Obed, ³⁸ Obed fue el padre de Jehú y Jehú fue el padre de Azarías, ³⁹ Azarías fue el padre de Heles y Heles fue el padre de Elasa, ⁴⁰ Elasa fue el padre de Sismai y Sismai fue el padre de Salum, ⁴¹ Salum fue el padre de Jecamías y Jecamías fue el padre de Elisama.

⁴² Los hijos de Caleb, hermano de Jerameel, *fueron* Mesa su primogénito, que fue el padre de Zif; y su hijo fue Maresa, padre de Hebrón. ⁴³ Los hijos de Hebrón *fueron* Coré, Tapúa, Requem y Sema. ⁴⁴ Sema fue el padre de Raham, padre de Jorcoam; y Requem fue el padre de Samai. ⁴⁵ El hijo de Samai *fue* Maón, y Maón fue el padre de Bet Sur. ⁴⁶ Efa, concubina de Caleb, dio a luz a Harán, a Mosa y a Gazez. Y Harán fue el padre de Gazez. ⁴⁷ Los hijos de Jahdai *fueron* Regem, Jotam, Gesam, Pelet, Efa y Saaf. ⁴⁸ Maaca, concubina de Caleb, dio a luz a Seber y a Tirhana. ⁴⁹ También dio a luz a Saaf, padre de Madmana, a Seva, padre de Macbena y padre de Gibea; y la hija de Caleb *fue* Acsa. ⁵⁰ Estos fueron los hijos de Caleb.

Los hijos de Hur, primogénito de Efrata, *fueron* Sobal, padre de Quiriat Jearim, ⁵¹ Salma, padre de Belén, *y* Haref, padre de Bet Gader. ⁵² Sobal, padre de Quiriat Jearim, tuvo hijos: Haroe, la mitad de los manahetitas, ⁵³ y las familias de Quiriat Jearim: los itritas, los futitas, los sumatitas y los misraítas; de estos salieron los zoratitas y los estaolitas. ⁵⁴ Los hijos de Salma *fueron* Belén y los netofatitas, Atrot Bet Joab y la mitad de los manahetitas, los Zoraítas. ⁵⁵ Y las familias de los escribas que habitaron en Jabes *fueron* los tirateos, los simeateos *y* los sucateos. Esos son los quenitas que vinieron de Hamat, padre de la casa de Recab.

HIJOS DE DAVID

3 Estos fueron los hijos de David que le nacieron en Hebrón: el primogénito, Amnón, de Ahinoam la de Jezreel; el segundo, Daniel, de Abigail la de Carmel; ² el tercero, Absalón, hijo de Maaca, hija de Talmai, rey de Gesur; el cuarto, Adonías, hijo de Haguit; ³ el quinto, Sefatías, de Abital; el sexto, Itream, de Egla su mujer. ⁴ Seis *hijos* le nacieron en Hebrón. Allí reinó siete años y seis meses, y en Jerusalén reinó treinta y tres años. ⁵ Y estos le nacieron en Jerusalén:

2:32
Jeter murió sin hijos
Este detalle explicaba por qué ninguno de sus hijos está en la lista. Era trágico no tener hijos en esta cultura, de modo que eso les recuerda a los lectores la mala fortuna de Jeter.

2:34-35
Una hija se casó con un esclavo
Como Sesán no tenía hijos, sus hijas heredarían la tierra, pero sus esposos controlarían la propiedad. Sesán decidió adoptar a su siervo como hijo y lo hizo casarse con su hija. De esta manera, su tierra quedaría en la familia.

2:46
Algunas veces se incluye a los hijos de las concubinas
Las concubinas y sus hijos eran considerados miembros de la familia. Aunque las concubinas tenían un estatus más bajo que las esposas, aun así tenían ciertos derechos.

3:1-8
Las esposas de David
Solo las esposas que tenían hijos se mencionan aquí. Por ejemplo, Mical no está incluida porque no tuvo hijos. Es probable que David haya tenido al menos nueve esposas además de sus concubinas.

Simea, Sobab, Natán y Salomón: los cuatro de Bet Súa, hija de Amiel. **6** También Ibhar, Elisama, Elifelet, **7** Noga, Nefeg y Jafía. **8** Elisama, Eliada y Elifelet: nueve. **9** Todos *estos fueron* los hijos de David, además de los hijos de las concubinas; y Tamar *fue* hermana de ellos.

DESCENDIENTES DE SALOMÓN

10 El hijo de Salomón *fue* Roboam; Abías *fue* su hijo, Asa su hijo, Josafat su hijo, **11** Joram su hijo, Ocozías su hijo, Joás su hijo, **12** Amasías su hijo, Azarías su hijo, Jotam su hijo, **13** Acaz su hijo, Ezequías su hijo, Manasés su hijo, **14** Amón su hijo, Josías su hijo. **15** Los hijos de Josías *fueron* Johanán el primogénito, y el segundo *fue* Joacim, el tercero Sedequías, el cuarto Salum. **16** Los hijos de Joacim *fueron* Jeconías su hijo, Sedequías su hijo. **17** Los hijos de Jeconías, el cautivo, *fueron* Salatiel su hijo, **18** y Malquiram, Pedaías, Senazar, Jecamías, Hosama y Nedabías. **19** Los hijos de Pedaías *fueron* Zorobabel y Simei. Y los hijos de Zorobabel *fueron* Mesulam y Hananías, y Selomit *fue* su hermana; **20** y Hasuba, Ohel, Berequías, Hasadías y Jusab Hesed: cinco. **21** Los hijos de Hananías *fueron* Pelatías y Jesaías, los hijos de Refaías, los hijos de Arnán, los hijos de Abdías, los hijos de Secanías. **22** Los descendientes¹ de Secanías *fueron* Semaías, y los hijos de Semaías: Hatús, Igal, Barías, Nearías y Safat: seis. **23** Los hijos de Nearías *fueron* Elioenai, Ezequías y Azricam: tres. **24** Los hijos de Elioenai *fueron* Hodavías, Eliasib, Pelaías, Acub, Johanán, Dalaías y Anani: siete.

DESCENDIENTES DE JUDÁ

4 Los hijos de Judá *fueron* Pérez, Hazrón, Carmi, Hur y Sobal. **2** Reaía, hijo de Sobal, fue padre de Jahat, y Jahat fue el padre de Ahumai y de Lahad. Estas *fueron* las familias de los zoratitas. **3** Estos *fueron* los hijos de Etam: Jezreel, Isma e Ibdas; y el nombre de su hermana *era* Hazelelponi. **4** Penuel *fue* el padre de Gedor, y Ezer, padre de Husa. Estos *fueron* los hijos de Hur, primogénito de Efrata, padre de Belén. **5** Asur, padre de Tecoa, tuvo dos mujeres: Hela y Naara. **6** Naara dio a luz a Ahuzam, Hefer, Temeni y Ahastari. Estos *fueron* los hijos de Naara. **7** Los hijos de Hela *fueron* Zeret, Izhar y Etnán. **8** Cos fue el padre de Anub y Zobeba y de las familias de Aharhel, hijo de Harum.

9 Jabes fue más ilustre que sus hermanos, y su madre lo llamó Jabes, diciendo: «Porque *lo* di a luz con dolor». **10** Jabes invocó al Dios de Israel, diciendo: «¡Oh, si en verdad me bendijeras, ensancharas mi territorio, y Tu mano estuviera conmigo y *me* guardaras del mal para que no me causara dolor!». Y Dios le concedió lo que pidió.

11 Quelub, hermano de Súa, fue el padre de Mehir, que fue padre de Estón. **12** Estón fue el padre de Bet Rafa, de Paseah y de Tehina, padre de Ir Nahas. Estos son los hombres de Reca. **13** Los hijos de Quenaz *fueron* Otoniel y Seraías. Y los hijos de Otoniel *fueron* Hatat y Meonotai¹. **14** Meonotai el padre de

3:15-16
Sedequías fue el último rey de Judá
Sedequías era el hermano de Joacim y el tío de Jeconías (también conocido como Joaquín). El rey de Babilonia conquistó Jerusalén y tomó cautivo a Jeconías, hijo de Joacim, y lo reemplazó con Sedequías, su tío, que fue el último rey de Judá.

4:9-10
Jabes recibe una atención especial en la genealogía
Era común insertar notas destacadas en las genealogías. Jabes fue honrado por su relación con Dios.

3:22 ¹ En heb. *E hijos*.   4:13 ¹ Así en algunas versiones antiguas; el texto heb. omite, *y Meonotai*.

LOS MÁS RECONOCIDOS

Estos son los nombres mencionados con más frecuencia en la Biblia

	veces
JESÚS	1,425
DAVID	1,207
MOISÉS	902
JACOB	435
SAÚL	432
ABRAHAM	352*
AARÓN	367
SALOMÓN	328
PABLO	295+
JOSÉ	297

*76 de esos como Abram
+35 de esos como Saulo

Ofra, y Seraías fue el padre de Joab, padre de Gue Jarasim, porque eran artífices. **15** Los hijos de Caleb, hijo de Jefone, *fueron* Iru, Ela y Naam; y el hijo de Ela fue Quenaz. **16** Los hijos de Jehalelel *fueron* Zif y Zifa, Tirías y Asareel.

17 Los hijos de Esdras *fueron* Jeter, Mered, Efer y Jalón. (Estos son los hijos de Bitia, hija de Faraón, que Mered tomó *por mujer)¹. Bitia* concibió y *dio a luz* a Miriam, a Samai y a Isba, padre de Estemoa. **18** Y su mujer Jehudaía dio a luz a Jered, padre de Gedor, a Heber, padre de Soco, y a Jecutiel, padre de Zanoa. **19** Los hijos de la mujer de Hodías, hermana de Naham, *fueron* los padres de Keila el garmita y Estemoa el maacateo. **20** Los hijos de Simón *fueron* Amnón y Rina, Ben Hanán y Tilón. Y los hijos de Isi *fueron* Zohet y Benzohet. **21** Los hijos de Sela, hijo de Judá, *fueron* Er, padre de Leca, y Laada, padre de Maresa, y las familias de la casa de los que trabajaban el lino en Bet Asbea; **22** y Joacim, los hombres de Cozeba, Joás y Saraf, que gobernaban en Moab, y Jasubi Lehem. Y los registros¹ son antiguos. **23** Estos *eran* alfareros y habitantes de Netaím y Gedera; moraban allí con el rey para hacer su trabajo.

DESCENDIENTES DE SIMEÓN

24 Los hijos de Simeón *fueron* Nemuel, Jamín, Jarib, Zera, Saúl; **25** Salum su hijo, Mibsam su hijo, Misma su hijo. **26** Los hijos de Misma *fueron* Hamuel su hijo, Zacur su hijo, Simei su hijo. **27** Simei tuvo dieciséis hijos y seis hijas, pero sus

4:21-23
Los que trabajaban el lino y los alfareros
Era común también mencionar el trabajo que cada casa realizaba. Estas familias deben haber sido las únicas que hacían esas tareas. El solo hecho de mencionar esa ocupación hacía automáticamente que la gente pensara en esa familia.

4:17 ¹ En heb. las palabras entre paréntesis están al fin del vers. 18.
4:22 ¹ Lit. *las palabras.*

4:33
Cómo guardaron esos registros

Las primeras genealogías estaban escritas. Los varones de más edad en la familia conservaban esos registros. Como los derechos de las tierras pasaban de generación en generación, era importante poder rastrear los antepasados hasta una familia en particular.

5:1
Derechos y responsabilidades de los primogénitos

El hijo primogénito era el líder de la familia. Tomaba el lugar de su padre y heredaba el doble de la tierra que sus hermanos. Cuando el padre moría, quedaba a cargo de los hermanos menores, de su madre y de las hermanas solteras. También recibía la bendición del pacto.

5:2
Los derechos de Rubén

Debido al pecado de Rubén, Judá se convirtió en el líder de la familia, y José recibió las bendiciones del pacto porque era el primogénito de Raquel, la esposa favorita de Jacob.

hermanos no tuvieron muchos hijos, ni se multiplicaron todas sus familias como los hijos de Judá. **28** Y habitaron en Beerseba, Molada y Hazar Sual, **29** en Bilha, Ezem, Tolad, **30** Betuel, Horma, Siclag, **31** Bet Marcabot, Hazar Susim, Bet Birai y Saaraim. Estas *fueron* sus ciudades hasta el reinado de David. **32** Y sus aldeas *fueron* Etam, Aín, Rimón, Toquén y Asán, cinco ciudades; **33** y todas sus aldeas que *estaban* alrededor de las mismas ciudades hasta Baal. Estas *fueron* sus moradas, y tienen su genealogía.

34 Y Mesobab, Jamlec, Josías, hijo de Amasías, **35** Joel, Jehú, hijo de Josibías, hijo de Seraías, hijo de Asiel, **36** Elioenai, Jaacoba, Jesohaía, Asaías, Adiel, Jesimiel, Benaía, **37** Ziza, hijo de Sifi, hijo de Alón, hijo de Jedaías, hijo de Simri, hijo de Semaías; **38** estos, mencionados por nombre, *fueron* jefes de sus familias; y sus casas paternas aumentaron en gran manera. **39** Ellos fueron a la entrada de Gedor, hasta el lado oriental del valle, para buscar pastos para sus ganados. **40** Allí encontraron pastos abundantes y buenos, y la tierra era espaciosa, tranquila y reposada, porque los que habitaban antes allí *eran* los de Cam. **41** Estos, registrados por nombre, llegaron en los días de Ezequías, rey de Judá, y atacaron[1] sus tiendas y a los meunitas que se encontraban allí, y los destruyeron completamente hasta el día de hoy, y habitaron en su lugar, porque allí había pastos para sus ganados. **42** Y de ellos, de los hijos de Simeón, 500 hombres fueron al monte Seir, con Pelatías, Nearías, Refaías y Uziel, hijos de Isi, como sus jefes. **43** Y destruyeron al remanente de los de Amalec, que habían escapado, y allí han habitado hasta el día de hoy.

DESCENDIENTES DE RUBÉN

5 Hijos de Rubén, primogénito de Israel (aunque él era el primogénito, como profanó la cama de su padre, sus derechos de primogenitura fueron dados a los hijos de José, hijo de Israel; de modo que Rubén no está inscrito en la genealogía conforme a los derechos de primogenitura. **2** Es cierto que Judá prevaleció sobre sus hermanos, y de él *procedió* el Príncipe, pero los derechos de primogenitura pertenecían a José). **3** Los hijos de Rubén, el primogénito de Israel *fueron* Hanoc, Falú, Hezrón y Carmi.

4 Los hijos de Joel *fueron* Semaías su hijo, Gog su hijo, Simei su hijo, **5** Micaía su hijo, Reaía su hijo, Baal su hijo, **6** Beera su hijo, a quien Tilgat Pilneser[1], rey de los asirios, se llevó al destierro; este fue jefe de los rubenitas. **7** Sus parientes[1], por sus familias, en la genealogía de sus generaciones, *fueron* Jeiel el jefe, después Zacarías **8** y Bela, hijo de Azaz, hijo de Sema, hijo de Joel, que habitó en Aroer hasta Nebo y Baal Meón. **9** Y hacia el oriente habitó hasta la entrada del desierto desde el río Éufrates, porque su ganado había aumentado en la tierra de Galaad. **10** En los días de Saúl hicieron guerra contra los agarenos, los cuales cayeron en sus manos, de modo que ellos ocuparon sus tiendas por toda la tierra al oriente de Galaad.

4:41 [1] Lit. *hirieron*.   5:6 [1] En 2Rey. 15:29 y 16:7, 10, *Tiglat Pileser*, y así en el vers. 26.   5:7 [1] Lit. *hermanos*.

¹¹ Y los hijos de Gad habitaron frente a ellos en la tierra de Basán, hasta Salca. ¹² Joel *fue* el jefe, y Safán el segundo, después Jaanai y Safat en Basán. ¹³ Los parientes de sus casas paternas *fueron* Micael, Mesulam, Seba, Jorai, Jacán, Zía y Heber: siete. ¹⁴ Estos *fueron* los hijos de Abihail, hijo de Huri, hijo de Jaroa, hijo de Galaad, hijo de Micael, hijo de Jesisai, hijo de Jahdo, hijo de Buz; ¹⁵ Ahí, hijo de Abdiel, hijo de Guni, *fue* jefe de sus casas paternas. ¹⁶ Y habitaron en Galaad, en Basán y en sus ciudades, y en todos los ejidos de Sarón, hasta sus fronteras. ¹⁷ Todos estos fueron inscritos por genealogías en los días de Jotam, rey de Judá, y en los días de Jeroboam, rey de Israel.

¹⁸ Los rubenitas, los gaditas y la media tribu de Manasés, hombres valientes, hombres que traían escudo y espada, tiraban con arco, y que *eran* diestros en batalla, *fueron* 44,760 que salían a la guerra. ¹⁹ E hicieron guerra contra los agarenos, Jetur, Nafis y Nodab. ²⁰ Dios los ayudó contra ellos, y los agarenos y todos los que *estaban* con ellos fueron entregados en sus manos; porque clamaron a Dios en la batalla, y Dios fue propicio a ellos porque confiaron en Él. ²¹ Y se apoderaron de sus ganados: 50,000 camellos, 250,000 ovejas, 2,000 asnos; también 100,000 hombres. ²² Muchos, pues, cayeron muertos, porque la guerra *era* de Dios. Y habitaron en su lugar hasta el destierro.

²³ Los hijos de la media tribu de Manasés habitaron en la región; eran muy numerosos desde Basán hasta Baal Hermón, Senir y el monte Hermón. ²⁴ Y estos *fueron* los jefes de sus casas paternas: Efer, Isi, Eliel, Azriel, Jeremías, Hodavías y Jahdiel, hombres fuertes de *gran* valor, hombres de renombre, jefes de sus casas paternas.

²⁵ Pero traicionaron al Dios de sus padres, y se prostituyeron con los dioses de los pueblos de la tierra, los cuales Dios había destruido delante de ellos. ²⁶ Por lo cual el Dios de Israel movió el espíritu de Pul, rey de Asiria, o sea, el espíritu de Tilgat Pilneser, rey de Asiria, quien los llevó al destierro, es decir, a los rubenitas, los gaditas y a la media tribu de Manasés, llevándolos a Halah, Habor, Hara y al río de Gozán, hasta el día de hoy.

DESCENDIENTES DE LEVÍ

6 ¹ Los hijos de Leví *fueron* Gersón, Coat y Merari. ² Los hijos de Coat *fueron* Amram, Izhar, Hebrón y Uziel. ³ Los hijos de Amram *fueron* Aarón, Moisés y Miriam. Y los hijos de Aarón *fueron* Nadab, Abiú, Eleazar e Itamar. ⁴ Eleazar fue el padre de Finees y Finees fue el padre de Abisúa, ⁵ Abisúa fue el padre de Buqui y Buqui fue el padre de Uzi, ⁶ Uzi fue el padre de Zeraías y Zeraías fue el padre de Meraiot, ⁷ Meraiot fue el padre de Amarías y Amarías fue el padre de Ahitob, ⁸ Ahitob fue el padre Sadoc y Sadoc fue el padre de Ahimaas, ⁹ Ahimaas fue el padre de Azarías y Azarías fue el padre de Johanán, ¹⁰ Johanán fue el padre de Azarías (este fue el que sirvió como sacerdote en la casa que Salomón había edificado en Jerusalén), ¹¹ Azarías fue el padre de Amarías

5:21
Cien mil cautivos
Era común en el Medio Oriente forzar a los enemigos a la esclavitud. Los esclavos en Israel eran mejor tratados que en las naciones vecinas debido a las leyes que Dios le había dado a Moisés.

5:26
Dios usó al rey de Asiria para cumplir su voluntad
Uno de los temas de este libro es que Dios bendice a los que confían en él y castiga a los que siguen a otros dioses. Es probable que Tilgat Pilneser no se diera cuenta de que Dios lo estaba usando para castigar a los israelitas.

6:1 ¹ En el texto heb. cap. 5:27.

6:15
El sacerdocio durante el destierro

Las responsabilidades y tareas de los sacerdotes terminaron cuando el templo fue destruido. Sin embargo, se les aseguró a los sacerdotes que sus servicios seguirían siendo necesarios cuando llegara el momento.

6:31
Los músicos mencionados

Esta genealogía demostró que eran descendientes de la tribu de Leví, de modo que eran los líderes de la adoración. Cada una de las tres casas principales de Leví produjo músicos para el templo.

6:39
Asaf

Muchas veces se le llama «el otro salmista», porque escribió varios salmos de la Biblia. Era un músico asignado a tocar el címbalo en la adoración en Jerusalén. A David se le conoce como el salmista original.

y Amarías fue el padre de Ahitob, **12** Ahitob fue el padre de Sadoc y Sadoc fue el padre de Salum, **13** Salum fue el padre de Hilcías e Hilcías fue el padre de Azarías, **14** Azarías fue el padre de Seraías y Seraías fue el padre de Josadac, **15** y Josadac fue al destierro cuando el SEÑOR se llevó en cautiverio a Judá y a Jerusalén por medio de Nabucodonosor.

16 *¹*Los hijos de Leví *fueron* Gersón, Coat y Merari. **17** Y estos son los nombres de los hijos de Gersón: Libni y Simei. **18** Los hijos de Coat *fueron* Amram, Izhar, Hebrón y Uziel. **19** Los hijos de Merari *fueron* Mahli y Musi. Y estas son las familias de los levitas conforme a sus *casas* paternas. **20** De Gersón: Libni su hijo, Jahat su hijo, Zima su hijo, **21** Joa su hijo, Iddo su hijo, Zera su hijo, Zeatrai su hijo. **22** Los hijos de Coat *fueron* Aminadab su hijo, Coré su hijo, Asir su hijo, **23** Elcana su hijo, Ebiasaf su hijo, Asir su hijo, **24** Tahat su hijo, Uriel su hijo, Uzías su hijo, Saúl su hijo. **25** Los hijos de Elcana *fueron* Amasai y Ahimot. **26** Elcana su hijo, Zofai su hijo, Nahat su hijo. **27** Eliab su hijo, Jeroham su hijo, Elcana su hijo. **28** Los hijos de Samuel *fueron* Joel el primogénito, y Abías el segundo. **29** Los hijos de Merari *fueron* Mahli, Libni su hijo, Simei su hijo, Uza su hijo, **30** Simea su hijo, Haguía su hijo, Asasías su hijo.

CANTORES DEL TEMPLO

31 Estos son los que David puso sobre el servicio del canto en la casa del SEÑOR, después que el arca descansó *allí*. **32** Ellos ministraban con el canto delante del tabernáculo de la tienda de reunión, hasta que Salomón edificó la casa del SEÑOR en Jerusalén, entonces servían su oficio *en ella* conforme a su orden.

33 Estos son los que servían con sus hijos: de los hijos de los coatitas *eran* Hemán el cantor, hijo de Joel, hijo de Samuel, **34** hijo de Elcana, hijo de Jeroham, hijo de Eliel, hijo de Toa, **35** hijo de Zuf, hijo de Elcana, hijo de Mahat, hijo de Amasai, **36** hijo de Elcana, hijo de Joel, hijo de Azarías, hijo de Sofonías, **37** hijo de Tahat, hijo de Asir, hijo de Abiasaf, hijo de Coré, **38** hijo de Izhar, hijo de Coat, hijo de Leví, hijo de Israel.

39 El hermano *de Hemán,* Asaf, estaba a su mano derecha: Asaf, hijo de Berequías, hijo de Simea, **40** hijo de Micael, hijo de Baasías, hijo de Malquías, **41** hijo de Etni, hijo de Zera, hijo de Adaía, **42** hijo de Etán, hijo de Zima, hijo de Simei, **43** hijo de Jahat, hijo de Gersón, hijo de Leví.

44 A la mano izquierda *estaban* sus parientes¹, hijos de Merari: Etán, hijo de Quisi, hijo de Abdi, hijo de Maluc, **45** hijo de Hasabías, hijo de Amasías, hijo de Hilcías, **46** hijo de Amsi, hijo de Bani, hijo de Semer, **47** hijo de Mahli, hijo de Musi, hijo de Merari, hijo de Leví. **48** Y sus parientes, los levitas, fueron designados para todo el servicio del tabernáculo de la casa de Dios.

DESCENDIENTES DE AARÓN

49 Aarón y sus hijos sacrificaban¹ sobre el altar del holocausto y sobre el altar del incienso, para toda la obra del Lugar

6:16 ¹ En el texto heb. cap. 6:1.   6:44 ¹ Lit. *hermanos.*   6:49 ¹ Lit. *quemaban ofrenda.*

Santísimo y para hacer expiación por Israel, conforme a todo lo que Moisés, siervo de Dios, había ordenado. **50** Estos son los hijos de Aarón: Eleazar su hijo, Finees su hijo, Abisúa su hijo, **51** Buqui su hijo, Uzi su hijo, Zeraías su hijo, **52** Meraiot su hijo, Amarías su hijo, Ahitob su hijo, **53** Sadoc su hijo, Ahimaas su hijo.

54 Y estas son sus moradas, conforme a sus campamentos dentro de sus territorios. A los hijos de Aarón, de las familias de los coatitas (pues a ellos les tocó la suerte *primero*). **55** A ellos les dieron Hebrón, en la tierra de Judá, y sus tierras de pastos alrededor de ella; **56** pero dieron los campos de la ciudad y sus aldeas a Caleb, hijo de Jefone. **57** Y a los hijos de Aarón les dieron las *siguientes* ciudades de refugio: Hebrón, Libna con sus tierras de pastos, Jatir, Estemoa con sus tierras de pastos, **58** Hilén con sus tierras de pastos, Debir con sus tierras de pastos, **59** Asán con sus tierras de pastos y Bet Semes con sus tierras de pastos. **60** Y de la tribu de Benjamín: Geba con sus tierras de pastos, Alemet con sus tierras de pastos y Anatot con sus tierras de pastos. Todas sus ciudades repartidas entre sus familias *fueron* trece ciudades.

61 A los demás hijos de Coat *fueron dadas* por suerte diez ciudades de la familia de la tribu de Efraín, de la tribu de Dan y de la media tribu de Manasés. **62** A los hijos de Gersón, según sus familias, *fueron dadas* de la tribu de Isacar, de la tribu de Aser, de la tribu de Neftalí y de la tribu de Manasés en Basán, trece ciudades. **63** A los hijos de Merari *fueron dadas* por suerte, según sus familias, de la tribu de Rubén, de la tribu de Gad y de la tribu de Zabulón, doce ciudades. **64** Así los israelitas dieron a los levitas ciudades con sus tierras de pastos. **65** Dieron por suerte de la tribu de Judá, de la tribu de Simeón y de la tribu de Benjamín, estas ciudades que se mencionan por nombre.

66 Algunas de las familias de los hijos de Coat tuvieron ciudades de sus territorios de la tribu de Efraín. **67** Y les dieron las *siguientes* ciudades de refugio: Siquem con sus tierras de pastos en la tierra montañosa de Efraín, también Gezer con sus tierras de pastos, **68** Jocmeam con sus tierras de pastos, Bet Horón con sus tierras de pastos, **69** Ajalón con sus tierras de pastos y Gat Rimón con sus tierras de pastos; **70** y de la media tribu de Manasés: Aner con sus tierras de pastos y Bileam con sus tierras de pastos, para el resto de la familia de los hijos de Coat.

71 A los hijos de Gersón *fueron dadas,* de la familia de la media tribu de Manasés: Golán en Basán con sus tierras de pastos y Astarot con sus tierras de pastos; **72** y de la tribu de Isacar: Cedes con sus tierras de pastos, Daberat con sus tierras de pastos, **73** Ramot con sus tierras de pastos y Anem con sus tierras de pastos; **74** y de la tribu de Aser: Masal con sus tierras de pastos, Abdón con sus tierras de pastos, **75** Hucoc con sus tierras de pastos y Rehob con sus tierras de pastos; **76** y de la tribu de Neftalí: Cedes en Galilea con sus tierras de pastos, Hamón con sus tierras de pastos y Quiriataim con sus tierras de pastos.

77 A los demás *levitas,* los hijos de Merari, *fueron dadas,* de la tribu de Zabulón: Rimón con sus tierras de pastos, Tabor

6:54
Ciudades de los levitas
A diferencia de las demás tribus, a los levitas no se les asignó un territorio, sino que estaban repartidos por todo Israel. Las ciudades quedaron registradas para que los israelitas pudieran llevarles sus diezmos a los levitas.

6:55-80
Los que defendían a los levitas
Los levitas servían a Dios en el tabernáculo o el templo, de modo que no poseían un ejército. En cambio, todas las demás tribus debían rescatar y ayudar a los levitas si ellos lo necesitaban. De ser necesario, los levitas también podían pelear.

6:76
Junto con las ciudades se asignaban tierras de pastos
El pueblo vivía en ciudades o aldeas, pero necesitaban tierras de pastos para los cultivos y el ganado.

con sus tierras de pastos; **78** y más allá del Jordán en Jericó, al lado oriental del Jordán, *les fueron dadas,* de la tribu de Rubén: Beser en el desierto con sus tierras de pastos, Jaza con sus tierras de pastos, **79** Cademot con sus tierras de pastos y Mefaat con sus tierras de pastos; **80** y de la tribu de Gad: Ramot en Galaad con sus tierras de pastos, Mahanaim con sus tierras de pastos, **81** Hesbón con sus tierras de pastos y Jazer con sus tierras de pastos.

DESCENDIENTES DE ISACAR Y DE BENJAMÍN

7 Los hijos de Isacar *fueron* cuatro: Tola, Fúa, Jasub y Simrón. **2** Los hijos de Tola *fueron* Uzi, Refaías, Jeriel, Jahmai, Jibsam y Samuel, jefes de sus casas paternas. *Los hijos* de Tola *fueron* hombres fuertes y valientes en sus generaciones; su número en los días de David *era* de 22,600. **3** El hijo de Uzi *fue* Israhías. Y los hijos de Israhías *fueron* Micael, Obadías, Joel e Isías; los cinco *eran* todos jefes. **4** Y con ellos por sus generaciones, conforme a sus casas paternas, *fueron* 36,000 tropas del ejército para la guerra, porque tenían muchas mujeres e hijos. **5** Y sus parientes[1] entre todas las familias de Isacar *eran* hombres fuertes y valientes, inscritos por genealogía, 87,000 en total.

6 *Los hijos de* Benjamín *fueron* tres: Bela, Bequer y Jediael. **7** Los hijos de Bela *fueron* cinco: Ezbón, Uzi, Uziel, Jerimot e Iri. Ellos *fueron* jefes de casas paternas, hombres fuertes y valientes, y fueron 22,034 inscritos por genealogía. **8** Los hijos de Bequer *fueron* Zemira, Joás, Eliezer, Elioenai, Omri, Jerimot, Abías, Anatot y Alamet. Todos estos *fueron* los hijos de Bequer. **9** Y fueron inscritos por genealogía, conforme a sus generaciones, jefes de sus casas paternas, 20,200 hombres fuertes y valientes. **10** El hijo de Jediael *fue* Bilhán. Y los hijos de Bilhán *fueron* Jeús, Benjamín, Aod, Quenaana, Zetán, Tarsis y Ahisahar. **11** Todos estos *fueron* hijos de Jediael, conforme a los jefes de sus casas paternas, 17,200 hombres fuertes y valientes, que estaban listos para salir con el ejército a la guerra. **12** Y Supim y Hupim *fueron* hijos de Hir; Husim *fue* hijo de Aher.

DESCENDIENTES DE NEFTALÍ, MANASÉS Y EFRAÍN

13 Los hijos de Neftalí *fueron* Jahzeel, Guni, Jezer y Salum, hijos de Bilha.

14 Los hijos de Manasés *fueron* Asriel, a quien su concubina aramea dio a luz; ella dio a luz *también* a Maquir, padre de Galaad. **15** Y Maquir tomó mujer para Hupim y Supim, y el nombre de su hermana fue Maaca. Y el nombre del segundo fue Zelofehad, y Zelofehad tuvo hijas. **16** Y Maaca, mujer de Maquir, dio a luz un hijo, y lo llamó Peres; y el nombre de su hermano *fue* Seres, y sus hijos *fueron* Ulam y Requem. **17** El hijo de Ulam *fue* Bedán. Estos *fueron* los hijos de Galaad, hijo de Maquir, hijo de Manasés. **18** Y su hermana Hamolequet dio a luz a Isod y Abiezer y Mahala. **19** Los hijos de Semida fueron Ahián, Siquem, Likhi y Aniam.

7:5 [1] Lit. *hermanos,* y así en el vers. 22.

20 Los hijos de Efraín *fueron* Sutela y Bered su hijo, Tahat su hijo, Elada su hijo, Tahat su hijo, **21** Zabad su hijo, Sutela su hijo, Ezer y Elad. Los hombres de Gat que nacieron en la tierra los mataron, porque descendieron a tomar sus ganados. **22** Y su padre Efraín hizo duelo por muchos días, y sus parientes vinieron a consolarlo. **23** Después se unió a su mujer, y ella concibió y dio a luz un hijo, y él lo llamó Bería, porque la calamidad había venido sobre su casa. **24** Y su hija fue Seera, que edificó a Bet Horón la de abajo y la de arriba, y también Uzen Seera. **25** Y Refa fue su hijo *junto* con Resef, Telah su hijo, Tahán su hijo, **26** Laadán su hijo, Amiud su hijo, Elisama su hijo, **27** Non¹ su hijo, y Josué su hijo.

28 Sus posesiones y moradas *fueron* Betel¹ con sus aldeas, y hacia el oriente Naarán, y hacia el occidente Gezer con sus aldeas, y Siquem con sus aldeas hasta Aya² con sus aldeas; **29** y junto a los límites de los hijos de Manasés, Bet Seán con sus aldeas, Taanac con sus aldeas, Meguido con sus aldeas, Dor con sus aldeas. En estas habitaron los hijos de José, hijo de Israel.

DESCENDIENTES DE ASER

30 Los hijos de Aser *fueron* Imna, Isúa, e Isúi, Bería y su hermana Sera. **31** Los hijos de Bería *fueron* Heber y Malquiel, que fue padre de Birzavit. **32** Y Heber fue el padre de Jaflet, de Somer, de Hotam, y de Súa su hermana. **33** Los hijos de Jaflet *fueron* Pasac, Bimhal y Asvat. Estos fueron los hijos de Jaflet. **34** Los hijos de Semer¹ *fueron* Ahí y Rohga, Jehúba y Aram. **35** Los hijos de su hermano Helem *fueron* Zofa, Imna, Seles y Amal. **36** Los hijos de Zofa *fueron* Súa, Harnefer, Súal, Beri e Imra, **37** Beser, Hod, Sama, Silsa, Itrán y Beera. **38** Los hijos de Jeter *fueron* Jefone, Pispa y Ara. **39** Los hijos de Ula *fueron* Ara, Haniel y Rezia. **40** Todos estos *fueron* los hijos de Aser, jefes de las casas paternas, escogidos, fuertes y valientes, jefes de príncipes. Y el número de ellos inscritos por genealogía para el servicio en la guerra fue de 26,000 hombres.

DESCENDIENTES DE BENJAMÍN

8 Benjamín fue el padre de Bela su primogénito, Asbel el segundo, Ahara el tercero, **2** Noha el cuarto, y Rafa el quinto. **3** Y Bela tuvo hijos: Adar¹, Gera, Abiud, **4** Abisúa, Naamán, Ahoa, **5** Gera, Sefufán e Hiram. **6** Y estos son los hijos de Aod: estos son los jefes de las *casas* paternas de los habitantes de Geba, y que fueron llevados al destierro a Manahat, **7** es decir, Naamán, Ahías y Gera; este los llevó al destierro, y fue el padre de Uza y de Ahiud.

8 Saharaim tuvo hijos en la tierra de Moab, después de repudiar a sus mujeres Husim y Baara. **9** Y de su mujer Hodes tuvo a Jobab, Sibia, Mesa, Malcam, **10** Jeúz, Saquías y Mirma. Estos *fueron* sus hijos, jefes de las *casas* paternas. **11** Y de Husim tuvo a Abitob y a Elpaal. **12** Los hijos de Elpaal *fueron* Heber, Misam y Semed, que edificó a Ono y Lod con sus aldeas;

7:24
No era normal que una mujer dirigiera un proyecto de construcción
Los hombres eran responsables de la mayor parte de la construcción. Resultaba notable que una mujer, Seera, dirigiera un proyecto.

7:40
La genealogía dejaba constancia del número de guerreros
Esto era probablemente un censo militar para contar el número de hombres que podían pelear en caso de guerra.

7:27 ¹ En Ex. 33:11, *Nun*.   7:28 ¹ I.e. Casa de Dios.   ² Muchos mss. dicen: *Gaza*.
7:34 ¹ En el vers. 32, *Somer*.   8:3 ¹ En Gn. 46:21 y Núm. 26:40, *Ard*.

¹³ Bería y Sema, que *fueron* jefes de las *casas* paternas de los habitantes de Ajalón, hicieron huir a los habitantes de Gat; ¹⁴ y Ahío¹, Sasac y Jeremot. ¹⁵ Zebadías, Arad, Ader, ¹⁶ Micael, Ispa y Joha *fueron* los hijos de Bería. ¹⁷ Zebadías, Mesulam, Hizqui, Heber, ¹⁸ Ishmerai, Jezlías y Jobab *fueron* los hijos de Elpaal. ¹⁹ Jaquim, Zicri, Zabdi, ²⁰ Elienai, Ziletai, Eliel, ²¹ Adaías, Beraías y Simrat *fueron* los hijos de Simei. ²² Ispán, Heber, Eliel, ²³ Abdón, Zicri, Hanán, ²⁴ Hananías, Elam, Anatotías, ²⁵ Ifdaías y Peniel *fueron* los hijos de Sasac. ²⁶ Samserai, Seharías, Atalías, ²⁷ Jaresías, Elías y Zicri *fueron* los hijos de Jeroham. ²⁸ Estos *fueron* jefes de las *casas* paternas conforme a sus generaciones, hombres principales que vivieron en Jerusalén.

²⁹ En Gabaón habitaba *Jehiel,* padre de Gabaón, y el nombre de su mujer *era* Maaca; ³⁰ y su primogénito *fue* Abdón; después Zur, Cis, Baal, Nadab, ³¹ Gedor, Ahío y Zequer. ³² Miclot fue el padre de Simea. Y habitaban también con sus parientes¹ en Jerusalén enfrente de sus *otros* parientes. ³³ Ner fue el padre de Cis, Cis fue padre de Saúl y Saúl fue el padre de Jonatán, Malquisúa, Abinadab y Es Baal. ³⁴ El hijo de Jonatán *fue* Merib Baal, y Merib Baal fue el padre de Micaía. ³⁵ Los hijos de Micaía *fueron* Pitón, Melec, Tarea y Acaz. ³⁶ Acaz fue el padre de Joada, Joada fue padre de Alemet, Azmavet y Zimri, y Zimri engendró a Mosa; ³⁷ y Mosa fue el padre de Bina; Rafa *fue* su hijo, Elasa su hijo, Azel su hijo. ³⁸ Azel tuvo seis hijos y estos *eran* sus nombres: Azricam, Bocru, Ismael, Searías, Obadías y Hanán. Todos estos *fueron* hijos de Azel. ³⁹ Los hijos de Esec su hermano *fueron* Ulam su primogénito, Jehús el segundo, y Elifelet el tercero. ⁴⁰ Los hijos de Ulam eran hombres fuertes de *gran* valor, arqueros, y tuvieron muchos hijos y nietos, 150 *en total*. Todos estos *fueron* de los hijos de Benjamín.

LOS QUE REGRESARON DE BABILONIA

9 Todo Israel fue inscrito por genealogías; y están escritos en el libro de los reyes de Israel. Y Judá fue llevado al destierro a Babilonia por su infidelidad.

² Los primeros que habitaron en sus posesiones en sus ciudades *fueron* Israel, los sacerdotes, los levitas y los sirvientes del templo. ³ Algunos de los hijos de Judá, de los hijos de Benjamín, y de los hijos de Efraín y Manasés habitaron en Jerusalén: ⁴ Utai, hijo de Amiud, hijo de Omri, hijo de Imri, hijo de Bani, de los hijos de Pérez, hijo de Judá. ⁵ De los silonitas: Asaías el primogénito, y sus hijos. ⁶ De los hijos de Zera: Jeuel y sus parientes¹: 690 *de ellos*.

⁷ De los hijos de Benjamín: Salú, hijo de Mesulam, hijo de Hodavías, hijo de Asenúa, ⁸ Ibneías, hijo de Jeroham, y Ela, hijo de Uzi, hijo de Micri, y Mesulam, hijo de Sefatías, hijo de Reuel, hijo de Ibnías; ⁹ y sus parientes, conforme a sus generaciones, 956. Todos estos *fueron* jefes de las *casas* paternas conforme a las casas de sus padres.

¹⁰ De los sacerdotes: Jedaías, Joiarib, Jaquín, ¹¹ Azarías, hijo de Hilcías, hijo de Mesulam, hijo de Sadoc, hijo de Meraiot, hijo de Ahitob, oficial *principal* de la casa de Dios; ¹² Adaía,

8:14 ¹ O *y sus hermanos.*   8:32 ¹ Lit. *hermanos.*   9:6 ¹ Lit. *hermanos,* y así en el resto del cap.

hijo de Jeroham, hijo de Pasur, hijo de Malquías, y Masai, hijo de Adiel, hijo de Jazera, hijo de Mesulam, hijo de Mesilemit, hijo de Imer; **13** y sus parientes, jefes de sus casas paternas, 1,760 hombres, muy capaces para la obra del servicio de la casa de Dios.

14 De los levitas: Semaías, hijo de Hasub, hijo de Azricam, hijo de Hasabías, de los hijos de Merari; **15** Bacbacar, Heres y Galal, y Matanías, hijo de Micaía, hijo de Zicri, hijo de Asaf; **16** Obadías, hijo de Semaías, hijo de Galal, hijo de Jedutún, y Berequías, hijo de Asa, hijo de Elcana, que habitó en las aldeas de los netofatitas.

17 Los porteros *eran:* Salum, Acub, Talmón, Ahimán y sus parientes. Salum el jefe, **18** *estacionado* hasta ahora a la puerta del rey, al oriente. Estos *eran* los porteros del campamento de los hijos de Leví. **19** Salum, hijo de Coré, hijo de Ebiasaf, hijo de Corá, y sus parientes, de la casa de su padre, los coraítas, *estaban* encargados de la obra del servicio, guardianes de los umbrales de la tienda; sus padres *habían estado* encargados del campamento del SEÑOR como guardianes de la entrada. **20** Finees, hijo de Eleazar, antes había sido jefe de ellos, *y* el SEÑOR *estaba* con él. **21** Zacarías, hijo de Meselemías, *era* portero a la entrada de la tienda de reunión.

22 El total de los que fueron escogidos para porteros en los umbrales *era* de 212. Estos fueron inscritos por genealogía en sus aldeas, a los cuales David y el vidente Samuel pusieron en sus puestos de confianza. **23** Así pues, ellos y sus hijos *estuvieron* encargados de las puertas de la casa del SEÑOR, *es decir,* la casa de la tienda. **24** Los porteros estaban en los cuatro lados: al oriente, al occidente, al norte y al sur. **25** Y sus parientes en sus aldeas *tenían* que entrar cada siete días para

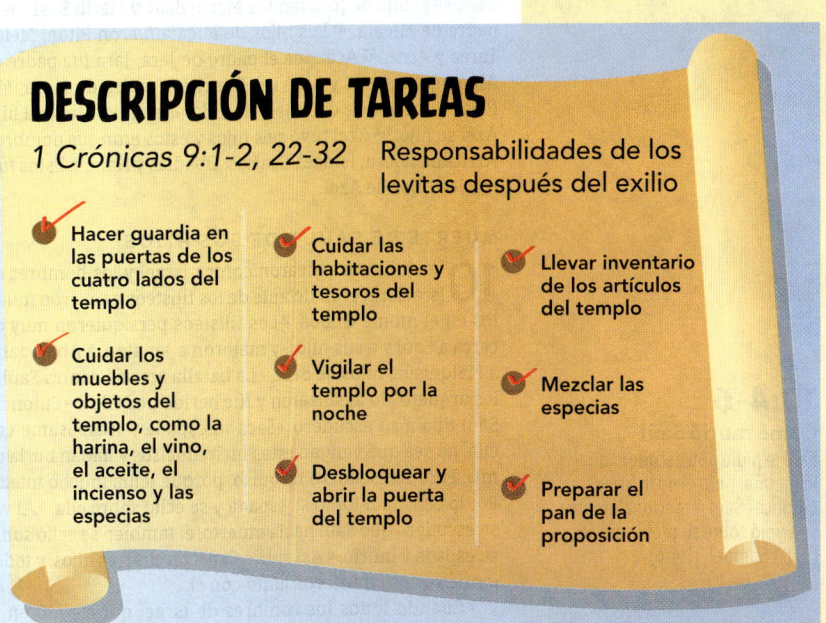

DESCRIPCIÓN DE TAREAS

1 Crónicas 9:1-2, 22-32   Responsabilidades de los levitas después del exilio

- Hacer guardia en las puertas de los cuatro lados del templo
- Cuidar los muebles y objetos del templo, como la harina, el vino, el aceite, el incienso y las especias
- Cuidar las habitaciones y tesoros del templo
- Vigilar el templo por la noche
- Desbloquear y abrir la puerta del templo
- Llevar inventario de los artículos del templo
- Mezclar las especias
- Preparar el pan de la proposición

estar con ellos de tiempo en tiempo; **26** porque los cuatro jefes de los porteros que *eran* levitas estaban en puestos de confianza, y estaban encargados de las cámaras y los tesoros de la casa de Dios. **27** Pasaban la noche alrededor de la casa de Dios, porque la guardia *estaba* a su cargo; y ellos *estaban* encargados de abrir*la* cada mañana.

28 Algunos de los levitas *estaban* encargados de los utensilios del servicio y los contaban cuando los traían y cuando los sacaban. **29** Otros de ellos también fueron puestos a cargo del mobiliario, de todos los utensilios del santuario, de la flor de harina, del vino, del aceite, del incienso y de las especias. **30** Y algunos de los hijos de los sacerdotes preparaban la mezcla de las especias aromáticas. **31** Matatías, uno de los levitas, el primogénito de Salum Coreíta, era responsable de las cosas que se preparaban en sartenes. **32** Y algunos de sus parientes, de los hijos de Coat, *estaban* encargados de los panes de la proposición para ponerlos en orden cada día de descanso.

33 También había cantores, jefes de *casas* paternas de los levitas, *que habitaban* en las cámaras *del templo,* libres *de* todo otro servicio, porque estaban ocupados en su trabajo día y noche. **34** Estos eran jefes de *casas* paternas de los levitas conforme a sus generaciones, jefes que habitaban en Jerusalén.

35 En Gabaón habitaba Jehiel, padre de Gabaón, y el nombre de su mujer *era* Maaca, **36** y su hijo primogénito *fue* Abdón; después Zur, Cis, Baal, Ner, Nadab, **37** Gedor, Ahío, Zacarías y Miclot. **38** Miclot fue el padre de Simeam. Y habitaban también con sus parientes en Jerusalén enfrente de sus *otros* parientes. **39** Ner fue el padre de Cis, Cis el padre de Saúl y Saúl el padre de Jonatán, Malquisúa, Abinadab y Es Baal. **40** El hijo de Jonatán *fue* Merib Baal, y Merib Baal fue el padre de Micaía. **41** Los hijos de Micaía *fueron* Pitón, Melec, Tarea y *Acaz.* **42** Acaz fue el padre de Jara, Jara fue padre de Alemet, Azmavet y Zimri, y Zimri fue padre de Mosa; **43** y Mosa fue el padre de Bina y de Refaías su hijo, Elasa su hijo, Azel su hijo. **44** Azel tuvo seis hijos y estos *eran* sus nombres: Azricam, Bocru, Ismael, Searías, Obadías y Hanán. Estos *fueron* los hijos de Azel.

MUERTE DE SAÚL Y DE SUS HIJOS

10 Los filisteos pelearon contra Israel y los hombres de Israel huyeron delante de los filisteos y cayeron muertos en el monte Gilboa. **2** Los filisteos persiguieron muy de cerca a Saúl y a sus hijos, y mataron a Jonatán, a Abinadab y a Malquisúa, hijos de Saúl. **3** La batalla arreció contra Saúl, y los arqueros lo alcanzaron y fue herido por ellos. **4** Entonces Saúl dijo a su escudero: «Saca tu espada y traspásame con ella, no sea que vengan estos incircuncisos y hagan burla de mí». Pero su escudero no quiso, porque tenía mucho miedo. Por lo cual Saúl tomó su espada y se echó sobre ella. **5** Al ver su escudero que Saúl había muerto, él también se echó sobre su espada y murió. **6** Así murió Saúl con sus tres hijos, y todos *los* de su casa murieron junto con él.

7 Cuando todos los hombres de Israel que *vivían* en el valle, vieron que los suyos habían huido y que Saúl y sus

---

9:32

Un pan especial

Cada semana se ponía pan fresco en el lugar santo. Las doce hogazas de pan hechas con harina pura de trigo representaban a las doce tribus de Israel y su devoción a Dios. El pan viejo se quitaba y los sacerdotes podían comerlo.

9:35-44

La genealogía de Saúl se repite

El autor utilizó esta genealogía (una repetición de 8:29-38) como una transición entre la muerte de Saúl y la historia de David.

10:4-6

Cómo murió Saúl

Saúl le pidió a su escudero que lo matara, pero él no lo hizo. Entonces Saúl intencionalmente se arrojó sobre su propia espada. (Ver 1 Samuel 31:4-6).

hijos habían muerto, abandonaron sus ciudades y huyeron; entonces los filisteos vinieron y habitaron en ellas. **8** Al día siguiente, cuando los filisteos vinieron para despojar a los muertos, hallaron a Saúl y a sus hijos caídos en el monte Gilboa. **9** Lo despojaron, tomaron su cabeza y sus armas y enviaron *mensajeros* por toda la tierra de los filisteos para que llevaran las buenas nuevas a sus ídolos y al pueblo. **10** Pusieron su armadura en la casa de sus dioses y clavaron su cabeza en la casa de Dagón.

11 Cuando los de Jabes de Galaad oyeron todo lo que los filisteos habían hecho a Saúl, **12** se levantaron todos los hombres valientes y se llevaron el cuerpo de Saúl y los cuerpos de sus hijos, los trajeron a Jabes y enterraron sus huesos bajo la encina en Jabes, y ayunaron siete días.

13 Así murió Saúl por la transgresión que cometió contra el SEÑOR por no haber guardado la palabra del SEÑOR, y también porque consultó y pidió consejo a una adivina, **14** y no consultó al SEÑOR. Por tanto, Él le quitó la vida y transfirió el reino a David, hijo de Isaí.

COMIENZO DEL REINADO DE DAVID

11 Entonces se congregó todo Israel alrededor de David en Hebrón, y le dijeron: «Mire, somos hueso suyo y carne suya. **2** Ya de antes, cuando Saúl aún era rey, usted *era* el que sacaba a Israel y el que lo volvía a traer. Y el SEÑOR su Dios le dijo: "Tú pastorearás a Mi pueblo Israel, y serás príncipe sobre Mi pueblo Israel"». **3** Vinieron, pues, todos los ancianos de Israel al rey en Hebrón, y David hizo un pacto con ellos en Hebrón delante del SEÑOR; luego ungieron a David como rey sobre Israel, conforme a la palabra del SEÑOR por medio de Samuel.

4 Entonces David fue con todo Israel a Jerusalén, es decir, Jebús, y allí estaban los jebuseos, habitantes de la tierra. **5** Los habitantes de Jebús dijeron a David: «Usted no entrará aquí». Pero David capturó la fortaleza de Sión, es decir, la ciudad de David. **6** Y David había dicho: «El que primero hiera a un jebuseo será jefe y comandante». Y Joab, hijo de Sarvia, subió primero, y fue hecho jefe. **7** David habitó en la fortaleza; por tanto fue llamada la ciudad de David. **8** Y edificó la ciudad alrededor, desde el Milo[1] hasta la *muralla* que la rodeaba; y Joab reparó[2] el resto de la ciudad. **9** David se engrandecía cada vez más, y el SEÑOR de los ejércitos *estaba* con él.

LOS VALIENTES DE DAVID

10 Estos son los jefes de los valientes que tenía David, quienes le dieron fuerte apoyo en su reino, junto con todo Israel, para hacerlo rey, conforme a la palabra del SEÑOR concerniente a Israel. **11** Y estos *constituyen* la lista de los valientes que tenía David: Jasobeam, hijo de Hacmoni, jefe de los treinta; él blandió su lanza contra 300 a los cuales mató de una sola vez. **12** Después de él, Eleazar, hijo de Dodo el ahohíta; él *era uno* de los tres valientes. **13** Él estaba con David en Pasdamim cuando los filisteos se reunieron allí para la batalla; y había

11:8 ¹ I.e. la ciudadela.   ² Lit. *revivió*.

10:13
La infidelidad de Saúl

Los pecados de Saúl no le causaron la muerte de inmediato, pero las muchas veces que se apartó del Señor lo llevaron a la muerte. Ninguno de sus descendientes heredaría el trono por causa de su desobediencia.

11:11
¡Un solo hombre mató a trescientos!

Jasobeam puede haber recibido el crédito en nombre de sus hombres, ya que era el jefe. Pero Dios puede haberle dado el poder y la fuerza para vencer a todos esos enemigos él solo.

una parcela llena de cebada, y el pueblo huyó delante de los filisteos, **14** y se apostaron en medio de la parcela, y la defendieron e hirieron a los filisteos; y el SEÑOR los salvó con una gran victoria[1].

15 Tres de los treinta jefes descendieron a la roca *donde estaba* David, en la cueva de Adulam, mientras el ejército[1] de los filisteos acampaba en el valle de Refaim. **16** David *estaba* entonces en la fortaleza, mientras la guarnición de los filisteos *estaba* en Belén. **17** David sintió un gran deseo, y dijo: «¡Quién me diera a beber agua del pozo de Belén que está junto a la puerta!». **18** Entonces los tres se abrieron paso por el campamento de los filisteos, y sacando agua del pozo de Belén que *estaba* junto a la puerta, *se la* llevaron y *la* trajeron a David; pero David no quiso beberla, sino que la derramó para el SEÑOR, **19** y dijo: «Lejos esté de mí que haga tal cosa delante de mi Dios. ¿Beberé la sangre de estos hombres *que fueron* con riesgo de sus vidas? Porque con riesgo de sus vidas la trajeron». Por eso no quiso beberla. Estas cosas hicieron los tres valientes.

20 Y Abisai, hermano de Joab, era el primero de los treinta, y blandió su lanza contra 300 y los mató; y él tuvo tanto renombre como los tres. **21** De los treinta en el segundo *grupo*, él fue el más distinguido y llegó a ser capitán de ellos; pero no igualó a los tres *primeros*.

22 Benaía, hijo de Joiada, hijo de un valiente de Cabseel, de grandes hazañas, mató a los dos *hijos de* Ariel de Moab. Y él descendió y mató a un león en medio de un foso un día que estaba nevando. **23** También mató a un egipcio, un hombre grande de 5 codos (2.25 metros) de estatura; y en la mano del egipcio *había* una lanza como un rodillo de tejedor, pero *Benaía* descendió a él con un palo, y arrebatando la lanza de la mano del egipcio, lo mató con su propia lanza. **24** Estas *cosas* hizo Benaía, hijo de Joiada, y tuvo tanto renombre como los tres valientes. **25** Él fue el más distinguido entre los treinta, pero no igualó a los tres; y David lo puso sobre su guardia.

26 Y los valientes de los ejércitos *fueron* Asael, hermano de Joab, Elhanán, hijo de Dodo de Belén, **27** Samot el harodita, Heles el pelonita, **28** Ira, hijo de Iques el tecoíta, Abiezer el anatotita, **29** Sibecai el husatita, Ilai el ahohíta, **30** Maharai el netofatita, Heled, hijo de Baana el netofatita, **31** Itai, hijo de Ribai de Guibeá de los hijos de Benjamín, Benaía el piratonita, **32** Hurai de los arroyos de Gaas, Abiel el arbatita, **33** Azmavet el barhumita, Eliaba el saalbonita, **34** los hijos de Hasem el gizonita, Jonatán, hijo de Sage el ararita, **35** Ahíam, hijo de Sacar el ararita, Elifal, hijo de Ur, **36** Hefer el mequeratita, Ahías el pelonita, **37** Hezro el carmelita, Naarai, hijo de Ezbai, **38** Joel, hermano de Natán, Mibhar, hijo de Hagrai, **39** Selec el amonita, Naharai el beerotita, escudero de Joab, hijo de Sarvia, **40** Ira el itrita, Gareb el itrita, **41** Urías el hitita, Zabad, hijo de Ahlai, **42** Adina, hijo de Siza el rubenita, jefe de los rubenitas, y treinta con él. **43** Hanán, hijo de Maaca, y Josafat el mitnita, **44** Uzías el astarotita, Sama y Jehiel, hijos de Hotam el aroerita, **45** Jediael, hijo de Simri, y Joha su hermano, el tizita,

11:18-19
David no bebió el agua del pozo de Belén
David derramó el agua delante del Señor como un sacrificio. Los tres valientes habían arriesgado su vida para traerle el agua a David, y él pensó que esa clase de lealtad debía ser dedicada al Señor y no a apagar su sed.

11:26—12:40
Los reclutas de David
Estos hombres fueron registrados en la lista para mostrar la diversidad de las personas que seguían a David. Incluso hay gente que había estado con Saúl. La gente se unía a David por su fe fuerte.

11:14 *1* O *salvación.*　　11:15 *1* Lit. *campamento.*

46 Eliel el mahavita, Jerebai y Josavía, hijos de Elnaam, Itma el moabita, 47 Eliel, Obed y Jaasiel el mesobaíta.

EL EJÉRCITO DE DAVID

12 Estos son los que vinieron a David en Siclag, mientras aún se ocultaba por causa de Saúl, hijo de Cis. Eran de los hombres valientes que *lo* ayudaron en la guerra. 2 Estaban armados con arcos, y usaban tanto la mano derecha como la izquierda *para lanzar* piedras y *tirar* flechas con el arco. *Eran* parientes¹ de Saúl de Benjamín. 3 El jefe era Ahiezer, después Joás, hijos de Semaa el guibeatita; Jeziel y Pelet, hijos de Azmavet; Beraca y Jehú el anatotita; 4 Ismaías el gabaonita, hombre valiente entre los treinta, y jefe de los treinta. ¹Después Jeremías, Jahaziel, Johanán, Jozabad el gederatita, 5 ¹Eluzai, Jerimot, Bealías, Semarías, Sefatías el harufita, 6 Elcana, Isías, Azareel, Joezer, Jasobeam, los coreítas, 7 y Joela y Zebadías, hijos de Jeroham de Gedor.

8 También de los de Gad se pasaron a David en la fortaleza en el desierto, hombres fuertes y valientes, entrenados para la guerra, diestros con el escudo y la lanza, cuyos rostros eran como rostros de leones, y *eran* tan ligeros como las gacelas sobre los montes. 9 Ezer *fue* el primero, Obadías el segundo, Eliab el tercero, 10 Mismana el cuarto, Jeremías el quinto, 11 Atai el sexto, Eliel el séptimo, 12 Johanán el octavo, Elzabad el noveno, 13 Jeremías el décimo, Macbanai el undécimo. 14 De los hijos de Gad, estos fueron capitanes del ejército; el menor valía por 100 *hombres* y el mayor por 1,000. 15 Estos son los que cruzaron el Jordán en el primer mes, cuando todas sus riberas estaban inundadas, y pusieron en fuga a todos los de los valles, tanto al oriente como al occidente.

16 Entonces vinieron algunos de los hijos de Benjamín y Judá a David a la fortaleza. 17 Y David salió a su encuentro, y les dijo: «Si vienen a mí en paz para ayudarme, mi corazón se unirá con ustedes; pero si *vienen* para entregarme a mis enemigos, ya que no hay maldad en mis manos, que el Dios de nuestros padres *lo* vea y decida». 18 Entonces el Espíritu vino sobre Amasai, jefe de los treinta, *el cual dijo:*

> «Tuyos *somos,* oh David,
> Y contigo *estamos,* hijo de Isaí.
> Paz, paz a ti,
> Y paz al que te ayuda;
> Ciertamente tu Dios te ayuda».

Entonces David los recibió y los hizo capitanes del grupo.

19 Algunos de Manasés se pasaron también a David, cuando este iba con los filisteos a la batalla contra Saúl. Pero *estos* no les ayudaron, porque los príncipes de los filisteos, después de tomar consejo, despidieron a David, diciendo: «A costa de nuestras cabezas se pasará a su señor Saúl». 20 Y cuando David iba a Siclag, se pasaron a él de Manasés: Adnas, Jozabad, Jediaiel, Micael, Jozabad, Eliú y Ziletai, capitanes de miles que eran de Manasés. 21 Ellos ayudaron a David contra la banda de merodeadores, pues todos eran hombres

12:2
Guerreros ambidiestros
El hecho de que estos guerreros pudieran pelear tanto con la mano derecha como con la izquierda era visto como una señal de la bendición de Dios.

12:2
Los parientes de Saúl se unieron a David
El escritor quería que los lectores vieran cómo el Señor motivó los corazones de todo Israel para seguir a David.

12:18
Amasai convenció a David de confiar en los benjamitas
David no confió automáticamente en los descendientes de Saúl, los benjamitas. Sin embargo, Amasai le contó sobre el estado de ánimo del pueblo y le prometió la lealtad de los benjamitas.

12:2 ¹ Lit. *hermanos,* y así en el resto del cap.   12:4 ¹ En el texto heb. aquí comienza el vers. 5.   12:5 ¹ En el texto heb. vers. 6.

EL PODEROSO EJÉRCITO DE DAVID

1 Crónicas 12:23-37

Número de hombres
Tribu

Número	Tribu
200+	Isacar
3,000	Benjamín
4,600	Leví
6,800	Judá
7,100	Simeón
18,000	Media tribu de Manasés
20,800	Efraín
28,600	Dan
38,000	Neftalí
40,000	Aser
50,000	Zabulón
120,000	Rubén, Gad y media tribu de Manasés

TOTAL = Más de 300,000

fuertes y valientes, y capitanes en el ejército. **22** Porque día tras día se pasaban *hombres* a David para ayudarlo, hasta que hubo un gran ejército[1], como un ejército de Dios.

23 Y estos son los números de los escuadrones[1] equipados para la guerra, que vinieron a David en Hebrón para transferirle el reino de Saúl, conforme a la palabra del SEÑOR: **24** Los hijos de Judá que llevaban escudo y lanza *eran* 6,800 equipados para la guerra. **25** De los hijos de Simeón, hombres fuertes y valientes para la guerra, 7,100. **26** De los hijos de Leví, 4,600. **27** Y Joiada, príncipe de *la casa de* Aarón, y con él 3,700; **28** también Sadoc, joven fuerte y valiente, y de la casa de su padre veintidós capitanes. **29** De los hijos de Benjamín, parientes de Saúl, 3,000; porque hasta entonces la mayor parte de ellos habían permanecido fieles a la casa de Saúl. **30** De los hijos de Efraín, 20,800 hombres fuertes y valientes, famosos en sus casas paternas. **31** De la media tribu de Manasés, 18,000 que por nombre fueron designados para venir y hacer rey a David. **32** De los hijos de Isacar, expertos en discernir los tiempos, con conocimiento de lo que Israel debía hacer, sus jefes *eran* 200; y todos sus parientes *estaban* bajo sus órdenes. **33** De Zabulón *había* 50,000 que salieron con el ejército, que podían ponerse en orden de batalla con toda clase de armas de guerra y que ayudaron a David sin doblez de corazón. **34** De Neftalí *había* 1,000 capitanes, y con ellos 37,000 con escudo y lanza. **35** De los de Dan que podían ponerse en orden de batalla, *había* 28,600. **36** De Aser *había* 40,000 que salieron con el ejército para ponerse en orden de batalla. **37** Del otro lado del Jordán de los rubenitas y gaditas y de la media tribu de Manasés, *había* 120,000 con toda *clase* de armas de guerra para la batalla.

38 Todos estos, hombres de guerra, que podían ponerse en orden de batalla, vinieron con corazón perfecto a Hebrón, para hacer rey a David sobre todo Israel; también todos los demás de Israel eran de un mismo parecer para hacer rey a David. **39** Y estuvieron allí con David tres días, comiendo y bebiendo, porque sus parientes habían hecho provisión para ellos. **40** También, los que estaban cerca de ellos, *y* hasta los de Isacar, Zabulón y Neftalí, trajeron víveres en asnos, camellos, mulos y bueyes; grandes

12:22 [1] Lit. *campamento.*   12:23 [1] Lit. *las cabezas.*

cantidades de tortas de harina, tortas de higos y racimos de uvas pasas, vino, aceite, bueyes y ovejas. Verdaderamente había alegría en Israel.

TRASLADO DEL ARCA

13 Entonces David consultó con los capitanes de millares y de centenas, es decir, con todos los jefes. ² Y David dijo a toda la asamblea de Israel: «Si les parece bien, y si es del SEÑOR nuestro Dios, enviemos *mensaje* a todas partes, a nuestros parientes¹ que permanecen en toda la tierra de Israel, y también a los sacerdotes y a los levitas que están con ellos en sus ciudades *y* tierras de pastos, para que se reúnan con nosotros; ³ y traigamos a nuestro lado el arca de nuestro Dios, porque no la consultamos en los días de Saúl». ⁴ Toda la asamblea dijo que así lo harían, porque esto pareció bien a todo el pueblo.

⁵ Entonces David congregó a todo Israel, desde Sihor de Egipto hasta la entrada de Hamat, para traer el arca de Dios de Quiriat Jearim. ⁶ David subió con todo Israel a Baala, *es decir,* a Quiriat Jearim, que pertenece a Judá, para hacer subir desde allí el arca de Dios el SEÑOR, que está *sobre* los querubines, donde se invoca *Su* nombre. ⁷ Llevaron¹ el arca de Dios de la casa de Abinadab en un carro nuevo, y Uza y Ahío guiaban el carro. ⁸ David y todo Israel se regocijaban delante de Dios con todas *sus* fuerzas, con cánticos y liras, arpas, panderos, címbalos y trompetas.

⁹ Pero cuando llegaron a la era de Quidón, Uza extendió su mano para sostener el arca, porque los bueyes casi *la* volcaron. ¹⁰ Y se encendió la ira del SEÑOR contra Uza, y lo hirió porque había extendido su mano al arca; y allí murió delante de Dios. ¹¹ Entonces David se enojó porque el SEÑOR había estallado en ira contra Uza; y llamó aquel lugar Pérez Uza¹ hasta el día de hoy. ¹² David tuvo temor a Dios aquel día, y dijo: «¿Cómo puedo traer a mí el arca de Dios?». ¹³ Así que David no llevó consigo el arca a la ciudad de David, sino que la hizo llevar a la casa de Obed Edom el geteo. ¹⁴ Así que el arca de Dios permaneció tres meses en la casa de la familia de Obed Edom; y el SEÑOR bendijo a la familia de Obed Edom y todo lo que tenía.

DAVID Y SU FAMILIA

14 Hiram, rey de Tiro, envió mensajeros a David, con madera de cedro, albañiles y carpinteros, para edificarle una casa. ² Y comprendió David que el SEÑOR lo había confirmado por rey sobre Israel, *y* que su reino había sido exaltado en gran manera por amor a su pueblo Israel.

³ En Jerusalén David tomó más mujeres, y tuvo David más hijos e hijas. ⁴ Estos son los nombres de los hijos que *le* nacieron en Jerusalén: Samúa, Sobab, Natán, Salomón, ⁵ Ibhar, Elisúa, Elpelet, ⁶ Noga, Nefeg, Jafía, ⁷ Elisama, Beeliada y Elifelet.

⁸ Al oír los filisteos que David había sido ungido rey sobre todo Israel, todos los filisteos subieron en busca de David.

12:22
El ejército de David era como el ejército de Dios
Esta descripción muestra que Dios les dio su bendición a David y a su ejército. También sugiere que el ejército de David era muy numeroso.

12:31, 37
Manasés está anotado dos veces
La tribu de Manasés estaba dividida en dos: una parte al este del río Jordán y la otra mitad al oeste.

13:3
Pedirle dirección al arca
Probablemente el sumo sacerdote se colocaba delante del arca en presencia del Señor y usaba el Urim y el Tumim (pequeñas piedras que se empleaban para recibir respuestas del tipo sí y no de parte de Dios).

13:11
David estaba enojado
David se enojó porque Dios había matado a Uza, pero también asumió parte de la culpa. Aunque David puede haber pensado que era responsable por la muerte de este hombre, también se puede haber enfadado con Uza por haber sido tan descuidado.

13:13
Obed Edom
Obed Edom era un geteo que había inmigrado a Israel o era un levita. Los levitas podían ser llamados geteos si provenían de la ciudad levita llamada Gat Rimon.

14:1-2
El rey de Tiro apoyó a David
Hiram sabía que hacerse amigo de David era lo más inteligente. Hacer un tratado los beneficiaría a ambos. David vio esto como un ejemplo de las bendiciones de Dios.

13:2 ¹ Lit. *hermanos.*   13:7 ¹ Lit. *E hicieron andar.*   13:11 ¹ I.e. la brecha de Uza.

Pero cuando David se enteró, salió contra ellos. **9** Pues los filisteos habían venido y hecho una incursión en el valle de Refaim. **10** David consultó a Dios: «¿Subiré contra los filisteos? ¿Los entregarás en mi mano?». Y el SEÑOR le dijo: «Sube, porque los entregaré en tu mano». **11** Entonces subieron a Baal Perazim, y David los derrotó allí. Y dijo David: «Dios ha abierto brecha entre mis enemigos por mi mano, como brecha de aguas». Por eso llamó aquel lugar Baal Perazim[j]. **12** Los filisteos abandonaron allí sus dioses, y David ordenó que fueran quemados.

13 Después los filisteos hicieron de nuevo otra incursión en el valle. **14** David volvió a consultar a Dios, y Dios le dijo: «No subas contra ellos; dales un rodeo por detrás, y sal a ellos frente a las balsameras. **15** Y cuando oigas el sonido de marcha en las copas de las balsameras, entonces saldrás a la batalla, porque Dios ya habrá salido delante de ti para herir al ejército de los filisteos». **16** David hizo tal como Dios le había mandado, e hirieron al ejército de los filisteos desde Gabaón hasta Gezer. **17** La fama de David se extendió por todas aquellas tierras, y el SEÑOR puso el terror de David sobre todas las naciones.

EL ARCA LLEVADA A JERUSALÉN

15 David hizo casas para sí en la ciudad de David, y preparó un lugar para el arca de Dios y levantó una tienda para ella. **2** Entonces David dijo: «Nadie ha de llevar el arca de Dios sino los levitas; porque el SEÑOR los escogió para llevar el arca de Dios y servirle a Él para siempre». **3** David congregó a todo Israel en Jerusalén para subir el arca del SEÑOR al lugar que había preparado para ella. **4** También David reunió a los hijos de Aarón y a los levitas: **5** de los hijos de Coat: Uriel el jefe, y 120 de sus parientes[j]; **6** de los hijos de Merari: Asaías el jefe, y 220 de sus parientes; **7** de los hijos de Gersón: Joel el jefe, y 130 de sus parientes; **8** de los hijos de Elizafán: Semaías el jefe, y 200 de sus parientes; **9** de los hijos de Hebrón: Eliel el jefe, y 80 de sus parientes; **10** de los hijos de Uziel: Aminadab el jefe, y 112 de sus parientes.

11 Entonces David hizo llamar a los sacerdotes Sadoc y Abiatar y a los levitas Uriel, Asaías, Joel, Semaías, Eliel y Aminadab, **12** y les dijo: «Ustedes son los jefes de las *casas* paternas de los levitas. Santifíquense, tanto ustedes como sus parientes, para que suban el arca del SEÑOR, Dios de Israel, al *lugar* que le he preparado. **13** Puesto que ustedes no *la llevaron* la primera vez, el SEÑOR nuestro Dios estalló *en ira* contra nosotros, ya que no lo buscamos conforme a la ordenanza».

14 Se santificaron, pues, los sacerdotes y los levitas para subir el arca del SEÑOR, Dios de Israel. **15** Los hijos de los levitas llevaron el arca de Dios sobre sus hombros, con las barras puestas, como Moisés había ordenado conforme a la palabra del SEÑOR.

16 Entonces David habló a los jefes de los levitas para que designaran a sus parientes los cantores, con instrumentos de música, arpas, liras y címbalos muy resonantes, alzando

14:17
Dios hizo que las naciones temieran a David
El ejército de David resultó exitoso en la batalla, por lo cual las naciones de alrededor de Israel tenían buenas razones para temerles. Otras naciones también deben haberse dado cuenta de que Dios estaba del lado de David.

15:2
David descubre la manera adecuada de transportar el arca
Los rollos que contenían las leyes escritas por Moisés decían cómo había que mover el arca.

15:16
David les dijo a los levitas que cantaran y tocaran los instrumentos de música
David era un poeta talentoso y trajo nuevos rituales a la adoración del tabernáculo.

14:11 [j] I.e. el señor de la brecha.   15:5 [j] Lit. *hermanos*; i.e. compañeros de tribu, y así en el resto del cap.

la voz con alegría. **17** Y los levitas designaron a Hemán, hijo de Joel; y de sus parientes, a Asaf, hijo de Berequías; y de los hijos de Merari, sus parientes, a Etán, hijo de Cusaías, **18** y con ellos en segundo lugar a sus parientes: Zacarías, Ben, Jaaziel, Semiramot, Jehiel, Uni, Eliab, Benaía, Maasías, Matatías, Elifelehu, Micnías, Obed Edom y Jeiel, los porteros.

19 Los cantores Hemán, Asaf y Etán *fueron designados* para hacer resonar címbalos de bronce; **20** Zacarías, Aziel, Semiramot, Jehiel, Uni, Eliab, Maasías y Benaía, con arpas *templadas* para alamot[1]; **21** Matatías, Elifelehu, Micnías, Obed Edom, Jeiel y Azazías, para dirigir con liras templadas para el seminit[1]. **22** Quenanías, jefe de los levitas, estaba *a cargo del* canto; él dirigía el canto, porque era hábil. **23** Berequías y Elcana eran porteros del arca. **24** Sebanías, Josafat, Natanael, Amasai, Zacarías, Benaía y Eliezer, los sacerdotes, tocaban las trompetas delante del arca de Dios. Obed Edom y Jehías también *eran* porteros del arca.

25 Fue, pues, David con los ancianos de Israel y los capitanes sobre miles a traer con alegría el arca del pacto del SEÑOR desde la casa de Obed Edom. **26** Y como Dios ayudaba a los levitas que llevaban el arca del pacto del SEÑOR, ellos sacrificaron siete novillos y siete carneros. **27** David iba vestido de un manto de lino fino, también todos los levitas que llevaban el arca, asimismo los cantores y Quenanías, director de canto *entre* los cantores. David además llevaba encima un efod de lino. **28** Así todo Israel iba subiendo el arca del pacto del SEÑOR con aclamaciones, con sonido de bocina, con trompetas, con címbalos muy resonantes, con arpas y liras.

29 Y sucedió que cuando el arca del pacto del SEÑOR entró en la ciudad de David, Mical, hija de Saúl, miró por la ventana, y vio al rey David saltando y regocijándose; y lo despreció en su corazón.

16 El arca de Dios la trajeron y la colocaron en medio de la tienda que David había levantado para ella, y ofrecieron holocaustos y ofrendas de paz delante de Dios. **2** Cuando David terminó de ofrecer el holocausto y las ofrendas de paz, bendijo al pueblo en el nombre del SEÑOR. **3** Y repartió a todos en Israel, tanto hombre como mujer, a cada uno una torta de pan, una porción *de carne* y una torta de pasas.

4 Designó a algunos levitas *como* ministros delante del arca del SEÑOR, para que celebraran, dieran gracias y alabaran al SEÑOR, Dios de Israel: **5** Asaf el jefe, y segundo después de él, Zacarías; *después* Jeiel, Semiramot, Jehiel, Matatías, Eliab, Benaía, Obed Edom y Jeiel, con instrumentos musicales, arpas, liras. También Asaf *tocaba* címbalos muy resonantes, **6** y los sacerdotes Benaía y Jahaziel *tocaban* trompetas continuamente delante del arca del pacto de Dios.

SALMO DE ACCIÓN DE GRACIAS

7 Entonces en aquel día David, por primera vez, puso en manos de Asaf y sus parientes[1] *este salmo* para dar gracias al SEÑOR:

15:29
Mical se enojó por la danza de David
Como hija de un rey, Mical sentía que estaba mal que un rey se quitara su ropaje real y danzara donde sus siervos pudieran verlo.

16:2
David ofrece holocaustos
Es altamente probable que los sacerdotes hayan sido quienes sacrificaron las ofrendas en nombre de David y no David mismo, ya que él no era un levita.

15:20 [1] I.e. arpas con notas altas.   15:21 [1] I.e. arpas de ocho cuerdas.
16:7 [1] Lit. *hermanos*, y así en el resto del cap.

EL TRASLADO
Recorrido del arca del pacto

David nombra levitas para ministrar delante del arca
1 Crónicas 16:4-6

David le reparte comida a cada hombre y mujer presentes
1 Crónicas 16:3

Los sacerdotes depositan el arca en una tienda y ofrecen holocaustos y ofrendas de paz
1 Crónicas 16:1-2

David danza delante del Señor con un efod de lino
2 Samuel 6:14-16; 1 Crónicas 15:27-29

David sacrifica un buey y un carnero cebado cuando han dado seis pasos
2 Samuel 6:13

David elige sacerdotes para transportar el arca
1 Crónicas 15:11-15

David deja el arca en la casa de Obed Edom
1 Crónicas 13:11-14

Uza toca el arca y Dios lo hiere
1 Crónicas 13:9-10

Uza y Ahío guían el arca, que viene de Quiriat Jearim en un carro nuevo
1 Samuel 7:2; 1 Crónicas 13:5, 7

David llama a todo Israel a unirse a él para hacer volver el arca a Jerusalén
1 Crónicas 13:1-4

8 Den gracias al SEÑOR, invoquen Su nombre;
Den a conocer Sus obras entre los pueblos.

9 Cántenle, cántenle alabanzas;
Hablen de todas Sus maravillas.

10 Gloríense en Su santo nombre;
Alégrese el corazón de los que buscan al SEÑOR.

11 Busquen al SEÑOR y Su fortaleza;
Busquen Su rostro continuamente.

12 Recuerden las maravillas que Él ha hecho,
Sus prodigios y los juicios de Su boca,

13 Oh simiente de Israel, Su siervo,
Hijos de Jacob, Sus escogidos.

14 Él es el SEÑOR nuestro Dios;
Sus juicios están en toda la tierra.

15 Acuérdense de Su pacto para siempre,
De la palabra que ordenó a mil generaciones,

16 *Del pacto* que hizo con Abraham,
   Y de Su juramento a Isaac.

17 También lo confirmó a Jacob por estatuto,
   A Israel como pacto eterno,

18 Diciendo: «A ti te daré la tierra de Canaán
   Como porción de la heredad de ustedes».

19 Cuando eran pocos en número,
   Muy pocos, y extranjeros en ella,

20 Y vagaban de nación en nación
   Y de un reino a otro pueblo,

21 Él no permitió que nadie los oprimiera,
   Y por amor a ellos reprendió a reyes, *diciendo:*

22 «No toquen a Mis ungidos,
   Ni hagan mal a Mis profetas».

23 Canten al SEÑOR, toda la tierra;
   Proclamen de día en día las buenas nuevas de Su
       salvación.

24 Cuenten Su gloria entre las naciones,
   Sus maravillas entre todos los pueblos.

25 Porque grande es el SEÑOR, y muy digno de ser alabado;
   Temible es Él también sobre todos los dioses.

26 Porque todos los dioses de los pueblos son ídolos[1],
   Mas el SEÑOR hizo los cielos.

27 Gloria y majestad están delante de Él;
   Poder y alegría en Su morada.

28 Tributen[1] al SEÑOR, oh familias de los pueblos,
   Tributen al SEÑOR gloria y poder.

29 Tributen al SEÑOR la gloria debida a Su nombre;
   Traigan ofrenda, y vengan delante de Él;
   Adoren al SEÑOR en la majestad de la santidad[1].

30 Tiemblen ante Su presencia, toda la tierra;
   Ciertamente el mundo está bien afirmado, será
       inconmovible.

31 Alégrense los cielos y regocíjese la tierra;
   Y digan entre las naciones: «El SEÑOR reina».

32 Ruja el mar y cuanto contiene;
   Regocíjese el campo y todo lo que en él hay.

33 Entonces los árboles del bosque cantarán con gozo
       delante del SEÑOR;
   Porque viene a juzgar la tierra.

34 Den gracias al SEÑOR, porque *Él es* bueno;
   Porque para siempre es Su misericordia.

35 Entonces digan: «Sálvanos, oh Dios de nuestra
       salvación,
   Y júntanos y líbranos de las naciones,
   Para que demos gracias a Tu santo nombre,
   Y nos gloriemos en Tu alabanza».

36 Bendito sea el SEÑOR, Dios de Israel,
   Desde la eternidad hasta la eternidad.

Entonces todo el pueblo dijo: «Amén»; y alabó al SEÑOR.

37 Y David dejó allí, delante del arca del pacto del SEÑOR,
a Asaf y a sus parientes para ministrar continuamente de-
ante del arca, según demandaba el trabajo de cada día.

16:33
Los árboles cantando con gozo

Esto se llama *personificación*, lo cual significa darle a cosas inanimadas sentimientos y rasgos humanos. Así que los árboles no estaban cantando en realidad. El autor usa esta idea para destacar cómo debemos regocijarnos.

16:26 [1] O *cosas inexistentes.*   16:28 [1] Lit. *Den.*   16:29 [1] O *en vestiduras santas.*

38 También dejó como porteros a Obed Edom con sus sesenta y ocho parientes, a Obed Edom, también hijo de Jedutún, y a Hosa.

39 David *dejó a* Sadoc el sacerdote y a sus parientes los sacerdotes delante del tabernáculo del SEÑOR en el lugar alto que *estaba* en Gabaón, **40** para ofrecer continuamente holocaustos al SEÑOR sobre el altar del holocausto, por la mañana y por la noche, conforme a todo lo que está escrito en la ley del SEÑOR, que Él ordenó a Israel. **41** Con ellos *estaban* Hemán y Jedutún, y los demás que fueron escogidos, que fueron designados por nombre, para dar gracias al SEÑOR, porque para siempre es Su misericordia. **42** Y con ellos *estaban* Hemán y Jedutún *con* trompetas y címbalos para los que harían resonancia, y *con* instrumentos *para* los cánticos de Dios, y *designó a* los hijos de Jedutún como porteros. **43** Entonces todo el pueblo se fue, cada uno a su casa, y David se volvió para bendecir su casa.

PROMESA DE DIOS A DAVID

17 Cuando David *ya* moraba en su casa, le dijo al profeta Natán: «Yo habito en una casa de cedro, pero el arca del pacto del SEÑOR está bajo una tienda[1]».

2 Entonces Natán dijo a David: «Haga todo lo que está en su corazón, porque Dios está con usted». **3** Esa misma noche la palabra de Dios vino a Natán y le dijo: **4** «Ve y dile a Mi siervo David: "Así dice el SEÑOR: 'Tú no me edificarás casa para que Yo habite en ella. **5** No he morado en una casa desde el día en que hice subir a Israel hasta hoy, sino que he ido de tienda en tienda y de morada *en morada*. **6** En todos los lugares donde he andado con todo Israel, ¿he hablado alguna palabra con alguien de los jueces de Israel, a quienes mandé apacentar a Mi pueblo, diciéndoles: "Por qué ustedes no me han edificado una casa de cedro?"'".

7 »Ahora pues, así dirás a Mi siervo David: "Así dice el SEÑOR de los ejércitos: 'Yo te tomé del pastizal, de seguir las ovejas, para que fueras príncipe sobre Mi pueblo Israel. **8** He estado contigo por dondequiera que has ido y he exterminado a todos tus enemigos de delante de ti, y haré de ti un nombre como el nombre de los grandes que hay en la tierra. **9** Asignaré también un lugar para Mi pueblo Israel, y lo plantaré *allí* para que habite en su propio lugar y no sea removido más. Tampoco los malvados[1] los oprimirán más como antes, **10** como desde los días que ordené *que hubiera* jueces sobre Mi pueblo Israel; y someteré a todos tus enemigos. Además te hago saber que el SEÑOR te edificará una casa. **11** Y sucederá que cuando se cumplan tus días para que vayas *a estar* con tus padres, levantaré *a uno* de tus descendientes[1] después de ti, que será de tus hijos; y estableceré su reino. **12** Él me edificará una casa, y Yo estableceré su trono para siempre. **13** Yo seré padre para él y él será hijo para Mí; y no quitaré de él Mi misericordia, como la quité de aquel que estaba antes de ti. **14** Sino que lo confirmaré en Mi casa y en Mi reino para siempre, y su trono será establecido para

16:43
Cómo bendijo David a su familia
Un padre puede orar las bendiciones de Dios sobre cada miembro de su familia. Las bendiciones pueden ser predicciones proféticas o expresiones de buenas cosas por venir. Las bendiciones también podían ser regalos como panes o frutas.

17:1-4
David quería edificar un templo para Dios
Los reyes de las naciones vecinas a Israel edificaron grandes monumentos y templos a sus dioses. David era devoto al Señor y quería honrarlo por ayudarle a asegurar el reino.

17:5-6, 12
Dios cambia su morada del tabernáculo a un templo
El tabernáculo había sido portátil mientras los israelitas viajaban por el desierto y comenzaron a adentrarse en la tierra prometida. Ahora que estaban establecidos en la tierra de Canaán, Dios tenía un plan para una ubicación central permanente donde su pueblo lo adorara.

17:9
El significado de que Israel «no sea removido más»
Aunque los herederos de David finalmente perdieron las naciones de Israel y Judá, su promesa era acerca del reino de Dios, que nunca será destruido.

17:1 [1] Lit. *cortinas*.　　17:9 [1] Lit. *hijos de iniquidad*.　　17:11 [1] Lit. *tu simiente*.

siempre"». **15** Conforme a todas estas palabras y conforme a toda esta visión, así habló Natán a David.

ORACIÓN DE DAVID

16 Entonces el rey David entró y se presentó delante del SEÑOR, y dijo: «¿Quién soy yo, oh SEÑOR Dios, y qué es mi casa para que me hayas traído hasta aquí? **17** Y *aun* esto fue poco ante Tus ojos, oh Dios, pues *también* has hablado de la casa de Tu siervo concerniente a un futuro lejano, y me has considerado conforme a la medida de un hombre excelso, oh SEÑOR Dios. **18** ¿Qué más te puede *decir* David en cuanto al honor *concedido* a Tu siervo? Porque Tú conoces a Tu siervo. **19** Oh SEÑOR, por amor a Tu siervo y según Tu corazón, Tú has hecho esta gran cosa para manifestar todas estas grandezas. **20** Oh SEÑOR, no hay nadie como Tú, ni hay Dios fuera de Ti, conforme a todo lo que hemos oído con nuestros oídos. **21** ¿Y qué otra nación en la tierra es como Tu pueblo Israel, al cual Dios vino a redimir *como* pueblo para Sí, a fin de darte un nombre *por medio* de cosas grandes y terribles, al echar naciones de delante de Tu pueblo, al que rescataste de Egipto? **22** Pues hiciste a Tu pueblo Israel pueblo Tuyo para siempre, y Tú, SEÑOR, has venido a ser su Dios.

23 »Y ahora, SEÑOR, que la palabra que Tú has hablado acerca de Tu siervo y acerca de su casa sea afirmada para siempre. Haz según has hablado. **24** Y sea confirmado y engrandecido Tu nombre para siempre, al decirse: "El SEÑOR de los ejércitos, el Dios de Israel, es Dios para Israel; y que la casa de Tu siervo David sea establecida delante de Ti". **25** Porque Tú, Dios mío, has revelado a Tu siervo que le edificarás una casa; por tanto Tu siervo ha hallado *ánimo* para orar delante de Ti. **26** Ahora pues, SEÑOR, Tú eres Dios, y has prometido bien a Tu siervo. **27** Y ahora, ten a bien bendecir la casa de Tu siervo, a fin de que permanezca para siempre delante de Ti; porque Tú, SEÑOR, *la* has bendecido, y es bendecida para siempre».

VICTORIAS DE DAVID

18 Después de esto, David derrotó[1] a los filisteos y los sometió, y tomó Gat y sus aldeas de mano de los filisteos. **2** También derrotó a Moab, y los moabitas fueron siervos de David, trayéndo*le* tributo. **3** David derrotó además a Hadad Ezer, rey de Soba, *cerca de* Hamat, cuando este iba a establecer su dominio en el río Éufrates. **4** David le tomó 1,000 carros y 7,000 hombres de a caballo y 20,000 soldados de a pie; David desjarretó todos los caballos de los carros, pero dejó *suficientes* caballos para 100 carros.

5 Cuando vinieron los arameos de Damasco en ayuda de Hadad Ezer, rey de Soba, David mató a 22,000 hombres de los arameos. **6** Entonces David puso *guarniciones* en Aram de Damasco; y los arameos fueron siervos de David, trayéndo*le* tributo. Y el SEÑOR ayudaba a David dondequiera que iba. **7** David tomó los escudos de oro que llevaban los siervos de Hadad Ezer, y los trajo a Jerusalén. **8** Asimismo

---

17:16
La respuesta de David
En vez de enojarse porque él no podía construir el templo, David estaba agradecido de que Dios lo hubiera honrado de muchas otras maneras.

18:4
David desjarretó a la mayoría de los caballos que capturaron
Dios quería que su pueblo confiara en él en vez de poner su confianza en los carros y caballos. David lo sabía, y tomó la decisión de impedir que los caballos fueran usados en la batalla.

18:1 [1] Lit. *hirió*, y así en el resto del cap.

David tomó una gran cantidad de bronce de Tibhat y de Cun, ciudades de Hadad Ezer, con el cual Salomón hizo el mar de bronce, las columnas y los utensilios de bronce.

9 Cuando Tou, rey de Hamat, oyó que David había derrotado[1] a todo el ejército de Hadad Ezer, rey de Soba, **10** envió a su hijo Adoram al rey David para saludarlo[1] y bendecirlo, porque había peleado contra Hadad Ezer y lo había derrotado[2], pues Hadad Ezer había estado en guerra con Tou. Y *Adoram trajo* toda clase de objetos de oro, de plata y de bronce. **11** Estos el rey David dedicó también al SEÑOR, junto con la plata y el oro que había tomado de todas estas naciones: de Edom, Moab, Amón, Filistea y Amalec.

12 Además, Abisai, hijo de Sarvia, derrotó a 18,000 edomitas en el valle de la Sal. **13** Puso guarniciones en Edom, y todos los edomitas fueron siervos de David. Y el SEÑOR daba la victoria a David dondequiera que iba.

OFICIALES DE DAVID

14 David reinó sobre todo Israel, y administraba justicia y derecho a todo su pueblo. **15** Joab, hijo de Sarvia, *era* comandante del ejército; y Josafat, hijo de Ahilud, *era* cronista; **16** Sadoc, hijo de Ahitob, y Abimelec, hijo de Abiatar, *eran* sacerdotes, y Savsá *era* escriba; **17** Benaía, hijo de Joiada, *era* jefe de los cereteos y peleteos; y los hijos de David *eran* los primeros junto al rey.

DERROTA DE LOS AMONITAS Y DE LOS ARAMEOS

19 Después de esto murió Nahas, rey de los amonitas, y su hijo reinó en su lugar. **2** Y David dijo: «Seré bondadoso con Hanún, hijo de Nahas, porque su padre fue bondadoso conmigo». Envió, pues, David mensajeros para consolarlo por *la muerte de* su padre. Pero cuando los siervos de David llegaron a la tierra de los amonitas a *ver a* Hanún para consolarlo, **3** los príncipes de los amonitas dijeron a Hanún: «¿Cree usted que David está honrando a su padre porque le ha enviado consoladores? ¿No han venido a usted sus siervos para reconocer, para destruir y para espiar la tierra?». **4** Entonces Hanún tomó a los siervos de David y los rapó, les cortó los vestidos por la mitad hasta las caderas, y los despidió. **5** Y *algunos* fueron y le avisaron a David acerca de los hombres. Y él envió *gente* a su encuentro, porque los hombres estaban muy humillados. Y el rey dijo: «Quédense en[1] Jericó hasta que les crezca la barba, y *después* vuelvan».

6 Al ver los amonitas que se habían hecho odiosos a David, Hanún y los amonitas enviaron 34 toneladas de plata para tomar a sueldo carros y hombres de a caballo de Mesopotamia de Aram Maaca y de Soba. **7** Tomaron a sueldo 32,000 carros y al rey de Maaca y a su pueblo, los cuales vinieron y acamparon delante de Medeba. También los amonitas se reunieron desde sus ciudades y vinieron a la batalla. **8** Cuando David se enteró, envió a Joab y a todo el ejército de los valientes. **9** Y

18:12
Abisai

Como hijo de Sarvia, era el hermano de Joab, el jefe principal del ejército de David. Abisai fue uno de los valientes de David (11:20-21).

18:12
El valle de la Sal

Este valle estaba al sur del mar Salado, cerca de la tierra de Edom. El pantano salado de allí puede haber frenado a los edomitas que huían.

19:1-2
La bondad de Nahas hacia David

Es muy posible que Nahas ayudara a David durante el tiempo en que huía de Saúl.

19:3-5
Hanún humilló a los hombres de David

Aunque David había enviado a los hombres como una señal de simpatía, Hanún pensó que David estaba intentando engañarlo.

19:6, 16
Una guerra por un insulto

El trato de Hanún a los hombres de David fue extremadamente insultante. Las barbas normalmente solo se afeitaban como señal de luto o autohumillación, y la desnudez pública se consideraba vergonzosa. Al humillar a los prisioneros, Hanún inició una guerra en lugar de evitarla.

18:9 [1] Lit. *herido.*　　18:10 [1] Lit. *preguntarle por su bienestar.*　　[2] Lit. *herido.*
19:5 [1] Lit. *Vuélvanse a.*

s amonitas salieron y se pusieron en orden de batalla a la ntrada de la ciudad, y los reyes que habían venido *estaban* parte en el campo.

10 Viendo Joab que se le presentaba batalla por el frente y or la retaguardia, escogió de entre los mejores hombres de rael y *los* puso en orden de batalla contra los arameos. **11** Al esto del pueblo lo colocó al mando de su hermano Abisai; y e pusieron en orden de batalla contra los amonitas. **12** Y dijo: Si los arameos son demasiado fuertes para mí, entonces tú ne ayudarás, y si los amonitas son demasiado fuertes para , entonces yo te ayudaré. **13** Esfuérzate, y mostrémonos va- entes por amor a nuestro pueblo y por amor a las ciudades e nuestro Dios; y que el SEÑOR haga lo que le parezca bien». Entonces se acercó Joab con el pueblo que *estaba* con él ara enfrentarse en combate con los arameos, y *estos* huyeron elante de él. **15** Cuando los amonitas vieron que los arameos uían, ellos también huyeron delante de su hermano Abisai y ntraron en la ciudad. Entonces Joab volvió a Jerusalén.

16 Al ver los arameos que habían sido derrotados por[1] srael, enviaron mensajeros, y trajeron a los arameos que staban al otro lado del Río[2], con Sofac, comandante del ejér- ito de Hadad Ezer, al frente de ellos. **17** Cuando se dio aviso David, *este* reunió a todo Israel, cruzó el Jordán y llegó rente a ellos y se puso en orden de batalla contra ellos. Y uando David se puso en orden de batalla para enfrentarse los arameos, *estos* pelearon contra él. **18** Pero los arameos uyeron delante de Israel, y David mató de los arameos a ,000 *hombres* de los carros y 40,000 hombres de a pie, tam- ién dio muerte a Sofac, comandante del ejército. **19** Cuando s siervos de Hadad Ezer vieron que habían sido derrotados or[1] Israel, hicieron la paz con David y le sirvieron. Y los rameos no quisieron ayudar más a los amonitas.

ERROTA DE RABÁ Y DE LOS GIGANTES

20 En la primavera[1], en el tiempo en que los reyes salen *a la guerra,* Joab sacó el ejército y devas- ó la tierra de los amonitas, y fue y puso sitio a Rabá; ero David se quedó en Jerusalén. Y Joab hirió a Rabá la destruyó. **2** David tomó la corona de la cabeza del ey *de los amonitas,* y halló que pesaba 34 kilos de ro y que tenía en ella una piedra preciosa; y fue uesta[1] sobre la cabeza de David. Sacó además na gran cantidad de botín de la ciudad. **3** Y a la ente que *había* en ella, *la* sacó y *la* puso *a traba- ar* con sierras, con trillos de hierro y con hachas. así hizo David a todas las ciudades de los amo- itas. Entonces regresó David con todo el pueblo Jerusalén.

4 Sucedió después de esto que hubo guerra en ezer contra los filisteos. Entonces Sibecai el husatita nató a Sipai, uno de los descendientes de los gigantes, s cuales fueron dominados. **5** De nuevo hubo guerra contra os filisteos, y Elhanán, hijo de Jair, mató a Lahmi, hermano

20:1
Por qué la primavera era el tiempo de la guerra

Las batallas a menudo se posponían hasta después de las cosechas en abril y mayo. Los agricultores servían como soldados cuando sus tareas agrícolas lo permitían, pero tendrían que regresar a los cultivos en septiembre y octubre.

20:2
La corona de David

La corona pesaba alrededor de 34 kilogramos. Colocarse la corona en la cabeza simbolizaba la victoria total. David casi seguro solo usó la corona por un breve período y no todo el tiempo. Y probablemente necesitaba ayuda para quitársela y ponérsela.

9:16 [1] Lit. *heridos delante de.*   [2] I.e. Éufrates.   19:19 [1] Lit. *heridos delante de.*
0:1 [1] Lit. *al regreso del año.*   20:2 [1] Lit. *estaba.*

de Goliat el geteo; el asta de su lanza *era* como un rodillo de tejedor. **6** Y hubo guerra otra vez en Gat, donde había un hombre de *gran* estatura que tenía veinticuatro dedos, seis *en cada mano* y seis *en cada pie;* él también descendía de los gigantes. **7** Cuando desafió a Israel, lo mató Jonatán, hijo de Simea, hermano de David. **8** Estos descendían de los gigantes en Gat y cayeron por mano de David y por mano de sus siervos.

DAVID ORDENA UN CENSO

21 Satanás se levantó contra Israel y provocó a David a hacer un censo de Israel. **2** Dijo, pues, David a Joab y a los jefes del pueblo: «Vayan, cuenten a Israel desde Beerseba hasta Dan, y tráiganme *el resultado* para que yo sepa el número de ellos». **3** Pero Joab dijo: «Añada el SEÑOR a Su pueblo cien veces más de lo que son. Pero, oh rey, señor mío, ¿no son todos ellos siervos de mi señor? ¿Por qué procura esto mi señor? ¿Por qué ha de ser él motivo de culpa para Israel?».

4 Sin embargo, la palabra del rey prevaleció contra Joab. Salió, pues, Joab y recorrió todo Israel, y volvió a Jerusalén. **5** Y Joab dio a David el total del censo de *todo* el pueblo. Y en todo Israel había 1,100,000 hombres que sacaban espada; y en Judá *había* 470,000 hombres que sacaban espada. **6** Pero entre ellos no hizo un censo de Leví ni de Benjamín, porque la orden del rey era detestable para Joab. **7** También el censo desagradó a Dios, e hirió a Israel. **8** Entonces David dijo a Dios: «He pecado gravemente al hacer esto. Pero ahora te ruego que quites la iniquidad de Tu siervo, porque he obrado muy neciamente».

9 Y el SEÑOR habló a Gad, vidente de David, diciendo: **10** «Ve y dile a David: "Así dice el SEÑOR: 'Te propongo tres cosas; escoge para ti una de ellas, para que Yo te *la* haga'"». **11** Entonces vino Gad a David y le dijo: «Así dice el SEÑOR: "Escoge para ti: **12** tres años de hambre, o tres meses de derrota delante de tus adversarios mientras *te* alcanza la espada de tus enemigos, o tres días de la espada del SEÑOR, esto es, la pestilencia en la tierra y el ángel del SEÑOR haciendo estragos por todo el territorio de Israel". Ahora pues, considera qué respuesta he de llevar al que me envió». **13** «Estoy muy angustiado», David respondió a Gad. «Te ruego que me dejes caer en manos del SEÑOR, porque Sus misericordias son muy grandes; pero no caiga yo en manos de hombre».

14 Así que el SEÑOR envió pestilencia sobre Israel, y cayeron 70,000 hombres de Israel. **15** Después Dios envió un ángel a Jerusalén para destruirla; pero cuando estaba a punto de destruir*la*, el SEÑOR miró y sintió pesar por la calamidad, y dijo al ángel destructor: «Basta, detén ahora tu mano». Y el ángel del SEÑOR estaba junto a la era de Ornán el jebuseo. **16** David alzó sus ojos y vio al ángel del SEÑOR que estaba entre la tierra y el cielo, con una espada desenvainada en su mano, extendida sobre Jerusalén. Entonces David y los ancianos, vestidos de cilicio, cayeron sobre sus rostros. **17** Y David dijo a Dios: «¿No soy yo el que ordenó enumerar al pueblo? Ciertamente yo soy el que ha pecado y obrado

21:1, 6-7
El censo

Dios no prohibió todos los censos. De hecho, Dios había ordenado uno antes de formar el ejército para conquistar la tierra prometida. Sin embargo, cuando David llevó a cabo el censo para contar a sus soldados, lo hizo por orgullo. En vez de depender solamente de Dios, había comenzado a depender de sus tropas.

21:15
Las consecuencias del pecado angustian al Señor

Dios dijo que habría consecuencias por el pecado, pero se entristeció al ver a su pueblo sufrir, porque los amaba.

muy perversamente, pero estas ovejas, ¿qué han hecho? Oh SEÑOR, Dios mío, te ruego que Tu mano sea contra mí y contra la casa de mi padre, pero no contra Tu pueblo, para que no haya plaga entre ellos».

18 Luego el ángel del SEÑOR ordenó a Gad que dijera a David que subiera y edificara un altar al SEÑOR en la era de Ornán el jebuseo. **19** David subió según la palabra que Gad había hablado en nombre del SEÑOR. **20** Y volviéndose Ornán, vio al ángel, pero sus cuatro hijos *que estaban* con él se escondieron. Y Ornán estaba trillando trigo. **21** Cuando David llegó junto a Ornán, este miró, y al ver a David, salió de la era y se postró ante David rostro en tierra. **22** Entonces David dijo a Ornán: «Dame el lugar de *esta* era, para que edifique en él un altar al SEÑOR. Me lo darás por su justo precio, para que se retire la plaga del pueblo».

23 Ornán respondió a David: «Tóme*lo* para usted, y que mi señor el rey haga lo que sea bueno ante sus ojos. Mire, daré los bueyes para holocaustos y los trillos para leña y el trigo para la ofrenda de cereal; *lo* daré todo». **24** Pero el rey David dijo a Ornán: «No, sino que ciertamente *lo* compraré por su justo precio; porque no tomaré para el SEÑOR lo que es tuyo, ni ofreceré un holocausto que no me cueste nada». **25** Y David dio a Ornán el peso de 600 siclos (6.84 kilos) de oro por el lugar. **26** Entonces David edificó allí un altar al

21:24
David insiste en pagar por la era

David sabía que debía pagar por su pecado, y si su sacrificio era gratis, no significaría nada. Al comprar la era a un alto precio estaba demostrando su arrepentimiento.

EL CRECIMIENTO DEL EJÉRCITO DE DAVID

El ejército de David pasa de ser una banda pequeña y diversa a contar con un millón de hombres

400 hombres se unen a David en la cueva de Adulam, junto con su familia extendida
1 Samuel 22:1-2

Los parientes de Saúl y un número desconocido de hombres de Gad, Benjamín y Manasés se unen a David y a los 600 que estaban con él en Siclag
1 Crónicas 12:1-22

600

400 | 600+

300,000+
Hombres se unen a David en Hebrón
1 Crónicas 12:23-37

1,100,000
Hombres contados en un censo formal más tarde en el reino de David
1 Crónicas 21:4-6

600 hombres están con David en Keila
1 Samuel 23:1-13

SEÑOR, y ofreció holocaustos y ofrendas de paz. E invocó al SEÑOR, y Él le respondió con fuego del cielo sobre el altar del holocausto. **27** Y el SEÑOR ordenó al ángel, y este volvió su espada a la vaina.

28 En aquel tiempo, viendo David que el SEÑOR le había respondido en la era de Ornán el jebuseo, ofreció allí sacrificios; **29** porque el tabernáculo del SEÑOR que Moisés había hecho en el desierto y el altar del holocausto *estaban* en aquel tiempo en el lugar alto en Gabaón. **30** Pero David no pudo ir *allá*, delante del altar, para consultar a Dios, porque estaba aterrado a causa de la espada del ángel del SEÑOR.

PREPARATIVOS DE DAVID PARA EL TEMPLO

22 Entonces David dijo: «Esta es la casa del SEÑOR Dios, y este es el altar del holocausto para Israel».

2 Y David dio órdenes de reunir a los extranjeros que *estaban* en la tierra de Israel, y designó canteros para labrar piedras para edificar la casa de Dios. **3** David preparó grandes cantidades de hierro para hacer clavos para las puertas de la entrada y para las grapas, y más bronce del que podía pesarse; **4** y madera de cedro incalculable, porque los sidonios y los tirios trajeron grandes cantidades de madera de cedro a David. **5** «Mi hijo Salomón», dijo David, «es joven y sin experiencia, y la casa que ha de edificarse al SEÑOR será de gran magnificencia, de renombre y de gloria por todas las tierras. Por tanto haré preparativos para ella». Así que David hizo grandes preparativos antes de su muerte.

6 Entonces llamó a su hijo Salomón, y le encargó que edificara una casa al SEÑOR, Dios de Israel. **7** Y David le dijo a Salomón: «Hijo mío, yo tenía el propósito de edificar una casa al nombre del SEÑOR mi Dios. **8** Pero vino a mí la palabra del SEÑOR, diciendo: "Tú has derramado sangre en abundancia, y has emprendido grandes guerras. No edificarás una casa a Mi nombre, porque has derramado mucha sangre en la tierra delante de Mí. **9** Pero te nacerá un hijo que será hombre de paz; Yo le daré paz de todos sus enemigos en derredor, pues Salomón[1] será su nombre y en sus días daré paz y reposo a Israel. **10** Él edificará una casa a Mi nombre, y él será Mi hijo y Yo seré su padre; y estableceré el trono de su reino sobre Israel para siempre".

11 »Ahora pues, hijo mío, el SEÑOR sea contigo para que prosperes y edifiques la casa del SEÑOR tu Dios tal como Él ha hablado de ti. **12** Que el SEÑOR te dé prudencia y entendimiento, y te dé dominio sobre Israel, para que guardes la ley del SEÑOR tu Dios. **13** Entonces prosperarás, si te cuidas de observar los estatutos y ordenanzas que el SEÑOR ordenó a Moisés para Israel. Esfuérzate y sé valiente, no temas ni te acobardes. **14** Con grandes esfuerzos[1] yo he preparado para la casa del SEÑOR 3,400 toneladas de oro y 34,000 toneladas de plata, y bronce y hierro sin medida, porque hay[2] en abundancia. También he preparado madera y piedra, a lo cual tú podrás añadir. **15** Además, *tienes* contigo muchos obreros: canteros, albañiles, carpinteros y todo experto en toda clase

---

22:5
La edad de Salomón en este momento
Probablemente Salomón tenía entre catorce y dieciocho años.

22:9 [1] I.e. Pacífico.   22:14 [1] Lit. *en mi aflicción.*   [2] Lit. *es.*

de obra. **16** Del oro, de la plata, del bronce y del hierro no hay límite. Levántate y trabaja, y que el SEÑOR sea contigo».

17 David también ordenó a todos los jefes de Israel que ayudaran a su hijo Salomón, *diciéndoles:* **18** «¿No está con ustedes el SEÑOR su Dios? ¿Y no les ha dado paz por todos lados? Pues Él ha entregado en mi mano a los habitantes de la tierra, y la tierra está sometida delante del SEÑOR y delante de Su pueblo. **19** Dispongan ahora su corazón y su alma para buscar al SEÑOR su Dios. Levántense, pues, y edifiquen el santuario del SEÑOR Dios, para que traigan el arca del pacto del SEÑOR y los utensilios sagrados de Dios a la casa que se ha de edificar para el nombre del SEÑOR».

ORGANIZACIÓN DE LOS LEVITAS

23 Cuando David ya era muy anciano y colmado de días, puso a su hijo Salomón como rey sobre Israel. **2** Y reunió a todos los principales de Israel con los sacerdotes y los levitas. **3** Los levitas fueron contados de treinta años para arriba, y su número, según el censo de los hombres, fue de 38,000. **4** De estos, 24,000 debían dirigir la obra de la casa del SEÑOR, 6,000 *eran* oficiales y jueces, **5** y 4,000 *eran* porteros y 4,000 alababan al SEÑOR con los instrumentos que David había hecho para tributar alabanza. **6** David los dividió en clases conforme a los hijos de Leví: Gersón, Coat y Merari.

7 De los de Gersón *fueron* Laadán y Simei. **8** Los hijos de Laadán *fueron* Jehiel el primero, Zetam y Joel: tres. **9** Los hijos de Simei *fueron* Selomit, Haziel y Harán: tres. Estos fueron los jefes de las *casas* paternas de Laadán. **10** Y los hijos de Simei *fueron* Jahat, Zina, Jeús y Bería. Estos cuatro *fueron* los hijos de Simei. **11** Jahat fue el primero y Zina el segundo; pero Jeús y Bería no tuvieron muchos hijos, por lo cual constituyeron una casa paterna, un grupo¹.

12 Los hijos de Coat *fueron* cuatro: Amram, Izhar, Hebrón y Uziel. **13** Los hijos de Amram *fueron* Aarón y Moisés. Y Aarón fue separado para ser santificado como el más santo, él y sus hijos para siempre, para quemar incienso delante del SEÑOR, para servirle y para bendecir en Su nombre para siempre. **14** Pero *en cuanto a* Moisés el hombre de Dios, sus hijos fueron contados entre la tribu de Leví. **15** Los hijos de Moisés *fueron* Gersón y Eliezer. **16** El hijo de Gersón *fue* Sebuel el jefe. **17** Y el hijo de Eliezer fue¹ Rehabías el jefe; y Eliezer no tuvo más hijos, pero los hijos de Rehabías fueron muchos. **18** El hijo de Izhar *fue* Selomit el jefe. **19** Los hijos de Hebrón *fueron* Jerías el primero, Amarías el segundo, Jahaziel el tercero, y Jecamán el cuarto. **20** Los hijos de Uziel *fueron* Micaía el primero, e Isías el segundo.

21 Los hijos de Merari *fueron* Mahli y Musi. Los hijos de Mahli *fueron* Eleazar y Cis. **22** Y Eleazar murió y no tuvo hijos, sino solo hijas, de modo que sus parientes¹, los hijos de Cis, las tomaron *por* mujeres. **23** Los hijos de Musi *fueron* tres: Mahli, Eder y Jeremot.

24 Estos fueron los hijos de Leví conforme a sus casas paternas, *es decir,* los jefes de las *casas* paternas de los que

22:19
Utensilios sagrados
Eran los objetos que se usaban en el tabernáculo: el altar recubierto de oro, una mesa y utensilios de cocina como platos, tazones y vasos.

23:3
El censo de los levitas
El motivo del censo anterior fue contar orgullosamente el número de guerreros. Este censo fue un acto humilde, para que los líderes pudieran organizar el trabajo del templo.

23:3, 27
Los levitas fueron contados en diferentes grupos de edad
El primer conteo incluía a los levitas de treinta años para arriba. El segundo incluía a los de veinte años y más. David bajó la edad a veinte porque necesitaba más obreros para el templo de los que habían necesitado antes para el tabernáculo.

23:7-23
Por qué figuran todos esos nombres
David estaba formando grupos para los diferentes trabajos. Cada familia tenía una tarea importante, y la lista era una manera de asegurar que cada uno supiera cuál era la suya.

23:11 ¹ Lit. *alistamiento.*   23:17 ¹ En heb. *Hijos…fueron.*   23:22 ¹ Lit. *hermanos.*

fueron contados, en la cuenta de nombres según su censo, de veinte años para arriba, *los cuales* hacían la obra del servicio de la casa del SEÑOR. **25** Porque David dijo: «El SEÑOR, Dios de Israel, ha dado reposo a su pueblo, y Él habita en Jerusalén para siempre. **26** Y además los levitas ya no tendrán que llevar el tabernáculo y todos los utensilios para su servicio».

27 Porque de acuerdo con las últimas palabras de David, los hijos de Leví *eran* contados de veinte años para arriba; **28** y su oficio sería ayudar a los hijos de Aarón en el servicio de la casa del SEÑOR, en los atrios y en las cámaras y en la purificación de todas las cosas sagradas y en la obra del servicio de la casa de Dios. **29** También *debían encargarse* de los panes de la proposición, la flor de harina para la ofrenda de cereal, los hojaldres sin levadura, *lo preparado* en sartén, lo *bien* mezclado y todas las medidas de capacidad y longitud. **30** Debían estar presentes cada mañana para dar gracias y para alabar al SEÑOR, y asimismo por la noche, **31** para ofrecer todos los holocaustos al SEÑOR todos los días de reposo, las lunas nuevas y las fiestas señaladas según el número *fijado* por la ordenanza que les prescribe, continuamente delante del SEÑOR. **32** Así estarían encargados de cuidar la tienda de reunión, de cuidar el lugar santo y de cuidar a los hijos de Aarón sus parientes, para el servicio de la casa del SEÑOR.

ORGANIZACIÓN DE LOS SACERDOTES

24 *Estas fueron* las clases de los descendientes[1] de Aarón. Los hijos de Aarón *fueron* Nadab, Abiú, Eleazar e Itamar. **2** Pero Nadab y Abiú murieron antes que su padre y no tuvieron hijos. De modo que Eleazar e Itamar sirvieron como sacerdotes. **3** Y David, con Sadoc de los hijos de Eleazar y Ahimelec de los hijos de Itamar, los dividió según sus oficios para su ministerio. **4** Puesto que se encontraron más hombres principales entre los descendientes de Eleazar que entre los descendientes de Itamar, los dividieron así: de los descendientes de Eleazar, dieciséis jefes de casas paternas, y ocho de los descendientes de Itamar según sus casas paternas. **5** Así fueron divididos por suerte los unos y los otros; porque eran funcionarios del santuario y funcionarios de *la casa de* Dios, tanto los descendientes de Eleazar como los descendientes de Itamar. **6** Y Semaías, hijo del escriba Natanael, de los levitas, los inscribió en la presencia del rey, de los príncipes, del sacerdote Sadoc, de Ahimelec, hijo de Abiatar, y de los jefes de *las casas* paternas de los sacerdotes y de los levitas; una casa paterna designada para Eleazar y otra designada para Itamar.

7 La primera suerte tocó a Joiarib, la segunda a Jedaías, **8** la tercera a Harim, la cuarta a Seorim, **9** la quinta a Malquías, la sexta a Mijamín, **10** la séptima a Cos, la octava a Abías, **11** la novena a Jesúa, la décima a Secanías, **12** la undécima a Eliasib, la duodécima a Jaquim, **13** la decimotercera a Hupa, la decimocuarta a Jesebeab, **14** la decimoquinta a Bilga, la decimosexta a Imer, **15** la decimoséptima a Hezir, la decimoctava a Afisés, **16** la decimonovena a Petaías, la vigésima a Hezequiel,

---

23:26, 28-32
Tareas de los levitas

Algunos levitas eran sacerdotes. Otros eran asistentes de los sacerdotes. Ellos mantenían el equipamiento del santuario, trasladaban los muebles y horneaban el pan. Mantenían los suministros para las ofrendas. Y también tocaban música y ayudaban a los sacerdotes con los sacrificios y ceremonias.

24:5
Divididos por suerte

Las divisiones se hicieron echando suertes (algo así como sacar el palillo más corto o tirar los dados) para descubrir la voluntad de Dios. Él usaba los resultados de las suertes con el fin de mostrar cuál era su voluntad.

24:1 [1] Lit. *hijos*.

[17] la vigesimoprimera a Jaquín, la vigesimosegunda a Gamul, [18] la vigesimotercera a Delaía, la vigesimocuarta a Maazías. [19] Estos *fueron* sus deberes para su ministerio cuando entraron en la casa del SEÑOR según la ordenanza que les *fue dada* por medio de su padre Aarón, tal como el SEÑOR, Dios de Israel, le había mandado.

[20] Y para el resto de los hijos de Leví: de los hijos de Amram, Subael; de los hijos de Subael, Jehedías. [21] De Rehabías: de los hijos de Rehabías, Isías el primero. [22] De los izharitas, Selomot; de los hijos de Selomot, Jahat. [23] Y *de* los hijos *de Hebrón:* Jerías *el primero,* Amarías el segundo, Jahaziel el tercero, Jecamán el cuarto. [24] *De* los hijos de Uziel, Micaía; de los hijos de Micaía, Samir. [25] El hermano de Micaía, Isías; de los hijos de Isías, Zacarías. [26] Los hijos de Merari: Mahli y Musi; de los hijos de Jaazías, Beno. [27] Los hijos de Merari por Jaazías: Beno, Soham, Zacur e Ibri. [28] Por Mahli: Eleazar, que no tuvo hijos. [29] Por Cis: de los hijos de Cis, Jerameel. [30] Y los hijos de Musi: Mahli, Edar y Jerimot. Estos *fueron* los hijos de los levitas conforme a sus casas paternas. [31] Estos también echaron suertes como sus parientes[1], los hijos de Aarón, en la presencia del rey David, de Sadoc, de Ahimelec y de los jefes de las *casas* paternas de los sacerdotes y de los levitas. El principal de las *casas* paternas *fue tratado* igual que el menor de sus hermanos.

ORGANIZACIÓN DE LOS CANTORES

25 Además, David y los jefes del ejército separaron para el servicio *a algunos* de los hijos de Asaf, de Hemán y de Jedutún, que *habían* de profetizar con liras, arpas y címbalos; y el número de estos[1], conforme a su servicio fue: [2] de los hijos de Asaf: Zacur, José, Netanías y Asarela; los hijos de Asaf *estaban* bajo la dirección de Asaf, que profetizaba bajo la dirección del rey. [3] De Jedutún, los hijos de Jedutún: Gedalías, Zeri, Jesaías, Simei, Hasabías y Matatías: seis, bajo la dirección de su padre Jedutún con la lira, que profetizaban dando gracias y alabando al SEÑOR. [4] De Hemán, los hijos de Hemán: Buquías, Matanías, Uziel, Sebuel, Jeremot, Hananías, Hananí, Eliata, Gidalti, Romanti Ezer, Josbecasa, Maloti, Hotir y Mahaziot. [5] Todos estos *fueron* los hijos de Hemán, el vidente del rey, para ensalzarlo conforme a las palabras de Dios, porque Dios dio a Hemán catorce hijos y tres hijas. [6] Todos estos *estaban* bajo la dirección de su padre para cantar en la casa del SEÑOR, con címbalos, arpas y liras, para el servicio de la casa de Dios. Asaf, Jedutún y Hemán *estaban* bajo la dirección del rey. [7] El número de los que fueron instruidos en el canto al SEÑOR, con sus parientes[1], todos los que eran hábiles, *fue* de 288. [8] Y echaron suertes para *designar* sus cargos, todos por igual, tanto el pequeño como el grande, *tanto* el maestro *como* el discípulo.

[9] La primera suerte salió para José, de *la* casa de Asaf; la segunda para Gedalías que con sus parientes e hijos *fueron* doce; [10] la tercera para Zacur, sus hijos y sus parientes: doce;

24:31 [1] Lit. *hermanos.*   25:1 [1] Lit. *obreros.*   25:7 [1] Lit. *hermanos,* y así en el resto del cap.

24:31
Era poco común tratar a los más jóvenes igual que a los más viejos
De acuerdo con las leyes, el primogénito heredaba una doble porción de las posesiones de su padre. Sin embargo, como servían a Dios, los levitas recibían la misma porción.

25:5
El vidente del rey
David consultó a Hemán, un vidente o profeta, quien revelaba la voluntad de Dios en ciertas situaciones. El ministerio profético de Hemán a veces incluía la música.

25:9-31
Tareas de los músicos
Veinticuatro grupos de doce músicos dirigían los cantos y tocaban los instrumentos en el templo. Ellos echaban suertes para decidir cuándo cada uno de los grupos lideraba la adoración.

11 la cuarta para Izri, sus hijos y sus parientes: doce; **12** la quinta para Netanías, sus hijos y sus parientes: doce; **13** la sexta para Buquías, sus hijos y sus parientes: doce; **14** la séptima para Jesarela, sus hijos y sus parientes: doce; **15** la octava para Jesahías, sus hijos y sus parientes: doce; **16** la novena para Matanías, sus hijos y sus parientes: doce; **17** la décima para Simei, sus hijos y sus parientes: doce; **18** la undécima para Azareel, sus hijos y sus parientes: doce; **19** la duodécima para Hasabías, sus hijos y sus parientes: doce; **20** para la decimotercera, Subael, sus hijos y sus parientes: doce; **21** para la decimocuarta, Matatías, sus hijos y sus parientes: doce; **22** para la decimoquinta, a Jeremot, sus hijos y sus parientes: doce; **23** para la decimosexta, a Hananías, sus hijos y sus parientes: doce; **24** para la decimoséptima, a Josbecasa, sus hijos y sus parientes: doce; **25** para la decimoctava, a Hananí, sus hijos y sus parientes: doce; **26** para la decimonovena, a Maloti, sus hijos y sus parientes: doce; **27** para la vigésima, a Eliata, sus hijos y sus parientes: doce; **28** para la vigesimoprimera, a Hotir, sus hijos y sus parientes: doce; **29** para la vigesimosegunda, a Gidalti, sus hijos y sus parientes: doce; **30** para la vigesimotercera, a Mahaziot, sus hijos y sus parientes: doce; **31** para la vigesimocuarta, a Romanti Ezer, sus hijos y sus parientes: doce.

ORGANIZACIÓN DE LOS PORTEROS

26 Para las clases de porteros *había:* de los coreítas, Meselemías, hijo de Coré, de los hijos de Asaf. **2** Meselemías tuvo hijos: Zacarías el primogénito, Jediael el segundo, Zebadías el tercero, Jatniel el cuarto, **3** Elam el quinto, Johanán el sexto, Elioenai el séptimo. **4** Obed Edom tuvo hijos: Semaías el primogénito, Jozabad el segundo, Joa el tercero, Sacar el cuarto, Natanael el quinto, **5** Amiel el sexto, Isacar el séptimo *y* Paultai el octavo; porque Dios lo había bendecido.

6 Y a Semaías también le nacieron hijos que gobernaron la casa de su padre, porque eran hombres fuertes y valientes. **7** Los hijos de Semaías *fueron* Otni, Rafael, Obed y Elzabad, *y* sus hermanos, los valientes Eliú y Samaquías. **8** Todos estos *fueron* hijos de Obed Edom; ellos, sus hijos y sus parientes*ʲ fueron* hombres capaces con fuerza para el servicio: sesenta y dos de Obed Edom. **9** Meselemías tuvo hijos y parientes: dieciocho hombres valientes. **10** También Hosa, *uno* de los hijos de Merari, tuvo hijos: Simri el primero (aunque no era el primogénito, su padre lo hizo el primero), **11** Hilcías el segundo, Tebalías el tercero, Zacarías el cuarto; todos los hijos y parientes de Hosa *fueron* trece.

12 A estas clases de los porteros, a los hombres principales, *se les dieron* responsabilidades, al igual que a sus parientes, para servir en la casa del SEÑOR. **13** Echaron suertes, tanto los pequeños como los grandes, conforme a sus casas paternas, para cada puerta. **14** Y la suerte *para* la oriental cayó a Selemías. Entonces echaron suertes *para* su hijo Zacarías, consejero entendido, y le tocó en suerte la del norte. **15** A Obed Edom *le tocó* la del sur, y a sus hijos los almacenes. **16** Para Supim y Hosa *les tocó* la del occidente, junto a la puerta de

26:8 ʲ Lit. *hermanos*, y así en el resto del cap.

26:10
Cómo el padre transfería los derechos del primogénito

Los derechos de primogenitura podían pasarse a otro hijo si el mayor había demostrado no merecerlos. Por ejemplo, Jacob les transfirió los derechos de Rubén a Judá y José por las acciones pecaminosas de Rubén.

Salequet, en el camino de la subida. Guardia con guardia se correspondían: **17** al oriente *había* seis levitas, al norte cuatro por día, al sur cuatro por día, y en el almacén de dos en dos; **18** en el Parbar[j], al occidente, *había* cuatro en el camino y dos en el Parbar. **19** Estas *fueron* las clases de los porteros de los hijos de Coré y de los hijos de Merari.

LOS ENCARGADOS DE LOS TESOROS

20 Los levitas, sus parientes, *estaban* a cargo de los tesoros de la casa de Dios y de los tesoros de los presentes consagrados. **21** Los hijos de Laadán, hijos de los gersonitas de Laadán, *es decir*, los jehielitas, *eran* los jefes de las *casas* paternas de Laadán el gersonita. **22** Los hijos de Jehieli, Zetam y su hermano Joel, estaban a cargo de los tesoros de la casa del SEÑOR. **23** De los amramitas, los izharitas, los hebronitas y los uzielitas, **24** Sebuel, hijo de Gersón, hijo de Moisés, era oficial sobre los tesoros. **25** Y sus parientes de parte de Eliezer *fueron* Rehabías su hijo, Jesaías su hijo, Joram su hijo, Zicri su hijo y Selomit su hijo. **26** Este Selomit y sus parientes *estaban* a cargo de todos los tesoros de las cosas sagradas que el rey David, los jefes de las *casas* paternas, los capitanes de millares y centenares y los capitanes del ejército habían consagrado. **27** Consagraron parte del botín ganado en batalla para reparar la casa del SEÑOR. **28** Y todo lo que había consagrado el vidente Samuel, y Saúl, hijo de Cis, y Abner, hijo de Ner, y Joab, hijo de Sarvia, todo lo consagrado *estaba* a cargo de Selomit y sus parientes.

29 En cuanto a los izharitas, Quenanías y sus hijos fueron *asignados* para los negocios exteriores de Israel, como oficiales y jueces. **30** En cuanto a los hebronitas, Hasabías y sus parientes, 1,700 hombres de valor, *estaban* a cargo de los negocios de Israel al occidente del Jordán, de toda la obra del SEÑOR y del servicio del rey. **31** En cuanto a los hebronitas, Jerías *era* el jefe (estos hebronitas fueron investigados en relación con sus genealogías y *casas* paternas en el año cuarenta del reinado de David, y hombres muy capaces fueron hallados entre ellos en Jazer de Galaad) **32** y sus parientes, hombres valientes, *eran* 2,700 en número, jefes de *casas* paternas. Y el rey David los constituyó jefes sobre los rubenitas, los gaditas y la media tribu de Manasés para todos los asuntos de Dios y del rey.

OFICIALES DEL EJÉRCITO

27 *Esta es* la enumeración de los hijos de Israel, los jefes de *casas* paternas, los capitanes de miles y de cientos, y sus oficiales que servían al rey en todos los asuntos de las divisiones que entraban y salían, mes por mes durante todos los meses del año; cada división *tenía* 24,000. **2** A cargo de la primera división para el primer mes *estaba* Jasobeam, hijo de Zabdiel; y en su división *había* 24,000. **3** Él *era* de los hijos de Pérez, *y fue* jefe de todos los capitanes del ejército para el primer mes. **4** A cargo de la división para el segundo mes *estaba* Dodai el ahohíta con su división, *siendo* Miclot

26:32
Esas tribus necesitaban otros líderes

Tres de las tribus que vivían al este del río Jordán estaban demasiado lejos de los levitas que dirigían. David se estaba poniendo viejo y tal vez estaba comenzando a entregarles más de su liderazgo a otros.

26:18 [j] Posiblemente, *atrio*.

27:6
Los treinta

Estos eran los valientes de David. Eran soldados fuertes, admirados por su coraje y lealtad. (Ver 1 Crónicas 11:10-47 y 2 Samuel 23:8-39).

el jefe *principal;* y en su división *había* 24,000. **5** El tercer comandante del ejército para el tercer mes *era* Benaía, hijo del sacerdote Joiada, *como* jefe; y en su división *había* 24,000. **6** Este Benaía *era* un valiente de los treinta, y *estaba* sobre los treinta, y en su división *estaba* su hijo Amisabad. **7** El cuarto para el cuarto mes *era* Asael, hermano de Joab, y después de él Zebadías su hijo; y en su división *había* 24,000. **8** El quinto para el quinto mes *era* el capitán Samhut el izraíta; y en su división *había* 24,000. **9** El sexto para el sexto mes *era* Ira, hijo de Iques el tecoíta; y en su división *había* 24,000. **10** El séptimo para el séptimo mes *era* Heles el pelonita, de los hijos de Efraín; y en su división *había* 24,000. **11** El octavo para el octavo mes *era* Sibecai el husatita, de los zeraítas; y en su división *había* 24,000. **12** El noveno para el noveno mes *era* Abiezer el anatotita, de los benjamitas; y en su división *había* 24,000. **13** El décimo para el décimo mes *era* Maharai el netofatita, de los zeraítas; y en su división *había* 24,000. **14** El undécimo para el undécimo mes *era* Benaía el piratonita, de los hijos de Efraín; y en su división *había* 24,000. **15** El duodécimo para el duodécimo mes *era* Heldai el netofatita, de Otoniel; y en su división *había* 24,000.

16 A cargo de las tribus de Israel *estaban:* Eliezer, hijo de Zicri, jefe *principal* de los rubenitas; de los simeonitas, Sefatías, hijo de Maaca; **17** de Leví, Hasabías, hijo de Kemuel; de Aarón, Sadoc; **18** de Judá, Eliú, *uno* de los hermanos de David; de Isacar, Omri, hijo de Micael; **19** de Zabulón, Ismaías, hijo de Abdías; de Neftalí, Jerimot, hijo de Azriel; **20** de los hijos de Efraín, Oseas, hijo de Azazías; de la media tribu de Manasés, Joel, hijo de Pedaías; **21** de la media tribu de Manasés en Galaad, Iddo, hijo de Zacarías; de Benjamín, Jaasiel, hijo de Abner; **22** de Dan, Azareel, hijo de Jeroham. Estos *eran* los príncipes de las tribus de Israel.

23 Pero David no enumeró a los de veinte años para abajo, porque el SEÑOR había dicho que Él multiplicaría a Israel como las estrellas del cielo. **24** Joab, hijo de Sarvia, había comenzado a contar*los,* pero no acabó; y debido a esto, la ira cayó sobre Israel, y el número no fue incluido en el registro de las crónicas del rey David.

25 A cargo de los almacenes del rey *estaba* Azmavet, hijo de Adiel. Y a cargo de los almacenes en el campo, en las ciudades, en las aldeas y en las torres *estaba* Jonatán, hijo de Uzías. **26** Sobre los obreros agrícolas que labraban la tierra *estaba* Ezri, hijo de Quelub. **27** A cargo de las viñas *estaba* Simei el ramatita; y a cargo del producto de las viñas *guardado* en las bodegas *estaba* Zabdi el sifmita. **28** A cargo de los olivares y sicómoros en la Sefela[1] *estaba* Baal Hanán el gederita; y a cargo de los depósitos de aceite *estaba* Joás. **29** A cargo del ganado que pastaba en Sarón *estaba* Sitrai el saronita; y a cargo del ganado en los valles *estaba* Safat, hijo de Adlai. **30** A cargo de los camellos *estaba* Obil el ismaelita; y a cargo de las asnas *estaba* Jehedías el meronotita. **31** A cargo de las ovejas *estaba* Jaziz el agareno. Todos estos eran administradores de las propiedades del rey David.

27:28 [1] O, *tierras bajas.*

32 También Jonatán, hombre de entendimiento, tío de David, *era* consejero y escriba; y Jehiel, hijo de Hacmoni, instruía a los hijos del rey. **33** Ahitofel *era* consejero del rey, y Husai el arquita *era* amigo del rey. **34** Y Joiada, hijo de Benaía, y Abiatar sucedieron a Ahitofel. Y Joab *era* el comandante del ejército del rey.

INSTRUCCIONES DE DAVID TOCANTE AL TEMPLO

28 David reunió en Jerusalén a todos los oficiales de Israel, los jefes de las tribus, los capitanes de las divisiones que servían al rey, los capitanes de millares, los capitanes de centenas y los administradores de toda la hacienda y del ganado del rey y de sus hijos, con los oficiales y los poderosos, es decir, a todos los hombres valientes. **2** Entonces el rey David se puso en pie y dijo: «Escúchenme, hermanos míos y pueblo mío. *Yo había* pensado edificar una casa permanente[1] para el arca del pacto del SEÑOR y para estrado de nuestro Dios. Así que había hecho arreglos para edificar*la*. **3** Pero Dios me dijo: "No edificarás casa a Mi nombre, porque eres hombre de guerra y has derramado mucha sangre".

4 »Sin embargo, el SEÑOR, Dios de Israel, me escogió de toda la casa de mi padre para ser rey de Israel para siempre. Porque Él escogió a Judá para ser jefe; y de la casa de Judá, la casa de mi padre; y entre los hijos de mi padre, Él se agradó de mí para hacer*me* rey sobre todo Israel. **5** Y de todos mis hijos (porque el SEÑOR me ha dado muchos hijos), Él ha escogido a mi hijo Salomón para que se siente en el trono del reino del SEÑOR sobre Israel. **6** Y Él me dijo: "Tu hijo Salomón es quien edificará Mi casa y Mis atrios; porque lo he escogido por hijo Mío, y Yo le seré por padre. **7** Estableceré su reino para siempre si se mantiene firme en cumplir Mis mandamientos y Mis ordenanzas, como en este día". **8** De manera que ahora, en presencia de todo Israel, asamblea del SEÑOR, y a oídos de nuestro Dios, guarden y busquen todos los mandamientos del SEÑOR su Dios para que posean la buena tierra y *la* dejen como heredad a sus hijos después de ustedes para siempre.

9 »En cuanto a ti, Salomón, hijo mío, reconoce al Dios de tu padre, y sírvele de todo corazón y con ánimo dispuesto; porque el SEÑOR escudriña todos los corazones, y entiende todo intento de los pensamientos. Si lo buscas, Él te dejará que lo encuentres; pero si lo abandonas, Él te rechazará para siempre. **10** Ahora pues, considera que el SEÑOR te ha escogido para edificar una casa para el santuario; esfuérzate y haz*la*».

11 Entonces David dio a su hijo Salomón el plano del pórtico *del templo,* de sus edificios, almacenes, aposentos altos, cámaras interiores y del lugar del propiciatorio. **12** También *le dio* el plano de todo lo que tenía en mente para los atrios de la casa del SEÑOR y para todas las cámaras alrededor, para los almacenes de la casa de Dios y para los almacenes de las cosas consagradas; **13** también para las clases de los sacerdotes y de los levitas y para toda la obra del servicio de

28:2 [1] Lit. *de reposo.*

27:33
Un amigo aparece listado como ocupando una posición oficial
Él debe haber sido un consejero personal muy cercano. David puede haber recompensado a Husai por su participación en frenar el complot de Absalón. (Ver 2 Samuel 15:31-37).

la casa del SEÑOR y para todos los utensilios del servicio en la casa del SEÑOR. **14** Para los *utensilios* de oro, *le dio* el peso del oro para todos los utensilios para toda clase de servicio; para los utensilios de plata, el peso *de la plata* para todos los utensilios para toda clase de servicio.

15 David *le dio* también el peso *del oro* para los candelabros de oro y sus lámparas de oro, con el peso de cada candelabro y sus lámparas; y *el peso de la plata* para los candelabros de plata, con el peso de cada candelabro y sus lámparas conforme al uso de cada candelabro. **16** Para cada mesa, *le dio* el oro por peso para las mesas de los panes de la proposición, y la plata para las mesas de plata; **17** y los garfios, los tazones, y los jarros de oro puro; y para las tazas de oro con el peso de cada taza; y para las tazas de plata con el peso de cada taza; **18** y oro acrisolado por peso para el altar del incienso; y oro para el diseño del carro, *es decir,* de los querubines, que extendían *sus alas* y cubrían el arca del pacto del SEÑOR. **19** «Todo *esto*», *dijo David,* «me fue trazado por mano del SEÑOR, haciéndome entender todos los detalles del diseño».

20 Entonces David dijo a su hijo Salomón: «Esfuérzate, sé valiente y haz *la obra;* no temas ni te acobardes, porque el SEÑOR Dios, mi Dios, está contigo. Él no te fallará ni te abandonará, hasta que toda la obra del servicio de la casa del SEÑOR sea acabada. **21** Y tú *tienes* las clases de los sacerdotes y los levitas para todo el servicio de la casa de Dios; y todo voluntario con alguna habilidad estará contigo en toda la obra para toda clase de servicio. También los oficiales y todo el pueblo estarán completamente a tus órdenes».

OFRENDAS PARA EL TEMPLO

29 Entonces el rey David dijo a toda la asamblea: «Mi hijo Salomón, el único que Dios ha escogido, es aún joven y sin experiencia, y la obra es grande; porque el templo[1] no es para hombre, sino para el SEÑOR Dios. **2** Con toda mi habilidad he provisto para la casa de mi Dios, el oro para las *cosas de* oro, la plata para las *cosas de* plata, el bronce para las *cosas de* bronce, el hierro para las *cosas de* hierro, la madera para las *cosas de* madera; *también* piedras de ónice, *piedras* de engaste, piedras de antimonio, piedras de varios colores, toda clase de piedras preciosas y piedras de alabastro en abundancia. **3** Además, en mi amor por la casa de mi Dios, el tesoro que tengo de oro y de plata, *lo* doy a la casa de mi Dios, además de todo lo que ya he provisto para la santa casa, **4** *es decir,* 102 toneladas de oro, del oro de Ofir, y 238 toneladas de plata acrisolada para revestir las paredes de los edificios; **5** de oro para las *cosas de* oro, y de plata para las *cosas de* plata, es decir, para toda la obra hecha por los artesanos. ¿Quién, pues, está dispuesto a dar su ofrenda hoy al SEÑOR?».

6 Entonces los jefes de las *casas* paternas, y los jefes de las tribus de Israel, y los capitanes de millares y de centenares, con los supervisores sobre la obra del rey, ofrecieron

28:18
El diseño del carro
Este diseño estaba en la cubierta del arca. Se creía que los querubines de oro eran el carro de Dios.

28:19
La mano del Señor estaba sobre David
David recibía los planes de Dios de una forma similar a como Moisés recibió la ley. Dios inspiró a David a escribir estas cosas, así como inspiró a los otros escritores de la Biblia.

29:3-7
El valor de este oro, plata, bronce y hierro
En la antigua Israel no había un sistema monetario, de modo que es difícil adivinar su valor. Sin embargo, el peso del oro solamente valdría millones de dólares hoy.

29:1 [1] Lit. *palacio.*

voluntariamente *sus donativos*; **7** y para el servicio de la casa de Dios dieron 170 toneladas y 10,000 monedas (85 kilos) de oro, 1,340 toneladas de plata, 612 toneladas de bronce y 3,400 toneladas de hierro. **8** Y todos los que tenían piedras *preciosas* las dieron al tesoro de la casa del SEÑOR a cargo de Jehiel el gersonita. **9** Entonces el pueblo se alegró porque habían contribuido voluntariamente, porque de todo corazón hicieron su ofrenda al SEÑOR; y también el rey David se alegró en gran manera.

10 Y David bendijo al SEÑOR en presencia de toda la asamblea, y dijo: «Bendito eres, oh SEÑOR, Dios de Israel, nuestro padre por los siglos de los siglos. **11** Tuya es, oh SEÑOR, la grandeza y el poder y la gloria y la victoria y la majestad, en verdad, todo lo que hay en los cielos y en la tierra; Tuyo es el dominio, oh SEÑOR, y te exaltas como soberano sobre todo. **12** De Ti *proceden* la riqueza y el honor; Tú reinas sobre todo y en Tu mano están el poder y la fortaleza, y en Tu mano está engrandecer y fortalecer a todos. **13** Ahora pues, Dios nuestro, te damos gracias y alabamos Tu glorioso nombre. **14** Pero ¿quién soy yo y quién es mi pueblo para que podamos ofrecer tan generosamente todo esto? Porque de Ti *proceden* todas las cosas, y de lo *recibido* de Tu mano te damos. **15** Porque somos extranjeros y peregrinos delante de Ti, como lo fueron todos nuestros padres; como una sombra son nuestros días sobre la tierra, y no hay esperanza. **16** Oh SEÑOR, Dios nuestro, toda esta abundancia que hemos preparado para edificarte una casa para Tu santo nombre procede de Tu mano, y todo es Tuyo. **17** Sabiendo yo, Dios mío, que Tú pruebas el corazón y te deleitas en la rectitud, yo he ofrecido voluntariamente todas estas *cosas* en la integridad de mi corazón; y ahora he visto con alegría a Tu pueblo, que está aquí, hacer *sus* ofrendas a Ti voluntariamente. **18** Oh SEÑOR, Dios de nuestros padres Abraham, Isaac e Israel, preserva esto para siempre en las intenciones del corazón de Tu pueblo, y dirige su corazón hacia Ti. **19** Dale a mi hijo Salomón un corazón perfecto para que guarde Tus mandamientos, Tus testimonios y Tus estatutos, para que *los* cumpla todos y edifique el templo[j], para el cual he provisto».

20 Entonces David dijo a toda la asamblea: «Bendigan ahora al SEÑOR su Dios». Y toda la asamblea bendijo al SEÑOR, al Dios de sus padres, y se inclinaron y se postraron ante el SEÑOR y ante el rey.

21 Al día siguiente sacrificaron víctimas al SEÑOR y le ofrecieron holocaustos: 1,000 novillos, 1,000 carneros y 1,000 corderos, con sus libaciones y sacrificios en abundancia por todo Israel. **22** Comieron, pues, y bebieron aquel día delante del SEÑOR con gran alegría.

Y por segunda vez proclamaron rey a Salomón, hijo de David, y *lo* ungieron como príncipe para el SEÑOR, y a Sadoc como sacerdote. **23** Entonces Salomón se sentó en el trono del SEÑOR como rey en lugar de su padre David; prosperó y todo Israel le obedeció. **24** Y todos los oficiales, los hombres valientes, y también todos los hijos del rey David juraron

29:19 *j* Lit. *palacio.*

29:7
Monedas de oro

Las monedas de oro o dracmas eran llamadas así en honor de Darío I (522-486 a. C.).

A. D. Riddle/www.BiblePlaces.com, tomada en el Museo Ashmolean

29:17
El significado de probar el corazón

David sabía que las apariencias podían impresionar a la gente, pero que el Señor conoce las motivaciones. Dios se regocija cuando su pueblo tiene un corazón puro.

obediencia al rey Salomón. **25** El SEÑOR engrandeció en gran manera a Salomón ante los ojos de todo Israel, y le dio un reinado glorioso como nunca había tenido ningún rey en Israel antes de él.

26 David, hijo de Isaí, reinó sobre todo Israel; **27** el tiempo que reinó sobre Israel *fue* de cuarenta años; reinó en Hebrón siete años y en Jerusalén reinó treinta y tres. **28** Y murió en buena vejez, lleno de días, riquezas y gloria; y su hijo Salomón reinó en su lugar. **29** Los hechos del rey David, desde el primero hasta el último, están escritos en las crónicas del vidente Samuel, en las crónicas del profeta Natán y en las crónicas del vidente Gad, **30** con todo su reinado, su poder y *todos* los acontecimientos que vinieron sobre él, sobre Israel y sobre todos los reinos de aquellas tierras.

2 Crónicas

¿QUIÉN ESCRIBIÓ ESTE LIBRO?

Se desconoce el autor. Algunos estudiosos creen que Esdras lo escribió.

¿POR QUÉ SE ESCRIBIÓ ESTE LIBRO?

El libro 2 Crónicas nos dice lo que Dios pensaba de los reyes de Israel y Judá.

¿QUÉ OCURRE EN ESTE LIBRO?

Salomón reina por cuarenta años. Al morir, su reino se divide en dos naciones. El pueblo de ambas naciones hebreas peca, y como castigo final Dios permite que sean llevados cautivos a un país extranjero.

¿QUÉ APRENDEMOS ACERCA DE DIOS EN ESTE LIBRO?

Dios rescata a los líderes piadosos que dependen de él.

¿QUIÉNES SON LOS PERSONAJES PRINCIPALES DE ESTE LIBRO?

Las personas más importantes de este libro son Salomón, Acab, Josafat, Joás, Ezequías y Josías.

¿DÓNDE SUCEDIERON ESTAS COSAS?

Estas cosas transcurren en los dos reinos, Israel y Judá.

¿CUÁLES SON ALGUNAS DE LAS HISTORIAS DE ESTE LIBRO?

Salomón edifica el templo	2 Crónicas 3
Salomón dedica el templo	2 Crónicas 7
Egipto ataca a Judá	2 Crónicas 12
Asa adora a Dios	2 Crónicas 15
Acab es asesinado	2 Crónicas 18
Josafat gana la guerra	2 Crónicas 20
Joás repara el templo	2 Crónicas 24
Ezequías confía en Dios	2 Crónicas 29—32
Josías reforma Judá	2 Crónicas 34—35

En la Jerusalén de la actualidad, la **Cúpula de la Roca** ocupa el área donde se cree que estaba ubicado el primer y el segundo templos.
© Karina Lopatina/Shutterstock

1:3
Por qué Salomón adoraba en un lugar alto

Normalmente los israelitas tenían prohibido adorar en lo alto de un monte o colina que había sido usado para la adoración pagana. Sin embargo, Gabaón era diferente, porque la tienda de reunión estaba allí.

1:4
El arca no estaba en la tienda de reunión

Los filisteos habían capturado el arca. Al final la devolvieron, y David la colocó en una tienda en Jerusalén hasta que se edificó el templo.

1:12
Sabiduría de Salomón

Dios le dio a Salomón el discernimiento para decidir entre lo bueno y lo malo y gobernar con justicia. Él además tenía un amplio conocimiento de ciencia, música, poesía y proverbios. Salomón fue considerado el hombre más sabio en todo el Medio Oriente.

1:14
Los carros y caballos de Salomón

El gran número de caballos y carros puede ser una muestra de lo extravagante que era Salomón, en vez de ser una señal de poderío militar. Salomón no tenía necesidad de carros. Estos eran más por estatus que por una táctica de guerra.

2:1
Por qué Salomón edificó un templo al nombre de Dios

El nombre de Dios es tan santo como Dios mismo. Salomón quería edificar un templo que se ganara el respeto de las naciones vecinas hacia Dios.

EL REY SALOMÓN PIDE SABIDURÍA

1 Salomón, hijo de David, se estableció firmemente en su reino, y el SEÑOR su Dios *estaba* con él y lo engrandeció en gran manera. **2** Y Salomón habló a todo Israel, a los capitanes de miles y de cientos, a los jueces y a todos los príncipes de todo Israel, jefes de *casas* paternas. **3** Entonces Salomón y toda la asamblea con él fueron al lugar alto que *había* en Gabaón, porque allí estaba la tienda de reunión de Dios, que Moisés, siervo del SEÑOR, había hecho en el desierto. **4** Pero David había traído el arca de Dios de Quiriat Jearim al lugar que había preparado para ella, porque le había levantado una tienda en Jerusalén. **5** Y el altar de bronce que había hecho Bezalel, hijo de Uri, hijo de Hur, estaba delante del tabernáculo del SEÑOR, al cual consultaron Salomón y la asamblea. **6** Subió Salomón allí, delante del SEÑOR, al altar de bronce que *estaba* en la tienda de reunión, y ofreció sobre él mil holocaustos.

7 Aquella noche Dios se apareció a Salomón y le dijo: «Pide lo que *quieras que* Yo te dé». **8** Entonces Salomón dijo a Dios: «Tú has mostrado gran misericordia con mi padre David, y me has hecho rey en su lugar. **9** Ahora, oh SEÑOR Dios, Tu promesa a mi padre David se ha cumplido, porque me has hecho rey sobre un pueblo tan numeroso como el polvo de la tierra. **10** Dame ahora sabiduría y conocimiento, para que pueda salir y entrar delante de este pueblo; porque, ¿quién podrá juzgar a este pueblo Tuyo tan grande?».

11 Y dijo Dios a Salomón: «Por cuanto esto estaba en tu corazón, y no has pedido riquezas, ni bienes, ni gloria, ni la vida de los que te odian, ni aun has pedido larga vida, sino que has pedido para ti sabiduría y conocimiento para poder gobernar a Mi pueblo sobre el cual te he hecho rey, **12** sabiduría y conocimiento te han sido concedidos. También te daré riquezas y bienes y gloria, tales como no las tuvieron ninguno de los reyes que fueron antes de ti, ni los que vendrán después de ti». **13** Salomón salió del lugar alto que estaba en Gabaón, de la tienda de reunión, a Jerusalén, y reinó sobre Israel.

14 Y Salomón juntó carros y hombres de a caballo; y tenía 1,400 carros y 12,000 hombres de a caballo, y los puso en las ciudades de los carros, y en Jerusalén, junto al rey. **15** El rey hizo la plata y el oro *tan común* en Jerusalén como las piedras, e hizo los cedros tan abundantes como los sicómoros en el llano[1]. **16** Los caballos de Salomón eran importados de Egipto y de Coa, y[1] los mercaderes del rey los adquirían de Coa[2] por cierto precio. **17** Y se importaba un carro de Egipto por 600 *siclos* (6.84 kilos) de plata, y un caballo por 150 y de la misma manera *los* exportaban a todos los reyes de los hititas y a los reyes de Aram.

PREPARATIVOS PARA EDIFICAR EL TEMPLO Y EL PALACIO

2 [1] Y Salomón decidió edificar una casa al nombre del SEÑOR, y un palacio real para sí. **2** [1] Y designó Salomón 70,000 hombres para llevar cargas, 80,000 para labrar *piedra* en los montes y 3,600 para dirigirlos.

1:15 [1] Heb. *Sefela*.   1:16 [1] O *Egipto y la compañía de*.   [2] O *la compañía*.
2:1 [1] En el texto heb. cap. 1:18.   2:2 [1] En el texto heb. cap. 2:1.

³ Entonces Salomón envió *un* mensaje a Hiram, rey de Tiro, diciendo: «Haz conmigo como hiciste con mi padre David, enviándole cedros para edificarle una casa donde habitar. ⁴ Voy a edificar una casa al nombre del SEÑOR mi Dios, para consagrársela, para quemar incienso aromático delante de Él, *para colocar* continuamente los panes de la proposición y para ofrecer holocaustos por la mañana y por la tarde, en los días de reposo, en las lunas nuevas y en las fiestas señaladas del SEÑOR nuestro Dios; esto *será ordenanza* perpetua en Israel. ⁵ Y la casa que voy a edificar *será* grande; porque nuestro Dios es grande, más que todos los dioses. ⁶ Pero ¿quién será capaz de edificar una casa a Dios, cuando los cielos y los cielos de los cielos no pueden contenerlo? ¿Quién soy yo para que le edifique una casa, aunque solo sea para quemar *incienso* delante de Él?

⁷ »Ahora pues, envíame un hombre diestro para trabajar en oro, en plata, en bronce, en hierro, y en *material de* púrpura, carmesí y violeta, y que sepa hacer grabados, para *trabajar* con los expertos que tengo en Judá y en Jerusalén, los cuales mi padre David proveyó. ⁸ Envíame también del Líbano madera de cedro, ciprés y sándalo, porque yo sé que tus siervos saben cortar la madera del Líbano; y mis siervos *trabajarán* con tus siervos ⁹ para que me preparen madera en abundancia, porque la casa que voy a edificar *será* grande y maravillosa. ¹⁰ Por mi parte yo daré a tus siervos, los trabajadores que cortan la madera, 20,000 coros (4.4 millones de litros) de trigo en grano, y 20,000 coros de cebada, y 20,000 batos (444,000 litros) de vino, y 20,000 batos de aceite».

¹¹ Hiram, rey de Tiro, respondió en una carta que envió a Salomón: «Por cuanto el SEÑOR ama a Su pueblo, te ha hecho rey sobre ellos». ¹² Y añadió Hiram: «Bendito sea el SEÑOR, Dios de Israel, que ha hecho los cielos y la tierra, que ha dado al rey David un hijo sabio, dotado de prudencia y entendimiento, que edificará una casa para el SEÑOR y un palacio real para sí.

¹³ »Y ahora te envío a Hiram Abí, hombre hábil, dotado de entendimiento, ¹⁴ hijo de una mujer de las hijas de Dan y cuyo padre es de Tiro, el cual sabe trabajar en oro, en plata, en bronce, en hierro, en piedra, en madera *y* en *material de* púrpura, violeta, lino y carmesí, y *sabe* hacer toda clase de grabados y cualquier diseño que se le asigne, *para trabajar* con tus expertos y con los expertos de mi señor David, tu padre. ¹⁵ Ahora pues, envíe mi señor a sus siervos el trigo, la cebada, el aceite y el vino, de los cuales ha hablado. ¹⁶ Y nosotros cortaremos toda la madera que necesites del Líbano, te la traeremos en balsas por el mar hasta Jope y tú la harás llevar a Jerusalén».

¹⁷ Salomón contó todos los extranjeros que *estaban* en la tierra de Israel, después del censo que su padre David había hecho; y se hallaron 153,600. ¹⁸ Puso 70,000 de ellos a llevar cargas, 80,000 a labrar *piedras* en los montes y 3,600 *como* capataces para hacer trabajar al pueblo.

SALOMÓN EDIFICA EL TEMPLO

3 Entonces Salomón comenzó a edificar la casa del SEÑOR en Jerusalén en el monte Moriah, donde *el SEÑOR* se había aparecido a su padre David, en el lugar que David había

2:8
Cortar madera
Escoger los árboles indicados era una habilidad muy importante para proveer la mejor clase de madera. La calidad de la madera facilitaba el tallado.

2:12
La declaración de Hiram
Era común que los reyes reconocieran y honraran a los dioses de los otros reyes como una forma de hacer alianzas y acuerdos. La declaración de Hiram puede haber sido una expresión respetuosa, o quizás en verdad creía en Dios.

3:1
El monte Moriah
Este lugar era importante por dos razones: Abraham demostró su fe estando dispuesto a sacrificar a Isaac allí (Génesis 22), y David había edificado allí un altar para detener una plaga (2 Samuel 24:18).

3:6
Oro de Parvaim

Este oro era más precioso que el común, quizás porque era de alta calidad o debido a que provenía de una tierra extranjera.

3:17
Los nombres de las columnas

Eran una especie de monumentos o símbolos nacionales. El nombre *Jaquín* probablemente significaba «él afirmará». El nombre *Boaz* tal vez significaba «en ella hay fortaleza».

preparado en la era de Ornán jebuseo. **2** Y comenzó a edificar en el segundo *día* del segundo mes, del año cuarto de su reinado. **3** Estos son los cimientos que Salomón puso para la edificación de la casa de Dios: la longitud en codos (un codo: 45 centímetros), conforme a la medida antigua, *era de* 60 codos (27 metros), y la anchura de 20 codos (9 metros). **4** Y el pórtico que estaba al frente del templo[1] tenía la misma longitud que la anchura de la casa, 20 codos (9 metros), y la altura, 120; y lo revistió por dentro de oro puro. **5** Recubrió el salón principal de madera de ciprés, la revistió de oro fino y la adornó con palmas y cadenillas. **6** Adornó además la casa con piedras preciosas; y el oro era oro de Parvaim[1]. **7** También revistió de oro la casa: las vigas, los umbrales, sus paredes y sus puertas; y esculpió querubines en las paredes.

8 Hizo asimismo la habitación del Lugar Santísimo; su longitud, correspondiente a la anchura de la casa, *era de* 20 codos (9 metros), y su anchura *era de* 20 codos; la revistió de oro fino, que *ascendía* a 600 talentos (20.4 toneladas). **9** El peso de los clavos era *de* 50 siclos (570 gramos) de oro. También revistió de oro los aposentos altos.

10 Entonces hizo dos querubines de obra tallada en la habitación del Lugar Santísimo y los revistió de oro. **11** Y las alas de los dos querubines medían 20 codos (9 metros); el ala de uno, de 5 codos (2.25 metros), tocaba la pared de la casa, y *su* otra ala, de 5 codos, tocaba el ala del otro querubín. **12** Y el ala del otro querubín, de 5 codos (2.25 metros), tocaba la pared de la casa; y *su* otra ala, de 5 codos (2.25 metros), se unía al ala del primer querubín. **13** Las alas de estos querubines se extendían 20 codos (9 metros); estaban de pie, con sus rostros *vueltos* hacia el salón[1] *principal.* **14** Hizo después el velo de violeta, púrpura, carmesí y lino fino, e hizo bordar querubines en él.

15 Hizo también dos columnas para el frente de la casa, de 35 codos (15.75 metros) de alto, y el capitel encima de cada una *era de* 5 codos (2.25 metros). **16** Hizo asimismo cadenillas en el santuario interior, y *las* puso encima de las columnas; e hizo 100 granadas y *las* puso en las cadenillas. **17** Y erigió las columnas delante del templo, una a la derecha y otra a la izquierda, y llamó a la de la derecha Jaquín[1] y a la de la izquierda Boaz[2].

MOBILIARIO DEL TEMPLO

4 Entonces hizo un altar de bronce de 20 codos (9 metros) de largo, de 20 codos de ancho y de 10 codos de alto. **2** Hizo también el mar de *metal* fundido, de 10 codos (4.5 metros) de borde a borde, en forma circular; su altura *era de* 5 codos (2.25 metros) y su circunferencia de 30 codos (13.5 metros). **3** Y *había* figuras *como* de bueyes debajo de él y todo alrededor, diez por *cada* codo (45 centímetros), rodeando por completo el mar. Los bueyes *estaban* en dos hileras, fundidos en una sola pieza. **4** *El mar* descansaba sobre doce bueyes; tres mirando al norte, tres mirando al occidente, tres mirando al sur y tres mirando al oriente; el mar *descansaba* sobre ellos y todas sus ancas *estaban* hacia adentro. **5** Su grueso era

---

3:4 [1] Lit. *de la casa.*　　3:6 [1] O *país del oro.*　　3:13 [1] Lit. *la casa.*　　3:17 [1] I.e. él afirmará.　　[2] I.e. en ella hay fortaleza.

de un palmo, y su borde estaba hecho como el borde de un cáliz, *como* una flor de lirio; tenía capacidad para 3,000 batos (66,000 litros). **6** Hizo también diez pilas para lavar, y puso cinco a la derecha y cinco a la izquierda para lavar las cosas para el holocausto; pero el mar *era* para que los sacerdotes se lavaran en él.

7 Entonces hizo los diez candelabros de oro según su diseño y *los* puso en el templo, cinco a la derecha y cinco a la izquierda. **8** Hizo además diez mesas y *las* colocó en el templo, cinco a la derecha y cinco a la izquierda. Hizo también 100 tazones de oro. **9** Después hizo el atrio de los sacerdotes, el gran atrio y las puertas para el atrio, y revistió las puertas de bronce. **10** Y puso el mar al lado derecho *de la casa,* hacia el sureste.

11 Hiram hizo también los calderos, las palas y los tazones. Así terminó Hiram la obra que hizo para el rey Salomón en la casa de Dios: **12** las dos columnas, los tazones y los capiteles en lo alto de las dos columnas, y las dos mallas para cubrir los dos tazones de los capiteles que *estaban* encima de las columnas, **13** y las 400 granadas para las dos mallas, dos hileras de granadas para cada malla, para cubrir los dos tazones de los capiteles que *estaban* sobre las columnas. **14** Hizo también las basas, e hizo las pilas sobre las basas, **15** y el mar con los doce bueyes debajo de él. **16** Los calderos, las palas, los garfios y todos sus utensilios los hizo de bronce pulido Hiram Abí para el rey Salomón, para la casa del SEÑOR. **17** El rey los fundió en la llanura del Jordán, en la tierra arcillosa entre Sucot y Seredata. **18** Salomón hizo todos estos utensilios en gran cantidad, de tal manera que el peso del bronce no se pudo determinar.

19 Salomón hizo también todas las cosas que *estaban en* la casa de Dios: el altar de oro, las mesas con el pan de la Presencia[i] sobre ellas, **20** los candelabros con sus lámparas de oro puro, para que ardieran frente al santuario interior en la manera designada; **21** las flores, las lámparas y las tenazas de oro, de oro purísimo; **22** y las despabiladeras, los tazones, las cucharas y los incensarios de oro puro. La entrada de la casa, sus puertas interiores para el Lugar Santísimo y las puertas de la casa para la nave *eran también* de oro.

TRASLADO DEL ARCA AL TEMPLO

5 Así fue terminada toda la obra que Salomón hizo para la casa del SEÑOR. Y Salomón trajo las cosas consagradas por su padre David, es decir, la plata, el oro y todos los utensilios, *y los* puso en los tesoros de la casa de Dios.

2 Entonces Salomón reunió en Jerusalén a los ancianos de Israel, a todos los jefes de las tribus *y* a los principales de las casas paternas de los israelitas, para subir el arca del pacto del SEÑOR de la ciudad de David, la cual es Sión. **3** Y se reunieron ante el rey todos los hombres de Israel en la fiesta del mes séptimo. **4** Cuando llegaron todos los ancianos de Israel, los levitas alzaron el arca; **5** y llevaron el arca y la tienda de

4:13
Granadas
La gente veía a las granadas como símbolo de belleza. Algunas de ellas se incluyeron en la decoración del templo para recordarles a las personas la belleza de Dios.

© Valentyn Volkov/Shutterstock

4:19 ⁱ O *de la Proposición;* lit. *del Rostro.*

5:6
Por qué ofrecían tantos sacrificios

El pueblo estaba muy agradecido por tener un lugar permanente de adoración a Dios. Ellos ofrecieron más sacrificios para mostrar su dedicación al Señor.

5:10
Cosas faltantes en el arca

La Biblia no nos dice adónde fueron a parar los objetos o quiénes los tenían. Los filisteos pueden haberse quedado con la vasija que contenía el maná (Éxodo 16:32-34) y la vara de Aarón (Números 17:10-11), o Dios puede haberles dicho a los sacerdotes que las quitaran.

5:13-14
La nube

La nube era un símbolo de la gloria de Dios. La misma constituía un recordatorio de la nube que había guiado al pueblo de Dios por el desierto (Éxodo 14:19-20), la que cubrió el monte Sinaí (Éxodo 19) y la que cubrió el tabernáculo cuando fue dedicado (Éxodo 40:34-38).

reunión y todos los utensilios sagrados que *estaban* en la tienda; los sacerdotes levitas los llevaron. **6** Y el rey Salomón y toda la congregación de Israel, que estaba reunida con él delante del arca, sacrificaban *tantas* ovejas y bueyes que no se podían contar ni numerar.

7 Los sacerdotes trajeron el arca del pacto del SEÑOR a su lugar, al santuario interior de la casa, al Lugar Santísimo, bajo las alas de los querubines. **8** Porque los querubines extendían las alas sobre el lugar del arca, y los querubines cubrían el arca y sus barras por encima. **9** Pero las barras eran tan largas que los extremos de las barras del arca se podían ver delante del santuario interior, pero no se podían ver *desde* afuera; y allí están hasta hoy. **10** En el arca no había más que las dos tablas que Moisés puso *allí* en Horeb, donde el SEÑOR hizo *pacto* con los israelitas cuando salieron de Egipto.

11 Cuando los sacerdotes salieron del lugar santo (porque todos los sacerdotes que estaban presentes se habían santificado sin tener en cuenta las clases), **12** todos los levitas cantores, Asaf, Hemán, Jedutún y sus hijos y sus parientes[1], vestidos de lino fino, con címbalos, arpas y liras, *estaban* de pie al oriente del altar, y con ellos 120 sacerdotes que tocaban trompetas. **13** Cuando los trompeteros y los cantores al unísono se hacían oír a una voz alabando y glorificando al SEÑOR, cuando levantaban sus voces acompañados por trompetas y címbalos e instrumentos de música, cuando alababan al SEÑOR *diciendo*: «Ciertamente *Él es* bueno porque Su misericordia es para siempre», entonces la casa, la casa del SEÑOR, se llenó de una nube, **14** y los sacerdotes no pudieron quedarse a ministrar a causa de la nube, porque la gloria del SEÑOR llenaba la casa de Dios.

DEDICACIÓN DEL TEMPLO

6 Entonces Salomón dijo:

«El SEÑOR ha dicho que Él moraría en la densa nube.
2 Yo, pues, te he edificado una casa majestuosa,
Un lugar donde mores para siempre».

3 Después el rey se volvió y bendijo a toda la asamblea de Israel, mientras toda la asamblea de Israel estaba de pie, **4** y dijo: «Bendito sea el SEÑOR, Dios de Israel, que habló por Su boca a mi padre David y por Su mano *lo* ha cumplido, cuando dijo: **5** "Desde el día en que saqué a Mi pueblo de la tierra de Egipto, no escogí ninguna ciudad de entre todas las tribus de Israel *en la cual* edificar una casa para que Mi nombre estuviera allí, ni escogí a hombre alguno por príncipe sobre Mi pueblo Israel; **6** mas escogí a Jerusalén para que Mi nombre estuviera allí, y escogí a David para que estuviera sobre Mi pueblo Israel".

7 »Mi padre David tuvo en su corazón edificar una casa al nombre del SEÑOR, Dios de Israel. **8** Pero el SEÑOR dijo a mi padre David: "Ya que tuviste en tu corazón edificar una casa a Mi nombre, bien hiciste en desearlo en tu corazón. **9** Sin embargo, tú no edificarás la casa, sino que tu hijo que te nacerá, él edificará la casa a Mi nombre". **10** Ahora el SEÑOR ha cumplido la palabra que había dicho; pues yo me he levantado en lugar de mi padre David y me he sentado en el trono de Israel, como el SEÑOR prometió, y he edificado la casa al nombre del SEÑOR, Dios de Israel. **11** Y he puesto allí el arca, en la cual está el pacto que el SEÑOR hizo con los israelitas».

12 Entonces *Salomón* se puso delante del altar del SEÑOR en presencia de toda la asamblea de Israel y extendió las manos. **13** Porque Salomón había hecho un estrado de bronce de 5 codos (2.25 metros) de largo, 5 codos de ancho y 3 codos (1.35 metros) de alto, y lo había puesto en medio del atrio; se puso sobre él, se hincó de rodillas en presencia de toda la asamblea de Israel y extendiendo las manos al cielo, **14** dijo: «Oh SEÑOR, Dios de Israel, no hay Dios como Tú ni en el cielo ni en la tierra, que guardas el pacto y *muestras* misericordia a Tus siervos que andan delante de Ti con todo su corazón; **15** que has cumplido con Tu siervo David mi padre lo que le prometiste; ciertamente has hablado con Tu boca y lo has cumplido con Tu mano, como *sucede* hoy. **16** Ahora pues, oh SEÑOR, Dios de Israel, cumple con Tu siervo David mi padre lo que le prometiste, diciendo: "No te faltará quién[1] se siente en el trono de Israel, con tal que tus hijos guarden sus caminos para andar en Mi ley como Tú has andado delante de Mí". **17** Ahora pues, oh SEÑOR, Dios de Israel, que se cumpla la palabra que hablaste a Tu siervo David.

18 »Pero, ¿morará verdaderamente Dios con los hombres en la tierra? Si los cielos y los cielos de los cielos no te pueden contener, cuánto menos esta casa que yo he edificado. **19** No obstante, atiende a la oración de Tu siervo y a su súplica, oh SEÑOR Dios mío, para que oigas el clamor y la oración que Tu siervo hace delante de Ti. **20** Que Tus ojos estén abiertos día y noche sobre[1] esta casa, sobre el lugar del cual has dicho que allí pondrías[2] Tu nombre, para que oigas la oración que Tu siervo hará hacia este lugar. **21** Y escucha las súplicas de Tu siervo y de Tu pueblo Israel cuando oren hacia este lugar; escucha Tú desde el lugar de Tu morada, desde los cielos; escucha y perdona.

22 »Si alguien peca contra su prójimo, y se le exige juramento, y viene y jura delante de Tu altar en esta casa, **23** escucha Tú desde los cielos y obra y juzga a Tus siervos, castigando[1] al impío, haciendo recaer su conducta sobre su cabeza, y justificando al justo dándole conforme a su justicia.

24 »Y si Tu pueblo Israel es derrotado[1] delante del enemigo por haber pecado contra Ti, y se vuelven a *Ti* y confiesan Tu nombre, y oran y hacen súplica delante de Ti en esta casa, **25** escucha Tú desde los cielos y perdona el pecado de Tu pueblo Israel, y hazlos volver a la tierra que diste a ellos y a sus padres.

26 »Cuando los cielos estén cerrados y no haya lluvia por haber ellos pecado contra Ti, y oren hacia este lugar y confiesen Tu nombre, y se vuelvan de su pecado cuando Tú los aflijas, **27** escucha Tú *desde* los cielos y perdona el pecado de Tus siervos y de Tu pueblo Israel; sí, enséñales el buen camino por el que deben andar, y envía lluvia sobre Tu tierra, la que diste a Tu pueblo por heredad.

6:13
Salomón se hincó de rodillas para orar
Como rey, Salomón era la mayor autoridad. Por eso, cuando se arrodilló, estaba mostrando que se hallaba debajo de Dios. Dado que Dios es la autoridad superior, incluso el rey era un servidor del Señor.

6:21
Los israelitas oraban mirando hacia el templo
Cuando ellos no podían orar en el templo, debían hacerlo mirando hacia ese lugar. Ese era el sitio donde Dios había prometido estar presente en medio de su pueblo.

6:16 [1] Lit. *No te será cortado hombre de delante de mí que.*   6:20 [1] Lit. *hacia.*
[2] Lit. *para poner.*   6:23 [1] Lit. *devolviendo.*   6:24 [1] Lit. *herido.*

28 »Si hay hambre en la tierra, si hay pestilencia, si hay pestes o plagas, langosta o saltamontes, si sus enemigos los sitian en la tierra de sus ciudades[1], cualquier plaga o cualquier enfermedad *que haya*, **29** toda oración *o* toda súplica que sea hecha por cualquier hombre o por todo Tu pueblo Israel, conociendo cada cual su aflicción y su dolor, y extendiendo sus manos hacia esta casa, **30** escucha Tú desde los cielos, el lugar de Tu morada, y perdona y da a cada uno conforme a todos sus caminos, ya que conoces su corazón (porque solo Tú conoces el corazón de los hijos de los hombres), **31** para que te teman[1] y anden en Tus caminos todos los días que vivan sobre la superficie de la tierra que diste a nuestros padres.

32 »También en cuanto al extranjero que no es de Tu pueblo Israel, cuando venga de una tierra lejana a causa de Tu gran nombre y de Tu mano poderosa y de Tu brazo extendido, cuando ellos vengan a orar a esta casa, **33** escucha Tú desde los cielos, desde el lugar de Tu morada, y haz conforme a todo lo que el extranjero te pida, para que todos los pueblos de la tierra conozcan Tu nombre, para que te teman[1], como *te teme* Tu pueblo Israel, y para que sepan que Tu nombre es invocado sobre esta casa que he edificado.

34 »Cuando Tu pueblo salga a la batalla contra sus enemigos, por *cualquier* camino que los envíes, y oren a Ti vueltos hacia esta ciudad que has escogido, y *hacia* la casa que he edificado a Tu nombre, **35** escucha desde los cielos su oración y su súplica, y hazles justicia.

36 »Cuando pequen contra Ti (pues no hay hombre que no peque) y estés lleno de ira contra ellos, y los entregues delante del enemigo, y estos[1] los lleven cautivos a una tierra, lejana o cercana, **37** si recapacitan en la tierra adonde hayan sido llevados cautivos, y se arrepienten y te suplican en la tierra de su cautiverio, diciendo: "Hemos pecado, hemos cometido iniquidad y hemos obrado perversamente"; **38** si se vuelven a Ti con todo su corazón y con toda su alma en la tierra de su cautiverio adonde hayan sido llevados cautivos, y oran vueltos hacia la tierra que diste a sus padres, *hacia* la ciudad que has escogido y hacia la casa que he edificado a Tu nombre, **39** escucha Tú desde los cielos, desde el lugar de tu morada, su oración y sus súplicas, hazles justicia y perdona a Tu pueblo que ha pecado contra Ti.

40 »Ahora, oh Dios mío, te ruego que Tus ojos estén abiertos y Tus oídos atentos a la oración *elevada* en este lugar. **41** Ahora pues, levántate, oh SEÑOR Dios, hacia Tu reposo, Tú y el arca de Tu poder; que Tus sacerdotes, oh SEÑOR Dios, se revistan de salvación y Tus santos se regocijen en lo que es bueno. **42** Oh SEÑOR Dios, no rechaces el rostro de Tu ungido; acuérdate de *Tus* misericordias para con Tu siervo David».

LA FIESTA DE DEDICACIÓN

7 Cuando Salomón terminó de orar, descendió fuego desde el cielo y consumió el holocausto y los sacrificios, y la gloria del SEÑOR llenó la casa[1]. **2** Los sacerdotes no podían entrar en la casa del SEÑOR, porque la gloria del SEÑOR llenaba

---

6:32-33
Los israelitas permitían que los extranjeros adoraran con ellos

La oración de Salomón de que los gentiles vinieran al templo a adorar al Dios de Israel mostraba que había entendido la promesa de Dios. El Señor le había dicho a Abraham que todas las naciones serían benditas a través de él (Génesis 12:3). Se esperaba que Israel atrajera a todos los pueblos al único Dios verdadero.

6:41
El templo fue llamado el lugar de «reposo» de Dios

Anteriormente, el pueblo había adorado a Dios en la tienda de reunión, que había sido movida muchas veces. Ahora que estaban establecidos en la tierra de Canaán, Dios les había permitido edificar un lugar permanente de adoración donde su presencia habitaría.

7:1-3
La importancia del fuego y la gloria del Señor

El fuego y la gloria mostraban que Dios se agradaba del sacrificio. Además, también mostraban que él aprobaba el templo.

6:28 [1] Lit. *puertas.*   6:31 [1] O *reverencien.*   6:33 [1] O *reverencien.*
6:36 [1] Lit. *y sus captores.*   7:1 [1] O *el templo.*

la casa del SEÑOR. ³ Y todos los israelitas, viendo descender el fuego y la gloria del SEÑOR sobre la casa, se postraron rostro en tierra sobre el pavimento y adoraron y alabaron al SEÑOR, *diciendo:* «Ciertamente Él es bueno; ciertamente Su misericordia es para siempre».

⁴ Entonces el rey y todo el pueblo ofrecieron sacrificio delante del SEÑOR. ⁵ Y el rey Salomón ofreció un sacrificio de 22,000 bueyes y 120,000 ovejas. Así dedicaron la casa de Dios, el rey y todo el pueblo. ⁶ Los sacerdotes estaban en sus debidos lugares, también los levitas con los instrumentos de música para el SEÑOR, los cuales había hecho el rey David para alabar al SEÑOR (porque para siempre es Su misericordia), cuando David ofrecía alabanza por medio de ellos. Los sacerdotes tocaban trompetas frente a ellos, y todo Israel estaba de pie. ⁷ Salomón consagró también la parte central del atrio que *estaba* delante de la casa del SEÑOR, pues allí había ofrecido los holocaustos y la grasa de las ofrendas de paz, porque el altar de bronce que Salomón había hecho no podía contener el holocausto, la ofrenda de cereal y la grasa.

⁸ Salomón celebró la fiesta en aquella ocasión por siete días, y todo Israel con él, una asamblea muy grande, *que vinieron* desde la entrada de Hamat hasta el torrente de Egipto. ⁹ Y al octavo día tuvieron una asamblea solemne; porque habían celebrado la dedicación del altar por siete días y la fiesta por siete días. ¹⁰ Entonces, el día veintitrés del mes séptimo, *Salomón* envió al pueblo a sus tiendas, gozosos y alegres de corazón por el bien que el SEÑOR había mostrado a David, a Salomón y a Su pueblo Israel.

¹¹ Así acabó Salomón la casa del SEÑOR y el palacio del rey, y llevó a cabo todo lo que se había propuesto hacer en la casa del SEÑOR y en su palacio. ¹² Y el SEÑOR se apareció a Salomón de noche y le dijo: «He oído tu oración, y he escogido para Mí este lugar como casa de sacrificio. ¹³ Si cierro los cielos para que no haya lluvia, o si mando la langosta a devorar la tierra, o si envío la pestilencia entre Mi pueblo, ¹⁴ y se humilla Mi pueblo sobre el cual es invocado Mi nombre, y oran, buscan Mi rostro y se vuelven de sus malos caminos, entonces Yo oiré desde los cielos, perdonaré su pecado y sanaré su tierra. ¹⁵ Ahora Mis ojos estarán abiertos y Mis oídos atentos a la oración que *se haga* en este lugar, ¹⁶ pues ahora he escogido y consagrado esta casa para que Mi nombre esté allí para siempre, y Mis ojos y Mi corazón estarán allí todos los días. ¹⁷ Y en cuanto a ti, si andas delante de Mí como anduvo tu padre David, haciendo conforme a todo lo que te he mandado, y guardas Mis estatutos y Mis ordenanzas, ¹⁸ Yo afirmaré el trono de tu reino como pacté con tu padre David, diciendo: "No te faltará hombre que gobierne en Israel".

¹⁹ »Pero si ustedes se apartan y abandonan Mis estatutos y Mis mandamientos que he puesto delante de ustedes, y van y sirven a otros dioses y los adoran, ²⁰ Yo los arrancaré de Mi tierra que les he dado, y echaré de Mi presencia esta casa que he consagrado a Mi nombre, y la convertiré en refrán y escarnio entre todos los pueblos. ²¹ Y *en cuanto a* esta casa, que ha sido exaltada, todo el que pase cerca de ella, se asombrará y dirá: "¿Por qué ha hecho así el SEÑOR a esta tierra

7:5
El tiempo que llevó ofrecer 142,000 sacrificios
Seguramente les llevó dos semanas, que fue lo que duró la fiesta y la dedicación.

7:17-22
Dios renueva el pacto
Dios le hizo a Salomón la misma promesa que le había hecho a David, que sus descendientes reinarían sobre Israel. Sin embargo, Dios señaló lo importante que era la obediencia para poder experimentar sus bendiciones en lugar de sus maldiciones.

y a esta casa?". **22** Y responderán: "Porque abandonaron al SEÑOR, Dios de sus padres, que los sacó de la tierra de Egipto, y tomaron otros dioses, los adoraron y los sirvieron; por eso Él ha traído toda esta adversidad sobre ellos"».

OTRAS ACTIVIDADES DE SALOMÓN

8 Después de los veinte años, en los cuales Salomón había edificado la casa del SEÑOR y su propia casa, **2** reedificó las ciudades que Hiram le¹ había dado, y estableció allí a los israelitas. **3** Después Salomón fue a Hamat de Soba y la tomó. **4** Y reedificó Tadmor en el desierto y todas las ciudades de almacenaje que había edificado en Hamat. **5** También reedificó Bet Horón de arriba y Bet Horón de abajo, ciudades fortificadas, *con* muros, puertas y barras; **6** y Baalat y todas las ciudades de almacenaje que Salomón tenía, y todas las ciudades para sus carros, y las ciudades para sus hombres de

8:2 ¹ Lit. *a Salomón.*

LISTA DE TAREAS DE SALOMÓN
2 Crónicas 8

Algunos de los logros de Salomón durante
sus primeros veinte años como rey

- ☒ Edifica el templo y su palacio
- ☒ Reconstruye las ciudades que Hiram le dio y establece a los israelitas allí
- ☒ Se apodera de Hamat de Soba
- ☒ Construye Tadmor en el desierto y ciudades de almacenaje en Hamat
- ☒ Reedifica Bet Horón de arriba y Bet Horón de abajo
- ☒ Reedifica Baalat, otras ciudades de almacenaje, y ciudades para sus caballos y carros
- ☒ Toma esclavos a los hititas, amorreos, ferezeos, heveos y jebuseos.
- ☒ Asigna hombres israelitas como soldados y comandantes de sus capitanes, carros y caballería; asigna 250 oficiales principales para supervisarlos
- ☒ Da ofrendas y celebra las fiestas anuales tal como estaba ordenado
- ☒ Nombra sacerdotes, levitas y porteros

a caballo, y todo lo que Salomón quiso edificar en Jerusalén, en el Líbano y en toda la tierra de su dominio.

7 A todo el pueblo que había quedado de los hititas, amorreos, ferezeos, heveos y de los jebuseos, que no eran de Israel, **8** *es decir,* a sus descendientes que habían quedado en la tierra después de ellos, a quienes los israelitas no habían destruido, Salomón les impuso leva de *servidumbre* hasta el día de hoy. **9** Pero de los israelitas Salomón no hizo esclavos para su obra, sino que ellos eran los hombres de guerra, sus capitanes escogidos, los comandantes de sus carros y sus hombres de a caballo. **10** Estos eran los principales oficiales¹ del rey Salomón: 250 que gobernaban sobre el pueblo.

11 Y Salomón hizo subir a la hija de Faraón de la ciudad de David a la casa que él le había edificado; pues dijo: «Mi mujer no habitará en la casa de David, rey de Israel, porque los lugares¹ donde el arca del SEÑOR ha entrado son sagrados».

12 Entonces Salomón ofreció holocaustos al SEÑOR sobre el altar del SEÑOR que había edificado delante del pórtico; **13** y *lo hizo* conforme a lo prescrito para cada día, *ofreciéndolos* conforme al mandamiento de Moisés, para los días de reposo, las lunas nuevas y las tres fiestas anuales: la Fiesta de los Panes sin Levadura¹, la Fiesta de las Semanas y la Fiesta de los Tabernáculos².

14 Y conforme a las ordenanzas de su padre David, designó las clases sacerdotales en sus servicios, a los levitas en sus deberes de alabar y ministrar delante de los sacerdotes según lo prescrito para cada día y a los porteros por sus clases para cada puerta; porque así lo había ordenado David, hombre de Dios. **15** Y no se apartaron del mandamiento del rey tocante a los sacerdotes y a los levitas en cosa alguna, ni tocante a los almacenes.

16 Así fue llevada a cabo toda la obra de Salomón desde el día en que se echaron los cimientos de la casa del SEÑOR hasta que fue terminada. Así fue acabada la casa del SEÑOR.

17 Entonces Salomón fue a Ezión Geber y a Elot junto a la costa en la tierra de Edom. **18** Y por medio de sus siervos, Hiram le envió naves y marinos¹ conocedores del mar; y *estos* fueron con los siervos de Salomón a Ofir, y de allí tomaron 15.3 toneladas de oro, que llevaron al rey Salomón.

SALOMÓN Y LA REINA DE SABÁ

9 Cuando la reina de Sabá oyó de la fama de Salomón, vino a Jerusalén a probar a Salomón con preguntas difíciles. Ella tenía un séquito muy grande, con camellos cargados de especias y gran cantidad de oro y piedras preciosas. Cuando vino a Salomón, habló con él de todo lo que tenía en su corazón. **2** Y Salomón contestó todas sus preguntas; no hubo nada tan difícil que Salomón no pudiera explicárselo.

3 Cuando la reina de Sabá vio la sabiduría de Salomón, la casa que él había edificado, **4** los manjares de su mesa, las habitaciones de sus siervos, el porte de sus ministros y sus vestiduras, sus coperos y sus vestiduras, y la escalinata por la cual

8:10 ¹ O *capataces.*   8:11 ¹ Lit. *ellos.*   8:13 ¹ O *de los Ázimos.*   ² O *las enramadas, o tiendas.*   8:18 ¹ Lit. *siervos.*

8:8
Salomón no debió haber esclavizado a esos pueblos
Tal como había ordenado Moisés unos años atrás, los israelitas debían destruir a los paganos que vivían en Canaán (ver Deuteronomio 20:16-18). Si no lo hacían, esos pueblos influenciarían a los israelitas con su adoración pagana y sus dioses falsos. Hacerlos esclavos no era una alternativa aceptable. Demasiadas personas se vieron tentadas a seguir a los dioses falsos y se alejaron de Dios.

8:11
La hija de Faraón vivía en su propio palacio
Como era una extranjera que no creía en Dios, la hija de Faraón no tenía permitido vivir en o cerca de los lugares santos donde se alojaba el arca de Dios.

8:18
Ofir
Puede haber estado en el sur de Arabia, el este de África o el norte de la India. Ofir era conocida por su oro, plata y marfil refinados, y por sus simios y babuinos.

9:1
Sabá
La reina probablemente viajó miles de kilómetros, pero se desconoce si ella venía del sur de Arabia o de Etiopía.

9:1
Por qué la reina de Sabá quería probar a Salomón
La reina tenía curiosidad por conocer al Dios de Salomón. Ella había oído que su gran sabiduría estaba conectada a su Dios. La reina de Sabá adoró al Señor por su amor a su pueblo cuando vio todos los regalos maravillosos que Dios le había dado a Salomón (versículo 8).

él subía a[1] la casa del SEÑOR, se quedó asombrada. **5** Entonces dijo al rey: «Era verdad lo que había oído en mi tierra acerca de sus palabras y de su sabiduría. **6** Pero yo no creía lo que me decían[1], hasta que he venido y mis ojos lo han visto; no se me había contado ni la mitad de la grandeza de su sabiduría. Usted supera todo lo que había oído. **7** Bienaventurados sus hombres, bienaventurados estos sus siervos que están delante de usted continuamente y oyen su sabiduría. **8** Bendito sea el SEÑOR su Dios que se agradó en usted, poniéndole sobre Su trono como rey para el SEÑOR su Dios; porque su Dios amó a Israel afirmándolo para siempre, por lo cual le ha puesto por rey sobre ellos para hacer derecho y justicia».

9 Entonces la reina le dio al rey 4.1 toneladas de oro, y gran cantidad de especias aromáticas y piedras preciosas. Nunca hubo especias aromáticas como las que la reina de Sabá dio al rey Salomón. **10** Y los siervos de Hiram y los siervos de Salomón que habían traído oro de Ofir, trajeron también madera de sándalo y piedras preciosas. **11** Con la madera de sándalo el rey hizo gradas para la casa del SEÑOR y para el palacio del rey; también liras y arpas para los cantores; no se había visto en la tierra de Judá madera como esa. **12** El rey Salomón dio a la reina de Sabá todo cuanto ella quiso pedirle, más de lo que había traído al rey. Después ella se volvió y regresó a su tierra con sus siervos.

RIQUEZA Y SABIDURÍA DE SALOMÓN

13 El peso del oro que llegaba a Salomón en un solo año era de 22.6 toneladas de oro, **14** sin contar lo que los mercaderes y los comerciantes traían. Todos los reyes de Arabia y los gobernadores de la tierra traían oro y plata a Salomón. **15** El rey Salomón hizo 200 escudos grandes de oro batido, usando[1] 600 *siclos* (6.84 kilos) *de* oro batido en cada escudo. **16** También *hizo* 300 escudos de oro batido, usando 300 siclos de oro en cada escudo. El rey puso los escudos en la casa del bosque del Líbano.

17 El rey hizo además un gran trono de marfil y lo revistió de oro puro. **18** Y *había* seis gradas hasta el trono y un estrado de oro unido al trono, con brazos a cada lado del asiento, y dos leones de pie junto a los brazos. **19** Y doce leones estaban allí de pie en las seis gradas a uno y otro lado; nada semejante se hizo para ningún *otro* reino. **20** Todos los vasos de beber del rey Salomón *eran* de oro, y todas las vasijas de la casa del bosque del Líbano *eran* de oro puro. A la plata no se le atribuía valor[1] en los días de Salomón, **21** porque el rey tenía naves que iban a Tarsis con los siervos de Hiram, *y* cada tres años las naves de Tarsis venían trayendo oro, plata, marfil, monos y pavos reales.

22 Así el rey Salomón llegó a ser más grande que todos los reyes de la tierra en riqueza y sabiduría. **23** Y todos los reyes de la tierra procuraban ver a Salomón, para oír la sabiduría que Dios había puesto en su corazón. **24** Cada uno de ellos traía su presente: objetos de plata y objetos de oro, vestidos, armas, especias, caballos y mulos; *y* así año tras año.

9:9
La reina le dio presentes a Salomón
Era común que un gobernante le diera regalos a otro durante su visita. Los presentes quizás reflejan lo impresionada que ella estaba con la sabiduría de Salomón. O quizás los puede haber traído para hacer algún acuerdo comercial con él.

9:10-11
Madera de sándalo
La madera de sándalo (1 Reyes 10:11) provenía de Ofir. Probablemente era una madera roja que se usaba para fabricar instrumentos musicales y tallas de madera.

9:4 [1] O *y su holocausto que ofrecía en.*　　　9:6 [1] Lit. *sus palabras.*
9:15 [1] O *haciendo resaltar;* lit. *haciendo subir;* y así en el vers. 16.　　　9:20 [1] Lit. *nada.*

25 Salomón tenía 4,000 establos para los caballos y carros y 12,000 hombres de a caballo, y los situó en las ciudades de carros y en Jerusalén, junto al rey. **26** Él tenía dominio sobre todos los reyes desde el Río¹ hasta la tierra de los filisteos, y hasta la frontera de Egipto. **27** El rey hizo la plata *tan común* en Jerusalén como las piedras, e hizo los cedros tan abundantes como los sicómoros que *están* en el llano¹. **28** Y traían para Salomón caballos de Egipto y de todos los países.

MUERTE DE SALOMÓN

29 Los demás hechos de Salomón, los primeros y los postreros, ¿no están escritos en las palabras del profeta Natán y en la profecía de Ahías el silonita, en las visiones del vidente Iddo acerca de Jeroboam, hijo de Nabat? **30** Salomón reinó cuarenta años en Jerusalén sobre todo Israel. **31** Y durmió Salomón con sus padres, y fue sepultado en la ciudad de su padre David; y su hijo Roboam reinó en su lugar.

ROBOAM Y LA REBELIÓN DE ISRAEL

10 Entonces Roboam fue a Siquem, porque todo Israel había ido a Siquem para hacerlo rey. **2** Y cuando *lo* oyó Jeroboam, hijo de Nabat (porque él estaba en Egipto adonde había huido de la presencia del rey Salomón), volvió Jeroboam de Egipto. **3** Y enviaron a llamarlo. Entonces vino con todo Israel, y hablaron a Roboam: **4** «Su padre hizo pesado nuestro yugo; ahora pues, aligere la dura servidumbre de su padre y el pesado yugo que puso sobre nosotros y le serviremos». **5** Entonces él les dijo: «Vuelvan otra vez a mí dentro de tres días». Y el pueblo se fue.

6 El rey Roboam pidió consejo a los ancianos que habían servido a su padre Salomón cuando aún vivía, diciendo: «¿Qué *me* aconsejan que responda a este pueblo?». **7** Y ellos le respondieron: «Si usted es bueno con este pueblo, les complace y les dice buenas palabras, entonces ellos serán sus siervos para siempre». **8** Pero él abandonó el consejo que le habían dado los ancianos, y pidió consejo a los jóvenes que se habían criado con él y le servían. **9** «¿Qué aconsejan», les pregunto, «que respondamos a este pueblo que me ha hablado: "Aligere el yugo que su padre puso sobre nosotros"?». **10** Y los jóvenes que se habían criado con él le respondieron: «Así dirá al pueblo que le ha hablado: "Su padre hizo pesado nuestro yugo, pero usted hágalo más ligero para nosotros". Así usted les dirá: "Mi dedo meñique es más grueso que los lomos de mi padre. **11** Por cuanto mi padre los cargó con un pesado yugo, yo añadiré a su yugo; mi padre los castigó con látigos, pero yo *los castigaré* con escorpiones"».

12 Entonces vino Jeroboam con todo el pueblo a Roboam al tercer día como el rey lo había dicho: «Vuelvan a mí al tercer día». **13** El rey les respondió con dureza, pues el rey Roboam

9:25
Salomón tenía muchos caballos

No todos ellos pertenecían a Salomón. El ejército también los usaba. Salomón se casó con la hija de Faraón, de manera que puede haber comprado los caballos y carros en Egipto además de los que había comprado en Cilicia.

Todd Bolen/www.BiblePlaces.com

10:8-11
Roboam no era muy comprensivo

Como hijo de un rey que gobernó en tiempos prósperos, Roboam no había tenido que trabajar para ganarse el pan. Por eso no entendía lo dura que era la vida para los demás que trabajaban.

10:11, 14
Escorpiones

Eran tiras de cuero con púas de metal.

9:26 ¹ I.e. Éufrates.   9:27 ¹ Heb. *Sefela*.

había despreciado el consejo de los ancianos, **14** y les habló conforme al consejo de los jóvenes, diciendo: «Mi padre les hizo pesado su yugo, pero yo lo haré más *pesado;* mi padre los castigó con látigos, pero yo *los castigaré* con escorpiones». **15** El rey no escuchó al pueblo, porque esto venía de parte de Dios, para que el SEÑOR confirmara la palabra que Él había hablado por medio de Ahías el silonita a Jeroboam, hijo de Nabat.

16 Cuando todo Israel *vio* que el rey no los escuchaba, el pueblo respondió al rey:

«¿Qué parte tenemos nosotros con David?
No *tenemos* herencia con el hijo de Isaí.
¡Cada uno a su tienda, Israel!
¡Mire ahora por su casa, David!».

Y todo Israel se fue a sus tiendas. **17** Pero en cuanto a los israelitas que habitaban en las ciudades de Judá, Roboam reinó sobre ellos. **18** Entonces el rey Roboam envió a Adoram, que *estaba* a cargo de los trabajos forzados, pero los israelitas lo mataron a pedradas; y el rey Roboam se apresuró a subir a *su* carro para huir a Jerusalén. **19** Así Israel ha estado en rebeldía contra la casa de David hasta hoy.

REINADO DE ROBOAM

11 Cuando Roboam llegó a Jerusalén, reunió la casa de Judá y Benjamín, 180,000 hombres, guerreros escogidos, para pelear contra Israel y restituir el reino a Roboam. **2** Pero la palabra del SEÑOR vino a Semaías, hombre de Dios, diciendo: **3** «Habla a Roboam, hijo de Salomón, rey de Judá, y a todo Israel en Judá y Benjamín, dicién*doles:* **4** "Así dice el SEÑOR: 'No subirán ni pelearán contra sus hermanos; vuelva cada uno a su casa, porque de Mí ha venido esto'"». Y ellos escucharon las palabras del SEÑOR y desistieron de ir contra Jeroboam.

5 Y Roboam habitó en Jerusalén, y edificó ciudades para defensa en Judá. **6** Así edificó Belén, Etam, Tecoa, **7** Bet Sur, Soco, Adulam, **8** Gat, Maresa, Zif, **9** Adoraim, Laquis, Azeca, **10** Zora, Ajalón y Hebrón, que son ciudades fortificadas en Judá y en Benjamín. **11** También reforzó las fortalezas y puso comandantes en ellas, y provisiones de víveres, aceite y vino. **12** Y *puso* escudos y lanzas en todas las ciudades y las reforzó en gran manera. Así mantuvo a su lado a Judá y a Benjamín.

13 Y los sacerdotes y los levitas que *estaban* en todo Israel se pasaron a él desde todos sus distritos. **14** Porque los levitas dejaron sus tierras de pastos y sus propiedades y vinieron a Judá y a Jerusalén, pues Jeroboam y sus hijos los habían excluido de servir al SEÑOR como sacerdotes. **15** Y Jeroboam designó sus propios sacerdotes para los lugares altos, para los demonios¹, y para los becerros que él había hecho. **16** Aquellos de entre todas las tribus de Israel que habían resuelto en su corazón buscar al SEÑOR, Dios de Israel, los siguieron a Jerusalén para sacrificar al SEÑOR, Dios de sus padres. **17** Y fortalecieron el reino de Judá y apoyaron a

11:13-15
Por qué los levitas dejaron Israel
Los levitas se pusieron del lado de Roboam y se negaron a participar en la adoración al becerro. Ellos dejaron sus tierras y ciudades en Israel, y regresaron a Judá y Jerusalén para seguir siendo fieles a Dios.

11:16
No a todos en Israel les gustaron los nuevos centros de adoración de Jeroboam
Como Jerusalén estaba situada en la nación de Judá, Jeroboam temía que la gente de Israel comenzara a seguir a Roboam si iba a adorar al templo (1 Reyes 12:26-27). Así que mandó a hacer ídolos en dos ciudades para que las personas pudieran ir a adorarlos. Sin embargo, Jeroboam terminó perdiendo súbditos de todos modos, porque algunos se mudaron a Judá debido a que sabían que adorar a los ídolos estaba mal.

11:15 ¹ O *ídolos en forma de machos cabríos.*

Roboam, hijo de Salomón, por tres años, pues por tres años anduvieron en el camino de David y de Salomón.

18 Entonces Roboam tomó por mujer a Mahalat, hija de Jerimot, hijo de David y de Abihail, hija de Eliab, hijo de Isaí, **19** y ella le dio hijos: Jeús, Semarías y Zaham. **20** Después de ella tomó a Maaca, hija de Absalón, y ella le dio a Abías, Atai, Ziza y Selomit. **21** Y amó Roboam a Maaca, hija de Absalón, más que a todas sus *otras* mujeres y concubinas. Porque había tomado dieciocho mujeres y sesenta concubinas, y tuvo veintiocho hijos y sesenta hijas. **22** Roboam puso a Abías, hijo de Maaca, por cabeza y jefe entre sus hermanos, porque *quería* hacerlo rey. **23** Y obró sabiamente, y distribuyó a algunos de sus hijos por todos los territorios de Judá y de Benjamín, por todas las ciudades fortificadas, les dio alimento en abundancia, y *les* buscó muchas mujeres.

SISAC INVADE JUDÁ

12 Cuando el reino de Roboam se había afianzado y fortalecido, él abandonó la ley del SEÑOR y todo Israel con él. **2** Y sucedió que en el año quinto del rey Roboam, debido a que ellos habían sido infieles al SEÑOR, Sisac, rey de Egipto, subió contra Jerusalén **3** con 1,200 carros y 60,000 hombres de a caballo. Y era innumerable el pueblo que vino con él de Egipto: los libios, los suquienos y los etíopes. **4** Y tomó las ciudades fortificadas de Judá y llegó hasta Jerusalén.

5 Entonces el profeta Semaías vino a Roboam y a los príncipes de Judá que se habían reunido en Jerusalén por causa de Sisac, y les dijo: «Así dice el SEÑOR: "Ustedes me han abandonado, por eso también Yo los abandono en manos de Sisac"». **6** Y los príncipes de Israel y el rey se humillaron y dijeron: «Justo es el SEÑOR».

7 Cuando el SEÑOR vio que se habían humillado, vino la palabra del SEÑOR a Semaías, diciendo: «Se han humillado; no los destruiré, sino que les concederé cierta libertad y Mi furor no se derramará sobre Jerusalén por medio de Sisac. **8** Pero serán sus siervos para que aprendan *la diferencia entre* servirme a Mí y servir a los reinos de los países».

9 Subió, pues, Sisac, rey de Egipto, contra Jerusalén y tomó los tesoros de la casa del SEÑOR y los tesoros del palacio del rey. De todo se apoderó; se llevó hasta los escudos de oro que había hecho Salomón. **10** Entonces el rey Roboam hizo en su lugar escudos de bronce, y los entregó al cuidado de los jefes de la guardia*[1]* que custodiaban la entrada de la casa del rey. **11** Y sucedía que cuando el rey entraba en la casa del SEÑOR, venían los de la guardia y los llevaban, y *después* los devolvían a la sala de los de la guardia. **12** Cuando él se humilló, la ira del SEÑOR se apartó de él para no destruir*lo* totalmente; además las cosas mejoraron en Judá.

13 Se fortaleció, pues, el rey Roboam en Jerusalén, y reinó. Roboam *tenía* cuarenta y un años cuando comenzó a reinar, y reinó diecisiete años en Jerusalén, la ciudad que el SEÑOR había escogido de entre todas las tribus de Israel para poner allí Su nombre. Y el nombre de su madre *era* Naama,

---

12:1-2
Sisac ataca Jerusalén
Esta era la manera de Dios de castigar a Judá por su desobediencia. Como los líderes se arrepintieron de su pecado, Dios no le permitió a Sisac destruir Judá por completo (versículo 7).

12:10 *[1]* Lit. *los corredores.*

12:14
Los pecados de Roboam
Gracias a su orgullo, confió en sí mismo y no en Dios. Además, durante su reinado, la adoración a los ídolos se esparció por todo Judá.

13:5
Un pacto de sal
La sal sirve para preservar, es decir, para impedir que la comida se descomponga. Un pacto de sal probablemente simbolizaba que el acuerdo duraría para siempre.

13:9
Sacerdotes falsos
Después de que los levitas abandonaron el reino del norte, cualquier persona podía pagar para hacerse sacerdote. Los sacerdotes de Jeroboam seguramente estaban motivados por el dinero y el poder. Ellos no creían en Dios ni en las consecuencias que vendrían sobre los sacerdotes falsos.

la amonita. **14** Roboam hizo lo malo porque no dispuso su corazón para buscar al SEÑOR.

15 Los hechos de Roboam, los primeros y los postreros, ¿no están escritos en los libros[1] del profeta Semaías y del vidente Iddo, conforme al registro genealógico? *Hubo* guerras continuamente entre Roboam y Jeroboam. **16** Y durmió Roboam con sus padres, y fue sepultado en la ciudad de David; y su hijo Abías reinó en su lugar.

REINADO DE ABÍAS

13 En el año dieciocho del rey Jeroboam, Abías comenzó a reinar sobre Judá. **2** Reinó tres años en Jerusalén. El nombre de su madre *era* Micaías, hija de Uriel[1], de Guibeá. Y hubo guerra entre Abías y Jeroboam. **3** Abías comenzó la batalla con un ejército de valientes guerreros, 400,000 hombres escogidos, mientras que Jeroboam se puso en orden de batalla contra él con 800,000 hombres escogidos, valientes y fuertes.

4 Entonces Abías se levantó en el monte Zemaraim que está en la región montañosa de Efraín, y dijo: «Escúchenme, Jeroboam y todo Israel: **5** ¿No saben ustedes que el SEÑOR, Dios de Israel, dio a David el reino sobre Israel para siempre, a él y a sus hijos con pacto de sal? **6** Pero Jeroboam, hijo de Nabat, siervo de Salomón, hijo de David, se alzó y se rebeló contra su señor. **7** Con él se juntaron hombres indignos y malvados que prevalecieron sobre Roboam, hijo de Salomón, cuando Roboam era joven y tímido, y no pudo prevalecer contra ellos. **8** Y ahora ustedes intentan resistir al reinado del SEÑOR que está en manos de los hijos de David, porque son una gran multitud y *tienen* con ustedes los becerros de oro que Jeroboam les hizo por dioses. **9** ¿No han echado fuera ustedes a los hijos de Aarón, y a los sacerdotes del SEÑOR, y a los levitas, y se han hecho sacerdotes como los pueblos de *otras* tierras? Cualquiera que venga a consagrarse con un novillo y siete carneros, aun este puede llegar a ser sacerdote de *los que no son* dioses.

10 »Pero en cuanto a nosotros, el SEÑOR es nuestro Dios, y no lo hemos abandonado; y los hijos de Aarón sirven al SEÑOR como sacerdotes, y los levitas en *sus* funciones. **11** Y cada mañana y cada tarde ellos queman holocaustos e incienso aromático al SEÑOR; y el pan está colocado sobre la mesa limpia, y el candelabro de oro con sus lámparas para ser encendidas cada tarde. Porque nosotros guardamos la ordenanza del SEÑOR nuestro Dios, pero ustedes lo han abandonado. **12** Así que Dios está con nosotros a la cabeza, y Sus sacerdotes con las trompetas de aviso para tocar la alarma contra ustedes. ¡Oh israelitas!, no luchen contra el SEÑOR, Dios de sus padres, porque nada lograrán».

13 Mientras tanto Jeroboam había puesto una emboscada para atacar por detrás, así que aunque *Israel* estaba frente a Judá, la emboscada estaba detrás de estos. **14** Cuando Judá se volvió, vieron que eran atacados por delante y por detrás[1]. Clamaron, pues, al SEÑOR, y los sacerdotes tocaron las trompetas. **15** Entonces los hombres de Judá lanzaron el grito de

---

12:15 [1] Lit. *las palabras.*   13:2 [1] En 1Rey. 15:2, *Maaca, hija de Abisalom.*
13:14 [1] Lit. *la batalla estaba delante y detrás de ellos.*

LA GUERRA ENTRE ABÍAS Y JEROBOAM

2 Crónicas 13:1—14:1

ABÍAS	JEROBOAM
Reina sobre Judá *13:1*	Reina sobre Israel *13:1*
Su ejército cuenta con 400,000 hombres *13:3*	Su ejército cuenta con 800,000 hombres *13:3*
No abandona a Dios; Dios está con él *13:10-12*	Abandona a Dios; se le advierte que no vaya a pelear, pues no ganará *13:4-9*
El ejército lanza un grito de guerra; los sacerdotes tocan las trompetas *13:14-15*	Embosca a Judá por detrás, pero Dios hace que su ejército huya *13:13-17*
Sus hombres matan a 500,000 israelitas *13:17*	Pierde las ciudades de Betel, Jesana y Efraín ante Abías *13:19*
Disfruta de una gran familia; muere y es enterrado en Jerusalén *13:21; 14:1*	Nunca recupera su poder; Dios lo hiere y muere *13:20*

guerra; y mientras los hombres de Judá lanzaban el grito de guerra, Dios hirió a Jeroboam y a todo Israel delante de Abías y de Judá.

16 Cuando los israelitas huyeron delante de Judá, Dios los entregó en sus manos. **17** Abías y su gente los derrotaron con una gran matanza, y cayeron muertos 500,000 hombres escogidos de Israel. **18** Así fueron humillados los israelitas en aquel tiempo, y los hijos de Judá prevalecieron porque se apoyaron en el SEÑOR, Dios de sus padres. **19** Abías persiguió a Jeroboam, y le tomó *varias* ciudades: Betel[1] con sus aldeas, Jesana con sus aldeas y Efraín[2] con sus aldeas. **20** Jeroboam no volvió a recuperar poder en los días de Abías; y el SEÑOR lo hirió y murió.

21 Abías se hizo poderoso. Tomó para sí catorce mujeres, y tuvo veintidós hijos y dieciséis hijas. **22** Los demás hechos

13:17
¡Quinientos mil soldados israelitas murieron!

Este es un número enorme, pero fue una guerra sin cuartel. Algunas personas creen que en el idioma original que el escritor usó, *miles* podría significar que eran muchos, así que es posible que en realidad haya muerto una menor cantidad de soldados.

13:19 [1] I.e. Casa de Dios.   [2] Así en el T.M.; en algunas versiones antiguas, *Efrón*.

de Abías, y sus caminos y sus palabras están escritos en la historia[1] del profeta Iddo.

REINADO DE ASA

14 [1]Abías durmió con sus padres, y lo sepultaron en la ciudad de David, y su hijo Asa reinó en su lugar. El país estuvo en paz por diez años durante sus días.

[2]Asa hizo lo bueno y lo recto ante los ojos del SEÑOR su Dios, [3]porque quitó los altares extranjeros y los lugares altos, destruyó los pilares *sagrados,* derribó las Aseras[1]. [4]También ordenó a Judá que buscara al SEÑOR, Dios de sus padres y cumpliera la ley y el mandamiento *de Él.* [5]Quitó además los lugares altos y los altares de incienso[1] de todas las ciudades de Judá. Y bajo él, el reino estuvo en paz. [6]Edificó ciudades fortificadas en Judá, ya que el país estaba en paz y nadie

13:22 [1] Heb. *midrás.*   14:1 [1] En el texto heb. cap. 13:23.   14:2 [1] En el texto heb. cap. 14:1.   14:3 [1] I.e. deidades femeninas.   14:5 [1] O *pilares del sol.*

PUNTOS CLAVE DEL REINADO DE ASA

1 Reyes 15; 2 Crónicas 14—16

REY ASA: un rey pacífico de Judá

Un rey justo que le da a Judá muchos años de paz
2 Crónicas 14:1-2; 15:19

Expulsa a los sodomitas de la tierra *1 Reyes 15:12*

Quita los altares paganos y los lugares altos *2 Crónicas 14:3, 5*

Construye ciudades fortificadas en Judá *2 Crónicas 14:6-7*

Reúne a medio millón de hombres para derrotar a Zera el cusita
2 Crónicas 14:8-13

Quita los ídolos de Judá, Benjamín y las ciudades que había capturado en Efraín *2 Crónicas 15:8*

Renueva el altar que estaba delante del pórtico del templo *2 Crónicas 15:8*

Destrona a Maaca como reina madre y derriba y quema su imagen de Asera *2 Crónicas 15:16*

Encarcela a Hananí el profeta por decirle que no vencería al ejército de Aram, pues no había confiado en Dios; oprime brutalmente al pueblo *2 Crónicas 16:7-10*

Tiene una enfermedad en los pies al año 39 de su reinado, pero no busca al Señor *2 Crónicas 16:12*

Muere en el año 41 de su reinado *2 Crónicas 16:13-14*

estuvo en guerra con él[1] durante aquellos años, porque el SEÑOR le había dado tranquilidad.

7 Por tanto Asa dijo a Judá: «Edifiquemos estas ciudades y cerquémoslas de murallas con torres, puertas y barras. La tierra es aún nuestra[1], porque hemos buscado al SEÑOR nuestro Dios. Lo hemos buscado, y Él nos ha dado tranquilidad por todas partes». Así que edificaron y prosperaron. 8 Asa tenía un ejército de 300,000 *hombres* de Judá que llevaban escudos grandes y lanzas, y 280,000 de Benjamín que llevaban escudos y usaban arcos. Todos ellos eran valientes guerreros.

9 Zera el etíope salió contra ellos con un ejército de 1,000,000 *de hombres* y 300 carros, y vino hasta Maresa. 10 Asa salió a su encuentro[1], y se pusieron en orden de batalla en el valle de Sefata junto a Maresa. 11 Entonces Asa invocó al SEÑOR su Dios, y dijo: «SEÑOR, no hay nadie más que Tú para ayudar *en la batalla* entre el poderoso y los que no tienen fuerza. Ayúdanos, oh SEÑOR Dios nuestro, porque en Ti nos apoyamos y en Tu nombre hemos venido contra esta multitud. Oh SEÑOR, Tú eres nuestro Dios; que no prevalezca ningún hombre contra Ti».

12 Y el SEÑOR derrotó[1] a los etíopes delante de Asa y delante de Judá, y los etíopes huyeron. 13 Pero Asa y el pueblo que *estaba* con él los persiguieron hasta Gerar. Cayeron tantos etíopes que no pudieron rehacerse[1], porque fueron destrozados delante del SEÑOR y delante de Su ejército. Los de Judá recogieron muchísimo botín. 14 Después destruyeron[1] todas las ciudades alrededor de Gerar, porque el terror del SEÑOR había caído sobre ellas; y todas las saquearon, pues había mucho botín en ellas. 15 También hirieron a los que poseían[1] ganado, y se llevaron gran cantidad de ovejas y camellos. Entonces regresaron a Jerusalén.

REFORMAS RELIGIOSAS DE ASA

15 El Espíritu de Dios vino sobre Azarías, hijo de Oded, 2 y salió al encuentro[1] de Asa y le dijo: «Óiganme, Asa y todo Judá y Benjamín: el SEÑOR estará con ustedes mientras ustedes estén con Él. Y si lo buscan, se dejará encontrar por ustedes; pero si lo abandonan, Él los abandonará. 3 Por muchos días Israel estuvo sin el Dios verdadero y sin sacerdote que enseñara, y sin ley. 4 Pero en su angustia se volvieron al SEÑOR, Dios de Israel, y lo buscaron, y Él se dejó encontrar por ellos. 5 En aquellos tiempos no había paz para el que salía ni para el que entraba, sino muchas tribulaciones sobre todos los habitantes de las tierras. 6 Y era destruida nación por nación, y ciudad por ciudad, porque Dios los afligió con toda clase de adversidades. 7 Pero ustedes, esfuércense y no desmayen[1], porque hay recompensa por sus obras».

8 Cuando Asa oyó estas palabras y la profecía del profeta Azarías, hijo de Oded[1], se animó y quitó los ídolos abominables de toda la tierra de Judá y de Benjamín, y de las ciudades que había conquistado en la región montañosa de Efraín.

14:14-15
El terror del SEÑOR
Los soldados estaban demasiado asustados para moverse. Ellos se dieron cuenta de que Judá tenía a Dios de su lado, y sabían que no podían vencer al Señor.

14:6 [1] Lit. *no había contra él guerra.*   14:7 [1] Lit. *está aún delante de nosotros.*
14:10 [1] Lit. *delante de ellos.*   14:12 [1] Lit. *hirió.*   14:13 [1] O *ninguno quedó vivo.*   14:14 [1] Lit. *E hirieron.*   14:15 [1] Lit. *las tiendas de.*   15:2 [1] Lit. *delante.*
15:7 [1] Lit. *no dejen caer sus manos.*   15:8 [1] Así en algunas versiones antiguas; en heb. *la profecía de Oded el profeta.*

También restauró el altar del SEÑOR que estaba delante del pórtico del SEÑOR. **9** Entonces reunió a todo Judá y Benjamín y a los de Efraín, Manasés y Simeón que residían con ellos. Porque muchos de Israel se pasaron a él cuando vieron que el SEÑOR su Dios estaba con él. **10** Así que se reunieron en Jerusalén en el tercer mes del año quince del reinado de Asa. **11** Y aquel día sacrificaron al SEÑOR 700 bueyes y 7,000 ovejas del botín que habían traído. **12** Hicieron[1] pacto para buscar al SEÑOR, Dios de sus padres, con todo su corazón y con toda su alma; **13** y que todo el que no buscara al SEÑOR, Dios de Israel, moriría, ya fuera pequeño o grande, hombre o mujer. **14** Además, lo juraron al SEÑOR a gran voz, con gritos, trompetas y cuernos. **15** Y todo Judá se alegró en cuanto al juramento, porque habían jurado de todo corazón y habían buscado sinceramente[1] al SEÑOR y Él se dejó encontrar por ellos. Y el SEÑOR les dio tranquilidad por todas partes.

16 El rey Asa también depuso a Maaca, su madre[1], de ser reina madre, porque ella había hecho una horrible imagen de[2] Asera[3]. Asa derribó la[4] horrible imagen, *la* hizo pedazos y *la* quemó junto al torrente Cedrón. **17** Pero los lugares altos no fueron quitados de Israel; sin embargo, el corazón de Asa fue intachable todos sus días. **18** Y trajo a la casa de Dios las cosas consagradas por su padre y sus propias cosas consagradas: plata, oro y utensilios. **19** No hubo más guerra hasta el año treinta y cinco del reinado de Asa.

GUERRA ENTRE ASA Y BAASA

16 En el año treinta y seis del reinado de Asa, subió Baasa, rey de Israel, contra Judá y fortificó[1] Ramá para prevenir *que nadie* saliera o entrara *en ayuda* de Asa, rey de Judá. **2** Entonces Asa sacó plata y oro de los tesoros de la casa del SEÑOR y de la casa del rey, y los envió a Ben Adad, rey de Aram, que habitaba en Damasco, diciéndole: **3** «*Haya* alianza entre tú y yo, *como hubo* entre mi padre y tu padre. Mira, te he enviado plata y oro. Ve, rompe tu alianza con Baasa, rey de Israel, para que se aparte de mí». **4** Y Ben Adad escuchó al rey Asa y envió a los capitanes de sus ejércitos contra las ciudades de Israel, y conquistaron[1] Ijón, Dan, Bel Maim y todas las ciudades de almacenaje[2] de Neftalí. **5** Y cuando Baasa se enteró, dejó de fortificar[1] Ramá, y abandonó su obra. **6** Entonces el rey Asa trajo a todo Judá, y se llevaron las piedras de Ramá y la madera con que Baasa la había estado edificando, y con ellas fortificó[1] Geba y Mizpa.

7 En ese tiempo el vidente Hananí vino a Asa, rey de Judá, y le dijo: «Por cuanto te has apoyado en el rey de Aram y no te has apoyado en el SEÑOR tu Dios, por eso el ejército del rey de Aram ha escapado de tu mano. **8** ¿No eran los etíopes y los libios un ejército numeroso con muchísimos carros y hombres a caballo? Sin embargo, porque te apoyaste en el SEÑOR, Él los entregó en tu mano. **9** Porque los ojos del SEÑOR recorren toda la tierra para fortalecer a aquellos cuyo

---

15:12
El pueblo hizo un nuevo pacto
Asa sabía que había que hacer algo dramático para mostrar que el pueblo se tomaba en serio lo de volverse a Dios.

15:16
Asa le quitó el poder a su madre
Las reinas madres tenían mucho poder en Judá. Después de que Maaca hizo una estatua de Asera, Asa la derribó, y debe haber puesto a su madre bajo arresto domiciliario. De este modo, ella ya no tendría más poder.

15:16
La imagen fue llevada al valle de Cedrón
Asa sacó la imagen de la ciudad para mostrar su deseo de obedecer a Dios. También se la llevó para que dejara de burlarse de la ciudad con su presencia, y la quemó.

16:1-3
Por qué Asa le envió tesoros del templo a un rey pagano
Asa le envió tesoros del templo a Ben Adad, rey de Aram, con la esperanza de formar una alianza con él y romper la que tenía Ben Adad con Baasa, que amenazaba a Jerusalén.

---

corazón es completamente Suyo. Tú has obrado neciamente en esto. Ciertamente, desde ahora habrá guerras contra ti». **10** Entonces Asa se irritó contra el vidente y lo metió en la cárcel¹, porque *estaba* enojado contra él por esto. Por ese tiempo, Asa oprimió a algunos del pueblo.

11 Los hechos de Asa, los primeros y los postreros, están escritos en el libro de los reyes de Judá y de Israel. **12** En el año treinta y nueve de su reinado, Asa se enfermó de los pies. Su enfermedad era grave, pero aun en su enfermedad no buscó al SEÑOR, sino a los médicos. **13** Y Asa durmió con sus padres. Murió el año cuarenta y uno de su reinado. **14** Lo sepultaron en el sepulcro que él había excavado para sí en la ciudad de David, y lo pusieron sobre el lecho que él había llenado de especias de varias clases, mezcladas según el arte de los perfumistas. Además le encendieron una hoguera muy grande.

REINADO DE JOSAFAT

17 Entonces su hijo Josafat reinó en su lugar, y afirmó su dominio sobre Israel. **2** Puso tropas en todas las ciudades fortificadas de Judá. También puso guarniciones en el territorio de Judá y en las ciudades de Efraín que su padre Asa había tomado. **3** Y el SEÑOR estuvo con Josafat porque anduvo en los primeros caminos de su padre David y no buscó a los Baales, **4** sino que buscó al Dios de su padre, anduvo en sus mandamientos y no hizo como Israel. **5** El SEÑOR, pues, afirmó el reino bajo su mano; y todo Judá le traía presentes a Josafat, y tuvo grandes riquezas y honores. **6** Y su corazón se entusiasmó¹ en los caminos del SEÑOR, y además quitó de Judá los lugares altos y las Aseras.

7 En el año tercero de su reinado envió a sus oficiales Ben Hail, Abdías, Zacarías, Natanael y Micaías, para que instruyeran *a los habitantes* de las ciudades de Judá. **8** Con ellos envió a los levitas Semaías, Netanías, Zebadías, Asael, Semiramot, Jonatán, Adonías, Tobías y Tobadonías, levitas *todos;* y con estos a los sacerdotes Elisama y Joram. **9** Ellos enseñaron *a la gente* en Judá, teniendo consigo el libro de la ley del SEÑOR. Recorrieron todas las ciudades de Judá y enseñaron al¹ pueblo.

10 Y el terror del SEÑOR vino sobre todos los reinos de las tierras que *estaban* alrededor de Judá, y no hicieron guerra contra Josafat. **11** Algunos de los filisteos trajeron presentes y plata como tributo a Josafat; también los árabes le trajeron rebaños: 7,700 carneros y 7,700 machos cabríos. **12** Josafat se engrandecía más y más, y edificó fortalezas y ciudades de almacenaje en Judá. **13** Tenía muchas provisiones en las ciudades de Judá, y hombres de guerra, valientes guerreros, en Jerusalén. **14** Este era su número según sus casas paternas:

De Judá, de los capitanes de millares, Adnas *era* el capitán, y con él 300,000 valientes guerreros; **15** después de él *estaba* el capitán Johanán, y con él 280,000; **16** y tras este, Amasías, hijo de Zicri, que se ofreció voluntariamente al SEÑOR, y con él 200,000 valientes guerreros.

17 De Benjamín *estaba* Eliada, un valiente guerrero, y con él 200,000 armados de arco y escudo; **18** y después de este,

16:14
Una hoguera en el funeral de Asa
Esta puede haber sido una manera de honrar al muerto.

17:3
El pueblo consultaba a los Baales
Ellos pensaban que los Baales podían darles consejos sobre el futuro.

17:7-9
Cómo el pueblo aprendía de Dios
Antes de que vinieran los maestros, la gente típicamente visitaba a los profetas o sacerdotes para aprender acerca de las leyes y las reglas morales.

16:10 ¹ Lit. *la casa de los cepos.*   17:6 ¹ Lit. *se exaltó.*   17:9 ¹ Lit. *entre el.*

Jozabad, y con él 180,000 armados para la guerra. **19** Estos son los que sirvieron al rey, sin contar los que el rey puso en las ciudades fortificadas por todo Judá.

PROFECÍA DE MICAÍAS CONTRA ACAB

18 Josafat tenía grandes riquezas y gloria; se emparentó con Acab. **2** Algunos años después descendió a Samaria *para visitar* a Acab. Y Acab mató muchas ovejas y bueyes para él y para el pueblo que *estaba* con él, y lo persuadió a que subiera con él contra Ramot de Galaad. **3** Acab, rey de Israel, le preguntó a Josafat, rey de Judá: «¿Irás conmigo *contra* Ramot de Galaad?». Y Josafat le respondió: «Yo soy como tú, y mi pueblo como tu pueblo; *estaremos* contigo en la batalla».

4 Dijo además Josafat al rey de Israel: «Te ruego que primero[1] consultes la palabra del SEÑOR». **5** Entonces el rey de Israel reunió a los profetas, 400 hombres, y les preguntó: «¿Iremos a pelear contra Ramot de Galaad, o debo desistir?». «Suba», contestaron ellos, «porque Dios *la* entregará en mano del rey». **6** Pero Josafat dijo: «¿No queda aún aquí *algún* profeta del SEÑOR para que le consultemos?». **7** Y el rey de Israel dijo a Josafat: «Todavía queda un hombre por medio de quien podemos consultar al SEÑOR, pero lo aborrezco, porque nunca profetiza lo bueno en cuanto a mí, sino siempre lo malo. Es Micaías, hijo de Imla». «No hable el rey así», dijo Josafat. **8** Entonces el rey de Israel llamó a un oficial, y *le* dijo: «Trae pronto[1] a Micaías, hijo de Imla».

9 El rey de Israel y Josafat, rey de Judá, estaban sentados cada uno en su trono, vestidos con *sus* mantos, en[1] la era, a la entrada de la puerta de Samaria; y todos los profetas estaban profetizando delante de ellos. **10** Sedequías, hijo de Quenaana, se había hecho cuernos de hierro y decía: «Así dice el SEÑOR: "Con estos acornearás a los arameos hasta acabarlos"». **11** Y todos los profetas profetizaban así, diciendo: «Sube a Ramot de Galaad y tendrás éxito, pues el SEÑOR *la* entregará en manos del rey».

12 El mensajero que fue a llamar a Micaías le advirtió: «Mira, las palabras de los profetas son unánimes en favor del rey. Por esto te ruego que tu palabra sea como la de uno de ellos, y hables favorablemente». **13** Pero Micaías le contestó: «Vive el SEÑOR, que lo que mi Dios me diga, eso hablaré». **14** Cuando llegó al rey, este le preguntó: «Micaías, ¿iremos a Ramot de Galaad a pelear, o debo desistir?». «Sube y tendrás éxito», respondió él, «porque serán entregados en tu mano».

15 Entonces el rey le dijo a Micaías: «¿Cuántas veces he de tomarte juramento de que no me digas más que la verdad en el nombre del SEÑOR?». **16** Y él respondió:

> «Vi a todo Israel
> Esparcido por los montes,
> Como ovejas sin pastor;
> Y el SEÑOR dijo:
> "Estos no tienen señor;
> Que cada uno vuelva a su casa en paz"».

18:1
Josafat se emparentó con Acab

En los tiempos antiguos era común que los tratados se sellaran con un matrimonio. El matrimonio significaba que romper el tratado podría causarle al rey tanto problemas personales como políticos. La familia del rey, que entonces viviría con un enemigo, estaría en peligro.

18:5
Cuatrocientos profetas

Esos cuatrocientos profetas de la corte eran falsos. Ellos daban mensajes destinados a complacer al rey para obtener su favor. Josafat reconoció que no podía confiar en ellos.

18:14
Micaías estuvo de acuerdo con los falsos profetas

De manera sarcástica, Micaías imitó a los falsos profetas y se burló de Acab. Ni siquiera el rey pudo creer en sus palabras.

18:4 [1] Lit. *como el día.*　　18:8 [1] Lit. *Apresura.*　　18:9 [1] Lit. *y sentados en.*

17 Entonces el rey de Israel le dijo a Josafat: «¿No te dije que no profetizaría lo bueno acerca de mí, sino lo malo?». **18** Micaías respondió: «Por tanto, escuchen la palabra del SEÑOR. Yo vi al SEÑOR sentado en Su trono, y todo el ejército de los cielos estaba a Su derecha y a Su izquierda. **19** Y el SEÑOR dijo: "¿Quién persuadirá a Acab, rey de Israel, para que suba y caiga en Ramot de Galaad?". Y uno decía de una manera, y otro de otra. **20** Entonces se adelantó un espíritu y se puso delante del SEÑOR, y dijo: "Yo lo persuadiré". Y el SEÑOR le dijo: "¿Cómo?". **21** Y él respondió: "Saldré y seré un espíritu de mentira en boca de todos sus profetas". Entonces Él dijo: "Lo persuadirás y también prevalecerás. Ve y hazlo así". **22** Ahora el SEÑOR ha puesto un espíritu de mentira en boca de estos sus profetas, pues el SEÑOR ha decretado el mal contra usted».

23 Entonces se acercó Sedequías, hijo de Quenaana, y golpeó a Micaías en la mejilla, y le dijo: «¿Cómo¹ pasó el Espíritu del SEÑOR de mí para hablarte a ti?». **24** Respondió Micaías: «Tú lo verás aquel día en que entres en un aposento interior¹ para esconderte». **25** Entonces el rey de Israel ordenó: «Tomen a Micaías y devuélvanlo a Amón, gobernador de la ciudad, y a Joás, hijo del rey; **26** y díganles: "Así dice el rey: 'Echen a este en la cárcel, y aliméntenlo con poco pan y poca agua¹ hasta que yo vuelva en paz'"». **27** Micaías le dijo: «Si en verdad vuelves en paz, el SEÑOR no ha hablado por mí». Y añadió: «Oigan, pueblos todos».

28 Y subió el rey de Israel con Josafat, rey de Judá, contra Ramot de Galaad. **29** El rey de Israel dijo a Josafat: «Yo me disfrazaré para entrar en la batalla, pero tú ponte tus ropas reales». Y el rey de Israel se disfrazó y entraron en la batalla. **30** Pero el rey de Aram había ordenado a los capitanes de sus carros: «No peleen contra chico ni contra grande, sino solo contra el rey de Israel». **31** Cuando los capitanes de los carros vieron a Josafat, dijeron: «Este es el rey de Israel»; y se desviaron¹ para pelear contra él. Pero Josafat clamó, y el SEÑOR vino en su ayuda, y Dios los apartó de él, **32** pues al ver los capitanes de los carros que no era el rey de Israel, dejaron de perseguirlo. **33** Pero alguien disparó su arco al azar e hirió al rey de Israel por entre la juntura de la armadura¹. Y él dijo al cochero: «Da la vuelta² y sácame de la batalla³ pues estoy gravemente herido». **34** La batalla arreció aquel día, y el rey de Israel fue sostenido¹ en el carro frente a los arameos hasta la tarde; y murió al ponerse el sol.

JOSAFAT Y LOS JUECES

19 Entonces Josafat, rey de Judá, regresó en paz a su casa en Jerusalén. **2** Pero el vidente Jehú, hijo de Hananí, salió a encontrarlo y dijo al rey Josafat: «¿Vas a ayudar al impío y amar a los que odian al SEÑOR, y con esto traer sobre ti la ira del SEÑOR? **3** Sin embargo, se han hallado en ti cosas buenas, porque has quitado las Aseras¹ de la tierra

18:22
Dios usó las mentiras de los profetas
Dios no aprueba la mentira, pero permitió que los cuatrocientos profetas mintieran para cumplir su plan. Micaías denunció las mentiras de esos profetas. Dios le dio a Acab a elegir: creer las mentiras o creer la verdad.

18:29
Por qué Acab se disfrazó
Él estaba intentando evitar convertirse en un blanco. En las guerras de la antigüedad, si un líder era asesinado o capturado, su ejército se venía abajo. Además, Acab estaba tratando de impedir que se cumpliera la predicción acerca de su muerte.

18:30-32
Los soldados salvaron a Josafat
Las órdenes de los soldados eran pelear solo contra Acab, el rey de Israel. Dios ayudó a Josafat a escapar.

18:23 ¹ Lit. ¿Por qué camino.   18:24 ¹ Lit. un aposento en un aposento.
18:26 ¹ Lit. con pan de aflicción y agua de aflicción.   18:31 ¹ Lit. lo rodearon.
18:33 ¹ Lit. entre las escamas de la armadura y la coraza.   ² Lit. Vuelve tu
mano.   ³ Lit. del campamento.   18:34 ¹ Lit. se sostuvo; v. 1Rey. 22:35.
19:3 ¹ I.e. columnas de madera.

19:4-5
Josafat nombró jueces
La tarea de un juez era animar a
otros a actuar con justicia.

20:5-12
**Algunos reyes oraban en
público**
La Biblia da otros ejemplos de reyes
que hicieron oraciones públicas:
David, Salomón y Josías.

y has dispuesto tu corazón para buscar a Dios». **4** Y habitó
Josafat en Jerusalén, y volvió a salir por entre el pueblo, desde Beerseba hasta la región montañosa de Efraín, y los hizo
volver al SEÑOR, Dios de sus padres. **5** Puso jueces en el país
en todas las ciudades fortificadas de Judá, ciudad por ciudad,
6 y dijo a los jueces: «Miren lo que hacen, pues no juzgan en
lugar de los hombres, sino en lugar del SEÑOR que está con
ustedes cuando hacen justicia[1]. **7** Ahora pues, que el temor
del SEÑOR esté sobre ustedes. Tengan cuidado en lo que hacen[1], porque con el SEÑOR nuestro Dios no hay injusticia ni
acepción de personas ni soborno».

8 También en Jerusalén Josafat puso *algunos* de los levitas y de los sacerdotes y *algunos* de los jefes de las familias
de Israel, para el juicio del SEÑOR y para juzgar querellas
entre los habitantes de Jerusalén[1]. **9** Y les ordenó: «Así harán
en el temor del SEÑOR, con fidelidad y de todo corazón.
10 Cuando llegue a ustedes cualquier querella de sus hermanos que habitan en sus ciudades, entre sangre y sangre,
entre ley y mandamiento, estatutos y ordenanzas, ustedes
los amonestarán para que no sean culpables delante del
SEÑOR, y la ira *no* venga sobre ustedes ni sobre sus hermanos. Así harán y no serán culpables. **11** Amarías, el sumo
sacerdote, presidirá sobre ustedes en todos los asuntos del
SEÑOR, y Zebadías, hijo de Ismael, jefe de la casa de Judá, en
todos los asuntos del rey. También los levitas serán oficiales
delante de ustedes. Sean valientes y obren *bien,* y sea el
SEÑOR con el bueno».

VICTORIAS DE JOSAFAT

20 Aconteció después de esto, que los moabitas, los amonitas, y con ellos *algunos* de los meunitas[1], vinieron a
pelear contra Josafat.

2 Entonces vinieron algunos y dieron aviso a Josafat:
«Viene contra ti una gran multitud de más allá del mar,
de Aram[1] y ya están en Hazezon Tamar, es decir, En Gadi».
3 Josafat tuvo miedo y se dispuso a[1] buscar al SEÑOR, y proclamó ayuno en todo Judá. **4** Y Judá se reunió para buscar
ayuda del SEÑOR; aun de todas las ciudades de Judá vinieron
para buscar al SEÑOR.

5 Entonces Josafat se puso en pie en la asamblea de Judá y
de Jerusalén, en la casa del SEÑOR, delante del atrio nuevo,
6 y dijo: «Oh SEÑOR, Dios de nuestros padres, ¿no eres Tú
Dios en los cielos? ¿Y no gobiernas Tú sobre todos los reinos
de las naciones? En Tu mano hay poder y fortaleza y no hay
quien pueda resistirte. **7** ¿No fuiste Tú, oh Dios nuestro, el
que echaste a los habitantes de esta tierra delante de Tu
pueblo Israel, y la diste para siempre a la descendencia[1] de
Tu amigo Abraham? **8** Y han habitado en ella, y allí te han
edificado un santuario a Tu nombre, diciendo: **9** "Si viene
mal sobre nosotros, espada, juicio, pestilencia o hambre,
nos presentaremos delante de esta casa y delante de Ti

19:6 [1] Lit. *en la palabra del juicio.*　　19:7 [1] Lit. *tengan cuidado y hagan.*
19:8 [1] Así en algunas versiones antiguas; en heb. *querellas. Y regresaron a
Jerusalén.*　　20:1 [1] Así en la sept.; en el T.M., *amonitas.*　　20:2 [1] Un ms. dice:
Edom.　　20:3 [1] Lit. *y puso su rostro para.*　　20:7 [1] Lit. *simiente.*

PUNTOS CLAVE DEL REINADO DE JOSAFAT

2 Crónicas 17:1—21:1

REY JOSAFAT:
el rey de Judá temeroso de Dios

Coronado rey a los 35 años; reina 25 años como un rey justo *17:3-4; 20:31*

Protege a Judá de Israel apostando tropas y guarniciones militares en las ciudades fortificadas y en las ciudades de Efraín que su padre Asa había capturado *17:1-2*

Quita los lugares altos y las imágenes de Asera en Judá *17:6*

Envía a oficiales y levitas a enseñar las Escrituras en Judá *17:7-9*

Asegura la paz en Judá *17:10*

Mantiene a más de un millón de guerreros en Jerusalén *17:13-19*

Se emparienta con el rey Acab de Israel a través del matrimonio de sus hijos; Acab le pide que ayude a Israel a pelear contra Ramot de Galaad *18:1-3*

Desconfía de los 400 profetas de Acab; le pide a Acab que consulte a Micaías, el profeta del Señor, quien profetiza la derrota de Israel *18:4-27*

Va a la guerra contra Ramot de Galaad junto con Acab *18:28*

Provoca el enojo de Dios, pero el castigo se retrasa por todo el bien que había hecho *19:2-3*

Hace alianza con el rey Ocozías de Israel para enviar naves a Tarsis; las naves son destruidas por causa de la alianza *20:35-37*

Es enterrado en Jerusalén *21:1*

(porque Tu nombre está en esta casa), y clamaremos a Ti en nuestra angustia, y Tú oirás y *nos* salvarás". 10 »Y ahora, los amonitas y moabitas y los del monte Seir, a quienes no permitiste que Israel invadiera cuando salió de la tierra de Egipto (por lo cual se apartaron de ellos y no los destruyeron), 11 mira *cómo* nos pagan, viniendo a echarnos de Tu posesión, la que nos diste en heredad. 12 Oh Dios nuestro, ¿no los juzgarás? Porque no tenemos fuerza alguna delante de esta gran multitud que viene contra nosotros, y no sabemos qué hacer; pero nuestros ojos están vueltos hacia Ti». 13 Todo Judá estaba de pie delante del SEÑOR, con sus niños, sus mujeres y sus hijos.

14 Entonces el Espíritu del SEÑOR vino en medio de la asamblea sobre Jahaziel, hijo de Zacarías, hijo de Benaía, hijo de Jeiel, hijo de Matanías, levita de los hijos de Asaf, 15 y dijo Jahaziel: «Presten atención, todo Judá, habitantes de

20:14
El significado del Espíritu de Dios en Jahaziel
Antes de esto, Jahaziel no era profeta. Cuando Dios le otorgó su Espíritu, comenzó a predicar con autoridad y sabiduría. Jahaziel usó este don para difundir el mensaje de Dios a los demás.

Jerusalén y *tú*, rey Josafat: así les dice el SEÑOR: "No teman, ni se acobarden delante de esta gran multitud, porque la batalla no es de ustedes, sino de Dios. **16**Desciendan mañana contra ellos; pues ellos subirán por la cuesta de Sis, y los hallarán en el extremo del valle, frente al desierto de Jeruel. **17** No *necesitan* pelear en esta *batalla;* tomen sus puestos y estén quietos, y vean la salvación del SEÑOR con ustedes, oh Judá y Jerusalén". No teman ni se acobarden; salgan mañana al encuentro de ellos porque el SEÑOR está con ustedes».

18 Entonces Josafat se inclinó rostro en tierra, y todo Judá y los habitantes de Jerusalén se postraron delante del SEÑOR, adorando al SEÑOR. **19** Y se levantaron los levitas, de los hijos de Coat y de los hijos de Coré, para alabar al SEÑOR, Dios de Israel, en voz muy alta.

20 Se levantaron muy de mañana y salieron al desierto de Tecoa. Cuando salían, Josafat se puso en pie y dijo: «Óiganme, Judá y habitantes de Jerusalén, confíen en el SEÑOR su Dios, y estarán seguros. Confíen en Sus profetas y triunfarán». **21** Después de consultar con el pueblo, designó a algunos que cantaran al SEÑOR y a algunos que *le* alabaran en vestiduras santas[1], conforme salían delante del ejército y que dijeran: «Den gracias al SEÑOR, porque para siempre es Su misericordia».

22 Cuando comenzaron a entonar cánticos y alabanzas, el SEÑOR puso emboscadas contra los amonitas, los moabitas y los del monte Seir, que habían venido contra Judá, y fueron derrotados[1]. **23** Porque los amonitas y los moabitas se levantaron contra los habitantes del monte Seir destruyén*dolos* completamente, y cuando habían acabado con los habitantes de Seir, se pusieron[1] a destruirse unos a otros.

24 Cuando Judá llegó a la torre[1] del desierto, miraron hacia la multitud, y *solo* vieron cadáveres tendidos por tierra, ninguno había escapado. **25** Al llegar Josafat y su pueblo para recoger el botín, hallaron mucho entre *los cadáveres*, incluyendo mercaderías, vestidos[1] y objetos preciosos que tomaron para sí, más de los que podían llevar. Estuvieron tres días recogiendo el botín, pues había mucho. **26** Al cuarto día se reunieron en el valle de Beraca, porque allí bendijeron al SEÑOR. Por tanto llamaron aquel lugar el valle de Beraca[1] hasta hoy.

27 Y todos los hombres de Judá y de Jerusalén, con Josafat al frente de ellos, regresaron a Jerusalén con alegría, porque el SEÑOR les había hecho regocijarse sobre sus enemigos. **28** Entraron en Jerusalén, en la casa del SEÑOR, con arpas, liras y trompetas. **29** Y vino el terror de Dios sobre todos los reinos de aquellas tierras cuando oyeron que el SEÑOR había peleado contra los enemigos de Israel. **30** El reino de Josafat estuvo en paz, porque su Dios le dio tranquilidad por todas partes.

31 Josafat reinó sobre Judá. Tenía treinta y cinco años cuando comenzó a reinar, y reinó veinticinco años en Jerusalén. El nombre de su madre *era* Azuba, hija de Silhi. **32** Anduvo

20:21
Josafat tenía un coro que lideraba al ejército a la batalla
Cantar una canción de adoración tenía dos propósitos: unir a los soldados y pedirle ayuda a Dios. Además, ellos usaban los cantos para que los soldados guardaran el ritmo de la marcha.

20:22-23
Cómo derrotaron a sus enemigos
Dios hizo que de algún modo los ejércitos aliados se asustaran y confundieran. En su pánico, comenzaron a pelearse unos contra otros. Dios puede haber enviado ángeles en un ataque sorpresivo.

20:30
Dios les dio tranquilidad
A través de Crónicas, el descanso de los enemigos es visto como una bendición de Dios por la obediencia. (Ver 14:5-7; 1 Crónicas 22:8-9).

20:21 [1] O la majestad de la santidad.   20:22 [1] Lit. *derribados.*
20:23 [1] Lit. *ayudaron.*   20:24 [1] O *atalaya.*   20:25 [1] Así en algunos mss.;
muchos otros dicen: *cadáveres.*   20:26 [1] I.e. de Bendición.

en el camino de su padre Asa, y no se apartó de él, haciendo lo recto ante los ojos del SEÑOR. **33** Sin embargo, los lugares altos no fueron quitados, pues el pueblo no había vuelto aún su corazón al Dios de sus padres. **34** Los demás hechos de Josafat, los primeros y los postreros, están escritos en las crónicas de Jehú, hijo de Hananí, que están mencionados en el libro de los reyes de Israel.

35 Después de esto, Josafat, rey de Judá, se alió con Ocozías, rey de Israel. Al hacer esto obró impíamente. **36** Y se alió con él para hacer naves que fueran a Tarsis, y construyeron las naves en Ezión Geber. **37** Entonces Eliezer, hijo de Dodava de Maresa, profetizó contra Josafat: «Por cuanto te has aliado con Ocozías, el SEÑOR ha destruido tus obras». Así que las naves fueron destruidas y no pudieron ir a Tarsis.

REINADO DE JORAM

21 Josafat durmió con sus padres, y fue sepultado con sus padres en la ciudad de David. Su hijo Joram reinó en su lugar. **2** Tenía *varios* hermanos, los hijos de Josafat: Azarías, Jehiel, Zacarías, Azaryahu, Micael y Sefatías. Todos estos *eran* hijos de Josafat, rey de Israel. **3** Su padre les había dado muchos presentes de plata, oro y cosas preciosas, y[1] ciudades fortificadas en Judá, pero dio el reino a Joram porque era el primogénito.

4 Cuando Joram tomó posesión del[1] reino de su padre y se hizo fuerte, mató a espada a todos sus hermanos, y también *a algunos* de los jefes de Israel. **5** Joram *tenía* treinta y dos años cuando comenzó a reinar, y reinó ocho años en Jerusalén. **6** Y anduvo en el camino de los reyes de Israel, tal como había hecho la casa de Acab (pues la hija de Acab era su mujer), e hizo lo malo ante los ojos del SEÑOR. **7** Sin embargo, el SEÑOR no quiso destruir la casa de David a causa del pacto que había hecho con David, y porque le había prometido[1] darle una lámpara[2] a él y a sus hijos para siempre.

8 En sus días se rebeló Edom contra el dominio[1] de Judá, y pusieron rey sobre ellos. **9** Entonces pasó Joram con sus capitanes, y todos sus carros con él. Y levantándose de noche, atacó[1] a los edomitas que lo tenían cercado a él y a los capitanes de los carros. **10** Y Edom continuó en rebeldía contra el dominio[1] de Judá hasta el día de hoy. Entonces Libna se rebeló en ese mismo tiempo contra su dominio, porque había abandonado al SEÑOR, Dios de sus padres. **11** Además, Joram hizo lugares altos en los montes de Judá, haciendo que los habitantes de Jerusalén se prostituyeran y que Judá se desviara.

12 Entonces le llegó a Joram una carta del profeta Elías, que decía: «Así dice el SEÑOR, Dios de tu padre David: "Por cuanto no has andado en los caminos de Josafat tu padre, ni en los caminos de Asa, rey de Judá, **13** sino que has andado en el camino de los reyes de Israel, y has hecho que Judá y los habitantes de Israel se hayan prostituido como se prostituyó la casa de Acab, y también has matado a tus hermanos, tu

21:12
Por qué Elías no se reunió con Joram

Los profetas a menudo usaban mensajeros. Debido a la edad avanzada de Elías, seguramente le resultaba difícil viajar.

21:3 [1] Lit. *con*.   21:4 [1] Lit. *había sido levantado sobre él*.   21:7 [1] Lit. *dicho*.
[2] I.e. *descendiente en el trono*.   21:8 [1] Lit. *de debajo de la mano*.
21:9 [1] Lit. *e hirió*.   21:10 [1] Lit. *de debajo de la mano*.

propia familia[1], que eran mejores que tú, **14** el SEÑOR herirá con gran azote[1] a tu pueblo, a tus hijos, a tus mujeres y a todas tus posesiones; **15** y tú sufrirás una grave enfermedad[1], una enfermedad de los intestinos, hasta que día tras día se te[2] salgan a causa de la enfermedad"».

16 Entonces el SEÑOR movió contra Joram el espíritu de los filisteos y de los árabes que eran vecinos[1] de los etíopes; **17** los cuales subieron contra Judá y la invadieron, y se llevaron todas las posesiones que se hallaban en la casa del rey, y también a sus hijos y a sus mujeres, de modo que no le quedó más hijo que Joacaz[1], el menor de sus hijos.

18 Después de todo esto, el SEÑOR hirió a Joram en los intestinos con una enfermedad incurable. **19** Con el correr del tiempo, después de dos años, los intestinos se le salieron a causa de su enfermedad, y murió con grandes dolores. Su pueblo no le encendió una hoguera como la hoguera *que habían encendido* por sus padres. **20** Joram tenía treinta y dos años cuando comenzó a reinar, y reinó ocho años en Jerusalén; y murió sin que nadie lo lamentara[1]. Lo sepultaron en la ciudad de David, pero no en los sepulcros de los reyes.

REINADO DE OCOZÍAS

22 Entonces los habitantes de Jerusalén hicieron rey en su lugar a Ocozías[1], hijo menor de Joram, porque la banda de hombres que vinieron con los árabes al campamento había matado a todos los *hijos* mayores. Por lo cual Ocozías, hijo de Joram[2], rey de Judá, comenzó a reinar. **2** Ocozías *tenía* veintidós[1] años cuando comenzó a reinar, y reinó un año en Jerusalén. El nombre de su madre *era* Atalía, nieta[2] de Omri. **3** Él también anduvo en los caminos de la casa de Acab, porque su madre fue su consejera para que hiciera lo malo. **4** Hizo lo malo ante los ojos del SEÑOR, como *lo había hecho* la casa de Acab, porque después de la muerte de su padre ellos fueron sus consejeros para perdición suya.

5 Ocozías también anduvo conforme al consejo de ellos, y fue con Joram[1], hijo de Acab, rey de Israel, a hacer guerra contra Hazael, rey de Aram, en Ramot de Galaad. Los arameos[2] hirieron a Joram, **6** y *este* volvió a Jezreel para ser curado de las heridas que le habían hecho[1] en Ramot, cuando peleó contra Hazael, rey de Aram. Entonces Ocozías[2], hijo de Joram, rey de Judá, descendió a visitar a Joram, hijo de Acab, en Jezreel, que estaba enfermo.

7 La destrucción de Ocozías vino de Dios, por ir a *visitar* a Joram. Pues cuando llegó, salió con Joram contra Jehú, hijo de Nimsi, a quien el SEÑOR había ungido para exterminar la casa de Acab. **8** Cuando Jehú estaba ejecutando justicia contra la casa de Acab, encontró a los príncipes de Judá y a los hijos de los hermanos de Ocozías que estaban al servicio de Ocozías, y los mató. **9** También buscó a Ocozías, que lo

22:4
Malos consejos para Ocozías

Los consejeros reales del reino del norte habían influenciado mucho a Ocozías, dándole terribles consejos que lo llevaron a la muerte. Su madre, que era la hija de Acab, también lo había aconsejado mal.

21:13 [1] Lit. *la casa de su padre.*　　21:14 [1] Lit. *golpe.*　　21:15 [1] Lit. *en muchas enfermedades.*　　[2] Lit. *tus intestinos se.*　　21:16 [1] Lit. *estaban a la mano.*　　21:17 [1] En 2Crón. 22:1, *Ocozías.*　　21:20 [1] Lit. *y se fue sin desear.*　　22:1 [1] En 2Crón. 21:17, *Joacaz.*　　[2] Heb. *Jehoram.*　　22:2 [1] Así en algunas versiones antiguas y en 2Rey. 8:26; en heb. *cuarenta y dos.*　　[2] Lit. *hija.*　　22:5 [1] Heb. *Jehoram.*　　[2] Heb. *arqueros.*　　22:6 [1] Lit. *con las cuales le habían herido.*　　[2] Así en 2Rey. 8:29; heb. *Azarías.*

prendieron cuando estaba escondido en Samaria. Lo llevaron a Jehú y lo mataron, pero le dieron sepultura, pues decían: «Es hijo de Josafat, que buscó al SEÑOR con todo su corazón». Así que no quedó nadie de la casa de Ocozías para retener el poder del reino.

ATALÍA USURPA EL TRONO

10 Cuando Atalía, madre de Ocozías, vio que su hijo había muerto, se levantó y exterminó toda la descendencia[1] real de la casa de Judá. **11** Pero Josabet[1], hija del rey, tomó a Joás, hijo de Ocozías, y lo sacó a escondidas de entre los hijos del rey a quienes estaban dando muerte, y lo puso a él y a su nodriza en la alcoba. Así Josabet, hija del rey Joram, mujer del sacerdote Joiada (pues era hermana de Ocozías), lo escondió de Atalía para que no le diera muerte. **12** Y Joás estuvo escondido con ellos en la casa de Dios seis años, mientras Atalía reinaba en el país.

CORONACIÓN DE JOÁS

23 En el séptimo año, el sacerdote Joiada cobró ánimo, y tomó a *estos* capitanes de centenas: Azarías, hijo de Jeroham, Ismael, hijo de Johanán, Azarías, hijo de Obed, Maasías, hijo de Adaía, y Elisafat, hijo de Zicri, *los cuales hicieron* pacto con él. **2** Y recorrieron Judá y reunieron a los levitas de todas las ciudades de Judá y a los jefes de las *casas* paternas de Israel, y vinieron a Jerusalén. **3** Entonces toda la asamblea hizo pacto con el rey en la casa de Dios. Y *Joiada* les dijo: «Miren, el hijo del rey reinará, como el SEÑOR ha hablado respecto a los hijos de David. **4** Esto es lo que harán: una tercera parte de ustedes, de los sacerdotes y los levitas que entran en el día de reposo *estarán de* porteros; **5** otra tercera parte *estará* en la casa del rey, y otra tercera parte en la puerta del Cimiento; y todo el pueblo *estará* en los atrios de la casa del SEÑOR. **6** Pero que nadie entre en la casa del SEÑOR, excepto los sacerdotes y los levitas que ministran; estos pueden entrar porque son santos. Y que todo el pueblo guarde el precepto del SEÑOR. **7** Los levitas rodearán al rey, cada uno con sus armas en la mano; y cualquiera que entre en la casa será muerto. Ustedes estarán con el rey cuando entre y cuando salga».

8 Y los levitas y todo Judá hicieron conforme a todo lo que había ordenado el sacerdote Joiada. Cada uno de ellos tomó sus hombres, los que habían de entrar en el día de reposo, junto con los que habían de salir el día de reposo, porque el sacerdote Joiada no despidió a *ninguno* de los grupos. **9** Entonces el sacerdote Joiada dio a los capitanes de cientos las lanzas y los escudos grandes y pequeños que *habían sido* del rey David, que *estaban* en la casa de Dios. **10** Y colocó a todo el pueblo, cada hombre

22:10
Por qué una abuela mataría a sus nietos
Atalía mató a sus nietos para poder tener más probabilidades de subir al trono. Si el rey no tenía herederos, ella esperaba poder ser reina.

23:9
Por qué se guardaban las armas en el templo
Se almacenaban en el templo para recordarle al pueblo que Dios los ayudaba a conquistar a sus enemigos.

Todd Bolen/www.BiblePlaces.com, tomada en el Museo de Israel

22:10 [1] Lit. *simiente.*   22:11 [1] En 2Rey. 11:2, *Josaba.*

con su arma en la mano, desde el lado[1] derecho de la casa hasta el lado[1] izquierdo de la misma[2], junto al altar y junto a la casa, alrededor del rey. **11** Entonces sacaron al hijo del rey y le pusieron la corona, *le dieron el libro* del testimonio y lo proclamaron rey. Y Joiada y sus hijos lo ungieron, y gritaron[1]: «¡Viva el rey!».

MUERTE DE ATALÍA

12 Al oír Atalía el estruendo del pueblo que corría y alababa al rey, se llegó al pueblo en la casa del SEÑOR, **13** y miró que el rey estaba de pie junto a su columna a la entrada, y los capitanes y los trompetistas[1] *estaban* junto al rey. Y todo el pueblo del país se regocijaba y tocaba trompetas, y los cantores con *sus* instrumentos de música dirigían la alabanza[2]. Entonces Atalía rasgó sus vestidos, y gritó[3]: «¡Traición!

23:10 [1] Lit. *hombro.*   [2] Lit. *casa.*   23:11 [1] Lit. *dijeron.*   23:13 [1] Lit. *las trompetas.*
[2] Lit. *dirigiendo para alabar.*   [3] Lit. *dijo.*

PUNTOS CLAVE DEL REINADO DE JOÁS

2 Reyes 12; 2 Crónicas 22:10—24:25

REY JOÁS: el joven rey de Judá

Rescatado por Josabet, la hija del rey Joram, cuando Atalía intenta matarlo; permanece oculto en el templo por seis años *2 Crónicas 22:10-12*

Fue protegido por sacerdotes y levitas; nombrado rey por el sumo sacerdote Joiada, quien mandó a matar a Atalía *2 Crónicas 23:1-15*

Es rey a los 7 años; reina durante 40 años; actúa como un rey justo solo cuando está bajo la influencia de Joiada *2 Crónicas 24:1-2*

Recolecta dinero y renueva el templo que había sido destruido por los hijos de Atalía; hace utensilios de oro y plata para el templo *2 Crónicas 24:4-14*

Es influenciado por los líderes de Judá a alejarse de Dios y adorar a los ídolos y las imágenes de Asera *2 Crónicas 24:17-19*

Ignora las advertencias del profeta Zacarías, hijo de Joiada, y lo manda a apedrear en el atrio del templo *2 Crónicas 24:20-22*

Le entrega todos los utensilios sagrados del templo a Hazael, rey de Aram, para frenar su ataque a Judá *2 Reyes 12:17-18*

Es herido cuando Dios permite que los arameos ataquen y saqueen Judá y Jerusalén *2 Crónicas 24:23-25*

Asesinado por sus propios siervos por haber matado al hijo de Joiada *2 Crónicas 24:25*

¡Traición!». **14** Pero el sacerdote Joiada sacó a los capitanes de centenas que estaban al mando del ejército, y les dijo: «Sáquenla de entre¹ las filas; y al que la siga, mátenlo a espada». Porque el sacerdote les había dicho: «No la maten en la casa del SEÑOR». **15** Así que le echaron¹ mano, y cuando ella llegó a la entrada de la puerta de los Caballos de la casa del rey, allí la mataron.

16 Entonces Joiada hizo un pacto entre¹ todo el pueblo y el rey, de que ellos serían el pueblo del SEÑOR. **17** Y todo el pueblo fue a la casa de Baal y la derribaron, hicieron pedazos sus altares y sus imágenes y mataron delante de los altares a Matán, sacerdote de Baal. **18** Además, Joiada puso los oficios de la casa del SEÑOR bajo la autoridad¹ de los sacerdotes levitas, a quienes David había designado sobre la casa del SEÑOR para ofrecer los holocaustos del SEÑOR, como está escrito en la ley de Moisés, con alegría y con cánticos conforme a la disposición² de David. **19** Colocó porteros junto a las puertas de la casa del SEÑOR, de modo que no entrara ninguno *que* por alguna causa *estuviera* inmundo. **20** Después Joiada tomó a los capitanes de cientos, a los nobles, a los gobernantes del pueblo y a todo el pueblo del país, e hizo descender al rey de la casa del SEÑOR, entraron por la puerta superior a la casa del rey, y sentaron al rey sobre el trono real. **21** Y todo el pueblo del país se regocijó, y la ciudad quedó tranquila, porque Atalía había sido muerta a espada.

REINADO DE JOÁS

24 Joás *tenía* siete años cuando comenzó a reinar, y reinó cuarenta años en Jerusalén. El nombre de su madre *era* Sibia de Beerseba. **2** Joás hizo lo recto ante los ojos del SEÑOR todos los días del sacerdote Joiada. **3** Joiada escogió dos mujeres para el rey¹, y *este* tuvo hijos e hijas.

4 Sucedió después de esto que Joás decidió¹ restaurar la casa del SEÑOR. **5** Así que reunió a los sacerdotes y a los levitas, y les dijo: «Salgan a las ciudades de Judá, y recojan dinero de todo Israel para reparar¹ anualmente² la casa de su Dios; y dense prisa en esto». Pero los levitas no se apresuraron. **6** Entonces el rey llamó al sumo *sacerdote* Joiada, y le dijo: «¿Por qué no has exigido a los levitas que traigan de Judá y de Jerusalén la contribución que Moisés, siervo del SEÑOR, *impuso* sobre la congregación de Israel para la tienda del testimonio?». **7** Porque los hijos de la perversa Atalía habían forzado la entrada a la casa de Dios y aun habían usado¹ para los Baales las cosas sagradas de la casa del SEÑOR.

8 Entonces el rey mandó que hicieran un cofre y lo colocaron afuera, junto a la puerta de la casa del SEÑOR. **9** Y proclamaron en Judá y en Jerusalén que trajeran al SEÑOR la contribución que Moisés, siervo de Dios, *impuso* sobre Israel en el desierto. **10** Todos los oficiales y todo el pueblo se regocijaron y trajeron sus contribuciones y *las* echaron en el cofre hasta llenarlo. **11** Y sucedía que siempre que el cofre

23:19
Los porteros del templo

Los porteros se aseguraban de que nadie que estuviera inmundo según las leyes de la pureza tratara de entrar al templo. Además, custodiaban los tesoros y los utensilios del templo.

24:3
Joiada eligió dos esposas para Joás

Joiada le eligió dos esposas para garantizar que Joás tendría un heredero al trono y ayudar a reconstruir la familia real, dado que Atalía había matado a todos sus nietos.

24:8
El cofre afuera del templo

Los templos en los tiempos antiguos a menudo tenían una caja para las ofrendas. Los representantes del rey y los oficiales del templo eran los responsables de recoger y utilizar este dinero.

23:14 ¹ Lit. *adentro*.   23:15 ¹ Lit. *pusieron*.   23:16 ¹ Lit. *entre él y*.
23:18 ¹ Lit. *mano*.   ² Lit. *las manos*.   24:3 ¹ Lit. *él*.   24:4 ¹ Lit. *estaba con un corazón para*.   24:5 ¹ Lit. *fortalecer*.   ² Lit. *de año en año*.   24:7 ¹ Lit. *hecho*.
24:10 ¹ Lit. *terminar*.

era traído al oficial del rey por los levitas, y cuando veían que había mucho dinero, entonces el escriba del rey y el oficial del sumo sacerdote venían, vaciaban el cofre, lo tomaban y lo volvían a su lugar. Así hacían diariamente y recogían mucho dinero. **12** El rey y Joiada lo daban a los que hacían la obra del servicio de la casa del SEÑOR. Estos contrataron canteros y carpinteros para reparar la casa del SEÑOR, y también artífices en hierro y bronce para reparar[1] la casa del SEÑOR.

13 Los obreros hicieron su trabajo, y el trabajo de reparación progresó en sus manos, y restauraron[1] la casa de Dios conforme a sus planos[2] y la reforzaron. **14** Cuando terminaron, trajeron el resto del dinero delante del rey y de Joiada; y lo convirtieron en utensilios para la casa del SEÑOR, utensilios para el ministerio y para el holocausto, y recipientes y utensilios de oro y de plata. Todos los días de Joiada ofrecieron continuamente holocaustos en la casa del SEÑOR.

15 Joiada envejeció y murió a una edad muy avanzada[1]. *Tenía* 130 años cuando murió. **16** Lo sepultaron en la ciudad de David con los reyes, porque había hecho bien en Israel, a[1] Dios y a Su templo[2]. **17** Pero después de la muerte de Joiada, vinieron los oficiales de Judá y se inclinaron ante el rey, y el rey los escuchó. **18** Abandonaron la casa del SEÑOR, el Dios de sus padres, y sirvieron a las Aseras[1] y a los ídolos; entonces vino la ira *de Dios* sobre Judá y Jerusalén a causa de esta culpa suya. **19** No obstante, Él les envió profetas para hacerlos volver al SEÑOR; *y* aunque *estos* dieron testimonio contra ellos, ellos no prestaron atención.

20 Entonces el Espíritu de Dios vino sobre[1] Zacarías, hijo del sacerdote Joiada. Él se puso en pie, *en un lugar* más alto que el pueblo, y les dijo: «Así ha dicho Dios: "¿Por qué quebrantan ustedes los mandamientos del SEÑOR y no prosperan? Por haber abandonado al SEÑOR, Él también los ha abandonado"». **21** Pero ellos conspiraron contra Zacarías, y por orden del rey lo mataron a pedradas en el atrio de la casa del SEÑOR. **22** No se acordó el rey Joás de la bondad que Joiada, padre de Zacarías[1], le había mostrado, sino que asesinó a su hijo. Y *este* al morir dijo: «Que *lo* vea el SEÑOR y tome venganza[2]».

23 Y aconteció que a la vuelta del año, el ejército de los arameos subió contra Joás; y vinieron a Judá y a Jerusalén, destruyeron de entre la población a todos los oficiales del pueblo, y enviaron todo el botín al rey de Damasco. **24** Ciertamente, el ejército de los arameos vino con pocos hombres; sin embargo, el SEÑOR entregó a un ejército muy grande en sus manos, porque los de Judá habían abandonado al SEÑOR, Dios de sus padres. Así ejecutaron juicio contra Joás.

25 Cuando los arameos se alejaron de él (dejándolo muy herido), sus mismos siervos conspiraron contra él a causa de la sangre del hijo[1] del sacerdote Joiada, y lo mataron en su cama. Joás murió, y lo sepultaron en la ciudad de David,

24:16
Por qué este sacerdote fue enterrado con los reyes
Él no había sido un sacerdote común. Joiada tuvo un gran impacto en la nación. Había sido un importante consejero real que ayudó a la familia de David a recuperar el reinado.

24:25
Joás no fue enterrado en la tumba de los reyes
En el caso de Joás, ser rey no era suficiente para garantizar su entierro en la tumba de los reyes. Como él fue deshonrado, lo enterraron en cualquier parte.

24:12 [1] Lit. *reforzar.*　24:13 [1] Lit. *arreglaron.*　[2] Lit. *por su proporción.*
24:15 [1] Lit. *y satisfecho de días.*　24:16 [1] Lit. *con.*　[2] Lit. *casa.*
24:18 [1] I.e. símbolos de madera de una deidad femenina.　24:20 [1] Lit. *cubrió a.*
24:22 [1] Lit. *Joiada, su padre,*　[2] Lit. *exija.*　24:25 [1] Así en algunas versiones antiguas; en heb. *de los hijos.*

pero no lo sepultaron en los sepulcros de los reyes. **26** Estos son los que conspiraron contra él: Zabad, hijo de Simeat la amonita, y Jozabad, hijo de Simrit la moabita. **27** En cuanto a sus hijos, los muchos oráculos contra*1* él y la restauración*2* de la casa de Dios, están escritos en la historia*3* del libro de los reyes. Entonces su hijo Amasías reinó en su lugar.

REINADO DE AMASÍAS

25 Amasías *tenía* veinticinco años cuando comenzó a reinar, y reinó veintinueve años en Jerusalén. El nombre de su madre *era* Joadán, de Jerusalén. **2** Amasías hizo lo recto ante los ojos del SEÑOR, aunque no de todo corazón. **3** Y una vez afianzado el reino en su mano*1*, mató a los siervos suyos que habían asesinado*2* al rey su padre. **4** Pero a sus hijos no les dio muerte, sino que *hizo* conforme a lo que está escrito en la ley en el libro de Moisés, tal como el SEÑOR ordenó: «No se dará muerte a los padres por *culpa de* los hijos, ni se dará muerte a los hijos por *culpa de* los padres, sino que a cada uno se le dará muerte por su propio pecado».

5 Además, Amasías reunió a Judá, y conforme a *sus* casas paternas los puso bajo capitanes de miles y capitanes de cientos por todo Judá y Benjamín. Hizo un censo de*1* los de veinte años arriba, y halló 300,000 *hombres* escogidos, *hábiles* para ir a la guerra *y* para manejar lanza y escudo. **6** También tomó a sueldo a 100,000 guerreros valientes de Israel por 3.4 toneladas de plata. **7** Pero un hombre de Dios vino a Amasías y le dijo: «Oh rey, no permita que el ejército de Israel vaya con usted, porque el SEÑOR no está con Israel ni con ninguno de los hijos de Efraín. **8** Pero si usted va, hágalo, esfuércese para la batalla; *sin embargo,* Dios lo derribará*1* delante del enemigo, porque Dios tiene poder para ayudar y para derribar». **9** Amasías dijo al hombre de Dios: «¿Y qué *debo* hacer con las 3.4 toneladas que he dado a las tropas de Israel?». «El SEÑOR tiene mucho más que darle que esto», respondió el hombre de Dios. **10** Entonces Amasías despidió*1* las tropas que vinieron a él de Efraín, para que se fueran a sus casas*2*. Porque se encendió en gran manera la ira de ellos contra Judá, así que regresaron a sus casas*2* ardiendo en ira.

11 Amasías se fortaleció, y al frente de su pueblo fue al valle de la Sal y mató a 10,000 de los hijos de Seir. **12** También los hijos de Judá capturaron vivos a 10,000 y los llevaron a la cumbre de la peña, los echaron abajo desde la cumbre de la peña y todos fueron despedazados. **13** Pero las tropas*1* que Amasías había hecho volver para que no fueran con él a la batalla, saquearon las ciudades de Judá desde Samaria hasta Bet Horón, mataron a 3,000 de ellos y tomaron mucho botín.

14 Después que Amasías regresó de la matanza de los edomitas, trajo los dioses de los hijos de Seir y los puso como sus dioses, se postró delante de ellos y les quemó incienso. **15** Entonces se encendió la ira del SEÑOR contra

24:27 *1* Lit. *las muchas cargas sobre.* *2* Lit. *cimentación.* *3* Heb. *midrás.* 25:3 *1* Lit. *firme sobre él.* *2* Lit. *herido.* 25:5 *1* Lit. *alistó a.* 25:8 *1* Lit. *hará tropezar.* 25:10 *1* Lit. *separó.* *2* Lit. *a su propio lugar.* 25:13 *1* Lit. *los hijos de las tropas.*

25:6
El pago de los soldados
Además del pago, los soldados también recibían comida y suministros, y normalmente podían reclamar el botín de las naciones derrotadas en la batalla.

25:10
Por qué estos mercenarios estaban furiosos
Era común que los soldados recibieran bienes además de su pago. Ellos no estaban contentos porque no obtuvieron ningún botín después de ganar una batalla.

25:12
El ejército de Judá mató a los prisioneros de guerra
El pueblo de Judá sabía que los edomitas eran paganos y no adoraban a Dios. Además, había una rivalidad de mucho tiempo entre sus antepasados, Jacob y Esaú, que se sumaba al desagrado de Judá por los edomitas.

25:14
Amasías adoró a los dioses derrotados
El pueblo creía que los dioses eran los responsables de todo. Si ganabas una batalla, era porque tu dios te había ayudado a ganar, *y* el dios de tu enemigo también te había ayudado permitiendo que él perdiera. Amasías les agradeció a los dioses paganos por haber abandonado a su pueblo.

Amasías, y le envió un profeta que le dijo: «¿Por qué has buscado a los dioses de *otro* pueblo que no pudieron librar a su propio pueblo de tu mano?». **16** Y mientras el profeta hablaba con él, el *rey* le dijo: «¿Acaso te hemos constituido consejero real? Detente. ¿Por qué *buscas que* te maten[1]?». Entonces el profeta se detuvo, y dijo: «Yo sé que Dios ha determinado destruirte, porque has hecho esto y no has escuchado mi consejo».

17 Entonces Amasías, rey de Judá, tomó consejo y envió *mensajeros* a Joás, hijo de Joacaz, hijo de Jehú, rey de Israel, y le dijeron: «Ven, veámonos cara a cara[1]». **18** Joás, rey de Israel, envió *este mensaje* a Amasías, rey de Judá: «El cardo que estaba en el Líbano, envió a decir al cedro que estaba en el Líbano: "Da a tu hija por mujer a mi hijo". Pero pasó una fiera que estaba en el Líbano, y pisoteó el cardo. **19** Tú dijiste: "He[1] derrotado[2] a Edom"; y tu corazón se ha envanecido[3] para gloriarte. Quédate ahora en tu casa; ¿por qué quieres provocar el mal, de modo que caigas tú y Judá contigo?».

20 Pero Amasías no quiso escuchar, porque esto *venía de* Dios, para entregarlo en mano *de Joás,* porque había buscado los dioses de Edom. **21** Subió Joás, rey de Israel, y él y Amasías, rey de Judá, se enfrentaron en Bet Semes, que pertenece a Judá. **22** Y Judá fue derrotado por[1] Israel, y huyeron, cada uno a su tienda. **23** Entonces Joás, rey de Israel, capturó en Bet Semes a Amasías, rey de Judá, hijo de Joás, hijo de Joacaz, y lo llevó a Jerusalén; y derribó la muralla de Jerusalén desde la puerta de Efraín hasta la puerta del Ángulo, 400 codos (180 metros). **24** Joás *tomó* todo el oro y la plata, todos los utensilios que se encontraban con Obed Edom en la casa de Dios, los tesoros de la casa del rey y *también* los rehenes, y se volvió a Samaria.

25 Y Amasías, hijo de Joás, rey de Judá, vivió quince años después de la muerte de Joás, hijo de Joacaz, rey de Israel. **26** Los demás hechos de Amasías, desde el primero hasta el postrero, ¿no están escritos en el libro de los reyes de Judá y de Israel? **27** Desde el día en que Amasías se apartó de seguir al SEÑOR, conspiraron contra él en Jerusalén, y él huyó a Laquis; pero lo persiguieron hasta Laquis y allí lo mataron. **28** Lo trajeron en caballos y lo sepultaron con sus padres en la ciudad de David[1].

REINADO DE UZÍAS

26 Y todo el pueblo de Judá tomó a Uzías[1], que *tenía* dieciséis años, y lo hicieron rey en lugar de su padre Amasías. **2** Él edificó a Elot[1] y la restituyó a Judá después que el rey Amasías durmió con sus padres. **3** Uzías *tenía* dieciséis años cuando comenzó a reinar, y reinó cincuenta y dos años en Jerusalén. El nombre de su madre *era* Jecolías, de Jerusalén. **4** Uzías hizo lo recto ante los ojos del SEÑOR, conforme a todo lo que su padre Amasías había hecho. **5** Y

25:23

Amasías seguía siendo rey de Jerusalén después de la batalla

Pero el reino de Amasías quedó considerablemente debilitado después de que Joás acabó con él.

25:16 [1] Lit. *hieran.*　　25:17 [1] Lit. *las caras.*　　25:19 [1] Así en algunas versiones antiguas; en el T.M., *Has.*　　[2] Lit. *herido.*　　[3] Lit. *te ha levantado.* 25:22 [1] Lit. *delante de.*　　25:28 [1] Así en 2Rey. 14:20, y en varios mss. y versiones antiguas; en el T.M., *Judá.*　　26:1 [1] En 2Rey. 14:21, *Azarías.*　　26:2 [1] En 2Rey. 14:22, *Elat.*

persistió en buscar a Dios durante los días de Zacarías, quien tenía entendimiento por medio de la visión[1] de Dios; y mientras buscó al[2] SEÑOR, Dios le prosperó.

6 Salió y peleó contra los filisteos, y derribó la muralla de Gat, la muralla de Jabnia y la muralla de Asdod. Además edificó ciudades en *la región de* Asdod y entre los filisteos. **7** Dios *lo* ayudó contra los filisteos, contra los árabes que habitaban en Gurbaal y *contra* los meunitas[1]. **8** Los amonitas pagaron tributo a Uzías, y su fama se divulgó hasta la frontera[1] de Egipto, pues llegó a ser muy poderoso.

9 Uzías edificó torres en Jerusalén en la puerta del Ángulo, en la puerta del Valle y en la esquina *de la muralla*, y las fortificó. **10** Edificó también torres en el desierto y excavó muchas cisternas, porque tenía mucho ganado, tanto en las tierras bajas[1] como en la llanura. *También tenía* labradores y viñadores en la región montañosa y en los campos fértiles porque amaba la tierra[2].

11 Uzías tenía un ejército listo para la batalla, que salía al combate por divisiones conforme al número de su alistamiento, preparado por el[1] escriba Jeiel y el oficial Maasías,

26:5 [1] Muchos mss. dicen: *en el temor.*   [2] Lit. *en los días de su búsqueda del.*
26:7 [1] Algunos mss. dicen, *amonitas.*   26:8 [1] Lit. *su nombre fue hasta la entrada.*
26:10 [1] Heb. *Sefela.*   [2] O *le gustaba la agricultura.*   26:11 [1] Lit. *alistamiento, por la mano del.*

26:5
El temor de Dios

Temor no es lo mismo que tener miedo. Uzías persistió en buscar a Dios, tenía temor de Dios y eso significaba que sentía un respeto extremo por Dios.

26:10
Uzías edificó torres en el desierto

Los viajeros podían refugiarse en el desierto dentro de la torre. Los ejércitos las usaban como puestos de vigilancia y para señalización. Los agricultores se valían de ellas para almacenar las cosechas, agua o herramientas de labranza.

PUNTOS CLAVE DEL REINADO DE UZÍAS
2 Crónicas 26

REY UZÍAS: el rey justo de Judá

Coronado rey a los 16 años de edad; reina 52 años como rey justo y poderoso *versículos 1-4*

Batalla contra los filisteos; derriba las murallas de Gat, Jabnia y Asdod; edifica ciudades cerca de Asdod *versículo 6*

Recibe tributos de los amonitas *versículo 8*

Edifica torres fortificadas en Jerusalén en la puerta del Ángulo y en la puerta del Valle *versículo 9*

Su ejército se compone de 2,600 jefes de familia y 307,500 hombres bajo ellos *versículos 12-13*

Provee armaduras y armas a todo el ejército; diseña artefactos para disparar flechas y lanzar piedras desde los muros *versículos 14-15*

Se vuelve arrogante y quema incienso en el altar del templo *versículo 16*

Se enoja con Azarías y los sacerdotes lo confrontan; le brota lepra en la frente y queda en cuarentena por el resto de su vida *versículos 17-21*

Es enterrado cerca de sus antepasados en un cementerio de los reyes *versículo 23*

bajo la dirección de Hananías, uno de los oficiales del rey. **12** El número total de los jefes de familia, guerreros valientes, era de 2,600. **13** Y bajo su mando[1] estaba un ejército poderoso de 307,500 que hacían la guerra con gran poder para ayudar al rey contra el enemigo. **14** Uzías proveyó además a todo el ejército[1] de escudos, lanzas, cascos, corazas, arcos y hondas para *tirar* piedras. **15** Y en Jerusalén hizo máquinas *de guerra* inventadas por hombres hábiles para poner*las* en las torres y en las esquinas, para arrojar flechas y grandes piedras. Por eso su fama[1] se extendió hasta muy lejos, porque fue ayudado en forma prodigiosa hasta que se hizo muy fuerte.

16 Pero cuando llegó a ser fuerte, su corazón se hizo tan orgulloso[1] que obró corruptamente, y fue infiel al SEÑOR su Dios, pues entró al templo del SEÑOR para quemar incienso sobre el altar del incienso. **17** Entonces el sacerdote Azarías entró tras él, y con él ochenta sacerdotes del SEÑOR, hombres valientes, **18** y se opusieron al rey Uzías, y le dijeron: «No le corresponde a usted, Uzías, quemar incienso al SEÑOR, sino a los sacerdotes, hijos de Aarón, que son consagrados para quemar incienso. Salga del santuario, porque usted ha sido infiel y no recibirá honra del SEÑOR Dios».

19 Pero Uzías, con un incensario en su mano para quemar incienso, se llenó de ira; y mientras estaba enojado contra los sacerdotes, la lepra le brotó en la frente, delante de los sacerdotes en la casa del SEÑOR, junto al altar del incienso. **20** Y el sumo sacerdote Azarías y todos los sacerdotes lo miraron, y él *tenía* lepra en la frente; y lo hicieron salir de allí a toda prisa, y también él mismo se apresuró a salir, porque el SEÑOR lo había herido.

21 El rey Uzías quedó leproso hasta el día de su muerte, y habitó en una casa separada, ya que era leproso, porque fue excluido de la casa del SEÑOR. Y su hijo Jotam *estaba* al frente de la casa del rey gobernando[1] al pueblo de la tierra. **22** Los demás hechos de Uzías, los primeros y los postreros, fueron escritos por el profeta Isaías, hijo de Amoz. **23** Uzías durmió con sus padres, y lo sepultaron con sus padres en el campo del cementerio que pertenecía a los reyes, porque dijeron: «Es leproso». Y su hijo Jotam reinó en su lugar.

REINADO DE JOTAM

27 Jotam *tenía* veinticinco años cuando comenzó a reinar, y reinó dieciséis años en Jerusalén. El nombre de su madre *era* Jerusa, hija de Sadoc. **2** Jotam hizo lo recto ante los ojos del SEÑOR, conforme a todo lo que su padre Uzías había hecho; pero no entró en el templo del SEÑOR. Pero el pueblo seguía corrompiéndose. **3** Jotam edificó la puerta superior de la casa del SEÑOR, y edificó extensamente en la muralla de Ofel. **4** Edificó además ciudades en la región montañosa de Judá, y edificó fortalezas y torres en los bosques. **5** También peleó contra el rey de los amonitas y los venció; y los amonitas le dieron aquel año 3.4 toneladas de plata, 10,000 coros (2.2 millones de litros)[1] de trigo y 10,000

26:18
Uzías llevó a cabo las tareas de un sacerdote
Uzías pensó que podía hacer lo que quería porque era rey.

26:19
Dios castiga a Uzías
Dios hizo que Uzías se enfermara de lepra. Por el resto de su vida, este rey orgulloso tuvo que vivir aislado en cuartos separados. Él fue un marginado.

27:2
Prácticas corruptas
El pueblo continuaba adorando a los dioses paganos en vez de al único Dios verdadero. Jotam debería haber destruido los altares e ídolos paganos.

26:13 ¹ Lit. *mano.*   26:14 ¹ Lit. *para ellos, para todos.*   26:15 ¹ Lit. *nombre.*
26:16 ¹ Lit. *elevado.*   26:21 ¹ Lit. *juzgando.*   27:5 ¹ Un coro equivale aprox. a 220 litros.

coros de cebada. Los amonitas le pagaron también lo mismo en el segundo y en el tercer año.

6 Jotam se hizo poderoso porque ordenó sus caminos delante del SEÑOR su Dios. **7** Los demás hechos de Jotam y todas sus guerras y sus obras, están escritos en el libro de los reyes de Israel y de Judá. **8** Tenía veinticinco años cuando comenzó a reinar, y reinó dieciséis años en Jerusalén. **9** Jotam durmió con sus padres, y lo sepultaron en la ciudad de David; y su hijo Acaz reinó en su lugar.

REINADO DE ACAZ

28 Acaz *tenía* veinte años cuando comenzó a reinar, y reinó dieciséis años en Jerusalén; pero no hizo lo recto ante los ojos del SEÑOR como su padre David lo *había hecho*, **2** sino que anduvo en los caminos de los reyes de Israel; también hizo imágenes fundidas para los Baales. **3** Además quemó incienso en el valle de Ben Hinom, e hizo pasar a sus hijos por el fuego, conforme a las abominaciones de las naciones que el SEÑOR había arrojado[1] de delante de los israelitas. **4** Acaz sacrificó y quemó incienso en los lugares altos, en los montes y debajo de todo árbol frondoso.

5 Por lo cual el SEÑOR su Dios lo entregó en manos del rey de los arameos, que lo derrotaron[1], tomaron de él gran número de cautivos y *los* llevaron a Damasco. Y también él fue entregado en manos del rey de Israel, el cual lo hirió con gran mortandad[2]. **6** Porque Peka, hijo de Remalías, mató en Judá a 120,000 en un día, todos hombres valientes, porque habían abandonado al SEÑOR, Dios de sus padres. **7** Y Zicri, hombre poderoso de Efraín, mató a Maasías, hijo del rey, y a Azricam, mayordomo de la casa, y a Elcana, segundo después del rey.

8 Los israelitas se llevaron cautivos de sus hermanos a 200,000 mujeres, hijos e hijas; y tomaron[1] también mucho botín de ellos y se llevaron el botín a Samaria. **9** Pero había allí un profeta del SEÑOR llamado Oded, y *este* salió al encuentro del ejército que venía a Samaria, y les dijo: «Porque el SEÑOR, Dios de sus padres, estaba lleno de ira contra Judá, los ha entregado en sus manos, y ustedes los han matado con una furia *que* ha llegado hasta el cielo. **10** Y ahora se proponen subyugar a los hijos de Judá y de Jerusalén como sus esclavos y esclavas. ¿No *tienen* ciertamente transgresiones de parte de ustedes contra el SEÑOR su Dios? **11** Ahora pues, óiganme, y devuelvan a los cautivos que capturaron de sus hermanos, porque el furor de la ira del SEÑOR está contra ustedes».

12 Entonces algunos de los jefes de los hijos de Efraín: Azarías, hijo de Johanán, Berequías, hijo de Mesilemot, Ezequías, hijo de Salum, y Amasa, hijo de Hadlai, se levantaron contra los que venían de la batalla, **13** y les dijeron: «No traigan aquí a los cautivos; porque se proponen *traer* sobre nosotros culpa contra el SEÑOR, añadiendo a nuestros pecados y a nuestra culpa. Porque nuestra culpa es grande y el furor de *Su* ira está contra Israel». **14** Entonces los hombres armados dejaron a los cautivos y el botín delante de los oficiales y de toda la asamblea. **15** Y se levantaron los hombres

28:3
El valle de Ben Hinom
Durante este tiempo, era un lugar de adoración a los ídolos, donde la gente a menudo sacrificaba a sus hijos, entre otras prácticas detestables.

28:5
Arameos
Esos pueblos eran descendientes de Sem (los semitas). Saúl, David y Salomón pelaron contra ellos.

28:15
La ciudad de las palmeras
Jericó se había ganado ese nombre porque allí crecían palmeras. El clima era perfecto para esa especie de árbol.

28:3 [1] O *desposeído.*   28:5 [1] Lit. *hirieron.*   [2] Lit. *herida.*   28:8 [1] Lit. *despojaron.*

que habían sido designados por nombre y tomaron a los cautivos, y del botín vistieron a todos los desnudos y les dieron vestidos y sandalias. También les dieron de comer y de beber y los ungieron, y a todos los débiles los condujeron en asnos y los llevaron a Jericó, ciudad de las palmeras, a sus hermanos; entonces regresaron a Samaria.

16 En aquel tiempo el rey Acaz envió a pedir ayuda a los reyes[1] de Asiria. **17** Porque los edomitas habían venido de nuevo y atacado a Judá y se habían llevado *algunos* cautivos. **18** También los filisteos habían invadido las ciudades de las tierras bajas[1] y del Neguev[2] de Judá, y habían tomado Bet Semes, Ajalón, Gederot y Soco con sus aldeas, Timna con sus aldeas, y Gimzo con sus aldeas; y se establecieron[3] allí. **19** Porque el SEÑOR humilló a Judá a causa de Acaz, rey de Israel, pues él había permitido el desenfreno en Judá, y fue muy infiel al SEÑOR. **20** Y vino contra él Tilgat Pilneser[1], rey de Asiria, y lo afligió en vez de fortalecerlo. **21** Pues Acaz había tomado una porción *del tesoro* de la casa del SEÑOR, del palacio del rey y de los príncipes, y *la* había dado al rey de Asiria; pero no le sirvió de nada.

22 Y en el tiempo de su angustia este rey Acaz fue aún más infiel al SEÑOR. **23** Sacrificaba a los dioses de Damasco que lo habían derrotado[1], y decía: «Por cuanto los dioses de los reyes de Aram los ayudaron, sacrificaré a ellos para que me ayuden». Pero ellos fueron su ruina y la[2] de todo Israel. **24** Además, cuando Acaz recogió los utensilios de la casa de Dios, hizo pedazos los utensilios de la casa de Dios; cerró las puertas de la casa del SEÑOR e hizo para sí altares en cada rincón de Jerusalén. **25** En cada ciudad de Judá hizo lugares altos para quemar incienso a otros dioses, y provocó a ira al SEÑOR, Dios de sus padres.

26 Los demás hechos de Acaz y todos sus caminos, los primeros y los postreros, están escritos en el libro de los reyes de Judá y de Israel. **27** Acaz durmió con sus padres, y lo sepultaron en la ciudad, en Jerusalén, pues no lo pusieron en los sepulcros de los reyes de Israel. Su hijo Ezequías reinó en su lugar.

REINADO DE EZEQUÍAS

29 Ezequías comenzó a reinar *cuando tenía* veinticinco años, y reinó veintinueve años en Jerusalén. El nombre de su madre *era* Abías[1], hija de Zacarías. **2** Ezequías hizo lo recto ante los ojos del SEÑOR, conforme a todo lo que su padre David había hecho.

3 En el primer año de su reinado, en el mes primero, abrió las puertas de la casa del SEÑOR y las reparó. **4** Hizo venir a los sacerdotes y a los levitas y los reunió en la plaza oriental. **5** Entonces les dijo: «Óiganme, levitas. Santifíquense ahora, y santifiquen la casa del SEÑOR, Dios de sus padres, y saquen lo inmundo del lugar santo. **6** Porque nuestros padres han sido infieles y han hecho lo malo ante los ojos del SEÑOR nuestro Dios, lo han abandonado, han apartado sus rostros de la

---

28:17
Edomitas
Los edomitas eran descendientes de Esaú que adoraban al dios pagano de la fertilidad.

28:27
Acaz no fue enterrado en la tumba de los reyes
El pueblo se negó a honrar a Acaz después de su muerte. Él fue el tercer rey cuya gran maldad resultó en deshonra. Los otros habían sido Joram (21:20) y Joás (24:25).

28:16 [1] Algunas versiones antiguas dicen: *al rey.*   28:18 [1] Heb. *Sefela.* [2] I.e. región del sur.   [3] Lit. *habitaron.*   28:20 [1] En 2Rey. 15:29 y 16:7, 10, *Tiglat Pileser.*   28:23 [1] Lit. *herido.*   [2] Lit. *su tropiezo y el.*   29:1 [1] En 2Rey. 18:2, *Abi.*

morada del SEÑOR y le han vuelto[1] las espaldas. **7** También han cerrado las puertas del pórtico y han apagado las lámparas, y no han quemado incienso ni ofrecido holocaustos en el lugar santo al Dios de Israel.

8 »Por tanto, la ira del SEÑOR vino contra Judá y Jerusalén, y Él los hizo objeto de espanto, de horror y de burla, como ustedes *lo* ven con sus propios ojos. **9** Por eso nuestros padres han caído a espada, y nuestros hijos y nuestras hijas y nuestras mujeres están en cautiverio a causa de esto. **10** Ahora *he decidido* en mi corazón hacer un pacto con el SEÑOR, Dios de Israel, para que el ardor de Su ira se aparte de nosotros. **11** Hijos míos, no sean ahora negligentes, porque el SEÑOR los ha escogido a fin de que estén delante de Él, para servirle y para ser Sus ministros y quemar incienso».

12 Entonces se levantaron los levitas: Mahat, hijo de Amasai, y Joel, hijo de Azarías, de los hijos de los coatitas; y de los hijos de Merari, Cis, hijo de Abdi, y Azarías, hijo de Jehalelel; y de los gersonitas, Joa, hijo de Zima, y Edén, hijo de Joa; **13** de los hijos de Elizafán, Simri y Jeiel[1]; y de los hijos de Asaf, Zacarías y Matanías; **14** de los hijos de Hemán, Jehiel y Simei; y de los hijos de Jedutún, Semaías y Uziel.

15 *Estos* levitas reunieron a sus hermanos, se santificaron y entraron para limpiar la casa del SEÑOR, conforme al mandamiento del rey según las palabras del SEÑOR. **16** Los sacerdotes entraron al interior de la casa del SEÑOR para limpiar*la*, y sacaron al atrio de la casa del SEÑOR todas las cosas inmundas que hallaron en el templo del SEÑOR. Entonces los levitas *las* recogieron[1] para llevar*las* fuera al torrente Cedrón. **17** Comenzaron la santificación[1] el primer *día* del mes primero, y el octavo día del mes entraron hasta el pórtico del SEÑOR; entonces santificaron la casa del SEÑOR en ocho días, y terminaron el día dieciséis del mes primero. **18** Después fueron al rey Ezequías, y *le* dijeron: «Hemos limpiado toda la casa del SEÑOR, el altar del holocausto con todos sus utensilios, y la mesa *del pan* de la proposición con todos sus utensilios. **19** Además, todos los utensilios que el rey Acaz en su infidelidad había desechado durante su reino los hemos preparado y santificado, y ahora están delante del altar del SEÑOR».

20 Entonces el rey Ezequías se levantó temprano, reunió a los príncipes de la ciudad y subió a la casa del SEÑOR. **21** Y trajeron siete novillos, siete carneros, siete corderos y siete machos cabríos como ofrenda por el pecado del reino, por el santuario y por Judá. El rey ordenó a los sacerdotes, los hijos de Aarón, que *los* ofrecieran sobre el altar del SEÑOR. **22** Mataron los novillos[1], y los sacerdotes recogieron[2] la sangre y la esparcieron sobre el altar. También mataron los carneros y esparcieron la sangre sobre el altar; asimismo mataron los corderos y esparcieron la sangre sobre el altar. **23** Después trajeron los machos cabríos de la ofrenda por el pecado del rey y de la asamblea, y pusieron sus manos sobre ellos. **24** Los sacerdotes los mataron y purificaron el altar con su sangre como expiación por todo Israel, porque el rey había ordenado el holocausto y la ofrenda por el pecado por todo Israel.

29:10
El pacto de Ezequías con el Señor
Ezequías hizo la promesa de adorar a Dios correctamente.

29:15-17
Rededicación del templo
El Señor no había dado instrucciones para purificar el templo porque se suponía que no fuera contaminado jamás. Los sacerdotes llevaron todos los objetos inmundos al torrente Cedrón, donde Asa había quemado un objeto pagano (15:16).

29:21
El número siete es especial
El siete representa la perfección y el descanso. Le llevó a Dios siete días crear el mundo.

29:6 [1] Lit. *dado*.   29:13 [1] O *Jeuel*.   29:16 [1] Lit. *recibieron*.   29:17 [1] Lit. *a santificar*.   29:22 [1] Lit. *bueyes*.   [2] Lit. *recibieron*.

PUNTOS CLAVE DEL REINADO DE EZEQUÍAS

*2 Reyes 18 y 20;
2 Crónicas 29—32*

REY EZEQUÍAS:
el rey de Judá que oraba

Se convierte en rey a los 25 años; reina 29 años como un rey justo *2 Crónicas 29:1-2*

Repara y consagra el templo *2 Crónicas 29:3-36*

Convoca a Israel y Judá a guardar la Pascua; contribuye con 1,000 novillos y 7,000 ovejas para la congregación; los príncipes contribuyen con 1,000 novillos y 10,000 ovejas *2 Crónicas 30*

Inspira al pueblo de Israel a destruir las imágenes de Asera, los lugares altos y los altares en toda Judá, Benjamín, Efraín y Manasés *2 Crónicas 31:1*

Restablece a los levitas y sacerdotes en el servicio *2 Crónicas 31:2*

Da ofrendas para los holocaustos y las fiestas sagradas *2 Crónicas 31:3*

Le paga a Senaquerib entregándole 11 toneladas de plata y 1 tonelada de oro tomados del templo *2 Reyes 18:13-16*

Repara y refuerza las murallas rotas de Jerusalén y el Milo *2 Crónicas 32:5*

Ora, y Dios derrota a Asiria *2 Crónicas 32:20-22*

Se enferma y ora a Dios; él lo sana y le da 15 años más de vida *2 Reyes 20:1-6; 2 Crónicas 32:24*

Les muestra a los babilonios todos los tesoros del templo; Isaías le profetiza que todo eso será llevado a Babilonia, incluyendo a algunos de sus descendientes *2 Reyes 20:12-19*

Construye acueductos para encauzar el agua de Gihón a Jerusalén *2 Crónicas 32:30*

Es enterrado en la parte superior de los sepulcros de los hijos de David *2 Crónicas 32:33*

25 Luego Ezequías situó a los levitas en la casa del SEÑOR con címbalos, con arpas y con liras, conforme al mandamiento de David y de Gad, el vidente del rey, y del profeta Natán. Porque el mandamiento procedía del SEÑOR por medio[1] de Sus profetas. **26** Los levitas se colocaron con los instrumentos *musicales* de David, y los sacerdotes con las trompetas. **27** Entonces Ezequías mandó ofrecer el holocausto sobre el altar. Cuando el holocausto comenzó, también comenzó el canto al SEÑOR con las trompetas, acompañado por[1] los instrumentos de David, rey de Israel. **28** Mientras toda la asamblea adoraba, también los cantores cantaban y las trompetas sonaban; todo esto *continuó* hasta que se consumió el holocausto.

29 Después de consumido el holocausto, el rey y todos los que estaban con él se inclinaron y adoraron. **30** El rey Ezequías y los oficiales ordenaron a los levitas que cantaran alabanzas al SEÑOR con las palabras de David y del vidente Asaf. Cantaron alabanzas con alegría, y se inclinaron y adoraron.

31 Entonces Ezequías dijo: «Ahora *que* ustedes se han consagrado al SEÑOR, acérquense y traigan sacrificios y ofrendas de gratitud a la casa del SEÑOR». Y la asamblea trajo sacrificios y ofrendas de gratitud, y todos los que quisieron *trajeron* holocaustos. **32** El número de los holocaustos que la asamblea trajo fue de 70 bueyes, 100 carneros y 200 corderos; todos estos fueron para el holocausto al SEÑOR. **33** Y las cosas consagradas fueron 600 bueyes y 3,000 ovejas. **34** Pero los sacerdotes eran pocos, y no pudieron desollar todos los holocaustos; por eso sus hermanos los levitas los ayudaron hasta que se acabó la obra y hasta que los *otros* sacerdotes se hubieron santificado. Porque los levitas fueron más cuidadosos[1] para santificarse que los sacerdotes. **35** *Hubo* también holocaustos en abundancia con la grasa de las ofrendas de paz y con las libaciones para los holocaustos. Así quedó restablecido el servicio de la casa del SEÑOR. **36** Entonces Ezequías se regocijó con todo el pueblo por lo que Dios había preparado para el[1] pueblo, pues todo[2] sucedió rápidamente.

CELEBRACIÓN DE LA PASCUA

30 Entonces Ezequías envió *aviso* por todo Israel y Judá, y también escribió cartas a Efraín y a Manasés, para que vinieran a la casa del SEÑOR en Jerusalén a fin de celebrar[1] la Pascua al SEÑOR, Dios de Israel. **2** Pues el rey y sus príncipes y toda la asamblea en Jerusalén habían decidido celebrar la Pascua en el mes segundo, **3** porque no la habían podido celebrar a su debido tiempo, pues los sacerdotes no se habían santificado en número suficiente, ni el pueblo se había reunido en Jerusalén. **4** Y esto pareció[1] bien a los ojos del rey y[2] de toda la asamblea. **5** Así que proclamaron un decreto para hacer correr la voz por todo Israel, desde Beerseba hasta Dan, para que vinieran a celebrar la Pascua al SEÑOR,

29:30
El rey le ordena al pueblo adorar a Dios
El pueblo aceptaba órdenes de este tipo de parte de sus líderes. Además, los levitas estaban contentos de adorar a Dios, con o sin la orden del rey.

30:3
El tiempo de la Pascua
La Pascua generalmente se celebraba en el día catorce del mes de Abib, que era el cuarto mes de su calendario. Esto es en algún punto entre mediados de marzo y mediados de abril de nuestro calendario.

29:25 [1] Lit. *mano.*　　29:27 [1] Lit. *y conforme a la autoridad de.*　　29:34 [1] Lit. *rectos de corazón.*　　29:36 [1] Otra posible lectura es: *de que Dios había preparado al.* [2] Lit. *el asunto.*　　30:1 [1] Lit. *hacer*, y así en el resto del cap.　　30:4 [1] Lit. *estuvo.* [2] Lit. *en los ojos.*

Dios de Israel, en Jerusalén. Porque muchos[1] no *la* habían celebrado como estaba escrito.

6 Los mensajeros[1] fueron por todo Israel y Judá con cartas de parte del rey y de sus príncipes, conforme al mandamiento del rey, diciendo: «Israelitas, vuélvanse al SEÑOR, Dios de Abraham, de Isaac y de Israel, para que Él se vuelva a aquellos de ustedes que escaparon *y* que han quedado de la mano de los reyes de Asiria. **7** No sean como sus padres y sus hermanos, que fueron infieles al SEÑOR, Dios de sus padres, de modo que Él los ha hecho objeto de horror, como ustedes ven. **8** No sean tercos[1] como sus padres, sino sométanse[2] al SEÑOR y entren en Su santuario, que Él ha santificado para siempre, y sirvan al SEÑOR su Dios para que Su ardiente ira se aparte de ustedes. **9** Porque si se vuelven al SEÑOR, sus hermanos y sus hijos *hallarán* compasión delante de los que los llevaron cautivos, y volverán a esta tierra. Porque el SEÑOR su Dios es clemente y compasivo, y no apartará *Su* rostro de ustedes si se vuelven a Él».

10 Pasaron, pues, los mensajeros de ciudad en ciudad por la tierra de Efraín y de Manasés y hasta Zabulón, pero los escarnecían y se burlaban de ellos. **11** No obstante, algunos hombres de Aser, de Manasés y de Zabulón se humillaron y vinieron a Jerusalén. **12** También sobre Judá estuvo la mano de Dios para darles un *solo* corazón a fin de hacer lo que el rey y los príncipes ordenaron conforme a la palabra del SEÑOR.

13 En el mes segundo, se reunió mucha gente en Jerusalén para celebrar la Fiesta de los Panes sin Levadura[1]; una asamblea muy grande. **14** Y se levantaron y quitaron los altares que *había* en Jerusalén; también quitaron todos los altares de incienso y *los* arrojaron al torrente Cedrón.

15 Entonces mataron *los corderos de* la Pascua el *día* catorce del mes segundo. Y los sacerdotes y los levitas, avergonzados, se santificaron y trajeron holocaustos a la casa del SEÑOR. **16** Y se colocaron en sus puestos según su costumbre, conforme a la ley de Moisés, hombre de Dios; los sacerdotes rociaban la sangre *que recibían* de mano de los levitas. **17** Porque *había* muchos en la asamblea que no se habían santificado; por eso los levitas *estaban* encargados de la matanza de los *corderos de* la Pascua por todos los que *estaban* inmundos, para santificar*los* al SEÑOR. **18** Pues una *gran* multitud del pueblo, es decir, muchos de Efraín y de Manasés, de Isacar y de Zabulón, no se habían purificado; no obstante, comieron la Pascua contrario a lo escrito. Porque Ezequías oró por ellos, diciendo: «Que el buen SEÑOR perdone **19** a todo el que prepare su corazón para buscar a Dios el SEÑOR, Dios de sus padres, aunque no *lo haga* conforme a *los ritos* de purificación del santuario». **20** Y oyó el SEÑOR a Ezequías y sanó al pueblo.

21 Los israelitas que se hallaban en Jerusalén celebraron con gran alegría la Fiesta de los Panes sin Levadura *por* siete días; y los levitas y los sacerdotes alababan al SEÑOR día

30:10
El pueblo se burló de los mensajeros
El pueblo del reino del norte había estado desobedeciendo a Dios durante mucho tiempo. Ellos esperaban que burlarse de los mensajeros del rey les haría ganar el favor de los asirios, quienes se habían apoderado de su reino. Probablemente temían las posibles consecuencias de los amos asirios si dejaban de adorar a sus dioses.

30:13
Fiesta de los Panes sin Levadura
Era otro nombre para la Pascua.

© picturepartners/Shutterstock

30:5 [1] O *en gran número.*   30:6 [1] Lit. *corredores.*   30:8 [1] Lit. *No endurezcan su cerviz.*   [2] Lit. *den una mano.*   30:13 [1] O *de los Ázimos,* y así en el vers. 21.

tras día, *cantando* al SEÑOR con instrumentos resonantes. 22 Entonces Ezequías habló al corazón de todos los levitas que mostraban buen entendimiento *en las cosas* del SEÑOR. Y comieron durante los siete días señalados, sacrificando ofrendas de paz y dando gracias al SEÑOR, Dios de sus padres.

23 Toda la asamblea determinó celebrar *la fiesta* otros siete días; y celebraron los siete días con alegría. 24 Porque Ezequías, rey de Judá, había contribuido a la asamblea 1,000 novillos y 7,000 ovejas; y los príncipes habían contribuido a la asamblea 1,000 novillos y 10,000 ovejas; y gran número de sacerdotes se santificaron. 25 Y se regocijó toda la asamblea de Judá, junto con los sacerdotes, los levitas y todo el pueblo[J] que vino de Israel, tanto los peregrinos que vinieron de la tierra de Israel como los que habitaban en Judá. 26 Y hubo gran regocijo en Jerusalén, porque desde los días de Salomón, hijo de David, rey de Israel, no había habido cosa semejante en Jerusalén. 27 Entonces los sacerdotes levitas se levantaron y bendijeron al pueblo; y se oyó su voz, y su oración llegó hasta Su santa morada, hasta los cielos.

REFORMAS RELIGIOSAS DE EZEQUÍAS

31 Cuando todo esto había terminado, todos *los de* Israel que estaban presentes salieron a las ciudades de Judá, despedazaron los pilares *sagrados,* cortaron las Aseras[J]. También derribaron los lugares altos y los altares por todo Judá y Benjamín, y además en Efraín y Manasés, hasta acabar con todos ellos. Entonces todos los israelitas volvieron a sus ciudades, cada cual a su posesión.

2 Ezequías designó las clases de los sacerdotes y de los levitas, cada uno en su clase, según su servicio, *tanto* sacerdotes *como* levitas, para los holocaustos y para las ofrendas de paz, para que ministraran, dieran gracias y alabaran en las puertas del campamento del SEÑOR. 3 También *designó* de sus *propios* bienes la porción del rey para los holocaustos, *es decir,* para los holocaustos de la mañana y de la tarde, y los holocaustos de los días de reposo, de las lunas nuevas y de las fiestas señaladas, como está escrito en la ley del SEÑOR. 4 También ordenó al pueblo que habitaba en Jerusalén que diera la porción correspondiente a los sacerdotes y a los levitas, a fin de que se pudieran dedicar a la ley del SEÑOR.

5 Tan pronto como se divulgó la orden[J], los israelitas proveyeron en abundancia las primicias de grano, vino nuevo, aceite, miel y de todo producto del campo. Trajeron el diezmo de todo en abundancia. 6 Los israelitas y los de Judá que habitaban en las ciudades de Judá, trajeron el diezmo de bueyes y ovejas y el diezmo de las cosas sagradas dedicadas al SEÑOR su Dios, y *los* depositaron en montones. 7 En el mes tercero comenzaron a formar los montones y *los* terminaron en el mes séptimo. 8 Cuando Ezequías y los jefes vinieron y vieron los montones, bendijeron al SEÑOR y a Su pueblo Israel. 9 Ezequías preguntó a los sacerdotes y a los levitas acerca de los montones, 10 y el sumo sacerdote Azarías, de la casa de Sadoc, le dijo: «Desde que se comenzaron a traer las ofrendas

30:21
Instrumentos resonantes
Los instrumentos de cuerdas como la lira y el arpa, los instrumentos de viento como la flauta y el cuerno, y los de percusión como los tambores y címbalos, eran instrumentos dedicados al Señor.

30:23-27
Esta celebración era como la dedicación del templo de Salomón
Ambos festivales duraron dos semanas y fueron extravagantes.

31:5
Diezmo
Era el diez por ciento de los ingresos de una persona. Los israelitas tenían que dar el diez por ciento de lo que produjeran o ganaran para sostener a los levitas.

31:6-8
Diezmar era una ley
Moisés había dado la ley sobre el diezmo, y Ezequías le ordenó al pueblo obedecerla. Sin embargo, Ezequías estableció el ejemplo de dar con alegría y el pueblo lo imitó. El mandato de diezmar no era una carga para ellos.

a la casa del SEÑOR, hemos tenido bastante para comer y ha sobrado mucho, porque el SEÑOR ha bendecido a Su pueblo. Esta gran cantidad es lo que ha sobrado».

11 Entonces Ezequías ordenó que prepararan cámaras en la casa del SEÑOR, y *las* prepararon. **12** Fielmente llevaron *allí* las ofrendas y los diezmos y las cosas consagradas. El levita Conanías *era* el intendente encargado de ellas, y su hermano Simei *era* el segundo. **13** Jehiel, Azazías, Nahat, Asael, Jerimot, Jozabad, Eliel, Ismaquías, Mahat y Benaía *eran* inspectores bajo el mando de[1] Conanías y de Simei, su hermano, por nombramiento del rey Ezequías, y Azarías *era* el oficial *principal* de la casa de Dios. **14** El levita Coré, hijo de Imna, portero de la *puerta* oriental, *estaba* a cargo de las ofrendas voluntarias *hechas* a Dios, para repartir las ofrendas *dedicadas* al SEÑOR y las cosas santísimas. **15** Bajo su mando *estaban* Edén, Miniamín, Jesúa, Semaías, Amarías y Secanías en las ciudades de los sacerdotes, para distribuir fielmente *las porciones,* por clases, a sus hermanos, fueran grandes o pequeños, **16** sin tener en cuenta su registro genealógico, a los varones de treinta[1] años arriba, todos los que entraban en la casa del SEÑOR para las tareas diarias, por su trabajo en sus oficios según sus clases.

17 Los sacerdotes estaban inscritos genealógicamente conforme a sus casas paternas, y los levitas de veinte años arriba, según sus oficios *y* sus clases. **18** El registro genealógico *incluía* todos[1] sus niños pequeños, sus mujeres, sus hijos y sus hijas de toda la asamblea, porque fielmente[2] se consagraban en santidad. **19** También para los hijos de Aarón, los sacerdotes *que estaban* en las tierras de pasto de sus ciudades, o en cualquiera de las ciudades, *había* hombres que estaban designados por nombre para distribuir porciones a todo varón entre los sacerdotes, y a todos los inscritos genealógicamente entre los levitas.

20 Así hizo Ezequías por todo Judá; y él hizo lo bueno, *lo* recto y *lo* verdadero delante del SEÑOR su Dios. **21** Y toda obra que emprendió en el servicio de la casa de Dios por ley y por mandamiento, buscando a su Dios, lo hizo con todo su corazón y prosperó.

31:16
Todos los que ayudaban en el templo recibían una porción del diezmo
Los levitas que servían en el templo traían a sus hijos con ellos. Los diezmos que recibían los hijos ayudaban a proveer comida y cuidados para la familia.

32:1
Senaquerib
Él fue rey de Asiria entre 705 y 681 a. C. Atacó Judá y demandó tributos y luego la rendición de Ezequías.

INVASIÓN DE SENAQUERIB

32 Después de estos actos de[1] fidelidad, Senaquerib, rey de Asiria, vino e invadió a Judá y sitió las ciudades fortificadas, y mandó conquistarlas[2] para sí. **2** Cuando Ezequías vio que Senaquerib había venido y que se proponía hacer[1] guerra contra Jerusalén, **3** decidió con sus oficiales y guerreros cortar el agua de las fuentes que *estaban* fuera de la ciudad, y ellos lo ayudaron. **4** Y se reunió mucha gente y cegaron todas las fuentes y el arroyo

31:13 [1] Lit. *de la mano de.*　31:16 [1] Heb. *tres.*　31:18 [1] Lit. *con todos.*　　[2] Lit. *en su fidelidad.*　32:1 [1] Lit. *estas cosas y de esta.*　　[2] Lit. *forzarlas.*　32:2 [1] Lit. *su rostro para la.*

que fluía por la región[1], diciendo: «¿Por qué han de venir los reyes de Asiria y hallar tanta agua?». **5** Y Ezequías cobró ánimo y reedificó toda la muralla que había sido derribada y levantó torres en ella[1], *edificó* otra muralla exterior, fortificó el Milo *en* la ciudad de David, e hizo armas arrojadizas y escudos en gran cantidad. **6** Puso también oficiales militares sobre el pueblo, los reunió a su lado en la plaza a la puerta de la ciudad y les habló dándoles ánimo[1]: **7** «Sean fuertes y valientes; no teman ni se acobarden a causa del rey de Asiria, ni a causa de toda la multitud que está con él, porque el que está con nosotros es más *poderoso* que el que está con él. **8** Con él está *solo* un brazo de carne, pero con nosotros está el SEÑOR nuestro Dios para ayudarnos y pelear nuestras batallas». Y el pueblo confió en las palabras de Ezequías, rey de Judá.

9 Después de esto, mientras Senaquerib, rey de Asiria, *estaba* sitiando[1] Laquis con todas sus fuerzas, envió a sus siervos a Jerusalén, a decirle a Ezequías, rey de Judá, y a todos los de Judá que estaban en Jerusalén: **10** «Así dice Senaquerib, rey de Asiria: "¿En qué están ustedes confiando para que permanezcan bajo sitio en Jerusalén? **11** ¿No los engaña Ezequías para entregarlos a morir de hambre y de sed, diciéndoles: 'El SEÑOR nuestro Dios nos librará de la mano del rey de Asiria?'. **12** ¿Acaso no es el mismo Ezequías el que ha quitado Sus lugares altos y Sus altares, y ha dicho a Judá y a Jerusalén: 'Delante de un solo altar ustedes adorarán, y sobre él quemarán incienso?'. **13** ¿No saben lo que yo y mis padres hemos hecho a todos los pueblos de estas[1] tierras? ¿Pudieron los dioses de las naciones de las tierras librar su tierra de mi mano? **14** ¿Quién de entre todos los dioses de aquellas naciones que mis padres destruyeron completamente pudo librar a su pueblo de mi mano, para que el Dios de ustedes pueda librarlos de mi mano? **15** Ahora pues, no dejen que Ezequías los engañe y los extravíe en esta forma. No crean en él, porque ningún dios de ninguna nación ni reino pudo librar a su pueblo de mi mano ni de la mano de mis padres. ¡Cuánto menos los librará de mi mano el Dios de ustedes!"».

16 Y los siervos de Senaquerib hablaron aún más contra el SEÑOR Dios y contra su siervo Ezequías. **17** También Senaquerib escribió cartas para insultar al SEÑOR, Dios de Israel, y para hablar contra Él, en que decía: «Como los dioses de las naciones de las tierras no han[1] librado a sus pueblos de mi mano, así el Dios de Ezequías no librará a Su pueblo de mi mano». **18** Proclamaron esto a gran voz en la lengua de Judá[1] al pueblo de Jerusalén que *estaba* sobre la muralla, para espantarlos y aterrorizarlos, para así poder tomar la ciudad. **19** Y hablaron del[1] Dios de Jerusalén como de los dioses de los pueblos de la tierra, obra de manos de hombres.

20 Pero el rey Ezequías y el profeta Isaías, hijo de Amoz, oraron sobre esto, y clamaron al cielo. **21** El SEÑOR envió un

32:5
El Milo
Estas estructuras eran montículos o terraplenes para ayudar a defender la ciudad.

32:12
Ezequías quita los altares del Señor
Estos altares estaban siendo usados para adorar tanto al Señor como a otros dioses. Ezequías quería que el pueblo regresara a adorar solo al Señor en el templo.

32:16-19
Los asirios insultaron al Señor
Los asirios pensaban que los dioses más fuertes matarían a los más débiles. Para ellos, el Señor era solo otro dios a vencer.

32:4 [1] Lit. *en medio de la tierra.*   32:5 [1] Lit. *levantó sobre las torres.*
32:6 [1] Lit. *habló al corazón de ellos.*   32:9 [1] Lit. *contra.*   32:13 [1] Lit. *las.*
32:17 [1] Lit. *que no han.*   32:18 [1] Lit. *en judío;* i.e. *en hebreo.*   32:19 [1] Lit. *al.*

ángel que destruyó a todo guerrero valiente, comandante y capitán en el campamento del rey de Asiria. Así regresó avergonzado[1] a su propia tierra. Y cuando entró al templo[2] de su dios, algunos de sus propios hijos lo mataron allí a espada. **22** Así salvó el SEÑOR a Ezequías y a los habitantes de Jerusalén de mano de Senaquerib, rey de Asiria, y de mano de todos *los demás,* y los guió[1] por todas partes. **23** Y muchos traían presentes al SEÑOR en Jerusalén y presentes valiosos a Ezequías, rey de Judá, de modo que después de esto fue engrandecido delante de todas las naciones.

24 En aquellos días Ezequías cayó enfermo de muerte; y oró al SEÑOR, y Él le habló y le dio una señal. **25** Pero Ezequías no correspondió al bien que había recibido[1], porque su corazón era orgulloso[2]; por tanto, la ira vino sobre él, sobre Judá y sobre Jerusalén. **26** Pero después Ezequías se humilló, *quitando* el orgullo de su corazón, tanto él como los habitantes de Jerusalén, de modo que no vino sobre ellos la ira del SEÑOR en los días de Ezequías.

27 Ezequías tenía inmensas riquezas y honores. Hizo para sí depósitos[1] para plata, oro, piedras preciosas, especias, escudos y toda clase de objetos de valor. **28** *Hizo* también almacenes para el producto de granos, vino y aceite, corrales para toda clase de ganado y rediles para los rebaños[1]. **29** Él edificó ciudades y adquirió rebaños y ganados en abundancia, porque Dios le había dado muchísimas riquezas[1]. **30** Ezequías fue el que cegó la salida superior de las aguas de Gihón y las condujo al lado occidental de la ciudad de David. Ezequías prosperó en todo lo que hizo. **31** Aun en *el asunto* de los enviados por los gobernantes de Babilonia, que los mandaron a él para investigar la maravilla que había acontecido en el país, Dios lo dejó *solo* para probarlo, a fin de saber todo lo que había en su corazón.

32 Los demás hechos de Ezequías y sus obras piadosas, están escritos en la visión del profeta Isaías, hijo de Amoz, y en el libro de los reyes de Judá y de Israel. **33** Ezequías durmió con sus padres, y lo sepultaron en la parte superior de[1] los sepulcros de los hijos de David; y todo Judá y los habitantes de Jerusalén le rindieron honores en su muerte. Y su hijo Manasés reinó en su lugar.

REINADO DE MANASÉS

33 Manasés *tenía* doce años cuando comenzó a reinar, y reinó cincuenta y cinco años en Jerusalén. **2** Pero hizo lo malo ante los ojos del SEÑOR conforme a las abominaciones de las naciones que el SEÑOR había expulsado delante de los israelitas. **3** Porque reedificó los lugares altos que su padre Ezequías había derribado. Levantó también altares a los Baales e hizo Aseras[1], y adoró a todo el ejército de los cielos y los sirvió. **4** Edificó altares en la casa del SEÑOR, de la cual el SEÑOR había dicho: «Mi nombre estará en Jerusalén

32:31
Cómo Dios dejó solo a Ezequías

En realidad, Dios nunca nos abandona, pero nos permite tomar nuestras propias decisiones. Dios probó a Ezequías permitiendo que tomara una decisión tonta. El Señor no lo protegió de las consecuencias de esa decisión.

33:3-6
Manasés sirvió a los dioses paganos

Manasés comenzó a servir a los dioses paganos, en parte influenciado por otras naciones paganas. Él puede haber deseado impresionar a las otras naciones, o quizás quiso tener la misma suerte que pensaba que los dioses paganos les estaban dando a las otras naciones.

32:21 [1] Lit. *con rostro avergonzado.*   [2] Lit. *a la casa.*   32:22 [1] Algunas versiones antiguas dicen: *les dio paz.*   32:25 [1] Lit. *a él.*   [2] Lit. *elevado.*   32:27 [1] O *tesoros.*   32:28 [1] Así en algunas versiones antiguas; en heb. *rebaños para los apriscos.*   32:29 [1] Lit. *posesiones, propiedades.*   32:33 [1] O *subida a.*   33:3 [1] I.e. símbolos de madera de una deidad femenina.

PUNTOS CLAVE DEL REINADO DE MANASÉS

2 Reyes 21:9-18; 2 Crónicas 33

REY MANASÉS: el rey arrepentido de Judá

Llega al trono a los 12 años; reina por 55 años como un rey malo, pero se arrepiente al final de su vida *2 Crónicas 33:1-2,12*

Reedifica los lugares altos, los altares paganos y las imágenes de Asera; adora al ejército de los cielos y le edifica altares en el atrio del templo *2 Crónicas 33:3-5*

Sacrifica a sus hijos; practica la adivinación y la brujería; consulta a adivinos y espiritistas *2 Crónicas 33:6*

Coloca un ídolo en el templo *2 Crónicas 33:7*

Hace que Judá peque más que todas las naciones a su alrededor; los profetas dicen que Jerusalén y Judá serán destruidas *2 Reyes 21:9-15; 2 Crónicas 33:9*

Se niega a arrepentirse; Dios permite que Asiria lo lleve cautivo a babilonia *2 Crónicas 33:10-11*

Se arrepiente; Dios le permite regresar a Jerusalén *2 Crónicas 33:12-13*

Quita los altares que había edificado y los dioses paganos del templo *2 Crónicas 33:15*

Restaura el altar del Señor y hace ofrendas de paz y de gratitud *2 Crónicas 33:16*

Es enterrado en su propia casa, en el jardín del palacio *2 Reyes 21:18; 2 Crónicas 33:20*

para siempre». **5** Edificó altares a todo el ejército de los cielos en los dos atrios de la casa del SEÑOR.

6 Además, Manasés hizo pasar por el fuego a sus hijos en el valle de Ben Hinom; practicó la hechicería, usó la adivinación, practicó la brujería y trató con adivinos y espiritistas. Hizo mucho mal ante los ojos del SEÑOR, provocándolo *a ira*. **7** Colocó la imagen tallada del ídolo que había hecho, en la casa de Dios, de la cual Dios había dicho a David y a su hijo Salomón: «En esta casa y en Jerusalén, que he escogido de entre todas las tribus de Israel, pondré Mi nombre para siempre, **8** y no volveré a quitar el pie de Israel de la tierra que Yo he asignado para sus padres, con tal de que cuiden de hacer todo lo que les he mandado conforme a toda la ley, los estatutos y las ordenanzas *dados* por medio¹ de Moisés». **9** Así

33:8 ¹ Lit. *mano.*

Manasés hizo extraviar a Judá y a los habitantes de Jerusalén para que hicieran lo malo más que las naciones que el SEÑOR había destruido delante de los israelitas.

10 El SEÑOR habló a Manasés y a su pueblo, pero ellos no hicieron caso. **11** Por eso el SEÑOR hizo venir contra ellos a los capitanes del ejército del rey de Asiria, que capturaron a Manasés con garfios[1], lo ataron con *cadenas* de bronce y lo llevaron a Babilonia. **12** Cuando estaba en angustia, Manasés imploró al SEÑOR su Dios, y se humilló grandemente delante del Dios de sus padres. **13** Y cuando oró a Él, *Dios* se conmovió por su ruego, oyó su súplica y lo trajo de nuevo a Jerusalén, a su reino. Entonces Manasés reconoció que el SEÑOR *era* Dios.

14 Después de esto, Manasés edificó la muralla exterior de la ciudad de David al occidente de Gihón, en el valle, hasta la entrada de la puerta del Pescado; y rodeó *con ella* el Ofel y la hizo muy alta. Entonces puso capitanes del ejército en todas las ciudades fortificadas de Judá. **15** También quitó los dioses extranjeros y el ídolo de la casa del SEÑOR, así como todos los altares que había edificado en el monte de la casa del SEÑOR y en Jerusalén, y *los* arrojó fuera de la ciudad. **16** Reparó el altar del SEÑOR, y sacrificó sobre él[1] ofrendas de paz y ofrendas de gratitud; y ordenó a Judá que sirviera al SEÑOR, Dios de Israel. **17** Sin embargo, el pueblo aún sacrificaba en los lugares altos, *aunque* solo al SEÑOR su Dios.

18 Los demás hechos de Manasés, y su oración a su Dios, y las palabras de los videntes que le hablaron en el nombre del SEÑOR, Dios de Israel, están en los registros de los reyes de Israel. **19** También su oración y *cómo* fue oído, todo su pecado y su infidelidad, y los sitios donde edificó lugares altos y levantó las Aseras y las imágenes talladas antes de humillarse, están escritos en los registros de los Hozai[1]. **20** Manasés durmió con sus padres, y lo sepultaron en su casa; y su hijo Amón reinó en su lugar.

REINADO DE AMÓN

21 Amón *tenía* veintidós años cuando comenzó a reinar, y reinó dos años en Jerusalén. **22** Pero hizo lo malo ante los ojos del SEÑOR, como había hecho su padre Manasés. Amón ofreció sacrificios a todas las imágenes talladas que su padre Manasés había hecho, y las sirvió. **23** Además, no se humilló delante del SEÑOR como su padre Manasés se había humillado, sino que Amón aumentó *su* culpa. **24** Y conspiraron contra él sus siervos y le dieron muerte en su casa. **25** Pero el pueblo del país mató a todos los que habían conspirado contra el rey Amón; y en su lugar el pueblo del país hizo rey a su hijo Josías.

REINADO DE JOSÍAS

34 Josías *tenía* ocho años cuando comenzó a reinar, y reinó treinta y un años en Jerusalén. **2** Él hizo lo recto ante los ojos del SEÑOR y anduvo en los caminos de su padre David; no se apartó ni a la derecha ni a la izquierda. **3** Porque

---

33:17
Por qué estaba mal adorar en los lugares altos
Adorar en un lugar alto como la cima de una montaña era una práctica pagana común. Dios no quería que su pueblo confundiera la adoración a los dioses paganos con la adoración al Señor. Adorar en un lugar alto haría más fácil adoptar los comportamientos de los paganos.

33:18
Los registros de los reyes de Israel
Estos eran los registros históricos, los cuales se perdieron con los años.

34:2-3
Josías venció la influencia negativa de sus antepasados
Josías solo tenía ocho años cuando se convirtió en rey. Probablemente fue puesto en el trono por personas temerosas de Dios. Él fue el último rey bueno de la familia de David antes de que la nación de Judá fuera capturada.

33:11 [1] I.e. tiras de cuero pasadas por la nariz.   33:16 [1] Lit. *sobre él sacrificios de.*
33:19 [1] La versión gr. (sept.) dice: *videntes.*

en el octavo año de su reinado, siendo aún joven, comenzó a buscar al Dios de su padre David; y en el año doce empezó a purificar a Judá y a Jerusalén de los lugares altos, de las Aseras[1], de las imágenes talladas y de las imágenes fundidas. 4 Y derribaron en su presencia los altares de los Baales; destrozó los altares del incienso[1] que *estaban* puestos en alto, encima de ellos; despedazó también las Aseras, las imágenes talladas y las imágenes fundidas y las redujo a polvo, que esparció sobre las sepulturas de los que les habían ofrecido sacrificios. 5 Entonces quemó los huesos de los sacerdotes sobre sus altares y purificó a Judá y a Jerusalén. 6 En las ciudades de Manasés, Efraín, Simeón y hasta en Neftalí, y en sus ruinas alrededor, 7 derribó también los altares y redujo a polvo las Aseras y las imágenes talladas, y destrozó todos los altares de incienso por todas las tierras de Israel. Después regresó a Jerusalén.

8 En el año dieciocho de su reinado, cuando terminó de purificar el país y la casa[1], Josías envió a Safán, hijo de Azalía, y a Maasías, un oficial de la ciudad, y a Joa, hijo de Joacaz, escriba, para que repararan la casa[1] del SEÑOR su Dios. 9 Ellos vinieron al sumo sacerdote Hilcías y le entregaron el dinero que había sido traído a la casa de Dios, y que los levitas guardianes del umbral habían recogido de[1] Manasés y de Efraín y de todo el remanente de Israel, y de todo Judá y Benjamín y de los habitantes de Jerusalén. 10 Entonces entregaron *el dinero* en manos de los obreros que estaban encargados de la casa del SEÑOR; y los obreros que trabajaban en la casa del SEÑOR lo usaron[1] para restaurar y reparar la casa. 11 Ellos a su vez *les* dieron dinero a los carpinteros y a los constructores para comprar piedra de cantería y maderas para las uniones, y hacer vigas para los edificios[1] que los reyes de Judá habían dejado que se arruinaran. 12 Los hombres hicieron el trabajo fielmente con *estos* capataces sobre ellos para dirigir*los*: Jahat y Abdías, levitas de los hijos de Merari, y Zacarías y Mesulam, de los hijos de Coat, y de los levitas, todos los que eran hábiles con instrumentos musicales. 13 Ellos también *estaban* sobre los cargadores y dirigían, de trabajo en trabajo, a todos los que hacían la obra. *Algunos* de los levitas *eran* escribas, oficiales y porteros.

HALLAZGO DEL LIBRO DE LA LEY

14 Mientras ellos sacaban el dinero que habían traído a la casa del SEÑOR, el sacerdote Hilcías encontró el libro de la ley del SEÑOR *dada* por Moisés. 15 Entonces Hilcías dijo al escriba Safán: «He hallado el libro de la ley en la casa del SEÑOR». Hilcías le dio el libro a Safán, 16 y este llevó el libro al rey y le dio más noticias[1]: «Todo lo que fue encomendado a[2] sus siervos, lo están haciendo. 17 También han tomado[1] el dinero que se encontraba en la casa del SEÑOR, y lo han entregado en manos de los encargados y de los obreros». 18 El escriba Safán informó también al rey: «El

34:4-7
Josías destruyó esos ídolos sin resistencia
Si un rey honraba a un dios en particular, el pueblo rápidamente lo seguía. Si el rey decidía servir al Señor, el pueblo seguía su dirección.

34:14-15
El libro de la ley se había perdido
Manasés había reinado por cincuenta y cinco años, y él era devoto a adorar a falsos dioses. Por lo tanto, la ley de Dios ya no era relevante. Solo los sacerdotes más viejos recordarían la ley de Dios; el resto del pueblo la había olvidado.

34:3 [1] I.e. símbolos de madera de una deidad femenina.   34:4 [1] O *pilares del sol.*   34:8 [1] O *el templo.*   34:9 [1] Lit. *de la mano de.*   34:10 [1] Lit. *dieron.* 34:11 [1] Lit. *las casas.*   34:16 [1] Lit. *y trajo de nuevo palabras al rey.*   [2] Lit. *dado en mano de.*   34:17 [1] Lit. *vaciado.*

sacerdote Hilcías me ha dado un libro». Y Safán leyó de él en la presencia del rey. **19** Cuando el rey oyó las palabras de la ley, rasgó sus vestidos. **20** Entonces el rey ordenó a Hilcías, a Ahicam, hijo de Safán, a Abdón, hijo de Micaía*¹*, al escriba Safán y a Asaías, siervo del rey: **21** «Vayan, consulten al SEÑOR por mí y por los que quedan en Israel y en Judá, acerca de las palabras del libro que se ha encontrado. Porque grande es el furor del SEÑOR que se derrama sobre nosotros, por cuanto nuestros padres no han guardado la palabra del SEÑOR, haciendo conforme a todo lo que está escrito en este libro».

22 Entonces Hilcías fue con los que el rey había dicho*¹* a la profetisa Hulda, mujer de Salum, hijo de Ticva, hijo de Harhas, encargado del vestuario. Ella habitaba en Jerusalén en el segundo sector, y hablaron con ella acerca de esto. **23** Y ella les dijo: «Así dice el SEÑOR, Dios de Israel: "Digan al hombre que los ha enviado a Mí: **24** así dice el SEÑOR: 'Voy a traer mal sobre este lugar y sobre sus habitantes, *es decir,* todas las maldiciones escritas en el libro que ellos han leído en presencia del rey de Judá. **25** Por cuanto me han abandonado y han quemado incienso a otros dioses para provocarme a ira con todas las obras de sus manos, por tanto Mi furor se derramará sobre este lugar, y no se apagará'". **26** Pero al rey de Judá que los envió a ustedes a consultar al SEÑOR, así le dirán: "Así dice el SEÑOR, Dios de Israel: 'En cuanto a las palabras que has oído, **27** porque se enterneció tu corazón y te humillaste delante de Dios cuando oíste Sus palabras contra este lugar y contra sus habitantes, y te humillaste delante de Mí, y rasgaste tus vestidos y lloraste delante de Mí, ciertamente te he oído', declara el SEÑOR. **28** 'Te reuniré con tus padres y serás recogido en tu sepultura en paz, y tus ojos no verán todo el mal que Yo voy a traer sobre este lugar y sobre sus habitantes'"». Y llevaron la respuesta al rey.

29 Entonces el rey mandó reunir a todos los ancianos de Judá y de Jerusalén. **30** Y subió el rey a la casa del SEÑOR con todos los hombres de Judá, los habitantes de Jerusalén, los sacerdotes, los levitas y todo el pueblo, desde el mayor hasta el menor, y leyó en su presencia*¹* todas las palabras del libro del pacto que había sido hallado en la casa del SEÑOR. **31** Después el rey se puso en pie en su lugar e hizo pacto delante del SEÑOR de andar en pos del SEÑOR y de guardar Sus mandamientos, Sus testimonios y Sus estatutos con todo su corazón y con toda su alma, para cumplir las palabras del pacto escritas en este libro. **32** Además, hizo suscribir *el pacto* a todos los que se encontraban en Jerusalén y en Benjamín. Y los habitantes de Jerusalén hicieron conforme al pacto de Dios, el Dios de sus padres. **33** Y Josías quitó todas las abominaciones de todas las tierras que pertenecían a los israelitas, e hizo que todos los que se encontraban en Israel sirvieran al SEÑOR su Dios. Mientras él vivió*¹* no se apartaron de seguir al SEÑOR, Dios de sus padres.

34:22
Qué tan comunes eran las profetisas en Judá

No había muchas profetisas en los tiempos del Antiguo Testamento. Las otras profetisas que se mencionan son Miriam (Éxodo 15:20), Débora (Jueces 4:4) y la esposa de Isaías (Isaías 8:3).

34:31
El lugar del rey

Es probable que el rey estuviera parado junto a un pilar en la entrada del templo cuando daba anuncios públicos.

34:20 *¹* En 2Rey. 22:12, *Acbor, hijo de Micaías.* gr. (sept.); el T.M. no incluye, *había dicho.* 34:33 *¹* Lit. *Todos sus días.*　34:22 *¹* Así en la versión　34:30 *¹* Lit. *a oídos de ellos.*

LA PASCUA CELEBRADA POR JOSÍAS

35 Entonces Josías celebró la Pascua al SEÑOR en Jerusalén, y mataron los *animales de* la Pascua el *día* catorce del mes primero. **2** Y puso a los sacerdotes en sus oficios y los animó al servicio de la casa del SEÑOR. **3** También dijo a los levitas que enseñaban a todo Israel y que estaban consagrados al SEÑOR: «Pongan el arca santa en la casa que edificó Salomón, hijo de David, rey de Israel. No será más una carga sobre *sus* hombros. Ahora sirvan al SEÑOR su Dios y a Su pueblo Israel. **4** Prepárense según sus casas paternas en sus clases, conforme a lo escrito por David, rey de Israel, y conforme a lo escrito por su hijo Salomón. **5** Además, estén en el lugar santo conforme a las secciones de las casas paternas de sus hermanos, los hijos del pueblo, y conforme a los levitas, según la división de una casa paterna. **6** Ahora pues, maten los *animales de* la Pascua, santifíquense y hagan las preparaciones para que sus hermanos hagan conforme a la palabra del SEÑOR *dada* por Moisés».

7 Josías contribuyó para los hijos del pueblo, para todos los que estaban presentes, rebaños de corderos y cabritos en número de 30,000 más 3,000 bueyes, todo para las ofrendas de la Pascua; todo ello de las posesiones del rey. **8** También sus jefes contribuyeron con una ofrenda voluntaria al pueblo, a los sacerdotes y a los levitas. Hilcías, Zacarías y Jehiel, oficiales de la casa de Dios, dieron a los sacerdotes 2,600 *ovejas* y 300 bueyes para las ofrendas de la Pascua. **9** Asimismo Conanías, y Semaías y Natanael sus hermanos, y Hasabías, Jeiel y Josabad, jefes de los levitas, contribuyeron para los levitas 5,000 *ovejas* y 500 bueyes para las ofrendas de la Pascua.

10 Así fue preparado el servicio; los sacerdotes se colocaron en sus puestos y los levitas según sus clases, conforme al mandato del rey. **11** *Los levitas* mataron *los animales de* la Pascua, y mientras los sacerdotes rociaban la sangre[1] *recibida* de la mano de ellos, los levitas *los* desollaban. **12** Entonces quitaron los holocaustos para dárselos a las secciones de las casas paternas de los hijos del pueblo, para que *los* presentaran al SEÑOR, como está escrito en el libro de Moisés. Hicieron esto también con los bueyes. **13** Y asaron *los animales de* la Pascua sobre el fuego conforme a la ordenanza, y cocieron las cosas consagradas en calderos, ollas y sartenes, y *las* llevaron rápidamente a todos los hijos del pueblo. **14** Después hicieron las preparaciones, para sí y para los sacerdotes, porque los sacerdotes, hijos de Aarón, *estuvieron* ofreciendo los holocaustos y la grasa hasta la noche; por eso los levitas prepararon para sí y para los sacerdotes, hijos de Aarón. **15** También los cantores, los hijos de Asaf, *estaban* en sus puestos conforme a lo ordenado por David, Asaf, Hemán, y Jedutún, vidente del rey. Los porteros en cada puerta no tenían que apartarse de su servicio, porque sus hermanos los levitas preparaban para ellos.

16 Así se preparó todo el servicio del SEÑOR en aquel día para celebrar la Pascua y para ofrecer holocaustos sobre el altar del SEÑOR, conforme al mandato del rey Josías. **17** Los

35:3
El arca había sido quitada del templo
Probablemente había sido removida para protegerla cuando los líderes malvados Manasés o Amón estaban en el poder.

35:11 [1] Así en la versión gr. (sept.); el T.M. no incluye, *la sangre*.

israelitas que estaban presentes celebraron la Pascua en ese tiempo, y la Fiesta de los Panes sin Levadura[1] *por* siete días. **18** No se había celebrado una Pascua como esta en Israel desde los días del profeta Samuel. Tampoco ninguno de los reyes de Israel había celebrado una Pascua como la que celebró Josías con los sacerdotes, los levitas y todos los de Judá e Israel que estaban presentes, y los habitantes de Jerusalén. **19** Esta Pascua se celebró en el año dieciocho del reinado de Josías.

MUERTE DE JOSÍAS

20 Después de todo esto, cuando Josías había terminado de reparar el templo[1], Necao, rey de Egipto, subió para combatir en Carquemis junto al Éufrates, y Josías salió para enfrentarse a él. **21** Pero Necao le envió mensajeros, diciéndole: «¿Qué tenemos que ver el uno con el otro, oh rey de Judá? No *vengo* hoy contra ti, sino contra la casa con la que estoy en guerra, y Dios me ha ordenado que me apresure. Por tu propio bien, deja de *oponerte a* Dios, que está conmigo, para que Él no te destruya». **22** Sin embargo, Josías no quiso retirarse[1] de él, sino que se disfrazó para combatir contra él. Tampoco escuchó las palabras de Necao *que venían* de boca de Dios, sino que vino a entablar batalla en la llanura de Meguido. **23** Y los arqueros hirieron[1] al rey Josías, y el rey dijo a sus siervos: «Llévenme, porque estoy gravemente herido». **24** Sus siervos lo sacaron del carro y lo llevaron en el segundo carro que él tenía, y lo trajeron a Jerusalén donde[1] murió, y fue sepultado en los sepulcros de sus padres. Y todo Judá y Jerusalén hicieron duelo por Josías. **25** Entonces Jeremías entonó una elegía por Josías. Y todos los cantores y cantoras en sus lamentaciones hablan de Josías hasta hoy. Y las establecieron como ordenanza en Israel. También están escritas en las Lamentaciones. **26** Los demás hechos de Josías y sus obras piadosas conforme a lo escrito en la ley del SEÑOR, **27** y sus hechos, primeros y postreros, están escritos en el libro de los reyes de Israel y de Judá.

ÚLTIMOS REYES DE JUDÁ

36 Entonces el pueblo de la tierra tomó a Joacaz, hijo de Josías, y lo proclamó rey en Jerusalén en lugar de su padre. **2** Joacaz *tenía* veintitrés años cuando comenzó a reinar, y reinó tres meses en Jerusalén. **3** Pero el rey de Egipto lo destituyó en Jerusalén, e impuso a la tierra una multa de 3.4 toneladas de plata y 34 kilos de oro. **4** Y el rey de Egipto puso por rey sobre Judá y Jerusalén, a Eliaquim, hermano de Joacaz[1], y cambió su nombre por el de Joacim; pero a su hermano Joacaz, lo tomó Necao y lo llevó a Egipto.

5 Joacim *tenía* veinticinco años cuando comenzó a reinar, y reinó once años en Jerusalén. Pero hizo lo malo ante los ojos del SEÑOR su Dios. **6** Subió contra él Nabucodonosor, rey de Babilonia, y lo ató con *cadenas de* bronce para llevarlo a Babilonia. **7** Nabucodonosor también llevó *algunos de* los objetos de la casa del SEÑOR a Babilonia, y los puso en

35:19 Cuándo ocurrió esta celebración
Fue en el año dieciocho del reinado de Josías, el mismo año que se encontró el libro de la ley (ver 34:8, 14).

35:21-22 Cómo sabía el rey de Egipto lo que Dios quería que hiciera
No sabemos cómo Dios le hizo entender a Necao que debía ayudar al rey de Asiria a pelear contra los babilonios. Josías ignoró el mensaje y fue contra el plan de Dios.

36:4 El rey de Egipto le cambió el nombre a Eliaquim
Un cambio de nombre así mostraba que un gobernante estaba bajo la autoridad de un rey poderoso.

su templo en Babilonia. **8** Los demás hechos de Joacim, las[1] abominaciones que hizo y lo que fue hallado contra él, están escritos en el libro de los reyes de Israel y de Judá. Su hijo Joaquín reinó en su lugar.

9 Joaquín *tenía* ocho[1] años cuando comenzó a reinar, y reinó tres meses y diez días en Jerusalén, e hizo lo malo ante los ojos del SEÑOR. **10** A la vuelta del año, el rey Nabucodonosor mandó que lo trajeran a Babilonia con los objetos preciosos de la casa del SEÑOR, y nombró a su pariente[1] Sedequías rey sobre Judá y Jerusalén.

11 Sedequías *tenía* veintiún años cuando comenzó a reinar, y reinó once años en Jerusalén. **12** Pero hizo lo malo ante los ojos del SEÑOR su Dios; y no se humilló delante del profeta Jeremías que le hablaba por boca del SEÑOR. **13** También se rebeló contra el rey Nabucodonosor que le había hecho jurar *fidelidad* por Dios. Pero Sedequías fue terco[1] y obstinó su corazón *en vez* de volverse al SEÑOR, Dios de Israel. **14** Asimismo todos los jefes de los sacerdotes y el pueblo fueron infieles en gran manera, *y siguieron* todas las abominaciones de las naciones, y profanaron la casa del SEÑOR que Él había consagrado en Jerusalén.

15 El SEÑOR, Dios de sus padres, les envió *palabra* repetidas veces por Sus mensajeros, porque Él tenía compasión de Su pueblo y de Su morada. **16** Pero ellos *continuamente* se burlaban de los mensajeros de Dios, despreciaban Sus palabras y se burlaban de Sus profetas, hasta que subió el furor del SEÑOR contra Su pueblo, y ya no hubo remedio.

17 Entonces Dios hizo subir contra ellos al rey de los caldeos, que mató a espada a sus jóvenes en la casa de su santuario, y no tuvo compasión del joven ni de la virgen, del viejo ni del débil; a todos ellos *los* entregó en su mano. **18** Todos los objetos de la casa de Dios, grandes y pequeños, los tesoros de la casa del SEÑOR y los tesoros del rey y de sus oficiales, todo *se lo* llevó a Babilonia. **19** Y quemaron la casa de Dios, derribaron la muralla de Jerusalén, prendieron fuego a todos sus palacios[1] y destruyeron todos sus objetos valiosos. **20** A los que habían escapado de la espada los llevó a Babilonia; y fueron siervos de él y de sus hijos hasta el dominio del reino de Persia, **21** para que se cumpliera la palabra del SEÑOR por boca de Jeremías, hasta que la tierra hubiera gozado de sus días de reposo. Todos los días de su desolación *la tierra* reposó hasta que se cumplieron[1] los setenta años.

22 Y en el primer año de Ciro, rey de Persia, para que se cumpliera la palabra del SEÑOR por boca de Jeremías, el SEÑOR movió el espíritu de Ciro, rey de Persia, y este envió a proclamar de palabra[1] y también por escrito, por todo su reino: **23** «Así dice Ciro, rey de Persia: "El SEÑOR, el Dios de los cielos, me ha dado todos los reinos de la tierra, y me ha designado para que yo le edifique una casa en Jerusalén, que está en Judá. Quien de entre ustedes sea de[1] Su pueblo, suba *allá*, y el SEÑOR su Dios sea con él"».

36:8 [1] Lit. *sus.*   36:9 [1] En 2Rey. 24:8 y algunas versiones antiguas, *dieciocho.* 36:10 [1] Lit. *hermano.*   36:13 [1] Lit. *endureció su cerviz.*   36:19 [1] O *fortalezas.* 36:21 [1] Lit. *para que se cumplieran.*   36:22 [1] Lit. *a voz.*   36:23 [1] Lit. *de todo.*

36:19
Los babilonios destruyeron a Jerusalén
Este era el juicio de Dios sobre el pueblo que se había alejado de él. Dios permitió que Nabucodonosor destruyera a Jerusalén por causa de la desobediencia del pueblo.

36:21
Días de reposo
Las personas debían descansar al séptimo día de la semana, y tenían que honrar a Dios no cultivando la tierra y dejándola descansar cada séptimo año. (Ver Levítico 25:4).

Esdras

¿QUIÉN ESCRIBIÓ ESTE LIBRO?	Se desconoce el autor. Muchos estudiosos creen que Esdras escribió la mayor parte del mismo.
¿POR QUÉ SE ESCRIBIÓ ESTE LIBRO?	El libro de Esdras muestra cómo Dios cumplió su promesa y trajo de regreso a los judíos a su patria.
¿QUÉ OCURRE EN ESTE LIBRO?	El rey persa Ciro deja que los cautivos regresen a casa. Algunos de los judíos que estaban en Babilonia regresan a Judá y reedifican el templo de Dios. Más tarde, Esdras viene desde Babilonia a enseñar la ley de Dios.
¿QUÉ APRENDEMOS ACERCA DE DIOS EN ESTE LIBRO?	Dios es fiel y cumple sus promesas.
¿QUIÉNES SON LOS PERSONAJES PRINCIPALES DE ESTE LIBRO?	Las personas más importantes de este libro son el rey Ciro y Esdras.
¿DÓNDE SUCEDIERON ESTAS COSAS?	Los sucesos de este libro trascurren en la tierra de Judá, especialmente en la ciudad de Jerusalén. (Mira los mapas que están al final de esta Biblia para localizar esos lugares).

¿CUÁLES SON ALGUNAS DE LAS HISTORIAS DE ESTE LIBRO?		
	Los judíos exiliados regresan a casa	Esdras 1—2
	Reedificación del templo	Esdras 3—6
	Esdras regresa a Jerusalén	Esdras 7—8
	Esdras confiesa los pecados de Judá	Esdras 9
	El pueblo de Judá confiesa	Esdras 10

Ruinas de Persépolis, parte del Imperio persa durante el tiempo de Esdras.
©Wojtek Chmielewski/Shutterstock

PROCLAMACIÓN DE CIRO

1 En el primer año de Ciro, rey de Persia, para que se cumpliera la palabra del SEÑOR por boca de Jeremías, el SEÑOR movió el espíritu de Ciro, rey de Persia, y *este* hizo proclamar por todo su reino y también por escrito: ² «Así dice Ciro, rey de Persia: "El SEÑOR, el Dios de los cielos, me ha dado todos los reinos de la tierra, y Él me ha designado para que le edifique una casa en Jerusalén, que está en Judá. ³ El que de entre todos ustedes *pertenezca* a Su pueblo, sea su Dios con él. Que suba a Jerusalén, que está en Judá, y edifique la casa del SEÑOR, Dios de Israel; Él es el Dios que está en Jerusalén. ⁴ Y a todo sobreviviente, en cualquier lugar que habite, que los hombres de aquel lugar lo ayuden con plata y oro, con bienes y ganado, junto con una ofrenda voluntaria para la casa de Dios que está en Jerusalén"».

⁵ Entonces se levantaron los jefes de las *casas* paternas de Judá y de Benjamín, y los sacerdotes y los levitas, y todos aquellos cuyo espíritu Dios había movido a subir para edificar la casa del SEÑOR que está en Jerusalén. ⁶ Y todos los que *habitaban* alrededor de ellos los ayudaron con objetos de plata, con oro, con bienes, con ganado y con objetos preciosos, además de todo lo que fue dado como ofrenda voluntaria.

⁷ También el rey Ciro sacó los objetos de la casa del SEÑOR que Nabucodonosor se había llevado de Jerusalén y había puesto en la casa de sus dioses. ⁸ Ciro, rey de Persia, los hizo

1:2-3
Por qué Ciro permite que los judíos reedifiquen el templo de Jerusalén

Ciro mostraba respeto a los dioses de los pueblos que tomaba cautivos. Él fue generoso con los judíos, así como lo fue con los babilonios.

1:5
No todos los judíos quisieron regresar

La mayoría de ellos había nacido en Persia. Nunca habían ido a Judá. Ellos ya estaban asentados y no quisieron dejar sus hogares.

REGRESO DEL EXILIO

Rutas de regreso

Primero → Zorobabel – 538 a. C
49,697 regresaron
Templo finalizado – 516 a. C.

Segundo → Esdras – 458 a. C.
1,758 regresaron
Reformas

Tercero → Nehemías – 444 a. C.
¿? regresaron
Se reconstruye la muralla

Mar Caspio

Harán   R. Tigris   IMPERIO PERSA

Alepo   TRANS-EUFRATES   Nínive

Tifsa   R. Éufrates   Acmeta

Mar Mediterráneo (Mar Grande)   Gebal   BABILONIA

Tiro   Tadmor

Samaria   Damasco   Babilonia   Susa

Asdod   Nippur

Jerusalén

EGIPTO   Golfo Pérsico

Desierto de Arabia

Mar Rojo

0   300 km
0   300 millas

TESOROS DEL TEMPLO

Esdras 1:7-10

Ciro, el rey de Persia, devuelve no solo algunos sino todos los utensilios del templo que Nabucodonosor se había llevado a Babilonia desde Jerusalén.

1,000	Platos de plata
1,000	Artículos varios
410	Tazas de plata
30	Platos de oro
30	Tazas de oro
29	Cuchillos duplicados

2:1

Algunos judíos nacidos en Babilonia regresaron a la ciudad de su familia

Los derechos de la tierra seguían perteneciendo a las familias, y los judíos de Judá guardaron esta ley. Por lo tanto, las personas regresaron a las ciudades de sus antepasados.

2:2-61

La lista de nombres

Estas fueron las miles de personas que regresaron a Judá. La lista detallada de nombres y ciudades muestra que Dios se interesaba por todo el pueblo y no solo por los líderes.

sacar por mano del tesorero Mitrídates, que los dio contados a Sesbasar, príncipe de Judá. **9** Este *fue* su número: 30 platos de oro, 1,000 platos de plata, 29 cuchillos duplicados; **10** 30 tazas de oro; 410 tazas de plata de otra clase; y 1,000 de varias clases. **11** Todos los objetos de oro y de plata *fueron* 5,400. Sesbasar los trajo todos con los desterrados que subieron de Babilonia a Jerusalén.

LOS QUE VOLVIERON CON ZOROBABEL

2 Estos son los hijos de la provincia que subieron de la cautividad, de los desterrados que Nabucodonosor, rey de Babilonia, había llevado cautivos a Babilonia y que volvieron a Jerusalén y a Judá, cada uno a su ciudad, **2** los cuales vinieron con Zorobabel, Jesúa, Nehemías, Seraías, Reelaías, Mardoqueo, Bilsán, Mispar, Bigvai, Rehum y Baana.

El número de hombres del pueblo de Israel: **3** los hijos de Paros, 2,172; **4** los hijos de Sefatías, 372; **5** los hijos de Ara, 775; **6** los hijos de Pahat Moab, de los hijos de Jesúa y de Joab, 2,812; **7** los hijos de Elam, 1,254; **8** los hijos de Zatu, 945; **9** los hijos de Zacai, 760; **10** los hijos de Bani, 642; **11** los hijos de Bebai, 623; **12** los hijos de Azgad, 1,222; **13** los hijos de Adonicam, 666; **14** los hijos de Bigvai, 2,056; **15** los hijos de Adín, 454; **16** los hijos de Ater, de Ezequías, 98; **17** los hijos de Bezai, 323; **18** los hijos de Jora, 112; **19** los hijos de Hasum, 223; **20** los hijos de Gibar, 95; **21** los hombres[1] de Belén, 123; **22** los hombres de Netofa, 56; **23** los hombres de Anatot, 128; **24** los hijos de Azmavet, 42; **25** los hijos de Quiriat Jearim, Cafira y Beerot, 743; **26** los hijos de Ramá y Geba, 621; **27** los hombres de Micmas, 122; **28** los hombres de Betel[1] y Hai, 223; **29** los hijos de Nebo, 52; **30** los hijos de Magbis, 156; **31** los hijos del otro Elam, 1,254; **32** los hijos de Harim, 320; **33** los hijos de Lod, Hadid y Ono, 725; **34** los hombres de Jericó, 345; **35** los hijos de Senaa, 3,630.

36 Los sacerdotes: los hijos de Jedaías, de la casa de Jesúa, 973; **37** los hijos de Imer, 1,052; **38** los hijos de Pasur, 1,247; **39** los hijos de Harim, 1,017.

40 Los levitas: los hijos de Jesúa y de Cadmiel, de los hijos de Hodavías, 74. **41** Los cantores: los hijos de Asaf, 128. **42** Los hijos de los porteros: los hijos de Salum, los hijos de Ater, los hijos de Talmón, los hijos de Acub, los hijos de Hatita, los hijos de Sobai, en total 139.

43 Los sirvientes del templo: los hijos de Ziha, los hijos de Hasufa, los hijos de Tabaot, **44** los hijos de Queros, los hijos de Siaha, los hijos de Padón, **45** los hijos de Lebana, los hijos de Hagaba, los hijos de Acub, **46** los hijos de Hagab, los hijos de Salmai, los hijos de Hanán, **47**los hijos de Gidel, los hijos de Gahar, los hijos de Reaía, **48** los hijos de Rezín, los hijos de Necoda, los hijos de Gazam, **49**los hijos de Uza, los hijos de Paseah, los hijos de Besai, **50** los hijos de Asena, los hijos de Mehunim, los hijos de Nefusim, **51**los hijos de Bacbuc, los hijos de Hacufa, los hijos de Harhur, **52**los hijos de Bazlut, los hijos de Mehída, los hijos de Harsa, **53** los hijos de Barcos, los hijos de Sísara, los hijos de Tema, **54**los hijos de Nezía, los hijos de Hatifa.

55Los hijos de los siervos de Salomón: los hijos de Sotai, los hijos de Soferet, los hijos de Peruda, **56** los hijos de Jaala, los hijos de Darcón, los hijos de Gidel, **57**los hijos de Sefatías, los hijos de Hatil, los hijos de Poqueret Hazebaim, los hijos de Ami. **58** El total de los sirvientes del templo y de los hijos de los siervos de Salomón, *era de* 392.

59Y estos *fueron* los que subieron de Tel Mela, Tel Harsa, Querub, Addán e Imer, aunque no pudieron demostrar si sus casas paternas o su descendencia eran de Israel: **60** los hijos de Delaía, los hijos de Tobías, los hijos de Necoda, 652.

61De los hijos de los sacerdotes: los hijos de Habaía, los hijos de Cos, los hijos de Barzilai, que había tomado por mujer a una de las hijas de Barzilai el galaadita, con cuyo nombre fue llamado. **62** Estos buscaron *en* su registro de genealogías, pero no se hallaron, y fueron considerados inmundos y *excluidos* del sacerdocio. **63** El gobernador¹ les dijo que no comieran de las cosas santísimas hasta que un sacerdote se levantara con Urim y Tumim.

64Toda la asamblea reunida *era de* 42,360, **65**sin contar sus siervos y siervas, que *eran* 7,337; y tenían 200 cantores y cantoras. **66** Sus caballos *eran* 736; sus mulos, 245; **67** sus camellos, 435; *sus* asnos, 6,720.

68 Cuando algunos de los jefes de *casas* paternas llegaron a la casa del SEÑOR que está en Jerusalén, hicieron ofrendas voluntarias en la casa de Dios para reedificarla sobre sus *mismos* cimientos. **69** Según sus medios dieron al tesoro para la obra 61,000 dracmas (518.5 kilos) de oro, 5,000 minas (2,850 kilos) de plata y 100 túnicas sacerdotales.

70 Los sacerdotes y los levitas, algunos del pueblo, los cantores, los porteros y los sirvientes del templo habitaban en sus ciudades, y el resto de Israel en sus ciudades.

RESTAURACIÓN DEL CULTO

3 Cuando llegó el mes séptimo, y *ya estando* los israelitas en las ciudades, el pueblo se reunió como un solo hombre en Jerusalén. **2** Entonces Jesúa, hijo de Josadac, con sus

2:63 ¹ En heb. *Tirsata*, un título persa.

2:59
La historia familiar era importante
La historia familiar se relacionaba con los derechos de propiedad. También mostraba que una familia no se había contaminado casándose con extranjeros.

2:62
Los que no tenían registros de genealogías no podían servir como sacerdotes
Los hombres necesitaban sus registros familiares para mostrar que eran descendientes directos de Aarón y merecían ser sacerdotes.

2:64
Muchos se quedaron en Babilonia
La Biblia no dice cuántos fueron, pero el número de judíos que se quedaron en Babilonia probablemente era mucho mayor que el número de los que volvieron a su hogar.

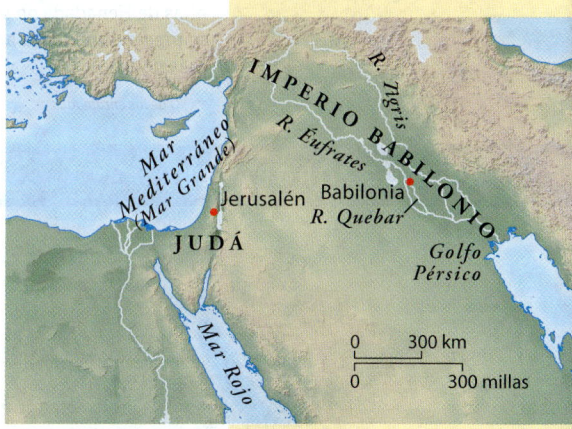

3:2
Jesúa
Este Jesúa era el sumo sacerdote. No hubo rey en Jerusalén después del exilio, de modo que el sumo sacerdote era un líder muy importante.

3:3
La gente estaba aterrorizada

Otros pueblos seguramente ya se habían mudado a la tierra mientras los judíos se encontraban fuera. Quedarse podría resultar en una guerra por la tierra.

hermanos los sacerdotes, y Zorobabel, hijo de Salatiel, con sus hermanos, se levantaron y edificaron el altar del Dios de Israel, para ofrecer holocaustos sobre él, como está escrito en la ley de Moisés, hombre de Dios. **3** Asentaron el altar sobre su base, porque estaban aterrorizados a causa de los pueblos de aquellas tierras; y sobre él ofrecieron holocaustos al SEÑOR, los holocaustos de la mañana y de la tarde.

4 Celebraron la Fiesta de los Tabernáculos[1] como está escrito, con el número diario de holocaustos, conforme a lo prescrito para cada día; **5** y después *ofrecieron* el holocausto continuo, y los de las lunas nuevas, los de todas las fiestas señaladas del SEÑOR que habían sido consagradas, y los de todos aquellos que ofrecían una ofrenda voluntaria al SEÑOR. **6** Desde el primer día del mes séptimo comenzaron a ofrecer holocaustos al SEÑOR, pero los cimientos del templo del SEÑOR no se habían echado todavía.

7 Entonces dieron dinero a los canteros y a los carpinteros, y alimento, bebida y aceite a los sidonios y a los tirios para que trajeran madera de cedro desde el Líbano por mar hasta Jope, conforme al permiso que tenían de Ciro, rey de Persia. **8** Y en el segundo año de su llegada a la casa de Dios en Jerusalén, en el mes segundo, Zorobabel, hijo de Salatiel, y Jesúa, hijo de Josadac, y los demás de sus hermanos los sacerdotes y los levitas, y todos los que habían venido de la cautividad a Jerusalén, comenzaron *la obra* y designaron a los levitas de veinte años arriba para dirigir la obra de la casa del SEÑOR. **9** Entonces Jesúa, *con* sus hijos y sus hermanos, Cadmiel con sus hijos, los hijos de Judá *y* los hijos de Henadad *con* sus hijos y sus hermanos los levitas, se presentaron *todos* a una para dirigir a los obreros en la casa de Dios.

3:4 [1] O *de las enramadas.*

TEMPLO DE ZOROBABEL

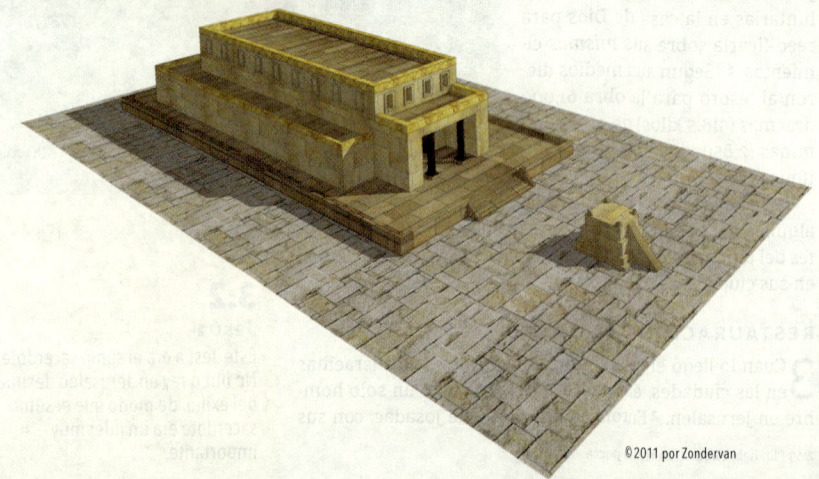

© 2011 por Zondervan

10 Cuando los albañiles terminaron de echar los cimientos del templo del SEÑOR, se presentaron los sacerdotes en sus vestiduras, con trompetas, y los levitas, hijos de Asaf, con címbalos, para alabar al SEÑOR conforme a las instrucciones del rey David de Israel. **11** Y cantaban, alabando y dando gracias al SEÑOR: «Porque Él es bueno, porque para siempre es Su misericordia sobre Israel». Y todo el pueblo aclamaba a gran voz alabando al SEÑOR porque se habían echado los cimientos de la casa del SEÑOR. **12** Pero muchos sacerdotes y levitas y jefes de *casas* paternas, que ya eran ancianos y que habían visto el primer templo*1*, cuando se echaban los cimientos de este templo*1* delante de sus ojos, lloraban en alta voz mientras muchos daban gritos de alegría. **13** Así que el pueblo no podía distinguir entre el clamor de los gritos de alegría y el clamor del llanto del pueblo, porque el pueblo gritaba en voz alta, y se oía el clamor desde lejos.

OPOSICIÓN A LA CONSTRUCCIÓN

4 Cuando se enteraron los enemigos de Judá y de Benjamín de que el pueblo del destierro estaba edificando un templo al SEÑOR, Dios de Israel, **2** se presentaron ante Zorobabel y ante los jefes de *casas* paternas, y les dijeron: «Vamos a edificar con ustedes, porque, como ustedes, buscamos a su Dios, y le hemos estado ofreciendo sacrificios desde los días de Esar Hadón, rey de Asiria, que nos trajo aquí».

3 Pero Zorobabel y Jesúa y los demás jefes de *casas* paternas de Israel les dijeron: «No tienen nada en común con nosotros para que *juntos* edifiquemos una casa a nuestro Dios, sino que nosotros unidos *la* edificaremos al SEÑOR, Dios de Israel, como nos ordenó el rey Ciro, rey de Persia». **4** Entonces el pueblo de aquella*1* tierra se puso a desanimar al pueblo de Judá, y a atemorizarlos para que dejaran de edificar. **5** Tomaron a sueldo consejeros contra ellos para frustrar sus propósitos, todos los días de Ciro, rey de Persia, hasta el reinado de Darío, rey de Persia.

6 En el reinado de Asuero*1*, al principio de su reinado, *sus enemigos* escribieron una acusación contra los habitantes de Judá y de Jerusalén.

7 Y en los días de Artajerjes, Bislam, Mitrídates, Tabeel y sus demás compañeros escribieron a Artajerjes, rey de Persia, y el texto de la carta estaba en escritura aramea y traducido al arameo. **8** *1* El gobernador Rehum y el escriba Simsai, escribieron una carta al rey Artajerjes contra Jerusalén, de esta manera: **9** El gobernador Rehum, el escriba Simsai y sus demás compañeros, los jueces y los gobernadores de menos categoría, los oficiales, los secretarios, los hombres de Erec, los babilonios, los hombres de Susa, es decir, los elamitas, **10** y las demás naciones que el grande y noble Asnapar deportó y estableció en la ciudad de Samaria, y en el resto *de la provincia* al otro lado del Río*1*.

Y ahora **11** esta es la copia de la carta que le enviaron: «Al rey Artajerjes, de sus siervos, los hombres *de la provincia* al otro lado del Río: Y ahora **12** sepa el rey que los judíos que

3:12
Los ancianos israelitas lloraban
Este nuevo templo no era tan espléndido como el que Salomón había edificado, y ellos lloraron recordando lo que habían perdido.

4:3
Los judíos rechazaron la ayuda de sus enemigos
Los judíos eran los únicos que podían reconstruir el templo. Otras personas adoraban a dioses paganos, de modo que recibir su ayuda contaminaría el templo.

3:12 *1* Lit. *casa*.   4:4 *1* Lit. *la*.   4:6 *1* O *Jerjes*.   4:8 *1* Los vers. 4:8 hasta 6:18 están escritos en arameo.   4:10 *1* I.e. Éufrates.

salieron por orden suya, han venido a nosotros en Jerusalén; están reedificando la ciudad rebelde y perversa, y están terminando las murallas y reparando los cimientos. **13** Sepa *también* el rey, que si esa ciudad es reedificada y las murallas terminadas, ellos no pagarán tributo, ni impuesto, ni peaje, lo cual perjudicará los ingresos de los reyes. **14** Y debido a que estamos en el servicio del palacio, y no es apropiado que veamos el desprecio al rey, por eso hemos enviado a hacérselo saber al rey, **15** a fin de que se investigue en el libro de las Memorias de sus padres. Y en el libro de las Memorias hallará y sabrá que esa ciudad es una ciudad rebelde y perjudicial a los reyes y a las provincias, y que en tiempos pasados han surgido rebeliones dentro de ella; por eso fue devastada esa ciudad. **16** Nosotros informamos al rey que si esa ciudad es reedificada y las murallas terminadas, como resultado, el territorio más allá del Río no será suyo».

17 *Entonces* el rey envió respuesta al gobernador Rehum, al escriba Simsai, y a sus demás compañeros que habitan en Samaria y en las demás *provincias* al otro lado del Río: «Paz. Y ahora **18** el documento que nos enviaron ha sido leído claramente delante de mí. **19** Y por mí fue proclamado un decreto. Se investigaron los hechos, y se ha descubierto que esa ciudad en tiempos pasados se ha levantado contra los reyes, y que en ella se ha fomentado rebelión e insurrección; **20** que reyes poderosos han reinado sobre Jerusalén, gobernando todas *las provincias* más allá del Río, y que se les pagaba tributo, impuesto y peaje. **21** Ahora pues, proclamen un decreto para que estos hombres paren *la obra* y que esa ciudad no sea reedificada hasta que se proclame un decreto por mí. **22** Cuídense de no ser negligentes en cumplir este *asunto;* ¿por qué se ha de aumentar el daño en perjuicio de los reyes?».

23 Así que tan pronto como la copia del documento del rey Artajerjes fue leída delante de Rehum, del escriba Simsai y sus compañeros, fueron a toda prisa a Jerusalén, a los judíos, y por la fuerza los hicieron parar *la obra*.

24 Entonces cesó la obra en la casa de Dios que *estaba* en Jerusalén, y quedó suspendida hasta el año segundo del reinado de Darío, rey de Persia.

4:21-22
Por qué Artajerjes mandó a parar la obra

Los enemigos de los judíos decían que ellos estaban planeando rebelarse, y esto preocupó al rey. Él les ordenó detener la reconstrucción por un tiempo.

© Roman Sekyrka/www.123RF.com

4:24
Por cuánto tiempo estuvo parada la obra

La construcción se detuvo por unos dieciséis años.

LA CONSTRUCCIÓN SE REANUDA

5 Cuando los profetas Hageo y Zacarías, hijo de Iddo, profetizaron a los judíos que *estaban* en Judá y en Jerusalén, en el nombre del Dios de Israel que *estaba* sobre ellos, **2** Zorobabel, hijo de Salatiel, y Jesúa, hijo de Josadac, se levantaron entonces y comenzaron a reedificar la casa de Dios en Jerusalén; y los profetas de Dios estaban con ellos apoyándolos. **3** En aquel tiempo Tatnai, gobernador de *la provincia* al otro lado del Río¹, y Setar Boznai y sus compañeros vinieron

5:3 ¹ I.e. Éufrates.

a ellos y les hablaron así: «¿Quién les dio orden de reedificar este templo[2] y de terminar este edificio?». **4** También les dijeron así: «¿Cuáles son los nombres de los hombres que están reedificando este edificio?». **5** Pero el ojo de su Dios velaba sobre los ancianos de los judíos, y no les detuvieron *la obra* hasta que un informe llegara a Darío, y volviera una respuesta escrita tocante al asunto.

6 *Esta es* la copia de la carta que Tatnai, gobernador de *la provincia* al otro lado del río, y Setar Boznai y sus compañeros los oficiales que *estaban* al otro lado del río, enviaron al rey Darío. **7** Le enviaron un informe que estaba escrito así: «Al rey Darío, toda paz. **8** Sepa el rey que hemos ido a la provincia de Judá, a la casa del gran Dios, que está siendo edificada con piedras enormes y vigas empotradas en las paredes; y esta obra se adelanta con gran esmero y prospera en sus manos.

9 »Entonces preguntamos a aquellos ancianos, *y* les dijimos así: "¿Quién les dio orden de reedificar este templo y de terminar este edificio?". **10** También les preguntamos sus nombres para informarle, *y* para dar por escrito los nombres de los hombres que eran sus jefes. **11** Y así nos respondieron: "Somos los siervos del Dios del cielo y de la tierra, y estamos reedificando el templo que fue construido hace muchos años, el cual un gran rey de Israel edificó y terminó. **12** Pero como nuestros padres provocaron a ira al Dios del cielo, Él los entregó en mano de Nabucodonosor, rey de Babilonia, el caldeo, *quien* destruyó este templo, y llevó cautivo al pueblo a Babilonia.

13 "Sin embargo, en el año primero de Ciro, rey de Babilonia, el rey Ciro proclamó un decreto de que se reedificara esta casa de Dios. **14** También los utensilios de oro y de plata de la casa de Dios, que Nabucodonosor había sacado del templo que *estaba* en Jerusalén y llevado al templo de Babilonia, los sacó el rey Ciro del templo de Babilonia, y fueron entregados a Sesbasar, a quien había puesto por gobernador. **15** Y le dijo: 'Toma estos utensilios, ve *y* colócalos en el templo que *está* en Jerusalén, y sea la casa de Dios reedificada en su lugar'. **16** Entonces aquel Sesbasar vino *y* puso los cimientos de la casa de Dios que *está* en Jerusalén; y desde entonces hasta ahora se sigue construyendo, pero aún no está terminada". **17** Ahora, si al rey *le parece* bien, que se busque en la casa del tesoro del rey que está allí en Babilonia, *a ver* si es que fue proclamado un decreto de parte del rey Ciro para reedificar esta casa de Dios en Jerusalén; y que se nos envíe la decisión del rey en cuanto a este *asunto*».

DECRETO DE DARÍO

6 Entonces el rey Darío proclamó un decreto, y buscaron en los archivos donde se guardaban los tesoros allí en Babilonia. **2** Y en Acmeta, en la fortaleza que está en la provincia de Media, hallaron un rollo en el que estaba escrito lo siguiente: Memorándum: **3** «En el año primero del rey Ciro, el rey Ciro proclamó un decreto: "*En cuanto* a la casa de Dios en Jerusalén, que sea reedificado el templo[1], el lugar donde

5:5
El ojo de su Dios velaba por ellos
«Los ojos del rey» era el nombre que les dieron a los inspectores persas. El uso de la palabra *ojo* muestra que el conocimiento y el poder de Dios es mayor que el del rey.

5:13
Por qué Ciro fue llamado rey de Babilonia
Como rey del Imperio persa, Ciro podía ser llamado rey de todas las naciones de su imperio.

6:2
La ciudad de Acmeta
Esta era una gran ciudad fortificada en Media, donde se almacenaban objetos de valor como el metal e importantes documentos.

---

² Lit. *esta casa,* y así hasta el vers. 12.   6:3 ¹ Lit. *la casa,* y así en el vers. 15.

6:4
Darío pagó por el proyecto
Él usó dinero de los impuestos (ver el versículo 8) que se encontraban en el tesoro real. Darío estaba siguiendo el ejemplo de Ciro.

6:10
Darío quería que los judíos oraran por él
Darío creía en muchos dioses y estaba feliz de que alguien orara a algún dios por él.

© AISA-Everett/Shutterstock

6:15
Cuánto se tardó en construir el templo
El proyecto llevó cerca de veintidós años, desde 538 a 516 a. C.

se ofrecen los sacrificios, y que se conserven sus cimientos, con su altura de 60 codos (27 metros) y su anchura de 60 codos; **4** con tres hileras de piedras enormes y una hilera de madera; y que los gastos se paguen del tesoro real. **5** Y que también se devuelvan los utensilios de oro y de plata de la casa de Dios, los cuales Nabucodonosor sacó del templo en Jerusalén y trajo a Babilonia, y que se lleven a sus lugares en el templo en Jerusalén y sean colocados en la casa de Dios".

6 »Ahora pues, Tatnai, gobernador de *la provincia* al otro lado del Río[1], Setar Boznai, y sus compañeros, los oficiales del otro lado del río, aléjese de allí. **7** No impidan esta obra de la casa de Dios, y que el gobernador de los judíos y los ancianos de los judíos reedifiquen esta casa de Dios en su lugar. **8** Además, este es mi decreto en cuanto a lo que han de hacer por estos ancianos de Judá en la reedificación de esta casa de Dios: del tesoro real de los tributos del otro lado del río se han de pagar todos los gastos a este pueblo, y esto sin demora. **9** Y todo lo que se necesite: novillos, carneros y corderos para holocausto al Dios del cielo, *y* trigo, sal, vino y aceite de unción, según lo pidan los sacerdotes que *están* en Jerusalén, se les dará día por día sin falta, **10** para que puedan ofrecer sacrificios agradables al Dios del cielo y orar por la vida del rey y de sus hijos.

11 »He proclamado un decreto de que cualquiera que quebrante este edicto, se arranque un madero de su casa, y levantándolo, sea colgado[1] en él, y que su casa sea reducida a escombros a causa de esto. **12** Y que el Dios que ha hecho morar allí Su nombre derribe a todo rey o pueblo que trate de cambiar*lo* para destruir esta casa de Dios en Jerusalén. Yo, Darío, he proclamado *este* decreto; que sea ejecutado con toda exactitud».

13 Entonces Tatnai, gobernador de *la provincia* al otro lado del Río[1], Setar Boznai y sus compañeros llevaron a cabo *el decreto* con toda exactitud, tal como el rey Darío había ordenado. **14** Y los ancianos de los judíos tuvieron éxito en la edificación según la profecía del profeta Hageo y de Zacarías, hijo de Iddo. Y terminaron de edificar conforme al mandato del Dios de Israel y al decreto de Ciro, de Darío y de Artajerjes, rey de Persia. **15** Y este templo fue terminado el tercer día del mes de Adar; era el año sexto del reinado del rey Darío.

DEDICACIÓN DEL TEMPLO
16 Los israelitas, los sacerdotes, los levitas y los demás desterrados, celebraron con júbilo la dedicación de esta casa de Dios. **17** Y para la dedicación de esta casa de Dios ofrecieron 100 novillos, 200 carneros, 400 corderos, y como ofrenda por el pecado por todo Israel, doce machos cabríos, conforme al número de las tribus de Israel. **18** Entonces asignaron a los sacerdotes en sus secciones y a los levitas en sus clases para el servicio de Dios en Jerusalén, como está escrito en el libro de Moisés.

6:6 [1] I.e. Éufrates.   6:11 [1] O *azotado*.   6:13 [1] I.e. Éufrates.

19 Los desterrados celebraron la Pascua el *día* catorce del mes primero. **20** Puesto que los sacerdotes y los levitas se habían purificado juntos, todos ellos estaban purificados, entonces mataron *al cordero* de la Pascua para todos los desterrados, tanto para sus hermanos los sacerdotes como para sí mismos. **21** Los israelitas que habían vuelto del destierro y todos aquellos que se habían apartado de la impureza de las naciones de la tierra para *unirse* a ellos, comieron *la Pascua* para buscar al SEÑOR, Dios de Israel. **22** Y por siete días celebraron gozosos la Fiesta de los Panes sin Levadura, porque el SEÑOR los había llenado de regocijo, y había vuelto hacia ellos el corazón del rey de Asiria para animarlos en la obra de la casa de Dios, el Dios de Israel.

LLEGADA DE ESDRAS A JERUSALÉN

7 Después de estas cosas, en el reinado de Artajerjes, rey de Persia, *subió* Esdras hijo de Seraías, hijo de Azarías, hijo de Hilcías, **2** hijo de Salum, hijo de Sadoc, hijo de Ahitob, **3** hijo de Amarías, hijo de Azarías, hijo de Meraiot, **4** hijo de Zeraías, hijo de Uzi, hijo de Buqui, **5** hijo de Abisúa, hijo de Finees, hijo de Eleazar, hijo de Aarón, sumo sacerdote. **6** Este Esdras subió de Babilonia, y *era* escriba experto en la ley de Moisés, que el SEÑOR, Dios de Israel, había dado. El rey le concedió todo lo que pedía porque la mano del SEÑOR su Dios *estaba* sobre él.

7 También *algunos* de los israelitas y de los sacerdotes, levitas, cantores, porteros y sirvientes del templo subieron a Jerusalén en el año séptimo del rey Artajerjes. **8** Esdras llegó a Jerusalén en el mes quinto; era el año séptimo del rey. **9** Porque el primer *día* del mes primero comenzó a subir de Babilonia; y el primer *día* del mes quinto llegó a Jerusalén, pues la mano bondadosa de su Dios *estaba* sobre él, **10** porque Esdras había dedicado su corazón a estudiar[1] la ley del SEÑOR, y a practicar*la*, y a enseñar *Sus* estatutos y ordenanzas en Israel.

11 Esta es la copia del decreto que el rey Artajerjes dio al sacerdote Esdras, el escriba, instruido en las palabras de los mandamientos del SEÑOR y de Sus estatutos para Israel: **12** «[1]Artajerjes, rey de reyes, al sacerdote Esdras, escriba de la ley del Dios del cielo: *Paz* perfecta. Y ahora **13** yo he proclamado un decreto de que cualquiera del pueblo de Israel, de sus sacerdotes y de los levitas en mi reino que esté dispuesto a ir a Jerusalén, puede ir contigo.

14 »Por cuanto eres enviado por el rey y sus siete consejeros para investigar acerca de Judá y de Jerusalén conforme a la ley de tu Dios que está en tu mano, **15** y para llevar la plata y el oro que el rey y sus consejeros han ofrendado voluntariamente al Dios de Israel, cuya morada *está* en Jerusalén, **16** también lleva toda la plata y el oro que halles en toda la provincia de Babilonia, con la ofrenda voluntaria que el pueblo y los sacerdotes hayan ofrecido voluntariamente para la casa de su Dios que *está* en Jerusalén. **17** Con este dinero, diligentemente comprarás novillos, carneros y corderos, con

7:1-6
Genealogía de Esdras

Solo los descendientes directos de Aarón podían servir como sacerdotes, por eso la genealogía de Esdras demostraba que él era parte de la familia de Aarón.

7:15-16
Regalos de Artajerjes para el proyecto

El rey hizo generosas ofrendas de oro y plata para el proyecto, pero Esdras solo tenía permiso de recaudar dinero de los gentiles de la región y los judíos que vivían en Babilonia.

7:10 [1] Lit. *buscar.*   7:12 [1] Los vers. 7:12-26 están escritos en arameo.

sus ofrendas de cereal y sus libaciones *correspondientes*, y los ofrecerás sobre el altar de la casa del Dios de ustedes que está en Jerusalén. **18** Y lo que a ti y a tus hermanos les parezca bien hacer con la plata y el oro que quede, háganlo conforme a la voluntad de su Dios. **19** También los utensilios que te son entregados para el servicio de la casa de tu Dios, entrégalos todos delante del Dios de Jerusalén. **20** Lo demás que se necesite para la casa de tu Dios, para lo cual tengas ocasión de proveer, provéelo del tesoro real.

21 »Yo, el rey Artajerjes, proclamo un decreto a todos los tesoreros que están *en las provincias* más allá del Río[1], que todo lo que les pida el sacerdote Esdras, escriba de la ley del Dios del cielo, sea hecho puntualmente, **22** hasta 3.4 toneladas de plata, 100 coros (22,000 litros) de trigo, 100 batos (2,200 litros) de vino, 100 batos de aceite y sal sin medida. **23** Todo cuanto ordene el Dios del cielo sea hecho con esmero para la casa del Dios del cielo, no sea que venga la ira contra el reino del rey y sus hijos. **24** También les hacemos saber que no se permite cobrar[1] tributo, impuesto o peaje a ninguno de los sacerdotes, levitas, cantores, porteros, sirvientes, o ministros de esta casa de Dios. **25** Y tú, Esdras, conforme a la sabiduría que posees de tu Dios, nombra magistrados y jueces para juzgar a todo el pueblo que *está en la provincia* más allá del Río, a todos los que conocen las leyes de tu Dios; y a cualquiera que *las* ignore, *se las* enseñarás. **26** Todo aquel que no cumpla la ley de tu Dios y la ley del rey, que la justicia se le aplique severamente, sea para muerte o destierro o confiscación de bienes o encarcelamiento».

27 Bendito sea el SEÑOR, Dios de nuestros padres, que ha puesto *esto* en el corazón del rey, para embellecer la casa del SEÑOR que *está* en Jerusalén, **28** y que me ha extendido misericordia delante del rey y de sus consejeros y delante de todos los príncipes poderosos del rey. Así fui fortalecido según *estaba* la mano del SEÑOR mi Dios sobre mí, y reuní a los jefes de Israel para que subieran conmigo.

LOS QUE VOLVIERON CON ESDRAS

8 Estos son los jefes de sus *casas* paternas, con su genealogía, que subieron conmigo de Babilonia en el reinado del rey Artajerjes: **2** de los hijos de Finees, Gersón; de los hijos de Itamar, Daniel; de los hijos de David, Hatús; **3** de los hijos de Secanías, *que era* de los hijos de Paros, Zacarías, y con él 150 varones *que estaban en* la lista genealógica; **4** de los hijos de Pahat Moab, Elioenai, hijo de Zeraías, y con él 200 varones; **5** de los hijos de Zatu[1], Secanías, hijo de Jahaziel, y con él 300 varones; **6** de los hijos de Adín, Ebed, hijo de Jonatán, y con él cincuenta varones; **7** de los hijos de Elam, Jesaías, hijo de Atalías, y con él setenta varones; **8** de los hijos de Sefatías, Zebadías, hijo de Micael, y con él ochenta varones; **9** de los hijos de Joab, Obadías, hijo de Jehiel, y con él 218 varones; **10** de los hijos de Bani[1], Selomit, hijo de Josías, y con él 160 varones; **11** de los hijos de Bebai, Zacarías, hijo de Bebai, y con él

---

7:25-26
Artajerjes les permitió vivir bajo la ley de Dios
Artajerjes aprobaba las leyes y costumbres locales para que la gente se sintiera cómoda en su imperio. Él quería que los que creían en el Dios de Israel vivieran de acuerdo con los mandamientos de Dios.

7:21 [1] I.e. Éufrates.　　7:24 [1] Lit. *echar sobre ellos.*　　8:5 [1] Así en la versión gr. (sept.); el texto heb. omite *Zatu.*　　8:10 [1] Así en la versión gr. (sept.); el texto heb. omite *Bani.*

veintiocho varones; **12** de los hijos de Azgad, Johanán, hijo de Hacatán, y con él 110 varones; **13** de los hijos de Adonicam, los postreros, cuyos nombres son estos: Elifelet, Jeiel y Semaías, y con ellos sesenta varones; **14** y de los hijos de Bigvai, Utai y Zabud, y con ellos setenta varones.

15 Y los reuní junto al río que corre hacia Ahava, donde acampamos tres días; y habiendo buscado entre el pueblo y los sacerdotes, no hallé ninguno de los hijos de Leví allí. **16** Por eso envié a llamar a Eliezer, Ariel, Semaías, Elnatán, Jarib, Elnatán, Natán, Zacarías y Mesulam, jefes, y a Joiarib y a Elnatán, *hombres sabios;* **17** y los envié a Iddo, jefe en la localidad de Casifia. Puse en boca de ellos las palabras que debían decir a Iddo y a sus hermanos, los sirvientes del templo en la localidad de Casifia, para que nos trajeran ministros para la casa de nuestro Dios. **18** Y conforme a la mano bondadosa de nuestro Dios sobre nosotros, nos trajeron a un hombre con entendimiento de los hijos de Mahli, hijo de Leví, hijo de Israel, es decir, a Serebías, con sus hijos y hermanos, dieciocho *hombres;* **19** y a Hasabías y a Jesaías de los hijos de Merari, con sus hermanos y sus hijos, veinte *hombres;* **20** y de los sirvientes del templo, a quienes David y los príncipes habían puesto para el servicio de los levitas, 220 sirvientes del templo, todos ellos designados por sus nombres.

21 Entonces proclamé allí, junto al río Ahava, un ayuno para que nos humilláramos delante de nuestro Dios a fin de implorar de Él un viaje feliz para nosotros, para nuestros pequeños y para todas nuestras posesiones. **22** Porque tuve vergüenza de pedir al rey tropas y hombres de a caballo para protegernos del enemigo en el camino, pues habíamos dicho al rey: «La mano de nuestro Dios es propicia para con todos los que lo buscan, pero Su poder y Su ira contra todos los que lo abandonan». **23** Ayunamos, pues, y pedimos a nuestro Dios acerca de esto, y Él escuchó nuestra súplica.

24 Entonces aparté a doce de los sacerdotes principales, a Serebías, a Hasabías, y con ellos diez de sus hermanos. **25** Les pesé la plata, el oro y los utensilios, la ofrenda para la casa de nuestro Dios que habían ofrecido el rey, sus consejeros, sus príncipes y todo Israel que *allí* estaba. **26** Pesé, pues, *y entregué* en sus manos 22.1 toneladas de plata, y utensilios de plata *que valían* 3.4 toneladas, *y* 3.4 toneladas de oro; **27** también veinte tazas de oro *que pesaban* 1,000 dáricos (8.5 kilos), y dos utensilios de fino y reluciente bronce, valiosos como el oro.

28 Y les dije: «Ustedes están consagrados al SEÑOR, y los utensilios son sagrados. La plata y el oro son ofrenda voluntaria al SEÑOR, Dios de sus padres. **29** Vigilen y guárden*los* hasta que *los* pesen delante de los principales sacerdotes, los levitas y los jefes de *casas* paternas de Israel en Jerusalén, *en* las cámaras de la casa del SEÑOR». **30** Así que los sacerdotes

8:15
Esdras estaba preocupado por la falta de levitas
Con la celebración que iban a tener, ellos necesitarían más levitas que estuvieran autorizados a trabajar en el templo.

REGALOS PARA LA CASA DE DIOS
Esdras 8:26-27

	22.1

Toneladas de plata

3.4

Toneladas en utensilios de plata

3.4

Toneladas de oro

 20

Tazas de oro (8.5 kg)

 2   Utensilios de bronce fino y reluciente

8:27
Bronce fino y reluciente
Puede haberse tratado de oricalco, una aleación de cobre dorada brillante que lucía como oro y era altamente preciosa en ese tiempo.

A. D. Riddle/www.BiblePlaces.com, tomada en el museo del Instituto Oriental, Universidad de Chicago

8:34
El peso se registró por escrito

Según las reglas babilónicas, cada transacción o acuerdo, incluyendo ventas y matrimonios, tenía que ser escrita.

9:1
Las abominaciones de las naciones vecinas

Esas abominaciones o prácticas detestables incluían la adoración a dioses paganos y pueden haber incluido sacrificios y prostitución. Ellos no seguían a Dios.

9:6
Esdras se confiesa culpable

Como el líder, Esdras hizo una oración de confesión en nombre de todo el pueblo. En vez de pensar que él era mejor que el pueblo, Esdras se identificó a sí mismo como alguien tan pecador como el resto de la comunidad.

y los levitas recibieron la plata, el oro y los utensilios *ya* pesados, para traer*los* a Jerusalén a la casa de nuestro Dios. **31** Partimos del río Ahava el *día* doce del mes primero para ir a Jerusalén; y la mano de nuestro Dios estaba sobre nosotros, y nos libró de mano del enemigo y de las emboscadas en el camino. **32** Llegamos a Jerusalén y nos quedamos allí tres días. **33** Y al cuarto día la plata y el oro y los utensilios fueron pesados en la casa de nuestro Dios *y entregados* en mano de Meremot, hijo del sacerdote Urías, y con él *estaba* Eleazar, hijo de Finees; y con ellos *estaban* los levitas Jozabad, hijo de Jesúa, y Noadías, hijo de Binúi. **34** Todo *fue* contado y pesado, y todo el peso fue anotado en aquel tiempo.

35 Los desterrados que habían venido de la cautividad ofrecieron holocaustos al Dios de Israel: doce novillos por todo Israel, noventa y seis carneros, setenta y siete corderos, doce machos cabríos como ofrenda por el pecado; todo como holocausto al SEÑOR. **36** Entonces entregaron los edictos del rey a los sátrapas del rey, y a los gobernadores del otro lado del Río*¹*; y estos apoyaron al pueblo y a la casa de Dios.

ORACIÓN DE ESDRAS

9 Acabadas estas cosas, se me acercaron los príncipes y me dijeron: «El pueblo de Israel, los sacerdotes y los levitas no se han separado de los pueblos de las tierras y sus abominaciones: de los cananeos, hititas, ferezeos, jebuseos, amonitas, moabitas, egipcios y amorreos; **2** sino que han tomado mujeres de entre las hijas de ellos para sí y para sus hijos, y el linaje santo se ha mezclado con los pueblos de las tierras; es más, la mano de los príncipes y de los gobernantes ha sido la primera en *cometer* esta infidelidad». **3** Cuando oí de este asunto, rasgué mi vestido y mi manto, y arranqué pelo de mi cabeza y de mi barba, y me senté atónito. **4** Entonces se reunieron conmigo todos los que temblaban ante las palabras del Dios de Israel por causa de la infidelidad de los desterrados, y estuve sentado atónito hasta la ofrenda de la tarde.

5 Pero a *la hora de* la ofrenda de la tarde, me levanté de mi humillación*¹* con mi vestido y mi manto rasgados, y caí de rodillas y extendí mis manos al SEÑOR mi Dios; **6** y dije: «Dios mío, estoy avergonzado y confuso para *poder* levantar mi rostro a Ti, mi Dios, porque nuestras iniquidades se han multiplicado por encima de *nuestras* cabezas, y nuestra culpa ha crecido hasta los cielos. **7** Desde los días de nuestros padres hasta el día de hoy *hemos estado* bajo gran culpa, y a causa de nuestras iniquidades, nosotros, nuestros reyes y nuestros sacerdotes hemos sido entregados en mano de los reyes de estas tierras, a la espada, al cautiverio, al saqueo y a la vergüenza pública, como en este día. **8** Pero ahora, por un breve momento, ha habido misericordia de parte del SEÑOR nuestro Dios, para dejarnos un remanente *que ha* escapado y darnos un refugio*¹* en Su lugar santo, para que nuestro Dios ilumine nuestros ojos y nos conceda un poco de vida en nuestra servidumbre. **9** Porque siervos somos; pero en nuestra servidumbre, nuestro Dios no nos ha abandonado, sino que ha extendido *Su* misericordia sobre nosotros ante los ojos de los reyes de Persia, dándonos ánimo para levantar la casa de nuestro Dios y para restaurar sus ruinas, y dándonos una muralla en Judá y en Jerusalén.

10 »Y ahora, Dios nuestro, ¿qué diremos después de esto? Porque hemos abandonado Tus mandamientos, 11 que por medio de Tus siervos los profetas nos ordenaste: "La tierra a la cual ustedes entran para poseerla es una tierra inmunda con la impureza de los pueblos de estas tierras, con sus abominaciones que la han llenado de un extremo a otro, *y* con su impureza. 12 Ahora pues, no den sus hijas a sus hijos ni tomen sus hijas para sus hijos, y nunca procuren la paz de ellos ni su prosperidad, para que ustedes sean fuertes y coman lo mejor de la tierra y *la* dejen por heredad a sus hijos para siempre".

13 »Y después de todo lo que nos ha sobrevenido a causa de nuestras malas obras y nuestra gran culpa, puesto que Tú, nuestro Dios, *nos* has pagado menos de *lo que* nuestras iniquidades *merecen,* y nos has dado un *remanente* que ha escapado como este, 14 ¿hemos de quebrantar de nuevo Tus mandamientos emparentándo*nos* con los pueblos que cometen estas abominaciones? ¿No te enojarías con nosotros hasta destruir*nos*, sin que quedara remanente ni quien escapara? 15 Oh SEÑOR, Dios de Israel, Tú eres justo, porque hemos quedado un *remanente* que ha escapado, como *en* este día. Ahora, estamos delante de Ti con nuestra culpa, porque nadie puede estar delante de Ti a causa de esto».

EXPULSIÓN DE LAS MUJERES EXTRANJERAS

10 Mientras Esdras oraba y hacía confesión, llorando y postrándose delante de la casa de Dios, una gran asamblea de Israel, hombres, mujeres y niños se juntó a él; y el pueblo lloraba amargamente. 2 Y Secanías, hijo de Jehiel, uno de los hijos de Elam, dijo a Esdras: «Hemos sido infieles a nuestro Dios, y nos hemos casado con mujeres extranjeras de los pueblos de esta tierra; pero todavía hay esperanza para Israel a pesar de esto. 3 Hagamos ahora un pacto con nuestro Dios de despedir a todas las mujeres y a sus hijos, conforme al consejo de mi señor¹ y de los que tiemblan ante el mandamiento de nuestro Dios; y que sea hecho conforme a la ley. 4 Levántate, porque *este* asunto es tu responsabilidad, pero estaremos contigo; anímate y haz*lo*».

5 Esdras se levantó e hizo jurar a los principales sacerdotes, a los levitas y a todo Israel que harían conforme a esta propuesta; y ellos *lo* juraron. 6 Después Esdras se levantó de delante de la casa de Dios y entró a la cámara de Johanán, hijo de Eliasib. Aunque entró allí, no comió pan ni bebió agua, porque hacía duelo a causa de la infidelidad de los desterrados. 7 Entonces hicieron una proclama en Judá y Jerusalén a todos los desterrados para que se reunieran en Jerusalén, 8 y a cualquiera que no viniera dentro de tres días, conforme al consejo de los jefes y de los ancianos, le serían confiscadas todas sus posesiones y él mismo sería excluido de la asamblea de los desterrados.

10:3 ¹ O *del Señor.*

9:14
Los matrimonios mixtos estaban mal
Esdras estaba preocupado, porque el matrimonio con extranjeros a menudo llevaba a la idolatría y la adoración a los dioses falsos.

10:1
La conducta de Esdras
Él puede haberse sentido vencido por la tristeza debido a los pecados del pueblo. Sus acciones animaron a otros a arrepentirse.

10:9
El pueblo no estaba contento con la lluvia
La tierra seca no podía absorber el agua con suficiente rapidez, por eso las fuertes lluvias podrían resultar peligrosas y crear inundaciones.

10:14
La ira de Dios
Él no mostró su ira, sino que el pueblo tenía miedo de que Dios los castigara, así que cambiaron su forma de actuar.

10:17
Llevó mucho tiempo decidir estos casos
Este era un asunto serio. El concilio demoró tres meses en decidir 110 casos, porque se tomaron el tiempo para investigar cada uno en particular.

10:18-43
La importancia de esta lista
Esta lista indicaba quién era culpable, y les permitía a los inocentes limpiar sus nombres porque no estaban en la lista.

9 Se reunieron, pues, todos los hombres de Judá y Benjamín en Jerusalén dentro de los tres días. Era el mes noveno, el *día* veinte del mes, y todo el pueblo se sentó en la plaza *delante* de la casa de Dios, temblando a causa de este asunto y de la intensa lluvia. **10** Entonces se levantó el sacerdote Esdras y les dijo: «Ustedes han sido infieles y se han casado con mujeres extranjeras añadiendo *así* a la culpa de Israel. **11** Ahora pues, confiesen al SEÑOR, Dios de sus padres, y hagan Su voluntad; sepárense de los pueblos de esta tierra y de las mujeres extranjeras».

12 Toda la asamblea respondió, y dijo a gran voz: «¡Está bien! Tal como has dicho es nuestro deber cumplirlo. **13** Solo que el pueblo es numeroso, y es la temporada de lluvia, y no podemos permanecer afuera. Tampoco se puede hacer todo en un solo día ni en dos, porque hemos pecado en gran manera en este asunto. **14** Que nuestros jefes representen toda la asamblea y que todos aquellos en nuestras ciudades que se han casado con mujeres extranjeras vengan en tiempos señalados, junto con los ancianos y jueces de cada ciudad, hasta que la tremenda ira de nuestro Dios a causa de este asunto se aparte de nosotros». **15** Solamente Jonatán, hijo de Asael, y Jahazías, hijo de Ticva, se opusieron a esto, con Mesulam y el levita Sabetai respaldándolos.

16 Pero los desterrados sí lo hicieron. Y el sacerdote Esdras designó a hombres jefes de *casas* paternas por cada una de sus casas paternas, todos ellos por nombre. Y se reunieron[1] el primer día del mes décimo para investigar el asunto. **17** Terminaron *de investigar* a todos los hombres que se habían casado con mujeres extranjeras el primer día del mes primero.

18 Entre los hijos de los sacerdotes que se habían casado con mujeres extranjeras se encontraron, de los hijos de Jesúa, hijo de Josadac, y de sus hermanos: Maasías, Eliezer, Jarib y Gedalías. **19** (Ellos juraron despedir a sus mujeres, y siendo culpables, *ofrecieron* un carnero del rebaño por su delito). **20** De los hijos de Imer: Hananí y Zebadías; **21** de los hijos de Harim: Maasías, Elías, Semaías, Jehiel y Uzías; **22** de los hijos de Pasur: Elioenai, Maasías, Ismael, Natanael, Jozabad y Elasa.

23 Entre los levitas: Jozabad, Simei, Kelaía (es decir, Kelita), Petaías, Judá y Eliezer.

24 De los cantores: Eliasib, y de los porteros: Salum, Telem y Uri.

25 También entre los de Israel: de los hijos de Paros: Ramía, Jezías, Malquías, Mijamín, Eleazar, Malquías y Benaía; **26** de los hijos de Elam: Matanías, Zacarías, Jehiel, Abdi, Jeremot y Elías; **27** de los hijos de Zatu: Elioenai, Eliasib, Matanías, Jeremot, Zabad y Aziza; **28** de los hijos de Bebai: Johanán, Hananías, Zabai y Atlai; **29** de los hijos de Bani: Mesulam, Maluc, Adaía, Jasub, Seal y Ramot; **30** de los hijos de Pahat Moab: Adna, Quelal, Benaía, Maasías, Matanías, Bezalel, Binúi y Manasés; **31** *de* los hijos de Harim: Eliezer, Isías, Malquías, Semaías, Simeón, **32** Benjamín, Maluc y Semarías; **33** de los

10:16 [1] Lit. *se sentaron.*

hijos de Hasum: Matenai, Matata, Zabad, Elifelet, Jeremai, Manasés y Simei; 34 de los hijos de Bani: Madai, Amram, Uel, 35 Benaía, Bedías, Quelúhi, 36 Vanías, Meremot, Eliasib, 37 Matanías, Matenai, Jaasai, 38 Bani, Binúi, Simei, 39 Selemías, Natán, Adaía, 40 Macnadebai, Sasai, Sarai, 41 Azareel, Selemías, Semarías, 42 Salum, Amarías y José; 43 de los hijos de Nebo: Jeiel, Matatías, Zabad, Zebina, Jadau, Joel y Benaía. 44 Todos estos se habían casado con mujeres extranjeras, y algunos de ellos *tenían* mujeres que *les* habían dado hijos.

Nehemías

¿QUIÉN ESCRIBIÓ ESTE LIBRO?	Se desconoce el autor. Algunos estudiosos creen que fue escrito por Esdras.
¿POR QUÉ SE ESCRIBIÓ ESTE LIBRO?	El libro de Nehemías nos cuenta cómo Dios usó a Nehemías para reedificar la muralla de Jerusalén.
¿QUÉ OCURRE EN ESTE LIBRO?	Nehemías se convierte en gobernador de Judá. Él ayuda a los judíos a reconstruir las murallas de la ciudad. Nehemías también ayuda al pueblo de Judá a dejar de pecar.
¿QUÉ APRENDEMOS ACERCA DE DIOS EN ESTE LIBRO?	Dios quiere que su pueblo sea valiente y continúe haciendo su obra.
¿QUIÉN ES EL PERSONAJE PRINCIPAL DE ESTE LIBRO?	La persona más importante de este libro es Nehemías.
¿CUÁLES SON ALGUNAS DE LAS HISTORIAS DE ESTE LIBRO?	El pueblo reedifica la muralla — Nehemías 3
	Nehemías ayuda a los pobres — Nehemías 5
	Oposición a la obra — Nehemías 6
	Esdras lee la ley de Dios — Nehemías 8
	Los israelitas confiesan sus pecados — Nehemías 9
	Nehemías pide ser recordado — Nehemías 13

Una parte de la muralla de la ciudad de David, construida bajo la supervisión de Nehemías alrededor de 445 a. C.

Todd Bolen/www.BiblePlaces.com

ORACIÓN DE NEHEMÍAS POR LOS DESTERRADOS

1 Palabras de Nehemías, hijo de Hacalías:

En el mes de Quisleu, en el año veinte *del rey Artajerjes de Persia,* estando yo en la fortaleza de Susa, **2** vino Hananí, uno de mis hermanos, con algunos hombres de Judá, y les pregunté por los judíos, los que habían escapado y habían sobrevivido a la cautividad, y por Jerusalén. **3** Y me dijeron: «El remanente, los que sobrevivieron a la cautividad allá en la provincia, están en gran aflicción y oprobio, y la muralla de Jerusalén está derribada y sus puertas quemadas a fuego».

4 Cuando oí estas palabras, me senté y lloré; hice duelo *algunos* días, y estuve ayunando y orando delante del Dios del cielo. **5** Y dije: «Te ruego, oh SEÑOR, Dios del cielo, el grande y temible Dios, que guarda el pacto y la misericordia para con aquellos que lo aman y guardan Sus mandamientos, **6** que estén atentos Tus oídos y abiertos Tus ojos para oír la oración de Tu siervo, que yo hago ahora delante de Ti día y noche por los israelitas Tus siervos, confesando los pecados que los israelitas hemos cometido contra Ti; sí, yo y la casa de mi padre hemos pecado.

7 »Hemos procedido perversamente contra Ti y no hemos guardado los mandamientos, ni los estatutos, ni las ordenanzas que mandaste a Tu siervo Moisés. **8** Acuérdate ahora de la palabra que ordenaste a Tu siervo Moisés: *"Si* ustedes son infieles, Yo los dispersaré entre los pueblos; **9** pero *si* se vuelven a Mí y guardan Mis mandamientos y los cumplen, aunque sus desterrados estén en los confines de los cielos, de allí los recogeré y los traeré al lugar que he escogido para hacer morar Mi nombre allí". **10** Ellos son Tus siervos y Tu pueblo, los que Tú redimiste con Tu gran poder y con Tu mano poderosa. **11** Te ruego, oh Señor, que Tu oído esté atento ahora a la oración de Tu siervo y a la oración de Tus siervos que se deleitan en reverenciar Tu nombre. Haz prosperar hoy a Tu siervo, y concédele favor delante de este hombre».

Era yo entonces copero del rey.

NEHEMÍAS ENVIADO A JERUSALÉN

2 Aconteció que en el mes de Nisán, en el año veinte del rey Artajerjes, *estando ya* el vino delante de él, tomé el vino y se lo di al rey. Yo nunca había estado triste en su presencia. **2** Así que el rey me preguntó: «¿Por qué está triste tu rostro? Tú no estás enfermo; eso no es más que tristeza de corazón». Entonces tuve mucho temor, **3** y le dije al rey: «Viva para siempre el rey. ¿Cómo no ha de estar triste mi rostro cuando la ciudad, lugar de los sepulcros de mis padres, está desolada y sus puertas han sido consumidas por el fuego?».

4 Entonces el rey me dijo: «¿Qué es lo que pides?». Así que oré al Dios del cielo, **5** y respondí al rey: «Si le place al rey, y si su siervo ha hallado gracia delante de usted, envíeme a Judá, a la ciudad de los sepulcros de mis padres, para que yo la reedifique». **6** Entonces el rey me dijo, estando la reina sentada

1:1
Quisleu
Quisleu es el mes hebreo que corresponde al período de mediados de noviembre a mediados de diciembre en nuestro calendario.

1:11
Copero
Un copero era un sirviente que probaba el vino del rey antes de que él lo bebiera por si estaba envenenado. Nehemías debe haber sido también un consejero del rey.

© 2013 por Zondervan

2:2
Nehemías tuvo mucho temor
Él iba a pedir dejar su trabajo como copero, algo que sabía hacer, y pedirle al rey ayuda para restaurar una ciudad, algo que no sabía hacer. Además, Jerusalén era conocida por ser una ciudad difícil.

junto a él: «¿Cuánto durará tu viaje, y cuándo volverás?». Y le agradó al rey enviarme, y yo le di un plazo fijo. **7** Y le dije al rey: «Si le agrada al rey, que se me den cartas para los gobernadores *de las provincias* más allá del Río¹, para que me dejen pasar hasta que llegue a Judá, **8** y una carta para Asaf, guarda del bosque del rey, a fin de que me dé madera para hacer las vigas de las puertas de la fortaleza que está junto al templo¹, para la muralla de la ciudad y para la casa a la cual iré». Y el rey me *lo* concedió, porque la mano bondadosa de mi Dios *estaba* sobre mí.

9 Fui entonces a los gobernadores de más allá del Río y les entregué las cartas del rey. El rey también había enviado conmigo oficiales del ejército y hombres de a caballo. **10** Cuando se enteraron Sanbalat el horonita y Tobías el oficial¹ amonita, les disgustó mucho que alguien hubiera venido a procurar el bienestar de los israelitas.

11 Llegué a Jerusalén y después de estar allí tres días, **12** me levanté de noche, yo y unos pocos hombres conmigo, pero no informé a nadie lo que mi Dios había puesto en mi corazón que hiciera por Jerusalén. No llevaba conmigo ningún animal excepto el animal sobre el cual yo iba montado. **13** Salí de noche por la puerta del Valle hacia la fuente del Dragón y hacia la puerta del Muladar, inspeccionando las murallas de Jerusalén que estaban derribadas y sus puertas

2:7 ¹ I.e. Éufrates.   2:8 ¹ Lit. *a la casa.*   2:10 ¹ Lit. *siervo.*

2:10, 19
Sanbalat y Tobías
Estos hombres se habían vuelto ricos y poderosos al controlar Jerusalén. Probablemente no querían perder el control.

2:12
Nehemías mantuvo la misión en secreto
En Jerusalén vivían muchos que no eran judíos y podrían venderles el secreto a los enemigos de los judíos. Además, sin un plan claro para la reedificación de la muralla, a Nehemías le costaría convencer a la gente para que se uniera a su causa.

LA JERUSALÉN DE LOS EXILIADOS QUE REGRESARON

que estaban consumidas por el fuego. **14** Pasé luego hacia la puerta de la Fuente y hacia el Estanque del Rey, pero no había lugar para que pasara mi cabalgadura. **15** Así que subí de noche por el torrente e inspeccioné la muralla. Entonces entré de nuevo por la puerta del Valle y regresé. **16** Los oficiales no sabían adónde yo había ido ni qué había hecho. Tampoco se lo había hecho saber todavía a los judíos, ni a los sacerdotes, ni a los nobles, ni a los oficiales, ni a los demás que hacían la obra.

17 Entonces les dije: «Ustedes ven la mala situación en que estamos, que Jerusalén está desolada y sus puertas quemadas a fuego. Vengan, reedifiquemos la muralla de Jerusalén para que no seamos más motivo de burla». **18** Les conté cómo la mano de mi Dios había sido bondadosa conmigo, y también las palabras que el rey me había dicho. Entonces dijeron: «Levantémonos y edifiquemos». Y esforzaron sus manos en la buena *obra*. **19** Pero cuando se enteraron Sanbalat el horonita, Tobías el oficial amonita y Gesem el árabe, se burlaron de nosotros, nos despreciaron y dijeron: «¿Qué es esto que están haciendo? ¿Se están rebelando contra el rey?». **20** Yo les respondí: «El Dios del cielo nos dará éxito. Por tanto, nosotros Sus siervos nos levantaremos y edificaremos, pero ustedes no tienen parte ni derecho ni memorial en Jerusalén».

LA OBRA DE REEDIFICACIÓN

3 Entonces el sumo sacerdote Eliasib se levantó con sus hermanos los sacerdotes y edificaron la puerta de las Ovejas; la consagraron y asentaron sus hojas. Consagraron la muralla hasta la torre de los Cien y hasta la torre de Hananeel. **2** Junto a él edificaron los hombres de Jericó, y a su lado edificó Zacur, hijo de Imri.

3 La puerta del Pescado la edificaron los hijos de Senaa. Colocaron sus vigas y asentaron sus hojas, sus cerrojos y sus barras. **4** Junto a ellos hizo reparaciones Meremot, hijo de Urías, hijo de Cos. A su lado hizo reparaciones Mesulam, hijo de Berequías, hijo de Mesezabeel; y junto a este hizo reparaciones Sadoc, hijo de Baana. **5** A su lado hicieron también reparaciones los tecoítas, pero sus nobles no apoyaron la obra de sus señores.

6 La puerta Vieja la repararon Joiada, hijo de Paseah, y Mesulam, hijo de Besodías. Colocaron sus vigas y asentaron sus hojas con sus cerrojos y sus barras. **7** Junto a ellos, Melatías el gabaonita y Jadón el meronotita, hombres[1] de Gabaón y de Mizpa, hicieron también reparaciones para la sede oficial del gobernador *de la provincia* más allá del Río[2]. **8** A su lado hizo reparaciones Uziel, hijo de Harhaía, de los orfebres; y junto a él hizo reparaciones Hananías, uno de los perfumistas. Ellos restauraron a Jerusalén hasta la muralla Ancha. **9** Y junto a ellos hizo reparaciones Refaías, hijo de Hur, oficial de la mitad del distrito de Jerusalén.

2:12
Solo tomó un caballo para examinar la ciudad
Si hubiera habido más caballos, habría sido más difícil mantener la misión en secreto.

3:1-32
El plan para reedificar la muralla
El plan era continuar el patrón de los antiguos muros.

3:5
Los nobles de Tecoa se negaron a ayudar
Puede ser que nunca hayan salido de ese lugar y ahora estaban celosos de los recién llegados.

3:8
El perfume de Hananías
Los perfumistas de ese tiempo usaban ingredientes como aloe, bálsamo, cálamo, casia y canela. También comerciaban con savia, corteza, flores y raíces de lugares tan lejanos como la India.

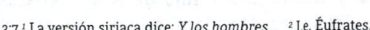

3:7 [1] La versión siriaca dice: *Y los hombres.*   [2] I.e. Éufrates.

3:12
Las hijas de Salum colaboraron

Quizás él no tenía hijos que pudieran ayudar. Nehemías debe haber querido mostrar que muchas personas apoyaban la reedificación de la muralla de la ciudad.

10 A su lado Jedaías, hijo de Harumaf, hizo reparaciones frente a su casa. Y junto a él hizo reparaciones Hatús, hijo de Hasabnías. **11** Malquías, hijo de Harim, y Hasub, hijo de Pahat Moab, repararon otra sección y la torre de Hornos. **12** Junto a él hizo reparaciones Salum, hijo de Halohes, oficial de la mitad del distrito de Jerusalén, él con sus hijas.

13 Hanún y los habitantes de Zanoa repararon la puerta del Valle. La edificaron y asentaron sus hojas con sus cerrojos y sus barras, y 1,000 codos (450 metros) de la muralla hasta la puerta del Muladar.

14 Malquías, hijo de Recab, oficial del distrito de Bet Haquerem reparó la puerta del Muladar. La edificó y asentó sus hojas, sus cerrojos y sus barras.

15 Salum, hijo de Col Hoze, oficial del distrito de Mizpa, reparó la puerta de la Fuente. La edificó, la revistió y asentó sus hojas, sus cerrojos y sus barras, y la muralla del estanque de Siloé en el jardín del rey hasta las gradas que descienden de la ciudad de David. **16** Después de él hizo reparaciones Nehemías, hijo de Azbuc, oficial de la mitad del distrito de Bet Sur, hasta *un punto* frente a los sepulcros de David, hasta el estanque artificial y hasta la casa de los valientes. **17** Tras él hicieron reparaciones los levitas *bajo* Rehum, hijo de Bani. Junto a él, Hasabías, oficial de la mitad del distrito de Keila, hizo reparaciones por su distrito. **18** Después de él hicieron reparaciones sus hermanos *bajo* Bavai, hijo de Henadad, oficial de *la otra* mitad del distrito de Keila. **19** Y junto a él, Ezer, hijo de Jesúa, oficial de Mizpa, reparó otra sección, enfrente de la subida al arsenal del Ángulo.

20 Después de él, Baruc, hijo de Zabai, con todo fervor reparó otra sección, desde el Ángulo hasta la puerta de la casa del sumo sacerdote Eliasib. **21** Tras él, Meremot, hijo de Urías, hijo de Cos, reparó otra sección, desde la puerta de la casa de Eliasib hasta el extremo de su casa. **22** Y después de él hicieron reparaciones los sacerdotes, los hombres del valle. **23** Tras ellos, Benjamín y Hasub hicieron reparaciones frente a su casa. Después de ellos, Azarías, hijo de Maasías, hijo de Ananías, hizo reparaciones junto a su casa. **24** Binúi, hijo de Henadad, reparó otra sección, desde la casa de Azarías hasta el Ángulo y hasta la esquina. **25** Palal, hijo de Uzai, *hizo reparaciones* frente al Ángulo y a la torre que sobresale de la casa alta del rey, que está junto al atrio de la guardia. Después de él *hizo reparaciones* Pedaías, hijo de Faros. **26** Los sirvientes del templo que habitaban en Ofel *hicieron reparaciones* hasta el frente de la puerta de las Aguas, hacia el oriente y hasta la torre sobresaliente. **27** Después de ellos, los tecoítas repararon otra sección frente a la gran torre sobresaliente y hasta el muro de Ofel.

28 Más arriba de la puerta de los Caballos, los sacerdotes hicieron reparaciones cada uno frente a su casa. **29** Después de ellos, Sadoc, hijo de Imer, hizo reparaciones frente a su casa. Y tras él hizo reparaciones Semaías, hijo de Secanías, portero de la puerta Oriental. **30** Después de él Hananías, hijo de Selemías, y Hanún, sexto hijo de Salaf, repararon otra sección. Tras ellos, Mesulam, hijo de Berequías, hizo reparaciones frente a su vivienda[j]. **31** Después de él, Malquías, uno de los orfebres, hizo reparaciones hasta la casa de los sirvientes del templo y de los mercaderes, frente a la puerta de la Inspección y hasta el aposento alto de la esquina. **32** Los orfebres y los mercaderes hicieron reparaciones entre el aposento alto de la esquina y la puerta de las Ovejas.

OPOSICIÓN DE LOS ENEMIGOS

4 **1** Cuando Sanbalat se enteró de que estábamos reedificando la muralla, se enfureció y se enojó mucho. Y burlándose de los judíos, **2** habló en presencia de sus hermanos y de los ricos[1] de Samaria, y dijo: «¿Qué hacen estos débiles judíos? ¿*La* restaurarán para sí mismos? ¿Podrán ofrecer sacrificios? ¿Terminarán en un día? ¿Harán revivir las piedras de los escombros polvorientos, aun las quemadas?». **3** Tobías el amonita *estaba* cerca de él, y dijo: «Aun lo que están edificando, si un zorro saltara sobre *ello*, derribaría su muralla de piedra».

4 Oye, oh Dios nuestro, cómo somos despreciados. Devuelve su oprobio sobre sus cabezas y entrégalos por despojo en una tierra de cautiverio. **5** No perdones su iniquidad, ni su pecado sea borrado de delante de Ti, porque han desmoralizado a los que edifican.

6 Y edificamos la muralla hasta que toda la muralla estaba unida hasta la mitad de su *altura,* porque el pueblo tuvo ánimo para trabajar.

7 **1** Cuando Sanbalat, Tobías, los árabes, los amonitas y los de Asdod se enteraron que continuaba la reparación de las murallas de Jerusalén, que las brechas comenzaban a ser cerradas, se enojaron mucho. **8** Y todos ellos conspiraron juntos para venir a luchar contra Jerusalén y causar disturbio en ella. **9** Entonces oramos a nuestro Dios, y para defendernos[j] montamos guardia contra ellos de día y de noche. **10** Pero se decía en Judá:

> «Desfallecen las fuerzas de los cargadores,
> Y queda mucho escombro;
> Nosotros no podemos
> Reedificar la muralla».

11 Y nuestros enemigos decían: «No sabrán ni verán hasta que entremos en medio de ellos y los matemos y hagamos cesar la obra».

12 Así que cuando los judíos que habitaban cerca de ellos vinieron y nos dijeron diez veces: «Subirán[1] contra nosotros de todo lugar adonde ustedes se vuelvan», **13** entonces aposté *hombres* en las partes más bajas del lugar, detrás de la muralla y en los sitios descubiertos; aposté al pueblo por familias con sus espadas, sus lanzas y sus arcos. **14** Cuando vi *su temor,* me levanté y dije a los nobles, a los oficiales y al resto del pueblo: «No les tengan miedo. Acuérdense del Señor, que es

4:2
La condición de las piedras
El fuego había dañado las piedras, que probablemente eran piedras calizas, y había ocasionado que muchas de ellas se agrietaran y desmoronaran.

4:4-5
Por qué Nehemías oró con tanta dureza
Nehemías oró de este modo porque Sanbalat y sus seguidores eran enemigos de Dios, los cuales querían desanimar al pueblo de Dios de hacer su obra.

4:10
Por qué los edificadores estaban perdiendo la fuerza
El trabajo era muy pesado, y ellos estaban desanimados por el acoso y las amenazas de sus enemigos (versículo 5).

Dominio público

3:30 [j] O *celda.*   4:1 [1] En el texto heb. cap. 3:33.   4:2 [1] O *del ejército.*   4:7 [1] En el texto heb. cap. 4:1.   4:9 [j] Lit. *y a causa de ellos.*   4:12 [1] Así en la versión gr. (sept.); el T.M. omite: *subirán.*

grande y temible, y luchen por sus hermanos, sus hijos, sus hijas, sus mujeres y sus casas».

15 Sucedió que nuestros enemigos se enteraron que conocíamos *sus* propósitos y que Dios había desbaratado sus planes; entonces todos nosotros volvimos a la muralla, cada uno a su trabajo. **16** Desde aquel día la mitad de mis hombres trabajaban en la obra mientras que la otra mitad portaba las lanzas, los escudos, los arcos y las corazas; y los capitanes *estaban* detrás de toda la casa de Judá. **17** Los que reedificaban la muralla y los que llevaban cargas llevaban la carga en una mano trabajando en la obra, y en la otra empuñaban un arma. **18** Cada uno de los que reedificaban tenía ceñida al lado su espada mientras edificaba. El que tocaba la trompeta *estaba* junto a mí. **19** Y dije a los nobles, a los oficiales y al resto del pueblo: «La obra es grande y extensa, y estamos separados en la muralla, lejos el uno del otro. **20** En el lugar que oigan el sonido de la trompeta, reúnanse allí con nosotros; nuestro Dios peleará por nosotros».

21 Hacíamos el trabajo con la mitad empuñando lanzas desde el despuntar del alba hasta que salían las estrellas. **22** En aquel tiempo dije también al pueblo: «Cada hombre con su ayudante pase la noche dentro de Jerusalén, para que nos sirvan de centinela por la noche y de obrero por el día». **23** Ni yo, ni mis hermanos, ni mis criados, ni los hombres de la guardia que me seguían, ninguno de nosotros se quitó la ropa; cada uno *llevaba* su arma *aun* en el agua[1].

PONER FIN A LA USURA

5 Y hubo gran clamor del pueblo y de sus mujeres contra sus hermanos judíos. **2** Había quienes decían: «Nosotros, nuestros hijos y nuestras hijas somos muchos; por tanto, que se nos dé trigo para que comamos y vivamos». **3** Había *otros* que decían: «Nosotros tenemos que empeñar nuestros campos, nuestras viñas y nuestras casas para conseguir grano, a causa del hambre». **4** También había *otros* que decían: «Hemos pedido dinero prestado para el impuesto del rey *sobre* nuestros campos y nuestras viñas. **5** Ahora bien, nuestra carne es como la carne de nuestros hermanos, y nuestros hijos como sus hijos. Sin embargo, estamos obligando a nuestros hijos y a nuestras hijas a que sean esclavos, y *algunas* de nuestras hijas *ya* están sometidas a servidumbre, y no podemos hacer nada porque nuestros campos y nuestras viñas pertenecen a otros».

6 Entonces me enojé en gran manera cuando oí su clamor y estas palabras. **7** Se rebeló mi corazón dentro de mí, y reprendí a los nobles y a los oficiales y les dije: «Ustedes están cobrando en exceso cada uno a su hermano». Por tanto congregué contra ellos una gran asamblea. **8** Y les dije: «Nosotros, conforme a nuestras posibilidades, hemos redimido a nuestros hermanos judíos que fueron vendidos a las naciones; y ahora, ¿venderían ustedes aun a sus hermanos para que sean vendidos a nosotros?». Ellos se quedaron callados y no hallaron respuesta que dar. **9** Agregué además:

4:23
No se cambiaban la ropa muy seguido

Nehemías y sus hombres trabajaban y dormían con la ropa puesta, a fin de estar listos para un ataque sorpresivo. Les llevó cincuenta y dos días completar los muros. ¡Así que deben haber usado la misma ropa todo el tiempo!

5:5
Por qué algunos judíos vendían a sus hijos como esclavos

Algunas veces, las personas de la antigüedad que poseían pocas propiedades tenían que pedir prestado dinero o bienes. Si no eran capaces de pagar la deuda, el que había prestado el dinero se llevaba al deudor o algún miembro de la familia como esclavo por un período como pago por el préstamo.

4:23 [1] Heb. *su arma al agua.*

«No está bien lo que hacen. ¿No deben andar en el temor de nuestro Dios a causa del oprobio de las naciones enemigas nuestras? **10** También yo *y* mis hermanos y mis siervos les hemos prestado dinero y grano. Les ruego, *pues*, que abandonemos esta usura. **11** Les ruego que hoy mismo les devuelvan sus campos, sus viñas, sus olivares y sus casas; también la centésima *parte* del dinero y del grano, del vino nuevo y del aceite que están exigiendo de ellos».

12 Entonces ellos dijeron: «*Lo* devolveremos y no les exigiremos nada; haremos tal como has dicho». Así que llamé a los sacerdotes y les hice jurar que harían conforme a esta promesa. **13** También sacudí los pliegues de mi manto y dije: «Así sacuda Dios de su casa y de sus bienes a todo hombre que no cumpla esta promesa; así sea sacudido y despojado». Y toda la asamblea dijo: «¡Amén!». Y alabaron al SEÑOR. Entonces el pueblo hizo conforme a esta promesa.

14 Además, desde el día en que *el rey* me mandó que fuera gobernador en la tierra de Judá, desde el año veinte hasta el año treinta y dos del rey Artajerjes, doce años, ni yo ni mis hermanos hemos comido del pan del gobernador. **15** Pero los gobernadores anteriores que me precedieron gravaban al pueblo y tomaban de ellos 40 siclos (456 gramos) de plata además del pan y del vino; también sus sirvientes oprimían al pueblo. Pero yo no hice así, a causa del temor de Dios. **16** También yo me dediqué a la obra en esta muralla; y no compramos ningún terreno, y todos mis siervos estaban reunidos allí para la obra.

17 Había a mi mesa 150 judíos y oficiales, sin contar los que vinieron a nosotros de las naciones que nos rodeaban. **18** Lo que se preparaba para cada día era un buey *y* seis ovejas escogidas, también eran preparadas aves para mí; cada diez días *se proveía* en abundancia toda clase de vino. Y con todo esto, no reclamé el pan del gobernador, porque la servidumbre era pesada sobre este pueblo. **19** Acuérdate de mí, Dios mío, para bien, *conforme a* todo lo que he hecho por este pueblo.

CONSPIRACIÓN CONTRA NEHEMÍAS

6 Cuando se les informó a Sanbalat, a Tobías, a Gesem el árabe y a los demás enemigos nuestros que yo había reedificado la muralla y que no quedaba ninguna brecha en ella (aunque en aquel tiempo yo no había asentado todavía las hojas en las puertas), **2** Sanbalat y Gesem enviaron a decirme: «Ven, reunámonos en Quefirim en el llano de Ono». Pero ellos tramaban hacerme daño. **3** Y les envié mensajeros, diciéndoles: «Yo estoy haciendo una gran obra y no puedo descender. ¿Por qué ha de detenerse la obra mientras la dejo y desciendo a ustedes?».

4 Cuatro veces me enviaron *mensajes* en la misma forma, y en cada ocasión yo les respondí de la misma manera. **5** Entonces Sanbalat, por quinta vez, me envió su siervo en la misma forma, con una carta abierta en su mano. **6** En ella estaba escrito: «Se ha oído entre las naciones, y Gasmu dice, que tú y los judíos están tramando rebelarse; por eso reedificas la muralla. Y según estos informes tú vas

5:14-18
La fuente de dinero de Nehemías
Nehemías probablemente ya era rico por su trabajo como copero real. El gobierno además debe haberle dado dinero.

5:17
Por qué Nehemías le dio de comer a todas esas personas
Era una costumbre persa que el gobernador sirviera una gran comida para sus oficiales y visitantes. Nehemías lo hizo sin cobrarle impuestos a la gente.

6:5
Por qué esta carta no estaba sellada
Una carta por lo general se escribía en una hoja de cuero o papiro. Luego el escritor la enrollaba, la ataba con una cuerda y la sellaba con arcilla. Había que romper el sello para poder desenrollar la carta. El sello aseguraba que la carta fuera entregada sin ser leída por nadie más. La carta abierta significaba que Sanbalat quería hacerla pública.

6:13
Semaías trató de hacer pecar a Nehemías

Semaías trató de asustar a Nehemías para hacerlo entrar al templo. Ambos sabían que solo los sacerdotes tenían permitido el ingreso. Esto hubiera sido un pecado. También lo habría sido ceder a las amenazas en vez de confiar en Dios.

6:15-16
Las naciones que estaban alrededor tenían miedo

Era un milagro que el equipo de Nehemías pudiera construir una muralla tan rápido. Las naciones vecinas reconocieron esto como una señal de que Dios tenía una relación especial con los judíos.

6:17-18
Tobías se opuso a los judíos

Tobías no quería que los judíos se volvieran poderosos, porque eso habría debilitado su propio poder.

7:3
Nehemías esperó para abrir las puertas

Por lo general, las puertas de la ciudad se abrían cada día al amanecer. Nehemías retrasó la apertura para impedir un ataque enemigo antes de que el pueblo de Jerusalén estuviera plenamente despierto y alerta.

a ser su rey. **7** También has puesto profetas para anunciar en Jerusalén *en* cuanto a ti: "Un rey está en Judá". Y ahora llegarán a oídos del rey estos informes. Ahora pues, ven, consultemos juntos». **8** Entonces le envié *un mensaje,* diciéndole: «No han sucedido esas cosas que tú dices, sino que las estás inventando en tu corazón». **9** Porque todos ellos *querían* atemorizarnos, pensando: «Ellos se desanimarán con la obra y no será hecha». Pero ahora, *oh Dios,* fortalece mis manos.

10 Cuando yo entré en casa de Semaías, hijo de Delaía, hijo de Mehetabel, que estaba encerrado *allí*, él dijo: «Reunámonos en la casa de Dios, dentro del templo, y cerremos las puertas del templo, porque vienen a matarte, vienen de noche a matarte». **11** Pero yo dije: «¿Huir un hombre como yo? ¿Y acaso uno como yo entraría al templo para salvar su vida? No entraré».

12 Entonces me di cuenta de que ciertamente Dios no lo había enviado, sino que había dicho su profecía contra mí porque Tobías y Sanbalat le habían pagado. **13** Le pagaron por esta razón: para que yo me atemorizara y obrara de esa manera y pecara, y así ellos tuvieran un mal informe *de mí* y pudieran reprocharme. **14** Acuérdate, Dios mío, de Tobías y de Sanbalat conforme a estas obras suyas, también de la profetisa Noadías y de los demás profetas que estaban atemorizándome.

15 La muralla fue terminada el veinticinco *del mes de* Elul, en cincuenta y dos días. **16** Cuando se enteraron todos nuestros enemigos y *lo* vieron todas las naciones que *estaban* alrededor nuestro, decayó su ánimo; porque reconocieron que esta obra había sido hecha *con la ayuda* de nuestro Dios. **17** También en aquellos días se enviaban muchas cartas de los nobles de Judá a Tobías, y de Tobías venían *cartas* a ellos. **18** Porque muchos en Judá estaban unidos a él bajo juramento porque él era yerno de Secanías, hijo de Ara, y su hijo Johanán se había casado con la hija de Mesulam, hijo de Berequías. **19** Además, hablaban de sus buenas obras en mi presencia y a él le informaban de mis palabras. *Y* Tobías me enviaba cartas para atemorizarme.

CENSO DE LOS PRIMEROS QUE VOLVIERON

7 Cuando la muralla quedó reconstruida y yo había asentado las puertas, y habían sido designados los porteros, los cantores y los levitas, **2** puse al frente de Jerusalén a mi hermano Hananí y a Hananías, jefe de la fortaleza, porque este *era* hombre fiel y temeroso de Dios más que muchos. **3** Entonces les dije: «No se abrirán las puertas de Jerusalén hasta que caliente el sol; y estando todavía los porteros en sus puestos, se cerrarán y atrancarán las puertas. Designen también guardias de los habitantes de Jerusalén, unos en su *puesto de* guardia, y otros delante de su casa». **4** La ciudad era espaciosa y grande, pero el pueblo dentro de ella era poco y no había casas reedificadas.

5 Entonces mi Dios puso en mi corazón reunir a los nobles, a los oficiales y al pueblo para que fueran inscritos por genealogías. Y encontré el libro de la genealogía de los que habían subido primero, y hallé escrito en él: **6** Estos son los hijos de la provincia que subieron de la cautividad, *aquellos* que Nabucodonosor, rey de Babilonia, había llevado cautivos y que volvieron a Jerusalén y a Judá, cada uno a su ciudad, **7** los cuales vinieron con Zorobabel, Jesúa, Nehemías, Azarías, Raamías, Nahamaní, Mardoqueo, Bilsán, Misperet, Bigvai, Nehum y Baana.

El número de hombres del pueblo de Israel: **8** los hijos de Paros, 2,172; **9** los hijos de Sefatías, 372; **10** los hijos de Ara, 652; **11** los hijos de Pahat Moab, de los hijos de Jesúa y de Joab, 2,818; **12** los hijos de Elam, 1,254; **13** los hijos de Zatu, 845; **14** los hijos de Zacai, 760; **15** los hijos de Binúi, 648; **16** los hijos de Bebai, 628; **17** los hijos de Azgad, 2,322; **18** los hijos de Adonicam, 667; **19** los hijos de Bigvai, 2,077; **20** los hijos de Adín, 655; **21** los hijos de Ater, de Ezequías, 98; **22** los hijos de Hasum, 328; **23** los hijos de Bezai, 324; **24** los hijos de Harif, 112; **25** los hijos de Gabaón, 95; **26** los hombres de Belén y Netofa, 188; **27** los hombres de Anatot, 128; **28** los hombres de Bet Azmavet, 42; **29** los hombres de Quiriat Jearim, Cafira y Beerot, 743; **30** los hombres de Ramá y Geba, 621; **31** los hombres de Micmas, 122; **32** los hombres de Betel[j] y Hai, 123; **33** los hombres del otro Nebo, 52; **34** los hijos del otro Elam, 1,254; **35** los hijos de Harim, 320; **36** los hombres[j] de Jericó, 345; **37** los hijos de Lod, Hadid y Ono, 721; **38** los hijos de Senaa, 3,930.

39 Los sacerdotes: los hijos de Jedaías de la casa de Jesúa, 973; **40** los hijos de Imer, 1,052; **41** los hijos de Pasur, 1,247; **42** los hijos de Harim, 1,017.

43 Los levitas: los hijos de Jesúa y de Cadmiel, de los hijos de Hodavías, 74. **44** Los cantores: los hijos de Asaf, 148. **45** Los porteros: los hijos de Salum, los hijos de Ater, los hijos de Talmón, los hijos de Acub, los hijos de Hatita, los hijos de Sobai, 138.

46 Los sirvientes del templo: los hijos de Ziha, los hijos de Hasufa, los hijos de Tabaot, **47** los hijos de Queros, los hijos de Siaha, los hijos de Padón, **48** los hijos de Lebana, los hijos de Hagaba, los hijos de Salmai, **49** los hijos de Hanán, los hijos de Gidel, los hijos de Gahar, **50** los hijos de Reaía, los hijos de Rezín, los hijos de Necoda, **51** los hijos de Gazam, los hijos de Uza, los hijos de Paseah, **52** los hijos de Besai, los hijos de Mehunim, los hijos de Nefisesim, **53** los hijos de Bacbuc, los hijos de Hacufa, los hijos de Harhur, **54** los hijos de Bazlut, los hijos de Mehída, los hijos de Harsa, **55** los hijos de Barcos, los hijos de Sísara, los hijos de Tema, **56** los hijos de Nezía, los hijos de Hatifa.

57 Los hijos de los siervos de Salomón: los hijos de Sotai, los hijos de Soferet, los hijos de Perida, **58** los hijos de Jaala, los hijos de Darcón, los hijos de Gidel, **59** los hijos de Sefatías, los hijos de Hatil, los hijos de Poqueret Hazebaim, los hijos de Amón.

60 El total de los sirvientes del templo y de los hijos de los siervos de Salomón *era de* 392.

61 Estos *fueron* los que subieron de Tel Mela, Tel Harsa, Querub, Adón e Imer, aunque no pudieron demostrar si sus casas paternas o su descendencia eran de Israel: **62** los hijos

7:5
Dios impulsó a Nehemías a registrar a todo el pueblo

Registrar al pueblo era una manera de que Dios los uniera. Luego ellos les darían el control a las casas paternas en vez de a los jefes de las ciudad, purificarían al sacerdocio y se unirían para recaudar dinero.

7:32 [j] I.e. Casa de Dios.   7:36 [j] Lit. *hijos.*

7:64

Estos sacerdotes quedaron descalificados

Los requisitos eran muy estrictos para los sacerdotes con el fin de mantener la pureza del sacerdocio. Cualquiera que no pudiera demostrar por medio de los registros familiares que era elegible para el sacerdocio, sería considerado inmundo.

8:2-3

Esdras lee la ley de Moisés

Probablemente Esdras leyó la ley entera, pero no en una noche sola. El festival duraba siete u ocho días, lo cual habría sido tiempo suficiente para leer toda la ley: los cinco primeros libros de la Biblia.

8:7-8

Por qué precisaban tantos levitas

Los levitas deben haber traducido el hebreo original al arameo. Como muchas de esas personas habían estado cautivas en Persia, seguramente entenderían mejor el arameo. O Esdras debe haber leído una sección y luego los levitas la explicaban. También es posible que Esdras haya leído y después los levitas repitieran la ley todos juntos.

de Delaía, los hijos de Tobías, los hijos de Necoda, 642. **63** De los sacerdotes: los hijos de Habaía, los hijos de Cos, los hijos de Barzilai, que había tomado por mujer a una de las hijas de Barzilai el galaadita, con cuyo nombre fue llamado. **64** Estos buscaron *en* su registro de genealogías pero no se hallaron, y fueron considerados inmundos *y excluidos* del sacerdocio. **65** Y el gobernador les dijo que no comieran de las cosas santísimas hasta que un sacerdote se levantara con Urim y Tumim.

66 Toda la asamblea reunida *era de* 42,360, **67** sin contar sus siervos y siervas, que *eran* 7,337; y tenían 245 cantores y cantoras. **68** Sus caballos *eran* 736; sus mulos, 245[1]; **69** [1]*sus* camellos, 435; *sus* asnos, 6,720.

70 Algunos de los jefes de *casas* paternas contribuyeron para la obra. El gobernador dio para el tesoro 1,000 dracmas (8.5 kilos) de oro, 50 tazones *y* 530 túnicas sacerdotales. **71** Los jefes de *casas* paternas dieron para el tesoro de la obra 20,000 dracmas (170 kilos) de oro y 2,200 minas (1,254 kilos) de plata. **72** Lo que dio el resto del pueblo *fue* 170 kilos de oro, 1,140 kilos de plata y 67 túnicas sacerdotales.

73 Y los sacerdotes, los levitas, los porteros, los cantores, *algunos* del pueblo, los sirvientes del templo y el resto de Israel habitaron en sus ciudades.

Cuando llegó el mes séptimo, los israelitas *ya estaban* en sus ciudades.

ESDRAS LEE LA LEY

8 Todo el pueblo se reunió como un solo hombre en la plaza que *estaba* delante de la puerta de las Aguas, y pidieron al escriba Esdras que trajera el libro de la ley de Moisés que el SEÑOR había dado a Israel. **2** Entonces el sacerdote Esdras trajo la ley delante de la asamblea de hombres y mujeres y de todos los que *podían* entender lo que oían. Era el primer día del mes séptimo. **3** Y leyó en el libro frente a la plaza que *estaba* delante de la puerta de las Aguas, desde el amanecer hasta el mediodía, en presencia de hombres y mujeres y de los que podían entender; y los oídos de todo el pueblo estaban atentos al libro de la ley.

4 El escriba Esdras estaba sobre un estrado de madera que habían hecho para *esta* ocasión. Junto a él, a su derecha, estaban Matatías, Sema, Anías, Urías, Hilcías y Maasías; y a su izquierda, Pedaías, Misael, Malquías, Hasum, Hasbadana, Zacarías *y* Mesulam. **5** Esdras abrió el libro a la vista de todo el pueblo, pues él estaba en un lugar más alto que todo el pueblo; y cuando lo abrió, todo el pueblo se puso en pie. **6** Entonces Esdras bendijo al SEÑOR, el gran Dios. Y todo el pueblo respondió: «¡Amén, Amén!», mientras alzaban las manos. Después se postraron y adoraron al SEÑOR rostro en tierra. **7** También Jesúa, Bani, Serebías, Jamín, Acub, Sabetai, Hodías, Maasías, Kelita, Azarías, Jozabed, Hanán, Pelaías, y los levitas, explicaban la ley al pueblo mientras el pueblo *permanecía* en su lugar. **8** Y leyeron *en* el libro de la ley de Dios, interpretándolo y dándo*le* el sentido para que entendieran la lectura.

7:68 [1] Así en algunos mss., en la versión gr. (sept.) y en Esd. 2:66; el T.M. omite este vers.   7:69 [1] En el texto heb. vers. 68.

9 Entonces Nehemías, que era el gobernador, y Esdras, el sacerdote *y* escriba, y los levitas que enseñaban al pueblo, dijeron a todo el pueblo: «Este día es santo para el SEÑOR su Dios; no se entristezcan, ni lloren». Porque todo el pueblo lloraba al oír las palabras de la ley. **10** También les dijo: «Vayan, coman de la grasa, beban de lo dulce, y manden raciones a los que no tienen nada preparado; porque este día es santo para nuestro Señor. No se entristezcan, porque la alegría del SEÑOR es la fortaleza de ustedes». **11** Los levitas calmaron a todo el pueblo diciéndole: «Callen, porque el día es santo, no se entristezcan». **12** Entonces todo el pueblo se fue a comer, a beber, a mandar porciones y a celebrar una gran fiesta, porque comprendieron las palabras que les habían enseñado.

13 Al segundo día los jefes de *casas* paternas de todo el pueblo, los sacerdotes y los levitas se reunieron *junto* al escriba Esdras para entender las palabras de la ley. **14** Y encontraron escrito en la ley que el SEÑOR había mandado por medio de Moisés que los israelitas habitaran en tabernáculos¹ durante la fiesta del mes séptimo. **15** Así que ellos dieron a conocer *esta* proclama en todas sus ciudades y en Jerusalén: «Salgan al monte y traigan ramas de olivo, ramas de olivo silvestre, ramas de mirto, ramas de palmera y ramas de *otros* árboles frondosos, para hacer tabernáculos, como está escrito».

16 El pueblo salió y trajeron las ramas y se hicieron tabernáculos, cada uno en su terrado, en sus patios, en los patios de la casa de Dios, en la plaza de la puerta de las Aguas y en la plaza de la puerta de Efraín. **17** Toda la asamblea de los que habían regresado de la cautividad hicieron tabernáculos y habitaron en ellos. Los israelitas ciertamente no habían hecho de esta manera desde los días de Josué, hijo de Nun, hasta aquel día. Y hubo gran regocijo. **18** *Esdras* leyó del libro de la ley de Dios cada día, desde el primer día hasta el último día. Celebraron la fiesta siete días, y al octavo día *hubo* una asamblea solemne según lo establecido.

ARREPENTIMIENTO Y CONFESIÓN

9 El día veinticuatro de ese mes se congregaron los israelitas en ayuno, *vestidos* de cilicio y con polvo sobre sí. **2** Y los descendientes de Israel se separaron de todos los extranjeros, y se pusieron en pie, confesando sus pecados y las iniquidades de sus padres. **3** Puestos de pie, *cada uno* en su lugar, una cuarta parte del día estuvieron leyendo en el libro de la ley del SEÑOR su Dios, y *otra* cuarta parte, estuvieron confesando y adorando al SEÑOR su Dios. **4** Y sobre el estrado de los levitas se levantaron Jesúa, Bani, Cadmiel, Sebanías, Buni, Serebías, Bani y Quenani, y clamaron en alta voz al SEÑOR su Dios.

8:17
Por qué la Fiesta de los Tabernáculos no se había celebrado por tanto tiempo

La fiesta era una celebración de cuando Dios les dio la tierra prometida a los judíos después de vagar por el desierto durante años. Sin embargo, ellos no podían celebrar esta fiesta cuando se encontraban en cautiverio. Ahora que estaban en casa, se sentían felices de celebrarla.

Familia de los días modernos celebrando la Fiesta de los Tabernáculos.
© ChameleonsEye/Shutterstock

8:14 ¹ O *tiendas.*

9:5-38
El propósito de esta oración

Los judíos recitaban su historia como un recordatorio de cómo sus antepasados le habían dado la espalda a Dios y cómo él los había perdonado. Ellos prometieron no volver a cometer los mismos errores, e hicieron un nuevo pacto con Dios de obediencia.

9:15
Por qué Dios se describe haciendo un juramento

Esta frase se utiliza para mostrar que Dios ciertamente cumpliría su promesa.

⁵ Entonces los levitas, Jesúa, Cadmiel, Bani, Hasabnías, Serebías, Hodías, Sebanías y Petaías, dijeron: «Levántense, bendigan al SEÑOR su Dios por siempre y para siempre.

　　Sea bendito Tu glorioso nombre
　　Y exaltado sobre toda bendición y alabanza.
⁶　Solo Tú eres el SEÑOR.
　　Tú hiciste los cielos,
　　Los cielos de los cielos con todo su ejército,
　　La tierra y todo lo que en ella hay,
　　Los mares y todo lo que en ellos hay.
　　Tú das vida a todos ellos
　　Y el ejército de los cielos se postra ante Ti.
⁷　Tú eres el SEÑOR Dios
　　Que escogiste a Abram,
　　Lo sacaste de Ur de los caldeos
　　Y le diste por nombre Abraham.
⁸　Hallaste fiel su corazón delante de Ti,
　　E hiciste con él un pacto
　　Para dar*le* la tierra del cananeo,
　　Del hitita, del amorreo,
　　Del ferezeo, del jebuseo y del gergeseo,
　　Para darla a su descendencia.
　　Y has cumplido Tu palabra, porque eres justo.

⁹　»Tú viste la aflicción de nuestros padres en Egipto,
　　Y escuchaste su clamor junto al mar Rojo¹.
¹⁰　Entonces hiciste señales y maravillas contra Faraón,
　　Contra todos sus siervos y contra todo el pueblo de su tierra;
　　Pues supiste que ellos los trataban con soberbia,
　　Y te hiciste un nombre como el de hoy.
¹¹　Dividiste el mar delante de ellos,
　　Y pasaron por medio del mar sobre tierra firme;
　　Y echaste en los abismos a sus perseguidores,
　　Como a una piedra en aguas turbulentas.
¹²　Con columna de nube los guiaste de día,
　　Y con columna de fuego de noche,
　　Para alumbrarles el camino
　　En que debían andar.
¹³　Luego bajaste sobre el monte Sinaí,
　　Y desde el cielo hablaste con ellos;
　　Les diste ordenanzas justas y leyes verdaderas,
　　Estatutos y mandamientos buenos.
¹⁴　Les hiciste conocer Tu santo día de reposo,
　　Y les entregaste mandamientos, estatutos y la ley
　　Por medio de Tu siervo Moisés.
¹⁵　Les proveíste pan del cielo para su hambre,
　　Les sacaste agua de la peña para su sed,
　　Y les dijiste que entraran a poseer
　　La tierra que Tú habías jurado darles.

¹⁶　»Pero ellos, nuestros padres, obraron con soberbia,
　　Fueron tercos¹ y no escucharon Tus mandamientos.
¹⁷　Rehusaron escuchar,

9:9 ¹ Lit. *mar de Cañas.*　　　9:16 ¹ Lit. *endurecieron su cerviz.*

Y no se acordaron de las maravillas que hiciste entre
   ellos;
Fueron tercos y eligieron un jefe para volver a su
   esclavitud en Egipto[1].
Pero Tú eres un Dios de perdón,
Clemente y compasivo,
Lento para la ira y abundante en misericordia,
Y no los abandonaste.
18 Ni siquiera cuando hicieron
   Un becerro de metal fundido
   Y dijeron: "Este es tu Dios
   Que te sacó de Egipto",
   Y cometieron grandes blasfemias,
19 En Tu gran compasión,
   Tú no los abandonaste en el desierto.
   La columna de nube no los dejó de día
   Para guiarlos en el camino,
   Ni la columna de fuego de noche para alumbrarles el
      camino por donde debían andar.
20 Y diste Tu buen Espíritu para instruirles;
   No retiraste Tu maná de su boca,
   Y les diste agua para su sed.
21 Por cuarenta años proveíste para ellos en el desierto *y*
      nada les faltó,
   Sus vestidos no se gastaron ni se hincharon sus pies.
22 También les diste reinos y pueblos,
   Y se *los* repartiste con *sus* límites.
   Tomaron posesión de la tierra de Sehón, rey[1] de Hesbón,
   Y la tierra de Og, rey de Basán.
23 Multiplicaste sus hijos como las estrellas del cielo,
   Y los llevaste a la tierra
   Que habías dicho a sus padres que entraran a poseer*la*.
24 Así que entraron los hijos y poseyeron la tierra.
   Y Tú sometiste delante de ellos a los habitantes de la
      tierra, a los cananeos,
   Y los entregaste en su mano, con sus reyes y los
      pueblos de la tierra,
   Para hacer con ellos como quisieran.
25 Capturaron ciudades fortificadas y una tierra fértil.
   Tomaron posesión de casas llenas de toda cosa buena,
   Cisternas excavadas, viñas y olivares,
   Y árboles frutales en abundancia.
   Comieron, se saciaron, engordaron
   Y se deleitaron en tu gran bondad.

26 »Pero fueron desobedientes y se rebelaron contra Ti,
   Echaron Tu ley a sus espaldas,
   Mataron a Tus profetas que los amonestaban[1]
   Para que se volvieran a Ti;
   Y cometieron grandes blasfemias[2].
27 Entonces los entregaste en mano de sus enemigos,
      que los oprimieron;

9:19
La columna de nube y la columna de fuego

Cuando Israel salió de Egipto, Dios los guio en el desierto mediante una columna de nube y una columna de fuego (Éxodo 13:21-22). Cada vez que Dios quería que el pueblo se moviera, la columna avanzaba, y cuando quería que se quedaran en un lugar, la columna se detenía encima del tabernáculo.

9:26
El significado de echar la ley a sus espaldas

Eso significa que ignoraron la ley de Dios.

9:17 [1] Así en algunos mss. y en la versión gr. (sept.); en el T.M., *en su rebelión.*
9:22 [1] Así en un ms. y en la versión gr. (sept.); en el T.M., *y la tierra del rey.*
9:26 [1] O *les testificaban.*   [2] Lit. *provocaciones.*

Pero en el tiempo de su angustia clamaron a Ti,
Y Tú escuchaste desde el cielo, y conforme a Tu gran
    compasión
Les diste libertadores que los libraron de mano de sus
    opresores.

28 Pero cuando tenían descanso, volvían a hacer lo malo
    delante de Ti;
Por tanto, Tú los abandonabas en mano de sus
    enemigos para que los dominaran.
Cuando clamaban de nuevo a Ti, Tú oías desde el cielo
Y muchas veces los rescataste conforme a Tu
    compasión.

29 Los amonestaste para que volvieran a Tu ley,
Pero ellos obraron con soberbia y no escucharon
    Tus mandamientos, sino que pecaron contra Tus
    ordenanzas,
Las cuales si el hombre las cumple, por ellas vivirá.
Dieron la espalda en rebeldía, fueron tercos y no
    escucharon.

30 Sin embargo, Tú fuiste paciente con ellos por muchos
    años,
Y los amonestaste con Tu Espíritu por medio de Tus
    profetas,
Pero no prestaron oído.
Entonces los entregaste en mano de los pueblos de
    estas tierras.

31 Pero en Tu gran compasión no los exterminaste ni los
    abandonaste,
Porque Tú eres un Dios clemente y compasivo.

32 »Ahora pues, Dios nuestro, Dios grande, poderoso y
    temible, que guardas el pacto y la misericordia,
No parezca insignificante ante Ti toda la aflicción
Que nos ha sobrevenido, a nuestros reyes, a nuestros
    príncipes, a nuestros sacerdotes, a nuestros
    profetas, a nuestros padres y a todo Tu pueblo,
Desde los días de los reyes de Asiria hasta el día de hoy.

33 Pero Tú eres justo en todo lo que ha venido sobre
    nosotros,
Porque Tú has obrado fielmente,
Pero nosotros, perversamente.

34 Nuestros reyes, nuestros jefes, nuestros sacerdotes y
    nuestros padres no han observado Tu ley
Ni han hecho caso a Tus mandamientos ni a Tus
    amonestaciones[1] con que los amonestabas[2].

35 Pero ellos en su propio reino,
Con los muchos bienes que Tú les diste,
Con la espaciosa y rica tierra que pusiste delante de
    ellos,
No te sirvieron ni se convirtieron de sus malas obras.

36 Por tanto, hoy somos esclavos,
Y en cuanto a la tierra que diste a nuestros padres
Para comer de sus frutos y de sus bienes,
Ahora somos esclavos en ella.

9:34 [1] Lit. *testimonios.*   [2] O *testificabas.*

37 Y su abundante fruto es para los reyes
Que Tú pusiste sobre nosotros a causa de nuestros
   pecados,
Los cuales dominan nuestros cuerpos
Y nuestros ganados como les place,
Y en gran angustia estamos.

38 1A causa de todo esto, nosotros hacemos un pacto fiel por escrito; y en el documento sellado *están los nombres de* nuestros jefes, nuestros levitas *y* nuestros sacerdotes».

PACTO DEL PUEBLO

10 1En el documento sellado *estaban los nombres de* Nehemías el gobernador, hijo de Hacalías, y Sedequías, 2 Seraías, Azarías, Jeremías, 3 Pasur, Amarías, Malquías, 4Hatús, Sebanías, Maluc, 5Harim, Meremot, Obadías, 6Daniel, Ginetón, Baruc, 7Mesulam, Abías, Mijamín, 8Maazías, Bilgaí y Semaías. Estos *eran* los sacerdotes.

9 Y los levitas: Jesúa, hijo de Azanías, Binúi, de los hijos de Henadad, Cadmiel; 10 también sus hermanos Sebanías, Hodías, Kelita, Pelaías, Hanán, 11 Micaía, Rehob, Hasabías, 12Zacur, Serebías, Sebanías, 13Hodías, Bani y Beninu.

14 Los jefes del pueblo: Paros, Pahat Moab, Elam, Zatu, Bani, 15 Buni, Azgad, Bebai, 16 Adonías, Bigvai, Adín, 17 Ater, Ezequías, Azur, 18 Hodías, Hasum, Bezai, 19 Harif, Anatot, Nebai, 20 Magpías, Mesulam, Hezir, 21 Mesezabeel, Sadoc, Jadúa, 22Pelatías, Hanán, Anaías, 23Oseas, Hananías, Hasub, 24 Halohes, Pilha, Sobec, 25 Rehum, Hasabna, Maasías, 26Ahías, Hanán, Anán, 27Maluc, Harim *y* Baana.

28 Y el resto del pueblo, los sacerdotes, los levitas, los porteros, los cantores, los sirvientes del templo, y todos los que se han apartado de los pueblos de las tierras para aceptar la ley de Dios, también sus mujeres, sus hijos y sus hijas, y todos los que tienen conocimiento y entendimiento, 29 se adhieren a sus parientes, sus nobles, y toman sobre sí un voto y un juramento de andar en la ley de Dios que fue dada por medio de Moisés, siervo de Dios, y de guardar y cumplir todos los mandamientos de DIOS1 nuestro Señor, y Sus ordenanzas y Sus estatutos; 30 y que no daremos nuestras hijas a los pueblos de la tierra ni tomaremos sus hijas para nuestros hijos. 31En cuanto a los pueblos de la tierra que traigan mercancías o cualquier *clase de* grano para vender en el día de reposo, no compraremos de ellos en día de reposo ni en día santo. También renunciaremos a *las cosechas* del año séptimo y a la exigencia de toda deuda.

32 Además, nos imponemos la obligación1 de contribuir con un tercio de un siclo (11.4 gramos de plata) al año para el servicio de la casa de nuestro Dios: 33 para los panes de la proposición y la ofrenda continua de cereal; para el holocausto continuo, los días de reposo, las lunas nuevas y las fiestas señaladas;

10:29
Lo que significaba tomar sobre sí un voto y un juramento
Esto significaba hacerle una promesa a Dios cuyo castigo por no cumplirla era la maldición.

10:33
Las lunas nuevas
La fiesta de la luna nueva se celebraba al comienzo de cada mes. Ellos hacían sacrificios especiales, tocaban las trompetas y descansaban del trabajo.

© Dennis van de Water/Shutterstock

9:38 1 En el texto heb. cap. 10:1.   10:1 1 En el texto heb. cap. 10:2.   10:29 1 Heb. *YHWH*, generalmente traducido *SEÑOR*.   10:32 1 Lit. *mandamientos.*

10:34
Echar suertes
Esta era una manera de tomar decisiones. Nadie sabe exactamente cómo se echaban las suertes, pero deben de haber usado palillos marcados o sacado pequeñas piedras de un recipiente. Los israelitas confiaban en que Dios controlaba el resultado.

10:34
Por qué trajeron madera al templo
El fuego ardía continuamente en el altar, por esa razón necesitaban grandes cantidades de leña.

10:36
Por qué les traían los primogénitos a los sacerdotes
Ellos dedicaban al primogénito como una forma de recordar que todo le pertenecía a Dios. Esta ley les recordaba la Pascua y cómo Dios había matado a los primogénitos de los egipcios, pero había salvado a los hijos de Israel (ver Éxodo 13:14-16). El pueblo también traía un animal primogénito para sacrificarlo.

11:1-2
Por qué eligieron a algunos para que vivieran en Jerusalén
La mayoría del pueblo seguro quería quedarse en la tierra que era de su familia, pero los líderes deseaban asegurarse de que algunos volvieran a vivir en Jerusalén también. Por lo tanto, echaron suertes para elegir a algunas personas que se establecieran allí.

11:4-18
Quiénes terminaron viviendo en Jerusalén
En estos versículos se menciona un total de 3,044 hombres, así que con las mujeres y los niños la población debe haber sido probablemente de entre 5,000 y 8,000

para las cosas sagradas, para las ofrendas por el pecado para hacer expiación por Israel y *para* toda la obra de la casa de nuestro Dios.

34 Asimismo echamos suertes para la provisión de madera *entre* los sacerdotes, los levitas y el pueblo para que la traigan a la casa de nuestro Dios, conforme a nuestras casas paternas, en los tiempos fijados cada año, para quemar sobre el altar del SEÑOR nuestro Dios, como está escrito en la ley. **35** Además *nos hemos propuesto* traer cada año los primeros frutos de nuestra tierra y los primeros frutos de todo árbol a la casa del SEÑOR, **36** y traer a la casa de nuestro Dios los primogénitos de nuestros hijos y de nuestros ganados como está escrito en la ley; los primogénitos de nuestras vacas y de nuestras ovejas son para los sacerdotes que ministran en la casa de nuestro Dios.

37 También traeremos las primicias de nuestra harina y nuestras ofrendas del fruto de todo árbol, del vino nuevo y del aceite para los sacerdotes a las cámaras de la casa de nuestro Dios, y el diezmo de nuestras cosechas a los levitas, porque los levitas son los que reciben los diezmos en todas las ciudades donde trabajamos. **38** Y un sacerdote, hijo de Aarón, estará con los levitas cuando los levitas reciban los diezmos, y los levitas llevarán la décima parte de los diezmos a la casa de nuestro Dios, a las cámaras del almacén. **39** Porque los israelitas y los hijos de Leví llevan la contribución del cereal, del vino nuevo y del aceite a las cámaras; allí están los utensilios del santuario, los sacerdotes que ministran, los porteros y los cantores. Así no descuidaremos la casa de nuestro Dios.

LOS HABITANTES DE JERUSALÉN

11 Los jefes del pueblo habitaron en Jerusalén, pero el resto del pueblo echó suertes a fin de traer uno de cada diez para que habitara en Jerusalén, la ciudad santa, mientras los otros nueve *se quedarían* en las *otras* ciudades. **2** Y el pueblo bendijo a todos los hombres que se ofrecieron para habitar en Jerusalén.

3 Estos son los jefes de la provincia que habitaron en Jerusalén (en las ciudades de Judá cada cual habitó en su propiedad, en sus ciudades; los israelitas, los sacerdotes, los levitas, los sirvientes del templo, los descendientes de los siervos de Salomón.

4 Algunos de los hijos de Judá y algunos de los hijos de Benjamín habitaron en Jerusalén): De los hijos de Judá: Ataías, hijo de Uzías, hijo de Zacarías, hijo de Amarías, hijo de Sefatías, hijo de Mahalaleel, de los hijos de Fares, **5** y Maasías, hijo de Baruc, hijo de Col Hoze, hijo de Hazaías, hijo de Adaías, hijo de Joiarib, hijo de Zacarías, hijo de Siloni. **6** Todos los hijos de Fares que habitaron en Jerusalén *fueron* 468 hombres fuertes.

7 Estos son los hijos de Benjamín: Salú, hijo de Mesulam, hijo de Joed, hijo de Pedaías, hijo de Colaías, hijo de Maasías, hijo de Itiel, hijo de Jesaías; **8** y después de él, Gabai y Salai, 928. **9** Joel, hijo de Zicri, *era* su superintendente, y Judá, hijo de Senúa, *era* segundo en el mando de la ciudad.

10 De los sacerdotes: Jedaías, hijo de Joiarib, Jaquín, **11** Seraías, hijo de Hilcías, hijo de Mesulam, hijo de Sadoc, hijo de Meraiot, hijo de Ahitob, jefe de la casa de Dios, **12** y sus parientes que hacían la obra del templo, 822; y Adaías, hijo de Jeroham, hijo de Pelalías, hijo de Amsi, hijo de Zacarías, hijo de Pasur, hijo de Malquías, **13** y sus parientes, jefes de *casas* paternas, 242; y Amasai, hijo de Azareel, hijo de Azai, hijo de Mesilemot, hijo de Imer, **14** y sus parientes, guerreros valientes, 128. Su superintendente *era* Zabdiel, hijo de Gedolim.

15 De los levitas: Semaías, hijo de Hasub, hijo de Azricam, hijo de Hasabías, hijo de Buni; **16** Sabetai y Jozabad, de los jefes de los levitas, encargados de la obra fuera de la casa de Dios; **17** Matanías, hijo de Micaía, hijo de Zabdi, hijo de Asaf, que era jefe para comenzar la acción de gracias en la oración, y Bacbuquías, el segundo entre sus hermanos; y Abda, hijo de Samúa, hijo de Galal, hijo de Jedutún. **18** El total de los levitas en la ciudad santa *era* de 284.

19 Y los porteros, Acub, Talmón y sus parientes, que guardaban las puertas, *eran* 172. **20** El resto de Israel, de los sacerdotes *y* de los levitas *estaban* en todas las ciudades de Judá, cada uno en su heredad. **21** Pero los sirvientes del templo habitaban en Ofel; y Ziha y Gispa estaban encargados de los sirvientes del templo.

22 El superintendente de los levitas en Jerusalén *era* Uzi, hijo de Bani, hijo de Hasabías, hijo de Matanías, hijo de Micaía, de los hijos de Asaf, cantores para el servicio de la casa de Dios. **23** Porque *había* un mandato del rey acerca de ellos y un reglamento fijo para los cantores de cada día. **24** Y Petaías, hijo de Mesezabeel, de los hijos de Zera, hijo de Judá, *era* representante¹ del rey en todos los asuntos del pueblo.

25 En cuanto a las aldeas con sus campos, algunos de los hijos de Judá habitaron en Quiriat Arba y sus ciudades¹, en Dibón y sus ciudades, en Jecabseel y sus aldeas, **26** en Jesúa, en Molada y Bet Pelet, **27** en Hazar Sual, en Beerseba y sus ciudades, **28** en Siclag, en Mecona y sus ciudades, **29** en En Rimón, en Zora, en Jarmut, **30** Zanoa, Adulam y sus aldeas, Laquis y sus campos, Azeca y sus ciudades. Y ellos acamparon desde Beerseba hasta el valle de Hinom.

31 Los hijos de Benjamín *habitaron* también desde Geba, en Micmas y Aía, en Betel¹ y sus ciudades, **32** en Anatot, Nob, Ananías, **33** Hazor, Ramá, Gitaim, **34** Hadid, Seboim, Nebalat, **35** Lod y Ono, el valle de los artífices. **36** Y de los levitas, *algunos* grupos de Judá *habitaban* en Benjamín.

SACERDOTES Y LEVITAS

12 Estos son los sacerdotes y los levitas que subieron con Zorobabel, hijo de Salatiel, y con Jesúa: Seraías, Jeremías, Esdras, **2** Amarías, Maluc, Hatús, **3** Secanías, Rehum, Meremot, **4** Iddo, Ginetón, Abías, **5** Mijamín, Maadías, Bilga, **6** Semaías, Joiarib, Jedaías, **7** Salú, Amoc, Hilcías y Jedaías.

11:24 ¹ Lit. *la mano.*   **11:25** ¹ Lit. *hijas,* y así en el resto del cap.   **11:31** ¹ I.e. Casa de Dios.

11:23
El rey de Persia controlaba a los músicos

El rey les permitía a sus súbditos seguir sus propias prácticas religiosas como una manera de convivir en paz en el reino. Él incluso debe haber provisto fondos para sostener la adoración local.

Artefacto mostrando a un músico antiguo. Todd Bolen/www.BiblePlaces.com, tomada en el Museo Semítico de Harvard

12:1-21
La lista de nombres

Los sacerdotes y levitas eran el vínculo directo entre Israel y Dios, y Nehemías quería que el pueblo recordara que esos hombres estaban a su disposición para enseñarles todo acerca de Dios.

12:8-9
Los coros

Los dos grupos se paraban uno frente al otro. Un grupo cantaba una línea y el otro grupo respondía cantando la siguiente.

12:29
Los cantores vivían juntos

Los cantores trabajaban en el templo, por esa razón deben haber vivido cerca unos de otros. Además, ellos eran miembros de la tribu de Leví, así que vivían en la misma comunidad.

12:30
Cómo se purificaban los levitas y sacerdotes

La purificación solía incluir la limpieza del cuerpo a través del ayuno, abstenerse de las relaciones sexuales y lavar las ropas. También incluía examinar sus conciencias, arrepentirse de sus pecados y volver a consagrarse a Dios.

Estos *eran* los jefes de los sacerdotes y sus parientes en los días de Jesúa.

8 Y los levitas *eran* Jesúa, Binúi, Cadmiel, Serebías, Judá y Matanías; este y sus hermanos *estaban* encargados de los cánticos de acción de gracias. 9 También Bacbuquías y Uni, sus hermanos, *estaban* frente a ellos en *sus* ministerios *respectivos*. 10 Y Jesúa fue el padre de Joiacim, y Joiacim el padre de Eliasib, y Eliasib el padre de Joiada, 11 y Joiada fue el padre Jonatán, y Jonatán el padre de Jadúa.

12 En los días de Joiacim, los sacerdotes jefes de *casas* paternas fueron: de Seraías, Meraías; de Jeremías, Hananías; 13 de Esdras, Mesulam; de Amarías, Johanán; 14 de Melicú, Jonatán; de Sebanías, José; 15 de Harim, Adna; de Meraiot, Helcai; 16 de Iddo, Zacarías; de Ginetón, Mesulam; 17 de Abías, Zicri; de Miniamín y de Moadías, Piltai; 18 de Bilga, Samúa; de Semaías, Jonatán; 19 de Joiarib, Matenai; de Jedaías, Uzi; 20 de Salai, Calai; de Amoc, Eber; 21 de Hilcías, Hasabías; de Jedaías, Natanael.

22 En cuanto a los levitas, jefes de *casas* paternas, fueron inscritos en los días de Eliasib, Joiada, Johanán y Jadúa; también los sacerdotes hasta el reinado de Darío el Persa. 23 Los hijos de Leví, jefes de *casas* paternas, fueron inscritos en el libro de las Crónicas hasta los días de Johanán, hijo de Eliasib. 24 Los principales de los levitas *eran* Hasabías, Serebías y Jesúa, hijo de Cadmiel, con sus hermanos frente a ellos, para alabar y dar gracias, según lo prescrito por David, hombre de Dios, sección frente a sección. 25 Matanías, Bacbuquías, Obadías, Mesulam, Talmón y Acub *eran* porteros que mantenían guardia en los almacenes junto a las puertas. 26 Estos *sirvieron* en los días de Joiacim, hijo de Jesúa, hijo de Josadac, y en los días de Nehemías, el gobernador, y de Esdras, el sacerdote y escriba.

DEDICACIÓN DE LA MURALLA

27 En la dedicación de la muralla de Jerusalén buscaron a los levitas de todos sus lugares para traerlos a Jerusalén, a fin de celebrar la dedicación con alegría, con himnos de acción de gracias y con cánticos, *acompañados* de címbalos, arpas y liras. 28 Y se reunieron los hijos de los cantores del distrito alrededor de Jerusalén, de las aldeas de los netofatitas, 29 de Bet Gilgal y de los campos de Geba y Azmavet, pues los cantores se habían construido aldeas alrededor de Jerusalén. 30 Los sacerdotes y los levitas se purificaron; también purificaron al pueblo, las puertas y la muralla.

31 Entonces hice subir a los jefes de Judá sobre la muralla, y formé dos grandes coros, el primero marchaba hacia la derecha, por encima de la muralla, hacia la puerta del Muladar. 32 Y tras ellos iban Osaías y la mitad de los jefes de Judá, 33 con Azarías, Esdras, Mesulam, 34 Judá, Benjamín, Semaías, Jeremías, 35 así como *algunos* de los hijos de los sacerdotes con trompetas; y Zacarías, hijo de Jonatán, hijo de Semaías, hijo de Matanías, hijo de Micaías, hijo de Zacur, hijo de Asaf, 36 y sus parientes, Semaías, Azareel, Milalai, Gilalai, Maai, Natanael, Judá y Hananí, con los instrumentos musicales de David, hombre de Dios. Y el escriba Esdras *iba*

delante de ellos. **37** Y a la puerta de la Fuente subieron directamente las gradas de la ciudad de David por la escalera de la muralla, por encima de la casa de David hasta la puerta de las Aguas al oriente.

38 El segundo coro marchaba hacia la izquierda, y yo *iba* tras ellos con la mitad del pueblo por encima de la muralla, pasando por la torre de los Hornos, hasta la muralla Ancha, **39** y por la puerta de Efraín, junto a la puerta Vieja, junto a la puerta del Pescado, *y* la torre de Hananeel, y la torre de los Cien hasta la puerta de las Ovejas, y se detuvieron en la puerta de la Guardia. **40** Luego los dos coros tomaron su lugar en la casa de Dios. También yo, y la mitad de los oficiales conmigo, **41** y los sacerdotes Eliacim, Maasías, Miniamín, Micaías, Elioenai, Zacarías y Hananías, con trompetas, **42** y Maasías, Semaías, Eleazar, Uzi, Johanán, Malquías, Elam y Ezer. Los cantores cantaban, con su director Izrahías. **43** Aquel día

BANDA DE MARCHA

Ubicación de los líderes y cantores durante la dedicación de Jerusalén, como está registrado en Nehemías 12:31-43

PUERTA DEL PESCADO

PUERTA DE LAS OVEJAS

MURALLA NORTE

PUERTA VIEJA

TEMPLO

MURALLA OESTE

COROS, LÍDERES Y MÚSICOS toman sus lugares en la casa de Dios; cantan y ofrecen sacrificios

Referencia
- ▬ Primer coro
- ▬ Segundo coro

PRIMER CORO

Procede en sentido contrario a las agujas del reloj, a lo largo de la parte superior de la muralla, desde la puerta del Valle hasta el templo

Esdras lidera la procesión

La mitad de los líderes de Judá van a continuación

Los siguen los sacerdotes y músicos con trompetas

PUERTA DEL VALLE

MURO SUDESTE

PUERTA DE LAS AGUAS

SEGUNDO CORO

Procede en el sentido de las agujas del reloj, a lo largo de la parte superior de la muralla, desde la Puerta del Valle hasta el templo

Nehemías y la mitad del pueblo siguen a continuación

MURALLA SUR

PUERTA DE LA FUENTE

PUERTA DEL ESTIÉRCOL

ofrecieron gran *cantidad de* sacrificios y se regocijaron porque Dios les había dado mucha alegría, también las mujeres y los niños se regocijaron. El regocijo de Jerusalén se oía desde lejos.

PORCIONES PARA SACERDOTES Y LEVITAS

44 Aquel día fueron designados hombres a cargo de las cámaras destinadas a almacenes de las contribuciones, de las primicias y de los diezmos, para que de los campos de las ciudades recogieran en ellas las porciones dispuestas por la ley para los sacerdotes y levitas. Pues Judá se regocijaba por los sacerdotes y levitas que servían. **45** Ellos ministraban en la adoración de su Dios y en el ministerio de la purificación, junto con los cantores y los porteros, conforme al mandato de David y de su hijo Salomón. **46** Porque en los días de David y Asaf, en tiempos antiguos, *había* directores de los cantores, cánticos de alabanza e himnos de acción de gracias a Dios. **47** Y todo Israel, en días de Zorobabel y en días de Nehemías, daba las porciones correspondientes a los cantores y a los porteros como se demandaba para cada día, y consagraban *parte* para los levitas, y los levitas consagraban *parte* para los hijos de Aarón.

REFORMAS DE NEHEMÍAS

13 Aquel día leyeron del libro de Moisés a oídos del pueblo; y se encontró escrito en él que los amonitas y los moabitas no debían entrar jamás en la asamblea de Dios, **2** porque no recibieron a los israelitas con pan y agua, sino que contrataron contra ellos a Balaam para maldecirlos; pero nuestro Dios convirtió la maldición en bendición. **3** Y cuando oyeron la ley, excluyeron de Israel a todo extranjero.

4 Antes de esto, el sacerdote Eliasib, encargado de los aposentos de la casa de nuestro Dios, *y que era* pariente de Tobías, **5** le había preparado una habitación amplia, donde anteriormente se colocaban las ofrendas de cereal, el incienso, los utensilios, y los diezmos del cereal, del vino nuevo y del aceite prescritos para los levitas, los cantores y los porteros, y las contribuciones[1] para los sacerdotes. **6** Pero durante todo este *tiempo* yo no estaba en Jerusalén, porque en el año treinta y dos de Artajerjes, rey de Babilonia, yo había ido al rey; pero después de algún tiempo, pedí permiso al rey, **7** y vine a Jerusalén y me enteré del mal que Eliasib había hecho por *favorecer a* Tobías, al prepararle un aposento en los atrios de la casa de Dios. **8** Esto me desagradó mucho, por lo cual arrojé todos los muebles de la casa de Tobías fuera del aposento. **9** Entonces ordené que limpiaran los aposentos; y puse de nuevo allí los utensilios de la casa de Dios con las ofrendas de cereal y el incienso.

10 También descubrí que las porciones de los levitas no se *les* habían dado, por lo que los levitas y los cantores que hacían el servicio se habían ido, cada uno a su campo. **11** Por tanto, reprendí a los oficiales, y les dije: «¿Por qué está la

13:5 *1* Lit. *ofrendas alzadas.*

13:10-11
Por qué el pueblo abandonó el cuidado del templo

Ellos olvidaron su promesa de cuidar del templo (10:32-39). En cambio, pasaban su tiempo mejorando su estilo de vida. Nadie obligó a la gente a cumplir su promesa una vez que Nehemías se marchó.

casa de Dios abandonada?». Entonces reuní a los levitas y los restablecí en sus puestos. **12** Entonces todo Judá trajo el diezmo del cereal, del vino nuevo y del aceite a los almacenes. **13** Y puse al frente de los almacenes al sacerdote Selemías, al escriba Sadoc, y a Pedaías, uno de los levitas; además de estos estaba Hanán, hijo de Zacur, hijo de Matanías; porque se les consideraba dignos de confianza, y su responsabilidad *era* repartir *las raciones* a sus parientes. **14** Acuérdate de mí por esto, Dios mío, y no borres las obras de misericordia que he hecho por la casa de mi Dios y por sus servicios.

15 En aquellos días vi en Judá a algunos que pisaban los lagares en el día de reposo, y traían manojos de trigo y *los* cargaban en asnos, y también vino, uvas, higos y toda clase de carga, y *los* traían a Jerusalén en el día de reposo. Y *los* amonesté por el día en que vendían los víveres. **16** También habitaban allí, en Jerusalén, tirios, *que* importaban pescado y toda clase de mercancías, y los vendían a los hijos de Judá en el día de reposo. **17** Entonces reprendí a los nobles de Judá, y les dije: «¿Qué acción tan mala es esta que cometen profanando el día de reposo? **18** ¿No hicieron lo mismo sus padres, y nuestro Dios trajo sobre nosotros y sobre esta ciudad toda esta aflicción? Ustedes, pues, aumentan *Su* furor contra Israel al profanar el día de reposo».

19 Así que cuando iba oscureciendo a las puertas de Jerusalén, antes del día de reposo, ordené que se cerraran las puertas y que no las abrieran hasta después del día de reposo. Entonces puse algunos de mis siervos a las puertas *para que* no entrara ninguna carga en día de reposo. **20** Pero una o dos veces, los mercaderes y vendedores de toda clase de mercancía pasaron la noche fuera de Jerusalén. **21** Entonces les advertí, y les dije: «¿Por qué pasan la noche delante de la muralla? Si lo hacen de nuevo, usaré fuerza contra ustedes». Desde entonces no vinieron más en el día de reposo. **22** Y ordené a los levitas que se purificaran y que vinieran a guardar las puertas para santificar el día de reposo. *Por* esto también acuérdate de mí, Dios mío, y ten piedad de mí conforme a la grandeza de Tu misericordia.

23 En aquellos días también vi a judíos que se habían casado con mujeres asdoditas, amonitas *y* moabitas. **24** De sus hijos, la mitad hablaban la lengua de Asdod, y ninguno de ellos podía hablar la lengua de Judá, sino la lengua de su propio pueblo. **25** Así que los reprendí y los maldije, herí a algunos de ellos y les arranqué el cabello, y les hice jurar por Dios, *diciéndoles:* «No darán sus hijas a sus hijos; tampoco tomarán de sus hijas para sus hijos ni para ustedes mismos. **26** ¿No pecó por esto Salomón, rey de Israel? Sin embargo, entre tantas naciones no hubo rey como él, y era amado por su Dios, y Dios le había hecho rey sobre todo Israel; pero aún a él le hicieron pecar las mujeres extranjeras. **27** ¿Y se debe oír de ustedes que han cometido todo este gran mal obrando infielmente contra nuestro Dios casándose con

13:14, 22
Nehemías le pide a Dios que se acuerde de él
Esta era una forma de pedirle a Dios que tuviera misericordia y de recordarle que Nehemías le había servido fielmente.

13:16
Nehemías reprende a los nobles de Judá
Nehemías le recuerda al pueblo que está mal comerciar en el día de reposo.

13:26
Cómo hicieron pecar a Salomón las mujeres extranjeras
Salomón se casó con muchas mujeres extranjeras, y ellas le pidieron que construyera altares e ídolos para poder adorar a sus dioses paganos.

13:28
Nehemías echa al nieto del sumo sacerdote

Los judíos, en especial los sacerdotes, no podían casarse con extranjeros. Este hombre fue echado del sacerdocio porque podía heredar la posición de su padre como sumo sacerdote.

mujeres extranjeras?». **28** Aun uno de los hijos de Joiada, hijo del sumo sacerdote Eliasib, *era* yerno de Sanbalat el horonita, y lo eché de mi lado. **29** Acuérdate de ellos, Dios mío, porque han profanado el sacerdocio y el pacto del sacerdocio y de los levitas.

30 Así los purifiqué de todo lo extranjero, y designé oficios para los sacerdotes y levitas, cada uno en su ministerio, **31** e *hice arreglos* para la provisión de leña en los tiempos señalados y para las primicias. ¡Acuérdate de mí, Dios mío, para bien!

Ester

¿QUIÉN ESCRIBIÓ ESTE LIBRO?	El autor de este libro se desconoce.
¿POR QUÉ SE ESCRIBIÓ ESTE LIBRO?	El libro de Ester revela cómo Dios cuida de su pueblo.
¿QUÉ OCURRE EN ESTE LIBRO?	Una joven judía, Ester, se convierte en reina de Persia. Un hombre malo llamado Amán trama matar a todos los judíos en todas partes. Ester salva a su pueblo.
¿QUÉ APRENDEMOS ACERCA DE DIOS EN ESTE LIBRO?	Dios no tiene que hacer siempre milagros para rescatar a su pueblo. Él es capaz de obrar en circunstancias ordinarias y con personas comunes.
¿QUIÉNES SON LOS PERSONAJES PRINCIPALES DE ESTE LIBRO?	Las personas más importantes de este libro son el rey Asuero, Amán, Ester y Mardoqueo.
¿DÓNDE SUCEDIERON ESTAS COSAS?	Estos sucesos transcurren en la capital de Persia, Susa, una ciudad real edificada por el rey.

¿CUÁLES SON ALGUNAS DE LAS HISTORIAS DE ESTE LIBRO?

Asuero se divorcia de Vasti	Ester 1
Ester se convierte en reina	Ester 2
Complot de Amán	Ester 3
Valentía de Ester	Ester 4—5
Asuero honra a Mardoqueo	Ester 6
Amán es ahorcado	Ester 7
Los judíos se salvan	Ester 8—9

La historia de Ester se desarrolla en Susa, que es en la actualidad la ciudad iraní de Shush.
Z. Radovan/www.BibleLandsPictures.com

1:1

Asuero

Asuero era el hijo de Darío y gobernante del Imperio persa desde 485 a 465 a. C.

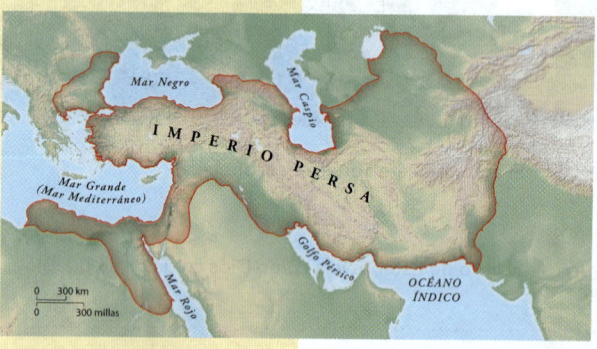

BANQUETES DEL REY ASUERO

1 Eran los días de Asuero[1], el *rey* Asuero que reinó desde la India hasta Etiopía[2] *sobre* 127 provincias. **2** En aquellos días, estando el rey Asuero reinando desde su trono real, en la fortaleza de Susa, **3** en el año tercero de su reinado, ofreció un banquete para todos sus príncipes y servidores, estando en su presencia *los oficiales* del ejército de Persia y Media, los nobles y los príncipes de sus provincias. **4** Y él les mostró las riquezas de la gloria de su reino y el magnífico esplendor de su majestad *durante* muchos días, 180 días.

5 Cuando se cumplieron estos días, el rey ofreció un banquete de siete días para todo el pueblo que se encontraba en la fortaleza de Susa, desde el mayor hasta el menor, en el atrio del jardín del palacio del rey. **6** Había *colgaduras* de lino blanco y violeta, sostenidas por cordones de lino fino y púrpura en anillos de plata y columnas de mármol, *y* lechos de oro y plata sobre un pavimento mosaico de pórfido, de mármol, de alabastro y de piedras preciosas. **7** Las bebidas *se servían* en vasijas de oro de diferentes formas, y el vino real abundaba conforme a la liberalidad[1] del rey. **8** Se bebía conforme a la ley, no había obligación, porque así el rey había dado órdenes a todos los oficiales de su casa para que hicieran conforme a los deseos de cada persona. **9** La reina Vasti también hizo un banquete para las mujeres en el palacio[1] del rey Asuero.

LA REINA VASTI REPUDIADA

10 Al séptimo día, cuando el corazón del rey estaba alegre a causa del vino, él ordenó a Mehumán, a Bizta, a Harbona, a Bigta, a Abagta, a Zetar y a Carcas, los siete eunucos que servían en la presencia del rey Asuero, **11** que trajeran a la reina Vasti a la presencia del rey con su corona real, para mostrar al pueblo y a los príncipes su belleza, porque era muy hermosa. **12** Pero la reina Vasti rehusó venir al mandato del rey *comunicado* por[1] los eunucos. Entonces el rey se enojó mucho y se encendió su furor en él.

13 Entonces el rey dijo a los sabios que conocían los tiempos (pues *era* costumbre del rey *consultar* así a todos los que conocían la ley y el derecho, **14** y estaban junto a él Carsena, Setar, Admata, Tarsis, Meres, Marsena y Memucán, los siete príncipes de Persia y Media que tenían entrada a la presencia del[1] rey y que ocupaban los primeros puestos en el reino): **15** «Conforme a la ley, ¿qué se debe hacer con la reina Vasti, por no haber obedecido[1] el mandato del rey Asuero *comunicado* por[2] los eunucos?».

Dominio público

1:4-5

La exhibición del rey duró 180 días

Durante seis meses, Asuero exhibió las riquezas obtenidas durante la rebelión contra Egipto y Babilonia. En ese tiempo, Asuero y sus hombres también celebraron su victoria, que acabó con un banquete de siete días.

1:1 [1] O *Jerjes.*   [2] Heb. *Cush.*   1:7 [1] Lit. *mano.*   1:9 [1] Lit. *la casa real.*
1:12 [1] Lit. *por mano de.*   1:14 [1] Lit. *veían el rostro del.*   1:15 [1] Lit. *hecho.*
[2] Lit. *por mano de.*

¹⁶ En presencia del rey y de los príncipes, Memucán dijo: «La reina Vasti no solo ha ofendido al rey sino *también* a todos los príncipes y a todos los pueblos que están en todas las provincias del rey Asuero. ¹⁷ Porque la conducta de la reina llegará a conocerse¹ por todas las mujeres y hará que ellas miren² con desdén a sus maridos, y digan: "El rey Asuero ordenó que la reina Vasti fuera llevada a su presencia, pero ella no fue". ¹⁸ Y *desde* hoy las señoras de Persia y Media que han oído de la conducta de la reina hablarán de *la misma manera* a todos los príncipes del rey, y *habrá* mucho desdén y enojo. ¹⁹ Si le place al rey, proclame él¹ un decreto real y que se escriba en las leyes de Persia y Media para que no sea revocado², que Vasti no entre más a la presencia del rey Asuero, y que el rey dé su título de reina a otra³ que sea más digna que ella. ²⁰ Y cuando el decreto que haga el rey sea oído por todo su reino, inmenso como es, entonces todas las mujeres darán honra a sus maridos, desde el mayor hasta el menor».

²¹ *Esta* palabra pareció bien al rey y a los príncipes, y el rey hizo conforme a lo que fue dicho por Memucán. ²² Y envió cartas a todas las provincias del rey, a cada provincia conforme a su escritura y a cada pueblo conforme a su lengua, para que todo hombre fuera señor en su casa y que *en ella* se hablara la lengua de su pueblo.

ESTER ELEGIDA REINA

2 Después de estas cosas, cuando el furor del rey Asuero se había aplacado, él se acordó de Vasti, de lo que ella había hecho y de lo que se había decretado contra ella. ² Entonces los cortesanos al servicio del rey, dijeron: «Busquen para el rey muchachas vírgenes y de buen parecer. ³ Que el rey nombre oficiales en todas las provincias de su reino para que reúnan a todas las jóvenes vírgenes y de buen parecer en el harén de la fortaleza de Susa. Estarán bajo la custodia¹ de Hegai, eunuco del rey, encargado de las mujeres, y que se *les* den sus cosméticos. ⁴ Entonces la joven que agrade al rey sea reina en lugar de Vasti». Esto le pareció bien al rey, y así lo hizo.

⁵ Y había en la fortaleza de Susa un judío que se llamaba Mardoqueo, hijo de Jair, hijo de Simei, hijo de Cis, el benjamita. ⁶ Él había sido deportado de Jerusalén con los cautivos que habían sido deportados con Jeconías, rey de Judá, a quien se había llevado cautivo Nabucodonosor, rey de Babilonia. ⁷ Mardoqueo estaba criando a Hadasa, es decir, Ester, hija de su tío, pues ella no tenía ni padre ni madre. La joven era de hermosa figura y de buen parecer, y cuando su padre y su madre murieron, Mardoqueo la tomó como hija suya.

⁸ Así que cuando el mandato y el decreto del rey fueron oídos, muchas jóvenes fueron reunidas en la fortaleza de Susa bajo la custodia de Hegai. Ester *también* fue llevada al palacio¹ del rey, bajo

1:8
Todos los invitados podían beber sin límites
La ley persa dictaba que los invitados solo podían beber cuando el rey lo hacía. Sin embargo, en esta fiesta, Asuero permitió que sus invitados tomaran tanto como quisieran y cuando lo desearan.

1:9
Había un banquete separado para las mujeres
Tal vez por causa de toda la bebida, el banquete del rey era considerado muy grosero para las mujeres.

1:12
La reina Vasti rechazó la orden del rey
La Biblia no explica por qué se negó, pero algunos historiadores creen que el rey quería que ella fuera usando nada más que su corona. Después que Vasti desobedeció la orden, el rey la expulsó para siempre del reino.

2:7
Ester tenía dos nombres
Ester era un nombre persa, lo cual la ayudaba a mantener su nacionalidad en secreto. Hadasa era su nombre hebreo.

Dominio público

2:8
Las mujeres seleccionadas para el harem no tenían voz ni voto
El rey ordenó que le trajeran a una mujer joven y hermosa. En esa cultura, la mujer tenía poco poder para rechazarlo.

2:10
Mardoqueo le dijo a Ester que no revelara su nacionalidad
Muchos miembros de la corte real no querían a los judíos, así que Mardoqueo quiso proteger a Ester de ser maltratada.

2:17
Nadie revisó los antecedentes de Ester antes de nombrarla reina
El rey, su eunuco y muchos otros oficiales estaban tan impresionados con la belleza de Ester que es probable que nadie haya pensado que fuera necesario.

2:19
Por qué Mardoqueo estaba sentado a la puerta del rey
Mardoqueo se convirtió en uno de los oficiales del rey. Como parte de su trabajo, se sentaba a las puertas porque había muchos asuntos legales y negocios que tenían lugar allí.

3:2-5
Por qué Mardoqueo desobedeció la orden del rey
Amán era un malvado que odiaba a todos los judíos de la ciudad. Cuando Mardoqueo se dio cuenta de esto, se negó a honrarlo.

la custodia de Hegai, encargado de las mujeres. **9** La joven le agradó a Hegai y halló favor delante de él, por lo que se apresuró en proveerle cosméticos y alimentos[1]. Le dio siete doncellas escogidas del palacio del rey, y la trasladó con sus doncellas al mejor lugar del harén. **10** Ester no dio a conocer ni su pueblo ni su familia, porque Mardoqueo le había mandado que no *los* diera a conocer. **11** Todos los días Mardoqueo se paseaba delante del patio del harén para enterarse de cómo estaba Ester y qué le sucedía.

12 Cuando le tocaba a cada joven venir al rey Asuero, al cumplirse sus doce meses, según las ordenanzas para las mujeres, pues los días de su embellecimiento se cumplían así: seis meses con aceite de mirra y seis meses con especias y cosméticos para las mujeres, **13** entonces la joven venía al rey de esta manera: cualquier cosa que ella deseaba[1] se le concedía para que la llevara consigo del harén al palacio del rey. **14** Ella entraba por la tarde y a la mañana *siguiente* volvía al segundo harén, bajo la custodia de Saasgaz, eunuco del rey, encargado de las concubinas. Ella no iba otra vez al rey a menos que el rey se complaciera en ella y fuera llamada por nombre.

15 Cuando a Ester, hija de Abihail, tío de Mardoqueo, que la había tomado como hija, le tocó venir al rey, ella no pidió cosa alguna sino lo que le aconsejó[1] Hegai, eunuco del rey, encargado de las mujeres. Y Ester hallaba favor ante los ojos de cuantos la veían.

16 Ester fue llevada al rey Asuero a su palacio real el mes décimo, que es el mes Tebet, en el año séptimo de su reinado. **17** Y el rey amó a Ester más que a todas las *otras* mujeres, y ella halló gracia y bondad con él más que todas las *demás* vírgenes. Así que él puso la corona real sobre su cabeza y la hizo reina en lugar de Vasti. **18** Entonces el rey hizo un gran banquete para todos sus príncipes y siervos, el banquete de Ester. También concedió un día de descanso para las provincias y dio presentes conforme a la liberalidad[1] del rey.

19 Cuando las vírgenes fueron reunidas por segunda vez, Mardoqueo estaba sentado a la puerta del rey. **20** Ester todavía no había dado a conocer ni su familia ni su pueblo, tal como Mardoqueo le había mandado, porque Ester hizo lo que le había dicho[1] Mardoqueo, como cuando estaba bajo su tutela. **21** En aquellos días, estando Mardoqueo sentado a la puerta del rey, Bigtán y Teres, dos eunucos del rey, guardianes del umbral, se enojaron y procuraban echar mano al[1] rey Asuero. **22** Pero el asunto llegó a conocimiento de Mardoqueo, y él se lo comunicó a la reina Ester, y Ester informó[1] al rey en nombre de Mardoqueo. **23** Cuando el asunto fue investigado y hallado *cierto,* los dos eunucos fueron colgados en una horca[1]. *Esto* fue escrito en el libro de las Crónicas en presencia del rey.

CONSPIRACIÓN DE AMÁN

3 Después de esto el rey Asuero engrandeció a Amán, hijo de Hamedata el agagueo, y lo ensalzó y estableció su autoridad[1] sobre todos los príncipes que *estaban* con él. **2** Y

2:9 [1] Lit. *porciones.*　　2:13 [1] Lit. *decía.*　　2:15 [1] Lit. *dijo.*　　2:18 [1] Lit. *mano.*
2:20 [1] Lit. *la palabra de.*　　2:21 [1] Lit. *enviar mano contra.*　　2:22 [1] Lit. *dijo.*
2:23 [1] Lit. *un árbol.*　　3:1 [1] Lit. *puso su asiento.*

todos los siervos del rey que *estaban* a la puerta del rey se inclinaban y se postraban ante Amán, porque así había ordenado el rey en cuanto a él; pero Mardoqueo ni se inclinaba ni se postraba. **3** Entonces los siervos del rey, que *estaban* a la puerta del rey, dijeron a Mardoqueo: «¿Por qué traspasas el mandato del rey?». **4** Después que ellos le estuvieron hablando día tras día y él se había negado a escucharlos, se *lo* informaron a Amán para ver si la palabra de Mardoqueo era firme, porque él les había declarado que era judío.

5 Cuando Amán vio que Mardoqueo no se inclinaba ni se postraba ante él, Amán se llenó de furor. **6** Y él no se contentó con[1] echar mano solo a Mardoqueo, pues le habían informado *cuál era* el pueblo de Mardoqueo. Por tanto, Amán procuró destruir a todos los judíos, el pueblo de Mardoqueo, que *estaban* por todo el reino de Asuero.

7 En el mes primero, que es el mes de Nisán, el año doce del rey Asuero, se echó el Pur, es decir la suerte, delante de Amán para cada día y cada mes hasta el[1] mes doce, que es el mes de Adar. **8** Y Amán dijo al rey Asuero: «Hay un pueblo esparcido y diseminado entre los pueblos en todas las provincias de su reino; sus leyes son diferentes de *las* de todos *los demás* pueblos, y no guardan las leyes del rey, así que no conviene al rey dejarlos *vivos*. **9** Si al rey le parece bien, que se decrete[1] que sean destruidos, y yo pagaré 340 toneladas de plata en manos de los que manejan los negocios *del rey*, para que *los* pongan en los tesoros del rey». **10** El rey tomó de su mano el anillo de sellar y se lo dio a Amán, hijo de Hamedata el agagueo, enemigo de los judíos. **11** Le dijo el rey a Amán: «Quédate con[1] la plata y *también con* el pueblo, para que hagas con él lo que te parezca bien».

12 Entonces fueron llamados los escribas del rey el día trece del mes primero, y conforme a todo lo que Amán había ordenado, fue escrito a los sátrapas del rey, a los gobernadores que estaban sobre cada provincia y a los príncipes de cada pueblo, a cada provincia conforme a su escritura, a cada pueblo conforme a su lengua, escrito en el nombre del rey Asuero y sellado con el anillo del rey.

13 Se enviaron cartas por medio[1] de los correos a todas las provincias del rey para destruir, matar y exterminar a todos los judíos, jóvenes y ancianos, niños y mujeres, en un solo día, el *día* trece del mes doce, que es el mes de Adar, y sus posesiones dadas al saqueo. **14** La copia del edicto que sería promulgada ley en cada provincia fue publicada a todos los pueblos para que estuvieran preparados para ese día. **15** Salieron los correos apremiados por la orden del rey. El decreto fue promulgado[1] en la fortaleza de Susa, y mientras el rey y Amán se sentaron a beber, la ciudad de Susa estaba turbada.

MARDOQUEO PIDE A ESTER QUE INTERCEDA

4 Cuando Mardoqueo supo todo lo que se había hecho, rasgó[1] sus vestidos, se vistió de cilicio y ceniza, y salió por la ciudad, lamentándose con grande y amargo clamor. **2** Y llegó

:6 [1] Lit. *despreció en sus ojos.*   3:7 [1] La versión gr. (sept.) dice: *y la suerte* ~~ayó en el día trece del.~~   3:9 [1] Lit. *escríbase.*   3:11 [1] Lit. *Te es dada.* :13 [1] Lit. *mano.*   3:15 [1] Lit. *fue dado al pueblo.*   4:1 [1] Lit. *Mardoqueo rasgó.*

3:15
Por qué la ciudad de Susa estaba turbada

Los judíos eran gente muy trabajadora, buenos ciudadanos y un pueblo pacífico. La mayoría de las personas del reino no sentían hostilidad hacia los judíos. Así que no entendían por qué razón el rey quería eliminar a un pueblo entero.

© 2013 por Zondervan

4:1-2
Mardoqueo se rasgó sus vestidos

Las personas se rasgaban las vestiduras y usaban cilicio y cenizas como una forma de mostrar su tristeza.

hasta la puerta del rey, porque nadie podía entrar por la puerta del rey vestido de cilicio. **3** En cada una de las provincias y en todo lugar donde llegaba la orden del rey y su decreto, había entre los judíos gran duelo y ayuno, llanto y lamento. Muchos se acostaban sobre cilicio y ceniza.

4 Vinieron las doncellas de Ester y sus eunucos y se *lo* comunicaron, y la reina se angustió en gran manera. Y envió ropa para que Mardoqueo se vistiera y se quitara el cilicio de encima, pero él no *la* aceptó. **5** Entonces Ester llamó a Hatac, uno de los eunucos que el rey había puesto a su servicio[1], y le ordenó *que fuera* a Mardoqueo para saber qué *era* aquello y por qué. **6** Y salió Hatac a *donde estaba* Mardoqueo en la plaza de la ciudad, frente a la puerta del rey. **7** Y Mardoqueo le informó de todo lo que le había acontecido, y la cantidad exacta de dinero que Amán había prometido pagar a los tesoros del rey por la destrucción de los judíos. **8** Le dio también una copia del texto del decreto que había sido promulgado[1] en Susa para la destrucción de los judíos[2], para que *se la* mostrara a Ester y le informara, y le mandara que ella fuera al rey para implorar su favor y para interceder ante él por su pueblo.

9 Regresó Hatac y contó a Ester las palabras de Mardoqueo. **10** Entonces Ester habló a Hatac y le ordenó *que respondiera* a Mardoqueo: **11** «Todos los siervos del rey y el pueblo de las provincias del rey saben que para cualquier hombre o mujer que vaya al rey en el atrio interior, sin ser llamado, él tiene una sola ley, que se le dé muerte, a menos que el rey le extienda el cetro de oro para que viva. Y yo no he sido llamada para ir al rey por estos treinta días». **12** Y contaron a Mardoqueo las palabras de Ester.

13 Entonces Mardoqueo *les* dijo que respondieran a Ester: «No pienses[1] que *estando* en el palacio[2] del rey *solo* tú escaparás entre todos los judíos. **14** Porque si permaneces callada en este tiempo, alivio y liberación vendrán de otro lugar para los judíos, pero tú y la casa de tu padre perecerán. ¿Y quién sabe si para una ocasión como esta tú habrás llegado a ser reina?». **15** Y Ester *les* dijo que respondieran a Mardoqueo: **16** «Ve, reúne a todos los judíos que se encuentran en Susa y ayunen por mí; no coman ni beban por tres días, ni de noche ni de día. También yo y mis doncellas ayunaremos. Y así iré al rey, lo cual no es conforme a la ley; y si perezco, perezco». **17** Y Mardoqueo se fue e hizo conforme a todo lo que Ester le había ordenado.

EL BANQUETE DE ESTER

5 Al tercer día Ester se vistió con sus vestiduras reales y se puso en el atrio interior del palacio[1] del rey delante de los aposentos[1] del rey. El rey estaba sentado en su trono real en el aposento del trono[2], frente a la entrada del palacio. **2** Cuando el rey vio a la reina Ester de pie en el atrio, ella obtuvo gracia ante sus ojos; y el rey extendió hacia Ester el cetro de oro que *estaba* en su mano. Ester entonces se acercó y tocó el extremo del cetro. **3** Y el rey le dijo: «¿Qué te *preocupa*, reina Ester? ¿Y cuál es tu petición? Hasta la mitad del

---

4:11-14
La reina no podía escapar del decreto del rey

En la antigua Persia, una vez que el rey emitía un decreto, nadie podía cancelarlo. Si alguien descubría que Ester era judía, ella podría ser asesinada.

4:5 [1] Lit. *delante de ella.*　　4:8 [1] Lit. *dado.*　[2] Lit. *ellos.*　　4:13 [1] Lit. *en tu alma.*
[2] Lit. *casa.*　　5:1 [1] Lit. *de la casa.*　[2] Lit. *en la casa real.*

reino se te dará». **4** Ester respondió: «Si le parece bien al rey, venga hoy el rey con Amán al banquete que le he preparado».

5 «Traigan pronto a Amán para que hagamos como Ester desea[1]», dijo el rey. Y el rey vino con Amán al banquete que Ester había preparado. **6** Y mientras bebían el vino en el banquete[1], el rey dijo a Ester: «¿Cuál es tu petición? Te será concedida. ¿Y cuál es tu deseo? Aun hasta la mitad del reino, se te dará[2]». **7** Respondió Ester: «Mi petición y mi deseo es: **8** si he hallado gracia ante los ojos del rey, y si le place al rey conceder mi petición y hacer lo que yo pido[1], que venga el rey con Amán al banquete que yo les prepararé, y mañana haré conforme a la palabra del rey».

9 Aquel día Amán salió alegre y con corazón contento; pero cuando Amán vio a Mardoqueo en la puerta del rey y que este no se levantaba ni temblaba[1] delante de él, Amán se llenó de furor contra Mardoqueo. **10** Amán, sin embargo, se contuvo, fue a su casa, y mandó traer a sus amigos y a su mujer Zeres. **11** Entonces Amán les contó la gloria de sus riquezas, la multitud de sus hijos, y todas *las ocasiones* en que el rey lo había engrandecido, y cómo lo había exaltado sobre los príncipes y siervos del rey. **12** Y Amán añadió: «Aun la reina Ester no permitió que nadie, excepto yo, viniera con el rey al banquete que ella había preparado; y también para mañana estoy invitado por[1] ella junto con el rey. **13** Sin embargo, nada de esto me satisface mientras vea al judío Mardoqueo sentado a la puerta del rey».

14 Su mujer Zeres y todos sus amigos le dijeron: «Haz que se prepare una horca[1] de 50 codos (22.5 metros) de alto, y por la mañana pide al rey que ahorquen a Mardoqueo en ella; entonces ve gozoso con el rey al banquete». Y el consejo[2] agradó a Amán, y mandó preparar la horca[1].

MARDOQUEO HONRADO POR EL REY

6 Aquella noche el rey no podía dormir[1] y dio orden que trajeran el libro de las Memorias, las crónicas, y que las leyeran delante del rey. **2** Y fue hallado escrito lo que Mardoqueo había informado acerca de Bigtán y Teres, dos de los eunucos del rey, guardianes del umbral, de que ellos habían procurado echar mano al[1] rey Asuero. **3** Y el rey preguntó: «¿Qué honor o distinción se le ha dado a Mardoqueo por esto?». Respondieron los siervos del rey que le servían: «Nada se ha hecho por él». **4** Entonces el rey preguntó: «¿Quién está en el atrio?». Y Amán acababa de entrar al atrio exterior del palacio[1] del rey, para pedir al rey que hiciera ahorcar a Mardoqueo en la horca que él le había preparado.

5 Los siervos del rey le respondieron: «Amán está en el atrio». El rey dijo: «Que entre». **6** Cuando Amán entró, el rey le preguntó: «¿Qué se debe hacer para el hombre a quien el rey quiere honrar?». Y Amán se dijo[1]: «¿A quién desearía el rey honrar más que a mí?». **7** Amán respondió al rey: «Para el hombre a quien el rey quiere honrar, **8** que traigan un manto

5:8
Ester esperó hasta el segundo banquete para hacer su petición

Ella debe haber querido hacer al rey muy feliz para que él le concediera su petición, o tal vez tuvo mucho miedo de hacerla en el primer banquete. Quizás fue Dios quien le dijo que esperara.

5:5 [1] Lit. *la palabra de Ester.*   5:6 [1] Lit. *Y en el banquete de vino.*   [2] Lit. *y será hecho.*   5:8 [1] Lit. *mi petición.*   5:9 [1] *O ni se movía.*   5:12 [1] Lit. *llamado* [1.]   5:14 [1] Lit. *árbol.*   [2] Lit. *asunto.*   6:1 [1] Lit. *el sueño del rey huyó.*   [:2] [1] Lit. *enviar mano contra.*   6:4 [1] Lit. *casa.*   6:6 [1] Lit. *dijo en su corazón.*

6:8
Por qué la ropa del rey era tan especial
Las vestiduras del rey representaban su poder y gloria. Vestir el manto real era compartir el honor del rey, y además mostraba un favor especial del soberano hacia la otra persona.

real con que se haya vestido el rey, y un caballo en el cual el rey haya montado y en cuya cabeza se haya colocado una diadema real; **9** y el manto y el caballo sean entregados en mano de uno de los príncipes más nobles del rey, y vistan al hombre a quien el rey quiere honrar, lo lleven a caballo por la plaza de la ciudad y anuncien delante de él: "Así se hace al hombre a quien el rey quiere honrar"».

10 Entonces el rey dijo a Amán: «Toma presto el manto y el caballo como has dicho, y hazlo así con el judío Mardoqueo, que está sentado a la puerta del rey. No omitas nada de todo lo que has dicho». **11** Y Amán tomó el manto y el caballo, vistió a Mardoqueo y lo llevó *a caballo* por la plaza de la ciudad, y anunció delante de él: «Así se hace al hombre a quien el rey quiere honrar».

6:12
Por qué Amán se cubrió la cabeza
Esta era una forma típica de mostrar angustia. Amán estaba triste y enojado, porque no pudo matar a Mardoqueo. También se sentía humillado, ya que tuvo que proclamar en público cuán grande era su enemigo.

12 Después Mardoqueo regresó a la puerta del rey, pero Amán se apresuró *a volver* a su casa, lamentándose, con la cabeza cubierta. **13** Y Amán contó a su mujer Zeres y a todos sus amigos todo lo que le había acontecido. Entonces sus sabios y su mujer Zeres le dijeron: «Si Mardoqueo, delante de quien has comenzado a caer, es de descendencia judía[1], no podrás con él, sino que ciertamente caerás delante de él». **14** Aún estaban hablando con él, cuando llegaron los eunucos del rey y llevaron aprisa a Amán al banquete que Ester había preparado.

AMÁN DENUNCIADO Y AHORCADO

7 El rey y Amán fueron *al banquete* a beber *vino* con la reina Ester. **2** También el segundo día, mientras bebían vino en el banquete[1], el rey dijo a Ester: «¿Cuál es tu petición, reina Ester? Te será concedida. ¿Cuál es tu deseo? Hasta la mitad del reino se te dará[2]». **3** La reina Ester respondió: «Si he hallado gracia ante sus ojos, oh rey, y si le place al rey, que me sea concedida la vida según mi petición, y la de mi pueblo según mi deseo; **4** porque hemos sido vendidos, yo y mi pueblo, para el exterminio, para la matanza y para la destrucción. Y si *solo* hubiéramos sido vendidos como esclavos o esclavas, hubiera permanecido callada, porque el mal no se podría comparar con el disgusto[1] del rey».

7:5
Asuero no recordaba haber firmado un decreto para destruir a los judíos
Amán nunca dijo de manera específica que iba a destruir a los judíos. Él solo le comentó al rey que un cierto grupo de personas con sus propias costumbres estaba siendo desobediente (ver 3:8-9). Ni Amán ni el rey sabían que Ester era judía.

5 Entonces el rey Asuero preguntó a[1] la reina Ester: «¿Quién es, y dónde está el que pretende[2] hacer tal cosa?». **6** Ester respondió: «¡El adversario y enemigo es este malvado Amán!» Entonces Amán se sobrecogió de terror delante del rey y de la reina. **7** Y dejando de beber vino[1], el rey se levantó lleno de furor *y salió* al jardín del palacio. Pero Amán se quedó para rogar por su vida a la reina Ester, porque vio que el mal había sido determinado contra él por el rey.

7:8
Al regresar, el rey se enojó
Solo el rey podía estar a solas con una mujer del harem real. Cuando el rey se fue, Amán se quedó para implorar la ayuda de Ester, pero al regresar y ver a Amán solo con la reina en su lecho, Asuero se puso furioso.

8 Cuando el rey volvió del jardín del palacio al lugar donde estaban bebiendo vino[1], Amán se había dejado caer sobre el lecho donde *se hallaba* Ester. Entonces el rey dijo: «¿Aún se atreve a hacer violencia a la reina estando yo en la casa?» Al salir la palabra de la boca del rey, cubrieron el rostro a Amán. **9** Entonces Harbona, uno de los eunucos que *estaban*

6:13 [1] Lit. *de la simiente de los judíos.*   7:2 [1] Lit. *en el banquete de vino.*   [2] Lit. *será hecho.*   7:4 [1] O *el enemigo no podría compensar el daño.*   7:5 [1] Lit. *dijo y dijo a.*   [2] Lit. *cuyo corazón se ha llenado para.*   7:7 [1] Lit. *Y del banquete de vino.*   7:8 [1] Lit. *a la casa del banquete de vino.*

delante del rey, dijo: «Precisamente, la horca¹ de 50 codos (22.5 metros) de alto está en la casa de Amán, la cual Amán había preparado para Mardoqueo, quien había hablado bien en favor del rey». «Ahórquenlo en ella», ordenó el rey. ¹⁰ Colgaron, pues, a Amán en la horca¹ que había preparado para Mardoqueo, y se aplacó el furor del rey.

DECRETO A FAVOR DE LOS JUDÍOS

8 Aquel mismo día el rey Asuero dio a la reina Ester la casa de Amán, enemigo de los judíos; y Mardoqueo vino delante del rey, porque Ester *le* había revelado lo que era él para ella. ² Entonces el rey se quitó el anillo que había recobrado de Amán, y se lo dio a Mardoqueo. Y Ester puso a Mardoqueo sobre la casa de Amán.

³ Ester habló de nuevo delante del rey, cayó a sus pies, y llorando, le imploró que impidiera los *propósitos* perversos de Amán el agagueo y el plan que había tramado contra los judíos. ⁴ El rey extendió hacia Ester el cetro de oro, y Ester se levantó y se puso delante del rey, ⁵ y dijo: «Si le place al rey, y si he hallado gracia delante de él, si el asunto le parece bien al rey y yo soy grata ante sus ojos, que se escriba para revocar las cartas concebidas por Amán, hijo de Hamedata, el agagueo, las cuales escribió para destruir a los judíos que están en todas las provincias del rey. ⁶ Porque ¿cómo podría yo ver la calamidad que caería sobre mi pueblo? ¿Cómo podría yo ver la destrucción de mi gente?».

⁷ Entonces el rey Asuero dijo a la reina Ester y al judío Mardoqueo: «Miren, he dado a Ester la casa de Amán, y a él lo han colgado en la horca porque extendió su mano contra los judíos. ⁸ Ustedes, pues, escriban acerca de los judíos como les parezca bien¹, en nombre del rey, y séllen*lo* con el anillo del rey. Porque un decreto que está escrito en nombre del rey y sellado con el anillo del rey no puede ser revocado».

⁹ Así que fueron llamados los escribas del rey en aquel momento en el mes tercero (es decir, el mes de Siván), en el *día* veintitrés¹; y conforme a todo lo que ordenó Mardoqueo se escribió a los judíos, a los sátrapas, a los gobernadores y a los príncipes de las provincias que *se extendían* desde la India hasta Etiopía², 127 provincias, a cada provincia conforme a su escritura, y a cada pueblo conforme a su lengua, y a los judíos conforme a su escritura y a su lengua. ¹⁰ Mardoqueo escribió en nombre del rey Asuero y sellaron las cartas con el anillo del rey, y se enviaron por medio¹ de correos a caballo, que montaban en corceles engendrados por caballos reales.

¹¹ En ellas¹ el rey concedía a los judíos que *estaban* en cada ciudad *el derecho* de reunirse y defender su vida, de destruir, de matar y de exterminar al ejército de cualquier pueblo o provincia que los atacara, incluso a niños y mujeres, y de saquear sus bienes, ¹² en un mismo día en todas las provincias del rey Asuero, el *día* trece del mes doce (es decir, el mes de Adar).

7:9 ¹ Lit. *el árbol.*   7:10 ¹ Lit. *el árbol.*   8:8 ¹ Lit. *conforme al bien [en a] sus ojos.*   8:9 ¹ Lit. *veintitrés en él.*   ² Heb. *Cush.*   8:10 ¹ Lit. *mano.*
8:11 ¹ Lit. *Las cuales.*

8:8
Ni siquiera el rey podía cambiar sus decretos
La ley persa decía que un decreto real escrito en el nombre del rey y sellado con su anillo nunca podría ser cancelado. Lo máximo que podía hacer el rey era escribir otro decreto que anulara el primero, que es lo que Asuero les permitió hacer a Mardoqueo y Ester.

8:12-13
La fecha elegida para que los judíos se protegieran
El día decimotercero del mes de Adar era la fecha que Amán había elegido para matar a todos los judíos. En caso de que alguien siguiera ese decreto, Mardoqueo eligió esa fecha para que los judíos pudieran defenderse de sus enemigos.

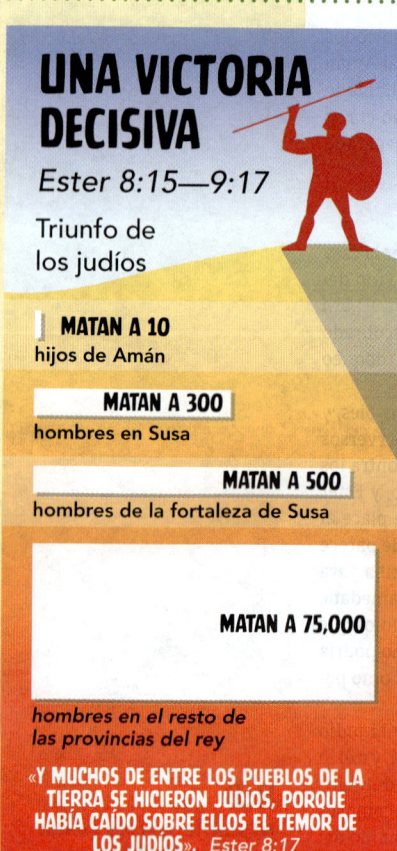

UNA VICTORIA DECISIVA

Ester 8:15—9:17

Triunfo de los judíos

MATAN A 10
hijos de Amán

MATAN A 300
hombres en Susa

MATAN A 500
hombres de la fortaleza de Susa

MATAN A 75,000
hombres en el resto de las provincias del rey

«Y MUCHOS DE ENTRE LOS PUEBLOS DE LA TIERRA SE HICIERON JUDÍOS, PORQUE HABÍA CAÍDO SOBRE ELLOS EL TEMOR DE LOS JUDÍOS». *Ester 8:17*

8:17
Cómo alguien podía hacerse judío
Hacerse judío significaba aceptar y obedecer la ley judía, incluyendo las leyes acerca de la circuncisión, los días sagrados y las normas sobre la comida.

9:3-4
Por qué la gente le tenía miedo a Mardoqueo
Los gobernantes de las provincias probablemente sabían que Mardoqueo había recibido mucho poder.

13 Una copia del edicto que había de promulgarse[1] como ley en cada provincia fue publicado a todos los pueblos, para que los judíos estuvieran listos para ese día a fin de vengarse de sus enemigos. **14** Los correos, apresurados y apremiados por la orden del rey, salieron montados en los corceles reales; y el decreto fue promulgado[1] en la fortaleza de Susa.

15 Entonces Mardoqueo salió de la presencia del rey en vestiduras reales de azul[1] y blanco, con una gran corona de oro y un manto de lino fino y púrpura. La ciudad de Susa dio vivas y se regocijó. **16** Para los judíos fue *día* de luz y alegría, de gozo y gloria. **17** En cada provincia, en cada ciudad y en todo lugar adonde llegaba el mandato del rey y su decreto había alegría y gozo para los judíos, banquete y día festivo[1]. Y muchos de entre los pueblos de la tierra se hicieron judíos, porque había caído sobre ellos el temor de los judíos.

VENGANZA DE LOS JUDÍOS

9 En el mes doce (es decir, el mes de Adar), el día trece[1] cuando estaban[2] para ejecutarse el mandato y edicto del rey, el *mismo* día que los enemigos de los judíos esperaban obtener dominio sobre ellos, sucedió lo contrario, porque fueron los judíos los que obtuvieron dominio sobre los que los odiaban. **2** Se reunieron los judíos en sus ciudades por todas las provincias del rey Asuero para echar mano a[1] los que buscaban hacerles daño. Nadie podía oponérseles, porque el temor a ellos había caído sobre todos los pueblos. **3** Y todos los príncipes de las provincias, los sátrapas, los gobernadores y los que manejaban los negocios del rey ayudaron[1] a los judíos, porque el temor a Mardoqueo había caído sobre ellos. **4** Mardoqueo era grande en la casa del rey, y su fama se había extendido por todas las provincias, porque[1] Mardoqueo se engrandecía más y más.

5 Los judíos hirieron a todos sus enemigos a filo[1] de espada, con matanza y destrucción; e hicieron lo que quisieron con los que los odiaban. **6** En la fortaleza de Susa los judíos mataron y destruyeron a 500 hombres, **7** también a Parsandata, Dalfón, Aspata, **8** Porata, Adalía, Aridata, **9** Parmasta, Arisai, Aridai y Vaizata, **10** los diez hijos de Amán, hijo de Hamedata, enemigo de los judíos; pero no echaron mano a sus bienes.

11 Aquel mismo día comunicaron[1] al rey el número de los que fueron muertos en la fortaleza de Susa. **12** Y el rey dijo a la reina Ester: «En la fortaleza de Susa los judíos han matado y exterminado a 500 hombres y a los diez hijos de

---

8:13 [1] Lit. *darse*.   8:14 [1] Lit. *dado*.   8:15 [1] O *violeta*.   8:17 [1] Lit. *bueno*.   9:1 [1] Lit. *trece en él*.   [2] Lit. *se acercaron*.   9:2 [1] Lit. *enviar mano contra*.   9:3 [1] Lit. *levantaron*.   9:4 [1] Lit. *porque el hombre*.   9:5 [1] Lit. *a golpe*.   9:11 [1] Lit. *vino*.

Amán. ¡Qué habrán hecho en las demás provincias del rey! ¿Cuál es tu petición *ahora*? Pues te será concedida. ¿Qué más quieres? También *te* será hecho». ¹³ Entonces Ester dijo: «Si le place al rey, que mañana también se conceda a los judíos que están en Susa hacer conforme al edicto de hoy; y que los diez hijos de Amán sean colgados en la horca¹».

¹⁴ El rey ordenó que así se hiciera; y un edicto fue promulgado¹ en Susa, y los diez hijos de Amán fueron colgados. ¹⁵ Los judíos que *se hallaban* en Susa se reunieron también el día catorce del mes de Adar y mataron a 300 hombres en Susa, pero no echaron mano a sus bienes.

LA FIESTA DE PURIM

¹⁶ Los demás judíos que *se hallaban* en las provincias del rey se reunieron para defender sus vidas y librarse¹ de sus enemigos. Mataron a 75,000 de los que los odiaban, pero no echaron mano a sus bienes. ¹⁷ Esto *sucedió* el día trece del mes de Adar, y el *día* catorce¹ descansaron, y lo proclamaron día de banquete y de regocijo. ¹⁸ Pero los judíos que *se hallaban* en Susa se reunieron el trece y el catorce del mismo mes¹, y descansaron el *día* quince² y lo proclamaron³ día de banquete y de regocijo. ¹⁹ Por eso los judíos de las áreas rurales, que habitan en las ciudades abiertas, proclaman el día catorce del mes de Adar día festivo¹ para regocijarse, hacer banquetes y enviarse porciones *de comida* unos a otros.

²⁰ Entonces Mardoqueo escribió estos hechos, y envió cartas a todos los judíos que *se hallaban* en todas las provincias del rey Asuero, tanto cercanas como lejanas, ²¹ ordenándoles que celebraran anualmente el día catorce del mes de Adar, y el día quince del mismo mes¹. ²² Porque en esos días los judíos se libraron¹ de sus enemigos, y fue para ellos un mes que se convirtió de tristeza en alegría y de duelo en día festivo². Los harían días de banquete y de regocijo, para que se enviaran porciones *de comida* unos a otros e hicieran donativos a los pobres. ²³ Así los judíos llevaron a cabo lo que habían comenzado a hacer, y lo que Mardoqueo les había escrito.

²⁴ Pues Amán, hijo de Hamedata, el agagueo, enemigo de todos los judíos, había hecho planes contra los judíos para destruirlos, y había echado el Pur, es decir, la suerte, para su ruina y destrucción. ²⁵ Pero cuando esto llegó al conocimiento¹ del rey, *este* ordenó por carta que el perverso plan que Amán había tramado contra los judíos recayera sobre su cabeza, y que él y sus hijos fueran colgados en la horca².

LAS REGLAS DE ESTER

Decretos y edictos en el libro de Ester

Vasti debe ser expulsada y todo hombre debe gobernar su propia casa *1:19-22*

Jóvenes vírgenes son convocadas al palacio para que el rey elija a una esposa *2:2-8*

Los judíos deben ser destruidos *3:9-15*

Se les concede derecho a los judíos de defenderse de ser asesinados *8:8-14*

Los judíos reciben permiso para matar más hombres al segundo día y colgar en la horca a los diez hijos de Amán *9:13-16*

Los judíos pueden celebrar el día sagrado llamado Purim *9:18-32*

9:10, 15
Los judíos no tomaron ningún botín

Esta era una guerra santa para eliminar el mal, como había ordenado el Señor. Si ellos ganaban dinero o riquezas saqueando a sus enemigos, entonces ya no era una guerra santa.

9:13 ¹ Lit. *el árbol*.   9:14 ¹ Lit. *dado*.   9:16 ¹ Lit. *descansar*.   9:17 ¹ Lit. *catorce en él*.   9:18 ¹ Lit. *en él*.   ² Lit. *quince en él*.   ³ Lit. *hicieron*.   9:19 ¹ Lit. *bueno*.   9:21 ¹ Lit. *en él*.   9:22 ¹ Lit. *descansaron*.   ² Lit. *bueno*.   9:25 ¹ Lit. *delante*.   ² Lit. *el árbol*.

9:13
Los hijos de Amán fueron colgados en las horcas

Aunque los hijos ya estaban muertos, los judíos colgaron sus cuerpos en las horcas como un ejemplo para los que quisieran atacarlos en el futuro. Los judíos verían esto como una prueba de que la maldición de Dios contra aquellos que los maldijeran a ellos todavía estaba vigente. (Ver Génesis 12:3; 27:9; Deuteronomio 21:23).

26 Por eso estos días son llamados Purim¹, por el nombre Pur. Y a causa de las instrucciones² en esta carta, tanto por lo que habían visto sobre este asunto y por lo que les había acontecido, **27** los judíos establecieron e hicieron¹ una costumbre para ellos, para sus descendientes² y para todos los que se aliaban con ellos, que no dejarían de³ celebrar estos dos días conforme a su ordenanza⁴ y conforme a su tiempo señalado cada año. **28** Para que estos días fueran recordados y celebrados por todas las generaciones, por cada familia, cada provincia y cada ciudad; y que estos días de Purim no dejaran de celebrarse¹ entre los judíos, ni su memoria se extinguiera² entre sus descendientes³.

29 Entonces la reina Ester, hija de Abihail, y el judío Mardoqueo escribieron con toda autoridad para confirmar

9:26 ¹ I.e. Suertes. ² Lit. *Por tanto a causa de todas las palabras.* 9:27 ¹ Lit. *recibieron.* ² Lit. *su simiente.* ³ Lit. *no se pasara.* ⁴ Lit. *escrito.* 9:28 ¹ Lit. *pasarían.* ² Lit. *terminaría.* ³ Lit. *su simiente.*

PERSONAJES OPUESTOS

← Mardoqueo vs. Amán →

Ester

Judío 2:5	Agagueo 3:1
Le da buenos consejos a Ester 2:10,20; 4:12-14	Acepta el mal consejo de su esposa y amigos 5:14
Expone el complot de Bigtán y Teres para asesinar al rey 2:21-22	Miente y soborna al rey para que haga matar a los judíos 3:8-9
No se inclina ante Amán para honrarlo 3:2-4	Se enoja porque Mardoqueo no se inclina ni lo honra 3:4-5
Expone el complot de Amán para matar a los judíos 4:6-8	Trama matar a Mardoqueo y a todos los judíos 3:6
El rey Asuero descubre que Mardoqueo le había salvado la vida y lo honra 6:1-10	El rey Asuero cree que Amán estaba actuando a su favor y lo honra 3:2,8-11
Conducido por las calles y honrado por Amán 6:11	Cree que está siendo honrado por el rey, pero en cambio es forzado a conducir a Mardoqueo por las calles y honrarlo 6:5-13
Escapa de ser colgado en la horca que Amán había preparado para él 7:9	Es colgado en la horca que había preparado para Mardoqueo 5:14; 6:4; 7:9-10
Recibe el anillo de sellar del rey y es puesto sobre la casa de Amán 8:2	Recibe el anillo de sellar del rey 3:10
Redacta un edicto del rey que les permitía a los judíos defenderse 8:9-10	Redacta un edicto del rey que ordena que los judíos sean asesinados 3:12-15
Recibe una posición importante en el palacio, segundo después del rey 9:4; 10:3	Desperdicia la posición importante que tenía y cae en la ruina 3:1; 6:13-14; 7:10

esta segunda carta acerca de Purim. **30** Y se enviaron cartas a todos los judíos, a las 127 provincias del reino de Asuero, palabras de paz y de verdad, **31** para establecer estos días de Purim en sus tiempos señalados, tal como habían establecido para ellos el judío Mardoqueo y la reina Ester, según habían fijado para ellos y sus descendientes[1], con instrucciones[2] para sus tiempos de ayuno y de lamentaciones. **32** El mandato de Ester estableció estas costumbres[1] acerca de Purim, y esto fue escrito en el libro.

GRANDEZA DE MARDOQUEO

10 El rey Asuero impuso tributo sobre la tierra y sobre las costas del mar. **2** Y todos los actos de su autoridad y poder, y todo el relato de la grandeza de Mardoqueo, con que el rey le engrandeció, ¿no están escritos en el libro de las Crónicas de los reyes de Media y Persia? **3** Porque el judío Mardoqueo era el segundo *después* del rey Asuero, grande entre los judíos y estimado por la multitud de sus hermanos, el cual buscó el bien de su pueblo y procuró el bienestar de[1] toda su gente[2].

10:3
El nuevo poder de Mardoqueo

Como segundo en rango después de Asuero, Mardoqueo tenía la confianza del rey. Ahora ayudaría a crear las reglas del imperio. Su alta posición garantizó la protección de los judíos.

9:31 [1] Lit. *su simiente*.   [2] Lit. *palabras*.   9:32 [1] Lit. *palabras*.   10:3 [1] Lit. *habló paz a*.   [2] Lit. *simiente*.

Job

¿QUIÉN ESCRIBIÓ ESTE LIBRO?	Se desconoce el autor de Job.
¿POR QUÉ SE ESCRIBIÓ ESTE LIBRO?	El libro de Job se escribió para ayudar a las personas a saber que el sufrimiento no siempre es un castigo de Dios.
¿QUÉ OCURRE EN ESTE LIBRO?	A Job le suceden cosas terribles. Job y sus tres amigos discuten acerca de la razón por la que Dios permite que sucedan esas cosas. Dios les dice a Job y sus amigos que confíen en él, luego sana a Job y lo hace rico nuevamente.
¿QUÉ APRENDEMOS ACERCA DE DIOS EN ESTE LIBRO?	Dios permite que le sucedan cosas malas a gente buena. Cuando ocurren cosas malas, eso no significa que Dios está castigando a las personas por su pecado.
¿QUIÉN ES EL PERSONAJE PRINCIPAL DE ESTE LIBRO?	Job es la persona más importante de este libro.
¿DÓNDE SUCEDIERON ESTAS COSAS?	La historia de Job sucede en un lugar llamado Uz, probablemente ubicado al este de Canaán.
¿CUÁLES SON ALGUNAS DE LAS HISTORIAS DE ESTE LIBRO?	Satanás destruye la riqueza y a la familia de Job — Job 1
	Satanás hace que Job se enferme — Job 2
	Job dice que eso no es justo — Job 9, 12
	Dios le muestra su grandeza a Job — Job 40—41
	Dios restaura a Job y lo hace rico — Job 42

La tierra de Uz, el escenario del libro de Job, estaba probablemente en la región de Edom, en la actualidad el sur de Israel y Jordania.

© Boris Diakovsky/Shutterstock

INTEGRIDAD Y RIQUEZAS DE JOB

1 Hubo un hombre en la tierra de Uz llamado Job. Aquel hombre era intachable[1], recto, temeroso de[2] Dios y apartado del mal. **2** Le nacieron siete hijos y tres hijas. **3** Su hacienda era de 7,000 ovejas, 3,000 camellos, 500 yuntas de bueyes, 500 asnas y muchísima servidumbre. Aquel hombre era el más grande de todos los hijos del oriente.

4 Sus hijos acostumbraban ir y hacer un banquete en la casa de cada uno por turno, e invitaban[1] a sus tres hermanas para comer y beber con ellos. **5** Cuando los días del banquete habían pasado[1], Job enviaba a buscarlos y los santificaba, y levantándose temprano, ofrecía holocaustos conforme al número de todos ellos. Porque Job decía: «Quizá mis hijos hayan pecado y maldecido a Dios en sus corazones». Job siempre hacía así.

6 Un día, cuando los hijos de Dios vinieron a presentarse delante del SEÑOR, Satanás[1] vino también entre ellos. **7** Y el SEÑOR preguntó a Satanás: «¿De dónde vienes?». Entonces Satanás respondió al SEÑOR: «De recorrer la tierra y de andar por ella». **8** Y el SEÑOR dijo a Satanás: «¿Te has fijado[1] en Mi siervo Job? Porque no hay ninguno como él sobre la tierra; es un hombre intachable[2] y recto, temeroso de[3] Dios y apartado del mal». **9** Satanás respondió al SEÑOR[1]: «¿Acaso teme Job a Dios de balde? **10** ¿No has hecho Tú una valla alrededor de él, de su casa y de todo lo que tiene, por todos lados? Has bendecido el trabajo de sus manos y sus posesiones han aumentado en la tierra. **11** Pero extiende ahora Tu mano y toca todo lo que tiene, y verás si no te maldice en Tu misma cara». **12** Entonces el SEÑOR dijo a Satanás: «Todo lo que él tiene está en tu poder[1]; pero no extiendas tu mano sobre él». Y Satanás salió de la presencia del SEÑOR.

DIOS PERMITE LAS PRUEBAS DE JOB

13 Y aconteció que un[1] día en que los hijos y las hijas de Job estaban comiendo y bebiendo en la casa del hermano mayor, **14** vino un mensajero a Job y le dijo: «Los bueyes estaban arando y las asnas paciendo junto a ellos, **15** y los sabeos[1] atacaron[2] y se los llevaron. También mataron[3] a los criados a filo de espada. Solo yo[4] escapé para contárselo a usted». **16** Mientras estaba este hablando, vino otro y dijo: «Fuego de Dios cayó del cielo y quemó las ovejas y a los criados y los consumió; solo yo escapé para contárselo a usted». **17** Mientras este estaba hablando, vino otro y dijo: «Los caldeos formaron tres cuadrillas, se lanzaron sobre los camellos y se los llevaron, y mataron[1] a los criados a

1:1
Job no era perfecto
Solo Dios es perfecto. Job pecó al igual que todos los demás, pero temía a Dios y trataba de seguir sus leyes. Incluso ofrecía sacrificios por si acaso sus hijos pecaban.

1:2-3
La riqueza de Job
Job era considerado el hombre más rico de la región. Su riqueza estaba en su ganado más que en las tierras que poseía.

© S1001/Shutterstock

1:8-12
Satanás solicita probar a Job
Dios dirigió la atención hacia Job como un ejemplo de alguien que le servía con fidelidad. Cuando Satanás dijo que a Job le era fácil servir a Dios porque era rico, Dios le permitió probarlo. Satanás en realidad estaba atacando a Dios antes que a Job.

1:1 [1] O íntegro.   [2] O que reverencia a.   1:4 [1] O enviaban y convidaban.
1:5 [1] Lit. completado su ciclo.   1:6 [1] I.e. el adversario.   1:8 [1] Lit. ¿Has puesto tu corazón.   [2] O íntegro.   [3] O que reverencia a.   1:9 [1] Lit. al Señor, y dijo.
1:12 [1] Lit. mano.   1:13 [1] Lit. el.   1:15 [1] Lit. Seba o Sabá.   [2] Lit. cayeron sobre.   [3] Lit. hirieron.   [4] Lit. solamente yo solo, y así en los vers. 16, 17 y 19.
1:17 [1] Lit. hirieron.

1:20
La aflicción de Job
La gente a menudo mostraba su tristeza rasgándose la ropa y rasurándose la cabeza. A pesar de su dolor, Job no abandonó su fe en Dios.

2:7
Enfermedad de Job
No está muy claro qué clase de enfermedad era, pero tenía llagas en todo el cuerpo (2:7), costras (30:30), mal aliento (19:17), fiebre (30:30) y dolor constante (30:17).

filo de espada. Solo yo escapé para contárse*lo a usted*». **18** Mientras este estaba hablando, vino otro y dijo: «Sus hijos y sus hijas estaban comiendo y bebiendo vino en la casa del hermano mayor, **19** y entonces vino un gran viento del otro lado del desierto y azotó las cuatro esquinas de la casa, y *esta* cayó sobre los jóvenes y murieron; solo yo escapé para contárse*lo a usted*».

20 Entonces Job se levantó, rasgó su manto, se rasuró la cabeza, y postrándose en tierra, adoró, **21** y dijo:

> «Desnudo salí del vientre de mi madre
> Y desnudo volveré allá.
> El SEÑOR dio y el SEÑOR quitó;
> Bendito sea el nombre del SEÑOR».

22 En todo esto Job no pecó ni culpó[1] a Dios.

JOB PIERDE SU SALUD

2 Y sucedió que el día cuando los hijos de Dios vinieron a presentarse delante del SEÑOR, vino también Satanás[1] entre ellos para presentarse delante del SEÑOR. **2** Y el SEÑOR preguntó a Satanás: «¿De dónde vienes?». Entonces Satanás respondió al SEÑOR: «De recorrer la tierra y de andar por ella». **3** Y el SEÑOR dijo a Satanás: «¿Te has fijado[1] en Mi siervo Job? Porque no hay otro como él sobre la tierra; es un hombre intachable[2], recto, temeroso de[3] Dios y apartado del mal. Él todavía conserva su integridad a pesar de que tú me incitaste contra él para que lo arruinara[4] sin causa». **4** Satanás respondió al SEÑOR: «¡Piel por piel! Sí, todo lo que el hombre tiene dará por su vida. **5** Sin embargo, extiende ahora Tu mano y toca su hueso y su carne, *verás* si no te maldice en Tu *misma* cara». **6** Y el SEÑOR dijo a Satanás: «Él está en tu mano; pero respeta su vida».

7 Entonces Satanás salió de la presencia del SEÑOR, e hirió a Job con llagas malignas[1] desde la planta del pie hasta la coronilla. **8** Y *Job* tomó un pedazo de teja para rascarse mientras estaba sentado entre las cenizas. **9** Entonces su mujer le dijo: «¿Aún conservas tu integridad? Maldice a Dios y muérete». **10** Pero él le dijo: «Hablas como habla cualquier mujer necia. ¿Aceptaremos el bien de Dios pero no aceptaremos el mal?». En todo esto Job no pecó con sus labios.

11 Cuando tres amigos de Job, Elifaz, el temanita, Bildad, el suhita y Zofar, el naamatita, oyeron de todo este mal que había venido sobre él, vinieron cada uno de su lugar, pues se habían puesto de acuerdo para ir juntos a condolerse de él y a consolarlo. **12** Y cuando alzaron los ojos desde lejos y no lo reconocieron, levantaron sus

GRANDES IDEAS EN JOB

Satanás lucha para apartar a las personas de Dios.

Dios dirige cada suceso en la vida de una persona.

Dios es confiable, aun cuando no podemos entender sus caminos.

Dios nunca deja a sus hijos, aun cuando sufren.

Las cosas malas les pueden suceder a personas buenas.

1:22 [1] Lit. *atribuyó despropósito.*
2:3 [1] Lit. *¿Has puesto tu corazón.* reverencia a. [4] Lit. *tragara.*
2:1 [1] I.e. el adversario.
[2] Lit. *íntegro.* [3] O que
2:7 [1] O tumores ulcerados.

voces y lloraron. Cada uno de ellos rasgó su manto y esparcieron polvo hacia el cielo sobre sus cabezas. **13** Entonces se sentaron en el suelo con él por siete días y siete noches sin que nadie le dijera una palabra, porque veían que *su* dolor era muy grande.

LAMENTOS DE JOB

3 Después de esto, Job abrió su boca y maldijo el día de su nacimiento[1]. **2** Y dijo Job:

3 «Perezca el día en que yo nací,
   Y la noche *que* dijo: "Un varón ha sido concebido".
4 Sea ese día tinieblas,
   No lo tome en cuenta Dios desde lo alto,
   Ni resplandezca sobre él la luz.
5 Apodérense de él tinieblas y densa oscuridad,
   Pósese sobre él una nube,
   Llénelo de terror la negrura del día.
6 *Y en cuanto a* aquella noche, apodérense de ella las tinieblas;
   Que no se alegre entre los días del año,
   Ni se cuente en el número de los meses.
7 Que sea estéril aquella noche,
   No entren en ella gritos de júbilo.
8 Maldíganla los que maldicen el día,
   Los que están listos[1] para despertar a Leviatán[2].
9 Oscurézcanse las estrellas de su alba;
   Que espere la luz pero no la tenga,
   Que tampoco vea el rayar[1] de la aurora;
10 Porque no cerró las puertas[1] del vientre *de mi madre,*
   Ni escondió la aflicción de mis ojos.

11 »¿Por qué no morí yo al nacer[1],
   O expiré al salir del vientre?
12 ¿Por qué me recibieron las rodillas,
   Y para qué los pechos que me dieron de mamar?
13 Porque ahora yo reposaría tranquilo;
   Dormiría, *y* entonces tendría descanso
14 Con los reyes y los consejeros de la tierra,
   Que reedificaron ruinas para sí;
15 O con príncipes que tenían oro,
   Que llenaban sus casas de plata.
16 O como aborto desechado[1], yo no existiría,
   Como los niños que nunca vieron la luz.
17 Allí los impíos dejan de sentir ira,
   Y allí reposan los cansados[1].
18 Juntos reposan los prisioneros;
   No oyen la voz del capataz.
19 Allí están los pequeños y los grandes,
   Y el esclavo es libre de su señor.
20 »¿Por qué se da luz al que sufre,
   Y vida al amargado de alma;

2:9
La reacción de la esposa de Job
Job había perdido todo y estaba en medio de un terrible dolor, así que su esposa le sugiere maldecir a Dios, ya que los que maldecían a Dios morían (Levítico 24:10-16). Y si Job moría, entonces su miseria acabaría.

3:3
Job maldijo el día de su nacimiento
La vida de Job había sido hermosa y ahora era terrible. Job dijo que hubiera sido mejor nunca haber nacido. Sin embargo, incluso en medio de su gran sufrimiento, Job no maldijo a Dios.

3:16-19
Los deseos de Job
Él pensaba que si hubiera muerto al nacer o cuando era niño, habría tenido la paz y el descanso que ahora no tenía (versículo 26).

3:1 ¹ Lit. *su día.*   3:8 ¹ O *son hábiles.*   ² O *al monstruo marino.*   3:9 ¹ Lit. *los párpados.*   3:10 ¹ O *la abertura.*   3:11 ¹ Lit. *desde la matriz.*
3:16 ¹ Lit. *oculto.*   3:17 ¹ Lit. *cansados de fuerzas.*

21 A los que ansían[1] la muerte, pero no llega[2],
    Y cavan por ella más que por tesoros;
22 Que se alegran sobremanera,
    Y se regocijan cuando encuentran el sepulcro?
23 ¿Por qué dar luz al hombre cuyo camino está
        escondido,
    Y a quien Dios ha cercado?
24 Porque al ver mi alimento salen mis gemidos,
    Y mis clamores se derraman como agua.
25 Pues lo que temo[1] viene sobre mí,
    Y lo que me aterroriza me sucede.
26 No tengo reposo ni estoy tranquilo,
    No descanso, sino que me viene turbación».

REPROCHES DE ELIFAZ

4 Entonces respondió Elifaz, el temanita:
2 «Si alguien tratara de hablarte, ¿te pondrías
        impaciente?
    Pero ¿quién puede abstenerse de hablar[1]?
3 Tú has exhortado a muchos,
    Y las manos débiles has fortalecido.
4 Al que tropezaba, tus palabras lo levantaban[1],
    Y las rodillas débiles[2] fortalecías.
5 Pero ahora que te ha llegado a ti, te impacientas;
    Te toca a ti, y te desalientas.
6 ¿No es tu temor[1] a Dios tu confianza,
    Y la integridad de tus caminos tu esperanza?

7 »Recuerda ahora, ¿quién siendo inocente ha perecido
        jamás?
    ¿O dónde han sido destruidos los rectos?
8 Por lo que yo he visto, los que aran iniquidad
    Y los que siembran aflicción, eso siegan.
9 Por el aliento de Dios perecen,
    Y por la explosión[1] de Su ira son consumidos.
10 El rugido del león, el bramido de la fiera[1]
    Y los dientes de los leoncillos son quebrantados.
11 El león perece por falta de presa,
    Y los cachorros de la leona se dispersan.

4:12-16
La visión de Elifaz
Elifaz dijo que se le había aparecido un espíritu en un sueño y le había dado una revelación de Dios.

12 »Una palabra me fue traída secretamente,
    Y mi oído percibió un susurro de ella.
13 Entre pensamientos inquietantes de visiones
        nocturnas,
    Cuando el sueño profundo cae sobre los hombres,
14 Me sobrevino un espanto, un temblor
    Que hizo estremecer todos[1] mis huesos.
15 Entonces un espíritu pasó cerca de[1] mi rostro,
    Y el pelo de mi piel[2] se erizó.
16 Algo se detuvo, pero no pude reconocer su aspecto;
    Una figura estaba delante de mis ojos,
    Hubo silencio, después oí una voz:

3:21 [1] Lit. esperan.   [2] Lit. hay ninguna.   3:25 [1] Lit. el temor que yo temo.
4:2 [1] Lit. en palabras.   4:4 [1] Lit. han hecho que se levante.   [2] Lit. que se
doblaban.   4:6 [1] O reverencia.   4:9 [1] O el soplo.   4:10 [1] Lit. león.
4:14 [1] Lit. la multitud de.   4:15 [1] O aliento pasó sobre.   [2] Lit. carne.

17 "¿Es el mortal justo *delante* de Dios?
¿Es el hombre puro *delante* de su Hacedor?

18 Dios no confía ni aún en Sus mismos siervos;
Y a Sus ángeles atribuye errores.

19 ¡Cuánto más a los que habitan en casas de barro,
Cuyos cimientos están en el polvo,
Que son aplastados como[1] la polilla!

20 Entre la mañana y la tarde son hechos pedazos;
Sin que nadie se dé cuenta, perecen para siempre.

21 ¿No les es arrancada la cuerda de su tienda?
Mueren, pero sin sabiduría".

5 »Llama ahora, ¿habrá quién te responda?
¿Y a cuál de los santos te volverás?

2 Porque el enojo mata al insensato,
Y la ira da muerte al necio.

3 Yo he visto al insensato echar raíces,
Y al instante maldije su morada.

4 Sus hijos no tienen seguridad alguna,
Aun en la puerta[1] son oprimidos[2],
Y no hay quien los libre.

5 Su[1] cosecha la devoran los hambrientos,
La toman aun de *entre* los espinos,
Y el intrigante[2] ansía su riqueza.

6 Porque la aflicción no viene del polvo,
Ni brota el infortunio de la tierra;

7 Pues el hombre nace para la aflicción,
Como las chispas vuelan hacia arriba.

8 »Pero en cuanto a mí, yo buscaría a Dios,
Y delante de Dios presentaría mi causa;

9 Él hace cosas grandes e inescrutables,
Maravillas[1] sin número.

10 Él da la lluvia sobre la superficie de la tierra,
Y envía las aguas sobre[1] los campos.

11 Para poner en alto a los humildes,
Y levantar a los que lloran a lugar seguro.

12 Él frustra las tramas de los astutos,
Para que sus manos no tengan éxito.

13 Él prende a los sabios en su propia astucia,
Y el consejo de los sagaces pronto lo frustra.

14 De día tropiezan con las tinieblas,
Y a mediodía andan a tientas como de noche.

15 Pero Él salva al pobre de la espada en sus bocas,
Y de la mano del poderoso.

16 El desamparado, pues, tiene esperanza,
Y la injusticia tiene que cerrar su boca.

17 »Cuán bienaventurado es el hombre a quien Dios
reprende;
No desprecies, pues, la disciplina del Todopoderoso[1].

18 Porque Él inflige dolor, pero da alivio[1];
Él hiere, pero Sus manos *también* sanan.

4:19 [1] Lit. *delante de.*   5:4 [1] I.e. de la ciudad.   [2] Lit. *aplastados.*
5:5 [1] Lit. *Cuya.*   [2] Algunas versiones antiguas dicen: *sediento.*
5:9 [1] O *milagros.*   5:10 [1] Lit. *sobre la faz de.*   5:17 [1] Heb. *Shaddai.*
5:18 [1] Lit. *venda.*

4:18-19
Elifaz comparó a los ángeles con los seres humanos
Elifaz dijo que si los seres espirituales como los ángeles podían ser hallados culpables a los ojos de Dios, probablemente los seres humanos eran más pecadores todavía.

5:8-16
El consejo de Elifaz
Él le dijo a Job que se humillara y llevara su caso delante de Dios.

5:17
Elifaz trata de explicar el sufrimiento de Job
Elifaz pensaba que Dios estaba disciplinando a Job por su pecado, lo cual significaba que todo lo que Job tenía que hacer era arrepentirse. Él creía que la disciplina de Dios era temporal, y que Dios recompensa a las personas buenas.

¹⁹ De¹ seis aflicciones te librará,
Y en la séptima no te tocará el mal.
²⁰ En el hambre, Él te salvará de la muerte,
Y en la guerra, del poder de la espada.
²¹ Estarás a cubierto del azote de la lengua,
Y no temerás la violencia cuando venga.
²² De la violencia y del hambre te reirás,
Y no temerás a las fieras de la tierra.
²³ Pues con las piedras del campo harás tu alianza,
Y las fieras del campo estarán en paz contigo.
²⁴ Y sabrás que tu tienda está segura¹,
Porque visitarás tu morada y no temerás pérdida alguna.
²⁵ También sabrás que tu descendencia¹ será numerosa,
Y tus vástagos como la hierba de la tierra.
²⁶ En pleno vigor llegarás al sepulcro,
Como se recogen las gavillas a su tiempo.
²⁷ Esto lo hemos examinado, y así es;
Óyelo, y conócelo para tu bien¹».

RESPUESTA DE JOB A ELIFAZ

6 Entonces Job respondió:

² «¡Oh, si pudiera pesarse mi sufrimiento,
Y ponerse en la balanza junto con mi calamidad!
³ Porque pesarían ahora más que la arena de los mares;
Por eso mis palabras han sido precipitadas.
⁴ Porque las flechas del Todopoderoso¹ están *clavadas* en mí,
Cuyo veneno bebe mi espíritu;
Contra mí se juntan² los terrores de Dios.
⁵ ¿Acaso rebuzna el asno montés junto a¹ *su* hierba,
O muge el buey junto a¹ su forraje?
⁶ ¿Se come sin sal lo insípido,
O hay gusto en la clara del huevo¹?
⁷ Mi alma se niega a tocar estas cosas;
Son alimento repugnante para mí.

⁸ »¡Quién me diera que mi petición se cumpliera,
Que Dios me concediera mi anhelo,
⁹ Que Dios consintiera en aplastarme,
Que soltara Su mano y acabara conmigo!
¹⁰ Pero aún tengo consuelo,
Y me regocijo en el dolor sin tregua,
Que no he negado¹ las palabras del Santo.
¹¹ ¿Cuál es mi fuerza, para que yo espere,
Y cuál es mi fin, para que yo resista¹?
¹² ¿Es mi fuerza la fuerza de las piedras,
O es mi carne de bronce?
¹³ ¿Es que mi ayuda no está dentro de mí,
Y está alejado de mí *todo* auxilio¹?

6:5
Job menciona a un asno montés y a un buey
Job usó esas imágenes para explicar por qué tenía derecho a quejarse y gemir en su sufrimiento.

© Geza Farkas/Shutterstock

6:8-10
El deseo de Job
Job quería morir para no sufrir más. Más importante aún, quería permanecer siendo fiel delante de Dios sin negarlo o alejarse de él.

5:19 ¹ Lit. *En.*   5:24 ¹ O *en paz.*   5:25 ¹ Lit. *simiente.*   5:27 ¹ Lit. *para ti.*
6:4 ¹ Heb. *Shaddai.*   ² O *se colocan en línea de batalla.*   6:5 ¹ O *sobre.*
6:6 ¹ Heb. *rir halamut,* de significado incierto; quizá el jugo de una planta.
6:10 ¹ Lit. *ocultado.*   6:11 ¹ Lit. *prolongue mi alma.*   6:13 ¹ Así en algunas versiones antiguas; en el T.M., *éxito* o *sabiduría.*

14 »Para el abatido, *debe haber* compasión de parte de su
    amigo;
    No sea que abandone el temor[1] del Todopoderoso.
15 Mis hermanos han obrado engañosamente como un
    torrente[1],
    Como las corrientes de los arroyos que se desvanecen,
16 Que a causa del hielo están turbios
    Y en los que la nieve se derrite[1].
17 Cuando se quedan sin agua, están silenciosos[1],
    Cuando hace calor, desaparecen de su lugar.
18 Serpentean las sendas de su curso,
    Se evaporan en la nada y perecen[1].
19 Las caravanas de Temán *los* buscaron[1],
    Los viajeros de Sabá contaban con ellos.
20 Quedaron frustrados[1] porque habían confiado,
    Llegaron allí y fueron confundidos.
21 Ciertamente, así son ustedes ahora,
    Ven algo aterrador y se espantan.
22 ¿Acaso he dicho: "Denme *algo,*
    De su riqueza ofrézcanme un soborno,
23 Líbrenme de la mano del adversario",
    O: "Rescátenme de la mano de los tiranos"?

24 »Instrúyanme, y yo me callaré;
    Muéstrenme en qué he errado.
25 ¡Cuán dolorosas son las palabras sinceras!
    Pero ¿qué prueba el argumento de ustedes?
26 ¿Piensan censurar *mis* palabras,
    Cuando las palabras del desesperado *se las lleva* el[1]
      viento?
27 Aun echarían *suerte* sobre los huérfanos,
    Y especularían con su amigo.
28 Y ahora, traten de mirarme,
    Y *vean* si miento en sus propias caras.
29 Desistan, por favor; que no haya injusticia;
    Sí, desistan; en ello está aún mi justicia.
30 ¿Acaso hay injusticia en mi lengua?
    ¿No puede mi paladar discernir calamidades?

MISERIAS DE LA VIDA

7 »¿No está el hombre obligado a trabajar[1] sobre la tierra?
    ¿*No son* sus días como los días de un jornalero?
2 Como esclavo que suspira por la sombra,
    Y como jornalero que espera con ansias su paga,
3 Así me han dado en herencia meses inútiles,
    Y noches de aflicción me han asignado.
4 Cuando me acuesto, digo:
    "¿Cuándo me levantaré?".
    Pero la noche sigue,
    Y estoy dando[1] vueltas continuamente hasta el
      amanecer.

6:14-17
Job pensaba que sus amigos no eran confiables
El consejo de los amigos no fue útil. Ellos no comprendían su situación. Dijeron que Job había sido desobediente a Dios y por esa razón estaba sufriendo, pero Job sabía que eso no era verdad.

7:1
Job cambia de táctica
Job dejó de responderle a Elifaz y comenzó a hablar directamente con Dios.

:14 ¹ O *la reverencia.*   6:15 ¹ O *arroyo.*   6:16 ¹ Lit. *se esconde.*
:17 ¹ O *cesan.*   6:18 ¹ O *Caravanas se desvían de su curso, suben a lo desolado
perecen.*   6:19 ¹ Lit. *miraron.*   6:20 ¹ Lit. *avergonzados.*   6:26 ¹ Lit. *al.*
:1 ¹ Lit. *No tiene el hombre trabajo forzado.*   7:4 ¹ Lit. *estoy harto de dar.*

⁵ Mi carne está cubierta de gusanos y de una costra de
     tierra;
  Mi piel se endurece y supura.
⁶ Mis días pasan más veloces que la lanzadera de telar,
  Y llegan a su fin sin esperanza.

⁷ »Recuerda, oh Dios, que mi vida es un soplo,
  Mis ojos no volverán a ver el bien.
⁸ El ojo del que me ve no me verá más;
  Tus ojos *estarán* sobre mí, pero yo no existiré.
⁹ Como una nube se desvanece y pasa,
  Así el que desciende al Seol¹ no subirá;
¹⁰ No volverá más a su casa,
  Ni su lugar lo verá más.

¹¹ »Por tanto, no refrenaré mi boca,
  Hablaré en la angustia de mi espíritu,
  Me quejaré en la amargura de mi alma.
¹² ¿Soy yo el mar, o un monstruo marino,
     Para que Tú me pongas guardia?
¹³ Si digo: "Mi cama me consolará,
     Mi lecho atenuará¹ mi queja",
¹⁴ Entonces Tú me asustas con sueños
     Y me aterrorizas con visiones.
¹⁵ Mi alma, pues, escoge la asfixia,
     La muerte, en lugar de mis dolores¹.
¹⁶ Languidezco¹; no he de vivir para
     siempre.
     Déjame solo, pues mis días son un soplo.
¹⁷ ¿Qué es el hombre para que lo
     engrandezcas,
     Para que te preocupes por¹ él,
¹⁸ Para que lo examines cada mañana,
  Y a cada momento lo pongas a prueba?
¹⁹ ¿Nunca¹ apartarás de mí Tu mirada,
  Ni me dejarás solo hasta que trague mi saliva?
²⁰ ¿He pecado? ¿Qué te he hecho,
  Oh guardián de los hombres?
  ¿Por qué has hecho de mí Tu blanco,
  De modo que soy una carga para mí mismo?
²¹ Entonces, ¿por qué no perdonas mi transgresión
  Y quitas mi iniquidad?
  Porque ahora dormiré en el polvo;
  Y Tú me buscarás, pero ya no existiré».

DISCURSO DE BILDAD

8 Entonces respondió Bildad, el suhita:

² «¿Hasta cuándo hablarás estas cosas,
  Y serán viento impetuoso las palabras de tu
     boca?
³ ¿Acaso tuerce Dios la justicia
  O tuerce el Todopoderoso¹ lo que es justo?

7:6-9
El objetivo de Job

Job usó varias imágenes para describir cómo es en realidad la corta vida sobre la tierra: la lanzadera de un tejedor acelerando de un lado a otro en un telar, un soplo de aliento y una nube que pasa. También se refirió al lugar al que algunas personas creen que van después de morir, llamado el Seol, la tierra sin retorno. Job vio la muerte como su única esperanza.

7:20-21
Job admite que es un pecador

Job le pregunta a Dios por qué no perdona sus pecados y se lleva su sufrimiento.

7:9 ¹ I.e. región de los muertos.   7:13 ¹ Lit. *soportará*.   7:15 ¹ Lit. *huesos*.
7:16 ¹ O *Aborrezco*.   7:17 ¹ Lit. *pongas tu corazón en*.   7:19 ¹ Lit. *¿Hasta cuándo no*.   8:3 ¹ Heb. *Shaddai*.

⁴ Si tus hijos pecaron contra Él,
  Entonces Él los entregó al poder¹ de su transgresión.
⁵ Si tú buscaras a Dios
  E imploraras la misericordia del Todopoderoso,
⁶ Si fueras puro y recto,
  Ciertamente Él se despertaría ahora en tu favor
  Y restauraría tu justa condición¹.
⁷ Aunque tu principio haya sido insignificante,
  Con todo, tu final aumentará sobremanera.

⁸ »Pregunta, te ruego, a las generaciones pasadas,
  Y considera las cosas escudriñadas por sus padres.
⁹ Porque nosotros somos de ayer y nada sabemos,
  Pues nuestros días sobre la tierra son como una
       sombra.
¹⁰ ¿No te instruirán ellos y te hablarán,
  Y de sus corazones sacarán palabras?

¹¹ »¿Puede crecer el papiro sin cenagal?
  ¿Puede el junco crecer sin agua?
¹² Estando aún verde y sin cortar,
  Con todo, se seca antes que cualquier *otra* planta¹.
¹³ Así son las sendas de todos los que se olvidan
       de Dios.
  Así perecerá la esperanza del impío,
¹⁴ Porque es frágil su confianza,
  Y una tela¹ de araña su seguridad.
¹⁵ Confía¹ en su casa, pero *esta* no se sostiene;
  Se aferra a ella, pero *esta* no perdura.
¹⁶ Crece con vigor¹ delante del sol,
  Y sus renuevos brotan sobre su jardín.
¹⁷ Sus raíces se entrelazan sobre un montón de rocas;
  Vive en¹ una casa de piedras.
¹⁸ Si lo arrancan¹ de su lugar,
  Este le negará, *diciendo:* "Nunca te vi".
¹⁹ Este es el gozo de Su camino¹;
  Y del polvo brotarán otros.
²⁰ Dios no rechaza *al* íntegro¹,
  Ni sostiene a² los malhechores.
²¹ Aún Él ha de llenar de risa tu boca,
  Y tus labios de gritos de júbilo.
²² Los que te odian serán cubiertos de vergüenza,
  Y la tienda de los impíos no existirá más».

RESPUESTA DE JOB A BILDAD

9 Entonces Job respondió:

² «En verdad yo sé que es así,
  Pero ¿cómo puede un hombre ser justo delante de¹
       Dios?
³ Si alguien quisiera discutir con Él,
  No podría contestar ni una *vez* entre mil.

8:4 ¹ Lit. *en mano.*   8:6 ¹ Lit. *justo lugar.*   8:12 ¹ Lit. *hierba.*
8:14 ¹ Lit. *casa.*   8:15 ¹ Lit. *Se apoya.*   8:16 ¹ Lit. *Es exuberante.*
8:17 ¹ Lit. *ve.*   8:18 ¹ Lit. *es tragado.*   8:19 ¹ I.e. *del camino de Dios.*
8:20 ¹ O *perfecto.*   ² Lit. *ni fortalece la mano de.*   9:2 ¹ Lit. *con.*

8:4-6
La opinión de Bildad
Bildad creía que los hijos de Job habían muerto por sus propios pecados y que Job sufría por los suyos. Él le dijo a Job que le pidiera misericordia a Dios.

8:20-21
Resumen de Bildad
Bildad creía que Dios nunca permitiría que un justo sufriera o que a un malvado le fuera bien.

9:1-2
Job responde al argumento de Bildad
Job estaba de acuerdo con Bildad en que Dios es justo y santo, pero quería saber cómo una persona podía ser siempre justa delante de Dios.

4 Sabio de corazón y robusto de fuerzas,
¿Quién lo ha desafiado¹ sin sufrir daño²?

5 *Dios* es el que remueve los montes, y *estos* no saben
cómo
Cuando los vuelca en Su furor;

6 Él es el que sacude la tierra de su lugar,
Y sus columnas tiemblan.

7 El que manda al sol que no brille¹,
Y pone sello a las estrellas;

8 El que solo extiende los cielos,
Y anda¹ sobre las olas del mar;

9 Él es el que hace la Osa, el Orión y las Pléyades,
Y las cámaras del sur;

10 El que hace grandes cosas, inescrutables¹,
Y maravillas sin número.

11 Si Él pasara junto a mí, no *lo* vería;
Si me pasara adelante, no lo percibiría.

12 Si Él arrebatara algo, ¿quién lo impediría?
Quién podrá decirle: "¿Qué haces?".

13 »Dios no retirará Su ira;
Debajo de Él quedan humillados los que ayudan al
Rahab¹.

14 ¿Cómo puedo yo responderle¹,
Y escoger mis palabras delante de² Él?

15 Porque aunque yo tuviera razón, no podría
responder¹;
Tendría que implorar la misericordia de mi Juez.

16 Si yo llamara y Él me respondiera,
No podría creer que escuchara mi voz.

17 Porque Él me quebranta con tempestad,
Y sin causa multiplica mis heridas.

18 No me permite cobrar aliento,
Sino que me llena de amarguras.

19 Si *es cuestión* de poder, Él *es* poderoso;
Y si *es cuestión* de justicia, ¿quién lo¹ citará?

20 Aunque soy justo, mi boca me condenará;
Aunque soy inocente¹, Él me declarará culpable.

21 Inocente soy,
No hago caso de mí mismo,
Desprecio mi vida.

22 *Todo* es lo mismo, por tanto digo:
"Él destruye al inocente y al impío".

23 Si el azote mata de repente,
Él se burla de la desesperación del inocente.

24 La tierra es entregada en manos de los impíos;
Él cubre el rostro de sus jueces;
Si no *es Él,* ¿entonces quién será?

25 »Mis días son más ligeros que un corredor¹;
Huyen, no ven el bien;

9:13
Rahab

Esta no es la Rahab que protegió a los espías hebreos en Josué 2. Este Rahab era un monstruo marino mítico.

9:4 ¹ Lit. *endurecido su cerviz contra Él.*   ² Lit. *y ha quedado ileso?*   9:7 ¹ Lit. *y no brilla.*   9:8 ¹ Lit. *anda sobre las cumbres de.*   9:10 ¹ Lit. *hasta que no haya escudriñamiento.*   9:13 ¹ O *monstruo marino.*   9:14 ¹ O *abogar mi causa.*   ² Lit. *con.*   9:15 ¹ O *abogar mi causa.*   9:19 ¹ Así en la versión gr. (sept.); en heb. *me.*   9:20 ¹ Lit. *íntegro.*   9:25 ¹ O *correo.*

26 Se deslizan como barcos de juncos,
Como águila que se arroja sobre su presa[1].

27 Aunque yo diga: "Olvidaré mi queja,
Cambiaré mi *triste* semblante y me alegraré",

28 Temeroso estoy de todos mis dolores,
Sé que Tú no me absolverás.

29 *Si* soy impío,
¿Para qué, pues, esforzarme en vano?

30 Si me lavara con nieve
Y limpiara mis manos[1] con lejía,

31 Aun así me hundirías en la fosa,
Y mis propios vestidos me aborrecerían.

32 Porque *Él* no *es* hombre como yo, para que le responda,
Para que juntos vengamos a juicio.

33 No hay árbitro entre nosotros,
Que ponga su mano sobre ambos.

34 Que Él quite de mí Su vara,
Y no me espante Su terror.

35 *Entonces* yo hablaré y no le temeré;
Porque en mi opinión[1] yo no soy así.

JOB SE QUEJA DE SU CONDICIÓN

10 »Hastiado estoy[1] de mi vida:
Daré rienda suelta a mi queja,
Hablaré en la amargura de mi alma.

2 Le diré a Dios: "No me condenes,
Hazme saber qué tienes contra mí.

3 ¿Es justo[1] para Ti oprimir,
Rechazar la obra de Tus manos,
Y mirar con favor[2] los designios de los malos?

4 ¿Acaso tienes Tú ojos de carne,
O ves como el hombre ve?

5 ¿Son Tus días como los días de un mortal,
O Tus años como los años del hombre,

6 Para que andes averiguando mi culpa,
Y buscando mi pecado?

7 Según Tu conocimiento ciertamente no soy culpable;
Sin embargo, no hay salvación de Tu mano.

8 "Tus manos me formaron y me hicieron[1],
¿Y me destruirás?

9 Acuérdate ahora que me has modelado como a barro,
¿Y me harás volver al polvo?

10 ¿No me derramaste como leche,
Y como queso me cuajaste?

11 ¿No me vestiste de piel y de carne,
Y me entretejiste con huesos y tendones?

12 Vida y misericordia me has concedido,
Y Tu cuidado ha guardado mi espíritu.

13 Sin embargo, tienes escondidas estas cosas en Tu
corazón,
Yo sé que esto está dentro de Ti:

10:2
Estaba bien que Job le preguntara a Dios por qué estaba sufriendo
Job no estaba siendo rebelde ni desafiando la autoridad de Dios. Solamente quería saber si había hecho algo malo. Y necesitaba entender por qué estaba sufriendo, así como también tener la oportunidad de defenderse.

9:26 [1] Lit. *sobre alimento.*   9:30 [1] Lit. *palmas.*   9:35 [1] Lit. *porque conmigo.*
10:1 [1] Lit. *Mi alma está hastiada.*   10:3 [1] Lit. *¿Está bien.*   [2] Lit. *resplandeces sobre.*   10:8 [1] Lit. *me hicieron por todos lados.*

14 Si pecara, me lo tomarías en cuenta,
Y no me absolverías de mi culpa.
15 Si soy malvado, ¡ay de mí!,
Y *si* soy justo, no me atrevo a levantar la cabeza.
Estoy lleno de deshonra y consciente de¹ mi aflicción.
16 Si *mi cabeza* se levantara, como león me cazarías,
Y mostrarías Tu poder contra mí.
17 Renuevas Tus pruebas contra mí,
Y te ensañas¹ conmigo;
Tropas de relevo vienen contra mí².
18 "¿Por qué, pues, me sacaste de la matriz?
¡Ojalá que hubiera muerto y nadie¹ me hubiera visto!
19 Sería como si no hubiera existido,
Llevado del vientre a la sepultura".
20 ¿No dejará Él *en paz* mis breves días?
Apártate de mí para que me consuele un poco
21 Antes que me vaya, para no volver,
A la tierra de tinieblas y de sombras profundas;
22 Tierra tan lóbrega como las *mismas* tinieblas,
De sombras profundas, sin orden,
Y *donde* la luz es como las tinieblas».

ACUSACIÓN DE ZOFAR CONTRA JOB

11 Entonces Zofar, el naamatita respondió:

2 «¿Quedará sin respuesta esa multitud de palabras?
¿Será absuelto el que mucho habla?
3 ¿Hará callar a los hombres tu palabrería?
¿Harás escarnio sin que nadie *te* reprenda?
4 Pues has dicho: "Mi enseñanza es pura,
Y soy inocente ante tus ojos".
5 Pero, ¡quién diera que Dios hablara,
Que abriera Sus labios contra ti
6 Y te declarara los secretos de la sabiduría!
Porque la verdadera sabiduría tiene dos lados¹.
Sabrías entonces que Dios da por olvidada² parte de
tu iniquidad.

7 »¿Podrás tú descubrir las profundidades de Dios?
¿Podrás descubrir los límites del Todopoderoso¹?
8 Altos son como los cielos¹; ¿qué puedes tú hacer?
Más profundos son que el Seol²; ¿qué puedes tú saber?
9 Más extensa que la tierra es su dimensión,
Y más ancha que el mar.
10 Si Él pasa, o encierra,
O convoca una asamblea, ¿quién podrá impedírselo?
11 Porque Él conoce a los hombres falsos,
Y ve la iniquidad sin investigar¹.
12 El hombre tonto¹ se hará inteligente
Cuando el pollino² de un asno montés nazca hombre.

10:18
Job le pregunta a Dios por qué había nacido
Job creía que nunca nadie podría satisfacer los requisitos de un Dios justo, así que él siempre podría encontrar una razón para castigarlo. Job se imaginaba que como Dios sabía todo esto antes de que él naciera, hubiera sido mejor haber muerto.

11:7
Zofar critica a Job
Zofar dijo que Job no podía entender los misterios de Dios. Sin embargo, Job solo estaba buscando una respuesta al porqué de su sufrimiento.

11:10-12
La opinión de Zofar
Zofar estaba diciendo que, como Dios lo sabe todo, nadie puede cuestionarlo. También dijo que se necesitaría un milagro para que Job cambiara.

10:15 ¹ Lit. *veo.*   10:17 ¹ Lit. *aumentas Tu enojo.*   ² Lit. *están conmigo.*
10:18 ¹ Lit. *ningún ojo.*   11:6 ¹ Lit. *es doble.*   ² Lit. *hace que sea olvidada en tu favor.*   11:7 ¹ Heb. *Shaddai.*   11:8 ¹ Lit. *las alturas del cielo.*   ² I.e. región de los muertos.   11:11 ¹ O *aunque no la considera.*   11:12 ¹ Lit. *vano.*
² Lit. *asno.*

13 »Si diriges bien tu corazón
   Y extiendes a Él tu mano[1],
14 Si en tu mano hay iniquidad y la alejas de ti
   Y no permites que la maldad more en tus tiendas,
15 Entonces, ciertamente levantarás tu rostro sin mancha,
   Estarás firme y no temerás.
16 Porque olvidarás tu aflicción,
   Como aguas que han pasado la recordarás.
17 Tu vida[1] será más radiante que[2] el mediodía,
   Y hasta la oscuridad será como la mañana.
18 Entonces confiarás, porque hay esperanza,
   Mirarás alrededor y te acostarás seguro.
19 Descansarás y nadie te atemorizará,
   Y muchos buscarán tu favor[1].
20 Pero los ojos de los malvados languidecerán,
   Y no habrá escape[1] para ellos;
   Su esperanza es dar su último suspiro[2]».

JOB DECLARA EL PODER DE DIOS

12 Entonces respondió Job:

2 «En verdad que ustedes son el pueblo,
   Y con ustedes morirá la sabiduría.
3 Pero yo también tengo inteligencia como ustedes;
   No soy inferior a ustedes.
   ¿Y quién no sabe esto[1]?
4 Soy motivo de burla para mis[1] amigos,
   Yo, el que clamaba a Dios, y Él le respondía.
   Motivo de burla es el justo e intachable.
5 El que está en holgura desprecia la calamidad[1],
   Como cosa preparada para aquellos cuyos pies resbalan.
6 Las tiendas de los destructores prosperan,
   Y los que provocan a Dios están seguros,
   A quienes Dios ha dado el poder que tienen[1].

7 »Ahora pregunta a los animales, y que ellos te
       instruyan,
   Y a las aves de los cielos, y que ellas te informen.
8 O habla a la tierra, y que ella te instruya,
   Y que los peces del mar te lo declaren.
9 ¿Quién entre todos ellos[1] no sabe
   Que la mano del SEÑOR ha hecho esto,
10 Que en Su mano está la vida de todo ser viviente,
   Y el aliento de todo ser humano?
11 ¿No distingue el oído las palabras
   Como el paladar prueba[1] la comida?
12 En los ancianos está la sabiduría,
   Y en largura de días el entendimiento.

13 »En[1] Él están la sabiduría y el poder,
   Y el consejo y el entendimiento son Suyos.

11:13 [1] Lit. palma.   11:17 [1] Lit. existencia.   [2] Lit. sobre.   11:19 [1] Lit. rostro.
11:20 [1] Lit. el escape ha perecido.   [2] Lit. el expirar del alma.   12:3 [1] Lit. ¿Con
quién no hay como estas.   12:4 [1] Lit. sus.   12:5 [1] Lit. El desprecio de la
calamidad es el pensamiento del que está seguro.   12:6 [1] Lit. el que lleva
a Dios en su mano.   12:9 [1] Lit. estos.   12:11 [1] Lit. prueba por sí mismo.
12:13 [1] Lit. Con.

12:2-3
Reacción de Job a Zofar
Job fue sarcástico acerca de la sabiduría que sus amigos decían poseer y sus opiniones.

12:7-12
Job usó a la creación para presentar su caso
Job señaló hacia la creación para demostrar que Dios es libre de hacer con su creación lo que le plazca, incluso si eso significa que los justos sufran y los malos no.

12:13-25
Job seguía creyendo que Dios controla todo
Job creía que Dios tiene el control del mundo. Él señaló las cosas malas que Dios controla o permite que sucedan.

14 Él derriba, y no se puede reedificar;
Aprisiona a*¹* un hombre, y no puede ser liberado*²*.

15 Él retiene las aguas, y todo se seca*¹*,
Y las envía, e inundan*²* la tierra.

16 En*¹* Él están la fuerza y la prudencia,
Suyos son el engañado y el engañador.

17 Él hace que los consejeros anden descalzos*¹*,
Y hace necios a los jueces.

18 Rompe las cadenas*¹* de los reyes
Y ata sus cinturas con cuerda.

19 Hace que los sacerdotes anden descalzos*¹*
Y derriba a los que están seguros.

20 Priva del habla a los hombres de confianza
Y quita a los ancianos el discernimiento.

21 Vierte desprecio sobre los nobles
Y afloja el cinto de los fuertes.

22 Él revela los misterios de las tinieblas
Y saca a la luz la densa oscuridad.

23 Engrandece las naciones, y las destruye;
Ensancha las naciones, y las dispersa.

24 Priva de inteligencia a los jefes de la gente de la
tierra
Y los hace vagar por un desierto sin camino;

25 Andan a tientas en tinieblas, sin luz,
Y los hace tambalearse como borrachos.

DEFENSA DE JOB

13 »Todo *esto* han visto mis ojos,
Lo han escuchado mis oídos y lo han entendido.

2 Lo que ustedes saben yo también lo sé;
No soy menos que ustedes.

3 »Pero quiero hablarle al Todopoderoso*¹*,
Y deseo argumentar con Dios.

4 Porque ustedes son forjadores de mentiras;
Todos ustedes son médicos inútiles.

5 ¡Quién diera que guardaran completo silencio
Y se convirtiera esto en sabiduría suya!

6 Oigan, les ruego, mi razonamiento,
Y presten atención a los argumentos de mis labios.

7 ¿Hablarán ustedes por Dios lo que es injusto
Y dirán por Él lo que es engañoso?

8 ¿Mostrarán por Él parcialidad?
¿Lucharán ustedes por Dios?

9 ¿Les irá bien cuando Él los escudriñe,
O lo engañarán como se engaña a un hombre?

10 Ciertamente Él los reprenderá
Si en secreto muestran parcialidad.

11 ¿No los llenará de temor Su majestad*¹*,
Y no caerá sobre ustedes Su terror?

12 Las máximas de ustedes son proverbios de ceniza,
Sus defensas son defensas de barro.

13:3-5
Job les dice que se callen
Job quería presentar su caso
delante de Dios como si estuviera
en una corte. Sentía que sus amigos
estaban dando un testimonio falso
acerca de él. Por eso, deseaba
que permanecieran en silencio en
vez de darle explicaciones por su
sufrimiento.

12:14 *¹* Lit. *cierra contra.*   *²* Lit. *no se abre.*   12:15 *¹* Lit. *y se secan.*   *²* Lit. *y
trastornan.*   12:16 *¹* Lit. *Con.*   12:17 *¹* O *desnudos.*   12:18 *¹* Lit. *Desata la
disciplina.*   12:19 *¹* O *desnudos.*   13:3 *¹* Heb. *Shaddai.*   13:11 *¹* Lit. *exaltación.*

13 »Cállense delante de mí para que yo pueda hablar;
Y que venga lo que *venga* sobre mí.

14 ¿Por qué he de quitarme la carne con mis dientes,
Y poner mi vida en mis manos[1]?

15 Aunque Él me mate,
En Él esperaré.
Sin embargo, defenderé mis caminos delante de Él[1];

16 Esto también será mi salvación,
Porque un impío no comparecería en Su presencia.

17 Escuchen atentamente mis palabras,
Y que mi declaración *llene* sus oídos.

18 Pues yo he preparado mi causa;
Sé que seré justificado.

19 ¿Quién discutirá conmigo?
Porque entonces me callaría y moriría.

20 »Solo dos cosas *deseo que* Tú hagas conmigo,
Y no me esconderé de Tu rostro:

21 Que retires de mí Tu mano[1],
Y que no me espante Tu terror.

22 Entonces llámame, y yo responderé;
O déjame hablar, y respóndeme Tú.

23 ¿Cuántas son mis iniquidades y pecados?
Hazme conocer mi rebelión[1] y mi pecado.

24 ¿Por qué escondes Tu rostro
Y me consideras Tu enemigo?

25 ¿Harás que tiemble una hoja llevada *por el viento,*
O perseguirás a la paja seca?

26 Pues escribes contra mí cosas amargas,
Y me haces responsable de[1] las iniquidades de mi
juventud.

27 Pones mis pies en el cepo,
Y vigilas todas mis sendas;
Pones límite a[1] las plantas de mis pies,

28 Mientras me deshago[1] como cosa podrida,
Como vestido comido de polilla.

JOB HABLA SOBRE LA BREVEDAD DE LA VIDA

14 »El hombre, nacido de mujer,
Corto de días y lleno de tormentos,

2 Como una flor brota y se marchita,
Y como una sombra huye y no permanece.

3 Sobre él ciertamente abres Tus ojos,
Y lo[1] traes a juicio contigo.

4 ¿Quién hará *algo* limpio de lo inmundo?
¡Nadie!

5 Ya que sus días están determinados,
El número de sus meses te es conocido[1],
Y has fijado[2] sus límites para que no pueda pasar*los.*

6 Aparta de él Tu mirada para que descanse[1],
Hasta que cumpla[2] su día como jornalero.

13:14-16
Job estuvo dispuesto a asumir el riesgo
Job quería hablar directamente con Dios, aunque sabía que podía ser castigado con la muerte. Él creía que solo una persona justa podía atreverse a acercarse a Dios de ese modo.

13:20-22
Lo que Job quería de Dios
Job quería que Dios le quitara el castigo y el sufrimiento y que empezara a comunicarse con él.

14:1-6
El siguiente argumento de Job
Job dijo que los seres humanos son insignificantes, su vida es breve y les falta pureza. Entonces, ¿por qué Dios tomaría a los seres humanos en serio? Job le pide a Dios que lo deje en paz.

13:14 [1] Lit. *mi palma.*   13:15 [1] Lit. *ante su rostro.*   13:21 [1] Lit. *palma.*
13:23 [1] O *transgresión.*   13:26 [1] Lit. *heredar.*   13:27 [1] Lit. *trazas.*
13:28 [1] Lit. *se deshace.*   14:3 [1] Así en algunas versiones antiguas; en el T.M., *me.*
14:5 [1] Lit. *está contigo.*   [2] Lit. *hecho.*   14:6 [1] Lit. *cese.*   [2] Lit. *haga aceptable.*

7 »Porque hay esperanza para un árbol
Cuando es cortado, que volverá a retoñar,
Y sus renuevos no *le* faltarán[1].
8 Aunque envejezcan sus raíces en la tierra,
Y muera su tronco en el polvo,
9 Al olor del agua reverdecerá
Y como una planta *joven* echará renuevos.
10 Pero el hombre muere y yace inerte.
El hombre expira, ¿y dónde está?
11 *Como* las aguas se evaporan[1] del mar,
Como un río se agota y se seca,
12 Así el hombre se acuesta y no se levanta;
Hasta que los cielos ya no existan,
No se despertará[1] ni se levantará[2] de su sueño.

13 »¡Oh, si me escondieras en el Seol[1],
Si me ocultaras hasta que Tu ira se pasara[2],
Si me pusieras un plazo y de mí te acordaras!
14 Si el hombre muere, ¿volverá a vivir?
Todos los días de mi batallar esperaré
Hasta que llegue mi relevo.
15 Tú llamarás, y yo te responderé;
Anhelarás la obra de Tus manos.
16 Porque ahora cuentas mis pasos,
No observas mi pecado.
17 Sellada está en un saco mi transgresión,
Y tienes cubierta[1] mi iniquidad.

18 »Pero el monte que cae se desmorona[1],
Y se cambia la roca de su lugar;
19 El agua desgasta las piedras,
Sus torrentes se llevan el polvo de la tierra;
Así destruyes Tú la esperanza del hombre.
20 Prevaleces para siempre contra él, y se va;
Cambias su apariencia, y lo despides.
21 Alcanzan honra sus hijos, pero él no *lo* sabe;
O son humillados, pero él no lo percibe.
22 Pero su cuerpo[1] le da dolores,
Y se lamenta solo por sí mismo».

ELIFAZ REPRENDE DE NUEVO A JOB

15 Entonces Elifaz, el temanita respondió:

2 «¿Debe responder un sabio con hueca
sabiduría
Y llenarse[1] de viento del este?
3 ¿Debe argumentar con razones inútiles
O con palabras sin provecho?
4 Ciertamente, tú rechazas la reverencia,
E impides la meditación delante de Dios.
5 Porque tu culpa enseña a tu boca,
Y escoges el lenguaje de los astutos.

14:7 [1] O *cesarán*.   14:11 [1] Lit. *se secan*.   14:12 [1] Lit. *despertarán*.
[2] Lit. *levantarán*.   14:13 [1] I.e. región de los muertos.   [2] Lit. *regrese a ti*.
14:17 [1] Lit. *emplastas o encolas*.   14:18 [1] Lit. *se marchita*.   14:22 [1] Lit. *carne*.
15:2 [1] Lit. *llenar su vientre*.

6 Tu *propia* boca te condena, y no yo,
   Y tus *propios* labios testifican contra ti.

7 »¿Fuiste tú el primer hombre en nacer,
   O fuiste dado a luz antes que las colinas?
8 ¿Oyes tú el secreto[1] de Dios,
   Y retienes para ti la sabiduría?
9 ¿Qué sabes tú que nosotros no sepamos?
   ¿*Qué* entiendes tú que nosotros no entendamos[1]?
10 También entre nosotros hay canosos y ancianos
   De más edad que tu padre.
11 ¿Te parecen poco[1] los consuelos de Dios,
   Y la palabra *hablada* a ti con dulzura?
12 ¿Por qué te arrebata el corazón,
   Y por qué centellean tus ojos,
13 Para volver tu espíritu contra Dios
   Y dejar salir de tu boca *tales* palabras?
14 ¿Qué es el hombre para que sea puro,
   O el nacido de mujer para que sea justo?
15 Si *Dios* no confía en Sus santos,
   Y ni los cielos son puros ante Sus ojos;
16 ¡Cuánto menos el hombre, *un ser* abominable y
      corrompido,
   Que bebe la iniquidad como agua!

17 »Yo te mostraré, escúchame,
   Y te contaré lo que he visto;
18 Lo que los sabios han dado a conocer,
   Sin ocultar nada de sus padres;
19 A ellos solos se les dio la tierra,
   Y ningún extranjero pasó entre ellos.
20 Todos *sus* días el impío se retuerce de dolor,
   Y contados están los años reservados[1] para el tirano.
21 Ruidos de espanto[1] hay en sus oídos,
   Mientras está en paz, el destructor viene sobre él.
22 Él no cree que volverá de las tinieblas,
   Y que está destinado para la espada.
23 Vaga en busca de pan, diciendo: "¿Dónde está?".
   Sabe que es inminente[1] el día de las tinieblas.
24 La ansiedad y la angustia lo aterran,
   Lo dominan como rey dispuesto para el ataque;
25 Porque él ha extendido su mano contra Dios,
   Y se porta con soberbia contra el Todopoderoso[1].
26 Corre contra Él con cuello erguido,
   Con su escudo macizo[1];
27 Porque ha cubierto su rostro con su gordura,
   Se le han hecho pliegues de grasa sobre la cintura,
28 Y ha vivido en ciudades desoladas,
   En casas inhabitables,
   Destinadas a convertirse en ruinas[1].
29 No se enriquecerá, ni sus bienes perdurarán,
   Ni su espiga[1] se inclinará a tierra.

15:8 [1] O *consejo.*   15:9 [1] Lit. *no esté en nosotros?*   15:11 [1] O *pequeños.*
15:20 [1] Lit. *el número de los años está reservado.*   15:21 [1] Lit. *Un ruido de terrores.*   15:23 [1] Lit. *está lista a su mano.*   15:25 [1] Heb. *Shaddai.*
15:26 [1] Lit. *con grueso relieve.*   15:28 [1] O *montones.*   15:29 [1] O *riqueza.*

15:7-13
La crítica de Elifaz
Elifaz dijo que Job no era tan sabio como sus amigos. Ellos eran mayores y tenían más experiencia. También reprendió a Job por enojarse con sus amigos, quienes estaban tratando de consolarlo.

15:17-26
La opinión de Elifaz sobre los malvados
Elifaz dijo que los malvados estaban condenados a los problemas y el terror.

15:27
Por qué habló sobre las personas gordas
En la antigüedad, las personas adineradas a menudo se describían como gordas, porque no tenían que trabajar para vivir y podían comprar mucha comida. Tener sobrepeso se consideraba a menudo como una señal de bendición. Sin embargo, en este caso, una persona rica que se alejaba de Dios sería castigada.

30 No escapará[1] de las tinieblas,
   Secará la llama sus renuevos,
   Y por el soplo de Su boca[2] desaparecerá.
31 Que no confíe en la vanidad, engañándose a sí
      mismo,
   Pues vanidad será su recompensa[1].
32 Antes de su tiempo se cumplirá,
   Y la hoja de su palmera no reverdecerá.
33 Dejará caer sus uvas verdes como la vid,
   Y como el olivo dejará caer su flor.
34 Porque estéril es la compañía de los impíos,
   Y el fuego consume las tiendas del corrupto[1].
35 Conciben malicia[1], dan a luz iniquidad,
   Y en su mente[2] traman engaño».

QUEJA DE JOB

16 Respondió entonces Job:

2 «He oído muchas cosas como estas;
   Consoladores molestos[1] son todos ustedes.
3 ¿No hay fin a las palabras vacías?
   ¿O qué te provoca para que así respondas?
4 Yo también hablaría como ustedes,
   Si yo estuviera en su lugar[1].
   Podría recopilar palabras contra ustedes,
   Y mover ante ustedes la cabeza.
5 Les podría alentar con mi boca,
   Y el consuelo de mis labios podría aliviar su dolor.

6 »Si hablo, mi dolor no disminuye,
   Y si callo, no se aparta de mí[1].
7 Pero ahora Él me ha agobiado;
   Tú has asolado toda mi compañía,
8 Y me has llenado de arrugas
   Que en testigo se han convertido;
   Mi flacura se levanta contra mí,
   Testifica en mi cara.
9 Su ira me ha despedazado y me ha perseguido[1],
   Contra mí Él ha rechinado los dientes;
   Mi adversario aguza los ojos contra mí.
10 Han abierto contra mí su boca,
   Con injurias me han abofeteado[1];
   A una se han juntado contra mí.
11 Dios me entrega a los impíos,
   Y me echa en manos de los malvados.
12 Estaba yo tranquilo, y Él me sacudió,
   Me agarró por la nuca y me hizo pedazos;
   También me hizo Su blanco.
13 Me rodean Sus flechas,
   Parte mis riñones sin compasión,
   Derrama por tierra mi hiel.

16:2-5
Los amigos de Job no lo alentaron
Job llamó a sus amigos «consoladores molestos», porque daban largos discursos negativos acerca de él.

15:30 [1] Lit. se apartará.   [2] I.e. la boca de Él.   15:31 [1] Lit. intercambio.
15:34 [1] Lit. de un soborno.   15:35 [1] O dolor.   [2] Lit. vientre.   16:2 [1] Lit. de
angustia.   16:4 [1] Lit. Si su alma estuviera en lugar de mi alma.   16:6 [1] O y
si me callo, ¿qué se aleja de mí?   16:9 [1] Lit. guardado rencor contra mí.
16:10 [1] Lit. herido mis mejillas.

14 Abre en mí brecha tras brecha;
   Me ataca como un guerrero.
15 Sobre mi piel he cosido cilicio,
   Y he hundido en el polvo mi poder[1].
16 Mi rostro está enrojecido por el llanto,
   Y cubren[1] mis párpados densa oscuridad,
17 Aunque no hay violencia en mis manos[1],
   Y es pura mi oración.

18 »¡Oh tierra, no cubras mi sangre,
   Y no deje de haber lugar para mi clamor!
19 Aun ahora mi testigo está en el cielo,
   Y mi defensor[1] está en las alturas.
20 Mis amigos son mis escarnecedores[1];
   Mis ojos lloran[2] a Dios.
21 ¡Ah, si un hombre pudiera discutir con Dios
   Como un hombre[1] con su vecino!
22 Pues cuando hayan pasado unos pocos años
   Me iré por el camino sin regreso.

17

»Mi espíritu está quebrantado, mis días extinguidos,
El sepulcro[1] *está preparado* para mí.
2 No hay sino escarnecedores conmigo,
   Y mis ojos ven[1] su provocación.

3 »Coloca, pues, junto a Ti una fianza para
     mí;
   ¿Quién hay que quiera ser mi fiador[1]?
4 Porque has escondido su corazón del entendimiento,
   Por tanto no *los* exaltarás.
5 Al que denuncie a *sus* amigos por una parte *del botín*,
   A sus hijos se les debilitarán los ojos.

6 »Porque Él me ha hecho burla del pueblo,
   Y soy uno a quien los hombres escupen[1].
7 Mis ojos[1] se oscurecen también por el sufrimiento,
   Y todos mis miembros son como una sombra.
8 Los hombres rectos se quedarán pasmados de esto,
   Y el inocente se indignará contra el impío.
9 Sin embargo, el justo se mantendrá en su camino,
   Y el de manos limpias se fortalecerá más y más.
10 Pero vuélvanse todos ustedes, y vengan[1] ahora,
   Pues no hallo entre ustedes a ningún sabio.
11 Mis días han pasado, se deshicieron mis planes,
   Los deseos de mi corazón.
12 *Algunos* convierten la noche en día, *diciendo:*
   "La luz está cerca", en presencia de las tinieblas.
13 Si espero que el Seol[1] sea mi casa,
   Hago mi lecho en las tinieblas;
14 Si digo al hoyo: "Mi padre eres tú",
   Y al gusano: "Mi madre y mi hermana".

16:15
Cilicio
Las personas que estaban de luto y los profetas usualmente vestían ropa de tela áspera o cilicio sobre la piel y se ponían otra ropa por encima.

17:6
Job era objeto de burla
Job estaba diciendo que su nombre se había vuelto objeto del odio y el ridículo.

16:15 [1] Lit. *mi cuerno.*   16:16 [1] Lit. *sobre.*   16:17 [1] Lit. *palmas.*
16:19 [1] O *testigo.*   16:20 [1] O *mediadores.*   [2] O *gotean.*   16:21 [1] Lit. *hijo de hombre.*   17:1 [1] Lit. *los sepulcros.*   17:2 [1] Lit. *ni ojo se posa en.*
17:3 [1] Lit. *choque la mano conmigo.*   17:6 [1] Lit. *y soy un salivazo en las caras.*
17:7 [1] Lit. *Mi ojo.*   17:10 [1] Así en algunos mss. y versiones antiguas; en el T.M., *vuelvan todos ellos y vengan.*   17:13 [1] I.e. región de los muertos.

17:16
El Seol
En las historias de la Mesopotamia, todos los que morían pasaban por una serie de siete puertas, llamadas las puertas de la muerte, para entrar en el Seol o el inframundo.

18:2-4
La actitud de Bildad hacia Job
Bildad deseaba que Job dejara de discutir y admitiera que los malos sufren por sus pecados. Bildad y los demás querían ganar su debate con Job en cuanto a la razón por la que estaba sufriendo.

15 ¿Dónde está, pues, mi esperanza?
Y mi esperanza ¿quién la verá?
16 ¿Descenderá conmigo al Seol?
¿Nos hundiremos juntos en el polvo?*1*».

BILDAD DESCRIBE AL IMPÍO

18 Entonces Bildad, el suhita respondió:
2 «¿Hasta cuándo estarán rebuscando palabras?
Muestren entendimiento y entonces hablaremos.
3 ¿Por qué somos considerados como bestias,
Y torpes a sus ojos?
4 ¡Oh tú, que te desgarras en tu*1* ira!
¿Ha de ser abandonada la tierra por tu causa,
O removida la roca de su lugar?

5 »Ciertamente la luz de los impíos se apaga,
Y no brillará la llama*1* de su fuego.
6 La luz en su tienda se oscurece,
Y su lámpara sobre él se apaga.
7 Su vigoroso paso*1* es acortado,
Y su propio designio lo hace caer.
8 Porque es arrojado en la red por sus propios pies,
Y sobre mallas camina.
9 Por el talón *lo* aprisiona un lazo,
Y una trampa se cierra sobre él.
10 Escondido está en la tierra un lazo para él,
Y una trampa lo *aguarda* en la senda.
11 Por todas partes lo atemorizan terrores,
Y lo hostigan a cada paso.
12 Se agota por el hambre su vigor,
Y la desgracia está presta a su lado.
13 Devora*1* su piel la enfermedad,
Devora sus miembros*2* el primogénito de la muerte.
14 Es arrancado de la seguridad de su tienda*1*,
Es conducido*2* al rey de los terrores.
15 Nada suyo*1* mora en su tienda;
Azufre es esparcido sobre su morada.
16 Por abajo se secan sus raíces,
Y por arriba se marchita su ramaje.
17 Su memoria perece de la tierra,
Y no tiene nombre en toda la región.
18 Es lanzado*1* de la luz a las tinieblas,
Y de la tierra habitada lo echan.
19 No tiene descendencia ni posteridad entre su pueblo,
Ni sobreviviente alguno donde él peregrinó.
20 De su destino*1* se asombran los del occidente*2*,
Y los del oriente*3* se sobrecogen de terror.

17:16 *1* Así en la versión gr. (sept.); en heb. posiblemente, *Desciendan mis miembros al Seol, ya que para todos hay descanso en el polvo.*   18:4 *1* Lit. *El que se desgarra en su.*   18:5 *1* Lit. *chispa.*   18:7 *1* Lit. *Los pasos de su fuerza.*   18:13 *1* En heb. *Come partes de.*   *2* O *partes.*   18:14 *1* Lit. *de su tienda, de su confianza.*   *2* O *tú o ella lo conducirán.*   18:15 *1* O posiblemente, *Fuego.*   18:18 *1* Lit. *Lo lanzan.*   18:20 *1* Lit. *día.*   *2* Lit. *los que vienen detrás.*   *3* Lit. *los que han ido delante.*

²¹ Ciertamente tales son las moradas del impío,
Este es el lugar *del que* no conoce a Dios».

JOB ARGUMENTA SU FE

19 Entonces Job respondió:

² «¿Hasta cuándo me*¹* angustiarán
Y me aplastarán con palabras?
³ Estas diez veces me han insultado,
¿No les da vergüenza perjudicarme?
⁴ Aunque en verdad yo haya errado,
Mi error queda conmigo.
⁵ Si en verdad se jactan contra mí,
Y comprueban mi oprobio,
⁶ Sepan ahora que Dios me ha agraviado
Y me ha envuelto en Su red.

⁷ »Yo grito: "¡Violencia!", pero no obtengo respuesta;
Clamo pidiendo ayuda, pero no hay justicia.
⁸ Él ha amurallado mi camino y no puedo pasar,
Y ha puesto tinieblas en mis sendas.
⁹ Me ha despojado de mi honor
Y quitado la corona de mi cabeza.
¹⁰ Me destruye por todos lados, y perezco,
Y como a un árbol ha arrancado mi esperanza.
¹¹ También ha encendido Su ira contra mí
Y me ha considerado Su enemigo.
¹² Se concentran a una Sus ejércitos,
Preparan su camino*¹ de asalto* contra mí,
Y alrededor de mi tienda acampan.

¹³ »Él ha alejado de mí a mis hermanos,
Y mis conocidos se han apartado completamente de mí.
¹⁴ Mis parientes *me* fallaron
Y mis íntimos amigos me han olvidado.
¹⁵ Los moradores de mi casa y mis criadas me tienen por extraño,
Extranjero soy a sus ojos.
¹⁶ Llamo a mi siervo, y no responde,
Con mi propia boca tengo que rogarle.
¹⁷ Mi aliento es odioso*¹* a mi mujer,
Y soy repugnante a mis propios hermanos.
¹⁸ Hasta los niños me desprecian,
Me levanto, y hablan contra mí.
¹⁹ Todos mis compañeros*¹* me aborrecen,
Y los que amo se han vuelto contra mí.
²⁰ Mis huesos se pegan a mi piel y a mi carne,
Solo he escapado con la piel de mis dientes.
²¹ Tengan piedad, tengan piedad de mí, ustedes mis amigos,
Porque la mano de Dios me ha herido*¹*.
²² ¿Por qué me persiguen como Dios *lo hace*,
Y no dejan ya de saciarse de mi carne?

19:13-19
Job estaba solo
Los hijos de Job habían muerto y su esposa, hermanos, amigos y sirvientes no querían estar cerca de él ni de su enfermedad.

19:2 *¹* Lit. *mi alma.*   19:12 *¹* I.e. terraplén.   19:17 *¹* Lit. *extraño.*
19:19 *¹* Lit. *los hombres de mi consejo.*   19:21 *¹* Lit. *tocado.*

19:25
El Redentor de Job

El Redentor era Dios. Job parece estar diciendo que Dios limpiará el nombre de su siervo fiel de todas las acusaciones falsas.

19:26-27
Lo que creía Job sobre la vida después de la muerte

Job pensaba que su enfermedad terminaría matándolo, pero también creía que algún día estaría en la presencia de Dios y lo vería con sus propios ojos.

20:4-29
El argumento de Zofar

Zofar dijo que los malvados serían felices por un corto tiempo, pero que Dios los castigaría. Trató de demostrar que Dios recompensaba a la gente buena y castigaba a la mala.

23 »¡Oh, si mis palabras se escribieran,
Si se grabaran en un libro!
24 ¡Si con cincel de hierro y con plomo
Fueran esculpidas en piedra para siempre!
25 Yo sé que mi Redentor[1] vive,
Y al final[2] se levantará[3] sobre el polvo.
26 Y después de deshecha[1] mi piel,
Aun en[2] mi carne veré a Dios;
27 Al cual yo mismo[1] contemplaré,
Y a quien mis ojos verán y no *los de* otro.
¡Desfallece mi corazón[2] dentro de mí!
28 Si dicen: "¿Cómo lo perseguiremos?".
Y: "¿Qué pretexto hallaremos contra él[1]?".
29 Teman la espada ustedes mismos,
Porque el furor *trae* el castigo de la espada
Para que sepan que hay juicio».

ZOFAR DESCRIBE A LOS IMPÍOS

20 Entonces Zofar, el naamatita respondió:

2 «Por esto mis pensamientos me hacen responder[1],
A causa de mi inquietud interior[2].
3 He escuchado la reprensión que me insulta,
Y el espíritu de mi entendimiento me hace responder.
4 ¿Acaso sabes esto, que desde la antigüedad,
Desde que el hombre fue puesto sobre la tierra,
5 Es breve el júbilo de los malvados,
Y un instante dura la alegría del impío?
6 Aunque su orgullo llegue[1] a los cielos,
Y su cabeza toque las nubes,
7 Como su propio estiércol perece para siempre;
Los que lo han visto dirán: "¿Dónde está?".
8 Huye como un sueño, y no lo pueden encontrar,
Y como visión nocturna es ahuyentado.
9 El ojo que lo veía, ya no lo ve,
Y su lugar no lo contempla más.
10 Sus hijos favorecen a[1] los pobres,
Y sus manos devuelven sus riquezas.
11 Sus huesos están llenos de vigor juvenil,
Pero yacen con él en el polvo.

12 »Aunque el mal sea dulce en su boca,
Y lo oculte bajo su lengua,
13 *aunque* lo desee[1] y no lo deje ir,
Sino que lo retenga en su paladar,
14 *Con todo* la comida en sus entrañas se transforma
En veneno[1] de cobras dentro de él.
15 Traga riquezas,
Pero las vomitará;
De su vientre se las hará echar Dios.

19:25 [1] O *Defensor.*   [2] O *como el último.*   [3] O *tomará Su lugar.*   19:26 [1] Lit. *que ellos han cortado.*   [2] Lit. *desde.*   19:27 [1] O *a mi lado.*   [2] Lit. *Desfallecen mis riñones.*   19:28 [1] O *la raíz del asunto se halla en él.*   20:2 [1] Lit. *volver.*   [2] Lit. *apresuramiento dentro de mí.*   20:6 [1] Lit. *suba.*   20:10 [1] O *buscan el favor de.*   20:13 [1] Lit. *tenga compasión de él.*   20:14 [1] Lit. *hiel.*

16 Chupa veneno de cobras,
    Lengua de víbora lo mata.

17 No mira a los arroyos,
    A los ríos que fluyen miel y cuajada.

18 Devuelve lo que ha ganado,
    No *lo* puede tragar;
    En cuanto a las riquezas de su comercio,
    No *las* puede disfrutar.

19 Pues ha oprimido y abandonado a los pobres;
    Se ha apoderado de una casa que no construyó.

20 »Porque no conoció quietud en su interior¹,
    No retiene nada de lo que desea.

21 Nada le quedó por devorar¹,
    Por eso no dura su prosperidad.

22 En la plenitud de su abundancia estará en estrechez;
    La mano de todo el que sufre vendrá *contra* él.

23 Cuando llene su vientre,
    Dios enviará contra él el ardor de Su
        ira
    Y *la* hará llover sobre él mientras
        come¹.

24 Tal vez huya del arma de hierro,
    Pero el arco de bronce lo atravesará.

25 *La flecha* lo traspasa y sale por¹ su espalda,
    Y la punta relumbrante por¹ su hiel.
    Vienen sobre él terrores,

26 Completas tinieblas están reservadas para sus tesoros;
    Fuego no atizado lo devorará,
    Y consumirá al que quede en su tienda.

27 Los cielos revelarán su iniquidad,
    Y la tierra se levantará contra él.

28 Las riquezas de su casa se perderán;
    Serán arrasadas en el día de Su ira¹.

29 Esta es la porción de Dios para el hombre impío,
    Y la herencia decretada por Dios para él».

RESPUESTA DE JOB A ZOFAR

21 Entonces Job respondió:

2 «Escuchen atentamente mis palabras,
    Y que sea este su consuelo para mí.

3 Tengan paciencia y hablaré;
    Y después que haya hablado, se podrán burlar.

4 En cuanto a mí, ¿me quejo yo al¹ hombre?
    ¿Y por qué no he de ser² impaciente?

5 Mírenme, y quédense atónitos,
    Y pongan la mano sobre *su* boca.

6 Aun cuando me acuerdo, me perturbo,
    Y el horror se apodera de mi carne.

7 ¿Por qué siguen viviendo los impíos,
    Y al envejecer, también se hacen muy poderosos?

20:17
Ríos de miel y cuajada

Esta era una forma poética de describir la buena vida, es decir, un tiempo en el que la gente tenía mucho para comer y beber. Canaán fue descrita como una tierra que mana leche y miel. (Ver Éxodo 13:5).

© eAlisa/Shutterstock

21:3
Los amigos de Job continuaban discutiendo con él

Discutir acerca de las Escrituras o diferentes situaciones era algo normal que formaba parte de esa cultura. Las personas creían que desafiando las ideas y opiniones de los otros descubrirían la verdad.

20:20 ¹ Lit. *vientre.*   20:21 ¹ O *de lo que él devora.*   20:23 ¹ O *como su alimento.*   20:25 ¹ Lit. *de.*   20:28 ¹ I.e. *ira de Dios.*   21:4 ¹ O *contra el.* ² Lit. *no ha de ser mi espíritu.*

21:7-15
La respuesta de Job a los argumentos

Los amigos de Job afirmaron que Dios castiga a los malos, pero Job dijo que lo contrario era cierto: los impíos parecían tener éxito en todo.

21:17
El argumento de Job sobre los impíos

Job no estaba acusando a Dios de ser injusto. Él se estaba oponiendo a los argumentos de sus amigos y señalando que Dios a menudo permitía que los impíos no recibieran castigo.

21:23-26
La idea de Job sobre la muerte

Todas las personas mueren, tanto los que siguen a Dios como los que no.

8 En su presencia se afirman con ellos sus descendientes[1],
  Y sus vástagos delante de sus ojos;
9 Sus casas están libres de temor,
  Y no está la vara de Dios sobre ellos.
10 Su toro engendra sin fallar[1],
  Su vaca pare y no aborta.
11 Envían fuera a sus niños cual rebaño,
  Y sus hijos andan saltando.
12 Cantan[1] con pandero y arpa,
  Y al son de la flauta se regocijan.
13 Pasan sus días en prosperidad,
  Pero de repente descienden al[1] Seol[2].
14 Y dicen a Dios: "¡Apártate de nosotros!
  No deseamos el conocimiento de Tus caminos.
15 ¿Quién[1] es el Todopoderoso[2], para que le sirvamos,
  Y qué ganaríamos con rogarle?".
16 No está en mano de ellos su prosperidad;
  El consejo de los impíos lejos está de mí.

17 »¿Cuántas veces es apagada la lámpara de los impíos,
  O cae sobre ellos su calamidad?
  ¿Reparte Dios[1] dolores en Su ira?
18 ¿Son como paja delante del viento,
  Y como tamo que arrebata el torbellino?
19 Ustedes dicen: "Dios guarda la iniquidad de un hombre[1] para sus hijos".
  Que Dios[2] le pague para que aprenda.
20 Vean sus ojos su ruina,
  Y beba de la furia del Todopoderoso.
21 Pues ¿qué le importa la suerte de su casa después de él[1]
  Cuando el número de sus meses haya sido cortado?
22 ¿Puede enseñarse a Dios sabiduría,
  Siendo que Él juzga a los encumbrados?
23 Uno muere en pleno vigor,
  Estando completamente tranquilo y satisfecho[1];
24 Sus costados están repletos de grasa[1],
  Húmeda está la médula de sus huesos,
25 Mientras otro muere con alma amargada,
  Y sin haber probado[1] nada bueno.
26 Juntos yacen en el polvo,
  Y los gusanos los cubren.

27 »Yo conozco los pensamientos de ustedes,
  Y los designios con los cuales me dañarían.
28 Porque dicen: "¿Dónde está la casa del noble,
  Y dónde la tienda donde moraban los impíos?".
29 ¿No han preguntado a los caminantes,
  Y no reconocen su testimonio[1]?

21:8 [1] Lit. se afirma su simiente.   21:10 [1] Lit. y no falla.   21:12 [1] Lit. Alzan la voz.   21:13 [1] Así en muchas versiones antiguas; en el T.M., son desbaratados por el.   [2] I.e. región de los muertos.   21:15 [1] Lit. Qué.   [2] Lit. Shaddai.   21:17 [1] Lit. Él.   21:19 [1] Lit. su iniquidad.   [2] Lit. Él.   21:21 [1] I.e. después que él muera.   21:23 [1] O quieto.   21:24 [1] Así en la versión siriaca; heb. incierto. Algunos traducen: sus baldes están llenos de leche.   21:25 [1] Lit. comido.   21:29 [1] Lit. sus señales.

30 Porque el impío es preservado para el día de la
　　destrucción;
　　Ellos serán conducidos en el día de la ira.
31 ¿Quién le declarará en su cara sus acciones,
　　Y quién le pagará por lo que ha hecho?
32 Mientras es llevado al sepulcro,
　　Velarán sobre *su* tumba.
33 Los terrones del valle suavemente lo cubrirán[1],
　　Y le seguirán[2] todos los hombres,
　　E innumerables otros *irán* delante de él.
34 ¿Cómo, pues, me consuelan en vano?
　　Sus respuestas están *llenas de* falsedad[1]».

ELIFAZ ACUSA A JOB

22 Entonces Elifaz, el temanita respondió:

2 «¿Puede un hombre[1] ser útil a Dios,
　　O un sabio útil para sí mismo?
3 ¿Es de algún beneficio al Todopoderoso[1] que tú seas
　　justo,
　　O gana *algo* si haces perfectos tus caminos?
4 ¿Es a causa de tu piedad[1] que Él te reprende,
　　Que entra en juicio contigo?
5 ¿No es grande tu maldad,
　　Y sin fin tus iniquidades?
6 Porque sin razón tomabas prendas de tus hermanos,
　　Y has despojado de *sus* ropas a los desnudos.
7 No dabas a beber agua al cansado,
　　Y le negabas pan al hambriento.
8 Pero la tierra es del poderoso,
　　Y el privilegiado[1] mora en ella.
9 Despedías a las viudas *con las manos* vacías[1]
　　Y quebrabas los brazos[1] de los huérfanos.
10 Por eso te rodean lazos,
　　Y te aterra temor repentino,
11 O tinieblas, y no puedes ver,
　　Y abundancia de agua te cubre.

12 »¿No está Dios *en* lo alto de los cielos?
　　Mira también las más lejanas[1] estrellas, ¡cuán altas
　　están!
13 Y tú dices: "¿Qué sabe Dios?
　　¿Puede Él juzgar a través de las densas tinieblas?
14 Las nubes lo ocultan, y no puede ver,
　　Y se pasea por la bóveda[1] del cielo".
15 ¿Seguirás en la senda antigua
　　En que anduvieron los hombres malvados,
16 Que fueron arrebatados antes de su tiempo,
　　Y cuyos cimientos fueron arrasados[1] por un río?
17 Ellos dijeron a Dios: "Apártate de nosotros"
　　Y: "¿Qué puede hacernos[1] el Todopoderoso?".

22:6-9
Acusaciones de Elifaz
Elifaz acusó a Job de engañar y
maltratar a las personas, pero no
presentó pruebas. Job negó todos
esos cargos (capítulo 29).

21:33 [1] Lit. *le serán dulces.*　[2] Lit. *se allegarán a él.*　21:34 [1] O *infidelidad.*
22:2 [1] Lit. *hombre fuerte.*　22:3 [1] Lit. *Shaddai.*　22:4 [1] O *temor.*　22:8 [1] Lit. *y
rostro altivo.*　22:9 [1] O *la fuerza.*　22:12 [1] Lit. *la corona, parte superior
de las.*　22:14 [1] Lit. *el círculo.*　22:16 [1] Lit. *derramados.*　22:17 [1] Así en
algunas versiones antiguas; en el T.M., *hacerles.*

18 Él había llenado de bienes sus casas,
Pero el consejo de los malos está lejos de mí.
19 Los justos ven y se alegran,
Y el inocente se burla de ellos,
20 *Diciendo:* "Ciertamente nuestros adversarios han sido
destruidos,
Y el fuego ha consumido su abundancia¹".

21 »Cede¹ ahora y haz la paz con Él,
Así te vendrá el bien.
22 Recibe, te ruego, la instrucción¹ de Su boca,
Y pon Sus palabras en tu corazón.
23 Si vuelves al Todopoderoso, serás restaurado¹.
Si alejas de tu tienda la injusticia,
24 Y pones *tu* oro¹ en el polvo,
Y *el oro de* Ofir entre las piedras de los arroyos,
25 El Todopoderoso será para ti tu oro¹
Y *tu* plata escogida.
26 Porque entonces te deleitarás en el Todopoderoso,
Y alzarás a Dios tu rostro.
27 Orarás a Él y te escuchará,
Y cumplirás tus votos.
28 Decidirás una cosa, y se te cumplirá,
Y en tus caminos resplandecerá la luz.
29 Cuando estés abatido¹, hablarás con confianza²
Y Él salvará al humilde³.
30 Él librará *aun* al que no es inocente,
Que será librado por la pureza de tus manos¹».

RESPUESTA DE JOB

23 Entonces Job respondió:

2 «Aun hoy mi queja es rebelión;
Su¹ mano es pesada a pesar de mi gemido.
3 ¡Quién me diera saber dónde encontrarlo,
Para poder llegar hasta Su trono¹!
4 Expondría ante Él *mi* causa,
Llenaría mi boca de argumentos.
5 Aprendería yo las palabras *que* Él me respondiera,
Y entendería lo que me dijera.
6 ¿Discutiría Él conmigo con la grandeza de *Su* poder?
No, ciertamente me prestaría atención.
7 Allí el justo razonaría con Él,
Y yo sería librado para siempre de mi Juez¹.

8 »Me adelanto, pero Él no está *allí*,
Retrocedo, pero no lo puedo percibir;
9 Cuando se manifiesta a la izquierda, no *lo* distingo,
Se vuelve a la derecha, y no lo veo.
10 Pero Él sabe el camino que tomo¹;
Cuando me haya probado, saldré como el oro.

22:21
La conclusión de Elifaz
Él creía que Job había pecado de un modo terrible, entonces trató de convencerlo de que se arrepintiera para que pudiera recuperar su salud.

22:24
Ofir
No se sabe la ubicación exacta de Ofir. Puede haber estado en la parte sur de Arabia, África Oriental o el norte de la India. Ofir era conocido por su oro fino, plata y marfil.

23:7, 11-12
La afirmación de Job
Job no dijo que nunca había pecado, pero afirmó ser un hombre honesto. Él creía que era inocente, y si podía presentar su caso delante de Dios como si estuviera en una corte, Dios estaría de acuerdo con eso.

22:20 ¹ O *exceso.*   22:21 ¹ O *Conócelo íntimamente.*   22:22 ¹ O *la ley.*   22:23 ¹ Lit. *edificado.*   22:24 ¹ Lit. *mineral.*   22:25 ¹ Lit. *mineral.* 22:29 ¹ Lit. *te hagan caer.*   ² Lit. *orgullo.*   ³ Lit. *humilde de ojos.* 22:30 ¹ Lit. *palmas.*   23:2 ¹ Así en las versiones gr. y siriaca; en el T.M., *Mi.* 23:3 ¹ Lit. *asiento o morada.*   23:7 ¹ O *expongo mi justicia para siempre.* 23:10 ¹ Lit. *camino conmigo.*

11 Mi pie ha seguido firme en Su senda¹,
   Su camino he guardado y no me he desviado.
12 Del mandamiento de Sus labios no me he apartado,
   He atesorado las palabras de Su boca más que¹ mi
      comida².
13 Pero Él es único, ¿y quién lo hará cambiar?
   Lo que desea Su alma, eso hace.
14 Porque Él hace lo que está determinado para mí,
   Y muchos *decretos* como estos hay con Él.
15 Por tanto, me espantaría ante Su presencia;
   Cuando lo pienso, siento terror de Él.
16 *Es* Dios *el que* ha hecho desmayar mi corazón,
   Y el Todopoderoso *el que* me ha perturbado;
17 Pero no me hacen callar las tinieblas,
   Ni la densa oscuridad *que* me cubre.

QUEJA DE JOB

24 »¿Por qué no se reserva los tiempos¹ el
      Todopoderoso²,
   Y por qué no ven Sus³ días los que lo conocen?
2 *Algunos* quitan los linderos,
   Roban y devoran¹ los rebaños.
3 Se llevan los asnos de los huérfanos,
   Toman en prenda el buey de la viuda.
4 Apartan del camino a los necesitados,
   Hacen que se escondan completamente los pobres de
      la tierra.
5 Como asnos monteses en el desierto,
   Salen los pobres con afán en busca de alimento¹
   Y de pan² para *sus* hijos en lugar desolado.
6 Cosechan su forraje en el campo,
   Y vendimian la viña del impío.
7 Pasan la noche desnudos, sin ropa,
   Y no tienen cobertura contra el frío.
8 Mojados están con los aguaceros de los montes,
   Y se abrazan a la peña por falta de abrigo.
9 *Otros* arrancan del pecho al huérfano,
   Y contra el pobre exigen prenda.
10 Hacen que *el pobre* ande desnudo, sin ropa,
   Y al hambriento quitan las gavillas.
11 Entre sus paredes producen aceite;
   Pisan los lagares, pero pasan sed.
12 Desde la ciudad gimen los hombres,
   Y claman las almas de los heridos,
   Pero Dios no hace caso a *su* súplica¹.

13 »*Otros* han estado con los que se rebelan contra la luz;
   No quieren conocer sus caminos,
   Ni morar en sus sendas.
14 Al amanecer se levanta el asesino;
   Mata al pobre y al necesitado,
   Y de noche es como un ladrón.

23:13-17
Lo que Job creía acerca de Dios
El libro de Job fue escrito probablemente antes de que Dios estableciera a Israel como nación. Aunque Job no era israelita, adoraba al único Dios verdadero. Job no conocía los planes de Dios para él, por eso tenía miedo.

24:2-12
Job describe la injusticia del mundo
Job dio varios ejemplos de las formas en que las personas maltrataban a los pobres y desvalidos. Él no podía explicar por qué Dios permitía esa desgracia, pero el hecho de que Dios la permitiera era una prueba de que la teoría del sufrimiento de sus amigos estaba errada.

23:11 ¹ Lit. *paso.*   23:12 ¹ Algunas versiones antiguas dicen: *en mi pecho.*
² Lit. *porción señalada.*   24:1 ¹ I.e. tiempos de juicio.   ² Heb. *Shaddai.*   ³ I.e.
los días de Él.   24:2 ¹ O *apacientan.*   24:5 ¹ Lit. *presa.*   ² Lit. *su pan.*
24:12 ¹ Así en dos mss. y en la versión siriaca; en el T.M., *necedad.*

15 El ojo del adúltero espera el anochecer,
   Diciendo: "Ningún ojo me verá",
   Y disfraza[1] su rostro.

16 En la oscuridad minan las casas,
   Y de día se encierran;
   No conocen la luz.

17 Porque para él la mañana es como densa oscuridad,
   Pues está acostumbrado a los terrores de la densa
       oscuridad.

18 »Sobre la superficie de las aguas son insignificantes[1];
   Maldita es su porción sobre la tierra,
   Nadie se vuelve hacia[2] las viñas.

19 La sequía y el calor consumen[1] las aguas de la nieve,
   Y el Seol[2] a los que han pecado.

20 La madre[1] lo olvidará;
   El gusano lo saboreará hasta que nadie se acuerde de él,
   Y la iniquidad será quebrantada como un árbol.

21 Maltrata a la mujer estéril[1],
   Y no hace ningún bien a la viuda.

22 Pero Dios arrastra a los poderosos con Su poder;
   Cuando se levanta, nadie está seguro de la vida.

23 Les provee seguridad y son sostenidos,
   Y los ojos de Él están en sus caminos.

24 Son exaltados por poco tiempo, después desaparecen;
   Además son humillados y como todo, recogidos;
   Como las cabezas de las espigas son cortados.

25 Y si no, ¿quién podrá desmentirme,
   Y reducir a nada mi discurso?».

BILDAD DECLARA LA INFERIORIDAD DEL HOMBRE

25 Entonces Bildad, el suhita, respondió:

2 «Dominio y pavor pertenecen
  Al[1] que establece la paz en Sus alturas.

3 ¿Tienen número Sus ejércitos?
  ¿Y sobre quién no se levanta Su luz?

4 ¿Cómo puede un hombre, pues, ser justo con Dios?
  ¿O cómo puede ser limpio el que nace de mujer?

5 Si aun la luna no tiene brillo
  Y las estrellas no son puras a Sus ojos,

6 ¡Cuánto menos el hombre, esa larva,
  Y el hijo del hombre, ese gusano!».

JOB AFIRMA LA SOBERANÍA DE DIOS

26 Entonces respondió Job:

2 «¡Qué ayuda eres para el débil[1]!
  ¡Cómo has salvado al brazo sin fuerza!

3 ¡Qué consejos has dado al que no tiene sabiduría,
  Y qué útil conocimiento has dado[1] en abundancia!

24:22-24
Job pensaba que Dios juzgaría a los malvados
Job creía que Dios juzgaría a los malvados, pero a su tiempo. Él deseaba que Dios les diera a los rectos la oportunidad de verlo (versículo 1).

24:24
Job acepta que Dios castiga a los malos
Los amigos de Job habían argumentado que el sufrimiento era el castigo de Dios por la maldad. Como Job estaba sufriendo, ellos pensaban que debía ser malvado. Job estuvo de acuerdo en que los malos serían castigados en algún momento, pero eso no significaba que su propio sufrimiento fuera a causa del pecado.

25:2-6
La idea de Bildad
Bildad no agregó nada nuevo a la discusión. Simplemente dijo que los seres humanos son tan inferiores a Dios que no pueden ser justos.

24:15 [1] O pone un velo sobre.   24:18 [1] O ligeros, o veloces.   [2] Lit. al camino de.
24:19 [1] Lit. se apoderan de.   [2] I.e. región de los muertos.   24:20 [1] Lit. Un
seno materno.   24:21 [1] Lit. estéril que no da a luz.   25:2 [1] Lit. están con Él.
26:2 [1] Lit. que no tiene poder.   26:3 [1] Lit. dado a conocer.

⁴ ¿A quién has proferido *tus* palabras,
Y de quién es el espíritu que habló en¹ ti?

⁵ »Las sombras¹ tiemblan
Bajo las aguas y sus habitantes.

⁶ Desnudo está el Seol¹ ante Él,
Y el Abadón² no tiene cobertura.

⁷ Él extiende el norte sobre el vacío,
Y cuelga la tierra sobre la nada.

⁸ Envuelve las aguas en Sus nubes,
Y la nube no se rompe bajo ellas.

⁹ Oscurece¹ la superficie de la luna llena²,
Y extiende sobre ella Su nube.

¹⁰ Ha trazado un círculo sobre la superficie de las
aguas
En el límite de la luz y las tinieblas.

¹¹ Las columnas del cielo tiemblan
Y se espantan ante Su represión.

¹² Al mar agitó con Su poder,
Y al *monstruo* Rahab quebrantó con Su
entendimiento.

¹³ Con Su soplo se limpian¹ los cielos;
Su mano ha traspasado la serpiente huidiza.

¹⁴ Estos son los bordes de Sus caminos;
¡Y cuán leve es la palabra que de Él oímos!
Pero Su potente trueno, ¿quién lo puede
comprender?».

JOB DESCRIBE AL IMPÍO

27 Entonces Job continuó¹ su discurso y dijo:

² «¡Vive Dios, que ha quitado mi derecho,
Y el Todopoderoso¹, que ha amargado mi alma!

³ Porque mientras haya vida¹ en mí,
Y el aliento² de Dios esté en mis narices,

⁴ Mis labios, ciertamente, no hablarán injusticia,
Ni mi lengua pronunciará mentira.

⁵ Lejos esté de mí que les dé la razón a ustedes;
Hasta que muera, no abandonaré mi integridad.

⁶ Me aferraré a mi justicia y no la soltaré.
Mi corazón no reprocha ninguno de mis días.

⁷ »Sea como el impío mi enemigo,
Y como el injusto mi adversario¹.

⁸ Porque, ¿cuál es la esperanza del impío cuando es
cortado¹,
Cuando Dios reclama su alma?

⁹ ¿Oirá Dios su clamor,
Cuando venga sobre él la angustia?

¹⁰ ¿Se deleitará en el Todopoderoso?
¿Invocará a Dios en todo tiempo?

26:13
La serpiente huidiza
La serpiente huidiza era un
monstruo mitológico enorme y
destructivo, que simbolizaba el daño
que puede causar la naturaleza.

PlanetArt

26:14
**Job reconoció el poder de
Dios**
Él dijo que Dios tiene un gran
poder sobre las fuerzas naturales
y sobrenaturales, pero eso es tan
solo un susurro de lo que Dios
puede hacer. Los seres humanos
solo pueden entender una pequeña
parte de su poder.

26:4 ¹ Lit. *aliento que ha salido de.*   26:5 ¹ O *de los muertos;* heb. *refaím.*
26:6 ¹ I.e. región de los muertos.   ² I.e. lugar de destrucción.   26:9 ¹ Lit. *Cubre.*
² En el T.M., *del trono.*   26:13 ¹ Lit. *son hechos hermosos.*   27:1 ¹ O *tomó*
de nuevo.   27:2 ¹ Heb. *Shaddai.*   27:3 ¹ Lit. *aliento.*   ² O *espíritu.*
27:7 ¹ Lit. *el que se levanta contra mí.*   27:8 ¹ O *aunque gane.*

¹¹ Les instruiré en el poder[1] de Dios;
No ocultaré lo que concierne al Todopoderoso.

¹² Todos ustedes *lo* han visto;
¿Por qué, entonces, obran neciamente[1]?

¹³ »Esta es la porción de parte de Dios para el hombre
impío,
Y la herencia *que* los tiranos reciben del
Todopoderoso.

¹⁴ Aunque sean muchos sus hijos, están destinados a la
espada[1],
Y sus vástagos no se saciarán de pan.

¹⁵ Sus sobrevivientes serán sepultados a causa de la
plaga,
Y sus viudas[1] no podrán llorar.

¹⁶ Aunque amontone plata como polvo,
Y prepare vestidos *abundantes* como el barro;

¹⁷ Él *los* puede preparar, pero el justo *los* vestirá,
Y el inocente repartirá la plata.

¹⁸ Edifica su casa como tela de araña[1],
O como choza *que* un guarda construye.

¹⁹ Rico se acuesta, pero no volverá a serlo[1];
Abre sus ojos, y ya no hay nada.

²⁰ Lo alcanzan los terrores como una inundación;
De noche lo arrebata un torbellino.

²¹ Se lo lleva el viento del este, y desaparece,
Pues *como* torbellino lo arranca de su lugar.

²² Sin compasión se arrojará contra él;
Ciertamente él tratará de huir de su poder[1].

²³ Batirán palmas por su ruina[1],
Y desde su propio lugar le silbarán.

27:21
El viento del este
El viento del este, también llamado siroco, era un viento extremadamente cálido que soplaba desde el desierto.

28:1-28
El tema de este capítulo
Este capítulo pregunta dónde se puede hallar la sabiduría. Las piedras preciosas y los metales se encuentran en las minas más profundas (versículos 1-11), pero la sabiduría no se halla en las minas y no puede comprarse (versículos 12-19). La sabiduría solo se puede encontrar en Dios (versículos 20-28).

LOS TESOROS DE LA TIERRA Y LA SABIDURÍA

28 »Ciertamente hay una mina[1] para la plata,
Y un lugar donde se refina el oro[2].

² El hierro se saca de la tierra,
Y de la piedra se funde el cobre.

³ *El hombre* pone fin a las tinieblas,
Y hasta los límites más remotos escudriña
La roca que está en densa oscuridad.

⁴ Abren[1] minas lejos de lo habitado[2],
Olvidado por el pie;
Suspendidos se balancean lejos de los
hombres.

⁵ De la tierra viene el alimento,
Y abajo está revuelta como por fuego.

⁶ Sus piedras son yacimientos[1] de zafiros,
Y su polvo *contiene* oro.

⁷ Senda que ave de rapiña no conoce,
Ni que ojo de halcón ha alcanzado a ver;

27:11 ¹ Lit. *la mano.*   27:12 ¹ O *hablan vanidad.*   27:14 ¹ Lit. *la espada es para ellos.*   27:15 ¹ Así en algunas versiones antiguas; en heb. *viudas de él.*   27:18 ¹ Así en algunas versiones antiguas; en heb. *polilla.*   27:19 ¹ Así en algunas versiones antiguas; en heb. *no será reunido.*   27:22 ¹ Lit. *mano.* 27:23 ¹ Lit. *sobre él.*   28:1 ¹ O *yacimiento.*   ² Lit. *para el oro que refinan.* 28:4 ¹ Lit. *Abre.*   ² Lit. *de la peregrinación.*   28:6 ¹ O *lugar.*

8 Las orgullosas bestias[1] no la han pisado,
Ni el *fiero* león ha pasado por ella.

9 Pone *el hombre* su mano en el pedernal;
Vuelca de raíz los montes.

10 Abre canales en las rocas,
Y su ojo ve todo lo preciado.

11 Detiene los arroyos para que no corran[1],
Y saca a luz lo oculto.

12 »Pero la sabiduría, ¿dónde se hallará?
¿Y dónde está el lugar de la inteligencia?

13 No conoce el hombre su valor,
Ni se encuentra en la tierra de los vivientes.

14 El abismo dice: "No está en mí";
Y el mar dice: "No está conmigo".

15 No se puede dar oro puro por ella,
Ni peso de plata por su precio.

16 No puede evaluarse con oro de Ofir,
Ni con ónice precioso, ni con zafiro.

17 No la pueden igualar ni el oro ni el vidrio,
Ni se puede cambiar por artículos de oro puro.

18 Coral y cristal ni se mencionen;
La adquisición de la sabiduría es mejor que las perlas.

19 El topacio de Etiopía[1] no puede igualarla,
Ni con oro puro se puede
evaluar.

28:19
Etiopía

Etiopía estaba situada en la región superior del Nilo, en la parte sur de Egipto.

20 ¿De dónde, pues, viene la
sabiduría?
¿Y dónde está el lugar de
la inteligencia?

21 Está escondida de los ojos
de todos los vivientes,
Y oculta a todas las aves
del cielo.

22 El Abadón[1] y la muerte
dicen:
"Con nuestros oídos
hemos oído su fama".

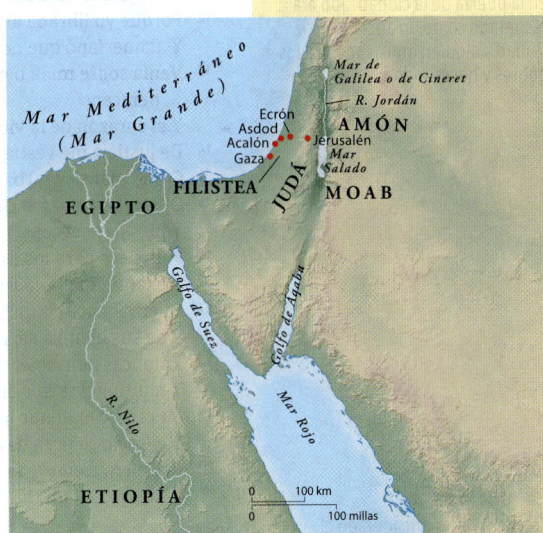

23 »Dios entiende el camino
de ella,
Y conoce su lugar.

24 Porque Él contempla los
confines de la tierra,
Y ve todo bajo los cielos.

25 Cuando Él dio peso al
viento
Y determinó las aguas por medida;

26 Cuando puso límite a la lluvia
Y camino para el rayo,

27 Entonces Él la vio y la declaró,
La estableció y también la escudriñó.

28 Y dijo al hombre: "El temor[1] del Señor es sabiduría,
Y apartarse del mal, inteligencia"».

28:8 [1] Lit. *los hijos de orgullo.*   28:11 [1] Lit. *lloren.*   28:19 [1] Heb. *Cush.*
28:22 [1] I.e. lugar de destrucción.   28:28 [1] O *La reverencia.*

JOB RECUERDA DÍAS FELICES

29 Y reanudó Job su discurso, y dijo:

2 «¡Quién me diera volver a ser como en meses
pasados,
Como en los días en que Dios velaba sobre mí;

3 Cuando Su lámpara resplandecía sobre mi cabeza,
Y a Su luz caminaba yo en las tinieblas;

4 Como era yo en los días de mi juventud[1],
Cuando el favor[2] de Dios *estaba* sobre mi tienda;

5 Cuando el Todopoderoso[1] estaba aún conmigo,
Y mis hijos en derredor mío;

6 Cuando en leche[1] se bañaban mis pies[2],
Y la roca me derramaba ríos de aceite!

7 Cuando yo salía a la puerta de la ciudad,
Cuando en la plaza tomaba mi asiento,

8 Me veían los jóvenes y se escondían,
Y los ancianos se levantaban y permanecían en pie.

9 Los príncipes dejaban de hablar
Y ponían la mano[1] sobre su boca;

10 La voz de los nobles se apagaba[1],
Y la lengua se les pegaba al paladar.

11 Porque el oído que oía me llamaba bienaventurado,
Y el ojo que veía daba testimonio de mí;

12 Porque yo libraba al pobre que clamaba,
Y al huérfano que no tenía quien lo ayudara.

13 Venía sobre mí la bendición del que estaba a punto de
perecer,
Y el corazón de la viuda yo llenaba de gozo.

14 De justicia me vestía, y ella me cubría;
Como manto y turbante era mi derecho.

15 Ojos era yo para el ciego,
Y pies para el cojo.

16 Padre era para los necesitados,
Y examinaba la causa que no conocía.

17 Quebraba los colmillos del impío,
Y de sus dientes arrancaba la presa.

18 Entonces pensaba[1]: "En[2] mi nido moriré,
Y multiplicaré *mis* días como la arena.

19 Mi raíz se extiende hacia las aguas,
Y el rocío se posa de noche en mi rama.

20 Conmigo *siempre* es nueva mi gloria,
Y mi arco en mi mano se renueva".

21 »Me escuchaban y esperaban,
Y guardaban silencio para *oír* mi consejo.

22 Después de mis palabras no hablaban de nuevo,
Y sobre ellos caía gota a gota mi discurso.

23 Me esperaban como a la lluvia,
Y abrían su boca como a lluvia de primavera[1].

24 Yo les sonreía cuando ellos no creían,
Y no abatían la luz de mi rostro.

29:6
Leche y aceite
La leche y el aceite eran símbolos de riqueza y lujo. Se mencionan como señales de la bendición de Dios.

29:7
Por qué Job iba a la puerta de la ciudad
Las personas hacían negocios y arreglaban los asuntos legales en la puerta de la ciudad. Job era respetado como un anciano de la ciudad y alguien que ayudaba a los pobres y necesitados.

29:20
La gloria de Job
Job había sido considerado el más grande de todos los hijos del oriente (1:3). Él pensó que sería honrado de ese modo por el resto de su vida.

29:4 [1] Lit. *otoño.*   [2] Lit. *consejo.*   29:5 [1] Heb. *Shaddai.*   29:6 [1] O *mantequilla.*
[2] Lit. *pasos.*   29:9 [1] Lit. *palma.*   29:10 [1] Lit. *estaba escondida.*
29:18 [1] Lit. *decía.*   [2] Lit. *Con.*   29:23 [1] O *lluvia tardía.*

25 Les escogía el camino y me sentaba como jefe,
Y moraba como rey entre las tropas,
Como el que consuela a los que lloran.

LAMENTO DE JOB

30 »Pero ahora se burlan de mí
Los que son más jóvenes que yo,
A cuyos padres no consideraba yo dignos
De poner con los perros de mi ganado.

2 En verdad, la fuerza de sus manos ¿de qué me servía?
Había desaparecido de ellos el vigor.

3 De miseria y hambre estaban extenuados;
Roían la tierra seca de noche en desierto y desolación;

4 Arrancaban malvas¹ junto a los matorrales,
Y raíz de retama era su alimento.

5 De la comunidad fueron expulsados,
Gritaban contra ellos como contra un ladrón.

6 Moraban en valles¹ de terror,
En las cuevas de la tierra y de las peñas.

7 Entre los matorrales clamaban¹;
Bajo las ortigas se reunían.

8 Necios¹, sí, hijos sin nombre,
Echados a latigazos de la tierra.

9 »Y ahora he venido a ser su escarnio¹,
Y soy para ellos motivo de burla.

10 Me aborrecen y se alejan de mí,
Y no se retraen de escupirme en la cara¹.

11 Por cuanto Él ha¹ aflojado la cuerda de Su² arco y me
ha afligido,
Se han quitado el freno delante de mí.

12 A *mi* derecha se levanta el populacho¹,
Arrojan *lazos* a mis pies
Y preparan contra mí sus caminos de destrucción.

13 Arruinan mi senda,
A causa de mi destrucción se benefician,
Nadie los detiene.

14 Como *por* ancha brecha vienen,
En medio de¹ la tempestad siguen rodando.

15 Contra mí se vuelven los terrores,
Como el viento persiguen mi honor¹,
Y como nube se ha disipado mi prosperidad².

16 »Y ahora en mí se derrama mi alma;
Días de aflicción se han apoderado de mí.

17 De noche Él traspasa mis huesos dentro de¹ mí,
Y los *dolores* que me corroen no descansan.

18 Una gran fuerza deforma mi vestidura,
Me aprieta como el cuello de mi túnica.

19 Él me ha arrojado al lodo,
Y soy como el polvo y la ceniza.

30:4 ¹ I.e. plantas de los pantanos salados. 30:6 ¹ O *lechos de torrentes.*
30:7 ¹ O *rebuznan.* 30:8 ¹ Lit. *Hijos de necios.* 30:9 ¹ Lit. *canción.*
30:10 ¹ Lit. *no retienen saliva de mi cara.* 30:11 ¹ O *ellos han.* ² Algunas
versiones antiguas dicen: *mi.* 30:12 ¹ Posiblemente, *renuevo o prole.*
30:14 ¹ Lit. *bajo.* 30:15 ¹ O *nobleza.* ² O *bienestar.* 30:17 ¹ Lit. *de sobre.*

30:1-9
Algunos comenzaron a burlarse de Job
En contraste con toda la gloria que había tenido, ahora la gente de clase baja y los marginados sociales se burlaban de Job.

30:11
El significado de aflojar las cuerdas del arco
Un arco era un arma para cazar. También era una señal de fuerza. Job usó una descripción gráfica para mostrar cómo había sido humillado. Antes de perderlo todo, había creído que su arco estaría fuerte (29:20). Sin embargo, ahora que Dios había aflojado las cuerdas del arco, lo había afligido.

30:19
El polvo y la ceniza
El polvo y la ceniza eran señales de humillación e insignificancia. Más tarde Job usó el polvo y la ceniza para representar arrepentimiento.

20 Clamo a Ti, y no me respondes;
Me pongo en pie, y no me prestas atención.
21 Te has vuelto[1] cruel conmigo,
Con el poder de Tu mano me persigues.
22 Me alzas al viento, me haces cabalgar *en él,*
Y me deshaces en la tempestad.
23 Pues sé que a la muerte me llevarás,
A la casa de reunión de todos los vivientes.

24 »Sin embargo, ¿no extiende la mano *el que está* en un
montón de ruinas,
Cuando clama en su calamidad?
25 ¿No he llorado por aquel cuya vida es difícil[1]?
¿No se angustió mi alma por el necesitado?
26 Cuando esperaba yo el bien, vino el mal,
Cuando esperaba la luz, vino la oscuridad.
27 Por dentro me hierven las entrañas, y no puedo
descansar;
Me vienen al encuentro días de aflicción.
28 Ando enlutado, sin consuelo[1];
Me levanto en la asamblea *y* clamo.
29 He venido a ser hermano de chacales
Y compañero de avestruces.
30 Mi piel se ennegrece sobre[1] mí,
Y mis huesos se queman por la fiebre[2].
31 Se ha convertido en duelo mi arpa,
Y mi flauta en voz de los que lloran.

JOB AFIRMA SU INTEGRIDAD

31 »Hice un pacto con mis ojos,
¿Cómo podía entonces mirar a una virgen?
2 ¿Y cuál es la porción de Dios desde arriba,
O la heredad del Todopoderoso[1] desde las alturas?
3 ¿No es la calamidad para el injusto,
Y el infortunio para los que obran iniquidad?
4 ¿No ve Él mis caminos,
Y cuenta todos mis pasos?

5 »Si he caminado con la mentira,
Y *si* mi pie se ha apresurado tras el engaño,
6 Que Él me pese en balanzas de justicia,
Y que Dios conozca mi integridad.
7 Si mi paso se ha apartado del camino,
Si mi corazón se ha ido tras mis ojos,
Y *si* alguna mancha se ha pegado en mis manos[1],
8 Que yo siembre y otro coma,
Y sean arrancadas mis cosechas[1].

9 »Si mi corazón fue seducido por mujer,
O he estado al acecho a la puerta de mi prójimo,
10 Que muela para otro mi mujer,
Y otros se encorven sobre ella.
11 Porque eso sería una terrible ofensa[1],

31:1-40
Job invita al juicio y la maldición sobre su vida
Job describe varios pecados y dice que si él los hubiera cometido, estaría dispuesto a soportar duros castigos. Sin embargo, continúa declarando que no era culpable de esos pecados que merecían la clase de sufrimiento que estaba experimentando.

31:10
Moler el grano
Moler el grano era parte de las tareas cotidianas de las mujeres. El grano se molía con dos piedras pesadas a fin de obtener una harina gruesa. Ellos luego mezclaban la harina con agua, sal y levadura para hacer el pan de cada día.

30:21 [1] Lit. *vuelto a ser.*   30:25 [1] Lit. *aquel de días difíciles.*
30:28 [1] O *ennegrecido, pero no por el calor del sol.*   30:30 [1] Lit. *desde*
sobre.   [2] Lit. *el calor.*   31:2 [1] Heb. *Shaddai.*   31:7 [1] Lit. *palmas.*
31:8 [1] O *arrancados mis vástagos.*   31:11 [1] O *infamia.*

Y una iniquidad *castigada por* los jueces;

12 Porque sería fuego que consume hasta el Abadón[1],
　Y arrancaría toda mi ganancia[2].

13 »Si he negado el derecho de mi siervo o de mi sierva
　Cuando presentaron queja contra mí,
14 ¿Qué haré cuando Dios se levante?
　Y cuando Él me pida cuentas, ¿qué le responderé?
15 ¿Acaso Aquel que me hizo en el seno materno, no lo
　　hizo *también* a él?
　¿No fue uno mismo el que nos formó en la matriz?

16 »Si he impedido a los pobres *su* deseo,
　O he hecho desfallecer los ojos de la viuda,
17 O *si* he comido mi bocado solo,
　Y el huérfano no ha comido de él
18 (Aunque desde mi juventud él creció conmigo como
　　con un padre,
　Y a la viuda la guié desde mi infancia[1]);
19 Si he visto a alguien perecer por falta de ropa,
　Y sin abrigo al necesitado,
20 Si su corazón[1] no me ha expresado gratitud[2],
　Pues se ha calentado con el vellón de mis ovejas;
21 Si he alzado contra el huérfano mi mano,
　Porque vi que yo tenía apoyo[1] en la puerta[2],
22 Que mi hombro se caiga de la coyuntura[1],
　Y mi brazo se quiebre en el codo[2].
23 Porque el castigo de Dios es terror para mí,
　Y ante Su majestad[1] nada puedo *hacer*.

24 »Si he puesto *en* el oro mi confianza,
　Y he dicho al oro fino: "*Tú eres* mi seguridad";
25 Si me he alegrado porque mi riqueza era grande,
　Y porque mi mano había adquirido mucho;
26 Si he mirado al sol[1] cuando brillaba,
　O a la luna marchando en esplendor,
27 Y fue mi corazón seducido en *secreto*,
　Y mi mano tiró un beso de mi boca[1],
28 Eso también hubiera sido iniquidad *que merecía*
　　juicio[1],
　Porque habría negado al Dios de lo alto.

29 »¿Acaso me he alegrado en la destrucción de mi
　　enemigo,
　O me he regocijado[1] cuando el mal le sobrevino?
30 No[1], no he permitido que mi boca peque[2]
　Pidiendo su vida en una maldición.
31 ¿Acaso no han dicho los hombres de mi tienda:
　"¿Quién puede hallar[1] a alguien que no se haya
　　saciado con su carne?".

31:27
El significado de ese tipo de beso
Un beso tirado con la mano era a menudo una señal de adoración al sol o la luna.

31:12 [1] I.e. lugar de destrucción.　[2] O *todo mi producto.*　31:18 [1] Lit. *el vientre de mi madre.*　31:20 [1] Lit. *sus lomos.*　[2] Lit. *no me han bendecido.* 31:21 [1] Lit. *mi ayuda.*　[2] I.e. de la ciudad.　31:22 [1] Lit. *del hombro o de la espalda.*　[2] Lit. *desde el hueso de la parte superior del brazo.* 31:23 [1] Lit. *exaltación.*　31:26 [1] Lit. *a la luz.*　31:27 [1] Lit. *y mi mano besó mi boca.*　31:28 [1] Lit. *jueces.*　31:29 [1] Lit. *levantado o vanagloriado.* 31:30 [1] Lit. *Y.*　[2] Lit. *dado mi paladar al pecado.*　31:31 [1] Lit. *dar.*

32 El extranjero no pasa la noche afuera,
   Porque al viajero[1] he abierto mis puertas.
33 ¿Acaso he cubierto mis transgresiones como Adán[1],
   Ocultando en mi seno mi iniquidad,
34 Porque temí a la gran multitud,
   O el desprecio de las familias me aterró,
   Y guardé silencio y no salí de *mi* puerta?
35 ¡Quién me diera que alguien me oyera!
   Aquí está mi firma[1].
   ¡Que me responda el Todopoderoso!
   Y la acusación que ha escrito mi adversario,
36 Ciertamente yo la llevaría sobre mi hombro,
   Y me la pondría como una corona.
37 Del número de mis pasos yo le daría cuenta,
   Como a un príncipe me acercaría a Él.

38 »Si mi tierra clama contra mí,
   Y sus surcos lloran juntos;
39 Si he comido su fruto[1] sin dinero,
   O si he causado que sus dueños pierdan sus vidas[2],
40 ¡Que en lugar de trigo crezcan[1] cardos,
   Y en lugar de cebada, hierba maloliente!».

Aquí terminan las palabras de Job.

INTERVENCIÓN DE ELIÚ

32 Entonces estos tres hombres dejaron de responder a Job porque él era justo a sus propios ojos. 2 Pero se encendió la ira de Eliú, hijo de Baraquel el buzita, de la familia de Ram. Se encendió su ira contra Job porque se justificaba delante de[1] Dios. 3 Su ira se encendió también contra sus tres amigos porque no habían hallado respuesta, y sin embargo habían condenado a Job. 4 Eliú había esperado para hablar a Job[1] porque *los otros* eran de más edad que él. 5 Pero cuando vio Eliú que no había respuesta en la boca de los tres hombres, se encendió su ira. 6 Y respondió Eliú, hijo de Baraquel el buzita, y dijo:

«Yo soy joven, y ustedes ancianos;
Por eso tenía timidez y me atemorizaba declararles lo que pienso[1].
7 Yo pensé[1] que los días hablarían,
Y los muchos años enseñarían sabiduría.
8 Pero hay un espíritu en el hombre,
Y el soplo del Todopoderoso[1] le[2] da entendimiento.
9 Los de muchos *años*[1] *quizá* no sean sabios,
Ni los ancianos entiendan justicia.
10 Por eso digo[1]: "Escúchenme,
También yo declararé lo que pienso[2]".

11 »Yo esperé sus palabras,
Escuché sus argumentos,
Mientras buscaban qué decir[1];

31:35-36
El significado de escribir una acusación sobre los hombros
Job todavía comparaba su situación con una corte donde él era el demandado. Si había cargos en su contra, él los quería por escrito.

32:1-5
Eliú
Él era un hombre de Buz, una región del este, que había estado escuchando los discursos de los amigos de Job, pero había permanecido en silencio porque era más joven. Estaba enojado porque todavía Job alegaba que era inocente y los otros no habían sido capaces de ganar el debate.

31:32 [1] En el T.M., *camino*.   31:33 [1] O *la humanidad*.   31:35 [1] Lit. *marca*.
31:39 [1] Lit. *fuerza*.   [2] Lit. *que el alma de sus dueños* expire.   31:40 [1] Lit. *salgan*.
32:2 [1] O *más que*.   32:4 [1] Lit. *por Job con palabras*, o posiblemente, *mientras hablaban ellos con Job*.   32:6 [1] Lit. *mi conocimiento*.   32:7 [1] Lit. *dije*.
32:8 [1] Heb. *Shaddai*.   [2] Lit. *les*.   32:9 [1] O *Los nobles*.   32:10 [1] O *dije*.
[2] Lit. *mi conocimiento*.   32:11 [1] Lit. *palabras*.

12 Les presté además mucha atención.
Pero no hubo ninguno que pudiera contradecir a Job,
Ninguno de ustedes que respondiera a sus palabras.

13 No[1] digan:
"Hemos hallado sabiduría;
Dios lo derrotará[2], no el hombre".

14 Pero él no ha dirigido[1] *sus* palabras contra mí,
Ni yo le responderé con los argumentos[2] de
ustedes.

15 »Están desconcertados, ya no responden;
Les han faltado[1] las palabras.

16 ¿Y he de esperar porque no hablan,
Porque se detienen[1] y ya no responden?

17 Yo también responderé mi parte,
Yo también declararé lo que pienso[1].

18 Porque estoy lleno de palabras;
Dentro de mí el espíritu me constriñe.

19 Mi vientre es como vino sin respiradero,
Está a punto de reventar como odres nuevos.

20 Déjenme hablar para que encuentre alivio,
Déjenme abrir los labios y responder.

21 Que no haga yo acepción de persona[1],
Ni use lisonja con nadie[2].

22 Porque no sé lisonjear,
De otra manera mi Hacedor me llevaría pronto.

32:19
Eliú era como un vino embotellado
Cuando el vino se fermenta, libera gases que pueden romper el recipiente. Eliú había estado esperando para hablar y ahora estaba listo para explotar.

ELIÚ CENSURA A JOB

33 »Por tanto, Job, oye ahora mi discurso,
Y presta atención a todas mis palabras.

2 Ahora abro mi boca,
En mi paladar habla mi lengua.

3 Mis palabras *proceden de* la rectitud de mi corazón,
Y con sinceridad mis labios hablan lo que saben[1].

4 El Espíritu de Dios me ha hecho,
Y el aliento del Todopoderoso[1] me da vida.

5 Contradíceme si puedes;
Colócate delante de mí, ponte en pie.

6 Yo, al igual que tú, pertenezco a Dios;
Del barro yo también he sido formado[1].

7 Mi temor no te debe espantar,
Ni mi mano[1] agravarse sobre ti.

8 »Ciertamente has hablado a oídos míos,
Y el sonido de *tus* palabras he oído:

9 "Yo soy limpio, sin transgresión;
Soy inocente y en mí no hay culpa.

10 Dios busca[1] pretextos contra mí;
Me tiene como Su enemigo.

11 Pone mis pies en el cepo;
Vigila todas mis sendas".

32:13 [1] Lit. *No sea que.*   [2] Lit. *arrojará.*   32:14 [1] U ordenado.   [2] Lit. *sus palabras.*   32:15 [1] Lit. *se les fueron.*   32:16 [1] Lit. *permanecen.*   32:17 [1] Lit. *mi conocimiento.*   32:21 [1] Lit. *hombre.*   [2] Lit. *la humanidad.*   33:3 [1] O *conocimiento.*   33:4 [1] Heb. *Shaddai.*   33:6 [1] Lit. *cortado.*   33:7 [1] Lit. *presión.*   33:10 [1] Lit. *halla.*

33:12
Las opiniones de Eliú
Eliú pensaba que Job estaba afirmando que era perfecto. También creía que las quejas de Job sobre el silencio actual de Dios significaban que Job pensaba que Dios nunca le hablaba a su pueblo.

33:18
La fosa
Esta era otra forma de referirse a la tumba o la muerte.

33:23-28
Eliú pensaba que sabía lo que Job tenía que hacer
Eliú pensaba que Job necesitaba arrepentirse, y luego un ángel u otro mediador podrían defender su caso delante de Dios.

12　Pero déjame decirte[1] que no tienes razón en esto,
　　Porque Dios es más grande que el hombre.

13　»¿Por qué te quejas contra Él,
　　Diciendo que no da cuenta de todas Sus acciones?

14　Ciertamente Dios habla una vez,
　　Y otra vez[1], *pero* nadie se da cuenta de ello.

15　En un sueño, en una visión nocturna,
　　Cuando un sueño profundo cae sobre los hombres,
　　Mientras dormitan en sus lechos,

16　Entonces Él abre el oído de los hombres,
　　Y sella su instrucción,

17　Para apartar al hombre *de sus* obras,
　　Y del orgullo guardarlo[1];

18　Libra su alma de la fosa
　　Y su vida de pasar al Seol[1].

19　»*El hombre* es castigado también con dolor en su lecho,
　　Y con queja continua en sus huesos,

20　Para que su vida aborrezca el pan,
　　Y su alma el alimento favorito.

21　Su carne desaparece a la vista,
　　Y sus huesos que no se veían, aparecen.

22　Entonces su alma se acerca a la fosa,
　　Y su vida a los que causan la muerte.

23　»Si hay un ángel *que sea* su mediador,
　　Uno entre mil,
　　Para declarar al hombre lo que es bueno para él[1],

24　Y que tenga piedad de él, y diga:
　　"Líbralo de descender a la fosa,
　　He hallado *su* rescate";

25　Que su carne se vuelva más tierna que en su juventud,
　　Que regrese a los días de su vigor juvenil.

26　Entonces orará a Dios, y Él lo aceptará,
　　Para que vea con gozo Su rostro,
　　Y restaure Su justicia al hombre.

27　Cantará él a los hombres y dirá:
　　"He pecado y pervertido lo que es justo,
　　Y no es apropiado para mí.

28　Él ha redimido mi alma de descender a la fosa,
　　Y mi vida verá la luz".

29　»Dios hace todo esto con frecuencia[1] a los hombres,

30　Para rescatar su alma de la fosa,
　　Para que sea iluminado con la luz de la vida.

31　Pon atención, Job, escúchame;
　　Guarda silencio y déjame hablar.

32　Si algo tienes que decir[1], respóndeme;
　　Habla, porque deseo justificarte.

33　Si no, escúchame;
　　Pon atención y te enseñaré sabiduría».

33:12 [1] Lit. *te respondo.*　　33:14 [1] Lit. *dos veces.*　　33:17 [1] Lit. *esconder al hombre.*　　33:18 [1] I.e. región de los muertos.　　33:23 [1] Lit. *su rectitud.*　　33:29 [1] Lit. *dos veces, tres veces.*　　33:32 [1] Lit. *hay palabras.*

ELIÚ JUSTIFICA A DIOS

34 Entonces prosiguió Eliú, y dijo:

2 «Oigan, sabios, mis palabras,
Y ustedes los que saben, préstenme atención.
3 Porque el oído distingue las palabras,
Como el paladar prueba la comida.
4 Escojamos para nosotros lo que es justo;
Conozcamos entre nosotros lo que es bueno.
5 Porque Job ha dicho: "Yo soy justo,
Pero Dios me ha quitado mi derecho.
6 ¿He de mentir respecto a mi derecho[1]?
Mi herida[2] es incurable, sin *haber yo cometido*
transgresión".
7 ¿Qué hombre es como Job,
Que bebe el escarnio como agua,
8 Que va en compañía de los que hacen iniquidad,
Y anda con hombres perversos?
9 Porque ha dicho: "Nada gana el hombre
Cuando se complace en[1] Dios".

10 »Por tanto, escúchenme, hombres de entendimiento.
Lejos esté de Dios la iniquidad,
Y del Todopoderoso[1] la maldad.
11 Porque Él paga al hombre *conforme a* su trabajo,
Y retribuye a cada uno conforme a su conducta[1].
12 Ciertamente, Dios no obrará perversamente,
Y el Todopoderoso no pervertirá el juicio.
13 ¿Quién le dio autoridad sobre la tierra?
¿Y quién ha puesto *a Su cargo* el mundo entero?
14 Si Él determinara hacerlo así[1],
Si hiciera volver[2] a sí mismo Su espíritu y Su aliento,
15 Toda carne[1] a una perecería,
Y el hombre volvería al polvo.

16 »Pero si *tienes* inteligencia, oye esto,
Escucha la voz de mis palabras.
17 ¿Gobernará el que aborrece la justicia?
¿Y condenarás al Justo poderoso,
18 Que dice a un rey: "Indigno",
A los nobles: "Perversos";
19 Que no hace acepción de príncipes,
Ni considera al rico sobre el pobre,
Ya que todos son obra de Sus manos?
20 En un momento mueren, y a medianoche
Se estremecen los pueblos y pasan,
Y los poderosos son quitados sin esfuerzo[1].

21 »Porque Sus ojos observan[1] los caminos del
hombre,
Y Él ve todos sus pasos.
22 No hay tinieblas ni densa oscuridad
Donde puedan esconderse los que hacen iniquidad.

34:10
Eliú defiende a Dios
Eliú consideraba que Job estaba diciendo que Dios era el autor de la maldad. En efecto, Job estuvo cerca de decir que Dios había hecho algo mal.

34:6 [1] O *Aunque tengo razón se me considera un mentiroso.*   [2] Lit. *saeta.*
34:9 [1] O *se deleita en.*   34:10 [1] Heb. *Shaddai.*   34:11 [1] O *senda.*
34:14 [1] Lit. *pusiera su mente en sí mismo.*   [2] Lit. *recogiera.*   34:15 [1] O *toda la
humanidad.*   34:20 [1] Lit. *mano.*   34:21 [1] Lit. *están sobre.*

23 Porque Él no *necesita* considerar más al hombre,
Para que vaya ante Dios en juicio.
24 Él quebranta a los poderosos sin indagar,
Y pone a otros en su lugar.
25 Pues Él conoce sus obras,
De noche *los* derriba
Y son aplastados.
26 Como a malvados los azota
En un lugar público[1].
27 Porque se apartaron de seguirle,
Y no consideraron ninguno de Sus caminos,
28 Haciendo que el clamor del pobre llegara a Él,
Y que oyera el clamor de los afligidos.
29 Cuando está quieto, ¿quién puede condenar*lo*?;
Y cuando esconde Su rostro, ¿quién puede
contemplarlo?;
Esto es, tanto nación como hombre,
30 Para que no gobiernen hombres impíos,
Ni sean trampas para el pueblo.

31 »Porque ¿ha dicho alguien a Dios:
"He sufrido *castigo*,
Ya no ofenderé *más*;
32 Enséñame lo que no veo;
Si he obrado mal,
No lo volveré *a hacer*?".
33 ¿Ha de retribuir Él según tus condiciones, porque tú
has rehusado?
Porque tú tienes que escoger y no yo,
Por tanto, declara lo que sabes.
34 Los hombres entendidos me dirán,
Y *también* el sabio que me oiga:
35 "Job habla sin conocimiento,
Y sus palabras no tienen sabiduría.
36 Job debe ser[1] juzgado hasta el límite[2],
Porque responde como los hombres perversos.
37 Porque a su pecado añade rebelión;
Bate palmas entre nosotros,
Y multiplica sus palabras contra Dios"».

ELIÚ CENSURA DE NUEVO A JOB

35 Continuó Eliú, y dijo:

2 «¿Piensas que esto es justo?
Dices: "Mi justicia es más que la de Dios".
3 Porque dices: "¿Qué ventaja será para Ti?
¿Qué ganaré yo por no haber pecado?".
4 Yo te daré razones,
Y a tus amigos contigo.
5 Mira a los cielos y ve,
Contempla las nubes, son más altas que tú.
6 Si has pecado, ¿qué logras tú contra Él?
Y si tus transgresiones son muchas,
¿qué le haces?

34:31-33
Eliú trató de identificar el error de Job
Él pensaba que Job debía arrepentirse de su pecado en vez de actuar como si fuera inocente y pedirle a Dios que le mostrara cómo había pecado.

34:37
La rebelión de Job
Job no se estaba rebelando contra Dios, sino que se sublevaba contra la injusticia en su vida. Se estaba quejando porque Dios permitía que la injusticia quedara sin respuestas.

35:5-8
Eliú no creía que las personas pudieran influenciar a Dios
Eliú dijo que Dios era muy superior a los seres humanos y que cualquier cosa que ellos hicieran –buena o mala– no le afectaría.

34:26 [1] Lit. *en el lugar de los que ven.*   34:36 [1] Lit. *Ruego que Job sea.*   [2] O *el fin.*

7   Si eres justo, ¿qué le das,
    O qué recibe Él de tu mano?
8   Tu maldad es para un hombre como tú,
    Y tu justicia para un hijo de hombre.

9   »A causa de la multitud de opresiones claman *los
    hombres*;
    Gritan a causa del brazo de los poderosos.
10 Pero ninguno dice: "¿Dónde está Dios mi Hacedor,
    Que inspira[1] cánticos en la noche,
11 Que nos enseña más que a las bestias de la tierra,
    Y nos hace más sabios que las aves de los cielos?".
12 Allí claman, pero Él no responde
    A causa del orgullo de los malos.
13 Ciertamente el *clamor* vano[1] no escuchará Dios,
    El Todopoderoso[2] no lo tomará en cuenta.
14 Cuánto menos cuando dices que no lo contemplas,
    Que la causa está delante de Él, y tienes que esperarlo.
15 Y ahora, porque Él no ha castigado[1] con Su ira,
    Ni se ha fijado bien en la transgresión[2],
16 Job abre vanamente su boca,
    Multiplica palabras sin sabiduría».

ELIÚ DESCRIBE LA GRANDEZA DE DIOS

36 Entonces continuó Eliú, y dijo:

2   «Espérame un poco, y te mostraré
    Que todavía hay más que decir en favor de[1] Dios.
3   Traeré mi conocimiento desde lejos,
    Y atribuiré justicia a mi Hacedor.
4   Porque en verdad no son falsas mis palabras;
    Uno perfecto en conocimiento está contigo.
5   Dios es poderoso pero no desprecia *a nadie*,
    Es poderoso en la fuerza del entendimiento.
6   No mantiene vivo al impío,
    Pero da justicia al afligido.
7   No aparta Sus ojos de los justos,
    Y con los reyes sobre el trono
    Los ha sentado para siempre, y son ensalzados.
8   Y si están aprisionados con cadenas,
    Si son atrapados en las cuerdas de aflicción,
9   Entonces les muestra su obra
    Y sus transgresiones, porque ellos se han
        engrandecido.
10 Él abre sus oídos para la instrucción,
    Y ordena que se vuelvan del mal.
11 Si escuchan y *le* sirven,
    Acabarán sus días en prosperidad
    Y sus años en delicias.
12 Pero si no escuchan, perecerán[1] a espada,
    Y morirán sin conocimiento.
13 Pero los impíos de corazón acumulan la ira;
    No claman pidiendo ayuda cuando Él los ata.

35:12-13
Eliú dijo que Job estaba siendo arrogante
Eliú defendió a Dios diciendo que él no respondía a quienes no se arrepentían. También dijo que como Job era culpable, Dios no tenía por qué responderle.

35:10 [1] Lit. *da*.   35:13 [1] O *una falsedad*.   [2] Heb. *Shaddai*.   35:15 [1] O *visitado*.
[2] O *arrogancia*.   36:2 [1] Lit. *palabras para*.   36:12 [1] Lit. *pasarán*.

14 Mueren[1] en su juventud,
  Y su vida *perece* entre los sodomitas de cultos
    paganos.
15 Él libra al afligido en medio de su aflicción,
  Y abre su oído en *tiempos de* opresión[1].
16 Entonces, en verdad, Él te atrajo de la boca de la
    angustia,
  A un lugar espacioso, sin limitaciones, en lugar de
    aquella;
  Y lo que se puso sobre tu mesa estaba lleno de grasa[1].

17 »Pero tú estabas lleno de juicio sobre el malvado;
  El juicio y la justicia se apoderan *de ti.*
18 *Ten cuidado,* no sea que el furor te seduzca a burlarte;
  No dejes que la grandeza del rescate te extravíe.
19 ¿Te protegerán tus riquezas[1] de la angustia,
  O todas las fuerzas de *tu* poder?
20 No anheles la noche,
  Cuando los pueblos desaparecen[1] de su lugar.
21 Ten cuidado, no te inclines al mal;
  Pues has preferido este a la aflicción.
22 Dios es exaltado en Su poder,
  ¿Quién es maestro como Él?
23 ¿Quién le ha señalado Su camino,
  Y quién *le* ha dicho: "Has hecho mal"?

24 »Recuerda que debes ensalzar Su obra,
  La cual han cantado los hombres.
25 Todos los hombres la han visto;
  El hombre *la* contempla desde lejos.
26 Dios es exaltado, y no *lo* conocemos;
  El número de Sus años es inescrutable.
27 Porque Él atrae las gotas de agua,
  Y ellas, del[1] vapor[2], destilan lluvia,
28 Que derraman las nubes,
  Y en abundancia gotean sobre el hombre.
29 ¿Puede alguien comprender la extensión de las nubes,
  O el tronar de Su pabellón[1]?
30 Él extiende Su relámpago[1] en derredor suyo,
  Y cubre los abismos del mar.
31 Pues por estos *medios* Él juzga a los pueblos,
  Y da alimento en abundancia.
32 Él cubre *Sus* manos[1] con el relámpago[2],
  Y le ordena dar en el blanco.
33 Su trueno anuncia Su presencia[1];
  También el ganado, respecto a lo que se levanta.

37 »Ante esto, también tiembla mi corazón,
  Y salta de su lugar.
2 Escuchen atentamente el estruendo de Su voz,
  Y el rugido que sale de Su boca.
3 Bajo todos los cielos lo suelta,
  Y Su relámpago[1] hasta los confines de la tierra.

36:19-21
Las acusaciones de Eliú
No hay prueba de que Job haya confiado en sus riquezas o sacado a los pueblos de su lugar. Eliú debe haber estado intentando inventar alguna explicación para el sufrimiento de Job.

36:26
¡Dios está más allá del entendimiento humano!
Dios es tan magnífico que los seres humanos no pueden entender todo acerca de él. La Biblia usa términos humanos para tratar de describirlo, pero solo son indicios de cómo él es en realidad.

37:1-13
Dios se encarga de la naturaleza
Eliú describió el asombroso poder de Dios en la naturaleza y el clima.

36:14 [1] O *Su alma muere.*   36:15 [1] O *en la adversidad.*   36:16 [1] O *era alimento sustancioso.*   36:19 [1] O *Te protegerá…tu clamor.*   36:20 Lit. *suben.*
36:27 [1] Lit. *de su.*   [2] O *de la inundación.*   36:29 [1] O *tienda.*   36:30 [1] Lit. *luz.*
36:32 [1] Lit. *palmas.*   [2] Lit. *la luz.*   36:33 [1] Lit. *respecto a Él.*   37:3 [1] Lit. *luz.*

4 Tras él, ruge una voz;
   Truena Él con Su majestuosa voz,
   Y no retiene los relámpagos¹ mientras se oye Su voz.

5 Maravillosamente truena Dios con Su voz,
   Haciendo grandes cosas que no comprendemos.

6 Porque a la nieve dice: "Cae sobre la tierra",
   Y al aguacero y a la lluvia¹: "Sean fuertes".

7 Él sella la mano de todo hombre,
   Para que todos conozcan Su obra.

8 La fiera entra en su guarida,
   Y permanece en su madriguera¹.

9 Del sur¹ viene el torbellino,
   Y del norte² el frío.

10 Del soplo de Dios se forma el hielo,
   Y se congela la extensión de las aguas.

11 También Él llena¹ de humedad la densa nube,
   Y esparce la nube *con* Su relámpago²;

12 Aquella gira y da vueltas por Su sabia dirección,
   Para hacer todo lo que Él le¹ ordena
   Sobre la superficie de toda la tierra².

13 Ya sea por corrección¹, o por el mundo suyo,
   O por misericordia, Él hace que suceda².

14 »Escucha esto, Job,
   Detente y considera las maravillas de Dios.

15 ¿Sabes tú cómo Dios las establece,
   Y hace resplandecer el relámpago¹ de Su nube?

16 ¿Sabes tú la posición de las densas nubes,
   Maravillas del perfecto en conocimiento,

17 Tú, cuyos vestidos están calientes
   Cuando la tierra está en calma a causa del viento del
   sur?

18 ¿Puedes con Él extender el firmamento,
   Fuerte como espejo de *metal* fundido?

19 Enséñanos qué le hemos de decir a Dios;
   No podemos ordenar *nuestro*
   argumento a causa de las tinieblas.

20 ¿Habrá que contarle que yo quiero
   hablar?
   ¿O debe un hombre decir que quiere
   ser tragado¹?

21 »Ahora *los hombres* no ven la luz que
   brilla en el firmamento;
   Pero pasa el viento y lo despeja.

22 Del norte viene dorado *esplendor*:
   Majestad impresionante alrededor de
   Dios.

23 Es el Todopoderoso¹; no lo podemos alcanzar;
   Él es grande en poder,
   Y no pervertirá el juicio ni la abundante justicia.

37:21-22
Comparar a Dios con el sol
La gloria de Dios muchas veces es comparada con el sol. Las personas no pueden mirar directo a Dios, así como no pueden mirar de frente al sol. Al igual que el sol, Dios es poderoso y glorioso.

© sunstep/Shutterstock

37:4 ¹ Lit. *no los retiene.*   37:6 ¹ Lit. *aguacero de lluvia y aguacero de lluvias.*   37:8 ¹ Lit. *sus madrigueras.*   37:9 ¹ Lit. *De la cámara.*   ² Lit. *de los vientos que dispersan.*   37:11 ¹ O *carga.*   ² Lit. *luz.*   37:12 ¹ Lit. *les.*   ² Lit. *tierra habitable.*   37:13 ¹ Lit. *vara.*   ² Lit. *sea hallado.*   37:15 ¹ Lit. *la luz.*   37:20 ¹ O *Si un hombre habla, ciertamente será tragado.*   37:23 ¹ Heb. *el Shaddai.*

37:24
El sabio de corazón
La sabiduría se define como aceptar cualquier cosa que Dios envía, ya sea buena o mala. Según Eliú, los sabios de corazón creen que Dios nunca permite que un justo pase por problemas, pero eso no es cierto. Dios permite que las personas sean probadas.

38:1
Dios se le aparece a Job
En el Antiguo Testamento, Dios se les aparecía a las personas de diferentes maneras. Aquí, se le aparece a Job desde un torbellino.

38:1-41
La respuesta de Dios
Dios no habló del sufrimiento de Job. En cambio, le recordó que él es un Dios todopoderoso y amoroso. Aunque el mal y el sufrimiento tengan lugar, Dios todavía controla todo.

38:14
Barro bajo el sello
Se refiere a la forma en que se sellaban los documentos. Las personas usaban un pequeño sello en forma de cilindro o una estampa que se presionaba sobre cera suave o barro para cerrar los documentos y mostrar que eran legales.

Z. Radovan/www.BibleLandPictures.com

24 Por eso le temen los hombres;
Él no estima a ninguno *que se cree* sabio de corazón».

DIOS CONVENCE A JOB DE SU IGNORANCIA

38 El SEÑOR respondió a Job desde el torbellino y dijo:

2 «¿Quién es este que oscurece el consejo
Con palabras sin conocimiento?
3 Ciñe ahora tus lomos como un hombre,
Y Yo te preguntaré, y tú me instruirás.
4 ¿Dónde estabas tú cuando Yo echaba los cimientos de la tierra?
Dí*melo,* si tienes[1] inteligencia.
5 ¿Quién puso sus medidas? Ya que sabes.
¿O quién extendió sobre ella cordel?
6 ¿Sobre qué se asientan sus basas,
O quién puso su piedra angular
7 Cuando cantaban juntas las estrellas del alba,
Y todos los hijos de Dios gritaban de gozo?

8 »¿O *quién* encerró con puertas el mar,
Cuando, irrumpiendo, se salió de *su* seno;
9 Cuando hice de una nube su vestidura,
Y de espesa oscuridad sus pañales;
10 Cuando sobre él establecí límites[1],
Puse puertas y cerrojos,
11 Y dije: "Hasta aquí llegarás, pero no más allá;
Aquí se detendrá el orgullo de tus olas?".

12 »¿Alguna vez en tu vida[1] has mandado a la mañana,
O le has hecho conocer al alba su lugar,
13 Para que ella eche mano a los confines de la tierra,
Y de ella sean sacudidos los impíos?
14 Ella cambia como barro *bajo* el sello;
Y como con vestidura se presenta[1].
15 Pero es quitada la luz a los impíos,
Y es quebrado el brazo rebelde.
16 »¿Has entrado hasta las fuentes del mar,
O andado en las profundidades[1] del abismo?
17 ¿Te han sido reveladas las puertas de la muerte,
O has visto las puertas de la densa oscuridad?
18 ¿Has comprendido la extensión[1] de la tierra?
Dí*melo,* si tú sabes todo esto.

19 »¿Dónde está el camino a la morada de la luz?
Y la oscuridad, ¿dónde está su lugar,
20 Para que la lleves a su territorio,
Y para que entiendas los senderos de su casa?
21 ¡Tú lo sabes, porque entonces ya habías nacido,
Y grande es el número de tus días!
22 ¿Has entrado en los depósitos de la nieve,
O has visto los depósitos del granizo,

38:4 [1] Lit. *sabes.*   38:10 [1] Lit. *rompí en él mi decreto.*   38:12 [1] Lit. *¿Desde tus días.*   38:14 [1] Lit. *se presentan.*   38:16 [1] O *en busca.*   38:18 [1] O *anchura.*

23 Que he reservado para el tiempo de angustia,
Para el día de guerra y de batalla?

24 ¿Dónde está el camino en que se divide la luz,
O el viento del este esparcido sobre la tierra?

25 »¿Quién ha abierto un canal para el turbión,
O un camino para el rayo,

26 Para traer lluvia sobre tierra despoblada¹,
Sobre un desierto sin hombre alguno,

27 Para saciar la tierra desierta y desolada,
Y hacer brotar las semillas¹ de la hierba?

28 ¿Tiene padre la lluvia?
¿Quién ha engendrado las gotas de rocío?

29 ¿Del vientre de quién ha salido el hielo?
Y la escarcha del cielo, ¿quién la ha dado a luz?

30 El agua se endurece¹ como la piedra,
Y aprisionada está la superficie del abismo.

31 »¿Puedes tú atar las cadenas de *estrellas de* las
Pléyades,
O desatar las cuerdas de *la constelación* Orión?

32 ¿Haces aparecer una constelación¹ a su tiempo,
Y conduces² la Osa con sus hijos?

33 ¿Conoces tú las ordenanzas de los cielos,
O fijas su dominio en la tierra?

34 »¿Puedes levantar tu voz a las nubes,
Para que abundancia de agua te cubra?

35 ¿Envías los relámpagos para que vayan
Y te digan: "Aquí estamos"?

36 ¿Quién ha puesto sabiduría en lo más íntimo *del ser*,
O ha dado a la mente¹ inteligencia?

37 ¿Quién puede contar las nubes con sabiduría,
O inclinar los cántaros de los cielos,

38 Cuando el polvo en masa se endurece,
Y los terrones se pegan entre sí?

39 »¿Puedes cazar la presa para la leona,
O saciar el apetito de los leoncillos

40 Cuando se agachan en *sus* madrigueras,
O están al acecho en *sus* guaridas?

41 ¿Quién prepara para el cuervo su alimento
Cuando sus crías claman a Dios
Y vagan sin comida?

DIOS HABLA DE LA NATURALEZA Y SUS CRIATURAS

39 »¿Conoces tú el tiempo en que paren las cabras
monteses¹?
¿Has observado el parto de las ciervas?

2 ¿Puedes contar los meses de su gestación,
O conoces el tiempo en que han de parir?

3 Se encorvan, paren sus crías,
Y se libran de sus dolores de parto.

38:26 ¹ Lit. *sin hombre.*   38:27 ¹ O *el crecimiento.*   38:30 ¹ Lit. *se
esconde.*   38:32 ¹ Heb. *Mazarot.*   ² I.e. las estrellas de.   38:36 ¹ O *al gallo.*
39:1 ¹ Lit. *de la peña.*

39:1-30
Lecciones sobre Dios tomadas del mundo animal

El reino animal muestra que Dios se complace con la variedad. También nos enseña acerca del control amoroso de Dios sobre toda la creación. En su providencia, Dios cuida de todas sus criaturas.

⁴ Sus crías se fortalecen, crecen en campo abierto;
　Se van y no vuelven a ellas.

⁵ »¿Quién dejó en libertad al asno montés?
　¿Y quién soltó las ataduras del asno veloz,
⁶ Al cual di por hogar el desierto,
　Y por morada la tierra salada?
⁷ Se burla del tumulto de la ciudad,
　No escucha los gritos del arriero.
⁸ Explora los montes *buscando* su pasto,
　Y anda tras toda *hierba* verde.
⁹ ¿Consentirá en servirte el búfalo,
　O pasará la noche en tu pesebre?

39:9-11
El búfalo
El búfalo salvaje (también llamado *uro*) era un símbolo de fortaleza. El animal ahora está extinguido.

¹⁰ ¿Puedes atar al búfalo con coyundas¹ para el
　　surco,
　O rastrillará los valles en pos de ti?
¹¹ ¿Confiarás en él por ser grande su fuerza
　Y le confiarás tu labor?
¹² ¿Tendrás fe en él de que te devolverá tu grano¹,
　Y *de que lo* recogerá *de* tu era?

¹³ »Baten alegres las alas del avestruz,
　¿Acaso con el ala y plumaje del amor¹?
¹⁴ Porque abandona sus huevos en la tierra,
　Y sobre el polvo los calienta;
¹⁵ Se olvida de que *algún* pie los¹ puede aplastar,
　O una bestia salvaje los¹ puede pisotear.
¹⁶ Trata a sus hijos con crueldad, como si no fueran
　　suyos;
　Aunque su trabajo sea en vano, le es indiferente¹;
¹⁷ Porque Dios le ha hecho olvidar la sabiduría,
　Y no le ha dado su porción de inteligencia.
¹⁸ Pero cuando se levanta en alto¹,
　Se burla del caballo y de su jinete.

¹⁹ »¿Das tú al caballo *su* fuerza?
　¿Revistes su cuello de crines?
²⁰ ¿Le haces saltar como la langosta?
　Terrible es su formidable resoplido;
²¹ Escarba¹ en el valle, y se regocija en *su* fuerza;
　Sale al encuentro de las armas.
²² Se burla del temor y no se acobarda,
　Ni retrocede ante la espada.
²³ Resuena contra él la aljaba,
　La lanza reluciente y la jabalina.
²⁴ Con ímpetu y furor corre sobre¹ la tierra;
　Y no se está quieto al sonido de la trompeta.
²⁵ Cada vez que la trompeta suena, *como que* dice: "¡Ea!".
　Y desde lejos olfatea la batalla,
　Las voces atronadoras de los capitanes y el grito de
　　guerra.

²⁶ »¿Acaso por tu sabiduría se eleva el gavilán,
　Extendiendo sus alas hacia el sur?

39:10 ¹ Lit. *su cuerda.*　　39:12 ¹ Lit. *semilla.*　　39:13 ¹ O *de una cigüeña.*
39:15 ¹ Lit. *lo.*　　39:16 ¹ Lit. *no tiene temor.*　　39:18 ¹ O *para huir.*
39:21 ¹ Lit. *escarban.*　　39:24 ¹ O *devora.*

27 ¿Acaso a tu mandato[1] se remonta el águila
Y hace en las alturas su nido?

28 En la peña mora y se aloja,
Sobre la cima del despeñadero[1], lugar inaccesible.

29 Desde allí acecha la presa[1];
Desde muy lejos sus ojos *la* divisan.

30 Sus polluelos chupan la sangre;
Y donde hay muertos, allí está ella».

RETO DE DIOS A JOB

40 Entonces continuó el SEÑOR y dijo a Job:

2 «¿Podrá el que censura discutir con el
Todopoderoso[1]?
El que reprende a Dios, responda a esto».

3 Entonces Job respondió al SEÑOR:

4 «Yo soy insignificante; ¿qué puedo yo responderte?
Mi mano pongo sobre la boca.

5 Una vez he hablado, y no responderé;
Aun dos veces, y no añadiré más».

6 Entonces el SEÑOR respondió a Job desde la tormenta:

7 «Ciñe ahora tus lomos como un hombre;
Yo te preguntaré, y tú me instruirás.

8 ¿Anularás realmente Mi juicio?
¿Me condenarás para justificarte tú?

9 ¿Acaso tienes tú un brazo como el de Dios,
Y truenas con una voz como la suya?

10 »Adórnate ahora de majestad y dignidad,
Y vístete de gloria y de esplendor.

11 Derrama los torrentes de tu ira,
Mira a todo soberbio y abátelo,

12 Mira a todo soberbio *y* humíllalo,
Y pisotea a los impíos donde están[1].

13 Escóndelos juntos en el polvo;
átalos[1] en el *lugar* oculto.

14 Entonces Yo también te confesaré[1]
Que tu mano derecha te puede salvar.

15 »Mira a Behemot, al cual hice como a ti[1],
Que come hierba como el buey.

16 Su fuerza está en sus lomos,
Y su vigor en los músculos de su vientre.

17 Mueve[1] su cola como un cedro;
Entretejidos están los tendones de sus muslos.

18 Sus huesos son tubos de bronce;
Sus miembros[1] como barras de hierro.

19 »Es la primera de las obras[1] de Dios;
Que *solo* su hacedor *le* acerque su espada.

20 Ciertamente alimento le traen los montes,
Y todas las bestias del campo retozan allí.

40:4-5
La respuesta de Job al Señor
Job no volvió a quejarse. Él colocó su mano sobre su boca, una señal tradicional de respeto y sumisión ante un gobernante poderoso.

40:8
Job le había pedido a Dios que se justificara
En un sentido, Job le había exigido a Dios que respondiera por su sufrimiento. Job había dicho: «Dios me ha agraviado» (19:6).

39:27 [1] Lit. *boca.*   39:28 [1] O *de la peña.*   39:29 [1] Lit. *el alimento.*
40:2 [1] Heb. *Shaddai.*   40:12 [1] Lit. *debajo de ellos.*   40:13 [1] O *ata sus rostros.*   40:14 [1] O *alabaré.*   40:15 [1] Lit. *contigo.*   40:17 [1] Lit. *Inclina.*
40:18 [1] Lit. *huesos.*   40:19 [1] Lit. *los caminos.*

21 Bajo los lotos se echa,
   En lo oculto de las cañas y del pantano.
22 Lo cubren los lotos con su sombra;
   Los sauces del arroyo lo rodean.
23 Si el río ruge¹, él no se alarma;
   Tranquilo está, aunque el Jordán se lance hacia su boca.
24 ¿Lo capturará alguien cuando está vigilando¹?
   ¿Perforará *alguien su* nariz con garfios²?

41 ¹»¿Sacarás tú a Leviatán² con anzuelo,
       O sujetarás con cuerda su lengua?
2 ¿Pondrás una soga¹ en su nariz,
   O perforarás su quijada con gancho²?
3 ¿Acaso te hará muchas súplicas,
   O te hablará palabras sumisas?
4 ¿Hará un pacto contigo?
   ¿Lo tomarás como siervo para siempre?
5 ¿Jugarás con él como con un pájaro,
        O lo atarás para tus doncellas?
6   ¿Traficarán con él los comerciantes¹?
       ¿Lo repartirán entre los mercaderes?
7   ¿Podrás llenar su piel de arpones,
       O de lanzas de pescar su cabeza?
8   Pon tu mano¹ sobre él;
    Te acordarás de la batalla *y* no lo volverás a
        hacer².
9   ¹Falsa es tu² esperanza;
    Con solo verlo serás³ derribado.
10 Nadie hay tan audaz que lo despierte;
    ¿Quién, pues, podrá estar delante de Mí?
11 ¿Quién me ha dado¹ *algo* para que Yo *se lo*
        restituya?
    Cuanto existe debajo de todo el cielo es Mío.

12 »No dejaré de hablar de sus miembros,
    Ni de su gran poder, ni de su agraciada figura.
13 ¿Quién lo desnudará de su armadura exterior¹?
    ¿Quién penetrará su doble malla²?
14 ¿Quién abrirá las puertas de sus fauces¹?
    Alrededor de sus dientes hay terror.
15 *Sus* fuertes escamas¹ son *su* orgullo,
    Cerradas *como con* apretado sello.
16 La una está tan cerca de la otra
    Que el aire no puede penetrar entre ellas.
17 Unidas están una a la otra;
    Se traban entre sí y no pueden separarse.
18 Sus estornudos dan destellos de luz,
    Y sus ojos son como los párpados del alba.
19 De su boca salen antorchas,
    Chispas de fuego saltan.

41:1-34
Leviatán

Leviatán debe haber sido una especie de cocodrilo. Este podría representar los poderes políticos malvados. Un ser humano no era capaz de estar en pie ante Leviatán, y Dios era más poderoso que esta criatura.

41:11
Job afirmó que Dios le debía algo

Job había demandado una explicación de parte de Dios. Él quería saber de qué se le acusaba (7:20) y quería los cargos por escrito (31:35).

40:23 ¹ U oprime.   40:24 ¹ Lit. *en sus ojos.*   ² Lit. *lazos.*   41:1 ¹ En el texto heb. cap. 40:25.   ² O *al monstruo marino.*   41:2 ¹ Lit. *cuerda de juncos.*   ² O *espina*, o *argolla.*   41:6 ¹ Lit. *socios.*   41:8 ¹ Lit. *palma.*   ² Lit. *no añadas.*   41:9 ¹ En el texto heb. cap. 41:1.   ² Lit. *su.*   ³ Lit. *será él.*   41:11 ¹ Lit. *anticipado.*   41:13 ¹ Lit. *¿Quién descubrirá el frente de su vestidura?*   ² Así en la versión gr. (sept.); en heb. *freno.*   41:14 ¹ Lit. *su rostro.*   41:15 ¹ Lit. *hileras de escudos.*

20 De sus narices sale humo,
   Como de una olla que hierve sobre[1] juncos
       encendidos.
21 Su aliento enciende carbones,
   Y una llama sale de su boca.
22 En su cuello reside el poder,
   Y salta el desaliento delante de él.
23 Unidos están los pliegues de su carne,
   Firmes están en él e inconmovibles.
24 Su corazón es duro como piedra,
   Duro como piedra de molino.
25 Cuando él se levanta, los poderosos[1]
       tiemblan;
   A causa del estruendo quedan
       confundidos.
26 La espada que lo alcance no puede
       prevalecer,
   Ni la lanza, el dardo, o la jabalina.
27 Estima el hierro como paja,
   El bronce como madera carcomida.
28 No lo hace huir la flecha[1];
   En hojarasca se convierten para él las
       piedras de la honda.
29 Como hojarasca son estimados los mazos;
   Se ríe del blandir de la jabalina.
30 Por debajo[1] tiene como tiestos puntiagudos;
   Se extiende[2] como trillo sobre el lodo.
31 Hace hervir las profundidades como olla;
   Hace el mar como un recipiente de
       ungüento.
32 Detrás de sí hace brillar una estela;
   Se diría que el abismo es blanca cabellera.
33 Nada en la tierra[1] es semejante a él,
   Que fue hecho sin temer a nada.
34 [1]Desafía[2] a todo ser altivo;
   él es rey sobre todos los orgullosos».

CONFESIÓN Y RESTAURACIÓN DE JOB

42 Entonces Job respondió al SEÑOR:

2 «Yo sé que Tú puedes hacer todas las cosas,
   Y que ninguno de Tus propósitos puede ser frustrado.
3 "¿Quién es este que oculta el consejo sin
       entendimiento?".
   Por tanto, he declarado lo que no comprendía,
   Cosas demasiado maravillosas para mí, que yo no sabía.
4 "Escucha ahora, y hablaré;
   Te preguntaré y Tú me instruirás".
5 He sabido de Ti solo de oídas,
   Pero ahora mis ojos te ven.
6 Por eso me retracto,
   Y me arrepiento en polvo y ceniza».

41:20 [1] Lit. y.   41:25 [1] O dioses.   41:28 [1] Lit. el hijo del arco.   41:30 [1] Lit. Sus
partes de abajo.   [2] O atraviesa.   41:33 [1] Lit. el polvo.   41:34 [1] En el texto
heb. cap. 41:26.   [2] Lit. Mira.

UN DEBATE ACALORADO

Porcentaje de versículos pronunciados por cada personaje del libro de Job

19% Amigos de Job (Elifaz, Bildad, Zofar)

19%

15% Eliú

48% Job

12% Dios

6%

Narrativa

Menos de 1% (Satanás)
Menos de 1% (esposa de Job)

42:6

Cómo se humilló Job

Job se arrepintió en polvo y ceniza para mostrar que había actuado mal al cuestionar las decisiones de Dios.

7 Después que el SEÑOR habló estas palabras a Job, el SEÑOR dijo a Elifaz el temanita: «Se ha encendido Mi ira contra ti y contra tus dos amigos, porque no han hablado de Mí lo que es recto, como Mi siervo Job. **8** Ahora pues, tomen siete novillos y siete carneros, vayan a Mi siervo Job y ofrezcan holocausto por ustedes, y Mi siervo Job orará por ustedes. Porque ciertamente a él atenderé[1] para no hacer con ustedes *conforme a su* insensatez, porque no han hablado de Mí lo que es recto, como Mi siervo Job». **9** Y Elifaz el temanita, y Bildad el suhita y Zofar el naamatita fueron e hicieron tal como el SEÑOR les había dicho; y el SEÑOR aceptó a[1] Job.

10 Y el SEÑOR restauró el bienestar de Job cuando *este* oró por sus amigos; y el SEÑOR aumentó al doble todo lo que Job había poseído. **11** Entonces todos sus hermanos y todas sus

42:8 [1] Lit. *levantaré su rostro.*   42:9 [1] Lit. *levantó el rostro de.*

42:8
El veredicto sobre las opiniones de los amigos de Job

Ellos estaban equivocados al decir que los malvados siempre sufren y los justos siempre prosperan.

JOB: ANTES Y DESPUÉS

Job 1:2-3; 42:11-15

Una comparación de la riqueza de Job antes y después de su sufrimiento y pérdida

ANTES   **DESPUÉS**

7 hijos y 3 hijas   7 hijos y 3 hermosas hijas

7,000 ovejas   14,000 ovejas

3,000 camellos   6,000 camellos

500 yuntas de bueyes   1,000 yuntas de bueyes

500 asnas   1,000 asnas

hermanas y todos los que le habían conocido antes, vinieron a él y comieron con él en su casa; se condolieron de él y lo consolaron por todo el mal que el SEÑOR había traído sobre él. Cada uno le dio una moneda (11.4 gramos) de plata, y cada uno un anillo de oro.

12 El SEÑOR bendijo los últimos *días* de Job más que los primeros¹; y tuvo 14,000 ovejas, 6,000 camellos, 1,000 yuntas de bueyes y 1,000 asnas. **13** Tuvo además siete hijos y tres hijas. **14** Llamó a la primera Jemina, a la segunda Cesia y a la tercera Keren Hapuc. **15** En toda la tierra no se encontraban mujeres tan hermosas como las hijas de Job. Su padre les dio también herencia entre sus hermanos. **16** Después de esto vivió Job 140 años, y vio a sus hijos y a los hijos de sus hijos, *hasta* cuatro generaciones. **17** Y murió Job, anciano y lleno de días.

42:12-17
Cómo bendijo Dios a Job

Job recibió el doble de todas las ovejas, camellos, bueyes y asnas que había tenido antes. Él y su esposa tuvieron siete hijos y tres hijas más, y vivieron una vida larga y plena.

42:12 ¹ Lit. *su principio.*

Salmos

¿QUIÉN ESCRIBIÓ ESTE LIBRO?	David escribió 73 de los 150 salmos. Varias personas escribieron los demás.
¿POR QUÉ SE ESCRIBIÓ ESTE LIBRO?	El libro de Salmos le muestra al pueblo de Dios cómo hablar con él y adorarlo.

¿QUÉ CLASES DE SALMOS HAY?

Existen siete clases de salmos:

1. Los salmos de adoración nos muestran cómo agradecerle a Dios.
2. Los salmos históricos nos cuentan lo que Dios ha hecho por su pueblo.
3. Los salmos de amistad nos enseñan cómo podemos mostrar amor.
4. Los salmos de enojo le piden a Dios que castigue el mal.
5. Los salmos de confesión muestran cómo hablarle a Dios sobre nuestros pecados.
6. Los salmos mesiánicos nos hablan acerca de Jesús.
7. Los salmos de alabanza se usan para adorar a Dios en grupos.

¿CUÁLES SON ALGUNOS DE LOS SALMOS FAVORITOS?

La creación de Dios y la Palabra	Salmos 19
Dios es nuestro pastor	Salmos 23
Confesar el pecado a Dios	Salmos 32
Confiar en Dios	Salmos 37
El gran amor de Dios	Salmos 89
Qué grande es Dios	Salmos 104
Amar la Palabra de Dios	Salmos 119

Muchos salmos fueron creados para ser cantados. Los músicos del tiempo de David habrían tocado un arpa o lira similar a la que aparece en este ejemplo.

Reconstrucción de una lira encontrada en una tumba romana en Kerch, Crimea/De Agostini Picture Library/Bridgeman Images

Las expresiones siguientes ocurren con frecuencia en los Salmos:

Selah Posiblemente, *Pausa, Crescendo* o *Interludio*

Masquil Posiblemente, *Salmo didáctico* o *contemplativo*

Mictam Término de significado incierto; posiblemente, *Poema epigramático, Salmo de expiación*

Seol Región de los muertos

LIBRO PRIMERO

CONTRASTE ENTRE EL JUSTO Y LOS IMPÍOS

1 ¡Cuán bienaventurado es el hombre que no anda en el consejo de los impíos,
Ni se detiene en el camino de los pecadores,
Ni se sienta en la silla de los escarnecedores,

2 Sino que en la ley del SEÑOR está su deleite,
Y en Su ley medita de día y de noche!

3 Será como árbol plantado junto a corrientes de agua,
Que da su fruto a su tiempo
Y su hoja no se marchita;
En todo lo que hace, prospera.

4 No así los impíos,
Que son como paja que se lleva el viento.

5 Por tanto, no se sostendrán los impíos en el juicio,
Ni los pecadores en la congregación de los justos.

6 Porque el SEÑOR conoce el camino de los justos,
Pero el camino de los impíos perecerá.

EL REINO DEL UNGIDO DEL Señor

2 ¿Por qué se sublevan las naciones[1],
Y los pueblos traman cosas vanas?

2 Se levantan los reyes de la tierra,
Y los gobernantes traman unidos
Contra el SEÑOR y contra Su Ungido[1], *diciendo:*

3 «¡Rompamos Sus cadenas
Y echemos de nosotros Sus cuerdas!».

4 El que se sienta *como Rey* en los cielos se ríe,
El Señor se burla de ellos.

5 Luego les hablará en Su ira,
Y en Su furor los aterrará, *diciendo:*

6 «Pero Yo mismo he consagrado a Mi Rey
Sobre Sión, Mi santo monte».

7 «Ciertamente anunciaré el decreto del SEÑOR
Que me dijo: "Mi Hijo eres Tú,
Yo te he engendrado hoy.

8 Pídeme, y *te* daré las naciones como herencia Tuya,
Y como posesión Tuya los confines de la tierra.

9 Tú los quebrantarás con vara[1] de hierro;
Los desmenuzarás como vaso de alfarero"».

10 Ahora pues, oh reyes, muestren discernimiento;
Reciban amonestación, oh jueces de la tierra.

1:1
Cómo el pecado crece
El versículo muestra que el pecado es como pasar de andar a pararse y luego a sentarse. Una persona será bendecida si evita los consejos de los que no aman al Señor.

2:2
El ungido del Señor
El salmo se refería originalmente al rey de los israelitas, pero también a Jesús. *Mesías* viene de la palabra hebrea que significa *ungido*.

2:7
Dios describió al rey como su hijo
Era común que los reyes se refirieran a reyes menores bajo su reinado como sus hijos. De este modo, el rey David era hijo de Dios.

2:1 [1] *O los gentiles.*   2:2 [1] *O Mesías.*   2:9 [1] *O cetro.*

11 Adoren[J] al SEÑOR con reverencia,
　　Y alégrense con temblor.
12 Honren al Hijo para que no se enoje y perezcan en el camino,
　　Pues puede inflamarse de repente Su ira.
　　¡Cuán bienaventurados son todos los que en Él se refugian!

ORACIÓN MATUTINA DE CONFIANZA EN DIOS

Salmo de David, cuando huía de su hijo Absalón[†].

3 ¡Oh SEÑOR, cómo se han multiplicado mis adversarios!
　　Muchos se levantan contra mí.
2 Muchos dicen de mí[1]:
　　«Para él no hay salvación en Dios».　*(Selah)*

3 Pero Tú, oh SEÑOR, eres escudo en derredor mío,
　　Mi gloria, y el que levanta mi cabeza.
4 Con mi voz clamé al SEÑOR,
　　Y Él me respondió desde Su santo monte.　*(Selah)*
5 Yo me acosté y me dormí;
　　Desperté, pues el SEÑOR me sostiene.
6 No temeré a los diez millares de enemigos
　　Que se han puesto en derredor contra mí.

7 ¡Levántate, SEÑOR! ¡Sálvame, Dios mío!
　　Porque Tú hieres a todos mis enemigos en la mejilla;
　　Rompes los dientes de los impíos.
8 La salvación es del SEÑOR.
　　¡*Sea* sobre Tu pueblo Tu bendición!　*(Selah)*

ORACIÓN VESPERTINA DE CONFIANZA EN DIOS

Para el director del coro; para instrumentos de cuerda. Salmo de David.

4 Cuando clamo, respóndeme, oh Dios de mi justicia.
　　En la angustia me has aliviado;
　　Ten piedad de mí, escucha mi oración.

2 Hijos de hombres, ¿hasta cuándo *cambiarán* mi honra[1] en deshonra?
　　¿*Hasta cuándo* amarán la vanidad y buscarán la mentira?　*(Selah)*
3 Sepan, pues, que el SEÑOR ha apartado al piadoso para sí;
　　El SEÑOR oye cuando a Él clamo.
4 Tiemblen, y no pequen;
　　Mediten en su corazón sobre su lecho, y callen.　*(Selah)*
5 Ofrezcan sacrificios de justicia,
　　Y confíen en el SEÑOR.
6 Muchos dicen: «¿Quién nos mostrará el bien?».

3:1
La historia detrás de este salmo
Absalón lideró una rebelión contra su padre, el rey David, así que David tuvo que huir de Jerusalén. (Ver 2 Samuel 15–18).

3:3
Descripción del Señor
En la antigua Israel era común que se pensara que un rey era como un escudo o un protector para su pueblo.

4:1
El escenario de este salmo
Este salmo fue escrito probablemente como una oración pidiendo alivio de un desastre natural, por ejemplo una sequía.

¿QUIÉN ALABA A DIOS?

Versículos en Salmos que describen quién y qué adora al Señor

227
El pueblo de Dios

60
Todos los pueblos, naciones y reyes

26
La tierra y la creación inanimada

13
Los cielos y los ángeles

12
Las plantas y los animales

2:11 [J] O *Sirvan.*　　3:1 [†] Véase 2Sam. 15:13-17, 29.　　3:2 [1] Lit. *de mi alma.*　　4:2 [1] O *gloria.*

¡Alza, oh SEÑOR, sobre nosotros la luz de Tu rostro!

7 Alegría pusiste en mi corazón,
Mayor que *la de ellos* cuando abundan su grano y su vino nuevo.

8 En paz me acostaré y así también dormiré,
Porque solo Tú, SEÑOR, me haces vivir seguro.

ORACIÓN PIDIENDO PROTECCIÓN DE LOS MALOS

Para el director del coro; para acompañamiento de flauta. Salmo de David.

5 Escucha mis palabras, oh SEÑOR;
Considera mi lamento.

2 Atiende a la voz de mi clamor, Rey mío y Dios mío,
Porque *es* a Ti *a quien* oro.

3 Oh SEÑOR, de mañana oirás mi voz;
De mañana presentaré *mi oración* a Ti,
Y *con ansias* esperaré.

4 Porque Tú no eres un Dios que se complace en la maldad;
El mal no mora en Ti.

5 Los que se ensalzan no estarán delante de Tus ojos;
Aborreces a todos los que hacen iniquidad.

6 Destruyes a los que hablan falsedad;
El SEÑOR aborrece al hombre sanguinario y engañador.

7 Pero yo, por la abundancia de Tu misericordia entraré en Tu casa;
Me postraré en Tu santo templo con reverencia.

8 SEÑOR, guíame en Tu justicia por causa de mis enemigos;
Allana delante de mí Tu camino.

9 Porque no hay sinceridad en lo que dicen;
Destrucción son sus entrañas,
Sepulcro abierto es su garganta;
Con su lengua hablan lisonjas.

10 Tenlos por culpables, oh Dios;
¡Que caigan por sus mismas intrigas!
Échalos fuera por la multitud de sus transgresiones,
Porque se rebelan contra Ti.

11 Pero alégrense todos los que en Ti se refugian;
Para siempre canten con júbilo,
Porque Tú los proteges;
Regocíjense en Ti los que aman Tu nombre.

12 Porque Tú, oh SEÑOR, bendices al justo,
Como *con* un escudo lo rodeas de Tu favor.

ORACIÓN PIDIENDO MISERICORDIA EN LA PRUEBA

Para el director del coro; con instrumentos de cuerda, sobre una lira de ocho cuerdas. Salmo de David.

6 SEÑOR, no me reprendas en Tu ira,
Ni me castigues en Tu furor.

4:3
El siervo piadoso del Señor
Significa los «fieles» o «santos». La frase se refiere a los hijos de Dios que son o deberían ser devotos y fieles a él.

5:3
Oración matinal
Había horarios establecidos para que el pueblo orara. Estas peticiones probablemente se hacían por la mañana porque eran urgentes.

5:10
Muchos salmos le piden a Dios que castigue a los malvados
En vez de tratar de buscar revancha por sus propios medios, los escritores de Salmos le pedían a Dios que hiciera justicia.

6:2-7
David se sentía enfermo
David gemía, lloraba y se debilitaba por causa de su gran tristeza. Debe haber estado experimentando un severo caso de depresión.

6:8-10
David confiaba en Dios
A pesar de su gran tristeza, David estaba seguro de que el Señor había oído su oración. Él creía que sus enemigos serían avergonzados cuando Dios lo restaurara.

7:6
David le pide a Dios que se levante
David no pensaba que Dios dormía en realidad, sino que estaba impaciente porque Dios lo salvara.

2 Ten piedad de mí, SEÑOR, porque estoy sin fuerza;
   Sáname, SEÑOR, porque mis huesos se estremecen.
3 Mi alma también está muy angustiada;
   Y Tú, oh SEÑOR, ¿hasta cuándo?

4 Vuélvete, SEÑOR, rescata mi alma;
   Sálvame por Tu misericordia.
5 Porque no hay en la muerte memoria de Ti;
   En el Seol, ¿quién te da gracias?

6 Cansado estoy de mis gemidos;
   Todas las noches inundo *de llanto* mi lecho,
   Con mis lágrimas riego mi cama.
7 Se consumen de sufrir mis ojos;
   Han envejecido a causa de todos mis adversarios.

8 Apártense de mí, todos ustedes que hacen iniquidad,
   Porque el SEÑOR ha oído la voz de mi llanto.
9 El SEÑOR ha escuchado mi súplica;
   El SEÑOR recibe mi oración.
10 Todos mis enemigos serán avergonzados y se
   turbarán en gran manera;
   Se volverán, *y* de repente serán avergonzados.

PLEGARIA DEL JUSTO PERSEGUIDO
Sigaión de David, que cantó al SEÑOR acerca de Cus, el benjamita.

7 Oh SEÑOR, Dios mío, en Ti me refugio;
   Sálvame de todo el que me persigue, y líbrame,
2 No sea que *alguno* desgarre mi vida como león,
   Y me despedace sin que haya quien *me* libre.

3 Oh SEÑOR, Dios mío, si yo he hecho esto,
   Si hay en mis manos injusticia,
4 Si he pagado con el mal al que estaba en paz conmigo,
   O he despojado al que sin causa era mi adversario,
5 Que el enemigo me persiga y *me* alcance;
   Que pisotee en tierra mi vida
   Y eche en el polvo mi gloria.   *(Selah)*

6 Levántate, oh SEÑOR, en Tu ira;
   Álzate contra la furia de mis adversarios,
   Y despiértate en favor mío; Tú has establecido juicio.
7 Que te rodee la asamblea de los pueblos,
   Y Tú en lo alto regresa sobre ella.
8 El SEÑOR juzga a los pueblos.
   Júzgame oh SEÑOR, conforme a mi justicia y a la
      integridad que hay en mí.
9 Que se acabe la maldad de los impíos, pero establece
      Tú al justo,
   Porque el Dios justo prueba los corazones y las
      mentes.
10 Mi escudo está en Dios,
   Que salva a los rectos de corazón.
11 Dios es juez justo,
   Y un Dios que se indigna cada día *contra el impío.*
12 Y si *el impío* no se arrepiente, Él afilará Su espada;
   Tensado y preparado está Su arco.

13 Ha preparado también Sus armas de muerte;
   Hace de Sus flechas saetas ardientes.
14 Miren, *el impío* con la maldad sufre dolores,
   Y concibe la iniquidad y da a luz el engaño.
15 Ha cavado una fosa y la ha ahondado,
   Y ha caído en el hoyo que hizo.
16 Su iniquidad volverá sobre su cabeza,
   Y su violencia descenderá sobre su coronilla.

17 Daré gracias al SEÑOR conforme a Su justicia,
   Y cantaré alabanzas al nombre del SEÑOR, el
      Altísimo.

LA GLORIA DEL Señor Y LA DIGNIDAD DEL HOMBRE
Para el director del coro; sobre Gitit. Salmo de David.
Posiblemente instrumento o melodía procedente de Gat.

8 ¡Oh SEÑOR, Señor nuestro,
   Cuán glorioso es Tu nombre en toda la tierra,
   Que has desplegado Tu gloria sobre los cielos!
2 Por boca de los infantes y de los niños de pecho has
      establecido *Tu* fortaleza,
   Por causa de Tus adversarios,
   Para hacer cesar al enemigo y al vengativo.

3 Cuando veo Tus cielos, obra de Tus dedos,
   La luna y las estrellas que Tú has establecido,
4 *Digo*: ¿Qué es el hombre para que te acuerdes de él,
   Y el hijo del hombre para que lo cuides¹?
5 ¡Sin embargo, lo has hecho un poco menor que los
      ángeles,
   Y lo coronas de gloria y majestad!
6 Tú le haces señorear sobre las obras de Tus manos;
   Todo lo has puesto bajo sus pies:
7 Todas las ovejas y los bueyes,
   Y también las bestias del campo,
8 Las aves de los cielos y los peces del mar,
   Cuanto atraviesa las sendas de los mares.

9 ¡Oh SEÑOR, Señor nuestro,
   Cuán glorioso es Tu nombre en toda la tierra!

SALMO DE ACCIÓN DE GRACIAS POR LA JUSTICIA DE DIOS
Para el director del coro; sobre Mut Laben†. Salmo de David.

9 Daré gracias al SEÑOR con todo mi corazón;
   Todas Tus maravillas contaré.
2 En Ti me alegraré y me regocijaré;
   Cantaré alabanzas a Tu nombre, oh Altísimo.

3 Cuando mis enemigos retroceden,
   Tropiezan y perecen delante de Ti.
4 Porque Tú has mantenido mi derecho y mi causa;
   Te sientas en el trono juzgando con justicia.
5 Has reprendido a las naciones, has destruido al impío,
   Has borrado su nombre para siempre.

7:14-16
David quería ver el castigo de los impíos
David creía que Dios traería su justicia sobre los enemigos del Señor. Él se consolaba con la idea de que los crímenes de sus enemigos se les volverían en contra.

8:2
¡Los bebés pueden adorar a Dios!
Toda la creación de Dios puede adorarlo. Las montes, los árboles y las colinas pueden adorarlo (Isaías 55:12), y asimismo los niños y bebés. Sus llantos y sus carcajadas son sonidos que le dan gloria a Dios.

8:4-5
El rango de los seres humanos
En comparación con todo el universo, los seres humanos somos muy pequeños. Sin embargo, aun así Dios honró al hombre y la mujer poniéndolos a cargo de su creación.

8:4 ¹ Lit. *lo visites*.   9:1 † I.e. Muerte al Hijo.

6 El enemigo ha llegado a *su* fin en desolación
eterna,
Y Tú has destruido *sus* ciudades;
Su recuerdo ha perecido con ellas.

7 Pero el SEÑOR permanece para siempre;
Ha establecido Su trono para juicio,

8 Y juzgará al mundo con justicia;
Con equidad ejecutará juicio sobre los pueblos.

9 El SEÑOR será también baluarte para el oprimido,
Baluarte en tiempos de angustia.

10 En Ti pondrán su confianza los que conocen Tu
nombre,
Porque Tú, oh SEÑOR, no abandonas a los que te
buscan.

11 Canten alabanzas al SEÑOR, que mora en Sión;
Proclamen entre los pueblos Sus proezas.

12 Porque el que pide cuentas de la sangre *derramada*,
se acuerda de ellos;
No olvida el clamor de los afligidos.

13 Oh SEÑOR, ten piedad de mí;
Mira mi aflicción *por causa* de los que me aborrecen,
Tú que me levantas de las puertas de la muerte;

14 Para que yo cuente todas Tus alabanzas,
Para que en las puertas de la hija de Sión
Me regocije en Tu salvación.

15 Las naciones se han hundido en el foso que hicieron;
En la red que escondieron, su propio pie quedó
prendido.

16 El SEÑOR se ha dado a conocer;
Ha ejecutado juicio.
El impío es atrapado en la obra de sus propias manos.
(Higaion, Selah)

17 Los impíos volverán al Seol,
O sea, todas las naciones que se olvidan de Dios.

18 Pues el necesitado no será olvidado para
siempre,
Ni la esperanza de los afligidos perecerá
eternamente.

19 Levántate, oh SEÑOR; no prevalezca el hombre;
Sean juzgadas las naciones delante de Ti.

20 Pon temor en ellas, oh SEÑOR;
Aprendan las naciones que no son más que
hombres. *(Selah)*

ORACIÓN PIDIENDO LA CAÍDA DE LOS IMPÍOS

10 ¿Por qué, oh SEÑOR, te mantienes alejado,
Y te escondes en tiempos de tribulación?

2 Con arrogancia el impío acosa al afligido;
¡Que sea atrapado en las trampas que ha
preparado!

3 Porque del deseo de su corazón se gloría el
impío,
Y el codicioso maldice *y* desprecia al SEÑOR.

9:13
Las puertas de la muerte
Esta era una forma poética de hablar de alguien que estaba a punto de morir.

9:15
Fosos y redes
Además del arco y la lanza, los cazadores de los tiempos remotos usaban estos tipos de trampas para cazar animales. Un foso era un agujero camuflado en la tierra en donde un animal podía caer. Una red se colgaba de un árbol y se usaba para atrapar al animal cuando entraba en la misma. David utilizó estos términos para describir cómo sus enemigos habían caído en sus propias trampas.

9:18
Este versículo ofrece esperanza
Dios no olvidará a los que están en necesidad y angustia.

4 El impío, en la arrogancia de su rostro, no busca a Dios.
Todo su pensamiento es: «No hay Dios».

5 Sus caminos prosperan en todo tiempo;
Tus juicios, *oh Dios,* están en lo alto, lejos de su vista;
A todos sus adversarios los desprecia.

6 Dice en su corazón: «No hay quien me mueva;
Por todas las generaciones no sufriré adversidad».

7 Llena está su boca de blasfemia, engaño y opresión;
Bajo su lengua hay malicia e iniquidad.

8 Se sienta al acecho en las aldeas,
En los escondrijos mata al inocente;
Sus ojos espían al desvalido.

9 Acecha en el escondrijo como león en su guarida;
Acecha para atrapar al afligido,
Y atrapa al afligido arrastrándolo a su red.

10 Se agazapa, se encoge,
Y los desdichados caen en sus garras.

11 El impío dice en su corazón: «Dios se ha olvidado;
Ha escondido Su rostro; nunca verá nada».

12 Levántate, oh SEÑOR; alza, oh Dios, Tu mano.
No te olvides de los pobres.

13 ¿Por qué ha despreciado el impío a Dios?
Ha dicho en su corazón: «Tú no *le* pedirás cuentas».

14 Tú *lo* has visto, porque has contemplado la malicia y
el maltrato, para hacer justicia con Tu mano.
A Ti se acoge el desvalido;
Tú has sido amparo del huérfano.

15 Quiébrale el brazo al impío y al malvado;
Persigue su maldad *hasta que* desaparezca.

16 El SEÑOR es Rey eternamente y para siempre;
Las naciones han perecido de Su tierra.

17 Oh SEÑOR, Tú has oído el deseo de los humildes;
Tú fortalecerás su corazón e inclinarás Tu oído

18 Para hacer justicia al huérfano y al afligido;
Para que no vuelva a causar terror el hombre que es
de la tierra.

EL SEÑOR, REFUGIO Y DEFENSA
Para el director del coro. Salmo de David.

11 En el SEÑOR me refugio;
¿Cómo es que ustedes le dicen a mi alma: «Huye como
ave al monte?

2 Porque los impíos tensan el arco,
Preparan su flecha sobre la cuerda
Para disparar en lo oscuro a los rectos de corazón.

3 Si los fundamentos son destruidos;
¿Qué puede hacer el justo?».

4 El SEÑOR está en Su santo templo, el trono del SEÑOR
está en los cielos;
Sus ojos contemplan, Sus párpados examinan a los
hijos de los hombres.

5 El SEÑOR prueba al justo y al impío,
Y Su alma aborrece al que ama la violencia.

10:7
Por qué una persona impía hablaría mentiras y amenazas
Estas eran consideradas armas. Las mentiras podían destruir la reputación de alguien, lo que era muy importante para las personas de antaño. Las amenazas tenían como objetivo asustar a la gente.

10:15
Por qué el escritor le pide a Dios que le quiebre el brazo a alguien
Esto haría que la persona quedara inutilizada y no pudiera hacer más daño.

6 Sobre los impíos hará llover carbones encendidos;
Fuego, azufre y viento abrasador será la porción de su copa.

7 Pues el SEÑOR es justo; Él ama la justicia;
Los rectos contemplarán Su rostro.

DIOS, PROTECTOR DEL JUSTO

Para el director del coro; sobre una lira de ocho cuerdas. Salmo de David.

12 Salva, SEÑOR, porque el piadoso deja de ser;
Porque los fieles desaparecen de entre los hijos de los hombres.

2 Falsedad habla cada uno a su prójimo;
Hablan con labios lisonjeros y con doblez de corazón.

3 Corte el SEÑOR todo labio lisonjero,
La lengua que habla con exageración;

4 *A los* que han dicho: «Con nuestra lengua prevaleceremos,
Nuestros labios nos defienden; ¿quién es señor sobre nosotros?».

5 «Por la desolación del afligido, por los gemidos del menesteroso,
Me levantaré ahora», dice el SEÑOR; «lo pondré en la seguridad que anhela».

6 Las palabras del SEÑOR son palabras puras,
Plata probada en un crisol en la tierra, siete veces refinada.

11:7
El significado de contemplar el rostro del Señor

La frase hebrea «ver el rostro del rey» significaba tener un acceso especial al rey. Esto sería un privilegio para cualquier persona. De modo que aquí ver el rostro del Señor significa que los que siguen a Dios pueden venir a él con libertad.

12:1
Qué quiso decir David cuando afirmó que todos los fieles habían desaparecido

David estaba exagerando sobre la cantidad de gente que se había apartado del Señor. Hizo esto para mostrar que el número de personas santas era menor de lo que debía ser.

12:6
Por qué la plata se refinaría siete veces

El número siete era una señal de completitud y perfección.

FORMAS DE ADORACIÓN

Las muchas formas y posturas de adoración que aparecen en Salmos y el número de versículos que las contienen

81 — Cantar cánticos e himnos
31 — Orar
22 — Proclamar con la boca, los labios, la lengua
20 — Tocar instrumentos
17 — Gritar
16 — Hacer sacrificios
8 — Cumplir votos
6 — Levantar las manos o aplaudir
6 — Arrodillarse o inclinarse
3 — Danzar

7 Tú, SEÑOR, los guardarás;
De esta generación los preservarás para siempre.
8 Por todas partes se pasean los impíos,
Cuando la maldad es exaltada entre los hijos de los
hombres.

PLEGARIA DE UN AFLIGIDO
Para el director del coro. Salmo de David.

13 ¿Hasta cuándo, oh SEÑOR? ¿Me olvidarás para
siempre?
¿Hasta cuándo esconderás de mí Tu rostro?
2 ¿Hasta cuándo he de tomar consejo en mi alma,
Teniendo pesar en mi corazón todo el día?
¿Hasta cuándo mi enemigo se enaltecerá sobre mí?

3 Considera *y* respóndeme, oh SEÑOR, Dios mío;
Ilumina mis ojos, no sea que duerma *el sueño de* la
muerte;
4 No sea que mi enemigo diga: «Lo he vencido»;
Y mis adversarios se regocijen cuando yo sea
sacudido.

5 Pero yo en Tu misericordia he confiado;
Mi corazón se regocijará en Tu salvación.
6 Cantaré al SEÑOR,
Porque me ha llenado de bienes.

EL HOMBRE NECIO Y MALVADO
Para el director del coro. Salmo de David.

14 El necio ha dicho en su corazón: «No hay Dios».
Todos se han corrompido, han cometido hechos
abominables;
No hay quien haga el bien.
2 El SEÑOR ha mirado desde los cielos sobre los hijos de
los hombres
Para ver si hay alguien que entienda,
Alguien que busque a Dios.
3 Pero todos se han desviado, a una se han corrompido;
No hay quien haga el bien, no hay ni siquiera uno.

4 ¿No tienen conocimiento todos los que hacen
iniquidad,
Que devoran a mi pueblo *como si* comieran pan,
Y no invocan al SEÑOR?
5 Allí están temblando de miedo,
Pues Dios está con la generación justa.
6 Del consejo del afligido ustedes se burlarían,
Pero el SEÑOR es su refugio.

7 ¡Oh, si de Sión saliera la salvación de Israel!
Cuando el SEÑOR restaure a Su pueblo cautivo,
Se regocijará Jacob *y* se alegrará Israel.

EL CIUDADANO DE SIÓN
Salmo de David.

15 SEÑOR, ¿quién habitará en Tu tabernáculo?
¿Quién morará en Tu santo monte?

13:5-6
El salmista pasa de la tristeza a la alegría
Como en muchos otros salmos, el escritor comienza expresando una gran tristeza o desesperación. Sin embargo, hacia el final muestra una fe y confianza fuertes en Dios, esperando que él responderá su oración.

14:1
El lenguaje fuerte del autor
Esto es poesía, así que el autor utiliza palabras muy vívidas y reales. Llama necios a los incrédulos, quienes son corruptos y despreciables y no hacen nada bueno. El autor esperaba el día en que Dios salvaría a los israelitas de sus enemigos.

15:1
El tabernáculo
El tabernáculo era el lugar donde Dios se hacía presente y su pueblo podía adorarlo. El templo no fue edificado sino hasta después de la muerte de David.

2 El que anda en integridad y obra justicia,
   Y habla verdad en su corazón.
3 *El que* no calumnia con su lengua,
   No hace mal a su prójimo,
   Ni toma reproche contra su amigo;
4 En cuyos ojos el perverso es despreciado, pero honra
      a los que temen al SEÑOR;
   El que aun jurando en perjuicio propio, no cambia;
5 *El que* su dinero no da a interés,
   Ni acepta soborno contra el inocente.
   El que hace estas cosas permanecerá firme.

EL SEÑOR, HERENCIA DEL JUSTO EN VIDA Y EN MUERTE
Mictam[†] de David.

16 Protégeme, oh Dios, pues en Ti me refugio.
2 Yo dije al SEÑOR: «Tú eres mi Señor;
   Ningún bien tengo fuera de Ti».
3 En cuanto a los santos que están en la tierra,
   Ellos son los nobles en quienes está toda mi delicia.
4 Se multiplicarán las aflicciones de aquellos que han
      corrido tras otro *dios*;
   No derramaré yo sus libaciones de sangre,
   Ni sus nombres pronunciarán mis labios.

5 El SEÑOR es la porción de mi herencia y de mi copa;
   Tú sustentas mi suerte.
6 Las cuerdas me cayeron en lugares agradables;
   En verdad es hermosa la herencia que me ha tocado.

7 Bendeciré al SEÑOR que me aconseja;
   En verdad, en las noches mi corazón me instruye.
8 Al SEÑOR he puesto continuamente delante de mí;
   Porque está a mi diestra, permaneceré firme.
9 Por tanto, mi corazón se alegra y mi alma se
      regocija;
   También mi carne morará segura,
10 Porque Tú no abandonarás mi alma en el Seol,
   Ni permitirás que Tu Santo sufra corrupción.
11 Me darás a conocer la senda de la vida;
   En Tu presencia hay plenitud de gozo;
   En Tu diestra hay deleites para siempre.

ORACIÓN PIDIENDO PROTECCIÓN
Oración de David.

17 Oye, oh SEÑOR, una causa justa; atiende a mi clamor;
   Presta oído a mi oración, que no es de labios
      engañosos.
2 Que de Tu presencia venga mi vindicación;
   Que Tus ojos vean lo que es justo.
3 Tú has probado mi corazón,
   Me has visitado de noche;
   Me has puesto a prueba y nada hallaste.
   He resuelto que mi boca no peque.

16:1 † Posiblemente, *Poema epigramático, Salmo de expiación.*

16:4
Libaciones de sangre
Se refiere a la sangre de los sacrificios derramada sobre el altar.

16:5
Lo que representa la copa
La copa es un símbolo de lo que un anfitrión le ofrecería a su visitante para beber. El Señor le ofrece a su pueblo la copa de la bendición o la salvación, pero hace que los malvados beban la copa de la ira.

17:3-5
La vida recta de David
David no era perfecto, pero intentó seguir las leyes de Dios. Aquí puede estar comparándose con las personas que no creían en Dios.

⁴ En cuanto a las obras de los hombres, por la palabra
    de Tus labios
    Yo me he guardado de los caminos de los violentos.
⁵ Mis pasos se han mantenido firmes en Tus sendas.
    No han resbalado mis pies.

⁶ Yo te he invocado, oh Dios, porque Tú me responderás;
    Inclina a mí Tu oído, escucha mi palabra.
⁷ Muestra maravillosamente Tu misericordia,
    Oh, Salvador de los que se refugian a Tu diestra
    Huyendo de los que se levantan *contra ellos*.
⁸ Guárdame como a la niña de Tus ojos;
    Escóndeme a la sombra de Tus alas
⁹ De los impíos que me despojan,
    De mis enemigos mortales que me rodean.
¹⁰ Han cerrado su insensible *corazón*;
    Hablan arrogantemente con su boca.
¹¹ Ahora han cercado nuestros pasos;
    Fijan sus ojos para echar*nos* por tierra,
¹² Como león que ansía despedazar,
    Como leoncillo que acecha en los escondites.

¹³ Levántate, SEÑOR, sal a su encuentro, derríbalo;
    Con Tu espada libra mi alma del impío.
¹⁴ Líbrame de los hombres, con Tu mano, oh SEÑOR,
    De los hombres del mundo, cuya herencia¹ está en
       esta vida,
    Y cuyo vientre llenas de Tu tesoro.
    Se llenan de hijos,
    Y dejan lo que les abunda a sus pequeños.
¹⁵ En cuanto a mí, en justicia contemplaré Tu rostro;
    Al despertar, me saciaré cuando *contemple* Tu
       semblante.

HIMNO DE VICTORIA
*Para el director del coro. Salmo de David, siervo del SEÑOR, el cual
dirigió al SEÑOR las palabras de este cántico el día que el SEÑOR
lo libró de la mano de todos sus enemigos, y de la mano de Saúl.
Y dijo:*

18 «Yo te amo, SEÑOR, fortaleza mía».
    ² El SEÑOR es mi roca, mi baluarte y mi libertador;
    Mi Dios, mi roca en quien me refugio;
    Mi escudo y el poder de mi salvación, mi altura
       inexpugnable.
³ Invoco al SEÑOR, que es digno de ser alabado,
    Y soy salvo de mis enemigos.

⁴ Los lazos de la muerte me cercaron,
    Y los torrentes de iniquidad¹ me atemorizaron.
⁵ Los lazos del Seol me rodearon;
    Las redes de la muerte surgieron ante mí.
⁶ En mi angustia invoqué al SEÑOR,
    Y clamé a mi Dios;
    Desde Su templo oyó mi voz,
    Y mi clamor delante de Él llegó a Sus oídos.

17:8
La niña del ojo
Esta descripción gráfica se refiere a la pupila del ojo, una parte sensible del cuerpo que una persona protege y vigila con cuidado.

18:2
David llamó «roca» a Dios
David a menudo se escondía entre las rocas en el desierto, pero sabía que la verdadera seguridad se encontraba solo en el Señor.

17:14 ¹ Lit. *porción*.   18:4 ¹ O *destrucción*; heb. *Belial*.

7 Entonces la tierra se estremeció y tembló;
Los cimientos de los montes temblaron
Y fueron sacudidos, porque Él se indignó.

8 Humo subió de Su nariz,
Y el fuego de Su boca consumía;
Carbones fueron por Él encendidos.

9 También inclinó los cielos, y descendió
Con densas tinieblas debajo de Sus pies.

10 Cabalgó sobre un querubín, y voló;
Y rápido voló sobre las alas del viento.

11 De las tinieblas hizo Su escondedero, Su pabellón a Su
alrededor;
Tinieblas de las aguas, densos nubarrones.

12 Por el fulgor de Su presencia se desvanecieron Sus
densas nubes
En granizo y carbones encendidos.

13 El SEÑOR también tronó en los cielos,
Y el Altísimo dio Su voz:
Granizo y carbones encendidos.

14 Él envió Sus flechas, y los dispersó,
Y muchos relámpagos, y los confundió.

15 Entonces apareció el lecho de las aguas,
Y los cimientos del mundo quedaron al descubierto
A Tu reprensión, oh SEÑOR,
Al soplo del aliento de Tu nariz.

16 Extendió *la mano* desde lo alto y me tomó;
Me sacó de las muchas aguas.

17 Me libró de mi poderoso enemigo,
Y de los que me aborrecían, pues eran más fuertes
que yo.

18 Se enfrentaron a mí el día de mi infortunio,
Pero el SEÑOR fue mi sostén.

19 También me sacó a un lugar espacioso;
Me rescató, porque se complació en mí.

20 El SEÑOR me ha premiado conforme a mi justicia;
Conforme a la pureza de mis manos me ha
recompensado.

21 Porque he guardado los caminos del SEÑOR,
Y no me he apartado impíamente de mi Dios.

22 Pues todas Sus ordenanzas[1] *estaban* delante de mí,
Y no alejé de mí Sus estatutos.

23 También fui íntegro para con Él,
Y me guardé de mi iniquidad.

24 Por tanto el SEÑOR me ha recompensado conforme a
mi justicia,
Conforme a la pureza de mis manos delante de Sus ojos.

25 Con el benigno te muestras benigno,
Con el íntegro te muestras íntegro.

26 Con el puro eres puro,
Y con el perverso eres sagaz.

27 Porque Tú salvas al pueblo afligido,
Pero humillas los ojos altivos.

18:15
Cuando el lecho de las aguas es expuesto
Esto puede referirse a la manera en que Dios salvó a los israelitas abriendo el mar Rojo cuando salían de Egipto.

18:19
Un lugar espacioso era algo bueno
En los tiempos de la antigüedad, un lugar abierto liberaba de las amenazas y los peligros.

18:20-24
Cómo David pudo afirmar ser puro
Este salmo fue escrito antes de que David le robara la esposa a otro hombre. Sin embargo, incluso si hubiera sido escrito después, él podía afirmar que tenía un corazón puro porque se había arrepentido y Dios lo había perdonado.

18:22 [1] O *juicios.*

28 Tú enciendes mi lámpara, oh SEÑOR;
  Mi Dios que alumbra mis tinieblas.
29 Pues contigo aplastaré ejércitos,
  Y con mi Dios escalaré murallas.

30 En cuanto a Dios, Su camino es perfecto;
  Acrisolada es la palabra del SEÑOR;
  Él es escudo a todos los que a Él se acogen.
31 Pues, ¿quién es Dios, fuera del SEÑOR?
  ¿Y quién es roca, sino solo nuestro Dios,
32 El Dios que me ciñe de poder,
  Y ha hecho perfecto mi camino?
33 Él hace mis pies como de ciervas,
  Y me afirma en mis alturas.
34 Él adiestra mis manos para la batalla,
  Y mis brazos para tensar el arco de bronce.
35 Tú me has dado también el escudo de Tu salvación;
  Tu diestra me sostiene,
  Y Tu benevolencia me engrandece.
36 Ensanchas mis pasos debajo de mí,
  Y mis pies no han resbalado.

37 Perseguí a mis enemigos y los alcancé;
  Y no me volví hasta acabarlos.
38 Los destrocé y no pudieron levantarse;
  Cayeron debajo de mis pies.
39 Pues Tú me has ceñido con fuerza para la batalla;
  Has subyugado debajo de mí a los que contra mí se
    levantaron.
40 También has hecho que mis enemigos me vuelvan las
    espaldas,
  Y destruí a los que me odiaban.
41 Clamaron, pero no hubo quién *los* salvara;
  Aun al SEÑOR *clamaron,* pero no les respondió.
42 Entonces los desmenucé como polvo delante del
    viento;
  Los arrojé como lodo de las calles.

43 Tú me has librado de las contiendas del pueblo;
  Me has puesto por cabeza de las naciones;
  Pueblo que yo no conocía me sirve.
44 Al oírme, me obedecen;
  Los extranjeros me fingen obediencia.
45 Los extranjeros desfallecen,
  Y salen temblando de sus fortalezas.

46 El SEÑOR vive, bendita sea mi roca,
  Y ensalzado sea el Dios de mi salvación,
47 El Dios que por mí ejecuta venganza,
  Y subyuga pueblos debajo de mí;
48 El que me libra de mis enemigos.
  Ciertamente Tú me exaltas sobre los que se levantan
    contra mí;
  Me rescatas del hombre violento.
49 Por tanto, te daré gracias, oh SEÑOR, entre las
    naciones,
  Y cantaré alabanzas a Tu nombre.

18:37-42
La victoria de David
Esta porción sugiere que una de las formas en que Dios bendijo a David fue permitiéndole aplastar a sus enemigos.

50 Grandes victorias da Él a Su rey,
  Y muestra misericordia a Su ungido,
  A David y a su descendencia para siempre.

LAS OBRAS Y LA PALABRA DE DIOS
Para el director del coro. Salmo de David.

19 Los cielos proclaman la gloria de Dios,
  Y el firmamento anuncia la obra de Sus manos.
2 *Un* día transmite el mensaje al *otro* día,
  Y *una* noche a *la otra* noche revela sabiduría.
3 No hay mensaje, no hay palabras;
  No se oye su voz.
4 *Pero* por toda la tierra salió su voz,
  Y hasta los confines del mundo sus palabras.
  En ellos Dios puso una tienda para el sol,
5 Y este, como un esposo que sale de su alcoba,
  Se regocija como hombre fuerte al correr su carrera.
6 De un extremo de los cielos es su salida,
  Y su curso hasta el otro extremo de ellos;
  Y no hay nada que se esconda de su calor.

7 La ley del SEÑOR es perfecta, que restaura el alma;
  El testimonio del SEÑOR es seguro, que hace sabio al sencillo.
8 Los preceptos del SEÑOR son rectos, que alegran el corazón;
  El mandamiento del SEÑOR es puro, que alumbra los ojos.
9 El temor del SEÑOR es limpio, que permanece para siempre;
  Los juicios del SEÑOR son verdaderos, todos ellos justos;
10 Deseables más que el oro; sí, *más* que mucho oro fino,
  Más dulces que la miel y que el destilar del panal.
11 Además, Tu siervo es amonestado por ellos;
  En guardarlos hay gran recompensa.
12 ¿Quién puede discernir *sus propios* errores?
  Absuélveme de los *que me son* ocultos.
13 Guarda también a Tu siervo *de pecados* de soberbia;
  Que no se enseñoreen de mí.
  Entonces seré íntegro,
  Y seré absuelto de gran transgresión.
14 Sean gratas las palabras de mi boca y la meditación de mi corazón delante de Ti,
  Oh SEÑOR, roca mía y Redentor mío.

ORACIÓN POR LA VICTORIA SOBRE LOS ENEMIGOS
Para el director del coro. Salmo de David.

20 Que el SEÑOR te responda en el día de la angustia;
  Que el nombre del Dios de Jacob te ponga en alto.
2 Que desde el santuario te envíe ayuda
  Y desde Sión te sostenga.
3 Que se acuerde de todas tus ofrendas,
  Y halle aceptable tu holocausto.   *(Selah)*

19:4-6
El símbolo del sol
El sol es una señal del increíble poder creativo de Dios, su gloria y su amor. Dios nos amó tanto que creó el sol para calentarnos y darnos luz. El sol también simboliza a Jesús, la luz del mundo.

19:12-13
David necesitaba perdón por los pecados que no sabía que había cometido
Al igual que sucede con todos nosotros, la conciencia de David no era la guía perfecta para el buen comportamiento. Las personas necesitan ser perdonadas de todos sus pecados, y es posible que a veces no sepan que han pecado. David también le pidió a Dios que lo guardara de los pecados que sí sabía que había cometido, como los pecados de soberbia.

20:2
El santuario
El santuario era el lugar santo del tabernáculo que contenía el arca del pacto, la señal de que Dios estaba presente. Más tarde el arca se guardaría en el templo que se construyó en el monte santo de Sión.

4 Que te conceda el deseo de tu corazón,
Y cumpla todos tus anhelos.
5 Nosotros cantaremos con gozo por tu victoria,
Y en el nombre de nuestro Dios alzaremos
bandera.
Que el SEÑOR cumpla todas tus peticiones.

6 Ahora sé que el SEÑOR salva a Su ungido;
Le responderá desde Su santo cielo
Con la potencia salvadora de Su diestra.
7 Algunos *confían* en carros y otros en caballos,
Pero nosotros en el nombre del SEÑOR nuestro Dios
confiaremos.
8 Ellos se doblegaron y cayeron,
Pero nosotros nos hemos levantado y nos
mantenemos en pie.
9 ¡Salva, oh SEÑOR!
Que el Rey nos responda el día que clamemos.

ALABANZA POR LA LIBERACIÓN
Para el director del coro. Salmo de David.

21 Oh SEÑOR, en Tu fortaleza se alegrará el rey,
¡Y cuánto se regocijará en Tu salvación!
2 Tú le has dado el deseo de su corazón,
Y no le has negado la petición de sus labios.   *(Selah)*
3 Porque le sales al encuentro con bendiciones
de bien;
Corona de oro fino colocas en su cabeza.
4 Vida te pidió *y* Tú se la diste,
Largura de días eternamente y para siempre.
5 Grande es su gloria por Tu salvación,
Esplendor y majestad has puesto sobre él.
6 Pues le haces bienaventurado para siempre;
Con Tu presencia le deleitas con alegría.

7 Porque el rey confía en el SEÑOR,
Y por la misericordia del Altísimo no será
conmovido.
8 Hallará Tu mano a todos Tus enemigos;
Tu diestra hallará a aquellos que te odian.
9 Los harás como horno encendido en el tiempo de Tu
enojo.
El SEÑOR en Su ira los devorará,
Y fuego los consumirá.
10 Su descendencia destruirás de *la superficie de* la
tierra,
Y sus descendientes de entre los hijos de los
hombres.
11 Aunque intentaron el mal contra Ti,
Y fraguaron una conspiración,
No prevalecerán,
12 Pues Tú los pondrás en fuga,
Apuntarás a sus rostros con Tu arco.
13 Engrandécete, oh SEÑOR, en Tu poder;
Cantaremos y alabaremos Tu poderío.

20:6
El ungido
Se refiere al rey. Uno de los profetas ungía al hombre que Dios elegía para ser rey de Israel, derramando aceite sobre él para mostrar que estaba destinado a ser el gobernante.

21:1, 5
El salmista estaba agradecido por las victorias
Las victorias podían ser en la batalla por la cual David oró en Salmos 20 o en alguna otra batalla que libró.

21:9
El horno encendido
El horno es una descripción gráfica del juicio de Dios sobre los malvados.

21:10-11
Por qué los descendientes de los enemigos serían destruidos
Los descendientes de un rey derrotado querrían vengarse. Ellos serían destruidos para que no pudieran regresar un día a pelear contra el rey victorioso.

GRITO DE ANGUSTIA Y CANTO DE ALABANZA

Para el director del coro; sobre Ajelet Hasahar†. Salmo de David.

22 Dios mío, Dios mío, ¿por qué me has abandonado?
¿Por qué estás tan lejos de mi salvación *y* de las palabras de mi clamor?

2 Dios mío, de día clamo y no respondes;
Y de noche, pero no hay para mí reposo.

3 Sin embargo, Tú eres santo,
Que habitas entre las alabanzas de Israel.

4 En Ti confiaron nuestros padres;
Confiaron, y Tú los libraste.

5 A Ti clamaron, y fueron librados;
En Ti confiaron, y no fueron decepcionados.

6 Pero yo soy gusano, y no hombre;
Oprobio de los hombres, y despreciado del pueblo.

7 Todos los que me ven, de mí se burlan;
Hacen muecas con los labios, menean la cabeza,
diciendo:

8 Que se encomiende al SEÑOR; que Él lo libre;
Que Él lo rescate, puesto que en Él se deleita.

9 Porque Tú me sacaste del seno *materno;*
Me hiciste confiar estando a los pechos de mi madre.

10 A Ti fui entregado desde mi nacimiento;
Desde el vientre de mi madre Tú eres mi Dios.

11 No estés lejos de mí, porque la angustia está cerca,
Pues no hay nadie que ayude.

12 Muchos toros me han rodeado;
Toros fuertes de Basán me han cercado.

13 Ávidos abren su boca contra mí,
Como un león que despedaza y ruge.

14 Soy derramado como agua,
Y todos mis huesos están descoyuntados;
Mi corazón es como cera;
Se derrite en medio de mis entrañas.

15 Como un tiesto se ha secado mi vigor,
Y la lengua se me pega al paladar;
Me has puesto en el polvo de la muerte.

16 Porque perros me han rodeado;
Me ha cercado cuadrilla de malhechores;
Me horadaron las manos y los pies.

17 Puedo contar todos mis huesos;
Ellos me miran, me observan.

18 Se reparten entre sí mis vestidos,
Y sobre mi ropa echan suertes.

19 Pero Tú, oh SEÑOR, no estés lejos;
Fuerza mía, apresúrate a socorrerme.

20 Libra mi alma de la espada,
Mi única *vida* de las garras del perro.

21 Sálvame de la boca del león
Y de los cuernos de los búfalos; respóndeme.

22:1 † Lit. *la cierva de la aurora.*

22:4
Los padres que confiaron en Dios
David recuerda a sus antepasados que habían confiado en Dios y habían recibido la ayuda del Señor: hombres como Abraham, Isaac, Jacob y José.

22:12-13, 16
David dice que lo atacaron toros, leones y perros
Los salmos a menudo se refieren al ataque de animales como una viva imagen del ataque de los enemigos.

22 Hablaré de Tu nombre a mis hermanos;
En medio de la congregación te alabaré.
23 Los que temen al SEÑOR, alábenlo;
Descendencia toda de Jacob, glorifíquenlo,
Témanlo, descendencia toda de Israel.
24 Porque Él no ha despreciado ni aborrecido la aflicción
del angustiado,
Ni le ha escondido Su rostro;
Sino que cuando clamó al SEÑOR, *lo* escuchó.

25 De Ti *viene* mi alabanza en la gran congregación;
Mis votos cumpliré delante de los que le temen.
26 Los pobres comerán y se saciarán;
Los que buscan al SEÑOR, lo alabarán.
¡Viva para siempre el corazón de ustedes!
27 Todos los términos de la tierra se acordarán y se
volverán al SEÑOR,
Y todas las familias de las naciones adorarán delante
de Ti.
28 Porque del SEÑOR es el reino,
Y Él gobierna las naciones.
29 Todos los grandes de la tierra comerán y adorarán;
Se postrarán ante Él todos los que descienden al polvo,
Aun aquel que no puede conservar viva su alma.
30 La posteridad le servirá;
Esto se dirá del Señor hasta la generación *venidera*.
31 Vendrán y anunciarán Su justicia;
A un pueblo por nacer, *anunciarán* que Él ha hecho *esto*.

EL SEÑOR ES MI PASTOR
Salmo de David.

23 El SEÑOR es mi pastor,
Nada me faltará.
2 En *lugares de* verdes pastos me hace descansar;
Junto a aguas de reposo me conduce.
3 Él restaura[1] mi alma;
Me guía por senderos de justicia
Por amor de Su nombre.

4 Aunque pase por el valle de sombra de muerte,
No temeré mal alguno, porque Tú estás conmigo;
Tu vara y Tu cayado me infunden aliento.
5 Tú preparas mesa delante de mí en presencia de mis
enemigos;
Has ungido mi cabeza con aceite;
Mi copa está rebosando.
6 Ciertamente el bien y la misericordia me seguirán
todos los días de mi vida,
Y en la casa del SEÑOR moraré por largos días.

ENTRADA DEL REY DE GLORIA
Salmo de David.

24 Del SEÑOR es la tierra y todo lo que hay en ella,
El mundo y los que en él habitan.

23:3 [1] O *renueva las fuerzas de.*

22:25
La gran congregación
Se refiere a todo el pueblo que se congregaba para alabar y adorar a Dios. También puede dar a entender una futura reunión de aquellos que en todo el mundo sirven al Señor (versículos 27-31).

22:25
Los votos de David
Él probablemente había prometido adorar, honrar a Dios y hacer ofrendas, y quería guiar a otros a hacer lo mismo.

23:1
La imagen de un pastor
Esta era otra forma de referirse a un rey. La Biblia a menudo menciona a Dios como el pastor de Israel. Aquí, David reconoce a Dios como su Pastor y Rey.

23:5
Hay un banquete al final del salmo
En los tiempos bíblicos, después de que las personas hacían un pacto, a menudo comían juntas como una señal de amistad.

24
El motivo de Salmos 24
Esta canción celebraba la entrada del Señor a Sión. Fue escrita para la celebración que tuvo lugar cuando David trajo el arca de regreso a Jerusalén o para una fiesta que recordaba ese acontecimiento.

2 Porque Él la fundó sobre los mares,
Y la asentó sobre los ríos.

3 ¿Quién subirá al monte del SEÑOR?
¿Y quién podrá estar en Su lugar santo?

4 El de manos limpias y corazón puro,
El que no ha alzado su alma a la falsedad
Ni jurado con engaño.

5 Ese recibirá bendición del SEÑOR,
Y justicia del Dios de su salvación.

6 Tal es la generación de los que lo buscan,
De los que buscan Tu rostro, *como* Jacob.   *(Selah)*

7 Alcen, oh puertas, sus cabezas,
álcense, puertas eternas,
Para que entre el Rey de la gloria.

8 ¿Quién es este Rey de la gloria?
El SEÑOR, fuerte y poderoso;
El SEÑOR, poderoso en batalla.

9 Álcen, oh puertas, sus cabezas,
Álcen*las,* puertas eternas,
Para que entre el Rey de la gloria.

10 ¿Quién es este Rey de la gloria?
El SEÑOR de los ejércitos,
Él es el Rey de la gloria.   *(Selah)*

ORACIÓN PIDIENDO AMPARO, GUÍA Y PERDÓN
Salmo de David.

25 A Ti, oh SEÑOR, elevo mi alma.
2 Dios mío, en Ti confío;
No sea yo avergonzado,
Que no se regocijen sobre mí mis enemigos.

3 Ciertamente ninguno de los que esperan en Ti será
avergonzado;
Sean avergonzados los que sin causa se rebelan.

4 SEÑOR, muéstrame Tus caminos,
Enséñame Tus sendas.

5 Guíame en Tu verdad y enséñame,
Porque Tú eres el Dios de mi salvación;
En Ti espero todo el día.

6 Acuérdate, oh SEÑOR, de Tu compasión y de Tus
misericordias,
Que son eternas.

7 No te acuerdes de los pecados de mi juventud ni de
mis transgresiones;
Acuérdate de mí conforme a Tu misericordia,
Por Tu bondad, oh SEÑOR.

8 Bueno y recto es el SEÑOR;
Por tanto, Él muestra a los pecadores el camino.

9 Dirige a los humildes en la justicia,
Y enseña a los humildes su camino.

10 Todas las sendas del SEÑOR son misericordia
y verdad
Para aquellos que guardan Su pacto y Sus
testimonios.

24:7-9
Las puertas
Se refiere tanto a las puertas de la ciudad como a las del santuario. Esta es una descripción gráfica de un rey victorioso regresando a Jerusalén y recibiendo la alabanza de sus súbditos.

25:6-7
Dios no olvida nada
Dios no olvida; él siempre cumple sus promesas. Aquí el salmista suplica la misericordia y la compasión de Dios al pedirle que se apure a cumplir sus promesas.

11 Oh SEÑOR, por amor de Tu nombre,
   Perdona mi iniquidad, porque es grande.

12 ¿Quién es el hombre que teme al SEÑOR?
   Él le instruirá en el camino que debe escoger.
13 En prosperidad habitará su alma,
   Y su descendencia poseerá la tierra.
14 Los secretos del SEÑOR son para los que le temen,
   Y Él les dará a conocer Su pacto.
15 De continuo están mis ojos hacia el SEÑOR,
   Porque Él sacará mis pies de la red.

16 Vuélvete a mí y tenme piedad,
   Porque estoy solitario y afligido.
17 Las angustias de mi corazón han aumentado;
   Sácame de mis congojas.
18 Mira mi aflicción y mis trabajos,
   Y perdona todos mis pecados.
19 Mira mis enemigos, que son muchos,
   Y con odio violento me detestan.
20 Guarda mi alma y líbrame;
   No sea yo avergonzado, porque en Ti me refugio.
21 La integridad y la rectitud me preserven,
   Porque en Ti espero.
22 Oh Dios, redime a Israel
   De todas sus angustias.

ORACIÓN DEL ÍNTEGRO
Salmo de David.

26 Hazme justicia, oh SEÑOR, porque yo en mi
   integridad he andado,
   Y en el SEÑOR he confiado sin titubear.
2 Examíname, oh SEÑOR, y pruébame;
   Escudriña mi mente y mi corazón.
3 Porque delante de mis ojos está Tu misericordia,
   Y en Tu verdad¹ he andado.
4 Con los falsos no me he sentado,
   Ni con los hipócritas iré.
5 Aborrezco la reunión de los malhechores,
   Y no me sentaré con los impíos.
6 Lavaré en inocencia mis manos,
   Y andaré alrededor de Tu altar, oh SEÑOR,
7 Proclamando con voz de acción de gracias
   Y contando todas Tus maravillas.

8 Oh SEÑOR, yo amo la habitación de Tu casa,
   Y el lugar donde habita Tu gloria.
9 No juntes mi alma con pecadores,
   Ni mi vida con hombres sanguinarios,
10 En cuyas manos hay intrigas,
   Y cuya diestra está llena de sobornos.
11 Pero yo en mi integridad andaré;
   Redímeme, y ten piedad de mí.
12 Sobre tierra firme está mi pie;
   En las congregaciones bendeciré al SEÑOR.

26:3 ¹ O fidelidad.

25:11
El nombre de Dios tiene mucho significado
El nombre de Dios muestra su carácter y su reputación. Como su carácter es misericordioso, perdonará a su pueblo. Y para mantener su reputación, actuará a favor de su pueblo.

25:22
Por qué David le pide a Dios que redima a Israel
Como rey, David era responsable de cuidar de la nación, así que le pide a su Rey que la mantenga a salvo.

26:1
David no llevó una vida perfecta
David no estaba diciendo que nunca hubiera pecado, sino que había confiado en Dios de manera constante y se había arrepentido cada vez que había quebrantado la ley de Dios.

26:4-5
David no se juntó con pecadores
David no quería ser influenciado por la maldad de ellos. (Ver Salmos 1).

CONFIANZA ABSOLUTA EN DIOS
Salmo de David.

27 El SEÑOR es mi luz y mi salvación;
¿A quién temeré?
El SEÑOR es la fortaleza de mi vida;
¿De quién tendré temor?

2 Cuando los malhechores vinieron sobre mí para
devorar mis carnes,
Ellos, mis adversarios y mis enemigos, tropezaron y
cayeron.

3 Si un ejército acampa contra mí,
No temerá mi corazón;
Si contra mí se levanta guerra,
A pesar de ello, yo estaré confiado.

4 Una cosa he pedido al SEÑOR, *y* esa buscaré:
Que habite yo en la casa del SEÑOR todos los días de
mi vida,
Para contemplar la hermosura del SEÑOR
Y para meditar en Su templo.

5 Porque en el día de la angustia me esconderá en Su
tabernáculo;
En lo secreto de Su tienda me ocultará;
Sobre una roca me pondrá en alto.

6 Entonces será levantada mi cabeza sobre mis
enemigos que me cercan,
Y en Su tienda ofreceré sacrificios con voces de
júbilo;
Cantaré, sí, cantaré alabanzas al SEÑOR.

7 Escucha, oh SEÑOR, mi voz cuando clamo;
Ten piedad de mí, y respóndeme.

8 *Cuando dijiste:* «Busquen Mi rostro», mi corazón te
respondió:
«Tu rostro, SEÑOR, buscaré».

9 No escondas Tu rostro de mí;
No rechaces con ira a Tu siervo;
Tú has sido mi ayuda.
No me abandones ni me desampares,
Oh Dios de mi salvación.

10 Porque *aunque* mi padre y mi madre me hayan
abandonado,
El SEÑOR me recogerá.

11 SEÑOR, enséñame Tu camino,
Y guíame por senda llana
Por causa de mis enemigos.

12 No me entregues a la voluntad de mis adversarios;
Porque testigos falsos se han levantado contra mí,
Y los que respiran violencia.

13 *Hubiera yo desmayado,* si no hubiera creído que
había de ver la bondad del SEÑOR
En la tierra de los vivientes.

14 Espera al SEÑOR;
Esfuérzate y aliéntese tu corazón.
Sí, espera al SEÑOR.

27:4-6
Por qué David quería habitar en la casa del Señor

El tabernáculo era el sitio donde estaba la presencia de Dios. Era un lugar de seguridad. David estaba diciendo que quería estar cerca de Dios y deseaba su protección.

27:14
El significado de esperar en el Señor

Esto significa confiar en que Dios oye y responde nuestras oraciones. También significa tener paciencia y la seguridad de que Dios hará lo que es mejor.

SÚPLICA Y ACCIÓN DE GRACIAS
Salmo de David.

28 A Ti clamo, oh SEÑOR;
  Roca mía, no seas sordo para conmigo,
No sea que si guardas silencio hacia mí,
Venga a ser semejante a los que descienden a la
  fosa.

2 Escucha la voz de mis súplicas cuando a Ti pido
  auxilio;
Cuando levanto mis manos hacia el Lugar Santísimo
  de Tu santuario.

3 No me arrastres con los impíos
Ni con los que obran iniquidad,
Que hablan de paz con su prójimo,
Mientras hay maldad en su corazón.

4 Dales conforme a su obra y según la maldad de sus
  hechos;
Dales conforme a la obra de sus manos;
Págales su merecido.

5 Porque no tienen en cuenta los hechos del SEÑOR
Ni la obra de Sus manos,
Él los derribará y no los edificará.

6 Bendito sea el SEÑOR,
Porque ha oído la voz de mis súplicas.

7 El SEÑOR es mi fuerza y mi escudo;
En Él confía mi corazón, y soy socorrido;
Por tanto, mi corazón se regocija,
Y le daré gracias con mi cántico.

8 El SEÑOR es la fuerza de su pueblo,
Y Él es defensa salvadora de Su ungido.

9 Salva a Tu pueblo y bendice a Tu heredad,
Pastoréalos y llévalos *en Tus brazos* para siempre.

LA VOZ DEL SEÑOR EN LA TORMENTA
Salmo de David.

29 Tributen al SEÑOR, oh hijos de los poderosos,
  Tributen al SEÑOR gloria y poder.

2 Tributen al SEÑOR la gloria debida a Su nombre;
Adoren al SEÑOR en la majestad de la santidad.

3 Voz del SEÑOR sobre las aguas.
El Dios de gloria truena,
El SEÑOR está sobre las muchas aguas.

4 La voz del SEÑOR es poderosa,
La voz del SEÑOR es majestuosa.

5 La voz del SEÑOR rompe los cedros;
Sí, el SEÑOR hace pedazos los cedros del Líbano;

6 Y como becerro hace saltar al monte Líbano;
Y al monte Sirión como cría de búfalo.

7 La voz del SEÑOR levanta llamas de fuego.

8 La voz del SEÑOR hace temblar el desierto;
El SEÑOR hace temblar el desierto de Cades.

9 La voz del SEÑOR hace parir a las ciervas
Y deja los bosques desnudos,
Y en Su templo todo dice: «¡Gloria!».

28:1
La fosa
Era otra forma de hablar acerca de
la tumba.

28:2
El Lugar Santísimo
Se trataba del santuario interior
del tabernáculo donde estaba
el arca. Este era el trono de Dios
sobre la tierra.

29
Este tipo de salmo
El salmo era una canción de
alabanza al Rey de la creación, cuyo
poder y majestad pueden verse
en una tormenta. También era un
rechazo a la adoración a Baal, quien
los paganos pensaban que era el
dios de las tormentas.

29:5
Los cedros del Líbano
Eran los árboles más espectaculares
de la región. Las personas locales los
consideraban sagrados. Salomón
usó cedros en la edificación de su
palacio y el templo. Sin embargo,
con solo su voz, Dios podía partir
esos árboles tan fuertes.

¹⁰ El SEÑOR se sentó *como Rey* durante el diluvio;
Sí, como Rey se sienta el SEÑOR para siempre.

¹¹ El SEÑOR dará fuerza a Su pueblo;
El SEÑOR bendecirá a Su pueblo con paz.

ACCIÓN DE GRACIAS POR HABER SIDO LIBRADO DE LA MUERTE

Salmo. Cántico para la dedicación de la Casa. Salmo de David.

30 Te ensalzaré, oh SEÑOR, porque me has elevado,
Y no has permitido que mis enemigos se rían de mí.

² Oh SEÑOR, Dios mío,
A Ti pedí auxilio y me sanaste.

³ Oh SEÑOR, has sacado mi alma del Seol;
Me has guardado con vida, para que no descienda al sepulcro.

⁴ Canten alabanzas al SEÑOR, ustedes Sus santos,
Y alaben Su santo nombre.

⁵ Porque Su ira es solo por un momento,
Pero Su favor es por toda una vida.
El llanto puede durar toda la noche,
Pero a la mañana *vendrá* el grito de alegría.

⁶ En cuanto a mí, en mi prosperidad dije:
«Jamás seré conmovido».

⁷ Oh SEÑOR, con Tu favor has hecho que mi monte permanezca fuerte;
Tú escondiste Tu rostro, fui conturbado.

⁸ A Ti, oh SEÑOR, clamé,
Y al Señor dirigí mi súplica:

⁹ «¿Qué provecho hay en mi sangre¹ si desciendo al sepulcro?
¿*Acaso* te alabará el polvo? ¿Anunciará Tu fidelidad²?

¹⁰ »Escucha, oh SEÑOR, y ten piedad de mí;
Oh SEÑOR, sé Tú mi ayuda».

¹¹ Tú has cambiado mi lamento en danza;
Has desatado mi ropa de luto y me has ceñido de alegría;

¹² Para que *mi* alma te cante alabanzas y no esté callada.
Oh SEÑOR, Dios mío, te daré gracias por siempre.

SALMO DE SÚPLICA Y ALABANZA

Para el director del coro. Salmo de David.

31 En Ti, oh SEÑOR, me refugio;
Jamás sea yo avergonzado;
Líbrame en Tu justicia.

² Inclina a mí Tu oído, rescátame pronto;
Sé para mí roca fuerte,
Fortaleza para salvarme.

³ Porque Tú eres mi roca y mi fortaleza,
Y por amor de Tu nombre me conducirás y me guiarás.

⁴ Me sacarás de la red que en secreto me han tendido;
Porque Tú eres mi refugio.

30:9 ¹ O mi muerte.　² O verdad.

30:1
Me has elevado

David puede estarse refiriendo a haber sido salvado de las profundidades de la muerte, el silencio, la oscuridad, la destrucción, la corrupción y la maldad. Este salmo posiblemente se haya escrito para dedicar el palacio de David, y él estaba agradeciéndole a Dios por sanarlo o rescatarlo para que ahora pudiera avanzar.

30:5
Una noche de llanto

Esta descripción compara la tristeza con un visitante que solo se queda a pasar la noche. La tristeza no durará para siempre.

5 En Tu mano encomiendo mi espíritu;
  Tú me has redimido, oh SEÑOR, Dios de verdad.

6 Aborrezco a los que confían en ídolos vanos;
  Pero yo confío en el SEÑOR.

7 Me gozaré y me alegraré en Tu misericordia,
  Porque Tú has visto mi aflicción;
  Has conocido las angustias de mi alma,

8 Y no me has entregado en manos del enemigo;
  Tú has puesto mis pies en lugar espacioso.

9 Ten piedad de mí, oh SEÑOR, porque estoy en angustia;
  Se consumen de sufrir mis ojos, mi alma y mis
       entrañas.

10 Pues mi vida se gasta en tristeza
   Y mis años en suspiros;
   Mis fuerzas se agotan a causa de mi iniquidad,
   Y se ha consumido mi cuerpo.

11 A causa de todos mis adversarios, he llegado a ser
       objeto de oprobio,
   Especialmente para mis vecinos,
   Y causa de espanto para mis conocidos;
   Los que me ven en la calle huyen de mí.

12 Como un muerto soy olvidado, sin ser recordado,
   Soy semejante a un vaso roto.

13 Porque he oído la calumnia de muchos,
   El terror está por todas partes;
   Mientras traman juntos contra mí,
   Planean quitarme la vida.

14 Pero yo, oh SEÑOR, en Ti confío;
   Digo: «Tú eres mi Dios».

15 En Tu mano están mis años;
   Líbrame de la mano de mis enemigos, y de los que me
       persiguen.

16 Haz resplandecer Tu rostro sobre Tu siervo;
   Sálvame en Tu misericordia.

17 Oh SEÑOR, no sea yo avergonzado, porque a Ti clamo;
   Sean avergonzados los impíos; que *desciendan* en
       silencio al Seol.

18 Enmudezcan los labios mentirosos,
   Porque hablan arrogantes contra el justo
   Con soberbia y desprecio.

19 ¡Cuán grande es Tu bondad,
   Que has reservado para los que te temen,
   Que has manifestado para los que en Ti se refugian,
   Delante de los hijos de los hombres!

20 De las conspiraciones de los hombres Tú los escondes
       en lo secreto de Tu presencia;
   En un refugio los pondrás a cubierto de los enredos
       de las lenguas.

21 Bendito sea el SEÑOR,
   Porque ha hecho maravillosa Su misericordia para mí
       en ciudad asediada.

22 Y yo alarmado, decía:
   «¡Cortado soy de delante de Tus ojos!».

31:5
Alguien citó las palabras de este salmo
Cuando Jesús estaba en la cruz, citó las palabras «en Tu mano encomiendo mi espíritu» justo antes de morir (Lucas 23:46). Aquí, David estaba confiándole su vida y su espíritu a Dios.

31:12
David se compara con un vaso roto
Un vaso roto no sirve para nada. David dijo que las personas lo habían abandonado como si él ya no tuviera valor.

31:21-22
El significado de estar asediado
David usó una imagen gráfica para describir cómo se sentía apartado de Dios, del mismo modo que una persona en una ciudad sitiada (siendo atacada por todos lados) se sentiría apartada del mundo exterior.

Sin embargo, Tú oíste la voz de mis súplicas
Cuando a Ti clamaba.

23 ¡Amen al SEÑOR, todos Sus santos!
El SEÑOR preserva a los fieles,
Pero les da su merecido a los que obran con soberbia.

24 Esfuércense, y aliéntese su corazón,
Todos ustedes que esperan en el SEÑOR.

BIENAVENTURANZA DEL PERDONADO
Salmo de David. Masquil†.

32 ¡Cuán bienaventurado es aquel cuya transgresión es perdonada,
Cuyo pecado es cubierto!

2 ¡Cuán bienaventurado es el hombre a quien el SEÑOR
no culpa de iniquidad,
Y en cuyo espíritu no hay engaño!

3 Mientras callé *mi pecado*, mi cuerpo se consumió
Con mi gemir durante todo el día.

4 Porque día y noche Tu mano pesaba sobre mí;
Mi vitalidad se desvanecía con el calor del verano.
(Selah)

5 Te manifesté mi pecado,
Y no encubrí mi iniquidad.
Dije: «Confesaré mis transgresiones al SEÑOR»;
Y Tú perdonaste la culpaʲ de mi pecado.
(Selah)

6 Por eso, que todo santo ore a Ti en el tiempo en que
puedas ser hallado;
Ciertamente, en la inundación de muchas aguas, no
llegarán *estas* a él.

7 Tú eres mi escondedero; de la angustia me
preservarás;
Con cánticos de liberación me rodearás.
(Selah)

8 Yo te haré saber y te enseñaré el camino en que debes
andar;
Te aconsejaré con Mis ojos *puestos* en ti.

9 No seas como el caballo o como el mulo, que no
tienen entendimiento;
Cuyos arreos incluyen brida y freno para sujetarlos,
Porque si no, no se acercan a ti.

10 Muchos son los dolores del impío,
Pero al que confía en el SEÑOR, la misericordia lo
rodeará.

11 Alégrense en el SEÑOR y regocíjense, justos;
Den voces de júbilo todos ustedes, los rectos de corazón.

ALABANZA AL CREADOR Y PRESERVADOR
33 Canten de júbilo en el SEÑOR, ustedes los justos;
Apropiada es para los rectos la alabanza.

2 Den gracias al SEÑOR con la lira;
Cántenle alabanzas con el arpa de diez cuerdas.

32:3-5
Por qué no es bueno callarse ante Dios
David no había admitido sus pecados delante de Dios. Hasta que lo hizo, sufrió mucho. Cuando finalmente le pidió perdón a Dios, encontró alivio.

32:6
La inundación de muchas aguas
Esta es una imagen de las fuerzas peligrosas o amenazantes. Las aguas poderosas se asocian con los mares que amenazan con avanzar sobre la tierra.

33
Cómo se leía o cantaba este salmo
La estructura de un salmo tiene tres partes: un llamado a la alabanza, la alabanza en sí misma y la respuesta. Es posible que el líder leyera los versículos del 1 al 3, el coro de los levitas respondiera con los versículos del 4 al 19, y la congregación contestara con los versículos del 20 al 22.

32:1 † Posiblemente, *Salmo didáctico*, o *contemplativo*.   32:5 ʲ O *iniquidad*.

3 Cántenle cántico nuevo;
Tañan con arte, con voz de júbilo.
4 Porque la palabra del SEÑOR es recta,
Y toda su obra es *hecha* con fidelidad.
5 Él ama la justicia y el derecho;
Llena está la tierra de la misericordia del SEÑOR.

6 Por la palabra del SEÑOR fueron hechos los cielos,
Y todo Su ejército por el aliento de Su boca.
7 Él junta las aguas del mar como un montón;
Pone en almacenes los abismos.
8 Tema al SEÑOR toda la tierra;
Tiemblen en Su presencia todos los habitantes del
mundo.
9 Porque Él habló, y fue hecho;
Él mandó, y *todo* se confirmó.
10 El SEÑOR hace nulo el consejo de las naciones;
Frustra los designios de los pueblos.
11 El consejo del SEÑOR permanece para siempre,
Los designios de Su corazón de generación en
generación.
12 Bienaventurada la nación cuyo Dios es el SEÑOR,
El pueblo que Él ha escogido como Su herencia.

13 El SEÑOR mira desde los cielos;
Él ve a todos los hijos de los hombres.
14 Desde el lugar de Su morada Él observa
A todos los habitantes de la tierra;
15 Él es el que modela el corazón de cada uno de ellos;
Él es el que entiende todas las obras de ellos.
16 El rey no se salva por gran ejército;
Ni es librado el valiente por la mucha fuerza.
17 Falsa esperanza de victoria[1] es el caballo,
Ni con su mucha fuerza puede librar.

18 Los ojos del SEÑOR están sobre los que le temen,
Sobre los que esperan en Su misericordia,
19 Para librar su alma de la muerte,
Y conservarlos con vida en *tiempos de* hambre.
20 Nuestra alma espera al SEÑOR;
Él es nuestra ayuda y nuestro escudo;
21 Pues en Él se regocija nuestro corazón,
Porque en Su santo nombre hemos confiado.
22 Sea sobre nosotros Tu misericordia, oh SEÑOR,
Según hemos esperado en Ti.

EL SEÑOR, PROVEEDOR Y SALVADOR

Salmo de David cuando se fingió loco delante de Abimelec, quien lo echó, y él se fue.

34 Bendeciré al SEÑOR en todo tiempo;
Continuamente estará Su alabanza en mi boca.
2 En el SEÑOR se gloriará mi alma;
Lo oirán los humildes y se regocijarán.
3 Engrandezcan al SEÑOR conmigo,
Y exaltemos a una Su nombre.

33:12
La nación de este salmo
Esta era la nación de Israel, el pueblo escogido de Dios.

33:17 [1] Lit. *salvación.*

4 Busqué al SEÑOR, y Él me respondió,
Y me libró de todos mis temores.
5 *Los que* a Él miraron, fueron iluminados;
Sus rostros jamás serán avergonzados.
6 Este pobre clamó, y el SEÑOR le oyó,
Y lo salvó de todas sus angustias.
7 El ángel del SEÑOR acampa alrededor de los que le
temen,
Y los rescata.

8 Prueben y vean que el SEÑOR es bueno.
¡Cuán bienaventurado es el hombre que en Él se
refugia!
9 Teman al SEÑOR, ustedes Sus santos,
Pues nada les falta a aquellos que le temen.
10 Los leoncillos pasan necesidad y tienen hambre,
Pero los que buscan al SEÑOR no carecerán de bien
alguno.
11 Vengan, hijos, escúchenme;
Les enseñaré el temor del SEÑOR.
12 ¿Quién es el hombre que desea vida
Y quiere *muchos* días para ver el bien?
13 Guarda tu lengua del mal
Y tus labios de hablar engaño.
14 Apártate del mal y haz el bien,
Busca la paz y síguela.
15 Los ojos del SEÑOR están sobre los justos,
Y Sus oídos *atentos* a su clamor.
16 El rostro del SEÑOR está contra los que hacen mal,
Para cortar de la tierra su memoria.
17 Claman *los justos,* y el SEÑOR *los* oye
Y los libra de todas sus angustias.
18 Cercano está el SEÑOR a los quebrantados de corazón,
Y salva a los abatidos de espíritu.

19 Muchas son las aflicciones del justo,
Pero de todas ellas lo libra el SEÑOR.
20 Él guarda todos sus huesos;
Ni uno de ellos es quebrantado.
21 La maldad dará muerte al impío,
Y los que aborrecen al justo serán condenados.
22 El SEÑOR redime el alma de Sus siervos,
Y no será condenado ninguno de los que en Él se
refugian.

ORACIÓN DE UN JUSTO PERSEGUIDO
Salmo de David.

35 Combate, oh SEÑOR, a los que me combaten;
Ataca a los que me atacan.
2 Echa mano del broquel y del escudo,
Y levántate en mi ayuda.
3 Empuña también la lanza y el hacha para enfrentarte
a los que me persiguen;
Dile a mi alma: «Yo soy tu salvación».
4 Sean avergonzados y confundidos los que buscan mi
vida;

34:6-7
Quién protegía a David
El ángel del Señor (o el Señor mismo) era quien lo protegía.

34:19-20
Los justos cuyos huesos no fueron quebrantados
Esta es una profecía sobre el Hijo de Dios, Jesús, que no tuvo pecado alguno. Cientos de años después del rey David, Jesús fue crucificado, pero ninguno de sus huesos fue quebrantado, lo cual era un cumplimiento de esta profecía. (Ver Juan 19:36).

35:2
El broquel y el escudo
El broquel era pequeño y ovalado, y se podía llevar fácilmente. El escudo protegía todo el cuerpo. Esta era la forma en que David decía que Dios nos protege completamente.

Sean puestos en fuga y humillados los que traman el
   mal contra mí.
5 Sean como paja delante del viento,
Con el ángel del SEÑOR acosándo*los*.
6 Sea su camino tenebroso y resbaladizo,
Con el ángel del SEÑOR persiguiéndolos.
7 Porque sin causa me tendieron su red;
Sin causa cavaron fosa para mi alma.
8 Que venga destrucción sobre él sin darse cuenta,
Y la red que él mismo tendió lo prenda,
¡Que caiga en esa misma destrucción!

9 Y mi alma se regocijará en el SEÑOR;
En Su salvación se gozará.
10 Dirán todos mis huesos: «SEÑOR, ¿quién como Tú,
Que libras al afligido de aquel que es más fuerte que él,
Sí, al afligido y al necesitado de aquel que lo
   despoja?».
11 Se levantan testigos malvados,
Y de lo que no sé me preguntan.
12 Me devuelven mal por bien
Para aflicción de mi alma.
13 Pero yo, cuando ellos estaban enfermos, vestía de
   cilicio;
Humillé mi alma con ayuno,
Y mi oración se repetía en mi pecho.
14 Como por mi amigo, como por mi hermano, andaba
   de aquí para allá;
Como el que está de duelo por la madre, enlutado me
   encorvaba.
15 Pero ellos se alegraron en mi tropiezo, y se reunieron;
Los agresores, a quienes no conocía, se juntaron
   contra mí;
Me despedazaban sin cesar.
16 Como bufones impíos en una fiesta,
Rechinaban sus dientes contra mí.

17 ¿Hasta cuándo, Señor, estarás mirando?
Rescata mi alma de sus estragos,
Mi única *vida* de los leones.
18 En la gran congregación te daré gracias;
Entre mucha gente te alabaré.
19 No permitas que se regocijen a costa mía los que
   injustamente son mis enemigos,
Ni que guiñen el ojo con malicia los que sin causa me
   aborrecen.
20 Porque ellos no hablan paz,
Sino que piensan palabras engañosas contra los
   pacíficos de la tierra,
21 Y abrieron bien grande su boca contra mí;
Dijeron: «¡Ajá, nuestros ojos lo han visto!».

22 Tú lo has visto, SEÑOR, no calles;
Señor, no estés lejos de mí.
23 Despierta y levántate para mi defensa
Y para mi causa, Dios mío y Señor mío.

35:16
El significado de rechinar los dientes
En el Antiguo Testamento, esta expresión significaba ira o furia. En el Nuevo Testamento, la frase representa desilusión o agonía.

35:17
Leones
Los leones habían atacado a David cuando era pastor de ovejas (1 Samuel 17:34-35). A lo largo de Salmos, él describe el ataque de los enemigos como el de los animales feroces, especialmente los leones.

²⁴ Júzgame conforme a Tu justicia, oh SEÑOR, Dios mío;
Que no se rían de mí.
²⁵ Que no digan en su corazón: «¡Esto es lo que
queríamos!».
Que no digan: «¡Lo hemos devorado!».
²⁶ Sean avergonzados y humillados a una los que se
alegran de mi mal;
Cúbranse de vergüenza y deshonra los que se
engrandecen contra mí.

²⁷ Canten de júbilo y regocíjense los que favorecen mi
causa;
Y digan continuamente: «Engrandecido sea el SEÑOR,
Que se deleita en la paz de Su siervo».
²⁸ Y mi lengua hablará de Tu justicia
Y de Tu alabanza todo el día.

LA MALDAD DEL HOMBRE Y LA MISERICORDIA DE DIOS

Para el director del coro. Salmo de David, siervo del SEÑOR.

36 La transgresión habla al impío dentro de su corazón;
No hay temor de Dios delante de sus ojos.
² Porque en sus propios ojos *la transgresión* le engaña
En cuanto a descubrir su iniquidad *y* aborrecer*la*.
³ Las palabras de su boca son iniquidad y engaño;
Ha dejado de ser sabio *y* de hacer el bien.
⁴ Planea la iniquidad en su cama;
Se obstina en un camino que no es bueno;
No aborrece el mal.

⁵ Tu misericordia, oh SEÑOR, se extiende hasta los cielos,
Tu fidelidad, hasta el firmamento.
⁶ Tu justicia es como los montes de Dios[1];
Tus juicios son *como* profundo abismo.
Tú preservas, oh SEÑOR, al hombre y al animal.
⁷ ¡Cuán preciosa es, oh Dios, Tu misericordia!
Por eso los hijos de los hombres se refugian a la
sombra de Tus alas.
⁸ Se sacian de la abundancia de Tu casa,
Y les das a beber del río de Tus delicias.
⁹ Porque en Ti está la fuente de la vida;
En Tu luz vemos la luz.

¹⁰ Continúa Tu misericordia para con los que te conocen,
Y Tu justicia para con los rectos de corazón.
¹¹ Que no me alcance el pie del orgullo,
Ni me mueva la mano de los impíos.
¹² Allí han caído los que obran iniquidad;
Han sido derribados y no se pueden levantar.

EL JUSTO Y EL PROBLEMA DEL MAL

Salmo de David.

37 No te irrites a causa de los malhechores;
No tengas envidia de los que practican la
iniquidad.

36:6 [1] O *montes poderosos.*

36:1
El tipo de mensaje de este salmo
Esta era una revelación de Dios, así como las palabras pronunciadas por un profeta.

36:7
Refugio bajo la sombra de las alas de Dios
Esta es una forma poética de decir que el deseo de David era que Dios lo protegiera como un ave protege a sus crías.

2 Porque como la hierba pronto se secarán
  Y se marchitarán como la hierba verde.
3 Confía en el SEÑOR, y haz el bien;
  Habita en la tierra, y cultiva la fidelidad.
4 Pon tu delicia en el SEÑOR,
  Y Él te dará las peticiones de tu corazón.
5 Encomienda al SEÑOR tu camino,
  Confía en Él, que Él actuará;
6 Hará resplandecer tu justicia como la luz,
  Y tu derecho[1] como el mediodía.

7 Confía callado en el SEÑOR y espera en Él con paciencia;
  No te irrites a causa del que prospera en su camino,
  Por el hombre que lleva a cabo *sus* intrigas.
8 Deja la ira y abandona el furor;
  No te irrites, solo harías lo malo.
9 Porque los malhechores serán exterminados,
  Pero los que esperan en el SEÑOR poseerán la tierra.
10 Un poco más y no existirá el impío;
  Buscarás con cuidado su lugar, pero él no estará *allí*.

37:6 [1] *O tu justa causa.*

37:7-9
David creía que el pueblo de Dios debía ser paciente
David sabía que en algún momento Dios castigaría a los malvados y aquellos que confiaban en él serían recompensados.

37:9
Por qué poseer la tierra era tan importante
La tierra representaba más que un lugar donde vivir o donde cultivar. Poseer la tierra era una señal de que la bendición y la presencia de Dios estaban con esa persona.

LOS PIADOSOS VS. LOS IMPÍOS

Los salmos pintan una clara imagen de los caminos de los justos y los pecadores

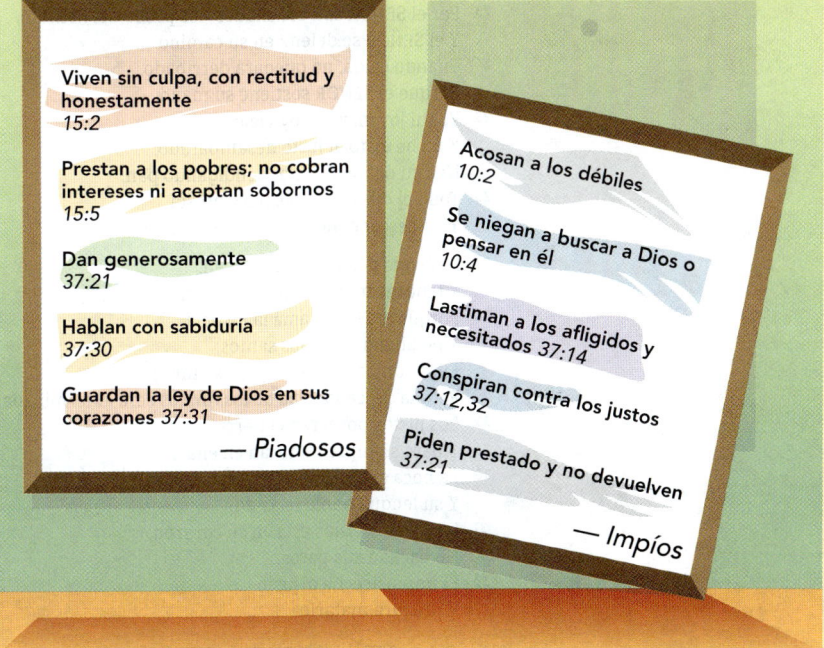

Viven sin culpa, con rectitud y honestamente
15:2

Prestan a los pobres; no cobran intereses ni aceptan sobornos
15:5

Dan generosamente
37:21

Hablan con sabiduría
37:30

Guardan la ley de Dios en sus corazones *37:31*

— Piadosos

Acosan a los débiles
10:2

Se niegan a buscar a Dios o pensar en él
10:4

Lastiman a los afligidos y necesitados *37:14*

Conspiran contra los justos *37:12,32*

Piden prestado y no devuelven
37:21

— Impíos

11 Pero los humildes poseerán la tierra
Y se deleitarán en abundante prosperidad[1].

12 El impío trama contra el justo,
Y contra él rechina sus dientes.

13 El Señor se ríe de él,
Porque ve que su día se acerca.

14 Los impíos han sacado la espada y entesado el arco
Para abatir al afligido y al necesitado,
Para matar a los de recto proceder.

15 Su espada les atravesará su propio corazón,
Y sus arcos serán quebrados.

16 Mejor es lo poco del justo
Que la abundancia de muchos impíos.

17 Porque los brazos de los impíos serán quebrados,
Pero el SEÑOR sostiene a los justos.

18 El SEÑOR conoce los días de los íntegros,
Y su herencia será perpetua.

19 No serán avergonzados en el tiempo malo,
Y en días de hambre se saciarán.

20 Pero los impíos perecerán,
Y los enemigos del SEÑOR *serán* como las flores[1] de
los prados;
Desaparecen, se desvanecen como el humo.

21 El impío pide prestado y no paga,
Pero el justo es compasivo y da.

22 Porque los que son bendecidos por el SEÑOR poseerán
la tierra,
Pero los maldecidos por Él serán exterminados.

23 Por el SEÑOR son ordenados[1] los pasos del hombre,
Y el SEÑOR se deleita en su camino.

24 Cuando caiga, no quedará derribado,
Porque el SEÑOR sostiene su mano.

25 Yo fui joven, y ya soy viejo,
Y no he visto al justo desamparado,
Ni a su descendencia mendigando pan.

26 Todo el día es compasivo y presta,
Y su descendencia es para bendición.

27 Apártate del mal y haz el bien,
Y tendrás morada para siempre.

28 Porque el SEÑOR ama la justicia,
Y no abandona a Sus santos;
Ellos son preservados para siempre,
Pero la descendencia de los impíos será exterminada.

29 Los justos poseerán la tierra,
Y para siempre morarán en ella.

30 La boca del justo profiere sabiduría
Y su lengua habla rectitud.

31 La ley de su Dios está en su corazón;
No vacilan sus pasos.

32 El impío acecha al justo
Y procura matarlo.

37:11 [1] O *paz.*   37:20 [1] Lit. *la hermosura.*   37:23 [1] O *afirmados.*

33 El SEÑOR no dejará al justo en sus manos,
   Ni permitirá que lo condenen cuando sea juzgado.
34 Espera en el SEÑOR y guarda Su camino,
   Y Él te exaltará para que poseas la tierra.
   Cuando los impíos sean exterminados, tú lo verás.

35 He visto al impío, violento,
   Extenderse como frondoso árbol en su propio suelo.
36 Luego pasó, y ya no estaba;
   Lo busqué, pero no se pudo encontrar.
37 Observa al que es íntegro, mira al que es recto;
   Porque el hombre de paz tendrá descendencia.
38 Pero los transgresores serán destruidos a una;
   La posteridad de los impíos será exterminada.
39 Pero la salvación de los justos viene del SEÑOR;
   Él es su fortaleza en el tiempo de la angustia.
40 El SEÑOR los ayuda y los libra;
   Los libra de los impíos y los salva,
   Porque en Él se refugian.

ORACIÓN DEL PECADOR CONTRITO
Salmo de David. Para conmemorar.

38 SEÑOR, no me reprendas en Tu enojo,
       Ni me castigues en Tu furor.
2 Porque Tus flechas se han clavado en mí,
   Y sobre mí ha descendido Tu mano.
3 Nada hay sano en mi carne a causa de Tu indignación;
   En mis huesos no hay salud a causa de mi pecado.
4 Porque mis iniquidades han sobrepasado mi cabeza;
   Como pesada carga, pesan mucho para mí.
5 Mis llagas huelen mal y supuran
   A causa de mi necedad.
6 Estoy encorvado y abatido en gran manera,
   Y ando sombrío todo el día.
7 Porque mis lomos están inflamados de fiebre,
   Y nada hay sano en mi carne.
8 Estoy entumecido y abatido en gran manera;
   Gimo a causa de la agitación de mi corazón.

9 Señor, todo mi anhelo está delante de Ti,
   Y mi suspiro no te es oculto.
10 Palpita mi corazón, mis fuerzas me abandonan,
   Y aun la luz de mis ojos se ha ido de mí.
11 Mis amigos y mis compañeros se mantienen lejos de
       mi plaga,
   Y mis parientes se mantienen a distancia.
12 Los que buscan mi vida *me* tienden lazos;
   Los que procuran mi mal hablan *de mi* destrucción,
   Y traman traición todo el día.

13 Pero yo, como el sordo, no oigo;
   Soy como el mudo que no abre la boca.
14 Sí, soy como el hombre que no oye,
   Y en cuya boca no hay réplica.
15 Porque en Ti espero, oh SEÑOR;
   Tú responderás, Señor, Dios mío.

37:37
El íntegro
Esto no quiere decir que las personas no tengan pecados. Los íntegros son los que ponen su confianza y seguridad en Dios.

38:4
La fuente de la desdicha de David
David puede haber estado físicamente enfermo cuando escribió este salmo, pero también estaba cargado de culpas.

38:5-8
La enfermedad de David
No está claro qué tipo de enfermedad tenía, pero era algo muy doloroso. Las personas se habían alejado de él en su enfermedad, así que estaba solo.

16 Pues dije: «Que no se alegren de mí
   Los que, cuando mi pie resbala, se engrandecen sobre
       mí».
17 Porque yo estoy a punto de caer,
   Y mi dolor está continuamente delante de mí.
18 Confieso, pues, mi iniquidad;
   Afligido estoy a causa de mi pecado.
19 Pero mis enemigos son vigorosos *y* fuertes;
   Muchos son los que sin causa me aborrecen.
20 Y los que pagan mal por bien
   Se me oponen, porque yo sigo lo bueno.
21 No me abandones, oh SEÑOR;
   Dios mío, no estés lejos de mí.
22 Apresúrate a socorrerme,
   Oh Señor, salvación mía.

VANIDAD DE LA VIDA

Para el director del coro, para Jedutún. Salmo de David.

39 Yo dije: «Guardaré mis caminos
       Para no pecar con mi lengua;
   Guardaré mi boca como con mordaza
   Mientras el impío esté en mi presencia».
2 Enmudecí y callé;
   Guardé silencio *aun acerca* de lo bueno,
   Y se agravó mi dolor.
3 Ardía mi corazón dentro de mí;
   Mientras meditaba, se encendió el fuego;
   Entonces dije con mi lengua:
4 «SEÑOR, hazme saber mi fin,
   Y cuál es la medida de mis días,
   Para que yo sepa cuán efímero soy.
5 Tú has hecho mis días muy breves,
   Y mi existencia es como nada delante de Ti;
   Ciertamente todo hombre, aun en la plenitud de su
       vigor, es solo un soplo.   *(Selah)*
6 Sí, como una sombra anda el hombre;
   Ciertamente en vano se afana;
   Acumula *riquezas,* y no sabe quién las recogerá.

7 »Y ahora, Señor, ¿qué espero?
   En Ti está mi esperanza.
8 Líbrame de todas mis transgresiones;
   No me hagas la burla de los necios.
9 Mudo me he quedado, no abro la boca,
   Porque Tú eres el que ha obrado.
10 Quita de mí Tu plaga;
   Por la dureza de Tu mano estoy pereciendo.
11 Con castigos reprendes al hombre por *su* iniquidad;
   Como la polilla, consumes lo que es más precioso
       para él.
   Ciertamente, todo hombre es solo un soplo.
       (Selah)

12 »Escucha mi oración, oh SEÑOR, y presta oído a mi
       clamor;
   No guardes silencio ante mis lágrimas;

38:21-22
David confiaba en que Dios lo socorrería

A pesar de su dolor y sufrimiento, David creía que Dios no lo abandonaría, pero aun así le pide que lo libere pronto.

39:4-5
David pregunta acerca de la muerte

David quería que se le recordara que no viviría para siempre. Eso lo alentaría a usar bien el tiempo de vida que le quedaba.

39:12
Extranjero y peregrino

Estas eran personas que vivían en Israel, pero no podían heredar tierras porque no eran israelitas. Ellas no tenían muchos derechos. David empleó esta descripción gráfica para mostrar la forma en que se sentía lejos de Dios.

Porque extranjero soy junto a Ti,
Peregrino, como todos mis padres.
13 Aparta de mí Tu mirada, para poder alegrarme
Antes de que me vaya *de aquí* y ya no exista».

DIOS SUSTENTA A SU SIERVO
Para el director del coro. Salmo de David.

40 Esperé pacientemente al SEÑOR,
Y Él se inclinó a mí y oyó mi clamor.
2 Me sacó del hoyo de la destrucción, del lodo cenagoso;
Asentó mis pies sobre una roca y afirmó mis pasos.
3 Puso en mi boca un cántico nuevo, un canto de
alabanza a nuestro Dios.
Muchos verán *esto,* y temerán
Y confiarán en el SEÑOR.

4 Cuán bienaventurado es el hombre que ha puesto en
el SEÑOR su confianza,
Y no se ha vuelto a los soberbios ni a los que caen en
falsedad.
5 Muchas son, SEÑOR, Dios mío, las maravillas que Tú
has hecho,
Y *muchos* Tus designios para con nosotros;
Nadie hay que se compare contigo;
Si *los* anunciara, y hablara de ellos,
No podrían ser enumerados.

6 Sacrificio y ofrenda de cereal no has deseado;
Me has abierto los oídos;
Holocausto y ofrenda por el pecado no has pedido.
7 Entonces dije: «Aquí estoy;
En el rollo del libro está escrito de mí;
8 Me deleito en hacer Tu voluntad, Dios mío;
Tu ley está dentro de mi corazón».

9 He proclamado buenas nuevas de justicia en la gran
congregación;
No refrenaré mis labios,
Oh SEÑOR, Tú lo sabes.
10 No he escondido Tu justicia dentro de mi corazón;
He proclamado Tu fidelidad y Tu salvación;
No he ocultado a la gran congregación Tu
misericordia y Tu fidelidad.

11 Tú, oh SEÑOR, no retengas Tu compasión de mí;
Tu misericordia y Tu fidelidad me guarden
continuamente,
12 Porque me rodean males sin número;
Mis iniquidades me han alcanzado, y no puedo ver;
Son más numerosas que los cabellos de mi cabeza,
Y el corazón me falla.

13 Ten a bien, oh SEÑOR, libertarme;
Apresúrate, SEÑOR, a socorrerme.
14 Sean avergonzados y humillados a una
Los que buscan mi vida para destruirla;
Sean vueltos atrás y cubiertos de ignominia
Los que se complacen en mi mal.

40:2
**La clase de hoyo en que
estaba David**
Debe haber sido un hoyo que se
cavó para sacar agua, una cueva, o
incluso una referencia a la tumba.
En cualquiera de los casos, David se
encontraba en una mala situación y
Dios lo rescató.

40:6
**Los oídos de David
estaban abiertos**
David debe haber querido decir
que estaba listo para escuchar las
palabras de Dios.

15 Queden atónitos a causa de su vergüenza
   Los que me dicen: «¡Ajá, ajá!».
16 Regocíjense y alégrense en Ti todos los que te
      buscan;
   Que los que aman Tu salvación digan continuamente:
   «¡Engrandecido sea el SEÑOR!».
17 Por cuanto yo estoy afligido y necesitado,
   El Señor me tiene en cuenta.
   Tú eres mi ayuda y mi libertador;
   Dios mío, no te tardes.

40:17
Por qué David siendo rico se describe como afligido y necesitado
Con esta frase, David estaba señalando lo mucho que necesitaba la ayuda de Dios, tanto en lo físico como en lo espiritual.

ORACIÓN EN ENFERMEDAD Y EN TRISTEZA
Para el director del coro. Salmo de David.

41 Bienaventurado el que piensa en el pobre;
      En el día del mal el SEÑOR lo librará.
2 El SEÑOR lo protegerá y lo mantendrá con vida,
   Y será bienaventurado sobre la tierra.
   Tú no lo entregarás a la voluntad de sus enemigos.
3 El SEÑOR lo sostendrá en su lecho de enfermo;
   En su enfermedad, restaurarás su salud.

4 Yo dije: «Oh SEÑOR, ten piedad de mí;
   Sana mi alma, porque contra Ti he pecado».
5 Mis enemigos hablan mal contra mí, *diciendo:*
   «¿Cuándo morirá y perecerá su nombre?».
6 Y si *alguien* viene a ver*me*, habla falsedades;
   Su corazón recoge iniquidad para sí;
   Cuando sale fuera, lo publica.
7 Todos los que me odian murmuran a una contra mí;
   Traman hacerme daño, *diciendo:*
8 «Una cosa del demonio[1] ha sido derramada sobre él,
   Así que cuando se acueste, no volverá a levantarse».
9 Aun mi íntimo amigo en quien yo confiaba,
   El que de mi pan comía,
   Contra mí ha levantado su talón.

41:4
David necesitaba sanidad
Esto probablemente quería decir que necesitaba sanidad para su alma por causa del pecado.

41:9
El significado de levantar el talón contra alguien
Eso significaba traicionar a alguien, posiblemente mintiendo contra esa persona.

10 Pero Tú, oh SEÑOR, ten piedad de mí y levántame,
   Para que yo les pague *como se merecen.*
11 En esto sabré que conmigo te complaces,
   Que mi enemigo no cante victoria sobre mí.
12 En cuanto a mí, me mantienes en mi integridad,
   Y me afirmas en Tu presencia para siempre.

13 Bendito sea el SEÑOR, Dios de Israel,
   Desde la eternidad hasta la eternidad.
   Amén y amén.

LIBRO SEGUNDO

SED DE DIOS EN LA ANGUSTIA Y EN EL DESTIERRO
Para el director del coro. Masquil[†] de los hijos de Coré.

42 Como el ciervo anhela las corrientes de agua,
      Así suspira por Ti, oh Dios, el alma mía.

41:8 [1] Heb. *Belial.*   42:1 [†] Posiblemente, *Salmo didáctico,* o *contemplativo.*

2 Mi alma tiene sed de Dios, del Dios viviente;
  ¿Cuándo vendré y me presentaré delante de Dios?
3 Mis lágrimas han sido mi alimento de día y de noche,
  Mientras me dicen todo el día: «¿Dónde está tu Dios?».
4 Me acuerdo de estas cosas y derramo mi alma dentro
    de mí;
  De cómo iba yo con la multitud y la guiaba hasta la
    casa de Dios,
  Con voz de alegría y de acción de gracias, *con* la
    muchedumbre en fiesta.

5 ¿Por qué te desesperas[1], alma mía,
  Y *por qué* te turbas dentro de mí?
  Espera en Dios, pues he de alabarlo otra vez
  Por la salvación de Su presencia.
6 Dios mío, mi alma está en mí deprimida;
  Por eso me acuerdo de Ti desde la tierra del Jordán,
  Y *desde* las cumbres del Hermón, desde el monte
    Mizar.
7 Un abismo llama a *otro* abismo a la voz de Tus
    cascadas;
  Todas Tus ondas y Tus olas han pasado sobre mí.
8 De día mandará el SEÑOR Su misericordia,
  Y de noche Su cántico *estará* conmigo;
  Elevaré una oración al Dios de mi vida.

9 A Dios, mi roca, diré: «¿Por qué me has olvidado?
  ¿Por qué ando sombrío por la opresión del enemigo?».
10 Como quien quebranta mis huesos, mis adversarios
    me afrentan,
  Mientras me dicen todo el día: «¿Dónde está tu Dios?».
11 ¿Por qué te desesperas, alma mía,
  Y por qué te turbas dentro de mí?
  Espera en Dios, pues lo he de alabar otra vez.
  ¡*Él es* la salvación de mi ser, y mi Dios!

PLEGARIA IMPLORANDO LIBERACIÓN

43 Hazme justicia, oh Dios, y defiende mi causa contra
  una nación impía;
  Líbrame del hombre engañoso e injusto.
2 Ya que Tú eres el Dios de mi fortaleza, ¿por qué me
    has rechazado?
  ¿Por qué ando sombrío por la opresión del
    enemigo?

3 Envía Tu luz y Tu verdad; que ellas me
    guíen,
  Que me lleven a Tu santo monte
  Y a Tus moradas.
4 Entonces llegaré al altar de Dios,
  A Dios, mi supremo gozo;
  Y al son de la lira te alabaré, oh Dios, Dios
    mío.

5 ¿Por qué te desesperas[1], alma mía,
  Y por qué te turbas dentro de mí?

42:7
Qué significa «un abismo llama a otro abismo»
Esto puede ser una referencia a la interminable reserva de agua de Dios sobre la tierra (el *abismo* de arriba) que cae y llena los ríos y arroyos que se vacían en el mar (el *abismo* de abajo).

43:2
Dios es una fortaleza
El salmista dice que Dios es como una fortaleza. Una fortaleza, o un fuerte, era un lugar de protección cuando un enemigo invadía la tierra. Del mismo modo, Dios nos mantendrá a salvo cuando estemos en peligro.

42:5 [1] O *estás deprimida* y así en el vers. 11.   43:5 [1] O *estás deprimida.*

43:3
El santo monte de Dios
Era el sitio del templo en Jerusalén, el monte Sión.

44:9-16
Cómo Dios rechazó a su pueblo
Dios los hizo sufrir derrotas (versículos 9-12) y los avergonzó delante de sus enemigos (versículos 13-16).

Espera en Dios, pues lo he de alabar otra vez.
¡*Él es* la salvación de mi ser, y mi Dios!

ORACIÓN NACIONAL DE INTERCESIÓN
Para el director del coro. Masquil[†] de los hijos de Coré.

44 Oh Dios, con nuestros oídos hemos oído,
Nuestros padres nos han contado
La obra que hiciste en sus días,
En los tiempos antiguos:

2 Tú con Tu mano echaste fuera las naciones,
Pero a ellos los plantaste.
Afligiste a los pueblos,
Pero a ellos los hiciste crecer.

3 Pues no fue por su espada que tomaron posesión de la tierra,
Ni fue su brazo el que los salvó,
Sino Tu diestra y Tu brazo, y la luz de Tu presencia,
Porque te complaciste en ellos.

4 Tú eres mi Rey, oh Dios;
Manda victorias a Jacob.

5 Contigo rechazaremos a nuestros adversarios;
En Tu nombre pisotearemos a los que contra nosotros se levantan.

6 Porque yo no confiaré en mi arco,
Ni me podrá salvar mi espada;

7 Pues Tú nos has salvado de nuestros adversarios,
Y has avergonzado a los que nos aborrecen.

8 En Dios nos hemos gloriado todo el día.
Por siempre alabaremos Tu nombre.
(Selah)

9 Sin embargo, Tú *nos* has rechazado y nos has confundido,
Y no sales con nuestros ejércitos.

10 Nos haces retroceder ante el adversario,
Y los que nos aborrecen tomaron botín para sí.

11 Nos entregas como ovejas para ser devorados,
Y nos has esparcido entre las naciones.

12 Vendes a Tu pueblo a bajo precio,
Y nada has ganado con su venta.

13 Nos haces el oprobio de nuestros vecinos,
Escarnio y burla de los que nos rodean.

14 Nos pones por proverbio entre las naciones,
Causa de risa entre los pueblos.

15 Todo el día mi ignominia está delante de mí,
Y la vergüenza de mi rostro me ha abrumado

16 Por la voz del que *me* reprocha e insulta,
Por la presencia del enemigo y del vengativo.

17 Todo esto nos ha sobrevenido, pero no nos hemos olvidado de Ti,
Ni hemos faltado a Tu pacto.

18 No se ha vuelto atrás nuestro corazón,
Ni se han desviado nuestros pasos de Tu senda;

44:1 [†] Posiblemente, *Salmo didáctico, o contemplativo.*

19 Sin embargo, nos has quebrantado en la región de los
      chacales,
   Y nos has cubierto con la sombra de la muerte.

20 Si nos hubiéramos olvidado del nombre de nuestro
      Dios,
   O extendido nuestras manos a un dios extraño,
21 ¿No se habría dado cuenta Dios de esto?
   Pues Él conoce los secretos del corazón.
22 Pero por causa Tuya nos matan cada día;
   Se nos considera como ovejas para el matadero.
23 ¡Despierta! ¿Por qué duermes, Señor?
   ¡Levántate! No *nos* rechaces para siempre.
24 ¿Por qué escondes Tu rostro
   Y te olvidas de nuestra aflicción y de nuestra
      opresión?
25 Porque nuestra alma se ha hundido en el polvo;
   Nuestro cuerpo está pegado a la tierra.
26 ¡Levántate! Sé nuestra ayuda,
   Y redímenos por amor de Tu misericordia.

CÁNTICO DE LAS BODAS DEL REY

Para el director del coro; según Sosanim†. Masquil de los hijos de
Coré. Canción de amor.*

45 Rebosa en mi corazón un tema bueno;
      Al Rey dirijo mis versos;
   Mi lengua es *como* pluma de escribiente muy ligero.
2 Eres el más hermoso de los hijos de los hombres;
   La gracia se derrama en Tus labios;
   Por tanto, Dios te ha bendecido para siempre.

3 Prepara Tu espada sobre el muslo, oh valiente,
   En Tu esplendor y Tu majestad.
4 En Tu majestad cabalga en triunfo,
   Por la causa de la verdad, de la humildad *y* de la
      justicia;
   Que Tu diestra te enseñe cosas tremendas.
5 Tus flechas son agudas;
   Los pueblos caen debajo de Ti;
   En el corazón de los enemigos del rey *están Tus*
      flechas.

6 Tu trono, oh Dios, es eterno y para siempre;
   Cetro de equidad es el cetro de Tu reino.
7 Has amado la justicia y aborrecido la iniquidad;
   Por tanto Dios, Tu Dios, te ha ungido
   Con óleo de alegría más que a Tus compañeros.
8 Todas Tus vestiduras están *perfumadas* con mirra,
      áloe *y* casia;
   Desde palacios de marfil te han alegrado *con*
      instrumentos de cuerda.
9 Hijas de reyes hay entre Tus damas nobles;
   A Tu diestra, en oro de Ofir, está la reina.

10 Escucha, hija, presta atención e inclina tu oído;
   Olvídate de tu pueblo y de la casa de tu padre.

45:1 † Posiblemente, *Lirios.*   * Posiblemente, *Salmo didáctico, o contemplativo.*

44:19
El significado de «la región de los chacales»
Los chacales son animales carroñeros que evitan las áreas pobladas. El salmista estaba dando a entender que había poca gente viviendo en Israel. Esto puede haber sido una advertencia de lo que sucedería si ellos no guardaban la ley de Dios.

45:6
El trono de Dios
El trono del rey puede haber sido llamado el trono de Dios, porque el rey era el ungido de Dios.

45:9
Oro de Ofir
Era un oro poco común de la más alta pureza.

11 Entonces el Rey deseará tu hermosura;
　　Inclínate ante Él, porque Él es tu señor.
12 Y la hija de Tiro *vendrá* con presentes;
　　Los ricos del pueblo suplicarán tu favor.

13 Toda radiante está la hija del Rey dentro *de su
　　　palacio;*
　　Recamado de oro está su vestido.
14 En vestido bordado será conducida al Rey;
　　Las vírgenes, sus compañeras que la siguen,
　　Serán llevadas a Ti.
15 Serán conducidas con alegría y regocijo;
　　Entrarán al palacio del Rey.

16 En lugar de tus padres estarán tus hijos;
　　Los harás príncipes en toda la tierra.
17 Haré que Tu nombre sea recordado por todas las
　　　generaciones;
　　Por tanto, los pueblos te darán gracias eternamente y
　　　para siempre.

DIOS, NUESTRO AMPARO Y FORTALEZA
*Para el director del coro. Salmo de los hijos de Coré, compuesto
para Alamot[†]. Cántico.*

46 Dios es nuestro refugio y fortaleza,
　　Nuestro pronto auxilio en las tribulaciones.
2 Por tanto, no temeremos aunque la tierra sufra
　　　cambios,
　　Y aunque los montes se deslicen al fondo de los
　　　mares;
3 *Aunque* bramen *y* se agiten sus aguas,
　　Aunque tiemblen los montes con creciente enojo.
　　(Selah)

4 *Hay* un río cuyas corrientes alegran la ciudad de Dios,
　　Las moradas santas del Altísimo.
5 Dios está en medio de ella, no será sacudida;
　　Dios la ayudará al romper el alba.
6 Bramaron las naciones, se tambalearon los reinos;
　　Dio Él Su voz, *y* la tierra se derritió.
7 El SEÑOR de los ejércitos está con nosotros;
　　Nuestro baluarte es el Dios de Jacob.
　　(Selah)

8 Vengan, contemplen las obras del SEÑOR,
　　Que ha hecho asolamientos en la tierra;
9 Que hace cesar las guerras hasta los confines de la
　　　tierra;
　　Quiebra el arco, parte la lanza,
　　Y quema los carros en el fuego.
10 Estén quietos, y sepan que Yo soy Dios;
　　Exaltado seré entre las naciones, exaltado seré en la
　　　tierra.
11 El SEÑOR de los ejércitos está con nosotros;
　　Nuestro baluarte es el Dios de Jacob.
　　(Selah)

46:1 † Posiblemente, *para voces de soprano.*

46:4
El río
A diferencia de muchas ciudades capitales, Jerusalén no tenía un río que la atravesaba. Este «río» es una manera de decir que tenían las bendiciones continuas de Dios, lo cual asemejaba la ciudad de Dios al huerto del Edén.

46:8-10
La seguridad que Dios provee
El salmista escribió sobre la forma en que Dios protegía a Israel de sus enemigos, pero también describe un tiempo en que toda la tierra tendrá paz.

DIOS, EL REY DE LA TIERRA
Para el director del coro. Salmo de los hijos de Coré.

47 Batan palmas, pueblos todos;
Aclamen a Dios con voz de júbilo.

2 Porque el SEÑOR, el Altísimo, es *digno* de ser
temido;
Rey grande es sobre toda la tierra.

3 Él somete pueblos debajo de nosotros,
Y naciones bajo nuestros pies.

4 Él nos escoge nuestra heredad,
La gloria de Jacob a quien Él ama.   *(Selah)*

5 Dios ha ascendido entre aclamaciones,
El SEÑOR, al son de trompeta.

6 Canten alabanzas a Dios, canten alabanzas;
Canten alabanzas a nuestro Rey, canten alabanzas.

7 Porque Dios es Rey de toda la tierra;
Canten alabanzas con armonioso salmo.

8 Dios reina sobre las naciones;
Sentado está Dios en Su santo trono.

9 Se han reunido los príncipes de los pueblos *como* el
pueblo del Dios de Abraham;
Porque de Dios son los escudos de la tierra;
Él es ensalzado en gran manera.

HERMOSURA Y GLORIA DE SIÓN
Cántico. Salmo de los hijos de Coré.

48 Grande es el SEÑOR, y muy digno de ser alabado
En la ciudad de nuestro Dios, Su santo monte.

2 Hermoso en *su* elevación, el gozo de toda la tierra
Es el monte Sión, *en* el extremo norte,
La ciudad del gran Rey.

3 Dios en sus palacios
Se dio a conocer como baluarte.

4 Pues los reyes se reunieron;
Pasaron juntos.

5 Ellos *la* vieron *y* quedaron pasmados;
Se aterrorizaron *y* huyeron alarmados.

6 Allí se apoderó de ellos un temblor;
Dolor como el de mujer que está de parto.

7 Con el viento del este
Tú destrozas las naves de Tarsis.

8 Como lo hemos oído, así *lo* hemos visto
En la ciudad del SEÑOR de los ejércitos, en la ciudad
de nuestro Dios;
Dios la afirmará para siempre.   *(Selah)*

9 Hemos meditado en Tu misericordia, oh Dios,
En medio de Tu templo.

10 Oh Dios, como es Tu nombre,
Así es Tu alabanza hasta los confines de la tierra;
Llena de justicia está Tu diestra.

11 Alégrese el monte Sión,
Regocíjense las hijas de Judá,
A causa de Tus juicios.

47:4
La gloria de Jacob
Se refiere a la tierra prometida y específicamente a Jerusalén, la ciudad donde la presencia de Dios estaba con su pueblo.

47:5
Las trompetas
Eran trompetas de cuernos de carnero que anunciaban la presencia de Dios el Rey.

47:8
La ubicación del santo trono de Dios
Este era el Lugar Santísimo del templo, el lugar desde el cual Dios gobernaba la tierra.

48:2-3
El monte Sión
El monte Sión no era la montaña más alta de la región, pero Dios lo había elegido como su casa, y esto lo hacía el mayor en importancia. Dios mismo defendía la ciudad de Jerusalén.

48:7
Las naves de Tarsis
Eran las grandes naves mercantes del mar Mediterráneo.

48:12-13
Por qué se les dice a las personas que miren a Sión
Sión era el monte santo de Dios. Cuando las personas miraban hacia allí, se suponía que debían pensar en cómo Dios las había protegido para que pudieran contarle a la próxima generación sobre la gran salvación de Dios.

49:5-9
Lo mismo les sucede a todos, pobres y ricos
Todos finalmente moriremos, y no hay cantidad de dinero que pueda impedir la muerte.

49:15
La creencia del Antiguo Testamento sobre el cielo
El Antiguo Testamento no habla mucho sobre la vida después de la muerte, pero este versículo insinúa el cielo. El salmista sugiere que, aunque morirá, vivirá con Dios después de su muerte.

49:16-20
Lección sobre la riqueza
Tener riquezas sin sabiduría no tiene sentido, porque cuando una persona muere, deja atrás todo lo que poseía.

12 Caminen por Sión y vayan alrededor de ella;
Cuenten sus torres;
13 Consideren atentamente sus murallas,
Recorran sus palacios,
Para que lo cuenten a la generación venidera.
14 Porque Este es Dios,
Nuestro Dios para siempre;
Él nos guiará hasta la muerte.

LA INSENSATEZ DE CONFIAR EN LAS RIQUEZAS
Para el director del coro. Salmo de los hijos de Coré.

49 Oigan esto, pueblos todos;
Escuchen, habitantes todos del mundo,
2 Tanto humildes como encumbrados,
Ricos y pobres juntos.
3 Mi boca hablará sabiduría,
Y la meditación de mi corazón *será* entendimiento.
4 Inclinaré al proverbio mi oído,
Con el arpa declararé mi enigma.

5 ¿Por qué he de temer en *los* días de adversidad
Cuando la iniquidad de mis enemigos me rodee,
6 *De* los que confían en sus bienes
Y se jactan de la abundancia de sus riquezas?
7 Nadie puede en manera alguna redimir a *su* hermano,
Ni dar a Dios rescate por él,
8 Porque la redención de su alma es muy costosa,
Y debe abandonar *el intento* para siempre,
9 Para que viva eternamente,
Para que no vea corrupción.

10 Porque él ve *que aun* los sabios mueren;
El torpe y el necio perecen de igual manera,
Y dejan sus riquezas a otros.
11 Su íntimo pensamiento es *que* sus casas serán eternas,
Y sus moradas por todas las generaciones;
A sus tierras han dado sus nombres.
12 Pero el hombre, en *su* vanagloria, no permanecerá;
Es como las bestias que perecen.

13 Este es el camino de los insensatos,
Y de los que después de ellos aprueban sus palabras.
        (Selah)
14 Como ovejas son destinados para el Seol,
La muerte los pastoreará,
Los rectos los regirán por la mañana;
Su forma será para que el Seol la consuma,
De modo que no tienen morada.
15 Pero Dios redimirá mi alma del poder del Seol,
Pues Él me recibirá.   *(Selah)*

16 No temas cuando alguien se enriquece,
Cuando la gloria de su casa aumenta;
17 Porque nada se llevará cuando muera,
Ni su gloria descenderá con él.
18 Aunque mientras viva, a sí mismo se felicite
(Y aunque *los hombres* te alaben cuando prosperes),

19 Irá a *reunirse con* la generación de sus padres,
    Quienes nunca verán la luz.
20 El hombre en *su* vanagloria, pero sin entendimiento,
    Es como las bestias que perecen.

DIOS, JUEZ DEL JUSTO Y DEL IMPÍO
Salmo de Asaf.

50 El poderoso Dios[1], el SEÑOR, ha hablado,
    Y convocado a la tierra, desde el nacimiento del sol
        hasta su ocaso.
2 Desde Sión, perfección de hermosura,
    Dios ha resplandecido.
3 Que venga nuestro Dios y no calle;
    El fuego consume delante de Él,
    Y a Su derredor hay gran tempestad.
4 Él convoca a los cielos en lo alto
    Y a la tierra, para juzgar a Su pueblo,
5 *Y dice:* «Junten a Mis santos,
    Los que han hecho conmigo pacto con sacrificio».
6 Y los cielos declaran Su justicia,
    Porque Dios mismo es el juez.   *(Selah)*

7 «Oye, pueblo Mío, y hablaré;
    Israel, Yo testificaré contra ti.
    Yo soy Dios, tu Dios.
8 No te reprendo por tus sacrificios,
    Ni *por* tus holocaustos, que están continuamente
        delante de Mí.
9 No tomaré novillo de tu casa,
    Ni machos cabríos de tus corrales.
10 Porque Mío es todo animal del bosque,
    Y el ganado sobre mil colinas.
11 Conozco a todas las aves de los montes,
    Y Mío es todo lo que en el campo se mueve.
12 Si Yo tuviera hambre, no te lo diría a ti;
    Porque Mío es el mundo y todo lo que en él hay.
13 ¿*Acaso* he de comer carne de toros,
    O beber sangre de machos cabríos?
14 Ofrece a Dios sacrificio de acción de gracias,
    Y cumple tus votos al Altísimo.
15 Invoca Mi nombre en el día de la angustia;
    Yo te libraré, y tú me honrarás».

16 Pero al impío Dios le dice:
    «¿Qué derecho tienes tú de hablar de Mis estatutos,
    Y de tomar Mi pacto en tus labios?
17 Porque tú aborreces la disciplina,
    Y a tus espaldas echas Mis palabras.
18 Cuando ves a un ladrón, te complaces con él,
    Y con adúlteros te asocias.
19 Das rienda suelta a tu boca para el mal,
    Y tu lengua trama engaño.
20 Te sientas y hablas contra tu hermano;
    Al hijo de tu propia madre calumnias.

50:1
Por qué se repite el nombre de Dios
Era común en la poesía repetir palabras o frases. Repetir el nombre de Dios resalta su poder y su gloria.

50:5
Hacer sacrificios
Los sacrificios se hacían como una forma de sellar un pacto o acuerdo. En este salmo, Dios reprende a las personas que piensan que solo los sacrificios son suficientes para agradarlo.

50:1 [1] O *El Dios de dioses.*

21 Estas cosas has hecho, y Yo he guardado silencio;
Pensaste que Yo era tal como tú;
Pero te reprenderé, y delante de tus ojos expondré *tus delitos*.

22 »Entiendan ahora esto ustedes, los que se olvidan de Dios,
No sea que *los* despedace, y no haya quien *los* libre.

23 El que ofrece sacrificio de acción de gracias me honra;
Y al que ordena *bien su* camino,
Le mostraré la salvación de Dios».

ORACIÓN DE UN PECADOR ARREPENTIDO

Para el director del coro. Salmo de David, cuando después que se llegó a Betsabé, el profeta Natán lo visitó.

51 Ten piedad de mí, oh Dios, conforme a Tu misericordia;
Conforme a lo inmenso de Tu compasión, borra mis transgresiones.

2 Lávame por completo de mi maldad,
Y límpiame de mi pecado.

3 Porque yo reconozco mis transgresiones,
Y mi pecado está siempre delante de mí.

4 Contra Ti, contra Ti solo he pecado,
Y he hecho lo malo delante de Tus ojos,
De manera que eres justo cuando hablas,
Y sin reproche[1] cuando juzgas.

5 Yo nací en iniquidad,
Y en pecado me concibió mi madre.

6 Tú deseas la verdad en lo más íntimo,
Y en lo secreto me harás conocer sabiduría.

7 Purifícame con hisopo, y seré limpio;
Lávame, y seré más blanco que la nieve.

8 Hazme oír gozo y alegría,
Haz que se regocijen los huesos que has quebrantado.

9 Esconde Tu rostro de mis pecados,
Y borra todas mis iniquidades.

10 Crea en mí, oh Dios, un corazón limpio,
Y renueva un espíritu recto dentro de mí.

11 No me eches de Tu presencia,
Y no quites de mí Tu Santo Espíritu.

12 Restitúyeme el gozo de Tu salvación,
Y sostenme con un espíritu de poder.

13 *Entonces* enseñaré a los transgresores Tus caminos,
Y los pecadores se convertirán a Ti.

14 Líbrame de delitos de sangre, oh Dios, Dios de mi salvación,
Entonces mi lengua cantará con gozo Tu justicia.

15 Abre mis labios, oh Señor,
Para que mi boca anuncie Tu alabanza.

16 Porque Tú no te deleitas en sacrificio, de lo contrario yo lo ofrecería;
No te agrada el holocausto.

51:4 [1] Lit. *puro.*

50:23
Los sacrificios eran solo una parte del perdón
El pueblo no podía sobornar a Dios haciendo sacrificios. Ellos también tenían que ofrecerle su gratitud y arrepentirse de sus pecados.

51:1
Cómo Dios borra nuestras transgresiones
Esta es una descripción gráfica comparativa que muestra cómo Dios remueve nuestros pecados como si se borrara la tinta de una página. Durante ese tiempo, la tinta solía ser una mezcla de hollín o carbón y agua, la cual se podía quitar fácilmente frotando un trapo sobre el papel.

51:16-17
Dios deseaba más que sacrificios
Dios se alegra con una persona que tiene un corazón humilde y le pide perdón.

17 Los sacrificios de Dios son el espíritu contrito;
  Al corazón contrito y humillado, oh Dios, no
  despreciarás.

18 Haz bien con Tu benevolencia a Sión;
  Edifica los muros de Jerusalén.

19 Entonces te agradarán los sacrificios de justicia,
  El holocausto y el sacrificio perfecto;
  Entonces se ofrecerán novillos sobre Tu altar.

LO VANO DE LA MALDAD QUE SE GLORÍA

Para el director del coro. Masquil de David, cuando fue Doeg el edomita e informó a Saúl, diciéndole: «David está en casa de Ahimelec».

52 ¿Por qué te glorías del mal, oh poderoso?
  La misericordia de Dios es constante.

2 Tu lengua trama destrucción
  Como afilada navaja, oh artífice de engaño.

3 Amas el mal más que el bien,
  La mentira más que decir lo que es justo.
    (Selah)

4 Amas toda palabra destructora,
  Oh lengua de engaño.

5 Pero Dios te destruirá para siempre;
  Te arrebatará y te arrancará de *tu* tienda,
  Y te desarraigará de la tierra de los vivientes.
    (Selah)

6 Los justos verán *esto* y temerán,
  Y se reirán de él, *diciendo:*

7 «Ese es el hombre que no quiso hacer de Dios su
    refugio,
  Sino que confió en la abundancia de sus riquezas
  Y se hizo fuerte en sus *malos* deseos».

8 Pero yo soy como olivo verde en la casa de Dios;
  En la misericordia de Dios confío eternamente y para
    siempre.

9 Te daré gracias para siempre por lo que has hecho,
  Y esperaré en Tu nombre, porque *es* bueno delante de
    Tus santos.

NECEDAD Y MALDAD DE LOS HOMBRES

Para el director del coro; según Mahalat†. Masquil* de David.

53 El necio ha dicho en su corazón: «No hay Dios».
  Se han corrompido, han cometido injusticias
    abominables;
  No hay quien haga el bien.

2 Dios ha mirado desde los cielos sobre los hijos de los
    hombres
  Para ver si hay alguien que entienda,
  Alguien que busque a Dios.

3 Todos se han desviado, a una se han corrompido;
  No hay quien haga el bien, no hay ni siquiera uno.

52:8
David era como un olivo
Un árbol de olivo vive cientos de años. La familia de David reinaría por cientos de años también. Los hebreos creían que el olivo era un símbolo de belleza, fuerza, prosperidad y bendición.

53
Este salmo se repite
Este salmo es casi igual a Salmos 14. David puede haber cambiado ligeramente el salmo para usarlo en una ocasión diferente.

53:1 † I.e. enfermedad, tonada triste.   * Posiblemente, *Salmo didáctico*, o contemplativo.

⁴ ¿Acaso no tienen conocimiento los que hacen
  iniquidad,
  Que devoran a Mi pueblo *como si* comieran pan,
  Y no invocan a Dios?
⁵ *Donde antes* no había terror, allí tiemblan de espanto,
  Porque Dios esparció los huesos del que acampaba
    contra ti;
  Tú *los* avergonzaste, porque Dios los había rechazado.
⁶ ¡Oh, si de Sión saliera la salvación de Israel!
  Cuando Dios restaure a Su pueblo cautivo,
  Se regocijará Jacob y se alegrará Israel.

ORACIÓN PIDIENDO AYUDA DIVINA

Para el director del coro; con instrumentos de cuerda. Masquil de David, cuando los zifeos vinieron y dijeron a Saúl: «¿No está David escondido entre nosotros?».

54 ¡Sálvame! Oh Dios, por Tu nombre,
  Y hazme justicia con Tu poder.
² Escucha mi oración, oh Dios,
  Presta oído a las palabras de mi boca.
³ Porque extraños se han levantado contra mí,
  Y hombres violentos buscan mi vida;
  No han puesto a Dios delante de sí.   *(Selah)*

⁴ Pero Dios es el que me ayuda;
  El Señor es el que sostiene mi alma.
⁵ Él devolverá el mal a mis enemigos;
  Destrúyelos por Tu fidelidad.

⁶ Voluntariamente sacrificaré a Ti;
  Alabaré Tu nombre, oh SEÑOR, porque es bueno.
⁷ Porque Él me ha librado de toda angustia,
  Y mis ojos han visto a mis enemigos *derrotados*.

ORACIÓN DEL PERSEGUIDO

Para el director del coro; con instrumentos de cuerda. Masquil de David.

55 Escucha, oh Dios, mi oración,
  Y no te escondas de mi súplica.
² Atiéndeme y respóndeme;
  Conmovido estoy en mi queja y muy conturbado,
³ A causa de la voz del enemigo,
  Por la opresión del impío;
  Porque echan iniquidad sobre mí,
  Y con furia me persiguen.

⁴ Angustiado está mi corazón dentro de mí,
  Y sobre mí han caído los terrores de la muerte.
⁵ Terror y temblor me invaden,
  Y horror me ha cubierto.
⁶ Y dije: «¡Quién me diera alas como de paloma!
  Volaría y hallaría reposo.
⁷ Ciertamente huiría muy lejos;
  Moraría en el desierto.   *(Selah)*
⁸ Me apresuraría *a buscar* mi lugar de refugio
  Contra el viento borrascoso *y* la tempestad».

54
La razón de este salmo
Este salmo es una oración pidiendo liberación de los enemigos que querían matar a David. En el comienzo implora la salvación de Dios y al final alaba a Dios por su liberación. El versículo 4 es una declaración confiada sobre la ayuda de Dios.

55
La historia de fondo de este salmo
Este salmo era una oración pidiendo ayuda cuando se armó una conspiración contra David en Jerusalén.

9 Confunde, Señor, divide sus lenguas,
   Porque he visto violencia y rencilla en la ciudad.
10 Día y noche la rondan sobre sus muros,
   Y en medio de ella hay iniquidad y malicia.
11 Hay destrucción en medio de ella,
   Y la opresión y el engaño no se alejan de sus calles.

12 Porque no es un enemigo el que me reprocha,
   Si así fuera, podría soportar*lo;*
   Ni es uno que me odia el que se ha alzado contra mí,
   Si así fuera, podría ocultarme de él;
13 Sino tú, que eres mi igual,
   Mi compañero, mi íntimo amigo;
14 Nosotros que juntos teníamos dulce comunión,
   Que con la multitud andábamos en la casa de Dios.
15 Que la muerte sorprenda *a mis enemigos,*
   Que desciendan vivos al Seol,
   Porque la maldad está en su morada, en medio de ellos.

16 En cuanto a mí, a Dios invocaré,
   Y el SEÑOR me salvará.
17 Tarde, mañana y mediodía me lamentaré y gemiré,
   Y Él oirá mi voz.
18 En paz redimirá mi alma de la guerra *que hay* contra mí,
   Pues son muchos los que están contra mí.
19 Dios oirá y les responderá,
   Él, que reina[1] desde la antigüedad,   *(Selah)*
   Porque no hay cambio en ellos
   Ni temen a Dios.
20 Aquel ha extendido sus manos contra los que estaban
      en paz con él,
   Ha violado su pacto.
21 Las palabras de su boca eran más blandas que la
      mantequilla,
   Pero en su corazón *había* guerra;
   Más suaves que el aceite eran sus palabras,
   Sin embargo, eran espadas desnudas.

22 Echa sobre el SEÑOR tu carga, y Él te sustentará;
   Él nunca permitirá que el justo sea sacudido.
23 Pero Tú, oh Dios, harás caer *a los malvados* en el pozo
      de la destrucción;
   Los hombres sanguinarios y engañadores no vivirán
      la mitad de sus días;
   Pero yo en Ti confiaré.

ORACIÓN DE CONFIANZA Y GRATITUD

Para el director del coro; según la tonada de «La paloma silenciosa de los que están lejos». Mictam de David cuando los filisteos lo prendieron en Gat.

56 Ten piedad de mí, oh Dios, porque el hombre me ha
      pisoteado;
   Me oprime combatiéndome todo el día.
2 Mis enemigos me han pisoteado todo el día,
   Porque muchos son los que con soberbia pelean
      contra mí.

55:19 [1] *O permanece.*

55:9
David deseaba que Dios se ocupara de sus enemigos
David quería que Dios confundiera las lenguas de sus enemigos como había hecho en la torre de Babel. De esta forma no podrían comunicarse más entre ellos.

55:15
David quería que sus enemigos murieran
No debemos odiar a nuestros enemigos, pero en este caso los enemigos de David eran también enemigos de Dios.

56:2-5
Lo que los enemigos de David estaban diciendo sobre él
Ellos estaban mintiendo acerca de él y tramando hacerle daño.

³ El día en que temo,
  Yo en Ti confío.
⁴ En Dios, cuya palabra alabo,
  En Dios he confiado, no temeré.
  ¿Qué puede hacerme el hombre?
⁵ Todo el día pervierten mis palabras;
  Todos sus pensamientos contra mí son para mal.
⁶ Atacan, se esconden,
  Espían mis pasos,
  Como esperando *para quitarme* la vida.
⁷ Por causa de la iniquidad, arrójalos,
  En *Tu* ira humilla a los pueblos, oh Dios.

⁸ Tú has tomado en cuenta mi vida errante;
  Pon mis lágrimas en Tu frasco;
  ¿*Acaso* no están en Tu libro?
⁹ Entonces mis enemigos retrocederán el día en que yo
  te invoque.
  Esto sé: que Dios está a favor mío.
¹⁰ En Dios, *cuya* palabra alabo,
   En el SEÑOR, *cuya* palabra honro;
¹¹ En Dios he confiado, no temeré.
   ¿Qué puede hacerme el hombre?
¹² Están sobre mí, oh Dios, los votos que te hice;
   Ofrendas de acción de gracias te ofreceré.
¹³ Pues Tú has librado mi alma de la muerte,
   Y mis pies de tropiezo,
   Para que yo pueda andar delante de Dios
   En la luz de la vida.

ORACIÓN PIDIENDO SER LIBRADO DE LOS PERSEGUIDORES

Para el director del coro; según tonada de «No destruyas». Mictam de David, en la cueva, cuando huía de Saúl.

57 Ten piedad de mí, oh Dios, ten piedad de mí,
    Porque en Ti se refugia mi alma;
    En la sombra de Tus alas me ampararé
    Hasta que la destrucción pase.
² Clamaré al Dios Altísimo,
  Al Dios que *todo* lo hace para mí.
³ Él enviará desde los cielos y me salvará;
  Él reprocha al que me pisotea.   *(Selah)*
  Dios enviará Su misericordia y Su verdad.

⁴ Mi alma está entre leones;
  Tengo que acostarme entre los que vomitan fuego;
  Entre los hijos de los hombres, cuyos dientes son
    lanzas y saetas,
  Y cuya lengua es espada afilada.
⁵ Exaltado seas sobre los cielos, oh Dios;
  Sea Tu gloria sobre toda la tierra.
⁶ Han tendido una red para mis pasos;
  Mi alma está abatida;
  Han cavado una fosa delante de mí,
  Pero ellos *mismos* han caído en medio de ella.   *(Selah)*

56:8
David le pide a Dios que lleve un registro

David quería que Dios tomara nota de sus problemas, como si los escribiera en un rollo.

57:1
Protegido por una sombra

Esta es una imagen acerca de estar refugiado, como un ave joven se cobija bajo las alas de su madre y una persona se protege del sol bajo la sombra de un árbol.

7 Firme está mi corazón, oh Dios, mi corazón está
   firme;
   ¡Cantaré y entonaré salmos!
8 ¡Despierta, gloria mía!
   ¡Despierten, arpa y lira!
   ¡A la aurora despertaré!
9 Te alabaré[1] entre los pueblos, Señor;
   Te cantaré alabanzas entre las naciones.
10 Porque grande, hasta los cielos, es Tu misericordia,
   Y hasta el firmamento Tu verdad[1].
11 Exaltado seas sobre los cielos, oh Dios;
   Sobre toda la tierra *sea* Tu gloria.

PLEGARIA PIDIENDO EL CASTIGO DE LOS MALOS

Para el director del coro; según tonada de «No destruyas». Mictam de David.

58 ¿Hablan ustedes en verdad justicia, oh poderosos[1]?
      ¿Juzgan rectamente, hijos de los hombres?
2 No, *pues en el* corazón cometen iniquidad;
   La violencia de sus manos reparten en la tierra.
3 Desde la matriz están desviados los impíos;
   Desde su nacimiento se descarrían los que hablan
   mentiras.
4 Tienen veneno como veneno de serpiente;
   Son como una cobra sorda que cierra su oído,
5 Que no oye la voz de los que encantan,
   Ni siquiera al *más* diestro encantador.
6 Oh Dios, rompe los dientes de su boca;
   Quiebra las muelas de los leoncillos, SEÑOR.
7 Que se diluyan como las aguas que corren;
   Cuando disparen sus flechas, que sean como si
   estuvieran sin punta.
8 *Que sean* como el caracol, que se disuelve según se
   arrastra,
   Como los que nacen muertos, que nunca ven el sol.
9 Antes que las ollas de ustedes puedan sentir *el fuego*
   de los espinos,
   Tanto los verdes como los que arden, los barrerá Él
   con torbellino.
10 El justo se alegrará cuando vea la venganza,
   Se lavará los pies en la sangre de los impíos;
11 Entonces los hombres dirán: «Ciertamente hay
   recompensa para el justo,
   Ciertamente hay un Dios que juzga en la tierra».

ORACIÓN PIDIENDO SER LIBRADO DE LOS ENEMIGOS

Para el director del coro; según tonada de «No destruyas». Mictam de David, cuando Saúl envió hombres y vigilaron la casa para matarlo.

59 Líbrame de mis enemigos, Dios mío;
      Ponme *a salvo* en lo alto, lejos de los que se
      levantan contra mí.

57:9 [1] O *daré gracias.*   57:10 [1] O *fidelidad.*   58:1 [1] O *jueces, o dioses.*

57:8
Llamar al arpa y la lira
El arpa y la lira eran instrumentos que se usaban para alabar a Dios en el templo. Aquí se les confieren características humanas para adorar a Dios.

58:1
El salmista acusó a los jueces de ser injustos
A lo largo del Antiguo Testamento, Dios hace justicia a través de sus representantes designados. Cuando esas personas son corruptas, no actúan con justicia.

58:10-11
Por qué las personas se lavarían sus pies en sangre
La frase «Se lavará los pies en la sangre de los impíos» podría parecer, a simple vista, un mensaje violento y vengativo. Pero en realidad es una representación gráfica de la justicia divina en la que Dios castiga a los malvados y protege a los justos. En este caso, puede expresar cuán grande será la alegría cuando Dios haga justicia y la importancia de saber esperar en Él sin tomar venganza.

59:2
Por qué David tenía miedo
David tenía miedo de que Saúl lo matara (1 Samuel 19:11-13). El salmo puede haber sido modificado y usado nuevamente cuando una nación enemiga atacó a Jerusalén.

59:11
Esta vez David no deseaba que Dios matara a sus enemigos
David quería que Dios hiciera sufrir a sus enemigos para hacer de ellos un ejemplo público.

2 Líbrame de los que hacen iniquidad,
Y sálvame de los hombres sanguinarios.
3 Porque han puesto emboscada contra mi vida;
Hombres feroces me atacan,
Pero no es por mi transgresión, ni por mi pecado,
SEÑOR.
4 Sin culpa *mía,* corren y se preparan contra mí.
Despierta para ayudarme, y mira.
5 Tú, SEÑOR, Dios de los ejércitos, Dios de Israel,
Despierta para castigar a todas las naciones;
No tengas piedad de ningún malvado traidor.
(Selah)
6 Regresan al anochecer, aúllan como perros,
Y rondan *por* la ciudad.
7 Mira, echan espuma por la boca;
Hay espadas en sus labios,
Pues *dicen:* «¿Quién oye?».
8 Pero Tú, oh SEÑOR, te ríes de ellos;
Te burlas de todas las naciones.

9 *A causa de* su fuerza esperaré en Ti,
Porque Dios es mi baluarte.
10 Mi Dios en Su misericordia vendrá a mi encuentro;
Dios me permitirá verme *victorioso* sobre mis enemigos.
11 No los mates, para que mi pueblo no se olvide;
Dispérsalos con Tu poder, y humíllalos,
Oh Señor, escudo nuestro.
12 *Por* el pecado de su boca *y* la palabra de sus labios,
Sean presos en su orgullo,
Y a causa de las maldiciones y mentiras que profieren.
13 Acába*los* en *Tu* furor, acába*los,* para que ya no existan;
Para que *los hombres* sepan que Dios gobierna en Jacob
Hasta los confines de la tierra.   *(Selah)*
14 Regresan al anochecer, aúllan como perros,
Y rondan *por* la ciudad;
15 Merodean *buscando* qué devorar,
Y si no se sacian, gruñen.

16 Pero yo cantaré de Tu poder;
Sí, gozoso cantaré por la mañana Tu misericordia;
Porque Tú has sido mi baluarte
Y refugio en el día de mi angustia.
17 Oh fortaleza mía, a Ti cantaré alabanzas;
Porque mi baluarte es Dios, el Dios que me muestra misericordia.

LAMENTO Y ORACIÓN EN LA DERROTA
Para el director del coro; según la tonada de «El lirio del testimonio». Mictam de David para enseñar, cuando luchó con Aram Naharaim y contra Aram Soba, y volvió Joab e hirió a 12,000 edomitas en el valle de la Sal.

60 Oh Dios, Tú nos has rechazado, nos has quebrantado,
Te has enojado. Restáuranos, oh *Dios.*

2 Has hecho temblar la tierra, la has hendido;
   Sana sus hendiduras, porque se tambalea.
3 Cosas duras has hecho ver a Tu pueblo;
   Nos has dado a beber vino embriagador.
4 Has dado un estandarte a los que te temen,
   Para que sea alzado por causa de la verdad.
   (Selah)
5 Para que sean librados Tus amados,
   Salva con Tu diestra, y respóndeme.

6 Dios ha hablado en Su santidad[1]:
   «Me alegraré, repartiré a Siquem,
   Y mediré el valle de Sucot.
7 Mío es Galaad, Mío es Manasés,
   Efraín es el casco de Mi cabeza,
   Judá es Mi cetro.

60:6 [1] O *santuario.*

60:4
Alzar el estandarte
Los ejércitos usaban banderas y estandartes para reunir a las tropas y llevarlas a la batalla. Esta imagen describe cómo Dios inspiraría a su pueblo a ir contra el enemigo.

CIUDADES Y REGIONES EN SALMOS 60

Mar de Galilea (Mar de Cineret)

GALAAD

MANASÉS

Samaria

Valle de Sucot

Siquem

EFRAÍN

Mar Mediterráneo

Jerusalén

Ascalón

JUDÁ

Mar Muerto (Mar Salado)

FILISTEA

MOAB

Kir Hareset

EDOM

0   10 km
0   10 millas

8 Moab es la vasija en que me lavo;
  Sobre Edom arrojaré Mi calzado;
  Clama a gritos, oh Filistea, a causa de Mí».

9 ¿Quién me conducirá a la ciudad fortificada?
  ¿Quién me guiará hasta Edom?

10 ¿No eres Tú, oh Dios, el que nos ha rechazado?
   ¿No saldrás, oh Dios, con nuestros ejércitos?

11 Danos ayuda contra el adversario,
   Pues vano es el auxilio del hombre.

12 En Dios haremos proezas,
   Y Él pisoteará a nuestros adversarios.

CONFIANZA EN LA PROTECCIÓN DE DIOS

Para el director del coro. Sobre instrumentos de cuerdas. Salmo de David.

61 Oye, oh Dios, mi clamor;
    Atiende a mi oración.

2 Desde los confines de la tierra te invoco, cuando mi corazón desmaya.
  Condúceme a la roca que es más alta que yo.

3 Porque Tú has sido refugio para mí,
  Torre fuerte frente al enemigo.

4 Que more yo en Tu tienda para siempre;
  Y me abrigue bajo el refugio de Tus alas.
    (Selah)

5 Porque Tú, oh Dios, has escuchado mis votos;
  Tú *me* has dado la heredad de los que temen Tu nombre.

6 Tú añadirás días a los días del rey;
  Sus años serán como muchas generaciones.

7 Él reinará para siempre delante de Dios;
  Concéde*le* misericordia y fidelidad[1] para que lo guarden.

8 Así cantaré alabanzas a Tu nombre para siempre,
  Cumpliendo mis votos día tras día.

DIOS, EL ÚNICO REFUGIO

Para el director del coro; según Jedutún. Salmo de David.

62 En Dios solamente *espera* en silencio mi alma;
    De Él *viene* mi salvación.

2 Solo Él es mi roca y mi salvación,
  Mi baluarte, nunca seré sacudido.

3 ¿Hasta cuándo atacarán a un hombre,
  Todos ustedes, para derribar*lo,*
  Como pared inclinada, como cerca que se tambalea?

4 Ellos solamente consultan para derribarlo de su eminencia;
  En la falsedad se deleitan;
  Bendicen con la boca,
  Pero por dentro maldicen.   *(Selah)*

5 Alma mía, espera en silencio solamente en Dios,
  Pues de Él *viene* mi esperanza.

61:7 ¹ O *verdad.*

61:3
Dios es un refugio

Este versículo compara a Dios con una torre fuerte, la cual en los tiempos bíblicos sería un lugar de refugio cuando la ciudad estaba bajo ataque.

62:3
Por qué David se autodescribe de este modo

Una pared inclinada o una cerca que se tambalea es una descripción gráfica de lo débil y frágil que David se sentía. Él puede haber estado diciendo que no tenía fuerzas o que así era como sus enemigos lo veían.

62:4
La falsedad que David oía

Probablemente David escuchaba mentiras e información falsa de parte de los que no pretendían apoyarlo, los cuales le decían que todavía lo seguían como su rey.

6 Solo Él es mi roca y mi salvación,
   Mi refugio, nunca seré sacudido.
7 En Dios *descansan* mi salvación y mi gloria;
   La roca de mi fortaleza, mi refugio, está en Dios.
8 Confíen en Él en todo tiempo,
   Oh pueblo; derramen su corazón delante de Él;
   Dios es nuestro refugio.   *(Selah)*

9 Los hombres de baja condición solo son vanidad, y los
      de alto rango son mentira;
   En la balanza suben,
   Todos juntos *pesan menos* que un soplo.
10 No confíen ustedes en la opresión,
   Ni en el robo pongan su esperanza;
   Si las riquezas aumentan, no pongan el corazón *en
      ellas.*

11 Una vez ha hablado Dios;
   Dos veces he oído esto:
   Que de Dios es el poder;
12 Y Tuya es, oh Señor, la misericordia,
   Pues Tú pagas al hombre conforme a sus obras.

EL ALMA SEDIENTA SE SATISFACE EN DIOS
Salmo de David, cuando estaba en el desierto de Judá.

63 Oh Dios, Tú eres mi Dios; te buscaré con afán.
   Mi alma tiene sed de Ti, mi carne te anhela
   Cual tierra seca y árida donde no hay agua.
2 Así te contemplaba en el santuario,
   Para ver Tu poder y Tu gloria.
3 Porque Tu misericordia es mejor que la vida,
   Mis labios te alabarán.
4 Así te bendeciré mientras viva,
   En Tu nombre alzaré mis manos.
5 Como con médula y grasa está saciada mi alma;
   Y con labios jubilosos te alaba mi boca.

6 Cuando en mi lecho me acuerdo de Ti,
   En Ti medito durante las vigilias de la noche.
7 Porque Tú has sido mi ayuda,
   Y a la sombra de Tus alas canto gozoso.
8 A Ti se aferra mi alma;
   Tu diestra me sostiene.

9 Pero los que buscan mi vida para destruirla,
   Caerán a las profundidades de la tierra.
10 Serán entregados al poder de la espada;
   Presa serán de las zorras.
11 Pero el rey se regocijará en Dios;
   Y todo el que por Él jura se gloriará,
   Porque la boca de los que dicen mentiras será
      cerrada.

ORACIÓN PIDIENDO PROTECCIÓN DIVINA
Para el director del coro. Salmo de David.

64 Escucha mi voz, oh Dios, en mi queja;
   Guarda mi vida del terror del enemigo.

63:4
David alzaba sus manos
En los tiempos antiguos, las personas levantaban sus manos para expresar alabanza y adoración. Los israelitas levantaban sus manos como una señal de que dependían de Dios y confiaban en que él los bendeciría.

63:6
Las vigilias de la noche
Las doce horas de la oscuridad nocturna se dividían en tres vigilias: de las 6:00 p. m.a las 10:00. p.m., de las 10:00 p. m. a las 2:00 a. m. y de las 2:00 a. m. a las 6:00 a. m.

64:3-6
Las armas del enemigo
Las principales armas que los enemigos de David usaban eran sus lenguas. Ellos mentían sobre él, se rebelaban contra su reinado o planeaban su caída.

64:7-8
La esperanza de David
David tenía confianza en que Dios confundiría a sus enemigos para que sus mentiras los condenaran.

65:4
El pueblo bienaventurado
Estas bienaventuranzas o bendiciones eran para todo el pueblo escogido de Dios, aquellos que lo adoraban y eran aceptados en su templo.

65:5-7
Las obras asombrosas de Dios
Dios creó el mundo y sacó a los hebreos de Egipto y los introdujo en la tierra prometida. Un día Dios traerá paz a Israel y todo el mundo.

2 Escóndeme de los planes secretos de los malhechores,
Del asalto de los obradores de iniquidad,
3 Que afilan su lengua como espada,
Y lanzan palabras amargas *como* flecha,
4 Para herir en oculto al íntegro;
Lo hieren repentinamente, y no temen.
5 Se aferran en propósitos malignos;
Hablan de tender trampas en secreto,
Y dicen: «¿Quién las verá?».
6 Traman injusticias, *diciendo*:
«Estamos listos con una trama bien concebida;
Pues los pensamientos del hombre y *su* corazón son profundos».

7 Pero Dios les disparará con flecha;
Repentinamente serán heridos.
8 Vuelven su lengua tropezadero contra sí mismos;
Todos los que los vean moverán la cabeza.
9 Entonces todos los hombres temerán,
Declararán la obra de Dios
Y considerarán sus hechos.
10 El justo se alegrará en el SEÑOR, y en Él se refugiará;
Y todos los rectos de corazón se gloriarán.

LA ABUNDANTE GENEROSIDAD DE DIOS
Para el director del coro. Salmo de David. Cántico.

65 Silencio habrá delante de Ti, *y* alabanza en Sión, oh Dios.
A Ti se cumplirá el voto.
2 ¡Oh Tú, que escuchas la oración!
Hasta Ti viene todo hombre.
3 Las iniquidades prevalecen contra mí,
Pero nuestras transgresiones Tú las perdonas.
4 Cuán bienaventurado es aquel que Tú escoges, y acercas *a Ti*,
Para que more en Tus atrios.
Seremos saciados con el bien de Tu casa,
Tu santo templo.

5 Con grandes *prodigios* nos respondes en justicia,
Oh Dios de nuestra salvación,
Tú eres la confianza de todos los términos de la tierra
y del más lejano mar;
6 El que afirma los montes con Su poder,
Ceñido de potencia;
7 El que calma el rugido de los mares,
El estruendo de las olas,
Y el tumulto de los pueblos.
8 Por eso los que moran en los confines *de la tierra*
temen Tus obras,
Tú haces cantar de júbilo a la aurora y al ocaso.

9 Tú visitas la tierra y *la riegas* en abundancia,
En gran manera la enriqueces.
El río de Dios rebosa de agua;
Tú les preparas su grano, porque así preparas la tierra.

10 Riegas sus surcos abundantemente,
   Allanas sus camellones,
   La ablandas con lluvias,
   Bendices sus renuevos.
11 Tú has coronado el año con Tus bienes,
   Y Tus huellas destilan grasa.
12 Destilan los pastos del desierto,
   Y los collados se adornan de alegría.
13 Las praderas se visten de rebaños,
   Y los valles se cubren de grano;
   Dan voces de júbilo, sí, cantan.

HIMNO A DIOS POR SU PODEROSA LIBERACIÓN

Para el director del coro. Cántico. Salmo.

66 Aclamen con júbilo a Dios, *habitantes de* toda la tierra;

2 Canten la gloria de Su nombre;
   Hagan gloriosa Su alabanza.
3 Digan a Dios: «¡Cuán portentosas son Tus obras!
   Por la grandeza de Tu poder, Tus enemigos fingirán
   que te obedecen.
4 Toda la tierra te adorará,
   Y cantará alabanzas a Ti,
   Cantará alabanzas a Tu nombre».   *(Selah)*

5 Vengan y vean las obras de Dios,
   Admirable en *Sus* hechos a favor de los hijos de los
      hombres.
6 Convirtió el mar en tierra seca;
   Cruzaron el río a pie;
   Regocijémonos allí en Él.
7 Él domina con Su poder para siempre;
   Sus ojos velan sobre las naciones;
   No se enaltezcan los rebeldes.   *(Selah)*

8 Bendigan, oh pueblos, a nuestro Dios,
   Y hagan oír la voz de Su alabanza.
9 Él es quien nos guarda con vida,
   Y no permite que nuestros pies resbalen.
10 Porque Tú nos has probado, oh Dios;
   Nos has refinado como se refina la plata.
11 Nos metiste en la red;
   Carga pesada pusiste sobre nuestros lomos.
12 Hiciste cabalgar hombres sobre nuestras
      cabezas;
   Pasamos por el fuego y por el agua,
   Pero Tú nos sacaste a *un lugar de* abundancia.
13 Entraré en Tu casa con holocaustos;
   A Ti cumpliré mis votos,
14 Los que pronunciaron mis labios
   Y habló mi boca cuando yo estaba en angustia.
15 Te ofreceré holocaustos de animales engordados,
   Con el humo de la ofrenda de carneros;
   Haré *una ofrenda de* toros y machos cabríos.
      (Selah)

66:6
Recordando el milagro de Dios
Dios abrió el mar Rojo para que ellos pudieran escapar de Egipto.

66:10
Dios probó a su pueblo
Así como la plata se expone al calor para ver si hay alguna impureza en ella, Dios probó a los israelitas para revelar su debilidad. El objetivo era ayudarlos a fortalecerse a través de la dificultad. Dios también nos prueba de esa manera hoy.

16 Vengan *y* oigan, todos los que temen[1] a Dios,
     Y contaré lo que Él ha hecho por mi alma.
17 Con mi boca clamé a Él,
     Y ensalzado fue con mi lengua.
18 Si observo iniquidad en mi corazón,
     El Señor no *me* escuchará.
19 Pero ciertamente Dios *me* ha oído;
     Él atendió a la voz de mi oración.
20 Bendito sea Dios,
     Que no ha desechado mi oración,
     Ni *apartado* de mí Su misericordia.

DEN GRACIAS A DIOS LAS NACIONES

Para el director del coro; con instrumentos de cuerda. Salmo. Cántico.

67 Dios tenga piedad de nosotros y nos bendiga,
     Y haga resplandecer Su rostro sobre nosotros,
     (Selah)
2 Para que sea conocido en la tierra Tu camino,
     Entre todas las naciones Tu salvación.
3 Te den gracias los pueblos, oh Dios,
     Todos los pueblos te den gracias.
4 Alégrense y canten con júbilo las naciones,
     Porque Tú juzgarás a los pueblos con equidad,
     Y guiarás a las naciones en la tierra.   *(Selah)*
5 Te den gracias los pueblos, oh Dios,
     Todos los pueblos te den gracias.
6 La tierra ha dado su fruto;
     Dios, nuestro Dios, nos bendice.
7 Dios nos bendice,
     Para que le teman todos los términos de la tierra.

EL DIOS DEL SINAÍ Y DEL SANTUARIO

Para el director del coro. Salmo de David. Cántico.

68 Levántese Dios; sean esparcidos Sus enemigos,
     Y huyan delante de Él los que lo aborrecen.
2 Como se disipa el humo, disípa*los*;
     Como la cera se derrite delante del fuego,
     Así perezcan los impíos delante de Dios.
3 Pero alégrense los justos, regocíjense delante
        de Dios;
     Sí, que rebosen de alegría.
4 Canten a Dios, canten alabanzas a Su nombre;
     Abran paso al que cabalga por los desiertos,
     Cuyo nombre es el SEÑOR; regocíjense delante
        de Él.

5 Padre de los huérfanos y defensor de las viudas
     Es Dios en Su santa morada.
6 Dios prepara un hogar para los solitarios;
     Conduce a los cautivos a prosperidad;
     Solo los rebeldes habitan en una tierra seca.

7 Oh Dios, cuando saliste al frente de Tu pueblo,
     Cuando marchaste por el desierto,   *(Selah)*

67:3-5
La petición del salmista

El salmista estaba pidiendo que Dios bendijera a su pueblo para que ellos pudieran alabarlo. Luego las naciones alrededor de Israel quedarían tan impresionadas que alabarían a Dios también.

66:16 [1] O *reverencian.*

8 Tembló la tierra;
También se derramaron los cielos ante la presencia de
Dios;
El Sinaí mismo *tembló* delante de Dios, el Dios de
Israel.
9 Tú esparciste lluvia abundante, oh Dios,
Tú fortaleciste Tu heredad cuando estaba extenuada.
10 Los de Tu pueblo se establecieron en ella;
En Tu bondad, oh Dios, proveíste para el pobre.

11 El Señor da la palabra;
Las *mujeres* que anuncian las *buenas* nuevas son gran
multitud:
12 «Los reyes de los ejércitos huyen; *sí* huyen,
Y la que se queda en casa repartirá el botín».
13 Cuando ustedes se acuestan en los rediles,
Son como alas de paloma cubiertas de plata,
Y sus plumas de oro resplandeciente.
14 Cuando el Omnipotente dispersó allí a los reyes,
Nevaba en *el monte* Salmón.

15 Monte de Dios es el monte de Basán;
Monte de *muchos* picos es el monte de Basán.
16 ¿Por qué miran con envidia, oh montes de *muchos*
picos,
Al monte que Dios ha deseado para morada Suya?
Ciertamente el SEÑOR habitará *allí* para siempre.
17 Los carros de Dios son miríadas, millares de millares;
El Señor está entre ellos en santidad, *como en el* Sinaí.
18 Tú has ascendido a lo alto, has llevado en cautiverio a
Tus cautivos;
Has recibido dones entre los hombres,
Y aun *entre* los rebeldes, para que el SEÑOR Dios
habite *entre ellos.*

19 Bendito sea el Señor, que cada día lleva nuestra carga,
El Dios *que* es nuestra salvación.   *(Selah)*
20 Dios es para nosotros un Dios de salvación,
Y a DIOS el Señor pertenece el librar de la muerte.
21 Ciertamente Dios herirá la cabeza de Sus enemigos,
La testa cabelluda del que anda en sus delitos.
22 Dijo el Señor: «De Basán *los* haré volver;
Los haré volver de las profundidades del mar,
23 Para que tu pie los aplaste en sangre,
Y la lengua de tus perros *tenga* la porción de *tus*
enemigos».

24 Ellos han visto Tu procesión, oh Dios,
La procesión de mi Dios, mi Rey, hacia el santuario.
25 Los cantores iban delante, los músicos detrás,
En medio de las doncellas tocando panderos.
26 Bendigan a Dios en las congregaciones,
Al SEÑOR, *ustedes* del linaje de Israel.
27 Allí *va* Benjamín, el más joven, dirigiéndolos,
Los príncipes de Judá *con* su grupo,
Los príncipes de Zabulón, los príncipes de Neftalí.

68:8
El Sinaí mismo tembló
El monte Sinaí era donde Dios
le había dado la ley a Moisés. Es
posible que un volcán haya hecho
erupción en ese tiempo para
manifestar el poder de Dios.

68:13
Alas de paloma de plata
y oro
Esta es una descripción gráfica para
mostrar cómo la nación de Israel
había sido bendecida por Dios al
recibir el botín de oro y plata de las
naciones de Canaán.

68:24-25
Una gozosa procesión
Esta era similar a un desfile en
honor de un guerrero victorioso.
También puede estar describiendo
al pueblo yendo al templo a adorar
a Dios.

28 El Dios tuyo ha mandado tu fuerza;
    Muestra Tu poder, oh Dios, Tú que has obrado por
        nosotros.

29 Por causa de Tu templo en Jerusalén
    Te traerán presentes los reyes.

30 Reprende las fieras de las cañas,
    La manada de toros con los becerros de los pueblos,
    Pisoteando las piezas de plata;
    Él ha dispersado a los pueblos que se deleitan en la
        guerra.

31 De Egipto saldrán mensajeros;
    Etiopía se apresurará a extender sus manos hacia
        Dios.

32 Canten a Dios, oh reinos de la tierra;
    Canten alabanzas al Señor.   *(Selah)*

33 *Canten* al que cabalga sobre los cielos de los cielos,
    que son desde la antigüedad;
    Él da Su voz, voz poderosa.

34 Atribuyan a Dios fortaleza;
    Su majestad es sobre Israel,
    Y Su poder está en los cielos.

35 Imponente eres, oh Dios, desde Tu santuario.
    El Dios mismo de Israel da fortaleza y poder al pueblo.
    ¡Bendito sea Dios!

ORACIÓN DEL JUSTO PERSEGUIDO

Para el director del coro; según «Los lirios». Salmo de David.

69 Sálvame, oh Dios,
    Porque las aguas *me* han llegado hasta el alma.

2 Me he hundido en cieno profundo, y no hay donde
    apoyar el pie;
    He llegado a lo profundo de las aguas, y la corriente
    me cubre.

3 Cansado estoy de llorar; reseca está mi garganta;
    Mis ojos desfallecen mientras espero a mi Dios.

4 Más que los cabellos de mi cabeza son los que sin
    causa me aborrecen;
    Poderosos son los que quieren destruirme,
    Sin razón son mis enemigos,
    Me hacen devolver aquello que no robé.

5 Oh Dios, Tú conoces mi insensatez,
    Y mis transgresiones no te son ocultas.

6 ¡No se avergüencen de mí los que en Ti esperan, oh
    Señor, DIOS de los ejércitos!
    ¡No sean humillados por mí los que te buscan, oh Dios
    de Israel!

7 Pues por amor de Ti he sufrido insultos;
    La ignominia ha cubierto mi rostro.

8 Me he convertido en extraño para mis hermanos,
    Y en extranjero para los hijos de mi madre.

9 Porque el celo por Tu casa me ha consumido,
    Y los insultos de los que te injurian han caído sobre mí.

10 Cuando lloraba *afligiendo* con ayuno mi alma,
    Eso se convirtió en afrenta para mí.

69:1-3
Por qué David estaba tan triste
David se sentía triste, pero no sabía la razón. Aun así, clamaba a Dios por alivio.

69:5-6
David no quería sentirse avergonzado
David no deseaba que sus problemas hicieran que otros se alejaran de Dios.

69:9
El celo por la casa de Dios
Eso significaba que David era devoto al Señor y haría cualquier cosa con tal de darle honor al nombre de Dios, incluso si eso significaba humillarse a sí mismo.

11 Cuando hice de cilicio mi vestido,
Me convertí en proverbio para ellos.
12 Hablan de mí los que se sientan a la puerta,
Y *soy* la canción de los borrachos.

13 Pero yo *elevo* a Ti mi oración, oh SEÑOR, en tiempo
propicio;
Oh Dios, en la grandeza de Tu misericordia,
Respóndeme con Tu verdad salvadora[1].
14 Sácame del cieno y no dejes que me hunda;
Sea yo librado de los que me odian, y de lo profundo
de las aguas.
15 No me cubra la corriente de las aguas,
Ni me trague el abismo,
Ni el pozo cierre sobre mí su boca.

16 Respóndeme, oh SEÑOR, pues buena es Tu
misericordia;
Vuélvete a mí, conforme a Tu inmensa compasión,
17 Y no escondas Tu rostro de Tu siervo,
Porque estoy en angustia; respóndeme pronto.
18 Acércate a mi alma y redímela;
Por causa de mis enemigos, rescátame.
19 Tú conoces mi afrenta, mi vergüenza y mi ignominia;
Todos mis adversarios están delante de Ti.

20 La afrenta ha quebrantado mi corazón, y estoy
enfermo;
Esperé compasión, pero no *la* hubo;
Busqué consoladores, pero no *los* hallé.
21 Y por comida me dieron hiel,
Y para mi sed me dieron a beber vinagre.

22 Que la mesa delante de ellos se convierta en lazo,
Y cuando estén en paz, *se vuelva* una trampa.
23 Núblense sus ojos para que no puedan ver,
Y haz que sus lomos tiemblen continuamente.
24 Derrama sobre ellos Tu indignación,
Y que el ardor de Tu ira los alcance.
25 Sea desolado su campamento,
Y nadie habite en sus tiendas.
26 Porque han perseguido al que *ya* Tú has herido,
Y cuentan del dolor de aquellos que Tú has
traspasado.
27 Añade iniquidad a su iniquidad,
Y que no entren en Tu justicia.
28 Sean borrados del libro de la vida,
Y no sean inscritos con los justos.

29 Pero yo estoy afligido y adolorido;
Tu salvación, oh Dios, me ponga en alto.
30 Con cántico alabaré el nombre de Dios,
Y con acción de gracias lo exaltaré.
31 Y *esto* agradará al SEÑOR más que *el sacrificio* de un
buey
O de un novillo con cuernos y pezuñas.

69:13 [1] O *la fidelidad de Tu salvación.*

32 *Esto* han visto los humildes y se alegran.
Viva su corazón, ustedes los que buscan a Dios.
33 Porque el SEÑOR oye a los necesitados
Y no desprecia a los suyos *que están* presos.

34 Alábenle los cielos y la tierra,
Los mares y todo lo que en ellos se mueve.
35 Porque Dios salvará a Sión y edificará las ciudades de Judá,
Para que ellos moren allí y la posean.
36 Y la descendencia de Sus siervos la heredará,
Y los que aman Su nombre morarán en ella.

ORACIÓN EN LA PERSECUCIÓN
Para el director del coro. Salmo de David. Para conmemorar.

70 Oh Dios, *apresúrate* a librarme;
Apresúrate, oh SEÑOR, a socorrerme.
2 Sean avergonzados y humillados
Los que buscan mi vida;
Sean vueltos atrás y cubiertos de ignominia
Los que se complacen en mi mal.
3 Sean vueltos atrás por causa de su vergüenza
Los que dicen: «¡Ajá, ajá!».

4 Regocíjense y alégrense en Ti todos los que te buscan;
Que digan continuamente: «¡Engrandecido sea Dios!»,
Los que aman Tu salvación.
5 Pero yo estoy afligido y necesitado;
Oh Dios, ven pronto a mí.
Tú eres mi ayuda y mi libertador;
SEÑOR, no te tardes.

ORACIÓN DE UN ANCIANO
71 En Ti, oh SEÑOR, me refugio;
Jamás sea yo avergonzado.
2 Líbrame en Tu justicia, y rescátame;
Inclina a mí Tu oído, y sálvame.
3 Sé para mí una roca de refugio, a la cual pueda ir continuamente;
Tú has dado mandamiento para salvarme,
Porque Tú eres mi roca y mi fortaleza.
4 Dios mío, rescátame de la mano del impío,
De la mano del malhechor y del implacable,
5 Porque Tú eres mi esperanza;
Oh Señor DIOS, *Tú eres* mi confianza desde mi juventud.
6 De Ti he recibido apoyo desde *mi* nacimiento;
Tú eres el que me sacó del seno de mi madre;
Para Ti es de continuo mi alabanza.
7 He llegado a ser el asombro de muchos,
Porque Tú eres mi refugio fuerte.

70
Este salmo aparece en más de un lugar
Este salmo es similar a Salmos 40:13-17

70:5
David se sentía afligido y necesitado
Aunque David era un rey rico, se daba cuenta de que todavía necesitaba la ayuda de Dios.

71:3
Dios es la roca de refugio
Una roca era una señal de seguridad. Algunas ciudades estaban edificadas entre enormes rocas para su protección. Al igual que este tipo de rocas, Dios era el protector de su pueblo.

8 Llena está mi boca de Tu alabanza
Y de Tu gloria todo el día.
9 No me rechaces en el tiempo de la vejez;
No me desampares cuando me falten las fuerzas.
10 Porque mis enemigos han hablado de mí;
Y los que acechan mi vida han consultado entre sí,
11 Diciendo: «Dios lo ha desamparado;
Persíganlo y aprésenlo, pues no hay quien *lo* libre».

12 Oh Dios, no estés lejos de mí;
Dios mío, apresúrate a socorrerme.
13 Sean avergonzados *y* consumidos los enemigos de mi
alma;
Sean cubiertos de afrenta y de ignominia los que
procuran mi mal.
14 Pero yo esperaré continuamente,
Y aún te alabaré más y más.
15 Todo el día contará mi boca
De Tu justicia *y* de Tu salvación,
Porque son innumerables.
16 Vendré con los hechos poderosos de DIOS el Señor;
Haré mención de Tu justicia, de la Tuya sola.

17 Oh Dios, Tú me has enseñado desde mi juventud,
Y hasta ahora he anunciado Tus maravillas.
18 Y aun en la vejez y las canas, no me desampares, oh
Dios,
Hasta que anuncie Tu poder[1] a *esta* generación,
Tu poderío a todos los que han de venir.
19 Porque Tu justicia, oh Dios, *alcanza* hasta los cielos[1],
Tú que has hecho grandes cosas;
Oh Dios, ¿quién como Tú?
20 Tú que me has hecho ver muchas angustias y
aflicciones,
Me volverás a dar vida,
Y me levantarás de nuevo de las profundidades de la
tierra.
21 Aumenta Tú mi grandeza
Y vuelve a consolarme.

22 Y yo te daré gracias con el arpa,
Cantaré Tu verdad[1], Dios mío;
A Ti cantaré alabanzas con la lira,
Oh Santo de Israel.
23 Darán voces de júbilo mis labios, cuando te cante
alabanzas,
Y mi alma, que Tú has redimido.
24 También mi lengua hablará de Tu justicia todo el día,
Porque han sido avergonzados, porque han sido
humillados, los que procuran mi mal.

REINADO DEL REY JUSTO
Salmo a Salomón.

72 Oh Dios, da Tus juicios al rey,
Y Tu justicia al hijo del rey.

71:18 [1] Lit. *brazo.*   71:19 [1] Lit. *las alturas.*   71:22 [1] O *fidelidad.*

71:9
Al salmista le preocupaba que Dios lo rechazara
El autor debe haber temido que si perdía fuerza o poder, Dios eligiera otro rey para reemplazarlo.

71:19-21
La esperanza del autor
Aunque el autor atravesaba dificultades, creía que Dios lo restauraría, aumentaría su honor y lo consolaría. A cambio, él alabaría a Dios por su bondad.

72
El autor de este salmo
Salomón debe haber sido el autor o la inspiración para este salmo.

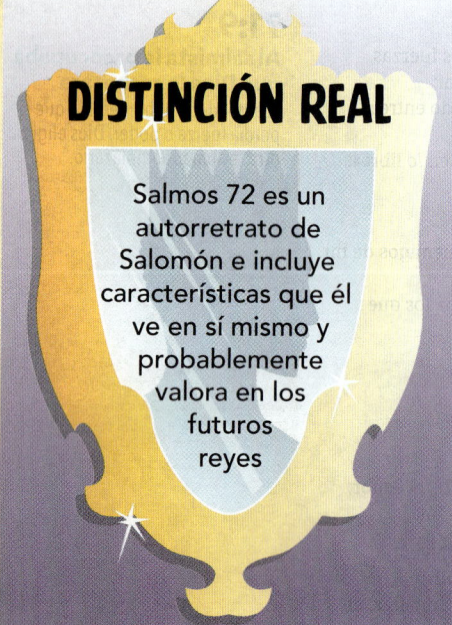

DISTINCIÓN REAL

Salmos 72 es un autorretrato de Salomón e incluye características que él ve en sí mismo y probablemente valora en los futuros reyes

Juzga con justicia y equidad

Defiende a los afligidos, salva al necesitado y aplasta al opresor

Perdura a través de todas las generaciones

Hace que los justos prosperen

Gobierna hasta los confines de la tierra

Gobierna sobre las tribus del desierto; derrota a los enemigos

Recibe tributos y regalos de los reyes

Es servido por los reyes y las naciones

Vive mucho tiempo y su nombre perdura para siempre

2 Juzgue él a Tu pueblo con justicia,
Y a Tus afligidos con equidad.
3 Traigan paz los montes al pueblo,
Y justicia los collados.
4 Haga el rey justicia a los afligidos del pueblo,
Salve a los hijos de los pobres,
Y aplaste al opresor.

5 Que te teman mientras duren el sol y la luna,
Por todas las generaciones.
6 Descienda el rey como la lluvia sobre la hierba
cortada,
Como aguaceros que riegan la tierra.
7 Florezca la justicia en sus días,
Y abundancia de paz hasta que no haya luna.

8 Domine él de mar a mar
Y desde el río *Éufrates* hasta los confines de la tierra.
9 Dobléguense ante él los moradores del desierto,
Y sus enemigos laman el polvo.
10 Los reyes de Tarsis y de las islas traigan presentes;
Los reyes de Sabá y de Seba ofrezcan tributo;
11 Y póstrense ante él todos los reyes *de la tierra*;
Sírvanle todas las naciones.

12 Porque él librará al necesitado cuando clame,
También al afligido y al que no tiene quien lo auxilie.
13 Tendrá compasión del pobre y del necesitado,
Y la vida de los necesitados salvará.

72:9
Los moradores del desierto
Eran las tribus que vivían en el desierto de Arabia, al este.

14 Rescatará su vida de la opresión y de la violencia,
Y su sangre será preciosa ante sus ojos.
15 Que viva, pues, y se le dé del oro de Sabá,
Y que se ore por él continuamente;
Que todo el día se le bendiga.

16 Haya abundancia de grano en la tierra, en las
cumbres de los montes;
Su fruto se mecerá como *los cedros del* Líbano;
Que los de la ciudad florezcan como la hierba de la
tierra.
17 Sea su nombre para siempre;
Que su nombre se engrandezca mientras dure el sol,
Y sean benditos por él *los hombres*;
Llámenlo bienaventurado todas las naciones.

18 Bendito sea el SEÑOR Dios, el Dios de Israel,
El único que hace maravillas.
19 Bendito sea Su glorioso nombre para siempre,
Sea llena de Su gloria toda la tierra.
Amén y amén.

20 *Aquí* terminan las oraciones de David, hijo de Isaí.

LIBRO TERCERO

EL FIN DE LOS MALOS EN CONTRASTE CON EL DE LOS JUSTOS
Salmo de Asaf.

73 Ciertamente Dios es bueno para con Israel,
Para con los puros de corazón.
2 En cuanto a mí, mis pies estuvieron a punto de tropezar,
Casi resbalaron mis pasos.
3 Porque tuve envidia de los arrogantes
Al ver la prosperidad de los impíos.
4 Porque no hay dolores en su muerte,
Y su cuerpo es robusto.
5 No sufren penalidades *como* los mortales,
Ni son azotados como los *demás* hombres.
6 Por tanto, el orgullo es su collar;
El manto de la violencia los cubre.
7 Los ojos se les saltan de gordura;
Se desborda *su* corazón con sus antojos.
8 Se burlan, y con maldad hablan de opresión;
Hablan desde su encumbrada posición.
9 Contra el cielo han puesto su boca,
Y su lengua se pasea por la tierra.

10 Por eso el pueblo de Dios vuelve a este lugar,
Y beben las aguas de la abundancia.
11 Y dicen: «¿Cómo *lo* sabe Dios?
¿Hay conocimiento en el Altísimo?».
12 Miren, estos son los impíos,
Y, siempre desahogados, han aumentado *sus* riquezas.
13 Ciertamente en vano he guardado puro mi corazón
Y lavado mis manos en inocencia,

72:15
Sabá
Sabá estaba ubicada en una región que contenía muchos minerales y especias, y era una ciudad rica. La flota mercante de Salomón se detenía allí a menudo.

73
Asaf
Asaf, un levita, era un líder de adoración (1 Crónicas 16:4-6). Él escribió al menos doce salmos (50; 73–83).

14 Pues he sido azotado todo el día
   Y castigado cada mañana.

15 Si yo hubiera dicho: «Así hablaré»,
   Habría traicionado a la generación de Tus hijos.

16 Cuando pensaba, tratando de entender esto,
   Fue difícil para mí,

17 Hasta que entré en el santuario de Dios;
   Entonces comprendí el fin de ellos.

18 Ciertamente Tú los pones en lugares resbaladizos;
   Los arrojas a la destrucción.

19 ¡Cómo son destruidos en un momento!
   Son totalmente consumidos por terrores repentinos.

20 Como un sueño del que despierta,
   Oh Señor, cuando te levantes, despreciarás su
      apariencia.

21 Cuando mi corazón se llenó de amargura,
   Y en mi interior sentía punzadas,

22 Entonces era yo torpe y sin entendimiento;
   Era *como* una bestia delante de Ti.

23 Sin embargo, yo siempre estoy contigo;
   Tú me has tomado de la mano derecha.

24 Con Tu consejo me guiarás,
   Y después me recibirás en gloria.

25 ¿A quién tengo yo en los cielos *sino a Ti?*
   Fuera de Ti, nada deseo en la tierra.

26 Mi carne y mi corazón pueden desfallecer,
   Pero Dios es la fortaleza de mi corazón y mi porción
      para siempre.

27 Porque los que están lejos de Ti perecerán;
   Tú has destruido a todos los que te son infieles.

28 Pero para mí, estar cerca de Dios es mi bien;
   En DIOS el Señor he puesto mi refugio
   Para contar todas Tus obras.

73:27-28
La conclusión de Asaf acerca de Dios
Él comprendía que Dios finalmente recompensaría a sus seguidores y castigaría a los malvados.

74:1-3
Cuándo se escribió este salmo
Fue escrito mientras los israelitas estaban en el exilio. La tierra prometida que Dios les había entregado había sido tomada y destruida por sus enemigos.

PLEGARIA EN MEDIO DE LA DESTRUCCIÓN
Masquil de Asaf.

74 Oh Dios, ¿por qué *nos* has rechazado para siempre?
   ¿Por qué se enciende Tu ira contra las ovejas de Tu
      prado?

2 Acuérdate de Tu congregación, la que adquiriste
      desde los tiempos antiguos,
   La que redimiste para que fuera la tribu de Tu heredad,
   Y de este monte Sión donde has habitado.

3 Dirige Tus pasos hacia las ruinas eternas;
   Todo lo que hay en el santuario lo ha dañado el
      enemigo.

4 Tus adversarios han rugido en medio de Tu lugar de
      reunión;
   Han puesto sus estandartes por señales.

5 Parece como si alguien hubiera levantado
   El hacha en espeso bosque.

6 Y ahora, toda su obra de talla
   Hacen pedazos con hachas y martillos.

7 Han quemado Tu santuario hasta los cimientos;
Han profanado la morada de Tu nombre.

8 Dijeron en su corazón: «Arrasémoslos por completo».
Han quemado todos los santuarios de Dios en la
tierra.

9 No vemos nuestras señales;
Ya no queda profeta,
Ni hay entre nosotros quien sepa hasta cuándo.

10 ¿Hasta cuándo, oh Dios, blasfemará el adversario?
¿Despreciará el enemigo Tu nombre para siempre?

11 ¿Por qué retiras Tu mano, Tu diestra?
¡*Sácala* de dentro de Tu seno, destrúye*los*!

12 Con todo, Dios es mi rey desde la antigüedad,
El que hace obras de salvación en medio de la
tierra.

13 Tú dividiste el mar con Tu poder;
Quebraste las cabezas de los monstruos en las
aguas.

14 Tú aplastaste las cabezas de Leviatán;
Lo diste por comida a los moradores del desierto.

15 Tú abriste fuentes y torrentes;
Tú secaste ríos inagotables.

16 Tuyo es el día, Tuya es también la noche;
Tú has preparado la lumbrera y el sol.

17 Tú has establecido todos los términos de la tierra;
Tú has hecho el verano y el invierno.

18 Acuérdate de esto, SEÑOR: que el enemigo ha
blasfemado,
Y que un pueblo insensato ha despreciado Tu nombre.

19 No entregues a las fieras el alma de Tu tórtola;
No olvides para siempre la vida de Tus afligidos.

20 Mira el pacto, *Señor*,
Porque los lugares tenebrosos de la tierra están llenos
de moradas de violencia.

21 No vuelva avergonzado el oprimido;
Alaben Tu nombre el afligido y el necesitado.

22 Levántate, oh Dios, defiende Tu causa;
Acuérdate de cómo el necio te injuria todo el día.

23 No te olvides del vocerío de Tus adversarios,
Del tumulto de los que se levantan contra Ti, que sube
continuamente.

DIOS HUMILLA AL ORGULLOSO Y EXALTA AL JUSTO

Para el director del coro; según tonada de «No destruyas». Salmo de Asaf. Cántico.

75 Te damos gracias, oh Dios, *te damos gracias*,
Pues cercano está Tu nombre;
Los hombres declaran Tus maravillas.

2 «Cuando Yo escoja el tiempo oportuno,
Seré Yo quien juzgará con equidad.

3 Tiemblan la tierra y todos sus moradores,
Pero Yo sostengo sus columnas.   *(Selah)*

74:8
Dónde adoraban a Dios
La mayoría de las fiestas religiosas tenían lugar en Jerusalén, pero el pueblo también ofrecía sacrificios y adoraba en sus comunidades locales.

74:13-14
Los monstruos marinos son vencidos
Las historias antiguas solían contar acerca de cómo los dioses habían vencido al mar y lo habían dividido en cielo y tierra. El autor usa esas historias para hacer una declaración acerca del único Dios verdadero.

74:20
Moradas de violencia
Israel tenía muchas cuevas. Los ladrones y criminales se escondían en esas cuevas y las usaban para actividades delictivas.

4 Dije a los orgullosos: "No se jacten";
Y a los impíos: "No alcen la frente;
5 No levanten en alto su frente;
No hablen con orgullo insolente"».

6 Porque ni del oriente ni del occidente,
Ni del desierto *viene* el enaltecimiento,
7 Sino que Dios es el Juez;
A uno humilla y a otro ensalza.
8 Porque hay una copa en la mano del SEÑOR, y el vino
se fermenta,
Lleno de mixtura, y de este Él sirve;
Ciertamente lo sorberán hasta el fondo *y* lo beberán
todos los impíos de la tierra.

9 Pero yo *lo* anunciaré para siempre;
Cantaré alabanzas al Dios de Jacob.
10 Quebraré todo el poderío¹ de los impíos,
Pero el poderío¹ del justo será ensalzado.

EL PODER VICTORIOSO DEL DIOS DE JACOB

Para el director del coro; con instrumentos de cuerdas. Salmo de Asaf. Cántico.

76 Dios es conocido en Judá;
Grande es Su nombre en Israel.
2 En Salem está Su tabernáculo,
Y en Sión Su morada.
3 Allí quebró las flechas encendidas del arco,
El escudo, la espada y las armas de guerra.
(Selah)

4 Resplandeciente eres,
Más majestuoso que los montes de caza.
5 Fueron despojados los fuertes de corazón;
Durmieron su sueño,
Y ninguno de los guerreros pudo usar sus manos.
6 A Tu reprensión, oh Dios de Jacob,
Jinete y caballo cayeron en profundo sueño.

7 Tú, *solo* Tú, has de ser temido;
¿Y quién podrá estar en pie en Tu presencia en el
momento de Tu ira?

8 Hiciste oír juicio desde los cielos;
Temió la tierra y enmudeció
9 Cuando Dios se levantó para juzgar,
Para salvar a todos los humildes de la tierra.
(Selah)
10 Pues el furor del hombre te alabará;
Con un residuo de furor te ceñirás.

11 Hagan votos ustedes al SEÑOR su Dios, y
cúmplan*los*;
Todos los que están alrededor de Él traigan presentes
al que debe ser temido.
12 Él cortará el espíritu de los príncipes;
Temido es por los reyes de la tierra.

75:10 ¹ Lit. *los cuernos.*

75:8
Vino fermentado
Esta era una bebida alcohólica fuerte. Podía tener un buen sabor al principio, pero beber demasiado haría que la persona se emborrachara.

76:2
Salem
Salem era una abreviatura de Jerusalén (y su nombre original). Este salmo habla de la presencia de Dios con su pueblo en el templo de Jerusalén.

LAS MARAVILLAS DE DIOS EN EL PASADO CONSUELAN EN EL PRESENTE

Para el director del coro; según Jedutún.
Salmo de Asaf.

77 Mi voz *se eleva* a Dios, y *a Él* clamaré;
Mi voz *se eleva* a Dios, y Él me oirá.

2 En el día de mi angustia busqué al Señor;
En la noche mi mano se extendía sin cansarse;
Mi alma rehusaba ser consolada.

3 Me acuerdo de Dios, y me siento turbado;
Me lamento, y mi espíritu desmaya.
    (Selah)

4 Has mantenido *abiertos* mis párpados;
Estoy tan turbado que no puedo hablar.

5 He pensado en los días pasados,
En los años antiguos.

6 De noche me acordaré de mi canción;
En mi corazón meditaré,
Y mi espíritu indaga:

7 ¿Rechazará el Señor para siempre?
¿No mostrará más *Su* favor?

8 ¿Ha cesado para siempre Su misericordia?
¿Ha terminado para siempre *Su* promesa?

9 ¿Ha olvidado Dios tener piedad,
O ha retirado con Su ira Su compasión?
    (Selah)

10 Entonces dije: «Este es mi dolor:
Que la diestra del Altísimo ha cambiado».

11 Me acordaré de las obras del SEÑOR;
Ciertamente me acordaré de Tus maravillas
    antiguas.

12 Meditaré en toda Tu obra,
Y reflexionaré en Tus hechos.

13 Santo es, oh Dios, Tu camino;
¿Qué dios hay grande como *nuestro* Dios?

14 Tú eres el Dios que hace maravillas,
Has hecho conocer Tu poder entre los pueblos.

15 Con Tu brazo has redimido a Tu pueblo,
A los hijos de Jacob y de José.   *(Selah)*

16 Las aguas te vieron, oh Dios,
Te vieron las aguas y temieron,
Los abismos también se estremecieron.

17 Derramaron aguas las nubes,
Tronaron los nubarrones,
También Tus saetas centellearon por todos lados.

18 La voz de Tu trueno *estaba* en el torbellino,
Los relámpagos iluminaron al mundo,
La tierra se estremeció y tembló.

19 En el mar *estaba* Tu camino,
Y Tus sendas en las aguas inmensas,
Y no se conocieron Tus huellas.

20 Como rebaño guiaste a Tu pueblo
Por mano de Moisés y de Aarón.

77:15
Los hijos de Jacob y de José
Esta es una descripción de toda la nación de Israel.

77:16-19
Un camino a través del mar
Estos versículos describen el gran poder de Dios cuando guio a los israelitas mientras salían de Egipto abriendo el mar Rojo.

78:2
El significado de *parábola*
En este caso, el término *parábola* se refiere a un relato histórico que puede enseñar una lección.

78:3-4
El pueblo prometió contarle a la próxima generación algo importante
Ellos prometieron contarles a sus hijos acerca de todas las grandes obras del Señor, su libertador.

78:12
Zoán
Zoán era una ciudad en Egipto donde Dios hizo milagros que resultaron en la liberación de los israelitas de la esclavitud.

78:18
El significado de tentar a Dios
Mientras estaban en el desierto, los israelitas exigieron que Dios supliera sus necesidades. Ellos estaban dispuestos a creer en el poder de Dios solamente si él les daba lo que pedían.

FIDELIDAD DE DIOS HACIA SU PUEBLO INFIEL
Masquil de Asaf.

78 Escucha, pueblo mío, mi enseñanza;
     Inclinen ustedes su oído a las palabras de mi boca.

2 En parábolas abriré mi boca;
     Hablaré enigmas de la antigüedad,

3 Que hemos oído y conocido,
     Y que nuestros padres nos han contado.

4 No *lo* ocultaremos a sus hijos,
     Sino que contaremos a la generación venidera las alabanzas del SEÑOR,
     Su poder y las maravillas que hizo.

5 Porque Él estableció un testimonio en Jacob,
     Y puso una ley en Israel,
     La cual ordenó a nuestros padres
     Que enseñaran a sus hijos,

6 Para que la generación venidera *lo* supiera, *aun* los hijos que habían de nacer,
     Y estos se levantaran y lo contaran a sus hijos,

7 Para que ellos pusieran su confianza en Dios,
     Y no se olvidaran de las obras de Dios
     Sino que guardaran Sus mandamientos;

8 Y que no fueran como sus padres,
     Una generación porfiada y rebelde,
     Generación que no preparó su corazón,
     Y cuyo espíritu no fue fiel a Dios.

9 Los hijos de Efraín eran arqueros bien equipados,
     Pero volvieron las espaldas el día de la batalla.

10 No guardaron el pacto de Dios
     Y rehusaron andar en Su ley;

11 Olvidaron Sus obras
     Y los milagros que les había mostrado.

12 Él hizo maravillas en presencia de sus padres,
     En la tierra de Egipto, en el campo de Zoán.

13 Dividió el mar y los hizo pasar,
     Y contuvo las aguas como en un montón.

14 Después los guió de día con la nube
     Y toda la noche con un resplandor de fuego.

15 Partió las rocas en el desierto,
     Y *les* dio agua tan abundante como las profundidades *del océano;*

16 Hizo salir corrientes de la peña
     E hizo descender aguas como ríos.

17 Pero aún siguieron pecando contra Él,
     Rebelándose contra el Altísimo en el desierto.

18 Y en sus corazones tentaron[1] a Dios,
     Pidiendo comida a su gusto.

19 Hablaron contra Dios,
     Y dijeron: «¿Podrá Dios preparar mesa en el desierto?

20 Entonces Él golpeó la roca y brotaron aguas,
     Y torrentes se desbordaron;

78:18 [1] O *pusieron a prueba.*

¿Podrá también dar pan?
¿Proveerá carne para Su pueblo?».

21 Por tanto, al oírlo, el SEÑOR se indignó;
Un fuego se encendió contra Jacob,
Y aumentó también la ira contra Israel,

22 Porque no creyeron en Dios,
Ni confiaron en Su salvación.

23 Sin embargo, dio órdenes a las nubes arriba,
Y abrió las puertas de los cielos;

24 Hizo llover sobre ellos maná para comer,
Y les dio comida del cielo.

25 Pan de ángeles[1] comió el hombre;
Dios les mandó comida hasta saciarlos.

26 Hizo soplar en el cielo el viento del este,
Y con Su poder dirigió el viento del este,

27 Él hizo llover sobre ellos carne como polvo,
Aladas aves como arena de los mares,

28 Y *las* hizo caer en medio del campamento,
Alrededor de sus viviendas.

29 Comieron y quedaron bien saciados,
Y les concedió su deseo.

30 Antes de que hubieran satisfecho su deseo,
Mientras la comida aún estaba en su boca,

31 La ira de Dios se alzó contra ellos
Y mató a algunos de los más robustos,
Y subyugó a los escogidos de Israel.

32 A pesar de todo esto, todavía pecaron
Y no creyeron en Sus maravillas.

33 Él, pues, hizo terminar sus días en vanidad,
Y sus años en terror súbito.

34 Cuando los hería de muerte, entonces lo buscaban,
Y se volvían y buscaban con diligencia a Dios;

35 Se acordaban de que Dios era su Roca,
Y el Dios Altísimo su Redentor.

36 Pero con su boca lo engañaban
Y con su lengua le mentían.

37 Pues su corazón no era leal para con Él,
Ni eran fieles a Su pacto.

38 Pero Él, siendo compasivo, perdonaba *sus* iniquidades
y no *los* destruía;
Muchas veces contuvo Su ira,
Y no despertó todo Su furor.

39 Se acordaba de que ellos eran carne,
Un soplo que pasa y no vuelve.

40 ¡Cuántas veces se rebelaron contra Él en el desierto,
Y lo entristecieron en las soledades!

41 Tentaron a Dios una y otra vez,
Y afligieron al Santo de Israel.

42 No se acordaron de Su poder[1],
Del día que los redimió del adversario,

43 Cuando hizo Sus señales en Egipto,
Y Sus prodigios en el campo de Zoán.

78:25
Pan de ángeles
Este era el maná que Dios les proveyó a los israelitas en el desierto. Se le llamaba pan de ángeles porque venía del cielo.

78:25 [1] Lit. *de fuertes.*   78:42 [1] Lit. *mano.*

78:44-51
Una lista de hechos históricos
Estas eran las plagas que Dios envió a Egipto para ayudar a liberar a los israelitas.

78:57
El arco engañoso
Este era un arco demasiado flojo como para tirar bien una flecha. Del mismo modo, Israel no era confiable, aunque Dios los había sacado de Egipto y los había hecho entrar a la tierra prometida.

44 Convirtió en sangre sus ríos
Y sus corrientes, y no pudieron beber.
45 Envió entre ellos enjambres de moscas que los devoraban,
Y ranas que los destruían.
46 Entregó también sus cosechas al saltamontes,
Y el fruto de su trabajo a la langosta.
47 Destruyó sus viñas con granizo,
Y sus sicómoros con escarcha.
48 Entregó también al granizo sus ganados,
Y sus rebaños a los rayos.
49 Envió sobre ellos el ardor de Su ira,
Furia, indignación y angustia,
Un ejército de ángeles destructores.
50 Preparó senda para Su ira;
No libró sus almas de la muerte,
Sino que entregó sus vidas a la plaga,
51 E hirió a todos los primogénitos en Egipto,
Las primicias de su virilidad en las tiendas de Cam.
52 Pero a Su pueblo lo sacó como a ovejas,
Como a rebaño los condujo en el desierto;
53 Los guió con seguridad, de modo que no temieron,
Pero el mar se tragó a sus enemigos.

54 Los trajo, pues, a Su tierra santa,
A esta tierra montañosa que Su diestra había adquirido.
55 Y expulsó a las naciones de delante de ellos;
Las repartió con medida por herencia,
E hizo habitar en sus tiendas a las tribus de Israel.
56 Sin embargo, ellos pusieron a prueba y provocaron al Dios Altísimo,
Y no guardaron Sus testimonios,
57 Sino que se volvieron atrás y fueron desleales como sus padres;
Se desviaron como arco engañoso.
58 Lo provocaron con sus lugares altos,
Y despertaron Sus celos con sus imágenes talladas.
59 Al oírlo Dios, se indignó,
Y aborreció a Israel en gran manera.
60 Abandonó la morada en Silo,
La tienda que había levantado entre los hombres,
61 Y entregó al cautiverio Su poderío,
Y Su gloria en manos del adversario.
62 Entregó también Su pueblo a la espada,
Y se indignó contra Su heredad.
63 El fuego consumió a sus jóvenes,
Y no tuvieron canciones de bodas sus vírgenes.
64 Sus sacerdotes cayeron a espada,
Y sus viudas no pudieron llorar.

65 Entonces despertó el Señor como de un sueño,
Como guerrero vencido por el vino,
66 E hizo retroceder a Sus adversarios,
Poniendo sobre ellos una afrenta perpetua.
67 Desechó también la tienda de José,
Y no escogió a la tribu de Efraín,

68 Sino que escogió a la tribu de Judá,
Al monte Sión que Él amaba.
69 Y edificó Su santuario como las alturas,
Como la tierra que ha fundado para siempre.
70 Escogió también a David Su siervo,
Lo tomó de entre los rediles de las ovejas;
71 Lo trajo de cuidar las ovejas con *sus* corderitos,
Para pastorear a Jacob, Su pueblo,
Y a Israel, Su heredad.
72 Y él los pastoreó según la integridad de su corazón,
Y los guió con la destreza de sus manos.

LAMENTO POR LA DESTRUCCIÓN DE JERUSALÉN
Salmo de Asaf.

79 Oh Dios, las naciones han invadido Tu heredad;
Han profanado Tu santo templo;
Han dejado a Jerusalén en ruinas.
2 Han dado los cadáveres de Tus siervos por comida a
las aves del cielo,
La carne de Tus santos a las fieras de la tierra.
3 Como agua han derramado su sangre alrededor de
Jerusalén;
Y no hubo quien les diera sepultura.
4 Hemos sido el oprobio de nuestros vecinos,
Escarnio y burla de los que nos rodean.
5 ¿Hasta cuándo, SEÑOR? ¿Estarás enojado para
siempre?
¿Arderán como fuego Tus celos?
6 Derrama Tu furor sobre las naciones que no te
conocen,
Y sobre los reinos que no invocan Tu nombre.
7 Pues han devorado a Jacob
Y han asolado su morada.

8 No recuerdes contra nosotros las iniquidades de
nuestros antepasados;
Venga pronto a nuestro encuentro Tu compasión,
Porque estamos muy abatidos.
9 Ayúdanos, oh Dios de nuestra salvación,
Por la gloria de Tu nombre;
Líbranos y perdona nuestros pecados por amor de Tu
nombre.
10 ¿Por qué han de decir las naciones: «¿Dónde está su
Dios?».
Sea notoria entre las naciones, a nuestra vista,
La venganza por la sangre derramada de Tus
siervos.
11 Llegue a Tu presencia el gemido del cautivo;
Conforme a la grandeza de Tu poder[1] preserva a los
condenados a muerte.
12 Y devuelve a nuestros vecinos siete veces en su
seno
La afrenta con que te han ofendido, Señor.

79:5
Por qué Dios estaba enojado
Dios se había enojado porque su pueblo se había rebelado y había dejado de servirle.

79:11
Quiénes eran los cautivos
Eran todos los israelitas que habían sido llevados a Babilonia.

79:11 [1] Lit. *brazo.*

13 Y nosotros, pueblo Tuyo y ovejas de Tu prado,
Te daremos gracias para siempre;
A todas las generaciones hablaremos de Tu alabanza.

SÚPLICA POR LA RESTAURACIÓN DEL PUEBLO
Para el director del coro; según la tonada «A los lirios»;
Testimonio. Salmo de Asaf.

80 Presta oído, oh Pastor de Israel;
Tú que guías a José como un rebaño;
Tú que estás sentado *más alto que* los querubines;
¡resplandece!
2 Delante de Efraín, de Benjamín y de Manasés,
despierta Tu poder
Y ven a salvarnos.
3 Restáuranos, oh Dios,
Y haz resplandecer Tu rostro *sobre nosotros*, y
seremos salvos.

4 Oh SEÑOR, Dios de los ejércitos,
¿Hasta cuándo estarás enojado contra la oración de
Tu pueblo?
5 Les has dado a comer pan de lágrimas,
Y les has hecho beber lágrimas en gran abundancia.
6 Nos haces objeto de burla para nuestros vecinos,
Y nuestros enemigos se ríen entre sí.
7 Oh Dios de los ejércitos, restáuranos;
Haz resplandecer Tu rostro *sobre nosotros,* y seremos
salvos.

8 Tú removiste una vid de Egipto;
Expulsaste las naciones y plantaste la vid.
9 Limpiaste *el terreno* delante de ella;
Echó profundas raíces y llenó la tierra.
10 Los montes fueron cubiertos con su sombra,
Y los cedros de Dios con sus ramas.
11 Extendía sus ramas hasta el mar
Y sus renuevos hasta el río.
12 ¿Por qué has derribado sus vallados,
De modo que la vendimian todos los que pasan de
camino?
13 El puerco montés la devora,
Y de ella se alimenta todo lo que se mueve en el campo.

14 Oh Dios de los ejércitos, vuelve ahora, te rogamos;
Mira y ve desde el cielo, y cuida esta vid,
15 La cepa que Tu diestra ha plantado
Y el hijo que para Ti has fortalecido.
16 Está quemada con fuego, *y* cortada;
Ante el reproche de Tu rostro perecen.
17 Sea Tu mano sobre el hombre de Tu diestra,
Sobre el hijo de hombre que para Ti fortaleciste.
18 Entonces no nos apartaremos de Ti;
Avívanos, e invocaremos Tu nombre.
19 Oh SEÑOR, Dios de los ejércitos, restáuranos;
Haz resplandecer Tu rostro *sobre nosotros* y seremos
salvos.

80:8-16
Israel era como una vid
Esta es una descripción gráfica para explicar cómo Dios había trasplantado a los israelitas de Egipto a Canaán. Cuando Israel era obediente a Dios, crecía como una vid saludable; cuando se alejaba de él, otras naciones destruían parte de su viña.

80:17
El hijo de hombre
Esto puede referirse a Israel, el hijo de Dios (versículo 15). También puede querer significar la venida del Mesías. Jesús se llamó a sí mismo el Hijo del Hombre. (Ver Mateo 12:40).

BONDAD DE DIOS Y DESOBEDIENCIA DE ISRAEL

Para el director del coro; sobre Gitit. Salmo de Asaf.

81 Canten con gozo a Dios, fortaleza nuestra;
Aclamen con júbilo al Dios de Jacob.

2 Entonen canto de alabanza, y toquen el pandero,
La melodiosa lira con el arpa.

3 Toquen la trompeta en la luna nueva,
En la luna llena, en el día de nuestra fiesta.

4 Porque es estatuto para Israel,
Ordenanza del Dios de Jacob.

5 Él lo estableció por testimonio en José,
Cuando salió sobre la tierra de Egipto.
Un lenguaje que yo no conocía, oí:

6 «Yo libré su hombro de la carga,
Sus manos se libraron de las canastas.

7 En la angustia llamaste, y Yo te rescaté;
Te respondí en el escondite del trueno;
En las aguas de Meriba te probé.   *(Selah)*

8 Oye, pueblo Mío, y te amonestaré.
¡Oh Israel, si tú me oyeras!

9 No haya en ti dios ajeno,
Ni adores a dios extranjero.

10 Yo, el SEÑOR, soy tu Dios,
Que te saqué de la tierra de Egipto;
Abre bien tu boca y la llenaré.

11 »Pero Mi pueblo no escuchó Mi voz;
Israel no me obedeció.

12 Por eso los entregué a la dureza de su
corazón,
Para que anduvieran en sus propias intrigas.

13 ¡Oh, si Mi pueblo me oyera,
Si Israel anduviera en Mis caminos!

14 En un momento Yo subyugaría a sus
enemigos
Y volvería Mi mano contra sus adversarios.

15 Los que aborrecen al SEÑOR le fingirían
obediencia,
Y el tiempo de su *castigo* sería para siempre.

16 Pero Yo te alimentaría con lo mejor del trigo,
Y con miel de la peña te saciaría».

DIOS, JUEZ SUPREMO

Salmo de Asaf.

82 Dios ocupa Su lugar en Su congregación;
Él juzga en medio de los jueces[1].

2 ¿Hasta cuándo juzgarán ustedes injustamente
Y favorecerán a los impíos?   *(Selah)*

3 Defiendan al débil y al huérfano;
Hagan justicia al afligido y al menesteroso.

4 Rescaten al débil y al necesitado;
Líbren*los* de la mano de los impíos.

82:1 [1] Lit. *dioses.*

81:3
La fiesta de la luna nueva
Era una fiesta que se celebraba al comienzo de cada mes. El pueblo ofrecía sacrificios especiales, tocaba las trompetas y se tomaba un descanso del trabajo normal.

81:7
Las aguas de Meriba
Cuando los israelitas estaban en el desierto cerca de Meriba, se quejaban por no tener agua. Dios le dijo a Moisés que usara su vara para golpear la peña, y al hacerlo brotó el agua. (Ver Éxodo 17:1-7).

RECURSOS LITERARIOS

Las diez imágenes poéticas más usadas en Salmos y su número de repeticiones

Ley de Dios
(estatutos, mandamientos, preceptos) **198**

107 Cielo/Firmamento

Agua **94**

85 Realeza

Desastres naturales **82**

66 Refugio/Roca

Plantas **57**

51 Sión

Siervo **38**

36 Camino/Senda

81:16
Miel de la peña
En Canaán, las abejas solían hacer sus panales en los peñascos. Los viajeros comían la miel y recibían fuerzas para continuar el viaje.

82:1
Quiénes eran estos jueces
El término puede referirse a los reyes y gobernantes, a quienes a veces también se les llamaba dioses o hijos de Dios. Puede referirse además a los dioses falsos de las naciones vecinas. De cualquier modo, Dios está juzgándolos por ser injustos.

83:5-8
Muchos enemigos
Eran naciones que querían tomar el territorio de Israel. Como peleaban contra el pueblo de Dios, también eran enemigos de Dios.

83:9-12
La petición del salmista
El salmista le estaba pidiendo a Dios que derrotara a los enemigos de Israel, así como lo había hecho en los tiempos de los jueces.

84:1-2
Por qué el salmista desea estar en el templo
El autor era probablemente un trabajador del templo que no podía servir debido a que Israel estaba bajo ataque, posiblemente de Senaquerib. (Ver 2 Reyes 18:13-16).

5 Ellos no saben ni entienden;
Caminan en tinieblas;
Son sacudidos todos los cimientos de la tierra.
6 Yo dije: «Ustedes son dioses,
Y todos son hijos del Altísimo.
7 Sin embargo, como hombres morirán,
Y caerán como cualquiera de los príncipes».
8 ¡Levántate, oh Dios, juzga la tierra!
Porque Tú posees todas las naciones.

ORACIÓN CONTRA ENEMIGOS DESAFIANTES
Cántico. Salmo de Asaf.

83 Oh Dios, no permanezcas en silencio;
No calles, oh Dios, ni te quedes quieto.
2 Porque Tus enemigos rugen,
Y los que te aborrecen se han enaltecido.
3 Hacen planes astutos contra Tu pueblo,
Y juntos conspiran contra Tus protegidos.
4 Han dicho: «Vengan, y destruyámoslos como nación,
Para que ya no haya memoria del nombre de Israel».
5 Porque de corazón han conspirado a una;
Hacen pacto contra Ti:
6 Las tiendas de Edom y de los ismaelitas,
Moab y los agarenos,
7 Gebal, Amón y Amalec,
Filistea con los habitantes de Tiro;
8 Asiria también se ha unido a ellos;
Se han convertido en ayuda para los hijos de Lot.
        (Selah)

9 Trátalos como a Madián,
Como a Sísara, como a Jabín en el torrente Cisón,
10 Que fueron destruidos en Endor,
Que quedaron *como* estiércol para la tierra.
11 Pon a sus nobles como a Oreb y Zeeb,
Y a todos sus príncipes como a Zeba y Zalmuna,
12 Que dijeron: «Apoderémonos
De los prados de Dios».

13 Oh Dios mío, ponlos como polvo en remolino;
Como paja ante el viento.
14 Como fuego que consume el bosque,
Y como llama que incendia las montañas,
15 Así persíguelos con Tu tempestad,
Y aterrorízalos con Tu torbellino.
16 Cubre sus rostros de vergüenza,
Para que busquen Tu nombre, oh SEÑOR.
17 Sean avergonzados y turbados para siempre;
Sean humillados y perezcan,
18 Para que sepan que solo Tú, que te llamas el SEÑOR,
Eres el Altísimo sobre toda la tierra.

ANHELO POR LA ADORACIÓN EN EL TEMPLO
Para el director del coro; sobre Gitit. Salmo de los hijos de Coré.

84 ¡Cuán preciosas son Tus moradas,
Oh SEÑOR de los ejércitos!

2 Anhela mi alma, y aun desea con ansias los atrios del
    SEÑOR;
    Mi corazón y mi carne cantan con gozo al Dios vivo.

3 Aun el gorrión ha hallado casa,
    Y la golondrina nido para sí donde poner sus
    polluelos:
    ¡Tus altares, oh SEÑOR de los ejércitos,
    Rey mío y Dios mío!

4 ¡Cuán bienaventurados son los que moran en Tu casa!
    Continuamente te alaban.   *(Selah)*

5 ¡Cuán bienaventurado es el hombre cuyo poder está
    en Ti,
    En cuyo corazón están los caminos *a Sión*!

6 Pasando por el valle de Baca[1] lo convierten en
    manantial,
    También las lluvias tempranas lo cubren de
    bendiciones.

7 Van de poder en poder,
    Cada uno de ellos comparece ante Dios en Sión.

8 ¡Oh SEÑOR, Dios de los ejércitos, oye mi oración;
    Escucha, oh Dios de Jacob!   *(Selah)*

9 Mira, oh Dios, escudo nuestro,
    Y contempla el rostro de Tu ungido.

10 Porque mejor es un día en Tus atrios que mil *fuera de
    ellos.*
    Prefiero estar en el umbral de la casa de mi Dios
    Que morar en las tiendas de impiedad.

11 Porque sol y escudo es el SEÑOR Dios;
    Gracia y gloria da el SEÑOR;
    Nada bueno niega a los que andan en
    integridad.

12 Oh SEÑOR de los ejércitos,
    ¡Cuán bienaventurado es el hombre que en
    Ti confía!

ORACIÓN PIDIENDO MISERICORDIA
PARA LA NACIÓN
Para el director del coro. Salmo de los hijos de Coré.

85 Oh SEÑOR, Tú mostraste favor a Tu tierra,
        Cambiaste la cautividad de Jacob.

2 Perdonaste la iniquidad de Tu pueblo,
    Cubriste todo su pecado.   *(Selah)*

3 Retiraste toda Tu furia,
    Te apartaste del ardor de Tu ira.

4 Restáuranos, oh Dios de nuestra salvación,
    Haz cesar Tu indignación contra nosotros.

5 ¿Estarás enojado con nosotros para siempre?
    ¿Prolongarás Tu ira de generación en generación?

6 ¿No volverás a darnos vida
    Para que Tu pueblo se regocije en Ti?

7 Muéstranos, oh SEÑOR, Tu misericordia,
    Y danos Tu salvación.

84:6 [1] Probablemente de *Lágrimas.*

84:9
El escudo
El ungido es el rey de Israel, el
ungido de Dios, quien se supone
que debía proteger a su pueblo. El
salmista además se refiere a Dios
como el escudo o protector del
pueblo (versículo 11).

85:4
Por qué Dios estaba
indignado con su pueblo
El pueblo de Israel continuaba
alejándose de Dios. Ellos
desobedecieron sus leyes muchas
veces de forma deliberada. Este
salmo puede haber sido escrito
durante un tiempo de sequía,
cuando el pueblo creía que Dios los
estaba castigando.

⁸ Escucharé lo que dirá Dios el SEÑOR,
    Porque hablará paz a Su pueblo, a Sus santos;
    Pero que no vuelvan ellos a la insensatez.
⁹ Ciertamente cercana está Su salvación para los que
      le temen,
    Para que more *Su* gloria en nuestra tierra.
¹⁰ La misericordia y la verdad se han encontrado,
    La justicia y la paz se han besado.
¹¹ La verdad brota de la tierra,
    Y la justicia mira desde los cielos.
¹² Ciertamente el SEÑOR dará lo que es bueno,
    Y nuestra tierra dará su fruto.
¹³ La justicia irá delante de Él
    Y pondrá por camino Sus pasos.

85:10-11
El salmista usó la personificación en estos versículos
La personificación es una manera de describir algo mediante el uso de características humanas.

SALMO DE SÚPLICA Y CONFIANZA
Oración de David.

86 Inclina, oh SEÑOR, Tu oído y respóndeme,
    Porque estoy afligido y necesitado.
² Guarda mi alma, pues soy piadoso;
    Tú eres mi Dios; salva a Tu siervo que en Ti
      confía.
³ Ten piedad de mí, oh Señor,
    Porque a Ti clamo todo el día.
⁴ Alegra el alma de Tu siervo,
    Porque a Ti, oh Señor, elevo mi alma.
⁵ Pues Tú, Señor, eres bueno y perdonador,
    Abundante en misericordia para con todos los que
      te invocan.
⁶ Escucha, oh SEÑOR, mi oración,
    Y atiende a la voz de mis súplicas.
⁷ En el día de la angustia te invocaré,
    Porque Tú me responderás.
⁸ No hay nadie como Tú entre los dioses, oh Señor,
    Ni hay obras como las Tuyas.
⁹ Todas las naciones que Tú has hecho vendrán y
      adorarán delante de Ti, Señor,
    Y glorificarán Tu nombre.
¹⁰ Porque Tú eres grande y haces maravillas;
    Solo Tú eres Dios.

86:8
David compara a Dios con otros dioses
David sabía que había solo un Dios verdadero, pero quería señalar su grandeza en contraste con los dioses falsos de las naciones vecinas.

¹¹ Enséñame, oh SEÑOR, Tu camino;
    Andaré en Tu verdad;
    Unifica mi corazón para que tema Tu nombre.
¹² Te daré gracias, Señor mi Dios, con todo mi
      corazón,
    Y glorificaré Tu nombre para siempre.
¹³ Porque grande es Tu misericordia para conmigo,
    Y has librado mi alma de las profundidades del
      Seol.
¹⁴ Oh Dios, los arrogantes se han levantado contra mí,
    Y una banda de violentos ha buscado mi vida,
    Y no te han tenido en cuenta.
¹⁵ Pero Tú, Señor, eres un Dios compasivo y *lleno* de
      piedad,

Lento para la ira y abundante en misericordia y
  fidelidad[1].
16 Vuélvete hacia mí, y tenme piedad;
   Da Tu poder a Tu siervo,
   Y salva al hijo de Tu sierva.
17 Muéstrame una señal de bondad,
   Para que *la* vean los que me aborrecen y se
     avergüencen,
   Porque Tú, oh SEÑOR, me has ayudado y consolado.

PRIVILEGIOS DEL CIUDADANO DE SIÓN
Salmo de los hijos de Coré. Cántico.

87 En los montes santos están Sus cimientos.
   2 El SEÑOR ama las puertas de Sión
   Más que todas las *otras* moradas de Jacob.
3 Cosas gloriosas se dicen de Ti,
   Oh ciudad de Dios: *(Selah)*
4 «Mencionaré a Egipto[1] y a Babilonia entre los que me
     conocen;
   A Filistea y Tiro con Etiopía. *De sus moradores se dirá:*
   "Este nació allí"».
5 Pero de Sión se dirá: «Este y aquel nacieron en ella»;
   Y el Altísimo mismo la establecerá.
6 El SEÑOR contará al inscribir los pueblos:
   «Este nació allí».   *(Selah)*
7 Entonces tanto los cantores como los flautistas, *dirán:*
   «En ti están todas mis fuentes *de gozo*».

ORACIÓN PIDIENDO SER SALVO DE LA MUERTE
*Cántico. Salmo de los hijos de Coré. Para el director del coro; sobre
Mahalat Leannot. Masquil de Hemán el ezraíta.*

88 Oh SEÑOR, Dios de mi salvación,
   De día y de noche he clamado delante de Ti.
2 Llegue mi oración a Tu presencia;
   Inclina Tu oído a mi clamor.
3 Porque mi alma está llena de males,
   Y mi vida se ha acercado al Seol.
4 Soy contado entre los que descienden a la fosa;
   He llegado a ser como hombre sin fuerza,
5 Abandonado entre los muertos;
   Como los caídos a espada que yacen en el sepulcro,
   De quienes ya no te acuerdas,
   Y que han sido arrancados de Tu mano.
6 Me has puesto en la fosa más profunda,
   En lugares tenebrosos, en las profundidades.
7 Ha reposado sobre mí Tu furor,
   Y *me* has afligido con todas Tus olas.   *(Selah)*

8 Has alejado de mí mis amistades,
   Me has hecho objeto de repugnancia[1] para ellos;
   Encerrado estoy y no puedo salir.
9 Han languidecido mis ojos a causa de la aflicción;
   Oh SEÑOR, cada día te he invocado,
   He extendido mis manos hacia Ti.

86:17
David quería una señal
David tenía fe en la compasión y el
amor de Dios, pero quería que él le
mostrara su bondad para que los
enemigos de David la vieran.

87:1-2
El monte santo de Dios
Este era el monte Sión en
Jerusalén, el sitio del templo.

88:1-3
Un salmo triste
Este salmo expresa la desdicha de
alguien que está próximo a morir
y ha perdido a sus amigos más
cercanos y sus seres queridos. Sin
embargo, incluso en medio de una
gran tristeza, el salmista habla
con Dios.

88:6
El salmista piensa que está
siendo castigado
El autor no explica por qué Dios
podría castigarlo, pero creía que su
sufrimiento era porque Dios estaba
enojado con él.

86:15 [1] O *verdad.*   87:4 [1] Heb. *Rahab.*   88:8 [1] Lit. *una abominación.*

10 ¿Harás maravillas a los muertos?
¿Se levantarán los muertos *y* te alabarán?
    (Selah)
11 ¿Se hablará de Tu misericordia en el sepulcro,
Y de Tu fidelidad en el Abadón[1]?
12 ¿Se darán a conocer Tus maravillas en las tinieblas,
Y Tu justicia en la tierra del olvido?

13 Pero yo, a Ti pido auxilio, SEÑOR,
Y mi oración llega ante Ti por la mañana.
14 ¿Por qué, SEÑOR, rechazas mi alma?
¿Por qué escondes de mí Tu rostro?
15 He estado afligido y a punto de morir desde mi
    juventud;
Sufro Tus terrores, estoy abatido.
16 Sobre mí ha pasado Tu ardiente ira;
Tus terrores me han destruido.
17 Me han rodeado como aguas todo el día;
A una me han cercado.
18 Has alejado de mí al compañero y al amigo;
Mis conocidos están en tinieblas.

EL PACTO DEL Señor CON DAVID, Y LAS AFLICCIONES DE ISRAEL

Masquil de Etán el ezraíta.

89 Por siempre cantaré de las misericordias del SEÑOR;
Con mi boca daré a conocer Tu fidelidad a todas las
    generaciones.
2 Porque dije: «Para siempre será edificada la
    misericordia;
En los cielos mismos establecerás Tu fidelidad».
3 «Yo he hecho un pacto con Mi escogido,
He jurado a David Mi siervo:
4 Estableceré tu descendencia para siempre,
Y edificaré tu trono por todas las generaciones».
    (Selah)

5 Los cielos alabarán Tus maravillas, SEÑOR,
Y también Tu fidelidad en la asamblea de los santos.
6 Porque, ¿quién en el firmamento se puede comparar
    al SEÑOR?
¿Quién entre los hijos de los poderosos es como el
    SEÑOR,
7 Dios muy temido en el consejo de los santos,
E imponente sobre todos los que están en Su derredor?
8 Oh SEÑOR, Dios de los ejércitos, ¿quién como Tú,
    poderoso SEÑOR?
Tu fidelidad también te rodea.
9 Tú dominas la soberbia del mar;
Cuando sus olas se levantan, Tú las calmas.
10 Tú aplastaste a Egipto[1] como a uno herido de muerte;
Esparciste a Tus enemigos con Tu brazo poderoso.
11 Tuyos son los cielos, Tuya también la tierra;
El mundo y todo lo que en él hay, Tú lo fundaste.

89:3
Cuál era este pacto
Dios había hecho un pacto con David y le había prometido establecer su reino para siempre. (Ver 2 Samuel 7:8-16).

89:10
Egipto
Aquí Egipto simboliza la oposición a Dios y su pueblo.

88:11 [1] I.e. lugar de destrucción.   89:10 [1] Heb. *Rahab*.

12 El norte y el sur, Tú los creaste;
   El Tabor y el Hermón aclamarán con gozo a Tu
        nombre.
13 Tú tienes un brazo fuerte;
   Tu mano es poderosa, Tu diestra es exaltada.
14 La justicia y el derecho son el fundamento de Tu
        trono;
   La misericordia y la verdad van delante de Ti.
15 ¡Cuán bienaventurado es el pueblo que sabe lo que es
        la voz de júbilo!
   Andan, SEÑOR, a la luz de Tu rostro.
16 En Tu nombre se regocijan todo el día,
   Y por Tu justicia son enaltecidos.
17 Porque Tú eres la gloria de su potencia,
   Y por Tu gracia es exaltado nuestro poder.
18 Pues del SEÑOR es nuestro escudo,
   Y del Santo de Israel nuestro rey.

19 Una vez hablaste en visión a Tus santos,
   Y dijiste: «He ayudado a un poderoso;
   He exaltado a uno escogido de entre el pueblo.
20 He hallado a David Mi siervo;
   Lo he ungido con Mi óleo santo,
21 Y con él estará siempre Mi mano;
   Mi brazo también lo fortalecerá.
22 No lo engañará el enemigo,
   Ni lo afligirá el hijo de maldad,
23 Sino que Yo aplastaré a sus adversarios delante de él,
   Y heriré a los que lo aborrecen.
24 Con él estarán Mi fidelidad y Mi misericordia,
   Y en Mi nombre será exaltado su poder.
25 Pondré también su mano sobre el mar
   Y su diestra sobre los ríos.
26 Él clamará a Mí: "Mi Padre eres Tú,
   Mi Dios y la roca de mi salvación".
27 Yo también lo haré *Mi* primogénito,
   El más excelso de los reyes de la tierra.
28 Para siempre conservaré Mi misericordia hacia él,
   Y Mi pacto le será confirmado.
29 Así estableceré su descendencia para siempre
   Y su trono como los días de los cielos.

30 »Si sus hijos abandonan Mi ley
   Y no andan en Mis juicios,
31 Si violan Mis estatutos
   Y no guardan Mis mandamientos,
32 Entonces castigaré con vara su transgresión
   Y con azotes su iniquidad.
33 Pero no quitaré de él Mi misericordia,
   Ni obraré falsamente en Mi fidelidad.
34 No quebrantaré Mi pacto,
   Ni cambiaré la palabra de Mis labios.
35 Una vez he jurado por Mi santidad;
   No mentiré a David.
36 Su descendencia será para siempre,
   Y su trono como el sol delante de Mí.

37 Será establecido para siempre como la luna,
   Fiel testigo en el cielo».   *(Selah)*

38 Pero Tú *lo* has rechazado y desechado,
   Contra Tu ungido te has enfurecido.

39 Has despreciado el pacto de Tu siervo;
   Has profanado su corona *echándola* por tierra.

40 Has derribado todos sus muros;
   Has convertido en ruinas sus fortalezas.

41 Todos los que pasan por el camino lo saquean;
   Ha venido a ser una afrenta para sus vecinos.

42 Tú has exaltado la diestra de sus adversarios;
   Has hecho que se regocijen todos sus enemigos.

43 Has retirado también el filo de su espada,
   Y no le has hecho estar firme en la batalla.

44 Has hecho cesar su esplendor,
   Y has echado por tierra su trono.

45 Has acortado los días de su juventud;
   Lo has cubierto de ignominia.   *(Selah)*

46 ¿Hasta cuándo, SEÑOR?
   ¿Te esconderás para siempre?
   ¿Arderá como el fuego Tu furor?

47 Recuerda cuán breve es mi vida;
   ¡Con qué propósito vano has creado a todos los hijos
      de los hombres!

48 ¿Qué hombre podrá vivir y no ver la muerte?
   ¿Podrá librar su alma del poder del Seol?
      (Selah)

49 ¿Dónde están, Señor, Tus misericordias de antes,
   Que en Tu fidelidad juraste a David?

50 Recuerda, Señor, el oprobio de Tus siervos;
   Cómo llevo dentro de mí *el oprobio de* muchos
      pueblos,

51 Con el cual Tus enemigos, oh SEÑOR, han injuriado,
   Con el cual han injuriado los pasos de Tu ungido.

52 ¡Bendito sea el SEÑOR para siempre!
   Amén y amén.

LIBRO CUARTO

LA ETERNIDAD DE DIOS Y LO TRANSITORIO DEL HOMBRE

Oración de Moisés†, hombre de Dios.

90 Señor, Tú has sido un refugio para nosotros
     De generación en generación.

2 Antes que los montes fueran engendrados,
   Y nacieran la tierra y el mundo,
   Desde la eternidad y hasta la eternidad, Tú eres
      Dios.

3 Haces que el hombre vuelva a ser polvo,
   Y dices: «Vuelvan, hijos de los hombres».

90:1 † Véase Dt. 33:1.

89:39

El salmista acusa a Dios de romper el pacto

Este salmo probablemente fue escrito después de que la línea familiar de David no reinara más sobre Israel. De manera que habría parecido imposible que Dios guardara su promesa de darle a David un reino eterno.

89:52

Después de quejarse por las acciones de Dios, el salmo termina con alabanza

El último versículo es la conclusión del libro tercero de Salmos, no solamente de Salmos 89.

90:3-6

Los seres humanos en comparación con Dios

Desde la perspectiva de Dios, la vida humana es corta, casi como el césped que crece y muere en el día.

4 Porque mil años ante Tus ojos
  Son como el día de ayer que *ya* pasó,
  Y *como* una vigilia de la noche.
5 Tú los has barrido como un torrente, son como un
  sueño;
  Son como la hierba que por la mañana reverdece;
6 Por la mañana florece y reverdece;
  Al atardecer se marchita y se seca.

7 Porque hemos sido consumidos con Tu ira,
  Y por Tu furor hemos sido conturbados.
8 Has puesto nuestras iniquidades delante de Ti,
  Nuestros *pecados* secretos a la luz de Tu presencia.
9 Porque por Tu furor han declinado todos nuestros
  días;
  Acabamos nuestros años como un suspiro.
10 Los días de nuestra vida llegan a setenta años;
  Y en caso de *mayor* vigor, a ochenta años.
  Con todo, su orgullo es *solo* trabajo y
  pesar,
  Porque pronto pasa, y volamos.
11 ¿Quién conoce el poder de Tu ira,
  Y Tu furor conforme al temor que se debe
  a Ti?
12 Enséñanos a contar de tal modo nuestros
  días,
  Que traigamos al corazón sabiduría.

13 Vuelve, SEÑOR; ¿hasta cuándo?
  Y compadécete de Tus siervos.
14 Sácianos por la mañana con Tu
  misericordia,
  Y cantaremos con gozo y nos alegraremos
  todos nuestros días.
15 Alégranos conforme a los días que nos
  afligiste,
  Y a los años en que vimos adversidad.
16 Sea manifestada Tu obra a Tus siervos,
  Y Tu majestad a sus hijos,
17 Y sea la gracia del Señor nuestro Dios
  sobre nosotros.
  Confirma, pues, sobre nosotros la obra de
  nuestras manos;
  Sí, la obra de nuestras manos confirma.

90:17
El deseo del salmista
Aunque la vida humana es breve comparada con la eternidad, el salmista oraba que Dios bendijera lo que había hecho durante su vida.

LA ROCA DE LOS SIGLOS
Descripciones más frecuentes de Dios en Salmos

Rey 26
Altísimo 21
Roca 20
Escudo 15
Fortaleza 14
Señor, Dios de los Ejércitos 13
Refugio 13
Baluarte 13
Ayuda/Ayudador 12
Dios de Jacob 12
9
Santo de Israel/Dios de Israel 9
Dios de mi salvación/Salvador 9
Gloria/Dios de gloria/Rey de gloria 8
Fuerza 3

SEGURIDAD DEL QUE CONFÍA EN EL SEÑOR

91 El que habita al amparo del Altísimo[1]
    Morará a la sombra del Omnipotente.
2 Diré yo al SEÑOR: «Refugio mío y fortaleza mía,
  Mi Dios, en quien confío».
3 Porque Él te libra del lazo del cazador
  Y de la pestilencia mortal.

91:1 [1] Heb. *Shaddai.*

91:4
Dios es como un ave

Esta descripción gráfica muestra a Dios como una mamá pájaro que protege a su cría debajo de sus alas. Es una imagen de seguridad y consuelo.

4 Con Sus plumas te cubre,
Y bajo Sus alas hallas refugio;
Escudo y baluarte es Su fidelidad[1].

5 No temerás el terror de la noche,
Ni la flecha que vuela de día,
6 Ni la pestilencia que anda en tinieblas,
Ni la destrucción que hace estragos en medio del día.

7 Aunque caigan mil a tu lado
Y diez mil a tu diestra,
A ti no se acercará.
8 Con tus ojos mirarás
Y verás la paga de los impíos.
9 Porque has puesto al SEÑOR, *que es* mi refugio,
Al Altísimo, *por* tu habitación.
10 No te sucederá *ningún* mal,
Ni plaga se acercará a tu morada.

11 Pues Él dará órdenes a Sus ángeles acerca de ti,
Para que te guarden en todos tus caminos.
12 En sus manos te llevarán,
Para que tu pie no tropiece en piedra.
13 Sobre el león y la cobra pisarás;
Pisotearás al cachorro de león y a la serpiente.

14 «Porque en Mí ha puesto su amor, Yo entonces lo libraré;
Lo exaltaré, porque ha conocido Mi nombre.
15 Me invocará, y le responderé;
Yo estaré con él en la angustia;
Lo rescataré y lo honraré;
16 Lo saciaré de larga vida,
Y le haré ver Mi salvación».

ALABANZA POR LA BONDAD DEL SEÑOR
Salmo. Cántico para el día de reposo.

92 Bueno es dar gracias al SEÑOR,
Y cantar alabanzas a Tu nombre, oh Altísimo;
2 Anunciar por la mañana Tu bondad,
Y Tu fidelidad por las noches,
3 Con laúd de diez cuerdas y con el arpa,
Con la música sonora de la lira.
4 Porque Tú, oh SEÑOR, me has alegrado con Tus obras,
Cantaré con gozo ante las obras de Tus manos.

5 ¡Qué grandes son Tus obras, oh SEÑOR,
Cuán profundos Tus pensamientos!
6 El hombre torpe no tiene conocimiento,
Y el necio no entiende esto:
7 Que cuando los impíos brotaron como la hierba,
Y florecieron todos los que hacían iniquidad,
Solo fue para ser destruidos para siempre.

91:4 [1] O *verdad*.

8 Pero Tú, oh SEÑOR, excelso eres eternamente.
9 Porque Tus enemigos, SEÑOR,
  Porque Tus enemigos perecerán;
  Serán esparcidos todos los que hacen iniquidad.

10 Pero Tú has exaltado mi poder como *el del* búfalo;
   He sido ungido con aceite fresco.
11 Mis ojos *satisfechos* han mirado a los que me
   acechaban,
   Y oyen mis oídos de los malhechores que se levantan
   contra mí.
12 El justo florecerá como la palma,
   Crecerá *como* cedro en el Líbano.
13 Plantados en la casa del SEÑOR,
   Florecerán en los atrios de nuestro Dios.
14 Aun en la vejez darán fruto;
   Estarán vigorosos y muy verdes,
15 Para anunciar cuán recto es el SEÑOR;
   Él es mi Roca, y que en Él no hay injusticia.

LA MAJESTAD DEL SEÑOR

93 El *Señor* reina, vestido está de majestad;
   El SEÑOR se ha vestido y ceñido de poder;
   Ciertamente el mundo está bien afirmado, será
   inconmovible.
2 Desde la antigüedad está establecido Tu trono;
  Tú eres desde la eternidad.

3 Los torrentes han alzado, oh SEÑOR,
  Los torrentes han alzado su voz;
  Los torrentes alzan sus batientes olas.
4 Más que el fragor de muchas aguas,
  Más que las poderosas olas del mar,
  Es poderoso el SEÑOR en las alturas.
5 Tus testimonios son muy fidedignos;
  La santidad conviene a Tu casa,
  Eternamente, oh SEÑOR.

ORACIÓN PIDIENDO JUSTICIA

94 Oh SEÑOR, Dios de las venganzas,
   Oh Dios de las venganzas, ¡resplandece!
2 Levántate, Juez de la tierra;
  Da *su* merecido a los soberbios.
3 ¿Hasta cuándo los impíos, SEÑOR,
  Hasta cuándo los impíos se regocijarán?
4 Charlan, hablan con arrogancia;
  Todos los que hacen iniquidad se vanaglorían.
5 Aplastan a Tu pueblo, SEÑOR,
  Y afligen a Tu heredad.
6 Matan a la viuda y al extranjero,
  Y asesinan a los huérfanos.
7 Y dicen: «El SEÑOR no ve *nada*
  Ni hace caso el Dios de Jacob».

8 Hagan caso, torpes del pueblo;
  Necios, ¿cuándo entenderán?

92:10
Aceite fresco
Esta es una señal de que Dios ungió a alguien.

92:12
Cedros del Líbano
Los cedros en el Líbano eran árboles altos y majestuosos. Se usaban en todo el Medio Oriente para la construcción de palacios reales.

93:3-4
Los torrentes y Dios
Los mares embravecidos representan el caos, pero el salmista declara que Dios es mucho más poderoso que el océano más bravo y es capaz de dominar los mares y torrentes.

94:7
El Dios de Jacob
Jacob también fue llamado Israel. Aquí, el nombre de Dios se refiere a su pueblo escogido.

9 El que hizo el oído, ¿acaso no oye?
   El que dio forma al ojo, ¿acaso no ve?
10 ¿No reprenderá el que castiga a las naciones,
   El que enseña conocimiento al hombre?
11 El SEÑOR conoce los pensamientos del hombre,
   Sabe que son *solo* un soplo.

12 Bienaventurado el hombre a quien reprendes, SEÑOR,
   Y lo instruyes en Tu ley;
13 Para darle descanso en los días de aflicción,
   Hasta que se cave una fosa para el impío.
14 Porque el SEÑOR no abandonará a Su pueblo,
   Ni desamparará a Su heredad.
15 Porque el juicio volverá a ser justo,
   Y todos los rectos de corazón lo seguirán.
16 ¿Quién se levantará por mí contra los malhechores?
   ¿Quién me defenderá de los que hacen iniquidad?

17 Si el SEÑOR no hubiera sido mi ayuda,
   Pronto habría habitado mi alma en el *lugar del* silencio.
18 Si digo: «Mi pie ha resbalado»,
   Tu misericordia, oh SEÑOR, me sostendrá.
19 Cuando mis inquietudes se multiplican dentro de mí,
   Tus consuelos deleitan mi alma.
20 ¿Puede ser aliado Tuyo un trono de destrucción,
   Que planea el mal por decreto?
21 Se unen contra la vida del justo,
   Y condenan a muerte al inocente.
22 Pero el SEÑOR ha sido mi baluarte,
   Y mi Dios la roca de mi refugio.
23 Él ha hecho volver sobre ellos su *propia* iniquidad,
   Y los destruirá en su maldad;
   El SEÑOR, nuestro Dios, los destruirá.

94:12-13
La disciplina puede ser una bendición
La disciplina no siempre significa castigo. Puede significar dirección e instrucción sobre cómo servir a Dios. Las personas que viven de acuerdo con la ley de Dios encuentran felicidad y paz.

ALABANZA AL SEÑOR Y ADVERTENCIA CONTRA LA INCREDULIDAD

95 Vengan, cantemos con gozo al SEÑOR,
   Aclamemos con júbilo a la roca de nuestra salvación.
2 Vengamos ante Su presencia con acción de gracias;
   Aclamemos a Él con salmos.
3 Porque Dios grande es el SEÑOR,
   Y Rey grande sobre todos los dioses,
4 En cuya mano están las profundidades de la tierra;
   Suyas son también las cumbres de los montes.
5 Suyo es el mar, pues Él lo hizo,
   Y Sus manos formaron la tierra firme.

6 Vengan, adoremos y postrémonos;
   Doblemos la rodilla ante el SEÑOR nuestro Hacedor.
7 Porque Él es nuestro Dios,
   Y nosotros el pueblo de Su prado y las ovejas de Su mano.
   Si ustedes oyen hoy Su voz,
8 No endurezcan su corazón como en Meriba,
   Como en el día de Masah en el desierto,

9   Cuando sus padres me tentaron,
    Me pusieron a prueba, aunque habían visto Mi obra.
10 Por cuarenta años me repugnó *aquella* generación,
    Y dije: «Es un pueblo que se desvía en su corazón
    Y no conocen Mis caminos.
11 Por tanto, juré en Mi ira:
    Ciertamente no entrarán en Mi reposo».

INVITACIÓN A LA ADORACIÓN

96 Canten al SEÑOR un cántico nuevo;
    Canten al SEÑOR, toda la tierra.
2   Canten al SEÑOR, bendigan Su nombre;
    Proclamen de día en día las buenas nuevas de Su
        salvación.
3   Cuenten Su gloria entre las naciones,
    Sus maravillas entre todos los pueblos.
4   Porque grande es el SEÑOR, y muy digno de ser alabado;
    Temible es Él sobre todos los dioses.
5   Porque todos los dioses de los pueblos son ídolos,
    Pero el SEÑOR hizo los cielos.
6   Gloria y majestad están delante de Él;
    Poder y hermosura en Su santuario.

7   Den al SEÑOR, oh familias de los pueblos,
    Den al SEÑOR gloria y poder.
8   Den al SEÑOR la gloria debida a Su nombre;
    Traigan ofrenda y entren en Sus atrios.
9   Adoren al SEÑOR en vestiduras santas;
    Tiemblen ante Su presencia, toda la tierra.
10 Digan entre las naciones: «El SEÑOR reina;
    Ciertamente el mundo está bien afirmado, será
        inconmovible;
    Él juzgará a los pueblos con equidad».

95:10-11
El castigo de Dios sobre los israelitas
Como los israelitas se habían quejado y habían dejado de confiar en Dios, él les impidió entrar a la tierra prometida por cuarenta años. (Ver Números 14:34).

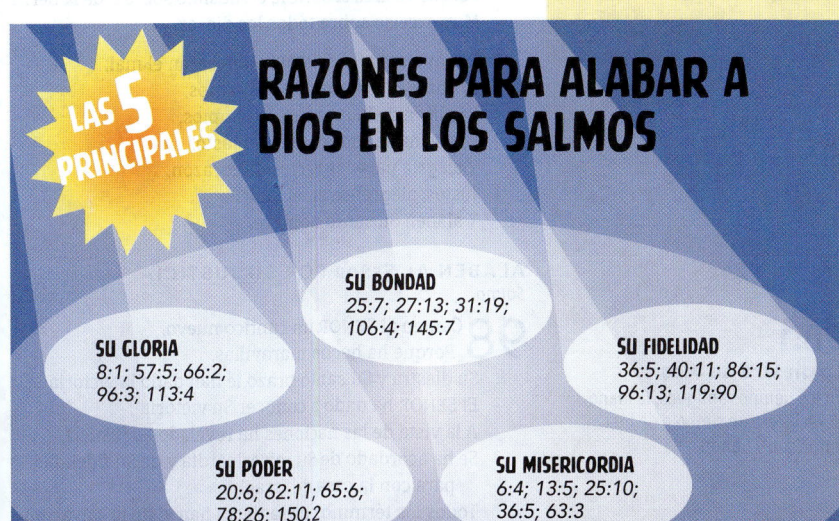

LAS 5 PRINCIPALES
RAZONES PARA ALABAR A DIOS EN LOS SALMOS

SU BONDAD
25:7; 27:13; 31:19; 106:4; 145:7

SU GLORIA
8:1; 57:5; 66:2; 96:3; 113:4

SU FIDELIDAD
36:5; 40:11; 86:15; 96:13; 119:90

SU PODER
20:6; 62:11; 65:6; 78:26; 150:2

SU MISERICORDIA
6:4; 13:5; 25:10; 36:5; 63:3

96:11-13
Por qué toda la creación se regocijaría si Dios viniera a juzgar la tierra
El pueblo de Israel esperaba la venida del Mesías y el tiempo en que Dios juzgaría la maldad y establecería la justicia en la tierra.

97:2-6
Imágenes descriptivas de Dios
El salmista usaba imágenes poderosas para describir la naturaleza de Dios. Él es tan grande que la única forma en que los seres humanos pueden entenderlo es mirando cosas tales como las nubes, el fuego y los relámpagos.

97:8
Los juicios de Dios
Estos eran actos salvadores del Señor a favor de Israel.

98:1
La diestra de Dios
En los tiempos antiguos, la mano derecha era un símbolo de fuerza, autoridad y honor.

---

11 Alégrense los cielos y regocíjese la tierra;
   Ruja el mar y cuanto contiene;
12 Gócese el campo y todo lo que en él hay.
   Entonces todos los árboles del bosque cantarán con
      gozo
13 Delante del SEÑOR, porque Él viene;
   Porque Él viene a juzgar la tierra:
   Juzgará al mundo con justicia
   Y a los pueblos con Su fidelidad.

SOBERANÍA Y PODER DEL Señor

97 El SEÑOR reina; regocíjese la tierra;
   Alégrense las muchas islas.
2 Nubes y densas tinieblas lo rodean,
   Justicia y derecho son el fundamento de Su trono.
3 Fuego va delante de Él,
   Y quema a Sus adversarios en derredor.
4 Sus relámpagos iluminaron el mundo;
   La tierra vio y se estremeció.
5 Como cera se derritieron los montes ante la presencia
      del SEÑOR,
   Ante la presencia del Señor de toda la tierra.
6 Los cielos proclaman Su justicia,
   Y todos los pueblos han visto Su gloria.

7 Sean avergonzados todos los que sirven a imágenes
      talladas,
   Los que se glorían en los ídolos.
   Póstrense ante Él todos los dioses.
8 Oyó Sión *esto* y se alegró,
   Y las hijas de Judá se han regocijado
   A causa de Tus juicios, oh SEÑOR.
9 Porque Tú eres el SEÑOR, el Altísimo sobre toda la tierra,
   Muy excelso sobre todos los dioses.

10 Los que aman al SEÑOR, aborrezcan el mal;
   Él guarda las almas de Sus santos;
   Los libra de la mano de los impíos.
11 Luz se ha sembrado para el justo,
   Y alegría para los rectos de corazón.
12 Justos, alégrense en el SEÑOR,
   Y alaben Su santo nombre.

ALABEN AL Señor POR SU JUSTICIA
Salmo.

98 Canten al SEÑOR un cántico nuevo,
   Porque ha hecho maravillas,
   Su diestra y Su santo brazo le han dado la victoria[1].
2 El SEÑOR ha dado a conocer Su victoria[1];
   A la vista de las naciones ha revelado Su justicia.
3 Se ha acordado de Su misericordia y de Su fidelidad
      para con la casa de Israel;
   Todos los términos de la tierra han visto la salvación
      de nuestro Dios.

98:1 [1] O *salvación.*   98:2 [1] O *salvación.*

⁴ Aclamen con júbilo al SEÑOR, toda la tierra;
  Prorrumpan y canten con gozo, canten alabanzas.
⁵ Canten alabanzas al SEÑOR con la lira,
  Con la lira y al son de la melodía.
⁶ Con trompetas y sonido de cuerno,
  Den voces ante el Rey, el SEÑOR.

⁷ Ruja el mar y cuanto contiene,
  El mundo y los que en él habitan.
⁸ Batan palmas los ríos,
  A una canten jubilosos los montes
⁹ Delante del SEÑOR, pues viene a juzgar la tierra;
  Él juzgará al mundo con justicia,
  Y a los pueblos con equidad.

ALABEN AL SEÑOR POR SU FIDELIDAD PARA CON ISRAEL

99 ¡El SEÑOR reina, estremézcanse los pueblos;
      Él está sentado *como Rey sobre* los querubines,
        tiemble la tierra!
² El SEÑOR es grande en Sión,
  Y exaltado sobre todos los pueblos.
³ Alaben Tu nombre grande y temible;
  Él es santo.
⁴ El poder del Rey ama la justicia;
  Tú has establecido la equidad;
  Has hecho juicio y justicia en Jacob.
⁵ Exalten al SEÑOR nuestro Dios,
  Y póstrense ante el estrado de Sus pies;
  Él es santo.

⁶ Moisés y Aarón *estaban* entre Sus sacerdotes,
  Y Samuel entre los que invocaron Su nombre;
  Ellos clamaron al SEÑOR, y Él les respondió.
⁷ Les habló en la columna de nube;
  Guardaron Sus testimonios,
  Y el estatuto que Él les dio.
⁸ Oh SEÑOR, Dios nuestro, Tú les respondiste;
  Fuiste para ellos un Dios perdonador,
  Pero también vengador de sus *malas* obras.
⁹ Exalten al SEÑOR nuestro Dios,
  Y póstrense ante Su santo monte,
  Porque santo es el SEÑOR nuestro Dios.

ALABEN A DIOS TODOS LOS HOMBRES
Salmo de acción de gracias.

100 Aclamen con júbilo al SEÑOR, toda
        la tierra.
² Sirvan al SEÑOR con alegría;
  Vengan ante Él con cánticos de júbilo.
³ Sepan que Él, el SEÑOR, es Dios;
  Él nos hizo, y no nosotros *a nosotros
    mismos;*
  Pueblo Suyo *somos* y ovejas de Su
    prado.

98:6
Trompetas
Eran trompetas de plata largas y rectas que se usaban en el templo. (Ver Números 10:1-10).

99:5
El estrado de los pies de Dios
Si Dios es descrito como sentado en su trono en el cielo, la tierra es como el estrado de sus pies.

100:3
Por qué las personas se describen como ovejas
Los reyes a menudo son considerados los pastores de su pueblo. Las ovejas dependen del pastor para que las cuide y las proteja del mismo modo que el pueblo de Dios depende de él.

⁴ Entren por Sus puertas con acción de gracias,
Y a Sus atrios con alabanza.
Denle gracias, bendigan Su nombre.
⁵ Porque el SEÑOR es bueno;
Para siempre es Su misericordia,
Y Su fidelidad por todas las generaciones.

DECISIÓN DE VIVIR RECTAMENTE
Salmo de David.

101 La misericordia y la justicia cantaré;
A Ti, oh SEÑOR, cantaré alabanzas.
² Prestaré atención al camino de integridad.
¿Cuándo vendrás, *Señor,* a mí?
En la integridad de mi corazón andaré dentro de mi casa.
³ No pondré cosa indigna delante de mis ojos;
Aborrezco la obra de los que se desvían;
No se aferrará a mí.
⁴ El corazón perverso se alejará de mí;
No conoceré maldad.
⁵ Destruiré al que en secreto calumnia a su prójimo;
No toleraré al de ojos altaneros y de corazón arrogante.

⁶ Mis ojos estarán sobre los fieles de la tierra, para que moren conmigo;
El que anda en camino de integridad me servirá.
⁷ El que practica el engaño no morará en mi casa;
El que habla mentiras no permanecerá en mi presencia.
⁸ Cada mañana destruiré a todos los impíos de la tierra,
Para exterminar de la ciudad del SEÑOR a todos los que hacen iniquidad.

ORACIÓN DE UN AFLIGIDO
*Plegaria de uno que sufre, cuando desmaya y expone su queja†
ante el SEÑOR.*

102 Oh SEÑOR, escucha mi oración,
Y llegue a Ti mi clamor.
² No escondas de mí Tu rostro en el día de mi angustia;
Inclina hacia mí Tu oído;
El día en que te invoco, respóndeme pronto.
³ Porque mis días han sido consumidos en humo,
Y como brasero han sido quemados mis huesos.
⁴ Mi corazón ha sido herido como la hierba y se ha secado,
Y *hasta* me olvido de comer mi pan.
⁵ A causa de la intensidad de mi gemido
Mis huesos se pegan a la piel.
⁶ Me parezco al pelícano del desierto;
Como el búho de las soledades he llegado a ser.
⁷ No puedo dormir;
Soy cual pájaro solitario sobre un tejado.

⁸ Mis enemigos me han afrentado todo el día;
Los que me escarnecen han usado mi *nombre* como maldición.

101
El escritor de este salmo
Este salmo fue escrito por uno de los reyes de Israel, ya sea David o alguno de sus descendientes. Es similar a un tratado, y dice que el rey ha prometido ser justo y vivir según los requisitos de Dios para los gobernantes.

102:1 † Véase Sal. 142:2.

9 Porque he comido cenizas por pan,
   Y con lágrimas he mezclado mi bebida,
10 A causa de Tu indignación y de Tu enojo;
   Pues Tú me has levantado y me has rechazado.
11 Mis días son como sombra que se alarga;
   Y yo me seco como la hierba.

12 Pero Tú, SEÑOR, permaneces para siempre,
   Y Tu nombre por todas las generaciones.
13 Te levantarás y tendrás compasión de Sión,
   Porque es tiempo de apiadarse de ella,
   Pues ha llegado la hora.
14 Ciertamente Tus siervos se deleitan en sus piedras,
   Y se apiadan de su polvo.
15 Las naciones temerán el nombre del SEÑOR,
   Y todos los reyes de la tierra, Su gloria.
16 Porque el SEÑOR ha edificado a Sión,
   Y se ha manifestado en Su gloria.
17 Ha considerado la oración de los menesterosos,
   Y no ha despreciado su plegaria.

18 Esto se escribirá para las generaciones futuras,
   Para que un pueblo aún por crear alabe al SEÑOR.
19 Pues Él miró desde Su excelso santuario;
   Desde el cielo el SEÑOR se fijó en la tierra,
20 Para oír el gemido de los prisioneros,
   Para poner en libertad a los condenados a muerte;
21 Para que *los hombres* anuncien en Sión el nombre del
      SEÑOR
   Y Su alabanza en Jerusalén,
22 Cuando los pueblos y los reinos se congreguen
      a una
   Para servir al SEÑOR.

23 Él debilitó mis fuerzas en el camino;
   Acortó mis días.
24 Dije: «Dios mío, no me lleves a la mitad de mis días;
   Tus años son por todas las generaciones.
25 Desde la antigüedad Tú fundaste la tierra,
   Y los cielos son la obra de Tus manos.
26 Ellos perecerán, pero Tú permaneces.
   Todos ellos como una vestidura se desgastarán,
   Como vestido los cambiarás, y serán cambiados.
27 Pero Tú eres el mismo,
   Y Tus años no tendrán fin.
28 Los hijos de Tus siervos permanecerán,
   Y su descendencia será establecida delante de Ti».

HIMNO DE ALABANZA
Salmo de David.

103 Bendice, alma mía, al SEÑOR,
   Y *bendiga* todo mi ser Su santo nombre.
2 Bendice, alma mía, al SEÑOR,
   Y no olvides ninguno de Sus beneficios.
3 Él es el que perdona todas tus iniquidades,
   El que sana todas tus enfermedades;

102:16-22
Cuándo se escribió este salmo
Probablemente este salmo fue escrito cuando el pueblo de Judá estaba en el exilio en Babilonia, porque el autor le pide a Dios que reedifique a Jerusalén.

102:25-28
El salmista tiene confianza en Dios
El salmista sabía que aunque las cosas creadas por Dios cambiarían o llegarían a su fin, Dios mismo nunca cambiaría. Tenía certeza de que el futuro de Israel estaba asegurado.

⁴ El que rescata de la fosa tu vida,
  El que te corona de bondad y compasión;
⁵ El que colma de bienes tus años,
  Para que tu juventud se renueve como el águila.

⁶ El SEÑOR hace justicia,
  Y juicios a favor de todos los oprimidos.
⁷ A Moisés dio a conocer Sus caminos,
  Y a los israelitas Sus obras.
⁸ Compasivo y clemente es el SEÑOR,
  Lento para la ira y grande en misericordia.
⁹ No luchará *con nosotros* para siempre,
  Ni para siempre guardará *Su enojo*.
¹⁰ No nos ha tratado según nuestros pecados,
  Ni nos ha pagado conforme a nuestras iniquidades.
¹¹ Porque como están de altos los cielos sobre la tierra,
  Así es de grande Su misericordia para los que le temen[1].
¹² Como está de lejos el oriente del occidente,
  Así alejó de nosotros nuestras transgresiones.
¹³ Como un padre se compadece de *sus* hijos,
  Así se compadece el SEÑOR de los que le temen.
¹⁴ Porque Él sabe de qué estamos hechos,
  Se acuerda de que *solo* somos polvo.

¹⁵ El hombre, como la hierba son sus días;
  Como la flor del campo, así florece;
¹⁶ Cuando el viento pasa sobre ella, deja de ser,
  Y su lugar ya no la reconoce.

¹⁷ Pero la misericordia del SEÑOR
  es desde la eternidad hasta la
  eternidad, para los que le temen,
  Y Su justicia para los hijos de los hijos,
¹⁸ Para los que guardan Su pacto
  Y se acuerdan de Sus preceptos para
  cumplirlos.

¹⁹ El SEÑOR ha establecido Su trono en
  los cielos,
  Y Su reino domina sobre todo.
²⁰ Bendigan al SEÑOR, ustedes Sus
  ángeles,
  Poderosos en fortaleza, que ejecutan Su mandato,
  Obedeciendo la voz de Su palabra.
²¹ Bendigan al SEÑOR, ustedes todos Sus ejércitos,
  Que le sirven haciendo Su voluntad.
²² Bendigan al SEÑOR, ustedes todas Sus obras,
  En todos los lugares de Su dominio.
  Bendice, alma mía, al SEÑOR.

DIOS CUIDA DE SUS OBRAS

104 Bendice, alma mía, al SEÑOR.
  SEÑOR, Dios mío, cuán grande eres;
  Te has vestido de esplendor y de majestad,
² Cubriéndote de luz como con un manto,
  Extendiendo los cielos como una cortina.

103:11 [1] O *reverencian*.

103:13
El amor de Dios
El autor describe el amor de Dios como el de un padre. Él nos cuida y nos perdona.

103:17-18
Las bendiciones de Dios pasan de una generación a la otra
Dios es fiel a su pacto y continúa cuidando a su pueblo. Aquellos que aman a Dios y educan a sus hijos en sus caminos le están pasando la bendición de Dios.

3   *Él es* el que pone las vigas de Sus altos aposentos en
        las aguas;
    El que hace de las nubes Su carroza;
    El que anda sobre las alas del viento;
4   Que hace de los vientos Sus mensajeros,
    Y de las llamas de fuego Sus ministros.

5   Él estableció la tierra sobre sus cimientos,
    Para que jamás sea sacudida.
6   La cubriste con el abismo como con un vestido;
    Las aguas estaban sobre los montes.
7   A Tu represión huyeron,
    Al sonido de Tu trueno se precipitaron.
8   Se levantaron los montes, se hundieron los valles,
    Al lugar que Tú estableciste para ellos.
9   Pusiste un límite que no pueden cruzar,
    Para que no vuelvan a cubrir la tierra.

10 Él hace brotar manantiales en los valles,
    Corren entre los montes;
11 Dan de beber a todas las bestias del campo,
    Los asnos monteses mitigan su sed.
12 Junto a ellos habitan las aves de los cielos,
    Elevan *sus* trinos entre las ramas.
13 Él riega los montes desde Sus aposentos,
    Del fruto de Sus obras se sacia la tierra.

14 Él hace brotar la hierba para el ganado,
    Y las plantas para el servicio del hombre,
    Para que él saque alimento de la tierra,
15 Y vino que alegra el corazón del hombre,
    Para que haga brillar con aceite *su* rostro,
    Y alimento que fortalece el corazón del hombre.
16 Los árboles del SEÑOR se sacian,
    Los cedros del Líbano que Él plantó,
17 Donde hacen sus nidos las aves,
    Y la cigüeña, cuya morada está en los cipreses.

18 Los montes altos son para las cabras monteses;
    Las peñas son refugio para los tejones.
19 Él hizo la luna para *señalar* las estaciones;
    El sol conoce el lugar de su ocaso.
20 Tú ordenas la oscuridad y se hace de noche,
    En ella andan todas las bestias del bosque.
21 Rugen los leoncillos tras su presa,
    Y buscan de Dios su comida.
22 *Al* salir el sol se esconden,
    Y se echan en sus guaridas.
23 Sale el hombre a su trabajo,
    Y a su labor hasta el atardecer.

24 ¡Cuán numerosas son Tus obras, oh SEÑOR!
    Con sabiduría las has hecho todas;
    Llena está la tierra de Tus posesiones.
25 He allí el mar, grande y anchuroso,
    En el cual se mueve un sinnúmero
    De animales tanto pequeños como grandes.

104:10-18
Cómo el salmista describe la creación de Dios
Esta es una imagen de un jardín hermoso, casi como el huerto del Edén. En este jardín, todas las criaturas de Dios tienen todo lo que necesitan.

104:18
Tejones
Estos animales son del tamaño de un conejo y viven en zonas rocosas.

26 Allí surcan las naves,
Y el Leviatán[1] que hiciste para que jugara en él.

27 Todos ellos esperan en Ti
Para que les des su comida a su tiempo.

28 Tú les das, ellos recogen;
Abres Tu mano, se sacian de bienes.

29 Escondes Tu rostro, se turban;
Les quitas el aliento[1], expiran,
Y vuelven al polvo.

30 Envías Tu Espíritu, son creados,
Y renuevas la superficie de la tierra.

31 ¡Sea para siempre la gloria del SEÑOR!
¡Alégrese el SEÑOR en sus obras!

32 Él mira a la tierra, y ella tiembla;
Toca los montes, y humean.

33 Al SEÑOR cantaré mientras yo viva;
Cantaré alabanzas a mi Dios mientras yo exista.

34 Séale agradable mi meditación;
Yo me alegraré en el SEÑOR.

35 Sean consumidos de la tierra los pecadores,
Y los impíos dejen de ser.
Bendice, alma mía, al SEÑOR.
¡Aleluya!

LAS OBRAS MARAVILLOSAS DEL SEÑOR EN FAVOR DE ISRAEL

105 Den gracias al SEÑOR, invoquen Su nombre;
Den a conocer Sus obras entre los pueblos.

2 Cántenle, cántenle;
Hablen de todas Sus maravillas.

3 Gloríense en Su santo nombre;
Alégrese el corazón de los que buscan al SEÑOR.

4 Busquen al SEÑOR y Su fortaleza;
Busquen Su rostro continuamente.

5 Recuerden las maravillas que Él ha hecho,
Sus prodigios y los juicios de Su boca,

6 Oh simiente de Abraham, Su siervo,
Hijos de Jacob, Sus escogidos.

7 Él es el SEÑOR nuestro Dios;
Sus juicios están en toda la tierra.

8 Para siempre se ha acordado de Su pacto,
De la palabra que ordenó a mil generaciones,

9 *Del pacto* que hizo con Abraham,
Y de Su juramento a Isaac.

10 También lo confirmó a Jacob por estatuto,
A Israel como pacto eterno,

11 Diciendo: «A ti te daré la tierra de Canaán
Como porción de la heredad de ustedes».

12 Cuando eran pocos en número,
Muy pocos, y extranjeros en el país,

13 Cuando vagaban de nación en nación,
Y de un reino a otro pueblo,

104:32

Un monte humeante

Cuando Dios le dio la ley a Moisés, cubrió el monte Sinaí con humo. (Ver Éxodo 19:18).

105:5-11

El pueblo tenía que recordar algo importante

El salmo le recordaba al pueblo cómo Dios había sido fiel a las promesas que le había hecho a Abraham y siempre había cuidado de ellos.

104:26 [1] O monstruo marino.   104:29 [1] O espíritu.

14 Él no permitió que nadie los oprimiera,
    Y por amor a ellos reprendió a reyes, *diciéndoles:*
15 «No toquen a Mis ungidos,
    Ni hagan mal a Mis profetas».

16 Y llamó al hambre sobre la tierra;
    Quebró todo sustento de pan.
17 Envió a un hombre delante de ellos,
    A José, vendido como esclavo.
18 Con grillos afligieron sus pies,
    Él mismo fue puesto en cadenas,
19 Hasta que su predicción se cumplió;
    La palabra del SEÑOR lo puso a prueba.
20 El rey envió, y lo soltó,
    El soberano de los pueblos lo puso en libertad.
21 Lo puso por señor de su casa,
    Y administrador sobre todos sus bienes,
22 Para que encarcelara a sus príncipes a voluntad suya,
    Y a sus ancianos enseñara sabiduría.
23 También Israel entró en Egipto,
    Así peregrinó Jacob en la tierra de Cam.
24 E hizo que su pueblo se multiplicara mucho,
    Y los hizo más fuertes que sus adversarios.

25 Les cambió el corazón para que odiaran a Su pueblo,
    Para que obraran astutamente contra Sus siervos.
26 Envió a Moisés Su siervo,
    Y a Aarón a quien había escogido.
27 Estos hicieron las maravillas de Dios entre ellos,
    Y prodigios en la tierra de Cam.
28 Mandó tinieblas e hizo que se oscureciera,
    Pero ellos no atendieron a Sus palabras.
29 Convirtió sus aguas en sangre,
    E hizo morir sus peces.
30 Se llenó su tierra de ranas
    Hasta en las alcobas de sus reyes.
31 Él habló, y vinieron enjambres de moscas
    Y mosquitos por todo su territorio.
32 Les dio granizo por lluvia,
    Y llamas de fuego en su tierra.
33 Devastó también sus vides y sus higueras,
    Y destrozó los árboles de sus territorios.
34 Él habló, y vinieron langostas,
    Y orugas sin número;
35 Que devoraron toda la vegetación de su país,
    Y se comieron el fruto de su suelo.
36 También hirió *de muerte* a todo primogénito de su
        tierra;
    Las primicias de todo su vigor.

37 Pero a Su pueblo lo sacó con plata y oro,
    Y entre Sus tribus no hubo quien tropezara.
38 Egipto se alegró cuando se fueron,
    Porque su terror había caído sobre ellos.
39 Extendió una nube para cubrirlos,
    Y fuego para iluminar*los* de noche.

105:15
Los ungidos de Dios
Estos eran sacerdotes, reyes y profetas que fueron consagrados para hacer la obra de Dios. En este versículo se refiere a los profetas.

105:23
La tierra de Cam
Este era otro nombre para Egipto. Cam fue uno de los hijos de Noé. Los descendientes de los tres hijos de Cam vivían en Egipto.

40 Pidieron, y les mandó codornices,
Y los sació de pan del cielo.

41 Abrió la roca, y brotaron las aguas;
Corrieron *como* un río en tierra seca.

42 Porque se acordó de Su santa palabra
Dada a Abraham Su siervo,

43 Y sacó a Su pueblo con alegría,
Y a Sus escogidos con gritos de júbilo.

44 También les dio las tierras de las naciones,
Y poseyeron *el fruto del* trabajo de los pueblos,

45 A fin de que guardaran Sus estatutos,
Y observaran Sus leyes.
¡Aleluya!

LA REBELDÍA DE ISRAEL Y LA LIBERACIÓN DEL SEÑOR

106 ¡Aleluya!
Den gracias al SEÑOR, porque es bueno;
Porque para siempre es Su misericordia.

2 ¿Quién puede relatar los poderosos hechos del SEÑOR,
O expresar toda Su alabanza?

3 Bienaventurados los que guardan el juicio,
Los que practican la justicia en todo tiempo.

4 Acuérdate de mí, oh SEÑOR, en *Tu* bondad hacia Tu pueblo;
Visítame con Tu salvación,

5 Para que yo vea la prosperidad de Tus escogidos,
Para que me regocije en la alegría de Tu nación,
Para que me gloríe con Tu heredad.

6 Nosotros hemos pecado como nuestros padres,
Hemos hecho iniquidad, nos hemos conducido impíamente.

7 Nuestros padres en Egipto no entendieron Tus maravillas;
No se acordaron de Tu infinito amor,
Sino que se rebelaron junto al mar, en el mar Rojo.

8 No obstante, los salvó por amor de Su nombre,
Para manifestar Su poder.

9 Reprendió al mar Rojo, y se secó;
Y los condujo por las profundidades, como por un desierto.

10 Los salvó de mano del que *los* odiaba,
Y los redimió de mano del enemigo.

11 Las aguas cubrieron a sus adversarios,
Ni uno de ellos escapó.

12 Entonces ellos creyeron en Sus palabras,
Y cantaron Su alabanza.

13 *Pero* pronto se olvidaron de Sus obras;
No esperaron Su consejo.

14 Tuvieron apetitos desenfrenados en el desierto,
Y tentaron a Dios en las soledades.

15 Él les concedió lo que pedían,
Pero envió una plaga mortal sobre ellos.

105:44-45
Dios quería que su pueblo respondiera a su fidelidad

Dios había cumplido las promesas de su pacto, así que esperaba que su pueblo elegido lo obedeciera y guardara sus mandamientos.

106
La conexión entre Salmos 105 y 106

Ambos salmos hablan acerca de que Dios salva y cuida a su pueblo, pero Salmos 106 se enfoca en la manera en que Israel se rebelaba constantemente contra Dios.

16 Cuando en el campamento tuvieron envidia de
    Moisés,
   Y de Aarón, el santo del SEÑOR,
17 La tierra se abrió y tragó a Datán,
   Y se cerró sobre el grupo de Abiram.
18 Un fuego ardió contra su grupo,
   La llama consumió a los impíos.

19 Hicieron un becerro en Horeb,
   Y adoraron una imagen de fundición;
20 Cambiaron su gloria
   Por la imagen de un buey que come hierba.
21 Se olvidaron de Dios su Salvador,
   Que había hecho grandes cosas en Egipto,
22 Maravillas en la tierra de Cam,
   Y cosas asombrosas en el mar Rojo.
23 Él dijo que los hubiera destruido,
   De no haberse puesto Moisés, Su escogido, en la
    brecha delante de Él,
   A fin de apartar Su furor para que no los destruyera.
24 Aborrecieron la tierra deseable,
   No creyeron en Su palabra,
25 Sino que murmuraron en sus tiendas,
   Y no escucharon la voz del SEÑOR.
26 Por tanto, les juró
   Abatirlos en el desierto,
27 Y esparcir su simiente entre las naciones,
   Y dispersarlos por las tierras.

28 Se unieron también a Baal Peor,
   Y comieron sacrificios ofrecidos a los muertos.
29 Lo provocaron a ira con sus actos,
   Y la plaga se desató entre ellos.
30 Entonces Finees se levantó e intervino,
   Y cesó la plaga.
31 Y le fue contado por justicia
   Por todas las generaciones para siempre.

32 También hicieron que Él se enojara en las aguas de
    Meriba,
   Y le fue mal a Moisés por culpa de ellos,
33 Puesto que fueron rebeldes contra Su Espíritu,
   Y él habló precipitadamente con sus labios.

34 No destruyeron a los pueblos,
   Como el SEÑOR les había mandado,
35 Sino que se mezclaron con las naciones,
   Aprendieron sus costumbres,
36 Y sirvieron a sus ídolos
   Que se convirtieron en lazo para ellos.
37 Sacrificaron a sus hijos y a sus hijas a los demonios,
38 Y derramaron sangre inocente,
   La sangre de sus hijos y de sus hijas,
   A quienes sacrificaron a los ídolos de Canaán,
   Y la tierra fue contaminada con sangre.
39 Así se contaminaron en sus costumbres,
   Y fueron infieles en sus hechos.

106:30
Finees
Finees era un sacerdote que obedeció el mandamiento de Dios al matar a un hombre y una mujer que estaban adorando a Baal con un comportamiento inmoral. Como Finees intervino, Dios frenó la plaga sobre Israel. (Ver Números 25:7-11).

106:34
Por qué tenían que destruir a los cananeos
Dios quería eliminar a los pueblos paganos de la tierra prometida para que no influenciaran a los israelitas a adorar a otros dioses (Ver Éxodo 23:32-33).

40 Entonces se encendió la ira del SEÑOR contra Su
     pueblo,
   Y Él aborreció Su heredad.
41 Los entregó en mano de las naciones,
   Y los que los aborrecían se enseñorearon sobre ellos.
42 Sus enemigos también los oprimieron,
   Y fueron subyugados bajo su poder.
43 Muchas veces los libró;
   Pero ellos fueron rebeldes en sus propósitos,
   Y se hundieron en su iniquidad.

44 Sin embargo, Él vio su angustia
   Al escuchar su clamor,
45 Y se acordó de Su pacto por amor a ellos,
   Y se arrepintió conforme a la grandeza de Su
     misericordia.
46 Los hizo también *objeto* de compasión
   En presencia de todos los que los tenían cautivos.

47 Sálvanos, oh SEÑOR, Dios nuestro,
   Y reúnenos de entre las naciones,
   Para dar gracias a Tu santo nombre,
   Y para gloriarnos en Tu alabanza.
48 Bendito sea el SEÑOR, Dios de Israel,
   Desde la eternidad y hasta la eternidad.
   Y todo el pueblo diga: «Amén».
   ¡Aleluya!

LIBRO QUINTO

DIOS LIBRA DE AFLICCIONES

107 Den gracias al SEÑOR, porque Él es bueno;
         Porque para siempre es Su misericordia.
2 Dígan*lo* los redimidos del SEÑOR,
   A quienes ha redimido de la mano del adversario,
3 Y los ha reunido de las tierras,
   Del oriente y del occidente,
   Del norte y del sur.

4 Vagaron por el desierto, por lugar desolado,
   No hallaron camino a ciudad habitada;
5 Hambrientos y sedientos,
   Su alma desfallecía en ellos.
6 Entonces en su angustia clamaron al SEÑOR,
   Y Él los libró de sus aflicciones;
7 Y los guió por camino recto,
   Para que fueran a una ciudad habitada.
8 Den gracias al SEÑOR por Su misericordia
   Y por Sus maravillas para con los hijos de los hombres.
9 Porque Él ha saciado al alma sedienta,
   Y ha llenado de bienes al alma hambrienta.

10 Moradores de tinieblas y de sombra de muerte,
    Prisioneros en miseria y en cadenas,
11 Porque fueron rebeldes a las palabras de Dios
    Y despreciaron el consejo del Altísimo;

106:47
Adónde había ido el pueblo
Este salmo fue escrito probablemente después de que Babilonia conquistara a Judá. Babilonia reubicó a los israelitas en las provincias orientales de Babilonia.

107
El tema de este salmo
Las personas deben adorar a Dios porque él oye nuestras oraciones y nos salva.

12 Humilló sus corazones con trabajos,
   Tropezaron y no hubo quien *los* socorriera.
13 Entonces en su angustia clamaron al SEÑOR
   Y Él los salvó de sus aflicciones;
14 Los sacó de las tinieblas y de la sombra de muerte
   Y rompió sus cadenas.
15 Den gracias al SEÑOR por Su misericordia
   Y por Sus maravillas para con los hijos de los hombres.
16 Porque Él rompió las puertas de bronce
   E hizo pedazos las barras de hierro.

17 Por causa de sus caminos rebeldes,
   Y por causa de sus iniquidades, los insensatos fueron
      afligidos.
18 Su alma aborreció todo alimento,
   Y se acercaron hasta las puertas de la muerte.
19 Entonces en su angustia clamaron al SEÑOR
   Y Él los salvó de sus aflicciones.
20 Él envió Su palabra y los sanó
   Y *los* libró de la muerte.
21 *Que* ellos den gracias al SEÑOR por Su misericordia
   Y por Sus maravillas para con los hijos de los
      hombres.
22 Ofrezcan también sacrificios de acción de gracias
   Y hablen de Sus obras con cantos de júbilo.

23 Los que descienden al mar en naves
   Y hacen negocio sobre las grandes aguas,
24 Han visto las obras del SEÑOR
   Y Sus maravillas en lo profundo.
25 Pues Él habló, y levantó un viento tempestuoso
   Que encrespó las olas del mar.
26 Subieron a los cielos, descendieron a las
      profundidades,
   Sus almas se consumían por el mal.
27 Temblaban y se tambaleaban como ebrios,
   Y toda su pericia desapareció.
28 En su angustia clamaron al SEÑOR
   Y Él los sacó de sus aflicciones.
29 Cambió la tempestad en suave brisa
   Y las olas del mar se calmaron.
30 Entonces se alegraron, porque *las olas* se habían
      aquietado,
   Y Él los guió al puerto anhelado.
31 *Que* den gracias al SEÑOR por Su misericordia
   Y por Sus maravillas para con los hijos de los
      hombres.
32 Exáltenlo también en la congregación del pueblo,
   Y alábenlo en la reunión de los ancianos.

33 Él convierte los ríos en desierto
   Y los manantiales en secadales;
34 La tierra fértil en salinas,
   Por la maldad de los que moran en ella.
35 Transforma el desierto en estanque de aguas,
   Y la tierra seca en manantiales;

107:18
Las puertas de la muerte
En las historias antiguas, el reino de la muerte a veces se describía como una ciudad con siete puertas que impedían que las personas regresaran a la tierra de los vivos.

107:23-24
Las grandes aguas
Las personas que vivían en la costa oriental del mar Mediterráneo pensaban acerca de las grandes olas del mar como las aguas caóticas que había antes de que Dios creara la tierra.

107:33-34
Por qué Dios destruiría la tierra
Dios castigó a los malvados transformando la tierra buena en que vivían en un desierto. Él bendijo a los obedientes dándoles tierras fértiles para sus cultivos y ganados (versículos 35-38).

36 En ella hace morar a los hambrientos,
   Para que establezcan una ciudad donde vivir,
37 Y siembren campos, planten viñas,
   Y recojan una cosecha abundante.
38 Los bendice también y se multiplican mucho,
   Y no disminuye su ganado.

39 Cuando son disminuidos y abatidos
   Por la opresión, la calamidad y la aflicción,
40 Vierte desprecio sobre los príncipes,
   Y los hace vagar por un lugar desolado sin
      camino.
41 Pero al pobre lo levanta de la miseria y lo pone seguro
      en alto,
   Y multiplica *sus* familias como un rebaño.
42 Los rectos lo ven y se alegran,
   Pero a toda iniquidad se le cierra la boca.
43 ¿Quién es sabio? Que preste atención a estas
      cosas,
   Y considere las bondades del SEÑOR.

ALABANZA Y SÚPLICA
Cántico. Salmo de David.

108
Mi corazón está firme, oh Dios;
Cantaré, cantaré alabanzas, aun con mi alma[1].
2 ¡Despierten, arpa y lira!
   ¡A la aurora despertaré!
3 Te daré gracias entre los pueblos, SEÑOR;
   Te cantaré alabanzas entre las naciones.
4 Porque grande, por encima de los cielos, es Tu
      misericordia,
   Y hasta el firmamento Tu verdad.
5 Exaltado seas sobre los cielos, oh Dios,
   Sobre toda la tierra *sea* Tu gloria.
6 Para que sean librados Tus amados,
   Salva con Tu diestra, y respóndeme.

7 Dios ha hablado en Su santuario[1]:
   «Me alegraré, repartiré a Siquem
   Y mediré el valle de Sucot.
8 Mío es Galaad, Mío es Manasés,
   Efraín es el casco de Mi cabeza,
   Judá es Mi cetro.
9 Moab es la vasija en que me lavo;
   Sobre Edom arrojaré Mi calzado;
   Sobre Filistea lanzaré gritos».

10 ¿Quién me conducirá a la ciudad fortificada?
   ¿Quién me guiará hasta Edom?
11 ¿No eres Tú, oh Dios, el que nos ha rechazado?
   ¿No saldrás, oh Dios, con nuestros ejércitos?
12 Danos ayuda contra el adversario,
   Pues vano es el auxilio del hombre.
13 En Dios haremos proezas,
   Y Él pisoteará a nuestros adversarios.

108:9
El significado de arrojar el calzado
Cuando los esclavos ingresaban a una casa, normalmente se les daba sandalias. Así que esto puede hacer referencia a tratar a Edom como esclavos. Arrojar el calzado en un terreno también puede haber significado que una persona reclamaba su propiedad.

108:1 [1] Lit. *gloria.*   108:7 [1] O *santidad.*

ORACIÓN PIDIENDO VENGANZA
Para el director del coro. Salmo de David.

109 Oh Dios de mi alabanza,
No calles.
2 Porque contra mí han abierto *su* boca impía y engañosa;
Con lengua mentirosa han hablado contra mí.
3 Me han rodeado también con palabras de odio,
Y sin causa han luchado contra mí.
4 En pago de mi amor, obran como mis acusadores,
Pero yo oro.
5 Así me han pagado mal por bien,
Y odio por mi amor.

6 Pon a un impío sobre él,
Y que un acusador¹ esté a su diestra.
7 Cuando sea juzgado, salga culpable,
Y su oración se convierta en pecado.
8 Sean pocos sus días,
Y que otro tome su cargo.
9 Sean huérfanos sus hijos,
Y viuda su mujer.
10 Vaguen errantes sus hijos, y mendiguen,
Y busquen *el sustento* lejos de sus hogares en ruinas.
11 Que el acreedor se apodere de todo lo que tiene,
Y extraños saqueen el fruto de su trabajo.
12 Que no haya quien le extienda misericordia,
Ni haya quien se apiade de sus huérfanos.
13 Sea exterminada su posteridad,
Su nombre sea borrado en la siguiente generación.

14 Sea recordada ante el SEÑOR la iniquidad de sus padres,
Y no sea borrado el pecado de su madre.
15 Estén continuamente delante del SEÑOR,
Para que Él corte de la tierra su memoria;
16 Porque él no se acordó de mostrar misericordia,
Sino que persiguió al afligido, al necesitado
Y al de corazón decaído para matar*los.*
17 También amaba la maldición, y *esta* vino sobre él;
No se deleitó en la bendición, y ella se alejó de él.
18 Se vistió de maldición como *si fuera* su manto,
Y entró como agua en su cuerpo
Y como aceite en sus huesos.
19 Séale como vestidura con que se cubra,
Y por cinto con que se ciña siempre.
20 Sea esta la paga del SEÑOR para mis acusadores,
Y para los que hablan mal contra mi alma.

21 Pero Tú, oh DIOS, Señor, por amor de Tu nombre hazme *bien;*
Líbrame, pues es buena Tu misericordia;
22 Porque afligido y necesitado estoy,
Y mi corazón está herido dentro de mí.

109:6 ¹ O adversario, heb. *Satán.*

109:2-5
Las palabras de los enemigos de David
Las personas mentían acerca de David y lo traicionaban.

109:21-29
Por amor del nombre de Dios
Esto se refería a la reputación de Dios. David dijo que si el Señor lo salvaba de sus enemigos, Dios obtendría el crédito. Pero si David sufría, la reputación de Dios se vería arruinada, porque David confiaba en él.

23 Voy pasando como sombra que se alarga;
   Soy sacudido como la langosta.
24 Mis rodillas están débiles por el ayuno,
   Y mi carne sin gordura ha enflaquecido.
25 Me he convertido también en objeto de oprobio para
      ellos;
   Cuando me ven, menean la cabeza.

26 Ayúdame, SEÑOR, Dios mío,
   Sálvame conforme a Tu misericordia;
27 Y que sepan que esta es Tu mano,
   Que Tú, SEÑOR, lo has hecho.
28 Maldigan ellos, pero Tú bendice;
   Cuando se levanten, serán avergonzados,
   Pero Tu siervo se alegrará.
29 Sean vestidos de oprobio mis acusadores,
   Y cúbranse con su propia vergüenza como con un
      manto.

30 Con mi boca daré abundantes gracias al SEÑOR,
   Y en medio de la multitud lo alabaré.
31 Porque Él está a la diestra del pobre,
   Para salvarlo de los que juzgan su alma.

EL SEÑOR DA AUTORIDAD AL REY
Salmo de David.

110 Dice el SEÑOR a mi Señor:
   «Siéntate a Mi diestra,
   Hasta que ponga a Tus enemigos por estrado de Tus
      pies».
2 El SEÑOR extenderá desde Sión Tu poderoso cetro,
   diciendo:
   «Domina en medio de Tus enemigos».
3 Tu pueblo se ofrecerá voluntariamente en el día de Tu
      poder;
   En el esplendor de la santidad, desde el seno de la
      aurora;
   Tu juventud es para Ti *como* el rocío.

4 El SEÑOR ha jurado y no se retractará:
   «Tú eres sacerdote para siempre
   Según el orden de Melquisedec».
5 El Señor está a Tu diestra;
   Quebrantará reyes en el día de Su ira.
6 Juzgará entre las naciones,
   Las llenará de cadáveres,
   Quebrantará cabezas sobre la ancha tierra.
7 Él beberá del arroyo en el camino;
   Por tanto levantará *la* cabeza.

LAS OBRAS REDENTORAS DEL SEÑOR

111 ¡Aleluya!
   Daré gracias al SEÑOR con todo *mi* corazón,
   En la compañía de los rectos y en la congregación.
2 Grandes son las obras del SEÑOR,
   Buscadas por todos los que se deleitan en ellas.

110
Este salmo habla de un suceso futuro
El salmo era una canción para cuando fueran coronados los futuros reyes. También profetiza acerca del Mesías.

110:4
Melquisedec
Melquisedec había sido un rey y sacerdote de Salem (luego llamada Jerusalén). Abraham le trajo ofrendas a Melquisedec para agradecerle a Dios por una victoria. (Ver Génesis 14:18-20).

³ Esplendor y majestad es Su obra,
   Y Su justicia permanece para siempre.
⁴ Ha hecho Sus maravillas para ser recordadas;
   Clemente y compasivo es el SEÑOR.
⁵ Ha dado alimento a los que le temen¹;
   Recordará Su pacto para siempre.
⁶ Ha hecho conocer a Su pueblo el poder de Sus obras,
   Al darle la heredad de las naciones.

⁷ Las obras de Sus manos son verdad¹ y justicia,
   Fieles todos Sus preceptos.
⁸ Son afirmados para siempre,
   Ejecutados en verdad y rectitud.
⁹ Él ha enviado redención a Su pueblo,
   Ha ordenado Su pacto para siempre;
   Santo y temible es Su nombre.
¹⁰ El principio de la sabiduría es el temor del SEÑOR;
   Buen entendimiento tienen todos los que practican
      Sus mandamientos;
   Su alabanza permanece para siempre.

PROSPERIDAD DEL QUE TEME AL SEÑOR

112 ¡Aleluya!
   Cuán bienaventurado es el hombre que teme al
      SEÑOR,
   Que mucho se deleita en Sus mandamientos.
² Poderosa en la tierra será su descendencia;
   La generación de los rectos será bendita.
³ Bienes y riquezas hay en su casa,
   Y su justicia permanece para siempre.
⁴ Luz resplandece en las tinieblas para el que es recto;
   Él *es* clemente, compasivo y justo.
⁵ Bien le va al hombre que se apiada y presta;
   Arreglará sus asuntos con juicio.
⁶ Porque nunca será sacudido;
   Para siempre será recordado el justo.

⁷ No temerá *recibir* malas noticias;
   Su corazón está firme, confiado en el SEÑOR.
⁸ Su corazón está seguro, no temerá,
   Hasta que vea *vencidos* a sus adversarios.
⁹ Con liberalidad ha dado a los pobres;
   Su justicia permanece para siempre;
   Su poder será exaltado con honor.

¹⁰ Lo verá el impío y se irritará;
   Rechinará los dientes y se consumirá;
   El deseo de los impíos perecerá.

EL SEÑOR EXALTA AL HUMILDE

113 ¡Aleluya!
   Alaben, siervos del SEÑOR,
   Alaben el nombre del SEÑOR.
² Bendito sea el nombre del SEÑOR
   Desde ahora y para siempre.

111:5 ¹ O *reverencian*.   111:7 ¹ O *fidelidad*.

111:5-9
El pacto con Abraham
Esta sección se refiere al pacto que Dios hizo con Abraham para engrandecer a su familia y darles la tierra de Canaán. (Ver Génesis 17:4-8).

112:10
Rechinar los dientes
Es lo mismo que apretar los dientes. En el Antiguo Testamento, esta era una señal de furia, enojo u odio. En el Nuevo Testamento, era una señal de desilusión o agonía.

³ Desde el nacimiento del sol hasta su ocaso,
Alabado sea el nombre del SEÑOR.
⁴ Excelso sobre todas las naciones es el SEÑOR;
Su gloria está sobre los cielos.

⁵ ¿Quién es como el SEÑOR nuestro Dios,
Que está sentado en las alturas,
⁶ Que se humilla para mirar
Lo que hay en el cielo y en la tierra?
⁷ Él levanta al pobre del polvo,
Y al necesitado saca del muladar,
⁸ Para sentar*los* con príncipes,
Con los príncipes de Su pueblo.
⁹ Hace habitar en casa a la mujer estéril,
Gozosa *de ser* madre de hijos.
¡Aleluya!

113:7-9
Dios se preocupa por los pobres
A Dios le importan las personas que necesitan ayuda, como los pobres y las mujeres que no pueden tener hijos. La Biblia está repleta de ejemplos de mujeres sin hijos que recibieron milagros (Sara, Raquel, Ana) y de pobres que fueron engrandecidos (David).

LOS PRODIGIOS DE DIOS EN EL ÉXODO

114 Cuando Israel salió de Egipto,
La casa de Jacob de entre un pueblo de lengua extraña,
² Judá vino a ser Su santuario,
Israel, Su dominio.

³ *Lo* miró el mar, y huyó;
El Jordán se volvió atrás.
⁴ Los montes saltaron como carneros,
Y los collados como corderitos.
⁵ ¿Qué te pasa, oh mar, que huyes,
Y a ti, Jordán, que te vuelves atrás,
⁶ *A ustedes,* montes, que saltan como carneros,
Y *a ustedes,* collados, *que saltan* como corderitos?

⁷ Tiembla, oh tierra, ante la presencia del Señor,
Ante la presencia del Dios de Jacob,
⁸ Que convirtió la roca en estanque de agua,
Y en fuente de aguas el pedernal.

114:8
Dios convirtió la roca en un estanque
Cuando el pueblo de Israel estaba en el desierto, se quejaban por no tener agua. Dios hizo salir dos veces agua de la peña (Ver Éxodo 17:6; Números 20:11).

115:2
Otras naciones se burlaban de Israel
Las demás naciones sabían que Israel adoraba a Dios, así que cuando ellos pasaban por momentos difíciles, se burlaban por creer en un Dios que permitía que les sucedieran esas cosas.

CONTRASTE ENTRE LOS ÍDOLOS Y EL Señor

115 No a nosotros, SEÑOR, no a nosotros,
Sino a Tu nombre da gloria,
Por Tu misericordia, por Tu fidelidad¹.
² ¿Por qué han de decir las naciones:
«¿Dónde está ahora su Dios?».
³ Nuestro Dios está en los cielos;
Él hace lo que le place.
⁴ Los ídolos de ellos son plata y oro,
Obra de manos de hombre.
⁵ Tienen boca, y no hablan;
Tienen ojos, y no ven;
⁶ Tienen oídos, y no oyen;
Tienen nariz, y no huelen;
⁷ Tienen manos, y no tocan;
Tienen pies, y no caminan;
No emiten sonido alguno con su garganta.

115:4-8
Cómo las personas pueden volverse como los ídolos que adoran
Los que adoraban a los ídolos acababan siendo como ellos: inútiles, impotentes y sin vida.

115:1 ¹ O *verdad.*

8 Se volverán como ellos los que los hacen,
Y todos los que en ellos confían.

9 Oh Israel, confía en el SEÑOR;
Él es tu ayuda y tu escudo.

10 Oh casa de Aarón, confíen ustedes en el SEÑOR;
Él es su ayuda y su escudo.

11 Los que temen[1] al SEÑOR, confíen en el SEÑOR;
Él es su ayuda y su escudo.

12 El SEÑOR se ha acordado de nosotros; Él nos bendecirá;
Bendecirá a la casa de Israel;
Bendecirá a la casa de Aarón.

13 Él bendecirá a los que temen al SEÑOR,
Tanto a pequeños como a grandes.

14 El SEÑOR los prospere,
A ustedes y a sus hijos.

15 Benditos sean del SEÑOR,
Que hizo los cielos y la tierra.

16 Los cielos son los cielos del SEÑOR,
Pero la tierra la ha dado a los hijos de los hombres.

17 Los muertos no alaban al SEÑOR,
Ni ninguno de los que descienden al silencio.

18 Pero nosotros bendeciremos al SEÑOR
Desde ahora y para siempre.
¡Aleluya!

ACCIÓN DE GRACIAS PERSONAL

116 Amo al SEÑOR, porque oye
Mi voz y mis súplicas.

2 Porque a mí ha inclinado Su oído;
Por tanto le invocaré mientras yo viva.

3 Los lazos de la muerte me rodearon,
Y los terrores del Seol vinieron sobre mí;
Angustia y tristeza encontré.

4 Invoqué entonces el nombre del SEÑOR, diciendo:
«Te ruego, oh SEÑOR: salva mi vida».

5 Clemente y justo es el SEÑOR;
Sí, compasivo es nuestro Dios.

6 El SEÑOR guarda a los sencillos;
Estaba yo postrado y me salvó.

7 Vuelve, alma mía, a tu reposo,
Porque el SEÑOR te ha colmado de bienes.

8 Pues Tú has rescatado mi alma de la muerte,
Mis ojos de lágrimas,
Mis pies de tropezar.

9 Andaré delante del SEÑOR
En la tierra de los vivientes.

10 Yo creía, aun cuando decía:
«Estoy muy afligido».

11 Dije alarmado:
«Todo hombre es mentiroso».

12 ¿Qué daré al SEÑOR
Por todos Sus beneficios para conmigo?

115:11 [1] O reverencian.

116:13
La copa de la salvación
Esto probablemente se refiere a la copa de vino que las personas tomaban en las comidas después de una ofrenda de gratitud que celebraba la liberación del Señor.

116:15
Lo estimado para Dios
Este versículo no significa que Dios se alegra cuando la gente muere. En cambio, quiere decir que a él le importan profundamente las personas que lo siguen o que les presta especial atención.

13 Alzaré la copa de la salvación,
E invocaré el nombre del SEÑOR.
14 Cumpliré mis votos al SEÑOR,
Sí, en presencia de todo Su pueblo.
15 Estimada a los ojos del SEÑOR
Es la muerte de Sus santos.
16 ¡Ah, SEÑOR! Ciertamente yo soy Tu siervo,
Siervo Tuyo soy, hijo de Tu sierva;
Tú desataste mis ataduras.
17 Te ofreceré sacrificio de acción de gracias,
E invocaré el nombre del SEÑOR.
18 Al SEÑOR cumpliré mis votos,
Sí, en presencia de todo Su pueblo,
19 En los atrios de la casa del SEÑOR,
En medio de ti, oh Jerusalén.
¡Aleluya!

SALMO DE ALABANZA
117 Alaben al SEÑOR, naciones todas;
Alábenle, pueblos todos.
2 Porque grande es Su misericordia para con nosotros,
Y la fidelidad[1] del SEÑOR es eterna.
¡Aleluya!

ACCIÓN DE GRACIAS AL SEÑOR
118 Den gracias al SEÑOR, porque Él es bueno;
Porque para siempre es Su misericordia.
2 Diga ahora Israel:
«Para siempre es Su misericordia».

117:2 [1] O verdad.

CITAS DE LOS SALMOS
Los salmos más citados en el Nuevo Testamento y el número de apariciones

Salmos 2	Salmos 69	Salmos 110	Salmos 118
7	5	5	12

3 Diga ahora la casa de Aarón:
«Para siempre es Su misericordia».
4 Digan ahora los que temen[1] al SEÑOR:
«Para siempre es Su misericordia».

5 En medio de *mi* angustia invoqué al SEÑOR;
El SEÑOR me respondió *y me puso* en un lugar
espacioso.
6 El SEÑOR está a mi favor; no temeré.
¿Qué puede hacerme el hombre?
7 El SEÑOR está por mí entre los que me ayudan;
Por tanto, miraré *triunfante* sobre los que me aborrecen.
8 Es mejor refugiarse en el SEÑOR
Que confiar en el hombre.
9 Es mejor refugiarse en el SEÑOR
Que confiar en príncipes.

10 Todas las naciones me rodearon;
En el nombre del SEÑOR ciertamente las destruí.
11 Me rodearon, sí, me rodearon;
En el nombre del SEÑOR ciertamente las destruí.
12 Me rodearon como abejas;
Fueron extinguidas como fuego de espinos;
En el nombre del SEÑOR ciertamente las destruí.
13 Me empujaste con violencia para que cayera,
Pero el SEÑOR me ayudó.
14 El SEÑOR es mi fortaleza y mi canción,
Y ha sido salvación para mí.

15 Voz de júbilo y de salvación hay en las tiendas de los
justos;
La diestra del SEÑOR hace proezas.
16 La diestra del SEÑOR es exaltada;
La diestra del SEÑOR hace proezas.
17 No moriré, sino que viviré,
Y contaré las obras del SEÑOR.
18 El SEÑOR me ha reprendido severamente,
Pero no me ha entregado a la muerte.

19 Ábranme las puertas de la justicia;
Entraré por ellas *y* daré gracias al SEÑOR.
20 Esta es la puerta del SEÑOR;
Los justos entrarán por ella.
21 Te daré gracias porque me has respondido,
Y has sido mi salvación.

22 La piedra que desecharon los edificadores
Ha venido a ser la *piedra* principal del ángulo.
23 Obra del SEÑOR es esto;
Admirable a nuestros ojos.
24 Este es el día que el SEÑOR ha hecho;
Regocijémonos y alegrémonos en él.
25 Te rogamos, oh SEÑOR, sálva*nos* ahora;
Te rogamos, oh SEÑOR, prospéra*nos* ahora.
26 Bendito el que viene en el nombre del SEÑOR;
Desde la casa del SEÑOR los bendecimos.

118:19-20
Las puertas de la justicia
Probablemente se refiera a las puertas que llevaban al interior del templo, donde los justos entraban para adorar a Dios.

118:22
La piedra principal del ángulo
Una piedra angular es el cimiento más importante de un edificio. Puede ser una piedra grande sobre una puerta, una piedra principal de un arco, o una roca utilizada para alinear una pared. En este caso, la piedra representa al rey o la nación de Israel.

118:4 [1] O *reverencian*.

119:1-3
Los que no cometen iniquidad

Nadie puede cumplir la ley de Dios a la perfección, pero quienes lo aman guardan sus mandamientos. Por ejemplo, David pecó, pero nunca perdió la fe en Dios. Y cuando pecó, lo reconoció y pidió perdón.

119:11
Cómo atesorar la Palabra de Dios

Estudiar, memorizar y pensar en las Escrituras guarda la Palabra de Dios en nuestros corazones para que podamos entender cómo él quiere que vivamos.

27 El SEÑOR es Dios y nos ilumina;
Aten el sacrificio de la fiesta con cuerdas a los
cuernos del altar.
28 Tú eres mi Dios, y te doy gracias;
Tú eres mi Dios, y yo te exalto.
29 Den gracias al SEÑOR, porque Él es bueno;
Porque para siempre es Su misericordia.

MEDITACIONES SOBRE LA PALABRA DE DIOS
Alef.

119
¡Cuán bienaventurados son los de camino perfecto,
Los que andan en la ley del SEÑOR!
2 ¡Cuán bienaventurados son los que guardan Sus
testimonios,
Y con todo el corazón lo buscan!
3 No cometen iniquidad,
Sino que andan en Sus caminos.
4 Tú has ordenado Tus preceptos,
Para que *los* guardemos con diligencia.
5 ¡Ojalá mis caminos sean afirmados
Para guardar Tus estatutos!
6 Entonces no seré avergonzado,
Al considerar todos Tus mandamientos.
7 Con rectitud de corazón te daré gracias,
Al aprender Tus justos juicios.
8 Tus estatutos guardaré;
No me dejes en completo desamparo.

Bet.

9 ¿Cómo puede el joven guardar puro su camino?
Guardando Tu palabra.
10 Con todo mi corazón te he buscado;
No dejes que me desvíe de Tus mandamientos.
11 En mi corazón he atesorado Tu palabra,
Para no pecar contra Ti.
12 Bendito Tú, oh SEÑOR;
Enséñame Tus estatutos.
13 He contado con mis labios
De todas las ordenanzas de Tu boca.
14 Me he gozado en el camino de Tus testimonios,
Más que en todas las riquezas.
15 Meditaré en Tus preceptos,
Y consideraré Tus caminos.
16 Me deleitaré en Tus estatutos,
Y no olvidaré Tu palabra.

Guímel.

17 Favorece a Tu siervo,
Para que viva y guarde Tu palabra.
18 Abre mis ojos, para que vea
Las maravillas de Tu ley.
19 Peregrino soy en la tierra,
No escondas de mí Tus mandamientos.
20 Quebrantada está mi alma anhelando
Tus ordenanzas en todo tiempo.

21 Tú reprendes a los soberbios, los malditos,
   Que se desvían de Tus mandamientos.
22 Quita de mí el oprobio y el desprecio,
   Porque yo guardo Tus testimonios.
23 Aunque los príncipes se sienten y hablen contra mí,
   Tu siervo medita en Tus estatutos.
24 También Tus testimonios son mi deleite;
   Ellos son mis consejeros.

Dálet.

25 Postrada está mi alma en el polvo;
   Vivifícame conforme a Tu palabra.
26 De mis caminos *te* conté, y Tú me has respondido;
   Enséñame Tus estatutos.
27 Hazme entender el camino de Tus preceptos,
   Y meditaré en Tus maravillas.
28 De tristeza llora mi alma;
   Fortaléceme conforme a Tu palabra.
29 Quita de mí el camino de la mentira,
   Y en *Tu* bondad concédeme Tu ley.
30 He escogido el camino de la verdad;
   He puesto Tus ordenanzas *delante de mí.*
31 Me apego a Tus testimonios;
   SEÑOR, no me avergüences.
32 Por el camino de Tus mandamientos correré,
   Porque Tú ensancharás mi corazón.

He.

33 Enséñame, oh SEÑOR, el camino de Tus estatutos,
   Y lo guardaré hasta el fin.
34 Dame entendimiento para que guarde Tu ley
   Y la cumpla de todo corazón.
35 Hazme andar por la senda de Tus mandamientos,
   Porque en ella me deleito.
36 Inclina mi corazón a Tus testimonios
   Y no a la ganancia deshonesta.
37 Aparta mis ojos de mirar la vanidad,
   Y vivifícame en Tus caminos.
38 Confirma a Tu siervo Tu palabra,
   Que inspira reverencia por Ti.
39 Quita de mí el oprobio que me causa temor,
   Porque Tus juicios son buenos.
40 Yo anhelo Tus preceptos;
   Vivifícame por Tu justicia.

Vav.

41 Venga también a mí Tu misericordia, oh SEÑOR,
   Tu salvación, conforme a Tu palabra.
42 Así tendré respuesta para el que me afrenta,
   Pues confío en Tu palabra.
43 No quites jamás de mi boca la palabra de verdad,
   Porque yo espero *en* Tus ordenanzas.
44 Así que guardaré continuamente Tu ley,
   Para siempre y eternamente.

119:25
El significado de tener el alma «postrada»
El autor probablemente era acosado, ridiculizado o incluso perseguido por seguir la ley de Dios.

45 Y andaré en libertad,
Porque busco Tus preceptos.
46 Hablaré también de Tus testimonios delante
de reyes,
Y no me avergonzaré.
47 Me deleitaré en Tus mandamientos,
Los cuales amo.
48 Levantaré mis manos a Tus mandamientos,
Los cuales amo,
Y meditaré en Tus estatutos.

Zain.

49 Acuérdate de la palabra *dada* a Tu siervo,
En la cual me has hecho esperar.
50 Este es mi consuelo en la aflicción:
Que Tu palabra me ha vivificado.
51 Los soberbios me insultaron en gran manera,
Sin embargo, no me he apartado de Tu ley.
52 Me acuerdo de Tus ordenanzas antiguas, oh SEÑOR,
Y me consuelo.
53 Profunda indignación se ha apoderado de mí por
causa de los impíos
Que abandonan Tu ley.
54 Cánticos para mí son Tus estatutos
En la casa de mi peregrinación.
55 Por la noche me acuerdo de Tu nombre, oh SEÑOR,
Y guardo Tu ley.
56 Esto se ha hecho parte de mí:
Guardar Tus preceptos.

Jet.

57 El SEÑOR es mi porción;
He prometido guardar Tus palabras.
58 Supliqué Tu favor con todo *mi* corazón;
Ten piedad de mí conforme a Tu promesa.
59 Consideré mis caminos,
Y volví mis pasos a Tus testimonios.
60 Me apresuré y no me tardé
En guardar Tus mandamientos.
61 Los lazos de los impíos me han rodeado,
Pero no me he olvidado de Tu ley.
62 A medianoche me levantaré para dar gracias a Ti
Por Tus justas ordenanzas.
63 Compañero soy de todos los que te temen[1],
Y de los que guardan Tus preceptos.
64 La tierra, oh SEÑOR, está llena de Tu misericordia;
Enséñame Tus estatutos.

Tet.

65 Bien has obrado con Tu siervo,
Oh SEÑOR, conforme a Tu palabra.
66 Enséñame buen juicio y conocimiento,
Pues creo en Tus mandamientos.

119:52
Ordenanzas antiguas para hoy

La ley de Dios nos instruye a adorarlo solo a él, arrepentirnos del pecado y obedecerlo.

119:63 [1] O reverencias.

67 Antes que fuera afligido, yo me descarrié,
   Pero ahora guardo Tu palabra.
68 Bueno eres Tú, y bienhechor;
   Enséñame Tus estatutos.
69 Los soberbios han forjado mentira contra mí,
   Pero de todo corazón guardaré Tus preceptos.
70 Su corazón está cubierto de grasa,
   Pero yo me deleito en Tu ley.
71 Bueno es para mí ser afligido,
   Para que aprenda Tus estatutos.
72 Mejor es para mí la ley de Tu boca
   Que millares *de monedas* de oro y de plata.

Yod.

73 Tus manos me hicieron y me formaron;
   Dame entendimiento para que aprenda Tus
      mandamientos.
74 Que los que te temen, me vean y se alegren,
   Porque espero *en* Tu palabra.
75 Yo sé, SEÑOR, que Tus juicios son justos,
   Y que en Tu fidelidad me has afligido.
76 Sea ahora Tu misericordia para consuelo mío,
   Conforme a Tu promesa *dada* a Tu siervo.
77 Venga a mí Tu compasión, para que viva,
   Porque Tu ley es mi deleite.
78 Sean avergonzados los soberbios, porque me
      agravian con mentira;
   Pero yo en Tus preceptos meditaré.
79 Vuélvanse a mí los que te temen
   Y conocen Tus testimonios.
80 Sea íntegro mi corazón en Tus estatutos,
   Para que yo no sea avergonzado.

Caf.

81 Mi alma desfallece por Tu salvación;
   En Tu palabra espero.
82 Mis ojos desfallecen *esperando* Tu palabra,
   Mientras digo: «¿Cuándo me consolarás?».
83 Aunque he llegado a ser como odre al humo,
   No me olvido de Tus estatutos.
84 ¿Cuántos son los días de Tu siervo?
   ¿Cuándo harás juicio contra mis perseguidores?
85 Fosas me han cavado los soberbios,
   Los que no están de acuerdo con Tu ley.
86 Todos Tus mandamientos son fieles;
   Con mentira me han perseguido; ¡ayúdame!
87 Casi me destruyen en la tierra,
   Pero yo no abandoné Tus preceptos.
88 Vivifícame conforme a Tu misericordia,
   Para que guarde el testimonio de Tu boca.

Lámed.

89 Para siempre, oh SEÑOR,
   Tu palabra está firme en los cielos.

119:67
La aflicción puede resultar positiva

Después de que el salmista enfrentó el sufrimiento y el abuso, entendió lo importante que era obedecer la Palabra de Dios. Él aprendió una buena lección a partir de su aflicción.

119:83
El salmista era como un odre al humo

Si un odre se colgaba en el humo y se calentaba sobre el fuego, se ensuciaba y arrugaba. Esta descripción gráfica mostraba que el autor se sentía reseco y desgastado a causa de ser perseguido.

90 Tu fidelidad *permanece* por todas las generaciones;
Tú estableciste la tierra, y ella permanece.
91 Por Tus ordenanzas permanecen hasta hoy,
Pues todas las cosas te sirven.
92 Si Tu ley no hubiera sido mi deleite,
Entonces habría perecido en mi aflicción.
93 Jamás me olvidaré de Tus preceptos,
Porque por ellos me has vivificado.
94 Tuyo soy, *Señor,* sálvame,
Pues Tus preceptos he buscado.
95 Los impíos me esperan para destruirme;
Tus testimonios consideraré.
96 He visto un límite a toda perfección;
Tu mandamiento es sumamente amplio.

Mem.

97 ¡Cuánto amo Tu ley!
Todo el día es ella mi meditación.
98 Tus mandamientos me hacen más sabio que mis
enemigos,
Porque son míos para siempre.
99 Tengo más discernimiento que todos mis maestros,
Porque Tus testimonios son mi meditación.
100 Entiendo más que los ancianos,
Porque Tus preceptos he guardado.
101 De todo mal camino he refrenado mis pies,
Para guardar Tu palabra.
102 No me he desviado de Tus ordenanzas,
Porque Tú me has enseñado.
103 ¡Cuán dulces son a mi paladar Tus palabras!,
Sí, más que la miel a mi boca.
104 De Tus preceptos recibo entendimiento,
Por tanto aborrezco todo camino de mentira.

Nun.

105 Lámpara es a mis pies Tu palabra,
Y luz para mi camino.
106 He jurado, y lo confirmaré,
Que guardaré Tus justas ordenanzas.
107 Estoy profundamente afligido;
SEÑOR, vivifícame conforme a Tu palabra.
108 Te ruego aceptes las ofrendas voluntarias de mi boca,
oh SEÑOR,
Y enséñame Tus ordenanzas.
109 En peligro continuo está mi vida,
Con todo, no me olvido de Tu ley.
110 Los impíos me han tendido lazo,
Pero no me he desviado de Tus preceptos.
111 Tus testimonios he tomado como herencia para
siempre,
Porque son el gozo de mi corazón.
112 He inclinado mi corazón para cumplir Tus
estatutos
Por siempre, *y* hasta el fin.

119:92
Cómo el salmista siguió adelante
Él confiaba en Dios y se había comprometido a obedecer su ley, así que fue capaz de soportar los problemas.

119:98-99
Presumir de Dios
Él estaba orgulloso de que Dios le había dado más sabiduría que a todos sus enemigos.

Sámec.

113 Aborrezco a los hipócritas,
Pero amo Tu ley.

114 Tú eres mi escondedero y mi escudo;
En Tu palabra espero.

115 Apártense de mí, malhechores,
Para que guarde yo los mandamientos de mi Dios.

116 Sostenme conforme a Tu promesa, para que viva,
Y no dejes que me avergüence de mi esperanza.

117 Sostenme, para estar seguro,
Y que continuamente preste atención a Tus estatutos.

118 Has rechazado a todos los que se desvían de Tus
estatutos,
Porque su engaño es en vano.

119 *Como* basura has quitado de la tierra a todos los
impíos,
Por tanto amo Tus testimonios.

120 Mi carne se estremece por temor a Ti,
Y de Tus juicios tengo miedo.

Ayin.

121 He practicado el juicio y la justicia;
No me abandones a mis opresores.

122 Sé fiador de Tu siervo para bien;
Que no me opriman los soberbios.

123 Desfallecen mis ojos por Tu salvación
Y por la promesa de Tu justicia.

124 Haz con Tu siervo según Tu misericordia
Y enséñame Tus estatutos.

125 Yo soy Tu siervo, dame entendimiento
Para que conozca Tus testimonios.

126 Es tiempo de que actúe el SEÑOR,
Porque han quebrantado Tu ley.

127 Por tanto, amo Tus mandamientos
Más que el oro, sí, más que el oro fino.

128 Por tanto, estimo rectos todos *Tus* preceptos acerca de
todas las cosas,
Y aborrezco todo camino de mentira.

Pe.

129 Maravillosos son Tus testimonios,
Por lo que los guarda mi alma.

130 La exposición de Tus palabras imparte luz;
Da entendimiento a los sencillos.

131 Abrí mi boca y suspiré,
Porque anhelaba Tus mandamientos.

132 Vuélvete a mí y tenme piedad,
Como acostumbras con los que aman Tu nombre.

133 Afirma mis pasos en Tu palabra,
Y que ninguna iniquidad me domine.

134 Rescátame de la opresión del hombre,
Para que yo guarde Tus preceptos.

135 Haz resplandecer Tu rostro sobre tu siervo,
Y enséñame Tus estatutos.

119:113
Hipocresía
Es cuando alguien finge cualidades o sentimientos contrarios a los que verdaderamente tiene.

136 Ríos de lágrimas[1] vierten mis ojos,
Porque ellos no guardan Tu ley.

Tsade.

137 Justo eres Tú, SEÑOR,
Y rectos Tus juicios.
138 Has ordenado Tus testimonios con justicia,
Y con suma fidelidad.
139 Mi celo me ha consumido,
Porque mis adversarios han olvidado Tus palabras.
140 Es muy pura Tu palabra,
Y Tu siervo la ama.
141 Pequeño soy, y despreciado,
Pero no me olvido de Tus preceptos.
142 Tu justicia es justicia eterna,
Y Tu ley verdad.
143 Angustia y aflicción han venido sobre mí,
Pero Tus mandamientos son mi deleite.
144 Tus testimonios son justos para siempre;
Dame entendimiento para que yo viva.

Cof.

145 He clamado con todo mi corazón; ¡respóndeme,
SEÑOR!
Guardaré Tus estatutos.
146 A Ti clamé; sálvame,
Y guardaré Tus testimonios.
147 Me anticipo al alba y clamo;
En Tus palabras espero.
148 Mis ojos se anticipan a las vigilias de la noche,
Para meditar en Tu palabra.
149 Oye mi voz conforme a Tu misericordia;
Vivifícame, oh SEÑOR, conforme a Tus ordenanzas.
150 Se *me* acercan los que siguen la maldad;
Lejos están de Tu ley.
151 Tú estás cerca, SEÑOR,
Y todos Tus mandamientos son verdad.
152 Desde hace tiempo he sabido de Tus testimonios,
Que para siempre los has fundado.

Resh.

153 Mira mi aflicción y líbrame,
Porque no me olvido de Tu ley.
154 Defiende mi causa y redímeme;
Vivifícame conforme a Tu palabra.
155 Lejos está de los impíos la salvación,
Porque no buscan Tus estatutos.
156 Muchas son, oh SEÑOR, Tus misericordias;
Vivifícame conforme a Tus ordenanzas.
157 Muchos son mis perseguidores y mis adversarios,
Pero yo no me aparto de Tus testimonios.
158 Veo a los malvados y me repugnan,
Porque no guardan Tu palabra.

119:136 [1] Lit. *agua.*

159 Mira cuánto amo Tus preceptos;
    Vivifícame, SEÑOR, conforme a Tu misericordia.
160 La suma de Tu palabra es verdad,
    Y eterna cada una de Tus justas ordenanzas.

Sin.

161 Príncipes me persiguen sin causa,
    Pero mi corazón teme Tus palabras.
162 Me regocijo en Tu palabra,
    Como quien halla un gran botín.
163 Aborrezco y desprecio la mentira,
    Pero amo Tu ley.
164 Siete veces al día te alabo,
    A causa de Tus justas ordenanzas.
165 Mucha paz tienen los que aman Tu ley,
    Y nada los hace tropezar.
166 Espero Tu salvación, SEÑOR,
    Y cumplo Tus mandamientos.
167 Mi alma guarda Tus testimonios,
    Y en gran manera los amo.
168 Guardo Tus preceptos y Tus testimonios,
    Porque todos mis caminos están delante de Ti.

Tau.

169 Que llegue mi clamor ante Ti, SEÑOR;
    Conforme a Tu palabra dame entendimiento.
170 Llegue mi súplica delante de Ti;
    Líbrame conforme a Tu palabra.
171 Que profieran mis labios alabanzas,
    Pues Tú me enseñas Tus estatutos.
172 Que cante mi lengua de Tu palabra,
    Porque todos Tus mandamientos son justicia.
173 Que esté pronta Tu mano a socorrerme,
    Porque Tus preceptos he escogido.
174 Anhelo Tu salvación, SEÑOR,
    Y Tu ley es mi deleite.
175 Que viva mi alma para alabarte,
    Y que Tus ordenanzas me ayuden.
176 Me he descarriado como oveja perdida; busca a
        Tu siervo,
    Porque no me olvido de Tus mandamientos.

LA LENGUA ENGAÑOSA Y LOS ENEMIGOS DE LA PAZ
Cántico de ascenso gradual.†

120 En mi angustia clamé al SEÑOR,
    Y Él me respondió.
2 Libra mi alma, SEÑOR, de labios mentirosos,
    Y de lengua engañosa.
3 ¿Qué te dará, y qué te añadirá,
    Oh lengua engañosa?
4 Agudas flechas de guerrero,
    Con brasas de enebro.

119:162
La Palabra de Dios es como un gran botín
Botín es otro término para bienes o recompensas. El salmista usó la descripción gráfica de un soldado que ganó una batalla y un tesoro. La Palabra de Dios es como un gran tesoro.

119:164
Por qué el salmista alababa a Dios siete veces al día
El número siete representaba lo completo o perfecto. El autor estaba mostrando que alababa a Dios todo el día.

119:176
Descarriado como oveja perdida
El autor era sincero acerca del hecho de que a veces se sentía perdido y no podía guardar toda la ley de Dios, así que le pide ayuda.

120
Un cántico de ascenso
Este era un canto que los peregrinos cantaban cuando viajaban al templo a ofrecer sacrificios cada año.

120:1 † Los Salmos 120 a 134 se llaman cánticos de ascenso gradual, probablemente porque se cantaban mientras los peregrinos subían a Jerusalén (véase Ex. 34:24; 1Rey. 12:27).

⁵ ¡Ay de mí, porque soy peregrino en Mesec,
Y habito entre las tiendas de Cedar!
⁶ Demasiado tiempo ha morado mi alma
Con los que odian la paz.
⁷ Yo *amo* la paz, pero cuando hablo,
Ellos están por la guerra.

EL Señor, GUARDADOR DE ISRAEL
Cántico de ascenso gradual.

121 Levantaré mis ojos a los montes;
¿De dónde vendrá mi ayuda?
² Mi ayuda *viene* del SEÑOR,
Que hizo los cielos y la tierra.
³ No permitirá que tu pie resbale;
No se adormecerá el que te guarda.
⁴ Jamás se adormecerá ni dormirá
El que guarda a Israel.

⁵ El SEÑOR es tu guardador;
El SEÑOR es tu sombra a tu mano derecha.
⁶ El sol no te herirá de día,
Ni la luna de noche.

⁷ El SEÑOR te protegerá de todo mal;
Él guardará tu alma.
⁸ El SEÑOR guardará tu salida y tu entrada
Desde ahora y para siempre.

ORACIÓN POR LA PAZ DE JERUSALÉN
Cántico de ascenso gradual; de David.

122 Yo me alegré cuando me dijeron:
«Vamos a la casa del SEÑOR».
² Plantados están nuestros pies
Dentro de tus puertas, oh Jerusalén.
³ Jerusalén, que está edificada
Como ciudad compacta, bien unida,
⁴ A la cual suben las tribus, las tribus del
SEÑOR,
(*Lo cual es* ordenanza para Israel)
Para alabar el nombre del SEÑOR.
⁵ Porque allí se establecieron tronos para juicio,
Los tronos de la casa de David.

⁶ Oren ustedes por la paz de Jerusalén:
«Sean prosperados los que te aman.
⁷ Haya paz dentro de tus muros,
Y prosperidad en tus palacios».
⁸ Por amor de mis hermanos y de mis amigos,
Diré ahora: «Sea la paz en ti».
⁹ Por amor de la casa del SEÑOR nuestro Dios
Procuraré tu bien.

ORACIÓN PIDIENDO AYUDA DEL Señor
Cántico de ascenso gradual.

123 A Ti levanto mis ojos,
¡Oh Tú que reinas en los cielos!

121:1
Mirar hacia los montes

Los paganos usaban la cima de los montes para construir santuarios y altares. Como los peregrinos viajaban a Jerusalén, podían ver los montes alrededor de la ciudad. Eso les recordaba que la ayuda venía de parte de Dios, no de los ídolos de las montes.

122:5
Tronos para juicio

Un rey o gobernante dirige a su pueblo desde un trono. Como Jerusalén era la ciudad real de David, su trono estaba allí, y desde allí gobernaba al pueblo e impartía justicia.

ESTILOS DE CÁNTICOS

Estos son algunos de los tipos más comunes de poesía que encontramos en Salmos y el número de apariciones:

51
¡Sálvame! Oh Dios, por Tu nombre, y hazme justicia con Tu poder. 54:1
Lamento/Queja

48
Dame entendimiento para que guarde Tu ley y la cumpla de todo corazón. 119:34
Sabiduría/Enseñanza

26
Al SEÑOR cantaré mientras yo viva; cantaré alabanzas a mi Dios mientras yo exista. 104:33
Alabanza/Adoración

16
Oh SEÑOR, en Tu fortaleza se alegrará el rey, ¡y cuánto se regocijará en Tu salvación! 21:1
Honra para el rey de Israel y el pueblo

15
Yo me alegré cuando me dijeron: «Vamos a la casa del SEÑOR». 122:1
Viaje a Jerusalén (Salmos de peregrinaje)

8
Confieso, pues, mi iniquidad; afligido estoy a causa de mi pecado. 38:18
Confesión de pecados

6
Bendito el que viene en el nombre del SEÑOR; desde la casa del SEÑOR los bendecimos. 118:26
Salmos festivos (se leían en Pascua, Pentecostés y la Fiesta de los Tabernáculos)

2 Como los ojos de los siervos *miran* a la mano de su señor,
  Como los ojos de la sierva a la mano de su señora,
  Así nuestros ojos *miran* al SEÑOR nuestro Dios
  Hasta que se apiade de nosotros.

3 Ten piedad de nosotros, oh SEÑOR, ten piedad de nosotros,
  Porque ya no soportamos el desprecio.

4 Nuestra alma está cansada
  Del escarnio de los que están en holgura
  Y del desprecio de los soberbios.

CANTO DE LIBERACIÓN
Cántico de ascenso gradual; de David.

124 «Si el SEÑOR no hubiera estado a nuestro favor»,
     Que lo diga ahora Israel.

2 «Si el SEÑOR no hubiera estado a nuestro favor
  Cuando los hombres se levantaron contra nosotros,

3 Vivos nos hubieran tragado entonces
  Cuando su ira se encendió contra nosotros.

123:2
Comparación con los siervos
Esto enfatiza cómo las personas dependen humildemente de Dios para que los cuide. No significa que Dios era un amo estricto; más bien, él es amoroso y compasivo.

⁴ Entonces las aguas nos hubieran cubierto,
Un torrente hubiera pasado sobre nuestra
alma,
⁵ Hubieran pasado entonces sobre nuestra alma las
aguas impetuosas».

⁶ Bendito sea el SEÑOR,
Que no nos ha entregado como presa de los dientes de
ellos.
⁷ Nuestra alma ha escapado cual ave del lazo de los
cazadores;
El lazo se rompió y nosotros escapamos.
⁸ Nuestra ayuda está en el nombre del SEÑOR,
Que hizo los cielos y la tierra.

EL SEÑOR PROTEGE A SU PUEBLO
Cántico de ascenso gradual.

125 Los que confían en el SEÑOR
Son como el monte Sión, que es inconmovible,
que permanece para siempre.
² Como los montes rodean a Jerusalén,
Así el SEÑOR rodea a Su pueblo
Desde ahora y para siempre.
³ Pues el cetro de la impiedad no descansará sobre la
tierra de los justos,
Para que los justos no extiendan sus manos para
hacer el mal.

⁴ Haz bien, SEÑOR, a los buenos
Y a los rectos de corazón.
⁵ Pero a los que se desvían por sus caminos torcidos,
El SEÑOR los llevará con los que hacen iniquidad.
¡Paz sea sobre Israel!

GRATITUD POR EL REGRESO DE LA CAUTIVIDAD
Cántico de ascenso gradual†.

126 Cuando el SEÑOR hizo volver a los cautivos de
Sión,
Eramos como los que sueñan.
² Entonces nuestra boca se llenó de risa,
Y nuestra lengua de gritos de alegría;
Entonces dijeron entre las naciones:
«Grandes cosas ha hecho el SEÑOR con ellos».
³ Grandes cosas ha hecho el SEÑOR con nosotros;
Estamos alegres.

⁴ Haz volver, SEÑOR, a nuestros cautivos,
Como las corrientes en el sur.
⁵ Los que siembran con lágrimas, segarán con gritos de
júbilo.
⁶ El que con lágrimas anda, llevando la semilla de la
siembra,
En verdad volverá con gritos de alegría, trayendo sus
gavillas.

126:1 † Véase la nota al subtítulo del Sal. 120.

124:7
El lazo de los cazadores
Un cazador de aves utilizaba un lazo para atrapar a su presa. Los israelitas escaparon del cautiverio en Babilonia como un pájaro que escapa de una trampa.

125:2
Los montes que rodean a Jerusalén
Jerusalén no está completamente rodeada de montañas, pero se encuentra en una región montañosa que protegía a la ciudad del mismo modo que Dios protege a su pueblo.

126:5-6
Por qué las personas llorarían al sembrar
Cuando no llovía, el pueblo se preocupaba debido a que las semillas no crecerían ni producirían cosechas. Sin embargo, el salmo les recordaba que era Dios quien los bendecía a pesar de las circunstancias adversas.

LA PROSPERIDAD VIENE DEL SEÑOR
Cántico de ascenso gradual; de Salomón.

127 Si el SEÑOR no edifica la casa,
En vano trabajan los que la edifican;
Si el SEÑOR no guarda la ciudad,
En vano vela la guardia.

2 Es en vano que se levanten de madrugada,
Que se acuesten tarde,
Que coman el pan de afanosa labor,
Pues Él da a Su amado *aun mientras* duerme.

3 Un don del SEÑOR son los hijos,
Y recompensa es el fruto del vientre.

4 Como flechas en la mano del guerrero,
Así son los hijos *tenidos* en la juventud.

5 Bienaventurado el hombre que de ellos tiene llena su
aljaba;
No será avergonzado
Cuando hable con sus enemigos en la puerta.

BIENAVENTURANZA DEL QUE TEME A DIOS
Cántico de ascenso gradual.

128 Bienaventurado todo aquel que teme al SEÑOR,
Que anda en Sus caminos.

2 Cuando comas del trabajo de tus manos,
Dichoso *serás* y te irá bien.

3 Tu mujer *será* como fecunda vid
En el interior de tu casa;
Tus hijos como plantas de olivo
Alrededor de tu mesa.

4 Así será bendecido el hombre
Que teme al SEÑOR.

5 El SEÑOR te bendiga desde Sión,
Veas la prosperidad de Jerusalén todos los días de tu
vida,

6 Y veas a los hijos de tus hijos.
¡Paz sea sobre Israel!

PLEGARIA POR LA CAÍDA DE LOS ENEMIGOS DE SIÓN
Cántico de ascenso gradual†.

129 «Muchas veces me han perseguido desde mi
juventud»,
Que lo diga ahora Israel.

2 «Muchas veces me han perseguido desde mi
juventud,
Pero no han prevalecido contra mí.

3 Sobre mis espaldas araron los aradores;
Alargaron sus surcos».

4 El SEÑOR es justo;
Ha cortado las ataduras de los impíos.

5 Sean avergonzados y vueltos atrás
Todos los que odian a Sión.

129:1 † Véase la nota al subtítulo del Sal. 120.

127:3-5
Los hijos eran una bendición
Cuando un matrimonio tenía muchos hijos, ellos crecían y cuidaban de sus padres en la vejez. Además, la capacidad de proveer comida, vestido y un techo para una familia numerosa era una señal de que Dios había bendecido a la familia. Los hijos heredaban la tierra de sus padres y la mantenían dentro de la familia.

128:3
El significado de la vid y el olivo
Estos eran símbolos de una vida larga y fructífera. Las uvas y las aceitunas producían el vino y el aceite, que eran importantes para la comida. Tener una esposa e hijos era visto como una bendición similar.

129:6
Como hierba que se seca
La hierba que crecía en los techos bajo el sol ardiente se secaba y moría. El salmista pide que les suceda lo mismo a los enemigos de Israel.

130:3-4
La cuenta de los pecados
Dios lleva un registro, pero se olvida rápidamente de los pecados de las personas si ellas se arrepienten. Luego borra el registro y queda limpio.

131:2
David se compara con un niño destetado
Un niño destetado ya no necesitaba más la leche de su madre y era lo suficientemente grande como para pedir comida o bebida. Ya no tendría que llorar al tener hambre. David aprendió que podía depender de Dios y no tener siempre que llorar pidiendo ayuda.

6 Que sean como la hierba en los techos,
Que se seca antes de crecer;
7 Con la cual el segador no llena su mano,
Ni el recogedor de gavillas sus brazos.
8 Que no digan los que pasan:
«La bendición del SEÑOR sea sobre ustedes;
Los bendecimos en el nombre del SEÑOR».

CLAMOR DE UN PECADOR
Cántico de ascenso gradual.

130 Desde lo *más* profundo, oh SEÑOR, he clamado a Ti.
2 ¡Señor, oye mi voz!
Estén atentos Tus oídos
A la voz de mis súplicas.
3 SEÑOR, si Tú tuvieras en cuenta las iniquidades,
¿Quién, oh Señor, podría permanecer?
4 Pero en Ti hay perdón,
Para que seas temido.

5 Espero en el SEÑOR; *en Él* espera mi alma,
Y en Su palabra tengo mi esperanza.
6 Mi alma *espera* al Señor
Más que los centinelas a la mañana;
Sí, más que los centinelas a la mañana.
7 Oh Israel, espera en el SEÑOR,
Porque en el SEÑOR hay misericordia,
Y en Él hay abundante redención;
8 Él redimirá a Israel
De todas sus iniquidades.

HUMILDE CONFIANZA EN DIOS
Cántico de ascenso gradual; de David.

131 SEÑOR, mi corazón no es soberbio, ni mis ojos altivos;
No ando tras las grandezas,
Ni en cosas demasiado difíciles para mí;
2 Sino que he calmado y acallado mi alma,
Como un niño destetado en *el regazo de* su madre,
Como un niño destetado está mi alma dentro de mí.
3 Espera, oh Israel, en el SEÑOR,
Desde ahora y para siempre.

PLEGARIA POR EL SANTUARIO
Cántico de ascenso gradual.

132 Acuérdate, SEÑOR, de David,
De toda su aflicción;
2 De cómo juró al SEÑOR,
Y prometió al Poderoso de Jacob:
3 «Ciertamente no entraré en mi casa,
Ni en mi lecho me acostaré;
4 No daré sueño a mis ojos,
Ni a mis párpados adormecimiento,
5 Hasta que halle un lugar para el SEÑOR,
Una morada para el Poderoso de Jacob».

6 Oímos de ella en Efrata;
   La hallamos en los campos de Jaar.
7 Entremos a Sus moradas;
   Postrémonos ante el estrado de Sus pies.
8 Levántate, SEÑOR, al lugar de Tu reposo;
   Tú y el arca de Tu poder.
9 Vístanse de justicia Sus sacerdotes;
   Y canten con gozo Sus santos.

10 Por amor a David Su siervo,
   No hagas volver el rostro de Su ungido.
11 El SEÑOR ha jurado a David
   Una verdad de la cual no se retractará:
   «De tu descendencia pondré sobre tu
       trono.
12 Si tus hijos guardan Mi pacto,
   Y Mi testimonio que les enseñaré,
   Sus hijos también ocuparán tu trono para
       siempre».
13 Porque el SEÑOR ha escogido a Sión;
   La quiso para Su habitación.
14 «Este es Mi lugar de reposo para siempre;
   Aquí habitaré, porque la he deseado.
15 Su provisión bendeciré en abundancia;
   De pan saciaré a sus pobres.
16 A sus sacerdotes también vestiré de
       salvación,
   Y sus santos darán voces de júbilo.
17 Allí haré surgir el poder de David;
   He preparado una lámpara para Mi
       ungido.
18 A sus enemigos cubriré de vergüenza,
   Pero sobre él resplandecerá su corona».

EXCELENCIA DEL AMOR FRATERNAL
Cántico de ascenso gradual; de David.

133 Miren cuán bueno y cuán agradable es
       Que los hermanos habiten juntos en armonía.
2 Es como el óleo precioso sobre la cabeza,
   El cual desciende sobre la barba,
   La barba de Aarón,
   Que desciende hasta el borde de sus vestiduras.
3 Es como el rocío de Hermón,
   Que desciende sobre los montes de Sión;
   Porque allí mandó el SEÑOR la bendición, la vida para
       siempre.

ALABANZA VESPERTINA
Cántico de ascenso gradual.

134 Bendigan al SEÑOR todos los siervos del SEÑOR,
       Los que sirven por la noche en la casa del SEÑOR.
2 Alcen sus manos al santuario
   Y bendigan al SEÑOR.
3 Desde Sión te bendiga el SEÑOR,
   Que hizo los cielos y la tierra.

132:6
Efrata y Jaar
Efrata era una región cercana a Belén, la aldea natal de David. Jaar era otro nombre que se usaba para Quiriat Jearim, donde reposó el arca hasta que los filisteos la devolvieron. (Ver 1 Samuel 7:1).

AUTORES
El número de salmos escritos por cada autor*

David	73
Asaf	12
Los hijos de Coré	11
Salomón	2
1 CADA UNO Moisés, Hemán, Etán	

49/desconocidos

133:2
Óleo precioso
Este fue el aceite derramado sobre la cabeza de Aarón cuando lo ungieron como sumo sacerdote (Éxodo 29:7; Levítico 21:10). El óleo cubría completamente la barba y el vestido. Era algo bueno.

134:1
Algunos siervos de Dios trabajaban por la noche
Algunos de los levitas trabajaban en el templo por la noche para mantener el fuego del altar encendido y las lámparas ardiendo.

EL Señor EN LA NATURALEZA Y EN LA HISTORIA

135 ¡Aleluya!
Alaben el nombre del SEÑOR;
Alábenlo, siervos del SEÑOR,

2 Los que están en la casa del SEÑOR,
En los atrios de la casa de nuestro Dios.

3 ¡Aleluya! Porque el SEÑOR es bueno;
Canten alabanzas a Su nombre, porque es
agradable.

4 Porque el SEÑOR ha escogido a Jacob para sí,
A Israel para posesión Suya.

5 Porque yo sé que el SEÑOR es grande,
Y que nuestro Señor está sobre todos los dioses.

6 Todo cuanto el SEÑOR quiere, lo hace,
En los cielos y en la tierra, en los mares y en todos los
abismos.

7 Él hace subir las nubes desde los extremos de la
tierra,
Hace los relámpagos para la lluvia
Y saca el viento de Sus depósitos.

8 Hirió a los primogénitos de Egipto,
Tanto de hombre como de animal.

9 Envió señales y prodigios en medio de ti, oh
Egipto,
Sobre Faraón y todos sus siervos.

10 Hirió a muchas naciones
Y mató a reyes poderosos;

11 A Sehón, rey de los amorreos,
A Og, rey de Basán,
Y a todos los reinos de Canaán;

12 Y dio sus tierras en herencia,
En herencia a Israel Su pueblo.

13 Tu nombre, SEÑOR, es eterno;
Tu memoria, SEÑOR, por todas las
generaciones.

14 Porque el SEÑOR juzgará a Su pueblo,
Y tendrá compasión de Sus siervos.

15 Los ídolos de las naciones son plata y oro,
Obra de manos de hombre.

16 Tienen boca, y no hablan;
Tienen ojos, y no ven;

17 Tienen oídos, y no oyen;
Tampoco hay aliento en su boca.

18 Los que los hacen serán semejantes a ellos,
Sí, todos los que en ellos confían.

19 Oh casa de Israel, bendigan ustedes al SEÑOR;
Oh casa de Aarón, bendigan al SEÑOR;

20 Oh casa de Leví, bendigan al SEÑOR;
Los que temen al SEÑOR, bendigan al SEÑOR.

21 Bendito desde Sión sea el SEÑOR,
Que mora en Jerusalén.
¡Aleluya!

GRATITUD POR LA MISERICORDIA DEL Señor PARA CON ISRAEL

136
Den gracias al SEÑOR porque Él es bueno,
Porque para siempre es Su misericordia.

2 Den gracias al Dios de dioses,
Porque para siempre es Su misericordia.

3 Den gracias al Señor de señores,
Porque para siempre es Su misericordia.

4 Al único que hace grandes maravillas,
Porque para siempre es Su misericordia.

5 Al que con sabiduría hizo los cielos,
Porque para siempre es Su misericordia.

6 Al que extendió la tierra sobre las aguas,
Porque para siempre es Su misericordia.

7 Al que hizo *las* grandes lumbreras,
Porque para siempre es Su misericordia;

8 El sol para que reine de día,
Porque para siempre es Su misericordia;

9 La luna y las estrellas para que reinen de noche,
Porque para siempre es Su misericordia.

10 Al que hirió a Egipto en sus primogénitos,
Porque para siempre es Su misericordia;

11 Y sacó a Israel de en medio de ellos,
Porque para siempre es Su misericordia,

12 Con mano fuerte y brazo extendido,
Porque para siempre es Su misericordia.

13 Al que dividió en dos el mar Rojo,
Porque para siempre es Su misericordia,

14 E hizo pasar a Israel por en medio de él,
Porque para siempre es Su misericordia;

15 Pero a Faraón y a su ejército destruyó en el mar Rojo,
Porque para siempre es Su misericordia.

16 Al que condujo a Su pueblo por el desierto,
Porque para siempre es Su misericordia;

17 Al que hirió a grandes reyes,
Porque para siempre es Su misericordia;

18 Y mató a reyes poderosos,
Porque para siempre es Su misericordia;

19 A Sehón, rey de los amorreos,
Porque para siempre es Su misericordia,

20 Y a Og, rey de Basán,
Porque para siempre es Su misericordia;

21 Y dio la tierra de ellos en heredad,
Porque para siempre es Su misericordia,

22 En heredad a Israel Su siervo,
Porque para siempre es Su misericordia.

23 El que se acordó de nosotros en nuestra humillación,
Porque para siempre es Su misericordia,

24 Y nos rescató de nuestros adversarios,
Porque para siempre es Su misericordia.

25 El que da sustento a toda carne[j],
Porque para siempre es Su misericordia.

136:25 [j] O *a todo ser humano.*

136
Este tipo de salmo
Esta era una canción de alabanza al Señor como Creador y Redentor de Israel. Un levita líder cantor probablemente dirigía el recital, y el coro de levitas o adoradores respondían diciendo: «Porque para siempre es Su misericordia».

136
Las poderosas obras de Dios
El salmo comienza con la creación del universo por parte de Dios. Luego habla acerca de la liberación de Israel de Egipto y la conquista de la tierra prometida.

26 Den gracias al Dios del cielo,
  Porque para siempre es Su misericordia.

LAMENTO DE LOS CAUTIVOS

137 Junto a los ríos de Babilonia,
      Nos sentábamos y llorábamos
   Al acordarnos de Sión.
2 Sobre los sauces en medio de ella
   Colgamos nuestras arpas.
3 Pues allí los que nos habían llevado cautivos nos
      pedían canciones,
   Y los que nos atormentaban *nos pedían* alegría,
      diciendo:
   «Cántennos *alguno* de los cánticos de Sión».

4 ¿Cómo cantaremos la canción del SEÑOR
   En tierra extraña?
5 Si me olvido de ti, oh Jerusalén,
   Pierda mi diestra *su destreza*.
6 Péguese mi lengua al paladar
   Si no me acuerdo de ti,
   Si no enaltezco a Jerusalén
   Sobre mi supremo gozo.

7 Recuerda, oh SEÑOR, contra los hijos de Edom
   El día de Jerusalén,
   Quienes dijeron: «Arrásenla, arrásenla
   Hasta sus cimientos».
8 Oh hija de Babilonia, la devastada,
   Bienaventurado el que te devuelva
   El pago con que nos pagaste.
9 Bienaventurado será el que tome y estrelle tus pequeños
   Contra la peña.

ACCIÓN DE GRACIAS POR EL FAVOR DEL SEÑOR
Salmo de David.

138 Con todo mi corazón te daré gracias;
      En presencia de los dioses te cantaré alabanzas.
2 Me postraré hacia Tu santo templo,
   Y daré gracias a Tu nombre por Tu misericordia y Tu
      fidelidad[1];
   Porque has engrandecido Tu palabra conforme a todo
      Tu nombre.
3 En el día que invoqué, me respondiste;
   Me hiciste valiente con fortaleza en mi alma.

4 Todos los reyes de la tierra te alabarán, SEÑOR,
   Cuando hayan oído los dichos de Tu boca.
5 Y cantarán de los caminos del SEÑOR,
   Porque grande es la gloria del SEÑOR.
6 Porque el SEÑOR es excelso,
   Y atiende al humilde,
   Pero al altivo conoce de lejos.

7 Aunque yo ande en medio de la angustia, Tú me
      vivificarás;

137:1
Los ríos de Babilonia
Estos eran los ríos Tigris y Éufrates, así como los ríos menores que desembocaban en ellos en Babilonia.

137:2-4
Por qué colgaron sus arpas
Los babilonios querían que los israelitas entonaran cantos alegres de Sión, pero los cautivos se sentían tan tristes por estar en una tierra extraña que no deseaban cantar.

138:2
La palabra de Dios
Las respuestas de Dios a las oraciones y sus promesas son más valiosas que todo lo demás que un rey pueda llegar a atesorar.

138:2 [1] O *verdad*.

Extenderás Tu mano contra la ira de mis enemigos,
Y Tu diestra me salvará.
8 El SEÑOR cumplirá Su propósito en mí;
Eterna, oh SEÑOR, es Tu misericordia;
No abandones las obras de Tus manos.

OMNIPRESENCIA Y OMNISCIENCIA DEL Señor
Para el director del coro. Salmo de David.

139 Oh SEÑOR, Tú me has escudriñado y conocido.
² Tú conoces mi sentarme y mi levantarme;
Desde lejos comprendes mis pensamientos.
³ Tú escudriñas mi senda y mi descanso,
Y conoces bien todos mis caminos.
⁴ Aun antes de que haya palabra en mi boca,
Oh SEÑOR, Tú *ya* la sabes toda.
⁵ Por detrás y por delante me has cercado,
Y Tu mano pusiste sobre mí.
⁶ *Tal* conocimiento es demasiado maravilloso para mí;
Es *muy* elevado, no lo puedo alcanzar.

⁷ ¿Adónde me iré de Tu Espíritu,
O adónde huiré de Tu presencia?
⁸ Si subo a los cielos, allí estás Tú;
Si en el Seol preparo mi lecho, allí Tú estás.
⁹ *Si* tomo las alas del alba,
Y *si* habito en lo más remoto del mar,
¹⁰ Aun allí me guiará Tu mano,
Y me tomará Tu diestra.
¹¹ Si digo: «Ciertamente las tinieblas me envolverán,
Y la luz a mi alrededor será noche»;
¹² Ni aun las tinieblas son oscuras para Ti,
Y la noche brilla como el día.
Las tinieblas y la luz son iguales *para Ti.*

¹³ Porque Tú formaste mis entrañas;
Me hiciste en el seno de mi madre.
¹⁴ Te daré gracias, porque asombrosa *y*
maravillosamente he sido hecho;
Maravillosas son Tus obras,
Y mi alma lo sabe muy bien.
¹⁵ No estaba oculto de Ti mi cuerpo,
Cuando en secreto fui formado,
Y entretejido en las profundidades de la tierra.
¹⁶ Tus ojos vieron mi embrión,
Y en Tu libro se escribieron todos
Los días que *me* fueron dados,
Cuando *no existía* ni uno solo de ellos.

¹⁷ ¡Cuán preciosos también son para mí, oh Dios, Tus
pensamientos!
¡Cuán inmensa es la suma de ellos!
¹⁸ Si los contara, serían más que la arena;
Al despertar aún estoy contigo.
¹⁹ ¡Oh Dios, si Tú hicieras morir al impío!
Por tanto, apártense de mí, hombres
sanguinarios.

139:9
Las alas del alba y lo más remoto del mar
Estas eran formas poéticas de referirse al este (el amanecer) y al oeste (el mar Mediterráneo) y a la gran distancia que existe entre ellos.

139:15
En secreto
Esto se refiere al vientre de una madre. Es como las profundidades de la tierra, porque está oscuro.

139:21-22
Esto era una promesa
Estos versículos se hacen eco de una promesa de lealtad a un rey, así que David estaba diciendo que cualquier enemigo de Dios sería su enemigo.

140
El motivo de este salmo
Se trataba de una oración para que Dios rescatara a David de las conspiraciones y palabras hirientes de otros. El salmo incluye muchas referencias a partes del cuerpo: cabeza, corazón, lengua, labios y manos.

141:3-4
David quería ser protegido del mal
Él le pide a Dios que lo guarde de hablar, desear o hacer lo malo.

141:5
Por qué David quiere que un justo lo hiera
Si una persona justa corregía o disciplinaba a David para que él se apartara del mal, eso sería una respuesta a la oración.

---

20 Porque hablan contra Ti perversamente,
Y Tus enemigos toman *Tu nombre* en vano.
21 ¿No odio a los que te aborrecen, SEÑOR?
¿Y no me repugnan los que se levantan contra Ti?
22 Los aborrezco con el más profundo odio;
Se han convertido en mis enemigos.

23 Escudríñame, oh Dios, y conoce mi corazón;
Pruébame y conoce mis inquietudes.
24 Y ve si hay en mí camino malo,
Y guíame en el camino eterno.

PLEGARIA PIDIENDO PROTECCIÓN
Para el director del coro. Salmo de David.

140 Líbrame, oh SEÑOR, de los hombres malignos;
Guárdame de los hombres violentos,
2 Que traman maldades en *su* corazón;
Que cada día provocan guerras.
3 Aguzan su lengua como serpiente;
Veneno de víbora hay bajo sus labios.
(Selah)

4 Guárdame, SEÑOR, de las manos del impío;
Protégeme de los hombres violentos,
Que se han propuesto hacerme tropezar.
5 Los soberbios han ocultado trampa y cuerdas para mí;
Han tendido red al borde del sendero;
Me han puesto lazos. (Selah)

6 Dije al SEÑOR: «Tú eres mi Dios;
Escucha, oh SEÑOR, la voz de mis súplicas.
7 Oh DIOS, Señor, poder de mi salvación,
Tú cubriste mi cabeza en el día de la batalla.
8 No concedas, SEÑOR, los deseos del impío;
No hagas prosperar sus *malos* designios, *para que no* se exalten. (Selah)

9 »En cuanto a los que me rodean,
Que la malicia de sus labios los cubra.
10 Caigan sobre ellos carbones encendidos;
Sean arrojados en el fuego,
En abismos profundos de donde no se puedan levantar.
11 Que el hombre de *mala* lengua no permanezca en la tierra;
Que al hombre violento lo persiga el mal implacablemente».

12 Yo sé que el SEÑOR sostendrá la causa del afligido,
Y el derecho de los pobres.
13 Ciertamente los justos darán gracias a Tu nombre,
Y los rectos morarán en Tu presencia.

ORACIÓN VESPERTINA SUPLICANDO SANTIFICACIÓN Y PROTECCIÓN
Salmo de David.

141 Oh SEÑOR, a Ti clamo, apresúrate *a venir* a mí.
Escucha mi voz cuando te invoco.

2 Sea puesta mi oración delante de Ti
    como incienso,
  El alzar de mis manos como la
    ofrenda de la tarde.
3 SEÑOR, pon guarda a mi boca;
  Vigila la puerta de mis labios.
4 No dejes que mi corazón se incline a
    nada malo,
  Para practicar obras impías
  Con los hombres que hacen
    iniquidad,
  Y no me dejes comer de sus
    manjares.
5 Que el justo me hiera con bondad y
    me reprenda;
  Es aceite *sobre* la cabeza;
  No lo rechace mi cabeza,
  Pues todavía mi oración es contra sus
    obras malas.
6 Sus jueces son lanzados contra los
    costados de la peña,
  Y oyen mis palabras, que son
    agradables.
7 Como cuando se ara y se rompe la
    tierra,
  Nuestros huesos han sido esparcidos
    a la boca del Seol.
8 Porque mis ojos *miran* hacia Ti, oh
    DIOS, Señor;
  En Ti me refugio, no me desampares.
9 Guárdame de las garras de la trampa
    que me han tendido,
  Y de los lazos de los que hacen
    iniquidad.
10 Caigan los impíos en sus propias
    redes,
  Mientras yo paso a salvo.

ORACIÓN EN LA ANGUSTIA
Masquil de David, cuando estaba en la cueva.
Plegaria.

142 Clamo al SEÑOR con mi voz;
          Con mi voz suplico al SEÑOR.
2 Delante de Él expongo mi queja;
  En Su presencia manifiesto mi
    angustia.
3 Cuando mi espíritu desmayaba
    dentro de mí,
  Tú conociste mi senda.
  En la senda en que camino
  Me han tendido una trampa.
4 Mira a la derecha, y ve,
  Porque no hay quien me tome en
    cuenta;

BATALLA CONTRA EL TEMOR

El número de versículos en Salmos que retratan el temor humano de los escritores frente a su decisión de confiar en Dios sin importar la situación

CONFIANZA 50

En Ti pondrán su confianza los que conocen Tu nombre, porque Tú, oh SEÑOR, no abandonas a los que te buscan. *9:10*

En Dios he confiado, no temeré. ¿Qué puede hacerme el hombre? *56:11*

Diré yo al SEÑOR: «Refugio mío y fortaleza mía, mi Dios, en quien confío». *91:2*

TEMOR 35

Atiéndeme y respóndeme; conmovido estoy en mi queja y muy conturbado. *55:2*

Porque mi alma está llena de males, y mi vida se ha acercado al Seol. *88:3*

Escudríñame, oh Dios, y conoce mi corazón; pruébame y conoce mis inquietudes. *139:23*

142
Por qué David estaba en una cueva

David debe haber escrito este salmo mientras se escondía de Saúl. (Ver 1 Samuel 22:1).

No hay refugio para mí;
No hay quien cuide de mi alma.

5 A Ti he clamado, SEÑOR;
Dije: «Tú eres mi refugio,
Mi porción en la tierra de los vivientes.

6 Atiende a mi clamor,
Porque estoy muy abatido;
Líbrame de los que me persiguen,
Porque son más fuertes que yo.

7 Saca mi alma de la prisión,
Para que yo dé gracias a Tu nombre;
Los justos me rodearán,
Porque Tú me colmarás de bendiciones».

ORACIÓN PIDIENDO LIBERACIÓN Y GUÍA
Salmo de David.

143
Oh SEÑOR, escucha mi oración,
Presta oído a mis súplicas,
Respóndeme por Tu fidelidad, por Tu justicia;

2 Y no entres en juicio con Tu siervo,
Porque no es justo delante de Ti ningún *ser*
humano.

3 Pues el enemigo ha perseguido mi alma,
Ha aplastado mi vida contra la tierra;
Me ha hecho morar en lugares tenebrosos, como los
que hace tiempo están muertos.

4 Por tanto, en mí está agobiado mi espíritu;
Mi corazón está turbado dentro de mí.

143:5-6
Recordar el pasado animaba a David

Cuando David recordaba todas las veces en las que Dios lo había salvado, se animaba a pedirle ayuda de nuevo.

5 Me acuerdo de los días antiguos;
En todas Tus obras medito,
Reflexiono en la obra de Tus manos.

6 A Ti extiendo mis manos;
Mi alma te *anhela* como la tierra sedienta.
(Selah)

7 Respóndeme pronto, oh SEÑOR, *porque* mi espíritu
desfallece;
No escondas de mí Tu rostro,
Para que no llegue yo a ser como los que descienden a
la sepultura.

143:8
Esperar por la mañana

La mañana representaba la salvación de los tiempos oscuros que David estaba enfrentando (versículo 3).

8 Por la mañana hazme oír Tu misericordia,
Porque en Ti confío;
Enséñame el camino por el que debo andar,
Pues a Ti elevo mi alma.

9 Líbrame de mis enemigos, oh SEÑOR;
En Ti me refugio.

10 Enséñame a hacer Tu voluntad,
Porque Tú eres mi Dios;
Tu buen Espíritu me guíe a tierra firme.

11 Por amor a Tu nombre, SEÑOR, vivifícame;
Por Tu justicia, saca mi alma de la angustia.

12 Y por Tu misericordia, acaba con mis enemigos,
Y destruye a todos los que afligen mi alma;
Pues yo soy Tu siervo.

ORACIÓN PIDIENDO RESCATE Y PROSPERIDAD
Salmo de David.

144 Bendito sea el SEÑOR, mi Roca,
Que adiestra mis manos para la guerra,
Y mis dedos para la batalla.

2 Misericordia mía y fortaleza mía,
Mi baluarte y mi libertador,
Escudo mío en quien me he refugiado,
El que sujeta a mi pueblo debajo de mí.

3 Oh SEÑOR, ¿qué es el hombre para que Tú lo tengas en
cuenta,
O el hijo del hombre para que pienses en él?

4 El hombre es semejante a un soplo;
Sus días son como una sombra que pasa.

5 Oh SEÑOR, inclina Tus cielos y desciende;
Toca los montes para que humeen.

6 Despide relámpagos y dispérsalos;
Lanza Tus flechas y confúndelos.

7 Extiende Tu mano desde lo alto;
Rescátame y líbrame de las muchas aguas;
De la mano de extranjeros,

8 Cuya boca habla falsedad
Y cuya diestra es diestra de mentira.

9 Oh Dios, un cántico nuevo te cantaré;
Con arpa de diez cuerdas cantaré alabanzas a Ti,

10 El que da la victoria¹ a los reyes,
El que rescata a David Su siervo de la espada
maligna.

11 Rescátame y líbrame de la mano de extranjeros,
Cuya boca habla falsedad
Y cuya diestra es diestra de mentira.

12 Sean nuestros hijos en su juventud como plantíos
florecientes,
Y nuestras hijas como columnas de esquinas labradas
como las de un palacio.

13 Estén llenos nuestros graneros, suministrando toda
clase de sustento,
Y nuestros rebaños produzcan miles y diez miles en
nuestros campos.

14 Esté cargado nuestro ganado,
Sin fracasos y sin pérdida,
Y no *haya* gritos *de alarma* en nuestras calles.

15 Bienaventurado el pueblo a quien así le sucede;
Bienaventurado el pueblo cuyo Dios es el SEÑOR.

BONDAD Y MAJESTAD DE DIOS
Salmo de Alabanza; de David.

145 Te exaltaré mi Dios, oh Rey,
Y bendeciré Tu nombre eternamente y para
siempre.

2 Todos los días te bendeciré,
Y alabaré Tu nombre eternamente y para siempre.

144:3-4
Descripción de David sobre los seres humanos
Él describe a los seres humanos como un soplo o una sombra que pasa, los cuales duran poco tiempo.

144:9
Un arpa de diez cuerdas
Era un instrumento hecho de madera. Debe haberse parecido a una guitarra y tocarse como una lira.

144:12
Cómo las hijas eran como columnas
En la antigüedad, era común que las columnas de un templo fueran labradas en forma de mujer.

144:10 ¹ O *salvación*.

3 Grande es el SEÑOR, y digno de ser alabado en gran
   manera,
   Y Su grandeza es inescrutable.
4 Una generación alabará Tus obras a *otra* generación,
   Y anunciará Tus hechos poderosos.
5 En el glorioso esplendor de Tu majestad,
   Y en Tus obras maravillosas meditaré.
6 *Los hombres* hablarán del poder de Tus hechos
   portentosos,
   Y yo contaré Tu grandeza.
7 Ellos proclamarán con entusiasmo la memoria de Tu
   mucha bondad,
   Y cantarán con gozo de Tu justicia.

8 Clemente y compasivo es el SEÑOR,
   Lento para la ira y grande en misericordia.
9 El SEÑOR es bueno para con todos,
   Y su compasión, sobre todas Sus obras.
10 SEÑOR, Tus obras todas te darán gracias,
    Y Tus santos te bendecirán.
11 La gloria de Tu reino dirán,
    Y hablarán de Tu poder,
12 Para dar a conocer a los hijos de los hombres Tus
    hechos poderosos
    Y la gloria de la majestad de Tu reino.
13 Tu reino es reino por todos los siglos,
    Y Tu dominio *permanece* por todas las
    generaciones.

14 El SEÑOR sostiene a todos los que caen,
   Y levanta a todos los oprimidos.
15 A Ti miran los ojos de todos,
   Y a su tiempo Tú les das su alimento.
16 Abres Tu mano,
   Y sacias el deseo de todo ser viviente.

17 Justo es el SEÑOR en todos Sus caminos,
   Y bondadoso en todos Sus hechos.
18 El SEÑOR está cerca de todos los que lo invocan,
   De todos los que lo invocan en verdad.
19 Cumplirá el deseo de los que le temen,
   También escuchará su clamor y los salvará.
20 El SEÑOR guarda a todos los que lo aman,
   Pero a todos los impíos destruirá.
21 Mi boca proclamará la alabanza del SEÑOR;
   Y toda carne[1] bendecirá Su santo nombre
   eternamente y para siempre.

EL SEÑOR, VERDADERO AYUDADOR

146 ¡Aleluya!
   Oh alma mía, alaba al SEÑOR.
2 Alabaré al SEÑOR mientras yo viva;
   Cantaré alabanzas a mi Dios mientras yo exista.
3 No confíen ustedes en príncipes,
   Ni en hijo de hombre en quien no hay salvación.

145:21 [1] O *toda la humanidad.*

145:13
Un reino por todos los siglos
David comprendía que aunque los reyes humanos mueren, Dios, el Rey de reyes, siempre reinaría en los cielos y la tierra.

145:14-16
Dios provee lo que necesitamos en su tiempo
Aunque las personas puedan entristecerse, enfermarse o estar hambrientas, el salmista le recuerda al pueblo la bondad de Dios. A veces esas declaraciones del cuidado de Dios son verdad en lo espiritual y lo eterno, aunque no siempre en lo físico.

146:7-9
Por qué se mencionan estas diferentes personas
El salmista quería recordarle al pueblo que Dios no ayuda solo a los ricos y poderosos, sino que tiene cuidado especial por los débiles, pobres y marginados.

4 Su espíritu exhala, él vuelve a la tierra;
En ese mismo día perecen sus
pensamientos.
5 Bienaventurado aquel cuya ayuda es el
Dios de Jacob,
Cuya esperanza está en el SEÑOR su
Dios,
6 Que hizo los cielos y la tierra,
El mar y todo lo que en ellos hay;
Que guarda la verdad para siempre;
7 Que hace justicia a los oprimidos,
Y da pan a los hambrientos.
El SEÑOR pone en libertad a los
cautivos.

8 El SEÑOR abre *los ojos* a los ciegos,
El SEÑOR levanta a los caídos,
El SEÑOR ama a los justos.
9 El SEÑOR protege a los extranjeros,
Sostiene al huérfano y a la viuda,
Pero frustra el camino a los impíos.
10 El SEÑOR reinará para siempre,
Tu Dios, oh Sión, por todas las
generaciones.
¡Aleluya!

ALABANZA POR LA RESTAURACIÓN Y PROSPERIDAD DE JERUSALÉN

147 ¡Aleluya!
Porque bueno es cantar alabanzas a
nuestro Dios,
Porque agradable y apropiada es la
alabanza.
2 El SEÑOR edifica a Jerusalén;
Congrega a los dispersos de Israel;
3 Sana a los quebrantados de corazón
Y venda sus heridas.
4 Cuenta el número de las estrellas,
Y a todas ellas les pone nombre.
5 Grande es nuestro Señor, y muy poderoso;
Su entendimiento es infinito.
6 El SEÑOR sostiene al afligido
Pero humilla a los impíos hasta la tierra.

7 Canten al SEÑOR con acción de gracias;
Canten alabanzas con la lira a nuestro Dios,
8 El que cubre de nubes los cielos,
El que provee lluvia para la tierra,
El que hace brotar la hierba en los montes.
9 Él da su alimento al ganado
Y a la cría de los cuervos cuando chillan.
10 No se deleita en la fuerza del caballo,
Ni se complace en las piernas *ágiles* del
hombre.
11 El SEÑOR favorece a los que le temen,
A los que esperan en Su misericordia.

EJERCICIO DE ALABANZA

Las principales diez palabras utilizadas por los escritores de Salmos y el número de veces que aparecen

150 Alabar/Alabanza/Alabado

60 Acción de gracias/ Dar gracias

42 Cantar

39 Regocijo/ Regocijarse

27 Deleite/ Deleitarse

22 Canción/Cántico/Canto

15 Alegrarse

11 Adorar

10 Ofrecer

6 Aclamar

147:10-11
Dios no necesita la fuerza del caballo ni las piernas ágiles del hombre
Dios disfruta de todas sus creaciones, pero su placer no está basado en lo fuertes o rápidas que sean sus criaturas. Él se complace de los que lo siguen y sirven.

147:19-20
La bendición especial de Dios para Israel
Dios le reveló su palabra solo a Israel. Esta palabra explicaba su plan de salvación para el mundo.

148:1-12
Un llamado a alabar a Dios
Todo lo que Dios ha hecho tiene que alabarlo, porque él es el asombroso Creador de todo.

12 ¡Alaba al SEÑOR, oh Jerusalén!
¡Alaba a tu Dios, oh Sión!
13 Porque Él ha reforzado los cerrojos de tus puertas;
Ha bendecido a tus hijos dentro de ti.
14 Él hace la paz en tus fronteras;
Te sacia con lo mejor del trigo.
15 Envía Sus órdenes a la tierra;
Su palabra corre velozmente.
16 Manda la nieve como lana;
Esparce la escarcha cual ceniza.
17 Arroja Su hielo como migas *de pan;*
¿Quién puede resistir ante Su frío?
18 Envía Su palabra y los derrite;
Hace soplar Su viento y el agua corre.
19 Declara Su palabra a Jacob,
Y Sus estatutos y Sus ordenanzas a Israel.
20 No ha hecho así con ninguna *otra* nación;
Y en cuanto a Sus ordenanzas, no las han conocido.
¡Aleluya!

ALABE LA CREACIÓN AL SEÑOR

148 ¡Aleluya!
Alaben al SEÑOR desde los cielos;
Alábenlo en las alturas.
2 Alábenlo, todos Sus ángeles;
Alábenlo, todos Sus ejércitos.
3 Alábenlo, sol y luna;
Alábenlo, todas las estrellas luminosas.
4 Alábenlo, cielos de los cielos,
Y las aguas que están sobre los cielos.
5 Alaben ellos el nombre del SEÑOR,
Pues Él ordenó y fueron creados;
6 Los estableció eternamente y para siempre,
Les dio ley que no pasará.

7 Alaben al SEÑOR desde la tierra,
Monstruos marinos y todos los abismos;
8 Fuego y granizo, nieve y bruma;
Viento tempestuoso que cumple Su palabra;
9 Los montes y todas las colinas;
árboles frutales y todos los cedros;
10 Las fieras y todo el ganado;
Reptiles y aves que vuelan;
11 Reyes de la tierra y todos los pueblos;
Príncipes y todos los jueces de la tierra;
12 Jóvenes y también vírgenes;
Los ancianos junto con los niños.

13 Alaben ellos el nombre del SEÑOR,
Porque solo Su nombre es exaltado;
Su gloria es sobre tierra y cielos.
14 Él ha exaltado el poder de Su pueblo,
Alabanza para todos Sus santos,
Para los israelitas, pueblo a Él cercano.
¡Aleluya!

ALABE ISRAEL AL Señor

149 ¡Aleluya!
Canten al SEÑOR un cántico nuevo,
Y Su alabanza en la congregación de los
santos.
2 Alégrese Israel en su Creador;
Regocíjense los hijos de Sión en su Rey.
3 Alaben Su nombre con danza;
Y canten a Él alabanza con pandero y lira.
4 Porque el SEÑOR se deleita en Su pueblo;
Adornará de salvación a los afligidos.

5 Regocíjense de gloria los santos;
Canten con gozo sobre sus camas.
6 *Sean* las alabanzas de Dios en su boca,
Y una espada de dos filos en su mano,
7 Para ejecutar venganza en las naciones
Y castigo en los pueblos;
8 Para atar a sus reyes con cadenas
Y a sus nobles con grillos de hierro;
9 Para ejecutar en ellos el juicio decretado:
Esto es gloria para todos Sus santos.
¡Aleluya!

SALMO DE ALABANZA

150 ¡Aleluya!
Alaben a Dios en Su santuario;
Alábenlo en Su majestuoso firmamento.
2 Alaben a Dios por Sus hechos poderosos;
Alábenlo según la excelencia de Su
grandeza.

3 Alaben a Dios con sonido de trompeta;
Alábenlo con arpa y lira.
4 Alaben a Dios con pandero y danza;
Alábenlo con instrumentos de cuerda y
flauta.
5 Alaben a Dios con címbalos sonoros;
Alábenlo con címbalos resonantes.
6 Todo lo que respira alabe al SEÑOR.
¡Aleluya!

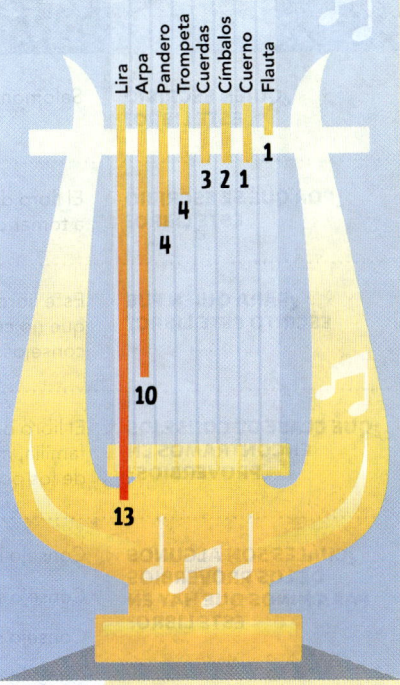

LA BANDA DE ALABANZA

El número de veces que aparece cada instrumento musical en Salmos

Lira · Arpa · Pandero · Trompeta · Cuerdas · Címbalos · Cuerno · Flauta

1
3 2 1
4
4
10
13

150:3-6
Cómo alabar a Dios
Todo y todos deberían alabar a Dios en cada forma posible: con música, danza y gratitud de corazón.

Proverbios

¿QUIÉN ESCRIBIÓ ESTE LIBRO?	Salomón y otros sabios escribieron los proverbios.
¿POR QUÉ SE ESCRIBIÓ ESTE LIBRO?	El libro de Proverbios existe para ayudar a las personas a tomar decisiones sabias.
¿PARA QUIÉN FUE ESCRITO ESTE LIBRO?	Este libro fue escrito para todos. Incluso las personas que no creen en Dios pueden hacer uso de sus buenos consejos.
¿QUÉ CLASE DE CONSEJOS ENCONTRAMOS EN PROVERBIOS?	El libro brinda lecciones sobre hacer amigos, vivir en familia, manejar el dinero, hacer lo correcto, ocuparse de los pobres y muchas otras situaciones importantes.
¿CUÁLES SON ALGUNOS DE LOS PROVERBIOS PARA NIÑOS QUE HAY EN ESTE LIBRO?	Consejo sobre confiar en Dios — Proverbios 3:5-6 Consejo sobre trabajar duro — Proverbios 6:6-11 Consejo sobre insultar — Proverbios 12:16 Consejo sobre criticar — Proverbios 17:9 Consejo sobre vengarse — Proverbios 20:22 Consejo sobre la disciplina — Proverbios 22:15

Los proverbios de este libro son perlas de sabiduría y han sido copiados por los escribas para que la gente pueda tener acceso a ellos.

Kim Guess/www.BiblePlaces.com

PROPÓSITO DE LOS PROVERBIOS

1 Los proverbios de Salomón, hijo de David, rey de Israel:

2 Para aprender[1] sabiduría e instrucción,
   Para discernir dichos profundos[2],
3 Para recibir instrucción en sabia conducta,
   Justicia, juicio y equidad;
4 Para dar a los simples prudencia,
   Y a los jóvenes conocimiento y discreción.
5 El sabio oirá y crecerá en conocimiento,
   Y el inteligente adquirirá habilidad,
6 Para entender proverbio y metáfora[1],
   Las palabras de los sabios y sus enigmas.

7 El temor del[1] SEÑOR es el principio de la
      sabiduría;
   Los necios desprecian la sabiduría y la
      instrucción.

PELIGRO DE LAS MALAS COMPAÑÍAS

8 Oye, hijo mío, la instrucción de tu padre
   Y no abandones la enseñanza de tu madre;
9 Porque son guirnalda de gracia para tu cabeza,
   Y collares para tu cuello.
10 Hijo mío, si los pecadores te quieren seducir[1],
   No consientas.
11 Si dicen: «Ven con nosotros,
   Pongámonos al acecho para *derramar* sangre,
   Sin causa asechemos al inocente,
12 Devorémoslos vivos como el Seol,
   Enteros, como los que descienden al abismo;
13 Hallaremos toda *clase* de preciadas riquezas,
   Llenaremos nuestras casas de botín;
14 Echa tu suerte con[1] nosotros,
   Todos tendremos una bolsa»,
15 Hijo mío, no andes en el camino con ellos.
   Aparta tu pie de su senda,
16 Porque sus pies corren hacia el mal,
   Y se apresuran a derramar sangre.
17 Porque es en vano tender la red
   Ante los ojos de cualquier ave[1];
18 Pero ellos a su propia sangre asechan,
   Tienden lazo a sus propias vidas.
19 Tales son los caminos de todo el que se beneficia por
      la violencia:
   Que quita la vida de sus poseedores.

HABLA LA SABIDURÍA

20 La sabiduría clama en la calle,
   En las plazas alza[1] su voz;
21 Clama en las esquinas de las *calles* concurridas;
   A la entrada de las puertas de la ciudad pronuncia
      sus discursos:

1:2 [1] O *saber*.   [2] O *de entendimiento*.   1:6 [1] O *cualquier imagen literaria*.
1:7 [1] O *La reverencia al*.   1:10 [1] O *te seducen*.   1:14 [1] Lit. *en medio de*.
1:17 [1] Lit. *poseedor de ala*.   1:20 [1] Lit. *da*.

1:2-7
El propósito de los proverbios
Los proverbios de este libro describen la sabiduría y dan consejos prácticos sobre cómo vivir para Dios.

1:8
Quién es el hijo
Proverbios fue escrito para guiar e instruir a los jóvenes con el fin de que sean sabios y lleven vidas santas. Era común en la antigüedad escribir presentando las ideas en la forma de un padre enseñándole a un hijo. En este versículo y en 6:20, una madre también aparece como maestra.

1:20
La sabiduría se describe como una mujer
Tanto la sabiduría como la necedad son presentadas en la forma de una mujer en el libro de Proverbios. Cada una trata de persuadir a los jóvenes de que las sigan.

GRANDES IDEAS EN PROVERBIOS

Busca la sabiduría y evita la necedad.

No hay verdadera sabiduría aparte de Dios.

El temor de Dios es el principio del conocimiento.

Un proverbio proporciona buenos principios, pero no siempre promesas.

En muchas situaciones, una persona tiene que elegir entre una respuesta piadosa y una impía.

1:31
El significado de «comer el fruto de su conducta»

Los que desprecian la sabiduría tendrán lo que merecen.

22 «¿Hasta cuándo, oh simples, amarán la
    simpleza,
  Y los burladores se deleitarán en hacer
    burla,
  Y los necios aborrecerán el conocimiento?
23 Vuélvanse a mi represión,
  Y derramaré mi espíritu sobre ustedes;
  Les haré conocer mis palabras.
24 Porque he llamado y han rehusado *oír*,
  He extendido mi mano y nadie ha hecho
    caso.
25 Han desatendido todo consejo mío
  Y no han deseado mi represión.
26 También yo me reiré de la calamidad de
    ustedes,
  Me burlaré cuando sobrevenga lo que
    temen,
27 Cuando venga como tormenta lo que temen
  Y su calamidad sobrevenga como
    torbellino,
  Cuando vengan sobre ustedes tribulación *y*
    angustia.
28 Entonces me invocarán, pero no
    responderé;
  Me buscarán con diligencia, pero no me
    hallarán,
29 Porque odiaron el conocimiento,
  Y no escogieron el temor[1] del SEÑOR,
30 Ni quisieron aceptar mi consejo,
  Y despreciaron toda mi represión.
31 Comerán del fruto de su conducta,
  Y de sus propias artimañas se hartarán.
32 Porque el desvío de los simples los matará,
  Y la complacencia de los necios los destruirá.
33 Pero el que me escucha vivirá[1] seguro,
  Y descansará, sin temor al mal».

LA SABIDURÍA PROTEGE DEL MAL

2 Hijo mío, si recibes mis palabras
  Y atesoras mis mandamientos dentro de ti,
2 Da oído a la sabiduría,
  Inclina tu corazón al entendimiento.
3 Porque si clamas a la inteligencia,
  Alza[1] tu voz por entendimiento;
4 Si la buscas como a la plata,
  Y la procuras como a tesoros escondidos,
5 Entonces entenderás el temor[1] del SEÑOR
  Y descubrirás el conocimiento de Dios.
6 Porque el SEÑOR da sabiduría,
  De Su boca *vienen* el conocimiento y la
    inteligencia.
7 Él reserva la prosperidad[1] para los rectos
  Y es escudo para los que andan en integridad,

1:29 [1] O *la reverencia.*   1:33 [1] Lit. *habitará.*   2:3 [1] Lit. *das.*   2:5 [1] O *la reverencia.*   2:7 [1] O *sabiduría.*

8 Guarda las sendas del juicio,
Y preserva el camino de Sus santos.
9 Entonces discernirás justicia y juicio,
Equidad *y* todo buen sendero.
10 Porque la sabiduría entrará en tu corazón,
Y el conocimiento será grato a tu alma;
11 *La discreción* velará sobre ti,
El entendimiento te protegerá,
12 Para librarte de la senda del mal,
Del hombre que habla cosas perversas;
13 De los que dejan las sendas de rectitud,
Para andar por los caminos tenebrosos;
14 De los que se deleitan en hacer el mal
Y se regocijan en las perversidades del mal;
15 Cuyas sendas son torcidas,
Y se extravían en sus senderos.
16 *La discreción* te librará de la mujer extraña,
De la desconocida[1] que lisonjea con sus
palabras,
17 La cual deja al compañero de su juventud,
Y olvida el pacto de su Dios;
18 Porque su casa se inclina hacia la muerte,
Y sus senderos hacia los muertos[1].
19 Todos los que van a ella, no vuelven,
Ni alcanzan las sendas de la vida.
20 Por tanto, andarás en el camino de los
buenos
Y guardarás las sendas de los justos.
21 Porque los rectos morarán en la tierra,
Y los íntegros[1] permanecerán en ella;
22 Pero los impíos serán cortados de la tierra,
Y los malvados serán desarraigados de
ella.

EXHORTACIÓN A LA SABIDURÍA

3 Hijo mío, no te olvides de mi enseñanza[1],
Y tu corazón guarde mis mandamientos,
2 Porque largura de días y años de vida
Y paz te añadirán.
3 La misericordia y la verdad nunca se
aparten de ti;
Átalas a tu cuello,
Escríbelas en la tabla de tu corazón.
4 Así hallarás favor y buena estimación
Ante los ojos de Dios y de los hombres.
5 Confía en el SEÑOR con todo tu corazón,
Y no te apoyes en tu propio
entendimiento.
6 Reconócelo en todos tus caminos,
Y Él enderezará tus sendas.
7 No seas sabio a tus propios ojos;
Teme[1] al SEÑOR y apártate del mal.

2:11-17
Cómo la sabiduría salva y protege a las personas
Tener sabiduría puede salvar a alguien de caer en la tentación y de las presiones de los malvados.

2:22
Ser cortado de la tierra
Esto puede referirse a la muerte, como si alguien ya no estuviera más en la tierra de los vivientes. También se puede referir a perder la oportunidad de disfrutar los beneficios de ser una persona justa.

¿QUIÉN ES DIOS?

Atributos de Dios en los
LIBROS DE SABIDURÍA

Glorioso. *Salmos 8:1*

Baluarte. *Salmos 9:9*

Roca. *Salmos 18:2*

Misericordioso. *Salmos 69:16*

Sabio. *Salmos 104:24; Proverbios 3:19*

Omnisciente. *Salmos 139:1–5*

Protector. *Proverbios 2:8*

Escudo. *Proverbios 30:5*

Juez. *Eclesiastés 3:17*

2:16 [1] O *extranjera.*   2:18 [1] Lit. *las sombras han partido.*
2:21 [1] O *intachables.*   3:1 [1] O *ley.*   3:7 [1] O *Reverencia.*

3:11-12
La disciplina del Señor

Dios utiliza la corrección y las consecuencias para enseñarle a su pueblo acerca de él, de qué forma deben vivir y cómo crecer en su fe.

8 Será medicina para tu cuerpo[1]
   Y alivio para tus huesos.
9 Honra al SEÑOR con tus bienes
   Y con las primicias de todos tus frutos;
10 Entonces tus graneros se llenarán con abundancia
   Y tus lagares rebosarán de vino nuevo.
11 Hijo mío, no rechaces la disciplina[1] del SEÑOR
   Ni aborrezcas Su reprensión,
12 Porque el SEÑOR ama a quien reprende,
   Como un padre al hijo en quien se deleita.

BENEFICIOS DE LA SABIDURÍA

13 Bienaventurado el hombre que halla sabiduría
   Y el hombre que adquiere entendimiento.
14 Porque su ganancia es mejor que la ganancia de la plata,
   Y sus utilidades *mejor* que el oro fino.
15 Es más preciosa que las joyas[1],
   Y nada de lo que deseas se compara con ella.
16 Larga vida[1] hay en su mano derecha,
   En su mano izquierda, riquezas y honra.
17 Sus caminos son caminos agradables
   Y todas sus sendas, paz.
18 Es árbol de vida para los que echan mano de ella,
   Y felices son los que la abrazan.
19 Con sabiduría fundó el SEÑOR la tierra,
   Con inteligencia estableció los cielos.
20 Con su conocimiento los abismos fueron divididos
   Y los cielos destilan rocío.
21 Hijo mío, no se aparten *estas cosas* de tus ojos;
   Guarda la prudencia[1] y la discreción,
22 Y serán vida para tu alma
   Y adorno para tu cuello.
23 Entonces andarás con seguridad por tu camino,
   Y tu pie no tropezará.
24 Cuando te acuestes no tendrás temor,
   Sí, te acostarás y será dulce tu sueño.
25 No temerás el pavor repentino,
   Ni el ataque[1] de los impíos cuando venga,
26 Porque el SEÑOR será tu confianza[1],
   Y guardará tu pie de ser apresado.

3:19-20
La fuente suprema de sabiduría

De Dios, que creó el universo, es de donde proviene toda la sabiduría. Vivir sabiamente significa imitar al Señor.

3:27-28
Cómo tratar a los que necesitan ayuda

Dios alienta a su pueblo a cuidar a los pobres y necesitados. En lugar de despedir a alguien sin nada, una persona sabia o recta ayuda al necesitado.

27 No niegues el bien a quien se le debe[1],
   Cuando esté en tu mano el hacer*lo*.
28 No digas a tu prójimo: «Ve y vuelve,
   Y mañana te *lo* daré»,
   Cuando lo tienes contigo.
29 No trames el mal contra tu prójimo,
   Mientras habite seguro a tu lado.
30 No pelees con nadie sin motivo,
   Si no te ha hecho daño.
31 No envidies al hombre violento,
   Y no escojas ninguno de sus caminos.

3:8 [1] Lit. *ombligo*.   3:11 [1] O *instrucción*.   3:15 [1] Lit. *los corales*.
3:16 [1] Lit. *Largura de días*.   3:21 [1] O *sabiduría*.   3:25 [1] Lit. *la tormenta*.
3:26 [1] O *estará a tu lado*.   3:27 [1] Lit. *a sus dueños*.

32 Porque el *hombre* perverso es abominación para el
SEÑOR;
Pero Él es amigo íntimo[1] de los rectos.
33 La maldición del SEÑOR está sobre la casa del impío,
Pero Él bendice la morada del justo.
34 Ciertamente Él se burla de los burladores,
Pero da gracia a los afligidos.
35 El sabio heredará honra,
Pero los necios hacen resaltar[1] su deshonra.

INSTRUCCIONES DE UN PADRE

4 Oigan, hijos, la instrucción de un padre,
Y presten atención para que ganen[1] entendimiento,
2 Porque les doy buena enseñanza;
No abandonen mi instrucción[1].
3 Cuando yo fui hijo para mi padre,
Tierno y único a los ojos de mi madre,
4 Entonces él me enseñaba y me decía:
«Retenga tu corazón mis palabras,
Guarda mis mandamientos y vivirás.
5 Adquiere sabiduría, adquiere inteligencia;
No te olvides ni te apartes de las palabras de mi boca.
6 No la abandones y ella velará sobre ti;
Ámala y ella te protegerá.
7 Lo principal es la sabiduría[1]; adquiere sabiduría,
Y con todo lo que obtengas adquiere inteligencia.
8 Estímala, y ella te ensalzará;
Ella te honrará si tú la abrazas;
9 Guirnalda de gracia pondrá en tu cabeza,
Corona de hermosura te entregará».

10 Oye, hijo mío, recibe mis palabras,
Y muchos serán los años de tu vida.
11 Por el camino de la sabiduría te he conducido,
Por sendas de rectitud te he guiado.
12 Cuando andes, tus pasos no serán obstruidos,
Y si corres, no tropezarás.
13 Aférrate a la instrucción, no la sueltes;
Guárdala, porque ella es tu vida.
14 No entres en la senda de los impíos,
Ni vayas por el camino de los malvados.
15 Evítalo, no pases por él;
Apártate de él y sigue adelante.
16 Porque ellos no duermen a menos que
hagan lo malo,
Y pierden el sueño[1] si no han hecho caer
a alguien.
17 Porque comen pan de maldad,
Y beben vino de violencia.
18 Pero la senda de los justos es como la luz de la aurora,
Que va aumentando en resplandor hasta que es pleno
día.

4:7
La importancia de la sabiduría
La verdadera sabiduría de la que habla el escritor comienza con un profundo respeto hacia Dios, quien nos lleva a reconocer el pecado y a ver la necesidad de salvación. La sabiduría conduce al pueblo a buscar la voluntad de Dios y vivir para él. Obtener sabiduría es lo mejor que puedes hacer.

4:9
Cuándo las personas usaban guirnaldas y coronas
Ellos usaban esas cosas en las ocasiones felices, tales como las bodas y fiestas.

3:32 [1] Lit. *pero su consejo privado es.*   3:35 [1] O *elevan.*   4:1 [1] Lit. *conozcan.*
4:2 [1] O *ley.*   4:7 [1] O *El principio de la sabiduría es:*   4:16 [1] Lit. *su sueño es
quitado.*

19 El camino de los impíos es como las tinieblas,
No saben en qué tropiezan[1].

20 Hijo mío, presta atención a mis palabras;
Inclina tu oído a mis razones.

21 Que no se aparten de tus ojos;
Guárdalas en medio de tu corazón.

22 Porque son vida para los que las hallan,
Y salud para todo su cuerpo.

23 Con toda diligencia[1] guarda tu corazón,
Porque de él *brotan* los manantiales de la vida.

24 Aparta de ti la boca perversa
Y aleja de ti los labios falsos.

25 Miren tus ojos hacia adelante,
Y que tu mirada[1] se fije en lo que está frente a ti.

26 Fíjate en el sendero de tus pies,
Y todos tus caminos serán establecidos.

27 No te desvíes a la derecha ni a la izquierda;
Aparta tu pie del mal.

ADVERTENCIAS SOBRE LA MUJER EXTRAÑA

5 Hijo mío, presta atención a mi sabiduría,
Inclina tu oído a mi prudencia,

2 Para que guardes la discreción
Y tus labios conserven el conocimiento.

3 Porque los labios de la extraña destilan miel,
Y su lengua[1] es más suave que el aceite;

4 Pero al final es amarga como el ajenjo,
Aguda como espada de dos filos.

5 Sus pies descienden a la muerte,
Sus pasos *solo* logran el Seol.

6 No considera[1] la senda de la vida;
Sus senderos son inestables, *y no lo* sabe.

7 Ahora pues, hijos *míos*, escúchenme,
Y no se aparten de las palabras de mi boca.

8 Aleja de la extraña tu camino,
Y no te acerques a la puerta de su casa;

9 No sea que des tu vigor a otros
Y tus años al cruel;

10 No sea que se sacien los extraños de tus bienes[1]
Y tu esfuerzo *vaya* a casa del extranjero;

11 Y al final te lamentes,
Cuando tu carne y tu cuerpo se hayan
consumido,

12 Y digas: «¡Cómo he aborrecido la instrucción,
Y mi corazón ha despreciado la corrección!

13 No he escuchado la voz de mis maestros,
Ni he inclinado mi oído a mis instructores.

14 He estado a punto de completa ruina
En medio de la asamblea y la congregación».

15 Bebe agua de tu cisterna
Y agua fresca[1] de tu pozo.

4:23
Lo que brota del corazón
Las personas de la antigüedad creían que el corazón era la fuente de la inteligencia y la toma de decisiones. Alejarse del mal los ayudaría a mantener el corazón puro y sabio.

5:7-14
Las consecuencias del adulterio
El adulterio, o ser infiel al marido o la esposa, era un pecado serio. Este llevaba a la vergüenza, el lamento y la ruina.

5:15-18
Consejo sobre beber agua
Aquí el autor está comparando beber agua con el matrimonio. El agua era escasa en el Medio Oriente, por eso cuando un hombre tenía una fuente propia, estaba agradecido. Del mismo modo, un hombre debe estar feliz con su esposa.

4:19 [1] O tropezarán.　　4:23 [1] O Sobre todo lo guardado.　　4:25 [1] O tus párpados.　　5:3 [1] Lit. paladar.　　5:6 [1] Lit. A menos que considere.　　5:10 [1] O tu fuerza.　　5:15 [1] Lit. corriente.

16 ¿Se derramarán por fuera tus manantiales,
    Tus arroyos de aguas por las calles?
17 Sean para ti solo,
    Y no para los extraños contigo.
18 Sea bendita tu fuente,
    Y regocíjate con la mujer de tu juventud,
19 Amante cierva y graciosa gacela;
    Que sus senos te satisfagan en todo tiempo,
    Su amor te embriague para siempre.
20 ¿Por qué has de embriagarte, hijo mío, con una
        extraña,
    Y abrazar el seno de una desconocida¹?
21 Pues los caminos del hombre están delante de los ojos
        del SEÑOR,
    Y Él observa todos sus senderos.
22 De sus propias iniquidades será presa el impío,
    Y en los lazos de su pecado quedará atrapado.
23 Morirá por falta de instrucción,
    Y por su mucha necedad perecerá.

ADVERTENCIAS AL FIADOR Y AL PEREZOSO

6 Hijo mío, si has salido fiador por tu prójimo,
    Si has dado promesa a¹ un extraño,
2 *Si* te has enredado con las palabras de tu boca,
    Si con las palabras de tu boca has sido atrapado,
3 Haz esto ahora, hijo mío, y líbrate,
    Ya que has caído en la mano¹ de tu prójimo:
    Ve, humíllate e importuna a tu prójimo.
4 No des sueño a tus ojos
    Ni adormecimiento a tus párpados;
5 Líbrate como la gacela de la mano *del cazador*
    Y como ave de la mano del que caza.

6 Ve, *mira* la hormiga, perezoso,
    Observa sus caminos, y sé sabio.
7 La cual sin tener jefe,
    Ni oficial ni señor,
8 Prepara en el verano su alimento
    Y recoge en la cosecha su sustento.
9 ¿Hasta cuándo, perezoso, estarás acostado?
    ¿Cuándo te levantarás de tu sueño?
10 «Un poco de dormir, un poco de dormitar,
    Un poco de cruzar las manos para descansar»,
11 Y vendrá tu pobreza como vagabundo¹,
    Y tu necesidad como un hombre armado².

12 La persona indigna, el hombre malvado,
    Es el que anda con boca perversa,
13 El que guiña los ojos, el que hace señas¹ con los pies,
    El que señala² con los dedos,
14 El que *con* perversidad en su corazón, continuamente
        trama el mal,
    El que siembra¹ discordia.

6:1-5
El riesgo de garantizar el préstamo de otra persona
Asumir la responsabilidad por la deuda de otro podía llevar a la pobreza, e incluso a la esclavitud, si la persona no devolvía lo que le prestaron.

5:20 ¹ O *extranjera*.   6:1 ¹ Lit. *batido palmas con*.   6:3 ¹ Lit. *palma*.
6:11 ¹ Lit. *como uno que anda*.   ² Lit. *hombre con escudo*.   6:13 ¹ Lit. *raspa o habla*.   ² Lit. *instruye*.   6:14 ¹ Lit. *envía*.

7 COSAS QUE DIOS ODIA

Proverbios 6:16-19

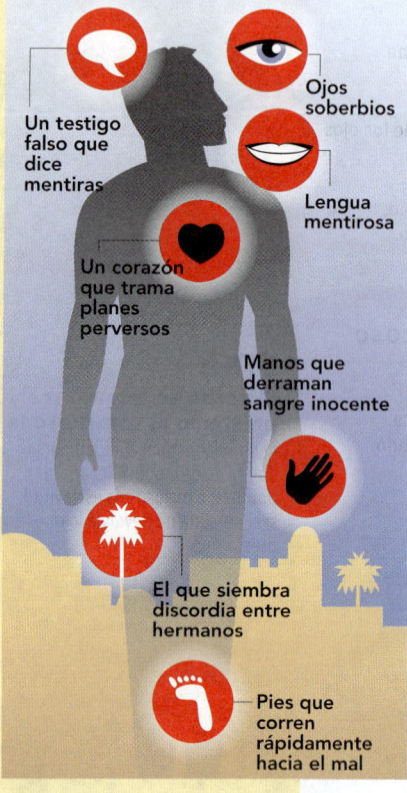

Un testigo falso que dice mentiras

Ojos soberbios

Un corazón que trama planes perversos

Lengua mentirosa

Manos que derraman sangre inocente

El que siembra discordia entre hermanos

Pies que corren rápidamente hacia el mal

6:17
Ojos soberbios
Los ojos soberbios se refieren a un corazón orgulloso en vez de un espíritu humilde.

6:20-21
Enlazar los consejos al cuello
Era una forma de decirle al joven que recordara las palabras de sus padres y las pusiera por obra. Si lo hacía, se convertiría en alguien sabio.

15 Por tanto, su desgracia vendrá de repente;
Al instante será quebrantado, y no habrá remedio.

LAS SIETE ABOMINACIONES

16 Seis cosas hay que el SEÑOR odia,
Y siete son abominación para Él[1]:
17 Ojos soberbios, lengua mentirosa,
Manos que derraman sangre inocente,
18 Un corazón que trama planes perversos,
Pies que corren rápidamente hacia el mal,
19 Un testigo falso que dice[1] mentiras,
Y el que siembra[2] discordia entre hermanos.

ADVERTENCIA CONTRA EL ADULTERIO

20 Hijo mío, guarda el mandamiento de tu padre
Y no abandones la enseñanza[1] de tu madre;
21 Átalos de continuo en tu corazón,
Enlázalos a tu cuello.
22 Cuando andes, te guiarán[1];
Cuando duermas, velarán por ti[2];
Al despertarte, hablarán contigo[3].
23 Porque el mandamiento es lámpara, y la enseñanza[1] luz,
Y camino de vida las reprensiones de la instrucción,
24 Para librarte de la mujer mala,
De la lengua suave de la desconocida[1].
25 No codicies su hermosura en tu corazón,
Ni dejes que te cautive con sus párpados.
26 Porque por causa de una ramera uno es reducido a un pedazo de pan,
Pero la adúltera[1] anda a la caza de la vida preciosa.
27 ¿Puede un hombre poner[1] fuego en su seno
Sin que arda su ropa?
28 ¿O puede caminar un hombre sobre carbones encendidos
Sin que se quemen sus pies?
29 Así es el que se llega a la mujer de su prójimo;
Cualquiera que la toque no quedará sin castigo[1].
30 No se desprecia al ladrón si roba
Para saciarse[1] cuando tiene hambre[2];
31 Pero cuando es sorprendido, debe pagar siete veces;
Tiene que dar todos los bienes[1] de su casa.

6:16 [1] Lit. de su alma.   6:19 [1] Lit. respira.   [2] Lit. envía.   6:20 [1] O ley.
6:22 [1] Lit. ella te guiará.   [2] Lit. ella te velará.   [3] Lit. ella te hablará.
6:23 [1] O ley.   6:24 [1] O extranjera.   6:26 [1] Lit. mujer de un hombre.
6:27 [1] Lit. agarrar.   6:29 [1] Lit. no será inocente.   6:30 [1] Lit. llenar su alma.
[2] O ¿No se desprecia…hambre?   6:31 [1] O la riqueza.

32 El que comete adulterio[1] no tiene entendimiento[2];
Él que lo hace destruye su alma.
33 Heridas y vergüenza hallará,
Y su afrenta no se borrará.
34 Porque los celos enfurecen al[1] hombre,
Y no perdonará en el día de la venganza.
35 No aceptará ningún rescate[1],
Ni se dará por satisfecho[2] aunque *le* des muchos
presentes[3].

ARTIMAÑAS DE LA RAMERA

7 Hijo mío, guarda mis palabras
Y atesora mis mandamientos contigo.
2 Guarda mis mandamientos y vivirás,
Y mi enseñanza[1] como la niña de tus ojos.
3 Átalos a tus dedos,
Escríbelos en la tabla de tu corazón.
4 Di a la sabiduría: «Tú eres mi hermana»,
Y llama a la inteligencia *tu* mejor amiga,
5 Para que te guarden de la mujer extraña,
De la desconocida[1] que lisonjea[2] con sus
palabras.

6 Porque desde la ventana de mi casa
Miraba por la celosía,
7 Y vi entre los simples,
Distinguí entre los muchachos[1]
A un joven falto de juicio[2],
8 Pasando por la calle, cerca de su[1] esquina;
Iba[2] camino de su[1] casa,
9 Al atardecer, al anochecer[1],
En medio[2] de la noche y la oscuridad.
10 Entonces una mujer le *sale* al encuentro,
Vestida como ramera y astuta de corazón.
11 Es alborotadora y rebelde,
Sus pies no permanecen en casa;
12 *Está* ya en las calles, ya en las plazas,
Y acecha por todas las esquinas.
13 Así que ella lo agarra y lo besa,
Y descarada[1] le dice:
14 «Tenía que ofrecer ofrendas de paz[1],
Y hoy he cumplido mis votos;
15 Por eso he salido a encontrarte,
Buscando tu rostro con ansiedad, y te he hallado.
16 He tendido mi lecho con colchas,
Con linos de Egipto en colores.
17 He rociado mi cama
Con mirra, áloes y canela.
18 Ven, embriaguémonos de amor hasta la mañana,
Deleitémonos con caricias.

6:27-29
Una advertencia
Al igual que con cualquier pecado, es tonto pensar que uno puede pecar solo una vez o un poquito sin sufrir consecuencias. Esto es similar al dicho moderno que afirma que el que juega con fuego se quema.

7:2
La niña de los ojos
Se refiere a la pupila del ojo, que es lo que nos permite ver y por eso debemos protegerla.

7:10
Cómo estaría vestida esta mujer
Es posible que estuviera vestida con ropas llamativas y un velo.

6:32 [1] Lit. *adulterio con una mujer.* [2] Lit. *le falta corazón.* 6:34 [1] Lit. *son el furor del.* 6:35 [1] Lit. *No levantará el rostro de nadie.* [2] Lit. *ni estará complacido.* [3] O *sobornos.* 7:2 [1] O *ley.* 7:5 [1] O *extranjera.* [2] Lit. *es suave.* 7:7 [1] Lit. *hijos.* [2] Lit. *corazón.* 7:8 [1] I.e. *de ella.* [2] Lit. *da pasos.* 7:9 [1] Lit. *al anochecer del día.* [2] Lit. *la pupila* (del ojo). 7:13 [1] Lit. *ella pone cara atrevida y.* 7:14 [1] Lit. *Sacrificios de ofrendas de paz están conmigo.*

19 Porque mi[1] marido no está en casa,
  Se ha ido a un largo viaje;
20 Se ha llevado en la mano la bolsa del dinero,
  Volverá a casa para la luna llena».
21 Con sus palabras persuasivas lo atrae,
  Lo seduce con sus labios lisonjeros[1].
22 Al instante la sigue
  Como va el buey al matadero,
  O como *uno en* grillos al castigo de un necio[1],
23 Hasta que una flecha le traspasa el hígado;
  Como el ave que se precipita en la trampa,
  Y no sabe que esto *le costará* la vida.

24 Ahora pues, hijos *míos,* escúchenme,
  Y presten atención a las palabras de mi boca.
25 No se desvíe tu corazón hacia sus caminos,
  No te extravíes en sus sendas.
26 Porque muchas son las víctimas[1] derribadas
    por ella,
  Y numerosos los que ha matado.
27 Su casa es el camino al Seol,
  Que desciende a las cámaras de la muerte.

LLAMAMIENTO DE LA SABIDURÍA

8 ¿No clama la sabiduría,
  Y levanta[1] su voz la prudencia?
2 En la cima de las alturas, junto al camino,
  Donde cruzan las sendas, se coloca;
3 Junto a las puertas, a la salida de la ciudad,
  En el umbral de las puertas, da voces:
4 «Oh hombres, a ustedes clamo,
  Para los hijos de los hombres es mi voz.
5 Oh simples, aprendan prudencia;
  Y ustedes, necios, aprendan sabiduría[1].
6 Escuchen, porque hablaré cosas excelentes,
  Y con el abrir de mis labios rectitud.
7 Porque mi boca proferirá la verdad,
  Abominación a mis labios es la impiedad.
8 Conforme a la justicia son todas las palabras de mi
    boca,
  No hay en ellas nada torcido ni perverso.
9 Todas son sinceras para el que entiende,
  Y rectas para los que han hallado conocimiento.
10 Reciban mi instrucción y no la plata,
  Y conocimiento antes que el oro escogido,
11 Porque mejor es la sabiduría que las joyas[1],
  Y todas las cosas deseables no pueden compararse
    con ella.

LA SABIDURÍA SE ELOGIA A SÍ MISMA

12 »Yo, la sabiduría, habito con la prudencia,
  Y he hallado conocimiento *y* discreción.

8:10-11
La sabiduría es más valiosa que la plata, el oro o las joyas

Las piedras y metales preciosos no pueden comprar la sabiduría, y solo ella nos lleva a tener un carácter santo y una relación íntima con Dios.

7:19 [1] Lit. *el.*　　7:21 [1] Lit. *suaves.*　　7:22 [1] Otra posible lectura es: *como un ciervo entra en una trampa;* así dicen algunas versiones antiguas.　　7:26 [1] Lit. *los asesinados.*　　8:1 [1] Lit. *da.*　　8:5 [1] Lit. *de corazón.*　　8:11 [1] Lit. *los corales.*

13 El temor del SEÑOR es aborrecer el mal.
El orgullo, la arrogancia, el mal camino
Y la boca perversa, yo aborrezco.
14 Mío es el consejo y la prudencia,
Yo soy la inteligencia, el poder es mío.
15 Por mí reinan los reyes,
Y los gobernantes decretan justicia.
16 Por mí gobiernan los príncipes y los nobles,
Todos los que juzgan con justicia.
17 Amo a los que me aman,
Y los que me buscan con diligencia me hallarán.
18 Conmigo están las riquezas y el honor,
La fortuna duradera y la justicia.
19 Mi fruto es mejor que el oro, que el oro puro,
Y mi ganancia *es mejor* que la plata escogida.
20 Yo ando por el camino de la justicia,
Por en medio de las sendas del derecho,
21 Para otorgar heredad a los que me aman
Y *así* llenar sus tesoros.

22 »El SEÑOR me poseyó al principio de Su camino,
Antes de Sus obras de tiempos pasados[^1].
23 Desde la eternidad fui establecida[^1],
Desde el principio, desde los orígenes de la tierra.
24 Cuando no había abismos fui engendrada[^1],
Cuando no había manantiales abundantes en aguas.
25 Antes que los montes fueran asentados,
Antes que las colinas, fui engendrada[^1],
26 Cuando Él no había hecho aún la tierra y los campos[^1],
Ni el polvo primero del mundo.
27 Cuando estableció los cielos, allí estaba yo;
Cuando trazó un círculo sobre la superficie del
abismo,
28 Cuando arriba afirmó los cielos,
Cuando las fuentes del abismo se afianzaron[^1],
29 Cuando al mar puso sus límites
Para que las aguas no transgredieran Su mandato[^1],
Cuando señaló los cimientos de la tierra,
30 Yo estaba entonces junto a Él, *como* arquitecto;
Yo era *Su* delicia de día en día,
Regocijándome[^1] en todo tiempo en Su presencia,
31 Regocijándome[^1] en el mundo, *en* Su tierra,
Y *teniendo* mis delicias con los hijos de los
hombres.

32 »Ahora pues, hijos, escúchenme,
Porque bienaventurados son los que guardan mis
caminos.
33 Escuchen la instrucción y sean sabios,
Y no *la* desprecien.
34 Bienaventurado el hombre que me escucha,
Velando a mis puertas día a día,
Aguardando en los postes de mi entrada.

8:22-31
De qué manera la sabiduría fue parte de la creación del universo

Dios es la fuente de toda sabiduría, por lo cual él la utilizó para llamar a la existencia a cada parte de su maravillosa creación. Y como Dios es tan sabio, su creación fue cuidadosamente planificada y diseñada.

8:22 [^1] Lit. *desde entonces.*   8:23 [^1] O *consagrada.*   8:24 [^1] Lit. *nací.*
8:25 [^1] Lit. *nací.*   8:26 [^1] Lit. *los lugares exteriores.*   8:28 [^1] Lit. *se hicieron*
fuertes.   8:29 [^1] Lit. *boca.*   8:30 [^1] O *jugando.*   8:31 [^1] O *jugando.*

35 Porque el que me halla, halla la vida
   Y alcanza el favor del SEÑOR.
36 Pero el que peca[1] contra mí, a sí mismo se daña;
   Todos los que me odian, aman la muerte».

LA SABIDURÍA Y LA INSENSATEZ

9 La sabiduría ha edificado su casa,
   Ha labrado sus siete columnas;
2 Ha preparado su alimento[1], ha mezclado su vino,
   Ha puesto también su mesa;
3 Ha enviado a sus doncellas, y clama
   Desde los lugares más altos de la ciudad:
4 «El que sea simple que entre aquí».
   Al falto de entendimiento[1] le dice:
5 «Ven, come de mi pan,
   Y bebe del vino que he mezclado.
6 Abandona la necedad[1] y vivirás;
   Anda por el camino del entendimiento».

7 El que instruye al insolente, atrae sobre sí deshonra,
   Y el que reprende al impío *recibe* insultos[1].
8 No reprendas al insolente, para que no te aborrezca;
   Reprende al sabio, y te amará.
9 Da *instrucción* al sabio, y será aún más sabio,
   Enseña al justo, y aumentará *su* saber.
10 El principio de la sabiduría es el temor[1] del SEÑOR,
   Y el conocimiento del Santo es inteligencia.
11 Pues por mí se multiplicarán tus días,
   Y años de vida te serán añadidos.
12 Si eres sabio, eres sabio para provecho tuyo,
   Y si escarneces, tú solo lo sufrirás.

13 La mujer insensata es alborotadora,
   Es simple y no sabe nada.
14 Se sienta a la puerta de su casa,
   En un asiento, en los lugares altos de la ciudad,
15 Llamando a los que pasan,
   A los que van derechos por sus sendas:
16 «El que sea simple, que entre aquí».
   Y al falto de entendimiento[1], le dice:
17 «Dulces son las aguas hurtadas,
   Y el pan *comido* en secreto es sabroso».
18 Pero él no sabe que allí están los muertos[1],
   Que sus invitados están en las profundidades del
      Seol.

EL JUSTO Y EL IMPÍO

10 Los proverbios de Salomón.
   El hijo sabio alegra al padre,
   Pero el hijo necio es tristeza para su madre.
2 Tesoros mal adquiridos[1] no aprovechan,
   Pero la justicia libra de la muerte.

9:13-15
Insensatez
Tanto la sabiduría como la insensatez, o la necedad, llaman a las personas. La pregunta es: «¿Cuál atraerá tu atención?». Tal como las personas lo hicieron entonces, debemos elegir entre la sabiduría y la insensatez.

10:1
Un cambio en los proverbios
Los primeros nueve capítulos incluyen descripciones de la sabiduría y cómo es mejor que la necedad. Ahora el libro brinda consejos prácticos para una buena vida.

8:36 [1] O *yerra.*   9:2 [1] Lit. *ha matado sus víctimas.*   9:4 [1] Lit. *corazón.*
9:6 [1] O *a los simples.*   9:7 [1] Lit. *una mancha.*   9:10 [1] O *la reverencia.*
9:16 [1] Lit. *corazón.*   9:18 [1] Lit. *las sombras.*   10:2 [1] Lit. *de impiedad.*

3 El SEÑOR no permitirá que el justo[1] padezca hambre,
Pero rechazará la avidez de los impíos.

4 Pobre es el que trabaja con mano[1] negligente,
Pero la mano de los diligentes enriquece.

5 El que recoge en el verano es hijo sabio,
El que se duerme durante la siega es hijo que
avergüenza.

6 Hay bendiciones sobre la cabeza del justo,
Pero la boca de los impíos oculta violencia.

7 La memoria del justo es bendita,
Pero el nombre del impío se pudrirá.

8 El sabio de corazón aceptará mandatos,
Pero el necio charlatán[1] será derribado.

9 El que anda en integridad anda seguro,
Pero el que pervierte sus caminos será descubierto.

10 El que guiña el ojo causa disgustos[1],
Y el necio charlatán[2] será derribado.

11 Fuente de vida es la boca del justo,
Pero la boca de los impíos encubre violencia.

12 El odio crea rencillas,
Pero el amor cubre todas las transgresiones.

13 En los labios del entendido se halla sabiduría,
Pero la vara es para las espaldas del falto de
entendimiento[1].

14 Los sabios atesoran conocimiento,
Pero la boca del necio es ruina cercana.

15 La fortuna del rico es su fortaleza[1],
La ruina de los pobres es su pobreza.

16 El salario[1] del justo es[2] vida,
La ganancia del impío, castigo[3].

17 *Por* senda de vida *va* el que guarda la instrucción,
Pero el que abandona la represión se extravía.

18 El que oculta el odio *tiene* labios mentirosos,
Y el que esparce calumnia es un necio.

19 En las muchas palabras, la transgresión es inevitable,
Pero el que refrena sus labios es prudente.

20 La lengua del justo es plata escogida,
Pero el corazón de los impíos es poca cosa.

21 Los labios del justo apacientan a muchos,
Pero los necios mueren por falta de entendimiento[1].

22 La bendición del SEÑOR es la que enriquece,
Y Él no añade tristeza con ella.

23 Como diversión es para el necio el hacer maldad,
Y la sabiduría *lo es* para el hombre de entendimiento.

24 Lo que el impío teme vendrá sobre él,
Y el deseo de los justos será concedido.

25 Cuando pasa el torbellino, ya no existe el impío,
Pero el justo *tiene* cimiento eterno.

26 Como el vinagre a los dientes y el humo a
los ojos,
Así es el perezoso para quienes lo envían.

10:4
Alabanza para el trabajo duro
La vagancia lleva a la pobreza. El trabajo duro trae recompensas.

10:12
Lo que dice Salomón sobre el amor
El amor ofrece perdón. Este versículo se cita en Santiago 5:20 y 1 Pedro 4:8.

10:22
La bendición de Dios
Este versículo no significa que Dios les da riqueza a todos, y no todas las bendiciones de Dios son materiales. Sin embargo, significa que si una persona es rica, a menudo eso es un regalo de Dios.

10:3 [1] Lit. *alma del justo.*   10:4 [1] Lit. *palma.*   10:8 [1] Lit. *de labios.*
10:10 [1] O *dolor.*   [2] Lit. *de labios.*   10:13 [1] Lit. *corazón.*   10:15 [1] Lit. *plaza
fuerte.*   10:16 [1] O *La obra.*   [2] Lit. *para.*   [3] Lit. *para castigo.*
10:21 [1] Lit. *corazón.*

27 El temor del[1] SEÑOR multiplica los días,
   Pero los años de los impíos serán acortados.
28 La esperanza de los justos es alegría,
   Pero la expectación de los impíos perecerá.
29 Fortaleza para el íntegro es el camino del SEÑOR,
   Pero ruina para los que obran iniquidad.
30 El justo nunca será conmovido,
   Pero los impíos no habitarán en la tierra.
31 De la boca del justo brota sabiduría,
   Pero la lengua perversa será cortada.
32 Los labios del justo dan a conocer lo agradable,
   Pero la boca de los impíos, lo perverso.

11 La balanza falsa es abominación al SEÑOR,
      Pero el peso cabal es Su deleite.
 2 Cuando viene la soberbia, viene también la deshonra;
   Pero la sabiduría está con los humildes.
 3 La integridad de los rectos los guiará,
   Pero la perversidad de los traidores los destruirá.
 4 De nada sirven las riquezas el día de la ira,
   Pero la justicia libra de la muerte.
 5 La justicia del íntegro[1] enderezará su camino,
   Pero el impío caerá por su propia impiedad.
 6 La justicia de los rectos los librará,
   Pero los traidores en *su* codicia serán atrapados.
 7 Cuando muere el hombre impío, *su* esperanza se
      acaba,
   Y la expectación de los poderosos perece.
 8 El justo es librado de tribulación,
   Y el impío toma[1] su lugar.
 9 Con la boca el impío destruye a su prójimo,
   Pero por el conocimiento los justos serán librados.
10 Con el bien de los justos, se regocija la ciudad,
   Y cuando perecen los impíos, hay gritos de alegría.
11 Por la bendición de los rectos, se enaltece la ciudad,
   Pero por la boca de los impíos, es derribada.
12 El que desprecia a su prójimo carece de
      entendimiento[1],
   Pero el hombre prudente guarda silencio.
13 El que anda en chismes revela secretos,
   Pero el de espíritu leal oculta las cosas.
14 Donde no hay buen consejo, el pueblo cae,
   Pero en la abundancia de consejeros está la victoria[1].
15 Ciertamente sufrirá el que sale fiador por un extraño,
   Pero el que odia salir fiador[1] está seguro.
16 La mujer agraciada alcanza honra,
   Y los poderosos[1] alcanzan riquezas.
17 El hombre misericordioso se hace bien a sí mismo[1],
   Pero el cruel a sí mismo se hace daño[2].
18 El impío gana salario engañoso,
   Pero el que siembra justicia *recibe* verdadera
      recompensa.

11:4
El día de la ira
Este es el día del juicio, cuando todos tendrán que responder por lo que han hecho. La riqueza de una persona no le servirá de nada en ese día.

11:11
Los rectos bendicen la ciudad
Las personas que viven de manera honesta y buscan la justicia para sus vecinos hacen que la vida en comunidad sea segura y agradable.

10:27 [1] O *La reverencia al.*   11:5 [1] O *perfecto.*   11:8 [1] Lit. *entra en.*
11:12 [1] Lit. *corazón.*   11:14 [1] O *salvación.*   11:15 [1] Lit. *a los que dan la mano.*
11:16 [1] O *violentos.*   11:17 [1] Lit. *su alma.*   [2] Lit. *atormenta su carne.*

19 El que persiste en la justicia *alcanzará* la vida,
Y el que va en pos del mal, su propia muerte.

20 Los de corazón perverso son abominación al SEÑOR,
Pero los de camino intachable[1] son Su deleite.

21 Ciertamente[1] el malvado no quedará sin castigo,
Pero la descendencia[2] de los justos será librada.

22 Como anillo de oro en el hocico de un cerdo
Es la mujer hermosa que carece de discreción[1].

23 El deseo de los justos es solo el bien,
Pero la esperanza de los malvados es la ira.

24 Hay quien reparte, y le es añadido más,
Y hay quien retiene lo que es justo, solo para venir a menos.

25 El alma generosa[1] será prosperada[2],
Y el que riega será también regado.

26 Al que retiene el grano, el pueblo lo maldecirá,
Pero habrá bendición sobre la cabeza del que *lo* vende.

27 El que con diligencia busca el bien, se procura favor,
Pero el que busca el mal, este le vendrá.

28 El que confía en sus riquezas, caerá,
Pero los justos prosperarán como la hoja *verde*.

29 El que turba su casa, heredará viento,
Y el necio será siervo del sabio de corazón.

30 El fruto del justo es árbol de vida,
Y el que gana[1] almas es sabio.

31 Si el justo es recompensado en la tierra,
¡Cuánto más el impío y el pecador!

12 El que ama la instrucción[1] ama el conocimiento,
Pero el que odia la represión es torpe.

2 El bueno alcanzará el favor del SEÑOR,
Pero Él condenará al hombre de malos designios.

3 El hombre no se afianzará por medio de la impiedad,
Y la raíz de los justos no será removida.

4 La mujer virtuosa es corona de su marido,
Pero la que *lo* avergüenza es como podredumbre en sus huesos.

5 Los pensamientos de los justos son rectos,
Los consejos de los impíos, engañosos.

6 Las palabras de los impíos son asechanzas sangrientas,
Pero a los rectos su boca los librará.

7 Los impíos son derribados y ya no existen,
Pero la casa de los justos permanecerá.

8 El hombre será alabado conforme a su discernimiento,
Pero el perverso de corazón será despreciado.

9 Más vale el poco estimado que tiene siervo,
Que el que se alaba y carece de pan.

11:20
El significado de intachable
En este caso, intachable no quiere decir ser perfecto o sin pecado. En cambio, se refiere a alguien piadoso que es honorable y bueno.

11:22
La imagen de un cerdo con un anillo de oro en su hocico
Esta es una exageración acerca de cómo la belleza no puede encubrir las malas decisiones. Los israelitas consideraban a los cerdos animales ceremonialmente inmundos y no se podían comer ni tocar. Por eso, aun si un cerdo tenía un hermoso anillo en su hocico, seguía siendo inmundo.

© rieke photos/Shutterstock

12:9
El significado de este proverbio
Muchas personas tenían siervos en este tiempo, no solo los ricos. Así que era mejor ser una persona común con un siervo que alguien que gastaba todo su dinero tratando de actuar como importante y terminando con nada.

11:20 [1] Lit. *perfecto.*   11:21 [1] Lit. *Mano con mano.*   [2] Lit. *simiente.*
11:22 [1] Lit. *gusto.*   11:25 [1] Lit. *de bendición.*   [2] Lit. *engordada.*
11:30 [1] Lit. *toma.*   12:1 [1] O *disciplina.*

12:15

El necio no sigue los consejos de nadie

Una persona necia ignora el consejo de los sabios y toma decisiones basándose únicamente en sus ideas.

12:23

Saber cuándo quedarse callados

Los sabios no divulgan los secretos. Tampoco les dan consejos a los que no los reciben. Los necios hablan sin pensar en las consecuencias. Sus palabras pueden ser hirientes.

10 El justo se preocupa de la vida de su ganado,
Pero las entrañas de los impíos son crueles.

11 El que labra su tierra se saciará de pan,
Pero el que persigue lo vano carece de
entendimiento[1].

12 El impío codicia el botín[1] de los malos,
Pero la raíz de los justos da *fruto*.

13 En la transgresión de sus labios se enreda el
malvado[1],
Pero el justo escapará del apuro.

14 Por el fruto de su boca cada uno se saciará de bien,
Y las obras de las manos del hombre volverán a él.

15 El camino del necio es recto a sus propios ojos,
Pero el que escucha consejos es sabio.

16 El enojo del necio se conoce al instante,
Pero el prudente oculta la deshonra.

17 El que habla[1] verdad declara lo que es justo,
Pero el testigo falso, falsedad.

18 Hay quien habla sin tino como golpes de espada,
Pero la lengua de los sabios sana.

19 Los labios veraces permanecerán para siempre,
Pero la lengua mentirosa, solo por un momento.

20 Hay engaño en el corazón de los que traman el mal,
Pero gozo en los consejeros de paz.

21 Ningún daño sobreviene al justo,
Pero los impíos están llenos de pesares.

22 Los labios mentirosos son abominación al SEÑOR,
Pero los que obran fielmente son Su deleite.

23 El hombre prudente oculta *su* conocimiento,
Pero el corazón de los necios proclama *su* necedad.

24 La mano de los diligentes gobernará,
Pero la indolencia será sujeta a trabajos forzados.

25 La ansiedad en el corazón del hombre lo deprime,
Pero la buena palabra lo alegra.

26 El justo es guía para su prójimo,
Pero el camino de los impíos los extravía.

27 El indolente[1] no asa[2] su presa,
Pero la posesión más preciosa del hombre es la
diligencia.

28 En la senda de la justicia está la vida,
Y en *su* camino no hay muerte.

13 El hijo sabio *acepta* la disciplina[1] de *su* padre,
Pero el insolente no escucha la reprensión.

2 Del fruto de su boca el hombre comerá el bien,
Pero el deseo[1] de los traidores es la violencia.

3 El que guarda su boca, preserva su vida;
El que mucho abre sus labios, termina en ruina[1].

4 El alma del perezoso desea mucho, pero nada
consigue,
Sin embargo, el alma de los diligentes queda
satisfecha.

12:11 [1] Lit. *corazón.*   12:12 [1] Lit. *la red.*   12:13 [1] Lit. *de los labios hay perversa trampa.*   12:17 [1] Lit. *respira.*   12:27 [1] Lit. *La indolencia.*   [2] O *caza.*   13:1 [1] O *instrucción.*   13:2 [1] Lit. *alma.*   13:3 [1] Lit. *la ruina es suya.*

⁵ El justo aborrece la falsedad,
Pero el impío causa repugnancia y vergüenza¹.

⁶ La justicia guarda al íntegro *en su* camino,
Pero la maldad destruye al pecador¹.

⁷ Hay quien pretende ser rico, y nada tiene;
Hay *quien* pretende ser pobre¹, y tiene una gran fortuna.

⁸ El rescate de la vida de un hombre está en sus riquezas,
Pero el pobre no oye amenazas¹.

⁹ La luz de los justos brilla alegremente¹,
Pero la lámpara de los impíos se apaga.

¹⁰ Por la soberbia solo viene¹ la contienda,
Pero con los que reciben consejos está la sabiduría.

¹¹ La fortuna *obtenida* con fraude¹ disminuye,
Pero el que la recoge con trabajo² *la* aumenta.

¹² La esperanza que se demora enferma el corazón,
Pero el deseo cumplido¹ es árbol de vida.

¹³ El que desprecia la palabra pagará¹ por ello,
Pero el que teme el mandamiento será recompensado.

¹⁴ La enseñanza¹ del sabio es fuente de vida,
Para apartarse de los lazos de la muerte.

¹⁵ El buen entendimiento produce favor,
Pero el camino de los malvados es difícil.

¹⁶ Todo hombre prudente obra con conocimiento,
Pero el necio ostenta¹ necedad.

¹⁷ El mensajero perverso cae en la adversidad,
Pero el enviado fiel *trae* sanidad.

¹⁸ Pobreza y vergüenza *vendrán* al que desprecia la
    instrucción¹,
Pero el que acepta la reprensión será honrado.

¹⁹ Deseo cumplido es dulzura para el alma,
Pero es abominación para los necios el apartarse del
    mal.

²⁰ El que anda con sabios será sabio,
Pero el compañero de los necios sufrirá daño.

²¹ A los pecadores los persigue el mal,
Pero los justos serán recompensados con el bien.

²² El hombre bueno deja herencia a los hijos de sus
    hijos,
Pero la riqueza del pecador está reservada para el justo.

²³ El terreno de los pobres tiene mucho de comer,
Pero¹ se pierde por la injusticia.

²⁴ El que evita la vara odia a su hijo,
Pero el que lo ama lo disciplina con diligencia¹.

²⁵ El justo come hasta saciar su alma,
Pero el vientre de los impíos sufre escasez.

14 La mujer sabia edifica su casa,
Pero la necia la derriba con sus manos.

² El que anda en rectitud teme al SEÑOR,
Pero el de perversos caminos lo desprecia.

13:7
No fingir
Pretender o fingir ser rico o pobre es deshonesto. Pretender ser alguien que no eres es necio.

13:18
La disciplina es buena
La instrucción y la reprensión ayudan a mantener a la persona en el camino de la sabiduría.

13:24
El significado de este proverbio
Los padres que aman a sus hijos los disciplinan para que aprendan a seguir los mandamientos de Dios.

3:5 ¹ Lit. *causa mal olor y causa vergüenza.*   13:6 ¹ Lit. *pecado.*   13:7 ¹ Lit. *se empobrece.*   13:8 ¹ Lit. *reprensión.*   13:9 ¹ Lit. *se regocija.*   13:10 ¹ Lit. *da.* 3:11 ¹ Lit. *vanidad.*   ² O *poco a poco; lit. en la mano.*   13:12 ¹ Lit. *venidero.* 3:13 ¹ Lit. *quedará comprometido.*   13:14 ¹ O *ley.*   13:16 ¹ Lit. *esparce.* 3:18 ¹ O *disciplina.*   13:23 ¹ Lit. *pero hay lo que es.*   13:24 ¹ Lit. *lo busca diligentemente con disciplina.*

3 En la boca del necio hay una vara para su espalda[1],
   Pero los labios de los sabios los protegerán.

14:4
Por qué se mencionan los bueyes en este proverbio
En una cultura agrícola era importante cuidar a los bueyes para que pudieran trabajar en el campo y recoger una buena cosecha.

4 Donde no hay bueyes, el pesebre está limpio,
   Pero mucho rendimiento *se obtiene* por la fuerza del buey.

5 El testigo veraz no mentirá,
   Pero el testigo falso habla[1] mentiras.

6 El insolente busca sabiduría y no la *halla*,
   Pero para el hombre entendido el conocimiento es fácil.

7 Apártate de la presencia del necio,
   Porque *en él* no discernirás[1] palabras[2] de conocimiento.

8 La sabiduría del prudente está en entender su camino,
   Pero la necedad de los necios es engaño.

9 Los necios se ríen del pecado[1],
   Pero entre los rectos hay buena voluntad[2].

10 El corazón conoce su propia amargura,
   Y un extraño no comparte su alegría.

11 La casa de los impíos será destruida,
   Pero la tienda de los rectos florecerá.

12 Hay camino que al hombre le *parece* derecho,
   Pero al final, es camino de muerte.

13 Aun en la risa, el corazón puede tener dolor,
   Y el final de la alegría puede ser tristeza.

14:13
Cómo se puede sentir alegría y tristeza
La persona sabia sabe que incluso cuando los tiempos son buenos, algo triste puede suceder.

14 El de corazón descarriado se saciará de sus caminos,
   Pero el hombre bueno *estará satisfecho* con el suyo[1].

15 El simple todo lo cree,
   Pero el prudente mira bien sus pasos.

16 El sabio teme y se aparta del mal,
   Pero el necio es arrogante y descuidado.

17 El hombre pronto a la ira obra neciamente,
   Y el hombre de malos designios es aborrecido.

18 Los simples heredan necedad,
   Pero los prudentes son coronados de conocimiento.

19 Los malos se inclinarán ante los buenos,
   Y los impíos, a las puertas del justo.

20 Aun por su vecino es odiado el pobre,
   Pero muchos son los que aman al rico.

21 El que desprecia a su prójimo peca,
   Pero es feliz el que se apiada de los pobres[1].

14:21
Este proverbio se refiere a un mandamiento
Proyecta la misma idea que «ama a tu prójimo como a ti mismo» (en Levítico 19:18 y luego citado por Jesús como el segundo gran mandamiento). También muestra que Dios siempre se ocupa de los pobres (14:31).

22 ¿No se perderán los que traman el mal?
   Pero misericordia y verdad *recibirán* los que planean el bien.

23 En todo trabajo hay ganancia,
   Pero el vano hablar[1] *conduce* solo a la pobreza.

24 La corona de los sabios es su riqueza,
   Pero la necedad de los necios es insensatez.

14:3 [1] Lit. *soberbia.*   14:5 [1] Lit. *respira.*   14:7 [1] Lit. *sabrás.*   [2] Lit. *labios.*
14:9 [1] Lit. *de la culpa.*   [2] O *el favor de Dios.*   14:14 [1] Lit. *de sí mismo.*
14:21 [1] O *afligidos.*   14:23 [1] Lit. *la palabra de los labios.*

25 El testigo veraz salva vidas,
   Pero el que habla[1] mentiras es traidor[2].
26 En el temor[1] del SEÑOR hay confianza segura,
   Y a los[2] hijos dará refugio.
27 El temor[1] del SEÑOR es fuente de vida,
   Para evadir los lazos de la muerte.
28 En la multitud del pueblo está la gloria del rey,
   Pero en la falta de pueblo está la ruina del príncipe.
29 El lento para la ira tiene gran prudencia,
   Pero el que es irascible[1] ensalza la necedad.
30 Un corazón apacible es vida para el cuerpo,
   Pero las pasiones son podredumbre de los huesos.
31 El que oprime al pobre afrenta a su Hacedor,
   Pero el que se apiada del necesitado lo honra.
32 El impío es derribado por su maldad[1],
   Pero el justo tiene un refugio cuando muere.
33 En el corazón del prudente reposa la sabiduría,
   Pero en medio[1] de los necios no se da a conocer.
34 La justicia engrandece a la nación,
   Pero el pecado es afrenta para los pueblos.
35 El favor del rey es para el siervo que obra sabiamente,
   Pero su enojo es contra el que obra vergonzosamente.

15

La suave respuesta aparta el furor,
   Pero la palabra hiriente hace subir la ira.
2 La lengua del sabio hace grato[1] el conocimiento,
   Pero la boca de los necios habla[2] necedades.
3 En todo lugar están los ojos del SEÑOR,
   Observando a los malos y a los buenos.
4 La lengua apacible[1] es árbol de vida,
   Pero la perversidad en ella quebranta el[2] espíritu.
5 El necio rechaza[1] la disciplina[2] de su padre,
   Pero es prudente el que acepta la represión.
6 *En* la casa del justo hay mucha riqueza,
   Pero en las ganancias del impío hay turbación.
7 Los labios de los sabios esparcen conocimiento,
   Pero no así el corazón de los necios.
8 El sacrificio de los impíos es abominación al SEÑOR,
   Pero la oración de los rectos es Su deleite.
9 Abominación al SEÑOR es el camino del impío,
   Pero Él ama al que sigue la justicia.
10 La disciplina severa es para el que abandona el
     camino;
   El que aborrece la represión morirá.
11 El Seol[1] y el Abadón[2] están delante del SEÑOR,
   ¡Cuánto más los corazones de los hombres[3]!
12 El insolente no ama al que lo reprende,
   Ni se allegará a los sabios.
13 El corazón gozoso alegra el[1] rostro,
   Pero en la tristeza del corazón se quebranta el espíritu.

15:6
Riquezas para el justo
Esto puede referirse a la riqueza material, pero de manera más importante significa la bendición del favor de Dios por tener un carácter piadoso y hacer la voluntad de Dios.

14:25 [1] Lit. *respira.*   [2] Lit. *traición.*   14:26 [1] O *La reverencia.*   [2] Lit. *sus.*
14:27 [1] O *La reverencia.*   14:29 [1] Lit. *corto de espíritu.*   14:32 [1] O *en
su calamidad.*   14:33 [1] O *el seno.*   15:2 [1] Lit. *bueno.*   [2] Lit. *emite.*
15:4 [1] Lit. *que sana.*   [2] Lit. *es el quebrantamiento del.*   15:5 [1] O *desprecia.*
[2] O *instrucción.*   15:11 [1] I.e. región de los muertos.   [2] I.e. lugar de destrucción.
[3] Lit. *los hijos de Adán.*   15:13 [1] Lit. *hace un buen.*

14 El corazón inteligente busca conocimiento,
Pero la boca de los necios se alimenta de necedades.

15 Todos los días del afligido son malos,
Pero el de corazón alegre[1] *tiene* un banquete continuo.

16 Mejor es poco con temor[1] del SEÑOR,
Que gran tesoro con turbación.

17 Mejor es un plato[1] de legumbres[2] donde hay amor,
Que buey engordado con odio.

18 El hombre irascible provoca riñas,
Pero el lento para la ira apacigua pleitos.

19 El camino del perezoso es como un seto de espinos,
Pero la senda de los rectos es una calzada.

20 El hijo sabio alegra al padre,
Pero el hombre necio desprecia a su madre.

21 La necedad es alegría para el insensato[1],
Pero el hombre inteligente anda rectamente.

22 Sin consulta, los planes se frustran,
Pero con muchos consejeros, triunfan[1].

23 El hombre se alegra con la respuesta adecuada[1],
Y una palabra a tiempo, ¡cuán agradable es!

24 La senda de la vida para el sabio es hacia arriba
Para que se aparte del Seol[1] *que está* abajo.

25 El SEÑOR derribará la casa de los soberbios,
Pero afianzará los linderos de la viuda.

26 Abominación al SEÑOR son los planes perversos,
Pero son puras las palabras agradables.

27 Perturba su casa el que tiene ganancias ilícitas,
Pero el que aborrece el soborno, vivirá.

28 El corazón del justo medita cómo responder,
Pero la boca de los impíos habla[1] lo malo.

29 El SEÑOR está lejos de los impíos,
Pero escucha la oración de los justos.

30 La luz de los ojos alegra el corazón,
Y las buenas noticias fortalecen[1] los huesos.

31 Aquel cuyo oído escucha las reprensiones de la vida
Morará entre los sabios.

32 El que tiene en poco la disciplina[1] se desprecia a sí mismo,
Pero el que escucha las reprensiones adquiere entendimiento[2].

33 El temor[1] del SEÑOR es instrucción de sabiduría,
Y antes de la gloria está la humildad.

VIDA Y CONDUCTA

16 Los propósitos del corazón son del hombre,
Pero la respuesta de la lengua es del SEÑOR.

2 Todos los caminos del hombre son limpios ante sus propios ojos,
Pero el SEÑOR sondea[1] los espíritus.

15:16-17
Cuando el pobre supera al rico
Una familia donde hay amor y paz es mucho mejor que una familia rica con tensión y enojo.

15:18
El problema de la impaciencia
Muchos proverbios hablan sobre la sabiduría de ser pacientes. La impaciencia lleva a pronunciar palabras poco sabias y a realizar acciones que a menudo terminan en problemas.

15:25
Linderos
En la antigüedad, los linderos marcaban las esquinas de la propiedad de una persona. Cualquiera que moviera un lindero estaría tratando de robar tierra. Dios nuevamente muestra cuánto se preocupa por las viudas, las mujeres que perdieron a sus esposos.

15:15 [1] Lit. *bueno*.   15:16 [1] O *la reverencia*.   15:17 [1] O *una porción*.
[2] O *verduras*.   15:21 [1] Lit. *falto de corazón*.   15:22 [1] O *se afianzan*.
15:23 [1] Lit. *de su boca*.   15:24 [1] I.e. región de los muertos.   15:28 [1] Lit. *emite*.
15:30 [1] Lit. *ponen grasa en*.   15:32 [1] O *instrucción*.   [2] Lit. *corazón*.
15:33 [1] O *La reverencia*.   16:2 [1] Lit. *pesa*.

3 Encomienda¹ tus obras al SEÑOR,
   Y tus propósitos se afianzarán.
4 Todas las cosas hechas por el SEÑOR tienen¹ su propio
      fin,
   Hasta el impío, para el día del mal.
5 Abominación al SEÑOR es todo el que es altivo de
      corazón;
   Ciertamente no quedará sin castigo.
6 Con misericordia y verdad se expía la culpa,
   Y con el temor¹ del SEÑOR *el hombre* se aparta del mal.
7 Cuando los caminos del hombre son agradables al
      SEÑOR,
   Aun a sus enemigos hace que estén en paz con él.
8 Mejor es poco con justicia,
   Que gran ganancia con injusticia.
9 La mente del hombre planea su camino,
   Pero el SEÑOR dirige sus pasos.
10 Decisión divina *hay* en los labios del rey;
   En el juicio no debe errar¹ su boca.
11 El peso y las balanzas justas son del SEÑOR;
   Todas las pesas¹ de la bolsa son obra Suya.
12 Es abominación para los reyes cometer iniquidad,
   Porque el trono se afianza en la justicia.
13 El agrado de los reyes son los labios justos,
   Y amado será el que hable lo recto.
14 El furor del rey es *como* mensajero de muerte,
   Pero el hombre sabio lo aplacará.
15 En el resplandor del rostro del rey hay vida,
   Y su favor es como nube de lluvia tardía.
16 Adquirir sabiduría, cuánto mejor que el oro,
   Y adquirir inteligencia es preferible a la plata.
17 La senda¹ de los rectos es apartarse del mal;
   El que guarda su camino preserva su alma.
18 Delante de la destrucción *va* el orgullo,
   Y delante de la caída, la arrogancia de espíritu.
19 Mejor es ser de espíritu humilde con los pobres
   Que dividir el botín con los soberbios.
20 El que pone atención a la palabra hallará el bien,
   Y el que confía en el SEÑOR es bienaventurado.
21 El sabio de corazón será llamado prudente,
   Y la dulzura de palabras¹ aumenta la persuasión².
22 El entendimiento es fuente de vida para el que lo posee,
   Pero la instrucción¹ de los necios es necedad.
23 El corazón del sabio enseña a su boca
   Y añade persuasión¹ a sus labios.
24 Panal de miel son las palabras agradables,
   Dulces al alma y salud para los huesos.
25 Hay camino que al hombre le *parece* derecho,
   Pero al final es camino de muerte.
26 El apetito¹ del trabajador para él trabaja,
   Porque su boca lo impulsa.

16:10
El significado de la decisión divina
Un rey actuaba como un representante de Dios para juzgar las peleas y los problemas que le presentaban. Por lo tanto, necesitaba sabiduría para discernir entre el bien y el mal a fin de llegar a una decisión como vocero de Dios.

16:11
Cómo se pesaban las cosas en la antigüedad
Los comerciantes llevaban piedras de diferentes tamaños para pesar y medir cantidades de plata. Las pesas que estaban mal marcadas daban lugar a la trampa, la cual Dios condenaba.

A. D. Riddle/www.BiblePlaces.com, tomada en el Museo Rockefeller

16:15
Lluvia tardía
La lluvia tardía usualmente significaba que habría abundantes cosechas de trigo y cebada.

16:3 ¹ Lit. *Rueda*.   16:4 ¹ O *son para*.   16:6 ¹ O *la reverencia*.
16:10 ¹ Lit. *ser infiel*.   16:11 ¹ Lit. *piedras*.   16:17 ¹ O *calzada*.
16:21 ¹ Lit. *labios*.   ² O *el saber*.   16:22 ¹ O *disciplina*.   16:23 ¹ O *saber*.
16:26 ¹ O *alma*.

²⁷ El hombre indigno planea¹ el mal,
  Y sus palabras son² como fuego abrasador.
²⁸ El hombre perverso provoca¹ pleitos,
  Y el chismoso separa a los mejores amigos.
²⁹ El hombre violento provoca a su prójimo
  Y lo guía por camino que no es bueno.
³⁰ El que guiña los ojos *lo hace* para tramar
    perversidades;
  El que aprieta los labios ya hizo el mal.
³¹ La cabeza canosa es corona de gloria,
  Y se encuentra en el camino de la justicia.
³² Mejor es el lento para la ira que el poderoso,
  Y el que domina su espíritu que el que toma una
    ciudad.
³³ La suerte se echa en el regazo,
  Pero del SEÑOR *viene* toda¹ decisión.

17

Mejor es un bocado seco y con él tranquilidad,
  Que una casa llena de banquetes con discordia¹.
² El siervo prudente prevalecerá sobre el hijo sin
    honra,
  Y con¹ los hermanos participará de la herencia.
³ El crisol es para la plata y el horno para el oro,
  Pero el SEÑOR prueba los corazones.
⁴ El malhechor escucha a los labios perversos;
  El mentiroso¹ presta atención a la lengua detractora.
⁵ El que se burla del pobre afrenta a su Hacedor;
  El que se regocija de la desgracia no quedará sin
    castigo.
⁶ Corona de los ancianos son los nietos,
  Y la gloria de los hijos son sus padres.
⁷ No convienen al necio las palabras elocuentes¹,
  Mucho menos al príncipe los labios mentirosos.
⁸ Talismán¹ es el soborno a los ojos de su dueño;
  Dondequiera que se vuelva, prospera.
⁹ El que cubre una falta busca afecto,
  Pero el que repite el asunto separa a los mejores
    amigos.
¹⁰ La reprensión penetra más en el que tiene
    entendimiento
  Que cien azotes en el necio.
¹¹ El rebelde solo busca el mal,
  Y un cruel mensajero se enviará contra él.
¹² Mejor es encontrarse con una osa privada
    de sus cachorros,
  Que con un necio en su necedad.
¹³ Al que devuelve mal por bien,
  El mal no se apartará de su casa.
¹⁴ El comienzo del pleito es *como* el soltar de las
    aguas;
  Deja, pues, la riña antes de que empiece.

16:31
El honor de la cabeza canosa
En la antigüedad, las personas ancianas eran muy respetadas por su sabiduría.

17:3
Cómo se refinaba el oro y la plata
El oro y la plata se fundían a altas temperaturas. Esto les quitaba las impurezas.

17:6
Por qué los nietos eran una corona
Vivir lo suficiente para ver a los nietos era considerado una gran bendición.

16:27 ¹ Lit. *cava.*   ² Lit. *y en sus labios hay.*   16:28 ¹ Lit. *esparce.*
16:33 ¹ Lit. *toda su.*   17:1 ¹ Lit. *sacrificios de discordia.*   17:2 ¹ Lit. *entre.*
17:4 ¹ Lit. *la falsedad.*   17:7 ¹ Lit. *el labio de abundancia.*   17:8 ¹ Lit. *Piedra de favor.*

15 El que justifica al impío y el que condena al justo,
   Ambos son igualmente abominación al SEÑOR.
16 ¿De qué sirve[1] el precio en la mano del necio para
   comprar sabiduría
   Cuando no tiene entendimiento[2]?
17 En todo tiempo ama el amigo,
   Y el hermano nace *para tiempo* de angustia.
18 El hombre falto de entendimiento[1] se compromete[2],
   Y sale fiador a favor de su prójimo.
19 El que ama la transgresión, ama el pleito;
   El que alza su puerta, busca la destrucción.
20 El de corazón perverso nunca encuentra el bien,
   Y el de lengua pervertida cae en el mal.
21 El que engendra un necio, para su tristeza *lo*
   engendra,
   Y el padre del necio no tiene alegría.
22 El corazón alegre es buena medicina[1],
   Pero el espíritu quebrantado seca los huesos.
23 El impío recibe soborno bajo el manto[1]
   Para pervertir las sendas del derecho.
24 En presencia del que tiene entendimiento está la
   sabiduría,
   Pero los ojos del necio están en los extremos de la
   tierra.
25 El hijo necio es pesadumbre de su padre
   Y amargura para la que lo dio a luz.
26 Ciertamente no es bueno multar al justo,
   Ni golpear a los nobles *por* su rectitud.
27 El que retiene sus palabras tiene conocimiento[1],
   Y el de espíritu sereno es hombre entendido.
28 Aun el necio, cuando calla, es tenido por sabio,
   Cuando cierra los labios, *por* prudente.

18 El que vive aislado busca *su propio* deseo,
   Contra todo consejo se encoleriza.
2 El necio no se deleita en la prudencia,
   Sino solo en revelar su corazón.
3 Cuando llega el impío, llega también el desprecio,
   Y con la deshonra *viene* la afrenta.
4 Aguas profundas son las palabras de la boca del
   hombre;
   Arroyo que fluye, la fuente de la sabiduría.
5 No es bueno mostrar preferencia por el impío,
   Para ignorar al[1] justo en el juicio.
6 Los labios del necio provocan[1] riña,
   Y su boca llama a los golpes.
7 La boca del necio es su ruina,
   Y sus labios una trampa para su alma.
8 Las palabras del chismoso son como bocados
   deliciosos,
   Y penetran hasta el fondo de las entrañas[1].

17:28
El significado de este proverbio
Hasta una persona necia puede parecer sabia si permanece callada. Es sabio saber cuándo hablar y cuándo mantenerse en silencio.

18:5
Preferencia por el impío
Esto significa mostrar favoritismo por las personas que hacen lo malo. La ley condenaba el favoritismo de cualquier clase en los asuntos legales. (Ver Levítico 19:15; Deuteronomio 1:17 y 16:19).

17:16 [1] Lit. *¿Entonces por qué.*   [2] Lit. *no hay corazón.*   17:18 [1] Lit. *corazón.*
[2] Lit. *da la palma.*   17:22 [1] Lit. *causa buena curación.*   17:23 [1] Lit. *del*
seno.   17:27 [1] Lit. *sabe.*   18:5 [1] Lit. *echar a un lado.*   18:6 [1] Lit. *vienen con.*
18:8 [1] Lit. *las cavidades del vientre.*

18:8
Las palabras del chismoso
A la gente le encanta escuchar chismes jugosos sobre otros. Sin embargo, una vez que alguien desarrolla un gusto por el chisme, es difícil detenerlo y eso puede arruinar la reputación de una persona.

18:17
Escuchar los dos lados de la historia
El proverbio nos dice que siempre hay otro lado en toda situación. Es sabio escuchar ambas partes antes de tomar una decisión o dar una respuesta.

9 También el que es negligente en su trabajo
Es hermano del que destruye.

10 El nombre del SEÑOR es torre fuerte,
A ella corre el justo y está a salvo[1].

11 La fortuna del rico es su ciudad fortificada,
Y como muralla alta en su imaginación.

12 Antes de la destrucción el corazón del hombre es altivo,
Pero a la gloria precede la humildad.

13 El que responde antes de escuchar,
Cosecha[1] necedad y vergüenza.

14 El espíritu del hombre puede soportar su enfermedad,
Pero el espíritu quebrantado, ¿quién lo puede sobrellevar?

15 El corazón del prudente adquiere conocimiento,
Y el oído del sabio busca el conocimiento.

16 La dádiva del hombre le abre camino
Y lo lleva ante la presencia de los grandes.

17 Justo *parece* el primero que defiende su causa[1]
Hasta que otro[2] viene y lo examina[3].

18 La suerte pone fin a los pleitos
Y decide[1] entre los poderosos.

19 El hermano ofendido *es más difícil de ganar* que una ciudad fortificada,
Y los pleitos son como cerrojos de fortaleza.

20 Con el fruto de su boca el hombre sacia su vientre,
Con el producto de sus labios se saciará.

21 Muerte y vida están en poder[1] de la lengua,
Y los que la aman comerán su fruto.

22 El que halla esposa halla algo bueno
Y alcanza el favor del SEÑOR.

23 El pobre habla suplicando,
Pero el rico responde con dureza.

24 El hombre de *muchos* amigos se arruina[1],
Pero hay amigo[2] más unido que un hermano.

19 Mejor es el pobre que anda en su integridad
Que el de labios perversos y necio.

2 Tampoco es bueno para una persona[1] carecer de conocimiento,
Y el que se apresura con los pies peca.

3 La insensatez del hombre pervierte su camino,
Y su corazón se irrita contra el SEÑOR.

4 La riqueza añade muchos amigos,
Pero el pobre es separado de su amigo.

5 El testigo falso no quedará sin castigo,
Y el que cuenta[1] mentiras no escapará.

6 Muchos buscan el favor del generoso[1],
Y todo hombre es amigo del que da.

7 Todos los hermanos del pobre lo aborrecen,
¡Cuánto más sus amigos se alejarán de él!
Los persigue *con* palabras, *pero* ellos se han ido[1].

19:6
Los generosos parecen tener muchos amigos
Muchos quieren hacerse amigos de los que son generosos, porque esperan conseguir ciertas ventajas o favores.

18:10 [1] Lit. *es puesto en alto.*   18:13 [1] Lit. *le es.*   18:17 [1] Lit. *en su defensa.*   [2] Lit. *su prójimo.*   [3] O *interroga.*   18:18 [1] Lit. *hace división.*
18:21 [1] Lit. *mano.*   18:24 [1] Lit. *se hace pedazos.*   [2] O *persona amada.*
19:2 [1] Lit. *alma.*   19:5 [1] Lit. *respira.*   19:6 [1] O *noble.*   19:7 [1] Lit. *no están.*

8 El que adquiere cordura[1] ama su alma;
   El que guarda la prudencia hallará el bien.
9 El testigo falso no quedará sin castigo,
   Y el que cuenta[1] mentiras perecerá.
10 Al necio no conviene la vida de lujo;
    Mucho menos a un siervo gobernar a los príncipes.
11 La discreción del hombre le hace lento para la ira,
    Y su gloria es pasar por alto una ofensa.
12 Como rugido de león es la ira del rey,
    Y su favor como rocío sobre la hierba.
13 El hijo necio es ruina de su padre,
    Y gotera constante las contiendas de una esposa.
14 Casa y riqueza son herencia de los padres,
    Pero la mujer prudente *viene* del SEÑOR.
15 La pereza hace caer en profundo sueño,
    Y el alma ociosa sufrirá hambre.
16 El que guarda el mandamiento guarda su alma,
    Pero el que desprecia sus caminos morirá.
17 El que se apiada del pobre presta al SEÑOR,
    Y Él lo recompensará por su buena obra[1].
18 Disciplina a tu hijo mientras hay esperanza,
    Pero no desee tu alma causarle la muerte.
19 El *hombre* de gran ira llevará el castigo,
    Porque si tú *lo* rescatas, tendrás que hacerlo de nuevo.
20 Escucha el consejo y acepta la corrección[1],
    Para que seas sabio el resto de tus días[2].
21 Muchos son los planes en el corazón del hombre,
    Mas el consejo del SEÑOR permanecerá.
22 Lo que es deseable en un hombre es su bondad[1],
    Y *es* mejor *ser* pobre que mentiroso.
23 El temor[1] del SEÑOR *conduce* a la vida,
    Para poder dormir satisfecho, sin ser tocado[2] por el mal.
24 El perezoso mete su mano en el plato,
    Y ni aun a su boca la llevará.
25 Golpea al insolente y el ingenuo[1] se volverá astuto,
    Pero reprende al que tiene inteligencia y ganará[2] en
       conocimiento.
26 El que asalta a *su* padre y echa fuera a *su* madre
    Es un hijo que trae vergüenza y desgracia.
27 Cesa, hijo mío, de escuchar la instrucción[1],
    Y te desviarás de las palabras de sabiduría.
28 El testigo perverso se burla de la justicia[1],
    Y la boca de los impíos esparce[2] iniquidad.
29 Los juicios[1] están preparados para los insolentes,
    Y los azotes para la espalda de los necios.

20 El vino es provocador, la bebida fuerte alborotadora,
     Y cualquiera que con[1] ellos se embriaga no es sabio.
2 Como rugido de león es el furor del rey,
   El que lo provoca a ira pone en peligro su propia vida.

19:17
Ayudar al pobre
Dios tiene un gran amor y preocupación por los pobres y necesitados. Cuando ayudamos al pobre, en realidad le estamos dando a Dios.

19:21
Qué dice este proverbio sobre la planificación
Las personas pueden hacer todos los planes que deseen, pero Dios es el único que decide cómo terminarán sus vidas.

19:26
Crímenes contra los padres
Se supone que los hijos deben cuidar a sus padres cuando están enfermos o son ancianos. Robarle o atacar a alguno de los padres era un crimen serio.

19:8 ¹ Lit. *corazón*.   19:9 ¹ Lit. *respira*.   19:17 ¹ O *sus beneficios*.
19:20 ¹ O *instrucción*.   ² Lit. *en tus postrimerías*.   19:22 ¹ O *lealtad*.
19:23 ¹ O *La reverencia*.   ² Lit. *visitado*.   19:25 ¹ Lit. *simple*.   ² Lit. *discernirá*.
19:27 ¹ O *disciplina*.   19:28 ¹ O *del derecho*.   ² O *traga*.   19:29 ¹ Gr. *Las varas*.
20:1 ¹ Lit. *yerra por*.

³ Es honra para el hombre evitar¹ las discusiones,
Pero cualquier necio se enredará en ellas².

⁴ Desde el otoño, el perezoso no ara,
Así que pide durante la cosecha, pero no hay nada.

⁵ *Como* aguas profundas es el consejo en el corazón del
hombre,
Y el hombre de entendimiento lo sacará.

⁶ Muchos hombres proclaman su propia lealtad¹,
Pero un hombre digno de confianza, ¿quién lo hallará?

⁷ El justo anda en su integridad;
¡Cuán dichosos son sus hijos después de él!

⁸ El rey que se sienta sobre el trono del juicio,
Disipa¹ con sus ojos todo mal.

⁹ ¿Quién puede decir: «Yo he limpiado mi corazón,
Limpio estoy de mi pecado»?

¹⁰ Pesas desiguales y medidas desiguales¹,
Ambas cosas son abominables al SEÑOR.

¹¹ Aun por sus hechos un muchacho se da a conocer
Si su conducta es pura y recta.

¹² El oído que oye y el ojo que ve,
Ambos los ha hecho el SEÑOR.

¹³ No ames el sueño, no sea que te empobrezcas;
Abre tus ojos y te saciarás de pan.

¹⁴ «Malo, malo», dice el comprador,
Pero cuando se marcha, entonces se jacta.

¹⁵ Hay oro y abundancia de joyas¹,
Pero cosa más preciosa son los labios con
conocimiento.

¹⁶ Tómale la ropa al que¹ sale fiador del extraño;
Y tómale prenda por los extranjeros.

¹⁷ El pan obtenido con falsedad es dulce al hombre,
Pero después su boca se llenará de grava.

¹⁸ Los proyectos con consejo se preparan,
Y con dirección sabia se hace la guerra.

¹⁹ El que anda murmurando revela secretos,
Por tanto, no te asocies con el chismoso¹.

²⁰ Al que maldice a su padre o a su madre,
Se le apagará su lámpara en medio¹ de las tinieblas.

²¹ La herencia adquirida de prisa al principio,
No será bendecida al final.

²² No digas: «Yo pagaré mal por mal»;
Espera en el SEÑOR, y Él te salvará.

²³ Pesas desiguales¹ son abominación al SEÑOR,
Y no está bien *usar* una balanza falsa².

²⁴ Por el SEÑOR son ordenados los pasos del hombre,
¿Cómo puede, pues, el hombre entender su camino?

²⁵ Lazo es para el hombre decir a la ligera: «Es santo»,
Y después de los votos investigar.

²⁶ El rey sabio avienta a los impíos,
Y hace pasar¹ la rueda *de trillar* sobre ellos.

20:14
Un tipo de fraude
La gente a menudo acuerda el precio de un producto mediante el regateo. Un comprador puede tratar de engañar al vendedor cuestionando o poniendo en duda el valor de un producto para pagar menos de lo que vale en realidad.

20:20
Las consecuencias de maldecir al padre o la madre
Este pecado se castigaba con la pena de muerte. (Ver Levítico 20:9).

20:3 ¹ Lit. *cesar.*   ² Lit. *se encolerizará.*   20:6 ¹ O *bondad.*   20:8 ¹ O *cierne.*
20:10 ¹ Lit. *Una piedra y una piedra, un efa y un efa.*   20:15 ¹ O *corales.*
20:16 ¹ Lit. *cuando.*   20:19 ¹ Lit. *el que abre sus labios.*   20:20 ¹ Lit. *en
la pupila.*   20:23 ¹ Lit. *Una piedra y una piedra.*   ² Lit. *de engaño.*
20:26 ¹ Lit. *da vueltas a.*

27 Lámpara del SEÑOR es el espíritu[1] del hombre
Que escudriña lo más profundo de su ser[2].

28 Lealtad[1] y verdad guardan al rey,
Y por la justicia[1] sostiene su trono.

29 La gloria de los jóvenes es su fuerza,
Y la honra[1] de los ancianos, sus canas.

30 Los azotes que hieren limpian del mal,
Y los golpes llegan a lo más profundo[1] del cuerpo.

21

Como canales de agua es el corazón del rey en la mano del SEÑOR;
Él lo dirige donde le place.

2 Todo camino del hombre es recto ante sus ojos,
Pero el SEÑOR sondea[1] los corazones.

3 El hacer justicia y derecho
Es más deseado por el SEÑOR que el sacrificio.

4 Los ojos altivos y el corazón arrogante,
Y la lámpara de los impíos son pecado.

5 Los proyectos del diligente ciertamente son ventaja,
Pero todo el que se apresura, ciertamente *llega* a la pobreza.

6 Conseguir tesoros con lengua mentirosa
Es un vapor fugaz, es buscar[1] la muerte.

7 La violencia de los impíos los arrastrará,
Porque se niegan a obrar con justicia[1].

8 Torcido es el camino del pecador[1]
Mas el proceder del limpio es recto.

9 Mejor es vivir en un rincón del terrado
Que en una casa con mujer rencillosa[1].

10 El alma del impío desea el mal;
Su prójimo no halla favor a sus ojos.

11 Cuando el insolente es castigado, el simple se hace sabio;
Pero cuando se instruye al sabio, adquiere conocimiento.

12 El justo observa la casa del impío,
Llevando al impío a la ruina.

13 El que cierra su oído al clamor del pobre,
También él clamará y no recibirá respuesta.

14 Una dádiva en secreto aplaca la ira,
Y el soborno bajo el manto[1], el furor violento.

15 El cumplimiento de la justicia[1] es gozo para el justo,
Pero terror para los que obran iniquidad.

16 El hombre que se aparta del camino del saber
Reposará en la asamblea de los muertos[1].

17 El que ama el placer será pobre;
El que ama el vino y los ungüentos no se enriquecerá.

21:9
Vivir en el terrado
En ese tiempo, las casas tenían techos planos. Las personas esparcían las cosechas en los terrados para que se secaran al sol. Algunas veces también se construían pequeñas habitaciones allí.

20:27 [1] Lit. *aliento*.   [2] Lit. *todas las cámaras del cuerpo.*   20:28 [1] O *Bondad.*
20:29 [1] O *el esplendor.*   20:30 [1] Lit. *las cámaras.*   21:2 [1] Lit. *pesa.*
21:6 [1] Lit. *son buscadores de.*   21:7 [1] O *equidad.*   21:8 [1] Lit. *culpable.*
21:9 [1] Lit. *casa en común con mujer contenciosa.*   21:14 [1] Lit. *en el seno.*
21:15 [1] O *del derecho.*   21:16 [1] Lit. *de las sombras.*

21:17
El vino y los ungüentos podían impedirle a alguien hacerse rico

El vino y los ungüentos de aceite eran caros. Comprar demasiado de ellos podía hacer que una persona gastara todo su dinero. Esto es una advertencia de que enfocarse demasiado en los lujos y placeres puede empobrecerte.

21:22
Por qué un sabio conquistaría una ciudad

Esta era una forma astuta de decir que la sabiduría es mejor que la fuerza y que la justicia puede vencer a la maldad.

21:31
El significado de este proverbio

Dios muchas veces advirtió que no confiaran en los caballos y los carros como una manera de obtener la fuerza y el poder para ganar las guerras. En cambio, él es quien da la fuerza y la victoria.

22:2
Los ricos y los pobres son semejantes

Ambos deben responderle a Dios, su Creador, por la forma en que viven.

22:6
Cómo instruían los padres de antes a sus hijos

Los padres usaban historias de la familia y la nación para enseñar a sus hijos. También ejemplificaban cómo adorar y elegir lo correcto en vez de lo incorrecto. Si los niños aprendían esas cosas, entonces siempre vivirían bien.

18　El impío es rescate para el justo,
　　Y el malvado está en lugar de los rectos.
19　Mejor es habitar en tierra desierta
　　Que con mujer rencillosa y molesta.
20　Tesoro precioso y aceite hay en la casa del sabio,
　　Pero el necio todo lo disipa.
21　El que sigue la justicia y la lealtad[1]
　　Halla vida, justicia y honor.
22　El sabio escala la ciudad de los poderosos
　　Y derriba la fortaleza en que confiaban[1].
23　El que guarda su boca y su lengua,
　　Guarda su alma de angustias.
24　«Altivo», «arrogante» y «escarnecedor», son los nombres
　　Del que obra con orgullo insolente.
25　El deseo del perezoso lo mata,
　　Porque sus manos rehúsan trabajar;
26　Todo el día codicia[1],
　　Mientras el justo da y nada retiene.
27　El sacrificio de los impíos es abominación,
　　Cuánto más trayéndolo con mala intención.
28　El testigo falso perecerá,
　　Pero el hombre que escucha *la verdad,* hablará siempre.
29　El hombre impío muestra audacia en[1] su rostro,
　　Pero el recto asegura su camino.
30　No vale sabiduría, ni entendimiento,
　　Ni consejo, ante el SEÑOR.
31　Se prepara al caballo para el día de la batalla,
　　Pero la victoria[1] es del SEÑOR.

22　Más vale el buen nombre que las muchas riquezas,
　　Y el favor que la plata y el oro.
2　El rico y el pobre tienen un lazo común[1]:
　　A ambos los hizo el SEÑOR.
3　El prudente ve el mal y se esconde,
　　Pero los simples siguen adelante y son castigados.
4　La recompensa de la humildad *y* el temor[1] del SEÑOR
　　Son la riqueza, el honor y la vida.
5　Espinos *y* lazos hay en el camino del perverso;
　　El que cuida su alma se alejará de ellos.
6　Instruye al niño en el camino que debe andar[1],
　　Y aun cuando sea viejo no se apartará de él.
7　El rico domina a los pobres,
　　Y el deudor es esclavo del acreedor.
8　El que siembra iniquidad segará vanidad,
　　Y la vara de su furor perecerá.
9　El generoso[1] será bendito,
　　Porque da de su pan al pobre.
10　Echa fuera al insolente y saldrá la discordia,
　　Y cesarán *también* los pleitos y la ignominia.

21:21 [1] O *bondad.*　21:22 Lit. *fortaleza de su confianza.*　21:26 [1] Lit. *codicia la codicia.*　21:29 [1] Lit. *se afirma con.*　21:31 [1] O *salvación.*　22:2 [1] Lit. *se encuentran.*　22:4 [1] O *la reverencia.*　22:6 [1] Lit. *acerca de su camino.*　22:9 [1] Lit. *que tiene buen ojo.*

11 El que ama la pureza de corazón
Tiene gracia en sus labios, *y* el rey es su amigo.
12 Los ojos del SEÑOR guardan el conocimiento,
Pero Él confunde las palabras del engañador.
13 El perezoso dice: «Hay un león afuera;
Seré muerto en las calles».
14 Fosa profunda es la boca de las mujeres extrañas;
El que es maldito del SEÑOR caerá en ella[1].
15 La necedad está ligada al corazón del niño,
Pero la vara de la disciplina lo alejará de ella.
16 El que oprime al pobre para engrandecerse,
O da al rico, solo *llegará a* la pobreza.

PRECEPTOS Y AMONESTACIONES

17 Inclina tu oído y oye las palabras de los sabios,
Y aplica tu corazón a mi conocimiento;
18 Porque te será agradable si las guardas dentro de ti,
Para que[1] estén listas en tus labios.
19 Para que tu confianza esté en el SEÑOR,
Te he instruido[1] hoy a ti también.
20 ¿No te he escrito cosas excelentes[1]
De consejo y conocimiento,
21 Para hacerte saber la certeza[1] de las palabras de verdad
A fin de que respondas correctamente[2] al que te ha
enviado?

22 No robes al pobre, porque es pobre,
Ni aplastes al afligido en la puerta;
23 Porque el SEÑOR defenderá su causa
Y quitará la vida[1] de los que los despojan.

24 No te asocies con el hombre iracundo,
Ni andes con el hombre violento,
25 No sea que aprendas sus maneras
Y tiendas[1] lazo para ti mismo.

26 No estés entre los que dan fianzas[1],
Entre los que salen de fiadores de préstamos.
27 Si no tienes con qué pagar,
¿Por qué han de quitarte la cama de debajo de ti?

28 No muevas el lindero antiguo
Que pusieron tus padres.

29 ¿Has visto un hombre diestro en su trabajo?
Estará delante[1] de los reyes;
No estará delante[1] de hombres sin importancia.

23 Cuando te sientes a comer con un gobernante,
Considera bien lo que[1] está delante de ti,
2 Y pon cuchillo a tu garganta
Si eres hombre de *mucho* apetito.
3 No desees sus manjares,
Porque es alimento engañoso.

22:24-25
Cuidado al elegir los amigos
Una persona con un rasgo negativo como el mal humor puede influenciar a sus amigos a actuar del mismo modo.

22:14 [1] Lit. *allí.*   22:18 [1] Lit. *ellas juntas.*   22:19 [1] Lit. *dado a conocer.*
22:20 [1] O *anteriores.*   22:21 [1] Lit. *verdad.*   [2] Lit. *vuelvas palabras de verdad.*
22:23 [1] Lit. *robará el alma.*   22:25 [1] Lit. *tomes.*   22:26 [1] Lit. *dan la palma.*
22:29 [1] I.e. al servicio.   23:1 [1] O *al que.*

23:4-5
Consejos acerca de las riquezas
El deseo de enriquecerse puede arruinar a una persona en lo físico y lo espiritual. Además, las riquezas solo duran un corto tiempo.

23:11
El Redentor
Este era el pariente redentor, alguien que ayudaba a los parientes cercanos a recuperar la tierra que solía ser de su familia. (Ver Levítico 25:25).

4 No te fatigues en adquirir riquezas,
　Deja de pensar *en ellas¹*.
5 Cuando pones tus ojos en ella, ya no está¹.
　Porque *la riqueza* ciertamente se hace alas
　Como águila que vuela *hacia* los cielos.

6 No comas el pan del egoísta¹,
　Ni desees sus manjares;
7 Pues como piensa dentro de sí¹, así es él.
　Él te dice: «Come y bebe»,
　Pero su corazón no está contigo.
8 Vomitarás el¹ bocado que has comido,
　Y malgastarás tus cumplidos².

9 No hables a oídos del necio,
　Porque despreciará la sabiduría de tus palabras.

10 No muevas el lindero antiguo,
　Ni entres en la heredad¹ de los huérfanos,
11 Porque su Redentor es fuerte;
　Él defenderá su causa contra ti.
12 Aplica tu corazón a la instrucción¹
　Y tus oídos a las palabras del conocimiento.

13 No escatimes la disciplina del niño;
　Aunque lo castigues¹ con vara, no morirá.
14 Lo castigarás¹ con vara,
　Y librarás su alma del Seol².

15 Hijo mío, si tu corazón es sabio,
　Mi corazón también se me alegrará;
16 Y se regocijarán mis entrañas¹
　Cuando tus labios hablen lo que es recto.

17 No envidie tu corazón a los pecadores,
　Antes *vive* siempre¹ en el temor² del SEÑOR.
18 Porque ciertamente hay un futuro¹,
　Y tu esperanza no será cortada.
19 Escucha, hijo mío, y sé sabio,
　Y dirige tu corazón por el *buen* camino.
20 No estés con los bebedores de vino,
　Ni con los comilones de carne,
21 Porque el borracho y el glotón se empobrecerán,
　Y la vagancia se vestirá de harapos.

22 Escucha a tu padre, que te engendró,
　Y no desprecies a tu madre cuando envejezca.
23 Compra la verdad y no *la* vendas,
　Adquiere sabiduría, instrucción e inteligencia.

24 El padre del justo se regocijará en gran manera,
　Y el que engendra un sabio se alegrará en él.
25 Alégrense tu padre y tu madre,
　Y regocíjese la que te dio a luz.

23:4 ¹ O *considerarlas.*　　23:5 ¹ Lit. *¿Volarán tus ojos sobre ella y no existe?*　　23:6 ¹ Lit. *hombre de ojo maligno.*　　23:7 ¹ Lit. *considera en su alma.*　　23:8 ¹ Lit. *tu.*　　² Lit. *palabras agradables.*　　23:10 ¹ O *los campos.*　　23:12 ¹ O *disciplina.*　　23:13 ¹ Lit. *hieras.*　　23:14 ¹ Lit. *herirás.*　　² I.e. *región de los muertos.*　　23:16 ¹ Lit. *riñones.*　　23:17 ¹ Lit. *todo el día.*　　² O *la reverencia.*　　23:18 ¹ Lit. *final.*

26 Dame, hijo mío, tu corazón,
   Y que tus ojos se deleiten en*¹* mis caminos.
27 Porque fosa profunda es la ramera
   Y pozo angosto es la mujer desconocida*¹*.
28 Ciertamente ella acecha como ladrón,
   Y multiplica los infieles*¹* entre los hombres.

29 ¿De quién son los ayes? ¿De quién las tristezas?
   ¿De quién las luchas? ¿De quién las quejas?
   ¿De quién las heridas sin causa?
   ¿De quién los ojos enrojecidos?
30 De los que se demoran mucho con el vino,
   De los que van en busca de vinos mezclados.
31 No mires al vino cuando rojea,
   Cuando resplandece*¹* en la copa;
   Entra suavemente,
32 *Pero* al final muerde como serpiente,
   Y pica como víbora.
33 Tus ojos verán cosas extrañas,
   Y tu corazón proferirá perversidades.
34 Y serás como el que se acuesta en medio*¹* del mar,
   O como el que se acuesta en lo alto de un mástil*²*.
35 *Y dirás:* «Me hirieron, *pero* no me dolió;
   Me golpearon, *pero* no lo sentí*¹*.
   Cuando despierte,
   Volveré a buscar más».

24 No tengas envidia de los malvados,
   Ni desees estar con ellos;
2 Porque su corazón trama violencia,
   Y sus labios hablan de *hacer* mal.

3 Con sabiduría se edifica una casa,
   Y con prudencia se afianza;
4 Con conocimiento se llenan las cámaras
   De todo bien preciado y deseable.

5 El hombre sabio es fuerte*¹*,
   Y el hombre de conocimiento aumenta*²* *su* poder.
6 Porque con dirección sabia harás la guerra*¹*,
   Y en la abundancia de consejeros está la
      victoria*²*.

7 Muy alta está la sabiduría para el necio,
   En la puerta *de la ciudad* no abre su boca.

8 Al que planea hacer el mal,
   Lo llamarán intrigante.
9 El tramar necedad es pecado,
   Y el insolente es abominación a los
      hombres.

10 Si eres débil en día de angustia,
   Tu fuerza es limitada.

23:29-35
Los peligros del alcohol
Estas imágenes tan vívidas describen varias consecuencias de beber demasiado alcohol: sentirse triste, enojarse, lastimarse uno mismo y herir a los demás, y tener los ojos enrojecidos.

24:7
La puerta de la ciudad
Los líderes de la ciudad se reunían para hacer juicio en las puertas de la misma. También era el sitio donde funcionaba el comercio y tenían lugar los negocios oficiales.

23:26 *¹* Otra posible lectura es: *observen.*   23:27 *¹* O *extranjera.*
23:28 *¹* Lit. *pérfidos.*   23:31 *¹* Lit. *da su ojo.*   23:34 *¹* Lit. *el corazón.*   *²* O *torre de vigía.*   23:35 *¹* Lit. *no lo supe.*   24:5 *¹* Lit. *con fuerza.*   *²* Lit. *fortalece.*
24:6 *¹* Lit. *batalla para ti.*   *²* Lit. *salvación.*

11 Libra a los que son llevados a la muerte,
    Y retén a los que van con pasos vacilantes a la matanza.
12 Si dices: «Mira, no sabíamos esto».
    ¿No *lo* tiene en cuenta el que sondea[1] los corazones?
    ¿No lo sabe el que guarda tu alma?
    ¿No dará[2] a cada hombre según su obra?

13 Come miel, hijo mío, porque es buena;
    Sí, la miel del panal es dulce a tu paladar.
14 Debes saber *que* así es la sabiduría para tu alma;
    Si *la* hallas, entonces habrá un futuro[1],
    Y tu esperanza no será cortada.

15 No aceches, oh impío, la morada del justo;
    No destruyas su lugar de descanso;
16 Porque el justo cae siete veces, y vuelve a
       levantarse,
    Pero los impíos caerán en la desgracia.

17 No te regocijes cuando caiga tu enemigo,
    Y no se alegre tu corazón cuando tropiece;
18 No sea que el SEÑOR *lo* vea y le desagrade[1],
    Y aparte de él Su ira.

19 No te impacientes a causa de los malhechores
    Ni tengas envidia de los impíos;
20 Porque no habrá futuro[1] para el malo.
    La lámpara de los impíos será apagada.

21 Hijo mío, teme[1] al SEÑOR y al rey;
    No te asocies con los que son inestables;
22 Porque de repente se levantará su desgracia,
    Y la destrucción *que vendrá* de ambos, ¿quién *la* sabe?

23 También estos son dichos de los sabios:
    «Hacer acepción de personas[1] en el juicio no es
       bueno».
24 Al que dice al impío: «Eres justo»,
    Lo maldecirán los pueblos, lo aborrecerán las
       naciones;
25 Pero los que *lo* reprenden tendrán felicidad,
    Y sobre ellos vendrá abundante bendición.
26 Besa los labios
    El que da una respuesta correcta[1].

27 Ordena tus labores de fuera
    Y tenlas listas para ti en el campo,
    Y después edifica tu casa.

28 No seas, sin causa, testigo contra tu prójimo,
    Y no engañes con tus labios.
29 No digas: «Como él me ha hecho, así le haré;
    Pagaré[1] al hombre según su obra».

30 He pasado junto al campo del perezoso
    Y junto a la viña del hombre falto de entendimiento[1],

24:13-14
La sabiduría y la miel
Es una imagen descriptiva que compara la sabiduría con la miel. Ambas nutren y son dulces.

24:21
A quién obedecer
Debían obedecer al Señor y a su representante, el rey.

24:27
El significado de este proverbio
Una persona debía planificar cuidadosamente y tener dinero antes de construir una casa. La preparación es importante.

24:12 [1] Lit. *pesa.*   [2] Lit. *No devolverá.*   24:14 [1] Lit. *final.*   24:18 [1] Lit. *sea malo a sus ojos.*   24:20 [1] Lit. *final.*   24:21 [1] O *reverencia.*   24:23 [1] Lit. *considerar el rostro.*   24:26 [1] U *honesta.*   24:29 [1] Lit. *devolveré.*   24:30 [1] Lit. *corazón.*

31 Y vi que todo estaba lleno de cardos,
       Su superficie cubierta de ortigas,
       Y su cerca de piedras, derribada.
32 Cuando *lo* vi, reflexioné[1] sobre ello;
       Miré, *y* recibí instrucción.
33 «Un poco de dormir, otro poco de dormitar,
       Otro poco de cruzar las manos para descansar»,
34 Y llegará tu pobreza *como* ladrón[1],
       Y tu necesidad como hombre armado[2].

COMPARACIONES Y LECCIONES MORALES

25 También estos son proverbios de Salomón, que transcribieron los hombres de Ezequías, rey de Judá:

2 Es gloria de Dios encubrir una cosa,
      Pero la gloria de los reyes es investigar un asunto.
3 *Como* la altura de los cielos y la profundidad de la
           tierra,
      Así es el corazón de los reyes, inescrutable.
4 Quita la escoria de la plata,
      Y saldrá un vaso para el orfebre;
5 Quita al malo *de* delante del rey,
      Y su trono se afianzará en la justicia.
6 No hagas ostentación ante el rey,
      Y no te pongas en el lugar de los grandes;
7 Porque es mejor que te digan: «Sube acá»,
      A que te humillen delante del príncipe
      A quien tus ojos han visto.

8 No te apresures a presentar pleito;
      Pues[1] ¿qué harás al final,
      Cuando tu prójimo te avergüence?
9 Discute tu caso con tu prójimo
      Y no descubras el secreto de otro,
10 No sea que te reproche el que *lo* oiga
      Y tu mala fama no se acabe[1].

11 *Como* manzanas de oro en engastes de plata
      Es la palabra dicha a su tiempo.
12 *Como* pendiente[1] de oro y adorno de oro fino
      Es el sabio que reprende al oído atento.
13 Como frescura de nieve en tiempo[1] de la siega
      Es el mensajero fiel para los que lo envían,
      Porque refresca el alma de sus señores.
14 *Como* las nubes y el viento sin lluvia
      Es el hombre que se jacta falsamente de sus dones[1].
15 Con la mucha paciencia[1] se persuade al príncipe,
      Y la lengua suave quebranta los huesos.
16 ¿Has hallado miel? Come *solo* lo que necesites[1],
      No sea que te hartes y la vomites.
17 No frecuente tu pie la casa de tu vecino,
      No sea que él se hastíe de ti y te aborrezca.

25:11-12
La palabra dicha a su tiempo

El autor compara el uso de las palabras sabias con la joyería fina. Las personas verán su belleza y la admirarán.

24:32 [1] Lit. *puse mi corazón.*   24:34 [1] O *vagabundo;* lit. *uno que anda.*
[2] Lit. *un hombre con escudo.*   25:8 [1] Lit. *no sea que.*   25:10 [1] Lit. *vuelva.*
25:12 [1] O *nariguera.*   25:13 [1] Lit. *día.*   25:14 [1] Lit. *en un don de falsedad.*
25:15 [1] Lit. *largura de ira.*   25:16 [1] Lit. *tu suficiencia.*

18 *Como* mazo y espada y flecha aguda
    Es el hombre que levanta falso testimonio contra su
        prójimo.

19 *Como* diente malo y pie que resbala
    Es la confianza en el hombre engañador en tiempo de
        angustia.

20 *Como* el que se quita la ropa en día de frío, *o como* el
        vinagre sobre la lejía[1],
    Es el que canta canciones a un corazón afligido[2].

21 Si tu enemigo[1] tiene hambre, dale de comer pan,
    Y si tiene sed, dale a beber agua;

22 Porque *así* amontonarás[1] brasas sobre su cabeza,
    Y el SEÑOR te recompensará.

23 El viento del norte trae la lluvia,
    Y la lengua murmuradora[1], el semblante lleno de ira.

24 Mejor es vivir en un rincón del terrado
    Que en una casa con mujer rencillosa[1].

25 *Como* agua fría para el alma sedienta,
    Así son las buenas nuevas de una tierra lejana.

26 *Como* manantial turbio y pozo contaminado[1]
    Es el justo que cede ante el impío.

27 No es bueno comer mucha miel,
    Ni el buscar la propia gloria es gloria.

28 *Como* ciudad invadida *y* sin murallas
    Es el hombre que no domina su espíritu.

25:21-22
El significado de amontonar brasas sobre la cabeza de alguien

Tratar a un enemigo con amabilidad podía hacer que se arrepintiera. Una práctica egipcia era hacer que una persona culpable llevara un cuenco, recipiente, con carbones encendidos sobre su cabeza como señal de arrepentimiento. En este caso, los carbones calientes podían representar el arrepentimiento o la vergüenza que la persona culpable siente después de que alguien muestra amabilidad hacia ella.

25:28
Una ciudad sin murallas

Una ciudad con las murallas derribadas no tenía defensas y era una deshonra.

26:8
La piedra atada a la honda

Una honda con una piedra atada a ella era inútil como arma, porque la piedra se quedaría atascada y no saldría lanzada. Del mismo modo, es inútil dar honor a un necio.

26 Como nieve en el verano y como lluvia en la siega,
        Así la honra no es apropiada para el necio.

2   Como el gorrión en *su* vagar y la golondrina en *su*
        vuelo,
    Así la maldición no viene sin causa.

3   El látigo es para el caballo, la brida para el asno,
    Y la vara para la espalda de los necios.

4   No respondas al necio de acuerdo con su necedad,
    Para que no seas tú también como él.

5   Responde al necio según su necedad *se merece*,
    Para que no sea sabio ante sus propios ojos.

6   Se corta los pies *y* bebe violencia
    El que envía recado por mano de un necio.

7   *Como* las piernas que penden del lisiado,
    Así es el proverbio en boca de los necios.

8   Como el que ata[1] la piedra a la honda,
    Así es el que da honor al necio.

9   *Como* espina *que* se clava[1] en la mano de un borracho,
    Así es el proverbio en boca de los necios.

10 *Como* arquero que a todos hiere,
    Así es el que toma a sueldo al necio o a[1] los que
        pasan.

11 Como perro que vuelve a su vómito
    Es el necio que repite su[1] necedad.

25:20 [1] I.e. carbonato sódico.   [2] Lit. *malo*.   25:21 [1] Lit. *el que te odia*.
25:22 [1] Lit. *agarrarás*.   25:23 [1] Lit. *lengua de secreto*.   25:24 [1] Lit. *casa en común con mujer contenciosa*.   25:26 [1] Lit. *en ruinas*.   26:8 [1] Lit. *el atar de*.
26:9 [1] Lit. *se levanta*.   26:10 [1] O *Un obrero hábil produce todo, pero el que toma a sueldo a un necio es como el que toma a sueldo a*.   26:11 [1] Lit. *con su*.

12 ¿Has visto a un hombre que se tiene por sabio¹?
Más esperanza hay para el necio que para él.

13 El perezoso dice: «Hay un león en el camino;
Hay un león en medio de la plaza».

14 *Como* la puerta gira sobre sus goznes,
Así *da vueltas* el perezoso en su cama.

15 El perezoso mete la mano en el plato,
Pero se fatiga de llevársela a la boca.

16 El perezoso es más sabio ante sus propios ojos
Que siete que den una respuesta discreta¹.

17 *Como* el que toma un perro por las orejas,
Así es el que pasa *y* se entremete¹ en pleito que no es
suyo.

18 Como el enloquecido que lanza
Teas encendidas, flechas y muerte,

19 Así es el hombre que engaña a su prójimo,
Y dice: «¿Acaso no estaba yo bromeando?».

20 Por falta de leña se apaga el fuego,
Y donde no hay chismoso, se calma la discusión.

21 *Como* carbón para las brasas y leña para el fuego,
Así es el hombre rencilloso para encender pleitos.

22 Las palabras del chismoso son como bocados deliciosos,
Y penetran hasta el fondo de las entrañas¹.

23 *Como* vasija de barro revestida de escoria de plata,
Así son los labios ardientes y el corazón perverso.

24 El que odia, disimula con sus labios,
Pero en su corazón¹ acumula engaño.

25 Cuando su voz sea agradable, no lo creas,
Pues hay siete abominaciones en su corazón.

26 *Aunque* su odio se cubra con engaño,
Su perversidad será descubierta en la asamblea.

27 El que cava un hoyo caerá en él,
Y el que hace rodar una piedra, sobre él volverá.

28 La lengua mentirosa odia a los que oprime¹,
Y la boca lisonjera causa ruina.

27 No te glories del día de mañana,
Porque no sabes qué traerá el día.

2 Que te alabe el extraño, y no tu boca;
El extranjero, y no tus labios.

3 Pesada es la piedra y pesada la arena,
Pero la provocación del necio es más pesada que ambas.

4 Cruel es el furor e inundación la ira;
Pero ¿quién se mantendrá ante los celos?

5 Mejor es la represión franca
Que el amor encubierto.

6 Fieles son las heridas del amigo,
Pero engañosos¹ los besos del enemigo².

7 El hombre¹ saciado aborrece² la miel,
Pero para el hombre¹ hambriento todo lo amargo le es
dulce.

26:18-19
Lanzar teas encendidas
Si alguien lanza una tea encendida, rápidamente podría incendiar las cosechas o quemar una casa. Del mismo modo, si una persona miente y después dice que solo estaba bromeando, puede ser demasiado tarde para deshacer el daño.

26:27
La enseñanza de este proverbio
Este proverbio trata acerca de conspirar para hacerle daño a alguien a propósito. Si alguien intenta cavar un foso o rodar una piedra para herir a alguien, puede caer en su propia trampa. Sus malas intenciones pueden perjudicarlo a él en lugar de a la otra persona.

27:2
Que otro te alabe
Otra persona se dará cuenta y te elogiará si lo mereces. Sus elogios convencerán más que presumir de ti mismo, lo cual no demuestra nada.

8 Como pájaro que vaga lejos de su nido,
   Así es el hombre que vaga lejos de su hogar[1].
9 El ungüento y el perfume alegran el corazón,
   Y dulce para su amigo es el consejo del hombre[1].
10 No abandones a tu amigo ni al amigo de tu padre,
   Ni vayas a la casa de tu hermano el día de tu infortunio.
   Mejor es un vecino cerca que un hermano lejos.
11 Sé sabio, hijo mío, y alegra mi corazón,
   Para que yo responda al que me afrenta.
12 El hombre prudente ve el mal y se esconde,
   Los simples siguen adelante y pagan las
      consecuencias.
13 Tómale la ropa al que[1] sale fiador del extraño;
   Y tómale prenda por la mujer desconocida[2].
14 Al que muy de mañana bendice a su amigo en alta voz,
   Le será contado como una maldición.
15 Gotera constante en día de lluvia
   Y mujer rencillosa, son semejantes;
16 El que trata de contenerla[1], es como refrenar[2] al viento
   Y recoger[3] aceite con su mano derecha.
17 El hierro con hierro se afila,
   Y un hombre aguza a otro[1].
18 El que cuida la higuera comerá su fruto,
   Y el que atiende a su señor será honrado.
19 Como el agua refleja el rostro[1],
   Así el corazón del hombre refleja al hombre.
20 El Seol[1] y el Abadón[2] nunca se sacian;
   Tampoco se sacian los ojos del hombre.
21 El crisol es para la plata y el horno para el oro,
   Y al hombre se le prueba por la alabanza que recibe.
22 Aunque machaques con el mazo al necio en un
      mortero entre el grano molido,
   No se apartará de él su necedad.

23 Conoce bien la condición[1] de tus rebaños,
   Y presta atención[2] a tu ganado;
24 Porque las riquezas no son eternas,
   Ni perdurará la corona por todas las generaciones.
25 Cuando la hierba desaparece se ve el retoño,
   Y se recogen las hierbas de los montes;
26 Los corderos darán para tu vestido,
   Y las cabras para el precio de un campo,
27 Y habrá suficiente leche de cabra para tu alimento,
   Para el alimento de tu casa,
   Y sustento para tus doncellas.

PROVERBIOS ANTITÉTICOS

28 El impío huye sin que nadie lo persiga,
   Pero los justos están confiados como un león.
2 Por la transgresión de la tierra, muchos son sus
      príncipes;

27:17
Cómo se aguzan unos a otros
Cada persona tiene opiniones e ideas diferentes. Entonces, cuando la gente comparte sus ideas, se ayudan mutuamente a aprender y considerar nuevos criterios.

27:22
El mortero y el mazo
El mortero es un bol, y el mazo es una herramienta sin filo que se usa para machacar el grano o las hierbas.

© Kika Mika/Shutterstock

27:8 [1] Lit. lugar.   27:9 [1] Lit. alma.   27:13 [1] Lit. cuando.   [2] O extranjera.
27:16 [1] Lit. esconderla.   [2] Lit. esconde.   [3] Lit. se enfrenta al.   27:17 [1] Lit. el rostro de su amigo.   27:19 [1] Lit. rostro al rostro.   27:20 [1] I.e. región de los muertos.   [2] I.e. lugar de destrucción.   27:23 [1] Lit. el semblante.   [2] Lit. pon tu corazón.

Pero por el hombre entendido y de conocimiento
permanece estable[1].

3 El pobre que oprime a los humildes
Es *como* lluvia torrencial que no deja[1] pan.

4 Los que abandonan la ley alaban a los impíos,
Pero los que guardan la ley luchan contra ellos.

5 Los hombres malvados no entienden de justicia[1],
Pero los que buscan al SEÑOR lo entienden todo.

6 Mejor es el pobre que anda en su integridad
Que el que es perverso[1], aunque sea rico.

7 El que guarda la ley es hijo entendido,
Pero el que es compañero de glotones avergüenza a
su padre.

8 El que aumenta su riqueza por interés y usura,
La recoge para el que se apiada de los pobres.

9 Al que aparta su oído para no oír la ley,
Su oración también es abominación.

10 El que extravía a los rectos por el mal camino
En su propia fosa caerá,
Pero los íntegros[1] heredarán el bien.

11 El rico es sabio ante sus propios ojos,
Pero el pobre que es entendido, lo sondea[1].

12 Cuando los justos triunfan, grande es la gloria,
Pero cuando los impíos se levantan, los hombres se
esconden[1].

13 El que encubre sus pecados no prosperará,
Pero el que *los* confiesa y *los* abandona hallará
misericordia.

14 Cuán bienaventurado es el hombre que siempre teme,
Pero el que endurece su corazón caerá en el infortunio.

15 *Cual* león rugiente y oso agresivo
Es el gobernante perverso sobre el pueblo pobre.

16 Al príncipe que es gran opresor le falta
entendimiento,
Pero el que odia las ganancias injustas prolongará *sus*
días.

17 El hombre cargado con culpa de sangre humana,
Fugitivo será hasta la muerte[1]; que nadie lo apoye.

18 El que anda en integridad[1] será salvo,
Pero el que es de camino torcido[2] caerá de repente.

19 El que labra su tierra se saciará de pan,
Pero el que sigue *propósitos* vanos se llenará de
pobreza.

20 El hombre fiel abundará en bendiciones,
Pero el que se apresura a enriquecerse no quedará sin
castigo.

21 Hacer acepción de personas[1] no es bueno,
Pues por un bocado de pan el hombre pecará.

22 El hombre avaro[1] corre tras la riqueza
Y no sabe que la miseria vendrá sobre él.

28:14
El significado de endurecer el corazón
De manera similar al buey, que persistentemente se resiste al yugo alrededor de su cuello, cuando las personas endurecen el corazón, están rechazando con terquedad los mandamientos de Dios.

28:2 [1] Lit. *así.*   28:3 [1] Lit. *y no hay.*   28:5 [1] O *juicio.*   28:6 [1] Lit. *perverso de
dos caminos.*   28:10 [1] O *perfectos.*   28:11 [1] Lit. *lo examina.*   28:12 [1] Lit. *serán
buscados.*   28:17 [1] Lit. *huirá hasta la fosa.*   28:18 [1] O *perfección.*
[2] Lit. *perverso de dos caminos.*   28:21 [1] Lit. *Fijarse en los rostros.*
28:22 [1] Lit. *de ojo maligno.*

23 El que reprende al hombre hallará después *más* favor
Que el que *lo* lisonjea con la lengua.

24 El que roba a su padre o a su madre
Y dice: «No es transgresión»,
Es compañero del hombre destructor.

25 El hombre arrogante[1] provoca rencillas,
Pero el que confía en el SEÑOR prosperará[2].

26 El que confía en su propio corazón es un necio,
Pero el que anda con sabiduría será librado.

27 El que da al pobre no pasará necesidad,
Pero el que cierra[1] sus ojos tendrá muchas
maldiciones.

28 Cuando los impíos se levantan, los hombres se
esconden;
Pero cuando perecen, los justos se multiplican.

28:26
Por qué confiar en uno mismo es algo necio
Los que confían en sus propias habilidades y opiniones probablemente se desvíen. En cambio, los que buscan consejos sabios y siguen los mandamientos de Dios serán bendecidos.

29:1
El terco
Un granjero describe como terco a un buey o un caballo que no responde cuando se tira de su cuerda. En este caso, el término se refiere a una persona obstinada o testaruda que no acepta la corrección.

29 El hombre que después de mucha reprensión se
pone terco[1],
De repente será quebrantado sin remedio[2].

2 Cuando los justos aumentan[1], el pueblo se alegra;
Pero cuando el impío gobierna, el pueblo gime.

3 El que ama la sabiduría alegra a su padre,
Pero el que anda con rameras malgasta *su* fortuna.

4 El rey con la justicia[1] afianza la tierra,
Pero el hombre que acepta soborno la destruye.

5 El hombre que adula a su prójimo
Tiende una red ante[1] sus pasos.

6 El hombre malo es atrapado en la transgresión,
Pero el justo canta y se regocija.

7 El justo se preocupa por[1] la causa de los pobres,
Pero el impío no entiende *tal* preocupación[2].

8 Los provocadores agitan la ciudad,
Pero los sabios alejan la ira.

9 Cuando un sabio tiene controversia con un necio,
Este se enoja o se ríe, y no hay descanso.

10 Los hombres sanguinarios odian al intachable[1],
Pero los rectos se preocupan por[2] su alma.

11 El necio da rienda suelta a su ira[1],
Pero el sabio la reprime.

12 Si un gobernante presta atención a palabras
mentirosas,
Todos sus servidores *se vuelven* impíos.

13 El pobre y el opresor tienen esto en común[1]:
El SEÑOR alumbra a los ojos de ambos.

14 El rey que juzga con verdad a los pobres
Afianzará su trono para siempre.

15 La vara y la reprensión dan sabiduría,
Pero el niño consentido[1] avergüenza a su madre.

16 Cuando aumentan[1] los impíos, aumenta la transgresión,
Pero los justos verán su caída.

29:15
La vara de corrección
Este símbolo antiguo apunta a cómo la disciplina ayuda a los niños a obtener sabiduría.

28:25 [1] Lit. *de alma ensanchada.* 　 [2] Lit. *engordará.* 　 28:27 [1] Lit. *esconde.*
29:1 [1] Lit. *endurece la cerviz.* 　 [2] Lit. *y no hay remedio.* 　 29:2 [1] O *se
engrandecen.* 　 29:4 [1] O *el juicio.* 　 29:5 [1] Lit. *sobre.* 　 29:7 [1] Lit. *sabe.*
[2] Lit. *conocimiento.* 　 29:10 [1] Lit. *perfecto.* 　 [2] Lit. *buscan.* 　 29:11 [1] Lit. *da
salida a todo su espíritu.* 　 29:13 [1] Lit. *se juntan.* 　 29:15 [1] Lit. *suelto.*
29:16 [1] O *se engrandecen.*

17 Disciplina a tu hijo y te dará descanso,
Y dará alegría[1] a tu alma.

18 Donde no hay visión[1], el pueblo se desenfrena,
Pero bienaventurado es el que guarda la ley.

19 Un siervo no aprende *solo* con palabras;
Aunque entienda, no responderá[1].

20 ¿Ves a un hombre precipitado en sus palabras?
Más esperanza hay para el necio que para él.

21 El que mima a su siervo desde la niñez,
Al final lo tendrá por hijo[1].

22 El hombre lleno de ira provoca rencillas,
Y el hombre violento abunda en transgresiones.

23 El orgullo del hombre lo humillará,
Pero el de espíritu humilde obtendrá honores.

24 El que se asocia con un ladrón aborrece su propia
vida[1];
Oye el juramento[2], pero no dice nada.

29:17 [1] Lit. *deleites.*   29:18 [1] O *revelación.*   29:19 [1] Lit. *pero no habrá respuesta.*   29:21 [1] O *lamentará.*   29:24 [1] Lit. *alma.*   [2] O *la imprecación.*

29:24
El significado de este proverbio
Una persona puede convertirse en su propio enemigo si se une a un crimen. Como no está dispuesto a testificar en el juicio, se declara a sí mismo culpable.

TEMAS DE PROVERBIOS

Temas principales de Proverbios

Tentación y sexo 9%

Elegir palabras sabias 9%

Carácter 20%

Otros 13%

Dinero y negocios 18%

Relaciones 15%

Salud espiritual 16%

²⁵ El temor al hombre es¹ un lazo,
Pero el que confía en el SEÑOR estará seguro².

²⁶ Muchos buscan el favor¹ del gobernante,
Pero del SEÑOR *viene* la justicia² para el hombre.

²⁷ Abominación para los justos es el malvado,
Y abominación para el impío es el recto en su camino.

PALABRAS DE AGUR

30 Palabras de Agur, hijo de Jaqué: el oráculo¹.
Declaración del hombre a Itiel, a Itiel y a Ucal.

² Ciertamente soy el más torpe de los hombres,
Y no tengo inteligencia humana.

³ Y no he aprendido sabiduría,
Ni tengo conocimiento del Santo.

⁴ ¿Quién subió al cielo y descendió?
¿Quién recogió los vientos en Sus puños?
¿Quién envolvió las aguas en Su¹ manto?
¿Quién estableció todos los confines de la tierra?
¿Cuál es Su nombre o el nombre de Su hijo?
Ciertamente tú lo sabes.

⁵ Probada es toda palabra de Dios;
Él es escudo para los que en Él se refugian.

⁶ No añadas a Sus palabras,
No sea que Él te reprenda y seas hallado mentiroso.

⁷ Dos cosas te he pedido,
No me *las* niegues antes que muera:

⁸ Aleja de mí la mentira y las palabras engañosas,
No me des pobreza ni riqueza;
Dame a comer mi porción de pan,

⁹ No sea que me sacie y *te* niegue, y diga:
«¿Quién es el SEÑOR?».
O que sea menesteroso y robe,
Y profane el nombre de mi Dios.

¹⁰ No hables mal del esclavo ante su amo,
No sea que te acuse¹ y seas hallado culpable.

¹¹ *Hay* gente¹ que maldice a su padre,
Y no bendice a su madre.

¹² *Hay* gente que se tiene por pura¹,
Pero no está limpia de su inmundicia.

¹³ *Hay* gente de ojos altivos,
Cuyos¹ párpados se alzan *en arrogancia*.

¹⁴ *Hay* gente cuyos dientes son espadas,
Y sus muelas cuchillos,
Para devorar a los pobres de la tierra,
Y a los menesterosos de entre los hombres.

¹⁵ La sanguijuela tiene dos hijas, *que dicen:* «¡Dame!»,
«¡Dame!».

30:2-3
Por qué hay proverbios de un hombre falto de entendimiento

La expresión de Agur es en realidad un signo de humildad. Él afirmaba que los seres humanos no pueden conocer la sabiduría apartados de la Palabra de Dios.

29:25 ¹ Lit. *da*.   ² O *será ensalzado*.   29:26 ¹ Lit. *rostro*.   ² O *el juicio*.   30:1 ¹ O *la carga*.   30:4 ¹ Lit. *el*.   30:10 ¹ Lit. *maldiga*.   30:11 ¹ Lit. *generación*, y así en los vers. 12, 13 y 14.   30:12 ¹ Lit. *pura en sus propios ojos*.   30:13 ¹ Lit. *y sus*.

Hay tres cosas que no se saciarán,
Y una cuarta que no dirá: «¡Basta!».

16 El Seol¹, la matriz estéril,
La tierra que jamás se sacia de agua,
Y el fuego que nunca dice: «¡Basta!».

17 Al ojo que se burla del padre
Y escarnece¹ a la madre,
Lo sacarán los cuervos del valle,
Y lo comerán los aguiluchos.

18 Hay tres cosas que son incomprensibles
    para mí,
Y una cuarta que no entiendo:

19 El rastro del águila en el cielo,
El rastro de la serpiente sobre la roca,
El rastro del barco en medio del mar,
Y el rastro del hombre en la doncella.

20 Así es el proceder de la mujer adúltera:
Come, se limpia la boca,
Y dice: «No he hecho nada malo».

21 Por tres cosas tiembla la tierra,
Y por una cuarta no se puede sostener:

22 Por el esclavo cuando llega a ser rey,
Por el necio cuando se sacia de pan,

23 Por la mujer odiada cuando se casa,
Y por la sierva cuando suplanta a su señora.

24 Cuatro cosas son pequeñas en la tierra,
Pero son sumamente sabias:

25 Las hormigas, pueblo sin fuerza,
Que preparan su alimento en el verano;

26 Los tejones, pueblo sin poder,
Que hacen su casa en la peña;

27 Las langostas, que no tienen rey,
Pero todas salen en escuadrones,

28 Y el lagarto, que se puede agarrar con las
    manos,
Pero está en los palacios de los reyes.

29 Hay tres cosas majestuosas en *su* marcha,
Y aun una cuarta de elegante caminar:

30 El león, poderoso entre las fieras,
Que no retrocede ante ninguna,

31 El gallo, que se pasea erguido¹, asimismo
    el macho cabrío,
Y el rey *cuando* tiene el ejército con él.

32 Si has sido necio en ensalzarte,
O si has tramado *el mal, pon* la mano
    sobre tu boca;

33 Porque batiendo la leche se saca¹
    mantequilla,
Y apretando la nariz sale sangre,
Y forzando² la ira se produce¹ pleito.

30:16
La matriz estéril
En la antigua Israel, la esposa que no podía tener hijos era un motivo de extrema tristeza y una señal de desgracia.

30:26
El tejón
Este es otro nombre para el damán sirio, un animal del tamaño de un conejo que vive en las áreas rocosas de la Tierra Santa.

© svarshik/Shutterstock

30:16 ¹ I.e. región de los muertos.   30:17 ¹ Lit. *desdeña obedecer.*
30:31 ¹ Lit. *el ceñido de lomos.*   30:33 ¹ O *sale.*   ² Lit. *apretando.*

PALABRAS DEL REY LEMUEL

31 ¹Palabras del rey Lemuel, oráculo¹ que le enseñó su madre.

² ¿Qué, hijo mío?
¿Y qué, hijo de mis entrañas¹?
¿Y qué, hijo de mis votos?
³ No des tu vigor a las mujeres,
Ni tus caminos a lo que destruye a los reyes.
⁴ No es para los reyes, oh Lemuel,
No es para los reyes beber vino,
Ni para los gobernantes desear bebida fuerte;
⁵ No sea que beban y olviden lo que se ha decretado,
Y perviertan los derechos¹ de todos los afligidos².
⁶ Denle bebida fuerte al que está pereciendo,
Y vino a los amargados de alma.
⁷ Que beba y se olvide de su pobreza,
Y no recuerde más su aflicción.
⁸ Abre tu boca por los mudos,
Por los derechos¹ de todos los desdichados².
⁹ Abre tu boca, juzga con justicia,
Y defiende los derechos del¹ afligido y del
necesitado.

ELOGIO DE LA MUJER HACENDOSA

¹⁰ Mujer hacendosa¹, ¿quién *la* hallará?
Su valor supera en mucho al de las joyas.
¹¹ En ella confía el corazón de su marido,
Y no carecerá de ganancias.
¹² Ella le trae bien y no mal
Todos los días de su vida.
¹³ Busca lana y lino,
Y con agrado¹ trabaja con sus manos².
¹⁴ Es como las naves de mercader,
Trae su alimento de lejos.
¹⁵ También se levanta cuando aún es de noche,
Y da alimento a los de su casa
Y tarea¹ a sus doncellas.
¹⁶ Evalúa un campo y lo compra;
Con sus ganancias¹ planta una viña.
¹⁷ Ella se ciñe¹ de fuerza
Y fortalece sus brazos.
¹⁸ Nota que su ganancia es buena,
No se apaga de noche su lámpara.
¹⁹ Extiende sus manos a la rueca,
Y sus manos¹ toman el huso.
²⁰ Extiende su mano¹ al pobre,
Y alarga sus manos al necesitado.
²¹ No tiene temor de la nieve por los de su casa,
Porque todos los de su casa llevan ropa escarlata¹.

31:4-7
Consejo para los reyes acerca del vino
Los reyes debían mantenerse alejados de las bebidas con alcohol para poder gobernar con sabiduría. Sin embargo, debían ofrecer vino para consolar a los que estaban sufriendo.

31:10-31
La mujer hacendosa
Estos versículos mostraban que una mujer piadosa podía tener éxito en cada aspecto de su vida, incluyendo su hogar, una carrera profesional o la comunidad.

31:1 ¹ O *la carga.*   31:2 ¹ O *mi vientre.*   31:5 ¹ Lit. *el juicio.*   ² Lit. *hijos de aflicción.*   31:8 ¹ Lit. *el juicio.*   ² Lit. *los hijos del fenecimiento.*
31:9 ¹ Lit. *juzga al.*   31:10 ¹ O *fuerte.*   31:13 ¹ O *voluntad.*   ² Lit. *palmas.*
31:15 ¹ O *porción asignada.*   31:16 ¹ Lit. *el fruto de sus palmas.*
31:17 ¹ Lit. *ciñe sus lomos.*   31:19 ¹ Lit. *palmas.*   31:20 ¹ Lit. *palma.*
31:21 ¹ Algunas versiones dicen: *ropas dobles.*

22 Se hace mantos para sí;
    Su ropa es de lino fino y de púrpura.
23 Su marido es conocido en las puertas *de la ciudad,*
    Cuando se sienta con los ancianos de la tierra.
24 Hace telas de lino y *las* vende,
    Y provee[1] cinturones a los mercaderes[2].
25 Fuerza y dignidad son su vestidura,
    Y sonríe al futuro[1].
26 Abre su boca con sabiduría,
    Y hay enseñanza[1] de bondad en su lengua.
27 Ella vigila la marcha de su casa,
    Y no come el pan de la ociosidad.
28 Sus hijos se levantan y la llaman bienaventurada,
    También su marido, y la alaba *diciendo:*
29 «Muchas mujeres[1] han obrado con nobleza,
    Pero tú las superas a todas».
30 Engañosa es la gracia y vana la belleza,
    Pero la mujer que teme[1] al SEÑOR, esa será alabada.
31 Denle el fruto de sus manos,
    Y que sus obras la alaben en las puertas *de la ciudad.*

31:24 [1] Lit. *da.*   [2] Lit. *al cananeo.*   31:25 [1] Lit. *día postrero.*   31:26 [1] O *ley.*
31:29 [1] Lit. *hijas.*   31:30 [1] O *reverencia.*

Eclesiastés

¿QUIÉN ESCRIBIÓ ESTE LIBRO?

Salomón

¿POR QUÉ SE ESCRIBIÓ ESTE LIBRO?

El libro de Eclesiastés muestra que nadie puede tener una vida feliz sin Dios.

¿PARA QUIÉN FUE ESCRITO ESTE LIBRO?

Eclesiastés se escribió para todo el que cree que Dios no es importante.

¿QUÉ APRENDEMOS ACERCA DE DIOS EN ESTE LIBRO?

Dios es más importante que el dinero, el placer, el trabajo o cualquier otra cosa en la vida.

¿CUÁLES SON ALGUNOS PASAJES IMPORTANTES DE ESTE LIBRO?

El placer no puede hacer felices
a las personas   Eclesiastés 2:1-11

El éxito no puede hacer felices
a las personas   Eclesiastés 2:17-26

Las riquezas no pueden hacer felices
a las personas   Eclesiastés 5:8—6:2

«Tiempo de plantar, y tiempo de arrancar lo plantado» (Eclesiastés 3:2).

VANIDAD DE TODO ESFUERZO

1 Palabras del Predicador, hijo de David, rey en Jerusalén.

2 «Vanidad de vanidades», dice el Predicador,
   «Vanidad de vanidades, todo es vanidad».

3 ¿Qué provecho *recibe* el hombre de todo el trabajo
   Con que se afana bajo el sol?

4 Una generación va y *otra* generación viene,
   Pero la tierra permanece para siempre.

5 El sol sale y el sol se pone,
   A su lugar se apresura¹. De allí *vuelve* a salir.

6 Soplando¹ hacia el sur,
   Y girando hacia el norte,
   Girando y girando va el viento;
   Y sobre sus giros el viento regresa.

7 Todos los ríos van hacia el mar,
   Pero el mar no se llena.
   Al lugar donde los ríos fluyen,
   Allí vuelven a fluir.

8 Todas las cosas son fatigosas,
   El hombre no puede expresar*las*.
   No se sacia el ojo de ver,
   Ni se cansa¹ el oído de oír.

9 Lo que fue, eso será,
   Y lo que se hizo, eso se hará;
   No hay nada nuevo bajo el sol.

10 ¿Hay algo de que se pueda decir:
   «Mira, esto es nuevo»?
   Ya existía en los siglos
   Que nos precedieron.

11 No hay memoria de las cosas primeras
   Ni tampoco de las postreras que
        sucederán;
   No habrá memoria de ellas
   Entre los que vendrán después.

VANIDAD DEL SABER

12 Yo, el Predicador, he sido rey sobre Israel en Jerusalén. 13 Y apliqué mi corazón a buscar e investigar con sabiduría todo lo que se ha hecho bajo el cielo. Tarea dolorosa¹ dada por Dios a los hijos de los hombres para ser afligidos con ella. 14 He visto todas las obras que se han hecho bajo el sol, y he observado que todo es vanidad y correr tras el viento¹.

15 Lo torcido no puede enderezarse,
   Y lo que falta no se puede contar.

16 Yo me dije¹: «Yo he engrandecido y aumentado en sabiduría más que² todos los que estuvieron antes de mí sobre Jerusalén; mi corazón ha contemplado mucha sabiduría y conocimiento».

1:2

Por qué el Predicador dijo que todo es vanidad

La palabra *vanidad* aparece 35 veces en este libro. El tema del libro podría ser que todo es vano a menos que esté relacionado con Dios.

PALABRAS CLAVE EN ECLESIASTÉS

Número de veces que aparecen en este libro

Sabio/Sabiduría
52

Vanidad
35

Corazón/Corazones
32

Mejor
20

Trabajo
19

1:5 ¹ Lit. *jadeando.*   1:6 ¹ Lit. *Yendo.*   1:8 ¹ Lit. *llena.*   1:13 ¹ Lit. *malvada.*
1:14 ¹ O *aflicción de espíritu,* y así en el vers. 17.   1:16 ¹ Lit. *Yo hablé en mi corazón, diciendo.*   ² Lit. *sobre.*

1:18
Cómo es que la sabiduría puede causar angustia
La sabiduría humana sin Dios no tiene valor real. Además, con la sabiduría viene el conocimiento de lo bueno y lo malo, y cuando una persona sabia ve lo que está mal en el mundo, eso le causa tristeza.

2:1
Por qué el placer es vanidad
El placer es algo que Dios les da a los seres humanos como un regalo. Buscar el placer antes que a Dios no le da sentido a la vida.

2:5-6
Jardines y huertos
Los obreros trabajaban en grandes campos de labranza, pero las personas adineradas a menudo plantaban frutas, verduras y hierbas en las terrazas o muros. En las estaciones cálidas, solían relajarse y dormir en sus jardines.

2:14
Lo que tienen en común el sabio y el necio
Aunque la sabiduría es mejor que la necedad, tanto el sabio como el necio morirán.

---

17 Y apliqué mi corazón a conocer la sabiduría y a conocer la locura y la insensatez. Me di cuenta de que esto también es correr tras el viento.

18 Porque en la mucha sabiduría hay mucha angustia,
Y quien aumenta el conocimiento, aumenta el dolor.

VANIDAD DE LAS COSAS TERRENALES

2 Entonces me dije[1]: «Ven ahora, te probaré con el placer; diviértete[2]». Y resultó que también esto era vanidad. **2** Dije de la risa: «Es locura»; y del placer: «¿Qué logra esto?». **3** Consideré en mi corazón estimular mi cuerpo[1] con el vino, mientras mi corazón *me* guiaba con sabiduría, y echar mano de la insensatez, hasta que pudiera ver qué hay de bueno bajo el cielo que los hijos de los hombres hacen en los contados días de su vida.

4 Engrandecí mis obras, me edifiqué casas, me planté viñas; **5** me hice jardines y huertos, y planté en ellos toda clase de árboles frutales; **6** me hice estanques de aguas para regar[1] el bosque con árboles en pleno crecimiento. **7** Compré esclavos y esclavas, y tuve esclavos nacidos en casa[1]. Tuve también ganados, vacas y ovejas, más que todos los que me precedieron en Jerusalén. **8** Reuní también plata y oro para mí y el tesoro de los reyes y de las provincias. Me proveí de cantores y cantoras, y de los placeres de los hombres, de muchas concubinas[1].

9 Me engrandecí y superé a todos los que me precedieron en Jerusalén; también la sabiduría permaneció conmigo. **10** Y de todo cuanto mis ojos deseaban, nada les negué, ni privé a mi corazón de ningún placer, porque mi corazón gozaba de todo mi trabajo. Esta fue la recompensa de toda mi labor. **11** Consideré luego todas las obras que mis manos habían hecho y el trabajo en que me había empeñado[1], y resultó que todo era vanidad y correr tras el viento[2], y sin provecho bajo el sol.

12 Yo volví, pues, a considerar la sabiduría, la locura y la insensatez. Porque ¿qué *hará* el hombre que venga después del rey *sino* lo que ya ha sido hecho? **13** Y yo vi que la sabiduría sobrepasa a la insensatez, como la luz a las tinieblas.

14 El sabio *tiene* ojos en su cabeza,
Pero el necio anda en tinieblas.
Aunque yo sé también que ambos corren la misma suerte.

15 Entonces me dije[1]: «Como la suerte del necio, así también será la mía[2]. ¿Para qué, pues, me aprovecha haber sido tan sabio?». Y me dije[3]: «También esto es vanidad. **16** Porque no hay memoria duradera[1] del sabio *ni* del[2] necio, ya que todos

---

2:1 [1] Lit. *Yo dije en mi corazón*.　　[2] Lit. *considera lo bueno*.　　2:3 [1] Lit. *carne*.
2:6 [1] Lit. *regar de ellos*.　　2:7 [1] Lit. *tuve hijos de la casa*.　　2:8 [1] Otra posible lectura es: *de toda clase de instrumentos musicales*; en la versión gr. (sept.), *coperos y coperas*.　　2:11 [1] Lit. *trabajado para hacer*.　　[2] O *aflicción de espíritu*, y así en el resto del cap.　　2:15 [1] Lit. *Yo dije en mi corazón*.　　[2] Lit. *también caerá sobre mí*.　　[3] Lit. *hablé en mi corazón*.　　2:16 [1] Lit. *para siempre*.
[2] Lit. *con*.

serán olvidados en los días venideros. ¡Cómo mueren tanto el sabio como² el necio!». **17** Y aborrecí la vida, porque me era penosa¹ la obra que se hace bajo el sol, pues todo es vanidad y correr tras el viento.

18 Asimismo aborrecí todo el fruto de mi trabajo con que me había afanado bajo el sol, el cual tendré que dejar al hombre que vendrá después de mí. **19** ¿Y quién sabe si será sabio o necio? Sin embargo, él tendrá dominio sobre todo el fruto de mi trabajo con que me afané obrando sabiamente bajo el sol. También esto es vanidad.

20 Por tanto me desesperé en gran manera¹ por todo el fruto de mi trabajo con que me había afanado bajo el sol. **21** Cuando hay un hombre que ha trabajado con sabiduría, con conocimiento y con destreza, y da su hacienda¹ al que no ha trabajado en ella, esto también es vanidad y un mal muy grande. **22** Pues, ¿qué recibe el hombre de todo su trabajo y del esfuerzo de su corazón con que se afana bajo el sol? **23** Porque durante todos sus días su tarea es dolorosa y penosa; ni aun de noche descansa su corazón. También esto es vanidad.

24 No hay nada mejor para el hombre que comer y beber y decirse que su trabajo es bueno¹. Yo he visto que también esto es de la mano de Dios. **25** Porque ¿quién comerá y quién se alegrará sin Él¹? **26** Porque a la persona que le agrada¹, Él le ha dado sabiduría, conocimiento y gozo; pero al pecador le ha dado la tarea de recoger y amontonar para dárselo al que agrada a¹ Dios. Esto también es vanidad y correr tras el viento.

TODO TIENE SU TIEMPO

3 Hay un tiempo señalado para todo, y hay un tiempo para cada suceso¹ bajo el cielo:

2 Tiempo de nacer¹, y tiempo de morir;
Tiempo de plantar, y tiempo de arrancar lo plantado;

3 Tiempo de matar, y tiempo de curar;
Tiempo de derribar, y tiempo de edificar;

4 Tiempo de llorar, y tiempo de reír;
Tiempo de lamentarse, y tiempo de bailar;

5 Tiempo de lanzar piedras, y tiempo de recoger piedras;
Tiempo de abrazar, y tiempo de rechazar el abrazo;

6 Tiempo de buscar, y tiempo de dar por perdido;
Tiempo de guardar, y tiempo de desechar;

7 Tiempo de rasgar, y tiempo de coser;
Tiempo de callar, y tiempo de hablar;

2:17-23
Por qué el trabajo es vanidad

Todo lo que una persona alcance a través del trabajo duro quedará atrás cuando esa persona muera.

GRANDES IDEAS EN ECLESIASTÉS

La sabiduría y el placer por sí solos no tienen significado eterno.

Los logros terrenales en definitiva son vanos.

Disfruta la vida que Dios te ha dado.

El malvado parece prosperar mientras los buenos sufren, pero Dios un día equilibrará la balanza.

La sabiduría de Dios es superior al entendimiento humano.

La vida no tiene sentido sin Dios; teme a Dios y guarda sus mandamientos.

2:24-25
Cómo Dios hace que la vida tenga sentido

La vida solo tiene sentido y placer en Dios. Sin él, nada trae una satisfacción o un disfrute perdurables.

2:17 ¹ Lit. *mala.*   2:20 ¹ Lit. *Y volví a desesperar mi corazón.*
2:21 ¹ Lit. *porción.*   2:24 ¹ Lit. *hacer que su alma vea bueno su trabajo.*
2:25 ¹ Así en la versión gr. (sept.); en heb. *mí.*   2:26 ¹ Lit. *que es buena ante Él.*
3:1 ¹ Lit. *deleite.*   3:2 ¹ Heb. *dar a luz.*

3:1
Los tiempos
Dios creó todo lo que experimentamos. Sin embargo, su grandeza es demasiado enorme para que podamos comprenderla plenamente.

8 Tiempo de amar, y tiempo de odiar;
Tiempo de guerra, y tiempo de paz.

9 ¿Qué saca el trabajador de aquello en que se afana? **10** He visto la tarea que Dios ha dado a los hijos de los hombres para que en ella se ocupen. **11** Él ha hecho todo apropiado a[1] su tiempo. También ha puesto la eternidad en sus corazones, sin embargo[2] el hombre no descubre la obra que Dios ha hecho desde el principio hasta el fin.

12 Sé que no hay nada mejor para ellos que regocijarse y hacer el bien en su vida; **13** además, *sé* que todo hombre que coma y beba y vea lo bueno en todo su trabajo, que eso es don de Dios.

14 Sé que todo lo que Dios hace será perpetuo;
No hay nada que añadirle
Y no hay nada que quitarle.
Dios ha obrado *así*
Para que delante de Él teman[1] *los hombres*.
15 Lo que es, ya ha sido,
Y lo que será, ya fue,
Porque Dios busca[1] lo que ha pasado.
16 Aun he visto más bajo el sol:
Que en el lugar del derecho está[1] la impiedad,
Y en el lugar de la justicia está[1] la iniquidad.
17 Yo me dije[1]:
«Al justo como al impío juzgará Dios»,
Porque[2] *hay* un tiempo para cada cosa[3] y para cada obra.

18 Me dije también en cuanto a los hijos de los hombres: «Ciertamente Dios los ha probado para que vean que son como los animales». **19** Porque la suerte de los hijos de los hombres y la suerte de los animales es la misma[1]: como muere el uno así muere el otro. Todos tienen un mismo aliento *de vida;* el hombre no tiene ventaja sobre los animales, porque todo es vanidad.

20 Todos van a un mismo lugar.
Todos han salido del polvo
Y todos vuelven al polvo.

21 ¿Quién sabe si el aliento *de vida* del hombre asciende hacia arriba y el aliento *de vida* del animal desciende hacia abajo, a la tierra? **22** He visto que no hay nada mejor para el hombre que gozarse en sus obras, porque esa es su suerte. Porque ¿quién le hará ver lo que ha de suceder después de él?

INJUSTICIAS DE LA VIDA
4 Entonces yo me volví y observé todas las opresiones que se cometen bajo el sol:

Y *vi* las lágrimas de los oprimidos,
Y no tenían quien *los* consolara;
En mano de sus opresores estaba el poder,
Y no tenían quien *los* consolara.

3:18-21
Similitudes entre los seres humanos y los animales
Dios creó a los animales y a las personas, y tanto unos como otros morirán. El autor no estaba seguro de qué les sucedía a ambos después de morir.

3:22
La conclusión del autor sobre la vanidad de las cosas
El autor dice que las personas deben disfrutar su trabajo, porque no saben qué les sucederá después de la muerte.

4:1-3
Por qué algunas personas estarían mejor si no hubieran existido
El escritor se sentía triste debido a que veía a los pobres y desamparados siendo abusados y maltratados, así que pensaba que era mejor que nunca hubieran nacido que tener que pasar por ese dolor.

3:11 [1] Lit. *hermoso en.* [2] O *sin lo cual.* 3:14 [1] O *reverencien.* 3:15 [1] O *restaura.*
3:16 [1] Lit. *allí está.* 3:17 [1] Lit. *Yo dije en mi corazón* y así en el vers. 18.
[2] Lit. *porque allí.* [3] Lit. *todo deleite.* 3:19 [1] Lit. *y la suerte de ellas es una.*

2 Así que felicité a los muertos, los que ya murieron,
Más que a los vivos, los que aún viven.
3 Pero mejor que ambos está el que nunca ha existido,
Que nunca ha visto las malas obras que se cometen
bajo el sol.

4 He visto que todo trabajo y toda *obra* hábil que se hace
es *el resultado de* la rivalidad entre el hombre y su prójimo.
También esto es vanidad y correr tras el viento*¹*.

5 El necio se cruza de manos
Y devora su propia carne.
6 Más vale una mano*¹* llena de descanso
Que dos puños llenos de trabajo y correr tras el
viento.

7 Entonces yo me volví y observé la vanidad bajo el sol:

8 Había un *hombre* solo, sin sucesor*¹*,
Que no tenía hijo ni hermano,
Sin embargo, no había fin a todo su trabajo.
En verdad, sus ojos no se saciaban de las riquezas,
Y nunca se preguntó: «¿Para quién trabajo yo
Y privo a mi vida del placer?».
También esto es vanidad y tarea penosa.

9 Más valen dos que uno solo,
Pues tienen mejor pago por su trabajo.
10 Porque si uno de ellos cae*¹*, el otro*²* levantará a su
compañero;
Pero ¡ay del que cae cuando no hay otro*³* que lo levante!
11 Además, si dos se acuestan juntos se mantienen
calientes*¹*,
Pero uno solo ¿cómo se calentará?
12 Y si alguien*¹* puede prevalecer contra el que está solo,
Dos lo resistirán.
Un cordel de tres *hilos* no se rompe fácilmente.

13 Mejor es un joven pobre y sabio
Que un rey viejo y necio,
Que ya no sabe recibir consejos.
14 Porque ha salido de la cárcel para reinar,
Aunque nació pobre en su reino.

15 He visto a todos los vivientes bajo el sol apresurarse a
ir junto al joven sucesor*¹* que lo reemplaza*²*. 16 No tenía fin
la multitud*¹* de todos los que lo*²* seguían, *y ni* aun los que
vendrán después estarán contentos con él; pues también esto
es vanidad y correr tras el viento.

VANIDAD DE LAS PALABRAS

5 ¹Guarda tus pasos cuando vas a la casa de Dios, y acércate
a escuchar en vez de ofrecer el sacrificio de los necios,
porque estos no saben que hacen el mal.

4:4 ¹ O *aflicción de espíritu,* y así en los vers. 6 y 16.   4:6 ¹ Lit. *palma.*
4:8 ¹ Lit. *sin un segundo.*   4:10 ¹ Lit. *si ellos caen.*   ² Lit. *uno.*   ³ Lit. *un*
segundo.   4:11 ¹ Lit. *tienen calor.*   4:12 ¹ Lit. *él.*   4:15 ¹ Lit. *el segundo*
joven.   ² Lit. *se coloca en su lugar.*   4:16 ¹ Lit. *todo el pueblo.*   ² Así en
algunas versiones antiguas; en heb. *los.*   5:1 ¹ En el texto heb. cap. 4:17.

4:4-6
Trabajo y obras
El autor pensaba que muchas
personas solo trabajan duro porque
están celosas de las cosas que
tienen los demás.

4:9-12
Una cosa que le da sentido a todo
Si una persona está sola, él o ella
no cuentan con nadie en quien
descansar. Tener un amigo puede
ayudar a alguien a enfrentar la vida.

5:1
El sacrificio de los necios
Este era un sacrificio que se ofrecía
por tradición o costumbre, no
por una fe o un arrepentimiento
sinceros.

2 ¹No te des prisa en hablar²,
Ni se apresure tu corazón a proferir palabra delante
de Dios.
Porque Dios está en el cielo y tú en la tierra;
Por tanto sean pocas tus palabras.
3 Porque los sueños vienen¹ de la mucha tarea,
Y la voz del necio de las muchas palabras.

4 Cuando haces un voto a Dios, no tardes en cumplirlo, porque Él no se deleita en los necios. El voto que haces, cúmplelo. **5** Es mejor que no hagas votos, a que hagas votos y no los cumplas. **6** No permitas que tu boca te haga pecar¹, y no digas delante del mensajero *de Dios* que fue un error. ¿Por qué ha de enojarse Dios a causa de tu voz y destruir la obra de tus manos? **7** Porque en los muchos sueños y *en* las muchas palabras *hay* vanidades; tú, sin embargo, teme¹ a Dios.

VANIDAD DE LAS RIQUEZAS

8 Si ves la opresión del pobre y la negación del derecho y de la justicia en la provincia, no te sorprendas del hecho, porque un oficial¹ vigila sobre *otro* oficial¹, y *hay oficiales* superiores sobre ellos. **9** Con todo, es de beneficio para el país que el rey mantenga cultivado el campo.

10 El que ama el dinero no se saciará de dinero,
Y el que ama la abundancia no *se saciará de*
ganancias.
También esto es vanidad.
11 Cuando aumentan los bienes,
Aumentan *también* los que los consumen.
Así, pues, ¿cuál es la ventaja para sus dueños, sino
ver*los* con sus ojos?
12 Dulce es el sueño del trabajador,
Coma mucho o *coma* poco;
Pero la hartura del rico no le permite dormir.

13 Hay un grave mal *que* he visto bajo el sol:

Las riquezas guardadas por su dueño para su mal.
14 Cuando esas riquezas se pierden por un mal negocio¹,
Y él engendra un hijo,
No queda nada para mantenerlo².
15 Como salió del vientre de su madre, desnudo,
Así volverá, yéndose tal como vino.
Nada saca del fruto de su trabajo
Que pueda llevarse en la mano.

16 También esto es un grave mal:

Que tal como vino, así se irá.
Por tanto, ¿qué provecho tiene el que trabaja para el
viento?
17 Además, todos los¹ días *de su vida* come en tinieblas,
Con mucha molestia, enfermedad y enojo.

5:8-9
Liderazgo mal utilizado
El autor creía que incluso en los niveles más altos del gobierno, los líderes a menudo maltrataban a otras personas.

5:12
El problema de la riqueza
El hombre rico no podía dormir porque estaba preocupado por la posibilidad de perder su dinero o siempre estaba pensando en qué hacer para tener más.

5:2 ¹ En el texto heb. cap. 5:1.   ² Lit. *con tu boca*.   5:3 ¹ Lit. *el sueño viene*.   5:6 ¹ Lit. *que tu boca haga que tu carne peque*.   5:7 ¹ O *reverencia*.
5:8 ¹ Lit. *superior*.   5:14 ¹ Lit. *una obra mala*.   ² Lit. *en su mano*.   5:17 ¹ Lit. *sus*.

18 Esto es lo que yo he visto que es bueno y conveniente[1]: comer, beber y gozarse uno[2] de todo el trabajo en que se afana bajo el sol en los contados días de la vida que Dios le ha dado; porque esta es su recompensa[3]. **19** Igualmente, a todo hombre a quien Dios ha dado riquezas y bienes, lo ha capacitado también para comer de ellos, para recibir su recompensa[1] y regocijarse en su trabajo: esto es don de Dios. **20** Pues él no se acordará mucho de los días de su vida, porque Dios lo[1] mantiene ocupado con alegría *en* su corazón.

6 Hay un mal que he visto bajo el sol, y muy común entre[1] los hombres: **2** un hombre a quien Dios ha dado riquezas, bienes y honores, y nada le falta a su alma de todo lo que desea, pero que Dios no le ha capacitado para disfrutar[1] de ellos, porque un extraño los disfruta[2]. Esto es vanidad y penosa aflicción.

3 Si un hombre engendra cien *hijos* y vive muchos años, por muchos que sean sus años[1], si su alma no se ha saciado

5:18 [1] Lit. *hermoso.*   [2] Lit. *ver lo bueno.*   [3] O *porción.*   5:19 [1] O *porción.*
5:20 [1] Así en algunas versiones antiguas; el heb. omite: *lo.*   6:1 [1] Lit. *sobre.*
6:2 [1] Lit. *comer.*   [2] Lit. *come.*   6:3 [1] Lit. *los días de sus años.*

MALES BAJO EL SOL
Eclesiastés 5:13-17; 6:1-3

El autor de Eclesiastés presenta siete males para que sus lectores los descubran:

Las riquezas guardadas para el mal de su dueño
5:13

La riqueza que se pierde sin quedar nada para los hijos
5:14

Las personas mueren y no se llevan nada del fruto de su trabajo
5:15

La gente viene y se va del mundo sin haber ganado nada
5:16

Los días de la vida del hombre están llenos de tinieblas, molestia, enfermedad y enojo
5:17

Una persona que tiene riqueza, posesiones y honor, pero no puede disfrutarlas
6:1-2

Un hombre que tiene muchos hijos y prosperidad, pero no recibe buena sepultura
6:3

de cosas buenas, y tampoco halla sepultura, *entonces* digo: «Mejor es el abortivo que él, **4** porque en vano viene, y a la oscuridad va; y en la oscuridad su nombre quedará oculto». **5** «Además, no ha visto el sol y nada sabe; más reposo tiene este que aquel. **6** Aunque el hombre viva dos veces mil años, pero no disfruta de¹ cosas buenas, ¿no van todos al mismo² lugar?».

7   Todo el trabajo del hombre es para su boca,
    Sin embargo, su apetito no se sacia¹.
8   Pues ¿qué ventaja tiene el sabio sobre el necio?
    ¿Qué *ventaja* tiene el pobre que sabe comportarse
        entre¹ los vivientes?
9   Mejor es lo que ven los ojos que lo que el alma desea¹.
    También esto es vanidad y correr tras el viento².

10 A lo que existe, ya se le ha dado nombre,
    Y se sabe lo que es un hombre:
    No puede luchar con el que es más fuerte que él.
11 Cuando hay muchas palabras, aumenta la vanidad.
    ¿Cuál es *entonces* la ventaja para el hombre?

12 Porque, ¿quién sabe lo que es bueno para el hombre durante *su* vida, en los contados días de su vana vida? Los pasará¹ como una sombra. Pues, ¿quién hará saber al hombre lo que sucederá después de él bajo el sol?

CONTRASTE ENTRE LA SABIDURÍA Y LA INSENSATEZ

7 Mejor es el buen nombre que el buen ungüento,
    Y el día de la muerte que el día del nacimiento.
2 Mejor es ir a una casa de luto
    Que ir a una casa de banquete,
    Porque aquello¹ es el fin de todo hombre,
    Y al que vive *lo* hará reflexionar en² su corazón.
3 Mejor es la tristeza que la risa,
    Porque cuando el rostro está triste el corazón puede
        estar contento.
4 El corazón de los sabios está en la casa del luto,
    Mientras que el corazón de los necios está en la casa
        del placer.
5 Mejor es oír la reprensión del sabio
    Que oír la canción de los necios.
6 Porque como crepitar¹ de espinos bajo la olla,
    Así es la risa del necio.
    Y también esto es vanidad.
7 Ciertamente la opresión enloquece al sabio,
    Y el soborno corrompe¹ el corazón.
8 Mejor es el fin de un asunto que su comienzo;
    Mejor es la paciencia de espíritu que la arrogancia de
        espíritu.
9 No te apresures en tu espíritu a enojarte,
    Porque el enojo se anida en el seno de los necios.

6:11
Usar demasiadas palabras
El autor decía que una persona no podía hacer que sus palabras fueran más importantes hablando mucho o repitiendo lo dicho.

7:3
Por qué la tristeza puede ser mejor que la risa
Una persona triste entiende que la vida no siempre es feliz. Sabe que hay momentos de tristeza y de alegría.

6:6 ¹ Lit. *vea.*   ² Lit. *a un.*   6:7 ¹ Lit. *su alma no se llena.*   6:8 ¹ Lit. *andar delante de.*   6:9 ¹ Lit. *sigue.*   ² O *aflicción de espíritu.*   6:12 ¹ Lit. *hará.*   7:2 ¹ I.e. la muerte.   ² Lit. *lo dará a.*   7:6 ¹ Lit. *la voz.*   7:7 ¹ Lit. *destruye.*

10 No digas: «¿Por qué fueron los días pasados mejores
que estos?».
Pues no es sabio[1] que preguntes sobre esto.

11 Buena es la sabiduría con herencia,
Y provechosa para los que ven el sol.

12 Porque la sabiduría protege[1] *como* el dinero
protege[1];
Pero la ventaja del conocimiento es que la sabiduría
preserva la vida de sus poseedores.

13 Considera la obra de Dios:
Porque ¿quién puede enderezar lo que Él ha torcido?

14 Alégrate en el día de la prosperidad,
Y en el día de la adversidad considera:
Dios ha hecho tanto el uno como el otro
Para que el hombre no descubra nada *que suceda*
después de él.

15 He visto todo durante mi vida[1] de vanidad:

Hay justo que perece en su justicia,
Y hay impío que alarga *su vida* en su perversidad.

16 No seas demasiado justo,
Ni seas sabio en exceso.
¿Por qué has de destruirte?

17 No seas demasiado impío,
Ni seas necio.
¿Por qué has de morir antes de tu tiempo?

18 Bueno es que retengas esto
Sin soltar[1] aquello de tu mano;
Porque el que teme a Dios se sale con todo ello.

19 La sabiduría hace más fuerte al sabio
Que diez gobernantes que haya en una ciudad.

20 Ciertamente no hay hombre justo en la tierra
Que haga el bien y nunca peque.

21 Tampoco tomes en serio[1] todas las palabras que se
hablan,
No sea que oigas a tu siervo maldecirte.

22 Porque tú también te das cuenta[1]
Que muchas veces has maldecido a otros de la misma
manera.

23 Todo esto probé con sabiduría, *y* dije:

«Seré sabio»; pero eso estaba lejos de mí.

24 Está lejos lo que ha sido,
Y en extremo profundo.
¿Quién lo descubrirá?

25 Dirigí[1] mi corazón a conocer,
A investigar y a buscar la sabiduría y la razón,
Y a reconocer la maldad de la insensatez
Y la necedad de la locura.

26 Y hallé más amarga que la muerte
A la mujer cuyo corazón es lazos y redes,

7:13
Lo que está diciendo el Predicador aquí
Dios es todopoderoso, y los seres humanos no pueden cambiar lo que él ha hecho o establecido.

7:20
Guardar la ley de Dios a la perfección
Nadie es capaz de obedecer la ley de Dios a la perfección o de vivir sin pecar. Por eso es que necesitamos a un Salvador.

7:10 [1] Lit. *de sabiduría.*   7:12 [1] Lit. *está en una sombra.*   7:15 [1] Lit. *mis días.*
7:18 [1] Lit. *y también no descanses.*   7:21 [1] Lit. *También no des tu corazón a.*
7:22 [1] Lit. *también tu corazón sabe.*   7:25 [1] Lit. *Volví.*

Cuyas manos son cadenas.
El que agrada a Dios escapará de ella,
Pero el pecador será por ella apresado.

27 «Mira», dice el Predicador, «he descubierto esto,

Agregando una cosa a otra para hallar la razón,
28 Que mi alma está todavía buscando pero no ha
hallado:
He hallado a un hombre entre mil,
Pero no he hallado mujer entre todas estas.
29 Mira, solo esto he hallado:
Que Dios hizo rectos a los hombres,
Pero ellos se buscaron muchas artimañas».

8 ¿Quién es como el sabio?

¿Y quién *otro* sabe la explicación de un asunto?
La sabiduría del hombre ilumina su rostro
Y hace que la dureza de su rostro cambie.

2 Yo digo: «Guarda el mandato[1] del rey por causa del juramento de Dios. **3** No te apresures a irte de su presencia.
No te unas a una causa impía, porque él hará todo lo que le
plazca». **4** Puesto que la palabra del rey es soberana, ¿quién
le dirá: «¿Qué haces?»?

5 El que guarda el mandato *real* no experimenta ningún mal;
Porque el corazón del sabio conoce el tiempo y el
modo *de hacerlo.*
6 Porque para cada deleite hay un tiempo y un modo,
Aunque la aflicción del hombre sea mucha sobre él.
7 Si nadie sabe qué sucederá,
¿Quién le anunciará cómo ha de suceder?
8 No hay hombre que tenga potestad para refrenar el
viento con el viento,
Ni potestad sobre el día de la muerte.
No se da licencia en tiempo de guerra,
Ni la impiedad salvará a los que la practican[1].

9 Todo esto he visto, y he puesto mi corazón en toda obra que
se hace bajo el sol, cuando el hombre domina a *otro* hombre
para su mal. **10** También he visto a los impíos ser sepultados, los que entraban y salían del lugar santo, y que fueron *pronto* olvidados
en la ciudad en que así habían actuado. También esto es vanidad. **11** Porque la sentencia contra una mala obra no se ejecuta
enseguida, el corazón de los hijos de los hombres está en ellos
entregado enteramente a hacer el mal. **12** Aunque el pecador
haga el mal cien *veces* y alargue su *vida*, con todo, yo sé que
les irá bien a los que temen a Dios, a los que temen ante Su
presencia. **13** Pero no le irá bien al impío, ni alargará sus días
como una sombra, porque no teme ante la presencia de Dios.

14 Hay una vanidad que se hace sobre la tierra: hay justos
a quienes les sucede[1] conforme a las obras de los impíos, y
hay impíos a quienes les sucede[1] conforme a las obras de

7:29
Por qué los seres humanos somos pecadores
Cuando Dios creó a los seres humanos, eran perfectos. Sin embargo, como Adán y Eva desobedecieron a Dios en el huerto del Edén, todas las personas fueron afectadas por el pecado y sus consecuencias.

8:2-6
Por qué las personas deben obedecer a sus gobernantes
Dios exige que respetemos a cualquiera que esté en autoridad. De modo que los ciudadanos responsables deben obedecer a sus gobernantes. La desobediencia les causará problemas.

8:2 *1* Lit. *la boca.*   8:8 *1* Lit. *sus poseedores.*   8:14 *1* Lit. *golpea.*

los justos. Digo que también esto es vanidad. **15** Por tanto yo alabé el placer, porque no hay nada bueno para el hombre bajo el sol sino comer, beber y divertirse, y esto le acompañará en sus afanes[1] en los días de su vida que Dios le haya dado bajo el sol.

16 Cuando apliqué mi corazón a conocer la sabiduría y a ver la tarea que ha sido hecha sobre la tierra (aunque uno no durmiera[1] ni de día ni de noche), **17** y vi toda la obra de Dios, decidí que el hombre no puede descubrir la obra que se ha hecho bajo el sol. Aunque el hombre busque con afán, no *la* descubrirá; y aunque el sabio diga que *la* conoce, no puede descubrir*la*.

TODO ESTÁ EN MANOS DE DIOS

9 Pues bien, he tomado todas estas cosas en mi corazón y declaro[1] todo esto: que los justos y los sabios y sus hechos están en la mano de Dios. Los hombres no saben ni de amor ni de odio, aunque todo está delante de ellos.

2 A todos les sucede lo mismo:

> Hay una misma suerte para el justo y para el impío;
> Para el bueno[1], para el limpio y para el inmundo;
> Para el que ofrece sacrificio y para el que no sacrifica.
> Como el bueno, así es el pecador;
> Como el que jura, así es el que teme jurar[2].

3 Este mal hay en todo lo que se hace bajo el sol: que hay una misma suerte para todos. Además, el corazón de los hijos de los hombres está lleno de maldad y hay locura en su corazón toda su vida. Después *se van* a los muertos. **4** Para cualquiera que está unido con los vivos, hay esperanza; ciertamente un perro vivo es mejor que un león muerto.

> **5** Porque los que viven saben que han de morir,
> Pero los muertos no saben nada,
> Ni tienen ya ninguna recompensa,
> Porque su recuerdo está olvidado.
> **6** En verdad, su amor, su odio y su celo ya han perecido,
> Y nunca más tendrán parte en todo lo que se hace
>   bajo el sol.

> **7** Vete, come tu pan con gozo,
> Y bebe tu vino con corazón alegre,
> Porque Dios ya ha aprobado tus obras.
> **8** En todo tiempo sean blancas tus ropas,
> Y que no falte ungüento sobre tu cabeza.

9 Goza de la vida con la mujer que amas todos los días de tu vida fugaz[1] que Él te ha dado bajo el sol, todos los días de tu vanidad. Porque esta es tu parte en la vida y en el trabajo con que te afanas bajo el sol.

10 Todo lo que tu mano halle para hacer, haz*lo* según tus fuerzas; porque no hay actividad ni propósito ni conocimiento ni sabiduría en el Seol[1] adonde vas.

8:17
Entender la realidad
Las personas no pueden entender por completo el significado de todo lo que sucede, porque no pueden entender totalmente a Dios o su plan.

9:1-3
El destino de todas las personas
Todos finalmente moriremos.

9:7-10
El consejo del Predicador
El autor dijo que todos deberíamos disfrutar la vida en esta tierra.

8:15 [1] Lit. *su trabajo.*   8:16 [1] Lit. *no vea sueño en sus ojos.*   9:1 [1] Lit. *examino.*
9:2 [1] Algunas versiones antiguas agregan: *y para el malo.*   [2] Lit. *un juramento.*
9:9 [1] Lit. *vida de vanidad.*   9:10 [1] I.e. región de los muertos.

11 Vi, además, que bajo el sol
No es de los ligeros la carrera,
Ni de los valientes[1] la batalla;
Y que tampoco de los sabios es el pan,
Ni de los entendidos las riquezas,
Ni de los hábiles el favor,
Sino que el tiempo y la suerte les llegan a todos.

12 Porque el hombre tampoco conoce su tiempo:
Como peces atrapados en la red traicionera
Y como aves apresadas en la trampa,
Así son atrapados los hijos de los hombres en el
tiempo malo
Cuando este cae de repente sobre ellos.

SABIDURÍA Y NECEDAD

13 También esto llegué a ver como sabiduría bajo el sol, y me impresionó[1]: 14 Había una pequeña ciudad con pocos hombres en ella. Llegó[1] un gran rey, la cercó y construyó contra ella grandes baluartes. 15 Pero en ella se hallaba un hombre pobre y sabio; y él con su sabiduría libró[1] la ciudad; sin embargo, nadie se acordó de aquel hombre pobre. 16 Y yo me dije:

«Mejor es la sabiduría que la fuerza».
Pero la sabiduría del pobre se desprecia
Y no se presta atención a sus palabras.

17 Las palabras del sabio oídas en quietud son *mejores*
Que los gritos del gobernante entre los necios.

18 Mejor es la sabiduría que las armas de guerra,
Pero un solo pecador destruye mucho bien.

10 Las moscas muertas hacen que el ungüento del perfumista dé mal olor;

Un poco de insensatez pesa más que la sabiduría y el
honor.

2 El corazón del sabio *lo guía* hacia la derecha,
Y el corazón del necio, hacia la izquierda.

3 Aun cuando el necio ande por el camino,
Le falta entendimiento[1]
Y demuestra[2] a todos *que* es un necio.

4 Si la ira[1] del gobernante se levanta contra ti,
No abandones tu puesto,
Porque la serenidad suaviza grandes ofensas.

5 Hay un mal que he visto bajo el sol,
Como error que procede del gobernante:

6 La necedad colocada en muchos lugares elevados,
Mientras los ricos se sientan en lugares humildes.

7 He visto siervos a caballo
Y príncipes caminando como siervos sobre la tierra.

8 El que cava un hoyo cae en él,
Y al que abre brecha en un muro, lo muerde la
serpiente.

9:13-16
El valor de una persona sabia
En este ejemplo, una persona sabia salvó a una ciudad entera. Aunque no recibió las gracias ni el crédito, su sabiduría era mejor que ser fuerte.

10:6-7
El autor vio muchas cosas injustas
Las personas a menudo no reciben lo que merecen. Por ejemplo, él vio a gente necia recibir posiciones de responsabilidad.

9:11 [1] O guerreros.   9:13 [1] Lit. *grande fue para mí.*   9:14 [1] Lit. *Vino a ella.*
9:15 [1] O *pudiera haber librado.*   10:3 [1] Lit. *corazón.*   [2] Lit. *dice.*   10:4 [1] Lit. *el espíritu.*

9 El que saca piedras, puede lastimarse con ellas,
  Y el que corta leña, puede lesionarse con ella.
10 Si el hierro está embotado y él no ha amolado *su* filo,
   Entonces tiene que ejercer más fuerza;
   La sabiduría tiene la ventaja de impartir éxito.
11 Si la serpiente muerde antes de ser encantada[1],
   No hay ganancia para el encantador.
12 Llenas de gracia son las palabras de la boca del sabio,
   Mientras que los labios del necio a él lo consumen,
13 El comienzo de las palabras de su boca es insensatez,
   Y el final de su habla[1] perversa es locura.
14 El necio multiplica las palabras,
   Pero nadie sabe lo que sucederá,
   ¿Y quién le hará saber lo que ha de suceder después
     de él?
15 El trabajo del necio lo[1] cansa *tanto*
   Que no sabe ir a la ciudad.
16 ¡Ay de ti, tierra, cuyo rey es un muchacho,
   Y cuyos príncipes banquetean[1] de mañana!
17 Bienaventurada tú, tierra, cuyo rey es de noble cuna
   Y cuyos príncipes comen a su debida hora,
   Para fortalecerse y no para embriagarse.
18 Por negligencia se hunde el techo,
   Y por pereza tiene goteras la casa.
19 Para el placer se prepara la comida,
   Y el vino alegra la vida,
   Y el dinero es la respuesta para[1] todo.
20 Ni aun en tu recámara[1] maldigas al rey,
   Ni en tus alcobas maldigas al rico,
   Porque un ave de los cielos llevará el rumor,
   Y un ser alado hará conocer el asunto.

11 Echa tu pan sobre las aguas,
   Que después de[1] muchos días lo hallarás.
2 Reparte *tu* porción con siete, o aun con ocho,
  Porque no sabes qué mal puede venir sobre la tierra.
3 Si las nubes están llenas,
  Derraman lluvia sobre la tierra;
  Y caiga el árbol al sur o al norte,
  Donde cae el árbol allí se queda.
4 El que observa el viento no siembra,
  Y el que mira las nubes no siega.
5 Como no sabes cuál es el camino del viento,
  O cómo[1] *se forman*[2] los huesos en el vientre de la
    mujer encinta[3],
  Tampoco conoces la obra de Dios que hace todas las
    cosas.
6 De mañana siembra tu semilla
  Y a la tarde no des reposo a tu mano,
  Porque no sabes si esto o aquello prosperará,
  O si ambas cosas serán igualmente buenas.

10:8-9
Riesgos
Todo tipo de trabajo conlleva riesgos. Este puede ser otro ejemplo de la injusticia de la vida, porque la gente que hace trabajos duros puede terminar lastimándose.

10:19
El dinero como una respuesta
El autor debe haber estado usando el sarcasmo o la ironía al escribir esto. Sin embargo, también puede haber querido decir que si nada tiene sentido, al menos el dinero puede comprar cosas que traen placer.

11:1
El significado de «echa tu pan sobre las aguas»
Este versículo parece aconsejarle a la gente que se aventure. En esos días, las personas que asumían el riesgo de cruzar el mar recibían los beneficios de comerciar con otras naciones.

10:11 [1] Lit. *sin encantamiento*.   10:13 [1] Lit. *su boca*.   10:15 [1] Lit. *de los necios* los.   10:16 [1] Lit. *comen*.   10:19 [1] Lit. *responde a*.   10:20 [1] Lit. *pensamiento*. 11:1 [1] Lit. *en o dentro de*.   11:5 [1] Muchos mss. dicen: *en*.   [2] Otra posible lectura es: *Como no sabes por dónde entra el espíritu a*.   [3] Lit. *llena*.

11:8
Por qué las personas deberían recordar los días de tinieblas

Esto nos ayuda a disfrutar las cosas buenas que Dios nos da. De todos modos, no debemos poner nuestra confianza en los momentos felices. Debemos confiar en Dios sin importar lo que suceda.

12:1-5
Por qué es importante recordar al Creador

El Predicador habla sobre poner la confianza en Dios mientras somos jóvenes, de modo que cuando seamos viejos, no nos olvidemos de él.

12:6
El significado del hilo de plata, el cuenco de oro, el cántaro y la rueda

Romper todos esos objetos representaba la muerte.

CONSEJOS A LA JUVENTUD

7 Agradable es la luz,
  Y bueno para los ojos ver el sol.
8 Ciertamente, si un hombre vive muchos años,
  Que en todos ellos se regocije,
  Pero recuerde que los días de tinieblas serán muchos.
  Todo lo por venir es vanidad.
9 Alégrate, joven, en tu juventud,
  Y tome placer tu corazón en los días de tu juventud.
  Sigue los impulsos[1] de tu corazón y el gusto de[2] tus ojos;
  Pero debes saber que por todas estas cosas, Dios te traerá a juicio.
10 Por tanto, aparta de tu corazón la congoja
  Y aleja el sufrimiento[1] de tu cuerpo[2],
  Porque la juventud y la primavera de la vida son vanidad.

12 Acuérdate, pues, de tu Creador en los días de tu juventud,
  Antes que vengan los días malos,
  Y se acerquen los años en que digas:
  «No tengo en ellos placer».
2 Antes que se oscurezcan el sol y la luz,
  La luna y las estrellas,
  Y las nubes vuelvan tras la lluvia;
3 El día cuando tiemblen los guardas de la casa
  Y los fuertes se encorven,
  Las que muelen estén ociosas porque son pocas,
  Y se nublen los que miran por las ventanas[1].
4 Cuando además se cierren las puertas de la calle
  Por ser bajo el sonido del molino,
  Y se levante uno al canto del ave,
  Y todas las hijas del canto sean abatidas;
5 Se temerá a la altura y a los terrores en el camino.
  Cuando florezca el almendro, se arrastre la langosta y la alcaparra pierda su efecto[1];
  Porque el hombre va a su morada eterna
  Mientras los del duelo andan por la calle.
6 *Acuérdate de Él* antes que se rompa[1] el hilo de plata,
  Se quiebre el cuenco de oro,
  Se rompa el cántaro junto a la fuente,
  Y se haga pedazos la rueda junto al pozo;
7 Entonces el polvo volverá a la tierra como lo que era,
  Y el espíritu volverá a Dios que lo dio.
8 «Vanidad de vanidades», dice el Predicador, «todo es vanidad».

CONCLUSIÓN

9 El Predicador, además de ser sabio, enseñó también sabiduría al pueblo; y reflexionó, investigó y compuso muchos proverbios. 10 El Predicador trató de encontrar palabras agradables, y de escribir correctamente palabras de verdad.

11:9 [1] Lit. *caminos*.   [2] Lit. *lo que ven*.   11:10 [1] Lit. *mal*.   [2] Lit. *carne*.
12:3 [1] O *aberturas*.   12:5 [1] O *y se pierda el apetito*.   12:6 [1] Así en la versión gr. (sept.); en heb. *sea quitado*.

PERLAS DE SABIDURÍA

Eclesiastés tiene grandes frases que nos brindan una sabiduría memorable

Hay un tiempo señalado para todo, y hay un tiempo para cada suceso bajo el cielo. 3:1

Mejor es oír la reprensión del sabio que oír la canción de los necios. 7:5

Ciertamente no hay hombre justo en la tierra que [...] nunca peque. 7:20

Todo lo que tu mano halle para hacer, hazlo según tus fuerzas. 9:10

No es de los ligeros la carrera, ni de los valientes la batalla [...] sino que el tiempo y la suerte les llegan a todos. 9:11

Las moscas muertas hacen que el ungüento del perfumista dé mal olor; un poco de insensatez pesa más que la sabiduría y el honor.. 10:1

Reparte tu porción con siete, o aun con ocho, porque no sabes qué mal puede venir sobre la tierra. 11:2

No [...] conoces la obra de Dios que hace todas las cosas. 11:5

Acuérdate, pues, de tu Creador en los días de tu juventud, antes que vengan los días malos. 12:1

Teme a Dios y guarda Sus mandamientos, porque esto concierne a toda persona. 12:13

11 Las palabras de los sabios son como aguijones, y como clavos bien clavados *las* de los maestros de *estas* colecciones, dadas por un Pastor. **12** Pero además de esto, hijo mío, estate prevenido: el hacer muchos libros no tiene fin, y demasiada dedicación *a ellos* es fatiga del cuerpo[1].

13 La conclusión, cuando todo se ha oído, *es esta*:

Teme a Dios y guarda Sus mandamientos,
Porque esto *concierne* a toda persona.
14 Porque Dios traerá toda obra a juicio,
Junto con todo lo oculto,
Sea bueno o sea malo.

12:13-14
El consejo final del Predicador

Incluso si la vida es desagradable y parece no tener sentido, la felicidad o el contentamiento no es lo más importante. Lo importante es temer a Dios y servirle, y Dios cuidará de nosotros.

12:12 [1] Lit. *de la carne.*

Cantar de los cantares

¿QUIÉN ESCRIBIÓ ESTE LIBRO?	Probablemente lo escribió Salomón.
¿DE QUÉ TRATA EL LIBRO?	El libro Cantar de los cantares es una colección de poemas acerca del amor adulto entre un hombre y una mujer.
¿PARA QUIÉN FUE ESCRITO ESTE LIBRO?	Este libro fue escrito para los adultos, a fin de ayudarlos a entender el amor y el matrimonio.

Cantar de los cantares 7:7 compara la estatura de una mujer con una palmera.

LA ESPOSA HABLA A LAS HIJAS DE JERUSALÉN

1 El cantar[1] de los cantares de Salomón.

La Esposa:

2 «¡Que me bese con los besos de su boca!
Porque mejores son tus amores que el vino.
3 Tus ungüentos tienen olor agradable,
Tu nombre es *como* ungüento purificado;
Por eso te aman las doncellas.
4 Llévame en pos de ti *y* corramos *juntos.*
El rey me ha llevado a sus cámaras».

El Coro:

«Nos regocijaremos y nos alegraremos en ti,
Exaltaremos tu amor más que el vino.
Con razón te aman».

La Esposa:

5 «Soy morena pero preciosa,
Oh hijas de Jerusalén,
Como las tiendas de Cedar,
Como las cortinas de Salomón.
6 No se fijen en que soy morena,
Porque el sol me ha quemado.
Los hijos de mi madre se enojaron conmigo;
Me pusieron a guardar las viñas,
Pero mi propia viña no guardé.
7 Dime, amado de mi alma:
¿Dónde apacientas *tu rebaño*?
¿Dónde *lo* haces descansar al mediodía?
¿Por qué he de ser yo como una que se cubre con velo
Junto a los rebaños de tus compañeros?».

El Coro:

8 «Si tú no lo sabes,
¡Oh la más hermosa de las mujeres!,
Sal tras las huellas del rebaño,
Y apacienta tus cabritas
Junto a las cabañas de los pastores».

DIÁLOGO ENTRE LOS ESPOSOS

El Esposo:

9 «A mi yegua, entre los carros de Faraón,
Yo te comparo, amada mía.
10 Hermosas son tus mejillas entre los adornos,
Tu cuello entre los collares».

El Coro:

11 «Haremos para ti adornos de oro
Con cuentas de plata».

La Esposa:

12 «Mientras el rey estaba a la mesa,
Mi perfume esparció su fragancia.

1:1 [1] O *El mejor.*

1:5

Por qué la mujer habla sobre el color de su piel

Aunque ella era encantadora, quizás no le gustaba el color de su piel. El tono oscuro de piel no se consideraba lindo en las mujeres de clase alta de esa época.

GRANDES IDEAS EN CANTAR DE LOS CANTARES

El amor que una persona siente por otra es poderoso.

El sexo dentro del matrimonio es un regalo divino que hay que valorar y disfrutar.

No hay vergüenza en el amor erótico entre marido y mujer.

El amor es precioso y espontáneo, y debe celebrarse.

1:17
Por qué se mencionan las vigas y los artesonados

La madera escaseaba en Israel, y el cedro y el ciprés eran muy costosos para importarlos. Solo los propietarios ricos podían pagar la madera a fin de construir vigas y techos para sus casas.

2:4
El amor del esposo

Él mostraba su amor para que todos pudieran verlo, como si fuera un gran estandarte militar.

13 Mi amado es para mí como bolsita de mirra
    Que reposa toda la noche entre mis pechos.
14 Ramillete de flores de alheña es mi amado
    para mí
    En las viñas de En Gadi».

El Esposo:

15 «¡Cuán hermosa eres, amada mía,
    Cuán hermosa eres!
    Tus ojos son *como* palomas».

La Esposa:

16 «¡Cuán hermoso eres, amado mío,
    Y tan placentero!
    Ciertamente nuestro lecho es de exuberante
    verdor.
17 Las vigas de nuestras casas son cedros,
    Nuestros artesonados, cipreses».

La Esposa:

2 «Yo soy la rosa de Sarón,
    El lirio de los valles».

El Esposo:

2 «Como el lirio entre los espinos,
    Así es mi amada entre las doncellas».

La Esposa:

3 «Como el manzano entre los árboles del
    bosque,
    Así es mi amado entre los jóvenes.
    A su sombra placentera me he sentado,
    Y su fruto es dulce a mi paladar.
4 Él me ha traído a la sala del banquete,
    Y su estandarte sobre mí es el amor.
5 Susténtenme con tortas de pasas,
    Reanímenme con manzanas,
    Porque estoy enferma de amor.
6 Que su izquierda esté bajo mi cabeza
    Y su derecha me abrace».

El Esposo:

7 «Yo les ruego, oh hijas de Jerusalén,
    Por las gacelas o por las ciervas del campo,
    Que no levanten ni despierten a *mi* amor
    Hasta que quiera».

La Esposa:

8 «¡Una voz! ¡Mi amado!
    ¡Miren, él viene,
    Saltando por los montes,
    Brincando por los collados!
9 Mi amado es semejante a una gacela o a un
    cervatillo.
    ¡Miren, se detiene detrás de nuestro muro,
    Mirando por las ventanas,
    Espiando por las celosías!

10 »Mi amado habló, y me dijo:
"Levántate, amada mía, hermosa mía,
Y ven conmigo.
11 Pues mira, ha pasado el invierno,
Ha cesado la lluvia y se ha ido.
12 Han aparecido las flores en la tierra;
Ha llegado el tiempo de podar *las vides,*
Y se oye la voz de la tórtola en nuestra tierra.
13 La higuera ha madurado sus higos,
Y las vides en flor han esparcido *su* fragancia.
¡Levántate amada mía, hermosa mía,
Y ven conmigo!"».

El Esposo:

14 «Paloma mía, en las grietas de la peña,
En lo secreto de la senda escarpada,
Déjame ver tu semblante,
Déjame oír tu voz;
Porque tu voz es dulce,
Y precioso tu semblante».

El Coro:

15 «Agarren las zorras,
Las zorras pequeñas que arruinan las viñas,
Pues nuestras viñas están en flor».

La Esposa:

16 «Mi amado es mío, y yo soy suya;
él apacienta *su rebaño* entre los lirios.
17 Hasta que sople *la brisa* del día y huyan las sombras,
Vuelve, amado mío, y sé semejante a una gacela
O a un cervatillo sobre los montes de Beter[1]».

ENSUEÑO DE LA ESPOSA

La Esposa:

3 «En mi lecho, por las noches, he buscado
Al que ama mi alma;
Lo busqué, pero no lo hallé.
2 "Me levantaré ahora, y andaré por la ciudad;
Por las calles y por las plazas
Buscaré al que ama mi alma".
Lo busqué, pero no lo hallé.
3 Me hallaron los guardas que rondan la ciudad,
Y les dije: "¿Han visto al que ama mi alma?".
4 Apenas los había pasado
Cuando hallé al que ama mi alma;
Lo agarré y no quise soltarlo,
Hasta que lo llevé a la casa de mi madre
Y a la alcoba de la que me concibió».

El Esposo:

5 «Yo les ruego, oh hijas de Jerusalén,
Por las gacelas o por las ciervas del campo,
Que no levanten ni despierten a *mi* amor,
Hasta que quiera».

2:17 1 O *de hendiduras.*

2:5
Pasas y manzanas
Eran formas poéticas de hablar sobre las caricias y los abrazos.

2:15
Qué eran las zorras pequeñas
Las zorras eran una molestia para los dueños de los viñedos, porque desenterraban las raíces de la vid. Aquí, las zorras representan las cosas que amenazan con romper el amor de una pareja.

3:1
«En mi lecho, por las noches»
La gente común en Israel dormía sobre pieles de animales echadas en el suelo. Las personas más adineradas dormían en camas que se parecían a un catre sencillo de hoy.

El Coro:

6 «¿Qué es eso que sube del desierto
Como columnas de humo,
Con perfume de mirra e incienso,
Con todos los polvos aromáticos del mercader?

7 ¡Miren! Es la litera de Salomón;
Sesenta valientes la rodean,
De los valientes de Israel.

8 Todos ellos manejan la espada,
Son diestros en la guerra,
Cada uno tiene la espada a su lado,
Contra los peligros de la noche.

9 El rey Salomón se ha hecho un carruaje
De madera del Líbano.

10 Hizo sus columnas de plata,
Su respaldo de oro
Y su asiento de púrpura,
Su interior tapizado con amor
Por las hijas de Jerusalén.

11 Salgan, hijas de Sión,
Y contemplen al rey Salomón con la corona
Con la cual su madre lo coronó
El día de sus bodas,
El día de la alegría de su corazón».

ALABANZAS DEL ESPOSO

El Esposo:

4 «¡Cuán hermosa eres, amada mía.
Cuán hermosa eres!
Tus ojos son *como* palomas detrás de tu velo;
Tu cabellera, como rebaño de cabras
Que descienden del monte Galaad.

2 Tus dientes son como rebaño de ovejas
trasquiladas
Que suben del lavadero,
Todas tienen mellizas,
Y ninguna de ellas ha perdido su cría.

3 Tus labios son como hilo de escarlata,
Y tu boca, encantadora.
Tus mejillas, como mitades de granada
Detrás de tu velo.

4 Tu cuello, como la torre de David
Edificada con hileras de piedras;
Miles de escudos cuelgan de ella,
Todos escudos de los valientes.

5 Tus dos pechos, como dos crías,
Mellizas de una gacela
Que pacen entre los lirios.

6 Antes de que sople *la brisa* del día
Y huyan las sombras,
Me iré al monte de la mirra
Y al collado del incienso.

7 »Toda tú eres hermosa, amada mía,
Y no hay defecto en ti.

3:11
El rey Salomón en la historia
Este puede haber sido Salomón, o la mujer tal vez estuviera diciendo que ella pensaba que su prometido era espléndido como el rey.

4:1
Comparar el cabello de una mujer con las cabras
Esto era un halago. Las cabras en Canaán por lo general eran negras. El cabello largo y negro de la mujer le recordaba al hombre un rebaño de cabras descendiendo de los montes.

8 *Ven* conmigo desde el Líbano, esposa *mía*,
   Ven conmigo desde el Líbano.
   Baja desde la cumbre del Amaná,
   Desde la cumbre del Senir y del Hermón,
   Desde las guaridas de los leones,
   Desde los montes de los leopardos.
9 Has cautivado mi corazón, hermana mía, esposa *mía*;
   Has cautivado mi corazón con una sola *mirada* de tus
      ojos,
   Con una sola hebra de tu collar.
10 ¡Cuán hermosos son tus amores, hermana mía, esposa
      mía!
   ¡Cuánto mejores son tus amores que el vino,
   Y la fragancia de tus ungüentos
   Que todos los bálsamos!
11 Miel virgen destilan tus labios, esposa *mía*,
   Miel y leche hay debajo de tu lengua,
   Y la fragancia de tus vestidos es como la fragancia del
      Líbano.
12 Huerto cerrado eres, hermana mía, esposa *mía*,
   Huerto cerrado, fuente sellada.
13 Tus renuevos son paraíso de granados,
   Con frutas escogidas, alheña y nardos,
14 Nardo y azafrán, cálamo aromático y canela,
   Con todos los árboles de incienso,
   Mirra y áloes, con todos los mejores bálsamos.
15 *Tú eres* fuente de huertos,
   Pozo de aguas vivas,
   Y corrientes *que fluyen* del Líbano».

La Esposa:
16 «Despierta, *viento del* norte,
   Y ven, *viento del* sur;
   Hagan que mi huerto exhale *fragancia*,
   Que se esparzan sus aromas.
   Entre mi amado en su huerto
   Y coma sus mejores frutas».

El Esposo:
5 «He entrado en mi huerto, hermana mía, esposa *mía*;
   He recogido mi mirra con mi bálsamo.
   He comido mi panal y mi miel;
   He bebido mi vino y mi leche.
   Coman, amigos;
   Beban y embriáguense, oh amados».

EL TORMENTO DE LA SEPARACIÓN
La Esposa:
2 «Yo dormía, pero mi corazón velaba,
   ¡Una voz! ¡Mi amado toca *a la puerta*!
   "Ábreme, hermana mía, amada mía,
   Paloma mía, perfecta mía,
   Pues mi cabeza está empapada de rocío,
   Mis cabellos *empapados* de la humedad de la
      noche".

4:9
Por qué la mujer también es llamada «hermana»
En el antiguo Medio Oriente, las personas que estaban enamoradas se llamaban el uno al otro hermano o hermana, especialmente en las poesías de amor.

5:2-8
Cómo los enamorados terminan separados
Esto puede haber sido un sueño o un hecho real. En cualquier caso, la novia y el novio se separan. Cuando él regresa, ella estaba demasiado dormida como para responderle, así que él se va de nuevo. Entonces ella comienza a buscarlo.

3 Me he quitado la ropa,
   ¿Cómo he de vestirme *de nuevo*?
   Me he lavado los pies,
   ¿Cómo he de ensuciarlos *de nuevo*?
4 Mi amado metió su mano por la abertura *de la puerta*,
   Y se estremecieron por él mis entrañas.
5 Yo me levanté para abrir a mi amado;
   Y mis manos destilaron mirra,
   Y mis dedos mirra líquida,
   Sobre las manecillas de la cerradura.
6 Abrí yo a mi amado,
   Pero mi amado se había retirado, se había ido.
   Tras su hablar salió mi alma.
   Lo busqué, y no lo hallé;
   Lo llamé, y no me respondió.
7 Me hallaron los guardas que rondan la ciudad,
   Me golpearon *y* me hirieron;
   Me quitaron de encima mi chal los guardas de las murallas.
8 Yo les ruego, oh hijas de Jerusalén,
   Si encuentran a mi amado,
   ¿Qué le han de decir?:
   Que estoy enferma de amor».

El Coro:

9 «¿Qué clase de amado es tu amado,
   Oh la más hermosa de las mujeres?
   ¿Qué clase de amado es tu amado,
   Que así nos ruegas?».

La Esposa:

10 «Mi amado es apuesto y sonrosado,
   Distinguido entre diez mil.
11 Su cabeza es *como* oro, oro puro,
   Sus cabellos, *como* racimos de dátiles,
   Negros como el cuervo.
12 Sus ojos son como palomas
   Junto a corrientes de agua,
   Bañados en leche,
   Colocados en *su* engaste.
13 Sus mejillas, como eras de bálsamo,
   Como riberas de hierbas aromáticas;
   Sus labios son lirios
   Que destilan mirra líquida.
14 Sus manos son barras de oro
   Engastadas de berilo;
   Su vientre es marfil tallado
   Recubierto de zafiros.
15 Sus piernas son columnas de alabastro
   Asentadas sobre basas de oro puro;
   Su aspecto es como el Líbano,
   Gallardo como los cedros.
16 Su paladar es dulcísimo,
   Y todo él, deseable.

5:10-16
Algo inusual en esta sección
Esta es la única vez en el poema que la mujer describe los rasgos físicos de su amado.

Este es mi amado y este es mi amigo,
Hijas de Jerusalén».

MUTUO ENCANTO DE LOS ESPOSOS

El Coro:

6 «¿Adónde se ha ido tu amado,
Oh la más hermosa de las mujeres?
¿Adónde se ha dirigido tu amado,
Para que lo busquemos contigo?».

La Esposa:

2 «Mi amado ha descendido a su huerto,
A las eras de bálsamo,
A apacentar *su rebaño* en los huertos
Y recoger lirios.

3 Yo soy de mi amado y mi amado es mío,
Él apacienta *su rebaño* entre los lirios».

El Esposo:

4 «Eres hermosa como Tirsa, amada mía,
Encantadora como Jerusalén,
Imponente como un ejército con estandartes.

5 Aparta de mí tus ojos,
Porque ellos me han confundido;
Tu cabellera es como un rebaño de cabras
Que descienden de Galaad.

6 Tus dientes son como rebaño de ovejas
Que suben del lavadero,
Todas tienen mellizas,
Y ninguna de ellas ha perdido su cría.

7 Tus mejillas son como mitades de
granada
Detrás de tu velo.

8 Sesenta son las reinas y ochenta las
concubinas,
Y las doncellas, sin número;

9 *Pero* sin igual es mi paloma, mi perfecta,
Es la *hija* única de su madre,
La preferida de la que la dio a luz.
Las doncellas la vieron y la llamaron bienaventurada,
También las reinas y las concubinas, y la alabaron,
diciendo:

10 "¿Quién es esta que se asoma como el alba,
Hermosa como la luna llena,
Refulgente como el sol,
Imponente como *escuadrones* abanderados?".

11 Descendí al huerto de los nogales
Para ver el verdor del valle,
Para ver si la vid había retoñado,
Si los granados habían florecido.

12 Sin que me diera cuenta, mi alma me colocó
Sobre los carros de mi noble pueblo[1]».

6:12 [1] O *los carros de Aminadab.*

6:2-3
El huerto
Esta era una forma poética de decir que el hombre disfrutaba estando con su esposa. Los huertos de especias aromáticas eran comunes en ese tiempo, porque las mismas se usaban como incienso para el culto del templo al igual que para cocinar.

6:13
La Sulamita
Esta puede ser la versión femenina del nombre *Salomón*, queriendo decir que ella era la chica de Salomón; o puede ser una forma distinta del término *sunamita*, una joven proveniente de Sunem.

7:1-9
Por qué el hombre estaba tan enamorado
Él casi no podía encontrar las palabras para describir la belleza de la mujer. Estaba enamorado y quería hacerla su esposa.

El Coro:

13 ¹«¡Regresa, regresa, oh Sulamita;
   Regresa, regresa, para que te contemplemos!».

El Esposo:

«¿Por qué han de contemplar a la Sulamita,
Como en la danza de los dos coros?

7 ¹¡Cuán hermosos son tus pies en sandalias,
   Oh hija de príncipe!
   Las curvas de tus caderas son como joyas,
   Obra de manos de artífice.
2 Tu ombligo, *como* una taza redonda
   Que nunca le falta vino mezclado;
   Tu vientre como montón de trigo
   Cercado de lirios.
3 Tus dos pechos, como dos crías,
   Mellizas de una gacela.
4 Tu cuello, como torre de marfil,
   Tus ojos, *como* los estanques en Hesbón
   Junto a la puerta de Bat Rabim;
   Tu nariz, *como* la torre del Líbano
   Que mira hacia Damasco.
5 Tu cabeza se eleva como el monte Carmelo,
   Y la cabellera suelta de tu cabeza es como hilos de
      púrpura;
   El rey se ha cautivado de *tus* trenzas.
6 ¡Qué hermosa y qué encantadora eres,
   Amor *mío*, con *todos* tus encantos!
7 Tu estatura es semejante a la palmera,
   Y tus pechos, a *sus* racimos.
8 Yo dije: "Subiré a la palmera,
   Tomaré sus frutos".
   ¡Sean tus pechos como racimos de la vid,
   El perfume de tu aliento como manzanas,
9 Y tu paladar como el mejor vino!».

La Esposa:

«Entra suavemente *el vino* en mi amado,
Como fluye por los labios de los que se duermen.
10 »Yo soy de mi amado,
   Y para mí es *todo* su deseo.
11 Ven, amado mío, salgamos al campo,
   Pasemos la noche en las aldeas.
12 Levantémonos temprano *y vayamos* a las viñas;
   Veamos si la vid ha brotado,
   Si se han abierto *sus* flores,
   Y si han florecido los granados.
   Allí te entregaré mi amor.
13 Las mandrágoras han exhalado su fragancia,
   Y a nuestras puertas hay toda clase de *frutas* escogidas,
   Tanto nuevas como añejas,
   Que he guardado para ti, amado mío.

6:13 ¹ En el texto heb. cap. 7:1.   7:1 ¹ En el texto heb. cap. 7:2.

HALAGOS RAROS

Los dos amantes de Cantar de los cantares alaban mutuamente los cuerpos del otro con palabras que se consideraban cumplidos en ese tiempo, pero que nos suenan raras a los lectores hoy. Estos son algunos de los halagos extraños que se decían:

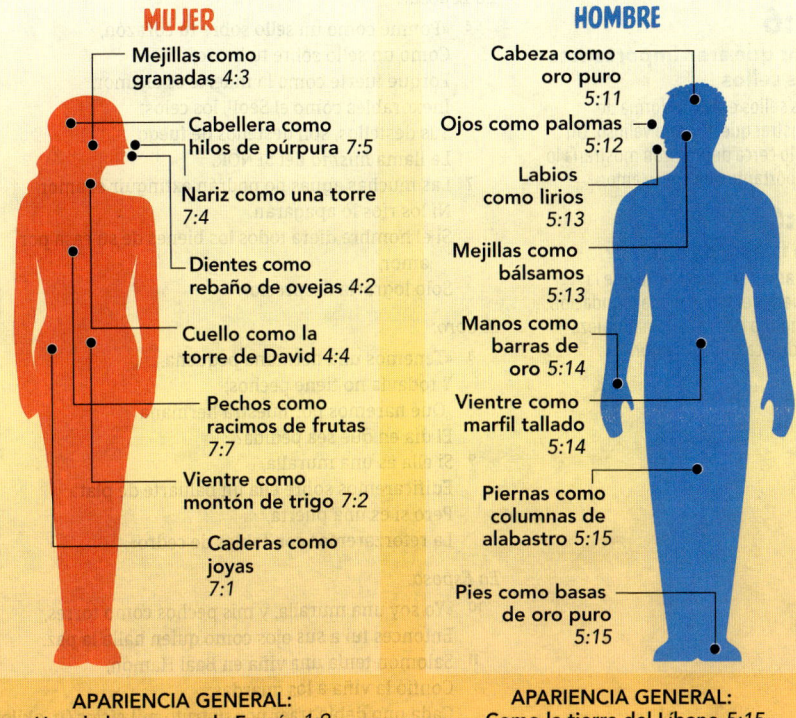

MUJER

Mejillas como granadas *4:3*

Cabellera como hilos de púrpura *7:5*

Nariz como una torre *7:4*

Dientes como rebaño de ovejas *4:2*

Cuello como la torre de David *4:4*

Pechos como racimos de frutas *7:7*

Vientre como montón de trigo *7:2*

Caderas como joyas *7:1*

APARIENCIA GENERAL:
Una de las yeguas de Faraón *1:9*

HOMBRE

Cabeza como oro puro *5:11*

Ojos como palomas *5:12*

Labios como lirios *5:13*

Mejillas como bálsamos *5:13*

Manos como barras de oro *5:14*

Vientre como marfil tallado *5:14*

Piernas como columnas de alabastro *5:15*

Pies como basas de oro puro *5:15*

APARIENCIA GENERAL:
Como la tierra del Líbano *5:15*

8 ¡Ah, si tú fueras como mi hermano,
Amamantado a los pechos de mi madre!
Si te encontrara afuera, te besaría,
Y no me despreciarían.

2 Te llevaría *y* te introduciría
En la casa de mi madre, que me enseñaba;
Te daría a beber vino sazonado del zumo de mis granadas.

3 Que esté su izquierda bajo mi cabeza
Y su derecha me abrace».

El Esposo:

4 «Quiero que juren, oh hijas de Jerusalén;
Que no despertarán ni levantarán a *mi* amor,
Hasta que quiera».

8:1
No besarse en público

Las normas culturales permitían que los miembros inmediatos de una familia mostraran afecto en público, pero no las parejas casadas.

8:6
Por qué eran importantes los sellos
Los sellos eran una forma de mostrar que algo era valioso. Un sello cerca del corazón mostraría lo importante que era su amor.

8:6-7
La fuerza de su amor
Su amor era más fuerte que la muerte, el fuego o una inundación. Ninguna fuerza de la naturaleza podría cambiar su amor.

El Coro:

5 «¿Quién es esta que sube del desierto,
Recostada sobre su amado?».

El Esposo:

«Debajo del manzano te desperté;
Allí tu madre tuvo dolores de parto por ti,
Allí tuvo dolores de parto, *y* te dio a luz».

La Esposa:

6 «Ponme como un sello sobre tu corazón,
Como un sello sobre tu brazo,
Porque fuerte como la muerte es el amor,
Inexorables como el Seol[1], los celos;
Sus destellos, son destellos de fuego,
La llama *misma* del SEÑOR.
7 Las muchas aguas no podrán extinguir el amor,
Ni los ríos lo apagarán.
Si el hombre diera todos los bienes de su casa por amor,
Solo lograría desprecio».

El Coro:

8 «Tenemos una hermana pequeña,
Y todavía no tiene pechos;
¿Qué haremos por nuestra hermana
El día en que sea pedida?
9 Si ella es una muralla,
Edificaremos sobre ella un baluarte de plata;
Pero si es una puerta,
La reforzaremos con tablas de cedro».

La Esposa:

10 «Yo soy una muralla, y mis pechos como torres,
Entonces fui a sus ojos como quien halla la paz.
11 Salomón tenía una viña en Baal Hamón,
Confió la viña a los guardas;
Cada uno debía traer por su fruto mil *siclos* (11.4 kilos)
de plata.
12 Mi viña, que es mía, está a mi disposición;
Los mil *siclos* son para ti, Salomón,
Y doscientos, para los que guardan su fruto».

El Esposo:

13 «Oh tú, que moras en los huertos,
Mis compañeros están atentos a tu voz;
Déjame que la oiga».

La Esposa:

14 «Apresúrate, amado mío,
Y sé como una gacela o un cervatillo
Sobre los montes de los aromas».

8:6 [1] I.e. región de los muertos.

Isaías

¿QUIÉN ESCRIBIÓ ESTE LIBRO?	El profeta Isaías
¿POR QUÉ SE ESCRIBIÓ ESTE LIBRO?	El libro de Isaías le advierte al pueblo de Judá que si continuaban haciendo lo malo, Dios los castigaría, así como estaba castigando a Israel. Isaías también promete que Dios consolaría a su pueblo después de castigarlo y que los haría una nación grande nuevamente.
¿QUÉ APRENDEMOS ACERCA DE DIOS EN ESTE LIBRO?	Isaías utiliza muchos nombres especiales para Dios. Esos nombres muestran que él es santo, nuestro juez y nuestra salvación.
¿QUÉ ES LO ESPECIAL DE ESTE LIBRO?	Isaías brinda muchas profecías poderosas acerca de Jesús, el Salvador que pronto vendría.

Samaria, la capital del reino del norte, Israel, fue tomada cautiva por el rey Sargón II de Asiria.

1:1
La clase de visión que tuvo Isaías
Era un mensaje o profecía que se basaba en lo que Dios le reveló a Isaías.

REBELIÓN DEL PUEBLO DE DIOS

1 Visión que tuvo[1] Isaías, hijo de Amoz, con relación a Judá y Jerusalén, en los días de Uzías, Jotam, Acaz y Ezequías, reyes de Judá.

2   Oigan, cielos, y escucha, tierra,
    Porque el SEÑOR habla:
    «Hijos crié y los hice crecer,
    Pero ellos se han rebelado contra Mí.
3   El buey conoce a su dueño
    Y el asno el pesebre de su amo;
    Pero Israel no conoce,
    Mi pueblo no tiene entendimiento».

4   ¡Ay, nación pecadora,
    Pueblo cargado de iniquidad,
    Generación[1] de malvados,
    Hijos corrompidos!
    Han abandonado al SEÑOR,
    Han despreciado al Santo de Israel,
    Se han apartado de Él[2].

5   ¿Dónde más serán castigados?
    ¿Continuarán en rebelión?
    Toda cabeza está enferma,
    Y todo corazón desfallecido.
6   Desde la planta del pie hasta la cabeza
    No hay nada sano en él,

1:1 [1] Lit. *vio.*   1:4 [1] Lit. *simiente.*   [2] Lit. *hacia atrás.*

NACIONES Y CIUDADES MENCIONADAS EN ISAÍAS

Sino golpes, verdugones y heridas recientes;
No han sido curadas[1], ni vendadas,
Ni suavizadas con aceite.

7 La tierra de ustedes está desolada,
Sus ciudades quemadas por el fuego,
Su suelo lo devoran los extraños delante de ustedes,
Y es una desolación, como destruida por extraños.

8 La hija de Sión ha quedado como cobertizo en una viña,
Como choza en un pepinar, como ciudad sitiada.

9 Si el SEÑOR de los ejércitos
No nos hubiera dejado algunos sobrevivientes,
Seríamos como Sodoma,
Y semejantes a Gomorra.

10 Oigan la palabra del SEÑOR,
Gobernantes de Sodoma.
Escuchen la instrucción de nuestro Dios,
Pueblo de Gomorra:

11 «¿Qué es para Mí la abundancia de sus sacrificios?»,
Dice el SEÑOR.
«Cansado estoy de holocaustos de carneros,
Y de sebo de ganado cebado;
La sangre de novillos, corderos y machos cabríos no
me complace.

12 Cuando vienen a presentarse delante de Mí,
¿Quién demanda esto de ustedes[1], de que pisoteen[2]
Mis atrios?

13 No traigan más sus vanas ofrendas,
El incienso me es abominación.
Luna nueva y día de reposo, el convocar asambleas:
¡No tolero iniquidad y asamblea solemne!

14 Sus lunas nuevas y sus fiestas señaladas las aborrece
Mi alma.
Se han vuelto una carga para Mí,
Estoy cansado de soportar*las*.

15 Cuando extiendan sus manos[1],
Esconderé Mis ojos de ustedes.
Sí, aunque multipliquen las
oraciones,
No escucharé.
Sus manos[1] están llenas de sangre.

16 »Lávense, límpiense,
Quiten la maldad de sus obras de
delante de Mis ojos.
Cesen de hacer el mal.

17 Aprendan a hacer el bien,
Busquen la justicia,
Reprendan al opresor,
Defiendan[1] al huérfano,
Aboguen por la viuda.

18 »Vengan ahora, y razonemos»,
Dice el SEÑOR,

1:7-9
Por qué estaba desolada la tierra de Judá
Naciones extranjeras habían invadido a Judá mientras ellos estaban atacando a la nación de Israel. Había poca gente viviendo allí.

1:10
Por qué Isaías les habló a las personas de Sodoma y Gomorra
Sodoma y Gomorra habían sido destruidas hacía muchos años. Isaías estaba comparando el pecado de la gente de Jerusalén con el pecado de las personas de Sodoma y Gomorra.

1:13
La fiesta de la luna nueva
La fiesta de la luna nueva se celebraba al principio de cada mes. El pueblo ofrecía sacrificios especiales, tocaban las trompetas y se tomaban un descanso de sus actividades laborales normales.

© David Carillet/Shutterstock

1:6 [1] Lit. *exprimidas.*   1:12 [1] Lit. *busca esto de su mano.*   [2] Lit. *el hollar de.*
1:15 [1] Lit. *palmas.*   1:17 [1] O *vindicad.*

1:18
El significado de la grana y el carmesí

Esta es una poderosa comparación del pecado con la sangre que mancha las manos de los asesinos. Sin embargo, el perdón de Dios lava por completo nuestros pecados cuando nos arrepentimos (nos apartamos) de ellos.

«Aunque sus pecados sean como la grana,
Como la nieve serán emblanquecidos.
Aunque sean rojos como el carmesí,
Como *blanca* lana quedarán.
19 Si ustedes quieren y obedecen,
Comerán lo mejor de la tierra.
20 Pero si rehúsan y se rebelan,
Por la espada serán devorados».
Ciertamente, la boca del SEÑOR ha hablado.

21 ¡Cómo se ha convertido en ramera la ciudad fiel,
La *que* estaba llena de justicia!
Moraba en ella la rectitud,
Pero ahora, asesinos.
22 Tu plata se ha vuelto escoria,
Tu vino está mezclado con agua.
23 Tus gobernantes son rebeldes
Y compañeros de ladrones;
Cada uno ama el soborno
Y corre tras las dádivas.
No defienden[1] al huérfano,
Ni llega a ellos la causa de la viuda.

JUICIO Y REDENCIÓN DE JERUSALÉN

24 Por tanto, declara el Señor, DIOS[1] de los ejércitos,
El Poderoso de Israel:
«¡Ah!, me libraré de Mis adversarios,
Y me vengaré de Mis enemigos.
25 También volveré Mi mano contra ti,
Te limpiaré de tu escoria como con lejía,
Y quitaré toda tu impureza[1].
26 Entonces restauraré tus jueces como al principio,
Y tus consejeros como al comienzo.
Después de lo cual serás llamada Ciudad de Justicia,
Ciudad Fiel».

27 Sión será redimida con juicio,
Y sus arrepentidos con justicia.
28 Pero los transgresores y los pecadores serán
aplastados[1] a una,
Y los que abandonan al SEÑOR perecerán.
29 Ciertamente ustedes se avergonzarán[1] de las encinas[2]
que han deseado,
Y se avergonzarán de los jardines que han
escogido.
30 Porque ustedes serán como encina[1] cuya hoja está
marchita,
Y como jardín en que no hay agua.
31 El fuerte se convertirá en estopa,
Y su trabajo en chispa.
Arderán ambos a una,
Y no habrá quien *los* apague.

1:23 [1] O *No vindican.*   1:24 [1] Heb. *YHWH,* generalmente traducido *Señor.*
1:25 [1] Lit. *mezcla.*   1:28 [1] Lit. *el aplastamiento de transgresores y pecadores*
será.   1:29 [1] Así en algunos mss.; en el T.M., *ellos se avergonzarán.*   [2] O *los*
terebintos.   1:30 [1] O *terebinto.*

REINADO UNIVERSAL DE DIOS Y SU JUICIO

2 Lo que[1] vio Isaías, hijo de Amoz, con relación a Judá y Jerusalén.

2 Acontecerá en los postreros días,
Que el monte de la casa del SEÑOR
Será establecido como[1] cabeza de los montes.
Se alzará sobre los collados,
Y confluirán a él todas las naciones.

3 Vendrán muchos pueblos, y dirán:
«Vengan, subamos al monte del SEÑOR,
A la casa del Dios de Jacob,
Para que nos enseñe *acerca* de Sus caminos,
Y andemos en Sus sendas».
Porque de Sión saldrá la ley[1],
Y de Jerusalén la palabra del SEÑOR.

4 Él juzgará entre las naciones,
Y hará decisiones por[1] muchos pueblos.
Forjarán sus espadas en rejas de arado,
Y sus lanzas en podaderas.
No alzará espada nación contra nación,
Ni se adiestrarán más para la guerra.

5 Casa de Jacob, vengan y caminemos a la luz del
SEÑOR.

6 Ciertamente has abandonado a Tu pueblo, la casa de
Jacob,
Porque están llenos *de costumbres* del oriente,
Son adivinos como los filisteos,
Y hacen tratos[1] con hijos de extranjeros.

7 Se ha llenado su tierra de plata y de oro,
Y no tienen fin sus tesoros.
Su tierra se ha llenado de caballos,
Y no tienen fin sus carros.

8 También su tierra se ha llenado de ídolos.
Adoran la obra de sus manos,
Lo que han hecho sus dedos.

9 Ha sido humillado el hombre *común,*
Y ha sido abatido el hombre *de importancia*;
Pero no los perdones.

10 Métete en la roca, y escóndete en el polvo
Del terror del SEÑOR y del esplendor de Su
majestad.

11 La mirada altiva[1] del hombre será abatida,
Y humillada la soberbia de los hombres.
Solo el SEÑOR será exaltado en aquel día.

12 Porque el día del SEÑOR de los ejércitos *vendrá*
Contra todo el que es soberbio y orgulloso,
Contra todo el que se ha ensalzado,
Y serán abatidos.

13 Y *esto será* contra todos los cedros del Líbano
Altos y erguidos,
Contra todas las encinas de Basán,

2:2
Los postreros días
Esto puede referirse a un tiempo futuro de juicio, pero en general esta frase se refiere a la era mesiánica. Eso significa el tiempo que se inició cuando Cristo vino a la tierra y terminará cuando él regrese.

2:7
Por qué estaba mal tener grandes cantidades de plata, oro y caballos
El rey tenía prohibido acumular grandes cantidades de esas cosas. (Ver Deuteronomio 17:16-17).

2:1 [1] Lit. *La palabra que.*   2:2 [1] Lit. *en.*   2:3 [1] O *la instrucción.*
2:4 [1] O *reprenderá a.*   2:6 [1] O *se dan la mano.*   2:11 [1] Lit. *Los ojos de la altivez.*

14 Contra todos los montes encumbrados,
Contra todos los collados elevados,
15 Contra toda torre alta,
Contra toda muralla fortificada,
16 Contra todas las naves de Tarsis
Y contra toda obra de arte preciada.
17 Será humillado el orgullo del hombre
Y abatido el orgullo de los hombres.
Solo el SEÑOR será exaltado en aquel día,
18 Y los ídolos desaparecerán por completo.
19 *Los hombres* se meterán en las cuevas de las rocas
Y en las hendiduras de la tierra¹,
Ante el terror del SEÑOR
Y *ante* el esplendor de Su majestad,

Cuando Él se levante para hacer temblar la
tierra.
20 Aquel día el hombre arrojará a los topos y a
los murciélagos,
Sus ídolos de plata y sus ídolos de oro
Que se había hecho para adorar*los*.
21 Y se meterá¹ en las cavernas de las rocas y en
las hendiduras de las peñas,
Ante el terror del SEÑOR y *ante* el esplendor
de Su majestad,
Cuando Él se levante para hacer temblar la
tierra.

22 Dejen de considerar al¹ hombre, cuyo soplo *de vida*
está en su nariz.
Pues ¿en qué ha de ser él estimado?

JUICIO CONTRA JERUSALÉN Y JUDÁ

3 Porque el Señor, DIOS¹ de los ejércitos, quitará de
Jerusalén y de Judá
El sustento y el apoyo: todo sustento de pan
Y todo sustento de agua;
2 Al poderoso y al guerrero,
Al juez y al profeta,
Al adivino y al anciano,
3 Al capitán de cincuenta y al hombre respetable,
Al consejero, al diestro artífice y al hábil
encantador.
4 Les daré muchachos por príncipes,
Y niños caprichosos gobernarán¹ sobre ellos.
5 Y el pueblo será oprimido,
El uno por el otro y cada cual por su prójimo.
El joven se alzará contra el anciano,
Y el indigno contra el honorable.
6 Cuando un hombre eche mano a su hermano en la
casa de su padre, *le dirá:*
«Tú tienes manto, serás nuestro jefe,
Y estas ruinas *estarán* bajo tu mando¹»,

2:16
Naves comerciales
Salomón y los fenicios solían tener
grandes naves para viajar por los
mares comprando y vendiendo
artículos.

3:2-3
Adivinos y encantadores
Eran personas que practicaban el
ocultismo y encantaban serpientes.
Esas actividades estaban
prohibidas. (Ver Deuteronomio
18:10-11).

2:19 ¹ Lit. *del polvo.*   2:21 ¹ Lit. *para meterse.*   2:22 ¹ Lit. *Cesen de.*
3:1 ¹ Heb. *YHWH,* generalmente traducido *Señor.*   3:4 ¹ Lit. *poder arbitrario*
gobernará.   3:6 ¹ Lit. *mano.*

7 Ese día *el otro* se indignará¹, diciendo:
  «No seré el sanador² *de ustedes,*
  Porque en mi casa no hay ni pan ni manto;
  No deben nombrarme jefe del pueblo».
8 Pues Jerusalén ha tropezado y Judá ha caído,
  Porque su lengua y sus obras están contra el SEÑOR,
  Rebelándose contra Su gloriosa presencia¹.
9 La expresión de sus rostros¹ testifica contra ellos,
  Y como Sodoma publican su pecado.
  No *lo* encubren.
  ¡Ay de ellos²!,
  Porque han traído mal sobre sí mismos.
10 Digan a los justos que *les irá* bien,
   Porque el fruto de sus obras comerán.
11 ¡Ay del impío! *Le irá* mal,
   Porque lo que él merece¹ se le hará.
12 ¡Oh pueblo Mío! Sus opresores son muchachos¹,
   Y mujeres lo dominan.
   Pueblo Mío, los que te guían *te* hacen desviar
   Y confunden el curso de tus sendas.

13 El SEÑOR se levanta para luchar,
   Está en pie para juzgar a los pueblos.
14 El SEÑOR entra en juicio con los líderes¹ de Su pueblo
       y con Sus príncipes:
   «Pues ustedes han devorado la viña,
   El despojo del pobre está en sus casas.
15 ¿Qué piensan al aplastar a Mi pueblo
   Y al moler la cara de los pobres?»,
   Declara el Señor, DIOS¹ de los ejércitos.

16 Además, dijo el SEÑOR:
   «Por cuanto las hijas de Sión son orgullosas
   Y caminan con el cuello erguido, y con ojos
       seductores,
   Dan pasitos cortos
   Para hacer tintinear los adornos en sus pies,
17 Entonces el Señor herirá con tiña los cráneos de las
       hijas de Sión,
   Y el SEÑOR desnudará sus frentes».
18 En aquel día el Señor *les* quitará los adornos: las
       ajorcas, los tocados y lunetas,
19 Los pendientes, brazaletes y velos,
20 Las redecillas, cadenillas de los pies, cintas, los
       frascos de perfume y amuletos,
21 Los anillos¹ y aretes de nariz,
22 Las ropas de gala, túnicas, mantos y bolsas,
23 Los espejos, ropa interior, turbantes y velos.
24 Y sucederá que en vez de perfume aromático¹ habrá
       podredumbre.
   En vez de cinturón, cuerda;

3:7 ¹ Lit. *alzará su voz.*   ² Lit. *atador de heridas.*   3:8 ¹ Lit. *los ojos de su gloria.*
3:9 ¹ O *Su parcialidad.*   ² Lit. *su alma.*   3:11 ¹ Lit. *el obrar de sus manos.*
3:12 ¹ U *obran con severidad.*   3:14 ¹ Lit. *ancianos.*   3:15 ¹ Heb. *YHWH,*
generalmente traducido *Señor.*   3:21 ¹ O *anillos de sellar.*   3:24 ¹ O *aceite
de bálsamo.*

En vez de peinado artificioso, calvicie;
En vez de ropa fina, ceñidor de cilicio;
Cicatriz[2] en vez de hermosura.
25 Tus hombres caerán a espada,
Y tus poderosos[1] en batalla.
26 Las puertas[1] de la ciudad se lamentarán y estarán de
luto;
Y ella, desolada, se sentará en tierra.

4 Porque en aquel día siete mujeres echarán mano de un hombre, diciendo: «Nuestro pan comeremos y con nuestra ropa nos vestiremos; tan solo déjanos llevar tu nombre. Quita nuestro oprobio».

GLORIA FUTURA DEL REMANENTE

2 Aquel día el Renuevo del SEÑOR será hermoso y lleno de gloria, y el fruto de la tierra *será* el orgullo y adorno de los sobrevivientes de Israel. 3 Y acontecerá que el que sea dejado en Sión y el que quede en Jerusalén será llamado santo: todos los que estén inscritos para vivir[1] en Jerusalén. 4 Cuando el Señor haya lavado la inmundicia de las hijas de Sión y haya limpiado[1] la sangre *derramada* de en medio de Jerusalén con el espíritu del juicio y el espíritu abrasador, 5 entonces el SEÑOR creará sobre todo lugar del monte Sión y sobre sus asambleas, una nube durante el día, o sea humo, y un resplandor de llamas de fuego por la noche; porque sobre toda la gloria habrá un dosel. 6 Será un cobertizo para *dar* sombra contra el calor del día, y refugio y protección[1] contra la tormenta y la lluvia.

PARÁBOLA DE LA VIÑA

5 Cantaré ahora a mi amado,
El canto de mi amado acerca de Su viña.
Mi bien amado tenía una viña en una fértil colina[1].
2 La cavó por todas partes, quitó sus piedras,
Y la plantó de vides escogidas[1].
Edificó una torre en medio de ella,
Y también excavó en ella un lagar[2].
Esperaba que produjera uvas *buenas,*
Pero *solo* produjo uvas silvestres[3].

3 Y ahora, moradores de Jerusalén y hombres de Judá,
Juzguen entre Mí y Mi viña.
4 ¿Qué más se puede hacer por Mi viña,
Que[1] Yo no haya hecho en ella?
¿Por qué, cuando esperaba que produjera uvas *buenas,*
Produjo uvas silvestres[2]?
5 Ahora pues, dejen que les diga
Lo que Yo he de hacer a Mi viña:

4:1
Por qué había tantas mujeres en la tierra
Como los hombres iban a la guerra, muchas veces la misma acababa con la población masculina. Esto dejaba a muchas mujeres viudas y sin la oportunidad de volver a casarse y tener hijos.

5:2
El lagar
Una vez que se recogían las uvas, se colocaban en una prensa de piedra. Los hombres utilizaban sus pies para pisar las uvas, y el jugo fluía hacia una zona de recolección.

2 O *quemadura.*   3:25 [1] Lit. *tu fuerza.*   3:26 [1] Lit. *entradas.*   4:3 [1] Lit. *para la vida.*   4:4 [1] Lit. *enjuagado.*   4:6 [1] Lit. *escondedero.*   5:1 [1] Lit. *en un cuerno, hijo de grosura.*   5:2 [1] Lit. *una uva de rojo brillante.*   2 O *depósito de vino.*   3 O *malas.*   5:4 [1] Lit. *y.*   2 O *malas.*

«Quitaré su vallado y será consumida;
Derribaré su muro y será pisoteada.

6 Y haré que quede desolada.
No será podada ni labrada,
Y crecerán zarzas y espinos.
También mandaré a las nubes que no derramen[1]
lluvia sobre ella».

7 Ciertamente, la viña del SEÑOR de los ejércitos es la
casa de Israel,
Y los hombres de Judá Su plantío delicioso.
Él esperaba equidad, pero hubo derramamiento de
sangre;
Justicia, pero hubo clamor.

AYES CONTRA LOS IMPÍOS

8 ¡Ay de los que juntan casa con casa,
Y añaden campo a campo
Hasta que no queda sitio alguno,
Para así habitar ustedes solos en medio de la tierra!

9 A mis oídos el SEÑOR de los ejércitos *ha jurado:*
«Ciertamente muchas casas serán desoladas,
Grandes y hermosas, *pero* sin moradores.

10 Porque cuatro hectáreas (2 acres) de viña producirán
solo 22 litros *de vino,*
Y 220 litros de semilla producirán *solo* 22 litros *de
grano».*

11 ¡Ay de los que se levantan muy de mañana para ir tras
la bebida,
De los que trasnochan para que el
vino los encienda!

12 En sus banquetes hay lira y arpa,
pandero y flauta, y vino,
Pero no contemplan las obras del
SEÑOR,
Ni ven la obra de Sus manos.

13 Por eso va cautivo Mi pueblo por falta
de discernimiento.
Sus notables están muertos de hambre[1]
Y su multitud reseca de sed.

14 Por tanto, el Seol[1] ha ensanchado su garganta[2] y ha
abierto sin medida su boca.
Y *a él* desciende el esplendor de Jerusalén[3], su
multitud, su alboroto y el que se divertía en ella.

15 El hombre *común* será humillado y el hombre *de
importancia* abatido,
Y los ojos de los altivos serán abatidos.

16 Pero el SEÑOR de los ejércitos será exaltado por *Su
juicio,*
Y el Dios santo se mostrará santo por *Su* justicia.

17 Entonces pastarán los corderos como en praderas
propias,

5:10
El tamaño de una yugada
La palabra que se traduce como
yugada se refiere a la cantidad
promedio de tierra que una yunta
de bueyes podía arar en un día.

5:15-16
Cómo exaltaría a Dios el juicio a Jerusalén
Jerusalén merecía ser castigada por
sus pecados. Este juicio honraba a
Dios, porque era lo correcto.

5:6 [1] Lit. *no lluevan.*   5:13 [1] Lit. *su gloria son hombres hambrientos.*
5:14 [1] I.e. región de los muertos.   [2] O *apetito.*   [3] Lit. *su esplendor.*

Y en los lugares desolados de los ricos[1], extranjeros comerán.

18 ¡Ay de los que arrastran la iniquidad con cuerdas de falsedad[1]
Y el pecado como con coyundas de carretas!

19 Los que dicen: «Que se dé prisa, que apresure Su obra, para que *la* veamos;
Que se acerque y venga el propósito del Santo de Israel,
Para que *lo* sepamos».

20 ¡Ay de los que llaman al mal bien y al bien mal,
Que tienen[1] las tinieblas por luz y la luz por tinieblas,
Que tienen[1] lo amargo por dulce y lo dulce por amargo!

21 ¡Ay de los sabios a sus propios ojos
E inteligentes ante sí mismos!

22 ¡Ay de los héroes para beber vino
Y valientes para mezclar bebidas,

23 Que justifican al impío por soborno
Y quitan al justo su derecho[1]!

24 Por tanto, como la lengua de fuego consume el rastrojo,
Y la hierba seca cae ante la llama,
Su raíz como podredumbre se volverá y su flor como polvo será esparcida[1].
Porque desecharon la ley del SEÑOR de los ejércitos,
Y despreciaron la palabra del Santo de Israel.

25 Por esta causa se ha encendido la ira del SEÑOR contra Su pueblo,
Y ha extendido Su mano contra ellos y los ha herido.
Los montes temblaron y sus cadáveres yacen[1] como desecho en medio de las calles.
Con todo esto, no se ha agotado[2] Su ira,
Y aún está extendida Su mano.

26 Alzará estandarte a la nación lejana[1],
Y le silbará desde los confines de la tierra,
Y vendrá muy pronto, con rapidez.

27 En ella nadie está cansado ni nadie se tambalea,
Ninguno dormita ni duerme.
A ninguno se le ha desatado el cinturón de la cintura,
Ni se le ha roto la correa de su sandalia.

28 Sus flechas[1] están afiladas y todos sus arcos entesados.
Los cascos de sus caballos son[2] como pedernal y las[3] ruedas *de sus carros* como torbellino.

29 Su rugido es como de leona, ruge como leoncillos.
Gruñe y atrapa la presa,
Y se *la* lleva sin que nadie *la* libre.

30 En aquel día gruñirá sobre ella como el bramido del mar.

5:22
Mezclar bebidas

A menudo se añadían especias a la cerveza y el vino para hacerlas más fuertes o sabrosas.

5:26
Este tipo de estandarte

Un estandarte o bandera atados a un mástil se colocaba en lo alto de una colina para reunir a las tropas. El libro de Isaías usa esta imagen como símbolo para hacer regresar a Israel a casa.

5:17 [1] Lit. *engordados.*   5:18 [1] O *vanidad.*   5:20 [1] Lit. *ponen.*
5:23 [1] Lit. *justicia.*   5:24 [1] Lit. *ascenderá.*   5:25 [1] Lit. *eran.*   [2] Lit. *no se ha apartado.*   5:26 [1] Probablemente, Asiria; lit. *las naciones.*   5:28 [1] Lit. *La cual, sus flechas.*   [2] Lit. *son considerados.*   [3] Lit. *sus.*

Si se mira hacia la tierra, hay tinieblas y angustia;
Aun la luz es oscurecida por sus nubes.

VISIÓN DE ISAÍAS

6 En el año de la muerte del rey Uzías vi yo al Señor sentado sobre un trono alto y sublime, y la orla de Su manto llenaba el templo. ² Por encima de Él había¹ serafines. Cada uno tenía seis alas: con dos cubrían sus rostros, con dos cubrían sus pies y con dos volaban. ³ Y el uno al otro daba voces, diciendo¹:

«Santo, Santo, Santo es el SEÑOR de los ejércitos,
Llena está toda la tierra de² Su gloria».

⁴ Y se estremecieron los cimientos¹ de los umbrales a la voz del que clamaba, y la casa se llenó de humo. ⁵ Entonces dije:

«¡Ay de mí! Porque perdido estoy,
Pues soy hombre de labios inmundos
Y en medio de un pueblo de labios inmundos habito,
Porque mis ojos han visto al Rey, el SEÑOR de los
ejércitos».

⁶ Entonces voló hacia mí uno de los serafines con un carbón encendido en su mano, que había tomado del altar con las tenazas. ⁷ Con él tocó mi boca, y me dijo: «Esto ha tocado tus labios, y es quitada tu iniquidad y perdonado¹ tu pecado». ⁸ Y oí la voz del Señor que decía: «¿A quién enviaré, y quién irá por nosotros?». «Aquí estoy; envíame a mí», le respondí. ⁹ Y Él dijo:

«Ve, y dile a este pueblo:
"Escuchen bien, pero no entiendan;
Miren bien, pero no comprendan".
10 Haz insensible¹ el corazón de este pueblo,
Endurece² sus oídos,
Y nubla³ sus ojos,
No sea que vea con sus ojos,
Y oiga con sus oídos,
Y entienda con su corazón,
Y se arrepienta y sea curado».

11 Entonces dije:

«¿Hasta cuándo, Señor?».
Y Él respondió:
«Hasta que las ciudades estén destruidas y sin
habitantes,
Las casas sin gente,
Y la tierra completamente desolada;
12 Hasta que el SEÑOR haya alejado a los hombres,
Y sean muchos los lugares abandonados¹ en medio de
la tierra.
13 Pero aún quedará una décima parte en ella,
Y esta volverá a ser consumida
Como el roble o la encina,

6:6-7
Qué era un carbón encendido

El sacerdote llevaba un carbón encendido al Lugar Santísimo en el día de la expiación como una señal de arrepentimiento por sus pecados y los del pueblo. El carbón ardiendo era una señal de la ira de Dios con respecto al pecado y también una señal de la purificación.

6:2 ¹ Lit. estaban de pie.   6:3 ¹ Lit. y decía.   ² Lit. la plenitud de toda la tierra es.
6:4 ¹ Lit. los encajes de la puerta.   6:7 ¹ Lit. expiado.   6:10 ¹ Lit. Engruesa.
² Lit. haz pesados.   ³ Lit. embadurna.   6:12 ¹ O y el abandono sea grande.

Cuyo tronco[1] permanece cuando es cortado:
La simiente santa *será* su tronco[1]».

MENSAJE A ACAZ

7 Y aconteció que en los días de Acaz, hijo de Jotam, hijo de Uzías, rey de Judá, subió Rezín, rey de Aram, con Peka, hijo de Remalías, rey de Israel, a Jerusalén para combatir contra ella, pero no pudieron tomarla[1]. **2** Cuando se dio *este* aviso a la casa de David: «Los arameos han acampado en[1] Efraín», se estremeció el corazón del rey y el corazón de su pueblo como se estremecen los árboles del bosque ante el viento.

3 Entonces el SEÑOR dijo a Isaías: «Sal ahora al encuentro de Acaz, tú, y tu hijo Sear Jasub[1], al extremo del acueducto del estanque superior, en la calzada del campo del Batanero[2], **4** y dile: "Cuídate y ten calma. No temas ni desmaye tu corazón ante estos dos cabos de tizones humeantes, a causa de la ira encendida de Rezín de Aram y del hijo de Remalías. **5** Porque Aram ha tramado mal contra ti, *junto con* Efraín y el hijo de Remalías, y han dicho: **6** 'Subamos contra Judá y aterroricémosla[1], hagamos una brecha en sus murallas[2] y pongamos por rey en medio de ella al hijo de Tabeel'. **7** Por tanto así dice el Señor DIOS[1]: 'No prevalecerá ni se cumplirá. **8** Porque la cabeza de Aram es Damasco, y la cabeza de Damasco es Rezín (y dentro de otros sesenta y cinco años Efraín será destrozado, dejando de ser pueblo), **9** y la cabeza de Efraín es Samaria, y la cabeza de Samaria es el hijo de Remalías. Si ustedes no lo creen, de cierto no permanecerán[1]'"».

10 El SEÑOR habló de nuevo a Acaz: **11** «Pide para ti una señal del SEÑOR tu Dios que sea tan profunda como el Seol[1] o tan alta[2] como el cielo[3]». **12** Pero Acaz respondió: «No pediré, ni tentaré al SEÑOR».

13 Entonces Isaías dijo: «Oigan ahora, casa de David: ¿Les parece poco cansar a los hombres, que también cansarán a mi Dios? **14** Por tanto, el Señor mismo les dará esta señal: Una virgen concebirá y dará a luz un hijo, y le pondrá por nombre Emmanuel[1]. **15** Comerá cuajada y miel hasta que sepa lo suficiente[1] para desechar lo malo y escoger lo bueno. **16** Porque antes que el niño sepa desechar lo malo y escoger lo bueno, será abandonada la tierra cuyos dos reyes tú temes.

17 »El SEÑOR hará venir sobre ti, sobre tu pueblo y sobre la casa de tu padre, días como nunca han venido desde el día en que Efraín se apartó de Judá, *es decir,* al rey de Asiria». **18** Y sucederá en aquel día que el SEÑOR silbará a la mosca que está en lo más remoto de los ríos[1] de Egipto, y a la abeja que está en la tierra de Asiria. **19** Y todas ellas vendrán y se posarán en los precipicios de las barrancas[1], en las hendiduras de las peñas, en todos los espinos y en todos los abrevaderos[2].

7:3
Cómo lavaban la ropa en la antigüedad

Ellos pisoteaban la ropa o la golpeaban con palos en agua fría y utilizaban jabón (sosa) o lejía.

7:15
Una dieta de cuajada y miel

Los que vivían de la tierra comían una dieta simple de cuajada (una especie de yogur) y miel. La invasión asiria que se aproximaba devastaría la nación y haría que fuera imposible cultivar, lo cual significaba que todos tendrían que comer esos alimentos simples, porque no quedaría nada más.

7:18
Moscas y abejas

Se refiere a las invasiones egipcias y asirias, que serían comparables a las molestas y dolorosas picaduras de estos insectos.

6:13 [1] O *tocón.* 7:1 [1] Lit. *pelear contra ella.* 7:2 [1] Lit. *Aram se ha asentado sobre.* 7:3 [1] I.e. un remanente volverá. [2] O *Lavandero.* 7:6 [1] Lit. *causémosle un terror pánico.* [2] Lit. *en ella.* 7:7 [1] Heb. *YHWH,* generalmente traducido *Señor.* 7:9 [1] O *serán afirmados.* 7:11 [1] I.e. región de los muertos. [2] Así en algunas versiones antiguas; en el T.M., *haz la petición profunda o alta.* [3] Lit. *las alturas.* 7:14 [1] I.e. Dios con nosotros. 7:15 [1] Lit. *miel conforme a su conocimiento.* 7:18 [1] I.e. el delta del Nilo. 7:19 [1] O *de los torrentes.* [2] O *pastos.*

20 En aquel día, con navaja alquilada en las regiones más allá del Éufrates¹, *es decir,* con el rey de Asiria, el Señor afeitará la cabeza y el pelo de las piernas, y también quitará la barba.

21 En aquel día cada uno criará una novilla y un par de ovejas. **22** Y por la abundancia de leche que darán, comerá cuajada, porque todo el que quede en¹ la tierra comerá cuajada y miel. **23** En aquel día, *en* todo lugar donde había 1,000 vides *valoradas* en 1,000 *siclos* (11.4 kilos) de plata, habrá zarzas y espinos. **24** *La gente* se irá allá con arcos y flechas, porque toda la tierra será zarzas y espinos. **25** Y en cuanto a todas las colinas que eran cultivadas con la azada, no irás allá por temor de las zarzas y espinos; pero se convertirán en lugar para soltar¹ los bueyes y para ser pisoteado por las ovejas.

INVASIÓN DE ASIRIA

8 Entonces el SEÑOR me dijo: «Toma una tablilla grande y escribe sobre ella en caracteres comunes¹: Veloz es el botín, rápida la presa². **2** Y tomaré conmigo¹ como testigos fieles al sacerdote Urías y a Zacarías, hijo de Jeberequías». **3** Entonces me acerqué a la profetisa, y ella concibió y dio a luz un hijo. Y el SEÑOR me dijo: «Ponle por nombre Maher Shalal Hash Baz¹. **4** Porque antes que el niño sepa clamar "padre mío" o "madre mía", la riqueza de Damasco y el botín de Samaria serán llevados ante el rey de Asiria».

5 Y volvió el SEÑOR a hablarme de nuevo, diciendo:

6 «Por cuanto este pueblo ha rehusado las aguas de
  Siloé que corren mansamente,
  Y se ha regocijado en Rezín y en el hijo de Remalías,
7 Por tanto, el Señor va a traer
    sobre ellos las aguas
    impetuosas y abundantes del
    Éufrates¹,
  Es decir, al rey de Asiria con toda
    su gloria,
  Que se saldrá de todos sus cauces
    y pasará sobre todas sus
    riberas.
8 Fluirá con ímpetu en Judá,
    inundará y seguirá adelante,
  Hasta el cuello llegará,
  Y la extensión de sus alas
  Llenará la anchura¹ de tu tierra,
    oh Emmanuel².

9 »Quebrántense, pueblos, que serán destrozados¹;
  Presten oído, confines todos de la tierra.
  Prepárense, que serán destrozados¹;
  Prepárense, que serán destrozados¹.

7:20
Rasurarse la cabeza
Para un varón israelita, ser rasurado o afeitado contra su voluntad era un insulto extremo y causaba mucha vergüenza.

8:6
Las aguas de Siloé
Este era un arroyo tranquilo que salía del manantial de Gihón y desembocaba en el estanque de Siloé. Aquí, el arroyo significaba la paz y el poder del Señor.

Todd Bolen/www.BiblePlaces.com

8:7-8
Aguas impetuosas
La imagen de aguas impetuosas a menudo simbolizaba un poderoso ejército invasor.

10 Tracen un plan, pero será frustrado;
Profieran una palabra, pero no permanecerá,
Porque Dios está con nosotros[1]».

11 Pues así el SEÑOR me habló con gran poder[1] y me instruy
para que no anduviera en el camino de este pueblo, y dijo:

12 «No digan ustedes: "*Es* conspiración",
A todo lo que este pueblo llama conspiración,
Ni teman lo que ellos temen[1], ni se aterroricen.
13 Al SEÑOR de los ejércitos es a quien ustedes deben
tener por santo.
Sea Él su temor,
Y sea Él su terror.
14 Entonces Él vendrá a ser santuario;
Pero piedra de tropiezo y roca de escándalo
Para ambas casas de Israel,
Y lazo y trampa para los habitantes de Jerusalén.
15 Muchos tropezarán allí[1],
Y caerán y serán quebrantados;
Serán enlazados y apresados».

16 Ata el testimonio, sella la ley entre mis discípulos
17 Aguardaré al SEÑOR que esconde Su rostro de la casa d
Jacob. Sí, a Él esperaré. 18 Yo y los hijos que el SEÑOR me h
dado estamos por señales y prodigios en Israel, de parte de
SEÑOR de los ejércitos que mora en el monte Sión.

19 Y cuando les digan: «Consulten a los adivinos y a los esp
ritistas que susurran y murmuran», digan: «¿No debe un pue
blo consultar a su Dios? ¿Acaso consultará a los muertos po
los vivos?». 20 ¡A la ley y al testimonio! Si ellos no hablan con
forme a esta palabra, es porque no hay para ellos amanece
21 Y pasarán por la tierra[1] oprimidos y hambrientos. Y sucede
rá que cuando tengan hambre, se enojarán y maldecirán a s
rey[2] y a su Dios, volviendo el rostro hacia arriba. 22 Despué
mirarán hacia la tierra, y verán tribulación y tinieblas, lo som
brío de la angustia; y serán lanzados a la oscuridad.

NACIMIENTO Y REINADO DEL PRÍNCIPE DE PA

9 1 Pero no habrá *más* melancolía[2] para la que estaba en an
gustia. Como en tiempos pasados, Él trató con despreci
a la tierra de Zabulón y a la tierra de Neftalí, pero después l
hará gloriosa por el camino del mar al otro lado del Jordár
Galilea de los gentiles[3].

2 1 El pueblo que andaba en tinieblas
Ha visto gran luz;
A los que habitaban en tierra de sombra de muerte,
La luz ha resplandecido sobre ellos.
3 Multiplicaste la nación,
Aumentaste[1] su[2] alegría.
Se alegran en Tu presencia
Como con la alegría de[3] la cosecha,

9:2
Una gran luz
Algunos creían que esta luz
señalaba a los futuros reyes de Judá
como Josías y Ezequías, quienes
trataron de hacer volver la nación
a Dios. Esta luz también apuntaba
a Jesús, que sería luz para los
gentiles (42:6 y 49:6).

8:10 [1] Heb. *Emmanuel.* 8:11 [1] Lit. *poder de la mano.* 8:12 [1] Lit. *su temor.*
8:15 [1] Lit. *en ellos.* 8:21 [1] Lit. *ella.* [2] O *por su rey.* 9:1 [1] En el texto heb.
cap. 8:23. [2] O *tristeza.* [3] O *de las naciones.* 9:2 [1] En el texto heb. cap. 9:1.
9:3 [1] Otra posible lectura es: *no aumentarás.* [2] Lit. *la.* [3] Lit. *en.*

Como se regocijan *los hombres* cuando se reparten el
botín.
4 Porque Tú quebrarás el yugo de su carga, el báculo de
sus hombros,
Y la vara de su opresor, como en la batalla[1] de Madián.
5 Porque toda bota que calza el guerrero en el fragor *de
la batalla,*
Y el manto revolcado en sangre, serán para quemar,
combustible para el fuego.
6 Porque un Niño nos ha nacido, un Hijo nos ha sido
dado,
Y la soberanía[1] reposará[2] sobre Sus hombros.
Y se llamará Su nombre Admirable Consejero, Dios
Poderoso,
Padre Eterno, Príncipe de Paz.
7 El aumento de *Su* soberanía[1] y de la paz no tendrán
fin
Sobre el trono de David y sobre su reino,
Para afianzarlo y sostenerlo con el derecho y la
justicia
Desde entonces y para siempre.
El celo del SEÑOR de los ejércitos hará esto.

IRA DE DIOS CONTRA ISRAEL

8 El Señor envía mensaje contra Jacob,
Y cae sobre Israel.
9 Y todo el pueblo *lo* sabe,
Es decir, Efraín y los habitantes de Samaria,
Los que con arrogancia y orgullo de corazón afirman:
10 «Los ladrillos han caído,
Pero con piedras labradas reedificaremos.
Los sicómoros han sido cortados,
Pero con cedros *los* reemplazaremos».
11 Por tanto, el SEÑOR levanta adversarios de Rezín
contra ellos,
E incita a sus enemigos,
12 Los arameos en el oriente y los filisteos en el
occidente,
Que devoran a Israel a boca llena[1].
Con todo eso no se aparta Su ira,
Y aún está Su mano extendida.

13 Pero el pueblo no ha vuelto a Aquel que los hirió,
No han buscado al SEÑOR de los ejércitos.
14 El SEÑOR, pues, corta de Israel la cabeza y la cola,
La hoja de palmera y el junco en un mismo día.
15 El anciano y venerable es la cabeza,
Y el profeta que enseña la mentira es la cola.
16 Porque los que guían a este pueblo *lo* extravían.
Y los guiados por ellos son confundidos[1].
17 Por eso no se complace el Señor en sus jóvenes,
Ni se compadece de sus huérfanos ni de sus viudas.
Porque todos ellos son impíos y malhechores,

9:6-7
Quién era este niño
Esta profecía es acerca del Mesías
que vendría a salvar la tierra, el cual
era descendiente de David.

9:10
**Por qué habrían caído los
ladrillos**
Los ladrillos se hacían de barro y
se secaban al sol, de modo que se
derrumbaban con facilidad. Por
esa razón, Dios había instruido a
su pueblo para que construyeran
altares de piedras.

9:14-16
**Cortar la cabeza y la cola
de Israel**
Esta era una manera de decir que
Dios eliminaría a todos los líderes y
las personas impías de Israel.

9:4 ¹ Lit. *el día.*   9:6 ¹ O *el gobierno.*   ² Lit. *estará.*   9:7 ¹ O *gobierno.*
9:12 ¹ Lit. *con toda la boca.*   9:16 ¹ O *tragados.*

Y toda boca habla necedades.
Con todo eso no se aparta Su ira,
Y aún está Su mano extendida.

18 Porque arde como fuego la impiedad,
Zarzas y espinos consume,
Y enciende la espesura del bosque.
Como remolino suben en columna de humo.

19 Por el furor del SEÑOR de los ejércitos es quemada la tierra,
Y el pueblo es como combustible para el fuego.
El hombre no perdona a su hermano.

20 Cortan[1] de un tajo *lo que está* a la derecha, pero *aún* tienen hambre,
Y comen[2] *lo que está* a la izquierda, pero no se sacian.
Cada cual come la carne de su propio brazo[3].

21 Manasés *devora* a Efraín, y Efraín a Manasés,
Y ambos están contra Judá.
Con todo eso, no se ha apartado Su ira,
Y aún está Su mano extendida.

10 ¡Ay de los que decretan estatutos inicuos,
Y de los que constantemente escriben decisiones injustas[1],

2 Para privar[1] de justicia a los necesitados,
Para robar de *sus* derechos a los pobres de Mi pueblo,
Para hacer de las viudas su botín,
Y despojar a los huérfanos!

3 ¿Y qué harán ustedes en el día del castigo[1],
En la devastación que vendrá de lejos?
¿A quién huirán por auxilio?
¿Y dónde dejarán su riqueza[2]?

4 Solo *queda* encorvarse entre[1] los cautivos
O caer entre[1] los muertos.
Con todo eso, no se aparta Su ira,
Y aún está Su mano extendida.

ASIRIA, INSTRUMENTO DE CASTIGO

5 ¡Ay de Asiria, vara de Mi ira
Y báculo en cuyas manos está Mi indignación!

6 Contra una nación impía la envío
Y contra el pueblo de Mi furor la mandaré,
Para que capture botín y tome despojos
Y los pisotee[1] como el lodo de las calles.

7 Pero ella no tiene tal intento,
Ni piensa así en su corazón,
Sino que su intención[1] es destruir
Y exterminar no pocas naciones.

8 Porque dice: «¿No son mis príncipes todos[1] reyes?

9 ¿No es Calno como Carquemis?
¿No es Hamat como Arfad?
¿No es Samaria como Damasco?

9:21
Por qué Manasés y Efraín estarían uno contra el otro
Estas eran dos tribus importantes del reino del norte. Ambos eran hijos de José. El conflicto entre los hermanos continuó por generaciones, así que sus descendientes también se peleaban.

10:2
Los derechos de los pobres
La ley les otorgaba muchos derechos a los pobres. En el día de reposo semanal, el año sabático y el año de jubileo, las propiedades de los pobres eran restauradas y sus deudas canceladas.

10:5-6
Por qué Dios usaría a una nación malvada para castigar a Israel
Dios controlaba todo y podía emplear el medio que quisiera para castigar a Israel, incluyendo usar a naciones malvadas.

9:20 [1] Lit. *Y corta.*　　[2] Lit. *come.*　　[3] Algunas versiones antiguas dicen: *de su prójimo.*　　10:1 [1] Lit. *escriben penalidades o iniquidades.*　　10:2 [1] Lit. *desviar.*　　10:3 [1] Lit. *de la visita.*　　[2] Lit. *gloria.*　　10:4 [1] Lit. *bajo.*　　10:6 [1] Lit. *lo haga un lugar hollado.*　　10:7 [1] Lit. *en su corazón.*　　10:8 [1] Lit. *juntamente.*

10 Como mi mano alcanzó los reinos de los ídolos,
Cuyas imágenes talladas excedían a las de Jerusalén y
Samaria,
11 Como hice a Samaria y a sus ídolos,
¿No haré así *también* a Jerusalén y a sus imágenes?».

12 Y sucederá que cuando el Señor haya terminado toda
Su obra en el monte Sión y en Jerusalén, *dirá:* «Castigaré[1] el
fruto del corazón orgulloso del rey de Asiria y la ostentación
de su arrogancia[2]». **13** Porque ha dicho:

«Con el poder de mi mano *lo* hice,
Y con mi sabiduría, pues tengo entendimiento.
Quité las fronteras de los pueblos,
Saqueé sus tesoros,
Y como *hombre* fuerte abatí a *sus* habitantes[1].
14 Mi mano alcanzó las riquezas de los pueblos como a
un nido;
Como se recogen los huevos abandonados, yo junté
toda la tierra,
Y no hubo quien aleteara ni abriera el pico ni
gorgojeara».

15 ¿Ha de enaltecerse el hacha sobre el que corta con
ella?
¿Ha de engrandecerse la sierra sobre el que la
maneja?
¡Como si un báculo manejara a los que lo levantan,
Como si una vara levantara *al que* no es madera!
16 Por eso el Señor, DIOS[1] de los ejércitos, enviará
una enfermedad extenuante entre sus robustos
guerreros;
Y debajo de su gloria encenderá una hoguera como
fuego abrasador.
17 La Luz de Israel se convertirá en fuego y su Santo en
llama,
Y quemará y consumirá sus espinos y sus zarzas en
un solo día.
18 Él destruirá la gloria de su bosque y de su fértil
huerto, tanto el alma como el cuerpo,
Y será como cuando un enfermo languidece.
19 Y los árboles que queden de su bosque serán *tan*
pocos
Que un niño podrá contarlos[1].

20 Sucederá en aquel día que el remanente de Israel y los
de la casa de Jacob que hayan escapado, no volverán a apoyarse más en el que los hirió, sino que en verdad se apoyarán
en el SEÑOR, el Santo de Israel.

21 Un remanente volverá; un remanente de Jacob
volverá al Dios poderoso.
22 Pues aunque tu pueblo, oh Israel, sea como la arena
del mar,

10:16
Una enfermedad extenuante
El ángel debe haber usado una plaga severa y contagiosa para matar a 185,000 soldados de Senaquerib. (Ver Isaías 37:36-37).

10:12 [1] Lit. *Visitaré.*   [2] Lit. *de la altivez de sus ojos.*   10:13 [1] O *a los que se sientan* sobre tronos.   10:16 [1] Heb. *YHWH*, generalmente traducido *Señor* y así en los vers. 23, 24 y 33.   10:19 [1] Lit. *escribirlos.*

Solo un remanente de él volverá.
La destrucción decidida rebosa justicia.

23 Pues una destrucción completa, ya decretada, ejecutará el Señor, DIOS de los ejércitos, en medio de toda la tierra.

24 Por tanto, así dice el Señor, DIOS de los ejércitos: «Pueblo Mío que moras en Sión, no temas al asirio que*¹* te hiere con vara y levanta su báculo contra ti a la manera de Egipto. **25** Porque dentro de muy poco Mi indignación *contra ti* terminará, y Mi ira *la dirigiré contra ellos* para su destrucción». **26** Y el SEÑOR de los ejércitos levantará un látigo contra él como en la matanza de Madián en la peña de Oreb; Su vara estará sobre el mar y lo levantará de la manera que *lo hizo en* Egipto. **27** En aquel día la carga *de Asiria* será quitada de tus hombros y su yugo de tu cuello, y el yugo se romperá a causa de la gordura.

10:27
Un buey tan gordo como para quebrar un yugo
Esta es una forma de decir que el pueblo se volvería lo suficientemente poderoso como para deshacerse de Asiria.

28 Él ha venido contra Ajat,
   Ha pasado por Migrón.
   En Micmas dejó su equipaje.
29 Han pasado por el desfiladero, *diciendo:*
   «Geba será nuestro alojamiento».
   Ramá está aterrada, y Guibeá de Saúl ha huido.
30 ¡Clama a gran*¹* voz, oh hija de Galim!
   ¡Pon atención, Lais; desdichada *de ti²*, Anatot!
31 Ha huido Madmena.
   Los habitantes de Gebim han buscado refugio.
32 *Hoy mismo* él se detendrá en Nob.
   Agitará su mano contra el monte de la hija*¹* de Sión, la
      colina de Jerusalén.

33 El Señor, DIOS de los ejércitos,
   Desgajará el ramaje con terrible crujido.
   Los *árboles* de gran altura serán cortados,
   Los más elevados serán abatidos.
34 Él cortará la espesura del bosque con *hacha de* hierro,
   Y el Líbano caerá ante el Poderoso*¹*.

REINADO JUSTO DEL MESÍAS

11 Entonces un retoño brotará del tronco de Isaí,
   Y un vástago dará fruto de sus raíces.
2 Y reposará sobre Él el Espíritu del SEÑOR,
   Espíritu de sabiduría y de inteligencia,
   Espíritu de consejo y de poder,
   Espíritu de conocimiento y de temor del SEÑOR.
3 Él se deleitará en el temor del SEÑOR,
   Y no juzgará por lo que vean Sus ojos,
   Ni sentenciará por lo que oigan Sus oídos;
4 Sino que juzgará al pobre con justicia,
   Y fallará con equidad por los afligidos de la tierra.
   Herirá la tierra con la vara de Su boca,
   Y con el soplo de Sus labios matará al impío.
5 La justicia será ceñidor de Sus lomos,
   Y la fidelidad ceñidor de Su cintura.

11:1
El tronco de Isaí
Judá había sido destruida como un árbol que fuera derribado. Sin embargo, Dios mantendría su promesa de continuar la línea familiar de David. El Mesías crecería como una rama del árbol familiar de Isaí, el padre de David.

10:24 *¹* Lit. *él.*   10:30 *¹* Lit. *con tu.*   *²* La versión siriaca dice: *respóndele.*
10:32 *¹* Otra posible lectura es: *casa.*   10:34 *¹* O *como un poderoso.*

6 El lobo morará con el cordero,
   Y el leopardo se echará con el cabrito.
   El becerro, el leoncillo y el animal doméstico*1*
      andarán juntos*2*,
   Y un niño los conducirá.
7 La vaca con la osa pastará,
   Sus crías se echarán juntas,
   Y el león, como el buey, comerá paja.
8 El niño de pecho jugará junto a la cueva de la cobra,
   Y el niño destetado extenderá su mano sobre la
      guarida de la víbora.
9 No dañarán ni destruirán en todo Mi santo monte,
   Porque la tierra estará llena del conocimiento del
      SEÑOR
   Como las aguas cubren el mar.

10 Acontecerá en aquel día
   Que las naciones acudirán a la raíz de Isaí,
   Que estará puesta como señal*1* para los pueblos,
   Y será gloriosa*2* Su morada*3*.

11 Entonces acontecerá en aquel día que el Señor
   Ha de recobrar de nuevo con Su mano, por segunda
      vez,
   Al remanente de Su pueblo que haya quedado
   De Asiria, de Egipto, de Patros, de Cus*1*, de Elam, de
      Sinar, de Hamat
   Y de las islas*2* del mar.
12 Alzará un estandarte ante las naciones,
   Reunirá a los desterrados de Israel,
   Y juntará a los dispersos de Judá
   De los cuatro confines de la tierra.
13 Entonces se disipará la envidia de Efraín,
   Y los que hostigan a Judá serán exterminados.
   Efraín no envidiará a Judá,
   Ni Judá hostigará a Efraín.
14 Ellos se lanzarán*1* sobre el costado de los filisteos al
      occidente,
   Juntos despojarán a los hijos del oriente.
   Edom y Moab *estarán* bajo su dominio*2*,
   Y los amonitas les estarán sujetos*3*.
15 Y el SEÑOR destruirá*1*
   La lengua del mar de Egipto*2*.
   Agitará Su mano sobre el Río*3*
   Con Su viento abrasador;
   Lo partirá en siete arroyos
   Y hará que se pueda pasar en sandalias.
16 Y habrá una calzada desde Asiria
   Para el remanente que quede de Su pueblo,
   Así como la hubo para Israel
   El día que subieron de la tierra de Egipto.

11:6-9
La profecía de un reino en paz
Este tiempo de perfecta paz tendrá lugar cuando Cristo regrese a establecer su reino con un cielo nuevo y una tierra nueva.

11:13
Por qué Efraín y Judá no se llevaban bien
Antes de que Israel fuera conquistada, Efraín en el norte y Judá en el sur a menudo eran rivales que peleaban entre sí. Esta rivalidad llevó a la guerra cuando el rey Acaz, de Judá, se negó a unirse a Efraín y Siria para pelear contra los asirios.

11:6 *1* Lit. *cebado*.   *2* Algunas versiones antiguas dicen: *y el becerro y el leoncillo comerán juntos*.   11:10 *1* O *estandarte*.   *2* Lit. *gloria*.   *3* O *lugar de reposo*. 11:11 *1* O *Etiopía*.   *2* O *costas*.   11:14 *1* Lit. *volarán*.   *2* Lit. serán *la extensión de su mano*.   *3* Lit. *bajo su obediencia*.   11:15 *1* Otra posible lectura es: *secará*. *2* Posiblemente, el mar Rojo.   *3* I.e. Éufrates.

CÁNTICO DE ACCIÓN DE GRACIAS

12 Y en aquel día dirás:

> «Te doy gracias, oh SEÑOR,
> Porque aunque estabas enojado conmigo,
> Tu ira se ha apartado
> Y me has consolado.
> 2 Dios es mi salvación,
> Confiaré y no temeré;
> Porque mi fortaleza y mi canción es el SEÑOR[1] DIOS[2],
> Él ha sido mi salvación».
> 3 Con gozo sacarás agua
> De los manantiales de la salvación.
> 4 Y en aquel día dirás:
> «Den gracias al SEÑOR, invoquen Su nombre,
> Hagan conocer entre los pueblos Sus obras,
> Hagan recordar[1] que Su nombre es exaltado».
> 5 Canten alabanzas al SEÑOR, porque ha hecho cosas
>   maravillosas[1].
> Sea conocido esto por toda la tierra.
> 6 Clama y grita de júbilo, habitante de Sión,
> Porque grande es en medio de ti el Santo de Israel.

PROFECÍA SOBRE BABILONIA

13 Oráculo[1] sobre[2] Babilonia que tuvo en visión Isaías,
hijo de Amoz.

> 2 Levanten estandarte sobre la colina pelada[1],
> Alcen a ellos la voz,
> Agiten la mano para que entren por las puertas de los
>   nobles.
> 3 Yo he dado órdenes a Mis consagrados,
> También he llamado a Mis guerreros,
> A los que se regocijan de Mi gloria,
> Para *ejecutar* Mi ira.
> 4 ¡Se oye ruido de tumulto en los montes,
> Como de mucha gente!
> ¡Ruido de estruendo de reinos,
> De naciones reunidas!
> El SEÑOR de los ejércitos pasa revista al ejército para
>   la batalla.
> 5 Vienen de una tierra lejana,
> De los más lejanos horizontes[1],
> El SEÑOR y los instrumentos de Su indignación,
> Para destruir toda la tierra.
> 6 Giman, porque cerca está el día del SEÑOR;
> Vendrá como destrucción del Todopoderoso[1].
> 7 Por tanto, todas las manos se debilitarán,
> El corazón de todo hombre desfallecerá[1].
> 8 Todos se aterrarán;
> Dolores y angustias se apoderarán *de ellos*,
> Como mujer de parto se retorcerán;

12:3
Manantiales de la salvación
Esto puede ser un recordatorio de la forma en que Dios proveyó agua para los israelitas en el desierto. También significa la futura salvación de Dios para Israel.

12:2 [1] Heb. *Yah*.   [2] Heb. *YHWH*, generalmente traducido *Señor*.
12:4 [1] O *proclamen*.   12:5 [1] O *ha obrado gloriosamente*.   13:1 [1] O *Profecía*.
[2] O *Carga de*.   13:2 [1] O *el monte barrido por el viento*.   13:5 [1] Lit. *del
extremo de los cielos*.   13:6 [1] Heb. *Shaddai*.   13:7 [1] Lit. *se derretirá*.

Se mirarán el uno al otro con asombro,
Rostros en llamas *serán* sus rostros.

9 Miren, el día del SEÑOR viene,
Cruel, con furia y ardiente ira,
Para convertir en desolación la tierra
Y exterminar de ella a sus pecadores.

10 Pues las estrellas del cielo y sus constelaciones
No destellarán su luz.
Se oscurecerá el sol al salir,
Y la luna no irradiará su luz.

11 Castigaré al mundo por su maldad
Y a los impíos por su iniquidad.
También pondré fin a la arrogancia de los soberbios,
Y abatiré el orgullo de los despiadados¹.

12 Haré al mortal más escaso¹ que el oro puro,
Y a la humanidad más *escasa* que el oro de Ofir.

13 Por tanto, haré estremecer los cielos,
Y la tierra será removida de su lugar
Ante la furia del SEÑOR de los ejércitos,
En el día de Su ardiente ira.

14 Y sucederá que, como gacela perseguida
O como ovejas que nadie reúne,
Cada uno volverá a su propio pueblo,
Y cada uno huirá a su propia tierra.

15 Cualquiera que sea hallado será traspasado,
Y cualquiera que sea capturado caerá a espada.

16 También sus pequeños serán estrellados
Delante de sus ojos;
Serán saqueadas sus casas
Y violadas sus mujeres.

17 Voy a provocar a los medos contra ellos,
Que no estiman la plata ni se deleitan en el oro.

18 Con *sus* arcos barrerán¹ a los jóvenes,
No tendrán compasión ni aun del fruto del vientre,
Tampoco de los niños² tendrán piedad sus ojos.

19 Y Babilonia, hermosura de los reinos, gloria del
orgullo de los caldeos,
Será como cuando Dios destruyó
a Sodoma y a Gomorra.

20 Nunca más será poblada ni
habitada de generación en
generación.
No pondrá tienda allí el árabe,
Ni los pastores harán descansar
allí *sus rebaños*;

21 Sino que allí descansarán los
moradores del desierto,
Y sus casas estarán llenas de
búhos¹.
También habitarán allí los
avestruces, y allí brincarán las
cabras peludas².

13:10-13
Señales visibles del día del SEÑOR
Oscuridad, truenos y terremotos son mencionados como señales de la ira y el juicio de Dios.

13:16
Violencia hacia las mujeres y los niños
Los ejércitos invasores a menudo mataban a las mujeres y los niños. Lo hacían para que el enemigo no pudiera levantar a otra generación de guerreros. Con el fin de eliminar su influencia maligna, Dios a veces permitía esta clase de crueldad hacia los enemigos de su pueblo.

13:19
Babilonia, hermosura de los reinos
Babilonia era una ciudad muy hermosa con templos, palacios y jardines. Los jardines colgantes de Nabucodonosor eran una de las siete maravillas del mundo antiguo.

Balage Balogh/www.archaeologyillustrated.com

13:11 ¹ O *tiranos*.   13:12 ¹ Lit. *preciado*.   13:18 ¹ Lit. *estrellarán*.   ² Lit. *hijos*.
13:21 ¹ O *animales aulladores*.   ² O *demonios cabríos*.

²² En sus torres fortificadas aullarán las hienas*
Y en sus lujosos palacios los chacales.
Está próximo a llegar su tiempo,
Y sus días no se prolongarán.

CANTO TRIUNFAL

14 Cuando el SEÑOR tenga compasión de Jacob, y escoja de nuevo a Israel y los establezca en su propia tierra, entonces se les juntarán extranjeros* que se unirán a la casa de Jacob. ² Los pueblos los tomaran y los llevarán a su lugar, y la casa de Israel los poseerá como siervos y siervas en la tierra del SEÑOR. Tomarán cautivos a los que los habían llevado cautivos, y dominarán sobre sus opresores.

³ Y* el día en que el SEÑOR te dé descanso de tu dolor, de tu desesperación y de la dura servidumbre a la que fuiste sometido, ⁴ pronunciarás* esta burla² contra el rey de Babilonia, y dirás:

«¡Cómo se ha acabado el opresor,
Y cómo ha cesado el furor³!

⁵ El SEÑOR ha quebrado el báculo de los impíos,
El cetro de los gobernantes
⁶ Que golpeaba con furia a los pueblos con golpes
      incesantes,
Que sometía* con ira a las naciones en incesante
      persecución.
⁷ Toda la tierra está en reposo, está tranquila.
Prorrumpe en gritos de júbilo.
⁸ Aun los cipreses *y* los cedros del Líbano se alegran a
      causa de ti, *y dicen:*
"Desde que fuiste derribado, no ha subido talador
      contra nosotros".
⁹ El Seol*, desde abajo, se estremece por ti al recibirte
      en tu venida;
Por ti despierta a los espíritus de los muertos², a todos
      los jefes³ de la tierra;
Levanta de sus tronos a todos los reyes de las
      naciones.
¹⁰ Todos ellos responderán y te dirán:
"También tú has sido debilitado como nosotros,
Has venido a ser semejante a nosotros.
¹¹ Han sido derribadas al Seol
Tu ostentación *y* la música de tus arpas.
Debajo de ti las larvas se extienden *como cama,*
Y los gusanos son tu cobertura".
¹² ¡Cómo has caído del cielo,
Oh lucero de la mañana*, hijo de la aurora!
Has sido derribado por tierra,
Tú que debilitabas a las naciones.
¹³ Pero tú dijiste en tu corazón:
"Subiré al cielo,

14:1
Cuándo sucedió esto
Este «segundo éxodo» ocurrió cuando el rey Ciro permitió que los judíos regresaran a Jerusalén a reconstruir el templo. (Ver Esdras 1:1-4).

14:13
El monte sagrado
Esto se refiere al monte Zafón, también llamado monte Casio, que estaba a unos 40 kilómetros al noreste de Ugarit, en Siria. Los cananeos lo consideraban el hogar y el lugar de reunión de los dioses.

13:22 * O *animales aulladores.*   14:1 * O *peregrinos.*   14:3 * Lit. *Y sucederá que.*   14:4 * Lit. *levantarás.*   ² O *este proverbio.*   ³ Heb. *madhebah,* I.e. comerciante en oro; enmendado a, *marhebah;* i.e. furor.   14:6 * O *gobernaba.*   14:9 * I.e. región de los muertos.   ² O *a las sombras;* heb. *refaim.*   ³ Lit. *machos cabríos.*   14:12 * Heb. *Helel;* i.e. el reluciente.

Por encima de las estrellas de Dios levantaré mi trono,
Y me sentaré en el monte de la asamblea,
En el extremo norte.
14 Subiré sobre las alturas de las nubes,
Me haré semejante al Altísimo".
15 Sin embargo, serás derribado al Seol,
A lo más remoto del abismo.
16 Los que te vean te observarán,
Te contemplarán y dirán:
"¿Es este aquel hombre que hacía temblar la tierra,
Que sacudía los reinos,
17 Que puso al mundo como un desierto,
Que derribó sus ciudades,
Que a sus prisioneros no abrió la cárcel[1]?".
18 Todos los reyes de las naciones,
Todos ellos yacen con gloria,
Cada uno en su sepulcro[1].
19 Pero tú has sido echado de tu sepulcro
Como vástago desechado[1],
Como ropa de muertos[2] traspasados a espada,
Que descienden a las piedras de la fosa,
Como cadáver pisoteado.
20 No estarás unido con ellos en el sepelio,
Porque has destruido tu tierra,
Has matado a tu pueblo.
Que no se nombre jamás la descendencia[1] de los
malhechores.
21 Preparen para sus hijos el matadero
A causa de la iniquidad de sus padres.
Que no se levanten y tomen posesión de la tierra,
Y llenen de ciudades la faz del mundo».

22 «Yo me levantaré contra ellos», declara el SEÑOR de los ejércitos, «y cortaré de Babilonia nombre y sobrevivientes, descendencia y posteridad», declara el SEÑOR. 23 «La convertiré en posesión de erizos y en aguas estancadas, y la barreré con la escoba de la destrucción», declara el SEÑOR de los ejércitos.

PROFECÍA SOBRE ASIRIA Y FILISTEA

24 El SEÑOR de los ejércitos ha jurado: «Ciertamente, tal como lo había pensado, así ha sucedido; tal como lo había planeado, así se cumplirá: 25 Quebrantaré a Asiria en Mi tierra, y la pisotearé sobre Mis montes. Entonces su yugo se les quitará de encima, y su carga será quitada de sus hombros. 26 Este es el plan acordado[1] contra toda la tierra, y esta es la mano que está extendida contra todas las naciones.

27 »Si el SEÑOR de los ejércitos lo ha determinado, ¿quién puede frustrarlo? Y en cuanto a Su mano extendida, ¿quién podrá apartarla?». 28 El año en que murió el rey Acaz, vino este oráculo[1]:

29 «No te alegres, toda tú, Filistea,
De que la vara que te hirió esté quebrada;

14:19
Por qué ser echado de un sepulcro sería una desgracia
Un entierro adecuado era algo muy importante, especialmente para un rey. Si el cuerpo de una persona era simplemente arrojado en vez de ser enterrado, resultaba humillante.

14:29
Quién se alegra aquí
Los filisteos querían alegrarse porque el cruel rey Sargón de Asiria había muerto. Sin embargo, la profecía decía que el hijo de Sargón, Senaquerib, continuaría atacando a los filisteos.

14:17 [1] Lit. casa.   14:18 [1] Lit. casa.   14:19 [1] Lit. aborrecido.   [2] O como las vestiduras de los que han sido muertos.   14:20 [1] Lit. simiente.
14:26 [1] Lit. planeado.   14:28 [1] O carga, o esta profecía.

Pues de la raíz de la serpiente saldrá una víbora,
Y su fruto será serpiente voladora.
30 Los más débiles[1] comerán[2],
Y los necesitados se acostarán seguros.
Pero haré morir de hambre tu raíz,
Y esta matará tus sobrevivientes.
31 Gime, puerta; clama, ciudad;
Derrítete[1], toda tú, Filistea.
Porque del norte viene humo,
Y nadie de sus filas se queda atrás.
32 ¿Cómo, pues, se responderá a los mensajeros de la
     nación?:
Que el SEÑOR ha fundado a Sión,
Y en ella buscarán refugio los afligidos de Su pueblo».

PROFECÍA SOBRE MOAB

15 Oráculo[1] sobre[2] Moab:
     «Ciertamente en una noche Ar de Moab fue
        devastada y destruida,
     Ciertamente en una noche Kir de Moab fue devastada
        y destruida.
2 Han subido al templo[1] y a Dibón, a los lugares altos a
     llorar.
Sobre Nebo y sobre Medeba gime Moab;
En todas sus cabezas, calvicie; toda barba, rasurada.
3 En sus calles se han ceñido de cilicio.
En sus terrados y en sus plazas
Todos gimen, deshechos en lágrimas[1].
4 También claman Hesbón y Eleale,
Se oye su voz hasta Jahaza.
Por tanto, gritarán los hombres armados[1] de Moab,
Su alma tiembla dentro de ella.
5 Mi corazón clama por Moab.
Sus fugitivos huyen hasta Zoar y Eglat Selisiya,
Y[1] suben la cuesta de Luhit llorando.
Ciertamente en el camino a Horonaim dan gritos de
     angustia por su ruina.
6 Porque las aguas de Nimrim se han agotado[1],
Ciertamente la hierba está seca, la hierba tierna ha
     muerto[2],
No hay nada verde.
7 Por tanto, la abundancia que han adquirido y
     almacenado
Se la llevan al otro lado del arroyo Arabim[1].
8 Porque el clamor ha dado vuelta por el territorio de
     Moab;
Hasta Eglaim llega su gemir, hasta Beer Elim su
     gemido.
9 Porque las aguas de Dimón están llenas de sangre[1].
Ciertamente añadiré más peligros sobre Dimón:

15:1-4
Por qué sería destruida Moab
Moab era un enemigo constante de Israel, y su pueblo estaba haciendo cosas muy malas en el momento en que se escribió esta profecía.

15:2-3
Símbolos de tristeza
Afeitarse la cabeza, cortarse la barba y ceñirse de cilicio eran símbolos de tristeza extrema.

14:30 [1] Lit. los primogénitos de los débiles.   [2] Lit. pastarán.
14:31 [1] O Desanímate.   15:1 [1] O Profecía.   [2] O Carga de.   15:2 [1] Lit. a la
casa.   15:3 [1] Lit. bajando en llanto.   15:4 [1] Otra posible lectura es: los
lomos.   15:5 [1] Lit. porque.   15:6 [1] Lit. son desolaciones.   [2] Lit. llegado al fin.
15:7 [1] O de los Sauces.   15:9 [1] Heb. dam (un juego de palabras).

Un león sobre los fugitivos de Moab y sobre el
remanente de la tierra.

16 Envíen el cordero *del tributo* al gobernante de la
tierra,
Desde Sela¹ en el desierto al monte de la hija de Sión.
2 Entonces como aves fugitivas¹ o nidada dispersa²,
Serán las hijas de Moab en los vados del Arnón.
3 Danos¹ consejo, toma una decisión.
Da² tu sombra como la noche en pleno mediodía³;
Esconde a los desterrados, no entregues al fugitivo.
4 Quédense contigo los desterrados de Moab¹;
Sé para ellos escondedero ante el destructor».
Porque ha llegado a su fin el explotador, ha cesado la
destrucción,
Han desaparecido² los opresores de la tierra.
5 Un trono se establecerá en la misericordia,
Y en él se sentará con fidelidad, en la tienda de David,
Un juez que busque lo justo
Y *esté* presto a la justicia.

6 Hemos oído del orgullo de Moab, un orgullo
extremado,
De su arrogancia, de su orgullo y de su furor;
Son falsas¹ sus vanas jactancias.
7 Por tanto, Moab gemirá por Moab; todo él gemirá.
Por las tortas de pasas de Kir Hareset se lamentarán,
Abatidos por completo.
8 Porque los campos de Hesbón se han marchitado¹,
también las vides de Sibma.
Los señores de las naciones pisotearon sus mejores
racimos,
Hasta Jazer alcanzaban y se extendían por el desierto;
Sus sarmientos se extendían y pasaban el mar.
9 Por eso lloraré amargamente por Jazer, por la viña de
Sibma.
Te bañaré¹ con mis lágrimas, oh Hesbón y Eleale,
Porque sobre tus frutos de verano y sobre tu cosecha
se ha extinguido² el clamor.
10 Y se han retirado la alegría y el regocijo del campo
fértil.
En las viñas nadie canta de júbilo ni grita de alegría.
El pisador no pisa vino en los lagares,
Pues he hecho cesar el clamor.
11 Por eso mis entrañas vibran¹ por Moab como un
arpa²,
Y mi interior por Kir Hareset.
12 Y sucederá que cuando Moab se presente,
Cuando se fatigue sobre *su* lugar alto,
Y venga a su santuario para orar,
No prevalecerá.

16:1
Por qué Moab enviaba corderos como tributo
Durante el reinado de Acab, el rey moabita Mesa enviaba 100,000 corderos a Israel cada año (2 Reyes 3:4-5). Ahora Isaías estaba diciendo que Moab volviera a enviar corderos a Jerusalén.

16:6
El orgullo de Moab
Moab era tan solo una pequeña nación, en especial comparada con Asiria, pero su orgullo era desproporcionado en relación con su importancia y poder.

16:1 ¹ I.e. Petra de Edom.   16:2 ¹ O que revolotean.   ² Lit. nido disperso.
16:3 ¹ Lit. Trae.   ² Lit. pon.   ³ Lit. en medio del mediodía.   16:4 ¹ Así en
algunas versiones antiguas; en el T.M., mis desterrados, Moab.   ² Lit. terminado.
16:6 ¹ Lit. no así.   16:8 ¹ O languidecido.   16:9 ¹ O empaparé.   ² Lit. ha
caído.   16:11 ¹ Lit. murmuran.   ² O lira.

13 Esta es la palabra que el SEÑOR habló antes acerca de Moab. **14** Pero ahora el SEÑOR dice: «Dentro de tres años, como los contaría un jornalero*[1]*, la gloria de Moab será despreciada con toda *su* gran muchedumbre, y *su* remanente *será* muy pequeño y débil*[2]*».

PROFECÍA CONTRA DAMASCO

17 Oráculo*[1]* contra*[2]* Damasco:
«Damasco dejará de ser ciudad,
   Y vendrá a ser un montón de ruinas.
2 Abandonadas están las ciudades de Aroer*[1]*.
   Serán para los rebaños, para que *se* echen*[2]* *en ellas*,
   Y no habrá quien *los* espante.
3 Desaparecerá la fortaleza de Efraín
   Y la soberanía*[1]* de Damasco,
   Y el resto de Aram
   Vendrá a ser como la gloria de los israelitas»,
   Declara el SEÑOR de los ejércitos.

JUICIO SOBRE ISRAEL

4 «En aquel día la gloria de Jacob disminuirá,
   Y enflaquecerá la gordura de su cuerpo*[1]*.
5 Será como cuando el segador recoge la cosecha*[1]*,
   Y su brazo cosecha las espigas.
   O será como el que recoge espigas
   En el valle de Refaim.
6 Pero quedarán en él rebuscos como cuando se varea
      el olivo:
   Dos *o* tres aceitunas en la rama más alta,
   Cuatro *o* cinco en las ramas de un árbol fructífero»,
   Declara el SEÑOR, Dios de Israel.
7 En aquel día el hombre tendrá en estima a su Hacedor,
   Y sus ojos mirarán al Santo de Israel.
8 No tendrá en estima los altares, obra de sus manos,
   Ni mirará a lo que sus dedos hicieron:
   Las Aseras*[1]* y los altares de incienso*[2]*.
9 Aquel día tus*[1]* ciudades fuertes serán como lugares
   Abandonados en el bosque,
   O como ramas*[2]* que fueron abandonadas*[3]* delante de
      los israelitas.
   La tierra será una desolación.
10 Porque te olvidaste del Dios de tu salvación
   Y no te acordaste de la Roca de tu refugio.
   Por tanto, siembras plantas deleitosas
   Y les injertas*[1]* sarmientos de un *dios* extraño.
11 El día que *las* plantes *las* cercarás con cuidado,
   Y por la mañana harás que florezca tu semilla.
   Pero la cosecha *será* un montón *inservible*
   En el día de enfermedad y de dolor incurable.

17:1
Profecía contra Damasco
En el año 732 a. C., el rey asirio Tiglat Pileser III destruyó Damasco, reduciéndola a ruinas.

17:8
Los altares y las Aseras
Estos eran altares a Baal en los lugares altos y postes o árboles sagrados dedicados a la adoración de la diosa de la fertilidad, Asera.

16:14 *[1]* Lit. *los años de un jornalero.* *[2]* Lit. *no poderoso.* 17:1 *[1]* O *Profecía.*
[2] O *Carga de.* 17:2 *[1]* La versión gr. (sept.) dice: *Abandonada para siempre.*
[2] Lit. *y ellos se acostarán.* 17:3 *[1]* O *poder real, reinado.* 17:4 *[1]* *carne.*
17:5 *[1]* Lit. *como la recogida de la cosecha, la mies.* 17:8 *[1]* I.e. símbolos de
madera de una deidad femenina. *[2]* O *pilares del sol.* 17:9 *[1]* Así en la sept., en
el T.M. *sus.* *[2]* O *copa del árbol.* *[3]* En la versión gr. (sept.), *los lugares desolados
de los amorreos y de los hititas que ellos abandonaron.* 17:10 *[1]* Lit. *siembras.*

12 ¡Ay!, bramar de muchos pueblos
   Que braman como el bramido de los mares;
   Rugir de naciones
   Que rugen como el rugido de violentas aguas.
13 Las naciones rugen como el rugido de muchas aguas,
   Pero Él las reprenderá y huirán lejos.
   Serán perseguidas como la paja de los
        montes delante del viento,
   Y como polvo de torbellino delante del
        vendaval.
14 Al tiempo de la tarde, *hay* terror.
   Antes de la mañana ya no existen.
   Tal[1] será la porción de los que nos
        despojan,
   Y la suerte de los que nos saquean.

PROFECÍA SOBRE ETIOPÍA

18 ¡Ay de la tierra del zumbido de alas
   Que está más allá de los ríos de Cus[1],
2 La que envía por el mar embajadores
   En naves de junco[1] sobre la superficie de las aguas!
   Id, veloces mensajeros, a una nación
   De alta estatura[2] y *de piel* brillante,
   A un pueblo temido por todas partes[3],
   Una nación poderosa y opresora
   Cuya tierra surcan los ríos.
3 Todos ustedes, habitantes del mundo y moradores de
        la tierra,
   Tan pronto como se alce la bandera sobre los montes,
        la verán,
   Y tan pronto como la trompeta sea tocada, *la* oirán.
4 Porque así me ha dicho el SEÑOR:
   «Me estaré quieto y miraré desde[1] Mi morada,
   Como calor resplandeciente al sol[2],
   Como nube de rocío en el calor de la cosecha».
5 Pues antes de la cosecha, tan pronto como el botón se
        abra[1]
   Y la flor se convierta en uva madura,
   Él cortará los pámpanos con podaderas
   Y podará *y* quitará los sarmientos.
6 Juntos serán dejados para las aves de rapiña de los
        montes,
   Y para las bestias de la tierra.
   Pasarán allí el verano las aves de rapiña,
   Y todas las bestias de la tierra allí invernarán[1].
7 En aquel tiempo será traído un obsequio al SEÑOR de
        los ejércitos
   De parte[1] de un pueblo de alta estatura[2] y *de piel*
        brillante,
   De un pueblo temido por todas partes[3],

17:14 [1] Lit. *Esta.*   18:1 [1] O *Etiopía.*   18:2 [1] O *papiro.*   [2] Lit. *alargada.*
[3] Lit. *desde él y más allá.*   18:4 [1] Lit. *en.*   [2] Lit. *a la luz.*   18:5 [1] Lit. *esté*
completo.   18:6 [1] O *pasarán el tiempo de la cosecha.*   18:7 [1] Así en algunas
versiones antiguas y en los M.M.M.; en el T.M., *que consiste.*   [2] Lit. *alargado.*
[3] Lit. *desde él y más allá.*

17:13
Tamo y polvo
Esta era una forma de decir que el enemigo sería soplado y arrastrado por el poder de Dios.

18:1
Zumbido de alas
Esto se puede referir a insectos (langostas) o es una descripción del sonido que hacen las velas de los barcos.

18:7
Por qué los no israelitas le darían obsequios al Señor
Estos eran tributos para mostrar que una nación reconocía su derrota. Después de la muerte de Senaquerib, los que no eran israelitas le trajeron regalos a Ezequías. Y en Isaías 16:1, los moabitas tuvieron que enviar tributos al monte Sión.

De una nación poderosa y opresora,
Cuya tierra surcan los ríos,
Al lugar del nombre del SEÑOR de los ejércitos, el
      monte Sión.

PROFECÍA SOBRE EGIPTO

19 Oráculo[1] sobre[2] Egipto:
       «El SEÑOR va montado sobre una nube veloz y llega
       a Egipto.
       Se estremecen los ídolos de Egipto ante Su presencia,
       Y el corazón de los egipcios se derrite dentro de ellos.
2   Voy a provocar a egipcios contra egipcios,
       Y cada uno peleará contra su hermano y cada cual
          contra su prójimo,
       Ciudad contra ciudad y reino contra reino.
3   Entonces el espíritu de los egipcios se apocará dentro
          de ellos.
       Confundiré sus planes,
       Y ellos acudirán a los ídolos, a los espíritus de los
          muertos,
       A los adivinos y a los espiritistas[1].
4   Entregaré a los egipcios en manos de un amo cruel,
       Y un rey poderoso[1] gobernará sobre ellos», declara el
          Señor, DIOS[2] de los ejércitos.

5   Se agotarán las aguas del mar,
       El río se secará y quedará seco.
6   Los canales[1] olerán mal,
       Disminuirán y se secarán las corrientes[2] de Egipto[3];
       La caña y el junco se marchitarán.
7   Las cañas junto al río, a orillas[1] del Nilo,
       Y todos los sembrados junto al Nilo
       Se secarán, serán esparcidos, y no existirán más.
8   Se lamentarán los pescadores,
       Y harán duelo todos los que echan anzuelo en el Nilo.
       Los que extienden sus redes sobre las aguas
          desfallecerán[1].
9   Serán confundidos[1] los que trabajan el lino peinado
       Y los tejedores de tela blanca.
10   Las[1] columnas[2] de Egipto serán demolidas,
       Todos los jornaleros estarán abatidos[3].

11   No son más que necios los príncipes de Zoán[1].
       El consejo de los más sabios consejeros de Faraón se
          ha vuelto torpe[2].
       ¿Cómo dicen a Faraón:
       «Yo soy hijo de los sabios, hijo de los antiguos reyes»?
12   Pues bien, ¿dónde están tus sabios?
       Que ellos ahora te declaren,
       Y te hagan saber[1] lo que el SEÑOR de los ejércitos
       Ha determinado contra Egipto.

19:5-10
Si el Nilo se secara...
El Nilo era la vida de Egipto. La inundación anual producía un suelo fértil y brindaba irrigación. Si su principal fuente de agua –el Nilo– se secaba, la vida sería muy difícil para las personas.

19:8-9
Lamentaciones por un río seco
Sin agua no habría peces y la gente que procesaba el lino no tendría el agua necesaria para hacer el trabajo.

19:1 [1] O *Profecía*.   [2] O *Carga de*.   19:3 [1] O *fantasmas y espíritus*.
19:4 [1] O *fiero*.   [2] Heb. *YHWH*, generalmente traducido *Señor*.   19:6 [1] Lit. *ríos*.
[2] I.e. el delta del Nilo.   [3] O *del lugar sitiado*.   19:7 [1] O *boca*.
19:8 [1] O *languidecerán*.   19:9 [1] Lit. *avergonzados*.   19:10 [1] Lit. *sus*.
[2] O *tejedores*.   [3] Lit. *entristecidos de alma*.   19:11 [1] O *Tanis*.   [2] O *se ha entorpecido*.   19:12 [1] O *sepan*.

13 Han obrado neciamente los príncipes de Zoán[1],
    Han sido engañados los príncipes de Menfis.
    Han extraviado[2] a Egipto
    Los que son la piedra angular de sus tribus.
14 El SEÑOR ha mezclado en medio de ella un espíritu de
        distorsión,
    Y han hecho extraviar a Egipto en todas sus
        empresas[1],
    Como se tambalea[2] el ebrio en su vómito.
15 Y no habrá para Egipto obra alguna
    Que pueda hacer *su* cabeza o *su* cola, *su*
        hoja de palmera o *su* junco.

16 En aquel día los egipcios serán como las mujeres, y temblarán y estarán aterrados ante la mano
alzada que el SEÑOR de los ejércitos agitará contra
ellos. 17 Y la tierra de Judá será terror[1] para Egipto,
todo aquel a quien se la mencionen quedará aterrado de ella, a causa del propósito que el SEÑOR
de los ejércitos ha determinado contra ellos.

18 Aquel día cinco ciudades en la tierra de
Egipto hablarán la lengua de Canaán y jurarán
lealtad al SEÑOR de los ejércitos. Una de ellas será
llamada Ciudad de Destrucción[1].

19 Aquel día habrá un altar al SEÑOR en medio de la tierra
de Egipto, y un pilar al SEÑOR cerca de su frontera. 20 Y será
por señal y por testimonio al SEÑOR de los ejércitos en la
tierra de Egipto. Porque clamarán al SEÑOR a causa de sus
opresores, y Él les enviará un Salvador y un Poderoso, el cual
los librará. 21 El SEÑOR se dará a conocer en Egipto, y los
egipcios conocerán al SEÑOR en aquel día. Adorarán con sacrificios y ofrendas, harán voto al SEÑOR y lo cumplirán. 22 Y
el SEÑOR herirá a Egipto; herirá pero sanará. Y ellos volverán
al SEÑOR, y Él les responderá y los sanará.

23 Aquel día habrá una calzada desde Egipto hasta Asiria.
Los asirios entrarán en Egipto y los egipcios en Asiria, y los
egipcios adorarán junto con los asirios.

24 Aquel día Israel será un tercero con Egipto y con Asiria,
una bendición en medio de la tierra, 25 porque el SEÑOR de
los ejércitos lo ha bendecido, diciendo: «Bendito es Egipto
Mi pueblo, y Asiria obra de Mis manos, e Israel Mi heredad».

PROFECÍA SOBRE EGIPTO Y CUS

20 El año en que el comandante[1] vino a Asdod, cuando
Sargón, rey de Asiria, lo envió, peleó contra Asdod y la
tomó. 2 En aquel tiempo el SEÑOR habló por medio[1] de Isaías,
hijo de Amoz, y le dijo: «Ve y quítate el cilicio de tus lomos, y
desata las sandalias de tus pies». Así lo hizo Isaías, y anduvo
desnudo y descalzo.

3 Entonces el SEÑOR dijo: «Tal como Mi siervo Isaías ha
andado desnudo y descalzo por tres años como señal y símbolo[1] contra Egipto y contra Cus[2], 4 así el rey de Asiria llevará

19:13
Menfis
Esta era una ciudad muy importante
a 24 kilómetros al sur del delta del
Nilo, la cual era la capital de Egipto
durante el Imperio Antiguo.

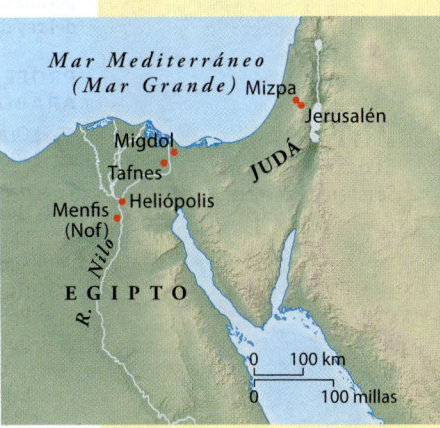

19:23-24
**La importancia de esta
calzada**
Esta carretera representaría la paz
entre Egipto, Asiria e Israel, porque
adorarían al Señor juntos.

20:2
**Por qué Isaías se quitó la
ropa**
Esta era una dramática señal de
advertencia al rey y al pueblo
sobre lo que podría suceder si eran
tomados cautivos.

19:13 [1] O *Tanis*.   [2] O *han hecho tambalear*, y así en el vers. 14.   19:14 [1] Lit. *toda*
su obra.   [2] O *se extravía*.   19:17 [1] O *causa de vergüenza*.   19:18 [1] Algunos
mss. y versiones antiguas dicen: *del Sol*.   20:1 [1] Heb. *Tartán*.
20:2 [1] Lit. *mano*.   20:3 [1] Lit. *prodigio*.   [2] O *Etiopía*.

a los cautivos de Egipto y a los desterrados de Cus, jóvenes y viejos, desnudos, descalzos y con las nalgas descubiertas, para vergüenza[1] de Egipto.

5 »Entonces se desanimarán y se avergonzarán a causa de Cus, su esperanza, y de Egipto, su jactancia. 6 Y dirán los habitantes de esta costa en aquel día: "Así ha sido nuestra esperanza, adonde huíamos buscando auxilio para ser librados del rey de Asiria; ¿y cómo escaparemos nosotros?"».

PROFECÍA SOBRE BABILONIA, EDOM Y ARABIA

21 Oráculo[1] sobre el[2] desierto del mar[3]:

«Como se lanzan los torbellinos en el Neguev[4],
Así viene el invasor del desierto, de una tierra temible.

2 Una visión dura me ha sido mostrada:
El traidor obra pérfidamente, y el destructor destruye.
Sube, Elam; sitia, Media.
He puesto fin a todo[1] gemir que ella ha causado.

3 Por esta razón mis lomos están llenos de angustia;
Dolores se han apoderado de mí como dolores de
     mujer de parto.
Estoy tan confundido que no oigo, tan aterrado que
     no veo[1].

4 Desvaría mi mente[1], el espanto[2] me sobrecoge.
El anochecer que anhelaba se me convirtió en terror.

5 Ponen la mesa, extienden el mantel[1], comen, beben.
¡Levántense, capitanes, engrasen los escudos!,

6 Porque así me ha dicho el Señor:
"Ve, pon centinela que dé aviso de lo que vea.

7 Cuando vea hombres montados, jinetes de dos en dos,
Filas de asnos, filas de camellos,
Que preste mucha atención, muchísima atención"».

8 Entonces el centinela gritó:[1]
«Oh Señor, de día yo estoy continuamente en la
     atalaya,
Y todas las noches permanezco en mi puesto de guardia.

9 Veo que vienen hombres montados, jinetes de dos en
     dos».
Y uno respondió: «Cayó, cayó Babilonia,
Y todas las imágenes de sus dioses están destrozadas
     sobre[1] la tierra».

10 ¡Oh mi pueblo trillado y afligido[1] de mi era!
Lo que he oído del SEÑOR de los ejércitos,
Dios de Israel, les doy a conocer.

11 Oráculo[1] sobre[2] Edom[3]:

«Alguien sigue llamándome desde Seir:
"Centinela, ¿qué hora es de la noche?
Centinela, ¿qué hora es de la noche?".

21:1
El desierto del mar
Se refiere a Babilonia.

21:10
La era
Una era es una imagen que representaba el juicio o la destrucción de la guerra.

20:4 [1] Lit. desnudez.   21:1 [1] O Profecía.   [2] O Carga del.   [3] O país marítimo. [4] I.e. región del sur.   21:2 [1] Lit. todo su.   21:3 [1] O Me confunde oír, me aterra ver.   21:4 [1] Lit. corazón.   [2] Lit. estremecimiento.   21:5 [1] O los tapices; o posiblemente, arreglan los asientos.   21:8 [1] Así en los M.M.M. y en la versión siriaca; en el T.M. Y gritó como un león.   21:9 [1] Lit. él ha destrozado por. 21:10 [1] Lit. e hijo.   21:11 [1] O Profecía.   [2] O Carga de.   [3] Así dice la versión gr.; heb. Duma; i.e. silencio.

12 El centinela responde:
Viene la mañana y también la noche.
Si quieren preguntar, pregunten;
Vuelvan otra vez».

13 Oráculo¹ sobre² Arabia:

«En las espesuras de Arabia pasen³ la noche,
Caravanas de dedanitas.
14 Traigan agua para el¹ sediento,
Habitantes de la tierra de Tema,
Salgan con pan al encuentro del fugitivo.
15 Porque han huido ante las espadas,
Ante la espada desnuda, ante el arco tensado
Y ante la violencia de la batalla».

16 Pues así me ha dicho el Señor: «En un año, como lo contaría un jornalero¹, terminará todo el esplendor de Cedar. 17 Y del resto del número de los arqueros, los poderosos de los hijos de Cedar, quedarán pocos, porque ha hablado el SEÑOR, Dios de Israel».

PROFECÍA SOBRE EL VALLE DE LA VISIÓN

22 Oráculo¹ sobre el² valle de la visión:
«¿Qué te pasa ahora, que has subido en tu totalidad a los terrados?
2 *Tú,* llena de bulla,
Ciudad alborotada, ciudad divertida.
Tus muertos no fueron muertos a espada,
Tampoco murieron¹ en batalla.
3 Todos tus gobernantes han huido juntos,
Sin *disparo de* arco han sido capturados.
Todos los tuyos que hallaron fueron capturados a una,
Aunque¹ habían huido lejos.
4 Por tanto digo: "Aparten de mí la mirada,
Déjenme llorar amargamente.
No traten de¹ consolarme por la destrucción de la hija de mi pueblo".
5 Pues hay un día de pánico, servidumbre y confusión
de parte del Señor, DIOS¹ de los ejércitos,
En el valle de la visión,
Un derribar de murallas
Y un clamor al monte.
6 Elam tomó la aljaba
Con carros, infantería¹ y jinetes,
Y Kir desnudó el escudo.
7 Tus mejores valles estaban llenos de carros,
Y los jinetes tomaron posiciones a la puerta.
8 Entonces cayó la defensa¹ de Judá.
Ustedes confiaron² aquel día en las armas de la casa del bosque,

21:13 ¹ O *Profecía.*   ² O *Carga de.*   ³ O *pasarán.*   21:14 ¹ Lit. *encontrar al.*
21:16 ¹ Lit. *los años de un jornalero.*   22:1 ¹ O *Profecía.*   ² O *Carga del.*
22:2 ¹ Lit. *muertos.*   22:3 ¹ Así en algunas versiones antiguas; el heb. omite:
aunque.   22:4 ¹ Lit. *insistan en.*   22:5 ¹ Heb. *YHWH,* generalmente traducido
Señor; y así en el resto del cap.   22:6 ¹ Lit. *hombres.*   22:8 ¹ Lit. *quitó la*
cobertura.   ² Lit. *Miraste.*

21:13
Los dedanitas
Eran una tribu de mercaderes de Arabia. Fueron primero atacados por los asirios y luego por los babilonios.

22:1
El valle de la visión
Probablemente era un valle cercano a Jerusalén donde Dios se reveló a Isaías en su visión.

22:1
Por qué la gente subía al terrado
Las personas solían reunirse en los terrados, especialmente para disfrutar del aire fresco de la tarde. Aquí, pueden haber subido al terrado para mirar al enemigo viniendo hacia ellos, o tal vez para celebrar la retirada del enemigo.

22:8
La casa del bosque
Este era el palacio que edificó el rey Salomón. Las cuatro hileras de columnas hechas de troncos de cedros se asemejaban a un gran bosque. (Ver 1 Reyes 7:2).

9 Y vieron que eran muchas las brechas
En la muralla de la ciudad de David,
Y recogieron las aguas del estanque inferior.

10 Entonces contaron las casas de Jerusalén,
Y derribaron casas para fortificar la muralla.

11 Hicieron un depósito entre las dos murallas
Para las aguas del estanque viejo.
Pero ustedes no confiaron en Aquel[1] que lo hizo,
Ni consideraron[2] al que hace mucho tiempo lo planeó.

12 »Por eso aquel día, el Señor, DIOS de los ejércitos, *los*
llamó a llanto y a lamento,
A raparse la cabeza y a vestirse de cilicio.

13 Sin embargo, hay gozo y alegría,
Matanza de bueyes y degüello de ovejas.
Comiendo carne y bebiendo vino, *dicen:*
"Comamos y bebamos, que mañana moriremos".

14 Pero el SEÑOR de los ejércitos me reveló al oído:
"Ciertamente esta iniquidad no les será perdonada[1]
Hasta que mueran", dice el Señor, DIOS de los
ejércitos».

15 Así dice el Señor, DIOS de los ejércitos:
«Anda, ve a ese mayordomo,
A Sebna, que está encargado de la casa *real, y dile:*

16 "¿Qué es tuyo aquí,
Y a quién tienes aquí,
Que te has labrado aquí un sepulcro,
Como el que labra en alto un sepulcro,
Como el que esculpe una morada para sí en la peña?

17 Oh hombre, el SEÑOR te arrojará con violencia.
Te tomará firmemente,

18 Te enrollará bien como una pelota,
Y te *lanzará* a una tierra muy[1] espaciosa.
Allí morirás y allí quedarán tus magníficos carros,
Oh tú, vergüenza de la casa de tu Señor".

19 Te destituiré de tu cargo,
Y te derribaré[1] de tu puesto.

20 Y sucederá en aquel día,
Que llamaré a Mi siervo Eliaquim, hijo de Hilcías,

21 Lo vestiré con tu túnica,
Con tu cinturón lo ceñiré,
Tu autoridad[1] pondré en su mano,
Y llegará a ser un padre para los habitantes de
Jerusalén
Y para la casa de Judá.

22 Entonces pondré la llave de la casa de David sobre su
hombro;
Cuando él abra, nadie cerrará,
Cuando él cierre, nadie abrirá.

23 Lo clavaré *como* clavija en lugar seguro,
Y será un trono de gloria para la casa de su
padre.

22:15-22
Sebna
Sebna había sido un oficial de alto rango. Su posición lo colocó en la cima, respondiendo solo al rey. Sin embargo, más adelante perdió su título y Eliaquim lo reemplazó. (Ver 2 Reyes 18:18).

22:16
Por qué alguien labraría su propio sepulcro
Las personas a menudo elegían dónde serían enterradas, ya que el lugar del sepulcro era importante, y Sebna quería tener una tumba tan buena como la de un rey.

22:11 [1] Lit. *miraron al.* [2] Lit. *vieron.* 22:14 [1] Lit. *expiada.* 22:18 [1] Lit. *a ambas manos.* 22:19 [1] Así en algunas versiones antiguas; en heb. *y Él te derribará.* 22:21 [1] Lit. *dominio.*

24 Y colgarán de él toda la gloria de la casa de su padre, descendencia y vástagos, todas las vasijas menores, desde los tazones hasta los[1] cántaros. **25** En aquel día», declara el SEÑOR de los ejércitos, «la clavija clavada en un lugar firme se aflojará, se quebrará y caerá, y la carga colgada de ella será destruida, porque el SEÑOR ha hablado».

PROFECÍA SOBRE TIRO

23 Oráculo[1] sobre[2] Tiro:
«Giman, naves de Tarsis,
Porque *Tiro* ha sido destruida, sin casas y sin puerto[3].
Desde la tierra de Chipre[4] les ha sido revelado.

2 Callen, moradores de la costa,
Mercaderes de Sidón.
Tus mensajeros cruzaron el mar[1],

3 Y *estuvieron* en muchas aguas.
Sus ingresos eran el grano del Nilo[1] y la cosecha del Río,
Y ella era el mercado de las naciones.

4 Avergüénzate, Sidón,
Porque habla el mar, la
fortaleza del mar, y dice:
"No he estado de parto, ni he
dado a luz,
No he educado jóvenes, *ni he*
criado vírgenes".

5 Cuando la noticia *llegue* a
Egipto,
Se angustiarán por las
nuevas de Tiro.

6 Pasen a Tarsis;
Giman, moradores de la
costa.

7 ¿Es esta su *ciudad* divertida
Cuyos días se remontan a la
antigüedad,
Cuyos pies la llevaban a establecerse en lugares
distantes[1]?

8 »¿Quién ha planeado esto contra Tiro, la que concedía
coronas,
Cuyos mercaderes eran príncipes, cuyos comerciantes
eran los nobles de la tierra?

9 El SEÑOR de los ejércitos lo ha planeado para abatir el
orgullo de toda hermosura,
Para humillar a todos los nobles de la tierra.

10 Inunda[1] tu tierra como el Nilo, hija de Tarsis,
Ya no hay más restricción[2].

11 El SEÑOR ha extendido Su mano sobre el mar,
Ha hecho temblar los reinos.
Ha dado orden respecto a Canaán para que destruyan
sus fortalezas.

23:1-5
Cómo fue destruida Tiro
Parte de la ciudad se asentaba sobre dos islas rocosas a 800 metros aproximadamente de la costa. Nabucodonosor capturó la ciudad de tierra firme en 572 a. C. La fortaleza de la isla no fue tomada hasta que Alejandro Magno la destruyó en 332 a. C.

Balage Balogh/www.archaeologyillustrated.com

22:24 [1] Lit. *todos los.*   23:1 [1] O *Profecía.*   [2] *Carga de.*   [3] Lit. *entrada.*
[4] Heb. *Quittim.*   23:2 [1] Así en los M.M.M.; en el T.M., *que pasando el mar, te abastecían.*   23:3 [1] Heb. *Shijor.*   23:7 [1] Lit. *peregrinar lejos.*
23:10 [1] Lit. *Pasa sobre.*   [2] Quizás: *ceñidor,* o *puerto.*

¹² Él ha dicho: "No te divertirás más,
　　　Virgen oprimida, hija de Sidón.
　　　Levántate, pasa a Chipre[1].
　　　Aun allí no hallarás descanso".

¹³ »Miren la tierra de los caldeos: Este pueblo no existía; Asiria lo designó para moradores del desierto. Ellos levantaron sus torres de sitio, despojaron sus palacios y la convirtieron en ruinas.

¹⁴ Giman, naves de Tarsis,
　　　Porque ha sido destruida su fortaleza.

¹⁵ Y acontecerá en aquel día que Tiro será olvidada por setenta años, como los días de un rey. Después de los setenta años le sucederá a Tiro como en la canción de la ramera:

¹⁶ "Toma la lira, anda por la ciudad,
　　　Oh ramera olvidada.
　　　Tañe hábilmente las cuerdas, canta muchas
　　　　　canciones,
　　　Para que seas recordada"».

¹⁷ Y sucederá que después de los setenta años, el SEÑOR visitará a Tiro. Entonces ella regresará a su paga de ramera y se prostituirá con todos los reinos sobre[1] la superficie de la tierra. ¹⁸ Pero sus ganancias y su paga de ramera serán consagradas al SEÑOR. No serán almacenadas ni acumuladas, sino que su ganancia llegará a ser suficiente alimento y vestidura selecta para aquellos que habiten en la presencia del SEÑOR.

JUICIO DE DIOS CONTRA LAS NACIONES

24 Miren, el SEÑOR arrasa la tierra, la devasta, trastorna su superficie y dispersa sus habitantes. ² Le sucederá tanto al pueblo como al sacerdote, al siervo como a su amo, a la doncella como a su ama, al comprador como al vendedor, al que presta como al que toma prestado, al acreedor como al deudor. ³ La tierra será totalmente arrasada y completamente saqueada, porque el SEÑOR ha dicho esta palabra.

⁴ De duelo y marchitada está la tierra, el mundo desfallece y se marchita, languidecen los grandes del pueblo de la tierra. ⁵ También la tierra es profanada por[1] sus habitantes, porque traspasaron las leyes, violaron los estatutos, quebrantaron el pacto eterno. ⁶ Por eso, una maldición devora la tierra, y son tenidos por culpables los que habitan en ella. Por eso, son consumidos los habitantes de la tierra, y pocos hombres quedan en ella.

⁷ El vino nuevo está de duelo,
　　　Desfallece la vid,
　　　Suspiran todos los de alegre corazón.
⁸ Cesa el júbilo de los panderos,
　　　Se acaba el alboroto de los que se divierten,
　　　Cesa el júbilo de la lira.
⁹ No beben vino con canción.
　　　El licor es amargo a los que lo beben.

24:2
El juicio
No habría distinción de clases entre las personas cuando el Señor viniera a juzgarlos: todos serían juzgados.

24:6
El castigo divino
Como había tanta maldad en el mundo, el castigo de Dios se extendería.

23:12 [1] Heb. *Quittim*.　　23:17 [1] Lit. *del mundo sobre*.　　24:5 [1] Lit. *bajo*.

10 Derribada está la ciudad del caos,
   Toda casa está cerrada para que no entre nadie.
11 Hay clamor en las calles por *falta de* vino,
   Toda alegría se convierte en tinieblas[1],
   Desterrado está el júbilo de la tierra.
12 Desolación queda en la ciudad,
   Y su puerta está hecha pedazos, en ruinas.
13 Porque así será en medio de la tierra, entre los
       pueblos,
   Como cuando se varea el olivo,
   Como en los rebuscos cuando se acaba la vendimia.
14 Ellos alzan sus voces, gritan de júbilo.
   Desde el occidente[1] dan voces por la majestad del
       SEÑOR.
15 Por tanto, glorifiquen al SEÑOR en el oriente[1],
   El nombre del SEÑOR, Dios de Israel,
   En las costas[2] del mar.
16 Desde los confines de la tierra oímos cánticos: «Gloria
       al Justo».
   Pero yo digo: «¡Pobre de[1] mí!
       ¡Pobre de[1] mí! ¡Ay de mí!
   Los traidores obran con perfidia,
   Con mucha perfidia obran los
       traidores».
17 Terror, foso y lazo
   Te asedian[1], oh morador de la
       tierra.
18 Entonces sucederá que el que
       huya del ruido del terror, caerá
       en el foso,
   Y el que salga[1] del foso, será
       atrapado en el lazo.
   Porque las ventanas de arriba[2] están abiertas, y los
       cimientos de la tierra se estremecen.
19 Se hace pedazos la tierra,
   En gran manera se agrieta[1],
   Con violencia tiembla la tierra.
20 Se tambalea, oscila la tierra como un ebrio,
   Se balancea como una choza,
   Pues pesa sobre ella su transgresión,
   Y caerá, y no volverá a levantarse.
21 Y sucederá en aquel día,
   Que el SEÑOR castigará[1] al ejército celestial en las
       alturas,
   Y a los reyes de la tierra en la tierra.
22 Y serán agrupados en montón
   Como prisioneros en un calabozo[1];
   Serán encerrados en la cárcel,
   Y después de muchos días serán castigados[2].
23 Entonces la luna se abochornará y el sol se
       avergonzará

24:10
La ciudad del caos
Puede haber sido Jerusalén o tal vez se refiriera a todas las ciudades que se oponían a Dios, como Babilonia, Tiro y Roma.

24:15
Las costas del mar
Esto es probablemente una referencia a las costas e islas mediterráneas.

Todd Bolen/www.BiblePlaces.com

24:11 [1] Lit. *se oscurece.*   24:14 [1] Lit. *mar.*   24:15 [1] Lit. *la región de la luz.*   [2] O *islas.*   24:16 [1] Lit. *Destrucción para.*   24:17 [1] Lit. *están sobre ti.*   24:18 [1] Lit. *sube de en medio.*   [2] Lit. *de lo alto;* i.e. el cielo.   24:19 [1] Lit. *se agrieta la tierra.*   24:21 [1] Lit. *visitará.*   24:22 [1] Lit. *foso.*   [2] Lit. *visitados.*

Porque el SEÑOR de los ejércitos reinará en el monte Sión y en Jerusalén,
Y delante de Sus ancianos *estará Su* gloria.

CÁNTICO DE ALABANZA POR EL FAVOR DE DIOS

25 Oh SEÑOR, Tú eres mi Dios;
Te ensalzaré, daré alabanzas a Tu nombre,
Porque has hecho maravillas,
Designios *concebidos* desde tiempos antiguos con toda fidelidad.

2 Porque has convertido la ciudad en un montón de escombros,
La ciudad fortificada, en una ruina.
El palacio de extranjeros ya no es ciudad,
Nunca será reedificado.

3 Por eso te glorificará un pueblo fuerte,
Ciudades de crueles naciones te reverenciarán.

4 Porque Tú has sido baluarte para el desvalido,
Baluarte para el necesitado en su angustia,
Refugio contra la tormenta, sombra contra el calor.
Pues el aliento de los crueles
Es como turbión *contra* el muro.

5 Como calor durante la sequía, Tú aquietas el estruendo de los extranjeros.
Como el calor a la sombra de una nube, es acallado[1] el cántico de los tiranos.

6 El SEÑOR de los ejércitos preparará en este monte para todos los pueblos un banquete de manjares suculentos[1],
Un banquete de vino añejo[2], pedazos escogidos[3] con tuétano,
Y vino añejo[2] refinado.

7 Y destruirá en este monte la[1] cobertura que cubre todos los pueblos,
El velo que está extendido[2] sobre todas las naciones.

8 Él destruirá[1] la muerte para siempre.
El Señor DIOS[2] enjugará las lágrimas de todos los rostros,
Y quitará el oprobio de Su pueblo de sobre toda la tierra,
Porque el SEÑOR ha hablado.

9 Y en aquel día se dirá:
«Este es nuestro Dios a quien hemos esperado para que nos salvara.
Este es el SEÑOR a quien hemos esperado;
Regocijémonos y alegrémonos en su salvación».

10 Porque la mano del SEÑOR reposará en este monte,
Y Moab será pisoteado en su sitio
Como es pisoteada la paja en el agua del muladar.

25:5 [1] Lit. *humillado*. 25:6 [1] Lit. *banquete de enjundia*; i.e. de abundancia. [2] Lit. *vino en su sedimento*. [3] Lit. *trozos de enjundia*. 25:7 [1] Lit. *tragará la faz de la*. [2] Lit. *tejido*. 25:8 [1] Lit. *tragará*. [2] Heb. *YHWH*, generalmente traducido *Señor*.

25:1-3
Alabar a Dios por la destrucción de ciudades y personas
Los justos alabarían a Dios por haber juzgado a los malos.

25:6-8
Acontecimiento en el monte Sión
El Señor preparará una fiesta similar a una coronación o un banquete, donde su pueblo podrá regocijarse libremente.

25:9
La respuesta del pueblo
El pueblo alabará al Señor porque confiaron en él para su salvación.

11 Y en medio de él, *Moab* extenderá sus manos
    Como el nadador extiende *sus manos* para nadar,
    Pero *el Señor* abatirá su arrogancia y¹ la destreza de
        sus manos.
12 Y derribará las fortalezas inconmovibles¹ de tus
        murallas,
    Las humillará *y las* echará por tierra, hasta el polvo.

CÁNTICO DE CONFIANZA

26 En aquel día se cantará este cántico en la tierra de
      Judá:

    «Ciudad fuerte tenemos;
    Para protección¹ Él pone murallas y baluartes.
2   Abran las puertas para que pueda entrar la nación
        justa,
    La que permanece fiel¹.
3   Al de firme propósito guardarás en perfecta paz,
    Porque en Ti confía.
4   Confíen en el SEÑOR para siempre,
    Porque en DIOS¹ el SEÑOR, *tenemos* una Roca eterna.
5   Porque Él ha abatido a los que moran en lo alto, a la
        ciudad inconmovible;
    La humilla, la humilla hasta la tierra, la derriba hasta
        el polvo,
6   Y la pisotearán los pies,
    Los pies de los afligidos, las pisadas de los
        desvalidos».

7   La senda del justo es rectitud.
    Tú, que eres recto, allana el sendero del justo.
8   Ciertamente, *siguiendo* la senda de Tus juicios,
    Oh SEÑOR, te hemos esperado.
    Tu nombre y Tu memoria son el anhelo del alma.
9   En la noche te desea mi alma¹,
    En verdad mi espíritu dentro de mí te busca² con
        diligencia.
    Porque cuando la tierra tiene *conocimiento* de Tus
        juicios,
    Aprenden justicia los habitantes del mundo.
10 *Aunque* se le muestre piedad al impío,
    No aprende justicia.
    Obra injustamente en tierra de rectitud,
    Y no ve la majestad del SEÑOR.

11 Oh SEÑOR, levantada está Tu mano, *mas* ellos no la
        ven.
    Que vean *Tu* celo por el pueblo y se avergüencen.
    Ciertamente el fuego devorará a Tus enemigos¹.
12 SEÑOR, Tú establecerás paz para nosotros,
    Ya que también todas nuestras obras Tú las hiciste
        por nosotros.

26:7
Una senda allanada
La Biblia con frecuencia habla de
que Dios nivela o allana sus sendas
para su pueblo. Esto significa que
él hace que resulte fácil conocer el
camino para poder seguirle.

26:9-10
El juicio puede enseñar justicia
Dios puede usar el juicio para
obtener la atención de las personas
y así motivarlas a volverse a él.

26:11
Por qué el Señor alzaría su mano
Un rey levantaba su mano como
símbolo de poder.

25:11 ¹ Lit. *con.*   25:12 ¹ Lit. *del baluarte.*   26:1 ¹ O *salvación.*
26:2 ¹ Lit. *mantiene fidelidad.*   26:4 ¹ Heb. *YHWH,* generalmente traducido
Señor.   26:9 ¹ Lit. con *mi alma te deseo.*   ² Lit. con *mi espíritu dentro de mí te
busco.*   26:11 ¹ O *que el fuego para tus adversarios los devore.*

13 Oh SEÑOR, Dios nuestro, otros señores fuera de Ti nos
  han gobernado,
    Pero solo en Ti confesamos¹ Tu nombre.
14 Los muertos no vivirán, los espíritus¹ no se
  levantarán,
    Pues los castigaste² y destruiste,
    Y has borrado todo recuerdo de ellos.
15 Has aumentado la nación, oh SEÑOR,
    Has aumentado la nación, te has glorificado,
    Has ensanchado todos los límites de la tierra.
16 Oh SEÑOR, en la angustia te buscaron.
    Apenas susurraban una oración¹,
    Cuando Tu castigo estaba sobre ellos.
17 Como la mujer encinta, al acercarse el *momento de*
  dar a luz,
    Se retuerce *y* grita en sus dolores de parto,
    Así éramos nosotros delante de Ti, oh SEÑOR.
18 Estábamos encinta, nos retorcíamos *en los dolores,*
    Dimos a luz, al parecer, *solo* viento.
    No logramos liberación para la tierra,
    Ni nacieron¹ habitantes del mundo.
19 Tus muertos vivirán,
    Sus¹ cadáveres se levantarán.
    ¡Moradores del polvo, despierten y den gritos de
    júbilo!,
    Porque tu rocío es *como* el rocío del alba²,
    Y la tierra dará a luz³ a los espíritus⁴.

20 Ven, pueblo mío, entra en tus aposentos
    Y cierra tras ti tus puertas;
    Escóndete por corto tiempo¹
    Hasta que pase la indignación.
21 Porque el SEÑOR va a salir de Su lugar
    Para castigar¹ la iniquidad de los habitantes de la
    tierra,
    Y la tierra pondrá de manifiesto su sangre derramada
    Y no ocultará más a sus asesinados.

LIBERACIÓN DE ISRAEL

27 Aquel día el SEÑOR castigará¹
    Con Su espada inflexible, grande y poderosa,
    A Leviatán², serpiente huidiza,
    A Leviatán, serpiente tortuosa,
    Y matará al dragón que *vive* en el mar.

2 Aquel día *se dirá:*
    «Una viña de vino¹; de ella canten.
3 Yo, el SEÑOR, soy su guardador;
    A cada momento la riego.
    Para que nadie la dañe¹,
    La guardo noche y día.

27:1
Leviatán
Puede tratarse de un monstruo
marino mitológico. En este pasaje,
es un símbolo de las naciones
malvadas como Egipto.

26:13 ¹ O *hacemos que sea recordado.*   26:14 ¹ O *las sombras.*   ² Lit. *visitaste.*
26:16 ¹ Lit. *emitían un susurro.*   26:18 ¹ Lit. *ni cayeron.*   26:19 ¹ Así en
algunas versiones antiguas; en heb. *mis.*   ² Lit. *de las luces.*   ³ Lit. *hará
caer.*   ⁴ O *las sombras.*   26:20 ¹ Lit. *momento.*   26:21 ¹ Lit. *visitar.*
27:1 ¹ Lit. *visitará.*   ² O *monstruo marino.*   27:2 ¹ Algunos mss. dicen: *una
viña deleitosa.*   27:3 ¹ O *castigue;* lit. *visite.*

4 No tengo furor.
Si alguien[1] me da zarzas y espinos en batalla,
Los pisotearé, los quemaré completamente[2],
5 A no ser que[1] él confíe en[2] Mi protección,
Que haga la paz conmigo,
Que conmigo haga la paz».
6 En los días[1] venideros Jacob echará raíces,
Israel florecerá y brotará,
Y llenará el mundo entero[2] de fruto.

7 ¿Acaso fue herido con la herida de Aquel que lo hirió?
Acaso fue muerto como con la matanza de sus
muertos?
8 Luchaste con él desterrándolo, expulsándolo.
Con Su soplo violento Él lo expulsó en el día del viento
del este.
9 Así pues, con esto la iniquidad de Jacob será
perdonada[1],
Y este será todo el fruto del perdón[2] de su pecado:
Cuando haga todas las piedras del altar como piedras
de cal pulverizadas;
Cuando no estén en pie las Aseras[3] y los altares de
incienso[4].
10 Porque solitaria está la ciudad fortificada,
Un lugar[1] desamparado y abandonado como un
desierto.
Allí pastará el becerro,
Y allí se echará y se alimentará de[2] sus ramas.
11 Cuando su ramaje está seco, es quebrado,
Vienen las mujeres y le prenden fuego.
Porque no es pueblo de discernimiento,
Por tanto su Hacedor no le tendrá compasión,
Y su Creador no tendrá piedad de él.

12 En aquel día el SEÑOR trillará desde la corriente del
Éufrates[1] hasta el torrente de Egipto, y ustedes serán recogidos uno a uno, oh israelitas. **13** También en aquel día se tocará
una gran trompeta, y los que perecían en la tierra de Asiria
y los desterrados en la tierra de Egipto, vendrán y adorarán
al SEÑOR en el monte santo en Jerusalén.

CONDENACIÓN DE EFRAÍN

28 ¡Ay de la corona de arrogancia de los ebrios de
Efraín,
Y de la flor marchita de su gloriosa hermosura,
Que está sobre la cabeza del valle fértil[1]
De los vencidos[2] por el vino!
2 Miren, uno fuerte y poderoso de parte del Señor,
Como tormenta de granizo, tempestad destructora,
Como tormenta de violentas aguas desbordadas,
Los ha lanzado a tierra con Su mano.

27:12
El significado de esta profecía
Esto representa el juicio sobre las naciones en las que el pueblo de Israel estaba esparcido. La acción de trillar separaría a los israelitas de los gentiles.

28:1
Samaria es descrita como una corona
Samaria, la capital del reino del norte, era una ciudad hermosa sobre una colina. Esta descripción gráfica comparaba la ciudad con una corona o guirnalda que los antiguos a veces usaban en las fiestas.

27:4 [1] Lit. Quien.   [2] Lit. a una.   27:5 [1] Lit. o.   [2] Lit. eche mano a.
27:6 [1] Lit. Los.   [2] Lit. la faz del mundo.   27:9 [1] Lit. expiada.   [2] Lit. del
quitar.   [3] I.e. símbolos de madera de una deidad femenina.   [4] O pilares del sol.
27:10 [1] O un pastizal.   [2] Lit. consumirá.   27:12 [1] Lit. río.   28:1 [1] Lit. valle de
grosura.   [2] Lit. golpeados.

3 Con los pies es pisoteada la corona de arrogancia de
   los ebrios de Efraín.
4 Y la flor marchita de su gloriosa hermosura,
   Que está sobre la cabeza del valle fértil¹,
   Será como el primer higo maduro antes del verano,
   El cual uno ve²,
   Y tan pronto³ está en su mano⁴ se lo traga.
5 En aquel día el SEÑOR de los ejércitos será hermosa
   corona
   Y gloriosa diadema para el remanente de Su pueblo,
6 Espíritu de justicia para el que se sienta en juicio,
   Y fuerza para los que rechazan el asalto¹ en la puerta.
7 También estos se tambalean por el vino y dan traspiés
   por el licor:

28:4 ¹ Lit. *valle de grosura.*   ² Lit. *el que está viendo lo ve.*   ³ Lit. *mientras aún.*
⁴ Lit. *palma.*   28:6 ¹ Lit. *la batalla.*

PROFECÍAS MESIÁNICAS EN ISAÍAS

El libro de Isaías contiene más profecías sobre el nacimiento, la vida y el ministerio de Jesús que ningún otro libro del Antiguo Testamento.

PARTE 1

Nacería de una virgen
7:14 (cumplida en Mateo 1:20-23; Lucas 1:26-35)

Haría tropezar a los que no creyeran en él
8:14 (cumplida en Lucas 2:34; Romanos 9:32-33)

Su ministerio comenzaría en Galilea
9:1 (cumplida en Mateo 4:12-15, 23)

Su reino permanecería para siempre
9:7 (cumplida en Lucas 1:32-33)

Sería descendiente de Isaí (David)
11:1,10 (cumplida en Mateo 1:1, 6, 17)

Los gentiles lo seguirían
11:10; 56:6-8 (cumplida en Juan 10:16; Hechos 10:34-35, 45, 47)

Sería considerado la piedra angular
28:16 (cumplida en 1 Pedro 2:6-7)

Sanaría a los enfermos
35:5-6 (cumplida en Mateo 11:4-6; Juan 9:6-7)

Un mensajero vendría antes que él
40:3 (cumplida en Lucas 1:17, 76-77)

El sacerdote y el profeta por el licor se tambalean,
Están ofuscados por el vino, por el licor dan
    traspiés;
Vacilan en *sus* visiones,
Titubean *al pronunciar* juicio.
8 Porque todas las mesas están llenas de vómito
    asqueroso, sin un *solo* lugar *limpio*.

AMONESTACIÓN A JERUSALÉN

9 ¿A quién enseñará conocimiento,
    O a quién interpretará el mensaje?
    ¿A los *recién* destetados?
    ¿A los *recién* quitados de los pechos?
10 Porque *dice*:
    «Mandato sobre mandato, mandato sobre mandato,
    Línea sobre línea, línea sobre línea,
    Un poco aquí, un poco allá[1]».
11 En verdad, con tartamudez de labios
    Y en lengua extranjera, Él hablará a este pueblo,
12 Al cual había dicho: «Aquí hay reposo, den reposo al
    cansado»;
    Y: «Aquí hay descanso». Pero no quisieron escuchar.
13 Por lo cual la palabra del SEÑOR para ellos será:
    «Mandato sobre mandato, mandato sobre mandato,
    Línea sobre línea, línea sobre línea,
    Un poco aquí, un poco allá[1],
    Para que vayan y caigan de espaldas,
    Se quiebren *los huesos*,
    Y sean enlazados y apresados».
14 Por tanto, oigan la palabra del SEÑOR, oh insolentes,
    Gobernantes de este pueblo que está en Jerusalén.
15 Porque han dicho: «Hemos hecho un pacto con la
    muerte,
    Hemos hecho un convenio[1] con el Seol[2].
    Cuando pase el azote abrumador[3], no nos alcanzará,
    Porque hemos hecho de la mentira nuestro refugio
    Y en el engaño nos hemos escondido».
16 Por tanto, así dice el Señor DIOS[1]:
    «Yo pongo por fundamento en Sión una piedra, una
    piedra probada,
    Angular, preciosa, fundamental, bien colocada.
    El que crea *en ella* no será perturbado[2].
17 Pondré el juicio como medida,
    Y la justicia como nivel;
    Entonces el granizo barrerá el refugio de la mentira,
    Y las aguas cubrirán el escondite.
18 Será terminado[1] el pacto de ustedes con la muerte,
    Su convenio con el Seol no quedará en pie.

28:9-10
Quién está hablando en estos versículos
Estas son las palabras de los sacerdotes borrachos que se burlaban y criticaban a Isaías. Ellos decían que las enseñanzas de Isaías eran demasiado simples.

28:15
Pacto con la muerte
Los sacerdotes creían que habían hecho un trato que protegía a la nación de todo peligro. Esto puede referirse a Israel haciendo un tratado con Egipto, el cual tal vez involucraba a la diosa egipcia de la muerte, o incluso puede estar hablando de prácticas paganas que se pensaba que engañaban a la muerte.

28:17
Cómo juzgaría Dios al pueblo
Dios usaría sus normas de justicia y rectitud para juzgar a su pueblo.

28:10 [1] Heb. *Sav lasav sav lasav, kav lakav kav lakav, zeer sham zeer sham*. Estos monosílabos del hebreo que imitan el balbuceo de un niño hacen burla a la predicación del profeta.   28:13 [1] Véase nota del verso 10. Aquí el Señor responde a sus burlas imitándolas usando el lenguaje ininteligible de un conquistador.   28:15 [1] Así en algunas versiones antiguas; en el T.M., *vidente*.   [2] I.e. región de los muertos.   [3] O *la inundación abrumadora*. 28:16 [1] Heb. *YHWH*, generalmente traducido *Señor*.   [2] Lit. *no se apresurará*. 28:18 [1] Lit. *cubierto*.

28:19-20
El significado de la cama corta y la manta estrecha

Isaías estaba empleando un proverbio de su época para afirmar que el pacto con la muerte no consolaría ni protegería a Israel.

Cuando pase el azote abrumador[2],
Ustedes serán pisoteados por él.
19 Cuantas veces pase, los arrebatará[1],
Porque pasará mañana tras mañana, de día y
de noche.
Y será terrible[2] espanto el comprender el mensaje».
20 La cama es muy corta para estirarse en ella,
Y la manta muy estrecha para envolverse en ella.
21 Porque el SEÑOR se levantará como en el monte
Perazim,
Se enojará como en el valle de Gabaón,
Para hacer Su tarea, Su extraña tarea,
Y para hacer Su obra, Su extraordinaria[1] obra.
22 Y ahora, no continúen ustedes como insolentes,
No sea que se hagan más fuertes sus grillos,
Pues de parte del Señor, DIOS[1] de los ejércitos, he oído
De una destrucción decretada sobre la tierra.

23 Escuchen y oigan mi voz,
Presten atención y oigan mis palabras.
24 ¿Acaso para sembrar se pasa arando el labrador todo
el día,
Abriendo y rastrillando su tierra?
25 ¿No allana su superficie
Y siembra eneldo y esparce comino,
Y siembra[1] trigo en hileras,
Cebada en su debido lugar, y centeno dentro de sus
límites[2]?

28:27-29
El significado de estos versículos

Esta es una manera poética de decir que aunque Dios castigue a Israel, no destruirá por completo a su pueblo elegido.

26 Porque su Dios lo instruye y le enseña cómo
hacerlo[1].
27 Pues no se trilla el eneldo con el trillo,
Ni se hace girar la rueda de carreta sobre el comino;
Sino que con vara se sacude el eneldo, y con palo el
comino.
28 El grano[1] es triturado,
Pero no lo seguirán trillando indefinidamente;
Debido a que la rueda de la carreta y sus caballos lo
dañarán[2],
No lo triturarán más.
29 También esto procede del SEÑOR de los ejércitos,
Que ha hecho maravilloso Su consejo y grande Su
sabiduría.

ARIEL Y SUS ENEMIGOS

29:1-2
Ariel

Ariel significaba literalmente hogar del altar. Puede haber sido un apodo para Jerusalén porque el pueblo venía a adorar al altar del templo en Jerusalén. También puede haber significado que la guerra convertiría a la ciudad en un lugar donde mucha gente moriría, como si hubiera sido sacrificada sobre un altar.

29 ¡Ay, Ariel[1], Ariel la ciudad donde acampó David!
Añadan año sobre año, celebren las fiestas a su
tiempo[2].
2 Traeré angustias a Ariel,
Y será una ciudad de lamento y de duelo;
Será para Mí como un Ariel[1].
3 Acamparé contra ti rodeándote[1],

[2] O la inundación abrumadora.   28:19 [1] Lit. tomará.   [2] Lit. solo.
28:21 [1] Lit. extranjera.   28:22 [1] Heb. YHWH, generalmente traducido Señor.
28:25 [1] Lit. pone.   [2] Lit. su región.   28:26 [1] Lit. lo recto.   28:28 [1] Lit. pan.
[2] Lit. destruirían.   29:1 [1] I.e. León de Dios.   [2] Lit. que las fiestas sigan su curso.
29:2 [1] O un brasero del altar.   29:3 [1] Lit. como un círculo.

Pondré contra ti vallas de asedio,
Y levantaré contra ti baluartes.
4 Entonces serás humillada,
Desde el suelo hablarás,
Y desde el polvo *donde* estás postrada
Saldrá tu habla.
Tu voz será también como la de un espíritu[1] de la
tierra,
Y desde el polvo susurrará tu habla.

5 Pero la multitud de tus enemigos[1] será como polvo
fino,
Y la multitud de los crueles como paja que se va
volando[2];
Sucederá en un instante, de repente.
6 Serás castigada[1] por el SEÑOR de los ejércitos con
truenos y terremotos y gran ruido,
Con torbellino y tempestad y con llama de fuego
consumidor.
7 Y será como un sueño, una visión nocturna,
La multitud de todas las naciones que combaten
contra Ariel,
Todos los que combaten contra ella y su fortaleza, y
los que la afligen.
8 Será como cuando un hambriento sueña
Que está comiendo;
Pero cuando despierta, su hambre no ha sido
satisfecha[1].
O como cuando un sediento sueña
Que está bebiendo;
Pero cuando despierta, está desfallecido,
Y su sed no ha sido aplacada[2].
Así será la multitud de todas las naciones
Que combaten contra el monte Sión.

9 Deténganse y esperen,
Ciéguense y quédense ciegos.
Ustedes se embriagan, pero no con vino;
Se tambalean, pero no con licor.
10 Porque el SEÑOR ha derramado sobre ustedes espíritu
de sueño profundo,
Él ha cerrado sus ojos: los profetas,
Y ha cubierto sus cabezas: los videntes.

11 Toda la visión será para ustedes como las palabras de
un libro[1] sellado, que cuando se le da al que sabe leer[2], diciéndole: «Lee esto, por favor»; y él dirá: «No puedo, porque
está sellado». 12 Entonces el libro[1] será dado al que no sabe
leer[2], diciéndole: «Lee esto, por favor»; y él dirá: «No sé leer[3]».

HIPOCRESÍA DE ISRAEL

13 Dijo entonces el Señor:
«Por cuanto este pueblo se acerca a Mí con sus palabras[1]

29:3
Usar baluartes en la batalla

En la antigüedad, los ejércitos arrastraban torres con ruedas hasta el muro de la ciudad que estaban atacando. De esa manera podían luchar contra el pueblo que defendía la ciudad desde lo alto del muro.

Todd Bolen/www.BiblePlaces.com, tomada en el Museo de la Civilización Romana

29:9-12
Por qué los líderes no entendían las profecías

Ellos se habían rebelado contra el Señor por tanto tiempo que eran incapaces de entender sus mensajes.

29:4 [1] O *fantasma*.   29:5 [1] Lit. *extraños*.   [2] Lit. *que pasa*.
29:6 [1] Lit. *visitada*.   29:8 [1] Lit. *su alma está vacía*.   [2] Lit. *su alma está reseca*.
29:11 [1] O *rollo*.   [2] Lit. *sabe de libros*.   29:12 [1] O *rollo*.   [2] Lit. *no sabe de libros*.
[3] Lit. *No sé de libros*.   29:13 [1] Lit. *boca*.

Y me honra con sus labios,
Pero aleja de Mí su corazón,
Y su veneración[2] hacia Mí es *solo* una tradición[3]
        aprendida *de memoria*,
14 Por tanto, volveré a hacer maravillas con este pueblo,
        prodigiosas maravillas.
Y perecerá la sabiduría de sus sabios,
Y se eclipsará el entendimiento de sus entendidos».

15 ¡Ay de los que van muy hondo
        Para esconder sus planes[1] al SEÑOR,
Y realizan[2] sus obras en tinieblas
Y dicen: «¿Quién nos ve? o ¿Quién nos conoce?».
16 ¡Qué equivocación la suya!
¿Es acaso el alfarero igual que el barro,
        Para que lo que está hecho diga a su hacedor: «Él no
        me hizo»;
O lo que está formado diga al que lo formó: «Él no
        tiene entendimiento»?

REDENCIÓN DE ISRAEL

17 ¿Acaso no queda ya muy poco *tiempo*
        Para que[1] el Líbano se convierta en campo fértil,
Y el campo fértil sea considerado bosque?
18 En aquel día los sordos oirán las palabras de un libro,
Y desde *la* oscuridad y las tinieblas los ojos de los
        ciegos verán.
19 Los afligidos aumentarán también *su* alegría en el
        SEÑOR,
Y los necesitados de la humanidad se regocijarán en
        el Santo de Israel.
20 Porque el violento tendrá su fin, el insolente será
        acabado,
Y serán cortados todos los que se desvelan *para hacer*
        el mal;
21 Los que hacen que una persona sea acusada[1] por una
        palabra,
Y tienden lazos al que juzga en la puerta,
Y defraudan[2] al justo con vanos argumentos[3].

22 Por tanto, el SEÑOR, que redimió a Abraham, dice así
acerca de la casa de Jacob:

«Jacob no será ahora avergonzado, ni palidecerá
        ahora su rostro,
23 Porque cuando vea a sus hijos[1], la obra de Mis manos,
        en medio suyo,
Ellos santificarán Mi nombre.
Ciertamente, santificarán al Santo de Jacob,
Y tendrán temor al Dios de Israel.
24 Los descarriados de espíritu conocerán la verdad[1],
Y los murmuradores aceptarán[2] instrucción».

29:17
Referencia al Líbano
Los bosques del Líbano eran magníficos, de modo que si se convertían en un campo, eso significaría que perderían su belleza. Esta era una forma de decir que la nación ya no iba a ser tan importante como solía serlo.

---

[2] Lit. *temor de mí.*   [3] Lit. *un mandamiento de hombres.*   29:15 [1] Lit. *el consejo.*   [2] Lit. *están.*   29:17 [1] Lit. *y.*   29:21 [1] Lit. *ponen bajo condenación a una persona.*   [2] Lit. *desvían.*   [3] Lit. *con confusión.*   29:23 [1] O *sus hijos vean.*   29:24 [1] Lit. *el entendimiento.*   [2] Lit. *aprenderán.*

ALIANZA INÚTIL CON EGIPTO

30 «¡Ay de los hijos rebeldes», declara el SEÑOR,
«Que ejecutan planes, pero no los Míos,
Y hacen alianza[1], pero no según[2] Mi Espíritu,
Para añadir pecado sobre pecado!

2 Los que descienden a Egipto
Sin consultarme[1],
Para refugiarse al amparo de Faraón,
Y buscar abrigo[2] a la sombra de Egipto.

3 Por tanto, el amparo de Faraón será su vergüenza,
Y el abrigo[1] a la sombra de Egipto, su humillación.

4 Porque sus príncipes están en Zoán,
Y sus embajadores llegan a Hanes.

5 Todos se avergonzarán a causa de un pueblo que no
les trae provecho,
No les sirve de ayuda ni de utilidad, sino de vergüenza
y también de oprobio».

6 Oráculo[1] sobre[2] las bestias del Neguev[3].
Por tierra de tribulación y angustia,
De donde[4] *vienen* la leona y el león, la víbora y la
serpiente voladora,
Llevan sus riquezas sobre lomos[5] de pollinos
Y sus tesoros sobre lomos de camellos,
A un pueblo que no *les* traerá provecho,

7 O sea, a Egipto, cuya ayuda es vana y vacía.
Por tanto lo[1] he llamado
Rahab[2] el destruido[3].

8 Ahora ve, escríbelo en una tablilla delante de ellos
Y grábalo en un rollo,
Para que sirva[1] en el día postrero
Como testigo para siempre[2].

9 Porque este es un pueblo rebelde, hijos falsos,
Hijos que no quieren escuchar
La instrucción[1] del SEÑOR;

10 Que dicen a los videntes: «No vean *visiones*»;
Y a los profetas: «No nos profeticen lo que es recto,
Dígannos palabras agradables[1],
Profeticen ilusiones.

11 Apártense del camino, desvíense de la senda,
No oigamos más acerca del[1] Santo de Israel».

12 Por tanto, así dice el Santo de Israel:
«Ya que han desechado esta palabra,
Y han confiado en la opresión y en el engaño, y se han
apoyado en ellos,

13 Por eso esta iniquidad será para ustedes
Como muro agrietado[1] a punto de caer,
Como abultamiento en una pared alta,
Cuya caída viene de repente, en un instante.

30:1-2
Alianza inadecuada
Judá se unió con otras naciones para que la ayudaran a pelear contra Egipto. El pueblo de Dios debería haber confiado en él para que les proveyera seguridad.

30:6
Neguev
Esta es una región árida al sur de la Ciudad Santa, Jerusalén.

30:7
Rahab
Era un monstruo marino mítico, cuyo nombre significaba *tormenta* o *arrogancia*. Aquí el nombre es usado para simbolizar a Egipto.

30:1 [1] Lit. *derraman libación.*   [2] Lit. *de.*   30:2 [1] Lit. *consultar Mi boca.*
[2] O *refugio.*   30:3 [1] O *refugio.*   30:6 [1] O *Profecía.*   [2] O *Carga de.*   [3] I.e.
región del sur.   [4] Lit. *ellos.*   [5] Lit. *hombros.*   30:7 [1] Lit. *a este.*   [2] O *monstruo
marino.*   [3] En el T.M., *ellos son Rahab* (I.e. arrogancia), *que están ociosos.*
30:8 [1] Lit. *sea.*   [2] Así en algunas versiones antiguas; en heb. *postrero, por
siempre jamás.*   30:9 [1] O *ley.*   30:10 [1] Lit. *cosas suaves.*   30:11 [1] Lit. *hagan
que cese de nuestra presencia el.*   30:13 [1] Lit. *grieta.*

14 Su caída es como el romper de una vasija de alfarero,
Despedazada sin piedad[1];
No se halla entre sus pedazos ni un tiesto
Para tomar fuego del hogar
O para sacar agua de una cisterna».

15 Porque así ha dicho el Señor DIOS[1], el Santo de Israel:
«En arrepentimiento[2] y en reposo serán salvos;
En quietud y confianza está su poder».
Pero ustedes no quisieron,

16 Y dijeron: «No, porque huiremos a caballo».
Por tanto, huirán.
Y: «Sobre *corceles* veloces cabalgaremos».
Por tanto, serán veloces los que los persigan.

17 Mil *huirán* ante la amenaza de uno *solo;*
Ante la amenaza de cinco huirán,
Hasta que sean dejados como una enseña[1] en la cima
de un monte,
Y como señal[2] sobre una colina.

PROMESA DE BENDICIÓN PARA ISRAEL

18 Por tanto, el SEÑOR desea tener piedad de ustedes,
Y por eso se levantará para tener compasión de
ustedes.
Porque el SEÑOR es un Dios de justicia;
¡Cuán bienaventurados son todos los que en Él
esperan!

19 Oh pueblo de Sión, morador de Jerusalén[1], no llorarás más. Ciertamente Dios se apiadará de ti a la voz de tu clamor. Cuando la oiga, te responderá. 20 Aunque el Señor les ha dado pan de escasez y agua de opresión, *Él,* tu Maestro, no se esconderá más, sino que tus propios ojos contemplarán a tu Maestro. 21 Tus oídos oirán detrás de ti estas palabras: «Este es el camino, anden en él», ya sea que vayan a la derecha o a la izquierda. 22 Entonces profanarás tus imágenes talladas recubiertas de plata, y tus imágenes fundidas revestidas de oro. Las esparcirás como cosa inmunda, *y les[1] dirás: «¡Fuera de aquí!».

23 Y Él te dará lluvia para la[1] semilla que siembres en la tierra, y el pan del producto de la tierra será rico[2] y abundante[3]. En aquel día tus ganados serán apacentados en espaciosos pastizales[4]. 24 También los bueyes y los asnos que labran la tierra comerán forraje con sal, que ha sido aventado[1] con pala y con bieldo. 25 Sobre todo monte alto y sobre toda colina elevada habrá arroyos de aguas perennes[1] el día de la gran matanza, cuando caigan las torres. 26 La luz de la luna será como la luz del sol, y la luz del sol será siete veces *mayor,* como la luz de siete días, el día que el SEÑOR ponga una venda en la fractura de Su pueblo y cure la llaga que Él ha causado[1].

30:15
Qué debería haber hecho el pueblo
En vez de confiar en otras naciones que pudieran salvarlos, ellos deberían haberse arrepentido y confiar en que Dios los protegería.

30:20
El Señor trató de que su pueblo se volviera a él
Dios había ocasionado los tiempos difíciles (pan de escasez y agua de opresión) para enseñarles lecciones importantes.

30:14 [1] Lit. *aplastada, no será perdonada.*   30:15 [1] Heb. *YHWH,* generalmente traducido *Señor.*   [2] Lit. *retorno.*   30:17 [1] Lit. *un asta.*   [2] O *estandarte.*
30:19 [1] En el T.M., *Porque un pueblo habitará en Sion,* en *Jerusalén.*
30:22 [1] Lit. *le.*   30:23 [1] Lit. *tu.*   [2] Lit. *gordura.*   [3] Lit. *grosura.*   [4] O *praderas.*
30:24 [1] Lit. *que uno avienta.*   30:25 [1] Lit. *canales, corrientes de aguas.*
30:26 [1] Lit. *de su golpe.*

27 Miren, el nombre del SEÑOR viene de lejos[1];
   Ardiente es Su ira, y denso[2] es Su humo[3].
   Sus labios están llenos de indignación,
   Su lengua es como fuego consumidor,
28 Y Su aliento como un torrente desbordado
   Que llega hasta el cuello,
   Para zarandear a las naciones en una zaranda de
      destrucción[1],
   Y *poner* la brida que conduce a la ruina[2] en las
      mandíbulas de los pueblos.
29 Ustedes tendrán cánticos[1] como en la noche sagrada
      de fiesta,
   Y alegría de corazón como cuando uno marcha al son
      de la[2] flauta,
   Para ir al monte del SEÑOR, a la Roca de Israel.
30 Y el SEÑOR hará oír la majestad de Su voz,
   Y dejará ver la descarga de Su brazo
   Con furia de ira y llama de fuego consumidor,
   Con turbión, aguacero y piedra de granizo.
31 Porque a la voz del SEÑOR, Asiria se aterrará,
   Cuando Él *la* hiera con la vara.
32 Y cada golpe[1] de la vara de castigo[2]
   Que el SEÑOR descargue sobre ella,
   Será al son de[3] panderos y liras;
   Y en batallas, blandiendo armas, Él peleará contra
      ellos[4].
33 Porque Tofet[1] está preparado desde hace tiempo,
   Ciertamente, ha sido dispuesto para el rey.
   Él lo ha hecho profundo y ancho,
   Una pira[2] de fuego con abundante leña;
   El soplo del SEÑOR, como torrente de azufre, lo enciende.

31 ¡Ay de los que descienden a Egipto por ayuda!
   En los caballos buscan apoyo,
   Y confían en los carros porque son muchos,
   Y en los jinetes porque son muy fuertes,
   Pero no miran al Santo de Israel, ni buscan al SEÑOR.
2 Pero Él también es sabio, y traerá el mal,
   Y no se retractará de Sus palabras;
   Sino que se levantará contra la casa de los
      malhechores
   Y contra la ayuda de los que obran iniquidad.
3 Pues los egipcios son hombres, y no Dios,
   Y sus caballos son carne, y no espíritu.
   El SEÑOR, pues, extenderá Su mano,
   Y el que ayuda tropezará,
   Y el que recibe ayuda caerá;
   Todos ellos a una perecerán.

4 Porque así me dice el SEÑOR:

   «Tal como gruñe el león o el leoncillo sobre su presa,

30:33
Tofet

Esta era un área en las afueras de Jerusalén donde se quemaba la basura. A veces la gente hacía sacrificios humanos allí, así que era visto como un lugar malo.

31:5

Esta profecía es un recordatorio

La palabra que se traduce como *perdonará* es la misma que se usó en Éxodo durante las plagas, cuando el ángel perdonó la vida del primogénito en cada casa de Egipto que tenía la sangre pintada sobre las puertas.

31:9

Cómo se cumplió esta profecía

Los medos y los babilonios destruyeron Nínive, la fortaleza de Asiria, alrededor de 612 a. C.

32:1

El rey que reinaría con justicia

Esta era una profecía sobre el Mesías venidero, que reinaría con rectitud y por eso los reyes le servirían.

Contra el que se reúne una multitud[1] de pastores,
Pero que no se atemoriza de sus voces ni se acobarda por su multitud,
Así descenderá el SEÑOR de los ejércitos para combatir sobre el monte Sión y sobre su colina».

⁵ Como aves que vuelan[1], así protegerá el SEÑOR de los ejércitos a Jerusalén;
La protegerá y *la* librará,
La perdonará y *la* rescatará.

⁶ Vuelvan a Aquel de quien tan profundamente se han apartado[1], oh hijos de Israel. ⁷ Porque en aquel día cada uno repudiará sus ídolos de plata y sus ídolos de oro, que les han hecho sus manos pecadoras.

⁸ El asirio caerá por espada, no de hombre,
Y la espada no humana lo devorará.
No escapará de[1] la espada,
Y sus jóvenes serán sometidos a trabajos forzados.
⁹ «Su fortaleza[1] a causa del terror pasará,
Y sus príncipes se espantarán *ante* el estandarte»,
Declara el SEÑOR, que tiene Su fuego en Sión y Su horno en Jerusalén.

REINADO DEL REY JUSTO

32 Ciertamente, un rey reinará con justicia,
Y príncipes gobernarán con rectitud.
² Cada uno será como refugio contra el viento
Y un abrigo contra la tormenta,
Como corrientes[1] de agua en tierra seca,
Como la sombra de una gran[2] peña en tierra árida[3].
³ No se cegarán[1] entonces los ojos de los que ven,
Y los oídos de los que oyen escucharán.
⁴ El corazón de los imprudentes discernirá la verdad[1],
Y la lengua de los tartamudos se apresurará a hablar claramente.
⁵ Ya no se llamará noble al necio,
Ni se le dirá generoso al tramposo.
⁶ Pues el necio habla necedades,
Y su corazón se inclina hacia[1] el mal,
Para practicar la impiedad y hablar falsedad contra el SEÑOR,
Para mantener con hambre al hambriento[2]
Y para privar de[3] bebida al sediento.
⁷ En cuanto al tramposo, sus armas son malignas;
Trama designios perversos
Para destruir con calumnias[1] a los afligidos,
Aun cuando el necesitado hable lo que es justo.
⁸ Pero el noble concibe planes nobles,
Y en las cosas nobles se afirma.

31:4 [1] Lit. *plenitud.*   31:5 [1] O *revolotean.*   31:6 [1] Lit. *se apartaron.*
31:8 [1] Lit. *Y huirá ante.*   31:9 [1] Lit. *Su peña.*   32:2 [1] Lit. *canales.*
[2] Lit. *pesada.*   [3] Lit. *agotada.*   32:3 [1] O *No se apartarán.*   32:4 [1] Lit. *el conocimiento.*   32:6 [1] O *hace.*   [2] Lit. *para dejar vacía al alma hambrienta.*
[3] Lit. *y hace faltar.*   32:7 [1] Lit. *palabras de falsedad.*

ADVERTENCIA A LAS MUJERES DE JERUSALÉN

9 Levántense, mujeres perezosas,
  Y oigan mi voz.
  Hijas confiadas,
  Presten oído a mi palabra.

10 Dentro de un año y *algunos* días,
   Se conturbarán, *hijas* confiadas,
   Porque se habrá acabado la vendimia,
   Y la recolección *del fruto* no vendrá.

11 Tiemblen, *mujeres* perezosas;
   Contúrbense, *hijas* confiadas.
   Desvístanse, desnúdense, y cíñanse *cilicio* en la
     cintura.

12 Golpéense el pecho, por los campos agradables, por la
     vid fructífera,

13 Por el suelo de mi pueblo *donde* crecerán espinos y
     zarzas;
   Sí, por todas las casas alegres y *por* la ciudad
     divertida.

14 Porque el palacio ha sido abandonado, hecha un
     desierto la populosa ciudad¹.
   Colina² y atalaya se han convertido en cuevas para
     siempre,
   Un deleite para asnos monteses, un pasto para
     rebaños;

15 Hasta que se derrame sobre nosotros el Espíritu
     desde lo alto,
   El desierto se convierta en campo fértil
   Y el campo fértil sea considerado como bosque.

16 En el desierto morará el derecho,
   Y la justicia habitará en el campo fértil.

17 La obra de la justicia será paz,
   Y el servicio de la justicia, tranquilidad y confianza¹
     para siempre.

18 Entonces habitará mi pueblo en albergue de paz,
   En mansiones seguras y en lugares de reposo;

19 Aunque caiga granizo cuando el bosque caiga,
   Y la ciudad sea derribada por completo.

20 ¡Cuán bienaventurados serán ustedes los que
     siembran junto a todas las aguas,
   Y¹ dejan sueltos al buey y al asno²!

ESPERANZA EN EL Señor

33 ¡Ay de ti que destruyes,
   Y no has sido destruido;
   Y *de aquel* que es traidor, cuando *otros* no actuaron
     con perfidia contra él!
   Cuando termines de destruir, serás destruido;
   Cuando acabes de actuar con perfidia, con perfidia
     actuarán contra ti.

2 Oh SEÑOR, ten piedad de nosotros; en Ti hemos
     esperado.

32:15
Cuando el Espíritu se derramara sobre el pueblo de Dios
Ellos serían bendecidos abundantemente y vivirían en paz.

33:1
El destructor y el traidor
Probablemente se refiere a la nación de Asiria.

32:14 ¹ Lit. *la multitud de la ciudad.*   ² Heb. *Ofel.*   32:17 ¹ O *seguridad.*
32:20 ¹ Lit. *los que.*   ² Lit. *envían el pie del buey y del asno.*

Sé nuestra[1] fortaleza[2] cada mañana,
También nuestra salvación en tiempo de angustia.
3 Al estruendo del tumulto los pueblos huyen;
Al levantarte Tú, las naciones se dispersan.
4 Se recoge el[1] botín *como* recoge la oruga,
Se lanzan sobre él como se lanzan las langostas.
5 Exaltado es el SEÑOR, pues mora en lo alto;
Ha llenado a Sión de derecho y de justicia.
6 Él será la seguridad[1] de tus tiempos,
Abundancia de salvación, sabiduría y conocimiento;
El temor del SEÑOR es tu[2] tesoro.
7 Miren cómo sus valientes claman en las calles[1],
Los mensajeros de paz lloran amargamente.
8 Las calzadas están desiertas, el viajero ya no pasa[1].
Ha quebrantado el pacto, ha despreciado las
     ciudades[2],
No tiene en estima al hombre.
9 La tierra está de duelo *y* desfallece,
El Líbano está avergonzado *y* se marchita.
Sarón es como una llanura desierta,
Y pierden[1] *su follaje* Basán y el Carmelo.
10 «Ahora me levantaré», dice el SEÑOR,
«Ahora seré exaltado, ahora seré ensalzado.
11 Ustedes concibieron hierba seca, darán a luz rastrojo;
Mi[1] aliento *como* fuego los consumirá.
12 Y los pueblos serán calcinados,
Como espinos cortados que son quemados en el fuego.

13 »Oigan, los que están lejos, lo que he hecho;
Y los que están cerca, reconozcan Mi poder».
14 Aterrados están los pecadores en Sión,
El temblor se ha apoderado de los impíos.
¿Quién de nosotros habitará con el fuego
     consumidor?
¿Quién de nosotros habitará con las llamas eternas?
15 El que anda en justicia y habla con sinceridad,
El que rehúsa la ganancia injusta[1],
Y se sacude las manos[2] para que no retengan
     soborno;
El que se tapa los oídos para no oír del
     derramamiento de sangre,
Y cierra los ojos para no ver el mal.
16 Ese morará en las alturas,
En la peña inconmovible[1] estará su refugio[2];
Se le dará su pan,
Tendrá segura su agua.

17 Tus ojos contemplarán al Rey en Su hermosura,
Verán una tierra muy lejana.
18 Tu corazón meditará en el terror, *y dirá:*
«¿Dónde está el que cuenta?

33:8
Por qué las calzadas estarían desiertas
Los tratados entre las naciones se habían roto, de modo que no era seguro usar esos caminos para viajar o comerciar.

33:14-16
Fuego consumidor
Se trataba de la presencia del juicio de Dios. Los pecadores vivirían con temor, pero los justos, los que obedecían a Dios, tendrían seguridad.

¿Dónde está el que pesa?
¿Dónde está el que cuenta las torres?».

19 No verás más al pueblo feroz,
Pueblo de habla incomprensible, que nadie
entiende[1],
De lengua tartamuda, que nadie comprende[2].

20 Contempla a Sión, ciudad de nuestras fiestas
señaladas.
Tus ojos verán a Jerusalén, morada de quietud,
Tienda que no será plegada,
Cuyas estacas no serán arrancadas nunca más,
Ni rotas ninguna de sus cuerdas.

21 Porque allí, el Majestuoso, el SEÑOR, *será* para
nosotros
Lugar de ríos *y* de anchos canales,
Por donde no andará embarcación de remos,
Ni nave potente por él pasará.

22 Porque el SEÑOR es nuestro juez,
El SEÑOR es nuestro legislador,
El SEÑOR es nuestro rey;
Él nos salvará.

23 Se han aflojado tus cuerdas;
No pueden sostener firme el mástil
Ni entesar la vela.
Entonces será repartida la presa de un abundante
botín.
Los cojos se llevarán los despojos.

24 Ningún habitante dirá: «Estoy enfermo».
Al pueblo que allí[1] habita, le será perdonada *su*
iniquidad.

JUICIO CONTRA LAS NACIONES

34 Acérquense, naciones, para oír, y escuchen, pueblos.
Oiga la tierra y cuanto hay en ella, el mundo y todo
lo que de él brota.

2 Porque el enojo del SEÑOR es contra todas las
naciones,
Y *Su* furor contra todos sus ejércitos.
Las ha destruido por completo[1],
Las ha entregado a la matanza.

3 Sus muertos serán arrojados,
De sus cadáveres subirá el hedor,
Y las montañas serán empapadas[1] con su sangre.

4 Todo el ejército de los cielos se consumirá[1],
Y los cielos se enrollarán como un pergamino.
También todos sus ejércitos se marchitarán
Como se marchita la hoja de la vid,
O como se marchita *la* de la higuera.

5 Porque Mi espada está embriagada en el cielo,
Descenderá para hacer juicio sobre Edom
Y sobre el pueblo que Yo he dedicado a la
destrucción[1].

33:23
Jerusalén es representada como un barco
Esta descripción gráfica se utilizó para representar a Jerusalén como un barco que no estaba preparado para navegar en la batalla contra Asiria.

34:5
Edom
Edom simbolizaba a todos los que amenazaban a Dios y sus seguidores.

33:19 [1] Lit. *de profundidad de labios, sin oír.*   [2] Lit. *no hay entendimiento.*
33:24 [1] Lit. *en ella.*   34:2 [1] O *ha dedicado al anatema.*   34:3 [1] Lit. *se disolverán.*   34:4 [1] Lit. *se pudrirán.*   34:5 [1] Lit. *el pueblo de mi anatema.*

6 La espada del SEÑOR está llena de sangre,
Está llena¹ de sebo, de la sangre de corderos y de
  machos cabríos,
De sebo de los riñones de carneros.
Porque el SEÑOR tiene un sacrificio en Bosra,
Y una gran matanza en la tierra de Edom.

7 Con ellos caerán¹ búfalos
Y novillos junto con toros.
Así su tierra se embriagará de sangre,
Y su polvo será engrasado² de sebo.

8 Porque es día de venganza del SEÑOR,
Año de retribución para la causa¹ de Sión.

9 Los torrentes de Edom se convertirán en brea,
Su polvo en azufre,
Y su tierra será brea ardiente.

10 No se apagará ni de noche ni de día,
Su humo subirá para siempre.
De generación en generación permanecerá
  desolada,
Nunca jamás pasará nadie por ella.

11 Pero el pelícano¹ y el erizo la poseerán,
El búho y el cuervo habitarán en ella.
Dios extenderá sobre ella el cordel de desolación²
Y la plomada³ del vacío.

12 Sus nobles (y allí no hay ninguno
A quien puedan proclamar rey)
Y todos sus príncipes serán nada.

13 Espinos crecerán en sus palacios¹,
Ortigas y cardos en sus ciudades fortificadas².
Será también guarida de chacales
Y morada³ de crías de avestruz.

14 Las fieras del desierto se encontrarán con las
  hienas¹,
El macho cabrío² llamará a los de su especie.
Sí, el monstruo nocturno³ se establecerá allí,
Y encontrará para sí lugar de reposo.

15 Allí la serpiente anidará y pondrá sus huevos,
Los incubará y juntará su cría bajo su sombra.
También allí se juntarán los halcones¹,
Cada uno con su compañera.

16 Busquen en el libro del SEÑOR, y lean:
Ninguno de ellos faltará,
Ninguno carecerá de su compañera.
Porque Su¹ boca lo ha mandado,
Y Su Espíritu los ha reunido.

17 Él les ha echado suertes,
Y Su mano les ha repartido la tierra¹ con el
  cordel.
La poseerán para siempre;
De generación en generación morarán en ella.

34:11-15
Por qué se mencionan todas esas aves y animales
Estas eran criaturas impuras que vivían en lugares desolados. Las ciudades que una vez habían estado llenas de personas ahora vendrían a ser como un desierto poblado de animales salvajes.

34:17
El significado de este versículo
Dios le daría la posesión de la tierra de Edom a las criaturas del desierto.

34:6 ¹ Lit. engordada.   34:7 ¹ Lit. descenderán.   ² Lit. engordado.
34:8 ¹ O controversia.   34:11 ¹ O búho.   ² O sin forma.   ³ Lit. las piedras.
34:13 ¹ O ciudadelas.   ² O fortalezas.   ³ Lit. recinto.   34:14 ¹ O animales
aulladores.   ² O el demonio.   ³ Heb. Liliz.   34:15 ¹ O milanos.   34:16 ¹ Así
en los M.M.M.; en el T.M., mi.   34:17 ¹ Lit. a ella.

FUTURO GLORIOSO DE SIÓN

35 El desierto y el lugar desolado se alegrarán,
Y se regocijará el Arabá[1] y florecerá;
Como el azafrán[2]

2 Florecerá copiosamente
Y se regocijará en gran manera y gritará de júbilo.
La gloria del Líbano le será dada,
La majestad del Carmelo y de Sarón.
Ellos verán la gloria del SEÑOR,
La majestad de nuestro Dios.

3 Fortalezcan las manos débiles
Y afiancen las rodillas vacilantes.

4 Digan a los de corazón tímido:
«Esfuércense, no teman,
Pues su Dios viene con venganza;
La retribución[1] vendrá de Dios mismo,
Mas Él los salvará».

5 Entonces se abrirán los ojos de los ciegos,
Y los oídos de los sordos se destaparán.

6 El cojo entonces saltará como un ciervo,
Y la lengua del mudo gritará de júbilo,
Porque aguas brotarán en el desierto
Y arroyos en el Arabá[1].

7 La tierra abrasada[1] se convertirá en laguna,
Y el secadal en manantiales de aguas.
En la guarida de chacales, su lugar de descanso,
La hierba se *convertirá en* cañas y juncos.

8 Allí habrá una calzada, un camino,
Y será llamado Camino de Santidad.
El inmundo no viajará por él,
Sino que *será* para el que ande *en ese* camino.
Los necios no vagarán *por él*.

9 Allí no habrá león,
Ni subirá por él bestia feroz;
Estos no se hallarán[1] allí.
Sin embargo, *por allí* andarán los redimidos.

10 Volverán los rescatados del SEÑOR,
Entrarán en Sión con gritos de júbilo,
Con alegría eterna sobre sus cabezas.
Gozo y alegría alcanzarán,
Y huirán la tristeza y el gemido.

INVASIÓN DE SENAQUERIB

36 Y aconteció que en el año catorce del rey Ezequías, subió Senaquerib, rey de Asiria, contra todas las ciudades fortificadas de Judá, y las tomó. **2** El rey de Asiria envió desde Laquis a Jerusalén, al Rabsaces[1] con un gran[2] ejército, contra el rey Ezequías. Y se colocó junto al acueducto del estanque superior *que está* en la calzada del campo del Batanero[3]. **3** Entonces Eliaquim, hijo de Hilcías, mayordomo de[1] la casa real, el escriba Sebna y el cronista Joa, hijo de Asaf, salieron a recibirlo.

35:1
La alegría del desierto y el lugar desolado
Isaías estaba empleando una personificación, una forma de describir algo que no es humano (el desierto) con emociones humanas.

35:10
Los rescatados que volverían a Sión
Eso significaba que los israelitas regresarían del exilio en Babilonia. La profecía también insinúa que habrá un tiempo en que el pueblo de Dios recibirá sus bendiciones y un gozo eterno.

35:1 [1] O *desierto.*   [2] O *croco.*   35:4 [1] Lit. *recompensa.*   35:6 [1] O *desierto.*
35:7 [1] O *El espejismo.*   35:9 [1] Lit. *no se hallará.*   36:2 [1] I.e. copero mayor.
[2] Lit. *pesado.*   [3] O *del Lavandero.*   36:3 [1] O *que estaba sobre.*

LIBRO DE PROFECÍA

La Biblia está repleta de mensajes directos de Dios, predicciones del futuro y promesas acerca de Cristo y los tiempos finales; más de 8,000 de los 31,124 versículos de la Biblia son de naturaleza profética.

Porcentaje de la Biblia que es profecía 27%

27%

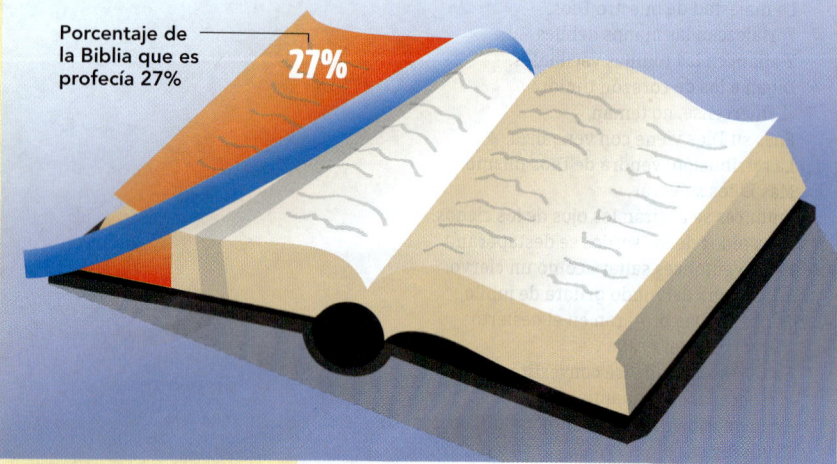

4 Y el Rabsaces les dijo: «Digan ahora a Ezequías: "Así dice el gran rey, el rey de Asiria: '¿Qué confianza es esta que tú tienes¹? **5** Yo digo¹: "*Tu* consejo y poderío para la guerra solo son palabras vacías²". Ahora pues, ¿en quién confías que te has rebelado contra mí? **6** Yo sé que tú confías en el báculo de esta caña quebrada, *es decir,* en Egipto, en el cual, si un hombre se apoya, penetrará en su mano¹ y la traspasará. Así es Faraón, rey de Egipto, para todos los que confían en él. **7** Pero si me dicen: "Nosotros confiamos en el SEÑOR nuestro Dios", ¿no es Él aquel cuyos lugares altos y cuyos altares Ezequías ha quitado y ha dicho a Judá y a Jerusalén: "Adoren delante de este altar"?

8 'Ahora pues, te ruego que llegues a un acuerdo¹ con mi señor el rey de Asiria, y yo te daré 2,000 caballos, si por tu parte puedes poner jinetes sobre ellos. **9** ¿Cómo, pues, puedes rechazar a¹ un oficial² de los menores de los siervos de mi señor, y confiar³ en Egipto para *tener* carros y hombres de a caballo? **10** ¿He subido ahora sin el *consentimiento* del SEÑOR contra esta tierra para destruirla? El SEÑOR me dijo: "Sube contra esta tierra y destrúyela"'».

11 Entonces Eliaquim, Sebna y Joa dijeron al Rabsaces: «Le rogamos que usted hable a sus siervos en arameo porque nosotros *lo* entendemos¹, y no nos hable en la lengua

36:10
Por qué el rey de Asiria recibió órdenes de Dios

Esta era una declaración de Senaquerib, no de Dios. Para asustar al pueblo, el Rabsaces les dijo que Dios lo había enviado a destruir a Judá.

36:11
Los asirios sabían hablar hebreo

El arameo era el idioma oficial del Medio Oriente. Los gobernantes, funcionarios y personas de negocios lo usaban. Sin embargo, es sorprendente que los oficiales asirios hablaran el idioma hebreo de la gente común de Judá.

36:4 ¹ Lit. en que confías.   36:5 ¹ Los M.M.M., otros mss. y 2Rey. 18:20 dicen: *Tú dices.*   ² Lit. palabra de los labios.   36:6 ¹ Lit. palma.   36:8 ¹ Lit. intercambies promesas.   36:9 ¹ Lit. volver el rostro de.   ² O gobernador.   ³ Lit. confiar para ti mismo.   36:11 ¹ Lit. oímos.

de Judá[2] a oídos del pueblo que está sobre la muralla».
12 Pero el Rabsaces dijo: «¿Acaso me ha enviado mi señor para hablar estas palabras *solo* a tu señor y a ti, *y* no a los hombres que están sentados en la muralla, *condenados* a comer sus propios excrementos y a beber su propia orina con ustedes?».

13 El Rabsaces se puso en pie, gritó a gran voz en la lengua de Judá: «Escuchen las palabras del gran rey, el rey de Asiria. **14** Así dice el rey: "Que no los engañe Ezequías, porque él no los podrá librar. **15** Que tampoco Ezequías los haga confiar en el SEÑOR, diciendo: 'Ciertamente el SEÑOR nos librará, y esta ciudad no será entregada en manos del rey de Asiria'. **16** No escuchen a Ezequías", porque así dice el rey de Asiria: "Hagan la paz conmigo[1] y salgan a mí, y coma cada uno de su vid y cada uno de su higuera, y beba cada cual de las aguas de su cisterna, **17** hasta que yo venga y los lleve a una tierra como su tierra, tierra de grano y de vino nuevo, tierra de pan y de viñas. **18** *Cuidado*, no sea que Ezequías los engañe, diciendo: 'El SEÑOR nos librará'. ¿Acaso alguno de los dioses de las naciones ha librado su tierra de la mano del rey de Asiria? **19** ¿Dónde están los dioses de Hamat y de Arfad? ¿Dónde están los dioses de Sefarvaim? ¿Cuándo han librado ellos a Samaria de mi mano? **20** ¿Quiénes de entre todos los dioses de estas tierras han librado su tierra de mi mano, para que el SEÑOR libre a Jerusalén de mi mano?"».

21 Pero ellos se quedaron callados y no le respondieron palabra alguna; porque el rey había dado un mandato *al pueblo* diciéndole: «No le respondan». **22** Entonces Eliaquim, hijo de Hilcías, mayordomo de la casa *real*, el escriba Sebna y el cronista Joa, hijo de Asaf, fueron a Ezequías con sus vestidos rasgados, y le relataron las palabras del Rabsaces.

EZEQUÍAS Y EL PROFETA ISAÍAS

37 Cuando el rey Ezequías oyó *esto* rasgó sus vestidos, se cubrió de cilicio y entró en la casa del SEÑOR. **2** Entonces envió a Eliaquim, mayordomo de la casa *real*, con el escriba Sebna y los ancianos de los sacerdotes, cubiertos de cilicio, al profeta Isaías, hijo de Amoz. **3** Y ellos le dijeron: «Así dice Ezequías: "Este día es día de angustia, de reprensión y de desprecio, pues hijos están para nacer[1], pero no hay fuerzas para dar a luz. **4** Tal vez el SEÑOR tu Dios oirá las palabras del Rabsaces, a quien su señor, el rey de Asiria, ha enviado para injuriar al Dios vivo, y *lo* reprenderá por las palabras que el SEÑOR tu Dios ha oído. Eleva, pues, una oración por el remanente que aún queda"».

5 Cuando llegaron los siervos del rey Ezequías ante Isaías, **6** este[1] les dijo: «Así dirán a su señor: "Así dice el SEÑOR: 'No temas por las palabras que has oído, con las que los siervos del rey de Asiria me han blasfemado. **7** Voy a poner en él un espíritu, oirá un rumor y se volverá a su tierra; y en su tierra lo haré caer a espada'"».

8 Entonces el Rabsaces volvió y halló al rey de Asiria peleando contra Libna, pues había oído que *el rey* había partido

36:18-20
Los asirios insultaron al Señor
Los asirios creían que los dioses más poderosos podían conquistar a los más débiles. Ellos dijeron que los dioses de las otras naciones no habían podido detenerlos y que el Señor tampoco podría hacerlo.

---

[2] Lit. *judío;* i.e. Hebreo; y así en el vers. 13.   36:16 [1] Lit. *Hagan conmigo una bendición.*   37:3 [1] Lit. *saliendo de la matriz.*   37:6 [1] Lit. *Isaías.*

de Laquis. **9** Y *les* oyó[1] decir acerca de Tirhaca, rey de Cus[2]: «Ha salido a pelear contra ti», y cuando *lo* oyó, Senaquerib envió mensajeros a Ezequías, diciendo: **10**«Así dirán a Ezequías, rey de Judá[1]: "No te engañe tu Dios en quien tú confías, diciendo: 'Jerusalén no será entregada en mano del rey de Asiria'. **11** Tú has oído lo que los reyes de Asiria han hecho a todas las naciones[1], destruyéndolas por completo, ¿y serás tú librado? **12** ¿Acaso los libraron los dioses de las naciones que mis padres destruyeron, *es decir*, Gozán, Harán, Resef y a los hijos de Edén que *estaban* en Telasar? **13** ¿Dónde está el rey de Hamat, el rey de Arfad, el rey de la ciudad de Sefarvaim, de Hena y de Iva?"».

14 Entonces Ezequías tomó la carta[1] de mano de los mensajeros y la leyó. Después subió a la casa del SEÑOR y[2] la extendió delante del SEÑOR. **15** Y Ezequías oró al SEÑOR, y dijo: **16**«Oh SEÑOR de los ejércitos, Dios de Israel, que estás[1] *sobre* los querubines, solo Tú eres Dios de todos los reinos de la tierra. Tú hiciste los cielos y la tierra. **17** Inclina, oh SEÑOR, Tu oído y escucha; abre, oh SEÑOR, Tus ojos y mira; escucha todas las palabras que Senaquerib ha enviado para injuriar al Dios vivo.

18 »En verdad, oh SEÑOR, los reyes de Asiria han asolado todas las naciones[1] y sus tierras, **19** y han echado sus dioses al fuego, porque no eran dioses, sino obra de manos de hombre, de madera y piedra; por eso los han destruido. **20** Y ahora, SEÑOR, Dios nuestro, líbranos de su mano para que todos los reinos de la tierra sepan que solo Tú, oh SEÑOR, eres Dios[1]».

21 Entonces Isaías, hijo de Amoz, envió a decir a Ezequías: «Así dice el SEÑOR, Dios de Israel: "Por cuanto me has rogado acerca de Senaquerib, rey de Asiria, **22** esta es la palabra que el SEÑOR ha hablado contra él:

> 'Te ha despreciado y se ha burlado de ti
> La virgen hija de Sión;
> Ha movido la cabeza a tus espaldas
> La hija de Jerusalén.

23   ¿A quién has injuriado y blasfemado?
>   ¿Y contra quién has alzado la voz
>   Y levantado con orgullo[1] tus ojos?
>   ¡Contra el Santo de Israel!

24   Por mano de tus siervos has injuriado al Señor,
>   Y has dicho: "Con mis numerosos carros
>   Yo subí a las cumbres de los montes,
>   A las partes más lejanas del Líbano,
>   Y corté[1] sus altos cedros y sus mejores cipreses.
>   Iré a su más alta[2] cima, a su más frondoso bosque.

25   Yo cavé *pozos* y bebí aguas,
>   Y sequé con la planta de mis pies
>   Todos los ríos de Egipto[1]".

26   ¿No has oído?
>   Hace mucho tiempo que lo hice,

37:21
La oración de Ezequías

La oración de Ezequías probablemente no hizo cambiar de opinión a Dios, pero esta fue una forma de describir cómo cambiaron los acontecimientos. Dios tenía el control y sabía desde el principio todo lo que sucedería.

Desde la antigüedad lo había planeado.
Ahora he hecho que suceda,
Para que conviertas las ciudades fortificadas
En montones de ruinas.

27 Sus habitantes, faltos de fuerzas¹,
Fueron desalentados y humillados.
Vinieron a ser *como* la vegetación del campo
Y *como* la hierba verde,
Como la hierba en los techos que se quema²
Antes de que haya crecido.

28 Pero conozco tu sentarte,
Tu salir y tu entrar,
Y tu furor contra Mí.

29 A causa de tu furor contra Mí,
Y porque tu arrogancia¹ ha subido hasta Mis oídos,
Pondré, pues, Mi garfio en tu nariz
Y Mi freno en tu boca²,
Y te haré volver por el camino por donde viniste.

30 ʼEntonces esta será la señal para ti, Ezequías: Este año ustedes comerán¹ lo que crezca espontáneamente; el segundo año lo que nazca de por sí, y en el tercer año siembren, sieguen, planten viñas y coman su fruto. 31 El remanente de la casa de Judá que se salve, echará de nuevo raíces por debajo y dará fruto por arriba. 32 Porque de Jerusalén saldrá un remanente, y del monte Sión sobrevivientes¹. El celo del SEÑOR de los ejércitos hará esto"».

33 «Por tanto, así dice el SEÑOR acerca del rey de Asiria: "Él no entrará en esta ciudad ni lanzará allí flecha alguna; tampoco vendrá delante de ella con escudo ni levantará terraplén contra ella. 34 Por el camino que vino, por él se volverá, y no entrará en esta ciudad", declara el SEÑOR. 35 "Porque defenderé esta ciudad para salvarla por amor a Mí mismo y por amor a Mi siervo David"».

MUERTE DE SENAQUERIB

36 Y salió el ángel del SEÑOR e hirió a 185,000 en el campamento de los asirios. Cuando *los demás* se levantaron por la mañana, vieron que todos eran cadáveres. 37 Entonces Senaquerib, rey de Asiria, partió y regresó *a su tierra*, y habitó en Nínive. 38 Y mientras él adoraba en la casa de su dios Nisroc, sus hijos Adramelec y Sarezaer lo mataron a espada y huyeron a la tierra de Ararat. Y su hijo Esar Hadón reinó en su lugar.

ENFERMEDAD Y CURACIÓN DE EZEQUÍAS

38 En aquellos días Ezequías cayó enfermo de muerte. Y vino a él el profeta Isaías, hijo de Amoz, y le dijo: «Así dice el SEÑOR: "Pon tu casa en orden, porque vas a morir y no vivirás"». 2 Entonces Ezequías volvió su rostro hacia la pared y oró al SEÑOR: 3 «Te ruego, oh SEÑOR, que te acuerdes ahora

37:27
La hierba que crecía en los techos

Las casas de esta región se hacían con barro, y los techos eran planos. El viento soplaba y las semillas volaban hasta los techos, o las aves las dejaban caer allí. Sin embargo, la tierra no era tan profunda, así que la hierba se marchitaba y moría rápidamente.

37:29
El significado de que Dios usara un garfio y un freno

Los granjeros usaban garfios para las narices de los bueyes y frenos para las bocas de los caballos a fin de poder guiarlos. Los asirios a menudo llevaban a sus cautivos con una cuerda atada a un aro que perforaba la nariz o el labio inferior de los prisioneros. Aquí, Isaías predice que esto le sucedería a Senaquerib.

Erich Lessing/Art Resource, NY

37:27 ¹ Lit. *de manos débiles.*   ² Así en los M.M.M. y en 2Rey. 19:26; en el T.M., *y como campo arado.*   37:29 ¹ Lit. *complacencia.*   ² Lit. *tus labios.*
37:30 ¹ Lit. *comiendo.*   37:32 ¹ Lit. *los que escapan.*

37:36
Dios envió una plaga
Los ratones y las ratas infestaron la zona. Aunque no lo sabemos con seguridad, puede haberse tratado de la peste bubónica. Cualquiera sea el caso, Dios hizo que los 185,000 asirios murieran en una sola noche.

38:7-8
Señal milagrosa
Dios puede haber usado una variedad de métodos para hacer que una sombra retrocediera, y todos ellos habrían sido milagrosos. De este modo, Dios le mostró a su siervo fiel Ezequías que seguiría viviendo.

38:12-13
Descripciones gráficas de Ezequías
Él se describe a sí mismo como una tienda que había sido arrancada, como un trozo de tela cortado del telar, y como alguien a quien un león le había quebrado los huesos. Todas esas imágenes eran una forma poética de decir que sentía como si se estuviera muriendo.

de cómo yo he andado delante de Ti en verdad y con corazón íntegro, y he hecho lo bueno ante Tus ojos». Y Ezequías lloró amargamente[1].

4 Entonces la palabra del SEÑOR vino a Isaías: **5** «Ve y dile a Ezequías: "Así dice el SEÑOR, Dios de tu padre David: 'He escuchado tu oración *y* he visto tus lágrimas; voy a añadir quince años a tus días. **6** Y te libraré a ti y a esta ciudad de la mano[1] del rey de Asiria, y defenderé esta ciudad'". **7** Esta será para ti la señal del SEÑOR, de que el SEÑOR hará lo que ha dicho: **8** «Haré que la sombra que ha descendido con el sol en las gradas de Acaz, vuelva atrás diez grados[1]». Y la *sombra del* sol retrocedió diez grados[1] en las gradas por las que había descendido.

9 *Este es el* escrito de Ezequías, rey de Judá, cuando enfermó y sanó[1] de su enfermedad:

10 Yo dije: «A la mitad de mis días
He de entrar por las puertas del Seol[1];
Se me priva del resto de mis años».

11 Dije: «No veré más al SEÑOR,
Al SEÑOR en la tierra de los vivientes.
No veré más hombre alguno entre los habitantes del mundo.

12 Como tienda de pastor, mi morada es arrancada y alejada de mí;
Como un tejedor enrollé mi vida.
Del telar, Él me cortó;
Del día a la noche acabas conmigo.

13 Sosegué *mi alma* hasta la mañana.
Como león, Él rompe todos mis huesos;
Del día a la noche, acabas conmigo.

14 Como una golondrina, *como* una grulla, así me quejo[1],
Gimo como una paloma.
Mis ojos miran ansiosamente a las alturas.
Oh Señor, estoy oprimido, sé Tú mi ayudador.

15 »¿Qué diré?
Pues[1] Él me ha hablado y Él mismo *lo* ha hecho.
Andaré errante todos mis años a causa de la amargura de mi alma.

16 Oh Señor, por estas cosas[1] viven *los hombres*,
Y en todas ellas está la vida de mi espíritu.
Restabléceme la salud y haz[2] que viva.

17 Por causa de *mi* bienestar tuve gran amargura.
Eres Tú quien ha guardado[1] mi alma del abismo de la nada[2],
Porque echaste tras Tus espaldas todos mis pecados.

18 Pues el Seol no te expresa gratitud,
Ni la muerte te alaba.
Los que descienden a la fosa no pueden esperar Tu fidelidad.

38:3 [1] Lit. *gran llanto.*   38:6 [1] Lit. *palma.*   38:8 [1] O *gradas.*
38:9 [1] Lit. *vivió después.*   38:10 [1] I.e. región de los muertos.   38:14 [1] Lit. *así chirrío.*   38:15 [1] El Targum y los M.M.M. dicen: *¿Y hablaré porque.*
38:16 [1] Lit. *por ellos.*   [2] Lit. *Y me restablecerás y harás.*   38:17 [1] Así en algunas versiones antiguas; en heb. *amado.*   [2] O *destrucción.*

19 El que vive, el que vive es el que te da gracias, como
   yo lo hago hoy.
   El padre cuenta a sus hijos Tu fidelidad.

20 El SEÑOR me salvará;
   Y tocaremos mis canciones en instrumentos de
      cuerda
   Todos los días de nuestra vida en la casa del SEÑOR».

21 Isaías había dicho: «Que tomen una masa de higos y la pongan en la llaga[1] para que se recupere». **22** Entonces Ezequías había preguntado: «¿Cuál será la señal de que subiré a la casa del SEÑOR?».

PREDICCIÓN DE LA CAUTIVIDAD

39 En aquel tiempo Merodac Baladán, hijo de Baladán, rey de Babilonia, envió cartas y un regalo a Ezequías porque oyó que había estado enfermo y se había recuperado. **2** Se alegró por ello[1] Ezequías y les mostró la casa de su tesoro: la plata y el oro, las especias y el aceite precioso, todo su arsenal y todo lo que se hallaba en sus tesoros. No hubo nada en su casa ni en todo su dominio que Ezequías no les mostrara.

3 Entonces el profeta Isaías vino al rey Ezequías, y le preguntó: «¿Qué han dicho esos hombres y de dónde han venido a ti?». Y Ezequías respondió: «Han venido a mí de un país lejano, de Babilonia». **4** «¿Qué han visto en tu casa?», preguntó el profeta. «Han visto todo lo que hay en mi casa», respondió Ezequías; «no hay nada entre mis tesoros que yo no les haya mostrado».

5 Entonces Isaías dijo a Ezequías: «Oye la palabra del SEÑOR de los ejércitos: **6** "Ciertamente vienen días cuando todo lo que hay en tu casa y todo lo que tus padres han atesorado hasta el día de hoy, será llevado a Babilonia; nada quedará", dice el SEÑOR. **7** "Y *algunos* de tus hijos que saldrán de ti, los que engendrarás, serán llevados y serán oficiales[1] *para servir* en el palacio del rey de Babilonia"». **8** Entonces Ezequías dijo a Isaías: «La palabra del SEÑOR que has hablado es buena». Pues pensaba[1]: «Habrá paz y seguridad[2] en mis días».

CONSOLACIÓN DE ISRAEL

40 «Consuelen, consuelen a Mi pueblo», dice su Dios.
2 «Hablen al corazón de Jerusalén
   Y díganle a voces que su lucha[1] ha terminado,
   Que su iniquidad ha sido quitada[2],
   Que ha recibido de la mano del SEÑOR
   El doble por todos sus pecados».

3 Una voz clama[1]:
   «Preparen en el desierto camino al SEÑOR;
   Allanen en la soledad calzada para nuestro Dios.
4 Todo valle sea elevado,
   Y bajado todo monte y collado;

38:22
Por qué Ezequías pidió una señal

Él estaba confundido en cuanto a qué mensaje debía creer: si viviría o moriría. Ezequías pidió una señal, y Dios le mostró que viviría.

39:8
Por qué Ezequías dijo que la profecía era buena

Ezequías puede haberse alegrado de que el juicio de Dios no viniera enseguida. Además, aunque se daba cuenta de que la cautividad sería dolorosa para los israelitas, él creía que la voluntad de Dios era buena.

40:3-5
Estos versículos describen a alguien del Nuevo Testamento

Los cuatro Evangelios conectan este pasaje con Juan el Bautista, quien preparó el camino para Jesús. La imagen es la de unos representantes que van delante del rey a fin de preparar el camino para su visita.

38:21 [1] O *el tumor ulcerado.*   39:2 [1] Lit. *por ellos.*   39:7 [1] O *eunucos.*
39:8 [1] Lit. *dijo.*   [2] O *verdad.*   40:2 [1] O *reclutamiento.*   [2] O *que ha satisfecho por su culpa.*   40:3 [1] O *Voz del que clama.*

Vuélvase llano el terreno escabroso,
Y lo abrupto, ancho valle.

5 Entonces será revelada[1] la gloria del SEÑOR,
Y toda carne[2] a una *la* verá,
Pues la boca del SEÑOR ha hablado».

6 Una voz dijo[1]: «Clama».
Entonces él respondió[2]: «¿Qué he de clamar?».
Que toda carne[3] es como la hierba, y todo su
esplendor[4] es como la flor del campo.

7 Se seca la hierba, se marchita la flor
Cuando[1] el aliento del SEÑOR sopla sobre ella;
En verdad el pueblo es hierba.

8 Se seca la hierba, se marchita la flor,
Pero la palabra de nuestro Dios permanece para
siempre.

9 Súbete a un alto monte,
Oh Sión, portadora de buenas nuevas[1].
Levanta con fuerza tu voz,
Oh Jerusalén, portadora de buenas nuevas[2];
Levánta*la*, no temas.
Dile a las ciudades de Judá:
«Aquí está su Dios».

10 Miren, el Señor DIOS[1] vendrá con poder,
Y Su brazo gobernará por Él.
Con Él está Su galardón,
Y Su recompensa delante de Él.

11 Como pastor apacentará Su rebaño,
En Su brazo recogerá los corderos,
Y en Su seno *los* llevará;
Guiará con cuidado a las recién paridas.

12 ¿Quién midió las aguas[1] en el hueco de Su mano,
Y con *Su* palmo[2] tomó la medida de los cielos,
O con un tercio de medida[3] calculó[4] el polvo de la
tierra?
¿Quién pesó los montes con la báscula,
Y las colinas con la balanza?

13 ¿Quién guió[1] al Espíritu del SEÑOR,
O como consejero suyo le enseñó?

14 ¿A quién pidió consejo y *quién* le dio entendimiento?
¿Quién lo instruyó en la senda de la justicia[1], le enseñó
conocimiento,
Y le mostró el camino de la inteligencia?

15 Las naciones *le* son como gota en un cubo,
Y son estimadas como grano de polvo en la
balanza.
Él levanta las islas[1] como al polvo fino.

16 El Líbano no basta para el fuego,
Ni bastan sus bestias para el holocausto.

40:9
Las buenas nuevas
Estas eran las noticias de que Dios llevaría a su pueblo de regreso a Judá. En el Nuevo Testamento, las «buenas nuevas» son la salvación que Cristo trajo al mundo.

40:10-11
Dos imágenes de Dios
Dios se describe como un rey o gobernante poderoso sobre todo el pueblo, pero también como un pastor bueno que cuida de su pueblo.

40:15-17
Por qué las naciones se ven pequeñas
Esta era una forma exagerada de decir que las naciones de la tierra no son nada en comparación con el poder y el esplendor de Dios.

40:5 [1] O *Para que sea revelada.* [2] O *toda persona.*   40:6 [1] O *Voz del que dice.*
[2] Otra posible lectura es: *yo dije.*   [3] O *todo ser viviente.*   [4] O *toda su constancia.*
40:7 [1] O *porque.*   40:9 [1] O *mensajero de Sion.*   [2] O *mensajero de Jerusalén.*
40:10 [1] Heb. *YHWH*, generalmente traducido *Señor.*   40:12 [1] Los M.M.M. dicen:
aguas del mar.   [2] O *medio codo*; i.e. unos 22 cm.   [3] O *efa.*   [4] Lit. *ha contenido* o
comprendido.   40:13 [1] O *midió.*   40:14 [1] O *del derecho.*   40:15 [1] O *regiones
costeras.*

17 Todas las naciones ante Él son como nada,
Menos que nada e insignificantes¹ son consideradas
por Él.

18 ¿A quién, pues, asemejarán a Dios,
O con qué semejanza lo compararán?

19 El artífice funde el ídolo¹,
El orfebre lo recubre de oro
Y el platero le hace cadenas de plata.

20 El que es muy pobre para tal ofrenda
Escoge un árbol que no se pudra;
Se busca un hábil artífice
Para erigir¹ un ídolo² que no se tambalee.

21 ¿No saben? ¿No han oído?
¿No se lo han anunciado desde el principio?
¿No lo han entendido desde la fundación¹ de la tierra?

22 Él es el que está sentado sobre la redondez¹ de la
tierra,
Cuyos habitantes son como langostas.
Él es el que extiende los cielos como una cortina
Y los despliega como una tienda para morar.

23 Él es el que reduce a la nada a los gobernantes,
Y hace insignificantes¹ a los jueces de la tierra.

24 Apenas¹ han sido plantados,
Apenas¹ han sido sembrados,
Apenas¹ ha arraigado en la tierra su tallo,
Cuando² Él sopla sobre ellos, se secan,
Y la tempestad como hojarasca se los lleva.

25 «¿A quién, pues, ustedes me harán semejante
Para que Yo sea su igual?» dice el Santo.

26 Alcen a lo alto sus ojos
Y vean quién ha creado estos astros:
El que hace salir en orden a su ejército,
Y a todos llama por su nombre.
Por la grandeza de Su fuerza y la fortaleza de Su poder
No falta ni uno.

27 ¿Por qué dices, Jacob, y afirmas, Israel:
«Escondido está mi camino del SEÑOR,
Y mi derecho pasa inadvertido a mi Dios?».

28 ¿Acaso no lo sabes? ¿Es que no lo has oído?
El Dios eterno, el SEÑOR, el creador de los confines de
la tierra
No se fatiga ni se cansa.
Su entendimiento es inescrutable.

29 Él da fuerzas al fatigado,
Y al que no tiene fuerzas, aumenta el vigor.

30 Aun los mancebos se fatigan y se cansan,
Y los jóvenes tropiezan y vacilan.

31 Pero los que esperan en el¹ SEÑOR
Renovarán sus fuerzas.
Se remontarán con alas² como las águilas,

40:22
La redondez de la tierra
Se refiere al horizonte. Esta es la única vez que esta frase aparece en toda la Biblia.

40:28-31
Una tierna imagen de Dios
Después de que Isaías describe el poder y la majestad de Dios, habla acerca de su bondad. Dios restauraría a su pueblo y lo liberaría si ellos confiaban en él.

40:17 ¹ O y vacío.   40:19 ¹ O la imagen tallada.   40:20 ¹ O formar.
² O imagen tallada.   40:21 ¹ En el T.M., entendido los fundamentos.
40:22 ¹ O el círculo.   40:23 ¹ O vacíos.   40:24 ¹ O Aún no.   ² Lit. y también.
40:31 ¹ O al.   ² O les brotarán piñones.

Correrán y no se cansarán,
Caminarán y no se fatigarán.

PROMESA DE AYUDA A ISRAEL

41 «Guarden silencio ante Mí, costas[1],
Y renueven sus fuerzas los pueblos.
Acérquense y entonces hablen,
Juntos vengamos a juicio.

2 ¿Quién ha levantado del oriente
Al que Él llama en justicia a Sus pies[1]?
Ante Él entrega naciones,
Y a reyes somete.
Los deja como polvo con su espada,
Como hojarasca los dispersa con su arco,

3 Los persigue, pasando seguros
Por una senda por donde no habían andado[1] sus pies.

4 ¿Quién lo ha hecho y lo ha realizado,
Llamando a las generaciones desde el principio?
Yo, el SEÑOR, soy el primero, y con los postreros soy».

5 Las costas[1] han visto y temen,
Tiemblan los confines de la tierra,
Se han acercado y han venido.

6 Cada uno ayuda a su prójimo,
Y dice a su hermano: «Sé fuerte».

7 El artífice anima al fundidor,
Y el que alisa a martillo, al que bate el yunque,
Diciendo de la soldadura: «Está bien».
Entonces[1] asegura su obra con clavos,
Para que no se mueva.

8 «Pero tú, Israel, siervo Mío,
Jacob, a quien he escogido,
Descendiente[1] de Abraham, Mi amigo.

9 Tú, a quien tomé de los confines de la tierra,
Y desde sus lugares más remotos te llamé,
Y te dije: "Mi siervo eres tú;
Yo te he escogido y no te he rechazado.

10 No temas, porque Yo estoy contigo;
No te desalientes[1], porque Yo soy tu Dios.
Te fortaleceré, ciertamente te ayudaré,
Sí, te sostendré con la diestra de Mi justicia".

11 Ciertamente, los que se enojan contra ti serán
avergonzados y humillados[1].
Los que luchen contigo serán como nada y perecerán.

12 Buscarás a los que riñen contigo, pero no los hallarás.
Serán como nada, como si no existieran, los que te
hacen guerra.

13 Porque Yo soy el SEÑOR tu Dios, que sostiene tu
diestra,
Que te dice: "No temas, Yo te ayudaré".

14 No temas, gusano de Jacob, ustedes hombres de
Israel.

41:2
El del oriente
Este era Ciro el grande, el rey de Persia, que conquistó Babilonia en 539 a. C. y más tarde les permitió a los israelitas regresar a Jerusalén.

41:5
Los confines de la tierra
Para el año 546 a. C., Ciro se había abierto paso hasta la costa occidental de Asia Menor. Los confines de la tierra eran los límites de las tierras que él había conquistado.

41:14
Por qué el pueblo de Dios es llamado gusano
Esto se refiere a su condición débil y lamentable como cautivos.

41:1 [1] O islas.   41:2 [1] Lit. su pie.   41:3 [1] Lit. no había ido con.   41:5 [1] O islas.
41:7 [1] Lit. Y lo.   41:8 [1] Lit. simiente.   41:10 [1] O no seas receloso.
41:11 [1] O confundidos.

Yo te ayudaré», declara el SEÑOR, «tu Redentor es el
Santo¹ de Israel.

15 Te he convertido en trillo nuevo, cortante, de doble
filo;
Trillarás los montes y *los* harás polvo,
Y los collados dejarás como hojarasca.

16 Los aventarás, el viento se los llevará,
Y la tempestad los dispersará.
Pero tú te regocijarás en el SEÑOR,
En el Santo de Israel te gloriarás.

17 »Los afligidos¹ y los necesitados buscan agua, pero no
la hay,
Su lengua está reseca de sed.
Yo, el SEÑOR, les responderé,
Yo, el Dios de Israel, no los abandonaré.

18 Abriré ríos en las alturas desoladas,
Y manantiales en medio de los valles.
Transformaré el desierto en estanque de aguas,
Y la tierra seca en manantiales.

19 Pondré en los desiertos el cedro,
La acacia, el mirto y el olivo¹;
Pondré en el lugar desolado el ciprés,
Junto con el olmo y el boj,

20 Para que vean y entiendan,
Consideren y comprendan a una
Que la mano del SEÑOR ha hecho esto,
Que el Santo de Israel lo ha creado.

21 »Presenten¹ su causa», dice el SEÑOR.
«Expongan sus fuertes *argumentos*»,
Dice el Rey de Jacob.

22 Que expongan y nos declaren lo que ha de suceder.
En cuanto a los *hechos* anteriores, declaren lo que
fueron,
Para que los consideremos¹ y sepamos su resultado,
O bien, anúnciennos lo que ha de venir.

23 Declaren lo que ha de suceder en el futuro,
Para que sepamos que ustedes son dioses.
Sí, hagan *algo* bueno o malo, para que nos
desalentemos¹ y temamos a una.

24 Miren, ustedes no son nada,
Y su obra es vana;
Abominación es el que los escoge.

25 «Del norte levanté a uno, y ha venido.
Del nacimiento del sol invocará Mi nombre,
Y vendrá sobre los gobernantes, como *sobre* lodo,
Como el alfarero pisotea el barro».

26 ¿Quién *lo* anunció desde el principio, para que
supiéramos,
O desde tiempos antiguos, para que dijéramos: «Tiene
razón?».

41:14
El Redentor
Esta era una descripción del Señor, que había librado a su pueblo de la cautividad. El Señor aparece como un pariente cercano que redimiría las propiedades de su pueblo, garantizaría su libertad, se vengaría de sus enemigos y aseguraría su futuro.

41:17-20
Cómo Dios transformaría el desierto
Él convertiría el desierto de un lugar seco y estéril a una tierra rebosante de agua y repleta de hermosos árboles.

41:25
El del norte
Este también era Ciro. Anteriormente en su reinado, él había conquistado numerosos reinos al norte de Babilonia.

41:14 ¹ O *y tu Redentor, el Santo.*　　41:17 ¹ O *pobres.*　　41:19 ¹ U *oleastro.*
41:21 ¹ Lit. *Acercad.*　　41:22 ¹ Lit. *pongamos nuestro corazón.*　　41:23 ¹ O *seamos recelosos.*

Ciertamente no había quien *lo* anunciara,
Sí, no había quien *lo* proclamara,
Ciertamente no había quien oyera sus palabras.

27 «*Dije* primero a Sión: "Mira, aquí están",
Y a Jerusalén: "*Les* daré un mensajero de buenas
nuevas".

28 Pero cuando miro, no hay nadie,
Y entre ellos[1] no hay consejeros
A quienes, si les pregunto, puedan responder.

29 Pues todos ellos son falsos[1];
Sus obras inútiles,
Viento y vacuidad sus imágenes fundidas.

PROMESA DE DIOS A SU SIERVO

42 »Este es Mi Siervo, a quien Yo sostengo,
Mi escogido, *en quien* Mi alma se complace.
He puesto Mi Espíritu sobre Él;
Él traerá justicia a las naciones[1].

2 No clamará ni alzará *Su voz*,
Ni hará oír Su voz en la calle.

3 No quebrará la caña cascada,
Ni apagará la mecha que casi no arde;
Con fidelidad traerá justicia[1].

4 No se desanimará ni desfallecerá
Hasta que haya establecido en la tierra la justicia[1].
Su ley esperarán las costas[2]».

5 Así dice Dios el SEÑOR,
Que crea los cielos y los extiende,
Que afirma[1] la tierra y lo que de ella brota[2],
Que da aliento al pueblo que hay en ella,
Y espíritu a los que por ella andan:

6 «Yo soy el SEÑOR, en justicia te he llamado.
Te sostendré por la mano y por ti velaré,
Y te pondré como pacto para el pueblo,
Como luz para las naciones,

7 Para que abras los ojos a los ciegos,
Para que saques de la cárcel a los presos,
Y de la prisión a los que moran en tinieblas.

8 Yo soy el SEÑOR, ese es Mi nombre;
Mi gloria a otro no daré,
Ni Mi alabanza a imágenes talladas[1].

9 Las cosas anteriores ya se han cumplido,
Y Yo anuncio cosas nuevas;
Antes que sucedan[1], se *las* anuncio».

CANTO TRIUNFAL

10 Canten al SEÑOR un cántico nuevo,
Canten Su alabanza desde los confines de la tierra,
Los que descienden al mar y cuanto hay en él,
Las islas[1] y sus moradores.

42:1-4
El siervo escogido
Aquí se hace referencia al Mesías.
Estos versículos se citan en Mateo
12:18-21 hablando de Cristo. En el
libro de Isaías, hay cuatro «cánticos
del siervo» sobre el Mesías, quien
librará al mundo del pecado (41:1-
9; 49:1-13; 50:4-11; 52:13–53:12).

41:28 [1] Lit. *y de estos.*   41:29 [1] Otra posible lectura es: *nada.*   42:1 [1] O *a
los gentiles.*   42:3 [1] O *el derecho.*   42:4 [1] O *el derecho.*   [2] O *islas.*
42:5 [1] Lit. *expande.*   [2] O *y su vegetación.*   42:8 [1] O *ídolos.*   42:9 [1] Lit. *broten.*
42:10 [1] O *costas.*

11 Levanten *la voz* el desierto y sus ciudades,
    Las aldeas donde habita Cedar.
    Canten de júbilo los habitantes de Sela,
    Desde las cimas de los montes griten de alegría.
12 Den gloria al SEÑOR,
    Y proclamen en las costas[1] Su alabanza.
13 El SEÑOR como guerrero saldrá,
    Como hombre de guerra despertará *Su* celo.
    Gritará, sí, lanzará un grito de guerra,
    Contra Sus enemigos prevalecerá.

14 Por mucho tiempo he guardado silencio,
    He estado callado y me he contenido.
    Pero ahora grito como mujer de parto,
    Resuello y jadeo a la vez.
15 Asolaré montes y collados,
    Y secaré toda su vegetación.
    Convertiré los ríos en islas[1],
    Y las lagunas secaré.
16 Conduciré a los ciegos por un camino que no conocen,
    Por sendas que no conocen los guiaré;
    Cambiaré delante de ellos las tinieblas en luz
    Y lo escabroso en llanura.
    Estas cosas haré,
    Y no las dejaré *sin hacer*.
17 Serán vueltos atrás *y* completamente avergonzados,
    Los que confían en ídolos[1],
    Los que dicen a las imágenes fundidas:
    Ustedes son nuestros dioses.

18 Sordos, oigan;
    Ciegos, miren y vean.
19 ¿Quién es ciego sino Mi siervo,
    O tan sordo como el mensajero a quien envío?
    ¿Quién es tan ciego como el que está en paz[1]
        conmigo,
    O tan ciego como el siervo del SEÑOR?
20 Tú has visto muchas cosas, pero no *las* observas.
    Los oídos están abiertos, pero nadie oye.
21 El SEÑOR se agradó por causa de Su justicia
    En hacer la ley grande y gloriosa.
22 Pero este es un pueblo saqueado y despojado,
    Todos están atrapados en cuevas[1],
    O escondidos en prisiones.
    Se han convertido en presa sin que nadie *los* libre
    Y en despojo sin que nadie diga: «Devuélve*los*».

23 ¿Quién de ustedes prestará oído a esto?
    ¿Quién pondrá atención y escuchará en el futuro?
24 ¿Quién entregó a Jacob al despojo,
    Y a Israel a los saqueadores?
    ¿No fue el SEÑOR, contra quien pecamos?
    En Sus caminos no quisieron andar,
    Ni obedecieron Su ley.

42:14
Dios guardó silencio
En un sentido, Dios se quedó callado cuando permitió que su pueblo fuera llevado a la cautividad. Él estaba dejando que enfrentaran las consecuencias de su pecado y esperando para traer juicio sobre Babilonia y restaurar a su pueblo.

42:24-25
Cómo Israel fue llevado cautivo
Babilonia no conquistó a Israel porque sus dioses fueran más fuertes que el Señor, sino porque Dios permitió que su pueblo fuera castigado por su desobediencia.

42:12 [1] O islas.   42:15 [1] O costas.   42:17 [1] O *imágenes talladas*.   42:19 [1] O el consagrado.   42:22 [1] O *agujeros*.

25 Por eso derramó sobre él el ardor de Su ira
    Y la violencia de la batalla.
    Le prendió fuego por todos lados,
    Pero él no se dio cuenta;
    Lo consumió, pero él no hizo caso[1].

DIOS, ÚNICO LIBERTADOR DE ISRAEL

43 Mas ahora, así dice el SEÑOR tu Creador, oh Jacob,
    Y el que te formó, oh Israel:
    «No temas, porque Yo te he redimido,
    Te he llamado por tu nombre; Mío eres tú.
2 Cuando pases por las aguas, Yo *estaré* contigo,
    Y si por los ríos, no te cubrirán.
    Cuando pases por el fuego, no te quemarás,
    Ni la llama te abrasará[1].
3 Porque Yo soy el SEÑOR tu Dios,
    El Santo de Israel, tu Salvador;
    He dado a Egipto por tu rescate,
    A Cus[1] y a Seba en lugar tuyo.
4 Ya que eres precioso a Mis ojos,
    Digno de honra, y Yo te amo,
    Entregaré a *otros* hombres en lugar tuyo,
    Y a *otros* pueblos por tu vida.
5 No temas, porque Yo *estoy* contigo;
    Del oriente traeré tu descendencia[1],
    Y del occidente te reuniré.
6 Diré al norte: "Entrégamelos";
    Y al sur: "No *los* retengas".
    Trae a Mis hijos desde lejos
    Y a Mis hijas desde los confines de la tierra,
7 A todo el que es llamado por Mi nombre
    Y a quien he creado para Mi gloria,
    A quien he formado y[1] a quien he hecho».

8 Saquen[1] al pueblo ciego, aunque tiene ojos,
    Y a los sordos, aunque tienen oídos.
9 Todas las naciones a una se han reunido
    Y se han congregado los pueblos.
    ¿Quién de ellos declarará esto
    Y nos proclamará las cosas anteriores?
    Que presenten sus testigos y que se justifiquen,
    Que oigan y digan: «Es verdad».
10 «Ustedes son Mis testigos», declara el SEÑOR,
    «Y Mi siervo a quien he escogido,
    Para que *me* conozcan y crean en Mí,
    Y entiendan que Yo soy.
    Antes de Mí no fue formado *otro* dios,
    Ni después de Mí *lo* habrá.
11 Yo, Yo soy el SEÑOR,
    Y fuera de Mí no hay salvador.
12 Yo soy el que *lo* he anunciado, he salvado y *lo* he
    proclamado,

43:3
Egipto, Cus y Seba
Dios debe haber estado recompensando a los persas por su bondad con Israel al permitirles conquistar a esas naciones.

43:5-6
Oriente, occidente, norte y sur
El oriente se refiere a la zona que abarca Asiria y Babilonia. El occidente eran las islas del Mediterráneo. El norte comprendía sitios como Hamat. Y el sur era Egipto. Un día Dios reuniría a su pueblo de todos los rincones del mundo.

© sergign/Shutterstock

43:10-13
Testigos del Señor
El pueblo de Israel testificaría que el Señor era más poderoso que ningún otro dios o ídolo.

42:25 [1] Lit. *no lo puso en el corazón.*   42:2 [1] O *arderá en ti.*   43:3 [1] O *Etiopía.*
43:5 [1] Lit. *simiente.*   43:7 [1] Lit. *también.*   43:8 [1] Así en uno de los M.M.M.; en el T.M., *Saca.*

Y no hay entre ustedes *dios* extraño.
Ustedes, pues, son Mis testigos», declara el SEÑOR,
«Y Yo soy Dios.

13 Aun desde la eternidad[1], Yo soy,
Y no hay quien libre de Mi mano.
Yo actúo, ¿y quién lo revocará?».

14 Así dice el SEÑOR su Redentor, el Santo de Israel:
«Por su causa envié a Babilonia
E hice descender como fugitivos a todos ellos,
[1]Es decir, a los caldeos, en las naves de las cuales se
gloriaban[2].

15 Yo soy el SEÑOR, su Santo,
El Creador de Israel, su Rey».

16 Así dice el SEÑOR,
Que abre camino en el mar
Y sendero en las aguas impetuosas;

17 El que hace salir carro y caballo,
Ejército y fuerza
(A una se echarán y no se levantarán,
Como mecha han sido apagados y extinguidos):

18 «No recuerden las cosas anteriores
Ni consideren las cosas del pasado.

19 Yo hago algo nuevo,
Ahora acontece;
¿No lo perciben?
Aun en los desiertos haré camino
Y ríos en los lugares desolados.

20 Me glorificarán las bestias del campo,
Los chacales y los avestruces,
Porque he puesto aguas en los desiertos
Y ríos en los lugares desolados,
Para dar de beber a Mi pueblo escogido.

21 El pueblo que Yo he formado para Mí
Proclamará Mi alabanza.

22 »Pero no me has invocado, Jacob,
Sino que te has cansado de Mí, Israel.

23 No me has traído las ovejas de tus holocaustos,
Ni me has honrado con tus sacrificios.
No te he abrumado exigiendo[1] ofrendas de cereal,
Ni te he cansado exigiendo[1] incienso.

24 No me has comprado con dinero caña aromática[1],
Ni con la grasa de tus sacrificios me has saciado.
Por el contrario me has abrumado con tus pecados,
Y me has cansado con tus iniquidades.

25 »Yo, Yo soy el que borro tus transgresiones por amor a
Mí mismo,
Y no recordaré tus pecados.

26 Hazme recordar, discutamos juntos nuestro
caso;
Habla tú para justificarte.

43:16-17
Recordar el pasado
Esto recuerda el tiempo en que
los hebreos cruzaron el mar Rojo.
Cuando dejaron Egipto, las aguas
se abrieron y ellos cruzaron por
tierra seca. Sin embargo, los carros
del Faraón y sus jinetes fueron
destruidos cuando las aguas los
cubrieron.

43:24
Caña aromática
La caña aromática (llamada también
cálamo) era una planta que crecía
en el valle del Líbano. Al aplastar
el tallo, salía un aceite de un aroma
dulce, que se utilizaba en las
ofrendas de incienso y para ungir.

© Manfred Ruckszio/Shutterstock

43:13 [1] Así en la versión gr. (sept.); en heb. *desde el día.*   43:14 [1] Otra posible
lectura de esta línea es: *en cuanto a los caldeos, su regocijo se convierte en
lamentaciones.*   [2] Lit. *de su regocijo.*   43:23 [1] Lit. *con.*   43:24 [1] O *cálamo.*

43:27
El primer padre
Esto puede referirse a Adán, Abraham o Jacob (Israel), porque todos ellos pecaron.

44:2
Jesurún
Esa era otra forma de llamar a Israel que también se usa en Deuteronomio. (Ver 32:15; 33:5, 26).

27 Tu primer padre pecó,
Y tus voceros[1] se rebelaron contra Mí.
28 Por tanto, profanaré[1] a los príncipes del santuario[2],
Y entregaré a Jacob al anatema[3] y a Israel al oprobio.

EL SEÑOR ES EL ÚNICO DIOS

44 »Mas ahora escucha, Jacob, siervo Mío,
Israel, a quien Yo he escogido.
2 Así dice el SEÑOR que te creó,
Que te formó desde el seno materno, y que te ayudará:
"No temas, Jacob, siervo Mío,
Ni tú, Jesurún[1], a quien he escogido.
3 Porque derramaré agua sobre la *tierra* sedienta[1],
Y torrentes sobre la tierra seca.
Derramaré Mi Espíritu sobre tu posteridad[2],
Y Mi bendición sobre tus descendientes.
4 Ellos brotarán entre la hierba[1]
Como sauces junto a corrientes de agua".
5 Este dirá: "Yo soy del SEÑOR",
Otro invocará[1] el nombre de Jacob,
Y otro escribirá *en*[2] su mano: "Del SEÑOR *soy*",
Y se llamará con el nombre de Israel.

6 »Así dice el SEÑOR, el Rey de Israel,
Y su Redentor, el SEÑOR de los ejércitos:
"Yo soy el primero y Yo soy el último,
Y fuera de Mí no hay Dios.
7 ¿Y quién como Yo? Que lo proclame y lo declare.
Sí, que en orden lo relate ante[1] Mí,
Desde que establecí la antigua nación[2].
Que les anuncien las cosas venideras
Y lo que va a acontecer.
8 No tiemblen ni teman;
¿No se[1] *lo* he hecho oír y *lo* he anunciado desde hace tiempo?
Ustedes son Mis testigos.
¿Hay *otro* dios fuera de Mí,
O hay *otra* Roca?
No conozco *ninguna*"».

INSENSATEZ DE LA IDOLATRÍA

9 Todos los que dan forma a un ídolo[1] son nada[2], y sus cosas más preciadas de nada sirven. Aun sus propios testigos no ven ni entienden, por eso serán avergonzados. 10 ¿Quién ha dado forma a un dios o fundido un ídolo[1] para no tener ganancia? 11 Ciertamente todos sus compañeros serán avergonzados, pues los artífices son solo hombres. Que se reúnan todos, que se levanten, que tiemblen, que sean a una avergonzados.

43:27 [1] Lit. *intérpretes.* 43:28 [1] O *traspasaré.* [2] O *príncipes santos.* [3] O *a la destrucción.* 44:2 [1] O *Israel.* 44:3 [1] O *el que tiene sed.* [2] Lit. *simiente.* 44:4 [1] Otra posible lectura es: *como hierba entre las aguas.* 44:5 [1] Otra posible lectura es: *otro será llamado con.* [2] O *con.* 44:7 [1] Lit. *a.* [2] O *pueblo.* 44:8 [1] Lit. *te.* 44:9 [1] O *una imagen tallada.* [2] O *vacuidad.* 44:10 [1] O *una imagen tallada.*

¹² El herrero *hace* un instrumento cortante¹; *lo* trabaja sobre las brasas, lo forma con martillo y lo forja con su brazo fuerte. Después² siente hambre y flaquean sus fuerzas³; no bebe agua, y desfallece. ¹³ El carpintero extiende el cordel de medir, traza el diseño¹ con tiza roja, lo labra con cinceles, lo traza con el compás y le da² forma de hombre y belleza humana para colocarlo en una casa.

¹⁴ Corta cedros para sí, toma un ciprés¹ o una encina, y hace que sea fuerte entre los árboles del bosque. Planta un pino y la lluvia lo hace crecer. ¹⁵ Luego sirve para que el hombre haga fuego, y toma uno y se calienta; también hace fuego para cocer pan. Además, hace un dios y lo adora; hace de él una imagen tallada¹ y se postra delante de ella. ¹⁶ La mitad *del leño* quema en el fuego; sobre *esta* mitad prepara un asado, come carne y se sacia. También se calienta, y dice: «¡Ah!, me he calentado, he visto la llama». ¹⁷ Y del resto hace un dios, su ídolo¹. Se postra delante de él, *lo* adora, y le ruega, diciendo: «Líbrame, pues tú eres mi dios».

¹⁸ Ellos no saben ni entienden, porque Él ha cerrado¹ sus ojos para que no vean y su corazón para que no comprendan. ¹⁹ Ninguno reflexiona¹; no tienen conocimiento ni inteligencia para decir: «He quemado la mitad en el fuego, y también he cocido pan sobre sus brasas. He asado carne y *la* he comido; y del resto ¿haré una abominación? ¿Me postraré² ante un pedazo de madera?». ²⁰ Se alimenta de cenizas¹; el corazón engañado le ha extraviado. A sí mismo² no se puede librar, ni decir: «¿No es mentira *lo que tengo* en mi diestra?».

DIOS PERDONA Y REDIME

²¹ «Recuerda estas cosas, Jacob,
Y *tú*, Israel, porque eres Mi siervo.
Yo te he formado, siervo Mío eres.
Israel, no me olvidaré de ti.
²² He disipado como una densa nube tus transgresiones,
Y como espesa niebla¹ tus pecados.
Vuélvete a Mí, porque Yo te he redimido».
²³ Griten de júbilo, cielos, porque el SEÑOR *lo* ha hecho.
Griten de alegría, profundidades de la tierra.
Prorrumpan, montes, en gritos de júbilo,
Y el bosque, y todo árbol *que* en él *hay*,
Porque el SEÑOR ha redimido a Jacob
Y ha mostrado Su gloria¹ en Israel.

²⁴ Así dice el SEÑOR, tu Redentor,
El que te formó desde el seno materno:
«Yo, el SEÑOR, creador de todo,
Que extiendo los cielos Yo solo
Y afirmo¹ la tierra sin ayuda².

44:14
Por qué los cedros, los cipreses y los robles eran árboles importantes
Estas eran las clases de madera más valiosas que había en ese tiempo.

© Sybille Yates/Shutterstock

44:14-20
Isaías critica a los ídolos
Él describe a alguien derribando un árbol y luego usando algo de madera para encender un fuego y el resto para tallar un ídolo. El profeta señala que en ambos casos la madera es simplemente madera y nada más.

44:23
Gran alegría por la redención del Señor
Toda la naturaleza es invitada a darle gloria a Dios: los cielos, la tierra, las montañas y los bosques.

44:12 ¹ O *hacha*.   ² Lit. *También*.   ³ Lit. *y no hay fuerza*.   44:13 ¹ Lit. *lo traza*.
² Lit. *lo hace en*.   44:14 ¹ O *encina*.   44:15 ¹ O *ídolo*.   44:17 ¹ O *imagen tallada*.   44:18 ¹ O *embadurnado*.   44:19 ¹ Lit. *vuelve a su corazón*.
² O *Y del resto hago y me postro*.   44:20 ¹ O *Es compañero de las cenizas*.   ² Lit. *A su alma*.   44:22 ¹ O *nube*.   44:23 ¹ O *se ha glorificado*.
44:24 ¹ Lit. *expando*.   ² O *tierra, ¿y quién estaba conmigo?*

25 Hago fallar los pronósticos[1] de los impostores[2],
Hago[3] necios a los adivinos,
Hago retroceder a los sabios,
Y convierto[4] en necedad su sabiduría.

26 Yo soy el que confirmo la palabra de Su siervo,
Y cumplo[1] el propósito de Sus mensajeros;
El que dice de Jerusalén: "Será habitada";
Y de las ciudades de Judá: "Serán reedificadas,
Y sus ruinas levantaré".

27 Yo soy el que dice a la profundidad del mar: "Sécate";
Y Yo secaré tus ríos.

28 El que dice de Ciro: "*Él es* Mi pastor,
Y él cumplirá todos Mis deseos",
Y dice[1] de Jerusalén: "Será reedificada",
Y al templo: "Serán echados tus cimientos"».

CIRO, LIBERTADOR DE ISRAEL

45 Así dice el SEÑOR a Ciro, Su ungido,
A quien he tomado por la diestra,
Para someter ante él naciones,
Y para desatar[1] lomos de reyes,
Para abrir ante él las puertas,
Para que no queden cerradas las entradas:

2 «Yo iré delante de ti y allanaré los lugares escabrosos[1];
Romperé las puertas de bronce y haré pedazos sus barras de hierro.

3 Te daré los tesoros ocultos[1],
Y las riquezas de los lugares secretos,
Para que sepas que soy Yo,
El SEÑOR, Dios de Israel, el que te llama por tu nombre.

4 Por amor a Mi siervo Jacob
Y a Israel Mi escogido,
Te he llamado por tu nombre;
Te he honrado,
Aunque no me conocías.

5 Yo soy el SEÑOR, y no hay ningún otro;
Fuera de Mí no hay Dios.
Yo te fortaleceré[1], aunque no me has conocido,

6 Para que se sepa que desde el nacimiento del sol hasta donde se pone,
No hay ninguno fuera de Mí.
Yo soy el SEÑOR, y no hay otro.

7 Yo soy el que forma la luz y crea las tinieblas,
El que causa bienestar[1] y crea calamidades,
Yo, el SEÑOR, es el que hace todo esto.

EL PODER SUPREMO DE DIOS

8 »Destilen, oh cielos, desde lo alto,
Y derramen justicia las nubes;
ábrase la tierra y dé fruto la salvación,

44:28
Ciro se describe como un pastor
En los tiempos antiguos, los gobernantes a menudo eran llamados pastores. Era el trabajo del líder proteger y cuidar a su rebaño, el pueblo. El decreto de Ciro de reedificar el templo al final llevó a la restauración de Jerusalén.

45:1
Por qué Ciro es llamado el ungido del Señor
Aunque Ciro no adoraba al Señor (versículo 4), Dios lo designó para llevar a cabo la importante tarea de hacer regresar a los judíos a su tierra.

44:25 [1] Lit. *las señales.*   [2] I.e. falsos profetas.   [3] Lit. *El hace.*   [4] Lit. *El convierte.*   44:26 [1] Lit. *El cumple.*   44:28 [1] Lit. *al decir.*   45:1 [1] Lit. *y desataré.*   45:2 [1] Otra posible lectura es: *los montes.*   45:3 [1] Lit. *de la oscuridad.*   45:5 [1] O *armaré.*   45:7 [1] O *paz.*

Y brote la justicia con ella.
Yo, el SEÑOR, lo he creado.

9 »¡Ay del que contiende con su Hacedor[1]!
¡El tiesto entre[2] los tiestos de tierra!
¿Dirá el barro al alfarero: "Qué haces"?
¿O tu obra *dirá*: "Él no tiene manos"?
10 ¡Ay de aquel que diga al padre: "¿Qué engendras?".
O a la mujer: "¿Qué das a luz?[1]"».

11 Así dice el SEÑOR, el Santo de Israel y su
Hacedor[1]:
«Pregúntenme[2] acerca de las cosas
venideras tocante a Mis hijos,
Y dejarán a Mi cuidado la obra de Mis
manos.
12 Yo hice la tierra y creé al hombre sobre ella.
Yo extendí los cielos con Mis manos,
Y di órdenes a todo su ejército.
13 Yo lo he despertado en justicia,
Y todos sus caminos allanaré.
Él edificará Mi ciudad y dejará libres a Mis
desterrados
Sin pago ni recompensa», dice el SEÑOR de
los ejércitos.

14 Así dice el SEÑOR:
«Los productos[1] de Egipto, la mercadería de Cus
Y los sabeos, hombres de gran estatura,
Pasarán a ti y tuyos serán.
Detrás de ti caminarán, pasarán encadenados
Y ante ti se inclinarán.
Te suplicarán:
"Ciertamente Dios está contigo[2] y no hay ningún otro,
Ningún otro dios"».
15 En verdad, Tú eres un Dios que te ocultas,
¡oh Dios de Israel, Salvador!
16 Avergonzados y aun humillados serán todos ellos;
Los fabricantes de ídolos[1] a una se irán humillados.
17 Israel ha sido salvado por el SEÑOR
Con salvación eterna.
Ustedes no serán avergonzados ni humillados
Por toda la eternidad.

18 Porque así dice el SEÑOR, que creó los cielos;
(El Dios que formó la tierra y la hizo,
La estableció *y* no la hizo un lugar desolado[1],
Sino que la formó para ser habitada):
«Yo soy el SEÑOR y no hay ningún otro.
19 No he hablado en secreto,
En alguna tierra oscura[1];
No dije a la descendencia[2] de Jacob:
"Búsquenme en lugar desolado[3]".

45:9
El tiesto
Un tiesto es un pedazo de cualquier vasija de barro. En este caso, se trata de una descripción gráfica que muestra lo necio que es pelear con Dios.

Todd Bolen/www.BiblePlaces.com

45:15
Cuando Dios se oculta
Esto puede querer decir que los caminos del Señor son misteriosos para los seres humanos. También puede significar que Dios es invisible, a diferencia de los dioses o ídolos visibles de las naciones vecinas.

45:19
Dios no habló en secreto ni desde la oscuridad
Dios se mostró abiertamente a través de sus poderosas obras de creación y mediante los profetas. Esto pretende contrastar con la forma en que las personas pensaban que los adivinos o los dioses falsos hablaban.

45:9 [1] Lit. *Formador.*　[2] Lit. *con.*　45:10 [1] Lit. *¿De qué tienes dolores de parto?*
45:11 [1] Lit. *Formador.*　[2] O *¿Me preguntarán.*　45:14 [1] Lit. *El trabajo.*　[2] O *Solo Dios está en ti.*　45:16 [1] O *imágenes talladas.*　45:18 [1] O *no la creó en vano.*
45:19 [1] Lit. *en un lugar de una tierra de tinieblas.*　[2] Lit. *simiente.*　[3] O *vano.*

Yo, el SEÑOR, hablo justicia
Y declaro lo que es recto.

EL DIOS VERDADERO Y LOS ÍDOLOS

20 »Reúnanse y vengan;
Juntos acérquense, fugitivos de las naciones.
No tienen conocimiento
Los que llevan su ídolo de madera[1]
Y suplican a un dios que no puede salvar.

21 Declaren y presenten *su caso*;
Sí, que deliberen juntos.
¿Quién ha anunciado esto desde la antigüedad
Y lo ha declarado desde entonces?
¿No soy Yo, el SEÑOR?
No hay más Dios que Yo,
Un Dios justo y salvador;
No hay *ninguno* fuera de Mí.

22 Vuélvanse a Mí y sean salvos, todos los términos de la
tierra;
Porque Yo soy Dios, y no hay ningún otro.

23 Por Mí mismo he jurado,
Ha salido de Mi boca en justicia
Una palabra que no será revocada[1]:
Que ante Mí se doblará toda rodilla, *y* toda lengua
jurará *lealtad*.

24 De Mí dirán: "Solo en el SEÑOR hay justicia y
fuerza".
A Él vendrán y serán avergonzados
Todos los que contra Él se enojaron.

25 En el SEÑOR será justificada y se gloriará
Toda la descendencia[1] de Israel».

46 Se ha postrado Bel, se derrumba Nebo;
Sus imágenes son *puestas* sobre bestias, sobre
animales *de carga*.
Sus bultos son pesados,
Una carga agobiadora para la *bestia* fatigada.

2 Se derrumbaron, a una se han postrado.
No pudieron salvar la carga,
Sino que ellos mismos han ido[1] en cautiverio.

3 «Escúchenme, casa de Jacob,
Y todo el remanente de la casa de Israel,
Los que han sido llevados por Mí desde el vientre,
Cargados desde la matriz.

4 Aun hasta *su* vejez, Yo *seré* el mismo[1],
Y hasta *sus* años avanzados[2], Yo *los* sostendré.
Yo *lo* he hecho[3], y Yo *los* cargaré;
Yo *los* sostendré, y Yo *los* libraré.

5 »¿A quién me asemejarán,
Me igualarán o me compararán
Para que seamos semejantes?

46:1
Bel y Nebo

Estos eran dioses babilonios. *Bel* significa «señor» y se refiere al dios principal, Marduk. *Nebo* (también llamado Nabu) era el hijo de Marduk.

46:2
Los dioses paganos no tenían poder

Los dioses paganos fueron llevados cautivos junto con los que los adoraban. Habían sido incapaces de salvarse a sí mismos y de salvar a sus seguidores.

45:20 [1] Lit. *la madera de su imagen tallada.*   45:23 [1] Lit. *y no volverá.*
45:25 [1] Lit. *simiente.*   46:2 [1] Lit. *y su alma ha ido.*   46:4 [1] Lit. *yo soy Él.*
[2] Lit. *sus canas.*   [3] O *Yo los he hecho.*

6 Los que derrochan el oro de la bolsa
Y pesan la plata en la balanza
Pagan a un orfebre para que haga un dios de ello,
Se postran y¹ lo adoran.
7 Lo levantan en hombros y lo llevan;
Lo colocan en su lugar y allí se está.
No se mueve de su lugar.
Aunque alguien clame a él, no responde,
De su angustia no lo libra.

8 »Acuérdense de esto, y estén confiados¹;
Pónganlo² en su corazón, transgresores.
9 Acuérdense de las cosas anteriores ya pasadas,
Porque Yo soy Dios, y no hay otro;
Yo soy Dios, y no hay ninguno como Yo,
10 Que declaro el fin desde el principio,
Y desde la antigüedad lo que no ha sido hecho.
Yo digo: "Mi propósito será establecido,
Y todo lo que quiero realizaré".
11 Yo llamo del oriente un ave de rapiña,
Y de tierra lejana al hombre de Mi¹ propósito.
En verdad he hablado, y ciertamente haré que
suceda;
Lo he planeado, así lo haré.

12 »Escúchenme ustedes, duros de corazón,
Que están lejos de la justicia.
13 Yo acerco Mi justicia, no está lejos;
Y Mi salvación no tardará.
Pondré salvación en Sión,
Y para Israel será Mi gloria.

JUICIO SOBRE BABILONIA

47 »Desciende y siéntate en el polvo,
Virgen hija de Babilonia.
Siéntate en la tierra, sin trono,
Hija de los caldeos,
Porque nunca más serás llamada tierna y delicada.
2 Toma las piedras de molino y muele la harina.
Quítate el velo, despójate de la falda,
Descubre tus piernas, pasa los ríos.
3 Será descubierta tu desnudez,
También será expuesta tu vergüenza.
Tomaré venganza y no perdonaré¹ a hombre
alguno».
4 Nuestro Redentor, el SEÑOR de los ejércitos es Su
nombre,
El Santo de Israel.
5 «Siéntate en silencio y entra en las tinieblas,
Hija de los caldeos,
Porque nunca más te llamarán
Soberana de reinos.
6 Estaba enojado contra Mi pueblo,
Profané Mi heredad

46:11
Ave de rapiña
Se refiere a Ciro, el rey de Persia, quien conquistó Babilonia. El estandarte real de Ciro incluía el símbolo de un águila.

47:1-3
Por qué Babilonia se sentaría en el polvo
Esta era una señal de tristeza. Aquí, Babilonia es descrita como una princesa real. En vez de ser una princesa mimada, se convertiría en una trabajadora y sería humillada al tener sus piernas al descubierto.

46:6 ¹ Lit. ciertamente.   46:8 ¹ Lit. firmes.   ² Lit. vuélvanlo a.   46:11 ¹ Lit. su.
47:3 ¹ Lit. encontraré.

Y en tu mano los entregué.
No les mostraste compasión,
Sobre el anciano hiciste muy pesado tu yugo,

7 Y dijiste: "Seré soberana para siempre".
No consideraste esto en tu corazón,
Ni te acordaste de su resultado.

8 »Ahora pues, oye esto, voluptuosa,
Tú que moras confiadamente,
Que dices en tu[1] corazón:
"Yo, y nadie más.
No me quedaré viuda,
Ni sabré de pérdida de hijos".

9 Pero estas dos cosas vendrán de repente sobre ti en
un mismo día:
Pérdida de hijos y viudez.
Vendrán sobre ti en toda su plenitud
A pesar de tus muchas hechicerías,
A pesar del gran poder de tus encantamientos.

10 Te sentiste segura en tu maldad y dijiste:
"Nadie me ve".
Tu sabiduría y tu conocimiento te han[1] engañado,
Y dijiste en tu corazón:
"Yo, y nadie más".

11 Pero un mal vendrá sobre ti
Que no sabrás impedir;
Caerá sobre ti un desastre
Que no podrás remediar.
Vendrá de repente sobre ti
Una destrucción que no conoces.

12 »Permanece ahora en tus encantamientos
Y en tus muchas hechicerías
En las cuales te has ocupado desde tu juventud.
Tal vez podrás sacar provecho,
Tal vez causarás temor.

13 Estás fatigada por los[1] muchos consejos.
Que se levanten ahora los que contemplan los
cielos[2],
Los que profetizan por medio de las estrellas,
Los que pronostican cada luna nueva[3],
Y te salven de lo que vendrá sobre ti.

14 Ellos se han vuelto como rastrojo,
El fuego los quema;
No librarán sus vidas del poder de la
llama.
No habrá brasas para calentarse,
Ni lumbre ante la cual sentarse.

15 Así han venido a ser para ti aquellos con
quienes has trabajado,
Que han negociado contigo desde tu
juventud.
Cada cual vaga por su camino[1],
No hay nadie que te salve.

47:12
Encantamientos y hechicerías
Eran prácticas de magia, acerca de las cuales algunos pensaban que ayudaban a evitar el peligro y dañar a sus enemigos. Para algunos hechizos se usaba material orgánico, como partes de animales y plumas.

47:8 [1] Lit. *su.*   47:10 [1] Lit. *te ha.*   47:13 [1] Lit. *tus.*   [2] O *los astrólogos.*
[3] O *cada mes.*   47:15 [1] Lit. *lado, región.*

REPRENSIÓN A ISRAEL Y PROMESA DE LIBERACIÓN

48 »Oigan esto, casa de Jacob, los que llevan[1] el nombre de Israel
Y salieron de las entrañas[2] de Judá,
Los que juran por el nombre del SEÑOR
Y hacen[3] mención del Dios de Israel,
Pero no en verdad ni en justicia,

2 Aunque llevan[1] *el nombre* de la ciudad santa,
Y se apoyan[2] en el Dios de Israel,
Cuyo nombre es SEÑOR de los ejércitos.

3 Las cosas pasadas desde hace tiempo las declaré,
De Mi boca salieron y las proclamé.
De repente actué y se cumplieron.

4 Por cuanto sé que eres obstinado[1],
Que tu cuello es tendón de hierro
Y tu frente de bronce,

5 Yo, pues, te *las* declaré desde hace tiempo.
Antes de que sucedieran[1] te *las* proclamé,
No sea que dijeras: "Mi ídolo las ha hecho,
Y mi imagen tallada o fundida las ha ordenado".

6 *Lo* has oído; míra*lo* todo.
Y ustedes, ¿no lo declararán?
Desde este momento te hago oír cosas nuevas
Y ocultas que no conocías.

7 Ahora han sido creadas, y no hace tiempo,
Y antes de hoy no las habías oído,
Para que no digas: "Yo las conocía".

8 Sí, tú no *las* oíste, ni nunca *las* conociste.
Ciertamente, no habían sido abiertos de antemano tus oídos,
Porque Yo sabía que obrarías con mucha perfidia,
Y rebelde[1] te han llamado desde el seno materno.

9 Por amor a Mi nombre contengo Mi ira,
Y *para* Mi alabanza *la* reprimo contra ti
A fin de no destruirte.

10 Pues te he purificado, pero no como a plata;
Te he probado en el crisol de la aflicción.

11 Por amor Mío, por amor Mío, lo haré,
Porque ¿cómo podría ser profanado *Mi nombre*?
Mi gloria, pues, no la daré a otro.

12 »Óyeme, Jacob, Israel a quien llamé[1]:
Yo soy, Yo soy el primero *y* también soy el último.

13 Ciertamente Mi mano fundó la tierra,
Y Mi diestra extendió los cielos;
Cuando los llamo, comparecen juntos.

14 Congréguense, todos ustedes, y escuchen.
¿Quién de entre ellos ha declarado estas cosas?
El SEÑOR lo ama. Él ejecutará Su voluntad en Babilonia,
Y Su brazo[1] *será contra* los caldeos.

48:6
Dios le muestra cosas nuevas a su pueblo
Dios les dijo que ellos serían liberados y podrían regresar a Judá.

48:14
El amado del Señor
Este era Ciro, que permitió que los judíos regresaran a su tierra y reedificaran el templo.

48:1 [1] Lit. *se llaman por.* [2] Lit. *aguas.* [3] Lit. *salen...juran...hacen.*
48:2 [1] Lit. *se llaman por.* [2] Lit. *se apoyan.* 48:4 [1] O *duro.*
48:5 [1] Lit. *sucediera.* 48:8 [1] O *transgresor.* 48:12 [1] Lit. *mi llamado.*
48:14 [1] I.e. del Señor.

15 Yo, Yo he hablado, en verdad lo he llamado,
    Lo he traído; y su camino prosperará¹.
16 Acérquense a Mí, escuchen esto:
    Desde el principio no he hablado en secreto,
    Desde el momento en que sucedió, allí estaba Yo.
    Y ahora me ha enviado el Señor DIOS¹, y Su
        Espíritu».

17 Así dice el SEÑOR, tu Redentor, el Santo de Israel:
    «Yo soy el SEÑOR tu Dios, que te enseña para *tu*
        beneficio,
    Que te conduce por el camino en que debes andar.
18 ¡Si tan solo hubieras atendido a Mis mandamientos!
    Entonces habría sido tu paz¹ como un río,
    Y tu justicia como las olas del mar.
19 Sería como la arena tu descendencia¹,
    Y tus hijos² como sus granos.
    Nunca habría sido cortado ni borrado su nombre de
        Mi presencia».

20 Salgan de Babilonia, huyan de los caldeos;
    Con voz de júbilo anuncien, proclamen esto,
    Publíquenlo hasta los confines de la tierra;
    Digan: «El SEÑOR ha redimido a Su siervo Jacob».
21 No padecieron sed cuando Él los condujo por los
        desiertos.
    Hizo que brotara agua de la roca para ellos,
    Partió la peña, y las aguas corrieron.
22 «No hay paz para los malvados», dice el SEÑOR.

PROMESA DE SALVACIÓN

49 Escúchenme, islas¹,
    Y atiendan, pueblos lejanos.
    El SEÑOR me llamó desde el seno materno,
    Desde las entrañas de Mi madre mencionó Mi
        nombre.
2 Ha hecho Mi boca como espada afilada,
    En la sombra de Su mano me ha escondido.
    Me ha hecho también como flecha escogida¹,
    En Su aljaba me ha escondido.
3 Y me dijo: «Tú eres Mi siervo, Israel,
    En quien Yo mostraré Mi gloria¹».
4 Y Yo dije: «En vano he trabajado,
    En vanidad y en nada he gastado Mis fuerzas;
    Pero Mi derecho está en el SEÑOR,
    Y Mi recompensa con Mi Dios».

5 Y ahora dice el SEÑOR (el que me formó desde el seno
        materno para *ser* Su siervo,
    Para hacer que Jacob vuelva a Él y que Israel se reúna
        con Él,
    Porque honrado soy a los ojos del SEÑOR
    Y Mi Dios ha sido Mi fortaleza),

48:18-19
Cómo había fallado el pueblo de Dios

El pueblo se había rebelado contra Dios y sus mandamientos. Por lo tanto, él los había castigado por su rebelión.

48:15 ¹ Lit. *hará prosperar.*   48:16 ¹ Heb. *YHWH,* generalmente traducido *Señor.*
48:18 ¹ O *bienestar.*   48:19 ¹ Lit. *simiente.*   ² Lit. *los frutos de tus entrañas.*
49:1 ¹ O *costas.*   49:2 ¹ O *afilada.*   49:3 ¹ O *me gloriaré.*

6 Dice Él: «Poca¹ cosa es que Tú seas Mi siervo,
  Para levantar las tribus de Jacob y para restaurar a los
    que quedaron² de Israel.
  También te haré luz de³ las naciones,
  Para que Mi salvación alcance⁴ hasta los confines de
    la tierra».

7 Así dice el SEÑOR, el Redentor de Israel, el Santo suyo,
  Al despreciado¹, al aborrecido de la nación,
  Al siervo de gobernantes:
  «Lo verán reyes y se levantarán,
  Príncipes, y se postrarán,
  A causa del SEÑOR que es fiel,
  Del Santo de Israel que te ha escogido».

8 Así dice el SEÑOR: «En tiempo propicio te he
    respondido,
  En día de salvación te he ayudado.
  Te guardaré y te daré por pacto del pueblo,
  Para restaurar¹ la tierra, para repartir las heredades
    asoladas,
9 Para decir a los presos: "Salgan";
  A los que están en tinieblas: "Muéstrense".
  Por los caminos pastarán,
  Y en todas las alturas desoladas tendrán sus pastos.
10 No pasarán hambre ni sed,
  No los herirá el calor abrasador ni el sol,
  Porque el que tiene compasión de ellos los guiará,
  Y los conducirá a manantiales de aguas.
11 Convertiré todos Mis montes en camino,
  Y Mis calzadas serán levantadas.
12 Miren, estos vendrán de lejos;
  Otros del norte y del occidente,
  Y aquellos de la tierra de Sinim».
13 Griten de júbilo, cielos, y regocíjate, tierra.
  Prorrumpan, montes, en gritos de alegría,
  Porque el SEÑOR ha consolado a Su pueblo,
  Y de Sus afligidos tendrá compasión.

14 Pero Sión dijo: «El SEÑOR me ha abandonado,
  El Señor se ha olvidado de mí».
15 ¿Puede una mujer olvidar a su niño de pecho,
  Sin compadecerse del hijo de sus entrañas?
  Aunque ella se olvidara, Yo no te olvidaré.
16 En las palmas de Mis manos, te he grabado;
  Tus muros están constantemente delante de Mí.
17 Tus edificadores¹ se apresuran;
  Tus destructores y tus devastadores
  Se alejarán de ti.
18 Levanta en derredor tus ojos y mira:
  Todos ellos se reúnen, vienen a ti.
  «Vivo Yo», declara el SEÑOR,
  «Que a todos ellos como joyas¹ te los pondrás, y te
    adornarás con ellos como una novia.

49:6 ¹ Lit. Ligera.   ² Lit. preservados.   ³ O a.   ⁴ Lit. sea.   49:7 ¹ Lit. despreciado
de alma.   49:8 ¹ Lit. establecer.   49:17 ¹ Así en algunas versiones antiguas y
en los M.M.M.; en el T.M., hijos.   49:18 ¹ Lit. adorno.

49:6
El rol de Israel en el plan de Dios
Israel sería una luz para los gentiles, conduciendo a los pueblos de todo el mundo hacia Dios.

49:8-9
El tiempo propicio de Dios
Esto probablemente hace referencia al año del jubileo, cuando los esclavos eran puestos en libertad y la tierra era devuelta a sus dueños originales (Levítico 25:19). El regreso del exilio le devolvería la tierra al pueblo, tal como lo hizo el año del jubileo.

49:16
Grabada en las palmas de las manos de Dios
Los nombres de las tribus de Israel se grabaron sobre piedras y se afirmaron al efod del sumo sacerdote como memorial ante el Señor (Éxodo 28:9-12). Del mismo modo, el Señor escribiría, o tatuaría, sus nombres en las palmas de sus manos como una señal de que siempre los recordaba.

¹⁹ En cuanto a¹ tus lugares desiertos y desolados y tu
    tierra arruinada,
Ahora serás ciertamente demasiado estrecha para los
    moradores,
Y tus devoradores estarán muy lejos.

²⁰ Todavía te dirán al oído los hijos de los que fuiste
    privada¹:
"El lugar es muy estrecho para mí;
Hazme sitio para que yo more *aquí*".

²¹ Y dirás en tu corazón:
"¿Quién me ha dado estos?
Pues yo había sido privada de mis hijos,
Y era estéril, desterrada y errante.
Y a estos, ¿quién los ha criado?
Yo había sido dejada sola;
Y estos, ¿dónde estaban?"».

²² Así dice el Señor DIOS¹:
«Levantaré hacia las naciones Mi mano,
Y hacia los pueblos alzaré Mi estandarte.
Traerán a tus hijos en brazos,
Y tus hijas en hombros serán llevadas.

²³ Reyes serán tus tutores,
Y sus princesas, tus nodrizas.
Rostro en tierra te rendirán homenaje
Y el polvo de tus pies lamerán.
Y sabrás que Yo soy el SEÑOR,
Y que no se avergonzarán los que esperan en Mí.

²⁴ »¿Se le podrá quitar la presa al poderoso,
O rescatar al cautivo del tirano¹?».

²⁵ Ciertamente así dice el SEÑOR:
«Aun los cautivos del poderoso serán recobrados,
Y rescatada será la presa del tirano.
Con el que luche contigo Yo lucharé,
Y salvaré a tus hijos.

²⁶ Haré comer a tus opresores su propia carne,
Y como si fuera vino dulce, con su sangre se
    embriagarán.
Y toda carne¹ sabrá que Yo, el SEÑOR, soy tu Salvador
Y tu Redentor, el Poderoso de Jacob».

EXHORTACIÓN A CONFIAR EN EL SEÑOR

50 Así dice el SEÑOR:
    «¿Dónde está esa carta de divorcio
Con la que repudié a su madre?
¿O a cuál de Mis acreedores los vendí?
Por causa de sus iniquidades ustedes fueron vendidos,
Y por sus transgresiones fue repudiada su madre.

² ¿Por qué cuando vine no había nadie,
Y cuando llamé no había quien respondiera?
¿Acaso es tan corta Mi mano que no puede rescatar,
O no tengo poder para librar?

49:21
Por qué Israel se describe como una mujer estéril
Estéril significa que no puede tener bebés. Para una mujer en la cultura antigua era vergonzoso y hasta una tragedia no tener hijos. Israel se describe como estéril como una forma de explicar que Dios adoptaría hijos de entre los gentiles.

50:1
Carta de divorcio
Un esposo tenía que darle este certificado a su esposa si quería divorciarse de ella (ver Deuteronomio 24:1-3). Aquí Dios estaba diciendo que, aunque Judá había roto su relación con Dios, él nunca se había separado de ellos y los aceptaría de nuevo.

49:19 ¹ Lit. *Porque*.   49:20 ¹ Lit. *de tu privación*.   49:22 ¹ Heb. *YHWH*, generalmente traducido *Señor*.   49:24 ¹ Así en algunas versiones antiguas y en los M.M.M.; en el T.M., *del justo*.   49:26 ¹ O *todo ser humano*.

Con Mi reprensión seco el mar,
Convierto los ríos en desierto.
Sus peces huelen mal por falta de agua,
Mueren de sed.
3 Yo revisto de negrura los cielos,
Y hago de cilicio su cobertura».

4 El Señor DIOS[1] me ha dado lengua de discípulo[2],
Para que Yo sepa sostener con una palabra al
    fatigado.
Mañana tras mañana *me* despierta,
Despierta Mi oído para escuchar como los discípulos.
5 El Señor DIOS me ha abierto el oído;
Y no fui desobediente,
Ni me volví atrás.
6 Ofrecí Mi espalda a los que *me* herían,
Y Mis mejillas a los que *me* arrancaban la barba;
No escondí Mi rostro de injurias y salivazos.
7 El Señor DIOS me ayuda,
Por eso no soy humillado,
Por eso he puesto Mi rostro como pedernal,
Y sé que no seré avergonzado.
8 Cercano está el que me justifica;
¿Quién discutirá conmigo?
Comparezcamos juntos;
¿Quién es el enemigo de Mi causa?
Que se acerque a Mí.
9 Si el Señor DIOS me ayuda;
¿Quién es el que me condena?
Todos ellos como un vestido se gastarán,
La polilla se los comerá.
10 ¿Quién hay entre ustedes que tema al SEÑOR,
Que oiga la voz de Su siervo,
Que ande en tinieblas y no tenga luz?
Confíe en el nombre del SEÑOR y apóyese en su Dios.
11 Todos ustedes que encienden fuego,
Que se rodean[1] de teas,
Anden a la lumbre de su fuego
Y entre las teas que han encendido.
Esto les vendrá de Mi mano:
En tormento yacerán.

ANUNCIO DE SALVACIÓN PARA SIÓN

51 «Escúchenme, ustedes que siguen la justicia,
    Los que buscan al SEÑOR.
Miren la roca de donde fueron tallados,
Y la cantera[1] de donde fueron extraídos.
2 Miren a Abraham, su padre,
Y a Sara, que los dio a luz.
Cuando *él era* uno solo lo llamé,
Y lo bendije y lo multipliqué».
3 Ciertamente el SEÑOR consolará a Sión,
Consolará todos sus lugares desolados.

50:6
Castigos vergonzosos
Los azotes en la espalda eran para los criminales o los locos. Arrancar la barba era una señal de odio y falta de respeto. Burlarse y escupir también mostraba odio. En el Nuevo Testamento, Jesús enfrentó todas esas humillaciones antes de su muerte.

50:9
Descripción gráfica del juicio
Los que hicieron falsas acusaciones contra los justos serían destruidos del mismo modo en que las polillas se comen un vestido.

50:4 [1] Heb. *YHWH*, generalmente traducido *Señor;* y así en el resto del cap.
[2] Lit. *discípulos.*   50:11 [1] Lit. *ciñen.*   51:1 [1] Lit. *la excavación del pozo.*

Convertirá su desierto en Edén,
Y sus lugares desolados en huerto del SEÑOR.
Gozo y alegría se encontrarán en ella,
Acciones de gracias y voces de alabanza.

4 «Préstame atención, pueblo Mío,
Y óyeme, nación[1] Mía.
Porque de Mí saldrá una ley,
Y estableceré[2] Mi justicia para luz de los pueblos.

5 Cerca está Mi justicia, ha salido Mi salvación,
Y Mis brazos juzgarán a los pueblos.
Por Mí esperan las costas,
Y en Mi brazo ponen su esperanza.

6 Alcen los ojos a los cielos,
Y miren la tierra abajo.
Porque los cielos como humo se desvanecerán,
Y la tierra como un vestido se gastará.
Sus habitantes como mosquitos[1] morirán,
Pero Mi salvación será para siempre,
Y Mi justicia no disminuirá[2].

7 Escúchenme, ustedes que conocen la justicia,
Pueblo en cuyo corazón está Mi ley.
No teman el oprobio del hombre,
Ni se desalienten a causa de sus ultrajes.

8 Porque como a vestido se los comerá la polilla,
Y como a lana se los comerá la larva.
Pero Mi justicia durará para siempre,
Y Mi salvación por todas las generaciones».

9 Despierta, despierta, vístete de poder, oh brazo del
    SEÑOR.
Despierta como en los días de antaño, en las
    generaciones pasadas.
¿No eres Tú el que despedazó a Rahab[1],
        El que traspasó al dragón?

10 ¿No eres Tú el que secó el mar,
        Las aguas del gran abismo;
        El que transformó en camino las
            profundidades del mar
        Para que pasaran los
            redimidos?

11 Los rescatados del SEÑOR
        volverán,
        Entrarán en Sión con gritos de
            júbilo,
        Con alegría eterna sobre sus
            cabezas.
        Gozo y alegría alcanzarán,
        Y huirán la tristeza y el gemido.

12 «Yo, Yo soy su consolador.
        ¿Quién eres tú que temes al
            hombre mortal,

51:10
El mar
Se trataba del mar Rojo. Los israelitas lo cruzaron cuando escapaban de Egipto.

Mar Mediterráneo
(Mar Grande)

GOSÉN Zoán Silo ¿Migdol? Arad
Ramsés Etam/ Desierto
Lago Timsah Desierto de Shur de Zin
Pitón Gran Lago Amargo Cadés
Sucot ¿Mar de los Juncos? Barnea
Guiza Pequeño
Lago Amargo Desierto
Menfis ¿Migdol? de Parán
EGIPTO Ezión
Mara Desierto Geber
Elim de Sinaí
Desierto Hazeroth
de Sin
R. Nilo Mt. Sinaí
(Horeb)
Golfo de Suez
Golfo de Elat
MADIÁN
EDOM

Mar Rojo

0   40 km
0   40 millas

51:4 [1] O pueblo.   [2] Lit. haré descansar.
51:6 [1] Otra posible lectura es, de la misma manera.
[2] Lit. no se quebrará.   51:9 [1] O al monstruo
marino.

PROFECÍAS MESIÁNICAS EN ISAÍAS

PARTE 2

Sería humilde y traería justicia
42:1-6 (cumplida en Mateo 12:15-21)

Soportaría que lo escupieran y lo golpearan
50:6 (cumplida en Mateo 26:67)

Sería rechazado y despreciado
53:3 (cumplida en Mateo 13:57; Marcos 6:4)

Sufriría
53:3,10 (cumplida en Mateo 27:26, 29)

Sería castigado y moriría por nuestros pecados
53:4-5,8,11-12 (cumplida en 2 Corintios 5:21)

No se defendería
53:7 (cumplida en Mateo 26:62-63; 27:11-14)

Sería enterrado con los ricos
53:9 (cumplida en Juan 19:38-42)

Sería ungido con el Espíritu de Dios
61:1 (cumplida en Mateo 3:16; Marcos 1:10)

Ministraría en público
61:1-3 (cumplida en Lucas 4:16-21, 43)

Y al hijo del hombre que como hierba es
   tratado?
13 ¿Has olvidado al SEÑOR, tu Hacedor,
   Que extendió los cielos
   Y puso los cimientos de la tierra,
   Para que estés temblando sin cesar todo el día ante la
      furia del opresor,
   Mientras este se prepara para destruir?
   Pero ¿dónde está la furia del opresor?

14 »El desterrado[1] pronto será libertado, y no morirá en
la cárcel, ni le faltará su pan. 15 Porque Yo soy el SEÑOR tu
Dios, que agito el mar y hago bramar sus olas (el SEÑOR de
los ejércitos es Su nombre) 16 Y he puesto Mis palabras en tu
boca, y con la sombra de Mi mano te he cubierto al establecer[1] los cielos, poner los cimientos de la tierra y decir a Sión:
"Tú eres Mi pueblo"».

17 ¡Despierta, despierta! Levántate, Jerusalén,
   Tú, que has bebido de la mano del SEÑOR la copa de
      Su furor,
   Que has bebido el cáliz[1] del vértigo hasta vaciarlo.

51:14 [1] Lit. *encadenado.*   51:16 [1] Lit. *plantar.*   51:17 [1] Lit. *lo cóncavo de la
copa.*

51:17
El significado de beber la copa del furor del Señor
Experimentar el juicio de Dios a menudo se comparaba a emborracharse con un vino fuerte. Esto hacía a la persona incapaz de caminar bien.

51:18
Por qué la falta de hijos era un problema para Jerusalén
Los hijos grandes podrían cuidar a sus padres cuando se enfermaran o fueran ancianos.

18 No hay quien la guíe entre todos los hijos que dio a luz,
   Ni hay quien la tome de la mano entre todos los hijos que crió.

19 Estas dos cosas te han acontecido,
   ¿Quién te confortará?;
   Desolación y destrucción, hambre y espada,
   ¿Quién te consolará?

20 Tus hijos han desfallecido,
   Yacen en las esquinas de todas las calles
   Como antílope en la red,
   Llenos del furor del SEÑOR,
   De la reprensión de tu Dios.

21 Por tanto, oye ahora esto, afligida,
   Que estás ebria, pero no de vino:

22 Así dice tu Señor, el SEÑOR tu Dios,
   Que lucha por Su pueblo:
   «He quitado de tu mano la copa del vértigo,
   El cáliz¹ de Mi furor,
   Nunca más lo beberás.

23 Lo pondré en las manos de los que te atormentan,
   Que te¹ han dicho: "Póstrate para que pasemos".
   Y tú pusiste tu espalda como suelo,
   Como calle para los que pasaban».

PROMESAS DE RESTAURACIÓN A SIÓN

52 Despierta, despierta,
    Vístete de tu poder, oh Sión.
    Vístete de tus ropajes hermosos,
    Oh Jerusalén, ciudad santa.
    Porque el incircunciso y el inmundo
    No volverán a entrar en ti.

2 Sal¹ del polvo, levántate,
   Cautiva Jerusalén.
   Líbrate de las cadenas de tu cuello,
   Cautiva hija de Sión.

3 Porque así dice el SEÑOR: «De balde fueron ustedes vendidos y sin dinero serán redimidos». 4 Porque así dice el Señor DIOS¹: «Mi pueblo descendió a Egipto al principio para residir allí; después los asirios los oprimieron sin motivo. 5 Y ahora, ¿qué hago Yo aquí», declara el SEÑOR, «viendo que se llevan a Mi pueblo sin causa?». *También* declara el SEÑOR: «Sus dominadores dan gritos, y sin cesar Mi nombre es blasfemado todo el día. 6 Por tanto, Mi pueblo conocerá Mi nombre. Así que en aquel día *comprenderán* que Yo soy el que dice: "Aquí estoy"».

52:7
El que trae buenas nuevas
Estos eran mensajeros que corrían desde el escenario de la batalla para contarles al rey y al pueblo que los esperaban lo que había sucedido. Aquí, las noticias eran que los israelitas regresaban a casa.

7 ¡Qué hermosos son sobre los montes
   Los pies del que trae buenas nuevas,
   Del que anuncia la paz¹,
   Del que trae las buenas nuevas de gozo²,
   Del que anuncia la salvación,
   Y dice a Sión: «Tu Dios reina»!

51:22 ¹ Lit. *lo cóncavo de la copa.*   51:23 ¹ Lit. *a tu alma.*   52:2 ¹ Lit. *Sacúdete.*
52:4 ¹ Heb. *YHWH,* generalmente traducido *Señor.*   52:7 ¹ O *el bienestar.*
² Lit. *del bien.*

8 ¡Una voz! Tus centinelas alzan la voz,
A una gritan de júbilo
Porque verán con sus propios ojos[j]
Cuando el SEÑOR restaure a Sión.

9 Prorrumpan a una en gritos de júbilo,
Lugares desolados de Jerusalén,
Porque el SEÑOR ha consolado a Su
pueblo,
Ha redimido a Jerusalén.

10 El SEÑOR ha desnudado Su santo brazo
A la vista de todas las naciones,
Y todos los confines de la tierra verán
La salvación de nuestro Dios.

11 Apártense, apártense, salgan de allí,
Nada inmundo toquen.

52:8 j Lit. *ojo con ojo.*

52:10
El santo brazo de Dios
El brazo de Dios a menudo
simbolizaba su poder, así como
también la redención y la salvación.

CRISTO Y LA CRUCIFIXIÓN
Isaías 52—53

Quedaría tan
desfigurado que sería
imposible de reconocer
52:14

Sería despreciado y
desechado por las
personas
53:3

No se defendería
53:7

Sería llevado como
cordero al matadero
53:7

Sería enaltecido y
levantado
52:13

Cargaría con el dolor y
el sufrimiento de toda
la humanidad
53:4

Sería azotado, herido y
afligido por Dios
53:4

Sería molido y herido
por los pecados de la
humanidad
53:5-6,8,10,12

Moriría como
inocente
53:9

Sería enterrado con
los impíos en la
tumba de un rico
53:9

> Salgan de en medio de ella, purifíquense,
> Ustedes que llevan las vasijas del SEÑOR.
> 12 Pues no saldrán precipitadamente,
> Ni irán como fugitivos[1].
> Porque delante de ustedes irá el SEÑOR,
> Y su retaguardia *será* el Dios de Israel.

SUFRIMIENTO Y GLORIA DEL SIERVO DEL SEÑOR

> 13 Oigan esto: Mi Siervo prosperará,
> Será enaltecido, levantado y en gran manera exaltado.
> 14 De la manera que muchos se asombraron de ti, *pueblo Mío*,
> Así fue desfigurada Su apariencia más que la de *cualquier* hombre,
> Y Su aspecto más que el de los hijos de los hombres.
> 15 Ciertamente Él asombrará[1] a muchas naciones,
> Los reyes cerrarán la boca ante Él.
> Porque lo que no les habían contado verán,
> Y lo que no habían oído entenderán.

53 ¿Quién ha creído a nuestro mensaje?
> ¿A quién se ha revelado el brazo del SEÑOR?
> 2 Creció delante de Él como renuevo tierno[1],
> Como raíz de tierra seca.
> No tiene aspecto *hermoso* ni majestad
> Para que lo miremos,
> Ni apariencia para que lo deseemos.
> 3 Fue despreciado y desechado de los hombres,
> Varón de dolores y experimentado en aflicción[1];
> Y como uno de quien *los hombres* esconden el rostro,
> Fue despreciado, y no lo estimamos.
>
> 4 Ciertamente Él llevó nuestras enfermedades[1],
> Y cargó con nuestros dolores.
> Con todo, nosotros lo tuvimos por azotado,
> Por herido de Dios y afligido.
> 5 Pero Él fue herido[1] por nuestras transgresiones,
> Molido por nuestras iniquidades.
> El castigo, por nuestra paz[2], *cayó* sobre Él,
> Y por Sus heridas[3] hemos sido sanados.
> 6 Todos nosotros nos descarriamos como ovejas,
> Nos apartamos cada cual por su camino;
> Pero el SEÑOR hizo que cayera sobre[1] Él
> La iniquidad de todos nosotros.
>
> 7 Fue oprimido y afligido,
> Pero no abrió Su boca.
> Como cordero que es llevado al matadero,
> Y como oveja que ante sus trasquiladores permanece muda,
> Él no abrió Su boca.

52:14
Esta profecía es acerca del Mesías
El trato que Jesús sufrió antes y durante su muerte en la cruz fue terrible. Muchos de los que lo presenciaron quedaron conmovidos por lo malo que fue.

53:2-3
Isaías estaba describiendo a alguien importante
Esto se refería al Mesías venidero, que descendería de la línea de Isaí (ver 11:1). Él soportaría un gran sufrimiento y muchos lo odiarían.

53:6
Las personas son como ovejas
Las ovejas son animales sumisos e ignorantes que a menudo se pierden y se ven envueltos en situaciones peligrosas. Lo mismo es cierto para los seres humanos que se desvían de Dios.

52:12 [1] Lit. *en fuga*. El T. M. dice: *rociará*.   52:15 [1] Así en la versión gr. El Targum dice: *esparcirá*.   53:2 [1] Lit. *mamón*.   53:3 [1] O *enfermedad*.   53:4 [1] O *aflicciones*.   53:5 [1] O *traspasado*.   [2] O *bienestar*.   [3] O *llagas*.   53:6 [1] Lit. *se encontrara con*.

8   Por opresión y juicio fue quitado;
    Y en cuanto a Su generación, ¿quién tuvo en cuenta
    Que Él fuera cortado de la tierra de los vivientes[1]
    Por la transgresión de mi pueblo, a quien
        correspondía la herida[2]?

9   Se dispuso con los impíos Su sepultura,
    Pero con el rico fue en Su muerte,
    Aunque no había hecho violencia,
    Ni había engaño en Su boca.

LA EXALTACIÓN DEL SIERVO

10 Pero quiso el SEÑOR
    Quebrantarlo, sometiéndolo a padecimiento[1].
    Cuando Él[2] se entregue a Sí mismo *como* ofrenda de
        expiación,
    Verá a *Su* descendencia[3],
    Prolongará *Sus* días,
    Y la voluntad del SEÑOR en Su mano prosperará.

11 Debido a la angustia[1] de Su alma,
    Él *lo* verá[2] y quedará satisfecho.
    Por Su conocimiento, el Justo,
    Mi Siervo, justificará a muchos,
    Y cargará las iniquidades de ellos.

12 Por tanto, Yo le daré parte con los grandes
    Y con los fuertes repartirá despojos,
    Porque derramó Su alma hasta la muerte
    Y con los transgresores fue contado;
    Llevó el pecado de muchos,
    E intercedió por los transgresores.

FECUNDIDAD DE JERUSALÉN

54 «Grita de júbilo, oh estéril, la que no ha dado a luz;
    Prorrumpe en gritos de júbilo y clama en alta voz,
        la que no ha estado de parto;
    Porque son más los hijos de la desolada
    Que los hijos de la casada», dice el SEÑOR.

2   «Ensancha el lugar de tu tienda,
    Extiende[1] las cortinas de tus moradas, no escatimes;
    Alarga tus cuerdas
    Y refuerza tus estacas.

3   Porque te extenderás hacia la derecha y hacia la
        izquierda;
    Tu descendencia[1] poseerá naciones,
    Y poblarán ciudades desoladas.

4   »No temas, pues no serás avergonzada,
    Ni te sientas humillada, pues no serás agraviada;
    Sino que te olvidarás de la vergüenza de tu juventud,
    Y del oprobio de tu viudez no te acordarás más.

5   Porque tu esposo es tu Hacedor,
    El SEÑOR de los ejércitos es Su nombre;

53:10
Ofrenda de expiación
Los israelitas tenían que hacer ofrendas por sus pecados, incluso por los inadvertidos o accidentales. La persona le traía un carnero al sacerdote para que lo sacrificara y pagaba una multa (ver Levítico 5:14-19). Jesús se convirtió en la ofrenda por el pecado de todo el mundo.

54:1
La mujer estéril
Esta es una imagen de Israel. (Ver también la nota en 49:21).

54:2
Por qué había que ensanchar las tiendas
Esto podría significar que Jerusalén crecería después del exilio. Puede incluir también la idea de hacer lugar para los gentiles en la familia de Dios.

53:8 [1] O *de la vida.*   [2] La versión gr. (sept.), y los M.M.M. dicen: *de mi pueblo fue herido.*   53:10 [1] Lit. *le hizo enfermar.*   [2] Lit. *su alma.*   [3] Lit. *simiente.*   53:11 [1] O *al trabajo penoso.*   [2] Otra posible lectura es: *verá luz.*   54:2 [1] Lit. *y que extiendan.*   54:3 [1] Lit. *simiente.*

Y tu Redentor es el Santo de Israel,
Que se llama Dios de toda la tierra.

6 Porque como a mujer abandonada y afligida de
espíritu,
Te ha llamado el SEÑOR,
Y como a esposa de la juventud que es repudiada»,
Dice tu Dios.

7 «Por[1] un breve momento te abandoné,
Pero con gran compasión te recogeré.

8 En un acceso[1] de ira
Escondí Mi rostro de ti por un momento,
Pero con misericordia eterna tendré compasión
de ti»,
Dice el SEÑOR tu Redentor.

9 «Porque esto es para Mí como en los días[1] de Noé,
Cuando juré que las aguas de Noé
Nunca más inundarían[2] la tierra.
Así he jurado que no me enojaré contra ti,
Ni te reprenderé.

10 Porque los montes serán quitados y las colinas
temblarán,
Pero Mi misericordia no se apartará de ti,
Y el pacto de Mi paz no será quebrantado»,
Dice el SEÑOR, que tiene compasión de ti.

11 «Oh afligida[1], azotada por la tempestad, sin
consuelo,
Yo asentaré tus piedras en antimonio,
Y tus cimientos en zafiros[2].

12 Haré tus almenas de rubíes,
Tus puertas de cristal[1]
Y todo tu muro[2] de piedras preciosas.

13 Todos tus hijos serán enseñados por el[1] SEÑOR,
Y grande será el bienestar[2] de tus hijos.

14 En justicia serás establecida.
Estarás lejos de la opresión, pues no temerás,
Y del terror, pues no se acercará a ti.

15 Si alguien te ataca ferozmente, no será de Mi
parte.
Cualquiera que te ataque, por causa de ti
caerá.

16 Yo he creado al herrero que sopla las brasas
en el fuego
Y saca una herramienta para su trabajo;
Yo he creado al devastador para destruir.

17 Ningún arma forjada contra ti prosperará,
Y condenarás toda lengua que se alce contra
ti en juicio.
Esta es la herencia de los siervos del SEÑOR,
Y su justificación procede de Mí», declara el
SEÑOR.

54:9-10
El pacto de Dios
Dios le había prometido su amor infalible a Israel. Era como el pacto que había hecho con Noé de nunca más volver a destruir la tierra con un diluvio.

54:11-12
Almenas
Se trataba de muros bajos en la parte superior de las torres. Ellos escondían y protegían a los soldados. La descripción de la ciudad hecha con piedras preciosas representa a la Nueva Jerusalén que Dios construirá cuando Cristo vuelva a la tierra.

54:7 [1] Lit. En.   54:8 [1] Lit. desbordamiento.   54:9 [1] Algunos mss.
dicen: Porque esto es para mí las aguas.   [2] Lit. no pasarían más sobre.
54:11 [1] O pobrecita.   [2] O lapislázuli.   54:12 [1] O carbúnculo.   [2] Lit. límite.
54:13 [1] O discípulos del.   [2] O la paz.

MISERICORDIA PARA TODOS

55 «Todos[1] los sedientos, vengan a las aguas;
Y los que no tengan dinero, vengan, compren y coman.
Vengan, compren vino y leche
Sin dinero y sin costo alguno.

2 ¿Por qué gastan dinero[1] en lo que no es pan,
Y su salario en lo que no sacia?
Escúchenme atentamente, y coman lo que es bueno,
Y se deleitará su alma en la abundancia[2].

3 Inclinen su oído y vengan a Mí,
Escuchen y vivirá su alma.
Y haré con ustedes un pacto eterno,
Conforme a las fieles misericordias mostradas a[1] David.

4 Lo he puesto por testigo a los pueblos,
Por guía y jefe de las naciones.

5 Tú llamarás a una nación que no conocías,
Y una nación que no te conocía, correrá a ti
A causa del SEÑOR tu Dios, el Santo de Israel;
Porque Él te ha glorificado».

6 Busquen al SEÑOR mientras puede ser hallado,
Llámenlo en tanto que está cerca.

7 Abandone el impío su camino,
Y el hombre malvado sus pensamientos,
Y vuélvase al SEÑOR,
Que tendrá de él compasión,
Al Dios nuestro,
Que será amplio en perdonar.

8 «Porque Mis pensamientos no son los pensamientos de ustedes,
Ni sus caminos son Mis caminos», declara el SEÑOR.

9 «Porque *como* los cielos son más altos que la tierra,
Así Mis caminos son más altos que sus caminos,
Y Mis pensamientos más que sus pensamientos.

10 Porque como descienden de los cielos la lluvia y la nieve,
Y no vuelven allá sino que riegan[1] la tierra,
Haciéndola producir y germinar,
Dando semilla al sembrador y pan al que come,

11 Así será Mi palabra que sale de Mi boca,
No volverá a Mí vacía
Sin haber realizado lo que deseo,
Y logrado *el propósito* para el cual la envié.

12 Porque con alegría saldrán,
Y con paz serán conducidos.
Los montes y las colinas prorrumpirán en gritos de júbilo delante de ustedes,
Y todos los árboles del campo aplaudirán.

13 En lugar del espino crecerá el ciprés,
Y en lugar de la ortiga crecerá el mirto.
Y esto[1] será para gloria[2] del SEÑOR,
Para señal eterna que nunca será borrada».

55:1 [1] Lit. *Oh, todos.*   55:2 [1] Lit. *pesan plata.*   [2] O *grosura.*
55:3 [1] Lit. *misericordias de.*   55:10 [1] O *empapan.*   55:13 [1] I.e. la transformación del desierto.   [2] Lit. *nombre.*

55:1

Vino, pan y leche para los hambrientos y sedientos sin dinero

Un vendedor podía poner su mercadería a disposición de los compradores pobres si la dejaba a costo cero o si alguien pagaba por ella. Eso era lo que Dios estaba haciendo. Él afirmaba que los que estuvieran espiritualmente sedientos podían suplir su necesidad, porque Jesús pagó el precio (53:5-9)

55:3

Pacto eterno

Dios hizo muchos acuerdos con su pueblo. El pacto con David consistía en que sus descendientes reinarían para siempre. Jesús, un descendiente de David, cumplió esta promesa, ya que él reina por siempre. Los que creen en Jesús se hacen parte de la familia de Dios.

55:11

La palabra de Dios

Esto significa las promesas de Dios. En el tiempo de Isaías, las personas oían la palabra de Dios mayormente a través de los profetas. Más adelante, la escucharían por medio de las Escrituras. Sus promesas son como el decreto de un rey.

55:12-13

La creación alaba a Dios

Isaías usa palabras poéticas para decir que toda la creación, incluyendo los montes y los árboles, alabará al Creador. Esta es la imagen de una vida nueva: la maldición del pecado representada por los espinos y las ortigas será cancelada, y hermosos árboles crecerán en su lugar.

IMPORTANCIA DE GUARDAR EL PACTO DE DIOS

56 Así dice el SEÑOR:
«Preserven el derecho y hagan justicia,
Porque Mi salvación está para llegar
Y Mi justicia para ser revelada.

2 Cuán bienaventurado es el hombre que hace esto,
Y el hijo del hombre que a ello se aferra;
Que guarda el día de reposo sin profanarlo,
Y guarda su mano de hacer mal alguno».

3 Que el extranjero que se ha allegado al SEÑOR, no diga:
«Ciertamente el SEÑOR me separará de Su pueblo».
Ni diga el eunuco: «Soy un árbol seco».

4 Porque así dice el SEÑOR:
«A los eunucos que guardan Mis días de reposo,
Escogen lo que me agrada
Y se mantienen firmes en Mi pacto,

5 Les daré en Mi casa y en Mis muros un lugar,
Y un nombre mejor que el de hijos e hijas.
Les¹ daré nombre eterno que nunca será borrado.

6 »Y a los extranjeros que se unan al SEÑOR
Para servirle, y para amar el nombre del SEÑOR,
Para ser Sus siervos, a todos los que guardan el día de reposo sin profanarlo,
Y se mantienen firmes en Mi pacto,

7 Yo los traeré a Mi santo monte,
Y los alegraré en Mi casa de oración.
Sus holocaustos y sus sacrificios serán aceptados sobre Mi altar;
Porque Mi casa será llamada casa de oración para todos los pueblos».

8 Declara el Señor DIOS¹ que reúne a los dispersos de Israel:
«Todavía les² juntaré otros a los³ ya reunidos».

9 Todas las bestias del campo,
Todas las bestias del bosque,
Vengan a comer.

10 Los centinelas de Israel son ciegos,
Ninguno sabe nada.
Todos son perros mudos que no pueden ladrar,
Soñadores¹ acostados, amigos de dormir;

11 Y los perros son voraces¹, no se sacian².
Ellos son pastores que no saben entender.
Todos se han apartado por su propio camino,
Cada cual, hasta el último, busca su propia ganancia.

56:3-8
Extranjeros y eunucos

Los extranjeros y los eunucos que vivían con los israelitas no tenían permitido alabar con el pueblo de Dios (ver Deuteronomio 23:1-2). Sin embargo, aquí el profeta dice que incluso los que han sido rechazados tendrán un lugar en el nuevo reino de Dios.

56:11
Perros

Los perros no se tenían como mascotas durante los tiempos bíblicos. Estos vivían de las sobras y la basura en las calles. Los perros eran vistos como perezosos, ruidosos y malos. Isaías comparó a los profetas de Israel con los perros.

56:5 ¹ Así en los M.M.M.; en el T.M., le.   56:8 ¹ Heb. *YHWH*, generalmente traducido *Señor*.   ² Lit. *le*.   ³ Lit. *sus*.   56:10 ¹ Así en los M.M.M.; en el T.M., *los que deliran*.   56:11 ¹ Lit. *fuertes de alma* o de *apetito*.   ² Lit. *no conocen la hartura*.

12 «Vengan», *dicen*, «busquemos¹ vino y
    embriaguémonos de licor;
Y mañana será como hoy, solo que mucho mejor».

LA IDOLATRÍA DE ISRAEL CONDENADA

57 El justo perece, y no hay quien se preocupe¹;
    Los hombres piadosos son arrebatados, sin que
    nadie comprenda.
Porque el justo es arrebatado ante el mal,
2 Y entra en la paz;
    Descansan en sus lechos
    Los que andan¹ en su camino recto².
3 «Pero ustedes vengan acá, hijos de hechicera,
    Descendientes¹ de adúltero y ramera².
4 ¿De quién se burlan?
    ¿Contra quién abren la boca
    Y sacan la lengua?
    ¿No son ustedes hijos de rebeldía,
    Descendientes¹ de la mentira;
5 *Que* arden con pasión entre los robles¹,
    Bajo todo árbol frondoso;
    Que sacrifican los hijos en las quebradas²,
    Debajo de las hendiduras de las peñas?
6 Entre las *piedras* lisas¹ de la quebrada²
    Está tu parte; ellas, ellas son tu suerte.
    También para ellas has derramado libación,
    Has ofrecido ofrenda de cereal.
    ¿He de aplacarme³ con estas cosas?
7 Sobre un monte alto y encumbrado
    Has puesto tu cama;
    Allí también subiste a ofrecer sacrificio.
8 Y detrás de la puerta y del umbral¹
    Has puesto tu señal.
    En verdad, lejos de Mí te has descubierto,
    Y has subido *y* ensanchado tu cama;
    De ellos has logrado pacto a tu favor,
    Has amado su cama²,
    Has contemplado *su* virilidad³.
9 Has ido al¹ rey con ungüento,
    Y has multiplicado tus perfumes;
    Has enviado tus emisarios a gran distancia,
    Y *los* has hecho descender al Seol².
10 Te cansaste por lo largo de tu camino,
    Pero no dijiste: "No hay esperanza".
    Hallaste nuevas fuerzas¹,
    Por eso no desfalleciste².
11 »¿Y de quién te asustaste y tuviste miedo,
    Cuando mentiste y no te acordaste de Mí,

57:5
Qué sucedía bajo los robles
Personas que no pertenecían al pueblo de Dios hacían actos de inmoralidad e idolatría a dioses paganos. La adoración a Moloc o Baal a veces incluía sacrificios de niños, porque era gente muy mala y perversa.

57:8
Símbolos paganos
El pueblo de Dios tenía que colocar los mandamientos en los dinteles de las puertas para recordar al Señor. En cambio, ellos pusieron símbolos de idolatría detrás de sus puertas.

56:12 ¹ Así en algunas versiones antiguas; en el T.M., *buscaré*.   57:1 ¹ Lit. *lo
ponga en el corazón*.   57:2 ¹ Lit. *el que anda*.   ² Lit. *su rectitud*.
57:3 ¹ Lit. *simiente*.   ² Así en algunas versiones antiguas; en heb. *ella se prostituye*.
57:4 ¹ Lit. *simiente*.   57:5 ¹ O *terebintos*.   ² O *los torrentes*.   57:6 ¹ I.e.
símbolos de los dioses de la fertilidad.   ² O *el torrente*.   ³ O *arrepentirme*.
57:8 ¹ Lit. *poste*.   ² O *acostarse*.   ³ Lit. *mano*.   57:9 ¹ Lit. *has viajado hacia él.*
² I.e. región de los muertos.   57:10 ¹ Lit. *la vida de tu mano.*   ² O *te enfermaste*.

Ni pensaste en ello¹?
¿No es acaso porque he guardado silencio por mucho tiempo
Que no me temes?

12 Yo declararé tu justicia y tus hechos,
Pero de nada te aprovecharán.

13 Cuando clames, que tus ídolos te libren¹.
Pero a todos se los llevará el viento,
Un soplo los arrebatará.
Pero el que en Mí se refugie, heredará la tierra,
Y poseerá Mi santo monte».

14 Y se dirá:
«Construyan, construyan, preparen el camino,
Quiten los obstáculos del camino de Mi pueblo».

15 Porque así dice el Alto y Sublime
Que vive para siempre¹, cuyo nombre es Santo:
«Yo habito en lo alto y santo,
Y también con el contrito y humilde de espíritu,
Para vivificar el espíritu de los humildes
Y para vivificar el corazón de los contritos.

16 Porque no estaré en pleito para siempre,
Ni estaré siempre enojado,
Pues el espíritu desfallecería ante Mí,
Y el aliento de los que Yo he creado.

17 A causa de la iniquidad de su codicia, me enojé y lo herí.
Escondí Mi rostro y me indigné,
Y él siguió desviándose por el camino de su corazón.

18 He visto sus caminos, pero lo sanaré.
Lo guiaré y le daré consuelo a él y a los que con él lloran,

19 Poniendo alabanza en¹ los labios.
Paz, paz al que está lejos y al que está cerca»,
Dice el SEÑOR, «y Yo lo sanaré».

20 Pero los impíos son como el mar agitado,
Que no puede estar quieto,
Y sus aguas arrojan cieno y lodo.

21 «No hay paz», dice mi Dios, «para los impíos».

EL AYUNO Y EL DÍA DE REPOSO

58 «Clama a voz en cuello, no te detengas.
Alza tu voz como trompeta,
Declara a Mi pueblo su transgresión
Y a la casa de Jacob sus pecados.

2 Con todo me buscan día tras día y se deleitan en conocer Mis caminos,
Como nación que hubiera hecho justicia,
Y no hubiera abandonado la ley de su Dios.
Me piden juicios justos,
Se deleitan en la cercanía de Dios.

3 Dicen: "¿Por qué hemos ayunado, y Tú no lo ves?
¿Por qué nos hemos humillado, y Tú no haces caso¹?".

57:15
Dónde habita Dios
Dios habita en un lugar alto y santo llamado cielo. Pero también vive dentro de los corazones de los humildes.

57:16-21
Dios no se enojaría para siempre con Israel
Dios estaba enojado con los que se habían rebelado contra él, pero perdonaría y restauraría a su pueblo.

58:3-5
El ayuno equivocado
Aunque ellos ayunaban, lo hacían en un intento de obtener la bendición de Dios. Mientras ayunaban, seguían comportándose de maneras que deshonraban a Dios, como discutiendo y maltratando a sus trabajadores. Así que su ayuno era hipócrita, porque sus corazones y actitudes no eran correctos.

57:11 ¹ Lit. ni lo pusiste en tu corazón.   57:13 ¹ Lit. tu colección te libre.
57:15 ¹ O mora en eternidad.   57:19 ¹ Lit. creando fruto de.   58:3 ¹ Lit. no sabes.

Pero en el día de su ayuno buscan *su* conveniencia
Y oprimen a todos sus trabajadores.
4 Ayunan para discusiones y riñas,
Y para herir con un puño malvado.
No ayunen como hoy,
Para que se oiga en lo alto su voz.
5 ¿Es ese el ayuno que Yo escogí para que un día se
    humille el hombre?
¿Es acaso para que incline su cabeza como un junco,
Y para que se acueste[1] en cilicio y ceniza?
¿Llamarán a esto ayuno y día acepto al SEÑOR?
6 ¿No es este el ayuno que Yo escogí:
Desatar las ligaduras de impiedad,
Soltar las coyundas del yugo,
Dejar ir libres a los oprimidos,
Y romper[1] todo yugo?
7 ¿No es para que compartas tu pan con[1] el hambriento,
Y recibas en casa a los pobres sin hogar;
Para que cuando veas al desnudo lo cubras,
Y no te escondas de tu semejante[2]?
8 Entonces tu luz despuntará como la aurora,
Y tu recuperación brotará con rapidez.
Delante de ti irá tu justicia;
Y la gloria del SEÑOR será tu retaguardia.
9 Entonces invocarás, y el SEÑOR responderá;
Clamarás, y Él dirá: "Aquí estoy".
Si quitas de en medio de ti el yugo,
El amenazar con[1] el dedo y el hablar iniquidad,
10 Y si te ofreces[1] a ayudar al hambriento,
Y sacias el deseo[2] del afligido,
Entonces surgirá tu luz en las tinieblas,
Y tu oscuridad *será* como el mediodía.
11 El SEÑOR te guiará continuamente,
Saciará tu deseo[1] en los lugares áridos
Y dará vigor a tus huesos.
Serás como huerto regado
Y como manantial cuyas aguas nunca faltan[2].
12 Los tuyos reedificarán las ruinas antiguas.
Tú levantarás los cimientos de generaciones
    pasadas,
Y te llamarán reparador de brechas,
Restaurador de calles[1] donde habitar.

13 »Si por causa del día de reposo apartas tu pie
Para no hacer lo que te plazca en Mi día santo,
Y llamas al día de reposo delicia, al *día* santo del
    SEÑOR, honorable,
Y lo honras, no siguiendo tus caminos,
Ni buscando tu placer,
Ni hablando de *tus propios* asuntos,
14 Entonces te deleitarás en el SEÑOR,
Y Yo te haré cabalgar sobre las alturas de la tierra,

58:6-9
Las expectativas de Dios
Dios esperaba que ellos buscaran la justicia, liberaran a los cautivos, compartieran con los pobres, y le dieran comida y techo a los que no tenían qué vestir o dónde estar.

58:12
Reedificar las ruinas
El pueblo reedificaría las ruinas de Jerusalén como una señal de que Dios estaba con ellos otra vez.

58:5 [1] Lit. *se extiende.*   58:6 [1] Lit. *rompan.*   58:7 [1] Lit. *para.*   [2] Lit. *carne.*
58:9 [1] Lit. *el extender.*   58:10 [1] Lit. *provees tu alma.*   [2] O *alma.*
58:11 [1] O *alma.*   [2] O *defraudan.*   58:12 [1] Lit. *sendas.*

Y te alimentaré *con* la heredad de tu padre Jacob;
Porque la boca del SEÑOR ha hablado».

CONFESIÓN DE LA MALDAD DE ISRAEL

59 La mano del SEÑOR no se ha acortado para salvar;
Ni Su oído se ha endurecido para oír.

2 Pero las iniquidades de ustedes han hecho separación
entre ustedes y su Dios,
Y los pecados le han hecho esconder Su rostro[1] para
no escuchar*los*.

3 Porque las manos[1] de ustedes están manchadas de
sangre,
Y sus dedos de iniquidad.
Sus labios hablan mentira,
Su lengua murmura maldad.

4 No hay quien clame con justicia ni quien abogue con
honestidad[1].
Confían en la confusión, y hablan falsedades;
Conciben malicia, y dan a luz iniquidad.

5 Incuban huevos de áspides y tejen telas de araña;
El que come de sus huevos muere,
Y del[1] que es aplastado sale una víbora.

6 Sus telas no servirán de vestidos,
Ni se cubrirán con lo que hacen.
Sus obras son obras de iniquidad,
Y actos de violencia hay en sus manos[1].

7 Sus pies corren al mal,
Y se apresuran a derramar sangre inocente.
Sus pensamientos son pensamientos de iniquidad,
Desolación y destrucción hay en sus caminos.

8 Camino de paz no conocen,
Y no hay justicia[1] en sus senderos.
Han torcido a su favor las sendas,
Cualquiera que ande en ellas[2] no conoce la paz.

9 Por tanto, el derecho está lejos de nosotros,
Y no nos alcanza la justicia.
Esperamos luz, y solo hay tinieblas;
Claridad, *pero* andamos en oscuridad.

10 Vamos tocando la pared como ciegos,
Y andamos a tientas como los que no tienen ojos;
Tropezamos al mediodía como al anochecer,
Entre los robustos *somos* como muertos.

11 Todos nosotros gruñimos como osos,
Y gemimos tristemente como palomas.
Esperamos la justicia[1], pero no la hay,
La salvación, *pero* está lejos de nosotros.

12 Porque se han multiplicado nuestras transgresiones
delante de Ti,
Y nuestros pecados testifican[1] contra nosotros.
Porque nuestras transgresiones están con nosotros,
Y conocemos nuestras iniquidades:

59:3-4
Los pecados del pueblo
Ellos eran culpables de practicar la violencia, decir mentiras, cometer injusticias y causar disturbios.

59:12
Por qué Isaías confiesa a favor del pueblo
Isaías era un representante de toda la comunidad. Si alguien en una comunidad pecaba, todos eran culpables por ese pecado.

59:2 [1] Así en algunas versiones antiguas; en el T.M., *el rostro*.   59:3 [1] Lit. *palmas*.
59:4 [1] Lit. *en verdad*.   59:5 [1] Lit. *el*.   59:6 [1] Lit. *palmas*.   59:8 [1] O *derecho*.
[2] Lit. *ella*.   59:11 [1] O *derecho*.   59:12 [1] Lit. *responden*.

13 Transgredir y negar al SEÑOR,
   Apartarse de nuestro Dios,
   Hablar de opresión y rebelión,
   Concebir y proferir en el corazón palabras
      mentirosas.
14 Se ha vuelto atrás el derecho,
   Y la justicia permanece lejos;
   Porque ha tropezado en la plaza la verdad,
   Y la rectitud no puede entrar.
15 Sí, falta la verdad,
   Y el que se aparta del mal es hecho presa.
   Y *lo* vio el SEÑOR,
   Y desagradó[1] a Sus ojos que no hubiera derecho.
16 Vio que no había nadie,
   Y se asombró de que no hubiera quien intercediera.
   Entonces Su brazo le trajo salvación,
   Y Su justicia lo sostuvo.
17 Se puso la justicia como coraza,
   Y el casco de salvación en Su cabeza;
   Como vestidura se puso ropas de venganza,
   Y se envolvió de celo como de un manto.
18 Conforme a los hechos[1], así Él pagará:
   Furor para Sus adversarios, justo pago[1] para Sus
      enemigos;
   A las islas[2] dará[3] *su* pago[1].
19 Y temerán[1] desde el occidente el nombre del SEÑOR
   Y desde el nacimiento del sol Su gloria,
   Porque Él vendrá como torrente impetuoso[2],
   Que el viento del SEÑOR impulsa.
20 «Y vendrá un Redentor a Sión
   Y a los que se aparten de la transgresión en Jacob»,
      declara el SEÑOR.

21 «En cuanto a Mí», dice el SEÑOR, «este es Mi pacto con ellos»: «Mi Espíritu que está sobre ti, y Mis palabras que he puesto en tu boca, no se apartarán de tu boca, ni de la boca de tu descendencia[1], ni de la boca de la descendencia[1] de tu descendencia[1]», dice el SEÑOR, «desde ahora y para siempre».

FUTURA GLORIA DE JERUSALÉN

60 Levántate, resplandece, porque ha llegado tu luz
   Y la gloria del SEÑOR ha amanecido sobre ti.
2 Porque tinieblas cubrirán la tierra
   Y densa oscuridad los pueblos.
   Pero sobre ti amanecerá el SEÑOR,
   Y sobre ti aparecerá Su gloria.
3 Y acudirán las naciones a tu luz,
   Y los reyes al resplandor de tu amanecer.

4 Levanta tus ojos en derredor y mira:
   Todos se reúnen, vienen a ti.
   Tus hijos vendrán de lejos,
   Y tus hijas serán llevadas en brazos[1].

59:19
A quién traería Dios a su reino
Todas las naciones del oriente al occidente verían la obra salvadora de Dios y lo honrarían.

59:21
Otro pacto
Dios prometió que su Espíritu no abandonaría a su pueblo.

60:1-3
Luz en medio de la oscuridad
Aunque el mundo parece estar cubierto por la oscuridad, el pueblo de Dios refleja la luz del amor divino. Jesús trajo luz a las tinieblas del mundo.

59:15 [1] Lit. *fue malo.*   59:18 [1] Lit. *recompensa(s).*   [2] O *costas.*   [3] Lit. *retribuirá.*
59:19 [1] O *reverenciarán.*   [2] Lit. *estrecho.*   59:21 [1] Lit. *simiente.*
60:4 [1] Lit. *criadas al costado.*

60:5-7
Lo que representaban las riquezas, el oro y los camellos
Todas esas cosas eran señales de las bendiciones de Dios para su pueblo.

60:6-7
Madián, Efa, Sabá, Cedar y Nebaiot
Estas eran tribus muy prósperas que vivían en Arabia.

60:10
Cuándo los israelitas pudieron reedificar
En 444 a. C., Artajerjes emitió un decreto que le permitió a Nehemías reconstruir la muralla de Jerusalén.

60:16
La leche de las naciones
Esta era otra forma de decir que el Señor salvó a su pueblo.

5 Entonces *lo* verás y resplandecerás,
Y se estremecerá y se regocijará¹ tu corazón,
Porque vendrá sobre ti la abundancia del mar,
Las riquezas de las naciones vendrán a ti.

6 Una multitud de camellos te cubrirá,
Camellos jóvenes de Madián y de Efa.
Todos los de Sabá vendrán,
Traerán oro e incienso,
Y traerán buenas nuevas de las alabanzas del SEÑOR.

7 Todos los rebaños de Cedar serán reunidos para ti,
Los carneros de Nebaiot estarán a tu servicio.
Subirán como *ofrenda* agradable sobre Mi altar,
Y Yo glorificaré¹ la casa de Mi gloria².

8 ¿Quiénes son estos que vuelan como nubes,
Y como palomas a sus palomares?

9 Ciertamente las costas me esperarán,
Y las naves de Tarsis *vendrán* primero,
Para traer a tus hijos de lejos,
Y su plata y su oro con ellos,
Por el nombre del SEÑOR tu Dios,
Y por el Santo de Israel porque Él te ha glorificado¹.

10 Extranjeros edificarán tus murallas,
Y sus reyes te servirán.
Porque en Mi furor te herí,
Pero en Mi benevolencia he tenido compasión de ti.

11 Tus puertas estarán abiertas de continuo.
Ni de día ni de noche se cerrarán,
Para que te traigan las riquezas de las naciones,
Con sus reyes llevados en procesión.

12 Porque la nación y el reino que no te sirvan,
perecerán,
Y esas naciones serán completamente destruidas.

13 La gloria del Líbano vendrá a ti,
El ciprés, el olmo y el boj a una,
Para hermosear el lugar de Mi santuario.
Y Yo haré glorioso el lugar de Mis pies.

14 Vendrán a ti humillados los hijos de los que te
afligieron,
Se postrarán a las plantas de tus pies todos los que te
despreciaban,
Y te llamarán Ciudad del SEÑOR,
Sión del Santo de Israel.

15 Por cuanto tú estabas abandonada y aborrecida,
Sin que nadie pasara *por ti,*
Haré de ti gloria eterna,
Gozo de generación en generación.

16 Y mamarás la leche de las naciones,
Mamarás al pecho de los reyes.
Entonces sabrás que Yo, el SEÑOR, soy tu Salvador
Y tu Redentor, el Poderoso de Jacob.

17 En vez de bronce, traeré oro,
En vez de hierro, traeré plata,

60:5 ¹ Lit. *se ensanchará.* 60:7 ¹ O *hermosearé.* ² O *hermosura.*
60:9 ¹ O *hermoseado.*

En vez de madera, bronce,
Y en vez de piedras, hierro.
Pondré como tus administradores la paz,
Y como tus gobernantes la justicia.

18 No se oirá *hablar* más de violencia en tu tierra,
Ni de desolación, ni de destrucción dentro de tus
   límites;
Sino que llamarás a tus murallas salvación y a tus
   puertas alabanza.

19 Ya el sol no será para ti luz del día,
Ni el resplandor de la luna te alumbrará;
Sino que tendrás al SEÑOR por luz eterna,
Y a tu Dios por tu gloria[1].

20 Nunca más se pondrá tu sol,
Ni menguará tu luna,
Porque tendrás al SEÑOR por luz eterna,
Y se habrán acabado los días de tu luto.

21 Entonces todos los de tu pueblo *serán* justos.
Para siempre poseerán la tierra,
Vástago de Mi[1] plantío,
Obra de Mis manos,
Para que Yo me glorifique.

22 El más pequeño llegará a ser un millar[1],
Y el más insignificante una nación poderosa.
Yo, el SEÑOR, a su tiempo lo apresuraré.

BUENAS NUEVAS DE SALVACIÓN

61 El Espíritu del Señor DIOS[1] está sobre mí,
   Porque me ha ungido el SEÑOR
Para traer buenas nuevas a los afligidos[2].
Me ha enviado para vendar a los quebrantados de
   corazón,
Para proclamar libertad a los cautivos
Y liberación a los prisioneros[3];

2 Para proclamar el año favorable del SEÑOR,
Y el día de venganza de nuestro Dios;
Para consolar a todos los que lloran,

3 Para conceder que a los que lloran *en* Sión
Se les dé diadema en vez de ceniza,
Aceite de alegría en vez de luto,
Manto de alabanza en vez de espíritu abatido;
Para que sean llamados robles[1] de justicia,
Plantío del SEÑOR, para que Él sea glorificado.

4 Entonces reedificarán las ruinas antiguas,
Levantarán los lugares devastados de antaño,
Y restaurarán las ciudades arruinadas,
Los lugares devastados de muchas generaciones.

5 Se presentarán extraños y apacentarán los rebaños de
   ustedes,
E hijos de extranjeros *serán* sus labradores y sus
   viñadores.

61:3
Aceite y cenizas
Las cenizas eran una señal de aflicción. El aceite de oliva representaba las ocasiones alegres, como cuando los reyes eran ungidos. La tristeza de ellos se convertiría en alegría.

60:19 [1] O *hermosura.*   60:21 [1] Lit. *su.*   60:22 [1] O *una tribu.*   61:1 [1] Heb. *YHWH,* generalmente traducido *Señor.*   [2] O *humildes.*   [3] Lit. *apertura a los atados.*   61:3 [1] O *terebintos.*

6 Y ustedes serán llamados sacerdotes del SEÑOR;
Ministros de nuestro Dios se les llamará.
Comerán las riquezas de las naciones,
Y en su gloria¹ se jactarán.

7 En vez de su vergüenza *tendrán* doble *porción*,
Y *en vez de* humillación ellos gritarán de júbilo por su
herencia.
Por tanto, poseerán el doble en su tierra,
Y tendrán alegría eterna.

8 Porque Yo, el SEÑOR, amo el derecho,
Odio el robo en el holocausto¹.
Fielmente les daré su recompensa,
Y haré con ellos un pacto eterno.

9 Entonces su descendencia¹ será conocida entre las
naciones,
Y sus vástagos en medio de los pueblos.
Todos los que los vean los reconocerán,
Porque son la simiente que el SEÑOR ha bendecido.

10 En gran manera me gozaré en el SEÑOR,
Mi alma se regocijará en mi Dios.
Porque Él me ha vestido de ropas de salvación,
Me ha envuelto en manto de justicia
Como el novio se engalana con una corona,
Como la novia se adorna con sus joyas.

11 Porque como la tierra produce sus renuevos,
Y como el huerto hace brotar lo sembrado en él,
Así el Señor DIOS¹ hará que la justicia y la alabanza
Broten en presencia de todas las naciones.

CERTEZA DE LA SALVACIÓN

62 Por amor de Sión no callaré,
Y por amor de Jerusalén no me estaré quieto,
Hasta que salga su justicia como resplandor,
Y su salvación se encienda como antorcha.

2 Entonces verán las naciones tu justicia,
Y todos los reyes tu gloria,
Y te llamarán con un nombre nuevo,
Que la boca del SEÑOR determinará.

3 Serás también corona de hermosura en la mano del
SEÑOR,
Y diadema¹ real en la palma de tu Dios.

4 Nunca más se dirá de ti: «Abandonada¹»,
Ni de tu tierra se dirá jamás: «Desolada²»;
Sino que se te llamará: «Mi deleite está en ella³»,
Y a tu tierra: «Prometida⁴».
Porque en ti se deleita el SEÑOR,
Y tu tierra tendrá esposo.

5 Porque *como* el joven se desposa con una virgen,
Se desposarán contigo tus hijos;
Y *como* se regocija el¹ esposo por la esposa,
Tu Dios se regocijará por ti.

61:10
Cómo una novia y un sacerdote vestían de forma parecida
Una novia, al igual que un sacerdote, a menudo usaba un turbante.

62:4
Sus nombres serían cambiados
Cambiar los nombres era una excelente manera de demostrar un cambio de circunstancias. Los nuevos nombres expresaban felicidad en lugar de tristeza.

61:6 ¹ O *sus riquezas.*   61:8 ¹ O *con iniquidad.*   61:9 ¹ Lit. *simiente.*
61:11 ¹ Heb. *YHWH,* generalmente traducido *Señor.*   62:3 ¹ Lit. *turbante.*
62:4 ¹ O *Azuba.*   ² O *Semamá.*   ³ O *Hefzi-bá.*   ⁴ O *Beulá.*   62:5 ¹ Lit. *la alegría del.*

6 Sobre tus murallas, oh Jerusalén, he colocado
centinelas;
En todo el día y en toda la noche jamás callarán.
Ustedes que hacen que el SEÑOR recuerde, no se den
descanso,
7 Ni le concedan descanso hasta que *la* restablezca,
Hasta que haga de Jerusalén una alabanza en la
tierra.
8 El SEÑOR ha jurado por Su diestra y por Su fuerte
brazo:
«Nunca más daré tu grano por alimento a tus
enemigos,
Ni hijos de extranjeros beberán tu vino nuevo por el
que trabajaste».
9 Pero los que lo cosechen, lo comerán y alabarán al
SEÑOR;
Y los que lo recolecten, lo beberán en los atrios de Mi
santuario.

10 Pasen, pasen por las puertas;
Abran camino al¹ pueblo.
Construyan, construyan la calzada;
Quiten las piedras, alcen estandarte sobre los pueblos.
11 El SEÑOR ha proclamado hasta los confines de la
tierra:
«Digan a la hija de Sión: "Tu salvación viene;
Su galardón está con Él, y delante de Él Su
recompensa"».
12 Y los llamarán: «Pueblo Santo.
Redimidos del SEÑOR».
Y a ti te llamarán: «Ciudad Deseada. Ciudad no
abandonada».

EL DÍA DE LA VENGANZA DIVINA

63 ¿Quién es este que viene de Edom,
De Bosra con vestiduras de colores brillantes¹;
Este, majestuoso en Su ropaje,
Que marcha² en la plenitud de Su fuerza?
Soy Yo que hablo en justicia, poderoso para salvar.
2 ¿Por qué es rojo Tu ropaje,
Y Tus vestiduras como *las* del que pisa en el lagar?
3 «El lagar lo he pisado Yo solo;
De los pueblos, ningún hombre *estaba* conmigo.
Los pisé en Mi ira
Y los aplasté en Mi furor.
Su sangre¹ salpicó Mis vestiduras
Y manché² todo Mi ropaje.
4 Porque el día de la venganza *estaba* en Mi corazón,
Y el año de Mi redención había llegado.
5 Miré, y no había quien ayudara,
Me asombré de que no hubiera quien apoyara.
Entonces Mi propio brazo obtuvo salvación por Mí,
Y fue Mi propio furor el que me sostuvo.

62:6
Más centinelas
Estos eran probablemente los que
estaban esperando al mensajero
con las buenas nuevas (52:8).
Ellos estarían orando que Dios no
guardara silencio y restaurara a
Jerusalén.

63:1
Edom y Bosra
Edom era una región al sudeste de
Israel. Bosra era su capital. Aquí,
Edom simbolizaba a un mundo que
odiaba al pueblo de Dios.

62:10 ¹ Lit. *del*.   63:1 ¹ O *carmesí*.   ² Lit. *inclinándose*.   63:3 ¹ Lit. *jugo*.
² Lit. *contaminé*.

6 Pisoteé los pueblos en Mi ira,
Los embriagué en Mi furor
Y derramé su sangre por tierra[1]».

RECUENTO DE LAS MISERICORDIAS DEL Señor

7 Las misericordias del SEÑOR recordaré, las alabanzas
del SEÑOR,
Conforme a todo lo que nos ha otorgado el SEÑOR,
Por Su gran bondad hacia la casa de Israel,
Que les ha otorgado conforme a Su compasión
Y conforme a la multitud de Sus misericordias.
8 Porque Él dijo: «Ciertamente, ellos son Mi pueblo,
Hijos que no engañarán».
Y Él fue su Salvador.
9 En todas sus angustias Él estuvo afligido[1],
Y el ángel de Su presencia los salvó.
En Su amor y en Su compasión los redimió,
Los levantó y los sostuvo todos los días de antaño.
10 Pero ellos se rebelaron
Y afligieron Su Santo Espíritu;
Por lo cual Él se convirtió en su enemigo
Y peleó contra ellos.
11 Entonces Su pueblo se acordó de los días antiguos, de
Moisés.
¿Dónde está el que los sacó del mar con los pastores[1]
de Su rebaño?
¿Dónde está el que puso Su Santo Espíritu en medio
de ellos[2],
12 El que hizo que Su glorioso brazo fuera a la derecha
de Moisés,
El que dividió las aguas delante de ellos para hacerse
un nombre eterno,
13 El que los condujo por los abismos?
Como un caballo en el desierto, no tropezaron;
14 Como a ganado que desciende al valle,
El Espíritu del SEÑOR les[1] dio descanso.
Así guiaste a Tu pueblo,
Para hacerte un nombre glorioso.

PLEGARIA POR AYUDA Y MISERICORDIA

15 Mira desde el cielo, y ve desde Tu santa y gloriosa
morada;
¿Dónde está Tu celo y Tu poder?
La conmoción de Tus entrañas y Tu compasión para
conmigo se han restringido.
16 Porque Tú eres nuestro Padre, aunque Abraham no
nos conoce,
Ni nos reconoce Israel.
Tú, oh SEÑOR, eres nuestro Padre,
Desde la antigüedad Tu nombre es Nuestro Redentor.
17 ¿Por qué, oh SEÑOR, nos haces desviar de Tus caminos
Y endureces nuestro corazón a Tu temor?

63:11-13
A qué se refiere este pasaje
Esta es una descripción del Señor guiando a los israelitas en su salida de Egipto a través del mar Rojo por tierra seca.

63:17
Desviarse de Dios
Dios le otorgó a su pueblo la libertad de alejarse de él, pero no los obligó a hacerlo. Él nunca desea que pequemos.

63:6 [1] Lit. *hice caer su jugo a la tierra.*   63:9 [1] Otra posible lectura es: *Él no fue adversario.*   63:11 [1] Algunos mss. dicen: *el pastor.*   [2] Lit. *él.*   63:14 [1] Lit. *le.*

Vuélvete por amor de Tus siervos, las tribus de Tu
heredad.
18 Tu pueblo santo poseyó Tu santuario por breve tiempo;
Pero nuestros adversarios *lo* han pisoteado.
19 Hemos venido a ser *como* aquellos sobre los que
nunca gobernaste,
Como aquellos que nunca fueron llamados por Tu
nombre.

64 ¹¡Oh, si rasgaras los cielos *y* descendieras!
Si los montes se estremecieran ante Tu presencia
2 ¹(Como el fuego enciende el matorral, *como* el fuego
hace hervir el agua),
Para dar a conocer Tu nombre a Tus adversarios,
Para que ante Tu presencia tiemblen las naciones!
3 Cuando hiciste cosas terribles que no esperábamos,
Y descendiste, los montes se estremecieron ante Tu
presencia.
4 Desde la antigüedad no habían escuchado ni puesto
atención,
Ni el ojo había visto a un Dios fuera de Ti
Que obrara a favor del que esperaba en Él.
5 Sales al encuentro del que se regocija en practicar la
justicia,
De los que se acuerdan de Ti en Tus caminos.
Pero te enojaste porque pecamos;
Continuamos en los pecados¹ por mucho tiempo,
¿Y seremos salvos?
6 Todos nosotros somos como el inmundo,
Y como trapo de inmundicia todas nuestras obras
justas.
Todos nos marchitamos como una hoja,
Y nuestras iniquidades, como el viento, nos arrastran.
7 Y no hay quien invoque Tu nombre,
Quien se despierte para agarrarse de Ti.
Porque has escondido Tu rostro de nosotros
Y nos has entregado al¹ poder de nuestras
iniquidades.

8 Pero ahora, oh SEÑOR, Tú eres nuestro Padre,
Nosotros el barro, y Tú nuestro alfarero;
Obra de Tus manos somos todos nosotros.
9 No te enojes en exceso, oh SEÑOR,
Ni para siempre te acuerdes de la iniquidad.
Mira, te rogamos, todos nosotros somos Tu pueblo.
10 Tus ciudades santas se han vuelto un desierto;
Sión se ha convertido en un desierto,
Jerusalén en una desolación.
11 Nuestra casa santa y hermosa
Donde te alababan nuestros padres,
Ha sido quemada *por el* fuego
Y todas nuestras cosas preciosas se han convertido en
ruinas.

64:4
Lo que significa esperar en el Señor
Esperar en Dios significa confiar en él y prometer servirle aun cuando las cosas andan mal.

64:8
La imagen del alfarero
La Biblia a menudo describe a Dios como el alfarero que creó a su pueblo. Él es el artista y nosotros somos su creación.

64:1 ¹ En el texto heb. cap. 63:19.   64:2 ¹ En el texto heb. cap. 64:1.   64:5 ¹ Lit. *en ellos.*   64:7 ¹ Así en la versión gr. (sept.); en el T.M., *derretido en el.*

¹² ¿Te detendrás ante estas cosas, oh SEÑOR?
   ¿Guardarás silencio y nos afligirás sin medida?

CASTIGO DE LOS REBELDES

65 «Me dejé buscar por los que no preguntaban *por Mí*;
   Me dejé hallar por los que no me buscaban.
   Dije: "Aquí estoy, aquí estoy",
   A una nación que no invocaba Mi nombre.

² Extendí Mis manos todo el día hacia un pueblo
      rebelde,
   Que anda por el camino que no es bueno, en pos de
      sus pensamientos.

³ Es un pueblo que de continuo me provoca en Mi
      propio rostro,
   Sacrificando en huertos y quemando incienso sobre
      ladrillos;

⁴ Que se sienta entre sepulcros y pasa la noche en
      lugares secretos;
   Que come carne de cerdo,
   Y *en* sus ollas hay caldo de *carnes* inmundas;

⁵ Que dice: "Quédate donde estás, no te acerques a mí,
   Porque soy más santo que tú".
   Estos son humo en Mi nariz,
   Fuego que arde todo el día.

⁶ Esto está escrito delante de Mí:
   No guardaré silencio, sino que *les* daré su pago,
   Y *les* recompensaré en su seno,

⁷ Por sus iniquidades y por las iniquidades de sus
      padres también», dice el SEÑOR.
   «Porque quemaron incienso en los montes,
   Y en las colinas me injuriaron;
   Por tanto mediré en su seno su obra pasada».

⁸ Así dice el SEÑOR:
   «Como cuando se encuentra vino nuevo en el racimo
   Y *alguien* dice: "No lo destruyas,
   Porque en él hay bendición",
   Así haré Yo por Mis siervos
   Para no destruir*los* a todos¹.

⁹ Sacaré de Jacob descendencia¹
   Y de Judá heredero de Mis montes.
   Mis escogidos la heredarán,
   Y Mis siervos morarán allí.

¹⁰ Sarón será pastizal para ovejas,
   Y el valle de Acor para lugar de descanso de vacas,
   Para Mi pueblo que me busca.

¹¹ Pero ustedes que abandonan al SEÑOR,
   Que olvidan Mi santo monte,
   Que ponen mesa para *el dios de* la Fortuna¹,
   Y que preparan² vino mezclado para el *dios del*
      Destino³,

¹² Yo los destinaré a la espada,
   Y todos ustedes se encorvarán para la matanza.

65:4
Por qué el pueblo se sentaría entre los sepulcros
Deben haber ido allí a tratar de contactarse con los espíritus de los muertos.

65:10
Sarón y el valle de Acor
Estos eran lugares en el extremo oeste y este de Israel, por lo que juntos representaban a todo el país.

65:8 ¹ Lit. *la totalidad.*   65:9 ¹ Lit. *simiente.*   65:11 ¹ Heb. *Gad.*   ² Lit. *llenan.*
³ Heb. *Mení.*

Porque llamé, pero no respondieron,
Hablé, pero no oyeron;
Hicieron lo malo ante Mis ojos
Y escogieron aquello que no me complacía».

13 Por tanto, así dice el Señor DIOS[1]:
«Ciertamente Mis siervos comerán, pero ustedes
tendrán hambre.
Mis siervos beberán, pero ustedes tendrán sed.
Mis siervos se alegrarán, pero ustedes serán
avergonzados;
14 Mis siervos darán gritos de júbilo con corazón alegre,
Pero ustedes clamarán con corazón triste[1],
Y con espíritu quebrantado gemirán.
15 Y dejarán su nombre como maldición a Mis escogidos.
El Señor DIOS[1] te matará,
Pero Mis siervos serán llamados[2] por otro nombre.
16 Porque el que es bendecido[1] en la tierra,
Será bendecido[2] por el Dios de la verdad;
Y el que jura en la tierra,
Jurará por el Dios de la verdad.
Porque han sido olvidadas las angustias primeras,
Y porque están ocultas a Mis ojos.

17 »Por tanto, Yo creo cielos nuevos y una tierra nueva,
Y no serán recordadas las cosas primeras ni vendrán
a la memoria[1].
18 Pero gócense y regocíjense para siempre en lo que Yo
voy a crear;
pues voy a crear a Jerusalén *para* regocijo,
Y a su pueblo *para* júbilo.
19 Me regocijaré por Jerusalén y me gozaré por Mi
pueblo.
No se oirá más en ella
Voz de lloro ni voz de clamor.
20 No habrá más allí niño *que viva pocos* días,
Ni anciano que no complete sus días.
Porque el joven morirá a los cien años,
Y el que no alcance[1] los cien años
Será *considerado* maldito.
21 Construirán casas y *las* habitarán,
También plantarán viñas y comerán su fruto.
22 No edificarán para que otro habite,
Ni plantarán para que otro coma;
Porque como los días de un árbol, *así serán* los días
de Mi pueblo,
Y Mis escogidos disfrutarán de[1] la obra de sus manos.
23 No trabajarán en vano,
Ni darán a luz para desgracia[1],
Porque son la simiente de los benditos del SEÑOR,
Ellos, y sus vástagos con ellos.

65:17
Los cielos nuevos y la tierra nueva
Esto habla sobre un tiempo en el que Dios concederá su salvación y trasformará el mundo.

65:20-25
La vida en el nuevo reino
Las personas disfrutarán de larga vida, el Señor bendecirá su trabajo, escuchará sus oraciones y habrá paz en la tierra.

65:13 [1] Heb. *YHWH,* generalmente traducido *Señor.*   65:14 [1] Lit. *con dolor de corazón.*   65:15 [1] Heb. *YHWH,* generalmente traducido *Señor.*   [2] Así en la versión gr. (sept.); en heb. *El llamará a sus siervos.*   65:16 [1] O *se bendice.*   [2] O *se bendecirá.*   65:17 [1] Lit. *al corazón.*   65:20 [1] Lit. *el que yerra el blanco de.*   65:22 [1] Lit. *consumirán.*   65:23 [1] Lit. *terror súbito.*

²⁴ »Y sucederá que antes que ellos clamen, Yo responderé; aún estarán hablando, y Yo habré oído. ²⁵ El lobo y el cordero pastarán juntos, y el león, como el buey, comerá paja, y para la serpiente el polvo será su alimento. No harán mal ni dañarán en todo Mi santo monte», dice el SEÑOR.

FUTURO GLORIOSO DE SIÓN

66 Así dice el SEÑOR:
«El cielo es Mi trono y la tierra el estrado de Mis pies.
¿Dónde, pues, está la casa que podrían edificarme?
¿Dónde está el lugar de Mi reposo?
² Todo esto lo hizo Mi mano,
Y así todas estas cosas llegaron a ser», declara el SEÑOR.
«Pero a este miraré:
Al que es humilde y contrito de espíritu, y que tiembla ante Mi palabra.

³ »El que mata un buey *es como* el que mata a un hombre,
El que sacrifica un cordero *como* el que desnuca un perro,
El que presenta ofrenda de cereal *como el que ofrece* sangre de cerdo,
El que quema¹ incienso *como* el que bendice a un ídolo.
Como ellos han escogido sus *propios* caminos,
Y su alma se deleita en sus abominaciones,
⁴ También Yo escogeré sus castigos¹,
Y traeré sobre ellos lo que temen.
Porque llamé, pero nadie respondió,
Hablé, pero no escucharon.
Más bien hicieron lo malo ante Mis ojos,
Y escogieron lo que no me complacía».

⁵ Oigan la palabra del SEÑOR, ustedes que tiemblan ante Su palabra:
«Sus hermanos que los aborrecen, que los excluyen por causa de Mi nombre,
Han dicho: "Sea el SEÑOR glorificado, para que veamos la alegría de ustedes".
Pero ellos serán avergonzados.
⁶ Voz de estruendo viene de la ciudad, una voz sale del templo:
La voz del SEÑOR que da el pago¹ a Sus enemigos.

⁷ »Antes que estuviera de parto, ella dio a luz;
Antes que le vinieran los dolores, dio a luz un niño.
⁸ ¿Quién ha oído cosa semejante? ¿Quién ha visto tales cosas?
¿Es dado a luz un país en un solo día?
¿Nace una nación *toda* de una vez?
Pues Sión apenas estuvo de parto, dio a luz a sus hijos.
⁹ Yo que hago que se abra la matriz, ¿no haré nacer?», dice el SEÑOR.
«Yo que hago nacer, ¿cerraré *la matriz?*», dice tu Dios.

66:3
Por qué se critican los sacrificios
Los sacrificios solo era aceptables a Dios si se ofrecían con un corazón puro. Los sacrificios que no eran sinceros resultaban tan malos como los sacrificios inmundos.

66:3 ¹ Lit. *ofrece memorial de.*   66:4 ¹ Lit. *maltratos.*   66:6 ¹ Lit. *la recompensa.*

10 Alégrense con Jerusalén y regocíjense por ella, todos
       los que la aman;
    Rebosen de júbilo con ella, todos los que por ella
       hacen duelo,
11 Para que mamen y se sacien del pecho de sus
       consolaciones,
    Para que chupen y se deleiten de su seno abundante[1].
12 Porque así dice el SEÑOR: «Yo extiendo hacia ella paz
       como un río,
    Y la gloria de las naciones como torrente desbordado.
    Y ustedes mamarán, serán llevados sobre la cadera[1] y
       acariciados sobre las rodillas.
13 Como a uno a quien consuela su madre, así los
       consolaré Yo;
    En Jerusalén serán consolados».
14 Cuando *lo* vean, se llenará de gozo su corazón,
    Y sus huesos florecerán como hierba tierna.
    La mano del SEÑOR se dará a conocer a Sus siervos,
    Y *Su* indignación a Sus enemigos.
15 Porque el SEÑOR vendrá en fuego
    Y Sus carros como torbellino,
    Para descargar Su ira con furor
    Y Su reprensión con llamas de fuego.
16 Porque el SEÑOR juzgará con fuego
    Y con Su espada a toda carne[1],
    Y serán muchos los muertos por el SEÑOR.
17 «Los que se santifican y se purifican *para ir* a los
       huertos,
    Tras uno *que está* en el centro,
    Que comen carne de cerdo, cosas detestables y
       ratones,
    A una perecerán», declara el SEÑOR.

18 «Pero Yo conozco[1] sus obras y sus pensamientos. Llegará *el tiempo* de juntar a todas las naciones y lenguas, y vendrán y verán Mi gloria. 19 Y pondré señal entre ellos y enviaré a sus sobrevivientes a las naciones: a Tarsis, a Fut[1], a Lud, a Mesec, a Ros[2], a Tubal y a Javán[3], a las costas remotas que no han oído de Mi fama ni han visto Mi gloria. Y ellos anunciarán Mi gloria entre las naciones.

20 »Entonces traerán a todos sus hermanos de todas las naciones como ofrenda al SEÑOR, en caballos, en carros, en literas, en mulos y en camellos, a Mi santo monte, Jerusalén», dice el SEÑOR, «tal como los israelitas traen su ofrenda de grano en vasijas limpias a la casa del SEÑOR. 21 Y también tomaré *algunos* de ellos para sacerdotes *y para* levitas», dice el SEÑOR.

22   «Porque como los cielos nuevos y la tierra nueva
       Que Yo hago permanecerán delante de Mí», declara el
          SEÑOR,
       «Así permanecerán su descendencia[1] y su nombre.

66:15-16
Torbellino y fuego
Ambas son imágenes del juicio de Dios.

66:19
Tarsis, Fut, Lud, Mesec, Ros, Tubal y Javán
Estos lugares representaban el mundo entero. Dios enviaría las noticias de su gloria a toda la tierra.

66:11 [1] O *del seno de su gloria.*   66:12 [1] Lit. *al costado.*   66:16 [1] O *todo ser humano.*   66:18 [1] Así en algunos mss. de la versión gr. (sept.); el texto heb. omite: *conozco.*   66:19 [1] En heb. *Pul.*   [2] Así en algunos mss. de la versión gr. (sept.); en heb. *a Lud, a los que disparan el arco.*   [3] I.e. Grecia.
66:22 [1] Lit. *simiente.*

66:24
El significado de este versículo

Habría un tormento eterno para todos los que no siguieran a Dios. Los gusanos y el fuego usualmente consumen los cuerpos con rapidez, pero en este caso el deterioro y la destrucción durarían para siempre.

23 Y sucederá que de luna nueva en luna nueva
Y de día de reposo en día de reposo,
Todo mortal[1] vendrá a postrarse delante de Mí», dice
el SEÑOR.

24 «Y cuando salgan, verán
Los cadáveres de los hombres
Que se rebelaron[1] contra Mí;
Porque su gusano no morirá,
Ni su fuego se apagará,
Y serán el horror[2] de toda la humanidad[3]».

66:23 [1] Lit. toda carne.　　66:24 [1] O transgredieron.　　[2] O el desprecio.　　[3] Lit. carne.

Jeremías

¿QUIÉN ESCRIBIÓ ESTE LIBRO?	El profeta Jeremías
¿POR QUÉ SE ESCRIBIÓ ESTE LIBRO?	Dios usaría a Babilonia para castigar el pecado de Judá. Jeremías les insistió al rey y al pueblo que se rindieran ante Babilonia.
¿QUÉ TIENE DE ESPECIAL ESTE LIBRO?	Jeremías es fiel a Dios, aunque el pueblo de Judá se burle de él y lo odie. Jeremías profetiza que un día Dios perdonará y restaurará a su pueblo.

¿QUÉ CAPÍTULOS HABLAN SOBRE LAS EXPERIENCIAS DE JEREMÍAS?

Jeremías es azotado	Jeremías 20:1-6
Jeremías es amenazado	Jeremías 26
Jeremías y el falso profeta	Jeremías 28
Jeremías compra un campo	Jeremías 32
Jeremías en una cisterna	Jeremías 38:1-13
Jeremías es liberado	Jeremías 40:1-6

¿CUÁLES SON ALGUNOS DE LOS CAPÍTULOS IMPORTANTES EN ESTE LIBRO?

La maldad de Judá	Jeremías 5
Dios y los ídolos	Jeremías 10:1-16
Falsos profetas	Jeremías 23
El amor eterno de Dios	Jeremías 31
Una familia que obedeció a Dios	Jeremías 35
El castigo futuro de Dios	Jeremías 51

Área de Silo donde al principio Dios hizo morar su nombre (Jeremías 7:12).

LLAMAMIENTO Y COMISIÓN DE JEREMÍAS

1 Palabras de Jeremías, hijo de Hilcías, de los sacerdotes que *habitaban* en Anatot, en la tierra de Benjamín, **2** a quien vino la palabra del SEÑOR en los días de Josías, hijo de Amón, rey de Judá, en el año trece de su reinado. **3** También vino *a él la palabra* en los días de Joacim, hijo de Josías, rey de Judá, hasta el fin del año once de Sedequías, hijo de Josías, rey de Judá, *o sea,* hasta el destierro de Jerusalén en el mes quinto.

4 Y vino a mí la palabra del SEÑOR:

5 «Antes que Yo te formara en el seno materno, te
conocí,
Y antes que nacieras, te consagré;
Te puse por profeta a las naciones».
6 Entonces dije: «¡Ah, Señor DIOS[1]!
No sé hablar,
Porque soy joven».
7 Pero el SEÑOR me dijo:
«No digas: "Soy joven",
Porque adondequiera que te envíe, irás,
Y todo lo que te mande, dirás.
8 No tengas temor ante ellos,
Porque contigo estoy para librarte», declara el SEÑOR.

1:6 [1] Heb. YHWH, generalmente traducido *Señor.*

1:6
Cómo respondió Jeremías al llamado de Dios
Él alegó ser demasiado joven y no estar capacitado para hablar en nombre del Señor. Dios rechazó la excusa de Jeremías.

NACIONES Y CIUDADES BAJO JUICIO EN JEREMÍAS

9 Entonces el SEÑOR extendió Su mano y tocó mi boca. Y el SEÑOR me dijo:

«Yo he puesto Mis palabras en tu boca.
10 Mira, hoy te he dado autoridad sobre las naciones y sobre los reinos,
Para arrancar y para derribar,
Para destruir y para derrocar,
Para edificar y para plantar».

11 Vino entonces a mí la palabra del SEÑOR: «¿Qué ves tú, Jeremías?». «Veo una vara de almendro¹», respondí. **12** «Bien has visto», me dijo el SEÑOR, «porque Yo velo¹ sobre Mi palabra para cumplirla».

13 Por segunda vez vino a mí la palabra del SEÑOR: «¿Qué ves tú?». «Veo una olla hirviendo que se vuelca desde el norte¹», respondí.

14 Entonces me dijo el SEÑOR:
«Desde el norte vendrá¹ el mal
Sobre todos los habitantes de *esta*² tierra.
15 Porque Yo voy a llamar
A todas las familias de los reinos del norte»,
Declara el SEÑOR.
«Vendrán, y cada uno pondrá su trono
A la entrada de las puertas de Jerusalén,
Frente a todos sus muros alrededor
Y frente a todas las ciudades de Judá.
16 Y Yo pronunciaré¹ Mis juicios contra ellos
Por toda su maldad, porque me abandonaron,
Ofrecieron sacrificios² a otros dioses
Y adoraron la obra de sus manos.
17 Tú, pues, prepárate,
Levántate y diles todo lo que Yo te mande.
No temas ante ellos,
No sea que Yo te infunda temor delante de ellos.
18 Yo te he puesto hoy
Como ciudad fortificada,
Como columna de hierro y como muro¹ de bronce
Contra toda esta² tierra:
Contra los reyes de Judá, sus príncipes,
Sus sacerdotes y el pueblo de la tierra.
19 Pelearán contra ti, pero no te vencerán,
Porque Yo estoy contigo», declara el SEÑOR, «para librarte».

APOSTASÍA DE ISRAEL

2 Y vino a mí la palabra del SEÑOR: **2** «Ve y clama a los oídos de Jerusalén, diciendo: "Así dice el SEÑOR:

'De ti recuerdo el cariño¹ de tu juventud,
Tu amor de novia,
De cuando me seguías en el desierto,
Por tierra no sembrada.

1:15
Los reinos del norte
Esto probablemente se refiera a Babilonia y todos sus aliados.

1:18
La imagen de la ciudad fortificada, la columna de hierro y el muro de bronce
Estas son descripciones gráficas que evocan fuerza y seguridad. Dios le daría a Jeremías la capacidad de soportar el abuso y la persecución.

1:11 ¹ Heb. *shaqued.*   1:12 ¹ Heb. *shoqued.*   1:13 ¹ Lit. *su cara está opuesta al norte.*   1:14 ¹ Lit. *se abrirá o será suelto.*   ² Lit. *la.*   1:16 ¹ Lit. *hablaré.*   ² O *han quemado incienso.*   1:18 ¹ Lit. *muros.*   ² Lit. *la.*   2:2 ¹ O *la bondad.*

2:3
Israel fue escogida para ser una nación santa

Israel fue apartada por Dios para un propósito especial: ser la nación a través de la cual otras naciones conocerían a Dios y serían bendecidas. Como las primicias de una ofrenda, Israel sería la primera en recibir las bendiciones de Dios.

2:8, 27
Por qué las personas andaban tras cosas que no aprovechan

Con esto se hace referencia a los ídolos paganos que adoraban. Tal vez hayan creído que dentro de cada ídolo vivía un dios diferente. Sin embargo, también puede ser que hayan adorado a los dioses asirios para quedar en buenos términos con el pueblo de Asiria.

3 Santo era Israel para el SEÑOR,
Primicias de Su cosecha[1];
Todos los que comían de ella se hacían culpables;
El mal venía sobre ellos', declara el SEÑOR"».

4 Oigan la palabra del SEÑOR, casa de Jacob, y todas las familias de la casa de Israel. 5 Así dice el SEÑOR:

«¿Qué injusticia hallaron en Mí sus padres,
Para que se alejaran de Mí
Y anduvieran tras lo vano y se hicieran vanos?
6 Tampoco dijeron: "¿Dónde está el SEÑOR
Que nos hizo subir de la tierra de Egipto,
Que nos condujo por el desierto,
Por una tierra de lugares desolados y barrancos,
Por una tierra seca y tenebrosa[1],
Una tierra por la que nadie pasó
Y donde ningún hombre habitó?".
7 Yo los traje a ustedes a una tierra fértil,
Para que comieran de su fruto y de sus delicias[1].
Pero vinieron y contaminaron Mi tierra,
Y de Mi heredad hicieron abominación.
8 Los sacerdotes no dijeron: "¿Dónde está el SEÑOR?".
Los que se ocupaban de la ley no me conocieron,
Los gobernantes[1] se rebelaron contra Mí,
Y los profetas profetizaban por Baal,
Y andaban tras cosas que no aprovechan.

9 »Por tanto, aún lidiaré con ustedes», declara el SEÑOR,
«También con los hijos de sus hijos lidiaré.
10 Pasen, pues, a las islas de Quitim[1] y vean;
Envíen *gente* a Cedar y observen atentamente,
Y vean si ha habido *cosa* semejante:
11 ¿Ha cambiado alguna nación sus dioses,
Aunque *esos* no son dioses?
Pues Mi pueblo ha cambiado su gloria
Por lo que no aprovecha.
12 Espántense, oh cielos, por esto,
Y tiemblen, queden en extremo desolados», declara el SEÑOR.
13 «Porque dos males ha hecho Mi pueblo:
Me han abandonado a Mí,
Fuente de aguas vivas,
Y han cavado[1] para sí cisternas,
Cisternas agrietadas que no retienen el agua.

14 »¿Acaso Israel es un esclavo o un siervo nacido en casa?
¿Por qué se ha convertido en presa?
15 Contra él rugieron los leoncillos,
Fuertemente rugieron[1],
Y han hecho de su tierra una desolación;
Sus ciudades están quemadas, sin habitantes.
16 Incluso los hombres[1] de Menfis y de Tafnes
Te han afeitado[2] la coronilla.

2:3 [1] Lit. *fruto.*   2:6 [1] O *de sombra de muerte.*   2:7 [1] Lit. *cosas buenas.*
2:8 [1] Lit. *pastores.*   2:10 [1] I.e. Chipre.   2:13 [1] Lit. *para cavar.*   2:15 [1] Lit. *dieron su voz.*   2:16 [1] O *hijos.*   [2] En heb. *apacentado.*

17 ¿No te ha sucedido¹ esto
    Por haber dejado al SEÑOR tu Dios,
    Cuando Él te guiaba por el camino?
18 Y ahora, ¿qué haces en el camino a Egipto
    Para beber las aguas del Nilo¹?
    ¿O qué haces en el camino a Asiria
    Para beber las aguas del Éufrates²?
19 Te castigará tu propia maldad,
    Y tus apostasías te condenarán.
    Reconoce, pues, y ve que es malo y amargo
    El dejar al SEÑOR tu Dios,
    Y no tener temor de Mí¹», declara el Señor, DIOS² de
       los ejércitos.

20 «Porque desde hace tiempo rompí¹ tu yugo
    Y arranqué² tus coyundas;
    Pero dijiste: "No serviré".
    Porque sobre toda colina alta
    Y bajo todo árbol frondoso
    Te echabas como ramera.
21 Pero Yo te planté como vid escogida,
    Toda ella de semilla genuina.
    ¿Cómo, pues, te has convertido delante de Mí
    En un sarmiento degenerado de una vid extraña?
22 Aunque te laves con lejía
    Y uses mucho¹ jabón,
    La mancha de tu iniquidad está aún delante de Mí»,
       declara el Señor DIOS².
23 «¿Cómo puedes decir: "No estoy manchada,
    No me he ido tras los Baales"?
    Mira tu proceder en el valle,
    Reconoce lo que has hecho.
    Eres una camella joven y liviana que enreda sus pasos,
24 Asna montés acostumbrada al desierto,
    Que en su ardor olfatea el viento.
    En la época de su celo ¿quién la puede refrenar¹?
    Todos los que la busquen, no se tienen que fatigar,
    En su mes la hallarán.
25 Guarda tus pies de andar descalzos
    Y tu garganta de la sed.
    Pero tú dijiste: "Es en vano¹.
    ¡No! Porque amo a los extraños,
    Y tras ellos andaré".
26 Como se avergüenza el ladrón cuando es descubierto,
    Así se ha avergonzado la casa de Israel:
    Ellos, sus reyes, sus príncipes,
    Sus sacerdotes y sus profetas.
27 Son los que dicen al leño: "Mi padre eres tú",
    Y a la piedra: "Tú me engendraste".
    Porque ellos me han dado las espaldas,
    Y no el rostro;

2:20
Colinas altas y árboles frondosos
Estos eran los lugares donde se llevaba a cabo la adoración pagana.

2:22
Lejía y jabón
Al hablar de lejía y jabón en ese entonces se estaba haciendo referencia a polvos químicos hechos con álcalis minerales y álcalis vegetales (una sal que se encuentra en las cenizas de las plantas), los cuales se utilizaban para lavar. Este versículo dice que los pecados solo pueden ser eliminados cuando el pecador se arrepiente.

2:17 ¹ Lit. ¿No te has hecho.   2:18 ¹ Heb. Shijor.   ² Lit. río.   2:19 ¹ Lit. y
mi temor no está en ti.   ² Heb. YHWH, generalmente traducido Señor.
2:20 ¹ O rompiste.   ² O arrancaste.   2:22 ¹ Lit. y hagas que sea mucho para
ti el.   ² Heb. YHWH, generalmente traducido Señor.   2:24 ¹ O desviar.
2:25 ¹ O Es algo desesperado.

Pero en el tiempo de su calamidad[1] dirán:
"Levántate y sálvanos".

28 Pero ¿dónde están tus dioses,
Los que hiciste para ti?
Que se levanten, a ver si pueden salvarte
En el tiempo de tu calamidad[1];
Porque según el número de tus ciudades
Son tus dioses, oh Judá.

29 »¿Por qué contienden conmigo?
Todos ustedes se han rebelado contra Mí», declara el
SEÑOR.

30 «En vano he herido a sus hijos,
No han aceptado corrección.
La espada de ustedes ha devorado a sus profetas
Como león destructor.

31 ¡Oh generación, atiendan a la palabra del SEÑOR!
¿He sido Yo un desierto para Israel,
O una tierra de densa oscuridad?
¿Por qué dice Mi pueblo: "Vaguemos *libremente*;
No vendremos más a Ti"?

32 ¿Se olvida una virgen de sus adornos,
O una novia de su atavío[1]?
Pues Mi pueblo me ha olvidado
Por innumerables días.

33 ¡Qué bien preparas tu camino
Para buscar amor!
Por eso aun a las malvadas[1]
Has enseñado tus caminos.

34 También en tus faldas se halla
Sangre de la vida de pobres inocentes;
No los encontraste forzando la entrada.
Pero a pesar de todo esto,

35 Aún dices: "Soy inocente,
Ciertamente Su ira se ha apartado de mí".
Por tanto, entraré en juicio contigo
Porque dices: "No he pecado".

36 ¿Por qué das tantas vueltas[1]
Cambiando tu camino?
También por Egipto serás avergonzada
Como fuiste avergonzada por Asiria.

37 También de allí[1] saldrás
Con las manos en la cabeza;
Porque el SEÑOR ha desechado a aquellos en
quienes confías,
Y no prosperarás con ellos».

2:32
Adornos
Los hombres y mujeres de esa época usaban adornos o joyas hechos de marfil, bronce, plata y oro.

3:1
Judá era como una esposa infiel
Judá se había apartado de Dios para adorar a otros dioses, como una esposa que huye de su esposo para estar con otro hombre.

3 Dios dice: «Si un hombre se divorcia de su mujer,
Y ella se va de su lado
Y llega a ser de otro hombre,
¿Volverá él a ella?
¿No quedará esa tierra totalmente profanada?
Pues tú eres una ramera *con* muchos amantes[1],
Y, sin embargo, vuelves a Mí», declara el SEÑOR.

2:27 [1] O *mal.*   2:28 [1] O *mal.*   2:32 [1] Lit. *cinta.*   2:33 [1] O *con maldades.*
2:36 [1] O *eres tan frívola.*   2:37 [1] Lit. *este.*   3:1 [1] Lit. *compañeros.*

2 «Alza tus ojos a las alturas desoladas y mira;
  ¿Dónde no te has prostituido?
  Junto a los caminos te sentabas para ellos
  Como el árabe en el desierto.
  Has profanado la tierra
  Con tu prostitución y tu maldad.
3 Por eso fueron detenidas las lluvias,
  Y no hubo lluvia de primavera;
  Pero tú tenías frente de ramera,
  No quisiste avergonzarte.
4 ¿No acabas de llamarme:
  "Padre Mío, Tú eres el amigo¹ de mi juventud"?
      pensando:
5 "¿Guardará rencor para siempre?
  ¿Estará indignado¹ hasta el fin?".
  Así has hablado,
  Pero has hecho lo malo,
  Y has hecho tu voluntad²».

INFIDELIDAD DE ISRAEL Y DE JUDÁ

6 El SEÑOR me dijo en días del rey Josías: «¿Has visto lo que hizo la infiel Israel? Ella andaba sobre todo monte alto y bajo todo árbol frondoso, y allí se prostituía¹. 7 Y *me dije*: "Después que ella haya hecho todas estas cosas, volverá a Mí"; pero no regresó, y lo vio su rebelde hermana Judá. 8 Y vio¹ que a causa de todos los adulterios de la infiel Israel, Yo la había despedido, dándole carta de divorcio. Con todo, su rebelde hermana Judá no tuvo temor, sino que ella también fue y se hizo ramera. 9 A causa de la liviandad con que se prostituyó, profanó la tierra, y cometió adulterio con la piedra y con el leño. 10 A pesar de todo esto, su rebelde hermana Judá tampoco se volvió a Mí de todo corazón, sino con engaño», declara el SEÑOR.

11 Y el SEÑOR me dijo: «Más justa ha probado ser la infiel Israel que la rebelde Judá.

12 Ve y proclama estas palabras al norte, y di:
   "Regresa, infiel Israel", declara el SEÑOR,
   "No te miraré¹ con ira,
   Porque soy misericordioso", declara el SEÑOR;
   "No guardaré rencor para siempre.
13 Solo reconoce tu iniquidad,
   Pues contra el SEÑOR tu Dios te has rebelado,
   Has repartido tus favores¹ a los extraños bajo todo
      árbol frondoso,
   Y no has obedecido Mi voz", declara el SEÑOR.

14 "Vuelvan, hijos infieles", declara el SEÑOR, "porque Yo soy su dueño, y los tomaré, uno de *cada* ciudad y dos de *cada* familia, y los llevaré a Sión". 15 Entonces les daré pastores según Mi corazón, que los apacienten con conocimiento y con inteligencia. 16 En aquellos días, cuando ustedes se multipliquen y crezcan en la tierra», declara el SEÑOR, «no se dirá más:

3:4 ¹ Lit. guía.   3:5 ¹ Lit. *Lo guardará.*   ² Lit. *y has podido.*   3:6 ¹ O era *ramera.*   3:8 ¹ Así en un ms. y en versiones antiguas; en el T.M., *vi.*
3:12 ¹ Lit. *no haré que mi rostro caiga sobre ustedes.*   3:13 ¹ Lit. *caminos.*

3:11
Israel era más justa que Judá
Ambas habían rechazado al Señor, pero el pecado de Judá era peor. Judá debió haber mirado a Israel como ejemplo de lo que le podía suceder si se apartaba de Dios; sin embargo, ignoró el ejemplo y a los profetas que Dios envió a predicarles.

3:16
Lo que quiso decir Dios cuando afirmó que la gente no recordaría el arca del pacto del Señor
Dios estaba hablando de un tiempo en el que Jesús moriría por los pecados de las personas. Tras la muerte de Jesús, Dios y sus creyentes se unirían por medio de Cristo. El arca ya no sería importante, porque Dios viviría con su pueblo.

"Arca del pacto del SEÑOR". No les vendrá a la mente ni la recordarán, no *la* echarán de menos ni será hecha de nuevo. **17** En aquel tiempo llamarán a Jerusalén: "Trono del SEÑOR"; y todas las naciones acudirán a ella, a Jerusalén, a causa del nombre del SEÑOR; y no andarán más tras la terquedad de su malvado corazón. **18** En aquellos días andará la casa de Judá con la casa de Israel, y vendrán juntas de la tierra del norte a la tierra que di en heredad a sus padres.

19 »Yo había dicho:
"¡Cómo quisiera ponerte entre Mis[1] hijos,
Y darte una tierra deseable,
La más hermosa heredad de las naciones!".
Y decía: "Padre Mío me llamarán,
Y no se apartarán de seguirme".
20 Ciertamente, como una mujer se aparta en rebeldía de
su amado[1],
Así ustedes han obrado en rebeldía conmigo,
Oh casa de Israel», declara el SEÑOR.

21 Se oye una voz sobre las alturas desoladas,
El llanto de las súplicas de los israelitas;
Porque han pervertido su camino,
Han olvidado al SEÑOR su Dios.
22 Vuelvan, hijos infieles,
Yo sanaré su infidelidad.
Aquí estamos, venimos a Ti,
Porque Tú, el SEÑOR, eres nuestro Dios.
23 Ciertamente un engaño son las colinas
Y el tumulto *sobre* los montes.
Ciertamente, en el SEÑOR nuestro Dios
Está la salvación de Israel.

3:22
Dios estaba dispuesto a volver a aceptar a su pueblo
Dios animó a su pueblo a arrepentirse y volverse a él. Prometió bendecirlos si lo hacían.

24 «Pero lo vergonzoso consumió el trabajo de nuestros padres desde nuestra juventud: sus ovejas y sus vacas, sus hijos y sus hijas. **25** Acostémonos en nuestra vergüenza, y que nos cubra nuestra humillación, porque hemos pecado contra el SEÑOR nuestro Dios, nosotros y nuestros padres desde nuestra juventud hasta hoy, y no hemos obedecido la voz del SEÑOR nuestro Dios».

UN LLAMADO AL ARREPENTIMIENTO

4 «Si has de volver, oh Israel», declara el SEÑOR,
«Vuélvete a Mí.
Si quitas de Mi presencia tus abominaciones,
Y no vacilas,
2 Y juras: "Vive el SEÑOR",
En verdad, en juicio y en justicia,
Entonces en Él serán bendecidas las naciones,
Y en Él se gloriarán».

3 Porque así dice el SEÑOR a los hombres de Judá y de Jerusalén:

«Rompan la tierra no labrada,
Y no siembren entre espinos.

3:19 [1] Lit. *los.* 3:20 [1] O *compañero.*

⁴ Circuncídense para el SEÑOR,
  Y quiten los prepucios de sus corazones,
  Hombres de Judá y habitantes de Jerusalén,
  No sea que Mi furor salga como fuego
  Y arda y no haya quien *lo* apague,
  A causa de la maldad de sus obras».

⁵ Declaren en Judá y proclamen en Jerusalén, y
     digan:
  «Toquen la trompeta en la tierra;
  Clamen en alta voz, y digan:
  "Reúnanse y entremos
  En las ciudades fortificadas".
⁶ Levanten bandera hacia Sión;
  Busquen refugio, no se detengan;
  Porque traigo del norte la calamidad,
  Una gran destrucción.
⁷ Ha salido el león de la¹ espesura,
  Y el destructor de naciones se ha puesto en
     marcha;
  Ha salido de su lugar
  Para convertir tu tierra en desolación.
  Tus ciudades quedarán en ruinas, sin
     habitantes.
⁸ Por eso, vístanse de cilicio,
  Laméntense y giman;
  Porque no se ha apartado de nosotros
  La ardiente ira del SEÑOR».
⁹ «Y sucederá en aquel día», declara el SEÑOR
  «Que fallará el corazón del rey
  Y el corazón de los príncipes;
  Se quedarán atónitos los sacerdotes
  Y los profetas se pasmarán».

¹⁰ Entonces dije: «¡Ah, Señor DIOS¹! Ciertamente has engañado en gran manera a este pueblo y a Jerusalén, diciendo:
"Paz tendrán", cuando tienen la espada al cuello²».

¹¹ En aquel tiempo se dirá a este pueblo y a Jerusalén: «Un
viento abrasador de las alturas desoladas del desierto, en dirección a la hija de Mi pueblo, no para aventar, ni para limpiar,
¹² un viento demasiado fuerte para esto¹, vendrá a Mi manda-
to². Ahora Yo³ pronunciaré juicios contra ellos.

¹³ Miren, él sube como las nubes,
  Y sus carros como un torbellino;
  Sus caballos son más ligeros que las águilas.
  ¡Ay de nosotros, porque estamos perdidos!».

¹⁴ Lava de maldad tu corazón, Jerusalén,
  Para que seas salvada.
  ¿Hasta cuándo morarán dentro de ti
  Pensamientos perversos?
¹⁵ Porque una voz *lo* anuncia desde Dan,
  Y proclama el mal desde los montes de Efraín.

4:4
El significado de circuncidar el corazón
Este era un modo de decir que las personas debían eliminar las conductas pecaminosas de sus vidas.

4:5
Anunciar con trompeta
Las trompetas solían estar hechas de un cuerno de carnero o de toro. Cuando sonaban, las personas corrían a la ciudad amurallada más cercana para evitar ser capturadas por el enemigo.

4:6-7
La invasión del norte
El león era un símbolo de Babilonia, ciudad a la que aquí se hace referencia como el destructor.

4:8
Cilicio
Se trataba de un tejido áspero que las personas llevaban cuando estaban de luto. Este era un recordatorio de su tristeza.

4:11
Viento abrasador
Se refiere al viento conocido como «siroco» o «khamsin»: un viento cálido y seco que hacía volar mucha arena y polvo. El juicio de Dios sería como un viento destructivo que barrería todo en su camino.

4:7 ¹ Lit. *su.*   4:10 ¹ Heb. *YHWH*, generalmente traducido *Señor.*   ² O *y la espada toca hasta el alma.*   4:12 ¹ Lit. *estas cosas.*   ² Lit. *para mí.*   ³ Lit. *yo también.*

16 «Avísenlo a las naciones: ¡Aquí están!
    Proclamen sobre Jerusalén:
    "Sitiadores vienen de tierra lejana
    Y alzan sus voces contra las ciudades de Judá.
17 Como guardas de campo están apostados contra ella
        por todos lados,
    Porque se ha rebelado contra Mí", declara el SEÑOR.
18 Tu comportamiento y tus acciones
    Te han traído[1] estas cosas.
    Esta es tu maldad. ¡Qué amarga!
    ¡Cómo ha penetrado hasta tu corazón!».

4:19
Por qué el profeta sentía tanta tristeza
Jeremías amaba al pueblo de Judá, y era doloroso para él decirles que iban a sufrir.

19 ¡Alma mía, alma mía!
    Estoy angustiado, ¡oh corazón mío[1]!
    Mi corazón se agita dentro de mí;
    No callaré,
    Porque has oído, alma mía[2],
    El sonido de la trompeta,
    El pregón de guerra.
20 Desastre sobre desastre se anuncia,
    Porque es arrasada toda la tierra.
    De repente son arrasadas mis tiendas,
    En un instante mis cortinas.
21 ¿Hasta cuándo he de ver la bandera
    Y he de oír el sonido de la trompeta?
22 «Porque Mi pueblo es necio,
    No me conoce;
    Hijos torpes son,
    No son inteligentes.
    Astutos son para hacer el mal,
    Pero no saben hacer el bien».

23 Miré a la tierra, y estaba sin orden y vacía[1];
    Y a los cielos, y no tenían luz.
24 Miré a los montes, y temblaban,
    Y todas las colinas se estremecían[1].
25 Miré, y no había hombre alguno,
    Y todas las aves del cielo habían huido.
26 Miré, y la tierra fértil[1] era un desierto,
    Y todas sus ciudades estaban arrasadas
    Delante del SEÑOR, delante del ardor de Su ira.

27 Porque así dice el SEÑOR:

    «Una desolación será toda la tierra,
    Pero no causaré una destrucción total.
28 Por eso se enlutará la tierra,
    Y se oscurecerán los cielos arriba,
    Porque he hablado, lo he decidido,
    Y no me arrepentiré[1], ni me retractaré de ello».
29 Al ruido de jinetes y arqueros huye toda la ciudad;
    Entran en las espesuras y trepan por los peñascos.
    Toda ciudad está abandonada,
    Y no queda en ellas morador alguno.

4:18 [1] Lit. hecho.   4:19 [1] Lit. las paredes de mi corazón.   [2] O yo, mi alma, oí.
4:23 [1] O era caos y vacuidad.   4:24 [1] Lit. se movían ligeramente.   4:26 [1] O el Carmelo.   4:28 [1] Lit. no me pesará.

30 Y tú, desolada, ¿qué harás?
    Aunque te vistas de escarlata,
    Aunque te pongas*1* adornos de oro,
    Aunque te agrandes los ojos con pintura,
    En vano te embelleces;
    Te desprecian *tus* amantes,
    Solo buscan tu vida.
31 Porque oí un grito*1* como de mujer de parto,
    Angustia como de primeriza;
    Era el grito*1* de la hija de Sión que se ahogaba,
    Y extendía sus manos*2*, *diciendo:*
    «¡Ay ahora de mí, porque desfallezco*3* ante los
        asesinos!».

CORRUPCIÓN DE JERUSALÉN Y JUDÁ

5 «Recorran las calles de Jerusalén,
    Y miren ahora, e infórmense;
    Busquen en sus plazas,
    A ver si hallan *algún* hombre,
    Si hay quien haga justicia, que busque la verdad*1*,
    Y Yo la perdonaré.
2   Pues aunque digan: "Vive el SEÑOR",
    De cierto juran falsamente».
3   Oh, SEÑOR, ¿no *buscan* Tus ojos la verdad?
    Tú los heriste,
    Mas no les dolió;
    Tú los consumiste,
    Mas ellos rehusaron recibir corrección.
    Endurecieron sus rostros más que la roca*1*,
    Rehusaron arrepentirse.

4   Entonces yo dije: «Ciertamente estos *solo* son gente
        ignorante,
    Son necios,
    Porque no conocen el camino del SEÑOR
    Ni las ordenanzas de su Dios.
5   Me dirigiré a los grandes
    Y les hablaré,
    Porque ellos *sí* conocen el camino del SEÑOR
    Y las ordenanzas de su Dios».
    Pero también *todos* ellos a una habían quebrado el
        yugo
    Y roto las coyundas.
6   Por tanto los herirá el león de la selva,
    El lobo de los desiertos los destruirá;
    Un leopardo acecha sus ciudades,
    Y todo el que salga de ellas será despedazado,
    Porque son muchas sus transgresiones,
    Y numerosas sus apostasías.

7   «¿Por qué he de perdonarte por esto?
    Tus hijos me han abandonado
    Y han jurado por *lo que* no es Dios.

5:1
El desafío de Dios
Esto fue similar a cuando Abraham negoció con Dios para que perdonara a Sodoma y Gomorra. Había algunas personas justas en Jerusalén, pero el punto de Dios consistía en que eran demasiado pocas.

5:6
Por qué el león, el lobo y el leopardo atacarían a las personas
Esto era un símbolo del castigo que las personas enfrentarían por apartarse de Dios.

5:7-8
El pueblo era como un esposo o una esposa infiel
En lugar de mantener sus votos a Dios, se alejaron de él. Eran como un marido que abandona a su esposa o una esposa que deja a su marido para estar con otro hombre. El pueblo había cometido adulterio con otros dioses.

4:30 *1* Lit. *adornos con.*   4:31 *1* Lit. *una voz.*   *2* Lit. *palmas.*   *3* Lit. *mi alma desfallece.*   5:1 *1* Lit. *fidelidad.*   5:3 *1* O *peñasco.*

Cuando los sacié, cometieron adulterio
Y fueron en tropel a casa de las rameras.

8 Eran caballos cebados y fogosos,
Cada cual relinchando tras la mujer de su prójimo.

9 ¿No he de castigar a este pueblo¹?», declara el SEÑOR.
«De una nación como esta,
¿No he de vengarme?

10 »Suban por entre sus hileras de vides y destruyan,
Pero no hagan destrucción total;
Arranquen sus sarmientos,
Pues no son del SEÑOR;

11 Porque la casa de Israel y la casa de Judá
Han obrado pérfidamente conmigo», declara el
SEÑOR.

12 Han mentido acerca del SEÑOR
Y dijeron: «Él no *existe*.
Ninguna calamidad vendrá sobre nosotros,
Y no veremos ni espada ni hambre.

13 Los profetas son *como* el viento,
Y la palabra no está en ellos.
Que así se les haga a ellos».

14 Por tanto, así dice el SEÑOR, Dios de los ejércitos:

«Por cuanto han¹ hablado esta palabra,
Yo pongo Mis palabras en tu boca por fuego
Y a este pueblo por leña, y los consumirá.

15 Voy a traer de lejos una nación contra ustedes, oh
casa de Israel», declara el SEÑOR.
Es una nación fuerte,
Es una nación antigua,
Una nación cuya lengua no conoces,
Y no podrás entender lo que hable.

16 Su aljaba es como sepulcro abierto,
Todos ellos son valientes.

17 Devorará tu cosecha y tu pan,
Devorará a tus hijos y a tus hijas,
Devorará tus ovejas y tus vacas,
Devorará tus viñas y tus higueras;
A espada destruirá tus ciudades fortificadas en que
confías.

18 «Sin embargo, aun en aquellos días», declara el SEÑOR,
«no llevaré a cabo una destrucción total de ustedes. 19 Y cuando te pregunten¹: "¿Por qué el SEÑOR nuestro Dios nos ha
hecho todo esto?". Les dirás: "Así como ustedes me dejaron
y sirvieron a dioses extraños en su tierra, así servirán a extranjeros en una tierra que no es la de ustedes".

20 »Anuncien esto en la casa de Jacob
Y proclámenlo en Judá, diciendo:

21 "Oigan ahora esto, pueblo necio e insensible¹,
Que tienen ojos y no ven,
Tienen oídos y no oyen.

5:12-13
**Otras maneras en las que
el pueblo se alejó de Dios**
Ignoraron las advertencias de los
profetas y no los tomaron en serio.

5:15
**Una nación lejana
castigaría a Judá**
Era la nación de Babilonia, que
tenía una historia de más de dos
mil años.

5:9 ¹ Lit. *por estas cosas*.   5:14 ¹ Lit. *han*.   5:19 ¹ O *pregunten*.
5:21 ¹ Lit. *sin corazón*.

22 ¿No me temen?", declara el SEÑOR.
"¿No tiemblan delante de Mí,
Que puse la arena como frontera del mar,
Límite perpetuo que no traspasará?
Aunque se agiten las olas, no prevalecerán;
Aunque bramen, no pasarán sobre ella.
23 Pero este pueblo tiene un corazón terco y rebelde;
Se han desviado y se han ido.
24 No dicen en su corazón:
'Temamos ahora al SEÑOR nuestro Dios,
Que da la lluvia a su tiempo,
Tanto la lluvia de otoño como la de primavera,
Y que reserva para nosotros
Las semanas establecidas de la cosecha'.
25 Sus iniquidades han alejado estas cosas,
Y sus pecados los han privado del bien.
26 Porque en Mi pueblo se encuentran impíos
Que vigilan como cazadores al acecho[1];
Ponen trampa,
Atrapan hombres.
27 Como una jaula llena de pájaros,
Así están sus casas llenas de engaño;
Por eso se engrandecieron y se enriquecieron.
28 Han engordado y se han puesto lustrosos.
También sobrepasan en[1] obras de maldad;
No defienden la causa,
La causa del huérfano, para que prospere,
Ni defienden[2] los derechos del pobre.
29 ¿No he de castigar por esto?", declara el SEÑOR.
"De una nación como esta
¿No he de vengarme?".

30 »Algo espantoso y terrible
Ha sucedido en la tierra:
31 Los profetas profetizan falsamente,
Los sacerdotes gobiernan por su cuenta[1],
Y a Mi pueblo así le gusta.
Pero ¿qué harán al final de esto?

AMENAZAS DE INVASIÓN

6 »¡Huyan, hijos de Benjamín,
De en medio de Jerusalén!
Toquen trompeta en Tecoa,
Y alcen señal sobre Bet Haquerem[1],
Porque desde el norte se asoma el mal
Y una gran destrucción.
2 A la hermosa y delicada hija de Sión destruiré.
3 A ella vendrán pastores con sus rebaños,
Levantarán *sus* tiendas a su alrededor[1],
Y cada uno apacentará en su lugar[2].
4 Preparen[1] guerra contra ella;
Levántense y ataquemos[2] al mediodía.

5:26-29
La imagen de la jaula llena de pájaros

En la antigüedad, las personas colocaban pájaros domesticados dentro de una jaula para atraer a los pájaros salvajes hacia la trampa. Dios está diciendo que los ricos hicieron algo similar, poniéndoles trampas a los pobres a fin de conseguir aún más riqueza para ellos mismos.

6:4
Por qué el ejército atacaría al mediodía

El horario de ataque habitual era temprano por la mañana. De modo que hacerlo al mediodía sería una sorpresa.

5:26 [1] O *agachados.*   5:28 [1] O *no toman en cuenta las.*   [2] Lit. *juzgan.*
5:31 [1] Lit. *por sus manos.*   6:1 [1] I.e. *casa de la viña.*   6:3 [1] Lit. *contra ella en derredor.*   [2] Lit. *mano.*   6:4 [1] Lit. *Santifiquen.*   [2] Lit. *subamos.*

¡Ay de nosotros, porque el día declina,
Porque se extienden las sombras del anochecer!
⁵ Levántense, ataquemos de noche
Y destruyamos sus palacios[1]».

⁶ Porque así dice el SEÑOR de los ejércitos:

«Corten sus árboles,
Y pongan sitio[1] contra Jerusalén.
Esta es la ciudad que ha de ser castigada,
Todo dentro de ella es opresión.
⁷ Como un pozo mantiene frescas[1] sus aguas,
Así ella mantiene fresca[1] su maldad.
En ella se oyen violencia y destrucción;
Ante Mí hay de continuo enfermedades y heridas.
⁸ Sé precavida, oh Jerusalén,
No sea que mi alma se aleje de ti;
No sea que Yo te convierta en desolación,
En tierra despoblada».

⁹ Así dice el SEÑOR de los ejércitos:

«Buscarán, rebuscarán como en una viña al
remanente de Israel.
Vuelve a pasar tu mano como un vendimiador
Por los sarmientos».

¹⁰ ¿A quiénes hablaré y advertiré, para que oigan?
Sus oídos están cerrados[1],
Y no pueden escuchar.
La palabra del SEÑOR les es oprobio;
No se deleitan en ella.
¹¹ Pero estoy lleno del furor del SEÑOR,
Estoy cansado de retener*lo*.
«Derráma*lo* sobre los niños en la calle,
Y sobre la reunión[1] de los jóvenes;
Porque serán apresados tanto el marido como la
mujer,
El viejo y el muy anciano[2].
¹² Sus casas serán entregadas a otros,
Junto con sus campos y sus mujeres;
Porque extenderé Mi mano
Contra los habitantes de esta[1] tierra», declara el
SEÑOR.
¹³ «Porque desde el menor hasta el mayor,
Todos ellos codician ganancias,
Y desde el profeta hasta el sacerdote,
Todos practican el engaño.
¹⁴ Curan a la ligera el quebranto de Mi pueblo,
Diciendo: "Paz, paz",
Pero no hay paz.
¹⁵ ¿Se han avergonzado de la abominación que han
cometido?
Ciertamente no se han avergonzado,
Ni aún han sabido ruborizarse;

6:6
Poner sitio

El sitio o cerco de una ciudad se solía llevar a cabo con la ayuda de terraplenes y arietes. El ariete era una viga larga y pesada, cuyo extremo estaba reforzado, y que ayudaba al ejército invasor a derribar puertas y muros. Por otra parte, los terraplenes eran rampas que permitían desplazar armas y escalar las murallas.

6:14
El mensaje de los profetas

Estos falsos líderes ignoraban los pecados de las personas y prometían un futuro pacífico, aunque Dios estaba a punto de castigarlos por sus pecados.

6:5 [1] O *fortalezas*.   6:6 [1] O *levanten terraplén*.   6:7 [1] Lit. *fría*.
6:10 [1] Lit. *incircuncisos*.   6:11 [1] Lit. *el concilio reunido*.   [2] Lit. *con plenitud de días*.   6:12 [1] Lit. *la*.

Por tanto caerán entre los que caigan;
En la hora que Yo los castigue serán derribados», dice
    el SEÑOR.

16 Así dice el SEÑOR:

«Párense en los caminos y miren,
Y pregunten por los senderos antiguos,
Cuál es el buen camino, y anden por él;
Y hallarán descanso para sus almas.
Pero dijeron: "No andaremos *en él*".
17 Entonces puse centinelas sobre ustedes, *que dijeran:*
"Escuchen el sonido de la trompeta".
Pero dijeron: "No escucharemos".
18 Por tanto, oigan, naciones,
Y entiende, congregación, lo que *se hará* entre ellos.
19 Oye, tierra: Yo traigo una calamidad sobre este
    pueblo,
El fruto de sus planes,
Porque no han escuchado Mis palabras,
Y han desechado Mi ley.
20 ¿Para qué viene a Mí este incienso de Sabá
Y la dulce[1] caña de una tierra lejana?
Sus holocaustos no son aceptables,
Y sus sacrificios no me agradan».

21 Por tanto, así dice el SEÑOR:

«Yo pongo[1] piedras de tropiezo delante de este
    pueblo,
Y tropezarán en ellas
Padres e hijos a una;
El vecino y su prójimo perecerán».

22 Así dice el SEÑOR:

«Viene un pueblo de tierras del norte,
Y una gran nación se levantará de los confines de la
    tierra.
23 Empuñan arco y jabalina,
Crueles son, no tienen misericordia;
Sus voces braman como el mar,
Y montan a caballo,
Como hombres dispuestos para la guerra
Contra ti, hija de Sión».
24 Hemos oído de su fama,
Flaquean nuestras manos.
La angustia se ha apoderado de nosotros,
Dolor como de mujer de parto.
25 No salgas al campo
Ni andes por el camino,
Porque espada tiene el enemigo,
Hay terror por todas partes.
26 Hija de mi pueblo, cíñete el cilicio
Y revuélcate en ceniza.
Haz duelo como por hijo único,

6:16
Los senderos antiguos

Esta era una manera de referirse a los mandamientos del Señor. Los antepasados de Judá habían seguido al Señor y caminaron en su voluntad. Si ellos hubiesen seguido el mismo camino, habrían encontrado descanso para sus almas.

6:20
La dulce caña

Esto se refería a la caña aromática o el cálamo, una planta parecida al junco que crecía en el valle del Líbano. Al machacar el tallo se podía obtener un aceite de aroma dulce que se utilizaba en las ofrendas de incienso y también para ungir.

6:20 [1] Lit. *buena.*   6:21 [1] Lit. *doy.*

Lamento de gran amargura,
Porque de pronto el destructor
Vendrá sobre nosotros.

27 «Te he puesto como observador *y* como examinador
entre Mi pueblo,
Para que conozcas y examines su conducta».
28 Todos ellos son rebeldes obstinados
Que andan calumniando.
Son de hierro y bronce;
Todos ellos están corrompidos.
29 El fuelle sopla con furor,
El plomo es consumido por el fuego;
En vano se sigue refinando,
Pues los malvados no son separados.
30 Los llaman plata de deshecho,
Porque el SEÑOR los ha desechado.

LA ADORACIÓN VERDADERA

7 Palabra que vino a Jeremías de parte del SEÑOR, diciendo: 2 «Párate a la puerta de la casa del SEÑOR y proclama allí esta palabra, y di: "Oigan la palabra del SEÑOR, todos los de Judá, los que entran por estas puertas para adorar al SEÑOR"». 3 Así dice el SEÑOR de los ejércitos, el Dios de Israel: «Enmienden sus caminos y sus obras, y haré que ustedes moren en este lugar. 4 No confíen en palabras engañosas que dicen: "Este es¹ el templo del SEÑOR, el templo del SEÑOR, el templo del SEÑOR". 5 Porque si en verdad enmiendan sus caminos y sus obras, si en verdad hacen justicia entre el hombre y su prójimo, 6 y no oprimen al extranjero, al huérfano y a la viuda, ni derraman sangre inocente en este lugar, ni andan en pos de otros dioses para su propia ruina, 7 entonces haré que moren en este lugar, en la tierra que di a sus padres para siempre.

8 »Ustedes confían en palabras engañosas que no aprovechan. 9 ¿Robarán, matarán, cometerán adulterio, jurarán falsamente, ofrecerán sacrificios¹ a Baal y andarán en pos de otros dioses que no habían conocido? 10 ¿Y vendrán luego y se pondrán delante de Mí en esta casa, que es llamada por Mi nombre, y dirán: "Ya estamos salvos"; para después seguir haciendo todas estas abominaciones? 11 ¿Se ha convertido esta casa, que es llamada por Mi nombre, en cueva de ladrones delante de sus ojos? Yo mismo *lo* he visto», declara el SEÑOR.

12 «Ahora pues, vayan a Mi lugar en Silo, donde al principio hice morar Mi nombre, y vean lo que hice con él a causa de la maldad de Mi pueblo Israel. 13 Y ahora, por cuanto han hecho todas estas obras», declara el SEÑOR, «y a pesar de que les hablé desde temprano y hablando *sin cesar*, no oyeron; los llamé, pero no respondieron. 14 Como hice con Silo, así haré con la casa que es llamada por Mi nombre, en la cual confían, y al lugar que di a ustedes y a sus padres. 15 Y los echaré de Mi presencia, como eché a todos sus hermanos, a toda la descendencia¹ de Efraín.

7:1-2
Predicando en las puertas del templo
Los fieles tenían que atravesar las puertas del templo para llegar a las actividades que se desarrollaban dentro, en el patio. La puerta sería un buen lugar para captar la atención de las personas.

7:4
Los profetas engañosos
Algunos falsos profetas afirmaban que el Señor no permitiría que Jerusalén fuera destruida, porque el templo sagrado de Dios estaba allí.

7:12
Silo
Silo era el lugar donde Samuel servía en el templo (1 Samuel 1:24-28). El tabernáculo había sido colocado allí después que los israelitas conquistaron Canaán. El ejército asirio probablemente había destruido Silo unos cien años antes.

7:4 ¹ Lit. *Ellos son.*   7:9 ¹ O *quemar incienso.*   7:15 ¹ Lit. *simiente.*

ABOMINACIÓN Y CASTIGO

16 »En cuanto a ti, no ruegues por este pueblo, ni levantes por ellos clamor ni oración, ni intercedas ante Mí, porque no te oiré. **17** ¿No ves lo que ellos hacen en las ciudades de Judá y en las calles de Jerusalén? **18** Los hijos recogen la leña, los padres encienden el fuego, las mujeres preparan la masa para hacer tortas a la reina del cielo, y derraman libaciones a otros dioses para ofenderme». **19** «¿Me ofenden a Mí?», declara el SEÑOR. «¿No es a sí mismos que se ofenden para su propia vergüenza[1]?». **20** Por tanto, así dice el Señor DIOS[1]: «Mi ira y mi furor serán derramados sobre este lugar, sobre los hombres y sobre los animales, sobre los árboles del campo y sobre el fruto de la tierra; arderá y no se apagará».

21 Así dice el SEÑOR de los ejércitos, el Dios de Israel: «Añadan sus holocaustos a sus sacrificios y coman la carne. **22** Porque Yo no hablé a sus padres, ni les ordené *nada* en cuanto a los holocaustos y sacrificios, el día que los saqué de la tierra de Egipto. **23** Sino que esto es lo[1] que les ordené: "Escuchen Mi voz[2] y Yo seré su Dios y ustedes serán Mi pueblo, y andarán en todo camino por el que Yo los envíe para que les vaya bien". **24** Pero ellos no escucharon ni inclinaron su oído, sino que anduvieron en *sus propias* deliberaciones *y* en la terquedad de su malvado corazón, y fueron hacia atrás y no hacia adelante. **25** Desde el día que los padres de ustedes salieron de la tierra de Egipto hasta hoy, les he enviado a todos Mis siervos los profetas, madrugando cada día y enviándo*los*. **26** Pero no me escucharon ni inclinaron su oído, sino que fueron tercos[1] e hicieron peor que sus padres.

27 »Les dirás, pues, todas estas palabras, pero no te escucharán; los llamarás, y no te responderán. **28** Entonces les dirás: "Esta es la nación que no escuchó la voz del SEÑOR su Dios, ni aceptó corrección; ha perecido la verdad[1], ha sido eliminada de su boca.

29   Córtate el cabello[1] y tíra*lo,*
          Y entona una endecha en las alturas desoladas;
          Porque el SEÑOR ha desechado y abandonado
          A la generación *objeto* de Su furor".

30 Porque los hijos de Judá han hecho lo que es malo ante Mis ojos», declara el SEÑOR, «han puesto sus abominaciones en la casa que es llamada por Mi nombre, profanándola. **31** Y han edificado los lugares altos de Tofet, que está en el valle de Ben Hinom, para quemar a sus hijos y a sus hijas en el fuego, lo cual Yo no mandé, ni me pasó por la mente[1]». **32** «Por tanto, vienen días», declara el SEÑOR, «cuando no se dirá más Tofet, ni valle de Ben Hinom, sino el valle de la Matanza; porque enterrarán en Tofet por no haber *otro* lugar. **33** Y los cadáveres de este pueblo servirán de comida para las aves del cielo y para las bestias de la tierra, sin que nadie *las* espante. **34** Entonces haré cesar de las ciudades de

7:18
La reina del cielo
Esta es una referencia a Ishtar, la diosa babilónica del amor, el sexo y la fertilidad.

7:31
Tofet
Se trataba de un valle cercano a Jerusalén donde a veces se hacían sacrificios humanos al dios pagano Moloc. También era un basurero en el que constantemente ardía el fuego. Se convirtió en un símbolo del castigo eterno.

7:19 [1] Lit. *para vergüenza de sus rostros.*   7:20 [1] Heb. *YHWH,* generalmente traducido *Señor.*   7:23 [1] Lit. *Esta es la palabra.*   [2] Lit. *Obedézcanme.*
7:26 [1] Lit. *endurecieron su cerviz.*   7:28 [1] Lit. *fidelidad.*   7:29 [1] Lit. *tu coronilla.*   7:31 [1] Lit. *ni subió en mi corazón.*

EL DESASTRE SE ACERCA

En Jeremías, Dios le advierte al pueblo de los desastres que vendrían.

Cantidad de veces que se advierte en Jeremías

48

Espada

26

Hambre

17

Pestilencia

16

Fuego/Quemar

14

Destierro/Cautiverio

Judá y de las calles de Jerusalén la voz de gozo y la voz de alegría, la voz del novio y la voz de la novia; porque la tierra quedará desolada».

8 «En aquel tiempo», declara el SEÑOR, «sacarán de sus tumbas los huesos de los reyes de Judá, los huesos de sus príncipes, los huesos de los sacerdotes, los huesos de los profetas y los huesos de los habitantes de Jerusalén; 2 los esparcirán al sol, a la luna y a todo el ejército del cielo, a quienes amaron y sirvieron, y a quienes siguieron, a quienes buscaron y adoraron. No serán recogidos ni enterrados; serán como estiércol sobre la superficie de la tierra. 3 La muerte será escogida en lugar de la vida por todo el remanente que quede de este linaje malvado, los que queden en todos los lugares adonde los he arrojado», declara el SEÑOR de los ejércitos. 4 «Y les dirás: "Así dice el SEÑOR:

'Los que caen ¿no se levantan?
El que se desvía ¿no se arrepiente[1]?

5 ¿Por qué entonces este pueblo, Jerusalén,
Se ha desviado en continua apostasía?
Se aferran al engaño,
Rehúsan volver.

6 He escuchado y oído,
Han hablado lo que no es recto;
Ninguno se arrepiente de su maldad,
Diciendo: "¿Qué he hecho?".
Cada cual vuelve a su carrera,
Como caballo que se lanza en la batalla.

7 Aun la cigüeña en el cielo
Conoce sus estaciones,
Y la tórtola, la golondrina y la grulla
Guardan la época de sus migraciones[1];
Pero Mi pueblo no conoce
La ordenanza del SEÑOR.

8 ¿Cómo pueden decir: "Somos sabios,
Y la ley del SEÑOR está con nosotros",
Cuando *la* ha cambiado en mentira
La pluma mentirosa de los escribas?

9 Los sabios son avergonzados,
Están abatidos y atrapados;
Ellos han desechado la palabra del SEÑOR,
¿Y qué clase de sabiduría tienen?

10 Por tanto, daré sus mujeres a otros,
Y sus campos a nuevos dueños[1];
Porque desde el menor hasta el mayor
Todos ellos codician ganancias;
Desde el profeta hasta el sacerdote
Todos practican el engaño.

11 Curan a la ligera el quebranto de la hija de Mi pueblo,
Diciendo: "Paz, paz",
Pero no hay paz.

8:4 [1] Lit. *no vuelve.*　　8:7 [1] Lit. *su venida.*　　8:10 [1] Lit. *a los poseedores.*

¹² ¿Se han avergonzado de la abominación que han
   cometido?
   Ciertamente no se han avergonzado,
   Tampoco han sabido ruborizarse.
   Por tanto caerán entre los que caigan,
   En la hora de su castigo serán derribados', dice el
   SEÑOR.
¹³ 'Ciertamente los destruiré¹', declara el SEÑOR;
   'No habrá uvas en la vid,
   Ni higos en la higuera,
   Y la hoja se marchitará;
   Lo que les he dado, les será quitado"».
¹⁴ ¿Por qué estamos *aún* sentados?
   Congréguense, y entremos en las ciudades
   fortificadas,
   Y perezcamos¹ allí,
   Pues el SEÑOR nuestro Dios nos hace perecer²
   Y nos ha dado a beber agua envenenada,
   Porque hemos pecado contra el SEÑOR.
¹⁵ Esperábamos¹ paz, pero no *vino* ningún bien;
   Tiempo de curación, pero sobrevino terror.
¹⁶ Desde Dan se oye el resoplido de sus caballos;
   Al sonido de los relinchos de sus corceles¹,
   Tiembla toda la tierra;
   Vienen y devoran la tierra y cuanto hay en ella,
   La ciudad y los que en ella habitan.
¹⁷ «Porque Yo envío contra ustedes serpientes,
   áspides contra los cuales no hay encantamiento,
   Y los morderán», declara el SEÑOR.

LAMENTO SOBRE SIÓN

¹⁸ Mi tristeza no tiene remedio¹,
   Mi corazón desfallece *en mí*.
¹⁹ La voz del clamor de la hija de mi pueblo
   desde una tierra lejana es esta:
   «¿No está el SEÑOR en Sión? ¿No está su rey
   en ella?».
   «¿Por qué me han provocado con sus imágenes
   talladas, con ídolos extranjeros¹?».
²⁰ «Pasó la siega, terminó el verano,
   Y nosotros no hemos sido salvados».
²¹ Por el quebrantamiento de la hija de mi pueblo estoy
   quebrantado;
   Ando enlutado, el espanto se ha apoderado de mí.
²² ¿No hay bálsamo en Galaad?
   ¿No hay médico allí?
   ¿Por qué, pues, no se ha restablecido¹ la salud² de la
   hija de mi pueblo?

9 ¹Quién *me* diera que mi cabeza se hiciera agua,
   Y mis ojos fuente de lágrimas,

8:13 ¹ Lit. *recogeré*.   8:14 ¹ Lit. *y seamos silenciados*.   ² Lit. *silenciar*.
8:15 ¹ Lit. *Se esperaba*.   8:16 ¹ Lit. *fuertes*.   8:18 ¹ Así dicen algunas
versiones antiguas.   8:19 ¹ Lit. *vanidades extranjeras*.   8:22 ¹ Lit. *subido*.
² O *curación*.   9:1 ¹ En el texto heb. cap. 8:23.

8:1
Por qué sacarían los huesos de las tumbas
Esto habría sido un grave insulto y una violación, y se hacía para humillar a un país invadido. Tal vez los babilonios también saqueaban las tumbas para quedarse con los objetos de valor que estaban enterrados con los reyes y funcionarios.

8:8
La mala decisión de los escribas
Ellos alteraron la ley de Dios cuando la escribieron con la esperanza de mantener la paz en Judá. Su versión errada de la ley les permitía a las personas adorar a otros dioses, en lugar de insistir en adorar solo a Dios.

8:13
Higos
Los higos crecían en todo Israel, y debido a su dulzura eran disecados y prensados para hacer tortas que podían comerse al viajar.

8:19
Quién habla en este versículo
Jeremías habla primero, y luego siguen las palabras del Señor. Jeremías está repitiendo las palabras del pueblo, que se preguntaba cómo Dios había permitido que la tierra y el templo fueran destruidos. Dios deja en claro que estaba enfadado porque su pueblo se había alejado de él para adorar a los ídolos.

9:2

Por qué Jeremías se quería ir

Jeremías estaba angustiado por el sufrimiento de su pueblo, pero también deseaba poder alejarse de las mentiras, la hipocresía y la idolatría de ellos.

Para que yo llorara día y noche
Por los muertos de la hija de mi pueblo.

2 *¹Quién me diera en el desierto
Un albergue de caminantes,
Para dejar a mi pueblo
Y alejarme de ellos.
Porque todos ellos son adúlteros,
Una asamblea de traidores.

3 «Tensan su lengua *como* su arco;
La mentira y no la verdad¹ prevalece en la tierra;
Porque de mal en mal proceden,
Y a Mí no me conocen», declara el SEÑOR.

4 «Guárdese cada uno de su prójimo,
Y no confíe en ningún hermano;
Porque todo hermano obra con engaño¹,
Y todo prójimo anda calumniando.

5 Cada uno engaña a su prójimo,
Y no habla la verdad,
Han enseñado sus lenguas a hablar mentiras;
Se afanan por cometer iniquidad.

6 Tu morada está en medio del engaño;
Por causa del engaño rehúsan conocerme», declara el SEÑOR.

7 Por tanto, así dice el SEÑOR de los ejércitos:

«Los refinaré y los probaré,
Porque ¿qué *más* puedo hacer con la hija de Mi pueblo?

8 Saeta mortífera es su lengua,
Engaño habla;
Con su boca habla *cada uno* de paz a su prójimo,
Pero dentro de sí le tiende emboscada.

9 Por estas cosas ¿no los castigaré?», declara el SEÑOR.
«De una nación como esta
¿No se vengará Mi alma?

AMENAZA DE RUINA Y DESTIERRO

10 »Alcen¹ por los montes lloro y lamentación,
Y una elegía por los pastos del desierto,
Porque han sido desolados; nadie pasa *por ellos*,
Ni se oye el bramido del ganado;
Desde las aves del cielo hasta las bestias han huido, se han ido.

11 Haré de Jerusalén un montón de ruinas,
Una guarida de chacales,
Y de las ciudades de Judá una desolación, sin habitante».

12 ¿Quién es el hombre sabio que entienda esto? ¿A quién ha hablado la boca del SEÑOR que pueda declararlo? ¿Por qué está arruinado el país, desolado como un desierto sin que nadie pase por él? 13 El SEÑOR respondió: «Porque han

9:2 ¹ En el texto heb. cap. 9:1.   9:3 ¹ Lit. *fidelidad*.   9:4 ¹ I.e. como Jacob (juego de palabras).   9:10 ¹ Así en la versión gr. (sept.); en el T.M., *Alzaré*.

abandonado Mi ley que puse delante de ellos, y no han obedecido Mi voz ni andado conforme a ella, **14** sino que han andado tras la terquedad de sus corazones y tras los Baales, tal como sus padres les enseñaron». **15** Por tanto, así dice el SEÑOR de los ejércitos, el Dios de Israel: «Yo daré de comer ajenjo a este pueblo y le daré a beber agua envenenada. **16** Los esparciré entre naciones que ni ellos ni sus padres conocieron, y enviaré tras ellos la espada hasta aniquilarlos».

17 Así dice el SEÑOR de los ejércitos:

«Consideren, llamen a las plañideras, que vengan;
Envíen por las *más* hábiles, que vengan,
18 Que se apresuren y eleven una lamentación por nosotros,
Para que derramen lágrimas nuestros ojos
Y fluya agua de nuestros párpados.
19 Porque voz de lamentación se oye desde Sión:
"¡Cómo hemos sido arrasados!
En gran manera estamos avergonzados,
Pues tenemos que abandonar la tierra,
Porque han derribado nuestras moradas"».
20 Oigan, pues, mujeres, la palabra del SEÑOR,
Y reciba el oído de ustedes la palabra de Su boca;
Enseñen la lamentación a sus hijas
Y la endecha cada una a su vecina.
21 Porque la muerte ha subido por nuestras ventanas,
Ha entrado en nuestros palacios,
Exterminando a los niños de las calles,
A los jóvenes de las plazas.

22 Así declara el SEÑOR:

«Los cadáveres de los hombres caerán
Como estiércol sobre la superficie del campo,
Y como gavillas tras el segador
Sin haber quien *las* recoja».

23 Así dice el SEÑOR:

«No se gloríe el sabio de su sabiduría,
Ni se gloríe el poderoso de su poder,
Ni el rico se gloríe de su riqueza;
24 Pero si alguien se gloría, gloríese de esto:
De que me entiende y me conoce,
Pues Yo soy el SEÑOR que hago misericordia,
Derecho y justicia en la tierra,
Porque en estas cosas me complazco», declara el SEÑOR.

25 «Ciertamente vienen días», declara el SEÑOR, «en que castigaré a todo *el que esté* circuncidado *solo* en la carne[1]: **26** a Egipto, Judá, Amón, Moab y a todos los que se rapan las sienes, a los que habitan en el desierto. Porque todas las naciones son incircuncisas, y toda la casa de Israel es incircuncisa de corazón».

9:25 [1] Lit. *en el prepucio.*

9:16
Cómo Dios destruyó a Israel
Dios dispersó a su pueblo para que la nación de Israel dejara de existir, pero esto solo duró por una generación.

9:17
Las plañideras
Eran mujeres a las que se les pagaba una cantidad de dinero para que asistieran a los entierros u otras ocasiones tristes y lloraran.

9:25-26
Por qué otras naciones practicaban la circuncisión
Es posible que se tratara de una práctica supersticiosa para alejar el mal. No hay evidencia de que entendieran o apreciaran las razones espirituales que Israel tenía para la circuncisión.

LOS DIOSES FALSOS Y EL DIOS VERDADERO

10 Oigan la palabra que el SEÑOR les habla, oh casa de Israel. **2** Así dice el SEÑOR:

«El camino de las naciones no aprendan,
Ni de las señales de los cielos se aterroricen,
Aunque las naciones les tengan terror.

3 Porque las costumbres de los pueblos son vanidad;
Pues un leño del bosque es cortado,
Lo trabajan las manos de un artífice con el cincel;

4 Con plata y oro *lo* adornan,
Con clavos y martillos lo aseguran
Para que no se mueva.

5 Como los espantapájaros de un pepinar,
Sus ídolos[1] no hablan;
Tienen que ser transportados,
Porque no andan.
No les tengan miedo,
Porque no pueden hacer ningún mal,
Ni tampoco hacer bien alguno».

6 No hay nadie como Tú, oh SEÑOR.
Grande eres Tú, y grande es Tu nombre en poderío.

7 ¿Quién no te temerá, oh Rey de las naciones?
Porque esto se te debe.
Porque entre todos los sabios de las naciones,

10:5 [1] Lit. *ellos*.

10:3-4
Cómo se hacían los ídolos
Los ídolos eran tallados en madera y luego enchapados (cubiertos) con metales preciosos.

PERSONAJES OPUESTOS

Dios vs. ídolos

Jeremías 10:1-16

Creador	Creados por el hombre
Verdad	Fraude
Vivo	Hechos de madera
Grandioso	Sin valor
Poderoso	Sin poder
Sabio y comprensivo	Incapaces de hacer ningún bien o mal
Digno de adoración	Objetos de burla
Eterno	Perecederos
Voz que habla y truena	Mudos

Y en todos sus reinos,
No hay nadie como Tú.

8 Pero ellos a una son torpes y necios
En su enseñanza de vanidades[1], *pues su ídolo es un
leño.*

9 Plata laminada es traída de Tarsis
Y oro de Ufaz.
Ese ídolo es obra de un artífice y de las manos de un
orfebre;
Su vestido es de violeta y púrpura;
Todo ello obra de peritos.

10 Pero el SEÑOR es el Dios verdadero;
Él es el Dios vivo y el Rey eterno.
Ante Su enojo tiembla la tierra,
Y las naciones son impotentes ante Su indignación.

11 [1]Así les dirán: «Los dioses que no hicieron los cielos ni
la tierra, perecerán de la tierra y de debajo de los[2] cielos».

12 *Él es* el que hizo la tierra con Su poder,
El que estableció el mundo con Su sabiduría,
Y con Su inteligencia extendió los cielos.

13 Cuando Él emite Su voz, *hay* estruendo de aguas en
los cielos;
Él hace subir las nubes desde los extremos de la
tierra,
Hace los relámpagos para la lluvia
Y saca el viento de sus depósitos.

14 Todo hombre es torpe, falto de conocimiento;
Todo orfebre se avergüenza de su ídolo[1];
Porque engañosas son sus imágenes fundidas,
Y no hay aliento en ellas.

15 Vanidad son, obra ridícula,
En el tiempo de su castigo perecerán.

16 No es como esta la porción de Jacob;
Porque Él es el Hacedor[1] de todo,
E Israel es la tribu de Su heredad;
El SEÑOR de los ejércitos es Su nombre.

17 Recoge del suelo tus pertenencias,
Tú que moras sitiada.

18 Porque así dice el SEÑOR:

«En esta ocasión, lanzaré con honda a los habitantes
de la tierra,
Y los afligiré
Para que me puedan hallar».

19 ¡Ay de mí, por mi quebranto!
Mi herida es incurable.
Pero yo me dije: «De cierto esta es una enfermedad,
Y debo soportarla».

20 Mi tienda está destruida,
Y todas mis cuerdas rotas;
Mis hijos me han abandonado y no queda ninguno.

10:19
La herida de Jeremías
Se trata de una descripción gráfica para explicar cuán angustiado estaba por el pecado de su pueblo y el castigo que enfrentarían debido a esto.

10:8 [1] O *ídolos.*   10:11 [1] Este vers. está escrito en arameo.   [2] O *estos.*
10:14 [1] O *su imagen tallada.*   10:16 [1] Lit. *Diseñador.*

No hay quien plante de nuevo mi tienda
Ni coloque mis cortinas.
21 Porque los pastores se han entorpecido
Y no han buscado al SEÑOR;
Por tanto, no prosperaron,
Y todo su rebaño se ha dispersado.
22 ¡Se oye un rumor! Viene
Una gran conmoción desde la tierra del norte,
Para convertir las ciudades de Judá
En desolación, en guarida de chacales.

23 Yo sé, oh SEÑOR, que no depende del hombre su camino,
Ni de quien anda el dirigir sus pasos.
24 Repréndeme, oh SEÑOR, pero con justicia,
No con Tu ira, no sea que me reduzcas a nada.
25 Derrama furor sobre las naciones que no te conocen,
Y sobre los linajes que no invocan Tu nombre.
Porque han devorado a Jacob,
Lo han devorado y lo han consumido,
Y han asolado su morada[1].

CONSECUENCIAS POR VIOLAR EL PACTO

11 *Esta* es la palabra que vino a Jeremías de parte del SEÑOR: **2** «Oigan las palabras de este pacto, y díganlas a los hombres de Judá y a los habitantes de Jerusalén. **3** Les dirán: "Así dice el SEÑOR, Dios de Israel: 'Maldito el hombre que no obedezca las palabras de este pacto **4** que mandé a sus padres el día que los saqué de la tierra de Egipto, del horno de hierro[1], y les dije: "Escuchen Mi voz", y hagan[2] conforme a todo lo que Yo les mando; y ustedes serán Mi pueblo, y Yo seré su Dios", **5** para confirmar el juramento que juré a sus padres, de darles una tierra que mana leche y miel, como *lo es hoy*"». Entonces respondí: «Amén, SEÑOR».

6 Y el SEÑOR me dijo: «Proclama todas estas palabras en las ciudades de Judá y en las calles de Jerusalén, diciendo: "Oigan las palabras de este pacto y cúmplanlas. **7** Porque bien advertí a sus padres el día que los hice subir de la tierra de Egipto, y hasta hoy los he amonestado con insistencia[1], diciéndoles: 'Escuchen Mi voz[2]'. **8** Pero no escucharon ni inclinaron su oído, sino que cada cual anduvo en la terquedad de su malvado corazón. Por tanto, hice caer sobre ellos todas las palabras de este pacto, que Yo *les* mandé cumplir y no lo cumplieron"».

9 Entonces el SEÑOR me dijo: «Se ha descubierto una conspiración entre los hombres de Judá y entre los habitantes de Jerusalén. **10** Se han vuelto a las iniquidades de sus antepasados[1], los cuales rehusaron escuchar Mis palabras, y se han ido tras otros dioses para servirlos. La casa de Israel y la casa de Judá han violado Mi pacto, el cual hice con sus padres». **11** Por tanto, así dice el SEÑOR: «Yo traigo sobre ellos una

---

10:22
Conmoción desde el norte
Era el sonido de los invasores que venían desde Babilonia.

11:2-4
Cuál era ese pacto
Hablaba del pacto que Dios había hecho con su pueblo cuando Moisés estaba en el monte Sinaí: Dios bendeciría a su pueblo si lo obedecían, pero los castigaría si lo desobedecían.

11:4
El horno de hierro
El hierro es un metal muy resistente. Por eso, se utilizaba en esa época para crear muchos objetos. A fin de poderle dar forma al mineral de hierro, primero había que fundirlo en un gran horno hecho de ladrillos. Luego se vertía en moldes para darle forma.

10:25 ¹ O *pastizal*.   11:4 ¹ Lit. *Obedézcanme*.   ² Lit. *háganles*.
11:7 ¹ Lit. *madrugando y amonestando*.   ² Lit. *Obedézcanme*.
11:10 ¹ Lit. *primeros padres*.

calamidad de la que no podrán escapar; aunque clamen a Mí, no los escucharé. **12** Entonces irán las ciudades de Judá y los habitantes de Jerusalén, y clamarán a los dioses a quienes queman incienso, pero ellos ciertamente no podrán salvarlos en la hora de su aflicción. **13** Porque según el número de tus ciudades son tus dioses, oh Judá, y según el número de las calles de Jerusalén, son los altares que has levantado a lo vergonzoso, altares para quemar incienso a Baal.

14 »Pero tú no ruegues por este pueblo, ni eleves clamor ni oración por ellos; porque no escucharé cuando clamen a Mí a causa de su aflicción.

15   ¿Qué derecho tiene[1] Mi amada en Mi casa
        Cuando ha hecho tantas cosas malas?
        ¿Puede la carne consagrada quitar de ti tu calamidad
        Para[2] que puedas regocijarte?».
16   «Olivo frondoso, hermoso en fruto y forma»,
        Te puso por nombre el SEÑOR.
        Con ruido de un gran estrépito
        Ha prendido fuego en él,
        Y sus ramas son inservibles.

17 El SEÑOR de los ejércitos, que te plantó, ha decretado una calamidad contra ti a causa de la maldad que la casa de Israel y la casa de Judá han hecho[1], provocándome al ofrecer sacrificios[2] a Baal.

INTRIGAS CONTRA JEREMÍAS

18 El SEÑOR me *lo* hizo saber y *lo* comprendí. Entonces me hiciste ver sus obras. **19** Pero yo era como un cordero manso llevado al matadero, y no sabía que tramaban intrigas contra mí, *diciendo:* «Destruyamos el árbol con su fruto[1], y cortémoslo de la tierra de los vivientes, para que su nombre no se recuerde más».

20   Pero, oh SEÑOR de los ejércitos, que juzgas
            rectamente,
        Que examinas los sentimientos[1] y el corazón,
        Vea yo Tu venganza contra ellos,
        Porque a Ti he expuesto[2] mi causa.

21 Por tanto, así dice el SEÑOR en cuanto a los hombres de Anatot que buscan tu vida, y dicen: «No profetices en el nombre del SEÑOR, para que no mueras a manos nuestras». **22** Así, pues, dice el SEÑOR de los ejércitos: «Voy a castigarlos. Los jóvenes morirán a espada, sus hijos e hijas morirán de hambre, **23** y no quedará de ellos remanente, porque traeré una calamidad sobre los hombres de Anatot, el año de su castigo».

QUEJA DE JEREMÍAS

12 Justo eres Tú, oh SEÑOR, cuando a Ti presento *mi* causa;
        En verdad, asuntos de justicia voy a discutir contigo.

11:13
La cantidad de dioses que el pueblo adoraba
Se desconoce el número exacto, pero sus vecinos cananeos tenían un estimado de entre dos mil y tres mil dioses. Las naciones paganas creían que cada ciudad tenía su propio dios para protegerla, y es posible que los israelitas hayan adoptado esta idea.

11:16
Por qué se le llama a la nación «olivo frondoso»
Un árbol de olivo podía vivir cientos de años, así que era un símbolo de larga vida y productividad.

11:18
Intrigas contra Jeremías
Una intriga es sinónimo de una conspiración. Los hombres del pueblo natal de Jeremías estaban planeando matarlo debido a que él se oponía a la influencia de ellos. Jeremías apoyó las reformas del rey, incluyendo la destrucción de los altares de los ídolos locales.

11:15 [1] Lit. *¿Qué hace.*   [2] Lit. *entonces.*   11:17 [1] *O hecho para sí mismos.*
[2] *O quemar incienso.*   11:19 [1] Lit. *pan.*   11:20 [1] Lit. *riñones.*   [2] Lit. *revelado.*

¿Por qué prospera el camino de los impíos
Y viven en paz todos los que obran con perfidia?

2 Tú los plantas, y¹ echan raíces;
Crecen, dan fruto.
Cerca estás de sus labios²,
Pero lejos de su corazón³.

3 Pero Tú me conoces, oh SEÑOR,
Tú me ves,
Y compruebas *la actitud de* mi corazón para contigo.
Arrástralos como ovejas para el matadero
Y sepáralos¹ para el día de la matanza.

4 ¿Hasta cuándo estará de luto la tierra
Y marchita la vegetación de todo el campo?
Por la maldad de los que moran en ella
Han sido destruidos los animales y las aves,
Porque han dicho: «Dios no verá nuestro fin».

12:2
Dios estaba cerca de los labios del pueblo
Hablaban de Dios con reverencia, pero también adoraban a otros dioses. Jesús citó parte de este versículo en Mateo 15:8-9.

RESPUESTA DE DIOS

5 «Si corriste con los de a pie y te cansaron,
¿Cómo, pues, vas a competir con los caballos?
Si caes en tierra de paz,
¿Cómo te irá¹ en la espesura² del Jordán?

6 Porque además tus hermanos y la casa de tu padre,
También ellos te han traicionado,
También ellos han dado gritos en pos de ti.
No les creas aunque te digan cosas agradables.

12:5-6
Qué le respondió Dios a Jeremías
Dios usó imágenes descriptivas para explicarle a Jeremías que pronto se enfrentaría a dificultades aún más graves.

7 »He dejado Mi casa,
He abandonado Mi heredad,
He entregado a la amada de Mi alma
En manos¹ de sus enemigos.

8 Mi heredad vino a ser para Mí
Como león en la selva;
Rugió¹ contra Mí;
Por tanto, la aborrecí.

9 ¿Es acaso Mi heredad para Mí como ave de rapiña de
varios colores?
¿Están las aves de rapiña por todos lados contra
ella?
Vayan, reúnan a todas las bestias del campo,
Tráiganlas para que *la* devoren.

12:9
Aves de rapiña y bestias del campo
Esto se refería a los enemigos de Judá.

10 Muchos pastores han arruinado Mi viña,
Han pisoteado Mi heredad¹;
Han hecho de Mi hermosa heredad¹
Un desierto desolado.

11 Fue hecha una desolación,
Desolada, llora sobre Mí;
Todo el país ha sido desolado,
Porque no hubo nadie que le importara.

12 Sobre todas las alturas desoladas del desierto
Han venido destructores,
Porque la espada del SEÑOR devora

12:2 ¹ Lit. *también*.   ² Lit. *en sus bocas*.   ³ Lit. *sus riñones*.
12:3 ¹ Lit. *conságralos*.   12:5 ¹ Lit. *harás*.   ² Lit. *el orgullo*.
12:7 ¹ Lit. *palmas*.   12:8 ¹ Lit. *levantó su voz*.   12:10 ¹ O *campo*.

De un extremo de la tierra al otro[1];
No hay paz para nadie[2].
13 Han sembrado trigo y han segado espinos,
Se han esforzado sin provecho alguno.
Avergüéncense, pues, de sus cosechas
A causa de la ardiente ira del SEÑOR».

14 Así dice el SEÑOR en cuanto a todos Mis malvados vecinos que atacan la heredad que he dado en posesión a Mi pueblo Israel: «Los arrancaré de su tierra, y a la casa de Judá la arrancaré de en medio de ellos. 15 Después que los haya arrancado, volveré y les tendré compasión, y los haré regresar cada uno a su heredad y cada cual a su tierra. 16 Y si ellos de verdad aprenden los caminos de Mi pueblo, jurando en Mi nombre: "Vive el SEÑOR", así como ellos enseñaron a Mi pueblo a jurar por Baal, entonces serán restablecidos en medio de Mi pueblo. 17 Pero si no escuchan[1], entonces arrancaré esa nación, sí la arrancaré y la destruiré», declara el SEÑOR.

EL CINTURÓN DE LINO PODRIDO

13 Así me dijo el SEÑOR: «Ve y cómprate un cinturón de lino y póntelo en la cintura, pero no lo metas en agua». 2 Compré, pues, el cinturón conforme a la palabra del SEÑOR, y me lo puse en la cintura. 3 Entonces vino a mí la palabra del SEÑOR por segunda vez: 4 «Toma el cinturón que has comprado, que llevas a la cintura, y levántate, vete al Éufrates[1] y escóndelo allá en una hendidura de la peña». 5 Fui, pues, y lo escondí junto al Éufrates como el SEÑOR me había mandado.

6 Después de muchos días el SEÑOR me dijo: «Levántate, vete al Éufrates y toma de allí el cinturón que te mandé que escondieras allá». 7 Fui, pues, al Éufrates y cavé, tomé el cinturón del lugar donde lo había escondido, y resultó que el cinturón estaba podrido; no servía para nada.

8 Entonces vino a mí la palabra del SEÑOR: 9 «Así dice el SEÑOR: "De la misma manera haré que se pudra la soberbia de Judá y la gran soberbia de Jerusalén. 10 Este pueblo malvado, que rehúsa escuchar Mis palabras, que anda en la terquedad de su corazón y se ha ido tras otros dioses a servirles y a postrarse ante ellos, ha de ser como ese cinturón que no sirve para nada. 11 Porque como el cinturón se adhiere a la cintura del hombre, así hice adherirse a Mí a toda la casa de Israel y a toda la casa de Judá", declara el SEÑOR, "a fin de que fueran para Mí por pueblo y por renombre[1], para alabanza y para gloria, pero no escucharon[2]".

LOS CÁNTAROS ESTRELLADOS

12 »También les dirás esta palabra: "Así dice el SEÑOR, Dios de Israel: 'Todo cántaro se llenará de vino'". Y cuando ellos te digan: "¿Acaso no sabemos bien que todo cántaro ha de llenarse de vino?". 13 entonces les dirás: "Así dice el SEÑOR: 'Voy a llenar de embriaguez a todos los habitantes de esta tierra: a los reyes sucesores de David que se sientan sobre su trono, a los sacerdotes, a los profetas y a todos los habitantes

12:15
Cómo restauraría Dios a su pueblo
Ellos finalmente volverían a su propia tierra.

13:1-11
El significado del cinturón de lino
Las vestiduras de los sacerdotes estaban hechas de lino, que era un símbolo de santidad y de la relación especial de Dios con su pueblo. Cuando el cinturón fue enterrado, se pudrió y se volvió inservible. Israel era como ese cinturón: una vez había sido especial, pero el pecado la estropeó.

12:12 [1] Lit. al otro extremo de la tierra.   [2] Lit. toda carne.   12:17 [1] Lit. obedecen.
13:4 [1] Heb. Perat, y así hasta el vers. 7.   13:11 [1] Lit. nombre.   [2] Lit. obedecieron.

de Jerusalén. **14** Los estrellaré unos contra otros, los padres y los hijos por igual', declara el SEÑOR. 'No tendré piedad, ni lástima, ni compasión, *para dejar* de destruirlos'"».

15 Escuchen y presten atención, no sean altaneros,
Porque el SEÑOR ha hablado.

16 Den gloria al SEÑOR su Dios,
Antes que Él haga venir las tinieblas
Y antes que los pies de ustedes tropiecen
Sobre los montes oscuros,
Y mientras ustedes estén esperando la luz,
Él la transforme en profundas tinieblas,
La cambie en densa oscuridad.

17 Pero si no escuchan esto,
Mi alma sollozará en secreto por *tal* orgullo;
Mis ojos llorarán amargamente

LECCIONES CON OBJETOS

Jeremías 13—43

Jeremías transmite los mensajes de Dios utilizando los siguientes objetos:

Objeto		Enseñanza
Cinturón de lino podrido	=	Dios destruirá el orgullo de Judá 13:1-11
Cántaros de vino	=	Dios hará que se estrellen unos contra otros como si estuvieran embriagados 13:12-14
Vasija de barro	=	Dios forma a su pueblo como un alfarero le da forma al barro 18:3-12
Higos buenos y malos	=	Los desterrados volverán a Judá; Sedequías y los sobrevivientes de Jerusalén serán destruidos por la espada, el hambre y la pestilencia 24:1-10
Copa de vino	=	Dios verterá su juicio sobre Judá y las naciones 25:15-29
Yugos en el cuello	=	Las naciones deben rendirse al dominio de Babilonia o enfrentar la destrucción 27:1-15
Escritura de compra	=	Dios hará volver a su pueblo a sus tierras 32:6-15
Piedras enterradas	=	Babilonia destruirá y dominará a Egipto 43:8-13

Y se llenarán de lágrimas,
Porque ha sido hecho cautivo el rebaño del SEÑOR.

18 Di al rey y a la reina madre:
«Humíllense, siéntense *en el suelo*,
Porque ha caído de sus cabezas
Su hermosa corona».

19 Las ciudades del Neguev[1] han sido cerradas,
Y no hay quien *las* abra:
todo Judá ha sido llevado al destierro,
Llevado al cautiverio en su totalidad.

20 «Alcen sus ojos, y vean
A los que vienen del norte.
¿Dónde está el rebaño que te fue confiado,
Tus hermosas ovejas?

21 ¿Qué dirás cuando Él ponga sobre ti
(A los que tú mismo habías enseñado)
A antiguos compañeros[1] para ser jefes tuyos?
¿No te vendrán dolores
Como de mujer de parto?

22 Y si dices en tu corazón:
"¿Por qué me han sucedido estas cosas?".
Por la magnitud de tu iniquidad
Te han quitado las faldas
Y descubierto[1] tus talones.

23 ¿Puede el etíope mudar su piel,
O el leopardo sus manchas?
Así ustedes, ¿podrán hacer el bien
Estando acostumbrados a hacer el mal?

24 Por tanto, los[1] esparciré como paja arrastrada
Por el viento del desierto.

25 Esta es tu suerte, la porción que ya he medido para ti»,
declara el SEÑOR,
«Porque me has olvidado,
Y has confiado en la mentira.

26 Por lo cual Yo también te levantaré[1] las faldas sobre
tu rostro,
Para que se vea tu vergüenza.

27 *En* tus adulterios y *en* tus relinchos,
En la bajeza de tu prostitución
Sobre las colinas del campo,
He visto tus abominaciones.
¡Ay de ti, Jerusalén!
¿Hasta cuándo seguirás sin purificarte?».

LA GRAN SEQUÍA

14 Lo que vino como palabra del SEÑOR a Jeremías respecto a la sequía:

2 «De luto está Judá,
Y sus puertas desfallecen,
Están por tierra enlutadas,
Y sube el clamor de Jerusalén.

13:18
El rey y su madre
Probablemente está hablando del rey Joaquín y su madre Nehusta, que fueron llevados al cautiverio en el año 597 a. C.

13:23
El significado de estas preguntas
Eran preguntas retóricas hechas para enfatizar una idea importante y no necesitaban respuestas. La idea era que el pueblo se había vuelto tan pecador que no podía cambiar sus hábitos por sí mismo. Solo Dios podía transformarlos.

13:19 [1] I.e. región del sur.   13:21 [1] O *jefes*.   13:22 [1] O *han sufrido violencia*.
13:24 [1] Lit. *los*.   13:26 [1] Lit. *te despojaré de*.

14:3
Cubrirse la cabeza
Esta era una señal habitual de
tristeza.

14:8-9
**Por qué Dios era como un
forastero**
A los ojos del pueblo Dios era un
forastero, porque ellos lo habían
ignorado y comenzaron a adorar a
dioses falsos.

14:11
**Dios le dice a Jeremías que
no ore por Israel**
Era demasiado tarde para oraciones
o sacrificios, nada cambiaría las
cosas. El pueblo se había rebelado
contra Dios por tanto tiempo que él
ya los había juzgado.

14:13-14
Falsos profetas
Probablemente eran profetas de
Baal provenientes de Anatot, el
pueblo natal de Jeremías. Ellos le
decían a la gente que no habría
invasión o hambruna.

³ Sus nobles enviaban a sus siervos¹ por agua;
Iban a las cisternas y no hallaban agua;
Volvían con sus vasijas vacías.
Quedaron avergonzados y humillados,
Y se cubrieron la cabeza.
⁴ El suelo está agrietado¹,
Pues no ha habido lluvia sobre la tierra;
Los labradores, avergonzados,
Se han cubierto la cabeza.
⁵ Porque aun la cierva en el campo ha parido, pero
abandona *su cría*
Porque no hay hierba.
⁶ Los asnos monteses se paran en las alturas desoladas,
Jadeando por aire como chacales;
Desfallecen sus ojos
Porque no hay vegetación.
⁷ Aunque nuestras iniquidades testifican contra
nosotros,
Oh SEÑOR, obra por amor de Tu nombre.
En verdad han sido muchas nuestras apostasías,
Contra Ti hemos pecado.
⁸ *Tú*, esperanza de Israel,
Salvador suyo en tiempo de angustia,
¿Por qué has de ser como extranjero en la tierra,
O como caminante que ha plantado su *tienda* para
pasar la noche?
⁹ ¿Por qué has de ser como hombre desalentado,
Como guerrero incapaz de salvar?
Sin embargo, Tú estás en medio nuestro, oh SEÑOR,
Y por Tu nombre somos llamados;
¡No nos abandones!».

¹⁰ Así dice el SEÑOR de este pueblo: «¡Cómo les ha gustado vagar! No han refrenado sus pies. El SEÑOR, pues, no los acepta¹; ahora se acordará Él de su iniquidad y castigará sus pecados». ¹¹ Y el SEÑOR me dijo: «No ruegues por el bienestar de este pueblo. ¹² Cuando ayunen, no escucharé su clamor; cuando ofrezcan holocausto y ofrenda de cereal, no los aceptaré; sino que con espada, con hambre y con pestilencia los destruiré».

¹³ Pero yo dije: «¡Ah, Señor DIOS¹! Los profetas les dicen: "No verán espada ni tendrán hambre, sino que les daré paz verdadera en este lugar"». ¹⁴ Entonces el SEÑOR me dijo: «Los profetas profetizan mentira en Mi nombre. Yo no los he enviado, ni les he dado órdenes, ni les he hablado. Ellos les están profetizando visiones falsas, adivinaciones, vanidades y engaños de sus propios corazones. ¹⁵ Por tanto, así dice el SEÑOR: "En cuanto a los profetas que profetizan en Mi nombre sin que Yo los haya enviado, y que dicen: 'No habrá espada ni hambre en esta tierra', a espada y de hambre esos profetas perecerán¹". ¹⁶ También el pueblo a quien profetizan estará tirado por las calles de Jerusalén a causa del hambre y de la espada. No habrá quien los entierre a ellos, ni a sus

14:3 ¹ Lit. *pequeños.*   14:4 ¹ Lit. *despedazado.*   14:10 ¹ O *no se complace en
ellos.*   14:13 ¹ Heb. YHWH, generalmente traducido *Señor.*   14:15 ¹ Lit. *serán
acabados.*

mujeres, ni a sus hijos, ni a sus hijas, pues derramaré sobre
ellos su maldad. **17** Tú les dirás esta palabra:

"Que viertan lágrimas mis ojos noche y día,
Sin cesar,
Porque con gran quebranto ha sido quebrantada la
    virgen hija de mi pueblo,
De una herida muy dolorosa.
18 Si salgo al campo,
Veo muertos a¹ espada;
Y si entro en la ciudad,
Hay enfermedades por el hambre.
Porque tanto el profeta como el sacerdote
Andan errantes² en una tierra que no conocen"».

19 ¿Has desechado por completo a Judá,
O ha aborrecido Tu alma a Sión?
¿Por qué nos has herido sin que haya curación para
    nosotros?
Esperábamos¹ paz, pero no vino ningún bien;
Tiempo de curación, pero sobrevino terror.
20 Reconocemos, oh SEÑOR, nuestra impiedad,
La iniquidad de nuestros padres, pues hemos pecado
    contra ti.
21 No *nos* desprecies, por amor a Tu nombre,
No deshonres el trono de Tu gloria;
Acuérdate, no anules Tu pacto con nosotros.
22 ¿Hay entre los ídolos¹ de las naciones alguien que
    haga llover?
¿O pueden los cielos *solos* dar lluvia?
¿No eres Tú, oh SEÑOR, nuestro Dios?
En Ti, pues, esperamos,
Porque Tú has hecho todas estas cosas.

DIOS RECHAZA A SU PUEBLO

15 Entonces el SEÑOR me dijo: «Aunque Moisés y Samuel
se presentaran ante Mí, Mi corazón¹ no estaría con²
este pueblo. Échalos de Mi presencia, y que se vayan. **2** Y
cuando te digan: "¿Adónde iremos?", les responderás: "Así
dice el SEÑOR:

'Los *destinados* para la muerte, a la muerte;
Los *destinados* para la espada, a la espada;
Los *destinados* para el hambre, al hambre,
Y los *destinados* para el cautiverio, al cautiverio".

3 Y enviaré sobre ellos cuatro clases *de males*», declara el
SEÑOR: «la espada para matar, los perros para despedazar, y
las aves del cielo y las bestias de la tierra para devorar y destruir. **4** Y los haré motivo de espanto para todos los reinos de
la tierra, a causa de Manasés, hijo de Ezequías, rey de Judá,
por lo que hizo en Jerusalén.

5 »Porque, ¿quién se compadecerá de ti, oh Jerusalén?
¿Quién llorará por ti,

14:21
El trono de la gloria de Dios

Esto se refería al templo en
Jerusalén. Jeremías le pidió a Dios
que preservara su buen nombre
otorgándole misericordia al pueblo,
aunque no la merecieran.

15:1
Por qué se menciona a Moisés y Samuel

Moisés y Samuel habían orado
muchas veces por el pueblo de
Israel. Dios estaba diciendo que
ni siquiera sus oraciones habrían
servido de nada, ya que el pueblo
se había vuelto muy perverso.

14:18 ¹ Lit. *atravesados con la*.   ² Lit. *han estado negociando*.   14:19 ¹ Lit. *Se
espera*.   14:22 ¹ Lit. *las vanidades*.   15:1 ¹ Lit. *alma*.   ² Lit. *hacia*.

O quién se apartará *de su camino* para preguntar por
        tu bienestar?
6 Tú me has dejado», declara el SEÑOR,
   «Sigues retrocediendo.
   Extenderé, pues, Mi mano contra ti y te destruiré;
   Estoy cansado de compadecerme.
7 Los aventaré con el bieldo
   En las puertas del país;
   Los privaré de hijos, destruiré a Mi pueblo,
   Pues no se arrepintieron[1] de sus caminos.
8 Haré que sus viudas sean más numerosas
   Que la arena de los mares.
   Traeré[1] contra la madre de sus jóvenes[2],
   Al destructor en pleno mediodía;
   De repente traeré sobre ella
   Angustia y pavor.
9 Languidece la que dio a luz siete *hijos*;
   Exhala su alma.
   Se puso su sol siendo aún de día,
   Ha sido avergonzada y humillada.
   A sus sobrevivientes los entregaré a la espada
   Delante de sus enemigos», declara el SEÑOR.

LAMENTO DE JEREMÍAS Y RESPUESTA DE DIOS

10 ¡Ay de mí, madre mía, porque me diste a luz
    Como hombre de contienda y hombre de discordia
        para toda la tierra!
    No he prestado ni me han prestado,
    Sin embargo, todos me maldicen.

11 El SEÑOR dijo:

   «Ciertamente te libraré para bien;
   Ciertamente haré que el enemigo te suplique
   En tiempo de calamidad y en tiempo de
        angustia.

12 »¿Puede alguien destrozar el hierro,
   El hierro del norte, o el bronce?
13 Tus riquezas y tus tesoros
   Entregaré al saqueo, sin costo alguno,
   Por todos tus pecados
   En todas tus fronteras.
14 Entonces haré que tus enemigos *te* lleven
   A una tierra que no conoces;
   Porque un fuego se ha encendido en Mi ira
   Que sobre ustedes arderá».

15 Tú que *lo* sabes, oh SEÑOR,
   Acuérdate de mí, atiéndeme,
   Y véngame de mis perseguidores.
   Conforme a Tu paciencia[1], no dejes que sea yo
        arrebatado;
   Sabes que por Ti sufro oprobio.

15:7
Aventando al pueblo
Una vez cosechado el grano, se separaba de la paja gruesa (se trillaba). Luego se lanzaba al aire con una gran horquilla de aventar para que el viento se llevara los restos de paja más livianos y quedara solo el grano. Esta es una imagen de cómo Dios juzgaría al pueblo.

15:7 [1] Lit. *se volvieron.*   15:8 [1] Lit. *Traeré contra ellos.*   [2] Lit. *del joven.*
15:15 [1] Lit. *a lo lento de tu ira.*

16 Cuando se presentaban Tus palabras, yo las comía;
    Tus palabras eran para mí el gozo y la alegría de mi
      corazón,
    Porque se me llamaba por Tu nombre[1],
    Oh SEÑOR, Dios de los ejércitos.
17 No me senté en la asamblea de los que se divierten, ni
     me regocijé.
    A causa de Tu mano, solitario me senté,
    Porque de indignación me llenaste.
18 ¿Por qué es mi dolor perpetuo
    Y mi herida incurable, que rehúsa sanar?
    ¿Serás en verdad para mí como *corriente* engañosa,
    Como aguas en las que no se puede confiar?

19 Entonces[1] dijo así el SEÑOR:

    «Si vuelves, Yo te restauraré,
    En Mi presencia estarás;
    Si apartas lo precioso de lo vil,
    Serás Mi portavoz[2].
    Que se vuelvan ellos a ti,
    Pero tú no te vuelvas a ellos.
20 Y te pondré para este pueblo
    Por muralla de bronce invencible;
    Lucharán contra ti,
    Pero no te vencerán,
    Porque Yo estoy contigo para salvarte
    Y librarte», declara el SEÑOR.
21 «Te libraré de la mano de los malos,
    Y te redimiré de la garra[1] de los violentos».

CALAMIDADES VENIDERAS

16 Entonces la palabra del SEÑOR vino a mí, y me dijo: 2 «No tomes para ti mujer ni tengas hijos ni hijas en este lugar». 3 Porque así dice el SEÑOR acerca de los hijos e hijas nacidos en este lugar, y acerca de las madres que los dieron a luz, y de los padres que los engendraron en esta tierra: 4 «De enfermedades crueles morirán; no serán llorados ni sepultados. Serán como estiércol sobre la superficie de la tierra. A espada y por hambre serán acabados, y sus cadáveres servirán de alimento para las aves del cielo y para las bestias de la tierra».

5 Porque así dice el SEÑOR: «No entres en casa de duelo, ni vayas a lamentar, ni los consueles; pues he retirado de este pueblo Mi paz, la misericordia y la compasión», declara el SEÑOR. 6 «Morirán grandes y pequeños en esta tierra; no serán enterrados, ni los llorarán, y nadie se sajará ni se rapará por ellos. 7 No partirán *el pan* en el duelo para ellos, a fin de consolarlos[1] por el muerto, ni les darán a beber la copa de consolación por su padre o por su madre. 8 Tampoco entres en casa de banquete para sentarte con ellos a comer y beber». 9 Porque así dice el SEÑOR de los ejércitos, el Dios de Israel: «Voy a hacer que desaparezca de este lugar, ante los ojos de ustedes y en sus días, la voz de gozo y la voz de alegría, la voz del novio y la voz de la novia.

15:20
La fuerza de Jeremías
Dios le dijo a Jeremías que se arrepintiera y le llevara su mensaje al pueblo. Si lo hacía, Dios lo haría fuerte como una muralla de bronce que no podría ser derribada.

16:1-4
Dios le dijo a Jeremías que no se casara
Es posible que Dios le haya dicho esto para que Jeremías se concentrara solo en su ministerio. También puede haber sido porque quería evitarle el dolor que enfrentaría la siguiente generación a causa del pecado de Israel.

RECLAMOS Y PETICIONES

Jeremías 11—20

Los reclamos y peticiones de Jeremías a Dios:

Reclamo	Petición	Escritura
Las personas conspiran en su contra	Pide venganza contra sus enemigos	11:18-23
Se pregunta por qué los impíos prosperan	Pide venganza contra los impíos que prosperan	12:1-17
Todos lo maldicen; sufre el rechazo por causa de Dios	Le pide a Dios que se acuerde de él, lo cuide y le haga justicia	15:10-21
El pueblo abandona a Dios	Le pide a Dios que lo sane, lo salve, y avergüence a sus perseguidores	17:12-18
Sus enemigos hacen planes contra él	Le pide a Dios que destruya a sus contrarios con la hambruna y la espada	18:18-23
La palabra de Dios le trae oprobio y escarnio todo el día	Pide venganza contra sus perseguidores	20:7-18

10 »Y sucederá que cuando anuncies a este pueblo todas estas palabras, ellos te dirán: "¿Por qué el SEÑOR ha pronunciado toda esta gran calamidad contra nosotros? ¿Cuál es nuestra iniquidad y cuál es nuestro pecado que hemos cometido contra el SEÑOR nuestro Dios?". 11 Entonces les dirás: "*Esto es* porque sus padres me abandonaron", declara el SEÑOR, "y siguieron a otros dioses y los sirvieron y se postraron ante ellos, pero a Mí me abandonaron y no guardaron Mi ley. 12 Y ustedes han hecho peor que sus padres, porque cada uno de ustedes anda tras la terquedad de su malvado corazón, sin escucharme. 13 Por tanto, Yo los arrojaré de esta tierra a una tierra que ni ustedes ni sus padres han conocido; y allí servirán a otros dioses día y noche, pues no les mostraré clemencia".

LA RESTAURACIÓN PROMETIDA

14 »Por tanto, vienen días», declara el SEÑOR, «cuando ya no se dirá: "Vive el SEÑOR, que sacó a los israelitas de la tierra de Egipto", 15 sino: "Vive el SEÑOR, que hizo subir a los israelitas de la tierra del norte y de todos los países adonde los había desterrado". Porque los haré volver a su tierra, la cual di a sus padres.

16 »Enviaré a muchos pescadores», declara el SEÑOR, «que los pescarán; y después enviaré a muchos cazadores, que

16:16
Los pescadores y los cazadores
Estaba describiendo a las personas que conquistarían a Israel.

los cazarán por todo monte y por toda colina y por las hendiduras de las peñas. **17** Porque Mis ojos *están puestos* sobre todos sus caminos, que no se me ocultan, ni su iniquidad está encubierta a Mis ojos. **18** Pero primero, pagaré al doble su iniquidad y su pecado, porque ellos han contaminado Mi tierra con los cadáveres de sus ídolos abominables y han llenado Mi heredad con sus abominaciones».

19 ¡Oh SEÑOR, fuerza mía y fortaleza mía,
Refugio mío en el día de angustia!
A ti vendrán las naciones
Desde los confines de la tierra y dirán:
«Nuestros padres heredaron solo mentira,
Vanidad y cosas sin provecho*1*».
20 ¿Puede hacer el hombre dioses para sí?
¡Pero no son dioses!
21 «Por tanto, voy a darles a conocer,
Esta vez les haré conocer
Mi poder y Mi fortaleza;
Entonces sabrán que Mi nombre es el SEÑOR».

EL PECADO IMBORRABLE DE JUDÁ

17 El pecado de Judá está escrito con cincel de hierro,
Con punta de diamante*1* está grabado sobre la tabla de su corazón
Y en los cuernos de sus*2* altares.
2 Como ellos se acuerdan de sus hijos,
Así *se acuerdan* de sus altares y de sus Aseras*1*
Junto a los árboles frondosos, en las altas colinas.
3 Oh montaña Mía en el campo,
Entregaré al saqueo tus riquezas y todos tus tesoros,
A causa del pecado de tus lugares altos en todo tu territorio*1*.
4 Y por tu causa harás que se pierda la heredad
Que Yo te di;
Te haré servir a tus enemigos
En un país que no conoces;
Porque has prendido un fuego en Mi ira
Que arderá para siempre.

5 Así dice el SEÑOR:

«Maldito el hombre que en el hombre confía,
Y hace de la carne su fortaleza*1*,
Y del SEÑOR se aparta su corazón.
6 Será como arbusto en lugar desolado
Y no verá cuando venga el bien;
Habitará en pedregales en el desierto,
Una tierra salada y sin habitantes.
7 Bendito es el hombre que confía en el SEÑOR,
Cuya confianza es el SEÑOR.
8 Será como árbol plantado junto al agua,
Que extiende sus raíces junto a la corriente;

16:19 *1* Lit. *y no hay nada provechoso en ellas.*   **17:1** *1* Lit. *corindón.*   *2* Así en muchos mss. y versiones antiguas; en el T.M., *tus.*   **17:2** *1* I.e. deidades femeninas.   **17:3** *1* Lit. *en todas tus fronteras.*   **17:5** *1* Lit. *brazo.*

17:1
Por qué el pecado estaba escrito con cincel de hierro
Los cinceles de hierro eran herramientas usadas para grabar palabras en una piedra. Esas piedras eran la manera más duradera de registrar cosas. Esta analogía muestra lo grave que se había vuelto el pecado de Judá.

17:3
Dios entregaría algo
Entregaría su montaña santa (Sión) junto con todos los lugares altos donde la gente había adorado a los ídolos.

17:7-8
Estos versículos recuerdan a un salmo
Estos versículos suenan muy similares a Salmos 1:3. Jeremías está citándolos aquí.

No temerá cuando venga el calor,
Y sus hojas estarán verdes;
En año de sequía no se angustiará
Ni cesará de dar fruto.

9 »Más engañoso que todo es el corazón,
Y sin remedio;
¿Quién lo comprenderá?

10 Yo, el SEÑOR, escudriño el corazón,
Pruebo los pensamientos[1],
Para dar a cada uno según sus caminos,
Según el fruto de sus obras.

11 Como perdiz que incuba lo que no ha puesto,
Es el que adquiere una fortuna, pero no con justicia,
En la mitad de sus días lo abandonará,
Y al[1] final será un insensato».

12 Trono de gloria, enaltecido desde el principio
Es el lugar de nuestro santuario.

13 Oh SEÑOR, esperanza de Israel,
Todos los que te abandonan serán avergonzados.
Los que se apartan de ti[1] serán escritos en el polvo[2],
Porque abandonaron al SEÑOR, fuente de aguas vivas.

14 Sáname, oh SEÑOR, y seré sanado;
Sálvame y seré salvado,
Porque Tú eres mi alabanza.

15 Mira, ellos me dicen:
«¿Dónde está la palabra del SEÑOR?
Que venga ahora».

16 Pero yo no me he apresurado a dejar de ser tu pastor[1],
Ni el día de angustia he anhelado;
Tú sabes que lo que ha salido de mis labios
En Tu presencia está.

17 No seas para mí terror;
Tú eres mi refugio en el día de calamidad.

18 Sean avergonzados los que me persiguen, pero no sea
yo avergonzado;
Sean atemorizados ellos, pero que no me atemorice yo.
Trae sobre ellos el día de calamidad,
Y destrúyelos con doble destrucción.

17:15
Los enemigos de Jeremías lo acusan

Ellos lo acusaban de ser un falso profeta porque sus profecías aún no se habían cumplido.

17:19
La puerta de los hijos del pueblo

Es probable que se refiera a la puerta este del templo, en la que muchas personas se reunían y por la que usualmente entraban los reyes.

19 Así me dijo el SEÑOR: «Ve y ponte a la puerta de los hijos del pueblo, por la cual entran y salen los reyes de Judá, y asimismo en todas las puertas de Jerusalén, 20 y diles: "Escuchen la palabra del SEÑOR, reyes de Judá, todo Judá y todos los habitantes de Jerusalén que entran por estas puertas: 21 Así dice el SEÑOR: 'Cuídense, por su vida, de no llevar carga en día de reposo, y de meterla por las puertas de Jerusalén. 22 Tampoco saquen carga de sus casas en día de reposo, ni hagan trabajo alguno, sino santifiquen el día de reposo, como mandé a sus padres. 23 Sin embargo, ellos no escucharon ni inclinaron sus oídos, sino que fueron tercos[1] para no oír ni recibir corrección.

24 'Pero sucederá que si me escuchan con atención', declara el SEÑOR, 'no metiendo carga por las puertas de esta ciudad en día de reposo, y santifican el día de reposo, sin hacer en él

---

17:10 [1] Lit. *riñones*.   17:11 [1] Lit. *en su*.   17:13 [1] Lit. *de mí*.   [2] Lit. *en la tierra*.
17:16 [1] Lit. *pastor en pos de Ti*.   17:23 [1] Lit. *endurecieron su cerviz*.

trabajo alguno, **25** entonces entrarán por las puertas de esta ciudad reyes y príncipes que se sienten sobre el trono de David; vendrán montados en carros y caballos, ellos y sus príncipes, los hombres de Judá y los habitantes de Jerusalén; y esta ciudad será habitada para siempre. **26** Vendrán de las ciudades de Judá y de los alrededores de Jerusalén, de la tierra de Benjamín, de la tierra baja, de la región montañosa y del Neguev[1], trayendo holocaustos, sacrificios, ofrendas de grano e incienso, y trayendo sacrificios de acción de gracias a la casa del SEÑOR. **27** Pero si no me escuchan en cuanto a santificar el día de reposo, y traen carga y entran por las puertas de Jerusalén en día de reposo, entonces prenderé fuego a sus puertas, que consumirá los palacios de Jerusalén, y no se apagará"».

EL ALFARERO Y EL BARRO

18 Palabra que vino a Jeremías de parte del SEÑOR: **2** «Levántate y desciende a la casa del alfarero, y allí te anunciaré Mis palabras». **3** Entonces descendí a la casa del alfarero, y allí estaba él, haciendo un trabajo sobre la rueda[1]. **4** Y la vasija de barro que estaba haciendo se echó a perder en la mano del alfarero; así que volvió a hacer de ella otra vasija, según le pareció mejor al alfarero hacerla.

5 Entonces vino a mí la palabra del SEÑOR: **6** «¿Acaso no puedo Yo hacer con ustedes, casa de Israel, lo mismo que *hace* este alfarero?», declara el SEÑOR. «Tal como el barro en manos del alfarero, así son ustedes en Mi mano, casa de Israel. **7** En un momento Yo puedo hablar contra una nación o contra un reino, de arrancar, de derribar y de destruir; **8** pero si esa nación contra la que he hablado se vuelve de su maldad, me arrepentiré del mal que pensaba traer sobre ella. **9** O en otro momento, puedo hablar acerca de una nación o de un reino, de edificar y de plantar; **10** pero si hace lo malo ante Mis ojos, no obedeciendo Mi voz, entonces me arrepentiré del bien con que había prometido bendecirlo[1].

11 »Ahora pues, habla a los hombres de Judá y a los habitantes de Jerusalén, y diles: "Así dice el SEÑOR: 'Estoy preparando una calamidad contra ustedes y tramando un plan contra ustedes. Vuélvanse, pues, cada uno de su mal camino y enmienden[1] sus caminos y sus obras'". **12** Pero ellos dirán: "Es en vano; porque vamos a seguir nuestros propios planes, y cada uno de nosotros obrará conforme a la terquedad de su malvado corazón".

13 »Por tanto, así dice el SEÑOR:

"Pregunten ahora entre las naciones:
¿Quién ha oído cosa semejante[1]?
Algo muy horrible ha hecho
La virgen de Israel.

18:3
La rueda del alfarero

La rueda (o el torno) de un alfarero consistía en dos discos de piedra o madera unidos por un eje vertical. Un extremo del eje se clavaba en el suelo. El alfarero hacía girar la rueda inferior con el pie y moldeaba la arcilla en la rueda superior más pequeña.

17:26 [1] I.e. región del sur.   18:3 [1] Lit. *un par de discos de piedra.*
18:10 [1] Lit. *hacerle bien.*   18:11 [1] Lit. *hagan buenos.*   18:13 [1] Lit. *cosas semejantes.*

DIOS CUMPLE SUS PROMESAS

Cantidad de veces que Dios promete restaurar a su pueblo de diferentes maneras en Jeremías

18	Retorno a sus tierras
9	Prosperidad
7	Gobernante del linaje de David
6	Paz y seguridad
5	Compasión de Dios
4	Perdón de los pecados
4	Gozo
4	Riquezas
3	Relación con Dios
3	Nuevo pacto
2	Descanso
2	Salud
2	Incremento en número

18:17
El viento del este
Se refiere al viento conocido como «siroco» o «khamsin»: un viento cálido y seco que hacía volar mucha arena y polvo (4:11)

14 ¿Faltará la nieve del Líbano de la roca
    agreste?
   ¿O se agotarán[1] las aguas frías que fluyen
    de *tierras* lejanas[2]?
15 Pues bien, Mi pueblo me ha olvidado,
   Queman incienso a dioses vanos[1],
   Y se han desviado[2] de[3] sus caminos,
   De las sendas antiguas,
   Para andar por senderos,
   No por calzada,
16 Convirtiendo su tierra en una desolación,
   En una burla perpetua.
   Todo el que pase por ella se quedará atónito
   Y moverá la cabeza.
17 Como viento del este los esparciré
   Delante del enemigo;
   Les mostraré[1] la espalda y no el rostro
   El día de su calamidad"».

18 Entonces dijeron: «Vengan y tramemos planes contra Jeremías. Ciertamente la ley no le faltará al sacerdote, ni el consejo al sabio, ni la palabra al profeta. Vengan, vamos a herirlo con la lengua, y no hagamos caso a ninguna de sus palabras».

19 Atiéndeme, oh SEÑOR,
   Y escucha lo que dicen[1] mis contrarios.
20 ¿Acaso se debe pagar el bien con el mal?
   Pues ellos han cavado una fosa para mí[1].
   Recuerda cómo me puse delante de Ti
   Para hablar bien en favor de ellos,
   Para apartar de ellos Tu furor.
21 Por tanto, entrega sus hijos al hambre,
   Y abandónalos al poder[1] de la espada.
   Que se queden sus mujeres sin hijos y viudas;
   Sean sus maridos asesinados,
   Sus jóvenes heridos a espada en la batalla.
22 Que se oigan los gritos desde sus casas,
   Cuando de repente traigas sobre ellos saqueadores;
   Porque han cavado fosa para atraparme,
   Y han escondido trampas a mis pies.
23 Pero Tú, oh SEÑOR, conoces
   Todos sus planes de muerte contra mí.
   No perdones[1] su iniquidad
   Ni borres de Tu vista su pecado.
   Que sean derribados[2] delante de Ti;
   En el tiempo de Tu ira actúa contra ellos.

LA VASIJA ROTA

19 Así dijo el SEÑOR: «Ve y compra una vasija de barro de un alfarero, y toma contigo[1] a algunos de los ancianos

18:14 [1] Lit. *serán arrebatadas.*   [2] O *extranjeras.*   18:15 [1] Lit. *a la vanidad.*
[2] Lit. *y los hicieron tropezar.*   [3] O *en.*   18:17 [1] Así en algunas versiones antiguas;
en el T.M., *les mirará.*   18:19 [1] Lit. *la voz de.*   18:20 [1] Lit. *para mi alma.*
18:21 [1] Lit. *a las manos.*   18:23 [1] Lit. *cubras.*   [2] Lit. *aquellos hechos para tropezar.*
19:1 [1] Así en algunas versiones antiguas; el texto heb. omite: *toma contigo*.

del pueblo y de los ancianos de los sacerdotes. **2** Entonces sal al valle de Ben Hinom, que está a la entrada de la puerta de los tiestos, y proclama allí las palabras que Yo te diré. **3** Dirás: "Oigan la palabra del SEÑOR, reyes de Judá y habitantes de Jerusalén. Así dice el SEÑOR de los ejércitos, el Dios de Israel: 'Voy a traer tal calamidad sobre este lugar, que a todo el que oiga de ella le zumbarán los oídos. **4** Porque ellos me han abandonado, han hecho extraño este lugar y han ofrecido sacrificios*¹* en él a otros dioses, que ni ellos, ni sus padres, ni los reyes de Judá habían conocido, y *porque* han llenado este lugar de sangre de inocentes **5** y han edificado los lugares altos de Baal para quemar a sus hijos en el fuego *como* holocaustos a Baal, cosa que nunca mandé, ni de la cual hablé, ni me pasó por la mente*¹*.

6 'Por tanto, vienen días', declara el SEÑOR, 'cuando este lugar no se llamará más Tofet ni valle de Ben Hinom, sino valle de la Matanza. **7** Y haré nulo el consejo de Judá y de Jerusalén en este lugar, y los haré caer a espada delante de sus enemigos y a mano de los que buscan su vida, y entregaré sus cadáveres por alimento a las aves del cielo y a las bestias de la tierra. **8** También convertiré esta ciudad en desolación y burla; todo aquel que pase por ella se quedará atónito y silbará a causa de toda su destrucción*¹*. **9** Les haré comer la carne de sus hijos y la carne de sus hijas, y cada uno comerá la carne de su prójimo durante el sitio y en la aflicción con que los afligirán sus enemigos y los que buscan su vida'".

10 »Entonces romperás la vasija a la vista de los hombres que te acompañen, **11** y les dirás: "Así dice el SEÑOR de los ejércitos: 'De igual manera romperé Yo a este pueblo y a esta ciudad, como quien rompe una vasija de alfarero, que no se puede reparar más; y *los* enterrarán en Tofet por no haber *otro¹* lugar donde enterrar*los*. **12** Así haré con este lugar y con sus habitantes', declara el SEÑOR, 'poniendo esta ciudad como Tofet. **13** Y las casas de Jerusalén y las casas de los reyes de Judá serán como el lugar de Tofet, inmundas, a causa de todas las casas en cuyos terrados ofrecieron sacrificios*¹* a todo el ejército del cielo y derramaron libaciones a otros dioses'"».

14 Entonces Jeremías volvió de Tofet, adonde lo había enviado el SEÑOR a profetizar, y poniéndose en pie en el atrio de la casa del SEÑOR, dijo a todo el pueblo: **15** «Así dice el SEÑOR de los ejércitos, el Dios de Israel: "Voy a traer sobre esta ciudad y sobre todas sus aldeas la calamidad que he declarado contra ella, porque se han hecho tercos para no hacer caso a Mis palabras"».

PROFECÍA CONTRA PASUR

20 Cuando el sacerdote Pasur, hijo de Imer, que era el oficial principal en la casa del SEÑOR, oyó a Jeremías profetizar estas cosas, **2** hizo*¹* azotar al profeta Jeremías y lo puso en el cepo que *estaba* en la parte superior de la puerta de Benjamín, la cual *conducía* a la casa del SEÑOR. **3** Al día

19:9
Esta profecía se cumplió
Los habitantes de Jerusalén se habían dedicado al pecado y la idolatría alejándose así de Dios. Entonces se desató un tiempo terrible de guerra, violencia y hambruna. Cuando los babilonios atacaron a Jerusalén y se terminó la comida, el hambre fue tan grande que la gente recurrió al canibalismo. Esto muestra una vez más que estar alejado de Dios siempre trae consecuencias graves.

19:11
Israel sería como una vasija rota
Esta era una forma dramática de mostrar lo que Dios haría en Israel. En la antigüedad, los egipcios grababan los nombres de sus enemigos en vasijas de cerámica y luego las rompían con la esperanza de acabar con su poder.

19:4 *¹* O *quemado incienso.*   19:5 Lit. *mi corazón.*   19:8 Lit. *todos sus golpes.*   19:11 *¹* O *hasta que no quede.*   19:13 *¹* O *quemaron incienso.*
20:2 *¹* Lit. *Pasur hizo.*

20:4
El rey de Babilonia
Se trata de Nabucodonosor, que se convirtió en gobernante de Babilonia en el año 605 a. C.

20:8-9
La situación tensa que enfrentaba Jeremías
Cuando profetizaba, lo perseguían. Sin embargo, cuando intentaba quedarse callado, no era capaz de mantener la palabra de Dios reprimida en su interior.

siguiente, cuando Pasur soltó a Jeremías del cepo, Jeremías le dijo: «No es Pasur el nombre con que el SEÑOR te llama *ahora*, sino Magor Misabib¹. ⁴Porque así dice el SEÑOR: "Te voy a convertir en terror para ti mismo y para todos tus amigos; ellos caerán por la espada de tus enemigos, y tus ojos lo verán. Entregaré a todo Judá en manos del rey de Babilonia, y él los llevará como desterrados a Babilonia y los matará a espada. ⁵También entregaré toda la riqueza de esta ciudad, todos sus productos y todas las cosas de gran valor, aun todos los tesoros de los reyes de Judá, los entregaré en manos de sus enemigos, que los saquearán, los tomarán y se los llevarán a Babilonia. ⁶Y tú, Pasur, con todos los moradores de tu casa, irás al cautiverio y entrarás en Babilonia; allí morirás y allí serás enterrado, tú y todos tus amigos a quienes has profetizado falsamente"».

LAMENTO DEL PROFETA

7   Me persuadiste¹, oh SEÑOR, y quedé persuadido²;
     Fuiste más fuerte que yo y prevaleciste.
     He sido el hazmerreír cada día;
     Todos se burlan de mí.
8   Porque cada vez que hablo, grito;
     Proclamo: ¡Violencia, destrucción!
     Pues la palabra del SEÑOR ha venido a ser para mí
     Oprobio y escarnio cada día.
9   Pero si digo: «No lo recordaré
     Ni hablaré más en Su nombre»,
     Esto se convierte dentro de mí¹ como fuego ardiente
     Encerrado en mis huesos.
     Hago esfuerzos por contener*lo*,
     Y no puedo.
10 Porque he oído las murmuraciones de muchos:
     «¡Terror por todas partes!
     ¡Denúncien*lo*, vamos a denunciarlo!».
     Todos mis amigos de confianza¹,
     Esperando mi caída, *dicen:*
     «Tal vez será persuadido², prevaleceremos contra él
     Y tomaremos nuestra venganza contra él».
11 Pero el SEÑOR está conmigo como campeón temible;
     Por tanto, mis perseguidores tropezarán y no
         prevalecerán.
     Quedarán muy avergonzados, pues no triunfaron,
     Tendrán afrenta perpetua que nunca será olvidada.
12 Oh SEÑOR de los ejércitos, que pruebas al justo,
     Que ves las entrañas¹ y el corazón,
     Vea yo Tu venganza sobre² ellos,
     Pues a Ti he encomendado mi causa.
13 Canten al SEÑOR, alaben al SEÑOR,
     Porque ha librado el alma del pobre
     De manos de los malvados.

14 Maldito el día en que nací;
     El día en que mi madre me dio a luz no sea bendito.

20:3 ¹ I.e. terror por todas partes.   20:7 ¹ O *engañaste*.   ² O *engañado*.
20:9 ¹ Lit. *en mi corazón*.   20:10 ¹ Lit. *Cada hombre de mi paz*.   ² O *engañado*.
20:12 ¹ Lit. *los riñones*.   ² Lit. *de*.

15 Maldito el hombre que dio la noticia
   A mi padre, diciéndole:
   «¡Te ha nacido un hijo varón!»,
   Haciéndolo muy feliz.
16 Sea ese hombre como las ciudades
   Que el SEÑOR destruyó sin piedad¹;
   Oiga gritos de mañana
   Y alaridos² al mediodía,
17 Porque no me mató en¹ el vientre
   Así mi madre hubiera sido mi sepultura,
   Y su vientre embarazado para siempre.
18 ¿Por qué salí del vientre
   Para ver pena y aflicción,
   Y que acaben en vergüenza mis días?

PROFECÍA SOBRE LA DESTRUCCIÓN DE JERUSALÉN

21 Palabra que vino a Jeremías de parte del SEÑOR cuando el rey Sedequías le envió a él a Pasur, hijo de Malquías, y al sacerdote Sofonías, hijo de Maasías, para decirle: 2 «Consulta ahora de nuestra parte al SEÑOR, porque Nabucodonosor, rey de Babilonia, nos hace la guerra. Tal vez el SEÑOR haga con nosotros conforme a todas Sus maravillas¹, para que *el enemigo* se retire de nosotros».

3 Entonces Jeremías les dijo: «Así le dirán a Sedequías: 4 "Así dice el SEÑOR, Dios de Israel: 'Yo haré volver atrás las armas de guerra que ustedes tienen en sus manos, con las cuales pelean contra el rey de Babilonia y contra los caldeos que los sitian fuera de los muros, y las reuniré en medio de esta ciudad. 5 Yo mismo pelearé contra ustedes con mano extendida y brazo poderoso, aun con ira, furor y gran enojo. 6 Heriré a los habitantes de esta ciudad, y hombres y animales morirán por una gran pestilencia. 7 Y después', declara el SEÑOR, 'a Sedequías, rey de Judá, a sus siervos, al pueblo y a los que sobrevivan en esta ciudad de la pestilencia, de la espada y del hambre, los entregaré en manos de Nabucodonosor, rey de Babilonia, en manos de sus enemigos y en manos de los que buscan sus vidas; y él los herirá a filo de espada. No los perdonará ni les tendrá piedad ni compasión'".

8 »También dirás a este pueblo: "Así dice el SEÑOR: 'Ahora pongo delante de ustedes el camino de la vida y el camino de la muerte. 9 El que se quede en esta ciudad morirá a espada, de hambre y de pestilencia; pero el que salga y se entregue a los caldeos que los sitian, vivirá, y tendrá su propia vida como botín. 10 Porque he puesto Mi rostro contra esta ciudad para mal, y no para bien', declara el SEÑOR. 'Será entregada en manos del rey de Babilonia, quien le prenderá fuego'".

11 »Entonces *dile* a la casa del rey de Judá:

   "Oigan la palabra del SEÑOR,
12   Casa de David, así dice el SEÑOR:
      'Hagan justicia cada¹ mañana,
      Y liberen al despojado de manos de *su* opresor,

20:17-18
La amargura de Jeremías
Como Jeremías anunciaba el mensaje del Señor, fue criticado, atacado e ignorado. Las personas intentaron matarlo y detener su ministerio. Él se sentía angustiado por el hecho de que la obra de Dios le hiciera la vida tan difícil.

21:2
El significado de consultar al Señor
Esto significaba pedirle conocimiento o información, no necesariamente pedirle ayuda.

21:4
Los caldeos
Ellos eran un pueblo nómada hasta cerca del año 1000 a. C., cuando se asentaron o permanecieron en el sur de Mesopotamia.

20:16 ¹ Lit. *sin que le pesara.*   ² O *trompetazo.*   20:17 ¹ Lit. *desde.*
21:2 ¹ O *todos sus milagros.*   21:12 ¹ O *por la.*

No sea que Mi furor salga como fuego,
Y arda y no haya quien *lo* apague,
A causa de la maldad de las obras de ustedes.

13 'Yo estoy contra ti, moradora del valle,
Roca de la llanura', declara el SEÑOR,
'Los que dicen: "¿Quién descenderá contra nosotros?
¿Quién entrará en nuestras moradas?".

14 Yo los castigaré conforme al fruto de sus obras',
declara el SEÑOR,
'Y prenderé fuego en su bosque
Que consumirá todos sus alrededores"».

PROFECÍAS CONTRA LOS REYES DE JUDÁ

22 Así dice el SEÑOR: «Desciende a la casa del rey de Judá y habla allí esta palabra: **2** "Escucha la palabra del SEÑOR, oh rey de Judá, que te sientas sobre el trono de David, tú, tus siervos y tu pueblo que entran por estas puertas. **3** Así dice el SEÑOR: 'Practiquen el derecho y la justicia, y liberen al despojado de manos de *su* opresor. Tampoco maltraten *ni* hagan violencia al extranjero, al huérfano o a la viuda, ni derramen sangre inocente en este lugar. **4** Porque si en verdad observan este mandato, entonces entrarán reyes por las puertas de esta casa, y se sentarán en el lugar de David[1], en su trono. *Entrarán* montados en carros y caballos, el rey[2], sus siervos y su pueblo. **5** Pero si no obedecen estas palabras, juro por mí mismo', declara el SEÑOR, 'que esta casa vendrá a ser una desolación"». **6** Porque así dice el SEÑOR acerca de la casa del rey de Judá:

«Eres *como* Galaad para Mí,
Como la cumbre del Líbano;
Pero ciertamente te convertiré en un desierto,
Como ciudades deshabitadas.

7 Designaré contra ti destructores,
Cada uno con sus armas,
Y cortarán tus cedros más selectos
Y *los* echarán al fuego.

8 Pasarán muchas naciones junto a esta ciudad, y cada cual dirá a su prójimo: "¿Por qué ha hecho así el SEÑOR a esta gran ciudad?". **9** Entonces responderán[1]: "Porque abandonaron el pacto del SEÑOR su Dios, y se postraron ante otros dioses y les sirvieron"».

10 No lloren por el muerto ni hagan duelo por él,
Lloren amargamente por el que se va *cautivo*,
Porque jamás volverá
Ni verá su tierra natal.

11 Porque así dice el SEÑOR acerca de Salum[1], hijo de Josías, rey de Judá, que reinó en lugar de su padre Josías, *y* que salió de este lugar: «Nunca más volverá aquí; **12** sino que en el lugar adonde lo llevaron cautivo, allí morirá, y no verá más esta tierra.

13 »Ay del que edifica su casa sin justicia
Y sus aposentos altos sin derecho,

21:13
Geografía de Jerusalén
Jerusalén se encuentra en una colina y tres de sus laderas están rodeadas por valles.

22:5
Por qué Dios juró por sí mismo
Dios no necesitaba jurar, porque él siempre dice la verdad, pero lo hizo para enfatizar algo importante: que no había nada ni nadie más grande por quien jurar.

22:10
El muerto
Este versículo hablaba del rey Josías, quien murió en una batalla con Faraón Necao de Egipto. Jeremías les dijo que no lloraran por él, sino por su hijo, quien sería exiliado y nunca más vería su tierra natal.

22:13-14
De quién hablaba Jeremías
Probablemente se refería al rey Joacim, quien no les pagó el salario a los obreros que construyeron su gran palacio.

22:4 [1] Lit. *por David.*　[2] Lit. *él.*　22:9 [1] Lit. *dirán.*　22:11 [1] I.e. Joacaz.

Que a su prójimo hace trabajar de balde
Y no le da su salario.

14 El que dice: "Me edificaré una casa espaciosa
Con amplios aposentos altos";
Y le abre[1] ventanas,
La recubre de cedro y *la* pinta de rojo[2].

15 ¿Acaso te harás rey porque compites en cedro?
¿No comió y bebió tu padre
Y practicó el derecho y la justicia?
Por eso le fue bien.

16 Defendió la causa del pobre y del necesitado;
Entonces *le* fue bien.
¿No es esto conocerme?»,
Declara el SEÑOR.

17 «Pero tus ojos y tu corazón
Solo están para tu propia ganancia,
Para derramar sangre inocente,
Y para practicar la opresión y la violencia[1]».

18 Por tanto, así dice el SEÑOR acerca de Joacim, hijo de Josías, rey de Judá:

«No llorarán por él:
"¡Ay, hermano mío!" o "¡Ay, hermana!".
No llorarán por él:
"¡Ay, señor!" o "¡Ay, su gloria!".

19 Será enterrado con entierro de asno:
Será arrastrado y tirado fuera de las puertas de
Jerusalén.

20 Sube al Líbano y clama,
Y da voces[1] en Basán;
Clama también desde Abarim,
Porque han sido destruidos todos tus amantes.

21 Te hablé en tu prosperidad,
Pero dijiste: "No escucharé".
Esta ha sido tu costumbre desde tu juventud,
Que nunca has escuchado mi voz.

22 A todos tus pastores arrasará[1] el viento,
Y tus amantes irán al cautiverio;
Entonces ciertamente serás avergonzada y humillada
A causa de toda tu maldad.

23 Tú que moras en el Líbano,
Anidada en los cedros,
¡Cómo gemirás cuando te vengan los dolores,
Dolores como de mujer de parto!

24 »Vivo Yo», declara el SEÑOR, «aunque Conías[1], hijo de Joacim, rey de Judá, fuera un anillo[2] en Mi mano derecha, aun de allí lo[3] arrancaría. 25 Te entregaré en manos de los que buscan tu vida, sí, en manos de los que temes: en manos de Nabucodonosor, rey de Babilonia, y en manos de los caldeos. 26 Te arrojaré a ti y a la madre que te dio a luz a otro país donde no nacieron, y allí morirán. 27 Pero a la tierra a la cual con toda el alma anhelan volver, a ella no volverán.

22:20
Líbano, Basán y Abarim
Se trataba de lugares en Israel que, en conjunto, representaban a toda la nación.

22:14 [1] Lit. *corta.*   [2] O *bermellón.*   22:17 [1] O *extorsión.*   22:20 [1] Lit. *tu voz.*
22:22 [1] Lit. *pastoreará.*   22:24 [1] I.e. Jeconías.   [2] O *sello.*   [3] Lit. *te.*

28 ¿Es acaso este hombre Conías una vasija despreciada
   y rota?
¿Es un objeto indeseable?
¿Por qué han sido arrojados él y sus descendientes
Y echados a una tierra que no conocían?
29 ¡Oh tierra, tierra, tierra!,
Oye la palabra del SEÑOR.
30 Así dice el SEÑOR:
"Inscriban a este hombre *como* sin hijos,
Hombre que no prosperará en sus días;
Porque ninguno de sus descendientes logrará*¹*
Sentarse sobre el trono de David
Ni gobernar de nuevo en Judá"».

LOS MALOS PASTORES Y REGRESO DEL REMANENTE

23 «¡Ay de los pastores que destruyen y dispersan las ovejas de Mis prados!», declara el SEÑOR. **2** Por tanto, así dice el SEÑOR, Dios de Israel, acerca de los pastores que apacientan a Mi pueblo: «Ustedes han dispersado Mis ovejas y las han ahuyentado, y no se han ocupado de ellas. Por eso Yo me encargaré de ustedes por la maldad de sus obras», declara el SEÑOR. **3** «Yo mismo reuniré el remanente de Mis ovejas de todas las tierras adonde las he echado, y las haré volver a sus pastos; y crecerán y se multiplicarán. **4** Pondré sobre ellas pastores que las apacentarán, y nunca más tendrán temor, ni se aterrarán, ni faltará ninguna de ellas», declara el SEÑOR.

5 «Vienen días», declara el SEÑOR,
   «En que levantaré a David un Renuevo justo;
   Y Él reinará *como* rey, actuará sabiamente*¹*,
   Y practicará el derecho y la justicia en la tierra.
6 En sus días Judá será salvada,
   E Israel morará seguro;
   Y este es Su nombre por el cual será llamado:
   "El SEÑOR, justicia nuestra".

7 Por tanto, vienen días», declara el SEÑOR, «cuando no dirán más: "Vive el SEÑOR, que hizo subir a los israelitas de la tierra de Egipto", **8** sino: "Vive el SEÑOR que hizo subir y trajo a los descendientes*¹* de la casa de Israel de la tierra del norte y de todas las tierras adonde los había echado". Entonces habitarán en su propio suelo».

9 En cuanto a los profetas:

   Quebrantado está mi corazón dentro de mí,
   Tiemblan todos mis huesos;
   Estoy como un ebrio,
   Como un hombre a quien domina el vino,
   Por causa del SEÑOR
   Y por causa de Sus santas palabras.
10 Porque la tierra está llena de adúlteros;
   Porque a causa de la maldición se ha enlutado la
      tierra,

23:1
Malos pastores
Se refiere a los sacerdotes, los falsos profetas y el rey, quienes estaban guiando al pueblo por el camino equivocado.

23:9-10
Qué habían hecho los falsos profetas
Ellos adoraban a los ídolos, eran ejemplo de pecaminosidad y alejaban al pueblo de Dios.

22:30 *¹* O *prosperará en.*   23:5 *¹* O *tendrá éxito.*   23:8 *¹* Lit. *simiente.*

EL RENUEVO JUSTO

Jeremías 23:5-8

Detalles sobre el Mesías

- Reina como rey
- Actúa con sabiduría
- Ofrece seguridad
- Desciende del linaje de David como un «Renuevo justo»
- Reina con el derecho y la justicia
- Es llamado «El Señor, justicia nuestra»
- Salva y restaura a Judá e Israel

Se han secado los pastos del desierto.
Pues es mala la carrera de ellos
Y su poderío no es recto.

11 «Porque tanto el profeta como el sacerdote están
      corrompidos;
Aun en Mi casa he hallado su maldad», declara el
      SEÑOR.

12 «Por tanto, su camino será para ellos como sendas
      resbaladizas;
Serán empujados a las tinieblas y en ellas caerán;
Porque traeré sobre ellos calamidad
En el año de su castigo», declara el SEÑOR.

13 «Además, entre los profetas de Samaria he visto algo
      ofensivo:
Profetizaban en *nombre de* Baal y extraviaban a Mi
      pueblo Israel.

14 También entre los profetas de Jerusalén he visto algo
      horrible:
Cometían[1] adulterio y andaban[2] en mentiras;
Fortalecían las manos de los malhechores,
Sin convertirse ninguno de su maldad.
Todos ellos son para Mí como Sodoma,
Y sus habitantes como Gomorra.

23:14 [1] Lit. *cometer*.   [2] Lit. *andar*.

15 Por tanto, así dice el SEÑOR de los ejércitos acerca de los profetas:

"Voy a darles de comer ajenjo
Y hacerles que beban agua envenenada,
Porque de los profetas de Jerusalén
Ha salido la corrupción a todo el país"».

16 Así dice el SEÑOR de los ejércitos:

«No escuchen las palabras de los profetas que les
    profetizan.
Ellos los conducen hacia lo vano;
Les cuentan¹ las visiones de su propia fantasía²,
No de la boca del SEÑOR.
17 Dicen de continuo a los que me desprecian:
"El SEÑOR ha dicho: 'Tendrán paz'";
Y a todo el que anda en la terquedad de su corazón
Dicen: "No vendrá calamidad sobre ustedes".

23:18

El consejo del SEÑOR

El Señor compartió sus planes con un grupo selecto de personas, como un rey lo haría con sus funcionarios reales.

18 Pero ¿quién ha estado en el consejo del SEÑOR,
Y vio y oyó Su palabra?
¿Quién ha prestado atención a Su¹ palabra y *la* ha
    escuchado?
19 La tempestad del SEÑOR ha salido con furor,
Un torbellino impetuoso
Descargará sobre la cabeza de los impíos.
20 No se apartará la ira del SEÑOR
Hasta que haya realizado y llevado a cabo los
    propósitos de Su corazón.
En los postreros días lo entenderán claramente.
21 Yo no envié a *esos* profetas,
Pero ellos corrieron;
No les hablé,
Mas ellos profetizaron.
22 Pero si ellos hubieran estado en Mi consejo,
Habrían hecho oír Mis palabras a Mi pueblo,
Y lo habrían hecho volver de su mal camino
Y de la maldad de sus obras.

23:23-24

Intentar esconderse de Dios

Puesto que Dios está en todas partes, no hay lugar en el que las personas puedan esconderse y no ser vistas por él.

23 »¿Acaso soy Yo un Dios solo de cerca», declara el
    SEÑOR,
«Y no un Dios de lejos?».
24 «¿Podrá alguien esconderse en escondites
De modo que Yo no lo vea?», declara el SEÑOR.
«¿No lleno Yo los cielos y la tierra?», declara el SEÑOR.

25 «He oído lo que dicen los profetas que profetizan mentira en Mi nombre, diciendo: "¡He tenido un sueño, he tenido un sueño!". **26** ¿Hasta cuándo? ¿Qué hay en los corazones de los profetas que profetizan la mentira, de los profetas *que proclaman* el engaño de su corazón, **27** que tratan de que Mi pueblo se olvide de Mi nombre con los sueños que se cuentan unos a otros, tal como sus padres olvidaron Mi nombre a causa de Baal? **28** El profeta que tenga un sueño, que cuente *su* sueño, pero el que tenga Mi palabra, que hable Mi palabra con fidelidad. ¿Qué tiene *que ver* la paja con el grano?»,

23:16 ¹ Lit. *hablan*.   ² Lit. *corazón*.   23:18 ¹ Otra posible lectura es: *Mi*.

declara el SEÑOR. **29** «¿No es Mi palabra como fuego», declara el SEÑOR, «y como martillo que despedaza la roca¹?».

30 «Por tanto, estoy contra los profetas», declara el SEÑOR, «que se roban Mis palabras el uno al otro. **31** Estoy contra los profetas», declara el SEÑOR, «que usan sus lenguas y dicen: *El Señor declara*". **32** Estoy contra los que profetizan sueños falsos», declara el SEÑOR, «y los cuentan y hacen errar a Mi pueblo con sus mentiras y sus presunciones, cuando Yo no los envié ni les di órdenes, ni son de provecho alguno para este pueblo», declara el SEÑOR.

33 «Así que cuando te pregunte este pueblo, o el profeta, o un sacerdote: "¿Cuál es el oráculo¹ del SEÑOR?", les dirás: "¿Cuál oráculo?". El SEÑOR declara: "Yo los abandonaré". **34** Y al profeta, al sacerdote o al pueblo que diga: "Oráculo del SEÑOR", traeré castigo sobre tal hombre y sobre su casa. **35** Así dirá cada uno a su prójimo y cada uno a su hermano: "¿Qué ha respondido el SEÑOR? ¿Qué ha hablado el SEÑOR?". **36** Y no se acordarán más del oráculo del SEÑOR, porque la palabra de cada uno le será por oráculo, pues han pervertido las palabras del Dios viviente, del SEÑOR de los ejércitos, nuestro Dios.

37 »Jeremías, así dirás al profeta: "¿Qué te ha respondido el SEÑOR? ¿Qué ha hablado el SEÑOR?". **38** Pero si ustedes dicen: "¡Oráculo del SEÑOR!", entonces así dice el SEÑOR: "Por cuanto han dicho esta palabra: '¡Oráculo del SEÑOR!', habiendo Yo enviado a decirles: 'No digan: "¡Oráculo del SEÑOR!"'". **39** Por tanto, ciertamente me olvidaré de ustedes y los echaré de Mi presencia, junto con la ciudad que les di a ustedes y a sus padres; **40** y pondré sobre ustedes oprobio eterno y humillación eterna que nunca será olvidada».

LAS DOS CESTAS DE HIGOS

24 Después que Nabucodonosor, rey de Babilonia, desterró a Jeconías, hijo de Joacim, rey de Judá, y a los oficiales de Judá junto con los artesanos y herreros de Jerusalén, y los llevó a Babilonia, el SEÑOR me mostró dos cestas de higos colocadas delante del templo del SEÑOR. **2** Una cesta tenía higos muy buenos, como los primeros higos maduros; y la otra tenía higos muy malos, que de podridos no se podían comer. **3** Entonces el SEÑOR me dijo: «¿Qué ves, Jeremías?». Yo dije: «Higos; los higos buenos son muy buenos, pero los malos son muy malos, que de podridos no se pueden comer».

4 Entonces vino a mí la palabra del SEÑOR: **5** «Así dice el SEÑOR, Dios de Israel: "Como a estos higos buenos, así

FALSOS PROFETAS
Jeremías 23:9-40

Consecuencias de seguir a los falsos profetas:

- Comer ajenjo y agua envenenada
- Destitución de la presencia de Dios
- Expulsión de la memoria de Dios
- Confinamiento a las tinieblas
- Humillación eterna
- Camino resbaladizo
- Ira de Dios
- Calamidad

23:28-29
La verdadera palabra de Dios
Esta se describe como grano (que alimenta a las personas), como fuego (que purifica o destruye) y como martillo (que rompe todo a su paso).

23:29 ¹ O *peñasco*.   23:33 ¹ O *carga*, y así en el resto del cap.

24:2
Cuáles eran los higos buenos

Los primeros higos maduraban en junio y eran jugosos y dulces. Aquí simbolizan al primer grupo de personas que había sido llevado a Babilonia: oficiales, sacerdotes y artesanos. Los pobres y débiles fueron dejados atrás.

24:7
Cómo regresarían los desterrados

Dios obraría en sus corazones para que se arrepintieran y lo obedecieran de nuevo. Luego los regresaría a sus hogares.

25:9
Las familias del norte

Ellos eran los de Babilonia y sus aliados.

25:9
Nabucodonosor es llamado siervo

Esto no fue porque adoraba al Señor, sino porque Dios lo usó para cumplir su propósito.

---

consideraré como buenos a los desterrados de Judá que Yo he echado de este lugar a la tierra de los caldeos. **6** Porque pondré Mis ojos sobre ellos para bien, y los traeré de nuevo a esta tierra; los edificaré y no *los* derribaré, los plantaré y no *los* arrancaré. **7** Les daré un corazón para que me conozcan, porque Yo soy el SEÑOR; y ellos serán Mi pueblo y Yo seré su Dios, pues volverán a Mí de todo corazón.

8 ”Pero como a los higos malos que de podridos no se pueden comer”, así dice el SEÑOR, ”de la misma manera abandonaré[1] a Sedequías, rey de Judá, a sus oficiales, al remanente de Jerusalén que queda en esta tierra y a los que habitan en la tierra de Egipto. **9** Los haré motivo de espanto y de calamidad para todos los reinos de la tierra, de oprobio y refrán, de burla y maldición en todos los lugares adonde los dispersaré. **10** Y enviaré sobre ellos espada, hambre y pestilencia hasta que sean exterminados de la tierra que les di a ellos y a sus padres”».

SETENTA AÑOS DE CAUTIVERIO

25 Palabra que vino a Jeremías acerca de todo el pueblo de Judá, en el año cuarto de Joacim, hijo de Josías, rey de Judá (este *era* el primer año de Nabucodonosor, rey de Babilonia), **2** la cual el profeta Jeremías habló a todo el pueblo de Judá y a todos los habitantes de Jerusalén, diciéndoles: **3** «Desde el año trece de Josías, hijo de Amón, rey de Judá, hasta hoy, en estos[1] veintitrés años ha venido a mí la palabra del SEÑOR, y les he hablado repetidas veces[2], pero no han escuchado. **4** Y el SEÑOR les envió repetidas veces[1] a todos Sus siervos los profetas, pero ustedes no escucharon ni pusieron atención. **5** Ellos les decían: ”Vuélvase ahora cada uno de su camino y de la maldad de sus obras, y habitarán en la tierra que el SEÑOR les dio a ustedes y a sus padres para siempre. **6** No vayan tras otros dioses para servirles y postrarse ante ellos, no me provoquen a ira con la obra de sus manos, y no les haré ningún mal”. **7** Pero no me han escuchado», declara el SEÑOR, «de modo que me provocaron a ira con la obra de sus manos para su propio mal.

8 »Por tanto, así dice el SEÑOR de los ejércitos: ”Por cuanto no han obedecido Mis palabras, **9** mandaré a buscar[1] a todas las familias del norte”, declara el SEÑOR, ”y a Nabucodonosor, rey de Babilonia, Mi siervo. Los traeré contra esta tierra, contra sus habitantes y contra todas estas naciones de alrededor; los destruiré por completo[2] y los haré objeto de horror, de burla y de eterna desolación. **10** Además, haré cesar[1] de ellos la voz de gozo y la voz de alegría, la voz del novio y la voz de la novia, el sonido de las piedras de molino y la luz de la lámpara. **11** Toda esta tierra será desolación y horror, y estas naciones servirán setenta años al rey de Babilonia.

12 ”Después que[1] se hayan cumplido los setenta años, castigaré al rey de Babilonia y a esa nación por su iniquidad”, declara el SEÑOR, ”y a la tierra de los caldeos la haré una desolación eterna. **13** Y traeré sobre esa tierra todas las palabras

---

24:8 [1] Lit. *entregaré.*   25:3 [1] Lit. *este.*   [2] Lit. *madrugando y hablando.*
25:4 [1] Lit. *madrugando y enviando.*   25:9 [1] Lit. *tomar.*   [2] *O dedicaré al anatema.*   25:10 [1] Lit. *perecer.*   25:12 [1] Lit. *Y sucederá que cuando.*

que he hablado contra ella, todo lo que está escrito en este libro que Jeremías ha profetizado contra todas las naciones. **14**(Pues también a ellos los harán esclavos muchas naciones y*¹* grandes reyes, y les pagaré conforme a sus hechos y conforme a la obra de sus manos)"».

LA IRA DE DIOS CONTRA LAS NACIONES

15Porque así me ha dicho el SEÑOR, Dios de Israel: «Toma de Mi mano esta copa del vino del furor, y haz que beban de ella todas las naciones a las cuales Yo te envío. **16**Ellas beberán y se tambalearán y enloquecerán a causa de la espada que enviaré en medio de ellas».

17Entonces tomé la copa de la mano del SEÑOR, e hice beber *de ella* a todas las naciones a las cuales me envió el SEÑOR: **18**a Jerusalén y a las ciudades de Judá, a sus reyes y a sus príncipes, para ponerlos por desolación, horror, burla y maldición, como hasta hoy; **19**a Faraón, rey de Egipto, a sus siervos, a sus príncipes y a todo su pueblo; **20**a todos los extranjeros*¹*, a todos los reyes de la tierra de Uz, a todos los reyes de la tierra de los filisteos (es decir, Ascalón, Gaza, Ecrón y al remanente de Asdod); **21**a Edom, a Moab y a los hijos de Amón; **22**a todos los reyes de Tiro, a todos los reyes de Sidón y a los reyes de las costas que están más allá del mar; **23**a Dedán, a Tema, a Buz y a todos los que se rapan las sienes; **24**a todos los reyes de Arabia y a todos los reyes de los extranjeros*¹* que habitan en el desierto; **25**a todos los reyes de Zimri, a todos los reyes de Elam y a todos los reyes de Media; **26**a todos los reyes del norte, los de cerca y los de lejos, los unos con los otros, y a todos los reinos del mundo que están sobre la superficie de la tierra. El rey de Sesac*¹* beberá después de ellos.

27«Tú les dirás: "Así dice el SEÑOR de los ejércitos, el Dios de Israel: 'Beban, embriáguense, vomiten, cáiganse y no se levanten a causa de la espada que Yo enviaré en medio de ustedes'". **28**Y sucederá que si rehúsan tomar la copa de tu mano para beber, les dirás: "Así dice el SEÑOR de los ejércitos: 'Ciertamente van a beber. **29**Porque Yo comienzo a causar mal en *esta* ciudad que se llama por Mi nombre, ¿y quedarán ustedes sin castigo alguno? No quedarán sin castigo, porque llamo a la espada contra todos los habitantes de la tierra', declara el SEÑOR de los ejércitos".

30»Tú, pues, profetizarás contra ellos todas estas palabras, y les dirás:

"El SEÑOR rugirá desde lo alto,
Y dará Su voz desde Su santa morada;
Rugirá fuertemente contra Su rebaño*¹*.
Dará gritos como los que pisan *las uvas*
Contra todos los habitantes de la tierra.
31 Ha llegado el estruendo hasta el fin de la tierra,
Porque el SEÑOR tiene un pleito contra las
naciones;

25:15
El vino del furor de Dios
Esta era una forma de describir la ira de Dios como una copa de un vino fuerte que haría al pueblo tambalearse y caer. Se tambalearían porque Dios iba a permitir que los mataran.

25:26
Sesac
Este era un código para decir Babilonia.

25:29
La ciudad llamada por el nombre de Dios
Se refiere a Jerusalén.

25:30
Por qué gritaban los que pisaban las uvas
Las personas que pisaban las uvas solían estar contentas por la cosecha, así que hacían mucho ruido.

25:14 *¹* O *Porque también ellos han servido a muchas naciones y a.*   25:20 *¹* O *y a toda multitud mixta.*   25:24 *¹* O *de la multitud mixta.*   25:26 *¹* O *Babilonia.*   25:30 *¹* O *dehesa.*

Entra en juicio contra toda carne;
A los impíos los entrega a la espada", declara el
    SEÑOR».

32 Así dice el SEÑOR de los ejércitos:
«El mal va
De nación en nación,
Y una gran tempestad se levanta
De los confines de la tierra.

33 En aquel día los muertos por el SEÑOR estarán desde un extremo de la tierra hasta el otro[1]. No los llorarán, ni los recogerán, ni los sepultarán; serán como estiércol sobre la superficie de la tierra.

34 Den gemidos, pastores, y clamen;
Revuélquense *en ceniza*, mayorales del rebaño;
Porque se han cumplido los días de su matanza y de
    su dispersión,
Y caerán como vaso escogido.
35 No habrá huida para los pastores,
Ni escape para los mayorales del rebaño.
36 *Se oye* el sonido del clamor de los pastores,
Y el gemido de los mayorales del rebaño,
Porque el SEÑOR está destruyendo sus pastos,
37 Y son silenciados los rebaños[1] apacibles
A causa de la ardiente ira del SEÑOR.
38 Él ha abandonado como un león Su guarida,
Porque su tierra se ha convertido en horror
Por el furor de la *espada* opresora[1],
Y a causa de Su ardiente ira».

PLAN PARA MATAR A JEREMÍAS

26 Al comienzo del reinado de Joacim, hijo de Josías, rey de Judá, vino esta palabra del SEÑOR: 2 «Así dice el SEÑOR: "Ponte en el atrio de la casa del SEÑOR, y habla a todas las ciudades de Judá que vienen a adorar en la casa del SEÑOR, todas las palabras que te he mandado decirles. No omitas ni una palabra. 3 Tal vez escuchen y cada uno se vuelva de su mal camino, y Yo me arrepienta del mal que pienso hacerles a causa de la maldad de sus obras". 4 Tú les dirás: "Así dice el SEÑOR: 'Si no me escuchan, para andar en Mi ley que he puesto delante de ustedes, 5 para que escuchen las palabras de Mis siervos los profetas que les he enviado repetidas veces[1], pero no los han escuchado, 6 entonces pondré esta casa como Silo, y esta ciudad la pondré por maldición para todas las naciones de la tierra' "».

7 Los sacerdotes, los profetas y todo el pueblo oyeron a Jeremías decir estas palabras en la casa del SEÑOR. 8 Cuando Jeremías terminó de decir todo lo que el SEÑOR le había mandado que hablara a todo el pueblo, lo apresaron los sacerdotes, los profetas y todo el pueblo, diciendo: «De cierto, morirás. 9 ¿Por qué has profetizado en nombre del SEÑOR, diciendo: "Esta casa será como Silo y esta ciudad quedará

26:6
El destino de Silo
Silo fue destruida cerca del año 1050 a. C. Este había sido el primer lugar en la tierra prometida donde los sacerdotes colocaron el arca, así como el centro del culto. Sin embargo, ahora estaba vacío y arruinado.

25:33 [1] Lit. *hasta el otro extremo de la tierra.*   25:37 [1] O *las dehesas.*
25:38 [1] O *del opresor.*   26:5 [1] Lit. *madrugando y enviando.*

desolada sin habitante alguno?"». Y todo el pueblo se congregó contra Jeremías en la casa del SEÑOR.

¹⁰ Cuando los jefes de Judá oyeron estas cosas, subieron de la casa del rey a la casa del SEÑOR, y se sentaron a la entrada de la puerta Nueva de la *casa* del SEÑOR. ¹¹ Entonces los sacerdotes y los profetas hablaron a los jefes y a todo el pueblo, y les dijeron: «¡Sentencia de muerte para este hombre!, porque ha profetizado contra esta ciudad, como han oído con sus propios oídos». ¹² Entonces Jeremías habló a todos los jefes y a todo el pueblo, y les dijo: «El SEÑOR me ha enviado a profetizar contra esta casa y contra esta ciudad todas las palabras que han oído. ¹³ Ahora bien, enmienden sus caminos y sus obras, y obedezcan al SEÑOR su Dios, y el SEÑOR se arrepentirá del mal que ha pronunciado contra ustedes. ¹⁴ En cuanto a mí, estoy en sus manos; hagan de mí como mejor y más recto sea a sus ojos. ¹⁵ Pero sepan bien que si me matan, sangre inocente echarán sobre ustedes y sobre esta ciudad y sobre sus habitantes; porque en verdad el SEÑOR me ha enviado a ustedes para hablar en sus oídos todas estas palabras».

¹⁶ Entonces los jefes y todo el pueblo dijeron a los sacerdotes y a los profetas: «Que no haya sentencia de muerte para este hombre, porque en nombre del SEÑOR nuestro Dios nos ha hablado». ¹⁷ Y se levantaron algunos de los ancianos del país y hablaron a toda la asamblea del pueblo, y dijeron: ¹⁸ «Miqueas de Moréset¹ profetizó en días de Ezequías, rey de Judá, y habló a todo el pueblo de Judá: "Así ha dicho el SEÑOR de los ejércitos:

'Sión será arada *como* un campo,
Jerusalén se convertirá en un montón de ruinas,
Y el monte del santuario² *será* como los lugares altos
de un bosque³'".

¹⁹ ¿Acaso Ezequías, rey de Judá, y todo Judá le dieron muerte a Miqueas? ¿No temió él al SEÑOR y suplicó el favor del SEÑOR, y el SEÑOR se arrepintió del mal que había pronunciado contra ellos? Nosotros, pues, estamos cometiendo un gran mal contra nosotros mismos».

²⁰ Hubo también un hombre que profetizó en el nombre del SEÑOR, Urías, hijo de Semaías de Quiriat Jearim. Él profetizó contra esta ciudad y contra esta tierra palabras semejantes a todas las de Jeremías. ²¹ Cuando el rey Joacim y todos sus valientes y todos los jefes oyeron sus palabras, el rey procuró matarlo; pero Urías se enteró, tuvo miedo, huyó y se fue a Egipto. ²² Entonces el rey Joacim envió hombres a Egipto: a Elnatán, hijo de Acbor, y a *otros* hombres con él, a Egipto. ²³ Y trajeron a Urías de Egipto y lo llevaron al rey Joacim, quien lo mató a espada y echó su cadáver a la fosa común¹.

²⁴ Pero la mano de Ahicam, hijo de Safán, estaba con Jeremías, de manera que no fue entregado en manos del pueblo para que le dieran muerte.

26:10-19
Cómo Jeremías fue salvado

El pueblo finalmente reconoció que él hablaba la verdad de Dios, y recordaron a otros profetas que habían traído un mensaje similar.

26:24
Ahicam tenía mucha influencia

Ahicam había sido funcionario del rey Josías. Él seguía teniendo una gran reputación e influencia después de la muerte de Josías.

26:18 ¹ Lit. *Micaías el morastita*.   ² Lit. *de la casa*.   ³ O *altura boscosa*.
26:23 ¹ Lit. *en las sepulturas de los hijos del pueblo*.

ORDEN DE SOMETERSE A NABUCODONOSOR

27 Al principio del reinado de Sedequías[1], hijo de Josías, rey de Judá, vino esta palabra de parte del SEÑOR a Jeremías: **2** Así me ha dicho el SEÑOR: «Hazte coyundas y yugos y póntelos al cuello, **3** y envía palabra[1] al rey de Edom, al rey de Moab, al rey de Amón, al rey de Tiro y al rey de Sidón por medio[2] de los mensajeros que vienen a Jerusalén *a ver* a Sedequías, rey de Judá. **4** Y ordénales que digan a sus señores: "Así dice el SEÑOR de los ejércitos, el Dios de Israel, así le dirán a sus señores: **5** 'Yo hice la tierra, los hombres y los animales que están sobre la superficie de la tierra con Mi gran poder y con Mi brazo extendido, y la doy a quien me place[1]. **6** Y ahora Yo he puesto todas estas tierras en manos de Nabucodonosor, rey de Babilonia, siervo Mío, y también le he dado las bestias del campo para que le sirvan. **7** Y todas las naciones le servirán a él, a su hijo, y al hijo de su hijo, hasta que llegue también la hora a su propia tierra; entonces muchas naciones y grandes reyes lo harán su siervo[1]. **8** Y sucederá que la nación o el reino que no sirva a Nabucodonosor, rey de Babilonia, y que no ponga su cuello bajo el yugo del rey de Babilonia, a esa nación castigaré con espada, con hambre y con pestilencia', declara el SEÑOR, 'hasta que Yo la[1] haya destruido por su mano.

9 Ustedes, pues, no escuchen a sus profetas, a sus adivinos, a sus soñadores[1], a sus agoreros ni a sus hechiceros que les dicen: "No servirán al rey de Babilonia". **10** Porque ellos les profetizan mentira, para alejarlos a ustedes de su tierra, y para que Yo los expulse y perezcan. **11** Pero la nación que ponga su cuello bajo el yugo del rey de Babilonia y le sirva, la dejaré en su tierra', declara el SEÑOR, 'y la cultivará y habitará en ella'"».

12 Y a Sedequías, rey de Judá, hablé palabras como estas[1]: «Pongan su cuello bajo el yugo del rey de Babilonia, y sírvanle a él y a su pueblo, y vivirán. **13** ¿Por qué han de morir, tú y tu pueblo, por la espada, el hambre y la pestilencia, tal como ha hablado el SEÑOR de la nación que no sirva al rey de Babilonia? **14** No escuchen las palabras de los profetas que les dicen: "No servirán al rey de Babilonia", porque les profetizan mentira. **15** Yo no los he enviado», declara el SEÑOR, «y ellos profetizan mentira en Mi nombre, para que Yo los expulse y perezcan ustedes y los profetas que les profetizan».

16 Entonces hablé a los sacerdotes y a todo este pueblo, y les dije: «Así dice el SEÑOR: No escuchen las palabras de sus profetas que les profetizan: "Los utensilios de la casa del SEÑOR serán devueltos en breve de Babilonia", porque ellos les profetizan mentira. **17** No los escuchen; sirvan al rey de

---

27:2
Por qué Jeremías usaba un yugo

Este era similar al yugo que llevaban los bueyes. Constituía un símbolo de que Dios obligaría a las naciones a someterse al poder y el dominio de Babilonia.

27:9
Adivinos, soñadores, agoreros y hechiceros

En el antiguo Medio Oriente, las personas valoraban mucho el significado de los sueños. Dios le había dicho al pueblo que ignoraran lo que estos supuestos expertos les decían y en cambio escucharan su mensaje.

27:16-22
El mensaje de Dios para el pueblo

El pueblo esperaba que los objetos del templo fueran regresados pronto a Judá, como una señal de que Nabucodonosor le permitiría a la nación sobrevivir. Sin embargo, Dios les dijo que no se resistieran a Babilonia y que aceptaran el hecho de que iban a ser llevados cautivos.

27:1 [1] Muchos mss. dicen: *Joacim.*   27:3 [1] Lit. *y envíalos.*   [2] Lit. *mano.*
27:5 [1] O *es recto ante Mis ojos.*   27:7 [1] O *lo esclavizarán.*   27:8 [1] Lit. *los.*
27:9 [1] Lit. *sueños.*   27:12 [1] O *todas estas.*

Babilonia y vivirán. ¿Por qué ha de convertirse en ruinas esta ciudad? **18** Pero si ellos son profetas, y si la palabra del SEÑOR está con ellos, que supliquen ahora al SEÑOR de los ejércitos para que los utensilios que quedan en la casa del SEÑOR, en la casa del rey de Judá y en Jerusalén, no sean llevados a Babilonia.

19 »Porque así dice el SEÑOR de los ejércitos acerca de las columnas, del mar, de las basas y de los demás utensilios que quedan en esta ciudad, **20** los cuales no tomó Nabucodonosor, rey de Babilonia, cuando llevó al destierro a Jeconías, hijo de Joacim, rey de Judá, de Jerusalén a Babilonia con todos los nobles de Judá y de Jerusalén. **21** Sí, así dice el SEÑOR de los ejércitos, el Dios de Israel, acerca de los utensilios que quedan en la casa del SEÑOR, en la casa del rey de Judá y en Jerusalén: **22** "A Babilonia serán llevados, y allí quedarán hasta el día en que Yo los visite", declara el SEÑOR. "Entonces los traeré[1] y los restituiré a este lugar"».

FALSA PROFECÍA DE HANANÍAS

28 En el mismo año, al comienzo del reinado de Sedequías, rey de Judá, en el año cuarto, en el mes quinto, el profeta Hananías, hijo de Azur, que era de Gabaón, me dijo en la casa del SEÑOR en presencia de los sacerdotes y de todo el pueblo: **2** «Así dice el SEÑOR de los ejércitos, el Dios de Israel: "He quebrado el yugo del rey de Babilonia. **3** Dentro de dos años haré volver a este lugar todos los utensilios de la casa del SEÑOR, que Nabucodonosor, rey de Babilonia, tomó de este lugar y llevó a Babilonia. **4** Y a Jeconías, hijo de Joacim, rey de Judá, y a todos los desterrados de Judá que fueron a Babilonia, Yo los haré volver a este lugar", declara el SEÑOR, "porque romperé el yugo del rey de Babilonia"».

5 Entonces el profeta Jeremías respondió al profeta Hananías en presencia de los sacerdotes y en presencia de todo el pueblo que estaba de pie en la casa del SEÑOR; **6** y el profeta Jeremías dijo: «Amén, así lo haga el SEÑOR. Confirme[1] el SEÑOR tus palabras, que has profetizado para que sean devueltos los utensilios de la casa del SEÑOR y *vuelvan* todos los desterrados de Babilonia a este lugar. **7** Pero oye ahora esta palabra que voy a hablar a tus oídos y a oídos de todo el pueblo: **8** Los profetas que fueron antes de mí y antes de ti desde la antigüedad, profetizaron guerra, calamidad y pestilencia contra muchas tierras y contra grandes reinos. **9** Si un profeta[1] profetiza paz, cuando la palabra del profeta se cumpla, ese profeta será conocido *como* el que el SEÑOR en verdad ha enviado». **10** Entonces el profeta Hananías quitó el yugo del cuello del profeta Jeremías y lo rompió. **11** Y Hananías dijo en presencia de todo el pueblo: «Así dice el SEÑOR: "De esta manera romperé dentro de dos años el yugo de Nabucodonosor, rey de Babilonia, del cuello de todas las naciones"». Luego el profeta Jeremías se fue por su camino.

12 Después que Hananías había roto el yugo del cuello del profeta Jeremías, vino a Jeremías la palabra del SEÑOR: **13** «Ve y habla a Hananías: "Así dice el SEÑOR: 'Has roto yugos de

28:10
Jeremías seguía usando el yugo
Aparentemente, él usaba el yugo todo el tiempo para recordarle al pueblo la profecía del Señor de una manera clara.

27:22 [1] Lit. *subiré.*   28:6 [1] O *Cumpla.*   28:9 [1] Lit. *El profeta que.*

28:13-14
Hananías rompió el yugo de madera

Luego de que Hananías hiciera esto (versículo 10), Jeremías le dijo que el Señor pondría un yugo de hierro irrompible sobre las naciones para hacerlas servir a Nabucodonosor.

28:14
Nabucodonosor controlaría a las bestias del campo

Esta era una exageración para mostrar que Nabucodonosor tendría dominio absoluto sobre todas las naciones.

29:3
Cómo se aseguró Jeremías de que la carta llegaría a salvo

Él la colocó en un sobre oficial y la envió con dos mensajeros de confianza.

29:7
Una instrucción inusual

Orar por los conquistadores y obrar para su bien era un mensaje nuevo en el mundo antiguo.

29:10-11
Un consuelo para los desterrados

Cuando los que habían sido llevados a Babilonia oyeron los planes que el Señor tenía para ellos, se dieron cuenta de que Dios no los había olvidado y los restauraría.

madera, pero en su lugar harás yugos de hierro'. ¹⁴ Porque así dice el SEÑOR de los ejércitos, el Dios de Israel: 'Yugo de hierro he puesto sobre el cuello de todas estas naciones, para que sirvan a Nabucodonosor, rey de Babilonia, y le servirán. Y le he dado también las bestias del campo'». ¹⁵ Y el profeta Jeremías dijo al profeta Hananías: «Escucha ahora, Hananías, el SEÑOR no te ha enviado, y tú has hecho que este pueblo confíe en una mentira. ¹⁶ Por tanto, así dice el SEÑOR: "Te voy a quitar[1] de sobre la superficie de la tierra. Este año morirás, porque has aconsejado[2] la rebelión contra el SEÑOR"». ¹⁷ Y murió el profeta Hananías aquel mismo año, en el mes séptimo.

CARTA A LOS DESTERRADOS

29 Estas son las palabras de la carta que el profeta Jeremías envió desde Jerusalén al resto de los ancianos del destierro, a los sacerdotes, a los profetas y a todo el pueblo que Nabucodonosor había llevado al destierro de Jerusalén a Babilonia. ² (*Esto sucedió* después de salir de Jerusalén el rey Jeconías, junto con la reina madre, los oficiales de la corte, los príncipes de Judá y de Jerusalén, los artífices y los herreros). ³ *La carta que fue enviada* por mano de Elasa, hijo de Safán, y de Gemarías, hijo de Hilcías, a quienes Sedequías, rey de Judá, envió a Babilonia, a Nabucodonosor, rey de Babilonia, decía: ⁴ «Así dice el SEÑOR de los ejércitos, el Dios de Israel, a todos los desterrados que envié al destierro de Jerusalén a Babilonia: ⁵ "Edifiquen casas y habítenlas, planten huertos y coman de su fruto. ⁶ Tomen mujeres y tengan hijos e hijas, tomen mujeres para sus hijos y den sus hijas a maridos para que den a luz hijos e hijas, y multiplíquense allí y no disminuyan. ⁷ Y busquen el bienestar[1] de la ciudad adonde los he desterrado, y rueguen al SEÑOR por ella; porque en su bienestar tendrán bienestar". ⁸ Porque así dice el SEÑOR de los ejércitos, el Dios de Israel: "Que no los engañen sus profetas, que están en medio de ustedes, ni sus adivinos, ni escuchen los[1] sueños que tienen[2]. ⁹ Porque les profetizan falsamente en Mi nombre. Yo no los he enviado", declara el SEÑOR.

¹⁰ »Pues así dice el SEÑOR: "Cuando se le hayan cumplido a Babilonia setenta años, Yo los visitaré y cumpliré Mi buena palabra de hacerlos volver a este lugar. ¹¹ Porque Yo sé los planes que tengo[1] para ustedes", declara el SEÑOR, "planes de bienestar y no de calamidad, para darles un futuro y una esperanza. ¹² Ustedes me invocarán y vendrán a rogarme, y Yo los escucharé. ¹³ Me buscarán y *me* encontrarán, cuando me busquen de todo corazón. ¹⁴ Me dejaré hallar de ustedes", declara el SEÑOR, "y restauraré su bienestar[1] y los reuniré de todas las naciones y de todos los lugares adonde los expulsé", declara el SEÑOR, "y los traeré de nuevo al lugar desde donde los envié al destierro".

¹⁵ »Por cuanto ustedes han dicho: "El SEÑOR nos ha levantado profetas en Babilonia" ¹⁶ (pues así dice el SEÑOR acerca

28:16 ¹ Lit. *echar*.   ² Lit. *hablado*.   29:7 ¹ O *la paz*.   29:8 ¹ Lit. *sus*.
² Lit. *ellos sueñan*.   29:11 ¹ Lit. *estoy trazando*.   29:14 ¹ O *haré volver a sus cautivos*.

del rey que se sienta sobre el trono de David, y acerca de todo el pueblo que habita en esta ciudad, sus hermanos que no fueron con ustedes al destierro), **17** así dice el SEÑOR de los ejércitos: "Yo envío contra ellos la espada, el hambre y la pestilencia, y los pondré como higos reventados que de podridos no se pueden comer. **18** Los perseguiré con la espada, con el hambre y con la pestilencia, y los haré motivo de espanto para todos los reinos de la tierra, para que sean maldición, horror, burla y oprobio entre todas las naciones adonde los he arrojado. **19** Porque ellos no han escuchado Mis palabras", declara el SEÑOR, "las que les envié repetidas veces[1] por medio de Mis siervos los profetas; pero no escucharon", declara el SEÑOR. **20** Oigan, pues, la palabra del SEÑOR, todos ustedes los desterrados, a quienes he enviado de Jerusalén a Babilonia».

21 «Así dice el SEÑOR de los ejércitos, el Dios de Israel, acerca de Acab, hijo de Colaías, y acerca de Sedequías, hijo de Maasías, que les profetizan mentira en Mi nombre: "Yo los entregaré en manos de Nabucodonosor, rey de Babilonia, y él los matará delante de los ojos de ustedes. **22** Por causa de ellos será tomada *esta* maldición por todos los desterrados de Judá que están en Babilonia: 'Que el SEÑOR te haga como a Sedequías y como a Acab, a quienes el rey de Babilonia asó en

29:19 [1] Lit. *madrugando y enviando.*

29:22
Por qué el rey asó en el fuego a los falsos profetas
Los babilonios usaban el fuego como método de ejecución.

AGUARDAR EL MOMENTO
Jeremías 29

Dios les dice a los desterrados que se acomoden en Babilonia durante los próximos 70 años, pero les asegura que su estadía allí no es permanente.

Edifiquen casas, planten huertos, cásense, tengan hijos; busquen la paz y la prosperidad.

PROMESA: Si Babilonia prospera, los desterrados también prosperarán.

No se dejen engañar por los falsos profetas; acudan a Dios y búsquenlo.

PROMESA: Dios los escuchará, ellos lo encontrarán y él los prosperará.

Vivan en el destierro por 70 años.

PROMESA: Dios los regresará a la tierra de Judá luego de 70 años.

29:26
Por qué a veces los profetas eran vistos como locos

A menudo los profetas lucían y actuaban de un modo extraño. Por ejemplo, Jeremías andaba por las calles con un yugo en el cuello. La prueba de si una persona era un profeta o simplemente un loco era si las profecías se cumplían.

el fuego. **23** Porque obraron neciamente en Israel, cometieron adulterio con las mujeres de sus prójimos y hablaron en Mi nombre palabras falsas que no les mandé. Yo soy el que sabe y soy testigo', declara el SEÑOR"».

24 Y a Semaías el nehelamita le dirás: **25** «Así dice el SEÑOR de los ejércitos, el Dios de Israel: "Por cuanto has enviado cartas en tu nombre a todo el pueblo que está en Jerusalén, y al sacerdote Sofonías, hijo de Maasías, y a todos los sacerdotes, diciéndole *a Sofonías*: **26** 'El SEÑOR te ha puesto por sacerdote en lugar del sacerdote Joiada, para estar encargado¹ en la casa del SEÑOR de todo loco que profetice, a fin de que lo pongas en el cepo y la argolla.

27 'Entonces ¿por qué no has reprendido a Jeremías de Anatot que les profetiza a ustedes? **28** Porque él nos ha enviado *un mensaje* a Babilonia, diciéndonos: "*El destierro* será largo; edifiquen casas y habíten*las*, planten huertos y coman de su fruto'"».

29 Y el sacerdote Sofonías leyó esta carta a oídos del profeta Jeremías. **30** Entonces vino a Jeremías la palabra del SEÑOR: **31** «Envía un *mensaje* a todos los desterrados, diciéndoles: "Así dice el SEÑOR acerca de Semaías el nehelamita: 'Por cuanto Semaías les ha profetizado sin que Yo lo haya enviado, y les ha hecho confiar en una mentira', **32** por tanto, así dice el SEÑOR: 'Voy a castigar a Semaías el nehelamita y a su descendencia¹. No tendrá a nadie que habite en medio de este pueblo, ni verá el bien que voy a hacer a Mi pueblo', declara el SEÑOR, 'porque predicó² la rebelión contra el SEÑOR"».

PROMESA DE LIBERACIÓN

30 Palabra que vino a Jeremías de parte del SEÑOR: **2** «Así dice el SEÑOR, Dios de Israel: "Escribe en un libro todas las palabras que te he hablado. **3** Porque, vienen días", declara el SEÑOR, "cuando restauraré el bienestar¹ de Mi pueblo, Israel y Judá". El SEÑOR dice: "También los haré volver a la tierra que di a sus padres y la poseerán"».

4 Estas son las palabras que el SEÑOR habló acerca de Israel y de Judá: **5** «Porque así dice el SEÑOR:

"He oído voces¹ de terror,
De pánico, y no de paz.
6 Pregunten ahora, y vean
Si el varón da a luz.
¿Por qué veo a todos los hombres
Con las manos sobre sus caderas, como mujer de parto?
¿Y por qué se han puesto pálidos todos los rostros?
7 ¡Ay! Porque grande es aquel día,
No hay otro semejante a él.
Es tiempo de angustia para Jacob,
Mas de ella será librado.

8 "En aquel día", declara el SEÑOR de los ejércitos, "quebraré el yugo de su¹ cuello y romperé sus² coyundas, y extranjeros

---

29:26 ¹ Lit. *encargados.*　　29:32 ¹ Lit. *simiente.*　² Lit. *hablado.*　　30:3 ¹ O haré volver a los cautivos.　　30:5 ¹ Lit. *Hemos oído voz.*　　30:8 ¹ Así en la versión gr. (sept.); en heb. *tu.*　² En heb. *tus.*

no lo esclavizarán más, **9** sino que servirán al SEÑOR su Dios, y a David su rey, a quien Yo levantaré para ellos.

10 Así que tú no temas, Jacob, siervo Mío", declara el SEÑOR,
"Ni te atemorices, Israel;
Porque te salvaré de lugar remoto,
Y a tu descendencia[1] de la tierra de su cautiverio.
Y volverá Jacob, y estará tranquilo
Y seguro, y nadie *lo* atemorizará.

11 Porque Yo estoy contigo", declara el SEÑOR, "para salvarte;
Pues acabaré con todas las naciones entre las que te he esparcido,
Pero no acabaré contigo,
Sino que te castigaré con justicia.
De ninguna manera te dejaré sin castigo".

12 »Porque así dice el SEÑOR:
"Incurable es tu quebranto,
Y grave tu herida.

13 No hay quien defienda tu causa;
No hay cura para *tu* llaga,
No hay mejoría para ti.

14 Todos tus amantes te han olvidado,
Ya no te buscan;
Porque con herida de enemigo te han herido,
Con castigo de *hombre* cruel,
Por lo grande de tu iniquidad
Y lo numeroso de tus pecados.

15 ¿Por qué gritas a causa de tu quebranto?
Tu dolor es incurable.
Por lo grande de tu iniquidad
Y lo numeroso de tus pecados,
Te he hecho esto.

16 Por tanto, todos los que te devoran serán devorados,
Y todos tus adversarios, todos ellos, irán al cautiverio.
Todos los que te saquean serán saqueados,
Y a todos los que te despojan los daré al despojo.

17 Porque Yo te devolveré la salud[1],
Y te sanaré de tus heridas", declara el SEÑOR,
"Porque te han llamado la Desechada, diciendo:
'Esta es Sión, nadie se preocupa por ella[2]'".

RESTAURACIÓN DE JACOB

18 »Así dice el SEÑOR:
"Restauraré el bienestar[1] de las tiendas de Jacob,
Y tendré misericordia de sus moradas.
La ciudad será reedificada sobre sus ruinas,
Y el palacio se asentará como estaba.

19 Saldrá de ellos el *canto* de acción de gracias
Y la voz de los que se divierten.
Los multiplicaré y no disminuirán,
Los honraré y no serán despreciados.

30:10 [1] Lit. *simiente.*   30:17 [1] Lit. *haré subir sanidad para ti.*   [2] Lit. *nadie la busca.*   30:18 [1] O *haré volver a los cautivos.*

30:9
Cómo servirían al rey David

Aquí, *David* es un modo de referirse al *Mesías*. Un día, sus descendientes seguirían a Cristo.

30:18
Ruinas

La palabra hebrea utilizada aquí es *tel* (o *tell*), que hace referencia a un montículo de ruinas de una época anterior. A lo largo de los años, las ciudades y los pueblos a menudo fueron construidos sobre las ruinas de ciudades anteriores.

30:20
Como antes

Es probable que se refiera a la época en que David era rey y el pueblo de Israel se encontraba unido.

30:21
Quién cumplió esta promesa

Es probable que se refiriera a los gobernantes de Judá que vinieron inmediatamente después del destierro, pero también señalaba a Jesús, el Mesías.

31:6
El trabajo de los guardas

Los guardas se situaban en las puertas y alrededor de la muralla de la ciudad. Ellos patrullaban las calles por la noche y debían advertir a los demás del peligro. También controlaban las fases de la luna para poder celebrar las fiestas en el momento adecuado.

31:6
Por qué las personas «suben» a Jerusalén

Jerusalén (Sión) está situada en un terreno más elevado que sus alrededores. Además, como era la ciudad real y el centro de la vida religiosa de Israel, las personas solían hablar de subir a Jerusalén debido a su gran importancia.

---

20 Y serán sus hijos como antes,
　　Su congregación delante de Mí será confirmada,
　　Y castigaré a todos sus opresores.
21 Uno de ellos será su guía,
　　De en medio de ellos[1] saldrá su gobernante.
　　Lo haré acercarse y él se llegará a Mí;
　　Porque ¿quién se atrevería a arriesgar su vida[2] para
　　　　llegarse a Mí?" declara el SEÑOR.
22 "Ustedes serán Mi pueblo,
　　Y Yo seré su Dios"».

23 La tempestad del SEÑOR
　　Ha salido con furor;
　　Una tempestad devastadora[1]
　　Descargará sobre la cabeza de los malvados.
24 La ardiente ira del SEÑOR no se aplacará
　　Hasta que haya hecho y cumplido
　　Los propósitos de Su corazón.
　　En los postreros días ustedes entenderán esto.

GOZO EN LUGAR DE DUELO

31 «En aquel tiempo», declara el SEÑOR, «Yo seré el Dios de todas las familias de Israel, y ellos serán Mi pueblo».
2 Así dice el SEÑOR:

　　«Ha hallado gracia en el desierto
　　El pueblo que escapó[1] de la espada:
　　Israel, cuando iba en busca de su reposo».
3 Desde lejos el SEÑOR se le[1] apareció, *y le dijo:*
　　«Con amor eterno te he amado,
　　Por eso te he sacado con misericordia.
4 De nuevo te edificaré, y serás reedificada,
　　Virgen de Israel;
　　De nuevo tomarás[1] tus panderos,
　　Y saldrás a las danzas con[2] los que se divierten.
5 De nuevo plantarás viñas
　　En los montes de Samaria;
　　Los plantadores *las* plantarán
　　Y *las* disfrutarán[1].
6 Porque habrá un día en que clamarán los guardas
　　En la región montañosa de Efraín:
　　"Levántense y subamos *a* Sión,
　　Al SEÑOR nuestro Dios"».

7 Porque así dice el SEÑOR:

　　«Griten con alegría por Jacob,
　　Y den voces por la primera de las naciones.
　　Proclamen, den alabanza, y digan:
　　"Oh SEÑOR, salva a Tu pueblo,
　　Al remanente de Israel".
8 Yo los traigo del país del norte,
　　Y los reuniré de los confines de la tierra,
　　Entre ellos los ciegos y los cojos,

30:21 [1] Lit. *él.*　　[2] Lit. *¿quién es el que daría su corazón en prenda.*
30:23 [1] O *furiosa.*　　31:2 [1] O *sobrevivió.*　　31:3 [1] Lit. *me.*　　31:4 [1] O *serás adornada otra vez con.*　　[2] Lit. *de.*　　31:5 [1] Lit. *profanarán.*

La mujer encinta y también la que está dando a luz.
Una gran compañía[1] volverá acá.

9 Con llanto vendrán,
Y entre súplicas los guiaré.
Los haré andar junto a arroyos de aguas,
Por camino derecho en el cual no tropezarán;
Porque soy un padre para Israel,
Y Efraín es Mi primogénito».

10 Oigan, naciones, la palabra del SEÑOR,
Anuncien en las costas lejanas,
Y digan: «El que dispersó a Israel lo reunirá,
Y lo guardará como un pastor a su rebaño».

11 Porque el SEÑOR ha rescatado a Jacob
Y lo ha redimido de manos más fuertes que él.

12 «Vendrán y gritarán de júbilo en lo alto de Sión,
Y radiarán de gozo por la bondad del SEÑOR:
Por el grano, por el vino y por el aceite,
Y por las crías de las ovejas y de las vacas.
Su alma será como huerto regado,
Y nunca más languidecerán.

13 Entonces la virgen se alegrará en la danza,
Y los jóvenes y los ancianos a una;
Cambiaré su duelo en gozo,
Los consolaré y los alegraré de su tristeza.

14 Y llenaré[1] con abundancia[2] el alma de los sacerdotes,
Y Mi pueblo se saciará de Mi bondad», declara el
     SEÑOR.

15 Así dice el SEÑOR:

«Se oye una voz en Ramá,
Lamento y llanto amargo.
Raquel llora por sus hijos;
Rehúsa ser consolada, por sus hijos
Que ya no existen».

16 Así dice el SEÑOR:

«Reprime tu voz del llanto,
Y tus ojos de las lágrimas;
Hay pago para tu trabajo», declara el SEÑOR,
«Pues volverán de la tierra del enemigo.

17 Y hay esperanza para tu porvenir», declara el SEÑOR,
«Los hijos volverán a su territorio.

18 Ciertamente he oído a Efraín lamentarse:
"Me has castigado, y castigado fui
Como becerro indómito.
Hazme volver para que sea restaurado,
Pues Tú, SEÑOR, eres mi Dios.

19 Porque después que me aparté[1], me arrepentí,
Y después que comprendí, me di golpes en el muslo;
Me avergoncé y también me humillé,
Porque llevaba el oprobio de mi juventud".

20 ¿No es Efraín Mi hijo amado?
¿No es un niño encantador?

31:15
El significado de Raquel
Raquel era la abuela de Efraín y Manasés, y sus dos tribus habían sido las más poderosas del reino del norte. Por lo tanto, aquí Raquel es una forma de referirse al reino del norte.

31:8 [1] O *asamblea*.   31:14 [1] Lit. *saturaré*.   [2] Lit. *grosura*.   31:19 [1] O *volví*.

Pues siempre que hablo contra él,
Lo recuerdo aún más.
Por eso Mis entrañas se conmueven por él,
Ciertamente tendré de él misericordia», declara el
SEÑOR.

21 «Levanta para ti señales,
Coloca para ti majanos;
Presta atención[1] a la calzada,
Al camino que anduviste.
Vuelve, virgen de Israel,
Vuelve a estas tus ciudades.
22 ¿Hasta cuándo andarás errante,
Hija infiel?
Porque el SEÑOR ha creado algo nuevo en la tierra:
La mujer rodeará al hombre».

23 Así dice el SEÑOR de los ejércitos, el Dios de Israel: «Otra vez hablarán esta palabra en la tierra de Judá y en sus ciudades, cuando Yo restaure su bienestar[1]:

"El SEÑOR te bendiga, morada de justicia,
Monte santo".

24 Y morarán juntos en ella Judá y todas sus ciudades, los labradores y los que van con los rebaños. 25 Porque Yo he de satisfacer al alma cansada y he de saciar[1] a toda alma atribulada». 26 En esto me desperté y miré, y mi sueño me resultó agradable.

EL NUEVO PACTO

27 «Vienen días», declara el SEÑOR, «en que sembraré la casa de Israel y la casa de Judá de simiente de hombre y de simiente de animal. 28 Y como velé sobre ellos para arrancar y para derribar, para derrocar, para destruir y para traer calamidad, así velaré sobre ellos para edificar y para plantar», declara el SEÑOR. 29 «En aquellos días no dirán más:

"Los padres comieron uvas agrias,
Y los dientes de los hijos tienen la dentera[1]",

30 sino que cada cual por su propia iniquidad morirá. Todo hombre que coma uvas agrias, sus dientes tendrán la dentera. 31 Vienen días», declara el SEÑOR, «en que haré con la casa de Israel y con la casa de Judá un nuevo pacto, 32 no como el pacto que hice con sus padres el día que los tomé de la mano para sacarlos de la tierra de Egipto, Mi pacto que ellos rompieron, aunque fui un esposo para ellos», declara el SEÑOR. 33 «Porque este es el pacto que haré con la casa de Israel después de aquellos días», declara el SEÑOR. «Pondré Mi ley dentro de ellos, y sobre sus corazones la escribiré. Entonces Yo seré su Dios y ellos serán Mi pueblo. 34 No tendrán que enseñar más cada uno a su prójimo y cada cual a su hermano, diciéndole: "Conoce al SEÑOR", porque todos me conocerán, desde el más pequeño de ellos hasta el más

31:21
Por qué los desterrados debían levantar señales
Algún día, las señales los ayudarían a encontrar el camino de vuelta a casa. En el mundo antiguo, las señales en los caminos eran de piedra, parecidas a una lápida.

31:29
El significado de este proverbio
Este proverbio significaba que los pecados de una persona podían tener un efecto negativo en sus descendientes. En la época de Jeremías, muchos pensaban que estaban siendo castigados por los pecados de sus antepasados.

31:31-34
El nuevo pacto
Como el pueblo había incumplido el pacto original, Dios les dio uno nuevo. Estos versículos se citan en Hebreos 8:8-12.

31:21 ¹ Lit. *dirige tu corazón.*   31:23 ¹ O *haga volver a sus cautivos.*
31:25 ¹ Lit. *llenaré.*   31:29 ¹ O *están embotados.*

grande», declara el SEÑOR, «pues perdonaré su maldad, y
no recordaré más su pecado».

35 Así dice el SEÑOR,

> El que da el sol para luz del día,
> Y las leyes[1] de la luna y de las estrellas para luz de la
>   noche,
> El que agita el mar para que bramen sus olas;
> El SEÑOR de los ejércitos es Su nombre:
> **36** «Si estas leyes[1] se apartan
> De Mi presencia», declara el SEÑOR,
> «También la descendencia de Israel dejará
> De ser nación en Mi presencia para siempre[2]».

37 Así dice el SEÑOR:

> «Si los cielos arriba pueden medirse,
> Y explorarse abajo los cimientos de la tierra,
> También Yo desecharé toda la descendencia de
>   Israel
> Por todo lo que hayan hecho», declara el SEÑOR.

38 «Vienen días», declara el SEÑOR, «en que la ciudad será
reedificada para el SEÑOR, desde la torre de Hananel *hasta*
la puerta del Ángulo. **39** Y el cordel de medir saldrá más allá,
directamente hasta la colina de Gareb, y girará hasta Goa.
40 Y todo el valle de los cadáveres y de las cenizas, y todos los
campos hasta el arroyo Cedrón, hasta la esquina de la puerta
de los Caballos hacia el oriente, serán santos al SEÑOR. *La
ciudad* no será arrancada ni derribada nunca jamás».

JEREMÍAS COMPRA UN CAMPO EN ANATOT

32 Palabra que vino a Jeremías de parte del SEÑOR en el
año décimo de Sedequías, rey de Judá, que fue el año
dieciocho de Nabucodonosor. **2** En aquel tiempo el ejército
del rey de Babilonia tenía sitiada a Jerusalén, y el profeta
Jeremías estaba encerrado en el patio de la guardia, que *estaba en* la casa del rey de Judá, **3** porque Sedequías, rey de Judá,
lo había encerrado, diciéndole: «¿Por qué profetizas: "Así dice
el SEÑOR: 'Voy a entregar esta ciudad en manos del rey de
Babilonia, y él la tomará; **4** y Sedequías, rey de Judá, no escapará de la mano de los caldeos, sino que ciertamente será
entregado en manos del rey de Babilonia que hablará con
él cara a cara[1], y sus ojos verán sus ojos; **5** y Nabucodonosor
llevará a Sedequías a Babilonia, y allí estará hasta que Yo lo
visite', declara el SEÑOR, 'y si ustedes pelean contra los caldeos, no tendrán éxito"?».

6 Entonces Jeremías dijo: «Vino a mí la palabra del
SEÑOR y me dijo: **7** "Hanamel, hijo de tu tío Salum, viene a
verte y te dirá: 'Cómprate el campo que tengo en Anatot,
porque tú tienes el derecho de rescate para comprarlo'". **8** Y
Hanamel, hijo de mi tío, vino a verme al patio de la guardia
conforme a la palabra del SEÑOR, y me dijo: "Te ruego que
compres el campo que tengo en Anatot, que está en la tierra
de Benjamín, porque tú tienes el derecho de posesión y el

32:1-2
Jeremías va a prisión
Sedequías, el rey de Judá,
encarceló a Jeremías por decirles a
las personas que no se molestaran
en luchar contra los babilonios,
ya que no ganarían. Más bien,
finalmente serían capturados de
todos modos.

32:6-15
**Por qué Jeremías compró
el campo en Anatot**
El Señor le dijo a Jeremías que lo
comprara. Esto era una señal visible
de que Dios regresaría a su pueblo
a sus tierras.

31:35 [1] Lit. *los estatutos.*   31:36 [1] Lit. *los estatutos.*   [2] Lit. *todos los días.*
32:4 [1] Lit. *boca a boca.*

rescate es tuyo; cómpralo para ti". Entonces supe que esta era la palabra del SEÑOR.

9 »Así que compré a Hanamel, hijo de mi tío, el campo que estaba en Anatot, y le pesé la plata, 17 siclos (194 gramos) de plata. 10 Firmé la escritura y la[1] sellé, llamé a testigos y pesé la plata en la balanza. 11 Luego tomé la escritura de compra, la *copia* sellada con los términos y condiciones, y *también* la *copia* abierta; 12 y entregué la escritura de compra a Baruc, hijo de Nerías, hijo de Maasías, en presencia de Hanamel, hijo de mi tío, en presencia de los testigos que firmaron la escritura de compra y en presencia de todos los judíos que se encontraban en el patio de la guardia. 13 Y en presencia de ellos, ordené a Baruc: 14 "Así dice el SEÑOR de los ejércitos, el Dios de Israel: 'Toma estas escrituras, esta escritura de compra sellada y esta escritura abierta, y ponlas en una vasija de barro para que duren mucho tiempo[1]'. 15 Porque así dice el SEÑOR de los ejércitos, el Dios de Israel: 'De nuevo se comprarán casas, campos y viñas en esta tierra'".

16 »Después de haber entregado la escritura de compra a Baruc, hijo de Nerías, oré al SEÑOR: 17 "¡Ah, Señor DIOS[1]! Ciertamente, Tú hiciste los cielos y la tierra con Tu gran poder y con Tu brazo extendido. Nada es imposible para Ti, 18 que muestras misericordia a millares, pero que castigas la iniquidad de los padres en[1] sus hijos después de ellos. Oh grande y poderoso Dios, el SEÑOR de los ejércitos es Su nombre. 19 *Él es* grande en consejo y poderoso en obras, cuyos ojos están abiertos sobre todos los caminos de los hijos de los hombres, para dar a cada uno conforme a sus caminos y conforme al fruto de sus obras. 20 Tú realizaste[1] señales y portentos en la tierra de Egipto hasta este día, y en Israel y entre los hombres, y te has hecho un nombre, como *se ve* hoy. 21 Sacaste a Tu pueblo Israel de la tierra de Egipto con señales y portentos, con mano fuerte y con brazo extendido y con gran terror, 22 y les diste esta tierra, que habías jurado dar a sus padres, tierra que mana leche y miel. 23 Ellos entraron y tomaron posesión de ella, pero no obedecieron Tu voz ni anduvieron en Tu ley. No hicieron nada de todo lo que les mandaste hacer; por tanto Tú has hecho venir sobre ellos toda esta calamidad. 24 Los terraplenes de asalto han llegado a la ciudad para tomarla. La ciudad va a ser entregada en manos de los caldeos que pelean contra ella, por causa de la espada, el hambre y la pestilencia. Lo que habías hablado ha venido a ser, y Tú *lo* estás viendo. 25 Tú me has dicho, oh Señor DIOS[1]: 'Cómprate el campo con dinero, y llama a testigos'; aunque la ciudad sea entregada en manos de los caldeos"».

26 Entonces vino palabra del SEÑOR a Jeremías: 27 «Yo soy el SEÑOR, el Dios de toda carne, ¿habrá algo imposible para Mí?». 28 Por tanto, así dice el SEÑOR: «Voy a entregar esta ciudad en mano de los caldeos y en mano de Nabucodonosor, rey de Babilonia, y él la tomará. 29 Los caldeos que atacan esta ciudad entrarán y prenderán fuego a la[1] ciudad y la

32:10-11
La escritura fue sellada
El sello evitaba que el contenido se modificara o manipulara. También se guardó una copia abierta para poder compararla con la sellada.

32:20-23
Señales y portentos
Los portentos eran maravillas o hechos milagrosos. Jeremías le recuerda al pueblo las plagas que Dios envió a Egipto, cómo el Señor libró a su pueblo de la esclavitud, y el hecho de que él los había ayudado a conquistar Canaán.

32:10 [1] O *Y escribí en el documento y lo.* 　32:14 [1] Lit. *permanezcan muchos días.* 　32:17 [1] Heb. *YHWH,* generalmente traducido *Señor.* 　32:18 [1] Lit. *en el seno de.* 　32:20 [1] Lit. *pusiste.* 　32:25 [1] Heb. *YHWH,* generalmente traducido *Señor.* 　32:29 [1] Lit. *esta.*

quemarán, junto con las casas en las que han ofrecido incienso a Baal sobre sus terrazas y han derramado libaciones a otros dioses para provocarme a ira. [30] Porque los israelitas y los hijos de Judá solo han hecho lo malo ante Mis ojos desde su juventud. Ciertamente los israelitas no han hecho más que provocarme a ira con la obra de sus manos», declara el SEÑOR. [31] «Porque motivo de Mi ira y de Mi furor ha sido esta ciudad para Mí, desde el día en que la edificaron hasta hoy, de modo que será quitada de Mi presencia [32] por todo el mal que los israelitas y los hijos de Judá hicieron para provocarme a ira, ellos, sus reyes, sus jefes, sus sacerdotes, sus profetas, los hombres de Judá y los habitantes de Jerusalén. [33] Ellos me dieron la espalda, y no el rostro. Aunque les enseñaba, enseñándoles una y otra vez[1], no escucharon ni aceptaron[2] corrección, [34] sino que pusieron sus abominaciones en la casa que es llamada por Mi nombre, profanándola. [35] También edificaron los lugares altos de Baal que están en el valle de Ben Hinom, para hacer pasar *por el fuego* a sus hijos y a sus hijas *en honor de* Moloc. Esto nunca les había mandado, ni me pasó por la mente[1] que ellos cometieran tal abominación, para hacer que Judá pecara.

[36] »Ahora pues, así dice el SEÑOR, Dios de Israel, en cuanto a esta ciudad de la cual ustedes dicen: "Va a ser entregada en mano del rey de Babilonia por la espada, por el hambre y por la pestilencia". [37] Yo los reuniré de todas las tierras a las cuales los he echado en Mi ira, en Mi furor y con gran enojo, y los haré volver a este lugar y los haré morar seguros. [38] Ellos serán Mi pueblo, y Yo seré su Dios; [39] y les daré un solo corazón y un solo camino, para que me teman siempre, para bien de ellos y de sus hijos después de ellos. [40] Haré con ellos un pacto eterno, de que Yo no me apartaré de ellos para hacerles bien, e infundiré Mi temor en sus corazones para que no se aparten de Mí. [41] Me regocijaré en ellos haciéndoles bien, y ciertamente los plantaré en esta tierra, con todo Mi corazón y con toda Mi alma. [42] Porque así dice el SEÑOR: "Como he traído a este pueblo toda esta gran calamidad así he de traer sobre ellos todo el bien que les prometo. [43] Y se comprarán campos en esta tierra de la cual ustedes dicen: 'Es una desolación, sin hombres ni animales; entregada está en mano de los caldeos'. [44] La gente comprará campos por dinero, firmarán y sellarán escrituras[1] y llamarán a testigos, en la tierra de Benjamín, en los alrededores de Jerusalén, en las ciudades de Judá, en las ciudades de la región montañosa, en las ciudades de la llanura y en las ciudades del Neguev[2], porque restauraré su bienestar[3]"», declara el SEÑOR.

PROMESAS DE RESTAURACIÓN

33 Entonces vino la palabra del SEÑOR a Jeremías por segunda vez, mientras él estaba aún detenido[1] en el patio de la guardia: [2] «Así dice el SEÑOR que hizo la tierra[1], el SEÑOR que la formó para establecerla; el SEÑOR es Su nombre; [3] "Clama a Mí, y Yo te responderé y te revelaré cosas

---

32:33 [1] Lit. *madrugando y enseñando.*   [2] Lit. *para.*   32:35 [1] Lit. *ni vino a mi corazón.*   32:44 [1] O *escribirán…en el documento.*   [2] I.e. *región del sur.*   [3] O *haré volver a sus cautivos.*   33:1 [1] Lit. *encerrado.*   33:2 [1] Lit. *la hizo.*

33:4
Por qué las casas fueron derribadas
Ellos usaron las piedras de las casas para reparar la muralla de la ciudad.

grandes e inaccesibles, que tú no conoces". **4** Porque así dice el SEÑOR, Dios de Israel, acerca de las casas de esta ciudad y acerca de las casas de los reyes de Judá, las cuales han sido derribadas *para hacer defensas* contra los terraplenes de asalto y contra la espada: **5** "Mientras *ellos* vienen a pelear contra los caldeos y a llenar sus casas con los cadáveres de los hombres que herí en Mi ira y en Mi furor, pues Yo había escondido Mi rostro de esta ciudad a causa de toda su maldad. **6** Pero ciertamente Yo le traeré salud y sanidad; los sanaré y les revelaré abundancia de paz y de verdad. **7** Restauraré el bienestar[1] de Judá y el bienestar[1] de Israel y los reedificaré como eran al principio. **8** Los limpiaré de toda la maldad que cometieron contra Mí, y perdonaré todas las iniquidades con que pecaron contra Mí y con las que se rebelaron contra Mí. **9** Y *la ciudad* será para Mí un nombre de gozo, de alabanza y de gloria ante todas las naciones de la tierra, las cuales oirán de todo el bien que Yo le hago, y temerán y temblarán a causa de todo el bien y de toda la paz que Yo le doy[1]".

10 »Así dice el SEÑOR: "En este lugar, del cual ustedes dicen: 'Es una desolación, sin hombres y sin animales', en las ciudades de Judá y en las calles de Jerusalén que están desoladas, sin hombres, sin habitantes y sin animales, se oirá de nuevo **11** voz de gozo y voz de alegría, la voz del novio y la voz de la novia, la voz de los que dicen:

'Den gracias al SEÑOR de los ejércitos,
Porque el SEÑOR es bueno,
Porque para siempre es Su misericordia';

y de los que traen ofrenda de acción de gracias a la casa del SEÑOR. Porque restauraré el bienestar[1] de *esta*[2] tierra como fueron al principio", dice el SEÑOR.

33:12-13
Cómo hacían los pastores para contar sus ovejas
Era difícil contar grandes rebaños de ovejas. Así que cuando ellas se reunían alrededor de un pozo de agua, el pastor aprovechaba para contarlas.

12 »Así dice el SEÑOR de los ejércitos: "En este lugar desolado, sin hombres y sin animales, y en todas sus ciudades, habrá de nuevo morada[1] de pastores que hagan descansar sus rebaños. **13** En las ciudades de la región montañosa, en las ciudades de la llanura, en las ciudades del Neguev[1], en la tierra de Benjamín, en los alrededores de Jerusalén y en las ciudades de Judá, volverán a pasar las ovejas bajo las manos del que las cuenta", declara el SEÑOR.

14 »"Vienen días", declara el SEÑOR, "en que cumpliré la buena palabra que he hablado a la casa de Israel y a la casa de Judá. **15** En aquellos días y en aquel tiempo haré brotar de David un Renuevo justo, y Él hará juicio y justicia en la tierra. **16** En aquellos días Judá estará a salvo y Jerusalén morará segura, y este *es el nombre* con el cual será llamada: el SEÑOR es nuestra justicia". **17** Porque así dice el SEÑOR: "Nunca le faltará a David[1] quien se siente sobre el trono de la casa de Israel.

33:17
El linaje de David heredaría el trono de Israel
Jesús cumplió esta profecía. Él era un descendiente de David.

18 Tampoco a los sacerdotes levitas les faltará[1] quien en Mi presencia ofrezca holocausto, queme ofrendas de cereal y prepare sacrificios todos los días"».

33:7 [1] O *Haré volver a los cautivos.*   33:9 [1] Lit. *hago.*   33:11 [1] O *haré volver a los cautivos.*   [2] Lit. *la.*   33:12 [1] O *pastizal.*   33:13 [1] I.e. región del sur.   33:17 [1] Lit. *No será cortado a David.*   33:18 [1] Lit. *no será cortado a los sacerdotes levitas.*

19 Y vino palabra del SEÑOR a Jeremías: **20** «Así dice el SEÑOR: "Si ustedes pudieran romper Mi pacto con el día y Mi pacto con la noche, de modo que el día y la noche no vinieran a su tiempo, **21** entonces también se podría romper Mi pacto con Mi siervo David, y él no tendría hijo para reinar sobre su trono con los sacerdotes levitas, Mis ministros. **22** Como no se puede contar el ejército del cielo, ni se puede medir la arena del mar, así multiplicaré la descendencia¹ de Mi siervo David y de los levitas que me sirven"».

23 Y vino palabra del SEÑOR a Jeremías: **24** «¿No has observado lo que dice este pueblo: "Las dos familias que el SEÑOR escogió, Él las ha desechado"? Desprecian a Mi pueblo, ya no son una nación ante sus ojos¹. **25** Así dice el SEÑOR: "Si no *hubiera permanecido* Mi pacto *con* el día y *con* la noche, *y si* Yo no hubiera establecido las leyes¹ del cielo y de la tierra, **26** entonces¹ hubiera desechado la descendencia² de Jacob y de Mi siervo David, para no tomar de³ su descendencia² quien gobernara sobre la descendencia² de Abraham, de Isaac y de Jacob. Pero Yo restauraré su bienestar⁴ y tendré misericordia de ellos"».

PROFECÍA CONTRA SEDEQUÍAS

34 La palabra que vino a Jeremías de parte del SEÑOR, cuando Nabucodonosor, rey de Babilonia, y todo su ejército y todos los reinos de la tierra que estaban bajo su dominio y todos los pueblos, peleaban contra Jerusalén y contra todas sus ciudades: **2** «Así dice el SEÑOR, Dios de Israel: "Ve y habla a Sedequías, rey de Judá, y dile: 'Así dice el SEÑOR: "Yo entrego esta ciudad en manos del rey de Babilonia, y él le prenderá fuego. **3** Tú no escaparás de su mano, sino que ciertamente serás capturado y entregado en su mano. Tus ojos verán los ojos del rey de Babilonia, y él te hablará cara a cara¹, y a Babilonia irás'". **4** Sin embargo, oye la palabra del SEÑOR, oh Sedequías, rey de Judá. Así dice el SEÑOR acerca de ti: "No morirás a espada; **5** en paz morirás. Como quemaron *especias* por tus padres, los reyes anteriores que te precedieron, así quemarán *especias* por ti, y *con* '¡Ay, señor!' harán lamento por ti". Porque Yo he hablado la palabra», declara el SEÑOR.

6 Entonces el profeta Jeremías habló a Sedequías, rey de Judá, todas estas palabras en Jerusalén **7** mientras el ejército del rey de Babilonia peleaba contra Jerusalén y contra todas las ciudades que quedaban en Judá, *es decir,* Laquis y Azeca, pues *solo* estas quedaban como ciudades fortificadas entre las ciudades de Judá.

8 Palabra que vino a Jeremías de parte del SEÑOR, después que el rey Sedequías había hecho un pacto con todo el pueblo que *había* en Jerusalén para proclamarles libertad: **9** que cada uno debía poner en libertad a su siervo y a su sierva hebreos, para que nadie retuviera a un judío, hermano suyo, en servidumbre. **10** Y obedecieron todos los oficiales y todo el pueblo que habían entrado en el pacto, de que cada uno

33:22
Habría muchos levitas
Los levitas, o sacerdotes, oraban y ofrecían sacrificios a Dios en nombre del pueblo. Hoy todos aquellos que siguen a Cristo son llamados sacerdotes, ya que pueden tener contacto directo con Dios.

34:5
Quemar especias
Esto no era como parte de una cremación, sino más bien un acto conmemorativo en honor al rey que había muerto.

33:22 ¹ Lit. *simiente.*   33:24 ¹ Lit. *rostros.*   33:25 ¹ Lit. *los estatutos.*
33:26 ¹ Lit. *también.*   ² Lit. *simiente.*   ³ Lit. *de tomar a.*   ⁴ O *haré volver a sus cautivos.*   34:3 ¹ Lit. *boca a boca.*

REGAÑOS REPETIDOS

Cantidad de veces que Dios reprende cada pecado en Jeremías

54	Idolatría	
18	Falsas enseñanzas/profecías	
6	No cumplir el pacto	
6	Opresión a los pobres y huérfanos	
6	Mentiras y ganancias deshonestas	
6	Olvidarse de Dios	
5	Llevar a otros por el mal camino	
5	Pecados sexuales	
5	Asesinato	
3	Robo	

dejara en libertad a su siervo y cada uno a su sierva, de modo que nadie los mantuviera más en servidumbre; obedecieron y *los* pusieron *en libertad*. **11** Pero después se arrepintieron y volvieron a tomar a los siervos y a las siervas a quienes habían dejado en libertad, y los sometieron a servidumbre como siervos y como siervas.

12 Entonces vino la palabra del SEÑOR a Jeremías*¹*, diciendo: **13** «Así dice el SEÑOR, Dios de Israel: "Yo hice un pacto con los padres de ustedes el día que los saqué de la tierra de Egipto, de la casa de servidumbre*¹*. Les dije: **14** 'Después de siete años cada uno de ustedes pondrá en libertad al hermano hebreo que le*¹* fue vendido*²* y que le*¹* ha servido por seis años, y lo dejará ir libre; pero sus padres no me escucharon, ni prestaron atención. **15** Aunque recientemente se habían arrepentido y habían hecho lo que es recto ante Mis ojos, cada uno proclamando libertad a su prójimo, habiendo hecho un pacto delante de Mí en la casa que es llamada por Mi nombre. **16** Sin embargo, ustedes se han vuelto atrás y han profanado Mi nombre. Cada uno ha tomado de nuevo*¹* a su siervo y cada uno a su sierva, a quienes habían dejado libres según su deseo, y los han sometido a servidumbre como siervos y como siervas".

17 »Por tanto, así dice el SEÑOR: "Ustedes no me han obedecido, al no proclamar libertad cada uno a su hermano y cada uno a su prójimo. Por eso proclamo contra ustedes libertad", declara el SEÑOR, "a la espada, a la pestilencia y al hambre; y haré de ustedes motivo de espanto para todos los reinos de la tierra. **18** Y entregaré a los hombres que han transgredido Mi pacto, que no han cumplido las palabras del pacto que hicieron delante de Mí, *cuando* cortaron en dos el becerro y pasaron entre las dos mitades: **19** a los oficiales de Judá, a los oficiales de Jerusalén, a los oficiales de la corte, a los sacerdotes y a todo el pueblo de la tierra que pasaron entre las mitades del becerro. **20** A ellos los entregaré en manos de sus enemigos y en manos de los que buscan su vida. Sus

34:18
La ceremonia de cortar en dos el becerro y pasar entre las dos mitades
Esta era una antigua costumbre cuando se hacían pactos o promesas delante de Dios y que representaba la importancia de cumplirlos. Las personas participantes en el acuerdo caminaban entre las dos mitades del animal para mostrar que, al igual que el animal, morirían si rompían el acuerdo.

34:20
Por qué era una maldición para los muertos convertirse en comida de animales
Era una gran deshonra para una persona muerta no ser enterrada.

34:12 *¹* Así en algunas versiones antiguas; el T.M. agrega: *de parte del Señor.* 34:13 *¹* Lit. *de esclavos.* 34:14 *¹* Lit. *te.* *²* O *se vendió a ti.* 34:16 *¹* Lit. *hizo que volvieran.*

cadáveres servirán de comida para las aves del cielo y para las bestias de la tierra. **21** Y a Sedequías, rey de Judá, y a sus oficiales los entregaré en manos de sus enemigos, en manos de los que buscan su vida y en manos del ejército del rey de Babilonia, que se ha retirado de ustedes. **22** Yo daré órdenes", declara el SEÑOR, "y los haré volver a esta ciudad, y pelearán contra ella, la tomarán y le prenderán fuego; y haré de las ciudades de Judá una desolación sin habitantes"».

EJEMPLO DE LOS RECABITAS

35 Palabra que vino a Jeremías de parte del SEÑOR en los días de Joacim, hijo de Josías, rey de Judá: **2** «Ve a la casa de los recabitas, habla con ellos, llévalos a la casa del SEÑOR, a una de las cámaras, y dales a beber vino». **3** Entonces tomé a Jaazanías, hijo de Jeremías, hijo de Habasinías, y a sus hermanos, a todos sus hijos y a toda la casa de los recabitas, **4** y los llevé a la casa del SEÑOR, a la cámara de los hijos de Hanán, hijo de Igdalías, hombre de Dios. Esta cámara *estaba* cerca de la cámara de los oficiales, que *estaba* encima de la cámara de Maasías, hijo de Salum, guarda del umbral. **5** Entonces puse delante de los hombres[j] de la casa de los recabitas jarras y tazas llenas de vino, y les dije: «Beban vino».

6 Pero ellos dijeron: «No beberemos vino, porque Jonadab, hijo de Recab, nuestro padre, nos ordenó: "No beberán vino jamás, ni ustedes ni sus hijos. **7** Tampoco edificarán casa, ni sembrarán simiente, ni plantarán viña, ni poseerán ninguna, sino que habitarán en tiendas todos sus días, para que vivan muchos días en la tierra donde son peregrinos". **8** Y nosotros hemos obedecido la voz de Jonadab, hijo de Recab, nuestro padre, en todo lo que él nos mandó de no beber vino en todos nuestros días, ni nosotros, ni nuestras mujeres, ni nuestros hijos, ni nuestras hijas, **9** y de no edificarnos casa en donde morar, y de no tener viña, ni campo, ni siembra. **10** Hemos habitado solamente en tiendas, y hemos obedecido y hecho conforme a todo lo que nos mandó nuestro padre Jonadab. **11** Pero sucedió que cuando Nabucodonosor, rey de Babilonia, subió contra la tierra, dijimos: "Vengan y huyamos a Jerusalén ante el ejército de los caldeos y ante el ejército de los arameos". Por eso habitamos en Jerusalén».

12 Entonces vino palabra del SEÑOR a Jeremías: **13** «Así dice el SEÑOR de los ejércitos, el Dios de Israel: "Ve y dile a los hombres de Judá y a los habitantes de Jerusalén: '¿No aprenderán a escuchar Mis palabras?', declara el SEÑOR. **14** 'Las palabras de Jonadab, hijo de Recab, que mandó a sus hijos de no beber vino, son guardadas. Por eso no beben *vino* hasta hoy, porque han obedecido el mandato de su padre. Pero Yo he hablado a ustedes repetidas veces[j], con todo no me han escuchado. **15** También les he enviado a todos Mis siervos los profetas, enviándo*los* repetidas veces[j], a decir*les*: "Vuélvase ahora cada uno de su mal camino, enmiende sus obras y no vayan tras otros dioses para adorarlos, y habitarán en la tierra que les he dado, a ustedes y a sus padres; pero no me

35 y 36
Retrospectiva
Estos dos capítulos relatan acontecimientos que sucedieron durante el reinado de Joacim, quien fue rey antes de Sedequías. Los escritores de la Biblia utilizaron estas historias para apoyar su mensaje.

35:2
Los recabitas
Eran una tribu de nómadas que tenían parentesco con los quenitas (ver 1 Crónicas 2:55). Vivían entre o cerca de los israelitas y tenían buena relación con ellos.

35:14-15
Cómo usó el Señor a los recabitas
El Señor los puso como ejemplo, porque ellos habían guardado los mandamientos que su antepasado les había dado.

35:5 *j* Lit. *hijos.*   35:14 *j* Lit. *madrugando y hablando.*   35:15 *j* Lit. *madrugando y hablando.*

prestaron atención, ni me escucharon. **16** Ciertamente los hijos de Jonadab, hijo de Recab, han guardado el mandato que su padre les ordenó, pero este pueblo no me ha escuchado'"'. **17** Por tanto, así dice el SEÑOR, Dios de los ejércitos, el Dios de Israel: "Ciertamente traigo sobre Judá y sobre todos los habitantes de Jerusalén toda la calamidad que he pronunciado contra ellos, porque les hablé, pero no escucharon, y los llamé, pero no respondieron"».

18 Entonces Jeremías dijo a la casa de los recabitas: «Así dice el SEÑOR de los ejércitos, el Dios de Israel: "Por cuanto han obedecido el mandato de su padre Jonadab, guardando todos sus mandatos y haciendo conforme a todo lo que él les ordenó, **19** por tanto, así dice el SEÑOR de los ejércitos, el Dios de Israel: 'A Jonadab, hijo de Recab, no le faltará hombre que esté delante de Mí todos los días'"».

EL ROLLO DE JEREMÍAS LEÍDO EN EL TEMPLO

36 En el año cuarto de Joacim, hijo de Josías, rey de Judá, vino esta palabra a Jeremías de parte del SEÑOR: **2** «Toma un rollo¹ y escribe en él todas las palabras que te he hablado acerca de Israel, acerca de Judá y acerca de todas las naciones, desde el día que te hablé, desde los días de Josías, hasta hoy. **3** Tal vez la casa de Judá oiga toda la calamidad que pienso traer sobre ellos, y se vuelva cada uno de su mal camino; entonces perdonaré su iniquidad y su pecado».

4 Llamó, pues, Jeremías a Baruc, hijo de Nerías, y Baruc escribió al dictado¹ de Jeremías, en un rollo², todas las palabras que el SEÑOR le había hablado. **5** Entonces Jeremías dio órdenes a Baruc: «Estoy detenido¹; no puedo entrar en la casa del SEÑOR. **6** Ve, pues, y lee en el rollo que has escrito al dictado mío¹, las palabras del SEÑOR a oídos del pueblo, en la casa del SEÑOR un día de ayuno. También las leerás a oídos de todos *los de* Judá que vienen de sus ciudades. **7** Tal vez su súplica llegue¹ delante del SEÑOR, y todos se vuelvan de su mal camino, porque grande es la ira y el furor que el SEÑOR ha pronunciado contra este pueblo». **8** Baruc, hijo de Nerías, hizo conforme a todo lo que el profeta Jeremías le había mandado, y leyó en el libro las palabras del SEÑOR, en la casa del SEÑOR.

9 Y en el año quinto de Joacim, hijo de Josías, rey de Judá, en el mes noveno, todo el pueblo en Jerusalén y todo el pueblo que vino de las ciudades de Judá a Jerusalén proclamaron ayuno delante del SEÑOR. **10** Baruc leyó en el libro las palabras de Jeremías a oídos de todo el pueblo en la casa del SEÑOR, en la cámara de Gemarías, hijo del escriba Safán, en el atrio superior, a la entrada de la puerta Nueva de la casa del SEÑOR.

11 Al oír Micaías, hijo de Gemarías, hijo de Safán, todas las palabras del SEÑOR *que estaban* en el libro, **12** descendió a la casa del rey, a la cámara del escriba. Y estaban sentados allí todos los oficiales: el escriba Elisama, Delaía, hijo de Semaías, Elnatán, hijo de Acbor, Gemarías, hijo de Safán, Sedequías, hijo de Ananías, y todos los *demás* oficiales. **13** Micaías les

36:5
Por qué Jeremías no podía entrar al templo
Quizás no se le permitía predicar públicamente, ya que a nadie le gustaba su mensaje. También es posible que estuviera en prisión al decir esto.

36:6
Día especial de ayuno
A menudo se declaraba un día de ayuno cuando había una emergencia nacional; en este caso, puede que se tratara del ataque de los babilonios.

36:2 ¹ Lit. *rollo de libro.*   36:4 ¹ Lit. *de la boca.*   ² Lit. *rollo de libro.*
36:5 ¹ Lit. *encerrado.*   36:6 ¹ Lit. *de mi boca.*   36:7 ¹ Lit. *caiga.*

declaró todas las palabras que había oído cuando Baruc leyó en el libro a oídos del pueblo. **14** Entonces todos los oficiales enviaron a Jehudí, hijo de Netanías, hijo de Selemías, hijo de Cusi, a decir a Baruc: «Toma en tu mano el rollo en el que has leído a oídos del pueblo y ven». Y Baruc, hijo de Nerías, tomó el rollo en su mano y fue a ellos. **15** Y le dijeron: «Siéntate ahora, y léenoslo». Y Baruc se lo leyó. **16** Cuando oyeron todas las palabras, se miraron unos a otros atemorizados, y dijeron a Baruc: «Ciertamente haremos saber al rey todas estas palabras». **17** Y le preguntaron a Baruc: «Cuéntanos ahora cómo escribiste todas estas palabras. ¿Fue al dictado suyo¹?». **18** Baruc les respondió: «Él me dictó todas estas palabras, y yo las escribí con tinta en el libro». **19** Entonces los oficiales dijeron a Baruc: «Ve, escóndete, tú y Jeremías, y que nadie sepa donde están».

EL ROLLO QUEMADO Y ESCRITO DE NUEVO

20 Después de haber depositado el rollo en la cámara del escriba Elisama, los oficiales entraron al atrio donde estaba el rey, y contaron a oídos del rey todas las palabras. **21** Entonces el rey envió a Jehudí a buscar el rollo, y este lo tomó de la cámara del escriba Elisama, y Jehudí lo leyó al rey y a todos los oficiales que estaban junto al rey. **22** El rey estaba sentado en la casa de invierno (en el mes noveno), y había un brasero encendido delante de él. **23** Y sucedía que después que Jehudí había leído tres o cuatro columnas, *el rey* lo cortaba con el cuchillo del escriba y *lo* echaba al fuego que *estaba* en el brasero, hasta consumir todo el rollo en el fuego que *estaba* en el brasero. **24** Ni el rey ni ninguno de sus siervos que oyeron todas estas palabras tuvieron temor ni rasgaron sus vestiduras. **25** Y aunque Elnatán y Delaía y Gemarías rogaron al rey que no quemara el rollo, él no les hizo caso. **26** Luego el rey ordenó a Jerameel, hijo del rey, a Seraías, hijo de Azriel, y a Selemías, hijo de Abdeel, que prendieran al escriba Baruc y al profeta Jeremías, pero el SEÑOR los escondió.

27 Entonces vino la palabra del SEÑOR a Jeremías, después que el rey había quemado el rollo y las palabras que Baruc había escrito al dictado de Jeremías: **28** «Vuelve a tomar otro rollo y escribe en él todas las palabras que antes había en el primer rollo que quemó Joacim, rey de Judá. **29** Y a Joacim, rey de Judá, le dirás: "Así dice el SEÑOR: 'Tú has quemado este rollo, diciendo: ¿Por qué has escrito en él el que¹ ciertamente vendrá el rey de Babilonia y destruirá esta tierra, y hará desaparecer de ella a hombres y animales?'".

30 "Por tanto, así dice el SEÑOR acerca de Joacim, rey de Judá: 'No tendrá quien se siente sobre el trono de David, y su cadáver quedará tirado al calor del día y a la escarcha de la noche. **31** Lo castigaré a él, a su descendencia¹ y a sus siervos por su iniquidad, y traeré sobre ellos, sobre los habitantes de Jerusalén y sobre los hombres de Judá toda la calamidad que les he anunciado, sin que ellos escucharan'"». **32** Entonces Jeremías tomó otro rollo y se lo dio al escriba Baruc, hijo de Nerías, y este escribió en él al dictado

36:18
Cómo se hacía la tinta
En la antigüedad, la tinta se hacía con hollín (carbón) muy fino y negro, mezclado con goma arábiga, aceite o alguna sustancia metálica. Este es el único versículo en el que se menciona la tinta en el Antiguo Testamento.

36:22
La casa de invierno
Es probable que se tratara de una gran habitación en el palacio del rey que estaba más protegida del frío exterior. Para darles más calor, estas habitaciones a veces tenían una especie de brasero, que consistía en una parte hundida del suelo o un recipiente donde se mantenían las brasas encendidas.

36:30
Cómo se cumplió esta profecía
El hijo de Joacim, Joaquín, reinó solo por tres meses y luego fue llevado al exilio en Babilonia, donde finalmente falleció.

36:17 ¹ Lit. *de su boca*, y así en el resto del cap. 36:29 ¹ Lit. *diciendo*.
36:31 ¹ Lit. *simiente*.

de Jeremías todas las palabras del libro que Joacim, rey de Judá, había quemado en el fuego, y aun se le añadieron muchas palabras semejantes[1].

JEREMÍAS ENCARCELADO

37 Sedequías, hijo de Josías, a quien Nabucodonosor, rey de Babilonia, había hecho rey en la tierra de Judá, reinó en lugar de Conías, hijo de Joacim. **2** Pero ni él, ni sus siervos, ni el pueblo de la tierra escucharon las palabras que el SEÑOR había hablado por medio[1] del profeta Jeremías.

3 Sin embargo, el rey Sedequías envió a Jucal, hijo de Selemías, y al sacerdote Sofonías, hijo de Maasías, a decir al profeta Jeremías: «Ruega ahora por nosotros al SEÑOR nuestro Dios». **4** Y Jeremías entraba y salía en medio del pueblo, porque *todavía* no lo habían puesto en la cárcel. **5** Entretanto, el ejército de Faraón había salido de Egipto, y cuando los caldeos que tenían sitiada a Jerusalén oyeron la noticia acerca de ellos, levantaron el *sitio* de Jerusalén.

6 Entonces vino la palabra del SEÑOR al profeta Jeremías: **7** «Así dice el SEÑOR, Dios de Israel: "Así dirán al rey de Judá, que los envió a Mí para consultarme: 'El ejército de Faraón que salió para ayudarles a ustedes, volverá a su tierra de Egipto. **8** Y los caldeos volverán y pelearán contra esta ciudad, la capturarán y le prenderán fuego". **9** Así dice el SEÑOR: "No se engañen, diciendo: 'Ciertamente los caldeos se apartarán de nosotros', porque no se apartarán. **10** Pues aunque ustedes hubieran derrotado a todo el ejército de los caldeos que peleaba contra ustedes, y *solo* quedaran heridos entre ellos, se levantaría cada uno en su tienda, y prenderían fuego a esta ciudad"».

11 Y cuando el ejército de los caldeos levantó *el sitio* de Jerusalén por causa del ejército de Faraón, **12** Jeremías trató de salir de Jerusalén para ir a la tierra de Benjamín a tomar allí posesión de una propiedad[1] en el pueblo. **13** Estando él a la puerta de Benjamín, *había* allí un capitán de la guardia que se llamaba Irías, hijo de Selemías, hijo de Hananías, el cual apresó al profeta Jeremías, diciéndole: «Tú vas a pasarte a[1] los caldeos». **14** Pero Jeremías dijo: «¡No es verdad! No voy a pasarme a[1] los caldeos». Sin embargo, él no le hizo caso. Apresó, pues, a Jeremías y lo llevó a los oficiales. **15** Entonces los oficiales se enojaron contra Jeremías y lo azotaron, y lo encarcelaron en la casa del escriba Jonatán, la cual habían convertido en prisión. **16** Entró, pues, Jeremías en el calabozo[1], es decir, en la celda abovedada; y allí permaneció Jeremías muchos días.

17 El rey Sedequías envió a sacarlo[1], y en su palacio el rey le preguntó secretamente, y *le* dijo: «¿Hay palabra del SEÑOR?». «La hay», respondió Jeremías. Y añadió: «En manos del rey de Babilonia será entregado». **18** Dijo también Jeremías al rey Sedequías: «¿*En* qué he pecado contra usted, o contra sus siervos, o contra este pueblo para que me haya puesto en prisión? **19** ¿Dónde, pues, están sus profetas que les profetizaban:

37:1
Sedequías fue nombrado rey
Nabucodonosor lo nombró rey en lugar de Joaquín en el año 597 a. C.

37:12
Por qué Jeremías quería ir a la tierra de Benjamín
Jeremías quería resolver unos asuntos de propiedad con su familia. También puede haber querido mostrar que creía que el Señor le permitiría a su pueblo regresar a su tierra.

37:16
Jeremías en un calabozo
Probablemente se trataba de una sala subterránea parecida a una cisterna o aljibe.

36:32 [1] Lit. *como aquellas.*   37:2 [1] Lit. *mano.*   37:12 [1] O *parte en la división.*
37:13 [1] Lit. *caer con.*   37:14 [1] Lit. *caer con.*   37:16 [1] Lit. *la casa de la cisterna.*
37:17 [1] Lit. *envió y lo tomó.*

"El rey de Babilonia no vendrá contra ustedes ni contra esta tierra"? **20** Pero ahora, le ruego que escuche, oh rey mi señor; venga*1* ahora mi súplica delante de usted, y no me haga volver a la casa del escriba Jonatán, no sea que yo muera allí». **21** Entonces el rey Sedequías ordenó que pusieran a Jeremías en el patio de la guardia y le dieran una torta de pan al día de la calle de los panaderos, hasta que se acabara todo el pan en la ciudad. Así que Jeremías permaneció en el patio de la guardia.

JEREMÍAS EN LA CISTERNA

38 Y Sefatías, hijo de Matán, Gedalías, hijo de Pasur, Jucal, hijo de Selemías, y Pasur, hijo de Malquías, oyeron las palabras que Jeremías hablaba a todo el pueblo: **2** «Así dice el SEÑOR: "El que se quede en esta ciudad morirá a espada, de hambre o de pestilencia, pero el que se pase a los caldeos, vivirá y tendrá su vida por botín y seguirá viviendo". **3** Así dice el SEÑOR: "Ciertamente esta ciudad será entregada en manos del ejército del rey de Babilonia, y él la tomará"». **4** Entonces dijeron los oficiales al rey: «Den muerte ahora a este hombre, porque él desanima a*1* los hombres de guerra que quedan en esta ciudad y a*2* todo el pueblo diciéndoles tales palabras. Este hombre no busca el bien de este pueblo, sino el mal».

5 El rey Sedequías dijo: «Él está en sus manos; pues el rey nada puede *hacer* contra ustedes». **6** Entonces ellos tomaron a Jeremías, y bajándolo con cuerdas lo echaron en la cisterna de Malaquías, hijo del rey, que había en el patio de la guardia. En la cisterna no había agua, sino lodo, así que Jeremías se hundió en el lodo. **7** Ebed Melec el etíope, eunuco*1* del palacio*2* del rey, oyó que habían echado a Jeremías en la cisterna. Estando el rey sentado a la puerta de Benjamín, **8** salió Ebed Melec del palacio real y habló al rey y le dijo: **9** «Oh rey, mi señor, estos hombres han obrado mal en todo lo que han hecho al profeta Jeremías echándolo en la cisterna. Él morirá*1* donde está a causa del hambre, porque no hay más pan en la ciudad».

10 Entonces el rey ordenó al etíope Ebed Melec: «Toma bajo tu mando*1* tres*2* hombres de aquí, y saca al profeta Jeremías de la cisterna antes que muera». **11** Ebed Melec tomó a los hombres bajo su mando*1*, entró en el palacio del rey al *lugar* debajo del cuarto del tesoro*2* y tomó de allí ropas raídas y trapos viejos, y con sogas los bajó a Jeremías en la cisterna. **12** Y el etíope Ebed Melec dijo a Jeremías: «Ponte ahora estas ropas raídas y trapos bajo tus brazos, debajo de las sogas»; y así lo hizo Jeremías. **13** Tiraron de Jeremías con las sogas y lo subieron de la cisterna. Y Jeremías se quedó en el patio de la guardia.

EL REY CONSULTA A JEREMÍAS

14 Entonces el rey Sedequías mandó que le trajeran al profeta Jeremías a la entrada tercera que *había* en la casa del SEÑOR; y el rey le dijo a Jeremías: «Voy a preguntarte una cosa; no

37:21
El patio de la guardia
Este lugar era mejor que el calabozo. Allí le daban comida y podía recibir visitas.

38:6
Jeremías en una cisterna
Esta era una fosa en forma de campana con una abertura estrecha en la parte superior.

38:11
El lugar debajo del cuarto del tesoro
Este puede haber sido un depósito para guardar ropa.

37:20 *1* Lit. *caiga.*   38:4 *1* Lit. *debilita las manos de.*   *2* Lit. *las manos de.* 38:7 *1* U *oficial.*   *2* Lit. *casa, y así en el resto del cap.*   38:9 *1* En el T.M., *ha muerto.*   38:10 *1* Lit. *en tu mano.*   *2* Así en un ms.; en el texto heb. *treinta.* 38:11 *1* Lit. *mano.*   *2* O *despensa.*

me oculte nada». **15** Y Jeremías dijo a Sedequías: «Si se la hago saber a usted, ¿no es cierto que me matará? Además, si le doy un consejo, no me escuchará». **16** Pero el rey Sedequías le juró en secreto a Jeremías: «Vive el SEÑOR, que nos dio esta vida[1], que ciertamente no te mataré ni te entregaré en manos de esos hombres que buscan tu vida[1]».

17 Entonces Jeremías dijo a Sedequías: «Así dice el SEÑOR, Dios de los ejércitos, el Dios de Israel: "Si en verdad usted se pasa[1] a los oficiales del rey de Babilonia, entonces vivirá[2], y esta ciudad no será incendiada, y usted y su casa vivirán. **18** Pero si usted no se pasa[1] a los oficiales del rey de Babilonia, entonces esta ciudad será entregada en manos de los caldeos; y ellos la incendiarán y usted no escapará de su mano"».

19 Entonces el rey Sedequías respondió a Jeremías: «Tengo temor de los judíos que se han pasado a[1] los caldeos, no sea que me entreguen en sus manos y me maltraten». **20** Pero Jeremías dijo: «No lo entregarán. Le ruego que escuche la voz del SEÑOR en lo que le digo, y le irá bien y vivirá[1]. **21** Pero si sigue usted rehusando pasarse, esta es la palabra que el SEÑOR me ha mostrado: **22** "Todas las mujeres que quedan en el palacio del rey de Judá, serán llevadas a los oficiales[1] del rey de Babilonia, y ellas dirán:

'Te han engañado y han prevalecido contra ti;
Tus buenos amigos[2],
Mientras tus pies estaban hundidos en el lodo,
Se volvieron atrás'.

23 Todas sus mujeres y sus hijos serán llevados a los caldeos. Tampoco usted escapará de sus manos, sino que será apresado por la mano del rey de Babilonia, y esta ciudad será incendiada"».

24 Entonces Sedequías dijo a Jeremías: «Que nadie sepa de estas palabras, y no morirás. **25** Pero si los oficiales se enteran de que he hablado contigo, y vienen a ti y te dicen: "Dinos ahora lo que dijiste al rey y lo que el rey te dijo, no nos *lo* ocultes, y no te mataremos", **26** tú les dirás: "Presentaba al rey mi súplica de que no me hiciera volver a la casa de Jonatán, a morir allí"». **27** Luego vinieron todos los oficiales a Jeremías y lo interrogaron. Y él les informó conforme a todas estas palabras que el rey *le* había ordenado; y no volvieron a preguntarle, ya que de la conversación nadie había oído nada. **28** Así Jeremías quedó en el patio de la guardia hasta el día en que Jerusalén fue tomada.

CAÍDA DE JERUSALÉN

39 **1** Y aconteció que Jerusalén *al fin* fue tomada **2** en el año noveno de Sedequías, rey de Judá, en el décimo mes, cuando vino Nabucodonosor, rey de Babilonia, con todo su ejército contra Jerusalén, y la sitiaron. **2** En el año undécimo de Sedequías, en el mes cuarto, a los nueve *días* del mes, se abrió una brecha *en el muro* de la ciudad. **3** Entonces todos

---

38:17-18
Quiénes eran los oficiales del rey de Babilonia
Eran los hombres encargados del ataque a Jerusalén.

38:22-23
Qué sucedería con las mujeres
Si los babilonios conquistaban la ciudad, las mujeres del harén del rey pasarían a ser propiedad de los babilonios.

38:16 [1] Lit. *hizo esta alma.*   38:17 [1] Lit. *sales.*   [2] Lit. *tu alma vivirá.*
38:18 [1] Lit. *no sales.*   38:19 [1] Lit. *caído con.*   38:20 [1] Lit. *y tu alma viva.*
38:22 [1] O *príncipes.*   [2] Lit. *los hombres de tu paz.*   39:1 [1] En el texto heb. cap.
38:28b.   [2] En el texto heb. cap. 39:1.

los oficiales del rey de Babilonia entraron y se sentaron en la puerta Central: Nergal Sarezer, Samgar Nebo, Sarse Quim el Rabsaris[1], Nergal Sarezer el Rabmag[2] y todos los demás oficiales del rey de Babilonia.

4 Cuando los vieron Sedequías, rey de Judá, y todos los hombres de guerra, huyeron y salieron de noche de la ciudad por el camino del jardín del rey, por la puerta entre los dos muros, y se fueron[1] por el camino del Arabá[2]. **5** Pero el ejército de los caldeos los persiguió, y alcanzaron a Sedequías en los llanos[1] de Jericó; lo apresaron y lo llevaron a Ribla en la tierra de Hamat, donde Nabucodonosor, rey de Babilonia, dictó sentencia contra él. **6** Entonces el rey de Babilonia degolló a los hijos de Sedequías ante sus ojos en Ribla; también el rey de Babilonia degolló a todos los nobles de Judá. **7** Después le sacó los ojos a Sedequías y lo ató con grillos de bronce para llevarlo a Babilonia.

8 Los caldeos prendieron fuego al palacio[1] del rey y a las casas del pueblo y derribaron los muros de Jerusalén. **9** En cuanto al resto del pueblo que quedaba en la ciudad, a los desertores que se habían pasado[1] a él, y los demás del pueblo que quedaban, Nabuzaradán, capitán de la guardia, *los* llevó cautivos a Babilonia. **10** Pero a algunos de los más pobres del pueblo que no tenían nada, Nabuzaradán, capitán de la guardia, los dejó en la tierra de Judá, y aquel día les dio viñas y campos.

11 Y Nabucodonosor, rey de Babilonia, dio órdenes a[1] Nabuzaradán, capitán de la guardia, respecto a Jeremías, diciéndole: **12** «Tómalo y vela por él[1], y no le hagas daño alguno; sino que harás con él conforme a lo que él mismo te diga». **13** Entonces dio[1] *órdenes* Nabuzaradán, capitán de la guardia, junto con Nebusazbán el Rabsaris[2], y Nergal Sarezer el Rabmag[3], y todos los oficiales principales del rey de Babilonia; **14** y enviaron a sacar a Jeremías del patio de la guardia y lo pusieron al cuidado de Gedalías, hijo de Ahicam, hijo de Safán, para que lo llevara a casa. Y Jeremías se quedó en medio del pueblo.

15 La palabra del SEÑOR había venido a Jeremías mientras estaba detenido en el patio de la guardia, diciéndole: **16** «Ve y dile al etíope Ebed Melec: "Así dice el SEÑOR de los ejércitos, el Dios de Israel: 'Ciertamente, traigo Mis palabras sobre esta ciudad para mal y no para bien; y se cumplirán delante de ti en aquel día. **17** Pero Yo te libraré en aquel día', declara el SEÑOR, 'y no serás entregado en manos de los hombres que temes. **18** Porque ciertamente te libraré, y no caerás a espada; antes bien, tendrás tu vida por botín, porque confiaste en Mí', declara el SEÑOR"».

JEREMÍAS Y EL GOBERNADOR GEDALÍAS

40 La palabra que vino a Jeremías de parte del SEÑOR después que Nabuzaradán, capitán de la guardia, lo había dejado libre en Ramá, cuando lo había tomado estando

39:6-7
Por qué Nabucodonosor mató a los nobles y dejó ciego al rey
Probablemente quería asustar a otras naciones para que no se resistieran a los babilonios.

39:11-14
Por qué Nabucodonosor trató bien a Jeremías
Probablemente había escuchado sobre los esfuerzos de Jeremías para convencer a su pueblo de rendirse.

39:3 [1] I.e. oficial principal.   [2] I.e. título de un alto oficial.   39:4 [1] Lit. *y salió;* véase cap. 52:7.   [2] I.e. del valle del Jordán.   39:5 [1] Lit. *el Arabá.*
39:8 [1] Lit. *casa.*   39:9 [1] Lit. *caídos que habían caído.*   39:11 [1] O *por mano de.*
39:12 [1] Lit. *pon tus ojos en él.*   39:13 [1] Lit. *envió.*   [2] I.e. oficial principal.   [3] I.e. título de un alto oficial.

40:2

Cómo sabía Nabuzaradán que Dios había permitido que Jerusalén fuera conquistada

Es posible que otros prisioneros le hubieran contado sobre las profecías de Jeremías. Dentro de la región, el Dios de Israel era bien conocido, y los babilonios probablemente creían que Dios los había dejado ganar la batalla.

40:11

Las personas huyeron de Jerusalén

No se sabe cuántos fueron, pero aquellos que habían huido a los países cercanos probablemente eran ricos y poderosos. Los pobres no pudieron salir de la ciudad.

él encadenado entre todos los desterrados de Jerusalén y Judá que iban deportados a Babilonia. **2** Tomó, pues, el capitán de la guardia a Jeremías, y le dijo: «El SEÑOR tu Dios decretó esta calamidad contra este lugar, **3** y el SEÑOR *la* ha traído y hecho tal como había dicho. Porque ustedes pecaron contra el SEÑOR y no escucharon su voz, por tanto les ha sucedido esto. **4** Pero ahora, hoy te libro de las cadenas que están en tus manos. Si te parece bien[1] venir conmigo a Babilonia, ven, y yo te cuidaré[2]; pero si te parece mal[3] venir conmigo a Babilonia, no te preocupes[4]. Mira, toda la tierra está delante de ti; ve adonde mejor y más conveniente te parezca ir». **5** Como *Jeremías* aún no se volvía, *le dijo:* «Vuelve a Gedalías, hijo de Ahicam, hijo de Safán, a quien el rey de Babilonia ha puesto para gobernar sobre las ciudades de Judá, y quédate con él en medio del pueblo; y si no, ve adonde te parezca más conveniente ir». Entonces el capitán de la guardia le dio una ración de alimentos y un regalo, y lo dejó ir. **6** Jeremías fue entonces a Gedalías, hijo de Ahicam, en Mizpa, y se quedó con él en medio del pueblo que había quedado en la tierra.

7 Y todos los jefes[1] de las tropas que estaban en el campo, ellos y sus hombres, oyeron que el rey de Babilonia había puesto a Gedalías, hijo de Ahicam, para gobernar la tierra, y que le había encomendado los hombres, mujeres y niños y los más pobres de la tierra que no habían sido deportados a Babilonia. **8** Fueron, pues, a Gedalías en Mizpa, junto con Ismael, hijo de Netanías, y Johanán y Jonatán, hijos de Carea, y Seraías, hijo de Tanhumet, y los hijos de Efai el netofatita; y Jezanías, hijo de un maacateo, ellos y sus hombres. **9** Entonces Gedalías, hijo de Ahicam, hijo de Safán, les juró a ellos y a sus hombres: «No teman servir a los caldeos; quédense en la tierra y sirvan al rey de Babilonia, y les irá bien. **10** Así que, por mi parte, yo me quedaré en Mizpa para estar *en lugar de ustedes* delante de los caldeos que vengan a nosotros. Pero en cuanto a ustedes, recojan vino y frutos de verano y aceite, y guárden*los*[1] en sus vasijas, y habiten en las ciudades que han tomado».

11 También todos los judíos que estaban en Moab, Amón, y Edom, y los que *estaban* en todos los *demás* países, oyeron que el rey de Babilonia había dejado un remanente en Judá y que había puesto para gobernar sobre ellos a Gedalías, hijo de Ahicam, hijo de Safán. **12** Entonces todos los judíos regresaron de todos los lugares donde habían sido dispersados, y vinieron a la tierra de Judá, a Gedalías en Mizpa, y recogieron vino y frutos de verano en gran abundancia.

13 Johanán, hijo de Carea, y todos los jefes de las tropas que estaban en el campo vinieron a Gedalías en Mizpa, **14** y le dijeron: «¿Sabes que Baalis, rey de los amonitas, ha enviado a Ismael, hijo de Netanías, para quitarte la vida?». Pero Gedalías, hijo de Ahicam, no les creyó. **15** Entonces Johanán, hijo de Carea, le dijo en secreto a Gedalías en Mizpa: «Déjame ir a matar a Ismael, hijo de Netanías, y nadie lo sabrá. ¿Por qué te ha de quitar la vida y se dispersen *así* todos los judíos

---

40:4 [1] Lit. *Si está bien ante tus ojos.*   [2] Lit. *y pondré en ti mis ojos.*   [3] Lit. *si está mal ante tus ojos.*   [4] Lit. *déjalo.*   40:7 [1] O *príncipes.*   40:10 [1] Lit. *pónganlos.*

que se han reunido alrededor de ti, y perezca el remanente de Judá?». **16** Pero Gedalías, hijo de Ahicam, dijo a Johanán, hijo de Carea: «No hagas eso, porque es mentira lo que dices de Ismael».

GEDALÍAS ASESINADO

41 En¹ el mes séptimo fue Ismael, hijo de Netanías, hijo de Elisama, de la familia² real, y *uno* de los oficiales principales del rey, junto con diez hombres, adonde *estaba* Gedalías, hijo de Ahicam, en Mizpa. Y mientras comían juntos allí en Mizpa, **2** se levantó Ismael, hijo de Netanías, y los diez hombres que estaban con él, e hirieron a espada a Gedalías, hijo de Ahicam, hijo de Safán, y mataron al que el rey de Babilonia había puesto para gobernar sobre la tierra. **3** Ismael mató también a todos los judíos que estaban con él, *es decir,* con Gedalías, en Mizpa, y a los hombres de guerra caldeos que se encontraban allí.

4 Y al día siguiente¹ del asesinato de Gedalías, cuando nadie *lo* sabía *aún,* **5** ochenta hombres vinieron de Siquem, de Silo y de Samaria, con las barbas rapadas, las vestiduras rasgadas y cubiertos de incisiones¹, y *con* ofrendas de cereal e incienso en sus manos, para llevar*los* a la casa del SEÑOR. **6** Entonces Ismael, hijo de Netanías, salió a su encuentro desde Mizpa, iba llorando; y cuando los encontró, les dijo: «Vengan a Gedalías, hijo de Ahicam».

7 Cuando entraron en¹ la ciudad, Ismael, hijo de Netanías, y los hombres que con él estaban, los degollaron *y los echaron* en la cisterna. **8** Pero diez hombres que se encontraban entre ellos, dijeron a Ismael: «No nos mates; pues tenemos escondidos en el campo, depósitos de trigo, cebada, aceite y miel». Y él se contuvo y no los mató como a sus compañeros. **9** Y la cisterna donde Ismael había echado todos los cadáveres de los hombres que él había matado por causa¹ de Gedalías, era la que el rey Asa había hecho por causa de Baasa, rey de Israel; Ismael, hijo de Netanías, la llenó de muertos. **10** Después Ismael tomó cautivo a todo el resto del pueblo que *estaba* en Mizpa, a las hijas del rey y a todo el pueblo que había quedado en Mizpa, a los cuales Nabuzaradán, capitán de la guardia, había puesto bajo el mando de Gedalías, hijo de Ahicam. Los tomó, pues, cautivos Ismael, hijo de Netanías, y fue a pasarse a los amonitas.

11 Y oyó Johanán, hijo de Carea, y todos los jefes de las tropas que estaban con él de todo el mal que había hecho Ismael, hijo de Netanías. **12** Entonces tomaron a todos sus hombres y fueron a pelear contra Ismael, hijo de Netanías, y lo encontraron junto al gran estanque¹ que está en Gabaón. **13** Cuando todo el pueblo que estaba con Ismael vio a Johanán, hijo de Carea, y a los jefes de las tropas que estaban con él, se alegraron. **14** Y todo el pueblo que Ismael llevaba cautivo a Mizpa dio la vuelta y regresó y se fue con Johanán, hijo de Carea. **15** Pero Ismael, hijo de Netanías, escapó de Johanán con ocho hombres y se fue con los amonitas.

41:5
Por qué los hombres tenían las barbas rapadas, las vestiduras rasgadas e incisiones (cortaduras) en la piel

Todos estos eran signos de tristeza. Probablemente estaban de luto por la destrucción de Jerusalén.

41:10
Las hijas del rey

Estas eran mujeres que habían sido miembros de la corte de Sedequías. No necesariamente eran hijas legítimas del rey.

41:1 ¹ Lit. *Y sucedió que.*   ² Lit. *simiente.*   41:4 ¹ Lit. *segundo.*
41:5 ¹ Lit. *habiéndose sajado.*   41:7 ¹ Lit. *en medio de.*   41:9 ¹ O *mano.*
41:12 ¹ Lit. *a las grandes aguas.*

16 Entonces Johanán, hijo de Carea, y todos los jefes de las tropas que estaban con él, tomaron de Mizpa a todo el resto del pueblo que él había recobrado[1] de Ismael, hijo de Netanías, después que *este* había matado a Gedalías, hijo de Ahicam, *es decir*, a los hombres de guerra, las mujeres, los niños y los eunucos, que había traído de Gabaón. **17** Y fueron y se quedaron en Gerut Quimam[1], que está junto a Belén, a fin de ir y entrar en Egipto, **18** a causa de los caldeos, porque les temían, ya que Ismael, hijo de Netanías, había matado a Gedalías, hijo de Ahicam, a quien el rey de Babilonia había puesto para gobernar el país.

JEREMÍAS SE OPONE A LA HUIDA A EGIPTO

42 Entonces se acercaron todos los jefes[1] de las tropas, Johanán, hijo de Carea, Jezanías, hijo de Osaías, y todo el pueblo desde el menor hasta el mayor, **2** y dijeron al profeta Jeremías: «Llegue[1] ahora ante ti nuestra súplica, y ruega al SEÑOR tu Dios por nosotros, por todo este remanente, porque quedamos pocos de muchos que éramos, como pueden ver tus ojos, **3** para que el SEÑOR tu Dios nos indique el camino por donde debemos ir y lo que debemos hacer».

4 Entonces el profeta Jeremías les dijo: «*Los* he oído. Voy a orar al SEÑOR su Dios conforme a sus palabras, y todas las palabras que el SEÑOR les responda, yo se *las* declararé. No les ocultaré palabra alguna». **5** Y ellos dijeron a Jeremías: «Que el SEÑOR sea un testigo veraz y fiel contra nosotros si no obramos conforme a toda palabra que el SEÑOR tu Dios te mande para nosotros. **6** Sea buena o mala, escucharemos la voz del SEÑOR nuestro Dios a quien te enviamos, para que nos vaya bien cuando escuchemos la voz del SEÑOR nuestro Dios».

7 Después de diez días, vino la palabra del SEÑOR a Jeremías. **8** Entonces llamó a Johanán, hijo de Carea, y a todos los jefes[1] de las tropas que estaban con él, y a todo el pueblo desde el menor hasta el mayor, **9** y Jeremías les dijo: «Así dice el SEÑOR, Dios de Israel, a quien me enviaron para presentar delante de Él la súplica de ustedes: **10** "Si se quedan en esta tierra, entonces los edificaré y no los derribaré, los plantaré y no los arrancaré, porque estoy arrepentido del[1] mal que les he hecho. **11** No teman al rey de Babilonia, a quien temen; no le teman", declara el SEÑOR, "porque Yo estoy con ustedes para salvarlos y librarlos de su mano.

12 "También tendré compasión de ustedes, para que él les tenga compasión y los restaure a la tierra de ustedes. **13** Pero si dicen: 'No nos quedaremos en esta tierra', no obedeciendo así la voz del SEÑOR su Dios, **14** y dicen: 'No, sino que iremos a la tierra de Egipto, donde no veremos guerra, ni oiremos el sonido de la trompeta, ni tendremos hambre de pan, y allí nos quedaremos'; **15** en este caso, oigan la palabra del SEÑOR, remanente de Judá. Así dice el SEÑOR de los ejércitos, el Dios de Israel: 'Si se obstinan en[1] entrar en Egipto, y entran para residir allí, **16** entonces sucederá que la espada que ustedes

---

41:17
Por qué la gente de Mizpa viajó a Egipto

Es probable que Egipto les pareciera más seguro que quedarse en Judá. Temían que los babilonios buscaran venganza por la muerte de Gedalías.

42:3
Por qué le pidieron a Jeremías que orara para buscar la guía de Dios

Ellos ya sabían lo que querían hacer, así que es posible que simplemente quisieran la bendición de Dios o su guía en cuanto al mejor camino para el viaje.

41:16 [1] Lit. *hecho volver*.   41:17 [1] O *la posada de Quimam*.   42:1 [1] O *príncipes*.
42:2 [1] Lit. *Caiga*.   42:8 [1] O *príncipes*.   42:10 [1] O *porque habré cambiado de opinión sobre el*.   42:15 [1] Lit. *ponen su rostro para*.

temen los alcanzará allí en la tierra de Egipto, y el hambre que les preocupa les seguirá de cerca allí *en* Egipto, y allí morirán. **17** Así pues, todos los hombres que se obstinen en[1] ir a Egipto para residir allí, morirán a espada, de hambre y de pestilencia. No les quedará sobreviviente ni quien escape del mal que voy a traer sobre ellos"».

18 Porque así dice el SEÑOR de los ejércitos, el Dios de Israel: «Como se derramó Mi ira y Mi furor sobre los habitantes de Jerusalén, así se derramará Mi furor sobre ustedes cuando entren en Egipto. Y serán *motivo* de maldición, de horror, de imprecación y de oprobio, y no verán más este lugar». **19** El SEÑOR les ha hablado, remanente de Judá: «No entren en Egipto». Sépanlo bien, que hoy *lo* he declarado contra ustedes. **20** Porque se engañan a sí mismos[1], pues ustedes fueron los que me enviaron al SEÑOR su Dios, diciendo: «Ruega por nosotros al SEÑOR nuestro Dios, y lo que el SEÑOR nuestro Dios diga, nos lo haces saber y lo haremos». **21** Y hoy se lo he declarado, pero no han escuchado la voz del SEÑOR su Dios, ni en cosa alguna de lo que Él me ha enviado *a decirles*. **22** Ahora pues, sépanlo bien, que morirán a espada, de hambre y de pestilencia en el lugar adonde desean ir a residir.

HUIDA DEL PUEBLO A EGIPTO

43 Pero tan pronto como Jeremías terminó de hablar a todo el pueblo todas las palabras del SEÑOR su Dios, es decir, todas estas palabras con las cuales el SEÑOR su Dios le había enviado, **2** Azarías, hijo de Osaías, y Johanán, hijo de Carea, y todos los hombres arrogantes dijeron a Jeremías: «Es mentira lo que dices. El SEÑOR nuestro Dios no te ha enviado a decir: "No deben entrar en Egipto para residir allí"; **3** sino que Baruc, hijo de Nerías, te provoca contra nosotros para entregarnos en mano de los caldeos, a fin de que nos maten o nos deporten a Babilonia».

4 Así que Johanán, hijo de Carea, ni ninguno de los jefes[1] de las tropas, ni nadie del pueblo, obedecieron la voz del SEÑOR, de quedarse en la tierra de Judá, **5** sino que Johanán, hijo de Carea, y todos los jefes[1] de las tropas, tomaron a todo el remanente de Judá que había vuelto de todas las naciones a las cuales habían sido dispersados, para residir en la tierra de Judá: **6** a hombres, mujeres y niños, a las hijas del rey y a toda persona que Nabuzaradán, capitán de la guardia, había dejado con Gedalías, hijo de Ahicam *y nieto*[1] de Safán, y *también* al profeta Jeremías y a Baruc, hijo de Nerías, **7** y entraron en la tierra de Egipto (pues no escucharon la voz del SEÑOR) y llegaron hasta Tafnes.

8 Entonces vino la palabra del SEÑOR a Jeremías en Tafnes: **9** «Toma en tus manos[1] piedras grandes y escóndelas en la mezcla en la *terraza* de ladrillo[2] que está a la entrada del palacio[3] de Faraón en Tafnes, a vista de los[4] judíos, **10** y diles: "Así dice el SEÑOR de los ejércitos, el Dios de Israel: 'Voy a enviar que traigan a Nabucodonosor, rey de Babilonia, siervo Mío, y pondré su trono sobre estas piedras que he escondido,

42:21
Cómo Jeremías sabía que no iban a obedecer
Cuando el Señor le habló a Jeremías, es posible que le haya dicho cómo responderían las personas.

43:6
Baruc y Jeremías no querían ir a Egipto
No es probable que fueran voluntariamente, ya que conocían la voluntad del Señor y que él siempre cumplía su palabra.

42:17 [1] Lit. *pongan su rostro para*.   42:20 [1] *O han errado en sus almas*.
43:4 [1] O *príncipes*.   43:5 [1] O *príncipes*.   43:6 [1] Lit. *hijo*.   43:9 [1] Lit. *tu mano*.   [2] O *enladrillado*.   [3] Lit. *de la casa*.   [4] Lit. *hombres*.

y él extenderá su pabellón sobre ellas. **11** Vendrá y herirá la tierra de Egipto; los que sean para la muerte, a la muerte, los que para el cautiverio, al cautiverio, y los que para la espada, a la espada. **12** Prenderá*¹* fuego a los templos*²* de los dioses de Egipto, los quemará y se*³* llevará cautivos *a sus ídolos*. Y se envolverá de la tierra de Egipto como el pastor se envuelve con su capa, y saldrá de allí en paz. **13** También quebrará los obeliscos*¹* de Heliópolis*²*, que está en la tierra de Egipto, y prenderá fuego a los templos*³* de los dioses de Egipto"».

PROFECÍA DE JEREMÍAS A LOS JUDÍOS EN EGIPTO

44 La palabra que vino a Jeremías para todos los judíos que moraban en la tierra de Egipto, los que moraban en Migdol, en Tafnes, en Menfis*¹* y en la tierra de Patros: **2** «Así dice el SEÑOR de los ejércitos, el Dios de Israel: "Ustedes han visto toda la calamidad que he traído sobre Jerusalén y sobre todas las ciudades de Judá, y que hoy están en ruinas y que en ellas no hay morador alguno, **3** a causa de la maldad que ellos cometieron para provocarme a ira, quemando constantemente sacrificios*¹* y sirviendo a otros dioses que no habían conocido, ni ellos, ni ustedes, ni sus padres. **4** Con todo, les envié a todos Mis siervos los profetas repetidas veces*¹*, diciéndoles: 'No hagan ahora esta cosa abominable que Yo aborrezco'. **5** Pero no escucharon ni prestaron atención para apartarse de su maldad, para dejar de quemar sacrificios a otros dioses. **6** Por tanto, se derramó Mi ira y Mi furor y ardió en las ciudades de Judá y en las calles de Jerusalén, que fueron convertidas en ruinas y en desolación, como lo están hoy.

7 "Ahora pues, así dice el SEÑOR Dios de los ejércitos, el Dios de Israel: ¿Por qué ustedes se hacen un daño tan grande a sí mismos cortando de entre ustedes a hombre y mujer, niño y lactante de en medio de Judá, sin que les quede remanente, **8** provocándome a ira con la obra de sus manos, quemando sacrificios a otros dioses en la tierra de Egipto, adonde han entrado a residir, de modo que sean exterminados y vengan a ser maldición y oprobio entre todas las naciones de la tierra? **9** ¿Han olvidado las maldades de sus padres, las maldades de los reyes de Judá y las maldades de sus mujeres, las propias maldades de ustedes y las maldades de sus mujeres, que cometieron en la tierra de Judá y en las calles de Jerusalén? **10** Pero hasta hoy no se han humillado*¹*, ni han temido, ni han andado en Mi ley ni en Mis estatutos que puse delante de ustedes y delante de sus padres".

11 »Por tanto, así dice el SEÑOR de los ejércitos, el Dios de Israel: "Yo volveré el rostro contra ustedes para mal, y para destruir a todo Judá. **12** Quitaré el remanente de Judá que ha decidido*¹* entrar en la tierra de Egipto para residir allí, y serán acabados en la tierra de Egipto; caerán a espada, por

44:8
Por qué los Israelitas adoraron a los dioses egipcios
Cuando estaban en Judá adoraban a los dioses paganos, y continuaron adorando a los ídolos en Egipto. Es posible que creyeran que adorar a los dioses locales los mantendría seguros en la región.

43:12 *¹* Así en algunas versiones antiguas; en el T.M., *yo prenderé.*   *²* Lit. *las casas.*   *³* Lit. *y los.*   43:13 *¹* O *columnas de piedra.*   *²* Heb. *Bet-semes,* I.e. la casa del dios-sol.   *³* Lit. *las casas.*   44:1 *¹* O *Nof.*   44:3 *¹* O *incienso,* y así en el resto del cap.   44:4 *¹* Lit. *madrugando y enviando.*   44:10 *¹* Lit. *quebrantado.*   44:12 *¹* Lit. *puesto su rostro para.*

el hambre serán acabados. Tanto el pequeño como el grande morirán a espada y de hambre. Serán *motivo* de maldición, de horror, de imprecación y de oprobio. **13** Castigaré a los que moran en la tierra de Egipto, como he castigado a Jerusalén, con espada, con hambre y con pestilencia. **14** Así que no quedará quien escape ni quien sobreviva del remanente de Judá que ha entrado en la tierra de Egipto para residir allí, para *luego* volver a la tierra de Judá a la cual anhelan volver[1] a fin de morar allí, porque ninguno volverá, excepto *unos pocos* fugitivos"».

15 Entonces todos los hombres que sabían que sus mujeres quemaban sacrificios a otros dioses, junto con todas las mujeres que estaban presentes, una gran multitud, y todo el pueblo que moraba en la tierra de Egipto, en Patros, respondieron a Jeremías: **16** «En cuanto al mensaje[1] que nos has hablado en el nombre del SEÑOR, no vamos a escucharte, **17** sino que ciertamente cumpliremos toda palabra que ha salido de nuestra boca, y quemaremos[1] sacrificios a la reina del cielo, derramándole libaciones, como hacíamos nosotros, nuestros padres, nuestros reyes y nuestros príncipes en las ciudades de Judá y en las calles de Jerusalén. Entonces teníamos bastante alimento[2], prosperábamos y no veíamos mal alguno. **18** Pero desde que dejamos de quemar sacrificios a la reina del cielo y de derramarle libaciones, carecemos de todo, y por la espada y por el hambre hemos sido acabados». **19** Y *las mujeres dijeron*: «Cuando nosotras quemábamos sacrificios a la reina del cielo y le derramábamos libaciones, ¿acaso no sabían nuestros maridos que le hacíamos tortas con su imagen[1] y le derramábamos libaciones?».

20 Entonces Jeremías habló a todo el pueblo, a hombres y a mujeres, a todo el pueblo que así le respondía: **21** «En cuanto a los sacrificios que han quemado en las ciudades de Judá y en las calles de Jerusalén, ustedes y sus padres, sus reyes y sus príncipes y el pueblo de la tierra, ¿no se ha acordado el SEÑOR de ellos, y no ha venido *esto* a Su mente[1]? **22** El SEÑOR no pudo soportar más, a causa de la maldad de las obras de ustedes *y* a causa de las abominaciones que habían cometido. Por eso su tierra fue convertida en ruinas, en objeto de horror y maldición, sin habitantes, como *está* hoy. **23** Porque ustedes quemaron sacrificios y pecaron contra el SEÑOR y no obedecieron la voz del SEÑOR ni anduvieron en Su ley, ni en Sus estatutos, ni en Sus testimonios, por tanto, les ha sobrevenido esta calamidad, como *sucede* hoy».

24 Entonces Jeremías dijo a todo el pueblo y a todas las mujeres: «Oigan la palabra del SEÑOR, todo Judá, los que están en la tierra de Egipto: **25** Así dice el SEÑOR de los ejércitos, el Dios de Israel[1]: "Ustedes y sus mujeres han hablado con su boca y *lo* han realizado con sus manos, diciendo: 'Ciertamente cumpliremos los votos que hemos hecho de quemar sacrificios a la reina del cielo y de derramarle libaciones'. ¡Vayan a cumplir[2] sus votos! ¡Pongan por obra sus votos!».

44:17
La reina del cielo
Esto se refiere a Ishtar, una diosa importante en la jerarquía de los dioses babilonios.

44:18
Por qué pensaban que no adorar a Ishtar les había traído problemas
El rey Josías había liderado un esfuerzo para acabar con la adoración a los dioses paganos. Luego de que él muriera, Judá había sido invadida y capturada. Ahora el pueblo creía ingenuamente que estas desgracias habían ocurrido porque habían dejado de adorar a Ishtar.

44:19
Las mujeres culparon a sus esposos
En la sociedad judía, los hombres podían darles órdenes a sus esposas. Por eso estas mujeres decían que no eran responsables de la adoración a los ídolos, ya que sus maridos podían haberlas detenido.

44:14 [1] Lit. *levantan su alma.*   44:16 [1] Lit. *a la palabra.*   44:17 [1] O *para quemar.*   [2] Lit. *pan.*   44:19 [1] Lit. *para hacer una imagen de ella.*
44:21 [1] Lit. *corazón.*   44:25 [1] Lit. *Israel, diciendo.*   [2] Lit. *Ciertamente afirmen.*

26 »Pero[1] oigan la palabra del SEÑOR, todo Judá, los que habitan en la tierra de Egipto: "He jurado por Mi gran nombre", dice el SEÑOR, "que nunca más será invocado Mi nombre en toda la tierra de Egipto por boca de ningún hombre de Judá, diciendo: 'Vive el Señor DIOS[2]'. **27** Pues Yo velo sobre ellos para mal y no para bien, y serán acabados todos los hombres de Judá que están en la tierra de Egipto por la espada y por el hambre hasta que sean totalmente exterminados[1]. **28** Y los que escapen de la espada, pocos en número[1], volverán de la tierra de Egipto a la tierra de Judá. Entonces sabrá todo el remanente de Judá que ha ido a la tierra de Egipto para residir allí, qué palabra ha de permanecer, si la Mía o la de ellos. **29** Y esta será la señal para ustedes", declara el SEÑOR, "de que los voy a castigar en este lugar, para que sepan que ciertamente Mis palabras permanecerán para mal contra ustedes". **30** Así dice el SEÑOR: "Voy a entregar a Faraón Hofra, rey de Egipto, en manos de sus enemigos, en manos de los que buscan su vida, así como entregué a Sedequías, rey de Judá, en manos de Nabucodonosor, rey de Babilonia, su enemigo, que buscaba su vida"».

44:30
Faraón Hofra
Él reinó en Egipto entre 588 y 569 a. C. Sus rivales lo mataron durante una lucha por el poder.

MENSAJE A BARUC

45 Este es el mensaje que el profeta Jeremías dio a Baruc, hijo de Nerías, cuando *este* escribió estas palabras en un libro al dictado[1] de Jeremías, en el año cuarto de Joacim, hijo de Josías, rey de Judá, diciéndole: **2** «Así dice el SEÑOR, Dios de Israel, acerca de ti, oh Baruc: **3** "Tú dijiste: '¡Ay, infeliz de mí!, porque el SEÑOR ha añadido tristeza a mi dolor. Cansado estoy de gemir y no he hallado reposo". **4** Así le dirás: "Así dice el SEÑOR: 'Lo que he edificado, lo derribo, y lo que he plantado, lo arranco, es decir, toda esta[1] tierra'. **5** Pero tú, ¿buscas para ti grandes cosas? No *las* busques; porque voy a traer calamidad sobre toda carne", declara el SEÑOR, "pero a ti te daré tu vida por botín en todos los lugares adonde vayas"».

PROFECÍA SOBRE EGIPTO

46 Lo que vino como palabra del SEÑOR al profeta Jeremías acerca de las naciones. **2** A Egipto, acerca del ejército de Faraón Necao, rey de Egipto, que estaba junto al río Éufrates en Carquemis, al cual derrotó Nabucodonosor, rey de Babilonia, en el año cuarto de Joacim, hijo de Josías, rey de Judá:

3 «¡Preparen escudo y broquel,
Y avancen hacia la batalla!
4 ¡Aparejen los caballos,
Monten los corceles[1]!
¡Preséntense con los cascos *puestos*!
¡Tengan bruñidas las lanzas,
Vístanse las corazas!
5 ¿Pero qué es lo que veo?
Están aterrados,

44:26 [1] Lit. *Por tanto*.　[2] Heb. *YHWH*, generalmente traducido *Señor*.
44:27 [1] Lit. *lleguen a su fin*.　44:28 [1] Lit. *hombres contados*.　45:1 [1] Lit. *de la boca*.　45:4 [1] Lit. *la*.　46:4 [1] O *suban, jinetes*.

Retroceden,
Y sus valientes están derrotados.
En la huida buscan refugio
Sin mirar atrás.
Hay terror por todas partes[1]»,
Declara el SEÑOR.

6 Que no pueda huir el ligero,
Ni escapar el poderoso.
En el norte, junto al río Éufrates,
Han tropezado y caído.

7 ¿Quién es este que sube como el Nilo,
Cuyas aguas se agitan como ríos?

8 Es Egipto que sube como el Nilo,
Cuyas aguas se agitan como ríos,
Y ha dicho: «Subiré y cubriré *esa* tierra;
Ciertamente destruiré la ciudad y sus
habitantes».

46:5 [1] Heb. *Magor-missabib.*

CONDENA Y TINIEBLAS

Jeremías 46—51

Profecías de juicio
para las naciones:

Mar
Mediterráneo
(Mar Grande)

*Reino
de Israel*

*Reino
de Judá*

HAZOR
Destruida por Babilonia; de todos
lados les llega ruina y desastre.
49:30-33

DAMASCO
Jóvenes y soldados asesinados;
muralla de la ciudad destruida.
49:26-27

BABILONIA
Atacada y
destruida por
una alianza
de las
grandes
naciones del
norte.
50:9; 51:64

AMÓN
Ciudades
incendiadas y
convertidas en
ruinas; terror
aproximándose de
todos sus
alrededores.
49:1-6

FILISTEA
Destruida por
Babilonia.
47:1-4

MOAB
Destruida y
desterrada
por Babilonia.
48:42,46

ELAM
Personas
desterradas
en todas las
direcciones;
desastres y
calamidades.
49:34-38

EGIPTO
Entregada en
manos de
Babilonia.
46:25-26

EDOM
Despojada totalmente;
convertida en objeto de
horror; destruida por
Babilonia.
49:7-10,17-18

CEDAR
Destruida por
Babilonia; terror por
todas partes
49:28-29

9 Suban, caballos, y corran furiosos[1], carros,
Para que avancen los poderosos:
Etiopía[2] y Put[3], que manejan escudo,
Y los de Lud[4], que manejan *y* entesan el arco.

10 Pero aquel día es para el Señor, DIOS[1] de los ejércitos,
Día de venganza, para vengarse de Sus enemigos;
La espada devorará y se saciará
Y se empapará con su sangre;
Pues habrá una matanza[2] para el Señor, DIOS[1] de los
    ejércitos,
En la tierra del norte, junto al río Éufrates.

11 Sube a Galaad y consigue bálsamo,
Virgen, hija de Egipto.
En vano has multiplicado los remedios[1];
No hay curación para ti.

12 Han oído las naciones de tu afrenta,
Y tu clamor llena la tierra;
Porque guerrero con guerrero ha tropezado,
Y a una han caído ambos.

13 Palabra que el SEÑOR habló al profeta Jeremías acerca de la venida de Nabucodonosor, rey de Babilonia, para herir la tierra de Egipto:

14 «Anuncien en Egipto y háganlo oír en Migdol,
Háganlo oír también en Menfis[1] y en Tafnes;
Digan: "Ponte en pie y prepárate,
Porque la espada ha devorado a los que te rodean".

15 ¿Por qué han quedado postrados tus valientes?
No se mantienen en pie porque el SEÑOR los ha
    derribado.

16 Han tropezado muchas veces;
En verdad, han caído uno sobre otro.
Entonces dijeron: "Levántate y volvamos
A nuestro pueblo y a nuestra tierra natal,
Ante la espada opresora[1]".

17 Allí gritaron: "Faraón, rey de Egipto, *es solo* un gran
    ruido[1];
Ha dejado pasar el tiempo señalado".

18 Vivo Yo», declara el Rey
Cuyo nombre es el SEÑOR de los ejércitos,
«Que ciertamente como *se destaca* el Tabor entre los
    montes,
O el Carmelo junto al mar, así será el que ha de
    venir.

19 Prepara tu equipaje para el destierro,
Hija que moras en Egipto,
Porque Menfis[1] será convertida en desolación,
Incendiada y despoblada.

20 Novilla hermosa es Egipto,
Pero un tábano[1] del norte viene; ya está al venir.

46:11
En Galaad había un bálsamo especial
Galaad tenía una importante reserva de especias y hierbas para usos medicinales.

46:14
Qué le dijo Dios a Jeremías que anunciara
El Señor le dijo que profetizara sobre la destrucción venidera de Egipto a manos de Nabucodonosor.

46:20
Egipto es llamada novilla
Llamar a Egipto «novilla» (que significa vaca hembra) podía haber sido considerado un insulto, porque los egipcios adoraban a Apis, un dios toro.

46:20
Un tábano
Los tábanos son insectos que muerden o pican. Los insectos solían usarse para simbolizar a los ejércitos atacantes (ver el versículo 23, en el que un ejército invasor es comparado con langostas). Aquí, la referencia es a Nabucodonosor.

46:9 [1] Lit. *anden como locos.*   [2] Heb. *Cush.*   [3] I.e. Libia (o, Somalia).   [4] Heb. *Ludim.*   46:10 [1] Heb. *YHWH*, generalmente traducido *Señor.*   [2] O *un sacrificio.*   46:11 [1] Lit. *las curaciones.*   46:14 [1] O *Nof.*   46:16 [1] O *del opresor.*   46:17 [1] Algunas versiones antiguas dicen: *Llamen el nombre de Faraón un gran ruido.*   46:19 [1] O *Nof.*   46:20 [1] O posiblemente, *mosquito.*

21 También sus mercenarios en medio de ella
　　Son como becerros engordados[1];
　　Porque también ellos se han vuelto atrás,
　　Y a una han huido, no resistieron;
　　Porque el día de su ruina ha venido sobre ellos,
　　La hora de su castigo.
22 Se oye su sonido como el de una serpiente,
　　Pues *el enemigo* avanza como un ejército[1].
　　Vienen contra ella con hachas, como leñadores.
23 Talan su bosque», declara el SEÑOR,
　　«Aunque sea impenetrable,
　　Aunque sean[1] más numerosos que las langostas,
　　Innumerables.
24 Es avergonzada la hija de Egipto,
　　Es entregada al poder[1] del pueblo del norte».

25 Dice el SEÑOR de los ejércitos, el Dios de Israel: «Voy a castigar a Amón de Tebas, a Faraón y a Egipto junto con sus dioses y sus reyes; a Faraón y a los que en él confían. 26 Y los entregaré en manos de los que buscan su vida, en manos de Nabucodonosor, rey de Babilonia, y en manos de su siervo. Pero después será habitado como en los días de antaño», declara el SEÑOR.

27 «Pero tú no temas, siervo Mío Jacob,
　　Ni te atemorices, Israel;
　　Porque te salvaré de lugar remoto,
　　Y a tu descendencia[1] de la tierra de su cautiverio.
　　Y volverá Jacob, y estará tranquilo
　　Y seguro, y nadie *lo* atemorizará.
28 Tú no temas, siervo Mío Jacob», declara el
　　　　SEÑOR,
　　«Porque Yo estoy contigo;
　　Pues acabaré con todas las naciones
　　Adonde te he expulsado,
　　Pero no acabaré contigo,
　　Sino que te castigaré con justicia,
　　Pero de ninguna manera te dejaré sin castigo».

PROFECÍA SOBRE LOS FILISTEOS

47 Lo que vino como palabra del SEÑOR al profeta Jeremías acerca de los filisteos, antes que Faraón conquistara[1] Gaza. 2 Así dice el SEÑOR:

　　«Suben aguas del norte
　　Y se convierten en torrente desbordante,
　　Que inunda la tierra y su plenitud,
　　La ciudad y los que en ella habitan.
　　Clamarán los hombres,
　　Y gemirá todo habitante de la tierra
3 A causa del sonido de los[1] cascos de sus corceles[2],
　　Del estruendo de sus carros *y* del estrépito de sus
　　ruedas.

46:27-28
Estos versículos son familiares
Jeremías 30:10-11 los repite casi palabra por palabra.

46:21 [1] Lit. *del establo.*　46:22 [1] O *con fuerza.*　46:23 [1] I.e. los árboles del bosque, los egipcios.　46:24 [1] Lit. *en mano.*　46:27 [1] Lit. *simiente.*
47:1 [1] Lit. *hiriera.*　47:3 [1] Lit. *las pisadas de los.*　[2] Lit. *poderosos.*

No se vuelven los padres *para cuidar* a *sus* hijos,
Por la debilidad de *sus* brazos[3],

4 A causa del día que viene
Para destruir a todos los filisteos,
Para exterminar de Tiro y de Sidón
A todo aliado que quede.
Porque el SEÑOR destruirá a los filisteos,
Al remanente de la costa de Caftor.

5 Le ha sobrevenido la calvicie a Gaza,
Desolada ha sido Ascalón.
Remanente de su valle,
¿Hasta cuándo te sajarás?

6 ¡Ay, espada del SEÑOR!
¿Hasta cuándo estarás inquieta[1]?
Vuélvete a tu vaina,
Reposa y cálmate.

7 ¿Cómo puede[1] estar quieta,
Cuando el SEÑOR *le* ha dado órdenes?
Contra Ascalón y contra la costa del mar,
Allí la ha asignado».

PROFECÍA SOBRE MOAB

48 Acerca de Moab.
Así dice el SEÑOR de los ejércitos, el Dios de Israel:

«¡Ay de Nebo, porque ha sido destruida!
Quiriataim ha sido avergonzada, ha sido tomada;
La altiva fortaleza[1] ha sido avergonzada y
　　destrozada[2].

2 Ya no hay alabanza para Moab,
En Hesbón han tramado mal contra ella:
"Vengan y quitémosla de entre las naciones".
También tú, Madmena[1], serás silenciada,
La espada te seguirá.

3 Voz de clamor desde Horonaim:
"Devastación y gran destrucción".

4 Moab está quebrantada,
Sus pequeños dejan oír gritos *de angustia*.

5 Porque la cuesta de Luhit
La suben con llanto continuo;
Porque a la bajada de Horonaim
Se oyen gritos angustiosos[1] de destrucción.

6 Huyan, salven sus vidas,
Sean como un arbusto[1] en el desierto.

7 Por cuanto pusiste tu confianza en tus ganancias y en
　　tus tesoros,
También tú serás conquistada,
Quemos, *tu dios,* saldrá al destierro
Junto con sus sacerdotes y sus príncipes.

8 Vendrá el destructor de cada ciudad,
Y ninguna ciudad escapará;
También el valle será devastado,

47:4
Cuándo se cumplió esta profecía
Se cumplió bajo el gobierno de Nabucodonosor en el año 604 a. C.

48:7
Quemos
Este era el dios nacional de Moab. Las imágenes de los dioses paganos a menudo eran llevadas de un lugar a otro.

---

3 Lit. *manos.*　　47:6 1 Lit. *no estarás quieta.*　　47:7 1 Lit. *puedes.*
48:1 1 O *Misgab.*　　2 O *y anonadada.*　　48:2 1 I.e. una ciudad de Moab.
48:5 1 Lit. *las angustias del clamor.*　　48:6 1 O *Aroer;* la versión gr. (sept.) dice: *asno montés.*

Y la meseta será destruida,
Como ha dicho el SEÑOR.

9   Den alas¹ a Moab,
    Para que se escape²;
    Sus ciudades serán una desolación,
    Sin que nadie habite en ellas.

10 Maldito el que hace la obra del SEÑOR con engaño;
    Maldito el que retrae su espada de la sangre.

11 »Reposada ha estado Moab desde su juventud,
    Ha estado tranquila sobre su sedimento;
    No ha sido vaciada de vasija en vasija,
    Ni ha ido al destierro;
    Por eso retiene su sabor¹,
    Y su aroma no ha cambiado.

12 Por tanto, vienen días», declara el SEÑOR, «cuando le enviaré gente que lo trasvasarán; vaciarán sus vasijas y harán pedazos sus cántaros. 13 Y Moab se avergonzará de Quemos, como la casa de Israel se avergonzó de Betel¹, su confianza.

14 ¿Cómo pueden decir: "Somos poderosos guerreros,
    Y hombres valientes para la guerra"?

15 Es destruida Moab, *el devastador* ha subido a sus
        ciudades;
    La flor de sus jóvenes¹ desciende a la matanza»,
    Declara el Rey, cuyo nombre es el SEÑOR de los
        ejércitos.

16 «La ruina de Moab vendrá pronto,
    Y su calamidad se ha apresurado.

17 Lloren por él, todos los que habitan a su alrededor,
    Y todos los que saben su nombre.
    Digan: "¡Cómo se ha roto el poderoso cetro¹,
    El báculo glorioso!".

18 Desciende de *tu* gloria,
    Siéntate en tierra reseca¹,
    Moradora hija de Dibón,
    Porque el destructor de Moab ha subido contra ti,
    Para destruir tus fortalezas.

19 Párate junto al camino y vela,
    Moradora de Aroer;
    Pregunta al que huye y a la que escapa,
    Y di: "¿Qué ha sucedido?".

20 Avergonzada está Moab porque ha sido destrozada¹.
    Den gemidos y clamen;
    Anuncien junto al Arnón
    Que Moab ha sido destruida.

21 También ha venido juicio sobre la llanura, sobre Holón, sobre Jahaza y contra Mefaat, 22 contra Dibón, contra Nebo y contra Bet Deblataim, 23 contra Quiriataim, contra Bet Gamul y contra Bet Meón, 24 contra Queriot, contra Bosra y contra todas las ciudades de la tierra de Moab, las lejanas y las

48:17
Cetros y báculos rotos
Esto es un símbolo de la pérdida del poder y la autoridad gobernante.

48:9 ¹ O *sal*.   ² O *porque ella caerá en ruinas*.   48:11 ¹ Lit. *su sabor ha quedado en él*.   48:13 ¹ O *Casa de Dios*.   48:15 ¹ I.e. guerreros.   48:17 ¹ O *la poderosa vara*.   48:18 ¹ Lit. *siéntate sedienta*.   48:20 ¹ O *anonadada*.

cercanas. **25** El cuerno¹ de Moab ha sido cortado y quebrado su brazo», declara el SEÑOR. **26** «Embriáguenlo, porque se ha vuelto arrogante con¹ el SEÑOR. Moab se revolcará en su vómito, y será también objeto de burla. **27** ¿Acaso no fue Israel objeto de burla para ti? ¿O fue sorprendido¹ entre ladrones? Porque cada vez que hablas de él, te burlas².

> **28**   Abandonen las ciudades y moren en las peñas,
>   Moradores de Moab,
>   Sean como paloma que anida
>   Más allá de la boca de la caverna¹.
>
> **29**   Hemos oído del orgullo de Moab (*es muy orgulloso*),
>   De su soberbia, de su orgullo, de su arrogancia y de su
>   altivez¹.
>
> **30**   Yo conozco su cólera», declara el SEÑOR,
>   «Pero es inútil¹;
>   Sus vanas jactancias nada² consiguen.
>
> **31**   Por tanto, gemiré por Moab,
>   Sí, por todo Moab clamaré;
>   Sollozaré¹ por los hombres de Kir Hares.
>
> **32**   Más que el llanto por Jazer
>   Lloraré por ti, viña de Sibma.
>   Tus sarmientos pasaron el mar,
>   Llegaron hasta el mar de Jazer;
>   Sobre tus frutos de verano y sobre tu vendimia
>   Ha caído el destructor,
>
> **33**   Y fueron quitados la alegría y el regocijo
>   Del campo fértil, de la tierra de Moab.
>   He hecho que se acabe el vino de los lagares;
>   Nadie *los* pisará con gritos *de regocijo*,
>   Y *si hay* gritos no *serán* gritos de júbilo.

34 El clamor de Hesbón llega hasta Eleale y hasta Jahaza; levantaron¹ su voz, desde Zoar hasta Horonaim y hasta Eglat Selisiya; porque también las aguas de Nimrim se secarán². **35** Y haré desaparecer de Moab», declara el SEÑOR, «al que ofrece *sacrificios* en lugar alto y al que quema incienso a sus dioses.

36 »Por tanto, Mi corazón gime¹ por Moab como una flauta²; Mi corazón gime¹ también como una flauta² por los hombres de Kir Hares, ya que perdieron la abundancia que se había producido. **37** Porque toda cabeza está rapada y toda barba rasurada; en todas las manos hay sajaduras y sobre los lomos cilicio. **38** En todas las terrazas de Moab y en sus calles todo es lamentación, porque he quebrado a Moab como a vaso indeseable», declara el SEÑOR. **39** «¡Cómo ha sido destrozada¹! ¡*Cómo* ha gemido! ¡Cómo ha vuelto la espalda Moab avergonzada! Moab será, pues, objeto de burla y de terror para todos los que lo rodean». **40** Porque así dice el SEÑOR:

> «Como águila volará veloz,
> Uno que extenderá sus alas contra Moab.

48:36
Por qué Jeremías usa la imagen de una flauta
Las flautas eran el instrumento que los afligidos tocaban en los funerales. Jeremías estaba llorando por la destrucción de Moab, ya que no le gustaba ver la tragedia humana, aun si se trataba de los enemigos de Israel.

48:40
El significado del águila
Este era un símbolo de Nabucodonosor.

41 Ha sido tomada Queriot
    Y las fortalezas han sido ocupadas;
    Será el corazón de los valientes de Moab en aquel día
    Como el corazón de una mujer de parto.
42 Y Moab será destruida, *dejará de ser* pueblo
    Porque se engrandeció contra el SEÑOR.
43 Terror, foso y lazo *vienen* sobre ti,
    Morador de Moab», declara el SEÑOR.
44 «El que huya del terror
    Caerá en el foso,
    Y el que suba del foso
    Caerá en el lazo;
    Porque Yo traeré sobre él, sobre Moab,
    El año de su castigo», declara el SEÑOR.

45 «A la sombra de Hesbón
    Se paran sin fuerzas los fugitivos;
    Pues ha salido fuego de Hesbón,
    Y una llama de en medio de Sehón,
    Que ha consumido las sienes de Moab
    Y los cráneos de los hijos del tumulto.
46 ¡Ay de ti, Moab!
    Ha perecido el pueblo de Quemos;
    Porque tus hijos han sido tomados en cautiverio,
    Y tus hijas en cautividad.
47 Pero restauraré el bienestar[1] de Moab
    En los postreros días», declara el SEÑOR.

Hasta aquí, el juicio de Moab.

PROFECÍA SOBRE AMÓN

49 Acerca de los amonitas.
    Así dice el SEÑOR:

    «¿No tiene hijos Israel?
    ¿No tiene heredero?
    ¿Por qué, pues, Milcom[1] se ha apoderado de Gad
    Y su pueblo se ha establecido en sus ciudades?
2   Por tanto, vienen días», declara el SEÑOR,
    «En que haré que se oiga el grito de guerra
    Contra Rabá de los amonitas,
    Y será convertida en montón de ruinas,
    Y sus ciudades[1] serán incendiadas.
    Entonces se apoderará Israel de los que lo poseían»,
        dice el SEÑOR.
3   «Gime, Hesbón, porque Hai ha sido destruida.
    Clamen, hijas de Rabá,
    Cíñanse de cilicio y laméntense,
    Corran de un lado a otro por entre los muros,
    Porque Milcom[1] irá al destierro
    Junto con sus sacerdotes y sus príncipes.
4   ¡Cómo te jactas de los valles!
    Tu valle se desvanece,
    Hija infiel,

48:44
Por qué el Señor dijo que las personas no podrían huir
Ellas no podrían evitar el juicio del Señor.

49:1
Milcom
Milcom, también llamado Moloc, era el dios principal de los amonitas, un pueblo pagano que se había apoderado de tierras que le pertenecían a Israel. Este era un dios al que a veces se le ofrecían niños como sacrificio. Sacrificios que eran terriblemente malos ante los ojos de Dios.

48:47 [1] O *haré volver a los cautivos.*   49:1 [1] Heb. *Malcam.*   49:2 [1] Lit. *hijas.*
49:3 [1] Heb. *Malcam.*

Líneas de vida:
JEREMÍAS
Jeremías 1—51

Se desconocen todas las edades

Sirve como sacerdote
1:1

Llamado a ser profeta
1:4-10

Le profetiza a Judá e Israel
2:1—11:23

Perseguido y encarcelado numerosas veces
11:18-21; 18:18-19; 20:1-2,7-10; 26:8-11,16; 32:2-3; 33:1; 37:15-16,21; 38:4-6,13,28

Le advierte a Jerusalén sobre la invasión babilónica
34:1-22

El rollo se quema
36:23

Sobrevive a la caída de Jerusalén
39:1-14; 40:1-6

Es llevado a Egipto
43:4-7

Declara una profecía final
51:59-64

La que confía en sus tesoros, *diciendo:*
"¿Quién vendrá contra mí?".
5 Traigo sobre ti terror»,
Declara el Señor, DIOS¹ de los ejércitos,
«De todos tus alrededores;
Y serán lanzados cada uno delante de sí,
Y no habrá quien reúna a los fugitivos.
6 Pero después restauraré
El bienestar¹ de los amonitas»,
Declara el SEÑOR.

PROFECÍA SOBRE EDOM

7 Acerca de Edom.
Así dice el SEÑOR de los ejércitos:

«¿No hay ya sabiduría en Temán?
¿Se ha perdido el consejo de los prudentes?
¿Se ha corrompido su sabiduría?
8 Huyan, vuelvan, moren en las profundidades,
Habitantes de Dedán,
Porque la ruina de Esaú traeré¹ sobre él
Al momento de castigarlo².
9 Si vinieran a ti vendimiadores,
¿No dejarían algunos racimos?
Si *vinieran* ladrones de noche,
Solo destruirían hasta que les bastara¹.
10 Pero Yo he despojado totalmente a Esaú,
He descubierto sus escondrijos
Y no podrá esconderse.
Ha sido destruida su descendencia¹, sus hermanos
Y vecinos, y él ya no existe.
11 Deja a tus huérfanos, Yo *los* conservaré con vida;
Que tus viudas confíen en Mí».

12 Pues así dice el SEÑOR: «Los que no estaban condenados a¹ beber la copa, ciertamente *la* beberán, ¿y serás tú absuelto por completo? No serás absuelto, sino que ciertamente *la* beberás. 13 Porque por Mí he jurado», declara el SEÑOR, «que Bosra será *motivo* de horror, de oprobio, de ruina y de maldición. Todas sus ciudades se convertirán en ruinas perpetuas».

14 He oído un mensaje de parte del SEÑOR,
Y un mensajero es enviado entre las naciones, diciéndoles:

49:5 ¹ Heb. *YHWH*, generalmente traducido *Señor.*
49:6 ¹ O *haré volver a los cautivos.*   49:8 ¹ O *he traído.*
² O *que le castigué.*   49:9 ¹ Lit. *lo suficiente para ellos.*
49:10 ¹ Lit. *simiente.*   49:12 ¹ Lit. *cuya sentencia no fue la de.*

«Reúnanse y vengan contra él,
Y levántense para la guerra».

15 «Pues pequeño te he hecho entre las naciones,
Despreciado entre los hombres.

16 En cuanto al terror que infundías[1],
Te ha engañado la soberbia de tu corazón;
Tú que vives en las hendiduras de las peñas[2],
Que ocupas la cumbre del monte.
Aunque hagas tu nido tan alto como el del águila,
De allí te haré bajar», declara el SEÑOR.

17 «Y Edom se convertirá en objeto de horror; todo el que pase por él se quedará atónito y silbará a causa de todas sus heridas. 18 Como en la destrucción de Sodoma y Gomorra y de sus ciudades vecinas», dice el SEÑOR, «nadie habitará allí, ni residirá en él hijo de hombre. 19 Viene uno que subirá como león de la espesura[1] del Jordán contra la pradera de verdes pastos[2], y[3] en un instante lo haré huir de él, y al que sea escogido nombraré sobre él. Porque ¿quién es como Yo y quién me citará a juicio? ¿Quién es el pastor que me podrá resistir?».

20 Por tanto, oigan el plan que el SEÑOR ha trazado contra Edom, y los designios que ha decretado contra los habitantes de Temán: ciertamente los arrastrarán, aun a los más pequeños del rebaño; ciertamente a causa de ellos hará una desolación de su pastizal[1]. 21 Al estruendo de su caída tiembla la tierra; hay un clamor. Hasta el mar Rojo[1] se oye su voz. 22 Se remonta, vuela veloz como un águila y extiende Sus alas contra[1] Bosra. En aquel día el corazón de los valientes de Edom será como el corazón de una mujer de parto.

PROFECÍA SOBRE DAMASCO

23 Acerca de Damasco.

«Avergonzadas están Hamat y Arfad.
Porque han oído malas noticias,
Están desalentadas.
Hay ansiedad como en el mar
Que no se puede calmar.

24 Desamparada está Damasco;
Se ha vuelto para huir,
Y el pánico se ha apoderado de ella;
Angustia y dolores la oprimen
Como a mujer de parto.

25 ¿Cómo es que no ha sido abandonada la ciudad alabada,
La ciudad de Mi regocijo?

26 Por eso sus jóvenes caerán en sus calles,
Y todos los hombres de guerra serán
Silenciados[1] en aquel día», declara el SEÑOR de los ejércitos.

27 «Y prenderé fuego al muro de Damasco
Que consumirá los palacios[1] de Ben Adad».

49:16
La ubicación de estas peñas
Puede tratarse de Petra, una ciudad de Edom en la que todas las estructuras habían sido esculpidas o labradas a mano en los acantilados.

49:16 [1] Lit. a tu terror.   [2] O de Sela.   49:19 [1] Lit. del orgullo.   [2] O una habitación perenne.   [3] Lit. porque.   49:20 [1] O habitación.   49:21 [1] Lit. mar de Cañas.   49:22 [1] O sobre.   49:26 [1] O destruidos.   49:27 [1] O las fortalezas.

PROFECÍA SOBRE CEDAR Y HAZOR

28 Acerca de Cedar y de los reinos de Hazor, que derrotó Nabucodonosor, rey de Babilonia. Así dice el SEÑOR:

> «Levántense, suban a Cedar
> Y destruyan a los hijos del oriente.
> **29** Sus tiendas y sus rebaños serán tomados;
> Las cortinas de sus tiendas, todos sus bienes y sus
>   camellos se los llevarán,
> Y gritarán el uno al otro: "¡Terror por todas partes!".
> **30** Escapen, huyan; moren en las profundidades,
> Habitantes de Hazor», declara el SEÑOR,
> «Porque Nabucodonosor, rey de Babilonia, ha
>   concebido un plan contra ustedes,
> Ha trazado un designio contra ustedes.
> **31** Levántense, suban contra una nación tranquila,
> Que vive confiada», declara el SEÑOR.
> «No tiene puertas ni cerrojos;
> Viven solitarios.
> **32** Sus camellos serán el despojo,
> Y la multitud de sus ganados el botín;
> Esparciré a todos los vientos a los que se rapan las
>   sienes,
> Y de todos lados les traeré su ruina», declara el SEÑOR.
> **33** «Y Hazor será guarida de chacales,
> Una desolación para siempre;
> Nadie habitará allí,
> Ni residirá en ella hijo de hombre».

PROFECÍA SOBRE ELAM

34 Palabra del SEÑOR que vino al profeta Jeremías acerca de Elam al comienzo del reinado de Sedequías, rey de Judá: **35** «Así dice el SEÑOR de los ejércitos:

> "Voy a quebrar el arco de Elam,
> Lo mejor[1] de su fortaleza.
> **36** Y traeré sobre Elam los cuatro vientos
> Desde los cuatro extremos del cielo,
> Y a todos estos vientos los esparciré.
> No habrá nación
> Adonde no vayan los expulsados de Elam.
> **37** Destrozaré[1] a Elam delante de sus enemigos
> Y delante de los que buscan sus vidas;
> Traeré sobre ellos calamidad,
> El ardor de Mi ira", declara el SEÑOR.
> "Y enviaré tras ellos la espada
> Hasta que los haya acabado.
> **38** Entonces pondré Mi trono en Elam,
> Y allí destruiré al rey y a los príncipes",
> Declara el SEÑOR.
> **39** "Pero sucederá en los postreros días
> Que restauraré el bienestar[1] de Elam"»,
> Declara el SEÑOR.

49:31
Una nación sin puertas ni cerrojos
Se refiere a pueblos, quizás nómadas, que vivían en aldeas sin murallas.

49:35
Por qué el Señor dice que quebraría el arco de Elam
Los elamitas eran arqueros habilidosos, por lo que romper sus arcos sería un castigo adecuado.

49:35 [1] Lit. *primero.*   49:37 [1] O *E infundiré temor.*   49:39 [1] O *haré volver a los cautivos.*

PROFECÍA SOBRE BABILONIA

50 La palabra que el SEÑOR habló acerca de Babilonia, la tierra de los caldeos, por medio[1] del profeta Jeremías:

2 «Anúncienlo entre las naciones y háganlo oír;
Levanten estandarte, háganlo oír.
No *lo* oculten, *sino* digan:
"Ha sido tomada Babilonia,
Está avergonzado Bel, destrozado[1] Merodac[2];
Han sido avergonzadas sus imágenes, destrozados[1] sus ídolos".

3 Porque ha subido contra ella una nación del norte
Que hará de su tierra objeto de horror,
Y no habrá habitante en ella.
Tanto hombres como animales habrán huido, se habrán ido.

4 En aquellos días y en aquel tiempo», declara el SEÑOR,
«Vendrán los israelitas, ellos junto con los hijos de Judá;
Vendrán andando y llorando,
Y al SEÑOR su Dios buscarán.

5 Preguntarán por el camino de Sión,
Hacia donde[1] *volverán* sus rostros;
Vendrán[2] para unirse al SEÑOR
En un pacto eterno que no será olvidado.

6 Mi pueblo ha venido a ser como ovejas perdidas;
Sus pastores las han descarriado,
Haciéndolas vagar *por* los montes.
Han andado de monte en collado
Y han olvidado su lugar de descanso.

7 Todos los que los hallaban, los devoraban;
Y sus enemigos han dicho: "No somos culpables,
Porque ellos han pecado contra el SEÑOR, morada de justicia,
El SEÑOR, esperanza de sus padres".

8 Huyan de en medio de Babilonia,
Y salgan[1] de la tierra de los caldeos;
Sean como machos cabríos al frente[2] del rebaño.

9 Porque Yo hago despertar y subir contra Babilonia
Una horda de grandes naciones de la tierra del norte,
Que se alinearán para la batalla contra ella;
Desde allí será llevada cautiva.
Sus flechas serán como de diestro guerrero[1]
Que no vuelve con las manos vacías.

10 Y Caldea[1] se convertirá en botín;
Todos los que la saqueen se saciarán», declara el SEÑOR.

11 «Porque ustedes se alegran, porque se regocijan,
Saqueadores de Mi heredad,
Porque saltan como novilla trilladora[1]
Y relinchan como caballos sementales[2],

50:2
Bel y Merodac
Estos eran distintos nombres para uno de los principales dioses de Babilonia.

50:5
El pacto eterno
Este fue llamado el nuevo pacto en Jeremías 31:31. Dios volvería a dirigir el corazón de su pueblo hacia él, y ellos lo seguirían de nuevo.

50:1 [1] Lit. *mano.*　　50:2 [1] O *anonadado(s).*　　[2] O *Marduk.*　　50:5 [1] Lit. *aquí.*
[2] En el T.M., *vengan.*　　50:8 [1] Lit. *y que salgan.*　　[2] O *delante.*　　50:9 [1] Así en algunos mss. y versiones antiguas; en el T.M., *un guerrero que causa privación de hijos.*　　50:10 [1] O *los caldeos.*　　50:11 [1] Otra posible lectura es: *en la hierba.*
[2] Lit. *poderosos.*

¹² Su madre se avergonzará¹ en gran manera,
Será humillada la que los dio a luz.
Será la última de las naciones:
Desierto, sequedal y lugar desolado.
¹³ A causa del enojo del SEÑOR, no será habitada,
Sino que estará desolada toda ella;
Todo el que pase por Babilonia se quedará atónito
Y silbará a causa de todas sus heridas.
¹⁴ Pónganse en orden contra Babilonia en derredor
        suyo,
Todos los que entesan¹ el arco;
Tiren contra ella, no escatimen las flechas,
Porque ha pecado contra el SEÑOR.
¹⁵ Den grito de guerra en derredor contra ella.
Se ha rendido¹, caen sus columnas,
Son derribadas sus murallas.
Porque esta es la venganza del SEÑOR:
Tomen venganza de ella;
Como ella ha hecho, *así* hagan con ella.
¹⁶ Exterminen de Babilonia al sembrador
Y al que maneja la hoz en tiempo de la siega;
Ante la espada opresora¹,
Cada uno volverá a su pueblo,
Cada uno huirá a su tierra.

50:17
El significado de los leones
Los leones representaban a Asiria y Babilonia.

¹⁷ »Rebaño descarriado es Israel; los leones *lo* han ahuyentado. Primero lo devoró el rey de Asiria, y después¹ Nabucodonosor, rey de Babilonia, quebró sus huesos. ¹⁸ Por tanto, así dice el SEÑOR de los ejércitos, el Dios de Israel: "Voy a castigar al rey de Babilonia y a su tierra, como castigué al rey de Asiria. ¹⁹ Y volveré a traer a Israel a su pastizal, y pastará en el Carmelo y en Basán, y se saciarán sus deseos¹ en la región montañosa de Efraín y en Galaad. ²⁰ En aquellos días y en aquel tiempo", declara el SEÑOR, "se buscará la iniquidad de Israel, pero no habrá ninguna, y los pecados de Judá, pero no se hallarán; porque perdonaré a los que Yo haya dejado como remanente".

²¹ »Sube contra la tierra de Merataim¹, contra ella
Y contra los habitantes de Pecod².
Mátalos y destrúyelos³», declara el SEÑOR,
«Y haz conforme a todo lo que te he ordenado.
²² ¡Hay estruendo de guerra en el país,
Y gran destrucción!
²³ ¡Cómo ha sido cortado y quebrado
El martillo de toda la tierra!
¡Cómo se ha convertido Babilonia
En objeto de horror entre las naciones!
²⁴ Babilonia, te puse lazo, y¹ fuiste atrapada,
Y tú no te diste cuenta;
Has sido sorprendida y¹ apresada
Porque te pusiste a provocar al SEÑOR».

50:12 ¹ O *ha sido avergonzada.*   50:14 ¹ Lit. *pisan* (para entesarlo).
50:15 ¹ Lit. *ha tendido su mano.*   50:16 ¹ O *la espada del opresor.*
50:17 ¹ Lit. *y este último.*   50:19 ¹ Lit. *se saciará su alma.*   50:21 ¹ I.e. doble
rebelión.   ² I.e. castigo.   ³ Lit. *dedica al anatema.*   50:24 ¹ Lit. *y también.*

25 El SEÑOR ha abierto Su arsenal
Y ha sacado las armas de Su indignación,
Porque esta es obra del Señor, DIOS[1] de los ejércitos,
En la tierra de los caldeos.

26 Vengan contra ella desde los últimos confines[1];
Abran sus graneros,
Conviértanla en montones
Y destrúyanla por completo[2];
Que no le quede nada.

27 Pasen a espada todos sus novillos;
Que desciendan al matadero.
¡Ay de ellos, porque ha llegado su día,
La hora de su castigo!

28 *Se oye* la voz de los que huyeron y escaparon de la tierra de Babilonia
Anunciando en Sión la venganza del SEÑOR nuestro Dios,
La venganza de Su templo.

29 «Recluten arqueros[1] contra Babilonia,
A todos los que entesan[2] el arco;
Acampen contra ella por todos lados,
Que no haya escape[3].
Denle el pago conforme a su obra;
Conforme a todo lo que ha hecho, *así* hagan con ella;
Porque se ha vuelto insolente contra el SEÑOR,
Contra el Santo de Israel.

30 Por tanto, sus jóvenes caerán en sus calles,
Y todos sus hombres de guerra serán silenciados[1] en aquel día», declara el SEÑOR.

31 «Estoy contra ti, arrogante[1]»,
declara el Señor, DIOS[2] de los ejércitos,
«Porque ha llegado tu día,
La hora en que te castigaré[3].

32 Y la arrogante[1] tropezará y caerá
Sin que nadie la levante.
Prenderé fuego a sus ciudades,
El cual devorará todos sus alrededores».

33 Así dice el SEÑOR de los ejércitos:

«Oprimidos están los israelitas
Y los hijos de Judá también;
Todos los que los tomaron cautivos los han retenido,
Se han negado a soltarlos.

34 *Pero* su Redentor es fuerte, el SEÑOR de los ejércitos es Su nombre;
Defenderá su causa con energía
Para traer reposo a la[1] tierra
Y turbación a los habitantes de Babilonia.

35 Espada contra los caldeos», declara el SEÑOR,

50:27
Por qué matarían a los novillos

Este era un modo de decir que el pueblo de Babilonia, especialmente los hombres que combatían, morirían.

50:25 [1] Heb. *YHWH*, generalmente traducido *Señor*.   50:26 [1] Lit. *el fin*.   [2] Lit. *y dediquen al anatema*.   50:29 [1] Otra posible lectura es: *muchos*.   [2] Lit. *pisan* (para entesar).   [3] Algunos mss. agregan: *para ella*.   50:30 [1] O *destruidos*.   50:31 [1] Lit. *arrogancia*.   [2] Heb. *YHWH*, generalmente traducido *Señor*.   [3] Otra posible lectura es: *de tu castigo*.   50:32 [1] Lit. *arrogancia*.   50:34 [1] Lit. *su*.

«Y contra los habitantes de Babilonia,
Contra sus oficiales y sus sabios.

36 Espada contra los impostores[1], y se volverán necios.
Espada contra sus valientes, y serán destrozados[2].

37 Espada contra sus caballos y contra sus carros,
Y contra todos los extranjeros que están[1] en medio de ella,
Y serán como mujeres.
Espada contra sus tesoros, y serán saqueados.

38 Sequía[1] sobre sus aguas, y se secarán;
Porque es una tierra de ídolos,
Y se vuelven locos por sus horribles ídolos.

39 Por tanto, *allí* vivirán las fieras del desierto junto con las hienas[1],
También vivirán avestruces en ella;
Nunca más será habitada
Ni poblada por generación y generación.

40 Como cuando Dios destruyó a Sodoma,
A Gomorra y a sus *ciudades* vecinas», declara el SEÑOR,
«Ningún hombre habitará allí,
Ni residirá en ella hijo de hombre.

50:41-43
Estas palabras aparecen con anterioridad

Estos versículos son una repetición de Jeremías 6:22-24, donde se describía lo que le sucedería a Jerusalén. Aquí, estos versículos cuentan lo que le sucedería a Babilonia.

41 »Un pueblo viene del norte,
Una gran nación,
Y muchos reyes se levantarán
De los confines de la tierra.

42 Empuñan arco y jabalina;
Son crueles y no tienen misericordia.
Su voz ruge como el mar,
Y a caballo van montados,
Alineados como un solo hombre para la batalla
Contra ti, hija de Babilonia.

43 El rey de Babilonia ha oído noticias de ellos,
Y flaquean sus manos;
La angustia se ha apoderado de él,
Agonía como de mujer de parto.

44 Viene uno que subirá como león
De la espesura[1] del Jordán a una pradera de verdes pastos[2],
Y[3] en un instante lo haré huir de él,
Y al que sea escogido nombraré sobre él.
Porque ¿quién es como Yo y quién me citará *a juicio*?
¿Quién es el pastor que me podrá resistir?».

45 Por tanto, oigan el plan que el SEÑOR ha trazado contra Babilonia, y los designios que ha decretado contra la tierra de los caldeos; ciertamente los arrastrarán, *aun* a los más pequeños del rebaño; ciertamente a causa de ellos hará una desolación de su pastizal[1]. 46 Al grito[1] de «¡Babilonia ha sido tomada!», la tierra tiembla y el clamor se oye entre las naciones.

50:36 [1] I.e. falsos profetas, oráculos. [2] O *anonadados.* 50:37 [1] Lit. *toda la población mixta que está.* 50:38 [1] Otra posible lectura es: *Espada.* 50:39 [1] O *animales aulladores.* 50:44 [1] Lit. *del orgullo.* [2] O *una habitación perenne.* [3] Lit. *porque.* 50:45 [1] O *habitación.* 50:46 [1] Lit. *A la voz.*

JUICIOS CONTRA BABILONIA

51 Así dice el SEÑOR:

«Levanto contra Babilonia
Y contra los habitantes de Leb Camay[1]
El espíritu de un destructor[2].

2 Y enviaré extranjeros[1] a Babilonia que la aventarán
Y vaciarán su tierra;
Porque estarán contra ella por todos lados
El día de *su* tribulación.

3 Que no entese[1] el arquero[2] su arco[3],
Ni[4] se levante con su coraza;
No perdonen a sus jóvenes;
Entreguen a la destrucción todo su ejército.

4 Caerán muertos[1] en la tierra de los caldeos,
Y traspasados en sus calles».

5 Porque ni Israel ni Judá han sido abandonados
Por[1] su Dios, el SEÑOR de los ejércitos,
Aunque su tierra está llena de culpa
Delante del Santo de Israel.

6 Huyan de en medio de Babilonia,
Y salve cada uno su vida.
No perezcan[1] por su culpa[2],
Pues este es el tiempo de la venganza del SEÑOR;
Él le dará su pago.

7 Copa de oro *ha sido* Babilonia en la mano del SEÑOR,
Que embriagaba toda la tierra.
De su vino bebieron las naciones;
Se enloquecieron, por tanto, las naciones.

8 De repente cae Babilonia y se hace pedazos.
Den gemidos por ella,
Traigan bálsamo para su dolor;
Quizá se cure.

9 Quisimos curar a Babilonia, pero no ha sanado;
Déjenla, y vayamos cada cual a su tierra,
Porque ha llegado al cielo su juicio,
Se ha elevado hasta las nubes.

10 El SEÑOR ha sacado *a la luz* nuestra justicia;
Vengan y contemos en Sión
La obra del SEÑOR nuestro Dios.

11 Afilen las flechas, llenen las aljabas;
El SEÑOR ha despertado el espíritu de los reyes de
    Media,
Porque Su plan contra Babilonia es destruirla;
Porque esta es la venganza del SEÑOR, la venganza de
    Su templo.

12 Levanten bandera contra los muros de Babilonia;
Refuercen la guardia,
Pongan centinelas,
Preparen emboscadas;

51:1 [1] O *Caldea*.   [2] O *un viento destructor*.   51:2 [1] Otra posible lectura es:
aventadores.   51:3 [1] Lit. *pise* (para entesar).   [2] I.e. el defensor caldeo.   [3] En
el T.M., *Contra el que entesa su arco, entéselo*.   [4] En el T.M., *contra el que*.
51:4 [1] O *heridos*.   51:5 [1] Lit. *no ha enviudado...de*.   51:6 [1] Lit. *No sean
silenciados*.   [2] O *en su iniquidad*.

51:13
Muchas aguas
Aquí se está hablando de los ríos de Babilonia, incluyendo el río Éufrates y un sistema complejo de canales de riego.

Porque el SEÑOR ha decidido, y también ejecutará
Lo que habló acerca de los habitantes de Babilonia.

13 Oh, tú, que moras junto a muchas aguas,
Rica en tesoros,
Ha llegado tu fin,
El término[1] de tu codicia.

14 El SEÑOR de los ejércitos ha jurado por sí mismo:
«Ciertamente te llenaré de hombres como langostas,
Y entonarán contra ti gritos de victoria[1]».

15 Él es el que hizo la tierra con Su poder,
El que estableció el mundo con Su sabiduría,
Y con Su inteligencia extendió los cielos.

16 Cuando Él emite Su voz, hay tumulto de aguas en los
cielos,
Y hace subir las nubes desde los confines de la tierra.
Él produce los relámpagos para la lluvia,
Y saca el viento de Sus depósitos.

17 Toda la humanidad es necia, falta de conocimiento;
Se avergüenza todo orfebre de sus ídolos[1],
Porque sus imágenes fundidas son engaño,
Y no hay aliento en ellas.

18 Vanidad son, obra ridícula;
En el tiempo de su castigo perecerán.

51:19
La porción de Jacob
Esto se refiere al Señor, que era el Dios de Jacob.

51:20
El «mazo» de Dios
Esto podía referirse a Ciro de Persia, quien pronto conquistaría Babilonia, o a la misma Babilonia, la destructora de naciones.

19 No es como estas *cosas* la porción de Jacob;
Porque Él es el Hacedor[1] de todo,
Y de la tribu[2] de Su heredad;
El SEÑOR de los ejércitos es Su nombre.

20 *Él dice:* «Eres Mi mazo, *Mi* arma de guerra;
Contigo destrozaré naciones,
Contigo destruiré reinos,

21 Contigo destrozaré el caballo y a su jinete,
Contigo destrozaré el carro y al que lo conduce,

22 Contigo destrozaré al hombre y a la mujer,
Contigo destrozaré al anciano y al joven,
Contigo destrozaré al joven y a la virgen,

23 Contigo destrozaré al pastor y su rebaño,
Contigo destrozaré al labrador y su yunta
Y contigo destrozaré a los gobernadores y a los
magistrados[1].

24 »Y pagaré a Babilonia y a todos los habitantes de
Caldea
Todo el mal que han hecho en Sión
Delante de los ojos de ustedes», declara el SEÑOR.

25 «Yo estoy contra ti, monte destructor,
Que destruyes toda la tierra», declara el SEÑOR.
«Extenderé Mi mano contra ti,
Te haré rodar desde las peñas
Y te reduciré a monte quemado.

26 Y no tomarán de ti piedra angular,
Ni piedra para cimientos,
Pues desolación eterna serás», declara el SEÑOR.

51:13 [1] Lit. *codo o medida.*   51:14 [1] I.e. como el cantar de los lagareros.
51:17 [1] O *imágenes talladas.*   51:19 [1] Lit. *Formador.*   [2] O *del Cetro.*
51:23 [1] O *sátrapas.*

27 Levanten señal[1] en la tierra,
Toquen trompeta entre las naciones.
Reúnan[2] las naciones contra ella,
Convoquen contra ella los reinos de Ararat, Mini y
    Asquenaz;
Nombren contra ella capitán,
Hagan subir caballos como langostas erizadas.

28 Reúnan[1] a las naciones contra ella,
A los reyes de Media,
A sus gobernadores, a todos sus magistrados[2]
Y a toda la tierra de su dominio.

29 La tierra tiembla y se retuerce,
Porque se cumplen los designios del Señor contra
    Babilonia
De hacer de la tierra de Babilonia
Una desolación[1], sin habitantes.

30 Han dejado de luchar los valientes de Babilonia,
Permanecen en las fortalezas;
Se han agotado[1] sus fuerzas,
Se han vuelto *como* mujeres;
Han sido incendiadas sus moradas,
Rotos están sus cerrojos.

31 Un correo[1] corre al encuentro de otro[1]
Y un mensajero[2] al encuentro de otro[2],
Para decirle al rey de Babilonia
Que su ciudad ha sido tomada de un extremo
    al otro.

32 También los vados han sido ocupados,
Y quemados a fuego los juncos[1],
Y los guerreros están aterrados.

33 Porque así dice el Señor de los ejércitos, el Dios de
Israel:

«La hija de Babilonia es como una era
Al tiempo de ser pisoteada;
Dentro de poco, le llegará el tiempo de la siega».

34 «Me ha devorado y aplastado Nabucodonosor, rey de
    Babilonia,
Me ha dejado *como* vaso vacío,
Me ha tragado como un monstruo,
Ha llenado su estómago de mis delicias,
Me ha expulsado.

35 Caiga sobre Babilonia la violencia *hecha* a mí y a mi
    carne»,
Dirá la moradora de Sión.
«*Caiga* mi sangre sobre los habitantes de Caldea»,
Dirá Jerusalén.

36 Por tanto, así dice el Señor:

«Yo defenderé tu causa,
Y ejecutaré tu venganza;

51:32
Por qué quemarían los juncos
Los incendios destruirían los juncos para que los fugitivos no pudieran esconderse allí.

51:27 [1] O *bandera.*   [2] Lit. *Consagren.*   51:28 [1] Lit. *Consagren.*   [2] O *sátrapas.*
51:29 [1] O *objeto de horror.*   51:30 [1] Lit. *secado.*   51:31 [1] Lit. *corredor.*
[2] Lit. *heraldo.*   51:32 [1] Lit. *pantanos.*

Secaré su mar[1]
Y haré que se sequen sus manantiales.

37 Y Babilonia se convertirá en escombros, en guarida de chacales,
En objeto de horror y de burla, sin habitantes.

38 A una rugirán como leones,
Gruñirán como cachorros de león.

39 Cuando entren en calor, *les* serviré su banquete
Y los embriagaré, para que se diviertan,
Duerman un sueño eterno
Y no despierten», declara el SEÑOR.

40 «Los haré bajar como corderos al matadero,
Como carneros y[1] machos cabríos.

41 »¡Cómo ha sido tomada Sesac[1],
Y arrebatada la gloria de toda la tierra!
¡Cómo se ha convertido Babilonia en objeto de horror
entre las naciones!

42 El mar[1] ha subido sobre Babilonia;
Con la multitud de sus olas ha sido cubierta.

43 Sus ciudades se han convertido en desolación,
En sequedal y lugar desolado;
Una tierra en la cual nadie habita,
Y por la cual ningún hijo de hombre pasa.

44 Y castigaré a Bel en Babilonia,
Sacaré de su boca lo que se ha tragado,
Y no afluirán más a él las naciones.
Aun la muralla de Babilonia caerá.

45 »Salgan de en medio de ella, pueblo Mío,
Y salve cada uno su vida
Del ardor de la ira del SEÑOR.

46 Y que no desmaye su corazón,
Ni teman al rumor que se oirá en la tierra;
Porque el rumor vendrá un[1] año,
Y después otro[2] rumor en otro[2] año,
Y *habrá* violencia en la tierra
Con gobernante contra gobernante.

47 Por tanto, vienen días
En que castigaré a los ídolos de Babilonia.
Toda su tierra será avergonzada,
Y todos sus muertos caerán en medio de ella.

48 Entonces gritarán de gozo sobre Babilonia
El cielo y la tierra y todo lo que en ellos hay,
Porque del norte vendrán a ella destructores»,
declara el SEÑOR.

49 Ciertamente caerá Babilonia por los muertos de Israel,
Como también por Babilonia han caído los muertos
de toda la tierra.

50 Los que escaparon de la espada,
Caminen, no se detengan;
Acuérdense desde lejos del SEÑOR,
Y venga Jerusalén a su memoria[1].

51:42
Cómo subiría el mar sobre Babilonia
Este es un modo figurado de describir cómo los invasores extranjeros inundarían Babilonia y arrasarían con su pueblo.

51:36 [1] *O ancho río.*   51:40 [1] Lit. con.   51:41 [1] *O Babilonia.*   51:42 [1] *O ancho río.*   51:46 [1] Lit. en el.   [2] Lit. el.   51:50 [1] Lit. *su corazón.*

51 Estamos avergonzados porque hemos oído la afrenta;
La deshonra ha cubierto nuestros rostros,
Porque extranjeros han entrado
En los santuarios de la casa del SEÑOR.

52 «Por tanto, vienen días», declara el SEÑOR,
«En que castigaré a sus ídolos,
Y por toda su tierra gemirán los heridos de muerte.
53 Aunque Babilonia ascienda a los cielos,
Y aunque fortifique en lo alto su baluarte[1],
De Mi parte llegarán destructores a ella», declara el
SEÑOR.

54 ¡Clamor de gritos desde Babilonia,
Y de gran destrucción de la tierra de los caldeos!
55 Porque el SEÑOR destruirá a Babilonia,
Y hará desaparecer de ella *su* gran bullicio[1].
Bramarán sus olas como muchas aguas;
Resonará[2] el estruendo de sus voces.
56 Porque viene contra ella, contra Babilonia, el
destructor,
Sus valientes serán apresados,
Quebrados están sus arcos;
Porque Dios es el SEÑOR de retribuciones,
Ciertamente dará la paga.
57 «Yo embriagaré a sus príncipes y a sus sabios,
A sus gobernantes, a sus magistrados[1] y a sus
valientes,
Y dormirán un sueño eterno y no despertarán»,
Declara el Rey cuyo nombre es el SEÑOR de los
ejércitos.

58 Así dice el SEÑOR de los ejércitos:

«La ancha muralla de Babilonia será totalmente
arrasada,
Y sus altas puertas quemadas;
Los pueblos habrán trabajado en vano,
Y las naciones *solo* para el fuego se habrán fatigado».

59 Mensaje[1] que el profeta Jeremías mandó a Seraías, hijo de Nerías, hijo de Maasías, cuando fue con Sedequías, rey de Judá, a Babilonia en el año cuarto de su reinado. (Seraías era jefe de abastecimientos). 60 Escribió, pues, Jeremías en un solo rollo[1] toda la calamidad que había de venir sobre Babilonia, *es decir,* todas estas palabras que han sido escritas acerca de Babilonia.

61 Entonces Jeremías dijo a Seraías: «Tan pronto llegues a Babilonia, lee[1] en voz alta todas estas palabras, 62 y di: "Oh SEÑOR, Tú *has* hablado acerca de este lugar, de destruirlo hasta que no quede morador en ella, ya sea hombre o animal[1], sino que desolación eterna será". 63 Y[1] tan pronto termines de leer este rollo[2], le atarás una piedra y lo arrojarás en medio del Éufrates, 64 y dirás: "Así se hundirá Babilonia y no

51:51
Los extranjeros entraron en los santuarios del templo
Nabucodonosor profanó y deshonró el templo en el año 586 a. C. Lo mismo ocurrió más tarde bajo el gobierno de Antíoco Epífanes en 168 a. C. y bajo los romanos en 70 d. C.

51:58
La ancha muralla y las altas puertas
Babilonia era famosa por sus murallas y por la Puerta de Ishtar, que tenía casi 12 metros de altura.

51:59
Seraías
Él era un hermano del secretario de Jeremías, Baruc. Como oficial de estado, se encargaba de organizar la comida y el alojamiento de la comitiva real cuando viajaban.

51:53 [1] Lit. *fortalezca la cumbre de su poder.*   51:55 [1] O *voz.*   [2] Lit. *será dado.*
51:57 [1] O *sátrapas.*   51:59 [1] Lit. *Palabra.*   51:60 [1] O *libro.*   51:61 [1] Lit. *mira*
y lee.   51:62 [1] Lit. *desde el hombre hasta animal.*   51:63 [1] Lit. *Y sucederá*
que.   [2] O *libro.*

se levantará más, por la calamidad que traeré sobre ella; extenuados *sucumbirán*"». Hasta aquí las palabras de Jeremías.

CAÍDA DE JERUSALÉN Y LA DEPORTACIÓN

52 Sedequías *tenía* veintiún años cuando comenzó a reinar, y reinó once años en Jerusalén. El nombre de su madre *era* Hamutal[1], hija de Jeremías, de Libna. **2** Él hizo lo malo ante los ojos del SEÑOR conforme a todo lo que había hecho Joacim. **3** Por causa de la ira del SEÑOR sucedió *esto* en Jerusalén y en Judá, hasta que Él los echó de Su presencia. Y Sedequías se rebeló contra el rey de Babilonia. **4** Y aconteció que en el año noveno de su reinado, en el mes décimo, a los diez *días* del mes, vino Nabucodonosor, rey de Babilonia, él y todo su ejército, contra Jerusalén y acamparon contra ella, y edificaron un muro de asedio alrededor de[1] ella. **5** La ciudad estuvo bajo sitio hasta el año once del rey Sedequías.

52:1 [1] Otra posible lectura es: *Hamital*.   52:4 [1] Lit. *contra*.

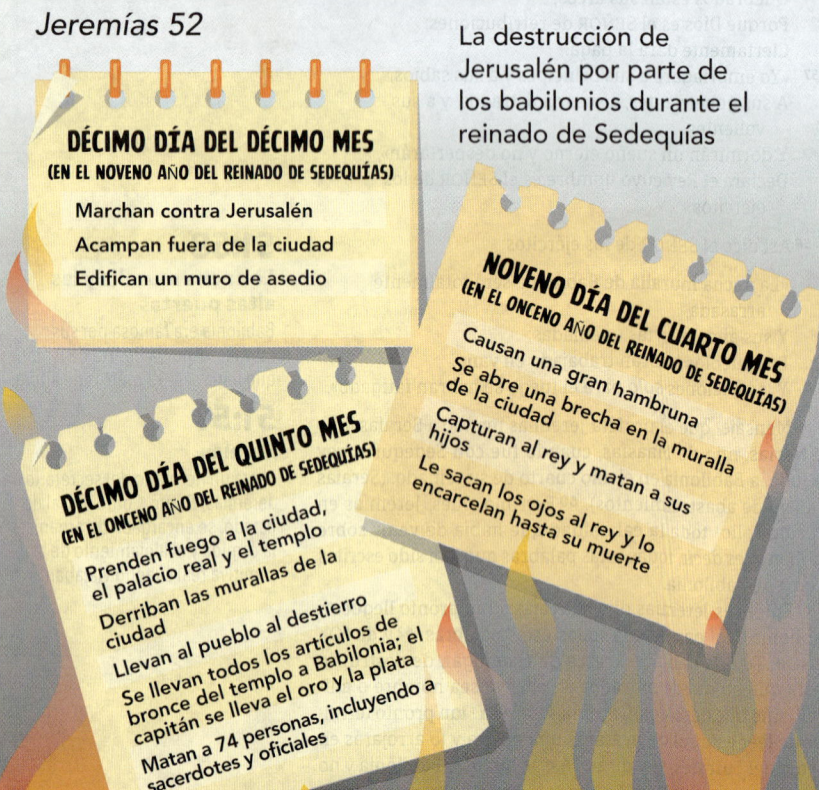

DÍAS DE DESTRUCCIÓN
Jeremías 52

La destrucción de Jerusalén por parte de los babilonios durante el reinado de Sedequías

DÉCIMO DÍA DEL DÉCIMO MES
(EN EL NOVENO AÑO DEL REINADO DE SEDEQUÍAS)

Marchan contra Jerusalén

Acampan fuera de la ciudad

Edifican un muro de asedio

NOVENO DÍA DEL CUARTO MES
(EN EL ONCENO AÑO DEL REINADO DE SEDEQUÍAS)

Causan una gran hambruna

Se abre una brecha en la muralla de la ciudad

Capturan al rey y matan a sus hijos

Le sacan los ojos al rey y lo encarcelan hasta su muerte

DÉCIMO DÍA DEL QUINTO MES
(EN EL ONCENO AÑO DEL REINADO DE SEDEQUÍAS)

Prenden fuego a la ciudad, el palacio real y el templo

Derriban las murallas de la ciudad

Llevan al pueblo al destierro

Se llevan todos los artículos de bronce del templo a Babilonia; el capitán se lleva el oro y la plata

Matan a 74 personas, incluyendo a sacerdotes y oficiales

6 En el mes cuarto, a los nueve *días* del mes, cuando se agravó el hambre en la ciudad y no había alimento para el pueblo[1], 7 se abrió una brecha en la ciudad, y todos los hombres de guerra huyeron y salieron de la ciudad de noche por el camino de la puerta entre los dos muros que *había* junto al jardín del rey, a pesar de que los caldeos *estaban* alrededor de[1] la ciudad, y se fueron por el camino del Arabá[2]. 8 Pero el ejército de los caldeos persiguió al rey y alcanzó a Sedequías en los llanos[1] de Jericó, y todo su ejército se dispersó de su lado. 9 Entonces capturaron al rey y lo trajeron al rey de Babilonia en Ribla en la tierra de Hamat, y allí él lo sentenció[1]. 10 El rey de Babilonia degolló a los hijos de Sedequías ante sus ojos y también degolló a todos los príncipes[1] de Judá en Ribla. 11 Después sacó los ojos a Sedequías, y el rey de Babilonia lo ató con grillos de bronce y lo llevó a Babilonia y lo puso en prisión hasta el día de su muerte.

12 En el mes quinto, a los diez *días* del mes, siendo el año diecinueve del rey Nabucodonosor, rey de Babilonia, vino a Jerusalén Nabuzaradán, capitán de la guardia, que estaba al servicio[1] del rey de Babilonia. 13 Y quemó la casa del SEÑOR, la casa del rey y todas las casas de Jerusalén; prendió fuego a toda casa grande. 14 Y todo el ejército de los caldeos que *estaba* con el capitán de la guardia derribó todas las murallas alrededor de Jerusalén. 15 Entonces Nabuzaradán, capitán de la guardia, llevó al destierro a algunos de los más pobres del pueblo, al resto del pueblo que había quedado en la ciudad, a los desertores que se habían pasado[1] al rey de Babilonia, y al resto de los artesanos. 16 Pero Nabuzaradán, capitán de la guardia, dejó a algunos de los más pobres de la tierra para *que fueran* viñadores y labradores[1].

17 Los caldeos rompieron en pedazos las columnas de bronce que *estaban* en la casa del SEÑOR, también las basas y el mar de bronce que *estaban* en la casa del SEÑOR, y llevaron todo su bronce a Babilonia. 18 Se llevaron además los calderos, las palas, las despabiladeras, los tazones, los cucharones[1] y todos los utensilios de bronce que se usaban en el servicio *del templo*. 19 El capitán de la guardia también se llevó los cuencos, los braseros, los tazones, los calderos, los candelabros, los cucharones[1] y los tazones de libación, lo que era de oro puro y lo que era de plata pura. 20 En cuanto a las dos columnas, el mar, los doce toros de bronce que estaban debajo del mar[1] y las basas que el rey Salomón había hecho para la casa del SEÑOR, no era posible calcular el peso del bronce de todos estos objetos.

21 Respecto a las columnas, la altura de cada columna *era* de 18 codos (8.1 metros), y *tenía* 12 codos (5.4 metros) de circunferencia[1] y cuatro dedos de espesor, *y era* hueca. 22 Y había sobre ella un capitel de bronce; la altura de cada capitel *era* de 5 codos (2.25 metros), con una malla y granadas

---

52:6 [1] Lit. *pueblo de la tierra.* 52:7 [1] Lit. *por todos lados contra.* [2] I.e. del valle del Jordán. 52:8 [1] Lit. *el Arabá.* 52:9 [1] Lit. *habló juicios con él.* 52:10 [1] O *jefes.* 52:12 [1] Lit. *estaba de pie delante.* 52:15 [1] Lit. *caídos que habían caído.* 52:16 [1] O *trabajadores sin paga.* 52:18 [1] O *cucharas para incienso.* 52:19 [1] O *cucharas para incienso.* 52:20 [1] Así en la versión gr. (sept.) y en la siriaca; el hebreo omite: *el mar.* 52:21 [1] Lit. *y una cuerda de doce codos la rodeaba.*

¡DESTERRADOS!

Jeremías 52:28-30

Los judíos son llevados al cautiverio por Nabucodonosor

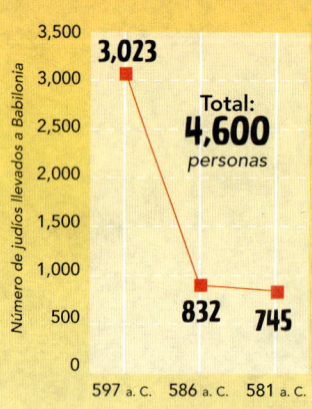

Nabucodonosor traslada a tres grupos de desterrados tras llevarse inicialmente a una pequeña comitiva de miembros de la nobleza y la familia real de Israel en el año 605 a. C. (Daniel y sus tres amigos estaban entre este grupo; ver Daniel 1:1-6). Ezequiel es llevado cautivo ocho años después, en 597 a. C.

52:28-30

Cuándo sucedieron estos tres destierros

El primero fue en el año 597 a. C. El segundo sucedió cuando cayó Jerusalén en el 586 a. C. El tercero aconteció en el 581 a. C., posiblemente en venganza por el asesinato de Gedalías. Los números que figuran aquí no son los mismos que en 2 Reyes 24, así que es posible que estos números solo incluyan a los hombres adultos.

sobre el capitel, rodeándolo, todo de bronce. Y la segunda columna *era* igual[1], incluyendo las granadas. **23** Y había noventa y seis granadas que pendían[1]; el total de las granadas *era* de cien en la malla alrededor.

24 Entonces el capitán de la guardia tomó a Seraías, el principal sacerdote, y a Sofonías, el segundo sacerdote, y a los tres oficiales del templo[1]. **25** También tomó de la ciudad a un oficial que estaba encargado de los hombres de guerra, a siete de los consejeros del rey[1] que se hallaban en la ciudad, al escriba del comandante del ejército que reclutaba al pueblo de la tierra, y a sesenta hombres del pueblo[2] que se hallaban dentro de la ciudad. **26** Nabuzaradán, capitán de la guardia, los tomó y los llevó al rey de Babilonia en Ribla. **27** Entonces el rey de Babilonia los hirió y les dio muerte en Ribla en la tierra de Hamat. Así fue llevada Judá al destierro lejos de su tierra.

28 Este es el pueblo que Nabucodonosor llevó al destierro: en el año séptimo[1], 3,023 judíos; **29** en el año dieciocho de Nabucodonosor, 832 personas de Jerusalén; **30** en el año veintitrés de Nabucodonosor, Nabuzaradán, capitán de la guardia, llevó al destierro a 745 judíos; en total fueron 4,600 personas.

31 Y en el año treinta y siete del destierro de Joaquín, rey de Judá, en el mes doce, a los veinticinco *días* del mes, Evil Merodac[1], rey de Babilonia, en el año *primero* de su reino, favoreció a[2] Joaquín, rey de Judá, y lo sacó de la cárcel. **32** Le habló amigablemente y puso su trono por encima de los tronos de los reyes que *estaban* con él en Babilonia. **33** Joaquín se quitó sus vestidos de prisión y comió[1] siempre en la[2] presencia *del rey*, todos los días de su vida; **34** y *para* su sustento, se le dio de continuo una ración de parte del rey de Babilonia, una porción para cada día, todos los días de su vida hasta el día de su muerte.

Lamentaciones

¿QUIÉN ESCRIBIÓ ESTE LIBRO?	Se desconoce quién escribió este libro. Muchos estudiosos creen que Jeremías es el autor.
¿POR QUÉ SE ESCRIBIÓ ESTE LIBRO?	El libro de Lamentaciones cuenta lo triste que estaban los cautivos en Babilonia, y muestra que finalmente se dieron cuenta de que estaban siendo castigados por causa de su pecado.
¿QUÉ TIENE DE ESPECIAL ESTE LIBRO?	Lamentaciones es «poesía de duelo». Se trata de una poesía muy triste, como la que alguien podría escribir tras la muerte de otra persona.
¿DÓNDE SE ESCRIBIÓ ESTE LIBRO?	Lamentaciones se escribió en Babilonia, donde los judíos fueron llevados como cautivos. (Mira los mapas al final de esta Biblia para encontrar la ubicación de Babilonia).

Los judíos van al Muro de las Lamentaciones (o muro occidental) en Jerusalén para lamentarse sobre su ciudad santa.

© William D. Mounce

1:2
Los amigos de Jerusalén
Estos eran los amigos a los que el pueblo de Jerusalén y Judá habían acudido buscando ayuda. Pero todos ellos traicionaron al pueblo de Judá.

TRISTEZAS DE SIÓN

1 ¹¡Cómo yace solitaria
　　La ciudad de tanta gente!
　　¡Se ha vuelto como una viuda
　　La grande entre las naciones!
　　¡La princesa entre las provincias
　　Se ha convertido en tributaria!

² Llora amargamente en la noche,
　Y *le corren* las lágrimas por sus mejillas.
　No hay quien la consuele
　Entre todos sus amantes.
　Todos sus amigos la han traicionado,
　Se han convertido en sus enemigos.

³ Judá ha ido al destierro bajo aflicción
　Y bajo dura servidumbre.
　Ella habita entre las naciones,
　Pero no halla descanso;
　Todos sus perseguidores la han alcanzado
　En medio de la angustia.

⁴ Los caminos de Sión están de luto,
　Porque nadie viene a las fiestas solemnes.
　Todas sus puertas están desoladas;
　Gimen sus sacerdotes,
　Sus vírgenes están afligidas,
　Y ella misma está amargada.

⁵ Sus adversarios se han convertido en sus amos,
　Sus enemigos prosperan,
　Porque el SEÑOR la ha afligido
　Por la multitud de sus transgresiones;
　Sus niños han ido cautivos
　Delante del adversario.

1:6
Hija de Sión
Este era un modo de referirse a Jerusalén y las personas que allí vivían.

⁶ De la hija de Sión se ha ido
　Todo su esplendor.
　Sus príncipes son como ciervos
　Que no hallan pasto,
　Y huyen sin fuerzas
　Delante del perseguidor.

⁷ Jerusalén recuerda en los días de su aflicción y de su
　　vagar¹
　Todos sus tesoros
　Que existían desde los tiempos antiguos,
　Cuando su pueblo cayó en mano del adversario
　Sin que nadie la ayudara.
　Al verla sus adversarios,
　Se burlaron de su ruina.

⁸ En gran manera ha pecado Jerusalén,
　Por lo cual se ha vuelto cosa inmunda.
　Todos los que la honraban la desprecian
　Porque han visto su desnudez,
　Y ella gime y se vuelve de espaldas.

1:8
La inmundicia de Jerusalén
«Inmundo» es un término empleado a fin de describir algo que es inaceptable para el Señor. Jerusalén se había vuelto inmunda a causa de su idolatría.

⁹ Su inmundicia está en sus faldas;
　No consideró su futuro,
　Por tanto ha caído de manera sorprendente;

1:1 ¹ Cada capítulo en Lamentaciones, excepto el quinto, es un acróstico en el texto Heb.　1:7 ¹ O *sufrimiento*.

No hay quien la consuele.
«Mira, oh SEÑOR, mi aflicción,
Porque se ha engrandecido el enemigo».

10 El adversario ha extendido su mano
A todos sus tesoros;
Ciertamente ella ha visto a las naciones
    entrar en su santuario,
A las que Tú ordenaste
Que no entraran en Tu congregación.

11 Todo su pueblo gime buscando pan;
Han dado sus tesoros a cambio de comida
Para restaurar sus vidas.
«Mira, oh SEÑOR, y observa
Que me están despreciando».

12 «Ustedes, todos los que pasan por el
    camino, ¿no les importa esto?
Observen y vean si hay dolor como mi
    dolor,
Con el que fui atormentada,
Con el que el SEÑOR *me* afligió el día de
    Su ardiente ira.

13 Desde lo alto Él envió fuego
Que penetró en mis huesos.
Ha tendido una red a mis pies,
Me ha hecho volver atrás;
Me ha dejado desolada,
Desfallecida todo el día.

14 Atado ha sido el yugo de mis
    transgresiones,
Por la mano del SEÑOR han sido
    entrelazadas,
Han caído sobre mi cuello.
Él ha hecho que me falten las fuerzas;
El Señor me ha entregado en manos
Contra las cuales no puedo resistir.

15 A todos mis valientes ha rechazado el Señor
De en medio de mí;
Ha convocado contra mí un tiempo determinado
Para quebrantar a mis jóvenes;
El Señor ha pisoteado, *como en* un lagar,
A la virgen hija de Judá.

16 Por estas cosas lloro yo;
Mis ojos derraman agua,
Porque lejos de mí está el consolador,
El que reanima mi alma.
Mis hijos están desolados
Porque ha prevalecido el enemigo».

17 Sión extiende sus manos;
No hay quien la consuele.
El SEÑOR ha ordenado contra Jacob
Que los que lo rodean sean sus adversarios;
Jerusalén se ha vuelto cosa inmunda en medio de
    ellos.

18 «El SEÑOR es justo,
Pues me he rebelado contra Su mandamiento.

GRANDES IDEAS EN LAMENTACIONES

Dios puede usar a las personas para llevar a cabo su juicio.

La respuesta adecuada al pecado es arrepentirse y pedir perdón.

Debido al gran amor de Dios, a su pueblo nunca le falta esperanza.

Las personas pueden ver y experimentar a Dios aun en medio del dolor.

1:11
Por qué el pueblo estaría en busca de pan
Tras el bloqueo a Jerusalén, no había suficiente comida para todos.

1:15
Ser pisoteado en un lagar
Un lagar es un recipiente en el que se pisa la uva para hacer el vino. Este era un modo de describir cómo sería el juicio divino.

Oigan ahora, pueblos todos,
Y vean mi dolor:
Mis vírgenes y mis jóvenes
Han ido al cautiverio.
19 Llamé a mis amantes, *mas* ellos me han engañado.
Mis sacerdotes y mis ancianos han perecido en la
    ciudad,
Cuando buscaban alimento para sí a fin de restaurar
    sus fuerzas.
20 Mira, oh SEÑOR, que estoy angustiada;
Hierven mis entrañas,
Mi corazón se revuelve dentro de mí,
Porque he sido muy rebelde.
En la calle la espada *me* deja sin hijos,
En la casa es como la muerte.
21 Han oído que gimo,
Pero no hay quien me consuele.
Todos mis enemigos han oído de mi mal,
Se regocijan de que Tú *lo* hayas hecho.
¡Oh, si Tú trajeras el día que has anunciado,
Para que sean ellos como yo!
22 Venga toda su maldad delante de Ti,
Y trátalos como a mí me has tratado
Por todas mis transgresiones;
Porque son muchos mis gemidos y desfallece mi
    corazón».

JUICIO DE DIOS SOBRE SIÓN

2 ¡Cómo el Señor nubló, en Su ira,
A la hija de Sión!
Ha arrojado del cielo a la tierra
La gloria de Israel,
Y no se ha acordado del estrado de Sus pies
En el día de Su ira.
2 El Señor ha devorado, no ha perdonado
Ninguna de las moradas de Jacob.
Ha derribado en Su furor
Las fortalezas de la hija de Judá,
Las ha echado por tierra;
Ha profanado al reino y a sus príncipes.
3 En el ardor de *Su* ira ha exterminado
Todas las fuerzas[1] de Israel;
Retiró Su diestra
En presencia del enemigo;
Y se ha encendido en Jacob como llamas de fuego
Devorando *todo* en derredor.
4 Ha entesado Su arco como enemigo,
Ha afirmado Su diestra como adversario
Y ha matado todo lo que era agradable a la vista;
En la tienda de la hija de Sión
Ha derramado Su furor como fuego.
5 Se ha vuelto el Señor como enemigo:
Ha devorado a Israel,

2:1
El estrado de los pies de Dios
Esto podía referirse tanto al arca del pacto como al monte Sión.

2:4-5
Parecía que Dios era un enemigo
Dios no era realmente enemigo de Judá. Sin embargo, debía castigarlos por su maldad.

2:3 [1] Lit. *todo cuerno.*

Ha devorado todos sus palacios,
Ha destruido sus fortalezas
Y ha multiplicado en la hija de Judá
El lamento y el duelo.

6 Y ha tratado con violencia a Su tabernáculo, como a
  cabaña de huerto;
  Ha destruido Su lugar de reunión.
  El SEÑOR ha hecho olvidar en Sión
  La fiesta solemne y el día de reposo,
  Y en el furor de Su ira ha rechazado
  Al rey y al sacerdote.

7 El SEÑOR ha rechazado Su altar,
  Ha despreciado Su santuario;
  Ha entregado en manos del enemigo
  Los muros de sus palacios.
  Gritos se han dado en la casa del SEÑOR
  Como en día de fiesta solemne.

8 El SEÑOR determinó destruir
  La muralla de la hija de Sión;
  Ha extendido el cordel,
  No ha retraído Su mano de destruir,
  Y ha hecho que se lamenten el antemuro y el muro;
  A una desfallecen.

9 Se han hundido en la tierra sus puertas,
  Él ha destruido y quebrado sus cerrojos.
  Su rey y sus príncipes están entre las naciones;
  Ya no hay ley;
  Tampoco sus profetas hallan
  Visión del SEÑOR.

10 Están sentados en tierra, en silencio,
   Los ancianos de la hija de Sión.
   Han echado polvo sobre sus cabezas,
   Se han ceñido de cilicio.
   Han inclinado a tierra sus cabezas
   Las vírgenes de Jerusalén.

11 Mis ojos se consumen por las lágrimas,
   Hierven mis entrañas;
   Mi hiel se derrama por tierra,
   A causa de la destrucción[1] de la hija de mi
      pueblo[2],
   Cuando niños y lactantes desfallecen
   En las calles de la ciudad.

12 Dicen a sus madres:
   «¿Dónde hay grano y vino?».
   Mientras desfallecen como heridos
   En las calles de la ciudad,
   Mientras exhalan su espíritu
   En el regazo de sus madres.

13 ¿Cómo he de amonestarte?
   ¿A qué te compararé,
   Hija de Jerusalén?
   ¿A qué te igualaré al consolarte,
   Virgen hija de Sión?

2:8
Antemuro
Los antemuros eran muros bajos que se levantaban delante del muro principal para fortalecerlo y protegerlo de los invasores.

2:11 [1] Lit. *del quebranto.*   [2] O *Jerusalén.*

Porque grande como el mar es tu ruina;
¿Quién te podrá sanar?

14 Tus profetas tuvieron para ti
Visiones falsas y necias,
Y no manifestaron tu iniquidad
Para que regresaras de tu cautiverio,
Sino que vieron para ti oráculos falsos y engañosos.

15 Baten palmas contra ti
Todos los que pasan por el camino;
Silban y mueven sus cabezas
Contra la hija de Jerusalén, *diciendo:*
«¿Es esta la ciudad de la cual decían:
"La perfección de la hermosura,
El gozo de toda la tierra?"».

16 Han abierto su boca contra ti
Todos tus enemigos;
Silban y rechinan los dientes.
Dicen: «*La* hemos devorado.
Ciertamente este es el día que esperábamos;
Lo hemos alcanzado, *lo* hemos visto».

17 El SEÑOR ha hecho lo que se propuso,
Ha cumplido Su palabra
Que había ordenado desde tiempos antiguos.
Ha derribado sin perdonar,
Ha hecho que se alegre el enemigo sobre ti,
Ha exaltado el poder de tus adversarios.

18 El corazón de ellos clamó al Señor:
«Muralla de la hija de Sión,
Corran tus lágrimas como un río día y noche,
No te des reposo,
No tengan descanso tus ojos.

19 Levántate, da voces en la noche
Al comenzar las vigilias.
Derrama como agua tu corazón
Ante la presencia del Señor.
Alza hacia Él tus manos
Por la vida de tus pequeños,
Que desfallecen de hambre
En las esquinas de todas las calles».

20 Mira, oh SEÑOR, y observa:
¿A quién has tratado así?
¿Habían de comerse las mujeres el fruto *de sus
entrañas,*
A los pequeños criados con cariño?
¿Habían de ser muertos en el santuario del Señor
El sacerdote y el profeta?

21 Yacen por tierra en las calles
Jóvenes y ancianos;
Mis vírgenes y mis mancebos
Han caído a espada.
Has matado en el día de Tu ira,
Has hecho matanza, no has perdonado.

22 Como en día de fiesta solemne convocaste
Mis terrores de todas partes;
Y no hubo en el día de la ira del SEÑOR

2:19
Las vigilias
Los israelitas dividían la noche en tres guardias de cuatro horas cada una: desde el atardecer hasta las 10:00 p. m., desde las 10:00 p. m. hasta las 2:00 a. m., y desde las 2:00 a. m. hasta el amanecer.

Quien escapara ni sobreviviera.
A los que crié y mantuve,
Mi enemigo los exterminó.

LAMENTACIÓN DEL AFLIGIDO

3 Yo soy el hombre que ha visto la aflicción
A causa de la vara de Su furor.

2 Él me ha llevado y me ha hecho andar
En tinieblas y no en luz.

3 Ciertamente contra mí ha vuelto y revuelto
Su mano todo el día.

4 Ha hecho que se consuman mi carne y mi piel,
Ha quebrado mis huesos.

5 Me ha sitiado y rodeado
De amargura y de fatiga.

6 En lugares tenebrosos me ha hecho morar,
Como los que han muerto hace tiempo.

7 Con muro me ha cercado y no puedo salir,
Ha hecho pesadas mis cadenas.

8 Aun cuando clamo y pido auxilio,
Él cierra el paso a mi oración.

9 Ha cerrado mis caminos con piedra labrada,
Ha hecho tortuosos mis senderos.

10 Él es para mí como oso en acecho,
Como león en lugares ocultos.

11 Ha desviado mis caminos y me ha destrozado,
Me ha dejado desolado.

12 Ha tensado Su arco
Y me ha puesto como blanco de la flecha.

13 Hizo que penetraran en mis entrañas
Las flechas de Su aljaba.

14 He venido a ser objeto de burla de todo mi pueblo,
Su canción todo el día.

15 Él me ha llenado de amargura,
Me ha embriagado con ajenjo.

16 Ha quebrado con guijarro mis dientes,
Ha hecho que me revuelque en el polvo.

17 Y mi alma ha sido privada de la paz,
He olvidado la felicidad[1].

18 Digo, pues: «Se me acabaron las fuerzas,
Y mi esperanza *que venía* del SEÑOR».

19 Acuérdate de mi aflicción y de mi vagar,
Del ajenjo y de la amargura.

20 Ciertamente mi alma *lo* recuerda
Y se abate mi alma dentro de mí.

21 Esto traigo a mi corazón,
Por esto tengo esperanza:

22 Que las misericordias del SEÑOR jamás terminan,
Pues nunca fallan Sus bondades;

23 Son nuevas cada mañana;
¡Grande es Tu fidelidad!

24 «El SEÑOR es mi porción», dice mi alma,
«Por tanto en Él espero».

3:3
Dios volvió su mano
Dios estaba castigando a toda la nación, no solo al autor, a Jeremías. Es posible que Jeremías haya sentido que Dios lo había abandonado, pero Dios nunca lo dejaría solo.

3:17 [1] Lit. *el bien.*

3:29

Poner la boca en el polvo

Esto era un símbolo de ser humilde y someterse a Dios.

3:32

El carácter de Dios

Aunque Dios juzga el pecado y castiga la maldad, también es compasivo y misericordioso.

25 Bueno es el SEÑOR para los que en Él esperan,
Para el alma que lo busca.
26 Bueno es esperar en silencio
La salvación del SEÑOR.
27 Bueno es para el hombre llevar
El yugo en su juventud.
28 Que se siente solo y en silencio
Ya que Él se *lo* ha impuesto.
29 Que ponga su boca en el polvo,
Quizá haya esperanza;
30 Que dé la mejilla al que lo hiere;
Que se sacie de oprobios.
31 Porque el Señor no rechaza para siempre,
32 Antes bien, si aflige, también se compadecerá
Según Su gran misericordia.
33 Porque Él no castiga por gusto
Ni aflige a los hijos de los hombres.
34 Aplastar bajo los pies
A todos los prisioneros de un país,
35 Privar del derecho a un hombre
En presencia del Altísimo,
36 Defraudar a un hombre en su litigio:
Estas cosas no aprueba el Señor.
37 ¿Quién es aquel que habla y *así* sucede,
A menos que el Señor *lo* haya ordenado?
38 ¿No salen de la boca del Altísimo
Tanto el mal como el bien?

39 ¿Por qué ha de quejarse el ser viviente?
¡*Sea* valiente frente a sus pecados!
40 Examinemos nuestros caminos y escudriñémos*los*,
Y volvamos al SEÑOR.
41 Alcemos nuestro corazón en nuestras manos
Hacia Dios en los cielos.
42 Nosotros hemos transgredido y nos hemos rebelado;
Tú no has perdonado.
43 *Te* has cubierto de ira y nos has perseguido;
Has matado *y* no has perdonado.
44 Te has cubierto de una nube
Para que no pase la oración.
45 Basura y escoria nos has hecho
En medio de los pueblos.
46 Han abierto su boca contra nosotros
Todos nuestros enemigos.
47 Nos han sobrevenido terror y foso,
Desolación y destrucción.
48 Arroyos de lágrimas derraman mis ojos
A causa de la destrucción[1] de la hija de mi pueblo[2].
49 Mis ojos fluyen sin cesar,
Ya que no hay descanso
50 Hasta que el SEÑOR mire
Y vea desde los cielos.
51 Mis ojos traen dolor a mi alma
Por todas las hijas de mi ciudad.

3:46

Han abierto su boca

Esta es una imagen de Babilonia tragándose a Judá.

3:48 [1] Lit. *quebranto*.   [2] O *Jerusalén*.

52 Mis enemigos, sin haber causa,
    Constantemente me han dado caza como a un ave.
53 Silenciaron mi vida en la fosa,
    Pusieron piedra sobre mí.
54 Cubrieron las aguas mi cabeza,
    Dije: «¡Estoy perdido!».
55 Invoqué Tu nombre, oh SEÑOR,
    Desde la fosa más profunda.
56 Tú oíste mi voz: «No escondas
    Tu oído a mi clamor, a mi grito de auxilio».
57 Te acercaste el día que te invoqué,
    Dijiste: «¡No temas!».
58 Tú has defendido, oh Señor, la causa de mi alma,
    Tú has redimido mi vida.
59 Tú has visto, oh SEÑOR, mi opresión,
    Juzga mi causa.
60 Has visto toda su venganza,
    Todas sus tramas contra mí.
61 Has oído sus oprobios, oh SEÑOR,
    Todas sus tramas contra mí;
62 Los labios de mis agresores y sus
        murmuraciones
    Están contra mí todo el día.
63 Se sienten o se levanten, míra*los*,
    Yo soy el objeto de su canción.
64 Tú les darás su pago, oh SEÑOR,
    Conforme a la obra de sus manos.
65 Les darás dureza de corazón,
    Tu maldición será sobre ellos.
66 Los perseguirás con ira y los destruirás
    De debajo de los cielos del SEÑOR.

SUFRIMIENTOS A CAUSA DEL SITIO

4 ¡Cómo se ha ennegrecido el oro,
    Cómo ha cambiado el oro puro!
    Esparcidas están las piedras sagradas
    Por las esquinas de todas las calles.
2   Los hijos preciados de Sión,
    Que valían su peso en oro puro,
    ¡Cómo son tenidos por vasijas de barro,
    Obra de manos de alfarero!
3   Aun los chacales dan las ubres,
    Dan de mamar a sus crías;
    Pero la hija de mi pueblo[1] se ha vuelto cruel
    Como los avestruces en el desierto.
4   La lengua del niño de pecho se le pega
    Al paladar por la sed;
    Los pequeños piden pan,
    Pero no hay quien se *lo* reparta.
5   Los que comían manjares
    Andan desolados por las calles;
    Los que se criaron entre púrpura
    Abrazan cenizales.

4:3 [1] O *Jerusalén.*

3:53
Lanzado a una fosa
Es probable que Jeremías sea el autor de Lamentaciones, así que este versículo puede estar refiriéndose a cuando fue arrojado a una cisterna.

4:1
Oro y piedras sagradas
Estos eran símbolos del pueblo elegido de Dios. Ellos solían brillar para él.

4:5
Púrpura
El púrpura era el color de la realeza, así que aquellos criados entre púrpura eran los miembros de la corte real.

6 La iniquidad de la hija de mi pueblo
  Es mayor que el pecado de Sodoma,
  Que fue derribada en un instante
  Sin que manos actuaran contra ella.

7 Sus consagrados[1] eran más puros que la nieve,
  Más blancos que la leche,
  Más rojizos de cuerpo que los corales,
  Como el zafiro *era* su apariencia.

8 Más negro que el hollín es su aspecto,
  No se les reconoce por las calles;
  Se les ha pegado la piel a sus huesos,
  Se ha marchitado, se ha vuelto como madera.

9 Más dichosos son los que mueren a espada
  Que los que mueren de hambre,
  Que se consumen, extenuados,
  Por falta de los frutos de los campos.

10 Las manos de mujeres compasivas
   Cocieron a sus propios hijos,
   Que les sirvieron de comida
   A causa de la destrucción de la hija de mi pueblo[1].

11 El SEÑOR ha cumplido Su furor,
   Ha derramado Su ardiente ira.
   Ha prendido un fuego en Sión
   Que ha consumido sus cimientos.

12 No creyeron los reyes de la tierra,
   Ni ninguno de los habitantes del mundo,
   Que el adversario y el enemigo pudieran entrar
   Por las puertas de Jerusalén.

13 Pero a causa de los pecados de sus profetas
   Y de las iniquidades de sus sacerdotes,
   Quienes derramaron en medio de ella
   La sangre de los justos,

14 Vagaron ciegos por las calles,
   Manchados de sangre,
   Sin que nadie pudiera tocar sus vestidos.

15 «¡Apártense! ¡Inmundos!», gritaban de sí mismos.
   «¡Apártense, apártense, no *nos* toquen!».
   Así que huyeron y vagaron.
   Entre las naciones se decía:
   «No seguirán residiendo *entre nosotros*».

16 La presencia del SEÑOR los dispersó,
   No volverá a mirarlos.
   Ellos no honraron a los sacerdotes,
   Ni tuvieron piedad de los ancianos.

17 Aun nuestros ojos desfallecían,
   Buscar ayuda fue inútil.
   En nuestro velar hemos aguardado
   A una nación incapaz de salvar.

18 Ponían trampas a nuestros pasos
   Para que no anduviéramos por nuestras calles.
   Nuestro fin se acercaba,
   Se cumplieron nuestros días,
   Porque había llegado nuestro fin.

4:9-10
Las personas recurrieron al canibalismo

Debido al pecado y la idolatría, Jerusalén estaba atravesando por un tiempo de guerra y violencia por vivir alejados del Señor. Durante la época en que Jerusalén fue sitiada por sus enemigos, la crisis era tan terrible que algunas mujeres llegaron a cocinar y comerse a sus propios hijos. El autor de Lamentaciones expresa la situación tan desesperada y dice que sería mejor morir rápidamente que morir de hambre o recurrir al canibalismo.

4:7 [1] O *nazareos*.   4:10 [1] O *Jerusalén*.

19 Nuestros perseguidores eran más veloces
   Que las águilas del cielo;
   Por los montes nos persiguieron,
   En el desierto nos tendieron emboscadas.
20 El aliento de nuestras vidas, el ungido del SEÑOR,
   Fue atrapado en sus fosos,
   Aquel de quien habíamos dicho: «A su sombra
   Viviremos entre las naciones».
21 Regocíjate y alégrate, hija de Edom,
   La que habitas en la tierra de Uz;
   También a ti llegará la copa,
   Te embriagarás y te desnudarás.
22 Se ha completado *el castigo* de tu iniquidad, hija de
      Sión:
   No volverá Él a desterrarte;
   Mas castigará tu iniquidad, hija de Edom;
   Pondrá al descubierto tus pecados.

PLEGARIA DE JEREMÍAS POR EL PUEBLO

5 Acuérdate, oh SEÑOR, de lo que nos ha sucedido;
   Mira y ve nuestro oprobio.
2 Nuestra heredad ha pasado a extraños,
   Nuestras casas a extranjeros.
3 Hemos quedado huérfanos, sin padre,
   Nuestras madres, como viudas.
4 Por el agua que bebemos tenemos que pagar,
   Nuestra leña *nos* llega por precio.
5 Sobre nuestros cuellos están nuestros
      perseguidores;
   No hay descanso para nosotros, estamos agotados.
6 A Egipto *y* a Asiria nos hemos sometido
   Para saciarnos de pan.
7 Nuestros padres pecaron, ya no existen,
   Y nosotros cargamos con sus iniquidades.
8 Esclavos dominan sobre nosotros,
   No hay quien nos libre de su mano.
9 Con peligro de nuestras vidas conseguimos nuestro
      pan,
   Enfrentándonos a la espada en el desierto.
10 Nuestra piel quema como un horno,
   A causa de los ardores[1] del hambre.
11 Violaron a las mujeres en Sión,
   A las vírgenes en las ciudades de Judá.
12 Los príncipes fueron colgados de sus manos,
   Los rostros de los ancianos no fueron respetados.
13 Los jóvenes trabajaron en el molino,
   Y los muchachos cayeron bajo *el peso de* la leña.
14 Los ancianos se han ido de la puerta *de la ciudad,*
   Los jóvenes, de su música.
15 Ha cesado el gozo de nuestro corazón,
   Se ha convertido en duelo nuestra danza.
16 Ha caído la corona de nuestra cabeza.
   ¡Ay de nosotros, pues hemos pecado!

5:10 [1] O *ante los tormentos.*

4:20
El ungido del Señor
Aquí se refiere al rey Sedequías,
quien era de la dinastía de David.

5:2
**El significado de «nuestra
heredad»**
Heredad es un sinónimo de
herencia. Esto se refería a la tierra
de Judá.

5:18

Las zorras merodeaban en el monte Sión

Debido a que el templo y la ciudad de Jerusalén habían sido destruidos, el lugar se había convertido en un desierto en el que vivían animales salvajes.

17 Por esto está abatido nuestro corazón,
Por estas cosas se nublan nuestros ojos,
18 Porque el monte Sión está asolado;
Las zorras merodean en él.

19 Pero Tú, oh SEÑOR, reinas para siempre,
Tu trono *permanece* de generación en generación.
20 ¿Por qué te olvidas para siempre de nosotros,
Y nos abandonas a perpetuidad?
21 Restáuranos a Ti, oh SEÑOR, y seremos restaurados;
Renueva nuestros días como antaño,
22 A no ser que nos hayas desechado totalmente,
Y estés enojado en gran manera contra nosotros.

Ezequiel

¿QUIÉN ESCRIBIÓ ESTE LIBRO?	El profeta Ezequiel
¿POR QUÉ SE ESCRIBIÓ ESTE LIBRO?	La primera parte del libro de Ezequiel muestra por qué Dios debe castigar a los malvados que todavía están en Judá. La segunda parte muestra que el Señor devolverá su pueblo a su tierra, y que la fe y condición de este ante Dios serán restauradas.
¿QUÉ APRENDEMOS SOBRE DIOS EN ESTE LIBRO?	Dios es santo. Él no vivirá entre los malvados.
¿QUÉ TIENE DE ESPECIAL ESTE LIBRO?	Ezequiel personificó en su vida muchas de sus profecías. Él describe vívidamente tanto el castigo como la restauración de Judá.
¿DÓNDE FUE ESCRITO ESTE LIBRO?	Ezequiel se encontraba cautivo en Babilonia cuando lo escribió. (Mira los mapas que están al final de esta Biblia para encontrar la ubicación de Babilonia).
¿QUÉ CAPÍTULOS CUENTAN LAS EXPERIENCIAS DE EZEQUIEL?	La visión de Ezequiel — Ezequiel 1; 10 Ezequiel personifica el ataque a Jerusalén — Ezequiel 4 Ezequiel, el centinela de Dios — Ezequiel 33

Este material gráfico muestra cómo lucía probablemente el templo de Ezequiel.

Daniel Warner, PhD. – Arqueólogo; Derrick McKenzie – Artista; © 2011 por Zondervan

1:1
El año treinta

Esta era la edad de Ezequiel. De acuerdo con Números 4:3, un hombre entraba en el sacerdocio a sus treinta años. Debido al destierro, Ezequiel no pudo ser sacerdote, pero Dios lo llamó a ser profeta.

1:3
La mano del Señor vino sobre Ezequiel

Esto se refiere a una experiencia poderosa en la que Dios le reveló su mensaje al profeta.

VISIÓN DE LOS SERES VIVIENTES Y LAS RUEDAS

1 En el año treinta, al quinto *día* del mes cuarto, estando yo entre los desterrados junto al río Quebar, los cielos se abrieron y contemplé visiones de Dios.

2 (En aquel *día* cinco del mes, en el año quinto del destierro del rey Joaquín, 3 la palabra del SEÑOR fue dirigida al sacerdote Ezequiel, hijo de Buzi, en la tierra de los caldeos junto al río Quebar, y allí vino sobre él la mano del SEÑOR).

4 Mientras miraba, vi que venía del norte un viento huracanado, una gran nube con fuego fulgurante y un resplandor a su alrededor. En su centro había algo como un metal refulgente en medio del fuego. 5 También en su centro *vi* figuras semejantes a cuatro seres vivientes. Y este era su aspecto: tenían forma humana. 6 Cada uno de ellos tenía cuatro caras y cuatro alas. 7 Sus piernas eran rectas, y la planta de sus pies era como la planta de la pezuña del ternero, y brillaban como bronce bruñido. 8 Bajo sus alas, a sus cuatro lados, *tenían* manos humanas. Los cuatro tenían caras y alas. 9 Sus alas se tocaban una a la otra y *sus caras* no se volvían cuando andaban. Cada uno iba de frente hacia adelante.

10 La forma de sus caras *era como* la cara de un hombre; los cuatro tenían cara de león a la derecha y cara de toro a la izquierda; y los cuatro tenían cara de águila. 11 *Así eran* sus caras. Sus alas se extendían por encima; con dos se tocaban

NACIONES Y CIUDADES BAJO JUICIO EN EZEQUIEL

entre sí y con dos cubrían su cuerpo. **12** Cada uno iba de frente hacia adelante; adondequiera que iba el espíritu, iban ellos, sin volverse cuando andaban. **13** En medio de los seres vivientes había algo que parecía carbones encendidos en llamas, eran como antorchas que se lanzaban de un lado a otro entre los seres vivientes. El fuego resplandecía, y del fuego salían rayos. **14** Y los seres vivientes corrían de un lado a otro como el fulgor*1* del relámpago.

15 Miré a los seres vivientes, y vi que había una rueda en la tierra junto a *cada uno de* los seres vivientes de cuatro caras. **16** El aspecto de las ruedas y su hechura *era* como el brillo del crisólito*1*, y las cuatro tenían la misma forma; su aspecto y su hechura *eran* como si una rueda estuviera dentro de la *otra* rueda. **17** Cuando andaban, se movían en las cuatro direcciones, sin volverse cuando andaban. **18** Sus aros eran altos e imponentes, y los aros de las cuatro ruedas estaban llenos de ojos alrededor. **19** Cuando los seres vivientes andaban, las ruedas se movían con ellos. Y cuando los seres vivientes se levantaban de la tierra, las ruedas *también* se levantaban. **20** Adondequiera que iba el espíritu, iban ellos en esa dirección*1*. Y las ruedas se levantaban junto con ellos; porque el espíritu de los seres vivientes *estaba* en las ruedas. **21** Cuando los seres andaban, andaban ellas, y cuando ellos se detenían, se detenían ellas. Y cuando ellos se levantaban de la tierra, las ruedas se levantaban junto con ellos, porque el espíritu de los seres vivientes *estaba* en las ruedas.

22 Sobre las cabezas de los seres vivientes *había* algo semejante a un firmamento con el brillo deslumbrante de un cristal, extendido por encima de sus cabezas. **23** Debajo del firmamento sus alas *se extendían* derechas, la una hacia la otra; cada uno tenía dos que cubrían sus cuerpos por un lado y por el otro. **24** Y oí el ruido de sus alas cuando andaban, como el estruendo de muchas aguas, como la voz del Todopoderoso*1*, un ruido de tumulto como el ruido de un campamento militar. Cada vez que se detenían, bajaban sus alas. **25** También hubo un ruido por encima del firmamento que *había* sobre sus cabezas. Cada vez que se detenían, bajaban sus alas.

26 Sobre el firmamento que *estaba* por encima de sus cabezas *había* algo semejante a un trono, de aspecto como de piedra de zafiro; y en lo que se asemejaba a un trono, sobre él, en lo más alto, *había* una figura con apariencia de hombre. **27** Entonces observé que en lo que parecían Sus lomos y hacia arriba, *había* algo como metal refulgente que lucía como fuego dentro de ella en derredor, y en lo que parecían Sus lomos y hacia abajo vi algo como fuego, y un resplandor a Su alrededor. **28** Como el aspecto del arco iris que aparece en las nubes en un día lluvioso, así *era* el aspecto del resplandor en derredor. Tal *era* el aspecto de la semejanza de la gloria del SEÑOR. Cuando *lo* vi, caí rostro en tierra y oí una voz que hablaba.

1:14 *1* Lit. *aspecto.*   1:16 *1* O berilo.   1:20 *1* El T.M. agrega: *el espíritu para ir.*
1:24 *1* Heb. *Shaddai.*

1:5-10
Cuatro seres vivientes
Estos eran querubines que representaban la creación de Dios. Cada cara tenía un significado: el hombre representaba al líder de la creación de Dios; el león representaba a la bestia salvaje más fuerte; el toro representaba al animal doméstico más poderoso; y el águila al ave más imponente.

1:16-18
La visión de las ruedas
Las cuatro ruedas podían moverse en las cuatro direcciones. Esto simbolizaba la presencia de Dios en todas partes. Los ojos representaban la capacidad de Dios de ver y conocer todas las cosas.

LOS CUATRO SERES VIVIENTES

Descripción de los seres vivientes en Ezequiel 1:5-21:

Apariencia de antorchas con fuego que se movía

León

Águila

Cuatro caras

Humano

Toro

Cuatro alas

Manos humanas

Pies como pezuñas

Cada ser viviente es acompañado por una rueda brillante con ojos

LLAMAMIENTO DE EZEQUIEL

2 Entonces Él me dijo: «Hijo de hombre, ponte en pie para que Yo te hable». ² Mientras Él me hablaba, el Espíritu entró en mí y me puso en pie; y oí al que me hablaba. ³ Entonces me dijo: «Hijo de hombre, Yo te envío a los israelitas, a una nación de rebeldes que se ha rebelado contra Mí; ellos y sus padres se han levantado contra Mí hasta este mismo día. ⁴ A los hijos de duro semblante y corazón empedernido, a quienes te envío, les dirás: "Así dice el Señor DIOS". ⁵ Tal vez ellos escuchen o dejen de *escuchar,* porque son una casa rebelde, sabrán que un profeta ha estado entre ellos. ⁶ Y tú, hijo de hombre, no temas; no les temas a ellos ni a sus palabras aunque haya contigo cardos y espinas y te sientes en escorpiones. No temas sus palabras ni te atemorices ante ellos, porque son una casa rebelde. ⁷ Les hablarás Mis palabras, escuchen o dejen de *escuchar,* porque son rebeldes.

⁸ »Y tú, hijo de hombre, escucha lo que te hablo; no seas rebelde como *esa* casa rebelde. Abre tu boca y come lo que te voy a dar». ⁹ Entonces miré que una mano estaba extendida hacia mí, y en ella *había* un libro¹. ¹⁰ Él lo desenrolló delante de mí, y estaba escrito por delante y por detrás; y en él estaban escritas lamentaciones, gemidos y ayes.

COMISIÓN DEL PROFETA

3 Entonces Él me dijo: «Hijo de hombre, come lo que tienes delante; cómete este rollo, y ve, habla a la casa de Israel». ² Abrí, pues, mi boca, y Él me dio a comer el rollo. ³ Entonces me dijo: «Hijo de hombre, alimenta tu estómago y llena tu cuerpo¹ de este rollo que te doy». Y *lo* comí, y fue en mi boca dulce como la miel.

⁴ Me dijo además: «Hijo de hombre, ve a la casa de Israel y háblales con Mis palabras. ⁵ Porque no eres enviado a un pueblo de habla incomprensible y lengua difícil¹, *sino* a la casa de Israel. ⁶ Tampoco *te envío* a pueblos numerosos de habla incomprensible y lengua difícil cuyas palabras no puedas entender. Aunque si¹ te enviara a ellos, ellos te escucharían. ⁷ Pero la casa de Israel no querrá escucharte, ya que no quieren escucharme a Mí. Ciertamente toda la casa de Israel es terca y de duro corazón. ⁸ Por eso he hecho tu rostro tan duro como sus rostros, y tu frente tan dura como sus frentes. ⁹ Como esmeril, más duro que el pedernal, he

2:9 ¹ O un rollo.   3:3 ¹ Lit. *tus entrañas.*   3:5 ¹ Lit. *profundidad de labio y*
pesadez de lengua.   3:6 ¹ Heb. *Sí no.*

hecho tu frente. No les temas ni te atemorices ante ellos, porque son casa rebelde». ¹⁰ Además me dijo: «Hijo de hombre, recibe en tu corazón todas Mis palabras que Yo te hablo, y escúcha*las* atentamente. ¹¹ Y ve a los desterrados, a los hijos de tu pueblo; háblales y diles, escuchen o dejen de *escuchar:* "Así dice el Señor DIOS"».

¹² Entonces el Espíritu me levantó, y oí detrás de mí un gran ruido atronador: «Bendita sea la gloria del SEÑOR desde Su lugar». ¹³ Oí el ruido de las alas de los seres vivientes que se tocaban una a la otra, y el ruido de las ruedas junto a ellos, un gran ruido atronador. ¹⁴ El Espíritu me levantó y me tomó; yo iba con amargura en la indignación de mi espíritu, y la mano del SEÑOR era fuerte sobre mí. ¹⁵ Entonces vine a los desterrados de Tel Abib que habitaban junto al río Quebar, y allí donde ellos vivían, estuve sentado siete días, atónito, en medio de ellos.

¹⁶ Después de los siete días vino a mí la palabra del SEÑOR: ¹⁷ «Hijo de hombre, te he puesto por centinela de la casa de Israel. Cuando oigas la palabra de Mi boca, adviérteles de Mi parte. ¹⁸ Cuando Yo diga al impío: "Ciertamente morirás", si no le adviertes, si no hablas para advertir al impío de su mal camino a fin de que viva, ese impío morirá por su iniquidad, pero Yo demandaré su sangre de tu mano. ¹⁹ Pero si tú has advertido al impío, y este no se aparta de su impiedad ni de su camino impío, él morirá por su iniquidad, pero tú habrás salvado tu vida. ²⁰ Y cuando un justo se desvíe de su justicia y cometa iniquidad, Yo pondré un obstáculo delante de él, *y* morirá; porque tú no le advertiste, él morirá por su pecado, y las obras de justicia que había hecho no serán recordadas, pero Yo demandaré su sangre de tu mano. ²¹ Sin embargo, si tú has advertido al justo de que el justo no debe pecar, y él no peca, ciertamente vivirá porque aceptó la advertencia, y tú habrás salvado tu vida».

²² La mano del SEÑOR vino allí sobre mí, y Él me dijo: «Levántate, ve a la llanura, y allí te hablaré». ²³ Así que me levanté y salí a la llanura; y la gloria del SEÑOR estaba parada allí, como la gloria que yo había visto junto al río Quebar, y caí rostro en tierra. ²⁴ Entonces el Espíritu entró en mí, me hizo ponerme en pie y habló conmigo, y me dijo: «Ve, enciérrate en tu casa. ²⁵ Y tú, hijo de hombre, mira, te echarán cuerdas y con ellas te atarán para que no salgas en medio de ellos. ²⁶ Haré que tu lengua se te pegue al paladar y enmudecerás, y no serás para ellos el hombre que reprenda, porque son una casa rebelde. ²⁷ Pero cuando Yo te hable, te abriré la boca, y les dirás: "Así dice el Señor DIOS". El que oye, que oiga; el que rehúse oír, que rehúse; porque son una casa rebelde.

SÍMBOLOS DEL SITIO DE JERUSALÉN

4 »Y tú, hijo de hombre, toma una tableta de barro, ponla delante de ti y graba en ella una ciudad, Jerusalén. ² Entonces pon sitio contra ella: edifica un muro de asedio contra ella, echa un terraplén contra ella, pon campamentos delante de ella, y coloca contra ella arietes alrededor. ³ Después toma una sartén de hierro y colócala como un

2:1
Por qué Ezequiel es llamado «hijo de hombre»
Esta frase aparece 93 veces en este libro. La misma señala que Ezequiel era humano.

3:1-3
Por qué Ezequiel se comió el rollo
Esta era una señal de que Ezequiel solo debía predicar el mensaje que el Señor le dio. Él experimentó la dulzura de las palabras de Dios.

3:9
Por qué Dios haría la frente de Ezequiel como esmeril
El esmeril era una piedra muy dura. Esto significaba que Ezequiel necesitaría mucha fuerza y coraje para predicar el juicio de Dios.

3:17
Por qué Dios puso a Ezequiel como «centinela»
En la antigüedad, los centinelas o vigilantes se situaban en los tramos más altos de la muralla y las puertas de la ciudad para comunicarle noticias importantes al pueblo. Los profetas eran como centinelas espirituales que anunciaban la palabra de Dios a su pueblo.

3:26-27
Por qué Dios lo enmudeció
El profeta no sería capaz de hablar a menos que tuviera un mensaje de parte de Dios.

4:1-13
Las tareas que Dios le encomendó a Ezequiel
Cada una de las tareas era una representación para mostrarle al pueblo que Dios los juzgaría por sus pecados.

4:4-5
Ezequiel se acostó sobre su lado durante más de un año

Este era un acto simbólico que representaba llevar los pecados de Israel. Sin embargo, Ezequiel no llevó en realidad el peso físico de todos los pecados.

muro de hierro entre ti y la ciudad, dirige tu rostro hacia ella y quedará bajo sitio: tú la sitiarás. Esta es una señal para la casa de Israel.

4 »Y tú acuéstate sobre el lado izquierdo, y pon sobre él la iniquidad de la casa de Israel; por el número de días que estés acostado sobre él, llevarás su iniquidad. 5 Porque Yo te he asignado un número de días igual a los años de su iniquidad, 390 días. Tú cargarás, pues, con la iniquidad de la casa de Israel. 6 Cuando los hayas cumplido, te acostarás por segunda vez, *pero* sobre el lado derecho, y llevarás la iniquidad de la casa de Judá. Te la he asignado por cuarenta días, un día por cada año. 7 Entonces dirigirás tu rostro y tu brazo desnudo hacia el sitio de Jerusalén, y profetizarás contra ella. 8 Te ataré con cuerdas para que no puedas volverte de un lado a otro, hasta que hayas cumplido los días de tu sitio.

9 »En cuanto a ti, toma trigo, cebada, habas, lentejas, millo y centeno; ponlos en una vasija y hazte pan con ellos; conforme al número de días que estés acostado sobre tu lado, 390 días, lo comerás. 10 El alimento que comas *será* de 20 siclos (228 gramos) de peso por día; lo comerás de tiempo en tiempo. 11 Beberás el agua por medida: la sexta parte de un hin (medio litro); la beberás de tiempo en tiempo.

DECIRLO DE COSTADO
Ezequiel 4:4-15

Ezequiel pasa más de un año acostado sobre uno de sus lados para explicarle el mensaje de Dios al pueblo.

LADO IZQUIERDO

Lleva la carga de los pecados de Israel por 390 días; un día por cada año de pecado de Israel.

Cocina sus comidas sobre estiércol de vaca y las come en pequeñas cantidades, simbolizando el inminente asedio y el destierro.

LADO DERECHO

Lleva la carga de los pecados de Judá por 40 días; un día por cada año de pecado de Judá.

Enfrenta el sitio de Jerusalén y profetiza contra el pueblo.

¹²Comerás torta de cebada, habiéndola cocido sobre excrementos humanos a la vista de ellos».

¹³Entonces el SEÑOR dijo: «Así comerán los israelitas su pan inmundo entre las naciones donde los arrojaré». ¹⁴Pero yo dije: «¡Ah, Señor DIOS! Nunca me he contaminado; porque desde mi juventud hasta ahora nunca he comido animal muerto o despedazado, ni jamás ha entrado en mi boca carne inmunda». ¹⁵Entonces Él me dijo: «Mira, te concedo que prepares tu pan sobre estiércol de vaca en lugar de sobre excremento humano». ¹⁶Me dijo además: «Hijo de hombre, voy a romper la provisión de pan en Jerusalén, y comerán el pan por peso y con angustia, y beberán el agua por medida y con terror, ¹⁷para que al escasear el pan y el agua, se aterren unos a otros y se consuman en su iniquidad.

LA DESTRUCCIÓN DE JERUSALÉN PREDICHA

5 »Y tú, hijo de hombre, toma una espada afilada; tómala y hazla pasar sobre tu cabeza y sobre tu barba *como* navaja de barbero. Toma luego una balanza y divide el pelo cortado. ²Una tercera parte del pelo lo quemarás a fuego en medio de la ciudad cuando terminen los días del sitio. Tomarás otra tercera parte *y* golpearás con la espada alrededor de la ciudad; y la otra tercera parte la esparcirás al viento. Entonces Yo desenvainaré la espada detrás de ellos. ³Toma también de allí unos pocos de los pelos y átalos en la orla de tu manto¹. ⁴Toma otra vez algunos de ellos, échalos en medio del fuego, y quémalos en el fuego. De ahí saldrá el fuego hacia toda la casa de Israel. ⁵Así dice el Señor DIOS: "Esta es Jerusalén. Yo la coloqué en el centro de las naciones y de los territorios a su alrededor. ⁶Pero ella se ha rebelado contra Mis ordenanzas con más impiedad que las naciones, y contra Mis estatutos más que los territorios alrededor de ella; porque ha desechado Mis ordenanzas y no han andado en Mis estatutos".

⁷»Por tanto, así dice el Señor DIOS: "Porque la rebelión de ustedes es mayor que la de las naciones que los rodean, y no han andado en Mis estatutos ni observado Mis ordenanzas, ni tampoco han observado las ordenanzas de las naciones que los rodean", ⁸por eso, así dice el Señor DIOS: "Yo, Yo mismo, estoy contra ti, y ejecutaré juicios en medio de ti a la vista de las naciones. ⁹Y haré en ti lo que no he hecho y lo que no volveré a hacer jamás a causa de todas tus abominaciones. ¹⁰Por eso, los padres se comerán a *sus* hijos en medio de ti, y los hijos se comerán a sus padres; ejecutaré juicios en ti y esparciré cuantos te queden a todos los vientos.

¹¹"Por tanto, ¡vivo Yo!", declara el Señor DIOS, "que por haber profanado Mi santuario con todos tus ídolos detestables y con todas tus abominaciones, Yo me retiraré, Mi ojo no tendrá piedad y tampoco perdonaré. ¹²Una tercera parte de ti morirá de pestilencia o será consumida por el hambre en medio de ti, otra tercera parte caerá a espada alrededor de ti y la otra tercera parte esparciré a todos los vientos, y Yo desenvainaré la espada tras ellos.

5:3 ¹ Lit. *en tus bordes.*

5:1
Por qué Ezequiel se afeitó la cabeza con una espada

Afeitarse la cabeza era un símbolo de vergüenza. Usar una espada para hacerlo demostraba que Dios enviaría un ataque militar para destruir Jerusalén.

5:10
Canibalismo

La comida escaseaba tanto en Jerusalén cuando estaban siendo atacados que algunos padres recurrieron a comerse a sus hijos para sobrevivir (ver Jeremías 19:9 y Lamentaciones 2:20). Jerusalén era conocida como la ciudad de Dios, pero debido a la desobediencia del pueblo, Dios permitió su destrucción, y las consecuencias fueron muy graves y severas.

13 "Se desahogará Mi ira, saciaré en ellos Mi furor y me vengaré; entonces sabrán que Yo, el SEÑOR, he hablado en Mi celo cuando desahogue Mi furor contra ellos. 14 Te haré desolación y oprobio entre las naciones que te rodean, a los ojos de todos los que pasen. 15 Y serás oprobio, escarnio, advertencia y objeto de horror para las naciones que te rodean, cuando haga juicios contra ti con ira, furor y terribles reprensiones. Yo, el SEÑOR, he hablado. 16 Cuando envíe contra ellos las saetas mortíferas del hambre para destrucción, las cuales enviaré para destruirlos, entonces también aumentaré el hambre sobre ustedes y romperé la provisión de pan. 17 Enviaré también sobre ti hambre y fieras, y te dejarán sin hijos. La plaga y la sangre pasarán por ti, y mandaré sobre ti la espada. Yo, el SEÑOR, he hablado"».

CONDENACIÓN DE LA IDOLATRÍA

6 Y vino a mí la palabra del SEÑOR: 2 «Hijo de hombre, pon tu rostro hacia los montes de Israel, profetiza contra ellos, 3 y di: "Montes de Israel, escuchen la palabra del Señor DIOS. Así dice el Señor DIOS a los montes, las colinas, las barrancas y a los valles: 'Yo mismo traeré sobre ustedes la espada y destruiré sus lugares altos. 4 Sus altares serán devastados, sus altares de incienso serán destrozados y haré que caigan sus muertos delante de sus ídolos. 5 También pondré los cadáveres de los israelitas delante de sus ídolos, y esparciré sus huesos alrededor de sus altares. 6 Dondequiera *que ustedes tengan* sus moradas, las ciudades quedarán desoladas y los lugares altos devastados, para que queden desolados y devastados sus altares, rotos y eliminados sus ídolos, derribados sus altares de incienso y borradas sus obras. 7 Los muertos caerán en medio de ustedes, y sabrán que Yo soy el SEÑOR.

8 'Sin embargo, dejaré un remanente, porque tendrán entre las naciones a los que escaparon de la espada cuando estén esparcidos por las tierras. 9 Entonces los que de ustedes escapen me recordarán entre las naciones adonde serán llevados cautivos. Porque he sufrido a causa de sus corazones adúlteros que se apartaron de Mí, y a causa de sus ojos que se prostituyeron tras sus ídolos. Pero se aborrecerán a sí mismos por los males que han cometido, por todas sus abominaciones. 10 Y sabrán que Yo soy el SEÑOR; no en vano he dicho que les haría este mal'".

11 »Así dice el Señor DIOS: "Bate tus manos, golpea con tu pie, y di: '¡Ay!, a causa de todas las graves abominaciones de la casa de Israel, que a espada, de hambre y de pestilencia caerán. 12 El que esté lejos morirá de pestilencia, el que esté cerca caerá a espada, y el que quede y esté sitiado morirá de hambre. Así desahogaré Mi furor sobre ellos. 13 Entonces ustedes sabrán que Yo soy el SEÑOR, cuando sus muertos estén en medio de sus ídolos alrededor de sus altares, en toda colina elevada, en todas las cumbres de los montes, bajo todo árbol verde y bajo toda encina frondosa, lugares donde ofrecían aroma agradable a todos sus ídolos. 14 Así que por todas sus moradas extenderé Mi mano contra ellos, y haré la tierra más desolada y devastada que el desierto hacia Diblat; y sabrán que Yo soy el SEÑOR'"».

6:1-3
Profetizar contra los montes y colinas
Los santuarios a los dioses paganos se encontraban en las colinas u otros lugares altos. De modo que esto era una desaprobación pública a la idolatría de Israel.

6:9
El pueblo fue descrito como adúltero
Ellos habían roto sus votos de fidelidad a Dios y adorado a otros dioses. Eran como un cónyuge que había abandonado su matrimonio.

7 Y vino a mí la palabra del SEÑOR: **2** «Y tú, hijo de hombre, di: "Así dice el Señor DIOS a la tierra de Israel: '¡El fin, el fin viene sobre los cuatro extremos de *esta* tierra! **3** Ahora *viene* el fin sobre ti y enviaré Mi ira contra ti; te juzgaré conforme a tus caminos y traeré sobre ti todas tus abominaciones. **4** Mi ojo no tendrá piedad de ti ni Yo *te* perdonaré; sino que te pagaré conforme a tus caminos, y tus abominaciones en medio de ti quedarán; y sabrán que Yo soy el SEÑOR".

5 »Así dice el Señor DIOS: "¡Un desastre! ¡Viene un desastre sin igual! **6** El fin viene, viene el fin; se ha despertado contra ti; ya ha venido. **7** Te ha llegado tu turno[j], oh habitante de la tierra. Ha llegado el tiempo, se acerca el día; pánico, y no júbilo, en los montes. **8** Ahora pronto derramaré Mi furor sobre ti y descargaré Mi ira contra ti. Te juzgaré conforme a tus caminos y traeré sobre ti todas tus abominaciones. **9** Mi ojo no tendrá piedad ni Yo perdonaré. Te pagaré conforme a tus caminos, y tus abominaciones quedarán en medio de ti; y sabrán que soy Yo, el SEÑOR, el que hiere.

10 "Llega el día; ya viene. Ha salido *tu* turno, ha florecido la vara, ha reverdecido la arrogancia. **11** Se ha levantado la violencia para *hacerse* vara de impiedad. Nada quedará de ellos, ni de su multitud, ni de su riqueza, ni gloria entre ellos. **12** El tiempo ha llegado, ha venido el día. No se alegre el que compra ni se lamente el que vende, porque el furor está sobre toda su multitud. **13** Ciertamente el vendedor no recuperará lo vendido mientras ambos vivan, porque la visión acerca de toda su multitud no será revocada; y nadie, a causa de su iniquidad, podrá conservar su vida.

14 "Han tocado la trompeta y lo han preparado todo, pero nadie va a la batalla; porque Mi furor está contra toda su multitud. **15** La espada está afuera, y la plaga y el hambre están dentro. El que esté en el campo morirá a espada, y al que esté en la ciudad, la plaga y el hambre lo consumirán. **16** Aun cuando escapen los sobrevivientes, estarán sobre los montes como palomas de los valles, todos ellos gimiendo por su iniquidad. **17** Todas las manos se debilitarán, y todas las rodillas serán *como* de agua. **18** Se ceñirán de cilicio y los cubrirá el terror; en todos los rostros *habrá* vergüenza y todas las cabezas estarán rapadas. **19** Arrojarán su plata en las calles y su oro se convertirá en cosa abominable; ni su plata ni su oro podrán librarlos el día de la ira del SEÑOR. No saciarán su apetito ni llenarán sus estómagos, porque su iniquidad ha llegado a ser ocasión de tropiezo. **20** Cambiaron la belleza de Sus ornamentos en orgullo, y de ellos hicieron las imágenes de sus abominaciones *y* de sus cosas detestables; por tanto, haré que esto sea cosa abominable para ellos. **21** Lo entregaré *todo* en manos de extraños por botín y a los impíos de la tierra por despojo, y lo profanarán. **22** Apartaré de ellos Mi rostro y profanarán Mi lugar secreto; entrarán en él ladrones y lo profanarán.

23 "Haz la cadena, porque la tierra está llena de crímenes sangrientos y la ciudad llena de violencia. **24** Por tanto, traeré a las más perversas de las naciones, y se apoderarán de sus

7:7 [j] *O tu sentencia.*

7:2
Los cuatro extremos de la tierra
Esto representaba al mundo entero. En la época en que Ezequiel escribió este libro, todos creían que la tierra era cuadrada o rectangular.

7:7
«Se acerca el día»
Se refiere al día del juicio. Ese juicio barrerá a todos los enemigos que amenazan al pueblo de Dios.

7:22
El lugar secreto de Dios
Se trataba del templo en Jerusalén.

7:26
Los profetas, sacerdotes y ancianos no podrían ayudar

Dios se alejaría de su pueblo por causa de su pecado constante, por lo que ni siquiera los líderes oirían su voz.

8:6-11
Abominaciones en el templo

Los sacerdotes habían comenzado a adorar animales e ídolos en secreto.

casas; haré cesar el orgullo de los poderosos y sus santuarios serán profanados. **25** Cuando llegue la angustia, buscarán la paz, pero no habrá *paz*. **26** Vendrá calamidad sobre calamidad, y habrá rumor tras rumor. Entonces buscarán visión del profeta, y la ley desaparecerá del sacerdote y el consejo de los ancianos. **27** El rey hará duelo, el príncipe se vestirá de horror y temblarán las manos del pueblo de la tierra. Según su conducta los trataré, y por sus juicios los juzgaré; y sabrán que Yo soy el SEÑOR"».

VISIÓN DE LAS ABOMINACIONES EN JERUSALÉN

8 Y sucedió en el año sexto, en el *día* cinco del mes sexto, que estando yo sentado en mi casa con los ancianos de Judá sentados ante mí, bajó allí sobre mí la mano del Señor DIOS. **2** Entonces miré, y vi una figura con aspecto de hombre; desde Sus lomos para abajo *tenía* la apariencia de fuego, y desde Sus lomos para arriba *tenía* la apariencia de un resplandor, como el aspecto de un metal refulgente. **3** Y extendió *algo* semejante a una mano y me tomó por un mechón de mi cabello; y el Espíritu me alzó entre la tierra y el cielo y me llevó a Jerusalén en visiones de Dios, a la entrada de la puerta que mira al norte del *atrio* interior, allí donde *estaba* la morada del ídolo de los celos que provoca los celos. **4** La gloria del Dios de Israel *estaba* allí, como la visión que yo había visto en la llanura.

5 Y Dios me dijo: «Hijo de hombre, levanta ahora tus ojos hacia el norte». Y levanté mis ojos hacia el norte, y vi que al norte de la puerta del altar, a la entrada *estaba* el ídolo de los celos. **6** Entonces Él me dijo: «Hijo de hombre, ¿ves lo que hacen estos, las grandes abominaciones que comete aquí la casa de Israel para que me aleje de Mi santuario? Pero aún verás mayores abominaciones».

7 Después me llevó a la entrada del atrio, y miré que *había* un agujero en el muro. **8** Y me dijo: «Hijo de hombre, cava ahora en el muro». Cavé en el muro, y tenía una entrada. **9** Entonces me dijo: «Entra y mira las perversas abominaciones que ellos están cometiendo aquí». **10** Entré, pues, y miré; y vi grabados en el muro, por todo alrededor, toda clase de reptiles y bestias *y* cosas abominables, y todos los ídolos de la casa de Israel. **11** Frente a ellos estaban de pie setenta hombres de los ancianos de la casa de Israel. También Jaazanías, hijo de Safán, estaba de pie entre ellos, cada uno con su incensario en la mano; y el aroma de la nube de incienso subía.

12 Entonces Dios me dijo: «Hijo de hombre, ¿has visto lo que hacen en la oscuridad los ancianos de la casa de Israel, cada uno en su cámara de imágenes grabadas? Porque ellos dicen: "El SEÑOR no nos ve; el SEÑOR ha abandonado la tierra"». **13** También me dijo: «Aún verás que cometen mayores abominaciones».

14 Entonces me llevó a la entrada de la puerta de la casa del SEÑOR que está al norte; y *había* allí mujeres sentadas llorando a Tamuz. **15** Y me dijo: «¿Has visto, hijo de hombre? Aún verás mayores abominaciones que estas».

¹⁶ Entonces me llevó al atrio interior de la casa del SEÑOR. Y a la entrada del templo del SEÑOR, entre el pórtico y el altar, *había* unos veinticinco hombres de espaldas al templo del SEÑOR y de cara al oriente, y se postraban hacia el oriente, hacia el sol. ¹⁷ Y Él me dijo: «¿Has visto, hijo de hombre? ¿Le parece poco a la casa de Judá cometer las abominaciones que aquí han cometido, que han llenado la tierra de violencia y me han provocado repetidas veces? Porque se llevan el ramo a la nariz. ¹⁸ Por tanto, ciertamente Yo obraré con furor. Mi ojo no tendrá piedad, ni Yo perdonaré; y aunque griten a Mis oídos con gran voz, no los escucharé».

VISIÓN DE LA MATANZA DE LOS CULPABLES

9 Entonces Dios gritó a mis oídos con gran voz, diciendo: «Acérquense, verdugos de la ciudad, cada uno con su arma destructora en la mano». ² Y seis hombres venían por el camino de la puerta superior que mira al norte, cada uno con su arma destructora en la mano. Entre ellos había un hombre vestido de lino con una cartera de escribano a la cintura. Y entraron y se pusieron junto al altar de bronce.

³ Entonces la gloria del Dios de Israel subió del querubín sobre el cual había estado, hacia el umbral del templo. Y llamó al hombre vestido de lino que tenía la cartera de escribano a la cintura; ⁴ y el SEÑOR le dijo: «Pasa por en medio de la ciudad, por en medio de Jerusalén, y pon una señal en la frente de los hombres que gimen y se lamentan por todas las abominaciones que se cometen en medio de ella».

⁵ Pero oí que a los otros les dijo: «Pasen por la ciudad en pos de él y hieran; no tenga piedad su ojo, no perdonen. ⁶ Maten a viejos, jóvenes, doncellas, niños y mujeres hasta el exterminio, pero no toquen a ninguno sobre quien esté la señal. Comenzarán por Mi santuario». Comenzaron, pues, con los ancianos que *estaban* delante del templo. ⁷ Entonces les dijo: «Profanen el templo y llenen de muertos los atrios. ¡Salgan!». Y salieron, y fueron hiriendo por la ciudad. ⁸ Mientras herían, quedé yo *solo* y caí sobre mi rostro; clamé y dije: «¡Ah, Señor DIOS! ¿Destruirás a todo el remanente de Israel derramando Tu furor sobre Jerusalén?».

⁹ Entonces el SEÑOR me respondió: «La iniquidad de la casa de Israel y de Judá es grande en extremo, la tierra está llena de sangre y la ciudad está llena de perversión; porque dicen: "El SEÑOR ha abandonado la tierra, el SEÑOR nada ve". ¹⁰ Pero en cuanto a Mí, tampoco Mi ojo tendrá piedad, ni Yo perdonaré, sino que haré recaer su conducta sobre sus cabezas».

¹¹ Entonces el hombre vestido de lino que tenía la cartera a la cintura, trajo un informe, diciendo: «He hecho tal como me ordenaste».

VISIÓN DE LA GLORIA DE DIOS

10 Después miré, y en el firmamento que *estaba* sobre las cabezas de los querubines, *vi* que apareció sobre ellos como una piedra de zafiro de apariencia semejante a un

8:16
Por qué los hombres estaban de espaldas al templo
La mayoría de los templos antiguos estaban orientados hacia el este, por eso estos hombres que adoraban al sol se encontraban de espaldas al templo. El pueblo de Dios debía mirar hacia el templo cuando oraba. La posición de los hombres mostraba que ellos se habían alejado del Señor.

9:2
Seis hombres armados
Estos eran los seis ángeles guardianes de la ciudad, entre los cuales había un hombre que llevaba una cartera de escribano.

9:4
Qué era esta señal en la frente
Era una *tav*, la última letra del alfabeto hebreo. Se parecía a la letra x.

10:2
Carbones encendidos esparcidos por la ciudad
Esto representaba el juicio de Dios por medio del fuego.

10:12
Por qué los querubines estaban cubiertos de ojos
Los ojos eran un símbolo de que Dios ve y conoce todas las cosas.

10:18
Por qué la gloria de Dios salió del templo
La gloria de Dios abandonó el templo porque los sacerdotes lo habían deshonrado con la adoración a otros dioses.

trono. **2** Y el SEÑOR le dijo al hombre vestido de lino: «Entra en medio de las ruedas debajo de los querubines, llena tus manos de carbones encendidos de entre los querubines y espárce*los* sobre la ciudad». Y el hombre entró ante mis ojos.

3 Los querubines estaban de pie a la derecha del templo cuando el hombre entró, y la nube llenaba el atrio interior. **4** Entonces la gloria del SEÑOR subió del querubín hacia el umbral del templo, y el templo se llenó de la nube, y el atrio se llenó del resplandor de la gloria del SEÑOR. **5** El ruido de las alas de los querubines se oía hasta el atrio exterior, como la voz del Dios Todopoderoso*1* cuando habla.

6 Cuando Él le ordenó al hombre vestido de lino: «Toma fuego de entre las ruedas, de entre los querubines», él entró y se paró junto a una rueda. **7** El querubín extendió su mano de entre los querubines hacia el fuego que *estaba* entre ellos, *lo* tomó y *lo* puso en las manos del que estaba vestido de lino, el cual *lo* tomó y salió. **8** Debajo de sus alas los querubines parecían tener la forma de la mano de un hombre.

9 Entonces miré, y vi cuatro ruedas junto a los querubines, cada rueda junto a cada querubín; el aspecto de las ruedas *era* como el brillo de una piedra de Tarsis. **10** En cuanto a su apariencia, las cuatro tenían la misma semejanza, como si una rueda estuviera dentro de la *otra* rueda. **11** Cuando andaban, se movían en las cuatro direcciones, sin volverse cuando andaban, sino que seguían la dirección en que ponían el rostro*1*, sin volverse cuando andaban. **12** Y todo su cuerpo, sus espaldas, sus manos, sus alas y las ruedas estaban llenos de ojos alrededor, las ruedas de los cuatro. **13** A las ruedas se les llamó «torbellino», y yo lo oí. **14** Y cada uno de los querubines tenía cuatro caras. La primera cara *era* la cara de un querubín; la segunda, la cara de un hombre; la tercera, la cara de un león; y la cuarta, la cara de un águila.

15 Entonces los querubines se levantaron. Estos eran los seres vivientes que yo había visto en el río Quebar. **16** Cuando los querubines andaban, las ruedas andaban a su lado; y cuando los querubines alzaban sus alas para elevarse del suelo, las ruedas no se apartaban de su lado. **17** Cuando los querubines se detenían, *las ruedas* se detenían, y cuando se levantaban, *las ruedas* se levantaban con ellos, porque el espíritu de los seres vivientes *estaba* en ellas.

18 Entonces la gloria del SEÑOR salió de sobre el umbral del templo y se puso sobre los querubines. **19** Cuando los querubines alzaron sus alas y se elevaron del suelo ante mis ojos salieron con las ruedas a su lado, y se detuvieron a la entrada de la puerta oriental de la casa del SEÑOR. Y la gloria del Dios de Israel estaba por encima, sobre ellos.

20 Estos eran los seres vivientes que yo había visto debajo del Dios de Israel junto al río Quebar; entonces supe que eran querubines. **21** Cada uno tenía cuatro caras y cada uno cuatro alas, y *había* una semejanza de manos de hombre debajo de sus alas. **22** En cuanto a la forma de sus caras, eran las mismas caras cuya apariencia yo había visto junto al río Quebar. Cada uno caminaba derecho hacia adelante.

10:5 *1* Heb. *El Shaddai.*   10:11 *1* Lit. *la cabeza.*

CASTIGO DE LOS GOBERNANTES

11 Entonces el Espíritu me levantó y me llevó a la puerta oriental de la casa del SEÑOR que mira al oriente. Y a la entrada de la puerta *había* veinticinco hombres, y entre ellos vi a Jaazanías, hijo de Azur, y a Pelatías, hijo de Benaía, jefes del pueblo. **2** Y Dios me dijo: «Hijo de hombre, estos son los hombres que traman iniquidad y dan malos consejos en esta ciudad, **3** los cuales dicen: "¿No está cerca *el tiempo* de edificar casas? Esta *ciudad* es la olla y nosotros la carne". **4** Por tanto, profetiza contra ellos, profetiza, hijo de hombre».

5 Entonces el Espíritu del SEÑOR cayó sobre mí, y me ordenó que dijera: «Así dice el SEÑOR: "Así han dicho ustedes, casa de Israel, Yo conozco sus pensamientos[1]. **6** Han multiplicado sus muertos en esta ciudad, han llenado sus calles de muertos". **7** Por tanto, así dice el Señor DIOS: "Sus muertos, los que han dejado en medio de la ciudad, son la carne, y ella es la olla; pero Yo los sacaré de ella. **8** Han temido la espada, y espada traeré sobre ustedes", declara el Señor DIOS. **9** "Los sacaré de en medio de la ciudad, los entregaré en manos de extraños y traeré juicios contra ustedes. **10** A espada caerán; en los confines de Israel los juzgaré; y sabrán que Yo soy el SEÑOR. **11** Esta *ciudad* no será olla para ustedes, ni ustedes serán carne en medio de ella; hacia los confines de Israel los juzgaré. **12** Así sabrán que Yo soy el SEÑOR; porque no han andado en Mis estatutos ni han cumplido Mis ordenanzas, sino que han obrado conforme a las costumbres de las naciones que los rodean"».

13 Y mientras yo profetizaba, Pelatías, hijo de Benaía, murió. Entonces caí sobre mi rostro, y clamé a gran voz: «¡Ah, Señor DIOS! ¿Vas a acabar por completo con el remanente de Israel?».

14 Entonces vino a mí la palabra del SEÑOR: **15** «Hijo de hombre, tus hermanos, tus parientes, los hombres en el destierro contigo y toda la casa de Israel, todos ellos, *son aquellos* a quienes los habitantes de Jerusalén han dicho: "Aléjense del SEÑOR; a nosotros se nos ha dado esta tierra en posesión". **16** Por tanto, di: "Así dice el Señor DIOS: 'Aunque los había echado lejos entre las naciones, y aunque Yo los había dispersado por las tierras, sin embargo fui para ellos un santuario por poco tiempo en las tierras adonde habían ido'". **17** Por tanto di: "Así dice el Señor DIOS: 'Yo los recogeré de entre los pueblos y los reuniré de las tierras entre las cuales han sido dispersados, y les daré la tierra de Israel'". **18** Cuando lleguen allí, quitarán de ella todas sus cosas detestables y todas sus abominaciones. **19** Yo les daré un solo corazón y pondré un espíritu nuevo dentro de ellos. Y quitaré de su carne el corazón de piedra y les daré un corazón de carne, **20** para que anden en Mis estatutos, guarden Mis ordenanzas y los cumplan. Entonces serán Mi pueblo y Yo seré su Dios. **21** Pero en cuanto a aquellos cuyo corazón va detrás de sus cosas detestables y abominaciones, haré recaer su conducta sobre su cabeza», declara el Señor DIOS.

22 Entonces los querubines alzaron sus alas con las ruedas a su lado, y la gloria del Dios de Israel *estaba* por encima,

11:3
Los líderes se denominaban a sí mismos «la carne»

Se trataba de una descripción gráfica. Jerusalén era como una olla de cocina, y estos líderes se consideraban la buena carne que quedaba en la ciudad, mientras que los desterrados eran como desechos y huesos.

11:16
Dios se convirtió en su santuario

Aunque los desterrados habían sido llevados lejos de Jerusalén y el templo de Dios, él los acompañó y estaba presente entre ellos.

11:19
Un corazón de carne

Esto significaba que el pueblo se había vuelto a Dios nuevamente. El Señor les dio a los desterrados un nuevo corazón entregado a él en lugar de uno que adoraba a los ídolos.

11:5 [1] Lit. *lo que sube en su espíritu.*

11:23
A dónde se dirigía la gloria de Dios

Al salir del templo del Señor, su gloria se desplazó hacia el este y se detuvo sobre el monte de los Olivos.

sobre ellos. **23** La gloria del SEÑOR se elevó de en medio de la ciudad, y se detuvo sobre el monte que está al oriente de la ciudad. **24** Y el Espíritu me levantó y me llevó a Caldea[i], a los desterrados, en visión por el Espíritu de Dios. Y se alejó de mí la visión que había visto. **25** Entonces hablé a los desterrados de todas las cosas que el SEÑOR me había mostrado.

DESTIERRO DEL PRÍNCIPE

12 Entonces vino a mí la palabra del SEÑOR: **2** «Hijo de hombre, tú habitas en medio de la casa rebelde; tienen ojos para ver y no ven, oídos para oír y no oyen, porque son una casa rebelde. **3** Y tú, hijo de hombre, prepárate el equipaje del destierro y sal al destierro de día, ante sus ojos; sal al destierro desde tu lugar a otro lugar, ante sus ojos. Quizá entiendan, aunque son una casa rebelde. **4** Saca tu equipaje

11:24 *i O Babilonia.*

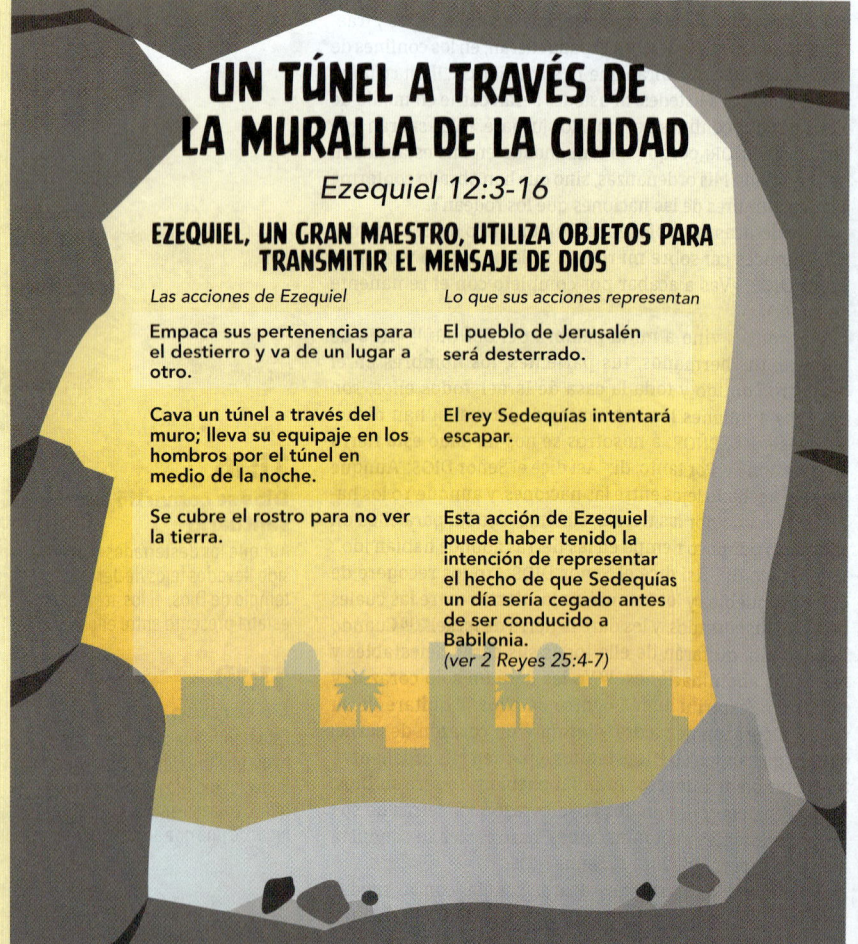

UN TÚNEL A TRAVÉS DE LA MURALLA DE LA CIUDAD
Ezequiel 12:3-16

EZEQUIEL, UN GRAN MAESTRO, UTILIZA OBJETOS PARA TRANSMITIR EL MENSAJE DE DIOS

Las acciones de Ezequiel	Lo que sus acciones representan
Empaca sus pertenencias para el destierro y va de un lugar a otro.	El pueblo de Jerusalén será desterrado.
Cava un túnel a través del muro; lleva su equipaje en los hombros por el túnel en medio de la noche.	El rey Sedequías intentará escapar.
Se cubre el rostro para no ver la tierra.	Esta acción de Ezequiel puede haber tenido la intención de representar el hecho de que Sedequías un día sería cegado antes de ser conducido a Babilonia. *(ver 2 Reyes 25:4-7)*

como equipaje del destierro, de día, ante sus ojos. Entonces sal tú por la tarde, ante sus ojos, como los que salen al destierro. 5 Ante sus ojos haz un hueco en el muro y sal por él. 6 Ante sus ojos carga *el equipaje* sobre los hombros y sáca*lo* en la oscuridad. Cúbrete el rostro para no ver la tierra, porque te he puesto por señal a la casa de Israel».

7 Yo hice tal como se me había mandado. Saqué mi equipaje de día como el equipaje de un desterrado. Entonces al atardecer cavé con mis manos a través del muro; salí en la oscuridad y cargué *el equipaje* sobre los hombros, a la vista de ellos.

8 Por la mañana vino a mí la palabra del SEÑOR: 9 «Hijo de hombre, ¿no te ha dicho la casa de Israel, *esa* casa rebelde: "¿Qué estás haciendo?". 10 Diles: "Así dice el Señor DIOS: 'Esta carga¹ *se refiere* al príncipe en Jerusalén y a toda la casa de Israel que está en medio de ella".

11 »Yo soy su señal. "Como he hecho, así se hará con ellos; irán al destierro, a la cautividad". 12 Y el príncipe, que está en medio de ellos, cargará *su equipaje* sobre los hombros en la oscuridad, y saldrá. Cavará un hueco en el muro para sacar*lo*. Cubrirá su rostro para no ver la tierra con sus ojos. 13 Extenderé Mi red sobre él y quedará preso en Mi trampa. Lo llevaré a Babilonia, a la tierra de los caldeos; pero no la verá, y morirá allí. 14 Y a todos los que los rodean, sus servidores y todas sus tropas, los esparciré a todos los vientos y sacaré la espada tras ellos. 15 Y sabrán que Yo soy el SEÑOR cuando los disperse entre las naciones y los esparza por las tierras. 16 Pero preservaré a algunos de ellos de la espada, del hambre y de la pestilencia, para que cuenten todas sus abominaciones entre las naciones adonde vayan, y sepan que Yo soy el SEÑOR».

17 Y vino a mí la palabra del SEÑOR: 18 «Hijo de hombre, come tu pan con temblor y bebe tu agua con estremecimiento y angustia. 19 Y dile a la gente de la tierra: "Así dice el Señor DIOS acerca de los habitantes de Jerusalén sobre el suelo de Israel: 'Comerán su pan con angustia y beberán su agua con terror, porque su tierra será despojada de su abundancia a causa de la violencia de todos los que habitan en ella. 20 Las ciudades habitadas serán devastadas y la tierra vendrá a ser una desolación. Así ustedes sabrán que Yo soy el SEÑOR'"».

21 Entonces vino a mí la palabra del SEÑOR: 22 «Hijo de hombre, ¿qué proverbio es ese que ustedes tienen acerca de la tierra de Israel, que dice: "Se alargan los días y desaparece toda visión"? 23 Por tanto, diles: "Así dice el Señor DIOS: 'Haré cesar este proverbio para que ya no lo usen como proverbio en Israel'. Diles, pues: 'Se acercan los días y el cumplimiento¹ de toda visión. 24 Porque ya no habrá ninguna visión falsa ni adivinación lisonjera en medio de la casa de Israel. 25 Porque Yo, el SEÑOR, hablaré, y toda palabra que diga se cumplirá. No se demorará más, sino que en sus días, oh casa rebelde, hablaré la palabra y la cumpliré', declara el Señor DIOS"».

26 Y vino a mí la palabra del SEÑOR: 27 «Hijo de hombre, la casa de Israel dice: "La visión que él ve es para *dentro de*

12:5
Ezequiel hizo un hueco en el muro
Este era el muro de ladrillos de su propia casa.

12:12
El príncipe en Jerusalén
Se trataba del rey Sedequías. Los babilonios lo capturaron mientras él intentaba escapar.

12:17-18
Por qué se suponía que Ezequiel temblara al comer
Esto era para dar un ejemplo del temor que sentirían las personas.

12:21-23
El significado de este proverbio
Este proverbio decía que las profecías sobre el juicio de Dios nunca sucederían, pero el Señor afirmó que todas esas profecías serían cumplidas.

12:10 ¹ O *Este oráculo.*   12:23 ¹ Lit. *la palabra.*

muchos días, y para tiempos lejanos él profetiza". **28** Por tanto, diles: "Así dice el Señor DIOS: 'Ninguna de Mis palabras se demorará más. Toda palabra que diga se cumplirá'», declara el Señor DIOS.

CONDENACIÓN DE LOS PROFETAS FALSOS

13 Entonces vino a mí la palabra del SEÑOR: **2** «Hijo de hombre, profetiza contra los profetas de Israel que profetizan, y dile a los que profetizan por su propia inspiración: "Escuchen la palabra del SEÑOR. **3** Así dice el Señor DIOS: ¡Ay de los profetas necios que siguen su propio espíritu y no han visto nada! **4** Como zorras entre ruinas han sido tus profetas, oh Israel. **5** Ustedes no han subido a las brechas, ni han levantado un muro alrededor de la casa de Israel, para que pueda resistir en la batalla en el día del SEÑOR. **6** Han visto falsedad y adivinación mentirosa los que dicen: "El SEÑOR declara", cuando el SEÑOR no los ha enviado; no obstante, esperan el cumplimiento de *su* palabra. **7** ¿No han visto una visión falsa y han hablado una adivinación mentirosa cuando dicen: "El SEÑOR declara", y Yo no he hablado?"».

8 Por tanto, así dice el Señor DIOS: «Por cuanto han hablado falsedad y han visto mentira, por tanto, Yo estoy contra ustedes», declara el Señor DIOS. **9** «Y estará Mi mano contra los profetas que ven visiones falsas y hablan adivinaciones mentirosas. No estarán en el consejo de Mi pueblo, no serán inscritos en el libro de la casa de Israel, ni entrarán en la tierra de Israel. Así ustedes sabrán que Yo soy el Señor DIOS. **10** Sí, porque han engañado a Mi pueblo, diciendo: "¡Paz!", cuando no hay paz. Y cuando alguien edifica un muro, ellos lo recubren con cal. **11** Diles, *pues,* a los que *lo* recubren con cal, que el muro caerá; vendrá una lluvia torrencial y ustedes, piedras de granizo, caerán; y se desencadenará un viento huracanado. **12** Cuando el muro haya caído, ¿no les preguntarán: "¿Dónde está la cal con que *lo* recubrieron?"?».

13 Por tanto, así dice el Señor DIOS: «En Mi enojo haré que un viento huracanado se desencadene; también por Mi ira vendrá una lluvia torrencial y granizo para consumir*lo* con furor. **14** Así derribaré el muro que han recubierto con cal, lo echaré a tierra y quedará al descubierto su cimiento. Y cuando caiga, ustedes serán destruidos en medio de él. Así sabrán que Yo soy el SEÑOR. **15** Desahogaré así Mi furor contra el muro y contra los que lo han recubierto con cal, y les diré: "No existe el muro ni existen los que lo recubrieron, **16** ni los profetas de Israel que profetizaban acerca de Jerusalén y que veían para ella visiones de paz cuando no había paz", declara el Señor DIOS.

17 »Y tú, hijo de hombre, pon tu rostro contra las hijas de tu pueblo que profetizan por su propia inspiración[j], profetiza contra ellas **18** y di: "Así dice el Señor DIOS: ¡Ay de las que cosen cintas *mágicas* para

13:12
La cal

La cal es un tipo de revoque o revestimiento que se utiliza para darle un aspecto liso y agradable al exterior de los edificios. Sin embargo, lo que se está diciendo aquí es que por muy bonito que fuera el edificio, si no se construía bien, la cal se desmoronaría junto con las paredes.

13:17 ¹ Lit. *de su corazón.*

todas las coyunturas de la mano y hacen velos para las cabezas de *personas* de toda talla con el fin de cazar vidas! ¿Cazarán las vidas de Mi pueblo y preservarán sus vidas? ¹⁹ Ustedes me han profanado ante Mi pueblo por puñados de cebada y por pedazos de pan, dando muerte a algunos que no debían morir y dejando con vida a otros que no debían vivir, mintiendo a Mi pueblo que escucha la mentira"».

²⁰ Por tanto, así dice el Señor DIOS: «Yo estoy contra sus cintas *mágicas* con las que allí cazan vidas como aves; las arrancaré de sus brazos y dejaré ir las vidas, las vidas que cazan como aves. ²¹ También rasgaré sus velos y libraré a Mi pueblo de sus manos, y no serán más presa en sus manos. Y ustedes sabrán que Yo soy el SEÑOR. ²² Porque ustedes han entristecido el corazón del justo con falsedad, cuando Yo no lo he entristecido, y han fortalecido las manos del impío para que no se aparte de su mal camino a fin de preservar su vida. ²³ Por tanto, no verán más visiones falsas ni practicarán más la adivinación, y libraré a Mi pueblo de sus manos. Así ustedes sabrán que Yo soy el SEÑOR».

CONDENACIÓN DE LA IDOLATRÍA

14 Entonces vinieron a mí algunos de los ancianos de Israel y se sentaron delante de mí. ² Y vino a mí la palabra del SEÑOR: ³ «Hijo de hombre, estos hombres han erigido sus ídolos en su corazón, y han puesto delante de su rostro lo que los hace caer en su iniquidad. ¿Me dejaré Yo consultar por ellos? ⁴ Por tanto, diles: "Así dice el Señor DIOS: 'Cualquier hombre de la casa de Israel que erija sus ídolos en su corazón, y que ponga delante de su rostro lo que lo hace caer en su iniquidad, y *después* venga al profeta, Yo, el SEÑOR, le responderé entonces de acuerdo con la multitud de sus ídolos, ⁵ a fin de alcanzar a la casa de Israel en sus corazones, que están apartados de Mí a causa de todos sus ídolos'".

⁶ »Por tanto, dile a la casa de Israel: "Así dice el Señor DIOS: 'Arrepiéntanse y apártense de sus ídolos, y de todas sus abominaciones aparten sus rostros. ⁷ Porque a cualquiera de la casa de Israel, o de los extranjeros que residen en Israel, que se aleje de Mí y erija sus ídolos en su corazón, que ponga delante de su rostro lo que lo hace caer en su iniquidad, y *después* venga al profeta para consultarme por medio de él, Yo, el SEÑOR, le responderé por Mí mismo. ⁸ Pondré Mi rostro contra ese hombre, haré de él señal y proverbio, y lo cortaré de en medio de Mi pueblo. Así ustedes sabrán que Yo soy el SEÑOR. ⁹ Pero si el profeta se deja persuadir y dice algo, soy Yo, el SEÑOR, el que he persuadido a ese profeta, y extenderé Mi mano contra él y lo exterminaré de en medio de Mi pueblo Israel. ¹⁰ Ambos llevarán *el castigo de* su iniquidad; como la iniquidad del que consulta será la iniquidad del profeta, ¹¹ a fin de que la casa de Israel no se desvíe más de Mí ni se contamine más con todas sus transgresiones. Y ellos serán Mi pueblo y Yo seré su Dios'"», declara el Señor DIOS.

¹² Entonces vino a mí la palabra del SEÑOR: ¹³ «Hijo de hombre, si un país peca contra Mí cometiendo infidelidad, y Yo extiendo Mi mano contra él, destruyo su provisión de pan y envío hambre contra él y corto de él hombres y animales,

13:18
Cintas mágicas
No sabemos exactamente qué tipo de magia o hechicería usaban estas mujeres, pero eso no venía de parte de Dios. Se trataba de algún tipo de magia negra o vudú.

14:6
Abominaciones
Las abominaciones incluían la idolatría (cualquier cosa que se ponga por encima de Dios) y los rituales paganos, incluyendo los sacrificios de niños y la adoración de animales, dedicándolos a otros dioses. Todo esto resulta ofensivo para Dios.

14:14, 20
Noé, Daniel y Job
Estos eran ejemplos de hombres que habían servido a Dios con fidelidad. Sin embargo, el Señor dijo que ni siquiera ellos podrían persuadirlo de evitar el castigo de los malvados.

14:21
Los cuatro terribles juicios
Se trataba de la espada (derramamiento de sangre), el hambre, las fieras y la plaga. Dios enviaría todo esto como castigo.

15:7
Cómo Israel había escapado del fuego
Jerusalén no fue destruida por el fuego en el año 597 a. C. cuando Nabucodonosor conquistó la ciudad. Sin embargo, habría otro ataque en el que los babilonios derribarían las murallas e incendiarían la ciudad.

---

14 y *aunque* estos tres hombres, Noé, Daniel y Job, estuvieran en medio de ese país, *solo* ellos se salvarían a sí mismos por su justicia», declara el Señor DIOS. 15 «Si Yo hiciera pasar por *esa* tierra fieras y ellas la despoblaran, y se volviera desolada sin que nadie pasara *por ella* a causa de las fieras, 16 *aunque* estos tres hombres estuvieran en medio de esa tierra, vivo Yo», declara el Señor DIOS, «ni a *sus* hijos ni a *sus* hijas podrían salvar; solo ellos se salvarían, pero el país estaría desolado. 17 O *si* Yo trajera la espada contra ese país, y dijera: "Pase la espada por el país", y extermino de él hombres y animales, 18 y estos tres hombres estuvieran en medio de él, vivo Yo», declara el Señor DIOS, «que no podrían salvar a *sus* hijos ni a *sus* hijas; sino que solo ellos se salvarían. 19 O *si* Yo enviara una plaga contra ese país y derramara Mi furor sobre él con sangre, para cortar de él hombres y animales, 20 *aunque* Noé, Daniel y Job estuvieran en medio de él, vivo Yo», declara el Señor DIOS, «que ni a *su* hijo ni a *su* hija podrían salvar; *solo* ellos se librarían a sí mismos por su justicia».

21 Porque así dice el Señor DIOS: «¡Cuánto más cuando Yo envíe Mis cuatro terribles juicios contra Jerusalén: espada, hambre, fieras y plaga para exterminar de ella hombres y animales! 22 Sin embargo, en ella quedarán sobrevivientes, hijos e hijas que serán sacados. Saldrán hacia ustedes y verán su conducta y sus obras; entonces serán consolados de la calamidad que he traído contra Jerusalén, de todo lo que he traído sobre ella. 23 Y ellos los consolarán cuando vean sus caminos y sus obras, y sabrán que no he hecho en vano lo que hice en ella», declara el Señor DIOS.

JERUSALÉN, UNA VID INÚTIL

15 Entonces vino a mí la palabra del SEÑOR: 2 «Hijo de hombre, ¿en qué es *mejor* la madera de la vid que cualquier *otra* rama de árbol que haya entre los árboles del bosque? 3 ¿Se toma madera de ella para hacer alguna obra? ¿Se toma acaso una estaca de ella para colgar alguna vasija? 4 Si en el fuego se ha puesto para consumirla y el fuego ha consumido los dos extremos, también la parte de en medio ha sido quemada, ¿es *aún* útil para algo? 5 Si cuando estaba intacta, no se utilizaba para nada, ¡cuánto menos, cuando la haya consumido el fuego y esté quemada, se podrá hacer aún algo de ella!

6 »Por tanto, así dice el Señor DIOS: "Como la madera de la vid entre los árboles del bosque, que he entregado al fuego para consumirla, así he entregado Yo a los habitantes de Jerusalén. 7 He puesto Mi rostro contra ellos; del fuego han escapado, pero el fuego los consumirá. Y sabrán que Yo soy el SEÑOR, cuando ponga Mi rostro contra ellos. 8 Y convertiré la tierra en desolación, por cuanto han cometido infidelidad"», declara el Señor DIOS.

ORÍGENES DE JERUSALÉN

16 Entonces vino a mí la palabra del SEÑOR: 2 «Hijo de hombre, haz saber a Jerusalén sus abominaciones, 3 y di: "Así dice el Señor DIOS a Jerusalén: 'Por tu origen y tu

nacimiento *eres* de la tierra del cananeo, tu padre *era* amorreo y tu madre hitita. ⁴En cuanto a tu nacimiento, el día que naciste no fue cortado tu cordón umbilical, ni fuiste lavada con agua para limpiarte; no fuiste frotada con sal, ni envuelta en pañales. ⁵Ningún ojo se apiadó de ti para hacer por ti alguna de estas cosas, para compadecerse de ti; sino que fuiste echada al campo abierto, porque fuiste aborrecida el día en que naciste.

⁶'Yo pasé junto a ti y te vi revolcándote en tu sangre. Mientras *estabas* en tu sangre, te dije: "¡Vive!". Sí, te dije, mientras *estabas* en tu sangre: "¡Vive!". ⁷Te hice tan numerosa como la hierba del campo. Y creciste, te hiciste grande y llegaste a la plenitud de tu hermosura. Se formaron *tus* pechos y creció tu pelo, pero estabas desnuda y descubierta. ⁸Entonces pasé junto a ti y te vi, y tu tiempo era tiempo de amores; extendí Mi manto sobre ti y cubrí tu desnudez. Te hice juramento y entré en pacto contigo, y fuiste Mía', declara el Señor DIOS. ⁹'Te lavé con agua, te limpié la sangre y te ungí con aceite. ¹⁰Te vestí con tela bordada y puse en tus pies sandalias de piel de marsopa; te envolví con lino fino y te cubrí con seda. ¹¹Te engalané con adornos, puse brazaletes en tus manos y un collar a tu cuello. ¹²Puse un anillo en tu nariz, pendientes en tus orejas y una hermosa corona en tu cabeza. ¹³Estabas adornada con oro y plata, y tu vestido era de lino fino, seda y tela bordada. Comías flor de harina, miel y aceite; eras hermosa en extremo y llegaste a la realeza. ¹⁴Entonces tu fama se divulgó entre las naciones por tu hermosura, que era perfecta, gracias al esplendor que Yo puse en ti', declara el Señor DIOS.

INFIDELIDAD DE JERUSALÉN

¹⁵'Pero tú confiaste en tu hermosura, te prostituiste a causa de tu fama y derramaste tus prostituciones a todo el que pasaba, fuera quien fuera. ¹⁶Tomaste *algunos* de tus vestidos y te hiciste lugares altos de varios colores, y te prostituiste en ellos, cosa que nunca debiera haber sucedido ni jamás sucederá. ¹⁷Tomaste también tus bellas joyas de oro y de plata que Yo te había dado, y te hiciste imágenes de hombres para prostituirte con ellas. ¹⁸Tomaste tu tela bordada y las cubriste, y ofreciste ante ellas Mi aceite y Mi incienso. ¹⁹También te di Mi pan, la flor de harina, el aceite y la miel con que Yo te alimentaba, y lo ofrecías ante ellas como aroma agradable. Así sucedió', declara el Señor DIOS. ²⁰'Tomaste además a tus hijos y a tus hijas que habías dado a luz para Mí, y se los sacrificaste como alimento. ¿Acaso eran poca cosa tus prostituciones, ²¹para que mataras a Mis hijos y se los ofrecieras *a los ídolos,* haciéndolos pasar *por fuego*? ²²Y en todas tus abominaciones y prostituciones no te acordaste de los días de tu juventud, cuando estabas desnuda y descubierta y revolcándote en tu sangre.

²³'Y después de toda tu maldad ("¡Ay, ay de ti!", declara el Señor DIOS), ²⁴te edificaste un santuario y te hiciste un lugar alto en todas las plazas. ²⁵En toda cabecera de camino te edificaste tu lugar alto, e hiciste abominable tu hermosura. Te entregaste a todo el que pasaba y multiplicaste tu prostitución.

16:3
El padre y la madre de Jerusalén

Jerusalén había sido primero una ciudad cananea en la que habitaba gente pagana. Luego se volvió una ciudad israelita después de que David la conquistó (ver 2 Samuel 5:6-9). Por lo tanto, tuvo dos historias, como dos padres, que afectaron la ciudad.

16:8
Extender el manto sobre Jerusalén

Esto era un símbolo de una relación matrimonial. (Ver Rut 3:9).

16:9-14
Cómo Dios trató a Jerusalén

Dios habla de la ciudad como si fuera una mujer joven. Él la viste con ropas finas, le da joyas costosas, le proporciona buena comida y bebida, y la convierte en reina. Todo esto demostraba el amor de Dios por Jerusalén.

16:15-22
Cómo Jerusalén le pagó a Dios por su gran amor

En lugar de agradecerle a Dios por sus regalos y servirle con amor, el pueblo adoraba a los ídolos y les ofrecía sacrificios humanos a los dioses paganos.

²⁶ También te prostituiste a los egipcios, tus vecinos de cuerpos robustos, y multiplicaste tu prostitución para provocarme a ira. ²⁷ Y Yo extendí Mi mano contra ti y disminuí tus raciones. Y te entregué al deseo de las que te odiaban, las hijas de los filisteos, que se avergonzaban de tu conducta deshonesta. ²⁸ Además, te prostituiste a los asirios porque no te habías saciado; te prostituiste a ellos y ni aun entonces te saciaste. ²⁹ También multiplicaste tu prostitución en la tierra de los mercaderes, Caldea, y ni aun con esto te saciaste"».

³⁰ «¡Qué débil es tu corazón», declara el Señor DIOS, «cuando haces todas estas cosas, las acciones de una ramera desvergonzada! ³¹ Cuando edificaste tu santuario en toda cabecera de camino y te hiciste tu lugar alto en cada plaza, al despreciar la paga, no eras como la ramera. ³² ¡Mujer adúltera, que en lugar de su marido recibe a extraños! ³³ A todas las rameras les dan regalos, pero tú dabas regalos a todos tus amantes y los sobornabas para que vinieran a ti de todas partes para tus prostituciones. ³⁴ En tus prostituciones eras distinta de las *otras* mujeres: nadie te solicitaba para fornicar; tú dabas la paga, pero a ti ninguna paga se te daba. Eras distinta».

³⁵ Por tanto, ramera, oye la palabra del SEÑOR. ³⁶ Así dice el Señor DIOS: «Por cuanto fue derramada tu lascivia y descubierta tu desnudez en tus prostituciones con tus amantes y con todos tus detestables ídolos, y a causa de la sangre de tus hijos que les ofreciste, ³⁷ por tanto, Yo reuniré a todos tus amantes con quienes te gozaste, a todos los que amaste y a todos los que aborreciste; los reuniré de todas partes contra ti, descubriré tu desnudez ante ellos y ellos verán toda tu desnudez. ³⁸ Te juzgaré como son juzgadas las adúlteras y las que derraman sangre, y traeré sobre ti sangre de furor y de celos. ³⁹ También te entregaré en manos de tus amantes y ellos derribarán tus santuarios, destruirán tus lugares altos, te despojarán de tus vestidos, te quitarán tus bellas joyas y te dejarán desnuda y descubierta. ⁴⁰ Provocarán contra ti a una multitud, y te apedrearán y te harán pedazos con sus espadas. ⁴¹ Prenderán fuego a tus casas y ejecutarán juicios contra ti a la vista de muchas mujeres. Entonces haré que dejes de ser ramera y no darás más paga *a tus amantes*. ⁴² Desahogaré Mi furor en ti; Mis celos se apartarán de ti, me apaciguaré y no me enojaré más. ⁴³ Por cuanto no te has acordado de los días de tu juventud, sino que me has irritado con todas estas cosas, también Yo haré recaer tu conducta sobre *tu* cabeza», declara el Señor DIOS, «para que no cometas esta lascivia con todas tus *otras* abominaciones».

JERUSALÉN COMPARADA CON SODOMA Y SAMARIA

⁴⁴ «Todo aquel que cita proverbios repetirá *este* proverbio acerca de ti: "De tal madre, tal hija". ⁴⁵ Eres hija de tu madre que aborreció a su marido y a sus hijos, y hermana de tus hermanas que aborrecieron a sus maridos y a sus hijos. Su madre era hitita y su padre amorreo. ⁴⁶ Tu hermana mayor es Samaria que con sus hijas¹ habita al norte de ti, y tu hermana

16:46 ¹ I.e. sus aldeas.

menor es Sodoma que habita al sur de ti con sus hijas. **47** Pero no *solo* has andado en sus caminos y has hecho según sus abominaciones, sino que, como si eso fuera muy poco, te has corrompido más que ellas en todos tus caminos.

48 »Vivo Yo», declara el Señor DIOS, «que tu hermana Sodoma y sus hijas no han hecho como tú y tus hijas han hecho. **49** Pues esta fue la iniquidad de tu hermana Sodoma: arrogancia, abundancia de pan y completa ociosidad tuvieron ella y sus hijas; pero no ayudaron al pobre ni al necesitado, **50** y se enorgullecieron y cometieron abominaciones delante de Mí. Y cuando *lo* vi, las hice desaparecer. **51** Ni aún Samaria ha cometido ni la mitad de tus pecados, pues tú has multiplicado tus abominaciones más que ellas, y has hecho aparecer justas a tus hermanas con todas las abominaciones que has cometido. **52** También tú, carga con tu ignominia ya que has hecho *que se hagan* juicios favorables de tus hermanas. A causa de tus pecados, en los que obraste en forma más abominable que ellas, ellas son más justas que tú. Tú pues, avergüénzate también y carga con tu ignominia, ya que hiciste que tus hermanas parecieran justas.

53 »Y cambiaré su suerte, la suerte de Sodoma y de sus hijas, la suerte de Samaria y de sus hijas, y junto con ellas, tu propia suerte, **54** para que cargues con tu humillación y te avergüences de todo lo que has hecho cuando seas consuelo para ellas. **55** Y tus hermanas, Sodoma con sus hijas y Samaria con sus hijas, volverán a su estado anterior; también tú y tus hijas volverán a su estado anterior. **56** *El nombre de* tu hermana Sodoma no era mencionado en tu boca el día de tu soberbia, **57** antes que fuera descubierta tu maldad. Como ella, tú has venido a ser el oprobio de las hijas de Edom, de todas sus vecinas *y* de las hijas de los filisteos que te desprecian por todos lados. **58** Llevas sobre ti *el castigo* de tu lascivia y de tus abominaciones», declara el SEÑOR. **59** Porque así dice el Señor DIOS: «Yo haré contigo como has hecho tú, que has despreciado el juramento violando el pacto.

60 »Sin embargo, Yo recordaré Mi pacto contigo en los días de tu juventud, y estableceré para ti un pacto eterno. **61** Entonces te acordarás de tus caminos y te avergonzarás cuando recibas a tus hermanas, las mayores que tú *y* las menores que tú; y te las daré por hijas, pero no por causa de tu pacto. **62** Estableceré Mi pacto contigo; y sabrás que Yo soy el SEÑOR; **63** para que recuerdes y te avergüences, y nunca más abras la boca a causa de tu humillación, cuando Yo te haya perdonado por todo lo que has hecho», declara el Señor DIOS.

PARÁBOLA DE LAS ÁGUILAS Y LA VID

17 Y vino a mí la palabra del SEÑOR: **2** «Hijo de hombre, propón un enigma y relata una parábola a la casa de Israel.

3   Dirás: "Así dice el Señor DIOS:
   'Una gran águila de grandes alas,
   Largos piñones y espeso plumaje de muchos colores,
   Vino al Líbano y se llevó la copa del cedro;

16:60
Un pacto eterno
Dios iba a perdonar a Jerusalén y a restaurar su relación con ella transformando los corazones de la gente.

17:3-4, 7
Dos grandes águilas
La primera era Nabucodonosor, que obligó a Joaquín, el rey de Judá, a abandonar el país. La segunda era uno de los faraones de Egipto, a quien el rey Sedequías acudió en busca de ayuda para salvar a Jerusalén.

4 Arrancó el más alto de sus renuevos,
  Lo llevó a una tierra de mercaderes
  Y lo puso en una ciudad de comerciantes.
5 Después tomó semilla del país
  Y la plantó en terreno fértil.
  La puso junto a aguas abundantes;
  La plantó *como* un sauce.
6 Brotó y se hizo una vid
  Muy extendida, de poca altura,
  Con sus sarmientos vueltos hacia el águila,
  Pero sus raíces quedaron debajo de ella.
  Así se hizo una vid,
  Echó pámpanos y se hizo frondosa.
7 'Pero había otra gran águila
  De grandes alas y abundante plumaje,
  Y esta vid dobló sus raíces hacia ella,
  Y hacia ella extendió sus sarmientos
  Desde los surcos donde estaba plantada para que la
      regara.
8 En tierra fértil, junto a aguas abundantes estaba
      plantada,
  Para echar ramas y dar fruto,
  Para hacerse una vid excelente".

9 Dile: "Así dice el Señor DIOS: '¿Prosperará?

  ¿No arrancará sus raíces y cortará su fruto
  Para que se seque y se sequen todas sus hojas tiernas?
  Y no *hará falta* gran poder ni mucha gente
  Para arrancarla de sus raíces.
10 Aunque está plantada, ¿prosperará?
   Cuando el viento del este la azote, ¿no se secará
       totalmente?
   En los surcos donde creció, se secará'"».

11 Y vino a mí la palabra del SEÑOR: 12 «Dile ahora a la casa rebelde: "¿No saben lo que *significan* estas cosas?". Di: "El rey de Babilonia vino a Jerusalén, tomó a su rey y a sus príncipes y los llevó consigo a Babilonia. 13 Y tomó *a uno* de la familia real, hizo un pacto con él y le hizo prestar juramento. Se llevó también a los poderosos de la tierra, 14 para que el reino quedara sometido sin poder levantarse, a fin de que guardando su pacto se mantuviera. 15 Pero se ha rebelado contra él enviando embajadores a Egipto para que le den caballos y muchas tropas. ¿Tendrá éxito? ¿Escapará el que hace tales cosas? ¿Puede romper el pacto y escapar? 16 Vivo Yo", declara el Señor DIOS, "que ciertamente en la tierra del rey que lo puso en el trono, cuyo juramento despreció y cuyo pacto rompió, allí, en medio de Babilonia, morirá. 17 Ni con poderoso ejército ni con gran compañía lo ayudará Faraón en la guerra, cuando levanten terraplenes y construyan muros de asedio para cortar muchas vidas. 18 Pues ha despreciado el juramento al romper el pacto; juró fidelidad pero hizo todas estas cosas. No escapará"».

19 Por tanto, así dice el Señor DIOS: «Vivo Yo, que ciertamente Mi juramento que él despreció, Mi pacto que él rompió, lo haré recaer sobre su cabeza. 20 Y tenderé sobre él

17:17
Terraplenes y muros de asedio
Los terraplenes eran rampas que ayudaban a un ejército invasor a transportar máquinas militares sobre ruedas llamadas arietes, las cuales los ayudaban a derribar los muros de una ciudad.

Mi red y será atrapado en Mi trampa. Entonces lo llevaré a Babilonia y allí entraré en juicio con él *por* la infidelidad que ha cometido contra Mí. ²¹ Y todos los escogidos de todas sus tropas a espada caerán, y los sobrevivientes serán esparcidos a todos los vientos. Y ustedes sabrán que Yo, el SEÑOR, he hablado».

²² Así dice el Señor DIOS: «Yo también tomaré *un renuevo* de lo más alto de la copa del cedro y *lo* plantaré; arrancaré de la punta de sus renuevos uno tierno y *lo* plantaré en un monte alto y eminente. ²³ En el alto monte de Israel lo plantaré; extenderá ramas y dará fruto, y llegará a ser un cedro majestuoso. Debajo de él anidarán toda clase de aves, a la sombra de sus ramas anidarán. ²⁴ Y todos los árboles del campo sabrán que Yo soy el SEÑOR; humillo al árbol elevado y elevo al árbol humilde; seco al árbol verde y hago reverdecer al árbol seco. Yo, el SEÑOR, he hablado y *lo* haré».

LA RESPONSABILIDAD INDIVIDUAL

18 Entonces vino a mí la palabra del SEÑOR: ² «¿Qué quieren decir ustedes al usar este proverbio acerca de la tierra de Israel, que dice:

> "Los padres comen las uvas agrias,
> Y los dientes de los hijos tienen la dentera"?

³ Vivo Yo», declara el Señor DIOS, «que no volverán a usar más este proverbio en Israel. ⁴ Todas las almas son Mías; tanto el alma del padre como el alma del hijo, Mías son. El alma que peque, esa morirá. ⁵ Pero el hombre que es justo, y practica el derecho y la justicia, ⁶ no come en *los santuarios de* los montes ni levanta sus ojos a los ídolos de la casa de Israel. No deshonra a la mujer de su prójimo, ni se acerca a una mujer durante su menstruación. ⁷ *Ese* hombre no oprime a nadie, sino que devuelve al deudor su prenda; no comete robo, *sino que* da su pan al hambriento y cubre con ropa al desnudo. ⁸ No presta *dinero* a interés ni exige *con* usura, retrae su mano de la maldad *y* hace juicio verdadero entre hombre y hombre. ⁹ También anda en Mis estatutos y Mis ordenanzas obrando fielmente, ese hombre es justo; ciertamente vivirá», declara el Señor DIOS.

¹⁰ «Pero si tiene un hijo violento que derrama sangre y que hace cualquiera de estas cosas a un hermano ¹¹ (aunque el padre mismo no hizo ninguna de estas cosas); también come en *los santuarios de* los montes y deshonra a la mujer de su prójimo. ¹² Además oprime al pobre y al necesitado, comete robo, no devuelve la prenda, levanta sus ojos a los ídolos *y* comete abominación; ¹³ también presta a interés y exige *con* usura; ¿vivirá? ¡No vivirá! Ha cometido todas estas abominaciones, ciertamente morirá; su sangre será sobre él.

¹⁴ »Pero si tiene un hijo que observa todos los pecados que su padre ha cometido, y viéndo*lo* no hace lo mismo, ¹⁵ pues no come en *los santuarios de* los montes, ni levanta sus ojos a los ídolos de la casa de Israel, ni deshonra a la mujer de su prójimo; ¹⁶ no oprime a nadie, ni retiene la prenda, ni comete robo, *sino que* da su pan al hambriento y cubre al desnudo con ropa, ¹⁷ además retrae su mano del pobre, no cobra

17:22-24
A qué se refería con un renuevo
Este era un modo de decir que el Señor tomaría a un descendiente de la familia de David y lo usaría para restaurar el reino de David. Se trataba de una profecía acerca del Mesías.

18:4
Explicación de «el alma que peque, esa morirá»
Ezequiel estaba corrigiendo la idea de que las personas sufrían injustamente por los pecados de sus antepasados. Él les explicó que aquellos que siguen la ley de Dios son bendecidos, y los que desobedecen a Dios son castigados.

18:6
Comer en los santuarios de los montes
Esto se refiere a comer carne sacrificada a los ídolos en los montes o los lugares altos.

18:8
El significado de prestar dinero «a interés»
El pueblo de Dios no debía cobrar un dinero adicional cuando le prestaba a alguien necesitado. Sin embargo, durante el tiempo de Israel en Babilonia, muchas personas añadían intereses cuando prestaban dinero.

interés ni usura, cumple Mis ordenanzas y anda en Mis estatutos; ese hijo no morirá por la iniquidad de su padre, sino que vivirá. **18** Su padre, que practicó la extorsión, robó *a su* hermano e hizo lo que no era bueno en medio de su pueblo, morirá por su iniquidad.

19 »Y ustedes dicen: "¿Por qué no carga el hijo con la iniquidad de su padre?". Cuando el hijo ha practicado el derecho y la justicia, ha observado todos Mis estatutos y los ha cumplido, ciertamente vivirá. **20** El alma que peque, esa morirá. El hijo no cargará con la iniquidad del padre, ni el padre cargará con la iniquidad del hijo. La justicia del justo será sobre él y la maldad del impío será sobre él.

21 »Pero si el impío se aparta de todos los pecados que ha cometido, guarda todos Mis estatutos y practica el derecho y la justicia, ciertamente vivirá, no morirá. **22** Ninguna de las transgresiones que ha cometido le serán recordadas; por la justicia que ha practicado, vivirá. **23** ¿Acaso me complazco Yo en la muerte del impío», declara el Señor DIOS, «y no en que se aparte de sus caminos y viva?

24 »Pero si el justo se aparta de su justicia y comete iniquidad, actuando conforme a todas las abominaciones que comete el impío, ¿vivirá? Ninguna de las obras justas que ha hecho le serán recordadas; por la infidelidad que ha cometido y el pecado que ha cometido, por ellos morirá. **25** Y ustedes dicen: "No es recto el camino del Señor". Oigan ahora, casa de Israel: ¿No es recto Mi camino? ¿No son los caminos de ustedes los que no son rectos? **26** Cuando el justo se aparta de su justicia, comete iniquidad y muere a causa de ello, muere por la iniquidad que ha cometido. **27** Y cuando el impío se aparta de la maldad que ha cometido y practica el derecho y la justicia, salvará su vida. **28** Porque consideró y se apartó de todas las transgresiones que había cometido, ciertamente vivirá, no morirá. **29** Pero la casa de Israel dice: "El camino del Señor no es recto". ¿No son rectos mis caminos, oh casa de Israel? ¿No son los caminos de ustedes los que no son rectos?

30 »Por tanto, los juzgaré, a cada uno conforme a su conducta, oh casa de Israel», declara el Señor DIOS. «Arrepiéntanse y apártense de todas sus transgresiones, para que la iniquidad no les sea piedra de tropiezo. **31** Arrojen de ustedes todas las transgresiones que han cometido, y háganse un corazón nuevo y un espíritu nuevo. ¿Por qué han de morir, casa de Israel? **32** Pues Yo no me complazco en la muerte de nadie», declara el Señor DIOS. «Arrepiéntanse y vivan».

ELEGÍA POR LOS PRÍNCIPES DE ISRAEL

19 «Y tú, eleva una elegía por los príncipes de Israel, **2** y di:

"¿Qué era tu madre?
Una leona entre leones.
Echada en medio de leoncillos,
Crió a sus cachorros.
3 Cuando exaltó a uno de sus cachorros,
Este se hizo león,
Y aprendió a desgarrar *su* presa;
Devoró hombres.

18:21
El resultado del arrepentimiento
Si una persona se aparta del pecado y se vuelve a Dios, él la perdonará.

18:24
El resultado de la desobediencia
Si una persona se aparta de Dios y se entrega al pecado, él o ella serán castigados.

19:2
La leona
Es posible que leona sea otra manera de llamar a Israel, Judá o Jerusalén, las cuales podrían ser consideradas como madres de reyes.

⁴ Entonces las naciones oyeron de él;
En su foso fue capturado,
Y lo llevaron con garfios
A la tierra de Egipto.
⁵ Cuando ella vio, mientras aguardaba,
Que su esperanza estaba perdida,
Tomó otro de sus cachorros
Y lo hizo un leoncillo.
⁶ Y él andaba entre los leones;
Hecho *ya* un leoncillo,
Aprendió a desgarrar *su* presa;
Devoró hombres.
⁷ Destruyó sus torres fortificadas
Y asoló sus ciudades;
La tierra y cuanto había en ella estaban aterrados
Por el estruendo de sus rugidos.
⁸ Entonces se pusieron contra él los pueblos
De las provincias de alrededor,
Y tendieron sobre él su red;
En su foso fue capturado.
⁹ Lo pusieron en una jaula con garfios
Y lo llevaron al rey de Babilonia;
Lo llevaron enjaulado
Para que su voz no se oyera más
En los montes de Israel.
¹⁰ Tu madre era como una vid en tu viña,
Plantada junto a las aguas;
Estaba llena de frutos y ramas
Por la abundancia de aguas.
¹¹ Tenía ramas fuertes
Propias para cetros de gobernantes,
Y su estatura se elevó
Hasta en medio de las nubes,
Y fue vista a causa de su altura
Y por sus muchos sarmientos.
¹² Pero fue arrancada con furor,
Derribada a tierra,
Y el viento del este secó su fruto;
Su rama fuerte fue quebrada
Y se secó;
El fuego la consumió.
¹³ Y ahora está plantada en el desierto,
En una tierra árida y reseca.
¹⁴ De *su* rama ha salido fuego,
Que ha consumido sus pámpanos *y* su fruto,
Y no queda en ella rama fuerte,
Para cetro de gobernante"».

Esta es una elegía, y de elegía servirá.

RELATO DE LA INFIDELIDAD DE ISRAEL

20 En el año séptimo, el *día* diez del mes quinto, vinieron algunos de los ancianos de Israel a consultar al
SEÑOR, y se sentaron delante de mí. ² Y vino a mí la palabra
del SEÑOR: ³ «Hijo de hombre, habla a los ancianos de Israel y

SERMONES CREATIVOS

Ezequiel 4—21

Ezequiel usa maneras creativas e ingeniosas de comunicar los mensajes de Dios.

Dibuja a Jerusalén en una tableta de barro y establece obras de asedio contra ella *4:1-3*

Se acuesta sobre su lado izquierdo por 390 días y sobre su lado derecho por 40 días *4:4-6*

Es atado con cuerdas *4:8*

Cocina sus comidas sobre estiércol de vaca; come y bebe en pequeñas cantidades *4:9-17*

Se afeita el pelo y la barba con una espada y lo divide: quema un tercio, golpea otro tercio con la espada y esparce otro tercio al viento *5:1-17*

Se sitúa frente a los montes de Israel y profetiza contra ellos *6:1-10*

Bate sus manos, golpea con sus pies y clama *6:11-14*

Empaca sus pertenencias y se las lleva por un hueco que cava en el muro *12:1-16*

Tiembla al comer y se estremece al beber *12:17-20*

Gime con amargura *21:6-7*

Clama, gime, golpea sus muslos, bate las palmas, levanta su espada *21:8-17*

Traza un mapa de dos caminos para que tomara el rey de Babilonia *21:18-23*

diles: "Así dice el Señor DIOS: '¿Vienen a consultarme? Vivo Yo, que no me dejaré consultar por ustedes'", declara el Señor DIOS. 4 ¿Los juzgarás? *¿Los* juzgarás, hijo de hombre? Hazles saber las abominaciones de sus padres.

5 »Diles: "Así dice el Señor DIOS: 'El día que escogí a Israel y juré a los descendientes de la casa de Jacob, me di a conocer a ellos en la tierra de Egipto, y les juré: Yo soy el SEÑOR su Dios. 6 Aquel día les juré que los sacaría de la tierra de Egipto a una tierra que Yo había escogido para ellos, que mana leche y miel y que es la más hermosa de todas las tierras. 7 Y les dije: "Cada uno arroje las cosas detestables que les atraen, y no se contaminen con los ídolos de Egipto; Yo soy el SEÑOR su Dios". 8 Pero se rebelaron contra Mí y no quisieron escucharme; no arrojaron las cosas detestables que les atraían, ni abandonaron los ídolos de Egipto.

Entonces decidí derramar Mi furor sobre ellos, para desahogar contra ellos Mi ira en medio de la tierra de Egipto. 9 Pero actué en consideración a Mi nombre, para que no fuera profanado ante los ojos de las naciones en medio de las cuales *vivían*, y a cuya vista me había dado a conocer sacándolos de la tierra de Egipto. 10 Los saqué, pues, de la tierra de Egipto y los llevé al desierto. 11 Les di Mis estatutos y les hice conocer Mis decretos, por los cuales el hombre vivirá si los cumple. 12 También les di Mis días de reposo por señal entre ellos y Yo, para que supieran que Yo soy el SEÑOR, el que los santifica. 13 Pero la casa de Israel se rebeló contra Mí en el desierto; no anduvieron en Mis estatutos y desecharon Mis decretos, por los cuales el hombre que los cumple vivirá, y Mis días de reposo profanaron en gran manera. Entonces decidí derramar Mi furor sobre ellos en el desierto, para exterminarlos. 14 Pero actué en consideración a Mi nombre, para que no fuera profanado ante los ojos de las naciones a cuya vista los había sacado.

15 'También les juré en el desierto que no los llevaría a la tierra que les había dado, que mana leche y miel y que es la más hermosa de todas las tierras, 16 porque desecharon Mis decretos, no anduvieron en Mis estatutos y profanaron Mis días de reposo, porque su corazón se iba tras sus ídolos. 17 Sin embargo, Mi ojo los perdonó para no destruirlos, y no los hice exterminar en el desierto.

18 'Y dije a sus hijos en el desierto: "No anden en los estatutos de sus padres, ni guarden sus decretos, ni se contaminen con sus ídolos. 19 Yo soy el SEÑOR su Dios. Anden en Mis estatutos, guarden Mis decretos y pónganlos por obra. 20 Santifiquen Mis días de reposo; y que

sean una señal entre Yo y ustedes, para que sepan que Yo soy el SEÑOR su Dios". 21 Pero los hijos se rebelaron contra Mí, no anduvieron en Mis estatutos, ni tuvieron cuidado de cumplir Mis decretos, por los cuales el hombre que los cumple vivirá. Además profanaron Mis días de reposo. Entonces decidí derramar Mi furor sobre ellos, para desahogar contra ellos Mi ira en el desierto. 22 Pero retiré Mi mano y actué en consideración a Mi nombre, para que no fuera profanado ante los ojos de las naciones a cuya vista los había sacado.

23 'También Yo les juré en el desierto que los dispersaría entre las naciones y los esparciría por las tierras, 24 porque no habían cumplido Mis decretos, habían desechado Mis estatutos y habían profanado Mis días de reposo, y tras los ídolos de sus padres se iban sus ojos. 25 También les di estatutos que no eran buenos y decretos por los cuales no podrían vivir; 26 y los declaré inmundos en sus ofrendas, pues hicieron pasar *por el fuego* a todos sus primogénitos y tuviera Yo que desolarlos, para que supieran que Yo soy el SEÑOR".

27 »Por tanto, hijo de hombre, habla a la casa de Israel, y diles: "Así dice el Señor DIOS: 'Aun en esto me han blasfemado sus padres actuando deslealmente contra Mí. 28 Cuando los traje a la tierra que había jurado darles, miraron a toda colina alta y todo árbol frondoso, y allí ofrecieron sus sacrificios y allí presentaron sus ofrendas provocativas. Allí presentaron también su aroma agradable y allí derramaron sus libaciones. 29 Entonces les dije: "¿Qué es el lugar alto adonde van?". Y se le dio el nombre de Bama¹ hasta el día de hoy'".

30 »Por tanto, dile a la casa de Israel: "Así dice el Señor DIOS: '¿Se contaminarán a la manera de sus padres y se prostituirán tras sus abominaciones? 31 Cuando ofrecen sus ofrendas, cuando hacen pasar por el fuego a sus hijos, se contaminan con todos sus ídolos hasta el día de hoy. ¿Me dejaré consultar Yo por ustedes, casa de Israel? Vivo Yo', declara el Señor DIOS, 'que no me dejaré consultar por ustedes. 32 Y no sucederá lo que están pensando, cuando dicen: "Seremos como las naciones, como las tribus de otras tierras, que sirven a la madera y a la piedra".

33 'Vivo Yo', declara el Señor DIOS, 'que con mano fuerte, con brazo extendido y con furor derramado Yo seré rey sobre ustedes. 34 Los sacaré de entre los pueblos y los reuniré de las tierras donde están dispersos con mano fuerte, con brazo extendido y con furor derramado; 35 y los llevaré al desierto de los pueblos y allí entraré en juicio con ustedes cara a cara. 36 Como entré en juicio con sus padres en el desierto de la tierra de Egipto, así entraré en juicio con ustedes', declara el Señor DIOS. 37 'Los haré pasar bajo la vara y los haré entrar en el vínculo del pacto; 38 y separaré de ustedes a los rebeldes, a los que han transgredido contra Mí; y los sacaré de la tierra donde peregrinan, pero no entrarán en la tierra de Israel. Y ustedes sabrán que Yo soy el SEÑOR.

39 'En cuanto a ustedes, casa de Israel', así dice el Señor DIOS, 'Vaya cada uno a servir a sus ídolos; pero más tarde ciertamente me escucharán y no profanarán más Mi santo

20:9
La reputación de Dios
En la antigüedad, el nombre y la reputación de una persona estaban muy conectados. Dios quería que la gente entendiera exactamente quién era él y cómo controlaba la historia.

20:12
El día de reposo era una señal para el pueblo de Dios
La práctica del día de reposo por parte de Israel era una forma de demostrar que eran el pueblo santo de Dios.

20:28
Por qué las personas ofrecían sacrificios en las colinas
Las creencias paganas de los cananeos influenciaron a los israelitas y estos comenzaron a adorar a Baal, ya que pensaban que eso les aseguraba una buena cosecha.

20:37
Pasar bajo una vara
Así era como un pastor llevaba la cuenta de sus ovejas. También era la forma en que un pastor dividía su rebaño en diferentes grupos. El Señor es como un pastor para Israel.

20:29 ¹ I.e. Lugar Alto.

nombre con sus ofrendas y con sus ídolos. **40** Porque en Mi santo monte, en el alto monte de Israel', declara el Señor DIOS, 'allí me servirá toda la casa de Israel, toda ella, en *esta* tierra. Allí los aceptaré y allí reclamaré sus ofrendas y las primicias de sus dones con todas sus cosas sagradas. **41** Como aroma agradable los aceptaré, cuando los haya sacado de entre los pueblos y los haya recogido de las tierras donde están dispersos. Mostraré Mi santidad entre ustedes a la vista de las naciones. **42** Y ustedes sabrán que Yo soy el SEÑOR, cuando los traiga a la tierra de Israel, a la tierra que juré dar a sus padres. **43** Allí se acordarán de sus caminos y de todas sus obras con las que se han contaminado, y se aborrecerán a ustedes mismos por todas las iniquidades que han cometido. **44** Y sabrán que Yo soy el SEÑOR, cuando actúe con ustedes en consideración a Mi nombre, y no conforme a sus malos caminos ni conforme a sus perversas obras, casa de Israel', declara el Señor DIOS"».

45 ¹Y vino a mí la palabra del SEÑOR: **46** «Hijo de hombre, pon tu rostro hacia Teman y habla contra el sur, profetiza contra el bosque del Neguev¹, **47** y dile al bosque del Neguev: "Oye la palabra del SEÑOR. Así dice el Señor DIOS: 'Voy a prenderte un fuego que consumirá en ti todo árbol verde y todo árbol seco. No se apagará la llama abrasadora, y por ella será quemada toda la superficie, de sur a norte. **48** Y toda carne verá que Yo, el SEÑOR, lo he encendido; no se apagará"». **49** Entonces dije: «¡Ah, Señor DIOS! Ellos dicen de mí: "¿No habla este *más que* parábolas?"».

LA ESPADA DEL Señor

21 ¹Y vino a mí la palabra del SEÑOR: **2** «Hijo de hombre, pon tu rostro hacia Jerusalén y habla contra los santuarios, profetiza contra la tierra de Israel, **3** y dile a la tierra de Israel: "Así dice el SEÑOR: 'Yo estoy contra ti. Sacaré Mi espada de la vaina y cortaré de ti al justo y al impío. **4** Puesto que he de cortar de ti al justo y al impío, por tanto Mi espada saldrá de la vaina contra toda carne desde el sur *hasta* el norte. **5** Así sabrá toda carne que Yo, el SEÑOR, he sacado Mi espada de la vaina. No volverá más *a su vaina*".

6 »Y tú, hijo de hombre, gime con corazón quebrantado; con amargura gemirás a la vista de ellos. **7** Y cuando te digan: "¿Por qué gimes?", dirás: "Por la noticia que viene, todo corazón desfallecerá, toda mano se debilitará, todo espíritu se apagará y toda rodilla flaqueará. Porque viene y sucederá", declara el Señor DIOS». **8** De nuevo vino a mí la palabra del SEÑOR: **9** «Hijo de hombre, profetiza y proclama: "Así dice el SEÑOR". Proclama:

> "Espada, espada afilada
> Y también pulida.
> **10** Para la matanza ha sido afilada,
>   Para brillar como el rayo ha sido pulida".

¿Acaso hemos de alegrarnos, cuando el cetro de Mi hijo desprecia toda vara?

20:46
La profecía de Ezequiel
Ezequiel estaba profetizando contra Judá y Jerusalén como si estuviera parado sobre la frontera norte de Judá.

21:3
La espada del Señor
Aquí, la espada se refiere a Dios usando a Babilonia y a Nabucodonosor para conquistar a Israel. Nadie podría escapar, ni siquiera los justos.

21:9-10
Una canción sobre la espada
Este era el tipo de canción que cantaban los soldados mientras iban a la guerra. Es posible que bailaran al cantarla.

20:45 ¹ En el texto heb. cap. 21:1.   20:46 ¹ I.e. región del sur.   21:1 ¹ En el texto heb. cap. 21:6.

EL MAPA CON DOS CAMINOS
Ezequiel 21:18-23

En una época en la que no existían las computadoras, Ezequiel dibuja su propio gráfico para ayudar a su audiencia a entender su mensaje.

1 Ezequiel dibuja un mapa con dos caminos

2 Los caminos comienzan en el mismo país

3 Una señal marca el lugar donde el camino se desvía hacia la ciudad

4 Un camino lleva a la guerra contra los amonitas

5 Un camino lleva a la guerra contra Judá y Jerusalén

6 El rey de Babilonia se detiene en la bifurcación del camino a fin de buscar dirección por medio de adivinaciones

7 El rey sacude las flechas, consulta a los ídolos y examina el hígado de un animal

8 La adivinación marca como destino Jerusalén

9 El rey coloca arietes, levanta terraplenes y edifica muros de asedio

10 Jerusalén será destruida y su pueblo será tomado cautivo

11 Es dada para que sea pulida, para que sea empuñada;
Ha sido afilada la espada, ha sido pulida,
Para ponerla en manos del matador.

12 Clama y gime, hijo de hombre,
Porque ella está contra Mi pueblo,
Está contra todos los príncipes de Israel;
Ellos son entregados a la espada *junto* con Mi pueblo;
Por tanto, *golpéate* el muslo.

13 Porque la prueba *está hecha;* ¿y qué, si el cetro mismo que desprecia *la espada* deja de existir?», declara el Señor DIOS.

14 «Tú, pues, hijo de hombre, profetiza y bate palmas;
Sea la espada duplicada *y* triplicada,
La espada para los muertos.
Es la espada de la gran víctima,
Que los tiene rodeados,

15 Para que *sus* corazones se acobarden y caigan muchos.
En todas sus puertas he puesto la espada reluciente.
¡Ah!, hecha para centellear,
Pulida para la matanza.

16 Muéstrate afilada, ve a la derecha; prepárate, ve a la izquierda,
    Adondequiera que tu filo sea dirigido.
17 También Yo batiré palmas,
    Y aplacaré Mi furor.
    Yo, el SEÑOR, he hablado».

18 Y vino a mí la palabra del SEÑOR: 19 «Tú, hijo de hombre, traza dos caminos por donde venga la espada del rey de Babilonia; ambos saldrán de una misma tierra. Haz una señal y ponla al comienzo del camino a la ciudad. 20 Trazarás el camino por donde venga la espada hacia Rabá de los amonitas, y hacia Judá, que en Jerusalén *tiene su* fortaleza. 21 Porque el rey de Babilonia se ha detenido en la bifurcación del camino, al comienzo de los dos caminos, para emplear la adivinación. Sacude las flechas, consulta con los ídolos domésticos, observa el hígado. 22 En su mano derecha estaba la adivinación: Jerusalén. ¡A colocar arietes, a llamar a la matanza, a alzar la voz en grito de guerra, a poner arietes contra las puertas, a levantar terraplenes, a edificar muro de asedio! 23 Pero fue para los judíos como adivinación falsa a sus ojos, *pues* habían hecho juramentos solemnes. Pero él *les* hará recordar *su* iniquidad y serán apresados.

24 »Por tanto, así dice el Señor DIOS: "Por cuanto han hecho que su iniquidad sea recordada poniendo al descubierto sus transgresiones, de modo que se manifiestan sus pecados en todas sus obras, por cuanto han sido recordados, serán apresados por *su* mano. 25 Y tú, infame *y* malvado príncipe de Israel, cuyo día ha llegado, la hora del castigo final", 26 así dice el Señor DIOS: "Quítate la tiara y depón la corona; esto cambiará. Lo humilde será exaltado y lo exaltado será humillado. 27 A ruina, a ruina, a ruina lo reduciré; tampoco esto sucederá hasta que venga Aquel a quien pertenece el derecho, y *a quien* Yo *se* lo daré".

28 »Y tú, hijo de hombre, profetiza y di: "Así dice el Señor DIOS acerca de los amonitas y de su oprobio". Dirás: "La espada, la espada está desenvainada, para la matanza está pulida, para hacer exterminio, para centellear 29 (mientras ellos ven para ti visiones falsas, mientras adivinan para ti mentiras), para ponerla sobre los cuellos de los infames malvados cuyo día ha llegado en la hora del castigo final. 30 Vuélve*la* a su vaina. En el lugar donde fuiste creada, en tu tierra de origen, te juzgaré. 31 Y derramaré sobre ti Mi indignación, soplaré sobre ti el fuego de Mi furor y te entregaré en mano de hombres brutales, expertos en destrucción. 32 Serás pasto del fuego, tu sangre quedará en medio de la tierra. No quedará memoria de ti, porque Yo, el SEÑOR, he hablado"».

PECADO Y CASTIGO DE JERUSALÉN

22 Y vino a mí la palabra del SEÑOR: 2 «Tú, hijo de hombre, ¿Vas a juzgar? ¿Vas a juzgar a la ciudad sanguinaria? Hazle saber todas sus abominaciones. 3 Dirás: "Así dice el Señor DIOS: '¡Ciudad que derrama sangre en medio de sí misma para que llegue su hora, y que se[1] hace ídolos para

---

21:21

Observar un hígado

En las antiguas Babilonia y Roma se intentaba predecir el futuro observando el color y la forma del hígado de una oveja.

21:25

El malvado príncipe de Israel

Se refería al último rey de Judá, Sedequías.

21:26

Tiaras

La tiara es un tipo de corona. En la antigüedad era como un gorro alto, a veces ricamente adornado, que simbolizaba la realeza.

22:3 [1] Lit. *y contra ella.*

contaminarse! **4** Por la sangre que has derramado te has hecho culpable, y con los ídolos que has hecho te has contaminado. Has hecho que se acerque tu día y has llegado al término de tus años. Por tanto te he hecho oprobio de las naciones y objeto de burla de todas las tierras. **5** Las que están cerca de ti y las que están lejos se burlarán de ti, *ciudad* de mala fama, llena de confusión.

6 'Los príncipes de Israel, cada uno según su poder, han estado en ti para derramar sangre. **7** En ti despreciaron al padre y a la madre, en medio de ti trataron con violencia al extranjero, y en ti oprimieron al huérfano y a la viuda. **8** Has despreciado Mis cosas sagradas y has profanado Mis días de reposo. **9** En ti han estado calumniadores para derramar sangre y en ti han comido en *los santuarios de* los montes. En ti han cometido perversidades. **10** En ti se ha descubierto la desnudez del padre, en ti han humillado a la que estaba impura por su menstruación. **11** Uno ha cometido abominación con la mujer de su prójimo, otro ha manchado a su nuera con lascivia, y en ti otro ha humillado a su hermana, la hija de su padre. **12** En ti se ha recibido soborno para derramar sangre;

22:9
Los santuarios de los montes

En los altares de los montes se ofrecían sacrificios a los dioses paganos. Luego las personas comían la carne del animal sacrificado.

LOS PECADOS DE JERUSALÉN
Ezequiel 22:3-28

Pecados del pueblo de Jerusalén:

- Los oficiales mataban por dinero
- Quebrantaban el día de reposo
- Los sacerdotes profanaban las cosas santas y la ley
- Despreciaban las cosas sagradas
- Los profetas mentían y afirmaban visiones falsas
- Oprimían al huérfano y a la viuda
- Sobornaban, calumniaban y cobraban intereses excesivos
- Trataban con violencia al extranjero
- Derramaban sangre
- Cometían actos obscenos, adulterio e incesto
- Adoraban ídolos
- Comían en los santuarios de los montes
- Trataban mal a sus padres
- Mentían

has tomado interés y usura, y has dañado a tus prójimos, extorsionándolos y de Mí te has olvidado', declara el Señor DIOS.

13 'Por eso voy a batir palmas contra las ganancias deshonestas que has adquirido y contra el derramamiento de sangre que hay en medio de ti. **14** ¿Aguantará tu corazón o serán fuertes tus manos en los días que Yo actúe contra ti? Yo, el SEÑOR, he hablado y *lo* haré. **15** Yo te dispersaré entre las naciones, te esparciré por las tierras y haré desaparecer de ti tu inmundicia. **16** Y por ti misma quedarás profanada a la vista de las naciones; y sabrás que Yo soy el SEÑOR"».

17 Y vino a mí la palabra del SEÑOR: **18** «Hijo de hombre, la casa de Israel se ha convertido en escoria para Mí. Todos ellos son bronce, estaño, hierro y plomo en medio del horno; escoria de plata son. **19** Por tanto, así dice el Señor DIOS: "Por cuanto todos ustedes se han convertido en basura, por tanto, los voy a reunir en medio de Jerusalén. **20** Como se junta plata, bronce, hierro, plomo y estaño en medio del horno, y se atiza el fuego en él para fundir *los*, así *los* juntaré Yo en Mi ira y en Mi furor, los pondré *allí* y los fundiré. **21** Los reuniré y atizaré sobre ustedes el fuego de Mi furor, y serán fundidos en medio de Jerusalén. **22** Como se funde la plata en el horno, así serán fundidos ustedes en medio de la ciudad; y sabrán que Yo, el SEÑOR, he derramado Mi furor sobre ustedes"».

23 Y vino a mí la palabra del SEÑOR: **24** «Hijo de hombre, dile a Israel: "Tú eres tierra que no ha sido lavada ni mojada con la lluvia el día de la indignación". **25** Hay conspiración de sus profetas en medio de Jerusalén, como león rugiente que desgarra la presa. Han devorado almas, de las riquezas y cosas preciosas se han apoderado, las viudas se han multiplicado en medio de ella. **26** Sus sacerdotes han violado Mi ley y han profanado Mis cosas sagradas; entre lo sagrado y lo profano no han hecho diferencia, y entre lo inmundo y lo limpio no han enseñado a distinguir; han escondido sus ojos de Mis días de reposo, y he sido profanado entre ellos.

27 »Sus príncipes en medio de la ciudad son como lobos que desgarran la presa, derramando sangre y destruyendo vidas para obtener ganancias injustas. **28** Y sus profetas los han recubierto con cal, viendo visiones falsas y adivinándoles mentiras, diciendo: "Así dice el Señor DIOS", cuando el SEÑOR no ha hablado. **29** Las gentes de la tierra han hecho violencia y cometido robo, han oprimido al pobre y al necesitado y han maltratado injustamente al extranjero. **30** Busqué entre ellos alguien que levantara un muro y se pusiera en pie en la brecha delante de Mí a favor de la tierra, para que Yo no la destruyera, pero no *lo* hallé. **31** He derramado, pues, Mi indignación sobre ellos; con el fuego de Mi furor los he consumido; he hecho recaer su conducta sobre sus cabezas», declara el Señor DIOS.

PARÁBOLA DE LAS DOS HERMANAS

23 Y vino a mí la palabra del SEÑOR: **2** «Hijo de hombre, había dos mujeres, hijas de una misma madre, **3** que se prostituyeron en Egipto; se prostituyeron en su juventud. Allí fueron tocados sus pechos y allí fueron acariciados sus senos virginales. **4** Sus nombres eran Aholá, la mayor,

---

22:25-29
Las personas malvadas de Jerusalén
Esto incluía a todos los líderes y las personas: príncipes, sacerdotes, oficiales, profetas y ciudadanos.

y Aholibá, su hermana. Vinieron a ser Mías y dieron a luz hijos e hijas. Y *en cuanto a* sus nombres, Aholá es Samaria y Aholibá es Jerusalén.

5 »Aholá se prostituyó cuando era Mía; y se apasionó de sus amantes, los asirios, vecinos suyos, 6 vestidos de púrpura, gobernadores y oficiales, todos ellos jóvenes apuestos, jinetes montados a caballo. 7 Ella cometió sus prostituciones con ellos, con lo más selecto de los asirios; y con todos los que se había apasionado, con todos sus ídolos se contaminó. 8 Y no abandonó sus prostituciones de *cuando estaba en* Egipto; pues en su juventud *muchos* se habían acostado, y acariciaron sus senos virginales y derramaron sobre ella su pasión. 9 Por tanto, la entregué en manos de sus amantes, en mano de los asirios, de los que se había apasionado. 10 Ellos descubrieron su desnudez, se llevaron a sus hijos y a sus hijas, y a ella la mataron a espada. Y vino a ser ejemplo para las mujeres, pues se ejecutaron juicios contra ella.

11 »Aunque su hermana Aholibá vio *esto*, se corrompió en su pasión más que ella, y sus prostituciones fueron mayores que las prostituciones de su hermana. 12 Se apasionó de los asirios, gobernadores y oficiales, vecinos *suyos,* lujosamente vestidos, jinetes montados a caballo, todos ellos jóvenes apuestos. 13 Y vi que ella se había contaminado; un mismo camino habían seguido las dos. 14 Pero Aholibá aumentó sus prostituciones. Vio hombres pintados en la pared, figuras de caldeos pintadas de rojo, 15 ceñidos sus lomos con cinturones y amplios turbantes en sus cabezas, con aspecto de oficiales todos ellos, semejantes a los babilonios de Caldea, tierra de su nacimiento. 16 Cuando los vio se apasionó de ellos y les envió mensajeros a Caldea. 17 Y vinieron a ella los babilonios, al lecho de amores, y la contaminaron con sus prostituciones. Y después de haber sido contaminada con ellos, su alma se hastió de ellos. 18 Reveló sus prostituciones y exhibió su desnudez; entonces me hastié de ella como me había hastiado de su hermana. 19 Sin embargo, ella multiplicó sus prostituciones, recordando los días de su juventud, cuando se prostituía en la tierra de Egipto. 20 Y se apasionó de sus amantes, cuya carne es *como* la carne de los asnos y cuyo flujo es *como* el flujo de los caballos. 21 Anhelaste así la lujuria de tu juventud, cuando los egipcios tocaban tu seno, acariciando los pechos de tu juventud.

22 »Por tanto, Aholibá, así dice el Señor DIOS: "Voy a provocar contra ti a tus amantes, de los que te alejaste, y los traeré contra ti de todos lados: 23 los babilonios y todos los caldeos, *los de* Pecod, Soa y Coa, y con ellos todos los asirios, jóvenes apuestos, todos ellos gobernadores y oficiales, capitanes y hombres de renombre, todos montados a caballo. 24 Vendrán contra ti con armas, carros y carretas, y con multitud de pueblos. Se apostarán contra ti de todos lados con broquel, escudo y casco. A ellos les encargaré el juicio y ellos te juzgarán conforme a sus costumbres. 25 Pondré Mi celo contra ti, y te tratarán con furor. Te arrancarán la nariz y las orejas, y tus sobrevivientes caerán a espada; te quitarán tus hijos y tus hijas, y los que queden serán consumidos por el fuego. 26 También te despojarán de tus vestidos y te quitarán tus

bellas joyas. **27** Así pondré fin a tu lujuria y a tu prostitución *traídas* de la tierra de Egipto, y no levantarás *más* tus ojos hacia ellos ni recordarás más a Egipto".

28 »Porque así dice el Señor DIOS: "Voy a entregarte en manos de los que odias, en manos de aquellos de los que te alejaste. **29** Ellos te tratarán con odio, te quitarán todas tus posesiones y te dejarán desnuda y descubierta. Y será descubierta la vergüenza de tus prostituciones; tanto tu lujuria como tus prostituciones. **30** Estas cosas se harán contigo porque te has prostituido con las naciones, porque te has contaminado con sus ídolos. **31** Has andado en el camino de tu hermana; por tanto, pondré su copa en tu mano". **32** Así dice el Señor DIOS:

> "Beberás la copa de tu hermana,
> Que es honda y ancha;
> Servirá de risa y de escarnio
> *Porque* es de gran capacidad.
> **33** De embriaguez y de dolor te llenarás.
> La copa de horror y desolación
> Es la copa de tu hermana Samaria.
> **34** La beberás y la agotarás;
> Roerás sus fragmentos,
> Y te desgarrarás los pechos.

Porque Yo he hablado", declara el Señor DIOS. **35** Por tanto, así dice el Señor DIOS: "Porque me has olvidado y me has arrojado a tus espaldas, carga ahora con *el castigo de* tu lujuria y *de* tus prostituciones"».

36 También me dijo el SEÑOR: «Hijo de hombre, ¿juzgarás a Aholá y a Aholibá? Entonces hazles saber sus abominaciones. **37** Porque ambas han cometido adulterio y hay sangre en sus manos. Han cometido adulterio con sus ídolos, y aun a sus hijos, que dieron a luz para Mí, han hecho pasar por *el fuego* como alimento para los ídolos. **38** Además me han hecho esto: han contaminado Mi santuario en ese día y han profanado Mis días de reposo. **39** Después de sacrificar sus hijos a sus ídolos, entraron en Mi santuario el mismo día para profanarlo. Eso fue lo que hicieron en medio de Mi casa.

40 »Aún más, mandaron a buscar hombres que vinieran de lejos, a quienes se les envió un mensajero, y vinieron. Para ellos te bañaste, te pintaste los ojos y te ataviaste con adornos. **41** Luego te sentaste en un suntuoso diván ante el cual estaba preparada una mesa en la que habías puesto Mi incienso y Mi aceite.

42 »El ruido de una multitud despreocupada *se oía* allí, multitud de hombres, bebedores traídos del desierto. Y pusieron brazaletes en las manos de las mujeres y hermosas coronas sobre sus cabezas. **43** Entonces dije acerca de aquella que estaba consumida por *sus* adulterios: "¿Cometerán ahora fornicaciones con ella, estando ella *así?*". **44** Y se llegaron a ella como quien se llega a una ramera. Así se llegaron a Aholá y a Aholibá, mujeres depravadas. **45** Pero los hombres justos los juzgarán en el juicio de las adúlteras y en el juicio de las mujeres que derraman sangre, por ser ellas adúlteras y haber sangre en sus manos.

23:31-34
La copa del juicio
Era un símbolo de la ira de Dios que destruiría a Jerusalén.

23:40
Cómo se pintaban los ojos las mujeres en la antigüedad
Las mujeres resaltaban sus ojos pintando sus párpados con kohl, un compuesto similar a la sombra de ojos negra o al delineador de hoy en día.

46 »Porque así dice el Señor DIOS: "Tráigase una multitud contra ellas, y sean entregadas al terror y al pillaje. **47** La multitud las apedreará y las cortará con sus espadas. Matarán a sus hijos y a sus hijas y prenderán fuego a sus casas. **48** Así haré cesar la lascivia[1] de la tierra, y todas las mujeres serán advertidas y no cometerán lascivia como ustedes. **49** Y recaerá su lascivia sobre ambas, y cargarán el castigo de *haber adorado* a sus ídolos. Así ustedes sabrán que Yo soy el Señor DIOS"».

LA OLLA HIRVIENTE

24 Y vino a mí la palabra del SEÑOR en el año noveno, el mes décimo, a los diez *días* del mes: **2** «Hijo de hombre, escribe la fecha del día, del día de hoy. Este mismo día el rey de Babilonia ha avanzado contra Jerusalén. **3** Relata una parábola a la casa rebelde y diles: "Así dice el Señor DIOS:

'Pon la olla, pon*la*,
Y echa también en ella agua;
4 Pon en ella los trozos,
Todo trozo bueno, pierna y espalda;
Llén*ala* de huesos escogidos.
5 Toma lo mejor del rebaño,
Y apila también la leña debajo de ella;
Hazla hervir a borbotones,
Cuece también sus huesos en ella'.

6 "Porque así dice el Señor DIOS:
'¡Ay de la ciudad sanguinaria,
De la olla que tiene herrumbre,
Cuya herrumbre no se le va!
Trozo por trozo sácala,
Sin echar suertes sobre ella.
7 Porque su sangre está en medio de ella,
La puso sobre la roca desnuda;
No la derramó sobre la tierra
Para que el polvo la cubriera.
8 Para hacer subir el furor,
Para tomar venganza,
Yo he puesto su sangre sobre la roca desnuda,
Para que no sea cubierta'.
9 Por tanto, así dice el Señor DIOS:
'¡Ay de la ciudad sanguinaria!
Yo también haré grande el montón *de leña*.
10 Aumenta la leña, enciende el fuego,
Hierve bien la carne,
Mézcla*le* las especias,
Y que se quemen los huesos.
11 Luego pon la olla vacía sobre las brasas,
Para que se caliente,
Se ponga al rojo su bronce,
Se funda en ella su inmundicia,
Y sea consumida su herrumbre.
12 De tanto trabajo *me* ha fatigado la olla,
Y no se le ha ido su mucha herrumbre.
¡*Consúmase* en el fuego su herrumbre!

23:48 [1] O *lujuria*.

24:11
El destino de Jerusalén

Dios vuelve a comparar a Jerusalén con una olla (ver 11:3). Después de que todas las personas de Jerusalén hayan sido capturadas (todo se haya cocido), se le prendería fuego a la ciudad con el objetivo de purificarla.

13 En tu inmundicia hay lujuria.
Por cuanto Yo quise limpiarte
Pero no te dejaste limpiar,
No volverás a ser purificada de tu inmundicia,
Hasta que Yo haya saciado Mi furor sobre ti.

14 Yo, el SEÑOR, he hablado. *Esto* viene y Yo actuaré; no me volveré atrás, no me apiadaré y no me arrepentiré. Según tus caminos y según tus obras te juzgaré', declara el Señor DIOS"».

MUERTE DE LA MUJER DE EZEQUIEL

15 Y vino a mí la palabra del SEÑOR: **16** «Hijo de hombre, voy a quitarte de golpe el encanto de tus ojos; pero no te lamentarás, ni llorarás, ni correrán tus lágrimas. **17** Gime en silencio, no hagas duelo por los muertos; átate el turbante, ponte el calzado en los pies y no te cubras los bigotes ni comas pan de duelo». **18** Hablé al pueblo por la mañana, y por la tarde murió mi mujer; y a la mañana *siguiente* hice como me fue mandado. **19** Y el pueblo me dijo: «¿No nos declararás lo que significan para nosotros estas cosas que estás haciendo?». **20** Entonces les respondí: «La palabra del SEÑOR vino a mí, y me dijo: **21** "Habla a la casa de Israel: 'Así dice el Señor DIOS: "Voy a profanar Mi santuario, que para ustedes es orgullo de su fuerza, encanto de sus ojos y deleite de su alma. Sus hijos y sus hijas que ustedes han dejado detrás, caerán a espada. **22** Harán como Yo he hecho; no cubrirán sus bigotes ni comerán pan de duelo. **23** Sus turbantes *estarán* sobre sus cabezas y su calzado en sus pies. No se lamentarán ni llorarán, sino que se pudrirán en sus iniquidades y gemirán unos con otros. **24** Ezequiel, pues, les servirá de señal; según todo lo que él ha hecho, ustedes harán; cuando *esto* suceda, sabrán que Yo soy el Señor DIOS".

25 "Y tú, hijo de hombre, ¿no será que el día en que les quite su fortaleza, el gozo de su gloria, el encanto de sus ojos, el anhelo de su alma, y a sus hijos y a sus hijas, **26** en ese día el que escape vendrá a ti con noticias para *tus* oídos? **27** En ese día se abrirá tu boca para el que escapó, y hablarás y dejarás de estar mudo. Y servirás para ellos de señal, y sabrán que Yo soy el SEÑOR"».

PROFECÍAS CONTRA NACIONES VECINAS

25 Y vino a mí la palabra del SEÑOR: **2** «Hijo de hombre, pon tu rostro hacia los amonitas, y profetiza contra ellos. **3** Dile a los amonitas: "Oigan la palabra del Señor DIOS. Así dice el Señor DIOS: 'Por cuanto dijiste: "¡Ajá!" contra Mi santuario cuando era profanado, y contra la tierra de Israel cuando era desolada, y contra la casa de Judá cuando iba en cautiverio, **4** por tanto, te entregaré por posesión a los hijos del oriente, y asentarán en ti sus campamentos y pondrán en ti sus tiendas; ellos comerán tus frutos y beberán tu leche. **5** Yo haré de Rabá un pastizal para camellos, y de Amón un descansadero para rebaños. Así ustedes sabrán que Yo soy el SEÑOR'.

6 "Porque así dice el Señor DIOS: 'Por haber batido palmas y golpeado con tus pies, por haberte alegrado con todo el escarnio de tu alma contra la tierra de Israel, **7** por tanto, Yo he extendido Mi mano contra ti y te daré por despojo a las

---

24:17
Por qué Ezequiel debía atarse el turbante
Las personas que estaban tristes y afligidas solían quitarse el turbante y echarse polvo sobre la cabeza en señal de luto. Dios le dijo a Ezequiel que no se lamentara por los muertos, así que se dejó el turbante y las sandalias puestas.

24:21
La profanación del santuario de Dios
Dios permitiría que Nabucodonosor quemara el templo.

25:4
Los hijos del oriente
Probablemente eran tribus nómadas del desierto del este de Amón. O también podría estar refiriéndose a Nabucodonosor y su ejército.

naciones; te cortaré de entre los pueblos y te exterminaré de entre las tierras. Te destruiré. Así sabrás que Yo soy el SEÑOR'.

8 "Así dice el Señor DIOS: 'Por cuanto Moab y Seir dicen: "La casa de Judá es como todas las naciones", 9 por tanto, voy a abrir el flanco de Moab *y privarla* de sus ciudades, de las ciudades que están en sus fronteras, la gloria de la tierra, Bet Jesimot, Baal Meón y Quiriataim, 10 daré su tierra en posesión a los hijos del oriente, junto con los amonitas, para que los amonitas no sean recordados más entre las naciones. 11 Haré juicios contra Moab, y sabrán que Yo soy el SEÑOR'.

12 "Así dice el Señor DIOS: 'Por cuanto Edom ha obrado vengativamente contra la casa de Judá, ha incurrido en grave culpa y se ha vengado de ellos', 13 por tanto, así dice el Señor DIOS: 'Yo extenderé también Mi mano contra Edom y cortaré de ella hombres y animales y la dejaré en ruinas; desde Temán hasta Dedán caerán a espada. 14 Pondré Mi venganza contra Edom en mano de Mi pueblo Israel, y harán en Edom conforme a Mi ira y conforme a Mi furor; así conocerán Mi venganza', declara el Señor DIOS.

15 "Así dice el Señor DIOS: 'Por cuanto los filisteos han obrado vengativamente, y con desprecio de alma han tomado venganza, destruyendo por causa de perpetua enemistad', 16 por tanto, así dice el Señor DIOS: 'Voy a levantar Mi mano contra los filisteos, y cortaré a los cereteos y haré perecer a los que quedan en la costa del mar. 17 Ejecutaré contra ellos grandes venganzas con terribles represiones; y sabrán que Yo soy el SEÑOR cuando haga venir Mi venganza sobre ellos'"».

PROFECÍA CONTRA TIRO

26 En el año undécimo, el día primero del mes, vino a mí la palabra del SEÑOR: 2 «Hijo de hombre, por cuanto Tiro ha dicho acerca de Jerusalén: "¡Ajá!, la puerta de los pueblos está rota, se abrió para mí, me llenaré, *ya que* ella está asolada", 3 por tanto, así dice el Señor DIOS: "Yo estoy contra ti, Tiro, y haré subir contra ti muchas naciones, como el mar hace subir sus olas. 4 Y destruirán las murallas de Tiro y demolerán sus torres; barreré de ella sus escombros y la haré una roca desnuda. 5 Será tendedero de redes en medio del mar, porque Yo he hablado", declara el Señor DIOS, "y ella será despojo para las naciones. 6 Y sus hijas[1] que están tierra adentro, serán muertas a espada, y sabrán que Yo soy el SEÑOR"».

7 Porque así dice el Señor DIOS: «Desde el norte voy a traer sobre Tiro a Nabucodonosor, rey de Babilonia, rey de reyes, con caballos, carros, jinetes y un gran ejército. 8 Matará a espada a tus hijas que están tierra adentro. Edificará contra ti muros de asedio, levantará contra ti un terraplén y alzará contra ti un escudo grande. 9 Y dirigirá el golpe de sus arietes contra tus murallas, y con sus hachas demolerá tus torres.

10 »Por la multitud de sus caballos, su polvo te cubrirá; por el estruendo de la caballería, de las carretas y de los carros, se estremecerán tus murallas cuando entre él por tus puertas como se entra en una ciudad en que se ha hecho brecha. 11 Con los cascos de sus caballos pisoteará todas tus calles, a

26:6 [1] I.e. aldeas.

25:7, 11, 14, 17
El castigo de las naciones
Dios quería que las personas reconocieran que él era el Señor y entendieran que no toleraría el pecado.

26:7
Nabucodonosor entraría a Tiro por el norte
Nabucodonosor marcharía con su ejército por el valle del río Éufrates en lugar de cruzar el desierto de Arabia.

tu pueblo matará a espada, y tus fuertes columnas caerán por tierra. **12** Los babilonios saquearán tus riquezas y robarán tus mercancías; demolerán tus murallas y destruirán tus suntuosas casas, y arrojarán al agua tus piedras, tus maderas y tus escombros. **13** Así haré cesar el ruido de tus canciones, y el son de tus arpas no se oirá más. **14** Y haré de ti una roca desnuda; serás un tendedero de redes. No volverás a ser edificada, porque Yo, el SEÑOR, he hablado», declara el Señor DIOS.

15 Así dice el Señor DIOS a Tiro: «Al estruendo de tu caída, cuando giman los heridos, cuando se haga la matanza en medio de ti, ¿no se estremecerán las costas? **16** Entonces descenderán de sus tronos todos los príncipes del mar, se quitarán sus mantos y se despojarán de sus vestiduras bordadas. Se vestirán de temor, se sentarán en tierra, temblarán a cada momento y se horrorizarán a causa de ti. **17** Elevarán una elegía por ti, y te dirán:

> "¡Cómo has perecido, habitada de los mares,
> La ciudad renombrada,
> Que era poderosa en el mar!
> Ella y sus habitantes,
> Infundían terror
> A todos sus vecinos.
> **18** Ahora tiemblan las costas
> *Por* el día de tu caída;
> Sí, las costas del mar se espantan de tu fin"».

19 Porque así dice el Señor DIOS: «Cuando Yo te convierta en una ciudad desolada, como las ciudades despobladas; cuando haga subir sobre ti el abismo, y te cubran las grandes aguas, **20** entonces te haré descender con los que descienden a la fosa, con el pueblo de antaño. Te haré habitar en las profundidades de la tierra, como las antiguas ruinas, con los que descienden a la fosa, para que no seas habitada[1]; y pondré gloria en la tierra de los vivientes. **21** Traeré sobre ti terrores, y no existirás más; aunque seas buscada, no serás encontrada jamás», declara el Señor DIOS.

LAMENTACIÓN SOBRE TIRO

27 Entonces vino a mí la palabra del SEÑOR: **2** «Tú, hijo de hombre, eleva una elegía por Tiro; **3** y dile a Tiro, que está asentada en las entradas del mar, negociante de los pueblos de muchas costas: "Así dice el Señor DIOS:

> 'Tiro, tú has dicho: "Soy de perfecta hermosura".
> **4** En el corazón de los mares están tus fronteras;
> Tus edificadores perfeccionaron tu hermosura.
> **5** De los cipreses de Senir te han hecho todas tus tablas;
> Del Líbano han tomado un cedro para hacerte un mástil.
> **6** De encinas de Basán han hecho tus remos;
> Tu cubierta de boj de las costas de Chipre la han incrustado con marfil.
> **7** De lino fino bordado de Egipto era tu vela

26:16
Los príncipes del mar
Es probable que se tratara de líderes que intercambiaban bienes con Tiro.

27:2
Tiro
Tiro era un pueblo de comerciantes que vendían mercancías a muchos países. Como su territorio era una franja de tierra estrecha sobre el mar Mediterráneo, los habitantes de Tiro se convirtieron en los marineros y navegantes por excelencia del mundo antiguo. También comercializaban mediante caravanas de camellos.

Para que te sirviera de distintivo[1];
De azul y púrpura de las costas de Elisa era tu
    pabellón.
8 Los habitantes de Sidón y de Arvad eran tus remeros;
    Tus sabios, Tiro, estaban a bordo[1]; eran tus pilotos.
9 Los ancianos de Gebal y sus mejores obreros estaban
        contigo
    Reparando tus junturas;
    Todas las naves del mar y sus marineros estaban
        contigo
    Para negociar con tus productos.

10 'Los persas, los de Lud y los de Fut eran tus hombres de guerra en tu ejército. Colgaban en ti el escudo y el casco, manifestaban tu esplendor. 11 Los hijos de Arvad, con tu ejército, *estaban* en tus murallas *todo* alrededor, y los gamadeos estaban en tus torres. Colgaban sus escudos en tus murallas *todo* alrededor; ellos perfeccionaban tu hermosura.

12 'Tarsis era tu cliente por la abundancia de toda riqueza; con plata, hierro, estaño y plomo pagaban tus mercancías. 13 Javán, Tubal y Mesec comerciaban contigo; con hombres y con utensilios de bronce pagaban tus productos. 14 Los de Bet Togarmá daban caballos y corceles de guerra y mulos por tus mercancías. 15 Los hijos de Dedán comerciaban contigo. Muchas costas *eran* clientes tuyas; colmillos de marfil y *madera de* ébano te traían como pago. 16 Aram era tu cliente por la abundancia de tus productos; pagaban tus mercancías con turquesas, púrpura, bordados, lino fino, corales y rubíes.

17 'Judá y la tierra de Israel comerciaban contigo; con trigo de Minit, tortas, miel, aceite y bálsamo pagaban tus productos. 18 Damasco era tu cliente por la abundancia de tus productos, por la abundancia de toda riqueza, por el vino de Helbón y la lana blanca. 19 Vedán y Javán pagaban tus mercancías desde Uzal; hierro forjado, casia y caña dulce estaban entre tus productos. 20 Dedán comerciaba contigo en mantas para cabalgaduras.

21 'Arabia y todos los príncipes de Cedar eran clientes tuyos: comerciaban en corderos, carneros y machos cabríos; en estas cosas *eran* tus clientes. 22 Los comerciantes de Sabá y de Raama comerciaban contigo; con lo mejor de todas las especias, y con toda *clase* de piedras preciosas y oro pagaban tus mercancías. 23 Harán, Cane, Edén, los comerciantes de Sabá, de Asiria *y* de Quilmad comerciaban contigo. 24 Ellos comerciaban contigo en lujosos vestidos, en mantos de azul y bordados, en tapices multicolores, en cordones firmemente trenzados, *que había* entre tus mercancías. 25 Las naves de Tarsis eran las portadoras de tus productos.

    Fuiste repleta y muy gloriosa
    En el corazón de los mares.
26 'A muchas aguas te condujeron
    Tus remeros;
    El viento del este te destrozó
    En el corazón de los mares.

27:7 [1] O estandarte.   27:8 [1] Lit. en ti.

27:12-24
Por qué se menciona a todos los socios comerciales de Tiro
Era importante comprender lo rica e influyente que era Tiro para entender lo grave que sería su castigo.

27:26
Peligroso viento del este
Un viento del este podía provocar desastres tanto en el mar como en la tierra. Aquí, puede estar simbolizando a Nabucodonosor.

27 Tus riquezas, tus mercancías, tu comercio,
Tus marineros y tus pilotos,
Tus calafateadores, tus agentes comerciales,
Y todos los hombres de guerra que hay en ti,
Con toda tu tripulación que en medio de ti está,
Caerán en el corazón de los mares
El día de tu derrota.

28 A la voz del grito de tus pilotos
Se estremecerán las praderas.

29 Y descenderán de sus naves
Todos los que empuñan el remo;
Los marineros y todos los pilotos del mar
Se quedarán en tierra.

30 Harán oír su voz por ti
Y gritarán amargamente.
Echarán polvo sobre sus cabezas,
Se revolcarán en ceniza.

31 Se raparán la cabeza por tu causa
Y se ceñirán de cilicio;
Llorarán por ti, en la amargura de *su* alma,
Con amargo duelo.

32 En su llanto elevarán por ti una elegía
Y se lamentarán por ti:
"¿Quién como Tiro,
Como la silenciosa en medio del mar?

33 Cuando tus mercancías salían por los mares
Saciabas a muchos pueblos.
Con la abundancia de tus riquezas y de tus productos
Enriquecías a los reyes de la tierra.

34 Ahora que estás destrozada por los mares
En las profundidades de las aguas,
Tu carga y toda tu tripulación
Se han hundido contigo.

35 Todos los habitantes de las costas
Están pasmados por causa tuya;
Sus reyes están aterrorizados sobremanera,
Demudados *sus* rostros.

36 Los mercaderes entre los pueblos te silban;
Te has convertido en terror,
Y ya no existirás más'"».

PROFECÍA CONTRA EL REY DE TIRO

28 De nuevo vino a mí la palabra del SEÑOR: 2 «Hijo de hombre, dile al príncipe de Tiro: "Así dice el Señor DIOS:

'Aun cuando tu corazón se ha enaltecido
Y has dicho: "Soy un dios,
Sentado estoy en el trono de los dioses,
En el corazón de los mares",
No eres más que un hombre y no dios,
Aunque hayas puesto tu corazón como el corazón de
    un dios.

3 Tú eres más sabio que Daniel;
Ningún secreto te es oculto.

27:28-32
Por qué otras naciones se lamentarían por la caída de Tiro
Tiro había enriquecido a muchas naciones, así que las mismas perderían sus ingresos.

27:30
Por qué echarían polvo sobre sus cabezas y se revolcarían en la ceniza
Estos eran señales de tristeza.

27:35
Por qué los reyes estaban aterrorizados
Estaban preocupados de que Babilonia también los destruyera a ellos tal como había destruido a Tiro.

4 Con tu sabiduría y tu entendimiento
  Has adquirido riquezas para ti,
  Y has adquirido oro y plata para tus tesoros.
5 Con tu gran sabiduría, con tu comercio,
  Has aumentado tus riquezas,
  Y se ha enaltecido tu corazón a causa de tus riquezas.
6 Por lo cual, así dice el Señor DIOS:
  "Por cuanto has puesto tu corazón
  Como el corazón de un dios,
7 Por tanto, voy a traer sobre ti extranjeros,
  Los más crueles de *entre* las naciones.
  Y ellos desenvainarán sus espadas
  Contra la hermosura de tu sabiduría
  Y profanarán tu esplendor.
8 Te harán bajar al sepulcro,
  Y morirás con la muerte de los que mueren
  En el corazón de los mares.
9 ¿Dirás aún: 'Un dios soy',
  En presencia de tu verdugo,
  Tú que eres un hombre y no Dios,
  En manos de los que te hieren?
10 Con la muerte de los incircuncisos morirás
   A manos de extraños,
   Porque Yo he hablado", declara el Señor DIOS"».

11 Vino a mí de nuevo la palabra del SEÑOR: 12 «Hijo de hombre, eleva una elegía sobre el rey de Tiro y dile: "Así dice el Señor DIOS:

'Tú eras el sello de la perfección,
  Lleno de sabiduría y perfecto en hermosura.
13 'En el Edén estabas, *en* el huerto de Dios;
   Toda piedra preciosa era tu vestidura:
   El rubí, el topacio y el diamante,
   El berilo, el ónice y el jaspe,
   El zafiro, la turquesa y la esmeralda;
   Y el oro, la hechura de tus engastes y de tus encajes,
   Estaba en ti.
   El día que fuiste creado
   Fueron preparados.
14 Tú, querubín protector *de alas* desplegadas,
   Yo te puse *allí*.
   Estabas en el santo monte de Dios,
   Andabas en medio de las piedras de fuego.
15 Perfecto eras en tus caminos
   Desde el día que fuiste creado
   Hasta que la iniquidad se halló en ti.
16 A causa de la abundancia de tu comercio
   Te llenaste de violencia,
   Y pecaste;
   Yo, pues, te he expulsado por profano
   Del monte de Dios,
   Y te he eliminado, querubín protector,
   De en medio de las piedras de fuego.
17 Se enalteció tu corazón a causa de tu hermosura;
   Corrompiste tu sabiduría a causa de tu esplendor.

28:7
Extranjeros
Se refiere a los babilonios.

28:13
Ezequiel dice que el rey de Tiro estaba en el Edén
Ezequiel utiliza metáforas de la creación y la caída de Adán y Eva para describir los caminos del rey de Tiro y las profundidades en las que había caído.

Te arrojé en tierra,
Te puse delante de los reyes,
Para que vieran en ti *un ejemplo*.
18 Por la multitud de tus iniquidades,
Por la injusticia de tu comercio,
Profanaste tus santuarios.
Y Yo he sacado fuego de en medio de ti,
Que te ha consumido;
Y te he reducido a ceniza sobre la tierra
A los ojos de todos los que te miran.
19 Todos los que entre los pueblos te conocen
Están asombrados de ti;
Te has convertido en terror,
Y ya no existirás más"».

PROFECÍA CONTRA SIDÓN

20 Y vino a mí la palabra del SEÑOR: 21 «Hijo de hombre, pon tu rostro hacia Sidón, profetiza contra ella, 22 y di: "Así dice el Señor DIOS:

'Yo estoy contra ti, Sidón,
Y seré glorificado en medio de ti.
Entonces sabrán que Yo soy el SEÑOR, cuando ejecute
juicios en Sidón,
Y manifieste en ella Mi santidad.
23 Enviaré a ella pestilencia
Y sangre a sus calles;
Los heridos caerán en medio de ella
Por la espada *que está* sobre ella por todos lados.
Entonces sabrán que Yo soy el SEÑOR.

24 Y no habrá más zarza punzante ni espina dolorosa para la casa de Israel de ninguno de los que la rodean y la desprecian. Entonces sabrán que Yo soy el Señor DIOS'.

25 "Así dice el Señor DIOS: 'Cuando Yo recoja a la casa de Israel de los pueblos donde está dispersa, y manifieste en ellos Mi santidad a los ojos de las naciones, entonces habitarán en su propia tierra, la que di a Mi siervo Jacob. 26 Y habitarán seguros en ella; edificarán casas, plantarán viñas, y habitarán seguros, cuando Yo haga juicios sobre todos los que a su alrededor la desprecian. Entonces sabrán que Yo soy el SEÑOR su Dios'».

PROFECÍA CONTRA EGIPTO

29 En el año décimo, el *mes* décimo, a los doce *días* del mes, vino a mí la palabra del SEÑOR: 2 «Hijo de hombre, pon tu rostro contra Faraón, rey de Egipto, y profetiza contra él y contra todo Egipto. 3 Habla y di: "Así dice el Señor DIOS:

'Yo estoy contra ti, Faraón, rey de Egipto,
El gran monstruo que yace en medio de sus ríos,
Que ha dicho: "Mío es el Nilo, Yo mismo me *lo* hice".
4 Pondré garfios en tus quijadas,
Y haré que los peces de tus ríos se peguen a tus
escamas;

28:26
La vida de los desterrados al volver
Ellos vivirían en paz y seguridad. Tendrían casas y viñedos, que eran señales de una buena vida.

29:3
El gran monstruo
Probablemente se trataba de un cocodrilo.

Te sacaré de en medio de tus ríos,
Con todos los peces de tus ríos pegados a tus escamas.
5 Y te abandonaré en el desierto,
A ti y a todos los peces de tus ríos.
Caerás en campo abierto,
No serás juntado ni recogido.
A las fieras de la tierra y a las aves del cielo
Te he dado por alimento.
6 Entonces sabrán todos los habitantes de Egipto que
Yo soy el SEÑOR,
Porque han sido *solo* vara de caña para la casa de Israel.
7 Cuando te tomaron en la mano,
Te quebraste, y desgarraste todas sus manos;
Y cuando se apoyaron en ti,
Te quebraste e hiciste que se estremecieran todos sus
lomos'.

8 Por tanto, así dice el Señor DIOS: 'Voy a traer contra ti la espada, y exterminaré de ti hombres y animales. 9 Y la tierra de Egipto se convertirá en desolación y ruina. Entonces sabrán que Yo soy el SEÑOR.

Porque dijiste: "El Nilo es mío y yo *lo* he hecho", 10 por tanto, estoy contra ti y contra tus ríos, y haré de la tierra de Egipto una ruina completa, una desolación, desde Migdol *hasta* Sevene y hasta la frontera de Etiopía. 11 No pasará por ella pie de hombre, ni pie de animal pasará por ella, ni será habitada por cuarenta años. 12 Y haré de la tierra de Egipto una desolación en medio de tierras desoladas; y sus ciudades, en medio de ciudades devastadas, estarán desoladas por cuarenta años. Dispersaré a los egipcios entre las naciones y los esparciré por las tierras'.

13 "Porque así dice el Señor DIOS: 'Después de cuarenta años recogeré a los egipcios de entre los pueblos donde estaban dispersos; 14 y cambiaré la suerte de Egipto y los haré volver a la tierra de Patros, a la tierra de su origen; y allí serán un reino humilde. 15 Será el más humilde de los reinos y jamás se levantará sobre las naciones. Los empequeñeceré para que no dominen a las naciones. 16 Y nunca más será la confianza de la casa de Israel, al recordar la iniquidad de haber vuelto a Egipto. Entonces sabrán que Yo soy el Señor DIOS'".

17 En el año veintisiete, el *mes* primero, el *día* primero del mes, vino a mí la palabra del SEÑOR: 18 «Hijo de hombre, Nabucodonosor, rey de Babilonia, hizo que su ejército realizara una gran campaña contra Tiro; toda cabeza ha quedado calva y toda espalda desollada. Pero él y su ejército no recibieron pago de Tiro por la campaña que había realizado contra ella». 19 Por tanto, así dice el Señor DIOS: «Voy a dar la tierra de Egipto a Nabucodonosor, rey de Babilonia. Se llevará sus riquezas, capturará su botín y tomará su despojo; y esto será la paga para su ejército. 20 Le he dado la tierra de Egipto *por* la obra que realizó contra Tiro, porque trabajaron para mí», declara el Señor DIOS.

21 «En aquel día haré brotar el poderío de la casa de Israel, y abriré tu boca en medio de ellos. Entonces sabrán que Yo soy el SEÑOR».

29:5
Por qué morir en campo abierto sería una desgracia para Faraón
Los egipcios creían en la vida después de la muerte y hacían grandes preparativos para tener entierros especiales, como la construcción de pirámides.

29:13
El significado de los cuarenta años
Los cuarenta años a veces se usaban para representar un período difícil de tiempo.

EGIPTO CAERÁ EN MANOS DE BABILONIA

30 De nuevo vino a mí la palabra del SEÑOR:

2 «Hijo de hombre, profetiza y di: "Así dice el Señor DIOS:

> 'Giman: "¡Ay de aquel día!".
> 3 Porque cerca está el día,
> Sí, está cerca el día del SEÑOR;
> Día de nubarrones,
> La hora de las naciones.
> 4 La espada vendrá sobre Egipto
> Y habrá angustia en Etiopía,
> Cuando caigan traspasados en Egipto,
> Se lleven sus riquezas
> Y sean derribados sus cimientos.

5 Etiopía, Put, Lud, toda Arabia, Libia, y el pueblo de la tierra en alianza caerán a espada con ellos'.
6 "Así dice el SEÑOR:

> 'Ciertamente caerán los que apoyan a
>   Egipto,
> Y se vendrá abajo el orgullo de su poder.
> Desde Migdol *hasta* Sevene
> Caerán a espada con él',
> Declara el Señor DIOS.
> 7 'Estarán desolados
> En medio de las tierras desoladas,
> Y sus ciudades, en medio de las ciudades
>   estarán devastadas.
> 8 Y sabrán que Yo soy el SEÑOR,
> Cuando ponga fuego a Egipto
> Y sean destrozados todos los que le
>   ayudan.

9 Aquel día saldrán de Mi presencia mensajeros en naves para aterrorizar a la confiada Etiopía; y vendrá angustia sobre ellos como en el día de Egipto. Ciertamente, *ese día* viene'. 10 Así dice el Señor DIOS:

> 'Voy a acabar con la multitud de Egipto
> Por mano de Nabucodonosor, rey de
>   Babilonia.
> 11 Nabucodonosor, y su pueblo con él,
> La más cruel de las naciones,
> Será traída para destruir la tierra;
> Sacarán sus espadas contra Egipto
> Y llenarán de traspasados la tierra.
> 12 Convertiré en sequedal los canales del Nilo
> Y venderé la tierra en manos de malvados.
> Desolaré la tierra
> Y cuanto hay en ella por mano de extraños.
> Yo, el SEÑOR, he hablado'.

13 "Así dice el Señor DIOS:

> 'Destruiré también los ídolos

Líneas de vida:
EZEQUIEL

Edad

0	Nace como hijo del sacerdote Buzi (alrededor del año 623 a. C.) durante el reinado del rey Josías *Ezequiel 1:3*
1	Josías comienza a reparar el templo
14	Josías, el rey de Judá, es asesinado en Meguido
25	Ezequiel es llevado a Babilonia cuando conducen a Joaquín al destierro
30	Es nombrado profeta en Babilonia, en el quinto año del destierro *Ezequiel 1:2-3*
34	Dios le prohíbe estar de luto por la muerte de su esposa *Ezequiel 24:15-17*
52	Visión final como profeta *Ezequiel 29:17-21*
¿?	Muere en el destierro

Y haré cesar las imágenes de Menfis.
Ya no habrá príncipe en la tierra de Egipto,
Y pondré temor en la tierra de Egipto.

14 Asolaré a Patros,
Pondré fuego en Zoán,
Y ejecutaré juicios contra Tebas.

15 Derramaré Mi furor sobre Sin,
La fortaleza de Egipto;
También exterminaré a la multitud de Tebas.

16 Y pondré fuego en Egipto;
Sin se retorcerá de dolor,
Tebas será destruida,
Y Menfis *tendrá* angustias cada día.

17 Los jóvenes de On y de Pi Beset
Caerán a espada,
Y las mujeres irán al cautiverio.

18 En Tafnes el día se oscurecerá
Cuando Yo quiebre allí los yugos de Egipto,
Y cesará en ella la soberbia de su poderío;
Una nube la cubrirá,
Y sus hijas irán al cautiverio.

19 Así ejecutaré juicios en Egipto,
Y sabrán que Yo soy el SEÑOR"».

20 En el año undécimo, el *mes* primero, el *día* séptimo del mes, vino a mí la palabra del SEÑOR: 21 «Hijo de hombre, he quebrado el brazo de Faraón, rey de Egipto, y no ha sido vendado para curarlo, ni ligado con vendas de modo que cobre fuerzas para empuñar la espada. 22 Por tanto, así dice el Señor DIOS: "Yo estoy en contra de Faraón, rey de Egipto. Quebraré sus brazos, tanto el fuerte como el fracturado, y haré que la espada caiga de su mano. 23 Dispersaré a los egipcios entre las naciones y los esparciré por las tierras. 24 Fortaleceré los brazos del rey de Babilonia y pondré Mi espada en su mano; y quebraré los brazos de Faraón, que delante de Nabucodonosor gemirá con gemidos de un mal herido. 25 Fortaleceré, pues, los brazos del rey de Babilonia, pero los brazos de Faraón caerán. Entonces sabrán que Yo soy el SEÑOR, cuando ponga Mi espada en la mano del rey de Babilonia y él la esgrima contra la tierra de Egipto. 26 Cuando Yo disperse a los egipcios entre las naciones y los esparza por las tierras, entonces sabrán que Yo soy el SEÑOR"».

DESTINO DE ASIRIA

31 En el año undécimo, el *mes* tercero, el *día* primero del mes, vino a mí la palabra del SEÑOR: 2 «Hijo de hombre, dile a Faraón, rey de Egipto, y a su multitud:

"¿A quién te pareces en tu grandeza?
3 Recuerda que Asiria *era* un cedro en el Líbano
De hermosas ramas y frondoso, de sombra abundante
Y de elevada altura,
Y su copa estaba entre las nubes.

30:4
La espada
Se refiere a Nabucodonosor.

30:11
«La más cruel de las naciones»
Esta era una manera habitual de describir a los babilonios, que eran muy crueles.

30:24
Quebrar los brazos de Faraón
Esta es una manera simbólica de decir que Nabucodonosor derrotaría a Faraón.

31:3
Asiria es comparada con un cedro
Hubo una época en la que Asiria había sido un gran imperio, poderoso y resistente como un cedro del Líbano, un tipo de árbol que era apreciado por su fuerza. Sin embargo, los babilonios destruyeron a Asiria.

⁴ Las aguas lo hicieron crecer y las *corrientes* profundas
　　lo encumbraron;
　Con sus ríos se extendía alrededor del lugar donde
　　estaba plantado,
　Y enviaba sus corrientes a todos los árboles del campo.
⁵ Por eso su altura era mayor que la de todos los
　　árboles del campo.
　Se multiplicaban sus ramas y se alargaba su ramaje,
　Extendiéndose a causa de las muchas aguas.
⁶ En sus ramas anidaban todas las aves del cielo,
　Bajo su ramaje parían todas las bestias del campo,
　Y a su sombra habitaban todas las grandes naciones.
⁷ Era, pues, hermoso en su grandeza, por la extensión
　　de sus ramas;
　Porque sus raíces estaban junto a muchas aguas.
⁸ Los cedros no lo igualaban en el huerto de Dios;
　Los cipreses no se podían comparar con su ramaje,
　Y los plátanos no igualaban sus ramas.
　Ningún árbol en el huerto de Dios podía compararse a
　　él en su hermosura.
⁹ Hermoso lo hice por la multitud de sus ramas,
　Y lo envidiaban todos los árboles del Edén que
　　estaban en el huerto de Dios.

¹⁰ "Por tanto, así dice el Señor DIOS: 'Porque es de elevada altura, y ha puesto su copa entre las nubes, y su corazón es altivo por su altura, ¹¹ lo entregaré, pues, en manos de un déspota de las naciones *que* lo tratará con dureza. Conforme a su maldad lo he echado fuera. ¹² Y extranjeros, los más crueles de entre las naciones, lo han derribado y abandonado. Sus ramas han caído sobre los montes y en todos los valles, y su ramaje ha sido quebrado en todas las barrancas de la tierra. Todos los pueblos de la tierra se han retirado de su sombra y lo han abandonado. ¹³ Sobre sus ruinas habitarán todas las aves del cielo, y sobre su ramaje *derribado* estarán todas las bestias del campo, ¹⁴ para que no se exalten en su altura ninguno de los árboles junto a las aguas, ni alcen su copa entre las nubes, ni confíen en su altura sus poderosos bien regados. Porque todos han sido entregados a la muerte, a las profundidades de la tierra, entre los hijos de los hombres con los que descienden a la fosa'.

¹⁵ "Así dice el Señor DIOS: 'El día en que el cedro descendió al Seol[1] causé lamentaciones, le cerré las *corrientes* profundas y detuve sus ríos. Sus muchas aguas cesaron, e hice que el Líbano se lamentara por él y por él todos los árboles del campo se marchitaron. ¹⁶ Al estruendo de su caída hice temblar a las naciones, cuando lo hice descender al Seol con los que descienden a la fosa. Entonces todos los árboles bien regados del Edén, los escogidos y los mejores del Líbano, se consolaron en las profundidades de la tierra. ¹⁷ También ellos descendieron con él al Seol, con los que murieron a espada; y *los que eran* su fuerza habitaban bajo su sombra en medio de las naciones. ¹⁸ ¿A quién, pues, eres semejante en gloria y grandeza entre los árboles del Edén? Sin embargo, serás

31:18
Ezequiel le advierte a Faraón
Dios traería el juicio a Egipto, tal como había juzgado a Asiria.

31:15 [1] I.e. región de los muertos.

derribado con los árboles del Edén a las profundidades de la tierra. Yacerás en medio de los incircuncisos, con los que fueron muertos a espada. Así es Faraón y toda su multitud"», declara el Señor DIOS».

LAMENTACIÓN POR FARAÓN

32 En el año duodécimo, el *mes* duodécimo, el *día* primero del mes, vino a mí la palabra del SEÑOR: **2** «Hijo de hombre, eleva una elegía por Faraón, rey de Egipto, y dile:

"Parecías un leoncillo de las naciones
Pero eras como el monstruo de los mares;
Prorrumpías en tus ríos,
Enturbiabas las aguas con tus pies
Y ensuciabas sus ríos"».

3 Así dice el Señor DIOS:
«Mi red tenderé sobre ti
En compañía de muchos pueblos,
Y ellos te alzarán en Mi red.
4 Te dejaré en tierra,
Te echaré en campo abierto,
Y haré que habiten sobre ti todas las aves del cielo,
Y saciaré de ti a las bestias de toda la tierra.
5 Pondré tu carne sobre los montes,
Y llenaré los valles de tu carroña.
6 También haré que la tierra se empape con el
        derramamiento de tu sangre
Hasta los montes,
Y las barrancas se llenarán de ti.
7 Cuando te hayas extinguido, cubriré los cielos
Y oscureceré sus estrellas;
Cubriré el sol de nubes,
Y la luna no dará su luz.
8 Todos los astros brillantes del cielo
Oscureceré por causa tuya,
Y pondré tinieblas sobre tu tierra»,
Declara el Señor DIOS.

9 «También turbaré el corazón de muchos pueblos, cuando haga llegar *la noticia de* tu destrucción entre las naciones, hasta tierras que no has conocido. **10** Y haré que muchos pueblos se queden pasmados por causa tuya, y sus reyes en gran manera se aterrorizarán de ti cuando Yo blanda Mi espada ante ellos. Temblarán constantemente, cada uno por su vida, el día de tu caída».

11 Pues así dice el Señor DIOS: «La espada del rey de Babilonia vendrá sobre ti. **12** Con las espadas de los poderosos haré caer tu multitud, tiranos todos ellos de las naciones,

Que asolarán el orgullo de Egipto,
Y toda su multitud será destruida.
13 También destruiré todo su ganado junto a aguas
        abundantes;
No las enturbiará más pie de hombre,
Ni pezuñas de animales las enturbiarán.
14 Entonces haré asentarse sus aguas,

32:2
Ezequiel describe a Egipto
Ezequiel compara a Egipto con un leoncillo y un monstruo. El león era un símbolo de realeza y grandeza. El monstruo era un cocodrilo que vivía en el río Nilo.

32:12
El orgullo de Egipto
Egipto estaba muy orgulloso de su ejército.

Y haré correr sus ríos como el aceite»,
Declara el Señor DIOS.
15 «Cuando Yo haga de la tierra de Egipto una
desolación,
Y la tierra quede despojada de lo que la llenaba,
Cuando Yo hiera a todos los que en ella viven,
Entonces sabrán que Yo soy el SEÑOR.

16 Esta es la lamentación y la cantarán; las hijas de las naciones la cantarán. Sobre Egipto y sobre toda su multitud la cantarán», declara el Señor DIOS.

17 En el año duodécimo, el día quince del mes, vino a mí de nuevo la palabra del SEÑOR: 18 «Hijo de hombre, laméntate por la multitud de Egipto, hazla descender, con las hijas de las naciones poderosas, a las profundidades de la tierra, con los que descienden a la fosa;

19 "¿A quién superas en hermosura?
Desciende y yace con los incircuncisos".

20 En medio de los muertos a espada ellos caerán. Egipto es entregado a la espada; lo han arrastrado con toda su multitud. 21 Los fuertes entre los poderosos hablarán de Egipto y de sus auxiliares de en medio del Seol[1]: "Han descendido, yacen los incircuncisos muertos a espada".

22 »Allí está Asiria con toda su multitud, sus tumbas la rodean; todos ellos muertos, caídos a espada. 23 Sus tumbas están en las partes más profundas de la fosa, y su multitud está alrededor de su tumba; todos ellos muertos, caídos a espada, los cuales infundían terror en la tierra de los vivientes.

24 »Allí está Elam y toda su multitud alrededor de su tumba; todos ellos muertos, caídos a espada, los cuales descendieron incircuncisos a las profundidades de la tierra. Ellos que infundían su terror en la tierra de los vivientes, cargaron su ignominia con los que descienden a la fosa. 25 Le han hecho un lecho en medio de los muertos con toda su multitud. Sus tumbas lo rodean; todos son incircuncisos, muertos a espada: por haber infundido su terror en la tierra de los vivientes, cargaron su ignominia con los que descienden a la fosa; fueron puestos en medio de los muertos.

26 »Mesec, Tubal y toda su multitud están allí; sus tumbas los rodean; todos ellos incircuncisos. Los mataron a espada, por haber infundido su terror en la tierra de los vivientes. 27 Y no yacen junto a los héroes caídos de entre los incircuncisos que descendieron al Seol con sus armas de guerra, cuyas espadas estaban colocadas debajo de sus cabezas; pero el castigo de su iniquidad cayó sobre sus huesos, porque el terror de *estos* héroes *prevalecía* en la tierra de los vivientes. 28 Pero tú, en medio de los incircuncisos serás quebrantado, y yacerás con los muertos a espada.

29 »Allí está Edom, sus reyes y todos sus príncipes, quienes con *todo* su poderío fueron puestos con los muertos a espada. Ellos están tendidos con los incircuncisos y con los que descienden a la fosa.

32:21
Cómo los líderes podían hablar después de muertos
Sus cadáveres no hablaban realmente, pero eran un símbolo de que ninguna nación podía hacerles frente a los babilonios.

32:21 [1] I.e. región de los muertos.

30 »Allí están los jefes del norte, todos ellos y todos los sidonios, quienes a pesar del terror causado por su poderío, descendieron avergonzados con los muertos. Están tendidos los incircuncisos con los muertos a espada y cargaron su ignominia con los que descienden a la fosa.

31 »A estos verá Faraón y se consolará con respecto a toda su multitud muerta a espada, Faraón y todo su ejército», declara el Señor DIOS. **32** «Aunque Yo infundí el terror de Faraón en la tierra de los vivientes, sin embargo a Faraón y a toda su multitud se le hará estar entre los incircuncisos con los muertos a espada», declara el Señor DIOS.

EL DEBER DEL CENTINELA

33 Y vino a mí la palabra del SEÑOR: **2** «Hijo de hombre, habla a los hijos de tu pueblo y diles: "Si Yo traigo una espada sobre un país, y la gente del país toma a un hombre de entre ellos y lo ponen de centinela, **3** y *este* ve venir la espada sobre el país, y toca la trompeta y advierte al pueblo, **4** y el que oye el sonido de la trompeta no se da por advertido, y viene una espada y se lo lleva, su sangre recaerá sobre su propia cabeza. **5** Oyó el sonido de la trompeta pero no se dio por advertido; su sangre recaerá sobre él. Pero si hubiera hecho caso, habría salvado su vida. **6** Pero si el centinela ve venir la espada y no toca la trompeta, y el pueblo no es advertido, y una espada viene y se lleva a uno de entre ellos, él será llevado por su iniquidad; pero Yo demandaré su sangre de mano del centinela".

7 »Y a ti, hijo de hombre, te he puesto por centinela de la casa de Israel; oirás, pues, la palabra de Mi boca, y les advertirás de Mi parte. **8** Cuando Yo diga al impío: "Impío, ciertamente morirás", si tú no hablas para advertir al impío de su camino, ese impío morirá por su iniquidad, pero Yo demandaré su sangre de tu mano. **9** Pero si tú, de tu parte adviertes al impío para que se aparte de su camino, y él no se aparta de su camino, morirá por su iniquidad, pero tú habrás librado tu vida.

10 »Y tú, hijo de hombre, dile a la casa de Israel: "Así han hablado: 'Ciertamente nuestras transgresiones y nuestros pecados están sobre nosotros, y por ellos nos estamos consumiendo; ¿cómo, pues, podremos vivir?'". **11** Diles: "Vivo Yo", declara el Señor DIOS, "que no me complazco en la muerte del impío, sino en que el impío se aparte de su camino y viva. Vuélvanse, vuélvanse de sus malos caminos. ¿Por qué han de morir, oh casa de Israel?".

12 »Y tú, hijo de hombre, dile a los hijos de tu pueblo: "La justicia del justo no lo salvará el día de su transgresión, y la maldad del impío no le será tropiezo el día que se aparte de su maldad; como tampoco el justo podrá vivir por su justicia el día que peque". **13** Cuando Yo diga al justo que ciertamente vivirá, si él confía *tanto* en su justicia que hace iniquidad, ninguna de sus obras justas le será recordada, sino que por la misma iniquidad que cometió morirá. **14** Pero cuando Yo diga al impío: "Ciertamente morirás", si él se aparta de su pecado y practica el derecho y la justicia, **15** *si* el impío devuelve la prenda, restituye lo que ha robado, anda en los preceptos de

33:3
La trompeta
Este instrumento se fabricaba con un cuerno de carnero y solía tocarse para advertir del peligro.

33:6-9
Una advertencia
Dios le advirtió a Ezequiel que estaría en problemas si era un mal centinela y no le advertía al pueblo que debía arrepentirse.

33:17-20
Cómo Dios explica que es justo

Dios dijo que castigaría a los que se apartaran de él y perdonaría a los que se arrepintieran y se volvieran a él.

33:24
Los que vivían en los lugares desolados

Algunos aún vivían en Jerusalén. No habían sido llevados al destierro en el año 586 a. C.

33:30-33
Cómo Dios le dio seguridad a Ezequiel

Dios le dijo a Ezequiel que el pueblo escuchaba sus palabras, pero no las ponía en práctica. También le indicó que cuando las profecías se cumplieran, el pueblo sabría que él había sido un verdadero profeta.

34:2
Los pastores de Israel

Estas eran las personas responsables de ejercer el liderazgo, especialmente los reyes y sus oficiales, pero también los profetas y sacerdotes.

vida sin cometer iniquidad, ciertamente vivirá, no morirá. ¹⁶ Ninguno de los pecados que ha cometido le será recordado. Él ha practicado el derecho y la justicia; ciertamente vivirá.

¹⁷ »Pero los hijos de tu pueblo dicen: "No es recto el camino del Señor", pero es su propio camino el que no es recto. ¹⁸ Cuando el justo se aparta de su justicia y hace iniquidad, morirá por ello. ¹⁹ Pero cuando el impío se aparta de su maldad y practica el derecho y la justicia, vivirá por ello. ²⁰ Sin embargo, ustedes dicen: "No es recto el camino del Señor". Yo los juzgaré a cada uno de ustedes según sus caminos, oh casa de Israel».

DEVASTACIÓN DE LA TIERRA

²¹ En el año duodécimo de nuestro destierro, a los cinco *días* del mes décimo, vino a mí un fugitivo de Jerusalén, diciendo: «La ciudad ha sido tomada». ²² Y la mano del SEÑOR había venido sobre mí la tarde antes de llegar el fugitivo. Y Él abrió mi boca cuando *aquel* llegó a mí por la mañana; mi boca se abrió y dejé de estar mudo.

²³ Entonces vino a mí la palabra del SEÑOR: ²⁴ «Hijo de hombre, los que viven en estos lugares desolados de la tierra de Israel dicen: "Uno solo era Abraham, y poseyó la tierra; así que a nosotros que somos muchos se nos ha dado la tierra en posesión". ²⁵ Por tanto, diles: "Así dice el Señor DIOS: 'Ustedes comen *carne* con sangre, alzan los ojos a sus ídolos mientras derraman sangre. ¿Poseerán entonces la tierra? ²⁶ Ustedes confían en su espada, cometen abominaciones, cada uno contamina la mujer de su prójimo. ¿Poseerán entonces la tierra?'".

²⁷ »Así les dirás: "Así dice el Señor DIOS: 'Vivo Yo, que los que están en los lugares desolados caerán a espada, y los que están en campo abierto los entregaré a las fieras para ser devorados, y los que están en los refugios y en las cuevas, de pestilencia morirán. ²⁸ Convertiré la tierra en desolación y en soledad, y cesará el orgullo de su poder; los montes de Israel serán desolados, y nadie pasará *por ellos*. ²⁹ Y sabrán que Yo soy el SEÑOR, cuando Yo convierta la tierra en desolación y en soledad por todas las abominaciones que han cometido'".

³⁰ »Pero en cuanto a ti, hijo de hombre, los hijos de tu pueblo hablan de ti junto a los muros y en las entradas de las casas; hablan el uno al otro, cada cual a su hermano, diciendo: "Vengan ahora, y oigan cual es la palabra que viene del SEÑOR". ³¹ Y vienen a ti como viene el pueblo, y se sientan delante de ti *como* pueblo Mío, oyen tus palabras y no las cumplen sino que siguen los deseos sensuales *expresados* por su boca, *y* sus corazones andan tras sus ganancias. ³² Y tú eres para ellos como la canción de amor de uno que tiene una voz hermosa y toca bien un instrumento; oyen tus palabras, pero no las ponen en práctica. ³³ Y cuando esto suceda, como ciertamente sucederá, sabrán que hubo un profeta en medio de ellos».

PROFECÍA CONTRA LOS PASTORES DE ISRAEL

34 Entonces vino a mí la palabra del SEÑOR: ² «Hijo de hombre, profetiza contra los pastores de Israel; profetiza y di a los pastores: "Así dice el Señor DIOS: '¡Ay de los pastores de Israel que se apacientan a sí mismos! ¿No deben los pastores apacentar el rebaño? ³ Comen la grasa, se han vestido con la lana, degüellan la *oveja* engordada, *pero* no apacientan el rebaño. ⁴ Ustedes no han fortalecido a las débiles, no han curado a la enferma, no han vendado a la herida, no han hecho volver a la descarriada, no han buscado a la perdida; sino que las han dominado con dureza y con severidad. ⁵ Las ovejas se han dispersado por falta de pastor, y se han convertido en alimento para toda fiera del campo. ¡Se han dispersado! ⁶ Mis ovejas andaban errantes por todos los montes y por toda colina alta. Mis ovejas han sido dispersadas por toda la superficie de la tierra, sin haber quien las busque ni pregunte *por ellas*"».

⁷ Por tanto, pastores, oigan la palabra del SEÑOR: ⁸ «Vivo Yo», declara el Señor DIOS, «ya que Mi rebaño se ha convertido en presa, que incluso Mi rebaño se ha convertido en alimento para todas las fieras del campo por falta de pastor, y que Mis pastores no han buscado Mis ovejas, sino que los pastores se han apacentado a sí mismos y no han apacentado Mi rebaño, ⁹ por tanto, pastores, oigan la palabra del

34:5-6
El pueblo de Israel era como ovejas

Ezequiel describió varias veces cómo el pueblo se había dispersado entre las naciones como un rebaño de ovejas perdidas.

Junta a las ovejas dispersas y las trae a su propia tierra

Venda a las ovejas heridas y fortalece a las enfermas

Proteje a las ovejas de otras naciones y de las fieras

Busca a las ovejas perdidas y las cuida

Bendice a las ovejas para que otras naciones no las insulten más

Juzga entre ovejas, carneros y machos cabríos

PASTOR FIEL

Ezequiel 34:8-29

Características de Dios como Pastor de Israel

Limpia la tierra de enemigos para que las ovejas tengan paz

Proporciona cultivos para las ovejas

Les brinda a sus ovejas pastos verdes

Asigna a David para que pastoree a las ovejas

Libra a la tierra de las bestias feroces

Aparta a los pastores que no cuidan del rebaño

SEÑOR: **10** "Así dice el Señor DIOS: 'Yo estoy contra los pastores y demandaré Mi rebaño de su mano y haré que dejen de apacentar el rebaño. Así los pastores ya no se apacentarán más a sí mismos, sino que Yo libraré Mis ovejas de su boca, y no serán más alimento para ellos'"».

11 Porque así dice el Señor DIOS: «Yo mismo buscaré Mis ovejas y velaré por ellas. **12** Como un pastor vela por su rebaño el día que está en medio de sus ovejas dispersas, así Yo velaré por Mis ovejas y las libraré de todos los lugares adonde fueron dispersadas un día nublado y sombrío. **13** Las sacaré de los pueblos y las juntaré de las tierras; las traeré a su propia tierra, y las apacentaré en los montes de Israel, por las barrancas y por todos los lugares habitados del país. **14** Las apacentaré en buenos pastos, y en los altos montes de Israel estará su apacentadero. Allí reposarán en apacentadero bueno, y apacentarán en ricos pastos sobre los montes de Israel. **15** Yo apacentaré Mis ovejas y las llevaré a reposar», declara el Señor DIOS. **16** «Buscaré la perdida, haré volver la descarriada, vendaré la herida y fortaleceré la enferma; pero destruiré la engordada y la fuerte. Las apacentaré con justicia.

17 »Pero en cuanto a ustedes, ovejas Mías, así dice el Señor DIOS: "Yo juzgaré entre oveja y oveja, entre carneros y machos cabríos. **18** ¿Les parece poco comer en los buenos pastos, para que después hollen con sus pies el resto de sus pastos; o que beban de las aguas claras, para que después enturbien el resto con sus pies? **19** Y en cuanto a Mis ovejas, tienen que comer lo que ustedes han hollado con sus pies, y tienen que beber lo que ustedes han enturbiado con sus pies"».

20 Por tanto, así les dice el Señor DIOS: «Yo mismo juzgaré entre la oveja engordada y la oveja flaca. **21** Por cuanto ustedes han empujado con el costado y con el hombro, y han embestido con sus cuernos a todas las débiles hasta dispersarlas fuera, **22** libraré Mis ovejas y ya no serán presa; juzgaré entre oveja y oveja. **23** Entonces pondré sobre ellas un solo pastor que las apacentará: Mi siervo David. Él las apacentará y será su pastor. **24** Entonces Yo, el SEÑOR, seré su Dios, y Mi siervo David será príncipe en medio de ellas. Yo, el SEÑOR, he hablado.

25 »Haré un pacto de paz con ellos y eliminaré de la tierra las bestias feroces, para que habiten seguros en el desierto y duerman en los bosques. **26** Haré de ellos y de los alrededores de mi collado una bendición. Haré descender lluvias a su tiempo; serán lluvias de bendición. **27** El árbol del campo dará su fruto y la tierra dará sus productos, y ellos estarán seguros en su tierra. Y sabrán que Yo soy el SEÑOR cuando Yo quiebre las varas de su yugo y los libre de la mano de los que los han esclavizado. **28** No serán más presa de las naciones, y las fieras de la tierra no los devorarán; sino que habitarán seguros y nadie *los* atemorizará. **29** Estableceré para ellos un plantío de renombre, y no serán más víctimas del hambre en la tierra, ni sufrirán más los insultos de las naciones. **30** Entonces sabrán que Yo, el SEÑOR su Dios, estoy con ellos, y que ellos, la casa de Israel, son Mi pueblo», declara el Señor DIOS. **31** «Ustedes, ovejas Mías, son el rebaño de Mi prado, hombres son, *y* Yo soy su Dios», declara el Señor DIOS.

34:11-16
Dios se convertiría en el pastor de su pueblo

El Señor haría regresar a su pueblo del cautiverio. Él los gobernaría directamente por medio de líderes que escogiera, en lugar de permitir que los reyes gobernaran al pueblo.

34:26
Tiempo de lluvias

La temporada de lluvias en Israel comienza con las lluvias de otoño y finaliza con las lluvias de primavera.

PROFECÍA CONTRA EDOM

35 Y vino a mí la palabra del SEÑOR: **2** «Hijo de hombre, pon tu rostro hacia el monte Seir, y profetiza contra él, **3** y dile: "Así dice el Señor DIOS:

'Yo estoy contra ti, monte Seir,
Extenderé Mi mano contra ti,
Y te convertiré en desolación y en soledad.
4 Dejaré en ruinas tus ciudades,
Y serás convertida en desolación;
Y sabrás que Yo soy el SEÑOR.

5 Por cuanto tuviste enemistad perpetua y entregaste a los israelitas al poder de la espada en el tiempo de su calamidad, en el tiempo del castigo final, **6** por tanto, vivo Yo', declara el Señor DIOS, 'que a sangre te entregaré y la sangre te perseguirá. Ya que no has odiado el derramamiento de sangre, la sangre te perseguirá. **7** Haré del monte Seir un desierto y una desolación, y cortaré de él al que vaya y al que venga. **8** Y llenaré sus montes de sus muertos. En tus colinas y en tus valles y en todas tus barrancas caerán los muertos a espada. **9** Te haré una desolación perpetua, y tus ciudades no serán habitadas. Entonces ustedes sabrán que Yo soy el SEÑOR.

10 'Por cuanto has dicho: "Las dos naciones y las dos tierras serán mías, y las poseeremos", aunque el SEÑOR estaba allí. **11** Por tanto, vivo Yo', declara el Señor DIOS, 'haré *contigo* conforme a tu ira y conforme al celo que mostraste a causa de tu odio contra ellos, y me haré conocer entre ellos cuando te juzgue. **12** Entonces sabrás que Yo, el SEÑOR, he oído todas las injurias que has hablado contra los montes de Israel, diciendo: "Están desolados; nos han sido dados para alimento". **13** Con arrogancia ustedes han hablado contra Mí y han multiplicado sus palabras contra Mí; Yo *lo* he oído'. **14** Así dice el Señor DIOS: 'Para alegría de toda la tierra, Yo haré de ti una desolación. **15** Como te alegraste sobre la heredad de la casa de Israel porque fue asolada, así te haré Yo a ti. Serás una desolación, monte Seir, y todo Edom, todo él. Entonces sabrán que Yo soy el SEÑOR'".

LOS MONTES DE ISRAEL BENDECIDOS

36 »Y tú, hijo de hombre, profetiza a los montes de Israel, y di: "Montes de Israel, oigan la palabra del SEÑOR. **2** Así dice el Señor DIOS: 'Por cuanto el enemigo ha dicho contra ustedes: "¡Ajá!" y: "Las alturas eternas han pasado a ser posesión nuestra", **3** por tanto, profetiza y di: "Así dice el Señor DIOS: 'Porque los han asolado y aplastado por todos lados, para que fueran posesión de las demás naciones, a ustedes los han hecho el blanco de la habladuría y de la calumnia del pueblo'". **4** Por tanto, montes de Israel, oigan la palabra del Señor DIOS. Así dice el Señor DIOS a los montes y a las colinas, a las barrancas y a los valles, a las ruinas desoladas y a las ciudades abandonadas, que han venido a ser presa y escarnio de las demás naciones alrededor; **5** por eso, así dice el Señor DIOS: 'Ciertamente en el fuego de Mi celo he hablado contra las demás naciones y contra todo Edom, que se han

35:2
Monte Seir
Este era otro nombre para el país de Edom.

35:5
El significado de enemistad perpetua
Los edomitas eran descendientes de Esaú y los israelitas provenían de Jacob. Cuando Jacob engañó a Esaú para quedarse con su primogenitura, comenzó una rivalidad que continuó a lo largo de la historia, incluyendo el momento en que Edom saqueó a Jerusalén en el año 586 a. C.

36:2
Alturas eternas
Se refería a la tierra prometida, o más específicamente a las alturas de Sión.

36:6
Por qué el Señor estaba tan enojado
El Señor estaba disgustado porque se burlaban de su tierra especial y le robaban.

36:8
Ramas y frutos
Estas eran señales de que la tierra volvería a producir cosechas y alimentos, porque el Señor haría regresar a los desterrados.

36:11
Una bendición de hacía muchos años
La bendición en estos versículos es similar a las palabras pronunciadas en el momento de la creación. (Ver Génesis 1:22, 28).

36:26
Un corazón y un espíritu nuevos
Dios prometió que él transformaría las mentes y los corazones de su pueblo.

apropiado de Mi tierra como posesión, con alegría, de todo corazón y con desprecio de alma, para dejarla como presa'.

6 "Por tanto, profetiza acerca de la tierra de Israel, y diles a los montes y a las colinas, a las barrancas y a los valles: 'Así dice el Señor DIOS: "Yo he hablado en mi celo y en mi furor porque han soportado los insultos de las naciones". 7 Por lo cual, así dice el Señor DIOS: "Yo he jurado que las naciones que los rodean, ellas mismas cargarán sus propios insultos. 8 Pero ustedes, montes de Israel, echarán sus ramas y producirán su fruto para Mi pueblo Israel; porque pronto vendrán. 9 Pues Yo estoy por ustedes y me volveré a ustedes, y serán labrados y sembrados. 10 Multiplicaré los hombres en ustedes, toda la casa de Israel, toda ella; y las ciudades serán habitadas, y las ruinas reedificadas. 11 Multiplicaré en ustedes hombres y animales; se multiplicarán y serán fecundos. Haré que sean habitados como lo fueron anteriormente y los trataré mejor que al principio. Así ustedes sabrán que Yo soy el SEÑOR. 12 Sí, haré que hombres anden sobre el territorio de ustedes (Mi pueblo Israel). Ellos tomarán posesión de ti, y serás su heredad, y nunca más les privarás de sus hijos".

13 'Así dice el Señor DIOS: "Porque te dicen: 'Eres devoradora de hombres y has privado de hijos a tu nación', 14 por tanto, ya no devorarás hombres y ya no privarás de hijos a tu nación", declara el Señor DIOS. 15 Y nunca más te haré oír el ultraje de las naciones, ni soportarás más los insultos de los pueblos, ni harás que tu nación tropiece más', declara el Señor DIOS"».

16 Entonces vino a mí la palabra del SEÑOR: 17 «Hijo de hombre, cuando la casa de Israel habitaba en su propia tierra, ellos mismos la contaminaron con su conducta y con sus obras; como la impureza de una *mujer* en su menstruación fue su conducta delante de Mí. 18 Por tanto, derramé Mi furor sobre ellos por la sangre que habían derramado sobre la tierra y por haberla contaminado con sus ídolos. 19 Los esparcí entre las naciones y fueron dispersados por las tierras. Conforme a sus caminos y a sus obras los juzgué. 20 Cuando llegaron a las naciones adonde fueron, profanaron Mi santo nombre, porque de ellos se decía: "Estos son el pueblo del SEÑOR, y han salido de Su tierra". 21 Pero Yo he tenido compasión de Mi santo nombre, que la casa de Israel había profanado entre las naciones adonde fueron.

22 »Por tanto, dile a la casa de Israel: "Así dice el Señor DIOS: 'No es por ustedes, casa de Israel, que voy a actuar, sino por Mi santo nombre, que han profanado entre las naciones adonde fueron. 23 Vindicaré la santidad de Mi gran nombre profanado entre las naciones, el cual ustedes han profanado en medio de ellas. Entonces las naciones sabrán que Yo soy el SEÑOR', declara el Señor DIOS, 'cuando demuestre Mi santidad entre ustedes a la vista de ellas. 24 Porque los tomaré de las naciones, los recogeré de todas las tierras y los llevaré a su propia tierra. 25 Entonces los rociaré con agua limpia y quedarán limpios; de todas sus inmundicias y de todos sus ídolos los limpiaré.

26 'Además, les daré un corazón nuevo y pondré un espíritu nuevo dentro de ustedes; quitaré de su carne el corazón

de piedra y les daré un corazón de carne. **27** Pondré dentro de ustedes Mi espíritu y haré que anden en Mis estatutos, y que cumplan cuidadosamente Mis ordenanzas. **28** Habitarán en la tierra que di a sus padres; y ustedes serán Mi pueblo y Yo seré su Dios. **29** Los libraré de todas sus inmundicias; llamaré al trigo y lo multiplicaré, y no traeré hambre sobre ustedes. **30** Y multiplicaré el fruto de los árboles y el producto del campo, para que no reciban más el oprobio del hambre entre las naciones. **31** Entonces se acordarán de sus malos caminos y de sus obras que no *eran* buenas, y se aborrecerán a ustedes mismos por sus iniquidades y por sus abominaciones. **32** No hago *esto* por ustedes', declara el Señor DIOS, 'sépanlo bien. Avergüéncense y abochórnense de su conducta, casa de Israel'.

33 "Así dice el Señor DIOS: 'En el día que Yo los limpie de todas sus iniquidades, haré que las ciudades sean habitadas y las ruinas reedificadas. **34** La tierra desolada será cultivada en vez de ser desolación a la vista de todo el que pasa. **35** Y dirán: "Esta tierra desolada se ha hecho como el huerto del Edén; y las ciudades desiertas, desoladas y arruinadas están fortificadas *y* habitadas". **36** Y las naciones que quedan a su alrededor sabrán que Yo, el SEÑOR, he reedificado los lugares en ruinas *y* plantado lo que estaba desolado. Yo, el SEÑOR, he hablado y lo haré'.

37 "Así dice el Señor DIOS: 'Aún permitiré a la casa de Israel que me pida hacer esto por ellos: Multiplicar sus hombres como un rebaño. **38** Como el rebaño para los sacrificios, como el rebaño en Jerusalén en sus fiestas señaladas, así se llenarán las ciudades desiertas de rebaños de hombres. Entonces sabrán que Yo soy el SEÑOR'"».

VISIÓN DE LOS HUESOS SECOS

37 La mano del SEÑOR vino sobre mí, y me sacó en[1] el Espíritu del SEÑOR, y me puso en medio del valle que estaba lleno de huesos. **2** Él me hizo pasar en derredor de ellos, y vi que *eran* muchísimos sobre la superficie del valle; y *estaban* muy secos. **3** Y me preguntó: «Hijo de hombre, ¿vivirán estos huesos?». Y yo respondí: «Señor DIOS, Tú lo sabes». **4** Entonces me dijo: «Profetiza sobre estos huesos, y diles: "Huesos secos, oigan la palabra del SEÑOR". **5** Así dice el Señor DIOS a estos huesos: "Voy a hacer que en ustedes entre espíritu[1], y vivirán. **6** Y pondré tendones sobre ustedes, haré crecer carne sobre ustedes, los cubriré de piel y pondré espíritu en ustedes, y vivirán; y sabrán que Yo soy el SEÑOR"».

7 Profeticé, pues, como me fue mandado; y mientras yo profetizaba hubo un ruido, y luego un estremecimiento, y los huesos se juntaron cada hueso con su hueso. **8** Y miré que *había* tendones sobre ellos, creció la carne y la piel los cubrió, pero no *había* espíritu en ellos. **9** Entonces Él me dijo: «Profetiza al espíritu, profetiza, hijo de hombre, y dile al espíritu: "Así dice el Señor DIOS: 'Ven de los cuatro vientos, oh espíritu, y sopla sobre estos muertos, y vivirán'"». **10** Y profeticé

37:2
Lo que estos huesos representan
Todos estos huesos «muy secos» simbolizaban al pueblo en el destierro.

37:1 ¹ O *por*.   37:5 ¹ O *aliento*, y así en el resto del cap.

LAS PARÁBOLAS DE EZEQUIEL
Ezequiel 15—37

La madera de la vid 15	Inutilidad y juicio del pueblo de Jerusalén
La esposa adúltera 16	Traición de Jerusalén y la compasión y el amor de Dios
Las águilas y la vid 17	Rebelión del rey Sedequías, que lleva a la destrucción de Jerusalén
El horno de fuego 22:17-22	Asedio a Jerusalén, por medio del cual Dios derrama su ira y luego purifica a su pueblo
Las dos prostitutas 23	Adulterio de Samaria y Jerusalén
La olla hirviente 24:1-14	Dios limpia las impurezas de Jerusalén
El naufragio 27	El juicio de Tiro
Los pastores y las ovejas 34	Insuficiencia de los líderes de Israel
El valle de los huesos secos 37:1-14	Renuevo espiritual de Israel

37:10
Por qué los huesos volvieron a vivir
Esto era un símbolo de la resurrección espiritual que Dios traería a la nación de Israel, cuyo espíritu estaba muerto.

como Él me había ordenado, y el espíritu entró en ellos, y vivieron y se pusieron en pie, un enorme e inmenso ejército. **11** Entonces Él me dijo: «Hijo de hombre, estos huesos son toda la casa de Israel. Ellos dicen: "Nuestros huesos se han secado, y nuestra esperanza ha perecido. Estamos completamente destruidos". **12** Por tanto, profetiza, y diles: "Así dice el Señor DIOS: 'Voy a abrir sus sepulcros y los haré subir de sus sepulcros, pueblo Mío, y los llevaré a la tierra de Israel. **13** Y sabrán que Yo soy el SEÑOR, cuando abra sus sepulcros y los haga subir a ustedes de sus sepulcros, pueblo Mío. **14** Pondré Mi Espíritu en ustedes, y vivirán, y los estableceré en su tierra. Entonces sabrán que Yo, el SEÑOR, he hablado y lo he hecho', declara el SEÑOR"».

15 Y vino a mí la palabra del SEÑOR: **16** «Tú, hijo de hombre, toma una vara y escribe en ella: "Para Judá y para los israelitas, sus compañeros". Toma luego otra vara y escribe en ella:

"Para José, la vara de Efraín, y *para* toda la casa de Israel, sus compañeros". **17** Júntalas la una con la otra en una sola vara para que sean una sola en tu mano.

18 »Y cuando los hijos de tu pueblo te pregunten: "¿No nos explicarás qué quieres decir con esto?", **19** diles: "Así dice el Señor DIOS: 'Voy a tomar la vara de José, que está en la mano de Efraín, y las tribus de Israel, sus compañeros; las pondré con aquella, con la vara de Judá, y las haré una sola vara, y serán una en Mi mano". **20** Las varas en que escribas estarán en tu mano a la vista de ellos, **21** y diles: "Así dice el Señor DIOS: 'Voy a tomar a los israelitas de entre las naciones adonde han ido, los recogeré de todas partes y los traeré a su propia tierra. **22** Y haré de ellos una nación en la tierra, en los montes de Israel; un solo rey será rey de todos ellos; nunca más serán dos naciones, y nunca más serán divididos en dos reinos. **23** No se contaminarán más con sus ídolos, ni con sus abominaciones, ni con ninguna de sus transgresiones; sino que los libraré de todos los lugares¹ en que pecaron y los limpiaré. Y ellos serán Mi pueblo y Yo seré su Dios.

24 'Mi siervo David *será* rey sobre ellos, y todos ellos tendrán un solo pastor; andarán en Mis ordenanzas y guardarán Mis estatutos y los cumplirán. **25** Habitarán en la tierra que di a Mi siervo Jacob, en la cual habitaron sus padres; en ella habitarán ellos y sus hijos, y los hijos de sus hijos para siempre; y Mi siervo David *será* su príncipe para siempre. **26** Haré con ellos un pacto de paz; será un pacto eterno con ellos. Y los estableceré, los multiplicaré y pondré Mi santuario en medio de ellos para siempre. **27** Mi morada estará también junto a ellos, y Yo seré su Dios y ellos serán Mi pueblo. **28** Y las naciones sabrán que Yo, el SEÑOR, santifico a Israel, cuando Mi santuario esté en medio de ellos para siempre"».

PROFECÍA CONTRA GOG

38 Y vino a mí la palabra del SEÑOR: **2** «Hijo de hombre, pon tu rostro hacia Gog, de la tierra de Magog, príncipe supremo de Mesec y Tubal, y profetiza contra él, **3** y di: "Así dice el Señor DIOS: 'Yo estoy contra ti, oh Gog, príncipe supremo de Mesec y Tubal. **4** Te haré dar vuelta, pondré garfios en tus quijadas y te sacaré con todo tu ejército, caballos y jinetes, todos ellos bien equipados; una gran compañía *con* broquel y escudo, todos ellos empuñando espada; **5** Persia, Etiopía y Fut con ellos, todos *con* escudo y casco; **6** Gomer con todas sus tropas, Bet Togarmá, *de* las partes remotas del norte, con todas sus tropas; muchos pueblos están contigo.

7 'Disponte y prepárate, tú y toda la multitud que se ha reunido alrededor tuyo, y sé para ellos guarda. **8** Después de muchos días recibirás órdenes; al fin de los años vendrás a la tierra recuperada de la espada, *cuyos habitantes* han sido recogidos de muchas naciones¹ en los montes de Israel, que habían sido una desolación continua. *Este pueblo* fue sacado de entre las naciones y habitan seguros todos ellos. **9** Tú subirás *y* vendrás como una tempestad; serás como una nube *que* cubre la tierra, tú y todas tus tropas, y muchos pueblos contigo'.

37:24
Cómo volvería David a reinar sobre Israel
El rey que vendría es llamado David porque sería descendiente de él. Esto se refiere al Mesías, a Jesús.

38:2
Gog
Gog fue un líder o rey que era enemigo del pueblo de Dios.

37:23 ¹ Lit. *todas las moradas.*   38:8 ¹ Lit. *pueblos.*

38:11
Una tierra indefensa

Este era un lugar de paz en el que el pueblo no precisaba de murallas o fortificaciones.

38:12
En medio de la tierra

La palabra hebrea para *medio* o *centro* también significa *ombligo*, lo que simboliza que Israel era un vínculo importante entre Dios y el mundo.

10 "Así dice el Señor DIOS: 'Sucederá en aquel día que pensamientos vendrán a tu mente y concebirás un plan malvado, **11** y dirás: "Subiré contra una tierra indefensa. Iré *contra* los que *viven* tranquilos, que habitan confiados, que habitan todos ellos sin murallas, sin cerrojos ni puertas; **12** para tomar botín y para proceder al saqueo, para volver tu mano contra los lugares desolados, *ahora* poblados, y contra el pueblo reunido de entre las naciones, que ha adquirido ganado y posesiones, que habita en medio de la tierra". **13** Sabá y Dedán, y los mercaderes de Tarsis con todos sus pueblos te dirán: "¿Has venido para tomar botín? ¿Has reunido tu compañía para saquear, para llevar plata y oro, para llevar ganado y posesiones, para tomar gran botín?"'".

14 »Por tanto, profetiza, hijo de hombre, y dile a Gog: "Así dice el Señor DIOS: 'En aquel día cuando Mi pueblo Israel habite seguro, ¿no lo sabrás tú? **15** Vendrás de tu lugar de las partes remotas del norte, tú y mucha gente contigo, todos montados a caballo, una gran multitud y un poderoso ejército; **16** y subirás contra Mi pueblo Israel como una nube para cubrir la tierra. Sucederá en los postreros días que te traeré contra Mi tierra, para que las naciones me conozcan cuando Yo sea santificado por medio de ti ante sus ojos, oh Gog'.

17 "Así dice el Señor DIOS: '¿Eres tú aquel de quien hablé en tiempos pasados por medio de Mis siervos los profetas de Israel, que profetizaron en aquellos días, durante años, que Yo te traería contra ellos? **18** Sucederá en aquel día cuando venga Gog contra la tierra de Israel', declara el Señor DIOS, 'que subirá mi furor y Mi ira. **19** Y en Mi celo y en el fuego de Mi furor declaro *que* ciertamente en aquel día habrá un gran terremoto en la tierra de Israel. **20** Los peces del mar, las aves del cielo, las bestias del campo y todos los animales que se arrastran sobre la tierra, y todos los hombres sobre la superficie de la tierra temblarán en Mi presencia; también se derrumbarán los montes, se desplomarán los precipicios y todo muro caerá por tierra. **21** En todos Mis montes llamaré la espada contra Gog', declara el Señor DIOS. 'La espada de cada cual se volverá contra su hermano. **22** Con pestilencia y con sangre haré juicio contra él; haré caer una lluvia torrencial, y piedras de granizo, fuego y azufre sobre él, sobre sus tropas, y sobre los muchos pueblos que están con él. **23** Y mostraré Mi grandeza y santidad, y me daré a conocer a los ojos de muchas naciones; y sabrán que Yo soy el SEÑOR'".

DESTRUCCIÓN DE GOG

39 »Y tú, hijo de hombre, profetiza contra Gog, y di: "Así dice el Señor DIOS: 'Yo estoy contra ti, Gog, príncipe supremo de Mesec y Tubal. **2** Te haré dar vuelta y te empujaré, te recogeré de las partes remotas del norte y te traeré contra los montes de Israel. **3** Romperé el arco de tu mano izquierda, y derribaré las flechas de tu mano derecha. **4** Sobre los montes de Israel caerás, tú y todas tus tropas y los pueblos que están contigo. Te daré por comida a toda clase de ave de rapiña y a las bestias del campo. **5** Sobre el campo abierto caerás; porque soy Yo el que ha hablado', declara el Señor

DIOS. **6** 'Enviaré fuego sobre Magog y sobre los que habitan seguros en las costas; y sabrán que Yo soy el SEÑOR.

7 'Daré a conocer Mi santo nombre en medio de Mi pueblo Israel, y nunca más permitiré que Mi santo nombre sea profanado; y sabrán las naciones que Yo soy el SEÑOR, el Santo en Israel. **8** Ciertamente viene y se cumplirá', declara el Señor DIOS. 'Este es el día del cual he hablado.

9 'Entonces saldrán los habitantes de las ciudades de Israel y harán hogueras con las armas, y quemarán escudos, broqueles, arcos y flechas, mazos y lanzas, y harán fuego con ellos durante siete años. **10** No tomarán leña del campo ni la recogerán de los bosques, porque harán hogueras con las armas; despojarán a sus despojadores y saquearán a sus saqueadores', declara el Señor DIOS.

11 'Y sucederá en aquel día que daré a Gog un lugar para sepultura allí en Israel, el valle de los que pasan al oriente del mar, y cortará el paso a los viajeros. Allí enterrarán a Gog con toda su multitud, y *lo* llamarán el valle de Hamón Gog. **12** Durante siete meses la casa de Israel los estará enterrando para limpiar la tierra. **13** Todo el pueblo de la tierra *los* enterrará; y será para ellos memorable el día en que Yo me glorifique', declara el Señor DIOS. **14** 'Escogerán hombres que constantemente recorran la tierra y entierren a los que pasen, a los que queden sobre la superficie de la tierra, para limpiarla. Después de siete meses harán un reconocimiento. **15** Cuando pasen los que recorran la tierra, el que vea un hueso humano pondrá señal junto a él, hasta que los sepultureros lo entierren en el valle de Hamón Gog. **16** Y el nombre de la ciudad será Hamona¹; y dejarán limpia la tierra".

17 »En cuanto a ti, hijo de hombre, así dice el Señor DIOS: "Dile a toda clase de ave y a toda bestia del campo: 'Congréguense y vengan, júntense de todas partes al sacrificio que voy a preparar para ustedes, un gran sacrificio sobre los montes de Israel, y comerán carne y beberán sangre. **18** Comerán carne de poderosos y beberán sangre de los príncipes de la tierra, *como si fueran* carneros, corderos, machos cabríos y toros, engordados todos en Basán. **19** Comerán grasa hasta que se harten, y beberán sangre hasta que se embriaguen, del sacrificio que he preparado para ustedes. **20** En mi mesa se hartarán de caballos y jinetes, de poderosos y de todos los hombres de guerra', declara el Señor DIOS.

21 'Pondré Mi gloria entre las naciones; y todas las naciones verán el juicio que he hecho y Mi mano que he puesto sobre ellos. **22** La casa de Israel sabrá que Yo soy el SEÑOR su Dios desde ese día en adelante. **23** Las naciones sabrán que la casa de Israel fue al cautiverio por su iniquidad porque actuaron pérfidamente contra Mí; escondí, pues, Mi rostro de ellos, los entregué en manos de sus adversarios y todos ellos cayeron a espada. **24** Conforme a su inmundicia y conforme a sus transgresiones, *así* los traté, y de ellos escondí Mi rostro"».

25 Por tanto, así dice el Señor DIOS: «Ahora restauraré el bienestar¹ de Jacob, y tendré misericordia de toda la casa de Israel, y me mostraré celoso de Mi santo nombre. **26** Y

39:14
Cómo limpiarían la tierra
Luego del período de sepultura de siete meses, las brigadas especiales se encargarían de enterrar los huesos que encontraran para que la tierra quedara totalmente limpia.

39:18
Basán
Basán era una tierra rica para el pastoreo ubicada al este del mar de Galilea. Era conocida por su excelente ganado y sus árboles de roble.

39:21-23
Cómo sabría el pueblo que Dios estaba al mando
Todos entenderían que Dios estaba juzgando a su pueblo por sus pecados. Finalmente, también iban a ver cómo Dios restauraría a su pueblo (versículos 27-28).

39:16 ¹ I.e. Multitud.   39:25 ¹ O *haré volver a los cautivos.*

ellos olvidarán su ignominia y todas las infidelidades que cometieron contra Mí, cuando habiten seguros en su tierra sin que nadie *los* atemorice. **27** Cuando Yo los traiga de entre los pueblos y los reúna de las tierras de sus enemigos, seré santificado en ellos ante los ojos de muchas naciones. **28** Entonces sabrán que Yo soy el SEÑOR su Dios, porque los hice ir al cautiverio entre las naciones, y después los reuní *de nuevo* en su propia tierra, sin dejar allá a ninguno de ellos. **29** No les ocultaré más Mi rostro, porque habré derramado Mi Espíritu sobre la casa de Israel», declara el Señor DIOS.

VISIÓN DEL TEMPLO FUTURO

40 En el año veinticinco de nuestro destierro, al principio del año, a los diez *días* del mes, catorce años después de haber sido tomada la ciudad, en aquel mismo día vino sobre mí la mano del SEÑOR, y me llevó allá. **2** En visiones de Dios, Él me llevó a la tierra de Israel y me puso sobre un monte muy alto, sobre el cual, hacia el sur, *había* una construcción parecida a una ciudad. **3** Me llevó allá; y vi a un hombre cuyo aspecto era semejante al bronce, con un cordel de lino y una caña de medir (unos 3 metros) en la mano, y estaba de pie en la puerta. **4** Y el hombre me dijo: «Hijo de hombre, mira con tus ojos, oye con tus oídos y presta atención a todo lo que te voy a mostrar; porque has sido traído aquí para que te sea mostrado. Declara todo lo que ves a la casa de Israel».

5 Entonces vi que por el exterior del templo *había* un muro, todo alrededor, y en la mano del hombre *había* una caña de medir de 6 codos (3.2 metros), *cada codo era* de un codo y un palmo menor (52.5 centímetros). Midió el muro, y *tenía* una caña de ancho y una caña de alto. **6** Entonces fue a la puerta que miraba al oriente, subió las gradas, y midió el umbral de la puerta, *y tenía* una caña (3.2 metros) de ancho, y el otro umbral, una caña de ancho. **7** La cámara *tenía* una caña (3.2 metros) de largo y una caña de ancho; y entre las cámaras *había* 5 codos (2.63 metros); el umbral de la puerta junto al vestíbulo de la puerta hacia el interior *tenía* una caña *de fondo*. **8** Entonces midió el vestíbulo de la puerta, hacia el interior, *y tenía* una caña (3.2 metros). **9** Midió el vestíbulo de la puerta, *y tenía* 8 codos (4.2 metros), y sus pilares, 2 codos (1.05 metros). Y el vestíbulo de la puerta *estaba* hacia el interior. **10** Las cámaras de la puerta hacia el oriente *eran* tres por cada lado; las tres *tenían* la misma medida. Los pilares a cada lado *tenían* también la misma medida.

11 El hombre midió la anchura del vestíbulo, *y tenía* 10 codos (5.25 metros), y la longitud de la puerta, 13 codos (6.83 metros). **12** Y *había* una barrera frente a las cámaras de un codo (52.5 centímetros) por un lado, y de un codo por el otro; *cada* cámara *tenía* 6 codos (3.2 metros) por un lado y 6 codos por el otro. **13** Midió la puerta desde el techo de una cámara al techo de la otra; una anchura de 25 codos (13.13 metros) desde una puerta hasta la puerta opuesta. **14** Midió también los pilares, *y tenían* 60 codos (31.5 metros) *de altura*. El atrio alrededor de

40:2
El monte muy alto
Se refiere al monte Sión. La altura del monte indica su importancia como el lugar en el que Dios vivía en la tierra.

40:5
Por qué era importante este muro
Este muro separaba el templo de sus alrededores. Representaba la separación entre lo santo y lo mundano.

la puerta *se extendía* hasta el pilar lateral. **15** Desde el frente de la puerta de entrada hasta el frente del vestíbulo de la puerta interior *había* 50 codos (26.25 metros). **16** Y *había* ventanas estrechas *que daban* hacia las habitaciones, hacia sus pilares de dentro de la puerta por todo alrededor y asimismo para los pórticos. *Había* ventanas todo alrededor por dentro, y en *cada* pilar *había* figuras de palmeras.

17 Entonces el hombre me llevó al atrio exterior, en el cual *había* cámaras y un pavimento construido todo alrededor del atrio; treinta cámaras *daban* al pavimento. **18** El pavimento (*esto es,* el pavimento inferior) *estaba* al lado de las puertas, y correspondía a la longitud de las puertas. **19** Midió el ancho desde el frente de la puerta inferior hasta el frente del atrio interior por fuera, *y tenía* 100 codos (52.5 metros) al oriente y al norte.

20 Y *con respecto a* la puerta del atrio exterior que daba al norte, midió su longitud y su anchura. **21** Había tres cámaras en cada lado, y sus pilares y sus pórticos eran de la misma medida que la primera puerta. Su longitud *era* de 50 codos (26.25 metros), y la anchura de 25 codos (13.13 metros). **22** Sus ventanas, sus pórticos y sus figuras de palmeras *tenían* las mismas medidas de la puerta que daba al oriente; se subía a ella por siete gradas, y su pórtico *estaba* delante de ellas. **23** El atrio interior tenía una puerta frente a la puerta del norte así como también *a la puerta* del oriente; y midió 100 codos (52.5 metros) de puerta a puerta.

24 Luego el hombre me llevó hacia el sur, donde *había* una puerta que daba hacia el sur; y midió sus pilares y sus pórticos conforme a aquellas mismas medidas. **25** La puerta y sus pórticos tenían ventanas todo alrededor como las otras ventanas; la longitud *era* de 50 codos (26.25 metros) y la anchura de 25 codos (13.13 metros). **26** Y *había* siete gradas para subir a ella, y sus pórticos *estaban* delante de ellas; y tenía figuras de palmeras sobre sus pilares, una a cada lado. **27** El atrio interior tenía una puerta hacia el sur; y midió de puerta a puerta hacia el sur, *y eran* 100 codos (52.5 metros).

28 Después me llevó al atrio interior por la puerta del sur, y midió la puerta del sur conforme a aquellas mismas medidas. **29** También sus cámaras, sus pilares y sus pórticos *eran* conforme a aquellas mismas medidas. Y la puerta y sus pórticos tenían ventanas todo alrededor; *era* de 50 codos (26.25 metros) de largo y 25 codos (13.13 metros) de ancho. **30** Y *había* pórticos todo alrededor de 25 codos (13.13 metros) de largo y 5 codos (2.63 metros) de ancho. **31** Sus pórticos *daban* al atrio exterior; y *había* figuras de palmeras en sus pilares, y se subía *por* ocho gradas.

32 Entonces me llevó al atrio interior que daba al oriente, y midió la puerta conforme a aquellas mismas medidas. **33** También sus cámaras, sus pilares, y sus pórticos *eran* conforme a aquellas mismas medidas. Y la puerta y sus pórticos tenían ventanas todo alrededor; *era* de 50 codos (26.25 metros) de largo y 25 codos (13.13 metros) de ancho. **34** Sus pórticos *daban* al atrio exterior; y *había* figuras de palmeras en sus pilares a cada lado, y se subía *por* ocho gradas.

35 El hombre me llevó luego a la puerta del norte, y *la* midió conforme a aquellas mismas medidas, **36** *con* sus cámaras, sus pilares y sus pórticos. La puerta tenía ventanas a su alrededor; *era* de 50 codos (26.25 metros) de largo y 25 codos (13.13 metros) de ancho. **37** Sus pilares *daban* al atrio exterior; y *había* figuras de palmeras en sus pilares a cada lado, y se subía *por* ocho gradas.

38 *Había* una cámara con su entrada junto a los pilares de las puertas; allí lavaban el holocausto. **39** En el vestíbulo de la puerta *había* a cada lado dos mesas, en las cuales degollaban el holocausto, la ofrenda por el pecado y la ofrenda por la culpa. **40** Y por el lado de afuera, conforme uno subía a la entrada de la puerta, hacia el norte, *había* dos mesas; y al otro lado del vestíbulo de la puerta *había* dos mesas. **41** *Había* cuatro mesas a un lado y cuatro mesas al otro lado, junto a la puerta: ocho mesas sobre las cuales degollaban *los sacrificios.* **42** Para el holocausto *había* cuatro mesas de piedra labrada de 1.5 codos (79 centímetros) de largo, 1.5 codos de ancho y un codo (52.5 centímetros) de alto, sobre las cuales se colocaban los instrumentos con que degollaban el holocausto y el sacrificio. **43** Ganchos dobles, de un palmo menor (7.5 centímetros) de longitud, estaban colocados en el interior, todo alrededor; y sobre las mesas estaba la carne de la ofrenda.

44 Fuera de la puerta interior, en el atrio de adentro, *había* dos cámaras, *una de* las cuales *estaba* al lado de la puerta del norte con su fachada hacia el sur, *y* la otra al lado de la puerta del sur con *su* fachada hacia el norte. **45** Y el hombre me dijo:

EL TEMPLO DE EZEQUIEL

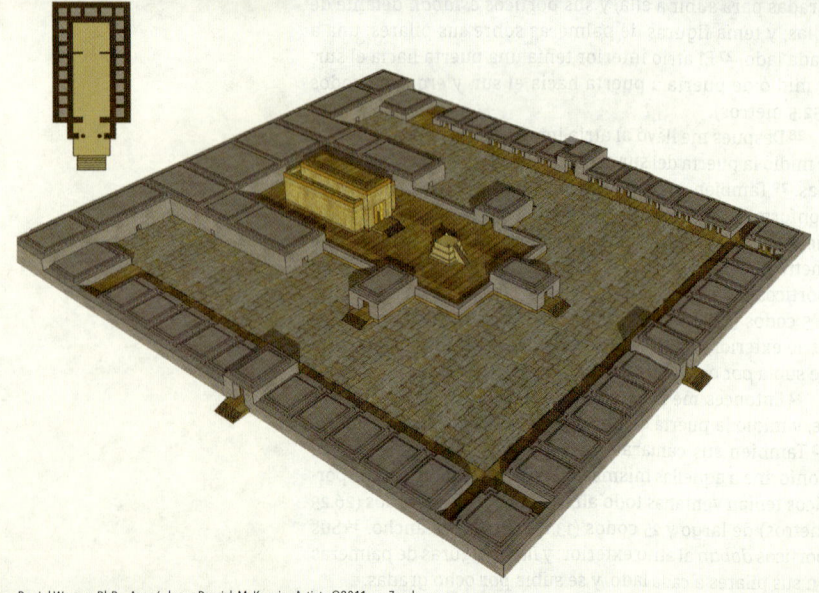

«Esta cámara, cuya fachada da al sur, es para los sacerdotes encargados del templo; **46** y la cámara, cuya fachada da al norte, es para los sacerdotes encargados del altar. Estos son los hijos de Sadoc, que, de los hijos de Leví, se acercan al SEÑOR para servirle». **47** Y midió el atrio, un cuadrado de 100 codos (52.5 metros) de largo y 100 codos de ancho; y el altar *estaba* delante del templo.

48 Me llevó después al pórtico del templo y midió *cada* pilar del pórtico, 5 codos (2.63 metros) por un lado y 5 codos por el otro; y la anchura de la puerta, 3 codos (1.58 metros) por un lado y 3 codos por el otro. **49** La longitud del pórtico *era* de 20 codos (10.5 metros) y la anchura de 11 codos (5.78 metros); y junto a las gradas por donde se subía a él, *había* columnas junto a los pilares, una a un lado y otra al otro.

EL INTERIOR DEL TEMPLO

41 Entonces el hombre me llevó a la nave y midió los pilares; 6 codos (3.2 metros) de ancho por un lado y 6 codos de ancho por el otro *era* la anchura de cada pilar. **2** Y la anchura de la entrada *era* de 10 codos (5.25 metros), y los lados de la entrada *eran* de 5 codos (2.63 metros) por un lado y 5 codos por el otro. Midió la longitud *de la nave y tenía* 40 codos (21 metros), y la anchura, 20 codos (10.5 metros). **3** Luego entró al interior y midió *cada* pilar de la entrada, *y tenían* 2 codos (1.05 metros), la entrada tenía 6 codos (3.2 metros) de *altura*, y la anchura de la entrada, 7 codos (3.68 metros). **4** Midió su longitud *y tenía* 20 codos (10.5 metros), y la anchura, 20 codos delante de la nave. Entonces me dijo: «Este es el *lugar* santísimo».

5 Después midió *la anchura* del muro del templo *y tenía* 6 codos (3.2 metros), y la anchura de las cámaras laterales, 4 codos (2.1 metros) por todos los lados alrededor del templo. **6** Las cámaras laterales estaban superpuestas en tres pisos, treinta en cada piso; y las cámaras laterales se extendían hasta el muro que *estaba* en su lado interior, todo alrededor, para que fueran aseguradas sin que fueran aseguradas al muro del templo. **7** Las cámaras laterales alrededor *del templo* se ensanchaban en cada piso sucesivo. Debido a que *la estructura* alrededor del templo se ensanchaba por etapas por todos los lados del templo, la anchura del templo *aumentaba* según se subía. Así se podía subir del *piso* inferior al más alto por el *piso* intermedio. **8** También vi que el templo tenía todo alrededor una plataforma elevada; los cimientos de las cámaras laterales tenían *de alto* una caña entera de 6 codos (3.2 metros) largos. **9** La anchura del muro exterior de las cámaras laterales *era* de 5 codos (2.63 metros). Pero el espacio libre entre las cámaras laterales que pertenecían al templo **10** y las cámaras *exteriores era* de 20 codos (10.5 metros) de anchura por todos los lados alrededor del templo. **11** Las entradas de las cámaras laterales que *daban* hacia el espacio libre *consistían en* una entrada hacia el norte y otra entrada hacia el sur; y la anchura del espacio libre *era* de 5 codos (2.63 metros), todo alrededor. **12** El edificio que *estaba* enfrente de la zona separada, hacia el lado occidental, *tenía* 70 codos (36.75 metros) de ancho;

41:1
La nave
Se refería a la más grande de las tres salas del templo. Este salón principal tenía el mismo tamaño que había tenido en el templo de Salomón.

41:3-4
El Lugar Santísimo
El santuario interior del templo contenía el arca del pacto. Solo el sumo sacerdote podía entrar al Lugar Santísimo una vez al año.

y el muro del edificio *tenía* 5 codos (2.63 metros) de ancho, todo alrededor, y su longitud *era* de 90 codos (47.25 metros). **13** El hombre midió el templo *y tenía* 100 codos (52.5 metros) de largo; la zona separada con el edificio y sus muros *tenían* también 100 codos de largo. **14** La anchura del frente del templo y *la de* las zonas separadas a lo largo del *lado* oriental también *sumaban* 100 codos (52.5 metros).

15 Midió la longitud del edificio a lo largo del frente de la zona separada *que había* detrás de él, con una galería a cada lado, *y era* de 100 codos (52.5 metros); también *midió* la nave interior y los pórticos del atrio. **16** Los umbrales, las ventanas con celosías y las galerías alrededor de sus tres pisos, frente al umbral, estaban recubiertos de madera todo alrededor, *desde* el suelo hasta las ventanas (pero las ventanas *estaban* cubiertas *con celosías*), **17** sobre la entrada, hasta el santuario interior y el exterior, y alrededor de todo el muro, por dentro y por fuera, *según sus* medidas. **18** Y *había* esculpidos querubines y palmeras; una palmera entre querubín y querubín, y cada querubín tenía dos caras: **19** cara de hombre hacia la palmera por un lado y cara de leoncillo hacia la palmera por el otro lado; estaban esculpidos alrededor de todo el templo. **20** Desde el suelo hasta encima de la entrada *había* esculpidos querubines y palmeras, así como *en* la pared de la nave.

21 Los postes de la nave eran cuadrados, también *los* del frente del santuario; el aspecto de uno *era* como el aspecto del otro. **22** El altar *era* de madera de 3 codos (1.58 metros) de alto, y su longitud de 2 codos (1.05 metros); sus esquinas, su base y sus lados *eran* de madera. Y él me dijo: «Esta es la mesa que está delante del SEÑOR». **23** La nave y el santuario tenían puertas dobles. **24** Las puertas tenían dos hojas, dos hojas giratorias; dos hojas una puerta y dos la otra. **25** También estaban esculpidos en ellas, en las puertas de la nave, querubines y palmeras como los esculpidos en las paredes; y *había* un portal de madera en la fachada del vestíbulo por el exterior. **26** Y *había* ventanas con celosías y palmeras a uno y otro lado, a los dos lados del vestíbulo; así *eran* las cámaras laterales del templo y los umbrales.

LAS CÁMARAS DEL TEMPLO

42 Luego el hombre me sacó al atrio exterior, hacia el norte, y me llevó a la cámara que *estaba* frente a la zona separada y frente al edificio hacia el norte. **2** A lo largo de la longitud, *que era* de 100 codos (52.5 metros), *estaba* la puerta del norte; la anchura *era* de 50 codos (26.25 metros). **3** Frente a los 20 codos (10.5 metros) del atrio interior, y frente al pavimento del atrio exterior, *había* una galería frente a la otra galería en los tres pisos. **4** Y delante de las cámaras *había* un corredor interior de 10 codos (5.25 metros) de ancho, una vía de 100 (52.5 metros); y sus entradas *daban* al norte. **5** Las cámaras superiores *eran* más estrechas porque las galerías les quitaban más *espacio* que a las inferiores y a las intermedias del edificio. **6** Pues *estaban* en tres pisos y no tenían pilares como los pilares de los atrios; por tanto, *las cámaras superiores* se estrechaban a partir del suelo más que las inferiores y las intermedias. **7** El muro exterior a lo

41:18
Querubines
Querubines es el plural de querubín, un tipo de ángel. Estas esculturas probablemente se parecían a las criaturas aladas de las entradas de los palacios y templos en esta parte del mundo antiguo.

largo de las cámaras, en dirección al atrio exterior frente a las cámaras, *tenía* 50 codos (26.25 metros) de largo. **8** Porque la longitud de las cámaras que *estaban* en el atrio exterior *era* de 50 codos (26.25 metros); y *las que estaban* frente al templo *tenían* 100 codos (52.5 metros). **9** Y debajo de estas cámaras *estaba* la entrada del lado oriental, para entrar en ellas desde el atrio exterior.

10 A lo ancho del muro del atrio hacia el oriente, frente a la zona separada y frente al edificio, *había* cámaras. **11** El corredor delante de ellas *era* semejante al de las cámaras que *estaban* al norte; su longitud era igual a su anchura; y todas sus salidas, así como sus disposiciones y sus entradas, *eran iguales.* **12** Y correspondiendo a las entradas de las cámaras que daban hacia el sur, *había* una entrada al comienzo del corredor, el corredor frente al muro que daba al oriente, según se entra a ellas.

13 Entonces el hombre me dijo: «Las cámaras del norte *y* las cámaras del sur, que están frente a la zona separada, son las cámaras santas donde los sacerdotes que están cerca del SEÑOR comerán las cosas santísimas. Allí pondrán las cosas santísimas, la ofrenda de cereal, la ofrenda por el pecado y la ofrenda por la culpa; porque el lugar es santo. **14** Cuando entren los sacerdotes allí, no saldrán al atrio exterior desde el santuario sin haber dejado las vestiduras con que ministran, porque son santas. Se pondrán otras vestiduras para poder acercarse a lo que es del pueblo».

15 Cuando acabó de medir el interior del templo, me sacó por el camino de la puerta que daba al oriente, y lo midió todo alrededor. **16** Midió el lado oriental con la caña de medir, y *tenía* 500 cañas (262.5 metros) con la caña de medir. **17** Midió el lado norte con la caña de medir, y *tenía* 500 cañas (262.5 metros). **18** Al lado sur midió 500 cañas (262.5 metros) con la caña de medir. **19** Se volvió al lado occidental *y* midió 500 cañas (262.5 metros) con la caña de medir. **20** Por los cuatro lados lo midió; tenía un muro todo alrededor de 500 cañas (262.5 metros) de largo y 500 cañas de ancho, para dividir entre lo sagrado y lo profano.

LA GLORIA DE DIOS LLENA EL TEMPLO

43 Entonces el hombre me llevó a la puerta, la puerta que da hacia el oriente; **2** y vi que la gloria del Dios de Israel venía de la parte del oriente. Su voz *era* como el sonido de muchas aguas, y la tierra resplandecía de Su gloria. **3** Tenía el aspecto de la visión que vi, como la visión que había visto cuando Él vino a destruir la ciudad; y las visiones *eran* como la visión que yo había visto junto al río Quebar. Entonces me postré sobre mi rostro. **4** La gloria del SEÑOR entró en el templo por el camino de la puerta que da hacia el oriente. **5** Entonces el Espíritu me levantó y me llevó al atrio interior, y la gloria del SEÑOR llenó el templo.

6 Y oí a uno que me hablaba desde el templo, mientras el hombre estaba de pie junto a mí, **7** y me dijo: «Hijo de hombre, *este es* el lugar de Mi trono, el lugar de las plantas de Mis pies, donde habitaré entre los israelitas para siempre. Y la casa de Israel no volverá a profanar Mi santo nombre, ni ellos ni sus

42:13
Por qué los sacerdotes comían algunos de los sacrificios
De acuerdo a las leyes de Levítico, los sacerdotes tenían permitido comer algunos de los sacrificios.

42:16-20
El templo era simétrico
El templo tenía la misma medida de ancho que de largo. Era un cuadrado perfecto, el cual simbolizaba la perfección.

43:4-5
La gloria del Señor
Esto demostraba la presencia de Dios y su poder entre su pueblo.

reyes, con sus prostituciones y con los cadáveres de sus reyes cuando mueran, **8** poniendo su umbral junto a Mi umbral, y sus postes junto a Mis postes con *solo* un muro entre ellos y Yo. Ellos han profanado Mi santo nombre con las abominaciones que han cometido; por eso los he consumido en Mi ira. **9** Que alejen ahora de Mí sus prostituciones y los cadáveres de sus reyes, y Yo habitaré entre ellos para siempre.

10 »Y tú, hijo de hombre, describe el templo a la casa de Israel, para que se avergüencen de sus iniquidades, y tomen las medidas de *su* plano. **11** Y si se avergüenzan de todo lo que han hecho, enséñales el diseño del templo, su estructura, sus salidas, sus entradas, todos sus diseños, todos sus estatutos y todas sus leyes. Escribe *esto* ante sus ojos para que guarden todas sus leyes y todos sus estatutos, y los cumplan. **12** Esta es la ley del templo: todo su territorio sobre la cumbre del monte por todo alrededor *será* santísimo. Así es la ley del templo.

13 »Estas son las medidas del altar en codos (*cada* codo *real* de un codo y un palmo menor): la base, un codo real (52.5 centímetros), el ancho, codo real; su reborde en la orilla por todo alrededor, un palmo (26 centímetros). Y esta *será* su altura: **14** desde la base en el suelo hasta el zócalo inferior *será* de dos codos (1.05 metros), por un codo (52.5 centímetros) de ancho; y desde el zócalo menor hasta el zócalo mayor *será* de cuatro codos (2.1 metros), por un codo de ancho. **15** El hogar del altar *será* de 4 codos (2.1 metros), y del hogar del altar *se* *extenderán* hacia arriba cuatro cuernos. **16** El hogar del altar *será* de 12 codos (6.30 metros) de largo por 12 codos de ancho, cuadrado por sus cuatro lados. **17** Y el zócalo *será* de 14 codos (7.35 metros) de largo por 14 codos de ancho por sus cuatro lados; el borde alrededor *será* de medio codo (26.25 centímetros), y su base, de un codo (52.5 centímetros) alrededor; sus gradas mirarán al oriente».

18 Y el hombre me dijo: «Hijo de hombre, así dice el Señor DIOS: "Estos son los estatutos para el altar el día que sea construido, para ofrecer holocaustos sobre él y para esparcir sobre él sangre. **19** A los sacerdotes levitas que son de la descendencia de Sadoc, que se acercan a Mí para servirme", declara el Señor DIOS, "darás un novillo de la vacada para la ofrenda por el pecado. **20** Y tomarás de su sangre y la pondrás sobre sus cuatro cuernos, en los cuatro ángulos del zócalo y en el borde todo alrededor; así lo limpiarás y harás expiación por él. **21** Luego tomarás el novillo para la ofrenda por el pecado, y *será* quemado en el lugar señalado del templo, fuera del santuario. **22** Al segundo día ofrecerás un macho cabrío sin defecto para la ofrenda por el pecado, y purificarás el altar como *lo* purificaron con el novillo. **23** Cuando hayas terminado de purificar*lo*, ofrecerás un novillo sin defecto de la vacada y un carnero sin defecto del rebaño. **24** Los ofrecerás delante del SEÑOR, y los sacerdotes echarán sal sobre ellos y los ofrecerán en holocausto al SEÑOR.

25 "Durante siete días prepararás diariamente un macho cabrío para la ofrenda por el pecado; también serán preparados un novillo de la vacada y un carnero sin defecto del rebaño. **26** Durante siete días harán expiación por el altar y lo purificarán; así lo consagrarán. **27** Cuando hayan terminado estos

43:13-17
El altar de Ezequiel
El altar de Ezequiel era mucho más grande que el de Salomón. Medía más de 6 metros de alto y estaba conformado por tres plataformas que disminuían en tamaño, como una pirámide.

días, sucederá que del octavo día en adelante, los sacerdotes ofrecerán sobre el altar sus holocaustos y sus ofrendas de paz; y Yo me complaceré en ustedes", declara el Señor DIOS».

DEBERES DE LOS LEVITAS Y SACERDOTES

44 Entonces el hombre me hizo volver por el camino de la puerta exterior del santuario que da hacia el oriente, y estaba cerrada. **2** Y el SEÑOR me dijo: «Esta puerta estará cerrada; no se abrirá y nadie entrará por ella, porque el SEÑOR, Dios de Israel, ha entrado por ella; por tanto permanecerá cerrada. **3** En cuanto al príncipe, él, como príncipe, se sentará allí para comer pan delante del SEÑOR; entrará por el camino del vestíbulo de la puerta y por el mismo camino saldrá».

4 Luego me llevó por el camino de la puerta del norte al frente del templo; miré que la gloria del SEÑOR llenaba la casa del SEÑOR, y me postré sobre mi rostro. **5** Y el SEÑOR me dijo: «Hijo de hombre, pon atención, mira con tus ojos y oye con tus oídos todo lo que te digo acerca de todos los estatutos de la casa del SEÑOR y acerca de todas sus leyes; y fíjate bien en cuanto a la entrada del templo y a todas las salidas del santuario. **6** Y dirás a los rebeldes, a la casa de Israel: "Así dice el Señor DIOS: 'Son ya demasiadas todas sus abominaciones, oh casa de Israel, **7** cuando introdujeron extranjeros, incircuncisos de corazón e incircuncisos de carne, para que estuvieran en Mi santuario y profanaran Mi casa; cuando *les* ofrecieron Mi alimento, la grasa y la sangre; invalidaron, pues, Mi pacto; *esto* además de todas sus abominaciones. **8** No se han ocupado de guardar Mis cosas sagradas, sino que han puesto *extranjeros* como guardas de Mis ordenanzas en Mi santuario'.

9 "Así dice el Señor DIOS: 'Ningún extranjero, incircunciso de corazón e incircunciso de carne, entrará en Mi santuario; ninguno de los extranjeros que están entre los israelitas. **10** Y los levitas que se alejaron de Mí cuando Israel se descarriaba, y se alejaron de Mí tras sus ídolos, llevarán *el castigo por* su iniquidad. **11** Serán servidores en Mi santuario, encargados de las puertas del templo y servidores en el templo; ofrecerán el holocausto y el sacrificio para el pueblo, y estarán delante de ellos para servirles. **12** Por cuanto les sirvieron delante de sus ídolos, y fueron tropezadero de iniquidad para la casa de Israel, por tanto he jurado contra ellos', declara el Señor DIOS, 'que llevarán *el castigo por* su iniquidad. **13** No se acercarán a Mí para servirme de sacerdotes, ni se acercarán a ninguna de Mis cosas santas, *ni* a las cosas santísimas, sino que cargarán su ignominia y las abominaciones que han cometido. **14** Los pondré como guardas de las ordenanzas del templo, de todo su servicio y de todo lo que se ha de hacer en él.

15 'Pero los sacerdotes levitas, hijos de Sadoc, que se ocupaban de guardar Mi santuario cuando los israelitas se alejaron de Mí, se acercarán a Mí para servirme, y estarán delante de Mí para ofrecerme la grasa y la sangre', declara el Señor DIOS. **16** 'Ellos entrarán en Mi santuario, y se acercarán a Mi mesa para servirme y guardar Mis ordenanzas. **17** Cuando entren por las puertas del atrio interior, se pondrán vestiduras

44:2
Por qué la puerta del oriente permaneció cerrada
La puerta oriental (o del este) permanecería cerrada porque Dios había entrado por ella, de modo que ahora era sagrada.

44:9
Los extranjeros tenían prohibida la entrada al santuario
Los extranjeros podían formar parte de Israel, pero no se les permitía entrar al santuario. Nehemías hizo cumplir esta regla.

44:18
Por qué los sacerdotes no debían sudar
El sudor los haría ceremonialmente inmundos.

44:25
No tocar un cuerpo muerto
Acercarse a un cuerpo muerto hacía a una persona ceremonialmente inmunda (ver Levítico 21:1-4), por lo que los sacerdotes no debían tocar los cadáveres.

44:28
Por qué los sacerdotes no debían tener posesiones
Ellos habían sido apartados para un servicio especial a Dios, por eso el Señor quería que dependieran solo de él para todas sus necesidades.

45:2
Un espacio abierto
Se trataba de una franja de terreno desocupado alrededor del área santa donde se construiría el santuario.

de lino; no se pondrán lana mientras estén sirviendo en las puertas del atrio interior y en el templo. **18** Llevarán turbantes de lino sobre sus cabezas, y calzoncillos de lino sobre sus lomos; no se pondrán *nada que los haga* sudar. **19** Cuando salgan al atrio exterior, al atrio exterior donde está el pueblo, se quitarán las vestiduras con que han estado sirviendo y las dejarán en las cámaras sagradas, y se pondrán otras vestiduras a fin de no santificar al pueblo con sus vestiduras. **20** 'No se afeitarán la cabeza, ni se dejarán crecer el cabello; solo se recortarán *el pelo de* su cabeza. **21** Ningún sacerdote beberá vino cuando entre al atrio interior. **22** No tomará por mujer ni a viuda ni a divorciada, sino que tomará a una virgen del linaje de la casa de Israel, o a una viuda que sea viuda de sacerdote. **23** Enseñarán a Mi pueblo a discernir entre lo sagrado y lo profano, y harán que ellos sepan *distinguir* entre lo inmundo y lo limpio. **24** En un pleito actuarán como jueces; lo decidirán conforme a Mis ordenanzas. También guardarán Mis leyes y Mis estatutos en todas Mis fiestas señaladas, y santificarán Mis días de reposo. **25** No se acercarán a persona muerta para *no* contaminarse; pero por el padre, la madre, el hijo, la hija, el hermano, la hermana que no tenga marido, *sí* podrán contaminarse. **26** Después de haberse purificado, se le contarán siete días. **27** El día que entre en el santuario, en el atrio interior, para ministrar en el santuario, ofrecerá su ofrenda por el pecado', declara el Señor DIOS.

28 'Con respecto a la heredad para ellos, Yo soy su heredad; no les darán posesión en Israel: Yo soy su posesión. **29** Comerán la ofrenda de cereal, la ofrenda por el pecado y la ofrenda por la culpa; toda cosa consagrada en Israel será de ellos. **30** Y las primicias de todos los primeros frutos de todo, y de toda clase de ofrenda de sus ofrendas, serán para los sacerdotes; también darán al sacerdote las primicias de sus masas para que haga reposar una bendición sobre su casa. **31** Los sacerdotes no comerán el cuerpo muerto o despedazado de ninguna ave ni de ningún animal.

TIERRA PARA LOS SACERDOTES

45 'Cuando repartan por suertes la tierra en heredad, ofrecerán una parte al SEÑOR, una porción sagrada de la tierra; la longitud será de 25,000 codos (13,125 metros), y la anchura será de 20,000 (10,500 metros). Será sagrada en toda su extensión alrededor. **2** De ella se tomará para el santuario 500 codos (262.5 metros) por 500 codos, en cuadro alrededor, y un espacio abierto en derredor 50 codos (26.25 metros). **3** Y de esta área medirás una longitud de 25,000 codos (13,125 metros) y una anchura de 10,000 (5,250 metros); y en ella estará el santuario, el Lugar Santísimo. **4** Esta será la *porción* consagrada de la tierra para los sacerdotes, ministros del santuario, que se acercan para ministrar al SEÑOR; será un lugar para sus casas y un *lugar* sagrado para el santuario. **5** Y un *área* de 25,000 codos (13,125 metros) de largo y de 10,000 codos (5,250 metros) de ancho será para los levitas, ministros del templo, para su posesión, con ciudades donde habitar. **6** Darán a la ciudad en posesión *un área* de 5,000 codos (2,625 metros) de ancho y de 25,000 codos (13,125 metros) de largo junto a la parte reservada de la porción sagrada; *esta* será para toda la casa de Israel. **7** Y el príncipe tendrá *tierra* a ambos lados de la parte sagrada y de la propiedad de la ciudad, a lo largo de la parte sagrada y de la propiedad de la ciudad; por el lado occidental hacia el occidente y por el lado oriental hacia el oriente, *su* longitud corresponderá a una de las porciones, desde el límite occidental hasta el límite oriental. **8** Esta tierra será su posesión en Israel; así Mis príncipes no oprimirán más a Mi pueblo, sino que darán *el resto de* la tierra a la casa de Israel según sus tribus'.

9 "Así dice el Señor DIOS: 'Basta ya, príncipes de Israel; dejen la violencia y la destrucción, y practiquen el derecho y la justicia. Acaben con las extorsiones que hacen a Mi pueblo', declara el Señor DIOS. **10** 'Tendrán balanzas justas, efa justo (22 litros) y bato justo (22 litros). **11** El efa y el bato serán de la misma cantidad, de modo que el bato contenga un décimo del homer (22 litros) *y* el efa un décimo del homer; se les medirá de acuerdo con el homer (220 litros). **12** Y el siclo (11.4 gramos de plata) *será* de veinte geras. Veinte siclos, veinticinco siclos *y* quince siclos serán una mina*ʲ* para ustedes.

OFRENDAS Y FIESTAS

13 'Esta es la ofrenda que ofrecerán: la sexta parte de un efa (3.7 litros) por *cada* homer (220 litros) de trigo; la sexta parte de un efa (3.7 litros) por cada homer (220 litros) de cebada; **14** y la ordenanza para el aceite, para el bato de aceite (22 litros), *será* la décima parte de un bato por *cada* coro; *este equivale a* diez batos o un homer (220 litros); porque diez batos son un homer; **15** y una oveja por *cada* rebaño de 200 de los abrevaderos de Israel, para la ofrenda de cereal, para el holocausto y para las ofrendas de paz, a fin de hacer expiación por ellos', declara el Señor DIOS. **16** 'Todo el pueblo de la tierra contribuirá a esta ofrenda para el príncipe en Israel. **17** Y al príncipe *le* corresponderá *proveer* los holocaustos, las ofrendas de cereal y las libaciones en las fiestas, en las lunas nuevas y en los días de reposo, en todas las fiestas señaladas de la casa de Israel. Él proveerá la ofrenda por el pecado, la ofrenda de cereal, el holocausto y las ofrendas de paz para hacer expiación por la casa de Israel'.

18 "Así dice el Señor DIOS: 'En el *mes* primero, el primer *día* del mes, tomarás de la vacada un novillo sin defecto y purificarás el santuario. **19** El sacerdote tomará de la sangre de la ofrenda por el pecado y *la* pondrá sobre los postes de la puerta del templo, en los cuatro ángulos del zócalo del altar y sobre los postes de la puerta del atrio interior. **20** Y así harás el *día* séptimo del mes para todo aquel que se desvíe o que sea ingenuo. Así harán expiación por el templo. **21** En el *mes* primero, a los catorce días del mes, será para ustedes la Pascua, fiesta de siete días; en ella se comerá el pan sin levadura. **22** En ese día, el príncipe ofrecerá por sí mismo y por todo el pueblo de la tierra un novillo en ofrenda por el pecado. **23** En los siete días de la fiesta ofrecerá en holocausto al SEÑOR siete novillos y siete carneros sin defecto, cada día

45:9-11
Prohibido engañar
El engaño con los pesos y las medidas era común, por lo que Dios dio directivas claras sobre el uso correcto de las medidas.

45:13
Una ofrenda especial
Se trataba de una ofrenda para el príncipe y no para los sacerdotes. El príncipe debía utilizar parte de estas ofrendas como ofrenda para el Señor.

45:12 ʲ Aquí la mina es de 60 siclos o 684 gramos de plata.

45:25

La fiesta

Se trataba de la Fiesta (o festival) de las Cabañas, también llamada la Fiesta de los Tabernáculos.

46:1-3

La puerta del oriente era especial

La puerta oriental del atrio exterior era por donde había entrado la gloria del Señor, lo que significaba que ningún ser humano podía utilizarla. Y la puerta oriental del atrio interior solo podía abrirse el sábado para que el príncipe pudiera venir a adorar.

46:9

Las personas debían irse por una puerta diferente

Probablemente era para evitar un estancamiento, porque mucha gente acudía al templo a adorar.

46:17

El año del jubileo

Este era el año de la libertad. Debía festejarse cada cincuenta años.

de los siete días, y en ofrenda por el pecado un macho cabrío cada día. ²⁴ Proveerá como ofrenda de cereal 22 litros por novillo, 22 litros por carnero, y 3.7 litros de aceite por cada 22 litros. ²⁵ En el *mes* séptimo, a los quince días del mes, en la fiesta, proveerá de igual manera por siete días para la ofrenda por el pecado, para el holocausto, para la ofrenda de cereal y para el aceite'.

46 "Así dice el Señor DIOS: 'La puerta del atrio interior que mira al oriente estará cerrada los seis días de trabajo; pero se abrirá el día de reposo; también se abrirá el día de la luna nueva. ² El príncipe entrará desde el exterior por el camino del vestíbulo de la puerta y se detendrá junto al poste de la puerta. Entonces los sacerdotes ofrecerán su holocausto y sus ofrendas de paz, y él adorará junto al umbral de la puerta y luego saldrá, pero no se cerrará la puerta hasta la tarde. ³ El pueblo de la tierra también adorará a la entrada de esa puerta delante del SEÑOR los días de reposo y en las lunas nuevas. ⁴ El holocausto que el príncipe ofrecerá al SEÑOR el día de reposo *será* de seis corderos sin defecto y un carnero sin defecto; ⁵ y la ofrenda de cereal *será* de 22 litros por carnero, y la ofrenda de cereal con los corderos según lo que pueda dar, y 3.7 litros de aceite por cada 22 litros.

⁶ 'El día de la luna nueva *ofrecerá* un novillo sin defecto de la vacada, también seis corderos y un carnero, *que* serán sin defecto. ⁷ Y proveerá una ofrenda de cereal, 22 litros por novillo y 22 litros por carnero, y con los corderos según lo que pueda, y 3.7 litros de aceite por cada 22 litros. ⁸ Cuando el príncipe entre, entrará por el camino del vestíbulo de la puerta y saldrá por el mismo camino. ⁹ Pero cuando el pueblo de la tierra venga delante del SEÑOR en las fiestas señaladas, el que entre por la puerta del norte para adorar, saldrá por la puerta del sur, y el que entre por la puerta del sur, saldrá por la puerta del norte. Nadie saldrá por la puerta por la cual entró, sino que saldrá por el lado opuesto. ¹⁰ Y cuando entren, el príncipe entrará en medio de ellos; y cuando ellos salgan, saldrá él. ¹¹ En los días festivos y en las fiestas señaladas, la ofrenda de cereal será 22 litros por novillo y 22 litros por cordero, y con los corderos, según lo que pueda dar, y 3.7 litros de aceite por cada 22 litros. ¹² Y cuando el príncipe ofrezca una ofrenda voluntaria, un holocausto u ofrendas de paz *como* ofrenda voluntaria al SEÑOR, le abrirán la puerta que da al oriente, y ofrecerá su holocausto y sus ofrendas de paz como lo hace en el día de reposo. Luego saldrá, y cerrarán la puerta después que él salga.

¹³ 'Cada día ofrecerás un cordero de un año sin defecto para holocausto al SEÑOR; mañana tras mañana lo ofrecerás. ¹⁴ También cada mañana ofrecerás con él una ofrenda de cereal, unos 5 litros de aceite para humedecer la flor de harina; es la ofrenda continua de cereal al SEÑOR como ordenanza perpetua. ¹⁵ Ofrecerán, pues, el cordero, la ofrenda de cereal y el aceite, mañana tras mañana, como un holocausto continuo'.

¹⁶ "Así dice el Señor DIOS: 'Si de su heredad el príncipe hace un regalo a alguno de sus hijos, será para sus hijos; es posesión de ellos por heredad. ¹⁷ Pero si de su heredad hace un regalo a uno de sus siervos, será de él hasta el año del

jubileo; después volverá al príncipe. Su heredad *será* solo de sus hijos; a ellos pertenecerá. **18** El príncipe no tomará nada de la heredad del pueblo, despojándolos de su posesión; dará heredad a sus hijos de su propia posesión, para que ninguno de Mi pueblo sea echado de su posesión"».

19 Después me llevó por la entrada que *estaba* al lado de la puerta, a las cámaras sagradas de los sacerdotes, las cuales daban al norte; y allí *había* un lugar al fondo, hacia el occidente. **20** Y me dijo: «Este es el lugar donde los sacerdotes cocerán la ofrenda por la culpa y la ofrenda por el pecado, y donde cocerán la ofrenda de cereal, para que no tengan que sacar*las* al atrio exterior, y santifiquen *así* al pueblo». **21** Entonces me sacó al atrio exterior y me llevó por los cuatro ángulos del atrio; y en cada ángulo del atrio *había* un atrio *pequeño*. **22** En los cuatro ángulos del atrio *había* atrios cercados, de 40 codos (21 metros) de largo y 30 codos (15.75 metros) de ancho; los cuatro *atrios* en los ángulos *tenían* una misma medida. **23** Y *había* un muro alrededor de ellos, alrededor de los cuatro, y debajo *había* fogones construidos alrededor de los muros. **24** Y me dijo: «Estos son los fogones donde los servidores de la casa cocerán los sacrificios del pueblo».

EL RÍO DEL SANTUARIO

47 Después me hizo volver a la entrada del templo; y vi que brotaban aguas de debajo del umbral del templo hacia el oriente, porque la fachada del templo daba hacia el oriente. Y las aguas descendían de debajo, del lado derecho del templo, al sur del altar. **2** Me sacó por la puerta del norte y me hizo dar la vuelta por fuera hasta la puerta exterior, por *la puerta* que da al oriente. Y las aguas fluían del lado sur.

3 Cuando el hombre salió *hacia* el oriente con un cordel en la mano, midió 1,000 codos (525 metros), y me hizo pasar por las aguas, con el agua *hasta* los tobillos. **4** Midió *otros* 1,000 codos (525 metros), y me hizo pasar por las aguas, con el agua *hasta* las rodillas. De nuevo midió *otros* 1,000 codos y me hizo pasar por *las aguas,* con el agua *hasta* la cintura. **5** Y midió *otros* 1,000 codos (525 metros); *y ya era* un río que yo no pude vadear, porque las aguas habían crecido, aguas *que tenían que pasarse* a nado, un río que no se podía vadear. **6** Entonces me preguntó: «¿Has visto, hijo de hombre?». Me llevó y me hizo volver a la orilla del río. **7** Cuando volví, vi que en la orilla del río *había* muchísimos árboles a uno y otro lado.

8 Y me dijo: «Estas aguas salen hacia la región oriental y descienden al Arabá; luego siguen hacia el mar y desembocan en el mar; entonces las aguas *del mar* quedan purificadas. **9** Y sucederá que dondequiera que pase el río, todo ser viviente que en él se mueve, vivirá. Y habrá muchísimos peces, porque estas aguas van allá, y *las otras* son purificadas; así vivirá todo por donde pase el río. **10** Junto a él se pararán los pescadores, y desde En Gadi hasta En Eglaim habrá un lugar para tender las redes. Sus peces serán según sus especies, como los peces del mar Grande[j], numerosísimos. **11** Pero sus pantanos y marismas no serán purificados; serán dejados

47:10 [j] I.e. mar Mediterráneo.

47:1
Quién hizo volver a Ezequiel
El ángel que guiaba a Ezequiel, que lo llevó a una visita final del templo.

47:8
Arabá
Se trataba del valle del Jordán, una región árida entre Jerusalén y el mar Salado.

DOS IMPERIOS, DOS PROFETAS

Imperios y reyes durante los ministerios de Daniel y Ezequiel:

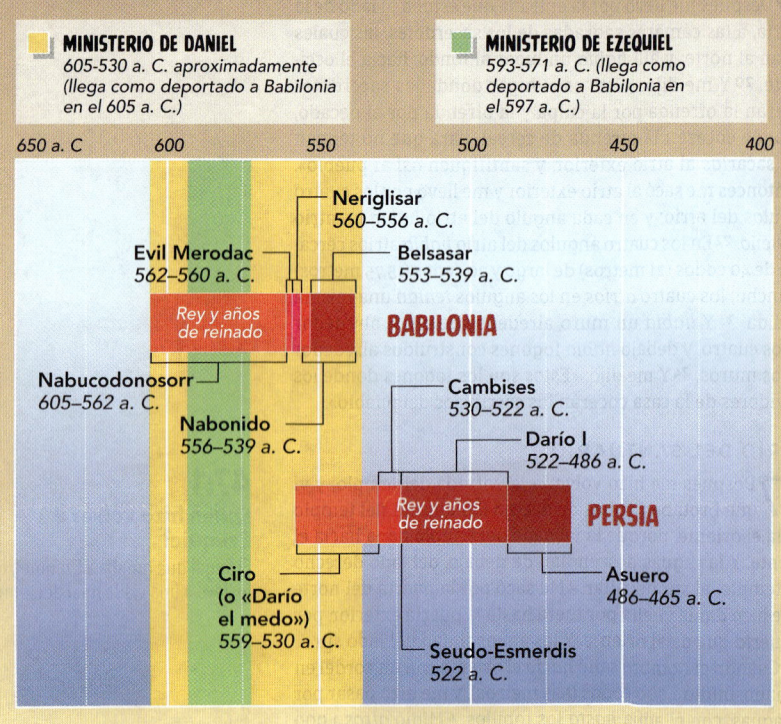

MINISTERIO DE DANIEL
605-530 a. C. aproximadamente
(llega como deportado a Babilonia
en el 605 a. C.)

MINISTERIO DE EZEQUIEL
593-571 a. C. (llega como
deportado a Babilonia en
el 597 a. C.)

650 a. C   600   550   500   450   400

Neriglisar
560–556 a. C.

Evil Merodac
562–560 a. C.

Belsasar
553–539 a. C.

Rey y años
de reinado

BABILONIA

Nabucodonosorr
605–562 a. C.

Nabonido
556–539 a. C.

Cambises
530–522 a. C.

Darío I
522–486 a. C.

Rey y años
de reinado

PERSIA

Ciro
(o «Darío
el medo»)
559–530 a. C.

Asuero
486–465 a. C.

Seudo-Esmerdis
522 a. C.

para salinas. ¹²Junto al río, en su orilla, a uno y otro lado, crecerán toda *clase de árboles que den fruto* para comer. Sus hojas no se marchitarán, ni faltará su fruto. Cada mes darán fruto porque sus aguas fluyen del santuario; su fruto será para comer y sus hojas para sanar».

LÍMITES Y DIVISIÓN DE LA TIERRA

¹³Así dice el Señor DIOS: «Estos *serán* los límites según los cuales repartirán la tierra por heredad entre las doce tribus de Israel; José *tendrá dos* partes. ¹⁴La repartirán por heredad a cada uno en igual proporción que a su hermano; porque juré darla a sus padres, esta tierra les tocará en heredad.

¹⁵»Y estos *serán* los límites de la tierra: Por el lado norte, desde el mar Grande, camino de Hetlón, hasta la entrada de Zedad; ¹⁶Hamat, Berota, Sibraim, que está entre el territorio de Damasco y el territorio de Hamat; Hazar Haticón, que está en el límite de Haurán. ¹⁷El límite se extenderá¹ desde el mar *hasta* Hazar Enán *en* la frontera con Damasco, y en el norte,

47:13-20
Los límites de las doce tribus

Estos límites eran similares a los que Dios le había prometido originalmente a Moisés en Números 34:1-12. La tierra al este del río Jordán no está incluida en estos límites.

47:17 ¹ Lit. *será*.

hacia el norte, hasta la frontera con Hamat; este es el lado norte. **18** Por el lado oriental, entre Haurán, Damasco, Galaad y la tierra de Israel, al Jordán; medirán desde el límite *norte* hasta el mar oriental[1]; este es el lado oriental. **19** Y el lado sur, hacia el sur, *se extenderá* desde Tamar hasta las aguas de Meriba de Cades, *hacia* el torrente *de Egipto*, hasta el mar Grande; este es el lado sur, hacia el sur. **20** Y el lado occidental *será* el mar Grande, desde el límite *sur* hasta enfrente de Lebo Hamat; este es el lado occidental.

21 »Repartirán, pues, esta tierra entre ustedes según las tribus de Israel. **22** La sortearán como heredad entre ustedes y entre los extranjeros que residen en medio de ustedes *y* que hayan tenido hijos entre ustedes. Y serán para ustedes como nativos entre los israelitas; se les sorteará herencia con ustedes entre las tribus de Israel. **23** En la tribu en la cual el extranjero resida, allí *le* darán su herencia», declara el Señor DIOS.

48 «Estos son los nombres de las tribus: desde el extremo norte, junto al camino de Hetlón a Lebo Hamat, hasta Hazar Enán *en* el límite con Damasco al norte, junto a Hamat, desde el lado oriental hasta el occidental: Dan, una *parte*. **2** Junto al límite de Dan, desde el lado oriental hasta el lado occidental: Aser, una *parte*. **3** Junto al límite de Aser, desde el lado oriental hasta el lado occidental: Neftalí, una *parte*. **4** Junto al límite de Neftalí, desde el lado oriental hasta el lado occidental: Manasés, una *parte*. **5** Junto al límite de Manasés, desde el lado oriental hasta el lado occidental: Efraín, una *parte*. **6** Junto al límite de Efraín, desde el lado oriental hasta el lado occidental: Rubén, una *parte*. **7** Junto al límite de Rubén, desde el lado oriental hasta el lado occidental: Judá, una *parte*.

8 »Y junto al límite de Judá, desde el lado oriental hasta el lado occidental estará la porción que separarán, de 25,000 codos (13,125 metros) de ancho, y de largo como una de las *demás* partes, desde el lado oriental hasta el lado occidental; y el santuario estará en medio de ella. **9** La porción que separarán para el SEÑOR *será de* 25,000 codos (13,125 metros) de largo y 10,000 codos (5,250 metros) de ancho. **10** Y la porción sagrada será para estos, *es decir,* para los sacerdotes, hacia el norte, de 25,000 codos (13,125 metros) de largo, hacia el occidente de 10,000 codos (5,250 metros) de ancho, hacia el oriente de 10,000 codos de ancho, y hacia el sur de 25,000 codos de largo; y el santuario del SEÑOR estará en medio de ella. **11** *Esta será* para los sacerdotes santificados de los hijos de Sadoc, que han guardado Mi ordenanza, que no se descarriaron cuando los israelitas se descarriaron, como se descarriaron los levitas. **12** Y será para ellos una porción de la porción de la tierra, un lugar santísimo, junto al límite de los levitas. **13** A lo largo del límite de los sacerdotes, los levitas *tendrán* 25,000 codos (13,125 metros) de largo y 10,000 codos (5,250 metros) de ancho. La longitud total *será de* 25,000 codos y la anchura de 10,000 codos. **14** No venderán nada de ella ni la cambiarán, ni cederán esta porción escogida de la tierra, porque es consagrada para el SEÑOR.

47:22
Cómo los extranjeros podían convertirse en ciudadanos de Israel
Dios permitía que los extranjeros se unieran a su pueblo si los hombres accedían a circuncidarse. Él estaba expandiendo su reino. Con el tiempo, incluiría a las personas de todo el mundo que creyeran en su Hijo, Jesucristo, descendiente de David.

48:1-29
Cómo se dividió la tierra
La tierra se dividió en porciones iguales de este a oeste, y cada tribu recibió una franja.

47:18 [1] I.e. mar Muerto.

15 »El resto de 5,000 codos (2,625 metros) de ancho y de 25,000 codos (13,125 metros) de largo será para uso común de la ciudad, para viviendas y para pastizales; y la ciudad estará en medio de ella. **16** Y estas *serán* sus medidas: al lado norte, 4,500 codos (2,363 metros); al lado sur, 4,500 codos; al lado oriental, 4,500 codos; y al lado occidental, 4,500 codos. **17** La ciudad tendrá pastizales: al norte, 250 codos (131.25 metros); al sur, 250 codos; al oriente, 250 codos; y al occidente, 250 codos. **18** Lo que quede de la longitud a lo largo de la porción sagrada *será* de 10,000 codos (5,250 metros) hacia el oriente y de 10,000 codos hacia el occidente; y estará a lo largo de la porción sagrada. Y sus productos servirán de alimento para los trabajadores de la ciudad. **19** Y los trabajadores de la ciudad, de todas las tribus de Israel, la cultivarán. **20** Toda la porción *será de* 25,000 codos (13,125 metros) por 25,000 codos; separarán la porción sagrada, un cuadrado, junto con la propiedad de la ciudad.

21 »Y lo que quede *será* para el príncipe, a uno y otro lado de la porción santa y de la propiedad de la ciudad; a lo largo de los 25,000 codos (13,125 metros) de la porción hasta el límite oriental y hacia el occidente enfrente de los 25,000 codos, hacia el límite occidental, a lo largo de las partes, *será* para el príncipe. La porción sagrada y el santuario del templo estarán en medio de ella. **22** Y excluyendo la propiedad de los levitas y la propiedad de la ciudad *que* están en medio de lo que pertenece al príncipe, *todo lo que* está entre el límite de Judá y el límite de Benjamín, será para el príncipe.

23 »En cuanto a las demás tribus, desde el lado oriental hasta el lado occidental: Benjamín, una *parte*. **24** Junto al límite de Benjamín, desde el lado oriental hasta el lado occidental: Simeón, una *parte*. **25** Junto al límite de Simeón, desde el lado oriental hasta el lado occidental: Isacar, una *parte*. **26** Junto al límite de Isacar, desde el lado oriental hasta el lado occidental: Zabulón, una *parte*. **27** Junto al límite de Zabulón, desde el lado oriental hasta el lado occidental: Gad, una *parte*. **28** Y junto al límite de Gad, al lado sur, hacia el sur, el límite será desde Tamar hasta las aguas de Meriba de Cades, hacia el torrente *de Egipto* hasta el mar Grande. **29** Esta es la tierra que sortearán como herencia para las tribus de Israel, y estas serán sus porciones», declara el Señor DIOS.

30 «Y estas son las salidas de la ciudad: al lado norte, 4,500 codos (2,363 metros) por medida. **31** Las puertas de la ciudad llevarán los nombres de las tribus de Israel; tres puertas al norte: la puerta de Rubén, una; la puerta de Judá, otra; la puerta de Leví, otra. **32** Al lado oriental, 4,500 codos (2,363 metros), y tres puertas: la puerta de José, una; la puerta de Benjamín, otra; la puerta de Dan, otra. **33** Al lado sur, 4,500 codos (2,363 metros) por medida, y tres puertas: la puerta de Simeón, una; la puerta de Isacar, otra; la puerta de Zabulón, otra. **34** Y al lado occidental, 4,500 codos (2,363 metros) sus tres puertas: la puerta de Gad, una; la puerta de Aser, otra; la puerta de Neftalí, otra. **35** *La ciudad tendrá* 18,000 codos (9,450 metros) en derredor; y el nombre de la ciudad desde *ese día será:* "el SEÑOR está allí"».

48:30-35
La nueva ciudad era simétrica
La nueva ciudad, al igual que el templo, sería un cuadrado perfecto. Las doce puertas de la ciudad llevarían los nombres de las doce tribus de Israel.

48:35
El nuevo nombre de Jerusalén
Su nombre fue cambiado para mostrar que Dios había vuelto a vivir allí.

Daniel

¿QUIÉN ESCRIBIÓ ESTE LIBRO?

Daniel, un judío que llegó a ser un importante funcionario del gobierno de Babilonia y Persia, escribió este libro.

¿POR QUÉ SE ESCRIBIÓ ESTE LIBRO?

El libro de Daniel le muestra al pueblo judío que las naciones extranjeras tendrán poder sobre su país natal hasta que Dios envíe al Salvador prometido.

¿QUÉ APRENDEMOS SOBRE DIOS EN ESTE LIBRO?

Dios está al mando de la historia. Él sabe de antemano qué sucederá en nuestro mundo.

¿QUÉ TIENE DE ESPECIAL ESTE LIBRO?

La primera parte de este libro cuenta historias de la vida de Daniel. La segunda parte cuenta sobre futuros gobernantes que tendrán poder sobre la Tierra Santa.

¿CUÁLES SON ALGUNAS DE LAS HISTORIAS DE ESTE LIBRO?

Daniel obedece a Dios	Daniel 1
Daniel interpreta un sueño	Daniel 2
El horno ardiente	Daniel 3
Otro sueño	Daniel 4
La escritura en la pared	Daniel 5
El foso de los leones	Daniel 6

Puerta de Ishtar reconstruida en el emplazamiento de la antigua Babilonia, hoy Irak.
© rasoulali/Shutterstock

DANIEL Y SUS COMPAÑEROS EN LA CORTE DE NABUCODONOSOR

1 En el tercer año del reinado de Joacim, rey de Judá, vino Nabucodonosor, rey de Babilonia, a Jerusalén y la sitió. ²El Señor entregó en sus manos a Joacim, rey de Judá, así como algunos de los utensilios de la casa de Dios. Estos se los llevó a la tierra de Sinar, a la casa de su dios¹, colocando² los utensilios en la casa del tesoro de su dios¹.

³ Entonces el rey mandó¹ a Aspenaz, jefe de sus oficiales², que trajera de los israelitas *a algunos* de la familia³ real y de los nobles. ⁴ Estos jóvenes no debían tener defecto alguno, serían de buen parecer, inteligentes en toda *rama del* saber, dotados de entendimiento y habilidad para discernir y que tuvieran la capacidad para servir¹ en el palacio del rey; y *le dio órdenes* de que les enseñara la escritura y la lengua de los caldeos. ⁵ El rey les asignó una ración diaria de los manjares del rey y del vino que él bebía, y *mandó* que los educaran¹ por tres años, después de los cuales entrarían al servicio² del rey.

⁶ Entre estos estaban Daniel, Ananías, Misael y Azarías, de los hijos de Judá. ⁷ Entonces el jefe de oficiales les puso *nuevos* nombres: a Daniel le puso Beltsasar; a Ananías, Sadrac; a Misael, Mesac; y a Azarías, Abed Nego.

⁸ Pero Daniel se propuso en su corazón no contaminarse con los manjares del rey ni con el vino que él bebía, y pidió al jefe de oficiales que *le permitiera* no contaminarse. ⁹ Dios concedió a Daniel hallar favor¹ y gracia ante el jefe de oficiales, ¹⁰ y el jefe de oficiales dijo a Daniel: «Temo a mi señor el rey, porque él ha asignado su comida y su bebida. ¿Por qué ha de ver sus rostros más pálidos que los de los *demás* jóvenes de su edad? Así pondrían en peligro¹ mi cabeza ante el rey».

¹¹ Pero Daniel dijo al mayordomo a quien el jefe de oficiales había nombrado sobre Daniel, Ananías, Misael y Azarías: ¹² «Te ruego que pongas a prueba a tus siervos por diez días, y que nos den legumbres para comer y agua para beber. ¹³ Que se compare después¹ nuestra apariencia en tu presencia con la apariencia de los jóvenes que comen los manjares del rey, y haz con tus siervos según lo que veas».

¹⁴ El mayordomo los escuchó en esto y los puso a prueba por diez días. ¹⁵ Después de los diez días el aspecto de ellos parecía mejor y estaban más rollizos¹ que todos los jóvenes que habían estado comiendo los manjares del rey. ¹⁶ Así que el mayordomo siguió suprimiendo¹ los manjares y el vino que debían beber, y les daba legumbres.

¹⁷ A estos cuatro jóvenes Dios les dio conocimiento e inteligencia en toda *clase de* literatura¹ y sabiduría. Además, Daniel entendía toda *clase de* visiones y sueños.

1:2
Babilonia
En esta época, Babilonia era una ciudad famosa por sus riquezas, sus hermosos jardines y sus importantes y muy bien diseñadas murallas de defensa. Estaba situada en el actual país de Irak.

1:2
El nombre del dios al que servía Nabucodonosor
Él adoraba al dios Bel, también llamado Marduk, el dios principal de los babilonios.

1:6
El significado de estos nombres
Daniel significa «Dios es mi juez»; *Ananías* significa «el Señor muestra gracia»; *Misael* significa «¿quién se equipara a Dios?» y *Azarías* significa «el Señor ayuda».

1:8
Por qué Daniel no comía o bebía de la mesa del rey
Los israelitas consideraban que la comida del rey estaba contaminada, porque parte de ella había sido ofrecida a los ídolos.

1:2 ¹ O *sus dioses.*   ² Lit. *llevando.*   1:3 ¹ O *dijo.*   ² O *eunucos, y así en el resto del cap.*   ³ Lit. *simiente.*   1:4 ¹ Lit. *estar de pie.*   1:5 ¹ O *criaran.* ² Lit. *estarían de pie delante.*   1:9 ¹ Lit. *misericordia.*   1:10 ¹ Lit. *harían culpable.*   1:13 ¹ Lit. *Que se vea.*   1:15 ¹ Lit. *llenos de carne.* 1:16 ¹ Lit. *llevándose.*   1:17 ¹ O *escritura.*

18 Después de los días que el rey había fijado¹ para que fueran presentados², el jefe de oficiales los trajo ante Nabucodonosor. **19** El rey habló con ellos, y de entre todos ellos no se halló ninguno como Daniel, Ananías, Misael y Azarías. Entraron, pues, al servicio¹ del rey. **20** Y en todo asunto de sabiduría y¹ conocimiento que el rey les consultó, los encontró diez veces superiores a todos los magos² y encantadores que *había* en todo su reino. **21** Daniel estuvo *allí* hasta el primer año del rey Ciro.

EL SUEÑO DEL REY

2 En el segundo año del reinado de Nabucodonosor, este tuvo sueños¹, y se turbó su espíritu y no podía dormir². **2** Entonces el rey mandó llamar a los magos¹, encantadores, hechiceros y caldeos², para que le explicaran al rey sus sueños. Vinieron, pues, y se presentaron ante el rey. **3** Y el rey les dijo: «He tenido un sueño¹, y mi espíritu se ha turbado por *el deseo de entender*² el sueño».

4 Entonces los caldeos hablaron al rey en arameo¹: «¡Oh rey, viva para siempre! Cuente el sueño a sus siervos, y nosotros le declararemos la interpretación». **5** El rey respondió a los caldeos: «Mis órdenes son firmes¹: si no me dan a conocer

---

2:18 ¹ Lit. *dicho*.   ² Lit. *traídos*.   1:19 ¹ Lit. *estuvieron de pie delante*. 1:20 ¹ Lit. *de*.   ² O *sacerdotes adivinos*.   2:1 ¹ Lit. *Nabucodonosor soñó sueños*. ² Lit. *su sueño se fue de sobre él*.   2:2 ¹ O *sacerdotes adivinos*.   ² O *astrólogos*. 2:3 ¹ Lit. *Soñé un sueño*.   ² Lit. *saber*.   2:4 ¹ El texto está escrito en arameo desde aquí hasta el cap. 7:28.   2:5 ¹ Otra posible lectura es: *La palabra se ha ido de mí*; y así en el vers. 8.

2:5
Por qué el rey fue duro con los astrólogos
Es posible que Nabucodonosor haya sentido que este sueño era particularmente importante. Quizás también deseaba poner a prueba a sus astrólogos para ver si era cierto que podían ver el futuro.

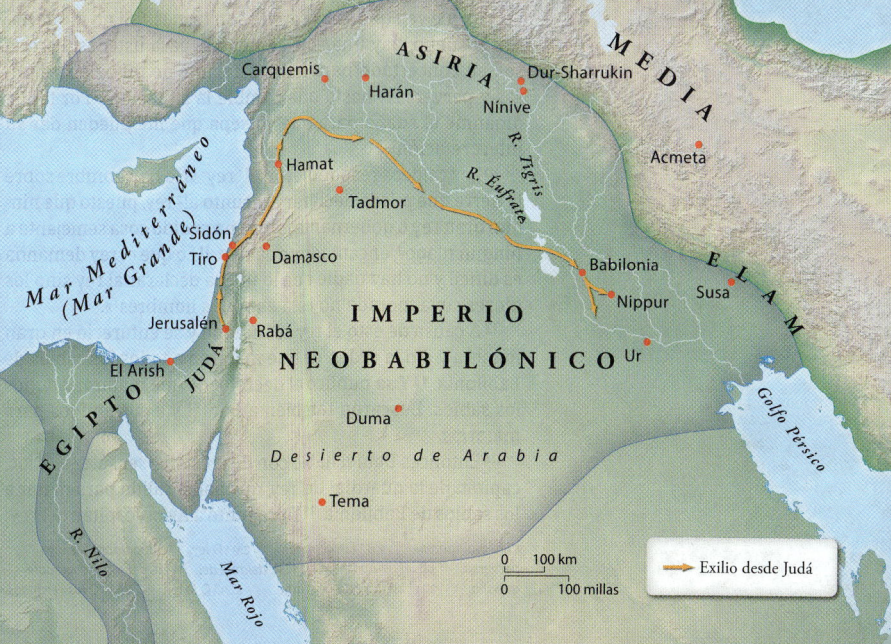

EL IMPERIO NEOBABILÓNICO 626-539 a. C.

LA ESTATUA DE NABUCODONOSOR

Daniel 2

Roca
Jesucristo

Oro
Imperio babilonio

Plata
Imperio medo-persa

Bronce
Imperio griego

Hierro
Imperio romano

Hierro y barro
Gobiernos modernos

el sueño y su interpretación, serán descuartizados y sus casas serán reducidas a escombros². **6** Pero si me declaran el sueño y su interpretación, recibirán de mí regalos, recompensas y grandes honores. Por tanto, declárenme el sueño y su interpretación».

7 Respondieron ellos por segunda vez: «Refiera el rey su sueño a sus siervos, y declararemos la interpretación». **8** Respondió el rey: «Ciertamente sé que quieren ganar¹ tiempo, porque ven que mis órdenes son firmes. **9** Si no me declaran el sueño, hay una sola sentencia¹ para ustedes. Porque se han concertado para hablar delante de mí palabras falsas y perversas² hasta que cambie la situación³. Por tanto, díganme el sueño para que yo sepa que me pueden dar su interpretación».

10 Los caldeos respondieron al¹ rey: «No hay hombre sobre la tierra que pueda declarar el asunto al² rey, puesto que ningún gran rey o gobernante *jamás* ha pedido cosa semejante a ningún mago³, encantador o caldeo. **11** Lo que el rey demanda es difícil y no hay nadie que lo pueda declarar al rey sino los dioses cuya morada no está entre los hombres¹».

12 A causa de esto el rey se indignó y se enfureció en gran manera y dio la orden de que mataran a todos los sabios de Babilonia. **13** Y se publicó el decreto¹ de que mataran a todos los sabios. Buscaron también a Daniel y a sus amigos para matar*los*.

14 Entonces Daniel habló con discreción y sensatez a Arioc, capitán de la guardia¹ del rey, que había salido para matar a los sabios de Babilonia. **15** Y preguntó a Arioc, capitán del rey:

² Lit. *muladares*.　　2:8 ¹ Lit. *comprar*.　　2:9 ¹ O *ley*.　　² Lit. *palabra falsa y perversa*.　　³ Lit. *el tiempo*.　　2:10 ¹ Lit. *delante del*.　　² Lit. *del*.　　³ O *sacerdote adivino*.　　2:11 ¹ Lit. *no está con carne*.　　2:13 ¹ O *la ley*.　　2:14 ¹ O *los verdugos*.

«¿Por qué es *tan* riguroso¹ el decreto² del rey?». Y Arioc informó a Daniel sobre el asunto. ¹⁶ Así que Daniel fue a pedirle al rey que le diera tiempo¹ para declarar la interpretación al rey.

¹⁷ Entonces Daniel fue a su casa e informó el asunto a sus amigos Ananías, Misael y Azarías, ¹⁸ para que pidieran misericordia del Dios del cielo acerca de este misterio, a fin de que no perecieran Daniel y sus amigos con el resto de los sabios de Babilonia.

¹⁹ Entonces el misterio fue revelado a Daniel en una visión de noche. Daniel entonces bendijo al Dios del cielo, ²⁰ y dijo:

«Sea el nombre de Dios bendito por los siglos de los
siglos,
Porque la sabiduría y el poder son de Él.
²¹ Él es quien cambia los tiempos y las edades;
Quita reyes y pone reyes.
Da sabiduría a los sabios,
Y conocimiento a los entendidos¹.
²² Él es quien revela lo profundo y lo escondido.
Conoce lo que está en tinieblas,
Y la luz mora con Él.
²³ A ti, Dios de mis padres, yo doy gracias y alabo,
Porque me has dado sabiduría y poder,
Y ahora me has revelado lo que te habíamos pedido,
Pues nos has dado a conocer el asunto del rey».

²⁴ Después fue Daniel adonde *estaba* Arioc, a quien el rey había designado para dar muerte a los sabios de Babilonia. Fue y le habló así: «No des muerte a los sabios de Babilonia. Llévame ante el rey, y declararé al rey la interpretación».

²⁵ Entonces Arioc se apresuró a llevar a Daniel ante el rey, y le dijo así: «He hallado a un hombre entre los deportados¹ de Judá que dará a conocer al rey la interpretación». ²⁶ El rey le preguntó a Daniel, a quien llamaban Beltsasar: «¿Eres tú capaz de darme a conocer el sueño que he visto y su interpretación?».

²⁷ Daniel respondió ante el rey, y dijo: «En cuanto al misterio que el rey quiere saber, no *hay* sabios, encantadores, magos¹ *ni* adivinos que puedan declararlo al rey. ²⁸ Pero hay un Dios en el cielo que revela los misterios, y Él ha dado a conocer al rey Nabucodonosor lo que sucederá al fin de los días. Su sueño y las visiones que usted ha tenido¹ en su cama eran estos: ²⁹ A usted, oh rey, en su cama le surgieron pensamientos sobre lo que habrá de suceder en el futuro¹, y el que revela los misterios le ha dado a conocer lo que sucederá. ³⁰ En cuanto a mí, me ha sido revelado este misterio, no porque yo tenga¹ más sabiduría que cualquier *otro* viviente, sino con el fin de dar a conocer al rey la interpretación, y para que usted entienda los pensamientos de su corazón.

³¹ »Usted, oh rey, tuvo una visión en la que *había* una gran estatua. Esa estatua *era* enorme y su brillo extraordinario; estaba en pie delante de usted y su aspecto *era* terrible. ³² La

---

2:15 ¹ O *apremiante.* ² O *la ley.* 2:16 ¹ O *le señalara un tiempo.*
2:21 ¹ Lit. *conocedores del entendimiento.* 2:25 ¹ Lit. *hijos del destierro.*
2:27 ¹ O *sacerdotes adivinos.* 2:28 ¹ Lit. *de tu cabeza.* 2:29 ¹ Lit. *después de
esto.* 2:30 ¹ Lit. *que esté en mí.*

cabeza de esta estatua *era* de oro puro, su pecho y sus brazos de plata, y su vientre y sus muslos de bronce, **33** sus piernas de hierro, sus pies en parte de hierro y en parte de barro. **34** La estuvo mirando hasta que una piedra fue cortada sin ayuda de manos, y golpeó la estatua en sus pies de hierro y de barro, y los desmenuzó. **35** Entonces fueron desmenuzados, todos a la vez*¹*, el hierro, el barro, el bronce, la plata y el oro. Quedaron como el tamo de las eras en verano, y el viento se los llevó sin que quedara rastro alguno de ellos. Y la piedra que había golpeado la estatua se convirtió en un gran monte que llenó toda la tierra.

36 »Este es el sueño. Ahora diremos ante el rey su interpretación. **37** Usted, oh rey, es rey de reyes, a quien el Dios del cielo ha dado el reino*¹*, el poder, la fuerza y la gloria. **38** Y dondequiera que habiten los hijos de los hombres, las bestias del campo o las aves del cielo, Él los ha entregado en su mano y lo ha hecho soberano de todos ellos; usted es la cabeza de oro.

39 »Después de usted se levantará otro reino, inferior a usted, y luego un tercer reino, de bronce, que gobernará sobre toda la tierra. **40** Y habrá un cuarto reino, tan fuerte como el hierro. Y así como el hierro desmenuza y destroza todas las cosas, como el hierro que tritura, así él desmenuzará y triturará a todos estos.

41 »Lo que usted vio, los pies y los dedos, parte de barro de alfarero y parte de hierro, será un reino dividido. Pero tendrá la solidez del hierro, ya que vio el hierro mezclado con barro corriente*¹*. **42** Y *así como* los dedos de los pies *eran* parte de hierro y parte de barro cocido, *también* parte del reino será fuerte y parte será frágil. **43** En cuanto al hierro mezclado con barro corriente*¹* que ha visto, se mezclarán mediante*²* simiente humana. Pero no se unirán el uno con el otro, como no se mezcla el hierro con el barro.

44 »En los días de estos reyes, el Dios del cielo levantará un reino que jamás será destruido, y *este* reino no será entregado*¹* a otro pueblo. Desmenuzará y pondrá fin a todos aquellos reinos, y él permanecerá para siempre, **45** tal como usted vio que una piedra fue cortada del monte sin *ayuda de* manos y que desmenuzó el hierro, el bronce, el barro, la plata y el oro. El gran Dios ha hecho saber al rey lo que sucederá en el futuro*¹*. Así, pues, el sueño es verdadero y la interpretación fiel».

46 Entonces el rey Nabucodonosor cayó sobre su rostro, se postró ante Daniel, y ordenó que le ofrecieran presentes*¹* e incienso*²*. **47** El rey habló a Daniel, y le dijo: «En verdad que su Dios es Dios de dioses, Señor de reyes y revelador de misterios, ya que tú has podido revelar este misterio».

48 Entonces el rey engrandeció a Daniel y le dio muchos regalos espléndidos, y le hizo gobernador sobre toda la provincia de Babilonia y jefe supremo*¹* sobre todos los sabios de Babilonia. **49** Por solicitud de Daniel, el rey puso sobre la administración de la provincia de Babilonia a Sadrac, Mesac y a Abed Nego, mientras que Daniel *quedó* en la corte*¹* del rey.

2:36-43
El significado del sueño
La estatua representaba a los reinos que controlarían a Israel a través de la historia. Todos estos reinos serían destruidos.

2:44
El quinto reino
Este era el reino eterno de Dios, que gobierna sobre toda la tierra.

2:46
Nabucodonosor no se enojó por la profecía de Daniel
Se daba cuenta de que Daniel conocía su sueño y era capaz de interpretarlo. Gracias a la habilidad de Daniel, el rey se podía anticipar y preparar para lo que sucedería. También se enteró de que su propio reino continuaría.

2:48
Cómo un cautivo pudo convertirse en un líder
Daniel había demostrado que era capaz de interpretar sueños y se había atrevido a decirle al rey la verdad. Nabucodonosor se dio cuenta de que podía confiar en Daniel y contar con su honestidad.

2:35 *¹* Lit. *como uno.*   2:37 *¹* O *la soberanía.*   2:41 *¹* Lit. *barro de lodo.* 2:43 *¹* Lit. *barro de lodo.*   *²* O *con.*   2:44 *¹* Lit. *dejado.*   2:45 *¹* Lit. *después de esto.*   2:46 *¹* O *una ofrenda.*   *²* Lit. *y olores gratos.*   2:48 *¹* Lit. *jefe de los prefectos.*   2:49 *¹* Lit. *puerta.*

LA IMAGEN DE ORO

3 El rey Nabucodonosor hizo una estatua[1] de oro cuya altura *era* de 60 codos (27 metros) y su anchura de 6 codos (2.7 metros). La levantó en el llano de Dura, en la provincia de Babilonia. **2** Entonces el rey Nabucodonosor mandó reunir a los sátrapas, prefectos y gobernadores, los consejeros, tesoreros, jueces, magistrados y todos los gobernantes de las provincias para que vinieran a la dedicación de la estatua que el rey Nabucodonosor había levantado.

3 Se reunieron, pues, los sátrapas, prefectos y gobernadores, los consejeros, tesoreros, jueces, magistrados y todos los gobernantes de las provincias para la dedicación de la estatua que el rey Nabucodonosor había levantado. Y *todos* estaban de pie delante de la estatua que Nabucodonosor había levantado. **4** Entonces el heraldo proclamó con fuerza: «Se les ordena a ustedes, pueblos, naciones y lenguas, **5** que en el momento en que oigan el sonido del cuerno, la flauta, la lira[1], el arpa[2], el salterio[3], la gaita y toda clase de música, se postren y adoren la estatua de oro que el rey Nabucodonosor ha levantado. **6** Pero el que no se postre y adore, será echado inmediatamente[1] en un horno de fuego ardiente».

7 Por tanto, en el momento en que todos los pueblos oyeron el sonido del cuerno, la flauta, la lira, el arpa, el salterio, la gaita[1] y toda clase de música, todos los pueblos, naciones y lenguas se postraron y adoraron la estatua de oro que el rey Nabucodonosor había levantado.

8 Sin embargo[1], en aquel tiempo algunos caldeos se presentaron y acusaron a[2] los judíos. **9** Hablaron y dijeron al rey Nabucodonosor: «¡Oh rey, viva para siempre! **10** Usted, oh rey, ha proclamado un decreto de que todo hombre que oiga el sonido del cuerno, la flauta, la lira, el arpa, el salterio, la gaita y toda clase de música, se postre y adore la estatua de oro, **11** y el que no se postre y adore, será echado en un horno de fuego ardiente. **12** *Pero* hay algunos judíos a quienes usted ha puesto sobre la administración de la provincia de Babilonia, *es decir,* Sadrac, Mesac y Abed Nego, estos hombres, oh rey, no le hacen caso. No sirven a sus dioses ni adoran la estatua de oro que ha levantado».

13 Entonces Nabucodonosor, enojado y furioso, dio orden de traer a Sadrac, Mesac y Abed Nego. Estos hombres, pues, fueron conducidos ante el rey. **14** Habló Nabucodonosor y les dijo: «¿Es verdad Sadrac, Mesac y Abed Nego que no sirven a mis dioses ni adoran la estatua de oro que he levantado? **15** ¿Están dispuestos ahora, para que cuando oigan el sonido del cuerno, la flauta, la lira, el arpa, el salterio, la gaita y toda clase de música, se postren y adoren la estatua que he hecho? Porque si no *la* adoran, inmediatamente[1] serán echados en un horno de fuego ardiente. ¿Y qué dios será el que los libre de mis manos?».

16 Sadrac, Mesac y Abed Nego le respondieron al rey Nabucodonosor: «No necesitamos darle una respuesta acerca

3:1
La estatua de Nabucodonosor

La estatua medía 27 metros de altura. Probablemente estaba hecha de madera y cubierta en oro. Es posible que representara al dios Nabu, cuyo nombre formaba la primera parte del nombre de Nabucodonosor.

3:8
El significado de la palabra judío

El término era una abreviatura de «judaíta», que significaba persona proveniente de Judá.

3:12
Por qué estos hombres no adoraban al dios de Nabucodonosor

En vez de obedecer al rey, obedecían la palabra de Dios.

3:1 [1] O *imagen*, y así en el resto del cap.   3:5 [1] O *cítara*, y así en el resto del cap.   [2] O *lira triangular*, y así en el resto del cap.   [3] O *una especie de arpa*, y así en el resto del cap.   3:6 [1] O *en la misma hora*.   3:7 [1] Así en muchos mss. y en algunas versiones antiguas; el T.M. omite: *la gaita*.   3:8 [1] Lit. *Por tanto*. [2] Lit. *comieron los pedazos de*.   3:15 [1] O *en la misma hora*.

3:17-18

Estos hombres confiaban en que estaban haciendo lo correcto

Ellos sabían que Dios podía salvarlos, pero aun si no lo hacía, seguirían confiando en él.

3:25

El cuarto hombre en el horno

Nabucodonosor creía que la cuarta figura en el horno era un ser sobrenatural o un ángel. También hay una posibilidad de que haya sido una aparición del Hijo de Dios, Jesús.

3:29

El nuevo decreto de Nabucodonosor

Como había decretado que todos debían adorar a la estatua, no quería contradecirse a sí mismo diciendo que los judíos ahora podían adorar a Dios. Así que, en su lugar, prometió matar a cualquier persona que se opusiera al Señor.

de este asunto. **17** Ciertamente nuestro Dios a quien servimos puede librarnos del horno de fuego ardiente. Y de su mano, oh rey, nos librará. **18** Pero si no *lo hace,* ha de saber, oh rey, que no serviremos a sus dioses ni adoraremos la estatua de oro que ha levantado».

LIBRADOS DEL HORNO DE FUEGO

19 Entonces Nabucodonosor se llenó de furor, y demudó su semblante contra Sadrac, Mesac y Abed Nego. Reaccionó ordenando que se calentara el horno siete veces más de lo que se acostumbraba calentar. **20** Y mandó que algunos valientes guerreros de su ejército ataran a Sadrac, Mesac y Abed Nego, *y los* echaran en el horno de fuego ardiente. **21** Entonces estos hombres fueron atados y arrojados con sus mantos[1], sus túnicas[2], sus gorros y sus *otras* ropas en el horno de fuego ardiente.

22 Como la orden[1] del rey era apremiante[2] y el horno había sido calentado excesivamente, la llama del fuego mató a los que habían alzado a Sadrac, Mesac y Abed Nego. **23** Pero estos tres hombres, Sadrac, Mesac y Abed Nego cayeron, atados, en medio del horno de fuego ardiente.

24 Entonces el rey Nabucodonosor se espantó, y levantándose apresuradamente preguntó a sus altos oficiales: «¿No eran tres los hombres que echamos atados en medio del fuego?». «Así es, oh rey», respondieron ellos. **25** «¡Miren!», respondió el rey. «Veo a cuatro hombres sueltos que se pasean en medio del fuego sin sufrir daño alguno[1], y el aspecto del cuarto es semejante al de un hijo de los dioses».

26 Entonces Nabucodonosor se acercó a la puerta del horno de fuego ardiente y dijo: «Sadrac, Mesac y Abed Nego, siervos del Dios Altísimo, salgan y vengan acá». Entonces Sadrac, Mesac y Abed Nego salieron de en medio del fuego. **27** Y los sátrapas, los prefectos, los gobernadores y los altos oficiales del rey se reunieron para ver a estos hombres, cómo el fuego no había tenido efecto[1] alguno sobre sus cuerpos, ni el cabello de sus cabezas se había chamuscado, ni sus mantos[2] habían sufrido daño alguno[3], ni *aun* olor del fuego había quedado en ellos.

28 Entonces Nabucodonosor dijo: «Bendito sea el Dios de Sadrac, Mesac y Abed Nego que ha enviado a Su ángel y ha librado a Sus siervos que, confiando en Él, desobedecieron la orden[1] del rey y entregaron sus cuerpos antes de servir y adorar a ningún *otro* dios excepto a su Dios. **29** Por tanto, proclamo un decreto de que todo pueblo, nación o lengua que diga blasfemia contra el Dios de Sadrac, Mesac y Abed Nego sea descuartizado y sus casas reducidas a escombros[1], ya que no hay otro dios que pueda librar de esta manera». **30** Entonces el rey hizo prosperar a Sadrac, Mesac y Abed Nego en la provincia de Babilonia.

SUEÑO Y LOCURA DE NABUCODONOSOR

4 **1** Nabucodonosor, rey, a todos los pueblos, naciones y lenguas que habitan en toda la tierra: «Que abunde su paz[2].

3:21 [1] O *pantalones.*   [2] O *calzas.*   3:22 [1] Lit. *la palabra.*   [2] O *severa.*
3:25 [1] Lit. *no hay daño en ellos.*   3:27 [1] Lit. *poder.*   [2] O *pantalones.*
[3] Lit. *cambio.*   3:28 [1] Lit. *y cambiaron la palabra.*   3:29 [1] Lit. *muladar.*
4:1 [1] Los vers. 1-3 aparecen en el texto arameo como 3:31-33.   [2] O *su bienestar.*

2 Me ha parecido bien declarar las señales y maravillas que ha hecho conmigo el Dios Altísimo.

3   ¡Cuán grandes son Sus señales,
Y cuán poderosas Sus maravillas!
Su reino es un reino eterno,
Y Su dominio de generación en generación.

4 »¹Yo, Nabucodonosor, estaba tranquilo en mi casa y próspero en mi palacio. **5** Tuve¹ un sueño que me hizo temblar; y *estas* fantasías, *estando* en mi cama, y las visiones de mi mente² me aterraron. **6** Por lo cual di órdenes que trajeran ante mí a todos los sabios de Babilonia para que me dieran a conocer la interpretación del sueño. **7** Entonces vinieron los magos¹, los encantadores, los caldeos² y los adivinos y les³ conté el sueño. Pero no pudieron darme su interpretación. **8** Pero al fin vino ante mí Daniel, cuyo nombre es Beltsasar, como el nombre de mi dios, en quien está el espíritu de los dioses santos¹, y yo le² conté mi sueño: **9** "Oh Beltsasar, jefe de los magos¹, ya que sé que en ti está el espíritu de los dioses santos y que ningún misterio te confunde, decláreme las visiones del sueño que he visto, y su interpretación.

10 "Y las visiones de mi mente, que vi *estando* en mi cama, fueron así:

Vi un árbol en medio de la tierra,
Cuya altura *era* muy grande.
11   El árbol creció y se hizo fuerte,
Su copa¹ llegaba hasta el cielo,
Y *era* visible desde los confines de la tierra.
12   Su follaje *era* hermoso y su fruto abundante,
Y en él *había* alimento para todos.
Debajo de él hallaban sombra las bestias del campo,
Las aves del cielo hacían morada en sus ramas,
Y de él se alimentaban todos los seres vivientes¹.

13 "En las visiones de mi mente que vi *estando* en mi cama, había un vigilante, un santo que descendió del cielo.

14   Clamando fuertemente, dijo así:
'Derriben el árbol, corten sus ramas,
Arranquen su follaje, desparramen su fruto.
Huyan las bestias que están debajo de él,
Y las aves de sus ramas.
15   Pero dejen en tierra el tocón¹ con² sus raíces,
Con ataduras de hierro y bronce
Entre la hierba del campo;
Que se empape con el rocío del cielo,
Y comparta³ con las bestias la⁴ hierba de la tierra.
16   Sea cambiado su corazón de hombre,
Y séale dado un corazón de bestia,
Y pasen sobre él siete años¹.

4:8
El nombre babilónico de Daniel
El nombre babilónico de Daniel, Beltsasar, estaba formado a partir de *Bel*, uno de los títulos del dios babilonio Marduk.

4:13
Un mensajero santo
Probablemente se trataba de un ángel.

17 Esta sentencia es por decreto de los vigilantes,
Y la orden es por decisión de los santos,
Con el fin de que sepan los vivientes
Que el Altísimo domina sobre el reino de los hombres,
Y se lo da a quien le place,
Y pone sobre él al más humilde de los hombres'.

18 Este es el sueño *que* yo, el rey Nabucodonosor, he tenido[1]. Y tú, Beltsasar, di*me* su interpretación, ya que ninguno de los sabios de mi reino ha podido darme a conocer su interpretación. Pero tú puedes, porque el espíritu de los dioses santos está en ti".

19 »Entonces Daniel, a quien llamaban Beltsasar, se quedó atónito por un momento, y le turbaron sus pensamientos. El rey le dijo: "Beltsasar, no dejes que el sueño ni su interpretación te turben". "Señor mío", respondió Beltsasar. "Sea el sueño para los que lo odian a usted, y su interpretación para sus adversarios. **20** El árbol que vio, que se hizo fuerte y corpulento, cuya copa[1] llegaba hasta el cielo y que era visible en toda la tierra, **21** y cuyo follaje *era* hermoso y su fruto abundante, y en el que había alimento para todos, debajo del cual moraban las bestias del campo y en cuyas ramas anidaban las aves del cielo, **22** es usted, oh rey, que se ha hecho grande y fuerte, su grandeza ha crecido y ha llegado hasta el cielo, y su dominio hasta los confines de la tierra.

23 "En cuanto al vigilante, al santo que el rey vio, que descendía del cielo y decía: 'Derriben el árbol y destrúyanlo, pero dejen el tocón con[1] sus raíces en la tierra, con ataduras de hierro y bronce en la hierba del campo, y que se empape con el rocío del cielo, y que comparta[2] con las bestias del campo, hasta que pasen sobre él siete años[3]', **24** esta es la interpretación, oh rey, y este es el decreto del Altísimo que ha venido sobre mi señor el rey: **25** Será usted echado de entre los hombres, y su morada estará con las bestias del campo, y le darán hierba para comer como al ganado, y será empapado con el rocío del cielo. Y siete años[1] pasarán sobre usted, hasta que reconozca que el Altísimo domina sobre el reino de los hombres y que lo da a quien le place. **26** Y en cuanto a la orden de dejar el tocón con[1] las raíces del árbol, su reino le será afirmado[2] después que usted reconozca que *es* el Cielo *el que* gobierna. **27** Por tanto, oh rey, que mi consejo le sea grato: ponga fin a[1] sus pecados *haciendo* justicia, y a sus iniquidades mostrando misericordia a los pobres. Quizás sea prolongada su prosperidad".

28 »Todo *esto* le sucedió al rey Nabucodonosor. **29** Doce meses después, paseándose por la azotea del palacio real de Babilonia, **30** el rey reflexionó, y dijo: "¿No es esta la gran Babilonia que yo he edificado como residencia[1] real con la fuerza de mi poder y para gloria de mi majestad?". **31** Aún *estaba* la palabra en la boca del rey, cuando una voz vino[1] del cielo: "Rey Nabucodonosor, a ti se te declara: El reino te ha sido quitado, **32** y serás echado de entre los hombres, y tu

4:25
Profecía sobre Nabucodonosor
Nabucodonosor se volvería tan loco que no podría estar cerca de otras personas. Él viviría entre los animales en el campo.

4:18 [1] Lit. *he visto*.   4:20 [1] O *altura*.   4:23 [1] Lit. *de*.   [2] Lit. *sea su porción*.
[3] Lit. *tiempos*.   4:25 [1] Lit. *tiempos*.   4:26 [1] Lit. *de*.   [2] Lit. *duradero*.
4:27 [1] O *redime ahora*.   4:30 [1] Lit. *casa*.   4:31 [1] Lit. *respondió*.

morada *estará* con las bestias del campo. Te darán hierba para comer como al ganado, y siete años[1] pasarán sobre ti, hasta que reconozcas que el Altísimo domina sobre el reino de los hombres, y que lo da a quien le place".

33 »En aquel mismo instante se cumplió la palabra acerca de Nabucodonosor: fue echado de entre los hombres, comía hierba como el ganado y su cuerpo se empapó con el rocío del cielo hasta que sus cabellos crecieron como *las plumas* de las águilas y sus uñas como las de las aves.

34 »Pero al fin de los días, yo, Nabucodonosor, alcé mis ojos al cielo, y recobré mi razón[1], y bendije al Altísimo y alabé y glorifiqué al que vive para siempre.

Porque Su dominio es un dominio eterno,
Y Su reino *permanece* de generación en generación.
35 Todos los habitantes de la tierra son considerados
como nada,
Mas Él actúa conforme a Su voluntad en el ejército del
cielo
Y *entre* los habitantes de la tierra.
Nadie puede detener[1] Su mano,
Ni decirle: "¿Qué has hecho?".

36 »En ese momento recobré mi razón[1]. Y mi majestad y mi esplendor me fueron devueltos para gloria de mi reino, y mis consejeros[2] y mis nobles vinieron a buscarme. Y fui restablecido en mi reino[3], y mayor grandeza me fue añadida. 37 Ahora yo, Nabucodonosor, alabo, ensalzo y glorifico al Rey del cielo, porque Sus obras son todas verdaderas[1] y justos[2] Sus caminos. Él puede humillar a los que caminan con soberbia».

LA ESCRITURA EN LA PARED

5 Belsasar, rey *de Babilonia* ofreció un gran banquete a mil de sus nobles, y en presencia de los mil se puso a beber vino. 2 Mientras saboreaba el vino, Belsasar ordenó traer los vasos de oro y plata que Nabucodonosor su padre[1] había sacado del templo que *estaba* en Jerusalén, para que bebieran en ellos el rey y sus nobles, sus mujeres y sus concubinas. 3 Entonces trajeron los vasos de oro que habían sido sacados del templo, la casa de Dios que *estaba* en Jerusalén, y el rey y sus nobles, sus mujeres y sus concubinas bebieron en ellos. 4 Bebieron vino y alabaron a los dioses de oro y plata, de bronce, hierro, madera y piedra.

5 De pronto aparecieron los dedos de una mano humana y comenzaron a escribir frente al candelabro sobre lo encalado de la pared del palacio del rey, y el rey vio el dorso[1] de la mano que escribía. 6 Entonces *el rostro* del rey palideció[1], y sus pensamientos lo turbaron, las coyunturas de sus caderas se le relajaron y sus rodillas comenzaron a chocar una contra otra. 7 El rey gritó fuertemente que trajeran a los encantadores, a los caldeos[1] y a los adivinos. El rey habló, y dijo

4:33
Cómo el rey fue expulsado del palacio
Su mente había enloquecido, así que probablemente no se resistió. Es posible que el palacio contara con grandes parques en sus terrenos, en los cuales el rey podía vivir entre los animales.

4:37
Las creencias de Nabucodonosor
Nabucodonosor vio que Dios reina sobre todas las cosas, pero esto no significaba que se hubiera apartado de los dioses babilonios.

4:32 [1] Lit. *tiempos.*   4:34 [1] Lit. *conocimiento.*   4:35 [1] Lit. *golpear.*
4:36 [1] Lit. *conocimiento.*   [2] O *altos oficiales.*   [3] O *soberanía.*
4:37 [1] Lit. *verdad.*   [2] Lit. *justicia.*   5:2 [1] O *antepasado*, y así en el resto del cap.
5:5 [1] Lit. *la palma.*   5:6 [1] Lit. *se le cambió su brillantez.*   5:7 [1] O *astrólogos.*

a los sabios de Babilonia: «Cualquiera que pueda leer esta inscripción y declararme su interpretación, será vestido de púrpura, *llevará* un collar de oro al cuello y tendrá autoridad como tercero[2] en el reino».

8 Entonces entraron todos los sabios del rey, pero no pudieron leer la inscripción ni dar a conocer al rey su interpretación. **9** Y el rey Belsasar se turbó en gran manera, su rostro palideció aún más[1]. También sus nobles quedaron perplejos.

10 La reina, al enterarse de las palabras del rey y de sus nobles, entró en la sala[1] del banquete y[2] tomando la palabra, dijo: «¡Oh rey, viva para siempre! No le turben sus pensamientos ni se mude su semblante[3]. **11** Hay un hombre en su reino en quien está el espíritu de los dioses santos[1]. Y en los días de su padre se halló en él luz, inteligencia y sabiduría como la sabiduría de los dioses. Y su padre, el rey Nabucodonosor, su padre el rey[2], lo nombró jefe de los magos[3], encantadores, caldeos[4] y adivinos, **12** debido a que se halló un espíritu extraordinario, conocimiento e inteligencia, interpretación de sueños, explicación de enigmas y solución de problemas difíciles en este *hombre*, Daniel, a quien el rey llamaba Beltsasar. Que llamen ahora a Daniel, y él declarará la interpretación».

13 Entonces Daniel fue traído ante el rey. El rey preguntó a Daniel: «¿Eres tú aquel Daniel de los deportados[1] de Judá, que el rey mi padre trajo de Judá? **14** He oído de ti que el espíritu de los dioses[1] está en ti, y que luz, inteligencia y extraordinaria sabiduría se hallan en ti. **15** Ahora mismo los sabios y encantadores fueron traídos delante de mí para que leyeran esta inscripción y me dieran a conocer su interpretación, pero no pudieron declarar la interpretación del escrito[1]. **16** Pero yo he oído decir de ti que puedes dar interpretaciones y resolver problemas difíciles. Ahora, si puedes leer la inscripción y darme a conocer su interpretación, serás vestido de púrpura y *llevarás* un collar de oro al cuello, y tendrás autoridad como tercero[1] en el reino».

17 Entonces Daniel respondió delante del rey: «Sean para ti tus regalos y da tus recompensas a otro. Yo leeré, sin embargo, la inscripción al rey y le daré a conocer *su* interpretación. **18** Oh rey[1], el Dios Altísimo concedió a tu padre Nabucodonosor soberanía[2], grandeza, gloria y majestad. **19** Y a causa de la grandeza que Él le concedió, todos los pueblos, naciones y lenguas temían y temblaban delante de él. A quien quería, mataba, y a quien quería, dejaba con vida; exaltaba a quien quería, y a quien quería humillaba. **20** Pero cuando su corazón se enalteció y su espíritu se endureció en *su* arrogancia, fue depuesto de su trono real y *su* gloria le fue quitada. **21** Fue echado de entre los hombres[1], su corazón se hizo semejante *al de las* bestias y con los asnos monteses *tuvo* su morada. Se le dio a comer hierba como al ganado y su cuerpo se empapó con el rocío del cielo, hasta que reconoció

5:11
Cómo podía Daniel estar al mando de cosas que Dios condenaba

Es posible que su puesto como jefe de los magos y astrólogos no significara que él estuviera a cargo; en cambio, podría ser una forma de decir que Daniel tenía un rango superior a todos ellos debido a su capacidad de predecir el futuro. Incluso si Daniel era quien estaba al mando, no habría participado en ninguna práctica maligna.

5:17
Daniel le dice la verdad al rey

Daniel tenía la fama de ser honesto y de interpretar los sueños con exactitud, por lo que no era peligroso que le dijera estas palabras directamente al rey.

---

2 O un triumviro.   5:9 1 Lit. *su brillantez cambió en él.*   5:10 1 Lit. *casa.*   2 Lit. *la reina.*   3 Lit. *se cambie tu brillantez.*   5:11 1 O posiblemente, *el Espíritu del Dios santo.*   4 O *astrólogos.*   2 U *oh rey.*   3 O *sacerdotes adivinos.*   5:13 1 Lit. *hijos del destierro.*   5:14 1 O posiblemente, *el Espíritu de Dios.*   5:15 1 Lit. *de la palabra.*   5:16 1 O un triumviro.   5:18 1 Lit. *Tú, oh rey.*   2 *el reino.*   5:21 1 Lit. *hijos del hombre.*

que el Dios Altísimo domina sobre el reino de los hombres y que pone sobre él a quien le place.

22 »Pero usted, su hijo*1* Belsasar, no se ha humillado su corazón aunque*2* sabía todo esto, **23** sino que se ha ensalzado usted contra el Señor del cielo. Y han traído delante de usted los vasos de Su templo*1*, y usted y sus nobles, sus mujeres y sus concubinas, han estado bebiendo vino en ellos y han alabado a los dioses de plata y oro, de bronce, hierro, madera y piedra, que ni ven, ni oyen, ni entienden. Pero al Dios que tiene en Su mano su propio aliento y es dueño de todos sus caminos, no ha glorificado. **24** Por lo cual Él envió de Su presencia la mano*1* que trazó esta inscripción.

25 »Esta es la inscripción que fue trazada: MENE*1*, MENE*1*, TEKEL*2*, UFARSIN*3*. **26** Esta es la interpretación del escrito*1*: MENE: Dios ha contado su reino y le ha puesto fin. **27** TEKEL: ha sido pesado en la balanza y hallado falto *de peso*. **28** PERES: su reino ha sido dividido y entregado a los medos y persas*1*».

29 Entonces Belsasar ordenó que vistieran a Daniel de púrpura y *le pusieran* un collar de oro al cuello, y que proclamaran acerca de él, que él tenía *ahora* autoridad como tercero*1* en el reino.

30 Aquella misma noche fue asesinado Belsasar, rey de los caldeos. **31** *1* Y Darío el Medo recibió el reino cuando tenía sesenta y dos años.

DANIEL EN EL FOSO DE LOS LEONES

6 *1* Le pareció bien a Darío constituir sobre el reino 120 sátrapas que gobernaran en todo el reino, **2** y sobre ellos, tres funcionarios (uno de los cuales era Daniel) a quienes estos sátrapas rindieran cuenta, para que el rey no fuera perjudicado. **3** Pero*1* este mismo Daniel sobresalía entre*2* los funcionarios y sátrapas porque había en él un espíritu extraordinario, de modo que el rey pensó ponerlo sobre todo el reino.

4 Entonces los funcionarios y sátrapas buscaron un motivo para acusar a Daniel con respecto a los asuntos del reino. Pero no pudieron encontrar ningún motivo de acusación ni *evidencia alguna de* corrupción, por cuanto él era fiel, y ninguna negligencia ni corrupción *podía* hallarse en él. **5** Entonces estos hombres dijeron: «No encontraremos ningún motivo de acusación contra este Daniel a menos que encontremos *algo* contra él en relación con la ley de su Dios».

6 Estos funcionarios y sátrapas, de común acuerdo*1*, fueron entonces al rey y le dijeron así: «¡Rey Darío, viva para siempre! **7** Todos los funcionarios del reino, prefectos, sátrapas, altos oficiales y gobernadores, han acordado que el rey promulgue un edicto y ponga en vigor el mandato de que cualquiera que en el término de treinta días haga petición a cualquier dios u hombre fuera de usted, oh rey, sea echado

5:29
Por qué Belsasar recompensó a Daniel por su interpretación
Aunque las palabras de Daniel anunciaban su destrucción, Belsasar había prometido recompensar a la persona que interpretara el mensaje. Él cumplió con su palabra.

6:7
El foso de los leones
Se trataba de un pozo con una pequeña abertura en la parte superior, lo que hacía imposible que un prisionero escapara.

5:22 *1* O *descendiente.*   *2* Lit. *por cuanto.*   5:23 *1* Lit. *casa.*   5:24 *1* Lit. *la palma de la mano.*   5:25 *1* O *una mina* (50 siclos), del verbo *contar.*   *2* O *un siclo,* del verbo *pesar.*   *3* O *y medios siclos,* del verbo *dividir* (singular arameo, *peres*).   5:26 *1* Lit. *de la palabra.*   5:28 *1* Arameo: *paras.*   5:29 *1* O *un triunviro.*   5:31 *1* En arameo, cap. 6:1.   6:1 *1* En arameo, cap. 6:2.   6:3 *1* Lit. *Entonces.*   *2* Lit. *sobre.*   6:6 *1* O *en grupo.*

6:8
Por qué las leyes no podían ser modificadas

En aquella cultura, era imposible que un rey revocara o anulara una ley. Así que un gobernante tenía que encontrar otras alternativas si quería cambiar de opinión con respecto a un decreto.

6:10
Por qué Daniel oró mirando en dirección a Jerusalén

Los judíos que se encontraban lejos de Jerusalén oraban en dirección a la ciudad santa y al templo de Dios.

6:16
El rey no quería que Daniel fuera herido por los leones

El rey esperaba que el Dios de Daniel lo salvara.

6:24
Cómo fueron castigados los acusadores de Daniel

Fueron arrojados al foso de los leones y murieron antes de siquiera tocar el suelo.

en el foso de los leones. **8** Ahora pues, oh rey, promulgue el mandato y firme el documento para que no sea modificado, conforme a la ley de los medos y persas, que no puede ser revocada[1]». **9** Por tanto, el rey Darío firmó el documento, esto es, el mandato.

10 Cuando Daniel supo que había sido firmado el documento, entró en su casa (en su aposento superior tenía ventanas abiertas en dirección a Jerusalén), y como[1] solía hacerlo antes, continuó arrodillándose tres veces al día, orando y dando gracias delante de su Dios. **11** Entonces estos hombres, de común acuerdo[1], fueron y encontraron a Daniel orando y suplicando delante de su Dios; **12** por lo cual se presentaron ante el rey y *le* hablaron tocante al mandato real: «¿No firmó usted un mandato que cualquier hombre que en el término de treinta días hiciera petición a cualquier dios u hombre fuera de usted, oh rey, fuera echado en el foso de los leones?». «La orden[1] es cierta, conforme a la ley de los medos y persas, que no puede ser revocada[2]», respondió el rey. **13** Entonces ellos respondieron: «Daniel, que es uno de los deportados[1] de Judá, no le hace caso, oh rey, ni del mandato que usted firmó, sino que tres veces al día hace su oración».

14 Al oír estas palabras, el rey se afligió mucho y se propuso librar a Daniel. Y hasta la puesta del sol estuvo buscando la manera de librarlo. **15** Entonces aquellos hombres vinieron de común acuerdo[1] al rey y le dijeron[2]: «Reconozca, oh rey, que es ley de los medos y persas que ningún mandato o edicto que el rey establezca puede ser revocado».

16 El rey entonces dio órdenes que trajeran a Daniel y lo echaran en el foso de los leones. El rey habló a Daniel y *le* dijo: «Tu Dios, a quien sirves con perseverancia, Él te librará». **17** Trajeron una piedra y la pusieron sobre la boca del foso. El rey la selló con su anillo y con los anillos de sus nobles, para que nada pudiera cambiarse de lo ordenado en cuanto a Daniel. **18** Después el rey se fue a su palacio y pasó la noche en ayuno. Ningún entretenimiento fue traído ante él y se le fue el sueño.

19 Entonces el rey se levantó al amanecer, al rayar el alba, y fue a toda prisa al foso de los leones. **20** Y acercándose al foso, gritó a Daniel con voz angustiada. El rey habló a Daniel y le dijo: «Daniel, siervo del Dios viviente, tu Dios, a quien sirves con perseverancia, ¿te ha podido librar de los leones?».

21 Entonces Daniel respondió al[1] rey: «Oh rey, viva para siempre. **22** Mi Dios envió Su ángel, que cerró la boca de los leones, y no me han hecho daño alguno porque fui hallado inocente[1] ante Él. Y tampoco ante usted, oh rey, he cometido crimen alguno».

23 El rey entonces se alegró mucho y mandó sacar a Daniel del foso. Cuando Daniel fue sacado del foso, no se encontró en él lesión alguna, porque había confiado en su Dios. **24** El rey dio órdenes que trajeran a aquellos hombres que habían

6:8 [1] Lit. *nunca dejará de ser.*   6:10 [1] O *porque.*   6:11 [1] O *en grupo.*
6:12 [1] Lit. *palabra.*   [2] Lit. *nunca dejará de ser.*   6:13 [1] Lit. *hijos del*
destierro.   6:15 [1] O *en grupo.*   [2] Lit. *y dijeron al rey.*   6:21 [1] Lit. *habló con el.*
6:22 [1] Lit. *inocencia fue hallada en mí.*

acusado falsamente a[1] Daniel, y que los echaran a ellos, a sus hijos y a sus mujeres en el foso de los leones. No habían llegado aún al fondo del foso, cuando ya los leones se habían apoderado de ellos y triturado todos sus huesos.

25 Entonces el rey Darío escribió a todos los pueblos, naciones y lenguas que habitaban en toda la tierra: «Que abunde su paz». **26** De parte mía se proclama un decreto de que en todo el dominio de mi reino *todos* teman y tiemblen delante del Dios de Daniel,

> Porque Él es el Dios viviente que permanece para
> siempre,
> Y Su reino no será destruido
> Y Su dominio *durará* para siempre[1].
> **27** Él es el que libra y rescata, hace señales y maravillas
> En el cielo y en la tierra,
> El que ha librado a Daniel del poder[1] de los leones».

28 Y este mismo Daniel prosperó durante el reinado de Darío y durante el reinado de Ciro el Persa.

VISIÓN DE LAS CUATRO BESTIAS

7 En el primer año del rey Belsasar de Babilonia, Daniel tuvo un sueño y visiones en su mente[1], *estando* en su cama. Entonces escribió el sueño y relató el resumen[2] de él[3]:

2 «Miraba yo en mi visión nocturna que los cuatro vientos del cielo agitaban el gran mar; **3** y cuatro bestias enormes, diferentes unas de otras, subían del mar.

4 »La primera *era* como un león y tenía alas de águila. Mientras yo miraba, sus alas le fueron arrancadas, fue levantada del suelo y puesta sobre dos pies, como un hombre, y le fue dado corazón de hombre.

5 »Y otra segunda bestia, semejante a un oso, estaba levantada de un costado, y en su boca, entre sus dientes, *tenía* tres costillas. Y le dijeron así: "Levántate, y devora mucha carne".

6 »Después de esto seguí mirando, y otra más, semejante a un leopardo que tenía sobre su lomo[1] cuatro alas de ave. La bestia tenía cuatro cabezas, y le fue dado dominio.

7 »Después de esto, seguí mirando en las visiones nocturnas, y vi una cuarta bestia, terrible, espantosa y en gran manera fuerte. Tenía enormes dientes de hierro y devoraba, desmenuzaba y pisoteaba los restos con sus pies. Era diferente de todas las bestias que la antecedieron y tenía diez cuernos. **8** Mientras yo contemplaba los cuernos, vi que otro cuerno, uno pequeño, surgió entre ellos, y tres de los primeros cuernos fueron arrancados delante de él. Y este cuerno tenía ojos[1] como los ojos de un hombre y una boca que hablaba con mucha arrogancia[2].

9 Seguí mirando
Hasta que se establecieron tronos,
Y el Anciano de Días se sentó.
Su vestidura era blanca como la nieve,

7:4
Un león con alas de águila
Se trataba de un ángel querubín que representaba al Imperio neobabilónico.

7:7
Por qué la bestia tenía diez cuernos
Esto demostraba cuánta autoridad tenía la bestia.

6:24 [1] Lit. *habían comido los pedazos de.*   6:25 [1] O *su bienestar.*
6:26 [1] Lit. *hasta el fin.*   6:27 [1] Lit. *de la mano.*   7:1 [1] Lit. *de su cabeza.*   [2] O *el principio.*   [3] Lit. *las palabras.*   7:6 [1] O *costado.*   7:8 [1] Lit. *en este cuerno había ojos.*   [2] Lit. *hablaba grandes cosas.*

Y el cabello de Su cabeza como lana pura,
Su trono, llamas de fuego,
Y sus ruedas, fuego abrasador.

10 Un río de fuego corría,
Saliendo de delante de Él.
Miles de millares le servían,
Y miríadas de miríadas[1] estaban en pie delante de Él.
El tribunal se sentó,
Y se abrieron los libros.

11 »Entonces yo seguí mirando a causa del ruido de las palabras arrogantes[1] que el cuerno decía. Seguí mirando hasta que mataron a la bestia, destrozaron su cuerpo y *lo* echaron a las llamas del fuego. **12** A las demás bestias, se les quitó el dominio, pero les fue concedida una prolongación de la vida por un tiempo determinado.

13 Seguí mirando en las visiones nocturnas,
Y en las nubes del cielo
Venía uno como un Hijo de Hombre,
Que se dirigió al Anciano de Días
Y fue presentado ante Él.

14 Y le fue dado dominio,
Gloria y reino[1],
Para que todos los pueblos, naciones y lenguas
Le sirvieran.
Su dominio es un dominio eterno
Que nunca pasará,
Y Su reino uno
Que no será destruido.

15 »A mí, Daniel, se me angustió por dentro[1] el espíritu, y las visiones de mi mente seguían turbándome. **16** Me acerqué a uno de los que estaban allí de pie y le pedí que me dijera la verdad acerca de todo esto. Y me respondió, dándome a conocer la interpretación de estas cosas: **17** "Estas bestias enormes, que son cuatro, son cuatro reyes *que* se levantarán de la tierra. **18** Pero los santos del Altísimo recibirán el reino y poseerán el reino para siempre, por los siglos de los siglos".

19 »Entonces quise saber la verdad acerca de la cuarta bestia, que era diferente de todas las demás[1], *y* en gran manera terrible, con sus dientes de hierro y sus garras de bronce, *y que* devoraba, desmenuzaba y pisoteaba los restos con sus pies, **20** y *la verdad* acerca de los diez cuernos que *tenía* en su cabeza, y del otro *cuerno* que había surgido, delante del cual cayeron tres de ellos, es decir, el cuerno que tenía ojos y una boca que hablaba con mucha arrogancia[1], y cuya apariencia era mayor que la de sus compañeros.

21 »Mientras yo miraba, este cuerno hacía guerra contra los santos y prevalecía sobre ellos, **22** hasta que vino el Anciano de Días y se hizo[1] justicia a favor de los santos del Altísimo, y llegó el tiempo cuando los santos tomaron posesión del reino.

7:10
El tribunal de Dios
Esto parece tratarse del juicio de Dios a las naciones y los individuos. Los libros contenían los registros de las acciones de las personas.

7:13
Hijo de Hombre
Esta es la primera vez en la Biblia que se hace referencia al Mesías como Hijo de Hombre, un término que Jesús utilizó para describirse a sí mismo.

7:10 [1] O *innumerables.*   7:11 [1] Lit. *grandes.*   7:14 [1] O *soberanía.*
7:15 [1] Lit. *en medio de su envoltura;* i.e. del cuerpo.   7:19 [1] Lit. *todas ellas.*
7:20 [1] Lit. *grandes cosas.*   7:22 [1] Lit. *se dio.*

23 »Después me dijo: "La cuarta bestia será un cuarto reino en la tierra, que será diferente de todos los *otros* reinos. Devorará toda la tierra, la pisoteará y la desmenuzará. **24** Y los diez cuernos de este reino son diez reyes que se levantarán, y otro se levantará después de ellos. Él será diferente de los anteriores y subyugará a tres reyes. **25** Él proferirá palabras contra el Altísimo y afligirá a los santos del Altísimo, e intentará cambiar los tiempos y la ley. Y le serán entregados en sus manos por tres años y medio[1]. **26** Pero el tribunal se sentará *para juzgar*, y su dominio le será quitado, aniquilado y destruido para siempre[1]. **27** Y la soberanía[1], el dominio y la grandeza de *todos* los reinos debajo de todo el cielo serán entregados al pueblo de los santos del Altísimo. Su reino *será* un reino eterno, y todos los dominios le servirán y le obedecerán".

28 Hasta aquí la revelación[1]. En cuanto a mí, Daniel, mis pensamientos me turbaron en gran manera y mi rostro palideció[2], pero guardé el asunto en mi corazón».

VISIÓN DEL CARNERO Y DEL MACHO CABRÍO

8 En el tercer año del reinado del rey Belsasar, se me apareció a mí, Daniel[1], una visión, después de aquella que se me había aparecido anteriormente[2]. **2** Cuando miré en la visión, sucedió que al mirar, yo *me encontraba* en la ciudadela de Susa, que *está* en la provincia de Elam, y vi en la visión que yo estaba junto al río[1] Ulai. **3** Alcé, pues, mis ojos y miré que un carnero estaba delante del río. Tenía dos cuernos, y los dos cuernos *eran* altos, pero uno *era* más alto que el otro, y el más alto creció[1] al último. **4** Vi al carnero dando cornadas al oeste, al norte y al sur, y ninguna bestia podía mantenerse en pie delante de él, y nadie podía librarse de su poder[1]. Hacía lo que quería, y *se* engrandeció.

5 Al estar yo observando, vi que un macho cabrío venía del occidente sobre la superficie de toda la tierra sin tocar el suelo. El macho cabrío *tenía* un cuerno prominente entre los ojos. **6** Se dirigió al carnero que tenía los dos cuernos, que yo había visto parado delante del río, y lo acometió con la furia de su poder. **7** Lo vi venir junto al carnero, y enfurecido contra él, hirió al carnero y le rompió los dos cuernos, y el carnero no

---

DIOS SEGÚN DANIEL

te·mi·ble: inspira a las personas a adorarlo por su carácter y sus actos maravillosos
9:4

e·ter·no: existe para siempre
4:3,34; 6:26; 12:7

per·do·na·dor: elige perdonar el pecado
9:9

gran·de: domina sobre todos y todo
2:45; 9:4

vi·vien·te: interactúa con su creación y está presente
6:20,26

com·pa·si·vo: trata a las personas con compasión y está dispuesto a dar segundas oportunidades
9:9,18

po·de·ro·so: demuestra una fuerza incomparable y la capacidad de hacer lo que sea
2:20; 4:3; 9:15

jus·to: actúa con justicia, verdad y sin pecado
9:7,14,16

do·mi·na: reina con absoluta autoridad
4:17,25,32; 5:21

sa·bio: conoce y entiende todas las cosas
2:20

7:25 [1] Lit. *un tiempo, tiempos y medio tiempo.*   7:26 [1] Lit. *para aniquilar y destruir hasta el fin.*   7:27 [1] O *el reino.*   7:28 [1] Lit. *el fin de la palabra.*
[2] Lit. *mi brillantez cambió sobre mí.*   8:1 [1] Lit. *yo, Daniel.*   [2] Lit. *al principio.*
8:2 [1] O *canal.*   8:3 [1] Lit. *subió.*   8:4 [1] Lit. *mano.*

8:3
El significado del carnero

El carnero representaba al Imperio medo-persa. El cuerno más alto reflejaba la importancia de Persia.

8:5-6
El significado del macho cabrío

El macho cabrío representaba a Grecia, y el cuerno prominente simbolizaba al rey Alejandro Magno.

8:9
La Tierra Hermosa

Se refería al territorio de Israel.

tenía fuerza para mantenerse en pie delante de él. Lo arrojó en tierra y lo pisoteó, y no hubo nadie que librara al carnero de su poder[1]. **8** El macho cabrío *se* engrandeció sobremanera, pero en cuanto llegó a ser poderoso, el gran cuerno se le rompió, y en su lugar le salieron cuatro *cuernos* prominentes hacia los cuatro vientos del cielo.

9 Y de uno de ellos salió un cuerno pequeño, que creció mucho hacia el sur, hacia el oriente y hacia la *Tierra Hermosa*[1]. **10** Creció hasta el ejército del cielo, e hizo caer a la tierra *parte* del ejército y de las estrellas, y las pisoteó. **11** Se engrandeció hasta *igualarse con* el Jefe[1] del ejército, le quitó Su sacrificio continuo y fue derribado el lugar de Su santuario. **12** Y el ejército será entregado *al cuerno* junto con el sacrificio continuo a causa de la transgresión; arrojará por tierra la verdad y hará *su voluntad* y prosperará.

13 Oí entonces hablar a un santo, y otro santo dijo al que hablaba: «¿Hasta cuándo durará la visión del sacrificio continuo, de la transgresión que espanta, y de que el lugar santo y el ejército sean pisoteados?». **14** Y el santo le[1] respondió: «Por 2,300 tardes y mañanas; entonces el lugar santo será restaurado[2]».

15 Y sucedió que después que yo, Daniel, había visto la visión y trataba de comprenderla[1], *vi* de pie, ante mí, uno con apariencia de hombre. **16** Y oí una voz de hombre entre *las márgenes* del río Ulai, que gritaba: «Gabriel, explícale a este la visión».

17 Él se acercó adonde yo estaba, y cuando llegó, me aterroricé y caí sobre mi rostro, pero él me dijo: «Entiende, hijo de hombre, que la visión se refiere al tiempo del fin». **18** Mientras él hablaba conmigo, caí en un sueño profundo con mi rostro en tierra. Él me tocó y me hizo incorporar donde yo estaba. **19** «Te voy a dar a conocer lo que sucederá al final de la ira, porque *se* refiere al tiempo señalado del fin», me dijo. **20** «El carnero que viste, con los dos cuernos, *representa* a los reyes de Media y de Persia. **21** El macho cabrío peludo *representa* al reino[1] de Grecia, y el cuerno grande que *está* entre sus ojos es el primer rey. **22** El *cuerno* roto y los cuatro *cuernos que* salieron en su lugar *representan* cuatro reinos *que* se levantarán de *su* nación, pero no con *su* poder.

8:23-25
A quién describen estos versículos

Estos versículos describen a Antíoco IV y su llegada al poder mediante la intriga y el engaño.

23   Y al final de su reinado[1],
         Cuando los transgresores se acaben,
         Se levantará un rey,
         Insolente[2] y hábil en intrigas[3].
24   Su poder será grande, pero no por su *propio* poder;
         Destruirá[1] en forma extraordinaria,
         Prosperará y hará *su voluntad*.
         Destruirá[1] a los poderosos y al pueblo santo[2].
25   Y por su astucia
         Hará que el engaño prospere por su influencia[1].
         Él *se* engrandecerá en su corazón,
         Y destruirá a muchos que están confiados[2].

8:7 [1] Lit. *mano.*   8:9 [1] I.e. *Palestina.*   8:11 [1] O *Príncipe.*   8:14 [1] Así en algunas versiones antiguas; en el T.M., *me.*   [2] Lit. *justificado.*
8:15 [1] Lit. *busqué entendimiento.*   8:21 [1] Lit. *rey.*   8:23 [1] O *soberanía.*
[2] Lit. *fuerte de rostro.*   [3] O *en hablar ambiguo.*   8:24 [1] O *corromperá.*
[2] Lit. *de los santos.*   8:25 [1] Lit. *mano.*   [2] O *seguros.*

Aun se levantará contra el[3] Príncipe de los príncipes,
Pero será destruido sin intervención humana[4].
26 La visión de las tardes y de las mañanas
Que ha sido relatada, es verdadera.
Pero tú, guarda en secreto la visión,
Porque *se* refiere a muchos días *aún lejanos*».

27 Yo, Daniel, me sentí agotado y enfermo algunos días. Después me levanté y atendí los asuntos del rey; pero yo estaba espantado a causa de la visión, y no había nadie que *la* interpretara[1].

ORACIÓN DE DANIEL POR SU PUEBLO

9 En el año primero de Darío, hijo de Asuero, descendiente[1] de los medos, que fue constituido rey sobre el reino de los caldeos, **2** en el año primero de su reinado, yo, Daniel, pude entender en los libros el número de los años en que, por palabra del SEÑOR que fue *revelada* al profeta Jeremías, debían cumplirse las desolaciones de Jerusalén: setenta años.

3 Volví[1] mi rostro a Dios el Señor para buscar*lo* en oración y súplicas, en ayuno, cilicio y ceniza. **4** Oré al SEÑOR mi Dios e hice confesión y dije: «Ay, Señor, el Dios grande y temible, que guarda el pacto y la misericordia para los que lo aman y guardan Sus mandamientos, **5** hemos pecado, hemos cometido iniquidad, hemos hecho lo malo, nos hemos rebelado y nos hemos apartado de Tus mandamientos y de Tus ordenanzas. **6** No hemos escuchado a Tus siervos los profetas que hablaron en Tu nombre a nuestros reyes, a nuestros príncipes, a nuestros padres y a todo el pueblo de la tierra.

7 Tuya es la justicia, oh Señor, y nuestra la vergüenza en el rostro, como *sucede* hoy a los hombres de Judá, a los habitantes de Jerusalén y a todo Israel, a los que están cerca y a los que están lejos en todos los países adonde los has echado, a causa de las infidelidades que cometieron contra Ti.

8 »Oh SEÑOR, nuestra es la vergüenza del rostro, *y* de nuestros reyes, de nuestros príncipes y de nuestros padres, porque hemos pecado contra Ti. **9** Al Señor nuestro Dios *pertenece* la compasión y el perdón, porque[1] nos hemos rebelado contra Él, **10** y no hemos obedecido la voz del SEÑOR nuestro Dios para andar en Sus enseñanzas[1], que Él puso delante de nosotros por medio[2] de Sus siervos los profetas. **11** Ciertamente todo Israel ha transgredido Tu ley y se ha apartado, sin querer obedecer Tu voz. Por eso ha sido derramada sobre nosotros la maldición y el juramento que está escrito en la ley de Moisés, siervo de Dios, porque hemos pecado contra Él.

12 »Y Él ha confirmado las palabras que habló contra nosotros y contra nuestros jefes que nos gobernaron[1], trayendo sobre nosotros gran calamidad, pues nunca se ha hecho debajo del[2] cielo *nada* como lo que se ha hecho contra Jerusalén. **13** Como está escrito en la ley de Moisés, toda esta calamidad ha venido sobre nosotros, pero no hemos buscado

9:3
Cilicio y ceniza
Estas eran cosas que las personas utilizaban para mostrar que estaban tristes.

---

[3] O se opondrá el.   [4] Lit. *sin mano.*   8:27 [1] Lit. la *diera a conocer.*
9:1 [1] Lit. *de la simiente.*   9:3 [1] Lit. *Puse.*   9:9 [1] O *aunque.*   9:10 [1] O *leyes.*
[2] Lit. *mano.*   9:12 [1] Lit. *jueces que nos juzgaron.*   [2] Lit. *de todo el.*

el favor[1] del SEÑOR nuestro Dios, apartándonos de nuestra iniquidad y prestando atención a[2] Tu verdad.

14 »Por tanto, el SEÑOR ha estado guardando esta[1] calamidad y la ha traído sobre nosotros. Porque el SEÑOR nuestro Dios es justo en todas las obras que ha hecho, pero nosotros no hemos obedecido Su voz. **15** Y ahora, Señor Dios nuestro, que sacaste a Tu pueblo de la tierra de Egipto con mano poderosa, y te has hecho un nombre, como hoy *se ve*, hemos pecado, hemos sido malos. **16** Oh Señor, conforme a todos Tus actos de justicia[1], apártese ahora Tu ira y Tu furor de Tu ciudad, Jerusalén, Tu santo monte. Porque a causa de nuestros pecados y de las iniquidades de nuestros padres, Jerusalén y Tu pueblo son el oprobio de todos los que nos rodean.

17 »Y ahora, Dios nuestro, escucha la oración de Tu siervo y sus súplicas, y haz resplandecer Tu rostro sobre Tu santuario desolado, por amor de Ti mismo, oh Señor[1]. **18** Inclina Tu oído, Dios mío, y escucha. Abre Tus ojos y mira nuestras desolaciones y la ciudad sobre la cual se invoca Tu nombre. Pues no es por nuestros propios méritos[1] que presentamos[2] nuestras súplicas delante de Ti, sino por Tu gran compasión. **19** ¡Oh Señor, escucha! ¡Señor, perdona! ¡Señor, atiende y actúa! ¡No tardes, por amor de Ti mismo, Dios mío! Porque Tu nombre se invoca sobre Tu ciudad y sobre Tu pueblo».

LA PROFECÍA DE LAS SETENTA SEMANAS

20 Aún estaba yo hablando, orando y confesando mi pecado y el pecado de mi pueblo Israel, y presentando[1] mi súplica

9:18
La ciudad que invoca el nombre de Dios
Esta era la ciudad de Jerusalén.

9:13 [1] Lit. *ablandando el rostro.*   [2] O *teniendo entendimiento de.*
9:14 [1] Lit. *velando sobre la.*   9:16 [1] Lit. *todas tus justicias.*   9:17 [1] Lit. *por amor del Señor.*   9:18 [1] Lit. *nuestras justicias.*   [2] Lit. *hacemos caer.*
9:20 [1] Lit. *haciendo caer.*

EL IMPERIO DE ALEJANDRO

delante del SEÑOR mi Dios por el santo monte de mi Dios, ²¹todavía estaba yo hablando en oración, cuando Gabriel, el hombre a quien había visto en la visión al principio, se me acercó, estando yo muy cansado¹, como a la hora de la ofrenda de la tarde.

²²Me instruyó y me dijo: «Daniel, he salido ahora para darte sabiduría y entendimiento. ²³Al principio de tus súplicas se dio la orden¹, y he venido para explicártela, porque eres muy estimado². Pon atención a la orden y entiende la visión.

²⁴Setenta semanas¹ han sido decretadas sobre tu pueblo y sobre tu santa ciudad, para poner fin a² la transgresión, para terminar con el pecado³, para expiar la iniquidad, para traer justicia eterna, para sellar la visión y la profecía⁴, y para ungir el lugar santísimo⁵.

²⁵»Has de saber y entender que desde la salida de la orden para restaurar y reconstruir a Jerusalén hasta el Mesías Príncipe¹, habrá siete semanas y sesenta y dos semanas. Volverá a ser edificada, con plaza² y foso, pero en tiempos de angustia. ²⁶Después de las sesenta y dos semanas el Mesías¹ será muerto² y no tendrá nada³, y el pueblo del príncipe que ha de venir destruirá la ciudad y el santuario. Su fin vendrá con inundación. Aun hasta el fin habrá guerra; las desolaciones están determinadas⁴. ²⁷Y él hará un pacto firme con muchos por una semana, pero a la mitad de la semana pondrá fin al sacrificio y a la ofrenda de cereal. Sobre el ala de abominaciones¹ vendrá el desolador², hasta que una destrucción completa, la que está decretada, sea derramada sobre el desolador²».

VISIÓN JUNTO AL TIGRIS

10 En el tercer año de Ciro, rey de Persia, un mensaje¹ fue revelado a Daniel, a quien llamaban Beltsasar. El mensaje¹ era verdadero y acerca de un gran conflicto²; él comprendió el mensaje¹ y tuvo entendimiento de la visión.

²En aquellos días, yo, Daniel, había estado en duelo durante tres semanas completas. ³No comí manjar delicado¹ ni entró en mi boca carne ni vino, ni usé ungüento alguno, hasta que se cumplieron las tres semanas. ⁴Y el día veinticuatro del primer mes, estando yo junto a la orilla del gran río, es decir, el Tigris, ⁵alcé los ojos y miré, y había un hombre vestido de lino, cuya cintura estaba ceñida con un cinturón de oro puro de Ufaz. ⁶Su cuerpo era como de berilo¹, su rostro tenía² la apariencia de un relámpago, sus ojos eran como antorchas de fuego, sus brazos y pies como el brillo del bronce bruñido, y el sonido de sus palabras como el estruendo de una multitud.

10:5
El mensajero de Dios
Es probable que se tratara de un ángel, tal vez el ángel Gabriel (8:16).

9:21 ¹ Lit. cansado con cansancio; otra posible lectura es: se me acercó volando velozmente.   9:23 ¹ Lit. salió la palabra.   ² Lit. eres deseado.
9:24 ¹ O Unidades de siete, y así en el resto del cap.   ² O impedir.   ³ Otra posible lectura es: para sellar pecados.   ⁴ Lit. el profeta.   ⁵ O al Santo de los santos.
9:25 ¹ O un príncipe ungido.   9:26 ¹ O el ungido.   ² O cortado.
³ O a nadie.   ⁴ O guerra será decretada a las desolaciones.   9:27 ¹ O cosas detestables.   ² O que causa horror.   10:1 ¹ Lit. la palabra.   ² O guerra.
10:3 ¹ Lit. pan apetecible.   10:6 ¹ O serpentina amarilla.   ² Lit. como.

¿QUIÉN ES DIOS?

Atributos de Dios en los
PROFETAS MAYORES

Consejero *Isaías 9:6*

Legislador *Isaías 33:22*

Eterno *Isaías 40:28; Jeremías 10:10*

Justo *Isaías 45:21; Daniel 9:14*

Omnipresente *Isaías 66:1; Jeremías 23:23-24*

Poderoso *Daniel 2:20*

Viviente *Daniel 6:20,26*

Temible *Daniel 9:4*

10:13
El príncipe del reino de Persia
Puede tratarse de un demonio que estaba ejerciendo influencia sobre el reino persa.

10:21
El libro de la verdad
Puede haberse referido al registro de Dios de las vidas de todos los seres humanos.

7 Y solo yo, Daniel, vi la visión. Los hombres que estaban conmigo no vieron la visión, pero un gran terror cayó sobre ellos y huyeron a esconderse. 8 Me quedé solo viendo esta gran visión. No me quedaron fuerzas, y mi rostro[1] se demudó, desfigurándose, sin retener yo fuerza alguna. 9 Pero oí el sonido de sus palabras, y al oír el sonido de sus palabras, caí en un sueño profundo sobre mi rostro, con mi rostro en tierra.

10 Entonces, una mano me tocó, y me hizo temblar sobre mis rodillas y sobre las palmas de mis manos. 11 «Daniel, hombre muy estimado[1], entiende las palabras que te voy a decir y ponte en pie[2], porque ahora he sido enviado a ti», me dijo. Cuando él me dijo estas palabras, me puse en pie temblando.

12 Entonces me dijo: «No temas, Daniel, porque desde el primer día en que te propusiste en tu corazón entender y humillarte delante de tu Dios, fueron oídas tus palabras, y a causa de tus palabras he venido. 13 Pero el príncipe del reino de Persia se me opuso[1] por veintiún días, pero Miguel, uno de los primeros príncipes, vino en mi ayuda, ya que yo había sido dejado allí con los reyes de Persia. 14 Y he venido para darte a conocer lo que sucederá a tu pueblo al final de los días, porque la visión es para días aún lejanos».

15 Cuando habló conmigo estas palabras, volví[1] mi rostro a tierra y enmudecí. 16 Y uno semejante a un hombre[1] tocó mis labios. Entonces abrí mi boca y hablé, y dije al que estaba delante de mí: «Señor mío, a causa de la visión me ha invadido la angustia[2] y me he quedado sin fuerzas. 17 ¿Cómo podrá, pues, este siervo de mi señor hablar con uno como mi señor? Porque a mí en este momento no me queda fuerza alguna, ni tampoco me queda aliento».

18 Entonces el que tenía semejanza de hombre me tocó otra vez y me fortaleció, 19 y me dijo: «No temas, hombre muy estimado[1]. La paz sea contigo[2]. Sé fuerte y aliéntate». Cuando habló conmigo, recobré las fuerzas, y dije: «Hable mi señor, porque me has fortalecido».

20 Entonces él dijo: «¿Sabes por qué he venido a ti? Ahora vuelvo para luchar contra el príncipe[1] de Persia, y cuando yo termine[2], el príncipe[1] de Grecia[3] vendrá. 21 Sin embargo, te declararé lo que está inscrito en el libro de la verdad, pero no hay nadie que se mantenga firme a mi lado[1] contra estas *fuerzas*, sino Miguel, el príncipe de ustedes.

11 »Y en el primer año de Darío el Medo, yo mismo me levanté[1] para serle fortalecedor y protector.

10:8 [1] Lit. *mi esplendor.*   10:11 [1] Lit. *deseado.*   [2] Lit. *de pie donde estás.*
10:13 [1] Lit. *se puso de pie frente a mí.*   10:15 [1] Lit. *puse.*   10:16 [1] Lit. *como una semejanza de hijos de hombre.*   [2] Lit. *me han sobrevenido mis dolores.*
10:19 [1] Lit. *deseado.*   [2] Lit. *para ti.*   10:20 [1] I.e. *ángel satánico.*   [2] O *salga.*
[3] Heb. *Yavan.*   10:21 [1] Lit. *se muestre fuerte conmigo.*   11:1 [1] Lit. *el ponerme de pie era.*

LOS REYES DEL NORTE Y DEL SUR

2 »Ahora te declararé la verdad: Se levantarán tres reyes más en[1] Persia, y un cuarto *rey* obtendrá muchas más riquezas que todos *ellos*. Cuando *este* se haya hecho fuerte con sus riquezas, provocará a todo el *imperio* contra[2] el reino de Grecia[3]. 3 Se levantará entonces un rey poderoso que gobernará con gran autoridad y hará lo que le plazca. 4 Pero cuando se haya levantado, su reino será fragmentado y repartido hacia los cuatro vientos del cielo, no a sus descendientes[1], ni según el poder que ejerció, pues su reino será arrancado y *dado* a otros fuera de ellos.

5 »Entonces el rey del sur se hará poderoso, y *uno* de sus príncipes se hará más poderoso que él y dominará. Su dominio *será* un gran dominio. 6 Y años después, harán alianza, y la hija del rey del sur vendrá al rey del norte para hacer el pacto[1]. Pero ella no retendrá su posición de poder[2], ni él permanecerá con su poder[3], sino que ella será entregada junto con los que la trajeron, con el que la engendró y con el que la sostenía en *aquellos* tiempos.

7 »Pero se levantará un vástago de sus raíces en su lugar, y vendrá contra el ejército y entrará en la fortaleza del rey del norte, y luchará con[1] ellos y prevalecerá. 8 Aun sus dioses, sus imágenes fundidas y sus vasijas preciosas de plata y de oro los tomará y se los llevará a Egipto, y por *algunos* años él se mantendrá *lejos* del rey del norte. 9 Y *este* entrará en el reino del rey del sur, y *luego se* volverá a su tierra.

10 »Pero sus hijos se movilizarán[1] y reunirán una multitud de grandes ejércitos, y uno de ellos seguirá avanzando e inundará y pasará adelante, para hacer guerra de nuevo[2] hasta la *misma* fortaleza. 11 El rey del sur se enfurecerá, y saldrá y peleará contra el rey[1] del norte. Y *este* levantará una gran multitud, pero *esa* multitud será entregada en manos de aquel[2]. 12 Cuando se haya llevado la multitud, su corazón se enaltecerá y hará caer a muchos millares, pero no prevalecerá. 13 El rey del norte volverá a levantar una multitud mayor que la primera, y después de algunos años[1] avanzará[2] con un gran ejército y con mucho equipo.

14 »En aquellos tiempos, muchos se levantarán contra el rey del sur. Los violentos de tu pueblo también se levantarán para cumplir la visión, pero caerán[1]. 15 Vendrá el rey del norte, levantará un terraplén y tomará una ciudad bien fortificada. Y las fuerzas del sur no podrán mantenerse, ni aun sus tropas más selectas[1], porque no habrá fuerzas para resistir. 16 Pero el que viene contra él hará lo que quiera, y nadie *podrá* resistirlo. Y permanecerá por algún tiempo en la Tierra Hermosa[1], llevando[2] la destrucción en su mano.

17 »Y afirmará su rostro para venir con el poder de todo su reino, trayendo[1] consigo oferta de paz[2], lo cual llevará a cabo. También le dará una hija de las mujeres para destruirlo,

11:5
El rey del sur
Probablemente se trataba de Ptolomeo I de Egipto

11:6
La hija del rey del sur
Es probable que se refiriera a Berenice, hija de Ptolomeo II.

11:2 [1] Lit. *por*.   [2] O *todos incitaron*.   [3] Heb. *Yavan*.   11:4 [1] Lit. *su posteridad*.
11:6 [1] O *un acuerdo equitativo*.   [2] Lit. *el poder de su brazo*.   [3] Lit. *brazo*.
11:7 [1] Lit. *y actuará contra*.   11:10 [1] O *harán guerra*.   [2] O *para que vuelva y haga guerra*.   11:11 [1] Lit. *con él, con el rey*.   [2] Lit. *en su mano*.   11:13 [1] Lit. *al cabo de los tiempos, de años*.   [2] O *seguirá viniendo*.   11:14 [1] Lit. *tropezarán*, y así en el resto del cap.   11:15 [1] Lit. *el pueblo de sus escogidos*.   11:16 [1] I.e. Palestina.   [2] Lit. *y*.   11:17 [1] Lit. *y*.   [2] Lit. *cosas equitativas*.

pero ella no *le* respaldará ni se pondrá a su lado[3]. **18** Entonces volverá su rostro hacia las costas y tomará muchas *de ellas*. Pero un príncipe pondrá fin a su afrenta. Además, hará recaer sobre él su afrenta. **19** Después volverá su rostro hacia las fortalezas de su tierra, pero tropezará y caerá, y no se le hallará más.

20 »Y se levantará en su lugar otro que enviará un opresor[1] a través de la Joya[2] de *su* reino. Pero a los pocos días será destruido, aunque no en ira ni en batalla. **21** En su lugar se levantará un hombre despreciable, a quien no se le han otorgado los honores de la realeza. Vendrá cuando haya tranquilidad y se apoderará del reino con intrigas. **22** Las fuerzas abrumadoras serán barridas[1] ante él y destruidas, así como también el príncipe del pacto. **23** Y después que se haya hecho alianza con él, actuará con engaño, y subirá y ganará poder con poca gente.

24 »En un tiempo de tranquilidad entrará en los *lugares* más ricos de la provincia[1], y logrará lo que nunca lograron sus padres, ni los padres de sus padres. Repartirá entre ellos despojos, botín y riquezas, y contra las fortalezas planeará sus intrigas, pero *solo* por un tiempo. **25** Va a usar su fuerza y su corazón contra el rey del sur con un gran ejército. Y el rey del sur movilizará para la guerra un ejército muy grande y muy poderoso, pero no podrá resistir, porque planearán intrigas contra él. **26** Y los que comen de sus manjares lo destruirán[1]. Su ejército será barrido y[2] muchos caerán muertos.

27 »En cuanto a los dos reyes, en sus corazones tramarán el mal, y en la misma mesa se hablarán mentiras. Pero esto no tendrá éxito, porque el fin aún ha de *venir* en el tiempo señalado. **28** Entonces volverá a su tierra con grandes riquezas, pero *pondrá* su corazón contra el pacto santo. Actuará contra este, y volverá a su tierra.

29 »En el tiempo señalado volverá y entrará en el sur, pero esta última vez no resultará como la primera[1]. **30** Porque vendrán contra él naves de Quitim[1], y se desanimará. Volverá y se enfurecerá contra el pacto santo y actuará contra él; volverá, pues, y favorecerá a los que abandonen el pacto santo. **31** Y de su parte se levantarán tropas, profanarán el santuario fortaleza, pondrán fin al sacrificio perpetuo y establecerán la abominación de la desolación[1]. **32** Con halagos corromperá a los que obran inicuamente hacia el pacto, pero el pueblo que conoce a su Dios se mostrará fuerte y actuará.

33 »Los entendidos entre el[1] pueblo instruirán a muchos. Sin embargo, durante *muchos* días caerán a espada y fuego, en cautiverio y despojo. **34** Cuando caigan, recibirán poca ayuda, y muchos se unirán a ellos hipócritamente. **35** También algunos de los entendidos[1] caerán, a fin de ser refinados, purificados y emblanquecidos hasta el tiempo del fin. Porque aún está *por venir* el tiempo señalado.

11:28
El pacto santo
Cuando los judíos regresaran a Israel, Dios crearía un nuevo pacto con ellos. Restablecería su relación con su pueblo, restauraría su ley y volvería a exigir la adoración por medio de sacrificios.

11:31
El santuario como una fortaleza
Aunque el santuario no era el tipo de edificación que podría frenar a un ejército, era un cuartel terrenal para el Señor. Por lo tanto, constituía una fuente de fortaleza para el pueblo judío.

---

[3] Lit. *estará por él.*   11:20 [1] O *exactor de tributo.*   [2] Lit. *adorno; i.e.* probablemente Jerusalén y su templo.   11:22 [1] O *inundadas.*   11:24 [1] Lit. *En la tranquilidad y en los lugares más ricos...entrará.*   11:26 [1] Lit. *quebrarán.* [2] O *inundará, pero.*   11:29 [1] Lit. *no sucederá como la primera y como la última.* 11:30 [1] I.e. *Chipre.*   11:31 [1] Lit. *que causa desolación* o *que causa horror.* 11:33 [1] O *instructores del.*   11:35 [1] O *instructores.*

36 »El rey hará lo que le plazca, se enaltecerá y se engrandecerá sobre todo dios, y contra el Dios de los dioses dirá cosas horrendas[1]. Él prosperará hasta que se haya acabado la indignación, porque lo que está decretado se cumplirá. **37** No le importarán los dioses[1] de sus padres ni el favorito[2] de las mujeres, tampoco le importará ningún *otro* dios, porque él se ensalzará sobre todos *ellos*.

38 »En su lugar honrará al dios de las fortalezas, un dios a quien sus padres no conocieron; *lo* honrará con oro y plata, piedras preciosas y cosas de gran valor. **39** Actuará contra la más fuerte de las fortalezas con *la ayuda de* un dios extranjero. A los que *lo* reconozcan[1] colmará de honores, los hará gobernar sobre muchos y repartirá la tierra por un precio.

40 »Y al tiempo del fin, el rey del sur se enfrentará con él, y el rey del norte lo atacará con carros, jinetes y con numerosas naves. Entrará en sus tierras, *las* invadirá[1] y pasará. **41** También entrará a la Tierra Hermosa[1], y muchos *países* caerán. Pero estos serán librados de su mano: Edom, Moab y lo más selecto de los amonitas.

42 »Y extenderá su mano contra *otros* países, y la tierra de Egipto no escapará. **43** Se apoderará de[1] los tesoros ocultos de oro y plata y de todas las cosas preciosas de Egipto. Libios y etíopes *seguirán* sus pasos. **44** Pero rumores del oriente y del norte lo turbarán, y saldrá con gran furor para destruir y aniquilar[1] a muchos. **45** Y plantará las tiendas de su pabellón entre los mares y el monte glorioso y santo. Pero llegará a su fin y no habrá quien lo ayude.

EL TIEMPO DEL FIN

12 »En aquel tiempo se levantará Miguel, el gran príncipe que vela sobre[1] los hijos de tu pueblo. Será un tiempo de angustia cual nunca hubo desde que existen las naciones hasta entonces. Y en ese tiempo tu pueblo será librado, todos los que se encuentren inscritos en el libro. **2** Y muchos de los que duermen en el polvo de la tierra despertarán, unos para la vida eterna, y otros para la ignominia, para el desprecio eterno. **3** Los entendidos[1] brillarán como el resplandor del firmamento, y los que guiaron a muchos a la justicia, como las estrellas, por toda la eternidad. **4** Pero tú, Daniel, guarda en secreto estas palabras y sella el libro hasta el tiempo del fin. Muchos correrán de aquí para allá, y el conocimiento aumentará».

5 Entonces yo, Daniel, miré, y vi que otros dos estaban de pie, uno a este lado del río, y el otro al otro lado del río. **6** Y *uno de ellos* dijo al hombre vestido de lino que estaba sobre las aguas del río: «¿Para[1] cuándo *será* el fin de *estas* maravillas?».

7 Y oí al hombre vestido de lino, que estaba sobre las aguas del río, que levantando su mano derecha y su mano izquierda al cielo, juró por Aquel que vive para siempre, que será por

11:36
De qué rey se trataba
Esta descripción parece encajar con los césares del Imperio romano.

12:1
El gran príncipe
Se refería a Miguel, el arcángel que defiende al pueblo de Dios del poder de Satanás.

12:2
Una referencia a la resurrección de los muertos
Esta es la primera vez en la Biblia que se menciona a los muertos volviendo a la vida.

11:36 [1] Lit. *extraordinarias.*   11:37 [1] O *el Dios.*   [2] O *el deseo.*   11:39 [1] Lit. *al que reconozca.*   11:40 [1] O *inundará.*   11:41 [1] I.e. Palestina.   11:43 [1] Lit. *Gobernará en.*   11:44 [1] Lit. *dedicar a la destrucción.*   12:1 [1] Lit. *está de pie junto a.*   12:3 [1] O *instructores.*   12:6 [1] Lit. *Hasta.*

tres años y medio[1]. Y cuando se termine la destrucción del poder[2] del pueblo santo, se cumplirán todas estas *cosas*. **8** Yo oí, pero no pude entender. Entonces dije: «Señor mío, ¿cuál *será* el resultado[1] de estas cosas?».

9 Y él respondió: «Anda, Daniel, porque *estas* palabras están cerradas y selladas hasta el tiempo del fin. **10** Muchos serán purificados, emblanquecidos y refinados. Los impíos procederán impíamente, y ninguno de los impíos comprenderá, pero los entendidos[1] comprenderán. **11** Y desde el tiempo en que el sacrificio perpetuo sea quitado y puesta la abominación de la desolación[1], *habrá* 1,290 días. **12** Bienaventurado el que espere y llegue a 1,335 días. **13** Pero tú, sigue hasta el fin[1]. Descansarás y te levantarás para *recibir* tu heredad[2] al fin de los días».

12:7 [1] O *un tiempo, tiempos y la mitad de un tiempo.*   [2] Lit. *de la mano.*
12:8 [1] O *final.*   12:10 [1] O *instructores.*   12:11 [1] U *horrible abominación.*
12:13 [1] I.e. *fin de tu vida.*   [2] O *parte.*

Oseas

¿QUIÉN ESCRIBIÓ ESTE LIBRO?	El profeta Oseas
¿POR QUÉ SE ESCRIBIÓ ESTE LIBRO?	El libro de Oseas le advierte al pueblo de Israel sobre su infidelidad a Dios.
¿QUÉ APRENDEMOS SOBRE DIOS EN ESTE LIBRO?	Dios continúa amándonos aun si no le somos fieles. El castigo no significa que Dios ha dejado de amarnos.
¿QUÉ TIENE DE ESPECIAL ESTE LIBRO?	La esposa de Oseas no le es fiel, pero Oseas sigue amándola. Aunque el pueblo de Israel sea infiel a Dios, Dios sigue amándolo.
¿CUÁLES SON ALGUNOS DE LOS CAPÍTULOS MÁS IMPORTANTES DE ESTE LIBRO?	La infidelidad de Israel — Oseas 4 El amor de Dios por Israel — Oseas 11:1-11

Oseas fue un profeta para el pueblo de Dios en el reino norte, probablemente desde el 715 a. C. hasta la caída de Samaria (722-721 a. C.).

LA MUJER Y LOS HIJOS DE OSEAS

1 Palabra del SEÑOR que vino a Oseas, hijo de Beeri, en días de Uzías, Jotam, Acaz y Ezequías, reyes de Judá, y en días de Jeroboam, hijo de Joás, rey de Israel.

² Cuando por primera vez el SEÑOR habló por medio de Oseas, el SEÑOR le dijo: «Ve, toma para ti a una mujer ramera y *ten con ella* hijos de prostitución; porque la tierra se prostituye gravemente, abandonando al SEÑOR». ³ Oseas fue y tomó a Gomer, hija de Diblaim; y ella concibió y dio a luz un hijo. ⁴ Y el SEÑOR dijo a Oseas: «Ponle por nombre Jezreel*¹*, porque dentro de poco castigaré a la casa de Jehú por la sangre derramada en Jezreel, y pondré fin al reino de la casa de Israel. ⁵ En aquel día quebraré el arco de Israel en el valle de Jezreel».

⁶ Ella concibió otra vez y dio a luz una hija. Y el SEÑOR le dijo: «Ponle por nombre Lo Ruhamá*¹*, porque ya no me compadeceré de la casa de Israel, pues no los perdonaré jamás. ⁷ Pero me compadeceré de la casa de Judá y los salvaré por el SEÑOR su Dios; y no los salvaré con arco, ni con espada, ni con batalla, ni con caballos ni jinetes». ⁸ Después de haber destetado a Lo Ruhamá, ella concibió y dio a luz un hijo. ⁹ Y el SEÑOR dijo: «Ponle por nombre Lo Ammí*¹*, porque ustedes no son Mi pueblo y Yo no soy su Dios».

10 *¹* Pero el número de los israelitas
 Será como la arena del mar,
 Que no se puede medir ni contar;
 Y sucederá que en el lugar
 Donde se les dice:
 «No son Mi pueblo»,
 Se les dirá:
 «Son hijos del Dios viviente».

11 Y los hijos de Judá y los israelitas se reunirán,
 Y nombrarán para sí un solo jefe,
 Y subirán de la tierra,
 Porque grande será el día de Jezreel.

INFIDELIDAD DEL PUEBLO

2 *¹* Digan a sus hermanos: «Ammí*²*», y a sus hermanas: «Ruhamá*³*».

2 «Discutan con su madre, discutan,
 Porque ella no es mi mujer, y Yo no soy su marido;
 Que quite, pues, de su rostro sus prostituciones,
 Y sus adulterios de entre sus pechos;

3 No sea que Yo la desnude completamente
 Y la deje como el día en que nació,
 Y la ponga como un desierto,
 La reduzca a tierra seca
 Y la mate de sed.

4 Tampoco tendré compasión de sus hijos,
 Porque son hijos de prostitución,

5 Pues su madre se prostituyó;
 La que los concibió se deshonró,

1:2
Por qué Dios le dijo a Oseas que se casara con una mujer adúltera

A menudo Dios les decía a los profetas que personificaran el mensaje para su pueblo. En este caso, él quería mostrarles a los israelitas cómo los amaba a pesar de que ellos eran infieles en su adoración.

1:4
Nombres de niños

La palabra *Jezreel* significaba «Dios siembra». Esta era una advertencia de que Dios castigaría a la dinastía de Jehú y a los israelitas por la matanza que llevaron a cabo en Jezreel (1 Reyes 21:21; 2 Reyes 10:1-11). Los nombres del Antiguo Testamento solían tener significados especiales. Los nombres que le fueron dados a Oseas para sus hijos eran mensajes especiales de Dios para su pueblo.

1:4 *¹* I.e. Dios siembra.   1:6 *¹* I.e. No Compadecida.   1:9 *¹* I.e. No es Pueblo Mío.   1:10 *¹* En el texto heb. cap. 2:1.   2:1 *¹* En el texto heb. cap. 2:3.   *²* I.e. Pueblo Mío.   *³* I.e. Compadecida.

Porque dijo: "Iré tras mis amantes,
Que *me* dan mi pan y mi agua,
Mi lana y mi lino, mi aceite y mi bebida".

6 Por tanto, voy a cercar su camino con
     espinos,
Y levantaré un muro contra ella para que
     no encuentre sus senderos.

7 Ella seguirá a sus amantes, pero no los
     alcanzará;
Los buscará, pero no *los* hallará.
Entonces dirá: "Iré y volveré a mi primer
     marido,
Porque mejor me iba entonces que
     ahora".

8 »Pues ella no sabía que era Yo el que le
     daba el trigo, el vino nuevo y el aceite,
Y le prodigaba la plata y el oro,
Que ellos usaban para Baal.

9 Por tanto, volveré a tomar Mi trigo a su
     tiempo
Y Mi vino nuevo a su sazón.
También me llevaré Mi lana y Mi lino
Que le di para que cubriera su desnudez.

10 Y entonces descubriré su vergüenza
Ante los ojos de sus amantes,
Y nadie la librará de Mi mano.

11 Haré cesar también todo su regocijo,
Sus fiestas, sus lunas nuevas, sus días de
     reposo,
Y todas sus solemnidades.

12 Devastaré sus vides y sus higueras,
De las cuales decía ella: "Son la paga
Que mis amantes me han dado".
Y las convertiré en matorral,
Y las devorarán las bestias del campo.

13 La castigaré por los días de los Baales
Cuando ella les ofrecía sacrificios
Y se adornaba con sus zarcillos y joyas,
Y se iba tras sus amantes, y se olvidaba
     de Mí», declara el SEÑOR.

DIOS SE DESPOSARÁ CON SU PUEBLO

14 «Por tanto, voy a seducirla,
Llevarla al desierto,
Y hablarle al corazón.

15 Allí le daré sus viñas,
Y el valle de Acor por puerta de esperanza.
Y allí cantará como en los días de su juventud,
Como en el día en que subió de la tierra de Egipto.

16 Sucederá en aquel día», declara el SEÑOR,
«Que me llamarás Ishí[1]
Y no me llamarás más Baalí[2].

2:16 [1] I.e. esposo mío.   [2] I.e. mi señor.

BÚSQUEDA INCESANTE

Oseas 1:3—3:5

El matrimonio de Oseas y Gomer ilustra la infidelidad del pueblo a Dios y la fidelidad continua de él hacia ellos.

Oseas se casa con Gomer (una prostituta) mostrando la infidelidad de Israel a Dios
1:2-3

Los nombres de los hijos de Gomer y Oseas muestran el juicio de Dios para su pueblo
1:3-9

Gomer vuelve a la prostitución, ilustrando la infidelidad de Israel hacia Dios
2:2-6

Oseas paga por la libertad de Gomer, mostrando cómo Dios busca a su pueblo
3:1-5

2:8

Por qué los israelitas pensaban que Baal les había dado de comer y beber

Los israelitas adoptaron la creencia de los cananeos de que Baal proporcionaba el trigo, el vino y el aceite, porque Baal era el dios que supuestamente controlaba las cosechas y el clima.

2:14
Por qué Dios llevó a Israel al desierto
Este versículo se refiere a cuando Israel deambuló por el desierto antes de entrar en la tierra prometida y antes de que el pueblo se viera tentado a adorar a los dioses paganos en Canaán.

17 Porque quitaré de su boca los nombres de los Baales,
Y nunca más serán mencionados por sus nombres.
18 En aquel día haré también un pacto por ellos
Con las bestias del campo,
Con las aves del cielo
Y con los reptiles de la tierra.
Quitaré de la tierra el arco, la espada y la guerra,
Y haré que ellos duerman seguros.
19 Te desposaré conmigo para siempre;
Sí, te desposaré conmigo en justicia y en derecho,
En misericordia y en compasión;
20 Te desposaré conmigo en fidelidad,
Y tú conocerás al SEÑOR.

21 »Y sucederá que en aquel día Yo responderé», declara el SEÑOR,
«Responderé a los cielos, y ellos responderán a la tierra,
22 Y la tierra responderá al trigo, al vino nuevo y al aceite,
Y ellos responderán a Jezreel[1].
23 La sembraré para Mí en la tierra,
Y tendré compasión de la que no recibió compasión[1],
Y diré al que no era Mi pueblo[2]:
"Tú eres Mi pueblo",
Y él dirá: "Tú eres mi Dios"».

MATRIMONIO SIMBÓLICO DE OSEAS

3:1
Por qué Oseas debía volver a recibir a su esposa infiel
De ese modo daría un ejemplo de cómo Dios perdonaría los pecados de Israel.

3 Entonces el SEÑOR me dijo: «Ve otra vez, ama a una mujer amada por otro y adúltera, así como el SEÑOR ama a los israelitas a pesar de que ellos se vuelven a otros dioses y se deleitan con tortas de pasas». 2 La compré, pues, para mí por 15 siclos (171 gramos) de plata y un homer y medio (330 litros) de cebada. 3 Y le dije: «Te quedarás conmigo por muchos días. No te prostituirás, ni serás de otro hombre, y yo también seré para ti». 4 Porque por muchos días los israelitas quedarán sin rey y sin príncipe, sin sacrificio y sin pilar sagrado, sin efod y sin ídolos domésticos. 5 Después los israelitas volverán y buscarán al SEÑOR su Dios y a David su rey; y acudirán temblorosos al SEÑOR y a Su bondad en los últimos días.

3:2
Qué tuvo que hacer Oseas para reunirse con Gomer
Aparentemente ella se había vendido como esclava, así que Oseas tuvo que pagar por su libertad para poder volver a estar con su esposa.

CONTROVERSIA DE DIOS CON ISRAEL

4 Escuchen la palabra del SEÑOR, israelitas,
Porque el SEÑOR tiene querella contra los habitantes de la tierra,
Pues no hay fidelidad, ni misericordia[1],
Ni conocimiento de Dios en la tierra.
2 Solo hay falso juramento, mentira, asesinato, robo y adulterio.
Emplean la violencia, y homicidios tras homicidios se suceden.
3 Por eso la tierra está de luto,
Y desfallece todo morador en ella

4:1-2
El mensaje de Oseas
Es probable que Oseas estuviera exagerando. La mayoría de los israelitas se había apartado del Señor, pero algunos, como él mismo, se mantenían fieles a Dios.

2:22 [1] I.e. Dios siembra.   2:23 [1] Heb. Lo-ruhama.   [2] Heb. Lo-ammi.
4:1 [1] O ni lealtad.

Junto con las bestias del campo y las aves
  del cielo;
Aun los peces del mar desaparecen.

4 Pero que nadie contienda ni nadie
    reprenda;
Porque tu pueblo es como los que
    contienden con el sacerdote.
5 Tropezarás de día,
Y también el profeta tropezará contigo de
    noche,
Y destruiré a tu madre.
6 Mi pueblo es destruido por falta de
    conocimiento.
Por cuanto tú has rechazado el
    conocimiento,
Yo también te rechazaré para que no seas
    Mi sacerdote.
Como has olvidado la ley de tu Dios,
Yo también me olvidaré de tus hijos.

7 Cuanto más se multiplicaron, más pecaron
    contra Mí;
Cambiaré, *pues,* su gloria en afrenta.
8 Del pecado de Mi pueblo se alimentan,
Y hacia su iniquidad dirigen sus deseos.
9 Como el pueblo, así será el sacerdote;
Los castigaré por su proceder[1],
Y les pagaré según sus obras.
10 Comerán, pero no se saciarán;
Se prostituirán, pero no se multiplicarán,
Porque han dejado de hacer caso al SEÑOR.

11 La prostitución, el vino y el vino nuevo
    quitan el juicio.
12 Mi pueblo consulta a su ídolo de madera, y su vara les
    informa;
Porque un espíritu de prostitución *los* ha descarriado,
Y se han prostituido, *apartándose* de su Dios.
13 Ofrecen sacrificios sobre las cumbres de los montes
Y queman incienso sobre las colinas,
Debajo de las encinas, los álamos y los terebintos,
Porque su sombra es agradable.
Por tanto, sus hijas se prostituyen,
Y sus nueras cometen adulterio.
14 No castigaré a sus hijas cuando se prostituyan
Ni a sus nueras cuando cometan adulterio,
Porque los hombres mismos se retiran con rameras
Y ofrecen sacrificios con las rameras del culto
    pagano;
Así se pierde el pueblo sin entendimiento.

15 Aunque tú, Israel, te prostituyas,
Que no se haga culpable Judá;
Tampoco vayan a Gilgal,

GRANDES IDEAS EN OSEAS

La relación de Dios con su pueblo se compara con un matrimonio.

Dios ama a su pueblo a pesar de su infidelidad.

La idolatría dentro del pueblo de Dios es como la prostitución.

El continuo rechazo de los israelitas a reconocer a Dios los llevará al destierro.

Tras el destierro, cuando los israelitas le pidan perdón a Dios, él los hará regresar a su tierra.

4:4-9
Los sacerdotes eran responsables de la situación de Israel
Los sacerdotes debían ser los guardianes de la ley de Dios e instruir al pueblo. Oseas les advirtió que no culparan al pueblo por el juicio de Dios a Israel, porque ellos también eran culpables.

4:6
«Destruido por falta de conocimiento»
El pueblo sería destruido por haber fallado en conocer y seguir la ley de Dios.

4:9 [1] Lit. *sus caminos.*

LOS PECADOS DE ISRAEL
Oseas 4—9

Infidelidad a Dios y falta de misericordia 4:1

Falta de conocimiento de Dios 4:1

Falso juramento 4:2

Mentira 4:2

Asesinato 4:2

Robo 4:2

Adulterio 4:2

Rechazo por parte de los sacerdotes del conocimiento e incumplimiento de la ley de Dios 4:6

Deleite de los sacerdotes en la maldad del pueblos 4:8

Prostitución 4:10-14; 5:4; 6:10; 9:1

Ebriedad 4:11,18

Idolatría 4:12-13,17; 5:11; 8:4-6; 9:10

Arrogancia 5:5-6

Sacrificio en lugar de obediencia 6:6

Transgresión del pacto 6:7

Ausencia de Dios por parte de los líderes políticos 7:3-7

Ignorancia de la palabra de los profetas 9:7-8

4:14
Los hombres de Israel eran unos farsantes
Los hombres castigaban a las mujeres por su inmoralidad, pero ellos también eran pecadores.

5:3
Oseas señaló a Efraín
Con frecuencia Oseas usaba a Efraín para hablar de todo Israel, ya que Efraín era la tribu más grande del reino del norte.

Ni suban a Bet Avén,
Ni juren:
«¡Vive el SEÑOR!».
16 Ya que Israel es terco
Como una novilla indómita,
¿Los pastoreará ahora el SEÑOR
Como a un cordero en campo espacioso?
17 Efraín se ha unido a los ídolos;
Déjalo.
18 Acabada su bebida,
Se entregaron a la prostitución;
Sus príncipes aman mucho la ignominia.
19 El viento los envuelve en sus alas,
Y se avergonzarán de sus sacrificios.

REPRENSIÓN POR LA APOSTASÍA DEL PUEBLO

5 ¡Oigan esto, sacerdotes!
¡Estén atentos, casa de Israel!
¡Escuchen casa del rey!
Porque para ustedes es el juicio;
Pues han sido lazo en Mizpa,
Y red tendida en el monte Tabor.
2 Los rebeldes se han ahondado en la
perversión;
Pero Yo los castigaré a todos ellos.
3 Yo conozco a Efraín, e Israel no se me oculta;
Porque te has prostituido, Efraín,
Se ha contaminado Israel.
4 No les permiten sus obras
Volver a su Dios,
Porque hay un espíritu de prostitución
dentro de ellos,
Y no conocen al SEÑOR.
5 Además, el orgullo de Israel testifica
contra él,
E Israel y Efraín tropiezan en su iniquidad;
También Judá ha tropezado con ellos.
6 Irán con sus rebaños y sus ganados
En busca del SEÑOR, pero no lo encontrarán;
Él se ha retirado de ellos.
7 Han obrado perversamente contra el SEÑOR,
Porque han tenido hijos ilegítimos.
Ahora los devorará la luna nueva junto con sus
heredades.

8 Toquen la bocina en Guibeá,
La trompeta en Ramá.
Suenen alarma en Bet Avén:
¡Estate alerta, Benjamín!
9 Efraín será una desolación en el día de la represión;
En las tribus de Israel Yo hago saber lo que es cierto.
10 Los príncipes de Judá son como los que mueven los
linderos;
Sobre ellos derramaré Mi furor como agua.

11 Efraín está oprimido, quebrantado por el juicio,
   Porque insistía en seguir mandato *de hombre*.
12 Yo, pues, soy como polilla para Efraín,
   Y como carcoma para la casa de Judá.
13 Cuando Efraín vio su enfermedad
   Y Judá su herida,
   Efraín fue a Asiria
   Y envió *mensaje* al rey Jareb[1];
   Pero él no los podrá sanar,
   Ni curar su herida.
14 Porque Yo *seré* como león para Efraín,
   Y como leoncillo para la casa de Judá.
   Yo, Yo mismo, desgarraré y me iré,
   Arrebataré y no habrá quien libre.
15 Me iré *y* volveré a Mi lugar
   Hasta que reconozcan su culpa y busquen Mi rostro;
   En su angustia me buscarán con diligencia.

RESPUESTA DEL PUEBLO

6 «Vengan, volvamos al SEÑOR.
   Pues Él *nos* ha desgarrado, pero nos sanará;
   Nos ha herido, pero nos vendará.
2 Nos dará vida después de dos días,
   Al tercer día nos levantará
   Y viviremos delante de Él.
3 Conozcamos, pues, esforcémonos por
      conocer al SEÑOR.
   Su salida es tan cierta como la aurora,
   Y Él vendrá a nosotros como la lluvia,
   Como la lluvia de primavera que riega la
      tierra».

4 ¿Qué haré contigo, Efraín?
   ¿Qué haré contigo, Judá?
   Porque la lealtad[1] de ustedes es como
      nube matinal,
   Y como el rocío, que temprano
      desaparece.
5 Por tanto *los* he despedazado por medio
      de los profetas,
   Los he matado con las palabras de Mi
      boca;
   Los juicios sobre ti son *como* la luz que
      sale.
6 Porque me deleito más en la lealtad[1] que
      en el sacrificio,
   Y en el conocimiento de Dios que en los
      holocaustos.
7 Pero ellos, como Adán[1], han transgredido
      el pacto;
   Allí me han traicionado.
8 Galaad es ciudad de malhechores,
   Con huellas de sangre.

5:10
El problema con mover los linderos
Un lindero marcaba el límite de la propiedad de una persona. En esa época se marcaban con piedras, que podían tener tallados los derechos de propiedad o incluso bendiciones y maldiciones. Mover una piedra estaba prohibido, porque era lo mismo que robar la tierra.

5:13
Qué significaban estas enfermedades y heridas
Este era un modo de decir que las naciones habían sido heridas por sus enemigos.

6:1-2
Arrepentimiento a medias
El arrepentimiento de Israel parecía ser a medias. Si era genuino, no duró mucho. Israel había asumido que Dios se enojaría solo por un breve tiempo.

PALABRAS CLAVE EN LOS PROFETAS MENORES

Cantidad de veces que las siguientes palabras aparecen en estos libros:

Tierra
179

Contra
117

Señor de los ejércitos
107

Nación/naciones
72

Jerusalén
68

5:13 [1] O *al gran rey.*   6:4 [1] O *misericordia.*
6:6 [1] O *misericordia.*   6:7 [1] O *la humanidad.*

6:6
Por qué Dios no quería sacrificios
Dios quería que su pueblo se apartara del pecado. Los sacrificios se habían convertido en rituales sin sentido para muchos, en lugar de ser una señal de la obediencia del pueblo y su deseo de seguir a Dios.

6:11
Una cosecha
Se estaba refiriendo a los juicios de Dios: él expulsaría al pueblo de sus tierras.

7:1
Efraín y Samaria
Ambos eran nombres para referirse al reino del norte.

7:5
La fiesta del rey
Es probable que se tratara de una coronación o una celebración de cumpleaños que se transformó en una fiesta de borrachos.

7:8
El significado de este versículo
Las tortas se horneaban sobre piedras. Si al hornear una torta no se volteaba, se quemaría por debajo y quedaría cruda en la superficie. Nadie se la comería.

Z. Radovan/www.BibleLandPictures.com

9 Como bandidos al acecho de un hombre,
Es la banda de sacerdotes que asesina en el camino a Siquem;
Ciertamente han cometido iniquidad.
10 En la casa de Israel he visto una cosa horrible:
Allí está la prostitución de Efraín, se ha contaminado Israel.
11 Para ti también, oh Judá, hay preparada una cosecha,
Cuando Yo restaure el bienestar[1] de Mi pueblo.

INIQUIDAD Y REBELIÓN DE ISRAEL

7 Cuando Yo quería curar a Israel,
Se descubrió la iniquidad de Efraín
Y las maldades de Samaria,
Porque practican el engaño;
El ladrón entra,
Los bandidos despojan por fuera,
2 Y ellos no consideran en su corazón
Que Yo recuerdo toda su maldad.
Ahora les rodean sus hechos,
Ante Mi rostro están.
3 Con su maldad alegran al rey,
Y con sus mentiras a los príncipes.
4 Todos ellos son adúlteros;
Son como horno encendido por el hornero,
Que deja de atizar *el fuego*
Desde que prepara la masa hasta que fermenta.
5 En la fiesta[1] de nuestro rey, los príncipes se enfermaron por el calor del vino;
él extendió la mano a los provocadores,
6 Pues sus corazones son como un horno
Mientras se acercan a su emboscada;
Toda la noche duerme su ira,
Por la mañana arde como llamas de fuego.
7 Todos ellos están calientes como un horno,
Y devoran a sus gobernantes;
Todos sus reyes han caído.
No hay entre ellos quien me invoque.

8 Efraín se mezcla con las naciones;
Efraín es como una torta no volteada.
9 Devoran extranjeros su fuerza,
Y él no *lo* sabe;
También tiene cabellos canos,
Y él no *lo* sabe.
10 Testifica contra él el orgullo de Israel,
Pero no se han vuelto al SEÑOR su Dios,
Ni lo han buscado a pesar de todo esto.
11 Efraín es como paloma incauta, sin entendimiento;

6:11 [1] O *haga volver a los cautivos.*   7:5 [1] Lit. *Un día.*

Llaman a Egipto, acuden a Asiria.

12 Cuando vayan, tenderé sobre ellos Mi red,
Como aves del cielo los haré caer;
Los castigaré conforme a lo anunciado a su
congregación.

13 ¡Ay de ellos, pues de Mí se han alejado!
Sobre ellos vendrá la destrucción, porque contra Mí se
han rebelado;
Yo los redimiría, pero ellos hablan mentiras contra
Mí.

14 Y no claman a Mí de corazón
Cuando gimen en sus lechos;
Por el trigo y el vino nuevo se reúnen,
Y se alejan de Mí.

15 Aunque Yo adiestré y fortalecí sus brazos,
Traman el mal contra Mí.

16 Se vuelven, pero no hacia lo alto[1],
Son como un arco engañoso.
Sus príncipes caerán a espada
Por la insolencia de sus lenguas.
Esto será su escarnio en la tierra de Egipto.

INFIDELIDAD E IDOLATRÍA DE ISRAEL

8 Pon la trompeta a tu boca.
Como un águila viene el enemigo contra la casa del
SEÑOR,
Porque han transgredido Mi pacto,
Y se han rebelado contra Mi ley.

2 Claman a Mí:
«¡Dios mío, los de Israel te conocemos!».

3 Israel rechazó el bien,
El enemigo lo perseguirá.

4 Ellos han puesto reyes, pero no escogidos por Mí;
Han nombrado príncipes, pero sin saberlo Yo.
Con su plata y su oro se han hecho ídolos,
Para su propia destrucción.

5 Él ha rechazado tu becerro, oh Samaria, diciendo:
«Mi ira se enciende contra ellos».
¿Hasta cuándo serán incapaces de lograr la
purificación?

6 Porque de Israel es este también;
Un artífice lo hizo, y él no es Dios;
Ciertamente será hecho pedazos el becerro de
Samaria.

7 Porque siembran viento,
Y recogerán tempestades.
El trigo no tiene espigas,
No da grano,
Y si lo diera, se lo tragarían los extraños.

8 Israel ha sido devorado;
Ahora están entre las naciones
Como vasija en que nadie se deleita.

7:16 [1] O el Altísimo.

8:1
El significado del águila
Es posible que aquí se estuviera describiendo a un buitre. Se refería a Asiria, que llegaría para devorar a Israel.

8:7
El significado de «sembrar viento y recoger tempestades»
Se trataba de un proverbio común sobre los resultados de hacer el mal. Israel sembró el viento de la idolatría y recogió la tempestad de la destrucción de Asiria.

8:8
Cómo Israel había perdido su valor
Israel se había vuelto una nación pagana entre tantas otras y había ignorado su relación especial con el Señor.

9 Porque Israel ha subido a Asiria
  Como asno montés solitario.
  Efraín alquiló amantes;
10 Aunque alquilen *aliados* entre las naciones,
   Ahora los juntaré,
   Y comenzarán a debilitarse
   A causa de la carga del rey de príncipes.

11 Por cuanto Efraín ha multiplicado altares para
       pecar,
   En altares para pecar se le han convertido.
12 Aunque le escribí diez mil *preceptos* de Mi ley,
   Son considerados como cosa extraña.
13 En cuanto a Mis ofrendas de sacrificio,
   Sacrifican la carne y se *la* comen,
   Pero el SEÑOR no se ha complacido en ellas.
   Ahora se acordará de su iniquidad,
   Y *los* castigará por sus pecados:
   Ellos volverán a Egipto.
14 Pues Israel se ha olvidado de su Hacedor y ha
       edificado palacios,
   Y Judá ha multiplicado ciudades fortificadas;
   Pero Yo enviaré fuego a sus ciudades que consumirá
       sus fortalezas.

CASTIGO POR LA INFIDELIDAD DE ISRAEL

9 No te alegres, Israel, con gran júbilo como las naciones,
   Porque te has prostituido, abandonando a tu Dios;
   Has amado el salario de ramera sobre todas las eras
       de trigo.
2 Ni la era ni el lagar los alimentarán,
  Y el vino nuevo les faltará.
3 No permanecerán en la tierra del SEÑOR,
  Sino que Efraín volverá a Egipto,
  Y en Asiria comerán *cosas* inmundas.
4 No harán libaciones de vino al SEÑOR,
  Ni le serán gratos sus sacrificios.
  Su pan les *será* como pan de duelo,
  Todos los que lo coman se contaminarán,
  Porque su pan será *solo* para ellos,
  No entrará en la casa del SEÑOR.
5 ¿Qué harán el día de la fiesta señalada
  Y el día de la fiesta del SEÑOR?
6 Pues se irán a causa de la destrucción;
  Egipto los recogerá, Menfis los sepultará.
  La ortiga poseerá sus tesoros de plata;
  Cardos *crecerán* en sus tiendas.

7 Han llegado los días del castigo,
  Han llegado los días de la retribución;
  ¡Que lo sepa Israel!
  Un insensato es el profeta,
  Un loco el hombre inspirado,
  A causa de la magnitud de tu culpa,
  Y por *tu* mucha hostilidad.
8 Vigía con mi Dios *era* Efraín, un profeta;

9:7
Por qué la gente pensaba que Oseas era un insensato o un loco
Oseas se mantuvo fiel a su esposa infiel, y continuó profetizando juicios que las personas no creían.

Sin embargo, el lazo de cazador está en todos sus
    caminos,
Y en la casa de su Dios *solo* hay hostilidad.

9 Se han corrompido profundamente
Como en los días de Guibeá;
Él se acordará de su iniquidad,
Castigará sus pecados.

10 Como uvas en el desierto hallé a Israel;
Como las primicias de la higuera en su primera
    cosecha vi a sus padres.
Pero fueron a Baal Peor y se consagraron a la
    vergüenza,
Y se hicieron tan abominables como lo que amaban.

11 Como un ave volará de Efraín su gloria:
No *habrá* nacimiento, ni embarazo, ni concepción.

12 Aunque críen a sus hijos,
Se los quitaré hasta que no quede hombre alguno.
Sí, ¡ay de ellos también cuando de ellos me
    aparte!

13 Efraín, según he visto,
Está como Tiro, plantado en pradera hermosa;
Pero Efraín sacará a sus hijos al verdugo.

14 Dales, oh SEÑOR, ¿qué *les* darás?
Dales matriz que aborte y pechos secos.

15 Toda su maldad está en Gilgal;
Allí, pues, los aborrecí.
Por la maldad de sus hechos
Los expulsaré de Mi casa,
No los amaré más;
Todos sus príncipes son rebeldes.

16 Efraín está herido, su raíz está seca;
No darán más fruto.
Aunque den a luz,
Yo mataré el fruto de su vientre.

17 Mi Dios los desechará
Porque no lo han escuchado,
Y andarán errantes entre las naciones.

10 Israel es un viñedo frondoso,
Dando fruto para sí mismo.
Según la abundancia de su fruto,
Así multiplicaba los altares;
Cuanto más rica *era* su tierra,
Más hermosos hacían sus pilares *sagrados*.

2 Su corazón es infiel;
Ahora serán hallados culpables;
El SEÑOR derribará sus altares
Y destruirá sus pilares *sagrados*.

3 Ciertamente ahora dirán: «No tenemos rey,
Porque no hemos temido al SEÑOR.
Y el rey, ¿qué haría por nosotros?».

4 Hablan *solo* palabras,
Hacen pactos con juramentos vanos,

9:10
El encanto de Israel mucho tiempo atrás

Israel había sido un manjar especial, como las uvas en el desierto o los higos dulces, y Dios se había deleitado mucho con los israelitas al principio cuando los hizo su pueblo. Sin embargo, en el momento en que se apartaron de él, se volvieron dignos de condena.

10:5
El becerro
Se refería al ídolo que Jeroboam levantó en Betel (1 Reyes 12:28-33).

10:11
El significado de estas palabras
Hasta ese momento, Efraín (o Israel) había sido como una novilla feliz. Ahora Dios haría que Israel (llamado también Efraín o Jacob) hiciera el pesado trabajo de arar bajo un yugo, una imagen figurada del cautiverio que se acercaba.

10:12
Cómo Israel podría hallar misericordia
Si el pueblo se arrepentía y hacía lo correcto, sería bendecido por Dios.

11:1
Un nuevo ejemplo
Oseas describe al pueblo de Israel como los hijos de Dios. Dios les había enseñado a caminar, pero ellos se alejaron de él.

Y el juicio brotará como hierbas venenosas en los surcos del campo.

5 Por el becerro de Bet Avén
Temerán los habitantes de Samaria.
En verdad, por él hará duelo su pueblo,
Y sus sacerdotes idólatras se lamentarán a causa de él,
Porque de él se ha alejado su gloria.

6 También el becerro será llevado a Asiria
Como tributo al rey Jareb[1];
Efraín se cubrirá de vergüenza,
E Israel se avergonzará de su consejo.

7 Samaria será destruida *con* su rey,
Como astilla sobre la superficie del agua.

8 También serán destruidos los lugares altos de Avén, el pecado de Israel;
Espinos y cardos crecerán sobre sus altares.
Entonces dirán a los montes:
«¡Cúbrannos!», y a los collados: «¡Caigan sobre nosotros!».

9 Desde los días de Guibeá has pecado, oh Israel;
¡Allí se han quedado!
¿No los alcanzará en Guibeá la batalla contra los hijos de la iniquidad?

10 Cuando Yo lo desee, los castigaré;
Y se juntarán pueblos contra ellos
Cuando sean castigados por su doble iniquidad.

11 Efraín es una novilla domesticada que le gusta trillar,
Pero Yo pasaré *un* yugo sobre su hermoso cuello;
Unciré a Efraín,
Arará Judá, rastrillará Jacob por sí mismo.

12 Siembren para ustedes según la justicia,
Sieguen conforme a la misericordia[1];
Rompan la tierra para sembrar,
Porque es tiempo de buscar al SEÑOR
Hasta que venga a enseñarles justicia.

13 Ustedes han arado iniquidad, han segado injusticia,
Han comido fruto de mentira.
Porque has confiado en tu camino, en la multitud de tus guerreros,

14 Se levantará un tumulto entre tu pueblo,
Y todas tus fortalezas serán destruidas,
Como Salmán destruyó a Bet Arbel el día de la batalla,
Cuando las madres fueron despedazadas con *sus* hijos.

15 Así les será hecho en Betel[1] a causa de su gran iniquidad.
Al amanecer, el rey de Israel será totalmente destruido.

EL AMOR DE DIOS POR SU PUEBLO

11 Cuando Israel era niño, Yo lo amé,
Y de Egipto llamé a Mi hijo.

10:6 [1] O *al gran rey.*   10:12 [1] O *lealtad.*   10:15 [1] I.e. Casa de Dios.

2 Cuanto más los llamaban *los profetas*,
Tanto más se alejaban de ellos;
Seguían sacrificando a los Baales
Y quemando incienso a los ídolos.

3 Sin embargo, Yo enseñé a andar a Efraín,
Yo lo llevé en Mis brazos;
Pero ellos no comprendieron que Yo los sanaba.

4 Con cuerdas humanas los conduje, con lazos de amor,
Y fui para ellos como quien alza el yugo de sobre sus
        quijadas;
Me incliné *y* les di de comer.

5 No volverán a la tierra de Egipto,
Sino que Asiria será su rey,
Porque rehusaron volver *a Mí*.

6 La espada girará contra sus ciudades,
Destruirá sus cerrojos
Y *los* consumirá por causa de sus intrigas.

7 Pues Mi pueblo se mantiene infiel contra Mí;
Aunque ellos¹ lo llaman *para que se vuelva* al
        Altísimo,
Ninguno *lo* exalta.

8 ¿Cómo podré abandonarte, Efraín?
¿*Cómo* podré entregarte, Israel?
¿Cómo podré Yo hacerte como a Adma?
¿*Cómo* podré tratarte como a Zeboim?
Mi corazón se conmueve dentro de Mí,
Se enciende toda Mi compasión.

9 No ejecutaré el furor de Mi ira;
No volveré a destruir a Efraín.

11:7 ¹ I.e. los profetas.

11:9
Cómo Dios continuaría amando a su pueblo
Dios castigaría a los israelitas, pero no los destruiría.

PERSONAJES OPUESTOS
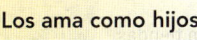
Dios vs. el pueblo de Israel
Oseas 11

Los ama como hijos	Se alejan de Dios
Los llama a salir de Egipto	Se aferran a la idolatría
Los enseña a caminar y los sana	No reconocen a Dios como su sanador
Los guía, los levanta y los alimenta	Se niegan a arrepentirse
Es compasivo y refrena la ira	Están determinados a alejarse de Dios

11:10
El significado del rugido
Esa sería la señal de Dios para que su pueblo regresara a casa.

Porque Yo soy Dios y no hombre, el Santo en medio de ti,
Y no vendré con furor.

¹⁰ En pos del SEÑOR caminarán,
Él rugirá como un león;
Ciertamente Él rugirá,
Y *Sus* hijos vendrán temblando desde el occidente.

¹¹ De Egipto vendrán temblando como aves,
Y de la tierra de Asiria como palomas,
Y Yo los estableceré en sus casas, declara el SEÑOR.

¹² ¹Efraín me rodea de mentiras,
Y de engaño la casa de Israel;
Judá todavía anda lejos de Dios,
Y del Santo, que es fiel.

EFRAÍN REPRENDIDO

12 ¹Efraín se alimenta de viento,
Y persigue sin cesar al viento del este.
Multiplica la mentira y la violencia;
Hacen además pacto con Asiria,
Y el aceite es llevado a Egipto.

² El SEÑOR también tiene pleito con Judá,
Y castigará a Jacob conforme a sus caminos;
Conforme a sus obras le pagará.

³ En el vientre tomó a su hermano por el talón,
Y en su madurez luchó con Dios.

⁴ Sí, luchó con el ángel y prevaleció,
Lloró y le pidió Su ayuda;
En Betel¹ lo encontró,
Y allí Él habló con nosotros,

⁵ Sí, el SEÑOR, Dios de los ejércitos,
El SEÑOR es Su nombre.

⁶ Y tú, vuelve a tu Dios,
Practica la misericordia¹ y la justicia,
Y espera siempre en tu Dios.

⁷ A un mercader, en cuyas manos hay balanzas falsas,
Le gusta oprimir.

⁸ Efraín ha dicho: «Ciertamente me he enriquecido,
He adquirido riquezas para mí;
En todos mis trabajos no hallarán en mí
Iniquidad alguna que *sea* pecado».

⁹ Pero Yo *he sido* el SEÑOR tu Dios desde la tierra de
Egipto;
De nuevo te haré habitar en tiendas,
Como en los días de la fiesta señalada.

¹⁰ También he hablado a los profetas
Y multipliqué las visiones;
Y por medio de los profetas hablé en parábolas.

¹¹ ¿Hay iniquidad *en* Galaad?
Ciertamente son indignos.
En Gilgal sacrifican toros,
Sí, sus altares son como montones de piedra
En los surcos del campo.

11:12 ¹ En el texto heb. cap. 12:1.   12:1 ¹ En el texto heb. cap. 12:2.   12:4 ¹ I.e.
Casa de Dios.   12:6 ¹ O *la lealtad*.

12 Pero Jacob huyó a la tierra de Aram,
E Israel sirvió por una mujer,
Y por una mujer cuidó *rebaños*.

13 Por un profeta el SEÑOR hizo subir a Israel de Egipto,
Y por un profeta fue guardado.

14 Efraín *le* ha irritado amargamente;
Por eso su Señor dejará sobre él su culpa de sangre,
Y le devolverá su oprobio.

LA IDOLATRÍA DE EFRAÍN CONDENADA

13 Cuando Efraín hablaba, *reinaba el* temor;
Se había exaltado a sí mismo en Israel,
Pero por causa de Baal pecó y murió.

2 Y ahora continúan pecando:
Se hacen imágenes fundidas,
ídolos, con su plata, conforme a su pericia,
Todo ello obra de artífices.
De ellos dicen: «Que los hombres que sacrifican, besen
los becerros».

3 Por tanto, serán como niebla de la mañana,
Y como rocío que pronto desaparece,
Como paja aventada de la era,
Y como humo de chimenea.

4 Pero Yo *he sido* el SEÑOR tu Dios
Desde la tierra de Egipto;
No reconocerás a otro dios fuera de Mí,
Pues no hay más salvador que Yo.

5 Yo te cuidé en el desierto,
En tierra muy árida.

6 Cuando *comían* sus pastos, se saciaron,
Y al estar saciados, se ensoberbeció su corazón;
Por tanto, se olvidaron de Mí.

7 Seré, pues, para ellos como león;
Como leopardo junto al camino acecharé.

8 Como osa privada de sus cachorros, me enfrentaré
a ellos
Y les desgarraré el pecho,
Allí los devoraré como leona,
Como los desgarraría una bestia salvaje.

9 Tu destrucción *vendrá*, oh Israel,
Porque *estás* contra Mí, contra tu ayuda.

10 ¿Dónde está ahora tu rey
Para que te salve en todas tus ciudades,
Y tus jueces de quienes *me* decías:
«Dame rey y príncipes»?

11 En Mi ira te di un rey,
Y te lo quité en Mi furor.

12 Atada está la iniquidad de Efraín,
Guardado su pecado.

13 Dolores de parto vienen sobre él;
No es un hijo sensato,
Porque no es hora de que se demore en abrirse la
matriz.

12:14
Por qué Dios estaba enojado con Efraín
Efraín había practicado el mismo tipo de idolatría que las otras tribus.

13:3
Qué sucedería con Efraín
Pronto se desvanecería o desaparecería.

13:14
La promesa de Dios
Aunque en ese momento Dios los castigaría, en el futuro los restauraría.

13:15
El viento solano
El viento solano era un viento cálido y seco proveniente del este que a menudo destruía las cosechas. Aquí, el viento simboliza a Asiria.

14:2
Por qué debían usar palabras
Los sacrificios no serían suficientes. Debían expresar un arrepentimiento genuino, verdadero, con sus palabras.

14:5
El significado del rocío
Aquí, el rocío simbolizaba la bendición de Dios.

14 ¿Los libraré del poder del Seol[1]?
¿Los redimiré de la muerte?
¿Dónde están, oh muerte, tus espinas?
¿Dónde está, oh Seol, tu aguijón?
La compasión estará oculta a Mi vista.

15 Aunque él florezca entre los juncos,
Vendrá el viento solano[1],
Viento del SEÑOR que sube del desierto,
Su fuente se secará
Y su manantial se agotará;
Despojará *su* tesoro de todos los objetos preciosos.

16 [1]Samaria será considerada culpable,
Porque se rebeló contra su Dios.
Caerán a espada;
Serán estrellados sus niños,
Y abiertos los vientres de sus mujeres encinta.

CONVERSIÓN Y PERDÓN DE ISRAEL

14 [1]Vuelve, oh Israel, al SEÑOR tu Dios,
Pues has tropezado a causa de tu iniquidad.
2 Tomen con ustedes palabras, y vuélvanse al SEÑOR.
Díganle: «Quita toda iniquidad,
Y acépta*nos* bondadosamente,
Para que podamos presentar el fruto de nuestros labios.
3 Asiria no nos salvará,
No montaremos a caballo,
Y nunca más diremos: "Dios nuestro"
A la obra de nuestras manos,
Pues en Ti el huérfano halla misericordia».

4 Yo sanaré su apostasía,
Los amaré generosamente,
Pues Mi ira se ha apartado de ellos.
5 Seré como rocío para Israel;
Florecerá como lirio,
Y extenderá sus raíces como *los cedros del* Líbano.
6 Brotarán sus renuevos,
Y será su esplendor como el del olivo,
Y su fragancia como *la de los cedros del* Líbano.
7 Los que moran a su sombra,
Cultivarán de nuevo el trigo
Y florecerán como la vid.
Su fama *será* como la del vino del Líbano.

8 Efraín, ¿qué tengo Yo que ver ya con los ídolos?
Yo respondo y te cuido.
Yo soy como un frondoso ciprés;
De Mí procede tu fruto.

9 Quien es sabio, que entienda estas cosas;
Quien es prudente, que las comprenda.
Porque rectos son los caminos del SEÑOR,
Y los justos andarán por ellos;
Pero los transgresores tropezarán en ellos.

13:14 [1] I.e. región de los muertos.   13:15 [1] O *del este.*   13:16 [1] En el texto heb.
cap. 14:1.   14:1 [1] En el texto heb. cap. 14:2.

Joel

¿QUIÉN ESCRIBIÓ ESTE LIBRO?	El profeta Joel
¿POR QUÉ SE ESCRIBIÓ ESTE LIBRO?	Joel quería que el pueblo de Judá se arrepintiera y dejara de pecar.
¿QUÉ APRENDEMOS SOBRE DIOS EN ESTE LIBRO?	Dios es el juez. Él castigará a aquellos que pecan.
¿QUÉ TIENE DE ESPECIAL ESTE LIBRO?	Joel se da cuenta de que la plaga de langostas es como el gran ejército enemigo que Dios utilizará algún día para castigar a su pueblo por sus pecados. El profeta promete que Dios salvará y bendecirá a su pueblo después de castigarlo.

¿CUÁLES SON ALGUNOS DE LOS VERSÍCULOS MÁS IMPORTANTES DE ESTE LIBRO?

Cómo arrepentirse	Joel 2:12-14
Cómo Dios bendecirá	Joel 2:18-27

Joel habla de una invasión de langostas (1:4) y llama al pueblo a arrepentirse.
© ruvanboshoff/www.istockphoto.com

1:2
Los ancianos
Eran o bien los hombres de la tercera edad de la comunidad, o los funcionarios de la misma.

1:6
Una extraña nación
Aquí, Joel habla de las langostas como una nación. Más adelante en el libro dice que son el ejército del Señor.

1:13-14
Por qué Joel llama a los sacerdotes a convocar una asamblea
Los sacerdotes convocaban al pueblo a la oración y el ayuno nacional cuando se producía un acontecimiento extraordinario o una catástrofe, con el fin de mostrarle a Dios que lo necesitaban.

LA PLAGA DE LANGOSTAS

1 Palabra del SEÑOR que vino a Joel, hijo de Petuel.

2 Oigan esto, ancianos,
Y presten oído, habitantes todos de la tierra.
¿Ha acontecido cosa semejante en sus días,
O en los días de sus padres?

3 Cuéntenselo a los hijos de ustedes,
Y sus hijos a los suyos,
Y sus hijos a la siguiente generación.

4 Lo que dejó la oruga, lo comió la langosta;
Lo que dejó la langosta, lo comió el pulgón;
Y lo que dejó el pulgón, lo comió el saltón.

5 Despierten, borrachos, y lloren,
Y giman todos los que beben vino,
A causa del vino dulce
Que les quitan de la boca.

6 Porque una nación ha subido contra mi tierra,
Poderosa e innumerable;
Sus dientes son dientes de león,
Y tiene colmillos de leona.

7 Ha hecho de mi vid una desolación,
Y astillas de mi higuera.
Del todo las ha descortezado y derribado;
Sus ramas se han vuelto blancas.

8 Laméntate como virgen ceñida de cilicio
Por el esposo de su juventud.

9 Han sido cortadas la ofrenda de cereal y la libación
De la casa del SEÑOR.
Están de duelo los sacerdotes,
Los ministros del SEÑOR.

10 El campo está asolado,
La tierra está de duelo,
Porque el grano está arruinado,
El vino nuevo se seca,
Y el aceite virgen se pierde.

11 Avergüéncense, labradores,
Giman, viñadores,
Por el trigo y la cebada,
Porque la cosecha del campo se ha perdido.

12 La vid se seca,
Y se marchita la higuera;
También el granado, la palmera y el manzano,
Todos los árboles del campo se secan.
Ciertamente se seca la alegría
De los hijos de los hombres.

13 Cíñanse *de cilicio*,
Y laméntense, sacerdotes;
Giman, ministros del altar.
Vengan, pasen la noche *ceñidos* de cilicio,
Ministros de mi Dios,
Porque sin ofrenda de cereal y sin libación
Ha quedado la casa de su Dios.

14 Promulguen ayuno,

Convoquen asamblea;
Congreguen a los ancianos
Y a todos los habitantes de la tierra
En la casa del SEÑOR su Dios,
Y clamen al SEÑOR.

15 ¡Ay de *ese* día!
Porque está cerca el día del SEÑOR,
Y vendrá como destrucción del
Todopoderoso[1].

16 ¿No ha sido suprimido el alimento de
delante de nuestros ojos,
Y la alegría y el regocijo de la casa de
nuestro Dios?

17 Las semillas se han secado bajo los
terrones;
Los almacenes han sido asolados,
Los graneros derribados
Porque se secó el grano.

18 ¡Cómo muge el ganado!
Andan vagando las manadas de vacas
Porque no hay pasto para ellas;
Hasta los rebaños de ovejas sufren.

19 A Ti clamo, oh SEÑOR,
Porque el fuego ha devorado los pastos
del desierto,
Y la llama ha consumido todos los
árboles del campo.

20 Aun las bestias del campo braman por Ti,
Porque se han secado los arroyos de agua,
Y el fuego ha devorado los pastos del
desierto.

EL DÍA TERRIBLE DEL SEÑOR

2 Toquen trompeta en Sión,
Y suenen alarma en Mi santo monte.
Tiemblen todos los habitantes de la
tierra,
Porque viene el día del SEÑOR;
Ciertamente está cercano,

2 Día de tinieblas y densas sombras,
Día nublado y de densa oscuridad.
Como la aurora sobre los montes, se extiende
Un pueblo grande y poderoso;
Nunca ha habido *nada* semejante a él,
Ni tampoco lo habrá después
Por años de muchas generaciones.

3 Delante de él consume el fuego,
Y detrás de él abrasa la llama.
Como el huerto del Edén es la tierra delante de él;
Y detrás de él, un desierto desolado,
Y de él nada escapa.

4 Como aspecto de caballos es su aspecto,
Y como corceles de guerra, así corren.

GRANDES IDEAS EN JOEL

Dios promete juzgar a sus enemigos.

Un arrepentimiento genuino trae el perdón y la restauración de Dios.

Dios promete llenar de su Espíritu a cada persona.

Dios promete salvar a todo el que clame a él.

2:1
Por qué tocarían la trompeta
El shofar (una trompeta hecha de un cuerno de carnero) advertía que se acercaba el peligro.

1:15 [1] Heb. *Shaddai.*

5 Como estrépito de carros
Saltan sobre las cumbres de los montes,
Como el crepitar de llama de fuego que consume la
     hojarasca,
Como pueblo poderoso dispuesto para la batalla.
6 Ante él tiemblan los pueblos,
Palidecen todos los rostros.
7 Como valientes corren,
Como soldados escalan la muralla;
Cada uno marcha por su camino,
Y no se desvían de sus sendas.
8 No se aprietan uno contra otro,
Cada cual marcha por su calzada;
Y cuando irrumpen por las defensas,
No rompen las filas.
9 Se lanzan sobre la ciudad,
Corren por la muralla,
Suben a las casas,
Entran por las ventanas como ladrones.
10 Ante ellos tiembla la tierra,
Se estremecen los cielos,
El sol y la luna se oscurecen,
Y las estrellas pierden su resplandor.
11 El SEÑOR da Su voz delante de Su ejército,
Porque es inmenso Su campamento,
Porque poderoso es el que ejecuta Su palabra.
Grande y terrible es en verdad el día del SEÑOR,
¿Y quién podrá soportarlo?

INVITACIÓN AL ARREPENTIMIENTO

12 «Aun ahora», declara el SEÑOR,
«Vuelvan a Mí de todo corazón,
Con ayuno, llanto y lamento.
13   Rasguen su corazón y no sus vestidos».
     Vuelvan ahora al SEÑOR su Dios,
     Porque Él es compasivo y clemente,
     Lento para la ira, abundante en
          misericordia,
     Y se arrepiente de *infligir* el mal.
14 ¿Quién sabe si reconsidere y se apiade,
     Y deje tras sí bendición,
     Es decir, ofrenda de cereal y libación
     Para el SEÑOR su Dios?
15   Toquen trompeta en Sión,
Promulguen ayuno, convoquen asamblea.
16 Reúnan al pueblo, santifiquen la asamblea,
Congreguen a los ancianos,
Reúnan a los pequeños y a los niños de pecho.
Salga el novio de su aposento
Y la novia de su alcoba.
17 Entre el pórtico y el altar,
Lloren los sacerdotes, ministros del SEÑOR,
Y digan: «Perdona, oh SEÑOR, a Tu pueblo,
Y no entregues Tu heredad al oprobio,
A la burla entre las naciones.

2:11
El Señor lideraría el ejército de langostas

El Señor utilizó las langostas como instrumentos para llevar a cabo su juicio.

2:12-14
El mensaje de esperanza del profeta

Él le dijo al pueblo que se arrepintiera y se volviera al Señor, porque Dios es compasivo y amoroso.

¿Por qué han de decir entre los pueblos:
"Dónde está su Dios?"».

MISERICORDIA DEL Señor

18 Entonces el SEÑOR se llenará de celo por Su tierra,
    Y tendrá piedad de Su pueblo.
19 El SEÑOR responderá a Su pueblo:
    «Yo les enviaré grano, vino nuevo y aceite,
    Y se saciarán de ello,
    Y nunca más los entregaré al oprobio entre las
        naciones.
20 Al *ejército* del norte lo alejaré de ustedes
    Y lo echaré a una tierra árida y desolada,
    Su vanguardia hacia el mar oriental,
    Y su retaguardia hacia el mar occidental.
    Y ascenderá su hedor y subirá su fetidez,
    Porque ha hecho cosas terribles».

21 No temas, oh tierra, regocíjate y alégrate,
    Porque el SEÑOR ha hecho grandes cosas.
22 No teman, bestias del campo,
    Porque los pastos del desierto han reverdecido,
    Porque el árbol ha dado su fruto,
    La higuera y la vid han producido en abundancia.
23 Hijos de Sión, regocíjense
    Y alégrense en el SEÑOR su Dios;
    Porque Él les ha dado la lluvia temprana¹ para *su*
        vindicación,
    Y les ha hecho descender la lluvia,
    La lluvia temprana y la tardía² *como* en el principio.
24 Y las eras se llenarán de grano,
    Y las tinajas rebosarán de vino nuevo y de aceite
        virgen.
25 «Entonces los compensaré por los años
    En que devoraban la langosta,
    El pulgón, el saltón y la oruga,
    Mi gran ejército, que envié contra ustedes.
26 Tendrán mucho que comer y se saciarán,
    Y alabarán el nombre del SEÑOR su Dios,
    Que ha obrado maravillosamente con ustedes;
    Y nunca jamás será avergonzado Mi pueblo.
27 Y sabrán que en medio de Israel estoy Yo,
    Y que Yo soy el SEÑOR su Dios
    Y no hay otro.
    Nunca jamás será avergonzado Mi pueblo.

DERRAMAMIENTO DEL ESPÍRITU DE DIOS

28 »¹Y sucederá que después de esto,
    Derramaré Mi Espíritu sobre toda carne;
    Y sus hijos y sus hijas profetizarán,
    Sus ancianos soñarán sueños,
    Sus jóvenes verán visiones.
29 Y aun sobre los siervos y las siervas
    Derramaré Mi Espíritu en esos días.

2:18
El Señor tenía celo por su tierra
Dios amaba profundamente a su pueblo. Se le describe como celoso porque quería que le fueran fieles solo a él.

2:25
Cómo podían las langostas haber devorado tanto
Cada nueva oleada de langostas se comía lo que la anterior había dejado.

2:23 ¹ I.e. de otoño.   ² I.e. de primavera.   2:28 ¹ En el texto heb. cap. 3:1.

2:31
El sol convertido en tinieblas y la luna en sangre
Estas son descripciones gráficas de un eclipse total de sol y luna.

30 Haré prodigios en el cielo y en la tierra:
   Sangre, fuego y columnas de humo.
31 El sol se convertirá en tinieblas,
   Y la luna en sangre,
   Antes que venga el día del SEÑOR, grande y terrible.
32 Y todo aquel que invoque el nombre del SEÑOR
   Será salvo;
   Porque en el monte Sión y en Jerusalén
   Habrá salvación,
   Como ha dicho el SEÑOR,
   Y entre los sobrevivientes *estarán* los que el SEÑOR
      llame.

JUICIO DE LAS NACIONES

3 ¹»Porque en aquellos días y en aquel tiempo,
   Cuando Yo restaure el bienestar² de Judá y Jerusalén,
 ² Reuniré a todas las naciones,
   Y las haré bajar al valle de Josafat.
   Y allí entraré en juicio con ellas
   A favor de Mi pueblo y Mi heredad, Israel,
   A quien ellas esparcieron entre las naciones,
   Y repartieron Mi tierra.
 ³ También echaron suertes sobre Mi pueblo,
   Cambiaron un niño por una ramera,
   Y vendieron una niña por vino para poder beber.

3:3
Cuándo sucedieron estas cosas
Esto le sucedió a Judá en el período de cautiverio (586 a. C.). También se menciona en Abdías 11.

⁴»Además, Tiro, Sidón y todas las regiones de Filistea ¿qué tienen ustedes que ver conmigo? ¿Acaso se quieren vengar de Mí? Si de esta manera se vengan de Mí, bien pronto haré volver su venganza sobre su cabeza. ⁵Por cuanto han tomado Mi plata y Mi oro, y se han llevado Mis valiosos tesoros a sus templos, ⁶ y han vendido los hijos de Judá y Jerusalén a los griegos para alejarlos de su territorio, ⁷Yo los levantaré del lugar donde los vendieron, y devolveré su venganza sobre su cabeza. ⁸También venderé sus hijos y sus hijas a los hijos de Judá, y ellos los venderán a los sabeos, a una nación lejana», porque el SEÑOR *lo* ha dicho.

 ⁹ Proclamen esto entre las naciones:
   Prepárense para la guerra, despierten a los valientes;
   Acérquense, suban todos los soldados.
¹⁰ Forjen espadas de sus rejas de arado
   Y lanzas de sus podaderas;
   Diga el débil: «Fuerte soy».
¹¹ Apresúrense y vengan, naciones todas de alrededor,
   Y reúnanse allí.
   Haz descender, oh SEÑOR, a Tus valientes.
¹² Despiértense y suban las naciones
   Al valle de Josafat,
   Porque allí me sentaré a juzgar
   A todas las naciones de alrededor.
¹³ Metan la hoz, porque la cosecha está madura;
   Vengan, pisen, que el lagar está lleno;
   Las tinajas rebosan, porque grande es su maldad.

3:1 ¹ En el texto heb. cap. 4:1.   ² O *haga volver a los cautivos.*

14 Multitudes de multitudes en el valle de la decisión.
   Porque cerca está el día del SEÑOR en el valle de la
      decisión.
15 El sol y la luna se oscurecen,
   Y las estrellas pierden su resplandor.
16 El SEÑOR ruge desde Sión
   Y desde Jerusalén da Su voz,
   Y tiemblan los cielos y la tierra.
   Pero el SEÑOR es refugio para Su pueblo
   Y fortaleza para los israelitas.
17 Entonces sabrán que Yo soy el SEÑOR su Dios,
   Que habito en Sión, Mi santo monte.
   Y Jerusalén será santa,
   Y los extranjeros no pasarán más por ella.

RESTAURACIÓN DE JUDÁ

18 Y sucederá que en aquel día
   Los montes destilarán vino dulce,
   Las colinas fluirán leche,
   Y por todos los arroyos de Judá correrán las aguas;
   Brotará un manantial de la casa del SEÑOR
   Y regará el valle de Sitim.
19 Egipto será una desolación,
   Y Edom será un desierto desolado,
   Por la violencia hecha a los hijos de Judá,
   En cuya tierra han derramado sangre inocente.
20 Pero Judá será habitada para siempre,
   Y Jerusalén por todas las generaciones.
21 Y Yo vengaré su sangre, *que aún* no he vengado,
   Pues el SEÑOR habita en Sión.

3:16
Descripción de Dios
El Señor rugiría como un león y destruiría las naciones. Sin embargo, le proporcionaría un refugio seguro a su pueblo.

3:19
Por qué Egipto y Edom serían transformados en tierras desoladas
Los dos representaban a todos los enemigos de Israel que se oponían a Dios. El Señor traería el juicio sobre ellos.

Amós

¿QUIÉN ESCRIBIÓ ESTE LIBRO?	Lo escribió Amós, un pastor de Judá a quien Dios envió para predicarle al pueblo de Israel.
¿POR QUÉ SE ESCRIBIÓ ESTE LIBRO?	Amós predica contra los ricos que son crueles con los pobres. Les advierte a los israelitas que Dios está enojado y les dice que deben comenzar a hacer lo correcto.
¿QUÉ APRENDEMOS SOBRE DIOS EN ESTE LIBRO?	Dios se preocupa mucho por los pobres y los necesitados. Él quiere un trato justo para todas las personas.
¿QUÉ TIENE DE ESPECIAL ESTE LIBRO?	Amós muestra que el pecado trae el juicio de Dios. También muestra lo importante que es ver que todas las personas de una nación son tratadas con justicia.

¿CUÁLES SON ALGUNOS DE LOS VERSÍCULOS MÁS IMPORTANTES DE ESTE LIBRO?

Hacer justicia	Amós 5:7-15
Los ricos que no se interesan por los pobres	Amós 6:1-7
Lo que Dios hará con los que oprimen a los pobres	Amós 8:4-14

Amós era un pastor de Tecoa (Amós 1:1).
Todd Bolen/www.BiblePlaces.com

JUICIO CONTRA LAS NACIONES VECINAS

1 Palabras de Amós, que fue uno de los pastores de Tecoa, de lo que vio en visión acerca de Israel en días de Uzías, rey de Judá, y en días de Jeroboam, hijo de Joás, rey de Israel, dos años antes del terremoto.

2 Amós dijo:
«El SEÑOR ruge desde Sión,
Y desde Jerusalén da Su voz;
Los pastizales de los pastores están de duelo,
Y se seca la cumbre del monte Carmelo».

3 Así dice el SEÑOR:
«Por tres transgresiones de Damasco, y por cuatro,
No revocaré su *castigo,*
Porque trillaron a Galaad con *trillos* de hierro.
4 Por eso enviaré fuego sobre la casa de Hazael,
Que consumirá los palacios[1] de Ben Adad.
5 También romperé el cerrojo de Damasco,
Exterminaré al morador del valle de Avén
Y al que empuña el cetro de Bet Edén.
El pueblo de Aram será desterrado a Kir»,
Dice el SEÑOR.

6 Así dice el SEÑOR:
«Por tres transgresiones de
Gaza, y por cuatro,
No revocaré su *castigo,*
Por haber deportado a todo un pueblo
Para entregar*lo* a Edom.
7 Enviaré, pues, fuego sobre la muralla de Gaza,
Que consumirá sus palacios.
8 También exterminaré al morador de Asdod,
Y al que empuña el cetro de Ascalón;
Desataré Mi poder[1] contra Ecrón,
Y el remanente de los filisteos perecerá»,
Dice el Señor DIOS.

9 Así dice el SEÑOR:
«Por tres transgresiones de
Tiro, y por cuatro,
No revocaré su *castigo,*
Por haber entregado todo un pueblo cautivo a Edom
Sin acordarse del pacto de hermanos.
10 Enviaré, pues, fuego sobre la muralla de Tiro,
Que consumirá sus palacios».

1:4 [1] O las fortalezas.   1:8 [1] Lit. *Mi mano.*

1:1-2
Amós

Amós era un pastor que fue enviado para advertirle a Israel que él había oído al Señor rugir como un león a causa de los pecados del pueblo.

1:3
El significado de «por tres transgresiones... y por cuatro»

Esta frase representaba una gran cantidad de pecados.

NACIONES Y CIUDADES MENCIONADAS EN AMÓS

Damasco
Tiro
Dan
ARAM
Mar Mediterráneo (Mar Grande)
FENICIA
ISRAEL
Mar de Galilea (Mar de Cíneret)
R. Jordán
GALAAD
Samaria
AMÓN
Betel
Rabá
Asdod
Jerusalén
Ascalón
Ecrón
FILISTEA
Tecoa
Gaza
JUDÁ
Mar Muerto (Mar Salado)
Beerseba
MOAB

0   10 km
0   10 millas

11 Así dice el SEÑOR:
«Por tres transgresiones de Edom, y por cuatro,
No revocaré su *castigo*,
Porque con espada persiguió a su hermano,
Y suprimió su compasión;
Su ira continuó despedazando
Y mantuvo su furor para siempre.
12 Enviaré, pues, fuego sobre Temán,
Que consumirá los palacios de Bosra».

13 Así dice el SEÑOR:
«Por tres transgresiones de los amonitas, y por cuatro,
No revocaré su *castigo*,
Porque abrieron los vientres de las *mujeres* encinta de Galaad
Para ensanchar sus fronteras.
14 Encenderé, pues, fuego en la muralla de Rabá,
Que consumirá sus palacios
En medio de gritos *de guerra* en el día de la batalla,
En medio de una tempestad en el día de la tormenta.
15 Su rey irá al destierro,
él y sus príncipes con él», dice el SEÑOR.

2 Así dice el SEÑOR:
«Por tres transgresiones de Moab, y por cuatro,
No revocaré su *castigo*,
Porque quemó los huesos del rey de Edom hasta calcinarlos.
2 Enviaré, pues, fuego sobre Moab,
Que consumirá los palacios[1] de Queriot,
Y Moab morirá entre el tumulto,
Entre gritos *de guerra* y sonido de trompeta.
3 También exterminaré al juez de en medio de ella,
Y mataré a todos sus príncipes con él», dice el SEÑOR.

JUICIO CONTRA JUDÁ E ISRAEL

4 Así dice el SEÑOR:
«Por tres transgresiones de Judá, y por cuatro,
No revocaré su *castigo*,
Porque desecharon la ley del SEÑOR
Y no guardaron Sus estatutos;
También les han hecho errar sus mentiras,
Tras las cuales anduvieron sus padres.
5 Enviaré, pues, fuego sobre Judá,
Y consumirá los palacios de Jerusalén».

6 Así dice el SEÑOR:
«Por tres transgresiones de Israel, y por cuatro,
No revocaré su *castigo*,
Porque venden al justo por dinero
Y al necesitado por un par de sandalias.
7 Los que pisotean en el polvo de la tierra la cabeza de los desvalidos,
También tuercen el camino de los humildes.

2:1
El problema de quemar los huesos del rey
En el mundo antiguo, las personas pensaban que quemar los huesos impedía que el espíritu del muerto descansara. Creían que un sepulcro digno proporcionaba descanso.

2:6-7
Los pecados de Israel
Ellos les hacían daño a los pobres y cometían pecados sexuales.

2:2 [1] O *las fortalezas*.

Un hombre y su padre se llegan a la misma joven
Profanando Mi santo nombre.

8 Sobre ropas empeñadas se tienden junto a cualquier
altar,
Y el vino de los que han sido multados lo beben en la
casa de su Dios¹.

9 »Yo mismo destruí a los amorreos delante de ellos,
Cuya altura *era* como la altura de los cedros,
Y *era* fuerte como las encinas;
Destruí su fruto arriba y su raíz abajo.

10 Y a ustedes Yo los hice subir de la tierra
de Egipto,
Y los conduje por el desierto cuarenta
años
Para que tomaran posesión de la tierra
del amorreo.

11 Y levanté profetas de entre sus hijos
Y nazareos de entre sus jóvenes.
¿No es así, israelitas?», declara el SEÑOR.

12 «Pero ustedes hicieron beber vino a los
nazareos,
Y a los profetas les ordenaron: "No
profeticen".

13 Así que yo estoy oprimido debajo de ustedes
Como está oprimida una carreta llena de gavillas.

14 La huida le fallará al ligero,
Y el fuerte no fortalecerá su poder,
Ni el valiente salvará su vida.

15 El que empuña el arco no resistirá,
El ligero de pies no escapará,
Ni el que monta a caballo salvará su vida.

16 Aun el más intrépido entre los valientes huirá
desnudo aquel día», declara el SEÑOR.

CASTIGO DE ISRAEL

3 Oigan esta palabra que el SEÑOR ha hablado contra ustedes, israelitas, contra toda la familia que Él sacó de la tierra de Egipto:

2 «Solo a ustedes he escogido¹ de todas las familias de
la tierra;
Por eso los castigaré² por todas sus iniquidades».

3 ¿Andan dos hombres juntos si no se han puesto de
acuerdo?

4 ¿Ruge un león en la selva sin tener presa?
¿Gruñe un leoncillo desde su guarida si no ha
apresado *algo*?

5 ¿Cae un ave en la trampa en la tierra si no hay cebo en
ella?
¿Se levanta la trampa del suelo si no ha atrapado
algo?

6 Si se toca la trompeta en la ciudad, ¿no temblará el
pueblo?

2:8
Ropas empeñadas
Era habitual dormir bajo la túnica que se llevaba durante el día. Por esta razón, la ley de Dios decía que nadie podía tomar la túnica de otro y conservarla por el pago de deudas.

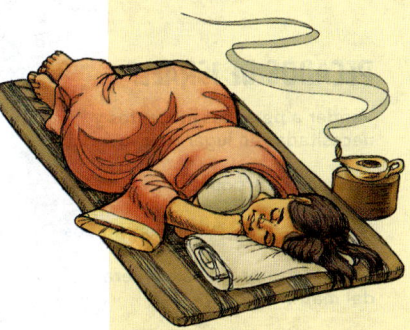

2:11-12
Cómo habían insultado al Señor
Les ordenaron a los profetas que no comunicaran el mensaje del Señor, e hicieron que los nazareos rompieran sus votos y bebieran vino.

3:3-6
Las preguntas de Amós
En cada pregunta había un ejemplo de causa y efecto de la vida cotidiana. Las respuestas eran claras. Él llegó a la pregunta final para demostrar que si el desastre llegaba a una ciudad, era por causa del juicio del Señor. Amós les estaba advirtiendo a los israelitas que todo apuntaba a que se acercaba la destrucción.

2:8 ¹ O *sus dioses.*   3:2 ¹ Lit. *he conocido.*   ² Lit. *los visitaré.*

JUICIO CONTRA JUDÁ E ISRAEL

Amós 2:4-16

PECADOS DE JUDÁ:

Rechazar la ley de Dios

Desobedecer los mandamientos de Dios

Seguir a los dioses falsos

JUICIO DE DIOS:

Él destruirá con fuego las fortalezas de Jerusalén

PECADOS DE ISRAEL:

Vender a personas inocentes y necesitadas en lugar de ayudarlas

Pisotear a los pobres

Negarle la justicia a los oprimidos

Cometer actos sexuales fuera del matrimonio

Profanar el nombre del Señor

Tomar indebidamente objetos como pago de quienes están en deuda con ellos

Cobrarles multas a otras personas

Forzar a los nazareos a tomar vino

Ordenarles a los profetas que no profeticen

JUICIO DE DIOS:

Él los aplastará, y nadie tendrá escapatoria

JUDÁ

ISRAEL

Si sucede una calamidad en la ciudad, ¿no la ha causado el SEÑOR?

7 Ciertamente el Señor DIOS no hace nada
Sin revelar Su secreto
A Sus siervos los profetas.

8 Ha rugido un león, ¿quién no temerá?
Ha hablado el Señor DIOS, ¿quién no profetizará?

9 Proclamen en los palacios[1] de Asdod y en los palacios de la tierra de Egipto, y digan: «Congréguense en los montes de Samaria y vean los grandes tumultos dentro de ella y la opresión en medio suyo. 10 No saben hacer lo recto», declara el SEÑOR, «los que acumulan violencia y destrucción en sus palacios».

11 Por tanto, así dice el Señor DIOS:

3:9 [1] O las fortalezas.

«Un enemigo, rodeando la tierra,
Echará abajo tu poder
Y serán saqueados tus palacios».

12 Así dice el SEÑOR:
«Como el pastor rescata de la boca del león dos patas
      o un pedazo de oreja,
Así serán rescatados los israelitas que moran en
      Samaria,
En la esquina de una cama y en la cubierta de un sofá.

13 Oigan y testifiquen contra la casa de Jacob»,
Declara el Señor DIOS, el Dios de los ejércitos.

14 «Porque el día que Yo castigue las transgresiones de
      Israel,
Castigaré también los altares de Betel[1];
Los cuernos del altar serán cortados
Y caerán a tierra.

15 Derribaré también la casa de invierno junto con la
      casa de verano;
También perecerán las casas de marfil,
Y muchas casas serán destruidas»,
Declara el SEÑOR.

4 Oigan esta palabra, vacas de Basán, ustedes que están
en el monte de Samaria,
Que oprimen a los pobres, quebrantan a los
      menesterosos,
Y dicen a sus maridos: «Traigan ahora, para que
      bebamos».

2 El Señor DIOS ha jurado por Su santidad:
«Vendrán días sobre ustedes
En que las llevarán con garfios,
Y a su remanente con anzuelos.

3 Saldrán por las brechas,
Una tras otra,
Y serán expulsadas al Harmón», declara el SEÑOR.

4 «Entren en Betel[1] y pequen,
Multipliquen en Gilgal las transgresiones;
Traigan sus sacrificios cada mañana,
Sus diezmos cada tres días.

5 Ofrezcan también pan leudado en ofrenda de
      gratitud,
Y proclamen ofrendas voluntarias, denlas a conocer,
Puesto que así les place, israelitas»,
Declara el Señor DIOS.

6 «Pero yo también los he puesto a diente limpio[1] en
      todas sus ciudades,
Y a falta de pan en todos sus lugares.
Sin embargo, ustedes no se han vuelto a Mí», declara
      el SEÑOR.

7 «Y además les retuve la lluvia
Cuando aún faltaban tres meses para la siega.
Hice llover sobre una ciudad

3:12
Por qué un pastor rescataría parte de una oveja muerta
Eso le demostraría al propietario que un animal salvaje se había comido la oveja y que el pastor no se la había robado. Esta imagen mostraba que solo unos pocos del pueblo de Dios (los más pobres) sobrevivirían.

4:6-11
Cómo el Señor intentó que su pueblo se volviera nuevamente a él
El Señor había enviado hambre, sequía, moho, langostas, plagas y destrucción para llamar la atención del pueblo. Sin embargo, ellos no escucharon ni hicieron lo que era correcto.

3:14 [1] I.e. Casa de Dios.   4:4 [1] I.e. Casa de Dios.   4:6 [1] I.e. por pasar hambre.

Y sobre otra ciudad no hice llover;
Sobre una parte llovía,
Y la parte donde no llovía, se secó.
8 Así que de dos o tres ciudades iban tambaleándose a
otra ciudad para beber agua,
Y no se saciaban.
Sin embargo, ustedes no se han vuelto a Mí», declara
el SEÑOR.
9 «Los herí con *viento* abrasador y con plagas;
Y la oruga ha devorado
Sus muchos huertos y viñedos, sus higueras y sus
olivos.
Sin embargo, ustedes no se han vuelto a Mí», declara
el SEÑOR.
10 «Envié contra ustedes una plaga, como la *plaga* de
Egipto,
Maté a espada a sus jóvenes, junto con sus caballos
capturados,
E hice subir hasta sus narices el hedor de su
campamento.
Sin embargo, ustedes no se han vuelto a Mí», declara
el SEÑOR.
11 «Los destruí como Dios destruyó a Sodoma y a
Gomorra,
Y fueron como tizón arrebatado de la hoguera.
Sin embargo, ustedes no se han vuelto a Mí», declara
el SEÑOR.
12 «Por tanto, así haré contigo, Israel;
Y porque te he de hacer esto,
Prepárate para encontrarte con tu Dios, oh Israel».
13 Pues el que forma los montes, crea el viento
Y declara al hombre cuáles son Sus pensamientos,
El que del alba hace tinieblas
Y camina sobre las alturas de la tierra:
El SEÑOR, Dios de los ejércitos, es Su nombre.

EXHORTACIÓN AL ARREPENTIMIENTO

5 Oigan esta palabra que yo pronuncio como lamentación
sobre ustedes, casa de Israel.
2 Ha caído, no volverá a levantarse
La virgen de Israel.
Abandonada *yace* en su tierra,
No hay quien la levante.
3 Porque así dice el Señor DIOS:
«La ciudad que sale con mil,
Se quedará con cien;
Y la que sale con cien,
Se quedará con diez en la casa de Israel».

4 Porque así dice el SEÑOR a la casa de Israel:
«Búsquenme, y vivirán.
5 Pero no busquen a Betel[1],
Ni vayan a Gilgal,
Ni pasen a Beerseba;

4:12
**Se le advirtió al pueblo
que se preparara para
encontrarse con Dios**
Ellos iban a encontrarse cara a cara
con el juicio de Dios.

5:5 [1] I.e. Casa de Dios.

Porque ciertamente Gilgal será llevada cautiva,
Y Betel caerá en desgracia.

6 Busquen al SEÑOR y vivirán,
No sea que Él les caiga como fuego, oh casa de José,
Y consuma a Betel sin que haya quien *lo* apague;

7 *Consuma* a los que convierten el juicio en ajenjo
Y echan por tierra la justicia».

8 El que hizo las Pléyades y el Orión,
Cambia las densas tinieblas en aurora,
Y hace oscurecer el día en noche;
El que llama a las aguas del mar,
Y las derrama sobre la superficie de la tierra:
El SEÑOR es Su nombre.

9 Él es quien desencadena destrucción sobre el fuerte,
Y hace que la ruina venga sobre la fortaleza.

10 Ellos odian en la puerta¹ al que reprende,
Y aborrecen al que habla *con* integridad.

11 Por tanto, ya que imponen fuertes impuestos sobre el
pobre
Y exigen de él tributo de grano,
Las casas de piedra labrada que han
edificado,
No las habitarán;
Han plantado viñas escogidas, pero no
beberán su vino.

12 Pues yo sé que muchas son sus
transgresiones y graves sus pecados:
Oprimen al justo, aceptan soborno
Y rechazan a los pobres en la puerta¹.

13 Por tanto, el prudente se calla en ese
tiempo, pues es tiempo malo.

14 Busquen lo bueno y no lo malo, para que vivan;
Y así sea con ustedes el SEÑOR, Dios de los ejércitos.
¡Tal como han dicho!

15 Aborrezcan el mal, amen el bien,
Y establezcan la justicia¹ en la puerta².
Tal vez el SEÑOR, Dios de los ejércitos,
Sea misericordioso con el remanente de José.

16 Por tanto, así dice el SEÑOR, el Señor Dios de los
ejércitos:
«En todas las plazas hay llanto,
Y en todas las calles dicen: "¡Ay! ¡Ay!".
Llaman a duelo al labrador,
Y a lamentación a los llorones profesionales.

17 En todas las viñas *habrá* llanto,
Porque pasaré por en medio de ti», dice el SEÑOR.

18 ¡Ay de los que ansían el día del SEÑOR!
¿De qué les servirá el día del SEÑOR?
Será tinieblas, y no luz;

19 Como cuando uno huye de un león,

5:10 ¹ I.e. de la ciudad.   5:12 ¹ I.e. de la ciudad.   5:15 ¹ O *el derecho*.   ² I.e.
de la ciudad.

5:6
La casa de José
Esto se refiere al reino del norte de Israel. La tribu de Efraín, que descendía de José, era la más poderosa del norte.

5:7-13
Las personas habían convertido la justicia en algo amargo
La gente había corrompido el proceso de dictar sentencias justas en los tribunales con el uso de calumnias, amenazas y sobornos a los testigos. Los ricos maltrataban a los pobres y oprimían a los justos. Dios estaba enojado con estas personas.

5:16
Los cortejos fúnebres en la antigüedad
Los familiares de luto, a menudo acompañados por músicos y personas a las que se les pagaba para ir a llorar, iban caminando delante del cuerpo hasta llegar al lugar de la sepultura.

5:18
Israel anhelaba el día del Señor
El pueblo de Israel esperaba recibir bendiciones de Dios cuando llegara el juicio a las naciones. Sin embargo, Amós les advirtió que aquel sería un día de tinieblas, no de luz, porque Israel no había sido fiel a Dios.

Y se encuentra con un oso,
O va a casa, apoya la mano en la pared,
Y lo muerde una culebra.
20 ¿No *será* tinieblas el día del SEÑOR, y no luz,
Oscuridad, y no resplandor?

21 «Aborrezco, desprecio sus fiestas,
Tampoco me agradan sus asambleas solemnes.
22 Aunque ustedes me ofrezcan holocaustos y sus
ofrendas de grano,
No *los* aceptaré;
Ni miraré a las ofrendas de paz de sus animales
cebados.
23 Aparten de Mí el ruido de sus cánticos,
Pues no escucharé ni siquiera la música de sus arpas.
24 Pero corra el juicio como las aguas
Y la justicia como una corriente inagotable.

25 »¿Acaso me ofrecieron sacrificios y ofrendas de cereal
por cuarenta años en el desierto, oh casa de Israel? **26** Más
bien, llevaron a Sicut[1], su rey, y a Quiyún, sus ídolos, la estrella de sus dioses que ustedes se hicieron. **27** Yo los haré, pues,
deportar más allá de Damasco», dice el SEÑOR, cuyo nombre
es Dios de los ejércitos.

CONTRA LA FALSA SEGURIDAD

6 ¡Ay de los que *viven* reposadamente en Sión,
Y de los que *se sienten* seguros en el monte de
Samaria,
Los notables de las naciones principales,
A quienes acude la casa de Israel!
2 Pasen a Calne y miren,
Y de allí vayan a Hamat la grande,
Desciendan luego a Gat de los filisteos.
¿Son ustedes mejores que estos reinos,
O es su territorio mayor que el de ustedes?
3 ¿Alejan ustedes el día de la calamidad,
Y acercan la silla de la violencia?

4 Los que se acuestan en camas de marfil,
Se tienden sobre sus lechos,
Comen corderos del rebaño
Y terneros de en medio del establo;
5 Que improvisan al son del arpa,
Y como David han compuesto cantos para sí;
6 Que beben vino en tazones *del altar*
Y se ungen con los óleos más finos,
Pero no se lamentan por la ruina de José,
7 Irán por tanto ahora al destierro a la cabeza de los
desterrados,
Y se acabarán los banquetes[1] de los disolutos.

8 El Señor DIOS ha jurado por sí mismo, ha declarado el
SEÑOR, Dios de los ejércitos:
«Aborrezco la arrogancia de Jacob,

5:21-24
Dios detestaba sus fiestas religiosas y sus ofrendas
El pueblo seguía actuando como si adorara a Dios, pero no lograron ser justos, equitativos y rectos.

6:6
El uso de óleos
Los óleos con esencias o perfumes se utilizaban probablemente para las ceremonias. El perfume también se utilizaba como desodorante.

6:8
Los palacios de Israel
Es posible que se refiera a los palacios que construían los ricos. También podría referirse a los lugares seguros que simbolizaban los éxitos militares de Israel en el pasado.

5:26 ¹ O *Sacut (Saturno)*; o quizá, *el santuario de su Moloc.*   6:7 ¹ O *las fiestas religiosas.*

Y odio sus palacios;
Así que entregaré la ciudad y cuanto hay en ella».

9 Y si diez hombres quedan en una misma casa, morirán. **10** Entonces su tío[1], o su incinerador, levantará a cada uno para sacar *sus* huesos de la casa, y dirá al que está en el fondo de la casa: «¿Hay *alguien* más contigo?». Y *este* responderá: «Nadie». Entonces *aquel* dirá: «¡Guarda silencio!, porque no se debe hacer mención del nombre del SEÑOR». **11** Porque el SEÑOR ordenará que la casa grande sea reducida a escombros y que la casa pequeña sea hecha pedazos.

12   ¿Corren los caballos por la peña?
¿Se ara *en ella* con bueyes?
Pues ustedes han convertido el derecho en veneno,
Y el fruto de la justicia en amargura;
13   Ustedes que se alegran por Lo Debar[1],
Que dicen: «¿No hemos tomado para nosotros
Carnáyim[2]
Con nuestra *propia* fuerza?».
14   «Por tanto, voy a levantar contra ustedes, oh casa de
Israel»,
Declara el SEÑOR, Dios de los ejércitos,
«Una nación que los afligirá desde la entrada de
Hamat
Hasta el arroyo del Arabá».

VISIONES DE LA LANGOSTA, DEL FUEGO Y DE LA PLOMADA

7 Esto me mostró el Señor DIOS: Él formaba enjambre de langostas cuando comenzaba a brotar la cosecha de primavera. Y la cosecha de primavera *era* después de la siega del rey. **2** Sucedió que cuando habían terminado de devorar la hierba de la tierra, yo dije:

«Señor DIOS, te ruego que perdones.
¿Cómo podrá resistir Jacob
Si es tan pequeño?».
3   El SEÑOR se apiadó de esto:
«No sucederá», dijo el SEÑOR.

4 Esto me mostró el Señor DIOS: El Señor DIOS llamaba para juzgar*los* con fuego, y consumió el gran abismo y empezó a consumir el campo.

5   Entonces dije:
«Señor DIOS, te ruego que ceses.
¿Cómo podrá resistir Jacob
Si es tan pequeño?».
6   El SEÑOR se apiadó de esto:
«Esto tampoco sucederá», dijo el Señor DIOS.

7 Esto Él me mostró: El Señor estaba junto a un muro hecho a plomo, y tenía en Su mano una plomada. **8** Y el SEÑOR me dijo: «¿Qué ves, Amós?». «Una plomada», le respondí. Entonces el Señor dijo:

7:1
La siega del rey
Esta era la primera cosecha que debía utilizarse para pagarle los impuestos al rey. Luego de la recolección de los primeros cereales y el heno, en los campos crecía una segunda cosecha.

6:10 [1] O *ser querido*.   6:13 [1] I.e. en nada.   [2] I.e. dos cuernos.

«Voy a poner una plomada
En medio de Mi pueblo Israel.
Ya no volveré a dejarlos sin castigo.
9 Los lugares altos de Isaac serán asolados
Y los santuarios de Israel destruidos;
Y Yo me levantaré con espada contra la casa de
Jeroboam».

AMÓS ACUSADO POR AMASÍAS

10 Entonces Amasías, sacerdote de Betel[1], envió *palabra* a Jeroboam, rey de Israel: «Amós conspira contra ti en medio de la casa de Israel; la tierra *ya* no puede soportar todas sus palabras. 11 Porque así dice Amós: "Jeroboam morirá a espada y ciertamente Israel saldrá en cautiverio de su tierra"». 12 Entonces Amasías dijo a Amós: «Vete, vidente, huye a la

7:10 [1] I.e. Casa de Dios.

LAS VISIONES DE AMÓS
Amós 7—9

VISIÓN		RESULTADO
Langostas — Dios envía enjambres de langostas que destruyen las cosechas de Israel		Amós ora y Dios no envía su juicio 7:1-3
Fuego — Dios envía fuego que seca el agua y consume los campos de Israel		Amós ora y Dios no envía su juicio 7:4-6
Plomada — Dios compara a Israel con un muro edificado de forma recta; el pueblo de Dios no cumple con sus estándares		Dios destruye los lugares altos y los santuarios de Israel 7:7-9
La canasta de fruta de verano— La fruta de verano era la fruta madura. Dios declara que Israel está lo suficientemente madura para enfrentar el juicio		Dios envía muerte, destrucción y tinieblas a Israel. Se niega a darle respuestas a su pueblo 8:1-14
El Señor junto al altar— Dios le dice a Amós que golpee los capiteles (o la parte superior) de las columnas del templo		Dios destruye a los israelitas, quienes son aplastados por el derrumbe del templo o muertos a espada 9:1-10

tierra de Judá, come allí pan y allí profetiza. **13** Pero en Betel no vuelvas a profetizar más, porque es santuario del rey y residencia real».

14 Entonces Amós le respondió a Amasías: «Yo no soy profeta, ni hijo de profeta, sino que soy boyero y cultivador[1] de higueras. **15** Pero el SEÑOR me tomó cuando pastoreaba el rebaño, y me dijo: "Ve, profetiza a Mi pueblo Israel". **16** Ahora pues, escucha la palabra del SEÑOR: Tú dices: "No profetices contra Israel ni hables contra la casa de Isaac". **17** Por tanto, así dice el SEÑOR: "Tu mujer se prostituirá en la ciudad, tus hijos y tus hijas caerán a espada, tu tierra será repartida a cordel, y tú morirás en una tierra inmunda. Además, Israel ciertamente saldrá de su tierra en cautiverio"».

LOS INEVITABLES JUICIOS DE DIOS

8 Esto me mostró el Señor DIOS: *Miré* una canasta de fruta de verano, **2** y Él me preguntó: «¿Qué ves, Amós?». «Una canasta de fruta de verano», respondí. Entonces el SEÑOR me dijo: «Ha llegado el fin para Mi pueblo Israel. Ya no volveré a dejarlos sin castigo. **3** Los cantos del palacio se convertirán en gemido en aquel día», declara el Señor DIOS. «Muchos *serán* los cadáveres; en todo lugar *los* echarán fuera en silencio».

4 Oigan esto, los que pisotean a los menesterosos, y quieren exterminar a los pobres de la tierra, **5** diciendo:

> «¿Cuándo pasará la luna nueva
> Para vender el grano,
> Y el día de reposo para abrir el *mercado de* trigo,
> Achicar el efa (una medida de 22 litros), aumentar el
>   siclo (moneda hebrea, 11.4 gramos de plata)
> Y engañar con balanzas falsas;
> **6** Para comprar por dinero a los desvalidos
> Y a los pobres por un par de sandalias,
> Y vender los desechos del trigo?».

> **7** El SEÑOR ha jurado por el orgullo de Jacob:
> «Ciertamente, nunca me olvidaré de ninguna de sus
>   obras.
> **8** ¿No temblará por esto la tierra,
> Y hará duelo todo aquel que habita en ella?
> Subirá toda ella como el Nilo,
> Se agitará
> Y disminuirá como el Nilo de Egipto.
> **9** Y sucederá que en aquel día», declara el Señor DIOS,
> «Yo haré que el sol se ponga al mediodía
> Y que la tierra en pleno día se oscurezca.
> **10** Entonces cambiaré sus fiestas en llanto
> Y todos sus cantos en lamento.
> Pondré cilicio sobre todo lomo
> Y calvicie sobre toda cabeza.
> Haré que sea como duelo por hijo único,
> Y su fin, como día de amargura.

> **11** »Vienen días», declara el Señor DIOS,
> «En que enviaré hambre sobre la tierra,

7:14
Amós no era profeta ni hijo de un profeta

Amasías afirmaba que Amós se ganaba la vida siendo profeta, sin embargo, él había sido pastor de ovejas. Amós explicó que nadie lo había contratado para predicar sobre el juicio de Dios: el Señor mismo lo había llamado a hacerlo.

8:6
Cómo maltrataban a los pobres

Los trataban de manera injusta y los esclavizaban. Amós estaba diciendo que los ricos valoraban más el dinero que a las personas, haciéndolas sufrir por deudas insignificantes.

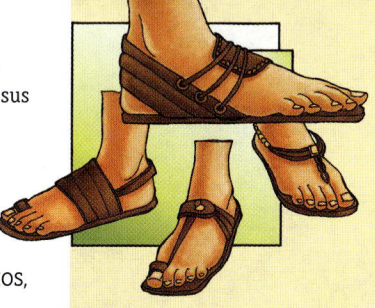

8:8
Cómo subía el Nilo (río de Egipto)

Debido a las fuertes lluvias, cada año el río Nilo crecía hasta seis metros, inundando todo el valle. El agua arrastraba una gran cantidad de suelo fértil y rico que quedaba atrás.

7:14 [1] O recogedor.

No hambre de pan, ni sed de agua,
Sino de oír las palabras del SEÑOR.
12 La gente vagará de mar a mar,
Y del norte hasta el oriente;
Andarán de aquí para allá en busca de la palabra del
    SEÑOR,
Pero no *la* encontrarán.
13 En aquel día las vírgenes hermosas
Y los jóvenes desfallecerán de sed.
14 Los que juran por el pecado de Samaria,
Y dicen: "Viva tu dios, oh Dan",
Y "Viva el camino de Beerseba",
Caerán y nunca más se levantarán».

9 Vi al Señor de pie junto al altar, y *me* dijo:

«Golpea los capiteles para que se estremezcan los
    umbrales,
Y rómpelos sobre la cabeza de todos.
Entonces mataré a espada al resto de ellos;
No habrá entre ellos fugitivo que huya,
Ni refugiado de ellos que escape.
2 Aunque caven hasta el Seol[1],
De allí los tomará Mi mano;
Y aunque suban al cielo,
De allí los haré bajar.
3 Aunque se escondan en la cumbre del Carmelo,
Allí los buscaré y los tomaré;
Aunque se oculten de Mis ojos en el fondo del mar,
Allí ordenaré a la serpiente que los muerda.
4 Aunque vayan al cautiverio delante de sus enemigos,
Allí ordenaré a la espada que los mate,
Y pondré sobre ellos Mis ojos para mal y no para
    bien».

5 El Señor, DIOS de los ejércitos,
El que toca la tierra, y *esta* se derrite,
Y se lamentan todos los que en ella habitan,
Sube toda ella como el Nilo
Y disminuye como el Nilo de Egipto;
6 El que edifica en los cielos Sus altos aposentos,
Y sobre la tierra ha establecido Su bóveda;
El que llama a las aguas del mar
Y las derrama sobre la superficie de la tierra:
El SEÑOR es Su nombre.

7 «¿No son ustedes para Mí como hijos de Etiopía,
Oh israelitas?», declara el SEÑOR.
«¿No hice Yo subir a Israel de la tierra de Egipto
Y a los filisteos de Caftor y a los arameos de Kir?
8 Por eso los ojos del Señor DIOS están sobre el reino
    pecador,
Y voy a destruirlo de sobre la superficie de la tierra;
Sin embargo, no destruiré totalmente a la casa de
    Jacob», declara el SEÑOR.

8:14
La importancia de Dan y Beerseba
Estas ciudades marcaban la frontera norte y sur de Israel. También eran sitios en los que se habían construido santuarios paganos.

9:7
Por qué los israelitas fueron comparados con los hijos de Etiopía
Los hijos de Etiopía, también llamados cusitas, vivían al sur de Egipto. La única diferencia entre Israel y las naciones paganas era que Dios había hecho un pacto con Israel. Sin embargo, ellos habían roto ese pacto reiteradas veces.

9:2 [1] I.e. región de los muertos.

9 «Porque Yo daré un mandato,
   Y zarandearé a la casa de Israel entre todas las
      naciones,
   Como se zarandea *el grano* en la criba,
   Sin que caiga ni un grano en tierra.
10 A espada morirán todos los pecadores de Mi pueblo,
   Los que dicen: "No nos alcanzará ni se nos acercará la
      desgracia".

RESTAURACIÓN DEL PUEBLO DE DIOS

11 »En aquel día levantaré el tabernáculo caído de David,
   Repararé sus brechas,
   Levantaré sus ruinas,
   Y lo reedificaré como en el tiempo pasado,
12 Para que tomen posesión del remanente de Edom
   Y de todas las naciones donde se invoca Mi nombre»,
   Declara el SEÑOR, que hace esto.

13 «Vienen días», declara el SEÑOR,
   «Cuando el arador alcanzará al segador,
   Y el que pisa la uva al que siembra la semilla;
   Cuando destilarán vino dulce los montes,
   Y todas las colinas se derretirán.
14 Restauraré el bienestar[1] de Mi pueblo Israel,
   Y ellos reedificarán las ciudades asoladas y habitarán
      en ellas;
   También plantarán viñas y beberán su vino,
   Y cultivarán huertos y comerán sus frutos.
15 Los plantaré en su tierra,
   Y no serán arrancados jamás de la tierra
   Que les he dado»,
   Dice el SEÑOR tu Dios.

9:9
Usar una criba
Cuando se recogía la cosecha del suelo, los trabajadores la colaban o filtraban en una criba (una herramienta con una malla fina) para eliminar y desechar las piedras pequeñas.

9:11
Cómo Dios restauraría el tabernáculo de David
Esto podría significar que la dinastía de David sería restaurada cuando llegara el Mesías, o bien podría estar diciendo que el reino de David se uniría nuevamente.

9:14 [1] O *Haré volver a los desterrados.*

Abdías

¿QUIÉN ESCRIBIÓ ESTE LIBRO?	Abdías escribió este libro. No se sabe nada más sobre este profeta.
¿POR QUÉ SE ESCRIBIÓ ESTE LIBRO?	Abdías habla del castigo que Dios traería sobre los edomitas. Ellos invadieron Judá y saquearon Jerusalén.
¿QUÉ APRENDEMOS SOBRE DIOS EN ESTE LIBRO?	Dios es fiel. Él cumplirá la promesa que le hizo a Abraham: «Al que te maldiga, maldeciré» (Génesis 12:3).

Vista de las montañas de Edom. Abdías profetizó la destrucción que vendría sobre Edom.

© Boris Diakovsky/Shutterstock

HUMILLACIÓN DE EDOM

1 Visión de Abdías.

Así dice el Señor DIOS acerca de Edom:
«Hemos oído un mensaje del SEÑOR,
Y un mensajero ha sido enviado a las
   naciones, *a decirles:*
Levántense y alcémonos contra Edom en
   batalla».
2 «Yo te haré pequeño entre las naciones;
Despreciado eres en gran manera.
3 La soberbia de tu corazón te ha
   engañado,
Tú que habitas en las hendiduras de la
   peña,
En las alturas de tu morada;
Que dices en tu corazón:
"¿Quién me derribará por tierra?".
4 Aunque te remontes como el águila,
Y aunque entre las estrellas pongas tu
   nido,
De allí te derribaré», declara el SEÑOR.
5 «Si vinieran a ti ladrones
O salteadores de noche
(¡Cómo quedarías arruinado!),
¿No robarían *solo* hasta que les bastara?
Si vinieran a ti vendimiadores,
¿No dejarían *algunos* rebuscos[1]?
6 ¡Cómo será escudriñado Esaú,
Y rebuscados sus tesoros escondidos!
7 Hasta la frontera te echarán
Todos tus aliados;
Te engañarán, te dominarán
Los que están en paz contigo;
Los que comen tu pan
Tenderán emboscada contra ti.
(No hay entendimiento en él[1].)
8 ¿No destruiré en aquel día»,
declara el SEÑOR, «a los sabios de Edom
Y el entendimiento del monte de Esaú?
9 Entonces tus valientes serán atemorizados, oh Temán,
De modo que todo hombre será cortado del monte de
   Esaú con muerte violenta.

10 »Por la violencia contra tu hermano Jacob,
Te cubrirá la vergüenza,
Y serás cortado para siempre.
11 El día que te pusiste a un lado,
El día en que extraños se llevaban su riqueza,
Y extranjeros entraban por su puerta
Y sobre Jerusalén echaban suertes,
Tú también eras como uno de ellos.
12 No te alegres en el día de tu hermano,
En el día de su exterminio.

GRANDES IDEAS EN ABDÍAS

Dios castigará a los edomitas por su maltrato a Israel.

Aunque parezca que los enemigos del pueblo de Dios prosperan, él les quitará sus tierras y se las dará a Israel.

v. 6
Dónde guardaba Esaú sus tesoros escondidos
Esto se refiere a los edomitas, que eran los descendientes de Esaú. Ellos guardaban sus riquezas en bóvedas en las rocas.

v. 10
Los crímenes de Edom
Edom había sido cruel con Israel, siendo testigos de cuando Israel fue atacada y luego saqueando Jerusalén. La crueldad se agravaba por el hecho de que ambas ciudades provenían del linaje de Isaac.

1:5 [1] O *racimos.*   1:7 [1] I.e. Esaú; o, *en ello.*

No te alegres de los hijos de Judá
En el día de su destrucción.
Sí, no te jactes
En el día de *su* angustia.
13 No entres por la puerta de Mi pueblo
En el día de su ruina.
Sí, no te alegres tú de su desgracia
En el día de su ruina;
No te apoderes de sus riquezas
En el día de su ruina.
14 No aceches en la encrucijada
Para exterminar a sus fugitivos,
Y no entregues a sus sobrevivientes
En el día de su angustia.

RESTAURACIÓN DE ISRAEL

15 »Porque se acerca el día del SEÑOR sobre todas las
     naciones.
Como tú has hecho, te será hecho;
Tus acciones recaerán sobre tu cabeza.
16 Como ustedes bebieron en Mi santo monte,
Así beberán continuamente todas las naciones.
Beberán y tragarán,
Y serán como si no hubieran sido.
17 Pero en el monte Sión quedará un remanente,
Y será *lugar* santo,
Y la casa de Jacob volverá a tomar sus posesiones.
18 Entonces la casa de Jacob será un fuego,
Y la casa de José una llama,
Y hojarasca la casa de Esaú.
Los quemarán y los consumirán,
Y no quedará sobreviviente *alguno* de la casa de
     Esaú»,
Porque el SEÑOR ha hablado.
19 Entonces *los del* Neguev[1] poseerán el monte de Esaú,
Y *los de* la Sefela, *la llanura* de los filisteos;
Poseerán también el territorio de Efraín y el territorio
     de Samaria,
Y Benjamín *poseerá* Galaad.
20 Y los desterrados de este ejército de los israelitas
Que están *entre* los cananeos hasta Sarepta,
Y los desterrados de Jerusalén que están en Sefarad,
Poseerán las ciudades del Neguev.
21 Los libertadores subirán al monte Sión
Para juzgar al monte de Esaú,
Y el reino será del SEÑOR.

v. 19
**Quién vivió en Edom luego
de que fuera destruida**
Lo más probable es que esto
significe que un pequeño grupo
de personas de Israel se trasladaría
al territorio de Edom.

1:19 [1] I.e. región del sur.

Jonás

¿QUIÉN ESCRIBIÓ ESTE LIBRO?	El profeta Jonás
¿POR QUÉ SE ESCRIBIÓ ESTE LIBRO?	El libro de Jonás le muestra a Israel que Dios no castiga al que se arrepiente y pide perdón por sus pecados.
¿QUÉ APRENDEMOS SOBRE DIOS EN ESTE LIBRO?	Dios perdona la desobediencia del profeta y le da a Jonás una segunda oportunidad. Dios también perdona al pueblo de Nínive. Él no castiga a aquellos que se arrepienten.
¿QUÉ TIENE DE ESPECIAL ESTE LIBRO?	Dios ama a los extranjeros de Nínive tanto como a su propio pueblo hebreo.

¿CUÁLES SON ALGUNAS DE LAS HISTORIAS IMPORTANTES DE ESTE LIBRO?

Jonás huye y es tragado por un pez	Jonás 1
El pueblo de Nínive se arrepiente	Jonás 3
Dios le enseña a Jonás a preocuparse por todas las personas	Jonás 4

Jonás fue a Nínive, hoy en día Irak, cerca de la ciudad de Mosul.

Murallas de la ciudad, Asiria (siglo siete a. C.)/Nínive, Irak/ Bridgeman Images

1:1

Cómo una persona recibía «la palabra del Señor»

Esta era una frase habitual para describir cómo Dios le hablaba a un profeta. Él podía recibir esa palabra en la forma de una visión, un sueño, una señal en la naturaleza, o también como una palabra directa.

1:3

Tarsis

Tarsis era una ciudad de España que estaba en la dirección opuesta a Nínive. Jonás se subió a un barco que iba camino a Tarsis esperando alejarse de Nínive lo más posible.

DESOBEDIENCIA DE JONÁS

1 La palabra del SEÑOR vino a Jonás, hijo de Amitai: **2** «Levántate, ve a Nínive, la gran ciudad, y proclama contra ella, porque su maldad ha subido hasta Mí». **3** Jonás se levantó, pero para huir a Tarsis, *lejos* de la presencia del SEÑOR. Y descendiendo a Jope, encontró un barco que iba a Tarsis, pagó el pasaje y entró en él para ir con ellos a Tarsis, *lejos* de la presencia del SEÑOR.

4 Pero el SEÑOR desató sobre el mar un fuerte viento, y hubo una tempestad tan grande en el mar que el barco estuvo a punto de romperse. **5** Los marineros tuvieron miedo y cada uno clamaba a su dios; y arrojaron al mar la carga que estaba en el barco para aligerarlo. Pero Jonás había bajado a la bodega del barco, se había acostado y dormía profundamente. **6** El capitán se le acercó y le dijo: «¿Cómo es que estás durmiendo? ¡Levántate, invoca a tu Dios! Quizás *tu* Dios piense en nosotros y no pereceremos». **7** Y cada uno dijo a su compañero: «Vengan, echemos suertes para saber por causa de quién nos *ha venido* esta calamidad». Y echaron suertes, y cayó la suerte sobre Jonás. **8** Entonces le dijeron: «Decláranos ahora por causa de quién nos *ha venido* esta calamidad. ¿Qué oficio tienes, y de dónde vienes? ¿Cuál es tu tierra, y de qué pueblo eres?». **9** Él les respondió: «Soy hebreo, y temo al SEÑOR Dios del cielo, que hizo el mar y la tierra».

10 Los hombres se atemorizaron en gran manera y le dijeron: «¿Qué es esto que has hecho?». Porque ellos sabían que él huía de la presencia del SEÑOR, por lo que él les había declarado. **11** Ellos le preguntaron: «¿Qué haremos contigo para que el mar se calme alrededor nuestro?». Pues el mar se embravecía más y

EL LIBRO DE JONÁS

¿TARSIS?

Mar Negro

Carquemis

A S I R I A

Nínive

Arvad
Gebal
Tiro

Asur
Mari

Tadmor

R. Tigris

Gat Hefer

R. Éufrates

Jope

EGIPTO

M a r   G r a n d e

Mar Rojo

Viaje programado
Viaje real

0 — 300 km
0 — 300 millas

más. **12** Y él les respondió: «Tómenme y láncenme al mar, y el mar se calmará alrededor de ustedes, pues yo sé que por mi causa *ha venido* esta gran tempestad sobre ustedes». **13** Los hombres se pusieron a remar *con afán* para volver a tierra firme, pero no pudieron, porque el mar seguía embraveciéndose contra ellos. **14** Entonces invocaron al SEÑOR, y dijeron: «Te rogamos, oh SEÑOR, no permitas que perezcamos ahora por causa de la vida de este hombre, ni pongas sobre nosotros sangre inocente; porque Tú, SEÑOR, has hecho como has deseado».

15 Tomaron, pues, a Jonás y lo lanzaron al mar; y el mar cesó en su furia. **16** Y aquellos hombres temieron en gran manera al SEÑOR; ofrecieron un sacrificio al SEÑOR y le hicieron votos.

17 *ᴵ* Y el SEÑOR dispuso un gran pez que se tragara a Jonás; y Jonás estuvo en el vientre del pez tres días y tres noches.

ORACIÓN DE JONÁS

2 *ᴵ* Entonces Jonás oró al SEÑOR su Dios desde el vientre del pez, **2** y dijo:

> «En mi angustia clamé al SEÑOR,
> Y Él me respondió.
> Desde el seno del Seol*ᴵ* pedí auxilio,
> Y Tú escuchaste mi voz.
> **3** Pues me habías echado a lo profundo,
> En el corazón de los mares,
> Y la corriente me envolvió;
> Todas tus encrespadas olas y tus ondas pasaron
> sobre mí.
> **4** Entonces dije: "He sido expulsado de delante de
> Tus ojos;
> Sin embargo, volveré a mirar hacia Tu santo templo".
> **5** Me rodearon las aguas hasta el alma,
> El gran abismo me envolvió,
> Las algas se enredaron en mi cabeza.
> **6** Descendí hasta las raíces de los montes,
> La tierra con sus cerrojos me *ponía* cerco para
> siempre;
> Pero Tú sacaste de la fosa mi vida, oh SEÑOR,
> Dios mío.
> **7** Cuando en mí desfallecía mi alma,
> Del SEÑOR me acordé;
> Y mi oración llegó hasta Ti,
> Hasta Tu santo templo.
> **8** Los que confían en ídolos vanos
> Su *propia* misericordia abandonan.
> **9** Pero yo con voz de acción de gracias
> Te ofreceré sacrificios.
> Lo que prometí, pagaré.
> La salvación es del SEÑOR».

10 Entonces el SEÑOR dio orden al pez, y *este* vomitó a Jonás en tierra firme.

1:17 *ᴵ* En el texto heb. cap. 2:1.   2:1 *ᴵ* En el texto heb. cap. 2:2.   2:2 *ᴵ* I.e. región de los muertos.

1:7
Los marineros echan suertes
Echar suertes era algo habitual en el mundo antiguo. Los marineros probablemente sacaban pequeñas piedras o palillos de un recipiente para determinar quién era el responsable de la tormenta.

1:13
Los marineros intentaron volver a tierra
La palabra hebrea para *remar* significaba «cavar». Esto demuestra cuán fuerte remaron para intentar llegar a la costa. El barco puede haber sido impulsado por remos, velas o ambas cosas.

2:2
La oración
La oración de Jonás era de agradecimiento a Dios por haberlo librado de la muerte en el mar. Jonás se dio cuenta de que, aunque merecía morir, Dios había tenido misericordia de él.

GRANDES IDEAS EN JONÁS

Dios es soberano: él tiene control y poder absolutos y llevará a cabo sus planes en la tierra.

Dios tiene misericordia aun de los enemigos de su pueblo si ellos se arrepienten.

Dios exige obediencia, pero ofrece segundas oportunidades.

Dios ama a aquellos que no lo conocen y espera que su pueblo haga lo mismo.

3:2
La tarea de Jonás
Los profetas le transmitían al pueblo mensajes de parte de Dios. Jonás tenía un mensaje para Nínive, y Dios quería asegurarse de que lo comunicara.

3:3
Una visita a Nínive para difundir el mensaje requería tres días
La ciudad tenía al menos 120,000 ciudadanos (ver 4:11). Excavaciones arqueológicas muestran que Nínive tenía un poco más de 12 kilómetros de extensión. Es posible que «Nínive» se refiera tanto a la ciudad como a los suburbios que la rodeaban, que se extendían por 96 kilómetros aproximadamente.

PREDICACIÓN DE JONÁS EN NÍNIVE

3 La palabra del SEÑOR vino por segunda vez a Jonás: **2** «Levántate, ve a Nínive, la gran ciudad, y proclama en ella el mensaje que Yo te diré». **3** Y Jonás se levantó y fue a Nínive conforme a la palabra del SEÑOR. Nínive era una ciudad muy grande[1], de un recorrido de tres días. **4** Entonces Jonás comenzó a recorrer[1] la ciudad camino de un día, y proclamaba: «Dentro de cuarenta días Nínive será arrasada».

5 Entonces los habitantes de Nínive creyeron en Dios, y proclamaron ayuno y se vistieron de cilicio desde el mayor hasta el menor de ellos. **6** Cuando llegó la noticia al rey de Nínive, se levantó de su trono, se despojó de su manto, se cubrió de cilicio y se sentó sobre ceniza. **7** Y mandó proclamar y anunciar en Nínive, por decreto del rey y de sus grandes: «Ni hombre ni animal, ni buey ni oveja prueben cosa alguna. No dejen que pasten o beban agua. **8** Cúbranse de cilicio hombres y animales, y clamen a Dios con fuerza, y vuélvase cada uno de su mal camino y de la violencia que hay en sus manos. **9** ¡Quién sabe! Quizá Dios se vuelva, se arrepienta y aparte el ardor de Su ira, y no perezcamos».

10 Cuando Dios vio sus acciones, que se habían apartado de su mal camino, entonces Dios se arrepintió del mal que había dicho que les haría, y no *lo* hizo.

QUEJA DE JONÁS Y RESPUESTA DE DIOS

4 Pero *esto* desagradó a Jonás en gran manera, y se enojó. **2** Y oró al SEÑOR: «¡Ah SEÑOR! ¿No era esto lo que yo decía cuando aún estaba en mi tierra? Por eso me anticipé a huir a Tarsis. Porque yo sabía que Tú eres un Dios clemente y compasivo, lento para la ira y rico en misericordia, y que te arrepientes del mal *anunciado*. **3** Y ahora, oh SEÑOR, te ruego que me quites la vida, porque mejor me es la muerte que la vida». **4** Y el SEÑOR dijo: «¿Tienes acaso razón para enojarte?».

5 Entonces salió Jonás de la ciudad y se sentó al oriente de la misma. Allí se hizo un cobertizo y se sentó bajo la sombra de él, hasta ver qué sucedería en la ciudad. **6** Y el SEÑOR Dios dispuso que una planta creciera sobre Jonás para que hiciera sombra sobre su cabeza y lo librara de su incomodidad. Y Jonás se alegró grandemente por la planta. **7** Pero al rayar el alba del día siguiente Dios dispuso que un gusano atacara la planta, y *esta* se secó. **8** Y sucedió que al salir el sol, Dios dispuso un sofocante viento del este, y el sol hirió la cabeza de Jonás, así que él desfallecía, y con *toda* su alma deseaba morir, y decía: «Mejor me es la muerte que la vida».

3:3 [1] Lit. *una ciudad grande para Dios.*　　　3:4 [1] Lit. *entrar en.*

⁹Entonces Dios le preguntó a Jonás: «¿Tienes acaso razón para enojarte por causa de la planta?». «Tengo mucha razón para enojarme hasta la muerte», le respondió. ¹⁰Entonces el SEÑOR le dijo: «Tú te apiadaste de la planta por la que no trabajaste ni hiciste crecer, que nació en una noche y en una noche pereció, ¹¹¿y no he de apiadarme Yo de Nínive, la gran ciudad, en la que hay más de 120,000 personas que no saben *distinguir* entre su derecha y su izquierda, y *también* muchos animales?».

4:6
La sombra de una planta
Es probable que se tratara de una planta de ricino, un arbusto que suele alcanzar más de tres metros de altura y tiene grandes hojas.

4:11
No sabían distinguir entre su derecha y su izquierda
Esto significaba que no podían comprender las verdades espirituales sin la ayuda de Dios.

DECISIONES MORALES

Jonás

LE FALLA A DIOS	HONRA A DIOS
Desobedece el llamado de Dios para predicar en Nínive y se embarca hacia Tarsis *1:1-3*	Sacrifica su vida para salvar a los hombres del barco *1:11-16*
Se duerme durante la tormenta mientras los otros intentan descifrar qué hacer *1:4-5*	Ora a Dios desde adentro del pez *2:1-10*
No clama a Dios por ayuda en medio de la tormenta *1:6*	Obedece a Dios y va a Nínive *3:1-3*
Se enoja cuando los habitantes de Nínive se arrepienten y Dios muestra misericordia *4:1-2*	Predica fielmente el mensaje de Dios *3:4-5*
Enojado desea morir cuando Dios le quita la sombra y hace que el sol arda *4:6-9*	

Miqueas

¿QUIÉN ESCRIBIÓ ESTE LIBRO?	El profeta Miqueas
¿POR QUÉ SE ESCRIBIÓ ESTE LIBRO?	El libro de Miqueas revela la preocupación de Dios por la justicia, tanto en Judá como en Israel.
¿QUÉ APRENDEMOS SOBRE DIOS EN ESTE LIBRO?	Dios se interesa por los pobres y los necesitados. Él juzgará a los ricos que los maltratan.
¿QUÉ TIENE DE ESPECIAL ESTE LIBRO?	Miqueas le dice al pueblo que se vuelva a Dios. Solo el amor por Dios puede motivar a las personas a hacer lo que es correcto, y así salvar a Judá del juicio.
¿CUÁLES SON ALGUNAS DE LAS HISTORIAS IMPORTANTES DE ESTE LIBRO?	Castigo para los malvados — Miqueas 2:1-5 Un gobernante de Belén — Miqueas 5:1-4 Nuestro Dios es perdonador — Miqueas 7:18-20

La ciudad en la que nació Miqueas era Moréset Gat.
Todd Bolen/www.BiblePlaces.com

CONDENACIÓN DE ISRAEL Y JUDÁ

1 Palabra del SEÑOR que vino a Miqueas de Moréset en los días de Jotam, Acaz y Ezequías, reyes de Judá; lo que vio acerca de Samaria y Jerusalén.

2 Oigan, pueblos todos,
Escucha, tierra y cuanto hay en ti;
Sea el Señor DIOS testigo contra ustedes,
El Señor desde Su santo templo.

3 Porque el SEÑOR sale de Su lugar,
Y descenderá y caminará sobre las alturas de la tierra.

4 Debajo de Él los montes se derretirán,
Y los valles se partirán,
Como la cera ante el fuego,
Como las aguas derramadas por una pendiente.

5 Todo esto por la rebelión de Jacob
Y por los pecados de la casa de Israel.
¿Cuál es la rebelión de Jacob?
¿No es Samaria?
¿Cuál es el lugar alto de Judá?
¿No es Jerusalén?

6 Haré, pues, de Samaria un montón de ruinas en el campo,
Lugares para plantar viñas;
Derramaré sus piedras por el valle,
Y pondré al descubierto sus cimientos.

7 Todos sus ídolos serán destrozados,
Y todas sus ganancias serán quemadas por el fuego.
Destruiré todas sus imágenes,
Porque *las* obtuvo de ganancias de ramera,
Y a ganancias de ramera volverán.

8 Por eso me lamentaré y gemiré,
Andaré descalzo y desnudo.
Daré aullidos como los chacales
Y lamentos como los avestruces.

9 Porque es incurable su herida,
Pues ha llegado hasta Judá;
Se ha acercado hasta la puerta de mi pueblo,
Hasta Jerusalén.

10 En Gat no lo anuncien,
Tampoco lloren.
En Bet le Afrá revuélcate en el polvo.

11 Vete *al cautiverio*, habitante de Safir, en vergonzosa desnudez.
La que habita en Zaanán no escapa.
La lamentación de Bet Esel es
Que Él quitará de ustedes su apoyo.

12 Porque se debilita esperando el bien
La que habita en Marot,

GRANDES IDEAS EN MIQUEAS

Dios juzga el pecado.

Dios no protegerá a su pueblo de las consecuencias de sus acciones.

Dios perdonará y restaurará a su pueblo llevándolo de regreso de Babilonia a Israel.

La manera en que una persona trata a los demás refleja el estado de su propio corazón.

Dios promete enviar a un Salvador.

1:8
El profeta andaba descalzo
Andar descalzo era una señal de luto o tristeza. Es posible que Miqueas realmente caminara descalzo por Jerusalén llevando solo un taparrabos o ropa interior de cilicio.

1:9
La importancia de la puerta del pueblo
Las personas se reunían en la puerta del pueblo como punto de encuentros sociales. Allí se celebraban los asuntos oficiales y se ubicaba el mercado.

1:10
Por qué alguien se «revolcaría en el polvo»
Esta era otra señal de tristeza o pena, en este caso por el desastre que vendría.

Pues la calamidad ha descendido
    del SEÑOR
Hasta la puerta de Jerusalén.

13 Ata al carro los corceles,
Habitante de Laquis
(Ella fue el principio de pecado
Para la hija de Sión);
Porque en ti fueron halladas
Las rebeliones de Israel.

14 Por tanto, darás presentes de despedida
A Moréset Gat;
Las casas de Aczib *serán* un engaño
Para los reyes de Israel.

15 Además, traeré contra ti
Al que toma posesión,
Oh habitante de Maresa.
Hasta Adulam se irá la gloria de Israel.

16 Arráncate los cabellos y aféitate
Por los hijos de tus delicias;
Ensancha tu calva como la del buitre,
Porque irán al cautiverio lejos de ti.

1:13
Hija de Sión
Este era otro de los nombres para Jerusalén y las personas que vivían allí.

NACIONES Y CIUDADES EN MIQUEAS

¡AY DE LOS OPRESORES!

2 ¡Ay de los que planean la iniquidad,
Los que traman el mal en sus camas!
Al clarear la mañana lo ejecutan,
Porque está en el poder de sus manos.

2 Codician campos y se apoderan de *ellos*,
Codician casas y *las* toman.
Roban al dueño y a su casa,
Al hombre y a su heredad.

3 Por tanto, así dice el SEÑOR:
«Estoy planeando traer contra esta familia un mal,
Del cual no librarán su cuello.
No andarán erguidos,
Porque será un tiempo malo.

4 En aquel día se dirá contra ustedes un refrán
Y se proferirá *esta* amarga lamentación:
"Hemos sido totalmente destruidos;
Él ha cambiado la porción de mi pueblo.
¡Cómo me la ha quitado!
Al infiel ha repartido nuestros campos".

5 Por tanto, no habrá quién eche el cordel
para ustedes
Por sorteo en la asamblea del SEÑOR.

6 "No profeticen", *dicen, y* profetizan.
Aunque ellos[1] no profeticen acerca de estas cosas,
No serán retenidos los reproches.

7 ¿No se dice, oh casa de Jacob:
"¿Es impaciente el Espíritu del SEÑOR?
¿Son estas Sus obras?"?
¿No hacen bien Mis palabras
Al que camina rectamente?

8 Hace poco Mi pueblo se ha levantado como enemigo.
De sobre las vestiduras arrebatan el manto
A los que pasan confiados,
A los que vuelven de la guerra.

9 A las mujeres de Mi pueblo arrojan
De la casa de sus delicias;
De sus hijos arrebatan Mi gloria para siempre.

10 Levántense y marchen,
Pues este no es lugar de descanso
Por la impureza que trae destrucción,
Destrucción dolorosa.

11 Si un hombre, andando tras el viento y la falsedad,
Hablara mentiras, diciendo:
"Les hablaré del vino y del licor",
Ese sería el profeta para este pueblo.

12 »Ciertamente *los* reuniré a todos, oh Jacob,
Ciertamente recogeré al remanente de Israel,
Los agruparé como ovejas en el redil;
Como rebaño en medio de su pastizal,
Harán estruendo *por la multitud* de hombres.

13 El que abre brecha subirá delante de ellos;

2:6 [1] I.e. los profetas.

2:4
Los infieles a Israel

Los infieles (los asirios) tomarían los campos de los ricos cuando invadieran el territorio. Esto sería un castigo para los dueños de las tierras, que habían abusado de sus vecinos pobres.

2:12
El Señor restauraría a Israel

Aunque otra nación los conquistara, los israelitas volverían a su tierra algún día.

EL PLAN DE LOS OPRESORES Y EL PLAN DE DIOS

Miqueas 2

Dios explica su propio plan para lidiar con los terratenientes ricos que oprimen a los pobres.

PLAN DE LOS OPRESORES	PLAN DE DIOS
Planean el mal y lo ejecutan	Planea el mal contra ellos
Codician las propiedades de otros	Permite que los demás se burlen de ellos y los ridiculicen
Se apropian de la propiedad ajena	Toma sus tierras y las reparte
Roban las casas y la herencia de los demás	Asigna sus campos a los infieles para que ya no puedan heredar tierras

Abrirán brecha, pasarán la puerta y saldrán por ella;
Su rey pasará delante de ellos,
Y el SEÑOR a su cabeza».

DENUNCIA CONTRA LOS GOBERNANTES

3 Y dije:

«Oigan ahora, jefes de Jacob
Y gobernantes de la casa de Israel.
¿No *corresponde* a ustedes conocer la justicia[1]?
2 Ustedes que aborrecen lo bueno y aman lo malo,
Que le arrancan *al pueblo* la piel de encima
Y la carne de sobre sus huesos;
3 Ustedes que comen la carne de mi pueblo,
Les quitan su piel,
Quiebran sus huesos,
Y *los* hacen pedazos como para la olla,
Como carne dentro de la caldera».

4 Entonces clamarán al SEÑOR,
Pero Él no les responderá;
Sino que esconderá de ellos Su rostro en aquel tiempo,
Porque han hecho malas obras.

5 Así dice el SEÑOR acerca de los profetas
Que hacen errar a mi pueblo,
Los cuales cuando tienen *algo* que morder,
Proclaman: «Paz».
Pero contra aquel que no les pone nada en la boca,
Declaran guerra santa.
6 Por tanto, para ustedes *será* noche sin visión,
Y oscuridad sin adivinación.

3:2-3
Gobernantes crueles
Estas descripciones gráficas muestran cómo era la maldad de los gobernantes de Israel.

3:5
La diferencia entre los profetas falsos y los verdaderos
Los falsos profetas proclamaban paz para Judá porque eso los beneficiaba, pero Miqueas predecía destrucción y cautiverio.

3:1 [1] O *el derecho*.

Se pondrá el sol sobre los profetas,
Y se oscurecerá el día sobre ellos.
7 Los videntes serán avergonzados,
Y confundidos los adivinos.
Todos ellos se cubrirán *la* boca
Porque no hay respuesta de Dios.
8 Yo, en cambio, estoy lleno de poder,
Del Espíritu del SEÑOR,
Y de juicio y de valor,
Para dar a conocer a Jacob su rebelión,
Y a Israel su pecado.
9 Oigan ahora esto, jefes de la casa de Jacob
Y gobernantes de la casa de Israel,
Que aborrecen la justicia[1]
Y tuercen todo lo recto,
10 Que edifican a Sión con sangre
Y a Jerusalén con iniquidad.
11 Sus jefes juzgan por soborno,
Sus sacerdotes enseñan por precio,
Sus profetas adivinan por dinero,
Y se apoyan en el SEÑOR, diciendo:
«¿No está el SEÑOR en medio de nosotros?
No vendrá sobre nosotros mal alguno».
12 Por tanto, a causa de ustedes,
Sión será arada como un campo,
Jerusalén se convertirá en un montón de ruinas,
Y el monte del templo *será* como las alturas de un
    bosque.

REINADO FUTURO DEL Señor

4 Y sucederá en los últimos días
Que el monte de la casa del SEÑOR
Será establecido como cabeza de los montes;
Se elevará sobre las colinas,
Y correrán a él los pueblos.
2 Vendrán muchas naciones y dirán:
«Vengan y subamos al monte del SEÑOR,
A la casa del Dios de Jacob,
Para que Él nos instruya en Sus caminos,
Y nosotros andemos en Sus sendas».
Porque de Sión saldrá la ley,
Y de Jerusalén la palabra del SEÑOR.
3 Él juzgará entre muchos pueblos,
Y enjuiciará a naciones poderosas y lejanas;
Entonces forjarán sus espadas en rejas de arado
Y sus lanzas en podaderas.
No alzará espada nación contra nación,
Ni se adiestrarán más para la guerra.
4 Cada uno se sentará bajo su parra
Y bajo su higuera,
Y no habrá quien *los* atemorice,
Porque la boca del SEÑOR de los ejércitos ha hablado.
5 Aunque todos los pueblos anden

3:9 ¹ O el derecho.

3:7
Videntes
Este era otro nombre con el que se les llamaba a los profetas.

4:4
El significado de sentarse bajo su propia parra e higuera
Este era un ejemplo de paz, seguridad y felicidad.

Cada uno en el nombre de su dios,
Nosotros andaremos
En el nombre del SEÑOR nuestro Dios para siempre.

6 «En aquel día», declara el SEÑOR,
«Reuniré a la coja
Y recogeré a la perseguida,
A las que Yo había maltratado.

7 Haré de la coja un remanente,
Y de la perseguida una nación fuerte.
Y el SEÑOR reinará sobre ellos en el monte Sión
Desde ahora y para siempre.

8 Y tú, torre del rebaño,
Colina de la hija de Sión,
Hasta ti vendrá,
Vendrá el antiguo dominio,
El reino de la hija de Jerusalén.

9 »Ahora, ¿por qué gritas tan fuerte?
¿No hay rey en ti?
¿Ha perecido tu consejero,
Que el dolor te aflige como a mujer de parto?

10 Retuércete y gime,
Hija de Sión,
Como mujer de parto,
Porque ahora saldrás de la ciudad
Y habitarás en el campo,
E irás hasta Babilonia.
Allí serás rescatada,
Allí te redimirá el SEÑOR
De la mano de tus enemigos.

11 Pero ahora se han juntado contra ti muchas
naciones,
Que dicen: "Sea profanada,
Y que se deleiten en Sión nuestros ojos".

12 Pero ellos no conocen los pensamientos del SEÑOR,
Ni comprenden Su propósito;
Porque los ha recogido como gavillas en la era.

13 Levántate y trilla, hija de Sión,
Pues Yo haré tu cuerno de hierro
Y tus pezuñas de bronce,
Para que desmenuces a muchos pueblos,
Para que consagres al SEÑOR su injusta ganancia,
Y sus riquezas al Señor de toda la tierra».

REINADO DEL LIBERTADOR

5 ¹Reúne ahora tus tropas, hija de guerreros;
Han puesto sitio contra nosotros.
Con una vara herirán en la mejilla al juez de Israel.

2 ¹Pero tú, Belén Efrata,
Aunque eres pequeña entre las familias de Judá,
De ti me saldrá el que ha de ser gobernante en Israel.
Y sus orígenes son desde tiempos antiguos,
Desde los días de la eternidad.

5:1 ¹ En el texto heb. cap. 4:14.　　　5:2 ¹ En el texto heb. cap. 5:1.

4:8
Torre del rebaño
Se refería a Jerusalén, la ciudad de David, el rey pastor.

5:2
Cuándo se cumplió esta profecía
Esta profecía se cumplió cuando Jesús nació en Belén. (Ver Mateo 2:6).

3 Por tanto, Él los abandonará hasta el tiempo
   En que dé a luz la que ha de dar a luz.
   Entonces el resto de sus hermanos
   Volverá a los israelitas.
4 Y Él se afirmará y pastoreará *Su rebaño*
   Con el poder del SEÑOR,
   Con la majestad del nombre del SEÑOR Su Dios.
   Y permanecerán,
   Porque en aquel tiempo Él será engrandecido
   Hasta los confines de la tierra.
5 Él será *nuestra* paz.
   Cuando el asirio invada nuestra tierra,
   Y cuando pisotee nuestros palacios,
   Levantaremos contra él
   Siete pastores y ocho príncipes del pueblo.
6 Y ellos pastorearán la tierra de Asiria con
        espada,
   La tierra de Nimrod en sus puertas;
   Él *nos* librará del asirio
   Cuando invada nuestra tierra
   Y pisotee nuestro territorio.

7 Entonces el remanente de Jacob,
   En medio de muchos pueblos,
   Será como rocío *que viene* del SEÑOR,
   Como lluvias sobre la hierba
   Que no espera al hombre
   Ni aguarda a los hijos de los hombres.
8 El remanente de Jacob
   Será entre las naciones,
   En medio de muchos pueblos,
   Como león entre las fieras de la selva,
   Como leoncillo entre los rebaños de ovejas,
   Que si pasa,
   Pisotea y desgarra,
   Y no hay quien libre.
9 Se alzará tu mano contra tus adversarios,
   Y todos tus enemigos serán exterminados.

10 «Y sucederá en aquel día», declara el SEÑOR,
   «Que exterminaré tus caballos de en medio de ti,
   También destruiré tus carros.
11 Exterminaré además las ciudades de tu tierra,
   Y derribaré todas tus fortalezas.
12 Exterminaré las hechicerías de tu mano,
   Y no tendrás más adivinos.
13 Exterminaré tus imágenes talladas
   Y tus pilares *sagrados* de en medio de ti,
   Y ya no te postrarás más
   Ante la obra de tus manos.
14 Arrancaré tus Aseras[j] de en medio de ti,
   Y destruiré tus ciudades.
15 Y con ira y furor tomaré venganza
   De las naciones que no obedecieron».

5:14 [j] I.e. símbolos de madera de una deidad femenina.

5:5
Por qué él dice «siete... y ocho»
Este era un modo de indicar que eran *muchos*.

6:1-2
Los montes y las colinas de la tierra como testigos
Si estuvieran vivos, los montes y las colinas serían capaces de reconocer si las afirmaciones de alguien eran ciertas o no, porque la tierra ha existido durante mucho tiempo.

6:10
Medida escasa
Por medida se refería a un *efa*, una unidad de medida de la antigüedad que equivalía aproximadamente a 22 litros.

6:11
El tipo de balanzas que usaban
La balanza consistía en una barra horizontal, suspendida de una cuerda sostenida con la mano o atada a una varilla perpendicular. De ambos extremos de la barra se colgaban platillos, uno para el peso y el otro para el objeto a pesar. Con este tipo de balanza era posible hacer trampas.

6:14-15
Una maldición
Estos versículos son una maldición por la desobediencia. (Ver Deuteronomio 28:38-39).

JUICIO DE DIOS CONTRA SU PUEBLO

6 Oigan ahora lo que dice el SEÑOR:
   «Levántate, litiga con los montes,
   Y oigan las colinas tu voz.
2 Oigan, montes, la acusación del SEÑOR,
   Y *ustedes,* perdurables cimientos de la tierra,
   Porque el SEÑOR tiene litigio contra Su pueblo,
   Y con Israel entablará juicio.
3 Pueblo Mío, ¿qué te he hecho,
   O en qué te he molestado? ¡Respóndeme!
4 Pues Yo te hice subir de la tierra de Egipto,
   Y de la casa de servidumbre te redimí,
   Y envié delante de ti a Moisés, a Aarón y a Miriam.
5 Pueblo Mío, acuérdate ahora
   De lo que tramó Balac, rey de Moab,
   Y de lo que le respondió Balaam, hijo de Beor,
   Desde Sitim hasta Gilgal,
   Para que conozcas las justicias del SEÑOR».

LA INJUSTICIA Y SU CASTIGO

6 ¿Con qué me presentaré al SEÑOR
   Y me postraré ante el Dios de lo alto?
   ¿Me presentaré delante de Él con holocaustos,
   Con becerros de un año?
7 ¿Se agrada el SEÑOR de millares de carneros,
   De miríadas de ríos de aceite?
   ¿Ofreceré mi primogénito *por* mi rebeldía,
   El fruto de mis entrañas por el pecado de mi alma?
8 Él te ha declarado, oh hombre, lo que es bueno.
   ¿Y qué es lo que demanda el SEÑOR de ti,
   Sino solo practicar la justicia[1], amar la misericordia[2],
   Y andar humildemente con tu Dios?
9 La voz del SEÑOR clamará a la ciudad
   (Prudente es temer Tu nombre):
   «Escucha, oh tribu, ¿quién ha señalado su tiempo?
10 ¿Hay todavía alguien en casa del impío
   Con tesoros de impiedad
   Y medida[1] escasa *que es* maldita?
11 ¿Puedo justificar balanzas falsas
   Y bolsa de pesas engañosas?
12 Porque los ricos *de la ciudad* están llenos de violencia,
   Sus habitantes hablan mentiras
   Y su lengua es engañosa en su boca.
13 Por eso Yo también *te* haré enfermar, hiriéndo*te*,
   Asolándo*te* por tus pecados.
14 Tú comerás, pero no te saciarás,
   Y tu maldad estará en medio de ti.
   Apartarás, pero nada salvarás,
   Y lo que salves, Yo lo entregaré a la espada.
15 Sembrarás, pero no segarás;
   Pisarás la oliva, pero no te ungirás con aceite,
   Y la uva, pero no beberás vino.
16 Han sido guardados los estatutos de Omri

6:8 ¹ O *el derecho.* ² O *lealtad.*   6:10 ¹ Lit. *efa;* un efa equivale aprox. a 22 litros.

Y todas las obras de la casa de Acab,
Y andas en sus consejos.
Por tanto te entregaré a la destrucción,
Y a tus habitantes a la burla.
Ustedes tendrán que soportar el oprobio de Mi
    pueblo».

LAMENTO POR LA CORRUPCIÓN DE ISRAEL

7 ¡Ay de mí!, porque soy
    Como los recogedores de frutos de verano, como los
        rebuscadores en la vendimia.
    No hay racimo *de uvas* que comer,
    Ni higo temprano que tanto deseo.
² Ha desaparecido el bondadoso de la tierra,
    Y no hay ninguno recto entre los hombres.
    Todos acechan para derramar sangre,
    Unos a otros se echan la red.

7:1-2
Resultaba difícil encontrar personas justas
Buscar a los justos era como buscar frutos cuando ya había acabado la cosecha, porque eran muy escasos.

EL JUICIO CONTRA ISRAEL
Miqueas 6:9-16

La acusación y el juicio del Señor contra Israel:

ACUSACIÓN

Guardan tesoros robados.

Utilizan medidas deficientes, balanzas deshonestas y pesas engañosas.

Sus ricos son violentos.

Son mentirosos.

Sus lenguas son engañosas.

Siguen los pasos de sus reyes, Omri y Acab, adorando a los ídolos.

JUICIO

Comerán, pero no se saciarán.

Guardarán, pero no salvarán nada; lo que salven será destruido.

Sembrarán, pero no cosecharán.

Pisarán olivas, pero no usarán el aceite.

Pisarán uvas, pero no beberán el vino.

Serán destruidos y ridiculizados.

3 Para el mal las dos manos son diestras.
El príncipe pide, y *también* el juez, una recompensa,
El grande habla de lo que desea su alma,
Y juntos lo traman.

4 El mejor de ellos es como un zarzal,
Y el más recto como un seto de espinos.
El día *que pongas* tus centinelas,
Tu castigo llegará.
¡Entonces será su confusión!

5 No se fíen del vecino,
Ni confíen en el amigo.
De la que reposa en tu seno,
Guarda tus labios.

6 Porque el hijo trata con desdén al padre,
La hija se levanta contra la madre,
Y la nuera contra su suegra;
Los enemigos del hombre son los de su propia casa.

DIOS, FUENTE DE LUZ Y SALVACIÓN

7 Pero yo pondré mis ojos en el SEÑOR,
Esperaré en el Dios de mi salvación.
Mi Dios me oirá.

8 No te alegres de mí, enemiga mía.
Aunque caiga, me levantaré,
Aunque more en tinieblas, el SEÑOR es mi luz.

9 La indignación del SEÑOR soportaré,
Porque he pecado contra Él,
Hasta que defienda mi causa y establezca mi derecho.
Él me sacará a la luz,
Y yo veré Su justicia.

10 Entonces mi enemiga *lo* verá,
Y se cubrirá de vergüenza la que me decía:
«¿Dónde está el SEÑOR tu Dios?».
Mis ojos la contemplarán;
Entonces será pisoteada
Como el lodo de las calles.

11 *Viene el* día para la edificación de tus muros;
Aquel día se extenderán *tus* límites.

12 *Viene el* día cuando ellos vendrán hasta ti
Desde Asiria y las ciudades de Egipto;
Desde Egipto hasta el Río[1],
De mar a mar y de monte a monte.

13 Y la tierra será desolada a causa de sus habitantes,
Por el fruto de sus obras.

14 Pastorea a Tu pueblo con Tu cayado,
El rebaño de Tu heredad,
Que mora solo en el bosque,
En medio de un campo fértil.
Que se apacienten en Basán y Galaad
Como en los días de antaño.

15 «Como en los días de tu salida de la tierra de Egipto,
Te mostraré milagros».

7:14
Quién era este pastor
A los líderes con frecuencia se les llamaba los pastores de su pueblo. Aquí, se está refiriendo a Dios.

7:12 [1] I.e. Éufrates.

16 Verán las naciones y se avergonzarán
   De todo su poderío;
   Se pondrán la mano sobre la boca,
   Sus oídos se ensordecerán.
17 Lamerán el polvo como la serpiente,
   Como los reptiles de la tierra.
   Saldrán temblando de sus fortalezas,
   Al SEÑOR nuestro Dios vendrán llenos de miedo,
   Y temerán delante de ti.
18 ¿Qué Dios hay como Tú, que perdona la iniquidad
   Y pasa por alto la rebeldía del remanente de su
      heredad?
   No persistirá en Su ira para siempre,
   Porque se complace en la misericordia.
19 Volverá a compadecerse de nosotros,
   Eliminará[1] nuestras iniquidades.
   Sí, arrojarás a las profundidades del mar
   Todos nuestros pecados.
20 Otorgarás a Jacob la verdad
   Y a Abraham la misericordia,
   Las cuales juraste a nuestros padres
   Desde los días de antaño.

7:16
La reacción de las naciones al ver el poder de Dios
Las naciones se avergonzarían y sentirían temor.

7:19 [1] O Pisoteará.

Nahúm

¿QUIÉN ESCRIBIÓ ESTE LIBRO?	El profeta Nahúm
¿POR QUÉ SE ESCRIBIÓ ESTE LIBRO?	El libro de Nahúm le asegura al pueblo de Judá que Dios destruirá a Nínive, la capital de su gran enemigo, Asiria.
¿QUÉ APRENDEMOS SOBRE DIOS EN ESTE LIBRO?	Dios castigará a los enemigos del pueblo que ama.
¿QUÉ TIENE DE ESPECIAL ESTE LIBRO?	La ciudad de Nínive es capturada, tal como dice Nahúm, por medio de un río (Nahúm 2:5-10).

Parte de la muralla reconstruida en las ruinas de Nínive.

Ferrell Jenkins/www.BiblePlaces.com

LA IRA DE DIOS CONTRA NÍNIVE

1 Oráculo¹ sobre Nínive. Libro de la visión de Nahúm de Elcos.

2 Dios celoso y vengador es el SEÑOR;
Vengador es el SEÑOR e irascible.
El SEÑOR se venga de Sus adversarios,
Y guarda rencor a Sus enemigos.

3 El SEÑOR es lento para la ira y grande en poder,
Y ciertamente el SEÑOR no dejará sin castigo *al culpable.*
En el torbellino y la tempestad está Su camino,
Y las nubes son el polvo de Sus pies.

4 Él reprende al mar y lo hace secar,
Y todos los ríos agota.
Languidecen Basán y el Carmelo,
Y las flores del Líbano se marchitan.

5 Los montes tiemblan ante Él,
Y los collados se derriten.
Sí, en Su presencia se levanta la tierra,
El mundo y todos los que en él habitan.

6 En presencia de Su indignación, ¿quién resistirá?
¿Quién se mantendrá en pie ante el ardor de Su ira?
Su furor se derrama como fuego,
Y las rocas se despedazan ante Él.

7 Bueno es el SEÑOR,
Una fortaleza en el día de la angustia,
Y conoce a los que en Él se refugian.

8 Pero con inundación desbordante
Pondrá fin a su lugar¹,
Y perseguirá a Sus enemigos *aun en* las tinieblas.

9 Lo que tramen contra el SEÑOR,
Él *lo* hará completa destrucción;
No surgirá dos veces la angustia.

10 Porque ellos, *como* espinos enmarañados,
Y ebrios con su bebida,
Serán consumidos como paja totalmente seca.

11 De ti ha salido
El que ha tramado el mal contra el SEÑOR,
Un consejero perverso.

12 Así dice el SEÑOR:
«Aunque estén con todo *su vigor* y por más que sean muchos,
Aun así serán cortados y desaparecerán.
Aunque te haya afligido, *Judá*
No te afligiré más.

13 Y ahora, quebraré su yugo de sobre ti,
Y romperé tus coyundas».

14 El SEÑOR ha dado una orden en cuanto a ti¹:
«No se perpetuará más tu nombre.
De la casa de tus dioses
Arrancaré los ídolos y las imágenes de fundición.
Yo prepararé tu sepultura, porque eres vil».

1:4
Dios secó el mar y el río
Dios dividió las aguas del mar Rojo cuando los israelitas escaparon de Egipto (Éxodo 14), y dividió las aguas del río Jordán cuando los israelitas cruzaron a Canaán (Josué 3).

1:4
Basán, Carmelo y el Líbano
Estos tres lugares eran conocidos por su abundancia de frutos, viñedos y árboles, pero el Señor los haría marchitar.

1:13
El significado del yugo
El yugo era un símbolo habitual de sumisión política. En este caso, simbolizaba la sumisión de Judá como vasallo o siervo de Asiria.

1:1 ¹ O *Profecía.*   1:8 ¹ I.e. a Nínive.   1:14 ¹ I.e. rey de Nínive.

GRANDES IDEAS EN NAHÚM

Dios trae juicio a los que no logran cumplir con su previo arrepentimiento.

Dios es un guerrero que lucha contra aquellos que se le resisten.

Dios castiga a los que son violentos, idólatras, despiadados en los negocios, materialistas y crueles.

Dios liberará a su pueblo del cautiverio y los restaurará.

2:1
El destructor
Es probable que se refiera a la alianza de los babilonios, los medos y los escitas, quienes unieron fuerzas para destruir a Nínive.

2:6
Las compuertas de los ríos
Posiblemente eran las compuertas del río Khosr, que atravesaba Nínive hasta desembocar en el río Tigris. Las compuertas fueron abiertas para que la inundación dañara las murallas de la ciudad.

15 ¹Miren, sobre los montes andan
Los pies del que trae buenas nuevas,
Del que anuncia la paz.
Celebra tus fiestas, Judá,
Cumple tus votos.
Porque nunca más volverá
A pasar por ti el malvado;
Ha sido exterminado por completo.

ATAQUE CONTRA NÍNIVE

2 ¹El destructor ha subido contra ti.
Monta guardia en la fortaleza,
Vigila el camino;
Fortalece tus lomos,
Refuerza más *tu* poder.
2 Porque el SEÑOR restaurará la gloria de Jacob
Como la gloria de Israel,
Aunque devastadores los han devastado
Y destruido sus sarmientos.

3 El escudo de los valientes es rojo,
Los guerreros están vestidos de escarlata,
Y de acero centelleante los carros
Cuando están en formación,
Y se blanden las *lanzas* de ciprés.
4 Por las calles corren furiosos los carros,
Se precipitan por las plazas,
Su aspecto es semejante a antorchas,
Como relámpagos se lanzan.
5 Se acuerda él de sus nobles
Que tropiezan en su marcha,
Se apresuran a su muralla,
Y es preparada la defensa.
6 Las compuertas de los ríos se abren,
Y el palacio se llena de terror.
7 Está decretado:
La reina es despojada y deportada,
Y sus sirvientas gimen como palomas,
Golpeándose el pecho.

8 Aunque Nínive *era* como estanque de aguas desde la antigüedad;
Ahora ellos huyen.
«¡Deténganse! ¡Deténganse!»,
Pero nadie se vuelve.
9 ¡Saqueen la plata!
¡Saqueen el oro!
No hay límite a los tesoros,
A las riquezas de toda clase de objetos codiciables.
10 ¡Vacía está! Sí, desolada y desierta.
Los corazones se derriten y las rodillas tiemblan;
Hay también angustia en todo el cuerpo,
Y los rostros de todos han palidecido.

1:15 ¹ En el texto heb. cap. 2:1.   2:1 ¹ En el texto heb. cap. 2:2.

11 ¿Dónde está la guarida de los leones
   Y el lugar donde comen los leoncillos,
   Donde andaban el león, la leona y su
      cachorro,
   Sin que nada *los* asustara?
12 El león desgarraba lo suficiente para sus
      cachorros,
   Mataba para sus leonas,
   Llenaba de presa sus cuevas
   Y de carne desgarrada sus guaridas.

13 «Aquí estoy contra ti», declara el SEÑOR de
los ejércitos. «Quemaré y reduciré a humo tus
carros, la espada devorará tus leoncillos, arrancaré de la tierra tu presa, y no se oirá más la voz
de tus mensajeros».

RUINA TOTAL DE NÍNIVE

3 ¡Ay de la ciudad sanguinaria,
   Toda llena de mentira *y* de pillaje,
   Que nunca cesa *en su* rapiña!
2 Chasquido de látigos,
   Ruido del crujir de ruedas,
   Galopar de caballos,
   Y saltar de carros;
3 Carga de caballería,
   Flamear de espadas,
   Fulgor de lanzas;
   Multitud de heridos,
   Montones de muertos,
   Innumerables cadáveres;
   Tropiezan en los cadáveres.
4 *Todo* por las muchas prostituciones de la
      ramera,
   La encantadora, la maestra de hechizos,
   Que seduce a las naciones con sus
      prostituciones
   Y a los pueblos con sus hechizos.
5 «Aquí estoy contra ti», declara el SEÑOR
      de los ejércitos.
   «Levantaré tus faldas sobre tu rostro,
   Y mostraré a las naciones tu desnudez
   Y a los reinos tu vergüenza.
6 Echaré sobre ti inmundicias,
   Te haré despreciable, y haré de ti un
      espectáculo.
7 Y sucederá que todo el que te vea
   Huirá de ti, y dirá:
   "¡Asolada está Nínive!
   ¿Quién llorará por ella?".
   ¿Dónde te buscaré consoladores?».

8 ¿Eres tú mejor que Tebas,
   La asentada junto al Nilo,
   Rodeada de aguas,
   Cuyo baluarte *era* el mar

PROFECÍA CONTRA NÍNIVE

Nahúm 1:8—3:19

Será castigada por su idolatría,
derramamiento de sangre e hechicería
1:14; 2:12; 3:1-4

Será destruida por una inundación
1:8

No tendrá descendientes que
perpetúen su nombre
1:14

Será invadida por guerreros
2:1-4

Será como una persona embriagada
3:11

Sus fortalezas caerán
3:12

Sus soldados serán débiles
3:13

Sus puertas se abrirán a sus enemigos
3:13

Será consumida por el fuego
3:13,15

Enfrentará el asedio del ejército invasor
3:14

Será incapaz de defenderse
2:5-6

Será completamente destruida
1:15; 2:6-10,13; 3:2-3,19

EL FIN
SE
ACERCA

2:11
El significado del león
El león era un símbolo de Asiria, porque su gente y sus políticas resultaban muy despiadadas. La ciudad de Nínive, en Asiria, tenía muchas esculturas de leones.

3:1
Por qué Nínive era llamada una «ciudad sanguinaria»
Los asirios eran conocidos por su insensibilidad y crueldad. Ellos decapitaban, atravesaban o quemaban a muchas de sus víctimas.

3:17
El peligro de las langostas
Los campesinos les temían a las langostas, porque venían en grandes enjambres y se comían todas las plantas a su paso.

Y las aguas su muralla?

9 Etiopía era *su* fortaleza,
También Egipto, y no tenía límite.
Fut y Libia estaban entre los que la ayudaban.
10 Sin embargo, ella fue desterrada,
Llevada al cautiverio;
También sus niños fueron estrellados
En todas las bocacalles.
Sobre sus nobles echaron suertes,
Y todos sus principales fueron atados con cadenas.
11 Tú también quedarás embriagada,
Estarás escondida;
Tú también buscarás refugio del enemigo.
12 Todas tus fortalezas son higueras
Cargadas de los primeros frutos;
Si se sacuden, caen
En la boca de quien las va a comer.
13 Así es tu pueblo: *solo* mujeres en medio de ti.
Las puertas de tu tierra se abren de par en par a tus enemigos;
El fuego devora tus cerrojos.
14 Abastécete de agua para el asedio,
Refuerza tus fortalezas,
Métete en el lodo y pisa el barro,
Toma el molde de ladrillos.
15 Allí te consumirá el fuego,
Te destruirá la espada,
Te devorará como el pulgón.
Multiplícate como el pulgón,
Multiplícate como la langosta.
16 Has multiplicado tus mercaderes
Más que las estrellas del cielo;
El pulgón despoja y vuela.
17 Tus oficiales son como la langosta,
Tus jefes como nubes de langostas
Posados sobre las tapias
En un día de frío;
Sale el sol, y se van,
Y no se sabe donde están.
18 Duermen tus pastores,
Oh rey de Asiria;
Tus nobles reposan.
Tu pueblo está disperso por los montes
Y no hay quien *lo* reúna.
19 No hay remedio para tu quebranto,
Tu herida es incurable.
Todos los que oigan noticias de ti
Batirán palmas sobre ti,
Porque ¿sobre quién no pasó
Constantemente tu maldad?

Habacuc

¿QUIÉN ESCRIBIÓ ESTE LIBRO?	El profeta Habacuc
¿POR QUÉ SE ESCRIBIÓ ESTE LIBRO?	El libro de Habacuc muestra que la gente mala nunca se sale con la suya y que Dios castigará a los malvados.
¿QUÉ APRENDEMOS SOBRE DIOS EN ESTE LIBRO?	Dios es demasiado santo para permitir que las personas esquiven las consecuencias del pecado. Él castiga a todos los pecadores, incluso a gente como los babilonios, quienes parecían enriquecerse gracias a su maldad.
¿QUÉ TIENE DE ESPECIAL ESTE LIBRO?	Habacuc siente miedo cuando se entera de que Dios enviará a los babilonios contra Judá. No obstante, al final decide confiar en Dios de todos modos.

Es probable que Habacuc viviera en Judá durante el final del reinado de Josías (640-609 a. C.) y el principio del reinado de Joacim (609-598 a. C.).

1:1
Oráculo
Un oráculo significa una profecía o anuncio de parte de Dios. A menudo hablaba de una desgracia cercana, pero también podía ser un mensaje de esperanza para el futuro.

1:8-9
Por qué los babilonios eran tan temidos
Los babilonios atacaban con rapidez y eran crueles. Ellos ponían en cautiverio a los pueblos que conquistaban.

CASTIGO DE JUDÁ POR MEDIO DE LOS CALDEOS

1 Oráculo[J] que tuvo en visión el profeta Habacuc.

2 ¿Hasta cuándo, oh SEÑOR, pediré ayuda,
Y no escucharás?
Clamo a Ti: «¡Violencia!».
Sin embargo, Tú no salvas.

3 ¿Por qué me haces ver la iniquidad,
Y me haces mirar la opresión?
La destrucción y la violencia están delante de mí,
Hay rencilla y surge la discordia.

4 Por eso no se cumple la ley
Y nunca prevalece la justicia.[J]
Porque el impío asedia al justo;
Por eso sale pervertida la justicia.

5 «¡Miren entre las naciones! ¡Observen!
¡Asómbrense, quédense atónitos!
Porque haré una obra en sus días
Que ustedes no la creerían si alguien se la
    contara.

6 Porque voy a levantar a los caldeos,[J]
Pueblo feroz e impetuoso,
Que marcha por la anchura de la tierra
Para apoderarse de moradas ajenas.

7 Imponente y temible es;
De él mismo proceden su justicia y su grandeza.

8 Sus caballos son más veloces que leopardos
Y más astutos que lobos al anochecer.
Al galope vienen sus jinetes,
Sus jinetes vienen de lejos,
Vuelan como águila que se precipita a devorar.

9 Vienen todos ellos para hacer violencia,
Su horda de rostros avanza,
Recoge cautivos como arena.

10 Se burla de los reyes,
Y los gobernantes le son motivo de risa;
Se ríe de toda fortaleza,
Amontona escombros para tomarla.

11 Entonces pasará como el viento y seguirá,
Y se le tendrá por culpable,
Porque hace de su poder su dios».

12 ¿No eres Tú desde la eternidad,
Oh SEÑOR, Dios mío, Santo mío?
No moriremos.
Oh SEÑOR, para juicio lo has puesto;
Tú, oh Roca, lo has establecido para corrección.

13 Muy limpios son Tus ojos para mirar el mal,
Y no puedes contemplar la opresión.
¿Por qué miras con agrado
A los que proceden pérfidamente,
Y guardas silencio cuando el impío devora
Al que es más justo que él?

1:1 J O Profecía.   1:4 J O el derecho.   1:6 J O babilonios.

14 ¿Por qué has hecho a los hombres como los peces del
mar,
Como reptiles que no tienen jefe?
15 A todos los saca con anzuelo *el pueblo invasor*,
Los arrastra con su red
Y los junta en su malla.
Por eso se alegra y se regocija,
16 Por eso ofrece sacrificio a su red
Y quema incienso a su malla,
Pues gracias a ellas su pesca es abundante,
Y suculenta su comida.
17 ¿Vaciará, pues, su red
Y seguirá matando sin piedad a las naciones?

2 Estaré en mi puesto de guardia,
Y sobre la fortaleza me pondré;
Velaré para ver lo que Él me dice,
Y qué he de responder cuando sea
reprendido.

RESPUESTA DE DIOS

2 Entonces el SEÑOR me respondió:
«Escribe la visión y grábala en tablas,
Para que corra el que la lea.
3 Porque es aún visión para el tiempo
señalado;
Se apresura hacia el fin y no defraudará.
Aunque tarde, espérala;
Porque ciertamente vendrá, no tardará.

4 »Así es el orgulloso:
En él, su alma no es recta,
Mas el justo por su fe vivirá.
5 Además, el vino traiciona al hombre
arrogante,
De modo que no se queda en casa.
Porque ensancha su garganta como el
Seol[1],
Y es como la muerte, que nunca se sacia;
Reúne para sí todas las naciones,
Y recoge para sí todos los pueblos.

6 »¿No pronunciarán todos estos contra él
una sátira,
Y burlas e intrigas contra él?
Y dirán: "¡Ay del que aumenta lo que no
es suyo
¿hasta cuándo?
Y se hace rico con préstamos!".

7 ¿No se levantarán de repente tus
acreedores,
Y se despertarán tus cobradores?
Ciertamente serás despojo para
ellos.

2:5 [1] I.e. región de los muertos.

1:15-16
Ser arrastrado por la red
Las víctimas de Babilonia eran tan
indefensas como un pez atrapado
en una red. Algunas obras de arte
de la antigua Babilonia muestran
simbólicamente a los babilonios
capturando a sus enemigos en redes.

2:1
Estar en el puesto de guardia
Esta era una imagen de un guardia
mirando desde una torre. El guardia
llamaba a cualquiera que se acercara
a la ciudad y esperaba una respuesta.

LOS PECADOS DE LOS BABILONIOS
Habacuc 2:6-20

Los pecados de los babilonios	El castigo de los babilonios
Roban y presionan con amenazas	Serán saqueados
Construyen con orgullo y usando ganancias injustas	Causarán su propia desgracia
Edifican con sangre y violencia	Sus ciudades serán quemadas
Deshonran al prójimo	Ellos mismos serán avergonzados
Adoran ídolos sin vida	Serán callados delante del Dios vivo

8 Porque tú has despojado a muchas naciones,
Todos los demás pueblos te despojarán a ti,
Por la sangre humana y la violencia *hecha* a la tierra,
Al pueblo y a todos sus habitantes.

9 »¡Ay del que obtiene ganancias ilícitas para su casa,
Para poner en alto su nido,
Para librarse de la mano de la calamidad!

10 Has tramado cosa vergonzosa para tu casa,
Destruyendo a muchos pueblos,
Pecando *contra* ti mismo.

11 Ciertamente la piedra clamará desde el muro,
Y la viga le contestará desde el armazón.

12 »¡Ay del que edifica una ciudad con sangre
Y funda un pueblo con violencia!

13 ¿No viene del SEÑOR de los ejércitos
Que los pueblos trabajen para el fuego
Y las naciones se fatiguen en vano?

14 Pues la tierra se llenará
Del conocimiento de la gloria del SEÑOR
Como las aguas cubren el mar.

15 »¡Ay del que da de beber a su prójimo!
¡*Ay de ti* que mezclas tu veneno hasta embriagar*lo*,
Para contemplar su desnudez!

16 Serás saciado de deshonra más que de gloria.
Bebe tú también y muestra tu desnudez.
Se volverá sobre ti la copa de la diestra del SEÑOR,
Y la ignominia sobre tu gloria.

17 Porque la violencia contra el Líbano te cubrirá,
Y el exterminio de las fieras te aterrará,
A causa del derramamiento de sangre humana y la
     violencia *hecha* a la tierra,
A la ciudad y a todos los que habitan en ella.

18 »¿De qué sirve el ídolo que su artífice ha
     esculpido,
O la imagen fundida, maestra de mentiras,
Para que *su* hacedor confíe en su obra
Cuando hace ídolos mudos?

19 ¡Ay del que dice al madero: "Despierta",
O a la piedra muda: "Levántate!".
¿Será esto *tu* maestro?
Mira que está cubierto de oro y plata,
Y no hay aliento alguno en su interior.

20 Pero el SEÑOR está en Su santo templo:
Calle delante de Él toda la tierra».

ORACIÓN DE HABACUC

3 Oración del profeta Habacuc, en *tono de* Sigionot[1].

2 Oh SEÑOR, he oído lo que se dice de Ti *y* temí.
Aviva, oh SEÑOR, Tu obra en medio de los años,
En medio de los años dala a conocer;
En la ira, acuérdate de tener compasión.

3:1 [1] I.e. Canto vehemente.

2:9
«Poner en alto su nido»
Así como las águilas construyen su nido en lo alto para mantenerse a salvo, algunas personas pueden intentar mantenerse alejadas para evitar su propia ruina. El profeta está diciendo que no hay seguridad para aquellos que hacen el mal.

2:17
Cómo los babilonios perjudicaron al Líbano
Los babilonios habían destruido durante años los bosques de cedro del Líbano a fin de obtener madera para sus templos y palacios.

3 Dios viene de Temán,
Y el Santo, del monte Parán.   *(Selah¹)*
Su esplendor cubre los cielos,
Y de Su alabanza está llena la tierra.

4 *Su* resplandor es como la luz;
Tiene rayos *que salen* de Su mano,
Y allí se oculta Su poder.

5 Delante de Él va la pestilencia,
Y la plaga sigue Sus pasos.

6 Se detuvo, e hizo temblar la tierra,
Miró e hizo estremecerse a las naciones.
Sí, se desmoronaron los montes perpetuos,
Se hundieron las colinas antiguas.
Sus caminos son eternos.

7 Bajo aflicción vi las tiendas de Cusán,
Temblaban las tiendas de la tierra de
     Madián.

8 ¿Te indignaste, SEÑOR, contra los ríos?
¿Contra los ríos *fue* Tu ira,
Contra el mar Tu furor,
Cuando montaste en Tus caballos,
En Tus carros de victoria?

9 Tu arco fue desnudado por completo,
Las varas de castigo fueron juradas.
     (Selah)
Con ríos hendiste la tierra.

10 Te vieron los montes *y* temblaron,
El diluvio de aguas pasó;
Dio el abismo su voz,
Levantó en alto sus manos.

11 El sol *y* la luna se detuvieron en su sitio;
A la luz de Tus flechas se fueron,
Al resplandor de Tu lanza fulgurante.

12 Con indignación marchaste por la tierra;
Con ira pisoteaste las naciones.

13 Saliste para salvar a Tu pueblo,
Para salvar a Tu ungido.
Destrozaste la cabeza de la casa del
     impío,
Descubriéndo*lo* de arriba abajo.
     (Selah)

14 Traspasaste con sus *propios* dardos
La cabeza de sus guerreros
Que irrumpieron para dispersarnos;
Su regocijo *fue* como el de los que
     devoran en secreto a los oprimidos.

15 Marchaste por el mar con Tus caballos,
En el oleaje de las inmensas aguas.

16 Oí, y se estremecieron mis entrañas;
A *Tu* voz temblaron mis labios.
Entra podredumbre en mis huesos,
Y tiemblo donde estoy.

3:5
Plagas y pestilencia
Estas enfermedades tan extendidas
eran una forma de castigo divino.

3:11
**Cuándo se detuvieron el
sol y la luna**
Probablemente fue cuando tuvo
lugar la victoria de Josué en
Gabaón (ver Josué 10:12-13). Esto
demostraba que la victoria de Dios
sobre sus enemigos sería definitiva.

PREGUNTAS Y RESPUESTAS

Habacuc

PREGUNTAS DE HABACUC	RESPUESTAS DE DIOS
Dios, ¿nos has abandonado? *1:1-4*	No, pero la maldad de Israel no ha pasado desapercibida para mí; enviaré a los babilonios para castigar a mi pueblo *1:5-11*
¿Los babilonios? Dios, ¿cómo pudiste? *1:12—2:1*	Sé que los babilonios no son inocentes; prometo aplastarlos también *2:3,8*
Dios, ¿aún estás ahí? *3:1-15*	Sí, y fortaleceré a mi pueblo aun en los tiempos difíciles *3:16-19*

3:3 ¹ Posiblemente, *Pausa, Crescendo,* o *Interludio.*

3:17-19

La respuesta de Habacuc ante los grandes desastres

Aunque ocurriera un gran desastre y no hubiera comida, Habacuc seguiría confiando en Dios y se regocijaría en su Salvador. Esta es una de las declaraciones de fe más fuertes de toda la Biblia. Tal como las patas de las ciervas las ayudan a permanecer a salvo en los lugares peligrosos, nuestra confianza en Dios nos ayuda a mantenernos a salvo también.

Tranquilo espero el día de la angustia,
Al pueblo que se levantará para invadirnos.

17 Aunque la higuera no eche brotes,
Ni haya fruto en las viñas;
Aunque falte el producto del olivo,
Y los campos no produzcan alimento;
Aunque falten las ovejas del redil,
Y no haya vacas en los establos,

18 Con todo yo me alegraré en el SEÑOR,
Me regocijaré en el Dios de mi salvación.

19 El Señor DIOS es mi fortaleza;
Él ha hecho mis pies como *los de* las ciervas,
Y por las alturas me hace caminar.

Para el director del coro, con mis instrumentos de cuerda.

Sofonías

¿QUIÉN ESCRIBIÓ ESTE LIBRO?	El profeta Sofonías, un descendiente del buen rey Ezequías, escribió este libro.
¿POR QUÉ SE ESCRIBIÓ ESTE LIBRO?	El libro de Sofonías prepara a Judá para el avivamiento de Josías en el 621 a. C. Sofonías le advierte a Judá que Dios juzgará a un pueblo pecador.
¿QUÉ APRENDEMOS SOBRE DIOS EN ESTE LIBRO?	Dios es un Dios de juicio. Él castigará el pecado cuando la historia llegue a su fin. Pero no espera. También castiga a las naciones pecadoras hoy mismo.
¿QUÉ TIENE DE ESPECIAL ESTE LIBRO?	El mensaje de Sofonías puede haber contribuido a que el pueblo se acercara a Dios durante el renacimiento de Josías.

Tell de Ascalón. Un tell es una colina formada por los escombros acumulados de muchos asentamientos antiguos uno sobre otro. Ascalón es una de las ciudades que Sofonías predijo que sería destruida.

LA IRA DEL Señor SOBRE JUDÁ

1 Palabra del SEÑOR que vino a Sofonías, hijo de Cusi, hijo de Gedalías, hijo de Amarías, hijo de Ezequías, en los días de Josías, hijo de Amón, rey de Judá:

2 «Eliminaré por completo todo
De la superficie de la tierra», declara el SEÑOR.
3 «Eliminaré hombres y animales,
Eliminaré las aves del cielo
Y los peces del mar,
Y haré tropezar a los impíos.
Exterminaré al hombre de la superficie de la tierra»,
　　declara el SEÑOR.
4 «Extenderé mi mano contra Judá
Y contra todos los habitantes de Jerusalén.
Exterminaré de este lugar al remanente de Baal
Y los nombres de los ministros idólatras junto con *sus*
　　sacerdotes.
5 Exterminaré a los que se postran en las terrazas
Ante el ejército del cielo,
A los que se postran *y* juran por el SEÑOR
Y juran *también* por Milcom,
6 A los que han dejado de seguir al SEÑOR,
Y a los que no han buscado al SEÑOR ni le han
　　consultado».
7 ¡Calla delante del Señor DIOS!
Porque el día del SEÑOR está cerca,
Porque el SEÑOR ha preparado un sacrificio,
Ha consagrado a Sus invitados.
8 «Sucederá que en el día del sacrificio del SEÑOR
Castigaré a los príncipes,
A los hijos del rey
Y a todos los que visten ropa extranjera.
9 Aquel día castigaré
A todos los que saltan sobre el umbral,
A los que llenan la casa de su señor
De violencia y de engaño.
10 En aquel día», declara el SEÑOR,
«Habrá gritos de auxilio desde la puerta del Pescado,
Y gemidos desde el segundo distrito[1],
Y gran estruendo desde las colinas.
11 Giman, habitantes del Mortero[1],
Porque será silenciado todo el pueblo de Canaán,
Exterminados todos los que pesan plata.
12 Y sucederá en aquel tiempo
Que Yo escudriñaré a Jerusalén con lámparas,
Y castigaré a los hombres
Que reposan como el vino en su sedimento,
Que dicen en su corazón:
"Ni bien ni mal hará el SEÑOR".
13 Sus riquezas se convertirán en despojos,
Y sus casas en desolación;
Edificarán casas, pero no *las* habitarán,

1:5
Por qué la gente adoraba en las terrazas
A menudo en las terrazas se quemaba incienso para los dioses paganos, y los reyes de Judá habían construido altares paganos en la terraza del palacio en Jerusalén.

1:9
Por qué la gente evitaba pisar el umbral
Muchas personas creían que los espíritus vivían en el umbral. Esta superstición pagana comenzó cuando Dios rompió la estatua del ídolo Dagón en el umbral. (Ver 1 Samuel 5:1-5).

1:10
La puerta del Pescado
La puerta del Pescado estaba situada en la muralla norte de Jerusalén, en la esquina noroeste.

1:10 [1] I.e. un distrito de Jerusalén.　　1:11 [1] O *Pueblo Mercader.*

Plantarán viñas, pero no beberán su
    vino».

14 Cercano está el gran día del SEÑOR,
    Cercano y muy próximo.
    El clamor del día del SEÑOR es amargo;
    Allí gritará el guerrero.
15 Día de ira aquel día,
    Día de congoja y de angustia,
    Día de destrucción y desolación,
    Día de tinieblas y densas sombras,
    Día nublado y de densa oscuridad,
16 Día de trompeta y grito de guerra
    Contra las ciudades fortificadas
    Y contra los torreones de las esquinas.
17 Traeré angustia sobre los hombres,
    Y andarán como ciegos,
    Porque han pecado contra el SEÑOR.
    Su sangre será derramada como
        polvo,
    Y su carne como estiércol.
18 Ni su plata ni su oro
    Podrán librarlos
    En el día de la ira del SEÑOR,
    Cuando por el fuego de Su celo
    Toda la tierra sea consumida;
    Porque Él hará una destrucción
    Total y terrible
    De todos los habitantes de la tierra.

CASTIGO DE LOS ENEMIGOS DE JUDÁ

2 Congréguense, congréguense,
    Oh nación sin pudor,
2 Antes que entre en vigencia el decreto
    (Como tamo pasa el día),
    Antes que venga sobre ustedes
    El ardor de la ira del SEÑOR,
    Antes que venga sobre ustedes
    El día de la ira del SEÑOR.
3 Busquen al SEÑOR,
    Todos ustedes, humildes de la tierra
    Que han cumplido Sus preceptos;
    Busquen la justicia, busquen la humildad.
    Quizá serán protegidos
    El día de la ira del SEÑOR.

4 Porque Gaza será abandonada,
    Y Ascalón desolada;
    Asdod será expulsada al mediodía,
    Y Ecrón será desarraigada.
5 ¡Ay de los habitantes de la costa del mar,
    La nación de los cereteos!
    La palabra del SEÑOR está contra ustedes:
    Canaán, tierra de los filisteos,
    Yo te destruiré hasta que no quede habitante alguno.

GRANDES IDEAS EN SOFONÍAS

En el día del Señor, él barrerá a las naciones con su juicio.

Mezclar la adoración al Dios verdadero con la idolatría produce resultados desastrosos.

Buscar a Dios es lo único que trae salvación.

Dios restaurará tanto a Jerusalén como a su pueblo.

2:3
Por qué el profeta le dijo al pueblo que buscara al Señor
Aunque la destrucción estaba a punto de suceder, el pueblo aún tenía tiempo de arrepentirse.

⁶ Y la costa del mar se convertirá en pastizales,
En campos para pastores y rediles para ovejas.
⁷ La costa será
Para el remanente de la casa de Judá;
Allí apacentarán
Y en las casas de Ascalón reposarán al atardecer;
Porque el SEÑOR su Dios los cuidará
Y los hará volver de su cautiverio.

⁸ «He oído las afrentas de Moab
Y los ultrajes de los amonitas,
Con los cuales afrentaron a Mi pueblo
Y se engrandecieron sobre su territorio.
⁹ Por tanto, vivo Yo», declara el SEÑOR de los ejércitos,
Dios de Israel,
«Que Moab será como Sodoma,
Y Amón como Gomorra:
Campo de ortigas y mina de sal,
Una desolación perpetua.
El remanente de Mi pueblo los saqueará,
Y el resto de Mi nación los heredará».

¹⁰ Esto tendrán ellos como pago por su orgullo, porque han afrentado y se han engrandecido sobre el pueblo del SEÑOR de los ejércitos. ¹¹ Terrible será el SEÑOR contra ellos, porque debilitará a todos los dioses de la tierra; y se inclinarán a Él todas las costas de las naciones cada una desde su lugar.
¹² «También ustedes, etíopes, serán muertos por Mi espada».

¹³ Él extenderá Su mano contra el norte
Y destruirá a Asiria,
Y hará de Nínive una desolación,
árida como el desierto.
¹⁴ Los rebaños se echarán en medio de ella,
Toda clase de animales.
Tanto el pelícano como el erizo
Pasarán la noche en los capiteles;
El ave cantará en la ventana,
Habrá desolación en el umbral,
Porque Él ha dejado al descubierto el
entablado de cedro.
¹⁵ Esta es la ciudad divertida
Que vivía confiada,
Que decía en su corazón:
«Yo soy, y no hay otra más que yo».
¡Cómo ha sido hecha una desolación,
Una guarida de fieras!
Todo el que pase por ella silbará
Y agitará su mano.

REPROCHES A JERUSALÉN Y A LAS NACIONES

3 ¡Ay de la rebelde y contaminada,
La ciudad opresora!
² No escuchó la voz,
Ni aceptó la corrección.

2:9
Sodoma y Gomorra
Se menciona a Sodoma y Gomorra debido a que se habían convertido en un símbolo de la maldad y el juicio de Dios.

2:14
Toda clase de animales
Para ayudar al lector a imaginar la ruina de Nínive, Sofonías describe una imagen de animales salvajes apoderándose de la ciudad. Algunos de ellos todavía viven en las ruinas de Nínive.

3:1-5
La ciudad opresora
Se refiere a Jerusalén. Los príncipes, jueces, profetas y sacerdotes –todos los líderes– fueron criticados por no cumplir con su llamado y sus responsabilidades.

No confió en el SEÑOR,
Ni se acercó a su Dios.
3 Sus príncipes en medio de ella son leones rugientes,
Sus jueces, lobos al anochecer;
No dejan nada para la mañana.
4 Sus profetas son temerarios, hombres desleales.
Sus sacerdotes han profanado el santuario,
Han violado la ley.
5 El SEÑOR es justo en medio de ella;
No cometerá injusticia.
Cada mañana saca a luz Su juicio,
Nunca falta;
Pero el injusto no conoce la vergüenza.
6 «Yo he exterminado naciones;
Sus torreones están en ruinas,
Hice desiertas sus calles,
Sin que nadie pase *por ellas*.
Sus ciudades están desoladas,
Sin hombre alguno, sin ningún habitante.
7 Dije: "Ciertamente me temerás[1],
Aceptarás corrección".
Entonces no será destruida su morada
A pesar de todo lo que Yo había determinado sobre
     ella;
Pero ellos se apresuraron a corromper todas sus
     acciones.

8 »Por tanto, espérenme», declara el SEÑOR,
«Hasta el día en que me levante como testigo,
Porque Mi decisión es reunir a las naciones,
Juntar a los reinos,
Para derramar sobre ellos Mi indignación,
Todo el ardor de Mi ira.
Porque por el fuego de Mi celo
Toda la tierra será consumida.
9 En ese tiempo daré a los pueblos labios puros,
Para que todos ellos invoquen el nombre del SEÑOR,
Para que le sirvan de común acuerdo.
10 Desde más allá de los ríos de Etiopía
Mis adoradores, Mis dispersos,
Traerán Mi ofrenda.
11 Aquel día no te avergonzarás
De ninguna de tus acciones
Con que te rebelaste contra Mí.
Porque entonces Yo quitaré de en medio de ti
A los que se regocijan en tu orgullo,
Y nunca más te envanecerás
En Mi santo monte.
12 Y dejaré en medio de ti
Un pueblo humilde y pobre,
Que se refugiará en el nombre del SEÑOR.
13 El remanente de Israel no hará injusticia
Ni dirá mentira,
Ni se hallará en su boca

3:11
El santo monte
Está hablando del monte Sión.

3:7 [1] O *reverenciarás*.

Lengua engañosa,
Porque ellos se alimentarán y reposarán
Sin que nadie *los* atemorice».

JÚBILO POR LA RESTAURACIÓN DE ISRAEL

14 Canta jubilosa, hija de Sión.
Lanza gritos *de alegría,* Israel.
Alégrate y regocíjate de todo corazón,
Hija de Jerusalén.

15 El SEÑOR ha retirado *Sus* juicios contra ti,
Ha expulsado a tus enemigos.
El Rey de Israel, el SEÑOR, está en medio de ti;
Ya no temerás mal alguno.

16 Aquel día le dirán a Jerusalén:
«No temas, Sión;
No desfallezcan tus manos.

17 El SEÑOR tu Dios está en medio de ti,
Guerrero victorioso;
Se gozará en ti con alegría,
En Su amor guardará silencio,
Se regocijará por ti con cantos de júbilo.

18 Reuniré a los que se afligen por las fiestas señaladas,
Tuyos son, *oh Sión,*
El oprobio *del destierro* es una carga para ellos.

19 En aquel tiempo me ocuparé
De todos tus opresores.
Salvaré a la coja
Y recogeré a la desterrada,
Y convertiré su vergüenza en alabanza y renombre
En toda la tierra.

20 En aquel tiempo los traeré,
En aquel tiempo los reuniré.
Ciertamente, les daré renombre y alabanza
Entre todos los pueblos de la tierra,
Cuando Yo haga volver a sus cautivos ante sus ojos»,
Dice el SEÑOR.

3:16
Manos que desfallecen
Esta era una señal de desánimo. En este versículo se le dice al pueblo que se anime.

Hageo

¿QUIÉN ESCRIBIÓ ESTE LIBRO?	El profeta Hageo
¿POR QUÉ SE ESCRIBIÓ ESTE LIBRO?	El pueblo había detenido la reconstrucción del templo de Dios. Hageo les dice que el templo debe ser reconstruido en ese mismo momento.
¿QUÉ APRENDEMOS SOBRE DIOS EN ESTE LIBRO?	Dios bendecirá a aquellos que lo ponen en primer lugar.
¿QUÉ TIENE DE ESPECIAL ESTE LIBRO?	El pueblo escuchó el mensaje de Hageo. Ellos se pusieron a trabajar y terminaron de reconstruir el templo.
¿CUÁLES SON ALGUNOS DE LOS VERSÍCULOS MÁS IMPORTANTES DE ESTE LIBRO?	El pueblo es pobre, porque no pusieron a Dios en primer lugar Hageo 1:2-11
	El pueblo obedeció, y de ahora en adelante Dios los bendecirá Hageo 2:15-19

En Hageo 2:23, el Señor le dice a Zorobabel: «Te pondré como ANILLO de sellar, porque Yo te he escogido».
Todd Bolen/www.BiblePlaces.com, tomada en el Museo de Israel

EXHORTACIÓN A LA REEDIFICACIÓN DEL TEMPLO

1 El año segundo del rey Darío, en el mes sexto, el día primero del mes, vino la palabra del SEÑOR por medio del profeta Hageo a Zorobabel, hijo de Salatiel, gobernador de Judá, y al sumo sacerdote Josué, hijo de Josadac: 2 «Así dice el SEÑOR de los ejércitos: "Este pueblo dice: 'No ha llegado el tiempo, el tiempo de que la casa del SEÑOR sea reedificada'"». 3 Entonces vino la palabra del SEÑOR por medio del profeta Hageo: 4 «¿Es acaso tiempo para que ustedes habiten en sus casas artesonadas mientras esta casa está desolada?».

5 Ahora pues, así dice el SEÑOR de los ejércitos: «¡Consideren bien sus caminos! 6 Siembran mucho, pero recogen poco; comen, pero no hay *suficiente* para que se sacien; beben, pero no hay *suficiente* para que se embriaguen; se visten, pero nadie se calienta; y el que recibe salario, recibe salario en bolsa rota».

7 Así dice el SEÑOR de los ejércitos: «¡Consideren bien sus caminos! 8 Suban al monte, traigan madera y reedifiquen el templo, para que me agrade de él y Yo sea glorificado», dice el SEÑOR. 9 «Esperan mucho, pero *hay* poco; y lo que traen a casa, Yo lo aviento. ¿Por qué?», declara el SEÑOR de los ejércitos. «Por causa de Mi casa que está desolada, mientras cada uno de ustedes corre a su casa.

10 »Por tanto, por causa de ustedes, los cielos han retenido su rocío y la tierra ha retenido su fruto. 11 Llamé a la sequía sobre la tierra, sobre los montes, sobre el trigo, sobre el vino nuevo, sobre el aceite, sobre lo que produce la tierra, sobre los hombres, sobre el ganado y sobre todo el trabajo de sus manos».

12 Entonces Zorobabel, hijo de Salatiel, el sumo sacerdote Josué, hijo de Josadac, y todo el remanente del pueblo, obedecieron la voz del SEÑOR su Dios y las palabras del profeta Hageo, como el SEÑOR su Dios le había mandado. Y temió el pueblo delante del SEÑOR. 13 Entonces Hageo, mensajero del SEÑOR, por mandato[j] del SEÑOR, habló al pueblo: «Yo estoy con ustedes», declara el SEÑOR. 14 Y el SEÑOR despertó el espíritu de Zorobabel, hijo de Salatiel, gobernador de Judá, y el espíritu del sumo sacerdote Josué, hijo de Josadac, y el espíritu de todo el remanente del pueblo. Así que vinieron y comenzaron la obra en la casa del SEÑOR de los ejércitos, su Dios, 15 el día veinticuatro del mes sexto, en el año segundo del rey Darío.

PROMESA DE DIOS A ZOROBABEL

2 El *día* veintiuno del mes séptimo, vino la palabra del SEÑOR por medio del profeta Hageo: 2 «Habla ahora a Zorobabel, hijo de Salatiel, gobernador de Judá, y al sumo sacerdote Josué, hijo de Josadac, y al remanente del pueblo: 3 "¿Quién ha quedado entre ustedes que haya visto este templo en su gloria primera? ¿Y cómo lo ven ahora? Tal como está, ¿no es como nada ante sus ojos? 4 Pero ahora, esfuérzate, Zorobabel", declara el SEÑOR, "esfuérzate tú también,

1:4
Casas artesonadas
Este término solía referirse a las viviendas de la realeza, las cuales tenían artesones o paneles de cedro en las paredes o techos.

1:11
Trigo, vino y aceite
Esos eran los tres cultivos principales. A menudo se mencionan en relación con las bendiciones y las maldiciones.

1:13
Mensajero
Este era otro título para los profetas o sacerdotes de Dios.

2:3
Pocos de los cautivos que regresaron habían visto el templo anterior
Como el templo había sido destruido sesenta y seis años atrás, solo quedaban unas pocas personas que pudieran recordar toda su gloria.

1:13 *j* Lit. *mensaje.*

CURRÍCULUM VITAE
DE PROPORCIONES BÍBLICAS
ZOROBABEL

Descendiente de
- el rey Joaquín (Jeconías)
  1 Crónicas 3:17-19

Guía a los desterrados de regreso a
- Jerusalén después del decreto del rey Ciro
  Esdras 2:1-2

Gobernador de
- Judá
  Hageo 1:1

Escogido por
- Dios
  Hageo 2:23

Ayuda a construir un altar en
- Jerusalén
  Esdras 3:2

Ayuda a reconstruir el templo
- con la guía del Espíritu
  Esdras 3:8; Hageo 1:12-14; 2:2-9; Zacarías 4:6-9

Antepasado de
- el Mesías
  Mateo 1:12-13; Lucas 3:27

Josué, hijo de Josadac, sumo sacerdote, y esfuércense todos ustedes, pueblo de la tierra", declara el SEÑOR, "y trabajen, porque Yo estoy con ustedes", declara el SEÑOR de los ejércitos. **5** "*Conforme* a la promesa¹ que les hice cuando salieron de Egipto, Mi Espíritu permanece en medio de ustedes; no teman".

6 »Porque así dice el SEÑOR de los ejércitos: "Una vez más, dentro de poco, Yo haré temblar los cielos y la tierra, el mar y la tierra firme. **7** Y haré temblar a todas las naciones; vendrán entonces los tesoros¹ de todas las naciones, y Yo llenaré de gloria esta casa", dice el SEÑOR de los ejércitos. **8** "Mía es la plata y Mío es el oro", declara el SEÑOR de los ejércitos. **9** "La gloria postrera de esta casa será mayor que la primera", dice el SEÑOR de los ejércitos, "y en este lugar daré paz", declara el SEÑOR de los ejércitos».

2:5 ¹ Lit. *palabra*.   2:7 ¹ O *vendrá el deseo*.

2:12
Cómo la carne consagrada hacía santas las vestiduras
La carne consagrada hacía que un atuendo fuera santo porque estaba en contacto directo con las vestiduras, pero la santidad no podía ser pasada a un tercer objeto.

2:17
La causa del viento abrasador
Probablemente se refería a un viento sofocante del este (llamado siroco) que sopla desde el desierto a finales de la primavera y principios del otoño.

2:23
Anillo de sellar
Un anillo de sellar tenía grabado el símbolo de su dueño y funcionaba como una firma. El anillo se presionaba sobre cera blanda a fin de sellar o garantizar los documentos importantes.

10 El día veinticuatro del *mes* noveno, en el año segundo de Darío, vino la palabra del SEÑOR al profeta Hageo: **11** «Así dice el SEÑOR de los ejércitos: "Pide ahora instrucción[1] a los sacerdotes: **12** Si alguien lleva carne consagrada en la falda de su vestidura, y con su falda toca pan, alimento cocido, vino, aceite o cualquier *otro* alimento, ¿quedará este consagrado?"». Y los sacerdotes respondieron: «No». **13** Y dijo Hageo: «Si alguien, inmundo por el contacto con un cadáver, toca cualquiera de estas cosas, ¿quedará inmunda?». «Quedará inmunda», respondieron los sacerdotes. **14** Entonces volvió a hablar Hageo: «"Así es este pueblo y así es esta nación delante de Mí", declara el SEÑOR, "y así es toda obra de sus manos; y lo que aquí ofrecen, inmundo es.

15 "Ahora pues, consideren bien *esto* de hoy en adelante: antes que se pusiera piedra sobre piedra en el templo del SEÑOR, **16** en aquel tiempo, cuando *alguien* buscaba un montón de 20 *medidas, solo* encontraba 10; venía *alguien* al lagar para sacar 50 cántaros, y *solo* sacaba 20. **17** Los herí con *viento* abrasador, plaga y granizo en toda obra de sus manos; pero ninguno de ustedes *se volvió* a Mí", declara el SEÑOR. **18** "Pero consideren bien *esto* desde hoy en adelante, desde el día veinticuatro del *mes* noveno; desde el día en que se pusieron los cimientos del templo del SEÑOR, consideren bien: **19** ¿Está todavía la semilla en el granero? Todavía la vid, la higuera, el granado y el olivo no han dado *fruto; pero* desde hoy Yo *los* bendeciré"».

20 La palabra del SEÑOR vino por segunda vez a Hageo, el *día* veinticuatro del mes, diciendo: **21** «Habla a Zorobabel, gobernador de Judá: "Yo estremeceré los cielos y la tierra, **22** y volcaré el trono de los reinos y destruiré el poder de los reinos de las naciones; y volcaré el carro y a los que montan en él, y caerán los caballos y sus jinetes, cada uno por la espada de su hermano. **23** En aquel día", declara el SEÑOR de los ejércitos, "te tomaré a ti, Zorobabel, hijo de Salatiel, siervo Mío", declara el SEÑOR, "y te pondré como *anillo de* sellar, porque Yo te he escogido"», declara el SEÑOR de los ejércitos.

2:11 [1] Lit. *la ley.*

Zacarías

¿QUIÉN ESCRIBIÓ ESTE LIBRO?	El profeta Zacarías
¿POR QUÉ SE ESCRIBIÓ ESTE LIBRO?	El libro de Zacarías anima al pueblo de Judá a finalizar la reconstrucción del templo.
¿QUÉ APRENDEMOS SOBRE DIOS EN ESTE LIBRO?	Dios limpiará los pecados de su pueblo. Él vendrá y reinará sobre toda la tierra.
¿QUÉ TIENE DE ESPECIAL ESTE LIBRO?	Zacarías usa muchos símbolos que son difíciles de comprender, como un rollo que volaba y una mujer dentro de una cesta.
¿CUÁLES SON ALGUNOS DE LOS CAPÍTULOS MÁS IMPORTANTES DE ESTE LIBRO?	Dios quiere que su pueblo ame la justicia y la misericordia Zacarías 7—8 Dios vendrá a la tierra y reinará como Rey Zacarías 14

Zacarías profetizó la venida de Jesús cuando dijo: «¡Regocíjate sobremanera, hija de Sión! ¡Da voces de júbilo, hija de Jerusalén! Tu Rey viene a ti, justo y dotado de salvación, humilde, montado en un asno, en un pollino, hijo de asna» (Zacarías 9:9).

EXHORTACIÓN AL ARREPENTIMIENTO

1 En el octavo mes del segundo año de Darío, vino la palabra del SEÑOR al profeta Zacarías, hijo de Berequías, hijo de Iddo, diciendo: **2** «El SEÑOR se enojó mucho contra sus padres. **3** Diles, pues: "Así dice el SEÑOR de los ejércitos: 'Vuélvanse a Mí', declara el SEÑOR de los ejércitos, 'y Yo me volveré a ustedes', dice el SEÑOR de los ejércitos. **4** 'No sean como sus padres, a quienes los antiguos profetas proclamaron, diciendo: "Así dice el SEÑOR de los ejércitos: 'Vuélvanse ahora de sus malos caminos y de sus malas obras'". Pero no me escucharon ni me hicieron caso', declara el SEÑOR. **5** 'Sus padres, ¿dónde están? Y los profetas, ¿viven para siempre? **6** ¿Acaso no alcanzaron a sus padres Mis palabras y Mis estatutos que Yo ordené a Mis siervos los profetas? Por eso se arrepintieron y dijeron: "Como el SEÑOR de los ejércitos se propuso hacer con nosotros conforme a nuestros caminos y conforme a nuestras obras, así ha hecho con nosotros"'».

VISIONES DE LOS CABALLOS, DE LOS CUERNOS Y DE LOS ARTESANOS

7 El día veinticuatro del mes undécimo, que es el mes de Sebat, en el segundo año de Darío, vino la palabra del SEÑOR al profeta Zacarías, hijo de Berequías, hijo de Iddo, de esta manera: **8** En una visión nocturna vi un hombre que iba montado en un caballo rojo. El hombre estaba entre los mirtos que había en la quebrada, y detrás de él, caballos rojos, castaños y blancos. **9** Entonces dije: «¿Quiénes son estos, señor mío?». Y el ángel que hablaba conmigo me dijo: «Te mostraré quiénes son estos». **10** Y el hombre que estaba entre los mirtos respondió: «Estos son los que el SEÑOR ha enviado a recorrer la tierra». **11** Y ellos respondieron al ángel del SEÑOR que estaba entre los mirtos y dijeron: «Hemos recorrido la tierra, y toda la tierra está en paz y tranquila».

12 Entonces el ángel del SEÑOR respondió: «Oh SEÑOR de los ejércitos, ¿hasta cuándo seguirás sin compadecerte de Jerusalén y de las ciudades de Judá, contra las cuales has estado indignado estos setenta años?». **13** Y el SEÑOR respondió al ángel que hablaba conmigo palabras buenas, palabras consoladoras. **14** Y el ángel que hablaba conmigo me dijo: «Proclama, diciendo: "Así dice el SEÑOR de los ejércitos: 'Estoy celoso en gran manera por Jerusalén y por Sión. **15** Pero Yo estoy muy enojado contra las naciones que están confiadas; porque cuando Yo estaba un poco enojado, ellas contribuyeron al mal'. **16** Por tanto, así dice el SEÑOR: 'Me volveré a Jerusalén con compasión. En ella será reedificada Mi casa', declara el SEÑOR de los ejércitos, 'y el cordel será tendido sobre Jerusalén'".

17 »Proclama de nuevo: "Así dice el SEÑOR de los ejércitos: 'Otra vez rebosarán Mis ciudades de bienes, otra vez el SEÑOR consolará a Sión y de nuevo escogerá a Jerusalén'"».

18 [J] Después alcé mis ojos y miré cuatro cuernos. **19** Y dije al ángel que hablaba conmigo: «¿Qué son estos?». «Estos son los cuernos que dispersaron a Judá, a Israel y a Jerusalén»,

---

1:18 [J] En el texto heb. cap. 2:1.

1:2
Por qué Dios estaba enojado con los antepasados del pueblo
Dios estaba enfadado porque habían roto el pacto, se habían alejado de él y desobedecieron sus leyes.

1:4
Los antiguos profetas
Isaías, Jeremías y Ezequiel vinieron antes de Zacarías.

1:8
La visión de Zacarías
Zacarías tuvo ocho visiones en una misma noche (1:7–6:8). Las visiones no eran sueños; él estaba despierto. La primera visión les aseguraba a los israelitas el amor y el cuidado especial de Dios hacia ellos.

1:18-21
El significado de la segunda visión
Esta era una imagen de cómo las naciones que habían dañado a Israel serían destruidas por otras naciones.

me respondió. **20** Entonces el SEÑOR me mostró cuatro artesanos. **21** Y dije: «¿Qué vienen a hacer estos?». Y él respondió: «Aquellos son los cuernos que dispersaron a Judá, de modo que nadie ha podido levantar la cabeza; pero estos *artesanos* han venido para aterrorizarlos, para derribar los cuernos de las naciones que alzaron *sus* cuernos contra la tierra de Judá para dispersarla».

FUTURA GLORIA DE JERUSALÉN

2 **1** Entonces alcé los ojos y miré a un hombre con un cordel de medir en la mano. **2** Y le dije: «¿Adónde vas?». «A medir a Jerusalén, para ver cuánta es su anchura y cuánta su longitud», me respondió. **3** Cuando el ángel que hablaba conmigo se iba, otro ángel le salió al encuentro, **4** y le dijo: «Corre, habla a ese joven, y dile: "Sin muros será habitada Jerusalén, a causa de la multitud de hombres y de ganados dentro de ella. **5** Porque Yo seré para ella", declara el SEÑOR, "una muralla de fuego en derredor, y gloria seré en medio de ella"».

6 «¡Escúchenme! Huyan de la tierra del norte», declara el SEÑOR, «pues Yo los dispersé por los cuatro vientos del cielo», declara el SEÑOR. **7** ¡Sión, tú que moras con la hija de Babilonia, escápate! **8** Porque así dice el SEÑOR de los ejércitos, cuya gloria me ha enviado contra las naciones que los despojaron, porque el que los toca, toca la niña de Su ojo: **9** «Yo alzaré Mi mano contra ellas, y serán despojo para sus esclavos. Entonces sabrán que el SEÑOR de los ejércitos me ha enviado.

10 »Canta de júbilo y alégrate, oh hija de Sión; porque voy a venir, y habitaré en medio de ti», declara el SEÑOR. **11** «Y muchas naciones se unirán al SEÑOR aquel día, y serán Mi pueblo. Entonces habitaré en medio de ti, y sabrás que el SEÑOR de los ejércitos me ha enviado a ti. **12** El SEÑOR poseerá a Judá, Su porción en la tierra santa, y escogerá de nuevo a Jerusalén. **13** Guarde silencio toda carne delante del SEÑOR, porque Él se ha levantado de Su santa morada».

VISIÓN SOBRE EL SUMO SACERDOTE JOSUÉ

3 Entonces me mostró al sumo sacerdote Josué, que estaba delante del ángel del SEÑOR; y Satanás[1] estaba a su derecha para acusarlo. **2** Y el ángel del SEÑOR dijo a Satanás: «El SEÑOR te reprenda, Satanás. Repréndate el SEÑOR que ha escogido a Jerusalén. ¿No es este un tizón arrebatado del fuego?».

3 Josué estaba vestido de ropas sucias, en pie delante del ángel. **4** Y este habló, y dijo a los que estaban delante de él: «Quítenle las ropas sucias». Y a él le dijo: «Mira, he quitado de ti tu iniquidad y te vestiré con ropas de gala». **5** Después dijo: «Que le pongan un turbante limpio en la cabeza». Y le pusieron un turbante limpio en la cabeza y le vistieron con ropas *de gala*; y el ángel del SEÑOR estaba allí.

6 Entonces el ángel del SEÑOR amonestó a Josué, diciendo: **7** «Así dice el SEÑOR de los ejércitos: "Si andas en Mis

2:1
Un hombre con un cordel de medir
Durante la época de la Biblia, los constructores y carpinteros no usaban reglas o cintas métricas. Utilizaban cañas para las medidas cortas y cuerdas para las más largas. Aquí, esto es un símbolo de que Jerusalén será restaurada.

2:4-5
Jerusalén sería una ciudad sin muros
La población de Jerusalén crecería tanto que se desbordaría, como si la ciudad no tuviese muros. Y no precisarían de ellos, porque Dios los mantendría a salvo.

2:12
Por qué la tierra era santa
La tierra era santa debido a que el santuario de Dios estaba allí.

3:2
Israel era como un tizón
Los judíos eran como un tizón (un trozo de madera) salvado de ser quemado por el fuego. Dios los estaba regresando del destierro en Babilonia.

2:1 [1] En el texto heb. cap. 2:5.   3:1 [1] I.e. el adversario.

caminos, y si guardas Mis ordenanzas, también tú gobernarás Mi casa. Además tendrás a tu cargo Mis atrios y te daré libre acceso entre estos que están *aquí*. **8** Escucha ahora, Josué, sumo sacerdote, tú y tus compañeros que se sientan ante ti, que son hombres de presagio, pues Yo voy a traer a Mi siervo, el Renuevo. **9** Porque la piedra que he puesto delante de Josué, sobre *esta* única piedra hay siete ojos. Yo grabaré una inscripción en ella", declara el SEÑOR de los ejércitos, "y quitaré la iniquidad de esta tierra en un solo día. **10** Aquel día", declara el SEÑOR de los ejércitos, "convidarán cada uno a su prójimo bajo *su* parra y bajo *su* higuera"».

VISIÓN DEL CANDELABRO Y LOS OLIVOS

4 Entonces el ángel que hablaba conmigo volvió, y me despertó como a un hombre que es despertado de su sueño. **2** Y me preguntó: «¿Qué ves?». Y respondí: «Veo un candelabro todo de oro con su depósito en la parte superior, y sus siete lámparas encima de él con siete tubos para cada una de las lámparas que tiene encima; **3** y junto a él *hay* dos olivos, uno a la derecha del depósito y el otro a la izquierda».

4 Continué, y dije al ángel que hablaba conmigo: «¿Qué es esto señor mío?». **5** Respondió el ángel que hablaba conmigo, y me dijo: «¿No sabes qué es esto?». «No, señor mío», respondí. **6** Continuó él, y me dijo: «Esta es la palabra del SEÑOR a Zorobabel: "No por el poder ni por la fuerza, sino por Mi Espíritu", dice el SEÑOR de los ejércitos. **7** "¿Quién eres tú, oh gran monte? Ante Zorobabel *te convertirás en* llanura; y él sacará la piedra clave entre aclamaciones de '¡Gracia, gracia a ella!'"». **8** Y vino a mí la palabra del SEÑOR: **9** «Las manos de Zorobabel han puesto los cimientos de esta casa, y sus manos *la* acabarán. Entonces sabrán que el SEÑOR de los ejércitos me ha enviado a ustedes. **10** ¿Pues quién ha despreciado el día de las pequeñeces? Estos siete se alegrarán cuando vean la plomada en la mano de Zorobabel; *estos son* los ojos del SEÑOR que recorren toda la tierra».

11 Entonces le pregunté: «¿Qué son estos dos olivos a la derecha y a la izquierda del candelabro?». **12** Hablé por segunda vez, y le pregunté: «¿Qué son las dos ramas de olivo que están junto a los dos tubos de oro, que vierten de sí el *aceite* dorado?». **13** Y me respondió: «¿No sabes qué son estos?». Y yo le contesté: «No, señor mío». **14** Entonces él dijo: «Estos son los dos ungidos que están de pie junto al Señor de toda la tierra».

VISIONES DEL ROLLO Y DEL EFA

5 Alcé de nuevo mis ojos y miré un rollo que volaba. **2** Y *el ángel* me dijo: «¿Qué ves?». Y respondí: «Veo un rollo que vuela; su longitud es de 20 codos (9 metros) y su anchura de 10 codos (4.5 metros)». **3** Entonces me dijo: «Esta es la maldición que sale sobre la superficie de toda la tierra. Ciertamente todo el que roba será destruido según lo escrito en un lado, y todo el que jura será destruido según lo escrito en el otro lado. **4** La haré salir», declara el SEÑOR de los ejércitos, «y entrará en casa del ladrón y en casa del que jura por

4:2
El depósito del candelabro
Este depósito o cuenco, y la cantidad de aceite que contenía, representaba la abundancia del poder de Dios por medio de su Espíritu.

4:3
El significado de los olivos
Los árboles de olivo representaban a los funcionarios de la realeza y el sacerdocio, así como a los dos hombres que Dios había escogido para servirle: Josué, el sacerdote, y Zorobabel, el gobernador.

5:1-2
El significado del rollo que volaba
El rollo era como un gran estandarte en el cielo para que todo el mundo lo viera. La visión proclamaba que el pueblo que había violado la ley de Dios sería castigado y expulsado de la tierra.

Mi nombre en falso; y pasará la noche dentro de su casa y la consumirá junto con sus maderas y sus piedras».

⁵ Entonces el ángel que hablaba conmigo salió y me dijo: «Alza ahora tus ojos y mira qué es esto que sale». ⁶ Y pregunté: «¿Qué es?». «Esto es el efa (una cesta de 22 litros) que sale», dijo él. Y añadió: «Esta es la iniquidad de ellos en toda la tierra. ⁷ Entonces una tapa de plomo fue levantada, y había una mujer sentada dentro del efa¹». ⁸ Entonces dijo: «Esta es la Maldad». Y la arrojó al interior del efa¹ y arrojó la tapa de plomo sobre su abertura. ⁹ Luego alcé los ojos y miré dos mujeres que salían con el viento en sus alas. Tenían alas como alas de cigüeña, y alzaron el efa¹ entre la tierra y el cielo. ¹⁰ Dije entonces al ángel que hablaba conmigo: «¿Adónde llevan el Efa¹?». ¹¹ Y él me respondió: «A la tierra de Sinar para edificarle un templo; y cuando esté preparado, será asentado allí sobre su base».

VISIÓN DE LOS CUATRO CARROS

6 Alcé de nuevo mis ojos y vi cuatro carros que salían de entre dos montes; y los montes *eran* montes de bronce. ² Del primer carro *tiraban* caballos rojos; del segundo carro, caballos negros; ³ del tercer carro, caballos blancos; y del cuarto carro, fuertes caballos pintos.

⁴ Entonces pregunté al ángel que hablaba conmigo: «¿Qué son estos, señor mío?». ⁵ Y el ángel me contestó: «Estos son los cuatro vientos del cielo que salen después de presentarse ante el Señor de toda la tierra. ⁶ Con uno de ellos salen los caballos negros hacia la tierra del norte, y los blancos salen tras ellos, mientras los pintos salen hacia la tierra del sur. ⁷ Briosos salían los caballos, impacientes por ir a recorrer la tierra. Y el ángel dijo: «Vayan, recorran la tierra». Y recorrieron la tierra. ⁸ Entonces el ángel me llamó y me dijo: «Mira, los que salen hacia la tierra del norte aplacan Mi espíritu en la tierra del norte».

LA CORONA SIMBÓLICA

⁹ Y vino la palabra del SEÑOR a mí: ¹⁰ «Toma *ofrendas* de los desterrados, de Heldai, de Tobías y de Jedaías; y el mismo día ve y entra en la casa de Josías, hijo de Sofonías, adonde ellos han llegado de Babilonia. ¹¹ Toma plata y oro, haz una corona y pon*la* en la cabeza del sumo sacerdote Josué, hijo de Josadac. ¹² Y dile: "Así dice el SEÑOR de los ejércitos: 'Vendrá un hombre cuyo nombre es Renuevo, porque Él brotará del lugar donde está y reedificará el templo del SEÑOR. ¹³ Sí, Él reedificará el templo del SEÑOR, y Él llevará gloria y se sentará y gobernará en Su trono. Será sacerdote sobre Su trono y habrá consejo de paz entre los dos oficios'"».

¹⁴ «La corona será para Helem, Tobías, Jedaías y Hen, hijo de Sofonías, como recuerdo en el templo del SEÑOR. ¹⁵ Los que están lejos vendrán y reedificarán el templo del SEÑOR». Entonces sabrán que el SEÑOR de los ejércitos me ha enviado a ustedes. *Esto* sucederá si escuchan obedientes la voz del SEÑOR su Dios.

5:5-11
El significado de esta visión

La maldad del pueblo sería llevada a un lugar lejano. Al desaparecer el pecado, la santidad podría ocupar su lugar.

6:1-8
La visión final

En esta visión, cuatro carros de guerra salieron a derrotar a los enemigos del pueblo de Dios. Esto también muestra que Dios controla todo lo que sucede en el mundo.

6:11-13
La coronación de Josué

En Israel, un sacerdote no podía ocupar también el cargo de rey. Esta era la primera vez que sucedía, y era una señal de que se acercaba el Mesías, que sería rey y sacerdote de todo el mundo.

5:7 ¹ O *de la cesta.*   5:8 ¹ O *de la cesta.*   5:9 ¹ O *la cesta.*   5:10 ¹ O *la cesta.*

¿QUIÉN ES DIOS?

Atributos de Dios en los
PROFETAS MENORES

Hacedor *Oseas 8:14*

Fortaleza *Joel 3:16*

Implacable *Amós 1:3*

Vengador *Abdías 15; Nahúm 1:2*

Lento para la ira *Jonás 4:2*

Poderoso *Miqueas 5:4*

Altísimo *Miqueas 6:6*

Restaurador *Nahúm 2:2;*
Sofonías 3:20; Zacarías 10:6

Glorioso *Habacuc 2:14; 3:3*

Famoso *Habacuc 3:2*

Confiable *Sofonías 3:5*

Derribador *Hageo 2:22*

Represivo *Zacarías 3:2*

Purificador *Malaquías 3:3*

PUEBLO REBELDE Y DE DURO CORAZÓN

7 En el año cuarto del rey Darío vino la palabra del SEÑOR a Zacarías, el cuarto *día* del mes noveno, Quisleu. **2** *La aldea de* Betel[1] había enviado a Sarezer, a Regem Melec y a sus hombres a implorar el favor del SEÑOR, **3** y preguntar a los sacerdotes que eran de la casa del SEÑOR de los ejércitos, y a los profetas: «¿Debemos llorar en el mes quinto y abstenernos como lo hemos hecho durante tantos años?». **4** Entonces vino a mí la palabra del SEÑOR de los ejércitos: **5** «Habla a todo el pueblo de la tierra y a los sacerdotes, y diles: "Cuando ustedes ayunaban y se lamentaban en el quinto y el séptimo *mes* durante estos setenta años, ¿ayunaban en verdad por Mí? **6** Y cuando comen y beben, ¿no comen y beben para ustedes mismos? **7** ¿No son *estas* las palabras que el SEÑOR proclamó por medio de los antiguos profetas, cuando Jerusalén estaba habitada y próspera con sus ciudades a su alrededor, y el Neguev[1] y la tierra baja estaban habitados?"».

8 Entonces vino la palabra del SEÑOR a Zacarías: **9** «Así ha dicho el SEÑOR de los ejércitos: "Juicio verdadero juzguen, y misericordia y compasión practiquen cada uno con su hermano. **10** No opriman a la viuda, al huérfano, al extranjero ni al pobre, ni tramen el mal en sus corazones unos contra otros".

11 »Pero ellos rehusaron escuchar y volvieron la espalda rebelde y se taparon los oídos para no oír. **12** Y endurecieron sus corazones como el diamante para no oír la ley ni las palabras que el SEÑOR de los ejércitos había enviado por Su Espíritu, por medio de los antiguos profetas. Vino, pues, gran enojo de parte del SEÑOR de los ejércitos. **13** Y como Yo había clamado y ellos no habían querido escuchar, así ellos clamaron y Yo no quise escuchar», dice el SEÑOR de los ejércitos, **14** «sino que los dispersé en torbellino entre todas las naciones que no conocían. Y la tierra fue desolada tras ellos, sin que nadie fuera ni viniera; convirtieron la tierra deseable en desolación».

FUTURA PAZ Y PROSPERIDAD DE SIÓN

8 Y vino la palabra del SEÑOR de los ejércitos: **2** «Así dice el SEÑOR de los ejércitos: "He celado a Sión con gran celo, sí, con gran furor la he celado". **3** Así dice el SEÑOR: "Volveré a Sión y en medio de Jerusalén moraré. Y Jerusalén se llamará Ciudad de la Verdad[1], y el monte del SEÑOR de los ejércitos, monte Santo".

7:2 [1] I.e. Casa de Dios.   7:7 [1] I.e. región del sur.   8:3 [1] O *Fidelidad*.

⁴»Así dice el SEÑOR de los ejércitos: "Aún se sentarán ancianos y ancianas en las calles¹ de Jerusalén, cada uno con su bastón en la mano por causa de sus muchos días. ⁵ Y las calles de la ciudad se llenarán de muchachos y muchachas que jugarán en sus calles".

⁶»Así dice el SEÑOR de los ejércitos: "Si en aquellos días *esto* parece muy difícil a los ojos del remanente de este pueblo, ¿será también muy difícil a Mis ojos?", declara el SEÑOR de los ejércitos.

⁷»Así dice el SEÑOR de los ejércitos: "Yo salvaré a Mi pueblo de la tierra del oriente y de la tierra donde se pone el sol; ⁸ y los traeré y habitarán en medio de Jerusalén; y ellos serán Mi pueblo y Yo seré su Dios en verdad¹ y en justicia".

⁹ Así dice el SEÑOR de los ejércitos: "Sean fuertes sus manos, ustedes que escuchan en estos días estas palabras de la boca de los profetas, los cuales *hablaron* el día en que se pusieron los cimientos de la casa del SEÑOR de los ejércitos para la reedificación del templo. ¹⁰ Porque antes de aquellos días no había paga para hombre ni paga para el ganado; y no había paz para el que salía o entraba a causa del enemigo, y Yo puse a todos los hombres unos contra otros.

¹¹ "Pero ahora Yo no *trataré* al remanente de este pueblo como en los días pasados", declara el SEÑOR de los ejércitos. ¹² "Porque *habrá* simiente de paz: la vid dará su fruto, la tierra dará su producto y los cielos darán su rocío; y haré que el remanente de este pueblo herede todas estas cosas. ¹³ Y sucederá que como fueron maldición entre las naciones, casa de Judá y casa de Israel, así los salvaré para que sean bendición. No teman, *mas* sean fuertes sus manos".

¹⁴»Porque así dice el SEÑOR de los ejércitos: "Tal como me propuse hacerles mal cuando sus padres me hicieron enojar", dice el SEÑOR de los ejércitos, "y no me he arrepentido, ¹⁵ así me he propuesto en estos días volver a hacer bien a Jerusalén y a la casa de Judá. ¡No teman! ¹⁶ Estas son las cosas que deben hacer: díganse la verdad unos a otros, juzguen con verdad y con juicio de paz en sus puertas¹, ¹⁷ no tramen en su corazón el mal uno contra otro, ni amen el juramento falso; porque todas estas cosas son las que odio", declara el SEÑOR».

¹⁸ Entonces la palabra del SEÑOR de los ejércitos vino a mí: ¹⁹ «Así dice el SEÑOR de los ejércitos: "El ayuno del cuarto *mes*, el ayuno del quinto, el ayuno del séptimo y el ayuno del décimo *mes* se convertirán para la casa de Judá en gozo, alegría y fiestas alegres. Así que amen la verdad y la paz".

²⁰»Así dice el SEÑOR de los ejércitos: "*Y será* que aún vendrán pueblos y habitantes de muchas ciudades; ²¹ y los habitantes de una irán a otra, diciendo: 'Vamos sin demora a implorar el favor del SEÑOR, y a buscar al SEÑOR de los ejércitos. Yo también iré'. ²² Y vendrán muchos pueblos y naciones poderosas a buscar al SEÑOR de los ejércitos en Jerusalén y a implorar el favor del SEÑOR". ²³ Así dice el SEÑOR de los ejércitos: "En aquellos días diez hombres de todas las lenguas de las naciones tomarán el vestido de un

7:8-10
Zacarías le dijo al pueblo que mostraran misericordia y compasión
A lo largo de las Escrituras, Dios le dijo a su pueblo en varias ocasiones que no oprimieran a los demás, sino que les ofrecieran misericordia a aquellos que más la necesitaban: las viudas, los huérfanos, los extranjeros y los pobres.

7:14
Por qué el pueblo estaba disperso
Este era un castigo por desobedecer a Dios una y otra vez.

8:8
Dios da una promesa
Cuando Dios dijo: «Ellos serán Mi pueblo y Yo seré su Dios», estaba indicando que seguiría manteniendo el pacto con su pueblo.

8:16
Las puertas
Se refiere a las puertas de la ciudad, donde se trataban todos los asuntos, incluidas las cuestiones legales.

8:19
Diversos tiempos de ayuno
Los ayunos eran tiempos en los que se dejaba de comer como una señal de luto o tristeza. Los ayunos que se nombran en estos versículos originalmente eran para recordar las cosas que Babilonia había hecho, pero se convirtieron en fiestas (tiempos de alegría) por causa de la gracia de Dios hacia su pueblo.

8:4 ¹ O *plazas*.   8:8 ¹ O *fidelidad*.   8:16 ¹ I.e. *tribunales*.

judío, diciendo: 'Iremos con ustedes, porque hemos oído que Dios está con ustedes'"».

JUICIO CONTRA LAS NACIONES VECINAS

9 Profecía de la palabra del SEÑOR contra la tierra de Hadrac y Damasco, su lugar de reposo (porque hacia el SEÑOR están *puestos* los ojos de los hombres y de todas las tribus de Israel),

² Y también contra Hamat, que linda con ella,
 Y contra Tiro y Sidón, aunque sean muy sabias.
³ Tiro se ha edificado una fortaleza,
 Y ha amontonado plata como polvo
 Y oro como barro de las calles.
⁴ Pero el Señor la despojará,
 Arrojará al mar su riqueza
 Y ella será consumida por el fuego.
⁵ Ascalón *lo* verá y temerá,
 También Gaza, y se retorcerá con gran dolor,
 Lo mismo Ecrón, pues su esperanza ha sido
  confundida.
 Además, perecerá el rey de Gaza,
 Y Ascalón no será habitada.
⁶ Un *pueblo* bastardo habitará en Asdod,
 Y Yo destruiré el orgullo de los filisteos.
⁷ Quitaré la sangre de su boca,
 Y sus abominaciones de entre sus dientes.
 Entonces él será también un remanente para nuestro
  Dios,
 Será como una tribu en Judá,
 Y Ecrón *será* como el jebuseo.
⁸ Pero Yo acamparé junto a Mi casa como un guardián
 Para que nadie vaya ni venga,
 Y no pasará más sobre ellos el opresor,
 Porque ahora vigilo con Mis ojos.

RESTAURACIÓN DEL PUEBLO

⁹ ¡Regocíjate sobremanera, hija de Sión!
 ¡Da voces de júbilo, hija de Jerusalén!
 Tu Rey viene a ti,
 Justo y dotado de salvación,
 Humilde, montado en un asno,
 En un pollino, hijo de asna.
¹⁰ Destruiré el carro de Efraín
 Y el caballo de Jerusalén,
 Y el arco de guerra será destruido.
 Él hablará paz a las naciones,
 Y Su dominio será de mar a mar,
 Y desde el Río¹ hasta los confines de la tierra.

¹¹ En cuanto a ti, por la sangre de *Mi* pacto contigo,
 He librado a tus cautivos de la cisterna
 En la que no hay agua.
¹² Vuelvan a la fortaleza,

9:10 ¹ I.e. Éufrates.

9:9
Una profecía sobre el Mesías
Esta profecía trataba sobre el día en que Jesús visitaría Jerusalén (ver Mateo 21:5 y Juan 12:15) y el pueblo lo recibiría como su rey.

9:9
Por qué el rey montaría en un asno
Un asno o burro era un animal de paz, no de guerra. Los príncipes usaban asnos. (David y sus hijos montaban mulas).

9:11
Una cisterna sin agua
Las cisternas o pozos vacíos a veces se utilizaban como lugar para poner a los prisioneros.

Oh cautivos de la esperanza;
Hoy mismo anuncio
Que te restituiré el doble.

13 Porque entesaré a Judá como Mi arco,
Y cargaré el arco con Efraín.
Provocaré a tus hijos, oh Sión,
Contra tus hijos, oh Grecia,
Y te haré como espada de guerrero.

14 Entonces el SEÑOR aparecerá sobre ellos,
Y Su flecha saldrá como un rayo;
El Señor DIOS tocará la trompeta,
Y caminará en los torbellinos del sur.

15 El SEÑOR de los ejércitos los defenderá;
Ellos devorarán y pisotearán las piedras de la honda,
Beberán *y* alborotarán como *embriagados* de vino,
Se llenarán como tazón de sacrificio,
Empapados como las esquinas del altar.

16 Los salvará el SEÑOR su Dios aquel día
Como rebaño de Su pueblo;
Porque *como* piedras de una corona
Brillan sobre Su tierra.

17 Pues ¡cuánta es su gracia y cuánta su hermosura!
El trigo hará florecer a los jóvenes y el vino nuevo a
las vírgenes.

PROMESAS DE BENDICIÓN

10 Pidan lluvia al SEÑOR
En el tiempo de la lluvia tardía¹,
Al SEÑOR que hace los nubarrones;
Él les dará aguaceros,
Y hierba en el campo a cada uno.

2 Porque los terafines hablan iniquidad¹,
Y los adivinos ven visiones mentirosas,
Y cuentan sueños falsos;
En vano dan consuelo.
Por tanto, *el pueblo* vaga como ovejas,
Está afligido porque no hay pastor.

3 «Contra los pastores se enciende Mi ira,
Y a los machos cabríos castigaré.
Porque el SEÑOR de los ejércitos ha visitado Su
rebaño, la casa de Judá,
Y hará de ellos como Su caballo de honor en la batalla.

4 De Judá saldrá la piedra angular,
De él la clavija,
De él el arco de guerra,
De él todo gobernante; todos juntos.

5 Ellos serán como valientes,
Que en la batalla pisotean *al enemigo* en el barro de
las calles.
Pelearán, porque el SEÑOR *estará* con ellos,
Y serán avergonzados los que montan a caballo.

6 Fortaleceré la casa de Judá
Y la casa de José salvaré,

10:1
Por qué Zacarías le dice al pueblo que Dios controla el clima

Muchas personas adoraban a los dioses paganos y pensaban que el dios de la fertilidad, Baal, controlaba el clima. Dios quería que el pueblo supiera que él era quien estaba a cargo del clima y los cultivos.

10:1 ¹ O *de primavera.*   10:2 ¹ O *vanidad.*

Y los haré volver
Porque me he compadecido de ellos.
Serán como si no los hubiera rechazado,
Porque Yo soy el SEÑOR su Dios, y les responderé.
7 Efraín será como un valiente,
Y se alegrará su corazón como por el vino;
Sus hijos *lo* verán y se alegrarán,
Y se regocijará su corazón en el SEÑOR.
8 Y les silbaré para reunirlos,
Porque los he redimido;
Y serán tan numerosos como eran.
9 Cuando Yo los esparza entre los pueblos,
Aun en lejanas tierras se acordarán de Mí,
Y vivirán con sus hijos, y volverán.
10 Los haré volver de la tierra de Egipto,
Y de Asiria los recogeré;
Los traeré a la tierra de Galaad y del Líbano,
Hasta que no haya *sitio* para ellos.
11 Pasarán por el mar *de* la angustia,
Y Él herirá las olas en el mar
Y se secarán todas las profundidades del Nilo;
Y será abatido el orgullo de Asiria
Y apartado el cetro de Egipto.
12 Yo los fortaleceré en el SEÑOR,
Y en Su nombre andarán», declara el SEÑOR.

11 Abre tus puertas, Líbano,
Y consuma el fuego tus cedros.
2 Gime, ciprés, porque ha caído el cedro,
Porque los *árboles* majestuosos han sido derribados.
Giman, encinas de Basán,
Porque ha caído el bosque impenetrable.
3 Voz de gemido de pastores,
Porque su esplendor está arruinado;
Voz del rugido de leoncillos,
Porque derribada está la gloria del Jordán.

EL BUEN PASTOR Y EL FALSO

4 Así dice el SEÑOR mi Dios: «Apacienta las ovejas *destinadas* para la matanza. 5 Los que las compran las matan y salen sin ser castigados, y el que las vende dice: "¡Bendito sea el SEÑOR, porque me he enriquecido!"; y ni sus propios pastores se compadecen de ellas. 6 Pues Yo no me compadeceré más de los habitantes de esta tierra», declara el SEÑOR, «sino que haré que los hombres caigan cada uno en manos de otro y en manos de su rey; y ellos herirán la tierra y Yo no *los* libraré de sus manos». 7 Apacenté, pues, las ovejas *destinadas* para la matanza, esto es, los afligidos del rebaño. Y tomé para mí dos cayados: a uno lo llamé Gracia y al otro lo llamé Unión; y apacenté las ovejas.

8 Destruí a los tres pastores en un mes, pues mi alma se impacientó con ellos y su alma también se cansó de mí. 9 Entonces dije: «No los apacentaré *más*. La que ha de morir, que muera; y la que ha de ser destruida, que sea destruida; y las que queden, cómanse la carne unas a otras». 10 Tomé

11:9
Esta profecía se cumplió
Jerusalén se había negado a obedecer a Dios quedando expuesta a sus enemigos. Durante el asedio romano a Jerusalén en el año 70 d. C. muchos de sus habitantes, desesperados y enloquecidos a causa del hambre, recurrieron al canibalismo. Se cumplió así la palabra del profeta.

mi cayado Gracia y lo quebré para romper el pacto que yo había hecho con todos los pueblos. **11** En aquel mismo día fue roto el pacto; así los afligidos del rebaño que me observaban, conocieron que era la palabra del SEÑOR.

12 Y les dije: «Si les parece bien, denme mi paga; y si no, déjenla». Y pesaron como mi salario treinta *monedas* de plata. **13** Entonces el SEÑOR me dijo: «Arrójalo al alfarero (*ese* magnífico precio con que me valoraron)». Tomé pues, las treinta *monedas* de plata y las arrojé al alfarero en la casa del SEÑOR. **14** Y quebré mi segundo cayado, Unión, para romper la hermandad entre Judá e Israel.

15 Y el SEÑOR me dijo: «Toma otra vez los aperos de un pastor insensato. **16** Porque Yo voy a levantar en la tierra un pastor que no se preocupará de la que perece, ni buscará a la descarriada, ni curará a la herida, ni sustentará a la fuerte, sino que comerá la carne de la engordada y arrancará sus pezuñas.

17 ¡Ay del pastor inútil
Que abandona el rebaño!
¡*Caiga* la espada sobre su brazo
Y sobre su ojo derecho!
Su brazo se secará por completo,
Y su ojo derecho totalmente se oscurecerá».

LIBERACIÓN DE JERUSALÉN

12 Profecía, palabra del SEÑOR acerca de Israel. El SEÑOR, que extiende los cielos, pone los cimientos de la tierra y forma el espíritu del hombre dentro de él, declara: **2** «Yo haré de Jerusalén una copa de vértigo para todos los pueblos de alrededor, y cuando haya asedio contra Jerusalén, también lo habrá contra Judá. **3** Y sucederá en aquel día que haré de Jerusalén una piedra pesada para todos los pueblos. Todos los que la levanten serán severamente desgarrados, y contra ella se congregarán todas las naciones de la tierra.

4 »En aquel día», declara el SEÑOR, «heriré de espanto a todo caballo, y a su jinete, de locura. Pero sobre la casa de Judá abriré Mis ojos, mientras hiero de ceguera a todo caballo de los pueblos. **5** Entonces los jefes *de familias* de Judá dirán en su corazón: "Gran apoyo para nosotros son los habitantes de Jerusalén por el SEÑOR de los ejércitos, su Dios".

6 »En aquel día haré de los jefes *de familias* de Judá como brasero de fuego entre leños, y como antorcha ardiendo entre gavillas, y consumirán a diestra y a siniestra a todos los pueblos de alrededor, mientras que Jerusalén será habitada de nuevo en su lugar, en Jerusalén. **7** El SEÑOR salvará primero las tiendas de Judá, para que la gloria de la casa de David y la gloria de los habitantes de Jerusalén no se engrandezca sobre Judá. **8** En aquel día el SEÑOR defenderá a los habitantes de Jerusalén, y el débil entre ellos aquel día será como David, y la casa de David *será* como Dios, como el ángel del SEÑOR delante de ellos. **9** Y sucederá en aquel día que me dispondré a destruir a todas las naciones que vengan contra Jerusalén.

11:14
Una hermandad rota
Tras la muerte de Salomón, Israel se dividió en los reinos del norte y del sur, cada uno con su propio gobernante. Después de ese momento, las personas de los dos reinos no se llevaban bien.

12:2
Cómo Jerusalén les provocaría vértigo a otros pueblos
Este era un modo de decir que habría consecuencias terribles para aquellos a los que Dios castigaría.

12:10

«A quien han traspasado»
Esta era una profecía que predecía
que vendría un Mesías o Salvador.
Él sufriría sin merecerlo (ver Juan
19:37 y Apocalipsis 1:7). La profecía
se cumplió cuando las manos de
Jesús fueron traspasadas en la cruz.

13:1

Una fuente
Se refiere a un manantial natural
donde el agua brota de la tierra.

13:2

**Los profetas que fueron
eliminados**
Se trataba de falsos profetas. Aun
después de ser capturados, los falsos
profetas intentaron persuadir al
pueblo para que creyeran mentiras.

13:7

El pastor
Esta era una profecía sobre el
Mesías, el Buen Pastor. Jesús citó
estos versículos para describirse a sí
mismo, y habló de la dispersión de
las ovejas como una ilustración de
los apóstoles yendo por todo el mundo.

LAMENTO POR EL TRASPASADO

10 »Y derramaré sobre la casa de David y sobre los habitantes
de Jerusalén, el Espíritu de gracia y de súplica, y me mirarán
a Mí, a quien han traspasado. Y se lamentarán por Él, como
quien se lamenta por un hijo único, y llorarán por Él, como se
llora por un primogénito. **11** En aquel día habrá gran lamentación en Jerusalén, como la lamentación de Hadad Rimón en
la llanura de Meguido. **12** Y se lamentará la tierra, cada familia
por su lado: la familia de la casa de David por su lado, y sus
mujeres por su lado; la familia de la casa de Natán por su
lado, y sus mujeres por su lado; **13** la familia de la casa de Leví
por su lado, y sus mujeres por su lado; la familia de los simeí-
tas por su lado, y sus mujeres por su lado; **14** todas las demás
familias, cada familia por su lado, y sus mujeres por su lado.

PURIFICACIÓN DE ISRAEL

13 »En aquel día habrá una fuente abierta para la casa de
David y para los habitantes de Jerusalén, para *lavar* el
pecado y la impureza.

2 »Y sucederá en aquel día», declara el SEÑOR de los ejércitos, «que eliminaré de la tierra los nombres de los ídolos,
y nunca más serán recordados; también Yo quitaré de la
tierra a los profetas y al espíritu inmundo. **3** Y sucederá
que si alguien profetiza todavía, su padre y su madre que
lo engendraron le dirán: "No vivirás porque has hablado
falsamente en el nombre del SEÑOR"; y su padre y su
madre que lo engendraron lo traspasarán mientras
profetiza.

4 »También sucederá aquel día que los
profetas se avergonzarán cada uno de su
visión cuando profetice, y no se vestirán
con el manto de piel para engañar, **5** sino
que *cada uno* dirá: "No soy profeta, soy
labrador de la tierra, porque un hombre me
vendió como esclavo en mi juventud".

6 »Y *alguien* le dirá: "¿Qué son esas heridas en tu
cuerpo?". Y él responderá: "*Son aquellas* con que fui
herido en casa de mis amigos".

7 »Despierta, espada, contra Mi pastor,
Y contra el hombre compañero Mío»,
Declara el SEÑOR de los ejércitos.
«Hiere al Pastor y se dispersarán las ovejas,
Y volveré Mi mano contra los pequeños.

8 Y sucederá en toda la tierra»,
declara el SEÑOR,
«Que dos partes serán cortadas en ella, *y* perecerán;
Pero la tercera quedará en ella.

9 Y meteré la tercera parte en el fuego,
Los refinaré como se refina la plata,
Y los probaré como se prueba el oro.
Invocarán Mi nombre,
Y Yo les responderé;
Diré: "Ellos son Mi pueblo",
Y ellos dirán: "El SEÑOR es mi Dios"».

REINO UNIVERSAL DE DIOS

14 Viene el día del SEÑOR en el cual serán repartidos tus despojos en medio de ti. **2** Porque Yo reuniré a todas las naciones en batalla contra Jerusalén; y será tomada la ciudad y serán saqueadas las casas y violadas las mujeres. La mitad de la ciudad será desterrada, pero el resto del pueblo no será cortado de la ciudad. **3** Entonces saldrá el SEÑOR y peleará contra aquellas naciones, como cuando Él peleó el día de la batalla. **4** Sus pies se posarán aquel día en el monte de los Olivos, que está frente a Jerusalén, al oriente; y el monte de los Olivos se hendirá por el medio, de oriente a occidente, *formando* un enorme valle, y una mitad del monte se apartará hacia el norte y la otra mitad hacia el sur. **5** Ustedes huirán al valle de Mis montes, porque el valle de los montes llegará hasta Azal. Huirán tal como huyeron a causa del terremoto en los días de Uzías, rey de Judá. Entonces vendrá el SEÑOR mi Dios, y todos los santos con Él. **6** Y sucederá que en aquel día no habrá luz; las luminarias se oscurecerán. **7** Será un día único, conocido solo del SEÑOR, ni día ni noche; y sucederá que a la hora de la tarde habrá luz. **8** En aquel día brotarán aguas vivas de Jerusalén, una mitad hacia el mar oriental y la otra mitad hacia el mar occidental, será lo mismo en verano que en invierno.

9 El SEÑOR será Rey sobre toda la tierra. En aquel día el SEÑOR será uno, y uno Su nombre. **10** Toda la tierra se volverá como una llanura desde Geba hasta Rimón, al sur de Jerusalén. Pero *esta* se levantará y será habitada en su lugar desde la puerta de Benjamín hasta el lugar de la puerta Primera, hasta la puerta del Ángulo, y *desde* la torre de

14:8
El mar oriental y el mar occidental

El mar oriental se refiere al mar Muerto o mar Salado, que tiene la superficie más baja de toda la tierra: unos 427 metros por debajo del nivel del mar. El mismo mide unos 50 por 14.5 kilómetros y es casi diez veces más salado que el océano. El mar occidental es una referencia al mar Mediterráneo o mar Grande.

PROFECÍAS MESIÁNICAS EN ZACARÍAS

El profeta Zacarías profetiza sobre la semana final del ministerio de Cristo.

Entrará en Jerusalén montado en un asno
9:9 (cumplida en Mateo 21:1-5)

Será vendido por treinta monedas de plata, que luego son utilizadas para comprar el campo de un alfarero
11:12-13 (cumplida en Mateo 26:15; 27:7)

Será traspasado
12:10 (cumplida en Juan 19:34-37)

Sus discípulos lo abandonarán
13:7 (cumplida en Mateo 26:31,56)

Hananeel hasta los lagares del rey. **11** Y habitarán en ella y no habrá más maldición; y Jerusalén habitará en seguridad.

12 Esta será la plaga con que el SEÑOR herirá a todos los pueblos que han hecho guerra contra Jerusalén: se pudrirá su carne estando ellos aún de pie, y se pudrirán sus ojos en sus cuencas, y su lengua se pudrirá en su boca. **13** Y sucederá que en aquel día habrá entre ellos un gran pánico del SEÑOR; y cada uno agarrará la mano de su prójimo, y la mano de uno se levantará contra la mano de su prójimo. **14** También Judá peleará en Jerusalén; y se amontonarán las riquezas de todas las naciones circunvecinas: oro, plata y vestidos en gran abundancia. **15** Como aquella plaga así será la plaga del caballo, del mulo, del camello, del asno y de todos los animales que haya en aquellos campamentos.

16 Y sucederá que todo sobreviviente de todas las naciones que fueron contra Jerusalén subirán de año en año para adorar al Rey, SEÑOR de los ejércitos, y para celebrar la Fiesta de los Tabernáculos[j]. **17** Y sucederá que los de las familias de la tierra que no suban a Jerusalén para adorar al Rey, SEÑOR de los ejércitos, no recibirán lluvia sobre ellos. **18** Y si la familia de Egipto no sube ni viene, entonces sobre ellos no *habrá lluvia;* será la plaga con la cual el SEÑOR herirá a las naciones que no suban a celebrar la Fiesta de los Tabernáculos. **19** Este será el castigo de Egipto y el castigo de todas las naciones que no suban a celebrar la Fiesta de los Tabernáculos.

20 En aquel día estará *grabado* en los cascabeles de los caballos: «SANTIDAD AL SEÑOR». Y serán las ollas en la casa del SEÑOR como los tazones delante del altar. **21** Toda olla en Jerusalén y en Judá será consagrada al SEÑOR de los ejércitos. Todos los que ofrezcan sacrificios vendrán y tomarán de ellas y en ellas cocerán. Y no habrá más mercader en la casa del SEÑOR de los ejércitos en aquel día.

14:18
Cómo la sequía afectaría a Egipto
La lluvia era necesaria para hacer crecer el río Nilo de modo que inundara sus orillas y depositara tierra rica para los cultivos.

14:20
La frase «SANTIDAD AL SEÑOR» se encontraba grabada en lugares especiales
También estaba grabada en la placa de oro que llevaba el sumo sacerdote en su tiara (Éxodo 28:36-38) como recordatorio de su dedicación al servicio del Señor.

14:16 *j* O *de las enramadas.*

Malaquías

¿QUIÉN ESCRIBIÓ ESTE LIBRO?	El profeta Malaquías
¿POR QUÉ SE ESCRIBIÓ ESTE LIBRO?	El libro de Malaquías muestra cómo los niños del pueblo que regresó a Judá desde Babilonia se habían alejado de Dios.
¿QUÉ APRENDEMOS SOBRE DIOS EN ESTE LIBRO?	Dios se merece lo mejor de nosotros. El Señor recordará a aquellos que lo aman y hablan de él.
¿QUÉ TIENE DE ESPECIAL ESTE LIBRO?	El profeta responde a las preguntas ingenuas que hace el pueblo. Sus respuestas nos enseñan cómo mostrarle amor a Dios.
¿CUÁLES SON ALGUNOS DE LOS VERSÍCULOS MÁS IMPORTANTES DE ESTE LIBRO?	Honrar a Dios — Malaquías 1:6-11 Robarle a Dios — Malaquías 3:6-12 El tesoro más preciado de Dios — Malaquías 3:16-18

Lingotes de plata encontrados en una vasija de arcilla en En Gadi. Malaquías 3:2-3 utiliza la metáfora de que el Señor hace pasar a su pueblo por el fuego del fundidor para hacerlo puro y refinado como el oro y la plata.

Todd Bolen/www.BiblePlaces.com, tomada en el Museo de Israel

EL AMOR DE DIOS POR ISRAEL

1 Oráculo[1] de la palabra del SEÑOR a Israel por medio de Malaquías[2].

2 «Yo los he amado», dice el SEÑOR. Pero ustedes dicen: «¿En qué nos has amado?». «¿No *era* Esaú hermano de Jacob?», declara el SEÑOR. «Sin embargo, Yo amé a Jacob, 3 y aborrecí a Esaú, e hice de sus montes desolación, y *di* su heredad a los chacales del desierto». 4 Aunque Edom dice: «Hemos sido destruidos, pero volveremos y edificaremos las ruinas», el SEÑOR de los ejércitos dice así: «Ellos edificarán, pero Yo destruiré. Y los llamarán territorio impío y pueblo contra quien el SEÑOR está indignado para siempre». 5 Sus ojos lo verán, y ustedes dirán: «Sea engrandecido el SEÑOR más allá de la frontera de Israel».

REPRENSIÓN A LOS SACERDOTES

6 «El hijo honra a *su* padre, y el siervo a su señor. Pues si Yo soy padre, ¿dónde está Mi honor? Y si Yo soy señor, ¿dónde está Mi temor?», dice el SEÑOR de los ejércitos a ustedes sacerdotes que desprecian Mi nombre. Pero ustedes dicen: «¿En qué hemos despreciado Tu nombre?». 7 «En que ustedes ofrecen pan inmundo sobre Mi altar. Y ustedes preguntan: "¿En qué te hemos deshonrado?". En que dicen: "La mesa del SEÑOR es despreciable". 8 Y cuando presentan un *animal* ciego para el sacrificio, ¿no es eso malo? Y cuando presentan el cojo y el enfermo, ¿no es eso malo? ¿Por qué no lo ofreces a tu gobernador? ¿Se agradaría de ti o te recibiría con benignidad?» dice el SEÑOR de los ejércitos. 9 «Ahora pues, ¿no pedirán ustedes el favor de Dios, para que se apiade de nosotros? Con tal ofrenda de su parte, ¿los recibirá Él con benignidad?», dice el SEÑOR de los ejércitos.

10 «¡Oh, *si hubiera* entre ustedes quien cerrara las puertas para que no encendieran Mi altar en vano! No me complazco en ustedes», dice el SEÑOR de los ejércitos, «ni de su mano aceptaré ofrenda. 11 Porque desde la salida del sol hasta su puesta, Mi nombre *será* grande entre las naciones, y en todo lugar se ofrecerá incienso a Mi nombre, y ofrenda pura de cereal; porque grande *será* Mi nombre entre las naciones», dice el SEÑOR de los ejércitos. 12 «Pero ustedes lo profanan, cuando dicen: "La mesa del Señor es inmunda, y su fruto, su alimento despreciable"». 13 «También dicen: "¡Ay, qué fastidio!". Y con indiferencia lo desprecian», dice el SEÑOR de los ejércitos, «y traen lo robado, o cojo, o enfermo; así traen la ofrenda. ¿Aceptaré eso de su mano?», dice el SEÑOR. 14 «¡Maldito sea el engañador que tiene un macho en su rebaño, y lo promete, pero sacrifica un animal dañado al Señor! Porque Yo soy el Gran Rey», dice el SEÑOR de los ejércitos, «y Mi nombre es temido[1] entre las naciones».

2 «Y ahora, para ustedes, sacerdotes, es este mandamiento. 2 Si no escuchan, y si no deciden de corazón dar honor a Mi nombre», dice el SEÑOR de los ejércitos, «enviaré sobre ustedes maldición; y maldeciré sus bendiciones; y en verdad, *ya* las he maldecido, porque no *lo* han decidido de corazón.

1:7-8
Los sacerdotes contaminaban el altar de Dios
Los sacerdotes ofrecían animales que no estaban en perfectas condiciones. Esto significaba desobedecer las leyes de Dios sobre los sacrificios. Era como un insulto a él.

1:14
Los animales apropiados para el sacrificio
Un animal sacrificado para cumplir con un voto debía ser un macho sin defecto o mancha. (Ver Levítico 22:18-21).

2:2
Si Dios maldecía a los sacerdotes...
El trabajo de los sacerdotes era anunciar las bendiciones de Dios. Si ellos estaban malditos, sus bendiciones se convertirían en maldiciones y su función sacerdotal no tendría ningún valor.

1:1 [1] O *Profecía*.   [2] O *Mi mensajero*.   1:14 [1] O *reverenciado*.

3 Yo reprenderé a su descendencia, y les echaré estiércol a la cara, el estiércol de sus fiestas, y serán llevados con él. **4** Entonces sabrán que les he enviado este mandamiento para que Mi pacto siga con Leví», dice el SEÑOR de los ejércitos.

5 «Mi pacto con él era de vida y paz, las cuales le di para que *me* reverenciara; y él me reverenció, y estaba lleno de temor ante Mi nombre. **6** La verdadera instrucción[1] estaba en su boca, y no se hallaba iniquidad en sus labios; en paz y rectitud caminaba conmigo, y apartaba a muchos de la iniquidad. **7** Pues los labios del sacerdote deben guardar la sabiduría, y *los hombres* deben buscar la instrucción de su boca, porque él es el mensajero del SEÑOR de los ejércitos. **8** Pero ustedes se han desviado del camino, han hecho tropezar a muchos en la ley, han corrompido el pacto de Leví», dice el SEÑOR de los ejércitos. **9** «Por eso Yo también los he hecho despreciables y viles ante todo el pueblo, así como ustedes no han guardado Mis caminos y hacen acepción de personas al aplicar la ley.

ABOMINACIONES DEL PUEBLO

10 »¿No tenemos todos un mismo padre? ¿No nos ha creado un mismo Dios? ¿Por qué nos portamos deslealmente unos contra otros, profanando el pacto de nuestros padres? **11** Deslealmente ha obrado Judá. Una abominación se ha cometido en Israel y en Jerusalén; porque Judá ha profanado el santuario del SEÑOR, que Él ama, y se ha casado con la hija de un dios extraño. **12** Que el SEÑOR extermine de las tiendas

2:6 [1] O ley.

2:6-7
El rol de los sacerdotes
Además de ofrecer sacrificios, los sacerdotes debían enseñar la ley.

PERSONAJES OPUESTOS

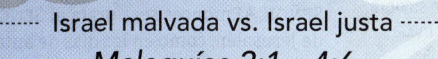

◄········ Israel malvada vs. Israel justa ········►

Malaquías 2:1—4:6

Los sacerdotes deshonran a Dios	Los sacerdotes reverencian a Dios
Los sacerdotes corrompen el pacto	Los sacerdotes preservan la sabiduría
Las enseñanzas de los sacerdotes hacen tropezar a muchos	Los sacerdotes ofrecen instrucción verdadera
Algunos hombres se casan con mujeres paganas	La gente tiene temor de Dios
Las personas eran hechiceras, adúlteras y opresoras	Las personas serán refinadas y purificadas
La gente se queda con las ofrendas que son para Dios	Los justos le traen ofrendas a Dios
El pueblo está bajo una maldición por causa de su desobediencia	Elías evita que Dios maldiga la tierra

de Jacob al hombre que hace esto (sea testigo o defensor) aunque presente una ofrenda al SEÑOR de los ejércitos.

13 »Y esta otra cosa hacen: cubren el altar del SEÑOR de lágrimas, llantos y gemidos, porque Él ya no mira la ofrenda ni *la* acepta *con* agrado de su mano. **14** Y ustedes dicen: "¿Por qué?". Porque el SEÑOR ha sido testigo entre tú y la mujer de tu juventud, contra la cual has obrado deslealmente, aunque ella es tu compañera y la mujer de tu pacto. **15** Pero ninguno que tenga un remanente del Espíritu lo ha hecho *así*. ¿Y qué hizo este mientras buscaba una descendencia de parte de Dios? Presten atención, pues, a su espíritu; no seas desleal con la mujer de tu juventud. **16** Porque Yo detesto el divorcio», dice el SEÑOR, Dios de Israel, «y al que cubre de iniquidad su vestidura», dice el SEÑOR de los ejércitos. «Presten atención, pues, a su espíritu y no sean desleales».

17 Ustedes han cansado al SEÑOR con sus palabras. Y dicen: «¿En qué *lo* hemos cansado?». Cuando dicen: «Todo el que hace mal es bueno a los ojos del SEÑOR, y en ellos Él se complace; o: ¿Dónde está el Dios de la justicia?».

EL DÍA DEL JUICIO

3 «Yo envío a Mi mensajero[1], y él preparará el camino delante de Mí. Y vendrá de repente a Su templo el Señor a quien ustedes buscan; el mensajero del pacto en quien ustedes se complacen, ya viene», dice el SEÑOR de los ejércitos. **2** «¿Pero quién podrá soportar el día de Su venida? ¿Y quién podrá mantenerse en pie cuando Él aparezca? Porque Él es como fuego de fundidor y como jabón de lavanderos. **3** Y Él se sentará como fundidor y purificador de plata, y purificará a los hijos de Leví y los acrisolará como a oro y como a plata, y serán los que presenten ofrendas en justicia al SEÑOR. **4** Entonces será grata al SEÑOR la ofrenda de Judá y de Jerusalén, como en los días de antaño y como en los años pasados. **5** Me acercaré a ustedes para el juicio, y seré un testigo veloz contra los hechiceros, contra los adúlteros, contra los que juran en falso y contra los que oprimen al jornalero en su salario, a la viuda y al huérfano, *contra* los que niegan *el derecho* del extranjero y los que no me temen», dice el SEÑOR de los ejércitos. **6** «Porque Yo, el SEÑOR, no cambio; por eso ustedes, oh hijos de Jacob, no han sido consumidos.

EL PAGO DE LOS DIEZMOS

7 »Desde los días de sus padres se han apartado de Mis estatutos y no los han guardado. Vuelvan a Mí y Yo volveré a ustedes», dice el SEÑOR de los ejércitos. «Pero dicen: "¿Cómo hemos de volver?".

FIDELIDAD DE LAS OFRENDAS

8 »¿Robará el hombre a Dios? Pues ustedes me están robando. Pero dicen: "¿En qué te hemos robado?". En los diezmos y en las ofrendas. **9** Con maldición están malditos, porque ustedes, la nación entera, me están robando. **10** Traigan todo el diezmo al alfolí[1], para que haya alimento en Mi casa; y

3:1
Un mensajero especial
Se trataba de Juan el Bautista, quien vendría antes que Jesús y prepararía el camino para que las personas lo conocieran.

3:2
El día de su venida
Se refiere al día en que el Señor venga a la tierra y complete su obra en la historia. Todas las promesas de Dios se cumplirán ese día.

3:10
Alfolí
El alfolí era una habitación en el templo en la que se atesoraban la mercadería y los objetos valiosos.

3:1 [1] O *ángel*.   3:10 [1] Lit. *a la casa del tesoro*.

pónganme ahora a prueba en esto», dice el SEÑOR de los ejércitos, «si no les abro las ventanas de los cielos, y derramo para ustedes bendición hasta que sobreabunde. **11** Por ustedes reprenderé al devorador, para que no les destruya los frutos del suelo, ni su vid en el campo sea estéril», dice el SEÑOR de los ejércitos. **12** «Y todas las naciones los llamarán a ustedes bienaventurados, porque serán una tierra de delicias», dice el SEÑOR de los ejércitos.

EL JUSTO Y EL INJUSTO

13 «Las palabras de ustedes han sido duras contra Mí», dice el SEÑOR. «Pero dicen: "¿Qué hemos hablado contra Ti?". **14** Ustedes han dicho: "En vano es servir a Dios. ¿Qué provecho hay en que guardemos Sus ordenanzas y en que andemos de duelo delante del SEÑOR de los ejércitos? **15** Por eso ahora llamamos bienaventurados a los soberbios. No solo prosperan los que hacen el mal, sino que también ponen a prueba a Dios y escapan *sin ser castigados*"».

16 Entonces los que temían[1] al SEÑOR se hablaron unos a otros, y el SEÑOR prestó atención y escuchó, y fue escrito delante de Él un libro memorial para los que temen[2] al SEÑOR y para los que estiman Su nombre. **17** «Y ellos serán Míos», dice el SEÑOR de los ejércitos, «el día en que Yo prepare *Mi* tesoro especial, y los perdonaré como un hombre perdona al hijo que le sirve». **18** Entonces volverán a distinguir entre el justo y el impío, entre el que sirve a Dios y el que no le sirve.

EL GRAN DÍA DEL SEÑOR

4 **1** «Porque viene el día, ardiente como un horno, y todos los soberbios y todos los que hacen el mal serán como paja; y el día que va a venir les prenderá fuego», dice el SEÑOR de los ejércitos, «que no les dejará ni raíz ni rama. **2** Pero para ustedes que temen[1] Mi nombre, se levantará el sol de justicia con la salud en sus alas; y saldrán y saltarán como terneros del establo. **3** Y ustedes pisotearán a los impíos, pues ellos serán ceniza bajo las plantas de sus pies el día en que Yo actúe», dice el SEÑOR de los ejércitos.

4 «Acuérdense de la ley de Mi siervo Moisés, de los estatutos y las ordenanzas que Yo le di en Horeb para todo Israel. **5** Yo les envío al profeta Elías antes que venga el día del SEÑOR, *día* grande y terrible. **6** Él hará volver el corazón de los padres hacia los hijos, y el corazón de los hijos hacia los padres, no sea que Yo venga y hiera la tierra con maldición[1]».

4:2
«El sol de justicia»
Dios y su gloria son comparados con el sol en Isaías 60:19. Jesús, el Mesías, sería el sol asomando desde el cielo. (Ver Lucas 1:78-79).

3:16 [1] O *reverenciaban*.   [2] O *reverencian*.   4:1 [1] En el texto heb. cap. 3:19.
4:2 [1] O *reverencian*.   4:6 [1] O *destrucción total*.

Nuevo testamento

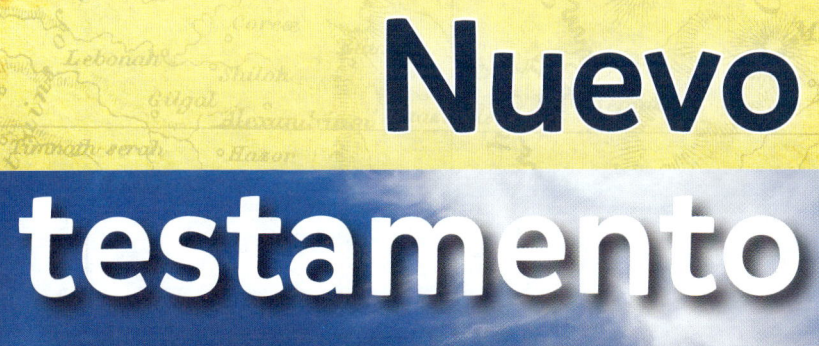

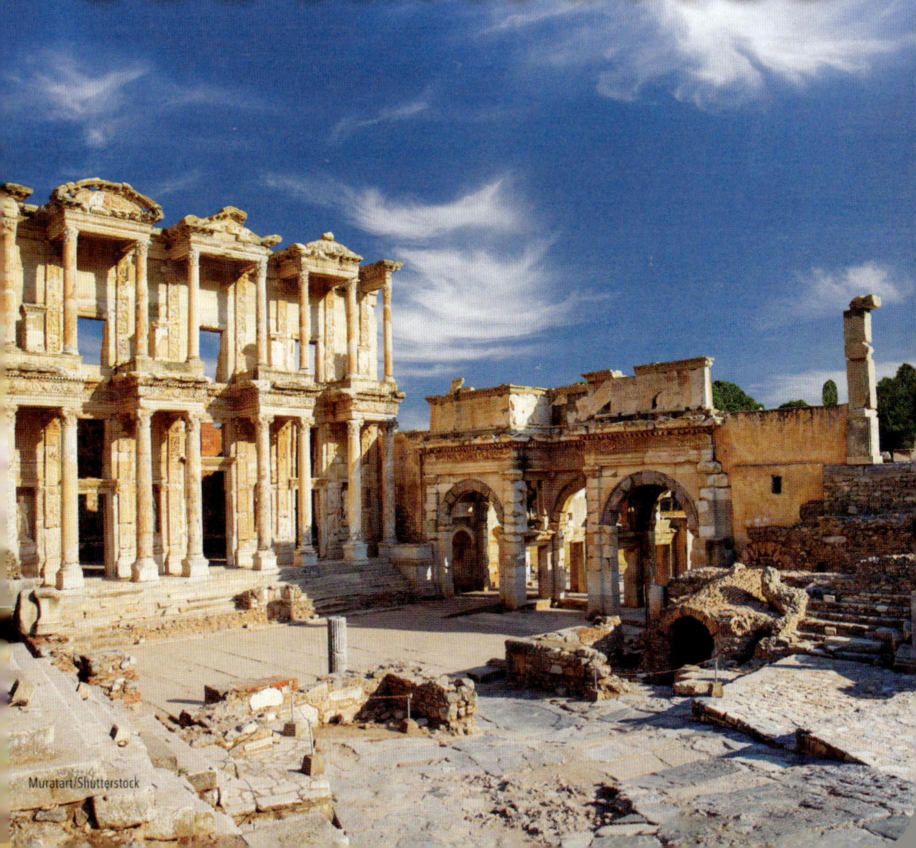

Muratart/Shutterstock

Mateo

¿QUIÉN ESCRIBIÓ ESTE LIBRO?	Mateo, uno de los doce discípulos de Jesús, escribió este libro.
¿POR QUÉ SE ESCRIBIÓ ESTE LIBRO?	El Evangelio de Mateo les muestra a los judíos que Jesús es el Mesías prometido en el Antiguo Testamento.
¿PARA QUIÉN FUE ESCRITO ESTE LIBRO?	Mateo fue escrito para el pueblo judío.
¿QUÉ OCURRE EN ESTE LIBRO?	Este libro habla del nacimiento de Jesús, su vida como adulto, sus enseñanzas, muerte y resurrección.
¿QUIÉN ES EL PERSONAJE PRINCIPAL DE ESTE LIBRO?	Jesús es la persona más importante de este libro.
¿DÓNDE SUCEDIERON ESTAS COSAS?	La mayoría de los acontecimientos sucedieron en ciudades de Galilea. (Mira los mapas de la región al final de esta Biblia).
¿CUÁLES SON ALGUNAS DE LAS HISTORIAS DE ESTE LIBRO?	La oración del Señor — Mateo 6:9-13 Jesús alimenta a cinco mil personas — Mateo 14:13-21 La oveja perdida — Mateo 18:10-14 Jesús entra en Jerusalén — Mateo 21:1-11 Jesús es crucificado — Mateo 27:32-56 Jesús vuelve a la vida — Mateo 28:1-10 La gran comisión de Jesús — Mateo 28:16-20

**Vista aérea de Capernaúm.
Mateo se encontró allí con Jesús
y fue llamado a ser un discípulo
(Mateo 9:9).**
Bill Schlegel/www.BiblePlaces.com

1:1-17
Por qué Mateo incluyó una genealogía

Mateo les estaba escribiendo a los judíos y quería mostrarles que Jesús descendía tanto de Abraham como de David, lo que significaba que Jesús cumplía las profecías de Dios sobre el Mesías.

1:3, 5-6, 16
Las mujeres en la genealogía

Mateo incluyó a cinco mujeres en la genealogía: Tamar, Rahab, Rut, Betsabé y María. Las primeras tres de estas mujeres no eran judías, personas que también se conocían como gentiles. Es posible que Mateo estuviera mostrando que el reino de Dios no se limita a los hombres o al pueblo de Israel.

1:18
Un compromiso de matrimonio

Esto significaba un pacto serio, mucho más que cuando una pareja se compromete hoy en día. Un compromiso de matrimonio solo podía romperse mediante un divorcio, aunque el hombre y la mujer aún no se hubieran convertido en esposo y esposa.

GENEALOGÍA DE JESUCRISTO

1 Libro de la genealogía[1] de Jesucristo[2], hijo[3] de David, hijo[3] de Abraham.

2 Abraham fue padre de Isaac, Isaac de Jacob, y Jacob de Judá y de sus hermanos; 3 Judá fue padre de Fares y de Zara, cuya madre fue Tamar; Fares fue padre de Esrom, y Esrom de Aram[1]; 4 Aram fue padre de Aminadab, Aminadab de Naasón, y Naasón de Salmón; 5 Salmón fue padre de Booz, cuya madre fue Rahab; Booz fue padre de Obed, cuya madre fue Rut; y Obed fue padre de Isaí; 6 Isaí fue padre del rey David.

Y David fue padre de Salomón, cuya madre Betsabé había sido mujer de Urías[1]. 7 Salomón fue padre de Roboam, Roboam de Abías, y Abías de Asa[1]; 8 Asa fue padre de Josafat, Josafat de Joram, y Joram de Uzías; 9 Uzías fue padre de Jotam, Jotam de Acaz, y Acaz de Ezequías; 10 Ezequías fue padre de Manasés, Manasés de Amón[1], y Amón[1] de Josías; 11 Josías fue padre de Jeconías[1] y de sus hermanos durante la[2] deportación a Babilonia.

12 Después de la deportación a Babilonia, Jeconías fue padre de Salatiel, y Salatiel de Zorobabel; 13 Zorobabel fue padre de Abiud, Abiud de Eliaquim, y Eliaquim de Azor; 14 Azor fue padre de Sadoc, Sadoc de Aquim, y Aquim de Eliud; 15 Eliud fue padre de Eleazar, Eleazar de Matán, y Matán de Jacob; 16 Jacob fue padre de José, el marido de María, de la cual nació Jesús, llamado el Cristo[1].

17 De manera que todas las generaciones desde Abraham hasta David son catorce generaciones; y desde David hasta la deportación a Babilonia, catorce generaciones; y desde la deportación a Babilonia hasta Cristo, catorce generaciones.

NACIMIENTO DE JESUCRISTO

18 El nacimiento de Jesucristo fue como sigue: estando Su madre María comprometida para casarse con José, antes de que se llevara a cabo el matrimonio[1], se halló que había concebido por *obra del* Espíritu Santo. 19 Entonces José su marido, siendo un hombre justo y no queriendo denunciarla públicamente, quiso abandonarla[1] en secreto. 20 Pero mientras pensaba en esto, se le apareció en sueños un ángel del Señor, diciéndole: «José, hijo de David, no temas recibir a María tu mujer, porque el Niño[1] que se ha engendrado en ella es del Espíritu Santo. 21 Y dará a luz un Hijo, y le pondrás por nombre Jesús, porque Él salvará a Su pueblo de sus pecados».

22 Todo esto sucedió[1] para que se cumpliera lo que el Señor había hablado por medio del profeta[2], diciendo: 23 «HE AQUÍ, LA VIRGEN CONCEBIRÁ Y DARÁ A LUZ UN HIJO, Y LE PONDRÁN POR NOMBRE EMMANUEL», que traducido significa: «DIOS CON NOSOTROS». 24 Cuando José despertó[1] del sueño, hizo como el ángel del Señor le había mandado, y tomó consigo a *María como* su mujer; 25 y la conservó virgen[1] hasta que dio a luz un Hijo[2]; y le puso por nombre Jesús.

1:1 [1] O los antepasados.   [2] O Jesús el Mesías.   [3] O descendiente.   1:3 [1] En Rut 4:19, Ram.   1:6 [1] Lit. la de Urías.   1:7 [1] En el texto gr. Asaf.   1:10 [1] En el gr. Amós.   1:11 [1] I.e. llamado también Joaquín.   [2] O al tiempo de la.   1:16 [1] I.e. el Mesías, y así en el resto del cap.   1:18 [1] Lit. antes de que se juntaran.   1:19 [1] O divorciarse de ella.   1:20 [1] Lit. lo que.   1:22 [1] O ha sucedido.   [2] I.e. Isaías.   1:24 [1] Lit. Levantándose.   1:25 [1] Lit. no la conoció.   [2] Algunos mss. antiguos dicen: su hijo primogénito.

VISITA DE LOS SABIOS

2 Después de nacer Jesús en Belén de Judea, en tiempos[1] del rey Herodes, unos sabios[2,3] del oriente llegaron a Jerusalén, preguntando: 2 «¿Dónde está el Rey de los judíos que ha nacido? Porque vimos Su estrella en el oriente y lo hemos venido a adorar». 3 Cuando *lo* oyó el rey Herodes, se turbó, y toda Jerusalén con él. 4 Entonces, el rey reunió a todos los principales sacerdotes y escribas del pueblo, y averiguó de ellos dónde había de nacer el Cristo. 5 Y ellos le dijeron: «En Belén de Judea, porque así está escrito por el[1] profeta:

6   "Y TÚ, BELÉN, TIERRA DE JUDÁ,
      DE NINGÚN MODO ERES LA MÁS PEQUEÑA
        ENTRE LOS PRÍNCIPES DE JUDÁ;
      PORQUE DE TI SALDRÁ UN GOBERNANTE
        QUE PASTOREARÁ A MI PUEBLO ISRAEL"».

7 Entonces Herodes llamó a los sabios en secreto y de ellos determinó el tiempo exacto en que había aparecido la estrella. 8 Y enviándolos a Belén, dijo: «Vayan y busquen con diligencia al Niño; y cuando *lo* encuentren, avísenme para que yo también vaya y lo adore».

9 Después de oír al rey, los sabios se fueron; y la estrella que habían visto en el oriente iba delante de ellos, hasta que llegó y se detuvo sobre *el lugar* donde estaba el Niño. 10 Cuando vieron la estrella, se regocijaron mucho con gran alegría. 11 Entrando en la casa, vieron al Niño con Su madre María, y postrándose lo adoraron; y abriendo sus tesoros le presentaron obsequios de oro, incienso y mirra. 12 Y habiendo sido advertidos *por Dios* en sueños que no volvieran a Herodes, se fueron para su tierra por otro camino.

HUIDA A EGIPTO

13 Después de haberse marchado ellos, un[1] ángel del Señor se apareció* a José en sueños, diciendo: «Levántate, toma al Niño y a Su madre y huye a Egipto, y quédate allí hasta que yo te diga; porque Herodes quiere buscar y matar al Niño[2]».

14 Y levantándose José, tomó de noche al Niño y a Su madre, y se trasladó a Egipto; 15 estuvo allá hasta la muerte de Herodes, para que se cumpliera lo que el Señor habló por medio del profeta, diciendo: «DE EGIPTO LLAMÉ A MI HIJO».

LA MATANZA DE LOS NIÑOS

16 Herodes, al verse burlado por los sabios, se enfureció en gran manera, y mandó matar a todos los niños que había en Belén y en todos sus alrededores, de dos años para abajo, según el tiempo que había averiguado de los sabios. 17 Entonces se cumplió lo que fue dicho por medio del profeta Jeremías, cuando dijo:

18   «SE OYÓ UNA VOZ EN RAMÁ,
       LLANTO Y GRAN LAMENTACIÓN;

2:1
El rey Herodes

Herodes el Grande gobernó Judea desde el 37 al 4 a. C. Fue un tirano que mató a muchos de sus familiares. Sin embargo, también construyó muchos anfiteatros, monumentos y altares espléndidos. Además, comenzó a reconstruir el templo de Jerusalén.

Monedas que honraban al rey Herodes.
Z. Radovan/www.BibleLandPictures.com

2:1
Sabios

Estos hombres probablemente eran astrólogos, tal vez de Persia o del sur de Arabia. Su mensaje molestó a Herodes, porque sabía que él no era el heredero legítimo del trono de Israel. Había sido nombrado rey luego de aliarse con los romanos.

2:11
Los sabios visitaron a Jesús

No lo visitaron cuando todavía estaba en el pesebre, sino en una casa muchos meses después. La Biblia no dice cuántos fueron, pero se supone que eran tres, ya que presentaron tres obsequios.

2:16
Herodes mata a los bebés en Belén

Belén era un pueblo pequeño, por lo que el número de bebés asesinados probablemente no fue grande. No obstante, aun así la orden resultaba cruel.

2:1 [1] Lit. *días*.   [2] I.e. magos, y así en el resto del cap.   [3] Gr. *magoi;* i.e. hombres que estudiaban astrología, medicina y ciencias naturales.   2:5 [1] Lit. *por medio del*.   2:13 [1] Lit. *he aquí un*.   [2] O *destruirle*.

RAQUEL QUE LLORA A SUS HIJOS,
Y QUE NO QUISO SER CONSOLADA
PORQUE *ya* NO EXISTEN».

REGRESO A NAZARET

19 Pero cuando murió Herodes, un ángel del Señor se apareció* en sueños a José en Egipto, diciéndole: **20** «Levántate, toma al Niño y a Su madre y vete a la tierra de Israel, porque los que atentaban contra[1] la vida del Niño han muerto».

21 Y levantándose, José tomó al Niño y a Su madre, y vino a la tierra de Israel. **22** Pero cuando oyó que Arquelao reinaba sobre Judea en lugar de su padre Herodes, tuvo miedo de ir allá; y advertido *por Dios* en sueños, se fue para la región de Galilea. **23** Cuando llegó, vivió en una ciudad llamada Nazaret, para que se cumpliera lo que fue dicho por medio de los profetas: «Él será llamado Nazareno».

PREDICACIÓN DE JUAN EL BAUTISTA

3 En aquellos días llegó* Juan el Bautista predicando en el desierto de Judea, diciendo: **2** «Arrepiéntanse, porque el reino de los cielos se ha acercado». **3** Porque este *Juan* es aquel a quien se refirió el[1] profeta Isaías, cuando dijo:

«VOZ DEL QUE CLAMA EN EL DESIERTO:
"PREPAREN EL CAMINO DEL SEÑOR,
HAGAN DERECHAS SUS SENDAS"».

4 Y él, Juan, tenía un[1] vestido de pelo de camello y un cinto de cuero a la cintura; y su comida era de langostas[2] y miel silvestre. **5** Entonces Jerusalén, toda Judea y toda la región alrededor

2:20 [1] Lit. *buscaban.*   3:3 [1] Lit. *por medio del.*   3:4 [1] Lit. *su.*   [2] O *saltamontes.*

3:7
Fariseos y saduceos
Los fariseos eran un grupo de líderes religiosos que obedecían estrictamente las leyes de Moisés y las demás leyes judías que no se encontraban escritas. Los saduceos representaban a las clases ricas y sofisticadas. Eran más mundanos y políticos que los fariseos. Ellos negaban la existencia de la resurrección, de los ángeles y los espíritus.

LA INFANCIA DE JESÚS

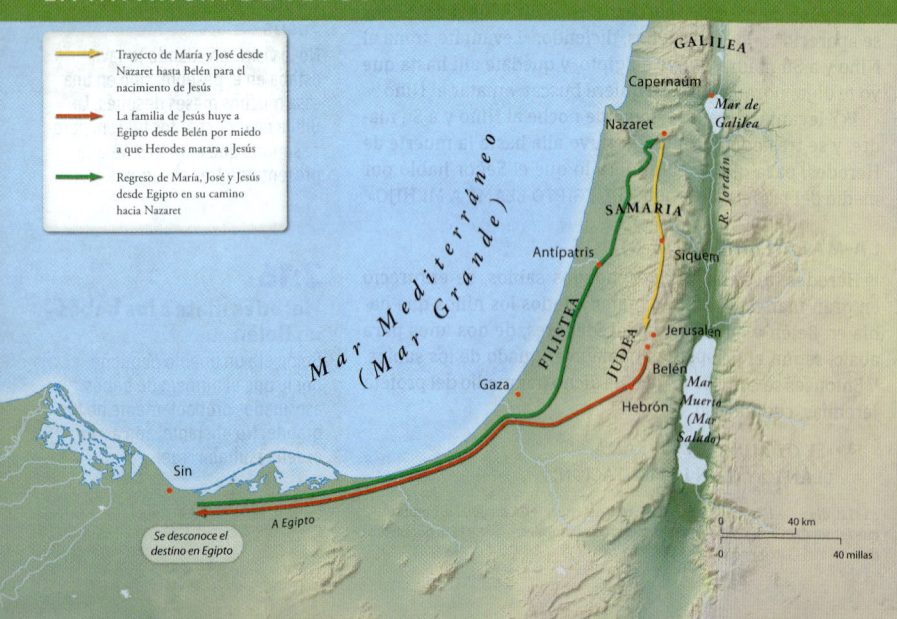

Trayecto de María y José desde Nazaret hasta Belén para el nacimiento de Jesús

La familia de Jesús huye a Egipto desde Belén por miedo a que Herodes matara a Jesús

Regreso de María, José y Jesús desde Egipto en su camino hacia Nazaret

GALILEA
Capernaúm
Mar de Galilea
Nazaret
R. Jordán
SAMARIA
Antipatris   Siquem
Mar Mediterráneo (Mar Grande)
FILISTEA   JUDEA   Jerusalén
Gaza   Belén
Hebrón   *Mar Muerta (Mar Salada)*
Sin
A Egipto
Se desconoce el destino en Egipto

0   40 km
0   40 millas

del Jordán, acudían a él, **6** y confesando sus pecados, eran bautizados por Juan en el río Jordán.

7 Pero cuando vio que muchos de los fariseos y saduceos venían para el bautismo, les dijo: «¡Camada de víboras! ¿Quién les enseñó a huir de la ira que está al venir? **8** Por tanto, den frutos dignos de arrepentimiento; **9** y no piensen que pueden decirse a sí mismos: "Tenemos a Abraham por padre", porque les digo que Dios puede levantar hijos a Abraham de estas piedras. **10** El hacha ya está puesta a la raíz de los árboles; por tanto, todo árbol que no da buen fruto es cortado y echado al fuego. **11** Yo, en verdad, los bautizo a ustedes con¹ agua para arrepentimiento, pero Aquel que viene detrás de mí es más poderoso que yo, a quien no soy digno de quitar las sandalias; Él los bautizará con¹ el Espíritu Santo y con fuego. **12** El bieldo está en Su mano y limpiará completamente Su era; y recogerá Su trigo en el granero, pero quemará la paja en un fuego que no se apaga».

BAUTISMO DE JESÚS

13 Entonces Jesús llegó* de Galilea al Jordán, a *donde estaba* Juan, para ser bautizado por él. **14** Pero Juan trató de impedirlo, diciendo: «Yo necesito ser bautizado por Ti, ¿y Tú vienes a mí?».

15 Jesús le respondió: «Permíte*lo* ahora; porque es conveniente que así cumplamos toda justicia». Entonces Juan consintió*. **16** Después de ser bautizado, Jesús salió del agua inmediatamente; y los cielos se abrieron en ese momento y él¹ vio al Espíritu de Dios que descendía como una paloma y venía sobre Él. **17** Y *se oyó* una voz de los cielos que decía: «Este es Mi Hijo amado¹ en quien me he complacido».

JESÚS ES TENTADO

4 Entonces Jesús fue llevado por el Espíritu al desierto para ser tentado por el diablo. **2** Después de haber ayunado cuarenta días y cuarenta noches, entonces¹ tuvo hambre. **3** Y acercándose el tentador, le dijo: «Si eres Hijo de Dios, ordena que estas piedras se conviertan en pan¹». **4** Pero Jesús le respondió: «Escrito está: "No solo de pan vivirá el hombre, sino de toda palabra que sale de la boca de Dios"».

5 Entonces el diablo lo llevó* a la ciudad santa, y lo puso sobre el pináculo del templo, **6** y le dijo*: «Si eres Hijo de Dios, lánzate abajo, pues escrito está:

"A SUS ÁNGELES TE ENCOMENDARÁ",
Y:
"EN LAS MANOS TE LLEVARÁN,

Líneas de vida:
HERODES EL GRANDE
Mateo 2

Edad	
25	Segundo hijo de Herodes Antípatro II; se convierte en gobernador de Galilea en el 47 a. C.
¿?	Nombrado gobernador de Siria
32-35	Se convierte en rey de Judea
¿41?	Derrota a los árabes a pesar de la oposición de Cleopatra y Octavio
43-44	Ejecuta a su esposa (Mariamne), su suegra y su cuñado
¿48?	Reconstruye Samaria, Jerusalén, Jericó y Cesarea
48	Construye un palacio real para él mismo
52	Comienza la reconstrucción del templo, un proyecto de arquitectura magnífico
64	Mata a sus dos hijos, Alejandro y Aristóbulo
	Envía a los magos a buscar a Jesús, pero ellos no regresan
	Mata a todos los bebés varones en Belén y las cercanías
67	Se enferma justo antes de su muerte en el año 4 a. C.; deja el reino a sus tres hijos: Antipas, Filipo y Arquelao

3:11 ¹ O en, o por.   3:16 ¹ O Juan.   3:17 ¹ Lit. *mi Hijo, el Amado*.
4:2 ¹ Lit. *más tarde, o después*.   4:3 ¹ Lit. *panes*.

4:1
Las tentaciones de Jesús

Las tentaciones tuvieron lugar en una región salvaje en el valle del bajo Jordán, en una montaña alta (posiblemente uno de los altos acantilados cerca de Jericó) y en el punto más alto del templo, donde los sacerdotes sonaban la trompeta para anunciar los acontecimientos importantes.

4:1
Por qué el Espíritu guio a Jesús a ser tentado por el diablo

Al comienzo de su ministerio, Jesús fue probado de un modo similar a como eran probados los israelitas en el desierto. Esta prueba demostró que Jesús era fiel a Dios y podía conquistar a Satanás.

NO SEA QUE TU PIE TROPIECE EN PIEDRA"».

7 Jesús le contestó: «También está escrito: "No tentarás[1] al Señor tu Dios"».

8 Otra vez el diablo lo llevó* a un monte muy alto, y le mostró* todos los reinos del mundo y la gloria de ellos, 9 y le dijo: «Todo esto te daré, si te postras y me adoras». 10 Entonces Jesús le dijo*: «¡Vete, Satanás! Porque escrito está: "Al Señor tu Dios adorarás, y solo a Él servirás[1]"». 11 El diablo entonces lo dejó*; y al instante, unos ángeles vinieron y le servían.

JESÚS VA A GALILEA

12 Cuando Jesús oyó que Juan había sido encarcelado[1], regresó a Galilea. 13 Saliendo de Nazaret, fue a vivir en Capernaúm, que está junto al mar, en la región de Zabulón y de Neftalí; 14 para que se cumpliera lo que fue dicho por medio del profeta Isaías, cuando dijo:

15 «¡TIERRA DE ZABULÓN Y TIERRA DE NEFTALÍ,
CAMINO DEL MAR[1], AL OTRO LADO DEL JORDÁN,
GALILEA DE LOS GENTILES[2]!

4:7 [1] O NO PONDRÁS A PRUEBA.   4:10 [1] O RENDIRÁS CULTO.   4:12 [1] Lit. había sido entregado.   4:15 [1] O rumbo al mar.   [2] O DE LAS NACIONES.

EL BAUTISMO Y LA TENTACIÓN DE JESÚS

16 EL PUEBLO ASENTADO EN TINIEBLAS VIO UNA GRAN
   LUZ,
   Y A LOS QUE VIVÍAN[1] EN REGIÓN Y SOMBRA DE
   MUERTE,
   UNA LUZ LES RESPLANDECIÓ[2]».

17 Desde entonces Jesús comenzó a predicar:[1] «Arrepiéntanse, porque el reino de los cielos se ha acercado».

LLAMAMIENTO DE LOS PRIMEROS DISCÍPULOS

18 Andando Jesús junto al mar de Galilea, vio a dos hermanos,
Simón, llamado Pedro, y Andrés su hermano, echando una
red al mar, porque eran pescadores. 19 Y les dijo*: «Vengan en
pos de Mí, y Yo los haré pescadores de hombres». 20 Entonces
ellos, dejando al instante las redes, lo siguieron.

21 Y pasando de allí, Jesús vio a otros dos hermanos,
Jacobo[1], *hijo* de Zebedeo, y Juan su hermano, en la barca con
su padre Zebedeo, remendando sus redes, y los llamó. 22 Y
ellos, dejando al instante la barca y a su padre, lo siguieron.

LA FAMA DE JESÚS SE EXTIENDE

23 Y Jesús iba por toda Galilea, enseñando en sus sinagogas, proclamando el evangelio del reino, y sanando toda
enfermedad y toda dolencia en el pueblo. 24 Se extendió
Su fama por toda Siria; y traían a Él todos los que estaban
enfermos, afectados con diversas enfermedades y dolores,

4:16 [1] Lit. *sentados.* [2] Lit. *amaneció.*   4:17 [1] O *proclamar.*   4:21 [1] O *Santiago.*

4:15-16
Una profecía de Isaías
Esto aparece en Isaías 9:1-2. Mateo
quería mostrar que Jesús era el
Mesías prometido del que se había
hablado hacía mucho tiempo. De
hecho, él incluyó más citas del
Antiguo Testamento que cualquier
otro escritor del Nuevo Testamento.

4:23
Los tres tipos de ministerio de Jesús
Jesús enseñaba, predicaba
y sanaba. Las sinagogas le
proporcionaban un lugar para
enseñar en el día de reposo.
Durante la semana, predicaba a
grupos más grandes al aire libre.

EL TEMPLO DE HERODES

Creado por Externa CGI; © 2016 por Zondervan

los endemoniados, epilépticos[1] y paralíticos, y Él los sanaba. **25** Y lo siguieron grandes multitudes de Galilea, Decápolis, Jerusalén y Judea, y *del* otro lado del Jordán.

EL SERMÓN DEL MONTE

5 Cuando Jesús vio a las multitudes, subió al monte; y después de sentarse, Sus discípulos se acercaron a Él. **2** Y abriendo Su boca, les enseñaba, diciendo:

LAS BIENAVENTURANZAS

3 «Bienaventurados[1] los pobres en espíritu, pues de ellos es el reino de los cielos.

4 »Bienaventurados los que lloran, pues ellos serán consolados.

5 »Bienaventurados los humildes[1], pues ellos heredarán la tierra.

6 »Bienaventurados los que tienen hambre y sed de justicia, pues ellos serán saciados.

7 »Bienaventurados los misericordiosos, pues ellos recibirán misericordia.

8 »Bienaventurados los de limpio corazón, pues ellos verán a Dios.

9 »Bienaventurados los que procuran la paz, pues ellos serán llamados hijos de Dios.

10 »Bienaventurados aquellos que han sido perseguidos por causa de la justicia, pues de ellos es el reino de los cielos.

11 »Bienaventurados serán[1] cuando los insulten y persigan, y digan todo género de mal contra ustedes falsamente, por causa de Mí. **12** Regocíjense y alégrense, porque la recompensa de ustedes en los cielos es grande, porque así persiguieron a los profetas que fueron antes que ustedes.

13 »Ustedes son la sal de la tierra; pero si la sal se ha vuelto insípida, ¿con qué se hará salada *otra vez*? Ya no sirve para nada, sino para ser echada fuera y pisoteada por los hombres.

14 »Ustedes son la luz del mundo. Una ciudad situada sobre un monte no se puede ocultar; **15** ni se enciende una lámpara y se pone debajo de una vasija[1], sino sobre el candelero, y alumbra a todos los que están en la casa. **16** Así brille la luz de ustedes delante de los hombres, para que vean sus buenas acciones y glorifiquen a su Padre que está en los cielos.

JESÚS CUMPLE LA LEY Y LOS PROFETAS

17 »No piensen que he venido para poner fin a la ley o a los profetas; no he venido para poner fin, sino para cumplir. **18** Porque en verdad les digo que hasta que pasen el cielo y la tierra, no se perderá ni la letra más pequeña[1] ni una tilde de la ley hasta que toda se cumpla.

19 »Cualquiera, pues, que anule uno solo de estos mandamientos, *aun* de los más pequeños, y así *lo* enseñe a otros[1], será llamado muy pequeño en el reino de los cielos; pero cualquiera que *los* guarde[2] y *los* enseñe, este será llamado

5:13
El propósito de la sal
En aquel tiempo, la sal se utilizaba para condimentar y preservar. La mayor parte de la sal que se usaba en Israel provenía del mar Muerto y estaba llena de impurezas. Esto hacía que perdiera parte de su sabor.

5:18
La actitud de Jesús ante la ley
Jesús no vino a deshacerse de la ley. No obstante, sí advirtió sobre el peligro de tratar de cumplir cada mandamiento simplemente para ganarse el favor de Dios. Jesús contradijo a los fariseos que creían que la salvación venía por cumplir la ley. En cambio, enseñó que la salvación viene a través de la fe en el Hijo de Dios.

4:24 [1] Lit. *lunáticos.* 5:3 [1] O *Felices.* 5:5 [1] O *mansos.* 5:11 [1] Lit. *son.* 5:15 [1] O *un almud.* 5:18 [1] Lit. *una iota* (nombre de la "i" en griego). 5:19 [1] Lit. *los hombres.* [2] Lit. *haga.*

grande en el reino de los cielos. **20** Porque les digo a ustedes que si su justicia no supera *la* de los escribas y fariseos, no entrarán en el reino de los cielos.

ENSEÑANZA DE JESÚS SOBRE EL ODIO

21 »Ustedes han oído que se dijo a los antepasados: "No matarás" y: "Cualquiera que cometa homicidio será culpable[1] ante la corte". **22** Pero Yo les digo que todo aquel que esté enojado con su hermano[1] será culpable ante la corte; y cualquiera que diga: "Insensato[2]" a su hermano, será culpable ante la corte suprema[3]; y cualquiera que diga: "Idiota", será merecedor del infierno[4] de fuego.

23 »Por tanto, si estás presentando tu ofrenda[1] en el altar, y allí te acuerdas que tu hermano tiene algo contra ti, **24** deja tu ofrenda[1] allí delante del altar, y ve, reconcíliate primero con tu hermano, y entonces ven y presenta tu ofrenda[1].

25 »Ponte de acuerdo pronto con tu adversario mientras vas[1] con él por el camino, no sea que tu adversario te entregue al juez, y el juez al guardia[2], y seas echado en la cárcel. **26** En verdad te digo que no saldrás de allí hasta que hayas pagado el último centavo[1].

ENSEÑANZA DE JESÚS SOBRE EL ADULTERIO

27 »Ustedes han oído que se dijo: "No cometerás adulterio". **28** Pero Yo les digo que todo el que mire a una mujer para codiciarla ya cometió adulterio con ella en su corazón. **29** Si tu ojo derecho te hace pecar[1], arráncalo y tíralo; porque te es mejor que se pierda uno de tus miembros, y no que todo tu cuerpo sea arrojado al infierno[2]. **30** Y si tu mano derecha te hace pecar, córtala y tírala; porque te es mejor que se pierda uno de tus miembros, y no que todo tu cuerpo vaya al infierno[1].

31 »También se dijo: "Cualquiera que repudie a su mujer, que le dé carta de divorcio". **32** Pero Yo les digo que todo el que se divorcia de[1] su mujer, a no ser por causa de infidelidad, la hace cometer adulterio; y cualquiera que se casa con una mujer divorciada[2], comete adulterio.

ENSEÑANZA DE JESÚS SOBRE EL JURAMENTO FALSO

33 »También han oído que se dijo a los antepasados: "No jurarás falsamente[1], sino que cumplirás tus juramentos[2] al Señor". **34** Pero Yo les digo: no juren de ninguna manera; ni por el cielo, porque es el trono de Dios; **35** ni por la tierra, porque es el estrado de Sus pies; ni por[1] Jerusalén, porque es la ciudad del gran Rey. **36** Ni jurarás por tu cabeza, porque no puedes hacer blanco o negro ni un solo cabello. **37** Antes bien, sea el hablar de ustedes[1]: "Sí, sí" o "No, no"; porque lo que es más de esto, procede del mal.

5:21-22
Jesús cambió el significado del mandamiento en contra de matar

Jesús dijo que si el mandamiento solo se refiriera a no matar a otra persona, la mayoría de la gente podría obedecerlo perfectamente. En cambio, indicó que el mandamiento significaba no tener una actitud de odio hacia alguien.

5:31-32
Leyes sobre el divorcio

Jesús no estaba creando una nueva ley sobre el matrimonio o el divorcio, sino que se refería a la ley del Antiguo Testamento en Deuteronomio 24:1-4. Él afirmó que el matrimonio era valioso. Criticó a aquellos que enseñaban que el divorcio no era gran cosa. Explicó que el divorcio está permitido en caso de infidelidad o adulterio.

5:21 [1] O *responsable.*   5:22 [1] Algunos mss. agregan: *sin causa.*   [2] I.e. Inútil. [3] Lit. *el Sanedrín.*   [4] Gr. *guénna.*   5:23 [1] O *donativo.*   5:24 [1] O *donativo.* 5:25 [1] Lit. *estás.*   [2] O *sirviente.*   5:26 [1] Lit. *cuadrante* (equivalente a dos blancas); i.e. 1/64 de un denario.   5:29 [1] Lit. *te escandaliza* o *te hace tropezar,* y así en el vers. 30.   [2] Gr. *guénna.*   5:30 [1] Gr. *guénna.*   5:32 [1] O *repudia a.*   [2] O *repudiada.*   5:33 [1] O *No quebrantarás tus votos.*   [2] Lit. *tus votos.* 5:35 [1] O *hacia.*   5:37 [1] O *su palabra.*

ENSEÑANZA DE JESÚS SOBRE LA VENGANZA

38 »Ustedes han oído que se dijo: "Ojo por ojo y diente por diente". **39** Pero Yo les digo: no resistan al que es malo; antes bien, a cualquiera que te abofetee en la mejilla derecha, vuélvele también la otra. **40** Al que quiera ponerte pleito y quitarte la túnica, déjale también la capa. **41** Y cualquiera que te obligue a ir un kilómetro, ve con él dos. **42** Al que te pida, da*le;* y al que desee pedirte prestado, no le vuelvas la espalda.

EL AMOR VERDADERO Y SU RECOMPENSA

43 »Ustedes han oído que se dijo: "Amarás a tu prójimo y odiarás a tu enemigo". **44** Pero Yo les digo: amen a sus enemigos y oren por los que los persiguen, **45** para que ustedes sean[1] hijos de su Padre que está en los cielos; porque Él hace salir Su sol sobre malos y buenos, y llover sobre justos e injustos. **46** Porque si ustedes aman a los que los aman, ¿qué recompensa tienen? ¿No hacen también lo mismo los recaudadores de impuestos[1]? **47** Y si saludan solamente a sus hermanos, ¿qué hacen más *que otros?* ¿No hacen también lo mismo los gentiles? **48** Por tanto, sean ustedes perfectos como su Padre celestial es perfecto.

LA VERDADERA OBSERVANCIA DE LA RELIGIÓN

6 »Cuídense de no practicar su justicia delante de los hombres para ser vistos por ellos; de otra manera no tendrán recompensa de su Padre que está en los cielos.

LAS OFRENDAS

2 »Por eso, cuando des limosna[1], no toques trompeta delante de ti, como hacen los hipócritas en las sinagogas y en las calles, para ser alabados por los hombres. En verdad les digo *que ya* han recibido su recompensa. **3** Pero tú, cuando des limosna, que no sepa tu *mano* izquierda lo que hace tu derecha, **4** para que tu limosna[1] sea en secreto; y tu Padre, que ve en lo secreto, te recompensará.

LA ORACIÓN

5 »Cuando ustedes oren, no sean como los hipócritas; porque a ellos les gusta ponerse en pie y orar en las sinagogas y en las esquinas de las calles, para ser vistos por los hombres[1]. En verdad les digo *que ya* han recibido su recompensa. **6** Pero tú, cuando ores, entra en tu aposento, y cuando hayas cerrado la puerta, ora a tu Padre que está en secreto, y tu Padre, que ve en lo secreto, te recompensará.

7 »Y al orar, no usen ustedes repeticiones sin sentido, como los gentiles, porque ellos se imaginan que serán oídos por

---

5:43-44
No hay lugar para el odio
Los judíos pensaban que estaba bien odiar a los enemigos, pero Jesús les enseñó a sus seguidores a odiar el pecado, no al pecador.

6:5
El tiempo de oración de los judíos
Los judíos devotos oraban en público en horarios establecidos, usualmente por la mañana, la tarde y la noche.

© Maksim Dubinsky/Shutterstock

6:7
Las repeticiones sin sentido de los gentiles
Ellos tenían una larga lista de dioses que mencionaban en sus oraciones, esperando que el dios correcto los escuchara y ayudara. Jesús quería que las personas oraran solo al único Dios verdadero, y que no dijeran cosas sin sentido mientras lo hacían.

5:45 ¹ O *muestren que son.*   5:46 ¹ O *publicanos;* i.e. los que explotaban la recaudación de los impuestos romanos.   6:2 ¹ O *hagas una obra de caridad.* 6:4 ¹ U *obra de caridad.*   6:5 ¹ Lit. *para ser evidentes a los hombres.*

su palabrería. **8** Por tanto, no se hagan semejantes a ellos; porque su Padre sabe lo que ustedes necesitan antes que ustedes lo pidan.

EL PADRE NUESTRO

9 »Ustedes, pues, oren de esta manera:

> "Padre nuestro que estás en los cielos,
> Santificado sea Tu nombre.
> **10** Venga Tu reino.
> Hágase Tu voluntad,
> Así en la tierra como en el cielo.
> **11** Danos hoy el pan nuestro de cada día[1].
> **12** Y perdónanos nuestras deudas[1], como también
> nosotros hemos perdonado a nuestros deudores.
> **13** Y no nos dejes caer en tentación, sino líbranos del
> mal. Porque Tuyo es el reino y el poder y la gloria
> para siempre. Amén[1]".

14 Porque si ustedes perdonan a los hombres sus transgresiones, también su Padre celestial les perdonará a ustedes. **15** Pero si no perdonan a los hombres, tampoco su Padre les perdonará a ustedes sus transgresiones.

EL AYUNO

16 »Y cuando ayunen, no pongan cara triste, como los hipócritas; porque ellos desfiguran[1] sus rostros para mostrar a los hombres que están ayunando. En verdad les digo *que ya* han recibido su recompensa. **17** Pero tú, cuando ayunes, unge tu cabeza y lava tu rostro, **18** para no hacer ver[1] a los hombres que ayunas, sino a tu Padre que está en secreto; y tu Padre, que ve en lo secreto, te recompensará.

EL VERDADERO TESORO

19 »No acumulen para sí tesoros en la tierra, donde la polilla y la herrumbre destruyen, y donde ladrones penetran[1] y roban; **20** sino acumulen[1] tesoros en el cielo, donde ni la polilla ni la herrumbre destruyen, y donde ladrones no penetran ni roban; **21** porque donde esté tu tesoro, allí estará también tu corazón.

22 »La lámpara del cuerpo es el ojo; por eso, si tu ojo está sano[1], todo tu cuerpo estará lleno de luz. **23** Pero si tu ojo está malo, todo tu cuerpo estará lleno de oscuridad. Así que, si la luz que hay en ti es oscuridad, ¡cuán grande será la oscuridad!

24 »Nadie puede servir a dos señores; porque o aborrecerá a uno y amará al otro, o apreciará a uno y despreciará al otro. Ustedes no pueden servir a Dios y a las riquezas[1].

25 »Por eso les digo, no se preocupen por su vida, qué comerán o qué beberán; ni por su cuerpo, qué vestirán. ¿No es la vida más que el alimento y el cuerpo *más* que la ropa?

6:25
Sin preocupaciones
Esto no es un mandamiento, sino una promesa. No debemos preocuparnos, porque Dios ama a su pueblo y cuidará de ellos.

6:11 [1] O *para el día venidero.*   6:12 [1] I.e. *ofensas, pecados.*   6:13 [1] *Las palabras: Porque tuyo... Amén* no aparecen en los mss. más antiguos. 6:16 [1] O *hacen que no se puedan reconocer.*   6:18 [1] Lit. *no aparecer.* 6:19 [1] Lit. *horadan, y así en el vers.* 20.   6:20 [1] Lit. *acumulen para sí.* 6:22 [1] O *claro.*   6:24 [1] Gr. *mamonás.*

26 Miren las aves del cielo, que no siembran, ni siegan, ni recogen en graneros, y *sin embargo,* el Padre celestial[1] las alimenta. ¿No son ustedes de mucho más valor que ellas? **27** ¿Quién de ustedes, por ansioso que esté, puede añadir una hora[1] al curso de su vida[2]? **28** Y por la ropa, ¿por qué se preocupan? Observen cómo crecen los lirios del campo; no trabajan, ni hilan. **29** Pero les digo que ni Salomón en toda su gloria se vistió como uno de ellos. **30** Y si Dios así viste la hierba del campo, que hoy es y mañana es echada al horno, ¿no *hará Él* mucho más por ustedes, hombres de poca fe?

31 »Por tanto, no se preocupen, diciendo: "¿Qué comeremos?" o "¿qué beberemos?" o "¿con qué nos vestiremos?". **32** Porque los gentiles buscan ansiosamente todas estas cosas; el Padre celestial[1] sabe que ustedes necesitan todas estas cosas. **33** Pero busquen primero Su[1] reino[2] y Su justicia, y todas estas cosas les serán añadidas[3]. **34** Por tanto, no se preocupen por el *día de* mañana; porque el *día de* mañana se cuidará[1] de sí mismo. Bástenle a cada[2] día sus propios problemas.

EL JUICIO HACIA LOS DEMÁS

7 »No juzguen para que no sean juzgados. **2** Porque con el juicio con que ustedes juzguen, serán juzgados; y con la medida con que midan, se les medirá.

3 »¿Por qué miras la mota[1] que está en el ojo de tu hermano, y no te das cuenta de la viga que está en tu propio ojo? **4** ¿O cómo puedes decir[1] a tu hermano: "Déjame sacarte la mota del ojo", cuando la viga está en tu ojo? **5** ¡Hipócrita! Saca primero la viga de tu ojo, y entonces verás con claridad para sacar la mota del ojo de tu hermano.

6 »No den lo santo a los perros, ni echen sus perlas delante de los cerdos, no sea que las huellen con sus patas, y volviéndose los despedacen a ustedes.

LA ORACIÓN RECIBIRÁ RESPUESTA

7 »Pidan, y se les dará; busquen, y hallarán; llamen[1], y se les abrirá. **8** Porque todo el que pide, recibe; y el que busca, halla; y al que llama, se le abrirá. **9** ¿O qué hombre hay entre ustedes que *si* su hijo le pide pan, le[1] dará una piedra, **10** o si[1] le pide un pescado, le[2] dará una serpiente? **11** Pues si ustedes, siendo malos, saben dar buenas dádivas a sus hijos, ¿cuánto más su Padre que está en los cielos dará cosas buenas a los que le piden?

12 »Por eso, todo cuanto quieran que los hombres les hagan, así también hagan ustedes con ellos, porque esta es la ley y los profetas.

DOS PUERTAS Y DOS SENDAS

13 »Entren por la puerta estrecha, porque ancha es la puerta y amplia es la senda que lleva a la perdición[1], y muchos son

7:3
El problema de la viga en el ojo
Esto era una exageración para que las personas recordaran la lección.

7:7-8
Qué sucede cuando oramos
Jesús prometió que el Espíritu Santo nos guiará para que pidamos y luego recibamos lo que necesitamos, pero eso no significa que vayamos a obtener todo lo que queremos.

6:26 [1] Lit. *el Padre celestial de ustedes.*   6:27 [1] Lit. *un codo.*   [2] Lit. *a su estatura.*   6:32 [1] Lit. *el Padre celestial de ustedes.*   6:33 [1] Lit. *el.* [2] Algunos mss. dicen: *el reino de Dios.* [3] O *proporcionadas.*   6:34 [1] O *se preocupará.* [2] Lit. *al.*   7:3 [1] O *paja, y así en los vers.* 4 *y* 5.   7:4 [1] Lit. *dirás.* 7:7 [1] O *Sigan pidiendo,…buscando,…llamando.*   7:9 [1] Lit. *no le.* 7:10 [1] Lit. *también.* [2] Lit. *no le.*   7:13 [1] O *destrucción.*

los que entran por ella. **14** Pero estrecha es la puerta y angosta la senda que lleva a la vida, y pocos son los que la hallan.

CÓMO CONOCER A LOS FALSOS PROFETAS

15 »Cuídense de los falsos profetas, que vienen a ustedes con vestidos de ovejas, pero por dentro son lobos rapaces. **16** Por sus frutos los conocerán. ¿Acaso se recogen uvas de los espinos o higos de los cardos? **17** Así, todo árbol bueno da frutos buenos; pero el árbol malo da frutos malos. **18** Un árbol bueno no puede producir frutos malos, ni un árbol malo producir frutos buenos. **19** Todo árbol que no da buen fruto es cortado y echado al fuego. **20** Así que, por sus frutos los conocerán.

21 »No todo el que me dice: "Señor, Señor", entrará en el reino de los cielos, sino el que hace la voluntad de Mi Padre que está en los cielos. **22** Muchos me dirán en aquel día: "Señor, Señor, ¿no profetizamos en Tu nombre, y en Tu nombre echamos fuera demonios, y en Tu nombre hicimos muchos milagros[1]?". **23** Entonces les declararé: "Jamás los conocí; apártense de Mí, los que practican la iniquidad".

LOS DOS CIMIENTOS

24 »Por tanto, cualquiera que oye estas palabras Mías y las pone en práctica, será semejante a un hombre sabio que edificó su casa sobre la roca; **25** y cayó la lluvia, vinieron los torrentes[1], soplaron los vientos y azotaron[2] aquella casa; pero no se cayó, porque había sido fundada sobre la roca.

26 »Todo el que oye estas palabras Mías y no las pone en práctica, será semejante a un hombre insensato que edificó su casa sobre la arena; **27** y cayó la lluvia, vinieron los torrentes[1], soplaron los vientos y azotaron aquella casa; y cayó, y grande fue su destrucción».

28 Cuando[1] Jesús terminó estas palabras, las multitudes se admiraban de Su enseñanza; **29** porque les enseñaba como *uno* que tiene autoridad, y no como sus escribas.

CURACIÓN DE UN LEPROSO

8 Cuando Jesús bajó del monte, grandes multitudes lo seguían. **2** Y se acercó un leproso y se postró ante Él[1], diciendo: «Señor, si quieres, puedes limpiarme». **3** Extendiendo Jesús la mano, lo tocó, diciendo: «Quiero; sé limpio». Y al instante quedó limpio de su lepra[1]. **4** Entonces Jesús le dijo*: «Mira, no se lo digas a nadie, sino ve, muéstrate al sacerdote y presenta la ofrenda que ordenó Moisés, para *que les sirva de* testimonio a ellos».

JESÚS SANA AL CRIADO DEL CENTURIÓN

5 Al entrar Jesús en Capernaúm, se acercó un centurión y le suplicó: **6** «Señor, mi criado[1] está postrado en casa, paralítico, sufriendo mucho[2]».

7 Y Jesús le dijo*: «Yo iré y lo sanaré». **8** Pero el centurión respondió: «Señor, no soy digno de que Tú entres bajo mi

7:20
Cómo reconocer a los falsos profetas
Jesús utilizó una descripción gráfica aquí para explicar cómo identificar a los falsos profetas: si el fruto (su comportamiento) no coincide con lo que Dios enseña, entonces no están hablando la verdad de Dios.

7:24-27
La geografía alrededor del mar de Galilea
La arena alrededor del mar de Galilea era dura como una roca durante el verano. Sin embargo, un constructor sabio excavaría 3 metros hasta llegar a la roca firme. De ese modo, los cimientos de una casa podrían resistir las lluvias de invierno, que causaban muchas inundaciones.

7:22 [1] O muchas obras de poder.   7:25 [1] Lit. ríos.   [2] Lit. dieron contra, y así en el vers. 27.   7:27 [1] Lit. ríos.   7:28 [1] Lit. Y sucedió que cuando. 8:2 [1] O le adoró.   8:3 [1] Lit. su lepra fue limpiada.   8:6 [1] Lit. muchacho. [2] Lit. terriblemente atormentado.

techo; solamente di la palabra¹ y mi criado² quedará sano. **9** Porque yo también soy hombre bajo autoridad, con¹ soldados a mis órdenes²; y digo a este: "Ve", y va; y al otro: "Ven", y viene; y a mi siervo: "Haz esto", y *lo* hace».

10 Al oír*lo* Jesús, se maravilló y dijo a los que *lo* seguían: «En verdad les digo que en Israel¹ no he hallado en nadie una fe tan grande. **11** Y les digo que vendrán muchos del oriente y del occidente, y se sentarán¹ *a la mesa* con Abraham, Isaac y Jacob en el reino de los cielos. **12** Pero los hijos del reino serán arrojados a las tinieblas de afuera; allí será el llanto y el crujir de dientes».

13 Entonces Jesús dijo al centurión: «Vete; así como has creído, te sea hecho». Y el criado¹ fue sanado en esa *misma* hora.

8:12
El significado de crujir los dientes

En el Nuevo Testamento, esta frase significaba que alguien sentía desesperación o agonía.

JESÚS SANA A LA SUEGRA DE PEDRO Y A MUCHOS OTROS

14 Cuando Jesús llegó a casa de Pedro, vio a la suegra de este¹ que estaba en cama² con fiebre. **15** Le tocó la mano, y la fiebre la dejó; y ella se levantó y le servía.

16 Y al atardecer, le trajeron muchos endemoniados; y expulsó a los espíritus con *Su* palabra, y sanó a todos los que estaban enfermos, **17** para que se cumpliera lo que fue dicho por medio del profeta Isaías cuando dijo: «ÉL TOMÓ NUESTRAS FLAQUEZAS Y LLEVÓ¹ NUESTRAS ENFERMEDADES».

LO QUE DEMANDA EL DISCIPULADO

18 Viendo Jesús una multitud a Su alrededor, dio orden de pasar al otro lado *del mar*. **19** Y un escriba se acercó y le dijo: «Maestro, te seguiré adondequiera que vayas». **20** Jesús le respondió*: «Las zorras tienen madrigueras y las aves del cielo nidos, pero el Hijo del Hombre no tiene dónde recostar la cabeza». **21** Otro de los discípulos le dijo: «Señor, permíteme que vaya primero y entierre a mi padre». **22** Pero Jesús le contestó*: «Ven tras Mí, y deja que los muertos entierren a sus muertos».

JESÚS CALMA LA TEMPESTAD

23 Cuando entró Jesús¹ en la barca, Sus discípulos lo siguieron. **24** Y de pronto se desató una gran tormenta¹ en el mar de Galilea, de modo que las olas cubrían la barca; pero Jesús estaba dormido. **25** Llegándose a Él, lo despertaron, diciendo: «¡Señor, sálva*nos*, que perecemos!».

26 Y Él les contestó*: «¿Por qué tienen miedo, hombres de poca fe?». Entonces Jesús se levantó, reprendió a los vientos y al mar, y sobrevino una gran calma. **27** Los hombres se maravillaron, y decían: «¿Quién es Este, que aun los vientos y el mar lo obedecen?».

LOS ENDEMONIADOS GADARENOS

28 Al llegar Jesús al otro lado, a la tierra de los gadarenos, fueron a Su encuentro dos endemoniados que salían de los sepulcros, violentos en extremo, de manera que nadie podía

---

8:8 ¹ Lit. *di con una palabra*.   ² Lit. *muchacho*.   8:9 ¹ Lit. *teniendo*.
² Lit. *debajo de mí*.   8:10 ¹ Algunos mss. antiguos dicen: *ni en Israel*.
8:11 ¹ Lit. *se recostarán*.   8:13 ¹ Lit. *muchacho*.   8:14 ¹ Lit. *él*.   ² Lit. *postrada y*.
8:17 ¹ O *cargó con*.   8:23 ¹ Lit. *Él*.   8:24 ¹ Lit. *un sacudimiento*.

pasar por aquel camino. **29** Y gritaron: «¿Qué *hay* entre Tú y nosotros, Hijo de Dios? ¿Has venido aquí para atormentarnos antes del tiempo[1]?».

30 A cierta distancia de ellos estaba paciendo una manada de muchos cerdos; **31** y los demonios le rogaban: «Si vas a echarnos fuera, mándanos a la manada de cerdos». **32** «¡Vayan!», les dijo Jesús. Y ellos salieron y entraron en los cerdos; y la manada entera se precipitó por un despeñadero al mar, y perecieron en las aguas.

33 Los que cuidaban *la manada* huyeron; y fueron a la ciudad y lo contaron todo, incluso[1] lo de los endemoniados. **34** Y toda la ciudad salió al encuentro de Jesús; y cuando lo vieron, *le* rogaron que se fuera de su región.

CURACIÓN DE UN PARALÍTICO

9 Subiendo Jesús en una barca, pasó al otro lado *del mar* y llegó a Su ciudad. **2** Y le trajeron un paralítico echado en una camilla; y Jesús, viendo la fe de ellos, dijo al paralítico: «Anímate, hijo, tus pecados te son perdonados». **3** Y algunos de los escribas decían para sí[1]: «Este blasfema». **4** Jesús, conociendo sus pensamientos, dijo: «¿Por qué piensan mal en sus corazones? **5** Porque, ¿qué es más fácil, decir: "Tus pecados te son perdonados", o decir: "Levántate, y anda"? **6** Pues para que sepan que el Hijo del Hombre tiene autoridad en la tierra para perdonar pecados», entonces dijo* al paralítico: «Levántate, toma tu camilla y vete a tu casa».

7 Y levantándose, el paralítico se fue a su casa. **8** Pero cuando las multitudes vieron *esto,* sintieron temor[1], y glorificaron a Dios, que había dado tal poder[2] a los hombres.

LLAMAMIENTO DE MATEO Y LA CENA EN SU CASA

9 Cuando Jesús se fue de allí, vio a un hombre llamado Mateo, sentado en la oficina de los tributos, y le dijo*: «¡Ven tras Mí!». Y levantándose, lo siguió.

10 Y estando Él sentado[1] *a la mesa* en la casa, muchos recaudadores de impuestos[2] y pecadores llegaron y se sentaron[3] *a la mesa* con Jesús y Sus discípulos. **11** Cuando los fariseos vieron *esto,* dijeron a Sus discípulos: «¿Por qué come su Maestro con los recaudadores de impuestos y pecadores?».

12 Al oír Jesús *esto,* dijo: «Los que están sanos[1] no tienen necesidad de médico, sino los que están enfermos. **13** Pero vayan, y aprendan lo que significa: "Misericordia[1] quiero y no sacrificio"; porque no he venido a llamar a justos, sino a pecadores».

PREGUNTA SOBRE EL AYUNO

14 Entonces los discípulos de Juan se acercaron* a Jesús, diciendo: «¿Por qué nosotros y los fariseos ayunamos, pero Tus

8:30
Criando cerdos
Normalmente, los judíos no criaban cerdos, ya que eran los más «inmundos» de todos los animales. Sin embargo, los gentiles vivían en Galilea, así que probablemente estos cerdos pertenecían a un gentil.

© Jose Arcos Aguilar/Shutterstock

9:1
La ciudad de Jesús
Esta era Capernaúm. La casa de Pedro en esa ciudad constituía una base de operaciones para el ministerio de Jesús en Galilea.

8:29 [1] I.e. designado para el juicio.   8:33 [1] Lit. *y.*   9:3 [1] Lit. *dentro de sí.*   9:8 [1] O *se llenaron de asombro.*   [2] O *autoridad.*   9:10 [1] Lit. *reclinado.*
[2] O *publicanos;* i.e. los que explotaban la recaudación de los impuestos romanos.
[3] Lit. *reclinaron.*   9:12 [1] Lit. *fuertes.*   9:13 [1] O *Compasión.*

9:17
Odres

En la antigüedad, la piel de las cabras se usaba a fin de hacer odres o recipientes para guardar el vino. Al fermentarse el jugo de uvas fresco, el vino se expandía y estiraba el odre. Sin embargo, los recipientes viejos que ya estaban estirados se reventaban si se ponía vino nuevo en ellos.

9:20
Una enfermedad terrible durante doce años

No sabemos cuál era la condición médica de la mujer, pero es seguro que la consideraban impura. Así que probablemente se veía excluida de todas las actividades sociales y religiosas.

9:23
Los flautistas

En los funerales del antiguo Oriente Medio se solía contratar músicos para que tocaran. También se contrataban profesionales del luto (el «gentío» ruidoso de este versículo) para que lloraran de pena durante el acontecimiento.

discípulos no ayunan?». **15** Y Jesús les respondió: «¿Acaso los acompañantes del novio[1] pueden estar de luto mientras el novio está con ellos? Pero vendrán días cuando el novio les será[2] quitado, y entonces ayunarán. **16** Nadie pone un remiendo[1] de tela nueva[2] en un vestido viejo; porque el remiendo[3] *al encogerse* tira del vestido y se produce una rotura peor. **17** Y nadie echa vino nuevo en odres[1] viejos, porque entonces[2] los odres se revientan, el vino se derrama y los odres se pierden; sino que se echa vino nuevo en odres nuevos, y ambos se conservan».

CURACIÓN DE UNA MUJER Y RESURRECCIÓN DE LA HIJA DE UN OFICIAL

18 Mientras Jesús les decía estas cosas, vino un oficial[1] *de la sinagoga* y se postró delante de Él[2], diciendo: «Mi hija acaba de morir; pero ven y pon Tu mano sobre ella, y vivirá». **19** Levantándose Jesús, lo siguió, *y también* Sus discípulos.

20 Y una mujer que había estado sufriendo de flujo de sangre por doce años, se le acercó por detrás y tocó el borde de Su manto; **21** pues decía para sí: «Si tan solo toco Su manto, sanaré[1]». **22** Pero Jesús, volviéndose y viéndola, dijo: «Hija, ten ánimo, tu fe te ha sanado[1]». Y al instante[2] la mujer quedó sana[3].

23 Cuando Jesús entró en la casa del oficial[1], y vio a los flautistas y al gentío en ruidoso desorden, **24** *les* dijo: «Retírense, porque la niña[1] no ha muerto, sino que está dormida». Y se burlaban de Él. **25** Pero cuando habían echado fuera a la gente, Él entró y la tomó de la mano; y la niña[1] se levantó[2]. **26** Y esta noticia[1] se difundió por toda aquella tierra.

CURACIÓN DE DOS CIEGOS Y UN MUDO

27 Al irse Jesús de allí, dos ciegos lo siguieron, gritando: «¡Hijo de David, ten misericordia de nosotros!». **28** Después de entrar en la casa, se acercaron a Él los ciegos, y Jesús les dijo*: «¿Creen que puedo hacer esto?». «Sí, Señor», le respondieron*. **29** Entonces les tocó los ojos, diciendo: «Hágase en ustedes según su fe». **30** Y se les abrieron los ojos. Y Jesús les advirtió rigurosamente: «Miren que nadie *lo* sepa». **31** Pero ellos, en cuanto salieron, divulgaron Su fama por toda aquella tierra.

32 Al salir ellos de allí, le trajeron un mudo endemoniado. **33** Después que el demonio había sido expulsado, el mudo habló; y las multitudes se maravillaban, y decían: «Jamás se ha visto[1] cosa igual en Israel». **34** Pero los fariseos decían: «Él echa fuera los demonios por el príncipe de los demonios».

MINISTERIO DE JESÚS

35 Jesús recorría todas las ciudades y aldeas, enseñando en las sinagogas de ellos, proclamando el evangelio del reino

9:15 [1] Lit. *hijos del tálamo.* [2] Lit. *sea.* 9:16 [1] Lit. *lo que se pone encima.* [2] Lit. *sin encoger.* [3] Lit. *lo que llena.* 9:17 [1] I.e. *cueros usados como recipientes.* [2] Lit. *y si no.* 9:18 [1] O *principal.* [2] O *le adoró.* 9:21 [1] Lit. *seré salva.* 9:22 [1] Lit. *te ha salvado.* [2] Lit. *desde aquella hora.* [3] O *salva.* 9:23 [1] O *principal.* 9:24 [1] O *muchacha.* 9:25 [1] O *muchacha.* [2] O *fue levantada.* 9:26 [1] Lit. *fama.* 9:33 [1] Lit. *ha aparecido.*

y sanando toda enfermedad y toda dolencia. **36** Y viendo las multitudes, tuvo compasión de ellas, porque estaban angustiadas y abatidas como ovejas que no tienen pastor. **37** Entonces dijo* a Sus discípulos: «La cosecha es mucha, pero los obreros pocos. **38** Por tanto, pidan al Señor de la cosecha que envíe obreros a Su cosecha».

LLAMAMIENTO DE LOS DOCE APÓSTOLES

10 Llamando a Sus doce discípulos, Jesús les dio poder[1] sobre los espíritus inmundos para expulsarlos y para sanar toda enfermedad y toda dolencia.

2 Los nombres de los doce apóstoles son estos: primero, Simón, llamado Pedro, y Andrés su hermano; y Jacobo[1], el *hijo* de Zebedeo, y Juan[2] su hermano; **3** Felipe y Bartolomé[1]; Tomás y Mateo, el recaudador de impuestos[2]; Jacobo[3], el *hijo* de Alfeo, y Tadeo; **4** Simón el cananita[1], y Judas Iscariote, el que también lo entregó.

JESÚS ENVÍA A LOS DOCE

5 A estos doce envió Jesús después de instruirlos, diciendo: «No vayan por[1] el camino de *los* gentiles ni entren en *ninguna* ciudad de los samaritanos. **6** Sino vayan más bien a las ovejas perdidas de la casa de Israel. **7** Y cuando vayan, prediquen diciendo: "El reino de los cielos se ha acercado". **8** Sanen enfermos, resuciten muertos, limpien leprosos, expulsen demonios; de gracia[1] recibieron, den de gracia[1].

9 »No se provean de oro, ni de plata, ni de cobre *para llevar* en sus cintos, **10** ni de alforja[1] para el camino, ni de dos túnicas[2], ni de sandalias, ni de bordón; porque el obrero es digno de su sostén[3]. **11** En cualquier ciudad o aldea donde entren, averigüen quién es digno en ella, y quédense allí hasta que se marchen. **12** Al entrar en la casa, denle su saludo *de paz*. **13** Y si la casa es digna, que su *saludo de* paz venga sobre ella; pero si no es digna, que su *saludo de* paz se vuelva a ustedes. **14** Cualquiera que no los reciba ni oiga sus palabras, al salir de esa casa o de esa ciudad, sacudan el polvo de sus pies. **15** En verdad les digo que en el día del juicio será más tolerable *el castigo* para la tierra de Sodoma y Gomorra que para esa ciudad.

ADVERTENCIAS A LOS DOCE

16 »Miren, Yo los envío como ovejas en medio de lobos; por tanto, sean[1] astutos como las serpientes e inocentes como las palomas. **17** Pero cuídense de los hombres, porque los entregarán a los tribunales[1] y los azotarán en sus sinagogas; **18** y hasta serán llevados delante de gobernadores y reyes por Mi causa, como un testimonio a ellos y a los gentiles. **19** Pero cuando los entreguen, no se preocupen de cómo o qué hablarán; porque a esa hora se les dará lo que habrán

10:1 [1] O *autoridad.*   10:2 [1] O *Santiago.*   [2] Gr. *Ioannes;* heb. *Johanan.*
10:3 [1] I.e. hijo de Tolomeo.   [2] O *publicano;* i.e. uno que explotaba la recaudación de los impuestos romanos.   [3] O *Santiago.*   10:4 [1] O *el Zelote.*   10:5 [1] O *No se aparten hacia.*   10:8 [1] O *gratuitamente.*   10:10 [1] O *mochila, o bolsa.*
[2] I.e. ropa interior.   [3] Lit. *alimento o sustento.*   10:16 [1] O *muéstrense.*
10:17 [1] O *sanedrines.*

9:24
Qué quiso decir Jesús al afirmar que la niña solo estaba dormida
Él quiso decir que no estaba muerta definitivamente.

10:4
Simón el cananita
Además de «Simón el cananita», también se le llamaba «Simón el Zelote». El término se refería o bien a su pasión religiosa o a que era miembro del partido de los zelotes, un grupo judío revolucionario que se opuso violentamente a los romanos.

10:5
Por qué Jesús les dijo a sus discípulos que no fueran con los gentiles ni los samaritanos
Al principio, debían predicarles las buenas nuevas del reino de Dios solo a los judíos. Luego de la muerte de Jesús, sus seguidores debían difundir las buenas nuevas a todos los demás.

10:5
Los samaritanos
Cuando el pueblo de Israel fue capturado, los asirios trajeron gentiles al territorio. Los israelitas que quedaron allí se casaron con esos gentiles, y sus descendientes fueron conocidos como samaritanos. En la época de Jesús, los judíos y los samaritanos no se llevaban bien.

10:14
El significado de sacudir el polvo de los pies
Esto era lo que hacían los fariseos cuando salían de una zona gentil ceremonialmente impura. Aquí, representaba una advertencia para aquellos que rechazaban el mensaje de Dios.

de hablar. **20** Porque no son ustedes los que hablan, sino el Espíritu de su Padre que habla en ustedes.

21 »El hermano entregará a la muerte al hermano, y el padre al hijo; y los hijos se levantarán contra los padres, y les causarán la muerte[1]. **22** Y serán odiados de todos por causa de Mi nombre, pero el que persevere hasta el fin, ese será salvo. **23** Pero cuando los persigan en esta ciudad, huyan a la otra; porque en verdad les digo, que no terminarán *de recorrer* las ciudades de Israel antes que venga el Hijo del Hombre.

PALABRAS DE ALIENTO A LOS DOCE

24 »Un discípulo[1] no está por encima del maestro, ni un siervo por encima de su señor. **25** Le basta al discípulo llegar a ser como su maestro, y al siervo como su señor. Si al dueño de la casa lo han llamado Beelzebú, ¡cuánto más a los de su casa!

26 »Así que no les tengan miedo, porque nada hay encubierto que no haya de ser revelado, ni oculto que no haya de saberse. **27** Lo que les digo en la oscuridad, háblenlo en la luz; y lo que oyen al oído, proclámenlo desde las azoteas. **28** No teman a los que matan el cuerpo, pero no pueden matar el alma; más bien teman a Aquel que puede *hacer* perecer[1] tanto el alma como el cuerpo en el infierno[2]. **29** ¿No se venden dos pajarillos[1] por una monedita? Y *sin embargo,* ni uno de ellos caerá a tierra sin *permitirlo* el Padre[2]. **30** Y hasta los cabellos de la cabeza de ustedes están todos contados. **31** Así que no teman; ustedes valen más que muchos pajarillos[1].

32 »Por tanto, todo el que me[1] confiese delante de los hombres, Yo también lo[2] confesaré delante de Mi Padre que está en los cielos. **33** Pero cualquiera que me niegue delante de los hombres, Yo también lo negaré delante de Mi Padre que está en los cielos.

EL COSTO DEL DISCIPULADO

34 »No piensen que vine a traer[1] paz a la tierra; no vine a traer[1] paz, sino espada. **35** Porque vine a poner al hombre contra su padre, a la hija contra su madre, y a la nuera contra su suegra; **36** y los enemigos del hombre *serán* los de su misma casa.

37 »El que ama al padre o a la madre más que a Mí, no es digno de Mí; y el que ama al hijo o a la hija más que a Mí, no es digno de Mí. **38** Y el que no toma su cruz y sigue en pos de Mí, no es digno de Mí. **39** El que ha hallado su vida, la perderá; y el que ha perdido su vida por Mi causa, la hallará.

40 »El que los recibe a ustedes, me recibe a Mí; y el que me recibe a Mí, recibe al que me envió. **41** El que recibe a un profeta como[1] profeta, recibirá recompensa de profeta; y el que recibe a un justo como[1] justo, recibirá recompensa de justo. **42** Y cualquiera que como[1] discípulo dé a beber aunque solo sea un vaso de agua fría a uno de estos pequeños[2], en verdad les digo que no perderá su recompensa».

10:25
Beelzebú
Este nombre se refiere a Satanás (12:24).

10:21 [1] O *los matarán.*　　10:24 [1] O *alumno.*　　10:28 [1] O *destruir.*　　[2] Gr. *guéenna.*
10:29 [1] O *gorriones.*　　[2] Lit. *el Padre de ustedes.*　　10:31 [1] O *gorriones.*
10:32 [1] Lit. *por mí.*　　[2] Lit. *por él.*　　10:34 [1] Lit. *a echar.*　　10:41 [1] Lit. *en nombre de.*　　10:42 [1] Lit. *en nombre de.*　　[2] O *humildes.*

JESÚS SALE A ENSEÑAR Y PREDICAR

11 Y sucedió que cuando Jesús terminó de dar instrucciones a Sus doce discípulos, se fue de allí a enseñar y predicar[1] en las ciudades de ellos.

JESÚS Y LOS DISCÍPULOS DE JUAN

2 Al oír Juan en la cárcel de las obras de Cristo[1], mandó por
medio de sus discípulos **3** a decir a Jesús: «¿Eres Tú el que ha
de venir[1], o esperaremos a otro?».

4 Jesús les respondió: «Vayan y cuenten a Juan lo que
oyen y ven: **5** los ciegos reciben la vista y los cojos andan, los
leprosos quedan limpios, los sordos oyen, los muertos son
resucitados y a los pobres se les anuncia el evangelio. **6** Y
bienaventurado es el que no se escandaliza de Mí».

JESÚS HABLA DE JUAN EL BAUTISTA

7 Mientras ellos se iban, Jesús comenzó a hablar a las multitudes acerca de Juan: «¿Qué salieron a ver en el desierto? ¿Una
caña sacudida por el viento? **8** Pero, ¿qué salieron a ver? ¿Un
hombre vestido con *ropas* finas? Miren, los que usan *ropas*
finas están en los palacios[1] de los reyes. **9** Pero, ¿qué salieron
a ver? ¿A un profeta? Sí, les digo, y uno que es más que un
profeta. **10** Este es de quien está escrito:

> "He aquí, yo envío Mi mensajero delante de Ti,
> Quien preparará Tu camino delante de Ti".

11 En verdad les digo que entre los nacidos de mujer[1] no se
ha levantado *nadie* mayor que Juan el Bautista; sin embargo,
el más pequeño en el reino de los cielos es mayor que él.
12 Desde los días de Juan el Bautista hasta ahora, el reino de
los cielos sufre violencia[1], y los violentos lo conquistan por
la fuerza[2]. **13** Porque todos los profetas y la ley profetizaron
hasta Juan. **14** Y si quieren aceptar*lo*, él es Elías, el que había
de venir[1]. **15** El que tiene oídos[1], que oiga.

16 »Pero, ¿con qué compararé a esta generación? Es semejante a los muchachos que se sientan en las plazas, que dan
voces a los otros, **17** y dicen: "Les tocamos la flauta, y no bailaron; entonamos endechas[1], y no se lamentaron[2]". **18** Porque
vino Juan que no comía ni bebía, y dicen: "Tiene un demonio".
19 Vino el Hijo del Hombre, que come y bebe, y dicen: "Miren,
un hombre glotón y bebedor de vino, amigo de recaudadores
de impuestos[1] y de pecadores". Pero[2] la sabiduría se justifica
por sus hechos[3]».

AYES SOBRE CIUDADES DE GALILEA

20 Entonces Jesús comenzó a reprender a las ciudades en las
que había hecho la mayoría de Sus milagros[1], porque no se
habían arrepentido: **21** «¡Ay de ti, Corazín! ¡Ay de ti, Betsaida!

11:14
Jesús se refirió a Juan el Bautista como Elías
Esto era una referencia a Malaquías
4:5, que profetizaba la reaparición de
Elías antes de que viniera el día del
Señor. Juan no era literalmente Elías,
pero era un profeta al igual que él.

Porque si los milagros[1] que se hicieron en ustedes se hubieran hecho en Tiro y en Sidón, hace tiempo que se hubieran arrepentido en cilicio y ceniza. **22** Por eso les digo que en el día del juicio será más tolerable *el castigo* para Tiro y Sidón que para ustedes.

23 »Y tú, Capernaúm, ¿acaso serás elevada hasta los cielos? ¡Hasta el Hades[1] descenderás[2]! Porque si los milagros[3] que se hicieron en ti se hubieran hecho en Sodoma, *esta* hubiera permanecido hasta hoy. **24** Sin embargo, les digo que en *el* día del juicio será más tolerable *el castigo* para la tierra de Sodoma que para ti».

LA GRAN INVITACIÓN

25 En aquel tiempo[1], Jesús dijo: «Te alabo[2], Padre, Señor del cielo y de la tierra, porque ocultaste estas cosas a sabios e inteligentes, y las revelaste a los niños. **26** Sí, Padre, porque así fue de Tu agrado.

27 »Todas las cosas me han sido entregadas por Mi Padre; y nadie conoce[1] al Hijo, sino el Padre, ni nadie conoce[1] al Padre, sino el Hijo, y aquel a quien el Hijo *se lo* quiera revelar.

28 »Vengan a Mí, todos los que están cansados[1] y cargados, y Yo los haré descansar. **29** Tomen Mi yugo sobre ustedes y aprendan de Mí, que Yo soy manso y humilde de corazón, y hallarán descanso para sus almas. **30** Porque Mi yugo es fácil[1] y Mi carga ligera».

JESÚS, SEÑOR DEL DÍA DE REPOSO

12 Por aquel tiempo[1] Jesús pasó por entre los sembrados en el día de reposo; Sus discípulos tuvieron hambre, y empezaron a arrancar espigas y a comer. **2** Cuando los fariseos lo vieron, dijeron: «Mira, Tus discípulos hacen lo que no es lícito hacer en el día de reposo».

3 Pero Él les contestó: «¿No han leído lo que hizo David cuando él y sus compañeros tuvieron hambre, **4** cómo entró en la casa de Dios y comieron los panes consagrados, que no les era lícito comer, ni a él ni a los que estaban con él, sino solo a los sacerdotes? **5** ¿O no han leído en la ley, que en los días de reposo los sacerdotes en el templo profanan el día de reposo y están sin culpa? **6** Pues les digo que algo[1] mayor que el templo está aquí. **7** Pero si ustedes hubieran sabido lo que esto significa[1]: "Misericordia[2] quiero y no sacrificio", no hubieran condenado a los inocentes. **8** Porque el Hijo del Hombre es Señor del día de reposo».

JESÚS SANA AL HOMBRE DE LA MANO SECA

9 Pasando de allí, entró en la sinagoga de ellos. **10** Y *allí estaba* un hombre que tenía una mano seca. Y para poder acusar a Jesús, le preguntaron: «¿Es lícito sanar en el día de reposo?».

11:28
La carga del pueblo
Los fariseos habían insistido en una obediencia estricta a la ley, la cual nadie podía lograr a la perfección.

12:2
La ley del día de reposo
Según la tradición judía, estaba mal cosechar en el día de reposo. Los discípulos estaban arrancando espigas, por lo que era como si estuvieran cosechando.

12:3-8
Jesús justificó las acciones de los discípulos
Jesús describió algunas ocasiones en las que se habían roto las leyes del día de reposo por buenas razones. Muchas de las reglas sobre el día de reposo habían sido añadidas a lo largo de los siglos, por lo que la gente olvidó el principal motivo de este día: que era para el descanso y la restauración.

11:21 [1] O *hechos poderosos.*   11:23 [1] I.e. región de los muertos.   [2] Algunos mss. antiguos dicen: *serás hundida.*   [3] O *hechos poderosos.*   11:25 [1] O *aquella ocasión.*   [2] O *reconozco para tu gloria.*   11:27 [1] O *conoce perfectamente.* 11:28 [1] O *exhaustos de tanto trabajar.*   11:30 [1] O *agradable,* o *suave.* 12:1 [1] O *aquella ocasión.*   12:6 [1] O *uno,* y así en los vers. 41 y 42.   12:7 [1] Lit. *es.* [2] O *COMPASIÓN.*

¹¹ Y Él les respondió: «¿Qué hombre habrá de ustedes que tenga una sola oveja, si esta se le cae en un hoyo en el día de reposo, no le echa mano y la saca? ¹² Pues, ¡cuánto más vale un hombre que una oveja! Por tanto, es lícito hacer bien en el día de reposo».

¹³ Entonces Jesús dijo* al hombre: «Extiende tu mano». Y él la extendió, y le fue restaurada, sana como la otra. ¹⁴ Pero cuando los fariseos salieron, hicieron planes¹ contra Él, *para ver* cómo lo podrían destruir.

JESÚS, EL SIERVO ESCOGIDO

¹⁵ Pero Jesús, sabiéndo*lo*, se retiró de allí. Y muchos lo siguieron, y los sanó a todos. ¹⁶ Y les advirtió que no revelaran quién era Él¹; ¹⁷ para que se cumpliera lo que fue dicho por medio del profeta Isaías, cuando dijo:

¹⁸ «ESTE ES MI SIERVO¹, A QUIEN HE ESCOGIDO²;
   MI AMADO EN QUIEN SE AGRADA³ MI ALMA;
   SOBRE ÉL PONDRÉ MI ESPÍRITU,
   Y A LAS NACIONES⁴ PROCLAMARÁ JUSTICIA⁵.
¹⁹ NO CONTENDERÁ, NI GRITARÁ,
   NI HABRÁ QUIEN EN LAS CALLES OIGA SU VOZ.
²⁰ NO QUEBRARÁ LA CAÑA CASCADA,
   NI APAGARÁ LA MECHA QUE HUMEA,
   HASTA QUE LLEVE¹ A LA VICTORIA LA JUSTICIA².
²¹ Y EN SU NOMBRE LAS NACIONES¹ PONDRÁN SU
   ESPERANZA».

JESÚS Y BEELZEBÚ

²² Entonces trajeron a Jesús un endemoniado ciego y mudo, y lo sanó, de manera que el mudo hablaba y veía. ²³ Todas las multitudes estaban asombradas, y decían: «¿Acaso no es este el Hijo de David?». ²⁴ Pero cuando los fariseos *lo* oyeron, dijeron: «Este no expulsa los demonios sino por Beelzebú, el príncipe de los demonios».

²⁵ Conociendo Jesús sus pensamientos, les dijo: «Todo reino dividido contra sí mismo es asolado, y toda ciudad o casa dividida contra sí misma no se mantendrá en pie. ²⁶ Si Satanás expulsa a Satanás, está¹ dividido contra sí mismo; ¿cómo puede entonces mantenerse en pie su reino? ²⁷ Y si Yo expulso los demonios por Beelzebú, ¿por quién *los* expulsan los hijos de ustedes? Por tanto, ellos serán sus jueces. ²⁸ Pero si Yo expulso los demonios por el Espíritu de Dios, entonces el reino de Dios ha llegado a ustedes. ²⁹ ¿O cómo puede alguien entrar en la casa de un *hombre* fuerte y saquear sus bienes, si primero no lo ata¹? Y entonces saqueará su casa. ³⁰ El que no está a favor Mío, está contra Mí; y el que no recoge a Mi lado, desparrama.

³¹ »Por eso les digo, que todo pecado y blasfemia será perdonado a los hombres, pero la blasfemia contra el Espíritu no será perdonada. ³² Y a cualquiera que diga una palabra

12:16
Por qué Jesús no quería que las personas revelaran quién era él
Jesús puede haber tenido varias razones: tal vez no deseaba que lo consideraran un simple hacedor de milagros. O no quería que las autoridades lo arrestaran antes de terminar con su ministerio. También es posible que no quisiera que las multitudes aumentaran tanto que le dificultaran moverse de un lugar a otro.

12:31
El pecado imperdonable
El pecado que no sería perdonado era afirmar que los milagros de Jesús y el poder del Espíritu Santo eran en realidad ocasionados por Satanás.

12:14 ¹ Lit. *tomaron consejo*.   12:16 ¹ Lit. *no le hicieran manifiesto*.
12:18 ¹ O *Hijo*.   ² Lit. *escogí*.   ³ Lit. *se agradó*.   ⁴ O *LOS GENTILES*.   ⁵ O *juicio*.
12:20 ¹ O *saque*.   ² O *el juicio*.   12:21 ¹ O *LOS GENTILES*.   12:26 ¹ Lit. *estaba*.
12:29 ¹ Lit. *no ata al fuerte*.

contra el Hijo del Hombre, se le perdonará; pero al que hable contra el Espíritu Santo, no se le perdonará ni en este siglo[1] ni en el venidero.

33 »O hagan ustedes bueno el árbol y bueno su fruto, o hagan malo el árbol y malo su fruto; porque por el fruto se conoce el árbol. **34** ¡Camada de víboras! ¿Cómo pueden hablar cosas buenas siendo malos? Porque de la abundancia del corazón habla la boca. **35** El hombre bueno de *su* buen tesoro saca cosas buenas; y el hombre malo de *su* mal tesoro saca cosas malas. **36** Pero Yo les digo que de toda palabra vana que hablen los hombres, darán cuenta de ella en el día del juicio. **37** Porque por tus palabras serás justificado, y por tus palabras serás condenado».

ESCRIBAS Y FARISEOS DEMANDAN SEÑAL

38 Entonces algunos de los escribas y fariseos dijeron a Jesús: «Maestro, queremos ver una señal[1] de parte Tuya».

39 Pero Él respondió: «Una generación perversa y adúltera demanda señal, y ninguna señal se le dará, sino la señal de Jonás el profeta; **40** porque como estuvo Jonás en el vientre del monstruo marino tres días y tres noches, así estará el Hijo del Hombre tres días y tres noches en el corazón de la tierra. **41** Los hombres de Nínive se levantarán con esta generación en el juicio y la condenarán, porque ellos se arrepintieron con la predicación de Jonás; y miren, algo más *grande* que Jonás está aquí. **42** La Reina del Sur se levantará con esta generación en el juicio y la condenará, porque ella vino desde los confines de la tierra para oír la sabiduría de Salomón; y miren, algo más *grande* que Salomón está aquí.

43 »Cuando el espíritu inmundo sale del hombre, pasa por lugares áridos buscando descanso y no *lo* halla. **44** Entonces dice: "Volveré a mi casa de donde salí"; y cuando llega, *la* encuentra desocupada, barrida y arreglada. **45** Entonces va, y toma consigo otros siete espíritus más depravados que él, y entrando, moran allí; y el estado final de aquel hombre resulta peor que el primero. Así será también con esta generación perversa».

LA MADRE Y LOS HERMANOS DE JESÚS

46 Mientras Jesús aún estaba hablando a la multitud, Su madre y Sus hermanos estaban afuera, deseando hablar con Él. **47** Y alguien le dijo: «Tu madre y Tus hermanos están afuera y te quieren hablar». **48** Pero Jesús respondió al que le informó: «¿Quién es Mi madre, y quiénes son Mis hermanos?».

49 Y extendiendo la mano hacia Sus discípulos, dijo: «¡Miren, aquí *están* Mi madre y Mis hermanos! **50** Porque cualquiera que hace la voluntad de Mi Padre que está en los cielos, ese es Mi hermano y Mi hermana y Mi madre».

PARÁBOLAS SOBRE EL REINO

13 Ese mismo día salió Jesús de la casa y se sentó a la orilla del mar. **2** Y se congregaron *junto* a Él grandes

---

12:39-42
La señal de Jonás

Tal como Jonás había pasado tres días y tres noches en el pez y luego fue escupido a la tierra seca, así también Jesús pasaría tres días y tres noches en la tumba antes de resucitar.

13:2
Por qué Jesús se sentó en la barca

Los rabinos solían sentarse para enseñar en lugar de hacerlo de pie. La barca estaba lo suficientemente lejos como para que la gente no empujara a Jesús, pero lo bastante cerca para que lo pudieran ver y oír.

12:32 [1] O *tiempo*.　　12:38 [1] O *un milagro*.

multitudes, por lo que subió a una barca y se sentó; y toda la multitud estaba de pie en la playa.

PARÁBOLA DEL SEMBRADOR

3 Y les habló muchas cosas en parábolas, diciendo: «El sembrador salió a sembrar; **4** y al sembrar, parte *de la semilla* cayó junto al camino, y vinieron las aves y se la comieron. **5** Otra parte[1] cayó en pedregales donde no tenía mucha tierra; y enseguida brotó porque no tenía profundidad de tierra; **6** pero cuando salió el sol, se quemó; y porque no tenía raíz, se secó. **7** Otra parte[1] cayó entre[2] espinos; y los espinos crecieron y la ahogaron. **8** Y otra parte[1] cayó en tierra buena y dio* fruto, algunas *semillas* a ciento por uno, otras a sesenta y otras a treinta. **9** El que tiene oídos[1], que oiga».

PROPÓSITO DE LAS PARÁBOLAS

10 Y acercándose los discípulos, dijeron a Jesús: «¿Por qué les hablas en parábolas?». **11** Jesús les respondió: «Porque a ustedes se les ha concedido conocer los misterios del reino de los cielos, pero a ellos no se les ha concedido. **12** Porque a cualquiera que tiene, se le dará *más,* y tendrá en abundancia; pero a cualquiera que no tiene, aun lo que tiene se le quitará. **13** Por eso les hablo en parábolas; porque viendo no ven, y oyendo no oyen ni entienden.

14 »Y en[1] ellos se cumple la profecía de Isaías que dice:

"Al oír, ustedes oirán, pero no entenderán;
Y viendo verán, pero no percibirán;
15 Porque el corazón de este pueblo se ha vuelto insensible,[1]
Y con dificultad oyen con sus oídos;
Y han cerrado sus ojos;
De otro modo, verían con los ojos,

13:5 [1] Lit. *Y otras.*   **13:7** [1] Lit. *Y otras.*   [2] Lit. *sobre los.*   **13:8** [1] Lit. *Y otras.*   **13:9** [1] Algunos mss. antiguos dicen: *oídos para oír.*   **13:14** [1] O *para.*   **13:15** [1] Lit. *se ha engrosado.*

13:5
Pedregales
Se trataba de terrenos que solo tenían una cantidad superficial de tierra sobre la roca sólida.

ES HORA DE CONTAR UNA HISTORIA
El número de parábolas en cada evangelio

28 — LUCAS
23 — MATEO
9 — MARCOS
0 — JUAN

Oirían con los oídos,
Y entenderían con el corazón,
Y se convertirían,
Y Yo los sanaría".

16 »Pero dichosos los ojos de ustedes, porque ven, y sus oídos, porque oyen. **17** Porque en verdad les digo que muchos profetas y justos desearon ver lo que ustedes ven, y no *lo* vieron; y oír lo que ustedes oyen, y no *lo* oyeron.

EXPLICACIÓN DE LA PARÁBOLA DEL SEMBRADOR

18 »Ustedes, pues, escuchen la parábola del sembrador. **19** A todo el que oye la palabra del reino y no *la* entiende, el maligno viene y arrebata lo que fue sembrado en su corazón. Este es aquel en quien se sembró la semilla junto al camino. **20** Y aquel en quien se sembró la semilla en pedregales, este es el que oye la palabra y enseguida la recibe con gozo; **21** pero no tiene raíz *profunda* en sí mismo, sino que *solo* es temporal, y cuando por causa de la palabra viene la aflicción o la persecución, enseguida se aparta de ella. **22** Y aquel en quien se sembró la semilla entre espinos, este es el que oye la palabra, pero las preocupaciones del mundo[1] y el engaño de las riquezas ahogan la palabra, y se queda sin fruto. **23** Pero aquel en quien se sembró la semilla en tierra buena, este es el que oye la palabra y la entiende; este sí da fruto y produce, uno a ciento, otro a sesenta y otro a treinta por uno».

PARÁBOLA DEL TRIGO Y LA CIZAÑA

24 Jesús les contó otra parábola: «El reino de los cielos puede compararse a[1] un hombre que sembró buena semilla en su campo. **25** Pero mientras los hombres dormían, vino su enemigo y sembró cizaña[1] entre el trigo, y se fue. **26** Cuando el trigo[1] brotó y produjo grano, entonces apareció también la cizaña. **27** Y los siervos del dueño fueron y le dijeron: "Señor, ¿no sembró usted buena semilla en su campo? ¿Cómo[1], pues, tiene cizaña?". **28** Él les dijo: "Un enemigo[1] ha hecho esto". Y los siervos le dijeron*: ¿Quiere, usted, que vayamos y la recojamos?". **29** Pero él dijo*: "No, no sea que al recoger la cizaña, arranquen el trigo junto con ella. **30** Dejen que ambos crezcan juntos hasta la cosecha; y al tiempo de la cosecha diré a los segadores: 'Recojan primero la cizaña y átenla en manojos para quemarla, pero el trigo recójanlo en mi granero'"».

PARÁBOLA DEL GRANO DE MOSTAZA

31 Otra parábola les contó Jesús: «El reino de los cielos es semejante a un grano de mostaza, que un hombre tomó y sembró en su campo, **32** y que de todas las semillas es la más pequeña; pero cuando ha crecido, es la mayor de las hortalizas, y se hace árbol, de modo que las aves del cielo vienen y anidan en sus ramas».

13:32
El grano de mostaza
La semilla de mostaza era la más pequeña de todas las semillas que usaban los agricultores y jardineros en la Tierra Santa. Podía crecer hasta tres metros de alto.

© Karin Hildebrand Lau/Shutterstock

13:22 [1] O *siglo.*   13:24 [1] Lit. *fue comparado con.*
muy parecida al trigo.   13:26 [1] Lit. *la hierba.*   13:27 [1] Lit. *De dónde.*
13:28 [1] Lit. *Un hombre enemigo.*   13:25 [1] I.e. planta gramínea

PARÁBOLA DE LA LEVADURA

33 Les dijo otra parábola: «El reino de los cielos es semejante a la levadura que una mujer tomó y escondió en tres medidas (39 litros) de harina hasta que todo quedó fermentado».

34 Todo esto habló Jesús en parábolas a las multitudes, y nada les hablaba sin parábola, **35** para que se cumpliera lo que fue dicho por medio del profeta, cuando dijo:

«ABRIRÉ MI BOCA EN PARÁBOLAS;
HABLARÉ DE COSAS OCULTAS DESDE LA FUNDACIÓN
DEL MUNDO».

EXPLICACIÓN DE LA PARÁBOLA DEL TRIGO Y LA CIZAÑA

36 Entonces Jesús dejó a la multitud y entró en la casa. Y se acercaron Sus discípulos, diciendo: «Explícanos la parábola de la cizaña del campo». **37** Jesús les respondió: «El que siembra la buena semilla es el Hijo del Hombre, **38** y el campo es el mundo; la buena semilla son[1] los hijos del reino, y la cizaña son los hijos del maligno; **39** el enemigo que la sembró es el diablo, la siega es el fin[1] del mundo[2], y los segadores son los ángeles. **40** Por tanto, así como la cizaña se recoge y se quema en el fuego, de la misma manera será en el fin[1] del mundo[2].

41 »El Hijo del Hombre enviará a Sus ángeles, y recogerán de Su reino a todos los *que son* piedra de tropiezo[1] y a los que hacen iniquidad; **42** y los echarán en el horno de fuego; allí será el llanto y el crujir de dientes. **43** Entonces los justos resplandecerán como el sol en el reino de su Padre. El que tiene oídos[1], que oiga.

PARÁBOLAS DEL TESORO ESCONDIDO Y LA PERLA DE GRAN VALOR

44 »El reino de los cielos es semejante a un tesoro escondido en el campo, que al encontrarlo un hombre, *lo vuelve* a esconder, y de alegría por ello, va, vende todo lo que tiene y compra aquel campo.

45 »El reino de los cielos también es semejante a un mercader que busca perlas finas, **46** y al encontrar una perla de gran valor, fue y vendió todo lo que tenía y la compró.

PARÁBOLA DE LA RED BARREDERA

47 »El reino de los cielos también es semejante a una red barredera que se echó en el mar, y recogió *peces* de toda clase. **48** Cuando se llenó, la sacaron a la playa; y se sentaron y recogieron los *peces* buenos en canastas[1], pero echaron fuera los malos. **49** Así será en el fin[1] del mundo[2]; los ángeles saldrán, y sacarán[3] a los malos de entre los justos, **50** y los arrojarán en el horno de fuego; allí será el llanto y el crujir de dientes.

13:38 [1] Lit. *estos son.*   13:39 [1] Lit. *la consumación.*   [2] O *siglo.*   13:40 [1] Lit. *la consumación.*   [2] O *siglo.*   13:41 [1] O *todo lo que ofende.*   13:43 [1] Algunos mss. antiguos dicen: *oídos para oír.*   13:48 [1] O *vasijas.*   13:49 [1] O *la consumación.*   [2] O *siglo.*   [3] O *separarán.*

13:33
El significado de la levadura
En la Biblia, la levadura solía usarse como símbolo de algo malo que se propaga. Sin embargo, en esta ocasión, la levadura era una señal de crecimiento positivo.

13:44-46
El significado de estas dos parábolas
Estas parábolas afirman que el reino de los cielos es tan valioso que las personas deberían estar dispuestas a renunciar a todo lo demás para ganárselo.

13:47-51
La parábola de la red barredera
Esta parábola enseña que un día Dios separará a los justos de los malvados. Los malvados serán castigados en el horno de fuego.

PARÁBOLA DEL DUEÑO DE CASA

51 »¿Han entendido ustedes todas estas cosas?». «Sí», le dijeron* ellos. **52** Entonces Jesús les dijo: «Por eso todo escriba que se ha convertido en un discípulo del reino de los cielos es semejante al[1] dueño de casa que saca de su tesoro cosas nuevas y cosas viejas».

JESÚS ENSEÑA EN NAZARET

53 Sucedió que cuando Jesús terminó estas parábolas, se fue de allí. **54** Y llegando a Su pueblo, les enseñaba en la sinagoga de ellos, de tal manera que se maravillaban y decían: «¿Dónde *obtuvo* Este tal sabiduría y *estos* poderes milagrosos[1]? **55** ¿No es Este el Hijo del carpintero? ¿No se llama Su madre María, y Sus hermanos Jacobo[1], José, Simón y Judas? **56** ¿No están todas Sus hermanas con nosotros? ¿Dónde, pues, *obtuvo* Este todas estas cosas?».

57 Y se escandalizaban a causa de Él. Pero Jesús les dijo: «No hay profeta sin honra, sino en su propia tierra y en su casa». **58** Y no hizo muchos milagros[1] allí a causa de la incredulidad de ellos.

MUERTE DE JUAN EL BAUTISTA

14 Por aquel tiempo[1], Herodes el tetrarca oyó la fama de Jesús, **2** y dijo a sus sirvientes: «Este es Juan el Bautista. Él ha resucitado de entre los muertos, y por eso es que poderes milagrosos actúan en él».

3 Porque *antes* Herodes había prendido a Juan, y lo había atado[1] y puesto en la cárcel por causa de Herodías, mujer de su hermano Felipe; **4** porque Juan le decía: «No te es lícito tenerla». **5** Y aunque Herodes quería matarlo, tenía miedo al pueblo[1], porque consideraban[2] a Juan como un profeta.

6 Pero cuando llegó[1] el cumpleaños de Herodes, la hija de Herodías[2] danzó ante[3] *ellos* y agradó a Herodes. **7** Por lo cual le prometió con juramento darle lo que ella pidiera. **8** Ella, instigada por su madre, dijo*: «Dame aquí, en una bandeja la cabeza de Juan el Bautista».

9 Y aunque el rey se entristeció, a causa de sus[1] juramentos y de sus invitados[2], ordenó que se *la* dieran; **10** y mandó decapitar a Juan en la cárcel. **11** Trajeron su cabeza en una bandeja y se la dieron a la muchacha[1], y ella *se la* llevó a su madre. **12** Los discípulos de Juan[1] llegaron y recogieron el cuerpo y lo sepultaron; y fueron y se lo comunicaron a Jesús.

ALIMENTACIÓN DE LOS CINCO MIL

13 Al oír esto, Jesús se fue de allí en una barca, solo, a un lugar desierto; y cuando las multitudes *lo* supieron[1], lo siguieron a pie desde las ciudades. **14** Cuando Jesús desembarcó, vio una gran multitud, y tuvo compasión de ellos y sanó a sus enfermos. **15** Al atardecer se acercaron los discípulos, diciendo: «El

14:1
Herodes el tetrarca
Un tetrarca era el gobernador de una cuarta parte de una región. Herodes el tetrarca (Herodes Antipas) fue uno de los varios hijos de Herodes el Grande. Gobernó Galilea y Perea desde el año 4 a. C. hasta el 39 d. C.

13:52 [1] Lit. *a un hombre*.   13:54 [1] O *milagros*.   13:55 [1] O *Santiago*.
13:58 [1] O *muchas obras de poder*.   14:1 [1] O *aquella ocasión*.
14:3 [1] O *encadenado*.   14:5 [1] O *a la multitud*.   [2] Lit. *tenían*.
14:6 [1] Lit. *ocurrió*.   [2] I.e. *Salomé*.   [3] Lit. *en medio de*.   14:9 [1] Lit. *los*.   [2] Lit. *de los que se reclinaban a la mesa con él*.   14:11 [1] I.e. *Salomé*.   14:12 [1] Lit. *Y sus discípulos*.   14:13 [1] Lit. *oyeron*.

lugar está desierto y la hora ya es avanzada; despide, pues, a las multitudes para que vayan a las aldeas y se compren alimentos».

16 Pero Jesús les dijo: «No hay necesidad de que se vayan; denles ustedes de comer». **17** Entonces ellos dijeron*: «No tenemos aquí más que cinco panes y dos peces». **18** «Traigan acá los panes y los peces», les dijo.

19 Y ordenando a la muchedumbre que se sentara sobre la hierba, Jesús tomó los cinco panes y los dos peces, y levantando los ojos al cielo, bendijo *los alimentos*. Después partió los panes y se los dio a los discípulos y los discípulos a la multitud. **20** Todos comieron y se saciaron; y recogieron lo que sobró de los pedazos: doce cestas llenas. **21** Y los que comieron fueron unos 5,000 hombres, sin *contar* las mujeres y los niños.

JESÚS ANDA SOBRE EL MAR

22 Enseguida Jesús hizo que los discípulos¹ subieran a la barca y fueran delante de Él a la otra orilla, mientras Él despedía a la multitud. **23** Después de despedir a la multitud, subió al monte a solas para orar; y al anochecer, estaba allí solo. **24** Pero la barca ya estaba muy lejos¹ de tierra, *y* era azotada² por las olas, porque el viento era contrario. **25** A la cuarta vigilia de la noche (3 a 6 a.m.), Jesús vino a ellos andando sobre el mar.

26 Y los discípulos, al ver a Jesús andar sobre el mar, se turbaron, y decían: «¡Es un fantasma!». Y de miedo, se pusieron a gritar. **27** Pero enseguida Jesús les dijo: «Tengan ánimo, soy Yo; no teman».

28 Y Pedro le respondió: «Señor, si eres Tú, mándame que vaya a Ti sobre las aguas». **29** «Ven», le dijo Jesús. Y descendiendo Pedro de la barca, caminó sobre las aguas, y fue hacia Jesús. **30** Pero viendo la fuerza del viento tuvo miedo, y empezando a hundirse gritó: «¡Señor, sálvame!». **31** Al instante Jesús, extendiendo la mano, lo sostuvo y le dijo*: «Hombre de poca fe, ¿por qué dudaste?».

32 Cuando ellos subieron a la barca, el viento se calmó. **33** Entonces los que estaban en la barca lo adoraron, diciendo: «En verdad eres Hijo de Dios».

34 Terminada la travesía, bajaron a¹ tierra en Genesaret. **35** Y cuando los hombres de aquel lugar reconocieron a Jesús, enviaron *a decirlo* por toda aquella región de alrededor y le trajeron todos los que tenían *algún* mal. **36** Y le rogaban que les dejara tocar siquiera el borde de Su manto; y todos los que *lo* tocaban quedaban curados.

DISCUSIÓN CON ALGUNOS ESCRIBAS Y FARISEOS

15 Entonces se acercaron* a Jesús *algunos* escribas y fariseos de Jerusalén, diciendo: **2** «¿Por qué Tus discípulos quebrantan la tradición de los ancianos? Pues no se lavan las manos cuando comen pan».

3 Jesús les preguntó: «¿Por qué también quebrantan ustedes el mandamiento de Dios a causa de su tradición? **4** Porque

---

14:20
El tamaño de estas cestas

El Nuevo Testamento hace referencia a dos tipos de cestas. Las doce cestas utilizadas aquí eran relativamente pequeñas y podían ser cargadas en la espalda de alguien. Las del otro tipo eran lo suficientemente grandes para alojar a una persona. Siete de las grandes se utilizaron probablemente para recoger el sobrante de la alimentación de los cuatro mil. (Ver Mateo 16:9-10).

14:23
Por qué oraba Jesús

Jesús se comunicaba con Dios Padre y el Espíritu Santo. Él le pedía ayuda y guía a Dios y le agradecía por su amor, del mismo modo que nosotros oramos. También oraba para darles un ejemplo a los discípulos de cómo hacerlo.

15:2
La tradición de los ancianos

Tras el destierro, los rabinos judíos comenzaron a crear reglas para la vida diaria. Estas eran sus interpretaciones personales de la ley de Moisés que habían sido pasadas de palabra de generación a generación.

Dios dijo: "Honra a *tu* padre y a *tu* madre", y: "Quien hable mal de *su* padre o de *su* madre, que muera[1]". **5** Pero ustedes dicen: "Cualquiera que diga a *su* padre o a *su* madre: 'Es ofrenda *a Dios* todo lo mío con que pudieras ser ayudado', **6** no necesitará más honrar[1] a su padre o a su madre[2]". Y *así* ustedes invalidaron la palabra[3] de Dios por causa de su tradición. **7** ¡Hipócritas! Bien profetizó Isaías de ustedes cuando dijo:

> **8** "Este pueblo con los labios me honra,
> Pero su corazón está muy lejos de Mí.
> **9** Pues en vano me rinden culto,
> Enseñando como doctrinas preceptos de hombres"».

LO QUE CONTAMINA AL HOMBRE

10 Llamando junto a Él a la multitud, Jesús les dijo: «Oigan y entiendan: **11** no es lo que entra en la boca lo que contamina al hombre; sino lo que sale de la boca, eso es lo que contamina al hombre». **12** Entonces, acercándose los discípulos, le dijeron*: «¿Sabes que los fariseos se escandalizaron[1] cuando oyeron Tus palabras[2]?». **13** Pero Él contestó: «Toda planta que Mi Padre celestial no haya plantado, será desarraigada. **14** Déjenlos; son ciegos guías de ciegos[1]. Y si un ciego guía a otro ciego, ambos caerán en el hoyo».

15 Entonces Pedro dijo a Jesús: «Explícanos la parábola». **16** Jesús les dijo: «¿También están ustedes aún faltos de entendimiento? **17** ¿No entienden que todo lo que entra en la boca va al estómago[1] y luego se elimina[2]? **18** Pero lo que sale de la boca proviene del corazón, y eso es lo que contamina al hombre. **19** Porque del corazón provienen malos pensamientos, homicidios, adulterios, fornicaciones, robos, falsos testimonios *y* calumnias. **20** Estas cosas son las que contaminan al hombre; pero comer sin lavarse las manos no contamina al hombre».

JESÚS SANA A LA HIJA DE UNA CANANEA

21 Saliendo Jesús de allí, se retiró a la región de Tiro y de Sidón. **22** Entonces una mujer cananea que había salido de aquella región, comenzó a gritar: «Señor, Hijo de David, ten misericordia de mí; mi hija está terriblemente endemoniada». **23** Pero Él no le contestó nada. Y acercándose Sus discípulos, le rogaban: «Atiéndela[1], pues viene gritando tras nosotros». **24** Y Jesús respondió: «No he sido enviado sino a las ovejas perdidas de la casa de Israel». **25** Pero acercándose ella, se postró[1] ante Él, diciendo: «¡Señor, ayúdame!». **26** Y Él le dijo: «No está bien tomar el pan de los hijos, y echár*selo* a los perrillos». **27** Ella respondió: «Sí, Señor; pero[1] también los perrillos comen de las migajas que caen de la mesa de sus amos». **28** Entonces Jesús le dijo: «Oh mujer, grande es tu fe; que te suceda como deseas». Y su hija quedó sana desde aquel momento[1].

15:22
Los cananeos
Hay muchas referencias a los cananeos en el Antiguo Testamento, pero esta es la única en el Nuevo Testamento. El estado de Canaán ya no existía, así que es posible que aquí se haga alusión al pueblo de Fenicia.

15:26-28
Qué quiso decir Jesús con no dar el pan de los niños a los perrillos
Jesús estaba diciendo que sus buenas nuevas debían comunicarse primero a los judíos. La mujer entendió y dijo que se contentaría con recibir las migajas. Jesús la recompensó por su fe.

15:4 [1] Lit. *muera a muerte.*　　15:6 [1] I.e. en el sentido de socorrer.　　[2] Algunos mss. antiguos no incluyen: *o a su madre.*　　[3] Algunos mss. antiguos dicen: *la ley.*　　15:12 [1] O *fueron ofendidos.*　　[2] Lit. *la palabra.*　　15:14 [1] Varios mss. antiguos no incluyen: *de ciegos.*　　15:17 [1] Lit. *vientre.*　　[2] Lit. *se echa en la letrina.*　　15:23 [1] Lit. *Despídela.*　　15:25 [1] O *adoró.*　　15:27 [1] Lit. *porque.*　　15:28 [1] Lit. *desde aquella hora.*

JESÚS SANA A MUCHOS JUNTO AL MAR DE GALILEA

29 Pasando Jesús de allí, vino junto al mar de Galilea, y subiendo al monte, se sentó allí. **30** Y vinieron a Él grandes multitudes trayendo consigo cojos, lisiados, ciegos, mudos y muchos otros *enfermos* y los pusieron a Sus pies y Él los sanó; **31** de modo que la muchedumbre se maravilló al ver que los mudos hablaban, los lisiados quedaban restaurados[1], los cojos caminaban y los ciegos veían; y glorificaron al Dios de Israel.

ALIMENTACIÓN DE LOS CUATRO MIL

32 Entonces Jesús, llamando junto a Él a Sus discípulos, *les* dijo: «Tengo compasión de la multitud, porque ya hace tres días que están aquí y no tienen qué comer; y no quiero despedirlos sin comer, no sea que desfallezcan en el camino». **33** Y los discípulos le dijeron*: «¿Dónde podríamos conseguir en el desierto tantos panes para saciar a una multitud tan grande?». **34** «¿Cuántos panes tienen?», les preguntó* Jesús. Ellos respondieron: «Siete, y unos pocos pececillos». **35** Y Él mandó a la multitud que se sentara en el suelo; **36** tomó los siete panes y los peces, y después de dar gracias, *los* partió y empezó a dar*los* a los discípulos, y los discípulos a las multitudes. **37** Comieron todos y se saciaron; y recogieron de lo que sobró de los pedazos, siete canastas llenas. **38** Los que comieron fueron 4,000 hombres, sin *contar* las mujeres y los niños. **39** Después de despedir a la muchedumbre, subió a la barca y se fue a la región de Magadán[1].

FARISEOS Y SADUCEOS PIDEN SEÑAL

16 Entonces los fariseos y los saduceos se acercaron, y poniendo a prueba[1] a Jesús, le pidieron que les mostrara una señal[2] del cielo. **2** Pero Él les dijo: «[1]Al caer la tarde ustedes dicen: *"Hará* buen tiempo, porque el cielo está rojizo". **3** Y por la mañana: "Hoy *habrá* tempestad, porque el cielo está rojizo y amenazador". ¿Saben ustedes discernir el aspecto[1] del cielo, pero no pueden *discernir* las señales de los tiempos? **4** Una generación perversa y adúltera busca una señal, y no se le dará señal, sino la señal de Jonás». Y dejándolos, se fue.

LA LEVADURA DE LOS FARISEOS Y SADUCEOS

5 Los discípulos, al pasar al otro lado, se habían olvidado de tomar panes. **6** Entonces Jesús les dijo: «Estén atentos y cuídense de la levadura de los fariseos y saduceos». **7** Y ellos discutían entre sí, diciendo: «*Lo dice* porque no tomamos panes». **8** Pero Jesús, dándose cuenta, dijo: «Hombres de poca fe, ¿por qué discuten entre ustedes que no tienen pan? **9** ¿Todavía no entienden ni recuerdan los cinco panes para los cinco mil, y cuántas cestas recogieron? **10** ¿Ni los siete panes para los cuatro mil, y cuántas canastas recogieron? **11** ¿Cómo es que no entienden que no les hablé de los panes? Pero cuídense de la levadura de los fariseos y saduceos».

15:31 [1] O *sanos.*   15:39 [1] Algunos mss. posteriores dicen: *Magdala.*
16:1 [1] Lit. *tentándole.*   [2] O *un milagro.*   16:2 [1] Los mss. más antiguos no incluyen el resto del vers. 2 y el vers. 3.   16:3 [1] Lit. *la faz.*

12 Entonces entendieron que Él no les había dicho que se cuidaran de la levadura de los panes, sino de la enseñanza de los fariseos y saduceos.

LA CONFESIÓN DE PEDRO

13 Cuando Jesús llegó a la región de Cesarea de Filipo, preguntó a Sus discípulos: «¿Quién dicen los hombres que es el Hijo del Hombre?». 14 Y ellos respondieron: «Unos, Juan el Bautista; y otros, Elías; pero otros, Jeremías o alguno de los profetas». 15 «Y ustedes, ¿quién dicen que soy Yo?», les preguntó* Jesús. 16 Simón Pedro respondió: «Tú eres el Cristo, el Hijo del Dios viviente».

17 Entonces Jesús le dijo: «Bienaventurado eres, Simón, hijo de Jonás, porque *esto* no te *lo* reveló carne ni sangre, sino Mi Padre que está en los cielos. 18 Yo también te digo que tú eres Pedro[1], y sobre esta roca[2] edificaré Mi iglesia; y las puertas del Hades[3] no prevalecerán contra ella. 19 Yo te daré las llaves del reino de los cielos; y lo que ates en la tierra, será[1] atado en los cielos; y lo que desates en la tierra, será[1] desatado en los cielos». 20 Entonces ordenó a los discípulos que a nadie dijeran que Él era el Cristo.

JESÚS ANUNCIA SU MUERTE Y RESURRECCIÓN

21 Desde entonces Jesucristo comenzó a declarar[1] a Sus discípulos que debía ir a Jerusalén y sufrir muchas cosas de parte de los ancianos, de los principales sacerdotes y de los escribas, y ser muerto, y resucitar al tercer día. 22 Tomando aparte a Jesús, Pedro lo reprendió: «No *lo* permita Dios[1], Señor! Eso nunca te acontecerá[2]». 23 Pero volviéndose Él, dijo a Pedro: «¡Quítate de delante de Mí[1], Satanás! Me eres piedra de tropiezo; porque no estás pensando en las cosas de Dios, sino en las de los hombres».

CONDICIONES PARA SEGUIR A JESÚS

24 Entonces Jesús dijo a Sus discípulos: «Si alguien quiere venir en pos de Mí, niéguese a sí mismo, tome su cruz y que me siga. 25 Porque el que quiera salvar su vida[1], la perderá; pero el que pierda su vida[1] por causa de Mí, la hallará. 26 Pues ¿qué provecho obtendrá un hombre si gana el mundo entero, pero pierde su alma? O ¿qué dará un hombre a cambio de su alma? 27 Porque el Hijo del Hombre ha de venir en la gloria de Su Padre con Sus ángeles, y entonces recompensará a cada uno según su conducta.

28 »En verdad les digo que hay algunos de los que están aquí que no probarán la muerte hasta que vean al Hijo del Hombre venir en Su reino».

LA TRANSFIGURACIÓN

17 Seis días después, Jesús tomó* con Él a Pedro, a Jacobo[1] y a Juan su hermano, y los llevó* aparte a un

16:18
Las puertas del Hades
Hades era el nombre griego para el lugar al que iban los espíritus después de la muerte. Era similar a la palabra hebrea *Seol*. Las «puertas del Hades» puede referirse a los poderes de la muerte o las fuerzas que se oponen a Cristo y su reino.

16:19
Las llaves del reino
Esto significaba poder y autoridad dados por Dios. Posiblemente Pedro utilizó estas «llaves» el día del Pentecostés cuando anunció que las puertas del reino estaban abiertas para todos los creyentes.

16:28
El significado de este versículo
Primero, puede haber sido una predicción de la transfiguración de Jesús que sucedería una semana más tarde. Segundo, podría referirse al poder de Jesús tras su resurrección, que se manifiesta a través de la iglesia.

16:18 [1] Gr. *Petros;* i.e. una piedra.　　[2] Gr. *petra;* i.e. una piedra grande.　　[3] I.e. los poderes de la muerte.　　16:19 [1] O *habrá sido.*　　16:21 [1] Lit. *a mostrar.* 16:22 [1] Lit. (Dios tenga) *misericordia de ti.*　　[2] Lit. *será.*　　16:23 [1] Lit. *Ponte detrás de mí.*　　16:25 [1] O *su alma.*　　17:1 [1] O *Santiago.*

monte alto. **2** Delante de ellos se transfiguró; y Su rostro resplandeció como el sol y Sus vestiduras se volvieron blancas como la luz. **3** En esto, se les aparecieron Moisés y Elías hablando con Él.

4 Entonces Pedro dijo a Jesús: «Señor, bueno es que estemos aquí; si quieres, haré aquí tres enramadas[1], una para Ti, otra[2] para Moisés y otra[2] para Elías». **5** Mientras estaba aún hablando, una nube luminosa los cubrió; y una voz *salió de* la nube, diciendo: «Este es Mi Hijo amado en quien Yo estoy complacido; óiganlo a Él».

6 Cuando los discípulos oyeron *esto,* cayeron sobre sus rostros y tuvieron gran temor. **7** Entonces Jesús se *les* acercó, y tocándolos, dijo: «Levántense y no teman». **8** Y cuando alzaron sus ojos no vieron a nadie, sino a Jesús solo.

ELÍAS Y JUAN EL BAUTISTA

9 Mientras descendían del monte, Jesús les ordenó: «No cuenten a nadie la visión hasta que el Hijo del Hombre haya resucitado de entre los muertos». **10** Los discípulos entonces le preguntaron: «¿Por qué, pues, dicen los escribas que Elías debe venir primero?». **11** Respondió Jesús: «Elías ciertamente viene, y restaurará todas las cosas; **12** pero Yo les digo que Elías ya vino y no lo reconocieron, sino que le hicieron[1] todo lo que quisieron. Así también el Hijo del Hombre va a padecer *a manos* de ellos». **13** Entonces los discípulos entendieron que Él les había hablado de Juan el Bautista.

JESÚS SANA A UN MUCHACHO EPILÉPTICO

14 Cuando llegaron a la multitud, se acercó a Jesús un hombre, que arrodillándose delante de Él, dijo: **15** «Señor, ten misericordia de mi hijo, porque es epiléptico[1] y sufre terriblemente, porque muchas veces cae en el fuego y muchas en el agua. **16** Lo traje a Tus discípulos y ellos no pudieron curarlo». **17** Jesús respondió: «¡Oh generación incrédula y perversa! ¿Hasta cuándo estaré con ustedes? ¿Hasta cuándo tendré que soportarlos? Tráiganmelo acá». **18** Jesús lo reprendió y el demonio salió de él, y el muchacho quedó curado desde aquel momento[1].

19 Entonces los discípulos, llegándose a Jesús en privado, dijeron: «¿Por qué nosotros no pudimos expulsarlo?». **20** Y Él les dijo*: «Por la poca fe de ustedes; porque en verdad les digo que si tienen fe como un grano de mostaza, dirán a este monte: "Pásate de aquí allá", y se pasará; y nada les será imposible. **21**[1] Pero esta clase no sale sino con oración y ayuno».

OTRA VEZ JESÚS ANUNCIA SU MUERTE

22 Mientras andaban juntos por Galilea, Jesús les dijo: «El Hijo del Hombre va a ser entregado en manos de los hombres. **23** Lo matarán, y al tercer día resucitará». Y ellos se entristecieron mucho.

17:4 [1] O *tiendas sagradas.*   [2] Lit. *una.*   17:12 [1] Lit. *hicieron en él o hicieron en su caso.*   17:15 [1] Lit. *lunático.*   17:18 [1] Lit. *aquella hora.*   17:21 [1] Los mss. más antiguos no incluyen este vers.

17:2
Jesús se transfiguró

Esto significa que su apariencia cambió, y sus discípulos lo vieron tal como se vería en el cielo.

17:5
Las palabras importantes de Dios

Estas fueron las mismas palabras provenientes del cielo que Dios expresó en el bautismo de Jesús. Dios confirmó nuevamente que Jesús era su Hijo y que aprobaba sus acciones.

17:15-18
La causa de los ataques de epilepsia del muchacho

Los ataques que sufría este muchacho eran causados por los demonios, pero no todos suceden por este motivo.

17:24
El impuesto de las dos dracmas

Este era el impuesto anual del templo que se les exigía a todos los hombres mayores de veintidós años (ver Éxodo 30:13-15; 2 Crónicas 24:9). Tenía un valor de medio *siclo* (aproximadamente el salario de dos días) y se utilizaba para mantener el templo en buen estado.

18:3-4
Ser como niños

Jesús quería que sus seguidores fueran humildes como un niño, el cual depende de sus padres para que le provean todo lo que necesita. Jesús deseaba que confiaran en él de ese modo.

18:6
Piedra de molino

Esta era una de las dos piedras grandes y redondas que se utilizaban para moler el trigo. Un asno hacía girar la piedra, que era mucho más grande y pesada que las pequeñas piedras que utilizaban las mujeres para moler el trigo a mano.

Todd Bolen/www.BiblePlaces.com, tomada en el Museo Eretz de Israel

PAGO DEL IMPUESTO DEL TEMPLO

24 Cuando llegaron a Capernaúm, se acercaron a Pedro los que cobraban las dos dracmas[1] del *impuesto del templo* y dijeron: «¿No paga su maestro el impuesto del templo?». **25** «Sí», contestó* Pedro. Y cuando él llegó a casa, Jesús se le anticipó[1], diciendo: «¿Qué te parece, Simón? ¿De quiénes cobran tributos o impuestos los reyes de la tierra, de sus hijos o de los extraños?». **26** «De los extraños», respondió Pedro. «Entonces los hijos están exentos[1]», le dijo Jesús. **27** «Sin embargo, para que no los escandalicemos[1], ve al mar, echa el anzuelo, y toma el primer pez que salga[2]; y cuando le abras la boca hallarás un siclo[3]; tómalo y dáselo por ti y por Mí».

EL MAYOR EN EL REINO DE LOS CIELOS

18 En aquel momento[1] se acercaron los discípulos a Jesús, diciendo: «¿Quién es el mayor en el reino de los cielos?». **2** Él, llamando a un niño, lo puso en medio de ellos, **3** y dijo: «En verdad les digo que si no se convierten[1] y se hacen como niños, no entrarán en el reino de los cielos. **4** Así pues, cualquiera que se humille como este niño, ese es el mayor en el reino de los cielos. **5** Y el que reciba a un niño como este[1] en Mi nombre, me recibe a Mí.

6 »Pero al que haga pecar[1] a uno de estos pequeñitos que creen en Mí, mejor le sería que le colgaran al cuello una piedra de molino de *las que mueve un asno*, y que se ahogara en lo profundo del mar.

¡AY DE LOS QUE SON PIEDRAS DE TROPIEZO!

7 »¡Ay del mundo por *sus* piedras de tropiezo! Porque es inevitable que vengan piedras de tropiezo; pero ¡ay de aquel hombre por quien viene el tropiezo!

8 »Si tu mano o tu pie te hace pecar, córtalo y tíralo. Es mejor que entres en la vida manco o cojo, que teniendo dos manos y dos pies, ser echado en el fuego eterno. **9** Y si tu ojo te hace pecar, arráncalo y tíralo. Es mejor que entres en la vida con un solo ojo, que teniendo dos ojos, ser echado en el infierno[1] de fuego.

10 »Miren que no desprecien a uno de estos pequeñitos, porque les digo que sus ángeles en los cielos contemplan siempre el rostro de Mi Padre que está en los cielos. **11** [1]Porque el Hijo del Hombre ha venido a salvar lo que se había perdido.

PARÁBOLA DE LA OVEJA PERDIDA

12 »¿Qué les parece? Si un hombre tiene cien ovejas y una de ellas se ha descarriado, ¿no deja las noventa y nueve en los montes, y va en busca de la descarriada? **13** Y si sucede que la halla, en verdad les digo que se regocija más por esta que por las noventa y nueve que no se han descarriado. **14** Así, no es la voluntad del[1] Padre[2] que está en los cielos que se pierda uno de estos pequeñitos.

SOBRE LA EXHORTACIÓN Y LA ORACIÓN

15 »Si tu hermano peca[1], ve y repréndelo a solas[2]; si te escucha, has ganado a tu hermano. **16** Pero si no *te* escucha, lleva contigo a uno o a dos más, para que toda palabra sea confirmada por boca de dos o tres testigos. **17** Y si rehúsa escucharlos, dilo a la iglesia; y si también rehúsa escuchar a la iglesia, sea para ti como el gentil y el recaudador de impuestos[1]. **18** En verdad les digo, que todo lo que ustedes aten[1] en la tierra, será[2] atado en el cielo; y todo lo que desaten[3] en la tierra, será[2] desatado en el cielo.

19 »Además les digo, que si dos de ustedes se ponen de acuerdo sobre cualquier cosa que pidan *aquí* en la tierra, les será hecho por[1] Mi Padre que está en los cielos. **20** Porque donde están dos o tres reunidos en Mi nombre, allí estoy Yo en medio de ellos».

IMPORTANCIA DEL PERDÓN

21 Entonces acercándose Pedro, preguntó a Jesús: «Señor, ¿cuántas veces pecará mi hermano contra mí que yo haya de perdonarlo? ¿Hasta siete veces?». **22** Jesús le contestó*: «No te digo hasta siete veces, sino hasta setenta veces siete.

PARÁBOLA DE LOS DOS DEUDORES

23 »Por eso, el reino de los cielos puede compararse[1] a cierto[2] rey que quiso ajustar cuentas con sus siervos. **24** Al comenzar a ajustar*las*, le fue presentado uno que le debía 10,000 talentos (216 toneladas de plata). **25** Pero no teniendo él *con qué* pagar, su señor ordenó que lo vendieran, junto con su mujer e hijos y todo cuanto poseía, y *así* pagara la deuda. **26** Entonces el siervo cayó postrado ante él, diciendo: "Tenga paciencia conmigo y todo se lo pagaré". **27** Y el señor de aquel siervo tuvo compasión, lo soltó y le perdonó la deuda.

28 »Pero al salir aquel siervo, encontró a uno de sus consiervos que le debía 100 denarios[1], y echándole mano, *lo* ahogaba, diciendo: "Paga lo que debes". **29** Entonces su consiervo, cayendo *a sus pies,* le suplicaba: "Ten paciencia conmigo y te pagaré". **30** Sin embargo, él no quiso, sino que fue y lo echó en la cárcel hasta que pagara lo que debía.

31 »Así que cuando sus consiervos vieron lo que había pasado, se entristecieron mucho, y fueron y contaron a su señor todo lo que había sucedido. **32** Entonces, llamando al siervo, su señor le dijo*: "Siervo malvado, te perdoné toda aquella deuda porque me suplicaste. **33** ¿No deberías tú también haberte compadecido de tu consiervo, así como yo me

18:10
Ángeles guardianes
Es posible que haya ángeles que cuiden de personas específicas, pero Jesús estaba diciendo que todas las personas son importantes para Dios. Incluso los niños son lo suficientemente importantes como para que los ángeles cuiden de ellos.

18:12-13
Por qué el pastor estaba tan preocupado por una oveja perdida
Esto es un modo de decir que Dios se preocupa por cada persona que se encuentra perdida. Un rebaño de ovejas tan grande necesitaría más de un pastor. Si una oveja se perdiera, el pastor principal iría a buscarla. Las otras ovejas tendrían otro pastor que las cuidaría hasta que el pastor principal volviera.

18:22
Cuántas veces se debe perdonar
Jesús usó un número grande que significaba una cantidad innumerable de veces para mostrar la importancia del perdón. Su idea no era dar un número exacto, sino decirles a sus seguidores que siempre estén más dispuestos a mostrar misericordia que a buscar la justicia.

18:14 [1] Lit. *delante de.*   [2] Lit. *del Padre de ustedes.*   18:15 [1] Muchos mss. agregan: *contra ti.*   [2] Lit. *entre tú y él solos.*   18:17 [1] O *publicano;* i.e. uno que explotaba la recaudación de los impuestos romanos.   18:18 [1] O *prohíban.* [2] O *habrá sido.*   [3] O *permitan.*   18:19 [1] Lit. *de.*   18:23 [1] Lit. *fue comparado.* [2] Lit. *un hombre.*   18:28 [1] I.e. salario de 100 días.

18:24, 28
El tamaño de estas deudas

La primera deuda probablemente era de algunos millones de dólares, imposible de pagar. La segunda equivalía al salario de algunos meses, una deuda que era mucho más posible de pagar.

compadecí de ti?". **34** Y enfurecido su señor, lo entregó a los verdugos hasta que pagara todo lo que le debía. **35** Así también Mi Padre celestial hará con ustedes, si no perdonan de corazón[1] cada uno a su hermano».

JESÚS EN JUDEA

19 Cuando Jesús terminó estas palabras, partió de Galilea y se fue a la región de Judea, al otro lado del Jordán; **2** y grandes multitudes siguieron a Jesús, y los sanó allí.

ENSEÑANZA DE JESÚS SOBRE EL DIVORCIO

3 Y se acercaron a Él *algunos* fariseos para ponerlo a prueba, diciendo: «¿Le está permitido a un hombre divorciarse de[1] su mujer por cualquier motivo?». **4** Jesús les respondió: «¿No han leído que Aquel que *los* creó, desde el principio los hizo varón y hembra, **5** y dijo: "Por esta razón el hombre dejará a *su* padre y a *su* madre y se unirá a su mujer, y los dos serán una sola carne"? **6** Así que ya no son dos, sino una sola carne. Por tanto, lo que Dios ha unido, ningún hombre lo separe».

7 Ellos le dijeron*: «Entonces, ¿por qué mandó Moisés DARLE CARTA DE DIVORCIO Y REPUDIARLA?». **8** Él les contestó*: «Por la dureza de su corazón Moisés les permitió a ustedes divorciarse de[1] sus mujeres; pero no ha sido así desde el principio. **9** Pero Yo les digo que cualquiera que se divorcie de[1] su mujer, salvo por infidelidad, y se case con otra, comete[2] adulterio[3]». **10** Los discípulos le dijeron*: «Si así es la relación del hombre con su mujer, no conviene casarse». **11** Jesús les dijo: «No todos pueden aceptar este precepto, sino *solo* aquellos a quienes les ha sido dado. **12** Porque hay eunucos que nacieron así desde el seno de su madre, y hay eunucos que fueron hechos eunucos por los hombres, y *también* hay eunucos que a sí mismos se hicieron eunucos por causa del reino de los cielos. El que pueda aceptar *esto*, que *lo* acepte».

JESÚS BENDICE A LOS NIÑOS

13 Entonces trajeron *algunos* niños a Jesús para que pusiera las manos sobre ellos y orara; y los discípulos los reprendieron. **14** Pero Jesús dijo: «Dejen a los niños, y no les impidan que vengan a Mí, porque de los que son como estos[1] es el reino de los cielos». **15** Y después de poner Él las manos sobre ellos, se fue de allí.

EL JOVEN RICO

16 Y un hombre se acercó a Jesús y le dijo: «Maestro, ¿qué cosa buena haré para obtener la vida eterna?». **17** Jesús le respondió: «¿Por qué me preguntas acerca de lo que es bueno? *Solo* Uno es bueno; pero si deseas entrar en la vida, guarda los mandamientos». **18** «¿Cuáles?», preguntó* el hombre. Y Jesús respondió: «No matarás; no cometerás adulterio; no hurtarás; no darás falso testimonio; **19** honra a *tu* padre y *tu* madre; y amarás a tu prójimo como a ti mismo».

18:35 [1] Lit. *de sus corazones.*   19:3 [1] O *repudiar a.*   19:8 [1] O *repudiar a.*
19:9 [1] O *repudie a.*   [2] Algunos mss. antiguos dicen: *la hace cometer.*   [3] Algunos mss. antiguos agregan: *y el que se casa con una mujer divorciada, comete adulterio.*   19:14 [1] O *de los tales.*

20 El joven dijo*: «Todo esto lo he guardado; ¿qué me falta todavía?». **21** Jesús le respondió: «Si quieres ser perfecto, ve *y* vende lo que posees y da a los pobres, y tendrás tesoro en los cielos; y ven, sé Mi discípulo». **22** Pero al oír el joven estas palabras[1], se fue triste, porque era dueño de muchos bienes.

PELIGRO DE LAS RIQUEZAS

23 Jesús dijo entonces a Sus discípulos: «En verdad les digo que es difícil que un rico entre en el reino de los cielos. **24** Otra vez les digo que es más fácil para un camello pasar por el ojo de una aguja, que para un rico entrar en el reino de Dios». **25** Al oír *esto*, los discípulos estaban llenos de asombro, y decían: «Entonces, ¿quién podrá salvarse?». **26** Jesús, mirándo*los*, les dijo: «Para los hombres eso es imposible, pero para Dios todo es posible».

27 Entonces Pedro le respondió: «Mira, nosotros lo hemos dejado todo y te hemos seguido; ¿qué, pues, recibiremos[1]?». **28** Jesús les dijo: «En verdad les digo que ustedes que me han seguido, en la regeneración, cuando el Hijo del Hombre se siente en el trono de Su gloria, ustedes se sentarán también sobre doce tronos para juzgar a las doce tribus de Israel. **29** Y todo el que haya dejado casas, o hermanos, o hermanas, o padre, o madre[1], o hijos o tierras por Mi nombre, recibirá cien[2] veces más, y heredará la vida eterna. **30** Pero muchos primeros serán últimos, y los últimos, primeros.

PARÁBOLA DE LOS OBREROS DE LA VIÑA

20 »Porque el reino de los cielos es semejante a un hacendado[1] que salió muy de mañana para contratar obreros para su viña. **2** Y habiendo convenido con los obreros en un denario[1] al día, los envió a su viña. **3** Salió después como a la hora tercera[1], y vio parados en la plaza a otros *que estaban* sin trabajo; **4** y a estos les dijo: "Vayan también ustedes a la viña, y les daré lo que sea justo". Y ellos fueron. **5** Volvió a salir como a la hora sexta[1] y a la novena[2], e hizo lo mismo. **6** Y saliendo como a la hora undécima[1], encontró a otros parados, y les dijo*: "¿Por qué han estado aquí parados todo el día sin trabajar?". **7** Ellos le dijeron*: "Porque nadie nos ha contratado". Él les dijo*: "Vayan también ustedes a la viña".

8 »Al atardecer, el señor de la viña dijo* a su mayordomo: "Llama a los obreros y págales *su* jornal, comenzando por los últimos y terminando con los primeros". **9** Cuando llegaron los que *habían sido contratados* como a la hora undécima[1], cada uno recibió un denario. **10** Cuando llegaron los que *fueron contratados* primero, pensaban que recibirían más; pero ellos también recibieron un denario cada uno. **11** Y al recibirlo, murmuraban contra el hacendado[1], **12** diciendo: "Estos últimos han trabajado *solo* una hora, pero usted los ha hecho iguales a nosotros que hemos soportado el peso y el calor abrasador del día".

19:21
Todo…
Jesús estaba diciendo que sus seguidores debían renunciar a cualquier cosa que amaran más que a él. El joven amaba sus posesiones más que a Dios, así que Jesús le dijo que las vendiera todas. El joven no se atrevió a hacerlo, así que se fue muy triste.

19:24
Un camello y una aguja
Aquí, Jesús usó un ejemplo exagerado para ayudar a sus discípulos a entender que el amor de las personas por el dinero o las cosas materiales puede dañar su vida espiritual.

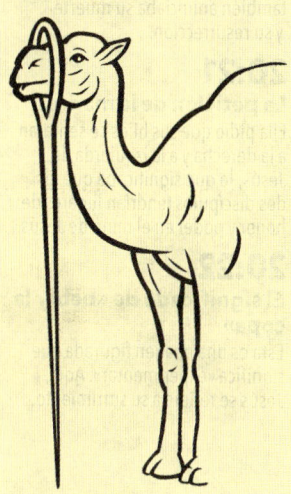

Arte por Brian Oesch; © 2014 por Zondervan

19:30
El significado de «muchos primeros serán últimos»
En el reino de Dios, las cosas que importan a menudo parecen débiles o menos valiosas para el resto del mundo. El dinero, el poder y la apariencia no le interesan a Dios; en cambio, Dios valora el amor de las personas por él y los demás.

19:22 ¹ Lit. *la palabra.*   19:27 ¹ Lit. *habrá para nosotros.*   19:29 ¹ Muchos mss. agregan: *o mujer.*   ² Algunos mss. dicen: *muchas.*   20:1 ¹ Lit. *un hombre, dueño de casa.*   20:2 ¹ I.e. moneda romana; salario de un día. 20:3 ¹ I.e. 3 p.m.   20:5 ¹ I.e. mediodía.   ² I.e. 3 p.m.   20:6 ¹ I.e. 5 p.m. 20:9 ¹ I.e. 5 p.m.   20:11 ¹ Lit. *dueño de casa.*

20:9-16
El significado de esta parábola

Esta parábola trata de la gracia de Dios con las personas que se acercan a él más tarde en la vida. No importa cuánto tiempo alguien haya tenido fe en Jesús, pero eso era difícil de entender para los líderes religiosos, ya que ellos habían creído en Dios durante la mayor parte de sus vidas.

20:18-19
Qué le sucedería al Hijo del Hombre

Jesús era el Hijo del Hombre, y aquí estaba prediciendo que Judas lo traicionaría, así como también anunciaba su muerte y su resurrección.

20:21
La petición de la madre

Ella pidió que sus hijos se sentaran a la derecha y a la izquierda de Jesús, lo que significaba que los dos discípulos tendrían lugares de honor y poder en el reino de Jesús.

20:22
El significado de «beber la copa»

Esta es una imagen figurada que significa «experimentar». Aquí, Jesús se refiere a su sufrimiento.

20:30
Por qué los dos ciegos llamaron Hijo de David a Jesús

Ellos aceptaban a Jesús como el Mesías; los profetas habían dicho que él sería un descendiente de David.

13 »Pero respondiendo el hacendado, dijo a uno de ellos: "Amigo, no te hago ninguna injusticia; ¿no conviniste conmigo en un denario? **14** Toma lo que es tuyo, y vete; pero yo quiero darle a este último lo mismo que a ti. **15** ¿No me es lícito hacer lo que quiero con lo que es mío? ¿O es tu ojo malo porque yo soy bueno?". **16** Así, los últimos serán primeros, y los primeros, últimos».

JESÚS ANUNCIA SU MUERTE POR TERCERA VEZ

17 Cuando Jesús iba subiendo a Jerusalén, tomó aparte a los doce *discípulos,* y por el camino les dijo: **18** «Ahora subimos a Jerusalén, y el Hijo del Hombre será entregado a los principales sacerdotes y escribas, y lo condenarán a muerte; **19** y lo entregarán a los gentiles para burlarse *de Él,* lo azotarán y crucificarán, pero al tercer día resucitará».

PETICIÓN DE LOS HIJOS DE ZEBEDEO

20 Entonces se acercó a Jesús la madre de los hijos de Zebedeo con sus hijos, y postrándose *ante Él,* le pidió algo. **21** Jesús le preguntó: «¿Qué deseas?». Ella le dijo*: «Ordena que en Tu reino estos dos hijos míos se sienten uno a Tu derecha y el otro a Tu izquierda». **22** Pero Jesús dijo: «No saben lo que piden. ¿Pueden beber la copa que Yo voy a beber?». Ellos respondieron*: «Podemos». **23** Él les dijo*: «Mi copa ciertamente beberán, pero el sentarse a Mi derecha y a *Mi* izquierda no es Mío el concederlo, sino que es para quienes ha sido preparado por Mi Padre».

24 Al oír *esto,* los *otros* diez se indignaron contra los dos hermanos. **25** Pero Jesús, llamándolos junto a Él, dijo: «Ustedes saben que los gobernantes de los gentiles se enseñorean de ellos, y que los grandes ejercen autoridad sobre ellos. **26** No ha de ser así entre ustedes, sino que el que entre ustedes quiera llegar a ser grande, será su servidor, **27** y el que entre ustedes quiera ser el primero, será su siervo; **28** así como el Hijo del Hombre no vino para ser servido, sino para servir y para dar Su vida en rescate por muchos».

CURACIÓN DE DOS CIEGOS DE JERICÓ

29 Al salir de Jericó, una gran multitud siguió a Jesús. **30** Y dos ciegos que estaban sentados junto al camino, al oír que Jesús pasaba, gritaron: «¡Señor, Hijo de David, ten misericordia de nosotros!». **31** La gente los reprendía para que se callaran, pero ellos gritaban más aún: «¡Señor, Hijo de David, ten misericordia de nosotros!».

32 Y deteniéndose Jesús, los llamó y les dijo: «¿Qué quieren que Yo haga por ustedes?». **33** Ellos le respondieron*: «Señor, *deseamos* que nuestros ojos sean abiertos». **34** Entonces Jesús, movido a compasión, tocó los ojos de ellos, y al instante recobraron la vista, y lo siguieron.

LA ENTRADA TRIUNFAL

21 Cuando se acercaron a Jerusalén y llegaron a Betfagé, *junto* al monte de los Olivos, Jesús entonces envió a dos discípulos, **2** diciéndoles: «Vayan a la aldea *que está* enfrente de ustedes, y enseguida encontrarán un asna atada y un pollino con ella; desáten*la* y tráigan*los* a Mí. **3** Y si alguien les dice algo, digan: "El Señor los necesita"; y enseguida los enviará».

4 Esto sucedió para que se cumpliera lo que fue dicho por medio del profeta, cuando dijo:

5 «DIGAN A LA HIJA DE SIÓN:
"MIRA, TU REY VIENE A TI,
HUMILDE[1] Y MONTADO EN UN ASNA,
Y EN UN POLLINO, HIJO DE BESTIA DE CARGA"».

6 Entonces fueron los discípulos e hicieron tal como Jesús les había mandado, **7** y trajeron el asna y el pollino. Pusieron sobre ellos sus mantos y Jesús se sentó encima[1]. **8** La mayoría de la multitud tendió sus mantos en el camino; otros cortaban ramas de los árboles y las tendían por el camino. **9** Y las multitudes que iban delante de Él y las que iban detrás, gritaban:

«¡Hosanna al Hijo de David!
¡BENDITO AQUEL QUE VIENE EN EL NOMBRE DEL
SEÑOR!
¡Hosanna en las alturas!».

10 Cuando Jesús entró en Jerusalén, toda la ciudad se agitó, y decían: «¿Quién es Este?». **11** Y las multitudes contestaban: «Este es el profeta Jesús, de Nazaret de Galilea».

JESÚS ECHA A LOS MERCADERES DEL TEMPLO

12 Jesús entró en el templo y echó fuera a todos los que compraban y vendían en el templo. También volcó las mesas de los que cambiaban el dinero y los asientos de los que vendían las palomas. **13** Y les dijo*: «Escrito está, "Mi casa será llamada casa de oración", pero ustedes la están haciendo cueva de ladrones».

14 En el templo se acercaron a Él *los* ciegos y *los* cojos, y los sanó. **15** Pero cuando los principales sacerdotes y los escribas vieron las maravillas que había hecho, y a los muchachos que gritaban en el templo y decían: «¡Hosanna al Hijo de David!», se indignaron. **16** Y le dijeron: «¿Oyes lo que estos dicen?». Y Jesús les respondió*: «Sí, ¿nunca han leído: "De la boca de los pequeños y de los niños de pecho te has preparado alabanza?"». **17** Y dejándolos, salió fuera de la ciudad, a Betania, y se hospedó allí.

LA HIGUERA ESTÉRIL

18 Por la mañana, cuando regresaba a la ciudad, Jesús tuvo hambre. **19** Y al ver una higuera junto al camino, se acercó a ella, pero no halló nada en ella sino solo hojas, y le dijo*: «Nunca jamás brote fruto de ti». Y al instante se secó la higuera. **20** Los discípulos se maravillaron al ver *esto*, y decían: «¿Cómo es que la higuera se secó al instante?».

21 Jesús les respondió: «En verdad les digo que si tienen fe y no dudan, no solo harán lo de la higuera,

21:7
Por qué Jesús montaría un asno

Un asno era una señal de humildad, paz y realeza. Zacarías había profetizado que el Mesías montaría en un asno. (Ver Zacarías 9:9).

21:8
Por qué las personas tendieron sus mantos en el camino

Esto era un modo de honrar a un rey.

21:12
Comprar y vender animales

Esta compra y venta de animales (a veces a precios escandalosos) se llevaba a cabo en el gran patio exterior de los gentiles, que ocupaba varias hectáreas cerca del templo.

21:14
Era inusual que Jesús sanara cojos en el templo

Las autoridades judías normalmente prohibían que los cojos, ciegos, sordos y mudos entraran al templo. Lo hacían con el fin de simbolizar la pureza que se necesitaba para estar en el templo.

21:17
Betania

Betania era una aldea en la ladera oriental del monte de los Olivos, a unos 3.2 kilómetros de Jerusalén. Era el hogar de María, Marta y Lázaro.

sino que aun si dicen a este monte: "Quítate y échate al mar", *así* sucederá. **22** Y todo lo que pidan en oración, creyendo, lo recibirán».

LA AUTORIDAD DE JESÚS PUESTA EN DUDA

23 Cuando Jesús llegó al templo, los principales sacerdotes y los ancianos del pueblo se acercaron a Él mientras enseñaba, diciendo: «¿Con qué autoridad haces estas cosas, y quién te dio esta autoridad?».

24 Y Jesús les respondió: «Yo también les haré una pregunta[1], que si me la contestan, Yo también les diré con qué autoridad hago estas cosas. **25** ¿De dónde era el bautismo de Juan, del cielo o de los hombres?». Y ellos discutían entre sí, diciendo: «Si decimos: "Del cielo", Él nos dirá: "Entonces, ¿por qué no le creyeron?". **26** Y si decimos: "De los hombres", tememos a la multitud; porque todos tienen a Juan por profeta».

27 Y respondieron a Jesús: «No lo sabemos». Él a su vez[1] les dijo: «Tampoco Yo les diré[2] con qué autoridad hago estas cosas.

28 »Pero, ¿qué les parece? Un hombre tenía dos hijos, y llegándose al primero, *le* dijo: "Hijo, ve, trabaja hoy en la viña". **29** Y él respondió: "No quiero"; *pero* después, arrepentido, fue[1]. **30** Llegándose al otro, le dijo lo mismo; y este respondió: "Yo iré, señor"; pero no fue[1]. **31** ¿Cuál de los dos hizo

21:24 [1] Lit. *preguntaré una palabra.*   21:27 [1] Lit. *también.*   [2] Lit. *digo.*   21:29 [1] Algunos mss. dicen: *Yo iré, señor, y no fue.*   21:30 [1] Algunos mss. dicen: *No quiero; pero después, arrepentido fue.*

la voluntad del padre?». «El primero¹», respondieron* ellos. Jesús les dijo*: «En verdad les digo que los recaudadores de impuestos² y las rameras entran en el reino de Dios antes que ustedes. **32** Porque Juan vino a ustedes en camino de justicia y no le creyeron, pero los recaudadores de impuestos y las rameras le creyeron; y ustedes, viendo *esto,* ni siquiera se arrepintieron después para creerle.

PARÁBOLA DE LOS LABRADORES MALVADOS

33 »Escuchen otra parábola. Había *una vez* un hacendado¹ que plantó una viña y la cercó con un muro, y cavó en ella un lagar y edificó una torre, la arrendó a unos labradores y se fue de viaje. **34** Cuando se acercó el tiempo de la cosecha¹, envió sus siervos a los labradores para recibir sus frutos. **35** Pero los labradores, tomando a los siervos, a uno lo golpearon, a otro lo mataron y a otro lo apedrearon. **36** Volvió a mandar otro grupo de siervos, mayor que el primero; y les hicieron lo mismo.

37 »Finalmente les envió a su hijo, diciendo: "Respetarán a mi hijo". **38** Pero cuando los labradores vieron al hijo, dijeron entre sí: "Este es el heredero; vengan, matémoslo y apoderémonos de su heredad". **39** Y echándole mano, *lo* arrojaron fuera de la viña y *lo* mataron. **40** Cuando venga, pues, el dueño¹ de la viña, ¿qué hará a esos labradores?».

41 Ellos respondieron*: «Llevará a esos miserables a un fin lamentable, y arrendará la viña a otros labradores que le paguen los frutos a su tiempo». **42** Jesús les dijo*: «¿Nunca leyeron en las Escrituras:

"La piedra que desecharon los constructores,
Esa, en piedra angular¹ se ha convertido;
Esto fue hecho de parte del Señor,
Y es maravilloso a nuestros ojos"?

43 Por eso les digo que el reino de Dios les será quitado a ustedes y será dado a una nación que produzca los frutos del reino. **44** Y el que caiga sobre esta piedra será hecho pedazos; pero sobre quien ella caiga, lo esparcirá como polvo».

45 Al oír las parábolas de Jesús los principales sacerdotes y los fariseos, comprendieron que Él hablaba de ellos. **46** Y cuando procuraron prender a Jesús, tuvieron miedo de la multitud, porque ellos lo tenían por profeta.

PARÁBOLA DEL BANQUETE DE BODAS

22 Jesús comenzó a hablarles otra vez en parábolas, diciendo: **2** «El reino de los cielos puede compararse a¹ un rey² que hizo un *banquete* de bodas para su hijo. **3** Y envió a sus siervos a llamar a los que habían sido invitados a las bodas, pero no quisieron venir. **4** De nuevo envió otros siervos, diciéndo*les:* "Digan a los que han sido invitados: 'Ya he

21:33
El propósito de la torre
La torre estaba diseñada para vigilar la viña, especialmente cuando las uvas maduraban.

www.HolyLandPhotos.org

21:35-37
Los personajes de la parábola
Los labradores representaban a los judíos y sus líderes. Los siervos representaban a los profetas del Antiguo Testamento, muchos de los cuales fueron asesinados. El hijo representaba a Jesús, a quien las autoridades religiosas condenaron a muerte.

21:31 ¹ Algunos mss. dicen: *El segundo.*   ² O *publicanos;* i.e. los que explotaban la recaudación de los impuestos romanos.   21:33 ¹ Lit. *un hombre, dueño de casa.*   21:34 ¹ Lit. *de los frutos.*   21:40 ¹ Lit. *el señor.*   21:42 ¹ Lit. *cabeza del ángulo.*   22:2 ¹ Lit. *fue comparado con.*   ² Lit. *un hombre rey.*

preparado mi banquete; he matado mis novillos y animales cebados, y todo está preparado; vengan a las bodas". **5** Pero ellos no hicieron caso y se fueron: uno a su campo, otro a sus negocios, **6** y los demás, echando mano a los siervos, los maltrataron y los mataron.

7 »Entonces el rey se enfureció, y enviando sus ejércitos, destruyó a aquellos asesinos e incendió su ciudad. **8** Luego dijo* a sus siervos: "La boda está preparada, pero los que fueron invitados no eran dignos. **9** Vayan, por tanto, a las salidas de los caminos, e inviten a las bodas a cuantos encuentren". **10** Aquellos siervos salieron por los caminos, y reunieron a todos los que encontraron, tanto malos como buenos; y el salón de bodas se llenó de invitados[1].

11 »Pero cuando el rey entró a ver a los invitados, vio allí a uno que no estaba vestido con traje de boda, **12** y le dijo*: "Amigo, ¿cómo entraste aquí sin[1] traje de boda?". Pero el hombre se quedó callado. **13** El rey entonces dijo a los sirvientes: "Atenle las manos y los pies, y échenlo a las tinieblas de afuera; allí será el llanto y el crujir de dientes". **14** Porque muchos son llamados[1], pero pocos *son* escogidos».

EL PAGO DEL IMPUESTO A CÉSAR

15 Entonces los fariseos se fueron y deliberaron entre sí cómo atrapar a Jesús en *alguna* palabra que Él dijera. **16** Y los fariseos enviaron* algunos de sus discípulos junto con los partidarios de Herodes, diciendo: «Maestro, sabemos que eres veraz y que enseñas el camino de Dios con verdad, y no buscas el favor[1] de nadie, porque eres imparcial[2]. **17** Dinos, pues, cuál es Tu opinión: ¿Está permitido pagar[1] impuesto a César, o no?».

18 Pero Jesús, conociendo su malicia, dijo: «¿Por qué me ponen a prueba, hipócritas? **19** Traigan la moneda que se usa para *pagar ese* impuesto». Y le trajeron un denario[1]. **20** Y Él les preguntó*: «¿De quién es esta imagen y esta inscripción?». **21** Ellos le dijeron*: «De César». Entonces Él les dijo*: «Pues den a César lo que es de César, y a Dios lo que es de Dios». **22** Al oír *esto,* se maravillaron; lo dejaron y se fueron.

PREGUNTA SOBRE LA RESURRECCIÓN

23 Ese día se acercaron a Jesús *algunos* saduceos, los que dicen que no hay resurrección, **24** y le dijeron: «Maestro, Moisés dijo: "SI ALGUIEN MUERE SIN TENER HIJOS, SU HERMANO, COMO PARIENTE MÁS CERCANO, SE CASARÁ CON SU MUJER Y LEVANTARÁ DESCENDENCIA A SU HERMANO". **25** Ahora bien, había entre nosotros siete hermanos; el primero se casó, y murió; pero no teniendo descendencia, le dejó la mujer a su hermano. **26** De igual manera también el segundo, y el tercero, hasta el séptimo. **27** Y después de todos, murió la mujer. **28** Por tanto, en la resurrección, ¿de cuál de los siete será mujer? Porque todos ellos la tuvieron».

29 Pero Jesús les respondió: «Están equivocados por no comprender[1] las Escrituras ni el poder de Dios. **30** Porque en

22:7
Por qué un rey incendiaría una ciudad
Esta era una práctica militar común después de conquistar una ciudad. En este caso, puede estar prediciendo la destrucción de Jerusalén.

22:11
Por qué echaron al hombre sin traje de boda
Era costumbre que el anfitrión proporcionara vestimentas de boda para sus invitados. Si el invitado no quería aceptarlas, sería un insulto para el anfitrión. Esto era un símbolo de lo que les ocurre a aquellos que rechazan el regalo de la salvación de Cristo.

22:14
Resumen de la parábola
La parábola sugiere que Dios, el Rey, invita a muchos a ser parte de su reino, pero solo unos pocos aceptan esta invitación por medio de la fe.

22:15-17
Estos grupos intentaron tenderle una trampa a Jesús
Los fariseos odiaban al gobierno romano, mientras que los herodianos lo apoyaban. Dependiendo de cómo respondiera Jesús a la pregunta, un grupo u otro tendrían motivos para criticarlo.

22:10 [1] Lit. *de los que se reclinaban* a la mesa; y así en el vers. 11.   22:12 [1] Lit. *no teniendo.*   22:14 [1] O *invitados.*   22:16 [1] Lit. *y no te preocupas.*   [2] Lit. *no miras la apariencia de los hombres.*   22:17 [1] Lit. *dar.*   22:19 [1] I.e. *salario de un día.*   22:29 [1] O *saber.*

la resurrección, ni se casan ni son dados en matrimonio, sino que son como los ángeles de Dios[1] en el cielo. **31** Y en cuanto a la resurrección de los muertos, ¿no han leído lo que les fue dicho por Dios, cuando dijo: **32** "Yo soy el Dios de Abraham, y el Dios de Isaac, y el Dios de Jacob"? Él no es Dios de muertos, sino de vivos». **33** Al oír *esto,* las multitudes se admiraban de Su enseñanza.

EL GRAN MANDAMIENTO

34 Los fariseos se agruparon al oír que Jesús había dejado callados a los saduceos. **35** Uno de ellos, intérprete de la ley[1], para poner a prueba[2] a Jesús, le preguntó: **36** «Maestro, ¿cuál es el gran mandamiento de la ley?».

37 Y Él le contestó: «Amarás al Señor tu Dios con todo tu corazón, y con toda tu alma, y con toda tu mente. **38** Este es el grande y primer mandamiento. **39** Y el segundo es semejante a este: Amarás a tu prójimo como a ti mismo. **40** De estos dos mandamientos dependen toda la ley y los profetas».

JESÚS, HIJO Y SEÑOR DE DAVID

41 Estando reunidos los fariseos, Jesús les hizo una pregunta: **42** «¿Cuál es la opinión de ustedes sobre el Cristo? ¿De quién es hijo?». «De David», le contestaron* ellos.

43 Jesús les dijo*: «Entonces, ¿cómo es que David en el Espíritu[1] lo llama "Señor", diciendo:

44 "Dijo el Señor a mi Señor:
  'Siéntate a Mi diestra,
  Hasta que ponga a Tus enemigos debajo de Tus pies'"?

45 Pues si David lo llama "Señor", ¿cómo es Él su hijo?». **46** Y nadie le pudo contestar ni una palabra, ni ninguno desde ese día se atrevió a hacer más preguntas a Jesús.

JESÚS DENUNCIA A LOS ESCRIBAS Y FARISEOS

23 Entonces Jesús habló a la muchedumbre y a Sus discípulos: **2** «Los escribas y los fariseos se han sentado en la cátedra de Moisés. **3** De modo que hagan y observen todo lo que les digan; pero no hagan conforme a sus obras, porque ellos dicen y no hacen. **4** Atan cargas pesadas y difíciles de llevar, y las ponen sobre las espaldas de los hombres, pero ellos ni con un dedo quieren moverlas.

5 »Sino que hacen todas sus obras para ser vistos por los hombres; pues agrandan sus filacterias[1] y alargan los adornos[2] *de sus mantos.* **6** Aman el lugar de honor en los banquetes y los primeros asientos en las sinagogas, **7** y los saludos respetuosos en las plazas y ser llamados por los hombres Rabí[1].

8 »Pero ustedes no *dejen que* los llamen Rabí; porque Uno es su Maestro y todos ustedes son hermanos. **9** Y no llamen *a nadie* padre suyo en la tierra, porque Uno es su Padre, el

22:41-45
Jesús desafió a los fariseos
En general, los judíos no creían que el Mesías fuera divino. Jesús citó un versículo del Antiguo Testamento (Salmos 110:1) para mostrar que el concepto que ellos tenían del Mesías estaba errado.

23:4
Cargas pesadas
Aquí se está hablando de las reglas que los fariseos intentaban imponerles a las personas. Estas reglas eran más difíciles de cumplir que la ley de Moisés.

22:30 [1] Algunos mss. no incluyen: *de Dios.*   22:35 [1] I.e. experto en la ley de Moisés.   [2] O *para tentar.*   22:43 [1] O *por inspiración.*   23:5 [1] I.e. pequeñas cajas que contenían textos de las Escrituras, que se usaban para propósitos religiosos.   [2] I.e. flecos.   23:7 [1] O *Maestro.*

que está en los cielos. **10** Ni *dejen que* los llamen preceptores[1]; porque Uno es su Preceptor, Cristo. **11** Pero el mayor de ustedes será su servidor. **12** Y cualquiera que se engrandece, será humillado, y cualquiera que se humille, será engrandecido.

OCHO AYES CONTRA LOS ESCRIBAS Y FARISEOS

13 »Pero, ¡ay de ustedes, escribas y fariseos, hipócritas que cierran el reino de los cielos delante de los hombres! Porque ni entran ustedes, ni dejan entrar a los que están entrando. **14** [1]¡Ay de ustedes, escribas y fariseos, hipócritas, que devoran las casas de las viudas, aun cuando por pretexto hacen largas oraciones! Por eso recibirán mayor condenación.

15 »¡Ay de ustedes, escribas y fariseos, hipócritas, que recorren el mar y la tierra para hacer un prosélito, y cuando llega a serlo, lo hacen hijo del infierno[1] dos veces más que ustedes! **16** »¡Ay de ustedes, guías ciegos! Porque dicen: "No es nada si alguien jura por el templo[1]; pero el que jura por el oro del templo[1], contrae obligación". **17** ¡Insensatos y ciegos! Porque ¿qué es más importante[1]: el oro, o el templo[2] que santificó el oro?

18 »También *ustedes dicen:* "No es nada si alguien jura por el altar; pero el que jura por la ofrenda que está sobre él, contrae obligación". **19** ¡Ciegos! Porque ¿qué es más importante[1]: la ofrenda, o el altar que santifica la ofrenda? **20** Por eso, el que jura por el altar, jura por él y por todo lo que está sobre él; **21** y el que jura por el templo[1], jura por él y por Aquel que en él habita; **22** y el que jura por el cielo, jura por el trono de Dios y por Aquel que está sentado en él.

23 »¡Ay de ustedes, escribas y fariseos, hipócritas que pagan el diezmo de la menta, del anís y del comino, y han descuidado los *preceptos* más importantes de la ley: la justicia, la misericordia y la fidelidad! Estas son las cosas que debían haber hecho, sin descuidar aquellas. **24** ¡Guías ciegos, que cuelan el mosquito y *se tragan el camello!*

25 »¡Ay de ustedes, escribas y fariseos, hipócritas, que limpian el exterior del vaso y del plato, pero por dentro están llenos de[1] robo y de desenfreno! **26** ¡Fariseo ciego! Limpia primero lo de adentro del vaso y del plato, para que lo de afuera también quede limpio.

27 »¡Ay de ustedes, escribas y fariseos, hipócritas que son semejantes a sepulcros blanqueados! Por fuera lucen hermosos, pero por dentro están llenos de huesos de muertos y de toda inmundicia. **28** Así también ustedes, por fuera parecen justos a los hombres, pero por dentro están llenos de hipocresía y de iniquidad.

29 »¡Ay de ustedes, escribas y fariseos, hipócritas! Porque edifican los sepulcros de los profetas y adornan los monumentos de los justos, **30** y dicen: "Si nosotros hubiéramos vivido[1] en los días de nuestros padres, no hubiéramos sido sus cómplices en *derramar la sangre de los profetas".* **31** Así

23:24
El significado de este dicho

Los fariseos filtraban cuidadosamente el agua que bebían a través de un paño para evitar tragarse un pequeño mosquito, que era un animal inmundo. Sin embargo, Jesús estaba diciendo que era como si ellos evadieran el mosquito, pero se tragaran un camello (uno de los animales inmundos más grandes), ya que ignoraban las partes más importantes de la ley: la justicia, la misericordia y la fidelidad.

23:27
Sepulcros blanqueados

Los sepulcros o tumbas eran blanqueados, que era como pintarlos, con el fin de hacerlos visibles, sobre todo por la noche. Parecían limpios y hermosos por fuera, pero por dentro estaban sucios y llenos de huesos. Jesús dijo que los fariseos hipócritas eran similares a estos sepulcros.

© John Copland/Shutterstock

23:10 [1] O *maestros.*   23:14 [1] Este vers. no aparece en los mss. más antiguos.   23:15 [1] Gr. *guéenna.*   23:16 [1] O *santuario.*   23:17 [1] Lit. ¿cuál es mayor.   [2] O *santuario.*   23:19 [1] Lit. ¿cuál es mayor.   23:21 [1] O *santuario.*   23:25 [1] O *por causa de.*   23:30 [1] Lit. *hubiéramos estado.*

que dan testimonio en contra de ustedes mismos, que son hijos[1] de los que asesinaron a los profetas. **32** ¡Llenen, pues[1], la medida *de la culpa* de sus padres!

33 »¡Serpientes! ¡Camada de víboras! ¿Cómo escaparán del juicio[1] del infierno[2]? **34** Por tanto, miren, Yo les envío profetas, sabios y escribas. A algunos de ellos, ustedes los matarán y crucificarán, y a otros los azotarán en sus sinagogas y los perseguirán de ciudad en ciudad, **35** para que recaiga[1] sobre ustedes *la culpa de* toda la sangre justa derramada sobre la tierra, desde la sangre del justo Abel hasta la sangre de Zacarías, hijo de Berequías, a quien ustedes asesinaron entre el templo[2] y el altar. **36** En verdad les digo que todo esto vendrá sobre esta generación.

LAMENTACIÓN SOBRE JERUSALÉN

37 »¡Jerusalén, Jerusalén, la que mata a los profetas y apedrea a los que son enviados a ella! ¡Cuántas veces quise juntar a tus hijos, como la gallina junta sus pollitos debajo de sus alas, y no quisiste! **38** Por tanto, la casa de ustedes se les deja desierta[1]. **39** Porque les digo que desde ahora *en adelante* no me verán más hasta que digan: "Bendito Aquel que viene en el nombre del Señor"».

PROFECÍA SOBRE LA DESTRUCCIÓN DEL TEMPLO

24 Cuando Jesús salió del templo, *y se iba,* se acercaron Sus discípulos para mostrarle los edificios del templo. **2** Pero Él les dijo: «¿Ven[1] todo esto? En verdad les digo *que* no quedará aquí piedra sobre piedra que no sea derribada».

SEÑALES ANTES DEL FIN

3 Estando Jesús sentado en el monte de los Olivos, se acercaron a Él los discípulos en privado, y le preguntaron: «Dinos, ¿cuándo sucederá[1] esto, y cuál *será* la señal de Tu venida[2] y de la consumación[3] de *este* siglo?». **4** Jesús les respondió: «Tengan cuidado de que nadie los engañe. **5** Porque muchos vendrán en Mi nombre, diciendo: "Yo soy el Cristo", y engañarán a muchos. **6** Ustedes van a oír de guerras y rumores de guerras. ¡Cuidado! No se alarmen, porque es necesario que *todo esto* suceda; pero todavía no es el fin. **7** Porque se levantará nación contra nación, y reino contra reino, y en diferentes lugares habrá hambre y terremotos. **8** Pero todo esto *es solo el* comienzo de dolores[1].

9 »Entonces los entregarán a tribulación, y los matarán, y serán odiados de todas las naciones por causa

23:35
Jesús mencionó los asesinatos de Abel y Zacarías
Abel fue asesinado durante los primeros años del Antiguo Testamento y Zacarías cerca del final. Jesús estaba resumiendo el historial del Antiguo Testamento de personas asesinadas por su devoción.

24:2
Esta profecía fue cumplida
Se cumplió en el año 70 d. C., cuando los romanos destruyeron Jerusalén y el templo.

24:3
El monte de los Olivos
Se trata de una elevación a un poco más de un kilómetro y medio más allá del valle del Cedrón, al este de Jerusalén, que se eleva unos 60 metros por sobre la ciudad.

© Renata Sedmakova/Shutterstock

23:31 [1] O *descendientes.*   23:32 [1] Lit. *Y ustedes llenen.*   23:33 [1] O *de la sentencia.*   [2] Gr. *guéenna.*   23:35 [1] Lit. *venga.*   [2] O *santuario.* 23:38 [1] Algunos mss. no incluyen: *desierta.* 24:2 [1] Lit. *¿No ven.*   24:3 [1] Lit. *será.* [2] O *presencia.*   [3] O *del fin.*   24:8 [1] Lit. *dolores de parto.*

de mi nombre. **10** Muchos se apartarán de la fe[1] entonces, y se traicionarán unos a otros, y unos a otros se odiarán. **11** Se levantarán muchos falsos profetas, y a muchos engañarán. **12** Y debido al aumento de la iniquidad, el amor de muchos se enfriará. **13** Pero el que persevere hasta el fin, ese será salvo. **14** Y este evangelio del reino se predicará en todo el mundo[1] como testimonio a todas las naciones, y entonces vendrá el fin.

LA ABOMINACIÓN DE LA DESOLACIÓN

15 »Por tanto, cuando ustedes vean la abominación de la desolación, de que se habló por medio del profeta Daniel, colocada[1] en el lugar santo, y el que lea que entienda, **16** entonces los que estén en Judea, huyan a los montes. **17** El que esté en la azotea, no baje a sacar las cosas de su casa; **18** y el que esté en el campo, no vuelva atrás a tomar su capa. **19** Pero ¡ay de las que estén encinta y de las que estén criando en aquellos días!

20 »Oren para que la huida de ustedes no suceda en invierno, ni en día de reposo. **21** Porque habrá entonces una gran tribulación, tal como no ha acontecido desde el principio del mundo hasta ahora, ni acontecerá jamás. **22** Y si aquellos días no fueran acortados, nadie[1] se salvaría; pero por causa de los escogidos[2], aquellos días serán acortados.

23 »Entonces si alguien les dice: "Miren, aquí *está* el Cristo", o "Allí[1] *está*", no *lo* crean. **24** Porque se levantarán falsos Cristos y falsos profetas, y mostrarán grandes señales[1] y prodigios, para así engañar, de ser posible, aun a los escogidos[2]. **25** Vean que se lo he dicho de antemano. **26** Por tanto, si les dicen: "Miren, Él está en el desierto", no vayan; o "Miren, Él está en las habitaciones interiores", no *les* crean. **27** Porque así como el relámpago sale del oriente y resplandece hasta el occidente, así será la venida[1] del Hijo del Hombre. **28** Donde esté el cadáver, allí se juntarán los buitres[1].

29 »Pero inmediatamente después de la tribulación de esos días, el sol se oscurecerá, la luna no dará su luz, las estrellas caerán del cielo y las potencias de los cielos serán sacudidas. **30** Entonces aparecerá en el cielo la señal del Hijo del Hombre; y todas las tribus de la tierra harán duelo, y verán al Hijo del Hombre que viene sobre las nubes del cielo con poder y gran gloria. **31** Y Él enviará a Sus ángeles con una gran trompeta y reunirán a Sus escogidos[1] de los cuatro vientos, desde un extremo de los cielos hasta el otro[2].

PARÁBOLA DE LA HIGUERA

32 »De la higuera aprendan la parábola: cuando su rama ya se pone tierna y echa las hojas, saben que el verano está cerca. **33** Así también ustedes, cuando vean todas estas cosas, sepan que Él está[1] cerca, a las puertas. **34** En verdad les digo que no pasará esta generación hasta que todo esto suceda. **35** El cielo y la tierra pasarán, pero Mis palabras no pasarán.

24:15
La abominación
En el año 168 a. C., Antíoco Epífanes construyó un altar pagano a Zeus sobre el altar sagrado de Jerusalén.

24:27-28
La segunda venida del Mesías
Jesús dijo que su segunda venida sería tan evidente como un relámpago o como el vuelo en círculos de los buitres.

24:10 [1] Lit. *A muchos se les hará tropezar.*　　24:14 [1] Lit. *toda la tierra habitada.*
24:15 [1] O *de pie.*　　24:22 [1] Lit. *ninguna carne.*　　[2] O *elegidos.*　　24:23 [1] Lit. *Aquí.*
24:24 [1] O *milagros.*　　[2] O *elegidos.*　　24:27 [1] O *presencia.*　　24:28 [1] O *las águilas.*　　24:31 [1] O *elegidos.*　　[2] Lit. *el extremo de ellos.*　　24:33 [1] O *que está.*

36 »Pero de aquel día y hora nadie sabe, ni siquiera los ángeles del cielo, ni el Hijo, sino solo el Padre. **37** Porque como en los días de Noé, así será la venida[1] del Hijo del Hombre. **38** Pues así como en aquellos días antes del diluvio estaban comiendo y bebiendo, casándose y dándose en matrimonio, hasta el día en que Noé entró en el arca, **39** y no comprendieron[1] hasta que vino el diluvio y se los llevó a todos; así será la venida[2] del Hijo del Hombre.

40 »Entonces estarán dos en el campo; uno será[1] llevado y el otro será[1] dejado. **41** Dos *mujeres estarán* moliendo en el molino; una será[1] llevada y la otra será[1] dejada. **42** Por tanto, velen[1], porque no saben en qué día viene su Señor. **43** Pero entiendan esto[1]: si el dueño de la casa hubiera sabido a qué hora de la noche iba a venir el ladrón, hubiera estado alerta y no hubiera permitido que entrara en[2] su casa. **44** Por eso, también ustedes estén preparados, porque a la hora que no piensan vendrá el Hijo del Hombre.

PARÁBOLA DEL SIERVO FIEL Y DEL INFIEL

45 »¿Quién es, pues, el siervo fiel y prudente a quien su señor puso sobre los de su casa para que les diera la comida a su tiempo? **46** Dichoso[1] aquel siervo a quien, cuando su señor venga, lo encuentre haciendo así. **47** De cierto les digo que lo pondrá sobre todos sus bienes. **48** Pero si aquel siervo *es* malo, *y* dice en su corazón: "Mi señor tardará[1]"; **49** y empieza a golpear a sus consiervos, y come y bebe con los que se emborrachan, **50** vendrá el señor de aquel siervo el día que no *lo* espera, y a una hora que no sabe, **51** y lo azotará severamente[1] y le asignará un lugar[2] con los hipócritas; allí será el llanto y el crujir de dientes.

PARÁBOLA DE LAS DIEZ VÍRGENES

25 »Entonces el reino de los cielos será semejante a diez vírgenes que tomando sus lámparas, salieron a recibir al novio. **2** Y cinco de ellas eran insensatas, y cinco prudentes. **3** Porque las insensatas, al tomar sus lámparas, no tomaron aceite consigo, **4** pero las prudentes tomaron aceite en frascos juntamente con sus lámparas. **5** Al tardarse el novio, a todas les dio sueño y se durmieron. **6** Pero a medianoche se oyó[1] un clamor: "¡Aquí está el novio! Salgan a recibir*lo*."

7 »Entonces todas aquellas vírgenes se levantaron y arreglaron sus lámparas. **8** Y las insensatas dijeron a las prudentes: "Dennos de su aceite, porque nuestras lámparas se apagan". **9** Pero las prudentes respondieron: "No, no sea que no haya suficiente para nosotras y para ustedes; vayan más bien a los que venden y compren para ustedes". **10** Mientras ellas iban a comprar, vino el novio, y las que estaban preparadas entraron con él al *banquete* de bodas, y se cerró la puerta. **11** Después vinieron también las otras vírgenes, diciendo:

24:41
Moler en el molino
Moler a mano el grano de trigo entre dos piedras pesadas era un trabajo que hacían generalmente las mujeres, y requería de dos personas trabajando juntas.

© William D. Mounce

25:1
Las diez vírgenes
En esta historia, las vírgenes eran damas de honor que esperaban para unirse al novio y la novia cuando fueran a entrar en el banquete. Sus lámparas eran probablemente antorchas que consistían en un palo largo con trapos empapados de aceite en la parte superior.

24:37 [1] O *presencia*.   24:39 [1] Lit. *no supieron*.   [2] O *presencia*.
24:40 [1] Lit. *es*.   24:41 [1] Lit. *es*.   24:42 [1] O *estén alerta*.   24:43 [1] Lit. *sepan aquello*.   [2] Lit. *horadara*.   24:46 [1] O *Bienaventurado*.   24:48 [1] Lit. *tarda*.
24:51 [1] Lit. *lo cortará en dos*.   [2] Lit. *su parte*.   25:6 [1] Lit. *se produjo*.

25:7
Mantener las lámparas arregladas

Había que cortar los extremos quemados de los trapos y añadir aceite cada quince minutos aproximadamente para mantener las antorchas encendidas.

25:15
El valor de los talentos

Cada talento equivalía al salario de veinte años. El significado actual de la palabra *talento* como habilidad o don proviene de esta parábola.

25:34-40
Cómo se recompensa a las personas por servir a los demás

Dios recompensará en el cielo a aquellos que sirven sin pensar en el premio. Dios nos da recompensas por su gracia, no por nuestras obras.

"Señor, señor, ábrenos". **12** Pero él respondió: "En verdad les digo que no las conozco". **13** Velen[1], pues no saben ni el día ni la hora[2].

PARÁBOLA DE LOS TALENTOS

14 »Porque *el reino de los cielos es* como un hombre que al emprender un viaje, llamó a sus siervos y les encomendó sus bienes. **15** Y a uno le dio cinco talentos (108 kilos de plata), a otro dos y a otro uno, a cada uno conforme a su capacidad; y se fue de viaje. **16** El que había recibido los cinco talentos, enseguida fue y negoció con ellos y ganó otros cinco talentos. **17** Asimismo el que *había recibido* los dos *talentos (43.2 kilos)* ganó otros dos. **18** Pero el que había recibido uno, fue y cavó en la tierra y escondió el dinero de su señor.

19 »Después de mucho tiempo vino* el señor de aquellos siervos, y arregló* cuentas con ellos. **20** Y llegando el que había recibido los cinco talentos, trajo otros cinco talentos, diciendo: "Señor, usted me entregó cinco talentos; mire, he ganado otros cinco talentos". **21** Su señor le dijo: "Bien, siervo bueno y fiel; en lo poco fuiste fiel, sobre mucho te pondré; entra en el gozo de tu señor". **22** Llegando también el de los dos talentos, dijo: "Señor, usted me entregó dos talentos; mire, he ganado otros dos talentos". **23** Su señor le dijo: "Bien, siervo bueno y fiel; en lo poco fuiste fiel, sobre mucho te pondré; entra en el gozo de tu señor".

24 »Pero llegando también el que había recibido un talento (21.6 kilos), dijo: "Señor, yo sabía que usted es un hombre duro, que siega donde no sembró y recoge donde no ha esparcido, **25** y tuve miedo, y fui y escondí su talento en la tierra; mire, *aquí tiene lo que es suyo*". **26** Pero su señor le dijo: "Siervo malo y perezoso, sabías que siego donde no sembré, y que recojo donde no esparcí. **27** Debías entonces haber puesto mi dinero en el banco[1], y al llegar yo hubiera recibido mi dinero[2] con intereses. **28** Por tanto, quítenle el talento y dénselo al que tiene los diez talentos (216 kilos de plata)".

29 »Porque a todo el que tiene, *más* se le dará, y tendrá en abundancia; pero al que no tiene, aun lo que tiene se le quitará. **30** Y al siervo inútil, échenlo en las tinieblas de afuera; allí será el llanto y el crujir de dientes.

EL JUICIO FINAL

31 »Pero cuando el Hijo del Hombre venga en Su gloria, y todos los ángeles con Él, entonces Él se sentará en el trono de Su gloria; **32** y serán reunidas delante de Él todas las naciones; y separará a unos de otros, como el pastor separa las ovejas de los cabritos. **33** Y pondrá las ovejas a Su derecha y los cabritos a la izquierda.

34 »Entonces el Rey dirá a los de Su derecha: "Vengan, benditos de Mi Padre, hereden el reino preparado para ustedes desde la fundación del mundo. **35** Porque tuve hambre, y ustedes me dieron de comer; tuve sed, y me dieron de beber; fui extranjero, y me recibieron; **36** estaba desnudo, y me

25:13 [1] O *Estén alerta.*   [2] Algunos mss. posteriores agregan: *en que el Hijo del Hombre ha de venir.*   25:27 [1] Lit. *a los banqueros.*   [2] Lit. *lo mío.*

vistieron; enfermo, y me visitaron; en la cárcel, y vinieron a
Mí". **37** Entonces los justos le responderán, diciendo: "Señor,
¿cuándo te vimos hambriento y te dimos de comer, o sediento
y te dimos de beber? **38** ¿Y cuándo te vimos *como* extranjero
y te recibimos, o desnudo y te vestimos? **39** ¿Cuándo te vimos
enfermo o en la cárcel y vinimos a Ti?". **40** El Rey les responderá: "En verdad les digo que en cuanto lo hicieron a uno de estos hermanos Míos, *aun a* los más pequeños, a Mí lo hicieron".

41 »Entonces dirá también a los de Su izquierda: "Apártense
de Mí, malditos, al fuego eterno que ha sido preparado para
el diablo y sus ángeles. **42** Porque tuve hambre, y ustedes no
me dieron de comer; tuve sed, y no me dieron de beber; **43** fui
extranjero, y no me recibieron; estaba desnudo, y no me vistieron; enfermo, y en la cárcel, y no me visitaron". **44** Entonces
ellos también responderán: "Señor, ¿cuándo te vimos hambriento o sediento, o *como* extranjero, o desnudo, o enfermo,
o en la cárcel, y no te servimos?". **45** Él entonces les responderá: "En verdad les digo que en cuanto ustedes no lo hicieron a
uno de los más pequeños de estos, tampoco a Mí lo hicieron".
46 Estos irán al castigo eterno, pero los justos a la vida eterna».

COMPLOT PARA PRENDER Y MATAR A JESÚS

26 Cuando[1] Jesús terminó todas estas palabras, dijo a Sus
discípulos: **2** «Ustedes saben que dentro de dos días se
celebra la Pascua, y el Hijo del Hombre será[1] entregado para
ser crucificado».

3 Entonces los principales sacerdotes y los ancianos del
pueblo se reunieron en el patio del sumo sacerdote llamado
Caifás, **4** y con engaño, tramaron entre ellos prender y matar
a Jesús. **5** Pero decían: «No durante la fiesta, para que no haya
un tumulto en el pueblo».

JESÚS UNGIDO EN BETANIA

6 Estando Jesús en Betania, en casa de Simón el leproso, **7** se
acercó a Él una mujer con un frasco de alabastro de perfume
muy costoso, y lo derramó sobre Su cabeza cuando estaba
sentado[1] *a la mesa.* **8** Pero al ver *esto,* los discípulos se indignaron, y decían: «¿Para qué este desperdicio? **9** Porque este
perfume podía haberse vendido a gran precio, y *el dinero*
habérselo dado a los pobres».

10 Pero Jesús, dándose cuenta, les dijo: «¿Por qué molestan
a la mujer? Pues buena es la obra que me ha hecho. **11** Porque
a los pobres siempre los tendrán[1] con ustedes, pero a Mí no
siempre me tendrán[1]. **12** Pues al derramar ella este perfume
sobre Mi cuerpo, lo ha hecho a fin de prepararme para la
sepultura. **13** En verdad les digo, que dondequiera que este
evangelio se predique, en el mundo entero, se hablará también de lo que esta ha hecho, en memoria de ella».

TRAICIÓN DE JUDAS

14 Entonces uno de los doce, llamado Judas Iscariote,
fue a los principales sacerdotes, **15** y les dijo: «¿Qué están

26:3
Caifás
Él fue el sumo sacerdote desde el
año 18 hasta el 36 d. C. Era el yerno
de Anás, un antiguo sumo sacerdote,
que sirvió desde el año 6 hasta el
15 d. C.

26:5
Por qué los principales sacerdotes y ancianos temían un tumulto
Cientos de miles de judíos
peregrinos habían llegado a
Jerusalén para la Pascua. Muchos de
ellos admiraban a Jesús y podrían
disgustarse si algo le ocurría.

26:7
Alabastro
La mayoría de la piedra de
alabastro en la antigüedad era en
realidad mármol.

A. D. Riddle/www.BiblePlaces.com, tomada en el
Museo Field, Chicago

26:1 [1] Lit. *Y sucedió que cuando.*   26:2 [1] Lit. *es.*   26:7 [1] Lit. *reclinado.*
26:11 [1] Lit. *tienen.*

26:15
El valor de treinta monedas de plata
Treinta monedas de plata eran el equivalente a 120 denarios. Los trabajadores solían recibir un denario por cada día de trabajo.

26:23
Meter la mano en el plato
En las comidas, era habitual que la gente tomara un trozo de pan o un trozo de carne envuelto en pan y lo mojara en un tazón de salsa en la mesa. Cuando comían juntos, esto era una forma de decir: «Soy tu amigo y no te haré daño».

26:30
Los himnos de los judíos
Tradicionalmente, los judíos cantaban Salmos 113 y 114 antes de la comida, y Salmos 115 y 118 después de comer.

dispuestos a darme para que yo les entregue a Jesús?». Y ellos le pesaron treinta monedas de plata (30 siclos: 432 gramos). **16** Y desde entonces Judas buscaba una oportunidad para entregar a Jesús.

PREPARACIÓN DE LA PASCUA

17 El primer *día de la Fiesta* de los Panes sin Levadura[1], se acercaron los discípulos a Jesús, diciendo: «¿Dónde quieres que hagamos los preparativos para que comas la Pascua?». **18** Y Él respondió: «Vayan a la ciudad, a cierto *hombre*, y díganle: "El Maestro dice: 'Mi tiempo está cerca; *quiero* celebrar la Pascua en tu casa con Mis discípulos'"». **19** Entonces los discípulos hicieron como Jesús les había mandado, y prepararon la Pascua.

JESÚS IDENTIFICA AL TRAIDOR

20 Al atardecer, estaba Jesús sentado[1] *a la mesa* con los doce discípulos. **21** Y mientras comían, dijo: «En verdad les digo que uno de ustedes me entregará». **22** Ellos, profundamente entristecidos, comenzaron a decir uno por uno: «¿Acaso soy yo, Señor?». **23** Él respondió: «El que metió[1] la mano al mismo tiempo que Yo en el plato, ese me entregará. **24** El Hijo del Hombre se va, según está escrito de Él; pero ¡ay de aquel hombre por quien el Hijo del Hombre es entregado! Mejor le fuera a ese hombre no haber nacido[1]». **25** Judas, el que lo iba a entregar[1], dijo: «¿Acaso soy yo, Rabí[2]?». «Tú *lo* has dicho», le contestó Jesús.

INSTITUCIÓN DE LA CENA DEL SEÑOR

26 Mientras comían, Jesús tomó pan, y habiéndo*lo* bendecido, *lo* partió, y dándose*lo* a los discípulos, dijo: «Tomen, coman; esto es Mi cuerpo». **27** Y tomando una copa, y habiendo dado gracias, se *la* dio, diciendo: «Beban todos de ella; **28** porque esto es Mi sangre del nuevo[1] pacto, que es derramada por muchos para el perdón de los pecados. **29** Les digo que desde ahora no beberé más de este fruto de la vid, hasta aquel día cuando lo beba nuevo con ustedes en el reino de Mi Padre».

30 Y después de cantar un himno, salieron hacia el monte de los Olivos.

JESÚS PREDICE LA NEGACIÓN DE PEDRO

31 Entonces Jesús les dijo*: «Esta noche todos ustedes se apartarán[1] por causa de Mí, pues escrito está: "Heriré al pastor, y las ovejas del rebaño se dispersarán". **32** Pero después de que Yo haya resucitado, iré delante de ustedes a Galilea». **33** Pedro le respondió: «Aunque todos se aparten[1] por causa de Ti, yo nunca me apartaré[2]». **34** Jesús le dijo: «En verdad te digo que esta *misma* noche, antes que el gallo cante, me negarás tres veces». **35** Pedro le dijo*: «Aunque tenga que morir junto a Ti, jamás te negaré». Todos los discípulos dijeron también lo mismo.

26:17 [1] O de los Ázimos.   26:20 [1] Lit. reclinado.   26:23 [1] Lit. mojó.
26:24 [1] Lit. Mejor le fuera si ese hombre no hubiera nacido.   26:25 [1] Lit. estaba entregando.   [2] O Maestro.   26:28 [1] Algunos mss. antiguos omiten, nuevo.
26:31 [1] O escandalizarán, o caerán.   26:33 [1] O escandalicen, o caigan.
[2] O escandalizaré, o caeré.

JESÚS EN GETSEMANÍ

36 Entonces Jesús llegó* con ellos a un lugar que se llama Getsemaní, y dijo* a Sus discípulos: «Siéntense aquí mientras Yo voy allá y oro». **37** Y tomando con Él a Pedro y a los dos hijos de Zebedeo, comenzó a entristecerse y a angustiarse. **38** Entonces les dijo*: «Mi alma está muy afligida, hasta el punto de la muerte; quédense aquí y velen junto a Mí».

39 Y adelantándose un poco, cayó sobre Su rostro, orando y diciendo: «Padre Mío, si es posible, que pase de Mí esta copa; pero no sea como Yo quiero, sino como Tú *quieras*». **40** Entonces vino* Jesús a los discípulos y los halló* durmiendo, y dijo* a Pedro: «¿Conque no pudieron velar una hora junto a Mí? **41** Velen y oren para que no entren en tentación; el espíritu está dispuesto, pero la carne es débil».

42 Apartándose de nuevo, oró por segunda vez, diciendo: «Padre Mío, si esta *copa* no puede pasar sin que Yo la beba, hágase Tu voluntad». **43** Vino otra vez Jesús y los halló durmiendo, porque sus ojos estaban cargados *de sueño*. **44** Dejándolos de nuevo, se fue y oró por tercera vez, y dijo otra vez las mismas palabras[1]. **45** Entonces vino* a los discípulos y les dijo*: «¿Todavía están[1] durmiendo y descansando? Vean, ha llegado la hora, y el Hijo del Hombre es entregado en manos de pecadores. **46** ¡Levántense! ¡Vamos! Miren, está cerca el que me entrega».

ARRESTO DE JESÚS

47 Mientras Jesús estaba todavía hablando, Judas, uno de los doce[1], llegó acompañado de[2] una gran multitud con espadas y palos, de parte de los principales sacerdotes y de los ancianos del pueblo. **48** El que lo entregaba les había dado una señal, diciendo: «Al que yo bese, Él es; lo pueden prender». **49** Enseguida se acercó a Jesús y dijo: «¡Salve, Rabí!». Y lo besó[1]. **50** «Amigo, *haz* lo que viniste a hacer», le dijo Jesús. Entonces ellos se acercaron, echaron mano a Jesús y lo arrestaron.

51 Y uno de los que estaban con Jesús, extendiendo la mano, sacó su espada, e hiriendo al siervo del sumo sacerdote, le cortó[1] la oreja. **52** Entonces Jesús le dijo*: «Vuelve tu espada a su sitio, porque todos los que tomen la espada, a espada perecerán. **53** ¿O piensas que no puedo rogar a Mi Padre, y Él pondría a Mi disposición ahora mismo más de doce legiones[1] de ángeles? **54** Pero, ¿cómo se cumplirían entonces las Escrituras *que dicen* que así debe suceder?».

55 En aquel momento[1] Jesús dijo a la muchedumbre: «¿Cómo contra un ladrón han salido con espadas y palos para *asegurarse* que me arrestaban? Cada día me sentaba en el templo para enseñar, y no me prendieron. **56** Pero todo esto ha sucedido para que se cumplan las Escrituras de los profetas. Entonces todos los discípulos lo abandonaron y huyeron.

JESÚS ANTE EL CONCILIO

57 Los que prendieron a Jesús lo llevaron ante el sumo sacerdote Caifás, donde estaban reunidos los escribas y los

26:37
Los dos hijos de Zebedeo
Se trataba de Juan y Jacobo, quienes junto a Pedro eran especialmente cercanos a Jesús.

26:39
Una copa diferente
Esta era un símbolo de profunda tristeza y sufrimiento. Jesús estaba dispuesto a aceptar lo que el Padre tenía planeado para él, aunque sabía que sería extremadamente difícil.

26:44 [1] Lit. *la misma palabra.*   26:45 [1] O *siguen.*   26:47 [1] I.e. *discípulos.*
[2] Lit. *y con él.*   26:49 [1] Lit. *le besó efusivamente.*   26:51 [1] Lit. *quitó.*
26:53 [1] Una legión estaba compuesta de 6,000 soldados.   26:55 [1] Lit. *aquella hora.*

ancianos. **58** Pedro fue siguiendo de lejos a Jesús hasta el patio del sumo sacerdote, y entrando[1], se sentó con los guardias[2] para ver el fin de todo aquello.

59 Y los principales sacerdotes y todo el Concilio[1] procuraban obtener falso testimonio contra Él, con el fin de dar muerte a Jesús, **60** y no lo hallaron a pesar de que se presentaron muchos falsos testigos. Pero más tarde se presentaron dos, **61** que dijeron: «Este declaró: "Yo puedo destruir el templo[1] de Dios y en[2] tres días reedificarlo"».

62 Entonces el sumo sacerdote, levantándose, le dijo: «¿No respondes nada? ¿Qué testifican estos contra Ti?». **63** Pero Jesús se quedó callado. Y el sumo sacerdote le dijo: «Te ordeno por el Dios viviente que nos digas si Tú eres el Cristo, el Hijo de Dios». **64** Jesús le contestó*: «Tú mismo lo has dicho; sin embargo, a ustedes les digo que desde ahora verán al Hijo del Hombre sentado a la diestra del Poder, y viniendo sobre las nubes del cielo».

65 Entonces el sumo sacerdote rasgó sus vestiduras, diciendo: «¡Ha blasfemado! ¿Qué necesidad tenemos de más testigos? Ahora mismo ustedes han oído la blasfemia. **66** ¿Qué les parece?». «¡Él es digno de muerte!», le contestaron. **67** Entonces le escupieron en el rostro y le dieron puñetazos; y otros lo abofeteaban[1], **68** y le decían: «¡Adivina[1], Cristo, ¿quién es el que te ha golpeado?».

LA NEGACIÓN DE PEDRO

69 Pedro estaba sentado afuera en el patio, y una sirvienta se le acercó y dijo: «Tú también estabas con Jesús el galileo». **70** Pero él lo negó delante de todos ellos, diciendo: «No sé de qué hablas».

71 Cuando salió al portal, lo vio otra sirvienta y dijo* a los que estaban allí: «Este estaba con Jesús el Nazareno». **72** Y otra vez él lo negó con juramento: «¡Yo no conozco a ese[1] hombre!».

73 Un poco después se acercaron los que estaban allí y dijeron a Pedro: «Seguro que tú también eres uno de ellos, porque aun tu manera de hablar te descubre». **74** Entonces él comenzó a maldecir y a jurar: «¡Yo no conozco al hombre!». Y al instante un gallo cantó. **75** Pedro se acordó de lo que[1] Jesús había dicho: «Antes que el gallo cante, me negarás tres veces». Y saliendo afuera, lloró amargamente.

JESÚS ES ENTREGADO A PILATO

27 Cuando llegó la mañana, todos los principales sacerdotes y los ancianos del pueblo celebraron consejo para dar muerte a Jesús. **2** Y después de atar a Jesús, lo llevaron y lo entregaron a Pilato, el gobernador.

MUERTE DE JUDAS

3 Entonces Judas, el que lo había entregado, viendo que Jesús había sido condenado, sintió remordimiento y devolvió las treinta monedas de plata (30 siclos: 432 gramos de plata) a los principales sacerdotes y a los ancianos, **4** «He

---

26:65
Por qué el sumo sacerdote rasgó sus vestiduras
Romper las propias vestiduras era una expresión de angustia. El sumo sacerdote tenía prohibido hacerlo, pero esta era una situación inusual. Él interpretó la respuesta de Jesús como blasfemia, o hablar en contra de Dios.

27:1
Por qué el Concilio se reunió en la mañana
El Concilio o Sanedrín estaba formado por los principales sacerdotes y ancianos del pueblo. Ellos no podían tener sesiones legales por la noche, así que se reunieron al amanecer para hacer oficial la sentencia de muerte.

27:2
Por qué el Concilio le entregó a Jesús a Pilato
El gobierno romano les había quitado el derecho a matar personas como castigo por romper las leyes, excepto en el caso de que un extranjero entrara al templo. Así que le entregaron a Jesús a Pilato para que fuera ejecutado.

26:58 [1] Lit. entrando dentro.   [2] O sirvientes.   26:59 [1] O Sanedrín.
26:61 [1] O santuario.   [2] O después de.   26:67 [1] O posiblemente, le herían con palos.
26:68 [1] Lit. Profetízanos.   26:72 [1] Lit. al.   26:75 [1] Lit. de la palabra que.

pecado entregando sangre inocente», dijo Judas. «A nosotros, ¿qué? ¡Allá tú[1]!», dijeron ellos.

[5] Y arrojando las monedas de plata en el santuario, Judas se marchó; y fue y se ahorcó. [6] Los principales sacerdotes tomaron las monedas de plata, y dijeron: «No es lícito ponerlas en el tesoro del templo, puesto que es precio de sangre». [7] Y después de discutirlo, compraron con ellas el Campo del Alfarero para sepultura de los extranjeros. [8] Por eso ese campo se ha llamado Campo de Sangre hasta hoy. [9] Entonces se cumplió lo anunciado[1] por medio del profeta Jeremías, cuando dijo: «Y TOMARON[2] LAS TREINTA MONEDAS DE PLATA, EL PRECIO DE AQUEL CUYO PRECIO HABÍA SIDO FIJADO por los israelitas; [10] Y LAS DIERON[1] POR EL CAMPO DEL ALFARERO, COMO EL SEÑOR ME HABÍA ORDENADO».

JESÚS ANTE PILATO

[11] Jesús fue llevado delante del gobernador[1], y este[2] lo interrogó: «¿Eres Tú el Rey de los judíos?». «Tú lo dices», le contestó Jesús. [12] Al ser acusado por los principales sacerdotes y los ancianos, nada respondió. [13] Entonces Pilato le dijo*: «¿No oyes cuántas cosas testifican contra Ti?». [14] Jesús no le respondió ni a una sola pregunta[1], por lo que el gobernador estaba muy asombrado.

JESÚS O BARRABÁS

[15] Ahora bien, en cada fiesta, el gobernador acostumbraba soltar un preso al pueblo, el que ellos quisieran. [16] Tenían entonces un preso famoso, llamado Barrabás. [17] Por lo cual, cuando ellos se reunieron, Pilato les dijo: «¿A quién quieren que les suelte: a Barrabás o a Jesús, llamado el Cristo?». [18] Porque él sabía que lo habían entregado por envidia. [19] Y estando Pilato sentado en el tribunal, su mujer le mandó aviso, diciendo: «No tengas nada que ver con ese Justo, porque hoy he sufrido mucho en sueños por causa de Él».

[20] Pero los principales sacerdotes y los ancianos persuadieron a las multitudes que pidieran a Barrabás y que dieran muerte a Jesús. [21] El gobernador les preguntó de nuevo: «¿A cuál de los dos quieren que les suelte?». Ellos respondieron: «A Barrabás». [22] Pilato les dijo*: «¿Qué haré entonces con Jesús, llamado el Cristo?». «¡Sea crucificado!», dijeron* todos. [23] Pilato preguntó: «¿Por qué? ¿Qué mal ha hecho?». Pero ellos gritaban aún más: «¡Sea crucificado!».

[24] Viendo Pilato que no conseguía nada, sino que más bien se estaba formando un tumulto, tomó agua y se lavó las manos delante de la multitud, diciendo: «Soy inocente de la sangre de este Justo[1]. ¡Allá ustedes[2]!». [25] Todo el pueblo contestó: «¡Caiga Su sangre sobre nosotros y sobre nuestros hijos!». [26] Entonces les soltó a Barrabás, y después de hacer azotar a Jesús, lo entregó para que fuera crucificado.

27:11
El gobernador
Se trataba de Poncio Pilato.

27:16
El crimen de Barrabás
Él había participado en una rebelión contra los romanos, así que puede haber sido una especie de héroe para algunos de los judíos. Mateo se refirió a él como un prisionero notable, y los escritores de los otros evangelios afirmaron que había sido arrestado por robo, sedición (traición) y asesinato.

27:26
Azotes
Los azotes romanos eran tan duros que a veces la víctima moría antes de ser crucificada.

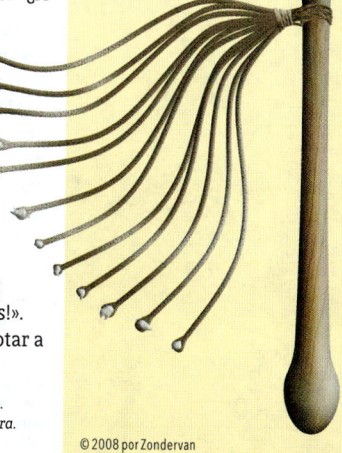

27:4 [1] Lit. Tú verás.   27:9 [1] Lit. dicho.   [2] O tomé.   27:10 [1] Algunos mss. dicen: di.   27:11 [1] I.e. Pilato.   [2] Lit. y el gobernador.   27:14 [1] Lit. palabra. 27:24 [1] Algunos mss. solo dicen: de este.   [2] Lit. ustedes verán.

27:27
El Pretorio

Se trataba de la tienda de campaña de un general, el cuartel general en un campamento militar, o la casa oficial del gobernador en Jerusalén.

27:34
Por qué se mezclaba el vino con hiel

Este era un medicamento para aliviar el dolor. Las mujeres de Jerusalén solían darles a los prisioneros que eran crucificados esta bebida.

LOS SOLDADOS SE BURLAN DE JESÚS

27 Entonces los soldados del gobernador llevaron a Jesús al Pretorio[1], y reunieron alrededor de Él a toda la tropa[2] *romana*. **28** Después de quitarle la ropa, le pusieron encima un manto escarlata. **29** Y tejiendo una corona de espinas, la pusieron sobre Su cabeza, y una caña[1] en Su *mano* derecha; y arrodillándose delante de Él, le hacían burla, diciendo: «¡Salve, Rey de los judíos!». **30** Le escupían, y tomaban la caña y lo golpeaban en la cabeza. **31** Después de haberse burlado de Él, le quitaron el manto, le pusieron Sus ropas y lo llevaron para ser crucificado.

32 Y cuando salían, hallaron a un hombre de Cirene llamado Simón, al cual[1] obligaron a que llevara Su cruz.

LA CRUCIFIXIÓN

33 Cuando llegaron a un lugar llamado Gólgota, que significa Lugar de la Calavera, **34** Le dieron a beber vino mezclado con hiel; pero después de probar*lo, lo* no quiso beber.

35 Y habiendo crucificado a Jesús, se repartieron Sus vestidos echando suertes[1]; **36** y sentados, lo custodiaban allí. **37** Pusieron sobre Su cabeza la acusación contra Él, que decía[1]: «ESTE ES JESÚS, EL REY DE LOS JUDÍOS».

38 Entonces fueron crucificados* con Él dos ladrones, uno a la derecha y otro a la izquierda. **39** Los que pasaban lo injuriaban, meneando la cabeza **40** y diciendo: «Tú que destruyes el templo y en tres días lo reedificas, sálvate a Ti mismo. Si Tú eres el Hijo de Dios, desciende de la cruz».

41 De igual manera, también los principales sacerdotes, junto con los escribas y los ancianos, burlándose *de Él*, decían: **42** «A otros salvó; a Él mismo no puede salvarse[1]. Rey de Israel es; que baje ahora de la cruz, y creeremos en Él. **43** EN DIOS CONFÍA; QUE *lo* LIBRE ahora SI ÉL LO QUIERE; porque ha dicho: "Yo soy el Hijo de Dios"». **44** En la misma forma lo injuriaban también los ladrones que habían sido crucificados con Él.

MUERTE DE JESÚS

45 Desde la hora sexta[1] hubo oscuridad sobre toda la tierra hasta la hora novena[2]. **46** Y alrededor de la hora novena[1], Jesús exclamó a gran voz, diciendo: «Elí, Elí, ¿lema sabactani?». Esto es: «Dios Mío, Dios Mío, ¿por qué me has abandonado?».

47 Algunos de los que estaban allí, al oírlo, decían: «Este llama a Elías». **48** Al instante, uno de ellos corrió, y tomando una esponja, la empapó en vinagre, y poniéndola en una caña, le dio a beber. **49** Pero los otros dijeron: «Deja, veamos si Elías lo viene a salvar[1]».

50 Entonces Jesús, clamando otra vez a gran voz, exhaló el espíritu.

27:27 [1] O *Palacio.* [2] I.e. unidad militar romana compuesta de varias centurias (de cien soldados cada una). 27:29 [1] O *vara.* 27:32 [1] Lit. *a este.* 27:35 [1] Algunos mss. posteriores agregan: *para que se cumpliera lo dicho por el profeta: Se repartieron mis vestiduras y sobre mi ropa echaron suertes.* 27:37 [1] Lit. *escrita.* 27:42 [1] O *¿a sí mismo no puede salvarse?* 27:45 [1] I.e. mediodía. [2] I.e. 3 p.m. 27:46 [1] I.e. 3 p.m. 27:49 [1] Algunos mss. antiguos agregan: *Y otro tomó una lanza, y traspasó su costado, y salió agua y sangre* (Véase Juan 19:34).

51 En ese momento el velo del templo se rasgó en dos, de arriba abajo, y la tierra tembló y las rocas se partieron; **52** y los sepulcros se abrieron, y los cuerpos de muchos santos que habían dormido resucitaron; **53** y saliendo de los sepulcros, después de la resurrección de Jesús, entraron en la santa ciudad y se aparecieron a muchos.

54 El centurión y los que estaban con él custodiando a Jesús, cuando vieron el terremoto y las cosas que sucedían, se asustaron mucho, y dijeron: «En verdad este era Hijo de Dios¹». **55** Y muchas mujeres que habían seguido a Jesús desde Galilea para servirle, estaban allí, mirando de lejos. **56** Entre ellas estaban María Magdalena, María la madre de Jacobo y de José, y la madre de los hijos de Zebedeo.

SEPULTURA DE JESÚS

57 Al atardecer, vino un hombre rico de Arimatea, llamado José, que también se había convertido en discípulo de Jesús. **58** Este se presentó a Pilato y le pidió el cuerpo de Jesús. Entonces Pilato ordenó que se lo entregaran. **59** Tomando José el cuerpo, lo envolvió en un lienzo limpio de lino, **60** y lo puso en su propio sepulcro nuevo que él había excavado en la roca. Después de rodar una piedra grande a la entrada del sepulcro, se fue. **61** María Magdalena estaba allí, y la otra María, sentadas frente al sepulcro.

GUARDIAS EN LA TUMBA

62 Al día siguiente, que es el día después de la preparación¹, se reunieron ante Pilato los principales sacerdotes y los fariseos, **63** y le dijeron¹: «Señor, nos acordamos que cuando aquel engañador aún vivía, dijo: "Después de tres días resucitaré²". **64** Por eso, ordene usted que el sepulcro quede asegurado hasta el tercer día, no sea que vengan Sus discípulos, se lo roben, y digan al pueblo: "Él ha resucitado de entre los muertos"; y el último engaño será peor que el primero».

65 Pilato les dijo: «Una guardia tienen; vayan, asegúrenlo como ustedes saben». **66** Y fueron y aseguraron el sepulcro; y además de poner la guardia, sellaron la piedra.

LA RESURRECCIÓN

28 Pasado el día de reposo, al amanecer del primer día de la semana, María Magdalena y la otra María vinieron a ver el sepulcro. **2** Y se produjo un gran terremoto, porque un ángel del Señor descendiendo del cielo, y acercándose, removió la piedra y se sentó sobre ella. **3** Su aspecto era como un relámpago, y su vestidura blanca como la nieve; **4** y de miedo a él los guardias temblaron y se quedaron como muertos.

VIERNES SANTO

9 A.M. Jesús es crucificado *Marcos 15:25*

12 P.M. La oscuridad cubre la tierra *Mateo 27:45*

3 P.M. Jesús muere

8 A.M. Pilato condena a Jesús a muerte *Mateo 27:1-2*

6 P.M. El cuerpo de Jesús yace en una tumba *Mateo 27:57-60*

27:51
El velo rasgado
Esta era la cortina interior del templo que separaba el lugar santo del Lugar Santísimo. El velo rasgado era una señal de que no había más barrera que separara a los creyentes de Dios. La dirección de la rasgadura (de arriba hacia abajo) muestra que Dios fue quien hizo que esto sucediera. Cuando Jesús murió, se convirtió en el puente que les permite a los creyentes entrar directamente a la presencia de Dios.

27:62
El día después de la crucifixión
El día siguiente era sábado, el día de reposo. Los viernes tenía lugar la preparación para el día de reposo (que duraba desde el atardecer del viernes hasta el atardecer del sábado).

27:54 ¹ O posiblemente, un hijo de Dios.   27:62 ¹ I.e. del viernes.
27:63 ¹ Lit. diciendo.   ² Lit. resucito.

28:2-4
El terremoto

El terremoto sucedió antes de que las mujeres llegaran a la tumba. Mateo es el único que menciona este terremoto y el que ocurrió en el momento de la muerte de Jesús.

28:16
Solo quedaban once discípulos

Judas se había suicidado (27:5).

28:19-20
La Gran Comisión

Los discípulos ahora debían predicarles el evangelio a todos, no solo al pueblo de Israel.

[5] Hablando[1] el ángel, dijo a las mujeres: «Ustedes, no teman; porque yo sé que buscan a Jesús, el que fue crucificado[2]. [6] No está aquí, porque ha resucitado, tal como Él dijo. Vengan, vean el lugar donde estaba puesto. [7] Vayan pronto, y digan a Sus discípulos que Él ha resucitado de entre los muertos; y Él va delante de ustedes a Galilea; allí lo verán. Miren, se *los* he dicho».

[8] Y ellas, alejándose a toda prisa del sepulcro con temor y gran gozo, corrieron a dar las noticias a los discípulos. [9] De repente Jesús les salió al encuentro, diciendo: «¡Saludos!». Y ellas, acercándose, abrazaron Sus pies y lo adoraron. [10] Entonces Jesús les dijo*: «No teman[1]. Vayan, avisen a Mis hermanos que vayan a Galilea, y allí me verán».

INFORME DE LOS GUARDIAS

[11] Mientras ellas iban, algunos de la guardia fueron a la ciudad e informaron a los principales sacerdotes de todo lo que había sucedido. [12] Después de reunirse con los ancianos y deliberar[1] con ellos, dieron una gran cantidad de dinero a los soldados, [13] diciendo: «Digan *esto*: "Sus discípulos vinieron de noche y robaron el cuerpo[1] mientras nosotros dormíamos". [14] Y si esto llega a oídos del gobernador, nosotros lo convenceremos y les evitaremos dificultades[1]».

[15] Ellos tomaron el dinero e hicieron como se les había instruido. Y este dicho se divulgó extensamente entre los judíos hasta hoy.

LA GRAN COMISIÓN

[16] Pero los once discípulos se fueron a Galilea, al monte que[1] Jesús les había señalado. [17] Cuando lo vieron, *lo* adoraron; pero algunos dudaron.

[18] Acercándose Jesús, les dijo: «Toda autoridad me ha sido dada en el cielo y en la tierra. [19] Vayan, pues, y hagan discípulos de[1] todas las naciones, bautizándolos en el nombre del Padre y del Hijo y del Espíritu Santo, [20] enseñándoles a guardar todo lo que les he mandado; y ¡recuerden! Yo estoy con ustedes todos los días, hasta el fin[1] del mundo[2]».

28:5 [1] Lit. *respondiendo*.　[2] O *el crucificado*.　28:10 [1] O *Dejen de temer*.
28:12 [1] Lit. *tomar consejo*.　28:13 [1] Lit. *lo robaron*.　28:14 [1] Lit. *y los haremos libres de preocupaciones*.　28:16 [1] Lit. *donde*.　28:19 [1] Lit. *discipulen a*.
28:20 [1] Lit. *consumación*.　[2] O *siglo*.

Marcos

¿QUIÉN ESCRIBIÓ ESTE LIBRO?	Un joven llamado Juan Marcos escribió las historias que contó Pedro acerca de Jesús.
¿POR QUÉ SE ESCRIBIÓ ESTE LIBRO?	El libro de Marcos les muestra a las personas quién es Jesús al contar lo que él hizo.
¿PARA QUIÉN FUE ESCRITO ESTE LIBRO?	Marcos escribió este libro para las personas que no eran judías, también conocidas como los gentiles.
¿QUÉ OCURRE EN ESTE LIBRO?	Jesús muestra su poder haciendo milagros que ayudan a las personas, y les enseña a sus discípulos.
¿QUIÉN ES EL PERSONAJE PRINCIPAL DE ESTE LIBRO?	Jesús es la persona más importante de este libro.
¿DÓNDE SUCEDIERON ESTAS COSAS?	La mayoría de los acontecimientos de Marcos 1—9 sucedieron en Galilea. La mayoría de los acontecimientos de Marcos 10—16 tuvieron lugar en Jerusalén o las cercanías.

¿CUÁLES SON ALGUNAS DE LAS HISTORIAS DE ESTE LIBRO?	Jesús sana a un hombre paralítico	Marcos 2:1-12
	Jesús calma una tormenta	Marcos 4:35-41
	Jesús resucita a una niña muerta	Marcos 5:21-43
	Jesús camina sobre el agua	Marcos 6:45-52
	Jesús alimenta a cuatro mil personas	Marcos 8:1-10
	Jesús sana a un muchacho	Marcos 9:14-29
	Jesús celebra la Última Cena	Marcos 14:12-26
	Jesús muere y es sepultado	Marcos 15:21-47
	Jesús resucita	Marcos 16:1-8

Jesús oró en el huerto de Getsemaní antes de su crucifixión. En este huerto todavía crecen olivos hoy en día.
© kavram/Shutterstock

1:6
Por qué Juan el Bautista comía este tipo de comida

Todos los que vivían en el desierto comían insectos. Las langostas eran un alimento ceremonialmente puro que los judíos podían comer. La vestimenta, la alimentación y el estilo de vida sencillo de Juan demostraban lo enfocado que estaba en su ministerio.

© Protasov AN/Shutterstock

1:10-11
La Trinidad se reveló en el bautismo de Jesús

Las tres personas de la Trinidad estuvieron presentes: el Padre habló, el Hijo fue bautizado y el Espíritu descendió como una paloma.

1:13
El desierto era un lugar peligroso

En los tiempos de Jesús, había muchos más animales salvajes en Israel que en la actualidad. Marcos menciona los animales salvajes (entre ellos, los leones) para mostrar que Dios mantuvo a Jesús a salvo en el desierto.

© LeonP/Shutterstock

PREDICACIÓN DE JUAN EL BAUTISTA

1 Principio del evangelio de Jesucristo el Mesías[1], Hijo de Dios[2].

2 Como está escrito en el profeta Isaías:

«HE AQUÍ, YO ENVÍO MI MENSAJERO DELANTE DE TI,
EL CUAL PREPARARÁ TU CAMINO.
3 VOZ DEL QUE CLAMA EN EL DESIERTO:
"PREPAREN EL CAMINO DEL SEÑOR,
HAGAN DERECHAS SUS SENDAS"».

4 Juan el Bautista apareció en el desierto predicando el bautismo de arrepentimiento para el perdón de pecados. 5 Acudía a él toda la región de Judea, y toda la gente de Jerusalén, y confesando sus pecados, eran bautizados por él en el río Jordán. 6 Juan estaba vestido de pelo de camello, tenía[1] un cinto de cuero a la cintura, y comía langostas y miel silvestre. 7 Y predicaba, diciendo: «Tras mí viene Uno que es más poderoso que yo, a quien no soy digno de inclinarme y desatar la correa de Sus sandalias. 8 Yo los bauticé a ustedes con[1] agua, pero Él los bautizará con[1] el Espíritu Santo».

BAUTISMO Y TENTACIÓN DE JESÚS

9 Sucedió que en aquellos días Jesús vino de Nazaret de Galilea, y fue bautizado por Juan en el Jordán. 10 Inmediatamente, al salir del agua, vio que los cielos se abrían, y que el Espíritu descendía sobre Él como una paloma; 11 y vino una voz de los cielos, *que decía:* «Tú eres Mi Hijo amado, en Ti me he complacido».

12 Enseguida el Espíritu lo impulsó* *a ir* al desierto. 13 Y estuvo en el desierto cuarenta días, siendo tentado por Satanás; y estaba entre las fieras, y los ángeles le servían.

JESÚS PRINCIPIA SU MINISTERIO

14 Después que Juan había sido encarcelado[1], Jesús vino a Galilea predicando el evangelio de Dios. 15 «El tiempo se ha cumplido», decía, «y el reino de Dios se ha acercado; arrepiéntanse y crean[1] en el evangelio».

LLAMAMIENTO DE LOS PRIMEROS DISCÍPULOS

16 Mientras caminaba junto al mar de Galilea, vio a Simón y a Andrés, hermano de Simón, echando una red en el mar, porque eran pescadores. 17 Y Jesús les dijo: «Vengan conmigo, y Yo haré que ustedes sean pescadores de hombres». 18 Dejando al instante las redes, ellos lo siguieron. 19 Yendo un poco más adelante, Jesús vio a Jacobo[1], el *hijo* de Zebedeo, y a su hermano Juan, los cuales estaban también en la barca, remendando las redes. 20 Al instante los llamó; y ellos, dejando a su padre Zebedeo en la barca con los jornaleros, se fueron con Jesús.

1:1 [1] Heb. *el Señor salva;* gr. *Cristo;* i.e. el Ungido.   [2] Muchos mss. no incluyen: *Hijo de Dios.*   1:6 [1] Lit. *y.*   1:8 [1] O en, o por.   1:14 [1] Lit. *entregado.*
1:15 [1] O pongan su confianza.   1:19 [1] O Santiago.

JESÚS ENSEÑA EN CAPERNAÚM

21 Entraron* en Capernaúm; y enseguida, en el día de reposo, Jesús entró en la sinagoga *y comenzó a* enseñar. **22** Y se admiraban de Su enseñanza; porque les enseñaba como quien tiene autoridad, y no como los escribas.

23 En ese momento estaba en la sinagoga de ellos un hombre con un espíritu inmundo, el cual comenzó a gritar: **24** «¿Qué tienes que ver con nosotros[1], Jesús de Nazaret[2]? ¿Has venido a destruirnos? Yo sé quien Tú eres: el Santo de Dios». **25** Jesús lo reprendió, diciendo: «¡Cállate, y sal de él!».

26 Entonces el espíritu inmundo, causándole convulsiones al hombre, gritó a gran voz y salió de él. **27** Y todos se asombraron de tal manera que discutían entre sí, diciendo: «¿Qué es esto? ¡Una enseñanza nueva con autoridad! Él manda aun a los espíritus inmundos y le obedecen».

28 Enseguida Su fama se extendió por todas partes, por toda la región alrededor de Galilea.

JESÚS SANA A LA SUEGRA DE SIMÓN Y A MUCHOS OTROS

29 Inmediatamente después de haber salido de la sinagoga, fueron[1] a casa de Simón y Andrés, con Jacobo[2] y Juan. **30** La suegra de Simón estaba en cama con fiebre, y enseguida hablaron* a Jesús de ella. **31** Él se le acercó, y tomándola de la mano la levantó; y la fiebre la dejó; y ella les servía.

32 A la caída de la tarde, después de la puesta del sol, trajeron a Jesús todos los que estaban enfermos y los endemoniados. **33** Toda la ciudad se había amontonado a la puerta. **34** Y sanó a muchos que estaban enfermos de diversas enfermedades, y expulsó muchos demonios; y no dejaba hablar a los demonios, porque ellos sabían quién era Él[1].

JESÚS RECORRE GALILEA

35 Levantándose muy de mañana, cuando todavía estaba oscuro, Jesús salió y fue a un lugar solitario, y allí oraba. **36** Simón y sus compañeros salieron a buscar a Jesús. **37** Lo encontraron y le dijeron*: «Todos te buscan». **38** Jesús les respondió*: «Vamos a otro lugar, a los pueblos vecinos, para que Yo predique[1] también allí, porque para eso he venido». **39** Y fue por toda Galilea, predicando en sus sinagogas y expulsando demonios.

CURACIÓN DE UN LEPROSO

40 Un leproso vino* rogando a Jesús, y arrodillándose, le dijo[1]: «Si quieres, puedes limpiarme». **41** Movido a compasión, extendiendo Jesús la mano, lo tocó y le dijo*: «Quiero; sé limpio». **42** Al instante la lepra lo dejó y quedó limpio. **43** Entonces Jesús lo despidió enseguida amonestándole severamente: **44** «Mira», le dijo*, «no digas nada a nadie, sino ve, muéstrate al sacerdote y ofrece por tu limpieza lo que Moisés ordenó, para testimonio a ellos».

1:24
Por qué el demonio llamó a Jesús «el Santo de Dios»

Jesús era el Hijo de Dios. El demonio puede haber utilizado su nombre sagrado por miedo o en un intento de ejercer control sobre él.

1:32
La gente esperó hasta el atardecer para traer a los enfermos ante Jesús

El pueblo judío no debía cargar nada durante el día de reposo, que finalizaba al atardecer.

1:24 [1] Lit. ¿Qué a nosotros y a ti?   [2] Lit. Jesús nazareno.   1:29 [1] Algunos mss. dicen: después que Él había salido...vino.   [2] O Santiago.   1:34 [1] Algunos mss. dicen: sabían que Él era el Cristo.   1:38 [1] O proclame.   1:40 [1] Lit. diciéndole.

45 Pero él, en cuanto salió comenzó a proclamarlo abiertamente[1] y a divulgar el hecho, a tal punto que Jesús ya no podía entrar públicamente en ninguna ciudad, sino que se quedaba fuera en lugares despoblados; y venían a Él de todas partes.

CURACIÓN DE UN PARALÍTICO

2 Cuando Jesús entró de nuevo en Capernaúm varios días después, se oyó que estaba en casa. **2** Y se reunieron muchos, tanto que ya no había lugar ni aun a la puerta; y Él les explicaba[1] la palabra.

3 Entonces vinieron* y le trajeron un paralítico llevado entre cuatro *hombres.* **4** Como no pudieron acercarse[1] a Jesús a causa de la multitud, levantaron el techo *encima* de donde Él estaba; y cuando habían hecho una abertura, bajaron la camilla en que estaba acostado el paralítico. **5** Viendo Jesús la fe de ellos, dijo* al paralítico: «Hijo, tus pecados te son perdonados».

6 Pero estaban allí sentados algunos de los escribas, los cuales pensaban en sus corazones: **7** «¿Por qué habla Este así? Está blasfemando; ¿quién puede perdonar pecados, sino solo Dios[1]?».

8 Al instante Jesús, conociendo en[1] Su espíritu que pensaban de esa manera dentro de sí mismos, les dijo*: «¿Por qué piensan estas cosas en sus corazones? **9** ¿Qué es más fácil, decir al paralítico: "Tus pecados te son perdonados", o decir*le*: "Levántate, toma tu camilla y anda"? **10** Pues para que sepan que el Hijo del Hombre tiene autoridad en la tierra para perdonar pecados», dijo* al paralítico: **11** «A ti te digo: levántate, toma tu camilla y vete a tu casa».

12 Y él se levantó, y tomando al instante la camilla, salió a la vista de todos, de manera que todos estaban asombrados, y glorificaban a Dios, diciendo: «Jamás hemos visto cosa semejante».

LLAMAMIENTO DE LEVÍ Y LA CENA EN SU CASA

13 Jesús salió de nuevo a la orilla del mar, y toda la multitud venía a Él, y les enseñaba. **14** Al pasar, vio a Leví[1], *hijo* de Alfeo, sentado en la oficina de los tributos, y le dijo*: «Sígueme». Y levantándose, lo siguió.

15 Y sucedió[1] que estando Jesús sentado[2] *a la mesa* en casa de Leví[3], muchos recaudadores de impuestos[4] y pecadores estaban comiendo[5] con Jesús y Sus discípulos; porque había muchos de ellos que lo seguían. **16** Cuando los escribas de los fariseos vieron que Él comía con pecadores y recaudadores de impuestos, decían a Sus discípulos: «¿Por qué Él come y bebe con recaudadores de impuestos y pecadores?».

17 Al oír *esto*, Jesús les dijo*: «Los que están sanos[1] no tienen necesidad de médico, sino los que están enfermos; no he venido a llamar a justos, sino a pecadores».

1:45 [1] Lit. *mucho.* 2:2 [1] Lit. *hablaba.* 2:4 [1] Lit. *traer.* 2:7 [1] Lit. *sino uno, Dios.* 2:8 [1] Lit. *por.* 2:14 [1] O *Mateo.* 2:15 [1] Lit. *Y sucede.* [2] Lit. *recostado.* [3] O *Mateo.* [4] O *publicanos;* i.e. los que explotaban la recaudación de los impuestos romanos, y así en el vers. 16. [5] Lit. *reclinados.* 2:17 [1] Lit. *fuertes.*

2:1
Dónde se hospedó Jesús
Cuando estaba en Capernaúm, Jesús probablemente se hospedaba en la casa de Pedro.

2:4
Cómo consiguieron los hombres subir a su amigo paralítico al techo
La casa típica en Israel tenía una escalera que conducía a un techo plano. El techo solía estar hecho de una capa gruesa de arcilla, sostenida por una cubierta de ramas sobre vigas de madera. Los hombres retiraron las ramas y cavaron a través de la arcilla para hacer una abertura en el techo.

2:15
Los recaudadores de impuestos
Los recaudadores de impuestos eran judíos que recolectaban dinero para Roma, de modo que eran considerados traidores. A menudo también eran muy deshonestos. No podían servir como testigos o jueces, y no se les permitía entrar en la sinagoga. Incluso sus familias eran deshonradas.

PREGUNTA SOBRE EL AYUNO

18 Los discípulos de Juan y los fariseos estaban ayunando; y vinieron* y dijeron* a Jesús: «¿Por qué ayunan los discípulos de Juan y los discípulos de los fariseos, pero Tus discípulos no ayunan?».

19 Y Jesús les respondió: «¿Acaso pueden ayunar los acompañantes del novio[1] mientras el novio está con ellos? Mientras tienen al novio con ellos, no pueden ayunar. **20** Pero vendrán días cuando el novio les será quitado, y entonces ayunarán en aquel día. **21** Nadie pone un remiendo[1] de tela nueva[2] en un vestido viejo, porque entonces el remiendo[3] *al encogerse* tira de él, lo nuevo de lo viejo, y se produce una rotura peor. **22** Y nadie echa vino nuevo en odres[1] viejos, porque entonces[2] el vino romperá el odre, y se pierden el vino *y también* los odres[1]; sino que *se echa* vino nuevo en odres[1] nuevos».

JESÚS, SEÑOR DEL DÍA DE REPOSO

23 Aconteció que un día de reposo Jesús pasaba por los sembrados, y Sus discípulos, mientras se abrían paso, comenzaron a arrancar espigas. **24** Entonces los fariseos le decían: «Mira, ¿por qué hacen lo que no es lícito en el día de reposo?».

25 Jesús les contestó*: «¿Nunca han leído lo que David hizo cuando tuvo necesidad y sintió hambre, él y también sus compañeros; **26** cómo entró en la casa de Dios en tiempos de Abiatar, *el* sumo sacerdote, y comió los panes consagrados[1] que no es lícito *a nadie* comer, sino a los sacerdotes, y dio también a los que estaban con él?». **27** Y Él continuó diciéndoles: «El día de reposo se hizo[1] para el[2] hombre, y no el hombre para el[2] día de reposo. **28** Por tanto, el Hijo del Hombre es Señor aun del día de reposo».

JESÚS SANA AL HOMBRE DE LA MANO SECA

3 Otra vez entró Jesús en una sinagoga; y había allí un hombre que tenía una mano seca[1]. **2** Y lo observaban *para ver* si lo sanaba en el día de reposo, para poder acusar a Jesús. **3** Y Jesús le dijo* al hombre que tenía la mano seca: «Levántate *y ponte aquí* en medio».

4 Entonces Jesús dijo* a los otros: «¿Es lícito en el día de reposo hacer bien o hacer mal, salvar una vida o matar?». Pero ellos guardaban silencio. **5** Y mirando con enojo a los que lo rodeaban, y entristecido por la dureza de sus corazones, le dijo* al hombre: «Extiende tu mano». Y él la extendió, y su mano quedó sana[1]. **6** Pero cuando los fariseos salieron, enseguida *comenzaron a* tramar[1] con los herodianos en contra de Jesús, *para ver* cómo lo podrían destruir.

LAS MULTITUDES SIGUEN A JESÚS

7 Entonces Jesús se retiró al mar con Sus discípulos, y una gran multitud de Galilea *lo* siguió. Y *también* de Judea, **8** de

2:19
Lo que Jesús quiso decir
Jesús comparó a sus discípulos con los invitados a una boda, y se comparó a sí mismo con el novio. Las bodas judías eran alegres y a menudo duraban una semana entera. El ayuno estaría fuera de lugar en una situación como esa.

2:27
Se suponía que el día de reposo era algo bueno
Los líderes judíos habían establecido tantas reglas para el día de reposo, que aquel día se había convertido en una gran carga. Jesús les recordó que Dios había ordenado el día de reposo como un tiempo de descanso y restauración.

3:6
Herodianos
Estos eran judíos influyentes que apoyaban a la dinastía herodiana, lo que significaba que apoyaban a los romanos. Ellos se unieron a los fariseos, porque pensaban que Jesús podría alterar el sistema político.

2:19 [1] Lit. *hijos del tálamo*.   2:21 [1] Lit. *cose lo que se pone encima*.   [2] Lit. *sin encoger*.   [3] Lit. *y si no lo que llena*.   2:22 [1] I.e. cueros usados como recipientes.   [2] Lit. *y si no*.   2:26 [1] Lit. *los panes de la proposición*.   2:27 [1] O *vino a ser*.   [2] Lit. *por causa del*.   3:1 [1] O *paralizada*.   3:5 [1] Lit. *restaurada*.   3:6 [1] Lit. *dando consejo*.

3:8
Las personas viajaban mucho para ver a Jesús

A medida que la popularidad de Jesús crecía, las personas recorrían grandes distancias desde todas las partes de Israel y los países vecinos para verlo.

Jerusalén, de Idumea, del otro lado del Jordán, y de los alrededores de Tiro y Sidón, una gran multitud, *que* al oír todo lo que Jesús hacía, vino a Él. ⁹Y dijo a Sus discípulos que tuvieran lista una barca para Él por causa de la multitud, para que no lo oprimieran; ¹⁰porque Él había sanado a muchos, de manera que todos los que tenían aflicciones, para tocar a Jesús, se echaban sobre Él. ¹¹Y siempre que los espíritus inmundos veían a Jesús, caían delante de Él y gritaban: «Tú eres el Hijo de Dios». ¹²Pero Él les advertía con insistencia que no revelaran Su identidad[1].

DESIGNACIÓN DE LOS DOCE APÓSTOLES

¹³Después Jesús subió* al monte, llamó* a los que Él quiso, y ellos vinieron a Él. ¹⁴Designó a doce[1], para que estuvieran con Él y para enviarlos a predicar, ¹⁵y para que tuvieran autoridad de expulsar demonios.

¹⁶Designó, pues, a los doce: Simón (a quien puso por nombre Pedro), ¹⁷Jacobo[1], *hijo* de Zebedeo, y Juan hermano de Jacobo (a quienes puso por nombre Boanerges, que significa: «Hijos del Trueno»); ¹⁸Andrés, Felipe, Bartolomé, Mateo, Tomás, Jacobo[1], *hijo* de Alfeo, Tadeo, Simón el cananita[2]; ¹⁹y Judas Iscariote, el que también lo entregó.

JESÚS Y BEELZEBÚ

²⁰Jesús llegó* a una casa, y la multitud se juntó* de nuevo, a tal punto que ellos ni siquiera podían comer[1]. ²¹Cuando Sus parientes oyeron *esto*, fueron para hacerse cargo de Él, porque decían: «Está fuera de sí».

²²Y los escribas que habían descendido de Jerusalén decían: «Tiene a Beelzebú; y expulsa los demonios por medio del príncipe de los demonios». ²³Llamándolos junto a Él, Jesús les hablaba en parábolas: «¿Cómo puede Satanás expulsar a Satanás? ²⁴Si un reino está dividido contra sí mismo, ese reino no puede perdurar. ²⁵Si una casa está dividida contra sí misma, esa casa no podrá permanecer. ²⁶Y si Satanás se ha levantado contra sí mismo y está dividido, no puede permanecer, sino que ha llegado su fin[1].

²⁷»Pero nadie puede entrar en la casa de un *hombre* fuerte y saquear sus bienes si primero no lo ata[1]; entonces podrá saquear su casa. ²⁸En verdad les digo que todos los pecados serán perdonados a los hijos de los hombres, y las blasfemias con que blasfemen, ²⁹pero cualquiera que blasfeme contra el Espíritu Santo no tiene jamás perdón, sino que es culpable de pecado eterno». ³⁰Porque decían: «Tiene un espíritu inmundo».

3:29-30
Jesús define un pecado como imperdonable

Decir que la obra del Espíritu Santo era obra de Satanás era el peor pecado, también conocido como blasfemia. Esto negaba a Dios y su poder.

LA MADRE Y LOS HERMANOS DE JESÚS

³¹Entonces llegaron* Su madre y Sus hermanos, y quedándose afuera, mandaron a llamar a Jesús. ³²Y había una multitud sentada alrededor de Él, y le dijeron*: «Tu madre y Tus hermanos[1] están afuera y te buscan». ³³«¿Quiénes son Mi madre y Mis hermanos?», les dijo* Jesús.

3:12 [1] Lit. *no le hicieran manifiesto.*   3:14 [1] Algunos mss. antiguos agregan: *a quienes también llamó apóstoles.*   3:17 [1] O *Santiago.*   3:18 [1] O *Santiago.*   [2] O *el zelote.*   3:20 [1] Lit. *comer pan.*   3:26 [1] Lit. *tiene un fin.*   3:27 [1] Lit. *no ata al fuerte.*   3:32 [1] Algunos mss. agregan: *y Tus hermanas.*

34 Y mirando a los que estaban sentados en círculo alrededor de Él, dijo*: «Aquí están Mi madre y Mis hermanos. **35** Porque cualquiera que hace la voluntad de Dios, ese es Mi hermano, y hermana y madre».

PARÁBOLA DEL SEMBRADOR

4 Comenzó Jesús a enseñar de nuevo junto al mar; y se llegó[1] a Él una multitud tan grande que tuvo que subirse a una barca que estaba en el mar, y se sentó; y toda la multitud estaba en tierra a la orilla del mar. **2** Les enseñaba muchas cosas en parábolas, y les decía en Su enseñanza:

3 «Escuchen: El sembrador salió a sembrar; **4** y al sembrar, una parte de la semilla cayó junto al camino, y vinieron las aves y se la comieron. **5** Otra parte cayó en un pedregal donde no tenía mucha tierra; y enseguida brotó por no tener profundidad de tierra. **6** Pero cuando salió el sol, se quemó, y por no tener raíz, se secó. **7** Otra parte cayó entre espinos, y los espinos crecieron y la ahogaron, y no dio fruto. **8** Y otras semillas cayeron en buena tierra, y creciendo y desarrollándose, dieron fruto, y produjeron unas a treinta, otras a sesenta y otras a ciento por uno». **9** Y añadió: «El que tiene oídos para oír, que oiga».

EXPLICACIÓN DE LA PARÁBOLA

10 Cuando Jesús se quedó solo, Sus seguidores[1] junto con los doce le preguntaban sobre las parábolas. **11** «A ustedes les ha sido dado el misterio del reino de Dios», les decía, «pero los que están afuera reciben todo en parábolas; **12** para que viendo, vean pero no perciban, y oyendo, oigan pero no entiendan, no sea que se conviertan y sean perdonados».

13 También les dijo*: «¿No entienden esta parábola? ¿Cómo, pues, comprenderán todas las otras parábolas? **14** El sembrador siembra la palabra. **15** Estos que están junto al camino donde se siembra la palabra, son aquellos que en cuanto la oyen, al instante viene Satanás y se lleva la palabra que se ha sembrado en ellos. **16** Y de igual manera, estos en que se sembró la semilla en pedregales son los que al oír la palabra enseguida la reciben con gozo; **17** pero no tienen raíz profunda en sí mismos, sino que solo son temporales. Entonces, cuando viene la aflicción o la persecución por causa de la palabra, enseguida se apartan de ella[1]. **18** Otros son aquellos en los que se sembró la semilla entre los espinos; estos son los que han oído la palabra, **19** pero las preocupaciones del mundo[1], y el engaño de las riquezas, y los deseos de las demás cosas entran y ahogan la palabra, y se vuelve estéril. **20** Y otros son aquellos en que se sembró la semilla en tierra buena; los cuales oyen la palabra, la aceptan y dan fruto, unos a treinta, otros a sesenta y otros a ciento por uno».

21 También Jesús les decía: «¿Acaso se trae una lámpara para ponerla debajo de una vasija o debajo de la cama? ¿No es para ponerla en el candelero? **22** Porque nada hay oculto,

4:2
Parábolas
Estas eran historias de la vida cotidiana que Jesús usaba para enseñar una verdad espiritual o moral. También se conocen como símiles, comparaciones, analogías o proverbios.

4:11-12
Algunas personas no comprenderían las parábolas
Jesús comparó su predicación con el ministerio de Isaías, utilizando una cita de esa parte de las Escrituras. Él tenía algunos seguidores, pero mucha gente se resistía a las advertencias de Dios y los llamados al arrepentimiento. Aquellos que quisieran oír la verdad entenderían, pero los que eran rebeldes no podrían hacerlo.

4:1 [1] Lit. se reúne.   4:10 [1] Lit. los que estaban a su derredor.   4:17 [1] Lit. se les hace tropezar.   4:19 [1] O siglo.

si no es para que sea manifestado; ni *nada* ha estado en secreto, sino para que salga a la luz. **23** Si alguno tiene oídos para oír, que oiga».

24 Además les decía: «Cuídense de lo que oigan. Con la medida con que ustedes midan, se les medirá, y aun más se les dará. **25** Porque al que tiene, se le dará *más,* pero al que no tiene, aun lo que tiene se le quitará».

PARÁBOLA DEL CRECIMIENTO DE LA SEMILLA

26 Jesús decía también: «El reino de Dios es como un hombre que echa semilla en la tierra, **27** y se acuesta[1] de noche y se levanta de día, y la semilla brota y crece; cómo, él no lo sabe. **28** La tierra produce fruto por sí misma; primero la hoja, luego la espiga, y después el grano maduro[1] en la espiga. **29** Y cuando el fruto lo permite, él enseguida mete[1] la hoz, porque ha llegado *el tiempo de* la siega».

PARÁBOLA DEL GRANO DE MOSTAZA

30 También Jesús decía: «¿A qué compararemos el reino de Dios, o con qué parábola lo describiremos? **31** *Es* como un grano de mostaza, el cual, cuando se siembra en la tierra, aunque es más pequeño que todas las semillas que hay en la tierra, **32** sin embargo, después de sembrado, crece y llega a ser más grande que todas las hortalizas y echa grandes ramas, tanto que las aves del cielo pueden anidar bajo su sombra».

33 Con muchas parábolas como estas Jesús les hablaba la palabra, según podían oír*la;* **34** y sin parábolas[1] no les hablaba, pero lo explicaba todo en privado a Sus propios discípulos.

JESÚS CALMA LA TEMPESTAD

35 Ese mismo día, caída ya la tarde, Jesús les dijo*: «Pasemos al otro lado». **36** Despidiendo[1] a la multitud, lo llevaron* con ellos en la barca, como estaba; y había otras barcas con Él. **37** Pero se levantó* una violenta tempestad[1], y las olas se lanzaban sobre la barca de tal manera que ya la barca se llenaba de agua. **38** Jesús estaba en la popa, durmiendo sobre una almohadilla; entonces lo despertaron* y le dijeron*: «Maestro, ¿no te importa que perezcamos?».

39 Jesús se levantó, reprendió al viento y dijo al mar: «¡Cálmate[1], sosiégate[2]!». Y el viento cesó, y sobrevino una gran calma. **40** Entonces les dijo: «¿Por qué están atemorizados? ¿Cómo no tienen fe?».

41 Y se llenaron de gran temor, y se decían unos a otros: «¿Quién, pues, es Este que aun el viento y el mar le obedecen?».

EL ENDEMONIADO GADARENO

5 Llegaron al otro lado del mar, a la tierra de los gadarenos[1]. **2** Cuando Jesús salió de la barca, enseguida se acercó a Él,

---

4:30-32
La parábola del grano de mostaza

Aquí Jesús enseña que el reino de Dios parece tener un comienzo pequeño, pero un día todo el mundo reconocerá su grandeza y poder.

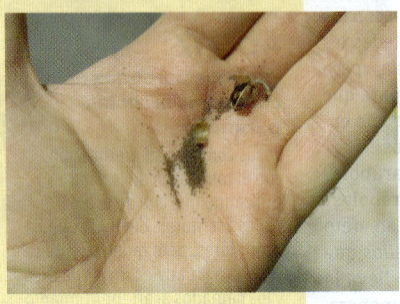

Gordon Franz

4:41
Los discípulos preguntaron quién era Jesús

Cuando vieron a Jesús calmar la tormenta de manera milagrosa, se asombraron y preguntaron quién era él. Jesús era y es el Hijo de Dios. (Ver Marcos 1:1).

4:27 [1] Lit. *Y duerme.*　　4:28 [1] Lit. *lleno.*　　4:29 [1] Lit. *envía.*　　4:34 [1] Lit. *sin una parábola.*　　4:36 [1] Lit. *Dejando.*　　4:37 [1] Lit. *tempestad de viento.*　　4:39 [1] Lit. *Calla.*　　[2] Lit. *enmudece.*　　5:1 [1] Otros mss. dicen: *guerasenos,* o, *guerguesenos.*

de entre los sepulcros, un hombre con un espíritu inmundo, **3** que tenía su morada entre los sepulcros; y nadie podía ya atarlo ni aun con cadenas; **4** porque muchas veces había sido atado con grillos y cadenas, pero él había roto las cadenas y destrozado los grillos, y nadie era tan fuerte como para dominarlo. **5** Siempre, noche y día, andaba entre los sepulcros y en los montes dando gritos e hiriéndose con piedras.

6 Cuando vio a Jesús de lejos, corrió y se postró delante de Él; **7** y gritando a gran voz, dijo*: «¿Qué tengo yo que ver contigo[1], Jesús, Hijo del Dios Altísimo? Te imploro por Dios que no me atormentes». **8** Porque Jesús le decía: «Sal del hombre, espíritu inmundo». **9** «¿Cómo te llamas?», le preguntó Jesús. «Me llamo Legión», respondió*, «porque somos muchos». **10** Le rogaba entonces con insistencia que no los enviara fuera de la tierra.

11 Había allí una gran manada de cerdos paciendo junto al monte. **12** Y *los demonios* le rogaron, diciendo: «Envíanos a los cerdos para que entremos en ellos». **13** Jesús les dio permiso. Y saliendo los espíritus inmundos, entraron en los cerdos; y la manada, unos 2,000, se precipitó por un despeñadero al mar, y en el mar se ahogaron[1].

14 Los que cuidaban los cerdos[1] huyeron y lo contaron en la ciudad y por los campos. Y *la gente* vino a ver qué era lo que había sucedido. **15** Vinieron* a Jesús, y vieron* al que había estado endemoniado, sentado, vestido y en su cabal juicio, el *mismo* que había tenido la legión; y tuvieron miedo. **16** Los que lo habían visto les describieron cómo le había sucedido *esto* al endemoniado, y lo de los cerdos. **17** Y comenzaron a rogar a Jesús que se fuera de su región.

18 Al entrar Él en la barca, el que había estado endemoniado le rogaba que lo dejara ir con Él[1]. **19** Pero Jesús no se lo permitió, sino que le dijo*: «Vete a tu casa, a los tuyos, y cuéntales cuán grandes cosas[1] el Señor ha hecho por ti, y *cómo* tuvo misericordia de ti».

20 Y él se fue, y empezó a proclamar en Decápolis cuán grandes cosas[1] Jesús había hecho por él; y todos se quedaban maravillados.

JAIRO RUEGA POR SU HIJA

21 Cuando Jesús pasó otra vez en la barca al otro lado, se reunió una gran multitud alrededor de Él; así que Él se quedó[1] junto al mar.

22 Y vino uno de los oficiales[1] de la sinagoga, llamado Jairo, y al ver a Jesús, se postró* a Sus pies, **23** y le rogaba* con insistencia: «Mi hijita está al borde de la muerte; *te ruego* que vengas y pongas las manos sobre ella para que sane[1] y viva». **24** Jesús fue con él; y una gran multitud lo seguía y oprimía.

JESÚS SANA A UNA MUJER

25 Había una mujer que padecía de flujo de sangre por doce años. **26** Había sufrido mucho a manos de muchos médicos,

5:7 [1] Lit. ¿Qué a mí y a ti.   5:13 [1] Lit. se ahogaban.   5:14 [1] Lit. Y los que los cuidaban.   5:18 [1] Lit. para que estuviera con Él.   5:19 [1] O todo lo que.   5:20 [1] O todo lo que.   5:21 [1] Lit. estaba.   5:22 [1] O principales, y así en el resto del cap.   5:23 [1] Lit. se salve.

5:3
Por qué alguien viviría entre los sepulcros
La misma cueva (tumba) en la que se enterraba a los muertos podía también darles refugio a los vivos. Las personas muy pobres solían vivir en ese tipo de cuevas.

5:9
El nombre *Legión*
Una legión romana estaba formada por seis mil soldados. Aquí, la palabra sugiere que muchos demonios habían poseído al hombre.

5:25
Una mujer con una enfermedad terrible
No sabemos con exactitud qué enfermedad tenía. Las personas seguramente la rechazaban, porque cualquier contacto con ella significaría ser considerado ceremonialmente impuro. Así que su vida sería muy solitaria.

y había gastado todo lo que tenía sin provecho alguno, sino que al contrario, había empeorado.

27 Cuando ella oyó hablar de Jesús, se llegó *a Él* por detrás entre la multitud y tocó Su manto. **28** Porque decía[1]: «Si tan solo toco Sus ropas, sanaré[2]». **29** Al instante la fuente de su sangre se secó, y sintió en su cuerpo que estaba curada de su aflicción. **30** Enseguida Jesús, dándose cuenta de que había salido poder de Él, volviéndose entre la gente, dijo: «¿Quién ha tocado Mi ropa?». **31** Y Sus discípulos le dijeron: «Ves que la multitud te oprime, y preguntas: "¿Quién me ha tocado?"». **32** Pero Él miraba a su alrededor para ver a la *mujer* que lo había tocado[1].

33 Entonces la mujer, temerosa y temblando, dándose cuenta de lo que le había sucedido, vino y se postró delante de Él y le dijo toda la verdad. **34** «Hija, tu fe te ha sanado[1]», le dijo Jesús; «vete en paz y queda sana de tu aflicción».

JESÚS RESUCITA A LA HIJA DE JAIRO

35 Mientras Él estaba todavía hablando, vinieron* *unos enviados* de *la casa del* oficial de la sinagoga, diciendo: «Tu hija ha muerto, ¿para qué molestas aún al Maestro?». **36** Pero Jesús, oyendo lo que se hablaba, dijo* al oficial de la sinagoga: «No temas, cree solamente[1]».

37 Y no permitió que nadie fuera con Él sino *solo* Pedro, Jacobo[1] y Juan, hermano de Jacobo. **38** Fueron* a la casa del oficial de la sinagoga, y Jesús vio* el alboroto, y *a los que* lloraban y se lamentaban mucho. **39** Cuando entró les dijo*: «¿Por qué hacen alboroto y lloran? La niña no ha muerto, sino que está dormida».

40 Y se burlaban de Él. Pero echando fuera a todos, Jesús tomó* consigo al padre y a la madre de la niña, y a los que estaban con Él, y entró* donde estaba la niña. **41** Tomando a la niña por la mano, le dijo*: «Talita cum», que traducido significa: «Niña, a ti te digo, ¡levántate!».

42 Al instante la niña se levantó y *comenzó a* caminar, pues tenía doce años. Y al momento todos se quedaron completamente atónitos. **43** Entonces les dio órdenes estrictas de que nadie se enterara de esto; y dijo que le dieran de comer a la niña[1].

JESÚS ENSEÑA EN NAZARET

6 Jesús se marchó de allí y llegó* a Su pueblo, y Sus discípulos lo siguieron*. **2** Cuando llegó el día de reposo, comenzó a enseñar en la sinagoga; y muchos que escuchaban se asombraban, diciendo: «¿Dónde *obtuvo* Este tales[1] cosas, y cuál es *esta* sabiduría *que* le ha sido dada, y estos milagros[2] que hace con Sus manos? **3** ¿No es Este el carpintero, el hijo de María, y hermano de Jacobo[1], José, Judas y Simón? ¿No están Sus hermanas aquí con nosotros?».

5:43
Jesús le pide a la gente que no dé a conocer sus milagros

En Galilea, Jesús les pedía a menudo a las personas que no les contaran a los demás sobre los milagros que hacía. Él se estaba volviendo muy popular, y los líderes religiosos se sentían cada vez más disgustados por eso. Si demasiadas personas lo sabían, podría haberse generado una crisis antes de que Jesús hubiera finalizado su ministerio.

6:3
Jesús era carpintero

Mateo relata que Jesús era hijo de un carpintero (ver Mateo 13:55). Solo Marcos se refiere a Jesús como carpintero. La palabra en griego también significaba albañil, herrero o constructor.

5:28 [1] O *pensaba.*　[2] Lit. *seré salva.*
5:32 [1] Lit. *había hecho esto.*　5:34 [1] Lit. *salvado.*
5:36 [1] O *sigue creyendo.*　5:37 [1] O *Santiago.*
5:43 [1] Lit. *ella.*　6:2 [1] Lit. *estas.*　[2] O *hechos poderosos.*　6:3 [1] O *Santiago.*

Y se escandalizaban a causa de Él. 4 Y Jesús les dijo: «No hay
profeta sin honra sino en su propia tierra, y entre sus parientes y en su casa».

5 Y no pudo hacer allí ningún milagro¹; solo sanó a unos
pocos enfermos sobre los cuales puso Sus manos. 6 Estaba
maravillado de la incredulidad de ellos.

Y recorría las aldeas de alrededor enseñando.

JESÚS ENVÍA A LOS DOCE

7 Entonces Jesús llamó* a los doce y comenzó a enviarlos de
dos en dos, dándoles autoridad¹ sobre los espíritus inmundos; 8 y les ordenó que no llevaran nada para el camino, sino
solo un bordón; ni pan, ni alforja¹, ni dinero en el cinto; 9 sino
calzados con sandalias. «No lleven dos túnicas¹», *les dijo*. 10 Y
añadió: «Dondequiera que entren en una casa, quédense en
ella hasta que salgan de la población¹. 11 En cualquier lugar
que no los reciban ni los escuchen, al salir de allí, sacúdanse
el polvo de la planta¹ de los pies en testimonio contra ellos».

12 Saliendo los doce, predicaban¹ que *todos* se arrepintieran. 13 También echaban fuera muchos demonios, y ungían
con aceite a muchos enfermos y los sanaban.

MUERTE DE JUAN EL BAUTISTA

14 El rey Herodes se enteró¹ *de esto,* pues el nombre de Jesús²
se había hecho célebre, y la *gente* decía: «Juan el Bautista ha
resucitado de entre los muertos, por eso es que estos poderes
milagrosos actúan en él». 15 Pero otros decían: «Es Elías». Y
decían otros: «*Es* un profeta, como uno de los profetas *antiguos*». 16 Al oír *esto,* Herodes decía: «Juan, a quien yo decapi-
té, ha resucitado». 17 Porque Herodes mismo había enviado a
prender a Juan y lo había encadenado en la cárcel por causa
de Herodías, mujer de su hermano Felipe, pues *Herodes* se
había casado con ella. 18 Y Juan le decía a Herodes: «No te es
lícito tener la mujer de tu hermano».

19 Herodías le tenía rencor y deseaba matarlo, pero no podía, 20 porque Herodes temía a Juan, sabiendo que era un
hombre justo y santo, y lo mantenía protegido. Cuando le
oía se quedaba muy perplejo, pero le gustaba escucharlo¹.

21 Llegó un día oportuno, cuando Herodes, siendo su cumpleaños, ofreció un banquete a sus nobles y comandantes¹ y
a los principales de Galilea; 22 y cuando la hija de Herodías¹
entró y danzó, agradó a Herodes y a los que se sentaban² *a
la mesa* con él; y el rey dijo a la muchacha: «Pídeme lo que
quieras y te lo daré».

23 Y le juró: «Te daré lo que me pidas, hasta la mitad de mi
reino». 24 Ella salió y dijo a su madre: «¿Qué pediré?». «La cabeza de Juan el Bautista», le respondió ella. 25 Enseguida ella
se presentó apresuradamente ante el rey con su petición¹,
diciendo: «Quiero que me des ahora mismo la cabeza de Juan
el Bautista en una bandeja».

6:8
**Por qué los discípulos no
debían llevar nada con
ellos**

Jesús quería que dependieran de la
amabilidad de la gente que visitaran.
También les dijo que no llevaran
una túnica de más, y que confiaran
en que Dios les proporcionaría
alojamiento por las noches.

6:5 ¹ O *hecho poderoso.*   6:7 ¹ O *poder.*   6:8 ¹ O *mochila, o bolsa.*
6:9 ¹ I.e. *ropas interiores.*   6:10 ¹ Lit. *de allí.*   6:11 ¹ Lit. *de debajo.*
6:12 ¹ O *proclamaban.*   6:14 ¹ Lit. *oyó.*   ² Lit. *su nombre.*   6:20 ¹ Lit. *y con
gusto le oía.*   6:21 ¹ Gr. *quiliarcas;* i.e. oficiales militares romanos al mando de
mil soldados.   6:22 ¹ I.e. Salomé.   ² Lit. *se reclinaban.*   6:25 ¹ Lit. *y pidió.*

26 Aunque el rey se puso muy triste, sin embargo a causa de *sus* juramentos y de los que se sentaban¹ con él *a la mesa*, no quiso contradecirla. **27** Al instante el rey envió a un verdugo y le ordenó que trajera la cabeza de Juan¹. Y él fue y lo decapitó en la cárcel, **28** y trajo su cabeza en una bandeja, y se la dio a la muchacha, y la muchacha se la dio a su madre. **29** Cuando los discípulos de Juan oyeron *esto*, fueron y se llevaron el cuerpo y le dieron sepultura¹.

ALIMENTACIÓN DE LOS CINCO MIL

30 Los apóstoles se reunieron* con Jesús, y le informaron sobre todo lo que habían hecho y enseñado. **31** Y Él les dijo*: «Vengan, apártense de los demás a un lugar solitario y descansen un poco». Porque había muchos que iban y venían, y ellos no tenían tiempo ni siquiera para comer. **32** Y se fueron en la barca a un lugar solitario, apartado. **33** Pero *la gente* los vio salir, y muchos *los* reconocieron y juntos corrieron allá a pie de todas las ciudades, y llegaron antes que ellos.

34 Al desembarcar¹, Jesús vio una gran multitud, y tuvo compasión de ellos, porque eran como ovejas sin pastor; y comenzó a enseñarles muchas cosas. **35** Y cuando ya era muy tarde, Sus discípulos se acercaron a Él, diciendo: «El lugar está desierto y ya es muy tarde; **36** despídelos para que vayan a los campos y aldeas de alrededor, y se compren algo de comer¹».

37 «Denles ustedes de comer», les contestó Jesús. Y ellos le dijeron*: «¿*Quieres* que vayamos y compremos 200 denarios¹ de pan y les demos de comer?». **38** Jesús les dijo*: «¿Cuántos panes tienen ustedes? Vayan y vean». Y cuando se cercioraron le dijeron*: «Cinco *panes* y dos peces».

39 Y les mandó que todos se recostaran por grupos sobre la hierba verde. **40** Y se recostaron por grupos de cien y de cincuenta. **41** Entonces Él tomó los cinco panes y los dos peces, y levantando los ojos al cielo, *los* bendijo; partió los panes y *los* iba dando a los discípulos para que se los sirvieran¹; también repartió los dos peces entre todos.

42 Todos comieron y se saciaron. **43** Recogieron doce cestas llenas de los pedazos, y también de los peces. **44** Los que comieron los panes eran 5,000 hombres.

JESÚS ANDA SOBRE EL MAR

45 Enseguida Jesús hizo que Sus discípulos subieran a la barca y fueran delante de Él al otro lado, a Betsaida, mientras Él despedía a la multitud. **46** Después de despedirse de ellos, se fue al monte a orar. **47** Al anochecer, la barca estaba en medio del mar, y Él *estaba* solo en tierra. **48** Y al verlos remar fatigados, porque el viento les era contrario, como a la cuarta vigilia de la noche¹, fue* hacia ellos andando sobre el mar, y quería pasarlos de largo.

49 Pero cuando ellos lo vieron andando sobre el mar, pensaron que era un fantasma y se pusieron a gritar; **50** porque todos lo vieron y se turbaron. Pero enseguida Él habló con

6:43
Recogiendo el sobrante
Los judíos consideraban el pan como un regalo de Dios. Se les pedía que recogieran los trozos que caían al suelo durante la comida. Así que cada discípulo volvió con una cesta llena de pan.

6:26 ¹ Lit. *de los que se reclinaban.*   6:27 ¹ Lit. *él.*   6:29 ¹ Lit. *lo pusieron en una tumba.*   6:34 ¹ Lit. *Al salir.*   6:36 ¹ Lit. *que coman.*   6:37 ¹ I.e. salario de 200 días.   6:41 ¹ Lit. *pusieran delante.*   6:48 ¹ I.e. 3 a 6 a.m.

ellos y les dijo*: «¡Tengan ánimo; soy Yo, no teman!». **51** Subió con ellos a la barca, y el viento se calmó; y ellos estaban asombrados en gran manera, **52** porque no habían entendido lo de[1] los panes, sino que su mente estaba embotada[2].

JESÚS EN GENESARET

53 Terminada la travesía, llegaron a tierra en Genesaret, y atracaron en la orilla. **54** Cuando salieron de la barca, *la gente* enseguida reconoció a Jesús, **55** y recorrieron apresuradamente toda aquella región, y comenzaron a traer a los enfermos en sus camillas adonde oían *decir* que Él estaba. **56** Dondequiera que Él entraba en aldeas, ciudades o campos, ponían a los enfermos en las plazas, y le rogaban que les permitiera tocar siquiera el borde de Su manto; y todos los que lo tocaban quedaban curados[1].

LO QUE CONTAMINA AL HOMBRE

7 Los fariseos, y algunos de los escribas que habían venido de Jerusalén, se reunieron alrededor de Él; **2** y vieron que algunos de Sus discípulos comían el pan con manos inmundas, es decir, sin lavar. **3** (Porque los fariseos y todos los judíos no comen a menos que se laven las manos cuidadosamente[1], observando *así* la tradición de los ancianos. **4** Cuando vuelven de la plaza, no comen a menos que se laven[1]; y hay muchas otras cosas que han recibido para observar*las,* como el lavamiento[2] de los vasos, de los cántaros y de las vasijas de cobre.)

5 Así que los fariseos y los escribas le preguntaron*: «¿Por qué Tus discípulos no andan conforme a la tradición de los ancianos, sino que comen[1] con manos inmundas[2]?». **6** Jesús les respondió: «Bien profetizó Isaías de ustedes, hipócritas, como está escrito:

"Este pueblo con los labios me honra,
Pero su corazón está muy lejos de Mí.
7   Mas en vano me rinden culto,
Enseñando como doctrinas preceptos de hombres".

8 Dejando el mandamiento de Dios, ustedes se aferran a la tradición de los hombres».

9 También les decía: «Astutamente[1] ustedes violan el mandamiento de Dios para guardar su tradición. **10** Porque Moisés dijo: "Honra a tu padre y a tu madre"; y: "El que hable mal de *su* padre o de *su* madre, que muera[1]". **11** Pero ustedes dicen: "Si un hombre dice al padre o a la madre: 'Cualquier cosa mía con que pudieras beneficiarte es corbán (es decir, ofrenda[1] a *Dios*)", **12** ya no le dejan hacer nada en favor de *su* padre o de *su* madre; **13** invalidando *así* la palabra de Dios por la tradición de ustedes, la cual han transmitido, y hacen muchas cosas semejantes a estas».

14 Llamando de nuevo a la multitud, Jesús les decía: «Escuchen todos lo que les digo y entiendan: **15** no hay nada

6:52
Mentes embotadas
Esto significaba que los discípulos no habían comprendido la importancia del milagro de la alimentación de los cinco mil. El milagro demostró que Jesús era el Hijo de Dios. Si lo hubieran creído, habrían sabido que él los protegería de la tormenta.

7:6-8
Jesús critica a los maestros de la ley
Jesús los llamó hipócritas. Aunque cumplían fielmente la ley de lavarse las manos, no amaban a Jesús.

7:11
Corbán
Al decir esa palabra, que era un voto, las personas declaraban que su dinero estaba «dedicado a Dios». Sin embargo, los hijos a menudo hacían uso de esto para aferrarse a su dinero en lugar de cuidar a sus padres ancianos.

6:52 [1] Lit. *sobre.*   [2] Lit. *corazón…endurecido.*   6:56 [1] Lit. *salvados.*
7:3 [1] Lit. *con el puño.*   7:4 [1] O *se rocíen. Algunos mss. dicen: se bauticen.*
[2] Lit. *bautismo.*   7:5 [1] Lit. *comen pan.*   [2] O *impuras.*   7:9 [1] Lit. *Bien.*
7:10 [1] Lit. *muera a muerte.*   7:11 [1] O *donativo.*

fuera del hombre que al entrar en él pueda contaminarlo; sino que lo que sale de adentro del hombre es lo que contamina al hombre. **16** [1]«Si alguno tiene oídos para oír, que oiga».

17 Cuando Jesús dejó a la multitud y entró en casa, Sus discípulos le preguntaron acerca de la parábola. **18** «¿También ustedes son tan faltos de entendimiento?», les dijo*. «¿No comprenden que todo lo que de afuera entra al hombre no lo puede contaminar, **19** porque no entra en su corazón, sino en el estómago[1], y se elimina[2]?». Jesús declaró *así* limpios todos los alimentos.

20 También decía: «Lo que sale del hombre, eso es lo que contamina al hombre. **21** Porque de adentro, del corazón de los hombres, salen los malos pensamientos, fornicaciones[1], robos, homicidios, adulterios, **22** avaricias, maldades, engaños, sensualidad, envidia[1], calumnia, orgullo[2] e insensatez. **23** Todas estas maldades de adentro salen, y contaminan al hombre».

LA MUJER SIROFENICIA

24 Levantándose de allí, Jesús se fue a la región de Tiro[1], y entrando en una casa, no quería que nadie *lo* supiera, pero[2] no pudo pasar inadvertido; **25** sino que enseguida, al oír *hablar*

7:16 [1] Los mss. más antiguos no incluyen este vers.   7:19 [1] Lit. *vientre*.
[2] Lit. *va a dar a la letrina*.   7:21 [1] I.e. actos de inmoralidad sexual.
7:22 [1] Lit. *un ojo maligno*.   [2] O *arrogancia*.   7:24 [1] Algunos mss. antiguos
agregan: *y de Sidón*.   [2] Lit. *y*.

7:19-20
El mensaje radical de Jesús
Jesús declaró limpios todos los alimentos. La contaminación venía de un corazón impuro, no de comer ciertos alimentos.

LOS TERRITORIOS DE TIRO Y SIDÓN

de Él, una mujer cuya hijita tenía un espíritu inmundo, fue
y se postró a Sus pies. ²⁶ La mujer era gentil¹, sirofenicia
de nacimiento; y le rogaba que echara al demonio fuera de
su hija.

²⁷ Y Jesús le decía: «Deja que primero los hijos se sacien,
pues no está bien¹ tomar el pan de los hijos y echarlo a los
perrillos». ²⁸ «Es cierto, Señor», le dijo* ella; *pero* aun los
perrillos debajo de la mesa comen las migajas de los hijos».
²⁹ Jesús le dijo: «Por esta respuesta¹, vete; *ya* el demonio
ha salido de tu hija». ³⁰ Cuando ella volvió a su casa, halló
que la niña estaba acostada¹ en la cama, y que el demonio
había salido.

CURACIÓN DE UN SORDOMUDO

³¹ Volviendo Jesús a salir de la región de Tiro, pasó por Sidón
y *llegó* al mar de Galilea, atravesando la región de Decápolis.
³² Y le trajeron* a uno que era sordo y tartamudo, y le rogaron* que pusiera la mano sobre él. ³³ Entonces Jesús, tomándolo aparte de la multitud, a solas, le metió los dedos
en los oídos, y escupiendo, le tocó la lengua *con la saliva;*
³⁴ y levantando los ojos al cielo, suspiró profundamente y le
dijo*: «¡Effatá!», esto es, «¡Ábrete!».

³⁵ Al instante se abrieron sus oídos, y desapareció¹ el im-
pedimento² de su lengua, y hablaba con claridad. ³⁶ Jesús
les ordenó que a nadie se lo dijeran; pero mientras más se
lo ordenaba, tanto más ellos lo proclamaban. ³⁷ Y estaban
asombrados en gran manera, y decían: «Todo lo ha hecho
bien; aun a los sordos hace oír y a los mudos hablar».

ALIMENTACIÓN DE LOS CUATRO MIL

8 En aquellos días, cuando había de nuevo una gran multitud que no tenía qué comer, Jesús llamó a Sus discípulos y
les dijo*: ² «Tengo compasión de la multitud porque ya hace
tres días que están junto a Mí y no tienen qué comer; ³ y si los
despido sin comer a sus casas, desfallecerán en el camino,
pues algunos de ellos han venido de lejos».

⁴ Sus discípulos le respondieron: «¿Dónde podrá alguien
encontrar lo suficiente para saciar de pan¹ a estos aquí en el
desierto?». ⁵ «¿Cuántos panes tienen?», les preguntó¹ Jesús.
Ellos respondieron: «Siete».

⁶ Entonces mandó* a la multitud que se recostara en el
suelo; y tomando los siete panes, después de dar gracias, *los*
partió y *los* iba dando a Sus discípulos para que *los* pusieran delante *de la gente;* y ellos *los* sirvieron a¹ la multitud.
⁷ También tenían unos pocos pececillos; y después de bendecirlos, mandó que estos también los sirvieran¹.

⁸ *Todos* comieron y se saciaron; y recogieron de lo que
sobró de los pedazos, siete canastas. ⁹ *Los que comieron*
eran unos 4,000. Jesús los despidió, ¹⁰ y subiendo enseguida a la barca con Sus discípulos, se fue a la región de
Dalmanuta.

7:27-29
Qué quiso decir Jesús con no darles el pan de los hijos a los perrillos

Jesús estaba diciendo que sus buenas nuevas debían llevarse primero a los judíos. La mujer entendió y dijo que se contentaba con obtener las migajas, es decir, cualquier parte de las buenas nuevas que pudiera tener. Jesús la recompensó por su fe.

7:26 ¹ Lit. *Griega.*   7:27 ¹ O *no es justo.*   7:29 ¹ Lit. *palabra.*
7:30 ¹ Lit. *echada.*   7:35 ¹ Lit. *se desató.*   ² O *la atadura.*   8:4 ¹ Lit. *panes.*
8:5 ¹ Lit. *preguntaba.*   8:6 ¹ Lit. *los pusieron delante de.*   8:7 ¹ Lit. *pusieran delante.*

8:11
Los fariseos piden una señal
Los fariseos querían pruebas de que Jesús tenía la autoridad de Dios. Jesús se negó a darles una señal, porque no lo estaban pidiendo motivados por la fe.

8:15
La levadura de los fariseos y de Herodes
A menudo la levadura era utilizada como un símbolo del mal o la corrupción. Una pequeña cantidad de levadura puede inflar una gran cantidad de masa. En este caso, *levadura* significaba la mala influencia de los fariseos y Herodes Antipas.

© Madlen/Shutterstock

8:24
Por qué el hombre ciego pensó que veía árboles caminando
Probablemente cuando era ciego había chocado contra los árboles, así que tenía alguna idea de cómo estos eran. Ahora veía borrosamente a personas que le parecían troncos de árboles moviéndose.

LOS FARISEOS BUSCAN SEÑAL

11 Entonces salieron los fariseos y comenzaron a discutir con Él, buscando de Él una señal[1] del cielo para poner[2] a prueba a Jesús. **12** Suspirando profundamente en Su espíritu[1], dijo*: «¿Por qué pide señal[2] esta generación? En verdad les digo que no se le dará señal[3] a esta generación». **13** Y dejándolos, se embarcó otra vez y se fue al otro lado del lago.

LA LEVADURA DE LOS FARISEOS

14 Los discípulos se habían olvidado de tomar panes, y no tenían consigo en la barca sino solo un pan. **15** Jesús les encargaba[1] diciendo: «¡Tengan cuidado! Cuídense de la levadura de los fariseos y de la levadura de Herodes». **16** Y ellos discutían entre sí que no tenían panes.

17 Dándose cuenta Jesús, les dijo*: «¿Por qué discuten que no tienen panes? ¿Aún no comprenden ni entienden? ¿Tienen el corazón endurecido[1]? **18** Teniendo ojos, ¿no ven? Y teniendo oídos, ¿no oyen? ¿No recuerdan **19** cuando partí los cinco panes entre los cinco mil? ¿Cuántas cestas llenas de pedazos recogieron?». «Doce», le respondieron?

20 «Y cuando *partí* los siete *panes* entre los cuatro mil, ¿cuántas canastas llenas de los pedazos recogieron?». «Siete», le dijeron*. **21** Entonces les dijo[1]: «¿Aún no entienden?».

EL CIEGO DE BETSAIDA

22 Llegaron* a Betsaida, y trajeron* a Jesús un ciego y le rogaron* que lo tocara. **23** Tomando al ciego de la mano, lo sacó fuera de la aldea; y después de escupir en sus ojos y de poner las manos sobre él, le preguntó: «¿Ves algo?». **24** Y levantando[1] la vista, dijo: «Veo a los hombres, pero *los* veo[2] como árboles que caminan». **25** Entonces Jesús puso otra vez las manos sobre sus ojos, y él miró fijamente y fue restaurado; y veía todo con claridad. **26** Y lo envió a su casa diciendo: «Ni aun en la aldea entres».

LA CONFESIÓN DE PEDRO

27 Jesús salió con Sus discípulos a las aldeas de Cesarea de Filipo; y en el camino preguntó a Sus discípulos: «¿Quién dicen los hombres que soy Yo?». **28** Le respondieron: «*Unos*, Juan el Bautista; y otros, Elías; pero otros, uno de los profetas». **29** Él les preguntó *de nuevo*: «Pero ustedes, ¿quién dicen que soy Yo?». «Tú eres el Cristo[1]», le respondió* Pedro. **30** Y Jesús les advirtió severamente que no hablaran de Él a nadie.

JESÚS ANUNCIA SU MUERTE Y RESURRECCIÓN

31 Jesús comenzó a enseñarles que el Hijo del Hombre debía padecer muchas cosas, y ser rechazado por los ancianos, los

8:11 [1] O un milagro.　　[2] Lit. poniendo.　　8:12 [1] O en sí mismo.　　[2] O milagro.
[3] Lit. si una señal se dará.　　8:15 [1] O mandaba.　　8:17 [1] O insensible, o embotado.
8:21 [1] Lit. decía.　　8:24 [1] O recobrando.　　[2] O me parecen.　　8:29 [1] I.e. el Mesías.

ROMPIENDO BARRERAS

Debido a que en la época de Jesús el pueblo judío no se mezclaba con los gentiles intencionalmente, el acercamiento cariñoso de Jesús hacia ellos llamó la atención de todos.

Número de encuentros

4 gentiles siguen y le hablan a Jesús

4 gentiles son sanados por Jesús

2 gentiles son liberados de los demonios por Jesús

principales sacerdotes y los escribas, y ser muerto, y después de tres días resucitar. **32** Y les decía estas palabras claramente. Entonces Pedro lo llevó aparte y comenzó a reprender a Jesús. **33** Pero Él volviéndose y mirando a Sus discípulos, reprendió a Pedro y le dijo*: «¡Quítate de delante de Mí[1], Satanás!, porque no tienes en mente las cosas de Dios, sino las de los hombres».

CONDICIONES PARA SEGUIR A JESÚS

34 Llamando Jesús a la multitud y a Sus discípulos, les dijo: «Si alguien quiere venir conmigo, niéguese a sí mismo, tome su cruz, y sígame. **35** Porque el que quiera salvar su vida[1], la perderá; pero el que pierda su vida por causa de Mí y del evangelio, la salvará. **36** O, ¿de qué le sirve a un hombre ganar el mundo entero y perder su alma? **37** O, ¿qué dará un hombre a cambio de su alma? **38** Porque cualquiera que se avergüence de Mí y de Mis palabras en esta generación adúltera y pecadora, el Hijo del Hombre también se avergonzará de él, cuando venga en la gloria de Su Padre con los santos ángeles».

9 Y Jesús les decía: «En verdad les digo que hay algunos de los que están aquí que no probarán la muerte hasta que vean el reino de Dios después de que haya venido con poder».

LA TRANSFIGURACIÓN

2 Seis días después, Jesús tomó* con Él a Pedro, a Jacobo[1] y a Juan, y los llevó* a ellos solos a un monte alto; y se transfiguró delante de ellos. **3** Sus vestiduras se volvieron resplandecientes, muy blancas, tal como ningún lavandero sobre la tierra las puede blanquear. **4** Y se les apareció Elías

8:33 [1] Lit. *Ponte detrás de mí.*   8:35 [1] O *alma.*   9:2 [1] O *Santiago.*

junto con Moisés, y estaban hablando con Jesús. [5] Entonces Pedro dijo* a Jesús: «Rabí[1], bueno es que estemos aquí; hagamos tres enramadas[2], una para Ti, otra para Moisés y otra para Elías». [6] Porque él no sabía qué decir[1], pues estaban aterrados. [7] Entonces se formó[1] una nube que los cubrió, y una voz salió[1] de la nube: «Este es Mi Hijo amado; oigan a Él[2]». [8] Y enseguida miraron en derredor, pero ya no vieron a nadie con ellos, sino a Jesús solo.

LA VENIDA DE ELÍAS

[9] Cuando bajaban del monte, Jesús les ordenó que no contaran a nadie lo que habían visto, hasta que[1] el Hijo del Hombre resucitara de entre los muertos. [10] Y se guardaron para sí lo que fue dicho, discutiendo entre sí qué significaría[1] eso de resucitar de entre los muertos. [11] Le preguntaron a Jesús: «¿Por qué dicen los escribas que Elías debe venir primero?». [12] «Es cierto que Elías, al venir primero, restaurará[1] todas las cosas», les dijo. «Y, *sin embargo*, ¿cómo está escrito del Hijo del Hombre que ha de padecer mucho y ser despreciado? [13] Pero Yo les digo que Elías ya[1] ha venido, y le hicieron cuanto quisieron, tal como está escrito de él».

JESÚS SANA A UN MUCHACHO ENDEMONIADO

[14] Cuando regresaron adonde estaban los otros discípulos, vieron una gran multitud que los rodeaba, y a unos escribas que discutían con ellos. [15] Enseguida, cuando toda la multitud vio a Jesús, quedó sorprendida, y corriendo hacia Él, lo saludaban. [16] «¿Qué discuten con ellos?», les preguntó. [17] Y uno de la multitud le respondió: «Maestro, te he traído a mi hijo que tiene un espíritu mudo, [18] y siempre[1] que se apodera de él, lo derriba, y echa espumarajos, cruje los dientes y se va consumiendo[2]. Dije a Tus discípulos que expulsaran al espíritu, pero no pudieron». [19] Jesús les dijo*: «¡Oh generación incrédula! ¿Hasta cuándo estaré con ustedes? ¿Hasta cuándo los tendré que soportar? ¡Traigan al muchacho!». [20] Y lo llevaron ante Él. Cuando el espíritu vio a Jesús, al instante sacudió con violencia al muchacho[1], y *este*, cayendo a tierra, se revolcaba echando espumarajos. [21] Jesús preguntó al padre: «¿Cuánto tiempo hace que le sucede esto?». «Desde su niñez», respondió. [22] «Muchas veces ese espíritu lo ha echado en el fuego y también en el agua para destruirlo. Pero si Tú puedes hacer algo, ten misericordia de nosotros y ayúdanos».

¿HABLAR, TOCAR O ESCUPIR?

Jesús sana a la gente de tres modos en los evangelios:

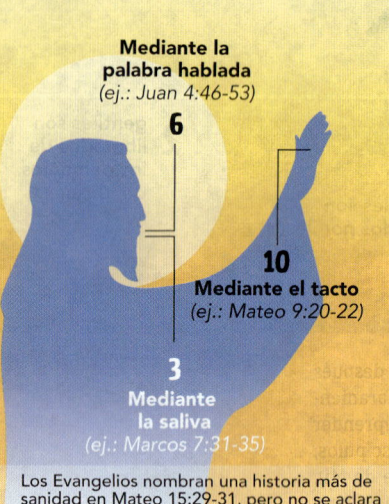

Mediante la palabra hablada
(ej.: Juan 4:46-53)

6

10
Mediante el tacto
(ej.: Mateo 9:20-22)

3
Mediante la saliva
(ej.: Marcos 7:31-35)

Los Evangelios nombran una historia más de sanidad en Mateo 15:29-31, pero no se aclara un método específico.

9:5
Pedro quería construir algo para Dios
Es posible que quisiera levantar tiendas en las que Dios pudiera comunicarse con su pueblo, o que estuviera pensando en las cabañas utilizadas en la Fiesta de los Tabernáculos. (Ver Levítico 23:42).

9:9
Por qué Jesús les dice a los discípulos que no le contaran a nadie lo que habían visto
Jesús quería que los discípulos pudieran hablar de su obra terminada después de la resurrección, lo que demostraría que era el Mesías.

9:5 [1] O *Maestro.*   [2] O *tiendas sagradas.*   9:6 [1] Lit. *responder.*   9:7 [1] O *se originó.*   [2] O *presten atención constante.*   9:9 [1] Lit. *sino cuando.*   9:10 [1] Lit. *qué era el.*   9:12 [1] Lit. *restaura.*   9:13 [1] Lit. *también.*   9:18 [1] O *dondequiera.*   [2] O *se pone tieso.*   9:20 [1] Lit. *a él.*

23 «¿*Cómo* "si Tú puedes?"», le dijo Jesús. «Todas las cosas son posibles para el que cree». **24** Al instante el padre del muchacho gritó y dijo: «Creo; ayúda*me en* mi incredulidad». **25** Cuando Jesús vio que la gente corría a reunirse, reprendió al espíritu inmundo, diciéndole: «Espíritu mudo y sordo, Yo te ordeno: sal de él y no vuelvas a entrar en él».

26 Después de gritar y de sacudirlo con terribles convulsiones, el espíritu salió: y *el muchacho* quedó como muerto, tanto, que la mayoría *de ellos* decían: «¡Está muerto!». **27** Pero Jesús, tomándolo de la mano, lo levantó, y él se puso en pie. **28** Cuando Jesús entro en casa, Sus discípulos le preguntaban en privado: «¿Por qué nosotros no pudimos expulsarlo?». **29** Jesús les dijo: «Esta clase con nada puede salir, sino con oración[1]».

JESÚS ANUNCIA OTRA VEZ SU MUERTE

30 Saliendo de allí, iban pasando por Galilea, y Él no quería que nadie *lo* supiera. **31** Porque enseñaba a Sus discípulos, y les decía: «El Hijo del Hombre será entregado en manos de los hombres y lo matarán; y después de muerto, a los tres días resucitará». **32** Pero ellos no entendían lo que les decía[1], y tenían miedo de preguntar a Jesús.

EL MAYOR EN EL REINO DE LOS CIELOS

33 Llegaron a Capernaúm; y estando ya en la casa, Jesús les preguntaba: «¿Qué discutían por el camino?». **34** Pero ellos guardaron silencio, porque en el camino habían discutido entre sí quién *de ellos era* el mayor. **35** Jesús se sentó, llamó a los doce *discípulos* y les dijo*: «Si alguien desea ser el primero, será[1] el último de todos y el servidor de todos». **36** Tomando a un niño, lo puso en medio de ellos; y tomándolo en los brazos les dijo: **37** «El que reciba a un niño como este[1] en Mi nombre, me recibe a Mí; y el que me recibe a Mí, no me recibe a Mí, sino a Aquel que me envió».

RECOMPENSAS Y ADVERTENCIAS

38 «Maestro», dijo Juan, «vimos a uno echando fuera demonios en Tu nombre, y tratamos de impedírselo, porque no nos seguía». **39** Pero Jesús dijo: «No se lo impidan, porque no hay nadie que haga un milagro en Mi nombre, y que pueda enseguida hablar mal de Mí. **40** Pues el que no está contra nosotros, por nosotros[1] está. **41** Porque cualquiera que les dé a ustedes a beber un vaso de agua, por razón de[1] su nombre como *seguidores* de Cristo, en verdad les digo que no perderá su recompensa. **42** Cualquiera que haga pecar[1] a uno de estos pequeñitos que creen en Mí, mejor le fuera si le hubieran atado[2] al cuello una piedra de molino de *las que mueve un* asno, y lo hubieran echado al mar.

43 »Si tu mano te es ocasión de pecar[1], córtala; te es mejor entrar en la vida manco, que teniendo las dos manos ir al infierno[2], al fuego que no se apaga, **44** [1]donde el gusano de

9:18
La razón de los ataques del muchacho
Los ataques del muchacho eran causados por los demonios, pero no todos los ataques suceden por esa razón.

9:24
El significado de la declaración del padre
Él creía, y también dudaba. La fe nunca es perfecta, por lo que la fe y la duda a menudo se mezclan.

9:34
Por qué discutieron los discípulos
El rango y el estatus eran muy importantes para el pueblo judío en esa época, así que los discípulos querían saber quién era el mejor. Sin embargo, Jesús no le dio a nadie el estatus de número uno.

9:43
Cortarse una mano o un pie
Esto era una exageración. Jesús estaba diciendo que todo lo que se interpusiera en el camino del reino de Dios debía ser eliminado.

ellos no muere, y el fuego no se apaga. **45** Y si tu pie te es ocasión de pecar, córtalo; te es mejor entrar cojo a la vida, que teniendo los dos pies ser echado al infierno[1], **46** [1]donde el gusano de ellos no muere, y el fuego no se apaga. **47** Y si tu ojo te es ocasión de pecar, sácatelo; te es mejor entrar al reino de Dios con un solo ojo, que teniendo dos ojos ser echado al infierno[1], **48** donde el gusano de ellos no muere, y el fuego no se apaga. **49** Porque todos serán salados con fuego[1]. **50** La sal es buena; pero si la sal se vuelve insípida, ¿con qué la sazonarán? Tengan sal en ustedes y estén en paz los unos con los otros».

JESÚS EN JUDEA

10 Levantándose de allí, Jesús se fue* a la región de Judea y al otro lado del Jordán; y se reunieron* de nuevo las multitudes junto a Él, y una vez más, como acostumbraba, les enseñaba.

ENSEÑANZA DE JESÚS SOBRE EL DIVORCIO

2 Se acercaron *algunos* fariseos, y para poner[1] a prueba a Jesús, le preguntaban si era lícito a un hombre divorciarse de[2] su mujer. **3** «¿Qué les mandó Moisés?», les dijo Jesús. **4** Ellos respondieron: «Moisés permitió *al hombre* escribir CARTA DE DIVORCIO Y REPUDIARLA».

5 Entonces Jesús les dijo: «Por la dureza del corazón de ustedes, Moisés les escribió este mandamiento. **6** Pero desde el principio de la creación, *Dios* los hizo varón y hembra. **7** Por esta razón el hombre dejará a su padre y a su madre[1], **8** y los dos serán una sola carne; así que ya no son dos, sino una sola carne. **9** Por tanto, lo que Dios ha unido, ningún hombre lo separe».

10 *Ya* en casa, los discípulos le volvieron a preguntar sobre esto. **11** Y Él les dijo*: «Cualquiera que se divorcie de[1] su mujer y se case con otra, comete adulterio contra ella; **12** y si ella se divorcia de[1] su marido y se casa con otro, comete adulterio».

JESÚS BENDICE A LOS NIÑOS

13 Traían niños a Jesús para que Él los tocara, pero los discípulos los reprendieron. **14** Cuando Jesús vio esto, se indignó y les dijo: «Dejen que los niños vengan a Mí; no se lo impidan, porque de los que son como estos[1] es el reino de Dios. **15** En verdad les digo, que el que no reciba el reino de Dios como un niño, no entrará en él». **16** Y tomándolos en los brazos, los bendecía, poniendo las manos sobre ellos.

EL JOVEN RICO

17 Cuando Jesús salía para irse, vino un hombre corriendo, y arrodillándose delante de Él, le preguntó[1]: «Maestro bueno, ¿qué haré para heredar la vida eterna?». **18** Jesús le respondió: «¿Por qué me llamas bueno? Nadie es bueno, sino solo uno,

---

10:6-9
Jesús dijo que el matrimonio era importante
Jesús regresó al tiempo de Adán y Eva, antes del pecado, con el fin de mostrar la intención original de Dios para el matrimonio.

10:9-12
Jesús habla del divorcio
En la práctica judía, un esposo podía divorciarse de su esposa. Jesús dijo que el matrimonio estaba destinado a durar toda la vida.

10:14
El reino de Dios pertenece a los niños
Jesús estaba diciendo que el reino de Dios pertenece a aquellos que, como los niños, pueden recibirlo como un regalo.

9:45 [1] Gr. *guéenna*.   9:46 [1] Muchos mss. antiguos no incluyen los vers. 44 y 46, que son idénticos al 48.   9:47 [1] Gr. *guéenna*.   9:49 [1] Algunos mss. agregan: *y todo sacrificio será salado con sal*.   10:2 [1] Lit. *poniendo*.   [2] O *repudiar a*.   10:7 [1] Algunos mss. agregan: *y se unirá a su mujer*.   10:11 [1] O *repudie a*.   10:12 [1] O *repudia a*.   10:14 [1] O *de los tales*.   10:17 [1] Lit. *preguntándole*.

Dios. **19** Tú sabes los mandamientos: "No mates, no cometas adulterio, no hurtes, no des falso testimonio, no defraudes, honra a tu padre y a tu madre"».

20 «Maestro, todo esto lo he guardado desde mi juventud», dijo el hombre. **21** Jesús, mirándolo, lo amó y le dijo: «Una cosa te falta: ve y vende cuanto tienes y da a los pobres, y tendrás tesoro en el cielo; entonces vienes y me sigues». **22** Pero él, afligido por estas palabras, se fue triste, porque era dueño de muchos bienes.

PELIGRO DE LAS RIQUEZAS

23 Jesús, mirando en derredor, dijo* a Sus discípulos: «¡Qué difícil será para los que tienen riquezas entrar en el reino de Dios!». **24** Los discípulos se asombraron de Sus palabras. Pero Jesús respondiendo de nuevo, les dijo*: «Hijos, ¡qué difícil es entrar en el reino de Dios¹! **25** Es más fácil para un camello pasar por el ojo de una¹ aguja, que para un rico entrar en el reino de Dios».

26 Ellos se asombraron aún más, diciendo entre sí¹: «¿Y quién podrá salvarse?». **27** Mirándolos Jesús, dijo*: «Para los hombres es imposible, pero no para Dios, porque todas las cosas son posibles para Dios». **28** *Entonces* Pedro comenzó a decir a Jesús: «Nosotros lo hemos dejado todo y te hemos seguido».

29 Jesús respondió: «En verdad les digo, que no hay nadie que haya dejado casa, o hermanos, o hermanas, o madre, o padre, o hijos o tierras por causa de Mí y por causa del evangelio, **30** que no reciba cien veces más ahora en este tiempo: casas, y hermanos, y hermanas, y madres, e hijos, y tierras junto con persecuciones; y en el siglo venidero, la vida eterna. **31** Pero muchos primeros serán últimos, y los últimos, primeros».

JESÚS ANUNCIA SU MUERTE POR TERCERA VEZ

32 Iban por el camino subiendo a Jerusalén, y Jesús iba delante de ellos. Los discípulos estaban perplejos, y los que lo seguían tenían miedo. Y tomando aparte de nuevo a los doce, comenzó a decirles lo que le iba a suceder: **33** «Ahora subimos a Jerusalén, y el Hijo del Hombre será entregado a los principales sacerdotes y a los escribas, y lo condenarán a muerte y lo entregarán a los gentiles. **34** Se burlarán de Él y le escupirán, lo azotarán y lo matarán, y tres días después resucitará».

PETICIÓN DE JACOBO Y JUAN

35 Jacobo¹ y Juan, los dos hijos de Zebedeo, se acercaron* a Jesús, diciendo: «Maestro, queremos que hagas por nosotros lo que te pidamos». **36** «¿Qué quieren que haga por ustedes?», les preguntó. **37** Ellos le dijeron: «Concédenos¹ que en Tu gloria nos sentemos uno a Tu derecha y el otro a *Tu* izquierda». **38** Jesús les dijo: «Ustedes no saben lo que piden. ¿Pueden beber la copa que Yo bebo, o ser bautizados con el bautismo

10:21
Por qué Jesús le dice al hombre que venda todas sus pertenencias
El hecho de que el joven fuera rico le impedía confiar en Dios para todo. Al renunciar a su riqueza, el joven habría eliminado lo único que no le permitía confiar en Jesús.

10:35-37
Jacobo y Juan piden algo especial
Ellos estaban pidiendo tener puestos de autoridad y poder.

10:24 ¹ Algunos mss. agregan: *para los que confían en las riquezas.*
10:25 ¹ Lit. *la.*   10:26 ¹ Algunos mss. dicen: *diciéndole.*   10:35 ¹ O *Santiago.*
10:37 ¹ Lit. *Danos.*

10:38
La pregunta de Jesús a Jacobo y Juan
Jesús les preguntó si serían capaces de sufrir con él, porque eso era lo que le iba a suceder.

10:45
El rol de Jesús
Jesús vino a la tierra como un siervo que sufriría y moriría para salvar al mundo de su pecado. Jesús dio su vida para redimir a las personas, tomando el castigo de Dios en lugar de ellos.

con que soy bautizado?». **39** Le respondieron: «Podemos». Y Jesús les dijo: «La copa que Yo bebo, beberán; y serán bautizados con el bautismo con que Yo soy bautizado; **40** pero el sentarse a Mi derecha o a *Mi* izquierda, no es Mío el concederlo[1], sino que es para quienes ha sido preparado».

41 Al oír *esto*, los diez comenzaron a indignarse contra Jacobo[1] y Juan. **42** Llamándolos junto a Él, Jesús les dijo*: «Ustedes saben que los que son reconocidos como gobernantes de los gentiles se enseñorean de ellos, y que sus grandes ejercen autoridad sobre ellos. **43** Pero entre ustedes no es así, sino que cualquiera de ustedes que desee llegar a ser grande será su servidor, **44** y cualquiera de ustedes que desee ser el primero será siervo de todos. **45** Porque ni aun el Hijo del Hombre vino para ser servido, sino para servir, y para dar Su vida[1] en rescate por muchos».

EL CIEGO BARTIMEO ES SANADO

46 Entonces llegaron* a Jericó. Y cuando Él salía de Jericó con Sus discípulos y una gran multitud, un mendigo ciego *llamado* Bartimeo, el hijo de Timeo, estaba sentado junto al camino. **47** Cuando oyó que era Jesús el Nazareno, comenzó a gritar y a decir: «¡Jesús, Hijo de David, ten misericordia de mí!».

48 Y muchos lo reprendían para que se callara, pero él gritaba mucho más: «¡Hijo de David, ten misericordia de mí!». **49** Jesús se detuvo y dijo: «Llámenlo». Y llamaron* al ciego, diciéndole: «¡Anímate! Levántate, *que* te llama». **50** Arrojando su manto, se levantó de un salto y fue a Jesús.

51 Y dirigiéndose a él[1], Jesús *le* preguntó: «¿Qué deseas que haga por ti?». Y el ciego le respondió: «Raboní[2], que recobre la vista». **52** «Vete, tu fe te ha sanado[1]», le dijo Jesús. Al instante el ciego recobró la vista, y lo seguía por el camino.

LA ENTRADA TRIUNFAL

11 Cuando se acercaban* a Jerusalén, por Betfagé y Betania, cerca del monte de los Olivos, Jesús envió* a dos de Sus discípulos, **2** y les dijo*: «Vayan a la aldea enfrente de ustedes, y tan pronto como entren en ella, encontrarán un pollino atado en el cual nadie[1] se ha montado todavía; desátenlo y tráiganlo. **3** Si alguien les dice: "¿Por qué hacen eso?" digan: "El Señor lo necesita"; y enseguida lo devolverá[1] acá».

4 Ellos fueron y encontraron un pollino atado junto a la puerta, afuera en la calle, y lo desataron*. **5** Y algunos de los que estaban allí les dijeron[1]: «¿Qué hacen desatando el pollino?». **6** Ellos les respondieron tal como Jesús *les* había dicho, y les dieron permiso. **7** Entonces trajeron* el pollino a Jesús y echaron encima sus mantos, y Él se sentó sobre él.

8 Muchos tendieron sus mantos en el camino, y otros *tendieron* ramas que habían cortado de los campos. **9** Los que iban delante y los que lo seguían, gritaban:

«¡Hosanna!
    BENDITO EL QUE VIENE EN EL NOMBRE DEL SEÑOR;

10:40 [1] Lit. *dar.*   10:41 [1] O *Santiago.*   10:45 [1] O *alma.*
10:51 [1] Lit. *respondiéndole.*   [2] I.e. Mi Maestro.   10:52 [1] Lit. *salvado.*
11:2 [1] Lit. *ningún hombre.*   11:3 [1] Lit. *envía de nuevo.*   11:5 [1] Lit. *les decían.*

10 Bendito el reino de nuestro padre David que viene; ¡Hosanna en las alturas!».

11 Jesús entró en Jerusalén, *fue* al templo, y después de mirar todo alrededor, salió para Betania con los doce *discípulos,* siendo ya avanzada la hora.

LA HIGUERA ESTÉRIL

12 Al día siguiente, cuando salieron de Betania, Jesús tuvo hambre. **13** Y viendo de lejos una higuera con hojas, fue *a ver* si quizá pudiera hallar algo en ella; cuando llegó a ella, no encontró más que hojas, porque no era tiempo de higos. **14** Jesús, hablando[1] a la higuera, le dijo: «Nunca jamás coma nadie fruto de ti». Y Sus discípulos *le* estaban escuchando.

JESÚS ECHA A LOS MERCADERES DEL TEMPLO

15 Llegaron* a Jerusalén; y entrando Jesús en el templo, comenzó a echar fuera a los que vendían y compraban en el templo; volcó las mesas de los que cambiaban el dinero y los asientos de los que vendían las palomas, **16** y no permitía que nadie transportara objeto alguno a través del templo. **17** Y les enseñaba, diciendo[1]: «¿No está escrito: "Mi casa será llamada casa de oración para todas las naciones"? Pero ustedes la han hecho cueva de ladrones». **18** Los principales sacerdotes y los escribas oyeron *esto* y buscaban cómo destruir a Jesús, pero le tenían miedo, pues toda la multitud estaba admirada de Su enseñanza.

19 Cuando atardecía, *Jesús y Sus discípulos* solían salir fuera de la ciudad.

EL PODER DE LA FE

20 Por la mañana, cuando pasaban, vieron la higuera seca desde las raíces. **21** Entonces Pedro, acordándose, dijo* a Jesús: «Rabí[1], mira, la higuera que maldijiste se ha secado». **22** Y Jesús respondió*: «Tengan fe en Dios. **23** En verdad les digo que cualquiera que diga a este monte: "Quítate y arrójate al mar", y no dude en su corazón, sino crea que lo que dice va a suceder, le será *concedido.* **24** Por eso les digo que todas las cosas por las que oren y pidan, crean que *ya las* han recibido, y les serán *concedidas.* **25** Y cuando estén[1] orando, perdonen si tienen algo contra alguien, para que también su Padre que está en los cielos les perdone a ustedes sus transgresiones. **26** [1]Pero si ustedes no perdonan, tampoco su Padre que está en los cielos perdonará sus transgresiones».

11:13
Higueras
Las higueras en los alrededores de Jerusalén normalmente comenzaban a brotar en marzo o abril, pero no producían higos hasta junio, cuando todas sus hojas habían crecido. Este árbol estaba lleno de hojas en el momento de la Pascua (alrededor de abril), por lo que debería haber tenido frutos.

© cynoclub/Shutterstock

11:15
El patio del templo
Esta era la única parte del templo en la que los gentiles podían adorar a Dios y reunirse a orar.

Dominio público

11:14 [1] Lit. *respondiendo.*   11:17 [1] Lit. *y les decía.*   11:21 [1] O *Maestro.*
11:25 [1] Lit. *estén de pie.*   11:26 [1] Muchos mss. antiguos no incluyen este vers.

LA AUTORIDAD DE JESÚS PUESTA EN DUDA

27 Llegaron* de nuevo a Jerusalén; y cuando Jesús andaba por el templo, se acercaron* a Él los principales sacerdotes, los escribas y los ancianos, **28** y le preguntaron: «¿Con qué autoridad haces estas cosas, o quién te dio la autoridad para hacer esto?». **29** Jesús les respondió: «Yo *también* les haré una pregunta¹; respóndan*la*, y *entonces* les diré con qué autoridad hago estas cosas. **30** El bautismo de Juan, ¿era del cielo o de los hombres? Respondan».

31 Y ellos discutían entre sí, diciendo: «Si decimos: "Del cielo", Él dirá: "Entonces, ¿por qué no le creyeron?". **32** ¿Pero si decimos: "De los hombres"?». *Pero* temían a la multitud, porque todos consideraban que Juan verdaderamente había sido un profeta. **33** Respondiendo a Jesús, dijeron*: «No sabemos». Jesús les dijo*: «Tampoco Yo les diré¹ con qué autoridad hago estas cosas».

PARÁBOLA DE LOS LABRADORES MALVADOS

12 Entonces Jesús comenzó a hablarles en parábolas: «Un hombre plantó una viña y la cercó con un muro¹, cavó un estanque debajo del lagar y edificó una torre; la arrendó a labradores y se fue de viaje. **2** Al tiempo *de la vendimia* envió un siervo a los labradores para recibir de los labradores *su parte* de los frutos de la viña. **3** Pero ellos, echándole mano, lo golpearon y lo enviaron con las manos vacías. **4** De nuevo les mandó otro siervo, y a él lo hirieron en la cabeza y lo trataron vergonzosamente. **5** Envió a otro y a este lo mataron; y *así con* muchos otros, golpeando a unos y matando a otros.

6 »Todavía le quedaba¹ uno, un hijo amado; y les envió a este último, diciendo: "Respetarán a mi hijo". **7** Pero aquellos labradores se dijeron entre sí: "Este es el heredero; ¡vengan, matémoslo, y la heredad será nuestra!". **8** Echándole mano, lo mataron y lo arrojaron fuera de la viña.

9 »¿Qué hará, entonces, el dueño¹ de la viña? Vendrá y destruirá a los labradores, y dará la viña a otros. **10** ¿Ni aun esta Escritura han leído:

> "La piedra que desecharon los constructores,
> Esa, en piedra angular¹ se ha convertido;
> **11** Esto fue hecho de parte del Señor,
> Y es maravilloso a nuestros ojos"?».

12 Y procuraban prender a Jesús, pero temían a la multitud, porque comprendieron que contra ellos había dicho la parábola. Y lo dejaron y se fueron.

EL PAGO DEL IMPUESTO A CÉSAR

13 Pero enviaron* algunos de los fariseos y de los herodianos para sorprender a Jesús en *alguna* palabra. **14** Cuando ellos llegaron*, le dijeron*: «Maestro, sabemos que eres veraz y que no buscas el favor¹ de nadie, porque eres imparcial², y enseñas el camino de Dios con verdad. ¿Es lícito pagar³

12:1-2
Cultivando grandes viñedos
Los terratenientes solían poner grandes terrenos en manos de campesinos locales que los cultivaban.

12:14
El impuesto imperial
Los judíos en Judea debían pagarle un impuesto al emperador. A nadie le gustaba el impuesto, y algunos judíos se negaban a pagarlo.

11:29 ¹ Lit. *preguntaré una palabra*.   11:33 ¹ Lit. *les digo*.   12:1 ¹ O una cerca.   12:6 ¹ Lit. *tenía*.   12:9 ¹ Lit. *señor*.   12:10 ¹ Lit. *cabeza del ángulo*. 12:14 ¹ Lit. *no te preocupas*.   ² Lit. *no miras la apariencia de los hombres*. ³ Lit. *dar*.

impuesto a César, o no? **15** ¿Pagaremos¹ o no pagaremos¹?». Pero Él, dándose cuenta de su hipocresía, les preguntó: «¿Por qué me están poniendo a prueba? Traigan un denario² para verlo». **16** *Se lo* trajeron, y Él les dijo*: «¿De quién es esta imagen y la inscripción?». «De César», le contestaron. **17** Entonces Jesús les dijo: «Den a César lo que es de César, y a Dios lo que es de Dios». Y se maravillaban de Él.

PREGUNTA SOBRE LA RESURRECCIÓN

18 *Algunos* saduceos, los que dicen que no hay resurrección, se acercaron* a Jesús, y le dijeron: **19** «Maestro, Moisés nos dejó escrito: "SI EL HERMANO DE ALGUIEN MUERE y deja mujer Y NO DEJA HIJO, que SU HERMANO TOME LA MUJER Y LEVANTE DESCENDENCIA A SU HERMANO". **20** Hubo siete hermanos; y el primero tomó esposa, y murió sin dejar descendencia. **21** El segundo la tomó, y murió sin dejar descendencia; y asimismo el tercero; **22** *y así* los siete, sin dejar descendencia. Y por último murió también la mujer. **23** En la resurrección, cuando resuciten¹, ¿de cuál de ellos será mujer? Pues los siete la tuvieron por mujer».

24 Jesús les dijo: «¿No es esta la razón por la que están ustedes equivocados: que no entienden¹ las Escrituras ni el poder de Dios? **25** Porque cuando ellos resuciten de entre los muertos, ni se casarán ni serán dados en matrimonio, sino que serán como los ángeles en los cielos. **26** Y en cuanto a que los muertos resucitan, ¿no han leído en el libro de Moisés, *en el pasaje* sobre la zarza *ardiendo,* cómo Dios le dijo: "Yo soy

---

12:15 ¹ Lit. *Daremos.* ² I.e. moneda romana. 12:23 ¹ La mayoría de los mss. antiguos no incluyen: *cuando resuciten.* 12:24 ¹ O *no conocen.*

ENSEÑANZAS DE JESÚS EN LOS EVANGELIOS

Cantidad de versículos por cada tema:

323 Últimos días y juicio final

198 Pecado y perdón

123 Reino de Dios

717 Vida espiritual

52 Dinero y tesoros

44 Matrimonio y familia

34 Muerte y resurrección de Jesús

25 Deidad de Dios

el Dios de Abraham, y el Dios de Isaac, y el Dios de Jacob"? [27] Él no es Dios de muertos, sino de vivos; ustedes están muy equivocados».

EL MANDAMIENTO SUPREMO

[28] Cuando uno de los escribas se acercó, los oyó discutir, y reconociendo que Jesús les había contestado bien, le preguntó: «¿Cuál mandamiento es el más importante[1] de todos?».

[29] Jesús respondió: «El más importante es: "Escucha, Israel; el Señor nuestro Dios, el Señor uno es; [30] y amarás al Señor tu Dios con todo tu corazón, y con toda tu alma, y con toda tu mente, y con toda tu fuerza". [31] El segundo es este: "Amarás a tu prójimo como a ti mismo". No hay otro mandamiento mayor que estos».

[32] Y el escriba le dijo: «Muy bien, Maestro; con verdad has dicho que ÉL ES UNO, Y NO HAY OTRO ADEMÁS DE ÉL; [33] Y QUE AMARLE A ÉL CON TODO EL CORAZÓN Y CON TODO EL ENTENDIMIENTO Y CON TODAS LAS FUERZAS, Y AMAR AL PRÓJIMO COMO A UNO MISMO, es más que todos los holocaustos y los sacrificios».

[34] Viendo Jesús que él había respondido sabiamente, le dijo: «No estás lejos del reino de Dios». Y después de eso, nadie se aventuraba a hacer más preguntas.

JESÚS, HIJO Y SEÑOR DE DAVID

[35] Mientras enseñaba en el templo Jesús decía: «¿Por qué[1] dicen los escribas que el Cristo[2] es hijo de David? [36] David mismo dijo por el Espíritu Santo:

"El Señor dijo a mi Señor:
'Siéntate a Mi diestra,
Hasta que ponga a tus enemigos debajo de tus pies'".

[37] David mismo lo llama "Señor". ¿En qué sentido es, pues, su hijo?». Y la gran multitud lo escuchaba con gusto.

ADVERTENCIA CONTRA LOS ESCRIBAS

[38] Y en Su enseñanza les decía: «Cuídense de los escribas, a quienes les gusta andar con vestiduras largas, y aman los saludos respetuosos en las plazas, [39] los primeros asientos en las sinagogas y los lugares de honor en los banquetes; [40] que devoran las casas de las viudas, y por las apariencias hacen largas oraciones; estos recibirán mayor condenación».

LA OFRENDA DE LA VIUDA

[41] Jesús se sentó frente al arca del tesoro, y observaba cómo la multitud echaba dinero[1] en el arca del tesoro; y muchos ricos echaban grandes cantidades. [42] Llegó una viuda pobre y echó dos pequeñas monedas de cobre, o sea, un cuadrante[1]. [43] Y llamando Jesús a Sus discípulos, les dijo: «En verdad les digo, que esta viuda pobre echó más que todos los contribuyentes al[1] tesoro; [44] porque todos ellos echaron de

---

12:29-31
El mandamiento más importante

La primera cita provenía de Deuteronomio 6:4-5 y era conocida como la Shemá, que en hebreo significa «escuchar». Además de la Shemá, Jesús añadió el mandamiento de Levítico 19:18 de amar al prójimo.

12:38-40
Los escribas

Los escribas eran maestros de la ley. Ellos usaban largas y vaporosas túnicas de lino con flecos que casi llegaban hasta el suelo. Ocupaban los mejores asientos en la sinagoga y dependían de la generosidad de otros judíos para ganarse la vida.

12:28 [1] O el primero. 12:35 [1] Lit. ¿Cómo. [2] I.e. el Mesías. 12:41 [1] I.e.
monedas de cobre. 12:42 [1] Un cuadrante equivale aprox. a dos blancas; i.e.
1/64 de un denario. 12:43 [1] Lit. los que estaban poniendo en el.

lo que les sobra[1], pero ella, de su pobreza, echó todo lo que
poseía, todo lo que tenía para vivir[2]».

PROFECÍA SOBRE LA DESTRUCCIÓN DEL TEMPLO

13 Cuando Jesús salía del templo, uno de Sus discípulos
le dijo*: «Maestro, ¡mira qué[1] piedras y qué[1] edificios!».
[2] Y Jesús le dijo: «¿Ves estos grandes edificios? No quedará
piedra sobre piedra que no sea derribada».

SEÑALES ANTES DEL FIN

[3] Y estando Él sentado en el monte de los Olivos, frente al
templo, Pedro, Jacobo[1], Juan y Andrés le preguntaban en privado: [4] «Dinos, ¿cuándo sucederá[1] esto, y qué señal[2] *habrá*
cuando todas estas cosas se hayan de cumplir?». [5] Y Jesús
comenzó a decirles: «Miren que nadie los engañe. [6] Muchos
vendrán en Mi nombre diciendo: "Yo soy *el Cristo*", y engañarán a muchos. [7] Cuando ustedes oigan de guerras y de
rumores de guerras, no se alarmen; es necesario que *todo
esto* suceda, pero todavía no *es* el fin. [8] Porque se levantará
nación contra nación, y reino contra reino; y habrá terremotos en diversos lugares; y habrá hambres. Esto *solo* es *el*
comienzo de dolores[1].

[9] »Pero ustedes, estén alerta[1]; porque los entregarán a los
tribunales[2] y serán azotados en las sinagogas, y comparece-
rán delante de gobernadores y reyes por Mi causa, para testimonio a ellos. [10] Pero primero el evangelio debe ser predicado a todas las naciones. [11] Cuando los lleven y los entreguen,
no se preocupen de antemano por lo que van a decir, sino
que lo que les sea dado en aquella hora, eso hablen; porque
no son ustedes los que hablan, sino el Espíritu Santo. [12] El
hermano entregará a la muerte al hermano, y el padre al hijo;
y los hijos se levantarán contra los padres, y les causarán la
muerte[1]. [13] Y ustedes serán odiados de todos por causa de Mi
nombre, pero el que persevere hasta el fin, ese será salvo.

LA ABOMINACIÓN DE LA DESOLACIÓN

[14] »Pero cuando vean la abominación de la desolación puesta
donde no debe estar (el que lea, que entienda), entonces los
que estén en Judea huyan a los montes; [15] y el que esté en la
azotea, no baje ni entre a sacar nada de su casa; [16] y el que
esté en el campo, no vuelva a tomar su capa. [17] Pero, ¡ay de las
que estén encinta y de las que estén criando en aquellos días!

[18] »Oren para que esto no suceda en el invierno. [19] Porque
aquellos días serán de tribulación, tal como no ha acontecido
desde el principio de la creación que hizo[1] Dios hasta ahora, ni acontecerá jamás. [20] Si el Señor no hubiera acortado
aquellos[1] días, nadie[2] se salvaría; pero por causa de los escogidos[3] que Él eligió[4], acortó los días. [21] Entonces, si alguien
les dice: "Miren, aquí *está* el Cristo[1]", o: "Miren, allí *está*", no lo

13:1
El tamaño de esas piedras gigantes
Algunas de estas piedras
alcanzaban 11 metros de largo, 3
metros de alto y 5 metros de ancho.

13:5
Por qué Jesús les dice a sus discípulos que estén atentos
Jesús les estaba advirtiendo a sus
discípulos que tuvieran cuidado de
no ser engañados.

13:9
El castigo por romper las leyes judías
Las infracciones se castigaban con
azotes, y la pena máxima era de
treinta y nueve latigazos.

13:18
Invierno en Israel
Esta era la época en que las fuertes
lluvias provocaban la crecida de
los arroyos y hacían imposible
cruzarlos, impidiéndoles a muchos
acceder a un lugar seguro.

crean. **22** Porque se levantarán falsos Cristos y falsos profetas, y mostrarán señales[1] y prodigios a fin de extraviar, de ser posible, a los escogidos[2]. **23** Pero ustedes, estén alerta; vean que se lo he dicho todo de antemano.

LA VENIDA DEL HIJO DEL HOMBRE

24 »Pero en aquellos días, después de esa tribulación, el sol se oscurecerá y la luna no dará su luz, **25** las estrellas irán cayendo del cielo y las potencias que están en los cielos serán sacudidas. **26** Entonces verán al Hijo del Hombre que viene en las nubes con gran poder y gloria. **27** Y entonces Él enviará a los ángeles, y reunirá a Sus escogidos[1] de los cuatro vientos, desde el extremo de la tierra hasta el extremo del cielo.

PARÁBOLA DE LA HIGUERA

28 »De la higuera aprendan la parábola: cuando su rama ya se pone tierna y echa las hojas, saben que el verano está cerca. **29** Así también ustedes, cuando vean que suceden estas cosas, sepan que Él está cerca[1], a las puertas. **30** En verdad les digo que no pasará esta generación hasta que todo esto suceda. **31** El cielo y la tierra pasarán, pero Mis palabras no pasarán. **32** Pero de aquel día o de *aquella* hora nadie sabe, ni siquiera los ángeles en el cielo, ni el Hijo, sino *solo* el Padre.

EXHORTACIÓN A VELAR

33 »Estén alerta, velen; porque no saben cuándo es el tiempo *señalado*. **34** *Es* como un hombre que se fue de viaje, *y* al salir de su casa dejó a sus siervos encargados[1], *asignándole* a cada uno su tarea, y ordenó al portero que estuviera alerta. **35** Por tanto, velen, porque no saben cuándo viene el señor de la casa, si al atardecer, o a la medianoche, o al canto del gallo, o al amanecer; **36** no sea que venga de repente y los halle dormidos. **37** Y lo que a ustedes digo, a todos digo: ¡Velen!».

COMPLOT PARA PRENDER Y MATAR A JESÚS

14 Faltaban dos días para la Pascua y para *la Fiesta* de los Panes sin Levadura[1]; y con engaño, los principales sacerdotes y los escribas buscaban cómo prender y matar a Jesús; **2** pero decían: «No durante la fiesta, no sea que haya un tumulto del pueblo».

JESÚS UNGIDO EN BETANIA

3 Estando Él en Betania, sentado[1] *a la mesa* en casa de Simón el leproso, vino una mujer con un frasco de alabastro de perfume muy costoso de nardo puro; *y* rompió el frasco y lo derramó sobre la cabeza de Jesús. **4** Pero algunos estaban indignados *y se decían* unos a otros: «¿Para qué se ha hecho este desperdicio de perfume? **5** Porque este perfume podía haberse vendido por más de 300 denarios[1], y *el dinero* dado a los pobres». Y la reprendían.

13:35
El significado de este versículo
Jesús mencionó las cuatro vigilias nocturnas que realizaban los romanos para decir que él podía volver en cualquier momento.

14:1-2
Los sacerdotes estaban preocupados por los tumultos
Durante la Pascua y la Fiesta de los Panes sin Levadura, la población de Jerusalén aumentaba de unos cincuenta mil a varios cientos de miles. Este sería un momento peligroso para arrestar y matar a Jesús.

14:3
Quién era esta mujer
El Evangelio de Juan (12:3) nos dice que se trataba de María, la hermana de Marta y Lázaro.

13:22 [1] O *milagros.*   [2] O *elegidos.*   13:27 [1] O *elegidos.*   13:29 [1] O *que está.*   13:34 [1] Lit. *dando la autoridad a sus siervos.*   14:1 [1] O *de los Ázimos.*   14:3 [1] Lit. *reclinado.*   14:5 [1] I.e. *salario de 300 días.*

6 Pero Jesús dijo: «Déjenla; ¿por qué la molestan? Buena obra ha hecho para Mí. **7** Porque a los pobres siempre los tendrán[1] con ustedes; y cuando quieran les podrán[2] hacer bien; pero a Mí no siempre me tendrán[1]. **8** Ella ha hecho lo que ha podido; se ha anticipado a ungir Mi cuerpo para la sepultura. **9** Y en verdad les digo, que dondequiera que el evangelio se predique en el mundo entero, también se hablará de lo que esta ha hecho, para memoria suya».

TRAICIÓN DE JUDAS

10 Entonces Judas Iscariote, que era uno de los doce *discípulos,* fue a los principales sacerdotes para entregarles a Jesús. **11** Cuando ellos *lo* oyeron, se alegraron y prometieron darle dinero. Y él buscaba cómo entregar a Jesús en un momento oportuno.

PREPARACIÓN DE LA PASCUA

12 El primer día *de la Fiesta* de los Panes sin Levadura[1], cuando se sacrificaba *el cordero de* la Pascua, los discípulos le preguntaron* a Jesús: «¿Dónde quieres que vayamos y hagamos los preparativos para que comas la Pascua?». **13** Él envió* a dos de Sus discípulos, diciéndoles*: «Vayan a la ciudad, y *allí* les saldrá al encuentro un hombre que lleva un cántaro de agua; síganlo; **14** y donde él entre, digan al dueño de la casa: "El Maestro dice: ¿Dónde está Mi habitación en la que pueda comer la Pascua con Mis discípulos?"". **15** Y él les mostrará un gran aposento alto, amueblado y preparado; hagan los preparativos para nosotros allí». **16** Salieron, pues, los discípulos y llegaron a la ciudad, y encontraron *todo* tal como Él les había dicho; y prepararon la Pascua.

JESÚS IDENTIFICA AL TRAIDOR

17 Al atardecer llegó* Jesús con los doce *discípulos.* **18** Y estando sentados[1] *a la mesa* comiendo, Jesús dijo: «En verdad les digo que uno de ustedes me entregará; el que come conmigo». **19** Ellos comenzaron a entristecerse y a decir uno por uno: «¿Acaso soy yo?». **20** «*Es* uno de los doce», les respondió, «el que moja el pan en el mismo plato que Yo. **21** Porque el Hijo del Hombre se va tal y como está escrito de Él; pero ¡ay de aquel hombre por quien el Hijo del Hombre es entregado! Mejor *le fuera* a ese hombre no haber nacido[1]».

INSTITUCIÓN DE LA CENA DEL SEÑOR

22 Mientras comían, tomó pan, y habiéndo*lo* bendecido *lo* partió, se *lo* dio a ellos, y dijo: «Tomen, esto es Mi cuerpo». **23** Y tomando una copa, después de dar gracias, se *la* dio a ellos, y todos bebieron de ella. **24** Y les dijo: «Esto es Mi sangre del nuevo[1] pacto, que es derramada por muchos. **25** En verdad les

---

14:7 [1] Lit. tienen.   [2] Lit. pueden.   14:12 [1] O de los Ázimos.
14:18 [1] Lit. reclinados.   14:21 [1] Lit. a él si ese hombre no hubiera nacido.
14:24 [1] Algunos mss. antiguos omiten, *nuevo.*

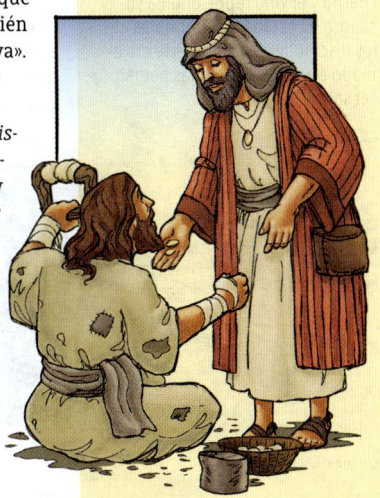

14:5
La costumbre de dar a los pobres
Los judíos les daban obsequios a los pobres en la noche de la Pascua.

14:8
Cómo el perfume preparó el cuerpo de Jesús para la sepultura
Era normal cubrir un cuerpo con aceites aromáticos cuando se preparaba para la sepultura.

14:13
Jesús envía a dos discípulos
Eran Pedro y Juan. (Ver Lucas 22:8).

14:22-24
El pan y el vino

Jesús le dio un nuevo significado a la celebración de la Pascua al decir que el pan representaba su cuerpo y el vino representaba su sangre. Él estaba mostrándoles a los discípulos que su muerte era el modo en que las personas podían ser salvas del pecado.

© IngridHS/Shutterstock

14:45
Por qué Judas besó a Jesús

Se trataba de un saludo habitual de respeto. Sin embargo, Judas utilizó este saludo como señal para aquellos que iban a arrestar a Jesús.

digo, que ya no beberé más del fruto de la vid hasta aquel día cuando lo beba nuevo en el reino de Dios».

26 Después de cantar un himno, salieron para el monte de los Olivos.

JESÚS PREDICE LA NEGACIÓN DE PEDRO

27 Jesús les dijo*: «Todos ustedes se apartarán[1], porque escrito está: "Heriré al pastor, y las ovejas se dispersarán". **28** Pero después de que Yo haya resucitado, iré delante de ustedes a Galilea». **29** «Aunque todos se aparten[1], yo, sin embargo, no lo haré», le dijo Pedro.

30 Jesús le contestó*: «En verdad te digo que hoy, esta *misma* noche, antes que el gallo cante dos veces, me negarás tres veces». **31** Pero *Pedro* con insistencia repetía: «Aunque tenga[1] que morir junto a Ti, no te negaré». Y todos decían también lo mismo.

JESÚS EN GETSEMANÍ

32 Llegaron* a un lugar que se llama Getsemaní, y Jesús dijo* a Sus discípulos: «Siéntense aquí hasta que Yo haya orado». **33** Tomó* con Él a Pedro, a Jacobo[1] y a Juan, y comenzó a afligirse y a angustiarse mucho. **34** «Mi alma está muy afligida, hasta el punto de la muerte», les dijo*; «quédense aquí y velen». **35** Adelantándose un poco, se postró[1] en tierra y oraba que si fuera posible, pasara de Él aquella[2] hora. **36** Y decía: «¡Abba, Padre! Para Ti todas las cosas son posibles; aparta de Mí esta copa, pero no sea lo que Yo quiero, sino lo que Tú *quieras*». **37** Entonces Jesús vino* y los halló* durmiendo, y dijo* a Pedro: «Simón, ¿duermes? ¿No pudiste velar ni por una hora? **38** Velen y oren para que no entren en tentación; el espíritu está dispuesto, pero la carne es débil». **39** Él se fue otra vez y oró, diciendo las mismas palabras[1]. **40** Y vino Jesús de nuevo y los halló durmiendo, porque sus ojos estaban muy cargados *de sueño;* y no sabían qué responder. **41** Vino* por tercera vez, y les dijo*: «¿Todavía están[1] durmiendo y descansando? Basta ya; ha llegado la hora; miren, el Hijo del Hombre es entregado en manos de los pecadores. **42** Levántense, vámonos; ya está cerca el que me entrega».

ARRESTO DE JESÚS

43 En ese momento[1], mientras Jesús estaba todavía hablando, llegó* Judas, uno de los doce *discípulos,* acompañado de[2] una multitud con espadas y palos, de parte de los principales sacerdotes, de los escribas y de los ancianos. **44** Y el que lo entregaba les había dado una señal, diciendo: «Al que yo bese, Ese es; lo prenden y se lo llevan con seguridad[1]». **45** Cuando llegó Judas, inmediatamente se acercó a Jesús y le dijo: «¡Rabí[1]!». Y lo besó. **46** Entonces ellos echaron mano

14:27 [1] O *escandalizarán,* o *caerán.*   14:29 [1] O *escandalicen,* o *caigan.*
14:31 [1] Lit. *Y si tengo.*   14:33 [1] O *Santiago.*   14:35 [1] Lit. *caía.*   [2] Lit. *la.*
14:39 [1] Lit. *la misma palabra.*   14:41 [1] O *siguen.*   14:43 [1] O *Inmediatamente.*
[2] Lit. *y con él.*   14:44 [1] O *bajo guardia.*   14:45 [1] O *Maestro.*

a Jesús y lo prendieron. **47** Pero uno de los que estaban allí, sacando la espada, hirió al siervo del sumo sacerdote y le cortó[1] la oreja.

48 Y dirigiéndose[1] Jesús *a ellos,* les dijo: «¿Cómo contra un ladrón han salido con espadas y palos para *asegurarse* que me arrestaban? **49** Cada día estaba con ustedes en el templo enseñando, y no me prendieron; pero *esto ha sucedido* para[1] que se cumplan las Escrituras». **50** Y abandonando a Jesús, todos huyeron.

UN JOVEN SIGUE A JESÚS

51 Cierto joven seguía a Jesús, vestido *solo* con una sábana sobre *su cuerpo* desnudo; y lo prendieron*; **52** pero él, dejando la sábana, escapó desnudo.

JESÚS ANTE EL CONCILIO

53 Llevaron a Jesús al sumo sacerdote, y se reunieron* todos los principales sacerdotes, los ancianos y los escribas. **54** Pedro lo siguió de lejos hasta dentro del patio del sumo sacerdote y se sentó con los guardias[1], calentándose al fuego[2]. **55** Y los principales sacerdotes y todo el Concilio[1] procuraban obtener algún testimonio para dar muerte a Jesús, pero no lo hallaban. **56** Porque muchos daban falso testimonio contra Él, pero sus testimonios se contradecían[1]. **57** Algunos, levantándose, daban falso testimonio contra Él, diciendo: **58** «Nosotros le oímos decir: "Yo destruiré este templo[1] hecho por manos, y en tres días edificaré otro no hecho por manos"». **59** Y ni siquiera en esto coincidía[1] el testimonio de ellos.

60 Entonces el sumo sacerdote levantándose, *se puso en medio y* preguntó a Jesús: «¿No respondes nada? ¿Qué testifican estos contra Ti?». **61** Pero Él se quedó callado y nada respondía. Le volvió a preguntar el sumo sacerdote[1]: «¿Eres Tú el Cristo[2], el Hijo del Bendito?». **62** Jesús le contestó: «Yo soy; y verán al Hijo del Hombre sentado a la diestra del Poder y viniendo con las nubes del cielo».

63 Entonces el sumo sacerdote, rasgando sus ropas, dijo*: «¿Qué necesidad tenemos de más testigos? **64** Han oído la blasfemia; ¿qué les parece?». Y todos lo condenaron, *diciendo* que era digno de muerte. **65** Y algunos comenzaron a escupir a Jesús, le cubrían el rostro[1] y le daban puñetazos, y le decían: «¡Profetiza!». También los guardias[2] lo recibieron[3] a bofetadas[4].

LA NEGACIÓN DE PEDRO

66 Estando Pedro abajo en el patio, llegó* una de las sirvientas del sumo sacerdote, **67** y al ver a Pedro calentándose, lo miró y dijo*: «Tú también estabas con Jesús el Nazareno». **68** Pero él *lo* negó, diciendo: «Ni sé, ni entiendo de qué hablas». Entonces Pedro salió al portal[1], y un gallo cantó[2]. **69** Cuando la

14:53
El sumo sacerdote
El sumo sacerdote era Caifás.

14:55
El Concilio
El Concilio, también llamado el Sanedrín, era el tribunal supremo de los judíos. Estaba compuesto por setenta y una personas: jefes de los sacerdotes, ancianos, escribas y el sumo sacerdote. El gobierno romano le dio al Concilio una gran autoridad, pero no podían condenar a alguien a muerte.

14:64
Por qué Jesús fue acusado de blasfemia
La blasfemia incluía un insulto a Dios o cualquier desafío a su autoridad o majestad. Dado que Jesús afirmaba ser el Mesías, el Hijo de Dios, los líderes judíos consideraban esto una blasfemia.

14:47 [1] Lit. *le quitó.*   14:48 [1] Lit. *respondiendo.*   14:49 [1] O posiblemente, *pero dejen.*   14:54 [1] O *sirvientes.*   [2] Lit. *a la luz.*   14:55 [1] O *Sanedrín.*
14:56 [1] O *no eran idénticos.*   14:58 [1] O *santuario.*   14:59 [1] O *era idéntico.*
14:61 [1] Lit. *y dice.*   [2] I.e. el Mesías.   14:65 [1] O *los ojos.*   [2] O *sirvientes.*
[3] O *Lo trataron.*   [4] O posiblemente, *a garrotazos.*   14:68 [1] O *a la entrada.*
[2] Algunos mss. antiguos omiten: *y un gallo cantó.*

sirvienta lo vio, de nuevo comenzó a decir a los que estaban allí: «Este es *uno* de ellos».

70 Pero Pedro lo negó otra vez. Poco después los que estaban allí volvieron a decirle: «Seguro que tú eres *uno* de ellos, pues también eres galileo». **71** Pero él comenzó a maldecir[1] y a jurar: «¡Yo no conozco a este hombre de quien hablan!». **72** Al instante un gallo cantó por segunda vez. Entonces Pedro recordó lo[1] que Jesús le había dicho: «Antes que el gallo cante dos veces, me negarás tres veces». Y se echó a llorar[2].

JESÚS ANTE PILATO

15 Muy de mañana, los principales sacerdotes prepararon enseguida una reunión con los ancianos, los escribas y todo el Concilio[1]; y atando a Jesús, lo llevaron y lo entregaron a Pilato. **2** «¿Eres Tú el Rey de los judíos?», le preguntó Pilato. «Tú *lo* dices», respondió* Jesús.

3 Y los principales sacerdotes lo acusaban de muchas cosas[1]. **4** De nuevo Pilato le preguntó: «¿No respondes nada? Mira de cuántas cosas te acusan». **5** Pero Jesús no respondió nada más; de modo que Pilato estaba asombrado.

JESÚS O BARRABÁS

6 Ahora bien, en cada fiesta Pilato acostumbraba soltarles un preso, el que ellos pidieran. **7** Y uno llamado Barrabás había sido encarcelado con los rebeldes que habían cometido homicidio en la insurrección. **8** Cuando la multitud subió, comenzó a pedirle a Pilato que *hiciera* como siempre les había hecho. **9** Entonces Pilato les preguntó: «¿Quieren que les suelte al Rey de los judíos?». **10** Porque sabía que los principales sacerdotes lo habían entregado por envidia.

11 Pero los principales sacerdotes provocaron a la multitud para *que le pidiera* que en vez *de Jesús* les soltara a Barrabás. **12** Pilato les preguntó: «¿Qué haré, entonces, con el que ustedes llaman el Rey de los judíos?». **13** Ellos le respondieron a gritos[1]: «¡Crucifícalo!». **14** Y Pilato les decía: «¿Por qué? ¿Qué mal ha hecho?». Y ellos gritaban aún más: «¡Crucifícalo!». **15** Pilato, queriendo complacer a la multitud, les soltó a Barrabás; y después de hacer azotar a Jesús, *lo* entregó para que fuera crucificado.

LOS SOLDADOS SE BURLAN DE JESÚS

16 Entonces los soldados llevaron a Jesús dentro del palacio[1], es decir, al Pretorio, y convocaron* a toda la tropa[2] *romana*. **17** Lo vistieron* de púrpura, y después de tejer una corona de espinas, se la pusieron; **18** y comenzaron a gritar: «¡Salve, Rey de los judíos!». **19** Lo golpeaban la cabeza con una caña[1] y le escupían, y poniéndose de rodillas, le hacían reverencias. **20** Después de haberse burlado de Jesús, le quitaron el manto de púrpura, le pusieron Sus ropas y lo sacaron* para que fuera crucificado.

15:15
Azotando a Jesús
Los romanos utilizaban un látigo hecho de varias piezas de cuero que incluía piedras afiladas y fragmentos de hueso.

15:16
Pretorio
Se trataba de la tienda de campaña de un general, el cuartel general en un campamento militar o, en este caso, de la casa oficial del gobernador en Jerusalén.

14:71 [1] O a hacer voto bajo maldición.   14:72 [1] Lit. *la palabra.*   [2] O *pensando en esto, lloraba; o saliendo rápidamente, se echó a llorar.*   15:1 [1] O *Sanedrín.*   15:3 [1] O *con dureza.*   15:13 [1] O *gritaron otra vez.*   15:16 [1] O *atrio.*   [2] I.e. unidad militar romana compuesta de varias centurias.   15:19 [1] O *vara.*

²¹ Y obligaron* a uno que pasaba *y* que venía del campo, Simón de Cirene, padre de Alejandro y Rufo, a que llevara la cruz de Jesús.

LA CRUCIFIXIÓN

²² Lo llevaron* al lugar *llamado* Gólgota, que traducido significa Lugar de la Calavera. ²³ Trataron de dar a Jesús vino mezclado con mirra, pero Él no lo tomó. ²⁴ Cuando lo crucificaron*, se repartieron* Sus vestidos, echando suertes¹ sobre ellos *para decidir* lo que cada uno tomaría. ²⁵ Era la hora tercera¹ cuando² lo crucificaron. ²⁶ La inscripción de la acusación contra Él decía¹: «EL REY DE LOS JUDÍOS». ²⁷ Crucificaron* con Él a dos ladrones; uno a Su derecha y otro a Su izquierda. ²⁸ ¹Y se cumplió la Escritura que dice: «Y con los transgresores fue contado».

²⁹ Los que pasaban lo injuriaban, meneando la cabeza y diciendo: «¡Bah! Tú que destruyes el templo y en tres días lo reedificas, ³⁰ ¡sálvate a Ti mismo descendiendo de la cruz!». ³¹ De igual manera, también los principales sacerdotes junto con los escribas, burlándose *de Él* entre ellos, decían: «A otros salvó, Él mismo no se puede salvar¹. ³² Que este¹ Cristo, el Rey de Israel, descienda ahora de la cruz, para que veamos y creamos». Y los que estaban crucificados con Él *también* lo insultaban.

MUERTE DE JESÚS

³³ Cuando llegó la hora sexta¹, hubo oscuridad sobre toda la tierra hasta la hora novena². ³⁴ Y a la hora novena¹ Jesús exclamó con fuerte voz: «Eloi, Eloi, ¿lema sabactani?», que traducido significa, «Dios Mío, Dios Mío, ¿por qué me has abandonado?». ³⁵ Algunos de los que estaban allí, al oír*lo*, decían: «Miren, está llamando a Elías». ³⁶ Entonces uno corrió y empapó una esponja en vinagre, y poniéndola en una caña¹, dio a Jesús a beber, diciendo: «Dejen, veamos si Elías lo viene a bajar». ³⁷ Pero Jesús, dando un fuerte grito, expiró. ³⁸ Y el velo del templo se rasgó en dos, de arriba abajo.

³⁹ Viendo el centurión que estaba frente a Él, la manera en que¹ expiró, dijo: «En verdad este hombre era Hijo de Dios²». ⁴⁰ Había también unas mujeres mirando de lejos, entre las que *estaban* María Magdalena, María, la madre de Jacobo¹ el menor² y de José, y Salomé, ⁴¹ las cuales cuando Jesús estaba en Galilea, lo seguían y le servían; y *había* muchas otras que habían subido con Él a Jerusalén.

SEPULTURA DE JESÚS

⁴² Ya al atardecer, como era el día de la preparación, es decir, la víspera del día de reposo, ⁴³ vino José de Arimatea,

15:17
Corona de espinas
Hecha de una planta espinosa, la falsa corona, como también la túnica púrpura, eran una forma de burlarse de Jesús.

Artville

15:38
Por qué el velo del templo se rasgó
El velo rasgado era una señal de que no había más barrera que separara a los creyentes de Dios. La dirección de la rotura (de arriba hacia abajo) muestra que Dios fue quien hizo que esto sucediera. Cuando Jesús murió, él se convirtió en el puente que les permite a los creyentes entrar directamente a la presencia de Dios.

15:24 ¹ Lit. *una suerte.*   15:25 ¹ I.e. 9 a.m.   ² Lit. *y.*   15:26 ¹ Lit. *que había sido inscrita era.*   15:28 ¹ Los mss. más antiguos no incluyen este vers. 15:31 ¹ O ¿*no puede salvarse a sí mismo?*   15:32 ¹ Lit. *el.*   15:33 ¹ I.e. mediodía. ² I.e. 3 p.m.   15:34 ¹ I.e. 3 p.m.   15:36 ¹ O *vara.*   15:39 ¹ Lit. *viendo que así.*   ² O posiblemente, *un hijo de Dios; o hijo de un dios.*   15:40 ¹ O *Santiago.* ² Lit. *pequeño* (en estatura o edad).

miembro prominente del Concilio[1], que también esperaba el reino de Dios; y llenándose de valor, entró adonde estaba Pilato y le pidió el cuerpo de Jesús. [44] Pilato se sorprendió de que ya hubiera muerto, y llamando al centurión, le preguntó si ya estaba muerto.

[45] Y al comprobar esto por medio del centurión, le concedió el cuerpo a José, [46] quien compró un lienzo de lino, y bajando el cuerpo *de la cruz,* lo envolvió en el lienzo de lino y lo puso en un sepulcro que había sido excavado en la roca; e hizo rodar una piedra a la entrada del sepulcro. [47] Y María Magdalena y María, la *madre* de José, miraban *para saber* dónde lo ponían.

LA RESURRECCIÓN

16 Pasado el día de reposo, María Magdalena, María, la *madre* de Jacobo[1], y Salomé, compraron especias aromáticas para ir a ungir el cuerpo de Jesús. [2] Muy de mañana, el primer día de la semana, llegaron* al sepulcro cuando el sol *ya* había salido. [3] Y se decían unas a otras: «¿Quién nos removerá la piedra de la entrada del sepulcro?». [4] Cuando levantaron los ojos, vieron que la piedra, aunque[1] era sumamente grande, había sido removida.

[5] Entrando en el sepulcro, vieron* a un joven sentado al *lado* derecho, vestido con ropaje blanco; y ellas se asustaron. [6] Pero él les dijo*: «No se asusten; ustedes buscan a Jesús el Nazareno, el que fue crucificado. Ha resucitado, no está aquí; miren el lugar donde lo pusieron. [7] Pero vayan, digan a Sus discípulos y a Pedro: "Él va delante de ustedes a Galilea; allí lo verán, tal como les dijo"». [8] Y saliendo ellas, huyeron del sepulcro, porque un *gran* temblor y espanto se había apoderado de ellas; y no dijeron nada a nadie porque tenían miedo.

APARICIÓN DE JESÚS A MARÍA MAGDALENA

[9] [1] Después de haber resucitado, muy temprano el primer día de la semana, Jesús se apareció primero a María Magdalena, de la que había echado fuera siete demonios. [10] Y ella fue y se lo comunicó a los que habían estado con Él, que estaban lamentándose y llorando. [11] Cuando ellos oyeron que Jesús estaba vivo y que ella lo había visto, se negaron a creerlo.

APARICIÓN A DOS DISCÍPULOS

[12] Después de esto, Jesús se apareció en forma distinta a dos de ellos cuando iban de camino al campo. [13] Y estos fueron y se lo comunicaron a los demás, pero a ellos tampoco les creyeron.

LA GRAN COMISIÓN

[14] Después Jesús se apareció a los once discípulos cuando estaban sentados[1] *a la mesa,* y los reprendió por su incredulidad y dureza de corazón, porque no habían creído a los que lo habían visto resucitado. [15] Y les dijo: «Vayan por todo el mundo y prediquen el evangelio a toda criatura[1]. [16] El que

16:3
Por qué era difícil remover la piedra
Colocar la gran piedra en su sitio era fácil, pero una vez que se había encajado en la ranura de la roca firme que la mantenía en su lugar, era muy difícil quitarla.

16:5
Un joven vestido de blanco
Se trataba de un ángel (Ver Mateo 28:2).

15:43 [1] O *Sanedrín.*   16:1 [1] O *Santiago.*   16:4 [1] Lit. *porque.*
16:9 [1] Algunos de los mss. más antiguos no incluyen los vers. del 9 al 20.
16:14 [1] Lit. *reclinados.*   16:15 [1] Lit. *la creación.*

crea y sea bautizado será salvo; pero el que no crea será condenado. **17** Y estas señales[1] acompañarán a los que han creído: en Mi nombre echarán fuera demonios, hablarán en nuevas lenguas; **18** tomarán serpientes en las manos, y aunque beban algo mortífero, no les hará daño; sobre los enfermos pondrán las manos, y se pondrán bien».

ASCENSIÓN DE JESUCRISTO

19 Entonces, el Señor Jesús, después de hablar con ellos, fue recibido en el cielo y se sentó a la diestra de Dios. **20** Y ellos salieron y predicaron por todas partes, colaborando el Señor con ellos, y confirmando la palabra por medio de las señales[1] que la seguían[2].

Ellas comunicaron inmediatamente a Pedro y a sus compañeros todas estas instrucciones. Y después de esto, Jesús mismo envió por medio de ellos, desde el oriente hasta el occidente, el mensaje sacrosanto e incorruptible de la salvación eterna.[3]

16:17 [1] O *estos milagros.*   16:20 [1] O *los milagros.*   [2] Muchos mss. agregan: *Amén.*   [3] Algunos mss. posteriores y algunas versiones antiguas contienen este párrafo, generalmente después del vers. 8. Algunos lo tienen al final del cap.

Lucas

¿QUIÉN ESCRIBIÓ ESTE LIBRO?	Este libro lo escribió Lucas, un médico que viajaba a menudo con Pablo.
¿POR QUÉ SE ESCRIBIÓ ESTE LIBRO?	El libro de Lucas cuenta lo que muchas personas que conocieron a Jesús recordaban de su vida y sus enseñanzas.
¿PARA QUIÉN FUE ESCRITO ESTE LIBRO?	Lucas escribió este libro para los que quisieran conocer la clase de persona que era Jesús.
¿QUÉ OCURRE EN ESTE LIBRO?	Jesús se reúne, enseña y ayuda a muchos tipos distintos de personas.
¿QUIÉN ES EL PERSONAJE PRINCIPAL DE ESTE LIBRO?	Jesús es la persona más importante de este libro.
¿DÓNDE SUCEDIERON ESTAS COSAS?	La mayoría de los acontecimientos sucedieron en Galilea y Judea. (Mira los mapas que están al final de esta Biblia para encontrar estos lugares).

¿CUÁLES SON ALGUNAS DE LAS HISTORIAS DE ESTE LIBRO?

El nacimiento de Juan el Bautista	Lucas 1:57-80
Los pastores y los ángeles	Lucas 2:8-20
Jesús resucita al hijo de una viuda	Lucas 7:11-17
El buen samaritano	Lucas 10:25-37
El rico necio	Lucas 12:13-21
El hijo pródigo	Lucas 15:11-32
El rico y Lázaro	Lucas 16:19-31
Jesús sana a diez leprosos	Lucas 17:11-19
El fariseo y el recaudador de impuestos	Lucas 18:9-14
Zaqueo	Lucas 19:1-10

Vista del mar de Galilea desde el monte de las Bienaventuranzas, donde se cree que se predicó el Sermón del Monte (ver Lucas 6:20-49).
© Sopotnicki/Shutterstock

INTRODUCCIÓN

1 Por cuanto muchos han tratado de poner en orden *y escribir* una historia de las cosas que entre nosotros son muy ciertas[1], **2** tal como nos las dieron a conocer los que desde el principio fueron[1] testigos oculares y ministros de la palabra[2], **3** también a mí me ha parecido conveniente, después de haberlo investigado todo con diligencia desde el principio, escribírte*las* ordenadamente, excelentísimo Teófilo, **4** para que sepas la verdad precisa acerca de las cosas que te han sido enseñadas.

ANUNCIO DEL NACIMIENTO DE JUAN EL BAUTISTA

5 Hubo en los días de Herodes, rey de Judea, cierto sacerdote llamado Zacarías, del grupo de Abías, que tenía por mujer una de las hijas de Aarón[1] que se llamaba Elisabet. **6** Ambos eran justos delante de Dios, y se conducían intachablemente en todos los mandamientos y preceptos del Señor. **7** No tenían hijos, porque Elisabet era estéril, y ambos eran de edad avanzada[1].

8 Pero aconteció que mientras Zacarías[1] ejercía su ministerio sacerdotal delante de Dios según el orden *indicado* a su grupo, **9** conforme a la costumbre del sacerdocio, fue escogido por sorteo para entrar al templo del Señor y quemar incienso. **10** Toda la multitud del pueblo estaba afuera orando a la hora de la ofrenda de incienso. **11** Y se le apareció a Zacarías un ángel del Señor, de pie, a la derecha del altar del incienso. **12** Al ver*lo*, Zacarías se turbó, y el temor se apoderó de[1] él.

13 Pero el ángel le dijo: «No temas, Zacarías, porque tu petición ha sido oída, y tu mujer Elisabet te dará a luz un hijo, y lo llamarás[1] Juan. **14** Tendrás gozo y alegría y muchos se regocijarán por su nacimiento, **15** porque él será grande delante del Señor. No beberá vino ni licor, y será lleno del Espíritu Santo aun desde el vientre de su madre, **16** y hará volver a muchos de los israelitas al Señor su Dios. **17** Él irá delante del Señor en el espíritu y poder de Elías PARA HACER VOLVER LOS CORAZONES DE LOS PADRES A LOS HIJOS, y a los desobedientes a la actitud de los justos, a fin de preparar para el Señor un pueblo *bien* dispuesto».

18 Entonces Zacarías dijo al ángel: «¿Cómo podré saber esto? Porque yo soy anciano y mi mujer es de edad avanzada[1]». **19** El ángel le respondió: «Yo soy Gabriel, que estoy en[1] la presencia de Dios, y he sido enviado para hablarte y anunciarte estas buenas nuevas. **20** Así que te quedarás mudo, y no podrás hablar hasta el día en que todo esto acontezca, por cuanto no creíste mis palabras, las cuales se cumplirán a su debido tiempo».

1:5
Herodes
Herodes el Grande gobernó Judea desde el año 37 hasta 4 a. C. Él fue un gobernante despiadado y cruel que llegó a matar a algunos miembros de su propia familia.

Vista aérea del palacio del rey Herodes en Jericó.
Z. Radovan/www.BibleLandPictures.com

1:6
La rectitud de Elisabet y Zacarías
Ellos no estaban libres de pecado, pero eran fieles y sinceros con el Señor.

1:9
El sacerdote era el responsable del incienso
El sacerdote mantenía el incienso encendido en el altar frente al Lugar Santísimo. Él añadía incienso fresco antes del sacrificio de la mañana y después del sacrificio de la tarde.

1:1 [1] O *y hay plena convicción.* 1:2 [1] Lit. *llegaron a ser.* [2] I.e. del evangelio. 1:5 [1] I.e. de descendencia sacerdotal. 1:7 [1] Lit. *avanzados en sus días.* 1:8 [1] Lit. *él.* 1:12 [1] Lit. *cayó sobre.* 1:13 [1] Lit. *llamarás su nombre.* 1:18 [1] Lit. *avanzada en sus días.* 1:19 [1] Lit. *estoy junto a.*

²¹El pueblo estaba esperando a Zacarías y se extrañaba de su tardanza en el templo. ²²Pero cuando salió, no podía hablarles, y se dieron cuenta de que había visto una visión en el templo. Él les hablaba por señas y permanecía mudo. ²³ ¹Cuando se cumplieron los días de su servicio sacerdotal, regresó a su casa.

²⁴Después de estos días, Elisabet su mujer concibió, y se recluyó¹ por cinco meses, diciendo: ²⁵«Así ha obrado el Señor conmigo en los días en que *se dignó* mirar*me* para quitar mi afrenta entre los hombres».

ANUNCIO DEL NACIMIENTO DE JESÚS

²⁶Al sexto mes, el ángel Gabriel fue enviado por Dios a una ciudad de Galilea llamada Nazaret, ²⁷a una virgen comprometida para casarse con un hombre que se llamaba José, de los descendientes¹ de David; y el nombre de la virgen era María. ²⁸Y entrando el *ángel*, le dijo: «¡Salve, muy favorecida¹! El Señor está contigo; bendita eres tú entre las mujeres²».

1:23 ¹ Lit. *Y sucedió que.*   1:24 ¹ Lit. *estuvo escondida.*   1:27 ¹ Lit. *de la casa.*   1:28 ¹ O *ricamente bendecida.*   ² Algunos mss. antiguos no incluyen: *bendita...mujeres.*

1:25
Cómo Dios quitó la afrenta de Elisabet

Ella no podía tener hijos, y eso significaba que su familia no tenía herederos que pudieran heredar las posesiones familiares. La esterilidad era vista como una señal de la desaprobación de Dios. Dios cambió eso y le dio un bebé.

PERSONAJES OPUESTOS

Zacarías vs. María

Lucas 1:5-79

Casado con Elisabet	Casada con José
Descendiente de Aarón	Descendiente de David
Honesto	Grandemente favorecida
Su esposa no puede concebir	Virgen
Un hombre viejo	Una mujer joven
El ángel Gabriel le dijo que tendría un hijo	El ángel Gabriel le dijo que tendría un hijo
Su hijo se llamaría Juan	Su hijo se llamaría Jesús
Expresa duda	Expresa asombro y fe
Castigado por su incredulidad permaneciendo mudo hasta el nacimiento de Juan	Bendecida por creer en la promesa de Dios para ella
Hijo concebido de forma natural	Hijo concebido de forma sobrenatural
Canta un canto de adoración	Canta un canto de adoración

29 Ella se turbó mucho por estas[1] palabras, y se preguntaba qué clase de saludo sería este. **30** Y el ángel le dijo: «No temas, María, porque has hallado gracia delante de Dios. **31** Concebirás en tu seno y darás a luz un Hijo, y le pondrás por[1] nombre Jesús. **32** Este será grande y será llamado Hijo del Altísimo, y el Señor Dios le dará el trono de Su padre David; **33** y reinará sobre la casa de Jacob para siempre, y Su reino no tendrá fin».

34 Entonces María dijo al ángel: «¿Cómo será esto, puesto que soy virgen[1]?». **35** El ángel le respondió: «El Espíritu Santo vendrá sobre ti, y el poder del Altísimo te cubrirá con su sombra; por eso El santo Niño que nacerá[1] será llamado Hijo de Dios. **36** Tu parienta Elisabet en su vejez también ha concebido un hijo; y este es el sexto mes para ella, la que llamaban estéril. **37** Porque ninguna cosa será imposible para[1] Dios». **38** Entonces María dijo: «Aquí tienes a la sierva del Señor; hágase conmigo conforme a tu palabra». Y el ángel se fue de su presencia.

MARÍA VISITA A ELISABET

39 En esos[1] días María se levantó y fue apresuradamente a la región montañosa, a una ciudad de Judá; **40** y entró en casa de Zacarías y saludó a Elisabet. **41** Cuando Elisabet oyó el saludo de María, la criatura saltó en su vientre; y Elisabet fue llena del Espíritu Santo, **42** y exclamó a gran voz: «¡Bendita tú entre las mujeres, y bendito el fruto de tu vientre! **43** ¿Por qué me ha acontecido esto a mí[1], que la madre de mi Señor venga a mí? **44** Porque apenas la voz de tu saludo llegó a mis oídos, la criatura saltó de gozo en mi vientre. **45** Y bienaventurada la que creyó que tendrá[1] cumplimiento lo que le fue dicho de parte del Señor».

46 Entonces María dijo:

«Mi alma engrandece al Señor,
47 Y mi espíritu se regocija en Dios mi Salvador.
48 Porque ha mirado la humilde condición de *esta* su
    sierva;
Pues desde ahora en adelante todas las generaciones
    me tendrán por bienaventurada.
49 Porque grandes cosas me ha hecho el Poderoso;
Y santo es Su nombre.
50 Y DE GENERACIÓN EN GENERACIÓN[1] ES SU
    MISERICORDIA
PARA LOS QUE LE TEMEN.
51 Ha hecho proezas[1] con Su brazo;
Ha esparcido a los soberbios en el pensamiento de
    sus corazones.
52 Ha quitado a los poderosos de *sus* tronos;
Y ha exaltado a los humildes;
53 A LOS HAMBRIENTOS HA COLMADO DE BIENES
Y ha despedido a los ricos con las manos vacías.

1:27
Una virgen desposada

Esto significaba que estaba comprometida para casarse, lo cual era un pacto mucho más serio que cuando una pareja se compromete hoy en día. Este vínculo solo podía romperse mediante un divorcio, aunque el hombre y la mujer aún no se hubieran convertido en esposo y esposa.

1:46-55
El canto de María

En la traducción de la Biblia en latín, la primera palabra de su canto es *magníficat*, que quiere decir «glorifica». Este canto es como un salmo y puede compararse con el canto de Ana. (Ver 1 Samuel 2:1-10).

1:29 [1] Lit. *las*.   1:31 [1] Lit. *y llamarás su*.   1:34 [1] Lit. *no conozco hombre*.   1:35 [1] Lit. *lo santo engendrado*.   1:37 [1] O *con*.   1:39 [1] Lit. *estos*. 1:43 [1] Lit. *¿Y de dónde esto a mí*.   1:45 [1] O *porque habrá un*.   1:50 [1] Lit. *a generaciones y generaciones*.   1:51 [1] Lit. *proeza*.

54 Ha ayudado a Israel, Su siervo,
　　Para recuerdo de Su[1] misericordia
55 Tal como dijo a nuestros padres,
　　A Abraham y a su descendencia[1] para siempre».

56 María se quedó con Elisabet[1] como tres meses y *después* regresó a su casa.

NACIMIENTO DE JUAN EL BAUTISTA

57 Cuando a Elisabet se le cumplió el tiempo de su alumbramiento, dio a luz un hijo. 58 Y sus vecinos y parientes oyeron que el Señor había demostrado[1] Su gran misericordia hacia ella, y se regocijaban con ella. 59 Al octavo día vinieron para circuncidar al niño, y lo iban a llamar Zacarías según el nombre de su padre. 60 «No, sino que se llamará Juan», respondió la madre. 61 Y le dijeron: «No hay nadie en tu familia[1] que tenga ese nombre». 62 Entonces preguntaban por[1] señas al padre, cómo lo quería llamar. 63 Él pidió una tablilla y escribió lo siguiente[1]: «Su nombre es Juan». Y todos se maravillaron.

64 Al instante le fue abierta su boca y *suelta* su lengua, y comenzó a hablar dando alabanza a Dios. 65 Y vino temor sobre todos los que vivían a su alrededor; y todas estas cosas se comentaban en toda la región montañosa de Judea. 66 Todos los que *las* oían *las* guardaban en su corazón, diciendo: «¿Qué, pues, llegará a ser este niño?». Porque la mano del Señor ciertamente estaba con él.

PROFECÍA DE ZACARÍAS

67 Su padre Zacarías fue lleno del Espíritu Santo, y profetizó diciendo:

68 　«Bendito *sea* el Señor, Dios de Israel,
　　Porque *nos* ha visitado y ha traído redención para Su pueblo,
69 　Y nos ha levantado un cuerno de salvación
　　En la casa de David Su siervo,
70 　Tal como lo anunció[1] por boca de Sus santos profetas desde los tiempos antiguos,
71 　Salvación[1] DE NUESTROS ENEMIGOS
　　Y DE LA MANO DE TODOS LOS QUE NOS ABORRECEN;
72 　Para mostrar misericordia a nuestros padres,
　　Y para recordar Su santo pacto,
73 　El juramento que hizo[1] a nuestro padre Abraham:
74 　Concedernos que, librados de la mano de nuestros enemigos,
　　Le sirvamos sin temor,
75 　En santidad y justicia delante de Él, todos nuestros días.
76 　Y tú, niño, serás llamado profeta del Altísimo;
　　Porque irás DELANTE DEL SEÑOR PARA PREPARAR SUS CAMINOS;
77 　Para dar a Su pueblo el conocimiento de la salvación
　　Por[1] el perdón de sus pecados,

1:69
Un cuerno de salvación
El cuerno de un animal era un símbolo de fuerza. Jesús, el Mesías, tendría la fuerza o el poder para salvar a su pueblo.

1:54 [1] Lit. *con el fin de recordar.*　　　1:55 [1] Lit. *simiente.*　　　1:56 [1] Lit. *ella.*
1:58 [1] Lit. *engrandecido.*　　1:61 [1] O *entre tus parientes.*　　　1:62 [1] Lit. *hacían.*
1:63 [1] Lit. *diciendo.*　　1:70 [1] Lit. *habló.*　　1:71 [1] O *Liberación.*　　　1:73 [1] Lit. *que juró.*　　1:77 [1] O *que consiste en.*

78 Por la entrañable misericordia de nuestro Dios,
  Con que la Aurora nos visitará desde lo alto,
79 PARA DAR LUZ A LOS QUE HABITAN EN TINIEBLAS Y
    EN SOMBRA DE MUERTE,
  Para guiar nuestros pies en el camino de paz».

80 Y el niño crecía y se fortalecía en espíritu; y vivió en lugares desiertos hasta el día en que apareció en público a Israel.

NACIMIENTO DE JESÚS

2 Aconteció en aquellos días que salió un edicto de César Augusto, para que se hiciera un censo de todo el mundo habitado[1]. 2 Este fue el primer censo que se levantó[1] cuando Cirenio era gobernador de Siria. 3 Todos se dirigían a inscribirse en el censo, cada uno a su ciudad. 4 También José subió de Galilea, de la ciudad de Nazaret, a Judea, a la ciudad de David que se llama Belén, por ser él de la casa y de la familia de David, 5 para inscribirse junto con María, comprometida para casarse con él, la cual estaba encinta.

6 Sucedió que mientras estaban ellos allí, se cumplieron los días de su alumbramiento. 7 Y dio a luz a su Hijo primogénito; lo envolvió en pañales y lo acostó en un pesebre, porque no había lugar para ellos en el mesón.

LOS PASTORES Y LOS ÁNGELES

8 En la misma región había pastores que estaban en el campo[1], cuidando sus rebaños *durante* las vigilias de la noche. 9 Y un ángel del Señor se les presentó, y la gloria del Señor los rodeó de resplandor, y tuvieron gran temor. 10 Pero el ángel les dijo: «No teman, porque les traigo buenas nuevas de gran gozo que serán para todo el pueblo; 11 porque les ha nacido hoy, en la ciudad de David, un Salvador, que es Cristo[1] el Señor. 12 Esto les *servirá* de señal: hallarán a un Niño envuelto en pañales y acostado en un pesebre».

13 De repente apareció con el ángel una multitud de los ejércitos celestiales, alabando a Dios y diciendo:

14 «Gloria a Dios en las alturas,
  Y en la tierra paz entre los hombres[1] en
      quienes Él se complace[2]».

15 Cuando los ángeles se fueron[1] al cielo, los pastores se decían unos a otros: «Vayamos, pues, hasta Belén y veamos esto que ha sucedido, que el Señor nos ha dado a saber».

16 Fueron a toda prisa, y hallaron a María y a José, y al Niño acostado en el pesebre. 17 Cuando lo vieron, dieron a saber lo[1] que se les había dicho acerca de

2:11
La ciudad de David
Se refiere a Belén.

Biblioteca del Congreso, LC-matpc-02616/
www.LifeintheHolyLand.com

2:1 [1] I.e. el Imperio romano.   2:2 [1] O *Esto tuvo lugar como primer censo.*
2:8 [1] Lit. *a campo raso.*   2:11 [1] I.e. el Mesías.   2:14 [1] Lit. *de buena voluntad.*
[2] Lit. *hombres de su agrado.*   2:15 [1] Lit. *se fueron de ellos.*   2:17 [1] Lit. *acerca de la palabra.*

este Niño. **18** Y todos los que *lo* oyeron se maravillaron de las cosas que les fueron dichas por los pastores. **19** Pero María atesoraba todas estas cosas, reflexionando sobre ellas en su corazón. **20** Y los pastores se volvieron, glorificando y alabando a Dios por todo lo que habían oído y visto, tal como se les había dicho.

21 Cuando se cumplieron los ocho días para circuncidar al Niño, le pusieron por nombre Jesús, el nombre dado por el ángel antes de que Él fuera concebido en el seno materno.

JESÚS PRESENTADO EN EL TEMPLO

22 Al cumplirse los días para la purificación de ellos, según la ley de Moisés, lo trajeron a Jerusalén para presentar al Niño al Señor, **23** (como está escrito en la Ley del Señor: «TODO VARÓN[1] QUE ABRA LA MATRIZ SERÁ LLAMADO SANTO PARA EL SEÑOR)», **24** y para ofrecer un sacrificio conforme a lo que fue dicho en la Ley del Señor: «UN PAR DE TÓRTOLAS O DOS PICHONES».

25 Había en Jerusalén un hombre que se llamaba Simeón. Este hombre, justo y piadoso, esperaba la consolación de Israel, y el Espíritu Santo estaba sobre él. **26** Y por el Espíritu Santo se le había revelado que no vería la muerte sin antes ver al Cristo[1] del Señor. **27** Movido por[1] el Espíritu fue al templo. Y cuando los padres del niño Jesús lo trajeron para cumplir por Él[2] el rito de la ley, **28** Simeón tomó al Niño en sus brazos, y bendijo a Dios diciendo:

29   «Ahora, Señor, permite que Tu siervo se vaya
       En paz, conforme a Tu palabra;
30   Porque mis ojos han visto Tu salvación
31   La cual has preparado en presencia de todos los
       pueblos;
32   LUZ DE[1] REVELACIÓN A LOS GENTILES,
       Y gloria de Tu pueblo Israel».

33 Y los padres del Niño[1] estaban asombrados de las cosas que de Él se decían. **34** Simeón los bendijo, y dijo a Su madre María: «Este *Niño* ha sido puesto para caída y levantamiento[1] de muchos en Israel, y para ser señal de contradicción, **35** y una espada traspasará aun tu propia alma, a fin de que sean revelados los pensamientos de muchos corazones».

36 Y había una profetisa, Ana, hija de Fanuel, de la tribu de Aser. Ella era de edad muy avanzada[1], y había vivido con *su* marido siete años después de su matrimonio[2], **37** y después de viuda, hasta los ochenta y cuatro años. Nunca se alejaba del templo, sirviendo noche y día con ayunos y oraciones. **38** Llegando ella en ese preciso momento[1], daba gracias a Dios y hablaba del Niño a todos los que esperaban la redención de Jerusalén.

CRECIMIENTO DE JESÚS

39 Habiendo ellos cumplido con todo conforme a la Ley del Señor, se volvieron a Galilea, a su ciudad de Nazaret. **40** Y

2:22
Días para la purificación
Tras el nacimiento de un niño varón, la madre debía esperar cuarenta días antes de ir al templo a ofrecer sacrificios para purificarse. Si no podía pagar el cordero y un pichón que normalmente se ofrecía como sacrificio, entonces se aceptaban dos palomas.

2:37
Ana en el templo
El templo de Herodes era bastante grande y tenía muchas habitaciones, de modo que es posible que a Ana se le permitiera vivir en una de las mismas. Sin embargo, este versículo probablemente significa que ella pasaba todas las horas de su día adorando en el templo.

2:23 [1] I.e. *EL PRIMOGÉNITO.*   2:26 [1] I.e. al Mesías.   2:27 [1] Lit. *Y en.*
[2] Lit. *hacer por Él según.*   2:32 [1] O *para.*   2:33 [1] Lit. *su padre y madre.*
2:34 [1] O *la resurrección.*   2:36 [1] Lit. *avanzada en muchos días.*   [2] Lit. *de su virginidad.*   2:38 [1] Lit. *a esa hora.*

el Niño crecía y se fortalecía, llenándose de sabiduría; y la gracia de Dios estaba sobre Él.

EL NIÑO JESÚS DISCUTE CON LOS MAESTROS

41 Los padres de Jesús acostumbraban ir a Jerusalén todos los años a la fiesta de la Pascua. **42** Y cuando Él cumplió doce años, subieron *allá* conforme a la costumbre de la fiesta. **43** Al regresar ellos, después de haber pasado todos los días *de la fiesta*, el niño Jesús se quedó en Jerusalén sin que lo supieran Sus padres, **44** y suponiendo que iba en la caravana, anduvieron camino de un día, y comenzaron a buscar a Jesús entre los familiares y conocidos.

45 Cuando no lo encontraron, volvieron y lo buscaron en Jerusalén. **46** Después de tres días lo encontraron en el templo, sentado en medio de los maestros, escuchándolos y haciéndoles preguntas. **47** Todos los que le oían estaban asombrados de Su entendimiento y de Sus respuestas. **48** Cuando Sus padres lo vieron, se quedaron maravillados; y su madre le dijo: «Hijo, ¿por qué nos has tratado de esta manera? Mira, Tu padre y yo te hemos estado buscando[1] llenos de angustia».

49 Entonces Él les dijo: «¿Por qué me buscaban? ¿Acaso no sabían que me era necesario estar en la casa de Mi Padre?». **50** Pero ellos no entendieron las palabras que Él les había dicho. **51** Descendió con sus padres y vino a Nazaret, y continuó sujeto a ellos. Y Su madre atesoraba todas estas cosas[1] en su corazón. **52** Y Jesús crecía en sabiduría, en estatura[1] y en gracia para con Dios y los hombres.

PREDICACIÓN DE JUAN EL BAUTISTA

3 En el año quince del imperio de Tiberio César, siendo Poncio Pilato gobernador de Judea, y Herodes tetrarca de Galilea, y su hermano Felipe tetrarca de la región de Iturea y Traconite, y Lisanias tetrarca de Abilinia, **2** durante el sumo sacerdocio de Anás y Caifás, vino la palabra de Dios a Juan, hijo de Zacarías, en el desierto. **3** Y Juan fue por toda la región alrededor del Jordán, predicando un bautismo de arrepentimiento para el perdón de los pecados; **4** como está escrito en el libro de las palabras del profeta Isaías:

> «VOZ DEL QUE CLAMA EN EL DESIERTO:
> "PREPAREN EL CAMINO DEL SEÑOR,
> HAGAN DERECHAS SUS SENDAS.
> **5** TODO VALLE[1] SERÁ RELLENADO,
> Y TODO MONTE Y COLLADO REBAJADO[2];
> LO TORCIDO SE HARA RECTO,
> Y LAS SENDAS ÁSPERAS *se volverán* CAMINOS
>   LLANOS;
> **6** Y TODA CARNE[1] VERÁ LA SALVACIÓN DE DIOS"».

7 Por eso, Juan decía a las multitudes que acudían para que él las bautizara: «¡Camada de víboras! ¿Quién les enseñó a huir de la ira que vendrá? **8** Por tanto, den frutos dignos de arrepentimiento; y no comiencen a decirse a ustedes mismos:

3:4
Preparativos para un rey
Antes de que un rey emprendiera un viaje a un país lejano, el pueblo despejaba y mejoraba los caminos por los que viajaría. Juan el Bautista despejó el camino para Jesús al predicar sobre el arrepentimiento y la necesidad de un Salvador.

3:6
Salvación para todos
El Evangelio de Lucas deja en claro que la salvación de Dios es para los judíos y los no judíos, conocidos como gentiles.

2:48 [1] Lit. *te buscamos.*   2:51 [1] Lit. *las palabras.*   2:52 [1] O *edad.*
3:5 [1] O *barranco.*   [2] O *allanado.*   3:6 [1] O *PERSONA.*

"Tenemos a Abraham por padre", porque les digo que Dios puede levantar hijos a Abraham de estas piedras. **9** El hacha ya está puesta a la raíz de los árboles; por tanto, todo árbol que no da buen fruto es cortado y echado al fuego».

10 Y las multitudes le preguntaban: «¿Qué, pues, haremos?». **11** Juan les respondía: «El que tiene dos túnicas, comparta con el que no tiene; y el que tiene qué comer, haga lo mismo». **12** Vinieron también unos recaudadores de impuestos[1] para ser bautizados, y le dijeron: «Maestro, ¿qué haremos?». **13** «No exijan[1] más de lo que se les ha ordenado», les respondió Juan. **14** También *algunos* soldados le preguntaban: «Y nosotros, ¿qué haremos?». «A nadie quiten dinero por la fuerza», les dijo, «ni *a nadie* acusen falsamente, y conténtense con su salario».

15 Como el pueblo estaba a la expectativa, y todos se preguntaban[1] en sus corazones acerca de Juan, si no sería él el Cristo[2], **16** Juan les habló a todos: «Yo los bautizo con agua; pero viene Uno que es más poderoso que yo, a quien no soy digno de desatar la correa de Sus sandalias. Él los bautizará con[1] el Espíritu Santo y fuego. **17** El bieldo está en Su mano para limpiar completamente Su era y recoger el trigo en Su granero; pero quemará la paja en un fuego que no se apaga».

18 Y[1] también con muchas otras exhortaciones *Juan* anunciaba las buenas nuevas[2] al pueblo. **19** Pero Herodes el tetrarca, siendo reprendido por él por causa de Herodías, mujer de su hermano, y por todas las maldades que Herodes había hecho, **20** añadió además a todas ellas, esta: que encerró a Juan en la cárcel.

BAUTISMO DE JESÚS

21 Y aconteció que cuando todo el pueblo era bautizado, Jesús también fue bautizado; y mientras Él oraba, el cielo se abrió, **22** y el Espíritu Santo descendió sobre Él en forma corporal, como una paloma, y vino una voz del cielo, *que decía:* «Tú eres Mi Hijo amado, en Ti me he complacido».

GENEALOGÍA DE JESÚS

23 Cuando Jesús comenzó *Su ministerio*, tenía unos treinta años, siendo, como se suponía[1], hijo de José, *quien era hijo* de Elí,

24 y Elí, de Matat; *Matat,* de Leví; *Leví,* de Melqui; *Melqui,* de Jana; *Jana,* de José;

25 *José,* de Matatías; *Matatías,* de Amós; *Amós,* de Nahúm; *Nahúm,* de Esli; *Esli,* de Nagai;

26 *Nagai,* de Maat; *Maat,* de Matatías; *Matatías,* de Semei; *Semei,* de José; *José,* de Judá;

27 *Judá,* de Joana; *Joana,* de Resa; *Resa,* de Zorobabel; *Zorobabel,* de Salatiel; *Salatiel,* de Neri;

28 *Neri,* de Melqui; *Melqui,* de Adi; *Adi,* de Cosam; *Cosam,* de Elmodam; *Elmodam,* de Er;

29 *Er,* de Josué[1]; *Josué,* de Eliezer; *Eliezer,* de Jorim; *Jorim,* de Matat; *Matat,* de Leví;

3:22
Dios habló desde el cielo durante la vida de Jesús
Dios habló desde el cielo otras dos veces: en el monte de la transfiguración (Lucas 9:35) y en el área del templo (Juan 12:28).

3:23-38
La genealogía de Lucas
La lista de Mateo comienza con Abraham, mientras que Lucas va en el orden inverso hasta llegar a Adán, mostrando la conexión de Jesús con toda la raza humana. Mateo sigue el árbol genealógico de José, pero Lucas enfatiza en el árbol genealógico de María por medio de Natán en el versículo 31. Aunque trazar una genealogía por el lado de la familia de la madre era inusual, Lucas quería demostrar que el linaje de María era importante debido a que el nacimiento tuvo lugar siendo ella virgen.

3:12 [1] O *publicanos;* i.e. los que explotaban la recaudación de los impuestos romanos.   3:13 [1] O *No colecten.*   3:15 [1] O *pensaban.*   [2] I.e. el Mesías.
3:16 [1] O *en, o por.*   3:18 [1] Lit. *Por tanto.*   [2] O *el evangelio.*   3:23 [1] Lit. *como se pensaba.*   3:29 [1] En el texto gr. *Jesús.*

30 *Leví,* de Simeón; *Simeón,* de Judá; *Judá,* de José; *José,* de Jonán; *Jonán,* de Eliaquim;

31 *Eliaquim,* de Melea; *Melea,* de Mainán; *Mainán,* de Matata; *Matata,* de Natán; *Natán,* de David;

32 *David,* de Isaí; *Isaí,* de Obed; *Obed,* de Booz; *Booz,* de Salmón[1]; *Salmón,* de Naasón;

33 *Naasón,* de Aminadab; *Aminadab,* de Admín; *Admín,* de Aram[1]; *Aram,* de Esrom; *Esrom,* de Fares; *Fares,* de Judá;

34 *Judá,* de Jacob; *Jacob,* de Isaac; *Isaac,* de Abraham; *Abraham,* de Taré; *Taré,* de Nacor;

35 *Nacor,* de Serug; *Serug,* de Ragau; *Ragau,* de Peleg; *Peleg,* de Heber; *Heber,* de Sala;

36 *Sala,* de Cainán; *Cainán,* de Arfaxad; *Arfaxad,* de Sem; *Sem,* de Noé; *Noé,* de Lamec;

37 *Lamec,* de Matusalén; *Matusalén,* de Enoc; *Enoc,* de Jared; *Jared,* de Mahalaleel; *Mahalaleel,* de Cainán;

38 *Cainán,* de Enós; *Enós,* de Set; *Set,* de Adán; *y Adán,* de Dios.

JESÚS ES TENTADO

4 Jesús, lleno del Espíritu Santo, volvió del Jordán y fue llevado por el[1] Espíritu en el desierto **2** por cuarenta días, siendo tentado por el diablo. Y no comió nada durante esos días, pasados los cuales tuvo hambre.

3 Entonces el diablo le dijo: «Si eres Hijo de Dios, dile a esta piedra que se convierta en pan». **4** Jesús le respondió: «Escrito está: "No solo de pan vivirá el hombre[1]"».

5 El diablo lo llevó a una altura, y le mostró en un instante todos los reinos del mundo[1]. **6** «Todo este dominio y su gloria te daré», le dijo el diablo; «pues a mí me ha sido entregado, y a quien quiero se lo doy. **7** Por tanto, si te postras delante de mí, todo será Tuyo».

8 Jesús le respondió: «Escrito está: "Al Señor tu Dios adorarás, y a Él solo servirás"».

9 Entonces *el diablo* lo llevó a Jerusalén y lo puso sobre el pináculo del templo, y le dijo: «Si eres Hijo de Dios, lánzate abajo desde aquí, **10** pues escrito está:

> "A SUS ÁNGELES TE ENCOMENDARÁ PARA QUE TE
> GUARDEN",

11 y:

> "EN LAS MANOS TE LLEVARÁN,
> PARA QUE TU PIE NO TROPIECE EN PIEDRA"».

12 Jesús le respondió: «Se ha dicho: "No tentarás al Señor tu Dios"».

13 Cuando el diablo hubo acabado toda tentación, se alejó de Él esperando[1] un tiempo *oportuno.*

MINISTERIO EN GALILEA

14 Jesús regresó a Galilea en el poder del Espíritu, y las nuevas[1] acerca de Él se divulgaron por toda *aquella* región. **15** Y enseñaba en sus sinagogas, siendo alabado por todos.

3:32 [1] En el texto gr. *Sala.* 3:33 [1] En el texto gr. *Arní.* 4:1 [1] O bajo la influencia del; lit. en el. 4:4 [1] Algunos mss. posteriores agregan: *sino de toda palabra de Dios.* Dt. 8:3. 4:5 [1] Lit. *de la tierra habitada.* 4:13 [1] Lit. *hasta.* 4:14 [1] Lit. *la fama.*

4:1-12
Las tentaciones de Jesús
Sucedieron en una región salvaje en el valle del bajo Jordán, en una montaña alta (posiblemente uno de los altos acantilados cerca de Jericó) y en el punto más alto del templo, donde los sacerdotes sonaban la trompeta para anunciar los acontecimientos importantes.

4:4, 8, 12
Jesús le responde a Satanás
En cada caso, Jesús le citó las Escrituras a Satanás. (Ver Deuteronomio 8:3; 6:13 y 6:16)

4:7
Con qué quería tentar Satanás a Jesús
Satanás le prometió a Jesús que él podría gobernar el mundo entero y evitar el sufrimiento de la cruz si lo adoraba a él en lugar de a Dios.

JESÚS EN NAZARET

16 Jesús llegó a Nazaret, donde había sido criado, y según Su costumbre, entró en la sinagoga el día de reposo, y se levantó a leer. **17** Le dieron el libro[1] del profeta Isaías, y abriendo el libro, halló el lugar donde estaba escrito:

18 «El Espíritu del Señor está sobre Mí,
　　　 Porque me ha ungido para anunciar el evangelio a los pobres.
　　　 Me ha enviado[1] para proclamar libertad a los cautivos,
　　　 Y la recuperación de la vista a los ciegos;
　　　 Para poner en libertad a los oprimidos;
19　 Para proclamar el año favorable del Señor».

20 Cerrando el libro[1], *lo* devolvió al asistente y se sentó; y los ojos de todos en la sinagoga estaban fijos en Él. **21** Y

4:17 [1] O *el rollo.*　4:18 [1] Algunos mss. agregan aquí: *a sanar a los quebrantados de corazón.*　4:20 [1] O *el rollo.*

LA TIERRA SANTA BAJO HERODES EL GRANDE

comenzó a decirles: «Hoy se ha cumplido esta Escritura que han oído¹». **22** Todos hablaban bien¹ de Él y se maravillaban de las palabras llenas de gracia que salían de Su boca, y decían: «¿No es este el hijo de José?».

23 Entonces Él les dijo: «Sin duda me citarán este refrán: "Médico, cúrate a ti mismo; *esto es,* todo lo que oímos que se ha hecho en Capernaúm, hazlo también aquí en Tu tierra"». **24** Y Jesús añadió: «En verdad les digo, que ningún profeta es bien recibido en su propia tierra. **25** Pero en verdad les digo, que muchas viudas había en Israel en los días de Elías, cuando el cielo fue cerrado por tres años y seis meses *y* cuando hubo gran hambre sobre toda la tierra; **26** sin embargo, a ninguna de ellas fue enviado Elías, sino a una mujer viuda en Sarepta, *en la tierra de* Sidón. **27** Muchos leprosos había en Israel en tiempos del profeta Eliseo, pero ninguno de ellos fue limpiado, sino Naamán el sirio».

28 Y todos en la sinagoga se llenaron de ira cuando oyeron estas cosas, **29** y levantándose, echaron a Jesús fuera de la ciudad, y lo llevaron hasta la cumbre del monte sobre el cual estaba edificada su ciudad para tirar a Jesús desde allí. **30** Pero Él, pasando por medio de ellos, se fue.

JESÚS ENSEÑA EN CAPERNAÚM

31 Jesús descendió a Capernaúm, ciudad de Galilea, y les enseñaba en los días de reposo. **32** Todos se admiraban de Su enseñanza porque Su mensaje¹ era con autoridad. **33** Y había

4:21 ¹ Lit. *en sus oídos.*   4:22 ¹ O *testificaban.*   4:32 ¹ Lit. *palabra.*

4:17
El libro de Isaías
Los libros del Antiguo Testamento estaban escritos en rollos, que eran guardados en un lugar especial en la sinagoga. Un asistente le entregaba el rollo al lector. El pasaje que Jesús leyó sobre el Mesías (Isaías 61:1-2) puede haber sido el pasaje asignado para el día, o simplemente él puede haber elegido leerlo por su cuenta.

Dominio público

SINAGOGA DE CAPERNAÚM

Daniel Warner, PhD–Arqueólogo; Derrick McKenzie–artista;
© 2011 por Zondervan

en la sinagoga un hombre poseído por el espíritu[1] de un demonio inmundo, y gritó a gran voz: **34**«Déjanos. ¿Qué tienes que ver con nosotros[1], Jesús de Nazaret[2]? ¿Has venido a destruirnos? Yo sé quién Tú eres: el Santo de Dios».

35 Jesús entonces lo reprendió, diciendo: «¡Cállate y sal de él!». Y después que el demonio lo derribó en medio *de ellos*, salió de él sin hacerle ningún daño. **36** Todos se quedaron asombrados[1], y discutían entre sí: «¿Qué mensaje es este? Porque[2] con autoridad y poder manda a los espíritus inmundos y salen». **37** Y Su fama[1] se divulgaba por todos los lugares de aquella región.

JESÚS SANA A LA SUEGRA DE SIMÓN Y A MUCHOS OTROS

38 Levantándose, Jesús *salió* de la sinagoga y entró en casa de Simón. La suegra de Simón se hallaba sufriendo con una fiebre muy alta, y le rogaron por ella. **39** Inclinándose sobre ella, Jesús reprendió la fiebre *y la fiebre* la dejó; al instante ella se levantó y les servía.

40 Al ponerse el sol, todos los que tenían enfermos de diversas enfermedades se los llevaban a Él; y poniendo las manos sobre cada uno de ellos, los sanaba. **41** También de muchos salían demonios, gritando: «¡Tú eres el Hijo de Dios!». Pero, reprendiéndolos, no les permitía hablar, porque sabían que Él era el Cristo[1].

JESÚS RECORRE OTRAS CIUDADES

42 Cuando se hizo de día, Jesús salió y se fue a un lugar solitario. Las multitudes lo buscaban, y llegaron adonde Él *estaba* y procuraban detener a Jesús para que no se separara de ellos. **43** Pero Él les dijo: «También a las otras ciudades debo anunciar las buenas nuevas[1] del reino de Dios, porque para esto Yo he sido enviado». **44** Y predicaba en las sinagogas de los judíos[1].

LLAMAMIENTO DE LOS PRIMEROS DISCÍPULOS

5 Aconteció que mientras la multitud se agolpaba sobre Él para oír la palabra de Dios, estando Jesús junto al lago de Genesaret, **2** vio dos barcas que estaban a la orilla del lago, pero los pescadores habían bajado de ellas y lavaban las redes. **3** Subiendo a una de las barcas, que era de Simón, pidió que se separara un poco de tierra; y sentándose, enseñaba a las multitudes desde la barca. **4** Al terminar de hablar, dijo a Simón: «Sal a la parte más profunda[1] y echen sus redes para pescar[2]». **5** Simón le contestó: «Maestro, hemos estado trabajando toda la noche y no hemos pescado[1] nada, pero porque Tú lo pides, echaré las redes». **6** Cuando lo hicieron, encerraron

---

4:40
Por qué las personas traían a sus amigos enfermos a Jesús al atardecer
Los judíos no debían cargar nada durante el día de reposo, que finalizaba al atardecer. Hasta entonces, los judíos tampoco podían viajar más de un kilómetro.

5:2
Por qué los pescadores estaban lavando sus redes
Cada vez que volvían de pescar, los pescadores lavaban, estiraban y reparaban sus redes a fin de prepararse para el día siguiente.

5:3
Por qué Jesús se sentó en la barca
Los maestros solían sentarse para enseñar en lugar de hacerlo de pie. La barca estaba lo suficientemente lejos como para que la gente no empujara a Jesús, pero lo bastante cerca para que pudieran verlo y oírlo.

4:33 [1] Lit. *teniendo un espíritu.*   4:34 [1] Lit. *¿Qué a nosotros y a ti.*   [2] Lit. *Jesús nazareno.*   4:36 [1] Lit. *Y el asombro vino sobre todos.*   [2] *¿Qué es esta palabra que.*   4:37 [1] Lit. *el rumor acerca de Él.*   4:41 [1] I.e. *el Mesías.*   4:43 [1] O *el evangelio.*   4:44 [1] I.e. *de Judea y Galilea.*   5:4 [1] O *Boga hacia lo hondo.*   [2] Lit. *una redada.*   5:5 [1] Lit. *agarrado.*

una gran cantidad de peces, de modo que sus redes se rompían. **7** Entonces hicieron señas a sus compañeros *que estaban* en la otra barca para que vinieran a ayudarlos. Y vinieron y llenaron ambas barcas, de tal manera que se hundían.

8 Al ver *esto,* Simón Pedro cayó a los pies[1] de Jesús, diciendo: «¡Apártate de mí, Señor, pues soy hombre pecador!». **9** Porque el asombro se había apoderado de él y de todos sus compañeros, por la gran pesca que habían hecho; **10** y lo mismo *les sucedió* también a Jacobo[1] y a Juan, hijos de Zebedeo, que eran socios de Simón. Y Jesús dijo a Simón: «No temas; desde ahora serás pescador de hombres». **11** Y después de traer las barcas a tierra, dejándolo todo, siguieron a Jesús.

CURACIÓN DE UN LEPROSO

12 Estando Jesús en una de las ciudades, *había allí* un hombre lleno de lepra, y cuando vio a Jesús, cayó sobre su rostro y le rogó: «Señor, si quieres, puedes limpiarme». **13** Extendiendo Jesús la mano, lo tocó, diciendo: «Quiero; sé limpio». Y al instante la lepra lo dejó. **14** Y Él le mandó que no se lo dijera a nadie. «Pero anda», *le dijo,* «muéstrate al sacerdote y da una ofrenda[1] por tu purificación según lo ordenó Moisés, para que les sirva de testimonio».

15 Su fama[1] se difundía cada vez más, y grandes multitudes se congregaban para oír *a Jesús* y ser sanadas de sus enfermedades. **16** Pero *con frecuencia* Él se retiraba a[1] lugares solitarios y oraba.

CURACIÓN DE UN PARALÍTICO

17 Y[1] un día[2] que Él estaba enseñando, estaban *allí* sentados *algunos* fariseos y maestros de la ley que habían venido de todas las aldeas de Galilea y Judea, y *de* Jerusalén; y el poder del Señor estaba con Él para sanar. **18** Y unos hombres trajeron en una camilla a un hombre que estaba paralítico; y trataban de meterlo y ponerlo delante de Jesús. **19** No hallando cómo introducirlo debido a la multitud, subieron a la azotea y lo bajaron con la camilla a través del techo[1], poniéndolo en medio, delante de Jesús. **20** Al ver Jesús la fe de ellos, dijo: «Hombre, tus pecados te son perdonados».

21 Entonces los escribas y fariseos comenzaron a razonar, diciendo: «¿Quién es Este que habla blasfemias? ¿Quién puede perdonar pecados, sino solo Dios?». **22** Conociendo Jesús sus pensamientos, les respondió: «¿Por qué razonan en sus corazones? **23** ¿Qué es más fácil, decir: "Tus pecados te son perdonados", o decir: "Levántate y anda"? **24** Pues para que sepan que el Hijo del Hombre tiene autoridad en la tierra para

LOS MILAGROS DE JESÚS

Los Evangelios registran más de 40 historias en las que Jesús realiza milagros.

20
Sanando a los enfermos o los cojos

11
Echando fuera demonios

10
Dominando la naturaleza

3
Resucitando a los muertos

5:17
Fariseos y maestros de la ley
Los fariseos eran un grupo de líderes religiosos que obedecían estrictamente la ley de Moisés y las demás leyes judías. Los maestros de la ley eran escribas que estudiaban, interpretaban y enseñaban la ley.

5:8 [1] Lit. *las rodillas.*   5:10 [1] O Santiago.   5:14 [1] Lit. *ofrece.*   5:15 [1] Lit. *la palabra acerca de Él.*   5:16 [1] Lit. *en.*   5:17 [1] Lit. *Y sucedió que.*   [2] Lit. *en uno de los días.*   5:19 [1] Lit. *de las tejas.*

perdonar pecados», dijo al paralítico: «A ti te digo: levántate, toma tu camilla y vete a tu casa».

25 Al instante se levantó delante de ellos, tomó *la camilla* en que había estado acostado, y se fue a su casa glorificando a Dios. **26** El asombro se apoderó de todos y glorificaban a Dios; y se llenaron de temor, diciendo: «Hoy hemos visto cosas extraordinarias».

LLAMAMIENTO DE LEVÍ Y LA CENA EN SU CASA

27 Después de esto, Jesús salió y se fijó en un recaudador de impuestos[1] llamado Leví, sentado en la oficina de los tributos, y le dijo: «Sígueme». **28** Y él, dejándolo todo, se levantó y lo seguía.

29 Leví le ofreció un gran banquete en su casa, y había un grupo grande de recaudadores de impuestos y de otros que estaban sentados[1] a la mesa con ellos. **30** Y los fariseos y sus escribas se quejaban a los discípulos de Jesús, diciendo: «¿Por qué comen y beben ustedes con los recaudadores de impuestos y con los pecadores?». **31** Jesús les respondió: «Los sanos no tienen necesidad de médico, sino los que están enfermos. **32** No he venido a llamar a justos, sino a pecadores al arrepentimiento».

PREGUNTA SOBRE EL AYUNO

33 Ellos dijeron a Jesús: «Los discípulos de Juan ayunan con frecuencia y hacen oraciones; los de los fariseos también hacen lo mismo, pero los Tuyos comen y beben». **34** Entonces Jesús les dijo: «¿Acaso pueden hacer que los acompañantes del novio[1] ayunen mientras el novio está con ellos? **35** Pero vendrán días cuando[1] el novio les será quitado, entonces ayunarán en aquellos días».

36 También les dijo una parábola: «Nadie corta un pedazo de un vestido nuevo y lo pone en un vestido viejo; porque entonces[1] romperá el nuevo, y el pedazo del nuevo no armonizará con el viejo. **37** Y nadie echa vino nuevo en odres[1] viejos, porque entonces[2] el vino nuevo romperá los odres y se derramará, y los odres se perderán, **38** sino que el vino nuevo debe echarse en odres nuevos[1]. **39** Y nadie, después de beber *vino* añejo, desea *vino* nuevo, porque dice: "El añejo es mejor[1]"».

JESÚS, SEÑOR DEL DÍA DE REPOSO

6 Aconteció que un día de reposo[1] Jesús pasaba por unos sembrados, y Sus discípulos arrancaban y comían espigas, restregándo*las* entre las manos. **2** Pero algunos de los fariseos dijeron: «¿Por qué hacen ustedes lo que no es lícito en el día de reposo?». **3** Jesús les respondió: «¿Ni siquiera han leído lo que hizo David cuando tuvo hambre, él y los que con él estaban; **4** cómo

5:27
La opinión de los judíos sobre los recaudadores de impuestos
Los judíos consideraban a los recaudadores de impuestos como traidores, porque recolectaban dinero para Roma. También creían que eran extremadamente deshonestos.

5:37-38
Odres
En la antigüedad, la piel de las cabras se usaba para guardar el vino. A estos recipientes se les llamaba odres. Al fermentarse el jugo de uva fresco, el vino expandía y estiraba un odre nuevo. Sin embargo, los recipientes viejos que ya estaban estirados se reventaban si se ponía vino nuevo en ellos.

Cheryl Dunn para Talbot Bible Lands

6:2
Romper las reglas
De acuerdo a la tradición judía, no era correcto cosechar durante el día de reposo. Cuando los discípulos arrancaron unas espigas para comer, los líderes judíos dijeron que era lo mismo que cosechar.

5:27 [1] O *publicano;* i.e. uno que explotaba la recaudación de los impuestos romanos, y así en los vers. 29 y 30.   5:29 [1] Lit. *recostados.*   5:34 [1] Lit. *hijos del tálamo.*   5:35 [1] Lit. *y cuando.*   5:36 [1] Lit. *ya que si no.*   5:37 [1] I.e. cueros usados como recipientes.   [2] Lit. *ya que si no.*   5:38 [1] Algunos mss. agregan: *y ambos se conservan.*   5:39 [1] Lit. *bueno o agradable.*
6:1 [1] Muchos mss. dicen: *El segundo primer día de reposo.*

entró en la casa de Dios, y tomó y comió los panes consagrados[1], que a nadie es lícito comer sino solo a los sacerdotes, y dio *también* a sus compañeros?». [5] También les decía: «El Hijo del Hombre es Señor del día de reposo».

JESÚS SANA AL HOMBRE DE LA MANO SECA

[6] Y en otro día de reposo entró en la sinagoga y enseñaba; y había allí un hombre que tenía la[2] mano derecha seca[3]. [7] A fin de encontrar de qué acusar a Jesús, los escribas y los fariseos lo observaban atentamente *para ver* si sanaba en el día de reposo. [8] Pero Él sabía lo que ellos estaban pensando[1], y dijo al hombre que tenía la mano seca[2]: «Levántate y ven acá[3]». Y él, levantándose, se puso de pie.

[9] Entonces Jesús les dijo: «Yo les pregunto: ¿es lícito en el día de reposo hacer bien o hacer mal; salvar una vida o destruirla?».

[10] Después de mirarlos a todos a su alrededor, dijo al hombre[1]: «Extiende tu mano». Y él lo hizo *así*, y su mano quedó sana[2]. [11] Pero ellos se llenaron de ira[1], y discutían entre sí qué podrían hacerle a Jesús.

JESÚS ESCOGE A LOS DOCE APÓSTOLES

[12] En[1] esos días Jesús se fue al monte a orar, y pasó toda la noche en oración a Dios. [13] Cuando se hizo de día, llamó a Sus discípulos y escogió doce de ellos, a los que también dio el nombre de apóstoles: [14] Simón, a quien también llamó Pedro, y Andrés su hermano; Jacobo[1] y Juan; Felipe y Bartolomé; [15] Mateo y Tomás; Jacobo[1], *hijo* de Alfeo, y Simón, al que llamaban el Zelote; [16] Judas, *hijo* de Jacobo[1], y Judas Iscariote, que llegó a ser traidor.

[17] Descendió con ellos y se detuvo en un lugar llano. *Había* una gran multitud de Sus discípulos y una gran muchedumbre del pueblo, de toda Judea, de Jerusalén y de la región costera de Tiro y Sidón, [18][1] que habían ido para oír a Jesús y para ser sanados de sus enfermedades; y los que eran atormentados por espíritus inmundos eran curados. [19] Y toda la multitud procuraba tocar a Jesús, porque de Él salía un poder que a todos sanaba.

LAS BIENAVENTURANZAS

[20] Volviendo su vista hacia Sus discípulos, decía: «Bienaventurados *ustedes* los pobres, porque de ustedes es el reino de Dios.

[21] »Bienaventurados ustedes los que ahora tienen hambre, porque serán saciados. Bienaventurados ustedes los que ahora lloran, porque reirán.

[22] »Bienaventurados son ustedes cuando los hombres los aborrecen, cuando los apartan de sí, los colman de insultos y desechan su nombre como malo, por causa del Hijo del Hombre. [23] Alégrense en ese día y salten *de gozo*, porque su recompensa es grande en el cielo, pues sus padres trataban de la misma manera a los profetas.

6:3-5
Jesús justificó las acciones de sus discípulos

Jesús describió algunas ocasiones en las que se habían roto las leyes del día de reposo por buenas razones. Muchas de las reglas sobre el día de reposo habían sido añadidas a lo largo de los siglos, por lo que la gente olvidó el principal motivo de este día: que era para el descanso y la restauración.

6:20-49
Similitudes con el Sermón del Monte

Este sermón es más corto, pero al igual que el sermón en Mateo 5–7, comienza con las bienaventuranzas y termina con la lección sobre los dos cimientos.

6:4 [1] Lit. *los panes de la proposición.*   6:6 [1] Lit. *Y sucedió que.*   [2] Lit. *y estaba su.*   [3] O *enjuta, o paralizada.*   6:8 [1] Lit. *sus pensamientos.*   [2] O *paralizada.*   [3] Lit. *ponte en medio.*   6:10 [1] Lit. *le dijo.*   [2] Lit. *restaurada.*   6:11 [1] Lit. *insensatez.*   6:12 [1] Lit. *Y sucedió que en.*   6:14 [1] O *Santiago.*   6:15 [1] O *Santiago.*   6:16 [1] O *Santiago.*   6:18 [1] Algunas versiones comienzan el vers. 18 en: *y los que eran.*

24 »Pero ¡ay de ustedes los ricos! Porque ya están recibiendo todo su consuelo.

25 »¡Ay de ustedes, los que ahora están saciados[1]! Porque tendrán hambre. ¡Ay *de ustedes,* los que ahora ríen! Porque se lamentarán y llorarán.

26 »¡Ay *de ustedes,* cuando todos los hombres hablen bien de ustedes! Porque de la misma manera trataban sus padres a los falsos profetas.

EL AMOR VERDADERO Y SU RECOMPENSA

27 »Pero a ustedes los que oyen, les digo: amen a sus enemigos; hagan bien a los que los aborrecen; **28** bendigan a los que los maldicen; oren por los que los insultan. **29** Al que te hiera en la mejilla, preséntale también la otra; y al que te quite la capa[1], no le niegues tampoco la túnica. **30** A todo el que te pida, dale, y al que te quite lo que es tuyo, no *se lo* reclames.

31 »Y así como quieran que los hombres les hagan a ustedes, hagan con ellos de la misma manera. **32** Si aman a los que los aman, ¿qué mérito tienen? Porque también los pecadores aman a los que los aman. **33** Si hacen bien a los que les hacen bien, ¿qué mérito tienen? Porque también los pecadores hacen lo mismo. **34** Si prestan a aquellos de quienes esperan recibir, ¿qué mérito tienen? También los pecadores prestan a los pecadores para recibir de ellos la misma *cantidad.*

35 »Antes bien, amen a sus enemigos, y hagan bien, y presten no esperando nada a cambio[1], y su recompensa será grande, y serán hijos del Altísimo; porque Él es bondadoso para con los ingratos y perversos. **36** Sean ustedes misericordiosos, así como su Padre es misericordioso.

EL JUICIO HACIA LOS DEMÁS

37 »No juzguen, y no serán juzgados; no condenen, y no serán condenados; perdonen[1], y serán perdonados. **38** Den, y les será dado; medida buena, apretada, remecida y rebosante, vaciarán en sus regazos. Porque con la medida con que midan, se les volverá a medir».

39 Les dijo también una parábola: «¿Acaso puede un ciego guiar a otro ciego? ¿No caerán ambos en un hoyo? **40** Un discípulo no está por encima de su maestro; pero todo *discípulo,* después de que se ha preparado bien, será como su maestro[1]. **41** ¿Y por qué miras la mota[1] que está en el ojo de tu hermano, y no te das cuenta de la viga que está en tu propio ojo? **42** ¿O cómo puedes decir a tu hermano: "Hermano, déjame sacarte la mota[1] que está en tu ojo", cuando tú mismo no ves la viga que está en tu ojo? ¡Hipócrita! Saca primero la viga de tu ojo y entonces verás con claridad para sacar la mota[1] que está en el ojo de tu hermano.

43 »Porque no hay árbol bueno que produzca fruto malo, ni a la inversa[1], árbol malo que produzca fruto bueno. **44** Pues cada árbol por su fruto se conoce. Porque *los hombres* no recogen higos de los espinos, ni vendimian uvas de una zarza. **45** El hombre bueno, del buen tesoro de su

---

6:27
La esencia de la enseñanza de Jesús
Jesús estaba enseñando acerca de amar, incluso a nuestros enemigos.

6:38
Una medida buena vaciada en el regazo
Probablemente se refería al modo en que alguien podía doblar su túnica sobre el cinturón y utilizarla como una gran bolsa para guardar el trigo.

corazón saca lo que es bueno; y el *hombre* malo, del mal *tesoro* saca lo que es malo; porque de la abundancia del corazón habla su boca.

LOS DOS CIMIENTOS

⁴⁶»¿Por qué ustedes me llaman: "Señor, Señor", y no hacen lo que Yo digo? ⁴⁷Todo el que viene a Mí y oye Mis palabras y las pone en práctica, les mostraré a quién es semejante: ⁴⁸es semejante a un hombre que al edificar una casa, cavó hondo¹ y echó cimiento sobre la roca; y cuando vino una inundación, el torrente² dio con fuerza contra aquella casa, pero no pudo moverla porque había sido bien construida. ⁴⁹Pero el que ha oído y no ha hecho *nada,* es semejante a un hombre que edificó una casa sobre tierra, sin *echar* cimiento; y el torrente dio con fuerza contra ella y al instante se desplomó, y fue grande la ruina de aquella casa».

JESÚS SANA AL SIERVO DEL CENTURIÓN

7 Cuando terminó todas Sus palabras¹ al pueblo que le oía², Jesús se fue a Capernaúm.

²Y el siervo de cierto centurión, a quien este apreciaba mucho¹, estaba enfermo y a punto de morir. ³Al oír *hablar* de Jesús, el centurión envió a Él unos ancianos de los judíos, pidiendo que viniera y salvara¹ a su siervo. ⁴Cuando ellos llegaron a Jesús, le rogaron con insistencia, diciendo: «El centurión es digno de que le concedas esto; ⁵porque él ama a nuestro pueblo y fue él quien nos edificó la sinagoga».

⁶Jesús iba con ellos, pero cuando ya no estaba lejos de la casa, el centurión envió a unos amigos, diciendo: «Señor, no te molestes más, porque no soy digno de que Tú entres bajo mi techo; ⁷por eso ni siquiera me consideré digno de ir a Ti, tan solo di la¹ palabra y mi siervo² será sanado. ⁸Pues yo también soy hombre puesto bajo autoridad, y tengo soldados bajo mis órdenes; y digo a este: "Ve", y va; y a otro: "Ven", y viene; y a mi siervo: "Haz esto", y lo hace».

⁹Al oír esto, Jesús se maravilló de él, y volviéndose, dijo a la multitud que lo seguía: «Les digo que ni aun en Israel he hallado una fe tan grande». ¹⁰Cuando los que habían sido enviados regresaron a la casa, encontraron sano al siervo.

JESÚS RESUCITA AL HIJO DE LA VIUDA DE NAÍN

¹¹Aconteció poco después¹ que Jesús fue a una ciudad llamada Naín; y Sus discípulos iban con Él acompañados por² una gran multitud. ¹²Y cuando se acercaba a la puerta de la ciudad, sacaban fuera a un muerto, hijo único de su madre, y ella era viuda; y un grupo numeroso de la ciudad estaba con ella. ¹³Al verla, el Señor tuvo compasión de ella, y le dijo: «No llores». ¹⁴Y acercándose, tocó el féretro; y los que lo llevaban se detuvieron. Y Jesús dijo: «Joven, a ti te digo: ¡Levántate!». ¹⁵El que había muerto se incorporó y comenzó a hablar, y Jesús se lo entregó a su madre. ¹⁶El temor se apoderó de todos,

7:3
Los ancianos de los judíos

Estos eran líderes respetados en la comunidad. En la versión de Mateo de esta misma historia (8:5-13), el centurión habló con Jesús en persona, pero en el Evangelio de Lucas, les pidió a unos amigos que hablaran con Jesús por él.

6:48 ¹ Lit. *cavó y ahondó.*   ² Lit. *río, y así en el vers. 49.*   7:1 ¹ O *todo Su discurso.*   ² Lit. *a oídos del pueblo.*   7:2 ¹ Lit. *para quien él era honorable.*   7:3 ¹ O *sana.*   7:7 ¹ Lit. *mas habla con una.*   ² Lit. *muchacho.* 7:11 ¹ Algunos mss. dicen: *al día siguiente.*   ² Lit. *y.*

y glorificaban a Dios, diciendo: «Un gran profeta ha surgido entre nosotros». También decían: «Dios ha visitado a Su pueblo». **17** Este dicho que se decía de Él, se divulgó por toda Judea y por toda la región circunvecina.

JESÚS Y LOS DISCÍPULOS DE JUAN

18 Entonces los discípulos de Juan le informaron de todas estas cosas. **19** Y llamando Juan a dos[1] de sus discípulos, los envió a preguntar al Señor: «¿Eres Tú el que ha de venir, o esperamos a otro[2]?».

20 Cuando los hombres llegaron a Él, dijeron: «Juan el Bautista nos ha enviado para que te preguntáramos: "¿Eres Tú el que ha de venir, o esperamos a otro?"». **21** En esa misma hora curó a muchos de enfermedades, aflicciones y malos espíritus, y a muchos ciegos les dio la vista. **22** Entonces Él les respondió: «Vayan y cuenten a Juan lo que han visto y oído: los ciegos reciben la vista, los cojos andan, los leprosos quedan limpios y los sordos oyen, los muertos son resucitados *y a los* pobres se les anuncia el evangelio. **23** Y bienaventurado es el que no se escandaliza de Mí».

JESÚS HABLA DE JUAN EL BAUTISTA

24 Cuando los mensajeros de Juan se fueron, Jesús comenzó a hablar a las multitudes acerca de Juan: «¿Qué salieron a ver en el desierto? ¿Una caña sacudida por el viento? **25** Pero, ¿qué salieron a ver? ¿Un hombre vestido con ropas finas? Miren, los que visten con esplendor y viven en deleites están en los palacios de los reyes. **26** Pero, ¿qué salieron a ver? ¿Un profeta? Sí, les digo, y uno que es más que un profeta. **27** Este es aquel de quien está escrito:

> «He aquí, Yo envío Mi mensajero delante de Ti,
> Quien preparará Tu camino delante de Ti".

28 Les digo que entre los nacidos de mujer[1], no hay nadie mayor que Juan; sin embargo, el más pequeño en el reino de Dios es mayor que él».

29 Al oír *esto,* todo el pueblo y los recaudadores de impuestos[1] reconocieron la justicia de Dios[2], y fueron bautizados con el bautismo de Juan. **30** Pero los fariseos y los intérpretes de la ley[1] rechazaron los propósitos de Dios para con ellos, al no ser bautizados por Juan[2].

31 «¿A qué, entonces, compararé los hombres de esta generación, y a qué son semejantes? **32** Son semejantes a los muchachos que se sientan en la plaza y se llaman unos a otros, y dicen: "Les tocamos la flauta, y no bailaron; entonamos endechas, y no lloraron". **33** Porque ha venido Juan el Bautista, que no come pan, ni bebe vino, y ustedes dicen: "Tiene un demonio". **34** Ha venido el Hijo del Hombre, que come y bebe, y dicen: "Miren, un hombre glotón y bebedor de vino, amigo de recaudadores de impuestos y de pecadores". **35** Pero[1] la sabiduría es justificada por todos sus hijos».

7:32
Jesús comparó a las personas con los muchachos
La gente rechazaba tanto a Juan el Bautista como a Jesús, pero por razones diferentes. Pensaban que Juan era demasiado estricto y que Jesús era demasiado liberal. Jesús dijo que eran como muchachos que se negaban a jugar a un juego porque era demasiado triste o demasiado alegre.

7:19 ¹ Lit. *ciertos dos.*   ² Algunos de los mss. más antiguos dicen: *uno diferente.*
7:28 ¹ Lit. *mujeres.*   7:29 ¹ O *publicanos;* i.e. los que explotaban la recaudación de los impuestos romanos, y así en el vers. 34.   ² O *justificaron a Dios.*
7:30 ¹ I.e. expertos en la ley de Moisés.   ² Lit. *él.*   7:35 ¹ Lit. *Y.*

JESÚS PERDONA A UNA PECADORA

36 Uno de los fariseos pidió a Jesús que comiera con él; y entrando Él en la casa del fariseo, se sentó[1] *a la mesa.* **37** Había en la ciudad una mujer que era pecadora, y cuando se enteró de que Jesús estaba sentado[1] *a la mesa* en casa del fariseo, trajo un frasco de alabastro con perfume; **38** y poniéndose detrás *de Él* a Sus pies, llorando, comenzó a regar Sus pies con lágrimas y *los* secaba con los cabellos de su cabeza, besaba Sus pies y *los* ungía con el perfume. **39** Pero al ver *esto* el fariseo que lo había invitado, dijo para sí[1]: «Si Este fuera un profeta[2], sabría quién y qué clase de mujer es la que lo está tocando, que es una pecadora».

40 Y Jesús le dijo*: «Simón, tengo algo que decirte». «Di, Maestro», le contestó. **41** «Cierto prestamista tenía dos deudores; uno *le* debía 500 denarios[1] y el otro cincuenta; **42** y no teniendo ellos con qué pagar, perdonó generosamente a los dos. ¿Cuál de ellos, entonces, lo amará más?».

43 «Supongo que aquel a quien le perdonó más», respondió Simón. Y Jesús le dijo: «Has juzgado correctamente».

44 Y volviéndose hacia la mujer, le dijo a Simón: «¿Ves esta mujer? Yo entré a tu casa *y* no me diste agua para Mis pies, pero ella ha regado Mis pies con sus lágrimas y *los* ha secado con sus cabellos. **45** No me diste beso, pero ella, desde que entré, no ha cesado[1] de besar Mis pies. **46** No ungiste Mi cabeza con aceite, pero ella ungió Mis pies con perfume. **47** Por lo cual te digo que sus pecados, que son muchos, han sido perdonados, porque amó mucho; pero a quien poco se le perdona, poco ama». **48** Entonces Jesús le dijo a la mujer: «Tus pecados han sido perdonados».

49 Los que estaban sentados[1] *a la mesa* con Él comenzaron a decir entre sí: «¿Quién es Este que hasta perdona pecados?». **50** Pero Jesús dijo a la mujer: «Tu fe te ha salvado, vete en paz».

MUJERES QUE SERVÍAN A JESÚS

8 Poco[1] después, Jesús comenzó a recorrer las ciudades y aldeas, proclamando y anunciando las buenas nuevas[2] del reino de Dios. Con Él *iban* los doce *discípulos,* **2** y *también* algunas mujeres que habían sido sanadas de espíritus malos y de enfermedades: María, llamada Magdalena, de la que habían salido siete demonios; **3** Juana, mujer de Chuza, mayordomo de Herodes; Susana y muchas otras que de sus bienes personales contribuían al sostenimiento de ellos.

PARÁBOLA DEL SEMBRADOR

4 Habiéndose congregado una gran multitud y los que de varias ciudades acudían a Jesús, entonces *les* habló por medio de una parábola: **5** «El sembrador salió a sembrar su semilla. Al sembrarla, una parte cayó junto al camino, y fue pisoteada y las aves del cielo se la comieron. **6** Otra *parte* cayó sobre la roca, y tan pronto como creció, se secó, porque no tenía humedad. **7** Otra

7:44
Los dueños de casa solían darles agua a los huéspedes para sus pies
Proporcionar agua para lavarse los pies era una señal de hospitalidad.

8:5
Cómo plantaban las semillas los sembradores
La práctica consistía en esparcir las semillas y arar el campo después. Las carreteras y los caminos a menudo atravesaban los campos, por lo que algunas semillas caían allí. El tráfico hacía que gran parte de la superficie fuera demasiado dura para que las semillas formaran raíces.

7:36 [1] Lit. *se recostó.*   7:37 [1] Lit. *recostado.*   7:39 [1] Lit. *para sí diciendo.*
[2] Algunos mss. dicen: *el profeta.*   7:41 [1] e. salario de 500 días.   7:45 [1] Lit. *no cesaba.*   7:49 [1] Lit. *reclinados.*   8:1 [1] Lit. *Y sucedió.*   [2] O *el evangelio.*

LA OPOSICIÓN

La cantidad de veces que los líderes religiosos acusaron, criticaron y cuestionaron a Jesús según los relatos de los Evangelios:

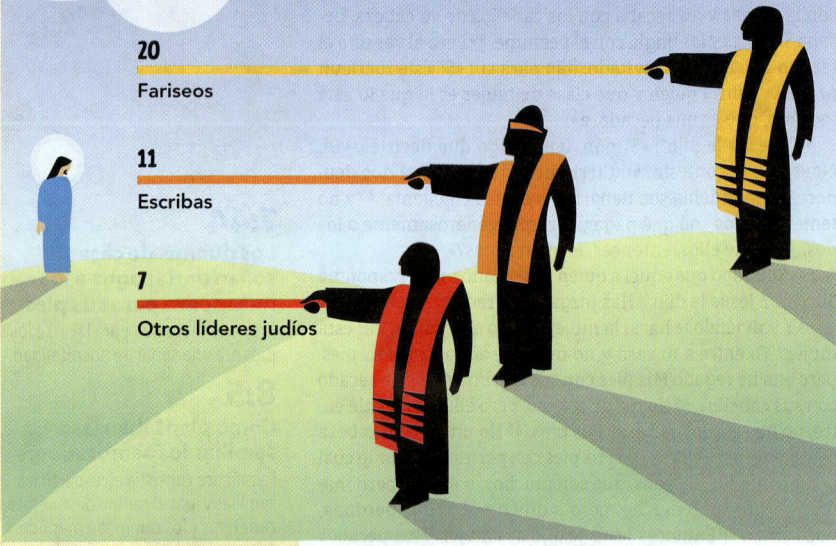

20 Fariseos

11 Escribas

7 Otros líderes judíos

parte cayó en medio de los espinos; y los espinos, al crecer con ella, la ahogaron. **8** Y otra *parte* cayó en tierra buena, y creció y produjo una cosecha a ciento por uno». Al hablar estas cosas, Jesús exclamaba: «El que tiene oídos para oír, que oiga».

EXPLICACIÓN DE LA PARÁBOLA

9 Sus discípulos le preguntaban qué quería decir esta parábola, **10** y Él respondió: «A ustedes se les ha concedido conocer los misterios del reino de Dios, pero a los demás *les hablo* en parábolas, para que viendo, no vean; y oyendo, no entiendan. **11** La parábola es esta: la semilla es la palabra de Dios. **12** Aquellos a lo largo del camino son los que han oído, *pero* después viene el diablo y arrebata la palabra de sus corazones, para que no crean y se salven. **13** Aquellos sobre la roca son los que, cuando oyen, reciben la palabra con gozo; pero[1] no tienen raíz *profunda;* creen[2] por algún tiempo, y en el momento de la tentación sucumben. **14** La *semilla* que cayó entre los espinos, son los que han oído, y al continuar su camino son ahogados por las preocupaciones, las riquezas y los placeres de la vida, y su fruto no madura. **15** Pero la *semilla* en la tierra buena, son los que han oído la palabra con corazón recto y bueno, y la retienen, y dan fruto con *su* perseverancia.

16 »Nadie enciende una lámpara y la cubre con una vasija, o *la* pone debajo de una cama, sino que *la* pone sobre un

8:10
Los misterios del reino de Dios

Estas eran verdades que alguien solo podía conocer si Dios se las revelaba. Los que no estaban dispuestos a recibir el mensaje de Jesús no encontrarían la verdad.

8:16
El candelero

En la época de Jesús, la gente utilizaba pequeñas lámparas de arcilla que quemaban el aceite de oliva que subía por medio de una mecha. Como solo emitían una pequeña cantidad de luz, a menudo se colocaban sobre un candelero para que dieran la máxima claridad posible.

8:13 [1] Lit. *y.*   [2] Lit. *quienes creen.*

candelero para que los que entren vean la luz. [17] Pues no hay nada oculto que no haya de ser manifiesto, ni secreto que no haya de ser conocido y salga a la luz.

[18] »Por tanto, tengan cuidado de cómo oyen; porque al que tiene, *más* le será dado; y al que no tiene, aun lo que cree que tiene[1] se le quitará».

LA MADRE Y LOS HERMANOS DE JESÚS

[19] Entonces la madre y los hermanos de Jesús llegaron a *donde* Él *estaba*, pero no podían acercarse a Él debido al gentío. [20] «Tu madre y Tus hermanos están afuera y te quieren ver», le avisaron. [21] Pero Él les respondió: «Mi madre y Mis hermanos son estos que oyen la palabra de Dios y *la* hacen».

JESÚS CALMA LA TEMPESTAD

[22] Uno de *aquellos* días, Jesús entró en una barca con Sus discípulos, y les dijo: «Pasemos al otro lado del lago». Y se hicieron a la mar. [23] Pero mientras ellos navegaban, Él se durmió; y una violenta tempestad[1] descendió sobre el lago, y comenzaron a hundirse y corrían peligro.

[24] Llegándose a Jesús, lo despertaron, diciendo: «¡Maestro, Maestro, que perecemos!». Y Él, levantándose, reprendió al viento y a las olas embravecidas, y cesaron y sobrevino la calma. [25] «¿Dónde está la fe de ustedes?», les dijo. Pero ellos estaban atemorizados y asombrados, diciéndose unos a otros: «¿Quién, pues, es Este que aun a los vientos y al agua manda y lo obedecen?».

EL ENDEMONIADO GADARENO

[26] Entonces navegaron hacia la tierra de los gadarenos[1] que está al lado opuesto de Galilea. [27] Cuando Jesús bajó a tierra, le salió al encuentro un hombre de la ciudad poseído por demonios, y que por mucho tiempo no se había puesto ropa alguna, ni vivía en una casa sino en los sepulcros. [28] Al ver a Jesús, gritó y cayó delante de Él, y dijo en alta voz: «¿Qué tienes Tú que ver conmigo[1], Jesús, Hijo del Dios Altísimo? Te ruego que no me atormentes».

[29] Porque Él mandaba al espíritu inmundo que saliera del hombre, pues muchas veces[1] se había apoderado de él, y[2] estaba atado con cadenas y grillos y bajo guardia; *a pesar de todo* rompía las ataduras y era llevado por el demonio a los desiertos. [30] Entonces Jesús le preguntó: «¿Cómo te llamas?». «Legión», contestó; porque muchos demonios habían entrado en él.

[31] Y le rogaban que no les ordenara irse al abismo. [32] Había una manada de muchos cerdos paciendo allí en el monte; y *los demonios* le rogaron que les permitiera entrar en los cerdos[1]. Y Él les dio permiso. [33] Los demonios salieron

Todd Bolen/www.BiblePlaces.com, tomada en el Museo de Éfeso

8:27
El habitante de los sepulcros

La misma cueva (sepulcro) en la que se enterraba a los muertos podía brindar refugio a los vivos. Las personas muy pobres solían vivir en ese tipo de cuevas.

8:30
Legión

Una legión romana estaba formada por seis mil soldados. Aquí, la palabra sugiere que muchos demonios habían poseído al hombre.

© meunierd/Shutterstock

8:18 [1] *O parece tener.*   8:23 [1] Lit. *tempestad de viento.*
8:26 [1] *Otros mss. dicen: guerasenos, o guerguesenos, y así en el vers. 37.*   8:28 [1] Lit. *¿Qué a mí y a ti.*   8:29 [1] *Algunas versiones traducen: que hacía mucho tiempo.*   [2] *O le había atacado con fuerza, y.*   8:32 [1] Lit. *a ellos.*

del hombre y entraron en los cerdos, y la manada se precipitó por el despeñadero al lago y se ahogaron.

34 Cuando los que los cuidaban vieron lo que había sucedido, huyeron y lo contaron en la ciudad y por los campos. **35** Salió entonces *la gente* a ver qué había sucedido; y vinieron a Jesús, y encontraron al hombre de quien habían salido los demonios, sentado a los pies de Jesús, vestido y en su cabal juicio, y se llenaron de temor. **36** Los que *lo* habían visto, les contaron cómo el que estaba endemoniado había sido sanado[1]. **37** Entonces toda la gente[1] de la región alrededor de los gadarenos le pidió *a Jesús* que se alejara de ellos, porque estaban poseídos de un gran temor. Y Él, entrando a una barca, regresó.

38 Pero el hombre de quien habían salido los demonios le rogaba que le permitiera estar con Él[1]; pero Jesús lo despidió, diciendo: **39** «Vuelve a tu casa, y cuenta cuán grandes cosas[1] Dios ha hecho por ti». Y él se fue, proclamando por toda la ciudad cuán grandes cosas[1] Jesús había hecho por él.

JAIRO RUEGA POR SU HIJA

40 Cuando Jesús volvió, la multitud lo recibió *con gozo*, porque todos lo habían estado esperando. **41** Entonces llegó un hombre llamado Jairo, que era un oficial[1] de la sinagoga. Cayendo a los pies de Jesús, le rogaba que entrara a su casa; **42** porque tenía una hija única[1], como de doce años, que estaba al borde de la muerte. Pero mientras Él iba, la muchedumbre lo apretaba.

JESÚS SANA A UNA MUJER

43 Y una mujer que había tenido un flujo de sangre por doce años y que había gastado en médicos todo cuanto tenía[1], sin que nadie pudiera curarla, **44** se acercó a Jesús por detrás y tocó el borde de Su manto, y al instante cesó el flujo de su sangre. **45** Y Jesús preguntó: «¿Quién es el que me ha tocado?». Mientras todos lo negaban, Pedro dijo, y los que con él estaban[1]: «Maestro, las multitudes te aprietan y te oprimen». **46** Pero Jesús dijo: «Alguien me tocó, porque me di cuenta de que había salido poder de Mí». **47** Al ver la mujer que ella no había pasado inadvertida, se acercó temblando, y cayendo delante de Él, declaró en presencia de todo el pueblo la razón por la cual lo había tocado, y cómo al instante había sido sanada. **48** Y Él le dijo: «Hija, tu fe te ha sanado[1]; vete en paz».

JESÚS RESUCITA A LA HIJA DE JAIRO

49 Mientras Jesús estaba todavía hablando, vino* alguien de *la casa de Jairo,* oficial de la sinagoga, diciendo: «Tu hija ha muerto; no molestes más al Maestro». **50** Pero cuando Jesús *lo* oyó, le respondió: «No temas; cree solamente, y ella será sanada[1]». **51** Al llegar Jesús a la casa, no permitió que nadie entrara con Él sino *solo* Pedro, Juan y Jacobo[1], y el padre y la madre

8:43
La enfermedad de esta mujer

No sabemos exactamente qué enfermedad tenía. Las personas seguro la rechazaban, porque cualquier contacto con ella significaría ser considerado ceremonialmente impuro. Así que su vida seguramente era muy solitaria.

8:36 [1] Lit. *salvado.*   8:37 [1] Lit. *la multitud.*   8:38 [1] Lit. *estar con Él.*   8:39 [1] O *todo lo que.*   8:41 [1] O *principal.*   8:42 [1] O *solo una hija.*   8:43 [1] Algunos mss. antiguos no incluyen: *y que había...cuanto tenía.*   8:45 [1] Algunos mss. antiguos no incluyen: *y los... estaban.*   8:48 [1] Lit. *salvado.*   8:50 [1] Lit. *salvada.*   8:51 [1] O *Santiago.*

de la muchacha. **52** Todos la lloraban y se lamentaban; pero Él dijo: «No lloren, porque no ha muerto, sino que duerme».

53 Y se burlaban de Él, sabiendo que ella había muerto. **54** Pero Él, tomándola de la mano, clamó, diciendo: «¡Niña, levántate!». **55** Entonces le volvió a ella su espíritu y se levantó al instante, y Jesús mandó que le dieran de comer. **56** Sus padres estaban asombrados, pero Él les encargó que no dijeran a nadie lo que había sucedido.

MISIÓN DE LOS DOCE

9 Reuniendo Jesús a los doce *discípulos,* les dio poder y autoridad sobre todos los demonios y para sanar enfermedades. **2** Los envió a proclamar el reino de Dios y a sanar a los enfermos. **3** Y les dijo: «No tomen nada para el camino, ni bordón, ni alforja¹, ni pan, ni dinero; ni tengan dos túnicas cada uno. **4** En cualquier casa donde entren, quédense allí, y sea de allí *su* salida. **5** En cuanto a los que no los reciban, al salir de esa ciudad, sacudan el polvo de sus pies en testimonio contra ellos».

6 Entonces salieron, e iban por las aldeas anunciando el evangelio y sanando por todas partes.

HERODES OYE HABLAR DE JESÚS

7 Herodes el tetrarca se enteró de todo lo que estaba pasando, y estaba muy perplejo, porque algunos decían que Juan había resucitado de entre los muertos, **8** otros, que Elías había aparecido, y otros, que algún profeta de los antiguos había resucitado. **9** Entonces Herodes dijo: «A Juan yo lo hice decapitar; ¿quién es, entonces, Este de quien oigo tales cosas?». Y procuraba ver a Jesús.

ALIMENTACIÓN DE LOS CINCO MIL

10 Cuando los apóstoles regresaron, dieron cuenta a Jesús de todo lo que habían hecho. Y tomándolos con Él, se retiró aparte a una ciudad llamada Betsaida. **11** Pero cuando la gente¹ se dio cuenta de esto, lo siguió; y Jesús, recibiéndolos, les hablaba del reino de Dios, y sanaba a los que tenían necesidad de ser curados.

12 El día comenzaba a declinar, y acercándose los doce, le dijeron: «Despide a la multitud, para que vayan a las aldeas y campos de los alrededores, y hallen alojamiento y consigan alimentos¹; porque aquí estamos en un lugar desierto». **13** «Denles ustedes de comer», les dijo Jesús. Y ellos dijeron: «No tenemos más que cinco panes y dos peces, a no ser que vayamos y compremos alimentos para toda esta gente». **14** Porque había como 5,000 hombres. Y Jesús dijo a Sus discípulos: «Hagan que se recuesten en grupos como de cincuenta cada uno».

15 Así lo hicieron, haciendo recostar a todos. **16** Tomando *Él* los cinco panes y los dos peces, levantó los ojos al cielo, los bendijo, *los* partió y *los* iba dando a los discípulos para que *los* sirvieran a¹ la gente. **17** Todos comieron y se saciaron; y se recogieron de lo que les sobró de los pedazos: doce cestas *llenas.*

9:3 ¹ O bolsa.   9:11 ¹ Lit. *las multitudes.*   9:12 ¹ Lit. *provisiones.*
9:16 ¹ Lit. *pusieran delante de.*

8:56
Por qué Jesús no quería que las personas hablaran sobre sus milagros
En Galilea, Jesús les pedía a menudo a las personas que no les contaran a los demás sobre los milagros que hacía. Él se estaba volviendo muy popular, y los líderes religiosos se sentían cada vez más disgustados por eso. Si demasiadas personas lo sabían, podría haberse generado una crisis antes de que Jesús hubiera finalizado su ministerio.

9:3
Los discípulos no debían llevar nada
Jesús quería que dependieran de la amabilidad de las personas que visitaran. También les dijo que no llevaran una túnica de más, y que confiaran en que Dios les proporcionaría alojamiento por las noches.

9:5
Sacudir el polvo de los pies
Este era un gesto que se utilizaba en la época de Jesús. Si la gente de un pueblo rechazaba el mensaje de Dios, los discípulos sacudían el polvo de sus pies como una advertencia de juicio.

9:17
Doce cestas sobrantes
Esto demostraba que todos tuvieron suficiente para comer.

9:20
Por qué Pedro respondió la pregunta

Pedro era el discípulo más comunicativo. Más tarde se convirtió en el vocero o representante de los discípulos en el día de Pentecostés.

9:23
El llamado de Jesús

Jesús dijo que aquellos que lo siguieran tendrían que dejar de enfocarse en las cosas que querían para sí mismos y obedecerle.

9:30-31
Moisés y Elías se aparecieron

Moisés fue el libertador y el legislador, y Elías fue el representante de los profetas. Juntos, simbolizaban el modo en que Dios había guiado a su pueblo a lo largo de la historia.

9:33
Las enramadas que quería construir Pedro

Las enramadas eran refugios. Es posible que Pedro quisiera levantar tiendas en las que Dios pudiera comunicarse con su pueblo, o que estuviese pensando en las cabañas utilizadas en la Fiesta de los Tabernáculos. (Ver Levítico 23:42).

LA CONFESIÓN DE PEDRO

18 Estando Jesús orando a solas, estaban con Él los discípulos, y les preguntó: «¿Quién dicen las multitudes que soy Yo?». **19** Entonces ellos respondieron: «*Unos*, Juan el Bautista, otros, Elías, y otros, que algún profeta de los antiguos ha resucitado». **20** «Y ustedes ¿quién dicen que soy Yo?» les preguntó. Y Pedro le respondió: «El Cristo[1] de Dios».

21 Pero Jesús, advirtiéndoles severamente, *les* mandó que no dijeran esto a nadie, **22** y les dijo: «El Hijo del Hombre debe padecer mucho, y ser rechazado por los ancianos, los principales sacerdotes y los escribas, y ser muerto, y resucitar al tercer día».

23 Y a todos les decía: «Si alguien quiere seguirme, niéguese a sí mismo, tome su cruz cada día y sígame. **24** Porque el que quiera salvar su vida, la perderá, pero el que pierda su vida por causa de Mí, ese la salvará. **25** Pues, ¿de qué le sirve a un hombre haber ganado el mundo entero, si[1] él mismo se destruye o se pierde? **26** Porque el que se avergüence de Mí y de Mis palabras, de este se avergonzará el Hijo del Hombre cuando venga en Su gloria, y *la* del Padre, y *la* de los santos ángeles. **27** Pero en verdad les digo que hay algunos de los que están aquí, que no probarán la muerte hasta que vean el reino de Dios».

LA TRANSFIGURACIÓN

28 Y como ocho días después de estas palabras, Jesús tomó con Él a Pedro, a Juan y a Jacobo[1], y subió al monte a orar. **29** Mientras oraba, la apariencia de Su rostro se hizo otra, y Su ropa *se hizo* blanca y resplandeciente[1]. **30** Y de repente dos hombres hablaban con Él, los cuales eran Moisés y Elías, **31** quienes apareciendo en gloria[1], hablaban de la partida de Jesús que Él estaba a punto de cumplir en Jerusalén. **32** Pedro y sus compañeros habían sido vencidos por el sueño, pero cuando estuvieron bien despiertos, vieron la gloria de Jesús y a los dos varones que estaban con Él. **33** Y al retirarse ellos de Él, Pedro dijo a Jesús: «Maestro, es bueno quedarnos aquí; hagamos tres enramadas[1], una para Ti, otra para Moisés y otra para Elías». Pero Pedro no sabía lo que decía.

34 Entonces, mientras él decía esto, se formó una nube que los cubrió; y tuvieron temor al entrar en la nube. **35** Y una voz salió de la nube, que decía: «Este es Mi Hijo, *Mi* Escogido[1]; oigan a Él». **36** Después de oírse la voz[1], Jesús quedó solo. Ellos mantuvieron esto en secreto; por aquellos días no contaron nada de lo que habían visto.

JESÚS SANA A UN MUCHACHO ENDEMONIADO

37 Y aconteció que al día siguiente, cuando bajaron del monte, una gran multitud le salió al encuentro. **38** En ese momento un hombre de la multitud gritó: «Maestro, te suplico que veas a mi hijo, pues es el único que tengo[1], **39** y sucede que un espíritu se apodera de él, y de repente da gritos, y

---

9:20 [1] I.e. El Mesías.   9:25 [1] Lit. *y*.   9:28 [1] O *Santiago*.   9:29 [1] Lit. *centelleando como el rayo*.   9:31 [1] O *relampagueante*.   9:33 [1] O *tiendas sagradas*.
9:35 [1] Algunos mss. dicen: *Amado*.   9:36 [1] Lit. *ocurrió*.   9:38 [1] O *es mi unigénito*.

el espíritu hace que caiga con convulsiones, echando[1] espumarajos; y cuando lo estropea, a duras penas se aparta de él. **40** Entonces rogué a Tus discípulos que echaran fuera ese espíritu, y no pudieron».

41 Jesús les respondió: «¡Oh generación incrédula y perversa! ¿Hasta cuándo he de estar con ustedes y he de soportarlos? Trae acá a tu hijo». **42** Cuando este se acercaba, el demonio lo derribó y lo hizo caer con convulsiones. Pero Jesús reprendió al espíritu inmundo, y sanó al muchacho y se lo devolvió a su padre. **43** Y todos estaban admirados de la grandeza[1] de Dios.

JESÚS ANUNCIA OTRA VEZ SU MUERTE

Mientras todos se maravillaban de todas las cosas que hacía, Jesús dijo a Sus discípulos: **44** «Hagan[1] que estas palabras penetren en sus oídos, porque el Hijo del Hombre va a ser entregado en manos de los hombres». **45** Pero ellos no entendían estas palabras[1], y les estaban veladas para que no las comprendieran; y temían preguntar a Jesús acerca de ellas[1].

EL MAYOR EN EL REINO DE LOS CIELOS

46 Y comenzó[1] una discusión entre ellos, sobre quién de ellos sería el mayor. **47** Entonces Jesús, sabiendo lo que pensaban en[1] sus corazones, tomó a un niño y lo puso a Su lado. **48** «El que reciba a este niño en Mi nombre», les dijo, «me recibe a Mí; y el que me recibe a Mí, recibe a Aquel que me envió; porque el que es más pequeño[1] entre todos ustedes, ese es grande».

49 Y Juan respondió: «Maestro, vimos a uno echando fuera demonios en Tu nombre, y tratamos de impedírselo porque no anda con nosotros». **50** Pero Jesús le dijo: «No *se lo* impidan; porque el que no está contra ustedes, está con ustedes».

JESÚS REPRENDE A JACOBO Y A JUAN

51 Sucedió que cuando se cumplían los días de Su ascensión[1], Jesús, con determinación, afirmó Su rostro para ir a Jerusalén. **52** Y envió mensajeros delante de Él; y ellos fueron y entraron en una aldea de los samaritanos para hacer los preparativos para Él. **53** Pero no lo recibieron, porque sabían que había determinado ir a[1] Jerusalén.

54 Al ver *esto*, Sus discípulos Jacobo[1] y Juan, dijeron: «Señor, ¿quieres que mandemos que descienda fuego del cielo y los consuma[2]?». **55** Pero Él, volviéndose, los reprendió,[1] y dijo: «Ustedes no saben de qué espíritu son, **56** porque el Hijo del Hombre no ha venido para destruir las almas de los hombres, sino para salvarlas». Y se fueron a otra aldea.

LO QUE DEMANDA EL DISCIPULADO

57 Mientras ellos iban por el camino, uno le dijo: «Te seguiré adondequiera que vayas». **58** «Las zorras tienen madrigueras

9:52-53
Los samaritanos no los recibieron

A los samaritanos no les caían bien los judíos. No eran amistosos con ellos, especialmente cuando los judíos se dirigían a las fiestas religiosas de Jerusalén. El viaje de Galilea a Jerusalén a través de Samaria duraba por lo menos tres días, pero los samaritanos no les ofrecían alojamiento a los judíos para pasar la noche.

9:39 [1] Lit. *con.*   9:43 [1] O *majestad.*   9:44 [1] Lit. *Pongan.*   9:45 [1] Lit. *esta palabra.*   9:46 [1] Lit. *se introdujo.*   9:47 [1] Lit. *el razonamiento de.* 9:48 [1] O *humilde.*   9:51 [1] Lit. *su recepción arriba.*   9:53 [1] Lit. *porque su rostro iba hacia.*   9:54 [1] O *Santiago.*   [2] Algunos mss. agregan: *como lo hizo también Elías.*   9:55 [1] Muchos mss. antiguos no incluyen las palabras: *y dijo: Ustedes...sino para salvarlas,* de los vers. 55 y 56.

y las aves del cielo nidos», le dijo Jesús, «pero el Hijo del Hombre no tiene dónde recostar la cabeza».

59 A otro le dijo: «Ven tras Mí». Pero él contestó: «Señor[1], permíteme que vaya primero a enterrar a mi padre». **60** «Deja que los muertos entierren a sus muertos», le respondió Jesús; «pero tú, ve y anuncia por todas partes el reino de Dios».

61 También otro dijo: «Te seguiré, Señor; pero primero permíteme despedirme de los de mi casa». **62** Pero Jesús le dijo: «Nadie, que después de poner la mano en el arado mira atrás, es apto para el reino de Dios».

JESÚS ENVÍA A LOS SETENTA

10 Después de esto, el Señor designó a otros setenta[1], y los envió de dos en dos delante de Él, a toda ciudad y lugar adonde Él había de ir. **2** Y les decía: «La cosecha es mucha, pero los obreros pocos; rueguen, por tanto, al Señor de la cosecha que envíe obreros a Su cosecha. **3** Vayan; miren que los envío como corderos en medio de lobos. **4** No lleven bolsa, ni alforja[1], ni sandalias; y a nadie saluden por el camino.

5 »En cualquier casa que entren, primero digan: "Paz a esta casa". **6** Y si hay allí un hijo de paz, la paz de ustedes reposará sobre él; pero si no, se volverá a ustedes. **7** Permanezcan entonces en esa casa[1], comiendo y bebiendo lo que les den[2]; porque el obrero es digno de su salario. No se pasen de casa en casa. **8** En cualquier ciudad donde entren y los reciban, coman lo que les sirvan; **9** sanen a los enfermos que haya en ella, y díganles: "Se ha acercado a ustedes el reino de Dios".

10 »Pero en cualquier ciudad donde entren, y no los reciban, salgan a sus calles, y digan: **11** "Hasta el polvo de su ciudad que se pega a nuestros pies, nos lo sacudimos *en protesta* contra ustedes; pero sepan esto: que el reino de Dios se ha acercado". **12** Les digo que en aquel día será más tolerable *el castigo* para Sodoma que para aquella ciudad.

13 »¡Ay de ti Corazín! ¡Ay de ti Betsaida! Porque si los milagros[1] que se hicieron entre ustedes hubieran sido hechos en Tiro y Sidón, hace tiempo que se hubieran arrepentido sentados en cilicio y ceniza. **14** Por eso, en el juicio será más tolerable *el castigo* para Tiro y Sidón que para ustedes. **15** Y tú, Capernaúm, ¿acaso serás elevada hasta los cielos? ¡Hasta el Hades[1] serás hundida!

16 »El que a ustedes escucha, me escucha a Mí, y el que a ustedes rechaza, me rechaza a Mí; y el que me rechaza a Mí, rechaza al que me envió».

REGRESO DE LOS SETENTA

17 Los setenta[1] regresaron con gozo, diciendo: «Señor, hasta los demonios se nos sujetan en Tu nombre». **18** Y Él les dijo: «Yo veía a Satanás caer del cielo como un rayo. **19** Miren, les he dado autoridad para pisotear sobre serpientes y escorpiones, y sobre todo el poder

10:1
Por qué Jesús envió a tantos discípulos a predicar su mensaje
Jesús quería dar a conocer su mensaje por toda Judea como lo había hecho en Galilea.

10:19
Serpientes y escorpiones
Probablemente representaban a los espíritus malignos. Cuando habla del enemigo se refiere a Satanás.

9:59 [1] Algunos mss. no incluyen: *Señor.*　10:1 [1] Algunos mss. antiguos dicen: *setenta y dos.*　10:4 [1] O *mochila, o bolsa.*　10:7 [1] O *en la casa misma.*　[2] Lit. *las cosas de ellos.*　10:13 [1] Lit. *las obras de poder.*　10:15 [1] I.e. la región de los muertos.　10:17 [1] Algunos mss. antiguos dicen: *setenta y dos.*

del enemigo, y nada les hará daño. **20** Sin embargo, no se regocijen en esto, de que los espíritus se les sometan, sino regocíjense de que sus nombres están escritos en los cielos».

JESÚS SE REGOCIJA

21 En aquella misma hora Jesús se regocijó mucho en el Espíritu Santo, y dijo: «Te alabo, Padre, Señor del cielo y de la tierra, porque ocultaste estas cosas a sabios y a inteligentes, y las revelaste a niños. Sí, Padre, porque así fue de Tu agrado. **22** Todas las cosas me han sido entregadas por Mi Padre, y nadie sabe quién es el Hijo sino el Padre, ni quién es el Padre sino el Hijo, y aquel a quien el Hijo *se lo* quiera revelar».

23 Volviéndose hacia los discípulos, les dijo aparte: «Dichosos los ojos que ven lo que ustedes ven; **24** porque les digo que muchos profetas y reyes desearon ver lo que ustedes ven, y no *lo* vieron, y oír lo que ustedes oyen, y no *lo* oyeron».

PREGUNTA SOBRE LA VIDA ETERNA

25 Cierto intérprete de la ley[1] se levantó, y para poner[2] a prueba a Jesús dijo: «Maestro, ¿qué haré para heredar la vida eterna?». **26** Y Jesús le dijo: «¿Qué está escrito en la ley? ¿Qué[1] lees *en ella*?».

27 Respondiendo él, dijo: «AMARÁS AL SEÑOR TU DIOS CON TODO TU CORAZÓN, Y CON TODA TU ALMA, Y CON TODA TU FUERZA, Y CON TODA TU MENTE, Y A TU PRÓJIMO COMO A TI MISMO». **28** Entonces Jesús le dijo: «Has respondido correctamente; haz esto y vivirás». **29** Pero queriendo él justificarse a sí mismo, dijo a Jesús: «¿Y quién es mi prójimo?».

PARÁBOLA DEL BUEN SAMARITANO

30 Jesús le respondió: «Cierto hombre bajaba de Jerusalén a Jericó, y cayó en manos de salteadores, los cuales después de despojarlo y de darle golpes, se fueron, dejándolo medio muerto. **31** Por casualidad cierto sacerdote bajaba por aquel camino, y cuando lo vio, pasó por el otro lado *del camino*. **32** Del mismo modo, también un levita, cuando llegó al lugar y lo vio, pasó por el otro lado *del camino*.

33 »Pero cierto samaritano, que iba de viaje, llegó adonde él *estaba*; y cuando lo vio, tuvo compasión. **34** Acercándose, le vendó sus heridas, derramando aceite y vino sobre *ellas*; y poniéndolo sobre su propia cabalgadura, lo llevó a un mesón y lo cuidó.

35 »Al día siguiente, sacando dos denarios[1] se los dio al mesonero, y dijo: "Cuídelo, y todo lo demás que gaste, cuando yo regrese se lo pagaré". **36** ¿Cuál de estos tres piensas tú que demostró ser prójimo del que cayó en *manos de* los salteadores?». **37** El intérprete de la ley respondió: «El que tuvo misericordia de él». «Ve y haz tú lo mismo», le dijo Jesús.

10:30
De Jerusalén a Jericó
La distancia de Jerusalén a Jericó era de 27 kilómetros, con un descenso desde unos 760 metros sobre el nivel del mar hasta unos 240 metros por debajo del nivel del mar. El camino atravesaba paisajes rocosos que eran escondites perfectos para los ladrones.

10:33
Los samaritanos
Cuando el pueblo de Israel fue capturado, los asirios trajeron gentiles al territorio. Los israelitas que se quedaron allí se casaron con esos gentiles. Sus descendientes fueron conocidos como los samaritanos. En la época de Jesús, los judíos y samaritanos no se llevaban bien.

10:35
El valor de dos denarios
Dos denarios equivalían a dos días de salario y eran suficientes para pagar casi dos meses de alojamiento en una posada.

A. D. Riddle/www.BiblePlaces.com, tomada en el Trinity Evangelical Divinity School

---

10:25 [1] I.e. experto en la ley de Moisés.   [2] Lit. *poniendo*.   10:26 [1] Lit. *¿Cómo*.
10:35 [1] I.e. salario de dos días.

JESÚS VISITA A MARTA Y A MARÍA

38 Mientras iban ellos de camino, Jesús entró en cierta aldea; y una mujer llamada Marta lo recibió en su casa. **39** Ella tenía una hermana que se llamaba María, que[1] sentada a los pies del Señor, escuchaba Su palabra. **40** Pero Marta se preocupaba con todos los preparativos[1]. Y acercándose *a Él, le* dijo: «Señor, ¿no te importa que mi hermana me deje servir sola? Dile, pues, que me ayude».

41 El Señor le respondió: «Marta, Marta, tú estás preocupada y molesta por tantas cosas; **42** pero una sola cosa es necesaria[1], y[2] María ha escogido la parte buena, la cual no le será quitada».

JESÚS ENSEÑA SOBRE LA ORACIÓN

11 Aconteció que estando Jesús orando en cierto lugar, cuando terminó, le dijo uno de Sus discípulos: «Señor, enséñanos a orar, así como Juan enseñó también a sus discípulos». **2** Y Él les dijo: «Cuando oren, digan:

"[1]Padre, santificado sea Tu nombre.
Venga Tu reino.
3 Danos hoy[1] el pan nuestro de cada día[2].
4 Y perdónanos nuestros pecados,
Porque también nosotros perdonamos a todos los que nos deben.
Y no nos metas[1] en tentación"».

5 También les dijo: «Supongamos que uno de ustedes[1] tiene un amigo, y va a él a medianoche y le dice: "Amigo, préstame tres panes, **6** porque un amigo mío ha llegado de viaje a mi *casa*, y no tengo nada que ofrecerle[1]"; **7** y aquel, respondiendo desde adentro, le dice: "No me molestes; la puerta ya está cerrada, y mis hijos y yo estamos acostados[1]; no puedo levantarme para darte *nada*". **8** Les digo que aunque no se levante a darle *algo* por ser su amigo, no obstante, por su importunidad se levantará y le dará cuanto necesite.

9 »Así que Yo les digo: pidan, y se les dará; busquen, y hallarán; llamen, y se les abrirá. **10** Porque todo el que pide, recibe; y el que busca, halla; y al que llama, se le abrirá.

11 »O supongan que a uno de ustedes que es padre, su hijo le pide[1] pan, ¿acaso le dará una piedra? O si *le pide* un[2] pescado, ¿acaso le dará una serpiente en lugar del pescado? **12** O si le[1] pide un huevo, ¿acaso le dará un escorpión? **13** Pues si ustedes siendo malos, saben dar buenas dádivas a sus hijos, ¿cuánto más *su* Padre celestial[1] dará el Espíritu Santo a los que se lo pidan?».

JESÚS Y BEELZEBÚ

14 Jesús estaba echando fuera un demonio que era mudo, y cuando el demonio salió, el mudo habló; y las multitudes se

---

11:2-4
La oración del Señor se repite
Esta también aparece de forma más extensa en Mateo 6:9-13.

11:4
El significado del perdón de los pecados
En Mateo 6:12 la palabra utilizada es *deudas*, y significa lo mismo que *pecados*. La oración de Jesús ofrece un modelo para los creyentes, quienes ya han sido perdonados por sus pecados en general. Jesús habla del perdón diario, que es necesario para cancelar la deuda de nuestro pecado cotidiano y restaurar nuestra relación con Dios.

10:39 [1] Lit. *que también.*   10:40 [1] Lit. *el mucho servicio.*   10:42 [1] Algunos mss. dicen: *unas pocas cosas son necesarias.*   [2] Lit. *porque.*   11:2 [1] Algunos mss. incluyen en los vers. 2, 3 y 4, frases que se encuentran en Mat. 6:9-13.
11:3 [1] O *diariamente.*   [2] O *para el día venidero.*   11:4 [1] O *no nos dejes caer.*   11:5 [1] Lit. *¿Quién de ustedes.*   11:6 [1] Lit. *ponerle delante.*
11:7 [1] Lit. *están conmigo en la cama.*   11:11 [1] Lit. *Pero ¿a cuál de ustedes el hijo le pedirá al padre.*   [2] Algunos mss. antiguos no incluyen: *pan,…o si un.*
11:12 [1] Lit. *O también.*   11:13 [1] Lit. *Padre del cielo.*

maravillaron. **15** Pero algunos de ellos dijeron: «Él echa fuera los demonios por Beelzebú, príncipe de los demonios».

16 Y otros, para poner¹ a prueba a Jesús, demandaban de Él una señal² del cielo. **17** Pero conociendo Él sus pensamientos, les dijo: «Todo reino dividido contra sí mismo es asolado; y una casa dividida contra sí misma¹, se derrumba. **18** Y si también Satanás está dividido contra sí mismo, ¿cómo permanecerá en pie su reino? Porque ustedes dicen que Yo echo fuera demonios por Beelzebú. **19** Y si Yo echo fuera demonios por Beelzebú, ¿por quién los echan fuera los hijos de ustedes? Por tanto, ellos serán sus jueces. **20** Pero si Yo por el dedo de Dios echo fuera los demonios, entonces el reino de Dios ha llegado a ustedes.

21 »Cuando un¹ *hombre* fuerte, bien armado, custodia su palacio, sus bienes están seguros². **22** Pero cuando uno más fuerte que él lo ataca y lo vence, le quita todas sus armas en las cuales había confiado y distribuye su botín. **23** El que no está a Mi lado, contra Mí está; y el que a Mi lado no recoge, desparrama.

24 Cuando el espíritu inmundo sale del hombre, pasa por lugares áridos buscando descanso; y al no hallarlo, dice: "Volveré a mi casa de donde salí". **25** Y al llegar, la encuentra barrida y arreglada. **26** Entonces va y toma consigo otros siete espíritus peores que él, y entrando, moran allí; y el estado final de aquel hombre resulta peor que el primero».

LA VERDADERA DICHA

27 Mientras Jesús decía estas cosas, una de las mujeres en la multitud alzó la voz y dijo: «¡Dichosa la matriz¹ que te concibió² y los senos que te criaron!». **28** «Al contrario», le contestó Jesús, «dichosos los que oyen la palabra de Dios y *la* guardan».

LA GENTE DEMANDA SEÑAL

29 Como la multitud se aglomeraba, Jesús comenzó a decir: «Esta generación es una generación perversa; busca señal, y ninguna señal se le dará, sino la señal de Jonás. **30** Porque de la misma manera que Jonás vino a ser una señal para los ninivitas, así también lo será el Hijo del Hombre para esta generación.

31 »La Reina del Sur se levantará en el juicio con los hombres de esta generación y los condenará, porque ella vino desde los confines de la tierra para oír la sabiduría de Salomón; y miren, algo más *grande* que Salomón está aquí. **32** Los hombres de Nínive se levantarán en el juicio con esta generación y la condenarán, porque ellos se arrepintieron con la predicación de Jonás; y miren, algo más *grande* que Jonás está aquí.

LA LÁMPARA DEL CUERPO

33 »Nadie, cuando enciende una lámpara, la pone en un sótano ni debajo de una vasija, sino sobre el candelero, para

11:15
Beelzebú
Beelzebú era uno de los nombres para el príncipe de los demonios, o Satanás (versículo 18). Esta era la palabra griega para el nombre Baal Zebub, que era un modo sarcástico de llamar al dios Baal. (Ver 2 Reyes 1:2).

11:20
El significado de «el reino de Dios ha llegado»
Esto significaba que el Rey se encontraba allí con ellos, en la persona de Jesús. Y estaba derrotando a los poderes del mal.

11:16 ¹ Lit. *poniendo.* ² O un milagro.   11:17 ¹ Lit. *una casa contra una casa.*
11:21 ¹ Lit. *el.* ² Lit. *en paz.*   11:27 ¹ O *el vientre.* ² Lit. *cargó.*

que los que entren vean la luz. **34** La lámpara de tu cuerpo es tu ojo; cuando tu ojo está sano[1], también todo tu cuerpo está lleno de luz; pero cuando está malo, también tu cuerpo está lleno de oscuridad. **35** Mira, pues, que la luz que en ti hay no sea oscuridad. **36** Así que, si todo tu cuerpo está lleno de luz, sin tener parte alguna en tinieblas, estará totalmente iluminado como cuando la lámpara te alumbra con sus rayos».

JESÚS DENUNCIA A LOS FARISEOS Y A LOS INTÉRPRETES DE LA LEY

37 Cuando terminó de hablar, un fariseo le rogó* que comiera con él; y Jesús entró y se sentó[1] *a la mesa.* **38** El fariseo al ver *esto,* se sorprendió de que Jesús no se hubiera lavado[1] primero antes de comer, *según el ritual judío.*

39 Pero el Señor le dijo: «Ahora bien, ustedes los fariseos limpian lo de afuera del vaso y del plato; pero por dentro están llenos[1] de robo y de maldad. **40** Necios, el que hizo lo de afuera, ¿no hizo también lo de adentro? **41** Den más bien lo que está dentro[1] como obra de caridad, y entonces[2] todo les será limpio.

42 »Pero ¡ay de ustedes, fariseos! Porque pagan el diezmo de la menta y la ruda y toda *clase* de hortaliza, y *sin embargo* pasan por alto la justicia y el amor de Dios; pero esto es lo que debían haber practicado sin descuidar lo otro. **43** ¡Ay de ustedes, fariseos! Porque aman los primeros asientos en las sinagogas y los saludos respetuosos en las plazas. **44** ¡Ay de ustedes! Porque son como sepulcros que no se ven, sobre *los que andan los hombres sin saberlo*.

45 Respondiendo uno de los intérpretes de la ley[1], le dijo*: «Maestro, cuando dices esto, también a nosotros nos insultas». **46** Y Él dijo: «¡Ay también de ustedes, intérpretes de la ley! Porque cargan a los hombres con cargas difíciles de llevar, y ustedes ni siquiera tocan las cargas con uno de sus dedos. **47** ¡Ay de ustedes! Porque edifican los sepulcros de[1] los profetas, y *fueron* los padres de ustedes *quienes* los mataron. **48** De modo que son testigos, y aprueban las acciones de sus padres; porque ellos los mataron y ustedes edifican *sus sepulcros.*

49 »Por eso la sabiduría de Dios también dijo: "Les enviaré profetas y apóstoles, y de ellos, matarán *a algunos* y perseguirán[1] *a otros,* **50** para que la sangre de todos los profetas, derramada desde la fundación del mundo, se le cargue[1] a esta generación. **51** Desde la sangre de Abel hasta la sangre de Zacarías, que pereció entre el altar y la casa *de Dios.* Sí, digo que le será cargada[1] a esta generación".

52 »¡Ay de ustedes, intérpretes de la ley! Porque han quitado la llave del conocimiento. Ustedes mismos no entraron, y a los que estaban entrando se lo impidieron».

53 Cuando salió de allí, los escribas y los fariseos comenzaron a acosar en gran manera, y a interrogar minuciosamente

11:43
Los primeros asientos en la sinagoga
Aquí se hace referencia a la banca frente del arca que alojaba los rollos sagrados. Todos en la sinagoga podían ver a los que se sentaban allí.

11:47
Edificar los sepulcros de los profetas
El pueblo parecía honrar a los profetas construyendo monumentos en los sepulcros, pero sus antepasados habían rechazado y matado a los profetas. Y ahora ellos estaban rechazando al Mesías tal como los profetas lo habían predicho.

11:34 [1] O *claro.*   11:37 [1] Lit. *se recostó.*   11:38 [1] Lit. *bautizado.*   11:39 [1] Lit. *su interior está lleno.*   11:41 [1] O *de lo que tienen.*   [2] Lit. *he aquí.*   11:45 [1] I.e. expertos en la ley de Moisés.   11:47 [1] O *monumentos a.*   11:49 [1] O echarán *fuera.*   11:50 [1] O *se le exija.*   11:51 [1] O *se le exigirá.*

a Jesús sobre muchas cosas, **54** tramando contra Él para ver si *lo* podían atrapar en algo que dijera[1].

ADVERTENCIA CONTRA LA HIPOCRESÍA

12 Entre tanto, una multitud de miles y miles[1] se había reunido, tanto que se atropellaban[2] unos a otros. Jesús comenzó a hablar primero a Sus discípulos: «Cuídense de la levadura de los fariseos, que es la hipocresía. **2** Nada hay encubierto que no haya de ser revelado, ni oculto que no haya de saberse. **3** Por lo cual, todo lo que han dicho en la oscuridad se oirá a la luz, y lo que han susurrado[1] en las habitaciones interiores, será proclamado desde las azoteas.

4 »Así que Yo les digo, amigos Míos: no teman a los que matan el cuerpo, y después de esto no tienen nada más que puedan hacer. **5** Pero Yo les mostraré a quién deben temer: teman a Aquel que, después de matar, tiene poder para arrojar al infierno[1]; sí, les digo: ¡A Él, teman! **6** ¿No se venden cinco pajarillos[1] por dos monedítas? Y *sin embargo,* ni uno de ellos está olvidado ante Dios. **7** Es más, aun los cabellos de la cabeza de ustedes están todos contados. No teman; ustedes valen más que muchos pajarillos.

8 »Les digo, que a todo el que me[1] confiese delante de los hombres, el Hijo del Hombre lo[2] confesará también ante los ángeles de Dios; **9** pero el que me niegue delante[1] de los hombres, será negado delante[1] de los ángeles de Dios. **10** Y a todo el que diga una palabra contra el Hijo del Hombre, se le perdonará; pero al que blasfeme contra el Espíritu Santo, no se le perdonará.

11 »Cuando los lleven a las sinagogas y ante los gobernantes y las autoridades, no se preocupen de cómo o de qué hablarán en defensa propia, o qué van a decir; **12** porque el Espíritu Santo en esa misma hora les enseñará lo que deben decir».

ADVERTENCIA CONTRA LA AVARICIA

13 Uno de la multitud le dijo: «Maestro, dile a mi hermano que divida la herencia conmigo». **14** «¡Hombre!», le dijo Jesús, «¿Quién me ha puesto por juez o árbitro sobre ustedes?». **15** También les dijo: «Estén atentos y cuídense de toda forma de avaricia; porque *aun* cuando alguien tenga abundancia, su vida no consiste en sus bienes».

16 Entonces les contó una parábola: «La tierra de cierto hombre rico había producido mucho. **17** Y él pensaba dentro de sí: "¿Qué haré, ya que no tengo dónde almacenar mis cosechas?". **18** Entonces dijo: "Esto haré: derribaré mis graneros y edificaré otros más grandes, y allí almacenaré todo mi grano y mis bienes. **19** Y diré a mi alma: alma, tienes muchos bienes depositados para muchos años; descansa, come, bebe, diviértete". **20** Pero Dios le dijo: "¡Necio! Esta *misma* noche te reclaman el alma; y *ahora,* ¿para quién será lo que has provisto?". **21** Así es el que acumula tesoro para sí, y no es rico para con Dios».

12:3
Las habitaciones interiores
Probablemente se refiere a los cuartos de almacenamiento o despensas, que se encontraban rodeados de otras habitaciones para que nadie pudiera entrar desde afuera a robar su contenido. En ellos también la gente podía hablar en privado.

12:13
Las reglas de la herencia
De acuerdo a Deuteronomio 21:17, el hijo mayor debía recibir el doble de la porción del hijo menor. Por lo tanto, el pedido de este hombre era egoísta.

11:54 [1] Lit. *algo de su boca.*   12:1 [1] Gr. *miríadas.*   [2] Lit. *pisoteaban.*
12:3 [1] Lit. *hablado al oído.*   12:5 [1] Gr. *guéenna.*   12:6 [1] O *gorriones.*
12:8 [1] Lit. *por Mí.*   [2] Lit. *por él.*   12:9 [1] O *en presencia.*

ADVERTENCIA CONTRA LA ANSIEDAD

22 A Sus discípulos Jesús les dijo: «Por eso les digo que no se preocupen por *su* vida[1], qué comerán; ni por su cuerpo, qué vestirán. **23** Porque la vida es más que el alimento, y el cuerpo más que la ropa. **24** Consideren los cuervos, que ni siembran ni siegan; no tienen bodega ni granero, y *sin embargo,* Dios los alimenta. ¡Cuánto más valen ustedes que las aves! **25** ¿Quién de ustedes, por ansioso que esté, puede añadir una hora[1] al curso de su vida[2]? **26** Si ustedes, pues, no pueden hacer algo tan pequeño, ¿por qué se preocupan por lo demás?

27 »Consideren los lirios, cómo crecen[1]; no trabajan ni hilan. Pero les digo que ni Salomón en toda su gloria se vistió como uno de estos. **28** Y si Dios viste así la hierba del campo, que hoy es y mañana es echada al horno, ¡cuánto más *hará* por ustedes, hombres de poca fe!

29 »Ustedes, pues no busquen qué han de comer, ni qué han de beber, y no estén preocupados. **30** Porque los pueblos del mundo buscan ansiosamente todas estas cosas; pero el Padre de ustedes sabe que necesitan estas cosas. **31** Pero busquen Su reino, y estas cosas les serán añadidas.

32 »No temas, rebaño pequeño, porque el Padre de ustedes ha decidido[1] darles el reino. **33** Vendan sus posesiones y den limosnas; háganse bolsas que no se deterioran, un tesoro en los cielos que no se agota, donde no se acerca *ningún* ladrón ni la polilla destruye. **34** Porque donde esté el tesoro de ustedes, allí también estará su corazón.

PARÁBOLA DE LOS SIERVOS VIGILANTES

35 »Estén siempre preparados[1] y *mantengan* las lámparas encendidas, **36** y sean semejantes a hombres que esperan a su señor que regresa de las bodas, para abrirle tan pronto como llegue y llame. **37** Dichosos aquellos siervos a quienes el señor, al venir, halle velando; en verdad les digo que se ceñirá *para servir,* y los sentará[1] *a la mesa,* y acercándose, les servirá. **38** Y ya sea que venga en la segunda vigilia[1], o aun en la tercera[2], y *los* halla así, dichosos son aquellos *siervos.*

39 »Ustedes pueden estar seguros de[1] que si el dueño de la casa hubiera sabido a qué hora iba a venir el ladrón, no hubiera permitido que entrara en[2] su casa. **40** También ustedes estén preparados, porque el Hijo del Hombre vendrá a la hora que no esperan[1]».

PARÁBOLA DEL SIERVO FIEL Y DEL INFIEL

41 Entonces Pedro dijo: «Señor, ¿nos dices esta parábola a nosotros, o también a todos *los demás*?».

42 El Señor respondió: «¿Quién es, pues, el mayordomo fiel y prudente a quien su señor pondrá sobre sus siervos[1] para que a su tiempo les dé sus raciones? **43** Dichoso aquel siervo a quien, cuando su señor venga, lo encuentre haciendo así. **44** En verdad les digo que lo pondrá sobre todos sus bienes.

12:31
Qué significa buscar el reino de Dios
Esto no quiere decir que el reino de Dios sea difícil de encontrar. Puesto que Jesús les estaba hablando a los discípulos, probablemente quiso darles a entender que debían buscar los beneficios espirituales del reino de Dios en lugar de las cosas materiales.

12:42
El mayordomo fiel y prudente
Se trataba de un esclavo de confianza al que se le había puesto a cargo de los bienes.

12:22 [1] O *alma.* 12:25 [1] Lit. *un codo.* [2] Lit. *a su estatura.* 12:27 [1] Algunos mss. no incluyen: *crecen.* 12:32 [1] Lit. *se ha complacido.* 12:35 [1] Lit. *Estén ceñidos sus lomos.* 12:37 [1] Lit. *recostará.* 12:38 [1] I.e. 9 p.m. a medianoche. [2] I.e. medianoche a 3 a.m. 12:39 [1] Lit. *Y sepan esto.* [2] Lit. *que horadara.* 12:40 [1] Lit. *piensen.* 12:42 [1] Lit. *su servicio.*

45 Pero si aquel siervo dice en su corazón: "Mi señor tardará[1] en venir", y empieza a golpear a los criados y a las criadas, y a comer, a beber y a embriagarse, **46** el señor de aquel siervo llegará un día, cuando él no *lo* espera y a una hora que no sabe, y lo azotará severamente[1], y le asignará un lugar[2] con los incrédulos.

47 »Y aquel siervo que sabía la voluntad de su señor, y que no se preparó ni obró conforme a su voluntad, recibirá muchos azotes; **48** pero el que no *la* sabía, e hizo cosas que merecían castigo[1], será azotado poco. A todo el que se le haya dado mucho, mucho se demandará de él; y al que mucho le han confiado, más le exigirán.

JESÚS, CAUSA DE DIVISIÓN

49 »Yo he venido[1] para echar fuego sobre la tierra, y ¡cómo quisiera que ya estuviera[2] encendido! **50** Pero de un bautismo tengo que ser bautizado, y ¡cómo me angustio hasta que se cumpla! **51** ¿Piensan que vine a dar paz en la tierra? No, les digo, sino más bien división. **52** Porque desde ahora en adelante, cinco en una casa estarán divididos; tres contra dos y dos contra tres. **53** Estarán divididos el padre contra el hijo y el hijo contra el padre; la madre contra la hija y la hija contra la madre; la suegra contra su nuera y la nuera contra su suegra».

CÓMO DISCERNIR EL TIEMPO

54 Decía también a las multitudes: «Cuando ven una nube que se levanta en el oeste, al instante ustedes dicen: "Viene un aguacero", y así sucede. **55** Y cuando sopla el viento del sur, dicen: "Va a hacer calor", y *así* pasa. **56** ¡Hipócritas! Saben examinar el aspecto de la tierra y del cielo; entonces, ¿por qué[1] no examinan este tiempo presente?

57 »¿Y por qué no juzgan por sí mismos lo que es justo? **58** Porque mientras vas con tu adversario para comparecer ante el magistrado, procura en el camino arreglarte con él[1], no sea que te arrastre ante el juez, y el juez te entregue al guardia, y el guardia te eche en la cárcel. **59** Te digo que no saldrás de allí hasta que hayas pagado aun el último centavo».

ARREPIÉNTANSE O PERECERÁN

13 En esa misma ocasión había allí algunos que contaron a Jesús acerca de los galileos cuya sangre Pilato había mezclado[1] con la de sus sacrificios. **2** Él les respondió: «¿Piensan que estos galileos eran *más* pecadores que todos los *demás* galileos, porque sufrieron esto? **3** Les digo que no; al contrario, si ustedes no se arrepienten, todos perecerán igualmente. **4** ¿O piensan que aquellos dieciocho, sobre los que cayó la torre en Siloé y los mató, eran *más* deudores[1] que todos los hombres que habitan en Jerusalén? **5** Les digo que no; al contrario, si ustedes no se arrepienten, todos perecerán igualmente».

12:49, 51
El símbolo del fuego
Aquí, el fuego significa juicio y división. Los malos serán juzgados y separados de los justos.

12:54-55
El clima en Israel
El viento del oeste venía del mar Mediterráneo (Mar Grande) y traía la lluvia. El viento del sur venía del desierto y era caluroso y seco.

13:1-5
Por qué fueron asesinados aquellos galileos
No conocemos los detalles específicos sobre sus muertes, pero el castigo riguroso era típico de Pilato. La gente solía pensar que solo las personas muy pecadoras pasaban por tragedias así. Sin embargo, Jesús dijo que toda persona es pecadora y debe arrepentirse.

12:45 *1* Lit. *tarda.*   12:46 *1* Lit. *lo cortará en dos.*   *2* Lit. *su parte.*
12:48 *1* Lit. *golpes.*   12:49 *1* O *Vine.*   *2* Lit. *¿qué quiero si ya está.*
12:56 *1* Lit. *cómo.*   12:58 *1* Lit. *ser absuelto por él.*   13:1 *1* O *derramado junto.*   13:4 *1* O *culpables.*

PARÁBOLA DE LA HIGUERA ESTÉRIL

⁶ Entonces Jesús les dijo esta parábola: «Cierto hombre tenía una higuera plantada en su viña; y fue a buscar fruto de ella y no *lo* halló. ⁷ Y dijo al viñador: "Mira, hace tres años que vengo a buscar fruto en esta higuera, y no lo hallo. Córtala. ¿Por qué ha de cansar la tierra?". ⁸ El viñador le respondió: "Señor, déjala por este año todavía, hasta que yo cave alrededor de ella, y le eche abono, ⁹ y si da fruto el año que viene, *bien;* y si no, córtala"».

JESÚS HACE UN MILAGRO EN DÍA DE REPOSO

¹⁰ Jesús estaba enseñando en una de las sinagogas un día de reposo, ¹¹ y había *allí* una mujer que durante dieciocho años había tenido una enfermedad causada por un espíritu; estaba encorvada, y de ninguna manera se podía enderezar. ¹² Cuando Jesús la vio, la llamó y le dijo: «Mujer, has quedado libre de tu enfermedad».

¹³ Y puso las manos sobre ella, y al instante se enderezó y glorificaba a Dios. ¹⁴ Pero el oficial de la sinagoga, indignado porque Jesús había sanado en día de reposo, reaccionó diciendo[1] a la multitud: «Hay seis días en los cuales se debe trabajar; vengan, pues, en esos *días* y sean sanados, y no en día de reposo».

¹⁵ Entonces el Señor le respondió: «Hipócritas, ¿no desata cada uno de ustedes su buey o su asno del pesebre en día de reposo y lo lleva a beber? ¹⁶ Y esta, que es hija de Abraham, a la que Satanás ha tenido atada durante dieciocho largos años, ¿no debía ser libertada de esta ligadura en el día de reposo?».

¹⁷ Al decir Él esto, todos Sus adversarios se avergonzaban, pero toda la multitud se regocijaba por todas las cosas gloriosas hechas por Él.

PARÁBOLA DEL GRANO DE MOSTAZA

¹⁸ Entonces Jesús decía: «¿A qué es semejante el reino de Dios y con qué lo compararé? ¹⁹ Es semejante a un grano de mostaza que un hombre tomó y echó en su huerto; y creció y se hizo árbol, y las aves del cielo anidaron en sus ramas».

PARÁBOLA DE LA LEVADURA

²⁰ Y volvió a decir: «¿A qué compararé el reino de Dios? ²¹ Es semejante a la levadura que una mujer tomó y escondió en tres medidas (39 litros) de harina hasta que todo quedó fermentado».

LA PUERTA ESTRECHA

²² Pasaba Jesús por ciudades y aldeas, enseñando, mientras proseguía camino a Jerusalén. ²³ Alguien le preguntó: «Señor, ¿son pocos los que se salvan?». Y Él les dijo:

²⁴ «Esfuércense por entrar por la puerta estrecha, porque les digo que muchos tratarán de entrar y no podrán. ²⁵ Después que el dueño de la casa se levante y cierre la puerta, y ustedes, estando fuera, comiencen a llamar a la puerta,

---

13:11
«Una enfermedad causada por un espíritu»
Los espíritus malignos realmente causaban una gran cantidad de problemas físicos. Los huesos de la columna vertebral de esta mujer estaban pegados, por lo que no podía mantenerse erguida.

13:15-16
Jesús les llama hipócritas a los oficiales de la sinagoga
Los oficiales decían estar preocupados por la ley, pero en realidad su único interés era atacar a Jesús. Él señaló que ellos llevaban en el día de reposo a sus animales a beber agua, y sin embargo lo criticaban por sanar a una mujer en ese día.

13:19
El grano de mostaza
La semilla de mostaza era la más pequeña de todas las semillas que usaban los agricultores y jardineros en la Tierra Santa. La misma podía crecer hasta 3 metros de alto.

13:14 [1] Lit. *respondiendo, decía.*

diciendo: "Señor, ábrenos". Él respondiendo, les dirá: "No sé de dónde son". **26** Entonces comenzarán a decir: "Comimos y bebimos en Tu presencia, y enseñaste en nuestras calles"; **27** y Él dirá: "Les digo que no sé de dónde son; apártense de Mí, todos los que hacen iniquidad".

28 »Allí será el llanto y el crujir de dientes cuando vean a Abraham, a Isaac, a Jacob y a todos los profetas en el reino de Dios, pero ustedes echados fuera. **29** Y vendrán del oriente y del occidente, del norte y del sur, y se sentarán[1] *a la mesa* en el reino de Dios. **30** Por tanto, hay últimos que serán primeros, y hay primeros que serán últimos».

LAMENTO SOBRE JERUSALÉN

31 En ese momento llegaron unos fariseos y dijeron a Jesús: «Sal y vete de aquí, porque Herodes te quiere matar». **32** Y Él les dijo: «Vayan y díganle a ese zorro: "Yo expulso demonios, y hago curaciones hoy y mañana, y al tercer *día* cumplo Mi propósito[1]". **33** Sin embargo, debo seguir Mi camino, hoy, mañana y pasado mañana; porque no puede ser que un profeta muera fuera de Jerusalén.

34 »¡Jerusalén, Jerusalén, la que mata a los profetas y apedrea a los que le son enviados! ¡Cuántas veces quise juntar a tus hijos, como la gallina a sus pollitos debajo de sus alas, y no quisiste! **35** Por tanto, la casa de ustedes se les deja desierta[1]; y les digo que no me verán *más*, hasta que llegue *el tiempo* en que digan: "Bendito el que viene en nombre del Señor"».

JESÚS SANA OTRA VEZ EN DÍA DE REPOSO

14 Y aconteció que un día de reposo, Jesús entró para comer en casa de uno de los principales de los fariseos[1], y ellos lo estaban observando cuidadosamente. **2** Y allí[1], frente a Él, estaba un hombre hidrópico. **3** Dirigiéndose[1] Jesús a los intérpretes de la ley[2] y a los fariseos, *les* dijo: «¿Es lícito sanar en el día de reposo, o no?».

4 Pero ellos guardaron silencio. Y Él, tomando al hombre *de la mano,* lo sanó y lo despidió. **5** Y a ellos les dijo: «¿A quién de ustedes, si se le cae un hijo[1] o un buey en un hoyo en día de reposo, no lo saca inmediatamente?».

6 Y no le pudieron responder a esto.

LECCIÓN SOBRE LA HUMILDAD

7 Jesús comenzó a referir una parábola a los invitados, cuando advirtió cómo escogían los lugares de honor *en la mesa:* **8** «Cuando seas invitado por alguien a un *banquete* de bodas, no tomes[1] el lugar de honor, no sea que él haya invitado a otro más distinguido que tú, **9** y viniendo el que te invitó a ti y a él, te diga: "Dale *el* lugar a este"; y entonces, avergonzado, tengas que irte al[1] último lugar. **10** Sino que cuando seas invitado, ve y siéntate[1] en el último lugar, para que cuando llegue el que

---

13:29
Todos están incluidos en el reino de Dios
Los creyentes de todas partes del mundo y de todos los pueblos, incluso los gentiles (los que no son judíos), serán parte del reino de Dios.

14:2
Un hombre hidrópico
La hidropesía es el nombre de una enfermedad en la que la persona acumula líquidos en el cuerpo.

13:29 [1] Lit. *recostarán.*   13:32 [1] O *completo mi obra.*   13:35 [1] Muchos mss. antiguos no incluyen: *desierta.*   14:1 [1] I.e. miembro del Sanedrín.
14:2 [1] Lit. *he aquí.*   14:3 [1] Lit. *respondiendo.*   [2] I.e. expertos en la ley de Moisés.
14:5 [1] Algunos mss. antiguos dicen: *asno.*   14:8 [1] Lit. *no te recuestes en.*
14:9 [1] O *comiences a ocupar el.*   14:10 [1] Lit. *recuéstate.*

te invitó, te diga: "Amigo, ven más adelante[2]"; entonces serás honrado delante de todos los que se sientan[3] *a la mesa* contigo. [11] Porque todo el que se engrandece, será humillado; y el que se humille será engrandecido».

[12] Jesús dijo también al que lo había convidado: «Cuando ofrezcas una comida o una cena, no llames a tus amigos, ni a tus hermanos, ni a tus parientes, ni a tus vecinos ricos, no sea que ellos a su vez también te conviden y tengas ya tu[1] recompensa. [13] Antes bien, cuando ofrezcas un banquete, llama a pobres, mancos[1], cojos, ciegos, [14] y serás bienaventurado[1], ya que ellos no tienen para recompensarte; pues tú serás recompensado en la resurrección de los justos».

PARÁBOLA DE LA GRAN CENA

[15] Cuando uno de los que estaban sentados[1] con Él *a la mesa* oyó esto, le dijo: «¡Bienaventurado[2] todo el que coma pan en el reino de Dios!». [16] Pero Jesús le dijo: «Cierto hombre dio una gran cena, e invitó a muchos. [17] A la hora de la cena envió a su siervo a decir a los que habían sido invitados: "Vengan, porque ya todo está preparado". [18] Pero todos a una comenzaron a excusarse. El primero le dijo: "He comprado un terreno[1] y necesito ir a verlo; te ruego que me excuses". [19] Otro dijo: "He comprado cinco yuntas de bueyes y voy a probarlos; te ruego que me excuses". [20] También otro dijo: "Me he casado, y por eso no puedo ir".

[21] »Cuando el siervo regresó, informó *de todo* esto a su señor. Entonces, enojado el dueño de la casa, dijo a su siervo: "Sal enseguida por las calles y callejones de la ciudad, y trae acá a los pobres, los mancos[1], los ciegos y los cojos". [22] Y el siervo dijo: "Señor, se ha hecho lo que usted ordenó, y todavía hay lugar". [23] Entonces el señor dijo al siervo: "Sal a los caminos y por los cercados, y oblíga*los* a entrar para que se llene mi casa. [24] Porque les digo que ninguno de aquellos hombres que fueron invitados probará mi cena"».

EL COSTO DEL DISCIPULADO

[25] Grandes multitudes acompañaban a Jesús; y Él, volviéndose, les dijo: [26] «Si alguien viene a Mí, y no aborrece a su padre y madre, a *su* mujer e hijos, a *sus* hermanos y hermanas, y aun hasta su propia vida, no puede ser Mi discípulo. [27] El que no carga su cruz y me sigue, no puede ser Mi discípulo.

[28] »Porque, ¿quién de ustedes, deseando edificar una torre, no se sienta primero y calcula el costo, para ver si tiene *lo suficiente* para terminarla? [29] No sea que cuando haya echado los cimientos y no pueda terminar, todos los que lo vean comiencen a burlarse de él, [30] diciendo: "Este hombre comenzó a edificar y no pudo terminar".

[31] »¿O qué rey, cuando sale al encuentro de otro rey para la batalla, no se sienta primero y delibera si con 10,000 *hombres* es *bastante* fuerte para enfrentarse al que viene contra él con 20,000? [32] Y si no, cuando el otro todavía está lejos,

---

14:16-17
Doble invitación
Era una costumbre judía enviar dos invitaciones: una con antelación y otra cuando el banquete ya estaba listo.

14:18-20
Excusas para no ir al banquete
Las celebraciones de boda se programaban con anticipación para que los invitados no tuvieran otros compromisos a la misma hora. Todas las excusas eran insultantes y probablemente una mentira. Una persona no compraría un terreno o animales de granja sin primero examinarlos.

14:26
Lo que Jesús quiso decir
Jesús no estaba diciendo que sus seguidores debían odiar a sus padres y a otros miembros de la familia. Este era un ejemplo exagerado para mostrar que un creyente debía amar a Jesús más que a su familia.

---

[2] Lit. *sube más arriba.*   [3] Lit. *se reclinan.*   14:12 [1] Lit. *y te sea hecha.*
14:13 [1] O *lisiados.*   14:14 [1] O *feliz.*   14:15 [1] Lit. *reclinados.*   [2] O *Feliz.*
14:18 [1] O *campo.*   14:21 [1] O *lisiados.*

le envía una delegación[1] y pide condiciones de paz. **33** Así pues, cualquiera de ustedes que no renuncie a todas sus posesiones, no puede ser Mi discípulo.

34»Por tanto, buena es la sal, pero si aún la sal ha perdido su sabor, ¿con qué será sazonada? **35** No es útil ni para la tierra ni para el montón de abono; la arrojan fuera. El que tenga oídos para oír, que oiga».

PARÁBOLA DE LA OVEJA PERDIDA

15 Todos los recaudadores de impuestos[1] y los pecadores se acercaban para oír a Jesús. **2** Y los fariseos y los escribas murmuraban: «Este recibe a los pecadores y come con ellos».

3 Entonces Jesús les dijo esta parábola: **4**«¿Qué hombre de ustedes, si tiene cien ovejas y una de ellas se pierde, no deja las noventa y nueve en el campo[1] y va tras la que está perdida hasta que la halla? **5** Al encontrar*la, la* pone sobre sus hombros, gozoso. **6** Cuando llega a su casa, reúne a los amigos y a los vecinos, diciéndoles: "Alégrense conmigo, porque he hallado mi oveja que se había perdido". **7** Les digo que de la misma manera, habrá *más* gozo en el cielo por un pecador que se arrepiente que por noventa y nueve justos que no necesitan arrepentimiento.

PARÁBOLA DE LA MONEDA PERDIDA

8»¿O qué mujer, si tiene diez monedas de plata[1] y pierde una moneda, no enciende una lámpara y barre la casa y busca con cuidado hasta hallar*la?* **9** Cuando *la* encuentra, reúne a las amigas y vecinas, diciendo: "Alégrense conmigo porque he hallado la moneda que había perdido". **10** De la misma manera, les digo, hay gozo en la presencia de los ángeles de Dios por un pecador que se arrepiente».

PARÁBOLA DEL HIJO PRÓDIGO

11 Jesús añadió: «Cierto hombre tenía dos hijos; **12** y el menor de ellos le dijo al padre: "Padre, dame la parte de la hacienda que me corresponde". Y él les repartió sus bienes[1]. **13** No muchos días después, el hijo menor, juntándolo todo, partió a un país lejano, y allí malgastó su hacienda viviendo perdidamente.

14»Cuando lo había gastado todo, vino una gran hambre en aquel país, y comenzó a pasar necesidad. **15** Entonces fue y se acercó[1] a uno de los ciudadanos de aquel país, y él lo mandó a sus campos a apacentar cerdos. **16** Y deseaba llenarse el estómago[1] de[2] las algarrobas que comían los cerdos, pero nadie le daba *nada*. **17** Entonces, volviendo en sí, dijo: "¡Cuántos de los trabajadores de mi padre tienen pan de sobra, pero yo aquí perezco de hambre! **18** Me levantaré e iré a mi padre, y le diré: 'Padre, he pecado contra el cielo y ante

14:34
Los usos de la sal
La sal se utilizaba para condimentar y preservar. La mayoría de la sal usada en Israel provenía del mar Muerto (Mar Salado) y estaba llena de impurezas. Esto hacía que perdiera parte de su sabor.

15:8
Monedas de plata
Las monedas de plata eran dracmas. Un dracma era una moneda griega que valía lo mismo que un denario romano, aproximadamente el salario de un día.

Z. Radovan/www.BibleLandPictures.com

15:12
El hijo menor insultó a su padre
La herencia de un progenitor no se dividía hasta que este moría. Al pedir su herencia, el hijo estaba diciendo que deseaba que su padre ya hubiera muerto.

14:32 [1] O *embajada.*   15:1 [1] O *publicanos;* i.e. los que explotaban la recaudación de los impuestos romanos.   15:4 [1] Lit. *desierto.*   15:8 [1] I.e. salario de diez días.   15:12 [1] Lit. *los medios de vida.*   15:15 [1] Lit. *se unió.*   15:16 [1] Lit. *vientre.*   [2] Muchos mss. antiguos dicen: *deseaba saciarse de.*

15:15
Apacentar cerdos
Apacentar a un cerdo era sinónimo de alimentarlo. Esto representaba la mayor vergüenza para un judío. El trabajo era sucio, y los cerdos se consideraban animales ceremonialmente inmundos.

16:3-7
Cómo intentó el mayordomo resolver su problema
Él les ofreció acuerdos a los deudores de su amo. De este modo, se hizo de amigos que lo ayudarían si perdía su trabajo.

16:8-9
El significado de esta parábola
Esta parábola es difícil, porque el mayordomo había sido deshonesto y no había hecho un buen trabajo. Jesús parece estar diciéndole a la gente que use su dinero de manera sabia para el reino de Dios.

ti; [19] ya no soy digno de ser llamado hijo tuyo; hazme como uno de tus trabajadores"».

[20] «Levantándose, fue a su padre. Cuando todavía estaba lejos, su padre lo vio y sintió compasión *por él*, y corrió, se echó sobre su cuello y lo besó[1]. [21] Y el hijo le dijo: "Padre, he pecado contra el cielo y ante ti; ya no soy digno de ser llamado hijo tuyo[1]". [22] Pero el padre dijo a sus siervos: "Pronto; traigan la mejor ropa y vístanlo; pónganle un anillo en su mano y sandalias en los pies. [23] Traigan el becerro engordado, mátenlo, y comamos y regocijémonos; [24] porque este hijo mío estaba muerto y ha vuelto a la vida; estaba perdido y ha sido hallado". Y comenzaron a regocijarse.

[25] »Su hijo mayor estaba en el campo, y cuando vino y se acercó a la casa, oyó música y danzas. [26] Llamando a uno de los criados, le preguntó qué era *todo* aquello. [27] Y él le dijo: "Tu hermano ha venido, y tu padre ha matado el becerro engordado, porque lo ha recibido sano y salvo".

[28] »Entonces él se enojó y no quería entrar. Salió su padre y le rogaba *que entrara*. [29] Pero él le dijo al padre: "Mira, por tantos años te he servido y nunca he desobedecido ninguna orden tuya, y *sin embargo,* nunca me has dado un cabrito para regocijarme con mis amigos; [30] pero cuando vino este hijo tuyo, que ha consumido tus bienes[1] con rameras, mataste para él el becerro engordado". [31] Y su padre le dijo: "Hijo *mío,* tú siempre has estado[1] conmigo, y todo lo mío es tuyo. [32] Pero era necesario hacer fiesta y regocijarnos, porque este, tu hermano, estaba muerto y ha vuelto a la vida; *estaba* perdido y ha sido hallado"».

EL MAYORDOMO INFIEL

16 Decía también Jesús a los discípulos: «Había cierto hombre rico que tenía un mayordomo; y este fue acusado ante él de derrochar sus bienes. [2] Entonces lo llamó y le dijo: "¿Qué es esto que oigo acerca de ti? Rinde cuentas de tu administración, porque no puedes ser más mayordomo". [3] Y el mayordomo se dijo a sí mismo: "¿Qué haré? Pues mi señor me quita la administración. No tengo fuerzas para cavar, y me da vergüenza mendigar. [4] Ya sé[1] lo que haré, para que cuando se me destituya de la administración algunos me reciban en sus casas".

[5] »Llamando a cada uno de los deudores de su señor, dijo al primero: "¿Cuánto le debes a mi señor?". [6] Y él dijo: "Cien barriles (3,700 litros) de aceite". Él mayordomo le dijo: "Toma tu factura, siéntate pronto y escribe cincuenta". [7] Después dijo a otro: "Y tú, ¿cuánto debes?". Y él respondió: "Cien medidas (unos 37,000 litros) de trigo". Él mayordomo le dijo*: "Toma tu factura y escribe ochenta".

[8] »El señor elogió al mayordomo injusto porque había procedido con sagacidad, pues los hijos de este siglo son más sagaces en las relaciones con sus semejantes[1] que los hijos de la luz. [9] Pero Yo les digo: háganse amigos por medio

---

15:20 [1] Lit. *lo besó una y otra vez.*   15:21 [1] Algunos mss. antiguos agregan: *Hazme como uno de tus trabajadores.*   15:30 [1] Lit. *tus medios de vida.*
15:31 [1] Lit. *estás.*   16:4 [1] Lit. *He llegado al conocimiento de.*   16:8 [1] Lit. *su generación.*

de las riquezas[1] injustas, para que cuando les falten, los reciban en las moradas eternas.

10 »El que es fiel en lo muy poco, es fiel también en lo mucho; y el que es injusto en lo muy poco, también es injusto en lo mucho. 11 Por tanto, si no han sido fieles en *el uso de* las riquezas[1] injustas, ¿quién les confiará las *riquezas* verdaderas? 12 Y si no han sido fieles en *el uso de* lo ajeno, ¿quién les dará lo que es de ustedes[1]? 13 Ningún siervo[1] puede servir a dos señores, porque o aborrecerá a uno y amará al otro, o se apegará a uno y despreciará al otro. No pueden servir a Dios y a las riquezas[2]».

LOS FARISEOS Y LA LEY

14 Los fariseos, que eran amantes del dinero, oían todas estas cosas y se burlaban de Él. 15 Y Jesús les dijo: «Ustedes son los que se justifican a sí mismos ante los hombres, pero Dios conoce sus corazones, porque lo que entre los hombres es de alta estima, abominable es delante de Dios.

16 »La ley y los profetas *se proclamaron* hasta Juan; desde entonces se anuncian las buenas nuevas del reino de Dios, y todos se esfuerzan por entrar en él. 17 Pero es más fácil que el cielo y la tierra pasen, que un ápice[1] de la ley deje de cumplirse[2].

18 »Todo el que se divorcia de[1] su mujer y se casa con otra, comete adulterio; y el que se casa con la que está divorciada del[2] marido, comete adulterio.

EL RICO Y LÁZARO

19 »Había cierto hombre rico que se vestía de púrpura y lino fino, celebrando cada día fiestas con esplendidez. 20 Y un pobre llamado Lázaro que se tiraba en el suelo a su puerta cubierto de llagas, 21 ansiaba saciarse de las *migajas* que caían de la mesa del rico; además, hasta los perros venían y le lamían las llagas.

22 »Sucedió que murió el pobre y fue llevado por los ángeles al seno de Abraham; y murió también el rico y fue sepultado. 23 En el Hades[1] el rico alzó[2] sus ojos, estando en tormentos, y vio* a Abraham a lo lejos, y a Lázaro en su seno. 24 Y gritando, dijo: "Padre Abraham, ten misericordia de mí, y envía a Lázaro para que moje la punta de su dedo en agua y refresque mi lengua, pues estoy en agonía en esta llama".

25 »Pero Abraham le dijo: "Hijo, recuerda que durante tu vida recibiste tus bienes, y Lázaro, igualmente, males; pero ahora él es consolado aquí, y tú estás en agonía. 26 Además de[1] todo esto, hay un gran abismo puesto entre nosotros y ustedes, de modo que los que quieran pasar de aquí a ustedes no pueden, y tampoco nadie puede[2] cruzar de allá a nosotros".

27 »Entonces él dijo: "Te ruego, pues, padre, que lo envíes a la casa de mi padre, 28 pues tengo cinco hermanos, de modo que él los prevenga[1], para que ellos no vengan también a

16:19
Púrpura y lino fino
Solo una persona rica poseía esta clase de vestimenta.

16:22
El seno de Abraham
El seno de Abraham era un lugar bendito (el cielo) al que irían los justos después de su muerte. Este representaba el honor y la paz.

16:9 1 Gr. *mamonás.*   16:11 1 Gr. *mamonás.*   16:12 1 Algunos mss. dicen: *nuestro.*   16:13 1 O *criado.*   2 Gr. *mamonás.*   16:17 1 O *una tilde.*   2 Lit. *caiga.*   16:18 1 O *repudia a.*   2 O *la repudiada por el.*   16:23 1 I.e. la región de los muertos.   2 Lit. *habiendo alzado.*   16:26 1 Lit. *Y en.*   2 Lit. *ni puedan.*   16:28 1 O *les testifique.*

16:29
Moisés y los profetas
Este era un modo de describir todo el Antiguo Testamento

17:2
Una piedra de molino
Esta era una de las dos piedras grandes y redondas que se utilizaban para moler el trigo. Un asno hacía girar la piedra, que era mucho más grande y pesada que las pequeñas piedras que utilizaban las mujeres para moler el trigo a mano.

17:4
Cuántas veces debemos perdonar a los demás
Jesús utilizó el número siete, que era un símbolo de la perfección, para enfatizar la importancia del perdón. Sus seguidores debían estar más dispuestos a mostrar misericordia que a buscar justicia.

17:7-10
Por qué el amo no agradecería el trabajo de su siervo
El siervo simplemente estaba haciendo su trabajo. Jesús quería que sus seguidores supieran que no debían esperar un trato especial por servir a Dios.

este lugar de tormento". **29** Pero Abraham dijo*: "Ellos tienen a Moisés y a los profetas; que los oigan a ellos". **30** Y el rico contestó: "No, padre Abraham, sino que si alguien va a ellos de entre los muertos, se arrepentirán". **31** Pero *Abraham* le contestó: "Si no escuchan a Moisés y a los profetas, tampoco se persuadirán si alguien se levanta de entre los muertos"».

ADVERTENCIAS A LOS DISCÍPULOS

17 Jesús dijo a Sus discípulos: «Es inevitable que vengan tropiezos[1], pero ¡ay de aquel por quien vienen! **2** Mejor le sería si se le colgara una piedra de molino al cuello y fuera arrojado al mar, que hacer tropezar a uno de estos pequeños. **3** ¡Tengan cuidado[1]! Si tu hermano peca, repréndelo; y si se arrepiente, perdónalo. **4** Y si peca contra ti siete veces al día, y vuelve a ti siete veces, diciendo: "Me arrepiento", perdónalo[1]».

LA FE Y EL SERVICIO

5 Los apóstoles dijeron al Señor: «¡Auméntanos la fe!». **6** Entonces el Señor dijo: «Si tuvieran fe como un grano de mostaza, dirían a este sicómoro: "Desarráigate y plántate en el mar", y les obedecería[1].

7 »¿Quién de ustedes tiene un siervo arando o pastoreando *ovejas,* y cuando regresa del campo, le dice: "Ven enseguida y siéntate[1] *a comer*"? **8** ¿No le dirá más bien: "Prepárame algo para cenar, y vístete[1] *adecuadamente,* y sírveme hasta que haya comido y bebido; y después[2] comerás y beberás tú"? **9** ¿Acaso le da las gracias al siervo porque hizo lo que se le ordenó? **10** Así también ustedes, cuando hayan hecho todo lo que se les ha ordenado, digan: "Siervos inútiles somos; hemos hecho *solo* lo que debíamos haber hecho"».

LOS DIEZ LEPROSOS

11 Aconteció que mientras Jesús iba camino a Jerusalén, pasaba entre[1] Samaria y Galilea, **12** y al entrar en cierta aldea, le salieron al encuentro diez hombres leprosos, que se pararon a distancia, **13** y gritaron: «¡Jesús, Maestro! ¡Ten misericordia de nosotros!».

14 Cuando Él los vio, les dijo: «Vayan y muéstrense a los sacerdotes». Y sucedió que mientras iban, quedaron limpios. **15** Entonces uno de ellos, al ver que había sido sanado, se volvió glorificando a Dios en alta voz. **16** Cayó sobre su rostro a los pies de Jesús, y le dio gracias; y este era samaritano. **17** Jesús le preguntó: «¿No fueron diez los que quedaron limpios? Y los *otros* nueve, ¿dónde están? **18** ¿No hubo ninguno que regresara[1] a dar gloria a Dios, excepto este extranjero?». **19** Entonces le dijo: «Levántate y vete; tu fe te ha sanado[1]».

LLEGADA DEL REINO DE DIOS

20 Habiendo preguntado los fariseos a Jesús cuándo vendría el reino de Dios, Él les respondió: «El reino de Dios no viene

17:1 [1] O *escándalos.*   17:3 [1] Lit. *Cuídense a sí mismos.*   17:4 [1] Lit. *lo perdonarás.*   17:6 [1] O *hubiera obedecido.*   17:7 [1] Lit. *recuéstate.* 17:8 [1] Lit. *cíñete.*   [2] Lit. *después de esto.*   17:11 [1] Lit. *por en medio de, o a lo largo de las fronteras de.*   17:18 [1] Lit. *¿No se hallaron los que regresaron.* 17:19 [1] Lit. *salvado.*

con señales visibles[1], **21** ni dirán: "¡Miren, aquí *está!*" o: "¡Allí *está!*". Porque, el reino de Dios está entre[1] ustedes».

22 Y a los discípulos les dijo: «Vendrán días cuando ustedes ansiarán ver uno de los días del Hijo del Hombre, y no lo verán. **23** Y les dirán: "¡Miren allí! ¡Miren aquí!". No vayan, ni corran tras *ellos*. **24** Porque como el relámpago al fulgurar resplandece desde un extremo[1] del cielo hasta el otro extremo[1] del cielo, así será el Hijo del Hombre en Su día. **25** Pero primero es necesario que Él padezca mucho y sea rechazado por esta generación.

26 »Tal como ocurrió en los días de Noé, así será también en los días del Hijo del Hombre. **27** Comían, bebían, se casaban y se daban en casamiento, hasta el día en que Noé entró en el arca, y vino el diluvio y los destruyó a todos.

28 »Fue lo mismo que[1] ocurrió en los días de Lot: comían, bebían, compraban, vendían, plantaban, construían; **29** pero el día en que Lot salió de Sodoma, llovió fuego y azufre del cielo y los destruyó a todos.

30 »Lo mismo[1] acontecerá el día en que el Hijo del Hombre sea revelado. **31** En ese día, el que esté en la azotea y tenga sus bienes en casa, no descienda a llevárselos; y de igual modo, el que esté en el campo no vuelva atrás. **32** Acuérdense de la mujer de Lot. **33** Todo el que procure preservar su vida[1], la perderá; y todo el que la pierda, la conservará. **34** Les digo que en aquella noche dos estarán en una cama; uno será tomado y el otro será dejado. **35** Dos *mujeres* estarán moliendo en el mismo lugar; una será tomada y la otra será dejada. **36** [1] Dos estarán en el campo; uno será tomado y el otro será dejado».

37 Respondiendo ellos, le dijeron*: «¿Dónde, Señor?». Y Él les dijo: «Donde *esté* el cuerpo, allí también se juntarán los buitres[1]».

PARÁBOLA DE LA VIUDA Y EL JUEZ INJUSTO

18 Jesús les contó una parábola para enseñar*les* que ellos debían orar en todo tiempo, y no desfallecer: **2** «Había en cierta ciudad un juez que ni temía a Dios ni respetaba a hombre alguno. **3** También había en aquella ciudad una viuda, la cual venía a él *constantemente,* diciendo: "Hágame usted justicia de mi adversario". **4** Por algún tiempo el juez no quiso, pero después dijo para sí: "Aunque ni temo a Dios, ni respeto a hombre alguno, **5** sin embargo, porque esta viuda me molesta, le haré justicia; no sea que por venir continuamente me agote la paciencia[1]"».

6 El Señor dijo: «Escuchen lo que dijo* el juez injusto. **7** ¿Y no hará Dios justicia a Sus escogidos, que claman a Él día y noche? ¿Se tardará mucho en responderles?[1] **8** Les digo

---

17:31
Por qué las personas estarían en las azoteas
Las personas a menudo se relajaban en las azoteas, que eran planas.

Biblioteca del Congreso, LC-matpc-06851/
www.LifeintheHolyLand.com

17:35
El juicio final
Las personas serán llevadas o bien a la destrucción o al reino de Dios. No importa cuán cercanas sean las personas en la tierra, tal vez no vayan juntas hacia la eternidad.

18:3
Una viuda desamparada
Una viuda sin marido ni pariente masculino no tenía a nadie que luchara por su causa. Ella solo podía confiar en la voluntad de los demás para actuar con justicia.

17:20 [1] Lit. *con observación.*   17:21 [1] O *dentro de.*   17:24 [1] Lit. *debajo.*
17:28 [1] Lit. *De la misma manera como.*   17:30 [1] Lit. *Según las mismas cosas.*
17:33 [1] O *alma.*   17:36 [1] Muchos mss. no incluyen este vers.   17:37 [1] O *las águilas.*   18:5 [1] Lit. *me abofetee.*   18:7 [1] O *noche, y no obstante es muy paciente en cuanto a ellos?*

que pronto les hará justicia. No obstante, cuando el Hijo del Hombre venga, ¿hallará fe[1] en la tierra?».

PARÁBOLA DEL FARISEO Y EL PUBLICANO

9 Dijo también Jesús esta parábola a unos que confiaban en sí mismos como justos, y despreciaban a los demás: **10** «Dos hombres subieron al templo a orar; uno era fariseo y el otro recaudador de impuestos[1]. **11** El fariseo puesto en pie, oraba para sí de esta manera: "Dios, te doy gracias porque no soy como los demás hombres: estafadores, injustos, adúlteros; ni aun como este recaudador de impuestos. **12** Yo ayuno dos veces por semana; doy el diezmo de todo lo que gano". **13** Pero el recaudador de impuestos, de pie y a cierta distancia, no quería ni siquiera alzar los ojos al cielo, sino que se golpeaba el pecho, diciendo: "Dios, ten piedad de[1] mí, pecador".

14 »Les digo que este descendió a su casa justificado pero aquel no; porque todo el que se engrandece será humillado, pero el que se humilla será engrandecido».

JESÚS Y LOS NIÑOS

15 Y traían a Jesús aun a los niños muy pequeños para que los tocara. Al ver *esto* los discípulos, los reprendían. **16** Pero Jesús, llamándolos a su lado, dijo: «Dejen que los niños vengan a Mí, y no se lo impidan, porque de los que son como estos[1] es el reino de Dios. **17** En verdad les digo, que el que no recibe el reino de Dios como un niño, no entrará en él».

EL JOVEN RICO

18 Cierto hombre prominente[1] le preguntó a Jesús: «Maestro bueno, ¿qué haré para heredar la vida eterna?».

19 Jesús le respondió: «¿Por qué me llamas bueno? Nadie es bueno, sino solo uno, Dios. **20** Tú sabes los mandamientos: "No cometas adulterio, no mates, no hurtes, no des falso testimonio, honra a tu padre y a tu madre"». **21** «Todo esto lo he guardado desde *mi* juventud», dijo el hombre.

22 Cuando Jesús oyó *esto*, le dijo: «Te falta todavía una cosa; vende todo lo que tienes y reparte entre los pobres, y tendrás tesoro en los cielos; y ven, sígueme». **23** Pero al oír esto, se puso muy triste, pues era sumamente rico.

24 Mirándolo Jesús, dijo: «¡Qué difícil es que entren en el reino de Dios los que tienen riquezas! **25** Porque es más fácil que un camello pase[1] por el ojo de una aguja, que el que un rico entre en el reino de Dios». **26** Los que oyeron *esto*, dijeron: «¿Y quién podrá salvarse?». **27** «Lo imposible para los hombres es posible para Dios», respondió Jesús.

28 Y Pedro dijo: «Nosotros hemos dejado todo[1] y te hemos seguido». **29** Entonces Él les contestó: «En verdad les digo, que no hay nadie que haya dejado casa, o mujer, o hermanos, o padres o hijos por la causa del reino de Dios, **30** que no reciba muchas veces más en este tiempo, y en el siglo venidero, la vida eterna».

18:12
Por qué los fariseos ayunaban dos veces por semana
La ley solo requería ayunar en el día de la expiación. Sin embargo, los fariseos tenían la tradición de ayunar también los lunes y jueves.

18:22
¡Véndelo todo!
El hecho de que el joven fuera rico le impedía confiar en Dios para todo. Al renunciar a su riqueza, el joven habría eliminado lo único que no le permitía confiar en Jesús.

18:8 [1] Lit. *la fe.*   18:10 [1] O *publicano;* i.e. uno que explotaba la recaudación de los impuestos romanos, y así en los vers. 11 y 13.   18:13 [1] O *sé propicio a.*   18:16 [1] O *de los tales.*   18:18 [1] O *principal.*   18:25 [1] Lit. *entre.*   18:28 [1] Lit. *lo nuestro.*

JESÚS ANUNCIA SU MUERTE POR TERCERA VEZ

31 Tomando aparte a los doce *discípulos,* Jesús les dijo: «Miren, subimos a Jerusalén, y se cumplirán todas las cosas que están escritas por medio de los profetas acerca del Hijo del Hombre. **32** Pues será entregado a los gentiles, y será objeto de burla, afrentado y escupido; **33** y lo azotarán, y después lo matarán, y al tercer día resucitará». **34** Pero ellos no comprendieron nada de esto. Este dicho les estaba encubierto, y no entendían lo que se *les* decía.

CURACIÓN DE UN CIEGO

35 Aconteció que al acercarse Jesús a Jericó, un ciego estaba sentado junto al camino mendigando. **36** Al oír que pasaba una multitud, preguntaba qué era aquello. **37** Y le informaron que pasaba Jesús de Nazaret. **38** Entonces gritó: «¡Jesús, Hijo de David, ten misericordia de mí!».

39 Y los que iban delante lo reprendían para que se callara, pero él gritaba mucho más: «¡Hijo de David, ten misericordia de mí!». **40** Jesús se detuvo y¹ ordenó que lo trajeran; y cuando estuvo cerca, le preguntó: **41** ¿Qué deseas que haga por ti?». «Señor, que recobre la vista», contestó el ciego. **42** Jesús entonces le dijo: «Recibe¹ la vista, tu fe te ha sanado²».

43 Al instante recobró la vista y lo seguía glorificando a Dios. Cuando toda la gente vio *aquello,* dieron gloria a Dios.

ZAQUEO

19 Cuando Jesús entró en Jericó, pasaba por la ciudad. **2** Y un hombre llamado¹ Zaqueo, que era jefe de los recaudadores de impuestos² y era rico, **3** trataba de ver quién era Jesús, pero no podía a causa de la multitud, ya que Zaqueo era de pequeña estatura. **4** Corriendo delante, se subió a un árbol sicómoro y así lo podría ver, porque Jesús estaba a punto de pasar por allí.

5 Cuando Jesús llegó al lugar, miró hacia arriba y le dijo: «Zaqueo, date prisa y desciende, porque hoy debo quedarme en tu casa». **6** Entonces él se apresuró a descender y lo recibió con gozo¹. **7** Al ver *esto,* todos murmuraban: «Ha ido a hospedarse con¹ un hombre pecador».

8 Pero Zaqueo, puesto en pie, dijo a Jesús: «Señor, la mitad de mis bienes daré a los pobres, y si en algo he defraudado a alguien, *se lo* restituiré cuadruplicado». **9** «Hoy ha venido la salvación a esta casa», le dijo Jesús, «ya que él también es hijo de Abraham; **10** porque el Hijo del Hombre ha venido a buscar y a salvar lo que se había perdido».

PARÁBOLA DE LAS MINAS

11 Estando ellos oyendo estas cosas, Jesús continuó diciendo una parábola, porque Él estaba cerca de Jerusalén y

18:38-39
El Hijo de David
Este era un título para referirse a Jesús el Mesías y reconocía que Jesús era el heredero del trono de David.

19:4
Árbol sicómoro
Este árbol robusto llega a tener entre 9 y 12 metros de altura. Tiene un tronco corto y ramas extensas. Puede soportar el peso de un hombre adulto.

© 1995 por Phoenix Data Systems

19:9
Por qué Jesús le llamó a Zaqueo hijo de Abraham
Zaqueo era un verdadero judío, alguien que descendía de Abraham y compartía la fe judía.

18:40 ¹ Lit. *puesto en pie.*   18:42 ¹ O *Recobra.*   ² Lit. *salvado.*   19:2 ¹ Lit. *de nombre llamado.*   ² O *publicanos;* i.e. los que explotaban la recaudación de los impuestos romanos.   19:6 ¹ Lit. *regocijándose.*   19:7 ¹ O *a ser huésped de.*

ellos pensaban que el reino de Dios iba a aparecer de un momento a otro. **12** Por eso dijo: «Cierto hombre *de familia* noble fue a un país lejano a recibir un reino para sí y *después* volver. **13** Llamando a diez de sus siervos, les repartió diez minas[1] y les dijo: "Negocien *con esto* hasta que yo regrese[2]". **14** Pero sus ciudadanos lo odiaban, y enviaron una delegación tras él, diciendo: "No queremos que este reine sobre nosotros".

15 »Y al regresar él, después de haber recibido el reino, mandó llamar a su presencia a aquellos siervos a los cuales había dado el dinero, para saber lo que habían *ganado* negociando[1]. **16** Se presentó el primero, diciendo: "Señor, su moneda se ha multiplicado diez veces". **17** Y él le dijo: "Bien hecho, buen siervo, puesto que has sido fiel en lo muy poco, ten autoridad sobre diez ciudades". **18** Entonces vino el segundo,

19:13 [1] I.e. salario de unos mil días.   [2] Lit. *en lo que vengo*.   19:15 [1] Lit. *lo que habían negociado; algunos mss. dicen: qué había negociado cada uno.*

LUZ Y OSCURIDAD

Jesús establece un marcado contraste entre aquellos que lo siguen y aquellos que no lo siguen.

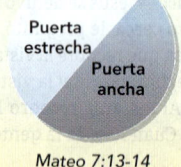

Puerta estrecha / Puerta ancha
Mateo 7:13-14

Ovejas / Lobos
Mateo 7:15

Árbol bueno; frutos buenos / Árbol malo; frutos malos
Mateo 7:16-20

Discípulos verdaderos / Discípulos falsos
Mateo 7:21-23

Sabios / Insensatos
Mateo 7:24-27; 25:1-13

Trigo / Cizaña
Mateo 13:24-30

Aceptan la invitación / Ignoran la invitación
Mateo 22:1-14

Ovejas / Cabritos
Mateo 25:32-33

Limpios / Contaminados
Marcos 7:17-23

Santos / Luz / Oscuridad / *Pecadores*
Lucas 11:34-36

Mayordomo fiel / Mayordomo infiel
Lucas 12:42-48

Humilde / Orgulloso
Lucas 18:10-14

Siervo confiable / Siervo no confiable
Lucas 19:12-27

diciendo: "Su moneda, señor, se ha multiplicado cinco veces".
[19] Dijo también a este: "Y tú vas a estar[1] sobre cinco ciudades".

[20] »Y vino otro, diciendo: "Señor, aquí está su moneda, que he tenido guardada en un pañuelo; [21] pues a usted le tenía miedo, porque es un hombre exigente, que recoge lo que no depositó y siega lo que no sembró". [22] Él le contestó*: "Siervo inútil[1], por tus propias palabras[2] te voy a juzgar. ¿Sabías que yo soy un hombre exigente, que recojo lo que no deposité y siego lo que no sembré? [23] Entonces, ¿por qué no pusiste mi dinero en el banco, y al volver yo, lo hubiera recibido con los intereses?". [24] Y dijo a los que estaban presentes: "Quítenle la moneda y dén*sela* al que tiene las diez monedas". [25] Ellos le dijeron: "Señor, él *ya* tiene diez monedas". [26] Les digo, que a cualquiera que tiene, *más* le será dado, pero al que no tiene, aun lo que tiene se le quitará. [27] Pero a estos mis enemigos, que no querían que reinara sobre ellos, tráiganlos acá y mátenlos delante de mí».

LA ENTRADA TRIUNFAL

[28] Habiendo dicho esto, Jesús iba delante, subiendo hacia Jerusalén.

[29] Cuando se acercó a Betfagé y a Betania, cerca del monte que se llama de los Olivos[1], envió a dos de los discípulos, [30] diciéndoles: «Vayan a la aldea que está enfrente, en la cual, al entrar, encontrarán un pollino atado sobre el cual nunca se ha montado nadie[1]; desátenlo y tráigan*lo*. [31] Y si alguien les pregunta: "¿Por qué *lo* desatan?", de esta manera hablarán: "Porque el Señor lo necesita"».

[32] Entonces los enviados fueron y *lo* encontraron como Él les había dicho. [33] Mientras desataban el pollino, sus dueños[1] les dijeron: «¿Por qué desatan el pollino?». [34] Les respondieron: «Porque el Señor lo necesita». [35] Lo trajeron a Jesús, y echando sus mantos sobre el pollino, pusieron a Jesús *sobre él*. [36] Y mientras Él iba avanzando, tendían sus mantos por el camino.

[37] Cuando ya se acercaba, junto a la bajada del monte de los Olivos, toda la multitud de los discípulos, regocijándose, comenzó a alabar a Dios a gran voz por todas las maravillas[1] que habían visto, [38] diciendo:

> «¡BENDITO EL REY QUE VIENE EN EL NOMBRE DEL
> SEÑOR!
> ¡Paz en el cielo y gloria en las alturas!».

[39] Entonces algunos de los fariseos de *entre* la multitud le dijeron: «Maestro, reprende a Tus discípulos». [40] Pero Él respondió: «Les digo que si estos se callan, las piedras clamarán».

JESÚS LLORA SOBRE JERUSALÉN

[41] Cuando Jesús se acercó, al ver la ciudad, lloró sobre ella, [42] diciendo: «¡Si tú también hubieras sabido en este día lo que conduce a la paz! Pero ahora está oculto a tus ojos. [43] Porque sobre ti vendrán días, cuando[1] tus enemigos echarán terraplén

19:30
Jesús monta un pollino
Un pollino era un asno pequeño. Un rey montaba sobre un asno. Jesús hizo esto a fin de mostrar que era el Hijo elegido para tomar el trono de David.

19:43
La profecía de Jesús se hizo realidad
Esto se cumplió cuando los romanos atacaron y tomaron Jerusalén en el año 70 d. C.

19:19 [1] Lit. *sé*.   19:22 [1] Lit. *malo*.   [2] Lit. *de tu boca*.   19:29 [1] O *huerto de los Olivos*.   19:30 [1] Lit. *hombre*.   19:33 [1] Lit. *señores*.   19:37 [1] U *obras de poder*.   19:43 [1] Lit. *y*.

delante de ti, te sitiarán y te acosarán por todas partes. **44** Te derribarán a tierra, y a tus hijos dentro de ti, y no dejarán en ti piedra sobre piedra, porque no conociste el tiempo de tu visitación».

JESÚS ECHA A LOS MERCADERES DEL TEMPLO

45 Entrando Jesús en el templo, comenzó a echar fuera a los que vendían, **46** diciéndoles: «Escrito está: "Mi casa será casa de oración pero ustedes la han hecho cueva de ladrones"».

JESÚS ENSEÑA EN EL TEMPLO

47 Jesús enseñaba diariamente en el templo. Pero los principales sacerdotes, los escribas y los más prominentes del pueblo procuraban matar a Jesús; **48** y no encontraban la manera de hacerlo[1], porque todo el pueblo estaba pendiente de Él, escuchando *lo que decía.*

LA AUTORIDAD DE JESÚS PUESTA EN DUDA

20 Aconteció que en uno de los días, cuando Jesús enseñaba a la gente en el templo y anunciaba[1] el evangelio, *se* enfrentaron a Él los principales sacerdotes y los escribas con los ancianos, **2** y le dijeron: «Dinos, ¿con qué autoridad haces estas cosas, o quién te dio esta autoridad?».

3 Jesús les respondió: «Yo también les haré una pregunta[1]; quiero que me digan: **4** El bautismo de Juan, ¿era del cielo o de los hombres?». **5** Y ellos razonaban entre sí, diciendo: «Si decimos: "Del cielo", Él dirá: "¿Por qué no le creyeron?". **6** Pero si decimos: "De los hombres", todo el pueblo nos matará a pedradas, pues están convencidos de que Juan era un profeta».

7 Y respondieron que no sabían de dónde *era.* **8** Jesús entonces les dijo: «Tampoco Yo les diré[1] con qué autoridad hago estas cosas».

PARÁBOLA DE LOS LABRADORES MALVADOS

9 Entonces comenzó a contar al pueblo esta parábola: «Un hombre plantó una viña, y la arrendó a labradores, y se fue de viaje por mucho tiempo. **10** Al tiempo *de la vendimia* envió un siervo a los labradores para que le dieran *parte* del fruto de la viña; pero los labradores, después de golpearlo, lo enviaron con las manos vacías. **11** Volvió a enviar otro siervo; y ellos también a este, después de golpearlo y ultrajarlo, lo enviaron con las manos vacías. **12** Después envió un tercero; y a este también lo hirieron y echaron fuera.

13 »Entonces el dueño[1] de la viña dijo: "¿Qué haré? Enviaré a mi hijo amado; quizá a él lo respetarán". **14** Pero cuando los labradores lo vieron, razonaron entre sí, diciendo: "Este es el heredero; vamos a matarlo para que la heredad sea nuestra". **15** Y arrojándolo fuera de la viña, lo mataron. Por tanto, ¿qué les hará el dueño de la viña? **16** Vendrá y destruirá a estos labradores, y dará la viña a otros". Y cuando ellos oyeron *esto,* dijeron: «¡Nunca suceda tal cosa!».

20:10-13
Cultivando los grandes terrenos

Los terratenientes solían alquilarles sus grandes fincas a labradores o campesinos locales que cultivaban la tierra. Esta parábola comparaba a los siervos con los profetas que Dios había enviado antes, y la llegada del hijo ponía al descubierto los planes para matar a Jesús. Más adelante en la parábola, se muestra el juicio de Dios sobre los que habían hecho los planes.

19:48 [1] Lit. *lo que harían.*　　20:1 [1] O *predicaba.*　　20:3 [1] Lit. *preguntaré una palabra.*　　20:8 [1] Lit. *les digo.*　　20:13 [1] Lit. *señor.*

17 Pero Él, mirándolos fijamente, dijo: «Entonces, ¿qué quiere decir[1] esto que está escrito:

> "La piedra que desecharon los constructores,
> Esa, en piedra angular[2] se ha convertido"?

18 Todo el que caiga sobre esa piedra será hecho pedazos; y sobre quien ella caiga, lo esparcirá como polvo».

EL PAGO DEL IMPUESTO A CÉSAR

19 Los escribas y los principales sacerdotes procuraron arrestar a Jesús en aquella misma hora, porque comprendieron que contra ellos había dicho esta parábola; pero temieron al pueblo. **20** Para sorprender a Jesús en alguna declaración[1], lo acechaban, enviando espías que fingieran ser justos, y así lo podrían entregar al poder y autoridad del gobernador.

21 Y le preguntaron: «Maestro, sabemos que hablas y enseñas rectamente, y no te guías por las apariencias[1], sino que enseñas con verdad el camino de Dios. **22** ¿Nos es lícito pagar[1] impuesto a César, o no?». **23** Pero Jesús, percibiendo su astucia, les dijo: **24** «Traigan un denario[1]. ¿De quién es la imagen y la inscripción que lleva?». «De César», contestaron.

25 Entonces Jesús les dijo: «Pues den a César lo que es de César, y a Dios lo que es de Dios». **26** Y no podían sorprender a Jesús en palabra alguna[1] delante del pueblo; y maravillados de Su respuesta, se callaron.

PREGUNTA SOBRE LA RESURRECCIÓN

27 Acercándose *a Él* algunos de los saduceos, los que dicen que no hay resurrección, **28** Le dijeron: «Maestro, Moisés nos escribió: "SI EL HERMANO DE ALGUIEN MUERE, siendo casado, Y NO DEJA HIJOS, que SU HERMANO TOME LA MUJER Y LEVANTE DESCENDENCIA A SU HERMANO". **29** Eran, pues, siete hermanos; y el primero tomó esposa, y murió sin dejar hijos; **30** y el segundo[1] **31** y el tercero la tomaron; y de la misma manera también los siete, y murieron sin dejar hijos. **32** Por último, murió también la mujer. **33** Por tanto, en la resurrección, ¿de cuál de ellos será esposa la mujer? Porque los siete la tuvieron por mujer».

34 Jesús les respondió: «Los hijos de este siglo se casan y son dados en matrimonio. **35** Pero los que son tenidos por dignos de alcanzar aquel siglo y la resurrección de entre los muertos, ni se casan ni son dados en matrimonio. **36** Tampoco pueden morir, pues son como ángeles, y son hijos de Dios, siendo hijos de la resurrección. **37** Pero que los muertos resucitan, aun Moisés lo enseñó, *en aquel pasaje* sobre la zarza *ardiendo,* donde llama al Señor, el Dios de Abraham, y Dios de Isaac, y Dios de Jacob. **38** Él no es Dios de muertos, sino de vivos; porque todos viven para Él».

39 Algunos de los escribas respondieron: «Maestro, bien has hablado». **40** Y ya no se atrevían a hacer más preguntas.

20:17-18
Aquellos que rechazan a Jesús

Ellos serán como una vasija que se golpea contra una piedra o como alguien que es aplastado por una piedra que cae.

20:17 [1] Lit. *¿qué es.*   [2] Lit. *cabeza del ángulo.*   20:20 [1] Lit. *tomarle en su palabra.*   20:21 [1] Lit. *no recibes apariencia.*   20:22 [1] Lit. *dar.*   20:24 [1] I.e. moneda romana.   20:26 [1] Lit. *tomar a Él en Su palabra.*   20:30 [1] Algunos mss. agregan: *tomó la mujer, el cual también murió sin hijos.*

20:41-44
Lo que Jesús enseñó sobre el Mesías
Los fariseos pensaban que el Mesías sería un líder político humano. Jesús quería mostrarles que el Hijo de David también era el Hijo de Dios.

20:46-47
Los escribas
Los escribas eran maestros de la ley. Usaban largas y vaporosas túnicas de lino con flecos que casi llegaban hasta el suelo. Ellos ocupaban los mejores asientos de la sinagoga y dependían de la generosidad de otros judíos para ganarse la vida. Actuaban como si fueran santos, pero a veces se aprovechaban de las viudas y de otras personas.

21:1
Cómo contribuían las personas con el templo
En el patio de las mujeres había trece cajas donde los fieles podían depositar sus ofrendas.

21:6
Esta profecía fue cumplida
Los romanos tomaron Jerusalén y destruyeron el templo en el año 70 d. C.

JESÚS, HIJO Y SEÑOR DE DAVID

41 Entonces Jesús les preguntó: «¿Cómo *es que* dicen que el Cristo[1] es hijo de David? **42** Pues David mismo dice en el libro de los Salmos:

El Señor dijo a mi Señor:
"Siéntate a Mi diestra,
43 Hasta que ponga a Tus enemigos por estrado de Tus pies"».

44 «David, por tanto, lo llama "Señor". ¿Cómo, pues, es Él su hijo?».

ADVERTENCIA CONTRA LOS ESCRIBAS

45 Mientras todo el pueblo escuchaba, dijo a Sus discípulos: **46** «Cuídense de los escribas, a quienes les gusta andar con vestiduras largas, y son amantes de los saludos respetuosos en las plazas, y de *ocupar* los primeros asientos en las sinagogas y los lugares de honor en los banquetes; **47** que devoran las casas de las viudas, y por las apariencias hacen largas oraciones; ellos recibirán mayor condenación».

LA OFRENDA DE LA VIUDA

21 Levantando Jesús la vista, vio a los ricos que echaban sus ofrendas[1] en el *arca del* tesoro. **2** Vio también a una viuda pobre que echaba allí dos pequeñas monedas de cobre; **3** y dijo: «En verdad les digo, que esta viuda *tan* pobre echó más que todos *ellos;* **4** porque todos ellos echaron en la ofrenda[1] de lo que les sobra[2], pero ella, de su pobreza, echó todo lo que tenía para vivir[3]».

PROFECÍA SOBRE LA DESTRUCCIÓN DEL TEMPLO

5 Mientras algunos estaban hablando del templo, de cómo[1] estaba adornado con hermosas piedras y ofrendas votivas, Jesús dijo: **6** «*En cuanto a* estas cosas que ustedes están mirando, vendrán días en que no quedará piedra sobre piedra que no sea derribada».

7 Ellos le preguntaron: «Maestro, ¿cuándo sucederá[1] esto, y qué señal[2] *habrá* cuando estas cosas vayan a suceder?». **8** Jesús respondió: «Cuídense de no ser engañados; porque muchos vendrán en Mi nombre, diciendo: "Yo soy *el Cristo*[1]", y: "El tiempo está cerca". No los sigan. **9** Y cuando oigan de guerras y disturbios, no se aterroricen; porque estas cosas tienen que suceder primero, pero el fin no *sucederá* inmediatamente».

SEÑALES Y PERSECUCIONES

10 Entonces les dijo: «Se levantará nación contra nación y reino contra reino; **11** *habrá* grandes terremotos, y plagas y hambres en diversos lugares; y habrá terrores y grandes señales[1] del cielo.

20:41 [1] I.e. el Mesías.   21:1 [1] O *donativos.*   21:4 [1] O *el donativo.*   [2] O *de su abundancia.*   [3] Lit. *toda la subsistencia que tenía.*   21:5 [1] Lit. *que.* 21:7 [1] Lit. *será.*   [2] O *milagro.*   21:8 [1] I.e. el Mesías.   21:11 [1] O *milagros.*

12 »Pero antes de todas estas cosas, a ustedes les echarán mano, y los perseguirán, entregándolos a las sinagogas y cárceles, llevándolos ante reyes y gobernadores por causa de Mi nombre. **13** Esto les dará oportunidad de testificar[1]. **14** Por tanto, propónganse en sus corazones no preparar de antemano su defensa; **15** porque Yo les daré a ustedes palabras[1] y sabiduría que ninguno de sus adversarios podrá resistir ni contradecir.

16 »Pero serán entregados aun por padres, hermanos, parientes y amigos; y matarán *a algunos* de ustedes, **17** y serán odiados de todos por causa de Mi nombre. **18** Sin embargo, ni un cabello de su cabeza perecerá. **19** Con su perseverancia ganarán sus almas[1].

20 »Pero cuando ustedes vean a Jerusalén rodeada de ejércitos, sepan entonces que su desolación está cerca. **21** Entonces los que estén en Judea, huyan a los montes, y los que estén en medio de la ciudad[1], aléjense; y los que estén en los campos, no entren en ella. **22** Porque estos son días de venganza, para que se cumplan todas las cosas que están escritas.

23 »¡Ay de las que estén encinta y de las que estén criando en aquellos días! Porque habrá una gran calamidad sobre la tierra, e ira para este pueblo. **24** Caerán a filo de espada y serán llevados cautivos a todas las naciones. Jerusalén será pisoteada por los gentiles, hasta que los tiempos de los gentiles se cumplan.

LA VENIDA DEL HIJO DEL HOMBRE

25 »Habrá señales[1] en el sol, en la luna y en las estrellas, y sobre la tierra, angustia entre las naciones, perplejas a causa del rugido del mar y de las olas, **26** desfalleciendo los hombres por el temor y la expectación de las cosas que vendrán sobre el mundo[1]; porque las potencias de los cielos serán sacudidas.

27 »Entonces verán al Hijo del Hombre que viene en una nube con poder y gran gloria. **28** Cuando estas cosas empiecen a suceder, levántense[1] y alcen la cabeza, porque se acerca su redención».

PARÁBOLA DE LA HIGUERA

29 Jesús les dijo también una parábola: «Miren la higuera y todos los árboles. **30** Cuando ya brotan *las hojas,* al verlo, ustedes mismos saben que el verano ya está cerca. **31** Asimismo ustedes, cuando vean que suceden estas cosas, sepan que el reino de Dios está cerca. **32** En verdad les digo que no pasará esta generación hasta que todo *esto* suceda. **33** El cielo y la tierra pasarán, pero Mis palabras no pasarán.

EXHORTACIÓN A VELAR

34 »Estén alerta, no sea que sus corazones se carguen con disipación, embriaguez y con las preocupaciones de la vida, y aquel día venga súbitamente sobre ustedes como un lazo;

21:29-30
Por qué Jesús les dijo a sus oyentes que observaran la higuera
El brote de las hojas anuncia la primavera. De un modo similar, ellos sabrían que el reino de Dios vendría pronto por ciertas señales.

21:13 [1] Lit. *Esto los llevará a un testimonio.*   21:15 [1] Lit. *una boca.*
21:19 [1] O *conservarán sus vidas.*   21:21 [1] Lit. *ella.*   21:25 [1] O *milagros.*
21:26 [1] Lit. *la tierra habitada.*   21:28 [1] O *cobren ánimo.*

³⁵porque vendrá sobre todos los que habitan sobre la superficie de toda la tierra. ³⁶Pero velen en todo tiempo, orando para que tengan fuerza para escapar de todas estas cosas que están por suceder, y puedan estar en pie delante del Hijo del Hombre».

³⁷Durante el día¹ Jesús enseñaba en el templo, pero al oscurecer² salía y pasaba la noche en el monte llamado de los Olivos. ³⁸Y todo el pueblo iba temprano al templo¹ a escuchar a Jesús.

TRAICIÓN DE JUDAS

22 Se acercaba la Fiesta de los Panes sin Levadura¹, llamada la Pascua. ²Y los principales sacerdotes y los escribas buscaban cómo dar muerte a Jesús, pero temían al pueblo. ³Entonces Satanás entró en Judas, llamado Iscariote, que pertenecía al¹ número de los doce *apóstoles*. ⁴Y él fue y discutió con los principales sacerdotes y con los oficiales sobre cómo entregarles a Jesús. ⁵Ellos se alegraron y convinieron en darle dinero. ⁶Él aceptó, y buscaba una oportunidad para entregar a Jesús sin hacer un escándalo¹.

PREPARACIÓN DE LA PASCUA

⁷Llegó el día *de la Fiesta* de los Panes sin Levadura¹ en que debía sacrificarse *el cordero de* la Pascua. ⁸Entonces Jesús envió a Pedro y a Juan, diciéndoles: «Vayan y preparen la Pascua para nosotros, para que *la* comamos». ⁹«¿Dónde deseas que *la* preparemos?», le preguntaron.

¹⁰Y Él les respondió: «Miren, al entrar en la ciudad, les saldrá al encuentro un hombre que lleva un cántaro de agua; síganlo a la casa donde entre. ¹¹Y dirán al dueño de la casa: "El Maestro te dice: '¿Dónde está la habitación, en la cual pueda comer la Pascua con Mis discípulos?'". ¹²Entonces él les mostrará un gran aposento alto, dispuesto; prepáren*la* allí». ¹³Ellos fueron y encontraron *todo* tal como Él les había dicho; y prepararon la Pascua.

INSTITUCIÓN DE LA CENA DEL SEÑOR

¹⁴Cuando llegó la hora, Jesús se sentó¹ *a la mesa,* y con Él los apóstoles, ¹⁵y les dijo: «Intensamente he deseado comer esta Pascua con ustedes antes de padecer; ¹⁶porque les digo que nunca más volveré a comerla hasta que se cumpla en el reino de Dios».

¹⁷Y tomando una copa, después de haber dado gracias, dijo: «Tomen esto y repártanlo entre ustedes; ¹⁸porque les digo que de ahora en adelante no beberé del fruto de la vid, hasta que venga el reino de Dios».

¹⁹Y tomando el pan, después de haber dado gracias, *lo* partió, y les dio, diciendo: «Esto es Mi cuerpo que por ustedes es dado; hagan esto en memoria de Mí». ²⁰De la misma manera *tomó* la copa después de haber cenado, diciendo: «Esta copa es el nuevo pacto en Mi sangre, que es derramada por ustedes.

²¹»Pero, vean, la mano del que me entrega está junto a Mí en la mesa. ²²Porque en verdad, el Hijo del Hombre va según

22:4
Los oficiales del templo
En su mayoría eran levitas.

22:10
Un hombre con un cántaro de agua
Era extraño ver a un hombre cargando un cántaro de agua, porque este era un trabajo que por lo general lo hacían las mujeres.

22:14-16
Por qué Jesús quería celebrar la Pascua con sus discípulos
Esta sería la última vez que Jesús podría compartir una comida con ellos. Pronto se convertiría en el «cordero de Pascua», sacrificando su vida para salvar al mundo.

21:37 ¹ Lit. *los días.*   ² Lit. *por las noches.*   21:38 ¹ Lit. *a Él en el templo.*
22:1 ¹ O *de los ázimos.*   22:3 ¹ O *que era del.*   22:6 ¹ O *sin que la gente lo advirtiera.*   22:7 ¹ O *de los ázimos.*   22:14 ¹ Lit. *Se recostó.*

se ha determinado; pero ¡ay de aquel hombre por quien Él es entregado!». **23** Entonces ellos comenzaron a discutir entre sí quién de ellos sería el que iba a hacer esto.

LOS DISCÍPULOS DISCUTEN SOBRE QUIÉN ES EL MAYOR

24 Surgió también entre ellos una discusión, *sobre* cuál de ellos debía ser considerado como el mayor.

25 Y Jesús les dijo: «Los reyes de los gentiles se enseñorean de ellos; y los que tienen autoridad sobre ellos son llamados bienhechores. **26** Pero no es así con ustedes; antes, el mayor entre ustedes hágase como el menor[1], y el que dirige como el que sirve. **27** Porque, ¿cuál es mayor, el que se sienta[1] *a la mesa*, o el que sirve? ¿No lo es el que se sienta[1] *a la mesa*? Sin embargo, entre ustedes Yo soy como el que sirve.

28 »Ustedes son los que han permanecido junto a Mí en Mis pruebas; **29** y así como Mi Padre me ha otorgado un reino, Yo les otorgo **30** que coman y beban a Mi mesa en Mi reino; y se sentarán en tronos juzgando a las doce tribus de Israel.

JESÚS PREDICE LA NEGACIÓN DE PEDRO

31 »Simón, Simón, mira que Satanás los ha reclamado a ustedes para zarandearlos como a trigo; **32** pero Yo he rogado por ti para que tu fe no falle; y tú, una vez que hayas regresado, fortalece a tus hermanos».

33 Y *Pedro* le dijo: «Señor, estoy dispuesto a ir adonde vayas, tanto a la cárcel como a la muerte». **34** Pero Jesús le dijo: «Te digo, Pedro, que el gallo no cantará hoy hasta que tú hayas negado tres veces que me conoces».

BOLSA, ALFORJA Y ESPADA

35 Y Él les dijo a todos: «Cuando los envié sin bolsa, ni alforja, ni sandalias, ¿acaso les faltó algo?». «*No*, nada», contestaron ellos. **36** Entonces les dijo: «Pero ahora, el que tenga una bolsa, que la lleve consigo, de la misma manera también una alforja, y el que no tenga espada, venda su manto y compre una. **37** Porque les digo que es necesario que en Mí se cumpla esto que está escrito: "Y con los transgresores fue contado"; pues ciertamente, lo que se refiere a Mí, tiene *su* cumplimiento».

38 Y ellos dijeron: «Señor, aquí hay dos espadas». «Es suficiente», les respondió.

JESÚS EN GETSEMANÍ

39 Saliendo Jesús, se encaminó, como de costumbre, hacia el monte de los Olivos; y los discípulos también lo siguieron. **40** Cuando llegó al lugar, les dijo: «Oren para que no entren en tentación».

41 Y se apartó de ellos como a un tiro de piedra, y poniéndose de rodillas, oraba, **42** diciendo: «Padre, si es Tu voluntad, aparta de Mí esta copa; pero no se haga Mi voluntad, sino la Tuya». **43** [1] Entonces se apareció un ángel del cielo, que lo fortalecía. **44** Y estando en agonía, oraba con mucho

22:25-27
El deseo de grandeza de los discípulos
Jesús dijo que las personas no debían buscar su propia grandeza en el reino de Dios, sino lograr cosas grandes sirviendo a otros, tal como él lo hizo.

22:39
El lugar donde Jesús oró
Mateo lo llamó Getsemaní (Mateo 26:36), y Juan se refirió al lugar como un huerto (Juan 18:1). El mismo quedaba en la ladera inferior del monte de los Olivos.

22:26 [1] O *el más joven.*   22:27 [1] Lit. *se reclina.*   22:43 [1] Algunos mss. antiguos no incluyen los vers. 43 y 44.

fervor; y Su sudor se volvió como gruesas gotas de sangre, que caían sobre la tierra.

45 Cuando se levantó de orar, fue a los discípulos y los halló dormidos a causa de la tristeza, **46** y les dijo: «¿Por qué duermen? Levántense y oren para que no entren en tentación».

ARRESTO DE JESÚS

47 Mientras todavía estaba Él hablando, *llegó* una multitud, y el que se llamaba Judas, uno de los doce *apóstoles,* iba delante de ellos, y se acercó para besar a Jesús. **48** Pero Jesús le dijo: «Judas, ¿con un beso entregas al Hijo del Hombre?». **49** Cuando los que rodeaban a Jesús vieron lo que iba a suceder, dijeron: «Señor, ¿heriremos a espada?».

50 Y uno de ellos hirió al siervo del sumo sacerdote y le cortó[1] la oreja derecha. **51** Pero Jesús dijo: «¡Deténganse! Basta de esto». Y[1] tocando la oreja *al siervo,* lo sanó. **52** Entonces Jesús dijo a los principales sacerdotes, a los oficiales del templo y a los ancianos que habían venido contra Él: «¿Cómo contra un ladrón han salido con espadas y palos? **53** Cuando estaba con ustedes cada día en el templo, no me echaron mano; pero esta hora y el poder de las tinieblas son de ustedes[1]».

LA NEGACIÓN DE PEDRO

54 Después de arrestar a Jesús, se lo llevaron y lo condujeron a la casa del sumo sacerdote; y Pedro *los* seguía de lejos. **55** Después que encendieron una hoguera en medio del patio, y de sentarse juntos, Pedro se sentó entre ellos. **56** Una sirvienta, al verlo sentado junto a la lumbre, fijándose en él detenidamente, dijo: «También este estaba con Él». **57** Pero él *lo* negó, diciendo: «Mujer, yo no lo conozco».

58 Un poco después, otro al verlo, dijo: «¡Tú también eres *uno* de ellos!». «¡Hombre, no es cierto[1]!», le dijo Pedro. **59** Pasada como una hora, otro insistía, diciendo: «Ciertamente este también estaba con Él, pues él también es galileo». **60** Pero Pedro dijo: «Hombre, yo no sé de qué hablas». Al instante, estando él todavía hablando, cantó un gallo.

61 El Señor se volvió y miró a Pedro. Entonces Pedro recordó la palabra del Señor, de cómo le había dicho: «Antes que el gallo cante hoy, me negarás tres veces». **62** Y saliendo fuera, lloró amargamente.

JESÚS ESCARNECIDO

63 Los hombres que tenían a Jesús bajo custodia, se burlaban de Él y lo golpeaban; **64** Le vendaron los ojos, y le preguntaban: «Adivina[1], ¿quién es el que te ha golpeado?». **65** También decían muchas otras cosas contra Él, blasfemando.

JESÚS ANTE EL CONCILIO

66 Cuando se hizo de día, se reunió el Concilio[1] de los ancianos del pueblo, tanto los principales sacerdotes como los escribas, y llevaron a Jesús ante su Concilio, diciendo: **67** «Si

---

22:54
El sumo sacerdote
Se trataba de Caifás, que fue el sumo sacerdote desde el año 18 hasta 36 d. C.

22:66
Por qué esperaron hasta que se hizo de día
Solo entonces se podría llevar a cabo un juicio legal en el que todo el consejo (el Concilio o Sanedrín) pudiera estar de acuerdo en cuanto a dar la sentencia de muerte.

22:50 [1] Lit. *quitó.*   22:51 [1] O *Déjenme cuando menos hacer esto, y.*
22:53 [1] Lit. *esta es la hora de ustedes y el poder de las tinieblas.*   22:58 [1] Lit. *yo no soy.*   22:64 [1] O *Profetiza.*   22:66 [1] I.e. *Sanedrín.*

Tú eres el Cristo*, dínoslo». Pero Él les dijo: «Si se los digo, no creerán; **68** y si les pregunto, no responderán. **69** Pero de ahora en adelante, el Hijo del Hombre estará sentado a la diestra del poder de Dios».

70 Dijeron todos: «Entonces, ¿Tú eres el Hijo de Dios?». «Ustedes dicen que Yo soy», les respondió Jesús. **71** Y ellos dijeron: «¿Qué necesidad tenemos ya de testimonio? Pues nosotros mismos lo hemos oído de Su propia boca».

JESÚS ANTE PILATO

23 Toda la asamblea de ellos se levantó, y llevaron a Jesús ante Pilato. **2** Y comenzaron a acusar a Jesús, diciendo: «Hemos hallado que este pervierte a nuestra nación, prohibiendo pagar* impuesto a César, y diciendo que Él mismo es Cristo*, un Rey».

3 Pilato preguntó a Jesús: «¿Eres Tú el Rey de los judíos?». «Tú *lo* dices», le respondió Jesús. **4** Entonces Pilato dijo a los principales sacerdotes y a la multitud: «No encuentro delito en este hombre». **5** Pero ellos insistían, diciendo: «Él alborota al pueblo, enseñando por toda Judea, comenzando desde Galilea hasta aquí».

6 Cuando Pilato oyó *esto,* preguntó si el hombre era galileo. **7** Al saber que Jesús pertenecía a la jurisdicción de Herodes, lo remitió a Herodes, que también estaba en Jerusalén en aquellos* días.

JESÚS ANTE HERODES

8 Al ver a Jesús, Herodes se alegró en gran manera, pues hacía mucho tiempo que lo quería ver por lo que había oído hablar de Él, y esperaba ver alguna señal* que Él hiciera. **9** Lo interrogó extensamente*, pero Jesús nada le respondió. **10** Los principales sacerdotes y los escribas también estaban allí, y lo acusaban con vehemencia. **11** Entonces Herodes, con sus soldados, después de tratar a Jesús con desprecio y burlarse de Él, lo vistieron con un espléndido manto. Después Herodes lo envió de nuevo a Pilato. **12** Aquel mismo día Herodes y Pilato se hicieron amigos, pues antes habían estado enemistados el uno con el otro.

PILATO CONDENA A JESÚS

13 Pilato convocó a los principales sacerdotes, a los gobernantes y al pueblo, **14** y les dijo: «Me han presentado a este hombre como uno que incita al pueblo a la rebelión, pero habiéndolo interrogado yo delante de ustedes, no he hallado ningún delito en este hombre de las acusaciones que hacen contra Él. **15** Ni tampoco Herodes, pues nos lo ha remitido de nuevo; ya que nada ha hecho* que merezca la muerte. **16** Por tanto, lo voy a castigar y después, lo soltaré». **17** *Y tenía obligación de soltarles un *preso* en cada fiesta.

18 Pero todos ellos gritaron a una: «¡Fuera con este, y suéltanos a Barrabás!». **19** Barrabás había sido echado en la cárcel por un levantamiento ocurrido en la ciudad, y por homicidio.

22:67 *¹ I.e. el Mesías.   23:2 *¹ Lit. *dar.*   *² I.e. el Mesías.   23:7 *¹ Lit. *estos.*
23:8 *¹ O *milagro.*   23:9 *¹ Lit. *con muchas palabras.*   23:15 *¹ Lit. *nada ha sido hecho por Él.*   23:17 *¹ Algunos mss. antiguos no incluyen este vers.

23:16
Por qué Pilato castigó a Jesús

Aunque Pilato no lo consideraba culpable, estaba dispuesto a hacer que lo golpearan para satisfacer a los principales sacerdotes y al pueblo.

20 Pilato, queriendo soltar a Jesús, les volvió a hablar, **21** pero ellos continuaban gritando: «¡Crucifícalo! ¡Crucifícalo!». **22** Y él les dijo por tercera vez: «¿Por qué? ¿Qué mal ha hecho Este? No he hallado en Él ningún delito *digno de* muerte; por tanto, lo castigaré y lo soltaré». **23** Pero ellos insistían, pidiendo a grandes voces que fuera crucificado, y sus voces comenzaron a predominar. **24** Entonces Pilato decidió[1] que se les concediera su demanda. **25** Y soltó al que ellos pedían, al que había sido echado en la cárcel por insurrección y homicidio, pero entregó a Jesús a la voluntad de ellos.

JESÚS SE DIRIGE AL CALVARIO

26 Cuando lo llevaban, tomaron a un tal Simón de Cirene que venía del campo y le pusieron la cruz encima para que la llevara detrás de Jesús.

27 Y seguía a Jesús una gran multitud del pueblo y de mujeres que lloraban[1] y se lamentaban por Él. **28** Pero Jesús, volviéndose a ellas, dijo: «Hijas de Jerusalén, no lloren por Mí; lloren más bien por ustedes mismas y por sus hijos. **29** Porque vienen días en que dirán: "Dichosas las estériles, los vientres que nunca concibieron y los senos que nunca criaron". **30** Entonces comenzarán a decir a los montes: "Caigan sobre nosotros"; y a los collados: "Cúbrannos". **31** Porque si en el árbol verde hacen esto, ¿qué sucederá en el seco?».

32 También llevaban a otros dos, que eran malhechores, para ser muertos con Él.

LA CRUCIFIXIÓN

33 Cuando llegaron al lugar llamado «La Calavera[1]», crucificaron allí a Jesús y a los malhechores, uno a la derecha y otro a la izquierda. **34** Y Jesús decía: «Padre, perdónalos, porque no saben lo que hacen[1]». Y los soldados echaron suertes, repartiéndose entre sí Sus vestidos.

35 El pueblo estaba *allí* mirando; y aun los gobernantes se burlaban de Él, diciendo: «A otros salvó; que se salve Él mismo si Este es el Cristo[1] de Dios, Su Escogido». **36** Los soldados también se burlaban de Jesús, y se acercaban a Él y le ofrecían vinagre, **37** diciendo: «Si Tú eres el Rey de los judíos, sálvate a Ti mismo».

38 Había también una inscripción sobre Él[1], *que decía:* «ESTE ES EL REY DE LOS JUDÍOS».

LOS DOS MALHECHORES

39 Uno de los malhechores que estaban colgados *allí* le lanzaba insultos, diciendo: «¿No eres Tú el Cristo? ¡Sálvate a Ti mismo y a nosotros!».

40 Pero el otro le contestó, y reprendiéndolo, dijo: «¿Ni siquiera temes tú a Dios a pesar de que estás bajo la misma condena? **41** Nosotros a la verdad, justamente, porque recibimos lo que merecemos por nuestros hechos[1]; pero este nada

---

23:26
Por qué Simón cargó la cruz

Los hombres sentenciados a la crucifixión eran obligados a llevar una viga de su propia cruz, que pesaba entre 13 y 18 kilogramos, hasta el lugar en que se llevaría a cabo la ejecución. Jesús comenzó cargando su cruz (ver Juan 19:17), pero no pudo llevarla todo el camino. Es probable que los golpes lo hubieran debilitado mucho.

23:34
Los soldados se repartieron la ropa de Jesús

Los soldados encargados de la ejecución se llevaban todas las posesiones de la persona condenada a muerte. Aquí, los soldados estaban cumpliendo la profecía hecha en Salmos 22:18.

23:24 [1] Lit. *sentenció.*   23:27 [1] Lit. *se golpeaban el pecho.*   23:33 [1] En latín, *Calvarius;* i.e. Calvario.   23:34 [1] Algunos mss. antiguos no incluyen: *Y Jesús decía:...hacen.*   23:35 [1] I.e. el Mesías.   23:38 [1] Algunos mss. agregan: *escrita en caracteres griegos, latinos y hebreos.*   23:41 [1] Lit. *cosas dignas de lo que hemos hecho.*

malo ha hecho». **42** Y añadió: «Jesús, acuérdate de mí cuando vengas en¹ Tu reino». **43** Entonces Jesús le dijo: «En verdad te digo: hoy estarás conmigo en el paraíso».

MUERTE DE JESÚS

44 Era ya como la hora sexta¹, cuando descendieron² tinieblas sobre toda la tierra hasta la hora novena³, **45** al eclipsarse el sol. El velo del templo se rasgó en dos¹. **46** Y Jesús, clamando a gran voz, dijo: «Padre, en Tus manos encomiendo Mi espíritu». Habiendo dicho esto, expiró.

47 Al ver el centurión lo que había sucedido, glorificaba a Dios, diciendo: «Ciertamente, este hombre era inocente¹». **48** Todas las multitudes que se habían reunido para *presenciar* este espectáculo, al observar lo que había acontecido, se volvieron golpeándose el pecho. **49** Pero todos los conocidos de Jesús y las mujeres que lo habían acompañado desde Galilea, estaban a cierta distancia viendo estas cosas.

SEPULTURA DE JESÚS

50 Había un hombre llamado José, miembro del Concilio¹, varón bueno y justo, **51** el cual no había estado de acuerdo con el plan y el proceder de los demás¹, *que era* de Arimatea, ciudad de los judíos, *y* que esperaba el reino de Dios. **52** Este fue a Pilato y le pidió el cuerpo de Jesús, **53** y bajándolo, lo envolvió en un lienzo de lino, y lo puso en un sepulcro excavado en la roca donde nadie había sido puesto todavía. **54** Era el día de la preparación, y estaba para comenzar el día de reposo.

55 Y las mujeres que habían venido con Jesús desde Galilea siguieron detrás, y vieron el sepulcro y cómo fue colocado Su cuerpo. **56** Cuando regresaron, prepararon especias aromáticas y perfumes.

Y en el día de reposo descansaron según el mandamiento.

LA RESURRECCIÓN

24 Pero el primer *día* de la semana, al rayar el alba, *las mujeres* vinieron al sepulcro trayendo las especias aromáticas que habían preparado. **2** Encontraron *que* la piedra *había sido* removida del sepulcro, **3** y cuando entraron, no hallaron el cuerpo del Señor Jesús.

4 Aconteció que estando ellas perplejas por esto, de pronto se pusieron junto a ellas dos varones en vestiduras resplandecientes. **5** Estando ellas aterrorizadas e inclinados sus rostros a tierra, ellos les dijeron: «¿Por qué buscan entre los muertos al que vive? **6** No está aquí, sino que ha resucitado. Acuérdense cómo les habló cuando estaba aún en Galilea, **7** diciendo que el Hijo del Hombre debía ser entregado en manos de hombres pecadores, y ser crucificado, y al tercer día resucitar».

23:45
El velo del templo se rasgó
El velo rasgado era una señal de que no había más barrera que separara a los creyentes de Dios. La dirección de la rasgadura (de arriba hacia abajo; ver Mateo 27:51; Marcos 15:38) muestra que Dios fue quien hizo que esto sucediera. Cuando Jesús murió, se convirtió en el puente que les permite a los creyentes entrar directamente a la presencia de Dios.

23:55-56
Preparación de los cuerpos para el sepulcro
Las personas usaban trozos de tela y una gran cantidad de especias a fin de preparar a un cuerpo para el sepulcro. Los que prepararon a Jesús usaron treinta y tres kilos de mirra y áloe en la primera noche. (Ver Juan 19:39).

24:2
Las tumbas solían estar cerradas
La entrada a una tumba solía cerrarse para mantener a los vándalos (destructores) y los animales alejados de los cuerpos. Sin embargo, las autoridades romanas habían sellado esta piedra porque no querían que los discípulos de Jesús se llevaran el cuerpo y afirmaran que él había resucitado de entre los muertos.

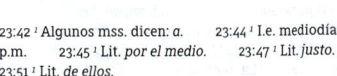

8 Entonces ellas se acordaron de Sus palabras, **9** y regresando del sepulcro, anunciaron todas estas cosas a los once *apóstoles* y a todos los demás. **10** Eran María Magdalena y Juana y María, la *madre* de Jacobo[1]. También las demás *mujeres* con ellas decían estas cosas a los apóstoles. **11** A ellos estas palabras les parecieron como disparates, y no las creyeron. **12** Pero Pedro se levantó y corrió al sepulcro. Inclinándose para mirar *adentro*, vio* solo[1] las envolturas de lino, y se fue a su casa maravillado de lo que había acontecido.

JESÚS SE MANIFIESTA A DOS DISCÍPULOS

13 Aquel mismo día dos de los discípulos iban a una aldea llamada Emaús, que estaba como a once kilómetros de Jerusalén. **14** Conversaban entre sí acerca de todas estas cosas que habían acontecido. **15** Y mientras conversaban y discutían, Jesús mismo se acercó y caminaba con ellos. **16** Pero sus ojos estaban velados[1] para que no lo reconocieran.

17 Y Él les dijo: «¿Qué discusiones[1] son estas que tienen entre ustedes mientras van andando?». Y ellos se detuvieron, con semblante triste. **18** Uno *de ellos*, llamado Cleofas, le dijo: «¿Eres Tú el único visitante en Jerusalén que no sabe[1] las cosas que en ella han acontecido en estos días?». **19** «¿Qué cosas?», les preguntó Jesús. Y ellos le dijeron: «Las referentes a Jesús el Nazareno, que fue un profeta[1] poderoso en obra y en palabra delante de Dios y de todo el pueblo; **20** y cómo los principales sacerdotes y nuestros gobernantes lo entregaron a sentencia de muerte y lo crucificaron. **21** Pero nosotros esperábamos que Él era el que iba a redimir a Israel. Además de todo esto, este es el tercer día desde que estas cosas acontecieron. **22** Y[1] también algunas mujeres de entre nosotros nos asombraron; *pues* cuando fueron de madrugada al sepulcro, **23** y al no hallar Su cuerpo, vinieron diciendo que también habían visto una aparición de ángeles que decían que Él vivía. **24** Algunos de los que estaban con nosotros fueron al sepulcro, y *lo* hallaron tal como también las mujeres habían dicho; pero a Él no lo vieron».

25 Entonces Jesús les dijo: «¡Oh insensatos y tardos de corazón para creer todo lo que los profetas han dicho! **26** ¿No era necesario que el Cristo[1] padeciera todas estas cosas y entrara en Su gloria?».

27 Comenzando por[1] Moisés y *continuando* con[1] todos los profetas, les explicó lo referente a Él en todas las Escrituras. **28** Se acercaron a la aldea adonde iban, y Él hizo como que iba más lejos. **29** Y ellos le insistieron, diciendo: «Quédate con nosotros, porque está atardeciendo, y el día ya ha declinado». Y entró a quedarse con ellos. **30** Al sentarse[1] *a la mesa* con ellos, Jesús tomó pan, y *lo* bendijo; y partiéndo*lo*, les dio. **31** Entonces les fueron abiertos los ojos y lo reconocieron; pero Él desapareció de *la presencia de* ellos. **32** Y se dijeron el uno al otro: «¿No ardía nuestro corazón dentro de nosotros mientras nos hablaba en el camino, cuando nos abría[1] las Escrituras?».

33 Levantándose en esa misma hora, regresaron a Jerusalén, y hallaron reunidos a los once *apóstoles* y a los que estaban con ellos, **34** que decían: «Es verdad que el Señor ha resucitado y se ha aparecido a Simón».

35 Y ellos contaban sus experiencias[1] en el camino, y cómo lo habían reconocido al partir el pan.

JESÚS SE APARECE A LOS DISCÍPULOS

36 Mientras ellos relataban estas cosas, Jesús se puso en medio de ellos, y les dijo: «Paz a ustedes».

37 Pero ellos, aterrorizados y asustados, pensaron que veían un espíritu. **38** Y Él les dijo: «¿Por qué están turbados, y por qué surgen dudas en sus corazones? **39** Miren Mis manos y Mis pies, que Yo mismo soy; tóquenme y vean, porque un espíritu no tiene carne ni huesos como ustedes ven que Yo tengo».

40 Cuando dijo esto, les mostró las manos y los pies. **41** Como ellos todavía no *lo* creían a causa de la alegría y porque estaban asombrados, les dijo: «¿Tienen aquí algo de comer?».

42 Ellos le presentaron parte de un pescado asado[1], **43** y Él lo tomó en las manos y comió delante de ellos.

LA GRAN COMISIÓN

44 Después Jesús les dijo: «Esto es lo que Yo les decía[1] cuando todavía estaba con ustedes: que era necesario que se cumpliera todo lo que sobre Mí está escrito en la ley de Moisés, en los profetas y en los Salmos».

45 Entonces les abrió la mente para que comprendieran las Escrituras, **46** y les dijo: «Así está escrito, que el Cristo[1] padecerá y resucitará de entre los muertos al tercer día; **47** y que en Su nombre se predicará el arrepentimiento para el perdón[1] de los pecados a todas las naciones, comenzando desde Jerusalén. **48** Ustedes son testigos de estas cosas. **49** Por tanto, Yo enviaré sobre ustedes la promesa de Mi Padre; pero ustedes, permanezcan en la ciudad hasta que sean investidos con poder de lo alto».

JESÚS SE DESPIDE DE SUS DISCÍPULOS

50 Entonces Jesús los condujo fuera *de la ciudad,* hasta cerca de Betania, y alzando Sus manos, los bendijo. **51** Y aconteció que mientras los bendecía, se separó de ellos y fue llevado arriba al cielo. **52** Ellos, después de adorar a Jesús, regresaron a Jerusalén con gran gozo, **53** y estaban siempre en el templo alabando[1] a Dios.

24:40
Por qué Jesús les mostró sus manos y pies
Las manos y los pies de Jesús habían sido clavados en la cruz y aún tenían las cicatrices de la crucifixión.

24:35 [1] Lit. *las cosas.*   24:42 [1] Algunos mss. agregan: *y un panal de miel.*
24:44 [1] Lit. *Estas son mis palabras que les hablé.*   24:46 [1] I.e. el Mesías.
24:47 [1] Algunos mss. dicen: *y el perdón.*   24:53 [1] Lit. *bendiciendo.*

Juan

¿QUIÉN ESCRIBIÓ ESTE LIBRO?	Juan, el discípulo de Jesús, escribió este libro.
¿POR QUÉ SE ESCRIBIÓ ESTE LIBRO?	El Evangelio de Juan muestra que Jesús es el Hijo de Dios y ayuda a las personas a creer en él.
¿PARA QUIÉN FUE ESCRITO ESTE LIBRO?	Juan fue escrito para cualquier persona que quiera entender quién fue Jesús realmente.
¿QUÉ OCURRE EN ESTE LIBRO?	Juan relata milagros y enseñanzas que demuestran que Jesús es el Hijo de Dios.
¿QUIÉN ES EL PERSONAJE PRINCIPAL DE ESTE LIBRO?	Jesús es la persona más importante de este libro.
¿DÓNDE SUCEDIERON ESTAS COSAS?	La mayoría de los acontecimientos de este libro sucedieron en Judea.

¿CUÁLES SON ALGUNAS DE LAS HISTORIAS DE ESTE LIBRO?		
	Jesús escoge a sus discípulos	Juan 1:35-51
	Jesús le enseña a Nicodemo	Juan 3:1-21
	Jesús y la mujer samaritana	Juan 4:1-26
	Jesús camina sobre el agua	Juan 6:16-24
	Jesús declara ser el Hijo de Dios	Juan 8:31-59
	Jesús sana a un hombre ciego	Juan 9:1-41
	El buen pastor	Juan 10:1-21
	Jesús resucita a Lázaro	Juan 11:1-44
	Jesús viaja a Jerusalén	Juan 12:12-19
	Lavando los pies de los discípulos	Juan 13:1-17
	Oración por los discípulos	Juan 17:6-19
	Jesús es crucificado y sepultado	Juan 19:1-42
	Jesús vuelve a la vida	Juan 20:1-3

Capillas situadas en «Betania, al otro lado del Jordán» (Juan 1:28), uno de los posibles lugares del bautismo de Jesús.

© Torsten Stahlberg/www.istock.com

PRÓLOGO

1 En el principio *ya* existía[1] el Verbo[2], y el Verbo estaba con Dios, y el Verbo era Dios. **2** Él[1] estaba en el principio con Dios. **3** Todas las cosas fueron hechas por medio de Él, y sin Él nada de lo que ha sido hecho, fue hecho. **4** En Él estaba la vida, y la vida era la Luz de los hombres. **5** La Luz brilla en las tinieblas, y las tinieblas no la comprendieron.

6 Vino *al mundo* un[1] hombre enviado por Dios, cuyo nombre era Juan. **7** Este vino como testigo para testificar de la Luz, a fin de que todos creyeran por medio de él. **8** No era él[1] la Luz, sino *que vino* para dar testimonio de la Luz.

9 Existía[1] la Luz verdadera que, al venir al mundo, alumbra a todo hombre[2].

10 Él estaba en el mundo, y el mundo fue hecho por medio de Él, y el mundo no lo conoció. **11** A lo Suyo vino, y los Suyos no lo recibieron. **12** Pero a todos los que lo recibieron, les dio el derecho de llegar a ser hijos de Dios, *es decir*, a los que creen en Su nombre, **13** que no nacieron[1] de sangre[2], ni de la voluntad de la carne, ni de la voluntad del hombre, sino de Dios.

EL VERBO SE HACE CARNE

14 El Verbo se hizo carne, y habitó entre nosotros, y vimos Su gloria, gloria como del unigénito del Padre, lleno de gracia y de verdad. **15** Juan dio* testimonio de Él y clamó: «Este era del que yo decía: "El que viene después de mí, es antes de mí[1], porque era primero que yo"». **16** Pues de Su plenitud todos hemos recibido, y gracia sobre gracia. **17** Porque la ley fue dada por medio de Moisés; la gracia y la verdad fueron hechas realidad por medio de Jesucristo[1]. **18** Nadie ha visto jamás a Dios; el unigénito Dios[1], que está en el seno del Padre, Él *lo* ha dado a conocer.

TESTIMONIO DE JUAN EL BAUTISTA

19 Este es el testimonio de Juan, cuando los judíos enviaron sacerdotes y levitas de Jerusalén a preguntarle: «¿Quién eres tú?». **20** Y él confesó y no negó, pero confesó: «Yo no soy el Cristo[1]». **21** «¿Entonces, qué?», le preguntaron, «¿Eres Elías?». Y él dijo*: «No lo soy». «¿Eres el Profeta?». «No», respondió Juan. **22** Entonces le preguntaron: «¿Quién eres? Ya que tenemos que dar respuesta a los que nos enviaron. ¿Qué dices de ti mismo?». **23** Juan les respondió: «Yo soy LA VOZ DEL QUE CLAMA EN EL DESIERTO: "ENDERECEN EL CAMINO DEL SEÑOR", como dijo el profeta Isaías».

24 Los que habían sido enviados eran de los fariseos, **25** y le preguntaron: «Entonces, ¿por qué bautizas, si tú no eres el Cristo[1], ni Elías, ni el Profeta?».

26 Juan les respondió: «Yo bautizo en[1] agua, *pero* entre ustedes está Uno a quien ustedes no conocen. **27** *Él es* el que

1:4
Las imágenes de la vida y la luz
Juan utilizó el término griego para la palabra *vida* cuarenta y siete veces en este libro. También utilizó la idea de la luz para describir a Cristo, particularmente la frase «la luz del mundo», que trae esperanza para todos.

1:15
Juan el Bautista dijo que Jesús era superior a él
En la antigüedad, una persona mayor era más respetada que una persona menor. Por lo que Juan, que era mayor por tan solo unos meses, hubiera sido considerado superior a Jesús. Sin embargo, Juan señaló que Jesús en realidad vino antes que él, porque Jesús existía antes de que Juan naciera.

1:21
Por qué las personas le preguntaron a Juan el Bautista si él era Elías
Ellos recordaban que Elías no había muerto. Dios se lo había llevado directo de la tierra al cielo. Esperaban que Elías volviera a la tierra a anunciar los tiempos finales.

1:1 [1] O *era*.   [2] O *la Palabra, y así en el resto del cap.*   1:2 [1] Lit. *Este.*
1:6 [1] O *Hubo un.*   1:8 [1] Lit. *aquel.*   1:9 [1] O *Había*, o *Era.*   [2] O *que alumbra a todo hombre que viene al mundo.*   1:13 [1] O *no fueron engendrados.*   [2] Lit. *de sangres.*   1:15 [1] O *tiene un rango más elevado que yo.*   1:17 [1] Heb. *el Señor salva*; gr. *Cristo* i.e. *el Ungido.*   1:18 [1] Algunos mss. dicen: *Hijo.*   1:20 [1] I.e. *el Mesías.*   1:25 [1] I.e. *el Mesías.*   1:26 [1] Aquí el gr. puede traducirse: *por*, en o con.

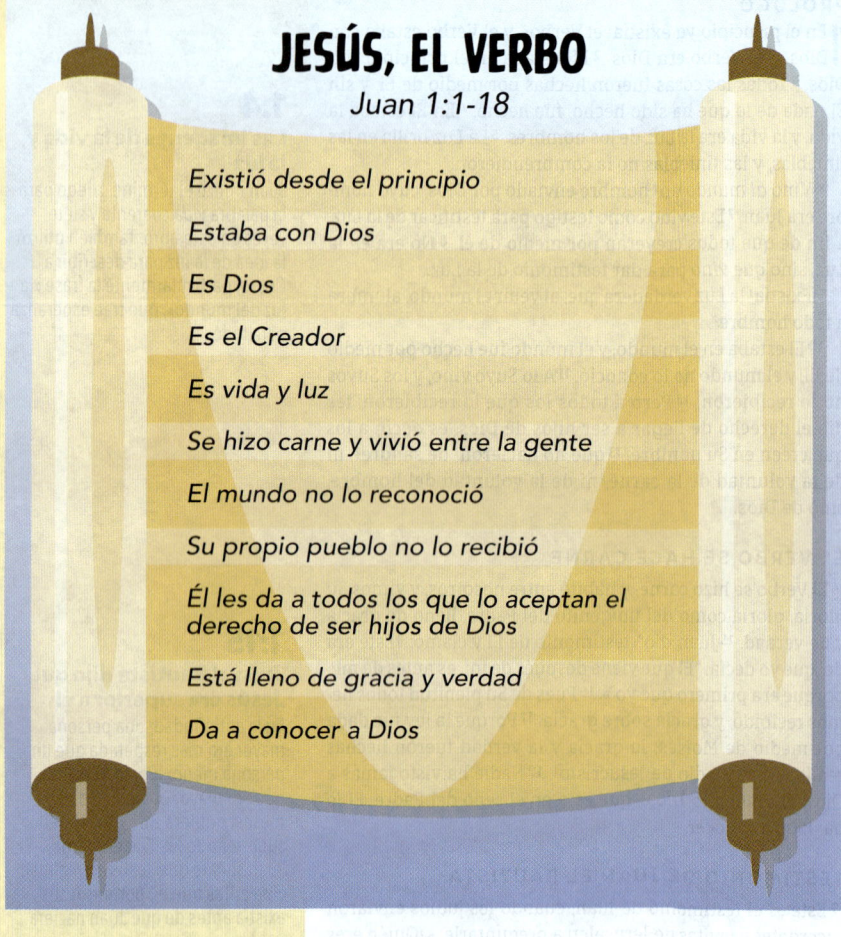

JESÚS, EL VERBO
Juan 1:1-18

Existió desde el principio

Estaba con Dios

Es Dios

Es el Creador

Es vida y luz

Se hizo carne y vivió entre la gente

El mundo no lo reconoció

Su propio pueblo no lo recibió

Él les da a todos los que lo aceptan el derecho de ser hijos de Dios

Está lleno de gracia y verdad

Da a conocer a Dios

1:27
Juan dijo que no era digno de desatar la correa de la sandalia de Jesús

Los discípulos realizaban todo tipo de tareas para sus rabinos (maestros). Sin embargo, desatar las correas de una sandalia se consideraba el trabajo de un esclavo, así que Juan estaba diciendo que ni siquiera era digno de ser un esclavo para Jesús.

viene después de mí, a quien yo no soy digno de desatar la correa de la sandalia».

28 Estas cosas sucedieron en Betania[1], al otro lado del Jordán, donde Juan estaba bautizando.

EL CORDERO DE DIOS

29 Al día siguiente Juan vio* a Jesús que venía hacia él, y dijo*: «Ahí está el Cordero de Dios que quita el pecado del mundo. **30** Este es Aquel de quien yo dije: "Después de mí viene un Hombre que es antes de mí[1] porque era primero que yo". **31** Yo no lo conocía[1], pero para que Él fuera manifestado a Israel, por esto yo vine bautizando en[2] agua».

32 Juan también dio testimonio, diciendo: «He visto al Espíritu que descendía del cielo como paloma, y se posó sobre Él. **33** Yo no lo conocía[1], pero el que me envió a bautizar

1:28 [1] Algunos mss. posteriores dicen: *Betábara.*   1:30 [1] O *tiene un rango más elevado que yo.*   1:31 [1] I.e. como el Mesías.   [2] Aquí el gr. puede traducirse: *por, en* o *con.*   1:33 [1] I.e. como el Mesías.

en[2] agua me dijo: "Aquel sobre quien veas al Espíritu descender y posarse sobre Él, Este es el que bautiza en[2] el Espíritu Santo". **34** Y yo *lo* he visto y he dado testimonio de que Este es el Hijo de Dios».

LOS PRIMEROS DISCÍPULOS

35 Al día siguiente Juan estaba otra vez allí con[1] dos de sus discípulos, **36** y vio a Jesús que pasaba, y dijo*: «Ahí está el Cordero de Dios». **37** Y los dos discípulos le oyeron hablar, y siguieron a Jesús. **38** Jesús se volvió, y viendo que lo seguían, les dijo*: «¿Qué buscan?». Y ellos le dijeron: «Rabí (que traducido quiere decir Maestro), ¿dónde te hospedas?». **39** «Vengan y verán», les dijo* Jesús. Entonces fueron y vieron dónde se hospedaba; y se quedaron con Él aquel día, porque eran como las cuatro de la tarde[1].

40 Uno de los dos que oyeron a Juan y siguieron a Jesús, era Andrés, hermano de Simón Pedro. **41** Él encontró* primero a su hermano Simón, y le dijo*: «Hemos hallado al Mesías» (que traducido quiere decir, Cristo). **42** *Entonces* lo trajo a Jesús. Jesús mirándolo, dijo: «Tú eres Simón, hijo de Juan[1]; tú serás llamado Cefas», que quiere decir Pedro[2].

FELIPE Y NATANAEL

43 Al día siguiente Jesús se propuso salir para Galilea, y encontró* a Felipe, y le dijo*: «Sígueme». **44** Felipe era de Betsaida, de la ciudad de Andrés y de Pedro. **45** Felipe encontró* a Natanael y le dijo*: «Hemos hallado a Aquel de quien escribió Moisés en la ley, y *también* los profetas, a Jesús de Nazaret, el hijo de José». **46** Y Natanael le dijo: «¿Puede algo bueno salir de Nazaret?». «Ven, y ve», le dijo* Felipe.

47 Jesús vio venir a Natanael y dijo* de él: «Ahí tienen a un verdadero israelita en quien no hay engaño». **48** Natanael le preguntó*: «¿Cómo es que me conoces?». Jesús le respondió: «Antes de que Felipe te llamara, cuando estabas debajo de la higuera, te vi». **49** «Rabí, Tú eres el Hijo de Dios, Tú eres el Rey de Israel», respondió Natanael.

50 Jesús le contestó: «¿Porque te dije que te vi debajo de la higuera, crees? Cosas mayores que estas verás». **51** También le dijo*: «En verdad les digo que verán el cielo abierto y a los ángeles de Dios subiendo y bajando sobre el Hijo del Hombre».

LA BODA DE CANÁ

2 Al tercer día se celebró una boda en Caná de Galilea, y estaba allí la madre de Jesús; **2** y también Jesús fue invitado a la boda, con[1] Sus discípulos. **3** Cuando se acabó el vino, la madre de Jesús le dijo*: «No tienen vino». **4** Y Jesús le dijo*: «Mujer, ¿qué *nos interesa esto* a ti y a Mí? Todavía no ha llegado Mi hora». **5** Su madre dijo* a los que servían: «Hagan todo lo que Él les diga».

1:46
Por qué Natanael pregunta si algo bueno podía salir de Nazaret

Las personas que vivían en Nazaret o en cualquier otra parte de Galilea eran consideradas ciudadanos de segunda clase. Esta era una ciudad pequeña sin importancia, y los soldados romanos estaban instalados allí.

2:3
Se acabó el vino

Durante un banquete de bodas, la familia debía proveer suficiente vino, la bebida principal, todo el tiempo que durara la celebración. Si el vino se acababa, las personas pensarían que los anfitriones no estaban haciendo su trabajo.

---

[2] Aquí el gr. puede traducirse: *por, en* o *con*.   1:35 [1] Lit. *y.*   1:39 [1] I.e. la hora décima.   1:42 [1] Gr. *Joannes,* llamado Jonás en Mat. 16:17.   [2] I.e. Piedra.
2:2 [1] Lit. *y.*

6 Y había allí seis tinajas de piedra, puestas para ser usadas en el rito de la purificación de los judíos; en cada una cabían dos o tres cántaros[j]. **7** Jesús les dijo*: «Llenen de agua las tinajas». Y las llenaron hasta el borde. **8** Entonces les dijo*: «Saquen ahora *un poco* y llévenlo al mayordomo». Y *se* lo llevaron. **9** El mayordomo probó el agua convertida en vino, sin saber de dónde era, pero los que servían, que habían sacado el agua, lo sabían. Entonces el mayordomo llamó* al novio, **10** y le dijo*: «Todo hombre sirve primero el vino bueno, y cuando ya han tomado bastante, *entonces* el inferior; *pero* tú has guardado hasta ahora el vino bueno».

11 Este principio de *Sus* señales[j] hizo Jesús en Caná de Galilea, y manifestó Su gloria, y Sus discípulos creyeron en Él.

12 Después de esto Jesús bajó a Capernaúm con Su madre, *Sus* hermanos y Sus discípulos; pero no se quedaron allí muchos días.

JESÚS ECHA A LOS MERCADERES DEL TEMPLO

13 La Pascua de los judíos estaba cerca, y Jesús subió a Jerusalén. **14** En el templo encontró a los que vendían bueyes, ovejas y palomas, y a los que cambiaban dinero *allí* sentados. **15** Y haciendo un látigo de cuerdas, echó a todos fuera del templo, con las ovejas y los bueyes; desparramó las monedas de los que cambiaban el dinero y volcó las mesas. **16** A los que vendían palomas les dijo: «Quiten esto de aquí; no hagan de la casa de Mi Padre una casa de comercio».

17 Sus discípulos se acordaron de que estaba escrito: «EL CELO POR TU CASA ME CONSUMIRÁ».

18 Entonces los judíos le dijeron: «Ya que haces estas cosas, ¿qué señal nos muestras?». **19** Jesús les respondió: «Destruyan este templo[j], y en tres días lo levantaré». **20** Entonces los judíos dijeron: «En cuarenta y seis años fue edificado este templo[j], ¿y Tú lo levantarás en tres días?».

21 Pero Él hablaba del templo[j] de Su cuerpo. **22** Por eso, cuando resucitó de los muertos, Sus discípulos se acordaron de que había dicho esto; y creyeron en la Escritura y en la palabra que Jesús había hablado.

LOS PRIMEROS CREYENTES EN JERUSALÉN

23 Cuando Jesús estaba en Jerusalén durante la fiesta de la Pascua, muchos creyeron en Su nombre al ver las señales que hacía. **24** Pero Jesús, en cambio, no se confiaba en ellos, porque los conocía a todos, **25** y[j] no tenía necesidad de que nadie le diera testimonio del hombre, porque Él conocía lo que había en el *interior del* hombre.

EL NUEVO NACIMIENTO

3 Había un hombre de los fariseos, llamado Nicodemo, prominente entre los judíos. **2** Este vino a Jesús de noche y le dijo: «Rabí, sabemos que has venido de Dios *como* maestro, porque nadie puede hacer las señales[j] que Tú haces si Dios no está con él».

2:20
La reconstrucción del templo
Las obras se iniciaron en el año 20 a. C., y el año en que se escribió este versículo fue el 27 d. C. El templo se completó finalmente en el año 64 d. C. Esta afirmación significa simplemente que la obra había estado en marcha durante cuarenta y seis años.

3:2
Por qué Nicodemo fue a ver a Jesús por la noche
Tal vez haya tenido miedo de acercarse durante el día, cuando los demás pudieran verlo. O quizás deseaba tener una larga conversación con él, lo que hubiera sido difícil con la multitud alrededor.

2:6 ¹ O *unos 100 litros.*   2:11 ¹ O *milagros.*   2:19 ¹ O *santuario.*
2:20 ¹ O *santuario.*   2:21 ¹ O *santuario.*   2:25 ¹ Lit. *y que.*   3:2 ¹ O *los milagros.*

³ Jesús le contestó: «En verdad te digo que el que no nace de nuevo¹ no puede ver el reino de Dios».

⁴ Nicodemo le dijo*: «¿Cómo puede un hombre nacer siendo *ya* viejo? ¿Acaso puede entrar por segunda vez en el vientre de su madre y nacer?».

⁵ Jesús respondió: «En verdad te digo que el que no nace de agua y del Espíritu no puede entrar en el reino de Dios. ⁶ Lo que es nacido de la carne, carne es, y lo que es nacido del Espíritu, espíritu es. ⁷ No te asombres de que te haya dicho: "Tienen que nacer de nuevo¹". ⁸ El viento sopla por donde quiere, y oyes su sonido, pero no sabes de dónde viene ni adónde va; así es todo aquel que es nacido del Espíritu».

⁹ Nicodemo le preguntó: «¿Cómo puede ser esto?». ¹⁰ Jesús le respondió: «Tú eres maestro de Israel, ¿y no entiendes estas cosas? ¹¹ En verdad te digo que hablamos lo que sabemos y damos testimonio de lo que hemos visto, pero ustedes no reciben nuestro testimonio. ¹² Si les he hablado de las cosas terrenales, y no creen, ¿cómo creerán si les hablo de las celestiales? ¹³ Nadie ha subido al cielo, sino Aquel que bajó del cielo, *es decir,* el Hijo del Hombre que está en el cielo¹.

3:3 ¹ O *de arriba.*   3:7 ¹ O *de arriba.*   3:13 ¹ Muchos mss. antiguos no incluyen: *que está en el cielo.*

PERSONAJES OPUESTOS

◄ ········· Nicodemo vs. la samaritana ·········►

Juan 3:1—4:39

Un fariseo	Una mujer que reconoce ser pecadora
Reconoce a Jesús como maestro de Dios debido a sus milagros	Reconoce a Jesús como un profeta porque él sabe todo sobre ella
Jesús le dice que debe nacer del agua y del Espíritu	Jesús le ofrece agua viva
Piensa que Jesús está hablando del nacimiento físico	Piensa que Jesús está hablando del agua física
Se le dice que aquellos que creen en Jesús tendrán vida eterna	Se le dice que aquellos que beban el agua de Jesús tendrán vida eterna
Se espera que comprenda las palabras de Jesús por su posición	No se espera que comprenda las palabras de Jesús por su posición
No cree en Jesús inmediatamente	Cree en Jesús inmediatamente

14 »Y como Moisés levantó la serpiente en el desierto, así es necesario que sea levantado el Hijo del Hombre, **15** para que todo aquel que cree, tenga en Él vida eterna.

EL AMOR DE DIOS

16 »Porque de tal manera amó Dios al mundo, que dio a Su Hijo unigénito, para que todo aquel que cree en Él, no se pierda, sino que tenga vida eterna. **17** Porque Dios no envió a Su Hijo al mundo para juzgar al mundo, sino para que el mundo sea salvo por Él. **18** El que cree en Él no es condenado; *pero* el que no cree, ya ha sido condenado, porque no ha creído en el nombre del unigénito Hijo de Dios.

19 »Y este es el juicio: que la Luz vino al mundo, y los hombres amaron más las tinieblas que la Luz, pues sus acciones eran malas. **20** Porque todo el que hace lo malo odia la Luz, y no viene a la Luz para que sus acciones no sean expuestas. **21** Pero el que practica la verdad viene a la Luz, para que sus acciones sean manifestadas que han sido hechas en Dios».

TESTIMONIO FINAL DE JUAN EL BAUTISTA

22 Después de esto Jesús vino con Sus discípulos a la tierra de Judea, y estaba allí con ellos, y bautizaba. **23** Juan también bautizaba en Enón, cerca de Salim, porque allí había mucha agua[1]; y *muchos* venían y eran bautizados. **24** Porque Juan todavía no había sido puesto en la cárcel.

25 Surgió entonces una discusión entre los discípulos de Juan y un judío acerca de la purificación. **26** Vinieron a Juan y le dijeron: «Rabí, mira, Aquel que estaba contigo al otro lado del Jordán, de quien diste testimonio, está bautizando y todos van a Él».

27 Juan les respondió: «Ningún hombre puede recibir nada si no le es dado del cielo. **28** Ustedes mismos me son testigos de que dije: "Yo no soy el Cristo[1], sino que he sido enviado delante de Él". **29** El que tiene la novia es el novio, pero el amigo del novio, que está *allí* y le oye, se alegra en gran manera con la voz del novio. *Y* por eso, este gozo mío se ha completado. **30** Es necesario que Él crezca, y que yo disminuya.

31 »El que procede de arriba está por encima de todos; el que es de la tierra, procede[1] de la tierra y de la tierra habla. El que procede del cielo está sobre todos. **32** Lo que Él ha visto y oído, de eso da testimonio; y nadie recibe Su testimonio. **33** El que ha recibido Su testimonio ha certificado *esto*: que Dios es veraz. **34** Porque Aquel a quien Dios ha enviado habla las palabras de Dios, pues Él da el Espíritu sin medida[1].

35 »El Padre ama al Hijo y ha entregado todas las cosas en Su mano. **36** El que cree en el Hijo tiene vida eterna; pero el que no obedece[1] al Hijo no verá la vida, sino que la ira de Dios permanece sobre él».

LA MUJER SAMARITANA

4 Por tanto, cuando el Señor supo que los fariseos habían oído que Él hacía y bautizaba más discípulos que Juan

3:29
Juan el Bautista se compara con el padrino de una boda
El hombre más importante en una boda es el novio. Su amigo (el padrino) está allí para ayudarlo. Así es cómo Juan se veía a sí mismo, como un amigo y ayudante de Jesús.

3:23 [1] Lit. *muchas aguas*.   3:28 [1] I.e. el Mesías.   3:31 [1] Lit. *es*.   3:34 [1] Lit. *El no da el Espíritu por medida*.   3:36 [1] O *cree*.

2 (aunque Jesús mismo no bautizaba, sino Sus discípulos), 3 salió de Judea y se fue otra vez para Galilea. 4 Y Él tenía que pasar por Samaria.

5 Llegó*, pues, a una ciudad de Samaria llamada Sicar, cerca de la parcela de tierra que Jacob dio a su hijo José; 6 y allí estaba el pozo de Jacob. Entonces Jesús, cansado del camino, se sentó[1] junto al pozo. Era cerca del mediodía. 7 Una mujer de Samaria vino* a sacar agua, y Jesús le dijo*: «Dame de beber».

8 Pues Sus discípulos habían ido a la ciudad a comprar alimentos. 9 Entonces la mujer samaritana le dijo*: «¿Cómo es que Tú, siendo judío, me pides de beber a mí, que soy samaritana?». (Porque los judíos no tienen tratos con los samaritanos).

10 Jesús le respondió: «Si tú conocieras el don de Dios, y quién es el que te dice: "Dame de beber", tú le habrías pedido a Él, y Él te hubiera dado agua viva».

11 Ella le dijo*: «Señor, no tienes con qué sacarla, y el pozo es hondo; ¿de dónde, pues, tienes esa agua viva? 12 ¿Acaso eres Tú mayor que nuestro padre Jacob, que nos dio el pozo del cual bebió él mismo, y sus hijos, y sus ganados?».

13 Jesús le respondió: «Todo el que beba de esta agua volverá a tener sed, 14 pero el que beba del agua que Yo le daré, no tendrá sed jamás, sino que el agua que Yo le daré se convertirá en él en una fuente de agua que brota para vida eterna».

15 «Señor», le dijo* la mujer, «dame esa agua, para que no tenga sed ni venga hasta aquí a sacarla». 16 Jesús le dijo*: «Ve, llama a tu marido y ven acá». 17 «No tengo marido», respondió la mujer. Jesús le dijo*: «Bien has dicho: "No tengo marido", 18 porque cinco maridos has tenido, y el que ahora tienes no es tu marido; en eso has dicho la verdad».

19 La mujer le dijo: «Señor, me parece que Tú eres profeta. 20 Nuestros padres adoraron en este monte, y ustedes dicen que en Jerusalén está el lugar donde se debe adorar».

21 Jesús le dijo*: «Mujer, cree lo que te digo: la hora viene cuando ni en este monte ni en Jerusalén adorarán ustedes al Padre. 22 Ustedes adoran lo que no conocen; nosotros adoramos lo que conocemos, porque la salvación viene[1] de los judíos. 23 Pero la hora viene, y ahora es, cuando los verdaderos adoradores adorarán al Padre en espíritu y en verdad; porque ciertamente a los tales el Padre busca que lo adoren. 24 Dios es espíritu[1], y los que lo adoran deben adorar en espíritu y en verdad».

25 La mujer le dijo*: «Sé que el Mesías viene (el que es llamado Cristo); cuando Él venga nos declarará todo». 26 Jesús le dijo*: «Yo soy, el que habla contigo».

27 En esto llegaron Sus discípulos y se admiraron de que hablara con una mujer, pero ninguno le preguntó: «¿Qué tratas de averiguar?» o: «¿Por qué hablas con ella?». 28 Entonces la mujer dejó su cántaro, fue a la ciudad y dijo* a los hombres: 29 «Vengan, vean a un hombre que me ha dicho todo lo que yo he hecho. ¿No será este el Cristo[1]?». 30 Y salieron de la ciudad y fueron adonde Él estaba.

31 Mientras tanto, los discípulos le rogaban: «Rabí[1], come». 32 Pero Él les dijo: «Yo tengo para comer una comida que

4:18
Una mujer con cinco maridos

Las mujeres divorciadas eran marginadas por la sociedad. Los vecinos deben haber rechazado y convertido en objeto de burlas a la mujer samaritana, quien se había casado cinco veces y ahora vivía con un hombre que no era su marido.

4:27
Los discípulos se sorprendieron de que Jesús hablara con una mujer

Los líderes judíos raramente hablaban con las mujeres en público. Además, los judíos en general no se acercaban a los samaritanos.

4:6 [1] Lit. se sentó así. 4:22 [1] Lit. es. 4:24 [1] O Dios es un Espíritu.
4:29 [1] I.e. el Mesías. 4:31 [1] O Maestro.

ustedes no saben». **33** Entonces los discípulos se decían entre sí: «¿Le habrá traído alguien de comer?».

34 Jesús les dijo*: «Mi comida es hacer la voluntad del que me envió y llevar a cabo Su obra. **35** ¿No dicen ustedes: "Todavía faltan cuatro meses, y *después* viene la siega"? Pero Yo les digo: alcen sus ojos y vean los campos que *ya* están blancos para la siega. **36** Ya el segador recibe salario y recoge fruto para vida eterna, para que el que siembra se regocije junto con el que siega. **37** Porque en este *caso* el dicho es verdadero: "Uno es el que siembra y otro el que siega". **38** Yo los envié a ustedes a segar lo que no han trabajado; otros han trabajado y ustedes han entrado en su labor».

39 Y de aquella ciudad, muchos de los samaritanos creyeron en Él por la palabra de la mujer que daba testimonio, *diciendo:* «Él me dijo todo lo que yo he hecho». **40** De modo que cuando los samaritanos vinieron, rogaban a Jesús que se quedara con ellos; y Él se quedó allí dos días. **41** Muchos más creyeron por Su palabra, **42** y decían a la mujer: «Ya no creemos por lo que tú has dicho, porque nosotros mismos *le* hemos oído, y sabemos que Este es en verdad el Salvador del mundo».

43 Después de los dos días, Jesús salió de allí para Galilea. **44** Porque Jesús mismo dio testimonio de que a un profeta no se le honra en su propia tierra. **45** Así que cuando llegó a Galilea, los galileos lo recibieron, *pues* habían visto todo lo que Él hizo en Jerusalén durante la fiesta; porque ellos también habían ido a la fiesta.

CURACIÓN DEL HIJO DE UN OFICIAL DEL REY

46 Entonces vino otra vez Jesús a Caná de Galilea, donde había convertido el agua en vino. Y había *allí* cierto oficial del rey cuyo hijo estaba enfermo en Capernaúm. **47** Cuando él oyó que Jesús había venido de Judea a Galilea, fue a Su encuentro y *le* suplicaba que bajara y sanara a su hijo, porque estaba al borde de la muerte. **48** Jesús entonces le dijo: «Si ustedes no ven señales y prodigios, no creerán». **49** El oficial del rey le dijo*: «Señor, baja antes de que mi hijo muera». **50** «Puedes irte, tu hijo vive», le dijo* Jesús. Y el hombre creyó la palabra que Jesús le dijo, y se fue. **51** Y mientras bajaba a su casa, sus siervos le salieron al encuentro y le dijeron que su hijo[1] vivía. **52** Entonces les preguntó a qué hora había empezado a mejorar. Y le respondieron: «Ayer a la una de la tarde[1] se le quitó[2] la fiebre».

53 El padre entonces se dio cuenta que *fue* a la hora en que Jesús le dijo: «Tu hijo vive». Y creyó él con toda su casa. **54** Esta[1] *fue* la segunda señal[2] que Jesús hizo cuando fue de Judea a Galilea.

CURACIÓN DE UN PARALÍTICO

5 Después de esto, se celebraba[1] una fiesta[2] de los judíos, y Jesús subió a Jerusalén. **2** Hay en Jerusalén, junto a la *puerta* de las Ovejas, un estanque que en hebreo[1] se llama

---

4:42

El Salvador del mundo

Este título indicaba que la salvación de Jesús se extendía a todo el mundo, a todo el que creyera en él.

4:51 [1] O muchacho.　　4:52 [1] I.e. la hora séptima.　　[2] Lit. *le dejó.*　　4:54 [1] Lit. *Y esta de nuevo.*　　[2] O el segundo milagro.　　5:1 [1] Lit. *había.*　　[2] Algunos mss. dicen: *la fiesta;* i.e. la Pascua.　　5:2 [1] I.e. en arameo judaico.

Betesda² que tiene cinco pórticos. ³ En estos estaba en el suelo una multitud de enfermos, ciegos, cojos y paralíticos ¹que esperaban el movimiento del agua; ⁴ porque un ángel del Señor descendía de vez en cuando al estanque y agitaba el agua; y el primero que descendía al estanque después del movimiento del agua, quedaba curado de cualquier enfermedad que tuviera.

⁵ Estaba allí un hombre que hacía treinta y ocho años que estaba enfermo¹. ⁶ Cuando Jesús lo vio acostado *allí* y supo que ya llevaba mucho tiempo *en aquella condición*, le dijo*: «¿Quieres ser sano?». ⁷ El enfermo le respondió: «Señor, no tengo a nadie que me meta en el estanque cuando el agua es agitada; y mientras yo llego, otro baja antes que yo». ⁸ Jesús le dijo*: «Levántate, toma tu camilla y anda». ⁹ Al instante el hombre quedó sano, y tomó su camilla y comenzó a andar.

JESÚS CENSURADO POR SANAR EN EL DÍA DE REPOSO

Pero aquel día era día de reposo.

¹⁰ Por eso los judíos decían al que había sido sanado: «Es día de reposo, y no te es permitido cargar tu camilla». ¹¹ Pero él les respondió: «El mismo que me sanó, me dijo: "Toma tu camilla y anda"». ¹² Le preguntaron: «¿Quién es el hombre que te dijo: "Toma *tu camilla* y anda"?».

¹³ Pero el que había sido sanado no sabía quién era, porque Jesús, sin que se dieran cuenta, se había apartado de la multitud que estaba en *aquel* lugar. ¹⁴ Después de esto Jesús lo halló* en el templo y le dijo: «Mira, has sido sanado; no peques más, para que no te suceda algo peor».

¹⁵ El hombre se fue, y dijo a los judíos que Jesús era el que lo había sanado. ¹⁶ A causa de esto los judíos perseguían a Jesús, porque hacía estas cosas en el día de reposo. ¹⁷ Pero Jesús les respondió: «Hasta ahora Mi Padre trabaja, y Yo también trabajo». ¹⁸ Entonces, por esta causa, los judíos aún más procuraban matar a Jesús, porque no solo violaba el día de reposo, sino que también llamaba a Dios Su propio Padre, haciéndose igual a Dios.

UNANIMIDAD DEL PADRE Y DEL HIJO

¹⁹ Por eso Jesús les decía: «En verdad les digo que el Hijo no puede hacer nada por su cuenta, sino lo que ve hacer al Padre; porque todo lo que hace el Padre¹, eso también hace el Hijo de igual manera. ²⁰ Pues el Padre ama al Hijo, y le muestra todo lo que Él mismo hace; y obras mayores que estas le mostrará, para que ustedes se queden asombrados. ²¹ Porque así como el Padre levanta a los muertos y les da vida, asimismo el Hijo también da vida a los que Él quiere. ²² Porque ni aun el Padre juzga a nadie, sino que todo juicio se lo ha confiado¹ al Hijo, ²³ para que todos honren al Hijo así como honran al Padre. El que no honra al Hijo, no honra al Padre que lo envió.

²⁴ »En verdad les digo: el que oye Mi palabra y cree al que me envió, tiene vida eterna y no viene a condenación¹, sino

5:10
Por qué el hombre no debía cargar su camilla el día de reposo

Aunque la ley de Moisés en realidad no impedía llevar cargas el día de reposo, los líderes judíos habían interpretado que la ley decía que nadie podía llevar una carga de ningún tipo durante el día de reposo.

5:18
Muchos judíos querían matar a Jesús

Ellos pensaban que la declaración de Jesús (que tenía una relación especial con Dios Padre que lo hacía igual a Dios) era una blasfemia.

---

² Otros mss. dicen: *Betsaida*, o *Betzata*.   5:3 ¹ Los mss. más antiguos no incluyen el resto del vers. 3 y todo el vers. 4.   5:5 ¹ Lit. *con su enfermedad*.   5:19 ¹ Lit. *aquel*.   5:22 ¹ Lit. *dado*.   5:24 ¹ Lit. *a juicio*.

que ha pasado de muerte a vida. **25** En verdad les digo que viene la hora, y ahora es, cuando los muertos oirán la voz del Hijo de Dios, y los que oigan vivirán. **26** Porque como el Padre tiene vida en Él mismo, así también le dio al Hijo el tener vida en Él mismo; **27** y le dio autoridad para ejecutar juicio, porque Él es *el* Hijo del Hombre.

28 »No se queden asombrados de esto, porque viene la hora en que todos los que están en los sepulcros oirán Su voz, **29** y saldrán: los que hicieron lo bueno, a resurrección de vida, y los que practicaron lo malo, a resurrección de juicio.

TESTIMONIO DEL PADRE Y DE LAS OBRAS DE JESÚS

30 »Yo no puedo hacer nada por iniciativa Mía; como oigo, juzgo, y Mi juicio es justo porque no busco Mi voluntad, sino la voluntad del que me envió.

31 »Si Yo *solo* doy testimonio de Mí mismo, Mi testimonio no es verdadero[1]. **32** Otro es el que da testimonio de Mí, y Yo sé que el testimonio que da de Mí es verdadero.

33 »Ustedes han enviado *a preguntar* a Juan, y él ha dado testimonio de la verdad. **34** Pero el testimonio que Yo recibo no es de hombre; pero digo esto para que ustedes sean salvos. **35** Él era la lámpara que ardía y alumbraba, y ustedes estaban dispuestos a regocijarse por un tiempo en su luz.

36 »Pero el testimonio que Yo tengo es mayor que *el de* Juan; porque las obras que el Padre me ha dado para llevar a cabo, las mismas obras que Yo hago, dan testimonio de Mí, de que el Padre me ha enviado. **37** El Padre que me envió, Él ha dado testimonio de Mí. Pero ustedes no han oído jamás Su voz ni han visto Su apariencia. **38** Y Su palabra no la tienen morando en ustedes, porque no creen en Aquel que Él envió. **39** Ustedes examinan[1] las Escrituras porque piensan tener en ellas la vida eterna. ¡Y son ellas las que dan testimonio de Mí! **40** Pero ustedes no quieren venir a Mí para que tengan *esa* vida.

41 »Yo no recibo gloria de los hombres; **42** pero a ustedes *ya* los conozco, que no tienen el amor de Dios. **43** Yo he venido en nombre de Mi Padre y ustedes no me reciben; si otro viene en su propio nombre, a ese recibirán. **44** ¿Cómo pueden creer, cuando reciben gloria los unos de los otros, y no buscan la gloria que viene del Dios único?

45 »No piensen que Yo los acusaré delante del Padre; el que los acusa es Moisés, en quien ustedes han puesto su esperanza. **46** Porque si creyeran a Moisés, me creerían a Mí, porque de Mí escribió él. **47** Pero si no creen sus escritos, ¿cómo creerán Mis palabras?».

ALIMENTACIÓN DE LOS CINCO MIL

6 Después de esto, Jesús se fue al otro lado del mar de Galilea, el de Tiberias. **2** Y una gran multitud lo seguía, pues veían las señales[1] que realizaba en los enfermos. **3** Entonces Jesús subió al monte y se sentó allí con Sus discípulos. **4** Estaba cerca la Pascua, la fiesta de los judíos.

5:31-47
Testimonios
Esta sección expone testimonios, o relatos, de otras personas acerca de Jesús: el testimonio de Juan el Bautista (versículo 33), las obras de Jesús (versículo 36), el testimonio de Dios Padre (versículo 37), las Escrituras (versículo 39) y Moisés (versículo 46).

6:1-15
La lección de este milagro
La alimentación de los cinco mil es el único milagro que figura en los cuatro evangelios. Este mostraba que Jesús se ocupa de las necesidades humanas, y era un modo de decir que él es el pan de vida.

5:31 [1] I.e. admisible como prueba legal.   5:39 [1] O *Examinen.*   6:2 [1] O *los milagros.*

5 Cuando Jesús alzó los ojos y vio que una gran multitud venía hacia Él, dijo* a Felipe: «¿Dónde compraremos pan para que coman estos?». 6 Pero decía esto para probarlo, porque Él sabía lo que iba a hacer. 7 Felipe le respondió: «Doscientos denarios¹ de pan no les bastarán para que cada uno reciba un pedazo²».

8 Uno de Sus discípulos, Andrés, hermano de Simón Pedro, dijo* a Jesús: 9 «Aquí hay un muchacho que tiene cinco panes de cebada y dos pescados; pero ¿qué es esto para tantos?». 10 «Hagan que la gente se siente», dijo Jesús. Y había mucha hierba en aquel lugar; así que se sentaron. El número de los hombres era de unos cinco mil.

11 Entonces Jesús tomó los panes, y habiendo dado gracias, *los* repartió a *los* que estaban sentados¹; y lo mismo *hizo* con los pescados, *dándoles* todo lo que querían. 12 Cuando se saciaron, dijo* a Sus discípulos: «Recojan los pedazos que sobran, para que no se pierda nada». 13 Ellos los recogieron, y llenaron doce cestas con los pedazos de los cinco panes de cebada que sobraron a los que habían comido.

14 La gente, entonces, al ver la señal¹ que Jesús había hecho, decía: «Verdaderamente Este es el Profeta que había de venir² al mundo».

15 Por lo que Jesús, dándose cuenta de que iban a venir y por la fuerza hacerle rey, se retiró Él solo otra vez al monte.

JESÚS ANDA SOBRE EL MAR

16 Al atardecer Sus discípulos bajaron hasta el mar, 17 y subiendo en una barca, se dirigieron al otro lado del mar, hacia Capernaúm. Ya había oscurecido, y Jesús todavía no había venido adonde ellos estaban; 18 y el mar estaba agitado porque soplaba un fuerte viento. 19 Cuando habían remado unos 25 ó 30 estadios (cuatro o cinco kilómetros), vieron* a Jesús caminando sobre el mar y que se acercaba a la barca, y se asustaron. 20 Pero Él les dijo*: «Soy Yo; no teman».

21 Entonces ellos querían recibir a Jesús en la barca, pero la barca llegó enseguida a la tierra adonde iban.

JESÚS, EL PAN DE LA VIDA

22 Al día siguiente, la multitud que había quedado al otro lado del mar se dio cuenta de¹ que allí no había² más que una barca, y que Jesús no había entrado en ella³ con Sus discípulos, sino que Sus discípulos se habían ido solos. 23 Vinieron otras barcas de Tiberias cerca del lugar donde habían comido el pan después de que el Señor había dado gracias. 24 Por tanto, cuando la gente vio que Jesús no estaba allí, ni tampoco Sus discípulos, subieron a las barcas y se fueron a Capernaúm buscando a Jesús. 25 Cuando lo hallaron al otro lado del mar, le dijeron: «Rabí¹, ¿cuándo llegaste acá?».

26 Jesús les respondió: «En verdad les digo, que me buscan, no porque hayan visto señales¹, sino porque han comido de los panes y se han saciado. 27 Trabajen, no por el alimento que perece, sino por el alimento que permanece para vida

6:9
Panes de cebada
Este era un pan de bajo costo que solía comer la gente pobre.

6:10
La cantidad de personas presentes
Había cinco mil hombres. Las mujeres y los niños no fueron contados.

6:15
Por qué se retiró Jesús
Jesús sabía que la gente quería nombrarlo rey, pero él no era el tipo de rey terrenal que ellos estaban buscando.

6:7 ¹ I.e. salario de 200 días.   ² Lit. *un poco.*   6:11 ¹ O *reclinados.*   6:14 ¹ O *el milagro.*   ² Lit. *que viene.*   6:22 ¹ Lit. *vio.*   ² O *había habido.*   ³ Lit. *en la barca.*   6:25 ¹ O *Maestro.*   6:26 ¹ O *milagros.*

eterna, el cual el Hijo del Hombre les dará, porque a Él *es a quien* el Padre, Dios, ha marcado con Su sello».

28 Entonces le preguntaron: «¿Qué debemos hacer[1] para poner en práctica las obras de Dios?». **29** Jesús les respondió: «Esta es la obra de Dios: que crean en el que Él ha enviado».

30 Le dijeron entonces: «¿Qué, pues, haces Tú como señal[1] para que veamos y te creamos? ¿Qué obra haces? **31** Nuestros padres comieron el maná en el desierto, como está escrito: "LES DIO A COMER PAN DEL CIELO"». **32** Entonces Jesús les dijo: «En verdad les digo, que no es Moisés el que les ha dado el pan del cielo, sino que es Mi Padre el que les da el verdadero pan del cielo. **33** Porque el pan de Dios es el[1] que baja del cielo, y da vida al mundo». **34** «Señor, danos siempre este pan», le dijeron.

35 Jesús les dijo: «Yo soy el pan de la vida; el que viene a Mí no tendrá hambre, y el que cree en Mí nunca tendrá sed. **36** Pero *ya* les dije que aunque me han visto, no creen. **37** Todo lo que el Padre me da, vendrá a Mí; y al que viene a Mí, de

6:28 ¹ Lit. ¿Qué haremos.   6:30 ¹ O milagro.   6:33 ¹ O aquel.

6:35
Nombres de Jesús
Jesús dijo ser el pan de la vida (6:35); la Luz del mundo (8:12); la puerta de las ovejas (10:7); el buen pastor (10:11,14); la resurrección y la vida (11:25); el camino, la verdad y la vida (14:6); y la vid verdadera (15:1).

JESÚS EN GALILEA

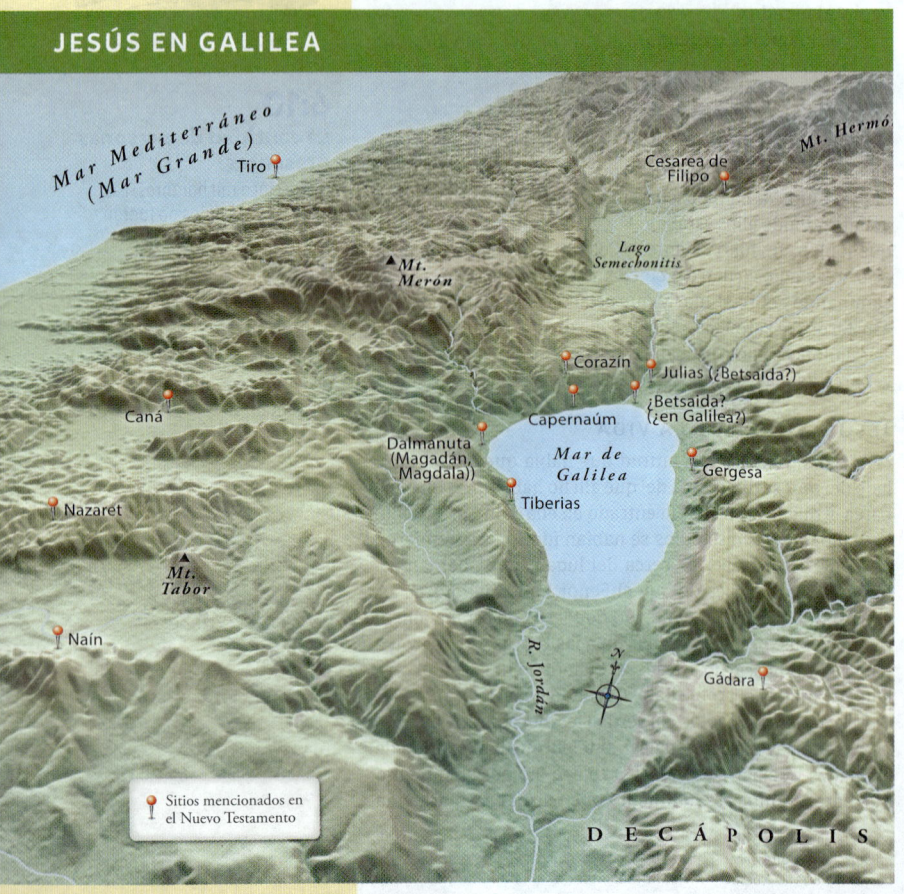

Mar Mediterráneo
(Mar Grande)   Tiro

Mt. Hermó...

Cesarea de Filipo

Lago Semechonitis

Mt. Merón

Corazín   Julias (¿Betsaida?)

¿Betsaida? (¿en Galilea?)

Caná   Capernaúm

Dalmanuta (Magadán, Magdala))   Mar de Galilea   Gergesa

Nazaret   Tiberias

Mt. Tabor

Naín

R. Jordán   Gádara

🔴 Sitios mencionados en el Nuevo Testamento

D E C Á P O L I S

ningún modo lo echaré fuera. **38** Porque he descendido del cielo, no para hacer Mi voluntad, sino la voluntad del que me envió. **39** Y esta es la voluntad del que me envió: que de todo lo que Él me ha dado Yo no pierda nada, sino que lo resucite en el día final. **40** Porque esta es la voluntad de Mi Padre: que todo aquel que ve al Hijo y cree en Él, tenga vida eterna, y Yo mismo lo resucitaré en el día final».

MURMURACIÓN DE LOS JUDÍOS

41 Por eso los judíos murmuraban de Él, porque había dicho: «Yo soy el pan que descendió del cielo». **42** Y decían: «¿No es este Jesús, el hijo de José, cuyo padre y madre nosotros conocemos? ¿Cómo es que ahora dice: "Yo he descendido del cielo"?».

43 Jesús les dijo: «No murmuren entre sí. **44** Nadie puede venir a Mí si no lo trae[1] el Padre que me envió, y Yo lo resucitaré en el día final. **45** Escrito está en los profetas: "Y todos serán enseñados por Dios". Todo el que ha oído y aprendido del Padre, viene a Mí. **46** No es que alguien haya visto al Padre; sino Aquel que viene[1] de Dios, Él ha visto al Padre. **47** En verdad les digo: el que cree[1], tiene vida eterna.

48 »Yo soy el pan de la vida. **49** Los padres de ustedes comieron el maná en el desierto, y murieron. **50** Este es el pan que desciende del cielo, para que el que coma de él, no muera. **51** Yo soy el pan vivo que descendió del cielo; si alguien come de este pan, vivirá para siempre; y el pan que Yo también daré por la vida del mundo es Mi carne».

52 Los judíos, por tanto, discutían entre sí, diciendo: «¿Cómo puede Este darnos a comer *Su* carne?». **53** Entonces Jesús les dijo: «En verdad les digo, que si no comen la carne del Hijo del Hombre y beben Su sangre, no tienen vida en ustedes. **54** El que come Mi carne y bebe Mi sangre, tiene vida eterna, y Yo lo resucitaré en el día final. **55** Porque Mi carne es verdadera comida, y Mi sangre es verdadera bebida.

56 »Yo soy el que come Mi carne y bebe Mi sangre, permanece en Mí y Yo en él. **57** Como el Padre que vive me envió, y Yo vivo por el Padre, asimismo el que me come, él también vivirá por Mí. **58** Este es el pan que descendió del cielo; no como *el que* los[1] padres de ustedes comieron, y murieron; el que come este pan vivirá para siempre».

59 Esto dijo Jesús en la sinagoga, cuando enseñaba en Capernaúm.

REACCIÓN DE LOS DISCÍPULOS

60 Por eso muchos de Sus discípulos, cuando oyeron *esto,* dijeron: «Dura es esta declaración; ¿quién puede escucharla?». **61** Pero Jesús, consciente de que Sus discípulos murmuraban por esto, les dijo: «¿Esto los escandaliza[1]? **62** ¿Pues *qué* si vieran al Hijo del Hombre ascender adonde estaba antes?

63 »El Espíritu es el que da vida; la carne para nada aprovecha; las palabras que Yo les he hablado son espíritu y son vida. **64** Pero hay algunos de ustedes que no creen». Porque

6:53-60
Una lección difícil
Pensar en comer la carne de Jesús y beber su sangre probablemente era algo chocante para la mayoría de los que estaban allí. Jesús estaba diciendo que él sería el sacrificio por los pecados del mundo.

6:44 [1] Lit. *arrastra.*   6:46 [1] Lit. *es.*   6:47 [1] Algunos mss. dicen: *cree en mí.*
6:58 [1] Lit. *los.*   6:61 [1] O *los hace tropezar.*

Jesús sabía desde el principio quiénes eran los que no creían, y quién era el que lo iba a traicionar[j]. **65** También decía: «Por eso les he dicho que nadie puede venir a Mí si no se lo ha concedido el Padre».

66 Como resultado de esto muchos de Sus discípulos se apartaron y ya no andaban con Él. **67** Entonces Jesús dijo a los doce *discípulos*: «¿Acaso también ustedes quieren irse?». **68** Simón Pedro le respondió: «Señor, ¿a quién iremos? Tú tienes palabras de vida eterna. **69** Y nosotros hemos creído y sabemos que Tú eres el Santo de Dios». **70** Jesús les respondió: «¿No los escogí Yo a ustedes, los doce, y *sin embargo* uno de ustedes es un diablo?». **71** Él se refería a Judas, *hijo de* Simón Iscariote, porque este, uno de los doce, lo iba a entregar[j].

LA FIESTA DE LOS TABERNÁCULOS

7 Después de esto, Jesús andaba por Galilea, pues no deseaba andar por Judea porque los judíos lo querían matar. **2** La fiesta de los judíos, la de los Tabernáculos, estaba cerca. **3** Por eso los hermanos de Jesús le dijeron: «Sal de aquí, y vete a Judea para que también Tus discípulos vean las obras que Tú haces. **4** Porque nadie hace nada en secreto cuando[j] procura ser *conocido* en público. Si haces estas cosas, muéstrate al mundo». **5** Porque ni aun Sus hermanos creían en Él.

6 Entonces Jesús les dijo*: «Mi tiempo aún no ha llegado, pero el tiempo de ustedes es siempre oportuno. **7** El mundo no puede odiarlos a ustedes, pero me odia a Mí, porque Yo doy testimonio de él, que sus acciones son malas. **8** Suban ustedes a la fiesta; Yo no subo a esta fiesta porque Mi tiempo aún no se ha cumplido».

9 Y habiéndoles dicho esto, se quedó en Galilea.

JESÚS SUBE A LA FIESTA EN SECRETO

10 Pero cuando Sus hermanos subieron a la fiesta, entonces Jesús también subió; no abiertamente, sino en[j] secreto. **11** Por eso los judíos lo buscaban en la fiesta y decían: «¿Dónde está Ese?».

12 Y había mucha murmuración entre la gente acerca de Él. Unos decían: «Él es bueno». Otros decían: «No, al contrario, extravía a la gente». **13** Sin embargo, nadie hablaba abiertamente de Él por miedo a los judíos.

JESÚS ENSEÑA DURANTE LA FIESTA

14 A la mitad de la fiesta, Jesús subió al templo y se puso a enseñar. **15** Entonces los judíos se maravillaban, diciendo: «¿Cómo puede Este saber de letras sin haber estudiado?».

16 Jesús entonces les respondió: «Mi enseñanza no es Mía, sino del que me envió. **17** Si alguno está dispuesto a hacer la voluntad de Dios, sabrá si Mi enseñanza es de Dios o si hablo de Mí mismo. **18** El que habla de sí mismo busca su propia gloria; pero Aquel que busca la gloria del que lo envió, Él es verdadero y no hay injusticia en Él. **19** ¿No

7:2
La Fiesta de los Tabernáculos
La Fiesta de los Tabernáculos celebraba el fin de la cosecha, así como también el cuidado de Dios para su pueblo cuando vagaron en el desierto.

7:14
Jesús esperó hasta la mitad de la fiesta para ir al templo
Ese era el momento en que la multitud sería más grande, y así podría alcanzar a más personas de una sola vez.

7:15-16
Jesús no había aprendido del mismo modo que otros rabinos
Jesús nunca había estudiado con un rabino. Él explicó que sus enseñanzas venían directamente de Dios.

6:64 [j] O entregar.   6:71 [j] O tenía el propósito de entregarle.   7:4 [j] Lit. y.
7:10 [j] Lit. como en.

les dio Moisés la ley, y *sin embargo* ninguno de ustedes la cumple[1]? ¿Por qué me quieren matar?».

20 La multitud contestó: «¡Tienes un demonio! ¿Quién te quiere matar?». **21** Jesús les respondió: «Una sola obra hice y todos se admiran. **22** Por eso Moisés les ha dado la circuncisión (no porque sea de Moisés, sino de los padres), y en el día de reposo ustedes circuncidan al hombre. **23** *Y* si para no violar la ley de Moisés un hombre recibe la circuncisión *aún* en el día de reposo, *¿por qué* están enojados conmigo porque sané por completo a un hombre en el día de reposo? **24** No juzguen por la apariencia, sino juzguen con[1] juicio justo».

25 Entonces algunos de Jerusalén decían: «¿No es Este al que procuran matar? **26** Y vean, habla en público y no le dicen nada. ¿No será que en verdad los gobernantes reconocen que Este es el Cristo[1]? **27** Sin embargo, nosotros sabemos de dónde es Este; pero cuando venga el Cristo, nadie sabrá de dónde es».

28 Jesús entonces, mientras enseñaba en el templo, exclamó en alta voz: «Ustedes me conocen y saben de dónde soy. Yo no he venido por decisión propia, pero Aquel que me envió es verdadero, a quien ustedes no conocen. **29** Yo lo conozco, porque procedo de Él, y Él me envió».

30 Procuraban, pues, prender a Jesús; pero nadie le echó mano porque todavía no había llegado Su hora. **31** Pero muchos de la multitud creyeron en Él, y decían: «Cuando el Cristo venga, ¿acaso hará más señales[1] que las que Este ha hecho?».

32 Los fariseos oyeron a la multitud murmurando estas cosas acerca de Él. Entonces los principales sacerdotes y los fariseos enviaron guardias para que lo prendieran. **33** Pero Jesús dijo: «Por un poco más de tiempo estoy con ustedes; después voy a Aquel que me envió. **34** Me buscarán y no me hallarán; y donde Yo esté, ustedes no pueden ir».

35 Decían entonces los judíos entre sí: «¿Adónde piensa irse Este que no lo podamos encontrar? ¿Será acaso que quiere irse a la dispersión entre los griegos y enseñar a los griegos? **36** ¿Qué quiere decir esto que ha dicho: "Me buscarán y no me hallarán; y donde Yo esté, ustedes no podrán ir"?».

LA GRAN INVITACIÓN

37 En el último día, el gran *día* de la fiesta, Jesús puesto en pie, exclamó en alta voz: «Si alguien tiene sed, que venga a Mí y beba[1]. **38** El que cree en Mí, como ha dicho la Escritura: "De lo más profundo de su ser[1] brotarán ríos de agua viva"». **39** Pero Él decía esto del Espíritu, que los que habían creído en Él habían de recibir; porque el Espíritu no había *sido dado* todavía[1], pues Jesús aún no había sido glorificado.

40 Entonces *algunos* de la multitud, cuando oyeron estas palabras, decían: «Verdaderamente Este es el Profeta». **41** Otros decían: «Este es el Cristo[1]». Pero otros decían: «¿Acaso el Cristo ha de venir de Galilea? **42** ¿No ha dicho la Escritura que el Cristo viene de la descendencia de David, y de Belén,

7:28-29
De dónde era Jesús

Jesús les indicó que ellos sabían de dónde era él en la tierra: de Nazaret. Sin embargo, no sabían de dónde venía realmente. Él era el Hijo de Dios, enviado por el Padre para redimir al mundo.

7:37
Jesús dijo que él era el agua viva

En Isaías 12:2-3, Dios había prometido algún día enviar agua para salvar a su pueblo, y durante la Fiesta de los Tabernáculos las personas sacaban agua y celebraban para recordar esta promesa. Aquí, Jesús se levantó y dijo que él es el agua viva que Dios prometió; que al creer en él, recibirían la salvación y al Espíritu Santo.

7:19 [1] Lit. *cumple la Ley*.   7:24 [1] Lit. *el*.   7:26 [1] I.e. el Mesías.
7:31 [1] O *milagros*.   7:37 [1] I.e. que siga viniendo a mí y que siga bebiendo.
7:38 [1] Lit. *de su vientre*.   7:39 [1] Otros mss. dicen: *porque todavía no se había dado el Espíritu Santo*.   7:41 [1] I.e. el Mesías.

la aldea de donde era David?». **43** Así que surgió una división entre la multitud por causa de Él. **44** Y algunos de ellos querían prender a Jesús, pero nadie le echó mano.

LOS GUARDIAS CONFUNDIDOS

45 Entonces los guardias vinieron a los principales sacerdotes y fariseos, y estos les dijeron: «¿Por qué no lo trajeron?». **46** Los guardias respondieron: «¡Jamás hombre alguno ha hablado como este hombre habla!».

47 Entonces los fariseos les contestaron: «¿Es que también ustedes se han dejado engañar? **48** ¿Acaso ha creído en Él alguien de los gobernantes o de los fariseos? **49** Pero esta multitud que no conoce de la ley, maldita es».

50 Nicodemo, el que había venido a Jesús antes, y que era uno de ellos, les dijo*: **51** «¿Acaso juzga nuestra ley a un hombre a menos que le oiga primero y sepa lo que hace?». **52** Ellos le respondieron: «¿Es que tú también eres de Galilea? Investiga, y verás que ningún profeta sale de Galilea». **53** ¹Y cada uno se fue a su casa.

LA MUJER SORPRENDIDA EN ADULTERIO

8 Pero Jesús se fue al monte de los Olivos. **2** Al amanecer, vino otra vez al templo, y todo el pueblo venía a Él; y sentándose, les enseñaba. **3** Los escribas y los fariseos trajeron* a una mujer sorprendida en adulterio, y poniéndola en medio, **4** dijeron* a Jesús: «Maestro, esta mujer ha sido sorprendida en el acto mismo del adulterio. **5** Y en la ley, Moisés nos ordenó apedrear a esta clase de mujeres. ¿Tú, pues, qué dices?».

6 Decían esto, poniendo a prueba a Jesús, para tener de qué acusarlo. Pero Jesús se inclinó y con el dedo escribía en la tierra. **7** Pero como insistían en preguntar, Jesús se enderezó y les dijo: «El que de ustedes esté sin pecado, sea *el* primero en tirarle una piedra».

8 E inclinándose de nuevo, escribía en la tierra. **9** Al oír ellos *esto*, se fueron retirando uno a uno comenzando por los de mayor edad, y dejaron solo *a Jesús* y a la mujer que estaba en medio. **10** Enderezándose Jesús, le dijo: «Mujer, ¿dónde están ellos? ¿Ninguno te ha condenado?».

11 «Ninguno, Señor», respondió ella. Entonces Jesús le dijo: «Yo tampoco te condeno. Vete; y desde ahora no peques más».

JESÚS, LA LUZ DEL MUNDO

12 Jesús les habló otra vez, diciendo: «Yo soy la Luz del mundo; el que me sigue no andará en tinieblas, sino que tendrá la Luz de la vida». **13** Entonces los fariseos le dijeron: «Tú das testimonio de Ti mismo; Tu testimonio no es verdadero¹».

14 Jesús les respondió: «Aunque Yo doy testimonio de Mí mismo, Mi testimonio es verdadero, porque Yo sé de dónde he venido y adónde voy; pero ustedes no saben de dónde vengo ni adónde voy. **15** Ustedes juzgan según la carne¹; Yo no juzgo a nadie. **16** Pero si Yo juzgo, Mi juicio es verdadero; porque no soy Yo solo, sino Yo y el Padre que¹ me envió. **17** Aun en

7:52
Ningún profeta sale de Galilea

Los principales sacerdotes se equivocaban. Jonás había venido de Galilea. También olvidaban que Dios podía levantar a un profeta de cualquier parte.

8:9
Por qué los de mayor edad se retiraron primero

Probablemente fueron los primeros en darse cuenta de que eran pecadores. Al final, solo quedaron Jesús y la mujer.

7:53 ¹ Los vers. de 7:53 a 8:11, no aparecen en los mss. más antiguos. 8:13 ¹ O *válido*.   8:15 ¹ I.e. según un criterio carnal.   8:16 ¹ Algunos mss. antiguos dicen: *yo y el que*.

la ley de ustedes está escrito que el testimonio de dos hombres es verdadero. **18** Yo soy el que doy testimonio de Mí mismo, y el Padre que me envió da testimonio de Mí».

19 Entonces le decían: «¿Dónde está Tu Padre?». «Ustedes no me conocen a Mí ni a Mi Padre», les respondió Jesús. «Si me conocieran, conocerían también a Mi Padre».

20 Estas palabras las pronunció en el *lugar del tesoro*, cuando enseñaba en el templo; y nadie lo prendió, porque todavía no había llegado Su hora.

ADVERTENCIAS A LOS INCRÉDULOS

21 Entonces Jesús les dijo de nuevo: «Yo me voy, y me buscarán, y ustedes morirán en su pecado; adonde Yo voy, ustedes no pueden ir». **22** Por eso los judíos decían: «¿Acaso se va a suicidar, puesto que dice: "Adonde Yo voy, ustedes no pueden ir"?».

23 Y Jesús les decía: «Ustedes son de abajo, Yo soy de arriba; ustedes son de este mundo, Yo no soy de este mundo. **24** Por eso les dije que morirán en sus pecados; porque si no creen que Yo soy[1], morirán en sus pecados».

25 «¿Tú quién eres?», le preguntaron. Jesús les contestó: «¿Qué les he estado diciendo *desde* el principio[1]? **26** Tengo mucho que decir y juzgar de ustedes, pero Aquel que me envió es veraz; y Yo, las cosas que oí de Él, estas digo al mundo».

27 Ellos no comprendieron que les hablaba del Padre. **28** Por eso Jesús les dijo: «Cuando ustedes levanten al Hijo del Hombre, entonces sabrán que Yo soy[1] y que no hago nada por Mi cuenta, sino que hablo estas cosas como el Padre me enseñó. **29** Y Aquel que me envió está conmigo; no me ha dejado[1] solo, porque Yo siempre hago lo que le agrada». **30** Al hablar estas cosas, muchos creyeron en Él.

LOS VERDADEROS HIJOS DE ABRAHAM

31 Entonces Jesús decía a los judíos que habían creído en Él: «Si ustedes permanecen en Mi palabra, verdaderamente son Mis discípulos; **32** y conocerán la verdad, y la verdad los hará libres». **33** Ellos le contestaron: «Somos descendientes de Abraham y nunca hemos sido esclavos de nadie. ¿Cómo dices Tú: "Serán libres"?».

34 Jesús les respondió: «En verdad les digo que todo el que comete pecado es esclavo del pecado; **35** y el esclavo no queda en la casa para siempre; el hijo *sí* permanece para siempre. **36** Así que, si el Hijo los hace libres, ustedes serán realmente libres. **37** Sé que ustedes son descendientes de Abraham; y sin embargo, me quieren matar porque Mi palabra no tiene aceptación en ustedes[1]. **38** Yo hablo lo que he visto con *Mi* Padre[1]; ustedes, entonces, hacen también lo que oyeron de *su* padre».

8:24 [1] La mayoría de los eruditos bíblicos relacionan estas palabras con Ex. 3:14 *YO SOY EL QUE SOY.*   8:25 [1] O *Lo que les he dicho desde el principio.* 8:28 [1] Véase la nota, vers. 24.   8:29 [1] O *no me dejó.*   8:37 [1] O *no progresa en ustedes.*   8:38 [1] O *en la presencia del Padre.*

CRÍTICAS Y PREGUNTAS

Jesús soporta muchas críticas y cuestionamientos de parte de los líderes religiosos

Cantidad de ocasiones

Trato a Jesús

Cuestionado por su autoridad	**12**
Criticado por sanar o trabajar en el día de reposo	**5**
Criticado por socializar con los pecadores	**4**
Cuestionado por asuntos acerca de la ley	**4**

8:19
Conocer a Dios
Jesús dijo que una persona podía conocer a Dios Padre por medio de su Hijo y que conocer a uno era conocer al otro.

8:28
El significado de «ser levantado»
En el Antiguo Testamento, normalmente significaba ser exaltado, pero aquí Jesús se refería a morir en una cruz.

8:33
Los israelitas habían sido esclavos
Tal vez quisieron decir que nunca habían aceptado la esclavitud porque eran descendientes de Abraham. Sin embargo, habían sido esclavos de los romanos, asirios, babilonios, persas, sirios y egipcios.

39 Ellos le contestaron: «Abraham es nuestro padre». Jesús les dijo*: «Si son hijos de Abraham, hagan las obras de Abraham. **40** Pero ahora me quieren matar, a Mí[1] que les he dicho la verdad que oí de Dios. Esto no lo hizo Abraham. **41** Ustedes hacen las obras de su padre». Ellos le dijeron: «Nosotros no nacimos de fornicación; tenemos un Padre, *es decir*, Dios».

42 Jesús les dijo: «Si Dios fuera su Padre, me amarían, porque Yo salí de Dios y vine *de Él*, pues no he venido por Mi propia iniciativa, sino que Él[1] me envió. **43** ¿Por qué no entienden lo que digo[1]? Porque no pueden oír Mi palabra.

44 »Ustedes son de *su* padre el diablo y quieren hacer los deseos de su padre. Él fue un asesino desde el principio, y no se ha mantenido en la verdad porque no hay verdad en él. Cuando habla mentira[1], habla de su propia naturaleza, porque es mentiroso y el padre de la mentira[2]. **45** Pero porque Yo digo la verdad, no me creen. **46** ¿Quién de ustedes me prueba *que tengo* pecado? Y si digo verdad, ¿por qué ustedes no me creen? **47** El que es de Dios escucha las palabras de Dios; por eso ustedes no escuchan, porque no son de Dios».

JESÚS, ANTERIOR A ABRAHAM

48 Los judíos le contestaron: «¿No decimos con razón que Tú eres samaritano y que tienes un demonio?». **49** Jesús respondió: «Yo no tengo ningún demonio, sino que honro a Mi Padre, y ustedes me deshonran a Mí. **50** Pero Yo no busco Mi gloria; hay Uno que *la* busca, y juzga. **51** En verdad les digo que si alguien guarda Mi palabra, no verá jamás la muerte».

52 Los judíos le dijeron: «Ahora sí sabemos que tienes un demonio. Abraham murió, y *también* los profetas, y Tú dices: "Si alguien guarda Mi palabra no probará jamás la muerte". **53** ¿Eres Tú acaso mayor que nuestro padre Abraham que murió? Los profetas también murieron; ¿quién crees que eres?[1]».

54 Jesús respondió: «Si Yo mismo me glorifico, Mi gloria no es nada; es Mi Padre el que me glorifica, de quien ustedes dicen: "Él es nuestro Dios". **55** Ustedes no lo han conocido, pero Yo lo conozco; y si digo que no lo conozco seré un mentiroso como ustedes; pero sí lo conozco y guardo Su palabra. **56** Abraham, el padre de ustedes, se regocijó esperando ver[1] Mi día; y *lo* vio y se alegró».

57 Por esto los judíos le dijeron: «Aún no tienes cincuenta años, ¿y has visto a Abraham?». **58** Jesús les dijo: «En verdad les digo, que antes que Abraham naciera[1], Yo soy». **59** Entonces tomaron piedras para tirárselas, pero Jesús se ocultó[1] y salió del templo[2].

CURACIÓN DE UN CIEGO

9 Al pasar Jesús, vio a un hombre ciego de nacimiento. **2** Y Sus discípulos le preguntaron: «Rabí[1], ¿quién pecó, este o sus padres, para que naciera ciego?». **3** Jesús respondió:

8:44
El padre de ellos era Satanás
Jesús les dijo estas palabras a aquellos que querían matarlo. Ellos estaban llevando a cabo la obra de Satanás de asesinar y mentir.

8:58
Jesús es eterno
Cuando Jesús dijo: «Yo soy», se hizo eco de las palabras de Dios en Éxodo 3:14. Esto expresaba el hecho de que él vive por siempre con el Padre.

9:2
Los discípulos le preguntaron quién había pecado
Los rabinos enseñaban que si alguien sufría de un problema físico, era porque esa persona, sus padres o sus abuelos habían pecado. Hasta creían que una persona podía pecar antes de nacer.

8:40 [1] Lit. *a un hombre.* 8:42 [1] Lit. *Aquél.* 8:43 [1] *O mi manera de hablar.* 8:44 [1] Lit. *la mentira.* [2] Lit. *el padre de ella.* 8:53 [1] Lit. *¿quién haces?* 8:56 [1] Lit. *para que viera.* 8:58 [1] Lit. *viniera a ser.* 8:59 [1] Lit. *fue ocultado.* [2] Algunos mss. agregan: *y pasando por en medio de ellos, se fue, y así pasó.* 9:2 [1] *O Maestro.*

«Ni este pecó, ni sus padres; sino *que está ciego* para que las obras de Dios se manifiesten en él. **4** Nosotros debemos[1] hacer las obras del que me envió mientras es de día; la noche viene cuando nadie puede trabajar. **5** Mientras estoy en el mundo, Yo soy la Luz del mundo».

6 Habiendo dicho esto, escupió en tierra, e hizo barro con la saliva y le untó el barro en los ojos al ciego, **7** y le dijo: «Ve y lávate en el estanque de Siloé» (que quiere decir Enviado). El ciego fue, pues, y se lavó y regresó viendo.

8 Entonces los vecinos y los que antes lo habían visto que era mendigo, decían: «¿No es este el que se sentaba y mendigaba?». **9** «Él es», decían unos. «No, pero se parece a él», decían otros. Él decía: «Yo soy». **10** Entonces le decían: «¿Cómo te fueron abiertos los ojos?». **11** Él respondió: «El hombre que se llama Jesús hizo barro, *lo* untó *sobre* mis ojos y me dijo: "Ve al estanque de Siloé y lávate". Así que fui, me lavé y recibí la vista». **12** «¿Dónde está Él?», le preguntaron. Y él les dijo*: «No lo sé».

13 Llevaron* ante los fariseos al que antes había sido ciego. **14** Y era día de reposo el día en que Jesús hizo el barro y le abrió los ojos. **15** Por eso los fariseos volvieron también a preguntarle cómo había recibido la vista. Y él les dijo: «Me puso barro sobre los ojos, y me lavé y veo».

16 Por eso algunos de los fariseos decían: «Este hombre no viene[1] de Dios, porque no guarda el día de reposo». Pero otros decían: «¿Cómo puede un hombre pecador hacer tales señales[2]?». Y había división entre ellos. **17** Entonces preguntaron* otra vez al ciego: «¿Qué dices tú de Él, ya que te abrió los ojos?». «Es un profeta», les respondió.

18 Pero los judíos no le creyeron que había sido ciego, y que había recibido la vista, hasta que llamaron a los padres del que había recibido la vista, **19** y les preguntaron: «¿Es este su hijo, el que ustedes dicen que nació ciego? ¿Cómo es que ahora ve?». **20** Entonces sus padres les contestaron: «Sabemos que este es nuestro hijo, y que nació ciego; **21** pero cómo es que ahora ve, no lo sabemos; o quién le abrió los ojos, nosotros no lo sabemos. Pregúntenle a él; ya es mayor de edad, él hablará por sí mismo». **22** Sus padres dijeron esto porque tenían miedo a los judíos; porque los judíos ya se habían puesto de acuerdo en que si alguien confesaba que Jesús era el Cristo[1], fuera expulsado de la sinagoga. **23** Por eso sus padres dijeron: «Ya es mayor de edad; pregúntenle a él».

24 Por segunda vez los judíos llamaron al hombre que había sido ciego y le dijeron: «Da gloria a Dios[1]; nosotros sabemos que este hombre es un pecador». **25** Entonces él les contestó: «Si es pecador, no lo sé; una cosa sé: que yo era ciego y ahora veo». **26** Ellos volvieron a preguntarle: «¿Qué te hizo? ¿Cómo te abrió los ojos?». **27** Él les contestó: «Ya les dije

9:7
El estanque de Siloé
Se trataba de un estanque excavado en la roca en el extremo sur de la colina principal sobre la que se construyó Jerusalén. Formaba parte del acueducto desarrollado por el rey Ezequías.

Dominio público

9:22
Los padres del hombre les tenían miedo a los judíos
Los judíos fariseos habían decidido que todo aquel que creyera que Jesús era el Mesías no podría entrar en la sinagoga, el centro de la vida judía.

9:4 [1] Algunos mss. antiguos dicen: *Me es necesario.*   9:16 [1] Lit. *no es.*
[2] O *milagros.*   9:22 [1] I.e. el Mesías.   9:24 [1] Fórmula que se usaba para obligar a alguno a decir la verdad. Véase Jos. 7:19.

y no escucharon; ¿por qué quieren oír*lo* otra vez? ¿Es que también ustedes quieren hacerse discípulos suyos?».

28 Entonces lo insultaron, y le dijeron: «Tú eres discípulo de ese *hombre;* pero nosotros somos discípulos de Moisés. **29** Nosotros sabemos que Dios habló a Moisés, pero en cuanto a Este, no sabemos de dónde es».

30 El hombre les respondió: «Pues en esto hay algo asombroso, que ustedes no sepan de dónde es, y *sin embargo,* a mí me abrió los ojos. **31** Sabemos que Dios no oye a los pecadores; pero si alguien teme a Dios y hace Su voluntad, a este oye. **32** Desde el principio jamás se ha oído *decir* que alguien abriera los ojos a un ciego de nacimiento. **33** Si Este no viniera¹ de Dios, no podría hacer nada».

34 Ellos le respondieron: «Tú naciste enteramente en pecados, ¿y tú nos enseñas a nosotros?». Y lo echaron fuera.

35 Jesús oyó decir que lo habían echado fuera, y cuando lo encontró, *le* dijo: «¿Crees tú en el Hijo del Hombre¹?». **36** Él le respondió: «¿Y quién es, Señor, para que yo crea en Él?». **37** Jesús le dijo: «Pues¹ tú lo has visto, y el que está hablando contigo, Ese es». **38** Él entonces dijo: «Creo, Señor». Y lo adoró. **39** Y Jesús dijo: «Yo vine a este mundo para juicio; para que los que no ven, vean, y para que los que ven se vuelvan ciegos».

40 *Algunos* de los fariseos que estaban con Él oyeron esto y le dijeron: «¿Acaso nosotros también somos ciegos?». **41** Jesús les dijo: «Si ustedes fueran ciegos, no tendrían pecado; pero ahora, *porque* dicen: "Vemos", su pecado permanece.

JESÚS, EL BUEN PASTOR

10 »En verdad les digo, que el que no entra por la puerta en el redil de las ovejas, sino que sube por otra parte, ese es ladrón y salteador. **2** Pero el que entra por la puerta, es el pastor de las ovejas. **3** A este le abre el portero, y las ovejas oyen su voz; llama a sus ovejas por nombre y las conduce afuera. **4** Cuando saca todas las suyas, va delante de ellas, y las ovejas lo siguen porque conocen su voz. **5** Pero a un desconocido no seguirán, sino que huirán de él, porque no conocen la voz de los extraños».

6 Jesús les habló *por medio de* esta comparación, pero ellos no entendieron qué era lo que les decía.

7 Entonces Jesús les dijo de nuevo: «En verdad les digo: Yo soy la puerta de las ovejas. **8** Todos los que vinieron antes de Mí son ladrones y salteadores, pero las ovejas no les hicieron caso¹. **9** Yo soy la puerta; si alguno entra por Mí, será salvo; y entrará y saldrá y hallará pasto. **10** El ladrón solo viene para robar, matar y destruir. Yo he venido para que tengan vida, y para que *la* tengan *en* abundancia.

11 »Yo soy el buen pastor; el buen pastor da Su vida por las ovejas. **12** *Pero* el que es un asalariado y no un pastor, que no es el dueño de las ovejas, ve venir al lobo, abandona las ovejas y huye, entonces el lobo las arrebata y *las* dispersa. **13** *El asalariado huye* porque *solo* trabaja por el pago¹ y no le importan las ovejas. **14** Yo soy el buen pastor, y conozco Mis

9:40-41
El problema de los fariseos
Ellos afirmaban que no eran ciegos espirituales. Jesús dijo que como podían ver, pero seguían negando que él fuera el Mesías, eran culpables.

10:1
El redil de las ovejas
Era un espacio cerrado con paredes de piedra que tenía una sola entrada. Sus muros impedían que las ovejas se alejaran. El pastor dormía en la entrada para proteger a las ovejas de los depredadores.

10:3
El portero
El portero estaba a cargo de un gran redil, o cercado, que a menudo albergaba varios rebaños. Las ovejas reconocían la voz de su propio pastor y solo respondían a él.

9:33 ¹ Lit. *no fuera.*   9:35 ¹ Algunos mss. posteriores dicen: *Hijo de Dios.*
9:37 ¹ Lit. *Y.*   10:8 ¹ Lit. *no los oyeron.*   10:13 ¹ Lit. *porque es un asalariado.*

ovejas[1] y ellas me conocen, **15** al igual que el Padre me conoce y Yo conozco al Padre, y doy Mi vida por las ovejas.

16 »Tengo otras ovejas que no son de este redil; a esas también Yo debo traerlas, y oirán Mi voz, y serán un rebaño *con* un solo pastor. **17** Por eso el Padre me ama, porque Yo doy Mi vida para tomarla de nuevo. **18** Nadie me la quita[1], sino que Yo la doy de Mi propia voluntad. Tengo autoridad para darla, y tengo autoridad para tomarla de nuevo. Este mandamiento recibí de Mi Padre».

LOS JUDÍOS DIVIDIDOS OTRA VEZ

19 Volvió a surgir una división entre los judíos por estas palabras. **20** Y muchos de ellos decían: «Tiene un demonio y está loco. ¿Por qué le hacen caso[1]?». **21** Otros decían: «Estas no son palabras de un endemoniado. ¿Puede acaso un demonio abrir los ojos de los ciegos?».

JESÚS, UNO CON EL PADRE

22 En esos días[1] se celebraba en Jerusalén la fiesta de la Dedicación. **23** Era invierno, y Jesús andaba por el templo, en el pórtico de Salomón. **24** Entonces los judíos lo rodearon, y le decían: «¿Hasta cuándo nos vas a tener en suspenso? Si Tú eres el Cristo[1], dínoslo claramente».

25 Jesús les respondió: «Se lo he dicho a ustedes y no creen; las obras que Yo hago en el nombre de Mi Padre, estas dan testimonio de Mí. **26** Pero ustedes no creen porque no son de Mis ovejas. **27** Mis ovejas oyen Mi voz; Yo las conozco y me siguen. **28** Yo les doy vida eterna y jamás perecerán, y nadie las arrebatará de Mi mano. **29** Mi Padre que me *las* dio es mayor que todos[1], y nadie *las* puede arrebatar de la mano del Padre. **30** Yo y el Padre somos uno[1]».

LOS JUDÍOS AMENAZAN A JESÚS

31 Los judíos volvieron a tomar piedras para tirárselas. **32** Entonces Jesús les dijo[1]: «Les he mostrado muchas obras buenas *que son* del Padre. ¿Por cuál[2] de ellas me apedrean?». **33** Los judíos le contestaron: «No te apedreamos por ninguna obra buena, sino por blasfemia; y porque Tú, siendo hombre, te haces Dios».

34 Jesús les respondió: «¿No está escrito en su ley: "Yo dije: son dioses"? **35** Si a aquellos, a quienes vino la palabra de Dios, los llamó dioses, (y la Escritura no se puede violar), **36** ¿al que el Padre santificó y envió al mundo, ustedes dicen: "Blasfemas", porque dije: "Yo soy el Hijo de Dios"? **37** Si no hago las obras de Mi Padre, no me crean; **38** pero si las hago, aunque a Mí no me crean, crean a las obras; para que sepan y entiendan[1] que el Padre está en Mí y Yo en el Padre».

39 Por eso procuraban otra vez prender a Jesús, pero Él se les escapó de entre las manos.

10:14 [1] Lit. *las mías.* 10:18 [1] Algunos mss. antiguos dicen: *me la ha quitado.* 10:20 [1] Lit. *le escuchan.* 10:22 [1] Lit. *Entonces.* 10:24 [1] I.e. el Mesías. 10:29 [1] Algunos mss. antiguos dicen: *Lo que mi Padre me ha dado es mayor que todo.* 10:30 [1] Lit. (neutro) *una unidad o una misma esencia.* 10:32 [1] Lit. *respondió.* [2] Lit. *cuál obra.* 10:38 [1] Lit. *que sepan y sigan sabiendo.*

10:11-18
Jesús se llamó a sí mismo pastor

En el antiguo Oriente Medio, el gobernante era considerado un pastor para su pueblo. Jesús es el Buen Pastor, quien murió para que sus ovejas pudieran estar con él para siempre.

10:30-33
Por qué algunos judíos querían apedrear a Jesús

Cuando Jesús dijo que él y el Padre eran uno, estaba afirmando claramente ser Dios. Los judíos consideraban que eso era una blasfemia.

40 Se fue de nuevo al otro lado del Jordán, al lugar donde primero había estado bautizando Juan, y se quedó allí. **41** Muchos vinieron a Él y decían: «Aunque Juan no hizo ninguna señal[1], sin embargo, todo lo que Juan dijo de Este era verdad». **42** Y muchos creyeron allí en Jesús.

MUERTE DE LÁZARO

11 Estaba enfermo cierto *hombre llamado* Lázaro, de Betania, la aldea de María y de su hermana Marta. **2** María, cuyo hermano Lázaro estaba enfermo, fue la que ungió al Señor con perfume y le secó los pies con sus cabellos. **3** Las hermanas entonces mandaron a decir a Jesús: «Señor, el que Tú amas está enfermo». **4** Cuando Jesús *lo* oyó, dijo: «Esta enfermedad no es para muerte, sino para la gloria de Dios, para que el Hijo de Dios sea glorificado por medio de ella». **5** Y Jesús amaba a Marta, a su hermana y a Lázaro.

6 Cuando oyó, pues, que *Lázaro* estaba enfermo, entonces se quedó dos días *más* en el lugar donde estaba. **7** Luego, después de esto, dijo* a Sus discípulos: «Vamos de nuevo a Judea». **8** Los discípulos le dijeron*: «Rabí[1], hace poco que[2] los judíos te querían apedrear, ¿y vas allá otra vez?». **9** Jesús respondió: «¿No hay doce horas en el día? Si alguien anda de día no tropieza, porque ve la luz de este mundo. **10** Pero si alguien anda de noche, tropieza, porque la luz no está en él».

11 Dijo esto, y después añadió[1]: «Nuestro amigo Lázaro se ha dormido; pero voy a despertarlo». **12** Los discípulos entonces le dijeron: «Señor, si se ha dormido, se recuperará[1]». **13** Jesús había hablado de la muerte de Lázaro[1], pero ellos creyeron que hablaba literalmente del sueño[2]. **14** Entonces Jesús, por eso, les dijo claramente: «Lázaro ha muerto; **15** y por causa de ustedes me alegro de no haber estado allí, para que crean; pero vamos a *donde está* él». **16** Tomás, llamado el Dídimo[1], dijo entonces a *sus* condiscípulos: «Vamos nosotros también para morir con Él».

17 Llegó, pues, Jesús y halló que ya hacía cuatro días que Lázaro estaba en el sepulcro. **18** Betania estaba cerca de Jerusalén, como a tres kilómetros; **19** y muchos de los judíos habían venido a *la casa de* Marta y María, para consolarlas por *la muerte de su* hermano. **20** Entonces Marta, cuando oyó que Jesús venía, lo fue a recibir, pero María se quedó sentada en casa.

21 Y[1] Marta dijo a Jesús: «Señor, si hubieras estado aquí, mi hermano no habría muerto. **22** Aun ahora, yo sé que todo lo que pidas a Dios, Dios te lo concederá». **23** «Tu hermano resucitará», le dijo* Jesús.

24 Marta le contestó*: «Yo sé que resucitará en la resurrección, en el día final». **25** Jesús le contestó: «Yo soy la resurrección y la vida; el que cree en Mí, aunque muera, vivirá, **26** y todo el que vive y cree en Mí, no morirá jamás. ¿Crees esto?». **27** Ella le dijo*: «Sí, Señor; yo he creído que Tú eres el Cristo[1], el Hijo de Dios, *o sea,* el que viene[2] al mundo».

11:17
Lázaro había estado muerto por cuatro días
Muchos judíos creían que el alma permanecía cerca del cuerpo por tres días después de la muerte con la esperanza de volver a él. No obstante, habían pasado cuatro días, por lo que todos consideraban a Lázaro completamente muerto.

11:23-24
Los pensamientos de Marta
Cuando Jesús dijo que Lázaro resucitaría, Marta pensó que se estaba refiriendo a la resurrección en el fin de los tiempos. (Ver Job 19:25-27).

10:41 [1] O *ningún milagro.*   11:8 [1] O *Maestro.*   [2] Lit. *ahora.*   11:11 [1] Lit. *les dice.*   11:12 [1] Lit. *se salvará.*   11:13 [1] Lit. *su muerte.*   [2] Lit. *del sopor del sueño.*   11:16 [1] I.e. el Gemelo.   11:21 [1] Lit. *Por tanto.*   11:27 [1] I.e. el Mesías.
[2] "El Que Viene" era el título que se daba al Mesías prometido.

²⁸ Habiendo dicho esto, Marta se fue y llamó a su hermana María, diciéndole en secreto: «El Maestro está aquí, y te llama». ²⁹ Tan pronto como ella *lo* oyó, se levantó* rápidamente y fue hacia Él.

³⁰ Porque Jesús aún no había entrado en la aldea, sino que todavía estaba en el lugar donde Marta lo había encontrado. ³¹ Entonces los judíos que estaban con ella en la casa consolándola, cuando vieron que María se levantó de prisa y salió, la siguieron, suponiendo que iba al sepulcro a llorar allí.

³² Al llegar María adonde estaba Jesús, cuando lo vio, se arrojó a Sus pies, diciendo: «Señor, si hubieras estado aquí, mi hermano no habría muerto». ³³ Y¹ cuando Jesús la vio llorando, y a los judíos que vinieron con ella llorando también, se conmovió profundamente en el espíritu, y se entristeció². ³⁴ «¿Dónde lo pusieron?», preguntó Jesús. «Señor, ven y ve», le dijeron*.

³⁵ Jesús lloró. ³⁶ Por eso los judíos decían: «Miren, cómo lo amaba». ³⁷ Pero algunos de ellos dijeron: «¿No podía Este, que abrió los ojos del ciego, haber evitado también que *Lázaro* muriera¹?».

RESURRECCIÓN DE LÁZARO

³⁸ Entonces Jesús, de nuevo profundamente conmovido, fue* al sepulcro. Era una cueva, y tenía una piedra puesta sobre ella. ³⁹ «Quiten la piedra», dijo* Jesús. Marta, hermana del que había muerto, le dijo*: «Señor, ya huele mal, porque hace cuatro días *que murió*». ⁴⁰ Jesús le dijo*: «¿No te dije que si crees, verás la gloria de Dios?».

⁴¹ Entonces quitaron la piedra. Jesús alzó los ojos, y dijo: «Padre, te doy gracias porque me has oído. ⁴² Yo sabía que siempre me oyes; pero lo dije por causa de la multitud que *me* rodea, para que crean que Tú me has enviado». ⁴³ Habiendo dicho esto, gritó con fuerte voz: «¡Lázaro, sal fuera!».

⁴⁴ Y el que había muerto salió, los pies y las manos atados con vendas, y el rostro envuelto en un sudario. Jesús les dijo*: «Desátenlo, y déjenlo ir».

COMPLOT PARA MATAR A JESÚS

⁴⁵ Por esto muchos de los judíos que habían venido *a ver* a María, y vieron lo que Jesús había hecho, creyeron en Él. ⁴⁶ Pero algunos de ellos fueron a los fariseos y les contaron lo que Jesús había hecho.

⁴⁷ Entonces los principales sacerdotes y los fariseos convocaron un concilio, y decían: «¿Qué hacemos? Porque este hombre hace muchas señales¹. ⁴⁸ Si lo dejamos *seguir* así, todos van a creer en Él, y los romanos vendrán y nos quitarán nuestro lugar¹ y nuestra² nación». ⁴⁹ Pero uno de ellos,

---

11:33 ¹ Lit. *Por tanto*.   ² Lit. *se turbó*.   11:37 ¹ Lit. *haber hecho también que este no muriera*.   11:47 ¹ O *muchos milagros*   11:48 ¹ I.e. el templo.   ² Lit. *el lugar y la*.

11:35
Por qué Jesús lloró
Algunos estudiosos dicen que derramó lágrimas de verdad porque sabía lo triste que estaba la gente por la muerte de Lázaro. Otros sugieren que Jesús mismo estaba triste porque Lázaro había muerto; de hecho, eso era lo que pensaban los que estaban allí presentes.

11:38
El lugar del sepulcro
Una cueva con una piedra que cubría la entrada era un lugar de entierro habitual en esos días.

© William D. Mounce

11:47
Los fariseos querían detener a Jesús
Los fariseos eran los mayores oponentes de Jesús, pero los principales sacerdotes fueron los que hicieron la mayoría de los planes que llevaron a su muerte. En última instancia, nadie pudo detener a Jesús. El plan de Jesús desde el principio era morir por los pecados de todos.

11:49-53
El sumo sacerdote

Caifás fue sumo sacerdote desde el año 18 d. C. hasta 36 d. C. Él creía que si los seguidores de Jesús continuaban aumentando, se generaría una rebelión. Las rebeliones significarían que los gobernantes romanos le pondrían fin al poder de los líderes religiosos. Caifás dijo que sería mejor que una persona (Jesús) muriera que poner en riesgo a toda la comunidad judía.

12:3
Lo que hizo María fue inusual

Nardo era el nombre de una planta y el aceite que producía. Este resultaba muy caro (un frasco habría costado el salario de un año). María vertió el aceite en los pies de Jesús, cuando normalmente se habría vertido en la cabeza de alguien. Y utilizó sus cabellos para limpiar los pies de Jesús. Las mujeres respetables no se soltaban el cabello en público.

12:9-11
Por qué los principales sacerdotes querían matar a Lázaro

Ellos veían que mucha gente estaba comenzando a creer en Jesús porque había resucitado a Lázaro de la muerte.

Caifás, que era sumo sacerdote ese año, les dijo: «Ustedes no saben nada, 50 ni tienen en cuenta que les es más conveniente que un hombre muera por el pueblo, y no que toda la nación perezca».

51 Ahora bien, no dijo esto de su propia iniciativa[1], sino que siendo el sumo sacerdote ese año, profetizó que Jesús iba a morir por la nación; 52 y no solo por la nación, sino también para reunir en uno a los hijos de Dios que están esparcidos. 53 Así que, desde ese día planearon entre sí matar a Jesús.

54 Por eso Jesús ya no andaba públicamente entre los judíos, sino que se fue de allí a la región cerca del desierto, a una ciudad llamada Efraín; y se quedó allí con los discípulos. 55 Estaba cerca la Pascua de los judíos, y muchos de la región subieron a Jerusalén antes de la Pascua para purificarse. 56 Entonces buscaban a Jesús, y estando ellos en el templo, se decían unos a otros: «¿Qué les parece? ¿Que vendrá a la fiesta o no?». 57 Y los principales sacerdotes y los fariseos habían dado órdenes de que si alguien sabía dónde estaba Jesús, diera aviso para que lo prendieran.

MARÍA UNGE A JESÚS

12 Entonces Jesús, seis días antes de la Pascua, vino a Betania donde estaba Lázaro[1], al que Jesús había resucitado de entre los muertos. 2 Y le hicieron una cena allí, y Marta servía; pero Lázaro era uno de los que estaban[2] a la mesa con Él.

3 Entonces María, tomando unos 300 gramos de perfume de nardo puro que costaba mucho, ungió los pies de Jesús, y se los secó[1] con los cabellos, y la casa se llenó con la fragancia del perfume. 4 Y Judas Iscariote, uno de Sus discípulos, el que lo iba a entregar[1], dijo*: 5 «¿Por qué no se vendió este perfume por 300 denarios[1] y se dio a los pobres?». 6 Pero dijo esto, no porque se preocupara por los pobres, sino porque era un ladrón, y como tenía la bolsa del dinero, sustraía de lo que se echaba en ella. 7 Entonces Jesús dijo: «Déjala, para que lo guarde para el día de Mi sepultura[1]. 8 Porque a los pobres siempre los tendrán[1] con ustedes; pero a Mí no siempre me tendrán[1]».

CONSPIRACIÓN PARA MATAR A LÁZARO

9 Entonces la gran multitud de judíos se enteró de que Jesús estaba allí; y vinieron no solo por causa de Jesús, sino también por ver a Lázaro, a quien había resucitado de entre los muertos. 10 Pero los principales sacerdotes resolvieron matar también a Lázaro; 11 porque por causa de él muchos de los judíos se apartaban y creían en Jesús.

LA ENTRADA TRIUNFAL

12 Al día siguiente, cuando la gran multitud que había venido a la fiesta, oyó que Jesús venía a Jerusalén, 13 tomaron hojas de las palmas y salieron a recibir a Jesús, y gritaban:

11:51 [1] Lit. de sí mismo.　12:1 [1] Algunos mss. agregan: el que había estado muerto.　12:2 [1] Lit. Por tanto.　[2] Lit. se reclinaban.　12:3 [1] Lit. y le secó los pies.　12:4 [1] O traicionar.　12:5 [1] I.e. salario de 300 días.　12:7 [1] I.e. la costumbre de ungir para la sepultura.　12:8 [1] Lit. tienen.

«¡Hosanna! BENDITO EL QUE VIENE EN EL NOMBRE DEL SEÑOR, el Rey de Israel».

14 Jesús, hallando un asnillo, se montó en él; como está escrito: **15** «NO TEMAS, MIRA, SIÓN; HE AQUÍ, TU REY VIENE, MONTADO EN UN POLLINO DE ASNA». **16** Sus discípulos no entendieron esto al principio, pero *después,* cuando Jesús fue glorificado, entonces se acordaron de que esto se había escrito de Él, y de que le habían hecho estas cosas.

17 Y así, la multitud que estaba con Jesús cuando llamó a Lázaro del sepulcro y lo resucitó de entre los muertos, daba testimonio *de Él.* **18** Por eso la multitud fue también a recibir a Jesús, porque habían oído que Él había hecho esta señal[1]. **19** Entonces los fariseos se decían unos a otros: «¿Ven que ustedes no consiguen nada? Miren, *todo* el mundo se ha ido tras Él».

UNOS GRIEGOS BUSCAN A JESÚS

20 Había unos griegos entre los que subían a adorar en la fiesta; **21** estos fueron a Felipe, que era de Betsaida de Galilea, y le rogaban: «Señor, queremos ver a Jesús». **22** Felipe fue* y se lo dijo* a Andrés; Andrés y Felipe fueron* y se lo dijeron* a Jesús. **23** Jesús les respondió*: «Ha llegado la hora para que el Hijo del Hombre sea glorificado. **24** En verdad les digo que si el grano de trigo no cae en tierra y muere, se queda solo; pero si muere, produce mucho fruto. **25** El que ama su vida la pierde; y el que aborrece su vida en este mundo, la conservará para vida eterna. **26** Si alguien me sirve, que me siga; y donde Yo estoy, allí también estará Mi servidor; si alguien me sirve, el Padre lo honrará.

JESÚS ANUNCIA SU MUERTE

27 »Ahora Mi alma se ha angustiado; y ¿qué diré: "Padre, sálvame de esta hora"? Pero para esto he llegado a esta hora. **28** Padre, glorifica Tu nombre». Entonces vino una voz del cielo: «Y *lo* he glorificado, y de nuevo *lo* glorificaré».

29 Por eso la multitud que estaba *allí* y oyó *la voz,* decía que había sido un trueno; otros decían: «Un ángel le ha hablado». **30** Jesús les dijo: «Esta voz no ha venido por causa Mía, sino por causa de ustedes. **31** Ya está aquí[1] el juicio de este mundo; ahora el príncipe de este mundo será echado fuera. **32** Pero Yo, si soy levantado de la tierra, atraeré a todos a Mí mismo». **33** Pero Él decía esto para indicar la clase de muerte que iba a morir. **34** Entonces la multitud le respondió: «Hemos oído en[1] la ley que el Cristo[2] permanecerá para siempre; ¿y cómo dices Tú: "El Hijo del Hombre tiene que ser levantado"? ¿Quién es este Hijo del Hombre?».

12:18 [1] O *este milagro.*   12:31 [1] Lit. *Ahora es.*
12:34 [1] O *aprendido de.*   [2] I.e. el Mesías.

12:14
Por qué Jesús montó en un pollino

Un pollino, que es sinónimo de un asno pequeño, simboliza la humildad, la paz y la realeza. Zacarías había profetizado que el Mesías montaría en un pollino. (Ver Zacarías 9:9).

12:23-24
Jesús habló sobre su muerte

Jesús dijo que había llegado su tiempo de morir, y que por medio de su muerte y su resurrección vendría nueva vida para todos los que creyeran en él como su Salvador.

ENCUENTRO Y BIENVENIDA

En el libro de Juan, Andrés conecta a las personas con Jesús.

Le presenta a Pedro a Jesús
1:40-42

Le trae a Jesús un niño que tiene cinco panes de cebada y dos peces, los cuales Jesús utiliza para alimentar a cinco mil personas
6:8-9

Le avisa a Jesús que unos griegos quieren hablar con él
12:20-22

12:28-33
Una voz del cielo

Jesús oró que el Padre fuera glorificado. La voz del cielo afirmó que el Padre había sido glorificado por la disposición de Jesús a sacrificarse.

35 Jesús entonces les dijo: «Todavía, por un poco de tiempo, la Luz estará[1] entre ustedes. Caminen mientras tengan la Luz, para que no los sorprendan las tinieblas; el que anda en la oscuridad no sabe adónde va. **36** Mientras tienen la Luz, crean en la Luz, para que sean hijos de la Luz».

Estas cosas habló Jesús, y se fue y se ocultó[1] de ellos.

37 Pero aunque había hecho tantas señales[1] delante de ellos, no creían en Él, **38** para que se cumpliera la palabra del profeta Isaías, que dijo: «SEÑOR, ¿QUIÉN HA CREÍDO A NUESTRO ANUNCIO? ¿Y A QUIÉN SE HA REVELADO EL BRAZO[1] DEL SEÑOR?». **39** Por eso no podían creer, porque Isaías dijo también[1]: **40** «ÉL HA CEGADO SUS OJOS Y EN- DURECIDO SU CORAZÓN, PARA QUE NO VEAN CON LOS OJOS Y ENTIENDAN CON EL CORAZÓN, Y SE CONVIERTAN Y YO LOS SANE». **41** Esto dijo Isaías porque vio Su gloria, y habló de Él.

42 Sin embargo, muchos, aun de los gobernantes, creyeron en Él, pero por causa de los fariseos no lo confesaban, para no ser expulsados de la sinagoga. **43** Porque amaban más el reco- nocimiento[1] de los hombres que el reconocimiento[1] de Dios.

JUZGADOS POR LA PALABRA DE JESÚS

44 Entonces Jesús exclamó: «El que cree en Mí, no cree en Mí, sino en Aquel que me ha enviado. **45** Y el que me ve, ve a Aquel que me ha enviado. **46** Yo, la Luz, he venido al mundo, para que todo el que cree en Mí no permanezca en tinieblas. **47** Si alguno oye Mis palabras y no las guarda, Yo no lo juzgo; porque no vine a juzgar al mundo, sino a salvar al mundo. **48** El que me rechaza y no recibe Mis palabras, tiene quien lo juzgue; la palabra que he hablado, esa lo juz- gará en el día final.

49 »Porque Yo no he hablado por Mi propia cuenta[1], sino que el Padre mismo que me ha enviado me ha dado manda- miento *sobre* lo que he de decir y lo que he de hablar. **50** Y sé que Su mandamiento es vida eterna; por eso lo que Yo hablo, lo hablo tal como el Padre me lo ha dicho».

JESÚS LAVA LOS PIES A SUS DISCÍPULOS

13:5
Por qué Jesús lavó los pies de los discípulos

En esos tiempos, la gente caminaba por caminos polvorientos usando sandalias, por lo que sus pies se ensuciaban mucho. El dueño de casa se aseguraba de que los pies de sus invitados fueran lavados. Usualmente, el siervo del rango más bajo en la casa se encargaba de hacerlo. Así que Jesús estaba enseñándoles a sus discípulos una lección sobre el servicio.

13 Antes de la fiesta de la Pascua, sabiendo Jesús que Su hora había llegado para pasar de este mundo al Padre, habiendo amado a los Suyos que estaban en el mundo, los amó hasta el fin[1].

2 Y durante la cena, como ya el diablo había puesto en el corazón de Judas Iscariote, *hijo* de Simón, el que lo entregara, **3** Jesús, sabien- do que el Padre había puesto[1] todas las cosas en Sus manos, y que de Dios había salido y a Dios volvía, **4** se levantó* de la cena y se qui- tó* el manto, y tomando una toalla, se la ciñó. **5** Luego echó* agua en una vasija, y comenzó a lavar los pies de los discípulos y a secárselos con la toalla que tenía ceñida.

12:35 [1] Lit. *está.*   12:36 [1] Lit. *fue ocultado.*   12:37 [1] O *tantos milagros.*
12:38 [1] I.e. *el poder.*   12:39 [1] Lit. *otra vez.*   12:43 [1] O *la gloria.*   12:49 [1] Lit. *de mí mismo.*   13:1 [1] O *hasta lo sumo,* o *eternamente.*   13:3 [1] Lit. *dado.*

6 Cuando llegó* a Simón Pedro, este le dijo*: «Señor, ¿Tú me vas a lavar a mí los pies?». **7** Jesús le respondió: «Ahora tú no comprendes lo que Yo hago, pero lo entenderás después». **8** «¡Jamás me lavarás los pies!», le dijo* Pedro. «Si no te lavo, no tienes parte conmigo», le respondió Jesús. **9** Simón Pedro le dijo*: «Señor, *entonces* no solo los pies, sino también las manos y la cabeza». **10** Jesús le dijo*: «El que se ha bañado no necesita lavarse, excepto los pies, pues[1] está todo limpio; y ustedes están limpios, pero no todos».

11 Porque sabía quién lo iba a entregar; por eso dijo: «No todos están limpios».

JESÚS, EJEMPLO SUPREMO DE HUMILDAD

12 Entonces, cuando acabó de lavarles los pies, tomó Su manto, y sentándose[1] *a la mesa* otra vez, les dijo: «¿Saben lo que les he hecho? **13** Ustedes me llaman Maestro y Señor; y tienen razón[1], porque lo soy. **14** Pues si Yo, el Señor y el Maestro, les lavé los pies, ustedes también deben lavarse los pies unos a otros. **15** Porque les he dado ejemplo, para que como Yo les he hecho, también ustedes lo hagan.

16 »En verdad les digo, que un siervo no es mayor que su señor, ni un enviado es mayor que el que lo envió. **17** Si saben esto, serán felices si lo practican.

18 No hablo de todos ustedes. Yo conozco a los que he escogido; pero *es* para que se cumpla la Escritura: "El que come Mi pan ha levantado contra Mí su talón". **19** Se lo digo desde ahora, antes de que pase, para que cuando suceda, crean que Yo soy[1]. **20** En verdad les digo, que el que recibe al que Yo envíe, me recibe a Mí; y el que me recibe a Mí, recibe a Aquel que me envió».

JESÚS IDENTIFICA AL TRAIDOR

21 Habiendo dicho Jesús esto, se angustió en espíritu, y testificó y dijo: «En verdad les digo que uno de ustedes me entregará». **22** Los discípulos se miraban unos a otros, y estaban perplejos *sin saber* de quién hablaba.

23 Uno de Sus discípulos, el que Jesús amaba, estaba *a la mesa* reclinado en el pecho de Jesús. **24** Por eso Simón Pedro le hizo* señas, y le dijo*: «Dinos de quién habla». **25** Entonces él, recostándose de nuevo[1] sobre el pecho de Jesús, le dijo*: «Señor, ¿quién es?».

26 Entonces Jesús respondió*: «Es aquel a quien Yo le dé el pedazo de pan que voy a mojar». Y después de mojar el pedazo de pan, lo tomó* y se lo dio* a Judas, *hijo de Simón Iscariote*. **27** Y después *de comer* el pan, Satanás entró en él. Entonces Jesús le dijo*: «Lo que vas a hacer, hazlo pronto». **28** Pero ninguno de los que estaban sentados[1] *a la mesa* entendió por qué le dijo esto. **29** Porque algunos pensaban que como Judas tenía la bolsa del dinero, Jesús le decía: «Compra lo que necesitamos para la fiesta», o que diera algo a los pobres. **30** Y Judas[1], después de recibir el bocado, salió inmediatamente; y *ya* era de noche.

13:8
Pedro no quería que Jesús le lavara los pies
Él malinterpretó lo que Jesús estaba haciendo. Es posible que Pedro se sintiera humillado por el ofrecimiento y pensara que Jesús se estaba rebajando. Sin embargo, Jesús dijo que lavar los pies era una señal de lavar el pecado.

13:18
Compartir el pan era importante
Comer con otras personas era una señal de una amistad íntima.

13:21
Jesús se angustió
A pesar de que Jesús sabía lo que estaba por suceder, lo entristecía que Judas lo traicionara.

13:10 [1] Lit. *pero.*   13:12 [1] Lit. *recostándose.*   13:13 [1] Lit. *dicen bien.*
13:19 [1] Véase nota en Juan 8:24.   13:25 [1] Lit. *así.*   13:28 [1] Lit. *reclinados.*
13:30 [1] Lit. *aquel.*

UN MANDAMIENTO NUEVO

31 Entonces, cuando salió, Jesús dijo*: «Ahora es[1] glorificado el Hijo del Hombre, y Dios es glorificado en Él. **32** Si Dios es glorificado en Él[1], Dios también lo glorificará en Él mismo, y lo glorificará enseguida. **33** Hijitos, estaré con ustedes un poco más de tiempo. Me buscarán, y como dije a los judíos, ahora también les digo a ustedes: "adonde Yo voy, ustedes no pueden ir".

34 »Un mandamiento nuevo les doy: "que se amen los unos a los otros"; que como Yo los he amado, así también se amen los unos a los otros. **35** En esto conocerán todos que son Mis discípulos, si se tienen amor los unos a los otros».

JESÚS PREDICE LA NEGACIÓN DE PEDRO

36 «Señor, ¿adónde vas?», le preguntó* Simón Pedro. Jesús respondió: «Adonde Yo voy, tú no me puedes seguir ahora, pero me seguirás después». **37** Pedro le dijo*: «Señor, ¿por qué no te puedo seguir ahora mismo? ¡Yo daré mi vida por Ti!». **38** Jesús *le* respondió*: «¿Tu vida darás por Mí? En verdad te digo, que no cantará el gallo sin que antes me hayas negado tres veces.

PALABRAS DE CONSUELO Y DIRECCIÓN

14 »No se turbe su corazón; crean[1] en Dios, crean también en Mí. **2** En la casa de Mi Padre hay muchas moradas; si no *fuera así*, se lo hubiera dicho; porque voy a preparar un lugar para ustedes. **3** Y si me voy y les preparo un lugar, vendré otra vez y los tomaré adonde Yo voy; para que donde Yo esté, *allí* estén ustedes también. **4** Y conocen el camino adonde voy[1]».

5 «Señor, *si* no sabemos adónde vas, ¿cómo vamos a conocer el camino?», le dijo* Tomás. **6** Jesús le dijo*: «Yo soy el camino, la verdad y la vida; nadie viene al Padre sino por Mí. **7** Si ustedes me hubieran conocido, también hubieran conocido a Mi Padre; desde ahora lo conocen y lo han visto».

8 «Señor, muéstranos al Padre y nos basta», le dijo* Felipe. **9** Jesús le dijo*: «¿Tanto tiempo he estado con ustedes, y *todavía* no me conoces, Felipe? El que me ha visto a Mí, ha visto al Padre. ¿Cómo dices tú: "Muéstranos al Padre"? **10** ¿No crees que Yo estoy en el Padre y el Padre en Mí? Las palabras que Yo les digo, no las hablo por Mi propia cuenta, sino que el Padre que mora en Mí es el que hace[1] obras. **11** Créanme que Yo estoy en el Padre y el Padre en Mí; y si no, crean por las obras mismas.

13:34
Un nuevo mandamiento

En cierto sentido este era un mandamiento antiguo (ver Levítico 19:18), pero para los discípulos resultaba nuevo debido a que era un símbolo de la hermandad que Cristo había generado a través de su gran amor por ellos.

¿QUIÉN ES DIOS?

Atributos de Dios en los
EVANGELIOS Y HECHOS

Rey *Mateo 2:1-2*

Sanador *Mateo 4:23*

Padre *Marcos 14:36*

Infalible *Lucas 1:37*

Vida *Juan 1:4*

Maestro *Juan 1:38*

Pastor *Juan 10:11*

Verdad *Juan 14:6*

Consolador *Juan 14:16,26*

Perdonador *Hechos 3:19; 10:43; 26:18*

Lleno de gracia *Hechos 4:33; 11:23*

13:31 [1] O *fue.*　　13:32 [1] Algunos mss. antiguos no incluyen esta frase.　　14:1 [1] O *creen.*　　14:4 [1] Muchos mss. dicen: *Y adonde yo voy lo saben, y el camino lo conocen.*
14:5 [1] Algunos mss. antiguos dicen: ¿*cómo podemos.*
14:10 [1] Lit. *Sus.*

¹² »En verdad les digo: el que cree en Mí, las obras que Yo hago, él las hará también; y aun mayores que estas hará, porque Yo voy al Padre. ¹³ Y todo lo que pidan en Mi nombre, lo haré, para que el Padre sea glorificado en el Hijo. ¹⁴ Si me piden algo en Mi nombre, Yo *lo* haré.

LA PROMESA DEL ESPÍRITU SANTO

¹⁵ »Si ustedes me aman, guardarán Mis mandamientos. ¹⁶ Entonces Yo rogaré al Padre, y Él les dará otro Consolador[1] para que esté con ustedes para siempre; ¹⁷ *es decir,* el Espíritu de verdad, a quien el mundo no puede recibir, porque ni lo ve ni lo conoce, *pero* ustedes sí lo conocen porque mora con ustedes y estará en ustedes. ¹⁸ No los dejaré huérfanos; vendré a ustedes.

¹⁹ »Un poco más de tiempo[1] y el mundo no me verá más, pero ustedes me verán; porque Yo vivo, ustedes también vivirán. ²⁰ En ese día conocerán que Yo estoy en Mi Padre, y ustedes en Mí y Yo en ustedes. ²¹ El que tiene Mis mandamientos y los guarda, ese es el que me ama; y el que me ama será amado por Mi Padre; y Yo lo amaré y me manifestaré a él».

²² Judas (no el Iscariote) le dijo*: «Señor, ¿y qué ha pasado que te vas a manifestar a nosotros y no al mundo?». ²³ Jesús le respondió: «Si alguien me ama, guardará Mi palabra; y Mi Padre lo amará, y vendremos a él, y haremos con él morada. ²⁴ El que no me ama, no guarda Mis palabras; y la palabra que ustedes oyen no es Mía, sino del Padre que me envió.

²⁵ »Estas cosas les he dicho estando con ustedes. ²⁶ Pero el Consolador[1], el Espíritu Santo, a quien el Padre enviará en Mi nombre, Él les enseñará todas las cosas, y les recordará todo lo que les he dicho.

LA PAZ DE CRISTO

²⁷ »La paz les dejo, Mi paz les doy; no se la doy a ustedes como el mundo la da. No se turbe su corazón ni tenga miedo. ²⁸ Oyeron que les dije: "Me voy, y vendré a ustedes". Si me amaran, se regocijarían, porque voy al Padre, ya que el Padre es mayor que Yo.

²⁹ »Y se lo he dicho ahora, antes que suceda, para que cuando suceda, crean. ³⁰ No hablaré mucho más con ustedes, porque viene el príncipe[1] de este mundo, y él no tiene nada en Mí; ³¹ pero para que el mundo sepa que Yo amo al Padre, y como el Padre me mandó, así hago. Levántense, vámonos de aquí.

JESÚS, LA VID VERDADERA

15 »Yo soy la vid verdadera, y Mi Padre es el viñador. ² Todo sarmiento que en Mí no da fruto, lo quita; y todo *el* que da fruto, lo poda[1] para que dé más fruto. ³ Ustedes ya están limpios por la palabra que les he hablado.

⁴ »Permanezcan en Mí, y Yo en ustedes. Como el sarmiento no puede dar fruto por sí mismo si no permanece en la vid, así tampoco ustedes si no

14:6
Jesús es el único camino a Dios

Jesús dijo que él no es tan solo uno de muchos caminos, sino que es el único camino hacia Dios Padre. Solo la creencia en Jesús como nuestro Salvador nos asegura un lugar en el cielo con el Padre.

14:21, 23
Obediencia y amor

La obediencia y el amor van juntos. Amar a Dios y obedecerlo forman parte de una misma acción.

15:1
El significado de la vid

En el Antiguo Testamento, la vid se usaba como un símbolo de Israel, que era la vid especial de Dios sacada de Egipto y trasplantada en la tierra prometida. Pero a menudo, a causa de su pecado, era como una vid silvestre que debía ser cortada. Sin embargo, Jesús es la vid verdadera de Dios.

14:16 ¹ O *Intercesor.*   14:19 ¹ Lit. *Todavía un poco.*   14:26 ¹ O *Intercesor.*
14:30 ¹ Lit. *gobernante.*   15:2 ¹ Lit. *limpia.*

15:2
El sarmiento que no da fruto es quitado

Esto daba lugar a que crecieran más frutos en otras partes del árbol. En el Nuevo Testamento, el buen fruto representa el resultado de una vida consagrada o de las virtudes del carácter.

15:16
Jesús escogió a sus discípulos

Normalmente, los discípulos elegían al rabino al que iban a seguir, pero Jesús había escogido él mismo a sus discípulos.

15:22
Las personas no tenían excusas para no creer en Jesús

Él se había presentado al pueblo judío, y ellos tenían acceso a las palabras de Dios en el Antiguo Testamento que predecían la venida de Jesús. Cuando lo rechazaron, fueron culpables de ignorar el mayor regalo de Dios.

permanecen en Mí. **5** Yo soy la vid, ustedes los sarmientos; el que permanece en Mí y Yo en él, ese da mucho fruto, porque separados de Mí nada pueden hacer. **6** Si alguien no permanece en Mí, es echado fuera como un sarmiento y se seca; y los recogen, los echan al fuego y se queman.

7 »Si permanecen en Mí, y Mis palabras permanecen en ustedes, pidan lo que quieran y les será hecho. **8** En esto es glorificado Mi Padre, en que den mucho fruto, y *así* prueben que son[1] Mis discípulos. **9** Como el Padre me ha amado, *así* también Yo los he amado; permanezcan en Mi amor. **10** Si guardan Mis mandamientos, permanecerán en Mi amor, así como Yo he guardado los mandamientos de Mi Padre y permanezco en Su amor.

11 »Estas cosas les he hablado, para que Mi gozo esté en ustedes, y su gozo sea perfecto[1]. **12** Este es Mi mandamiento: que se amen los unos a los otros, así como Yo los he amado. **13** Nadie tiene un amor mayor que este: que uno dé[1] su vida por sus amigos. **14** Ustedes son Mis amigos si hacen lo que Yo les mando. **15** Ya no los llamo siervos, porque el siervo no sabe lo que hace su señor; pero los he llamado amigos, porque les he dado a conocer todo lo que he oído de Mi Padre.

16 »Ustedes no me escogieron a Mí, sino que Yo los escogí a ustedes, y los designé para que vayan y den fruto, y que su fruto permanezca; para que todo lo que pidan al Padre en Mi nombre se *lo* conceda. **17** Esto les mando: que se amen los unos a los otros.

18 »Si el mundo los odia, sepan[1] que me ha odiado a Mí antes que a ustedes. **19** Si ustedes fueran del mundo, el mundo amaría lo suyo; pero como no son del mundo, sino que Yo los escogí de entre el mundo, por eso el mundo los odia. **20** Acuérdense de la palabra que Yo les dije: "Un siervo no es mayor que su señor". Si me persiguieron a Mí, también los perseguirán a ustedes; si guardaron Mi palabra, también guardarán la de ustedes. **21** Pero todo eso les harán por causa de Mi nombre, porque no conocen a Aquel que me envió. **22** Si Yo no hubiera venido y no les hubiera hablado, no tendrían pecado[1], pero ahora no tienen excusa por su pecado. **23** El que me odia a Mí, odia también a Mi Padre. **24** Si Yo no hubiera hecho entre ellos las obras que ningún otro ha hecho, no tendrían pecado[1]; pero ahora las han visto, y me han odiado a Mí y también a Mi Padre. **25** Pero *ellos han hecho esto* para que se cumpla la palabra que está escrita en su ley: "Me odiaron sin causa".

26 »Cuando venga el Consolador[1], a quien Yo enviaré del Padre, *es decir,* el Espíritu de verdad que procede del Padre, Él dará testimonio de Mí, **27** y ustedes también darán testimonio[1], porque han estado junto a Mí desde el principio.

16 »Estas cosas les he dicho para que no tengan tropiezo[1]. **2** Los expulsarán de las sinagogas; pero viene la hora cuando cualquiera que los mate pensará que *así* rinde un servicio a Dios. **3** Y harán estas cosas porque no han

---

15:8 [1] O *y se conviertan en.*   15:11 [1] O *completo.*   15:13 [1] Lit. *ponga.*
15:18 [1] O *sepan.*   15:22 [1] I.e. *culpa.*   15:24 [1] I.e. *culpa.*   15:26 [1] O *Intercesor;*
gr. *Paráclitos;* i.e. uno llamado al lado para ayudar.   15:27 [1] O *den testimonio.*
16:1 [1] Lit. *no sean escandalizados.*

conocido ni al Padre ni a Mí. **4** Pero les he dicho estas cosas para que cuando llegue la[1] hora, se acuerden de que ya les había hablado de ellas[2]. Y no les dije estas cosas al principio, porque Yo estaba con ustedes.

5 »Pero ahora voy al que me envió, y ninguno de ustedes me pregunta: "¿Adónde vas?". **6** Pero porque les he dicho estas cosas, la tristeza ha llenado su corazón.

LA OBRA DEL ESPÍRITU SANTO

7 »Pero Yo les digo la verdad: les conviene que Yo me vaya; porque si no me voy, el Consolador[1] no vendrá a ustedes; pero si me voy, se lo enviaré.

8 »Y cuando Él venga, convencerá[1] al mundo de pecado, de justicia y de juicio; **9** de pecado, porque no creen en Mí; **10** de justicia, porque Yo voy al Padre y ustedes no me verán más; **11** y de juicio, porque el príncipe de este mundo ha sido juzgado.

12 »Aún tengo muchas cosas que decirles, pero ahora no *las* pueden soportar. **13** Pero cuando Él, el Espíritu de verdad venga, los guiará a toda la verdad, porque no hablará por Su propia cuenta, sino que hablará todo lo que oiga, y les hará saber lo que habrá de venir. **14** Él me glorificará, porque tomará de lo Mío y se *lo* hará saber a ustedes. **15** Todo lo que tiene el Padre es Mío; por eso dije que Él toma de lo Mío y se *lo* hará saber a ustedes.

16 »Un poco *más*, y ya no me verán; y de nuevo un poco, y me verán». **17** Entonces *algunos* de Sus discípulos se decían unos a otros: «¿Qué es esto que nos dice: "Un poco *más*, y no me verán, y de nuevo un poco, y me verán" y "Porque Yo voy al Padre"?». **18** Por eso decían: «¿Qué es esto que dice: "Un poco"? No sabemos de qué habla».

19 Jesús sabía que querían preguntarle, y les dijo: «¿Están discutiendo entre ustedes sobre esto, porque dije: "Un poco más, y no me verán, y de nuevo un poco, y me verán"? **20** En verdad les digo, que llorarán y se lamentarán, pero el mundo se alegrará; ustedes estarán tristes, pero su tristeza se convertirá en alegría. **21** Cuando la mujer está para dar a luz, tiene aflicción, porque ha llegado su hora; pero cuando da a luz al niño, ya no se acuerda de la angustia, por la alegría de que un niño[1] haya nacido en el mundo.

22 »Por tanto, ahora ustedes tienen también aflicción; pero Yo los veré otra vez, y su corazón se alegrará, y nadie les quitará su gozo. **23** En aquel día no me preguntarán nada. En verdad les digo, que si piden algo al Padre en Mi nombre, Él se *lo* dará. **24** Hasta ahora nada han pedido en Mi nombre; pidan y recibirán, para que su gozo sea completo.

LAS SIETE DECLARACIONES «YO SOY» DE JESÚS

Juan 6—15

1. YO SOY el pan de la vida *6:35,48*

2. YO SOY la Luz del mundo *8:12; 9:5*

3. YO SOY la puerta *10:7*

4. YO SOY el buen pastor *10:11,14*

5. YO SOY la resurrección y la vida *11:25*

6. YO SOY el camino, la verdad y la vida *14:6*

7. YO SOY la vid verdadera *15:1,5*

16:7
El Espíritu Santo no vendría hasta que Jesús se hubiera ido

La muerte de Jesús en la cruz era necesaria para salvar a la humanidad del pecado antes de que el Espíritu (el «Consolador») pudiera venir a vivir en nuestros corazones.

16:4 [1] Lit. *su*.   [2] Lit. *las recuerden, que les dije.*   16:7 [1] O *Intercesor*.
16:8 [1] O *culpará*.   16:21 [1] Lit. *un ser humano*.

16:21-22

Jesús comparó la aflicción de los discípulos con una mujer a punto de dar a luz

Una mujer sufre un gran dolor al dar a luz, pero luego se alegra al ver a su bebé. Del mismo modo, los discípulos se entristecerían al perder a Jesús, pero lo verían tras su resurrección y se alegrarían de nuevo.

16:32

Los discípulos serían esparcidos

Jesús sabía que sus discípulos lo abandonarían después de ser arrestado. Aunque los discípulos tenían fe, no tenían la suficiente como para ser fuertes ante el desastre. Jesús también sabía que Dios tiene la capacidad de usar a las personas, incluso aunque ellas hayan fallado.

17:1

Mirar al cielo en oración

Esta era la postura habitual para orar, pero Jesús a veces se acostaba boca abajo cuando oraba.

17:5

Jesús pide ser glorificado

Jesús le pidió al Padre que lo regresara a su anterior posición de gloria, lo que demostraría el amor y el poder de Dios. Él volvió al cielo después de su resurrección.

---

25 »Estas cosas les he hablado en lenguaje figurado[1]; viene el tiempo[2] cuando no les hablaré más en lenguaje figurado, sino que les hablaré del Padre claramente. **26** En ese día pedirán en Mi nombre, y no les digo que Yo rogaré al Padre por ustedes, **27** pues el Padre mismo los ama, porque ustedes me han amado y han creído que Yo salí del Padre. **28** Salí del Padre y he venido al mundo; de nuevo, dejo el mundo y voy al Padre».

29 Sus discípulos le dijeron*: «Ahora hablas claramente y no usas lenguaje figurado[1]. **30** Ahora entendemos que Tú sabes todas las cosas, y no necesitas que nadie te pregunte; por esto creemos que Tú viniste de Dios».

31 Jesús les respondió: «¿Ahora creen? **32** Miren, la hora viene, y *ya* ha llegado, en que serán esparcidos, cada uno por su lado[1], y me dejarán solo; y *sin embargo* no estoy solo, porque el Padre está conmigo. **33** Estas cosas les he hablado para que en Mí tengan paz. En el mundo tienen tribulación; pero confíen[1], Yo he vencido al mundo».

ORACIÓN INTERCESORA DE JESÚS

17 Estas cosas habló Jesús, y alzando los ojos al cielo, dijo: «Padre, la hora ha llegado; glorifica a Tu Hijo, para que el Hijo te glorifique a Ti, **2** por cuanto le diste autoridad sobre todo ser humano[1], para que Él dé vida eterna a todos los que le has dado[2].

3 »Y esta es la vida eterna: que te conozcan a Ti, el único Dios verdadero, y a Jesucristo, a quien has enviado. **4** Yo te glorifiqué en la tierra, habiendo terminado la obra que me diste que hiciera. **5** Y ahora, glorifícame Tú, Padre, junto a Ti, con la gloria que tenía contigo antes que el mundo existiera.

6 »He manifestado Tu nombre a los hombres que del mundo me diste; eran Tuyos y me los diste, y han guardado Tu palabra. **7** Ahora han conocido que todo lo que me has dado viene de Ti; **8** porque Yo les he dado las palabras que me diste; y *las* recibieron, y entendieron que en verdad salí de Ti, y creyeron que Tú me enviaste.

9 »Yo ruego por ellos; no ruego por el mundo, sino por los que me has dado; porque son Tuyos; **10** y todo lo Mío es Tuyo, y lo Tuyo, Mío; y he sido glorificado en ellos.

11 »Ya no estoy en el mundo, *pero* ellos sí están en el mundo, y Yo voy a Ti. Padre santo, guárdalos en Tu nombre, el *nombre* que[1] me has dado, para que sean uno, así como Nosotros somos uno. **12** Cuando Yo estaba con ellos, los guardaba en Tu nombre, el *nombre* que[1] me diste; y los guardé y ninguno se perdió, excepto el hijo de perdición, para que la Escritura se cumpliera. **13** Pero ahora voy a Ti; y hablo esto en el mundo para que tengan Mi gozo completo en sí mismos.

14 »Yo les he dado Tu palabra y el mundo los ha odiado, porque no son del mundo, como tampoco Yo soy del mundo. **15** No te ruego que los saques del mundo, sino que los guardes del maligno. **16** Ellos no son del mundo, como tampoco Yo soy del mundo.

16:25 [1] Lit. *en proverbios.*　　[2] Lit. *la hora.*　　16:29 [1] Lit. *proverbios.*　　16:32 [1] O *a su propia* casa.　　16:33 [1] Lit. *tengan ánimo.*　　17:2 [1] Lit. *toda carne.*　　[2] Lit. *a todos los que tú le has dado, a ellos Él les dé vida eterna.*　　17:11 [1] Algunos mss. dicen: *a los que.*　　17:12 [1] Algunos mss. dicen: *a los que.*

17 »Santifícalos en la verdad; Tu palabra es verdad. **18** Como Tú me enviaste al mundo, Yo también los he enviado al mundo. **19** Y por ellos Yo me santifico, para que ellos también sean santificados en la verdad.

20 »Pero no ruego solo por estos, sino también por los que han de creer en Mí por la palabra de ellos, **21** para que todos sean uno. Como Tú, oh Padre, *estás* en Mí y Yo en Ti, que también ellos estén en Nosotros, para que el mundo crea[1] que Tú me enviaste.

22 »La gloria que me diste les he dado, para que sean uno, así como Nosotros somos uno: **23** Yo en ellos, y Tú en Mí, para que sean perfeccionados en unidad[1], para que el mundo sepa[2] que Tú me enviaste, y que los amaste tal como me has amado a Mí.

24 »Padre, quiero que los que me has dado, estén también conmigo donde Yo estoy[1], para que vean Mi gloria, la *gloria* que me has dado; porque me has amado desde antes de la fundación del mundo. **25** Oh Padre justo, aunque[1] el mundo no te ha conocido, Yo te he conocido, y estos han conocido que Tú me enviaste. **26** Yo les he dado a conocer Tu nombre, y lo daré a conocer, para que el amor con que me amaste esté en ellos y Yo en ellos».

TRAICIÓN Y ARRESTO DE JESÚS

18 Después de decir esto, Jesús salió con Sus discípulos al otro lado del torrente[1] Cedrón, donde había un huerto en el cual entró Él con Sus discípulos. **2** También Judas, el que lo iba a entregar[1], conocía el lugar porque Jesús se había reunido allí muchas veces con Sus discípulos. **3** Entonces Judas, tomando la tropa *romana*[1], y a *varios* guardias de los principales sacerdotes y de los fariseos, fue* allá con linternas, antorchas y armas.

4 Jesús, sabiendo todo lo que le iba a sobrevenir, salió y les dijo*: «¿A quién buscan?». **5** «A Jesús el Nazareno», le respondieron. Él les dijo*: «Yo soy[1]». Y Judas, el que lo entregaba, estaba con ellos. **6** Y[1] cuando Él les dijo: «Yo soy[2]», retrocedieron y cayeron a tierra. **7** Jesús entonces volvió a preguntarles: «¿A quién buscan?». «A Jesús el Nazareno», dijeron. **8** Respondió Jesús: «Les he dicho que Yo soy; por tanto, si me buscan a Mí, dejen ir a estos».

9 Así se cumplía la palabra que había dicho: «De los que me diste, no perdí ninguno». **10** Entonces Simón Pedro, que tenía una espada, la sacó e hirió al siervo del sumo sacerdote, y le cortó la oreja derecha. El siervo se llamaba Malco. **11** Jesús le dijo a Pedro: «Mete la espada en la vaina. La copa que el Padre me ha dado, ¿acaso no he de beberla?».

12 Entonces la tropa *romana*, el comandante[1] y los guardias de los judíos prendieron a Jesús, lo ataron, **13** y lo llevaron primero ante Anás, porque era suegro de Caifás, que

17:21-22
Jesús oró por la unidad de los creyentes
Cuando los creyentes actúan como un equipo, ayudan a convencer a los no creyentes de la verdad de Jesús. Ellos reflejan la unidad de Dios Padre, Hijo y Espíritu Santo.

18:1
El torrente Cedrón
El torrente, o arroyo, quedaba al este de Jerusalén y estaba seco, excepto durante la temporada de lluvia.

17:21 [1] Gr. el tiempo del verbo indica: *crea continuamente.*   17:23 [1] Lit. *en una unidad.*   [2] Gr. el tiempo del verbo indica: *sepa continuamente.*   17:24 [1] Lit. *lo que me has dado, yo deseo que donde yo estoy ellos también estén conmigo.* 17:25 [1] Lit. *y.*   18:1 [1] Lit. *torrente de invierno.*   18:2 [1] O *traicionar.* 18:3 [1] I.e. unidad militar romana compuesta de varias centurias, y así en el vers. 12.   18:5 [1] Véase nota en Juan 8:24.   18:6 [1] Lit. *Por tanto.*   [2] Véase nota en Juan 8:24.   18:12 [1] Gr. *quiliarca;* i.e. oficial romano al mando de mil soldados.

era sumo sacerdote ese año. **14** Caifás era el que había aconsejado a los judíos que convenía que un hombre muriera por el pueblo.

PRIMERA NEGACIÓN DE PEDRO

15 Simón Pedro seguía a Jesús, y *también* otro discípulo. Este discípulo era conocido del sumo sacerdote, y entró con Jesús al patio del sumo sacerdote, **16** pero Pedro estaba afuera, a la puerta. Así que el otro discípulo, que era conocido del sumo sacerdote, salió y habló a la portera, e hizo entrar a Pedro. **17** Entonces la criada que cuidaba la puerta dijo* a Pedro: «¿No eres tú también *uno* de los discípulos de este hombre?». «No lo soy», dijo* él.

18 Los siervos y los guardias estaban de pie calentándose *junto* a unas brasas que habían encendido[1] porque hacía frío. Pedro también estaba con ellos de pie, calentándose.

JESÚS ANTE EL SUMO SACERDOTE

19 Entonces el sumo sacerdote interrogó a Jesús acerca de Sus discípulos y de Sus enseñanzas. **20** Jesús le respondió: «Yo he hablado al mundo públicamente; siempre enseñé en la sinagoga y en el templo, donde se reúnen todos los judíos, y nada he hablado en secreto. **21** ¿Por qué me preguntas a Mí? Pregúntales a los que han oído lo que hablé; estos saben lo que he dicho».

22 Cuando dijo esto, uno de los guardias que estaba cerca, dio una bofetada a Jesús, diciendo: «¿Así respondes al sumo sacerdote?». **23** Jesús le respondió: «Si he hablado mal, da testimonio de lo que *he hablado* mal; pero si *hablé* bien, ¿por qué me pegas?». **24** Anás entonces lo envió atado a Caifás, el sumo sacerdote.

PEDRO NIEGA A JESÚS OTRA VEZ

25 Simón Pedro estaba de pie, calentándose, y le preguntaron: «¿No eres tú también *uno* de Sus discípulos?». «No lo soy», dijo Pedro, negándolo. **26** Uno de los siervos del sumo sacerdote, que era pariente de aquel a quien Pedro le había cortado la oreja, dijo*: «¿No te vi yo en el huerto con Él?». **27** Y[1] Pedro *lo* negó otra vez, y al instante cantó un gallo.

JESÚS ANTE PILATO

28 Entonces llevaron* a Jesús *de casa* de Caifás al Pretorio[1]; era muy de mañana; y ellos no entraron al Pretorio para no contaminarse y[2] poder comer la Pascua. **29** Pilato, pues, salió afuera hacia ellos y dijo*: «¿Qué acusación traen contra este hombre?». **30** Ellos respondieron: «Si este hombre no fuera malhechor, no se lo hubiéramos entregado».

31 Entonces Pilato les dijo: «Se lo pueden llevar y juzgar conforme a su ley». «A nosotros no nos es permitido dar muerte a nadie», le dijeron los judíos. **32** *Esto sucedió* para que se cumpliera la palabra que Jesús había hablado, dando a entender de qué clase de muerte iba a morir.

18:17
La negación de Pedro

Los cuatro Evangelios dicen que fue una criada quien hizo la primera pregunta, y habría sido la persona menos poderosa allí. El hecho de que Pedro negara a Jesús ante ella demostró lo asustado que estaba realmente.

18:19-21
Los juicios judíos

En un juicio judío formal, el juez no le hacía preguntas al acusado. En su lugar, los testigos se presentaban a dar su testimonio. Si dos o más de ellos coincidían en el delito, el juez daba un veredicto de culpable.

18:28-31
El gobernador romano

El gobernador romano en ese momento era Poncio Pilato. Él llegó a la conclusión de que como Jesús no había violado ninguna ley romana, los judíos debían juzgarlo ellos mismos.

18:18 [1] Lit. *hecho*.   18:27 [1] Lit. *Entonces*.   18:28 [1] I.e. residencia oficial del gobernador.   [2] Lit. *pero*.

DIÁLOGO ENTRE JESÚS Y PILATO

33 Pilato volvió a entrar al Pretorio, y llamó a Jesús y le preguntó: «¿Eres Tú el Rey de los judíos?». **34** Jesús respondió: «¿Esto lo dices por tu cuenta[1], o *porque* otros te lo han dicho de Mí?». **35** Pilato contestó: «¿Acaso soy yo judío? Tu nación y los principales sacerdotes te entregaron a mí. ¿Qué has hecho?».

36 Jesús le respondió: «Mi reino no es de este mundo[1]. Si Mi reino fuera de este mundo, entonces Mis servidores pelearían para que Yo no fuera entregado a los judíos. Pero ahora Mi reino no es de aquí». **37** «¿Así que Tú eres rey?», le dijo Pilato. «Tú dices que soy rey», respondió Jesús. «Para esto Yo he nacido y para esto he venido al mundo, para dar testimonio de la verdad. Todo el que es de la verdad escucha Mi voz».

38 Pilato le preguntó*: «¿Qué es la verdad?».

Y habiendo dicho esto, salió otra vez adonde *estaban* los judíos y les dijo: «Yo no encuentro ningún delito en Él. **39** Pero es costumbre entre ustedes que les suelte a alguien[1] durante *la fiesta de* la Pascua. ¿Quieren, pues, que les suelte al Rey de los judíos?». **40** Entonces volvieron a gritar, diciendo: «No a Este, sino a Barrabás». Y Barrabás era un ladrón.

19 Entonces, Pilato tomó a Jesús y lo azotó[1]. **2** Y los soldados tejieron una corona de espinas, la pusieron sobre Su cabeza y lo vistieron con un manto de púrpura; **3** y acercándose a Jesús, le decían: «¡Salve, Rey de los judíos!». Y le daban bofetadas. **4** Pilato salió[1] otra vez, y les dijo*: «Miren, lo traigo fuera, para que sepan que no encuentro ningún delito en Él».

5 Y cuando Jesús salió fuera, llevaba la corona de espinas y el manto de púrpura. Y *Pilato* les dijo*: «¡Aquí está el Hombre!». **6** Cuando lo vieron los principales sacerdotes y los guardias, gritaron: «¡Crucifícalo! ¡Crucifícalo!». Pilato les dijo*: «Ustedes, pues, lo toman y lo crucifican, porque yo no encuentro ningún delito en Él». **7** Los judíos le respondieron: «Nosotros tenemos una ley, y según esa ley Él debe morir, porque pretendió ser[1] el Hijo de Dios».

8 Entonces Pilato, cuando oyó estas palabras[1], se atemorizó aún más. **9** Entró de nuevo al Pretorio[1] y dijo* a Jesús: «¿De dónde eres Tú?». Pero Jesús no le dio respuesta. **10** Pilato entonces le dijo*: «¿A mí no me hablas? ¿No sabes que tengo autoridad para soltarte, y que tengo autoridad para crucificarte?». **11** Jesús respondió: «Ninguna autoridad tendrías sobre Mí[1] si no se te hubiera dado de arriba; por eso el que me entregó a ti tiene mayor pecado». **12** Como resultado de esto, Pilato procuraba soltar a Jesús, pero los judíos gritaron: «Si suelta a Este, usted no es amigo de César; todo el que se hace rey se opone a[1] César».

13 Entonces Pilato, cuando oyó estas palabras, sacó fuera a Jesús y se sentó en el tribunal, en un lugar llamado el Empedrado, y en hebreo[1] Gabata. **14** Y era el día de la preparación para la Pascua; eran como las seis de la mañana[1]. Y *Pilato* dijo* a los judíos: «Aquí está su Rey». **15** «¡Fuera! ¡Fuera!

19:6
Pilato no pudo encontrar ningún cargo contra Jesús
Esta fue la tercera vez que Pilato dijo que no podía encontrar a Jesús culpable de ningún delito.

18:34 [1] Lit. *de ti mismo*.   18:36 [1] O *no procede de este mundo*.   18:39 [1] I.e. un preso.   19:1 [1] O mandó azotar.   19:4 [1] Lit. salió afuera.   19:7 [1] Lit. *se hizo*.   19:8 [1] Lit. *esta palabra*.   19:9 [1] I.e. residencia oficial del gobernador. 19:11 [1] Lit. *contra mí*.   19:12 [1] O *habla contra el*.   19:13 [1] I.e. arameo judaico. 19:14 [1] I.e. hora romana.

¡Crucifícalo!», gritaron ellos. «¿He de crucificar a su Rey?», les dijo* Pilato. Los principales sacerdotes respondieron: «No tenemos más rey que César». **16** Así que entonces Pilato lo entregó a ellos para que fuera crucificado.

CRUCIFIXIÓN Y MUERTE DE JESÚS

17 Tomaron, pues, a Jesús, y Él salió cargando Su cruz[1] al *sitio* llamado el Lugar de la Calavera, que en hebreo[2] se dice Gólgota, **18** donde lo crucificaron, y con Él a otros dos, uno a cada lado y Jesús en medio. **19** Pilato también escribió un letrero y lo puso sobre la cruz. Y estaba escrito: «JESÚS EL NAZARENO, EL REY DE LOS JUDÍOS».

20 Entonces muchos judíos leyeron esta inscripción, porque el lugar donde Jesús fue crucificado quedaba cerca de la ciudad; y estaba escrita en hebreo[1], en latín y en griego. **21** Por eso los principales sacerdotes de los judíos decían a Pilato: «No escribas, "el Rey de los judíos"; sino que Él dijo: "Yo soy Rey de los judíos"». **22** Pilato respondió: «Lo que he escrito, he escrito».

23 Entonces los soldados, cuando crucificaron a Jesús, tomaron Sus vestidos e hicieron cuatro partes, una parte para cada soldado. Y *tomaron también* la túnica[1]; y la túnica era sin costura, tejida en una sola pieza[2]. **24** Por tanto, se dijeron unos a otros: «No la rompamos; sino echemos suertes sobre ella, *para ver* de quién será»; para que se cumpliera la Escritura: «REPARTIERON ENTRE SÍ MIS VESTIDOS, Y SOBRE MI ROPA ECHARON SUERTES[1]».

25 Por eso los soldados hicieron esto. Y junto a la cruz de Jesús estaban Su madre, y la hermana de Su madre, María, la *mujer* de Cleofas, y María Magdalena. **26** Y[1] cuando Jesús vio a Su madre, y al discípulo a quien Él amaba que estaba allí cerca, dijo* a Su madre: «¡Mujer, ahí está tu hijo!». **27** Después dijo* al discípulo: «¡Ahí está tu madre!». Y desde aquella hora el discípulo la recibió en su propia *casa*.

28 Después de esto, sabiendo Jesús que todo ya se había consumado, para que se cumpliera la Escritura, dijo*: «Tengo sed». **29** Había allí una vasija llena de vinagre. Colocaron, pues, una esponja empapada del vinagre en *una rama de* hisopo, y se la acercaron a la boca. **30** Entonces Jesús, cuando hubo tomado el vinagre, dijo: «¡Consumado es![1]». E inclinando la cabeza, entregó el espíritu.

31 Los judíos entonces, como era el día de preparación *para la Pascua*, a fin de que los cuerpos no se quedaran en la cruz el día de reposo, porque ese día de reposo era muy solemne[1], pidieron a Pilato que les quebraran las piernas y se los llevaran. **32** Fueron, pues, los soldados y quebraron las piernas del primero, y *también las* del otro que había sido crucificado con Jesús. **33** Cuando llegaron a Jesús, como vieron que ya estaba muerto, no le quebraron las piernas; **34** pero uno de los soldados le traspasó el costado con una lanza, y al momento salió sangre y agua.

19:17
Por qué Jesús cargó su propia cruz
Para burlarse todavía más de él, el condenado solía llevar una viga de la cruz hasta el lugar de la ejecución.

Planet Art

19:19
Un letrero colocado sobre la cruz
Los soldados ponían un letrero en la cruz que indicaba el crimen de la persona ejecutada. En este caso, decía que Jesús era el rey de los judíos.

19:29
Vinagre
Se trataba de vinagre de vino, y puede que fuera de un vino barato. Una esponja era una manera fácil de dárselo a una persona que se encontraba colgada en una cruz.

19:31
Por qué los soldados quebraban las piernas de los que habían sido crucificados
Esto hacía que la muerte llegara más rápido. La víctima no podía entonces levantarse con sus piernas para conseguir una respiración completa, así que moría por asfixia.

19:17 [1] Lit. *cargando la cruz por sí mismo.*   [2] I.e. arameo judaico.   19:20 [1] I.e. arameo judaico.   19:23 [1] I.e. ropa interior.   [2] O *tejida desde arriba a través de toda la pieza.*   19:24 [1] Lit. *una suerte.*   19:26 [1] Lit. *Entonces.*   19:30 [1] O *¡Cumplido está!*   19:31 [1] Lit. *porque el día de ese día de reposo era grande.*

35 Y el que *lo* ha visto ha dado testimonio, y su testimonio es verdadero; y él sabe que dice la verdad, para que ustedes también crean. **36** Porque esto sucedió para que se cumpliera la Escritura: «NO SERÁ QUEBRADO¹ HUESO SUYO». **37** Y también otra Escritura dice: «MIRARÁN A AQUEL QUE TRASPASARON».

SEPULTURA DE JESÚS

38 Después de estas cosas, José de Arimatea, que era discípulo de Jesús, aunque en secreto por miedo a los judíos, pidió *permiso* a Pilato para llevarse el cuerpo de Jesús. Y Pilato concedió el permiso. Entonces José vino, y se llevó el cuerpo de Jesús. **39** Y Nicodemo, el que antes había venido a Jesús de noche, vino también, trayendo una mezcla¹ de mirra y áloe como de treinta y tres kilos. **40** Entonces tomaron el cuerpo de Jesús, y lo envolvieron en telas de lino con las especias aromáticas, como es costumbre sepultar entre los judíos. **41** En el lugar donde fue crucificado había un huerto, y en el huerto un sepulcro nuevo, en el cual todavía no habían sepultado a nadie. **42** Por tanto, por causa del día de la preparación de los judíos, como el sepulcro estaba cerca, pusieron allí a Jesús.

LA RESURRECCIÓN

20 El primer *día* de la semana María Magdalena fue* temprano al sepulcro, cuando todavía estaba* oscuro, y vio* que la piedra *ya* había sido quitada del sepulcro. **2** Entonces corrió* y fue* adonde estaban Simón Pedro y el otro discípulo a quien Jesús amaba, y les dijo*: «Se han llevado al Señor del sepulcro, y no sabemos dónde lo han puesto».

3 Salieron, pues, Pedro y el otro discípulo, y fueron hacia el sepulcro. **4** Los dos corrían juntos, pero el otro discípulo corrió más aprisa que Pedro, y llegó primero al sepulcro; **5** e inclinándose para mirar *adentro*, vio* las envolturas de lino puestas *allí*, pero no entró. **6** Entonces llegó* también Simón Pedro tras él, entró al sepulcro, y vio* las envolturas de lino puestas *allí*, **7** y el sudario que había estado sobre la cabeza de Jesús¹, no puesto con las envolturas de lino, sino enrollado en un lugar aparte. **8** También entró el otro discípulo, el que había llegado primero al sepulcro, y vio y creyó. **9** Porque todavía no habían entendido la Escritura de que Jesús debía resucitar de entre los muertos. **10** Los discípulos entonces se fueron de nuevo a sus casas¹.

APARICIÓN DE JESÚS A MARÍA MAGDALENA

11 Pero María estaba fuera, llorando junto al sepulcro; y mientras lloraba, se inclinó y miró dentro del sepulcro; **12** y vio* dos ángeles vestidos de blanco, sentados donde había estado el cuerpo de Jesús, uno a la cabecera y otro a los pies. **13** «Mujer, ¿por

19:38
José de Arimatea
Este era un hombre rico, un miembro del Concilio o Sanedrín, y un seguidor secreto de Jesús. Él actuó en secreto porque temía lo que pudieran hacerle los otros judíos.

20:7
Las envolturas para la sepultura
Si la tumba hubiera sido robada, las envolturas con las que Jesús había sido sepultado no habrían estado allí. Estos paños de lino se utilizaban para envolver el cuerpo el día de la muerte.

19:36 ¹ O machacado, o molido.   19:39 ¹ Dos mss. antiguos dicen: *un paquete.*   20:7 ¹ Lit. *de Él.*   20:10 ¹ Lit. *a los suyos.*

qué lloras?», le preguntaron*. «Porque se han llevado a mi Señor, y no sé dónde lo han puesto», les contestó* ella.

14 Al decir esto, se volvió y vio* a Jesús que estaba *allí*, pero no sabía que era Jesús. **15** «Mujer, ¿por qué lloras?», le dijo* Jesús. «¿A quién buscas?». Ella, pensando que era el que cuidaba el huerto, le dijo*: «Señor, si usted lo ha llevado, dígame dónde lo ha puesto, y yo me lo llevaré». **16** «¡María!», le dijo* Jesús. Ella, volviéndose, le dijo* en hebreo[1]: «¡Raboní!» (que quiere decir Maestro).

17 Jesús le dijo*: «Suéltame[1] porque todavía no he subido al Padre; pero ve a Mis hermanos, y diles: "Subo a Mi Padre y Padre de ustedes, a Mi Dios y Dios de ustedes"». **18** María Magdalena fue* y anunció a los discípulos: «¡He visto al Señor!», y que Él le había dicho estas cosas.

APARICIÓN A LOS DISCÍPULOS

19 Al atardecer de aquel día, el primero de la semana, y estando cerradas las puertas *del lugar* donde los discípulos se encontraban por miedo a los judíos, Jesús vino y se puso en medio de ellos, y les dijo*: «Paz a ustedes». **20** Y diciendo esto, les mostró las manos y el costado. Entonces los discípulos se regocijaron al ver al Señor. **21** Jesús les dijo otra vez: «Paz a ustedes; como el Padre me ha enviado, *así* también Yo los envío».

22 Después de decir esto, sopló sobre *ellos* y les dijo*: «Reciban el Espíritu Santo. **23** A quienes perdonen los pecados, *estos* les son[1] perdonados; a quienes retengan los *pecados, estos* les son[1] retenidos».

INCREDULIDAD DE TOMÁS

24 Tomás, uno de los doce, llamado el Dídimo[1], no estaba con ellos cuando Jesús vino. **25** Entonces los otros discípulos le decían: «¡Hemos visto al Señor!». Pero él les dijo: «Si no veo en Sus manos la señal de los clavos, y meto el dedo en el lugar de los clavos, y pongo la mano en Su costado, no creeré».

26 Ocho días después, Sus discípulos estaban otra vez dentro[1], y Tomás con ellos. Estando las puertas cerradas, Jesús vino* y se puso en medio de ellos, y dijo: «Paz a ustedes». **27** Luego dijo* a Tomás: «Acerca aquí tu dedo, y mira Mis manos; extiende aquí tu mano y métela en Mi costado; y no seas incrédulo, sino creyente». **28** «¡Señor mío y Dios mío!», le dijo Tomás. **29** Jesús le dijo*: «¿Porque me has visto has creído? Dichosos los que no vieron, y *sin embargo* creyeron».

EL PROPÓSITO DE ESTE EVANGELIO SEGÚN JUAN

30 Y[1] muchas otras señales[2] hizo también Jesús en presencia de Sus discípulos, que no están escritas en este libro; **31** pero estas se han escrito para que ustedes crean que Jesús es el Cristo[1], el Hijo de Dios; y para que al creer, tengan vida en Su nombre.

20:16 [1] I.e. arameo judaico. 20:17 [1] Lit. *No me agarres.* 20:23 [1] Lit. *han* sido. 20:24 [1] I.e. el Gemelo. 20:26 [1] I.e. en la casa. 20:30 [1] Lit. *Por tanto.* [2] O *milagros.* 20:31 [1] I.e. el Mesías.

20:21
«Paz a ustedes»
Este era un saludo hebreo típico.

20:25
Tomás tenía dudas sobre la resurrección de Jesús
Quería ver por sí mismo que Jesús había resucitado realmente de la tumba.

20:28
Tomás luego creyó
Al llamar a Jesús su Señor y su Dios, Tomás mostró que tenía fe en que Jesús era el Señor resucitado.

JESÚS SE MANIFIESTA JUNTO AL MAR

21 Después de esto, Jesús se manifestó[1] otra vez a los discípulos junto al mar de Tiberias, y se manifestó de esta manera: **2** Estaban juntos Simón Pedro, Tomás llamado el Dídimo[1], Natanael de Caná de Galilea, los *hijos* de Zebedeo y otros dos de Sus discípulos. **3** «Me voy a pescar», les dijo* Simón Pedro. «Nosotros también vamos contigo», le dijeron* ellos. Fueron y entraron en la barca, y aquella noche no pescaron nada.

4 Cuando ya amanecía, Jesús estaba en la playa; pero los discípulos no sabían que era Jesús. **5** Jesús les dijo*: «Hijos, ¿acaso tienen algún pescado[1]?». «No», respondieron ellos. **6** Y Él les dijo: «Echen la red al lado derecho de la barca y hallarán *pesca*». Entonces la echaron, y no podían sacarla por la gran cantidad de peces.

7 Entonces aquel discípulo a quien Jesús amaba, dijo* a Pedro: «¡Es el Señor!». Oyendo Simón Pedro que era el Señor, se puso la ropa[1], porque se la había quitado[2] *para poder trabajar*, y se echó al mar. **8** Pero los otros discípulos vinieron en la barca, porque no estaban lejos de tierra, sino a unos 100 metros, arrastrando la red *llena* de peces. **9** Cuando bajaron a tierra, vieron* brasas *ya* puestas y un pescado colocado sobre ellas, y pan. **10** Jesús les dijo*: «Traigan algunos de los peces que acaban de sacar».

11 Simón Pedro subió *a la barca,* y sacó la red a tierra, llena de peces grandes, 153 *en total;* y aunque había tantos, la red no se rompió. **12** Jesús les dijo*: «Vengan *y* desayunen». Ninguno de los discípulos se atrevió a preguntarle: «¿Quién eres Tú?», sabiendo que era el Señor. **13** Jesús vino*, tomó* el pan y se lo dio*; y lo mismo *hizo con* el pescado. **14** Esta fue[1] la tercera vez que Jesús se manifestó[2] a los discípulos, después de haber resucitado de entre los muertos.

DIÁLOGO DE JESÚS CON PEDRO

15 Cuando acabaron de desayunar, Jesús dijo* a Simón Pedro: «Simón, *hijo* de Juan[1], ¿me amas[2] más que estos?». «Sí, Señor, Tú sabes que te quiero[3]», le contestó* Pedro. Jesús le dijo*: «Apacienta Mis corderos».

16 Volvió a decirle por segunda vez: «Simón, *hijo* de Juan, ¿me amas[1]?». «Sí, Señor, Tú sabes que te quiero[2]», le contestó* Pedro. Jesús le dijo*: «Pastorea Mis ovejas».

17 Jesús le dijo por tercera vez: «Simón, *hijo* de Juan, ¿me quieres[1]?». Pedro se entristeció porque la tercera vez le dijo: «¿Me quieres[1]?». Y le respondió: «Señor, Tú lo sabes todo; Tú sabes que te quiero[1]». «Apacienta Mis ovejas», le dijo* Jesús. **18** «En verdad te digo, que cuando eras más joven te vestías[1] y andabas por donde querías; pero cuando seas viejo extenderás las manos y otro te vestirá[2], y te llevará adonde no quieras».

19 Esto dijo, dando a entender la clase de muerte con que *Pedro* glorificaría a Dios. Y habiendo dicho esto, le dijo*:

21:11-14
Cómo los hombres supieron que se trataba de Jesús

Lo supieron por la pesca abundante y la forma en que Jesús les habló.

21:15-19
Por qué Jesús le hace a Pedro la misma pregunta tres veces

Como Pedro había negado a Jesús tres veces, es posible que Jesús haya querido que Pedro afirmara su amor por él la misma cantidad de veces. Jesús hizo esto por el bien de Pedro.

21:1 [1] O *se hizo visible.*   21:2 [1] I.e. el Gemelo.   21:5 [1] Lit. *algo que se coma con pan.*   21:7 [1] O *túnica.*   [2] Lit. *estaba desnudo.*   21:14 [1] Lit. *fue ya.*   [2] O *se hizo visible.*   21:15 [1] Algunos mss. dicen: *de Jonás,* aquí y en los vers. 16 y 17.   [2] Gr. *agapao.*   [3] Gr. *fileo.*   21:16 [1] Gr. *agapao.*   [2] Gr. *fileo.*   21:17 [1] Gr. *fileo.*   21:18 [1] Lit. *te ceñías.*   [2] Lit. *te ceñirá.*

«Sígueme». **20** Pedro, volviéndose, vio* que *les* seguía el discípulo a quien Jesús amaba, el que en la cena se había recostado sobre el pecho *de Jesús* y le había preguntado: «Señor, ¿quién es el que te va a entregar?». **21** Entonces Pedro, al verlo, dijo* a Jesús: «Señor, ¿y este, qué?». **22** Jesús le dijo*: «Si Yo quiero que él se quede hasta que Yo venga, ¿a ti, qué? Tú, sígueme».

23 Por eso el dicho se propagó entre los hermanos que aquel discípulo no moriría. Pero Jesús no le dijo que no moriría, sino: «Si Yo quiero que se quede hasta que Yo venga, ¿a ti, qué?».

24 Este es el discípulo que da testimonio de estas cosas y el que escribió esto, y sabemos que su testimonio es verdadero.

25 Y hay también muchas otras cosas que Jesús hizo, que si se escribieran* en detalle[1], pienso que ni aun el mundo mismo podría* contener los libros que se escribirían*.

21:25
Jesús hizo muchas otras cosas

Juan quería que las personas supieran que su registro es solo una parte de las muchas cosas que Jesús hizo, tanto antes como después de su resurrección.

21:25 [1] Lit. *cada una.*

Hechos

¿QUIÉN ESCRIBIÓ ESTE LIBRO?	Lucas, el médico que viajó como un misionero con Pablo, escribió este libro.
¿POR QUÉ SE ESCRIBIÓ ESTE LIBRO?	El libro de Hechos cuenta cómo la fe cristiana se extendió por todo el mundo.
¿PARA QUIÉN FUE ESCRITO ESTE LIBRO?	Hechos fue escrito para todo el que quiera saber qué sucedió después de que Jesús regresara al cielo. .
¿QUIÉNES SON LOS PERSONAJES PRINCIPALES DE ESTE LIBRO?	Las personas más importantes en este libro son Pedro y Pablo.
¿DÓNDE SUCEDIERON ESTAS COSAS?	Los acontecimientos de este libro sucedieron en muchas ciudades importantes del Imperio romano.

¿CUÁLES SON ALGUNAS DE LAS HISTORIAS DE ESTE LIBRO?		
	Jesús va al cielo	Hechos 1:1-11
	El Espíritu Santo viene	Hechos 2:1-13
	Pedro sana a un mendigo	Hechos 3:1-10
	Pedro y Juan son arrestados	Hechos 4:1-22
	Ananías y Safira mienten	Hechos 5:1-11
	Esteban, el primer mártir	Hechos 6:8—7:60
	Saulo se convierte	Hechos 9:1-31
	Pedro tiene una visión	Hechos 10:1-48
	Pedro escapa de prisión	Hechos 12:1-19
	Los prisioneros son liberados	Hechos 16:16-40
	Un tumulto en Éfeso	Hechos 19:23-41
	Pablo va a juicio	Hechos 24:1-27
	Pablo sufre un naufragio	Hechos 27:1-44
	Pablo va a Roma	Hechos 28:1-31

Puerto de Atalia, cerca de Perge (Hechos 14:25), en la actual Turquía, donde Pablo se detuvo en su primer viaje misionero.
© Tatiana Popova/Shutterstock

1:1-2
El primer relato

Con eso se refiere al libro anterior, el Evangelio de Lucas, que también estaba dirigido a Teófilo. El libro de Hechos describe la obra de Jesús a través del Espíritu Santo.

1:11
Los discípulos de Jesús son llamados «varones galileos»

Sus doce discípulos –excepto Judas, que se había ahorcado– eran de Galilea.

1:12
El lugar del ascenso

Jesús ascendió al cielo en la ladera oriental del monte de los Olivos, entre Jerusalén y Betania.

INTRODUCCIÓN

1 En el primer relato, estimado Teófilo, escribí acerca de todo lo que Jesús comenzó a hacer y a enseñar, **2** hasta el día en que fue recibido arriba *en el cielo,* después de que por el Espíritu Santo Él había dado instrucciones a los apóstoles que había escogido. **3** A estos[1] también, después de Su padecimiento, se presentó vivo con muchas pruebas convincentes, apareciéndoseles durante cuarenta días y hablándoles de lo relacionado con el reino de Dios.

4 Y reuniéndolos[1], les mandó que no salieran de Jerusalén, sino que esperaran la promesa del Padre: «La cual», *les dijo,* «oyeron de Mí; **5** porque Juan bautizó con agua, pero ustedes serán bautizados con[1] el Espíritu Santo dentro de pocos días[2]».

LA ASCENSIÓN

6 Entonces los que estaban reunidos, le preguntaban: «Señor, ¿restaurarás en este tiempo el reino a Israel?». **7** Jesús les contestó: «No les corresponde a ustedes saber los tiempos ni las épocas que el Padre ha fijado con Su propia autoridad; **8** pero recibirán poder cuando el Espíritu Santo venga sobre ustedes; y serán Mis testigos en Jerusalén, en toda Judea y Samaria, y hasta los confines de la tierra».

9 Después de haber dicho estas cosas, fue elevado mientras ellos miraban, y una nube lo recibió *y lo ocultó* de sus ojos. **10** Mientras Jesús ascendía[1], estando ellos mirando fijamente al cielo, se les presentaron dos hombres en vestiduras blancas, **11** que *les* dijeron: «Varones galileos, ¿por qué están mirando al cielo? Este *mismo* Jesús, que ha sido tomado de ustedes al cielo, vendrá de la misma manera, tal como lo han visto ir al cielo».

EN EL APOSENTO ALTO

12 Entonces los discípulos regresaron a Jerusalén desde el monte llamado de los Olivos, que está cerca de Jerusalén, camino de un día de reposo (1.2 kilómetros). **13** Cuando hubieron entrado *en la ciudad,* subieron al aposento alto donde estaban hospedados, Pedro, Juan, Jacobo[1] y Andrés, Felipe y Tomás, Bartolomé y Mateo, Jacobo *hijo de* Alfeo, Simón el Zelote y Judas, *hijo[2] de* Jacobo. **14** Todos estos estaban unánimes, entregados de continuo a la oración junto con las mujeres[1], y *con* María la madre de Jesús, y con Sus hermanos.

LA SUERTE DE JUDAS Y LA ELECCIÓN DE MATÍAS

15 Por este tiempo,[1] un grupo como de ciento veinte personas[2] estaba reunido allí, y Pedro se puso de pie en medio de los hermanos, y dijo: **16** «Hermanos[1], tenía que cumplirse la Escritura *en* que por boca de David el Espíritu Santo predijo acerca de Judas, el que se hizo guía de los que prendieron a Jesús.

17 »Porque Judas era contado entre nosotros y recibió parte en este ministerio». **18** Este, pues, con el precio de su terrible

---

1:3 [1] Lit. *quienes.*   1:4 O *comiendo con ellos,* o, posiblemente, *hospedándose con ellos.*   1:5 [1] O *en.*   [2] Lit. *no mucho después de estos días.*   1:10 [1] Lit. *se iba.*   1:11 [1] Lit. *los cuales también.*   1:13 [1] O *hermano de Juan.*   [2] O posiblemente, *hermano.*   1:14 [1] O *ciertas mujeres.*   1:15 [1] Lit. *Y en estos días.*   [2] Lit. *nombres.*   1:16 [1] Lit. *Varones hermanos.*

infamia[1] adquirió un terreno, y cayendo de cabeza se reventó por el medio, y todas sus entrañas se derramaron. [19] Esto llegó al conocimiento de todos los que habitaban en Jerusalén, de manera que aquel terreno se llamó en su propia lengua[1] Acéldama, es decir, campo de sangre.

[20] «Pues en el libro de los Salmos está escrito:

"QUE SEA HECHA DESIERTA SU MORADA,
Y NO HAYA QUIEN HABITE EN ELLA";
Y:
"QUE OTRO TOME SU CARGO[1]".

[21] Por tanto, es necesario que de los hombres que nos han acompañado todo el tiempo que el Señor Jesús vivió[1] entre nosotros, [22] comenzando desde el bautismo de Juan, hasta el día en que de entre nosotros Jesús fue recibido arriba al cielo, uno sea constituido testigo con nosotros de Su resurrección».

[23] Presentaron a dos: a José, llamado Barsabás, al que también llamaban Justo, y a Matías. [24] Después de orar, dijeron: «Tú, Señor, que conoces el corazón de todos, muéstranos a cuál de estos dos has escogido [25] para ocupar[1] este ministerio y apostolado, del cual Judas se desvió para irse al lugar que le correspondía». [26] Echaron[1] suertes y la suerte cayó sobre Matías, y fue contado[2] con los once apóstoles.

LA VENIDA DEL ESPÍRITU SANTO

2 Cuando llegó[1] el día de Pentecostés, estaban todos juntos en un mismo lugar, [2] y de repente vino del cielo un ruido como el de una ráfaga de viento impetuoso que[1] llenó toda la casa donde estaban sentados. [3] Se les aparecieron lenguas como de fuego que, repartiéndose[1], se posaron[2] sobre cada uno de ellos. [4] Todos fueron llenos del Espíritu Santo y comenzaron a hablar en otras lenguas, según el Espíritu les daba habilidad para expresarse.

[5] Había judíos que moraban en Jerusalén, hombres piadosos, procedentes de todas las naciones bajo el cielo. [6] Al ocurrir este estruendo, la multitud se juntó; y estaban desconcertados porque cada uno los oía hablar en su propia lengua[1].

[7] Estaban asombrados y se maravillaban, diciendo: «Miren, ¿no son galileos todos estos que están hablando? [8] ¿Cómo es que cada uno de nosotros los oímos hablar en nuestra lengua[1] en la que hemos nacido? [9] Partos, medos y elamitas, habitantes de Mesopotamia, Judea y Capadocia, del Ponto y de Asia[1], [10] de Frigia y de Panfilia, de Egipto y de las regiones de Libia alrededor de Cirene, viajeros de Roma, tanto judíos como prosélitos[1], [11] cretenses y árabes, los oímos hablar en nuestros propios idiomas de las maravillas de Dios».

[12] Todos estaban asombrados y perplejos, diciéndose unos a otros: «¿Qué quiere decir esto?». [13] Pero otros se burlaban y decían: «Están borrachos[1]».

1:26
Echaron suertes
Ellos echaron suertes como una manera de tomar una decisión con respecto a añadir un discípulo más y ser doce. Confiaban en que el Señor usaría el azar para mostrarles quién debería ocupar el lugar de Judas.

2:2
Lo que simboliza el viento
El aliento o el viento se utilizaban para simbolizar el Espíritu de Dios.

2:5
Judíos piadosos
Estos eran judíos fieles de alrededor del mundo que se reunieron en Jerusalén o bien como residentes o como peregrinos para celebrar Pentecostés.

2:10
Prosélitos
Los prosélitos eran gentiles que se habían convertido al judaísmo. Ellos seguían la ley de Moisés, y los judíos los aceptaban.

1:18 [1] Lit. iniquidad.   1:19 [1] O dialecto.   1:20 [1] Lit. posición como supervisor.   1:21 [1] Lit. entraba y salía.   1:25 [1] Lit. tomar el lugar de.   1:26 [1] Lit. Y les dieron.   [2] Lit. escogido.   2:1 [1] Lit. Y al cumplirse.   2:2 [1] Lit. y.   2:3 [1] O siendo distribuidas.   [2] Lit. este se posó.   2:6 [1] O dialecto.   2:8 [1] O dialecto.   2:9 [1] I.e. provincia occidental de Asia Menor.   2:10 [1] I.e. gentiles convertidos al judaísmo.   2:13 [1] Lit. llenos de mosto o vino nuevo.

PRIMER SERMÓN DE PEDRO

14 Entonces Pedro, poniéndose en pie con los once *após-toles*, alzó la voz y les declaró: «Hombres de Judea y todos los que viven en Jerusalén, sea esto de su conocimiento y presten atención a mis palabras. **15** Porque estos no están borrachos como ustedes suponen, pues *apenas* es la hora tercera¹; **16** sino que esto es lo que fue dicho por medio del profeta Joel:

17 "Y SUCEDERÁ EN LOS ÚLTIMOS DÍAS", dice Dios,
"QUE DERRAMARÉ DE MI ESPÍRITU SOBRE TODA CARNE;
Y SUS HIJOS Y SUS HIJAS PROFETIZARÁN,
SUS JÓVENES VERÁN VISIONES,
Y SUS ANCIANOS SOÑARÁN SUEÑOS;

18 Y AUN SOBRE MIS SIERVOS Y SOBRE MIS SIERVAS
DERRAMARÉ DE MI ESPÍRITU EN ESOS DÍAS,
Y PROFETIZARÁN.

19 Y MOSTRARÉ PRODIGIOS ARRIBA EN EL CIELO
Y SEÑALES ABAJO EN LA TIERRA:
SANGRE, FUEGO Y COLUMNA¹ DE HUMO.

20 EL SOL SE CONVERTIRÁ EN TINIEBLAS
Y LA LUNA EN SANGRE,
ANTES QUE VENGA EL DÍA GRANDE Y GLORIOSO¹ DEL
SEÑOR.

21 Y SUCEDERÁ¹ QUE TODO AQUEL QUE INVOQUE EL
NOMBRE DEL SEÑOR SERÁ SALVO".

2:15 ¹ I.e. 9 a.m.   2:19 ¹ O *vapor*.   2:20 ¹ O *manifiesto*.   2:21 ¹ Lit. *será*.

2:15
Demasiado temprano para estar ebrios

La hora tercera equivalía a las 9 a. m. En un día de celebración como Pentecostés, un judío debía mantener el ayuno como mínimo hasta las 10:00 a. m., por lo que nadie habría tenido vino para beber a una hora tan temprana.

PAÍSES DE LOS PUEBLOS MENCIONADOS EN PENTECOSTÉS

ASIA --Provincias del Imperio romano
Media --Provincias del Imperio parto
Roma --Ciudades
CRETA --Isla
(1) (2) (3) etc. —— Los números indican la secuencia enumerada en Hechos 2:9-11

22 »Hombres de Israel, escuchen estas palabras: Jesús el Nazareno, varón confirmado[1] por Dios entre ustedes con milagros[2], prodigios y señales[3] que Dios hizo en medio de ustedes a través de Él, tal como ustedes mismos saben. **23** Este fue entregado por el plan predeterminado y el previo conocimiento[1] de Dios, y ustedes lo clavaron en una cruz por manos de impíos[2] y *lo* mataron. **24** Pero Dios lo resucitó, poniendo fin a la agonía de la muerte, puesto que no era posible que Él quedara bajo el dominio de ella. **25** Porque David dice de Él:

"VEÍA SIEMPRE AL SEÑOR EN MI PRESENCIA;
PUES ESTÁ A MI DIESTRA PARA QUE YO NO SEA
     SACUDIDO.
26 POR LO CUAL MI CORAZÓN SE ALEGRÓ Y MI LENGUA
     SE REGOCIJÓ;
Y AUN HASTA MI CARNE DESCANSARÁ EN
     ESPERANZA;
27 PUES TÚ NO ABANDONARÁS MI ALMA EN EL HADES[1],
NI PERMITIRÁS[2] QUE TU SANTO VEA CORRUPCIÓN.
28 ME HAS HECHO CONOCER LOS CAMINOS DE LA VIDA;
ME LLENARÁS DE GOZO CON TU PRESENCIA".

29 »Hermanos[1], del patriarca David les puedo decir con franqueza que murió y fue sepultado, y su sepulcro está entre nosotros hasta el día de hoy. **30** Pero siendo profeta, y

2:22 [1] O *exhibido, o, acreditado.*   [2] O *obras de poder.*   [3] O *milagros.*
2:23 [1] O *presciencia.*   [2] O *de hombres sin ley*; i.e. paganos.   2:27 [1] I.e. región de los muertos.   [2] Lit. *darás.*   2:29 [1] Lit. *Varones hermanos.*

2:29
El sepulcro de David
El sepulcro de David se hallaba en Jerusalén y todavía contenía los restos del cuerpo de David.

SUCESOS DE PENTECOSTÉS
Línea de tiempo de Hechos 2

Los discípulos se reúnen en un mismo lugar

Un ruido como el de una ráfaga de viento impetuoso del cielo llena la casa

Lenguas como de fuego se posan sobre cada uno de ellos

Son llenos del Espíritu Santo y hablan en otras lenguas

La multitud se junta y escuchan a los creyentes orando a Dios en sus lenguas nativas

Pedro le predica a la multitud

3,000 personas comienzan a creer y son bautizadas

Todos los creyentes se unen en comunión y comparten sus posesiones

sabiendo que DIOS LE HABÍA JURADO SENTAR *a uno* DE SUS DESCENDIENTES[1] EN SU TRONO, **31** miró hacia el futuro y habló de la resurrección de Cristo[1], que NI FUE ABANDONADO EN EL HADES[2], NI Su carne SUFRIÓ[3] CORRUPCIÓN.

32 »A este Jesús resucitó Dios, de lo cual todos nosotros somos testigos. **33** Así que, exaltado a[1] la diestra de Dios, y habiendo recibido del Padre la promesa del Espíritu Santo, ha derramado esto que ustedes ven y oyen. **34** Porque David no ascendió a los cielos, pero él *mismo* dice:

"DIJO EL SEÑOR A MI SEÑOR:
'SIÉNTATE A MI DIESTRA,
35 HASTA QUE PONGA A TUS ENEMIGOS POR ESTRADO
DE TUS PIES".

36 Sepa, pues, con certeza toda la casa de Israel, que a este Jesús a quien ustedes crucificaron, Dios lo ha hecho Señor y Cristo[1]».

EFECTOS DEL SERMÓN DE PEDRO

37 Al oír *esto*, conmovidos profundamente[1], dijeron a Pedro y a los demás apóstoles: «Hermanos[2], ¿qué haremos?». **38** Entonces Pedro les *dijo*: «Arrepiéntanse y sean bautizados cada uno de ustedes en el nombre de Jesucristo para perdón de sus pecados, y recibirán el don del Espíritu Santo. **39** Porque la promesa es para ustedes y *para* sus hijos y para todos los que están lejos, *para* tantos como el Señor nuestro Dios llame».

40 Y Pedro, con muchas otras palabras testificaba solemnemente y les exhortaba diciendo: «Sean salvos de esta perversa generación». **41** Entonces los que habían recibido su palabra fueron bautizados; y se añadieron aquel día como 3,000 almas[1]. **42** Y se dedicaban continuamente a las enseñanzas de los apóstoles, a la comunión, al partimiento del pan y a la oración[1].

COMUNIÓN DE LOS CREYENTES

43 Sobrevino temor a toda persona; y muchos prodigios y señales[1] se hacían por los apóstoles[2]. **44** Todos los que habían creído estaban juntos y tenían todas las cosas en común; **45** vendían todas sus propiedades y sus bienes y los compartían con todos, según la necesidad de cada uno. **46** Día tras día continuaban unánimes en el templo y partiendo el pan en los hogares, comían juntos[1] con alegría y sencillez de corazón, **47** alabando a Dios y hallando favor con todo el pueblo. Y el Señor añadía cada día al número de ellos los que iban siendo salvos.

CURACIÓN DE UN COJO

3 *Cierto día* Pedro y Juan subían al templo a la hora novena[1], la hora de la oración. **2** Y *había* un hombre, cojo desde su nacimiento[1], al que llevaban y ponían diariamente

---

2:38
Arrepentimiento y bautismo
El arrepentimiento y el bautismo eran mensajes importantes, tanto de Juan el Bautista como de Jesús.

2:42
Qué enseñaban los apóstoles
Los apóstoles enseñaban lo que Jesús había enseñado. Sus enseñanzas venían de Dios y contaban con su autoridad.

2:30 [1] Lit. *del fruto de sus lomos*.   2:31 [1] I.e. el Mesías.   [2] I.e. región de los muertos.   [3] Lit. *vio*.   2:33 [1] O *por*.   2:36 [1] I.e. el Mesías.   2:37 [1] O *heridos en la conciencia*.   [2] Lit. *Varones hermanos*.   2:41 [1] O *personas*.   2:42 [1] Lit. *las oraciones*.   2:43 [1] O *milagros*.   [2] Algunos mss. antiguos agregan: *en Jerusalén; y todos tenían gran temor*.   2:46 [1] Lit. *compartían el alimento*.   3:1 [1] I.e. 3 p.m.   3:2 [1] Lit. *el vientre de su madre*.

a la puerta del templo llamada la Hermosa, para que pidiera limosna a los que entraban al templo. **3** Este, viendo a Pedro y a Juan que iban a entrar al templo, les pedía limosna. **4** Entonces Pedro, junto con Juan, fijando su vista en él, *le* dijo: «¡Míranos!».

5 Él los miró atentamente[1], esperando recibir algo de ellos. **6** Pero Pedro le dijo: «No tengo plata ni oro, pero lo que tengo te doy: en el nombre de Jesucristo el Nazareno, ¡anda[1]!».

7 Y tomándolo de la mano derecha, lo levantó; al instante sus pies y tobillos cobraron fuerza, **8** y de un salto se puso en pie y andaba. Entró al templo con ellos caminando, saltando y alabando a Dios.

9 Todo el pueblo lo vio andar y alabar a Dios, **10** y reconocieron que era el mismo que se sentaba a la puerta del templo, la Hermosa, a *pedir* limosna, y se llenaron de asombro y admiración por lo que le había sucedido.

SEGUNDO SERMÓN DE PEDRO

11 Estando *el que era cojo* aferrado a Pedro y a Juan, todo el pueblo, lleno de asombro, corrió al pórtico llamado de Salomón, donde ellos estaban. **12** Al ver *esto,* Pedro dijo al pueblo: «Hombres de Israel, ¿por qué se maravillan de esto, o por qué nos miran *así,* como si por nuestro propio poder o piedad le hubiéramos hecho andar? **13** El Dios de Abraham, de Isaac y de Jacob, el Dios de nuestros padres, ha glorificado a Su Siervo[1] Jesús, *al que* ustedes entregaron y repudiaron en presencia de Pilato, cuando este había resuelto poner a Jesús en libertad. **14** Pero ustedes repudiaron al Santo y Justo, y pidieron que se les concediera un asesino, **15** y dieron muerte al Autor[1] de la vida, al que Dios resucitó de entre los muertos, de lo cual nosotros somos testigos.

16 »Por la fe en Su nombre, *es el nombre de Jesús*[1] lo que ha fortalecido a este *hombre* a quien ven y conocen. La fe que *viene* por medio de Jesús, le ha dado *a este* esta perfecta sanidad en presencia de todos ustedes. **17** Y ahora, hermanos, yo sé que obraron por ignorancia, lo mismo que sus gobernantes. **18** Pero Dios ha cumplido así lo que anunció de antemano por boca de todos los profetas: que Su Cristo[1] debía padecer.

19 »Por tanto, arrepiéntanse y conviértanse, para que sus pecados sean borrados, a fin de que tiempos de alivio vengan de la presencia del Señor, **20** y Él envíe a Jesús, el Cristo designado de antemano para ustedes. **21** A Él el cielo debe recibir[1] hasta el día[2] de la restauración de todas las cosas, acerca de lo

3:2

La puerta llamada «la Hermosa»

Esta era la entrada favorita al patio del templo. Probablemente era la misma puerta cubierta de bronce también conocida como la puerta de Nicanor.

Todd Bolen/www.BiblePlaces.com

3:11

El pórtico de Salomón

Se trataba de un porche situado en el lado interior del muro que rodeaba el patio exterior. Tenía filas de altas columnas de piedra y un techo de cedro.

Todd Bolen/www.BiblePlaces.com

3:5 [1] Lit. *les ponía atención.*   3:6 [1] Algunos mss. dicen: *levántate y anda.*
3:13 [1] O *Hijo.*   3:15 [1] O *Príncipe.*   3:16 [1] Lit. *su nombre.*   3:18 [1] O *el Mesías, el Ungido.*   3:21 [1] O *retener.*   [2] Lit. *los tiempos.*

cual Dios habló por boca de Sus santos profetas desde tiempos antiguos. **22** Moisés dijo: "EL SEÑOR DIOS LES LEVANTARÁ A USTEDES UN PROFETA COMO YO[1] DE ENTRE SUS HERMANOS; A ÉL PRESTARÁN ATENCIÓN en todo cuanto les diga. **23** Y sucederá que todo el que[1] no preste atención a aquel profeta, será totalmente destruido de entre el pueblo". **24** Asimismo todos los profetas que han hablado desde Samuel y *sus* sucesores en adelante, también anunciaron estos días.

25 »Ustedes son los hijos de los profetas y del pacto que Dios hizo[1] con sus padres, al decir a Abraham: "Y EN TU SIMIENTE SERÁN BENDITAS TODAS LAS FAMILIAS DE LA TIERRA". **26** Para ustedes en primer lugar, Dios, habiendo resucitado a Su Siervo[1], lo ha enviado para que los bendiga, a fin de apartar a cada uno *de ustedes* de sus iniquidades».

ARRESTO DE PEDRO Y JUAN

4 Mientras Pedro y Juan hablaban al pueblo, se les echaron encima los sacerdotes, el capitán *de la guardia* del templo, y los saduceos, **2** indignados porque enseñaban al pueblo, y anunciaban en[1] Jesús la resurrección de entre los muertos. **3** Les echaron mano, y los pusieron en la cárcel hasta el día siguiente, pues ya era tarde. **4** Pero muchos de los que habían oído el mensaje[1] creyeron, llegando el número de los hombres como a 5,000.

PEDRO Y JUAN ANTE EL CONCILIO

5 Sucedió que al día siguiente se reunieron en Jerusalén sus gobernantes, ancianos y escribas. **6** *Estaban allí* el sumo sacerdote Anás, Caifás, Juan y Alejandro, y todos los que eran del linaje de los sumos sacerdotes. **7** Poniendo a Pedro y a Juan en medio *de ellos, les* interrogaban: «¿Con qué poder[1], o en qué nombre, han hecho esto?».

8 Entonces Pedro, lleno del Espíritu Santo, les dijo: «Gobernantes y ancianos del pueblo, **9** si se nos está interrogando hoy por *causa del* beneficio hecho a un hombre enfermo, de qué manera[1] este ha sido sanado[2], **10** sepan todos ustedes, y todo el pueblo de Israel, que en el nombre de Jesucristo el Nazareno, a quien ustedes crucificaron y a quien Dios resucitó de entre los muertos, por Él[1], este *hombre* se halla aquí sano delante de ustedes.

11 »Este Jesús es la PIEDRA DESECHADA por ustedes LOS CONSTRUCTORES, *pero* QUE HA VENIDO A SER LA PIEDRA ANGULAR[1]. **12** En ningún otro hay salvación, porque no hay otro nombre bajo el cielo dado a los hombres, en el cual podamos ser[1] salvos».

AMENAZADOS Y PUESTOS EN LIBERTAD

13 Al ver la confianza de Pedro y de Juan, y dándose cuenta de que eran hombres sin letras y sin preparación, se maravillaban, y reconocían que ellos habían estado con Jesús. **14** Y viendo de pie junto a ellos al hombre que había sido sanado,

4:1
El capitán de la guardia del templo
El capitán era miembro de una de las principales familias sacerdotales. Él era el que seguía en rango al sumo sacerdote.

4:3
El juicio tuvo que esperar al día siguiente
Los sacrificios de la tarde terminaban alrededor de las 4:00 p. m., y seguidamente se cerraban las puertas del templo. Todos los juicios que involucraban una sentencia de muerte debían comenzar y terminar durante las horas del día.

4:13
Pedro y Juan no tenían estudios
Ellos no habían ido a la escuela ni aprendido de los rabinos, y no tenían cargos oficiales en ningún grupo religioso establecido.

3:22 [1] O *como me levantó a mí.*   3:23 [1] Lit. *toda alma que.*   3:25 [1] Lit. *pactó.*
3:26 [1] O *Hijo.*   4:2 [1] O *en el caso de.*   4:4 [1] O *la palabra.*   4:7 [1] O *autoridad.*
4:9 [1] O *por quién.*   [2] Lit. *salvado.*   4:10 [1] O *este.*   4:11 [1] Lit. *cabeza del ángulo.*   4:12 [1] Lit. *es necesario que seamos.*

no tenían nada que decir en contra. **15** Pero después de ordenarles que salieran fuera del Concilio[1], deliberaban entre sí: **16** «¿Qué haremos con estos hombres?», decían. «Porque el hecho de que un milagro notable ha sido realizado por medio de ellos es evidente a todos los que viven en Jerusalén, y no podemos negarlo. **17** Pero a fin de que no se divulgue más entre el pueblo, vamos a amenazarlos para que no hablen más a ningún hombre en este nombre».

18 Cuando los llamaron, les ordenaron no hablar ni enseñar en el nombre de Jesús. **19** Pero Pedro y Juan, les contestaron: «Ustedes mismos juzguen si es justo delante de Dios obedecer a ustedes en vez de *obedecer* a Dios. **20** Porque nosotros no podemos dejar de decir lo que hemos visto y oído».

21 Y después de amenazarlos otra vez, los dejaron ir, no hallando la manera de castigarlos por causa del pueblo, porque todos glorificaban a Dios por lo que había acontecido; **22** porque el hombre en quien se había realizado este milagro de sanidad tenía más de cuarenta años.

ORACIÓN DE LA IGLESIA

23 Cuando quedaron en libertad, fueron a los suyos y *les* contaron todo lo que los principales sacerdotes y los ancianos les habían dicho. **24** Al oír ellos *esto*, unánimes alzaron la voz a Dios y dijeron: «Oh, Señor[1], Tú eres el que HICISTE EL CIELO Y LA TIERRA, EL MAR Y TODO LO QUE EN ELLOS HAY, **25** el que por el Espíritu Santo, *por* boca de nuestro padre David, Tu siervo, dijiste:

> "¿POR QUE SE ENFURECIERON LOS GENTILES[1],
> Y LOS PUEBLOS TRAMARON COSAS VANAS?
> **26** SE PRESENTARON LOS REYES DE LA TIERRA,
> Y LOS GOBERNANTES SE JUNTARON A UNA
> CONTRA EL SEÑOR Y CONTRA SU CRISTO[1]".

27 »Porque en verdad, en esta ciudad se unieron tanto Herodes como Poncio Pilato, junto con los gentiles y los pueblos de Israel, contra Tu santo Siervo[1] Jesús, a quien Tú ungiste, **28** para hacer cuanto Tu mano y Tu propósito habían predestinado que sucediera. **29** Ahora[1], Señor, considera sus amenazas, y permite que Tus siervos hablen Tu palabra con toda confianza, **30** mientras extiendes Tu mano para que se hagan curaciones, señales y prodigios mediante el nombre de Tu santo Siervo Jesús».

31 Después que oraron, el lugar donde estaban reunidos tembló, y todos fueron llenos del Espíritu Santo y hablaban la palabra de Dios con valor.

TODAS LAS COSAS EN COMÚN

32 La congregación de los que creyeron era de un corazón y un alma. Ninguno decía ser suyo lo que poseía, sino que todas las cosas eran de propiedad común. **33** Con gran poder los apóstoles daban testimonio de la resurrección del Señor

4:22
La edad del hombre era importante
Él llevaba tanto tiempo cojo que no había esperanza de que su estado mejorara por sí solo.

4:31
Por qué tembló el lugar
Esta era una señal de parte de Dios que mostraba que había oído sus oraciones.

4:15 [1] O *Sanedrín.*   4:24 [1] O *Dueño.*   4:25 [1] O *LAS NACIONES.*   4:26 [1] O *EL MESÍAS, EL UNGIDO.*   4:27 [1] O *Hijo.*   4:29 [1] O *en cuanto lo que sucede ahora.*

Jesús[1], y había abundante gracia sobre todos ellos. **34** No había, pues, ningún necesitado entre ellos, porque todos los que poseían tierras o casas las vendían, traían el precio de lo vendido, **35** y lo depositaban a los pies de los apóstoles, y se distribuía a cada uno según su necesidad.

36 Y José, un levita natural de Chipre, a quien también los apóstoles llamaban Bernabé, que traducido significa Hijo de Consolación[1], **37** poseía un campo y *lo* vendió, trajo el dinero y *lo* depositó a los pies de los apóstoles.

CASTIGO DE ANANÍAS Y SAFIRA

5 Pero cierto hombre llamado Ananías, con Safira su mujer, vendió una propiedad, **2** y se quedó con *parte* del precio, sabiéndolo también su[1] mujer; y trayendo la otra[2] parte, la puso a los pies de los apóstoles.

3 Pero Pedro dijo: «Ananías, ¿por qué ha llenado Satanás tu corazón para mentir al Espíritu Santo, y quedarte con *parte* del precio del terreno? **4** Mientras estaba *sin venderse*, ¿no te pertenecía? Y después de vendida, ¿no estaba bajo tu poder? ¿Por qué concebiste este asunto en tu corazón? No has mentido a los hombres sino a Dios».

5 Al oír Ananías estas palabras, cayó y expiró; y vino un gran temor sobre todos los que *lo* supieron[1]. **6** Entonces los jóvenes[1] se levantaron y lo cubrieron, y sacándo*lo*, *le* dieron sepultura.

7 Como tres horas después entró su mujer, no sabiendo lo que había sucedido. **8** Y Pedro le preguntó[1]: «Dime, ¿vendieron el terreno en tal precio?». «Sí, ese fue el precio[2]», dijo ella. **9** Entonces Pedro le dijo: «¿Por qué se pusieron de acuerdo para poner a prueba al Espíritu del Señor? Mira, los pies de los *hombres* que sepultaron a tu marido están a la puerta, y te sacarán *también* a ti». **10** Al instante ella cayó a los pies de él, y expiró. Al entrar los jóvenes, la hallaron muerta; entonces la sacaron y *le* dieron sepultura junto a su marido. **11** Y vino un gran temor sobre toda la iglesia y sobre todos los que supieron[1] estas cosas.

MUCHAS SEÑALES Y PRODIGIOS

12 Por mano de los apóstoles se realizaban muchas señales[1] y prodigios entre el pueblo; y acostumbraban a estar todos de común acuerdo en el pórtico de Salomón. **13** Pero ninguno de los demás se atrevía a juntarse con ellos; sin embargo, el pueblo los tenía en gran estima.

14 Y más y más creyentes en el Señor, multitud de hombres y de mujeres, se añadían constantemente *al número de ellos,* **15** a tal punto que aun sacaban a los enfermos a las calles y *los* tendían en lechos y camillas, para que al pasar Pedro, siquiera su sombra cayera sobre alguno de ellos. **16** También la gente de las ciudades en los alrededores de Jerusalén acudía trayendo enfermos y atormentados por espíritus inmundos, y[1] todos eran sanados.

5:2
El pecado de Ananías y Safira
Ellos podían elegir quedarse con una parte o con todo el dinero. Su pecado fue mentir y fingir que se lo estaban dando todo a los apóstoles.

4:33 [1] Algunos mss. antiguos agregan: *Cristo.*   4:36 [1] O *exhortación,* o, *estímulo.*   5:2 [1] O *con la complicidad de su.*   [2] Lit. *cierta.*   5:5 [1] Lit. *oyeron.* 5:6 [1] Lit. *más jóvenes.*   5:8 [1] Lit. *respondió.*   [2] Lit. *en tanto.* 5:11 [1] Lit. *oyeron.*   5:12 [1] O *muchos milagros.*   5:16 [1] Lit. *los cuales.*

EN LA CÁRCEL Y LIBRES OTRA VEZ

17 Pero levantándose el sumo sacerdote, y todos los que estaban con él, (es decir, la secta de los saduceos), se llenaron de celo. **18** Entonces echaron mano a los apóstoles y los pusieron en una cárcel pública. **19** Pero durante la noche, un ángel del Señor, abrió las puertas de la cárcel y sacándolos, les dijo: **20** «Vayan, preséntense en el templo, y hablen[1] al pueblo todo el mensaje[2] de esta Vida».

21 Habiendo oído *esto,* al amanecer entraron en el templo y enseñaban. Cuando llegaron el sumo sacerdote y los que estaban con él, convocaron al Concilio[1], es decir[2], a todo el Senado de los israelitas. Y mandaron traer de la cárcel *a los apóstoles.* **22** Pero los guardias que fueron no los encontraron en la cárcel; volvieron, pues, y les informaron: **23** «Encontramos la cárcel cerrada con toda seguridad y los guardias de pie a las puertas; pero cuando abrimos, a nadie hallamos dentro».

24 Cuando oyeron estas palabras el capitán *de la guardia* del templo y los principales sacerdotes, se quedaron muy perplejos a causa de ellas, *pensando* en qué terminaría aquello[1]. **25** Pero alguien se presentó y les informó: «Miren, los hombres que pusieron en la cárcel están en el templo enseñando al pueblo».

26 Entonces el capitán fue con los guardias y los trajo sin violencia porque temían al pueblo, no fuera que los apedrearan. **27** Cuando los trajeron, los pusieron ante[1] el Concilio[2], y el sumo sacerdote los interrogó: **28** «Les dimos órdenes estrictas de no continuar enseñando en este Nombre, y han llenado a Jerusalén con sus enseñanzas, y quieren traer sobre nosotros la sangre de este Hombre».

29 Pero Pedro y los apóstoles respondieron: «Debemos obedecer a Dios en vez de *obedecer* a los hombres. **30** El Dios de nuestros padres resucitó a Jesús, a quien ustedes mataron[1] y colgaron en una cruz[2]. **31** A Él Dios lo exaltó a[1] Su diestra como Príncipe[2] y Salvador, para dar arrepentimiento a Israel, y perdón de pecados. **32** Y nosotros somos testigos de estas cosas; y *también* el Espíritu Santo, el cual Dios ha dado a los que le obedecen».

EL CONSEJO DE GAMALIEL

33 Cuando ellos oyeron *esto,* se sintieron profundamente ofendidos[1] y querían matarlos. **34** Pero cierto fariseo llamado Gamaliel, maestro de la ley, respetado por todo el pueblo, se levantó en el Concilio[1] y ordenó que sacaran fuera a los apóstoles por un momento.

35 Entonces les dijo: «Hombres de Israel, tengan cuidado de lo que van a hacer con estos hombres. **36** Porque hace algún tiempo Teudas se levantó pretendiendo ser alguien; y un grupo como de 400 hombres se unió a él. Y[1] fue muerto, y todos los que lo seguían[2] fueron dispersos y reducidos a

5:28
El Concilio era culpable de la sangre de Jesús
Los apóstoles predicaban que algunos de los judíos y sus líderes eran culpables de matar a Jesús.

5:34
Gamaliel
Él fue el maestro judío más famoso de su época y estaba entre los «jefes de las escuelas». También fue el maestro de Pablo.

5:20 [1] O *continúen hablando.*   [2] Lit. *todas las palabras.*   5:21 [1] O *Sanedrín.*
[2] Lit. *y.*   5:24 [1] Lit. *qué llegaría a ser esto.*   5:27 [1] Lit. *en.*   [2] O *Sanedrín.*
5:30 [1] O *sobre quien habían puesto manos violentas.*   [2] Lit. *un madero.*
5:31 [1] O *con.*   [2] O *Líder.*   5:33 [1] Lit. *aserrados.*   5:34 [1] O *Sanedrín.*
5:36 [1] Lit. *Quien.*   [2] Lit. *obedecían.*

nada. **37** Después de él, se levantó Judas de Galilea en los días del censo, y llevó *mucha* gente tras sí; él también pereció, y todos los que lo seguían[1] se dispersaron.

38 »Por tanto, en este caso les digo que no tengan nada que ver con[1] estos hombres y déjenlos en paz, porque si este plan o acción[2] es de los hombres, perecerá; **39** pero si es de Dios, no podrán destruirlos; no sea que se hallen luchando contra Dios».

40 Ellos aceptaron su consejo[1], y después de llamar a los apóstoles, *los* azotaron y *les* ordenaron que no hablaran más en el nombre de Jesús y *los* soltaron. **41** Los apóstoles, pues, salieron de la presencia del Concilio[1], regocijándose de que hubieran sido considerados dignos de sufrir afrenta por Su Nombre[2]. **42** Y todos los días, en el templo y de casa en casa[1], no cesaban de enseñar y proclamar el evangelio de Jesús *como* el Cristo[2].

ELECCIÓN DE SIETE DIÁCONOS

6 Por aquellos[1] días, al multiplicarse *el número* de los discípulos, surgió una queja de parte de los *judíos* helenistas[2] en contra de los judíos[3] *nativos*, porque sus viudas eran desatendidas en la distribución diaria *de los alimentos*.

2 Entonces los doce[1] convocaron a la congregación de los discípulos, y dijeron: «No es conveniente que nosotros descuidemos la palabra de Dios para servir mesas. **3** Por tanto, hermanos, escojan de entre ustedes siete hombres de buena reputación, llenos del Espíritu *Santo* y de sabiduría, a quienes podamos encargar esta tarea. **4** Y nosotros nos entregaremos a la oración y al ministerio[1] de la palabra».

5 Lo propuesto tuvo la aprobación de toda la congregación[1], y escogieron a Esteban, un hombre lleno de fe y del Espíritu Santo, y a Felipe, a Prócoro, a Nicanor, a Timón, a Parmenas y a Nicolás, un prosélito[2] de Antioquía. **6** A estos los presentaron ante los apóstoles, y después de orar, pusieron sus manos sobre ellos.

7 Y la palabra de Dios crecía, y el número de los discípulos se multiplicaba en gran manera en Jerusalén, y muchos de[1] los sacerdotes obedecían a la fe.

ARRESTO DE ESTEBAN Y SU DEFENSA

8 Esteban, lleno de gracia y de poder, hacía grandes prodigios y señales[1] entre el pueblo. **9** Pero algunos de la sinagoga llamada de los Libertos[1], *incluyendo* tanto cireneos como alejandrinos, y algunos de Cilicia y de Asia[2], se levantaron y discutían con Esteban. **10** Pero no podían resistir a la sabiduría y al Espíritu con que hablaba.

11 Entonces, en secreto persuadieron a *algunos* hombres para que dijeran[1]: «Le hemos oído hablar palabras blasfemas

---

5:40
Los apóstoles fueron azotados

Les dieron treinta y nueve latigazos de acuerdo a la sanción judía. (Ver 2 Corintios 11:24).

6:6
Poner las manos sobre alguien

En la época del Nuevo Testamento, la imposición de manos se utilizaba para sanar, bendecir, ordenar o comisionar, e impartir dones espirituales.

6:7
Un gran número de sacerdotes se convirtieron

Es posible que los sacerdotes hubieran estado entre los líderes religiosos que perseguían a Jesús y buscaban una manera de matarlo.

5:37 [1] Lit. *obedecían.* 5:38 [1] O *aléjense de.* [2] U *obra.* 5:40 [1] Lit. *fueron persuadidos por él.* 5:41 [1] O *Sanedrín.* [2] Lit. *el nombre (por excelencia).* 5:42 [1] O en *diferentes casas particulares.* [2] I.e. *el Mesías.* 6:1 [1] Lit. *En estos.* [2] I.e. judíos que no eran de Palestina y que hablaban griego. [3] Lit. *hebreos.* 6:2 [1] I.e. apóstoles. 6:4 [1] O *al servicio.* 6:5 [1] Lit. *multitud.* [2] I.e. gentil convertido al judaísmo. 6:7 [1] Lit. *y muchos, multitud de.* 6:8 [1] O *milagros.* 6:9 [1] I.e. Esclavos Libertados. [2] I.e. provincia occidental de Asia Menor. 6:11 [1] Lit. *diciendo.*

contra Moisés y *contra* Dios». **12** Y alborotaron al pueblo, a los ancianos y a los escribas, y cayendo sobre *él*, lo arrestaron y *lo* trajeron al Concilio*1*. **13** Presentaron testigos falsos que dijeron: «Este hombre continuamente habla*1* en contra de este lugar santo y de la ley; **14** porque le hemos oído decir que este Nazareno, Jesús, destruirá este lugar, y cambiará las tradiciones que Moisés nos dejó».

15 Y al fijar la mirada en él, todos los que estaban sentados en el Concilio*1* vieron su rostro como el rostro de un ángel.

DISCURSO DE ESTEBAN

7 El sumo sacerdote dijo: «¿Es esto así?».

2 Esteban respondió: «Escúchen*me*, hermanos y padres. El Dios de gloria apareció a nuestro padre Abraham cuando estaba en Mesopotamia, antes que habitara en Harán, **3** y le dijo: "SAL DE TU TIERRA Y DE TU FAMILIA, Y VE A LA TIERRA QUE YO TE MOSTRARÉ".

4 »Entonces Abraham salió de la tierra de los caldeos y se estableció en Harán. Y de allí, después de la muerte de su padre, *Dios* lo trasladó a esta tierra en la cual ahora ustedes habitan. **5** No le dio en ella heredad, ni siquiera *la medida de* la planta del pie, y *sin embargo,* aunque no tenía hijo, prometió que SE LA DARÍA EN POSESIÓN A ÉL Y A SU DESCENDENCIA DESPUÉS DE ÉL. **6** Y Dios dijo así: "Que SUS DESCENDIENTES SERÍAN EXTRANJEROS EN UNA TIERRA EXTRAÑA, Y QUE SERÍAN ESCLAVIZADOS Y MALTRATADOS*1* POR 400 AÑOS. **7** PERO YO MISMO JUZGARÉ A CUALQUIER NACIÓN DE LA CUAL SEAN ESCLAVOS", dijo Dios, "Y DESPUÉS DE ESO SALDRÁN Y ME SERVIRÁN*1* EN ESTE LUGAR". **8** *Dios* le dio el pacto*1* de la circuncisión; y así *Abraham* vino a ser el padre de Isaac, y lo circuncidó al octavo día; e Isaac *vino a ser el padre* de Jacob, y Jacob de los doce patriarcas.

9 »Los patriarcas tuvieron envidia de José y lo vendieron para Egipto. Pero Dios estaba con él, **10** y lo rescató de todas sus aflicciones. Le dio gracia y sabiduría delante de Faraón, rey de Egipto, y *este* lo puso por gobernador sobre Egipto y sobre toda su casa.

11 »Entonces vino hambre sobre todo Egipto y Canaán, y *con ella* gran aflicción, y nuestros padres no hallaban alimentos. **12** Pero cuando Jacob supo*1* que había grano*2* en Egipto, envió a nuestros padres *allá* la primera vez. **13** En la segunda *visita,* José se dio a conocer a sus hermanos, y conoció*1* Faraón la familia de José. **14** José, enviando *mensaje,* mandó llamar a Jacob su padre y a toda su familia, *en total* setenta y cinco personas.

15 »Y Jacob descendió a Egipto, y *allí* murió él y *también* nuestros padres. **16** *De allí* fueron trasladados a Siquem, y puestos en el sepulcro que por una suma de dinero había comprado Abraham a los hijos de Hamor en Siquem.

17 »Pero a medida que se acercaba el tiempo de la promesa que Dios había confirmado a Abraham, el pueblo crecía y se multiplicaba en Egipto, **18** hasta que SURGIÓ OTRO REY EN

7:2-50
Esteban repasó la historia
En su discurso, Esteban resumió el Antiguo Testamento y los profetas. Él terminó diciéndoles a sus oyentes que la adoración ya no se restringía solo al templo.

6:12 *1* O *Sanedrín.*   6:13 *1* Lit. *no cesa de hablar palabras.*   6:15 *1* O *Sanedrín.*
7:6 *1* Lit. *los esclavizarían y maltratarían.*   7:7 O ADORARÁN.   7:8 *1* O *un pacto.*   7:12 *1* Lit. *oyó.*   *2* O *trigo.*   7:13 *1* Lit. *y fue manifestado a.*

EGIPTO QUE NO SABÍA NADA DE JOSÉ. **19**Este *rey,* obrando con astucia contra nuestro pueblo*[1]*, maltrató a nuestros padres, a fin de que expusieran *a la muerte* a*[2]* sus niños para que no vivieran.

20»Fue por ese tiempo que Moisés nació. Era hermoso a la vista de Dios*[1]*, y fue criado por tres meses en la casa de su padre. **21**Después de ser abandonado*[1]* *para morir,* la hija de Faraón se lo llevó*[2]* y lo crió como su propio hijo. **22**Moisés fue instruido en toda la sabiduría de los egipcios, y era un hombre poderoso en palabras y en hechos.

23»Pero cuando iba a cumplir la edad de cuarenta años, sintió*[1]* en su corazón el deseo de visitar a sus hermanos, los israelitas. **24**Al ver que uno *de ellos* era tratado injustamente, lo defendió y vengó al*[1]* oprimido, matando*[2]* al egipcio. **25**Pensaba que sus hermanos entendían que Dios les estaba dando libertad*[1]* por medio de él*[2]*, pero ellos no entendieron.

26»Al día siguiente se les presentó, cuando *dos de* ellos reñían, y trató de poner paz entre ellos, diciendo: "Varones, ustedes son hermanos, ¿por qué se hieren*[1]* el uno al otro?". **27**Pero el que estaba hiriendo*[1]* a su prójimo lo empujó, diciendo: "¿QUIÉN TE HA PUESTO POR GOBERNANTE Y JUEZ SOBRE NOSOTROS? **28**¿ACASO QUIERES MATARME COMO MATASTE AYER AL EGIPCIO?". **29**Al oír estas palabras, MOISÉS HUYÓ Y SE CONVIRTIÓ EN EXTRANJERO EN LA TIERRA DE MADIÁN, donde fue padre de dos hijos.

30»Pasados cuarenta años, SE LE APARECIÓ UN ÁNGEL EN EL DESIERTO DEL MONTE Sinaí, EN LA LLAMA DE UNA ZARZA QUE ARDÍA. **31**Al ver esto, Moisés se maravillaba de la visión, y al acercarse para ver mejor, vino *a él* la voz del Señor: **32**"YO SOY EL DIOS DE TUS PADRES, EL DIOS DE ABRAHAM, DE ISAAC, Y DE JACOB". Moisés temblando, no se atrevía a mirar.

33»PERO EL SEÑOR LE DIJO: "QUÍTATE LAS SANDALIAS DE LOS PIES, PORQUE EL LUGAR DONDE ESTÁS ES TIERRA SANTA. **34**CIERTAMENTE HE VISTO LA OPRESIÓN DE MI PUEBLO EN EGIPTO Y HE OÍDO SUS GEMIDOS, Y HE DESCENDIDO PARA LIBRARLOS; VEN*[1]* AHORA Y TE ENVIARÉ A EGIPTO".

35Este Moisés, a quien ellos rechazaron, diciendo: "¿QUIÉN TE HA PUESTO POR GOBERNANTE Y JUEZ?" es el *mismo* que Dios envió*[1]* *para ser* gobernante y libertador con la ayuda*[2]* del ángel que se le apareció en la zarza. **36**Este hombre los sacó, haciendo prodigios y señales*[1]* en la tierra de Egipto, en el mar Rojo y en el desierto por cuarenta años.

37»Este es el *mismo* Moisés que dijo a los israelitas: "DIOS LES LEVANTARÁ UN PROFETA COMO YO*[1]* DE ENTRE SUS HERMANOS". **38**Este es el que estaba en la congregación*[1]* en el desierto junto con el ángel que le hablaba en el monte Sinaí, y con nuestros padres, y el que recibió palabras*[2]* de vida*[3]* para transmitirlas a ustedes, **39**al cual nuestros padres no quisieron obedecer*[1]*, sino que lo repudiaron, y en sus corazones

---

7:19 *[1]* Lit. *nuestra raza.* *[2]* O *fueran echados fuera para morir.* 　　7:20 *[1]* Lit. *a Dios.* 　　7:21 *[1]* Lit. *expuesto.* 　　*[2]* O *lo adoptó.* 　　7:23 *[1]* Lit. *surgió.* 7:24 *[1]* Lit. *tomó venganza por el.* 　　*[2]* O *hiriendo.* 　　7:25 *[1]* O *salvación.* 　　*[2]* Lit. *por mano suya.* 　　7:26 *[1]* O *maltratan.* 　　7:27 *[1]* O *maltratando.* 　　7:34 *[1]* Lit. *y ven acá.* 　　7:35 *[1]* Lit. *ha enviado.* 　　*[2]* Lit. *la mano.* 　　7:36 *[1]* O *milagros.* 7:37 *[1]* O *como me levantó a mí.* 　　7:38 *[1]* O *iglesia.* 　　*[2]* Lit. *oráculos.* *[3]* Lit. *oráculos divinos.* 　　7:39 *[1]* Lit. *ser obedientes.*

desearon regresar a Egipto, **40** DICIENDO A AARÓN: "HAZNOS DIOSES QUE VAYAN DELANTE DE NOSOTROS, PORQUE A ESTE MOISÉS QUE NOS SACO DE LA TIERRA DE EGIPTO, NO SABEMOS LO QUE LE HAYA PASADO".

41 »En aquellos días hicieron un becerro y ofrecieron sacrificio al ídolo, y se regocijaban en las obras de sus manos. **42** Pero Dios se apartó *de ellos* y los entregó para que sirvieran[1] al ejército del cielo, como está escrito en el libro de los profetas: "¿ACASO FUE A MÍ A QUIEN OFRECIERON VICTIMAS Y SACRIFICIOS EN EL DESIERTO POR CUARENTA AÑOS, CASA DE ISRAEL? **43** TAMBIÉN LLEVARON EL TABERNÁCULO DE MOLOC, Y LA ESTRELLA DEL DIOS RENFAN, LAS IMÁGENES QUE HICIERON PARA ADORARLAS. YO TAMBIÉN LOS DEPORTARÉ MÁS ALLÁ DE BABILONIA".

44 »Nuestros padres tuvieron el tabernáculo del testimonio en el desierto, tal como *le* había ordenado que lo hiciera el que habló a Moisés, conforme al modelo que había visto. **45** A su vez, habiéndolo recibido, nuestros padres lo introdujeron con Josué al tomar[1] posesión de las naciones[2] que Dios arrojó de delante de nuestros padres, hasta los días de David. **46** Y David[1] halló gracia delante de Dios, y pidió *el favor* de hallar una morada para el Dios[2] de Jacob. **47** Pero fue Salomón quien le edificó una casa.

48 »Sin embargo, el Altísimo no habita en *casas* hechas por manos *de hombres*; como dice el profeta:

49   "EL CIELO ES MI TRONO,
         Y LA TIERRA EL ESTRADO DE MIS PIES;
         ¿QUÉ CASA ME EDIFICARÁN?", dice el Señor,
         "¿O CUÁL ES EL LUGAR DE MI REPOSO?
50   ¿NO FUE MI MANO LA QUE HIZO TODAS ESTAS COSAS?".

51 »Ustedes, que son tercos e incircuncisos de corazón y de oídos, resisten siempre al Espíritu Santo; como hicieron sus padres, así hacen también ustedes. **52** ¿A cuál de los profetas no persiguieron sus padres? Ellos mataron a los que antes habían anunciado la venida del Justo, del cual ahora ustedes se hicieron traidores y asesinos; **53** ustedes que recibieron la ley por disposición de ángeles y *sin embargo* no la guardaron».

MARTIRIO DE ESTEBAN

54 Al oír esto, se sintieron profundamente ofendidos[1], y crujían los dientes contra él. **55** Pero *Esteban*, lleno del Espíritu Santo, fijos los ojos en el cielo, vio la gloria de Dios y a Jesús de pie a la diestra de Dios; **56** y dijo: «Veo los cielos abiertos, y al Hijo del Hombre de pie a la diestra de Dios».

57 Entonces ellos gritaron a gran voz, y tapándose los oídos se lanzaron a una contra él. **58** Echándolo fuera de la ciudad, comenzaron a apedrearlo; y los testigos pusieron sus mantos a los pies de un joven llamado Saulo. **59** Y mientras lo apedreaban, Esteban invocaba *al Señor* y decía: «Señor Jesús, recibe mi espíritu».

7:42 [1] O *adoraran*.   7:45 [1] Lit. *en la*.   [2] O *los gentiles*.   7:46 [1] Lit. *Quien*. [2] Muchos mss. antiguos dicen: *para la Casa*; la septuaginta en Sal. 132:5, dice: *Dios*.   7:54 [1] Lit. *aserrados en sus corazones*.

7:51
Qué significaba ser circunciso de corazón y de oídos
Aunque los judíos estaban físicamente circuncidados, en su corazón no se rendían al Señor ni escuchaban la verdad. A lo largo de su historia, los israelitas habían rechazado y hasta perseguido a los profetas que Dios les había enviado.

7:58
El rol de Saulo
Algunos estudiosos creen que, como las personas pusieron sus mantos a los pies de Saulo, él era quien estaba a cargo de la ejecución.

7:60

Esteban repitió las palabras de Jesús mientras moría

Tal como Jesús, quien le pidió al Padre que perdonara a sus ejecutores (Lucas 23:34), Esteban le pidió a Dios que no les tomara en cuenta ese pecado a aquellos que lo estaban matando.

8:1

La persecución ayudó a difundir el evangelio

Como la persecución comenzó en Jerusalén, muchos de los creyentes se dispersaron por Judea y Samaria. Ellos predicaban el evangelio por dondequiera que iban.

8:9

Simón

Era un mago o hechicero que decía ser Dios o el representante principal de Dios.

60 Cayendo de rodillas, clamó en alta voz: «Señor, no les tomes en cuenta este pecado». Habiendo dicho esto, durmió*[1]*.

8 Y Saulo estaba de completo acuerdo con *ellos* en su muerte.

SAULO PERSIGUE A LA IGLESIA

En aquel día se desató una gran persecución en contra de la iglesia en Jerusalén, y todos fueron esparcidos por las regiones de Judea y Samaria, excepto los apóstoles. **2** *Algunos* hombres piadosos sepultaron a Esteban y lloraron a gran voz*[1]* por él. **3** Pero Saulo hacía estragos en la iglesia entrando de casa en casa, y arrastrando a hombres y mujeres, los echaba en*[1]* la cárcel.

PREDICACIÓN DE FELIPE EN SAMARIA

4 Así que los que habían sido esparcidos iban predicando la palabra. **5** Felipe, descendiendo a la ciudad de Samaria, les predicaba a Cristo*[1]*. **6** Y las multitudes unánimes prestaban atención a lo que Felipe decía, al oír y ver las señales*[1]* que hacía. **7** Porque *de* muchos que tenían espíritus inmundos, *estos* salían *de ellos* gritando a gran voz; y muchos que habían sido paralíticos y cojos eran sanados. **8** Y había gran regocijo en aquella ciudad.

SIMÓN EL MAGO

9 Hacía tiempo que cierto hombre llamado Simón, estaba ejerciendo la magia en la ciudad y asombrando a la gente de Samaria, pretendiendo ser un gran *personaje*; **10** y todos, desde el menor hasta el mayor, le prestaban atención, y decían: «Este es el que se llama el Gran Poder de Dios».

11 Le prestaban atención porque por mucho tiempo los había asombrado con sus artes mágicas. **12** Pero cuando creyeron a Felipe, que anunciaba las buenas nuevas*[1]* del reino de Dios y el nombre de Cristo Jesús, se bautizaban, tanto hombres como mujeres. **13** Y aun Simón mismo creyó; y después de bautizarse, continuó con Felipe, y estaba atónito al ver las señales y los grandes milagros que se hacían.

PEDRO Y JUAN EN SAMARIA

14 Cuando los apóstoles que *estaban* en Jerusalén oyeron que

LOS VIAJES MISIONEROS DE FELIPE Y PEDRO

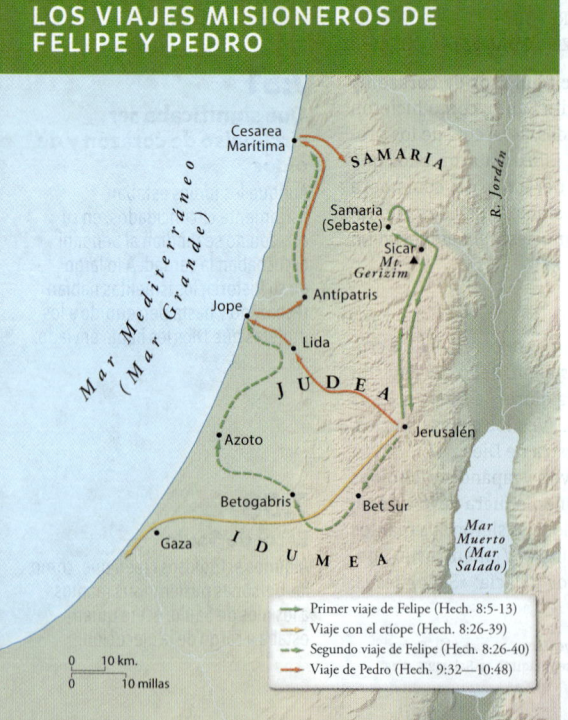

- —— Primer viaje de Felipe (Hech. 8:5-13)
- —— Viaje con el etíope (Hech. 8:26-39)
- —— Segundo viaje de Felipe (Hech. 8:26-40)
- —— Viaje de Pedro (Hech. 9:32—10:48)

0   10 km.
0   10 millas

7:60 *[1]* O *expiró.*   8:2 *[1]* Lit. *e hicieron gran*
lamentación.   8:3 *[1]* Lit. *entregaba a.*
8:5 *[1]* I.e. *el Mesías.*   8:6 *[1]* O *los milagros.*
8:12 *[1]* O *el evangelio.*

Samaria había recibido la palabra de Dios, les enviaron a Pedro y a Juan, **15** quienes descendieron y oraron por ellos para que recibieran el Espíritu Santo. **16** Porque todavía no había descendido el Espíritu Santo sobre ninguno de ellos; solo habían sido bautizados en el nombre del Señor Jesús. **17** Entonces Pedro y Juan les imponían las manos, y recibían el Espíritu Santo.

18 Cuando Simón vio que el Espíritu se daba por la imposición de las manos de los apóstoles, les ofreció dinero, **19** y les dijo: «Denme también a mí esta autoridad, de manera que todo aquel sobre quien ponga mis manos reciba el Espíritu Santo».

20 Entonces Pedro le contestó: «Que tu plata perezca[1] contigo, porque pensaste que podías obtener el don de Dios con dinero. **21** No tienes parte ni suerte en este asunto[1], porque tu corazón no es recto delante de Dios. **22** Por tanto, arrepiéntete de esta tu maldad, y ruega al Señor que si es posible se te perdone el intento de tu corazón. **23** Porque veo que estás en hiel de amargura y en cadena[1] de iniquidad».

24 Pero Simón respondió: «Rueguen ustedes al Señor por mí, para que no me sobrevenga nada de lo que han dicho».

25 Y ellos, después de haber testificado solemnemente y hablado la palabra del Señor, iniciaron el regreso a Jerusalén anunciando el evangelio en muchas aldeas de los samaritanos.

FELIPE Y EL ETÍOPE EUNUCO

26 Un ángel del Señor le dijo a Felipe: «Levántate y ve hacia el sur, al camino que desciende de Jerusalén a Gaza». Este es un *camino* desierto[1]. **27** Él se levantó y fue. Y había un[1] eunuco etíope, alto oficial de Candace, reina de los etíopes, el cual estaba encargado de todos sus tesoros, que había venido a Jerusalén para adorar. **28** Regresaba *a su país* sentado en su carruaje, y leía al profeta Isaías. **29** Y el Espíritu dijo a Felipe: «Ve y júntate a ese carruaje».

30 Cuando Felipe se acercó corriendo, le oyó leer al profeta Isaías, y *le* preguntó: «¿Entiende usted lo que lee?». **31** El eunuco le respondió: «¿Cómo podré, a menos que alguien me guíe?». E invitó a Felipe a que subiera y se sentara con él. **32** El pasaje de la Escritura que estaba leyendo era este:

«COMO OVEJA FUE LLEVADO AL MATADERO;
Y COMO CORDERO, MUDO DELANTE DEL QUE LO
    TRASQUILA,
NO ABRE ÉL SU BOCA.
33   EN SU HUMILLACIÓN NO SE LE HIZO JUSTICIA[1];
¿QUIÉN CONTARÁ[2] SU GENERACIÓN[3]?
PORQUE SU VIDA ES QUITADA DE LA TIERRA».

34 El eunuco le dijo a Felipe: «Le ruego *que me diga, ¿de* quién dice esto el profeta? ¿De sí mismo, o de algún otro?». **35** Entonces Felipe, comenzando con este pasaje de la Escritura, le anunció el evangelio de Jesús. **36** Yendo por el camino, llegaron a un *lugar donde había* agua; y el eunuco

8:18-19
El pecado de Simón
Simón, que había presumido de sus grandes poderes, quería comprar el poder mágico que creía que tenían los apóstoles. Él esperaba ganar más poder y alabanza para sí mismo.

8:20 [1] Lit. *sea para perdición.*   8:21 [1] O *esta enseñanza.*   8:23 [1] O *grillos,* o, *esclavitud.*   8:26 [1] O *Esta ciudad está desierta.*   8:27 [1] Lit. *un hombre.* 8:33 [1] Lit. *su justicia fue quitada.*   [2] O *describirá.*   [3] O *familia, u origen.*

dijo*: «Ahí hay agua. ¿Qué impide que yo sea bautizado?».
37 [1] Y Felipe le dijo: «Si usted cree con todo su corazón, puede».
«Creo que Jesucristo es el Hijo de Dios», respondió el eunuco.

38 Y mandó parar el carruaje; ambos descendieron al agua, y Felipe lo bautizó. **39** Al salir ellos del agua, el Espíritu del Señor arrebató a Felipe; y no lo vio más el eunuco, que continuó su camino gozoso. **40** Pero Felipe se encontró[1] en Azoto[2], y por donde pasaba, anunciaba el evangelio en todas las ciudades, hasta que llegó a Cesarea.

CONVERSIÓN DE SAULO

9 Saulo, respirando todavía amenazas[1] y muerte contra los discípulos del Señor, fue al sumo sacerdote, **2** y le pidió cartas para las sinagogas de Damasco, para que si encontraba algunos que pertenecieran al Camino, tanto hombres como mujeres, los pudiera llevar atados a Jerusalén.

3 Y mientras viajaba, al acercarse a Damasco, de repente resplandeció a su alrededor una luz del cielo. **4** Al caer a tierra, oyó una voz que le decía: «Saulo, Saulo, ¿por qué me persigues?».

5 «¿Quién eres, Señor?», preguntó Saulo. El Señor respondió: «Yo soy Jesús a quien tú persigues; **6** levántate[1], entra en la ciudad, y se te dirá lo que debes hacer».

7 Los hombres que iban con él se detuvieron atónitos, oyendo la voz[1], pero sin ver a nadie. **8** Saulo se levantó del suelo, y aunque sus ojos estaban abiertos, no veía nada; y llevándolo por la mano, lo trajeron a Damasco. **9** Estuvo tres días sin ver, y no comió ni bebió.

9:2
El Camino
Este término se refería al cristianismo, y aparece varias veces en el libro de Hechos.

8:37 [1] Los mss. más antiguos no incluyen el vers. 37.   8:40 [1] O *fue hallado.*
[2] En el Antiguo Testamento, *Asdod.*   9:1 [1] Lit. *amenaza.*   9:6 [1] Algunas versiones agregan al principio del vers.: *El, temblando y temeroso, dijo: Señor, ¿qué quieres que yo haga? Y el Señor le dijo: Levántate.*   9:7 [1] O *el sonido.*

LA DAMASCO ROMANA

Templo de Júpiter
Ágora
A Alepo
Río Abaná
Sitio tradicional de la casa de Ananías
Acueducto romano
Puerta oriental
N
Muro de la ciudad
Teatro
Calle Derecha
A Jerusalén
Residencia del gobernador

ANANÍAS VISITA A SAULO

10 Había en Damasco cierto discípulo llamado Ananías; y el Señor le dijo en una visión: «Ananías». «Aquí estoy, Señor», contestó él. **11** El Señor le *dijo*: «Levántate y ve a la calle que se llama Derecha, y pregunta en la casa de Judas por un hombre de Tarso llamado Saulo, porque él está orando, **12** y ha visto en una visión[1] a un hombre llamado Ananías, que entra y pone las manos sobre él para que recobre la vista».

13 Pero Ananías respondió: «Señor, he oído de muchos acerca de este hombre, cuánto mal ha hecho a Tus santos en Jerusalén, **14** y aquí tiene autoridad de los principales sacerdotes para prender a todos los que invocan Tu nombre».

15 Pero el Señor le dijo: «Ve, porque él es Mi instrumento[1] escogido, para llevar Mi nombre en presencia de los gentiles, de los reyes y de los israelitas; **16** porque Yo le mostraré cuánto debe padecer por Mi nombre».

17 Ananías fue y entró en la casa, y después de poner las manos sobre él, dijo: «Hermano Saulo, el Señor Jesús, que se te apareció en el camino por donde venías, me ha enviado para que recobres la vista y seas lleno del Espíritu Santo». **18** Al instante cayeron de sus ojos como unas escamas, y recobró la vista; y se levantó y fue bautizado. **19** Tomó alimentos y cobró fuerzas.

Y por varios días estuvo con los discípulos que estaban en Damasco.

SAULO PREDICA EN DAMASCO

20 Enseguida se puso a predicar de Jesús en las sinagogas, diciendo[1]: «Él es el Hijo de Dios». **21** Y todos los que *lo* escuchaban estaban asombrados y decían: «¿No es este el que en Jerusalén destruía a los que invocaban este nombre, y *el que* había venido aquí con este propósito: para llevarlos atados ante los principales sacerdotes?». **22** Pero Saulo seguía fortaleciéndose y confundiendo a los judíos que habitaban en Damasco, demostrando que este Jesús es el Cristo[1].

SAULO ESCAPA DE LOS JUDÍOS

23 Después de muchos días, los judíos tramaron deshacerse de él, **24** pero su plan llegó al conocimiento de Saulo. Y aun vigilaban las puertas día y noche con el intento de matarlo; **25** pero sus discípulos lo tomaron de noche y lo sacaron[1] por *una abertura en* la muralla, bajándolo en una canasta.

SAULO EN JERUSALÉN

26 Cuando Saulo llegó a Jerusalén, trataba de juntarse con los discípulos; pero todos le temían, no creyendo que era discípulo. **27** Pero Bernabé lo tomó y lo presentó a los apóstoles, y les contó cómo *Saulo* había visto al Señor en el camino, y que Él le había hablado, y cómo en Damasco había hablado con valor en el nombre de Jesús.

28 Y estaba con ellos moviéndose libremente[1] en Jerusalén, hablando con valor en el nombre del Señor. **29** También

9:20
Dónde predicaba Saulo
Saulo predicaba en las sinagogas cada vez que se le presentaba la oportunidad.

9:12 [1] Algunos mss. no incluyen: *en una visión.*   9:15 [1] O *vaso.*
9:20 [1] Lit. *que.*   9:22 [1] I.e. el Mesías.   9:25 [1] Lit. *bajaron.*
9:28 [1] Lit. *entrando y saliendo.*

9:31
El significado de *la iglesia* en este versículo

No se refiere a las reuniones de los creyentes, sino a todos los creyentes que vivían en la región.

9:37
Las costumbres relacionadas con el sepulcro

Tanto los judíos como los griegos lavaban el cuerpo muerto antes de enterrarlo. Si no podían sepultarlo de inmediato, lo depositaban en una habitación de arriba. En Jerusalén, el cuerpo tenía que ser enterrado el mismo día en que la persona moría, pero fuera de Jerusalén tenían tres días para hacerlo.

9:43
Pedro se hospedó con un curtidor

Los curtidores trataban las pieles de los animales muertos para convertirlas en cueros. Los judíos consideraban inmundo el contacto con animales muertos, por lo que la elección de Pedro de quedarse con Simón demuestra que estaba dispuesto a dejar a un lado los prejuicios y acercarse a los gentiles.

A. D. Riddle/www.BiblePlaces.com

10:1
Centurión

Un centurión era un soldado romano que comandaba una unidad militar de al menos cien soldados.

---

hablaba y discutía con los *judíos* helenistas; pero estos intentaban matarlo. [30] Pero cuando los hermanos *lo* supieron, lo llevaron a Cesarea, y *de allí* lo enviaron a Tarso.

[31] Entretanto la iglesia gozaba de paz por toda Judea, Galilea y Samaria, y era edificada; y andando en el temor del Señor y en la fortaleza del Espíritu Santo, seguía creciendo.

CURACIÓN DE ENEAS

[32] Mientras Pedro viajaba por todas *aquellas regiones,* vino también a los santos que vivían en Lida. [33] Allí encontró a un hombre llamado Eneas, que había estado postrado en cama por ocho años, porque estaba paralítico. [34] Y Pedro le dijo: «Eneas, Jesucristo te sana; levántate y haz tu cama». Y al instante se levantó. [35] Todos los que vivían en Lida y en Sarón lo vieron, y[1] se convirtieron al Señor.

RESURRECCIÓN DE DORCAS

[36] Había entonces en Jope una discípula llamada Tabita, que traducido *al griego* es Dorcas[1]; esta mujer era rica[2] en obras buenas y de caridad que hacía continuamente. [37] Y sucedió que en aquellos días se enfermó y murió; y lavado *su cuerpo,* lo pusieron en un aposento alto. [38] Como Lida estaba cerca de Jope, los discípulos, al oír que Pedro estaba allí, le enviaron dos hombres, rogándo*le:* «No tarde usted en venir a nosotros».

[39] Entonces Pedro se levantó y fue con ellos. Cuando llegó lo llevaron al aposento alto, y todas las viudas lo rodearon llorando, mostrando todas las túnicas y ropas que Dorcas solía hacer cuando estaba con ellas. [40] Pero Pedro, haciendo salir a todos, se arrodilló y oró, y volviéndose al cadáver, dijo: «Tabita, levántate». Ella abrió los ojos, y al ver a Pedro, se incorporó. [41] Él le dio la mano y la levantó; y llamando a los santos[1] y a las viudas, la presentó viva. [42] Esto se supo en todo Jope, y muchos creyeron en el Señor. [43] Pedro se quedó en Jope muchos días con un tal Simón, que era curtidor.

LA VISIÓN DE CORNELIO

10 *Había* en Cesarea un hombre llamado Cornelio, centurión de la cohorte[1] llamada la Italiana, [2] piadoso y temeroso de Dios con toda su casa, que daba muchas limosnas al pueblo *judío* y oraba a Dios continuamente. [3] Como a la hora novena[1], vio claramente en una visión a un ángel de Dios que entraba a *donde él estaba* y le decía: «Cornelio». [4] Mirándolo fijamente y atemorizado, *Cornelio* dijo: «¿Qué quieres[1], Señor?» Y el ángel le dijo: «Tus oraciones y limosnas[2] han ascendido como memorial delante de Dios. [5] Envía ahora *algunos* hombres a Jope, y manda traer a un *hombre llamado* Simón, que también se llama Pedro. [6] Este se hospeda con un curtidor *llamado* Simón,

9:35 [1] Lit. *los cuales.*   9:36 [1] O *Gacela.*   [2] Lit. *llena.*   9:41 [1] O *los creyentes.*
10:1 [1] I.e. unidad militar romana.   10:3 [1] I.e. 3 p.m.   10:4 [1] Lit. *es.*   [2] U *obras de caridad.*

cuya casa está junto al mar[1]». **7** Después que se había ido el ángel que le hablaba, *Cornelio* llamó a dos de los criados[1] y a un soldado piadoso de los que constantemente le servían. **8** Después de explicarles todo, los envió a Jope.

LA VISIÓN DE PEDRO

9 Al día siguiente, mientras ellos iban por el camino y se acercaban a la ciudad, Pedro subió a la azotea a orar como al mediodía. **10** Tuvo hambre y deseaba comer; pero mientras *le* preparaban *algo de comer*, le sobrevino un éxtasis. **11** Vio* el cielo abierto y un objeto[1] semejante a un gran lienzo que descendía, bajado a la tierra por las cuatro puntas. **12** Había en él toda *clase de* cuadrúpedos y reptiles de la tierra, y aves del cielo.

13 Y oyó una voz[1]: «Levántate, Pedro, mata[2] y come». **14** Pero Pedro dijo: «De ninguna manera, Señor, porque yo jamás he comido nada impuro[1] o inmundo». **15** De nuevo, por segunda vez, *llegó* a él una voz: «Lo que Dios ha limpiado, no *lo* llames tú impuro[1]». **16** Esto sucedió tres veces, e inmediatamente el lienzo[1] fue recogido al cielo.

LOS MENSAJEROS DE CORNELIO

17 Mientras Pedro estaba perplejo *pensando* en lo que significaría la visión que había visto, en ese momento los hombres que habían sido enviados por Cornelio, después de haber preguntado por la casa de Simón, se aparecieron a la puerta. **18** Y llamando, preguntaron si allí se hospedaba Simón, el que también se llamaba Pedro.

19 Mientras Pedro meditaba sobre la visión, el Espíritu le dijo: «Mira, tres hombres te buscan. **20** Levántate, pues, desciende y no dudes en acompañarlos, porque Yo los he enviado».

21 Pedro descendió a *donde estaban* los hombres, y *les* dijo: «Yo soy el que buscan; ¿cuál es la causa por la que han venido?». **22** Y ellos dijeron: «A Cornelio el centurión[1], un hombre justo y temeroso de Dios, y que es muy estimado por toda la nación de los judíos, *le* fue ordenado por un santo ángel que hiciera venir a usted a su casa para oír sus palabras». **23** Entonces Pedro los invitó a entrar y los hospedó.

Al día siguiente se levantó y fue con ellos, y algunos de los hermanos de Jope lo acompañaron.

PEDRO EN CASA DE CORNELIO

24 Al otro día entró en Cesarea. Cornelio los estaba esperando y había reunido a sus parientes y amigos íntimos. **25** Cuando Pedro iba a entrar, Cornelio salió a recibirlo, y postrándose a sus pies, *lo* adoró. **26** Pero Pedro lo levantó, diciendo: «Ponte de pie; yo también soy hombre».

27 Conversando con él, entró y halló* mucha gente reunida. **28** Entonces Pedro les dijo: «Ustedes saben que no es lícito para un judío asociarse con un extranjero o visitarlo, pero

10:2
Los temerosos de Dios
Se trataba de personas no judías que creían en Dios, acudían a la sinagoga y respetaban las enseñanzas judías. Sin embargo, no practicaban todas las costumbres judías, por ejemplo, la circuncisión.

10:23
Pedro hospedó a estos hombres
Pedro se encontraba dando los primeros pasos hacia un acercamiento a los gentiles. Una relación tan estrecha con ellos no era una práctica judía aceptable.

10:28
Dios le revela a Pedro un mensaje importante
Por medio de una visión, Dios le mostró a Pedro que él había eliminado la barrera entre los judíos y los gentiles.

10:6 [1] Algunas versiones agregan: *Él te dirá lo que es necesario que hagas.*
10:7 [1] O *siervos.*   10:11 [1] O *receptáculo.*   10:13 [1] Lit. *vino una voz a él.*
[2] O *sacrifica.*   10:14 [1] O *no santo;* lit. *común.*   10:15 [1] O *no santo;* lit. *común.*
10:16 [1] O *receptáculo.*   10:22 [1] I.e. un capitán romano.

Dios me ha mostrado que a ningún hombre debo llamar impuro[1] o inmundo. **29** Por eso, cuando mandaron a buscarme, vine sin poner ninguna objeción. Pregunto, pues, ¿por qué causa me han llamado?».

30 Y Cornelio respondió: «Hace cuatro días, a esta misma hora, estaba yo orando en mi casa a la hora novena[1]; y un hombre con vestiduras resplandecientes, se puso delante de mí, **31** y dijo*: "Cornelio, tu oración ha sido oída, y tus obras de caridad[1] han sido recordadas delante de Dios. **32** Envía *unos hombres* a Jope, y haz llamar a Simón, que también *se* llama Pedro; él está hospedado en casa de Simón *el* curtidor, junto al mar[1]". **33** Por tanto, al instante envié a buscarte, y has hecho bien en venir. Ahora, pues, todos nosotros estamos aquí presentes delante de Dios, para oír todo lo que el Señor te ha mandado».

34 Entonces Pedro tomó la palabra, y dijo:

«Ciertamente *ahora* entiendo que Dios no hace acepción de personas, **35** sino que en toda nación el que le teme[1] y hace lo justo[2], le es acepto. **36** El mensaje[1] que Él envió al[2] pueblo de Israel, predicando paz por medio de Jesucristo, que Él es Señor de todos.

37 »Ustedes saben lo que ocurrió en toda Judea, comenzando desde Galilea, después del bautismo que Juan predicó, **38** cómo Dios ungió a Jesús de Nazaret con el Espíritu Santo y con poder, el cual anduvo haciendo bien y sanando a todos los oprimidos por el diablo; porque Dios estaba con Él.

39 »Nosotros somos testigos de todas las cosas que hizo en la tierra[1] de los judíos y en Jerusalén. Y también le dieron muerte, colgándolo en una cruz[2]. **40** Pero Dios lo resucitó al tercer día e hizo que se manifestara[1], **41** no a todo el pueblo, sino a los testigos que fueron escogidos de antemano por Dios, *es decir,* a nosotros que comimos y bebimos con Él después que resucitó de los muertos.

42 »Y nos mandó predicar al pueblo, y testificar con toda solemnidad que este Jesús[1] es el que Dios ha designado como Juez de los vivos y de los muertos. **43** De Él dan testimonio todos los profetas, de que por Su nombre, todo el que cree en Él recibe el perdón de los pecados».

LOS GENTILES RECIBEN EL ESPÍRITU SANTO

44 Mientras Pedro aún hablaba estas palabras, el Espíritu Santo cayó sobre todos los que escuchaban el mensaje[1]. **45** Todos los creyentes *que eran* de la circuncisión[1], que habían venido con Pedro, se quedaron asombrados, porque el don del Espíritu Santo había sido derramado también sobre los gentiles, **46** pues los oían hablar en lenguas y exaltar a Dios. Entonces Pedro dijo[1]:

47 «¿Puede acaso alguien negar el agua para que sean bautizados estos que han recibido el Espíritu Santo lo mismo que nosotros?». **48** Y mandó que fueran bautizados en el

---

10:46

La señal de que los gentiles habían recibido al Espíritu Santo

Ellos comenzaron a hablar en lenguas tal como lo habían hecho los apóstoles en el día de Pentecostés.

10:28 [1] *O no santo;* lit. *común.*   10:30 [1] I.e. 3 p.m.   10:31 [1] *O limosnas.*   10:32 [1] Algunos mss. agregan: *y cuando llegue, él te hablará.*   10:35 [1] *O le reverencia.*   [2] Lit. *obra justicia.*   10:36 [1] Lit. *La palabra.*   [2] Algunos mss. dicen: *Él envió la palabra a.*   10:39 [1] *O el campo.*   [2] Lit. *un madero.*   10:40 [1] Lit. *concedió que se hiciera visible.*   10:42 [1] Lit. *que este.*   10:44 [1] Lit. *la palabra.*   10:45 [1] Lit. *judíos cristianos.*   10:46 [1] Lit. *respondió.*

nombre de Jesucristo. Entonces le pidieron que se quedara *con ellos* unos días.

INFORME DE PEDRO

11 Los apóstoles y los hermanos que estaban por toda Judea oyeron que también los gentiles habían recibido la palabra de Dios. **2** Cuando Pedro subió a Jerusalén, los que eran de la circuncisión[1] le reprocharon: **3** «Tú entraste en casa de incircuncisos y comiste con ellos».

4 Entonces Pedro comenzó a explicarles en orden *lo sucedido*: **5** «Estaba yo en la ciudad de Jope orando, y vi en éxtasis una visión: un objeto[1] semejante a un gran lienzo que descendía, bajado del cielo por las cuatro puntas, y vino hasta mí. **6** Cuando fijé mis ojos en él y lo observaba, vi[1] cuadrúpedos terrestres, fieras, reptiles y aves del cielo. **7** También oí una voz que me decía: "Levántate Pedro, mata[1] y come". **8** Pero yo dije: "De ninguna manera, Señor, porque nada impuro[1] o inmundo ha entrado jamás en mi boca". **9** Pero una voz del cielo respondió por segunda vez: "Lo que Dios ha limpiado, no lo llames tú impuro[1]". **10** Esto sucedió tres veces, y todo volvió a ser llevado arriba al cielo.

11 »En aquel momento se aparecieron tres hombres delante de la casa donde estábamos, los cuales habían sido enviados a mí desde Cesarea. **12** Y el Espíritu *Santo* me dijo que fuera con ellos sin dudar[1]. Estos seis hermanos fueron también conmigo y entramos en la casa de *aquel* hombre. **13** Y él nos contó cómo había visto al ángel de pie en su casa, el cual le dijo[1]: "Envía *unos hombres* a Jope y haz traer a Simón, que también se llama Pedro, **14** quien te dirá palabras por las cuales serás salvo, tú y toda tu casa".

15 »Cuando comencé a hablar, el Espíritu Santo descendió[1] sobre ellos, tal como *lo hizo* sobre nosotros al principio. **16** Entonces me acordé de las palabras del Señor, cuando[1] dijo: "Juan bautizó con agua, pero ustedes serán bautizados con[2] el Espíritu Santo". **17** Por tanto, si Dios les dio a ellos el mismo don que también *dio* a nosotros después de creer en el Señor Jesucristo, ¿quién era yo para poder impedírselo a Dios[1]?».

18 Al oír esto se calmaron, y glorificaron a Dios, diciendo: «Así que también a los gentiles ha concedido Dios el arrepentimiento *que conduce* a la vida».

LA IGLESIA EN ANTIOQUÍA

19 Ahora bien, los que habían sido esparcidos a causa de la persecución que sobrevino después de *la muerte de* Esteban, llegaron hasta Fenicia, Chipre y Antioquía, no hablando la palabra a nadie, sino solo a los judíos. **20** Pero había algunos de ellos, hombres de Chipre y de Cirene, los cuales al llegar a Antioquía, hablaban también a los griegos[1], predicando el evangelio del Señor Jesús. **21** La mano del Señor estaba con ellos, y gran número que creyó se convirtió al Señor.

11:17
La respuesta de Pedro sobre los gentiles
Debido a que Dios les había dado a los gentiles el don del Espíritu Santo, Pedro dijo que no se opondría a que ellos se bautizaran.

11:2 [1] Lit. *judíos cristianos.*   11:5 [1] O *receptáculo.*   11:6 [1] Lit. *y vi.*
11:7 [1] O *sacrifica.*   11:8 [1] O *no santo;* lit. *común.*   11:9 [1] O *no santo;* lit.
común.   11:12 [1] O *sin hacer ninguna distinción.*   11:13 [1] Lit. *y diciendo.*
11:15 [1] Lit. *cayó.*   11:16 [1] Lit. *cómo.*   [2] O *en.*   11:17 [1] O *impedir a Dios.*
11:20 [1] *Muchos mss. dicen: helenistas.*

22 La noticia[1] de esto llegó a[2] oídos de la iglesia de Jerusalén y enviaron a Bernabé a[3] Antioquía, **23** el cual, cuando vino y vio la gracia de Dios, se regocijó y animaba a todos para que con corazón firme[1] permanecieran *fieles* al Señor; **24** porque era un hombre bueno, y lleno del Espíritu Santo y de fe. Y una gran multitud fue agregada al Señor.

25 *Bernabé* salió rumbo a Tarso para buscar a Saulo; **26** y cuando lo encontró, lo trajo a Antioquía. Y se reunieron con la iglesia por todo un año, y enseñaban a las multitudes[1]; y a los discípulos se les llamó cristianos por primera vez en Antioquía.

27 Por aquellos[1] días unos profetas descendieron de Jerusalén a Antioquía. **28** Y levantándose uno de ellos, llamado Agabo, daba a entender por el Espíritu *Santo,* que ciertamente habría una gran hambre en toda la tierra[1]. Y esto ocurrió durante el *reinado* del emperador Claudio.

29 Los discípulos, conforme a lo que cada uno tenía, determinaron enviar una ayuda a los hermanos que habitaban en Judea. **30** Y así lo hicieron, mandándola a los ancianos por mano de Bernabé y de Saulo.

MARTIRIO DEL APÓSTOL JACOBO Y ENCARCELAMIENTO DE PEDRO

12 Por aquel tiempo el rey Herodes[1] echó mano a algunos que pertenecían a la iglesia para maltratarlos. **2** Hizo matar a espada a Jacobo[1], el hermano de Juan.

3 Y viendo que esto agradaba a los judíos, hizo arrestar también a Pedro. Esto sucedió durante los días[1] de los Panes sin Levadura[2]. **4** Habiéndolo arrestado, lo puso en la cárcel, entregándolo a cuatro grupos[1] de soldados para que lo custodiaran, con la intención de llevarlo ante el pueblo después de la Pascua. **5** Así pues, Pedro era custodiado en la cárcel, pero la iglesia hacía oración ferviente a Dios por él.

6 Esa misma noche, cuando Herodes estaba a punto de venir a buscarlo, Pedro estaba durmiendo entre dos soldados, sujeto con dos cadenas; y unos guardias delante de la puerta custodiaban la cárcel. **7** De repente se le apareció un ángel del Señor, y una luz brilló en la celda; y *el ángel* tocó a Pedro en el costado, y lo despertó diciéndole: «Levántate pronto». Y las cadenas se cayeron de las manos de Pedro. **8** «Vístete y ponte[1] las sandalias», le dijo* el ángel. Así lo hizo, y *el ángel añadió:* «Envuélvete en tu manto y sígueme».

9 Y saliendo, Pedro *lo* seguía, y no sabía que lo que hacía el ángel era de verdad, sino que creía ver una visión. **10** Cuando habían pasado la primera y la segunda guardia, llegaron a la puerta de hierro que conduce a la ciudad, la cual se les abrió por sí misma. Entonces salieron y siguieron por una calle, y de repente el ángel se apartó de él. **11** Cuando Pedro volvió en sí, dijo: «Ahora sé en verdad que el Señor ha enviado a Su ángel, y me ha rescatado de la mano de Herodes y de todo lo que esperaba el pueblo de los judíos».

11:26
El término *cristiano*
No está claro si los creyentes fueron los primeros en usar esta palabra o los no creyentes de un modo negativo. El término significa «perteneciente a Cristo».

12:2
Jacobo
Jacobo era el hermano de Juan y el hijo de Zebedeo. (Ver Mateo 4:21).

12:4
Cuatro grupos de soldados
Se trataba de un grupo de cuatro soldados para cada una de las cuatro vigilias de la noche.

12:7
Una luz divina
Se trataba de la gloria del Señor. (Ver Lucas 2:9).

11:22 [1] Lit. *palabra.*　[2] Lit. *se oyó en los.*　[3] Lit. *hasta. propósito de corazón.*　11:26 [1] Lit. *una gran multitud.*　11:27 [1] Lit. *En estos.* 11:28 [1] Lit. *la tierra habitada.*　12:1 [1] I.e. Agripa I, y así en el resto del cap. 12:2 [1] O *Santiago.*　12:3 [1] O *la fiesta.*　[2] O *de los Ázimos.*　12:4 [1] Gr. *tetradion;* i.e. un grupo de cuatro soldados.　12:8 [1] Lit. *cíñete y átate.*

12 Al darse cuenta *de esto,* fue a la casa de María, la madre de Juan, llamado también Marcos, donde muchos estaban reunidos y oraban. **13** Cuando llamó a la puerta de la entrada, una sirvienta llamada Rode salió a ver quién era[1]. **14** Al reconocer la voz de Pedro, de alegría no abrió la puerta, sino que corrió adentro y anunció que Pedro estaba a la puerta. **15** «¡Estás loca!», le dijeron ellos. Pero ella insistía en que así era. Y ellos decían: «Es su ángel».

16 Pero Pedro continuaba llamando; y cuando ellos abrieron, lo vieron y se asombraron. **17** Y haciéndoles señal con la mano para que guardaran silencio, les contó cómo el Señor lo había sacado de la cárcel. Y *les* dijo: «Informen de estas cosas a Jacobo[1] y a los hermanos». Entonces salió, y se fue a otro lugar.

18 Cuando se hizo de día, hubo un alboroto no pequeño entre los soldados *sobre* qué[1] habría sido de Pedro. **19** Herodes, después de buscarlo y no encontrar*lo,* interrogó a los guardias y ordenó que los llevaran *para matarlos.* Después de esto Herodes descendió de Judea a Cesarea, y se quedó allí por un tiempo.

MUERTE DE HERODES

20 Herodes estaba muy enojado con los de Tiro y de Sidón. Pero ellos, de común acuerdo se presentaron ante él, y habiéndose ganado a Blasto, camarero del rey, pedían paz, pues su región era abastecida por el territorio del rey. **21** El día señalado, Herodes, vestido con ropa real, se sentó en la tribuna

12:13 [1] O *salió a abrirle.*   12:17 [1] O *Santiago, hermano de Jesús.*
12:18 [1] Lit. *qué, por tanto,*

LA PROPAGACIÓN DEL EVANGELIO

12:21-23
Por qué Dios mató a Herodes
Cuando la multitud se refirió a Herodes como un dios, él no lo negó, por lo que Dios lo mató.

y comenzó a hablarles. **22** Y la gente gritaba: «¡Voz de un dios y no de un hombre *es esta!*». **23** Al instante un ángel del Señor lo hirió, por no haber dado la gloria a Dios; y Herodes murió[1] comido de gusanos.

24 Pero la palabra del Señor crecía y se multiplicaba.

25 Bernabé y Saulo regresaron de[1] Jerusalén después de haber cumplido su misión[2], llevando *consigo* a Juan, llamado también Marcos.

PRINCIPIO DEL PRIMER VIAJE MISIONERO DE SAULO Y BERNABÉ

13 En la iglesia que estaba en Antioquía había profetas y maestros: Bernabé, Simón llamado Niger, Lucio de Cirene, Manaén, que se había criado con Herodes[1] el tetrarca, y Saulo. **2** Mientras ministraban al Señor y ayunaban, el Espíritu Santo dijo: «Aparten a Bernabé y a Saulo para la obra a la que los he llamado». **3** Entonces, después de ayunar, orar y haber impuesto las manos sobre ellos, los enviaron.

PABLO Y BERNABÉ EN CHIPRE

4 Ellos, pues, enviados por el Espíritu Santo, descendieron a Seleucia y de allí se embarcaron para Chipre. **5** Al llegar a

12:23 [1] Lit. *expiró.*   12:25 [1] Algunos mss. antiguos dicen: *a.*   [2] Lit. *ministerio.*
13:1 [1] I.e. Antipas, hijo de Herodes el Grande.

EL PRIMER VIAJE MISIONERO DE PABLO

Salamina, proclamaban la palabra de Dios en las sinagogas de los judíos; y tenían también a Juan de ayudante.

6 Después de haber recorrido toda la isla hasta Pafos, encontraron a cierto mago, un falso profeta judío llamado Barjesús, 7 que estaba con el procónsul Sergio Paulo, hombre inteligente. Este hizo venir a Bernabé y a Saulo, y deseaba oír la palabra de Dios. 8 Pero Elimas, el mago, pues así se traduce su nombre, se les oponía, tratando de desviar de la fe al procónsul.

9 Entonces Saulo, *llamado* también Pablo, lleno del Espíritu Santo, fijando la mirada en él, dijo: 10 «Tú, hijo del diablo, que estás lleno de todo engaño y fraude, enemigo de toda justicia, ¿no cesarás de torcer los caminos rectos del Señor? 11 Ahora, la mano del Señor está sobre ti; te quedarás ciego y no verás el sol por algún tiempo». Al instante niebla y oscuridad cayeron sobre él, e iba buscando quien lo guiara de la mano. 12 Entonces el procónsul, cuando vio lo que había sucedido, creyó, maravillado de la doctrina del Señor.

PABLO Y BERNABÉ EN ANTIOQUÍA DE PISIDIA

13 Pablo y sus compañeros navegaron desde Pafos y llegaron a Perge de Panfilia; pero Juan se apartó de ellos y regresó a Jerusalén; 14 ellos, saliendo de Perge, llegaron a Antioquía de Pisidia; y en el día de reposo entraron a la sinagoga y se sentaron. 15 Después de la lectura de la ley y los profetas, los oficiales de la sinagoga les mandaron a decir: «Hermanos[1], si tienen alguna palabra de exhortación para el pueblo, hablen».

DISCURSO DE PABLO EN ANTIOQUÍA DE PISIDIA

16 Pablo se levantó, y haciendo señal con la mano, dijo:

«Hombres de Israel, y los que temen a Dios, escuchen: 17 El Dios de este pueblo de Israel, escogió a nuestros padres y engrandeció[1] al pueblo durante su estancia en la tierra de Egipto, y con brazo fuerte los sacó de ella. 18 Por un período como de cuarenta años los soportó[1] en el desierto. 19 Después de destruir siete naciones en la tierra de Canaán, repartió sus tierras en herencia; *todo esto duró* como 450 años. 20 Después de esto, *Dios les* dio jueces hasta el profeta Samuel. 21 Entonces ellos pidieron un rey, y Dios les dio a Saúl, hijo de Cis, varón de la tribu de Benjamín, durante cuarenta años.

22 »Cuando lo quitó, les levantó por rey a David, del cual Dios también testificó y dijo: "HE HALLADO A DAVID, *hijo* de Isaí, UN HOMBRE CONFORME A MI CORAZÓN, que hará toda Mi voluntad[1]". 23 De la descendencia de este, conforme a la promesa, Dios ha dado[1] a Israel un Salvador, Jesús, 24 después de que Juan predicó, antes de Su venida[1], un bautismo de arrepentimiento a todo el pueblo de Israel. 25 Cuando

13:15 [1] Lit. *Varones hermanos* y así en los vers. 26 y 38.   13:17 [1] O *exaltó.*
13:18 [1] Algunos mss. antiguos dicen: *los llevó en sus brazos como una nodriza.*
13:22 [1] Lit. *todas mis voluntades.*   13:23 [1] Lit. *ha traído.*   13:24 [1] Lit. *del rostro de Su entrada.*

13:9
Por qué el nombre de Saulo fue cambiado
Los judíos en esa época tenían dos nombres: un nombre hebreo (en este caso Saulo) y un nombre grecorromano (Pablo). Saulo comenzó a referirse a sí mismo como Pablo a partir de este momento, posiblemente por su misión de alcanzar a los gentiles.

13:14
Por qué Pablo comenzó a predicar en la sinagoga
Él quería llegar tanto a los judíos como a los gentiles con el mensaje del evangelio. En las sinagogas se celebraban reuniones periódicas que atraían a las personas que conocían el Antiguo Testamento. A menudo, los líderes de las sinagogas invitaban a los rabinos visitantes como Pablo a hablar en las mismas.

13:15
Una reunión típica en la sinagoga
Alguien leía secciones del Antiguo Testamento, y luego las personas daban explicaciones y palabras de ánimo sobre lo que habían escuchado.

Juan estaba a punto de terminar su carrera, decía: "¿Quién piensan ustedes que soy yo? Yo no soy *el Cristo;* pero miren, viene tras mí uno de quien yo no soy digno de desatar las sandalias de sus pies".

26 »Hermanos, hijos del linaje de Abraham, y los que entre ustedes temen a Dios, a nosotros[1] nos es enviada la palabra de esta salvación. **27** Pues los que habitan en Jerusalén y sus gobernantes, sin reconocer a Jesús ni las palabras[1] de los profetas que se leen todos los días de reposo, cumplieron *estas escrituras,* cuando *lo* condenaron.

28 »Aunque no hallaron causa para dar muerte a Jesús, pidieron a Pilato que lo mandara a matar[1]. **29** Cuando habían cumplido todo lo que estaba escrito acerca de Él, lo bajaron de la cruz[1] y lo pusieron en un sepulcro. **30** Pero Dios lo levantó de entre los muertos; **31** y por muchos días se apareció a los que habían subido con Él de Galilea a Jerusalén, los cuales ahora son Sus testigos ante el pueblo.

32 »Nosotros les anunciamos las buenas nuevas[1] de que la promesa hecha a los padres, **33** Dios la ha cumplido a nuestros hijos[1] al resucitar a Jesús, como también está escrito en el Salmo segundo: "HIJO MÍO ERES TÚ; YO TE HE ENGENDRADO HOY".

34 »*Y en cuanto a* que lo resucitó de entre los muertos para nunca más volver a corrupción, *Dios* ha hablado de esta manera: "LES DARÉ LAS *misericordias*[1] SANTAS y FIELES *prometidas* A DAVID". **35** Por tanto dice también en otro *salmo:* "NO PERMITIRÁS[1] QUE TU SANTO[2] VEA CORRUPCIÓN".

36 »Porque David, después de haber servido el propósito de Dios en su propia generación[1], durmió[2], y fue sepultado con sus padres, y vio corrupción. **37** Pero Aquel a quien Dios resucitó no vio corrupción.

38 »Por tanto, hermanos, sepan que por medio de Él[1] les es anunciado el perdón de los pecados; **39** y que de todas las cosas de que no pudieron ser justificados[1] por la ley de Moisés[2], por medio de Él, todo aquel que cree es justificado[1]. **40** Tengan, pues, cuidado de que no venga sobre *ustedes* aquello de que se habla en los profetas:

41   "MIREN, BURLADORES, MARAVÍLLENSE Y PEREZCAN[1];
        PORQUE YO HAGO UNA OBRA EN SUS DÍAS,
        UNA OBRA QUE USTEDES NUNCA CREERÍAN AUNQUE
        ALGUIEN SE LA DESCRIBIERA"».

PABLO SE DIRIGE A LOS GENTILES

42 Al salir Pablo y Bernabé[1], la gente[2] les rogaba que el siguiente día de reposo les hablaran de estas cosas[3]. **43** Terminada *la reunión de* la sinagoga, muchos de los judíos y de los prosélitos[1] temerosos de Dios siguieron a Pablo y a Bernabé, quienes, hablándoles, les instaban a perseverar en la gracia de Dios.

13:26 [1] Algunos mss. dicen: *a ustedes.*   13:27 [1] Lit. *voces.*   13:28 [1] Lit. *fuera destruido.*   13:29 [1] Lit. *del madero.*   13:32 [1] O *el evangelio.*
13:33 [1] Algunos mss. dicen: *a nosotros, sus hijos.*   13:34 [1] O *bendiciones.*
13:35 [1] Lit. *darás.*   [2] O *devoto, o pío.*   13:36 [1] O *servido a su propia generación por el propósito de Dios.*   [2] I.e. *murió.*   13:38 [1] Lit. *este.*
13:39 [1] O *libertado(s).*   [2] En el texto griego, estas palabras pertenecen al vers. 38.   13:41 [1] Lit. *desaparezcan.*   13:42 [1] Lit. *Al salir ellos.*   [2] Lit. *ellos.*
[3] Lit. *palabras.*   13:43 [1] I.e. gentiles convertidos al judaísmo.

44 El siguiente día de reposo casi toda la ciudad se reunió para oír la palabra del Señor[1]. **45** Pero cuando los judíos vieron la muchedumbre, se llenaron de celo, y blasfemando, contradecían lo que Pablo decía.

46 Entonces Pablo y Bernabé hablaron con valor y dijeron: «Era necesario que la palabra de Dios les fuera predicada primeramente a ustedes; pero ya que la rechazan y no se juzgan dignos de la vida eterna, así que ahora nos volvemos a los gentiles. **47** Porque así nos lo ha mandado el Señor:

"TE HE PUESTO COMO LUZ PARA LOS GENTILES[1],
A FIN DE QUE LLEVES[2] LA SALVACIÓN HASTA LOS
    CONFINES DE LA TIERRA"».

48 Oyendo esto los gentiles, se regocijaban y glorificaban la palabra del Señor[1]; y creyeron cuantos estaban ordenados a vida eterna. **49** Y la palabra del Señor se difundía por toda la región.

50 Pero los judíos instigaron a las mujeres piadosas[1] y distinguidas, y a los hombres más prominentes de la ciudad, y provocaron una persecución contra Pablo y Bernabé, y los expulsaron de su región. **51** Entonces estos sacudieron el polvo de sus pies contra ellos y se fueron a Iconio. **52** Y los discípulos estaban continuamente llenos de gozo y del Espíritu Santo.

PABLO Y BERNABÉ EN ICONIO

14 Cuando Pablo y Bernabé entraron juntos en la sinagoga de los judíos en Iconio, hablaron de tal manera que creyó una gran multitud, tanto de judíos como de griegos. **2** Pero los judíos que no creyeron[1], excitaron y llenaron de odio los ánimos[2] de los gentiles contra los hermanos. **3** Con todo, se detuvieron *allí* mucho tiempo hablando valientemente, *confiados* en el Señor que confirmaba[1] la palabra de Su gracia, concediendo que se hicieran señales[2] y prodigios por medio de sus manos.

4 Pero la gente de la ciudad estaba dividida, y unos estaban con los judíos y otros con los apóstoles. **5** Cuando los gentiles y los judíos, con sus gobernantes, prepararon un atentado para maltratarlos y apedrearlos, **6** *los apóstoles* se dieron cuenta de ello y huyeron a las ciudades de Licaonia, Listra, Derbe, y sus alrededores; **7** y allí continuaron anunciando el evangelio.

PABLO Y BERNABÉ EN LISTRA

8 Y *había* en Listra un hombre *que* estaba sentado, imposibilitado de los pies, cojo desde el *seno* de su madre *y* que nunca había andado. **9** Este escuchaba hablar a Pablo, el cual, fijando la mirada en él, y viendo que tenía fe para ser sanado[1], **10** dijo con voz fuerte: «Levántate derecho sobre tus pies». Y él dio un salto y comenzó a andar. **11** Cuando la multitud vio lo que Pablo había hecho, alzaron la voz, diciendo en el idioma

13:51
Sacudirse el polvo de los pies

Si la gente de un pueblo rechazaba el mensaje de Dios, los seguidores de Jesús se sacudían el polvo de los pies para simbolizar que ya no eran responsables de las decisiones de esas personas. Esto también indicaba que la comunidad los había perseguido, y representaba una advertencia de juicio.

13:44 [1] Algunos mss. dicen: *de Dios.*   13:47 [1] O *LAS NACIONES.*   [2] Lit. *seas para.*   13:48 [1] Algunos mss. dicen: *de Dios.*   13:50 [1] O *religiosas,* o *devotas.*   14:2 [1] O *desobedecieron.*   [2] Lit. *las almas.*   14:3 [1] Lit. *testificaba de.*   [2] O *milagros.*   14:9 [1] Lit. *salvado.*

14:12
Júpiter y Mercurio
Júpiter (equivalente al dios griego Zeus) era el dios romano más importante, y había un templo para él en la ciudad; Mercurio (equivalente al dios griego Hermes) era un dios romano que se creía que traía a la tierra los mensajes de los otros dioses.

Estatua de Zeus (Júpiter).
Jean-Pierre Dalbéra/ CC BY 2.0

14:28
Cuánto tiempo se quedaron Pablo y Bernabé en Antioquía
Probablemente se quedaron más de un año.

de Licaonia: «Los dioses se han hecho semejantes a hombres y han descendido a nosotros».

12 Y llamaban a Bernabé, Júpiter,*¹* y a Pablo, Mercurio*²*, porque este era el que dirigía la palabra. **13** El sacerdote de Júpiter, cuyo *templo* estaba en las afueras de*¹* la ciudad, trajo toros y guirnaldas a las puertas, y quería ofrecer sacrificios junto con la multitud.

14 Pero cuando lo oyeron los apóstoles Bernabé y Pablo, rasgaron sus ropas y se lanzaron en medio de la multitud, gritando: **15** «Señores, ¿por qué hacen estas cosas? Nosotros también somos hombres de igual naturaleza que ustedes, y les anunciamos el evangelio para que se vuelvan de estas cosas vanas a un Dios vivo, QUE HIZO EL CIELO, LA TIERRA, EL MAR, Y TODO LO QUE HAY EN ELLOS. **16** En las generaciones pasadas Él permitió que todas las naciones*¹* siguieran sus propios caminos; **17** y sin embargo, no dejó de dar testimonio de Él mismo, haciendo bien y dándoles lluvias del cielo y estaciones fructíferas, llenando sus corazones de sustento y de alegría». **18** *Aun* diciendo estas palabras, apenas pudieron impedir que las multitudes les ofrecieran sacrificio.

PABLO APEDREADO EN LISTRA

19 Pero vinieron *algunos* judíos de Antioquía y de Iconio, y habiendo persuadido a la multitud, apedrearon a Pablo y lo arrastraron*¹* fuera de la ciudad, pensando que estaba muerto. **20** Pero mientras los discípulos lo rodeaban, él se levantó y entró en la ciudad. Al día siguiente Pablo partió con Bernabé a Derbe.

21 Después de anunciar el evangelio a aquella ciudad y de hacer muchos discípulos, volvieron a Listra, a Iconio y a Antioquía, **22** fortaleciendo los ánimos de los discípulos, exhortándolos a que perseveraran en la fe, y *diciendo:* «Es necesario que a través de muchas tribulaciones entremos en el reino de Dios». **23** Después que les designaron ancianos en cada iglesia, habiendo orado con ayunos, los encomendaron al Señor en quien habían creído.

24 Pasaron por Pisidia y llegaron a Panfilia. **25** Después de predicar*¹* la palabra en Perge, descendieron a Atalia; **26** y de allí se embarcaron para Antioquía, donde habían sido encomendados a la gracia de Dios para la obra que habían cumplido. **27** Cuando llegaron y reunieron a la iglesia, informaron de todas las cosas que Dios había hecho con ellos, y cómo*¹* había abierto a los gentiles la puerta de la fe. **28** Y se quedaron mucho tiempo*¹* con los discípulos.

EL PROBLEMA DE LOS JUDAIZANTES

15 Algunos que llegaron de Judea enseñaban a los hermanos: «Si no se circuncidan conforme al rito de Moisés, no pueden ser salvos». **2** Como Pablo y Bernabé tuvieran gran*¹* disensión y debate con ellos, *los hermanos* determinaron*²* que Pablo y Bernabé, y algunos otros de ellos subieran a Jerusalén a los apóstoles y a los ancianos para tratar esta cuestión.

14:12 *¹* Gr. Zeus.   *²* Gr. Hermes.   14:13 *¹* Lit. *enfrente de.*   14:16 *¹* O *todos los gentiles.*   14:19 *¹* Lit. *lo arrastraban.*   14:25 *¹* Lit. *hablar.*   14:27 *¹* Lit. *que.*   14:28 *¹* Lit. *no poco tiempo.*   15:2 *¹* Lit. *no pequeña.*   *²* Lit. *se determinó.*

3 Así que, siendo enviados por la iglesia, pasaron por Fenicia y Samaria, relatando detalladamente la conversión de los gentiles, y causaban gran gozo a todos los hermanos. 4 Cuando llegaron a Jerusalén, fueron recibidos por la iglesia, los apóstoles y los ancianos, e informaron de todo lo que Dios había hecho con ellos. 5 Pero algunos de la secta de los fariseos que habían creído se levantaron diciendo: «Es necesario circuncidarlos y mandarles que guarden la ley de Moisés».

EL CONCILIO DE JERUSALÉN

6 Entonces los apóstoles y los ancianos se reunieron para considerar[1] este asunto[2]. 7 Después de mucho debate, Pedro se levantó y les dijo: «Hermanos[1], ustedes saben que en los primeros días[2] Dios escogió de entre ustedes que por mi boca los gentiles oyeran la palabra del evangelio y creyeran. 8 Dios, que conoce el corazón, les dio testimonio dándoles el Espíritu Santo, al igual que a nosotros; 9 y ninguna distinción hizo entre nosotros y ellos, purificando por la fe sus corazones.

10 »Ahora pues, ¿por qué tientan a Dios poniendo sobre el cuello de los discípulos un yugo que ni nuestros padres ni nosotros hemos podido llevar? 11 Creemos más bien que somos salvos por la gracia del Señor Jesús, de la misma manera que ellos también lo son».

12 Toda la multitud hizo silencio, y escuchaban a Bernabé y a Pablo, que relataban las señales[1] y prodigios que Dios había hecho entre los gentiles por medio de ellos. 13 Cuando terminaron de hablar, Jacobo[1] tomó la palabra y dijo: «Escúchenme, hermanos. 14 Simón[1] ha relatado cómo Dios al principio tuvo a bien[2] tomar de entre los gentiles un pueblo para Su nombre. 15 Y con esto concuerdan las palabras de los profetas, tal como está escrito:

16   "DESPUÉS DE ESTO VOLVERÉ,
     Y REEDIFICARÉ EL TABERNÁCULO[1] DE DAVID QUE HA
        CAÍDO.
     Y REEDIFICARÉ SUS RUINAS,
     Y LO LEVANTARÉ DE NUEVO,
17   PARA QUE EL RESTO DE LOS HOMBRES BUSQUE AL
        SEÑOR,
     Y TODOS LOS GENTILES[1] QUE SON LLAMADOS POR MI
        NOMBRE[2]",
18   DICE EL SEÑOR, QUE HACE SABER TODO ESTO[1] DESDE
        TIEMPOS ANTIGUOS.

19 »Por tanto, yo opino que no debemos molestar a los que de entre los gentiles se convierten a Dios, 20 sino que les escribamos que se abstengan de cosas contaminadas[1] por los ídolos, de fornicación, de lo estrangulado y de sangre. 21 Porque Moisés desde generaciones antiguas tiene en cada

15:10
Un tipo de yugo
Este yugo era la ley, que ponía una carga innecesaria sobre la gente.

15:11
Pedro explica la salvación
Pedro les dijo a las personas que la salvación no venía por medio de la ley, sino por gracia.

15:6 [1] Lit. *para ver sobre.*   [2] Lit. *esta palabra.*   15:7 [1] Lit. *Varones hermanos,* y así en el vers. 13.   [2] Lit. *desde los días antiguos.*   15:12 [1] O *los milagros.* 15:13 [1] O *Santiago, hermano de Jesús.*   15:14 [1] O *Simeón.*   [2] Lit. *se interesó en.*   15:16 [1] O *la tienda.*   15:17 [1] O *TODAS LAS NACIONES.*   [2] Lit. *sobre quienes mi nombre es invocado.*   15:18 [1] O *que hace estas cosas conocidas.* 15:20 [1] Lit. *las contaminaciones.*

Líneas de vida:
PABLO

Edad

0	Nace en Tarso de Cilicia *Hechos 22:3*
29	Persigue a los cristianos *Hechos 8:1-3*
30	Tiene un encuentro con Cristo en el camino a Damasco *Hechos 9:1-8*
33	Visita Jerusalén por quince días *Hechos 9:26-29; Gálatas 1:18-19*
33-38	Ministra en Siria y Cilicia *Hechos 9:30; Gálatas 1:21*
44	Asiste al concilio de Jerusalén *Hechos 15:1-29*
48-50	Se instala en Éfeso por tres años *Hechos 19:1-10; 20:31*
52	Es arrestado en Jerusalén y encarcelado en Cesarea *Hechos 21:27-33; 23:23—26:32*
54-56	Es llevado a Roma y encarcelado; es liberado después de unos tres años *Hechos 27:1-2; 28:16-31*
62/63	Es encarcelado de nuevo en Roma; juzgado y ejecutado *2 Timoteo 4:6-8*

ciudad quienes lo prediquen, pues todos los días de reposo es leído en las sinagogas».

LA CARTA DEL CONCILIO A LOS GENTILES

22 Entonces pareció bien a los apóstoles y a los ancianos, con toda la iglesia, escoger de entre ellos *algunos* hombres para enviarlos a Antioquía con Pablo y Bernabé: a Judas, llamado Barsabás, y a Silas, hombres prominentes entre los hermanos, **23** y enviaron esta carta con ellos[1]:

«Los apóstoles, y los hermanos que son ancianos, a los hermanos en Antioquía, Siria y Cilicia que son de los gentiles, saludos. **24** Puesto que hemos oído que algunos de entre nosotros, a quienes no autorizamos, los han inquietado con *sus* palabras, perturbando sus almas, **25** nos pareció bien, habiendo llegado a un común acuerdo[1], escoger *algunos* hombres para enviarlos a ustedes con nuestros amados Bernabé y Pablo. **26** Estos hombres han arriesgado[1] su vida por el nombre de nuestro Señor Jesucristo. **27** Por tanto, hemos enviado a Judas y a Silas, quienes también les informarán las mismas cosas verbalmente[1]. **28** Porque pareció bien al Espíritu Santo y a nosotros no imponerles mayor carga que estas *cosas* esenciales: **29** que se abstengan de lo que ha sido sacrificado a los ídolos, de sangre, de la carne de animales que han sido estrangulados y de fornicación. Si se guardan de tales cosas[1], harán bien. Pásenla bien».

JUDAS Y SILAS EN ANTIOQUÍA

30 Así que ellos, después de ser despedidos, descendieron a Antioquía; y reuniendo a la congregación[1], entregaron la carta. **31** Cuando los hermanos la leyeron, se regocijaron por el consuelo[1] *que les impartía*. **32** Siendo Judas y Silas también profetas, exhortaron y confortaron a los hermanos con un largo mensaje.

33 Después de pasar *allí* algún tiempo, fueron despedidos en paz por los hermanos *para volver* a aquellos que los habían enviado. **34** [1] Pero a Silas le pareció bien quedarse allí. **35** También Pablo y Bernabé se quedaron en Antioquía, enseñando y proclamando con muchos otros, las buenas nuevas de la palabra del Señor.

15:23 [1] Lit. *escribieron por mano de ellos.*   15:25 [1] O *habiéndonos reunido.*   15:26 [1] Lit. *entregado.*   15:27 [1] Lit. *de palabra.*   15:29 [1] Lit. *de los cuales absteniendo.*   15:30 [1] O *multitud.*   15:31 [1] O *la exhortación.*
15:34 [1] Muchos mss. no incluyen el vers. 34.

PABLO Y BERNABÉ SE SEPARAN

36 Después de algunos días Pablo dijo a Bernabé: «Volvamos y visitemos a los hermanos en todas las ciudades donde hemos proclamado la palabra del Señor, *para ver* cómo están». **37** Bernabé quería llevar también con ellos a Juan, llamado Marcos, **38** pero Pablo consideraba que no debían llevar consigo a quien los había desertado en[1] Panfilia y no los había acompañado en[2] la obra. **39** Se produjo un desacuerdo tan grande que se separaron el uno del otro. Bernabé tomó consigo a Marcos y se embarcó rumbo a Chipre, **40** pero Pablo escogió a Silas y partió, siendo encomendado por los hermanos a la gracia del Señor. **41** Y viajaba por Siria y Cilicia confirmando a las iglesias.

PABLO ESCOGE A TIMOTEO

16 Pablo llegó también a Derbe y a Listra. Y estaba allí cierto discípulo llamado Timoteo, hijo de una mujer judía creyente, pero de padre griego, **2** del cual hablaban elogiosamente los hermanos que estaban en Listra y en Iconio. **3** Pablo quiso que este fuera[1] con él, y lo tomó y lo circuncidó por causa de los judíos que había en aquellas regiones, porque todos sabían que su padre era griego.

4 Según pasaban por las ciudades, entregaban los acuerdos tomados por los apóstoles y los ancianos que estaban en Jerusalén, para que los observaran. **5** Así que las iglesias eran confirmadas en la fe[1], y diariamente crecían en número.

VISIÓN DE PABLO DEL HOMBRE MACEDONIO

6 Pasaron por la región de Frigia y Galacia[1], habiendo sido impedidos por el Espíritu Santo de hablar la palabra en Asia[2]. **7** Cuando llegaron a Misia, intentaron ir a Bitinia, pero el Espíritu de Jesús no se lo permitió. **8** Entonces pasando por Misia, descendieron a Troas.

9 Por la noche se le mostró a Pablo una visión: un hombre de Macedonia estaba de pie, suplicándole: «Pasa a Macedonia y ayúdanos». **10** Cuando tuvo[1] la visión, enseguida procuramos ir a[2] Macedonia, persuadidos de que Dios nos había llamado para anunciarles el evangelio.

CONVERSIÓN DE LIDIA

11 Así que[1], saliendo de Troas, navegamos con rumbo directo a Samotracia, y al día siguiente a Neápolis. **12** De allí *fuimos* a Filipos, que es una ciudad principal de la provincia de Macedonia, una colonia *romana*; en esta ciudad nos quedamos por varios días.

13 El día de reposo salimos fuera de la puerta, a la orilla de un río, donde pensábamos que habría un lugar de oración. Nos sentamos y comenzamos a hablar a las mujeres que se habían reunido. **14** Y estaba escuchando cierta mujer llamada Lidia, de la ciudad de Tiatira, vendedora de telas de púrpura, que adoraba a Dios; y el Señor abrió su corazón[1] para que

16:3
Por qué Timoteo fue circuncidado

Pablo quiso que Timoteo fuera circuncidado para que los judíos lo aceptaran. Timoteo era mitad judío, por parte de su madre. A los ojos de los judíos, hubiera sido considerado un gentil, ya que era hijo de un griego y no estaba circuncidado.

16:13
Un lugar inusual para orar

Como no había judíos en Filipos, la ciudad no tenía una sinagoga. Por eso estas mujeres se reunían al aire libre para orar a la orilla del río.

15:38 [1] Lit. *desde*.   [2] Lit. *a*.   16:3 [1] Lit. *saliera*.   16:5 [1] O *en fe*.
16:6 [1] O *Frigia y la región de Galacia*.   [2] I.e. provincia occidental de Asia Menor.
16:10 [1] Lit. *vio*.   [2] Lit. *salir para*.   16:11 [1] Algunos mss. antiguos dicen: *Y*.
16:14 [1] Lit. *cuyo corazón el Señor abrió*.

recibiera lo que Pablo decía. **15** Cuando ella y su familia[1] se bautizaron, *nos* rogó: «Si juzgan que soy fiel al Señor, vengan a mi casa y quédense *en ella*». Y nos persuadió *a ir*.

CONVERSIÓN DE LA MUCHACHA ADIVINA

16 Mientras íbamos al lugar de oración, nos salió al encuentro una muchacha esclava que tenía espíritu de adivinación, la cual daba grandes ganancias a sus amos, adivinando. **17** Esta, siguiendo a Pablo y a nosotros, gritaba: «Estos hombres son siervos del Dios Altísimo, quienes les proclaman el[1] camino de salvación».

18 Esto lo hacía por muchos días; pero desagradando *esto* a Pablo, se volvió y dijo al espíritu: «¡Te ordeno, en el nombre de Jesucristo, que salgas de ella!». Y el espíritu salió en aquel mismo momento[1].

19 Pero cuando sus amos vieron que se les había ido[1] la esperanza de ganancia para ellos, prendieron a Pablo y a Silas, y *los* arrastraron hasta la plaza, ante las autoridades. **20** Después de haberlos presentado a los magistrados superiores, dijeron: «Estos hombres, siendo judíos, alborotan nuestra ciudad, **21** y proclaman costumbres que no nos es lícito aceptar ni observar, puesto que somos romanos». **22** La

16:15 [1] Lit. *casa.*   16:17 [1] Lit. *un.*   16:18 [1] Lit. *aquella misma hora.*
16:19 [1] Lit. *que había salido.*

16:19
La plaza
La plaza de una ciudad (o *ágora*) era el centro de todos los asuntos sociales, políticos y de otro tipo. La gente discutía ideas, compraba y vendía bienes, y realizaban negocios en la plaza.

16:22-23
Maltrato ilegal a Pablo y Silas
Era ilegal rasgar la ropa de Pablo y Silas, azotarlos y encarcelarlos, porque ellos eran ciudadanos romanos, como señala Pablo en el versículo 37.

EL SEGUNDO VIAJE MISIONERO DE PABLO

Ruta de la Vía Egnatia

0   100 km
0   100 millas

multitud se levantó a una contra ellos, y los magistrados superiores, rasgándoles sus ropas, ordenaron que *los* azotaran con varas. **23** Después de darles muchos azotes, los echaron en la cárcel, ordenando al carcelero que los guardara con seguridad; **24** el cual, habiendo recibido esa orden, los echó en el calabozo interior y les aseguró los pies en el cepo.

CONVERSIÓN DEL CARCELERO

25 Como a medianoche, Pablo y Silas oraban y cantaban himnos a Dios, y los presos los escuchaban. **26** De repente se produjo un gran terremoto, de tal manera que los cimientos de la cárcel fueron sacudidos. Al instante se abrieron todas las puertas y las cadenas de todos se soltaron. **27** Al despertar el carcelero y ver abiertas todas las puertas de la cárcel, sacó su espada y se iba a matar, creyendo que los prisioneros se habían escapado. **28** Pero Pablo clamó a gran voz, diciendo: «No te hagas ningún mal, pues todos estamos aquí».

29 Entonces él pidió luz y se precipitó adentro, y temblando, se postró ante Pablo y Silas, **30** y después de sacarlos, dijo: «Señores, ¿qué debo hacer para ser salvo?». **31** Ellos respondieron: «Cree en el Señor Jesús, y serás salvo, tú y *toda* tu casa».

32 Y le hablaron la palabra del Señor[1] a él y a todos los que estaban en su casa. **33** El carcelero los tomó en aquella *misma* hora de la noche y les lavó las heridas, y enseguida fue bautizado con todos los suyos. **34** Llevándolos a su hogar, les dio de comer[1], y se regocijó grandemente por haber creído en Dios con todos los suyos[2].

VINDICACIÓN DE PABLO Y SILAS

35 Cuando se hizo de día, los magistrados superiores enviaron a sus oficiales, diciendo: «Suelta a esos hombres». **36** El carcelero comunicó a Pablo estas palabras, *diciendo:* «Los magistrados superiores han dado orden de que les suelte. Así que, salgan ahora y vayan en paz». **37** Pero Pablo les dijo: «Aunque somos ciudadanos[1] romanos, nos han azotado públicamente sin hacernos juicio y nos han echado a la cárcel; ¿y ahora nos sueltan en secreto? ¡De ninguna manera! Que ellos mismos vengan a sacarnos».

38 Los oficiales informaron esto a los magistrados superiores, y al saber que eran ciudadanos romanos, tuvieron temor. **39** Entonces vinieron y les suplicaron, y después de sacarlos, les rogaban que salieran de la ciudad. **40** Cuando salieron de la cárcel, fueron a *casa de* Lidia, y al ver a los hermanos, los consolaron[1] y se fueron.

PABLO Y SILAS EN TESALÓNICA

17 Después de pasar por Anfípolis y Apolonia, Pablo y Silas llegaron a Tesalónica, donde había una sinagoga de los judíos. **2** Y Pablo, entró según su costumbre, y por tres días de reposo[1] discutió con ellos *basándose* en las Escrituras, **3** explicando[1] y presentando[2] evidencia de que era necesario que el Cristo[3] padeciera y resucitara de entre los muertos,

16:27
Por qué el carcelero se iba a matar
Si un prisionero se escapaba, el carcelero estaría en problemas y se le daría muerte como castigo por la fuga. Sería más rápido y menos vergonzoso para él suicidarse, pero Pablo pudo evitar que se hiciera daño y le presentó el plan de salvación.

16:32 [1] Algunos mss. antiguos dicen: *de Dios.*   16:34 [1] Lit. *les puso la mesa.*
[2] O *con toda su familia.*   16:37 [1] Lit. *hombres.*   16:40 [1] O *los exhortaron.*
17:2 [1] O *por tres sábados.*   17:3 [1] Lit. *abriendo.*   [2] Lit. *exponiendo.*   [3] I.e. el *Mesías.*

y *diciendo:* «Este Jesús, a quien yo les anuncio, es el Cristo». **4** Algunos de ellos creyeron, y se unieron a Pablo y a Silas, junto con[1] una gran multitud de griegos temerosos de Dios y muchas[2] de las mujeres principales.

5 Pero los judíos, llenos de envidia, llevaron[1] algunos hombres malvados[2] de la plaza pública, organizaron una turba y alborotaron la ciudad. Asaltando la casa de Jasón, procuraban sacarlos al pueblo. **6** Al no encontrarlos, arrastraron a Jasón y a algunos de los hermanos ante las autoridades de la ciudad, gritando: «Esos que han trastornado al mundo han venido acá también; **7** y Jasón los[1] ha recibido. Todos ellos actúan contra los decretos de César, diciendo que hay otro rey, Jesús». **8** Y alborotaron a la multitud y a las autoridades de la ciudad que oían esto. **9** Pero después de recibir una fianza de Jasón y de los otros, los soltaron.

PABLO Y SILAS ENVIADOS A BEREA

10 Enseguida los hermanos enviaron de noche a Pablo y a Silas a Berea, los cuales, al llegar, fueron a la sinagoga de los judíos. **11** Estos eran más nobles que los de Tesalónica, pues[1] recibieron la palabra con toda solicitud, escudriñando diariamente las Escrituras, *para ver* si estas cosas eran así. **12** Por eso muchos de ellos creyeron, así como también un buen número de[1] griegos, hombres y mujeres de distinción.

13 Pero cuando los judíos de Tesalónica supieron que la palabra de Dios había sido proclamada por Pablo también en Berea, fueron también allá para agitar y alborotar a las multitudes. **14** Entonces los hermanos inmediatamente enviaron a Pablo para que fuera hasta el mar; pero Silas y Timoteo se quedaron allí. **15** Los que conducían a Pablo lo llevaron hasta Atenas; y después de recibir órdenes de que Silas y Timoteo se unieran[1] a él lo más pronto posible, se fueron.

PABLO EN ATENAS

16 Mientras Pablo los esperaba en Atenas, su espíritu se enardecía dentro de él al contemplar la ciudad llena de ídolos. **17** Así que discutía en la sinagoga con los judíos y con los *gentiles* temerosos de Dios, y diariamente en la plaza con los que estuvieran presentes.

18 También discutían con él algunos de los filósofos epicúreos y estoicos. Y algunos decían: «¿Qué quiere decir este palabrero[1]?». «Parece ser un predicador de divinidades extrañas[2]», decían otros; porque *les* predicaba a[3] Jesús y la resurrección. **19** Entonces tomaron a Pablo y lo llevaron al[1] Areópago[2], diciendo: «¿Podemos saber qué es esta nueva enseñanza que usted proclama[3]? **20** Porque le oímos decir[1] cosas extrañas; por tanto, queremos saber qué significan». **21** Pues todos los atenienses y los extranjeros de visita allí, no pasaban el tiempo en otra cosa sino en decir o en oír algo nuevo.

17:6-7
Acusados de un crimen
Algunos judíos acusaban a Pablo y Silas de traición, lo cual significaba apoyar o promover a un rey que no fuera el César. Este era el peor crimen que podía cometer un ciudadano romano.

17:18
Filósofos epicúreos
Los epicúreos enseñaban que había que vivir la vida buscando la felicidad, y el modo de hacerlo era enfocándose en disfrutar de los placeres y evitar el dolor.

17:18
Estoicos
Ellos enseñaban que la gente debía vivir según la lógica, no según las emociones, y en armonía con la naturaleza. También enseñaban que las personas debían eliminar sus propios deseos.

17:4 [1] Lit. *y.*　[2] Lit. *no pocas.*　17:5 [1] Lit. *tomaron.*　[2] U *ociosos.*
17:7 [1] Lit. *a quienes Jasón.*　17:11 [1] Lit. *quienes.*　17:12 [1] Lit. *y no pocos.*　17:15 [1] Lit. *vinieran.*　17:18 [1] I.e. *uno que se gana la vida recogiendo desperdicios.*　[2] Lit. *demonios extraños.*　[3] O *anunciaba el evangelio de.*
17:19 [1] O *ante él.*　[2] O *a la colina de Ares (también llamado Marte), el dios de la guerra.*　[3] Lit. *de la que estás hablando.*　17:20 [1] Lit. *traes a nuestros oídos.*

22 Entonces Pablo poniéndose en pie en medio del Areópago[1], dijo: «Varones atenienses, percibo que ustedes son muy religiosos[2] en todo sentido. **23** Porque mientras pasaba y observaba los objetos de su adoración, hallé también un altar con esta inscripción: "AL[1] DIOS DESCONOCIDO". Pues lo que ustedes adoran sin conocer, eso les anuncio yo.

24 »El Dios que hizo el mundo y todo lo que en él *hay*, puesto que es Señor del cielo y de la tierra, no mora en templos hechos por manos *de hombres*, **25** ni es servido por manos humanas, como si necesitara de algo, puesto que Él da a todos vida y aliento y todas las cosas.

26 »De uno solo, Dios hizo todas las naciones del mundo para que habitaran sobre toda la superficie de la tierra, habiendo determinado *sus* tiempos y las fronteras de los lugares donde viven, **27** para que buscaran a Dios, y de alguna manera, palpando, lo hallen, aunque Él no está lejos de ninguno de nosotros. **28** Porque en Él vivimos, nos movemos y existimos[1], así como algunos de los poetas de ustedes han dicho: "Porque también nosotros somos linaje Suyo".

29 »Siendo, pues, linaje de Dios, no debemos pensar que la Naturaleza Divina sea semejante a oro, plata o piedra, esculpidos por el[1] arte y el pensamiento humano. **30** Por tanto, habiendo pasado por alto los tiempos de ignorancia, Dios declara ahora a todos los hombres, en todas partes, que se arrepientan. **31** Porque Él ha establecido un día en el cual juzgará al mundo en justicia, por medio de un Hombre a quien Él ha designado, habiendo presentado pruebas a todos los hombres cuando lo resucitó de entre los muertos».

32 Cuando oyeron de la resurrección de los muertos, algunos se burlaban, pero otros dijeron: «Le escucharemos otra[1] vez acerca de esto». **33** Entonces Pablo salió de entre ellos. **34** Pero algunos se unieron a él y creyeron, entre los cuales estaban[1] Dionisio el areopagita, una mujer llamada Dámaris y otros con ellos.

PABLO EN CORINTO

18 Después de esto *Pablo* salió de Atenas y fue a Corinto. **2** Allí se encontró con un judío que se llamaba Aquila, natural del Ponto, quien acababa de llegar de Italia con Priscila su mujer, pues *el emperador* Claudio había ordenado a todos los judíos que salieran de Roma. Pablo fue a verlos, **3** y como él era del mismo oficio, se quedó con ellos y trabajaban *juntos,* pues el oficio de ellos era hacer tiendas de campaña. **4** Y discutía en la sinagoga todos los días de reposo, tratando de persuadir a judíos y a griegos.

5 Cuando Silas y Timoteo llegaron de Macedonia, Pablo comenzó a dedicarse por completo a la *predicación de la* palabra, testificando solemnemente a los judíos que Jesús era el Cristo[1]. **6** Pero cuando los judíos se le opusieron y blasfemaron, él sacudió sus ropas y les dijo: «Su sangre *sea* sobre sus cabezas; yo soy limpio; desde ahora me iré a los gentiles».

17:22 [1] O posiblemente, *Concilio del Areópago.*   [2] O *supersticiosos.*   17:23 [1] O *A UN.*   17:28 [1] Lit. *somos.*   17:29 [1] Lit. *escultura del.*   17:32 [1] Lit. *también otra.*   17:34 [1] Lit. *también.*   18:5 [1] I.e. el Mesías.

17:23
Por qué los griegos tenían un altar para un dios desconocido
Ellos no querían ofender a ningún dios al no reconocerlo. Así que hicieron un altar para los dioses que tal vez no conocían.

18:6
Pablo sacudió sus ropas
Esto equivalía a sacudirse el polvo de los pies. Les estaba mostrando que ellos habían rechazado sus enseñanzas sobre Dios, y que él no era responsable de su decisión.

7 Partiendo de allí, se fue a la casa de un *hombre* llamado Ticio Justo, que adoraba a Dios, cuya casa estaba junto a la sinagoga. **8** Crispo, el oficial de la sinagoga, creyó en el Señor con toda su casa. También muchos de los corintios, al oír, creían y eran bautizados.

9 Por medio de una visión durante la noche, el Señor dijo a Pablo: «No temas, sigue hablando y no calles; **10** porque Yo estoy contigo, y nadie te atacará para hacerte daño, porque Yo tengo mucha gente en esta ciudad». **11** Entonces Pablo se quedó *allí* un año y seis meses, enseñando la palabra de Dios entre ellos.

PABLO ANTE GALIÓN

12 Pero siendo Galión procónsul de Acaya, los judíos se levantaron a una contra Pablo y lo trajeron ante el tribunal. **13** «Este persuade a los hombres a que adoren a Dios *en forma* contraria a la ley», dijeron ellos.

14 Cuando Pablo iba a hablar[1], Galión dijo a los judíos: «Si fuera cuestión de una injusticia o de un crimen depravado, oh judíos, yo les toleraría, como sería razonable. **15** Pero si son cuestiones de palabras y nombres, y de su propia ley, allá ustedes; yo no estoy dispuesto a ser juez de estas cosas».

16 Y los echó del tribunal. **17** Entonces todos ellos agarraron a Sóstenes, el oficial de la sinagoga, y lo golpeaban frente al tribunal, pero Galión no hacía caso de nada de esto.

FIN DEL SEGUNDO VIAJE MISIONERO DE PABLO, Y PRINCIPIO DEL TERCERO

18 Pablo, después de quedarse muchos días más, se despidió de los hermanos y se embarcó hacia Siria, y con él iban Priscila y Aquila. Y en Cencrea se hizo cortar el cabello, porque tenía hecho un voto. **19** Llegaron a Éfeso y dejó allí a Priscila y Aquila. Y entrando Pablo a la sinagoga, discutía con los judíos. **20** Cuando le rogaron que se quedara más tiempo, no consintió, **21** sino que se despidió de ellos, diciendo[1]: «Volveré a ustedes otra vez, si Dios quiere». Y embarcándose, se fue de Éfeso.

22 Al llegar a Cesarea, subió *a Jerusalén* para saludar a la iglesia, y *luego* descendió a Antioquía. **23** Después de pasar *allí* algún tiempo, Pablo fue recorriendo por orden la región de Galacia y de Frigia, fortaleciendo a todos los discípulos.

APOLOS EN ÉFESO

24 Llegó entonces a Éfeso un judío que se llamaba Apolos, natural de Alejandría, hombre elocuente[1], y que era poderoso en las Escrituras. **25** Este había sido instruido en el camino del Señor, y siendo ferviente de espíritu, hablaba y enseñaba con exactitud las cosas referentes a Jesús, aunque solo conocía el bautismo de Juan. **26** Y comenzó a hablar abiertamente en la sinagoga. Pero cuando Priscila y Aquila lo oyeron, lo llevaron aparte y le explicaron con mayor exactitud el camino de Dios.

18:13
Pablo es acusado otra vez
Aquellos judíos afirmaban que Pablo estaba promoviendo una religión que la ley romana no reconocía.

18:18
Por qué Pablo se cortó el cabello
Los hombres solían cortarse o afeitarse el cabello después de cumplir un voto. Es posible que Pablo se cortara el pelo como expresión de agradecimiento a Dios por haberlo cuidado en Corinto y por la respuesta positiva de la gente a su predicación.

18:14 [1] Lit. *iba a abrir la boca.*   18:21 [1] Algunos mss. agregan: *Es necesario que en todo caso yo guarde en Jerusalén la fiesta que viene.*   18:24 [1] O *instruido.*

27 Cuando Apolos quiso pasar a Acaya, los hermanos lo animaron, y escribieron a los discípulos que lo recibieran. Cuando llegó, ayudó mucho a los que por la gracia habían creído[1], **28** porque refutaba vigorosamente en público a los judíos, demostrando por las Escrituras que Jesús era el Cristo[1].

PABLO EN ÉFESO

19 Mientras Apolos estaba en Corinto, Pablo, después de haber recorrido las regiones superiores, llegó a Éfeso y encontró a algunos discípulos, **2** y les preguntó: «¿Recibieron el Espíritu Santo cuando creyeron?». Ellos le respondieron: «No, ni siquiera hemos oído si hay un Espíritu Santo[1]».

3 Entonces Pablo les preguntó: «¿En qué *bautismo,* pues, fueron bautizados?». «En el bautismo de Juan», contestaron ellos. **4** Y Pablo les dijo: «Juan bautizó con el bautismo de arrepentimiento, diciendo al pueblo que creyeran en Aquel que vendría después de él, es decir, en Jesús».

5 Al oír *esto,* fueron bautizados en el nombre del Señor Jesús. **6** Cuando Pablo les impuso las manos, vino sobre ellos el Espíritu Santo, y hablaban en lenguas y profetizaban. **7** Eran en total unos doce hombres.

LA IGLESIA SE ESTABLECE EN ÉFESO

8 Pablo entró en la sinagoga, y por tres meses continuó hablando abiertamente, discutiendo y persuadiéndo*les* acerca[1] del reino de Dios. **9** Pero cuando algunos se endurecieron y se volvieron desobedientes, hablando mal del Camino ante la multitud, *Pablo* se apartó de ellos llevándose a los discípulos, y discutía diariamente en la escuela de Tirano. **10** Esto continuó por dos años, de manera que todos los que vivían en Asia[1] oyeron la palabra del Señor, tanto judíos como griegos.

11 Dios hacía milagros[1] extraordinarios por mano de Pablo, **12** de tal manera que incluso llevaban pañuelos o delantales de su cuerpo a los enfermos, y las enfermedades los dejaban y los malos espíritus se iban de ellos. **13** Pero también algunos de los judíos, exorcistas ambulantes, trataron de invocar el nombre del Señor Jesús sobre los que tenían espíritus malos, diciendo: «Les ordeno *que salgan,* en el Nombre de Jesús a quien Pablo predica». **14** Siete hijos de un tal Esceva, uno de los principales sacerdotes judíos, eran los que hacían esto. **15** Pero el espíritu malo les respondió: «A Jesús conozco[1], y sé quién es Pablo, pero ustedes, ¿quiénes son?».

16 Y el hombre en quien estaba el espíritu malo se lanzó sobre ellos, y los[1] dominó y pudo más que ellos, de manera que huyeron de aquella casa desnudos y heridos. **17** Supieron esto todos los habitantes de Éfeso, tanto judíos como griegos. El temor se apoderó de[1] todos ellos, y el nombre del Señor Jesús era exaltado.

19:11-12
El poder sanador de Pablo
Estos milagros eran obra de Dios con el fin de mostrar su increíble poder. La sanidad de la que habla este versículo es similar a la de aquellos que fueron curados cuando tocaron el borde del manto de Jesús. (Ver Marcos 5:27 y 6:56).

18:27 [1] O *ayudó mucho por la gracia a los que habían creído.*   18:28 [1] I.e. el Mesías.   19:2 [1] O *que el Espíritu Santo ha sido dado.*   19:8 [1] Algunos mss. antiguos dicen: *las cosas acerca.*   19:10 [1] I.e. provincia occidental de Asia Menor.   19:11 [1] U *obras de poder.*   19:15 [1] O *reconozco.* 19:16 [1] Posiblemente, *a dos de ellos.*   19:17 [1] Lit. *cayó sobre.*

18 También muchos de los que habían creído continuaban viniendo, confesando y declarando las cosas que practicaban[1]. **19** Muchos de los que practicaban la magia, juntando *sus* libros, los quemaban a la vista de todos. Calcularon su precio y hallaron *que llegaba a* 50,000 monedas de plata (180 kilogramos). **20** Así crecía poderosamente y prevalecía la palabra del Señor[1].

LOS PLANES DE PABLO

21 Pasadas estas cosas, Pablo decidió en el espíritu[1] ir a Jerusalén después de recorrer Macedonia y Acaya, diciendo: «Después que haya estado allí, debo visitar[2] también Roma». **22** Y habiendo enviado a Macedonia a dos de sus ayudantes, Timoteo y Erasto, él se quedó en Asia[1] por algún tiempo.

EL TUMULTO DE LOS PLATEROS

23 Por aquel tiempo se produjo un alboroto no pequeño por motivo del Camino. **24** Porque cierto platero que se llamaba Demetrio, que labraba templecillos de plata de Diana[1] y producía no pocas ganancias a los artífices, **25** reunió a estos junto con los obreros de *oficios* semejantes, y dijo:

19:18 [1] Lit. *sus prácticas*; i.e. prácticas mágicas.   19:20 [1] O *conforme al poder del Señor la palabra crecía.*   19:21 [1] O *Espíritu.*   [2] Lit. *ver.*   19:22 [1] I.e. la provincia romana de la costa occidental de Asia Menor, y así en el resto del cap. 19:24 [1] Gr. *Artemisa.*

19:19
Los libros de magia
Estos libros contenían fórmulas mágicas e información secreta. Eran muy valiosos para los magos, porque creían que sus palabras y fórmulas tenían poder.

19:24-25
Demetrio
Demetrio era probablemente el líder de un grupo de trabajadores que fabricaban templecillos (pequeñas representaciones del templo) e imágenes de plata.

EL TERCER VIAJE MISIONERO DE PABLO

«Compañeros[1], ustedes saben que nuestra prosperidad depende de[2] este comercio. **26** Pueden ver y oír que no solo en Éfeso, sino en casi toda Asia, este Pablo ha persuadido a una gran cantidad de gente, y la ha apartado, diciendo que los *dioses* hechos con las manos no son dioses *verdaderos*. **27** Y no solo corremos el peligro de que nuestro oficio caiga en descrédito, sino también de que el templo de la gran diosa Diana[1] se considere sin valor, y que ella, a quien adora toda Asia y el mundo entero[2], sea despojada de su grandeza».

28 Cuando oyeron *esto*, se llenaron de ira, *y* comenzaron a gritar: «¡Grande es Diana[1] de los efesios!». **29** La ciudad se llenó de confusión y a una se precipitaron en el teatro, arrastrando[1] consigo a Gayo y a Aristarco, los compañeros de viaje de Pablo, *que eran* de Macedonia. **30** Cuando Pablo quiso ir a la multitud[1], los discípulos no se lo permitieron. **31** También algunas de las autoridades de la provincia de Asia, que eran amigos de Pablo[1], le enviaron mensaje y repetidamente le rogaron que no se aventurara[2] *a presentarse* en el teatro.

32 Así que unos gritaban una cosa y otros otra, porque había confusión en la asamblea[1], y la mayoría no sabía por qué razón[2] se habían reunido. **33** Algunos de la multitud pensaron *que se trataba de* Alejandro[1], puesto que los judíos lo habían empujado hacia adelante. Entonces Alejandro, haciendo señal *de silencio* con la mano, quería hacer su defensa ante la asamblea[2]. **34** Pero cuando se dieron cuenta de que era judío, un clamor se levantó de todos ellos, gritando como por dos horas: «¡Grande es Diana[1] de los efesios!».

35 Entonces el secretario[1], después de calmar a la multitud, dijo*: «Ciudadanos[2] de Éfeso, ¿hay acaso algún hombre que no sepa que la ciudad de los efesios es guardiana del templo de la gran Diana[3] y de la *imagen* que descendió del cielo[4]? **36** Puesto que estos hechos son innegables, deben guardar calma y no hacer nada precipitadamente. **37** Porque han traído a estos hombres que ni roban templos, ni blasfeman a nuestra diosa[1].

38 »Así pues, si Demetrio y los artífices que están con él tienen queja contra alguien, los tribunales están abiertos y los procónsules *dispuestos;* presenten sus acusaciones unos contra otros. **39** Pero si demandan algo más que esto, se decidirá en asamblea[1] legítima[2]. **40** Porque ciertamente corremos peligro de ser acusados de crear problemas en relación con lo acontecido hoy, ya que no existe causa *justificada para esto,* y por ello no podremos explicar este alboroto[1]». **41** Y habiendo dicho esto, despidió la asamblea[1].

19:27
El templo de Diana

Diana, también conocida como Artemisa, era una diosa griega. Este templo constituía una de las siete maravillas del mundo antiguo. Medía 130 metros de largo y 67 metros de ancho. Tenía 127 columnas de mármol blanco que medían 19 metros de altura. En el santuario interior se encontraba la imagen de muchos pechos que supuestamente había caído allí desde el cielo.

19:25 [1] Lit. *Hombres.*   [2] Lit. *es de.*   19:27 [1] Gr. *Artemisa.*   [2] Lit. *la tierra habitada.*   19:28 [1] Gr. *Artemisa.*   19:29 [1] Lit. *habiendo arrastrado.*
19:30 [1] Lit. *al pueblo.*   19:31 [1] Lit. *él.*   [2] Lit. *se entregara.*   19:32 [1] Gr. *iglesia.*
[2] O *por causa de quien.*   19:33 [1] O *instruyeron a Alejandro.*   [2] Lit. *el pueblo.*
19:34 [1] Gr. *Artemisa.*   19:35 [1] I.e. *que presidía las asambleas populares.*
[2] Lit. *Hombres.*   [3] Gr. *Artemisa.*   [4] I.e. *Zeus, o, Júpiter.*   19:37 [1] O *ni son ladrones de templos, ni blasfemadores de nuestra diosa.*   19:39 [1] Gr. *iglesia.*
[2] U *ordinaria.*   19:40 [1] O *esta turba.*   19:41 [1] Gr. *iglesia.*

VIAJE DE PABLO POR MACEDONIA Y GRECIA

20 Después que cesó el alboroto, Pablo mandó llamar a los discípulos, y habiéndo*los* exhortado, despidiéndose, partió para ir a Macedonia. **2** Y después de recorrer aquellas regiones y de haberlos exhortado mucho, llegó a Grecia. **3** Pasó *allí* tres meses, y habiéndose tramado un plan en su contra de parte de los judíos cuando estaba por embarcarse para Siria, tomó la decisión de regresar por Macedonia.

4 Lo acompañaban Sópater de Berea, *hijo* de Pirro; Aristarco y Segundo de los tesalonicenses; Gayo de Derbe, y Timoteo; Tíquico y Trófimo de Asia*¹*. **5** Pero estos se habían adelantado y nos esperaban en Troas. **6** Nos embarcamos en Filipos después de los días de la Fiesta de los Panes sin Levadura*¹*, y en cinco días llegamos adonde ellos *estaban* en Troas; y allí nos quedamos siete días.

DESPEDIDA DE PABLO EN TROAS

7 El primer *día* de la semana, cuando estábamos reunidos para partir el pan, Pablo les hablaba, pensando salir al día siguiente, y prolongó su discurso*¹* hasta la medianoche. **8** Había muchas lámparas en el aposento alto donde estábamos reunidos. **9** Y estaba sentado en la ventana un joven llamado Eutico. Como Pablo continuaba hablando, *Eutico* fue cayendo en un profundo sueño hasta que, vencido por el sueño, se cayó desde el tercer piso y lo levantaron muerto. **10** Pero Pablo bajó y se tendió sobre él, y después de abrazarlo, dijo: «No se alarmen*¹*, porque está vivo*²*».

11 Volviendo arriba, después de partir el pan y de comer*¹*, conversó largamente con ellos hasta el amanecer, y entonces se marchó. **12** Al muchacho se lo llevaron vivo, y quedaron grandemente*¹* consolados.

VIAJE DE TROAS A MILETO

13 Entonces nosotros, adelantándonos a *tomar* la nave, salimos para Asón, con el propósito de recoger allí a Pablo, pues así lo había decidido, deseando él ir por tierra*¹* *hasta* Asón. **14** Cuando nos encontró en Asón, lo recibimos a bordo y nos dirigimos a Mitilene. **15** Saliendo de allí, al día siguiente llegamos frente a Quío; y al otro *día* atracamos en Samos. Habiendo hecho escala en Trogilio*¹*, al *día* siguiente llegamos a Mileto. **16** Porque Pablo había decidido dejar a un lado a Éfeso para no detenerse en Asia, pues se apresuraba para estar, en Jerusalén el día de Pentecostés si le era posible.

17 Desde Mileto mandó *mensaje* a Éfeso y llamó a los ancianos de la iglesia.

DESPEDIDA EN MILETO

18 Cuando vinieron a él, les dijo:

«Ustedes bien saben cómo he sido con ustedes todo el tiempo, desde el primer día que estuve*¹* en Asia. **19** He servido al

---

20:7
Partir el pan
Esto significaba compartir una comida con otras personas. Aquí, estaban celebrando la Cena del Señor.

20:17
Los ancianos de la iglesia
Pablo había designado a estos creyentes muy respetados para que dirigieran la iglesia.

20:4 *¹* I.e. provincia occidental de Asia Menor.   20:6 *¹* O *de los Ázimos.*
20:7 *¹* Lit. *la palabra.*   20:10 *¹* O *Dejen de estar atribulados.*   *²* Lit. *su vida está en él.*   20:11 *¹* Lit. *probar.*   20:12 *¹* Lit. *no poco.*   20:13 *¹* Lit. *a pie.*   20:15 *¹* Los mss. más antiguos no incluyen: *habiendo hecho… Trogilio.*
20:18 *¹* Lit. *puse el pie.*

PERSONAJES OPUESTOS

Pedro vs. Pablo

Hechos 3–20

Sana a un hombre cojo de nacimiento *3:1-10*

Sana a un hombre cojo de nacimiento *14:8-10*

La gente se sanaba por medio de su sombra *5:15-16*

La gente se sanaba por medio de sus pañuelos y delantales *19:11-12*

Los judíos están celosos de su ministerio *5:17*

Los judíos están celosos de su ministerio *13:45*

Confronta a Simón el mago *8:18-24*

Confronta a Barjesús (Elimas) el mago *13:6-11*

Pone sus manos sobre unos samaritanos, quienes reciben al Espíritu Santo *8:14-17*

Pone sus manos sobre unos efesios, quienes reciben al Espíritu Santo *19:1-6*

Levanta a Tabita (Dorcas) de entre los muertos *9:36-41*

Levanta a Eutico de entre los muertos *20:9-12*

Enviado a visitar a Cornelio mediante una visión *10:1-8*

Ananías es enviado a visitarlo mediante una visión *9:10-19*

Liberado milagrosamente de la cárcel *12:1-11*

Liberado milagrosamente de la cárcel *16:25-34*

Señor con toda humildad, con lágrimas y con pruebas que vinieron sobre mí por causa de las intrigas de los judíos. **20** *Bien saben* cómo no rehuí declararles a ustedes nada que fuera útil, y de enseñarles públicamente y de casa en casa[1], **21** testificando solemnemente, tanto a judíos como a griegos, del arrepentimiento para con Dios y de la fe en nuestro Señor Jesucristo.

22 »Ahora yo, atado en espíritu[1], voy a Jerusalén sin saber lo que allá me sucederá, **23** salvo que el Espíritu Santo solemnemente me da testimonio en cada ciudad, diciendo que me esperan cadenas y aflicciones. **24** Pero en ninguna manera estimo mi vida como valiosa para mí mismo, a fin de poder terminar mi carrera[1] y el ministerio que recibí del Señor Jesús, para dar testimonio solemnemente del evangelio de la gracia de Dios.

25 »Y ahora, yo sé que ninguno de ustedes, entre quienes anduve predicando el reino, volverá a ver mi rostro. **26** Por tanto, les doy testimonio[1] en este día de que soy inocente[2]

20:20 [1] O en los varios hogares privados.   20:22 [1] O en el Espíritu.
20:24 [1] Algunos mss. agregan: con gozo.   20:26 [1] O los llamo como testigos.
[2] Lit. *limpio*.

20:28
Obispos
Esta era otra palabra para los ancianos de la iglesia, también llamados pastores.

20:35
Pablo cita a Jesús
Pablo citó a Jesús, pero como la cita no aparece en los Evangelios, no sabemos cuándo Jesús dijo esto.

21:9
Las hijas de Felipe
Estas hijas vírgenes pueden haberse dedicado a servir al Señor debido a sus dones de profecía.

de la sangre de todos, **27** pues no rehuí declararles todo el propósito[1] de Dios.

28 »Tengan cuidado de sí mismos y de toda la congregación, en medio de la cual el Espíritu Santo les ha hecho obispos[1] para pastorear la iglesia de Dios, la cual Él compró[2] con Su propia sangre. **29** Sé que después de mi partida, vendrán lobos feroces entre ustedes que no perdonarán el rebaño. **30** También de entre ustedes mismos se levantarán algunos[1] hablando cosas perversas para arrastrar a los discípulos tras ellos. **31** Por tanto, estén alerta, recordando que por tres años, de noche y de día, no cesé de amonestar a cada uno con lágrimas.

32 »Ahora los encomiendo a Dios[1] y a la palabra de Su gracia, que es poderosa para edificar*los* y dar*les* la herencia entre todos los santificados. **33** Ni la plata, ni el oro, ni la ropa de nadie he codiciado. **34** Ustedes saben que estas manos me sirvieron para mis *propias* necesidades y las de los que estaban conmigo. **35** En todo les mostré que así, trabajando, deben ayudar a los débiles, y recordar las palabras del Señor Jesús, que dijo: "Más bienaventurado es dar que recibir"».

36 Cuando Pablo terminó de hablar[1], se arrodilló y oró con todos ellos. **37** Comenzaron todos a llorar desconsoladamente[1], y abrazando a[2] Pablo, lo besaban. **38** Estaban afligidos[1] especialmente por la palabra que había dicho de que ya no volverían a ver su rostro. Y lo acompañaron hasta el barco.

DESPEDIDA EN TIRO

21 Después de separarnos de ellos, salimos y navegamos con rumbo directo a Cos, al día siguiente a Rodas, y de allí a Pátara. **2** Al encontrar un barco que iba para Fenicia, subimos a bordo y nos hicimos a la vela.

3 Cuando vimos *la isla de* Chipre, dejándola a la izquierda, navegamos hacia Siria, y desembarcamos en Tiro porque la nave debía dejar allí su cargamento. **4** Después de hallar a los discípulos, nos quedamos allí siete días, y ellos le decían a Pablo, por el Espíritu[1], que no fuera a Jerusalén[2]. **5** Pasados aquellos días[1] partimos y emprendimos nuestro viaje mientras que todos ellos, con sus mujeres e hijos, nos acompañaron hasta las afueras de la ciudad. Después de arrodillarnos y orar en la playa, nos despedimos unos de otros. **6** Entonces subimos al barco y ellos regresaron a sus hogares.

PABLO EN CESAREA

7 Terminado el viaje desde Tiro, llegamos a Tolemaida, y después de saludar a los hermanos, nos quedamos con ellos un día. **8** Al día siguiente partimos y llegamos a Cesarea, y entrando en la casa de Felipe, el evangelista, que era uno de los siete, nos quedamos con él. **9** Este tenía cuatro hijas vírgenes que profetizaban.

20:27 [1] O *consejo,* o, *designio.*   20:28 [1] O *supervisores.*   [2] Lit. *adquirió.* 20:30 Lit. *hombres.*   20:32 [1] Un ms. antiguo dice: *al Señor.*   20:36 [1] Lit. *Y diciendo esto.*   20:37 [1] Lit. *hubo un considerable llanto de todos.*   [2] Lit. *y echándose al cuello de.*   20:38 [1] Lit. *sufriendo dolor.*   21:4 [1] I.e. por causa de impresiones dadas por el Espíritu.   [2] Lit. *que no pusiera el pie en Jerusalén.* 21:5 [1] Lit. *cuando habíamos completado los días.*

¹⁰ Y deteniéndonos allí varios días, descendió de Judea cierto profeta llamado Agabo, ¹¹ quien vino¹ a *vernos*, y tomando el cinto de Pablo, se ató las manos y los pies, y dijo: «Así dice el Espíritu Santo: "Así atarán los judíos en Jerusalén al dueño de este cinto, y lo entregarán en manos de los gentiles"».

¹² Al escuchar esto, tanto nosotros como los que vivían allí¹ le rogábamos que no subiera a Jerusalén. ¹³ Entonces Pablo respondió: «¿Qué hacen, llorando y quebrantándome el corazón? Porque listo estoy no solo a ser atado, sino también a morir en Jerusalén por el nombre del Señor Jesús». ¹⁴ Como no se dejaba persuadir, dejamos de insistir, dicien*do*nos: «Que se haga la voluntad del Señor».

¹⁵ Después de estos días nos preparamos y comenzamos a subir hacia Jerusalén. ¹⁶ Nos acompañaron también *algunos* de los discípulos de Cesarea, quienes nos condujeron a Mnasón, de Chipre, un antiguo discípulo con quien deberíamos hospedarnos.

PABLO EN JERUSALÉN

¹⁷ Cuando llegamos a Jerusalén, los hermanos nos recibieron con regocijo. ¹⁸ Al día siguiente Pablo fue¹ con nosotros *a ver* a Jacobo², y todos los ancianos estaban presentes. ¹⁹ Después de saludarlos, comenzó a referirles una por una las cosas que Dios había hecho entre los gentiles mediante su ministerio.

²⁰ Ellos, cuando *lo* oyeron, glorificaban a Dios y le dijeron: «Hermano, ya ves cuántos miles¹ hay entre los judíos que han creído, y todos son celosos de la ley. ²¹ Se les ha contado acerca de ti, que enseñas a todos los judíos entre los gentiles que se aparten de Moisés, diciéndoles que no circunciden a sus hijos ni observen¹ las tradiciones. ²² Entonces, ¿qué es *lo que se debe hacer*? Porque sin duda la multitud se reunirá¹ pues oirán que has venido.

²³ »Por tanto, haz esto que te decimos. Tenemos cuatro hombres que han hecho un voto¹; ²⁴ tómalos y purifícate junto con ellos, y paga sus gastos¹ para que se rasuren la cabeza. Así todos sabrán que no hay nada *cierto* en lo que se les ha dicho acerca de ti, sino que tú también vives ordenadamente, guardando la ley. ²⁵ Pero en cuanto a los gentiles que han creído, nosotros *les* hemos escrito, habiendo decidido que deben abstenerse de todo lo que ha sido sacrificado a los ídolos, de sangre y de comer carne de animales estrangulados y de fornicación».

²⁶ Entonces Pablo tomó *consigo* a los hombres, y al día siguiente, purificándose¹ junto con ellos, fue al templo, notificando de la terminación de los días de purificación, hasta que el sacrificio se ofreciera por cada uno de ellos.

EL TUMULTO EN EL TEMPLO

²⁷ Cuando estaban para cumplirse los siete días, los judíos de Asia¹, al verlo en el templo alborotaron a todo el pueblo y

21:10
Agabo
Agabo era un profeta. Muchos años antes había profetizado la hambruna que luego vendría sobre Jerusalén (11:27-28)

21:18
Jacobo
Jacobo, también nombrado Santiago, era el hermano de Jesús y un líder de la iglesia en Jerusalén. Él es el autor del libro de la Biblia llamado Santiago.

21:11 ¹ Lit. *y viniendo*.   21:12 ¹ Lit. *los del lugar*.   21:18 ¹ Lit. *entró*.
² O *Santiago, hermano de Jesús*.   21:20 ¹ Lit. *diez miles*.   21:21 ¹ Lit. *ni anden conforme a*.   21:22 ¹ Algunos mss. antiguos no incluyen: *la multitud se reunirá*.   21:23 ¹ Lit. *tienen un voto sobre sí*.   21:24 ¹ Lit. *gasta en ellos*.   21:26 ¹ O *tomó a los hombres el día siguiente y purificándose*.   21:27 ¹ I.e. provincia occidental de Asia Menor.

le echaron mano, **28** gritando: «¡Hombres de Israel[1], ayúden-nos! Este es el hombre que enseña[2] a todos, por todas partes, contra nuestro pueblo, la ley y este lugar. Además, incluso ha traído griegos al templo, y ha profanado este lugar santo». **29** Pues anteriormente habían visto a Trófimo el Efesio con él en la ciudad, y pensaban que Pablo lo había traído al templo.

30 Se alborotó toda la ciudad, y llegó el pueblo corriendo de todas partes[1]. Apoderándose de Pablo lo arrastraron fuera del templo, y al instante cerraron las puertas. **31** Mientras procuraban matarlo, llegó aviso al comandante[1] de la compañía[2] *romana* que toda Jerusalén estaba en confusión. **32** Inmediatamente tomó consigo *algunos* soldados y centuriones, y corrió hacia ellos; cuando el pueblo vio al comandante y a los soldados, dejaron de golpear a Pablo.

33 Entonces el comandante llegó y lo arrestó, y ordenó que lo ataran con dos cadenas, y preguntaba quién era y qué había hecho. **34** Pero entre la muchedumbre unos gritaban una cosa y otros otra, y como él no pudo averiguar con certeza *los hechos,* debido al tumulto, ordenó que llevaran a Pablo al cuartel. **35** Cuando Pablo llegó a las gradas, los soldados tuvieron que cargarlo por causa de la violencia de la turba[1]; **36** porque la multitud del pueblo *lo* seguía, gritando: «¡Muera!».

DEFENSA DE PABLO EN JERUSALÉN

37 Cuando estaban para meterlo en el cuartel, Pablo dijo al comandante: «¿Puedo decirte algo?». Y él dijo*: «¿Sabes griego? **38** ¿Entonces tú no eres el egipcio que hace tiempo[1] levantó una revuelta y sacó los 4,000 hombres de los asesinos[2] al desierto?».

39 Pablo respondió: «Yo soy judío de Tarso de Cilicia, ciudadano de una ciudad no sin importancia. Te suplico que me permitas hablar al pueblo». **40** Cuando el comandante le concedió el permiso, Pablo, de pie sobre las gradas, hizo señal al pueblo con su mano, y cuando hubo[1] gran silencio, les habló en el idioma hebreo[2]:

22 «Hermanos y padres, escuchen mi defensa que ahora *presento* ante ustedes», decía Pablo.

2 Cuando oyeron que se dirigía a ellos en el idioma hebreo[1], observaron aún más silencio. El continuó*:

PABLO DA TESTIMONIO DE SU CONVERSIÓN

3 «Yo soy judío, nacido en Tarso de Cilicia, pero criado en esta ciudad, educado bajo[1] Gamaliel en estricta conformidad a la ley de nuestros padres[2], siendo *tan* celoso de Dios como todos ustedes lo son hoy. **4** Perseguí este Camino hasta la muerte, encadenando y echando en cárceles tanto a hombres como a mujeres, **5** de lo cual pueden testificar[1] el sumo sacerdote y todo el Concilio[2] de los ancianos. De ellos recibí cartas

---

21:33
Cómo ataron a Pablo
Probablemente le pusieron una cadena en cada mano y lo ataron a los dos soldados que lo escoltaban.

21:37
A dónde llevaron a Pablo
Los soldados lo llevaron a la Fortaleza Antonia, que estaba conectada con el extremo norte del área del templo por dos tramos de escaleras.

21:28 [1] Lit. *Hombres de Israel.*   [2] O *predica.*   21:30 [1] Lit. *ocurrió un correr junto de todo el pueblo.*   21:31 [1] Gr. *quiliarca;* i.e. oficial militar romano al mando de mil soldados, y así en el resto del cap.   [2] I.e. *tropa.*   21:35 [1] O *multitud.*   21:38 [1] Lit. *días.*   [2] O *sicarios.*   21:40 [1] Lit. *ocurrió.*   [2] I.e. arameo judaico.   22:2 [1] I.e. arameo judaico.   22:3 [1] Lit. *a los pies de.*   [2] Lit. *conforme a la rigidez de la ley ancestral.*   22:5 [1] Lit. *testificar en mi favor.*   [2] O *Sanedrín.*

para los hermanos[3], y me puse en marcha para Damasco con el fin de traer presos[4] a Jerusalén también a los que estaban allá, para que fueran castigados.

6 »Y aconteció que cuando iba de camino, estando ya cerca de Damasco, como al mediodía, de repente una luz muy brillante fulguró desde el cielo a mi alrededor. **7** Caí al suelo y oí una voz que me decía: "Saulo, Saulo, ¿por qué me persigues?". **8** Y respondí: "¿Quién eres, Señor?". Y Él me dijo: "Yo soy Jesús el Nazareno, a quien tú persigues".

9 »Los que estaban conmigo vieron la luz, ciertamente, pero no comprendieron[1] la voz de Aquel que me hablaba. **10** Y yo dije: "¿Qué debo hacer, Señor?". Y el Señor me dijo: "Levántate y entra a Damasco; y allí se te dirá todo lo que se ha ordenado que hagas".

11 »Pero como yo no veía por causa del resplandor[1] de aquella luz, los que estaban conmigo me llevaron de la mano y entré a Damasco. **12** Y uno llamado Ananías, hombre piadoso según las normas de la ley, y de quien daban buen testimonio todos los judíos que vivían allí, **13** vino a mí, y poniéndose a mi lado, me dijo: "Hermano Saulo, recibe la vista". En ese mismo instante[1] alcé los ojos y lo miré.

14 »Y él dijo: "El Dios de nuestros padres te ha designado[1] para que conozcas Su voluntad, y para que veas al Justo y oigas palabra[2] de Su boca. **15** Porque tú serás testigo Suyo a todos los hombres de lo que has visto y oído. **16** Y ahora, ¿por qué te detienes? Levántate y bautízate, y lava tus pecados invocando Su nombre".

17 »Cuando regresé a Jerusalén y me hallaba orando en el templo, caí en un éxtasis, **18** y vi al Señor que me decía: "Apresúrate y sal pronto de Jerusalén porque no aceptarán tu testimonio acerca de Mí".

19 »Entonces yo dije: "Señor, ellos saben bien que en las sinagogas, una tras otra, yo encarcelaba y azotaba a los que creían en Ti. **20** Cuando se derramaba la sangre de Tu testigo Esteban, allí estaba también yo dando mi aprobación, y cuidando los mantos de los que lo estaban matando". **21** Pero Él me dijo: "Ve, porque te voy a enviar lejos, a los gentiles"».

PABLO BAJO VIGILANCIA DEL COMANDANTE

22 La multitud lo oyó hasta que dijo esto[1], entonces alzaron sus voces y dijeron: «¡Quita de la tierra a ese hombre! No se le debe permitir que viva».

23 Como ellos vociferaban, y arrojaban sus mantos, y echaban polvo al aire, **24** el comandante[1] ordenó que llevaran a Pablo al cuartel, diciendo que debía ser sometido a[2] azotes para saber la razón por qué la gente gritaban contra él de aquella manera. **25** Cuando lo estiraron con[1] correas, Pablo dijo al centurión que estaba allí: «¿Les es lícito azotar a un ciudadano[2] romano sin haberle hecho juicio?».

22:8-14
El testimonio de Pablo
Haber visto al Jesús resucitado, al Justo, había convencido a Pablo sobre la verdad del evangelio.

---

[3] I.e. judíos.   [4] Lit. estando atados.   22:9 [1] U oyeron (con entendimiento).
22:11 [1] O de la gloria.   22:13 [1] O Al instante; lit. Y en esa misma hora.
22:14 [1] O escogido.   [2] O mensaje; lit. voz.   22:22 [1] Lit. esta palabra.
22:24 [1] Gr. quiliarca; i.e. oficial militar romano al mando de mil soldados, y así en el resto del cap.   [2] Lit. examinado con.   22:25 [1] Lit. para las.   [2] Lit. hombre.

22:28
Cómo ser ciudadano romano
Había tres maneras de obtener la ciudadanía romana: recibirla como recompensa por un destacado servicio a Roma, comprarla por un alto precio, o nacer en una familia de ciudadanos romanos.

23:3
Pared blanqueada
Este era un modo de decir que alguien era un hipócrita. Significaba lucir bello por fuera, pero estar sucio por dentro, como una tumba pintada de blanco.

26 Al oír *esto* el centurión, fue al comandante y le avisó: «¿Qué vas a hacer? Porque este hombre es ciudadano romano». **27** Vino el comandante a *Pablo* y le dijo: «Dime, ¿eres ciudadano romano?». «Sí», contestó él. **28** Y el comandante respondió: «Yo adquirí esta ciudadanía por una gran cantidad de dinero». «Pero yo soy *ciudadano romano* de nacimiento», le dijo Pablo.

29 Entonces los que iban a someterlo a[1] *azotes*, al instante lo soltaron[2]. También el comandante tuvo temor cuando supo que *Pablo* era ciudadano romano, y porque lo había atado *con cadenas*.

PABLO ANTE EL CONCILIO

30 Al día siguiente, queriendo el comandante saber con certeza la causa por la cual los judíos lo acusaban a Pablo, lo soltó, y ordenó a los principales sacerdotes y a todo el Concilio[1] que se reunieran. Después llevó[2] a Pablo y lo puso ante ellos.

23 Entonces Pablo, mirando fijamente al Concilio[1], dijo: «Hermanos[2], hasta este día yo he vivido delante de Dios con una conciencia perfectamente limpia[3]».

2 Y el sumo sacerdote Ananías ordenó a los que estaban junto a él, que lo golpearan en la boca. **3** Entonces Pablo le dijo: «¡Dios lo golpeará a usted, pared blanqueada! ¿Se sienta usted para juzgarme conforme a la ley, y viola la ley ordenando que me golpeen?».

4 Los que estaban allí observando, dijeron: «¿Al sumo sacerdote de Dios injurias?». **5** Y Pablo dijo: «No sabía, hermanos, que él era el sumo sacerdote; porque escrito está: "NO HABLARÁS MAL DE UNA DE LAS AUTORIDADES DE TU PUEBLO"».

6 Entonces Pablo, dándose cuenta de que una parte eran saduceos y otra fariseos, alzó la voz en el Concilio: «Hermanos[1], yo soy fariseo, hijo de fariseos. Se me juzga a causa de la esperanza de[2] la resurrección de los muertos». **7** Cuando dijo esto, se produjo un altercado entre los fariseos y los saduceos, y la asamblea se dividió. **8** Porque los saduceos dicen que no hay resurrección, ni ángel, ni espíritu, pero los fariseos creen todo esto.

9 Se produjo entonces un gran alboroto. Y levantándose algunos de los escribas del grupo de los fariseos, discutían enérgicamente, diciendo: «No encontramos nada malo en este hombre; pero ¿y si un espíritu o un ángel le ha hablado?». **10** Al surgir un gran altercado, el comandante[1] tuvo temor de que Pablo fuera despedazado por ellos, y ordenó que las tropas descendieran, lo sacaran de entre ellos a la fuerza y lo llevaran al cuartel.

11 A la noche siguiente el Señor se le apareció a Pablo y le dijo: «Ten ánimo, porque como has testificado fielmente de Mi causa en Jerusalén, así has de testificar también en Roma».

22:29 [1] Lit. *examinarlo con.*   [2] Lit. *se retiraron de él.*   22:30 [1] O *Sanedrín.*   [2] Lit. *bajando.*   23:1 [1] O *al Sanedrín.*   [2] Lit. *Varones hermanos.*   [3] O *me he conducido como un buen ciudadano.*   23:6 [1] Lit. *Varones hermanos.*   [2] Lit. *y.*   23:10 [1] Gr. *quiliarca;* i.e. oficial militar romano al mando de mil soldados, y así en el resto del cap.

CONSPIRACIÓN DE LOS JUDÍOS CONTRA PABLO

12 Cuando se hizo de día, los judíos tramaron una conspiración[1] y se comprometieron bajo juramento[2], diciendo que no comerían ni beberían hasta que hubieran matado a Pablo. **13** Los que tramaron este plan eran más de cuarenta hombres, **14** los cuales fueron a los principales sacerdotes y a los ancianos y dijeron: «Nos hemos comprometido bajo solemne juramento[1] a no probar nada hasta que hayamos matado a Pablo. **15** Ahora pues, ustedes y[1] el Concilio, avisen al comandante para que lo haga comparecer[2] ante ustedes, como si quisieran hacer una investigación más minuciosa para resolver su caso. Nosotros por nuestra parte estamos listos para matarlo antes de que llegue».

16 Pero el hijo de la hermana de Pablo se enteró de la emboscada, y fue y entró[1] al cuartel y dio aviso a Pablo. **17** Pablo, llamando a uno de los centuriones, dijo: «Lleva a este joven al comandante, porque tiene algo que informarle».

18 Él entonces, tomándolo *consigo*, lo condujo al comandante, y *le* dijo*: «Pablo, el preso, me llamó y me pidió que te trajera a este joven, pues tiene algo que decirte». **19** El comandante, tomándolo de la mano, y llevándolo aparte, le preguntó: «¿Qué es lo que tienes que informarme?».

23:12 [1] O *formaron un tumulto.*   [2] O *maldición.*   23:14 [1] O *maldición.*
23:15 [1] Lit. *con.*   [2] Lit. *bajar.*   23:16 [1] O *habiendo estado presente con ellos, y entró.*

23:16
La familia de Pablo
Esta es la única vez que se menciona a la familia de Pablo. Su sobrino había venido con el fin de advertirle a Pablo sobre la emboscada para matarlo.

VISIONES EN EL LIBRO DE HECHOS

La visión que tuvo Pablo de Cristo en el camino a Damasco
9:3-9

La visión de Ananías para ir a ministrar a Pablo
9:10-16

La visión de Cornelio para invitar a Pedro a Cesarea
10:3-6

La visión de Pedro en cuanto a comer animales inmundos, que significaba que debía aceptar a los gentiles
10:9-18,28-29

La visión de Pablo de que Dios estaría con él en Corinto
18:9-11

La visión de Pablo para ministrar en Macedonia
16:9-10

La visión de Pablo de que debía testificar en Roma
23:11

20 Y el joven respondió: «Los judíos se han puesto de acuerdo en pedirle que mañana lleve a Pablo al Concilio con el pretexto de hacer una indagación más a fondo sobre él. **21** Pero no les preste atención[1], porque más de cuarenta hombres de ellos, que se han comprometido bajo juramento[2] a no comer ni beber hasta que lo hayan matado, esperan emboscados. Ellos ya están listos esperando promesa de parte suya[3]». **22** Entonces el comandante dejó ir al joven, encomendándole: «No digas a nadie que me has informado de estas cosas».

23 Y llamando a dos de los centuriones, dijo: «Preparen 200 soldados para las nueve de la noche, con[1] setenta jinetes y 200 lanceros[2], para que vayan a Cesarea». **24** Debían preparar también cabalgaduras para Pablo y llevarlo a salvo al gobernador Félix.

CARTA DE CLAUDIO LISIAS A FÉLIX

25 También *el comandante* escribió una carta en estos términos:

26 «Claudio Lisias, al excelentísimo gobernador Félix: Salud. **27** Cuando este hombre fue arrestado por los judíos, y estaba a punto de ser muerto por ellos, al saber que era romano, fui con las tropas y lo rescaté. **28** Queriendo cerciorarme de la causa por la cual lo acusaban, lo llevé a su Concilio **29** y hallé que lo acusaban sobre cuestiones de su ley, pero no de ningún[1] cargo que mereciera muerte o prisión[2]. **30** Cuando se me informó de que había un plan en contra del hombre, se lo envié enseguida, instruyendo también a sus acusadores que presenten los cargos[1] contra él delante de usted[2]».

31 Así que los soldados, de acuerdo con las órdenes *que tenían*, tomaron a Pablo y lo llevaron de noche a Antípatris. **32** Al día siguiente regresaron al cuartel dejando que los de a caballo siguieran con él, **33** los cuales, después de llegar a Cesarea y de entregar la carta al gobernador, le presentaron también a Pablo. **34** Cuando el gobernador leyó la carta, preguntó de qué provincia era Pablo. Y al enterarse de que era de Cilicia, **35** dijo: «Te oiré cuando estén presentes también tus acusadores». Y mandó que lo guardaran en el Pretorio[1] de Herodes.

LOS JUDÍOS ACUSAN A PABLO ANTE FÉLIX

24 Cinco días más tarde el sumo sacerdote Ananías descendió a Cesarea con algunos ancianos y con un abogado[1] *llamado* Tértulo; y[2] presentaron al gobernador sus cargos[3] contra Pablo. **2** Después que llamaron a Pablo[1], Tértulo comenzó a acusarlo, diciendo *al gobernador*:

«Ya que por usted hemos obtenido mucha paz, y que por providencia suya se están llevando a cabo reformas en favor

23:23-24
El comandante asignó muchas tropas para escoltar a Pablo

Él no quería que nada le sucediera a Pablo, que era un ciudadano romano.

23:21 [1] Lit. *no te dejes persuadir por ellos.*   [2] O *maldición.*   [3] I.e. de mandar a Pablo.   23:23 [1] Lit. *y.*   [2] O *arqueros, u honderos.*   23:29 [1] Lit. *no teniendo.*   [2] Lit. *cadenas.*   23:30 [1] Lit. *que hablen.*   [2] Algunos mss. agregan: *Que lo pases bien.*   23:35 [1] I.e. la residencia oficial del gobernador.   24:1 [1] Lit. *orador.*   [2] Lit. *los cuales.*   [3] O *su caso, o su evidencia.*   24:2 [1] Lit. *él.*

de esta nación, **3** nosotros, por todos los medios y en todas partes, reconocemos *esto* con profunda gratitud, oh excelentísimo Félix.

4 »Pero para no molestarle más, le suplico que, con su *habitual* bondad, nos conceda una breve audiencia¹. **5** Pues hemos descubierto¹ que este hombre es verdaderamente una plaga², y que provoca disensiones entre todos los judíos por el mundo entero, y *es* líder de la secta de los nazarenos. **6** Hasta trató de profanar el templo. Entonces¹ lo arrestamos ²y quisimos juzgarlo conforme a nuestra ley.

7 »Pero interviniendo el comandante¹ Lisias, con gran violencia lo quitó de nuestras manos, **8** mandando a sus acusadores que vinieran a usted. Si usted mismo lo interroga sobre todo lo que he dicho¹, podrá confirmar las cosas de que lo acusamos». **9** Los judíos se unieron también a la acusación¹, asegurando que, *efectivamente,* así era todo.

DEFENSA DE PABLO

10 Después que el gobernador le hizo una señal para que hablara, Pablo respondió: «Sabiendo que por muchos años usted ha sido juez de esta nación, con gusto presento mi defensa, **11** puesto que usted puede comprobar el hecho de que no hace más de doce días que subí a Jerusalén a adorar. **12** Y ni en el templo, ni en las sinagogas, ni en la ciudad *misma* me encontraron discutiendo con nadie o provocando un tumulto¹. **13** Ni tampoco pueden probar de lo que ahora me acusan.

14 »Pero esto admito ante usted, que según el Camino que ellos llaman secta, yo sirvo al Dios de nuestros padres¹, creyendo todo lo que es conforme a la ley y lo que está escrito en los profetas; **15** teniendo *la misma* esperanza en Dios que estos también abrigan, de que ciertamente habrá una resurrección tanto de los justos como de los impíos¹. **16** Por esto, yo también me esfuerzo por conservar¹ siempre una conciencia irreprensible delante de Dios y delante de los hombres.

17 »Después de varios años, he venido para traer limosnas¹ a mi nación y a presentar ofrendas. **18** En esto estaba cuando me encontraron en el templo, después de haberme purificado, no con multitud ni con alboroto. Pero *estaban allí* ciertos judíos de Asia¹, **19** y que deberían haberse presentado *aquí* ante usted y acusar*me* si tuvieran algo contra mí.

20 »O si no, que estos mismos digan qué delito encontraron cuando comparecí ante el Concilio¹, **21** a no ser por esta sola declaración¹ que hice en voz alta mientras estaba entre ellos: "Por la resurrección de los muertos soy juzgado hoy ante ustedes"».

22 Entonces Félix, que conocía con bastante exactitud acerca del Camino, dejó *el fallo* para después, diciendo¹: «Cuando

---

24:4 ¹ Lit. *oigas brevemente.*   24:5 ¹ Lit. *encontrado.*   ² O *una peste.*
24:6 ¹ Lit. *pero también.*   ² Los mss. más antiguos no incluyen el resto del vers. 6, el vers. 7 y la primera parte del vers. 8 hasta: *que vinieran a ti.*   24:7 ¹ Gr. *quiliarca;* i.e. oficial militar romano al mando de mil soldados, y así en el vers. 22.   24:8 ¹ Lit. *todos estos asuntos.*   24:9 ¹ O *en el ataque.*   24:12 ¹ Lit. *un ataque por una turba.*   24:14 ¹ Lit. *al dios ancestral.*   24:15 ¹ O *injustos.* 24:16 ¹ Lit. *yo mismo practico.*   24:17 ¹ O *hacer obras de caridad.*   24:18 ¹ I.e. provincia occidental de Asia Menor.   24:20 ¹ O *Sanedrín.*   24:21 ¹ Lit. *voz.* 24:22 ¹ Lit. *los aplazó, diciendo.*

24:5
Los cargos contra Pablo
Algunos judíos decían que era un alborotador y el líder de la secta de los nazarenos (un nombre para los seguidores de Jesús). Causar conflictos en el imperio era traición al César, y liderar un grupo religioso sin aprobación era ilegal.

24:22
Félix ya conocía acerca del Camino
Él había sido gobernador de Judea y Samaria por seis años, de modo que debe haber estado familiarizado con las prácticas de los cristianos.

venga² el comandante Lisias decidiré el caso de ustedes». ²³ Y dio órdenes al centurión de que tuviera a Pablo¹ bajo custodia, pero con *alguna medida* de libertad, y que no impidiera a ninguno de sus amigos² que lo sirvieran.

PABLO PRESO POR DOS AÑOS EN CESAREA

²⁴ Pero pocos días más tarde, llegó Félix con Drusila su mujer¹, que era judía, y mandó traer a Pablo y lo oyó *hablar* acerca de la fe en Cristo Jesús. ²⁵ Al disertar Pablo¹ sobre la justicia, el dominio propio y el juicio venidero, Félix, atemorizado dijo²: «Vete por ahora, pero cuando tenga tiempo te mandaré llamar».

²⁶ Al mismo tiempo, tenía esperanza de que Pablo le diera dinero. Por eso acostumbraba llamarlo con frecuencia y conversar con él. ²⁷ Pero transcurridos dos años, Porcio Festo llegó como sucesor de Félix¹, y deseando hacer un favor a los judíos, Félix dejó preso a Pablo.

PABLO ANTE FESTO

25 Festo, entonces, tres días después de haber llegado a la provincia, subió a Jerusalén desde Cesarea. ² Y los principales sacerdotes y los judíos más influyentes le presentaron acusaciones contra Pablo, e insistían con Festo¹, ³ pidiéndole, el favor¹ de que hiciera traer a Pablo a Jerusalén², preparando ellos, *al mismo tiempo,* una emboscada para matarlo en el camino. ⁴ Pero Festo respondió que Pablo estaba bajo custodia en Cesarea, y que en breve él mismo saldría *para allá.* ⁵ Por tanto dijo*: «Que los más influyentes de ustedes vayan allá¹ conmigo, y si hay algo malo en el hombre, que lo acusen».

PABLO APELA A CÉSAR

⁶ Después de haberse quedado no más de ocho o diez días entre ellos, descendió a Cesarea, y al día siguiente se sentó en el tribunal y ordenó que trajeran a Pablo. ⁷ Cuando este llegó, lo rodearon los judíos que habían descendido de Jerusalén, presentando contra él muchas y graves acusaciones que no podían probar, ⁸ mientras Pablo decía en defensa propia: «No he cometido ningún delito, ni contra la ley de los judíos, ni contra el templo, ni contra César».

⁹ Pero Festo, queriendo hacer un favor a los judíos, respondió a Pablo, y dijo: «¿Estás dispuesto a subir a Jerusalén y a ser juzgado delante de mí por estas *acusaciones*?». ¹⁰ Entonces Pablo respondió: «Ante el tribunal de César estoy,

24:26
Félix pensó que Pablo le ofrecería un soborno
Félix se imaginaba que Pablo tenía acceso a grandes sumas de dinero, porque había oído que él les había llevado dinero a los cristianos en Jerusalén.

25:1
El camino de Cesarea a Jerusalén
Era una distancia de 97 kilómetros que requería dos días de viaje.

25:9
Pablo quería ser juzgado por Festo fuera de Jerusalén
Como ciudadano romano, Pablo tenía derecho a ser juzgado en una corte romana, donde probablemente recibiría un trato más justo que en una corte judía.

² Lit. *descienda.*   24:23 ¹ Lit. *él.*   ² Lit. *de los suyos.*   24:24 ¹ Lit. *su propia mujer.*   24:25 ¹ Lit. *él.*   ² Lit. *respondió.*   24:27 ¹ Lit. *Félix recibió como sucesor a Porcio Festo.*   25:2 ¹ Lit. *a él.*   25:3 ¹ O *una concesión.*   ² Lit. *enviara por él a Jerusalén.*   25:5 ¹ Lit. *desciendan.*

que es donde debo ser juzgado. Ningún agravio he hecho a *los* judíos, como también usted muy bien sabe. [11] Si soy, pues, un malhechor y he hecho algo digno de muerte, no rehúso morir. Pero si ninguna de esas cosas de que estos me acusan es *verdad,* nadie puede entregarme a ellos. Apelo a César». [12] Entonces Festo, habiendo deliberado con el consejo[1], respondió: «A César has apelado, a César irás».

PABLO ANTE HERODES AGRIPA II

[13] Pasados varios días, el rey *Herodes* Agripa II y Berenice llegaron a Cesarea y fueron a saludar a Festo[1]. [14] Como estuvieron allí muchos días, Festo presentó el caso de Pablo ante el rey, diciendo: «Hay un hombre que Félix dejó preso, [15] acerca del cual, estando yo en Jerusalén, los principales sacerdotes y los ancianos de los judíos presentaron acusaciones contra él, pidiendo sentencia condenatoria contra él. [16] Yo les respondí que no es costumbre de los romanos entregar a un hombre sin que antes el acusado confronte a sus acusadores, y tenga la oportunidad de defenderse de los cargos.

[17] »Así que cuando[1] se reunieron aquí, sin ninguna demora, al día siguiente me senté en el tribunal y ordené traer al hombre. [18] Levantándose los acusadores, presentaban acusaciones contra él, *pero* no de la clase de crímenes que yo suponía, [19] sino que *simplemente* tenían contra él ciertas cuestiones sobre su propia religión[1], y sobre cierto Jesús, *ya* muerto, de quien Pablo afirmaba que estaba vivo.

[20] »Pero estando yo perplejo cómo investigar estas cuestiones, le pregunté si estaba dispuesto a ir a Jerusalén y ser juzgado de estas cosas allá. [21] Pero como Pablo apeló que se le tuviera bajo custodia para que el emperador Nerón *diera* el fallo, ordené que continuara bajo custodia hasta que yo lo enviara a César». [22] Entonces Agripa II *dijo* a Festo: «A mí también me gustaría oír al hombre». «Mañana lo oirás», dijo* Festo.

[23] »Así que al día siguiente, cuando Agripa II y Berenice entraron al auditorio en medio de gran pompa, acompañados por[1] los comandantes[2] y los hombres importantes de la ciudad, por orden de Festo, fue traído Pablo. [24] Y Festo dijo*: «Rey Agripa y todos los demás[1] aquí presentes con nosotros; este es el *hombre* acerca del cual los judíos, tanto en Jerusalén como aquí, me hicieron una petición declarando a gritos que no debe vivir más.

[25] »Pero a mí me parece que no ha hecho nada digno de muerte, pero como él mismo apeló al emperador[1], he decidido enviarlo *a Roma.* [26] Sin embargo, no tengo nada definido sobre él[1] para escribirle a mi señor. Por eso lo he traído ante

25:11
Pablo apela a César
Todo ciudadano romano tenía derecho a que su caso fuera oído ante César o uno de sus representantes. Ganar un caso así podría haber resultado en que Roma reconociera al cristianismo como una religión legal.

25:23
El auditorio
Se trataba de una sala de audiencias para ocasiones especiales. El rey, su hermana, los gobernadores romanos y los maestros destacados tanto de los judíos como de los romanos asistieron al discurso de Pablo.

LOS PREDICADORES
Hechos 2—28

Personajes bíblicos que pasaron más tiempo predicando en el libro de Hechos (basándose en la cantidad de versículos)

117	75	52
Pablo	Pedro	Esteban

25:12 [1] Un cuerpo distinto del que se menciona en Hech. 4:15 y 24:20.
25:13 [1] Lit. *saludando a Festo.*   25:17 [1] O *después de que.*   25:19 [1] O *superstición.*
25:23 [1] Lit. *y con.*   [2] Gr. *quiliarcas;* i.e. oficiales militares romanos al mando de mil soldados.   25:24 [1] Lit. *varones.*   25:25 [1] Lit. *Nerón.*   25:26 [1] Lit. *Sobre el cual no tengo nada definido.*

ustedes, y especialmente ante ti, rey Agripa, para que después de que se le interrogue[2], yo tenga algo que escribir. **27** Porque me parece absurdo, al enviar un preso, no informar también de los cargos en su contra».

DEFENSA DE PABLO ANTE HERODES AGRIPA II

26 Agripa II dijo a Pablo: «Se te permite hablar en tu favor». Entonces Pablo, extendiendo la mano, comenzó su defensa:

2 «Con respecto a todo aquello de que los judíos me acusan, me considero afortunado, *oh* rey Agripa, de poder[1] presentar hoy mi defensa delante de usted, **3** sobre todo, porque es experto[1] en todas las costumbres y controversias entre *los* judíos. Por lo cual le ruego que me escuche con paciencia.

4 »Pues bien, todos los judíos conocen mi vida[1] desde mi juventud, que desde el principio transcurrió entre los de mi pueblo[2] y en Jerusalén; **5** puesto que ellos han sabido de mí desde hace mucho tiempo, si están dispuestos a testificar, que viví *como* fariseo, de acuerdo con la secta más estricta de nuestra religión.

6 »Y ahora soy sometido a juicio por la esperanza de la promesa hecha por Dios a nuestros padres; **7** que nuestras doce tribus esperan alcanzar al servir fielmente *a Dios* noche y día. Y por esta esperanza, oh rey, soy acusado por los judíos. **8** ¿Por qué se considera increíble entre ustedes que Dios resucite a los muertos?

9 »Yo ciertamente había creído que debía hacer muchos males en contra del nombre de Jesús de Nazaret. **10** Esto es precisamente[1] lo que hice en Jerusalén. No solo encerré en cárceles a muchos de los santos con la autoridad recibida de los principales sacerdotes, sino que también, cuando eran condenados a muerte, yo añadía mi voto. **11** Castigándolos con frecuencia en todas las sinagogas, procuraba obligarlos a blasfemar, y enfurecido contra ellos, seguía persiguiéndolos aun hasta en las ciudades extranjeras[1].

RELATO DE LA CONVERSIÓN DE PABLO

12 »Ocupado en esto[1], cuando iba para Damasco con autoridad y comisión de los principales sacerdotes, **13** al mediodía, oh rey, *yendo* de camino, vi una luz procedente del cielo más brillante que el sol, que resplandecía alrededor mío y de los que viajaban conmigo. **14** Después de que todos caímos al suelo, oí una voz que me decía en el idioma hebreo[1]: "Saulo, Saulo, ¿por qué me persigues? Dura cosa te es dar coces contra el aguijón".

15 »Yo entonces dije: "¿Quién eres, Señor?". Y el Señor dijo: "Yo soy Jesús a quien tú persigues. **16** Pero levántate y ponte en pie; porque te he aparecido con el fin de designarte como ministro y testigo, no solo de las cosas que[1] has visto, sino también de aquellas en que me apareceré a ti. **17** Te rescataré

26:14

Dar coces contra el aguijón

Esta frase proviene de un proverbio griego, y la misma significa que es inútil resistirse. Describe a un buey que patea contra el palo que lo guía.

---

² Lit. *se haya hecho el interrogatorio.*　　26:2 ¹ Lit. *de estar para.*
26:3 ¹ O *porque eres especialmente experto.*　　26:4 ¹ O *mi manera de vivir.*　　² Lit. *nación.*　　26:10 ¹ Lit. *también.*　　26:11 ¹ O *circunvecinas.*
26:12 ¹ Lit. *En las cuales cosas.*　　26:14 ¹ I.e. arameo judaico.　　26:16 ¹ Algunos mss. antiguos dicen: *que de mí.*

del pueblo *judío* y de los gentiles, a los cuales Yo te envío, **18** para que les abras sus ojos a fin de que se conviertan de las tinieblas a la luz, y del dominio de Satanás a Dios, para que reciban, por la fe en Mí, el perdón de pecados y herencia entre los que han sido santificados".

19 »Por tanto, oh rey Agripa, no fui desobediente a la visión celestial, **20** sino que anunciaba, primeramente a los que *estaban* en Damasco y *también* en Jerusalén, y *después* por toda la región de Judea, y *aun* a los gentiles, que debían arrepentirse y volverse a Dios, haciendo obras dignas de arrepentimiento.

21 »Por esta causa, *algunos* judíos me prendieron en el templo y trataron de matarme. **22** Así que habiendo recibido ayuda de Dios, continúo hasta este día testificando tanto a pequeños como a grandes, no declarando más que lo que los profetas y Moisés dijeron que sucedería: **23** que[1] el Cristo[2] había de padecer[3], *y* que por motivo de *Su* resurrección de entre los muertos, Él debía ser el primero en proclamar luz tanto al pueblo *judío* como a los gentiles».

PABLO EXHORTA A HERODES AGRIPA II

24 Mientras *Pablo* decía esto en su defensa, Festo dijo* a gran voz: «¡Pablo, estás loco! ¡*Tu* mucho saber[1] te está haciendo perder la cabeza[2]!». **25** Pero Pablo le respondió*: «No estoy loco, excelentísimo Festo, sino que hablo palabras de verdad y de cordura. **26** Porque el rey entiende estas cosas, y también le hablo con confianza, porque estoy persuadido de que él no ignora nada de esto; pues esto no se ha hecho en secreto[1]. **27** Rey Agripa, ¿cree usted *en* los profetas? Yo sé que cree».

28 Entonces Agripa II *le dijo* a Pablo: «En poco tiempo[1] me persuadirás[2] a que me haga cristiano». **29** Y Pablo *contestó:* «Quisiera[1] Dios que, ya fuera en poco tiempo o en mucho[2], no solo usted, sino también todos los que hoy me oyen, llegaran a ser tal como yo soy, a excepción de estas cadenas».

30 El rey, el gobernador, Berenice y los que estaban sentados con ellos se levantaron, **31** y mientras se retiraban, hablaban entre sí, diciendo: «Este hombre no ha hecho* nada que merezca muerte o prisión[1]». **32** Agripa II le dijo a Festo: «Este hombre podría haber sido puesto en libertad, si no hubiera apelado a César».

PABLO SALE PARA ROMA

27 Cuando se decidió que deberíamos embarcarnos para Italia, fueron entregados Pablo y algunos otros presos a un centurión de la compañía[1] Augusta, llamado Julio. **2** Embarcándonos en una nave Adramitena que estaba para salir hacia las regiones de la costa de Asia[1], nos hicimos a la mar acompañados por Aristarco, un macedonio de Tesalónica.

26:24
Festo le dice a Pablo que está loco
El gobernador pensó que la educación y las lecturas de Pablo lo habían obsesionado con las profecías. Festo pensaba que la idea de la resurrección era ridícula.

26:28
Agripa le dice a Pablo que lo persuadiría de ser cristiano
El rey estaba intentando evitar responderle a Pablo sobre lo que creía.

26:23 [1] Lit. *si.*   [2] I.e. el Mesías.   [3] Lit. *sería sujeto a sufrimiento.*
26:24 [1] Lit. *Las muchas letras.*   [2] Lit. *te están volviendo loco.*   26:26 [1] Lit. *en un rincón.*   26:28 [1] O *Con un poco.*   [2] O *procurarás convencerme.*
26:29 [1] Lit. *Oraría a.*   [2] O *con poco o con mucho.*   26:31 [1] Lit. *cadenas.*
27:1 [1] I.e. tropa.   27:2 [1] I.e. provincia occidental de Asia Menor.

3 Al *día* siguiente llegamos a Sidón. Julio trató con benevolencia a Pablo, permitiéndole ir a sus amigos y ser atendido *por ellos*. **4** De allí partimos y navegamos al amparo de *la isla de* Chipre, porque los vientos eran contrarios. **5** Después de navegar atravesando el mar frente a¹ las costas de Cilicia y de Panfilia, llegamos a Mira de Licia. **6** Allí el centurión halló una nave alejandrina que iba¹ para Italia, y nos embarcó en ella.

7 Después de navegar lentamente por muchos días, y de llegar con dificultad frente a Gnido, pues el viento no nos permitió *avanzar* más¹, navegamos al amparo de la isla de Creta, frente a Salmón. **8** Costeándola con dificultad, llegamos a un lugar llamado Buenos Puertos, cerca del cual estaba la ciudad de Lasea.

LA TEMPESTAD EN EL MAR

9 Cuando ya había pasado mucho tiempo y la navegación se había vuelto peligrosa, pues hasta el Ayuno¹ había pasado ya, Pablo los amonestaba, **10** diciéndoles: «Amigos¹, veo que de seguro este viaje va a ser con perjuicio y graves pérdidas, no solo del cargamento y de la nave, sino también de nuestras vidas».

27:5 ¹ Lit. *a lo largo de.*   27:6 ¹ Lit. *navegaba.*   27:7 ¹ I.e. el viento no les permitió entrar al puerto.   27:9 ¹ I.e. el Día de Expiación.   27:10 ¹ Lit. *Hombres.*

27:9
Día del Ayuno
Este día de expiación y ayuno caía a finales de septiembre o en octubre. El período de navegación habitual para los judíos duraba desde Pentecostés (mayo o junio) hasta la Fiesta de los Tabernáculos (cinco días después del ayuno).

EL VIAJE DE PABLO A ROMA

11 Pero el centurión se persuadió más *por lo que fue dicho* por el piloto y el capitán[1] del barco, que por lo que Pablo decía. **12** Como el puerto no era adecuado para invernar, la mayoría tomó la decisión de hacerse a la mar desde allí, para ver si les era posible arribar a Fenice, un puerto de Creta que mira hacia el nordeste y el sudeste[1], y pasar el invierno *allí*.

13 Cuando comenzó a soplar un moderado[1] viento del sur, creyendo que habían logrado su propósito, levaron anclas y navegaban costeando a Creta. **14** Pero no mucho después, desde tierra[1] comenzó a soplar[2] un viento huracanado que se llama Euroclidón[3], **15** y siendo azotada[1] la nave, y no pudiendo hacer frente al viento nos abandonamos *a él* y nos dejamos llevar a la deriva.

16 Navegando[1] al amparo de una pequeña isla llamada Clauda[2], con mucha dificultad pudimos sujetar el bote salvavidas. **17** Después que lo alzaron, usaron amarras[1] para sujetar la nave. Temiendo encallar en *los bancos* de Sirte, echaron el ancla flotante[2] y[3] se abandonaron a la deriva.

18 Al día siguiente, mientras éramos sacudidos furiosamente por la tormenta, comenzaron a arrojar la carga[1]. **19** Al tercer día, con sus propias manos arrojaron al mar los aparejos de la nave. **20** Como ni el sol ni las estrellas aparecieron por muchos días, y una tempestad no pequeña se abatía sobre *nosotros,* desde entonces fuimos abandonando toda esperanza de salvarnos.

21 Cuando habían pasado muchos días sin comer[1], Pablo se puso en pie en medio de ellos y dijo: «Amigos[2], debían haberme hecho caso[3] y no haber salido de Creta, evitando[4] así este perjuicio y pérdida. **22** Pero ahora los exhorto a tener buen ánimo, porque no habrá pérdida de vida entre ustedes, sino *solo* del barco.

23 »Porque esta noche estuvo en mi presencia un ángel del Dios de quien soy y a quien sirvo, **24** diciendo: "No temas, Pablo; has de comparecer ante César; pero ahora, Dios te ha concedido todos los que navegan contigo". **25** Por tanto, tengan buen ánimo amigos[1], porque yo confío en Dios, que acontecerá[2] exactamente como se me dijo. **26** Pero tenemos que encallar en alguna isla».

27 Llegada la decimocuarta noche, mientras éramos llevados a la deriva en el mar Adriático, a eso de la medianoche los marineros presentían que se estaban acercando a tierra[1]. **28** Echaron la sonda y hallaron *que había* 20 brazas (36 metros) *de profundidad.* Pasando un poco más adelante volvieron a echar la sonda y hallaron 15 brazas (27 metros). **29** Temiendo que en algún lugar fuéramos a dar contra los escollos[1], echaron cuatro anclas por la popa y ansiaban que amaneciera.

27:17
Por qué usaron amarras para sujetar la nave
Probablemente pasaron las cuerdas en forma de cruz por debajo del barco para evitar que se destruyera en la tormenta. Es posible que Pablo estuviera viajando en un gran barco de carga, que resultaba muy inseguro en medio de las feroces tormentas del Mar Grande (Mediterráneo).

27:18
Por qué arrojaron la carga
Esto ayudaba a aligerar el peso del barco con la esperanza de evitar que se hundiera.

30 Como los marineros trataban de escapar de la nave y habían bajado el bote salvavidas al mar, bajo pretexto de que se proponían echar las anclas desde la proa, **31** Pablo dijo al centurión y a los soldados: «Si estos no permanecen en la nave, ustedes no podrán salvarse». **32** Entonces los soldados cortaron las amarras del bote y dejaron que se perdiera.

33 Cuando estaba a punto de amanecer, Pablo exhortaba a todos a que tomaran alimento, diciendo: «Hace ya catorce días[1] que, velando continuamente, *están* en ayunas, sin tomar ningún *alimento*. **34** Por eso les aconsejo que tomen alimento, porque esto es necesario para sobrevivir. Porque ni un solo cabello de la cabeza de ninguno de ustedes perecerá».

35 Habiendo dicho esto, Pablo tomó pan y dio gracias a Dios en presencia de todos; y partiénd*olo*, comenzó a comer. **36** Entonces todos, teniendo *ya* buen ánimo, tomaron también alimento. **37** En total éramos en la nave 276 personas[1]. **38** Una vez saciados, aligeraron la nave arrojando el trigo al mar.

39 Cuando se hizo de día, no reconocían la tierra, pero podían distinguir una bahía que tenía playa, y decidieron[1] lanzar la nave hacia ella[2], si les era posible. **40** Cortando las anclas, las dejaron[1] en el mar, aflojando al mismo tiempo las amarras de los timones. Izando la vela de proa al viento, se dirigieron hacia la playa. **41** Pero chocando contra un escollo[1] donde se encuentran dos corrientes[2], encallaron la nave; la proa se clavó y quedó inmóvil, pero la popa se rompía por la fuerza *de las olas*.

42 El plan de los soldados era matar a los presos, para que ninguno *de ellos* escapara a nado. **43** Pero el centurión, queriendo salvar a Pablo, impidió su propósito, y ordenó que los que pudieran nadar se arrojaran primero por la borda y llegaran a tierra, **44** y que los demás *siguieran,* algunos en tablones, y otros en diferentes objetos de la nave. Y así sucedió que todos llegaron salvos a tierra.

PABLO EN MALTA

28 Una vez que ellos estaban a salvo, nos enteramos de que la isla se llamaba Malta[1]. **2** Los habitantes[1] *de la isla* nos mostraron toda clase de atenciones, porque a causa de la lluvia que caía y del frío, encendieron una hoguera y nos acogieron a todos.

3 Pero cuando Pablo recogió una brazada de leña y la echó al fuego, una víbora salió huyendo del calor y se le prendió en la mano. **4** Cuando los habitantes[1], vieron el animal colgando de su mano, decían entre sí: «Sin duda que este hombre es un asesino, pues aunque fue salvado del mar, la diosa Justicia no le ha concedido vivir». **5** *Pablo,* sin embargo, sacudiendo *la mano,* arrojó el animal al fuego y no sufrió ningún daño. **6** Ellos esperaban que comenzara a hincharse, o que súbitamente cayera muerto. Pero después de esperar por largo rato, y de no observar nada anormal en él, cambiaron de parecer y decían que Pablo era un dios.

27:35
Pablo animó a las personas del barco a comer
También fue un ejemplo al darle gracias a Dios por el pan.

27:42
Por qué los soldados planeaban matar a los presos
Si un prisionero se escapaba, el guardia que estaba a cargo de ese prisionero sería ejecutado.

28:3-4
Los habitantes de la isla tenían miedo de la víbora
Ellos deben haber sabido que era venenosa.

27:33 [1] Lit. *Hoy es el decimocuarto día.*   27:37 [1] Lit. *almas.*
27:39 [1] Lit. *decidiendo.*   [2] Algunos mss. antiguos dicen: *traer la nave a salvo a la costa.*   27:40 [1] O *dejaban.*   27:41 [1] Lit. *lugar.*   [2] Lit. *mares.*
28:1 [1] O *Melita.* Algunos mss. también dicen: *Melitene.*   28:2 [1] Lit. *bárbaros.*
28:4 [1] Lit. *bárbaros.*

7 Cerca de allí había unas tierras que pertenecían al hombre principal de la isla, que se llamaba Publio, el cual nos
recibió y nos hospedó con toda amabilidad por tres días.
8 Como el padre de Publio estaba *en cama,* enfermo con fiebre y disentería, Pablo entró a *verlo,* y después de orar puso
las manos sobre él, y lo sanó.

9 Cuando esto sucedió, los demás habitantes de la isla que
tenían enfermedades venían *a él* y eran curados. 10 También nos honraron con muchas
demostraciones de respeto[1], y cuando estábamos para salir, *nos* suplieron[2] con todo lo
necesario[3].

CONTINÚA EL VIAJE A ROMA

11 Después de tres meses, nos hicimos a la
vela en una nave alejandrina que había
invernado en la isla, y que tenía por insignia a los Hermanos Gemelos[1]. 12 Al llegar a

28:10 [1] Lit. *muchos honores.* [2] O *pusieron a bordo.*
[3] Lit. *las cosas relacionadas con las necesidades.*
28:11 [1] Gr. *Dioscuros,* esto es, los hijos gemelos de Zeus: Cástor y Pólux.

28:11

Los Hermanos Gemelos

Eran dos «hijos» del dios griego Zeus. Los griegos pensaban que eran los dioses guardianes de los marineros.

Marie-Lan Nguyen/CC BY 2.5

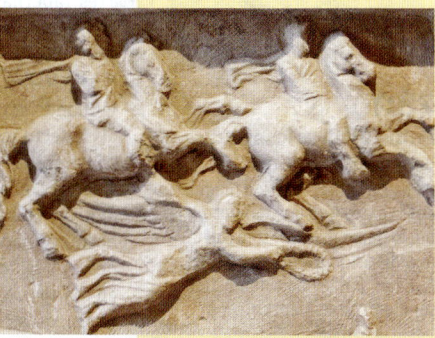

ROMA EN LOS TIEMPOS DE PABLO

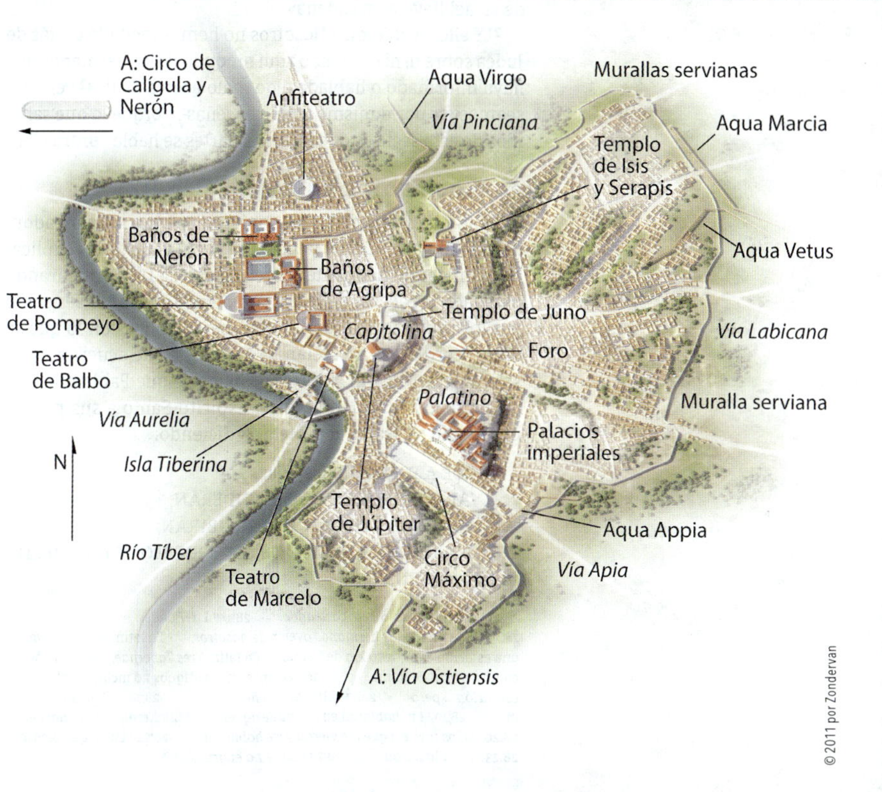
A: Circo de Calígula y Nerón
Anfiteatro
Aqua Virgo
Vía Pinciana
Murallas servianas
Aqua Marcia
Templo de Isis y Serapis
Baños de Nerón
Baños de Agripa
Aqua Vetus
Teatro de Pompeyo
Templo de Juno
Capitolina
Vía Labicana
Teatro de Balbo
Foro
Palatino
Muralla serviana
Vía Aurelia
Palacios imperiales
N
Isla Tiberina
Templo de Júpiter
Aqua Appia
Río Tíber
Circo Máximo
Vía Apia
Teatro de Marcelo
A: Vía Ostiensis

Siracusa, nos quedamos allí por tres días. **13** Saliendo[1] de allí, seguimos *la costa* hasta llegar a Regio. Al día siguiente se levantó un viento del sur y en dos días llegamos a Puteoli. **14** Allí[1] encontramos *algunos* hermanos, que nos invitaron a permanecer con ellos por siete días. Y así llegamos a Roma.

15 Al tener noticia de nuestra llegada[1], los hermanos vinieron desde allá a recibirnos hasta el Foro de Apio[2] y Las Tres Tabernas[3]; y cuando Pablo los vio, dio gracias a Dios y cobró ánimo.

PABLO EN ROMA

16 Cuando entramos en Roma, el centurión entregó los presos al prefecto militar, pero[1] a Pablo se le permitió vivir aparte, con el soldado que lo custodiaba.

17 Tres días después Pablo convocó a los principales de los judíos, y cuando se reunieron, les dijo: «Hermanos[1], sin haber hecho yo nada contra nuestro pueblo ni contra las tradiciones de nuestros padres, desde Jerusalén fui entregado preso en manos de los romanos, **18** los cuales, cuando me interrogaron, quisieron ponerme en libertad, pues no encontraron causa para condenarme a muerte[1].

19 »Pero cuando los judíos se opusieron[1], me vi obligado a apelar a César[2], *pero* no porque tuviera acusación alguna contra mi pueblo[3]. **20** Por tanto, por esta razón he pedido verlos y hablar con ustedes[1], porque por causa de la esperanza de Israel llevo esta cadena».

21 Y ellos le dijeron: «Nosotros no hemos recibido cartas de Judea sobre ti, ni ha venido aquí ninguno de los hermanos que haya informado o hablado algo malo acerca de ti. **22** Pero deseamos oír por ti mismo lo que enseñas[1], porque lo que sabemos de esta secta es que en todas partes se habla contra ella».

PABLO PREDICA EN ROMA

23 Y habiéndole fijado un día, vinieron en gran número adonde él se alojaba[1]. Desde la mañana hasta la tarde les explicaba testificando fielmente sobre el reino de Dios, procurando persuadirlos acerca de Jesús, tanto por la ley de Moisés como por los profetas. **24** Algunos eran persuadidos con lo que se decía, pero otros no creían. **25** Al no estar de acuerdo entre sí, comenzaron a marcharse después de que Pablo dijo una *última* palabra: «Bien habló el Espíritu Santo a sus padres por medio de Isaías el profeta, **26** diciendo:

> "VE A ESTE PUEBLO Y DI:
> 'AL OÍR OIRÁN, Y NO ENTENDERÁN;
> Y VIENDO VERÁN, Y NO PERCIBIRÁN;
> **27**   PORQUE EL CORAZÓN DE ESTE PUEBLO SE HA VUELTO
>   INSENSIBLE[1],

28:16
Pablo vivía solo, aunque era un prisionero

Pablo no había cometido ningún delito grave y no era peligroso, por lo que podía vivir solo con un guardia asignado para vigilarlo. Además, Pablo había demostrado ser digno de confianza.

28:13 [1] Algunos mss. dicen: *costeando.*   28:14 [1] Lit. *Donde.*
28:15 [1] Lit. *Cuando los hermanos oyeron de nosotros.*   [2] En latín: *Appii Forum,* una estación como a 70 km de Roma.   [3] En latín: *Tres Tabernae,* una estación como a 54 km de Roma.   28:16 [1] Los mss. más antiguos no incluyen: *el centurión... pero.*   28:17 [1] Lit. *Varones hermanos.*   28:18 [1] Lit. *de muerte en mí.*   28:19 [1] Lit. *hablaron en contra de aquello.*   [2] Lit. *Nerón.*   [3] Lit. *nación.*
28:20 [1] O *los invité a que me vieran y me hablaran.*   28:22 [1] Lit. *lo que piensas.*
28:23 [1] Lit. *a la posada.*   28:27 [1] Lit. *se ha engrosado.*

Y CON DIFICULTAD OYEN CON SUS OÍDOS;
Y SUS OJOS HAN CERRADO;
DE OTRO MODO VERÍAN CON LOS OJOS,
Y OIRÍAN CON LOS OÍDOS,
Y ENTENDERÍAN CON EL CORAZÓN,
Y SE CONVERTIRÍAN,
Y YO LOS SANARÍA".

28 »Sepan, por tanto, que esta salvación de Dios ha sido enviada a los gentiles. Ellos sí[1] oirán». **29** [1]Cuando hubo dicho esto, los judíos se fueron, teniendo gran discusión entre sí.

30 *Pablo* se quedó por dos años enteros en la[1] habitación que alquilaba, y recibía a todos los que iban a verlo[2], **31** predicando el reino de Dios y enseñando todo lo concerniente al Señor Jesucristo con toda libertad, sin estorbo.

28:28
El mensaje central de Pablo

Dios había enviado la salvación a los gentiles. Este es el tema principal del libro de los Hechos a partir del capítulo 10.

28:28 [1] Lit. *también.*   28:29 [1] Los mss. más antiguos no incluyen este vers.
28:30 [1] O *en la propia.*   [2] Lit. *todos los que venían a él.*

Romanos

¿QUIÉN ESCRIBIÓ ESTE LIBRO?	Pablo escribió este libro para la iglesia en Roma.
¿POR QUÉ SE ESCRIBIÓ ESTE LIBRO?	El libro de Romanos muestra cómo la muerte de Jesús nos hace justos con Dios y cómo Jesús nos ayudará a vivir una buena vida.
¿PARA QUIÉN FUE ESCRITO ESTE LIBRO?	Este libro es una carta que Pablo les envió a los cristianos en Roma.

¿CUÁLES SON ALGUNAS ENSEÑANZAS IMPORTANTES DE ESTE LIBRO?

Todos somos pecadores	Romanos 3:9-20
Dios salva a aquellos que creen	Romanos 4:1-25
Jesús murió por nosotros	Romanos 5:1-11
El Espíritu de Dios nos ayuda a hacer lo correcto	Romanos 8:1-11
Dios nos ama por siempre	Romanos 8:28-39
Dios nos muestra cómo amar	Romanos 12:9-21

El Foro: centro económico, social, religioso y cultural de la antigua ciudad de Roma.

SALUDO

1 Pablo, siervo de Cristo Jesús, llamado *a ser* apóstol¹, apartado para el evangelio de Dios, **2** que Él ya había prometido por medio de Sus profetas en las Sagradas Escrituras. **3** *Es el mensaje* acerca de Su Hijo, que nació de la descendencia¹ de David según la carne, **4** y que fue declarado Hijo de Dios con *un acto de* poder, conforme al Espíritu¹ de santidad, por² la resurrección de entre los muertos: nuestro Señor Jesucristo.

5 Es por medio de Él que hemos recibido la gracia y el apostolado para *promover la* obediencia a la fe entre todos los gentiles, por amor a Su nombre; **6** entre los cuales están también ustedes, llamados de Jesucristo. **7** A todos los amados de Dios que están en Roma, llamados *a ser* santos: Gracia y paz a ustedes de parte de Dios nuestro Padre y del Señor Jesucristo.

DESEOS DE PABLO DE VISITAR A ROMA

8 En primer lugar, doy gracias a mi Dios por medio de Jesucristo por todos ustedes, porque por todo el mundo se habla de su fe. **9** Pues Dios, a quien sirvo en mi espíritu en *la predicación del* evangelio de Su Hijo, me es testigo de cómo sin cesar hago mención de ustedes **10** siempre en mis oraciones, implorando que¹ ahora, al fin, por la voluntad de Dios, logre ir a ustedes.

11 Porque anhelo verlos para impartirles algún don espiritual, a fin de que sean confirmados; **12** es decir, para que *cuando esté* entre ustedes nos confortemos mutuamente, cada uno por la fe del otro, tanto la de ustedes como la mía. **13** Y no quiero que ignoren, hermanos, que con frecuencia he hecho planes para ir a visitarlos¹, pero hasta ahora me he visto impedido, a fin de obtener algún fruto también entre ustedes, así como entre los demás gentiles.

14 Tengo obligación¹ tanto para con los griegos como para con los bárbaros², para con los sabios como para con los ignorantes. **15** Así que, por mi parte, ansioso estoy de anunciar el evangelio también a ustedes que están en Roma.

UNA DEFINICIÓN DEL EVANGELIO

16 Porque no me avergüenzo del evangelio, pues es el poder de Dios para la salvación de todo el que cree, del judío primeramente y también del griego. **17** Porque en el evangelio¹ la justicia de Dios se revela por² fe y para fe, como está escrito: MAS EL JUSTO POR LA FE VIVIRÁ³.

EL HOMBRE HA IGNORADO A DIOS

18 Porque la ira de Dios se revela desde el cielo contra toda impiedad e injusticia de los hombres, que con¹ injusticia restringen la verdad. **19** Pero lo que se conoce acerca de Dios es evidente dentro de¹ ellos, pues Dios se lo hizo evidente. **20** Porque desde la creación del mundo, Sus atributos

---

1:1
Pablo se llama a sí mismo siervo

La palabra griega que Pablo usó significaba «esclavo», pero también puede representar a un siervo que sirve voluntariamente a su señor.

1:16-17
Pablo pensaba que todos pueden ser salvos

Todos los que creen pueden ser salvos. La oportunidad se les dio primero a los judíos, pero Dios le ofrece la salvación a cualquiera que tenga fe en Jesús.

1:18
La ira de Dios

La ira de Dios no es un enojo rápido. Primero, Dios se revela a las personas. Sin embargo, cuando se niegan a honrarlo y obedecerle, se enfada por su rebeldía y los deja afrontar las consecuencias de su maldad.

1:1 ¹ Lit. *un apóstol llamado.*   1:3 ¹ Lit. *simiente.*   1:4 ¹ O *espíritu.*   ² O *como resultado de.*   1:10 ¹ Lit. *si quizá.*   1:13 ¹ Lit. *ir a ustedes.*   1:14 ¹ Lit. *Soy deudor.*   ² I.e. los que no son griegos por nacimiento, ni por cultura.   1:17 ¹ Lit. *él.*   ² O *de.*   ³ O *Mas el que es justo por la fe vivirá.*   1:18 ¹ O *por.*   1:19 ¹ O *entre.*

invisibles, Su eterno poder y divinidad, se han visto con toda claridad, siendo entendidos por medio de lo creado, de manera que ellos no tienen excusa.

21 Pues aunque conocían a Dios, no lo honraron como a Dios ni *le* dieron gracias, sino que se hicieron vanos en sus razonamientos y su necio corazón fue entenebrecido. **22** Profesando ser sabios, se volvieron necios, **23** y cambiaron la gloria del Dios incorruptible por una imagen en forma de hombre corruptible, de aves, de cuadrúpedos y de reptiles.

LA CONSECUENTE CORRUPCIÓN DEL HOMBRE

24 Por lo cual Dios los entregó a la impureza en la lujuria[1] de sus corazones, de modo que deshonraron entre sí sus propios cuerpos. **25** Porque[1] ellos cambiaron la verdad de Dios por la mentira, y adoraron y sirvieron a la criatura en lugar del Creador, quien es bendito por los siglos. Amén.

26 Por esta razón Dios los entregó a pasiones degradantes; porque sus mujeres cambiaron la función natural[1] por la que es contra la naturaleza. **27** De la misma manera también los hombres, abandonando el uso natural de la mujer, se encendieron en su lujuria unos con otros, cometiendo hechos vergonzosos[1] hombres con hombres, y recibiendo en sí mismos el castigo correspondiente a su extravío.

28 Y así como ellos no tuvieron a bien reconocer a Dios[1], Dios los entregó a una mente depravada, para que hicieran las cosas que no convienen. **29** Están llenos de toda injusticia, maldad, avaricia y malicia, llenos de envidia, homicidios, pleitos, engaños, y malignidad. Son chismosos, **30** detractores, aborrecedores de Dios, insolentes, soberbios, jactanciosos, inventores de lo malo, desobedientes a los padres, **31** sin entendimiento, indignos de confianza, sin amor, despiadados. **32** Ellos, aunque conocen el decreto de Dios que los que practican tales cosas son dignos de muerte, no solo las hacen, sino que también dan su aprobación a los que las practican.

CON DIOS NO HAY PARCIALIDAD

2 Por lo cual no tienes excusa, oh hombre, quienquiera *que seas tú* que juzgas, pues al juzgar a otro, a ti mismo te condenas, porque tú que juzgas practicas las mismas cosas. **2** Sabemos que el juicio de Dios justamente cae sobre[1] los que practican tales cosas. **3** ¿Y piensas esto, oh hombre, tú que condenas a los que practican tales cosas y haces lo mismo, que escaparás del juicio de Dios? **4** ¿O tienes en poco las riquezas de Su bondad y tolerancia y paciencia, ignorando que la bondad de Dios te guía al arrepentimiento?

5 Pero por causa de[1] tu terquedad y de *tu* corazón no arrepentido, estás acumulando ira para ti en el día de la ira y de la revelación del justo juicio de Dios. **6** ÉL PAGARÁ A CADA UNO CONFORME A SUS OBRAS: **7** a los que por la perseverancia en hacer el bien buscan gloria, honor e inmortalidad: vida eterna; **8** pero a los que son ambiciosos y no obedecen a la verdad, sino que obedecen a la injusticia: ira e indignación.

1:26-32
El significado de «los entregó»
Dios permitió que afrontaran las consecuencias de su pecado. Ellos no actuaron por ignorancia, porque sabían cuáles eran las leyes de Dios.

2:1-3
La actitud de Pablo con respecto a juzgar a otro
Pablo señaló que no debemos juzgar a los demás, porque todos somos pecadores.

1:24 [1] O *incontinencia.*　　1:25 [1] Lit. *Los cuales.*　　1:26 [1] I.e. relaciones sexuales normales.　　1:27 [1] Lit. *lo vergonzoso.*　　1:28 [1] Lit. *tener a Dios en conocimiento.*　　2:2 [1] Lit. *es conforme a la verdad contra.*　　2:5 [1] O *de acuerdo con.*

9 *Habrá* tribulación y angustia para[1] toda alma humana que hace lo malo, del judío primeramente y también del griego; **10** pero gloria y honor y paz para todo el que hace lo bueno, al judío primeramente, y también al griego.

11 Porque en Dios no hay acepción de personas. **12** Pues todos los que han pecado sin la ley[1], sin la ley[1] también perecerán; y todos los que han pecado bajo la ley[2], por la ley[3] serán juzgados. **13** Porque no son los oidores de la ley los justos ante Dios, sino los que cumplen la ley; *esos* serán justificados.

14 Porque cuando los gentiles, que no tienen la ley[1], cumplen por instinto[2] los *dictados* de la ley, ellos, no teniendo la ley[3], son una ley para sí mismos. **15** Porque muestran la obra de la ley escrita en sus corazones, su conciencia dando testimonio, y sus pensamientos acusándolos unas veces y otras defendiéndolos, **16** el día en que, según mi evangelio, Dios juzgará los secretos de los hombres mediante Cristo Jesús.

LA LEY Y EL PUEBLO JUDÍO

17 Pero si tú, que llevas el nombre de judío y te apoyas en la ley; que te glorías en Dios **18** y conoces *Su* voluntad; que apruebas las cosas que son esenciales[1], siendo instruido por la ley, **19** y te confías en que eres guía de los ciegos, luz de los que están en tinieblas, **20** instructor[1] de los necios, maestro de los faltos de madurez[2]; que tienes en la ley la expresión misma del conocimiento y de la verdad, **21** tú, pues, que enseñas a otro, ¿no te enseñas a ti mismo? Tú que predicas[1] que no se debe robar, ¿robas? **22** Tú que dices que no se debe cometer adulterio, ¿adulteras? Tú que abominas a los ídolos, ¿saqueas templos?[1] **23** Tú que te jactas de la ley, ¿violando la ley deshonras a Dios? **24** Porque tal como está escrito: «EL NOMBRE DE DIOS ES BLASFEMADO ENTRE LOS GENTILES POR CAUSA DE USTEDES».

25 Pues ciertamente la circuncisión es de valor si tú practicas la ley, pero si eres transgresor de la ley, tu circuncisión se ha vuelto incircuncisión. **26** Por tanto, si el incircunciso[1] cumple los requisitos de la ley, ¿no se considerará su incircuncisión como circuncisión? **27** Y si el que es físicamente incircunciso guarda la ley, ¿no te juzgará a ti, que aunque tienes[1] la letra *de la ley* y eres circuncidado[2], eres transgresor de la ley?

28 Porque no es judío el que lo es exteriormente, ni la circuncisión es la externa, en la carne. **29** Pues es judío el que lo es interiormente, y la circuncisión es la del corazón, por el Espíritu, no por la letra; la alabanza del cual no procede de los hombres, sino de Dios.

¿QUÉ VENTAJA TIENE EL JUDÍO?

3 ¿Cuál es, entonces, la ventaja del judío? ¿O cuál el beneficio de la circuncisión? **2** Grande, en todo sentido. En primer lugar, porque a ellos les han sido confiados los oráculos[1]

2:17-24
Pablo criticó a los judíos
Los judíos estaban orgullosos porque se sabían la ley de Moisés, pero Pablo dijo que saber y enseñar la ley no era lo mismo que obedecerla.

2:25-29
La opinión de Pablo sobre la circuncisión
La circuncisión era una señal del pacto que Dios había hecho con Israel. Muchos judíos pensaban que era una garantía del favor de Dios. Sin embargo, Pablo dijo que la circuncisión no tenía sentido a menos que la persona también obedeciera la ley. De hecho, si un gentil se comportaba mejor que un judío, que tenía la ley, era como si el gentil se hubiera circuncidado.

2:9 [1] Lit. *sobre.*   2:12 [1] O *sin ley.*   [2] O *bajo ley.*   [3] O *por ley.*   2:14 [1] O *no tienen ley.*   [2] Lit. *hacen por naturaleza.*   [3] O *no teniendo ley.*   2:18 [1] O *distingues entre cosas que son diferentes.*   2:20 [1] O *corrector.*   [2] Lit. *niños.*   2:21 [1] O *proclamas.*   2:22 [1] O *¿cometes sacrilegio?*   2:26 [1] Lit. *la incircuncisión.*   2:27 [1] Lit. *por medio de.*   [2] Lit. *y la circuncisión.*   3:2 [1] O *las palabras.*

de Dios. **3** Entonces ¿qué? Si algunos fueron infieles[1], ¿acaso su infidelidad[2] anulará la fidelidad de Dios? **4** ¡De ningún modo! Antes bien, sea hallado Dios veraz, aunque todo hombre *sea hallado* mentiroso; como está escrito:

«PARA QUE SEAS JUSTIFICADO EN TUS PALABRAS,
Y VENZAS CUANDO SEAS JUZGADO[1]».

5 Pero si nuestra injusticia hace resaltar la justicia de Dios, ¿qué diremos? ¿Acaso es injusto el Dios que expresa[1] *Su* ira? Hablo en términos humanos. **6** ¡De ningún modo! Pues de otra manera, ¿cómo juzgaría Dios al mundo? **7** Pero si por mi mentira la verdad de Dios abundó para Su gloria, ¿por qué también soy yo aún juzgado como pecador? **8** ¿Y por qué no *decir*, como se nos calumnia, y como algunos afirman que nosotros decimos: Hagamos el mal para que venga el bien? La condenación de los tales es justa.

TODOS HAN PECADO

9 ¿Entonces qué? ¿Somos nosotros mejores[1] *que ellos*? ¡De ninguna manera! Porque ya hemos denunciado que tanto judíos como griegos están todos bajo pecado. **10** Como está escrito:

«NO HAY JUSTO, NI AUN UNO;
11　NO HAY QUIEN ENTIENDA,
　　　NO HAY QUIEN BUSQUE A DIOS.
12　TODOS SE HAN DESVIADO, A UNA SE HICIERON
　　　　　INÚTILES;
　　　NO HAY QUIEN HAGA LO BUENO,
　　　NO HAY NI SIQUIERA UNO.
13　SEPULCRO ABIERTO ES SU GARGANTA,
　　　ENGAÑAN DE CONTINUO CON SU LENGUA.
　　　VENENO DE SERPIENTES[1] HAY BAJO SUS LABIOS;
14　LLENA ESTÁ SU BOCA DE MALDICIÓN Y AMARGURA.
15　SUS PIES SON VELOCES PARA DERRAMAR SANGRE.
16　DESTRUCCIÓN Y MISERIA *hay* EN SUS CAMINOS,
17　Y LA SENDA DE PAZ NO HAN CONOCIDO.
18　NO HAY TEMOR DE DIOS DELANTE DE SUS OJOS».

JUSTIFICACIÓN POR MEDIO DE LA FE

19 Ahora bien, sabemos que cuanto dice la ley, lo dice a los que están bajo[1] la ley, para que toda boca se calle[2] y todo el mundo sea hecho responsable ante Dios. **20** Porque por las obras de la ley[1] ningún ser humano[2] será justificado delante de Él; pues por medio de la ley[3] *viene* el conocimiento del pecado.

21 Pero ahora, aparte de la ley[1], la justicia de Dios ha sido manifestada, confirmada por la ley y los profetas. **22** Esta justicia de Dios por medio de la fe en Jesucristo es para todos los que creen. Porque no hay distinción, **23** por cuanto todos pecaron[1] y no alcanzan la gloria de Dios.

24 *Todos* son justificados gratuitamente por Su gracia por medio de la redención que es en Cristo Jesús, **25** a quien Dios

---

3:7-8
Ser *salvo por gracia* no significa que está bien pecar
Pablo dijo que una nueva vida en Cristo significa alejarnos de nuestros viejos y malos caminos. No podemos hacer cosas malas solo porque sabemos que Dios va a perdonarlas.

3:20
Nadie es justo solo por cumplir la ley
Ya que nadie puede cumplir la ley a la perfección, la ley solo demuestra cuán pecadores somos.

3:3 [1] O *incrédulos*.　[2] O *incredulidad*.　3:4 [1] O *entres en juicio*.
3:5 [1] O *inflige*.　3:9 [1] O *posiblemente, peores*.　3:13 [1] Lit. *áspides*.
3:19 [1] Lit. *en*.　[2] Lit. *cierre*.　3:20 [1] O *de ley*.　[2] Lit. *ninguna carne*.　[3] O *por medio de ley*.　3:21 [1] O *de ley*.　3:23 [1] O *han pecado*.

exhibió públicamente como propiciación[1] por Su sangre a través de la fe, como demostración de Su justicia, porque en Su tolerancia, Dios pasó por alto los pecados cometidos anteriormente[2], **26** para demostrar[1] en este tiempo Su justicia, a fin de que Él sea justo y *sea* el que justifica al que tiene fe en Jesús[2].

27 ¿Dónde está, pues, la jactancia? Queda excluida. ¿Por cuál ley? ¿La de las obras? No, sino por la ley de la fe. **28** Porque[1] concluimos que el hombre es justificado por la fe aparte de las obras de la ley[2].

29 ¿O es Dios *el Dios* de los judíos solamente? ¿No es también *el Dios* de los gentiles? Sí, también de los gentiles, **30** porque en verdad Dios es uno, el cual justificará *en virtud* de la fe a los circuncisos[1] y por medio de la fe a los incircuncisos[2].

31 ¿Anulamos entonces la ley por medio de la fe? ¡De ningún modo! Al contrario, confirmamos la ley.

ABRAHAM, JUSTIFICADO POR LA FE

4 ¿Qué diremos, entonces, que halló Abraham, nuestro padre según la carne? **2** Porque si Abraham fue justificado por las obras, tiene de qué jactarse, pero no para con Dios. **3** Porque ¿qué dice la Escritura? «Y CREYÓ ABRAHAM A DIOS, Y LE FUE CONTADO POR JUSTICIA». **4** Ahora bien, al que trabaja, el salario no se le cuenta como favor, sino como deuda; **5** pero al que no trabaja, pero cree en Aquel que justifica al impío, su fe se le cuenta por justicia. **6** Como también David habla de la bendición *que viene* sobre el hombre a quien Dios atribuye justicia aparte de las obras:

7 «BIENAVENTURADOS AQUELLOS CUYAS INIQUIDADES HAN SIDO PERDONADAS, Y CUYOS PECADOS HAN SIDO CUBIERTOS.

8 BIENAVENTURADO EL HOMBRE CUYO PECADO EL SEÑOR NO TOMARÁ EN CUENTA».

9 ¿Es, pues, esta bendición *solo* para[1] los circuncisos[2], o también para[1] los incircuncisos[3]? Porque decimos: «A ABRAHAM, LA FE LE FUE CONTADA POR JUSTICIA». **10** Entonces, ¿cómo le fue contada? ¿Siendo circunciso[1] o incircunciso[2]? No siendo circunciso[1], sino siendo incircunciso[2]. **11** Abraham recibió la señal de la circuncisión *como* sello de la justicia de la fe que tenía mientras aún era incircunciso[1], para que fuera padre de todos los que creen sin ser circuncidados, a fin de que la justicia también se les tome en cuenta a ellos. **12** También Abraham es padre de la circuncisión para aquellos que no solamente son de la circuncisión, sino que también siguen en los pasos de la fe que tenía nuestro padre Abraham cuando era incircunciso[1].

LA PROMESA CUMPLIDA POR LA FE

13 Porque la promesa a Abraham o a su descendencia[1] de que él sería heredero del mundo, no fue hecha por medio de la

---

3:28
El camino a la salvación
La salvación se gana por medio de la fe en Cristo.

4:1-3
Por qué Pablo mostró que Abraham fue justificado por la fe
Los judíos seguían pensando que, por ser descendientes de Abraham, solo ellos podían salvarse. No obstante, en el versículo 11, Pablo dijo que Abraham era el padre de todos los que creían, no solo de los judíos circuncidados.

3:25 *¹ O sacrificio propiciatorio.   ² Lit. por causa de haber pasado por alto, en la paciencia de Dios, los pecados previamente cometidos.* 3:26 *¹ Lit. demostración.   ² Lit. es de la fe de Jesús.   3:28 ¹ Algunos mss. antiguos dicen: Por tanto.   ² Lit. O de ley.   3:30 ¹ Lit. la circuncisión.   ² Lit. la incircuncisión.   4:9 ¹ Lit. sobre.   ² Lit. la circuncisión.   ³ Lit. la incircuncisión.   4:10 ¹ Lit. en circuncisión.   ² Lit. en incircuncisión.   4:11 ¹ Lit. estaba en incircuncisión.   4:12 ¹ Lit. estaba en incircuncisión.   4:13 ¹ Lit. simiente.*

4:15
La ley produce ira
La ley revela el pecado, y como nadie puede cumplir la ley a la perfección, todo aquel que intente ganarse la salvación por cumplir la ley enfrentará la ira de Dios.

4:18-25
Pablo compara la fe de Abraham con la de los cristianos
Abraham había creído la promesa de Dios de que él y Sara tendrían un hijo y muchos descendientes. Abraham creyó en un Dios que le dio vida a lo que estaba muerto, y los cristianos son justificados por creer en el Dios que levantó a Jesús de los muertos.

ley, sino por medio de la justicia de la fe. **14** Porque si los que son de la ley son herederos, vana resulta la fe y anulada la promesa. **15** Porque la ley produce ira, pero donde no hay ley, tampoco hay transgresión.

16 Por eso *es* por[1] fe, para que *esté* de acuerdo con la gracia, a fin de que la promesa sea firme para toda la posteridad[2], no solo a los que son[3] de la ley, sino también a los que son[3] de la fe de Abraham, quien es padre de todos nosotros. **17** Como está escrito: «TE HE HECHO PADRE DE MUCHAS NACIONES», delante de Aquel en quien creyó, *es decir* Dios, que da vida a los muertos y llama a las cosas que no son, como si fueran.

18 Abraham creyó en esperanza contra esperanza, a fin de llegar a ser padre de muchas naciones, conforme a lo que se *le* había dicho: «ASÍ SERÁ TU DESCENDENCIA[1]». **19** Y sin debilitarse en la fe contempló su propio cuerpo, que ya estaba como muerto puesto que tenía como cien años, y también la esterilidad[1] de la matriz de Sara.

20 Sin embargo, respecto a la promesa de Dios, *Abraham* no titubeó con incredulidad, sino que se fortaleció en fe, dando gloria a Dios, **21** estando plenamente convencido de

4:16 [1] O de.　　[2] Lit. *simiente*.　　[3] Lit. *lo que es*.　　4:18 [1] Lit. *simiente*.
4:19 [1] Lit. *lo muerto*.

ENSEÑANZAS DE ROMANOS SOBRE EL PECADO

2:12; 5:13
El pecado existía antes de la ley — Aquellos sin la ley no son juzgados por ella

3:23; 5:12
El pecado entró en el mundo por medio de Adán — Nadie está libre de pecado

El pecado y los cristianos

6:1-2,6-7,14
El pecado no tiene poder sobre aquellos que son salvos por la gracia — Los cristianos ya no son esclavos del pecado

6:1-2,11
Más pecado no produce más gracia — Los cristianos han muerto al pecado

6:12-13; 14:23
Todo lo que se hace fuera de la fe es pecado — El pecado no debe reinar en el cuerpo de un cristiano

4:25; 6:2,11,23
La paga del pecado es la muerte — Jesús pagó el precio por el pecado

que lo que *Dios* había prometido, poderoso era[1] también para cumplirlo. **22** Por lo cual también *su fe* LE FUE CONTADA POR JUSTICIA.

JUSTIFICACIÓN PARA TODOS LOS QUE CREEN

23 Y no solo por él fue escrito que le fue contada, **24** sino también por nosotros, a quienes será contada, *como* los que creen en Aquel que levantó de los muertos a Jesús nuestro Señor, **25** que fue entregado por causa de nuestras transgresiones y resucitado para nuestra justificación.

RESULTADOS DE LA JUSTIFICACIÓN

5 Por tanto, habiendo sido justificados por la fe, tenemos[1] paz para con Dios por medio de nuestro Señor Jesucristo, **2** por medio de quien también hemos obtenido entrada por la fe a esta gracia en la cual estamos firmes, y nos gloriamos[1] en la esperanza de la gloria de Dios.

3 Y no solo esto, sino que también nos gloriamos[1] en las tribulaciones, sabiendo que la tribulación produce paciencia[2]; **4** y la paciencia[1], carácter probado; y el carácter probado, esperanza. **5** Y la esperanza no desilusiona, porque el amor de Dios ha sido derramado en nuestros corazones por medio del Espíritu Santo que nos fue dado.

6 Porque mientras aún éramos débiles[1], a su tiempo Cristo murió por los impíos. **7** Porque difícilmente habrá alguien que muera por un justo, aunque tal vez alguno se atreva a morir por el bueno. **8** Pero Dios demuestra su amor para con nosotros, en que siendo aún pecadores, Cristo murió por nosotros.

9 Entonces mucho más, habiendo sido ahora justificados por[1] Su sangre, seremos salvos de la ira *de Dios* por medio de Él. **10** Porque si cuando éramos enemigos fuimos reconciliados con Dios por la muerte de Su Hijo, mucho más, habiendo sido reconciliados, seremos salvos por[1] Su vida. **11** Y no solo *esto*, sino que también nos gloriamos[1] en Dios por medio de nuestro Señor Jesucristo, por quien ahora hemos recibido la reconciliación.

ADÁN Y CRISTO COMPARADOS

12 Por tanto, tal como el pecado entró en el mundo por medio de un hombre, y por medio del pecado la muerte, así también la muerte se extendió a todos los hombres, porque todos pecaron. **13** Pues antes de la ley[1] había pecado en el mundo, pero el pecado no se toma en cuenta cuando no hay ley. **14** Sin embargo, la muerte reinó desde Adán hasta Moisés, aun sobre los que no habían pecado con una transgresión semejante a la de Adán, el cual es figura de Aquel que había de venir.

15 Pero no sucede con la dádiva como con la transgresión[1]. Porque si por la transgresión de uno[2] murieron los muchos, mucho más, la gracia de Dios y el don por la gracia de un Hombre, Jesucristo, abundaron para los muchos. **16** Tampoco

---

5:12-21
Pablo compara a Adán con Cristo

Pablo dijo que el pecado y la muerte entraron en el mundo por medio de un hombre, Adán. Y afirmó que la vida y la justicia también entraron al mundo por medio de una persona: Jesucristo.

4:21 [1] Lit. *es.*   5:1 [1] Algunos mss. antiguos dicen: *tengamos.*
5:2 [1] O *gloriémonos.*   5:3 [1] O *también gloriémonos.*   [2] O *perseverancia.*
5:4 [1] O *perseverancia.*   5:6 [1] O *incapacitados.*   5:9 [1] O *en.*   5:10 [1] O *en.*
5:11 [1] Lit. *sino también gloriándonos.*   5:13 [1] Lit. *hasta la.*   5:15 [1] Lit. *no como la transgresión así también es el don.*   [2] Lit. *del uno;* i.e. Adán.

PERSONAJES OPUESTOS

← ⋯ Adán vs. Cristo ⋯ →

Romanos 5:12-21

Trajo el pecado al mundo	Otorga a las personas la victoria sobre el pecado
Muchos mueren debido a su pecado	Muchos viven debido a su gracia
Su pecado resulta en condenación	Su muerte resulta en justificación
Su desobediencia trae el pecado para muchos	Su obediencia trae justicia para muchos
Su pecado reina en la muerte	Su gracia reina para dar vida eterna

sucede con el don como con *lo que vino* por medio de aquel[1] que pecó; porque ciertamente el juicio *surgió a causa* de una *transgresión*, resultando en[2] condenación; pero la dádiva *surgió a causa* de muchas transgresiones resultando en[3] justificación. **17** Porque si por la transgresión de un hombre, por este[1] reinó la muerte, mucho más reinarán en vida por medio de un Hombre, Jesucristo, los que reciben la abundancia de la gracia y del don de la justicia.

18 Así pues, tal como por una transgresión resultó[1] la condenación de todos los hombres, así también por un acto de justicia resultó[1] la justificación de vida para todos los hombres. **19** Porque así como por la desobediencia de un hombre los muchos fueron constituidos pecadores, así también por la obediencia de Uno los muchos serán constituidos justos.

20 La ley se introdujo para que abundara la transgresión, pero donde el pecado abundó, sobreabundó la gracia, **21** para que así como el pecado reinó en la muerte, así también la gracia reine por medio de la justicia para vida eterna, mediante Jesucristo nuestro Señor.

MUERTOS AL PECADO

6 ¿Qué diremos, entonces? ¿Continuaremos en pecado para que la gracia abunde? **2** ¡De ningún modo! Nosotros, que hemos muerto al pecado, ¿cómo viviremos aún en él? **3** ¿O no saben ustedes que todos los que hemos sido bautizados en Cristo Jesús, hemos sido bautizados en Su muerte?

4 Por tanto, hemos sido sepultados con Él por medio del bautismo para muerte, a fin de que como Cristo resucitó de entre los muertos por la gloria del Padre, así también nosotros andemos en novedad de vida. **5** Porque si hemos sido

5:18-19
Salvación para todos
Pablo creía que la salvación (la «vida» en este versículo) estaba disponible para todos, pero cada persona tiene que elegir aceptar el don de la gracia de Dios al creer en Cristo.

6:3-4
El significado del bautismo
Cuando nacemos, somos pecadores. Pero cuando creemos en Cristo, el bautismo es una forma de mostrar que estamos unidos a él y que creemos en su muerte (al sumergirnos en el agua) y en su resurrección (al salir del agua) para que podamos tener una nueva vida.

5:16 [1] Lit. *uno.*   [2] Lit. *para.*   [3] Lit. *para un acto de.*   5:17 [1] Lit. *el uno.*
5:18 [1] Lit. *para.*

unidos[1] *a Cristo* en la semejanza[2] de Su muerte, ciertamente lo seremos también *en la semejanza* de Su resurrección.

[6] Sabemos esto, que nuestro viejo hombre fue crucificado con *Cristo*, para que nuestro cuerpo de pecado fuera destruido[1], a fin de que ya no seamos esclavos del pecado; [7] porque el que ha muerto, ha sido libertado[1] del pecado.

[8] Y si hemos muerto con Cristo, creemos que también viviremos con Él, [9] sabiendo que Cristo, habiendo resucitado de entre los muertos, no volverá a morir; la muerte ya no tiene dominio sobre Él. [10] Porque en cuanto a que Él murió, murió al pecado de una vez para siempre; pero en cuanto Él vive, vive para Dios. [11] Así también ustedes, considérense muertos para el pecado, pero vivos para Dios en Cristo Jesús[1].

SIERVOS, NO DEL PECADO, SINO DE LA JUSTICIA

[12] Por tanto, no reine el pecado en su cuerpo mortal para que ustedes *no* obedezcan a sus lujurias; [13] ni presenten los miembros de su cuerpo[1] al pecado *como* instrumentos[2] de iniquidad, sino preséntense ustedes mismos a Dios como vivos de entre los muertos, y sus miembros a Dios *como* instrumentos[2] de justicia. [14] Porque el pecado no tendrá dominio sobre ustedes, pues no están bajo la ley sino bajo la gracia.

LIBERTADOS DEL PECADO

[15] ¿Entonces qué? ¿Pecaremos porque no estamos bajo la ley, sino bajo la gracia? ¡De ningún modo! [16] ¿No saben ustedes que cuando se presentan *como* esclavos a alguien para obedecerle[1], son esclavos de aquel a quien obedecen, ya sea del pecado para muerte, o de la obediencia para justicia? [17] Pero gracias a Dios, que *aunque* ustedes eran esclavos del pecado, se hicieron[1] obedientes de corazón a aquella forma de doctrina a la que fueron entregados, [18] y habiendo sido libertados del pecado, ustedes se han hecho siervos de la justicia.

[19] Hablo en términos humanos, por causa de la debilidad de su carne. Porque de la manera que ustedes presentaron sus miembros *como* esclavos a la impureza y a la iniquidad, para iniquidad, así ahora presenten sus miembros *como* esclavos a la justicia, para santificación. [20] Porque cuando ustedes eran esclavos del pecado, eran libres en cuanto a la justicia.

[21] ¿Qué fruto tenían entonces en[1] aquellas cosas de las cuales ahora se avergüenzan? Porque el fin de esas cosas es muerte. [22] Pero ahora, habiendo sido libertados del pecado y hechos siervos de Dios, tienen por su fruto la santificación, y como resultado la vida eterna. [23] Porque la paga del pecado es muerte, pero la dádiva de Dios es vida eterna en Cristo Jesús Señor nuestro.

ANALOGÍA TOMADA DEL MATRIMONIO

7 ¿Acaso ignoran, hermanos, (pues hablo a los que conocen la ley), que la ley tiene jurisdicción sobre una persona

6:19-23
Dos tipos de esclavitud
Existe la esclavitud al pecado y la esclavitud a Dios. La esclavitud al pecado resulta en la muerte. La esclavitud a Dios implica servirle porque hemos recibido el regalo de la gracia y la vida eterna.

6:5 [1] O *injertados.*   [2] O *unidos con la semejanza.*   6:6 [1] O *reducido a la impotencia.*   6:7 [1] O *exonerado.*   6:11 [1] Algunos mss. agregan: *nuestro Señor.*   6:13 [1] Lit. *sus miembros.*   [2] O *armas.*   6:16 [1] Lit. *para obediencia.*   6:17 [1] Lit. *pero se hicieron.*   6:21 [1] O *de.*

mientras vive? **2** Pues la mujer casada está ligada por la ley a su marido mientras él vive; pero si su marido muere, queda libre de la ley en cuanto al marido. **3** Así que, mientras vive su marido, será llamada adúltera si ella se une a otro hombre; pero si su marido muere, está libre de la ley, de modo que no es adúltera aunque se una a otro hombre.

4 Por tanto, hermanos míos, también a ustedes se les hizo morir a la ley por medio del cuerpo de Cristo, para que sean unidos a otro, a Aquel que resucitó de entre los muertos, a fin de que llevemos fruto para Dios. **5** Porque mientras estábamos en la carne, las pasiones pecaminosas *despertadas* por la ley, actuaban en los miembros de nuestro cuerpo[1] a fin de llevar fruto para muerte. **6** Pero ahora hemos quedado libres de la ley, habiendo muerto a lo que nos ataba, de modo que sirvamos en la novedad del Espíritu[1] y no en el arcaísmo de la letra.

7 ¿Qué diremos entonces? ¿Es pecado la ley? ¡De ningún modo! Al contrario, yo no hubiera llegado a conocer el pecado si no *hubiera sido* por medio de la ley. Porque yo no hubiera sabido lo que es la codicia[1], si la ley no hubiera dicho: «NO CODICIARAS». **8** Pero el pecado, aprovechándose del[1] mandamiento, produjo en mí toda clase de codicia[2]. Porque aparte de la ley el pecado *está* muerto.

9 En un tiempo yo vivía sin la ley, pero al venir el mandamiento, el pecado revivió, y yo morí; **10** y este mandamiento, que era para vida, a mí me resultó para muerte; **11** porque el pecado, aprovechándose del[1] mandamiento, me engañó, y por medio de él me mató. **12** Así que la ley es santa, y el mandamiento es santo, justo y bueno.

13 ¿Entonces lo que es bueno vino a ser *causa de* muerte para mí? ¡De ningún modo! Al contrario, fue el pecado, a fin de mostrarse que es pecado al producir mi muerte por medio de lo que es bueno, para que por medio del mandamiento el pecado llegue a ser en extremo pecaminoso. **14** Porque sabemos que la ley es espiritual, pero yo soy carnal[1], vendido a la esclavitud del pecado[2].

15 Porque lo que hago, no lo entiendo. Porque no practico lo que quiero *hacer*, sino que lo que aborrezco, eso hago. **16** Y si lo que no quiero *hacer*, eso hago, estoy de acuerdo con la ley, *reconociendo* que es buena. **17** Así que ya no soy yo el que lo hace, sino el pecado que habita en mí.

18 Porque yo sé que en mí, es decir, en mi carne, no habita nada bueno. Porque el querer está presente en mí, pero el hacer el bien, no. **19** Pues no hago el bien que deseo, sino el mal que no quiero, eso practico. **20** Y si lo que no quiero *hacer*, eso hago, ya no soy yo el que lo hace, sino el pecado que habita en mí.

21 Así que, queriendo yo hacer el bien, hallo la ley de que el mal está presente en mí. **22** Porque en el[1] hombre interior me deleito con la ley de Dios, **23** pero veo otra ley en los miembros de mi cuerpo[1] que hace guerra contra la ley de mi mente, y me hace prisionero de[2] la ley del pecado que está en mis miembros.

7:4-6
Morir a la ley

Los cristianos han muerto a la ley, lo que significa que no deben hacer sacrificios y ofrendas por su pecado como indicaba la ley de Moisés. Cristo pagó el precio por todo el pecado, y ahora los cristianos son libres para vivir una vida guiada por el Espíritu Santo.

7:9-12
Cómo la ley trajo muerte

La ley reveló el pecado, y la muerte es el castigo por el pecado.

7:12-13
La ley no es la causa de la maldad

La ley no hizo que Pablo pecara. Simplemente le mostró su pecado y le hizo darse cuenta de que, debido a que era un pecador, tendría que afrontar las consecuencias.

7:14-25
El poder del pecado

El pecado puede tomar el control, causando que las personas hagan lo que no quieren hacer y evitando que hagan lo que deberían hacer. Aunque Jesús ha perdonado los pecados, los cristianos seguirán pecando mientras estén en la tierra.

7:5 [1] Lit. en nuestros miembros.   7:6 [1] O espíritu.   7:7 [1] O lujuria.
7:8 [1] O tomando ocasión mediante el.   [2] O lujuria.   7:11 [1] O tomando
ocasión mediante el.   7:14 [1] O de la carne.   [2] Lit. vendido bajo pecado.
7:22 [1] O conforme al.   7:23 [1] Lit. en mis miembros.   [2] Lit. en.

24 ¡Miserable de mí[1]! ¿Quién me libertará de este cuerpo de muerte[2]? **25** Gracias a Dios, por Jesucristo Señor nuestro. Así que yo mismo, por un lado, con la mente sirvo a la ley de Dios, pero por el otro, con la carne, a la ley del pecado.

NO HAY CONDENACIÓN PARA LOS QUE CREEN

8 Por tanto, ahora no hay condenación para los que están en Cristo Jesús[1], los que no andan conforme a la carne sino conforme al Espíritu. **2** Porque la ley del Espíritu de vida en Cristo Jesús te[1] ha libertado[2] de la ley del pecado y de la muerte.

3 Pues lo que la ley no pudo hacer, ya que era débil por causa de la carne, Dios *lo hizo*: enviando a Su propio Hijo en semejanza de carne de pecado y *como ofrenda* por el pecado, condenó al pecado en la carne, **4** para que el requisito de la ley se cumpliera en nosotros, que no andamos conforme a la carne, sino conforme al Espíritu.

5 Porque los que viven[1] conforme a la carne, ponen la mente en las cosas de la carne, pero los que *viven* conforme al Espíritu, en las cosas del Espíritu. **6** Porque la mente puesta en la carne es muerte, pero la mente puesta en el Espíritu es vida y paz. **7** La mente puesta en la carne es enemiga de Dios, porque no se sujeta a la ley de Dios, pues ni siquiera puede *hacerlo,* **8** y los que están en la carne no pueden agradar a Dios.

VIVIENDO SEGÚN EL ESPÍRITU

9 Sin embargo, ustedes no están en la carne sino en el Espíritu, si en verdad el Espíritu de Dios habita en ustedes. Pero si alguien no tiene el Espíritu de Cristo, el tal no es de Él. **10** Y si Cristo está en ustedes, aunque el cuerpo esté muerto a causa del pecado, sin embargo, el espíritu está vivo[1] a causa de la justicia. **11** Pero si el Espíritu de Aquel que resucitó a Jesús de entre los muertos habita en ustedes, el *mismo* que resucitó a Cristo Jesús de entre los muertos, también dará vida a sus cuerpos mortales por medio de[1] Su Espíritu que habita en ustedes.

12 Así que, hermanos, somos deudores, no a la carne, para vivir conforme a la carne. **13** Porque si ustedes viven conforme a la carne, habrán de[1] morir; pero si por el Espíritu hacen morir las obras de la carne[2], vivirán. **14** Porque todos los que son guiados por el Espíritu de Dios, los tales son hijos de Dios.

15 Pues ustedes no han recibido un espíritu de esclavitud para volver otra vez al temor[1], sino que han recibido un espíritu[2] de adopción

---

7:24 [1] Lit. *Hombre miserable yo soy.*   [2] O *del cuerpo de esta muerte.*   8:1 [1] Muchos mss. antiguos no incluyen el resto del vers.   8:2 [1] Algunos mss. antiguos dicen: *me.*   [2] O *te ha libertado en Cristo Jesús.*   8:5 [1] Lit. *son.*   8:10 [1] Lit. *es vida.*   8:11 [1] Algunos mss. antiguos dicen: *por causa de.*   8:13 [1] O *están a punto de.*   [2] Lit. *del cuerpo.*   8:15 [1] Lit. *otra vez para temor.*   [2] O *el Espíritu.*

8:2-4
Una nueva ley

Pablo utilizó la palabra *ley* de distintas formas. Aquí estaba diciendo que los cristianos viven por la ley o el poder del Espíritu Santo, que trae vida en lugar de muerte y nos muestra cómo vivir de una manera que agrade a Dios.

ENSEÑANZAS DE ROMANOS SOBRE EL ESPÍRITU

Romanos 2:29; 8:2-27

Beneficios para aquellos que están en Cristo Jesús (ver 8:1)

Pertenecen a Dios
2:29; 8:9,14-16

Son liberados de la ley del pecado y la muerte
8:2

Viven por el Espíritu, no por la carne
8:4

Desean lo que el Espíritu desea
8:5

Tienen vida y paz
8:6,10,13

El Espíritu habita en ellos
8:11

El Espíritu intercede por ellos
8:26-27

8:14-17
Hijos de Dios

La adopción era usual entre los griegos y los romanos. Un hijo adoptado recibía todos los privilegios de un hijo biológico, incluida la herencia. A todos aquellos que creen en Cristo, Dios los adopta en su familia por medio de la gracia.

8:23-25
Esperanza para el futuro

Los cristianos han sido adoptados como hijos de Dios y tienen la esperanza de la vida eterna y la resurrección de sus cuerpos cuando Cristo regrese.

8:30
Dios obra en los corazones de su pueblo

Dios escoge a su pueblo, lo llama a sus caminos, le ofrece salvación por medio de Cristo y le promete una eternidad gloriosa.

como hijos, por el cual clamamos: «¡Abba, Padre!». **16** El Espíritu mismo da testimonio a nuestro espíritu de que somos hijos de Dios. **17** Y si somos hijos, somos también herederos; herederos de Dios y coherederos con Cristo, si en verdad padecemos con *Él* a fin de que también seamos glorificados con *Él*.

LA GLORIA FUTURA

18 Pues considero que los sufrimientos de este tiempo presente no son dignos de ser comparados con la gloria que nos ha de ser revelada. **19** Porque el anhelo profundo de la creación es aguardar ansiosamente la revelación de los hijos de Dios. **20** Porque la creación fue sometida a vanidad, no de su propia voluntad, sino por causa de Aquel que la sometió, en la esperanza **21** de que la creación[1] misma será también liberada de la esclavitud de la corrupción a la libertad de la gloria de los hijos de Dios.

22 Pues sabemos que la creación entera gime y sufre hasta ahora dolores de parto. **23** Y no solo *ella*, sino que también nosotros mismos, que tenemos las primicias del Espíritu, aun nosotros mismos gemimos en nuestro interior, aguardando ansiosamente la adopción como hijos, la redención de nuestro cuerpo. **24** Porque en esperanza hemos sido salvados, pero la esperanza que se ve no es esperanza, pues, ¿por qué esperar lo que uno ve?[1] **25** Pero si esperamos lo que no vemos, con paciencia[1] lo aguardamos.

VICTORIOSOS EN CRISTO

26 De la misma manera, también el Espíritu nos ayuda en nuestra debilidad. No sabemos orar como debiéramos, pero el Espíritu mismo intercede *por nosotros* con gemidos indecibles. **27** Y Aquel que escudriña los corazones sabe cuál es el sentir[1] del Espíritu, porque Él intercede por los santos conforme a *la voluntad de* Dios.

28 Y sabemos que para los que aman a Dios, todas las cosas cooperan para bien[1], *esto es,* para los que son llamados conforme a *Su* propósito. **29** Porque a los que de antemano conoció, también *los* predestinó *a ser* hechos conforme a la imagen de Su Hijo, para que Él sea el primogénito entre muchos hermanos. **30** A los que predestinó, a esos también llamó. A los que llamó, a esos también justificó. A los que justificó, a esos también glorificó.

31 Entonces, ¿qué diremos a esto? Si Dios *está* por nosotros, ¿quién *estará* contra nosotros? **32** El que no negó ni a Su propio Hijo, sino que lo entregó por todos nosotros, ¿cómo no nos dará también junto con Él todas las cosas?

33 ¿Quién acusará a los escogidos de Dios? Dios es el que justifica. **34** ¿Quién es el que condena? Cristo Jesús es el que murió, sí, más aún, el que resucitó[1], el que además está a la diestra de Dios, el que también intercede por nosotros.

8:21 [1] Algunos mss. antiguos dicen: *en esperanza; porque la creación.*   8:24 [1] Algunos mss. antiguos dicen: *¿quién espera lo que ve?*   8:25 [1] O *perseverancia.*   8:27 [1] O *la mente.*   8:28 [1] Algunos mss. antiguos dicen: *Dios hace que todas las cosas cooperen para bien.*   8:34 [1] Algunos mss. antiguos agregan: *de entre los muertos.*

35 ¿Quién nos separará del amor de Cristo[1]? ¿Tribulación, o angustia, o persecución, o hambre, o desnudez, o peligro, o espada? 36 Tal como está escrito:

«POR CAUSA TUYA SOMOS PUESTOS A MUERTE TODO EL DÍA;
SOMOS CONSIDERADOS COMO OVEJAS PARA EL MATADERO».

37 Pero en todas estas cosas somos más que vencedores por medio de Aquel que nos amó.

38 Porque estoy convencido de que ni la muerte, ni la vida, ni ángeles, ni principados, ni lo presente, ni lo por venir, ni los poderes[1], 39 ni lo alto, ni lo profundo, ni ninguna otra cosa creada nos podrá separar del amor de Dios que es en Cristo Jesús Señor nuestro.

LA ELECCIÓN DE ISRAEL

9 Digo la verdad en Cristo, no miento, dándome testimonio mi conciencia en el Espíritu Santo, 2 de que tengo gran tristeza y continuo dolor en mi corazón. 3 Porque desearía[1] yo mismo ser anatema[2], *separado* de Cristo por amor a mis hermanos, mis parientes según la carne. 4 Porque son israelitas, a quienes pertenece la adopción como hijos, y la gloria, los pactos, la promulgación de la ley, el culto y las promesas, 5 de quienes son los patriarcas, y de quienes, según la carne, procede el Cristo[1], el cual está sobre todas las cosas, Dios bendito por los siglos. Amén.

6 Pero no *es* que la palabra de Dios haya fallado. Porque no todos los *descendientes* de Israel son Israel; 7 ni son todos hijos por ser descendientes[1] de Abraham, sino que «POR ISAAC SERÁ LLAMADA TU DESCENDENCIA[1]». 8 Esto es, no son los hijos de la carne los que son hijos de Dios, sino que los hijos de la promesa son considerados como descendientes[1].

9 Porque la palabra de promesa es esta: «POR ESTE TIEMPO VOLVERÉ, Y SARA TENDRÁ UN HIJO». 10 Y no solo *esto*, sino que también Rebeca concibió *mellizos* de uno, nuestro padre Isaac. 11 Porque cuando aún *los mellizos* no habían nacido, y no habían hecho nada, ni bueno ni malo, para que el propósito de Dios conforme a *Su* elección permaneciera, no por las obras, sino por Aquel que llama, 12 se le dijo a Rebeca: «EL MAYOR SERVIRÁ AL MENOR». 13 Tal como está escrito: «A JACOB AMÉ, PERO A ESAÚ ABORRECÍ».

DIOS NO ES INJUSTO

14 ¿Qué diremos entonces? ¿Qué hay injusticia en Dios? ¡De ningún modo! 15 Porque Él dice a Moisés: «TENDRÉ MISERICORDIA DEL QUE YO TENGA MISERICORDIA, Y TENDRÉ COMPASIÓN DEL QUE YO TENGA COMPASIÓN». 16 Así que no *depende* del que quiere ni del que corre, sino de Dios que tiene misericordia. 17 Porque la Escritura dice a Faraón: «PARA ESTO MISMO TE HE LEVANTADO, PARA DEMOSTRAR MI PODER EN TI, Y PARA QUE MI NOMBRE SEA PROCLAMADO POR[1]

8:37-39
Dios nunca dejará de amarte
Pablo dice que absolutamente nada puede separar a un cristiano del amor de Dios.

9:1-9
Los descendientes de Jacob
Aunque Israel era el pueblo elegido de Dios, no todos creían en él o lo seguían. Ellos tenían todas las ventajas de los hijos de Dios (vv. 4-5), pero algunos no eligieron vivir por la fe.

9:14-18
Dios escoge a las personas
Pablo dice que Dios tiene derecho a otorgarle misericordia a cualquiera que él elija.

8:35 [1] Algunos mss. antiguos dicen: *Dios.*   8:38 [1] O *potestades;* i.e. poderes espirituales.   9:3 [1] Lit. *oraría.*   [2] I.e. maldito.   9:5 [1] I.e. el Mesías.
9:7 [1] Lit. *simiente.*   9:8 [1] Lit. *simiente.*   9:17 [1] Lit. *en.*

9:19-21
El ejemplo de un alfarero haciendo alfarería

Este era un modo de mostrar que Dios, como un alfarero, controla su creación y toma decisiones sobre el mundo y las personas.

© Rehan Qureshi/Shutterstock

TODA LA TIERRA». **18** Así que Dios tiene misericordia, del que quiere y al que quiere endurece.

19 Me dirás entonces: «¿Por qué, pues, todavía reprocha[1] *Dios*? Porque ¿quién resiste a Su voluntad?». **20** Al contrario, ¿quién eres tú, oh hombre, que le contestas a Dios? ¿Dirá acaso el objeto modelado al que lo modela: «Por qué me hiciste así?». **21** ¿O no tiene el alfarero derecho sobre el barro de hacer de la misma masa un vaso para uso honorable y otro para uso ordinario? **22** ¿Y qué, si Dios, aunque dispuesto a demostrar Su ira y hacer notorio Su poder, soportó con mucha paciencia a los vasos de ira preparados para destrucción?

23 *Lo hizo* para dar a conocer las riquezas de Su gloria sobre los vasos de misericordia, que de antemano Él preparó para gloria, **24** *es decir*, nosotros, a quienes también llamó, no solo de entre los judíos, sino también de entre los gentiles. **25** Como también dice en Oseas:

«A LOS QUE NO ERAN MI PUEBLO,
LLAMARÉ: "PUEBLO MÍO",
Y A LA QUE NO ERA AMADA:
"AMADA *mía*".
26 Y SUCEDERÁ QUE EN EL LUGAR DONDE SE LES DIJO:
"USTEDES NO SON MI PUEBLO",
ALLÍ SERÁN LLAMADOS HIJOS DEL DIOS VIVIENTE».

27 Isaías también exclama en cuanto a Israel: «AUNQUE EL NÚMERO DE LOS HIJOS DE ISRAEL SEA COMO LA ARENA DEL MAR, *solo* EL REMANENTE SERÁ SALVO; **28** PORQUE EL SEÑOR EJECUTARÁ SU PALABRA SOBRE LA TIERRA CABALMENTE[1] Y CON BREVEDAD[2]». **29** Y como Isaías predijo:

«SI EL SEÑOR DE LOS EJÉRCITOS NO NOS HUBIERA
DEJADO DESCENDENCIA[1],
HUBIÉRAMOS LLEGADO A SER COMO SODOMA, Y
HECHOS SEMEJANTES A GOMORRA».

RAZÓN DEL TROPIEZO DE ISRAEL

30 ¿Qué diremos entonces? Que los gentiles, que no iban tras la justicia, alcanzaron justicia, es decir, la justicia que es por[1] fe; **31** pero Israel, que iba tras una ley de justicia, no alcanzó *esa* ley. **32** ¿Por qué? Porque no *iban tras ella* por[1] fe, sino como por[1] obras. Tropezaron en la piedra de tropiezo, **33** tal como está escrito:

«HE AQUÍ, PONGO EN SIÓN UNA PIEDRA DE TROPIEZO
Y ROCA DE ESCANDALO;
Y EL QUE CREA EN ÉL NO SERÁ AVERGONZADO».

9:30-32
El problema de Israel

Ellos intentaban cumplir la ley de Moisés para ganarse el favor de Dios. Intentaban ganarse la salvación por sus obras en lugar de por su fe.

10 Hermanos, el deseo de mi corazón y mi oración a Dios por ellos[1] es para *su* salvación. **2** Porque yo testifico a su favor de que tienen celo de Dios, pero no conforme a un

9:19 [1] O *halla faltas*.   9:28 [1] Lit. *terminándola*.   [2] Lit. *abreviándola*.
9:29 [1] Lit. *simiente*.   9:30 [1] Lit. *de*.   9:32 [1] Lit. *de*.   10:1 [1] Algunos mss. posteriores dicen: *Israel*.

ENSEÑANZAS DE ROMANOS SOBRE LA LEY
Romanos 2:12—10:4

LO QUE LA LEY PUEDE HACER	LO QUE LA LEY NO PUEDE HACER
Juzgar a aquellos que la siguen 2:12-13	Declarar justas a las personas que la siguen 3:20
Revelarles el pecado a las personas 3:20; 4:15; 7:8	Liberar a las personas del pecado 8:3
Hacer que abunde la transgresión 5:20	Proveer gracia 6:14
Finalizar en Cristo 10:4	Justificar a las personas 3:28

pleno conocimiento. **3** Pues desconociendo la justicia de Dios y procurando establecer la suya propia, no se sometieron a la justicia de Dios. **4** Porque Cristo es el fin[1] de la ley para justicia a todo aquel que cree.

CÓMO SER SALVO

5 Pues Moisés escribe que el hombre que practica la justicia que es de la ley, vivirá por ella. **6** Pero la justicia que es de la fe, dice así: «NO DIGAS EN TU CORAZÓN: "¿QUIÉN SUBIRÁ AL CIELO?". Esto es, para hacer bajar a Cristo, **7** o "¿QUIÉN DESCENDERÁ AL ABISMO?". Esto es, para subir a Cristo de entre los muertos».

8 Pero, ¿qué dice? «CERCA DE TI ESTÁ LA PALABRA, EN TU BOCA Y EN TU CORAZÓN», es decir, la palabra de fe que predicamos: **9** que si confiesas con tu boca a Jesús *por* Señor, y crees en tu corazón que Dios lo resucitó de entre los muertos, serás salvo. **10** Porque con el corazón se cree para justicia, y con la boca se confiesa para salvación.

11 Pues la Escritura dice: «TODO EL QUE CREE EN ÉL NO SERÁ AVERGONZADO». **12** Porque no hay distinción entre judío y griego, pues el mismo *Señor* es Señor de todos, abundando en riquezas para todos los que le invocan; **13** porque: «TODO AQUEL QUE INVOQUE EL NOMBRE DEL SEÑOR SERÁ SALVO».

14 ¿Cómo, pues, invocarán a Aquel en quien no han creído? ¿Y cómo creerán en Aquel de[1] quien no han oído? ¿Y cómo oirán sin haber quien les predique? **15** ¿Y cómo predicarán si no son enviados? Tal como está escrito: «¡CUAN HERMOSOS SON LOS PIES[1] DE LOS QUE ANUNCIAN EL EVANGELIO DEL BIEN[2]!».

ISRAEL RECHAZA EL EVANGELIO

16 Sin embargo, no todos hicieron caso al evangelio, porque Isaías dice: «SEÑOR, ¿QUIÉN HA CREÍDO A NUESTRO ANUNCIO?». **17** Así que la fe *viene* del oír, y el oír, por la palabra de Cristo.

10:4
La necesidad de la ley

Pablo dijo que Cristo era el fin de la ley. Debido a que Cristo obedeció perfectamente la ley, los cristianos ya no se sienten agobiados por sus exigencias. En lugar de eso, siguen la ley con la ayuda del Espíritu Santo, agradecidos por su salvación.

10:9
Jesús es el Señor

Esta es la confesión de fe cristiana más antigua. Probablemente la decían en los bautismos de los creyentes.

10:14-15
Pablo habla del trabajo misionero

Para que las personas pudieran oír el mensaje de Jesús y creer, otros debían ir a llevarles las buenas nuevas.

10:4 [1] O *la meta*, o *el objetivo*.   10:14 [1] O *a*.   10:15 [1] Algunos mss. agregan: *de los que anuncian la paz*.   [2] O *de cosas buenas*.

¹⁸ Pero yo digo, ¿acaso nunca han oído? Ciertamente que sí:

«POR TODA LA TIERRA HA SALIDO SU VOZ,
Y HASTA LOS CONFINES DEL MUNDO¹ SUS PALABRAS».

¹⁹ Y añado¹: ¿Acaso Israel no sabía? En primer lugar, Moisés dice:

«YO LOS PROVOCARÉ A CELOS CON UN *pueblo* QUE NO
ES PUEBLO;
CON UN PUEBLO SIN ENTENDIMIENTO LOS
PROVOCARÉ A IRA».

²⁰ E Isaías es muy osado, y dice:

«FUI HALLADO POR LOS QUE NO ME BUSCABAN;
ME MANIFESTÉ¹ A LOS QUE NO PREGUNTABAN POR
MÍ».

²¹ Pero en cuanto a Israel, dice: «TODO EL DÍA HE EXTENDIDO MIS MANOS A UN PUEBLO DESOBEDIENTE Y REBELDE».

EL REMANENTE DE ISRAEL

11 Digo entonces: ¿Acaso ha desechado Dios a Su pueblo? ¡De ningún modo! Porque yo también soy israelita, descendiente¹ de Abraham, de la tribu de Benjamín. ² Dios no ha desechado a Su pueblo, al cual conoció con anterioridad. ¿O no saben lo que dice la Escritura en *el pasaje sobre* Elías, cómo suplica a Dios contra Israel: ³ «Señor, HAN DADO MUERTE A TUS PROFETAS, HAN DERRIBADO TUS ALTARES; Y SOLO YO HE QUEDADO Y ATENTAN CONTRA¹ MI VIDA?». ⁴ Pero, ¿qué le dice la respuesta divina?: «Me HE RESERVADO SIETE MIL HOMBRES QUE NO HAN DOBLADO LA RODILLA A BAAL».

⁵ Y¹ de la misma manera, también ha quedado² en el tiempo presente un remanente conforme a la elección de la gracia *de Dios*. ⁶ Pero si es por gracia, ya no es a base de obras, de otra manera la gracia ya no es gracia. ¹Y si por obras, ya no es gracia; de otra manera la obra ya no es obra.

⁷ Entonces ¿qué? Aquello que Israel busca no lo ha alcanzado, pero los que fueron escogidos lo alcanzaron¹ y los demás fueron endurecidos; ⁸ tal como está escrito:

«DIOS LES DIO UN ESPÍRITU EMBOTADO,
OJOS CON QUE NO VEN Y OÍDOS CON QUE NO OYEN,
HASTA EL DÍA DE HOY».

⁹ Y David dice:

«SU BANQUETE¹ SE CONVIERTA EN LAZO Y EN
TRAMPA,
Y EN PIEDRA DE TROPIEZO Y EN RETRIBUCIÓN PARA
ELLOS.
¹⁰   OSCURÉZCANSE SUS OJOS PARA QUE NO PUEDAN
VER,
Y DOBLA SUS ESPALDAS PARA SIEMPRE».

10:18 ¹ I.e. la tierra habitada.   10:19 ¹ Lit. *Pero digo.*   10:20 ¹ Lit. *me hice manifiesto.*   11:1 ¹ Lit. *de la simiente.*   11:3 ¹ Lit. *y buscan.*   11:5 ¹ Lit. *Pues.* ² O *ha llegado a haber.*   11:6 ¹ Muchos mss. antiguos no incluyen el resto del vers.   11:7 ¹ Lit. *pero la elección lo alcanzó.*   11:9 ¹ O *mesa.*

LA SALVACIÓN DE LOS GENTILES

11 Digo entonces: ¿Acaso tropezaron para caer? ¡De ningún modo! Pero por su transgresión *ha venido* la salvación a los gentiles, para causarles celos. **12** Y si su transgresión es riqueza para el mundo, y su fracaso es riqueza para los gentiles, ¡cuánto más será su plenitud!

13 Pero a ustedes hablo, gentiles. Entonces, puesto que yo soy apóstol de los gentiles, honro mi ministerio, **14** si en alguna manera puedo causar celos a mis compatriotas[1] y salvar a algunos de ellos.

15 Porque si el excluirlos a ellos es la reconciliación del mundo, ¿qué será *su* admisión, sino vida de entre los muertos? **16** Y si el primer pedazo *de masa* es santo, también lo es *toda* la masa; y si la raíz es santa, también lo son las ramas.

17 Pero si algunas de las ramas fueron desgajadas, y tú, siendo un olivo silvestre, fuiste injertado entre ellas y fuiste hecho participante con ellas de la rica savia de la raíz[1] del olivo, **18** no seas arrogante para con las ramas. Pero si eres arrogante, *recuerda que* tú no eres el que sustenta la raíz, sino que la raíz es *la que te sustenta* a ti. **19** Dirás entonces: «Las ramas fueron desgajadas para que yo fuera injertado». **20** Muy cierto. Fueron desgajadas por su incredulidad, pero tú por la fe te mantienes firme[1]. No seas altanero, sino teme; **21** porque si Dios no perdonó a las ramas naturales, tampoco a ti te perdonará.

22 Mira, pues, la bondad y la severidad de Dios: severidad para con los que cayeron, pero para ti, bondad de Dios si permaneces en *Su* bondad. De lo contrario también tú serás cortado. **23** Y también ellos, si no permanecen en *su* incredulidad, serán injertados, pues poderoso es Dios para injertarlos de nuevo. **24** Porque si tú fuiste cortado de lo que por naturaleza es un olivo silvestre, y contra lo que es natural fuiste injertado en un olivo cultivado, ¿cuánto más estos, que son las *ramas* naturales, serán injertados en su propio olivo?

LA SALVACIÓN DE ISRAEL AL FIN DE LOS TIEMPOS

25 Porque no quiero, hermanos, que ignoren este misterio, para que no sean sabios en su propia opinión: que a Israel le ha acontecido un endurecimiento parcial hasta que haya entrado la plenitud de los gentiles. **26** Así, todo Israel será salvo, tal como está escrito:

«EL LIBERTADOR VENDRÁ DE SIÓN;
APARTARÁ LA IMPIEDAD DE JACOB.
27 Y ESTE ES MI PACTO[1] CON ELLOS,
CUANDO YO QUITE SUS PECADOS».

28 En cuanto al evangelio[1], son enemigos por causa de ustedes, pero en cuanto a la elección[2] *de Dios,* son amados por causa de los padres. **29** Porque los dones y el llamamiento de Dios son irrevocables.

11:13-16
Por qué Pablo les predicó a los gentiles
Muchos judíos habían rechazado a Dios, así que Pablo les predicó a los gentiles. Él esperaba que esto hiciera que muchos de los judíos reconocieran la verdad del evangelio y se volvieran a Dios.

11:17-21
La lección del olivo
El olivo representaba al pueblo de Dios. Las ramas desgajadas eran los judíos que se habían alejado de Dios. Las ramas injertadas en el árbol representaban a los creyentes que eran gentiles. Los jardineros a menudo tratan de mejorar sus árboles viejos injertándoles nuevas ramas. Pablo sabía que sus seguidores entenderían esta metáfora.

11:14 [1] I.e. israelitas.   11:17 [1] Lit. *raíz de la grosura.*   11:20 [1] Lit. *estás en pie.*
11:27 [1] Lit. *el pacto de mi parte.*   11:28 [1] Lit. *Según el evangelio.*   [2] Lit. *según la elección.*

30 Pues así como ustedes en otro tiempo fueron desobedientes a Dios, pero ahora se les ha mostrado misericordia por razón de la desobediencia de ellos, **31** así también ahora estos han sido desobedientes, para que por la misericordia mostrada a ustedes, también a ellos ahora les sea mostrada misericordia. **32** Porque Dios ha encerrado a todos en desobediencia para mostrar misericordia a todos.

LA INSONDABLE SABIDURÍA DE DIOS

33 ¡Oh, profundidad de las riquezas y de la sabiduría y del conocimiento de Dios! ¡Cuán insondables son Sus juicios e inescrutables Sus caminos! **34** Pues, ¿QUIÉN HA CONOCIDO LA MENTE DEL SEÑOR? ¿O QUIÉN LLEGÓ A SER SU CONSEJERO? **35** ¿O QUIÉN LE HA DADO A ÉL PRIMERO PARA QUE SE LE TENGA QUE RECOMPENSAR[1]? **36** Porque de Él, por Él y para Él son todas las cosas. A Él *sea* la gloria para siempre. Amén.

ACTITUD CONSECUENTE DEL CREYENTE

12 Por tanto, hermanos, les ruego por las misericordias de Dios que presenten sus cuerpos *como* sacrificio vivo y santo, aceptable a Dios, *que es* el culto racional de ustedes. **2** Y no se adapten a este mundo[1], sino transfórmense mediante la renovación de su mente, para que verifiquen cuál es la voluntad de Dios: lo que es bueno y aceptable y perfecto.

NUESTROS DEBERES CRISTIANOS

3 Porque en virtud de la gracia que me ha sido dada, digo a cada uno de[1] ustedes que no piense de sí mismo más de lo que debe pensar, sino que piense con buen juicio[2], según la medida de fe que Dios ha distribuido a cada uno. **4** Pues así como en un cuerpo tenemos muchos miembros, pero no todos los miembros tienen la misma función, **5** así nosotros, que somos muchos, somos un cuerpo en Cristo e individualmente miembros los unos de los otros.

6 Pero teniendo diferentes dones, según la gracia que nos ha sido dada, *usémoslos*: si el de profecía, *úsese* en proporción a la fe; **7** si el de servicio, en servir[1]; o el que enseña, en la enseñanza; **8** el que exhorta, en la exhortación; el que da, con liberalidad[1]; el que dirige, con diligencia; el que muestra misericordia, con alegría.

9 El amor *sea* sin hipocresía; aborreciendo lo malo, aplicándose[1] a lo bueno. **10** *Sean* afectuosos unos con otros con amor fraternal; con honra, dándose preferencia unos a otros. **11** No sean perezosos en *lo que requiere* diligencia. *Sean* fervientes en espíritu, sirviendo al Señor, **12** gozánd*ose* en la esperanza, perseverando en el sufrimiento, dedicados a la oración, **13** contribuyendo para las necesidades de los santos, practicando[1] la hospitalidad.

14 Bendigan a los que los[1] persiguen. Bendigan, y no maldigan. **15** Gócense con los que se gozan y lloren con los que lloran. **16** Tengan el mismo sentir unos con otros. No sean

---

12:4-8

Por qué Pablo comparó a los cristianos con los miembros de un cuerpo

Un cuerpo tiene muchos miembros con diferentes funciones. Todos los miembros dependen unos de otros. Del mismo modo, los cristianos tienen diferentes dones, pero todos contribuyen a la totalidad de la iglesia cristiana.

12:14

Bendice a aquellos que te persiguen

Uno de los principios básicos que Jesús les enseñó a sus discípulos fue tratar a los demás como quieres que te traten a ti. Esto significa ser amable con las personas incluso cuando han sido poco amables contigo. Orar por los que nos han hecho daño es otra forma de bendecirlos y amarlos.

11:35 [1] Lit. *y se le recompensará*.   12:2 [1] O *siglo*.   12:3 [1] Lit. *que está entre*.   [2] O *con cordura*.   12:7 [1] Lit. *en el servicio*.   12:8 [1] O *sencillez*.   12:9 [1] Lit. *adhiéranse*.   12:13 [1] Lit. *yendo tras*.   12:14 [1] Algunos mss. antiguos no incluyen: *los*.

altivos en su pensar, sino condescendiendo con los humildes[1]. No sean sabios en su propia opinión.

17 Nunca paguen a nadie mal por mal. Respeten[1] lo bueno delante de todos los hombres. **18** Si es posible, en cuanto de ustedes dependa, estén en paz con todos los hombres. **19** Amados, nunca tomen venganza ustedes mismos, sino den lugar a la ira *de Dios,* porque escrito está: «MÍA ES LA VENGANZA, YO PAGARÉ», dice el Señor. **20** «PERO SI TU ENEMIGO TIENE HAMBRE, DALE DE COMER; Y SI TIENE SED, DALE DE BEBER, PORQUE HACIENDO ESTO, CARBONES ENCENDIDOS AMONTONARÁS SOBRE SU CABEZA». **21** No seas vencido por el mal, sino vence el mal con el bien.

ACTITUD HACIA LAS AUTORIDADES

13 Sométase toda persona[1] a las autoridades que gobiernan. Porque no hay autoridad sino de[2] Dios, y las que existen, por Dios son constituidas. **2** Por tanto, el que resiste a la autoridad, a lo ordenado por Dios se ha opuesto; y los que se han opuesto, recibirán condenación sobre sí mismos. **3** Porque los gobernantes no son motivo de temor para los de buena conducta, sino para el que hace el mal. ¿Deseas, pues, no temer a la autoridad? Haz lo bueno y tendrás elogios de ella, **4** pues es para ti un ministro[1] de Dios para bien. Pero si haces lo malo, teme. Porque no en vano lleva la espada, pues es ministro de Dios, un vengador que castiga[2] al que practica lo malo.

5 Por tanto, es necesario someterse, no solo por razón del castigo[1], sino también por causa de la conciencia. **6** Pues por esto también ustedes pagan impuestos, porque *los gobernantes* son servidores de Dios, dedicados precisamente a esto. **7** Paguen a todos lo que deban: al que impuesto, impuesto; al que tributo, tributo; al que temor, temor; al que honor, honor.

EL AMOR, CUMPLIMIENTO DE LA LEY

8 No deban a nadie nada, sino el amarse unos a otros. Porque el que ama a su prójimo[1], ha cumplido la ley. **9** Porque esto: «NO COMETERÁS ADULTERIO, NO MATARÁS, NO HURTARÁS, NO CODICIARÁS», y cualquier[1] otro mandamiento, en estas palabras se resume: «AMARÁS A TU PRÓJIMO COMO A TI MISMO». **10** El amor no hace mal[1] al prójimo. Por tanto, el amor es el cumplimiento de la ley.

SE ACERCA EL AMANECER

11 Y *hagan todo* esto, conociendo el tiempo, que ya es hora de despertarse del sueño. Porque ahora la salvación está más cerca de nosotros[1] que cuando creímos. **12** La noche está muy avanzada, y el día está cerca. Por tanto, desechemos[1] las obras de las tinieblas y vistámonos con las armas de la luz. **13** Andemos decentemente, como de día, no en orgías y borracheras, no en promiscuidad sexual y lujurias, no en pleitos y envidias. **14** Antes bien, vístanse del Señor Jesucristo, y no piensen en proveer para las lujurias de la carne.

12:16 [1] O *adaptándose a cosas humildes.*   12:17 [1] Lit. *Consideren.*
13:1 [1] Lit. *alma.*   [2] Lit. *por.*   13:4 [1] O *servidor.*   [2] Lit. *para ira.*   13:5 [1] Lit. *de la ira.*   13:8 [1] Lit. *al otro.*   13:9 [1] Lit. *y si algún.*   13:10 [1] Lit. *no obra mal.*
13:11 [1] O *nuestra salvación está más cerca.*   13:12 [1] O *despojémonos de.*

13:1-5
Los cristianos deben obedecer a las autoridades
Una de las razones es evitar el castigo. Sin embargo, la razón más importante es que Dios les da autoridad a los gobiernos para mantener el orden en la sociedad y proporcionar justicia.

13:14
Vestirse del Señor Jesucristo
Esto significa que los creyentes no solo deben tener fe en sus corazones, sino también intentar comportarse del mismo modo que Cristo.

14:1
Los débiles en la fe

Pablo probablemente se refería a los judíos cristianos que no renunciaban a algunas de sus antiguas prácticas religiosas, como seguir las reglas sobre el día de reposo y la comida. Ellos no estaban tratando de ganarse el favor de Dios, simplemente no sabían si las reglas del Antiguo Testamento todavía se aplicaban a los cristianos.

14:4, 10-12
Qué hacer cuando otro cristiano opina distinto

Pablo les dijo que no criticaran a los demás por sus diferencias. Los cristianos no deben actuar como jueces. Solo Dios es juez.

PRINCIPIOS QUE RIGEN PROBLEMAS DE CONCIENCIA

14 Acepten al que es débil en la fe, *pero* no para juzgar *sus* opiniones. ² Uno tiene fe en que puede comer de todo, pero el que es débil *solo* come legumbres. ³ El que come no desprecie al que no come, y el que no come no juzgue al que come, porque Dios lo ha aceptado.

⁴ ¿Quién eres tú para juzgar al criado¹ de otro? Para su propio amo² está en pie o cae. En pie se mantendrá, porque poderoso es el Señor para sostenerlo en pie. ⁵ Uno juzga que un día es superior a otro, otro juzga *iguales* todos los días. Cada cual esté plenamente convencido según su propio sentir. ⁶ El que guarda cierto¹ día, para el Señor lo guarda. El que come, para el Señor come, pues da gracias a Dios; y el que no come, para el Señor se abstiene², y da gracias a Dios.

⁷ Porque ninguno de nosotros vive para sí mismo, y ninguno muere para sí mismo. ⁸ Pues si vivimos, para el Señor vivimos, y si morimos, para el Señor morimos. Por tanto, ya

14:4 ¹ O *siervo.* ² O *señor.*   14:6 ¹ Lit. *el.* ² Lit. *no come.*

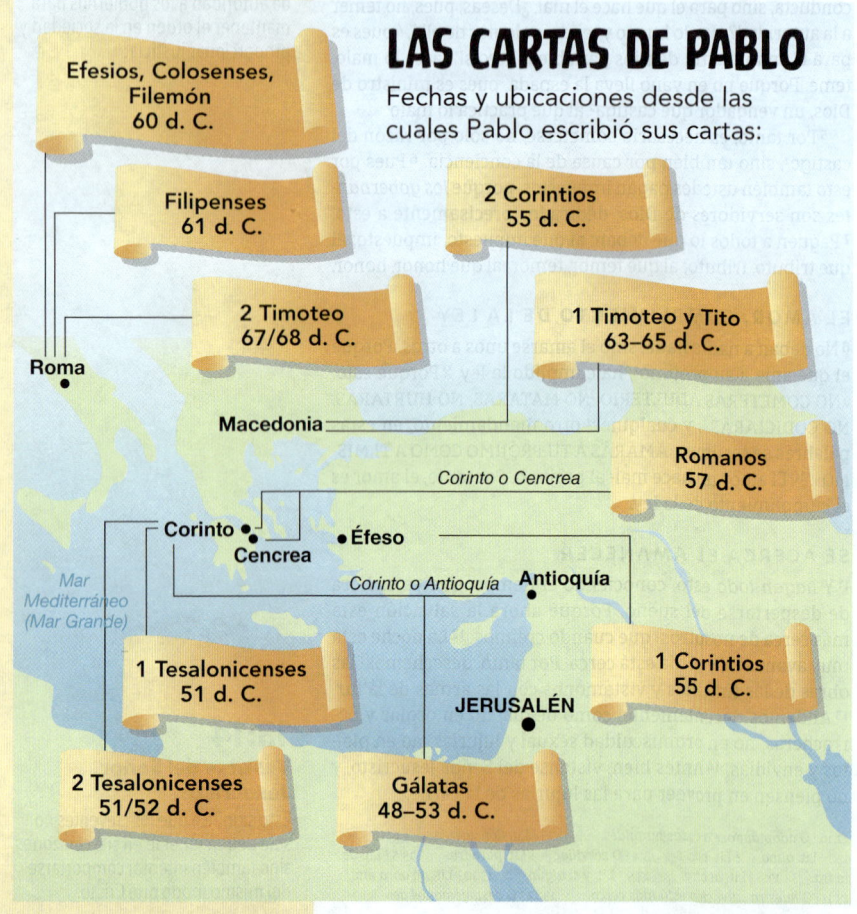

LAS CARTAS DE PABLO

Fechas y ubicaciones desde las cuales Pablo escribió sus cartas:

Efesios, Colosenses, Filemón
60 d. C.

Filipenses
61 d. C.

2 Corintios
55 d. C.

2 Timoteo
67/68 d. C.

1 Timoteo y Tito
63–65 d. C.

Roma

Macedonia

Romanos
57 d. C.

Corinto o Cencrea

Corinto •   • Éfeso
Cencrea

Corinto o Antioquía   Antioquía

Mar Mediterráneo (Mar Grande)

1 Tesalonicenses
51 d. C.

1 Corintios
55 d. C.

JERUSALÉN

2 Tesalonicenses
51/52 d. C.

Gálatas
48–53 d. C.

sea que vivamos o que muramos, del Señor somos. **9** Porque para esto Cristo murió y resucitó[1], para ser Señor tanto de los muertos como de los vivos.

10 Pero tú, ¿por qué juzgas a tu hermano? O también, tú, ¿por qué desprecias a tu hermano? Porque todos compareceremos ante el tribunal de Dios. **11** Porque está escrito:

> «VIVO YO, DICE EL SEÑOR, QUE ANTE MÍ SE DOBLARÁ
>   TODA RODILLA,
> Y TODA LENGUA ALABARÁ[1] A DIOS».

12 De modo que cada uno de nosotros dará a Dios cuenta de sí mismo.

13 Por tanto, ya no nos juzguemos los unos a los otros, sino más bien decidan esto: no poner obstáculo o piedra de tropiezo al hermano. **14** Yo sé, y estoy convencido en el Señor Jesús, de que nada es inmundo en sí mismo; pero para el que estima que algo es inmundo, para él lo es. **15** Porque si por causa de la comida tu hermano se entristece, ya no andas conforme al amor. No destruyas con tu comida a aquel por quien Cristo murió.

16 Por tanto, no permitan que se hable mal de[1] lo que para ustedes es bueno. **17** Porque el reino de Dios no es comida ni bebida, sino justicia y paz y gozo en el Espíritu Santo. **18** Porque el que de esta *manera* sirve a Cristo, es aceptable a Dios y aprobado por los hombres.

19 Así que procuremos lo que contribuye a la paz y a la edificación mutua. **20** No destruyas la obra de Dios por causa de la comida. En realidad, todas las cosas son limpias, pero son malas para el hombre que escandaliza *a otro* al comer. **21** Es mejor[1] no comer carne, ni beber vino, ni *hacer nada* en que tu hermano tropiece.

22 La fe que tú tienes, ten*la* conforme a tu propia convicción[1] delante de Dios. Dichoso el que no se condena a sí mismo en lo que aprueba. **23** Pero el que duda, si come se condena, porque no *lo hace* por fe. Todo lo que no procede de fe, es pecado.

15 Así que, nosotros los que somos fuertes, debemos sobrellevar las flaquezas de los débiles y no agradarnos a nosotros mismos. **2** Cada uno de nosotros agrade a su prójimo en lo que es bueno para *su* edificación[1]. **3** Pues ni aun Cristo se agradó a Él mismo; antes bien, como está escrito: «LOS INSULTOS DE LOS QUE TE INJURIABAN CAYERON SOBRE MÍ».

4 Porque todo lo que fue escrito en tiempos pasados, para nuestra enseñanza se escribió, a fin de que por medio de la paciencia[1] y del consuelo de las Escrituras tengamos esperanza. **5** Y que el Dios de la paciencia y del consuelo les conceda tener el mismo sentir los unos para con los otros conforme a Cristo Jesús, **6** para que unánimes, a una voz[1], glorifiquen al Dios y Padre de nuestro Señor Jesucristo[2].

EL EVANGELIO A LOS GENTILES

7 Por tanto, acéptense los unos a los otros, como también Cristo nos[1] aceptó para la gloria de Dios. **8** Pues *les* digo que

14:19-21
Contribuir a la paz
Pablo animaba a los cristianos a tener relaciones pacíficas y a edificarse los unos a los otros. Si eso significa respetar las reglas de otra persona, aunque a uno le parezcan innecesarias, Pablo dice que hay que apoyarlas. De ese modo, no hacemos que otro cristiano actúe contra su conciencia.

15:4
Las Escrituras son de ayuda para los cristianos
Pablo dijo que las Escrituras fueron escritas para ser nuestra guía. Ellas nos ayudan a tener paciencia y esperanza en Cristo.

14:9 [1] Lit. *volvió a vivir*.   14:11 [1] O *confesará*.   14:16 [1] Lit. *se blasfeme*.
14:21 [1] Lit. *bueno*.   14:22 [1] Lit. *conforme a ti mismo*.   15:2 [1] Lit. *para lo que es bueno para edificación*.   15:4 [1] O *perseverancia*.   15:6 [1] Lit. *con una boca*.
[2] I.e. el Mesías.   15:7 [1] Muchos mss. dicen: *los*.

Cristo se hizo servidor de la circuncisión para demostrar la verdad de Dios, para confirmar las promesas *dadas* a los padres, **9** y para que los gentiles glorifiquen a Dios por Su misericordia, como está escrito:

> «POR TANTO, TE CONFESARÉ ENTRE LOS GENTILES,
> Y A TU NOMBRE CANTARÉ».

10 Y vuelve a decir:

> «REGOCÍJENSE, GENTILES, CON SU PUEBLO».

11 Y de nuevo:

> «ALABEN AL SEÑOR TODOS LOS GENTILES,
> Y TODOS LOS PUEBLOS LO ALABEN».

12 Y a su vez, Isaías dice:

> «RETOÑARÁ[1] LA RAÍZ DE ISAÍ,
> EL QUE SE LEVANTA A REGIR A LOS GENTILES;
> LOS GENTILES PONDRÁN EN ÉL SU ESPERANZA».

13 Y el Dios de la esperanza los llene de todo gozo y paz en el creer, para que abunden en esperanza por el poder del Espíritu Santo.

14 En cuanto a ustedes, hermanos míos, yo mismo estoy también convencido de que ustedes están llenos de bondad, llenos de todo conocimiento y capaces también de amonestarse los unos a los otros. **15** Pero les he escrito con atrevimiento sobre algunas cosas[1], para así hacer que *las* recuerden otra vez, por la gracia que me fue dada por Dios, **16** para ser ministro de Cristo Jesús a los gentiles, ministrando a manera de sacerdote[1] el evangelio de Dios, a fin de que la ofrenda *que hago* de los gentiles sea aceptable, santificada por el Espíritu Santo.

15:17-18
Los logros de Pablo
Pablo le otorgó todo el crédito y la gloria a Cristo, quien le dio la capacidad para hacer su trabajo.

17 Por tanto, en Cristo Jesús he hallado razón para gloriarme en las cosas que se refieren a Dios. **18** Porque no me atreveré a hablar de nada sino de lo que Cristo ha hecho[1] por medio de mí para la obediencia de los gentiles, en palabra y en obra, **19** con el poder de señales[1] y prodigios, en el poder del Espíritu de Dios, De manera que desde Jerusalén y por los alrededores hasta el Ilírico he predicado en toda su plenitud[2] el evangelio de Cristo.

20 De esta manera me esforcé en anunciar el evangelio, no donde Cristo *ya* era conocido[1], para no edificar sobre el fundamento de otro; **21** sino como está escrito:

> «AQUELLOS A QUIENES NUNCA LES FUE ANUNCIADO
> ACERCA DE ÉL, VERÁN,
> Y LOS QUE NO HAN OÍDO, ENTENDERÁN».

ANHELO DE PABLO DE VISITAR ROMA

22 Por esta razón muchas veces me he visto impedido de ir a ustedes. **23** Pero ahora, no quedando ya[1] más lugares[2] para mí en estas regiones, y puesto que por muchos años he

15:12 [1] Lit. *Estará.*　　15:15 [1] O *sobre algunos puntos.*　　15:16 [1] I.e. oficiar, ejercer el culto sagrado.　　15:18 [1] O *nada que Cristo no haya logrado.*　　15:19 [1] O *milagros.*　　[2] Lit. *he cumplido.*　　15:20 [1] Lit. *nombrado.* 15:23 [1] Lit. *no teniendo.*　　[2] Lit. *lugar.*

tenido un gran deseo de ir a ustedes, **24** cuando vaya a España *los visitaré*. Porque espero verlos al pasar y que me ayuden a continuar hacia allá, después de que haya disfrutado un poco*[1]* de su compañía.

25 Pero ahora voy a Jerusalén para el servicio de los santos, **26** pues Macedonia y Acaya han tenido a bien hacer una colecta para los pobres de entre los santos *que están* en Jerusalén. **27** Sí, tuvieron a bien *hacerlo, y a la verdad que* están en deuda con ellos. Porque si los gentiles han participado de sus bienes espirituales, también están obligados a servir a los santos*[1]* en los bienes materiales.

28 Así que cuando haya cumplido esto y les haya entregado esta ofrenda*[1]*, iré a España *llegando* de paso a verlos. **29** Y sé que cuando vaya a ustedes, iré en la plenitud de la bendición de Cristo.

30 Les ruego, hermanos, por nuestro Señor Jesucristo y por el amor del Espíritu, que se esfuercen juntamente conmigo en sus oraciones a Dios por mí, **31** para que sea librado de los que son desobedientes*[1]* en Judea, y *que* mi servicio a Jerusalén sea aceptable a los santos, **32** y para que con gozo llegue a ustedes por la voluntad de Dios, y encuentre *confortante* reposo con ustedes. **33** El Dios de paz sea con todos ustedes. Amén.

RECOMENDACIONES Y SALUDOS PERSONALES

16 Les recomiendo a nuestra hermana Febe, diaconisa de la iglesia en Cencrea, **2** para que la reciban en el Señor de una manera digna de los santos, y que la ayuden en cualquier asunto en que ella necesite de ustedes, porque ella también ha ayudado a muchos y *aun* a mí mismo.

3 Saluden a Priscila y a Aquila, mis colaboradores en Cristo Jesús, **4** los cuales expusieron su vida*[1]* por mí*[2]*, a quienes no solo yo doy gracias, sino también todas las iglesias de los gentiles.

5 *Saluden* también a la iglesia que está en su casa. Saluden a mi querido *hermano* Epeneto, que es el primer convertido a Cristo en*[1]* Asia*[2]*. **6** Saluden a María, que ha trabajado mucho por ustedes. **7** Saluden a Andrónico y a Junias*[1]*, mis parientes y compañeros de prisión, que se destacan entre los apóstoles *y* quienes también vinieron a*[2]* Cristo antes que yo.

8 Saluden a Amplias, mi querido *hermano* en el Señor. **9** Saluden a Urbano, nuestro colaborador en Cristo, y a mi querido *hermano* Estaquis. **10** Saluden a Apeles, el aprobado en Cristo. Saluden a los de la *casa* de Aristóbulo.

11 Saluden a Herodión, mi pariente. Saluden a los de la *casa* de Narciso, que son del*[1]* Señor. **12** Saluden a Trifena y a Trifosa, obreras del*[1]* Señor. Saluden a la querida *hermana* Pérsida, que ha trabajado mucho en el Señor. **13** Saluden a Rufo, escogido en el Señor, también a su madre y mía.

14 Saluden a Asíncrito, a Flegonte, a Hermes, a Patrobas, a Hermas, y a los hermanos con ellos. **15** Saluden a Filólogo

15:31
Las preocupaciones de Pablo

Pablo les pidió a los cristianos de Roma que oraran para que estuviera a salvo en Judea. Él tenía que llevarles dinero a los creyentes de allí, pero el Espíritu Santo le había advertido que tendría problemas en Judea. (Ver Hechos 20:22-23).

16:3-16
Saludos a los amigos de Pablo

La mayoría de ellos eran gentiles, esclavos liberados o descendientes de esclavos liberados. Muchos de los primeros cristianos provenían de las clases sociales bajas. De las veintisiete personas mencionadas, diez eran mujeres. Las mujeres fueron una parte importante del ministerio de la iglesia en sus primeros días.

15:24 *[1]* Lit. *en parte.*   15:27 *[1]* Lit. *a ellos.*   15:28 *[1]* Lit. *les haya sellado este fruto a ellos.*   15:31 *[1]* O *incrédulos.*   16:4 *[1]* Lit. *cuello.*   *[2]* Lit. *mi alma.* 16:5 *[1]* Lit. *que es primicias para Cristo de.*   *[2]* I.e. provincia occidental de Asia Menor.   16:7 *[1]* O *Junia,* o *Julia.*   *[2]* Lit. *fueron en.*   16:11 *[1]* Lit. *están en el.* 16:12 *[1]* Lit. *en el.*

y a Julia, a Nereo y a su hermana, y a Olimpas, y a todos los santos que están con ellos. **16** Salúdense los unos a los otros con un beso santo. Todas las iglesias de Cristo los saludan.

ADVERTENCIAS CONTRA LAS DISENSIONES Y LA APOSTASÍA

17 Les ruego, hermanos, que vigilen a los que causan disensiones y tropiezos contra las enseñanzas que ustedes aprendieron, y que se aparten de ellos. **18** Porque los tales son esclavos, no de Cristo nuestro Señor, sino de sus propios apetitos[1], y por medio de palabras suaves y lisonjeras engañan los corazones de los ingenuos. **19** Porque la *noticia* de la obediencia de ustedes se ha extendido a todos. Por tanto, me regocijo por ustedes, pero quiero que sean sabios para lo bueno e inocentes para lo malo. **20** Y el Dios de paz aplastará pronto a Satanás debajo de los pies de ustedes.

La gracia de nuestro Señor Jesucristo sea con ustedes.

SALUDOS Y BENDICIÓN FINAL

21 Timoteo, mi colaborador, los saluda, y *también* Lucio, Jasón y Sosípater, mis parientes. **22** Yo, Tercio, que escribo esta carta, los saludo en el Señor. **23** Gayo, hospedador mío y de toda la iglesia, los saluda. Erasto, el tesorero de la ciudad, los saluda, y el hermano Cuarto. **24** [1] La gracia de nuestro Señor Jesucristo sea con todos ustedes. Amén.

DOXOLOGÍA FINAL

25 [1] Y a Aquel que es poderoso para afirmarlos conforme a mi evangelio y a la predicación de Jesucristo, según la revelación del misterio que ha sido mantenido en secreto durante siglos sin fin[2], **26** pero que ahora ha sido manifestado, y por las Escrituras de los profetas, conforme al mandamiento del Dios eterno, se ha dado a conocer a todas las naciones para *guiarlas a* la obediencia de la fe, **27** al único y sabio Dios, por medio de Jesucristo, sea la gloria para siempre. Amén.

16:17-19
La advertencia de Pablo
Pablo les advierte que algunas personas intentarían dividirlos y difundir falsas enseñanzas. Él quería que los creyentes estuvieran atentos a esas personas.

16:18 [1] Lit. *vientres.*   16:24 [1] La mayoría de los mss. antiguos no incluyen este vers.   16:25 [1] Algunos mss. colocan toda esta doxología al final del cap. 15; otros, al final del cap. 14, y otros más la omiten por completo.   [2] O *tiempos eternos.*

1 Corintios

¿QUIÉN ESCRIBIÓ ESTE LIBRO?	Pablo
¿POR QUÉ SE ESCRIBIÓ ESTE LIBRO?	Pablo quería ayudar a los corintios a resolver los problemas de su iglesia.
¿PARA QUIÉN FUE ESCRITO ESTE LIBRO?	Este libro es una carta que Pablo envió a los cristianos en Corinto.

¿CUÁLES SON ALGUNAS ENSEÑANZAS IMPORTANTES DE ESTE LIBRO?

Los creyentes deben dejar de pecar	1 Corintios 6:9-11
Cada persona es importante	1 Corintios 12:14-31
Cómo es realmente el amor	1 Corintios 13:1-13
Jesús está vivo	1 Corintios 15:3-8
Nosotros también resucitaremos	1 Corintios 15:35-58

Vista de Corinto. Al frente se ve el templo de Apolo y al fondo el Acrocorinto.

SALUDO

1 Pablo, llamado *a ser* apóstol de Jesucristo por la voluntad de Dios, y Sóstenes, nuestro hermano, **2** a la iglesia de Dios que está en Corinto, a los que han sido santificados en Cristo Jesús, llamados *a ser* santos, con todos los que en cualquier parte invocan el nombre de nuestro Señor Jesucristo, *Señor* de ellos y nuestro: **3** Gracia y paz a ustedes de parte de Dios nuestro Padre y del Señor Jesucristo.

ACCIÓN DE GRACIAS

4 Siempre doy gracias a mi Dios por ustedes, por la gracia de Dios que les fue dada en Cristo Jesús. **5** Porque en todo ustedes fueron enriquecidos en Él, en toda palabra y en todo conocimiento, **6** así como el testimonio acerca de Cristo[1] fue confirmado en[2] ustedes; **7** de manera que nada les falta en ningún don, esperando ansiosamente la revelación de nuestro Señor Jesucristo. **8** Él también los confirmará hasta el fin, *para que sean* irreprensibles en el día de nuestro Señor Jesucristo. **9** Fiel es Dios, por medio de quien fueron llamados a la comunión con Su Hijo Jesucristo, nuestro Señor.

EXHORTACIÓN A LA UNIDAD

10 Les ruego, hermanos, por el nombre de nuestro Señor Jesucristo, que todos se pongan de acuerdo[1], y que no haya divisiones[2] entre ustedes, sino que estén enteramente unidos en un mismo sentir y en un mismo parecer. **11** Porque he sido informado acerca de ustedes, hermanos míos, por *los* de Cloé, que hay discusiones entre ustedes. **12** Me refiero a que cada uno de ustedes dice: «Yo soy de Pablo», otro: «yo de Apolos», otro: «yo de Cefas», y otro: «yo de Cristo». **13** ¿Está dividido Cristo?[1] ¿Acaso fue Pablo crucificado por ustedes? ¿O fueron bautizados en el nombre de Pablo? **14** Doy gracias a Dios[1] que no bauticé a ninguno de ustedes, excepto a Crispo y a Gayo, **15** para que nadie diga que fueron bautizados en mi nombre. **16** También bauticé a los de la casa de Estéfanas; por lo demás, no sé si bauticé a algún otro. **17** Pues Cristo no me envió a bautizar, sino a predicar el evangelio, no con palabras elocuentes[1], para que no se haga vana la cruz de Cristo.

CRISTO, PODER DE DIOS

18 Porque la palabra de la cruz es necedad para los que se pierden, pero para nosotros los salvos es poder de Dios. **19** Porque está escrito:

> «DESTRUIRÉ LA SABIDURÍA DE LOS SABIOS,
> Y EL ENTENDIMIENTO DE LOS INTELIGENTES
> DESECHARÉ».

1:10
Pablo les llama «hermanos» a los cristianos de Corinto

Los cristianos deberían tener una relación cercana unos con otros, casi como hermanos biológicos, porque todos comparten la fe en Cristo. Corinto era un puerto importante y una ciudad muy rica, pero en la que había mucho pecado, por eso Pablo quería ir a apoyarlos en su fe.

1:12
Apolos y Cefas

Apolos era un cristiano judío y un gran orador que conocía muy bien las Escrituras. Trabajó con Pablo en Corinto. *Cefas* significa Pedro en arameo. Los corintios que seguían a Pedro eran probablemente cristianos judíos.

1:6 [1] I.e. el Mesías. [2] O *entre*. 1:10 [1] Lit. *que hablen lo mismo*. [2] Lit. *cismas*.
1:13 [1] O *¡Cristo ha sido dividido!* o, *¡Cristo está dividido!* antiguos no incluyen: *a Dios*. 1:17 [1] Lit. *sabias*. 1:14 [1] Algunos mss. antiguos no incluyen: *a Dios*.

20 ¿Dónde está el sabio? ¿Dónde está el escriba? ¿Dónde está el que sabe discutir en este siglo¹? ¿No ha hecho Dios que la sabiduría de este mundo sea necedad? **21** Pues ya que en la sabiduría de Dios, el mundo no conoció a Dios por medio de *su propia* sabiduría, agradó a Dios mediante la necedad de la predicación salvar a los que creen. **22** Porque en verdad los judíos piden señales¹ y los griegos buscan sabiduría; **23** pero nosotros predicamos a Cristo crucificado, piedra de tropiezo para los judíos, y necedad para los gentiles. **24** Sin embargo,

1:20 ¹ O mundo.   1:22 ¹ O milagros.

1:20
Sabios, escribas y los que saben discutir

Los sabios probablemente eran filósofos gentiles. Los escribas eran eruditos, maestros de la ley. Y los que saben discutir eran un grupo que se dedicaba a largos debates y polémicas.

CORINTO EN LOS TIEMPOS DE PABLO

A Lequeo

N

Asclepio
Lerna

Anfiteatro

A Fliunte

Templo de Afrodita

A Cencrea

Acrocorinto

Fuente Pirene superior

Teatro

Inscripción de Erasto

Mercado norte (macellum)

Camino a Lequeo

Fuente Pirene

Templo de Apolo

N

Templo

Berna

Templo

Stoa sur
Tienda central

Tienda oriental

© 2011 por Zondervan

para los llamados, tanto judíos como griegos, Cristo *es* poder de Dios y sabiduría de Dios. **25** Porque la necedad de Dios es más sabia que los hombres, y la debilidad de Dios es más fuerte que los hombres.

CRISTO, SABIDURÍA DE DIOS

26 Pues consideren[1], hermanos, su llamamiento. No hubo muchos sabios conforme a la carne[2], ni muchos poderosos, ni muchos nobles. **27** Sino que Dios ha escogido lo necio del mundo para avergonzar a los sabios; y Dios ha escogido lo débil del mundo para avergonzar a lo que es fuerte. **28** También Dios ha escogido lo vil y despreciado del mundo: lo que no es, para anular lo que es, **29** para que nadie[1] se jacte delante de Dios.

30 Pero por obra Suya[1] están ustedes en Cristo Jesús, el cual se hizo para nosotros sabiduría de Dios, y justificación, santificación y redención, **31** para que, tal como está escrito: «EL QUE SE GLORÍA, QUE SE GLORÍE EN EL SEÑOR».

PREDICANDO A CRISTO CRUCIFICADO

2 Por eso, cuando fui a ustedes, hermanos, proclamándoles el testimonio[1] de Dios, no fui con superioridad de palabra o de sabiduría. **2** Porque nada me propuse saber entre ustedes excepto a Jesucristo, y Este crucificado. **3** Estuve entre ustedes con debilidad y con temor y mucho temblor, **4** y mi mensaje[1] y mi predicación no fueron con palabras persuasivas de sabiduría, sino con demostración del Espíritu y de poder, **5** para que la fe de ustedes no descanse[1] en la sabiduría de los hombres, sino en el poder de Dios.

LA REVELACIÓN POR EL ESPÍRITU DE DIOS

6 Sin embargo, hablamos sabiduría entre los que han alcanzado madurez; pero una sabiduría no de este siglo, ni de los gobernantes de este siglo, que van desapareciendo[1], **7** sino que hablamos sabiduría de Dios en misterio, la *sabiduría* oculta que, desde antes de los siglos, Dios predestinó para nuestra gloria. **8** *Esta sabiduría* que ninguno de los gobernantes de este siglo ha entendido, porque si la hubieran entendido no habrían crucificado al Señor de gloria; **9** sino como está escrito:

«COSAS QUE OJO NO VIO, NI OÍDO OYÓ,
NI HAN ENTRADO AL CORAZÓN DEL HOMBRE,
Son LAS COSAS QUE DIOS HA PREPARADO PARA LOS
QUE LO AMAN».

10 Pero Dios nos *las* reveló por medio del Espíritu, porque el Espíritu todo lo escudriña, aun las profundidades de Dios. **11** Porque entre los hombres, ¿quién conoce los *pensamientos* de un hombre, sino el espíritu del hombre que está en él? Asimismo, nadie conoce los *pensamientos* de Dios, sino el Espíritu de Dios. **12** Y nosotros hemos recibido, no el espíritu del mundo, sino el Espíritu que viene de Dios, para que conozcamos lo que Dios nos ha dado gratuitamente, **13** de lo cual también hablamos, no con palabras enseñadas por sabiduría

2:4
Pablo dependía del Espíritu Santo para hablar
Pablo era muy inteligente. Su discurso ante el Areópago fue impactante (ver Hechos 17:22-31). Sin embargo, él quería depender del poder del Espíritu Santo y no de la eficacia de sus discursos.

2:12
El espíritu del mundo
Se refiere a la sabiduría humana, no a la sabiduría de Dios. Esta es la actitud de una naturaleza pecaminosa. (Ver Romanos 8:6-7).

1:26 [1] Lit. *vean.*   [2] O *normas humanas.*   1:29 [1] Lit. *ninguna carne.*
1:30 [1] Lit. *Mas de Él.*   2:1 [1] Algunos mss. antiguos dicen: *misterio.*
2:4 [1] Lit. *mi palabra.*   2:5 [1] Lit. *sea.*   2:6 [1] O *van pasando.*

humana, sino con las enseñadas por el Espíritu, combinando *pensamientos* espirituales con *palabras* espirituales[1].

14 Pero el hombre natural[1] no acepta las cosas del Espíritu de Dios, porque para él son necedad; y no las puede entender, porque *son cosas que* se disciernen[2] espiritualmente. **15** En cambio, el que es espiritual juzga todas las cosas; pero él no es juzgado por nadie. **16** Porque ¿QUIÉN HA CONOCIDO LA MENTE DEL SEÑOR, PARA QUE LO INSTRUYA? Pero nosotros tenemos la mente de Cristo.

DIVISIONES DE LA IGLESIA DE CORINTO

3 Así que yo, hermanos, no pude hablarles como a espirituales, sino como a carnales, como a niños en Cristo. **2** Les di a beber leche, no alimento sólido, porque todavía no podían *recibirlo*. En verdad, ni aun ahora pueden, **3** porque todavía son carnales. Pues habiendo celos y discusiones entre ustedes, ¿no son carnales y andan como hombres[1] *del mundo*? **4** Porque cuando uno dice: «Yo soy de Pablo», y otro: «Yo soy de Apolos», ¿no son *como* hombres *del mundo*? **5** ¿Qué es, pues, Apolos? ¿Y qué es Pablo? Servidores mediante los cuales ustedes han creído, según el Señor dio *oportunidad* a cada uno. **6** Yo planté, Apolos regó, pero Dios ha dado el crecimiento. **7** Así que ni el que planta ni el que riega es algo, sino Dios, que da el crecimiento. **8** Ahora bien, el que planta y el que riega son una misma cosa, pero cada uno recibirá su propia recompensa[1] conforme a su propio trabajo. **9** Porque nosotros somos colaboradores en la labor de Dios, *y* ustedes son el campo de cultivo de Dios, el edificio de Dios.

JESUCRISTO, ÚNICO CIMIENTO

10 Conforme a la gracia de Dios que me fue dada, yo, como sabio arquitecto, puse el fundamento, y otro edifica sobre él. Pero cada uno tenga cuidado cómo edifica encima. **11** Pues nadie puede poner otro fundamento que el que ya está puesto, el cual es Jesucristo. **12** Ahora bien, si sobre *este* fundamento alguien edifica con oro, plata, piedras preciosas[1], madera, heno, paja, **13** la obra de cada uno se hará evidente; porque el día la dará a conocer, pues con fuego *será* revelada. El fuego mismo probará la calidad de la obra de cada uno[1]. **14** Si permanece la obra de alguien que ha edificado sobre *el fundamento,* recibirá recompensa. **15** Si la obra de alguien es consumida *por el fuego,* sufrirá pérdida; sin embargo, él será salvo, aunque así como a través del fuego.

USTEDES SON TEMPLO DE DIOS

16 ¿No saben que ustedes son templo[1] de Dios y que el Espíritu de Dios habita en ustedes? **17** Si alguno destruye el templo[1]

3:6-9
Pablo compara a los cristianos con un campo de cultivo

Pablo quería demostrar que tanto él como Apolos eran importantes para el crecimiento espiritual de los corintios. Pablo había plantado la semilla al predicar el evangelio, y Apolos había proporcionado el agua al trabajar con los creyentes. Sin embargo, era Dios quien daba el crecimiento espiritual.

3:9-17
Los cristianos son como una edificación

Pablo quería demostrar nuevamente que tanto él como Apolos habían tenido roles diferentes, pero ambos resultaban importantes para la construcción de la iglesia. Jesucristo era el cimiento de la iglesia. Los constructores expertos en la época del Nuevo Testamento se aseguraban de que sus edificios estuvieran levantados sobre cimientos de roca firme.

de Dios, Dios lo destruirá a él, porque el templo[1] de Dios es santo, y eso es lo que ustedes son[2].

USTEDES SON DE CRISTO

18 Nadie se engañe a sí mismo. Si alguien de ustedes se cree sabio según este mundo[1], hágase necio a fin de llegar a ser sabio. **19** Porque la sabiduría de este mundo es necedad ante Dios. Pues escrito está: «*Él es* EL QUE PRENDE A LOS SABIOS EN SU *propia* ASTUCIA». **20** Y también: «EL SEÑOR CONOCE LOS RAZONAMIENTOS de los sabios, LOS CUALES SON INÚTILES». **21** Así que nadie se jacte en los hombres, porque todo es de ustedes: **22** ya sea Pablo, o Apolos, o Cefas[1], o el mundo, o la vida, o la muerte, o lo presente, o lo por venir, todo es suyo, **23** y ustedes de Cristo, y Cristo de Dios.

SOLO DIOS ES JUEZ

4 Que *todo* hombre nos considere de esta manera: como servidores de Cristo y administradores de los misterios de Dios. **2** Ahora bien, lo que se requiere además de[1] los administradores es que *cada* uno sea hallado fiel. **3** En cuanto a mí, es de poca importancia que yo sea juzgado por ustedes o por *cualquier* tribunal[1] humano. De hecho, ni aun yo me juzgo a mí mismo. **4** Porque no estoy consciente de nada en contra mía. Pero no por eso estoy sin culpa, pues el que me juzga es el Señor. **5** Por tanto, no juzguen antes de tiempo[1], *sino esperen* hasta que el Señor venga, el cual sacará a la luz las cosas ocultas en las tinieblas y también pondrá de manifiesto los designios de los corazones. Entonces cada uno recibirá de parte de Dios la alabanza que le corresponda.

6 Esto, hermanos, lo he aplicado en sentido figurado a mí mismo y a Apolos por amor a ustedes, para que en nosotros aprendan a no sobrepasar lo que está escrito, para que ninguno de ustedes se vuelva arrogante[1] a favor del uno contra el otro. **7** Porque ¿quién te distingue? ¿Qué tienes que no recibiste? Y si lo recibiste, ¿por qué te jactas como si no lo hubieras recibido? **8** Ya están saciados, ya se han hecho ricos, *ya* han llegado a reinar sin *necesidad de* nosotros. Ojalá hubieran llegado a reinar, para que nosotros reináramos también con ustedes. **9** Porque pienso que Dios nos ha exhibido a nosotros los apóstoles en último lugar, como a sentenciados a muerte. Porque hemos llegado a ser un espectáculo para el mundo, tanto para los ángeles como para los hombres.

10 Nosotros somos necios por amor de Cristo, pero ustedes, prudentes en Cristo. Nosotros somos débiles, pero ustedes, fuertes. Ustedes son distinguidos, pero nosotros, sin honra. **11** Hasta el momento[1] presente pasamos hambre y sed, andamos mal vestidos[2], somos maltratados y no tenemos dónde vivir. **12** Nos agotamos trabajando con nuestras propias manos. Cuando nos ultrajan, bendecimos. Cuando somos perseguidos, lo soportamos. **13** Cuando hablan mal de nosotros, tratamos de reconciliar[1]. Hemos llegado a ser, hasta ahora, la basura del mundo, el desecho de todo.

4:9
Los apóstoles habían llegado a ser un espectáculo

En la antigua Roma, los generales victoriosos dirigían los desfiles hacia la palestra (lugar donde se luchaba). Los prisioneros se ubicaban al final de la fila, y su castigo era luchar contra los leones y otros animales salvajes. Pablo dijo que los apóstoles habían sido expuestos del mismo modo para ser objetos de burla.

---

[2] Lit. *el cual son ustedes.*   3:18 [1] O *siglo.*   3:22 [1] O *Pedro.*   4:2 [1] Lit. *en.*
4:3 [1] Lit. *día.*   4:5 [1] Lit. *no sigan juzgando nada.*   4:6 [1] Lit. *hinchado o inflado.*   4:11 [1] Lit. *la hora.*   [2] Lit. *estamos desnudos.*   4:13 [1] O *consolar.*

¹⁴ No les escribo esto para avergonzarlos, sino para amonestarlos como a hijos míos amados. ¹⁵ Porque aunque ustedes tengan innumerables maestros en Cristo, sin embargo no *tienen* muchos padres; pues en Cristo Jesús yo los engendré por medio del evangelio. ¹⁶ Por tanto, los exhorto: sean imitadores míos.

¹⁷ Por esta razón les he enviado a Timoteo, que es mi hijo amado y fiel en el Señor. Él les recordará mis caminos, los *caminos* en Cristo, tal como yo enseño en todas partes, en cada iglesia. ¹⁸ Algunos de ustedes se han vuelto arrogantes¹, como si yo no hubiera de ir a verlos. ¹⁹ Pero iré a verlos pronto, si el Señor quiere, y conoceré, no las palabras¹ de los arrogantes² sino el poder que tienen. ²⁰ Porque el reino de Dios no *consiste* en palabras¹, sino en poder. ²¹ ¿Qué quieren? ¿Iré a ustedes con vara, o con amor y espíritu de mansedumbre?

INMORALIDAD EN LA IGLESIA DE CORINTO

5 En efecto, se oye que entre ustedes hay inmoralidad, y una inmoralidad tal como no existe ni siquiera entre los gentiles, al extremo de que alguien tiene la mujer de su padre. ² ¡Y ustedes se han vuelto¹ arrogantes² en lugar de haberse entristecido, para que el que de entre ustedes ha cometido esta acción fuera expulsado de en medio de ustedes!

³ Pues yo, por mi parte, aunque ausente en cuerpo pero presente en espíritu, como si estuviera presente, ya he juzgado al que cometió tal *acción*. ⁴ En el nombre de nuestro Señor Jesús, cuando estén reunidos, y yo con ustedes en espíritu, con el poder¹ de nuestro Señor Jesús, ⁵ entreguen a ese tal a Satanás para la destrucción de su carne, a fin de que su espíritu sea salvo en el día del Señor Jesús¹.

⁶ La jactancia de ustedes no es buena. ¿No saben que un poco de levadura fermenta toda *la masa*? ⁷ Limpien la levadura vieja para que sean masa nueva, así como *lo son en realidad* sin levadura. Porque aun Cristo, nuestra Pascua, ha sido sacrificado. ⁸ Por tanto, celebremos la fiesta no con la levadura vieja, ni con la levadura de malicia y maldad, sino con panes sin levadura de sinceridad y de verdad.

⁹ En mi carta les escribí que no anduvieran en compañía de personas inmorales. ¹⁰ No *me refería a* la gente inmoral de este mundo, o a los codiciosos y estafadores, o a los idólatras, porque entonces tendrían ustedes que salirse del mundo. ¹¹ Sino que en efecto les escribí que no anduvieran¹ en compañía de ninguno que, llamándose hermano, es una persona inmoral, o avaro, o idólatra, o difamador, o borracho, o estafador. Con esa persona, ni siquiera coman.

¹² Pues ¿por qué he de juzgar yo a los de afuera? ¿No juzgan ustedes a los que están dentro *de la iglesia*? ¹³ Pero Dios juzga¹ a los que están fuera. EXPULSEN AL MALVADO DE ENTRE USTEDES.

4:18 ¹ Lit. *hinchados o inflados*.   4:19 ¹ Lit. *la palabra*.   ² Lit. *hinchados o inflados*.   4:20 ¹ Lit. *palabra*.   5:2 ¹ O *¿Se han vuelto*.   ² Lit. *hinchados o inflados*.   5:4 ¹ Lit. *y mi espíritu con el poder*.   5:5 ¹ Algunos mss. antiguos no incluyen: *Jesús*.   5:11 ¹ O *Pero ahora les escribo que no anden*.   5:13 ¹ O *juzgará*.

4:15
Pablo era el padre espiritual de los creyentes
Pablo fue el primero en predicarles el evangelio y la persona que los exhortó a poner su fe en Cristo.

5:6-8
La simbología de la levadura
La levadura se usaba a menudo para ilustrar el pecado o el mal. Tan solo un poco de levadura puede fermentar una gran cantidad de masa y hacerla crecer. Del mismo modo, un pequeño pecado puede afectar a un gran grupo de creyentes.

EL CRISTIANO Y LOS TRIBUNALES CIVILES

6 ¿Se atreve alguno de ustedes, cuando tiene algo[1] contra su prójimo, a ir a juicio ante los incrédulos[2] y no ante los santos? **2** ¿O no saben que los santos han de juzgar al mundo? Y si el mundo es juzgado por ustedes, ¿no son competentes para *juzgar* los casos más sencillos[1]? **3** ¿No saben que hemos de juzgar a los ángeles? ¡Cuánto más asuntos de esta vida! **4** Entonces, si tienen tribunales que juzgan los casos de esta vida, ¿*por qué* ponen por jueces a los que nada son en la iglesia? **5** Para vergüenza suya *lo* digo. ¿*Acaso* no hay entre ustedes algún hombre sabio que pueda juzgar entre sus hermanos, **6** sino que hermano contra hermano litiga, y esto ante incrédulos?

7 Así que, en efecto, es ya un fallo entre ustedes el hecho de que tengan litigios entre sí. ¿Por qué no sufren mejor la injusticia? ¿Por qué no ser mejor defraudados? **8** Por el contrario, ustedes mismos cometen injusticias y defraudan, y esto aun a *sus propios* hermanos.

9 ¿O no saben que los injustos no heredarán el reino de Dios? No se dejen engañar: ni los inmorales, ni los idólatras, ni los adúlteros, ni los afeminados, ni los homosexuales, **10** ni los ladrones, ni los avaros, ni los borrachos, ni los difamadores[1], ni los estafadores heredarán el reino de Dios. **11** Y esto eran algunos de ustedes; pero fueron lavados, pero fueron santificados, pero fueron justificados en el nombre del Señor Jesucristo y en el Espíritu de nuestro Dios.

EL CUERPO ES TEMPLO DEL ESPÍRITU SANTO

12 Todas las cosas me son lícitas, pero no todas son de provecho. Todas las cosas me son lícitas, pero yo no me dejaré dominar por ninguna. **13** Los alimentos son para el estómago[1] y el estómago[1] para los alimentos, pero Dios destruirá a los dos[2]. Sin embargo, el cuerpo no es para la fornicación, sino para el Señor, y el Señor es para el cuerpo. **14** Y Dios, que resucitó al Señor, también nos resucitará a nosotros mediante Su poder.

15 ¿No saben que sus cuerpos son miembros de Cristo[1]? ¿Tomaré, acaso, los miembros de Cristo y los haré miembros de una ramera? ¡De ningún modo! **16** ¿O no saben que el que se une a una ramera es un cuerpo *con ella*? Porque Él dice: «LOS DOS VENDRÁN A SER UNA SOLA CARNE». **17** Pero el que se une al Señor, es un espíritu *con Él*.

18 Huyan de la fornicación. Todos *los demás* pecados que un hombre comete están fuera del cuerpo, pero el fornicario peca contra su propio cuerpo. **19** ¿O no saben que su cuerpo es templo[1] del Espíritu Santo que está en ustedes, el cual tienen de Dios, y que ustedes no se pertenecen a sí mismos[2]? **20** Porque han sido comprados por un precio. Por tanto, glorifiquen a Dios en su cuerpo [1] y en su espíritu, los cuales son de Dios.

RESPUESTAS ACERCA DEL MATRIMONIO

7 En cuanto a las cosas de que me escribieron, bueno es para el hombre no tocar mujer. **2** No obstante, por razón

---

6:7-8
Litigios entre cristianos

Un litigio es un enfrentamiento de personas en un juicio. El hecho de que los cristianos en Corinto se llevaran a juicio unos a otros demostraba que les faltaba caridad y humildad. Ellos no estaban trabajando juntos de forma pacífica y en oración.

6:12
Todas las cosas me son lícitas

Es posible que Pablo estuviera citando a los creyentes de Corinto que creían que podían hacer lo que quisieran porque Dios había perdonado sus pecados. Pablo argumentó que incluso si eso fuera cierto (que no lo era), muchas de esas elecciones no serían buenas para ellos ni para otros cristianos.

6:19-20
El cuerpo de un cristiano es el templo del Espíritu Santo

Un cristiano debe tratar a su cuerpo con cuidado, porque el Espíritu Santo vive dentro de cada creyente.

6:1 [1] Lit. *un asunto.* [2] Lit. *injustos.* 6:2 [1] O constituir *los tribunales de menor importancia.* 6:10 [1] O *maldicientes.* 6:13 [1] Lit. *vientre.* [2] Lit. *a este y a estos.* 6:15 [1] I.e. el Mesías. 6:19 [1] O *santuario.* [2] O *Dios? Y no son de ustedes.* 6:20 [1] Los mss. más antiguos no incluyen el resto del vers.

de las inmoralidades, que cada uno tenga su propia mujer, y cada una tenga su propio marido. **3** Que el marido cumpla su deber para con su mujer, e igualmente la mujer *lo cumpla* con el marido. **4** La mujer no tiene autoridad sobre su propio cuerpo, sino el marido. Y asimismo el marido no tiene autoridad sobre su propio cuerpo, sino la mujer.

5 No se priven el uno del otro, excepto de común acuerdo y por cierto[1] tiempo, para dedicarse a la oración. Vuelvan después a juntarse[2], a fin de que Satanás no los tiente por causa de falta de dominio propio. **6** Pero esto lo digo por vía de concesión, no como una orden. **7** Sin embargo, yo desearía que todos los hombres fueran como yo. No obstante, cada cual ha recibido[1] de Dios su propio don, unos de una manera y otros de otra.

8 A los solteros y a las viudas digo que es bueno para ellos si se quedan como yo. **9** Pero si carecen de dominio propio, cásense. Que mejor es casarse que quemarse.

10 A los casados instruyo, no yo, sino el Señor: que la mujer no debe dejar al[1] marido. **11** Pero si lo deja, quédese sin casar, o *de lo contrario* que se reconcilie con su marido, y que el marido no abandone a su mujer.

12 Pero a los demás digo yo, no el Señor, que si un hermano tiene una mujer que no es creyente, y ella consiente en vivir con él, no la abandone. **13** Y la mujer cuyo marido no es

7:5 [1] Lit. *un.*   [2] Lit. *estén juntos.*   7:7 [1] Lit. *tiene.*   7:10 [1] Lit. *separarse del.*

7:10-11
Las enseñanzas de Pablo sobre el divorcio
Pablo repitió la enseñanza de Jesús de que las personas casadas deben permanecer unidas en lugar de divorciarse.

PERSONAJES OPUESTOS
soltero vs. casado
Enseñanzas de Pablo en 1 Corintios 7

El sexo no está permitido fuera del matrimonio	El sexo no está permitido fuera del matrimonio
Es bueno permanecer soltero	Los cónyuges consagran sus cuerpos el uno al otro
Aquellos que no pueden controlarse deberían casarse	Los cónyuges no deberían privarse mutuamente del sexo
Las personas divorciadas deben permanecer sin casarse o reconciliarse con su esposo o esposa	El divorcio no está permitido
Un viudo o viuda es libre para casarse con un creyente	Un cristiano puede permitirle a un cónyuge no cristiano que se vaya
Su principal preocupación es complacer al Señor	Su preocupación principal es complacer a su cónyuge

7:12-14

Por qué los cristianos deben permanecer casados si su cónyuge no es cristiano

Pablo dijo que un esposo o una esposa cristianos pueden ser una influencia piadosa para un cónyuge que no cree en Jesús. Y el padre o la madre cristianos les enseñarían a los hijos sobre Dios.

7:17-20

Qué quiso decir Pablo en estos versículos

Pablo estaba diciendo que la gente debería sentirse feliz de vivir para el Señor. Cada persona puede servirle sin importar la vida que tenía: rico o pobre, libre o esclavo, judío o gentil. Dios usa cada situación para sus propósitos. Lo importante es tener una actitud piadosa.

creyente, y él consiente en vivir con ella, no abandone a su marido. **14** Porque el marido que no es creyente es santificado por medio de su mujer; y la mujer que no es creyente es santificada por medio de su marido creyente[1]. De otra manera sus hijos serían inmundos, pero ahora son santos. **15** Sin embargo, si el que no es creyente se separa, que se separe. En tales *casos* el hermano o la hermana no están obligados[1], sino que Dios nos[2] ha llamado *para vivir* en paz. **16** Pues ¿cómo sabes tú, mujer, si salvarás a tu marido? ¿O cómo sabes tú, marido, si salvarás a tu mujer?

ANDEN EN LA VOLUNTAD DE DIOS

17 Fuera de esto[1], según el Señor ha asignado a cada uno, según Dios llamó a cada cual, así ande. Esto ordeno en todas las iglesias. **18** ¿Fue llamado alguno *ya* circuncidado? Quédese circuncidado[1]. ¿Fue llamado alguien estando incircuncidado[2]? No se circuncide. **19** La circuncisión nada es, y nada es la incircuncisión, sino el guardar los mandamientos de Dios. **20** Cada uno permanezca en la condición[1] en que fue llamado.

21 ¿Fuiste llamado siendo esclavo? No te preocupes. Aunque si puedes obtener tu libertad[1], prefiérelo[2]. **22** Porque el que fue llamado por[1] el Señor siendo esclavo, hombre libre es del Señor. De la misma manera, el que fue llamado siendo libre, esclavo es de Cristo. **23** Ustedes fueron comprados por precio. No se hagan esclavos de los hombres. **24** Hermanos, cada uno permanezca con Dios en la condición[1] en que fue llamado.

SOBRE CASARSE O NO CASARSE

25 En cuanto a las vírgenes[1] no tengo mandamiento del Señor, pero doy mi opinión como el que habiendo recibido la misericordia del Señor es digno de confianza. **26** Creo, pues, que esto es bueno en vista de la presente[1] aflicción; *es decir,* que es bueno que el hombre se quede como está[2]. **27** ¿Estás unido[1] a mujer? No procures separarte[2]. ¿Estás libre de mujer? No busques mujer. **28** Y si te casas, no has pecado; y si una virgen se casa, no ha pecado. Sin embargo, ellos[1] tendrán problemas en esta vida[2], y yo quiero evitárse*los.*

29 Pero esto digo, hermanos: el tiempo ha sido acortado; de modo que de ahora en adelante los que tienen mujer sean como si no la tuvieran; **30** los que lloran, como si no lloraran; los que se regocijan, como si no se regocijaran; los que compran, como si no tuvieran nada; **31** los que aprovechan el mundo, como si no *lo* aprovecharan plenamente; porque la apariencia de este mundo es pasajera.

32 Sin embargo, quiero que estén libres de preocupación. El soltero se preocupa por las cosas del Señor, cómo puede agradar al Señor. **33** Pero el casado se preocupa por las cosas del mundo, de cómo agradar a su mujer, **34** y *sus intereses*

7:14 [1] Lit. *del hermano.*   7:15 [1] Lit. *sujetos a servidumbre.*   [2] Algunos mss. antiguos dicen: *los.*   7:17 [1] Lit. *Solamente.*   7:18 [1] Lit. *No se haga incircunciso.*   [2] Lit. *en incircuncisión.*   7:20 [1] Lit. *el llamamiento.*
7:21 [1] Lit. *también hacerte libre.*   [2] Lit. *más bien aprovéchate de ello.*
7:22 [1] Lit. *en.*   7:24 [1] Lit. *en esto.*   7:25 [1] O *vírgenes.*   7:26 [1] O *inminente.*
[2] Lit. *sea.*   7:27 [1] Lit. *atado.*   [2] Lit. *ser libertado.*   7:28 [1] Lit. *los tales.*
[2] Lit. *tribulaciones en la carne.*

están divididos. La mujer que no está casada y la virgen se preocupan[1] por las cosas del Señor, para ser santas tanto en cuerpo como en espíritu; pero la casada se preocupa por las cosas del mundo, de cómo agradar a su marido. **35** Esto digo para su propio beneficio; no para ponerles restricción, sino para *promover* lo que es honesto y para *asegurar su* constante devoción al Señor.

36 Y si alguien cree que no está obrando correctamente con respecto a su *hija* virgen, si ella es de edad madura, y si es necesario que así se haga, que haga lo que quiera, no peca; que se case[1]. **37** Pero el que está firme en su corazón, y sin presión alguna[1], y tiene control sobre[2] su propia voluntad, y ha decidido en su corazón conservar virgen[3] a su *hija,* bien hará. **38** Así los dos, el que da en matrimonio a su *hija* virgen, hace bien; y el que no la da en matrimonio, hace mejor.

39 La mujer está ligada mientras el marido vive; pero si el marido muere[1], está en libertad de casarse con quien desee, solo que *sea* en el Señor. **40** Pero en mi opinión, será más feliz si se queda como está. Y creo que yo también tengo el Espíritu de Dios.

CUIDADO CON LA LIBERTAD

8 En cuanto a lo sacrificado a los ídolos, sabemos que todos tenemos conocimiento. El conocimiento envanece[1], pero el amor edifica. **2** Si alguien cree que sabe algo, no ha aprendido todavía como debe saber; **3** pero si alguien ama a Dios, ese es conocido por Él.

4 Por tanto, en cuanto a comer de lo sacrificado a los ídolos, sabemos que un ídolo no es nada[1] en el mundo, y que no hay sino un solo Dios. **5** Porque aunque haya *algunos* llamados dioses, ya sea en el cielo o en la tierra, como por cierto hay muchos dioses y muchos señores, **6** pero para nosotros *hay* un solo Dios, el Padre, de quien proceden[1] todas las cosas y nosotros somos para Él; y un solo Señor, Jesucristo, por quien son todas las cosas y por medio de Él *existimos* nosotros.

7 Sin embargo, no todos tienen este conocimiento. Porque algunos, estando acostumbrados al ídolo hasta ahora, comen *alimento* como si este fuera sacrificado a un ídolo, y su conciencia, siendo débil, se mancha. **8** Pero la comida no nos recomendará a[1] Dios, *pues* ni somos menos[2] si no comemos, ni *somos* más[3] si comemos. **9** Pero tengan cuidado, no sea que esta libertad[1] de ustedes de alguna manera se convierta en piedra de tropiezo para el débil. **10** Porque si alguien te ve a ti, que tienes conocimiento, sentado[1] *a la mesa* en un templo de ídolos, ¿no será estimulada su conciencia, si él es débil, a comer lo sacrificado a los ídolos?

11 Por tu conocimiento se perderá el que es débil, el hermano por quien Cristo murió. **12** Y así, al pecar contra los hermanos y herir su conciencia cuando *esta* es

8:1
Comida sacrificada a los ídolos

La mayor parte de la carne que se vendía en el mercado de Corinto eran restos de animales que los corintios habían sacrificado en honor a los dioses paganos. Los cristianos de ese lugar le preguntaron a Pablo si estaba bien comer esa carne.

7:34 [1] Algunos mss. dicen: *Hay asimismo diferencia entre la casada y la doncella. La doncella se preocupa.* 7:36 [1] Lit. *que se casen.* 7:37 [1] *O no teniendo necesidad.* [2] Lit. *en cuanto a.* [3] *O virgen.* 7:39 [1] Lit. *duerme.* 8:1 [1] Lit. *hincha o infla.* 8:4 [1] I.e. no tiene verdadera existencia. 8:6 [1] *O son.* 8:8 [1] *O no nos presentará a.* [2] Lit. *faltamos.* [3] Lit. *abundamos.* 8:9 [1] Lit. *este derecho.* 8:10 [1] Lit. *recostado.*

débil, pecan contra Cristo. **13** Por tanto, si la comida hace que mi hermano caiga en pecado, no comeré carne jamás, para no hacer pecar a mi hermano.

PABLO DEFIENDE SU APOSTOLADO

9 ¿No soy libre? ¿No soy apóstol? ¿No he visto a Jesús nuestro Señor? ¿No son ustedes mi obra en el Señor? **2** Si para otros no soy apóstol, por lo menos para ustedes sí lo soy; pues ustedes son el sello de mi apostolado en el Señor.

3 Mi defensa contra[1] los que me examinan es esta: **4** ¿Acaso no[1] tenemos derecho a comer y beber? **5** ¿No[1] tenemos derecho a llevar con nosotros una esposa creyente[2], así como los demás apóstoles y los hermanos del Señor y Cefas[3]? **6** ¿O acaso solo Bernabé y yo[1] no tenemos el derecho a no trabajar? **7** ¿Quién ha servido alguna vez como soldado a sus propias expensas? ¿Quién planta una viña y no come de su fruto? ¿O quién cuida un rebaño y no bebe[1] de la leche del rebaño? **8** ¿Acaso digo esto según el juicio humano[1]? ¿No dice también la ley esto mismo? **9** Pues en la ley de Moisés está escrito: «NO PONDRÁS BOZAL AL BUEY CUANDO TRILLA». ¿Acaso le preocupan a Dios los bueyes? **10** ¿O lo dice especialmente por nosotros? Sí, se escribió por nosotros, porque el que ara debe arar con esperanza, y el que trilla *debe trillar* con la esperanza de recibir *de la cosecha.*

11 Si en ustedes sembramos lo espiritual, ¿será demasiado que de ustedes cosechemos lo material? **12** Si otros tienen este derecho sobre ustedes, ¿no lo *tenemos* aún más nosotros? Sin embargo, no hemos usado este derecho, sino que sufrimos todo para no causar estorbo al evangelio de Cristo.

13 ¿No saben que los que desempeñan los servicios sagrados comen la *comida* del templo, *y* los que regularmente sirven al altar, del altar reciben su parte? **14** Así también ordenó el Señor que los que proclaman el evangelio, vivan del evangelio. **15** Pero yo de nada de esto me he aprovechado[1]. Y no escribo esto para que así se haga conmigo. Porque mejor me fuera morir, que permitir que alguien me prive de esta gloria[2].

16 Porque si predico el evangelio, no tengo nada de qué gloriarme, pues estoy bajo el deber *de hacerlo.* Pues ¡ay de mí si no predico el evangelio! **17** Porque si hago esto voluntariamente, tengo recompensa; pero si *lo hago* en contra de mi voluntad, un encargo se me ha confiado. **18** ¿Cuál es, entonces, mi recompensa? Que al predicar el evangelio, pueda ofrecerlo[1] gratuitamente sin hacer pleno uso de mi derecho *como predicador* del evangelio.

CELO EVANGELIZADOR DE PABLO

19 Porque aunque soy libre de todos, de todos me he hecho esclavo para ganar al mayor número posible. **20** A los judíos me hice como judío, para poder ganar a los judíos. A los que están bajo *la* ley, como bajo *la* ley, aunque yo no estoy bajo *la* ley, para poder ganar a los que están bajo *la* ley. **21** A los

9:3-11
Apoyando el trabajo de los apóstoles

Los cristianos deben apoyar a aquellos creyentes que están difundiendo el evangelio mediante la enseñanza y la predicación, pagándoles por su trabajo y proporcionándoles comida y alojamiento.

9:18-19
La recompensa de Pablo por predicar el evangelio

Pablo renunció a su derecho a ganarse la vida con el fin de predicar el evangelio y ganar a otros para Cristo... sin percibir ganancia material.

9:3 [1] O para con.　9:4 [1] Lit. ¿No es que no.　9:5 [1] Lit. ¿No es que no.　[2] Lit. hermana, como mujer.　[3] O Pedro.　9:6 [1] Lit. Yo y Bernabé.　9:7 [1] Lit. come.　9:8 [1] Lit. hombre.　9:15 [1] Lit. he usado.　[2] Lit. que alguno haga vana mi jactancia.　9:18 [1] Lit. ofrecer el evangelio.

que están sin ley, como sin ley, aunque no estoy[1] sin la ley de Dios, sino bajo la ley de Cristo, para poder ganar a los que están sin ley. **22** A los débiles me hice débil, para ganar a los débiles. A todos me he hecho todo, para que por todos los medios salve a algunos. **23** Y todo lo hago por amor del evangelio, para ser partícipe de él.

DISCIPLINA PERSONAL DE PABLO

24 ¿No saben que los que corren en el estadio, todos en verdad corren, pero *solo* uno obtiene el premio? Corran de tal modo que ganen. **25** Y todo el que compite en los juegos se abstiene de todo. Ellos *lo hacen* para recibir una corona corruptible, pero nosotros, una incorruptible. **26** Por tanto, yo de esta manera corro, no como sin tener meta; de esta manera peleo, no como dando golpes al aire, **27** sino que golpeo[1] mi cuerpo y lo hago mi esclavo, no sea que habiendo predicado a otros, yo mismo sea descalificado.

EJEMPLOS DE LA HISTORIA DE ISRAEL

10 Porque no quiero que ignoren, hermanos, que todos nuestros padres estuvieron bajo la nube y todos pasaron por el mar. **2** En Moisés todos fueron bautizados[1] en la nube y en el mar. **3** Todos comieron el mismo alimento espiritual, **4** y todos bebieron la misma bebida espiritual, porque bebían de una roca espiritual que los seguía. La roca era Cristo[1]. **5** Sin embargo, Dios no se agradó de la mayor parte de ellos, y por eso quedaron tendidos en el desierto.

6 Estas cosas sucedieron como ejemplo para nosotros, a fin de que no codiciemos[1] lo malo, como ellos *lo* codiciaron. **7** No sean, *pues*, idólatras, como *fueron* algunos de ellos, según está escrito: «EL PUEBLO SE SENTÓ A COMER Y A BEBER, Y SE LEVANTÓ A JUGAR». **8** Ni forniquemos, como algunos de ellos fornicaron, y en un día cayeron veintitrés mil. **9** Ni provoquemos[1] al Señor[2], como algunos de ellos lo provocaron[3], y fueron destruidos[4] por las serpientes. **10** Ni murmuren, como algunos de ellos murmuraron, y fueron[1] destruidos por el destructor.

11 Estas cosas les sucedieron como ejemplo, y fueron escritas como enseñanza para nosotros, para quienes ha llegado el fin de los siglos. **12** Por tanto, el que cree que está firme, tenga cuidado, no sea que caiga. **13** No les ha sobrevenido ninguna tentación que no sea común a los hombres. Fiel es Dios, que no permitirá que ustedes sean tentados más allá de lo que pueden *soportar*, sino que con la tentación proveerá también la vía de escape, a fin de que puedan resistir*la*.

14 Por tanto, amados míos, huyan de la idolatría. **15** *Les* hablo como a sabios; juzguen ustedes lo que digo. **16** La copa de bendición que bendecimos, ¿no es la participación en la sangre de Cristo? El pan que partimos, ¿no es la participación en el cuerpo de Cristo? **17** Puesto que el pan es uno, nosotros, que somos muchos, somos un cuerpo; porque todos

9:24-27
Pablo describe una carrera
La ciudad de Corinto patrocinaba los Juegos Ístmicos, que incluían carreras a pie. Los juegos se celebraban cada dos años y eran los segundos más importantes después de los Juegos Olímpicos. El premio por ganar una carrera era una corona hecha de laurel u otras hojas.

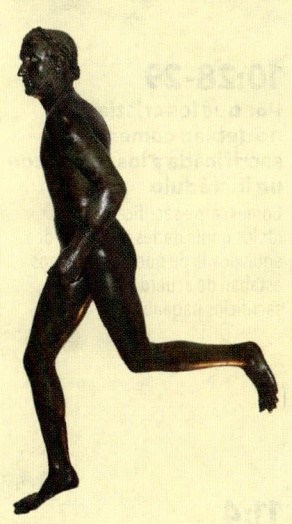

Todd Bolen/www.BiblePlaces, tomada en el Museo Izmir

10:1-11
Las advertencias de Pablo
Pablo les contó a los creyentes de Corinto la historia de cuando los antiguos israelitas adoraron al becerro de oro y decidieron rebelarse contra Dios (ver Éxodo 32:1-6) como una advertencia a los cristianos para que no hagan como ellos y persigan cosas malas.

9:21 [1] Lit. *no estando.*   9:27 [1] O *hiero.*   10:2 [1] Algunos mss. antiguos dicen: *recibieron el bautismo.*   10:4 [1] I.e. el Mesías.   10:6 [1] Lit. *no seamos codiciosos de.*   10:9 [1] O *tentemos.*   [2] Algunos mss. dicen *Cristo.*   [3] O *tentaron.*   [4] O *perecieron.*   10:10 [1] Lit. *estaban siendo.*

10:17
Participar del mismo pan
Esto era un símbolo de unidad entre los cristianos. Todos los cristianos comparten la Cena del Señor y creen en Jesús, que es el pan de vida.

10:28-29
Por qué los cristianos no debían comer carne sacrificada a los ídolos con un incrédulo
Comer carne sacrificada a los ídolos podía darles a otros la idea equivocada de que los cristianos estaban de acuerdo con los sacrificios paganos.

11:4
Los hombres oraban con la cabeza *descubierta*
En esa época, los hombres descubrían su cabeza al orar en señal de respeto a Dios.

participamos de aquel mismo pan. **18** Consideren al pueblo de Israel: los que comen los sacrificios, ¿no participan del altar?

19 ¿Qué quiero decir, entonces? ¿Que lo sacrificado a los ídolos es algo, o que un ídolo es algo? **20** *No,* sino que *digo que* lo que los gentiles sacrifican, lo sacrifican a los demonios y no a Dios; no quiero que ustedes sean partícipes con los demonios. **21** Ustedes no pueden beber la copa del Señor y la copa de los demonios; no pueden participar de la mesa del Señor y de la mesa de los demonios. **22** ¿O provocaremos a celos al Señor? ¿Somos, acaso, más fuertes que Él?

LIBERTAD CRISTIANA
23 Todo es lícito, pero no todo es de provecho. Todo es lícito, pero no todo edifica. **24** Nadie busque su propio *bien,* sino el de su prójimo*¹*. **25** Coman de todo lo que se vende en la carnicería sin preguntar nada por motivos de conciencia, **26** PORQUE DEL SEÑOR ES LA TIERRA Y TODO LO QUE EN ELLA HAY*¹*.

27 Si algún incrédulo los invita y quieren ir, coman de todo lo que se les ponga delante sin preguntar nada por motivos de conciencia. **28** Pero si alguien les dice: «Esto ha sido sacrificado a los ídolos», no *lo* coman, por causa del que *se* lo dijo, y por motivos de conciencia, *¹* PORQUE DEL SEÑOR ES LA TIERRA Y TODO LO QUE EN ELLA HAY*²*. **29** Quiero decir, no la conciencia de ustedes, sino la del otro. Pues ¿por qué ha de ser juzgada mi libertad por la conciencia ajena? **30** Si participo con agradecimiento, ¿por qué he de ser censurado*¹* a causa de aquello por lo cual doy gracias?

31 Entonces, ya sea que coman, que beban, o que hagan cualquier otra cosa, háganlo todo para la gloria de Dios. **32** No sean motivo de tropiezo ni a judíos, ni a griegos, ni a la iglesia de Dios; **33** así como también yo *procuro* agradar a todos en todo, no buscando mi propio beneficio, sino el de muchos, para que sean salvos.

11 Sean imitadores de mí, como también yo *lo soy* de Cristo.

LA MUJER EN LA IGLESIA
2 Los alabo porque en todo se acuerdan de mí y guardan las tradiciones con firmeza, tal como yo se las entregué. **3** Pero quiero que sepan que la cabeza de todo hombre es Cristo*¹*, y la cabeza de la mujer es el hombre, y la cabeza de Cristo es Dios. **4** Todo hombre que cubre su cabeza mientras ora o profetiza, deshonra su cabeza. **5** Pero toda mujer que tiene la cabeza descubierta mientras ora o profetiza, deshonra su cabeza, porque se hace una con la que está rapada.

6 Porque si la mujer no se cubre *la cabeza,* que también se corte *el cabello;* pero si es deshonroso para la mujer cortarse *el cabello,* o raparse, que se cubra. **7** Pues el hombre no debe cubrirse la cabeza, ya que él es la imagen y gloria de Dios, pero la mujer es la gloria del hombre. **8** Porque el hombre no procede*¹* de la mujer, sino la mujer del hombre. **9** En verdad

---

10:24 *¹* O *el otro.*　　　10:26 *¹* Lit. *toda su plenitud.*　　　10:28 *¹* Los mss. más antiguos no incluyen el resto del vers.　　*²* Lit. *toda su plenitud.*　　10:30 *¹* O *calumniado.*　　11:3 *¹* I.e. el Mesías.　　11:8 *¹* Lit. *no es.*

el hombre no fue creado a causa de la mujer, sino la mujer a causa del hombre. [10] Por tanto, la mujer debe tener *un símbolo de* autoridad sobre la cabeza, por causa de los ángeles. [11] Sin embargo, en el Señor, ni la mujer es independiente del[1] hombre, ni el hombre independiente de la[2] mujer. [12] Porque así como la mujer procede del hombre, también el hombre *nace* de la mujer; y todas las cosas proceden de Dios. [13] Juzguen ustedes mismos: ¿es propio que la mujer ore a Dios *con la cabeza* descubierta? [14] ¿No les enseña la misma naturaleza que si el hombre tiene el cabello largo le es deshonra, [15] pero que si la mujer tiene el cabello largo le es una gloria? Pues a ella el cabello le es dado por velo. [16] Pero si alguien parece ser contencioso, nosotros no tenemos tal costumbre, ni *la tienen* las iglesias de Dios.

LA CENA DEL SEÑOR

[17] Pero al darles estas instrucciones, no los alabo, porque no se congregan para lo bueno[1], sino para lo malo[2]. [18] Pues, en primer lugar, oigo que cuando se reúnen como iglesia[1] hay divisiones[2] entre ustedes, y en parte lo creo. [19] Porque es necesario que entre ustedes haya bandos, a fin de que se manifiesten entre ustedes los que son aprobados.

[20] Por tanto, cuando se reúnen, esto *ya* no es comer la Cena del Señor. [21] Porque al comer, cada uno toma primero su propia cena, y uno pasa hambre y otro se embriaga. [22] ¿Qué? ¿No tienen casas para comer y beber? ¿O desprecian la iglesia de Dios y avergüenzan a los que nada tienen? ¿Qué les diré? ¿Los alabaré? En esto no los alabaré.

[23] Porque yo recibí del Señor lo mismo que les he enseñado[1]: que el Señor Jesús, la noche en que fue entregado, tomó pan, [24] y después de dar gracias, *lo* partió y dijo: «Esto es Mi cuerpo que es[1] para ustedes; hagan esto en memoria de Mí».

[25] De la misma manera *tomó* también la copa después de haber cenado, diciendo: «Esta copa es el nuevo pacto en Mi sangre; hagan esto cuantas veces *la* beban en memoria de Mí». [26] Porque todas las veces que coman este pan y beban *esta* copa, proclaman la muerte del Señor hasta que Él venga.

[27] De manera que el que coma el pan o beba la copa del Señor indignamente, será culpable del cuerpo y de la sangre del Señor. [28] Por tanto, examínese cada uno[1] a sí mismo, y entonces coma del pan y beba de la copa. [29] Porque el que come y bebe sin discernir correctamente el cuerpo *del Señor,* come y bebe juicio para sí. [30] Por esta razón hay muchos débiles y enfermos entre ustedes, y muchos duermen[1]. [31] Pero si nos juzgáramos a nosotros mismos, no seríamos juzgados. [32] Pero cuando somos juzgados, el Señor nos disciplina para que no seamos condenados con el mundo.

[33] Así que, hermanos míos, cuando se reúnan para comer, espérense unos a otros. [34] Si alguien tiene hambre, coma en su casa, para que no se reúnan para juicio. Los demás asuntos los arreglaré cuando vaya.

11:11 [1] Lit. *es sin.*   [2] Lit. *sin.*   11:17 [1] O *mejor.*   [2] O *peor.*   11:18 [1] Lit. *en iglesia.*
[2] Lit. *cismas.*   11:23 [1] Lit. *entregué.*   11:24 [1] Algunos mss. dicen: *es partido.*
11:28 [1] Lit. *hombre.*   11:30 [1] I.e. han muerto.

11:5-6
Las mujeres mantenían la cabeza *cubierta*

En la cultura griega, si una mujer descubría su cabeza en público, era inapropiado. Pablo dijo que hacer esto equivalía a cortarse el pelo o raparse. Una cabeza rapada mostraba que una mujer había sido despreciada públicamente o estaba declarando su independencia de su marido.

Dominio público

11:20-22
No mostrar respeto por la Cena del Señor

La iglesia temprana celebraba un banquete junto con la Cena del Señor. Sin embargo, algunos se daban atracones de comida y se embriagaban mientras que otros pasaban hambre. Ellos no compartían la comida de forma igualitaria, y las personas que llegaban primero no siempre esperaban a que los demás llegaran antes de comenzar a comer.

LOS DONES ESPIRITUALES

12 En cuanto a los *dones* espirituales, no quiero, hermanos, que sean ignorantes. **2** Ustedes saben que cuando eran paganos, de una manera u otra eran arrastrados hacia los ídolos mudos. **3** Por tanto, les hago saber que nadie hablando por*¹* el Espíritu de Dios, dice: «Jesús es anatema*¹*»; y nadie puede decir: «Jesús es el Señor», excepto por*²* el Espíritu Santo.

DIVERSIDAD Y UNIDAD DE LOS DONES

4 Ahora bien, hay diversidad de dones, pero el Espíritu es el mismo. **5** Hay diversidad de ministerios, pero el Señor es el mismo. **6** Y hay diversidad de operaciones, pero es el mismo Dios el que hace todas las cosas en todos. **7** Pero a cada uno se le da la manifestación del Espíritu para el bien común.

8 Pues a uno le es dada palabra de sabiduría por el Espíritu; a otro, palabra de conocimiento según el mismo Espíritu; **9** a otro, fe por*¹* el mismo Espíritu; a otro, dones de sanidad*²* por*¹* el único Espíritu; **10** a otro, poder de milagros*¹*; a otro, profecía; a otro, discernimiento*²* de espíritus; a otro, *diversas* clases de lenguas, y a otro, interpretación de lenguas. **11** Pero todas estas cosas las hace uno y el mismo Espíritu, distribuyendo individualmente a cada uno según Su voluntad.

LA IGLESIA, CUERPO DE CRISTO

12 Porque así como el cuerpo es uno, y tiene muchos miembros, pero, todos los miembros del cuerpo, aunque son muchos, constituyen un solo cuerpo, así también es Cristo. **13** Pues por*¹* un mismo Espíritu todos fuimos bautizados en un solo cuerpo, ya judíos o griegos, ya esclavos o libres. A todos se nos dio a beber*²* del mismo Espíritu.

14 Porque el cuerpo no es un solo miembro, sino muchos. **15** Si el pie dijera: «Porque no soy mano, no soy *parte* del cuerpo», no por eso deja de ser *parte* del cuerpo. **16** Y si el oído dijera: «Porque no soy ojo, no soy *parte* del cuerpo», no por eso deja de ser *parte* del cuerpo. **17** Si todo el cuerpo fuera ojo, ¿qué sería del*¹* oído? Si todo fuera oído, ¿qué sería del*¹* olfato? **18** Ahora bien, Dios ha colocado a cada uno de los miembros*¹* en el cuerpo según le agradó. **19** Y si todos fueran un solo miembro, ¿qué sería del*¹* cuerpo? **20** Sin embargo, hay muchos miembros, pero un solo cuerpo.

21 Y el ojo no puede decirle a la mano: «No te necesito»; ni tampoco la cabeza a los pies: «No los necesito». **22** Por el contrario, la verdad es que los miembros*¹* del cuerpo que parecen ser *los* más débiles, son *los más* necesarios; **23** y *partes* del cuerpo que estimamos*¹* menos honrosas, a estas las vestimos con*²* más honra. *Así que* las *partes que consideramos* más íntimas*³*, reciben un trato más honroso, **24** ya que nuestras *partes* presentables no *lo* necesitan. Pero *así* formó*¹* Dios el cuerpo, dando mayor honra a la *parte* que

---

12:4-6
Lo que estos versículos muestran acerca de Dios
Estos versículos muestran la Trinidad de Dios al nombrar al Espíritu Santo, el Señor Jesús y Dios el Padre; un Dios en tres personas.

12:10
Hablar en diversas clases de lenguas
Algunos creen que se refiere a la capacidad de una persona de hablar en un idioma humano que nunca ha aprendido, como sucedió con los apóstoles en Pentecostés. Otros creen que se refiere a hablar en un lenguaje celestial de alabanza y oración cuando el Espíritu Santo habla a través de una persona.

12:3 *¹* I.e. maldito.   *²* O en.   12:9 *¹* O en.   *²* Lit. *sanidades.*   12:10 *¹* U obras de poder.   *²* Lit. *los discernimientos.*   12:13 *¹* O en.   *²* Lit. *se nos hizo beber.* 12:17 *¹* Lit. *¿dónde estaría el.*   12:18 *¹* Lit. *a los miembros, cada uno de ellos.*   12:19 *¹* Lit. *¿dónde estaría el.*   12:22 *¹* Lit. *en mucho mayor grado los miembros.*   12:23 *¹* O *pensamos que son.*   *²* O *esas son a las que concedemos.* *³* O *vergonzosas.*   12:24 *¹* Lit. *compuso.*

carecía de ella, **25** a fin de que en el cuerpo no haya división[1], sino que los miembros tengan el mismo cuidado unos por otros. **26** Si un miembro sufre, todos los miembros sufren con él; y si *un* miembro es honrado[1], todos los miembros se regocijan con él.

27 Ahora bien, ustedes son el cuerpo de Cristo, y *cada uno* individualmente un miembro de él. **28** Y en la iglesia, Dios ha designado[1] primeramente, apóstoles; en segundo *lugar,* profetas; en tercer *lugar,* maestros; luego, milagros[2]; después, dones de sanidad[3], ayudas, administraciones, *diversas* clases de lenguas.

29 ¿Acaso son todos apóstoles? ¿Acaso son todos profetas? ¿Acaso son todos maestros? ¿Acaso son todos *obradores de milagros*[1]? **30** ¿Acaso tienen todos dones de sanidad[1]? ¿Acaso hablan todos en lenguas? ¿Acaso interpretan todos? **31** Pero deseen ardientemente los mejores dones.

Y aun yo les muestro un camino más excelente.

EXCELENCIA DEL AMOR

13 Si yo hablara lenguas humanas y angélicas, pero no tengo amor, he llegado a ser *como* metal que resuena o címbalo que retiñe. **2** Y si tuviera *el don de* profecía, y entendiera todos los misterios y todo conocimiento, y si tuviera toda la fe como para trasladar montañas, pero no tengo amor, nada soy. **3** Y si diera todos mis bienes para dar de comer *a los pobres,* y si entregara mi cuerpo para ser quemado[1], pero no tengo amor, de nada me aprovecha.

4 El amor es paciente, es bondadoso. El amor no tiene envidia[1]; el amor no es jactancioso, no es arrogante. **5** No se porta indecorosamente; no busca lo suyo, no se irrita, no toma en cuenta el mal *recibido.* **6** El amor no se regocija de la injusticia, sino que se alegra con la verdad. **7** Todo lo sufre[1], todo lo cree, todo lo espera, todo lo soporta.

8 El amor nunca deja de ser. Pero si *hay dones de* profecía[1], se acabarán; si *hay* lenguas, cesarán; si *hay* conocimiento, se acabará. **9** Porque en parte conocemos, y en parte profetizamos; **10** pero cuando venga lo perfecto, lo incompleto se acabará. **11** Cuando yo era niño, hablaba como niño, pensaba como niño, razonaba como niño; *pero* cuando llegué a ser hombre, dejé las cosas de niño.

12 Porque ahora vemos por un espejo, veladamente[1], pero entonces *veremos* cara a cara. Ahora conozco en parte, pero entonces conoceré plenamente, como he sido conocido. **13** Y ahora permanecen la fe, la esperanza, el amor: estos tres; pero el mayor de ellos es el amor.

SUPERIORIDAD DEL DON DE PROFECÍA

14 Procuren alcanzar el amor; pero también deseen ardientemente *los dones* espirituales, sobre todo que profeticen. **2** Porque el que habla en lenguas[1] no habla a los

---

12:27
La iglesia es el cuerpo de Cristo
Pablo comparó a la iglesia con el cuerpo humano para mostrar que los miembros individuales del cuerpo (o la iglesia) cumplen diferentes funciones, pero todos son importantes para la salud de los demás cristianos de su iglesia.

13:3
Entregar el cuerpo para ser quemado
Muchos de los primeros cristianos sufrieron, incluso murieron, por su fe. Pablo dijo que aun este sacrificio no sería nada si la persona no actuaba por amor.

13:12
Espejos
Un espejo en aquella época era una pieza de metal pulido (probablemente de bronce) que daba solo un poco de reflejo. Esto ejemplifica cómo ahora conocemos a Dios solo un poco, pero lo conoceremos más plenamente cuando lo veamos en el cielo.

Richard Rigsby

12:25 [1] Lit. *cisma.*   12:26 [1] Lit. *glorificado.*   12:28 [1] Lit. *puesto a algunos.*   [2] U *obras de poder.*   [3] Lit. *sanidades.*   12:29 [1] U *obras de poder.*   12:30 [1] Lit. *sanidades.*   13:3 [1] Los mss. más antiguos dicen: *para gloriarme.*   13:4 [1] O *no es celoso.*   13:7 [1] O *cubre.*   13:8 [1] Lit. *profecías.* 13:12 [1] Lit. *como un enigma.*   14:2 [1] Lit. *lengua,* y así en el resto del cap.

ATRIBUTOS DEL AMOR
1 Corintios 13:4-13

Bondadoso

No toma en cuenta el mal recibido

Nunca deja de ser

No se regocija de la injusticia

No busca lo suyo

Todo lo cree

Se alegra con la verdad

Es mayor que la fe y la esperanza

Todo lo sufre

No es jactancioso

No tiene envidia

Todo lo soporta

No se porta indecorosamente

No se irrita

Es paciente

No es arrogante

Todo lo espera

14:1-5
Profetizar frente a hablar en lenguas

Cuando alguien profetizaba, sus palabras beneficiaban a todos en la iglesia. Hablar en lenguas solo beneficiaba a la persona que lo hacía.

hombres, sino a Dios, pues nadie *lo* entiende[2], sino que en *su* espíritu[3] habla misterios. **3** Pero el que profetiza habla a los hombres para edificación, exhortación y consolación.

4 El que habla en lenguas, a sí mismo se edifica, pero el que profetiza edifica a la iglesia. **5** Yo quisiera que todos hablaran en lenguas, pero *aún* más, que profetizaran. Porque el que profetiza es superior al que habla en lenguas, a menos de que *las* interprete para que la iglesia reciba edificación.

6 Ahora bien, hermanos, si yo voy a ustedes hablando en lenguas, ¿de qué provecho les seré a menos de que les hable por medio de revelación, o de conocimiento, o de profecía, o de enseñanza? **7** Aun las cosas inanimadas, como la flauta o el arpa, al producir un sonido, si no dan con distinción los sonidos, ¿cómo se sabrá lo que se toca en la flauta o en el arpa? **8** Porque si la trompeta da un sonido incierto, ¿quién se preparará para la batalla?

9 Así también ustedes, a menos de que con la boca[1] pronuncien palabras inteligibles, ¿cómo se sabrá lo que dicen[2]? Pues hablarán al aire. **10** Hay, quizás, muchas variedades de

---

2 Lit. *oye*.　3 O *por el Espíritu*.　14:9 1 Lit. *por la lengua*.　2 Lit. *lo que se habla*.

idiomas¹ en el mundo, y ninguno carece de significado. **11** Pues si yo no sé el significado¹ de las palabras², seré para el que habla un extranjero³, y el que habla será un extranjero³ para mí⁴.

12 Así también ustedes, puesto que anhelan *dones* espirituales¹, procuren abundar *en ellos* para la edificación de la iglesia. **13** Por tanto, el que habla en lenguas, pida en oración para que pueda interpretar. **14** Porque si yo oro en lenguas, mi espíritu ora, pero mi entendimiento¹ queda sin fruto.

15 Entonces ¿qué? Oraré con el espíritu, pero también oraré con el entendimiento¹. Cantaré con el espíritu, pero también cantaré con el entendimiento¹. **16** De otra manera, si bendices *solo* en¹ el espíritu, ¿cómo dirá el «Amén» a tu acción de gracias el que ocupa el lugar del que no tiene *ese* don², puesto que no sabe lo que dices? **17** Porque tú, bien das gracias, pero el otro no es edificado.

18 Doy gracias a Dios porque hablo en lenguas más que todos ustedes. **19** Sin embargo, en la iglesia prefiero¹ hablar cinco palabras con mi entendimiento², para instruir también a otros, antes que diez mil palabras en lenguas.

20 Hermanos, no sean niños en la manera de pensar. Más bien, sean niños en la malicia, pero en la manera de pensar sean maduros. **21** En la ley está escrito: «POR HOMBRES DE LENGUAS EXTRAÑAS Y POR BOCA¹ DE EXTRAÑOS HABLARÉ A ESTE PUEBLO, Y NI AUN ASÍ ME ESCUCHARÁN», dice el Señor.

22 Así que las lenguas son una señal, no para los que creen, sino para los incrédulos; pero la profecía *es una señal,* no para los incrédulos, sino para los creyentes. **23** Por tanto, si toda la iglesia se reúne y todos hablan en lenguas, y entran *algunos* sin *ese* don o que son incrédulos, ¿no dirán que ustedes están locos? **24** Pero si todos profetizan, y entra un incrédulo, o uno sin *ese* don, por todos será¹ convencido, por todos será¹ juzgado. **25** Los secretos de su corazón quedarán al descubierto, y él se postrará y adorará a Dios, declarando que en verdad Dios está entre ustedes.

EL ORDEN EN LOS CULTOS

26 ¿Qué hay *que hacer,* pues, hermanos? Cuando se reúnan, cada cual aporte¹ salmo, enseñanza, revelación, lenguas *o* interpretación. Que todo se haga para edificación. **27** Si alguien habla en lenguas, que *hablen* dos, o a lo más tres, y por turno, y que uno interprete. **28** Pero si no hay intérprete, que guarde silencio en la iglesia y que hable para sí y para Dios.

29 Y que dos o tres profetas hablen, y los demás juzguen. **30** Pero si a otro que está sentado le es revelado algo, que calle el primero. **31** Porque todos pueden profetizar uno por uno, para que todos aprendan y todos sean exhortados. **32** Los espíritus de los profetas están sujetos a los profetas. **33** Porque

---

14:10 ¹ Lit. *voces.*   14:11 ¹ Lit. *poder.*   ² Lit. *de la voz.*   ³ Lit. *un bárbaro;* i.e. uno que no era griego ni por nacimiento ni por cultura.   ⁴ O *a mi juicio.*   14:12 ¹ Lit. *de espíritus.*   14:14 ¹ Lit. *mente.*   14:15 ¹ Lit. *la mente.* 14:16 ¹ O *con.*   ² I.e. uno no versado en los dones del espíritu, y así en los vers. 23 y 24.   14:19 ¹ Lit. *deseo.*   ² Lit. *mente.*   14:21 ¹ Lit. *labios.*   14:24 ¹ Lit. *es.* 14:26 ¹ Lit. *tiene.*

14:26
Las reuniones cristianas en Corinto

Sus reuniones incluían un salmo, o himno, y una enseñanza (los cuales también eran parte de la adoración en el Antiguo Testamento). Además incluían revelaciones, hablar en lenguas e interpretaciones. Todas estas partes de la reunión estaban destinadas a fortalecer la fe de los creyentes y su compromiso con el Señor.

EVIDENCIA DE LA RESURRECCIÓN DE JESÚS

1 Corintios 15:5-8

Testigos del Jesús resucitado:

Cefas (Pedro)

Los doce

Una multitud de más de quinientas personas

Jacobo

Los apóstoles

Pablo

14:34-35
El rol de las mujeres en la reunión

Muchos estudiosos han discutido sobre el significado de estos versículos. Algunos piensan que la instrucción de Pablo era que las mujeres no debían ser líderes. Otros piensan que Pablo se refería solo a algunas mujeres que interrumpían el culto con demasiadas preguntas. Lo único que está claro es que Pablo quería que los servicios de adoración fueran ordenados y respetuosos.

Dios no es *Dios* de confusión, sino de paz, como en todas las iglesias de los santos.

34 Las mujeres[1] guarden silencio en las iglesias, porque no les es permitido hablar, antes bien, que se sujeten como dice también la ley. **35** Y si quieren aprender algo, que pregunten a sus propios maridos en casa, porque no es correcto[1] que la mujer hable en la iglesia. **36** ¿Acaso la palabra de Dios salió de ustedes, o solo a ustedes ha llegado?

37 Si alguien piensa que es profeta o espiritual, reconozca que lo que les escribo es mandamiento del Señor. **38** Pero si alguien no reconoce *esto*, él no es reconocido[1]. **39** Por tanto, hermanos míos, anhelen el profetizar, y no prohíban hablar en lenguas. **40** Pero que todo se haga decentemente y con orden.

SÍNTESIS DEL EVANGELIO

15 Ahora les hago saber, hermanos, el evangelio que les prediqué[1], el cual también ustedes recibieron, en el cual también están firmes, **2** por el cual también son salvos, si retienen la palabra[1] que les prediqué, a no ser que hayan creído en vano.

3 Porque yo les entregué en primer lugar lo mismo que recibí: que Cristo[1] murió por nuestros pecados, conforme a las Escrituras; **4** que fue sepultado y que resucitó al tercer día, conforme a las Escrituras; **5** que se apareció a Cefas[1] y después a los doce.

6 Luego se apareció a más de 500 hermanos a la vez, la mayoría de los cuales viven aún, pero algunos ya duermen[1]. **7** Después se apareció a Jacobo[1], luego a todos los apóstoles. **8** Y al último de todos, como a uno nacido fuera de tiempo[1], se me apareció también a mí.

9 Porque yo soy el más insignificante de los apóstoles, que no soy digno de ser llamado apóstol, pues perseguí a la iglesia de Dios. **10** Pero por la gracia de Dios soy lo que soy, y Su gracia para conmigo no resultó vana. Antes bien he trabajado mucho más que todos ellos, aunque no yo, sino la gracia de Dios en mí. **11** Sin embargo, *haya sido* yo o ellos, así predicamos y así creyeron ustedes.

SI CRISTO NO HA RESUCITADO

12 Ahora bien, si se predica que Cristo[1] ha resucitado de entre los muertos, ¿cómo dicen algunos entre ustedes que no hay resurrección de muertos? **13** Y si no hay resurrección

14:34 [1] O sino de paz. Como en…de los santos, las mujeres.　14:35 [1] O porque es impropio.　14:38 [1] Algunos mss. antiguos dicen: es ignorante, que sea ignorante.　15:1 [1] O anuncié.　15:2 [1] O si se aferran a la palabra.　15:3 [1] I.e. el Mesías.　15:5 [1] O Pedro.　15:6 [1] O murieron.　15:7 [1] O Santiago.　15:8 Lit. en un nacimiento a destiempo.　15:12 [1] I.e. el Mesías.

de muertos, *entonces* ni siquiera Cristo ha resucitado; [14] y si Cristo no ha resucitado, vana es entonces nuestra predicación, y vana también la fe de ustedes. [15] Aún más, somos hallados testigos falsos de Dios, porque hemos testificado contra[1] Dios que Él resucitó a Cristo, a quien no resucitó, si en verdad los muertos no resucitan.

[16] Porque si los muertos no resucitan, *entonces* ni siquiera Cristo ha resucitado; [17] y si Cristo no ha resucitado, la fe de ustedes es falsa[1]; todavía están en sus pecados. [18] Entonces también los que han dormido[1] en Cristo están perdidos. [19] Si hemos esperado en Cristo para[1] esta vida solamente, somos, de todos los hombres, los más dignos de lástima.

CRISTO, GARANTÍA DE LA RESURRECCIÓN

[20] Pero ahora Cristo ha resucitado de entre los muertos, primicias de los que durmieron[1]. [21] Porque ya que la muerte *entró* por un hombre, también por un hombre *vino* la resurrección de los muertos. [22] Porque así como en Adán todos mueren, también en Cristo todos serán vivificados.

[23] Pero cada uno en su debido orden[1]: Cristo, las primicias; luego los que son de Cristo en Su venida. [24] Entonces *vendrá* el fin, cuando Él entregue el reino al Dios y Padre, después que haya terminado[1] con todo dominio y toda autoridad y poder. [25] Pues Cristo debe reinar hasta que haya puesto a todos Sus enemigos debajo de Sus pies. [26] Y el último enemigo que será eliminado[1] es la muerte.

[27] Porque DIOS HA PUESTO TODO EN SUJECIÓN BAJO SUS PIES. Pero cuando dice que todas las cosas están sujetas a Él, es evidente que se exceptúa a Aquel que ha sometido a Él todas las cosas. [28] Y cuando todo haya sido sometido a Él, entonces también el Hijo mismo se sujetará a Aquel que sujetó a Él todas las cosas, para que Dios sea todo en todos.

[29] De no ser así, ¿qué harán los que se bautizan por los muertos? Si de ninguna manera los muertos resucitan, ¿por qué, entonces, se bautizan por ellos? [30] Y también, ¿por qué estamos en peligro a toda hora? [31] Les aseguro, hermanos, por la satisfacción[1] que siento por ustedes en Cristo Jesús nuestro Señor, que cada día estoy en peligro de muerte[2].

[32] Si por motivos humanos[1] luché contra fieras en Éfeso, ¿de qué me aprovecha? Si los muertos no resucitan, COMAMOS Y BEBAMOS, QUE MAÑANA MORIREMOS. [33] No se dejen engañar: «Las malas compañías corrompen las buenas costumbres». [34] Sean sobrios, como conviene[1], y dejen de pecar; porque algunos no tienen conocimiento de Dios. Para vergüenza de ustedes *lo* digo.

LA GLORIA DEL CUERPO RESUCITADO

[35] Pero alguien dirá: «¿Cómo resucitan los muertos? ¿Y con qué clase de cuerpo vienen?». [36] ¡Necio! Lo que tú siembras no llega a tener vida si antes no muere. [37] Y lo que siembras, no siembras el cuerpo que nacerá[1], sino el grano desnudo,

15:3-4
El mensaje más importante de los evangelios
Jesús murió por nuestros pecados, fue sepultado y se levantó de entre los muertos.

15:29
Bautismo por los muertos
No sabemos de qué se trataba esta práctica. Tal vez los creyentes se bautizaban en nombre de otros que habían muerto sin ser bautizados. Es posible que los cristianos se bautizaran como una señal de que esperaban la resurrección de los muertos. También podría significar que los nuevos cristianos se bautizaban para reemplazar a los de la iglesia que habían muerto.

15:15 [1] O *de*.   15:17 [1] O *sin valor*.   15:18 [1] O *muerto*.   15:19 Lit. *en*.
15:20 [1] O *murieron*.   15:23 [1] O *rango*.   15:24 [1] O *destruido*.
15:26 [1] O *destruido*.   15:31 [1] O *gloria*.   [2] Lit. *muero diariamente*.
15:32 [1] Lit. *según el hombre*.   15:34 [1] Lit. *justamente*.   15:37 [1] Lit. *que será*.

quizás de trigo o de alguna otra especie². **38** Pero Dios le da un cuerpo como Él quiso, y a cada semilla su propio cuerpo.

39 No toda carne es la misma carne, sino que una es *la* de los hombres, otra la¹ de las bestias, otra la¹ de las aves y otra *la* de los peces. **40** Hay, asimismo, cuerpos celestiales y cuerpos terrestres, pero la gloria del celestial es una, y la del terrestre es otra. **41** Hay una gloria del sol, y otra gloria de la luna, y otra gloria de las estrellas; pues *una* estrella es distinta de *otra* estrella en gloria.

42 Así es también la resurrección de los muertos. Se siembra un *cuerpo* corruptible¹, se resucita un *cuerpo* incorruptible²; **43** se siembra en deshonra, se resucita en gloria; se siembra en debilidad, se resucita en poder; **44** se siembra un cuerpo natural, se resucita un cuerpo espiritual. Si hay un cuerpo natural, hay también un *cuerpo* espiritual.

45 Así también está escrito: «El primer HOMBRE, Adán, FUE HECHO ALMA VIVIENTE». El último Adán, espíritu que da vida. **46** Sin embargo, el espiritual no es primero, sino el natural; luego el espiritual. **47** El primer hombre es de la tierra, terrenal¹; el segundo hombre es del cielo. **48** Como es el terrenal, así son también los que son terrenales; y como es el celestial, así son también los que son celestiales. **49** Y tal como hemos traído la imagen del terrenal, traeremos¹ también la imagen del celestial.

LA VICTORIA FINAL SOBRE LA MUERTE

50 Esto digo, hermanos: que la carne y la sangre no pueden heredar el reino de Dios; ni lo que se corrompe¹ hereda lo incorruptible². **51** Así que les digo un misterio: no todos dormiremos¹, pero todos seremos transformados **52** en un momento, en un abrir y cerrar de ojos, a la trompeta final. Pues la trompeta sonará y los muertos resucitarán incorruptibles, y nosotros seremos transformados.

53 Porque es necesario que esto corruptible se vista de incorrupción, y esto mortal se vista de inmortalidad. **54** Pero cuando esto corruptible se haya vestido de incorrupción, y esto mortal se haya vestido de inmortalidad, entonces se cumplirá la palabra que está escrita: «DEVORADA HA SIDO LA MUERTE en victoria. **55** ¿DÓNDE ESTÁ, OH MUERTE, TU VICTORIA? ¿DÓNDE, OH SEPULCRO¹, TU AGUIJÓN?».

56 El aguijón de la muerte es el pecado, y el poder del pecado es la ley; **57** pero a Dios gracias, que nos da la victoria por medio de nuestro Señor Jesucristo. **58** Por tanto, mis amados hermanos, estén firmes, constantes¹, abundando siempre en la obra del Señor, sabiendo que su trabajo en el Señor no es *en* vano.

OFRENDA PARA LOS CRISTIANOS DE JERUSALÉN

16 Ahora bien, en cuanto a la ofrenda para los santos, hagan ustedes también como instruí a las iglesias de Galacia. **2** Que el primer *día* de la semana, cada uno de

---

15:42-49
Cuerpos espirituales
Pablo dijo que el cuerpo resucitado sería distinto al cuerpo terrenal. Este va a ser mucho mejor: no morirá, será glorioso y espiritual. Nuestros cuerpos resucitados serán similares al cuerpo resucitado de Cristo.

15:57
La victoria que Dios les da a los cristianos
Cristo pagó el precio por nuestro pecado al morir. Él pagó la condena y resucitó, y con eso venció a la muerte. Ahora contamos con el poder de la gracia y el perdón a fin de vivir para Dios.

16:1
Una ofrenda para Jerusalén
Los cristianos de Corinto iban a reunir dinero para ayudar a los cristianos de Jerusalén, que se habían empobrecido a causa del hambre o la persecución. Esta ofrenda les mostraría a los cristianos judíos que los cristianos gentiles eran sinceros.

---

² Lit. *de algo de lo demás.*   15:39 ¹ Lit. *carne.*   15:42 ¹ Lit. *en corrupción.*
² Lit. *en incorrupción.*   15:47 ¹ Lit. *hecho del polvo.*   15:49 ¹ Muchos mss. dicen: *traigamos.*   15:50 ¹ Lit. *la corrupción.*   ² Lit. *la incorrupción.*
15:51 ¹ O *moriremos.*   15:55 ¹ Lit. *muerte.*   15:58 ¹ O *inmóviles.*

ustedes aparte[1] *y* guarde según haya prosperado, para que cuando yo vaya no se recojan entonces ofrendas.

3 Cuando yo llegue, enviaré con cartas a quienes ustedes hayan designado, para que lleven su contribución a Jerusalén. **4** Y si es conveniente que yo también vaya, ellos irán conmigo. **5** Iré a ustedes cuando haya pasado por Macedonia, pues voy a pasar por Macedonia. **6** Y tal vez me quede con ustedes, o aun pase *allí* el invierno, para que me encaminen adonde haya de ir.

7 Pues no deseo verlos ahora *solo* de paso, porque espero permanecer con ustedes por algún tiempo, si el Señor *me lo* permite. **8** Pero me quedaré en Éfeso hasta Pentecostés, **9** porque se me ha abierto una puerta grande para[1] *el servicio* eficaz, *aunque* también hay muchos adversarios.

RECOMENDACIONES FINALES

10 Si llega Timoteo, vean que esté entre ustedes sin temor, pues él hace la obra del Señor lo mismo que yo. **11** Por tanto, nadie lo menosprecie. Más bien, envíenlo en paz para que venga a mí, porque lo espero con los hermanos. **12** En cuanto a nuestro hermano Apolos, mucho lo animé a que fuera a ustedes con los hermanos, pero de ninguna manera tuvo ahora el deseo de ir. Sin embargo, irá cuando tenga oportunidad.

13 Estén alerta, permanezcan firmes en la fe, pórtense varonilmente, sean fuertes. **14** Todas sus cosas sean hechas con[1] amor.

15 Los exhorto, hermanos (*ya* conocen a *los de* la casa de Estéfanas, que fueron los primeros convertidos[1] de Acaya, y que se han dedicado al servicio de los santos), **16** que también ustedes estén en sujeción a los que son como ellos, y a todo el que ayuda y trabaja en la obra.

17 Y me regocijo por la venida[1] de Estéfanas, de Fortunato y de Acaico, pues ellos han suplido lo que faltaba de parte de ustedes[2]. **18** Porque ellos han recreado mi espíritu y el de ustedes. Por tanto, reconozcan a tales personas.

SALUDOS Y DESPEDIDA

19 Las iglesias de Asia los saludan. Aquila y Priscila, con la iglesia que está en su casa, los saludan muy afectuosamente[1] en el Señor. **20** Todos los hermanos los saludan. Salúdense los unos a los otros con un beso santo.

21 Este saludo es de mi puño y letra[1]. Pablo[2]. **22** Si alguien no ama al Señor, que sea anatema[1]. ¡Maranata[2]! **23** La gracia del Señor Jesús[1] *sea* con ustedes. **24** Mi amor *sea* con todos ustedes en Cristo Jesús. Amén.

16:9
Pablo tenía adversarios en Éfeso

Lo más probable es que se refiriera a los artesanos que hacían templecillos de plata de la diosa Diana, también llamada Artemisa. (Ver Hechos 19:23-34).

16:19
La iglesia en la casa de Aquila y Priscila

Los primeros cristianos celebraban las reuniones de adoración en los hogares en lugar de en templos. La casa de Aquila y Priscila podría lucir como esta:

16:20
Un beso santo

Darse un beso en la mejilla públicamente era una práctica común en el mundo antiguo. Los cristianos lo hacían para mostrarse respeto y amor los unos a los otros. Lo normal era saludarse y despedirse de esta manera.

Image Source/iStock.com

16:2 [1] Lit. *ponga para sí.*   16:9 [1] Lit. *y.*   16:14 [1] Lit. *en.*   16:15 [1] Lit. *es primicia.*   16:17 [1] O *presencia.*   [2] O *han suplido la ausencia de ustedes.* 16:19 [1] Lit. *mucho.*   16:21 [1] O *de mi mano.*   [2] Lit. *de Pablo.*   16:22 [1] I.e. *maldito.*   [2] Gr. ¡El Señor viene!   16:23 [1] Algunos mss. dicen: *Jesucristo.*

2 Corintios

¿QUIÉN ESCRIBIÓ ESTE LIBRO?	Pablo
¿POR QUÉ SE ESCRIBIÓ ESTE LIBRO?	Este libro les hace saber a los corintios que Pablo los ama aunque su iglesia tenga muchos problemas.
¿PARA QUIÉN FUE ESCRITO ESTE LIBRO?	Este libro es una carta que Pablo les envió a los cristianos en Corinto.

¿CUÁLES SON ALGUNAS ENSEÑANZAS IMPORTANTES DE ESTE LIBRO?

Nuestras oraciones ayudan a los líderes	2 Corintios 1:8-11
Perdonar a los que se arrepienten	2 Corintios 2:5-11
Somos ministros de Dios	2 Corintios 5:11-21
Dar con generosidad	2 Corintios 9:6-15
Fuerza en la debilidad	2 Corintios 12:7-10

Patara, donde Pablo se detuvo en su regreso a Jerusalén luego de su tercer viaje misionero.

© Tarasenko Nataliia/Shutterstock

SALUDO

1 Pablo, apóstol de Cristo Jesús por la voluntad de Dios, y el hermano Timoteo,

A la iglesia de Dios que está en Corinto, con todos los santos que están en toda Acaya: **2** Gracia y paz a ustedes de parte de Dios nuestro Padre y del Señor Jesucristo.

EL DIOS DE TODA CONSOLACIÓN

3 Bendito *sea* el Dios y Padre de nuestro Señor Jesucristo, Padre de misericordias y Dios de toda consolación, **4** el cual nos consuela en todas nuestras tribulaciones, para que también nosotros podamos consolar a los que están en cualquier aflicción, dándoles el consuelo con que nosotros mismos somos consolados por Dios.

5 Porque así como los sufrimientos de Cristo son nuestros en abundancia[1], así también abunda nuestro consuelo por medio de Cristo[2]. **6** Pero si somos atribulados, es para el consuelo y salvación de ustedes; o si somos consolados, es para consuelo de ustedes, que obra al soportar las mismas aflicciones que nosotros también sufrimos. **7** Y nuestra esperanza respecto de ustedes *está* firmemente establecida, sabiendo que como son copartícipes de los sufrimientos, así también *lo son* de la consolación.

8 Porque no queremos que ignoren, hermanos, acerca de nuestra aflicción sufrida[1] en Asia[2]. Porque fuimos abrumados sobremanera, más allá de nuestras fuerzas, de modo que hasta perdimos la esperanza de *salir con* vida. **9** De hecho[1], dentro de nosotros mismos *ya* teníamos la sentencia de muerte, a fin de que no confiáramos en nosotros mismos, sino en Dios que resucita a los muertos, **10** el cual nos libró de tan gran *peligro de* muerte y *nos* librará, *y* en quien hemos puesto nuestra esperanza de que Él aún nos ha de librar. **11** Ustedes también cooperaron con nosotros con la oración, para que por muchas personas sean dadas gracias a favor nuestro por el don que nos ha sido impartido por medio de *las oraciones de* muchos.

SINCERIDAD DE PABLO

12 Porque nuestra satisfacción[1] es esta: el testimonio de nuestra conciencia que en la santidad[2] y en la sinceridad *que viene* de Dios, no en sabiduría carnal sino en la gracia de Dios, nos hemos conducido en el mundo y especialmente hacia ustedes. **13** Porque ninguna otra cosa les escribimos sino lo que leen y entienden, y espero que entenderán hasta el fin; **14** como también ustedes nos han entendido en parte que nosotros somos el motivo de su gloria, así como también ustedes la nuestra en el día de nuestro Señor Jesús.

15 Y con esta confianza me propuse ir primero a ustedes para que dos veces recibieran bendición[1], **16** es decir[1], *quería* visitarlos de paso[2] a Macedonia, y de Macedonia ir de nuevo a ustedes y ser encaminado por ustedes en mi viaje a Judea.

1:8-11
Las aflicciones de Pablo en Asia

Pablo pensó que iba a morir. Dios lo salvó a fin de recordarle que debía confiar en él para todo. Más adelante en el libro, Pablo cuenta sobre las muchas maneras en las que sufrió (11:23-29).

1:12-14
Por qué Pablo se defendió

Algunos falsos maestros habían cuestionado las enseñanzas de Pablo y afirmaban que no era un verdadero apóstol. También decían que como Pablo había cambiado sus planes de visitarlos, no se podía confiar en él. Pablo aseguró que él no había hecho nada malo, y les recordó a los corintios que ya lo conocían y que su carácter era honorable.

1:5 [1] Lit. *abundan para con nosotros.*   [2] I.e. el Mesías.   1:8 [1] Lit. *que*
nos *vino.*   [2] I.e. provincia occidental de Asia Menor.   1:9 [1] Lit. *Pero.*
1:12 [1] Lit. *jactancia.*   [2] Algunos mss. dicen: *sencillez.*   1:15 [1] Lit. *tengan una*
segunda gracia; algunos mss. antiguos dicen: *gozo.*   1:16 [1] Lit. *y.*   [2] Lit. *pasar*
por ustedes.

17 Por tanto, cuando me propuse esto, ¿acaso obré precipitadamente? O lo que me propongo, ¿me lo propongo conforme a la carne, para que en mí haya *al mismo tiempo* el sí, sí, y el no, no? **18** Pero como Dios es fiel, nuestra palabra a ustedes no es sí y no. **19** Porque el Hijo de Dios, Cristo Jesús, que fue predicado entre ustedes por nosotros, por mí, Silvano y Timoteo, no fue sí y no, sino que ha sido sí en Él.

20 Pues tantas como sean las promesas de Dios, en Él *todas* son sí. Por eso también por medio de Él, *es nuestro* Amén, para la gloria de Dios por medio de nosotros. **21** Ahora bien, el que nos confirma con ustedes en Cristo y *el que* nos ungió, es Dios, **22** quien también nos selló y *nos* dio el Espíritu en nuestro corazón como garantía[1].

23 Pero yo invoco a Dios como testigo sobre mi alma, que por consideración a ustedes no he vuelto a Corinto. **24** No es que queramos tener control de su fe, sino que somos colaboradores *con ustedes* para su gozo, porque es en la fe que permanecen firmes.

PROBLEMAS EN LA IGLESIA DE CORINTO

2 Pero en mí mismo decidí esto: no ir otra vez a ustedes con tristeza. **2** Porque si yo les causo tristeza, ¿quién *será* el que me alegre sino aquel a quien yo entristecí? **3** Y esto mismo *les* escribí, para que cuando yo llegue no tenga tristeza de parte de los que debieran alegrarme, confiando en todos ustedes de que mi gozo sea *el mismo* de todos ustedes. **4** Pues por la mucha aflicción y angustia de corazón les escribí con muchas lágrimas, no para entristecerlos, sino para que conozcan el amor que tengo especialmente por ustedes.

5 Pero si alguien ha causado tristeza, no me *la* ha causado a mí, sino hasta cierto punto, para no exagerar[1], a todos ustedes. **6** Es suficiente para tal *persona* este castigo que *le fue impuesto* por la mayoría; **7** así que, por el contrario, ustedes más bien debieran perdonar*lo* y consolar*lo*, no sea que en alguna manera este[1] sea abrumado por tanta[2] tristeza.

8 Por lo cual les ruego que reafirmen *su* amor hacia él. **9** Pues también con este fin les escribí, para ponerlos a prueba[1] y *ver* si son obedientes en todo. **10** Pero a quien perdonen algo, yo también *lo* perdono. Porque en verdad, lo que yo he perdonado, si algo he perdonado, *lo hice* por ustedes en presencia de Cristo[1], **11** para que Satanás no tome ventaja sobre nosotros, pues no ignoramos sus planes.

DE TROAS A MACEDONIA

12 Cuando llegué a Troas para *predicar* el evangelio de Cristo, y se me abrió una puerta en el Señor, **13** no tuve reposo en mi espíritu al no encontrar a Tito, mi hermano. Despidiéndome, pues, de ellos, salí para Macedonia.

1:22
Sellos y garantías

Un sello de cera demostraba propiedad y seguridad. Las personas cerraban las cartas con este tipo de sellos. Dios puso un sello de manera simbólica sobre su pueblo para mostrar que él era su dueño. Una garantía se trataba del pago de una suma de dinero que servía como un depósito que aseguraba un pago mayor. El Espíritu Santo era la garantía de los creyentes de que Dios cumpliría sus promesas.

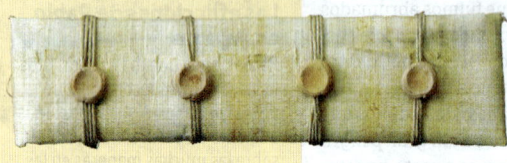

Z. Radovan/www.BibleLandPictures.com

2:5-11
Perdonar los pecados de otros

Un miembro de la iglesia de Corinto había cometido un grave pecado. Él estaba verdaderamente arrepentido. Pablo dijo que la iglesia debía perdonarlo y darle la bienvenida nuevamente.

1:22 [1] O arras.   2:5 [1] Lit. para no ser gravoso.   2:7 [1] Lit. el tal.
[2] Lit. excesiva.   2:9 [1] Lit. conocer la prueba de ustedes.   2:10 [1] I.e. el Mesías.

TRIUNFANTES EN CRISTO

14 Pero gracias a Dios, que en Cristo siempre nos lleva en triunfo, y que por medio de nosotros manifiesta la fragancia de Su conocimiento en todo lugar. **15** Porque fragante aroma¹ de Cristo somos para Dios entre los que se salvan y entre los que se pierden. **16** Para unos, olor de muerte para muerte, y para otros, olor de vida para vida. Y para estas cosas, ¿quién está capacitado? **17** Pues no somos como muchos, que comercian¹ la palabra de Dios, sino que con sinceridad, como de parte de Dios, hablamos en Cristo delante de Dios.

MINISTROS DEL NUEVO PACTO

3 ¿Comenzamos otra vez a recomendarnos a nosotros mismos? ¿O acaso necesitamos, como algunos, cartas de recomendación para ustedes o de parte de ustedes? **2** Ustedes son nuestra carta, escrita en nuestros corazones, conocida y leída por todos los hombres, **3** siendo manifiesto que son carta de Cristo redactada¹ por nosotros, no escrita con tinta, sino con el Espíritu del Dios vivo; no en tablas de piedra, sino en tablas de corazones humanos².

4 Esta¹ confianza tenemos hacia Dios por medio de Cristo. **5** No que seamos suficientes en nosotros mismos para pensar que cosa alguna *procede* de nosotros, sino que nuestra suficiencia es de Dios, **6** el cual también nos hizo suficientes *como* ministros¹ de un nuevo pacto, no de la letra, sino del Espíritu. Porque la letra mata, pero el Espíritu da vida.

7 Y si el ministerio de muerte grabado con letras en piedras fue con gloria, de tal manera que los israelitas no podían fijar la vista en el rostro de Moisés por causa de la gloria de su rostro, la cual se desvanecía, **8** ¿cómo no será aún con más gloria el ministerio del Espíritu? **9** Porque si el ministerio de condenación tiene gloria, mucho más abunda en gloria el ministerio de justicia. **10** Pues en verdad, lo que tenía gloria, en este caso no tiene gloria por razón de la gloria que *lo* sobrepasa. **11** Porque si lo que se desvanece *fue* con¹ gloria, mucho más *es* con² gloria lo que permanece.

TRANSFORMADOS DE GLORIA EN GLORIA

12 Teniendo, por tanto, tal esperanza, hablamos con¹ mucha franqueza. **13** Y no *somos* como Moisés, *que* ponía un velo sobre su rostro para que los israelitas no fijaran su vista en el fin de aquello que había de desvanecerse.

14 Pero el entendimiento de ellos se endureció¹. Porque hasta el día de hoy, en la lectura del antiguo pacto² el mismo velo permanece sin alzarse, pues *solo* en Cristo es quitado. **15** Y¹ hasta el día de hoy, cada vez que se lee a Moisés, un velo está puesto sobre sus corazones. **16** Pero cuando alguien se vuelve al Señor, el velo es quitado.

2:15 ¹ Lit. *fragancia*.   2:17 ¹ O *corrompen*.   3:3 ¹ Lit. *servida*.   ² Lit. *de carne*.
3:4 ¹ Lit. *Tal*.   3:6 ¹ O *servidores*.   3:11 ¹ Lit. *por medio de*.   ² O *en*.
3:12 ¹ Lit. *usamos*.   3:14 ¹ Lit. *sus mentes se endurecieron*.   ² O *testamento*.
3:15 ¹ Lit. *Pero*.

2:14
En triunfo
Cuando un general romano obtenía la victoria, él lideraba a los oficiales, músicos, soldados y sus prisioneros en un desfile de celebración. Pablo comparó a Dios con el general que dirigía la marcha, para hacer notar que Dios siempre nos guía hacia la victoria, llevándonos en triunfo a través de Cristo.

3:1
Cartas de recomendación falsas
Algunos de los falsos maestros en Corinto hacían cartas de recomendación para intentar decir que eran verdaderos maestros. Pablo dijo que él no necesitaba probar que era un verdadero apóstol; los creyentes en Corinto lo conocían y ellos eran la prueba de que él había estado enseñando la verdad de Dios.

3:13-14
El velo de Moisés
Moisés usaba un velo para que el pueblo no viera la luz de la gloria desvanecerse de su rostro luego de su experiencia con Dios en la cima del monte. Pablo dijo que solo Cristo quita el «velo» de los corazones de las personas para que puedan comprender cómo él los libera de los requisitos de la ley de Moisés.

NUEVO PACTO VS. ANTIGUO PACTO

2 Corintios 3:7-18

NUEVO PACTO

Acompañado de una gloria inagotable

Eterno

Conduce a la vida

Actúa como un espejo, reflejando la gloria de Dios

Hace que los salvados se asemejen a Cristo

ANTIGUO PACTO

Acompañado de una gloria que se extingue

Temporal

Conduce a la muerte

Actúa como un velo, ocultando la gloria de Dios

Impide que los que no han sido salvados se acerquen a Cristo

---

17 Ahora bien, el Señor es el Espíritu; y donde está el Espíritu del Señor, *hay* libertad. **18** Pero todos nosotros, con el rostro descubierto, contemplando como en un espejo la gloria del Señor, estamos siendo transformados en la misma imagen de gloria en gloria, como por el Señor, el Espíritu.

MINISTROS DE CRISTO

4 Por tanto, puesto que tenemos este ministerio, según hemos recibido misericordia, no desfallecemos. **2** Más bien hemos renunciado a lo oculto y vergonzoso[1], no andando con astucia, ni adulterando la palabra de Dios, sino que, mediante la manifestación de la verdad, nos recomendamos a la conciencia de todo hombre en la presencia de Dios.

3 Y si todavía nuestro evangelio está velado, para[1] los que se pierden está velado, **4** en los cuales el dios de este mundo ha cegado el entendimiento[1] de los incrédulos, para que no vean el resplandor del evangelio de la gloria de Cristo, que es la imagen de Dios[2]. **5** Porque no nos predicamos a nosotros mismos, sino a Cristo Jesús como Señor, y a nosotros como siervos de ustedes por amor[1] de Jesús. **6** Pues Dios, que dijo: «De las tinieblas resplandecerá la luz», es el que ha resplandecido en nuestros corazones, para iluminación del conocimiento de la gloria de Dios en el rostro de Cristo.

7 Pero tenemos este tesoro en vasos de barro, para que la extraordinaria grandeza del poder sea de Dios y no de nosotros. **8** Afligidos en todo, pero no agobiados; perplejos, pero no desesperados; **9** perseguidos, pero no abandonados; derribados, pero no destruidos.

10 Llevamos siempre en el cuerpo por todas partes la muerte[1] de Jesús, para que también la vida de Jesús se manifieste en nuestro cuerpo. **11** Porque nosotros que vivimos, constantemente estamos siendo entregados a muerte por causa de Jesús, para que también la vida de Jesús se manifieste en nuestro cuerpo[1] mortal. **12** Así que en nosotros obra la muerte, pero en ustedes, la vida.

13 Pero teniendo el mismo espíritu de fe, según lo que está escrito: «Creí, por tanto hablé», nosotros también creemos, por lo cual también hablamos, **14** sabiendo que Aquel que resucitó al Señor Jesús, a nosotros también nos resucitará con Jesús, y nos presentará junto con ustedes. **15** Porque todo *esto es* por amor

---

4:2 [1] Lit. *de la vergüenza.*   4:3 [1] Lit. *en.*   4:4 [1] Lit. *la mente.*   [2] *para que la luz...que es la imagen de Dios, no les amanezca.*   4:5 [1] O *por medio.*
4:10 [1] Lit. *el morir.*   4:11 [1] Lit. *nuestra carne.*

a ustedes[1], para que la gracia que se está extendiendo por medio de muchos, haga que las acciones de gracias abunden para la gloria de Dios.

LO TEMPORAL Y LO ETERNO

16 Por tanto no desfallecemos, antes bien, aunque nuestro hombre exterior va decayendo, sin embargo nuestro hombre interior se renueva de día en día. **17** Pues *esta* aflicción leve y pasajera nos produce un eterno peso de gloria que sobrepasa toda comparación,

18 al no poner nuestra vista en las cosas que se ven, sino en las que no se ven. Porque las cosas que se ven son temporales, pero las que no se ven son eternas.

5 Porque sabemos que si la tienda terrenal que es nuestra morada[1], es destruida, tenemos de Dios un edificio, una casa no hecha por manos, eterna en los cielos. **2** Pues, en verdad[1], en esta *morada* gemimos, anhelando ser vestidos con nuestra habitación celestial; **3** y una vez vestidos, no seremos hallados desnudos.

4 Porque asimismo, los que estamos en esta tienda, gemimos agobiados, pues no queremos ser desvestidos, sino vestidos, para que lo mortal sea absorbido por la vida. **5** Y el que nos preparó para esto mismo es Dios, quien nos dio el Espíritu como garantía[1]. **6** Por tanto, animados siempre y sabiendo que mientras habitamos[1] en el cuerpo, estamos ausentes del Señor. **7** (Porque por fe andamos, no por vista[1]).

8 Pero cobramos ánimo y preferimos más bien estar ausentes del cuerpo y habitar[1] con el Señor. **9** Por eso, ya sea presentes o ausentes, ambicionamos agradar al Señor. **10** Porque todos nosotros debemos comparecer ante el tribunal de Cristo, para que cada uno sea recompensado por sus hechos estando en el cuerpo[1], de acuerdo con lo que hizo, sea bueno o sea malo.

LA NUEVA CRIATURA

11 Por tanto, conociendo el temor del Señor, persuadimos a los hombres, pero a Dios somos manifiestos, y espero que también seamos manifiestos en las conciencias de ustedes. **12** No nos recomendamos otra vez a ustedes, sino que les damos oportunidad de estar orgullosos de nosotros, para que tengan *respuesta* para los que se jactan en las apariencias y no en el corazón. **13** Porque si estamos locos[1], es para Dios; y si estamos cuerdos, es para ustedes.

14 Pues el amor de Cristo nos apremia[1], habiendo llegado a esta conclusión: que Uno murió por todos, y por consiguiente, todos murieron. **15** Y por todos murió, para que los que viven, ya no vivan para sí, sino para Aquel que murió y resucitó por ellos.

4:7
Por qué guardaban los tesoros en vasos de barro
Las personas utilizaban vasos de barro para esconder sus tesoros. Aquí, el tesoro es el evangelio, y el vaso de barro representa a Pablo.

4:16-18
Pablo permanecía confiado
Él miraba más allá de sus problemas y se enfocaba en la gloria que vendría en el cielo con Jesús.

5:1
La tienda terrenal
Pablo se estaba refiriendo al cuerpo de una persona. Él habla sobre las limitaciones y los sufrimientos de la vida en la tierra en contraste con la maravillosa vida que habrá en el cielo.

4:15 [1] O *para bien de ustedes.*   5:1 [1] Lit. *nuestra morada terrenal de la tienda.*   5:2 [1] Lit. *también.*   5:5 [1] O *arras.*   5:6 [1] Lit. *estamos presentes.*   5:7 [1] O *apariencias.*   5:8 [1] Lit. *estar presentes.*   5:10 [1] Lit. *por las cosas por medio del cuerpo.*   5:13 [1] Lit. *estuviéramos fuera de nosotros.*   5:14 [1] O *controla.*

16 De manera que nosotros de ahora en adelante *ya no* conocemos a nadie según la carne. Aunque hemos conocido a Cristo según la carne, sin embargo, ahora ya no *lo* conocemos *así*. **17** De modo que si alguno está en Cristo, nueva criatura[1] *es*; las cosas viejas pasaron, ahora han sido hechas nuevas.

EL MINISTERIO DE LA RECONCILIACIÓN

18 Y todo esto procede de Dios, quien nos reconcilió con Él mismo por medio de Cristo, y nos dio el ministerio de la reconciliación; **19** es decir, que Dios estaba en Cristo reconciliando al mundo con Él mismo, no tomando en cuenta a los hombres[1] sus transgresiones, y nos ha encomendado a[2] nosotros la palabra de la reconciliación.

20 Por tanto, somos embajadores de Cristo, como si Dios rogara por medio de nosotros, en nombre de Cristo les rogamos: ¡Reconcíliense con Dios! **21** Al que no conoció pecado, lo hizo pecado por nosotros, para que fuéramos hechos justicia de Dios en Él.

CARACTERÍSTICAS DEL MINISTERIO CRISTIANO

6 Y como colaboradores *con Él*, también les exhortamos a no recibir en vano la gracia de Dios; **2** pues Él dice:

«EN EL TIEMPO PROPICIO TE ESCUCHÉ,
Y EN EL DÍA DE SALVACIÓN TE SOCORRÍ».

Pero ahora es «EL TIEMPO PROPICIO»; ahora es «EL DÍA DE SALVACIÓN».

3 No dando *nosotros* en nada motivo de tropiezo, para que el ministerio no sea desacreditado. **4** Pues en todo nos recomendamos a nosotros mismos como ministros[1] de Dios, en mucha perseverancia, en aflicciones, en privaciones, en angustias, **5** en azotes, en cárceles, en tumultos, en trabajos, en desvelos, en ayunos, **6** en pureza, en conocimiento, con paciencia, con bondad, en el Espíritu Santo, con amor sincero[1], **7** en la palabra de verdad, en el poder de Dios; por armas de justicia para la derecha y para la izquierda, **8** en honra y en deshonra, en mala fama y en buena fama; como impostores[1], pero veraces.

9 Somos tratados como desconocidos, pero bien conocidos; como moribundos, pero vivimos; como castigados[1], pero no condenados a muerte; **10** como entristecidos, pero siempre gozosos; como pobres, pero enriqueciendo a muchos; como no teniendo nada, aunque poseyéndolo todo.

11 Nuestra boca, oh corintios, les ha hablado con toda franqueza[1]. Nuestro corazón se ha abierto de par en par. **12** Ustedes no están limitados[1] por nosotros, sino que están limitados[1] en sus sentimientos[2]. **13** Ahora bien, en igual reciprocidad[1] (les hablo como a niños) ustedes también abran de par en par *su corazón*.

5:18-20
El ministerio de los cristianos

Las personas que han aceptado a Jesús como su Salvador son llamadas a ser mensajeros de Cristo, contándole al mundo sobre el amor de Dios.

6:4-10
Pablo enumera sus dificultades

Al hacerlo quería recordarles a los corintios que aun en los tiempos más difíciles, siempre intentó honrar a Dios. Pablo soportó muchas dificultades como siervo de Dios, pero los falsos maestros no. Ellos solo buscaban comodidad y reconocimiento.

5:17 [1] O *creación*.   5:19 [1] Lit. *a ellos*.   [2] Lit. *habiendo puesto en*.   6:4 [1] O *servidores*.   6:6 [1] Lit. *no hipócrita*.   6:8 [1] O *engañadores*. 6:9 [1] O *disciplinados*.   6:11 [1] Lit. *está abierta a ustedes*.   6:12 [1] O *restringidos*. [2] Lit. *sus entrañas*.   6:13 [1] O *compensación*.

EXHORTACIONES AL CREYENTE

14 No estén unidos en yugo desigual con los incrédulos, pues ¿qué asociación tienen la justicia y la iniquidad? ¿O qué comunión la luz con las tinieblas? **15** ¿O qué armonía tiene Cristo con Belial[1]? ¿O qué tiene en común[2] un creyente con un incrédulo? **16** ¿O qué acuerdo tiene el templo[1] de Dios con los ídolos? Porque nosotros somos el templo del Dios vivo, como Dios dijo:

> «HABITARÉ EN ELLOS, Y ANDARÉ ENTRE
> ELLOS;
> Y SERÉ SU DIOS, Y ELLOS SERÁN MI
> PUEBLO.

17 Por tanto, SALGAN DE EN MEDIO DE ELLOS
Y APÁRTENSE», dice el Señor;
«Y NO TOQUEN LO INMUNDO,
Y Yo los recibiré.

18 Yo seré un padre para ustedes,
Y ustedes serán para Mí hijos e hijas»,
Dice el Señor Todopoderoso.

7 Por tanto, amados, teniendo estas promesas, limpiémonos de toda inmundicia de la carne y del espíritu, perfeccionando la santidad en el temor de Dios.

2 Acéptennos[1] *en su corazón.* A nadie hemos ofendido, a nadie hemos corrompido, de nadie hemos tomado ventaja. **3** No hablo para condenar*los,* porque ya he dicho antes que ustedes están en nuestro corazón para morir juntos y para vivir juntos. **4** Mucha es mi confianza en[1] ustedes. Tengo mucho orgullo de ustedes. Lleno estoy de consuelo y sobreabundo de gozo en toda nuestra aflicción.

PABLO CONFORTADO

5 Pues aun cuando llegamos a Macedonia, nuestro cuerpo[1] no tuvo ningún reposo, sino que nos vimos atribulados por todos lados: por fuera, conflictos; por dentro, temores. **6** Pero Dios, que consuela a los deprimidos[1], nos consoló con la llegada de Tito; **7** y no solo con su llegada, sino también con el consuelo con que él fue consolado en ustedes, haciéndonos saber el gran afecto[1] de ustedes, su llanto y su celo por mí; de manera que me regocijé aún más.

8 Porque si bien les causé tristeza con mi carta, no me pesa. Aun cuando me pesó, pues veo que esa carta les causó tristeza, aunque solo por poco tiempo; **9** *pero* ahora me regocijo, no de que fueron entristecidos, sino de que fueron entristecidos para arrepentimiento; porque fueron entristecidos

UNA VIDA DIFÍCIL

2 Corintios 6:4-10; 11:23—12:10

Una vez Jesús le dijo a Pablo que sufriría mucho por su fe, y 2 Corintios relata muchas de esas dificultades.

Número de versículos:

1 Persecución/
dificultades
12:10

2 Encarcelamiento
6:5; 11:23

3 Carencia de las
necesidades básicas
6:5,10; 11:27

4 Peligro
6:5; 11:23-26

5 Golpes/
daño físico
6:5,9; 11:23-25

6 Dificultades
personales
6:5,8; 11:28; 12:7

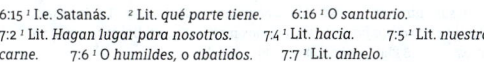

6:15 [1] I.e. Satanás.   [2] Lit. *qué parte tiene.*   6:16 [1] O *santuario.*
7:2 [1] Lit. *Hagan lugar para nosotros.*   7:4 [1] Lit. *hacia.*   7:5 [1] Lit. *nuestra
carne.*   7:6 [1] O *humildes,* o *abatidos.*   7:7 [1] Lit. *anhelo.*

6:14-18

Pablo les advierte a los corintios

Pablo no quería que se unieran a los falsos maestros, porque estaban difundiendo el mensaje de Satanás en lugar del mensaje de Dios.

7:8-10

El impacto de la carta anterior de Pablo

La carta los había entristecido, pero su tristeza los llevó al arrepentimiento.

8:2-5

Los cristianos en Macedonia reciben la gracia de Dios

Aunque eran pobres, fueron generosos con los cristianos en Jerusalén. Los cristianos macedonios se sacrificaron para ayudar a otros creyentes.

8:8-14

Pablo anima a los corintios a dar

Luego de dar el ejemplo de los macedonios, Pablo les recordó a los corintios el gran sacrificio de Jesús. También les recordó su anterior entusiasmo por darles a los demás.

conforme a *la voluntad de* Dios, para que no sufrieran pérdida alguna[1] de parte nuestra.

[10] Porque la tristeza que es conforme a *la voluntad de* Dios produce un arrepentimiento *que conduce* a la salvación, sin dejar pesar[1]; pero la tristeza del mundo produce muerte. [11] Porque miren, ¡qué solicitud ha producido esto en ustedes, esta tristeza piadosa[1], qué vindicación de ustedes mismos, qué indignación, qué temor, qué gran afecto[2], qué celo, qué castigo del mal! En todo han demostrado ser inocentes en el asunto. [12] Así que, aunque les escribí, no *fue* por causa del que ofendió, ni por causa del ofendido, sino para que la solicitud de ustedes por nosotros les fuera manifestada delante de Dios. [13] Por esta razón hemos sido consolados.

Y aparte de nuestro consuelo, mucho más nos regocijamos por el gozo de Tito, pues su espíritu ha sido confortado por todos ustedes. [14] Porque si en algo me he jactado con él acerca de ustedes, no fui avergonzado, sino que *así* como les hemos dicho todo con verdad, también nuestra jactancia ante Tito resultó ser *la* verdad. [15] Y su amor[1] hacia ustedes abunda aún más al acordarse de la obediencia de todos ustedes, *y de* cómo lo recibieron con temor y temblor. [16] Me gozo de que en todo tengo confianza en ustedes.

GENEROSIDAD DE LOS MACEDONIOS

8 Ahora, hermanos, les damos a conocer la gracia de Dios que ha sido dada en las iglesias de Macedonia. [2] Pues en medio de una gran prueba de aflicción, abundó[1] su gozo, y su profunda pobreza sobreabundó en la riqueza de su liberalidad. [3] Porque yo testifico que según sus posibilidades, y aun más allá de sus posibilidades, *dieron* de su propia voluntad, [4] suplicándonos con muchos ruegos el privilegio[1] de participar en el sostenimiento de los santos. [5] Y *esto* no como lo habíamos esperado, sino que primeramente se dieron a sí mismos al Señor, y luego a nosotros por la voluntad de Dios. [6] En consecuencia, rogamos a Tito que como él ya había comenzado antes, así también llevara a cabo en ustedes esta obra de gracia.

[7] Pero así como ustedes abundan en todo: en fe, en palabra, en conocimiento, en toda solicitud, y en el amor que hemos inspirado en ustedes[1], *vean* que también abunden en esta obra de gracia. [8] No digo *esto* como un mandamiento, sino para probar[1], por la solicitud de otros, también la sinceridad del amor de ustedes. [9] Porque conocen la gracia de nuestro Señor Jesucristo, que siendo rico, sin embargo por amor a ustedes se hizo pobre, para que por medio de Su pobreza ustedes llegaran a ser ricos.

[10] Doy *mi* opinión en este asunto, porque esto les conviene a ustedes, que fueron los primeros en comenzar hace un año no solo a hacer *esto*, sino también a desear *hacerlo*. [11] Ahora pues, acaben también de[1] hacerlo; para que como *hubo* la

---

7:9 [1] O perjuicio alguno.   7:10 [1] O que conduce a *una salvación sin remordimiento.*   7:11 [1] Lit. *tristeza conforme a Dios.*   [2] O añoranza.
7:15 [1] Lit. *sus entrañas.*   8:2 [1] Lit. *la abundancia de.*   8:4 [1] Lit. *la gracia.*
8:7 [1] Lit. *nuestro amor por ustedes;* algunos mss. antiguos dicen: *su amor por nosotros.*   8:8 [1] Lit. *probando.*   8:11 [1] Lit. *el.*

buena voluntad para desearlo, así también *la haya* para llevarlo a cabo según[2] lo que tengan. **12** Porque si hay[1] buena voluntad, se acepta según lo que se tiene, no según lo que no se tiene.

13 Esto[1] no es para holgura de otros *y* para aflicción de ustedes, sino para *que haya* igualdad. **14** En el momento actual la abundancia de ustedes *suple* la necesidad de ellos, para que también la abundancia de ellos supla[1] la necesidad de ustedes, de modo que haya igualdad. **15** Como está escrito: «EL QUE *recogió* MUCHO, NO TUVO DEMASIADO; Y EL QUE *recogió* POCO, NO TUVO ESCASEZ».

DELEGACIÓN ENCABEZADA POR TITO

16 Pero gracias a Dios que pone la misma solicitud por ustedes en el corazón de Tito. **17** Pues él no solo aceptó nuestro ruego, sino que, siendo de por sí muy diligente[1], ha ido a ustedes por su propia voluntad. **18** Junto con él hemos enviado al hermano cuya fama en *las cosas del* evangelio *se ha divulgado* por todas las iglesias.

19 Y no solo *esto*, sino que también ha sido designado por las iglesias como nuestro compañero de viaje en esta obra de gracia, la cual es administrada por nosotros para la gloria del Señor mismo, y *para manifestar* nuestra buena voluntad; **20** teniendo cuidado de[1] que nadie nos desacredite en esta generosa ofrenda administrada por nosotros. **21** Pues nos preocupamos por lo que es honrado, no solo ante los ojos del Señor, sino también ante los ojos de los hombres. **22** Con ellos hemos enviado a nuestro hermano, de quien hemos comprobado con frecuencia que fue diligente en muchas cosas, pero que ahora es mucho más diligente debido a *la* gran confianza *que tiene* en ustedes.

23 En cuanto a Tito, *es* mi compañero y colaborador entre ustedes[1]; en cuanto a nuestros hermanos, *son* mensajeros[2] de las iglesias *y* gloria de Cristo[3]. **24** Por tanto, muéstrenles abiertamente ante las iglesias[1] la prueba de su amor, y de nuestra razón para jactarnos respecto a ustedes[2].

LLAMAMIENTO A LA LIBERALIDAD

9 Porque en cuanto a este[1] servicio a los santos, es por demás que yo les escriba. **2** Pues conozco su *buena* disposición, de la cual me alegro por ustedes ante los macedonios, *es decir*, que Acaya ha estado preparada desde el año pasado. El celo de ustedes ha estimulado a la mayoría *de ellos.*

3 Pero he enviado a los hermanos para que nuestra jactancia acerca de ustedes no sea hecha vana en este caso, a fin de que, como decía, estén preparados; **4** no sea que algunos macedonios vayan conmigo y los encuentren desprevenidos, *y* nosotros, (por no decir ustedes), seamos avergonzados por esta confianza. **5** Así que creí necesario exhortar a los hermanos a que se adelantaran en ir a ustedes, y prepararan

8:19-21
Pablo cuidaba su reputación
Él designaba a personas de confianza para que lo ayudaran a reunir y enviar las ofrendas, a fin de que nadie cuestionara su honestidad.

---

[2] Lit. *de.*   8:12 [1] Lit. *si está presente la.*   8:13 [1] Lit. *Porque.*   8:14 [1] Lit. *sea para.*   8:17 [1] O *solícito.*   8:20 [1] Lit. *evitando esto.*   8:23 [1] Lit. *para ustedes.*   [2] Lit. *apóstoles.*   [3] I.e. el *Mesías.*   8:24 [1] Lit. *en la faz de las iglesias.*   [2] O *muestren...la prueba...para jactarnos ante ellos de ustedes.*   9:1 [1] Lit. *del.*

de antemano su generosa ofrenda[1], ya prometida, para que la misma estuviera lista como ofrenda generosa, y no como por codicia.

RECOMPENSA DE LA LIBERALIDAD

6 Pero esto *digo:* el que siembra escasamente, escasamente también segará; y el que siembra abundantemente[1], abundantemente[1] también segará. 7 Que cada uno *dé*[1] como propuso en su corazón, no de mala gana ni por obligación, porque Dios ama al que da con alegría. 8 Y Dios puede hacer que toda gracia abunde para ustedes, a fin de que teniendo siempre todo lo suficiente en todas las cosas, abunden para toda buena obra. 9 Como está escrito:

> «ÉL ESPARCIÓ, DIO A LOS POBRES;
> SU JUSTICIA PERMANECE PARA SIEMPRE».

10 Y el que suministra semilla al sembrador y pan para *su* alimento, suplirá y multiplicará la siembra de ustedes y aumentará la cosecha de su justicia. 11 Ustedes serán enriquecidos en todo para toda liberalidad, la cual por medio de nosotros produce acción de gracias a Dios. 12 Porque la ministración de este servicio no solo suple con plenitud lo que falta a los santos, sino que también sobreabunda a través de muchas acciones de gracias a Dios.

13 Por la prueba dada por[1] esta ministración[2], glorificarán a Dios por *la* obediencia de ustedes a la confesión del evangelio de Cristo[3], y por la liberalidad de su contribución para[4] ellos y para todos. 14 Ellos, a su vez, mediante la oración a favor de ustedes, también les demuestran su anhelo[1] debido a la sobreabundante gracia de Dios en ustedes. 15 ¡Gracias a Dios por Su don inefable!

LAS ARMAS DEL APOSTOLADO

10 Yo mismo, Pablo, les ruego por la mansedumbre y la benignidad de Cristo, yo, que soy humilde cuando *estoy* delante de ustedes, pero osado para con ustedes cuando *estoy* ausente, 2 ruego, pues, que cuando esté presente, no tenga que ser osado con la confianza con que me propongo proceder resueltamente[1] contra algunos que nos consideran como si anduviéramos según la carne.

3 Pues aunque andamos en la carne, no luchamos según la carne. 4 Porque las armas de nuestra contienda no son carnales, sino poderosas en Dios para la destrucción de fortalezas; 5 destruyendo especulaciones[1] y todo razonamiento altivo[2] que se levanta contra el conocimiento de Dios, y poniendo todo pensamiento en cautiverio a la obediencia de Cristo, 6 y estando preparados para castigar toda desobediencia cuando la obediencia de ustedes sea completa.

7 Ustedes ven[1] las cosas según la apariencia exterior[2]. Si alguien tiene confianza en sí mismo de que es de Cristo, considere esto dentro de sí otra vez: que así como él es de

---

9:8
La fuente de la generosidad
La gracia de Dios en los corazones de las personas las alienta a ser generosas y hacer obras de bien.

9:12-14
Las ofrendas de los corintios
Sus ofrendas ayudarían al pueblo de Dios en Jerusalén. Los cristianos de otros lugares también agradecerían y alabarían a Dios debido a la voluntad de servir de los corintios.

9:5 [1] Lit. bendición.   9:6 [1] Lit. con bendiciones.   9:7 [1] O haga.   9:13 [1] Lit. de.
[2] O este servicio.   [3] I.e. el Mesías.   [4] O su comunión con.   9:14 [1] O anhelan.
10:2 [1] O ser valiente.   10:5 [1] O refutando argumentos.   [2] Lit. toda cosa altiva.
10:7 [1] O Miren, o ¿Ven.   [2] Lit. lo que está delante del rostro.

Cristo, también lo somos nosotros. **8** Pues aunque yo me glorié más todavía[1] respecto de nuestra autoridad, que el Señor *nos* dio para edificación y no para la destrucción de ustedes, no me avergonzaré, **9** para que no parezca como que deseo asustarlos con mis[1] cartas. **10** Porque ellos dicen: «Sus cartas son severas y duras, pero la presencia física es poco impresionante[1], y la manera de hablar[2] despreciable». **11** Esto tenga en cuenta tal persona: que lo que somos en palabra por carta, estando ausentes, lo *somos* también[1] en hechos, estando presentes.

12 Porque no nos atrevemos a contarnos ni a compararnos con algunos que se alaban a sí mismos. Pero ellos, midiéndose a sí mismos y comparándose consigo mismos, carecen de entendimiento. **13** Pero nosotros no nos gloriaremos desmedidamente, sino dentro de la medida[1] de la esfera que Dios nos señaló como límite para llegar también hasta ustedes. **14** Pues no nos excedemos a nosotros mismos, como si no los hubiéramos alcanzado, ya que nosotros fuimos los primeros en llegar hasta ustedes con[1] el evangelio de Cristo.

15 No nos gloriamos desmedidamente, *esto es,* en los trabajos de otros, sino tenemos la esperanza de que conforme la fe de ustedes crezca, nosotros seremos, dentro de[1] nuestra esfera, engrandecidos aún más por ustedes, **16** para predicar el evangelio aun a las regiones *que están* más allá de ustedes, *y* para no gloriarnos en lo que ya se ha hecho[1] en la esfera de otro. **17** Pero EL QUE SE GLORÍA, QUE SE GLORÍE EN EL SEÑOR. **18** Porque no es aprobado el que se alaba a sí mismo, sino aquel a quien el Señor alaba.

PABLO DEFIENDE SU APOSTOLADO

11 Ojalá que me soportaran un poco de insensatez, y en verdad me soportan[1]. **2** Porque celoso estoy de ustedes con celo de Dios; pues los desposé a un esposo para presentarlos *como* virgen pura a Cristo. **3** Pero temo que, así como la serpiente con su astucia engañó a Eva, las mentes de ustedes sean desviadas[1] de la sencillez y pureza *de la devoción* a Cristo. **4** Porque si alguien viene y predica a otro Jesús, a quien no hemos predicado, o reciben un espíritu diferente, que no han recibido, o *aceptan* un evangelio distinto, que no han aceptado, bien lo toleran. **5** Pues yo no me considero inferior en nada a los más eminentes apóstoles[1]. **6** Pero aunque yo sea torpe en el hablar, no *lo soy* en el conocimiento; de hecho, por todos los medios se *lo* hemos demostrado en todas las cosas.

7 ¿O cometí un pecado al humillarme a mí mismo para que ustedes fueran exaltados, porque les prediqué[1] el evangelio de Dios gratuitamente? **8** A otras iglesias despojé[1], tomando salario *de ellas* para servirles a ustedes. **9** Cuando estaba con ustedes y tuve necesidad, a nadie fui carga; porque cuando los hermanos llegaron de Macedonia, suplieron plenamente

10:10
La manera en que Pablo hablaba
Los enemigos de Pablo utilizaban ingeniosas estrategias al hablar para persuadir a su público de que les dieran dinero. Pablo hablaba con claridad y franqueza, y no les cobraba a las personas por escucharlo hablar.

10:16
Las regiones que están más allá de ustedes
Es posible que Pablo hubiera estado pensando en predicar en España.

11:5
Los más eminentes apóstoles
Pablo se estaba refiriendo de un modo sarcástico o burlón a los falsos maestros en la iglesia de Corinto; ellos no eran realmente apóstoles en absoluto.

11:7
Algunos criticaban a Pablo por predicar de manera gratuita
Los falsos maestros decían que como Pablo no le cobraba a la gente, sus enseñanzas no tenían valor. Afirmaban que Pablo estaba incumpliendo la norma de que un maestro debe ser pagado según lo bien que enseñe.

10:8 [1] O *más abundantemente.*   10:9 [1] Lit. *por las.*   10:10 [1] Lit. *es débil.*
[2] Lit. *la palabra.*   10:11 [1] Lit. *los tales también.*   10:13 [1] Lit. *según la medida.*
10:14 [1] Lit. *en.*   10:15 [1] Lit. *según.*   10:16 [1] Lit. *en las cosas preparadas.*
11:1 [1] O *pero...sopórtenme.*   11:3 [1] O *corrompidas.*   11:5 [1] O *superapóstoles.*
11:7 [1] O *anuncié.*   11:8 [1] O *robé.*

mi necesidad, y en todo me guardé, y me guardaré, de serles carga. **10** Como la verdad de Cristo está en mí, este gloriarme no se me impedirá en las regiones de Acaya. **11** ¿Por qué? ¿Porque no los amo? ¡Dios lo sabe!

12 Pero lo que hago continuaré haciéndolo, a fin de privar de[1] oportunidad a aquellos que desean una oportunidad de ser considerados[2] iguales a nosotros en aquello en que se glorían. **13** Porque los tales son falsos apóstoles, obreros fraudulentos, que se disfrazan como apóstoles de Cristo[1]. **14** Y no es de extrañar, pues aun Satanás se disfraza como ángel de luz. **15** Por tanto, no es de sorprender que sus servidores[1] también se disfracen como servidores[1] de justicia, cuyo fin será conforme a sus obras.

CREDENCIALES DE UN APÓSTOL VERDADERO

16 Otra vez digo, que nadie me tenga por insensato. Pero si *ustedes lo hacen,* recíbanme aunque sea como insensato, para que yo también me gloríe un poco. **17** Lo que digo, no lo digo como lo diría el Señor[1], sino como en insensatez, en esta confianza de gloriarme. **18** Pues ya que muchos se glorían según la carne, yo también me gloriaré. **19** Porque ustedes, siendo *tan sabios,* con gusto toleran a los insensatos. **20** Pues toleran si alguien los esclaviza, si alguien los devora, si alguien se aprovecha de ustedes, si alguien se exalta a sí mismo, si alguien los golpea en el rostro.

21 Para vergüenza *mía* digo que *en comparación* nosotros hemos sido débiles. Pero en cualquier otra cosa que alguien *más* sea osado (hablo con insensatez), yo soy igualmente osado. **22** ¿Son ellos hebreos? Yo también. ¿Son israelitas? Yo también. ¿Son descendientes[1] de Abraham? Yo también. **23** ¿Son servidores de Cristo? (Hablo como si hubiera perdido el juicio). Yo más. En muchos más[1] trabajos, en muchas más[1] cárceles, en azotes un sinnúmero de veces[2], con frecuencia en peligros de muerte. **24** Cinco veces he recibido de los judíos treinta y nueve[1] *azotes.* **25** Tres veces he sido golpeado con varas, una vez fui apedreado, tres veces naufragué, y he pasado una noche y un día en lo profundo.

26 Con frecuencia en viajes, en peligros de ríos, peligros de salteadores, peligros de *mis* compatriotas, peligros de los gentiles, peligros en la ciudad, peligros en el desierto, peligros en el mar, peligros entre falsos hermanos; **27** en trabajos y fatigas, en muchas noches de desvelo[1], en hambre y sed, con frecuencia sin comida, en frío y desnudez. **28** Además de tales cosas externas[1], está sobre mí la presión cotidiana *de* la preocupación por todas las iglesias. **29** ¿Quién es débil sin que yo sea débil? ¿A quién se le hace pecar sin que yo no me preocupe intensamente[1]?

30 Si tengo que gloriarme, me gloriaré en cuanto a mi debilidad. **31** El Dios y Padre del Señor Jesús, el cual es bendito

11:23-28
Por qué Pablo hizo un listado de las dificultades que enfrentó
Pablo quería mostrar que era un servidor de Dios y estaba dispuesto a sufrir para predicar el evangelio.

11:12 [1] Lit. *cortar.*   [2] Lit. *encontrados.*   11:13 [1] I.e. el Mesías.
11:15 [1] O *ministros.*   11:17 [1] Lit. *según el Señor.*   11:22 [1] Lit. *simiente.*
11:23 [1] Lit. *más abundantes.*   [2] Lit. *excesivamente en azotes.*
11:24 [1] Lit. *cuarenta menos uno.*   11:27 [1] Lit. *a menudo con desvelos.*
11:28 [1] O *no mencionadas.*   11:29 [1] Lit. *y yo no me quemo.*

para siempre, sabe que no miento. ³²En Damasco, el gobernador bajo el rey Aretas, vigilaba la ciudad de los damascenos con el fin de prenderme. ³³Pero me bajaron en un cesto por una ventana en¹ la muralla, y *así* escapé de sus manos.

EL PODER DE DIOS Y LAS FLAQUEZAS DE PABLO

12 El gloriarse es necesario, aunque no es provechoso. Pasaré entonces a las visiones y revelaciones del Señor. ²Conozco a un hombre en Cristo, que hace catorce años (no sé si en el cuerpo, no sé si fuera del cuerpo, Dios lo sabe) el tal fue arrebatado hasta el tercer cielo. ³Y conozco a tal hombre (si en el cuerpo o fuera¹ del cuerpo no lo sé, Dios lo sabe) ⁴que fue arrebatado al paraíso, y escuchó palabras inefables que al hombre no se le permite expresar.

⁵De tal *hombre sí* me gloriaré; pero en cuanto a mí mismo, no me gloriaré sino en *mis* debilidades. ⁶Porque si quisiera gloriarme, no sería insensato, pues diría la verdad. Pero me abstengo *de hacerlo* para que nadie piense de mí más de lo que ve *en* mí, u oye de mí. ⁷Y dada la extraordinaria grandeza de las revelaciones, por esta razón, para impedir que me enalteciera, me fue dada una espina en la carne, un mensajero de Satanás que me abofetee, para que no me enaltezca.

⁸Acerca de esto, tres veces he rogado al Señor para que *lo* quitara de mí. ⁹Y Él me ha dicho: «Te basta Mi gracia, pues Mi¹ poder se perfecciona en la debilidad». Por tanto, con muchísimo gusto me gloriaré más bien en mis debilidades, para que el poder de Cristo more en mí. ¹⁰Por eso me complazco en *las* debilidades, en insultos¹, en privaciones, en persecuciones y en angustias por amor a Cristo, porque cuando soy débil, entonces soy fuerte.

¹¹Me he vuelto insensato; ustedes me obligaron *a ello.* Pues yo debiera haber sido elogiado por ustedes, porque en ningún sentido fui inferior a los más eminentes apóstoles¹, aunque nada soy. ¹²Entre ustedes se operaron las señales¹ de un verdadero apóstol², con toda perseverancia, por medio de señales, prodigios, y milagros³. ¹³Pues ¿en qué fueron tratados como inferiores a las demás iglesias, excepto en que yo mismo no fui una carga para ustedes? ¡Perdónenme este agravio!

PLANES PARA VISITAR CORINTO POR TERCERA VEZ

¹⁴Miren, esta es la tercera vez que estoy preparado para ir a ustedes, y no les seré una carga, pues no busco lo que es de ustedes, sino a ustedes. Porque los hijos no tienen la responsabilidad de atesorar para *sus* padres, sino los padres para *sus* hijos. ¹⁵Y yo con mucho gusto gastaré *lo mío*, y *aun yo mismo* me gastaré por sus almas. Si los amo más, ¿seré amado menos? ¹⁶Pero, en todo caso, yo no les fui carga. No obstante, siendo astuto, los sorprendí con engaño.

12:2-4
La experiencia de Pablo catorce años atrás
Pablo habla de sí mismo en estos versículos. Al principio de su ministerio, tuvo una visión de Dios en el cielo. La mayoría de los judíos de aquella época consideraban que había tres cielos: el primer cielo, la atmósfera; el segundo más arriba donde residen la luna, el sol y las estrellas; y el tercero, el lugar donde vive Dios.

12:7-9
Una espina en la carne de Pablo
Nadie conoce cuál era el problema físico o espiritual por el que estaba pasando.

12:13
Por qué Pablo pidió perdón por *no* ser una carga
Los falsos maestros lo habían criticado por no cobrarles a los corintios por sus enseñanzas. La disculpa de Pablo era sarcástica.

11:33 ¹ Lit. *a través de.*   12:3 ¹ O *separado*.   12:9 ¹ Los mss. más antiguos no incluyen: *Mi.*   12:10 ¹ O *maltratos.*   12:11 ¹ O *superapóstoles.*   12:12 ¹ O *los milagros.*   ² Lit. *del apóstol.*   ³ U *obras de poder.*

17 ¿Acaso he tomado ventaja de ustedes por medio de alguien de los que les he enviado? **18** A Tito le rogué *que fuera*, y con él envié al *otro* hermano. ¿Acaso obtuvo Tito ventaja de ustedes? ¿No nos hemos conducido¹ nosotros en el mismo espíritu² *y seguido* las mismas pisadas?

19 Todo este tiempo ustedes han estado pensando que nos defendíamos ante ustedes¹. *En realidad,* es delante de Dios que hemos estado hablando en Cristo; y todo esto, amados, es para su edificación. **20** Porque temo que quizá cuando yo vaya, halle que no son lo que deseo, y yo sea hallado por ustedes que no soy lo que desean. Que quizá *haya* pleitos, celos, enojos, rivalidades, difamaciones, chismes, arrogancia, desórdenes. **21** Temo que cuando los visite¹ de nuevo, mi Dios me humille delante de ustedes, y yo tenga que llorar por muchos que han pecado anteriormente y no se han arrepentido de la impureza, inmoralidad y sensualidad que han practicado.

PABLO ADVIERTE QUE OBRARÁ CON SEVERIDAD

13 Esta es la tercera vez que voy a visitarlos. POR EL TESTIMONIO¹ DE DOS O TRES TESTIGOS SE JUZGARÁN² TODOS LOS ASUNTOS³. **2** Dije previamente, cuando *estuve* presente la segunda vez, y aunque ahora estoy ausente, lo digo de antemano a los que pecaron anteriormente y *también* a todos los demás, que si voy otra vez no seré indulgente, **3** puesto que ustedes buscan una prueba del Cristo que habla en mí. El cual no es débil para con ustedes, sino poderoso en ustedes. **4** Porque ciertamente Él fue crucificado por debilidad, pero vive por el poder de Dios. Así¹ también nosotros somos débiles en² Él, sin embargo, viviremos con Él por el poder de Dios para con ustedes.

5 Pónganse a prueba *para ver* si están en la fe. Examínense a sí mismos. ¿O no se reconocen a ustedes mismos de que Jesucristo está en ustedes, a menos de que en verdad no pasen la prueba¹? **6** Pero espero que reconocerán que nosotros no estamos reprobados. **7** Y rogamos a Dios que no hagan nada malo. No para que nosotros aparezcamos aprobados, sino para que ustedes hagan lo bueno, aunque nosotros aparezcamos¹ reprobados. **8** Porque nada podemos hacer contra la verdad, sino *solo* a favor de la verdad.

9 Pues nos regocijamos cuando nosotros somos débiles, pero ustedes son fuertes; también oramos por esto: que ustedes sean hechos perfectos¹. **10** Por esta razón les escribo estas cosas estando ausente, a fin de que cuando *esté* presente no tenga que usar¹ de severidad según la autoridad que el Señor me dio para edificación y no para destrucción.

BENDICIÓN Y DESPEDIDA

11 Por lo demás, hermanos, regocíjense¹, sean perfectos², confórtense, sean de un mismo sentir, vivan en paz, y el Dios de amor y paz estará con ustedes. **12** Salúdense los unos a los otros con beso santo. **13** Todos los santos los saludan.

14 La gracia del Señor Jesucristo, el amor de Dios y la comunión del Espíritu Santo sean con todos ustedes.

Gálatas

¿QUIÉN ESCRIBIÓ ESTE LIBRO?	Pablo
¿POR QUÉ SE ESCRIBIÓ ESTE LIBRO?	El libro de Gálatas ayuda a los creyentes a confiar en Jesús en lugar de intentar cumplir con la ley de Dios.
¿PARA QUIÉN FUE ESCRITO ESTE LIBRO?	Este libro es una carta enviada a distintas iglesias de la región de Galacia.
¿CUÁLES SON ALGUNAS ENSEÑANZAS IMPORTANTES DE ESTE LIBRO?	Jesús murió por nuestros pecados — Gálatas 1:3-5
	Jesús nos salva — Gálatas 3:6-12
	Pertenecemos a Cristo — Gálatas 3:26-29
	Debemos servir a otros en amor — Gálatas 5:13-14
	El Espíritu nos hace bien — Gálatas 5:22-25
	Hacer el bien a todas las personas — Gálatas 6:7-10

Basílica de San Pablo en Antioquía de Pisidia, construida en el siglo cuarto d. C. Pablo predicó uno de sus sermones en la sinagoga de Antioquía (Hechos 13:13-43) y es posible que también escribiera aquí esta carta (y otras) a los seguidores de Cristo.

SALUDO

1 Pablo, apóstol, no de parte de hombres ni mediante hombre *alguno,* sino por medio de Jesucristo y de Dios el Padre que lo resucitó de entre los muertos, **2** y todos los hermanos que están conmigo:

A las iglesias de Galacia: **3** Gracia y paz a ustedes de parte de Dios nuestro Padre y del Señor Jesucristo[1], **4** que Él mismo se dio por nuestros pecados para librarnos[1] de este presente siglo[2] malo, conforme a la voluntad de nuestro Dios y Padre, **5** a quien *sea* la gloria por los siglos de los siglos. Amén.

NO HAY OTRO EVANGELIO

6 Me maravillo de que tan pronto ustedes hayan abandonado a Aquel que los llamó por[1] la gracia de Cristo[2], para *seguir* un evangelio diferente, **7** que *en realidad* no es otro *evangelio,* sino que hay algunos que los perturban a ustedes y quieren pervertir el evangelio de Cristo. **8** Pero si aun nosotros, o un ángel del cielo, les anunciara *otro* evangelio contrario al[1] que les hemos anunciado, sea anatema[2].

9 Como hemos dicho antes, también repito ahora: Si alguien les anuncia un evangelio contrario al[1] que recibieron, sea anatema[2]. **10** Porque ¿busco ahora el favor de los hombres o el de Dios? ¿O me esfuerzo por agradar a los hombres? Si yo todavía estuviera tratando de agradar a los hombres, no sería siervo de Cristo.

EL EVANGELIO PREDICADO POR PABLO

11 Pues quiero que sepan, hermanos, que el evangelio que fue anunciado por mí no es según el hombre. **12** Pues ni lo recibí de hombre, ni me fue enseñado, sino *que lo recibí* por medio de una revelación de Jesucristo. **13** Porque ustedes han oído acerca de mi antigua manera de vivir en el judaísmo, de cuán desmedidamente perseguía yo a la iglesia de Dios y trataba de destruirla. **14** Yo aventajaba en el judaísmo a muchos de mis compatriotas contemporáneos[1], mostrando mucho más celo por las tradiciones de mis antepasados.

15 Pero cuando Dios, que me apartó desde el vientre de mi madre y me llamó por Su gracia, tuvo a bien **16** revelar a Su Hijo en mí para que yo lo anunciara entre los gentiles, no consulté enseguida con carne y sangre[1], **17** ni subí a Jerusalén a los que eran apóstoles antes que yo, sino que fui a Arabia, y regresé otra vez a Damasco.

1:6-7
Quienes estaban perturbando a los gálatas cristianos

Los judaizantes eran cristianos judíos que creían que los cristianos aún debían seguir las leyes del Antiguo Testamento. Por ejemplo, ellos insistían en que los cristianos gentiles debían ser circuncidados. También decían que Pablo era un falso maestro.

GRANDES IDEAS EN GÁLATAS

La gracia de Dios es para personas de todas las naciones; todos son justificados por la fe.

Solo la fe en Cristo salva, no el cumplimiento de las leyes.

Jesús murió para liberar a las personas de una vida de pecado y esclavitud.

El Espíritu, más que la ley, les da poder a los creyentes para vivir una vida en santidad.

Aquellos que son llenos del Espíritu viven para Dios más que para sí mismos.

1:3 [1] Algunos mss. antiguos dicen: *Dios el Padre, y de nuestro Señor Jesucristo.*   1:4 [1] O *rescatarnos.*   [2] O *mundo.*
1:6 [1] Lit. *en.*   [2] I.e. el Mesías.   1:8 [1] O *aparte del, o distinto al.*
[2] I.e. maldito.   1:9 [1] O *aparte del, o distinto al.*   [2] I.e. maldito.
1:14 [1] O *de mi edad.*   1:16 [1] I.e. seres humanos.

1:13-17
Pablo se defendió
Pablo explicó que una vez había sido un verdadero judío que practicaba todas las tradiciones y normas judías. Sin embargo, cuando Dios lo llamó, de inmediato se puso a predicar el evangelio de Cristo.

2:7-10
La opinión de los apóstoles sobre Pablo
Los líderes en Jerusalén creían que Dios había llamado a Pablo a predicarles el evangelio a los gentiles, mientras que el llamado de ellos era predicarles a los judíos.

2:11-14
Pablo no estaba de acuerdo con Pedro
Pedro había dejado de reunirse con los cristianos gentiles. Él tenía miedo de que los judíos que pretendían que los gentiles siguieran las leyes judías lo criticaran. Pablo desafió a Pedro y le dijo que no debía insistir en que los gentiles se circuncidaran.

VISITA DE PABLO A JERUSALÉN

18 Entonces, tres años después, subí a Jerusalén para conocer a Pedro[1], y estuve con él quince días. **19** Pero no vi a ningún otro de los apóstoles, sino a Jacobo[1], el hermano del Señor. **20** En lo que les escribo, les aseguro[1] delante de Dios que no miento.

21 Después fui a las regiones de Siria y Cilicia. **22** Pero *todavía no era conocido en persona*[1] en las iglesias de Judea que eran en Cristo. **23** Ellos solo oían *decir*: «El que en otro tiempo nos perseguía, ahora predica[1] la fe que en un tiempo quería destruir». **24** Y glorificaban a Dios por causa de[1] mí.

LOS APÓSTOLES RESPALDAN A PABLO

2 Entonces, después de catorce años, subí otra vez a Jerusalén con Bernabé, llevando también a Tito. **2** Subí por causa de una revelación y les presenté el evangelio que predico entre los gentiles, pero *lo hice* en privado a los que tenían *alta* reputación, para asegurarme de que no corría ni había corrido en vano. **3** Pero ni aun Tito, que estaba conmigo, fue obligado a circuncidarse, aunque era griego.

4 Y *esto fue* por causa de los falsos hermanos introducidos secretamente, que se habían infiltrado para espiar la[1] libertad que tenemos en Cristo Jesús, a fin de someternos a esclavitud, **5** a los cuales ni por un momento[1] cedimos, para no someternos, a fin de que la verdad del evangelio permanezca con ustedes.

6 Y de aquellos que tenían reputación de ser algo (lo que eran, nada me importa; Dios no hace acepción de personas[1]); pues bien, los que tenían reputación, nada me enseñaron. **7** Sino al contrario, vieron que se me había encomendado el evangelio a los de la incircuncisión, así como Pedro *lo había sido* a los de la circuncisión. **8** (Porque Aquel que obró eficazmente para con Pedro en *su* apostolado a los de la circuncisión, también obró eficazmente para conmigo *en mi apostolado* a los gentiles). **9** Al reconocer la gracia que se me había dado, Jacobo, Pedro[2] y Juan, que eran considerados como columnas, nos dieron a mí y a Bernabé la diestra[3] de compañerismo, para que nosotros *fuéramos* a los gentiles y ellos a los de la circuncisión. **10** Solo *nos pidieron* que nos acordáramos de los pobres, lo mismo que yo estaba también deseoso de hacer.

JUDÍOS Y GENTILES JUSTIFICADOS POR LA FE

11 Pero cuando Pedro[1] vino a Antioquía, me opuse a él cara a cara, porque él era digno de ser censurado[2]. **12** Porque antes de venir algunos de parte de Jacobo[1], él comía con los gentiles, pero cuando aquellos vinieron, Pedro empezó a retraerse y apartarse, porque temía[2] a los de la circuncisión. **13** Y el resto de los judíos se le unió en *su* hipocresía, *de tal manera* que aun Bernabé fue arrastrado por la hipocresía de ellos.

1:18 ¹ Lit. *Cefas.*　　1:19 ¹ O *Santiago.*　　1:20 ¹ Lit. *he aquí.*　　1:22 ¹ O *de vista;* lit. *de rostro.*　　1:23 ¹ O *anuncia.*　　1:24 ¹ Lit. *en.*　　2:1 ¹ O *por temor a que corría o.*　　2:4 ¹ Lit. *nuestra.*　　2:5 ¹ Lit. *una hora.*　　2:6 ¹ Lit. *no recibe un rostro humano.*　　2:9 ¹ O *Santiago.*　　² Lit. *Cefas.*　　³ Lit. *las diestras.* 2:11 ¹ Lit. *Cefas.*　　² Lit. *uno que estaba condenado o se había condenado a sí mismo.*　　2:12 ¹ O *Santiago.*　　² Lit. *temiendo.*

14 Pero cuando vi que no andaban con rectitud en cuanto a la verdad del evangelio, dije a Pedro[1] delante de todos: «Si tú, siendo judío, vives como los gentiles y no como los judíos, ¿por qué obligas a los gentiles a vivir como judíos?

15 »Nosotros *somos* judíos de nacimiento[1] y no pecadores de entre los gentiles. **16** Sin embargo, sabiendo que el hombre no es justificado por las obras de *la* ley, sino mediante la fe en Cristo Jesús, también nosotros hemos creído en Cristo Jesús, para que seamos justificados por la fe en Cristo, y no por las obras de *la* ley. Puesto que por las obras de *la* ley nadie[1] será justificado.

17 »Pero si buscando ser justificados en Cristo, también nosotros hemos sido hallados pecadores, ¿es Cristo, entonces, ministro de pecado? ¡De ningún modo! **18** Porque si yo reedifico lo que *en otro tiempo* destruí, yo mismo resulto transgresor. **19** Pues mediante *la* ley yo morí a *la* ley, a fin de vivir para Dios.

20 »Con Cristo he sido crucificado[1], y ya no soy yo el que vive, sino que Cristo vive en mí; y la *vida* que[2] ahora vivo en la carne, la[3] vivo por la fe en el Hijo de Dios, el cual me amó y se entregó a sí mismo por mí. **21** No hago nula la gracia de Dios, porque si la justicia *viene* por medio de *la* ley, entonces Cristo murió en vano[1]».

LA FE Y LA VIDA CRISTIANA

3 ¡Oh, gálatas insensatos! ¿Quién los ha fascinado[1] a ustedes, ante cuyos ojos Jesucristo fue presentado públicamente *como* crucificado? **2** Esto es lo único que quiero averiguar[1] de ustedes ¿Recibieron el Espíritu por las obras de *la* ley, o por el oír con fe[2]? **3** ¿Tan insensatos son? Habiendo comenzado por[1] el Espíritu, ¿van a terminar[2] ahora en la carne? **4** ¿Han padecido tantas cosas en vano? ¡Si es que en realidad fue en vano! **5** Aquel, pues, que les suministra el Espíritu y hace milagros[1] entre ustedes, ¿lo hace por las obras de *la* ley o por el oír con fe[2]? **6** Así Abraham CREYÓ A DIOS Y LE FUE CONTADO COMO JUSTICIA.

7 Por tanto, sepan que los que son de fe, estos son hijos de Abraham. **8** La Escritura, previendo que Dios justificaría[1] a los gentiles[2] por la fe, anunció de antemano las buenas nuevas a Abraham, *diciendo:* «EN TI SERÁN BENDITAS TODAS LAS NACIONES». **9** Así que, los que son de la fe son bendecidos con Abraham, el creyente.

10 Porque todos los que son de las obras de la ley están bajo maldición, pues escrito está: «MALDITO TODO EL QUE NO PERMANECE EN TODAS LAS COSAS ESCRITAS EN EL LIBRO DE LA LEY, PARA HACERLAS». **11** Y que nadie es justificado ante Dios por la ley es evidente, porque «EL JUSTO VIVIRÁ POR LA FE[1]». **12** Sin embargo, la ley no se basa en la[1] fe. Al contrario, «EL QUE LAS[2] HACE, VIVIRÁ POR[3] ELLAS».

2:19-21
El argumento de Pablo sobre la ley
Su opinión era que la ley condenaba a las personas porque nadie podía cumplirla perfectamente. Si fuera posible ganarse la salvación cumpliendo la ley, entonces el sacrificio de Cristo no significaba nada.

3:6-9
Cómo Abraham llegó a ser considerado justo
Abraham creía en Dios y su fe le fue contada como justicia. Debido a que todos los cristianos son hijos espirituales de Abraham, la fe es el camino a la salvación.

2:14 [1] Lit. *Cefas.*   2:15 [1] Lit. *por naturaleza.*   2:16 [1] Lit. *ninguna carne.*   2:20 [1] O *Con Cristo estoy juntamente crucificado.*   [2] O *lo que.*   [3] O *lo.*   2:21 [1] O *innecesariamente.*   3:1 [1] I.e. *engañado por arte de magia.*   3:2 [1] Lit. *aprender.*   [2] Lit. *de fe.*   3:3 [1] O *con.*   [2] O *¿se perfeccionan.*   3:5 [1] U *obras de poder.*   [2] Lit. *de fe.*   3:8 [1] Lit. *justifica.*   [2] O *las naciones.*   3:11 [1] O *El que es justo por la fe vivirá.*   3:12 [1] O *no depende de la.*   [2] I.e. *las cosas escritas en el libro de la ley.*   [3] O *en.*

3:13-14
Cristo redimió la maldición de la ley

Cristo pagó el precio por todos los pecados del mundo, lo que significa que aceptó la maldición de la ley al ser condenado a muerte. Su sacrificio trajo salvación a todos los que creen en él.

3:16-18
Pablo habla sobre Abraham

Abraham recibió la promesa de Dios de que todas las naciones serían bendecidas por medio de él. Eso sucedió mucho tiempo antes de que Dios le diera los mandamientos a Moisés. La ley no anulaba la promesa que Dios le había hecho a Abraham.

3:26-29
Hijos de Dios

Todos los que creen en Cristo son llamados hijos de Dios. Dios considera a todos de igual manera, y todos son descendientes espirituales de Abraham.

13 Cristo nos redimió de la maldición de la ley, habiéndose hecho maldición por nosotros, porque escrito está: «MALDITO TODO EL QUE CUELGA DE UN MADERO[1]», **14** a fin de que en Cristo Jesús la bendición de Abraham viniera a los gentiles, para que recibiéramos la promesa del Espíritu mediante la fe.

LA PROMESA, Y EL PROPÓSITO DE LA LEY

15 Hermanos, hablo en términos humanos[1]. Un pacto, aunque sea humano[2], una vez ratificado nadie lo invalida ni le añade condiciones. **16** Ahora bien, las promesas fueron hechas a Abraham y a su descendencia[1]. No dice: «y a las descendencias[2]», como *refiriéndose* a muchas, sino *más bien* a una: «y a tu descendencia», es decir, Cristo[3]. **17** Lo que digo es esto: la ley, que vino 430 años más tarde, no invalida un pacto ratificado anteriormente por Dios, como para anular la promesa.

18 Porque si la herencia depende[1] de una ley, ya no depende[1] de una promesa; pero Dios se la concedió a Abraham por medio de una promesa.

19 Entonces, ¿para qué *fue dada* la ley? Fue añadida a causa de[1] las transgresiones, hasta que viniera la descendencia[2] a la cual había sido hecha la promesa, ley que fue promulgada mediante ángeles por mano de un mediador. **20** Ahora bien, un mediador no representa a uno[1] solo, pero Dios es uno solo.

21 ¿Es entonces la ley contraria a las promesas de Dios? ¡De ningún modo! Porque si se hubiera dado una ley capaz de impartir vida, entonces la justicia ciertamente hubiera dependido[1] de la ley. **22** Pero la Escritura lo encerró todo bajo pecado, para que la promesa *que es* por la fe en Jesucristo fuera dada a todos los que creen.

23 Antes de venir la fe, estábamos encerrados bajo la ley, confinados para la fe que había de ser revelada. **24** De manera que la ley ha venido a ser nuestro guía *para conducirnos* a Cristo, a fin de que seamos justificados por la fe. **25** Pero ahora que ha venido la fe, ya no estamos bajo el guía[1]. **26** Pues todos ustedes son hijos de Dios mediante la fe en Cristo Jesús. **27** Porque todos los que fueron bautizados en Cristo, de Cristo se han revestido.

28 No hay judío ni griego; no hay esclavo ni libre; no hay hombre ni[1] mujer, porque todos son uno en Cristo Jesús. **29** Y si ustedes son de Cristo, entonces son descendencia[1] de Abraham, herederos según la promesa.

LA ADOPCIÓN ES SOLO MEDIANTE JESUCRISTO

4 Digo, pues: mientras el heredero es menor de edad,[1] en nada es diferente del siervo[2], aunque sea el dueño de todo, **2** sino que está bajo guardianes y tutores[1] hasta la edad señalada[2] por el padre. **3** Así también nosotros, mientras éramos niños, estábamos sujetos a servidumbre bajo las cosas elementales[1] del mundo.

3:13 [1] O *una cruz.* 3:15 [1] Lit. *según el hombre.* [2] Lit. *de hombre;* i.e. *entre hombres.* 3:16 [1] Lit. *simiente.* [2] Lit. *simientes.* [3] I.e. el Mesías. 3:18 [1] O *es.* 3:19 [1] O *para definir.* [2] Lit. *simiente.* 3:20 [1] I.e. de una de las partes. 3:21 [1] Lit. *sido.* 3:25 [1] O *tutor.* 3:28 [1] Lit. *y.* 3:29 [1] Lit. *simiente.* 4:1 [1] O *niño.* [2] O *esclavo.* 4:2 [1] O *mayordomos, o administradores.* [2] Lit. *el tiempo señalado.* 4:3 [1] O *enseñanzas, o principios rudimentarios.*

⁴ Pero cuando vino la plenitud del tiempo, Dios envió a Su Hijo, nacido de mujer, nacido bajo *la* ley, ⁵ a fin de que redimiera a los que estaban bajo *la* ley, para que recibiéramos la adopción de hijos. ⁶ Y porque ustedes son hijos, Dios ha enviado el Espíritu de Su Hijo a nuestros corazones, clamando: «¡Abba! ¡Padre!». ⁷ Por tanto, ya no eres siervo¹, sino hijo; y si hijo, también heredero por medio de Dios².

NO SE VUELVAN A LA ESCLAVITUD

⁸ Pero en aquel tiempo, cuando ustedes no conocían a Dios, eran siervos de los que por naturaleza no son dioses. ⁹ Pero ahora que conocen¹ a Dios, o más bien, que son² conocidos por Dios, ¿cómo es que se vuelven otra vez a las cosas débiles, inútiles y elementales³, a las cuales desean volver a estar esclavizados de nuevo? ¹⁰ Ustedes observan los días, los meses, las estaciones y los años. ¹¹ Temo que quizá he trabajado en vano por ustedes.

¹² Les ruego, hermanos, háganse como yo, pues yo también *me he hecho* como ustedes. Ningún agravio me han hecho. ¹³ Pero saben que fue por causa de una enfermedad física¹ que les prediqué el evangelio la primera vez². ¹⁴ Y lo que para ustedes fue una prueba¹ en mi condición física², que no despreciaron ni rechazaron³, sino que me recibieron como un ángel de Dios, como a Cristo Jesús *mismo*.

¹⁵ ¿Dónde está, pues, aquel sentido de bendición que tuvieron¹? Pues testigo soy en favor de ustedes² de que de ser posible, se hubieran sacado los ojos y me los hubieran dado. ¹⁶ ¿Me he vuelto, por tanto, enemigo de ustedes al decirles la verdad¹? ¹⁷ Algunos les tienen celo, no con buena intención, sino que quieren excluirlos a fin de que ustedes muestren celo por ellos. ¹⁸ Es bueno mostrar celo con buena intención siempre, y no solo cuando yo estoy presente con ustedes. ¹⁹ Hijos míos, por quienes de nuevo sufro dolores de parto hasta que Cristo sea formado en ustedes, ²⁰ quisiera estar presente con ustedes ahora y cambiar mi tono, pues estoy perplejo en cuanto a ustedes.

ALEGORÍA DE LA LIBERTAD EN CRISTO

²¹ Díganme, los que desean estar bajo *la* ley, ¿no oyen a la ley? ²² Porque está escrito que Abraham tuvo dos hijos, uno de la sierva y otro de la libre. ²³ Pero el hijo de la sierva nació según la carne, y el hijo de la libre por medio de la promesa.

²⁴ Esto contiene una alegoría¹, pues estas *mujeres* son dos pactos. Uno *procede* del monte Sinaí que engendra hijos para ser esclavos²; este³ es Agar. ²⁵ Ahora bien, Agar es el monte Sinaí en Arabia, y corresponde a la Jerusalén actual, porque ella está en esclavitud con sus hijos. ²⁶ Pero la Jerusalén de arriba es libre; esta¹ es nuestra madre. ²⁷ Porque escrito está:

4:8
Los gálatas habían sido esclavos y no lo sabían
Cuando los gálatas eran paganos, ellos pensaban que estaban adorando a dioses reales. Al convertirse a la fe cristiana, Dios los liberó de su esclavitud a los dioses falsos.

4:9-10
Cómo volvieron a ser esclavos
Ellos estaban intentando ganarse la salvación siguiendo la ley y haciendo buenas obras, lo que equivale a una pesada carga de esclavitud. Necesitaban reconocer su libertad en Cristo.

4:22-23
Los dos hijos de Abraham
Sus hijos eran Ismael, nacido de la sierva Agar, e Isaac, nacido de una mujer libre, Sara. Pablo usó a Agar para representar la ley y a Sara para representar la promesa de Dios.

4:7 ¹ O *esclavo*.   ² I.e. mediante la acción de la gracia de Dios.   4:9 ¹ O *que han llegado a conocer*.   ² O *que han llegado a ser*.   ³ O *enseñanzas, o principios rudimentarios*.   4:13 ¹ Lit. *debilidad de la carne*.   ² O *la vez anterior*. 4:14 ¹ O *tentación*.   ² Lit. *mi carne*.   ³ Lit. *escupieron*.   4:15 ¹ Lit. *la felicitación de ustedes mismos*.   ² O *Pues les doy testimonio*.   4:16 ¹ O *por tratar con verdad con ustedes*.   4:24 ¹ Lit. *Las cuales son expresiones alegóricas*. ² Lit. *para servidumbre*.   ³ Lit. *el cual*.   4:26 ¹ Lit. *la cual*.

«Regocíjate, oh estéril, la que no concibes;
Prorrumpe y clama, tú que no tienes dolores
    de parto,
Porque más son los hijos de la desolada,
Que de la que tiene marido».

28 Y ustedes, hermanos, como Isaac, son hijos de la promesa. **29** Pero así como entonces el que nació según la carne persiguió al que *nació* según el Espíritu, así también *sucede* ahora. **30** Pero, ¿qué dice la Escritura?

«Echa fuera a la sierva y a su hijo,
Pues el hijo de la sierva no será heredero con
    el hijo de la libre».

31 Así que, hermanos, no somos hijos de la sierva, sino de la libre[1].

5 Para libertad fue que Cristo nos hizo libres[1]. Por tanto, permanezcan firmes, y no se sometan otra vez al yugo de esclavitud.

LA LIBERTAD CRISTIANA

2 Miren, yo, Pablo, les digo que si se dejan circuncidar, Cristo de nada les aprovechará. **3** Otra vez testifico a todo hombre que se circuncida, que está obligado a cumplir toda la ley. **4** De Cristo se han separado, ustedes que procuran ser justificados por *la* ley; de la gracia han caído. **5** Pues nosotros, por medio del Espíritu, esperamos por la fe la esperanza de justicia. **6** Porque en Cristo Jesús ni la circuncisión ni la incircuncisión significan nada, sino la fe que obra por amor.

7 Ustedes corrían bien, ¿quién les impidió obedecer a la verdad? **8** Esta persuasión no *vino* de Aquel que los llama. **9** Un poco de levadura fermenta toda la masa. **10** Yo tengo confianza respecto a[1] ustedes en el Señor de que no optarán por otro punto de vista; pero el que los perturba llevará su castigo[2], quienquiera que sea. **11** Pero yo, hermanos, si todavía predico la circuncisión, ¿por qué soy perseguido aún? En tal caso, el escándalo de la cruz ha sido quitado. **12** ¡Ojalá que los que los perturban también se mutilaran!

LA LIBERTAD Y EL AMOR

13 Porque ustedes, hermanos, a libertad fueron llamados; solo que no *usen* la libertad como pretexto para la carne, sino sírvanse por amor los unos a los otros. **14** Porque toda la ley en una palabra se cumple en el *precepto:* «Amarás a tu prójimo como a ti mismo». **15** Pero si ustedes se muerden y se devoran unos a otros, tengan cuidado, no sea que se consuman unos a otros.

CONFLICTO ENTRE EL ESPÍRITU Y LA CARNE

16 Digo, pues: anden por el Espíritu, y no cumplirán el deseo de la carne. **17** Porque el deseo de la carne es contra[1] el

5:2-6
No hay razón para la circuncisión
Si los gálatas hacían de la circuncisión un requisito, estarían sirviendo a la ley en lugar de aceptar la gracia de Dios.

5:16
Vencer los deseos pecaminosos
El Espíritu Santo nos guía. Si lo escuchamos, su poder puede evitar que cedamos a la tentación.

4:31 ¹ Véase la nota en 5:1.   5:1 Algunos eruditos prefieren unir 4:31 a 5:1, así: *pero con la libertad de la libre, Cristo nos hizo libres.*   5:10 ¹ Lit. *hacia.*   ² O *sentencia.*   5:17 ¹ O *la carne tiene un deseo intenso contra.*

EL FRUTO DEL ESPÍRITU
Gálatas 5:22-23

MANSEDUMBRE

PAZ

DOMINIO PROPIO

BONDAD

FIDELIDAD

PACIENCIA

GOZO

BENIGNIDAD

AMOR

Espíritu, y el *del* Espíritu *es* contra la carne, pues estos se oponen el uno al otro, de manera que ustedes no pueden hacer lo que deseen. **18** Pero si son guiados por el Espíritu, no están bajo la ley. **19** Ahora bien, las obras de la carne son evidentes, las cuales son: inmoralidad, impureza, sensualidad, **20** idolatría, hechicería, enemistades, pleitos, celos, enojos, rivalidades, disensiones, herejías, **21** envidias, borracheras, orgías y cosas semejantes, contra las cuales les advierto, como ya se lo he dicho antes, que los que practican tales cosas no heredarán el reino de Dios.

EL FRUTO DEL ESPÍRITU EN LA CONDUCTA CRISTIANA

22 Pero el fruto del Espíritu es amor, gozo, paz, paciencia, benignidad, bondad, fidelidad[i], **23** mansedumbre, dominio propio; contra tales cosas no hay ley. **24** Pues los que son de Cristo Jesús han crucificado la carne con sus pasiones y deseos.

5:22 *i* O *fe.*

25 Si vivimos por el Espíritu, andemos también por el Espíritu[1]. **26** No nos hagamos vanagloriosos, provocándonos unos a otros, envidiándonos unos a otros.

6 Hermanos, aun si alguien es sorprendido en alguna falta, ustedes que son espirituales, restáurenlo en un espíritu de mansedumbre, mirándote a ti mismo, no sea que tú también seas tentado. **2** Lleven los unos las cargas de los otros, y cumplan así la ley de Cristo[1]. **3** Porque si alguien se cree que es algo, no siendo nada, se engaña a sí mismo. **4** Pero que cada uno examine su propia obra, y entonces tendrá *motivo para* gloriarse solamente con respecto a sí mismo, y no con respecto a otro. **5** Porque cada uno llevará su propia carga.

6 Y al que se le enseña la palabra, que comparta toda cosa buena con el que le enseña. **7** No se dejen engañar, de Dios nadie se burla[1]; pues todo lo que el hombre siembre, eso también segará. **8** Porque el que siembra para su propia carne, de la carne segará corrupción, pero el que siembra para el Espíritu, del Espíritu segará vida eterna. **9** No nos cansemos de hacer el bien, pues a su tiempo, si no nos cansamos, segaremos. **10** Así que entonces, hagamos bien a todos según tengamos oportunidad, y especialmente a los de la familia[1] de la fe.

DECLARACIONES FINALES

11 Miren con qué letras tan grandes les escribo[1] de mi propia mano. **12** Los que desean agradar[1] en la carne tratan de obligarlos a que se circunciden, simplemente para no ser perseguidos a causa de la cruz de Cristo. **13** Porque ni aun los mismos que son[1] circuncidados guardan la ley, pero ellos desean hacerlos circuncidar para gloriarse en la carne de ustedes.

14 Pero jamás acontezca que yo me glorie, sino en la cruz de nuestro Señor Jesucristo, por el cual el mundo ha sido crucificado para mí y yo para el mundo. **15** Porque[1] ni la circuncisión es nada, ni la incircuncisión, sino una nueva creación[2]. **16** Y a los que anden conforme a esta regla[1], paz y misericordia *sea* sobre ellos y sobre el Israel de Dios.

17 De aquí en adelante nadie me cause molestias, porque yo llevo en mi cuerpo las marcas[1] de Jesús.

18 Hermanos, la gracia de nuestro Señor Jesucristo sea con el espíritu de ustedes. Amén.

6:7-10
El significado de «segar lo que siembras»

Si un agricultor planta un tipo de semilla, esa semilla se convertirá en un tipo específico de planta. Del mismo modo, si las personas viven una vida de pecado, cultivarán consecuencias negativas. No obstante, si viven para complacer al Espíritu Santo, cultivarán resultados positivos.

6:15
Lo más importante

Ni la circuncisión ni la incircuncisión son lo que importa. Lo más importante es que nuestras vidas sean nuevas y libres en Cristo.

Efesios

¿QUIÉN ESCRIBIÓ ESTE LIBRO?	Pablo
¿POR QUÉ SE ESCRIBIÓ ESTE LIBRO?	Este libro muestra que la iglesia no es un lugar físico, sino que está conformada por personas que aman y obedecen a Jesús.
¿PARA QUIÉN FUE ESCRITO ESTE LIBRO?	Este libro es una carta que Pablo les envió a los cristianos en Éfeso.
¿CUÁLES SON ALGUNAS ENSEÑANZAS IMPORTANTES DE ESTE LIBRO?	Lo que hizo Dios para salvarnos — Efesios 1:3-14
	Dios da vida en Cristo — Efesios 2:1-10
	Jesús trae paz — Efesios 2:11-18
	Cómo vivir una vida santa — Efesios 4:20-32
	Hijos y padres — Efesios 6:1-4

Gran teatro de Éfeso. Lugar del juicio de Pablo.

GRANDES IDEAS EN EFESIOS

Dios le da a su pueblo un propósito de vida.

Los cristianos son escogidos para ser santos y creados en Cristo Jesús para hacer buenas obras.

El amor de Dios por su pueblo es mayor de lo que cualquiera pueda imaginar.

Por medio de su muerte, Cristo une a los creyentes como miembros de un mismo cuerpo: la iglesia.

Los creyentes son llamados a vivir de un modo congruente con su salvación en Cristo.

Los cristianos pelean una batalla espiritual; Dios les brinda las armas.

1:4-5, 11
Escogidos por Dios

En sus cartas, Pablo enfatiza el hecho de que Dios eligió a su pueblo. Él dice que «nos escogió» (v. 4), «nos predestinó» (v. 5), y que «hemos obtenido herencia, habiendo sido predestinados» (v. 11).

SALUDO

1 Pablo, apóstol de Cristo Jesús por la voluntad de Dios:

A los santos que están en Éfeso[1] y *que son* fieles en Cristo Jesús: **2** Gracia y paz a ustedes de parte de Dios nuestro Padre y del Señor Jesucristo.

BENEFICIOS DE LA REDENCIÓN

3 Bendito *sea* el Dios y Padre de nuestro Señor Jesucristo, que nos ha bendecido con toda bendición espiritual en los *lugares* celestiales en Cristo. **4** Porque Dios nos escogió en Cristo antes de la fundación del mundo, para que fuéramos[1] santos y sin mancha delante de Él. En amor **5** nos predestinó[1] para adopción como hijos para sí mediante Jesucristo, conforme a la buena intención de Su voluntad, **6** para alabanza de la gloria de Su gracia que gratuitamente ha impartido sobre nosotros en el Amado.

7 En Él[1] tenemos redención mediante Su sangre, el perdón de nuestros pecados según las riquezas de Su gracia **8** que ha hecho abundar para con nosotros. En toda sabiduría y discernimiento[1] **9** nos dio a conocer el misterio de Su voluntad, según la buena intención que se propuso en Cristo, **10** con miras a una *buena* administración en el[1] cumplimiento de los tiempos, *es decir,* de reunir todas las cosas en Cristo, *tanto las que están* en los cielos, *como las que están* en la tierra[2].

11 También en Él hemos obtenido herencia[1], habiendo sido predestinados según el propósito de Aquel que obra todas las cosas conforme al consejo de Su voluntad, **12** a fin de que nosotros, que fuimos los primeros en esperar en Cristo[1], seamos para alabanza de Su gloria.

13 En Él[1] también ustedes, después de escuchar el mensaje de la verdad, el evangelio de su salvación, y habiendo creído, fueron sellados en Él con[2] el Espíritu Santo de la promesa, **14** que nos es dado como garantía[1] de nuestra herencia, con miras a la redención de la posesión *adquirida de Dios,* para alabanza de Su gloria.

PABLO ORA POR LOS EFESIOS

15 Por esta razón también yo, habiendo oído de la fe en el Señor Jesús que *hay* entre ustedes, y *de* su amor[1] por todos los santos, **16** no ceso de dar gracias por ustedes, mencionándolos en mis oraciones, **17** pido que el Dios de nuestro Señor Jesucristo, el Padre de gloria, les dé espíritu de sabiduría y de revelación en un mejor conocimiento de Él.

1:1 [1] Algunos mss. antiguos no incluyen: *en Efeso.*   1:4 [1] O *seamos.*
1:5 [1] Lit. *habiéndonos predestinado.*   1:7 [1] Lit. *quien.*   1:8 [1] O *para con nosotros, en toda sabiduría y entendimiento.*   1:10 [1] Lit. *del.*   [2] Lit. *en la tierra, en Él.*   1:11 [1] O *fuimos hechos una herencia.*   1:12 [1] I.e. el Mesías.
1:13 [1] Lit. *quien.*   [2] O *habiendo creído en Él, fueron sellados con.*   1:14 [1] O *arras.*
1:15 [1] Muchos mss. antiguos no incluyen: *su amor.*

18 *Mi oración es que* los ojos de su corazón les sean[1] iluminados, para que sepan cuál es la esperanza de Su llamamiento, cuáles son las riquezas de la gloria de Su herencia en los santos, **19** y cuál es la extraordinaria grandeza de Su poder para con nosotros los que creemos, conforme a la eficacia de la fuerza de Su poder. **20** Ese *poder* obró en Cristo cuando lo resucitó de entre los muertos y lo sentó a Su diestra en los *lugares* celestiales, **21** muy por encima de todo principado, autoridad, poder, dominio y de todo nombre que se nombra, no solo en este siglo[1] sino también en el venidero. **22** Y todo lo sometió[1] bajo Sus pies, y a Él lo dio por cabeza sobre todas las cosas a la iglesia, **23** la cual es Su cuerpo, la plenitud de Aquel que lo llena todo en todo.

DE MUERTE A VIDA POR CRISTO

2 Y *Él les dio vida* a ustedes, que estaban[1] muertos en[2] sus delitos y pecados, **2** en los cuales anduvieron en otro tiempo según la corriente[1] de este mundo, conforme al príncipe de la potestad del aire, el espíritu que ahora opera en los hijos de desobediencia. **3** Entre ellos también todos nosotros en otro tiempo vivíamos en las pasiones de nuestra carne, satisfaciendo[1] los deseos de la carne y de la mente, y éramos por naturaleza hijos de ira, lo mismo que los demás.

4 Pero Dios, que es rico en misericordia, por causa del[1] gran amor con que nos amó, **5** aun cuando estábamos

1:18 [1] Lit. *siendo.*   1:21 [1] O *mundo,* o *tiempo.*   1:22 [1] O *sujetó.*   2:1 [1] Lit. *estando.*
[2] O *a causa de.*   2:2 [1] Lit. *la época.*   2:3 [1] Lit. *haciendo.*   2:4 [1] Lit. *de Su.*

1:13-14
Sellos y garantías

Un sello de cera demostraba propiedad y seguridad. Las personas cerraban las cartas con este tipo de sellos. Dios puso un sello de manera simbólica sobre su pueblo para mostrar que él era su dueño. Una garantía se trataba del pago de una suma de dinero que servía como un depósito que aseguraba un pago mayor. El Espíritu Santo era la garantía de los creyentes de que Dios cumpliría sus promesas.

1:22
Dios sometió todo bajo los pies de Cristo

Esta era una expresión utilizada en el Antiguo Testamento que significaba una victoria completa. Aquí, significa que Cristo es la cabeza de la iglesia.

ÉFESO EN LOS TIEMPOS DE PABLO

Templo de Artemisa

Al Mar Egeo

Gimnasio

Vía Arcadia

N

Estadio

Teatro

Monte Pion

Muro de la ciudad

Baños

Templo de Serapis

Ágora

Ayuntamiento

Monte Coreso

Calle Curetes

Puerta de Magnesia

muertos en[1] *nuestros* delitos, nos dio vida juntamente con Cristo (por gracia ustedes han sido salvados), **6** y con Él *nos* resucitó y con Él *nos* sentó en los *lugares* celestiales en Cristo Jesús, **7** a fin de poder mostrar en los siglos venideros las sobreabundantes riquezas de Su gracia por *Su* bondad para con nosotros en Cristo Jesús.

8 Porque por gracia ustedes han sido salvados por medio de la fe, y esto no procede de ustedes, *sino que es* don de Dios; **9** no por[1] obras, para que nadie se gloríe. **10** Porque somos hechura Suya, creados en Cristo Jesús para *hacer* buenas obras, las cuales Dios preparó de antemano para que anduviéramos en ellas.

EN CRISTO HAY PAZ Y UNIDAD

11 Por tanto, recuerden que en otro tiempo, ustedes los gentiles en la carne, que son llamados «Incircuncisión» por la tal llamada «Circuncisión», hecha en la carne por manos humanas, **12** *recuerden* que en ese tiempo ustedes estaban separados de Cristo, excluidos de la ciudadanía de Israel, extraños a los pactos de la promesa, sin tener esperanza y sin Dios en el mundo. **13** Pero ahora en Cristo Jesús, ustedes, que en otro tiempo estaban lejos, han sido acercados por[1] la sangre de Cristo.

14 Porque Él mismo es nuestra paz, y de ambos *pueblos* hizo uno, derribando la pared intermedia de separación, **15** poniendo fin a la enemistad en Su carne, la ley de *los* mandamientos *expresados* en ordenanzas, para crear en Él mismo de los dos un nuevo hombre, estableciendo *así* la paz, **16** y para reconciliar con Dios a los dos en un cuerpo por medio de la cruz, habiendo dado muerte en ella a la enemistad. **17** Y VINO Y ANUNCIÓ PAZ A USTEDES QUE ESTABAN LEJOS, Y PAZ A LOS QUE ESTABAN CERCA. **18** Porque por medio de Cristo los unos y los otros[1] tenemos nuestra entrada al Padre en un mismo Espíritu.

19 Así pues, ustedes ya no son extraños ni extranjeros, sino que son conciudadanos de los santos y son de la familia[1] de Dios. **20** Están edificados sobre el fundamento de los apóstoles y profetas, siendo Cristo Jesús mismo la *piedra* angular, **21** en quien todo el edificio, bien ajustado, va creciendo para *ser* un templo santo en el Señor. **22** En Cristo también ustedes son juntamente edificados para morada de Dios en el Espíritu.

EL MINISTERIO DE PABLO A LOS GENTILES

3 Por esta causa yo, Pablo, prisionero de Cristo Jesús por amor de ustedes los gentiles **2** si en verdad han oído de la dispensación[1] de la gracia de Dios que me fue dada para ustedes; **3** que por revelación me fue dado a conocer el misterio, tal como antes les escribí brevemente.

4 En vista de lo cual, leyendo[1], podrán[2] entender mi comprensión del[3] misterio de Cristo, **5** que en otras generaciones no se dio a conocer a los hijos de los hombres, como ahora

2:8-9
El mensaje de salvación
La salvación es solo por gracia mediante la fe en Jesucristo. Las buenas obras no nos salvan del pecado ni cancelan sus consecuencias. La fe es un regalo de Dios. No podemos ganarla.

2:15
Lo que Jesús hizo con la ley
La ley de Dios aún nos sigue indicando las normas morales y la clase de buen comportamiento que él espera. Lo que Jesús dejó a un lado fueron mandamientos y reglas específicos que separaban a los judíos de los gentiles y exigían sacrificios por los pecados.

3:4-6
Un misterio revelado
El misterio era cómo se unirían los gentiles y los judíos. La muerte de Jesús y su resurrección hicieron posible que todos recibieran la salvación y pudieran tener una relación con Dios.

2:5 [1] O *a causa de.*   2:9 [1] Lit. *de;* i.e. como resultado de.   2:13 [1] O *en.*
2:18 [1] Lit. *ambos.*   2:19 [1] Lit. *los de la casa.*   3:2 [1] O *administración.*
3:4 [1] Lit. *A lo cual, cuando lean.*   [2] O *pueden.*   [3] Lit. *en el.*

ha sido revelado a Sus santos apóstoles y profetas por[1] el Espíritu; **6** *a saber,* que los gentiles son coherederos y miembros del mismo cuerpo, participando igualmente[1] de la promesa en Cristo Jesús mediante el evangelio.

7 Es de este evangelio que fui hecho ministro, conforme al don de la gracia de Dios que se me ha concedido según la eficacia de Su poder. **8** A mí, que soy menos que el más pequeño de todos los santos, se me concedió esta gracia: anunciar a los gentiles las inescrutables riquezas de Cristo, **9** y sacar a la luz cuál es la dispensación[1] del misterio que por los siglos ha estado oculto en Dios, creador de todas las cosas.

10 De este modo, la infinita sabiduría de Dios puede ser dada a conocer ahora por medio de la iglesia a los principados y potestades en los *lugares* celestiales, **11** conforme al propósito eterno[1] que llevó a cabo[2] en Cristo Jesús nuestro Señor, **12** en quien tenemos libertad y acceso *a Dios* con confianza por medio de la fe en Él[1]. **13** Ruego, por tanto, que no desmayen[1] a causa de mis tribulaciones por ustedes, porque son su gloria[2].

PABLO ORA OTRA VEZ POR LOS EFESIOS

14 Por esta causa, *pues,* doblo mis rodillas ante el Padre de nuestro Señor Jesucristo[1], **15** de quien recibe nombre toda familia[1] en el cielo y en la tierra. **16** Le ruego que Él les conceda a ustedes, conforme a las riquezas de Su gloria, el ser fortalecidos con poder por Su Espíritu en el hombre interior; **17** de manera que Cristo habite por la fe en sus corazones. *También ruego* que arraigados y cimentados en amor, **18** ustedes sean capaces de comprender con todos los santos cuál es la anchura, la longitud, la altura y la profundidad, **19** y de conocer el amor de Cristo que sobrepasa el conocimiento, para que sean llenos hasta *la medida de* toda la plenitud de Dios.

DOXOLOGÍA

20 Y a Aquel que es poderoso para hacer todo mucho más abundantemente de lo que pedimos o entendemos[1], según el poder que obra en nosotros, **21** a Él *sea* la gloria en la iglesia y en Cristo Jesús por todas las generaciones, por los siglos de los siglos. Amén.

LA VIDA EN CRISTO

4 Yo, pues, prisionero del[1] Señor, les ruego que ustedes vivan[2] de una manera digna de la vocación con que han sido llamados. **2** Que vivan con toda humildad y mansedumbre, con paciencia, soportándose unos a otros en amor, **3** esforzándose por preservar la unidad del Espíritu en[1] el vínculo de la paz.

4 *Hay* un solo cuerpo y un solo Espíritu, así como también ustedes fueron llamados en una misma esperanza de

3:14-17
Estos versículos reflejan a la Trinidad
Las tres personas de la Trinidad –Dios el Padre, Cristo el Hijo y el Espíritu Santo– edifican la fe de los creyentes.

3:5 [1] O en.   3:6 [1] Lit. *y copartícipes.*   3:9 [1] O *administración.*   3:11 [1] Lit. *de los siglos.*   [2] O formó.   3:12 [1] Lit. *de Él.*   3:13 [1] O *que yo no desmaye.*   [2] Los vers. 2 al 13 constituyen un paréntesis intencional de Pablo para manifestar su ministerio a los gentiles.   3:14 [1] Los mss. más antiguos no incluyen: *de nuestro Señor Jesucristo.*   3:15 [1] O *la familia entera.*   3:20 [1] Lit. *pensamos.* 4:1 [1] O *en el,* o *por el.*   [2] Lit. *anden.*   4:3 [1] O *con.*

su vocación; **5** un solo Señor, una sola fe, un solo bautismo, **6** un solo Dios y Padre de todos, que está sobre todos, por todos y en todos.

7 Pero a cada uno de nosotros se nos ha concedido la gracia conforme a la medida del don de Cristo. **8** Por tanto, dice:

«CUANDO ASCENDIÓ A LO ALTO,
LLEVÓ CAUTIVO UN GRAN NÚMERO DE CAUTIVOS,
Y DIO DONES A LOS HOMBRES».

9 Esta *expresión*: «Ascendió», ¿qué significa[1], sino que Él también había descendido a las profundidades de la tierra? **10** El que descendió es también el mismo que ascendió mucho más arriba de todos los cielos, para poder llenarlo todo.

11 Y Él dio a algunos *el ser* apóstoles, a otros profetas, a otros evangelistas, a otros pastores y maestros, **12** a fin de capacitar a los santos para la obra del ministerio, para la edificación del cuerpo de Cristo; **13** hasta que todos lleguemos a la unidad de la fe y del pleno conocimiento del Hijo de Dios, a la condición de un hombre maduro, a la medida de la estatura de la plenitud de Cristo.

14 Entonces ya no seremos niños, sacudidos por las olas y llevados de aquí para allá por todo viento de doctrina, por la astucia de los hombres, por las artimañas engañosas del error[1]. **15** Más bien, al hablar la verdad en amor, creceremos en todos *los aspectos* en Aquel que es la cabeza, *es decir*, Cristo, **16** de quien todo el cuerpo, estando bien ajustado y unido por la cohesión que las coyunturas proveen[1], conforme al funcionamiento adecuado de cada miembro[2], produce el crecimiento del cuerpo para su propia edificación en amor.

NUEVA VIDA EN CRISTO

17 Esto digo, pues, y afirmo juntamente con el Señor: que ustedes ya no anden así como andan también los gentiles, en la vanidad[1] de su mente. **18** Ellos tienen entenebrecido su entendimiento, están excluidos de la vida de Dios por causa de la ignorancia que hay[1] en ellos, por la dureza de su corazón.

19 Habiendo llegado a ser insensibles, se entregaron a la sensualidad para cometer con avidez toda clase de impurezas. **20** Pero ustedes no han aprendido a Cristo[1] de esta manera. **21** Si en verdad lo oyeron y han sido enseñados en Él, conforme a la verdad que hay[1] en Jesús, **22** que en cuanto a la anterior manera de vivir, ustedes se despojen del viejo hombre, que se corrompe según los deseos engañosos[1], **23** y que sean renovados en el espíritu de su mente, **24** y se vistan del nuevo hombre, el cual, en *la semejanza de* Dios[1], ha sido creado en la justicia y santidad de la verdad.

25 Por tanto, dejando a un lado la falsedad, HABLEN VERDAD CADA CUAL CON SU PRÓJIMO, porque somos miembros

---

4:11-12
El rol de los líderes en la iglesia
Los líderes deben entrenar a otros para ayudarlos a servir a los creyentes y difundir las buenas nuevas de Cristo.

4:24
El nuevo hombre
Cuando alguien se convierte en creyente, Cristo lo transforma en una nueva persona. El cristiano se viste con un nuevo estilo de vida, como si cambiara su vestimenta por una nueva.

4:9 [1] Lit. *¿qué es.*　　　4:14 [1] Lit. *artimaña en relación al artificio del engaño.*　　4:16 [1] Lit. *por toda coyuntura de provisión.*　　[2] Lit. *parte.* 4:17 [1] Lit. *superficialidad.*　　4:18 [1] Lit. *está.*　　4:20 [1] I.e. el Mesías. 4:21 [1] Lit. *está.*　　4:22 [1] Lit. *las pasiones de engaño.*　　4:24 [1] Lit. *según Dios.*

los unos de los otros. **26** ENÓJENSE, PERO NO PEQUEN; no se ponga el sol sobre su enojo, **27** ni den oportunidad[1] al diablo.

28 El que roba, no robe más, sino más bien que trabaje, haciendo con sus manos lo que es bueno, a fin de que tenga qué compartir con el que tiene necesidad. **29** No salga de la boca de ustedes ninguna palabra mala[1], sino solo la que sea buena para edificación, según la necesidad[2] *del momento*, para que imparta gracia a los que escuchan.

30 Y no entristezcan al Espíritu Santo de Dios, por[1] el cual fueron sellados para el día de la redención. **31** Sea quitada de ustedes toda amargura, enojo, ira, gritos, insultos, así como toda malicia. **32** Sean más bien amables unos con otros, misericordiosos, perdonándose unos a otros, así como también Dios los[1] perdonó en Cristo.

EL ANDAR DE LOS HIJOS DE DIOS

5 Sean, pues, imitadores de Dios como hijos amados; **2** y anden en amor, así como también Cristo les[1] amó y se dio a sí mismo por nosotros, ofrenda y sacrificio a Dios, como fragante aroma[2].

3 Pero que la inmoralidad, y toda impureza o avaricia, ni siquiera se mencionen entre ustedes, como corresponde a los santos. **4** Tampoco haya obscenidades, ni necedades, ni groserías, que no son apropiadas, sino más bien acciones de gracias. **5** Porque con certeza ustedes saben esto: que ningún inmoral, impuro o avaro, que es idólatra, tiene herencia en el reino de Cristo y de Dios.

6 Que nadie los engañe con palabras vanas, pues por causa de estas cosas la ira de Dios viene sobre los hijos de desobediencia. **7** Por tanto, no sean partícipes con ellos; **8** porque antes ustedes eran tinieblas, pero ahora son luz en el Señor; anden como hijos de luz. **9** Porque el fruto de la luz[1] *consiste* en toda bondad, justicia y verdad.

10 Examinen qué es lo que agrada al Señor, **11** y no participen en las obras estériles de las tinieblas, sino más bien, desenmascárenlas. **12** Porque es vergonzoso aun hablar de las cosas que ellos hacen en secreto. **13** Pero todas las cosas se hacen visibles cuando son expuestas[1] por la luz, pues todo lo que se hace visible es luz[2]. **14** Por esta razón dice:

> «Despierta, tú que duermes,
> Y levántate de entre los muertos,
> Y te alumbrará Cristo».

15 Por tanto, tengan cuidado[1] cómo andan; no como insensatos sino como sabios, **16** aprovechando bien[1] el tiempo, porque los días son malos. **17** Así pues, no sean necios, sino entiendan cuál es la voluntad del Señor. **18** Y no se embriaguen con vino, en lo cual hay disolución, sino sean llenos del Espíritu.

5:1-2
Cómo los cristianos pueden imitar a Dios
Un modo de hacerlo es perdonando a los demás (4:32). Otra manera es ofreciendo nuestra vida para servir a otros, como lo hizo Jesús.

5:8-14
Hijos de luz
Los cristianos se apartan de la oscuridad del pecado. Cuando son ejemplos de bondad y verdad como lo fue Cristo, hacen brillar la luz de Dios para los demás.

4:27 [1] Lit. *lugar.*   4:29 [1] Lit. *corrompida.*   [2] Lit. *de la necesidad.*   4:30 [1] O *en, o con.*   4:32 [1] Algunos mss. antiguos dicen: *nos.*   5:2 [1] Algunos mss. antiguos dicen: *nos.*   [2] Lit. *para olor de fragancia.*   5:9 [1] Algunos mss. dicen: *del Espíritu.*   5:13 [1] O *reprochadas.*   [2] O *pues la luz es lo que hace todo visible.*   5:15 [1] Lit. *miren cuidadosamente.*   5:16 [1] Lit. *redimiendo.*

19 Hablen entre ustedes con salmos, himnos y cantos espirituales, cantando y alabando con su corazón al Señor. **20** Den siempre gracias por todo, en el nombre de nuestro Señor Jesucristo, a Dios, el Padre*¹*. **21** Sométanse unos a otros en el temor de Cristo.

CRISTO Y LA IGLESIA, UN MODELO PARA EL HOGAR

22 Las mujeres *estén sometidas* a sus propios maridos como al Señor. **23** Porque el marido es cabeza de la mujer, así como Cristo es cabeza de la iglesia, *siendo* Él mismo el Salvador del cuerpo. **24** Pero así como la iglesia está sujeta a Cristo, también las mujeres *deben estarlo* a sus maridos en todo.

25 Maridos, amen a sus mujeres, así como Cristo amó a la iglesia y se dio Él mismo por ella, **26** para santificarla, habiéndola purificado por el lavamiento del agua con la palabra, **27** a fin de presentársela a sí mismo, una*¹* iglesia en toda su gloria*²*, sin que tenga mancha ni arruga ni cosa semejante, sino que fuera santa e inmaculada.

28 Así deben también los maridos amar a sus mujeres, como a sus propios cuerpos. El que ama a su mujer, a sí mismo se ama. **29** Porque nadie aborreció jamás su propio cuerpo*¹*, sino que lo sustenta y lo cuida, así como también Cristo a la iglesia; **30** porque somos miembros de Su cuerpo*¹*. **31** POR ESTO EL HOMBRE DEJARÁ A SU PADRE Y A SU MADRE, Y SE UNIRÁ A SU MUJER, Y LOS DOS SERÁN UNA SOLA CARNE.

32 Grande es este misterio, pero hablo con referencia a Cristo y a la iglesia. **33** En todo caso, cada uno de ustedes ame también a su mujer como a sí mismo, y que la mujer respete*¹* a su marido.

EXHORTACIÓN A LOS HIJOS Y A LOS PADRES

6 Hijos, obedezcan a sus padres en el Señor, porque esto es justo. **2** HONRA A TU PADRE Y A *tu* MADRE (que es el primer mandamiento con promesa), **3** PARA QUE TE VAYA BIEN, Y PARA QUE TENGAS LARGA VIDA SOBRE LA TIERRA. **4** Y *ustedes,* padres, no provoquen a ira a sus hijos, sino críenlos en la disciplina e instrucción del Señor.

RELACIONES ENTRE AMOS Y SIERVOS

5 Siervos*¹*, obedezcan a sus*²* amos en la tierra*³*, con temor y temblor, con*⁴* la sinceridad de su corazón, como a Cristo; **6** no para ser vistos*¹*, como los que quieren agradar a los hombres, sino como siervos*²* de Cristo, haciendo de corazón*³* la voluntad de Dios.

7 Sirvan*¹* de buena voluntad, como al Señor y no a los hombres, **8** sabiendo que cualquier cosa buena que cada uno haga, esto recibirá del Señor, sea siervo*¹* o sea libre. **9** Y *ustedes,* amos, hagan lo mismo con*¹* sus siervos, y dejen las

5:22-33
Marido y mujer
El marido y la mujer deben amarse y hacer lo que es mejor para el otro.

6:1-9
Cómo tratarse los unos a los otros
Pablo alentó a los hijos a obedecer a sus padres, pero también les indicó a los padres que no debían molestar o provocar a sus hijos. Les dijo a los esclavos que obedecieran a sus amos, pero también les pidió a los amos que trataran a sus esclavos con amabilidad.

6:11
La armadura de Dios
Solo el poder de Dios es lo suficientemente fuerte para ayudarnos a resistir al diablo.

5:20 *¹* Lit. *al Dios y Padre.*   5:27 *¹* Lit. *la.*   *²* Lit. *gloriosa.*   5:29 *¹* Lit. *propia carne.*   5:30 *¹* Algunos mss. agregan: *de su carne y de sus huesos.*
5:33 *¹* Lit. *tema.*   6:5 *¹* O *Esclavos.*   *²* Lit. *los.*   *³* Lit. *según la carne.*
⁴ Lit. *en.*   6:6 *¹* Lit. *no según el servir al ojo.*   *²* O *esclavos.*   *³* Lit. *alma.*
6:7 *¹* Lit. *Sirviendo.*   6:8 *¹* O *esclavo.*   6:9 *¹* Lit. *a.*

amenazas, sabiendo que el Señor[2] de ellos y de ustedes está en los cielos, y que para Él no hay acepción de personas.

LA ARMADURA DE DIOS PARA EL CRISTIANO

10 Por lo demás, fortalézcanse en el Señor y en el poder de su fuerza. **11** Revístanse con[1] toda la armadura de Dios para que puedan estar firmes contra las insidias del diablo. **12** Porque nuestra lucha no es contra sangre y carne, sino contra principados, contra potestades, contra los poderes[1] de este mundo de tinieblas, contra las *fuerzas* espirituales de maldad en las *regiones* celestes.

13 Por tanto, tomen toda la armadura de Dios, para que puedan resistir en el día malo, y habiéndolo hecho todo, estar firmes. **14** Estén, pues, firmes, CEÑIDA SU CINTURA[1] CON LA VERDAD, REVESTIDOS CON LA CORAZA DE LA JUSTICIA, **15** y calzados LOS PIES CON LA PREPARACIÓN PARA ANUNCIAR EL EVANGELIO DE LA PAZ.

16 Sobre todo, tomen el escudo de la fe con el que podrán apagar todos los dardos encendidos del maligno. **17** Tomen también el CASCO DE LA SALVACIÓN, y la espada del Espíritu que es la palabra de Dios.

18 Con toda oración y súplica oren[1] en todo tiempo en el Espíritu, y así[2], velen[3] con toda perseverancia y súplica por todos los santos. **19** *Oren* también por mí, para que me sea dada palabra al abrir mi boca, a fin de dar a conocer sin temor[1] el misterio del evangelio, **20** por el cual soy embajador en cadenas[1]; que[2] *al proclamar*lo hable sin temor, como debo hablar.

DESPEDIDA Y BENDICIÓN

21 Pero a fin de que también ustedes sepan mi situación[1] *y* lo que hago, todo se lo hará saber Tíquico, amado hermano y fiel ministro en el Señor, **22** a quien he enviado a ustedes precisamente para esto, para que sepan de nosotros[1] y para que consuele sus corazones.

23 Paz sea a los hermanos, y amor con fe, de parte de Dios el Padre y del Señor Jesucristo. **24** La gracia sea con todos los que aman a nuestro Señor Jesucristo con *amor* incorruptible[1].

LA ARMADURA DE DIOS
Efesios 6:10-17

Espada del Espíritu

Casco de la salvación

Coraza de la justicia

Cinturón de la verdad

Escudo de la fe

Pies calzados con la preparación

---

[2] O *Amo.*   6:11 [1] O *de.*   6:12 [1] O *gobernantes.*   6:14 [1] Lit. *ceñidos sus lomos.*   6:18 [1] Lit. *orando.*   [2] O *en vista de esto.*   [3] Lit. *velando.* 6:19 [1] O *con osadía.*   6:20 [1] Lit. *una cadena.*   [2] Algunos mss. antiguos dicen: *para que en él.*   6:21 [1] Lit. *mis asuntos.*   6:22 [1] Lit. *las cosas nuestras.* 6:24 [1] Lit. *en incorrupción.*

Filipenses

¿QUIÉN ESCRIBIÓ ESTE LIBRO?	Pablo
¿POR QUÉ SE ESCRIBIÓ ESTE LIBRO?	Este libro les agradece a las personas por su amor y sus regalos y les da instrucciones sobre cómo llevar una buena vida cristiana.
¿PARA QUIÉN FUE ESCRITO ESTE LIBRO?	Este libro es una carta que Pablo les envió a los cristianos en Filipos.
¿CUÁLES SON ALGUNAS ENSEÑANZAS IMPORTANTES DE ESTE LIBRO?	Vivir como buenos cristianos — Filipenses 1:27-30 Vivir con una actitud humilde — Filipenses 2:1-4 Cómo se humilló Jesús — Filipenses 2:5-11 La meta de los cristianos — Filipenses 3:12-16 Cómo tener paz — Filipenses 4:4-7 Pensar en cosas buenas — Filipenses 4:8-9

Ruinas bizantinas y romanas en Filipos. Pablo visitó la ciudad de Filipos en su segundo y tercer viajes misioneros. Aquí fue encarcelado junto con Silas durante el segundo viaje (Hechos 16:16-40).

SALUDO

1 Pablo y Timoteo, siervos de Cristo Jesús:
A todos los santos en Cristo Jesús que están en Filipos, incluyendo a los obispos[1] y diáconos: **2** Gracia a ustedes y paz de parte de Dios nuestro Padre y del Señor Jesucristo.

PABLO ORA POR LOS FILIPENSES

3 Doy gracias a mi Dios siempre que me acuerdo[1] de ustedes. **4** Pido[1] siempre con gozo en cada una de mis oraciones por todos ustedes, **5** por su participación en el evangelio desde el primer día hasta ahora.

6 Estoy convencido precisamente de esto: que el que comenzó en ustedes la buena obra, la perfeccionará hasta el día de Cristo Jesús. **7** Es justo que yo sienta[1] esto acerca de todos ustedes, porque los llevo en el corazón, pues tanto en mis prisiones[2] como en la defensa y confirmación del

1:1 [1] O supervisores.   1:3 [1] Lit. por todo recuerdo.   1:4 [1] Lit. haciendo oración.
1:7 [1] Lit. Así como es justo para mí sentir.   [2] Lit. cadenas.

FILIPOS EN LOS TIEMPOS DE PABLO

Acrópolis

A Anfípolis

N

Prisión tradicional

Santuario de divinidades egipcias

Vía Egnatia

Santuario helenístico

Teatro

Foro

Ágora

Biblioteca

A Neápolis

Baños

Al río Gangites

© 2011 por Zondervan

1:9-11
La petición de Pablo para los cristianos filipenses

Pablo quería que crecieran en amor y sabiduría para que pudieran tomar las mejores decisiones y vivir una vida santa hasta que Cristo regresara.

1:12-14
El encarcelamiento de Pablo ayudó a difundir el evangelio

Todos sabían que Pablo estaba preso no por haber cometido un delito, sino por ser cristiano. Otros cristianos se sintieron alentados por su ejemplo audaz y empezaron a hablar más libremente sobre el evangelio.

1:21-26
Pablo no tenía miedo a morir

Él se dio cuenta de que si moría, estaría en el cielo con Cristo. Sin embargo, sabía que si vivía, podría seguir haciendo la obra de Dios al predicar el evangelio. De una forma u otra, estaba contento de servir a Dios.

evangelio, todos ustedes son participantes conmigo de la gracia. **8** Porque Dios me es testigo de cuánto los añoro a todos con el entrañable amor[1] de Cristo Jesús.

9 Y esto pido en oración: que el amor de ustedes abunde aún más y más en conocimiento verdadero y *en* todo discernimiento, **10** a fin de que escojan lo mejor, para que sean puros e irreprensibles para el día de Cristo; **11** llenos del fruto de justicia que *es* por medio de Jesucristo, para la gloria y alabanza de Dios.

LA VIDA ES CRISTO

12 Quiero que sepan, hermanos, que las circunstancias *en que me he visto,* han redundado en un mayor progreso del evangelio, **13** de tal manera que mis prisiones[1] por *la causa de* Cristo se han hecho notorias en toda la guardia pretoriana[2] y a todos los demás. **14** La mayoría de los hermanos, confiando en el Señor[1] por causa de mis prisiones[2], tienen mucho más valor para hablar la palabra de Dios sin temor. **15** Algunos, a la verdad, predican a Cristo[1] aun por envidia y rivalidad, pero también otros *lo hacen* de buena voluntad. **16** [1] Estos *lo hacen* por amor, sabiendo que he sido designado para la defensa del evangelio. **17** Aquellos proclaman a Cristo por ambición personal, no con sinceridad, pensando causarme angustia en mis prisiones[1].

18 ¿Entonces qué? Que de todas maneras, ya sea fingidamente o en verdad, Cristo es proclamado; y en esto me regocijo, sí, y me regocijaré. **19** Porque sé que esto resultará en mi liberación[1] mediante las oraciones[2] de ustedes y la provisión del Espíritu de Jesucristo, **20** conforme a mi anhelo y esperanza de que en nada seré avergonzado, sino *que* con toda confianza, aun ahora, como siempre, Cristo será exaltado en mi cuerpo, ya sea por vida o por muerte.

21 Pues para mí, el vivir es Cristo y el morir es ganancia. **22** Pero si el vivir en la carne, esto *significa* para mí *una* labor fructífera, entonces, no sé cuál escoger. **23** Porque de ambos *lados* me siento apremiado, teniendo el deseo de partir y estar con Cristo, pues *eso* es mucho mejor. **24** Sin embargo, continuar en la carne es más necesario por causa de ustedes. **25** Y convencido de esto, sé que permaneceré y continuaré con todos ustedes para su progreso y gozo en la fe, **26** para que su profunda satisfacción por mí abunde en Cristo Jesús a causa de mi visita[1] otra vez a ustedes.

LUCHANDO UNÁNIMES POR LA FE

27 Solamente compórtense de una manera digna del evangelio de Cristo, de modo que ya sea que vaya a verlos[1], o que permanezca ausente, pueda oír que ustedes están firmes en un mismo espíritu, luchando unánimes[2] por la fe del evangelio. **28** De ninguna manera estén atemorizados por *sus*

1:8 [1] Lit. *en las entrañas.*   1:13 [1] O *mi encarcelamiento*; lit. *mis cadenas.*
[2] O *todo el palacio del gobernador.*   1:14 [1] O *hermanos en el Señor, confiando.*   [2] O *mi encarcelamiento*; lit. *mis cadenas.*   1:15 [1] I.e. el Mesías.
1:16 [1] Algunos mss. invierten el orden de los vers. 16 y 17.   1:17 [1] O *mi encarcelamiento*; lit. *mis cadenas.*   1:19 [1] O *salvación.*   [2] Lit. *súplicas.*
1:26 [1] Lit. *venida.*   1:27 [1] Lit. *vaya y los vea.*   [2] Lit. *con un alma.*

adversarios, lo cual es señal de perdición para ellos, pero de salvación para ustedes, y esto, de Dios.

29 Porque a ustedes se les ha concedido por amor[1] de Cristo, no solo creer en Él, sino también sufrir por Él, **30** teniendo el mismo conflicto que vieron en mí, y que ahora oyen *que está* en mí.

HUMILLACIÓN Y EXALTACIÓN DE CRISTO

2 Por tanto, si hay algún estímulo en Cristo, si hay algún consuelo de amor, si hay alguna comunión del Espíritu, si algún afecto[1] y compasión, **2** hagan completo mi gozo, siendo[1] del mismo sentir, conservando el mismo amor, unidos en espíritu, dedicados a un mismo propósito.

3 No hagan nada por egoísmo o por vanagloria, sino que con actitud humilde cada uno de ustedes considere al otro como más importante que a sí mismo, **4** no buscando cada uno sus propios intereses, sino más bien los intereses de los demás.

5 Haya, *pues*, en[1] ustedes esta actitud que hubo también en Cristo Jesús, **6** el cual, aunque existía en forma de Dios, no consideró el ser igual a Dios como algo a qué aferrarse, **7** sino que se despojó a Sí mismo[1] tomando forma de siervo, haciéndose[2] semejante a los hombres. **8** Y hallándose en forma de hombre, se humilló Él mismo, haciéndose obediente hasta la muerte, y muerte de cruz. **9** Por lo cual Dios también lo exaltó hasta lo sumo, y le confirió el nombre que es sobre todo nombre, **10** para que al[1] nombre de Jesús SE DOBLE TODA RODILLA de los que están en el cielo, y en la tierra, y debajo de la tierra, **11** y toda lengua confiese que Jesucristo es Señor, para gloria de Dios Padre.

EXHORTACIÓN A LA OBEDIENCIA

12 Así que, amados míos, tal como siempre han obedecido, no solo en[1] mi presencia, sino ahora mucho más en mi ausencia, ocúpense en su salvación con temor y temblor. **13** Porque Dios es quien obra en ustedes tanto el querer como el hacer, para[1] *Su* buena intención.

14 Hagan todas las cosas sin murmuraciones ni discusiones, **15** para que sean irreprensibles y sencillos, hijos de Dios sin tacha en medio de una generación torcida y perversa[1], en medio de la cual ustedes resplandecen como luminares[2] en el mundo, **16** sosteniendo firmemente la palabra de vida, a fin de que yo tenga motivo para gloriarme en el día de Cristo, ya que no habré corrido en vano ni habré trabajado en vano.

17 Pero aunque yo sea derramado como libación[1] sobre el sacrificio y servicio de su fe, me regocijo y comparto mi gozo con todos ustedes. **18** Y también ustedes, *les ruego*, regocíjense de la misma manera, y compartan su gozo conmigo.

TIMOTEO Y EPAFRODITO, SOLDADOS FIELES

19 Pero espero en el Señor Jesús enviarles pronto a Timoteo, a fin de que yo también sea alentado al saber de la condición

---

1:29-30
Persecución
Pablo creía que cuando los cristianos sufrían persecución, esto constituía una señal de que la fe de ellos era real. Él dijo que resultaba un privilegio sufrir por Cristo.

2:2-5
La actitud que Pablo quería ver en los cristianos
Él quería que se preocuparan por los demás más que por sí mismos.

2:6-11
Acerca de estos versículos
Algunos creen que estos versículos pertenecían a un himno de los primeros cristianos.

2:12
El significado de «ocuparse en la salvación con temor y temblor»
Pablo no quería decir que los cristianos debían ganarse su salvación, lo cual es imposible. Se refería a que debían crecer en la fe a causa de su reverencia y temor de Dios.

2:17
Derramado como libación
La libación consistía en derramar vino o aceite como sacrificio. Pablo veía su encarcelamiento o muerte como un modo de derramar su vida en sacrificio a Dios.

1:29 [1] O *por causa.*   2:1 [1] Lit. *algunas entrañas.*   2:2 [1] Lit. *para que sean.*
2:5 [1] O *entre.*   2:7 [1] Lit. *se vació de sí mismo;* i.e. renunció temporalmente a sus privilegios.   [2] Lit. *hecho.*   2:10 [1] O *en el.*   2:12 [1] Lit. *como en.*   2:13 [1] O *por.*
2:15 [1] O *deforme.*   [2] O *estrellas,* o *luces.*   2:17 [1] I.e. ofrenda líquida.

GRANDES IDEAS EN FILIPENSES

Pablo, el autor de este pequeño libro, es un ejemplo de gozo en medio del sufrimiento.

Los creyentes deben imitar a Cristo, quien es ejemplo de humildad y servicio a los demás.

Una actitud humilde evita que los creyentes entren en pleitos con otros.

Pablo está agradecido por la madurez de los filipenses y la ayuda que le brindaron.

La meta de la vida cristiana es el premio al final del camino: la vida eterna en el cielo.

3:4-9
Pablo solía seguir todas las reglas

Anteriormente en su vida, Pablo había cumplido con todo cuidado las leyes judías intentando ganarse la bendición de Dios. Sin embargo, ahora entendía que la justicia solo proviene de la fe en Cristo.

de ustedes. **20** Pues a nadie *más* tengo del mismo sentir *y* que esté sinceramente interesado en el bienestar de ustedes. **21** Porque todos buscan sus propios intereses, no los de Cristo Jesús. **22** Pero ustedes conocen los probados méritos de Timoteo, que sirvió conmigo en la propagación del evangelio como un hijo *sirve* a su padre.

23 Por tanto, a este espero enviárselo inmediatamente tan pronto vea cómo *van* las cosas conmigo; **24** y confío en el Señor que también yo mismo iré pronto. **25** Pero creí necesario enviarles a Epafrodito, mi hermano, colaborador y compañero de lucha, quien también es su mensajero[1] y servidor para mis necesidades. **26** Porque él los extrañaba[1] a todos, y estaba angustiado porque ustedes habían oído que se había enfermado. **27** Pues en verdad estuvo enfermo, a punto de morir. Pero Dios tuvo misericordia de él, y no solo de él, sino también de mí, para que yo no tuviera tristeza sobre tristeza.

28 Así que lo he enviado con mayor solicitud, para que al verlo de nuevo, se regocijen y yo esté más tranquilo *en cuanto a ustedes*. **29** Recíbanlo, pues, en el Señor con todo gozo, y tengan en alta estima a los *que son* como él. **30** Porque estuvo al borde de la muerte por la obra de Cristo, arriesgando su vida para completar lo que faltaba en el servicio de ustedes hacia mí.

EL VALOR INFINITO DE CONOCER A CRISTO

3 Por lo demás, hermanos míos, regocíjense en el Señor. A mí no me es molesto escribirles *otra vez* lo mismo, y para ustedes es motivo de seguridad. **2** Cuídense de esos perros, cuídense de los malos obreros, cuídense de la falsa circuncisión[1].

3 Porque nosotros somos la *verdadera* circuncisión[1], que adoramos en el Espíritu de Dios[2] y nos gloriamos en Cristo Jesús, no poniendo la confianza en la carne, **4** aunque yo mismo podría confiar[1] también en la carne. Si algún otro cree *tener motivo para* confiar en la carne, yo mucho más: **5** circuncidado a los ocho días de nacer, del linaje de Israel, de la tribu de Benjamín, hebreo de hebreos; en cuanto a la ley, fariseo; **6** en cuanto al celo, perseguidor de la iglesia; en cuanto a la justicia de[1] la ley, hallado irreprensible. **7** Pero todo lo que para mí era ganancia, lo he estimado como pérdida por amor de Cristo.

8 Y aún más, yo estimo como pérdida todas las cosas en vista del incomparable valor de conocer a[1] Cristo Jesús, mi Señor. Por Él lo he perdido todo, y lo considero como basura a fin de ganar a Cristo, **9** y ser hallado en Él, no teniendo

---

2:25 [1] Lit. *apóstol.* 　2:26 [1] O *añoraba verlos.* 　3:2 [1] Lit. *de la mutilación;* (gr. *katatomé*). 　3:3 [1] Lit. *el cortamiento;* (gr. *peritomé*). 　[2] O *adoramos a Dios en espíritu.* 　3:4 [1] Lit. *tener confianza.* 　3:6 [1] Lit. *en.* 　3:8 [1] Lit. *del conocimiento de.*

mi propia justicia derivada de *la* ley, sino la que es por la fe en Cristo[1], la justicia que *procede* de Dios sobre la base de la fe, **10** y conocerlo a Él, el poder de Su resurrección y la participación en Sus padecimientos, llegando a ser como Él en Su muerte[1], **11** a fin de llegar[1] a la resurrección de entre los muertos.

12 No es que ya *lo* haya alcanzado o que ya haya llegado a ser perfecto, sino que sigo adelante, a fin de poder[1] alcanzar aquello para lo cual también[2] fui alcanzado por Cristo Jesús. **13** Hermanos, yo mismo no considero haber*lo* ya alcanzado. Pero una cosa *hago*: olvidando lo que *queda* atrás y extendiéndome a lo que *está* delante, **14** prosigo hacia la meta para *obtener* el premio del supremo llamamiento de Dios en Cristo Jesús.

15 Así que todos los que somos perfectos[1], tengamos esta *misma* actitud; y si en algo tienen una actitud distinta, eso también se lo revelará Dios. **16** Sin embargo, continuemos viviendo[1] según la misma *norma* que hemos alcanzado.

LA CIUDADANÍA CELESTIAL

17 Hermanos, sean imitadores míos, y observen a los que andan según el ejemplo que tienen en nosotros. **18** Porque muchos andan como[1] les he dicho muchas veces, y ahora se lo digo aun llorando, *que son* enemigos de la cruz de Cristo, **19** cuyo fin es perdición, cuyo dios es *su* apetito[1] y *cuya* gloria está en su vergüenza, los cuales piensan solo en las cosas terrenales.

20 Porque nuestra ciudadanía[1] está en los cielos, de donde también ansiosamente esperamos a un Salvador, el Señor Jesucristo, **21** el cual transformará el cuerpo de nuestro estado de humillación[1] en conformidad al cuerpo de Su gloria[2], por el ejercicio del poder que tiene aun para sujetar todas las cosas a Él mismo.

REGOCIJO Y PAZ EN EL SEÑOR

4 Así que, hermanos míos, amados y añorados, gozo y corona mía, estén así firmes en el Señor, amados.

2 Ruego a Evodia y a Síntique, que vivan en armonía en el Señor. **3** En verdad, fiel compañero, también te ruego que ayudes a estas *mujeres* que han compartido mis luchas en *la causa* del evangelio, junto con Clemente y los demás colaboradores míos, cuyos nombres están en el libro de la vida.

4 Regocíjense en el Señor siempre. Otra vez *lo* diré: ¡Regocíjense! **5** La bondad de ustedes sea conocida de todos los hombres. El Señor está cerca. **6** Por nada estén afanosos; antes bien, en todo, mediante oración y súplica con acción de gracias, sean dadas a conocer sus peticiones delante de Dios. **7** Y la paz de Dios, que sobrepasa todo entendimiento[1], guardará sus corazones y sus mentes en Cristo Jesús.

3:14
Ganar una carrera en la antigüedad
En Grecia, el ganador de una carrera recibía como premio una corona hecha de hojas y a veces una suma de dinero. La carrera espiritual que Pablo estaba corriendo le traería recompensas en el cielo.

3:18-19
Enemigos de la cruz de Cristo
Eran personas que vivían para su propio placer.

4:7
La paz de Dios
Esta paz no se trata de un simple sentimiento de calma, sino de una profunda satisfacción interior por saber que estás en buenos términos con Dios porque él ha perdonado tus pecados. La imagen de guardar nuestro corazón y nuestra mente es la de un soldado haciendo guardia.

3:9 [1] I.e. el Mesías.　　3:10 [1] Lit. *conformado a su muerte*.　　3:11 [1] Lit. *si de alguna manera llegue*.　　3:12 [1] Lit. *por si acaso pudiera*.　　[2] O *porque también*.　　3:15 [1] O *maduros*.　　3:16 [1] Lit. *siguiendo en línea*.　　3:18 [1] Lit. *los cuales*.　　3:19 [1] Lit. *vientre*.　　3:20 [1] O *patria*.　　3:21 [1] O *nuestro humilde cuerpo*.　　[2] O *su cuerpo glorioso*.　　4:7 [1] Lit. *toda mente*.

4:8-9
Dos consejos para una vida con Dios
Pablo animó a los creyentes a tener pensamientos puros y a seguir el ejemplo de sus propias acciones.

4:18
Fragante aroma
Pablo comparó los regalos que la iglesia le había enviado con un sacrificio de aroma fragante que los judíos solían ofrecer en el Antiguo Testamento para alabar y dar gracias.

© Clive Chilvers/Shutterstock

EL SECRETO DE LA PAZ

8 Por lo demás, hermanos, todo lo que es verdadero, todo lo digno, todo lo justo, todo lo puro, todo lo amable, todo lo honorable¹, si hay alguna virtud o algo que merece elogio, en esto mediten. **9** Lo que también han aprendido y recibido y oído y visto en mí, esto practiquen, y el Dios de paz estará con ustedes.

ACTITUD EJEMPLAR DE PABLO HACIA LAS COSAS MATERIALES

10 Me alegré grandemente en el Señor de que ya al fin han reavivado su cuidado para conmigo. En verdad, *antes* se preocupaban, pero les faltaba la oportunidad. **11** No que hable porque tenga escasez¹, pues he aprendido a contentarme cualquiera que sea mi situación.

12 Sé vivir en pobreza¹, y sé vivir en prosperidad. En todo y por todo he aprendido el secreto tanto de estar saciado como *de* tener hambre, de tener abundancia como de sufrir necesidad. **13** Todo lo puedo en Cristo¹ que me fortalece. **14** Sin embargo, han hecho bien en compartir *conmigo* en mi aflicción.

15 Ustedes mismos también saben, filipenses, que al comienzo *de la predicación* del evangelio, después que partí de Macedonia, ninguna iglesia compartió conmigo en cuestión de dar y recibir, sino solamente ustedes. **16** Porque aun a Tesalónica enviaron *dádivas* más de una vez para mis necesidades.

17 No es que busque la dádiva en sí, sino que busco fruto que aumente en su cuenta. **18** Pero lo he recibido todo y tengo abundancia. Estoy bien abastecido¹, habiendo recibido de Epafrodito lo que han enviado²: fragante aroma³, sacrificio aceptable, agradable a Dios. **19** Y mi Dios proveerá a todas sus necesidades, conforme a sus riquezas en gloria en Cristo Jesús. **20** A nuestro Dios y Padre *sea* la gloria por los siglos de los siglos. Amén.

SALUDOS Y BENDICIÓN

21 Saluden a todos los santos en Cristo Jesús. Los hermanos que están conmigo los saludan. **22** Todos los santos los saludan, especialmente los de la casa de César.

23 La gracia del Señor Jesucristo sea con el espíritu de ustedes¹.

4:8 ¹ O *de buena reputación.*   4:11 ¹ Lit. *conforme a la escasez.*
4:12 ¹ Lit. *vivir humildemente.*   4:13 ¹ Lit. *en Aquel.*   4:18 ¹ Lit. *lleno.*
² Lit. *las cosas de parte de ustedes.*   ³ Lit. *un olor de fragancia.*
4:23 ¹ Algunos mss. antiguos agregan: *Amén.*

Colosenses

¿QUIÉN ESCRIBIÓ ESTE LIBRO?	Pablo
¿POR QUÉ SE ESCRIBIÓ ESTE LIBRO?	El libro de Colosenses muestra que Jesús es supremo y nos salva por completo.
¿PARA QUIÉN FUE ESCRITO ESTE LIBRO?	Este libro es una carta escrita para los cristianos en Colosas.

¿CUÁLES SON ALGUNAS ENSEÑANZAS IMPORTANTES DE ESTE LIBRO?		
	Jesús es supremo	Colosenses 1:15-20
	Jesús perdona nuestros pecados	Colosenses 2:13-15
	Cómo vivir en santidad	Colosenses 3:12-17

Tell sin excavar en Colosas. Un tell es un montículo de ruinas antiguas que incluye varias capas construidas unas sobre otras a lo largo del tiempo.

SALUDO

1 Pablo, apóstol de Jesucristo por[1] la voluntad de Dios, y el hermano Timoteo, **2** a los santos y fieles hermanos en Cristo[1] *que están* en Colosas: Gracia a ustedes y paz de parte de Dios nuestro Padre.

GRATITUD DE PABLO POR LOS COLOSENSES

3 Damos gracias a Dios, el Padre de nuestro Señor Jesucristo, orando siempre por ustedes, **4** *pues hemos oído* de su fe en Cristo Jesús y del amor que tienen por todos los santos, **5** a causa de la esperanza reservada para ustedes en los cielos. De esta esperanza ustedes oyeron antes en la palabra de verdad, el[1] evangelio **6** que ha llegado hasta ustedes. Así como en todo el mundo está dando fruto constantemente y creciendo[1], así *lo ha estado haciendo* también en ustedes, desde el día que oyeron y comprendieron la gracia de Dios en verdad[2].

7 Así ustedes *lo* aprendieron de Epafras, nuestro amado consiervo, quien es fiel servidor de Cristo de parte nuestra[1], **8** el cual también nos informó acerca del amor de ustedes en el Espíritu.

PABLO ORA POR LOS COLOSENSES

9 Por esta razón, también nosotros, desde el día que *lo* supimos[1], no hemos cesado de orar por ustedes, pidiendo que sean llenos del conocimiento[2] de Su voluntad en toda sabiduría y comprensión espiritual, **10** para que anden como es digno del Señor, haciendo en todo, lo que *le* agrada, dando fruto en toda buena obra y creciendo en[1] el conocimiento[2] de Dios. **11** Rogamos que ustedes sean fortalecidos con todo poder según la potencia de Su gloria, para obtener[1] toda perseverancia y paciencia, con gozo **12** dando gracias al Padre que nos ha capacitado para compartir[1] la herencia de los santos en la Luz.

LA PERSONA Y LA OBRA DE JESUCRISTO

13 Porque Él nos libró del dominio[1] de las tinieblas y nos trasladó al reino de Su Hijo amado[2], **14** en quien tenemos redención: el perdón de los pecados. **15** Él es la imagen del Dios invisible, el primogénito[1] de toda creación.

16 Porque en Él fueron creadas todas las cosas, *tanto* en los cielos *como* en la tierra, visibles e invisibles; ya sean tronos o dominios o poderes o autoridades; todo ha sido creado por

---

1:4-5
Tres grandes virtudes cristianas
La fe, la esperanza y el amor aparecen juntos varias veces en el Nuevo Testamento.

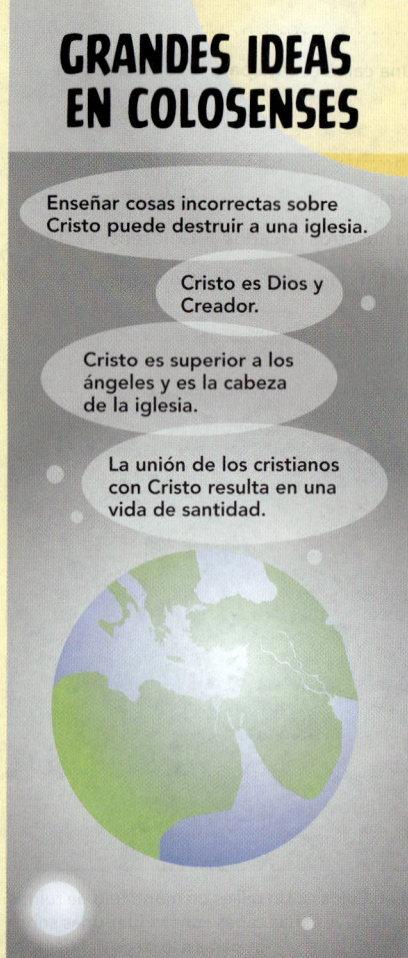

GRANDES IDEAS EN COLOSENSES

Enseñar cosas incorrectas sobre Cristo puede destruir a una iglesia.

Cristo es Dios y Creador.

Cristo es superior a los ángeles y es la cabeza de la iglesia.

La unión de los cristianos con Cristo resulta en una vida de santidad.

1:1 [1] Lit. *mediante.*   1:2 [1] I.e. el Mesías.   1:5 [1] O *del.*
1:6 [1] O *se disemina.*   [2] O *llegaron a entender...verdaderamente.*
1:7 [1] Algunos mss. dicen: *de ustedes.*   1:9 [1] Lit. *lo oímos.*
[2] O *verdadero conocimiento.*   1:10 [1] O *por.*   [2] O *aumentando en el verdadero conocimiento.*   1:11 [1] Lit. *hacia.*
1:12 [1] Lit. *para la porción de.*   1:13 [1] Lit. *de la autoridad.*
[2] Lit. *del Hijo de su amor.*   1:15 [1] Gr. *prótotokos;* aquí: el primero en prioridad y soberanía.

medio de Él y para Él. [17] Y Él es[1] antes de todas las cosas, y en Él todas las cosas permanecen[2].

[18] Él es también la cabeza del cuerpo *que es* la iglesia. Él es el principio, el primogénito[1] de entre los muertos, a fin de que Él tenga en todo la primacía. [19] Porque agradó *al Padre* que en Él habitara toda la plenitud[1], [20] y por medio de Él reconciliar todas las cosas consigo, habiendo hecho la paz por medio de la sangre de Su cruz, por medio de Él, *repito*, ya sean las que están en la tierra o las que están en los cielos.

[21] Y aunque ustedes antes estaban alejados y *eran* de ánimo hostil[1], *ocupados* en malas obras, [22] sin embargo, ahora Dios los ha reconciliado *en Cristo* en Su cuerpo de carne, mediante Su muerte, a fin de presentarlos santos, sin mancha e irreprensibles delante de Él. [23] Esto Él hará si en verdad permanecen en la fe bien cimentados y constantes, sin moverse de la esperanza del evangelio que han oído, que fue proclamado a toda la creación debajo del cielo, y del cual yo, Pablo, fui hecho[1] ministro.

CRISTO EN USTEDES, LA ESPERANZA DE GLORIA

[24] Ahora me alegro de mis sufrimientos por ustedes, y en mi carne, completando lo que falta de las aflicciones de Cristo, hago mi parte por Su cuerpo, que es la iglesia. [25] De *esta iglesia* fui hecho ministro conforme a la administración[1] de Dios que me fue dada para beneficio de ustedes, a fin de llevar a cabo *la predicación de* la[2] palabra de Dios, [26] *es decir*, el misterio que ha estado oculto desde los siglos y generaciones, pero que ahora ha sido manifestado a sus santos. [27] A estos Dios quiso dar a conocer cuáles son las riquezas de la gloria de este misterio entre los gentiles, que es Cristo en ustedes, la esperanza de la gloria.

[28] A Él nosotros proclamamos, amonestando a todos los hombres, y enseñando a todos los hombres con[1] toda sabiduría, a fin de poder presentar a todo hombre perfecto en Cristo. [29] Con este fin también trabajo, esforzándome según Su poder[1] que obra poderosamente[2] en mí.

PREOCUPACIÓN DE PABLO POR LOS COLOSENSES

2 Porque quiero que sepan qué gran lucha tengo por ustedes y por los que están en Laodicea, y por todos los que no me han visto en persona[1]. [2] *Espero que con esto* sean alentados sus corazones, y unidos en amor, *alcancen* todas las riquezas que *proceden* de una plena seguridad de comprensión, *resultando* en un verdadero conocimiento del misterio de Dios[1], *es decir*, de Cristo[2], [3] en quien están escondidos todos los tesoros de la sabiduría y del conocimiento.

1:25-26
El misterio de Dios
Muchas religiones paganas utilizaban la palabra *misterio* para referirse a rituales y símbolos secretos. Pablo la utilizó para referirse a los planes de Dios que en un tiempo habían estado ocultos, pero que ahora eran revelados por medio de Cristo: la salvación llega a todos por gracia mediante la fe en él.

1:17 [1] O ha existido.   [2] Lit. se conservan unidas.   1:18 [1] Gr. protótokos; aquí: el primero que resucitó de entre los muertos.   1:19 [1] I.e. de la Deidad. 1:21 [1] Lit. enemigos en mente.   1:23 [1] Lit. llegué a ser.   1:25 [1] O al oficio de administrador.   [2] Lit. hacer plena la.   1:28 [1] O en.   1:29 [1] Lit. obrar. [2] Lit. en poder.   2:1 [1] Lit. mi rostro en la carne.   2:2 [1] Algunos mss. dicen: de Dios el Padre.   [2] I.e. el Mesías.

⁴Esto lo digo para que nadie los engañe con razonamientos persuasivos¹. ⁵Porque aunque estoy ausente en el cuerpo¹, sin embargo estoy con ustedes en espíritu, regocijándome al ver² su buena disciplina³ y la estabilidad de la fe de ustedes en Cristo.

⁶Por tanto, de la manera que recibieron a Cristo Jesús el Señor, *así* anden¹ en Él; ⁷firmemente arraigados y edificados en Él y confirmados en¹ su fe, tal como fueron instruidos, rebosando de² gratitud.

JESUCRISTO: DIOS, SALVADOR Y VENCEDOR

⁸Miren que nadie los haga cautivos por medio de *su* filosofía y vanas sutilezas, según la tradición de los hombres, conforme a los principios¹ elementales del mundo y no según Cristo. ⁹Porque toda la plenitud de la Deidad reside corporalmente en Él, ¹⁰y ustedes han sido hechos completos¹ en Él, que es la cabeza sobre² todo poder y autoridad.

¹¹También en Él ustedes fueron circuncidados con una circuncisión no hecha por manos, al quitar el cuerpo de la carne mediante la circuncisión de Cristo; ¹²habiendo sido sepultados con Él en el bautismo, en el cual también han resucitado con Él por la fe en la acción *del poder* de Dios, que lo resucitó de entre los muertos.

¹³Y cuando ustedes estaban muertos en¹ sus delitos y en la incircuncisión de su carne, Dios les dio vida juntamente con Cristo, habiéndonos² perdonado todos los delitos, ¹⁴habiendo cancelado el documento de deuda que consistía en decretos contra nosotros *y* que nos era adverso, y lo ha quitado de en medio, clavándolo en la cruz. ¹⁵*Y* habiendo despojado a

2:4 ¹ O sutiles.　　2:5 ¹ Lit. *en la carne*.　　² Lit. *y viendo*.　　³ O *su buen orden*.
2:6 ¹ O *vivan*.　　2:7 ¹ O *por*.　　² Algunos mss. dicen: *en ella dicen; otros: en ello con*.　　2:8 ¹ O *las normas*.　　2:10 ¹ O *han alcanzado plenitud*.　　² Lit. *de*.
2:13 ¹ O *por causa de*.　　² Algunos mss. dicen: *habiéndoles*.

Las falsas enseñanzas en Colosas decían que una persona debía combinar la fe en Cristo con conocimientos secretos y prácticas tales como la circuncisión y otros rituales religiosos. Pablo les dijo que no hicieran caso a esas mentiras.

CARTA A COLOSAS

los poderes y autoridades, hizo de ellos un espectáculo público, triunfando sobre ellos por medio de Él[1].

ADVERTENCIAS CONTRA MANDAMIENTOS DE HOMBRES

16 Por tanto, que nadie se constituya en juez de ustedes[1] con respecto a comida o bebida, o en cuanto a día de fiesta, o luna nueva, o día de reposo, **17** cosas que *solo* son sombra de lo que ha de venir, pero el cuerpo[1] pertenece a Cristo[2]. **18** Nadie los defraude de su premio[1] deleitándose en la humillación de sí mismo[2] y en la adoración de los ángeles, basándose en las *visiones* que ha visto, envanecido sin causa por su mente carnal, **19** pero no asiéndose a la Cabeza, de la cual todo el cuerpo, nutrido y unido por las coyunturas y ligamentos[1], crece con un crecimiento *que es* de Dios.

20 Si ustedes han muerto con Cristo a los principios[1] elementales del mundo, ¿por qué, como si *aún* vivieran en el mundo, se someten a preceptos tales como: **21** «no manipules[1], no gustes, no toques», **22** (todos los cuales *se refieren a* cosas destinadas a perecer con el uso[1]), según los preceptos y enseñanzas de los hombres? **23** Tales cosas tienen a la verdad, la apariencia de sabiduría en una religión humana[1], en la humillación de sí mismo[2] y en el trato severo del cuerpo, *pero* carecen de valor alguno contra los apetitos de la carne.

LA META DEL CRISTIANO

3 Si ustedes, pues, han resucitado con Cristo, busquen las cosas de arriba, donde está Cristo sentado a la diestra de Dios. **2** Pongan la mira[1] en las cosas de arriba, no en las de la tierra. **3** Porque ustedes han muerto, y su vida está escondida con Cristo en Dios. **4** Cuando Cristo, nuestra[1] vida, sea manifestado, entonces ustedes también serán manifestados con Él en gloria.

LA VIDA VIEJA Y LA VIDA NUEVA

5 Por tanto, consideren los miembros de su cuerpo terrenal como muertos[1] a la fornicación, la impureza, las pasiones, los malos deseos y la avaricia, que es idolatría. **6** Pues la ira de Dios vendrá sobre los hijos de desobediencia[1] por causa de estas cosas, **7** en las cuales ustedes también anduvieron en otro tiempo cuando vivían en ellas. **8** Pero ahora desechen también todo esto: ira, enojo, malicia, insultos, lenguaje ofensivo de su boca.

9 Dejen de mentirse[1] los unos a los otros, puesto que han desechado al viejo hombre con sus *malos* hábitos, **10** y se han vestido del nuevo *hombre*, el cual se va renovando hacia un verdadero conocimiento, conforme a la imagen de Aquel que lo creó. **11** *En esta renovación* no hay *distinción entre* griego

2:20-23
Sin restricciones
Pablo dijo que aunque estas prácticas parecían sabias, las habían creado los seres humanos y no Dios. Él añadió que la humildad fingida y las reglas estrictas de los falsos maestros eran inútiles.

3:5-10
Por qué Pablo enumera todos estos pecados
Se trataba de comportamientos que las personas mantenían antes de convertirse en cristianos. Ahora era tiempo de renunciar a estos pecados y vivir para Cristo.

2:15 ¹ O *ella*; i.e. la cruz.   2:16 ¹ Lit. *nadie los juzgue.*   2:17 ¹ O *la sustancia.*   ² Lit. *es de Cristo.*   2:18 ¹ O *Nadie juzgue contra ustedes.*   ² O *humildad.*   2:19 ¹ Lit. *ataduras,*   2:20 ¹ O *las normas.*   2:21 ¹ O *no manosees.*   2:22 ¹ O *siendo consumidas.*   2:23 ¹ Lit. *arbitraria,* o *autocreada.*   ² O *humildad.*   3:2 ¹ O *la mente.*   3:4 ¹ Algunos mss. antiguos dicen: *la vida de ustedes.*   3:5 ¹ Lit. *den muerte a los miembros que están sobre la tierra.*   3:6 ¹ Algunos mss. antiguos no incluyen: *sobre los hijos de desobediencia.*   3:9 ¹ O *Dejen de mentir.*

3:12
Los escogidos de Dios
Así era como Dios había llamado a Israel. Sin embargo, ahora extendía el pacto de Israel a los gentiles. Dios les llamó «hijos» a todo su pueblo elegido.

3:22—4:1
Esclavitud
Pablo no estaba a favor de la esclavitud, pero tampoco aprobaba las rebeliones contra los amos. Él exhortó a los esclavos a trabajar duro y a los amos a tratar a los esclavos de manera justa. Ambos debían practicar los principios cristianos del amor y la bondad.

4:6
Sazonar una conversación con sal
La sal era necesaria para preservar los alimentos y darles sabor. La gracia es como la sal; al hablar con gracia, un cristiano preserva el mensaje de Cristo y le agrega verdad.

y judío, circunciso e incircunciso[1], bárbaro[2], Escita[3], esclavo o libre, sino que Cristo[4] es todo, y en todos.

[12] Entonces, ustedes como escogidos de Dios, santos y amados, revístanse de tierna compasión, bondad, humildad, mansedumbre y paciencia[1]; [13] soportándose unos a otros y perdonándose unos a otros, si alguien tiene queja contra otro. Como Cristo los perdonó, así también *háganlo* ustedes. [14] Sobre todas estas cosas, *vístanse de* amor, que es el vínculo[1] de la unidad[2].

[15] Que la paz de Cristo[1] reine[2] en sus corazones, a la cual en verdad[3] fueron llamados en un solo cuerpo; y sean agradecidos. [16] Que la palabra de Cristo[1] habite en abundancia en ustedes, con toda sabiduría enseñándose y amonestándose unos a otros con salmos, himnos *y* canciones espirituales, cantando a Dios con acción de gracias[2] en sus corazones. [17] Y todo lo que hagan, de palabra o de hecho, *háganlo* todo en el nombre del Señor Jesús, dando gracias por medio de Él a Dios el Padre.

RELACIONES SOCIALES DEL CRISTIANO
[18] Mujeres, estén sujetas a sus maridos, como conviene en el Señor. [19] Maridos, amen a sus[1] mujeres y no sean ásperos[2] con ellas. [20] Hijos, sean obedientes a sus padres en todo, porque esto es agradable al[1] Señor. [21] Padres, no exasperen[1] a sus hijos, para que no se desalienten. [22] Siervos[1], obedezcan en todo a sus[2] amos en la tierra[3], no para ser vistos, como los que quieren agradar a los hombres, sino con sinceridad de corazón, temiendo al Señor.

[23] Todo lo que hagan, háganlo de corazón, como para el Señor y no para los hombres, [24] sabiendo que del Señor recibirán la recompensa de la herencia. Es a Cristo el Señor a quien sirven. [25] Porque el que procede con injusticia sufrirá las consecuencias del mal que ha cometido, y eso, sin acepción de personas.

4 Amos, traten con justicia y equidad a sus siervos[1], sabiendo que ustedes también tienen un Señor[2] en el cielo.

EXHORTACIONES FINALES
[2] Perseveren en[1] la oración, velando en ella con acción de gracias. [3] Oren al mismo tiempo también por nosotros, para que Dios nos abra una puerta para la palabra, a fin de dar a conocer[1] el misterio de Cristo[2], por el cual también he sido encarcelado, [4] para manifestarlo como debo hacerlo[1]. [5] Anden sabiamente para con los de afuera, aprovechando bien[1] el tiempo. [6] Que su conversación sea siempre con gracia, sazonada *como* con sal, para que sepan cómo deben responder a cada persona.

3:11 [1] Lit. *circuncisión e incircuncisión*.   [2] I.e. uno que no era griego, ni por nacimiento ni por cultura.   [3] Un natural de Escitia; símbolo de un salvaje primitivo.   [4] I.e. el Mesías.   3:12 [1] I.e. tolerancia.   3:14 [1] O *lazo, o eslabón*.   [2] Lit. *de la perfección*.   3:15 [1] Algunos mss. dicen: *Dios*.   [2] O *actúe como árbitro*.   [3] Lit. *también*.   3:16 [1] Algunos mss. dicen: *del Señor*; otros dicen: *de Dios*.   [2] Lit. *en su gracia*.   3:19 [1] Lit. *las*.   [2] O *amargos*.   3:20 [1] Lit. *en el*.   3:21 [1] Algunos mss. antiguos dicen: *no provoquen a ira*.   3:22 [1] O *Esclavos*.   [2] Lit. *los*.   [3] Lit. *según la carne*.   4:1 [1] O *esclavos*.   [2] O *Amo*.   4:2 [1] O *Conságrense a*.   4:3 [1] Lit. *de hablar*.   [2] I.e. el Mesías.   4:4 [1] Lit. *hablar*.   4:5 [1] Lit. *redimiendo*.

ASUNTOS PERSONALES

7 En cuanto a todos mis asuntos, les informará Tíquico, *nuestro* amado hermano, fiel ministro y consiervo en el Señor. **8** *Porque* precisamente para esto lo he enviado a ustedes, para que sepan de nuestras circunstancias y que conforte sus corazones; **9** y con él a Onésimo*¹*, fiel y amado hermano, que es uno de ustedes. Ellos les informarán acerca de todo lo que aquí pasa.

SALUDOS

10 Aristarco, mi compañero de prisión, les envía saludos. También Marcos, el primo de Bernabé, (acerca del cual ustedes recibieron instrucciones*¹*. Si va a verlos, recíbanlo bien). **11** *También* Jesús, llamado Justo. Estos son los únicos colaboradores *conmigo* en*¹* el reino de Dios que son de la circuncisión, y ellos*²* han resultado ser un estímulo para mí. **12** Epafras, que es uno de ustedes, siervo de Jesucristo, les envía saludos, siempre esforzándose intensamente a favor de ustedes en sus oraciones, para que estén firmes, perfectos*¹* y completamente seguros*²* en toda la voluntad de Dios. **13** Porque de él soy testigo de que tiene profundo interés*¹* por ustedes y por los que están en Laodicea y en Hierápolis. **14** Lucas, el médico amado, les envía saludos, y *también* Demas. **15** Saluden a los hermanos que están en Laodicea, también a Ninfas y a la iglesia que está en su casa. **16** Cuando esta*¹* carta se haya leído entre ustedes, háganla leer también en la iglesia de los laodicenses. Ustedes, por su parte, lean la carta *que viene* de Laodicea. **17** Dígale a Arquipo: «Cuida*¹* el ministerio que has recibido del Señor, para que lo cumplas». **18** Yo, Pablo, escribo este saludo con mi propia mano*¹*. Acuérdense de mis cadenas. La gracia sea con ustedes.

4:18
Por qué Pablo dice que él escribió esto
Pablo le dictaba sus cartas a una persona que escribía sus palabras, y luego él mismo añadía saludos personales escritos con su propia mano al final de la carta.

4:9 ¹ Lit. *junto con Onésimo.*   4:10 ¹ U *órdenes.*   4:11 ¹ O *por.*   ² Lit. *los cuales.*   4:12 ¹ O *maduros.*   ² O *perfectos.*   4:13 ¹ O *se toma mucho trabajo.*   4:16 ¹ Lit. *la.*   4:17 ¹ O *Mira.*   4:18 ¹ Lit. *El saludo por mi mano, Pablo.*

1 Tesalonicenses

¿QUIÉN ESCRIBIÓ ESTE LIBRO?	Pablo
¿POR QUÉ SE ESCRIBIÓ ESTE LIBRO?	Este libro les enseña a los cristianos cómo agradar a Dios.
¿PARA QUIÉN FUE ESCRITO ESTE LIBRO?	Este libro es una carta que Pablo les envió a los cristianos en Tesalónica.
¿CUÁLES SON ALGUNAS ENSEÑANZAS IMPORTANTES DE ESTE LIBRO?	Ser cristianos ejemplares 1 Tesalonicenses 1:4-10 Vivir para agradar a Dios 1 Tesalonicenses 4:3-12 Jesús vendrá otra vez 1 Tesalonicenses 4:13-18

Tesalónica era la capital de Macedonia. Pablo estuvo de visita allí en su segundo y tercer viajes misioneros.

SALUDO

1 Pablo, Silvano y Timoteo, a la iglesia de los tesalonicenses en Dios Padre y en el Señor Jesucristo: Gracia a ustedes y paz.

FE Y EJEMPLO DE LOS TESALONICENSES

2 Siempre damos gracias a Dios por todos ustedes, mencionándolos en nuestras oraciones, **3** teniendo presente sin cesar delante de nuestro Dios y Padre su obra de fe, su trabajo de amor y la firmeza de su esperanza en[1] nuestro Señor Jesucristo.

4 Sabemos, hermanos amados de Dios, de la elección de ustedes, **5** porque nuestro evangelio no vino a ustedes solamente en palabras, sino también en poder y en el Espíritu Santo y con plena convicción[1]; como saben qué clase de personas[2] demostramos ser[3] entre ustedes por el amor que les tenemos.

6 Y ustedes llegaron a ser imitadores de nosotros y del Señor, habiendo recibido la palabra, en medio de mucha tribulación, con el gozo del Espíritu Santo, **7** de tal manera que llegaron a ser un ejemplo para todos los creyentes en Macedonia y en Acaya. **8** Porque *saliendo* de ustedes, la palabra del Señor se ha escuchado, no solo en Macedonia y Acaya, sino que también por todas partes la fe de ustedes en[1] Dios se ha divulgado, de modo que nosotros no tenemos necesidad de decir nada.

9 Pues ellos mismos cuentan acerca de nosotros, de la acogida[1] que tuvimos por parte de[2] ustedes, y de cómo se convirtieron de los ídolos a Dios para servir al Dios vivo y verdadero, **10** y esperar de los cielos a Su Hijo, al cual resucitó de entre los muertos, *es decir,* a Jesús, quien nos libra de la ira venidera.

COMPORTAMIENTO DE PABLO COMO MINISTRO DE JESUCRISTO

2 Porque ustedes mismos saben, hermanos, que nuestra visita[1] a ustedes no fue en vano, **2** sino que después de haber sufrido y sido maltratados en Filipos, como saben, tuvimos el valor, *confiados* en nuestro Dios, de hablarles el evangelio de Dios en medio de mucha oposición. **3** Pues nuestra exhortación no *procede* de error ni de impureza ni *es* con engaño, **4** sino que así como hemos sido aprobados por Dios para que se nos confiara el evangelio, así hablamos, no como agradando a los hombres, sino a Dios que examina[1]

GRANDES IDEAS EN 1 TESALONICENSES

Dios llama a los creyentes a ser firmes y mantenerse fieles.

Los creyentes deben esperar sufrir por causa de su fe.

Los creyentes que han muerto resucitarán primero cuando Cristo regrese.

El regreso de Cristo será inesperado, como un ladrón en la noche.

Los creyentes deben esperar ansiosos la venida de Cristo mientras viven en santidad.

1:9-10

Tres señales de conversión
Ellos se alejaron de los ídolos, servían a Dios y esperaban a que Cristo regresara.

1:3 [1] Lit. *de.*   1:5 [1] O *certidumbre,* o, *seguridad.*   [2] U *hombres.*   [3] Lit. *llegamos a ser.*   1:8 [1] Lit. *hacia.*   1:9 [1] Lit. *entrada.*   [2] Lit. *hacia.*   2:1 [1] Lit. *entrada.*   2:4 [1] O *aprueba.*

2:7, 11-12
Pablo se comparó con los padres

Pablo dijo que fue tierno como una madre cuando estaba con ellos. También que era como un padre que alentaba y consolaba a sus hijos.

2:9
Pablo les recordó sus trabajos y fatigas

A los griegos no les gustaba el trabajo manual y pensaban que solo debían hacerlo los esclavos. Sin embargo, Pablo no se avergonzaba de hacer cualquier tarea que le ayudara en la meta de difundir el evangelio. Él no quería ser una carga para los creyentes.

2:19-20
Una corona

Él no hablaba de la corona de un rey, sino de una hecha de hojas que se utilizaba en las ocasiones festivas o se daba como premio por ganar una carrera. Al igual que una de esas coronas, los cristianos de Tesalónica llenaron el corazón de Pablo de honor y alegría.

nuestros corazones. **5** Porque como saben, nunca fuimos[1] a *ustedes* con palabras lisonjeras, ni con pretexto para sacar provecho. Dios es testigo. **6** Tampoco buscamos gloria de los hombres, ni de ustedes ni de otros, aunque como apóstoles de Cristo hubiéramos podido imponer nuestra autoridad[1].

7 Más bien demostramos ser[1] benignos[2] entre[3] ustedes, como una madre que cría con ternura a sus propios hijos. **8** Teniendo así un gran afecto por ustedes, nos hemos complacido en impartirles no solo el evangelio de Dios, sino también nuestras propias vidas[1], pues llegaron a ser muy amados para nosotros. **9** Porque recuerdan, hermanos, nuestros trabajos y fatigas, *cómo,* trabajando de día y de noche para no ser carga a ninguno de ustedes, les proclamamos el evangelio de Dios.

10 Ustedes son testigos, y *también* Dios, de cuán santa, justa e irreprensiblemente nos comportamos[1] con ustedes los creyentes. **11** Saben además de qué manera los exhortábamos, alentábamos e implorábamos[1] a cada uno de ustedes, como un padre *lo haría* con sus propios hijos, **12** para que anduvieran como es digno del Dios que los ha llamado[1] a Su reino y a Su gloria.

PABLO DA GRACIAS POR LOS TESALONICENSES

13 Por esto también nosotros sin cesar damos gracias a Dios de que cuando recibieron la palabra de Dios que oyeron de nosotros, *la* aceptaron no *como* la palabra de hombres, sino como lo que realmente es, la palabra de Dios, la cual también hace su obra en ustedes los que creen. **14** Pues ustedes, hermanos, llegaron a ser imitadores de las iglesias de Dios en Cristo Jesús que están en Judea, porque también ustedes padecieron los mismos sufrimientos a manos de sus propios compatriotas, tal como ellos *padecieron* a manos de los judíos.

15 Estos mataron tanto al Señor Jesús como a los profetas, y a nosotros nos expulsaron[1], y no agradan a Dios sino que[2] son contrarios a todos los hombres, **16** impidiéndonos hablar a los gentiles para que se salven, con el resultado de que siempre llenan la medida de sus pecados. Pero la ira de Dios ha venido sobre ellos hasta el extremo.

17 Pero nosotros, hermanos, separados de ustedes por breve tiempo[1], en persona[2] pero no en espíritu[3], estábamos muy ansiosos, con profundo deseo de ir a verlos. **18** Ya que queríamos ir a ustedes, al menos yo, Pablo, más de una vez[1]; pero Satanás nos lo ha impedido. **19** Porque ¿quién es nuestra esperanza o gozo o corona de gloria? ¿No lo son ustedes en la presencia de nuestro Señor Jesús en Su venida[1]? **20** Pues ustedes son nuestra gloria y nuestro gozo.

2:5 [1] Lit. *nos presentamos.*   2:6 [1] O *ser carga.*   2:7 [1] Lit. *nos hicimos.*
[2] Algunos mss. antiguos dicen: *niños.*   [3] Lit. *en medio de.*   2:8 [1] O *almas.*
2:10 [1] Lit. *nos hicimos.*   2:11 [1] O *testificábamos.*   2:12 [1] O *llama.*
2:15 [1] O *nos persiguieron.*   [2] Lit. *y.*   2:17 [1] Lit. *por espacio de una hora.*   [2] Lit. *rostro.*   [3] Lit. *corazón.*   2:18 [1] Lit. *tanto una vez como dos.*
2:19 [1] O *presencia.*

INTERÉS DE PABLO POR SUS HIJOS EN LA FE

3 Por lo cual, no pudiendo soportar*lo* más, pensamos que era mejor quedarnos solos en Atenas. **2** Enviamos a Timoteo, nuestro hermano y colaborador de Dios¹ en el evangelio de Cristo, para fortalecerlos y alentarlos respecto a la fe de ustedes; **3** a fin de que nadie se inquiete¹ por *causa de* estas aflicciones, porque ustedes mismos saben que para esto hemos sido destinados.

4 Porque en verdad, cuando estábamos con ustedes les predecíamos que íbamos a sufrir aflicción, y así¹ ha acontecido, como² saben. **5** Por eso también yo, cuando ya no pude soportar más, envié a Timoteo para informarme de su fe, por temor a que el tentador los hubiera tentado y que nuestro trabajo hubiera sido en vano. **6** Pero ahora Timoteo ha regresado¹ de ustedes a nosotros, y nos ha traído buenas noticias de su fe y amor y de que siempre tienen buen recuerdo de nosotros, anhelando vernos, como también nosotros a ustedes.

7 Por eso, hermanos, en toda nuestra necesidad y aflicción fuimos consolados respecto a ustedes por medio de su fe. **8** Porque ahora *sí que* vivimos, si ustedes están firmes en el Señor. **9** Pues ¿qué acción de gracias podemos dar a Dios por ustedes, por todo el gozo con que nos regocijamos delante de nuestro Dios a causa de ustedes, **10** según oramos intensamente de noche y de día que podamos ver el rostro de ustedes y que completemos lo que falta a su fe?

EXHORTACIÓN A LA SANTIDAD

11 Ahora, *pues,* que el mismo Dios y Padre nuestro, y Jesús nuestro Señor, dirijan nuestro camino a ustedes. **12** Que el Señor los haga crecer y abundar en amor unos para con otros, y para con todos, como también nosotros *lo hacemos* para con ustedes; **13** a fin de que Él afirme sus corazones irreprensibles en santidad delante de nuestro Dios y Padre, en la venida¹ de nuestro Señor Jesús con todos Sus santos.

4 Por lo demás, hermanos, les rogamos, y les exhortamos en el Señor Jesús, que tal como han recibido de nosotros *instrucciones* acerca de la manera en que deben andar¹ y agradar a Dios, como de hecho ya andan, así abunden *en ello* más y más. **2** Pues ustedes saben qué preceptos les dimos por autoridad¹ del Señor Jesús. **3** Porque esta es la voluntad de Dios: su santificación; *es decir,* que se abstengan de inmoralidad sexual¹; **4** que cada uno de ustedes sepa cómo poseer su propio vaso¹ en santificación y honor, **5** no en pasión degradante, como los gentiles que no conocen a Dios.

6 Que nadie peque ni defraude a su hermano en este asunto, porque el Señor es *el* vengador en todas estas cosas, como también antes les dijimos y advertimos solemnemente. **7** Porque Dios no nos ha llamado a impureza, sino a¹ santificación. **8** Por tanto, el que rechaza *esto* no rechaza a un hombre, sino al Dios que les da a ustedes Su Espíritu Santo.

3:3
Las aflicciones que enfrentaban los creyentes
Los cristianos de Tesalónica se enfrentaron a la oposición y la persecución debido a sus creencias. Pablo dijo que los cristianos debían esperar problemas de este tipo.

3:6
Timoteo le trajo buenas noticias a Pablo
Timoteo reportó que aunque eran perseguidos, la fe de los creyentes se mantenía fuerte, se amaban los unos a los otros y estaban deseosos de que Pablo volviera.

4:3-8
Por qué Pablo necesitaba enseñarles a estos cristianos acerca de la pureza
En la sociedad griega y romana, las personas tenían normas o estándares bajos con respecto a sus relaciones amorosas. Pablo quería que los cristianos se dieran cuenta de que Dios los había llamado a vivir de otra manera.

3:2 ¹ Algunos mss. dicen: *servidor de Dios y colaborador nuestro.*   3:3 ¹ O se
engañe.   3:4 ¹ Lit. *tal como.*   ² Lit. *y.*   3:6 ¹ Lit. *venido.*   3:13 ¹ O *presencia.*
4:1 ¹ O se deben conducir.   4:2 ¹ Lit. *por medio.*   4:3 ¹ O *fornicación.*
4:4 ¹ I.e. cuerpo; o, posiblemente, esposa.   4:7 ¹ O *vivir en.*

9 Pero en cuanto al amor fraternal, no tienen necesidad de que *nadie* les escriba, porque ustedes mismos han sido enseñados por Dios a amarse unos a otros. 10 Porque en verdad lo practican con todos los hermanos que están en toda Macedonia. Pero les instamos, hermanos, a que abunden *en ello* más y más, 11 y a que tengan por su ambición el llevar una vida tranquila, y se ocupen en sus propios asuntos¹ y trabajen con sus manos, tal como les hemos mandado; 12 a fin de que se conduzcan honradamente para con los de afuera, y no tengan necesidad de nada.

LA VENIDA DEL SEÑOR

13 Pero no queremos, hermanos, que ignoren acerca de los que duermen¹, para que no se entristezcan como lo hacen los demás que no tienen esperanza. 14 Porque si creemos que Jesús murió y resucitó, así también Dios traerá con Él a los que durmieron¹ en² Jesús. 15 Por lo cual les decimos esto por la palabra del Señor: que nosotros los que estemos vivos y que permanezcamos hasta la venida del Señor, no precederemos a los que durmieron¹.

16 Pues el Señor mismo descenderá del cielo con voz¹ de mando, con voz de arcángel y con la trompeta de Dios, y los muertos en Cristo se levantarán primero. 17 Entonces

---

4:13-18

Las ideas de los cristianos tesalonicenses sobre la muerte

Algunos habían malentendido las enseñanzas de Pablo y pensaban que todos los cristianos vivirían hasta que Cristo volviera. Cuando algunos cristianos murieron, los tesalonicenses se sintieron confundidos. Pablo explicó que los cristianos que habían muerto se reencontrarían con los vivos cuando Jesús volviera.

4:11 ¹ O *negocios.*   4:13 ¹ I.e. que han muerto.   4:14 ¹ I.e. murieron.
² Lit. *por medio de.*   4:15 ¹ I.e. murieron.   4:16 ¹ O *grito.*

CARTA A TESALÓNICA

nosotros, los que estemos vivos y que permanezcamos, seremos arrebatados juntamente con ellos en las nubes al encuentro del Señor en el aire, y así estaremos con el Señor siempre. **18** Por tanto, confórtense unos a otros con estas palabras.

PREPARADOS PARA EL DÍA DEL SEÑOR

5 Ahora bien, hermanos, con respecto a los tiempos y a las épocas, no tienen necesidad de que se les escriba *nada*. **2** Pues ustedes mismos saben perfectamente que el día del Señor vendrá¹ así como un ladrón en la noche; **3** *que* cuando estén diciendo: «Paz y seguridad», entonces la destrucción¹ vendrá sobre ellos repentinamente², como dolores de parto a una mujer que está encinta, y no escaparán.

4 Pero ustedes, hermanos, no están en tinieblas, para que el día los sorprenda como ladrón¹; **5** porque todos ustedes son hijos de la luz e hijos del día. No somos de la noche ni de las tinieblas. **6** Por tanto, no durmamos como los demás, sino estemos alerta y seamos sobrios¹. **7** Porque los que duermen, de noche duermen, y los que se emborrachan, de noche se emborrachan.

8 Pero puesto que nosotros somos del día, seamos sobrios¹, habiéndonos puesto la coraza de la fe y del amor, y por casco la esperanza de la salvación. **9** Porque no nos ha destinado¹ Dios para ira, sino para obtener salvación por medio de nuestro Señor Jesucristo, **10** que murió por nosotros, para que ya sea que estemos despiertos o dormidos, vivamos junto con Él. **11** Por tanto, confórtense los unos a los otros, y edifíquense el uno al otro, tal como lo están haciendo.

DEBERES PRÁCTICOS DE LA VIDA CRISTIANA

12 Pero les rogamos hermanos, que reconozcan¹ a los que con diligencia trabajan entre ustedes, y los dirigen² en el Señor y los instruyen, **13** y que los tengan en muy alta estima con amor, por causa de su trabajo. Vivan en paz los unos con los otros. **14** Les exhortamos, hermanos, a que amonesten a los indisciplinados¹, animen a los desalentados, sostengan a los débiles y sean pacientes con todos. **15** Miren que ninguno devuelva a otro mal por mal, sino que procuren siempre lo bueno los unos para con los otros, y para con todos.

16 Estén siempre gozosos. **17** Oren sin cesar. **18** Den gracias en todo, porque esta es la voluntad de Dios para ustedes en Cristo Jesús. **19** No apaguen el Espíritu. **20** No desprecien las profecías¹. **21** Antes bien, examínenlo todo *cuidadosamente*, retengan lo bueno. **22** Absténganse de toda forma¹ de mal.

PABLO ORA POR LA SANTIFICACIÓN DE LOS TESALONICENSES

23 Y que el mismo Dios de paz los santifique por completo¹; y que todo su ser, espíritu, alma y cuerpo, sea preservado

5:4-11
La enseñanza de Pablo sobre la vida cristiana

Pablo dijo que los cristianos debían vivir con fe, esperanza y amor mientras aguardaban el regreso de Cristo. También indicó que Dios los había escogido para la salvación por medio de Jesús y que debían alentarse unos a otros con esta verdad.

5:2 ¹ Lit. *viene.*   5:3 ¹ O *destrucción repentina.*   ² Lit. *está a la mano.*
5:4 ¹ Algunos mss. antiguos dicen: *como ladrones.*   5:6 ¹ O *tengamos dominio propio.*   5:8 ¹ O *tengamos dominio propio.*   5:9 ¹ O *puesto.*
5:12 ¹ O *honren.*   ² *los presiden.*   5:14 ¹ O *desordenados.*   5:20 ¹ O *los dones de profecías.*   5:22 ¹ O *apariencia.*   5:23 ¹ O *del todo.*

5:26
Un beso santo

Darse un beso en la mejilla públicamente era una práctica común en el mundo antiguo. Los cristianos lo hacían para mostrarse respeto y amor mutuos. Lo normal era saludarse y despedirse de esta manera.

irreprensible para[2] la venida de nuestro Señor Jesucristo. 24Fiel es Aquel que los llama, el cual también *lo* hará.

SALUDOS Y BENDICIÓN FINAL

25Hermanos, oren por nosotros[1].

26Saluden a todos los hermanos con beso santo. 27Les encargo solemnemente[1] por el Señor que se lea esta carta a todos los hermanos.

28La gracia de nuestro Señor Jesucristo sea con ustedes.

---

[2] Lit. *en.*   5:25 [1] Algunos mss. agregan: *también.*   5:27 [1] Lit. *Les conjuro.*

2 Tesalonicenses

¿QUIÉN ESCRIBIÓ ESTE LIBRO?	Pablo
¿POR QUÉ SE ESCRIBIÓ ESTE LIBRO?	El libro 2 Tesalonicenses les dice a estos cristianos que trabajen duro hasta que Jesús venga de nuevo.
¿PARA QUIÉN FUE ESCRITO ESTE LIBRO?	Este libro es una carta que Pablo les envió a los cristianos en Tesalónica.

¿CUÁLES SON ALGUNAS ENSEÑANZAS IMPORTANTES DE ESTE LIBRO?

Dios castigará a los malvados	2 Tesalonicenses 1:5-10
Todos debemos trabajar	2 Tesalonicenses 3:6-15

Este odeón tesalonicense era un pequeño teatro donde actuaban músicos y oradores.

SALUDO

1 Pablo, Silvano y Timoteo:
A la iglesia de los tesalonicenses en Dios nuestro Padre y en el Señor Jesucristo: **2** Gracia a ustedes y paz de parte de Dios el Padre y del Señor Jesucristo.

ACCIÓN DE GRACIAS

3 Siempre tenemos que dar gracias a Dios por ustedes, hermanos, como es justo, porque su fe aumenta grandemente, y el amor de cada uno de*¹* ustedes hacia los demás abunda *más y más*. **4** Por lo cual nosotros mismos hablamos con orgullo de ustedes entre las iglesias de Dios, por su perseverancia y fe en medio de todas las*¹* persecuciones y aflicciones que soportan. **5** *Esta es* una señal evidente del justo juicio de Dios, para que sean considerados dignos del reino de Dios, por el cual en verdad están sufriendo.

JUSTICIA DE LA RETRIBUCIÓN FINAL

6 Porque después de todo*¹*, es justo delante de*²* Dios que Él pague con aflicción a quienes los afligen a ustedes. **7** Pero que Él les dé alivio a ustedes que son afligidos, y también a nosotros*¹*, cuando el Señor Jesús sea revelado*²* desde el cielo con Sus poderosos ángeles*³* en llama de fuego, **8** dando castigo a los que no conocen a Dios, y a los que no obedecen al evangelio de nuestro Señor Jesús.

9 Estos*¹* sufrirán el castigo de eterna destrucción, excluidos de la presencia del Señor y de la gloria de Su poder, **10** cuando Él venga para ser glorificado en*¹* Sus santos en aquel día y para ser admirado entre todos los que han creído; porque nuestro testimonio ha sido creído por ustedes.

ORACIÓN POR LOS TESALONICENSES

11 Con este fin también nosotros oramos siempre por ustedes, para que nuestro Dios los considere dignos de su llamamiento y cumpla todo deseo de bondad y la obra de fe con poder, **12** a fin de que el nombre de nuestro Señor Jesús sea glorificado en ustedes, y ustedes en Él, conforme a la gracia de nuestro Dios y del Señor Jesucristo.

LA VENIDA DEL SEÑOR Y EL HOMBRE DE PECADO

2 Pero con respecto a la venida*¹* de nuestro Señor Jesucristo y a nuestra reunión con Él, les rogamos, hermanos, **2** que no sean sacudidos fácilmente en su modo de pensar*¹*, ni se alarmen, ni por espíritu, ni por palabra, ni por carta como *si fuera* de nosotros, en el sentido de que el día del Señor ha llegado. **3** Que nadie los engañe en ninguna manera, porque *no vendrá* sin que primero venga la apostasía y sea revelado el hombre de pecado*¹*, el hijo de perdición.

4 Este se opone y se exalta sobre todo lo que se llama dios o *es* objeto de culto, de manera que se sienta en el templo de

---

1:8
El castigo cuando Jesús regrese
Este versículo trata sobre el castigo para aquellos que se niegan a creer en Dios y a seguirlo, así como a aceptar el evangelio de Jesús.

1:12
Cómo será glorificado el nombre de Jesús
En la antigüedad, el nombre de alguien a menudo representaba quién era esa persona. Aquí, Pablo estaba orando para que Jesús recibiera la gloria por todo lo que él hizo en la vida de los cristianos de Tesalónica.

2:1-3
Los creyentes estaban alarmados
Ellos habían recibido una carta falsa que pretendía ser de Pablo, la cual decía que el día del Señor ya había llegado. Pablo les aseguró que el día del Señor no vendría hasta que ciertas cosas hubieran sucedido.

1:3 *¹* Lit. *de todos.*   1:4 *¹* Lit. *sus.*   1:6 *¹* Lit. *Si en verdad.*   *²* O *para.*
1:7 *¹* Lit. *juntamente con nosotros.*   *²* Lit. *en la revelación del Señor Jesús.*   *³* Lit. *los ángeles de su poder.*   1:9 *¹* Lit. *Los cuales.*   1:10 *¹* O *en las personas de.*
2:1 *¹* O *presencia.*   2:2 *¹* Lit. *su mente.*   2:3 *¹* Algunos mss. antiguos dicen: *sin ley.*

Dios[1], presentándose como si fuera Dios. **5** ¿No se acuerdan de que cuando yo estaba todavía con ustedes les decía esto?

6 Ustedes saben lo que lo detiene *por ahora*, para ser revelado a su *debido* tiempo. **7** Porque el misterio de la iniquidad[1] ya está en acción, solo *que* aquel que *por* ahora lo detiene, *lo hará* hasta que él mismo sea quitado de en medio. **8** Entonces será revelado ese impío[1], a quien el Señor matará con el espíritu[2] de Su boca, y destruirá con el resplandor de Su venida[3].

9 La venida del *impío* será conforme a la actividad[1] de Satanás, con todo poder y señales[2] y prodigios mentirosos[3], **10** y con todo engaño de iniquidad para los que se pierden, porque no recibieron el amor de la verdad para ser salvos. **11** Por esto Dios les enviará[1] un poder engañoso[2], para que crean en la mentira, **12** a fin de que sean juzgados todos los que no creyeron en la verdad sino que se complacieron en la iniquidad.

FIRMES EN LA DOCTRINA

13 Pero nosotros siempre tenemos que dar gracias a Dios por ustedes, hermanos amados por el Señor, porque Dios los ha escogido desde el principio[1] para salvación mediante[2] la santificación por el[3] Espíritu y la fe en la verdad. **14** Fue para esto que Él los llamó mediante nuestro evangelio, para que alcancen la gloria de nuestro Señor Jesucristo. **15** Así que, hermanos, estén firmes y conserven las doctrinas que les fueron enseñadas, ya de palabra, ya por carta nuestra.

16 Y que nuestro Señor Jesucristo mismo, y Dios nuestro Padre, que nos amó y nos dio consuelo eterno y buena esperanza por gracia, **17** consuele sus corazones y *los* afirme en toda obra y palabra buena.

LLAMAMIENTO A LA ORACIÓN

3 Finalmente, hermanos, oren por nosotros, para que la palabra del Señor se extienda rápidamente[1] y sea glorificada, así como *sucedió* también con ustedes. **2** Oren también para que seamos librados de hombres perversos[1] y malos, porque no todos tienen fe[2]. **3** Pero el Señor es fiel y Él los fortalecerá a ustedes y los protegerá del maligno[1].

4 Tenemos confianza en el Señor respecto de ustedes, de que hacen y continuarán haciendo lo que les ordenamos. **5** Que el Señor dirija sus corazones hacia el amor de Dios y hacia la perseverancia de Cristo.

GRANDES IDEAS EN 2 TESALONICENSES

Pablo corrige la suposición de algunos creyentes de que Cristo ya ha regresado.

El regreso de Cristo será precedido por la llegada del anticristo.

Pablo les advierte a los creyentes que se mantengan alejados de los perezosos, los alborotadores y los que dicen ser cristianos, pero no siguen a Cristo.

Dios llama a los creyentes, a los elegidos, a mantenerse firmes hasta que Jesús regrese.

2:3-10
El hombre de pecado
Se trata de alguien que se rebelará contra Dios y se presentará a sí mismo como un dios. Esa persona representa las fuerzas de Satanás y el mal.

2:13-15
Cómo pueden los cristianos mantenerse firmes en la fe
Pablo les recordó que Dios los había elegido y salvado. Si se aferraban a la verdad del evangelio y dependían del Espíritu Santo, podían mantenerse firmes.

2:4 [1] Algunos mss. agregan: *como Dios.*   2:7 [1] O *de estar sin ley.*   2:8 [1] O *sin ley.*   [2] O *soplo.*   [3] O *presencia.*   2:9 [1] O *acción,* o *al poder.*   [2] O *milagros.*   [3] O *falsos.*   2:11 [1] Lit. *envía.*   [2] O *influencia,* o *actividad engañosa.*   2:13 [1] Algunos mss. antiguos dicen: *como primicias.*   [2] Lit. *en.*   [3] Lit. *del.*   3:1 [1] Lit. *corra.*   3:2 [1] O *irrazonables.*   [2] O *la fe.*   3:3 [1] O *del mal.*

3:7-9
Pablo había sido ejemplo del trabajo duro

A pesar de que Pablo tenía derecho a pedirles a los miembros de la iglesia que lo mantuvieran, no quería ser una carga para ellos. En lugar de eso, trabajó día y noche, e invitó a los tesalonicenses a seguir su ejemplo.

EXHORTACIÓN A UNA VIDA ÚTIL

6 Ahora bien, hermanos, les mandamos en el nombre de nuestro Señor Jesucristo, que se aparten[1] de todo hermano que ande desordenadamente, y no según la doctrina que ustedes recibieron[2] de nosotros. **7** Pues ustedes mismos saben cómo deben seguir nuestro ejemplo[1], porque no obramos de manera indisciplinada entre ustedes, **8** ni comimos de balde el pan de nadie, sino que con dificultad y fatiga trabajamos día y noche a fin de no ser carga a ninguno de ustedes. **9** No porque no tengamos derecho *a ello*, sino para ofrecernos como modelo a ustedes a fin de que sigan nuestro ejemplo[1].

10 Porque aun cuando estábamos con ustedes les ordenábamos esto: Si alguien no quiere trabajar, que tampoco coma. **11** Porque oímos que algunos entre ustedes andan desordenadamente, sin trabajar, pero andan metiéndose en todo. **12** A tales personas les ordenamos y exhortamos en el Señor Jesucristo, que trabajando tranquilamente, coman su propio pan.

13 Pero ustedes, hermanos, no se cansen de hacer el bien. **14** Y si alguien no obedece nuestra enseñanza[1] en[2] esta carta, señalen al tal y no se asocien con él, para que se avergüence. **15** Sin embargo, no lo tengan por enemigo, sino amonéstenlo como a un hermano.

DESPEDIDA Y BENDICIÓN FINAL

16 Que el mismo Señor de paz siempre les conceda paz en todas las circunstancias[1]. El Señor sea con todos ustedes.

17 Yo, Pablo, escribo este saludo con mi propia mano[1], y esta es una señal distintiva en todas *mis* cartas; así escribo yo. **18** La gracia de nuestro Señor Jesucristo sea con todos ustedes.

3:6 [1] O *eviten.*   [2] Algunos mss. dicen: *ellos recibieron.*   3:7 [1] Lit. *cómo imitarnos.*   3:9 [1] Lit. *nos imiten.*   3:14 [1] Lit. *la palabra.*   [2] Lit. *por medio de.*   3:16 [1] Lit. *en toda forma.*   3:17 [1] Lit. *El saludo de mi mano, de Pablo.*

1 Timoteo

¿QUIÉN ESCRIBIÓ ESTE LIBRO?	Pablo
¿POR QUÉ SE ESCRIBIÓ ESTE LIBRO?	Pablo le da consejos a Timoteo sobre su rol de liderazgo en la iglesia.
¿PARA QUIÉN FUE ESCRITO ESTE LIBRO?	Este libro es una carta que Pablo le envió a su joven ayudante, Timoteo.
¿CUÁLES SON ALGUNAS ENSEÑANZAS IMPORTANTES DE ESTE LIBRO?	Cuidado con los falsos maestros — 1 Timoteo 1:3-11
	Escogiendo líderes — 1 Timoteo 3:1-16
	Ser un ejemplo — 1 Timoteo 4:11-16
	La familia cristiana — 1 Timoteo 5:1-2
	No debemos amar el dinero — 1 Timoteo 6:3-10
	Consejos para los ricos — 1 Timoteo 6:17-21

Tell sin excavar en Listra, la ciudad natal de Timoteo. Pablo visitó Listra en su primer viaje misionero.

Gordan Franz

SALUDO

1 Pablo, apóstol de Cristo Jesús por mandato de Dios nuestro Salvador, y de Cristo Jesús nuestra esperanza, **2** a Timoteo, verdadero hijo en la fe: Gracia, misericordia y paz de parte de Dios Padre y *de* Cristo Jesús nuestro Señor.

ADVERTENCIA CONTRA DOCTRINAS EXTRAÑAS

3 Tal como te rogué al salir para Macedonia que te quedaras en Éfeso para que instruyeras a algunos que no enseñaran doctrinas extrañas, **4** ni prestaran atención a[1] mitos y genealogías interminables, lo que da lugar a discusiones[2] inútiles en vez de *hacer avanzar* el plan de Dios que es por fe, *así te encargo ahora.*

5 Pero el propósito de nuestra instrucción[1] es el amor *nacido* de un corazón puro, de una buena conciencia y de una fe sincera[2]. **6** *Pues* algunos, desviándose de estas cosas, se han apartado hacia una vana palabrería[1]. **7** Quieren ser maestros de la ley, aunque no saben lo que dicen ni *entienden* las cosas acerca de las cuales hacen declaraciones categóricas. **8** Pero nosotros sabemos que la ley es buena, si uno la usa legítimamente.

9 Reconozcamos esto: que la ley no ha sido instituida para el justo, sino para los transgresores y rebeldes, para los impíos y pecadores, para los irreverentes y profanos, para los que matan a sus padres o a sus madres, para los asesinos, **10** para los inmorales[1], homosexuales, secuestradores,

1:4 [1] O ni se ocuparan de.   [2] O especulaciones.   1:5 [1] Lit. *nuestro mandamiento.*   [2] Lit. *no fingida.*   1:6 [1] O *discusión.*   1:10 [1] O *fornicarios.*

1:3-4
Mitos de los falsos maestros

Probablemente eran relatos que los falsos maestros inventaban basándose en la historia del Antiguo Testamento. Ellos cambiaban de forma equivocada la verdad para su propio beneficio.

EL CUARTO VIAJE MISIONERO DE PABLO

mentirosos, los que juran en falso, y para cualquier otra cosa que es contraria a la sana doctrina, **11** según el glorioso evangelio del Dios bendito, que me ha sido encomendado.

GRATITUD DE PABLO POR LA GRACIA DE DIOS

12 Doy gracias a Cristo Jesús nuestro Señor, que me ha fortalecido, porque me tuvo por fiel, poniéndome en el ministerio, **13** aun habiendo sido yo antes blasfemo, perseguidor y agresor. Sin embargo, se me mostró misericordia porque lo hice por ignorancia en *mi* incredulidad. **14** Pero la gracia de nuestro Señor fue más que abundante, con la fe y el amor que *se hallan* en Cristo Jesús.

15 Palabra fiel y digna de ser aceptada por todos[1]: Cristo Jesús vino al mundo para salvar a los pecadores, entre los cuales yo soy el primero. **16** Sin embargo, por esto hallé misericordia, para que en mí, como el primero, Jesucristo demostrara toda Su paciencia[1] como un ejemplo para los que habrían de creer en Él para vida eterna. **17** Por tanto, al Rey eterno[1], inmortal, invisible, único Dios, *a Él sea* honor y gloria por los siglos de los siglos. Amén.

INSTRUCCIONES A TIMOTEO

18 Esta comisión[1] te confío, hijo Timoteo, conforme a las profecías que antes se hicieron en cuanto a ti, a fin de que por ellas pelees la buena batalla, **19** guardando la fe y una buena conciencia, que algunos han rechazado y naufragaron en lo que toca a la fe. **20** Entre ellos están Himeneo y Alejandro, a quienes he entregado a Satanás, para que aprendan a no blasfemar.

LLAMADO A LA ORACIÓN

2 Exhorto, pues, ante todo que se hagan plegarias, oraciones, peticiones y acciones de gracias por todos los hombres, **2** por los reyes y por todos los que están en autoridad[1], para que podamos vivir una vida tranquila y sosegada con toda piedad y dignidad[2]. **3** *Porque* esto es bueno y agradable delante de Dios nuestro Salvador, **4** el cual quiere que todos los hombres sean salvos y vengan al pleno conocimiento[1] de la verdad.

5 Porque hay un solo Dios, *y* también un solo Mediador entre Dios y los hombres, Cristo Jesús hombre, **6** quien se dio a sí mismo en rescate por todos, testimonio *dado* a su debido tiempo[1]. **7** Y para esto yo fui constituido predicador[1] y apóstol, (digo la verdad en Cristo[2], no miento), como maestro de los gentiles en fe y verdad. **8** Por tanto, quiero que en todo lugar los hombres oren levantando manos santas, sin ira ni discusiones.

INSTRUCCIONES PARA LA MUJER CRISTIANA

9 Asimismo, que las mujeres se vistan con ropa decorosa, con pudor y modestia, no con peinado ostentoso[1], no con oro, o perlas, o vestidos costosos, **10** sino con buenas obras,

1:13-14
Por qué Pablo describe su pasado
Él quería recordarle a Timoteo cuán grande es la gracia de Dios. Transformó a Pablo de un hombre que había perseguido a los cristianos en un misionero para Cristo.

1:18
Profecías sobre Timoteo
En los primeros tiempos de la iglesia, a menudo Dios revelaba su voluntad por medio de los profetas. Por ejemplo, los profetas jugaron un rol decisivo en el envío de Pablo y Bernabé a su misión con los gentiles (ver Hechos 13:1-3). Las profecías sobre Timoteo probablemente se trataban de su rol de líder en la iglesia.

2:1-2
Pablo les pide a los cristianos que oren por los reyes
Es posible que escuchar esto les haya causado sorpresa. En aquel tiempo, Nerón era el emperador romano. Él era un gobernante extremadamente cruel, que perseguía a los cristianos y los hacía matar de formas salvajes.

2:9-10
Usar joyas o un peinado ostentoso
Las modas de esa época eran extravagantes (raras) y se exhibían con orgullo. Pablo no prohibió estas cosas, pero quería que las mujeres fueran modestas y se centraran en asuntos más importantes.

1:15 [1] O *totalmente*.   1:16 [1] O *su perfecta paciencia*.   1:17 [1] Lit. *de los siglos*.   1:18 [1] O *Este mandato*.   2:2 [1] O *eminencia*.   [2] O *seriedad*.   2:4 [1] O *reconocimiento*.   2:6 [1] Lit. *sus propios tiempos*.   2:7 [1] O *heraldo*.   [2] Algunos mss. antiguos no incluyen: *en Cristo*.   2:9 [1] Lit. *no con trenzas*.

GRANDES IDEAS EN 1 TIMOTEO

Oponerse a los falsos maestros; apoyar a aquellos que enseñan la sana doctrina.

Vivir de forma que no merezca reproche puede definir el éxito de los esfuerzos para difundir el evangelio.

Los líderes de la iglesia se enfrentan a normas o estándares más altos que los demás.

Mantenerse peleando la buena batalla de la fe; no rendirse.

Contentarse con la santidad es la verdadera riqueza.

2:12-14

Mujeres que enseñan o predican

Algunos estudiosos creen que Pablo estaba diciendo que las mujeres nunca debían enseñar o ejercer autoridad sobre los hombres. Otros piensan que él quería decir que las mujeres que no habían sido enseñadas adecuadamente (como las mujeres de Éfeso) no debían enseñar a otros. Y otros creen que Pablo estaba compartiendo una opinión que era importante para su cultura, pero que no se aplica hoy en día.

como corresponde a las mujeres que profesan la piedad. **11** Que la mujer aprenda calladamente, con toda obediencia. **12** Yo no permito que la mujer enseñe ni que ejerza autoridad sobre el hombre, sino que permanezca callada. **13** Porque Adán fue creado[1] primero, después Eva. **14** Y Adán no *fue el* engañado, sino que la mujer, siendo engañada completamente, cayó en transgresión. **15** Pero se salvará engendrando hijos, si permanece en fe, amor y santidad, con modestia.

REQUISITOS PARA LOS OBISPOS

3 Palabra fiel *es esta*: si alguien aspira al cargo de obispo[1], buena obra desea *hacer*. **2** Un[1] obispo debe ser, pues, irreprochable, marido de una sola mujer, sobrio, prudente, de conducta decorosa, hospitalario, apto para enseñar, **3** no dado a la bebida[1], no pendenciero, sino amable, no contencioso, no avaricioso.

4 Que gobierne bien su casa, teniendo a sus hijos sujetos con toda dignidad; **5** (pues si un hombre no sabe cómo gobernar su propia casa, ¿cómo podrá cuidar de la iglesia de Dios?). **6** No *debe ser* un recién convertido, no sea que se envanezca y caiga en la condenación *en que* cayó el[1] diablo. **7** Debe gozar también de[1] una buena reputación entre los de afuera *de la iglesia*, para que no caiga en descrédito y en el lazo del diablo.

REQUISITOS PARA LOS DIÁCONOS

8 De la misma manera, también los diáconos *deben ser* dignos, de una sola palabra[1], no dados al mucho vino, ni amantes de ganancias deshonestas, **9** *sino* guardando el misterio de la fe con limpia conciencia. **10** Que también estos sean sometidos a prueba primero, y si son irreprensibles, que entonces sirvan como diáconos. **11** De igual manera, las mujeres[1] *deben ser* dignas, no calumniadoras, sino sobrias, fieles en todo. **12** Que los diáconos sean maridos de una *sola* mujer, y que gobiernen bien[1] *sus* hijos y sus propias casas. **13** Pues los que han servido bien como diáconos obtienen para sí una posición honrosa[1] y gran confianza en la fe que es en Cristo Jesús.

EL MISTERIO DE LA PIEDAD

14 Te escribo estas cosas, esperando ir a verte pronto, **15** pero en caso que me tarde[1], *te escribo* para que sepas cómo debe conducirse uno[2] en la casa de Dios, que es la iglesia del Dios vivo, columna y sostén de la verdad. **16** E indiscutiblemente[1], grande es el misterio de la piedad:

2:13 [1] O *formado.*　3:1 [1] O *supervisor.*　3:2 [1] Lit. *El.*　3:3 [1] Lit. *al vino.*
3:6 [1] Lit. *del.*　3:7 [1] Lit. *tener.*　3:8 [1] Lit. *no de doble hablar.*　3:11 [1] I.e.
diaconisas.　3:12 [1] Lit. *gobernando bien.*　3:13 [1] Lit. *una buena posición.*
3:15 [1] Lit. *si tardo.*　　[2] O *cómo te debes conducir.*　3:16 [1] O *Y por confesión general.*

Él[2] fue manifestado en la carne,
Vindicado[3] en[4] el Espíritu,
Contemplado por ángeles,
Proclamado entre las naciones,
Creído en el mundo,
Recibido arriba en gloria.

PREDICCIÓN DE LA APOSTASÍA

4 El Espíritu dice claramente que en los últimos tiempos algunos se apartarán de la fe, prestando atención a espíritus engañadores y a doctrinas de demonios, **2** mediante la hipocresía de mentirosos que tienen cauterizada la conciencia. **3** Esos prohibirán casarse *y mandarán* abstenerse de algunos alimentos, que Dios los ha creado para que con acción de gracias participen *de ellos* los que creen y que han conocido la verdad. **4** Porque todo lo creado por Dios es bueno y nada se debe rechazar si se recibe con acción de gracias; **5** porque es santificado mediante la palabra de Dios y la oración.

EL BUEN MINISTRO DE CRISTO

6 Al señalar estas cosas a los hermanos serás un buen ministro de Cristo Jesús, nutrido con las palabras de la fe y de la buena doctrina que has seguido. **7** Pero nada tengas que ver con las fábulas profanas propias de viejas. Más bien disciplínate a ti mismo[1] para la piedad. **8** Porque el ejercicio físico aprovecha poco, pero la piedad es provechosa para todo, pues tiene promesa para la vida presente y *también* para la futura. **9** Palabra fiel *es esta,* y digna de ser aceptada por todos[1]. **10** Porque por esto trabajamos y nos esforzamos, porque hemos puesto nuestra esperanza en el Dios vivo, que es el Salvador de todos los hombres, especialmente de los creyentes. **11** Esto manda y enseña[1]. **12** No permitas que nadie menosprecie tu juventud, sino sé ejemplo de[1] los creyentes en palabra, conducta, amor, fe *y* pureza. **13** Entretanto que llego[1], ocúpate en la lectura[2] *de las Escrituras,* la exhortación y la enseñanza. **14** No descuides el don espiritual que está en ti, que te fue conferido por medio de la profecía con la imposición de manos del presbiterio[1]. **15** Reflexiona sobre estas cosas; dedícate a ellas, para que tu aprovechamiento sea evidente a todos. **16** Ten cuidado de ti mismo y de la enseñanza. Persevera en estas cosas, porque haciéndolo asegurarás la salvación tanto para ti mismo como para los que te escuchan[1].

5 No reprendas con dureza al anciano, sino, *más bien,* exhórta*lo* como a padre; a los más jóvenes, como a hermanos, **2** a las ancianas, como a madres; a las más jóvenes, como a hermanas, con toda pureza.

RESPONSABILIDADES HACIA LAS VIUDAS

3 Honra a las viudas que en verdad son viudas. **4** Pero si alguna viuda tiene hijos o nietos, que aprendan *estos* primero a

3:8
Diáconos
La palabra griega para *diácono* significa persona que sirve. En la iglesia, los diáconos probablemente eran líderes de los distintos ministerios de la iglesia, como alimentar a los pobres y ayudar a las viudas y huérfanos.

4:3
Por qué los falsos maestros prohibían el matrimonio y algunos alimentos
Estas reglas surgían de la idea errónea de que el mundo físico era malo. Tal idea era una de las creencias principales de una de las falsas doctrinas de la época.

4:12
La edad de Timoteo
Timoteo tenía probablemente unos treinta y cinco años o menos. Era raro que una persona tan joven fuera líder, por lo que algunos ponían en duda sus capacidades.

---

[2] Lit. *El que;* algunos mss. posteriores dicen: *Dios.*   [3] O *Justificado.*   [4] O *por.*
4:7 [1] Lit. *ejercítate.*   4:9 [1] O *totalmente.*   4:11 [1] O *Continúa ordenando y enseñando esto.*   4:12 [1] O *a.*   4:13 [1] Lit. *voy.*   [2] O *dedícate a leer.*
4:14 [1] O *grupo de ancianos* (gr. presbíteros).   4:16 [1] Lit. *te salvarás a ti mismo y a los que te oyen.*

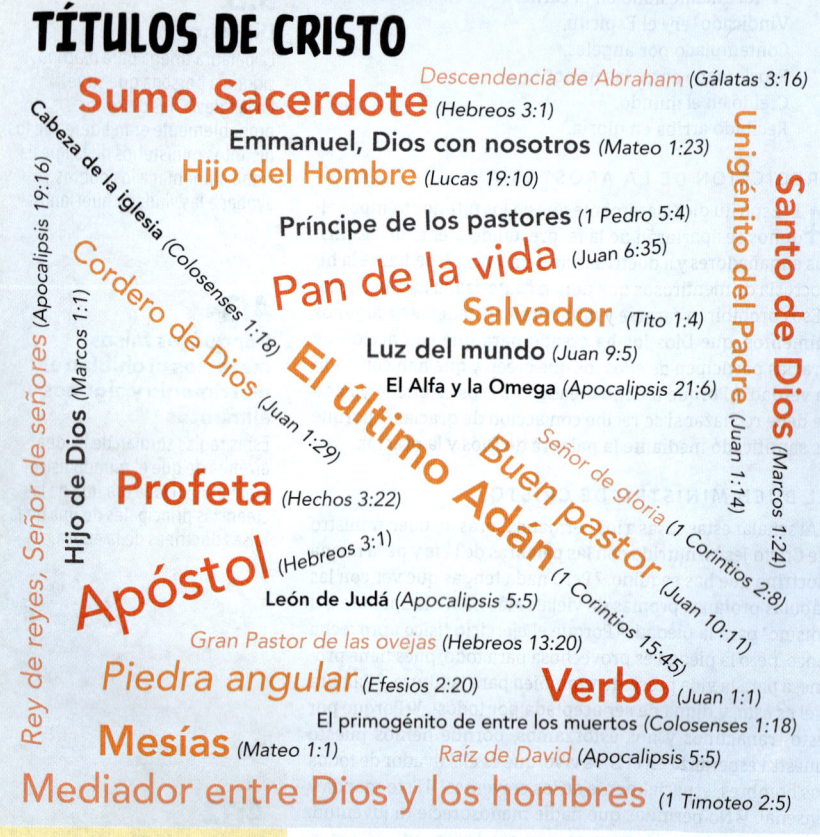

TÍTULOS DE CRISTO

Sumo Sacerdote (Hebreos 3:1)

Descendencia de Abraham (Gálatas 3:16)

Emmanuel, Dios con nosotros (Mateo 1:23)

Hijo del Hombre (Lucas 19:10)

Cabeza de la iglesia (Colosenses 1:18)

Príncipe de los pastores (1 Pedro 5:4)

Pan de la vida (Juan 6:35)

Salvador (Tito 1:4)

Luz del mundo (Juan 9:5)

El Alfa y la Omega (Apocalipsis 21:6)

Cordero de Dios (Juan 1:29)

El último Adán

Rey de reyes, Señor de señores (Apocalipsis 19:16)

Hijo de Dios (Marcos 1:1)

Profeta (Hechos 3:22)

Apóstol (Hebreos 3:1)

León de Judá (Apocalipsis 5:5)

Buen pastor (Juan 10:11)

Señor de gloria (1 Corintios 2:8)

Unigénito del Padre (Juan 1:14)

Santo de Dios (Marcos 1:24)

Gran Pastor de las ovejas (Hebreos 13:20)

Piedra angular (Efesios 2:20)

Verbo (Juan 1:1)

El primogénito de entre los muertos (Colosenses 1:18)

Mesías (Mateo 1:1)

Raíz de David (Apocalipsis 5:5)

Mediador entre Dios y los hombres (1 Timoteo 2:5)

mostrar piedad para con su propia familia y a recompensar[1] a sus padres, porque esto es agradable delante de Dios. 5 Sin embargo la que en verdad es viuda y se ha quedado sola, tiene puesta su esperanza en Dios y continúa en súplicas y oraciones noche y día. 6 Pero la que se entrega a los placeres desenfrenados, *aun* viviendo, está muerta. 7 Ordena[1] también estas cosas, para que sean irreprochables. 8 Pero si alguien no provee para los suyos, y especialmente para los de su casa, ha negado la fe y es peor que un incrédulo.

9 Que la viuda sea puesta en la lista solo si no es menor de sesenta años, *habiendo sido* la esposa de un solo marido, 10 que tenga testimonio de buenas obras; si ha criado hijos, si ha mostrado hospitalidad a extraños, si ha lavado los pies de los santos, si ha ayudado a los afligidos y si se ha consagrado[1] a toda buena obra.

11 Pero rehúsa *poner en la lista* a viudas más jóvenes, porque cuando sienten deseos sensuales, contrarios a Cristo, se quieren casar, 12 incurriendo *así* en condenación, por haber abandonado su promesa[1] anterior. 13 Y además, aprenden a

5:9

La lista de las viudas

La iglesia de Éfeso mantenía una lista de viudas a las que cuidaban. Las viudas que no contaban con parientes que las ayudaran tenían dificultades para cubrir sus propias necesidades.

5:4 [1] Lit. devolver recompensas.   5:7 [1] O Sigue ordenando.
5:10 [1] O dedicado.   5:12 [1] Lit. fe.

estar ociosas, yendo de casa en casa. Y no solo son ociosas, sino también charlatanas y entremetidas, hablando de cosas que no *son* dignas. **14** Por tanto, quiero que las *viudas* más jóvenes se casen, que tengan hijos, que cuiden *su* casa *y* no den al adversario ocasión de reproche. **15** Pues algunas ya se han apartado para seguir a Satanás. **16** Si alguna creyente tiene viudas *en la familia*, que las mantenga, y que la iglesia no lleve la carga para que pueda ayudar a las que en verdad son viudas.

OTRAS RECOMENDACIONES

17 Los ancianos que gobiernan bien sean considerados dignos de doble honor, principalmente los que trabajan en la predicación[1] y en la enseñanza. **18** Porque la Escritura dice: «NO PONDRÁS BOZAL AL BUEY CUANDO TRILLA», y: «El obrero es digno de su salario». **19** No admitas acusación contra un anciano, a menos de que haya[1] dos o tres testigos. **20** A los que continúan en pecado, repréndelos en presencia de todos para que los demás tengan temor *de pecar*.

21 Te encargo solemnemente en la presencia de Dios y de Cristo Jesús y de *Sus* ángeles escogidos, que conserves estos *principios* sin prejuicios, no haciendo nada con *espíritu de* parcialidad. **22** No impongas las manos sobre nadie con ligereza, compartiendo[1] así *la responsabilidad por* los pecados de otros; guárdate libre de pecado. **23** Ya no bebas agua *sola*, sino usa un poco de vino por causa de tu estómago y de tus frecuentes enfermedades.

24 Los pecados de algunos hombres ya son evidentes, yendo delante de ellos al juicio; pero a otros, *sus pecados* los siguen. **25** De la misma manera, las buenas obras son evidentes, y las que no lo son no se pueden ocultar.

CÓMO SERVIR A LOS SUPERIORES

6 Todos los que están bajo yugo como esclavos, consideren a sus propios amos como dignos de todo honor, para que el nombre de Dios y *nuestra* doctrina no sean blasfemados. **2** Y los que tienen amos *que son* creyentes, no les falten el respeto, porque son hermanos, sino sírvanles aún mejor, ya que son creyentes y amados los que se benefician de su servicio. Enseña y predica[1] estos *principios*.

LAS DOCTRINAS FALSAS Y EL AMOR AL DINERO

3 Si alguien enseña una doctrina diferente y no se conforma a[1] las sanas palabras, las de nuestro Señor Jesucristo, y a la doctrina *que es* conforme a la piedad, **4** está envanecido y nada entiende, sino que tiene un interés corrompido[1] en discusiones y contiendas de palabras, de las cuales nacen envidias, pleitos, blasfemias, malas sospechas, **5** y constantes

5:22
Imponer las manos sobre alguien

Aquí, imponer las manos sobre las personas era parte de la ordenación (nombramiento) de los ancianos (líderes). Pablo no quería que Timoteo se apresurara a tomar este tipo de decisiones, sino que dejara que las personas demostraran que eran dignas de convertirse en líderes.

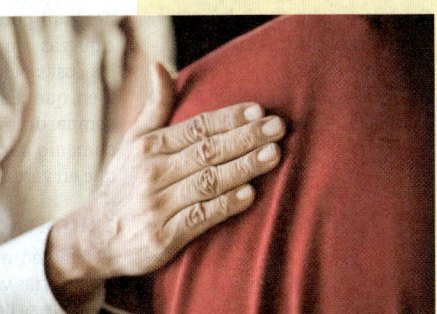

ShotShare/Getty Images

5:17 [1] Lit. *palabra*.   5:19 [1] Lit. *sobre la base de.*   5:22 [1] Lit. *no compartas.*
6:2 [1] Lit. *exhorta o insiste en.*   6:3 [1] O *viene con; lit. viene a.*   6:4 [1] Lit. *está enfermo.*

6:6-10
Consejos sobre la riqueza
Pablo dijo que practicar la piedad era mejor que ser rico. También dijo que intentar hacerse rico llevaba a algunas personas a alejarse de Dios y hacer el mal. Él alentó a los cristianos a estar contentos con lo que Dios les había dado.

6:14-15
El regreso de Jesús
Pablo no sabía cuándo sucedería, excepto que sería en el momento que Dios escogiera.

6:17-19
Qué se supone que los cristianos hagan con su dinero
Pablo les recordó que debían poner su esperanza en Dios y no en sus riquezas, y que debían compartir sus bienes con los demás.

rencillas entre hombres de mente depravada, que están privados de la verdad, que suponen que la piedad[1] es un medio de ganancia[2].

6 Pero la piedad, *en efecto,* es un medio de gran ganancia cuando *va* acompañada de contentamiento. **7** Porque nada hemos traído al mundo, así que nada podemos sacar de él. **8** Y si tenemos qué comer y con qué cubrirnos, con eso estaremos contentos. **9** Pero los que quieren enriquecerse caen en tentación y lazo y en muchos deseos necios y dañosos que hunden a los hombres en la ruina y en la perdición[1]. **10** Porque la raíz de todos los males es el amor al dinero, por el cual, codiciándolo algunos, se extraviaron de la fe y se torturaron[1] con muchos dolores.

EXHORTACIÓN Y DOXOLOGÍA

11 Pero tú, oh hombre de Dios, huye de estas cosas, y sigue la justicia, la piedad, la fe, el amor, la perseverancia y la amabilidad. **12** Pelea la buena batalla de la fe. Echa mano de la vida eterna a la cual fuiste llamado, y *de la que* hiciste buena profesión en presencia de muchos testigos. **13** Te mando delante de Dios, que da vida[1] a todas las cosas, y de Cristo Jesús, que dio testimonio de la buena profesión delante de Poncio Pilato, **14** que guardes el mandamiento sin mancha ni reproche hasta la manifestación de nuestro Señor Jesucristo, **15** la cual manifestará a su debido tiempo el bienaventurado y único Soberano, el Rey de reyes[1] y Señor de señores[2]; **16** el único que tiene inmortalidad y habita en luz inaccesible, a quien ningún hombre ha visto ni puede ver. A Él *sea* la honra y el dominio eterno. Amén.

INSTRUCCIONES PARA LOS RICOS

17 A los ricos en este mundo[1], enséñales que no sean altaneros ni pongan su esperanza en la incertidumbre de las riquezas, sino en Dios, el cual nos da abundantemente todas las cosas para que las disfrutemos. **18** *Enséñales* que hagan bien, que sean ricos en buenas obras, generosos y prontos a compartir, **19** acumulando para sí el tesoro de un buen fundamento para el futuro, para que puedan echar mano de lo que en verdad es vida.

EXHORTACIÓN FINAL Y BENDICIÓN

20 Timoteo, guarda lo que se te ha encomendado, y evita las palabrerías vacías y profanas, y las objeciones[1] de lo que falsamente se llama ciencia[2], **21** la cual profesándola algunos, se han desviado de[1] la fe.

La gracia sea con ustedes[2].

6:5 *[1]* O *la religión.*   *[2]* Algunos mss. posteriores agregan: *apártate de los tales.*
6:9 *[1]* O *destrucción.*   6:10 *[1]* Lit. *se traspasaron.*   6:13 *[1]* O *conserva la vida.*
6:15 *[1]* Lit. *de los que reinan.*   *[2]* Lit. *de los que se enseñorean.*   6:17 *[1]* O *siglo.*
6:20 *[1]* O *contradicciones.*   *[2]* O *erudición,* o *sabiduría.*   6:21 *[1]* Lit. *acerca de.*
[2] Algunos mss. dicen: *contigo.*

2 Timoteo

¿QUIÉN ESCRIBIÓ ESTE LIBRO?	Pablo
¿POR QUÉ SE ESCRIBIÓ ESTE LIBRO?	Pablo alienta a Timoteo a seguir trabajando duro luego de que él muera.
¿PARA QUIÉN FUE ESCRITO ESTE LIBRO?	Este libro es una carta que Pablo le envió a su joven ayudante, Timoteo.

¿CUÁLES SON ALGUNAS ENSEÑANZAS IMPORTANTES DE ESTE LIBRO?		
	Enseñar la verdad de Dios	2 Timoteo 1:8-14
	Enseñar con ternura	2 Timoteo 2:22-26
	Enseñar con fidelidad	2 Timoteo 4:1-5

Templo de Adriano (siglo segundo d. C.) en Éfeso.
Pablo le escribió esta carta a Timoteo, quien se encontraba
sirviendo en Éfeso.

© William D. Mounce

1:6-7

Por qué Pablo le dice a Timoteo que «avive el fuego del don de Dios»

Dios les da talentos a sus hijos, pero los cristianos deben hacer crecer sus dones por medio de la práctica. Timoteo debía superar su falta de confianza.

GRANDES IDEAS EN 2 TIMOTEO

Los creyentes son llamados a seguir los buenos ejemplos de aquellos que se han aferrado a la fe.

Los creyentes pueden apoyarse en la autoridad de las Escrituras y deben manejarla correctamente.

Pablo llama a los creyentes a seguir la sana doctrina y evitar las discusiones sin sentido.

La Biblia está inspirada por Dios y equipa a los cristianos para hacer la obra de Dios.

1:9

El mensaje de Pablo

Nuestros esfuerzos no nos salvan, solo la gracia de Dios y la obra de Jesucristo pueden salvarnos.

SALUDO

1 Pablo, apóstol de Cristo Jesús por la voluntad de Dios, según la promesa de vida que hay en Cristo Jesús, **2** a Timoteo, amado hijo: Gracia, misericordia y paz de parte de Dios Padre y de Cristo Jesús nuestro Señor.

FIDELIDAD Y DINAMISMO EN EL SERVICIO CRISTIANO

3 Doy gracias a Dios, a quien sirvo con limpia conciencia como lo hicieron mis antepasados[1], de que sin cesar, noche y día, me acuerdo de ti en mis oraciones[2], **4** deseando verte, al acordarme de tus lágrimas, para llenarme de alegría. **5** Porque tengo presente[1] la fe sincera *que hay* en ti, la cual habitó primero en tu abuela Loida y *en* tu madre Eunice, y estoy seguro que en ti también.

6 Por lo cual te recuerdo que avives el *fuego del* don de Dios que hay en ti por la imposición de mis manos. **7** Porque no nos ha dado Dios espíritu de cobardía, sino de poder, de amor y de dominio propio. **8** Por tanto, no te avergüences del testimonio de nuestro Señor, ni de mí, prisionero Suyo, sino participa conmigo en las aflicciones por el evangelio, según el poder de Dios.

9 Él nos ha salvado y nos ha llamado con un llamamiento santo, no según nuestras obras, sino según Su propósito y *según la* gracia que nos fue dada en Cristo Jesús desde la eternidad[1], **10** y que ahora ha sido manifestada por la aparición de nuestro Salvador Cristo Jesús, quien puso fin a la muerte y sacó a la luz la vida y la inmortalidad por medio del evangelio.

11 Para este evangelio yo fui constituido predicador[1], apóstol y maestro. **12** Por lo cual también sufro estas cosas, pero no me avergüenzo. Porque yo sé en quién he creído, y estoy convencido de que Él es poderoso para guardar mi depósito[1] hasta[2] aquel día. **13** Retén la norma[1] de las sanas palabras que has oído de mí, en la fe y el amor en Cristo Jesús. **14** Guarda, mediante el Espíritu Santo que habita en nosotros, el tesoro que *te* ha sido encomendado[1].

15 Ya sabes esto, que todos los que están en Asia[1] me han vuelto la espalda, entre los cuales están Figelo y Hermógenes. **16** Conceda el Señor misericordia a la casa de Onesíforo, porque muchas veces me dio consuelo y no se avergonzó de mis cadenas[1]. **17** Antes bien, cuando estuvo en Roma, me buscó con afán y me halló. **18** El Señor le conceda que halle misericordia

1:3 [1] Lit. *desde mis antepasados.*   [2] O *peticiones.*   1:5 [1] Lit. *Recibiendo memoria de.*   1:9 [1] Lit. *los tiempos eternos.*   1:11 [1] O *heraldo.*   1:12 [1] I.e. el depósito de Cristo en mí, o, el depósito mío en Cristo.   [2] O *para.*   1:13 [1] O *Retén la forma,* o *Conserva el ejemplo.*   1:14 [1] Lit. *el buen depósito.*   1:15 [1] I.e. provincia occidental de Asia Menor.   1:16 [1] Lit. *mi cadena.*

del Señor en aquel día. Además, los servicios que prestó en Éfeso, tú lo sabes mejor.

EL BUEN SOLDADO DE JESUCRISTO

2 Tú, pues, hijo mío, fortalécete en la gracia que *hay* en Cristo Jesús. **2** Y lo que has oído de mí en la presencia de muchos testigos, eso encarga¹ a hombres fieles que sean capaces de enseñar también a otros. **3** Sufre penalidades¹ *conmigo*, como buen soldado de Cristo Jesús. **4** El soldado en servicio activo no se enreda en los negocios de la vida diaria, a fin de poder agradar al que lo reclutó como soldado. **5** También el que¹ compite como atleta, no gana el premio² si no compite de acuerdo con las reglas³. **6** El labrador que trabaja debe ser el primero en recibir su parte de los frutos¹. **7** Considera lo que digo, pues el Señor te dará entendimiento en todo.

8 Acuérdate de Jesucristo, resucitado de entre los muertos, descendiente de David, conforme a mi evangelio, **9** por¹ el cual sufro penalidades, hasta el encarcelamiento como un malhechor. Pero la palabra de Dios no está presa. **10** Por tanto, todo lo soporto por amor a los escogidos, para que también ellos obtengan la salvación que *está* en Cristo Jesús, *y con ella* gloria eterna. **11** Palabra fiel *es* esta:

Que si morimos con Él, también viviremos con Él;
12 Si perseveramos, también reinaremos con Él;
Si lo negamos¹, Él también nos negará;
13 Si somos infieles¹, Él permanece fiel, pues no puede negarse Él mismo.

EL BUEN OBRERO DE DIOS

14 Recuérdales esto, encargándoles solemnemente en la presencia de Dios, que no discutan sobre palabras, *lo cual* para nada aprovecha *y lleva* a los oyentes a la ruina. **15** Procura con diligencia presentarte a Dios aprobado, *como* obrero que no tiene de qué avergonzarse, que maneja con precisión la palabra de verdad. **16** Evita¹ las palabrerías vacías *y* profanas, porque *los dados a ellas,* conducirán más y más a la impiedad²; **17** y su palabra¹ se extenderá como gangrena². Entre ellos están Himeneo y Fileto, **18** que se han desviado de la verdad diciendo que la resurrección ya tuvo lugar, trastornando así la fe de algunos. **19** No obstante, el sólido fundamento de Dios permanece firme, teniendo este sello: «El Señor conoce a los que son Suyos», y: «Que se aparte de la iniquidad todo aquel que menciona el nombre del Señor».

20 Ahora bien, en una casa grande no solamente hay vasos de oro y de plata, sino también de madera y de barro, y unos para honra y otros para deshonra. **21** Por tanto, si alguien se limpia de estas *cosas,* será un vaso para honra, santificado, útil para el Señor, preparado para toda buena obra. **22** Huye, pues, de las pasiones juveniles y sigue¹ la justicia, la fe, el

2:8
Pablo describe a Jesús
El hecho de que Jesús resucitara de entre los muertos mostraba que él es Dios. El hecho de que descendiera de David mostraba que Jesús era humano.

2:9
Por qué Pablo fue encarcelado como un criminal
Él estaba esperando para ser ejecutado.

2:2 ¹ O confía.   2:3 ¹ O trabajos, o fatigas.   2:5 ¹ Lit. *si alguno.*   ² Lit. *no es coronado.*   ³ Lit. *legítimamente.*   2:6 ¹ O *de la cosecha.*   2:9 ¹ Lit. *en.* 2:12 ¹ Lit. *si le negáremos.*   2:13 ¹ O *incrédulos.*   2:16 ¹ Lit. *Mas evita.* ² Lit. *ellas progresarán más en la impiedad.*   2:17 ¹ O *conversación.* ² O *cáncer.*   2:22 ¹ O *busca.*

amor y la paz, con los que invocan al Señor con² un corazón puro. **23** Pero rechaza los razonamientos necios¹ e ignorantes, sabiendo que producen² rencillas³.

24 El siervo del Señor no debe ser rencilloso, sino amable para con todos, apto para enseñar, sufrido. **25** Debe reprender tiernamente a los que se oponen, por si acaso Dios les da el arrepentimiento que conduce al pleno conocimiento de la verdad, **26** y volviendo en sí, *escapen* del lazo del diablo, habiendo estado cautivos de él para *hacer* su voluntad.

CARÁCTER Y CONDUCTA DE LOS HOMBRES EN LOS ÚLTIMOS DÍAS

3 Pero debes saber esto: que en los últimos días vendrán tiempos difíciles. **2** Porque los hombres serán amadores de sí mismos, avaros, jactanciosos, soberbios, blasfemos, desobedientes a los padres, ingratos, irreverentes, **3** sin amor, implacables, calumniadores, desenfrenados¹, salvajes², aborrecedores de lo bueno, **4** traidores, impetuosos¹, envanecidos, amadores de los placeres en vez de amadores de Dios; **5** teniendo apariencia de piedad¹, pero habiendo negado su poder. A los tales evita.

6 Porque entre ellos están los que se meten en las casas y se llevan cautivas a mujercillas cargadas de pecados, llevadas por diversas pasiones, **7** que siempre están aprendiendo, pero nunca pueden llegar al pleno conocimiento de la verdad. **8** Y así como Janes y Jambres se opusieron a Moisés, de la misma manera estos también se oponen a la verdad. Son hombres de mente depravada, reprobados en lo que respecta a la fe. **9** Pero no progresarán más, pues su insensatez será manifiesta a todos, como también sucedió con la de aquellos *dos*.

COMISIÓN A TIMOTEO

10 Pero tú has seguido mi enseñanza, mi conducta, propósito, fe, paciencia, amor, perseverancia, **11** mis persecuciones, sufrimientos, como los que me acaecieron en Antioquía, en Iconio y en Listra. ¡Qué persecuciones sufrí! Y de todas ellas me libró el Señor. **12** Y en verdad, todos los que quieren vivir piadosamente en Cristo Jesús, serán perseguidos. **13** Pero los hombres malos e impostores irán *de mal* en peor, engañando y siendo engañados. **14** Tú, sin embargo, persiste en las cosas que has aprendido y *de las cuales* te convenciste, sabiendo de quiénes *las* has aprendido. **15** Desde la niñez has sabido las Sagradas Escrituras, las cuales te pueden dar la sabiduría que lleva a la salvación mediante la fe en Cristo Jesús.

16 Toda Escritura es inspirada por¹ Dios y² útil para enseñar, para reprender, para corregir, para instruir en justicia³, **17** a fin de que el hombre de Dios sea perfecto¹, equipado para toda buena obra.

4 En la presencia de Dios y de Cristo Jesús, que ha de juzgar a los vivos y a los muertos, por Su manifestación y por Su

---

3:8
Janes y Jambres
Estos dos hombres eran miembros de la corte del Faraón que se oponían a Moisés. Aunque no se mencionan en el Antiguo Testamento, probablemente eran magos.

3:14-17
Por qué es importante conocer las Escrituras
La madre y la abuela de Timoteo le habían enseñado las Escrituras. Pablo dijo que las Escrituras están inspiradas por Dios y contienen la verdad que las personas necesitan para tener fe en Jesús. Estas también enseñan a vivir de una manera que agrade a Dios.

---

² Lit. *desde.* 2:23 ¹ O *las especulaciones necias.* ² Lit. *engendran.*
³ Lit. *peleas.* 3:3 ¹ O *sin control de sí mismos.* ² O *no domados.* 3:4 ¹ I.e.
que hacen su voluntad sin importarles las consecuencias. 3:5 ¹ O *religión.*
3:16 ¹ Lit. *dada por el aliento de.* ² O posiblemente: *Toda Escritura inspirada por Dios es también.* ³ Lit. *instrucción que es en justicia.* 3:17 ¹ O *apto.*

reino te encargo solemnemente: **2** Predica la palabra. Insiste a tiempo y fuera de tiempo. Amonesta, reprende, exhorta con mucha paciencia e instrucción.

3 Porque vendrá tiempo cuando no soportarán la sana doctrina, sino que teniendo comezón de oídos, conforme a sus propios deseos, acumularán para sí maestros, **4** y apartarán sus oídos de la verdad, y se volverán a los mitos¹. **5** Pero tú, sé sobrio en todas las cosas, sufre penalidades, haz el trabajo de un evangelista, cumple tu ministerio.

6 Porque yo ya estoy para ser derramado como una ofrenda de libación, y el tiempo de mi partida ha llegado. **7** He peleado la buena batalla, he terminado la carrera, he guardado la fe. **8** En el futuro me está reservada la corona de justicia que el Señor, el Juez justo, me entregará en aquel día; y no solo a mí, sino también a todos los que aman Su venida¹.

INSTRUCCIONES PERSONALES

9 Procura venir a verme pronto, **10** pues Demas me ha abandonado, habiendo amado este mundo¹ presente, y se ha ido a Tesalónica. Crescente se fue a Galacia² y Tito a Dalmacia. **11** Solo Lucas está conmigo. Toma a Marcos y tráelo contigo, porque me es útil para el ministerio¹. **12** Pero a Tíquico lo envié a Éfeso.

13 Cuando vengas, trae la capa que dejé en Troas con Carpo, y los libros¹, especialmente los pergaminos. **14** Alejandro, el calderero, me hizo mucho daño; el Señor le retribuirá conforme a sus hechos. **15** Tú también cuídate de él, pues se opone vigorosamente a nuestra enseñanza¹.

16 En mi primera defensa nadie estuvo a mi lado, sino que todos me abandonaron; que no se les tenga en cuenta. **17** Pero el Señor estuvo conmigo y me fortaleció, a fin de que por mí se cumpliera cabalmente la proclamación *del mensaje* y que todos los gentiles oyeran. Y fui librado de la boca del león. **18** El Señor me librará de toda obra mala y me traerá a salvo a¹ Su reino celestial. A Él² *sea* la gloria por los siglos de los siglos. Amén.

SALUDOS Y BENDICIÓN

19 Saluda a Prisca y a Aquila, y a la casa de Onesíforo. **20** Erasto se quedó en Corinto, pero a Trófimo lo dejé enfermo en Mileto. **21** Procura venir antes del invierno. Eubulo te saluda, también Pudente, Lino, Claudia y todos los hermanos. **22** El Señor sea con tu espíritu. La gracia sea con ustedes.

4:17
Qué quiso decir Pablo con «fui librado de la boca del león»

Como Pablo era un ciudadano romano, no podía ser arrojado al anfiteatro para enfrentarse a los leones. Así que esto debe haber sido una forma figurada de decir que los romanos no lo encontraron culpable en su primera audiencia.

4:4 ¹ O a las fábulas.   4:8 ¹ Lit. manifestación.   4:10 ¹ O siglo.   ² Algunos mss. antiguos dicen: Galia.   4:11 ¹ O servicio.   4:13 ¹ I.e. rollos. 4:15 ¹ Lit. nuestras palabras.   4:18 ¹ O me salvará para.   ² Lit. quien.

Tito

¿QUIÉN ESCRIBIÓ ESTE LIBRO?	Pablo
¿POR QUÉ SE ESCRIBIÓ ESTE LIBRO?	Pablo le muestra a Tito cómo ser un buen maestro y líder.
¿PARA QUIÉN FUE ESCRITO ESTE LIBRO?	Este libro es una carta que Pablo le envió a un joven ayudante llamado Tito.
¿CUÁLES SON ALGUNAS ENSEÑANZAS IMPORTANTES DE ESTE LIBRO?	Cómo vivir una vida cristiana — Tito 2:1-15 Los cristianos deben hacer el bien — Tito 3:3-8

Pablo dejó a Tito en la isla de Creta para que supervisara a la iglesia.
©Vladimirs_Gorelovs/Shutterstock

SALUDO

1 Pablo, siervo de Dios y apóstol de Jesucristo, conforme a[1] la fe de los escogidos de Dios y al pleno conocimiento de la verdad que es según la piedad, **2** con la esperanza de vida eterna, la cual Dios, que no miente, prometió desde los tiempos eternos, **3** y a su debido tiempo, manifestó Su palabra por la predicación que me fue confiada[1], conforme al mandamiento de Dios nuestro Salvador, **4** a Tito, verdadero hijo en[1] la común fe: Gracia y paz de parte de Dios el Padre y de Cristo Jesús nuestro Salvador.

REQUISITOS PARA ANCIANOS Y OBISPOS

5 Por esta causa te dejé en Creta, para que pusieras en orden lo que queda, y designaras ancianos en cada ciudad como te mandé. **6** Lo designarás, si el anciano es irreprensible, marido de una *sola* mujer, que tenga hijos creyentes, no acusados de disolución ni de rebeldía. **7** Porque el obispo debe ser irreprensible como administrador de Dios, no obstinado, no iracundo, no dado a la bebida[1], no pendenciero, no amante de ganancias deshonestas. **8** Antes bien, debe ser hospitalario, amante de lo bueno, prudente, justo, santo, dueño de sí mismo. **9** *Debe* retener la palabra fiel que es conforme a la enseñanza, para que sea capaz también de exhortar con sana doctrina y refutar a los que contradicen.

LOS FALSOS MAESTROS CENSURADOS

10 Porque hay muchos rebeldes, habladores vanos y engañadores, especialmente los de la circuncisión[1], **11** a quienes es preciso tapar la boca, porque[1] están trastornando familias[2] enteras, enseñando por ganancias deshonestas, cosas que no deben. **12** Uno de ellos, su propio profeta, dijo: «Los cretenses son siempre mentirosos, malas bestias, glotones ociosos». **13** Este testimonio es verdadero. Por eso, repréndelos severamente para que sean sanos en la fe, **14** y no presten atención a mitos judaicos y a mandamientos de hombres que se apartan de la verdad.

15 Todas las cosas son puras para los a puros, pero para los corrompidos e incrédulos nada es puro, sino que tanto su mente como su conciencia están corrompidas. **16** Profesan conocer a Dios, pero con sus hechos lo niegan, siendo abominables y desobedientes e inútiles para cualquier obra buena.

LA ENSEÑANZA DE BUENA DOCTRINA

2 Pero en cuanto a ti, enseña[1] lo que está de acuerdo con la sana doctrina: **2** Los ancianos deben ser sobrios, dignos, prudentes, sanos en la fe, en el amor, en la perseverancia.

1:1 [1] O *para.*   1:3 [1] O *en la proclamación con que yo fui confiado.*   1:4 [1] Lit. *según.*   1:7 [1] Lit. *al vino.*   1:10 [1] I.e. judíos convertidos.   1:11 [1] Lit. *los cuales.*   [2] O *casas.*   2:1 [1] Lit. *habla.*

1:5-7
Ancianos y obispos

Estos eran dos nombres distintos para el mismo tipo de líder de la iglesia. *Anciano* refleja sus cualidades para dirigir, como madurez y sabiduría. Y la palabra *obispo* significa supervisor, reflejando el trabajo que hacen de supervisar al pueblo de Dios.

1:10-14
Qué enseñaban estos «rebeldes»

Ellos enseñaban que los cristianos debían ser circuncidados. También enseñaban mitos judíos y querían que las personas se deshicieran por completo del placer físico.

GRANDES IDEAS EN TITO

Los líderes de la iglesia están llamados a ser personas que no merezcan reproches y a servir como ejemplo para otros.

Los cristianos inmorales manchan la verdad del mismo evangelio que proclaman.

Los jóvenes, ancianos y esclavos deben tener dominio propio y ser tratados con respeto.

Los falsos maestros amenazan a la iglesia.

CUALIDADES DE UN LÍDER DE LA IGLESIA
Tito 1:5-9

Un anciano o líder debe ser...

Intachable o irreprensible

Marido de una sola mujer

Padre de hijos creyentes

Padre de hijos no acusados de disolución ni rebeldía

Hospitalario

Amante de lo bueno

Prudente

Justo

Santo

Dueño de sí mismo o disciplinado

Fiel a la palabra del evangelio

Capaz de exhortar a otros

Capaz de refutar o desmentir a los que contradicen el evangelio

Un anciano o líder no debe ser...

Obstinado

Iracundo

Dado a la bebida

Pendenciero o violento

Deshonesto

1:15
Qué quiere decir Pablo con esto

Él no estaba diciendo que los cristianos podían hacer lo que quisieran y cometer pecados. Estaba hablando de la libertad de los cristianos para disfrutar de todos los regalos de Dios.

2:1-10
Por qué Pablo da estas instrucciones

Pablo quería que todos los cristianos vivieran en santidad para que otros no pudieran criticarlos y perjudicar la difusión del evangelio.

³ Asimismo, las ancianas deben ser reverentes en su conducta, no calumniadoras ni esclavas de mucho vino. Que enseñen lo bueno, ⁴ para que puedan instruir[1] a las jóvenes a que amen a sus maridos, a que amen a sus hijos, ⁵ *a que sean* prudentes, puras, hacendosas en el hogar, amables, sujetas a sus maridos, para que la palabra de Dios no sea blasfemada.

⁶ Asimismo, exhorta a los jóvenes a que sean prudentes. ⁷ Muéstrate en todo[1] como ejemplo de buenas obras, *con pureza*[2] *de doctrina, con dignidad,* ⁸ *con* palabra sana *e* irreprochable, a fin de que el adversario se avergüence al no tener nada malo que decir de nosotros.

⁹ *Exhorta* a los siervos[1] a que se sujeten a sus amos en todo, que sean complacientes, no contradiciendo, ¹⁰ no defraudando, sino mostrando toda buena fe, para que adornen la doctrina de Dios nuestro Salvador en todo respecto.

2:4 ¹ O *exhortar.*   2:7 ¹ O *razonables en todo, muéstrate.*
² Lit. *incorruptibilidad.*   2:9 ¹ O *esclavos.*

11 Porque la gracia de Dios se ha manifestado, trayendo salvación a todos los hombres¹, **12** enseñándonos, que negando la impiedad y los deseos mundanos, vivamos en este mundo¹ sobria, justa y piadosamente, **13** aguardando la esperanza bienaventurada y la manifestación de la gloria de nuestro gran Dios y Salvador¹ Cristo Jesús. **14** Él se dio por nosotros, para REDIMIRNOS DE TODA INIQUIDAD y PURIFICAR PARA SÍ UN PUEBLO PARA POSESIÓN SUYA, celoso de buenas obras.

15 Esto habla, exhorta y reprende con toda autoridad¹. Que nadie te menosprecie.

LA BASE DE LA SALVACIÓN

3 Recuérdales que estén sujetos a los gobernantes, a las autoridades; que sean obedientes, que estén preparados para toda buena obra. **2** Que no injurien a nadie, que no sean

2:11 ¹ O a todos los hombres, trayendo salvación.   2:12 ¹ O siglo.   2:13 ¹ O del gran Dios y Salvador nuestro.   2:15 ¹ Lit. con todo mando.

2:11-14
El efecto de la gracia
La gracia de Dios trajo salvación, y también ayuda a las personas para rechazar lo mundano y vivir con rectitud.

TITO MINISTRÓ EN LA ISLA DE CRETA

3:3-8
La importancia de la gracia

Pablo vuelve a dejar en claro que Dios no salva a las personas por sus buenas obras. En cambio, él renueva los corazones por medio del Espíritu Santo para que puedan recibir vida eterna por medio de Jesucristo.

3:10
Personas problemáticas y falsos maestros

Pablo les dijo que debían advertirle dos veces a una persona. Si aun así no se arrepentía, entonces la iglesia debía separarse del que causara divisiones. Las personas que estaban difundiendo falsas doctrinas no eran permitidas en el templo a fin de proteger a la iglesia de las mentiras. La esperanza era que el que causaba divisiones se arrepintiera.

contenciosos, *sino* amables, mostrando toda consideración para *con* todos los hombres.

3 Porque nosotros también en otro tiempo éramos necios, desobedientes, extraviados, esclavos de deleites y placeres diversos, viviendo en malicia y envidia, aborrecibles *y* odiándonos unos a otros. **4** Pero cuando se manifestó la bondad de Dios nuestro Salvador, y *Su* amor hacia la humanidad, **5** Él nos salvó, no por las obras de[1] justicia que nosotros hubiéramos hecho, sino conforme a Su misericordia, por medio del lavamiento de la regeneración y la renovación por el Espíritu Santo, **6** que Él derramó sobre nosotros abundantemente por medio de Jesucristo nuestro Salvador, **7** para que justificados por Su gracia fuéramos hechos herederos según *la* esperanza de la vida eterna[1].

8 Palabra fiel *es esta*; y en cuanto a estas cosas quiero que hables con firmeza, para que los que han creído en Dios procuren ocuparse en buenas obras. Estas cosas son buenas y útiles para los hombres. **9** Pero evita controversias necias, genealogías, contiendas y discusiones acerca de la ley, porque son sin provecho y sin valor. **10** Al hombre que cause divisiones, después de la primera y segunda amonestación, recházalo, **11** sabiendo que el tal es perverso y está pecando, habiéndose condenado a sí mismo.

RECOMENDACIONES FINALES Y BENDICIÓN

12 Cuando te envíe a Artemas o a Tíquico, procura venir a verme en Nicópolis, porque he decidido pasar allí el invierno. **13** Encamina con diligencia a Zenas, intérprete de la ley, y a Apolos, para que nada les falte. **14** Y que los nuestros aprendan a ocuparse en buenas obras, atendiendo a las necesidades apremiantes, para que no estén sin fruto.

15 Todos los que están conmigo te saludan. Saluda a los que nos aman en *la* fe.

La gracia sea con todos ustedes.

3:5 [1] Lit. en.   3:7 [1] O de vida eterna, según la esperanza.

Filemón

¿QUIÉN ESCRIBIÓ ESTE LIBRO?	Pablo
¿POR QUÉ SE ESCRIBIÓ ESTE LIBRO?	En este libro se le pide a Filemón que vuelva a recibir a un esclavo fugitivo llamado Onésimo, que se había convertido en cristiano.
¿PARA QUIÉN FUE ESCRITO ESTE LIBRO?	Este libro es una carta personal enviada a un cristiano llamado Filemón.

En este libro, Pablo le pide a Filemón que sea tolerante con su esclavo fugitivo, Onésimo.

Preparación para un banquete, fragmento de pavimento en mármol y mosaico proveniente de Cartago en la época romana, c.180-90 d. C./ Louvre, París, Francia/ Bridgeman Images

vv. 1-2
Filemón
Era un miembro de la iglesia de Colosas y dueño de esclavos. Apia probablemente era su esposa.

SALUDO

1 Pablo, prisionero de Cristo Jesús, y el hermano Timoteo:
A Filemón nuestro amado *hermano* y colaborador, **2** y a la hermana Apia, y a Arquipo, nuestro compañero de lucha, y a la iglesia que está en tu casa: **3** Gracia a ustedes y paz de parte de Dios nuestro Padre y del Señor Jesucristo.

EL AMOR Y LA FE DE FILEMÓN

4 Doy gracias a mi Dios siempre, haciendo mención de ti en mis oraciones, **5** porque oigo de tu amor y de la fe que tienes hacia el Señor Jesús y hacia todos los santos. **6** *Ruego* que la comunión de tu fe llegue a ser eficaz por el conocimiento de todo lo bueno que hay en ustedes[1] mediante Cristo[2]. **7** Pues he llegado a tener mucho gozo y consuelo en tu amor, porque los corazones[1] de los santos han sido confortados[2] por ti, hermano.

PABLO INTERCEDE POR ONÉSIMO

8 Por lo cual, aunque tengo mucha libertad en Cristo para mandarte *hacer* lo que conviene, **9** no obstante, por causa del amor *que te tengo, te hago un* ruego, siendo como soy, Pablo, anciano[1], y ahora también prisionero de Cristo Jesús: **10** te ruego por mi hijo Onésimo[1], a quien he engendrado en mis prisiones[2]; **11** quien en otro tiempo te era inútil, pero ahora

vv. 10-18
Qué había hecho Onésimo
Onésimo era esclavo de Filemón. Le había robado a su amo y se había escapado a Roma, donde conoció a Pablo y se hizo cristiano.

1:6 [1] Algunos mss. antiguos dicen: *nosotros.*   [2] I.e. el Mesías.   1:7 [1] Lit. *las entrañas.*   [2] O *recreados.*   1:9 [1] O posiblemente, *embajador.*   1:10 [1] I.e. útil.   [2] Lit. *cadenas.*

FILEMÓN ERA UN MIEMBRO DE LA IGLESIA DE COLOSAS

nos es útil a ti y a mí. **12** Y te lo he vuelto a enviar en persona, es decir, *como si fuera* mi propio corazón[1].

13 Hubiera querido retenerlo conmigo, para que me sirviera en lugar tuyo en mis prisiones[1] por el evangelio. **14** Pero no quise hacer nada sin tu consentimiento, para que tu bondad no fuera como por obligación, sino por *tu propia* voluntad.

15 Porque quizá por esto se apartó[1] *de ti* por algún tiempo, para que lo volvieras a recibir para siempre, **16** ya no como esclavo, sino *como* más que un esclavo, *como* un hermano amado, especialmente para mí, pero cuánto más para ti, tanto en la carne como en el Señor.

17 Si me tienes, pues, por compañero, acéptalo como *me aceptarías* a mí. **18** Y si te ha perjudicado en alguna forma, o te debe algo, cárgalo a mi cuenta.

19 Yo, Pablo, escribo *esto* con mi propia mano. Yo *lo* pagaré (por no decirte que aun tú mismo te me debes a mí). **20** Sí, hermano, permíteme disfrutar este beneficio de ti en el Señor. Recrea[1] mi corazón[2] en Cristo.

21 Te escribo confiado en tu obediencia, sabiendo que harás aún más de lo que digo. **22** Y al mismo tiempo, prepárame también alojamiento, pues espero que por las oraciones de ustedes les seré concedido.

SALUDOS Y BENDICIÓN

23 Te saluda Epafras, mi compañero de prisión en Cristo Jesús; **24** *también* Marcos, Aristarco, Demas y Lucas, mis colaboradores.

25 La gracia del Señor Jesucristo sea con el espíritu de ustedes[1].

vv. 17-21
Qué le pide Pablo a Filemón

Aunque Filemón podría haber castigado al esclavo, Pablo le pidió que lo recibiera como a un hermano en la fe y le dijo que él pagaría todo lo que Onésimo había robado. Pablo actuó como mediador, ofreciéndose a pagar la deuda de una forma similar a como Cristo pagó por los pecados de todos los creyentes.

GRANDES IDEAS EN FILEMÓN

Cuando los cristianos les ofrecen gracia y perdón a otros, ilustran la gracia y el perdón que han recibido de Dios.

La conversión transforma las relaciones personales con Dios y los demás, incluso las relaciones con los esclavos.

1:12 [1] Lit. *mis propias entrañas.*   1:13 [1] Lit. *cadenas.*
1:15 [1] Lit. *fue apartado.*   1:20 [1] O *Conforta.*   [2] Lit. *mis entrañas.*
1:25 [1] Algunos mss. agregan: *Amén.*

Hebreos

¿QUIÉN ESCRIBIÓ ESTE LIBRO?	Se desconoce quién fue el autor del libro de Hebreos.
¿POR QUÉ SE ESCRIBIÓ ESTE LIBRO?	El libro de Hebreos muestra cómo la fe cristiana es superior a la fe de la época del Antiguo Testamento por causa de Jesús y lo que hizo.
¿PARA QUIÉN FUE ESCRITO ESTE LIBRO?	Este libro es una carta enviada a los cristianos judíos.

¿CUÁLES SON ALGUNAS ENSEÑANZAS IMPORTANTES DE ESTE LIBRO?

Jesús es superior a los ángeles	Hebreos 1:1-14
Jesús es un ser humano real	Hebreos 2:5-18
Debemos creer	Hebreos 3:7-19
Jesús nos comprende	Hebreos 4:14-16
Dios cumple sus promesas	Hebreos 6:13-20
La sangre de Cristo	Hebreos 9:11-28
Héroes de la fe	Hebreos 11:1-40
Dios nos disciplina	Hebreos 12:4-13

«Tenemos como ancla del alma, una *esperanza* segura y firme» (Hebreos 6:19).
© mountainpix/Shutterstock

DIOS HABLA POR EL HIJO SU PALABRA FINAL AL HOMBRE

1 Dios, habiendo hablado hace mucho tiempo, en muchas ocasiones[1] y de muchas maneras a los padres por[2] los profetas, **2** en estos últimos días[1] nos ha hablado por[2] *Su* Hijo, a quien constituyó heredero de todas las cosas, por medio de quien hizo también el universo[3]. **3** Él es[1] el resplandor de Su gloria y la expresión exacta de Su naturaleza, y sostiene[2] todas las cosas por la palabra de Su poder. Después de llevar a cabo la purificación de los pecados, el Hijo se sentó a la diestra de la Majestad en las alturas, **4** siendo mucho mejor que[1] los ángeles, por cuanto ha heredado un nombre más excelente que ellos.

EL HIJO, SUPERIOR A LOS ÁNGELES

5 Porque ¿a cuál de los ángeles dijo Dios jamás:

«HIJO MÍO ERES TÚ,
YO TE HE ENGENDRADO HOY»;

y otra vez:

«YO SERÉ PADRE PARA ÉL,
Y ÉL SERÁ HIJO PARA MÍ?».

6 De nuevo, cuando trae[1] al Primogénito al mundo, dice:

«Y LO ADOREN TODOS LOS ÁNGELES DE
DIOS».

7 De los ángeles dice:

«EL QUE HACE A SUS ÁNGELES, ESPÍRITUS[1],
Y A SUS MINISTROS, LLAMA DE FUEGO».

8 Pero del Hijo *dice:*

«TU TRONO, OH DIOS, ES POR LOS SIGLOS
DE LOS SIGLOS,
Y CETRO DE EQUIDAD ES EL CETRO DE TU[1]
REINO.
9 HAS AMADO LA JUSTICIA Y ABORRECIDO
LA INIQUIDAD;
POR LO CUAL DIOS, TU DIOS, TE HA UNGIDO
CON ÓLEO DE ALEGRÍA MÁS QUE A TUS
COMPAÑEROS».

10 También:

«TÚ, SEÑOR, EN EL PRINCIPIO PUSISTE LOS CIMIENTOS
DE LA TIERRA,
Y LOS CIELOS SON OBRA[1] DE TUS MANOS;
11 ELLOS PERECERÁN, PERO TÚ PERMANECES;
Y TODOS ELLOS COMO UNA VESTIDURA SE
ENVEJECERÁN,

1:4
Qué pensaban los judíos sobre los ángeles

Los judíos tenían mucho respeto por los ángeles, porque ellos habían participado en la entrega de la ley a Moisés en el monte Sinaí. (Ver Deuteronomio 33:2).

Moisés en el monte Sinaí, detalle del Altar de Verdún/ Nicolás de Verdún/Monasterio Klosterneuburg, Austria/De Agostini Picture Library/A. Dagli Orti/ Bridgeman Images

---

1:1 [1] Lit. *porciones;* i.e. de cuando en cuando.   [2] O *en.*   1:2 [1] O *al fin de estos días.*   [2] Lit. *en.*   [3] Lit. *los siglos.*   1:3 [1] Lit. *Quien siendo.*   [2] Lit. *sosteniendo.*
1:4 [1] O *llegando a ser superior a.*   1:6 [1] O *Y cuando trae otra vez.*
1:7 [1] O *vientos.*   1:8 [1] Varios mss. antiguos dicen: *su.*   1:10 [1] Lit. *obras.*

PALABRAS CLAVE EN HEBREOS

Cantidad de veces que las siguientes palabras aparecen en el libro:

Sacerdote/Sacerdocio
42

Fe
36

Sangre
24

Pacto
20

Mejor (es)
17

Ángeles
14

1:5-14
El autor demostró que Jesús era superior a los ángeles
Él lo demostró citando siete pasajes del Antiguo Testamento para mostrar que Jesús es el Hijo de Dios, que los ángeles lo adoran y que Él es Dios.

2:9
Jesús se hizo inferior a los ángeles
Cuando Jesús vino a la tierra como humano, se hizo inferior a los ángeles, al igual que lo son todos los seres humanos. Sin embargo, después de su resurrección, volvió a la plenitud de su gloria.

---

12 Y COMO UN MANTO LOS ENROLLARÁS;
COMO UNA VESTIDURA SERÁN MUDADOS.
PERO TÚ ERES EL MISMO,
Y TUS AÑOS NO TENDRÁN FIN».

13 Pero, ¿a cuál de los ángeles jamás ha dicho Dios:

«SIÉNTATE A MI DIESTRA
HASTA QUE PONGA A TUS ENEMIGOS
POR ESTRADO DE TUS PIES?».

14 ¿No son todos ellos espíritus ministradores[1], enviados para servir por causa de los que heredarán la salvación?

PELIGRO DE LA NEGLIGENCIA

2 Por tanto, debemos prestar mucha mayor atención a lo que hemos oído[1], no sea que nos desviemos. **2** Porque si la palabra hablada por medio de ángeles resultó ser inmutable, y toda transgresión y desobediencia recibió una justa retribución, **3** ¿cómo escaparemos nosotros si descuidamos una salvación tan grande? La cual, después que fue anunciada[1] primeramente por medio del Señor, nos fue confirmada por los que la oyeron. **4** Dios testificó junto con ellos, tanto por señales[1] como por prodigios, y por diversos milagros[2] y por dones repartidos del Espíritu Santo según Su propia voluntad.

CRISTO CORONADO DE GLORIA Y HONOR

5 Porque no sujetó a los ángeles el mundo venidero, acerca del cual estamos hablando. **6** Pero uno ha testificado en un lugar *de las Escrituras* diciendo:

«¿QUÉ ES EL HOMBRE PARA QUE TÚ TE ACUERDES DE
　　ÉL,
O EL HIJO DEL HOMBRE PARA QUE TE INTERESES EN
　　ÉL?
7 LO HAS HECHO UN POCO INFERIOR A LOS ÁNGELES;
LO HAS CORONADO DE GLORIA Y HONOR,
Y LO HAS PUESTO SOBRE LAS OBRAS DE TUS MANOS[1];
8 TODO LO HAS SUJETADO BAJO SUS PIES».

Porque al sujetarlo todo a él, no dejó nada que no le sea sujeto. Pero ahora no vemos aún todas las cosas sujetas a él. **9** Pero vemos a Aquel que fue hecho un poco inferior a los ángeles, *es decir,* a Jesús, coronado de gloria y honor a causa del padecimiento de la muerte, para que por la gracia de Dios probara la muerte por todos. **10** Porque convenía que Aquel para quien son todas las cosas y por quien son todas las cosas, llevando muchos hijos a la gloria, hiciera perfecto

---

1:14 [1] O que sirven.　　2:1 [1] Lit. *a las cosas que se han oído.*　　2:3 [1] Lit. *hablada.*
2:4 [1] O *milagros.*　　[2] O *diversas obras de poder.*　　2:7 [1] Algunos mss. antiguos no incluyen: *y...manos.*

por medio de los padecimientos al autor[1] de la salvación de ellos. **11** Porque tanto el que santifica como los que son santificados, son todos de un *Padre*; por lo cual *Él* no se avergüenza de llamarlos hermanos, **12** cuando dice:

> «ANUNCIARÉ TU NOMBRE A MIS HERMANOS,
> EN MEDIO DE LA CONGREGACIÓN[1] TE CANTARÉ
> HIMNOS».

13 Otra vez:

> «YO EN ÉL CONFIARÉ[1]».

Y otra vez:

> «AQUÍ ESTOY, YO Y LOS HIJOS QUE DIOS ME HA DADO».

14 Así que, por cuanto los hijos participan de carne y sangre[1], también Jesús participó de lo mismo, para anular mediante la muerte el poder de aquel que tenía el poder de la muerte, es decir, el diablo, **15** y librar a los que por el temor a la muerte, estaban sujetos a esclavitud durante toda la vida. **16** Porque ciertamente no ayuda a los ángeles, sino que ayuda a[1] la descendencia[2] de Abraham.

17 Por tanto, tenía que ser[1] hecho semejante a Sus hermanos en todo, a fin de que llegara a ser un sumo sacerdote misericordioso y fiel en las cosas que a Dios atañen, para hacer propiciación por los pecados del pueblo. **18** Pues por cuanto Él mismo fue tentado en el sufrimiento, es poderoso para socorrer a[1] los que son tentados.

JESÚS, SUPERIOR A MOISÉS

3 Por tanto, hermanos santos, participantes del llamamiento celestial, consideren a Jesús, el Apóstol y Sumo Sacerdote de nuestra fe[1]. **2** El cual fue fiel[1] al que lo designó, como también lo fue Moisés en toda la casa de Dios[2]. **3** Porque Jesús ha sido considerado digno de más gloria que Moisés, así como el constructor de la casa tiene más honra que la casa. **4** Porque toda casa es hecha por alguno, pero el que hace todas las cosas es Dios.

5 Moisés fue fiel en toda la casa de Dios[1] como siervo, para testimonio de lo que se iba a decir más tarde. **6** Pero Cristo[1] *fue fiel* como Hijo sobre la casa de Dios, cuya casa somos nosotros, si retenemos firme hasta el fin nuestra confianza y la gloria[2] de nuestra esperanza.

7 Por lo cual, como dice el Espíritu Santo:

> «SI USTEDES OYEN HOY SU VOZ,
> **8** NO ENDUREZCAN SUS CORAZONES, COMO EN LA
> PROVOCACIÓN,
> COMO EN EL DÍA DE LA PRUEBA EN EL DESIERTO,
> **9** DONDE SUS PADRES *me* TENTARON Y *me* PUSIERON A
> PRUEBA,
> Y VIERON MIS OBRAS POR CUARENTA AÑOS.

2:10-11
La relación de los cristianos con Dios

Cuando alguien cree en Jesucristo y acepta el regalo de la salvación, el creyente se convierte en un hijo de Dios y hermano o hermana de Jesús.

3:6
Los cristianos son como la casa de Dios

Dios vive con ellos, y ellos son miembros de su familia.

2:10 [1] O *líder.*   2:12 [1] O *iglesia.*   2:13 [1] Lit. *pondré mi confianza en Él.*
2:14 [1] Lit. *sangre y carne.*   2:16 [1] Lit. *no toma a los ángeles, sino que toma a.*   [2] Lit. *simiente.*   2:17 [1] Lit. *estaba obligado a ser.*   2:18 [1] O *para acudir al socorro de.*   3:1 [1] O *confesión, o profesión.*   3:2 [1] *Siendo fiel.*   [2] Lit. *Él.*
3:5 [1] Lit. *Él.*   3:6 [1] I.e. el Mesías.   [2] O *el gloriarnos.*

¹⁰ POR LO CUAL YO ME DISGUSTÉ CON AQUELLA
     GENERACIÓN,
     Y DIJE: "SIEMPRE SE DESVÍAN EN SU CORAZÓN,
     Y NO HAN CONOCIDO MIS CAMINOS";
¹¹ COMO JURÉ EN MI IRA:
     "NO ENTRARÁN EN MI REPOSO"».

¹² Tengan cuidado, hermanos, no sea que en alguno de ustedes haya un corazón malo de incredulidad, para apartarse¹ del Dios vivo. ¹³ Antes, exhórtense los unos a los otros cada día, mientras *todavía* se dice: «Hoy»; no sea que alguno de ustedes sea endurecido por el engaño del pecado. ¹⁴ Porque somos hechos¹ partícipes de Cristo, si es que retenemos firme hasta el fin el principio de nuestra seguridad. ¹⁵ Por lo cual se dice:

«SI USTEDES OYEN HOY SU VOZ,
     NO ENDUREZCAN SUS CORAZONES, COMO EN LA
          PROVOCACIÓN».

¹⁶ Porque ¿quiénes, habiendo oído, lo provocaron? ¿Acaso no *fueron* todos los que salieron de Egipto *guiados* por Moisés? ¹⁷ ¿Con quiénes se disgustó por cuarenta años? ¿No fue con aquellos que pecaron, cuyos cuerpos cayeron en el desierto? ¹⁸ ¿Y a quiénes juró que no entrarían en Su reposo, sino a los que fueron desobedientes? ¹⁹ Vemos, pues, que no pudieron entrar a causa de *su* incredulidad.

REPOSO DE DIOS Y DEL CREYENTE

4 Por tanto, temamos, no sea que permaneciendo aún la¹ promesa de entrar en Su reposo², alguno de ustedes parezca no haberlo alcanzado. ² Porque en verdad, a nosotros se nos ha anunciado las buenas nuevas, como también a ellos. Pero la palabra que ellos oyeron¹ no les aprovechó por no ir acompañada por la fe en² los que la oyeron. ³ Porque los que hemos creído entramos en ese reposo, tal como Él ha dicho:

«COMO JURÉ EN MI IRA:
     "NO ENTRARÁN EN MI REPOSO"»,

aunque las obras de Él estaban acabadas desde la fundación del mundo.

⁴ Porque así ha dicho en cierto lugar acerca del séptimo *día:* «Y DIOS REPOSÓ EN EL SÉPTIMO DÍA DE TODAS SUS OBRAS»; ⁵ y otra vez en este *pasaje:* «NO ENTRARÁN EN MI REPOSO». ⁶ Por tanto, puesto que todavía falta que algunos entren en él, y aquellos a quienes antes se les anunció las buenas nuevas no entraron por causa de *su* desobediencia¹,

⁷ *Dios* otra vez fija un día: Hoy. Diciendo por medio de¹ David después de mucho tiempo, como se ha dicho antes:

«SI USTEDES OYEN HOY SU VOZ,
     NO ENDUREZCAN SUS CORAZONES».

3:14
La importancia de una fe firme
Un verdadero creyente se aferra a su fe en lugar de abandonarla.

3:16-19
Por qué a los israelitas que escaparon de Egipto no se les permitió entrar en Canaán
Los israelitas se habían negado a creer en las promesas de Dios sobre la tierra prometida, y Dios estaba enojado con ellos por su rebeldía y desobediencia. Solo se les permitió la entrada a sus hijos. (Ver Números 14:26-35).

4:3
El reposo de Dios
Los israelitas tuvieron que creer en las promesas de Dios para poder encontrar reposo en Canaán. Hoy en día, los creyentes encuentran reposo en Dios cuando tienen fe en Jesús. Como resultado, los cristianos tienen ahora descanso y paz, porque Dios está con ellos y pasarán la eternidad con Jesús.

3:12 ¹ O *apostatar.*   3:14 ¹ Lit. *hemos llegado a ser.*   4:1 ¹ Lit. *una.*   ² I.e. de Dios.   4:2 ¹ Lit. *pero la palabra oída.*   ² Muchos mss. dicen: *por no estar ellos unidos por la fe con.*   4:6 ¹ O *incredulidad.*   4:7 ¹ O *en.*

8 Porque si Josué[1] les hubiera dado reposo, *Dios* no habría hablado de otro día después de ese. **9** Queda, por tanto, un reposo sagrado para el pueblo de Dios. **10** Pues el que ha entrado a Su reposo[1], él mismo ha reposado de sus obras, como Dios reposó de las Suyas. **11** Por tanto, esforcémonos por entrar en ese reposo, no sea que alguien caiga *siguiendo* el mismo ejemplo de desobediencia.

PODER DE LA PALABRA DE DIOS

12 Porque la palabra de Dios es viva y eficaz, y más cortante que cualquier espada de dos filos. Penetra hasta la división del alma y del espíritu, de las coyunturas y los tuétanos, y *es poderosa* para discernir[1] los pensamientos y las intenciones del corazón. **13** No hay cosa creada oculta a Su vista[1], sino que todas las cosas están al descubierto[2] y desnudas ante los ojos de Aquel a quien tenemos que dar cuenta.

JESÚS, EL GRAN SUMO SACERDOTE

14 Teniendo, pues, un gran Sumo Sacerdote que trascendió[1] los cielos, Jesús, el Hijo de Dios, retengamos nuestra fe[2]. **15** Porque no tenemos un Sumo Sacerdote que no pueda compadecerse de nuestras flaquezas, sino Uno que ha sido tentado en todo como *nosotros, pero* sin pecado. **16** Por tanto, acerquémonos con confianza al trono de la gracia para que recibamos misericordia, y hallemos gracia para la ayuda oportuna.

JESÚS COMO SUMO SACERDOTE

5 Porque todo sumo sacerdote tomado de entre los hombres es constituido a favor de los hombres en las cosas que a Dios se refieren, para presentar ofrendas y sacrificios por los pecados. **2** Puede[1] obrar con benignidad[2] para con los ignorantes y extraviados, puesto que él mismo está sujeto a flaquezas. **3** Por esa causa está obligado a ofrecer *sacrificios* por los pecados, tanto por sí mismo como por el pueblo. **4** Nadie toma este honor para sí mismo, sino que *lo recibe* cuando es llamado por Dios, así como lo fue Aarón.

5 De la misma manera, Cristo no se glorificó a Él mismo para hacerse Sumo Sacerdote, sino que *lo glorificó* el que le dijo:

«HIJO MÍO ERES TÚ,
YO TE HE ENGENDRADO HOY»;

6 como también dice en otro *pasaje:*

«TÚ ERES SACERDOTE PARA SIEMPRE
SEGÚN EL ORDEN DE MELQUISEDEC».

7 Cristo[1], en los días de Su carne, habiendo ofrecido oraciones y súplicas con gran clamor y lágrimas al que lo podía librar de la muerte[2], fue oído a causa de Su temor reverente. **8** Aunque era Hijo, aprendió obediencia por lo que padeció; **9** y habiendo sido hecho perfecto, vino a ser fuente de

---

4:15
Similitudes y diferencias entre Jesús y los seres humanos
Jesús era como los demás seres humanos, porque enfrentó todos los tipos de tentaciones que cualquier persona puede enfrentar. Sin embargo, a diferencia de cualquier otro, él no pecó.

5:8-10
Jesús era perfecto
Jesús completó perfectamente su propósito en la tierra al sufrir y morir en la cruz por nuestros pecados. Él no cedió ante la tentación. A diferencia de Adán, que escogió el pecado, Jesús obedeció a su Padre a la perfección.

4:8 [1] Gr. *Jesús.*　　4:10 [1] I.e. de Dios.　　4:12 [1] O *juzgar.*　　4:13 [1] I.e. de Dios.　　[2] O *abiertas.*　　4:14 [1] Lit. *pasó a través de.*　　[2] O *confesión,* o *profesión.* 5:2 [1] Lit. *Pudiendo.*　　[2] O *compasión.*　　5:7 [1] Lit. *El cual.*　　[2] O *salvar.*

eterna salvación para todos los que le obedecen, **10** siendo constituido por Dios como sumo sacerdote según el orden de Melquisedec.

CRECIMIENTO EN LA MADUREZ ESPIRITUAL

11 Acerca de esto[1] tenemos mucho que decir, y *es* difícil de explicar, puesto que ustedes se han hecho tardos para oír. **12** Pues aunque ya[1] debieran ser maestros, otra vez tienen necesidad de que alguien les enseñe los principios elementales[2] de los oráculos[3] de Dios, y han llegado a tener necesidad de leche y no de alimento sólido. **13** Porque todo el que toma *solo* leche, no está acostumbrado a la palabra de justicia, porque es niño. **14** Pero el alimento sólido es para los adultos[1], los cuales por la práctica tienen los sentidos ejercitados para discernir el bien y el mal.

6 Por tanto, dejando las enseñanzas elementales[1] acerca de Cristo[2], avancemos hacia la madurez, no echando otra vez el fundamento del arrepentimiento de obras muertas y de la fe en Dios, **2** de la enseñanza sobre lavamientos[1], de la imposición de manos, de la resurrección de los muertos y del juicio eterno. **3** Y esto haremos, si Dios lo permite.

4 Porque en el caso de los que fueron una vez iluminados, que probaron del don celestial y fueron hechos partícipes del Espíritu Santo, **5** que gustaron la buena palabra de Dios y los poderes del siglo venidero, **6** pero *después* cayeron, es imposible renovarlos otra vez para arrepentimiento, puesto que de nuevo crucifican para sí mismos al Hijo de Dios y lo exponen a la ignominia pública.

7 Porque la tierra que bebe la lluvia que con frecuencia cae[1] sobre ella y produce vegetación útil a aquellos por los cuales es cultivada, recibe bendición de Dios. **8** Pero si produce espinos y cardos no vale nada, está próxima a ser maldecida[1], y termina por ser quemada[2].

ESPERANZA DE COSAS MEJORES

9 Pero en cuanto a ustedes, amados, aunque hablemos de esta manera, estamos persuadidos de las cosas que son mejores y que pertenecen a la salvación. **10** Porque Dios no es injusto como para olvidarse de la obra de ustedes y del amor que han mostrado hacia Su nombre, habiendo servido, y sirviendo *aún*, a los santos. **11** Pero deseamos que cada uno de ustedes muestre la misma solicitud hasta el fin, para alcanzar la plena seguridad de la esperanza, **12** a fin de que no sean perezosos, sino imitadores de los que mediante la fe y la paciencia heredan las promesas.

LA PROMESA DE DIOS ES SEGURA

13 Pues cuando Dios hizo la promesa a Abraham, no pudiendo jurar por uno mayor, juró por Él mismo, **14** diciendo: «CIERTAMENTE TE BENDECIRÉ Y CIERTAMENTE TE MULTIPLICARÉ». **15** Y así, habiendo esperado con paciencia,

---

5:11-14
Por qué el autor critica a estos cristianos
A pesar de que ya llevaban un tiempo siendo cristianos, eran inmaduros en su fe y necesitaban que se les recordaran las verdades básicas de Dios.

6:4-6
El significado de «caer»
Caerse en lo que respecta a la fe significa que una persona que creyó y recibió a Jesucristo luego se apartó de Dios. Tal persona ya no puede volver a Dios.

5:11 [1] O *Él.*   5:12 [1] Lit. *por causa del tiempo.*   [2] Lit. *elementos del principio.*   [3] I.e. las palabras.   5:14 [1] O *los que han alcanzado madurez.*   6:1 [1] Lit. *la palabra del principio.*   [2] I.e. el Mesías.   6:2 [1] O *bautismos.*   6:7 [1] Lit. *viene.*   6:8 [1] Lit. *a una maldición.*   [2] Lit. *su fin es para quemarse.*

Abraham obtuvo la promesa. **16** Porque los hombres juran por uno mayor *que ellos mismos,* y para ellos un juramento *dado* como confirmación es el fin de toda discusión.

17 Por lo cual[1] Dios, deseando mostrar más plenamente a los herederos de la promesa la inmutabilidad de Su propósito, interpuso[2] un juramento, **18** a fin de que por dos cosas inmutables, en las cuales es imposible que Dios mienta, los que hemos buscado refugio seamos grandemente animados[1] para asirnos de la esperanza puesta delante de nosotros.

19 Tenemos como ancla del alma, una *esperanza* segura y firme, y que penetra hasta detrás[1] del velo, **20** adonde Jesús entró por nosotros como precursor, hecho, según el orden de Melquisedec, Sumo Sacerdote para siempre.

EL SACERDOCIO DE MELQUISEDEC

7 Porque este Melquisedec, rey de Salem, sacerdote del Dios Altísimo, que salió al encuentro de Abraham cuando *este* regresaba de la matanza de los reyes, y lo bendijo, **2** y Abraham le entregó[1] el diezmo de todos *los despojos. El nombre Melquisedec* significa primeramente rey de justicia, y luego también rey de Salem, esto es, rey de paz. **3** Sin tener padre, ni madre, y sin genealogía, no teniendo principio de días ni fin de vida, siendo hecho semejante al Hijo de Dios, permanece sacerdote a perpetuidad.

GRANDEZA DE MELQUISEDEC

4 Consideren, pues, la grandeza de este *Melquisedec* a quien Abraham, el patriarca, dio el diezmo de lo mejor del botín[1]. **5** Y en verdad los hijos de Leví que reciben el oficio de sacerdote, tienen mandamiento en[1] la ley de recoger el diezmo[2] del pueblo, es decir, de sus hermanos, aunque estos son descendientes de Abraham[3]. **6** Pero aquel cuya genealogía no viene de ellos, recibió el diezmo[1] de Abraham y bendijo al que tenía las promesas. **7** Y sin discusión alguna, el menor es bendecido por el mayor.

8 Aquí, ciertamente hombres mortales reciben el diezmo, pero allí, *los recibe* uno de quien se da testimonio de que vive. **9** Y, por decirlo así, por medio de Abraham también Leví, que recibía diezmos, pagaba diezmos, **10** porque aún estaba en los lomos de su padre cuando Melquisedec le salió al encuentro.

CRISTO, SACERDOTE PARA SIEMPRE

11 Ahora bien, si la perfección era por medio del sacerdocio levítico, (pues sobre esa base recibió el pueblo la ley), ¿qué necesidad *había* de que se levantara otro sacerdote según el orden de Melquisedec, y no designado según el orden de Aarón? **12** Porque cuando se cambia el sacerdocio, necesariamente ocurre también un cambio de la ley. **13** Pues aquel de quien se dicen estas cosas, pertenece a otra tribu, de la cual

6:19
La esperanza es como un ancla

El ancla de una embarcación la mantiene a salvo en un punto o lugar. Del mismo modo, Cristo nos da la esperanza de la vida eterna.

7:1-3
Melquisedec

Él era el rey de Salem y también un sacerdote. Bendijo a Abraham después de que venciera a los reyes que habían capturado a Lot. A cambio, Abraham le dio una décima parte de sus bienes (ver Génesis 14:18-20). Melquisedec era un símbolo del rey y sacerdote que vendría, Jesús.

6:17 ¹ O Por tanto.   ² O garantizó.   6:18 ¹ Lit. *podamos tener un fortísimo consuelo.*   6:19 ¹ Lit. *dentro.*   7:2 ¹ Lit. *repartió.*   7:4 ¹ Lit. *de los botines.*   7:5 ¹ Lit. *según.*   ² O *los diezmos.*   ³ Lit. *salieron de los lomos de Abraham.*   7:6 ¹ O *los diezmos.*

nadie ha servido en el altar. **14** Porque es evidente que nuestro Señor descendió¹ de Judá, una tribu de la cual Moisés no dijo nada tocante a sacerdotes.

15 Y esto es aún más evidente, si a semejanza de Melquisedec se levanta otro sacerdote, **16** que ha llegado a ser*lo*, no sobre la base de una ley de requisitos físicos, sino según el poder de una vida indestructible. **17** Pues *de Cristo* se da testimonio:

«TÚ ERES SACERDOTE PARA SIEMPRE
SEGÚN EL ORDEN DE MELQUISEDEC».

18 Porque ciertamente, queda anulado el mandamiento anterior por ser débil e inútil **19** (pues la ley nada hizo perfecto), y se introduce una mejor esperanza, mediante la cual nos acercamos a Dios.

20 Y por cuanto no *fue* sin juramento, **21** pues en verdad ellos llegaron a ser sacerdotes sin juramento, pero Él, por un juramento del que le dijo:

«EL SEÑOR HA JURADO
Y NO CAMBIARÁ¹:
"TÚ ERES SACERDOTE PARA SIEMPRE²"».

22 Por eso, Jesús ha venido a ser fiador¹ de un mejor pacto.

23 Los sacerdotes *anteriores* eran más numerosos porque la muerte les impedía continuar, **24** pero Jesús conserva Su sacerdocio inmutable¹ puesto que permanece para siempre. **25** Por lo cual Él también es poderoso para salvar para siempre¹ a los que por medio de Él se acercan a Dios, puesto que vive perpetuamente para interceder por ellos.

26 Porque convenía que tuviéramos tal Sumo Sacerdote: santo, inocente, inmaculado, apartado de los pecadores, y exaltado más allá de los cielos, **27** que no necesita, como aquellos sumos sacerdotes, ofrecer sacrificios diariamente, primero por sus propios pecados y después por los *pecados* del pueblo. Porque esto Jesús lo hizo una vez para siempre, cuando Él mismo se ofreció. **28** Porque la ley designa como sumos sacerdotes a hombres débiles, pero la palabra del juramento, que vino después de la ley, *designa* al Hijo, hecho perfecto para siempre.

JESÚS, SUMO SACERDOTE DEL SANTUARIO CELESTIAL

8 Ahora bien, el punto principal de lo que se ha dicho *es este*: tenemos tal Sumo Sacerdote, que se ha sentado a la diestra del trono de la Majestad en los cielos, **2** *como* ministro del¹ santuario y del¹ tabernáculo verdadero², que el Señor erigió, no el hombre. **3** Porque todo sumo sacerdote está constituido para presentar ofrendas y sacrificios, por lo cual es necesario que este Sumo Sacerdote también tenga algo que ofrecer.

4 Así que si Él estuviera sobre la tierra, ni siquiera sería sacerdote, habiendo *sacerdotes* que presentan las ofrendas según la ley; **5** los cuales sirven a *lo que es* copia y sombra de

7:23-27
Jesús no era como los sacerdotes del Antiguo Testamento

Bajo la ley de Moisés, un sumo sacerdote debía hacer muchos sacrificios, porque tanto él como el pueblo eran considerados pecadores según la ley. Sin embargo, Jesús es el sumo sacerdote supremo: él es perfecto, y como vive para siempre, no necesita ser reemplazado jamás. Tampoco tiene que ofrecer sacrificios, porque se ofreció a sí mismo como un sacrificio perfecto de una vez y para siempre.

8:5
El nuevo tabernáculo

El autor decía que el tabernáculo terrenal (el lugar donde los judíos adoraban a Dios y ofrecían sacrificios) era solo una sombra del que está en el cielo. El cielo es el tabernáculo perfecto en el cual Jesús, nuestro sacrificio perfecto, vive en la presencia de Dios.

7:14 ¹ Lit. *se levantó.*   7:21 ¹ O *no se arrepentirá.*   ² Algunos mss. agregan: *según el orden de Melquisedec.*   7:22 ¹ O *la garantía.*
7:24 ¹ O *intransferible.*   7:25 ¹ O *completamente.*   8:2 ¹ O *en el.*   ² O *de la tienda sagrada verdadera.*

las cosas celestiales, tal como Moisés fue[1] advertido *por Dios* cuando estaba a punto de erigir el tabernáculo[2]. Pues, dice Él: «Haz todas las cosas CONFORME AL MODELO QUE TE FUE MOSTRADO EN EL MONTE».

CRISTO, MEDIADOR DE UN MEJOR PACTO

6 Pero ahora Jesús ha obtenido un ministerio tanto mejor, por cuanto Él es también el mediador de un mejor pacto, establecido sobre mejores promesas. **7** Pues si aquel primer *pacto* hubiera sido sin defecto, no se hubiera buscado lugar para el segundo. **8** Porque reprochándolos, Él dice:

«MIREN QUE VIENEN DÍAS, DICE EL
    SEÑOR,
EN QUE[1] ESTABLECERÉ UN NUEVO PACTO
CON LA CASA DE ISRAEL Y CON LA CASA
    DE JUDÁ;
9 NO COMO EL PACTO QUE HICE CON SUS
    PADRES
EL DÍA QUE LOS TOMÉ DE LA MANO
PARA SACARLOS DE LA TIERRA DE
    EGIPTO;
PORQUE NO PERMANECIERON EN MI
    PACTO,
Y YO ME DESENTENDÍ DE ELLOS, DICE EL
    SEÑOR.

10 »PORQUE ESTE ES EL PACTO QUE YO
    HARÉ[1] CON LA CASA DE ISRAEL
DESPUÉS DE AQUELLOS DÍAS, DICE EL
    SEÑOR:
PONDRÉ MIS LEYES EN LA MENTE DE
    ELLOS,
Y LAS ESCRIBIRÉ SOBRE SUS CORAZONES.
YO SERÉ SU DIOS,
Y ELLOS SERÁN MI PUEBLO.
11 Y NINGUNO DE ELLOS ENSEÑARÁ A SU
    CONCIUDADANO[1]
NI NINGUNO A SU HERMANO, DICIENDO:
    "CONOCE AL SEÑOR",
PORQUE TODOS ME CONOCERÁN,
DESDE EL MENOR HASTA EL MAYOR DE
    ELLOS.
12 PUES TENDRÉ MISERICORDIA DE SUS
    INIQUIDADES,
Y NUNCA MÁS ME ACORDARÉ DE SUS
    PECADOS».

13 Cuando Dios dijo[1]: «Un nuevo *pacto*», hizo anticuado al primero; y lo que se hace anticuado y envejece, está próximo a desaparecer.

8:5 [1] Lit. *es.*   [2] O *la tienda sagrada.*   8:8 [1] Lit. *y.*   8:10 [1] Lit. *pactaré.*
8:11 [1] O *prójimo.*   8:13 [1] O *Al decir.*

JESÚS ES MEJOR
Hebreos

Jesús reemplaza el antiguo pacto por un camino mejor hacia Dios.

Jesús es mejor que los ángeles
1:4-5

Jesús es mejor que Moisés
3:3

El sacerdocio de Jesús es mejor que cualquier otro sacerdocio
4:14-15

El nuevo pacto de Jesús es mejor que el antiguo pacto
7:22; 8:6

El tabernáculo de Jesús es mejor que el tabernáculo construido por manos humanas
9:11

El sacrificio de Jesús es mejor que cualquier otro sacrificio
9:23-28

8:10-12

El nuevo pacto

La muerte y la resurrección de Jesús crearon un nuevo pacto, o un nuevo acuerdo. Este acuerdo dice que la fe es lo que puede salvarnos, no la obediencia a la ley. En el nuevo pacto, las leyes de Dios se convertirían en principios de vida para los creyentes, y Dios tendría una relación cercana con su pueblo.

9:1-15

El autor dedicó mucho tiempo a comparar el antiguo y el nuevo pacto

El autor les estaba escribiendo a los judíos cristianos que probablemente ya estaban familiarizados con el Antiguo Testamento. Sin embargo, quería convencerlos de que el sacrificio de Jesús vino a reemplazar el sistema anterior de una vez y para siempre.

EL SANTUARIO TERRENAL

9 Ahora bien, aun el primer *pacto* tenía ordenanzas para el culto y el santuario terrenal. **2** Porque había un tabernáculo[1] preparado en la parte anterior[2], en el cual *estaban* el candelabro, la mesa, y los panes consagrados[3]. Este se llama el lugar santo. **3** Y detrás del segundo velo *había* un tabernáculo llamado el Lugar Santísimo, **4** el cual tenía el altar de oro del incienso[1] y el arca del pacto cubierta toda de oro, en la cual *había* una urna de oro que contenía el maná y la vara de Aarón que retoñó y las tablas del pacto. **5** Sobre el arca *estaban* los querubines de gloria que daban sombra al propiciatorio. Pero de estas cosas no se puede hablar ahora en detalle.

6 Así preparadas estas cosas, los sacerdotes entran continuamente al primer[1] tabernáculo para oficiar en el culto. **7** Pero en el segundo, solo *entra* el sumo sacerdote una vez al año, no sin *llevar* sangre, la cual ofrece por sí mismo y por los pecados del pueblo cometidos en ignorancia[1].

8 Queriendo el Espíritu Santo dar a entender esto: que el camino al Lugar Santísimo[1] aún no había sido revelado en tanto que el primer tabernáculo permaneciera en pie. **9** Esto *es* un símbolo para el tiempo presente, según el cual se presentan ofrendas y sacrificios que no pueden hacer perfecto en su conciencia al que practica *ese* culto, **10** ya que *tienen que ver* solo con comidas y bebidas, y diversos lavamientos[1], ordenanzas para el cuerpo[2] impuestas hasta el tiempo de reformar *las cosas.*

LA SANGRE DEL NUEVO PACTO

11 Pero cuando Cristo apareció *como* Sumo Sacerdote de los bienes futuros[1], a través de[2] un mayor y más perfecto tabernáculo, no hecho con manos, es decir, no de esta creación, **12** entró al Lugar Santísimo una vez para siempre, no por medio de la sangre de machos cabríos y de becerros, sino por medio de Su propia sangre, obteniendo[1] redención eterna.

13 Porque si la sangre de los machos cabríos y de los toros, y la ceniza de la novilla, rociadas sobre los que se han contaminado[1], santifican para la purificación[2] de la carne, **14** ¿cuánto más la sangre de Cristo, quien por el Espíritu eterno[1] Él mismo se ofreció sin mancha a Dios, purificará nuestra conciencia de obras muertas para servir al Dios vivo? **15** Por eso Cristo es el mediador de un nuevo pacto[1], a fin de que habiendo tenido lugar una muerte para la redención de las transgresiones *que se cometieron* bajo el primer pacto[1], los que han sido llamados reciban la promesa de la herencia eterna. **16** Porque donde hay un testamento[1], necesario es que ocurra[2] la muerte del testador. **17** Pues un testamento[1]

9:2 [1] O *tienda sagrada* y así en el resto del cap.   [2] O *el primero.*   [3] Lit. *panes de la proposición.*   9:4 [1] O *incensario de oro.*   9:6 [1] O *exterior.*   9:7 [1] Lit. *y por la ignorancia del pueblo.*   9:8 [1] O *santuario.*   9:10 [1] O *lavamientos ceremoniales.*   [2] Lit. *la carne.*   9:11 [1] Algunos mss. antiguos dicen: *bienes que ya han venido.*   [2] O *apareció por medio de.*   9:12 [1] O *habiendo obtenido.*   9:13 [1] O *han sido contaminados.*   [2] O *limpieza.*   9:14 [1] O *su espíritu eterno.*   9:15 [1] O *testamento.*   9:16 [1] O *pacto.*   [2] Lit. *se traiga.*   9:17 [1] O *pacto.*

es válido *solo* en caso de muerte[2], puesto que no se pone en vigor mientras vive el testador[3]. **18** Por tanto, ni aun el primer *pacto[1]* se inauguró sin sangre.

19 Porque cuando Moisés terminó de promulgar[1] todos los mandamientos a todo el pueblo, conforme a la ley, tomó la sangre de los becerros y de los machos cabríos, con agua y lana escarlata e hisopo, y roció el libro mismo y a todo el pueblo, **20** diciendo: «ESTA ES LA SANGRE DEL PACTO QUE DIOS LES ORDENÓ A USTEDES[1]». **21** De la misma manera roció con sangre el tabernáculo y todos los utensilios del ministerio. **22** Y según la ley, casi todo ha de ser purificado con sangre, y sin derramamiento de sangre no hay perdón.

EL SACRIFICIO DEFINITIVO

23 Por tanto, fue necesario que las representaciones[1] de las cosas en los cielos fueran purificadas de esta manera, pero las cosas celestiales mismas, con mejores sacrificios que estos. **24** Porque Cristo[1] no entró en un lugar santo[2] hecho por manos, una representación[3] del verdadero, sino en el cielo mismo, para presentarse ahora en la presencia de Dios por nosotros, **25** y no para ofrecerse a sí mismo muchas veces, como el sumo sacerdote entra al Lugar Santísimo[1] cada año con sangre ajena.

26 De otra manera, a Cristo le hubiera sido necesario sufrir muchas veces[1] desde la fundación del mundo; pero ahora, una sola vez en la consumación de los siglos, se ha[2] manifestado para destruir[3] el pecado por el sacrificio de sí mismo[4]. **27** Y así como está decretado[1] que los hombres mueran una *sola* vez, y después de esto, el juicio, **28** así también Cristo, habiendo sido ofrecido una vez para llevar los pecados de muchos, aparecerá por segunda vez, sin *relación con* el pecado, para salvación de los que ansiosamente lo esperan.

LA LEY NO PUEDE QUITAR LOS PECADOS

10 Pues ya que la ley *solo* tiene la sombra de los bienes futuros y no la forma[1] misma de las cosas, nunca puede[2], por los mismos sacrificios que ellos ofrecen continuamente año tras año, hacer perfectos a los que se acercan. **2** De otra manera, ¿no habrían cesado de ofrecerse, ya que los adoradores, una vez purificados[1], no tendrían ya más conciencia de pecado? **3** Pero en esos *sacrificios* hay[1] un recordatorio de pecados año tras año. **4** Porque es imposible que la sangre de toros y de machos cabríos quite los pecados.

5 Por lo cual, al entrar Cristo en el mundo, dice:

«SACRIFICIO Y OFRENDA NO HAS QUERIDO,
PERO UN CUERPO HAS PREPARADO PARA MÍ;
6 EN HOLOCAUSTOS y *sacrificios* POR EL PECADO NO TE HAS COMPLACIDO.

9:26-28
Un solo sacrificio fue necesario
Cristo no tenía pecado, por eso solo tuvo que morir una vez como sacrificio perfecto para acabar con todo el pecado.

---

[2] Lit. *sobre los muertos.*   [3] Algunos mss. antiguos dicen: *¿no se pone en vigor...testador?*   9:18 [1] O *testamento.*   9:19 [1] Lit. *hablar.*   9:20 [1] O *diseñó para ustedes.*   9:23 [1] Lit. *copias.*   9:24 [1] I.e. el Mesías.   [2] O *santuario.*   [3] Lit. *copia.*   9:25 [1] O *santuario.*   9:26 [1] O *con frecuencia.*   [2] O *ha sido.*   [3] O *anular, o quitar.*   [4] O *por su sacrificio.*   9:27 [1] O *establecido.*   10:1 [1] O *imagen.*   [2] Algunos mss. antiguos dicen: *pueden.*   10:2 [1] O *limpios.*   10:3 [1] Lit. *en ellos hay.*

¿QUIÉN ES DIOS?

Atributos de Dios en las

CARTAS DEL NUEVO TESTAMENTO

Generoso *Romanos 8:32*

Consolador *2 Corintios 1:3-4*

Redentor *Gálatas 3:13*

Soberano *Efesios 1:11*

Salvador *1 Timoteo 1:1*

Fiel *2 Timoteo 2:13*

Sin pecado *Hebreos 4:15*

Mediador *Hebreos 9:15*

Amor *1 Juan 4:8-10*

10:22

Lo que nos acerca a Dios

Primero, un corazón sincero rendido a Dios. Segundo, certeza en la fe y confianza en Jesús. Tercero, una conciencia libre de culpa gracias al sacrificio de Cristo. Cuarto, el bautismo como símbolo de ser lavados de todo pecado.

7 ENTONCES DIJE: "AQUÍ ESTOY, YO HE VENIDO
(EN EL ROLLO DEL LIBRO ESTÁ ESCRITO DE MÍ)
PARA HACER, OH DIOS, TU VOLUNTAD"».

8 Habiendo dicho anteriormente: «SACRIFICIOS Y OFRENDAS Y HOLOCAUSTOS, Y *sacrificios* POR EL PECADO NO HAS QUERIDO, NI *en ellos* TÚ TE HAS COMPLACIDO» (los cuales se ofrecen según la ley), **9** entonces dijo: «HE AQUÍ, YO HE VENIDO PARA HACER TU VOLUNTAD». Él quita lo primero para establecer lo segundo. **10** Por esa voluntad[1] hemos sido santificados mediante la ofrenda del cuerpo de Jesucristo *ofrecida* una vez para siempre.

CRISTO PUEDE QUITAR LOS PECADOS

11 Ciertamente todo sacerdote está de pie, día tras día, ministrando y ofreciendo muchas veces los mismos sacrificios, que nunca pueden quitar los pecados. **12** Pero Cristo, habiendo ofrecido un solo sacrificio por los pecados para siempre, SE SENTÓ[1] A LA DIESTRA DE DIOS, **13** esperando de ahí en adelante HASTA QUE SUS ENEMIGOS SEAN PUESTOS POR ESTRADO DE SUS PIES. **14** Porque por una ofrenda Él ha hecho perfectos para siempre a los que son santificados.

15 También el Espíritu Santo nos da testimonio. Porque después de haber dicho:

16 «ESTE ES EL PACTO QUE HARÉ[1] CON ELLOS
DESPUÉS DE AQUELLOS DÍAS, DICE EL SEÑOR:
PONDRÉ MIS LEYES EN SU CORAZÓN,
Y EN SU MENTE LAS ESCRIBIRÉ», *añade:*
17 «Y NUNCA MÁS ME ACORDARÉ DE SUS PECADOS E INIQUIDADES».

18 Ahora bien, donde hay perdón de estas cosas, ya no hay ofrenda por el pecado.

EXHORTACIÓN A LA PERSEVERANCIA

19 Entonces, hermanos, puesto que tenemos confianza para entrar al Lugar Santísimo por la sangre de Jesús, **20** por un camino nuevo y vivo que Él inauguró para nosotros por medio del velo, es decir, Su carne, **21** y puesto que *tenemos* un gran Sacerdote sobre la casa de Dios, **22** acerquémonos con corazón sincero, en plena certidumbre de fe, teniendo

10:10 ¹ Lit. *Por la cual.*   10:12 ¹ O *pecados, para siempre se sentó.*
10:16 ¹ Lit. *pactaré.*

nuestro corazón purificado¹ de mala conciencia y nuestro cuerpo lavado con agua pura.

23 Mantengamos firme la profesión¹ de nuestra esperanza sin vacilar, porque fiel es Aquel que prometió. **24** Consideremos cómo estimularnos unos a otros al amor y a las buenas obras, **25** no dejando de congregarnos, como algunos tienen por costumbre, sino exhortándonos *unos a otros*, y mucho más al ver que el día se acerca.

ADVERTENCIA A LOS QUE CONTINÚAN PECANDO

26 Porque si continuamos pecando deliberadamente después de haber recibido el conocimiento de la verdad, ya no queda sacrificio alguno por los pecados, **27** sino cierta horrenda expectación de juicio, y la furia de UN FUEGO QUE HA DE CONSUMIR A LOS ADVERSARIOS. **28** Cualquiera que viola la ley de Moisés muere sin misericordia por *el testimonio de* dos o tres testigos.

29 ¿Cuánto mayor castigo piensan ustedes que merecerá el que ha pisoteado bajo sus pies al Hijo de Dios, y ha tenido por inmunda la sangre del pacto por la cual fue santificado, y ha ultrajado al Espíritu de gracia? **30** Pues conocemos a Aquel que dijo: «MÍA ES LA VENGANZA, YO PAGARÉ». Y otra vez: «EL SEÑOR JUZGARÁ A SU PUEBLO». **31** ¡Horrenda cosa es caer en las manos del Dios vivo!

NECESIDAD DE PERSEVERAR

32 Pero recuerden los días pasados, cuando¹ después de haber sido iluminados, ustedes soportaron una gran lucha de padecimientos. **33** Por una parte, siendo hechos un espectáculo público en oprobios y aflicciones, y por otra, siendo compañeros de los que eran tratados así. **34** Porque tuvieron compasión de los prisioneros y aceptaron con gozo el despojo de sus bienes, sabiendo que tienen para ustedes mismos una mejor y más duradera posesión. **35** Por tanto, no desechen su confianza, la cual tiene gran recompensa. **36** Porque ustedes tienen necesidad de paciencia¹, para que cuando hayan hecho la voluntad de Dios, obtengan la promesa.

37   PORQUE DENTRO DE MUY POCO TIEMPO,
           EL QUE HA DE VENIR VENDRÁ Y NO TARDARÁ.
38   MAS MI JUSTO VIVIRÁ POR LA FE;
           Y SI RETROCEDE, MI ALMA NO SE COMPLACERÁ EN ÉL.

39 Pero nosotros no somos de los que retroceden para perdición, sino de los que tienen fe para la preservación¹ del alma.

LA FE Y SUS HÉROES

11 Ahora bien, la fe es la certeza de lo que se espera, la convicción de lo que no se ve. **2** Porque por ella recibieron aprobación¹ los antiguos². **3** Por la fe entendemos que el universo¹ fue preparado por la palabra de Dios, de modo que lo que se ve no fue hecho de cosas visibles.

10:32-34
Cómo eran estos cristianos cuando recién se convirtieron a la fe
Ellos tenían una fe fuerte incluso cuando se enfrentaban a insultos y persecuciones. También apoyaban a los demás cristianos y no se preocupaban por perder sus posesiones. El autor los animó a recuperar esa misma confianza y entusiasmo.

10:22 ¹ Lit. *rociado* (para purificación).   10:23 ¹ O *fe*, o *confesión*.
10:32 ¹ Lit. *en los cuales*.   10:36 ¹ O *perseverancia*.   10:39 ¹ O *posesión*.
11:2 ¹ Lit. *testimonio*.   ² O *antepasados*.   11:3 ¹ Lit. *los siglos*.

11:6
Sin fe es imposible agradar a Dios

Si no tenemos fe, no podemos amar a Dios o creer en sus promesas. Una persona sin fe es enemiga de Dios.

4 Por la fe Abel ofreció a Dios un mejor sacrificio que Caín, por[1] lo cual alcanzó el testimonio de que era justo, dando Dios testimonio de sus ofrendas[2]; y por[1] la fe[3], estando muerto, todavía habla. **5** Por la fe Enoc fue trasladado *al cielo* para que no viera muerte; Y NO FUE HALLADO PORQUE DIOS LO TRASLADÓ; porque antes de ser trasladado recibió testimonio de haber agradado a Dios. **6** Y sin fe es imposible agradar *a Dios*. Porque es necesario que el que se acerca a Dios crea que Él existe, y que recompensa a los que lo buscan.

7 Por la fe Noé, siendo advertido *por Dios* acerca de cosas que aún no se veían, con temor reverente preparó un arca para la salvación de su casa, por la cual[1] condenó al mundo, y llegó a ser heredero de la justicia que es según la fe. **8** Por la fe Abraham, al ser llamado, obedeció, saliendo para un lugar que había de recibir como herencia; y salió sin saber adónde iba. **9** Por la fe habitó como extranjero en la tierra de la promesa como en *tierra* extraña, viviendo en tiendas como[1] Isaac y Jacob, coherederos de la misma promesa, **10** porque esperaba la ciudad que tiene cimientos, cuyo arquitecto y constructor es Dios.

11 También por la fe Sara misma recibió fuerza para concebir[1], aun pasada ya la edad propicia, pues consideró fiel a Aquel que lo había prometido. **12** Por lo cual también nació de uno, y *este* casi muerto con respecto a esto, *una descendencia* COMO LAS ESTRELLAS DEL CIELO EN NÚMERO, E INNUMERABLE COMO LA ARENA QUE ESTÁ A LA ORILLA DEL MAR.

13 Todos estos murieron en fe, sin haber recibido las promesas, pero habiéndolas visto desde lejos y aceptado con gusto,[1] confesando que eran extranjeros y peregrinos[2] sobre la tierra. **14** Porque los que dicen tales cosas, claramente dan a entender que buscan una patria propia. **15** Y si en verdad hubieran estado pensando en aquella *patria* de donde salieron, habrían tenido oportunidad de volver. **16** Pero en realidad, anhelan una *patria* mejor, es decir, la celestial. Por lo cual, Dios no se avergüenza de ser[1] llamado Dios de ellos, pues les ha preparado una ciudad.

17 Por la fe Abraham, cuando fue probado, ofreció a Isaac; y el que había recibido las promesas ofrecía a su único[1] *hijo*. **18** *Fue a él* a quien se le dijo: «EN ISAAC TE SERÁ LLAMADA DESCENDENCIA[1]». **19** Él consideró[1] que Dios era poderoso para levantar aun de entre los muertos, de donde también, en sentido figurado[2], lo volvió a recibir.

20 Por la fe Isaac bendijo a Jacob y a Esaú, aun respecto a cosas futuras. **21** Por la fe Jacob, al morir, bendijo a cada uno de los hijos de José, y adoró, *apoyándose* sobre el extremo de su bastón. **22** Por la fe José, al morir, mencionó el éxodo de los israelitas, y dio instrucciones acerca de sus huesos.

23 Por la fe Moisés, cuando nació, fue escondido por sus padres durante tres meses, porque vieron que era un niño hermoso y no temieron el edicto del rey. **24** Por la fe Moisés, cuando

11:24-26
Las creencias de Moisés

Moisés comprendía solo un poco acerca de las predicciones del Mesías, pero creía en las promesas de Dios de redimir a su pueblo.

11:4 [1] O *por medio de.*　　[2] I.e. al recibir las ofrendas de Abel.　　[3] Lit. *ella.*
11:7 [1] I.e. la fe.　　11:9 [1] Lit. *con.*　　11:11 [1] Lit. *para depositar la simiente.*
11:13 [1] Lit. *saludado.*　　[2] O *expatriados.*　　11:16 [1] Lit. *no se avergüenza de ellos, ser.*　　11:17 [1] O *unigénito.*　　11:18 [1] Lit. *simiente.*　　11:19 [1] Lit. *Considerando.*
[2] Lit. *en una parábola.*

ya era grande, rehusó ser llamado hijo de la hija de Faraón, **25** escogiendo más bien ser maltratado con el pueblo de Dios, que gozar de los placeres temporales del pecado. **26** Consideró como mayores riquezas el oprobio de Cristo[1] que los tesoros de Egipto, porque tenía la mirada puesta en la recompensa.

27 Por la fe Moisés salió de Egipto sin temer la ira del rey, porque se mantuvo firme como viendo al Invisible. **28** Por la fe celebró la Pascua y el rociamiento de la sangre, para que el exterminador de los primogénitos no los tocara a ellos. **29** Por la fe pasaron el mar Rojo como por tierra seca, y cuando los egipcios intentaron *hacer lo mismo,* se ahogaron[1].

30 Por la fe cayeron los muros de Jericó, después de ser rodeados por siete días. **31** Por la fe la ramera Rahab no pereció con los desobedientes, por haber recibido a los espías en[1] paz.

32 ¿Y qué más diré? Pues el tiempo me faltaría para contar de Gedeón, Barac, Sansón, Jefté, David, Samuel y los profetas; **33** quienes por la fe conquistaron reinos, hicieron justicia, obtuvieron promesas, cerraron bocas de leones, **34** apagaron la violencia del fuego, escaparon del filo de la espada. Siendo débiles[1], fueron hechos fuertes, se hicieron poderosos en la guerra, pusieron en fuga a ejércitos extranjeros.

35 Las mujeres recibieron a sus muertos mediante la resurrección. Otros fueron torturados, no aceptando su liberación[1] a fin de obtener una mejor resurrección. **36** Otros experimentaron[1] insultos y azotes, y hasta cadenas y prisiones. **37** Fueron apedreados, aserrados, tentados[1], muertos a espada. Anduvieron de aquí para allá *cubiertos con* pieles de ovejas y de cabras; destituidos, afligidos, maltratados **38** (de los cuales el mundo no era digno), errantes por desiertos y montañas, por cuevas y cavernas de la tierra.

39 Y todos estos, habiendo obtenido aprobación[1] por su fe, no recibieron la promesa, **40** porque Dios había provisto[1] algo mejor para nosotros, a fin de que ellos no fueran hechos perfectos sin nosotros.

LA CARRERA DEL CRISTIANO

12 Por tanto, puesto que tenemos en derredor nuestro tan gran nube de testigos, despojémonos también de todo peso y del pecado que tan fácilmente nos envuelve, y corramos con paciencia[1] la carrera que tenemos por delante, **2** puestos los ojos en[1] Jesús, el autor y consumador[2] de la fe, quien por el gozo puesto delante de Él soportó la cruz, despreciando la vergüenza, y se ha sentado a la diestra del trono de Dios.

3 Consideren, pues, a Aquel que soportó tal hostilidad de[1] los pecadores contra Él mismo, para que no se cansen ni se desanimen en su corazón[2]. **4** Porque todavía, en su lucha contra el pecado, ustedes no han resistido hasta el punto de derramar sangre[1]. **5** Además, han olvidado la exhortación que como a hijos se les dirige:

11:39-40
Héroes de la fe
No todas estas personas habían recibido lo que esperaban en su vida, pero continuaron viviendo por fe. Ellos creían en las promesas de Dios, las cuales él cumplió a través de Cristo.

12:1
Testigos
La imagen que utiliza este versículo es la de una competencia deportiva en un estadio. Los testigos son los héroes de la fe descritos en el capítulo anterior. Ellos son los ejemplos inspiradores.

11:26 [1] I.e. el Mesías.   11:29 [1] Lit. *fueron tragados.*   11:31 [1] Lit. *con.*
11:34 [1] Lit. *de la debilidad.*   11:35 [1] Lit. *redención.*   11:36 [1] Lit. *recibieron la prueba de.*   11:37 [1] Algunos mss. no incluyen: *tentados.*   11:39 [1] Lit. *testimonio.*
11:40 [1] O *previsto.*   12:1 [1] O *perseverancia.*   12:2 [1] Lit. *mirando a.*
[2] O *perfeccionador.*   12:3 [1] O *parte de.*   [2] Lit. *sus almas.*   12:4 [1] Lit. *hasta la sangre.*

«Hijo mío, no tengas en poco la disciplina del
    Señor,
    ni te desanimes al ser reprendido por él.
6 Porque el Señor al que ama, disciplina,
    y azota a todo el que recibe por hijo».

7 Es para *su* corrección[1] que sufren. Dios los trata como a
hijos; porque ¿qué hijo hay a quien *su* padre no discipline?
8 Pero si están sin disciplina, de la cual todos han sido hechos participantes, entonces son hijos ilegítimos y no hijos
verdaderos. 9 Además, tuvimos padres terrenales[1] para dis-
ciplinar*nos,* y *los* respetábamos, ¿con cuánta más razón no
estaremos sujetos al Padre de nuestros[2] espíritus, y viviremos? 10 Porque ellos nos disciplinaban por pocos días como
les parecía, pero Él *nos disciplina* para *nuestro* bien, para que
participemos de Su santidad.

11 Al presente ninguna[1] disciplina parece ser[2] causa de
gozo, sino de tristeza[3]. Sin embargo, a los que han sido ejercitados[4] por medio de[5] ella, después les da fruto apacible de
justicia. 12 Por tanto, fortalezcan[1] las manos débiles[2] y las rodillas que flaquean, 13 y hagan sendas derechas para sus pies,
para que la *pierna* coja no se descoyunte, sino que se sane.

EXHORTACIÓN A LA FIDELIDAD

14 Busquen la paz con todos, y la santidad, sin la cual nadie
verá al Señor. 15 Cuídense de que nadie deje de alcanzar la
gracia de Dios; de que ninguna raíz de amargura, brotando, cause dificultades y por ella muchos sean contaminados. 16 Que no *haya* ninguna persona inmoral ni profana
como Esaú, que vendió su primogenitura por una comida.
17 Porque saben que aun después, cuando quiso heredar la
bendición, fue rechazado, pues no halló ocasión para el arrepentimiento, aunque la buscó con lágrimas.

CONTRASTE ENTRE EL MONTE SINAÍ Y EL MONTE SIÓN

18 Porque ustedes no se han acercado a *un monte* que se puede tocar, ni a fuego ardiente, ni a tinieblas, ni a oscuridad, ni
a torbellino, 19 ni a sonido de trompeta, ni a ruido de palabras
tal, que los que oyeron rogaron que no se les hablara más.
20 Porque ellos no podían soportar el mandato: «Si aun una
bestia toca el monte, será apedreada». 21 Tan terrible
era el espectáculo, *que* Moisés dijo: «Estoy aterrado y
temblando».

22 Ustedes, en cambio, se han acercado al monte Sión y a
la ciudad del Dios vivo, la Jerusalén celestial, y a miríadas de
ángeles, 23 a la asamblea general[1] e iglesia de los primogénitos que están inscritos en los cielos, y a Dios, el Juez de todos,
y a los espíritus de los justos hechos *ya* perfectos, 24 y a Jesús,
el mediador del nuevo pacto, y a la sangre rociada que habla
mejor que *la sangre* de Abel.

12:7 [1] O *disciplina.*   12:9 [1] Lit. *de nuestra carne.*   [2] O *los.*   12:11 [1] Lit. *toda.*
[2] Lit. *parece no ser.*   [3] O *pesar.*   [4] O *adiestrados.*   [5] *en.*
12:12 [1] Lit. *end_erecen.*   [2] O *caídas.*   12:23 [1] O *y a miríadas de ángeles en festiva
asamblea.*

12:7-11
El autor anima a estos cristianos a soportar las dificultades
Él afirma que las dificultades son un tipo de disciplina y que la disciplina puede ayudar a las personas a ser más santas y darles paz.

12:18-21
El monte
Se refiere al monte Sinaí, donde Moisés recibió la ley de Dios (ver Éxodo 19:12-22). Así como el pueblo estaba aterrado en presencia de Dios, la ley del antiguo pacto inspiraba miedo, porque nadie podía obedecerla a la perfección.

²⁵ Tengan cuidado de no rechazar a Aquel que habla. Porque si aquellos no escaparon¹ cuando rechazaron al que *les* amonestó² sobre la tierra, mucho menos³ *escaparemos* nosotros si nos apartamos de Aquel que *nos amonesta*⁴ desde el cielo. ²⁶ Su voz hizo temblar entonces la tierra, pero ahora Él ha prometido, diciendo: «AÚN UNA VEZ MÁS, YO HARÉ TEMBLAR NO SOLO LA TIERRA, SINO TAMBIÉN EL CIELO». ²⁷ Y esta *expresión:* Aún, una vez más, indica la remoción de las cosas movibles, como las cosas creadas, a fin de que permanezcan las cosas que son inconmovibles. ²⁸ Por lo cual, puesto que recibimos un reino que es inconmovible, demostremos¹ gratitud, mediante la cual ofrezcamos a Dios un servicio aceptable con temor y reverencia; ²⁹ porque nuestro Dios es fuego consumidor.

DEBERES CRISTIANOS

13 Permanezca¹ el amor fraternal. ² No se olviden de mostrar hospitalidad¹, porque por ella algunos, sin saberlo, hospedaron ángeles. ³ Acuérdense de los presos, como *si estuvieran* presos con ellos, *y* de los maltratados, puesto que también ustedes están en el cuerpo. ⁴ *Sea* el matrimonio honroso en todos, y el lecho *matrimonial* sin deshonra, porque a los inmorales¹ y a los adúlteros los juzgará Dios.

⁵ *Sea el* carácter de ustedes sin avaricia, contentos con lo que tienen, porque Él mismo ha dicho: «NUNCA TE DEJARÉ NI TE DESAMPARARÉ», ⁶ de manera que decimos confiadamente:

«EL SEÑOR ES EL QUE ME AYUDA; NO TEMERÉ.
¿QUÉ PODRÁ HACERME EL HOMBRE?».

⁷ Acuérdense de sus guías que les hablaron la palabra de Dios, y considerando el resultado de su conducta¹, imiten su fe. ⁸ Jesucristo *es* el mismo ayer y hoy y por los siglos. ⁹ No se dejen llevar por doctrinas¹ diversas y extrañas. Porque es buena cosa para el corazón el ser fortalecido por la gracia, no por alimentos, de los que no recibieron beneficio los que de ellos se ocupaban². ¹⁰ Nosotros tenemos un altar del cual no tienen derecho a comer los que sirven en el tabernáculo¹. ¹¹ Porque los cuerpos de aquellos animales, cuya sangre es llevada al santuario por el sumo sacerdote *como ofrenda* por el pecado, son quemados fuera del campamento. ¹² Por lo cual también Jesús, para santificar al pueblo mediante Su propia sangre, padeció fuera de la puerta. ¹³ Así pues, salgamos a Su encuentro fuera del campamento, llevando Su oprobio. ¹⁴ Porque no tenemos aquí una ciudad permanente, sino que buscamos *la* que está por venir.

¹⁵ Por tanto, ofrezcamos continuamente mediante Él, sacrificio de alabanza a Dios, es decir, el fruto de labios que confiesan¹ Su nombre. ¹⁶ Y no se olviden ustedes de hacer el bien y de la ayuda mutua¹, porque de tales sacrificios se

12:26-27
La tierra temblará
Esto sucederá al final de los tiempos, cuando Cristo regrese para juzgar al mundo.

13:2
Hospitalidad con los desconocidos
Los viajeros de la antigüedad dependían de la amabilidad de los demás para tener comida y un lugar donde dormir. El autor les recordó que algunas personas, como Abraham y Gedeón, les habían mostrado hospitalidad a individuos que resultaron ser ángeles.

13:11-14
Jesús fue comparado con los animales sacrificados
Los cuerpos de los animales sacrificados eran quemados en las afueras de la ciudad. Jesús fue crucificado fuera de la ciudad y sirvió como sacrificio por los pecados de la raza humana. Ir a Jesús fuera del campamento es un símbolo de dejar atrás la ley de Moisés para seguir a Cristo.

12:25 ¹ Lit. *no escapaban.* ² O *advirtió.* ³ Lit. *más.* ⁴ O *advierte.*
12:28 ¹ Lit. *tengamos.* 13:1 ¹ O *Continúe.* 13:2 ¹ U *hospitalidad a extraños.*
13:4 ¹ O *fornicarios.* 13:7 ¹ O *fin de su vida.* 13:9 ¹ O *enseñanzas.* ² O *en ellos andaban.* 13:10 ¹ O *a la tienda sagrada.* 13:15 ¹ O *alaban.*
13:16 ¹ O *de compartir.*

13:17
Nuevos líderes
Los líderes cristianos originales habían muerto (ver el versículo 7), y nuevos líderes habían tomado sus lugares. Los creyentes fueron llamados a respetar a los nuevos líderes y seguir sus enseñanzas.

agrada Dios. **17** Obedezcan a sus pastores y sujétense *a ellos*, porque ellos velan por sus almas, como quienes han de dar cuenta. Permítanles que lo hagan[1] con alegría y no quejándose, porque eso no sería provechoso para ustedes.

BENDICIÓN Y SALUDOS FINALES

18 Oren por nosotros, pues confiamos en que tenemos una buena conciencia, deseando conducirnos honradamente en todo. **19** Es más, *les* exhorto a hacer esto, a fin de que yo les sea restituido muy pronto.

20 Y el Dios de paz, que resucitó de entre los muertos a Jesús nuestro Señor, el gran Pastor de las ovejas mediante[1] la sangre del pacto eterno, **21** los haga aptos en toda obra buena para hacer Su voluntad, obrando Él en nosotros lo que es agradable delante de Él mediante Jesucristo, a quien *sea* la gloria por los siglos de los siglos. Amén.

22 Les ruego, hermanos, que soporten[1] la palabra de exhortación, pues les he escrito brevemente. **23** Sepan que nuestro hermano Timoteo ha sido puesto en libertad, con el cual, si viene pronto, he de verlos. **24** Saluden a todos sus pastores y a todos los santos. Los de Italia los saludan.

25 La gracia sea con todos ustedes. Amén.[1]

13:17 [1] Lit. *Para que puedan hacer esto.*   13:20 [1] O *en.*   13:22 [1] I.e. oigan.
13:25 [1] Algunos mss. antiguos no incluyen: *Amén.*

Santiago

¿QUIÉN ESCRIBIÓ ESTE LIBRO?	Santiago, el hermano de Jesús, escribió este libro.
¿POR QUÉ SE ESCRIBIÓ ESTE LIBRO?	Este libro les muestra a los cristianos cómo poner en práctica su fe en Jesús.
¿PARA QUIÉN FUE ESCRITO ESTE LIBRO?	Este libro fue escrito para los cristianos de todo el mundo.

¿CUÁLES SON ALGUNAS ENSEÑANZAS IMPORTANTES DE ESTE LIBRO?

Dios no nos tienta	Santiago 1:12-18
Debemos hacer lo que Dios dice	Santiago 1:22-25
No muestres favoritismo	Santiago 2:1-13
Sé cuidadoso con lo que dices	Santiago 3:1-12
No critiques a otros	Santiago 4:11-12
Ten paciencia cuando sufres	Santiago 5:7-11
Ora cuando estés enfermo	Santiago 5:13-16

Santiago dice: «El que duda es semejante a la ola del mar, impulsada por el viento y echada de una parte a otra» **(Santiago 1:6)**.

SALUDO

1 Santiago[1], siervo de Dios y del Señor Jesucristo:
A las doce tribus que están en la dispersión[2]: Saludos.

FE Y SABIDURÍA

2 Tengan por sumo gozo, hermanos míos, cuando *se* hallen en[1] diversas pruebas[2], **3** sabiendo que la prueba de su fe produce paciencia[1], **4** y que la paciencia[1] tenga *su* perfecto resultado[2], para que sean perfectos[3] y completos, sin que nada *les* falte.

5 Y si a alguno de ustedes le falta sabiduría, que se *la* pida a Dios, quien da a todos abundantemente y sin reproche[1], y le será dada. **6** Pero que pida con fe, sin dudar. Porque el que duda es semejante a la ola del mar, impulsada por el viento y echada de una parte a otra. **7** No piense, pues, ese hombre, que recibirá cosa alguna del Señor, **8** *siendo* hombre de doble ánimo[1], inestable en todos sus caminos.

LO TRANSITORIO DE LAS RIQUEZAS

9 Pero que el hermano de condición humilde se gloríe en su alta posición, **10** y el rico en su humillación, pues él pasará como la flor de la hierba. **11** Porque el sol sale con calor abrasador y seca la hierba, y su flor se cae y la hermosura de su apariencia perece. Así también se marchitará el rico en medio de sus empresas.

LA TENTACIÓN EXPLICADA

12 Bienaventurado el hombre que persevera bajo la prueba, porque una vez que ha sido aprobado, recibirá la corona de la vida que *el Señor* ha prometido a los que lo aman. **13** Que nadie diga cuando es tentado: «Soy tentado por[1] Dios». Porque Dios no puede ser tentado por el mal[2] y Él mismo no tienta a nadie. **14** Sino que cada uno es tentado cuando es llevado y seducido por su propia pasión[1]. **15** Después, cuando la pasión[1] ha concebido, da a luz el pecado; y cuando el pecado es consumado, engendra la muerte.

16 Amados hermanos míos, no se engañen. **17** Toda buena dádiva y todo don perfecto viene[1] de lo alto, desciende del Padre de las luces, con el cual no hay cambio ni sombra de variación. **18** En el ejercicio de Su voluntad, Él nos hizo nacer por la palabra de verdad, para que fuéramos las[1] primicias de sus criaturas.

HACEDORES DE LA PALABRA

19 Esto lo saben, mis amados hermanos. Pero que cada uno sea pronto para oír, tardo para hablar, tardo para la ira; **20** pues la ira del hombre no obra la justicia de Dios. **21** Por lo cual, desechando toda inmundicia y *todo* resto de malicia[1], reciban ustedes con humildad la palabra implantada, que es poderosa para salvar sus almas.

1:1 [1] O *Jacobo*.   [2] O *dispersas*.   1:2 [1] O *confronten*.   [2] O *tentaciones*.
1:3 [1] O *perseverancia*.   1:4 [1] O *perseverancia*.   [2] U *obra perfecta*.
[3] O *maduros*.   1:5 [1] Lit. *no reprochando*.   1:8 [1] O *que duda*.   1:13 [1] Lit. *de*.
[2] Lit. *de cosas malas*.   1:14 [1] O *concupiscencia*.   1:15 [1] O *concupiscencia*.
1:17 [1] Lit. *es*.   1:18 [1] Lit. *ciertas*.   1:21 [1] Lit. toda *la abundancia de malicia*.

1:12
La corona de la vida
La corona que Dios le otorgará a los creyentes será permanente: vida eterna en el cielo con él.

1:18
Un nuevo nacimiento
No se refiere a un acto de creación o al nacimiento físico, sino a ser transformados porque la muerte de Jesús limpió a las personas del pecado.

1:18
Estos cristianos eran como primicias
Los primeros frutos de la temporada (las primicias), eran un símbolo del resto de la cosecha que vendría. De la misma manera, los primeros cristianos eran un símbolo de las muchas personas que a lo largo de la historia creerían en Cristo.

22 Sean hacedores de la palabra y no solamente oidores que se engañan a sí mismos. **23** Porque si alguien es oidor de la palabra, y no hacedor, es semejante a un hombre que mira su rostro natural¹ en un espejo; **24** pues después de mirarse a sí mismo e irse, inmediatamente¹ se olvida de qué clase de persona es. **25** Pero el que mira atentamente¹ a la ley perfecta, la *ley* de la libertad, y permanece *en ella,* no habiéndose vuelto un oidor olvidadizo sino un hacedor eficaz², este será bienaventurado en lo que hace³.

26 Si alguien se cree religioso, pero no refrena su lengua, sino que engaña a su *propio* corazón, la religión del tal es vana. **27** La religión pura y sin mancha delante de *nuestro* Dios y Padre es esta: visitar a los huérfanos y a las viudas en sus aflicciones¹, *y* guardarse sin mancha del mundo.

EL PECADO DE LA PARCIALIDAD

2 Hermanos míos, no tengan su fe en nuestro glorioso Señor Jesucristo con *una actitud* de favoritismo. **2** Porque si en su congregación¹ entra un hombre con anillo de oro y vestido de ropa lujosa², y también entra un pobre con ropa sucia³, **3** y dan atención especial al que lleva la ropa lujosa, y dicen: «Siéntese aquí, en un buen lugar»; y al pobre dicen: «Tú estate allí de pie, o siéntate junto a mi estrado»; **4** ¿acaso no han hecho distinciones entre ustedes mismos, y han venido a ser jueces con malos pensamientos¹?

5 Hermanos míos amados, escuchen: ¿No escogió Dios a los pobres de este¹ mundo *para ser* ricos en fe y herederos del reino que Él prometió a los que lo aman? **6** Pero ustedes han despreciado¹ al pobre. ¿No son los ricos los que los oprimen y personalmente² los arrastran a los tribunales? **7** ¿No blasfeman ellos el buen nombre por el cual ustedes han sido llamados¹? **8** Si en verdad ustedes cumplen la ley real conforme a la Escritura: «AMARÁS A TU PRÓJIMO COMO A TI MISMO», bien hacen. **9** Pero si muestran favoritismo, cometen pecado *y* son hallados culpables por la ley como transgresores.

10 Porque cualquiera que guarda toda la ley, pero falla en un *punto,* se ha hecho culpable de todos. **11** Pues el que dijo: «NO COMETAS¹ ADULTERIO», también dijo: «NO MATES²». Ahora bien, si tú no cometes adulterio, pero matas, te has convertido en transgresor de la ley. **12** Así hablen ustedes y así procedan, como los que han de ser juzgados por *la* ley de

GRANDES IDEAS EN SANTIAGO

Las pruebas pueden ser recibidas con alegría porque pueden generar madurez en el cristiano.

La fe que no está basada en la confianza en Dios o que no resulta en una vida transformada no es fe en absoluto.

Aquellos con una fe genuina o verdadera verán los frutos de esa fe en su vida.

La sabiduría falsa produce envidia y una ambición egoísta, pero la sabiduría del cielo resulta en una conducta sana.

Dios contestará las oraciones de los fieles.

2:5-13
Tres razones para no tratar con favoritismo a los ricos
Primero, los ricos oprimían a aquellos que eran pobres (vv. 5-7). Segundo, tener favoritos iba en contra de la ley del amor (vv. 8-11). Tercero, Dios juzgaría a aquellos que mostraban favoritismo (vv. 12-13).

1:23 ¹ O *naturaleza;* lit. *el rostro de su nacimiento.*   1:24 ¹ Lit. *e inmediatamente.*
1:25 ¹ O *considera cuidadosamente.*   ² Lit. *hacedor de una obra.*   ³ Lit. *en su hacer.*   1:27 ¹ O *necesidades,* o *penas.*   2:2 ¹ O *sinagoga.*   ² O *brillante.*
³ O *andrajosa.*   2:4 ¹ O *móviles.*   2:5 ¹ Lit. *al.*   2:6 ¹ O *afrentado.*
² Lit. *ellos.*   2:7 ¹ Lit. *que ha sido invocado sobre ustedes.*   2:11 ¹ O *No cometerás.*   ² O *No asesinarás.*

la libertad. **13** Porque el juicio *será* sin misericordia para el que no ha mostrado misericordia. La misericordia triunfa sobre¹ el juicio.

LA FE Y LAS OBRAS

14 ¿De qué sirve¹, hermanos míos, si alguien dice que tiene fe, pero no tiene obras? ¿Acaso puede esa² fe salvarlo? **15** Si un hermano o una hermana no tienen ropa¹ y carecen del sustento diario, **16** y uno de ustedes les dice: «Vayan en paz, caliéntense y sáciense», pero no les dan lo necesario para *su* cuerpo, ¿de qué sirve¹? **17** Así también la fe por sí misma, si no tiene obras, está muerta. **18** Pero alguien dirá: «Tú tienes fe y yo tengo obras. Muéstrame tu fe sin las obras, y yo te mostraré mi fe por mis obras». **19** Tú crees que Dios es uno¹. Haces bien; también los demonios creen, y tiemblan. **20** Pero, ¿estás dispuesto a admitir¹, oh hombre vano², que la fe sin obras es estéril³?

21 ¿No fue justificado por las obras Abraham nuestro padre cuando ofreció a su hijo Isaac sobre el altar? **22** Ya ves que la fe actuaba juntamente con sus obras, y como resultado de las obras¹, la fe fue perfeccionada; **23** y se cumplió la Escritura que dice: «Y ABRAHAM CREYÓ A DIOS Y LE FUE CONTADO POR¹ JUSTICIA», y fue llamado amigo de Dios. **24** Ustedes ven que el hombre es justificado por *las* obras y no solo por *la* fe.

25 Y de la misma manera, ¿no fue la ramera Rahab también justificada por *las* obras cuando recibió a los mensajeros y los envió por otro camino? **26** Porque así como el cuerpo sin *el* espíritu está muerto, así también la fe sin *las* obras está muerta.

EL PODER DE LA LENGUA

3 Hermanos míos, que no se hagan maestros muchos *de ustedes*, sabiendo que recibiremos un juicio más severo. **2** Porque todos fallamos¹ de muchas maneras. Si alguien no falla en lo que dice², es un hombre perfecto, capaz también de refrenar todo el cuerpo. **3** Ahora bien, si ponemos el freno en la boca de los caballos para que nos obedezcan, dirigimos también todo su cuerpo. **4** Miren también las naves; aunque son tan grandes e impulsadas por fuertes vientos, son, sin embargo, dirigidas mediante un timón muy pequeño por donde la voluntad¹ del piloto quiere.

5 Así también la lengua es un miembro pequeño, y *sin embargo,* se jacta de grandes cosas. ¡Pues qué gran bosque se incendia con tan pequeño fuego! **6** También la lengua es un fuego, un mundo de iniquidad. La lengua está puesta entre nuestros miembros, la cual contamina todo el cuerpo, es encendida por el infierno¹ e inflama el curso² de *nuestra* vida³. **7** Porque toda clase¹ de fieras y de aves, de reptiles y de *animales* marinos, se puede domar y ha sido domado por el ser¹ humano, **8** pero ningún hombre puede domar la lengua. *Es* un mal turbulento y lleno de veneno mortal.

2:17-18
La fe y las obras
Santiago dijo que la fe y las obras van juntas. La fe sin obras está muerta. Cuando tenemos fe, estamos deseosos de hacer el bien.

2:20-24
Abraham como ejemplo de fe y obras
Abraham creyó las promesas de Dios y fue obediente al estar dispuesto a ofrecer a su hijo Isaac como sacrificio. Dios lo consideró justo por sus acciones inspiradas en la fe.

3:7-12
Domar la lengua
Nuestras palabras pueden causar mucho daño. Maldecir a otras personas es como maldecir a Dios, porque él hizo a cada ser humano a su semejanza. Aunque nadie es capaz de hablar o actuar perfectamente, el Espíritu Santo obra en la vida de los cristianos con el fin de usar sus lenguas para alabar a Dios y edificar a otros.

2:13 ¹ Lit. *se gloría contra.*   2:14 ¹ O *aprovecha.*   ² Lit. *la.*   2:15 ¹ Lit. *están desnudos.*   2:16 ¹ O *aprovecha.*   2:19 ¹ O *que hay un solo Dios.*   2:20 ¹ Lit. *¿quieres saber.*   ² O *necio.*   ³ Algunos mss. antiguos dicen: *muerta.*   2:22 ¹ O *por las obras.*   2:23 ¹ O *como.*   3:2 ¹ U *ofendemos.*   ² Lit. *palabra.*   3:4 ¹ Lit. *el impulso.*   3:6 ¹ Gr. *guéenna.*   ² Lit. *la rueda.*   ³ O *existencia, u origen.*   3:7 ¹ Lit. *naturaleza.*

⁹ Con ella bendecimos a *nuestro* Señor y Padre, y con ella maldecimos a los hombres, que han sido hechos a la imagen de Dios. ¹⁰ De la misma boca proceden bendición y maldición. Hermanos míos, esto no debe ser así. ¹¹ ¿Acaso una fuente echa *agua* dulce y amarga por la misma abertura? ¹² ¿Acaso, hermanos míos, puede una higuera producir aceitunas, o una vid higos? Tampoco *la fuente de agua* salada *puede* producir agua dulce.

SABIDURÍA DE LO ALTO

¹³ ¿Quién es sabio y entendido entre ustedes? Que muestre por su buena conducta sus obras en sabia mansedumbre. ¹⁴ Pero si tienen celos amargos y ambición personal¹ en su corazón, no sean arrogantes y mientan *así* contra la verdad. ¹⁵ Esta sabiduría no es la que viene de lo alto, sino que es terrenal, natural¹, diabólica². ¹⁶ Porque donde hay celos y ambición personal¹, allí hay confusión y toda cosa mala. ¹⁷ Pero la sabiduría de lo alto es primeramente pura, después pacífica, amable, condescendiente¹, llena de misericordia y de buenos frutos, sin vacilación, sin hipocresía. ¹⁸ Y la semilla cuyo fruto es la justicia se siembra en paz por¹ aquellos que hacen la paz.

GUERRAS Y CONFLICTOS

4 ¿De dónde *vienen* las guerras y los conflictos¹ entre ustedes? ¿No vienen de las pasiones² que combaten en sus miembros? ² Ustedes codician y no tienen, *por eso* cometen homicidio. Son envidiosos y no pueden obtener, *por eso* combaten¹ y hacen guerra. No tienen, porque no piden. ³ Piden y no reciben, porque piden con malos propósitos¹, para gastar*lo* en sus placeres.

⁴ ¡*Oh almas* adúlteras¹! ¿No saben ustedes que la amistad del mundo es enemistad hacia Dios? Por tanto, el que quiere ser amigo del mundo, se constituye enemigo de Dios. ⁵ ¿O piensan que la Escritura dice en vano: «Dios celosamente anhela¹ el Espíritu que ha hecho morar en nosotros.»? ⁶ Pero Él da mayor gracia. Por eso dice: «DIOS RESISTE A LOS SOBERBIOS, PERO DA GRACIA A LOS HUMILDES». ⁷ Por tanto, sométanse a Dios. Resistan, pues, al diablo y huirá de ustedes. ⁸ Acérquense a Dios, y Él se acercará a ustedes. Limpien sus manos, pecadores; y ustedes de doble ánimo¹, purifiquen sus corazones. ⁹ Aflíjanse, laméntense y lloren. Que su risa se convierta en lamento y su gozo en tristeza. ¹⁰ Humíllense en la presencia del Señor y Él los exaltará.

¹¹ Hermanos, no hablen mal los unos de los otros. El que habla mal de un hermano o juzga a su hermano, habla mal de la ley y juzga a la ley. Pero si tú juzgas a la ley, no eres cumplidor de la ley, sino juez *de ella*. ¹² *Solo* hay un Legislador y Juez, que es poderoso para salvar y para destruir. Pero tú, ¿quién eres que juzgas a tu prójimo?

4:4
«La amistad del mundo»
Aquí, la palabra *mundo* no está haciendo referencia a toda la creación (incluidos los seres humanos), sino que se refiere a una actitud de rebelión contra Dios y sus leyes. Santiago dijo que ser amigo de aquellos que se oponen a Dios es como traicionarlo.

3:14 ¹ O *rivalidad.*   3:15 ¹ O *no espiritual.*   ² O *endemoniada.*
3:16 ¹ O *rivalidad.*   3:17 ¹ O *razonable.*   3:18 ¹ O *para.*   4:1 Lit. *¿De dónde guerras, y de dónde conflictos.*   ² Lit. *¿No de aquí, de sus placeres.*
4:2 ¹ O *tienen pleitos.*   4:3 ¹ Lit. *malvadamente.*   4:4 ¹ O *infieles.*
4:5 ¹ Lit. *anhela hasta los celos.*   4:8 ¹ O *que dudan.*

4:13-15

Hacer planes

La Biblia anima la planificación de nuestra vida. El problema surge cuando no tenemos en cuenta a Dios en nuestros planes. Dado que Dios está a cargo, nuestros planes deberían incluir vivir como él quiere que lo hagamos.

5:1-6

Por qué Santiago critica a los ricos

La Biblia no dice que está mal tener mucho dinero. Las advertencias son sobre los peligros de amar el dinero y usarlo de manera egoísta. Santiago criticó a las personas avaras que no les pagaban un salario justo a sus trabajadores. Dios juzga duramente esa clase de actitud.

5:12

Hacer juramentos

Santiago no estaba diciendo que no hay que hacer promesas o juramentos. Jurar decir la verdad en un tribunal o jurar al ocupar un cargo está bien. En realidad, él les estaba advirtiendo a las personas que no hiciera juramentos casuales en nombre de Dios ni en nombre de otra cosa. Los cristianos deben decir siempre la verdad sin tener que usar un juramento para garantizar las promesas.

LA INCERTIDUMBRE DE LA VIDA

13 Oigan[1] ahora, ustedes que dicen: «Hoy o mañana iremos a tal o cual ciudad y pasaremos allá un año, haremos negocio y tendremos ganancia». **14** Sin embargo, ustedes no saben[1] cómo será su vida mañana. *Solo* son un vapor que aparece por un poco de tiempo y luego se desvanece. **15** Más bien, *debieran* decir[1]: Si el Señor quiere, viviremos y haremos esto o aquello. **16** Pero ahora se jactan en su arrogancia[1]. Toda jactancia semejante es mala. **17** A aquel, pues, que sabe hacer *lo* bueno[1] y no lo hace, le es pecado.

ADVERTENCIAS A LOS RICOS

5 ¡Oigan[1] ahora, ricos! Lloren y aúllen por las miserias que vienen sobre ustedes. **2** Sus riquezas se han podrido y sus ropas están comidas de polilla. **3** Su oro y su plata se han oxidado, su herrumbre será un testigo contra ustedes y consumirá su carne como fuego. Es en[1] los últimos días que han acumulado tesoros. **4** Miren, el jornal de los obreros que han segado sus campos *y* que ha sido retenido por ustedes, clama *contra ustedes*. El clamor de los segadores ha llegado a los oídos del Señor de los ejércitos[1]. **5** Han vivido lujosamente sobre la tierra, y *han* llevado una vida de placer desenfrenado. Han engordado[1] sus corazones en el día de la matanza. **6** Han condenado *y* dado muerte[1] al justo. Él no les hace resistencia.

EXHORTACIÓN A LA PACIENCIA

7 Por tanto, hermanos, sean pacientes hasta la venida del Señor. Miren *cómo* el labrador espera el fruto precioso de la tierra, siendo paciente en ello hasta que recibe *la* lluvia temprana y *la* tardía. **8** Sean también ustedes pacientes. Fortalezcan sus corazones, porque la venida del Señor está cerca. **9** Hermanos, no se quejen unos contra otros, para que no sean juzgados. Ya el Juez está a[1] las puertas. **10** Hermanos, tomen como ejemplo de paciencia y aflicción a los profetas que hablaron en el nombre del Señor. **11** Miren *que* tenemos por bienaventurados a los que sufrieron[1]. Han oído de la paciencia[2] de Job, y han visto el resultado del proceder[3] del Señor, que el Señor es muy compasivo y misericordioso.

EXHORTACIONES VARIAS

12 Y sobre todo, hermanos míos, no juren, ni por el cielo, ni por la tierra, ni con ningún otro juramento. Antes bien, sea el sí de ustedes[1], sí, y su no[2], no, para que no caigan bajo juicio.

13 ¿Sufre alguien entre ustedes? Que haga oración. ¿Está alguien alegre? Que cante alabanzas. **14** ¿Está alguien entre ustedes enfermo? Que llame a los ancianos de la iglesia y que ellos oren por él, ungiéndolo[1] con aceite en el nombre del

Señor. **15** La oración de fe restaurará¹ al enfermo, y el Señor lo levantará. Si ha cometido pecados le serán perdonados².

16 Por tanto, confiésense sus pecados unos a otros, y oren unos por otros para que sean sanados. La oración¹ eficaz del justo puede lograr mucho. **17** Elías era un hombre de pasiones semejantes a las nuestras¹, y oró fervientemente² para que no lloviera, y no llovió sobre la tierra por tres años y seis meses. **18** Oró de nuevo, y el cielo dio lluvia y la tierra produjo su fruto.

19 Hermanos míos, si alguien de entre ustedes se extravía de la verdad y alguien le hace volver, **20** sepa¹ que el que hace volver a un pecador del error de su camino salvará su alma de muerte, y cubrirá multitud de pecados.

5:15-16
Oración por los enfermos

Es importante pedirle sanidad a Dios, pero aun así muchos cristianos se enferman y otros mueren. Eso no significa que no hayan orado lo suficiente o que Dios no haya escuchado sus oraciones. Santiago usó una palabra que tiene dos significados: «sanado» y «perdonado». Por supuesto que queremos estar sanos, pero aunque Dios no sane nuestros cuerpos ahora, perdonará nuestros pecados.

5:15 ¹ O *sanará.*   ² Lit. *le será perdonado.*   5:16 ¹ Lit. *súplica.*   5:17 ¹ O *con una naturaleza como la nuestra.*   ² Lit. *con oración.*   5:20 ¹ Algunos mss. dicen: *sepan.*

1 Pedro

¿QUIÉN ESCRIBIÓ ESTE LIBRO?	Pedro, el discípulo de Jesús, escribió este libro.
¿POR QUÉ SE ESCRIBIÓ ESTE LIBRO?	El libro 1 Pedro alienta a los cristianos a vivir en santidad a pesar del sufrimiento.
¿PARA QUIÉN FUE ESCRITO ESTE LIBRO?	Este libro es una carta enviada a los cristianos de todo el mundo.

¿CUÁLES SON ALGUNAS ENSEÑANZAS IMPORTANTES DE ESTE LIBRO?		
	La fe es valiosa	1 Pedro 1:3-9
	Dios nos escogió	1 Pedro 2:9-12
	Ámense unos a otros	1 Pedro 3:8-12
	Sufrir por seguir a Cristo	1 Pedro 4:12-19
	Ser humilde	1 Pedro 5:6-11

El libro 1 Pedro fue escrito para las iglesias de Asia Menor, incluyendo los creyentes en Capadocia.

© Adisa/Shutterstock

SALUDO

1 Pedro, apóstol de Jesucristo:

A los expatriados, de la dispersión en el[1] Ponto, Galacia, Capadocia, Asia y Bitinia, elegidos **2** según el previo conocimiento de Dios Padre, por la obra santificadora del Espíritu, para obedecer a Jesucristo y ser rociados con Su sangre[1]: Que la gracia y la paz les sean multiplicadas a ustedes.

LA ESPERANZA VIVA DEL CRISTIANO

3 Bendito sea el Dios y Padre de nuestro Señor Jesucristo, quien según Su gran misericordia, nos ha hecho nacer de nuevo a una esperanza viva, mediante la resurrección de Jesucristo de entre los muertos, **4** para *obtener* una herencia incorruptible, inmaculada, y que no se marchitará, reservada en los cielos para ustedes.

5 Mediante la fe ustedes son protegidos por el poder de Dios, para la salvación que está preparada para ser revelada en el último tiempo. **6** En lo cual ustedes se regocijan grandemente, aunque ahora, por un poco de tiempo si es necesario, sean afligidos con diversas pruebas[1], **7** para que la prueba[1] de la fe de ustedes, más preciosa que el oro que perece, aunque probado por fuego, sea hallada que resulta en alabanza, gloria y honor en la revelación de Jesucristo; **8** a quien sin haber visto, ustedes *lo* aman, *y* a quien ahora no ven, pero creen en Él, *y* se regocijan grandemente con gozo inefable

1:1 [1] Lit. *del.*   1:2 [1] Lit. *para obediencia y rociamiento con la sangre de Jesucristo.*   1:6 [1] O *tentaciones.*   1:7 [1] O *genuinidad.*

1:8
Pedro se hizo eco de las palabras de alguien más
Estas palabras de Pedro son como las palabras que Jesús le dijo a Tomás (ver Juan 20:29). Pedro estaba allí cuando Jesús las declaró.

PEDRO ESCRIBE ESTA CARTA A LAS PROVINCIAS DE ASIA MENOR

y lleno de gloria[1], **9** obteniendo, como[1] resultado de su fe, la salvación de sus[2] almas.

10 Acerca de esta salvación, los profetas que profetizaron de la gracia que *vendría* a ustedes, diligentemente inquirieron y averiguaron, **11** procurando saber[1] qué persona o tiempo indicaba el Espíritu de Cristo dentro de ellos, al predecir los sufrimientos de Cristo y las glorias que seguirían[2]. **12** A ellos les fue revelado que no se servían a sí mismos, sino a ustedes, en estas cosas que ahora les han sido anunciadas mediante los que les predicaron el evangelio por el Espíritu Santo enviado del cielo; cosas a las cuales los ángeles anhelan mirar[1].

EXHORTACIÓN A LA SANTIDAD

13 Por tanto, preparen su entendimiento para la acción[1]. Sean[2] sobrios *en espíritu*, pongan su esperanza completamente en la gracia que se les traerá[3] en la revelación[4] de Jesucristo. **14** Como hijos obedientes[1], no se conformen a los deseos que antes *tenían* en su ignorancia, **15** sino que así como Aquel que los llamó es Santo[1], así también sean ustedes santos en toda *su* manera de vivir. **16** Porque escrito está: «SEAN SANTOS, PORQUE YO SOY SANTO». **17** Y si invocan como Padre a Aquel que imparcialmente juzga según la obra de cada uno, condúzcanse con temor[1] durante el tiempo de su peregrinación.

18 Ustedes saben que no fueron redimidos[1] de su vana manera de vivir heredada de sus padres con cosas perecederas *como* oro o plata, **19** sino con sangre preciosa, como de un cordero sin tacha y sin mancha: *la sangre* de Cristo. **20** Porque Él estaba preparado[1] *desde* antes de la fundación del mundo, pero se ha manifestado en estos últimos tiempos por amor a ustedes. **21** Por medio de Él son creyentes en Dios, que lo resucitó de entre los muertos y le dio gloria, de manera que la fe y esperanza de ustedes sean en Dios.

EXHORTACIÓN AL AMOR FRATERNAL

22 Puesto que en obediencia a la verdad ustedes han purificado sus almas[1] para un amor sincero de hermanos, ámense unos a otros entrañablemente, de corazón puro. **23** *Pues* han nacido de nuevo, no de una simiente corruptible, sino *de una que es* incorruptible, *es decir,* mediante la palabra de Dios que vive y permanece[1]. **24** Porque:

«TODA CARNE ES COMO LA HIERBA,
Y TODA SU GLORIA COMO LA FLOR DE LA HIERBA.
SÉCASE LA HIERBA,
CÁESE LA FLOR,
25 PERO LA PALABRA DEL SEÑOR PERMANECE PARA
SIEMPRE».

Esa es la palabra que a ustedes les fue predicada[1].

1:8 [1] Lit. *glorioso.*   1:9 [1] Lit. *el.*   [2] Algunos mss. no incluyen: *sus.*
1:11 [1] Lit. *inquiriendo.*   [2] Lit. *después de estos.*   1:12 [1] O *alcanzar un vislumbre claro.*   1:13 [1] Lit. *los lomos de su mente.*   [2] O *consérvense.*   [3] O *que se anuncia.*
[4] O *la manifestación.*   1:14 [1] Lit. *hijos de obediencia.*   1:15 [1] Lit. *conforme al Santo que los llamó.*   1:17 [1] O *reverencia.*   1:18 [1] O *rescatados.*
1:20 [1] Lit. *era conocido de antemano.*   1:22 [1] Algunos mss. posteriores agregan: *mediante el Espíritu.*   1:23 [1] Algunos mss. posteriores agregan: *para siempre.*
1:25 [1] Lit. *anunciada como buenas nuevas.*

EXHORTACIÓN AL CRECIMIENTO

2 Por tanto, desechando toda malicia[1], y todo engaño, e hipocresías, y envidias y toda difamación[2], **2** deseen como niños recién nacidos, la leche pura de la palabra[1], para que por ella crezcan para salvación, **3** si *es que* han probado la bondad del Señor[1].

4 Y viniendo a Él, como a una piedra viva, desechada por los hombres, pero escogida y preciosa delante de Dios, **5** también ustedes, como piedras vivas, sean edificados como casa espiritual para un sacerdocio santo, para ofrecer sacrificios espirituales aceptables a Dios por medio de Jesucristo. **6** Pues *esto* se encuentra[1] en la Escritura[2]:

«YO, PONGO EN SIÓN UNA PIEDRA
ESCOGIDA, UNA PRECIOSA *piedra*
ANGULAR,
Y EL QUE CREA EN ÉL NO SERÁ
AVERGONZADO».

7 Este precioso valor es, pues, para ustedes los que creen; pero para los que no creen,

«LA PIEDRA QUE DESECHARON LOS
CONSTRUCTORES,
ESA, EN PIEDRA ANGULAR[1] SE HA
CONVERTIDO»,

8 y,

«PIEDRA DE TROPIEZO Y ROCA DE
ESCÁNDALO».

Pues ellos tropiezan porque son desobedientes a la palabra, y para ello estaban también destinados.

9 Pero ustedes son linaje escogido, real sacerdocio, nación santa, pueblo *adquirido* para posesión *de Dios*, a fin de que anuncien las virtudes de Aquel que los llamó de las tinieblas a Su luz admirable. **10** Ustedes en otro tiempo no eran pueblo, pero ahora son el pueblo de Dios; no habían recibido misericordia, pero ahora han recibido misericordia.

CONDUCTA DE LOS CREYENTES EN EL MUNDO

11 Amados, les ruego como a extranjeros y peregrinos, que se abstengan de las pasiones carnales que combaten contra el alma. **12** Mantengan entre los gentiles[1] una[2] conducta irreprochable, a fin de que en aquello que les calumnian como malhechores, ellos, por razón de[3] las buenas obras de ustedes, al considerar*las*, glorifiquen a Dios en el día de la visitación[4].

2:1 [1] O *maldad.*   [2] Lit. *difamaciones.*   2:2 [1] O *leche pura espiritual.*
2:3 [1] Lit. *que el Señor es bueno.*   2:6 [1] Lit. *está contenido.*   [2] O *una escritura.*
2:7 [1] Lit. *cabeza del ángulo.*   2:12 [1] O *incrédulos.*   [2] Lit. *su.*   [3] O *como
resultado de.*   [4] I.e. del juicio.

GRANDES IDEAS EN 1 PEDRO

Pedro alienta a los cristianos a soportar la persecución.

Los cristianos pueden regocijarse en medio del sufrimiento gracias a la nueva vida que Dios les ha dado.

El sufrimiento pone a prueba la autenticidad o veracidad de nuestra fe.

El pueblo de Dios es llamado a vivir como un sacerdocio real y una nación santa que alaba a Dios por haberlo rescatado.

Los cristianos son llamados a esforzarse diariamente por vivir en santidad.

Las personas que rechazan a Jesús, la piedra angular, tropezarán y caerán.

2:5

Los cristianos son como piedras vivas

El Espíritu Santo vive en cada cristiano, y Dios usa a los creyentes para formar la iglesia, de un modo similar a como las piedras son utilizadas para edificar. La iglesia es como un templo en el que Dios vive.

2:9
Por qué Pedro utilizó la frase «linaje escogido»
Así como Dios llamó al pueblo de Israel su pueblo escogido, él escogió a los cristianos para que fueran parte de su familia.

2:13-15
Obedecer a los gobernadores y otras autoridades
Dios es el que permite que existan las autoridades humanas y los gobiernos, así que obedecer a los gobernantes (siempre que esto no entre en conflicto con las leyes de Dios) es como obedecerlo a él. Los cristianos también deben ser buenos ciudadanos como ejemplo para los demás.

2:18-21
Por qué Pedro les dijo a los esclavos que soportaran el trato duro
Dios llama a los cristianos a seguir el ejemplo de Jesús, quien sufrió sin haber hecho nada malo. Esto no significa que Pedro estuviera de acuerdo con la esclavitud. Él quería que los esclavos cristianos fueran un ejemplo de humildad ante sus amos no cristianos.

3:1
Por qué las mujeres debían sujetarse a sus maridos
Esta instrucción es similar a cuando Pedro les dice a los ciudadanos que se sometan a sus gobernantes, o a los esclavos que se sometan a sus amos. Pedro señala que esta conducta podría llevar a los maridos no creyentes hacia la fe en Cristo.

13 Sométanse, por causa del Señor, a toda institución humana, ya sea al rey como autoridad, **14** o a los gobernadores como enviados por él para castigo de los malhechores y alabanza de los que hacen el bien. **15** Porque esta es la voluntad de Dios: que[1] haciendo bien, ustedes hagan enmudecer la ignorancia de los hombres insensatos.

16 *Anden* como libres, pero no usen la libertad como pretexto[1] para la maldad, sino *empléenla* como siervos de Dios. **17** Honren a todos, amen a los hermanos[1], teman[2] a Dios, honren al rey[3].

EJEMPLO DE CRISTO COMO SIERVO

18 Siervos, estén sujetos a sus amos con todo respeto, no solo a los que son buenos y afables, sino también a los que son insoportables[1]. **19** Porque esto *halla* gracia, si por causa de la conciencia ante Dios, alguien sobrelleva penalidades sufriendo injustamente. **20** Pues ¿qué mérito hay, si cuando ustedes pecan y son tratados con severidad lo soportan con paciencia? Pero si cuando hacen lo bueno sufren *por ello* y lo soportan con paciencia, esto *halla* gracia con Dios.

21 Porque para este propósito han sido llamados, pues también Cristo sufrió por ustedes, dejándoles ejemplo para que sigan Sus pasos, **22** EL CUAL NO COMETIÓ PECADO, NI ENGAÑO ALGUNO SE HALLÓ EN SU BOCA; **23** y quien cuando lo ultrajaban, no respondía ultrajando. Cuando padecía, no amenazaba, sino que *se* encomendaba a Aquel que juzga con justicia. **24** Él mismo llevó nuestros pecados en Su cuerpo sobre[1] la cruz[2], a fin de que muramos al pecado[3] y vivamos a la justicia, porque por Sus heridas[4] fueron ustedes sanados. **25** Pues ustedes andaban descarriados[1] como ovejas, pero ahora han vuelto al Pastor y Guardián[2] de sus almas.

DEBERES CONYUGALES

3 Asimismo ustedes, mujeres, estén sujetas a sus maridos, de modo que si algunos *de ellos* son desobedientes a la palabra, puedan ser ganados sin palabra alguna por la conducta de sus mujeres **2** al observar ellos su conducta casta y respetuosa[1]. **3** Que el adorno de ustedes no sea el externo: peinados ostentosos[1], joyas de oro o vestidos lujosos, **4** sino *que sea* lo que procede de lo íntimo del corazón[1], con el adorno[2] incorruptible de un espíritu tierno y sereno, lo cual es precioso delante de Dios. **5** Porque así también se adornaban en otro tiempo las santas mujeres que esperaban en Dios, estando sujetas a sus maridos. **6** Así obedeció Sara a Abraham, llamándolo señor, y ustedes han llegado a ser hijas de ella, si hacen el bien y no tienen miedo de nada que pueda aterrorizarlas.

7 Ustedes, maridos, igualmente, convivan de manera comprensiva[1] *con sus mujeres*, como con un vaso más frágil,

---

2:15 [1] O *para que.*   2:16 [1] Lit. *cubierta.*   2:17 [1] Lit. *a la fraternidad.*
[2] O *reverencien.*   [3] O *al emperador.*   2:18 [1] O *perversos, o irrazonables.*
2:24 [1] O *a.*   [2] Lit. *el madero.*   [3] Lit. *a los pecados.*   [4] O *llagas*; lit. *su herida.*
2:25 [1] O *continuamente se descarriaban.*   [2] O *Supervisor.*   3:2 [1] Lit. *temerosa.*
3:3 [1] Lit. *cabello trenzado.*   3:4 [1] Lit. *la persona oculta en el corazón.*   [2] O *la cualidad.*   3:7 [1] O *con conocimiento, o sabiamente.*

puesto que es mujer, dándole honor por ser heredera como ustedes de la gracia de la vida, para que sus oraciones no sean estorbadas.

EL SECRETO DE LA VIDA FELIZ

8 En conclusión, sean todos de un mismo sentir[1], compasivos, fraternales, misericordiosos, y de espíritu humilde; **9** no devolviendo mal por mal, o insulto por insulto, sino más bien bendiciendo, porque fueron llamados con el propósito de heredar bendición. **10** Porque,

> «EL QUE DESEA LA VIDA, AMAR Y VER DÍAS BUENOS,
> REFRENE SU LENGUA DEL MAL Y SUS LABIOS NO
> HABLEN ENGAÑO.
> **11** APÁRTESE DEL MAL Y HAGA EL BIEN;
> BUSQUE LA PAZ Y SÍGALA.
> **12** PORQUE LOS OJOS DEL SEÑOR ESTÁN SOBRE LOS
> JUSTOS,
> Y SUS OÍDOS ATENTOS A SUS ORACIONES;
> PERO EL ROSTRO DEL SEÑOR ESTÁ CONTRA LOS QUE
> HACEN EL MAL».

SUFRIENDO POR LA JUSTICIA

13 ¿Y quién les podrá hacer daño a ustedes si demuestran tener celo por lo bueno? **14** Pero aun si sufren por causa de la justicia, dichosos *son*. Y NO TENGAN MIEDO POR TEMOR A ELLOS[1] NI SE TURBEN, **15** sino santifiquen a Cristo como Señor en sus corazones, *estando* siempre preparados para presentar defensa ante todo el que les demande razón de[1] la esperanza que hay en ustedes. Pero *háganlo* con mansedumbre y reverencia[2], **16** teniendo buena conciencia, para que en aquello en que son calumniados, sean avergonzados los que hablan mal de la buena conducta de ustedes en Cristo. **17** Pues es mejor padecer por hacer el bien, si así es la voluntad de Dios, que por hacer el mal.

18 Porque también Cristo[1] murió[2] por *los* pecados una sola vez, el justo por los injustos, para llevarnos a Dios, muerto en la carne pero vivificado en el espíritu[3]. **19** En el espíritu también fue y predicó a los espíritus encarcelados, **20** quienes en otro tiempo fueron desobedientes cuando la paciencia de Dios esperaba en los días de Noé durante la construcción del arca, en la cual unos pocos, es decir, ocho personas, fueron salvadas por medio *del* agua.

21 Y correspondiendo a esto, el bautismo ahora los salva a ustedes, no quitando la suciedad de la carne, sino *como* una petición a Dios de una buena conciencia, mediante la resurrección de Jesucristo, **22** quien está a la diestra de Dios, habiendo subido[1] al cielo después de que le habían sido sometidos ángeles, autoridades y potestades.

CÓMO DIOS QUIERE QUE VIVAMOS

4 Por tanto, puesto que Cristo ha padecido en la carne, ármense también ustedes con el mismo propósito, pues

3:9
Cómo deben comportarse los cristianos si son maltratados
Pedro dijo que no hay que buscar venganza, sino mostrarles bondad a aquellos que los maltratan. Sus instrucciones son similares a muchas de las de Jesús (por ejemplo, ver Lucas 6:29).

3:21
Bautismo
El bautismo es un símbolo de lavar los pecados. Este muestra el compromiso de una persona de seguir a Jesús

---

3:8 [1] O *tengan todos armonía.*　　3:14 [1] Lit. *no teman su temor.*　　3:15 [1] O *para.*
[2] O *temor.*　　3:18 [1] I.e. el Mesías.　　[2] Algunos mss. antiguos dicen: *sufrió.*
[3] O *Espíritu.*　　3:22 [1] Lit. *ido.*

PALABRAS CLAVE EN 1 Y 2 PEDRO

Cantidad de veces que las siguientes palabras aparecen en estos libros:

Gloria/glorifica/glorioso/ glorificar/glorificado
19

Santo/justo
16

Sufrir/sufrimiento
13

Espíritu
9

Mal/maldad
8

Poder/poderoso
4

4:8
El amor y el pecado

Los cristianos son llamados a amar y perdonar a los demás una y otra vez. Al hacerlo, ofrecen gracia para una multitud de pecados.

4:12-13
Regocijarse en el sufrimiento

Pedro estaba diciendo algo similar a lo que Jesús dijo en Mateo 5:10: «Bienaventurados aquellos que han sido perseguidos por causa de la justicia, pues de ellos es el reino de los cielos». Los que sufren por Cristo pueden esperar una recompensa en el cielo.

quien ha padecido en la carne ha terminado con el pecado, **2** para vivir el tiempo que *le* queda en la carne, ya no para las pasiones humanas, sino para la voluntad de Dios. **3** Porque el tiempo ya pasado *les* es suficiente para haber hecho lo que agrada a los gentiles, habiendo andado en sensualidad, lujurias, borracheras, orgías, embriagueces, y abominables[1] idolatrías.

4 Y en *todo* esto, se sorprenden de que ustedes no corren con *ellos* en el mismo desenfreno de disolución, *y los* insultan. **5** Pero ellos darán cuenta a Aquel que está preparado para juzgar a los vivos y a los muertos. **6** Porque con este fin fue predicado el evangelio aun a los muertos, para que aunque sean juzgados en la carne como hombres, vivan en el espíritu conforme a *la voluntad* de Dios.

EL FIN DE TODAS LAS COSAS Y LA CONDUCTA CRISTIANA

7 Pero el fin de todas las cosas se acerca[1]. Sean pues ustedes prudentes y de *espíritu* sobrio para la oración[2]. **8** Sobre todo, sean fervientes en su amor los unos por los otros, pues el amor cubre multitud de pecados. **9** Sean hospitalarios los unos para con los otros, sin murmuraciones[1].

10 Según cada uno ha recibido un don *especial*, úselo sirviéndose los unos a los otros como buenos administradores de la multiforme gracia de Dios. **11** El que habla, *que hable* conforme a[1] las palabras de Dios; el que sirve[2], *que lo haga* por[3] la fortaleza que Dios da, para que en todo Dios sea glorificado mediante Jesucristo, a quien pertenecen la gloria y el dominio por los siglos de los siglos. Amén.

SUFRIENDO COMO CRISTIANOS

12 Amados, no se sorprendan del fuego de prueba que en medio de ustedes ha venido para probarlos, como si alguna cosa extraña les estuviera aconteciendo. **13** Antes bien, en la medida en que comparten los padecimientos de Cristo, regocíjense, para que también en la revelación de Su gloria se regocijen con gran alegría. **14** Si ustedes son insultados por[1] el nombre de Cristo, dichosos son, pues el Espíritu de gloria y de Dios reposa sobre ustedes. [2]Ciertamente, por ellos Él es blasfemado, pero por ustedes es glorificado. **15** Que de ninguna manera sufra alguien de ustedes como asesino, o ladrón, o malhechor, o por entrometido[1]. **16** Pero si *alguien sufre* como cristiano, que no se avergüence, sino que como tal glorifique a Dios.

17 Porque *es* tiempo de que el juicio comience por[1] la casa de Dios. Y si *comienza* por[1] nosotros primero, ¿cuál *será* el fin de los que no obedecen al evangelio de Dios? **18** Y SI EL JUSTO CON DIFICULTAD SE SALVA, ¿QUÉ SERÁ DEL IMPÍO[1] Y DEL[1] PECADOR? **19** Así que los que sufren conforme a la voluntad de Dios, encomienden sus almas al fiel Creador, haciendo el bien.

CONSEJOS A LOS ANCIANOS DE LA IGLESIA

5 Por tanto, a los ancianos entre ustedes, exhorto yo, anciano como ellos y testigo de los padecimientos de Cristo, y también participante de la gloria que ha de ser revelada: **2** pastoreen el rebaño de Dios entre ustedes, velando por él, no por obligación, sino voluntariamente, como *quiere* Dios; no por la avaricia del dinero[1], sino con sincero deseo; **3** tampoco como teniendo señorío sobre los que les han sido confiados[1], sino demostrando ser ejemplos del rebaño. **4** Y cuando aparezca el Príncipe de los pastores[1], ustedes recibirán la corona inmarcesible[2] de gloria. **5** Asimismo *ustedes*, los más jóvenes, estén sujetos a los mayores. Y todos, revístanse de humildad en su trato mutuo, porque DIOS RESISTE A LOS SOBERBIOS, PERO DA GRACIA A LOS HUMILDES.

CONSEJOS PARA LA IGLESIA

6 Humíllense, pues, bajo la poderosa mano de Dios, para que Él los exalte a su debido tiempo, **7** echando toda su ansiedad sobre Él, porque Él tiene cuidado de ustedes. **8** Sean *de espíritu* sobrio, estén alerta. Su adversario, el diablo, anda *al acecho* como león rugiente, buscando a quien devorar. **9** Pero resístanlo[1] firmes en la fe, sabiendo que las mismas experiencias de sufrimiento se van cumpliendo en sus hermanos[2] en *todo* el mundo.

10 Y después de que hayan sufrido un poco de tiempo, el Dios de toda gracia, que los llamó a Su gloria eterna en Cristo, Él mismo *los* perfeccionará, afirmará, fortalecerá, *y* establecerá. **11** A Él *sea* el dominio por los siglos de los siglos. Amén.

SALUDOS FINALES

12 Por conducto de Silvano, *nuestro* fiel hermano, porque así[1] *lo* considero, les he escrito brevemente, exhortando y testificando que esta es la verdadera gracia de Dios. Estén firmes en ella. **13** La[1] que está en Babilonia, elegida juntamente con ustedes, los saluda, y *también* mi hijo Marcos. **14** Salúdense unos a otros con un beso de amor fraternal.

Paz sea a todos ustedes que están en Cristo.

5:2-4
Los ancianos de la iglesia son como pastores de ovejas

Jesús, quien se llamó a sí mismo el buen pastor, le había instruido a Pedro que actuara como un pastor (Juan 21:15-17). Así que Pedro les dijo a los ancianos que ellos también debían ser como pastores que cuidaran a las personas de la iglesia.

5:8-9
Resistir al diablo

Como un león, el diablo está buscando destruir a cualquiera que cree en Cristo. Los cristianos resisten al diablo con dominio propio, una fe firme y manteniéndose alerta ante sus métodos. Los cristianos también oran los unos por los otros pidiendo fuerzas para resistir la tentación.

4:18 [1] Lit. ¿dónde aparecerá el impío y el.   5:2 [1] O por ganancias deshonestas.
5:3 [1] Lit. sobre los repartidos.   5:4 [1] O el Pastor Supremo.   [2] O que jamás se marchitará.   5:9 [1] Lit. Al cual resistan.   [2] Lit. su fraternidad.
5:12 [1] Lit. como.   5:13 [1] Algunos mss. dicen: La iglesia.

2 Pedro

¿QUIÉN ESCRIBIÓ ESTE LIBRO?	Pedro, el discípulo de Jesús, escribió este libro.
¿POR QUÉ SE ESCRIBIÓ ESTE LIBRO?	El libro 2 Pedro les advierte a los cristianos sobre los falsos maestros.
¿PARA QUIÉN FUE ESCRITO ESTE LIBRO?	Este libro es una carta enviada a los cristianos de todo el mundo.
¿CUÁLES SON ALGUNAS ENSEÑANZAS IMPORTANTES DE ESTE LIBRO?	Cómo identificar a los falsos maestros 2 Pedro 2:1-22 Cómo acabará el mundo 2 Pedro 3:1-13

Las ruinas de esta iglesia del siglo quinto se encuentran sobre la supuesta ubicación de la casa de Pedro en Capernaúm.

www.HolyLandPhotos.org

SALUDO

1 Simón[1] Pedro, siervo y apóstol de Jesucristo, a los que han recibido una fe como[2] la nuestra, mediante[3] la justicia de nuestro Dios y Salvador, Jesucristo: **2** Gracia y paz les sean multiplicadas a ustedes en el conocimiento de Dios y de Jesús nuestro Señor.

VIRTUDES DEL CRISTIANO

3 Pues Su divino poder nos ha concedido todo cuanto concierne a la vida y a la piedad, mediante el verdadero conocimiento de Aquel que nos llamó por[1] Su gloria y excelencia[2]. **4** Por ellas Él nos ha concedido Sus preciosas y maravillosas promesas, a fin de que ustedes lleguen a ser partícipes de *la* naturaleza divina, habiendo escapado de la corrupción que hay en el mundo por *causa de los* malos deseos. **5** Por esta razón también, obrando con toda diligencia, añadan a su fe, virtud, y a la virtud, conocimiento; **6** al conocimiento, dominio propio, al dominio propio, perseverancia, y a la perseverancia, piedad, **7** a la piedad, fraternidad y a la fraternidad, amor.

8 Pues estas *virtudes,* al estar en ustedes y al abundar, no los dejarán ociosos ni estériles en el verdadero conocimiento de nuestro Señor Jesucristo. **9** Porque el que carece de estas *virtudes* es ciego o corto de vista, habiendo olvidado *la* purificación de sus pecados pasados. **10** Así que, hermanos, sean cada vez más diligentes para hacer firme su llamado y elección *de parte de Dios.* Porque mientras hagan estas cosas nunca caerán. **11** Pues de esta manera les será concedida ampliamente la entrada al reino eterno de nuestro Señor y Salvador Jesucristo.

PROPÓSITO DE LA CARTA

12 Por tanto, siempre estaré listo para recordarles estas cosas, aunque ustedes *ya las* saben y han sido confirmados en la verdad que está presente *en ustedes.* **13** También considero justo, mientras esté en este cuerpo[1], estimularlos recordándoles estas cosas[2], **14** sabiendo que mi separación del cuerpo[1] *terrenal* es inminente, tal como me lo ha declarado nuestro Señor Jesucristo. **15** Además, yo procuraré con diligencia, que en todo tiempo, después de mi partida, ustedes puedan recordar estas cosas.

TESTIGOS DE LA GLORIA DE CRISTO

16 Porque cuando les dimos a conocer el poder y la venida de nuestro Señor Jesucristo, no seguimos fábulas ingeniosamente inventadas, sino que fuimos testigos oculares de Su majestad. **17** Pues cuando Él recibió honor y gloria de Dios Padre, la Majestuosa Gloria le hizo esta declaración[1]: «Este es Mi Hijo amado en quien me he complacido». **18** Nosotros mismos escuchamos esta declaración[1], hecha desde el cielo cuando estábamos con Él en el monte santo.

1:1 [1] La mayoría de los mss. antiguos dicen: *Simeón.*   [2] *O del mismo valor que, o de la misma clase que.*   [3] *O en.*   1:3 [1] *O a.*   [2] *O virtud.*   1:13 [1] *Lit. en esta morada.*   [2] *Lit. con recuerdos.*   1:14 [1] *Lit. el abandono de mi tienda.*   1:17 [1] *Lit. tal voz le fue llevada a Él por la Gloria Majestuosa.*   1:18 [1] *Lit. voz.*

1:3
Dios les ha dado a los creyentes todo lo que necesitan para conocerlo
Algunas personas tenían la falsa creencia de que necesitaban tener un conocimiento especial y secreto acerca de Dios para poder ser salvas. Pedro dijo que Dios había provisto todo el conocimiento que necesitaban acerca de él.

1:17-21
Pedro era la prueba de la veracidad de este mensaje
Él había visto la transfiguración de Jesús y oyó la voz de Dios llamando a Jesús su Hijo. Pedro también dice aquí que las Escrituras (el Antiguo Testamento) mostraban que Jesús era el Mesías.

GRANDES IDEAS EN 2 PEDRO

El poder de Dios les ha dado a los cristianos todo lo que necesitan para vivir en santidad.

Los falsos maestros son una amenaza para la fidelidad de los creyentes.

Jesús regresará; los cristianos deben prepararse para ese día viviendo una vida de fe.

LA PALABRA PROFÉTICA

19 Y *así* tenemos la palabra profética más segura[1], a la cual ustedes hacen bien en prestar atención como a una lámpara que brilla en el lugar oscuro, hasta que el día despunte y el lucero de la mañana aparezca en sus corazones. **20** Pero ante todo sepan esto, que ninguna profecía de la Escritura es *asunto* de interpretación personal, **21** pues ninguna profecía fue dada[1] jamás por un acto de voluntad humana, sino que hombres inspirados[2] por el Espíritu Santo hablaron de parte de Dios.

PROFETAS Y MAESTROS FALSOS

2 Pero se levantaron falsos profetas entre el pueblo, así como habrá también falsos maestros entre ustedes, los cuales encubiertamente introducirán herejías destructoras, negando incluso al Señor que los compró[1], trayendo sobre sí una destrucción repentina. **2** Muchos seguirán su sensualidad, y por causa de ellos, el camino de la verdad será blasfemado. **3** En *su* avaricia los explotarán con palabras falsas. El juicio de ellos, desde hace mucho tiempo no está ocioso, ni su perdición dormida.

4 Porque[1] Dios no perdonó a los ángeles cuando pecaron, sino que los arrojó al infierno y los entregó a fosos de tinieblas, reservados para juicio. **5** Tampoco perdonó al mundo antiguo, sino que guardó a Noé, un predicador de justicia, con otros siete[1], cuando trajo el diluvio sobre el mundo de los impíos. **6** También condenó a la destrucción las ciudades de Sodoma y Gomorra, reduciéndo*las* a cenizas, poniéndo*las* de ejemplo para los que habrían de vivir impíamente después. **7** Además rescató al justo Lot, abrumado por la conducta sensual de hombres libertinos[1] **8** (porque *ese* justo, por lo que veía y oía mientras vivía entre ellos, diariamente sentía *su* alma justa atormentada por las iniquidades de ellos).

9 El Señor, *pues*, sabe rescatar de tentación a los piadosos, y reservar a los injustos bajo castigo para el día del juicio, **10** especialmente a los que andan tras la carne en *sus* deseos corrompidos y desprecian la autoridad. Atrevidos *y* obstinados, no tiemblan cuando blasfeman de las majestades angélicas[1], **11** cuando los ángeles, que son mayores en fuerza y en potencia, no pronuncian juicio injurioso contra ellos delante del Señor.

12 Pero estos, como animales irracionales, nacidos como criaturas de instinto para ser capturados y destruidos[1], blasfemando de lo que ignoran, serán también destruidos con

2:9
Cómo trata Dios con las personas injustas
Las personas injustas enfrentan las consecuencias de sus actos; y si mueren sin arrepentirse, enfrentarán el juicio.

1:19 [1] O Y tenemos la palabra profética aún más segura.   1:21 [1] Lit. traída.
[2] Lit. llevados, o movidos.   2:1 [1] O rescató.   2:4 [1] Lit. Porque si.
2:5 [1] Lit. como el octavo.   2:7 [1] O sin principios morales.   2:10 [1] Lit. de las glorias.   2:12 [1] Lit. para presa y destrucción.

la destrucción de esas criaturas², ¹³ sufriendo el mal como pago de *su* iniquidad. Cuentan por deleite andar en placeres disolutos durante el día. Son manchas e inmundicias, deleitándose en sus engaños¹ mientras banquetean con ustedes. ¹⁴ Tienen los ojos llenos de adulterio y nunca cesan de pecar. Seducen a las almas inestables. Tienen un corazón ejercitado en la avaricia; *son* hijos de maldición.

¹⁵ Abandonando el camino recto, se han extraviado, siguiendo el camino de Balaam, el *hijo* de Beor, quien amó el pago de la iniquidad, ¹⁶ pero fue reprendido por su transgresión, *pues* una muda bestia de carga, hablando con voz humana, reprimió la locura del profeta. ¹⁷ Estos son manantiales sin agua, bruma impulsada por una tormenta, para quienes está reservada la oscuridad de las tinieblas. ¹⁸ Pues hablando con arrogancia y vanidad, seducen mediante deseos carnales, por sensualidad, a los que hace poco escaparon de los que viven en el error. ¹⁹ Les prometen libertad, mientras que ellos mismos son esclavos de la corrupción, pues uno es esclavo de aquello que lo ha vencido.

²⁰ Porque si después de haber escapado de las contaminaciones del mundo por el conocimiento de nuestro Señor y Salvador Jesucristo, de nuevo son enredados en ellas y vencidos, su condición postrera viene a ser peor que la primera. ²¹ Pues hubiera sido mejor para ellos no haber conocido el camino de la justicia, que habiéndolo conocido, apartarse del santo mandamiento que les fue dado. ²² Les ha sucedido a ellos según el proverbio verdadero: «EL PERRO VUELVE A SU PROPIO VÓMITO», y: «La puerca lavada, *vuelve* a revolcarse en el cieno».

LA PROMESA DE LA VENIDA DEL SEÑOR

3 Amados, esta es ya la segunda carta que les escribo, en las cuales, como recordatorio, despierto en ustedes su sincero entendimiento¹, ² para que recuerden las palabras dichas de antemano por los santos profetas, y el mandamiento del Señor y Salvador *declarado* por los apóstoles de ustedes. ³ Ante todo, sepan esto: que en los últimos días vendrán burladores con *su* sarcasmo, siguiendo sus propias pasiones, ⁴ y diciendo: «¿Dónde está la promesa de Su venida? Porque desde que los padres durmieron¹, todo continúa tal como estaba desde el principio de la creación». ⁵ Pues cuando dicen esto, no se dan cuenta de que¹ los cielos existían desde hace mucho tiempo, y también la tierra, surgida del agua y establecida entre las aguas por la palabra de Dios, ⁶ por lo cual el mundo de entonces fue destruido, siendo inundado por el agua. ⁷ Pero los cielos y la tierra actuales están reservados por Su palabra para el fuego, guardados para el día del juicio y de la destrucción de los impíos.

EL DÍA DEL SEÑOR

⁸ Pero, amados, no ignoren esto: que para el Señor un día es como mil años, y mil años como un día. ⁹ El Señor no se tarda

---

² O perecerán del todo en su propia destrucción.   2:13 ¹ Algunos mss. antiguos dicen: *ágapes.*   3:1 ¹ O su mente sincera.   3:4 ¹ O murieron. 3:5 ¹ O ignoran intencionadamente este hecho, que.

2:17
Pedro les llamó «manantiales sin agua» a estas personas injustas
Si una persona sedienta llegara a un manantial buscando agua, pero encontrara que el manantial está seco, no podría satisfacer su necesidad. De la misma manera, los falsos maestros prometían enseñar la verdad, pero no tenían nada que ofrecer sino mentiras.

2:19
Qué clase de libertad prometían
Estas personas prometían libertad de las leyes de conducta moral, pero en realidad ellos eran esclavos de su propio pecado.

3:3-4
Burladores
Como Jesús no había regresado, algunas personas pensaban que no iba a volver. Ellos creían que sus malos caminos no serían castigados.

3:8-9
Pedro explica cómo Dios ve el tiempo
Pedro dice que Dios no se ve limitado por la comprensión humana del tiempo. Dios siempre ha existido y siempre existirá, por eso puede esperar con paciencia hasta que más personas se vuelvan a él.

en cumplir Su promesa, según algunos entienden la tardanza, sino que es paciente para con ustedes[1], no queriendo que nadie perezca, sino que todos vengan al arrepentimiento[2]. [10] Pero el día del Señor vendrá como ladrón, en el cual los cielos pasarán con gran estruendo, y los elementos serán destruidos con fuego[1] intenso, y la tierra y las obras que hay en ella serán quemadas[2].

[11] Puesto que todas estas cosas han de ser destruidas de esta manera, ¡qué clase de personas no deben ser ustedes en santa conducta y en piedad, [12] esperando y apresurando la venida del día de Dios, en[1] el cual los cielos serán destruidos por fuego[2] y los elementos se fundirán con intenso calor! [13] Pero, según Su promesa, nosotros esperamos nuevos cielos y nueva tierra, en los cuales mora la justicia.

EXHORTACIÓN FINAL

[14] Por tanto, amados, puesto que ustedes aguardan estas cosas, procuren con diligencia ser hallados por Él en paz, sin mancha e irreprensibles. [15] Consideren la paciencia de nuestro Señor como salvación, tal como les escribió también nuestro amado hermano Pablo, según la sabiduría que le fue dada. [16] Asimismo en todas sus cartas habla en ellas de esto; en las cuales hay algunas cosas difíciles de entender, que los ignorantes e inestables tuercen, como también tuercen el resto de las Escrituras, para su propia perdición[1].

[17] Por tanto, amados, sabiendo esto de antemano, estén en guardia, no sea que arrastrados por el error de hombres libertinos[1], caigan de su firmeza. [18] Antes bien, crezcan en la gracia y el conocimiento de nuestro Señor y Salvador Jesucristo. A Él sea la gloria ahora y hasta el día de la eternidad. Amén.

3:11-13
Cómo deben vivir los cristianos

Los cristianos deben vivir vidas santas y piadosas mientras esperan la segunda venida de Cristo, la cual traerá el juicio para los incrédulos, pero la vida en el cielo para los creyentes.

3:9 [1] Algunos mss. posteriores dicen: nosotros. [2] I.e. tengan oportunidad de arrepentirse. 3:10 [1] O calor. [2] Algunos mss. antiguos dicen: descubiertas. 3:12 [1] Lit. por. [2] Lit. encendiéndose. 3:16 [1] O destrucción. 3:17 [1] O sin principios morales.

1 Juan

¿QUIÉN ESCRIBIÓ ESTE LIBRO?	Juan, el discípulo de Jesús, escribió este libro.
¿POR QUÉ SE ESCRIBIÓ ESTE LIBRO?	Este libro les muestra a los cristianos cómo vivir cerca de Dios y las demás personas.
¿PARA QUIÉN FUE ESCRITO ESTE LIBRO?	Este libro es una carta enviada por Juan a los cristianos de todo el mundo.

¿CUÁLES SON ALGUNAS ENSEÑANZAS IMPORTANTES DE ESTE LIBRO?

Dios perdona nuestros pecados	1 Juan 1:5—2:2
Los hijos de Dios aman a los demás	1 Juan 2:7-11
Los hijos de Dios practican la justicia	1 Juan 3:7-11
Jesús nos muestra lo que es el amor	1 Juan 3:16-20
El amor viene de Dios	1 Juan 4:7-11
Dios nos da vida eterna	1 Juan 5:10-12

Vista de la carretera desde el Gran Teatro de Éfeso. Juan pasó mucho tiempo del final de su vida en Éfeso.

Todd Bolen/www.BiblePlaces.com

GRANDES IDEAS EN 1 JUAN

Los falsos maestros niegan que Cristo vino en carne.

Los cristianos pueden disfrutar de la comunión con Dios y entre ellos.

Cristo llama a los creyentes a amarse los unos a los otros con palabras y acciones.

Los creyentes pueden estar seguros de la vida eterna por medio de Cristo.

Dios responde nuestras oraciones.

1:8

Por qué las personas declaraban no tener pecado

Una de las falsas creencias de la iglesia temprana se llamaba «gnosticismo». Esta ideología incluía la idea de que romper la ley de Dios no era un pecado, porque pensaban que el cuerpo humano era malo de todos modos.

2:4-5

Los cristianos y las leyes de Dios

Nadie puede cumplir la ley de Dios a la perfección, pero los cristianos obedecen las leyes de Dios como un modo de expresar agradecimiento por su regalo de la salvación. La fe y las buenas acciones van de la mano.

ASUNTO Y PROPÓSITO DE LA CARTA

1 Lo que existía desde el principio, lo que hemos oído, lo que hemos visto con nuestros propios ojos, lo que hemos contemplado y lo que han tocado nuestras manos, *esto escribimos* acerca del Verbo de vida. **2** Y la vida se manifestó. Nosotros *la* hemos visto, y damos testimonio y les anunciamos a ustedes la vida eterna que estaba con el Padre y se manifestó a nosotros. **3** Lo que hemos visto y oído les proclamamos también a ustedes, para que también ustedes tengan comunión con nosotros. En verdad nuestra comunión es con el Padre y con Su Hijo Jesucristo. **4** Les escribimos estas cosas para que nuestro gozo sea completo.

DIOS ES LUZ

5 Y este es el mensaje que hemos oído de Él y que les anunciamos: Dios es Luz, y en Él no hay ninguna tiniebla. **6** Si decimos que tenemos comunión con Él, pero[1] andamos en tinieblas, mentimos y no practicamos la verdad. **7** Pero si andamos en la Luz, como Él está en la Luz, tenemos comunión los unos con los otros, y la sangre de Jesús Su Hijo nos limpia de todo pecado.

8 Si decimos que no tenemos pecado, nos engañamos a nosotros mismos y la verdad no está en nosotros. **9** Si confesamos nuestros pecados, Él es fiel y justo para perdonarnos los pecados y para limpiarnos de toda maldad[1]. **10** Si decimos que no hemos pecado, lo hacemos a Él mentiroso y Su palabra no está en nosotros.

CRISTO, NUESTRO ABOGADO

2 Hijitos míos, les escribo estas cosas para que no pequen. Y si alguien peca, tenemos Abogado[1] para con el Padre, a Jesucristo el Justo. **2** Él mismo es la propiciación[1] por nuestros pecados, y no solo por los nuestros, sino también por *los* del mundo entero. **3** Y en esto sabemos que lo hemos llegado a conocer: si guardamos Sus mandamientos.

4 Él que dice: «Yo lo he llegado a conocer», y no guarda Sus mandamientos, es un mentiroso y la verdad no está en él. **5** Pero el que guarda Su palabra, en él verdaderamente se ha perfeccionado el amor de Dios. En esto sabemos que estamos en Él. **6** El que dice que permanece en Él, debe[1] andar como Él anduvo.

MANDAMIENTO SOBRE EL AMOR FRATERNAL

7 Amados, no les escribo un mandamiento nuevo, sino un mandamiento antiguo, que han tenido[1] desde el principio. El mandamiento antiguo es la palabra que han oído. **8** Por otra parte[1], les escribo un mandamiento nuevo, el cual es

1:6 [1] Lit. *y.*   1:9 [1] O *iniquidad.*   2:1 [1] O *Intercesor.*   2:2 [1] O *satisfacción.*
2:6 [1] Lit. *él mismo debe.*   2:7 [1] Lit. *tenían.*   2:8 [1] Lit. *Otra vez.*

verdadero en Él y en ustedes, porque las tinieblas van pasando, y la Luz verdadera ya está alumbrando. **9** El que dice que está en la Luz y aborrece a su hermano, está aún[j] en tinieblas. **10** El que ama a su hermano, permanece en la Luz y no hay causa de tropiezo en él. **11** Pero el que aborrece a su hermano, está en tinieblas y anda en tinieblas, y no sabe adónde va, porque las tinieblas han cegado sus ojos.

NO AMEN LO QUE ESTÁ EN EL MUNDO

12 Les escribo a ustedes, hijos[j], porque sus pecados les han sido perdonados por el nombre de Cristo. **13** Les escribo a ustedes, padres, porque conocen a Aquel que ha sido desde el principio. Les escribo a ustedes, jóvenes, porque han vencido al maligno. Les he escrito a ustedes, niños, porque conocen al Padre. **14** Les he escrito a ustedes, padres, porque conocen a Aquel que ha sido desde el principio. Les he escrito a ustedes, jóvenes, porque son fuertes y la palabra de Dios permanece en ustedes y han vencido al maligno.

15 No amen al mundo ni las cosas *que están* en el mundo. Si alguien ama al mundo, el amor del Padre no está en él. **16** Porque todo lo que hay en el mundo, la pasión de la carne, la pasión de los ojos, y la arrogancia de la vida[j], no proviene del Padre, sino del mundo. **17** El mundo pasa, y *también* sus pasiones, pero el que hace la voluntad de Dios permanece para siempre.

ADVERTENCIAS CONTRA EL ANTICRISTO

18 Hijitos[j], es la última hora, y así como oyeron que el anticristo viene, también ahora han surgido muchos anticristos. Por eso sabemos que es la última hora. **19** Ellos salieron de nosotros, pero *en realidad* no eran de nosotros, porque si hubieran sido de nosotros, habrían permanecido con nosotros. Pero *salieron*, a fin de que se manifestara[j] que no todos son[2] de nosotros. **20** Pero[j] ustedes tienen la unción del Santo, y todos ustedes lo saben.

21 No les he escrito porque ignoren la verdad, sino porque la conocen y porque[j] ninguna mentira procede de la verdad. **22** ¿Quién es el mentiroso, sino el que niega que Jesús es el Cristo[j]? Este es el anticristo, el que niega al Padre y al Hijo. **23** Todo aquel que niega al Hijo tampoco tiene al Padre; el que confiesa al Hijo tiene también al Padre. **24** En cuanto a ustedes, que permanezca en ustedes lo que oyeron desde el principio. Si en ustedes permanece lo que oyeron desde el principio, ustedes también permanecerán en el Hijo y en el Padre. **25** Y esta es la promesa que Él mismo nos hizo[j]: la vida eterna. **26** Les he escrito estas cosas respecto a los que están tratando de engañarlos.

27 En cuanto a ustedes, la unción que recibieron de Él permanece en ustedes, y no tienen necesidad de que nadie les enseñe. Pero así como Su unción les enseña acerca de todas las cosas, y es verdadera y no mentira, y así como les ha enseñado, ustedes permanecen[j] en Él. **28** Y ahora, hijos[j],

2:15
Qué quería decir Juan con el «mundo»
Él no se refería al mundo de las personas o a la creación. Más bien, Juan estaba haciendo referencia al mundo del pecado controlado por Satanás.

2:9 [j] Lit. *hasta ahora.* 2:12 [j] O *hijitos.* 2:16 [j] O *las riquezas.*
2:18 [j] Lit. *Niños.* 2:19 [j] Lit. *fueran manifestados.* [2] O *todos ellos no son.*
2:20 [j] Lit. *Y.* 2:21 [j] O *sepan que.* 2:22 [j] I.e. el *Mesías.* 2:25 [j] Lit. *nos prometió.* 2:27 [j] O *permanezcan.* 2:28 [j] O *hijitos.*

permanezcan en Él, para que cuando se manifieste, tengamos confianza y no nos apartemos de Él avergonzados[2] en Su venida[3]. **29** Si saben que Él es justo, saben también que todo el que hace justicia es nacido[1] de Él.

LOS HIJOS DE DIOS

3 Miren cuán gran amor[1] nos ha otorgado el Padre: que seamos llamados hijos de Dios. Y *eso* somos. Por esto el mundo no nos conoce, porque no lo conoció a Él. **2** Amados, ahora somos hijos de Dios y aún no se ha manifestado lo que habremos de ser. *Pero* sabemos que cuando Cristo se manifieste[1], seremos semejantes a Él, porque lo veremos como Él es. **3** Y todo el que tiene esta esperanza *puesta* en Él, se purifica, así como Él es puro.

4 Todo el que practica el pecado, practica también la infracción de la ley[1], pues[2] el pecado es infracción de la ley[1]. **5** Ustedes saben que Cristo se manifestó a fin de quitar los[1] pecados, y en Él no hay pecado. **6** Todo el que permanece en Él, no peca. Todo el que peca, ni lo ha visto ni lo ha conocido. **7** Hijos míos[1], que nadie los engañe. El que practica la justicia es justo, así como Él es justo. **8** El que practica el pecado es del diablo, porque el diablo ha pecado[1] desde el principio. El Hijo de Dios se manifestó con este propósito: para destruir[2] las obras del diablo.

9 Ninguno que es nacido de Dios practica[1] el pecado, porque la simiente de Dios[2] permanece en él. No puede pecar, porque es nacido de Dios. **10** En esto se reconocen[1] los hijos de Dios y los hijos del diablo: todo aquel que no practica la justicia, no es de Dios; tampoco aquel que no ama a su hermano. **11** Porque este es el mensaje que ustedes han oído desde el principio: que nos amemos unos a otros. **12** No como Caín *que* era del maligno, y mató a su hermano. ¿Y por qué causa lo mató? Porque sus obras eran malas, y las de su hermano justas.

AMEMOS DE HECHO, NO DE PALABRA

13 Hermanos, no se maravillen si el mundo los odia. **14** Nosotros sabemos que hemos pasado de muerte a vida porque amamos a los hermanos. El que no ama[1] permanece en muerte. **15** Todo el que aborrece a su hermano es un asesino, y ustedes saben que ningún asesino tiene vida eterna permanente en él. **16** En esto conocemos el amor: en que Él puso Su vida por nosotros. También nosotros debemos poner nuestras vidas por los hermanos. **17** Pero el que tiene bienes de este mundo, y ve a su hermano en necesidad y cierra su corazón[1] contra[2] él, ¿cómo puede morar[3] el amor de Dios en él? **18** Hijos[1], no amemos de palabra ni de lengua, sino de hecho y en verdad. **19** En esto sabremos que somos de la verdad, y aseguraremos[1]

3:9-10
Los cristianos no son perfectos
Aun los cristianos pecan, pero sus vidas deberían caracterizarse por hacer lo que Dios requiere y tratar de agradarlo con sus acciones.

3:15
Juan repitió las palabras de alguien más
Jesús dijo que todo el que esté enojado con su hermano era tan culpable como si lo hubiera matado. (Ver Mateo 5:21-22).

---

[2] Lit. *no seamos avergonzados de Él*.   [3] O *en su presencia*.   2:29 [1] O *engendrado*.
3:1 [1] Lit. *qué clase de amor*.   3:2 [1] Lit. *si se manifiesta*.   3:4 [1] O *iniquidad*.
[2] Lit. *y*.   3:5 [1] Algunos mss. dicen: *nuestros*.   3:7 [1] O *Hijitos*.   3:8 [1] Lit. *peca*.
[2] O *deshacer*.   3:9 [1] Lit. *Todo aquel...no practica*.   [2] Lit. *Su simiente*.
3:10 [1] Lit. *se manifiestan*.   3:14 [1] Algunos mss. posteriores agregan: *a su hermano*.
3:17 [1] Lit. *sus entrañas*.   [2] Lit. *de*.   [3] Lit. *¿cómo mora?*   3:18 [1] O *Hijitos*.
3:19 [1] O *persuadiremos*.

nuestros corazones delante de Él **20** en cualquier cosa en que nuestro corazón nos condene. Porque Dios[1] es mayor que nuestro corazón y Él sabe todas las cosas. **21** Amados, si nuestro corazón no nos condena, confianza tenemos delante de[1] Dios. **22** Y todo lo que pidamos *lo* recibimos de Él, porque guardamos Sus mandamientos y hacemos las cosas que son agradables delante de Él.

23 Y este es Su mandamiento: que creamos en el nombre de Su Hijo Jesucristo, y *que* nos amemos unos a otros como Él nos ha mandado[1]. **24** El que guarda Sus mandamientos permanece en Él y Dios[1] en él. Y en esto sabemos que Él permanece en nosotros: por el Espíritu que nos ha dado.

EL ESPÍRITU DE VERDAD Y EL ESPÍRITU DE ERROR

4 Amados, no crean a todo espíritu, sino prueben los espíritus para ver si son de Dios, porque muchos falsos profetas han salido al mundo. **2** En esto ustedes conocen el Espíritu de Dios: todo espíritu que confiesa que Jesucristo ha venido en carne, es[1] de Dios. **3** Y todo espíritu que no confiesa a Jesús[1], no es[2] de Dios, y este es el *espíritu* del anticristo, del cual ustedes han oído que viene, y que ahora ya está en el mundo.

4 Hijos míos[1], ustedes son[2] de Dios y han vencido a los falsos profetas, porque mayor es Aquel que está en ustedes que el que está en el mundo. **5** Ellos son del mundo; por eso hablan de parte del mundo, y el mundo los oye. **6** Nosotros somos de Dios. El que conoce a Dios, nos oye; el que no es de Dios, no nos oye. En esto conocemos el espíritu de la verdad y el espíritu del error.

DIOS ES AMOR

7 Amados, amémonos unos a otros, porque el amor es[1] de Dios, y todo el que ama es nacido[2] de Dios y conoce a Dios. **8** El que no ama no conoce a Dios, porque Dios es amor. **9** En esto se manifestó el amor de Dios en nosotros[1]: en que Dios ha enviado a Su Hijo unigénito al mundo para que vivamos por *medio de* Él. **10** En esto consiste[1] el amor: no en que nosotros hayamos amado[2] a Dios, sino en que Él nos amó a nosotros y envió a Su Hijo *como* propiciación por nuestros pecados. **11** Amados, si Dios así nos amó, también nosotros debemos amarnos unos a otros.

12 A Dios nunca lo ha visto nadie. Si nos amamos unos a otros, Dios permanece en nosotros y Su amor se perfecciona en nosotros. **13** En esto sabemos que permanecemos en Él y Él en nosotros: en que nos ha dado de Su Espíritu. **14** Y nosotros hemos visto y damos testimonio de que el Padre envió al Hijo *para ser* el Salvador del mundo. **15** Todo aquel que confiesa que Jesús es el Hijo de Dios, Dios permanece en él y él en

3:23
Creer en el Padre pero no en el Hijo
Si alguien niega al Hijo, no cree en el Padre. Si creemos en Jesús, también creemos en Dios. Dios es una Trinidad, tres personas en una: el Padre, el Hijo y el Espíritu Santo.

4:1
Probar los espíritus
Esto significaba escuchar atentamente para ver qué decían las personas acerca de Dios y darse cuenta de si estaban llenas del Espíritu santo o eran falsos maestros. Alguien lleno del Espíritu Santo reconoce que Jesús es Dios.

3:20 [1] Lit. *delante de Él; porque si nuestro corazón nos condena, Dios.*   3:21 [1] Lit. *hacia.*   3:23 [1] O *nos dio mandamiento.*   3:24 [1] Lit. *Él.*
4:2 [1] O *procede.*   4:3 [1] Algunos mss. dicen: *que Jesús ha venido en carne.*   [2] O *no procede.*   4:4 [1] O *Hijitos.*   [2] O *proceden.*   4:7 [1] O *procede.*   [2] O *engendrado.*   4:9 [1] O *en nuestro caso.*   4:10 [1] Lit. *está.*   [2] Algunos mss. dicen: *amamos.*

4:17
Los cristianos pueden estar seguros de su salvación

Si los cristianos aman como amó Cristo, esto es una señal de que el Espíritu de Dios vive en ellos.

4:19-21
La enseñanza de Jesús

Jesús resumió la ley de Dios al decir que debemos amar a Dios por sobre todas las cosas y amar a nuestro prójimo como a nosotros mismos. (Ver Mateo 22:37-39).

Dios. **16** Y nosotros hemos llegado a conocer y hemos creído el amor que Dios tiene para[1] nosotros. Dios es amor, y el que permanece en amor permanece en Dios y Dios permanece en él. **17** En esto se perfecciona el amor en nosotros, para que tengamos confianza en el día del juicio, pues como Él es, así somos también nosotros en este mundo.

18 En el amor no hay temor, sino que el perfecto amor echa fuera el temor, porque el temor involucra[1] castigo, y el que teme no es hecho perfecto en el amor. **19** Nosotros amamos[1] porque Él nos amó primero. **20** Si alguien dice: «Yo amo a Dios», pero aborrece a su hermano, es un mentiroso. Porque el que no ama a su hermano, a quien ha visto, no puede[1] amar a Dios a quien no ha visto. **21** Y este mandamiento tenemos de Él: que el que ama a Dios, ame también a su hermano.

LA FE QUE VENCE AL MUNDO

5 Todo aquel que cree que Jesús es el Cristo[1], es nacido[2] de Dios. Todo aquel que ama al Padre[3], ama al que ha nacido[3] de Él. **2** En esto sabemos que amamos a los hijos de Dios: cuando amamos a Dios y guardamos[1] Sus mandamientos. **3** Porque este es el amor de Dios: que guardemos Sus mandamientos, y Sus mandamientos no son difíciles. **4** Porque todo lo que es nacido[1] de Dios vence al mundo. Y esta es la victoria que ha vencido al mundo: nuestra fe. **5** ¿Y quién es el que vence al mundo, sino el que cree que Jesús es el Hijo de Dios?

EL TESTIMONIO ACERCA DEL HIJO

6 Este es Aquel que vino mediante agua y sangre, Jesucristo; no solo con[1] agua, sino con[1] agua y con[1] sangre. Y el Espíritu es el que da testimonio, porque el Espíritu es la verdad. **7** Porque tres son los que dan testimonio en el cielo: el Padre, el Verbo[1], y el Espíritu Santo, y estos tres son uno. Y tres son los que dan testimonio en la tierra[2]: **8** el Espíritu, el agua, y la sangre, y los tres concuerdan[1]. **9** Si recibimos el testimonio de los hombres, mayor es el testimonio de Dios; porque este es el testimonio de Dios: que Él ha dado testimonio acerca de Su Hijo.

10 El que cree en el Hijo de Dios tiene el testimonio en sí mismo. El que no cree a Dios, ha hecho a Dios[1] mentiroso, porque no ha creído en el testimonio que Dios ha dado respecto a Su Hijo. **11** Y el testimonio es este: que Dios nos ha dado vida eterna, y esta vida está en Su Hijo. **12** El que tiene al Hijo tiene la vida, y el que no tiene al Hijo de Dios, no tiene la vida.

PALABRAS CLAVE EN 1, 2 Y 3 JUAN

Cantidad de veces que las siguientes palabras aparecen en estos libros:

Palabra	Cantidad
Amor/amar/amado	68
Mundo	26
Hijo	25
Verdad	23
Conocer/conocimiento	4
Hijos	16

4:16 [1] Lit. en.   4:18 [1] Lit. *tiene.*   4:19 [1] Algunos mss. agregan: *a Él;* otros: *a Dios.*   4:20 [1] Algunos mss. dicen: *¿cómo puede.*   5:1 [1] e. el Mesías.   [2] O *engendrado.*   [3] Lit. *al que engendra.*   5:2 [1] Lit. *hacemos.*   5:4 [1] O *engendrado.*   5:6 [1] O *en.*   5:7 [1] O *Jesucristo.*   [2] Los mss. más antiguos no incluyen: *en el cielo… en la tierra.*   5:8 [1] Lit. *están para una cosa.*   5:10 [1] Lit. *le ha hecho.*

EL CONOCIMIENTO DE LA VIDA ETERNA

13 Estas cosas les he escrito a ustedes que creen en el nombre del Hijo de Dios, para que sepan que tienen vida eterna. **14** Esta es la confianza que tenemos delante de[1] Él, que si pedimos cualquier cosa conforme a Su voluntad, Él nos oye. **15** Y si sabemos que Él nos oye *en* cualquier cosa que pidamos, sabemos que tenemos las peticiones que le hemos hecho.

16 Si alguien ve a su hermano cometiendo un pecado[1] *que* no *lleva* a la muerte, pedirá, y por él *Dios* dará vida a los que cometen pecado *que* no *lleva* a la muerte[2]. Hay un pecado *que lleva* a la muerte[3]; yo no digo que se deba pedir por ese. **17** Toda injusticia es pecado, pero hay pecado *que no lleva* a la muerte[1].

DECLARACIONES FINALES

18 Sabemos que todo el que ha nacido de Dios, no peca; sino que Aquel que nació[1] de Dios lo guarda y el maligno no lo toca. **19** Sabemos que somos de Dios, y *que* el mundo entero está bajo *el poder del* maligno[1]. **20** Y sabemos que el Hijo de Dios ha venido y nos ha dado entendimiento a fin de que conozcamos a Aquel que es verdadero; y nosotros estamos en Aquel que es verdadero, en Su Hijo Jesucristo. Este es el verdadero Dios y la vida eterna. **21** Hijos[1], aléjense de los ídolos.

5:3
Obedecer los mandamientos de Dios
Cuando Juan dice que los mandamientos de Dios no son «difíciles», no quiere decir que son fáciles. Más bien, lo que estaba diciendo es que el Espíritu Santo ayuda a los cristianos a hacer la voluntad de Dios.

5:6
La simbología del agua y la sangre
El agua simboliza el bautismo de Jesús, y la sangre representa su muerte.

5:16
El pecado que lleva a la muerte
Negar la verdad sobre Jesús o continuar cometiendo pecados sin arrepentirse puede llevar a la separación de Dios y la muerte espiritual.

5:14 [1] Lit. *hacia.*   5:16 [1] Lit. *pecando.*   [2] Lit. *no para muerte.*   [3] Lit. *para muerte.*   5:17 [1] Lit. *no para muerte.*   5:18 [1] O *fue engendrado.*   5:19 [1] Lit. *en el maligno.*   5:21 [1] O *Hijitos.*

2 Juan

¿QUIÉN ESCRIBIÓ ESTE LIBRO?	Juan, el discípulo de Jesús, escribió este libro.
¿POR QUÉ SE ESCRIBIÓ ESTE LIBRO?	El libro 2 Juan les muestra a los cristianos cómo vivir cerca de Dios y las demás personas.
¿PARA QUIÉN FUE ESCRITO ESTE LIBRO?	Este libro es una carta enviada por Juan a los cristianos de todo el mundo.

Ruinas de la Basílica de San Juan cerca de Éfeso. Se cree que este fue el lugar en el que Juan fue sepultado.

© Gelia/Shutterstock

SALUDO

1 El anciano a la señora escogida y a sus hijos, a quienes amo en verdad, y no solo yo, sino también todos los que conocen la verdad, **2** a causa de la verdad que permanece en nosotros y que estará con nosotros para siempre: **3** La gracia, la misericordia, y la paz estarán con nosotros, de Dios el Padre y de Jesucristo, Hijo del Padre, en verdad y amor.

EXHORTACIONES

4 Mucho me alegré al encontrar *algunos* de tus hijos andando en la verdad, tal como hemos recibido mandamiento del Padre. **5** Ahora te ruego, señora, no como escribiéndote un nuevo mandamiento, sino el que hemos tenido desde el principio, que nos amemos unos a otros. **6** Y este es el amor*¹*: que andemos conforme a Sus mandamientos. Este es el mandamiento tal como lo han oído desde el principio, para que ustedes anden en él. **7** Pues muchos engañadores han salido al mundo que no confiesan que Jesucristo ha venido*¹* en carne. Ese es el engañador y el anticristo.

8 Tengan ustedes cuidado para que no pierdan lo que hemos*¹* logrado, sino que reciban abundante recompensa. **9** Todo el que se desvía y no permanece en la enseñanza*¹* de Cristo, no tiene a Dios. El que permanece en la enseñanza tiene tanto al Padre como al Hijo. **10** Si alguien viene a ustedes y no trae esta enseñanza*¹*, no lo reciban en casa, ni lo saluden, **11** pues el que lo saluda participa en sus malas obras.

DESPEDIDA

12 Aunque tengo muchas cosas que escribirles, no quiero *hacerlo* con papel y tinta, sino que espero ir a verlos y hablar con ustedes cara a cara*¹*, para que su*²* gozo sea completo. **13** Te saludan los hijos de tu hermana escogida.

GRANDES IDEAS EN 2 Y 3 JUAN

Cuidado con los falsos maestros.

La verdad es importante.

Amar a los demás demuestra lealtad a Cristo.

La hospitalidad entre los cristianos es vital.

v. 7

Juan estaba describiendo una falsa enseñanza

La falsa enseñanza decía que Jesús fue el Hijo de Dios solo a partir de su bautismo y hasta su crucifixión. La verdad es que Jesús siempre fue tanto el Hijo de Dios como un ser humano.

v. 12

Papel y tinta para las cartas

El papel se fabricaba con cañas de papiro. Mezclando carbón, agua y goma o aceite se hacía la tinta.

Todd Bolen/www.BiblePlaces.com

1:6 *¹* O *en esto consiste el amor.*   1:7 *¹* Lit. *a Jesucristo viniendo.*   1:8 *¹* Algunos mss. antiguos dicen: *ustedes han.* 1:9 *¹* O *doctrina.*   1:10 *¹* O *doctrina.*   1:12 *¹* Lit. *boca a boca.*   *²* Algunos mss. antiguos dicen: *nuestro.*

3 Juan

¿QUIÉN ESCRIBIÓ ESTE LIBRO?	Juan, el discípulo de Jesús, escribió este libro.
¿POR QUÉ SE ESCRIBIÓ ESTE LIBRO?	El libro 3 Juan les muestra a los cristianos cómo vivir cerca de Dios y las demás personas.
¿PARA QUIÉN FUE ESCRITO ESTE LIBRO?	Este libro es una carta que Juan le envió a un cristiano llamado Gayo.

Vista aérea de Éfeso. Juan vivió y posiblemente murió aquí luego de la destrucción de Jerusalén en el año 70 d. C.

Barry Beitzel/www.BiblePlaces.com

SALUDO

1 El anciano al amado Gayo, a quien yo amo en verdad.

EL BUEN TESTIMONIO DE GAYO

2 Amado, ruego que seas prosperado en todo así como prospera tu alma, y que tengas buena salud. **3** Pues me alegré mucho cuando *algunos* hermanos vinieron y dieron testimonio[1] de tu *fidelidad a la* verdad, *esto es,* de cómo andas en la verdad. **4** No tengo mayor gozo que este: oír[1] que mis hijos andan en la verdad.

5 Amado, estás obrando fielmente en lo que haces por los hermanos, y sobre todo *cuando se trata de* extraños. **6** Porque ellos dan testimonio de tu amor ante la iglesia. Harás bien en ayudarlos a proseguir su viaje[1] de una manera digna de Dios. **7** Pues ellos salieron por amor al Nombre, no aceptando nada de los gentiles[1]. **8** Por tanto, nosotros debemos acoger a tales hombres[1], para que seamos colaboradores *en pro de* la verdad.

EL MAL TESTIMONIO DE DIÓTREFES

9 Escribí algo a la iglesia, pero Diótrefes, a quien le gusta ser el primero entre ellos, no acepta lo que decimos[1]. **10** Por esta razón, si voy, llamaré la atención a[1] las obras que hace, acusándonos injustamente con palabras maliciosas. No satisfecho con esto, él mismo no recibe a los hermanos, se lo prohíbe a los que quieren *hacerlo* y *los* expulsa de la iglesia.

ELOGIO DE DEMETRIO

11 Amado, no imites lo malo sino lo bueno. El que hace lo bueno es de Dios. El que hace lo malo no ha visto a Dios. **12** Demetrio tiene[1] *buen* testimonio de parte de todos y de *parte de* la verdad misma. También nosotros damos testimonio y tú sabes que nuestro testimonio es verdadero.

DESPEDIDA

13 Tenía muchas cosas que escribirte, pero no quiero escribír*las* con pluma y tinta, **14** pues espero verte en breve y hablaremos cara a cara[1].

15 *La* paz *sea* contigo. Los amigos te saludan. Saluda a los amigos, a cada uno por nombre.

v. 11
Señal de que una persona es cristiana

Si una persona hace el bien continuamente, esa persona es de Dios. Por otro lado, si una persona hace el mal continuamente, esa persona no es de Dios.

1:3 [1] O me alegro mucho cuando algunos hermanos vienen y dan testimonio.   1:4 [1] Lit. que estas cosas, que oigo.   1:6 [1] O proveerles para el viaje.   1:7 [1] O incrédulos.   1:8 [1] O recibir a tales hombres como invitados.   1:9 [1] Lit. no nos acepta.   1:10 [1] Lit. le recordaré.   1:12 [1] Lit. ha recibido.   1:14 [1] Lit. boca a boca.

Judas

¿QUIÉN ESCRIBIÓ ESTE LIBRO?	Judas, el hermano de Jesús, escribió este libro.
¿POR QUÉ SE ESCRIBIÓ ESTE LIBRO?	El libro de Judas les advierte a los cristianos sobre los falsos maestros.
¿PARA QUIÉN FUE ESCRITO ESTE LIBRO?	Este libro es una carta escrita para los cristianos de todo el mundo.

Atardecer sobre el mar de Galilea. El versículo 13 de Judas compara a los falsos maestros con las «olas furiosas del mar».

SALUDO

1 Judas, siervo de Jesucristo y hermano de Jacobo¹, a los llamados, amados² en Dios Padre y guardados para Jesucristo: ² Misericordia, paz y amor les sean multiplicados.

MOTIVO DE LA CARTA

³ Amados, por el gran empeño que tenía en escribirles acerca de nuestra común salvación, he sentido la necesidad de escribirles exhortándolos a luchar ardientemente por la fe que de una vez para siempre fue entregada a los santos. ⁴ Pues algunos hombres se han infiltrado encubiertamente, los cuales desde mucho antes estaban marcados¹ para esta condenación, impíos que convierten la gracia de nuestro Dios en libertinaje, y niegan a nuestro único Soberano y Señor, Jesucristo.

ADVERTENCIAS DE LA HISTORIA PARA LOS IMPÍOS

⁵ Ahora quiero recordarles a ustedes, aunque ya definitivamente¹ lo saben todo, que el Señor², habiendo salvado al³ pueblo de la tierra de Egipto, destruyó después⁴ a los que no creyeron. ⁶ Y a *los* ángeles que no conservaron su señorío original, sino que abandonaron su morada legítima, *los* ha guardado en prisiones¹ eternas bajo tinieblas, para el juicio del gran día. ⁷ Así *también* Sodoma y Gomorra y las ciudades circunvecinas, a semejanza de aquellos, puesto que ellas¹ se corrompieron² y siguieron carne extraña, son exhibidas como ejemplo al sufrir el castigo del fuego eterno³. ⁸ No obstante, de la misma manera también estos hombres, soñando, contaminan su cuerpo, rechazan la autoridad, y blasfeman de las majestades angélicas¹.

⁹ Pero cuando el arcángel Miguel luchaba contra el diablo y discutía acerca del cuerpo de Moisés, no se atrevió a proferir juicio de maldición contra él, sino que dijo: «El Señor te reprenda». ¹⁰ Pero estos blasfeman las cosas que no entienden, y las cosas que como animales irracionales conocen por instinto, por estas cosas son ellos destruidos¹. ¹¹ ¡Ay de ellos! Porque han seguido el camino de Caín, y por ganar dinero se lanzaron al¹ error de Balaam, y perecieron en la rebelión de Coré. ¹² Estos son escollos ocultos en los ágapes de ustedes¹, cuando banquetean con ustedes sin temor, apacentándose² a sí mismos.

1:1 ¹ O *Santiago*.   ² Algunos mss. posteriores dicen: *santificados*.
1:4 ¹ O *de los cuales…se había escrito*.   1:5 ¹ Lit. *de una vez para siempre*.   ² Algunos mss. antiguos dicen: *Jesús*.   ³ Lit. *a un*.
⁴ Lit. *la segunda vez*.   1:6 ¹ Lit. *cadenas*.   1:7 ¹ O *puesto que ellas, a semejanza de aquellos*.   ² O *se entregaron a gran inmoralidad*.   ³ O *son exhibidas como ejemplo del fuego eterno, al sufrir el castigo*.   1:8 ¹ Lit. *de las glorias*.
1:10 ¹ Lit. *corrompidos*.   1:11 ¹ Lit. *se han derramado en él*.
1:12 ¹ I.e. *fiestas espirituales de amor*.   ² O *cuidándose*.

v. 4

Algunas personas distorsionaban o deformaban la gracia

Algunos decían que la gracia les daba derecho a pecar, porque Dios los perdonaría.

vv. 5-7

Judas puso en duda la idea de que las personas pudieran sentirse libres de pecar

Judas dio tres ejemplos del castigo de Dios ante el pecado: él castigó al pueblo de Israel que no creyó en sus promesas, a los ángeles que se habían revelado, y a la gente inmoral de Sodoma y Gomorra.

GRANDES IDEAS EN JUDAS

Los falsos maestros niegan el señorío de Cristo.

La libertad cristiana no es una licencia para hacer cualquier cosa que uno quiere.

Los cristianos deben educarse en la fe, orar, permanecer fieles y mostrar misericordia.

Aquellos que pertenecen a Cristo serán salvos del castigo eterno y en su lugar recibirán la vida eterna.

Son nubes sin agua llevadas por los vientos, árboles de otoño sin fruto, dos veces muertos y desarraigados. **13** *Son* olas furiosas del mar, que arrojan como espuma su propia vergüenza; estrellas errantes para quienes la oscuridad de las tinieblas ha sido reservada para siempre.

14 De estos también profetizó Enoc, *en* la séptima *generación* desde Adán, diciendo: «El Señor vino con muchos millares de Sus santos[1], **15** para ejecutar juicio sobre todos, y para condenar a todos los impíos[1] de todas sus obras de impiedad, que han hecho impíamente, y de todas las cosas ofensivas[2] que pecadores impíos dijeron contra Él». **16** Estos son murmuradores, criticones, que andan tras sus *propias* pasiones. Hablan[1] con arrogancia, adulando a la gente para *obtener* beneficio.

EXHORTACIONES APOSTÓLICAS A LOS FIELES

vv. 17-19
La advertencia de los apóstoles
Los apóstoles advirtieron que habría falsos maestros cuyas enseñanzas dividirían a los cristianos.

17 Pero ustedes, amados, acuérdense de las palabras que antes fueron dichas por los apóstoles de nuestro Señor Jesucristo, **18** quienes les decían[1]: «En los últimos tiempos habrá burladores que irán tras sus propias pasiones impías». **19** Estos son los que causan divisiones. Son *individuos* mundanos[1] que no tienen el Espíritu.

20 Pero ustedes, amados, edificándose en su santísima fe, orando en el Espíritu Santo, **21** consérvense en el amor de Dios, esperando ansiosamente la misericordia de nuestro Señor Jesucristo para vida eterna. **22** Tengan misericordia de[1] algunos que dudan. **23** A otros, sálven*los*, arrebatándo*los* del fuego; y de otros tengan misericordia con temor, aborreciendo aun la ropa contaminada por la carne[1].

BENDICIÓN

24 Y a Aquel que es poderoso para guardarlos a ustedes sin caída[1] y para presentarlos sin mancha en presencia de Su gloria con gran alegría, **25** al único Dios nuestro Salvador, por medio de Jesucristo nuestro Señor, *sea* gloria, majestad, dominio y autoridad, antes de todo tiempo, y ahora y por todos los siglos. Amén.

1:14 [1] Lit. *sus santas decenas de millares.*   1:15 [1] Dos mss. antiguos dicen: *a toda alma.*   [2] Lit. *duras.*   1:16 [1] Lit. *sus bocas hablan.*   1:18 [1] Lit. *que ellos decían.*   1:19 [1] O *naturales,* o *sensuales.*   1:22 [1] Algunos mss. antiguos dicen: *Convenzan a.*   1:23 [1] O *sus cuerpos.*   1:24 [1] O *sin tropiezo.*

Apocalipsis

¿QUIÉN ESCRIBIÓ ESTE LIBRO?	Juan, el discípulo de Jesús, escribió este libro.
¿POR QUÉ SE ESCRIBIÓ ESTE LIBRO?	Juan escribió este libro para contarles a las personas sobre una visión que tuvo de Jesús y lo que sucederá cuando él regrese a la tierra.
¿PARA QUIÉN FUE ESCRITO ESTE LIBRO?	Este libro es una carta para los cristianos de todo el mundo.

¿CUÁLES SON ALGUNAS ENSEÑANZAS IMPORTANTES DE ESTE LIBRO?

Jesús es Dios	Apocalipsis 1:9-18
Cartas a siete iglesias	Apocalipsis 2—3
Dios está sentado en su trono	Apocalipsis 4:1-11
Dios juzgará a Satanás	Apocalipsis 20:7-10
Dios juzgará a los muertos	Apocalipsis 20:11-15
Un nuevo mundo	Apocalipsis 21—22

Vista aérea de Meguido. Muchos creen que el «Armagedón» mencionado en Apocalipsis 16:16 era Meguido.

LA REVELACIÓN DE JESUCRISTO

1 La Revelación[1] de Jesucristo, que Dios le dio, para mostrar a Sus siervos las cosas que deben suceder pronto. Él *la* dio a conocer[2] enviándo*la* por medio de Su ángel a Su siervo Juan, **2** quien dio testimonio de la palabra de Dios y del testimonio de Jesucristo, *y* de todo lo que vio. **3** Bienaventurado[1] el que lee y los que oyen las palabras de la profecía y guardan las cosas que están escritas en ella, porque el tiempo está cerca.

SALUDO A LAS SIETE IGLESIAS

4 Juan, a las siete iglesias que están en Asia[1]: Gracia y paz a ustedes, de parte de Aquel que es y que era y que ha de venir, y de parte de los siete Espíritus que están delante de Su trono, **5** y de parte de Jesucristo, el testigo fiel, el primogénito de los muertos y el soberano de los reyes de la tierra. Al que nos ama y nos libertó[1] de nuestros pecados con[2] Su sangre, **6** e hizo de nosotros un reino, sacerdotes para Dios, Su Padre[1], a Él *sea* la gloria y el dominio por los siglos de los siglos. Amén. **7** ÉL VIENE CON LAS NUBES, y todo ojo lo verá, aun los que lo traspasaron; y todas las tribus[1] de la tierra harán lamentación por Él. Sí. Amén.

8 «Yo soy el Alfa y la Omega[1]», dice el Señor Dios, «el que es y que era y que ha de venir, el Todopoderoso».

VISIÓN DE CRISTO

9 Yo, Juan, hermano de ustedes y compañero en la tribulación, en el reino y en la perseverancia en Jesús, me encontraba en la isla llamada Patmos, por causa de la palabra de Dios y del testimonio de Jesús. **10** Estaba yo en el Espíritu en el día del Señor, y oí detrás de mí una gran voz, como *sonido* de trompeta, **11** que decía[1]: «Escribe en un libro[2] lo que ves, y envía*lo* a las siete iglesias: a Éfeso, Esmirna, Pérgamo, Tiatira, Sardis, Filadelfia y Laodicea».

12 Entonces me volví para ver *de quién era* la voz que hablaba conmigo, y al volverme, vi siete candelabros de oro. **13** En medio de los candelabros, *vi* a uno semejante al Hijo del Hombre[1], vestido con una túnica que le llegaba hasta los pies y ceñido por el pecho con un cinto de oro. **14** Su cabeza y Sus cabellos eran blancos como la blanca lana, como la nieve. Sus ojos eran como una llama de fuego. **15** Sus pies se parecían al bronce bruñido cuando se le ha hecho refulgir en el horno, y Su voz como el ruido de muchas aguas. **16** En Su mano derecha tenía siete estrellas, y de Su boca salía una espada aguda de dos filos. Su rostro era como el sol *cuando* brilla con *toda* su fuerza.

17 Cuando lo vi, caí como muerto a Sus pies. Y Él puso Su mano derecha sobre mí, diciendo: «No temas, Yo soy el Primero y el Último, **18** y el que vive, y estuve muerto. Pero ahora estoy vivo por los siglos de los siglos, y tengo las llaves

---

1:8
El Alfa y la Omega
Estas son la primera y la última letra del alfabeto griego. Este era el modo de Dios de decir que él es el principio y el fin.

1:11
Un libro
En ese tiempo, los libros eran piezas de pergamino o papiro que se cosían y enrollaban en una varilla.

1:12
El número siete
El número siete se usa sesenta veces en Apocalipsis. Representaba plenitud y perfección.

1:13
El Hijo del Hombre
Este era un nombre para Jesús. Durante su tiempo en la tierra, Jesús se llamó a sí mismo de este modo muchas veces.

1:1 [1] Gr. *Apocalipsis.*　　[2] O *la manifestó.*　　1:3 [1] O *Feliz.*　　1:4 [1] I.e. provincia occidental romana de Asia Menor.　　1:5 [1] Algunos mss. dicen: *lavó.*　　[2] O *en.*　　1:6 [1] O *Dios y su Padre.*　　1:7 [1] I.e. linajes, razas.　　1:8 [1] Algunos mss. agregan: *el principio y el fin.*　　1:11 [1] Algunos mss. agregan: *Yo soy el Alfa y la Omega, el primero y el último.*　　[2] O *rollo.*　　1:13 [1] O *a un hijo de hombre.*

de la muerte y del Hades[1]. **19** Escribe, pues, las cosas que has visto, y las que son, y las que han de suceder después de estas. **20** En cuanto al misterio de las siete estrellas que viste en Mi *mano* derecha y de los siete candelabros de oro: las siete estrellas son los ángeles[1] de las siete iglesias, y los siete candelabros son las siete iglesias.

MENSAJE A LA IGLESIA DE ÉFESO

2 »Escribe al ángel de la iglesia en Éfeso:

"El que tiene las siete estrellas en Su *mano* derecha, Aquel que anda entre[1] los siete candelabros de oro, dice esto: **2** 'Yo conozco tus obras, tu fatiga y tu perseverancia, y que no puedes soportar a los malos, y has sometido a prueba a los que se dicen ser apóstoles y no lo son, y los has hallado mentirosos. **3** Tienes perseverancia, y has sufrido por Mi nombre y no has desmayado. **4** 'Pero tengo *esto* contra ti: que has dejado tu primer amor. **5** Recuerda, por tanto, de dónde has caído y arrepiéntete, y haz las obras que hiciste al principio[1]. Si no, vendré[2] a ti y quitaré tu candelabro de su lugar, si no te arrepientes. **6** Sin embargo tienes esto: que aborreces las obras de los nicolaítas, las cuales Yo también aborrezco.

7 'El que tiene oído, oiga lo que el Espíritu dice a las iglesias. Al vencedor[1] le daré a comer del árbol de la vida, que está en el paraíso de Dios'».

MENSAJE A LA IGLESIA DE ESMIRNA

8 «Escribe al ángel de la iglesia en Esmirna:

"El Primero y el Último, el que estuvo muerto y ha vuelto a la vida, dice esto: **9** 'Yo conozco[1] tu tribulación y tu pobreza (pero tú eres rico), y la blasfemia de los que se dicen ser judíos y no lo son, sino que son sinagoga de Satanás. **10** No temas lo que estás por sufrir. Yo te digo que el diablo echará a algunos de ustedes en la cárcel para que sean probados, y tendrán tribulación por diez días. Sé fiel hasta la muerte, y Yo te daré la corona de la vida.

11 'El que tiene oído, oiga lo que el Espíritu dice a las iglesias. El vencedor[1] no sufrirá daño de la muerte segunda'».

MENSAJE A LA IGLESIA DE PÉRGAMO

12 «Escribe al ángel de la iglesia en Pérgamo:

"El que tiene la espada aguda de dos filos, dice esto: **13** 'Yo sé dónde moras: donde está el trono de Satanás. Guardas fielmente Mi nombre y no has negado Mi fe, aun en los días de Antipas, Mi testigo, Mi *siervo* fiel, que fue muerto entre ustedes, donde mora Satanás.

LA APARIENCIA DE CRISTO, EL HIJO DEL HOMBRE

Apocalipsis 1:13-16

Voz como el ruido de muchas aguas

Ojos como una llama de fuego

Rostro como el sol brillante

Espada aguda de dos filos saliendo de su boca

Cabello blanco como la lana o la nieve

Siete estrellas en su mano derecha

Cinto de oro en el pecho

Vestido con una túnica larga

Pies como bronce salido de un horno ardiente

2:1–3:22
Las cartas a las siete iglesias
Cada carta contenía tres partes: elogios por lo que la iglesia estaba haciendo bien, críticas por lo que estaba haciendo mal e instrucciones para obedecer a Dios.

2:10
Esta clase de corona
Es probable que no fuera una corona física de la realeza. Tal vez se refiere a la vida eterna o a algún tipo de recompensa en el cielo.

1:18 [1] I.e. región de los muertos.   1:20 [1] O *mensajeros.*   2:1 [1] Lit. *en medio de.*   2:5 [1] Lit. *las primeras obras.*   [2] Lit. *vengo.*   2:7 [1] O *Al que venza.*   2:9 [1] Algunos mss. agregan: *tus obras y.*   2:11 [1] O *El que venza.*   2:13 [1] Algunos mss. agregan: *tus obras y.*

2:13
Por qué se dice que la iglesia en Pérgamo vivía «donde está el trono de Satanás»

Pérgamo era el centro oficial del culto al emperador. El pueblo construyó el primer santuario al emperador romano en el año 29 a. C. Ellos también adoraban a dioses falsos, como Asclepio, Atenea y Zeus.

2:15
Nicolaítas

Los nicolaítas pensaban que la libertad en Cristo les daba el derecho a practicar la idolatría e inmoralidades.

14 ′Pero tengo unas pocas cosas contra ti, porque tienes ahí a los que mantienen la doctrina de Balaam, que enseñaba a Balac a poner tropiezo ante los israelitas, a comer cosas sacrificadas a los ídolos y a cometer *actos de* inmoralidad. **15** Así tú también tienes algunos que de la misma manera mantienen la doctrina de los nicolaítas. **16** Por tanto, arrepiéntete; si no, vendré[1] a ti pronto y pelearé contra ellos con la espada de Mi boca.

17 ′El que tiene oído, oiga lo que el Espíritu dice a las iglesias. Al vencedor[1] le daré del maná escondido y le daré una piedrecita blanca, y grabado en la piedrecita un nombre nuevo, el cual nadie conoce sino aquel que lo recibe″».

MENSAJE A LA IGLESIA DE TIATIRA

18 «Escribe al ángel de la iglesia en Tiatira:

"El Hijo de Dios, que tiene ojos[1] como llama de fuego, y Sus pies son semejantes al bronce bruñido, dice esto: **19** ′Yo conozco tus obras, tu amor, tu fe, tu servicio y tu perseverancia, y que tus obras recientes son mayores que las primeras.

20 ′Pero tengo *esto* contra ti: que toleras a esa[1] mujer Jezabel, que se dice ser profetisa, y enseña y seduce a Mis siervos a que cometan actos inmorales y coman cosas sacrificadas a los ídolos. **21** Le he dado tiempo para arrepentirse,

---

2:16 [1] Lit. *vengo.* 2:17 [1] O *Al que venza.* 2:18 [1] Lit. *sus ojos.* 2:20 [1] Lit. *la.*

LAS SIETE IGLESIAS DE APOCALIPSIS

A S I A

Mar Egeo

Pérgamo
Tiatira
Esmirna
Sardis
Filadelfia
Éfeso
Laodicea

Patmos

Creta

Mar Mediterráneo
(Mar Grande)

0   100 km
0   100 millas

y no quiere arrepentirse de su inmoralidad. **22** Por eso, la postraré[1] en cama, y a los que cometen adulterio con ella *los arrojaré* en gran tribulación, si no se arrepienten de las obras de ella[2]. **23** A sus hijos mataré con pestilencia[1], y todas las iglesias sabrán que Yo soy el que escudriña las mentes[2] y los corazones, y les daré a cada uno según sus obras.

24 'Pero a ustedes, a los demás que están en Tiatira, a cuantos no tienen esta doctrina, que no han conocido las cosas profundas de Satanás, como ellos *las* llaman, les digo, que no les impongo otra carga. **25** No obstante, lo que tienen, reténganlo hasta que Yo venga. **26** Al vencedor[1], al que guarda Mis obras hasta el fin, le daré autoridad sobre las naciones[2]; **27** y las regirá[1] con vara de hierro, como los vasos del alfarero son hechos pedazos, [2] como Yo también he recibido *autoridad* de Mi Padre. **28** Y le daré el lucero de la mañana. **29** 'El que tiene oído, oiga lo que el Espíritu dice a las iglesias'».

MENSAJE A LA IGLESIA DE SARDIS

3 «Escribe al ángel de la iglesia en Sardis:
"El que tiene los siete Espíritus de Dios y las siete estrellas, dice esto: 'Yo conozco tus obras, que tienes nombre de que vives, pero estás muerto. **2** Ponte en vela y afirma las cosas que quedan, que estaban a punto de morir, porque no he hallado completas tus obras delante de Mi Dios. **3** Acuérdate, pues, de lo que[1] has recibido y oído; guárda*lo* y arrepiéntete. Por tanto, si no velas, vendré como ladrón, y no sabrás a qué hora vendré sobre ti.

4 'Pero tienes unos pocos[1] en Sardis que no han manchado sus vestiduras, y andarán conmigo *vestidos* de blanco, porque son dignos. **5** Así el vencedor[1] será vestido de[2] vestiduras blancas y no borraré su nombre del libro de la vida, y reconoceré su nombre delante de Mi Padre y delante de Sus ángeles. **6** 'El que tiene oído, oiga lo que el Espíritu dice a las iglesias'».

MENSAJE A LA IGLESIA DE FILADELFIA

7 «Escribe al ángel de la iglesia en Filadelfia:
"El Santo, el Verdadero, el que tiene la llave de David, el que abre y nadie cierra[1], y cierra y nadie abre, dice esto: **8** 'Yo conozco tus obras. Por tanto he puesto delante de ti una puerta abierta que nadie puede cerrar. Aunque tienes poco poder, has guardado Mi palabra y no has negado Mi nombre. **9** Por tanto, Yo entregaré a *aquellos* de la sinagoga de Satanás que se dicen ser judíos y no lo son, sino que mienten; Yo haré que vengan y se postren a[2] tus pies, y sepan que Yo te he amado. **10** Porque has guardado la palabra de Mi perseverancia, Yo también te guardaré de la hora de la prueba[1], esa *hora* que está por venir sobre todo el mundo para poner a prueba[2] a los que habitan sobre la tierra.

2:22 [1] Lit. *arrojo.* [2] Algunos mss. dicen: *de ellos.*   2:23 [1] Lit. *muerte.*   [2] Lit. *los riñones;* i.e. el hombre interior.   2:26 [1] O *al que venza.*   [2] O *los gentiles.*
2:27 [1] O *pastoreará.*   [2] En el gr. aquí comienza el vers. 28.   3:3 [1] Lit. *cómo.*
3:4 [1] Lit. *unos pocos nombres.*   3:5 [1] O *el que venza.*   [2] Lit. *envuelto en.*   3:7 [1] O *cerrará.*   3:9 [1] Lit. *doy.*   [2] Lit. *delante de.*   3:10 [1] O *tentación.*
[2] O *tentar.*

2:20-23
Jezabel
Este nombre es usado como apodo para una mujer bien conocida en la iglesia que animaba a otros miembros a unirse a los gremios (grupos de personas que practicaban el mismo oficio) a pesar de que las cenas de los gremios incluían comidas ofrecidas a los dioses paganos. Ella también fomentaba o estimulaba la inmoralidad.

3:5
El libro de la vida
El libro de la vida contiene los nombres de todos aquellos que creen en Jesús como su Señor y Salvador y vivirán con Dios por siempre.

11 'Vengo pronto. Retén firme lo que tienes, para que nadie tome tu corona. **12** Al vencedor[1] le haré una columna en el templo de Mi Dios, y nunca más saldrá de allí[2]. Escribiré sobre él el nombre de Mi Dios y el nombre de la ciudad de Mi Dios, la nueva Jerusalén, que desciende del cielo de Mi Dios, y Mi nombre nuevo.

13 'El que tiene oído, oiga lo que el Espíritu dice a las iglesias"».

MENSAJE A LA IGLESIA DE LAODICEA

14 «Escribe al ángel de la iglesia en Laodicea:

"El Amén, el Testigo fiel y verdadero, el Principio[1] de la creación de Dios, dice esto: **15** 'Yo conozco tus obras, que ni eres frío ni caliente. ¡Ojalá fueras frío o caliente! **16** Así, puesto que eres tibio, y no frío ni caliente, te vomitaré de Mi boca. **17** Porque dices: "Soy rico, me he enriquecido y de nada tengo necesidad". No sabes que eres un miserable y digno de lástima, y pobre, ciego y desnudo. **18** Te aconsejo que de Mí compres oro refinado por fuego para que te hagas rico, y vestiduras blancas para que te vistas y no se manifieste la vergüenza de tu desnudez, y colirio para ungir tus ojos y que puedas ver.

19 'Yo reprendo y disciplino a todos los que amo. Sé, pues, celoso y arrepiéntete. **20** Yo estoy a la puerta y llamo; si alguien oye Mi voz y abre la puerta, entraré a él, y cenaré con él y él conmigo. **21** Al vencedor[1], le concederé sentarse conmigo en Mi trono, como yo también vencí y me senté con Mi Padre en Su trono.

22 'El que tiene oído, oiga lo que el Espíritu dice a las iglesias"».

VISIÓN DEL TRONO DE DIOS

4 Después de esto miré, y vi una puerta abierta en el cielo. Y la primera voz que yo había oído, como *sonido* de trompeta que hablaba conmigo, decía: «Sube acá y te mostraré las cosas que deben suceder después de estas». **2** Al instante estaba yo en el Espíritu, y vi un trono colocado en el cielo, y a Uno sentado en el trono. **3** El que estaba sentado *era* de aspecto semejante a una piedra de jaspe y sardio[1], y alrededor del trono *había* un arco iris[2], de aspecto semejante a la esmeralda. **4** Y alrededor del trono *había* veinticuatro tronos. Y sentados en los tronos, veinticuatro ancianos vestidos de ropas blancas, con coronas de oro en la cabeza. **5** Del trono salían relámpagos, voces[1], y truenos. Delante del trono *había* siete lámparas de fuego ardiendo, que son los siete Espíritus de Dios.

6 Delante del trono *había* como un mar transparente semejante al cristal; y en medio del trono y alrededor del trono, cuatro seres vivientes llenos de ojos por delante y por detrás. **7** El primer ser viviente *era* semejante a un león; el segundo ser era semejante a un becerro; el tercer ser tenía el rostro como el de un hombre, y el cuarto ser *era* semejante a un águila volando. **8** Los cuatro seres vivientes, cada uno

---

3:16
Por qué la iglesia de Laodicea se describe como tibia

«Caliente» puede haber sido una referencia a las aguas termales en las cercanías de Hierápolis, donde las personas iban a sanarse. La iglesia no proporcionaba sanidad o refresco espiritual (como al beber un vaso de agua fría, pero para el alma) a los que lo necesitaban.

4:4
Los veinticuatro ancianos

Es posible que se tratara de un grupo especial de ángeles o representantes de los creyentes en el cielo. El número veinticuatro puede ser un símbolo de las doce tribus de Israel más los doce apóstoles.

4:6-8
Los cuatro seres vivientes

Eran seres angelicales que protegían el trono celestial y lideraban la adoración.

3:12 [1] O *Al que venza*.   [2] Lit. *fuera*.   3:14 [1] I.e. el Origen o la Fuente.
3:21 [1] O *Al que venza*.   4:3 [1] O *cornalina*.   [2] O *una aureola*.   4:5 [1] O *ruidos*.

de ellos con[1] seis alas, estaban llenos de ojos alrededor y por dentro, y día y noche no cesaban de decir[2]:

«SANTO, SANTO, SANTO es EL SEÑOR
DIOS, EL TODOPODEROSO, el que era,
el que es y el que ha de venir».

9 Y cada vez que[1] los seres vivientes dan gloria, honor, y acción de gracias a Aquel que está sentado en el trono, al que vive por los siglos de los siglos, **10** los veinticuatro ancianos se postran[1] delante de Aquel que está sentado en el trono, y adoran[2] a Aquel que vive por los siglos de los siglos, y echan[3] sus coronas delante del trono, diciendo:

11 «Digno eres, Señor y Dios nuestro, de recibir la gloria
y el honor y el poder, porque Tú creaste todas las
cosas, y por Tu voluntad existen[1] y fueron creadas».

EL CORDERO Y EL LIBRO DE LOS SIETE SELLOS

5 En la *mano* derecha de Aquel que estaba sentado en el trono vi un libro[1] escrito por dentro y por fuera[2], sellado con siete sellos. **2** Vi también a un ángel poderoso[1] que anunciaba a gran voz: «¿Quién es digno de abrir el libro y de desatar sus sellos?». **3** Y nadie, ni en el cielo ni en la tierra ni debajo de la tierra, podía abrir el libro ni mirar su contenido[1]. **4** Yo lloraba mucho, porque nadie había sido hallado digno de abrir el libro ni de mirar su contenido[1].
5 Entonces uno de los ancianos me dijo*: «No llores; mira, el León de la tribu de Judá, la Raíz de David, ha vencido para abrir el libro y sus siete sellos». **6** Miré, y vi entre el trono (con los cuatro seres vivientes) y los ancianos, a un Cordero, de pie, como inmolado, que tenía siete cuernos y siete ojos, que son los siete Espíritus de Dios enviados por toda la tierra. **7** Él vino y tomó *el libro* de la mano derecha de Aquel que estaba sentado en el trono. **8** Cuando tomó el libro, los cuatro seres vivientes y los veinticuatro ancianos se postraron delante del Cordero. Cada uno tenía un arpa y copas[1] de oro llenas de incienso, que son las oraciones de los santos. **9** Y cantaban* un cántico nuevo, diciendo:

«Digno eres de tomar el libro y de abrir sus sellos,
porque Tú fuiste inmolado, y con Tu sangre compraste[1]
para Dios *a gente* de toda tribu, lengua, pueblo y
nación. **10** Y los has hecho un reino y sacerdotes
para nuestro Dios; y reinarán sobre la tierra».

11 Y miré, y oí la voz de muchos ángeles alrededor del trono y *de* los seres vivientes y *de* los ancianos. El número de ellos era miríadas de miríadas, y millares de millares, **12** que decían a gran voz:

5:6
El Cordero y sus cuernos
Jesús, el Cordero, fue sacrificado por nuestros pecados y venció poderosamente al pecado y la muerte. El cuerno era un antiguo símbolo de poder o fuerza. El siete, un número usual en la Biblia, simboliza la perfección. Los siete cuernos representan el poder absoluto.

5:8
El arpa
Este era un instrumento de cuerdas que se sostenía con las manos y se utilizaba para acompañar el canto.

Dominio público

4:8 [1] Lit. *teniendo.*   [2] Lit. *no tienen descanso, diciendo:*   4:9 [1] Lit. *Y cuando.*   4:10 [1] Lit. *se postrarán.*   [2] Lit. *adorarán.*   [3] Lit. *echarán.*   4:11 [1] O *eran.*   5:1 [1] O *rollo y así en el resto del cap.*   [2] O *el anverso y el reverso.*   5:2 [1] O *fuerte.*   5:3 [1] Lit. *ni mirarlo.*   5:4 [1] Lit. *ni mirarlo.*   5:8 [1] O *tazones.*   5:9 [1] O *redimiste.*

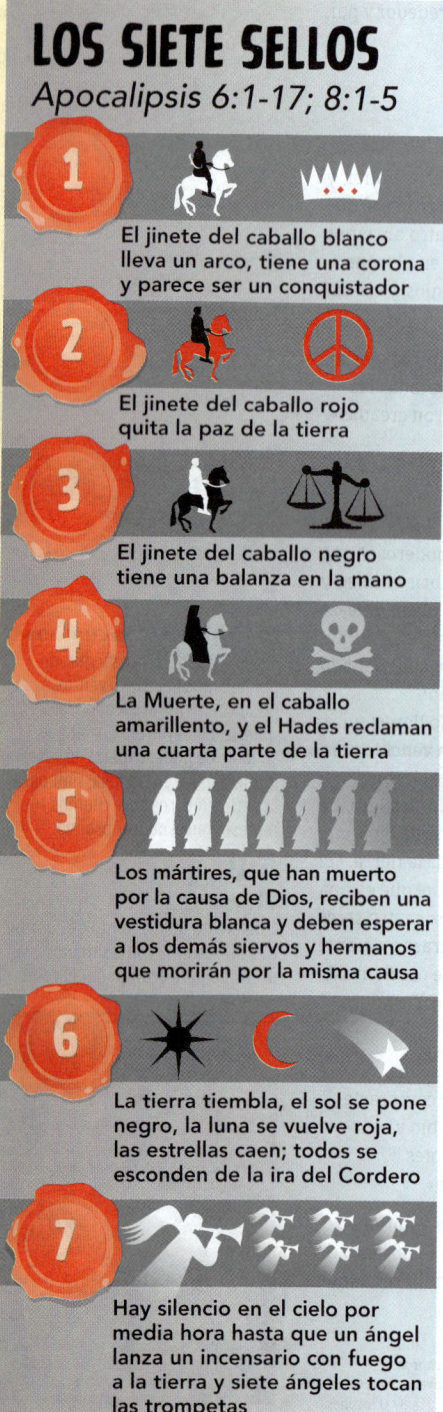

LOS SIETE SELLOS
Apocalipsis 6:1-17; 8:1-5

1 El jinete del caballo blanco lleva un arco, tiene una corona y parece ser un conquistador

2 El jinete del caballo rojo quita la paz de la tierra

3 El jinete del caballo negro tiene una balanza en la mano

4 La Muerte, en el caballo amarillento, y el Hades reclaman una cuarta parte de la tierra

5 Los mártires, que han muerto por la causa de Dios, reciben una vestidura blanca y deben esperar a los demás siervos y hermanos que morirán por la misma causa

6 La tierra tiembla, el sol se pone negro, la luna se vuelve roja, las estrellas caen; todos se esconden de la ira del Cordero

7 Hay silencio en el cielo por media hora hasta que un ángel lanza un incensario con fuego a la tierra y siete ángeles tocan las trompetas

«El Cordero que fue inmolado es digno de recibir el poder, las riquezas, la sabiduría, la fortaleza, el honor, la gloria y la alabanza».

13 Y oí decir a toda cosa creada que está en el cielo, sobre la tierra, debajo de la tierra y en el mar, y a todas las cosas que en ellos *hay*:

«Al que está sentado en el trono, y al Cordero, *sea* la alabanza, la honra, la gloria y el dominio por los siglos de los siglos».

14 Los cuatro seres vivientes decían: «Amén», y los ancianos se postraron y adoraron[1].

LOS PRIMEROS CUATRO SELLOS

6 Entonces vi cuando el Cordero abrió uno de los siete sellos, y oí a uno de los cuatro seres vivientes que decía, como con voz de trueno: «Ven[1]». **2** Miré, y había un caballo blanco. El que estaba montado en él tenía un arco. Se le dio una corona, y salió conquistando y para conquistar.

3 Cuando el Cordero abrió el segundo sello, oí al segundo ser viviente que decía: «Ven». **4** Entonces salió otro caballo, rojo. Al que estaba montado en él se le concedió quitar la paz de la tierra y que *los hombres* se mataran unos a otros; y se le dio una gran espada.

5 Cuando el Cordero abrió el tercer sello, oí al tercer ser viviente que decía: «Ven». Y miré, y había un caballo negro. El que estaba montado en él tenía una balanza en la mano. **6** Y oí como una voz en medio de los cuatro seres vivientes que decía: «Un litro de trigo por un denario[1], y tres litros de cebada por un denario, y no dañes el aceite y el vino».

7 Cuando el Cordero abrió el cuarto sello, oí la voz del cuarto ser viviente que decía: «Ven». **8** Y miré, y había un caballo amarillento[1]. El que estaba montado en él se llamaba Muerte, y el Hades[2] lo seguía. Y se les dio autoridad sobre la cuarta parte de la tierra, para matar con espada, con hambre, con pestilencia[3] y con las fieras de la tierra.

EL QUINTO SELLO

9 Cuando el Cordero abrió el quinto sello, vi debajo del altar las almas de los que habían

5:14 [1] Algunas versiones agregan: *al que vive por los siglos de los siglos.*   6:1 [1] Algunos mss. agregan: *y ve*; también en los vers. 3, 5 y 7.   6:6 [1] I.e. salario de un día.   6:8 [1] O *de color muy pálido.*   [2] I.e. región de los muertos.   [3] O *muerte.*

sido muertos a causa de la palabra de Dios y del testimonio que habían mantenido. **10** Clamaban a gran voz: «¿Hasta cuándo, oh Señor¹ santo y verdadero, esperarás para juzgar y vengar² nuestra sangre de los que moran en la tierra?». **11** Y se les dio a cada uno de ellos una vestidura blanca, y se les dijo que descansaran un poco más de tiempo, hasta que se completara también *el número de* sus consiervos y *de* sus hermanos que habrían de ser muertos como ellos lo habían sido.

EL SEXTO SELLO

12 Vi cuando el Cordero abrió el sexto sello, y hubo un gran terremoto, y el sol se puso negro como cilicio *hecho* de cerda, y toda la luna se volvió como sangre, **13** y las estrellas del cielo cayeron a la tierra, como la higuera deja caer sus higos verdes al ser sacudida por un fuerte viento. **14** El cielo desapareció¹ como un pergamino² que se enrolla, y todo monte e isla fueron removidos de su lugar.

15 Los reyes de la tierra, y los grandes, los comandantes¹, los ricos, los poderosos, y todo siervo y *todo* libre, se escondieron en las cuevas y entre las peñas de los montes, **16** y decían* a los montes y a las peñas: «Caigan sobre nosotros y escóndannos de la presencia¹ de Aquel que está sentado en el trono y de la ira del Cordero. **17** Porque ha llegado el gran día de la ira de ellos, ¿y quién podrá¹ sostenerse²?».

LOS 144,000 SELLADOS

7 Después de esto, vi a cuatro ángeles de pie en los cuatro extremos¹ de la tierra, que detenían los cuatro vientos de la tierra, para que no soplara viento alguno, ni sobre la tierra ni sobre el mar ni sobre ningún árbol. **2** También vi a otro ángel que subía de donde sale el sol y que tenía el sello del Dios vivo. Y gritó a gran voz a los cuatro ángeles a quienes se les había concedido hacer daño a la tierra y al mar: **3** «No hagan daño, ni a la tierra ni al mar ni a los árboles, hasta que hayamos puesto un sello en la frente a los siervos de nuestro Dios».

4 Oí el número de los que fueron sellados: 144,000 sellados de todas las tribus de los israelitas. **5** De la tribu de Judá *fueron* sellados 12,000; de la tribu de Rubén, 12,000; de la tribu de Gad, 12,000; **6** de la tribu de Aser, 12,000; de la tribu de Neftalí, 12,000; de la tribu de Manasés, 12,000; **7** de la tribu de Simeón, 12,000; de la tribu de Leví, 12,000; de la tribu de Isacar, 12,000; **8** de la tribu de Zabulón, 12,000; de la tribu de José, 12,000 y de la tribu de Benjamín *fueron* sellados 12,000.

LOS REDIMIDOS DE TODAS LAS NACIONES

9 Después de esto miré, y vi una gran multitud, que nadie podía contar, de todas las naciones, tribus, pueblos, y lenguas, de pie delante del trono y delante del Cordero,

6:1-8
Los cuatro jinetes
El que estaba montado en el caballo blanco puede haber sido un símbolo de las fuerzas militares. El del caballo rojo representaba la guerra y el derramamiento de sangre; el del caballo negro era símbolo del hambre; y el jinete del caballo amarillento representaba la muerte.

6:15-17
Por qué todos estaban atemorizados
Las poderosas señales en la naturaleza mostraban que el juicio de Dios sería implacable para aquellos que no creían en él.

7:2-4
Sellar al pueblo de Dios
En la antigüedad, los documentos se doblaban y ataban, y luego se colocaba un poco de arcilla sobre el nudo. La persona que enviaba el documento presionaba un anillo o un sello cilíndrico sobre la arcilla para mostrar que el documento era auténtico y estaba cerrado de forma segura a fin de proteger el contenido. Dios «sellaría» a su pueblo con una marca colocada en la frente.

7:9
Por qué las personas usaban vestiduras blancas
Ese era un símbolo de bendición y pureza. Estos fieles vestían túnicas blancas porque la muerte de Jesús en la cruz los había hecho puros, como si nunca hubieran pecado.

7:15
Al abrigo de su presencia
Este era un recordatorio del tabernáculo del Antiguo Testamento. Dios habitaría con ellos y los protegería.

8:7-12
Señales del juicio similares a las plagas de Egipto
Estas plagas incluían granizo (séptima plaga de Egipto), el agua que se convierte en sangre (primera plaga) y la oscuridad cubriendo la tierra (novena plaga). (Ver Éxodo 7–10).

8:11
Ajenjo
El ajenjo es una planta con un sabor fuerte y amargo. Aquí representa el desastre y la tristeza.

© emberiza/Shutterstock

vestidos con vestiduras blancas y con palmas en las manos. [10] Clamaban[1] a gran voz:

> «La salvación *pertenece* a nuestro Dios que está sentado en el trono, y al Cordero».

[11] Todos los ángeles estaban de pie alrededor del trono y *alrededor* de los ancianos y de los cuatro seres vivientes. Estos cayeron sobre sus rostros delante del trono y adoraron a Dios,

[12] diciendo:

> «¡Amén! La bendición, la gloria, la sabiduría, la acción de gracias, el honor, el poder y la fortaleza, *sean* a nuestro Dios por los siglos de los siglos. Amén».

[13] Uno de los ancianos habló[1] diciéndome: «Estos que están vestidos con vestiduras blancas, ¿quiénes son y de dónde han venido?». [14] Y le respondí[1]: «Señor mío, usted lo sabe». Y él me dijo: «Estos son los que vienen de la gran tribulación, y han lavado sus vestiduras y las han emblanquecido en la sangre del Cordero. [15] Por eso están delante del trono de Dios, y le sirven día y noche en Su templo[1]; y Aquel que está sentado en el trono extenderá Su tabernáculo sobre ellos. [16] Ya no tendrán hambre ni sed, ni el sol les hará daño[1], ni ningún calor abrasador, [17] pues el Cordero que está en medio del trono los pastoreará y los guiará a manantiales de aguas de vida, y Dios enjugará toda lágrima de sus ojos».

EL SÉPTIMO SELLO

8 Cuando el Cordero abrió el séptimo sello, hubo silencio en el cielo como por media hora. [2] Vi a los siete ángeles que están de pie delante de Dios, y se les dieron siete trompetas.

[3] Otro ángel vino y se paró ante el altar con[1] un incensario de oro, y se le dio mucho incienso para que *lo* añadiera[2] a las oraciones de todos los santos sobre el altar de oro que estaba delante del trono. [4] De la mano del ángel subió ante Dios el humo del incienso con[1] las oraciones de los santos. [5] Después el ángel tomó el incensario, lo llenó con el fuego del altar y lo arrojó a la tierra, y hubo truenos, ruidos[1], relámpagos, y un terremoto.

LAS PRIMERAS CUATRO TROMPETAS

[6] Entonces los siete ángeles que tenían las siete trompetas se prepararon para tocarlas.

[7] El primero tocó la trompeta, y vino granizo y fuego mezclados con sangre, y fueron arrojados a la tierra. Se quemó la tercera parte de la tierra, la tercera parte de los árboles y toda hierba verde.

[8] El segundo ángel tocó la trompeta, y *algo* como una gran montaña ardiendo en llamas fue arrojado al mar, y la tercera parte del mar se convirtió en sangre. [9] Y murió la tercera parte de los seres

---

7:10 [1] Lit. *claman*.   7:13 [1] Lit. *respondió*.   7:14 [1] Lit. *yo le he dicho*.
7:15 [1] O *santuario*.   7:16 [1] Lit. *no caerá sobre ellos*.   8:3 [1] Lit. *teniendo*.
[2] Lit. *diera*.   8:4 [1] O *para*.   8:5 [1] O *voces*.

que *estaban* en el mar y que[1] tenían vida. Y la tercera parte de los barcos fue destruida.

10 El tercer ángel tocó la trompeta, y cayó del cielo una gran estrella, ardiendo como una antorcha, y cayó sobre la tercera parte de los ríos y sobre los manantiales de las aguas. **11** El nombre de la estrella es Ajenjo. La tercera parte de las aguas se convirtió en ajenjo, y muchos hombres murieron por causa de las aguas, porque se habían vuelto amargas.

12 El cuarto ángel tocó la trompeta, y fue herida la tercera parte del sol, la tercera parte de la luna, y la tercera parte de las estrellas, para que la tercera parte de ellos se oscureciera y el día no resplandeciera en su tercera parte, y asimismo en la noche.

13 Entonces miré, y oí volar un águila[1] en medio del cielo, que decía a gran voz: «¡Ay, ay, ay, de los que habitan en la tierra, a causa de los toques de trompeta que faltan, que los otros tres ángeles están para tocar!».

LA QUINTA TROMPETA

9 El quinto ángel tocó la trompeta, y vi una estrella que había caído del cielo a la tierra, y se le dio la llave del pozo del abismo. **2** Cuando abrió el pozo del abismo, subió humo del pozo como el humo de un gran horno, y el sol y el aire se oscurecieron por el humo del pozo. **3** Del humo salieron langostas sobre[1] la tierra, y se les dio poder como tienen poder[2] los escorpiones de la tierra. **4** Se les dijo que no dañaran la hierba de la tierra, ni ninguna cosa verde, ni ningún árbol, sino *solo* a los hombres que no tienen el sello de Dios en la frente. **5** No se les permitió matar a nadie[1], sino atormentar*los* por cinco meses. Su tormento era como el tormento de un escorpión cuando pica[2] al hombre. **6** En aquellos días los hombres buscarán la muerte y no la hallarán; y ansiarán morir, y la muerte huirá[1] de ellos.

7 El aspecto[1] de las langostas era semejante al de caballos dispuestos para la batalla, y sobre sus cabezas *tenían* como coronas que parecían de oro, y sus caras eran como rostros humanos. **8** Tenían cabellos como cabellos de mujer, y sus dientes eran como de leones. **9** También tenían corazas como corazas de hierro. El ruido de sus alas era como el estruendo de carros, de muchos caballos que

LAS SIETE TROMPETAS
Apocalipsis 8:6—9:19; 11:15-19

Granizo y fuego mezclados con sangre fueron arrojados sobre la tierra; una tercera parte de la tierra se quema

Una montaña en llamas cae al mar y el mar se convierte en sangre. Muere la tercera parte de sus criaturas y la tercera parte de los barcos son destruidos

Una estrella llamada Ajenjo hace que una tercera parte del agua se vuelva amarga; muchas personas mueren

Una tercera parte del sol, la luna y las estrellas se oscurece

Una estrella cae del cielo a la tierra y abre el pozo del abismo, liberando langostas semejantes a escorpiones que torturan a aquellos sin salvación durante cinco meses

Un numeroso ejército liderado por cuatro ángeles mata a una tercera parte de la humanidad

El reino del mundo pasa a ser el reino de los cielos; el templo de Dios se abre y revela el arca de su pacto

se lanzan a la batalla. [10] Tienen colas parecidas a escorpiones, y aguijones. En sus colas *está* su poder para hacer daño a los hombres por cinco meses. [11] Tienen sobre ellos por rey al ángel del abismo, cuyo nombre en hebreo es Abadón[1], y en griego se llama Apolión[2].

[12] El primer ¡ay! ha pasado; pero aún vienen dos ayes después de estas cosas.

LA SEXTA TROMPETA

[13] El sexto ángel tocó la trompeta, y oí una voz que salía de los cuatro[1] cuernos del altar de oro que está delante de Dios, [14] y decía al sexto ángel que tenía la trompeta: «Suelta a los cuatro ángeles que están atados junto al gran río Éufrates». [15] Y fueron desatados los cuatro ángeles que habían sido preparados para la hora, el día, el mes, y el año, para matar a la tercera parte de la humanidad[1].

[16] El número de los ejércitos de los jinetes *era* doscientos millones; yo escuché su número. [17] Así es como vi[1] en la visión los caballos y a los que los montaban: *los jinetes* tenían corazas *color* de fuego, de jacinto[2] y de azufre. Las cabezas de los caballos *eran* como cabezas de leones, y de sus bocas salía fuego, humo, y azufre.

[18] La tercera parte de la humanidad[1] fue muerta por estas tres plagas: por el fuego, el humo, y el azufre que salían de sus bocas. [19] Porque el poder de los caballos está en su boca y en sus colas; pues sus colas son semejantes a serpientes, tienen cabezas y con ellas hacen daño.

[20] El resto de la humanidad[1], los que no fueron muertos por estas plagas, no se arrepintieron de las obras de sus manos ni dejaron de[2] adorar a los demonios y a los ídolos de oro, de plata, de bronce, de piedra, y de madera, que no pueden ver ni oír ni andar. [21] Tampoco se arrepintieron de sus homicidios ni de sus hechicerías ni de su inmoralidad[1] ni de sus robos.

EL ÁNGEL Y EL LIBRITO

10 Vi a otro ángel poderoso[1] que descendía del cielo, envuelto en una nube. El arco iris *estaba* sobre su cabeza, su rostro *era* como el sol y sus pies como columnas de fuego. [2] Tenía en su mano un librito abierto. Puso el pie derecho sobre el mar y el izquierdo sobre la tierra, [3] y gritó a gran voz, como ruge un león. Y cuando gritó, los siete truenos emitieron[1] sus voces. [4] Después que los siete truenos hablaron, iba yo a escribir, cuando[1] oí una voz del cielo que decía: «Sella las cosas que los siete truenos han dicho y no las escribas».

[5] Entonces el ángel que yo había visto de pie sobre el mar y sobre la tierra, levantó su mano derecha al cielo, [6] y juró por Aquel que vive por los siglos de los siglos, QUIEN CREÓ EL CIELO Y LAS COSAS QUE EN ÉL hay, Y LA TIERRA Y LAS COSAS QUE EN ELLA *hay*, Y EL MAR Y LAS COSAS QUE EN ÉL *hay*, que

9:13
Los cuernos del altar
El altar en el tabernáculo tenía un cuerno curvo en cada una de sus cuatro esquinas. Si alguien quería huir del juicio, estaría a salvo si se agarraba a uno de los cuernos. (Ver 1 Reyes 1:50-5).

9:11 [1] I.e. Destrucción.   [2] I.e. Destructor.   9:13 [1] Algunos mss. antiguos no incluyen: *cuatro*.   9:15 [1] Lit. *los hombres*.   9:17 [1] Lit. *así vi*.
[2] O zafiro.   9:18 [1] Lit. *los hombres*.   9:20 [1] Lit. *los hombres*.   [2] Lit. *para no*.
9:21 [1] O fornicación.   10:1 [1] O *fuerte*.   10:3 [1] O *hablaron*.   10:4 [1] Lit. *y*.

ya no habrá más demora*. **7** Porque en los días de la voz del séptimo ángel, cuando esté para tocar la trompeta, entonces el misterio de Dios será* consumado, como Él lo anunció* a Sus siervos los profetas.

8 La voz que yo había oído del cielo, la *oí* de nuevo hablando conmigo: «Ve, toma el libro que está abierto en la mano del ángel que está de pie sobre el mar y sobre la tierra». **9** Entonces fui al ángel y le dije que me diera el librito. Y él me dijo*: «*Tómalo* y devóralo. Te amargará las entrañas, pero en tu boca será dulce como la miel». **10** Tomé el librito de la mano del ángel y lo devoré, y en mi boca fue dulce como la miel; pero cuando lo comí, me amargó las entrañas.

11 Y me dijeron*: «Debes profetizar otra vez acerca de muchos pueblos, naciones, lenguas y reyes».

LOS DOS TESTIGOS

11 Me fue dada una caña de medir (unos 3 metros) semejante a una vara, y alguien dijo: «Levántate y mide el templo* de Dios y el altar, y a los que en él adoran. **2** Pero excluye* el patio* que está fuera del templo*, no lo midas, porque ha sido entregado a las naciones, y *estas* pisotearán la ciudad santa por cuarenta y dos meses.

3 »Otorgaré *autoridad* a mis dos testigos, y ellos profetizarán por 1,260 días, vestidos de cilicio*». **4** Estos son los dos olivos y los dos candelabros que están delante del Señor de la tierra. **5** Si alguien quiere hacerles daño, de su boca sale fuego y devora a sus enemigos. Así debe morir cualquiera que quisiera hacerles daño. **6** Ellos tienen poder para cerrar el cielo a fin de que no llueva durante los días en que ellos profeticen*; y tienen poder sobre las aguas para convertirlas en sangre, y para herir la tierra con toda *suerte* de plagas todas las veces que quieran.

7 Cuando hayan terminado *de dar* su testimonio, la bestia que sube del abismo hará guerra contra ellos, los vencerá y los matará. **8** Sus cadáveres *estarán*¹ en la calle de la gran ciudad, que simbólicamente* se llama Sodoma y Egipto, donde también su Señor fue crucificado. **9** *Gente* de *todos* los pueblos, tribus, lenguas, y naciones, contemplarán* sus cadáveres* por tres días y medio, y no permitirán* que sus cadáveres sean sepultados. **10** Los que moran en la tierra se regocijarán* por* ellos y se alegrarán*, y se enviarán regalos unos a otros, porque estos dos profetas habían atormentado a los que moran en la tierra.

11 Pero después de los tres días y medio, el aliento de vida de parte de Dios vino a ellos y se pusieron en pie, y gran temor cayó sobre quienes los contemplaban. **12** Entonces ellos oyeron una gran voz del cielo que les decía: «Suban acá». Y subieron al cielo en la nube, y sus enemigos los vieron.

10:7
El misterio de Dios
Dios había ganado la victoria sobre las fuerzas del mal y reinaría por siempre.

11:3-6
Los testigos
Parecen ser similares a Moisés y Elías por el tipo de milagros que podrían hacer. Tal vez representan a los creyentes que hablan la verdad de Dios antes de que Cristo regrese.

10:6 ¹ Lit. *el tiempo no será más*.   10:7 ¹ Lit. *es*.   ² Lit. *anunció el evangelio*. 10:11 ¹ Lit. *dicen*.   11:1 ¹ O *santuario*.   11:2 ¹ Lit. *echa fuera*.   ² O *el atrio*. ³ O *santuario*.   11:3 ¹ I.e. *vestidura áspera usada para penitencia*.   11:6 ¹ Lit. *los días de su profecía*.   11:8 ¹ Algunos mss. antiguos dicen: *Y su cadáver yacerá*. ² Lit. *espiritualmente*.   11:9 ¹ Lit. *contemplan*.   ² Lit. *su cadáver*.   ³ Lit. *no permiten*.   11:10 ¹ Lit. *regocijan*.   ² Lit. *sobre*.   ³ Lit. *se alegran*.

13 En aquella misma hora hubo un gran terremoto y la décima parte de la ciudad se derrumbó, y siete mil personas¹ murieron en el terremoto, y los demás, aterrorizados, dieron gloria al Dios del cielo.

14 El segundo ¡ay! ha pasado; pero el tercer ¡ay! viene pronto.

LA SÉPTIMA TROMPETA

15 El séptimo ángel tocó la trompeta, y hubo¹ grandes voces en el cielo, que decían:

«El reino del mundo ha venido a ser *el reino* de nuestro Señor y de Su Cristo². Él reinará por los siglos de los siglos». **16** Y los veinticuatro ancianos que estaban sentados delante de Dios en sus tronos, se postraron sobre sus rostros y adoraron a Dios, **17** diciendo:

«Te damos gracias, oh Señor Dios Todopoderoso, el que eres y el que eras¹, porque has tomado Tu gran poder y has comenzado a reinar². **18** Las naciones se enfurecieron, y vino Tu ira y *llegó* el tiempo de juzgar a los muertos y de dar la recompensa a Tus siervos los profetas, a los santos y a los que temen Tu nombre, a los pequeños y a los grandes, y de destruir a los que destruyen la tierra».

19 El templo¹ de Dios que está en el cielo fue abierto; y el arca de Su pacto se veía² en Su templo¹, y hubo relámpagos, voces³ y truenos, y un terremoto y una fuerte granizada⁴.

LA MUJER, EL DRAGÓN Y EL NIÑO

12 Una gran señal apareció en el cielo: una mujer vestida del sol, con¹ la luna debajo de sus pies, y una corona de doce estrellas sobre su cabeza. **2** Estaba encinta, y gritaba* por los dolores del parto y el sufrimiento de dar a luz.

3 Entonces apareció otra señal en el cielo: Un gran dragón rojo que tenía siete cabezas y diez cuernos, y sobre sus cabezas *había* siete diademas. **4** Su cola arrastró* la tercera parte de las estrellas del cielo y las arrojó sobre la tierra. Y el dragón se paró delante de la mujer que estaba para dar a luz, a fin de devorar a su hijo cuando ella diera a luz. **5** Y ella dio a luz un Hijo varón, que ha de regir¹ a todas las naciones² con vara de hierro. Su Hijo fue arrebatado hasta Dios y hasta Su trono. **6** La mujer huyó al desierto, donde tenía* un lugar preparado por Dios, para ser sustentada¹ allí por 1,260 días.

7 *Entonces* hubo guerra en el cielo: Miguel y sus ángeles combatieron contra el dragón. Y el dragón y sus ángeles lucharon, **8** pero no pudieron vencer¹, ni se halló ya lugar para ellos en el cielo. **9** Y fue arrojado el gran dragón, la serpiente antigua que se llama Diablo y Satanás, el cual engaña al mundo entero. Fue arrojado a la tierra y sus ángeles fueron arrojados con él.

11:15
Por qué sonó una trompeta

En la antigüedad, cuando un nuevo rey asumía el trono, los músicos hacían sonar las trompetas. Esta séptima trompeta anunciaba el reino de Cristo en la tierra.

11:19
El significado del arca

En los tiempos del Antiguo Testamento, el arca simbolizaba la presencia de Dios con su pueblo. En el Nuevo Testamento, el arca –que se había perdido o había sido destruida– era un símbolo de que Dios guardaba su pacto con su pueblo.

12:3
El dragón rojo

En la antigüedad, las leyendas a menudo incluían dragones. En el Antiguo Testamento, los dragones solían simbolizar a los enemigos de Dios y su pueblo. Aquí, el dragón está representando a Satanás, el enemigo supremo.

12:5
El Hijo que regiría con vara de hierro

Se trataba de Jesús, el Mesías. Ser arrebatado hasta Dios se refiere a cuando ascendió de la tierra hasta el cielo.

12:7
Miguel

Miguel era el arcángel que venció a Satanás en el combate celestial. Como resultado, Satanás fue expulsado del cielo hacia la tierra.

11:13 ¹ Lit. *nombres de hombres, siete mil.*   11:15 ¹ Lit. *y sucedieron.*   ² I.e. el Mesías.   11:17 ¹ Algunos mss. posteriores agregan: *y el que has de venir.* ² Lit. *reinaste.*   11:19 ¹ O *santuario.*   ² O *apareció.*   ³ O *ruidos.*   ⁴ Lit. *gran granizo.*   12:1 ¹ Lit. *y.*   12:5 ¹ O *pastorear.*   ² O *todos los gentiles.* 12:6 ¹ Lit. *para que la sustentaran.*   12:8 ¹ O *no fueron lo suficientemente fuertes.*

10 Entonces oí una gran voz en el cielo, que decía:

«Ahora ha venido la salvación, el poder y el reino de nuestro Dios y la autoridad de Su Cristo¹, porque el acusador de nuestros hermanos, el que los acusa delante de nuestro Dios día y noche, ha sido arrojado. 11 Ellos lo vencieron por medio de la sangre del Cordero y por la palabra del testimonio de ellos, y no amaron sus vidas, *llegando* hasta *sufrir* la muerte. 12 Por lo cual regocíjense, cielos y los que moran en ellos. ¡Ay de la tierra y del mar!, porque el diablo ha descendido a ustedes con¹ gran furor, sabiendo que tiene poco tiempo».

13 Cuando el dragón vio que había sido arrojado a la tierra, persiguió a la mujer que había dado a luz al *Hijo* varón. 14 Y se le dieron a la mujer las dos alas de la gran águila a fin de que volara de la presencia¹ de la serpiente al desierto, a su lugar, donde fue* sustentada por un tiempo, tiempos y medio tiempo. 15 La serpiente arrojó de su boca, tras la mujer, agua como un río, para que ella fuera arrastrada por la corriente¹.

16 Pero la tierra ayudó a la mujer, y la tierra abrió su boca y tragó el río que el dragón había arrojado de su boca. 17 Entonces el dragón se enfureció contra la mujer, y salió para hacer guerra contra el resto de la descendencia de ella, los que guardan los mandamientos de Dios y tienen el testimonio de Jesús.

LA BESTIA QUE SUBE DEL MAR

13 El *dragón* se paró¹ sobre la arena del mar².

Y vi que subía del mar una bestia que tenía diez cuernos y siete cabezas. En sus cuernos *había* diez diademas, y en sus cabezas *había* nombres blasfemos. 2 La bestia que vi era semejante a un leopardo, sus pies eran como los de un oso y su boca como la boca de un león. El dragón le dio su poder, su trono, y gran autoridad. 3 *Vi* una de sus cabezas como herida de muerte, pero su herida mortal fue sanada. Y la tierra entera se maravilló y *seguía* tras la bestia. 4 Adoraron al dragón, porque había dado autoridad a la bestia. Adoraron a la bestia, diciendo: «¿Quién es semejante a la bestia, y quién puede luchar contra ella?».

5 A la bestia se le dio una boca que hablaba palabras arrogantes¹ y blasfemias, y se le dio autoridad para actuar² durante cuarenta y dos meses. 6 Y abrió su boca con blasfemias contra Dios, para blasfemar Su nombre y Su tabernáculo, *es decir, contra* los que moran en el cielo. 7 Se le concedió hacer guerra contra los santos y vencerlos. Y se le dio autoridad sobre toda tribu, pueblo, lengua y nación. 8 Adorarán a la bestia todos los que moran en la tierra, cuyos nombres no han sido escritos desde la fundación del mundo en el libro de la vida del Cordero que fue inmolado.

9 Si alguno tiene oído, que oiga. 10 Si alguien es destinado a la cautividad, a la cautividad va; si alguien ha de morir a espada, a espada ha de morir. Aquí está la perseverancia y la fe de los santos.

13:1-4
La bestia que subía del mar

Algunos estudiosos piensan que la bestia representaba al Imperio romano, pero otros piensan que se refiere al anticristo.

12:10 ¹ I.e. el Mesías.   12:12 ¹ Lit. *teniendo.*   12:14 ¹ Lit. *del rostro.*   12:15 ¹ Lit. *el río.*   13:1 ¹ Algunos mss. posteriores dicen: *Y yo me paré.*   ² En el texto gr. esta frase es el vers. 18 del cap. 12.   13:5 ¹ Lit. *grandes cosas.*   ² Lit. *hacer.*

EL ANTICRISTO Y EL FALSO PROFETA

Apocalipsis 13

ANTICRISTO

Tiene siete cabezas, diez cuernos y diez diademas

Se parece a un leopardo con pies como los de un oso y boca como de león

Recibe autoridad y poder del dragón

Es adorado por el mundo

Habla blasfemias contra Dios y los que moran en el cielo por 42 meses

Declara la guerra contra el pueblo de Dios y domina sobre ellos

FALSO PROFETA

Tiene dos cuernos como un cordero y habla como un dragón

Hace que las personas adoren al anticristo

Hace descender fuego del cielo

Mata a todos los que no adoran la imagen de la bestia

Fuerza a las personas a recibir su marca sobre la mano derecha o la frente

Su número es 666

LA BESTIA QUE SUBE DE LA TIERRA

11 Vi otra bestia que subía de la tierra. Tenía dos cuernos semejantes a los de un cordero y hablaba como un dragón. **12** Ejerce toda la autoridad de la primera bestia en su presencia[1], y hace que la tierra y los que moran en ella adoren a la primera bestia, cuya herida mortal fue sanada. **13** También hace grandes señales, de tal manera que aun hace descender fuego del cielo a la tierra en presencia de los hombres. **14** Además engaña a los que moran en la tierra a causa de las señales que se le concedió hacer en presencia de[1] la bestia, diciendo a los moradores de la tierra que hagan una imagen de la bestia que tenía* la herida de la espada y que ha vuelto a vivir.

15 Se le concedió dar aliento a la imagen de la bestia, para que la imagen de la bestia también hablara y diera muerte a todos los que no adoran la imagen de la bestia. **16** Y hace que a todos, pequeños y grandes, ricos y pobres, libres y esclavos, se les dé[1] una marca en la mano derecha o en la frente, **17** para que nadie pueda comprar ni vender, sino el que tenga la marca, *la cual es* el nombre de la bestia o el número de su nombre.

18 Aquí hay sabiduría. El que tiene entendimiento, que calcule el número de la bestia, porque el número es el de un hombre, y su número[1] es 666.

EL CORDERO Y LOS 144,000

14 Miré que el Cordero estaba de pie sobre el monte Sión, y con Él 144,000 que tenían el nombre del Cordero y el nombre de Su Padre escrito en la frente. **2** Oí una voz del cielo, como el estruendo de muchas aguas y como el sonido de un gran trueno. La voz que oí *era* como *el sonido de* arpistas tocando sus arpas. **3** Y cantaban* un[1] cántico nuevo delante del trono y delante de los cuatro seres vivientes y de los ancianos. Nadie podía aprender el cántico, sino los 144,000 que habían sido rescatados[2] de la tierra.

4 Estos son los que no se han contaminado con mujeres, pues son castos. Estos *son* los que siguen al Cordero adondequiera que va. Estos han sido rescatados[1] de entre los

13:12 [1] O por su autoridad.   13:14 [1] O por la autoridad de.   13:16 [1] Lit. *les den.*   13:18 [1] Algunos mss. dicen: *seiscientos dieciséis.*   14:3 [1] Algunos mss. antiguos dicen: *cantan,* como un.   [2] Lit. *comprados.*   14:4 [1] Lit. *comprados.*

hombres como primicias para Dios y para el Cordero. **5** En su boca no fue hallado engaño; están sin mancha.

EL MENSAJE DE LOS TRES ÁNGELES

6 Después vi volar en medio del cielo a otro ángel que tenía un evangelio eterno para anunciar*lo* a los que moran en la tierra, y a toda nación, tribu, lengua, y pueblo, **7** que decía a gran voz: «Teman¹ a Dios y den a Él gloria, porque la hora de Su juicio ha llegado. Adoren al que hizo el cielo y la tierra, el mar y las fuentes de las aguas».

8 Lo siguió otro ángel, el segundo, diciendo: «¡Cayó, cayó la gran Babilonia!, la que ha hecho beber a todas las naciones del vino de la pasión¹ de su inmoralidad».

9 Entonces los siguió otro ángel, el tercero, diciendo a gran voz: «Si alguien adora a la bestia y a su imagen, y recibe una marca en su frente o en su mano, **10** él también beberá del vino del furor de Dios, que está preparado puro¹ en la copa de Su ira. Será atormentado con fuego y azufre delante de los santos ángeles y en presencia del Cordero. **11** El humo de su tormento asciende por los siglos de los siglos. No tienen reposo, ni de día ni de noche, los que adoran a la bestia y a su imagen, y cualquiera que reciba la marca de su nombre». **12** Aquí está la perseverancia de los santos que guardan los mandamientos de Dios y la fe de¹ Jesús.

13 Entonces oí una voz del cielo que decía: «Escribe: "Bienaventurados los muertos que de aquí en adelante mueren en el Señor"». «Sí», dice el Espíritu, «para que descansen de sus trabajos, porque sus obras van¹ con ellos».

LA SIEGA DE LA TIERRA

14 Y miré, y había una nube blanca, y en la nube *estaba* sentado uno semejante al Hijo del Hombre, que tenía en la cabeza una corona de oro, y en la mano una hoz afilada. **15** Entonces salió del templo¹ otro ángel clamando a gran voz a Aquel que estaba sentado en la nube: «Mete² Tu hoz y siega, porque la hora de segar ha llegado, pues la cosecha de la tierra está madura³». **16** Aquel que estaba sentado en la nube metió¹ Su hoz sobre la tierra y la tierra fue segada.

17 Otro ángel salió del templo¹ que está en el cielo, que también tenía una hoz afilada. **18** Entonces otro ángel, el que tiene poder sobre el fuego, salió del altar, y llamó con gran voz al que tenía la hoz afilada, diciéndo*le:* «Mete¹ tu hoz afilada y vendimia los racimos de la vid de la tierra, porque sus uvas están maduras». **19** El ángel metió¹ su hoz sobre la tierra, y vendimió *los racimos de* la vid de la tierra y *los* echó en el gran lagar del furor de Dios. **20** El lagar fue pisado¹ fuera de la ciudad, y del lagar salió sangre *que subió* hasta los frenos de los caballos por² una distancia como de 320 kilómetros³.

13:11-12
La bestia que subía de la tierra
Es posible que esta bestia representara la adoración al emperador. El dragón controlaba a la bestia del mar, y la bestia del mar controlaba a la de la tierra.

13:18
El número de la bestia
Muchas personas han intentado interpretar el número de la bestia. Algunos piensan que es un código que se refiere a un emperador romano. Otros creen que el número es un símbolo de la maldad, ya que cada número es uno menos que el número perfecto, siete.

14:3
Los 144,000
Algunos estudiosos creen que después de que todos los cristianos sean arrebatados, 144,000 hombres judíos solteros predicarán el evangelio al mundo durante la tribulación. Otros creen que los 144,000 representan a la iglesia o un remanente de ella. Incluso otros piensan que puede tratarse de aquellos que son fieles a Dios, especialmente en los tiempos de la tribulación.

14:15-16
Segando la tierra
Aquí se utiliza la idea de un agricultor segando la tierra y juntando la cosecha al final de la temporada. Esto simboliza la preparación para el juicio final.

14:7 ¹ O *Reverencien.*   14:8 ¹ Lit. *del furor.*   14:10 ¹ Lit. *derramado sin mezclar.*   14:12 ¹ O *su fe en.*   14:13 ¹ Lit. *siguen.*   14:15 ¹ O *santuario.*   ² Lit. *Envía.*   ³ Lit. *se ha secado.*   14:16 ¹ Lit. *echó.*   14:17 ¹ O *santuario.*   14:18 ¹ Lit. *Envía.*   14:19 ¹ Lit. *echó.*   14:20 ¹ I.e. las uvas fueron exprimidas.   ² Lit. *desde.*   ³ Lit. *1,600 estadios.*

LAS SIETE COPAS DE LA IRA DE DIOS

Apocalipsis 16

JUICIO

1 TIERRA

Se produce una llaga repugnante y maligna en todos aquellos que tienen la marca de la bestia y adoran su imagen

2 MAR

El mar se transforma en sangre y muere toda vida que hay en él

3 RÍOS/FUENTES

El agua se convierte en sangre

4 SOL

El sol quema a las personas con fuego

5 EL TRONO DE LA BESTIA

La oscuridad cubre el reino de la bestia; las personas muerden su lengua y maldicen a Dios

6 RÍO ÉUFRATES

El río se seca a fin de permitir el cruce de los reyes para batallar en Armagedón

7 AIRE

Un terremoto hace colapsar las ciudades y divide a la gran ciudad en tres partes; granizos de 45 kilos caen sobre las personas

LOS SIETE ÁNGELES CON LAS SIETE PLAGAS

15 Entonces vi otra señal en el cielo, grande y maravillosa: siete ángeles que tenían siete plagas, las últimas, porque en ellas se ha consumado el furor de Dios.

² Vi también como un mar de cristal mezclado con fuego, y a los que habían salido victoriosos sobre¹ la bestia, sobre¹ su imagen y sobre el² número de su nombre, en pie sobre el mar de cristal, con³ arpas de Dios. ³ Y cantaban* el cántico de Moisés, siervo de Dios, y el cántico del Cordero, diciendo:

«¡Grandes y maravillosas son
　　Tus obras, oh Señor Dios,
　　Todopoderoso!
¡Justos y verdaderos son Tus caminos,
　　oh Rey de las naciones¹!
⁴ ¡Oh Señor! ¿Quién no temerá y
　　glorificará Tu nombre?
Pues solo Tú eres santo;
Porque TODAS LAS NACIONES
　　VENDRÁN
Y ADORARÁN EN TU PRESENCIA,
Pues Tus justos juicios han sido
　　revelados».

⁵ Después de estas cosas miré, y se abrió el templo¹ del tabernáculo del testimonio en el cielo. ⁶ Y salieron del templo¹ los siete ángeles que tenían las siete plagas. Estaban vestidos de lino puro² y resplandeciente, y ceñidos alrededor del pecho con cintos de oro. ⁷ Entonces uno de los cuatro seres vivientes dio a los siete ángeles siete copas¹ de oro llenas del furor de Dios, quien vive por los siglos de los siglos. ⁸ El templo¹ se llenó del humo de la gloria de Dios y de Su poder. Nadie podía entrar al templo¹ hasta que se terminaran las siete plagas de los siete ángeles.

LAS SIETE COPAS DE LA IRA DE DIOS

16 Oí entonces una gran voz que desde el templo¹ decía a los siete ángeles: «Vayan y derramen en la tierra las siete copas² del furor de Dios».

² El primer *ángel* fue y derramó su copa¹ en la tierra, y se produjo² una llaga

---

15:2 ¹ Lit. *de*.　² Lit. *del*.　³ Lit. *teniendo*.　15:3 ¹ Dos mss. antiguos dicen: *de los siglos*.　15:5 ¹ O *santuario*. 15:6 ¹ O *santuario*.　² Algunos mss. dicen: *piedra pura*.　15:7 ¹ O *tazones*.　15:8 ¹ O *santuario*. 16:1 ¹ O *santuario*.　² O *los siete tazones*.　16:2 ¹ O *tazón* y así en el resto del cap.　² O *se convirtió en*.

repugnante y maligna en los hombres que tenían la marca de la bestia y que adoraban su imagen.

3 El segundo *ángel* derramó su copa en el mar, y se convirtió en sangre como de muerto; y murió todo ser viviente que *había* en[1] el mar.

4 El tercer *ángel* derramó su copa en los ríos y en las fuentes de las aguas, y se convirtieron en[1] sangre. **5** Oí al ángel de las aguas, que decía: «Justo eres Tú, el que eres, y el que eras, oh Santo, porque has juzgado estas cosas; **6** pues ellos derramaron sangre de santos y profetas y Tú les has dado a beber sangre. Se lo merecen». **7** También oí al altar, que decía: «Sí, oh Señor Dios Todopoderoso, verdaderos y justos son Tus juicios».

8 El cuarto *ángel* derramó su copa sobre el sol. Y *al sol* se le permitió quemar a los hombres con fuego. **9** Y los hombres fueron quemados con el intenso[1] calor. Blasfemaron el nombre de Dios que tiene poder sobre estas plagas, y no se arrepintieron para darle gloria a Él.

10 El quinto *ángel* derramó su copa sobre el trono de la bestia, y su reino se quedó en tinieblas; y *todos* se mordían la lengua de dolor. **11** Blasfemaron contra el Dios del cielo por causa de sus dolores y de sus llagas, y no se arrepintieron de sus obras.

12 El sexto *ángel* derramó su copa sobre el gran río Éufrates; y sus aguas se secaron para que fuera preparado el camino para los reyes del oriente[1]. **13** Y vi *salir* de la boca del dragón, de la boca de la bestia, y de la boca del falso profeta, a tres espíritus inmundos semejantes a ranas. **14** Pues son espíritus de demonios que hacen señales, los cuales van a los reyes de todo el mundo, a reunirlos para la batalla del gran día del Dios Todopoderoso.

15 «¡Estén alerta! Vengo como ladrón. Bienaventurado el que vela y guarda sus ropas, no sea que ande desnudo y vean su vergüenza». **16** Entonces los reunieron en el lugar que en hebreo se llama Armagedón[1].

17 El séptimo *ángel* derramó su copa en el aire. Una gran voz salió del templo[1], del trono, que decía: «Hecho está». **18** Y hubo relámpagos, voces[1], y truenos. Hubo un gran terremoto tal como no lo había habido desde que el hombre está sobre la tierra; *fue* tan grande y poderoso el terremoto. **19** La gran ciudad quedó dividida en tres partes, y las ciudades de las naciones[1] cayeron. Y la gran Babilonia fue recordada delante de Dios para darle la copa del vino del furor de Su ira. **20** Entonces toda isla huyó y los montes no fueron hallados. **21** Enormes granizos, como de 45 kilos cada uno, cayeron*[1] sobre los hombres. Y los hombres blasfemaron contra Dios por la plaga del granizo, porque esa plaga fue* sumamente grande.

LA CONDENACIÓN DE LA GRAN RAMERA

17 Uno de los siete ángeles que tenían las siete copas[1], vino y habló conmigo: «Ven; te mostraré el juicio de

---

15:5
El tabernáculo del testimonio en el cielo
Se refiere al tabernáculo del Antiguo Testamento, donde habitaba la presencia de Dios cuando los israelitas andaban errantes por el desierto. Contenía las tablas de la ley que Moisés trajo del monte Sinaí.

16:13
La simbología de las ranas
Las ranas eran animales inmundos (ver Levítico 11:10). Aquí representan las mentiras y el engaño que llevarán a las personas a seguir el mal en los últimos días.

© Benjamin Foreman/www.BiblePlaces.com

16:3 [1] Algunos mss. antiguos dicen: *viviente, las cosas en.*   16:4 [1] Algunos mss. antiguos dicen: *se convirtió en.*   16:9 [1] Lit. *gran.*   16:12 [1] Lit. *del nacimiento del sol.*   16:16 [1] O *Ar-Magedon.*   16:17 [1] O *santuario.*   16:18 [1] O *ruidos.* 16:19 [1] O *los gentiles.*   16:21 [1] Lit. *enorme granizo…cae.*   17:1 [1] O *los siete tazones.*

la gran ramera que está sentada sobre muchas aguas. **2**Con ella los reyes de la tierra cometieron *actos* inmorales, y los moradores de la tierra fueron embriagados con el vino de su inmoralidad».

3Entonces me llevó en el Espíritu a un desierto. Vi a una mujer sentada sobre una bestia escarlata, llena de nombres blasfemos, y que tenía siete cabezas y diez cuernos. **4**La mujer estaba vestida de púrpura y escarlata, y adornada con oro, y piedras preciosas¹, y perlas. Tenía en la mano una copa de oro llena de abominaciones y de las inmundicias de su inmoralidad. **5**Sobre su frente *había* un nombre escrito, un misterio: «BABILONIA LA GRANDE, LA MADRE DE LAS RAMERAS Y DE LAS ABOMINACIONES DE LA TIERRA». **6**Vi a la mujer ebria de la sangre de los santos, y de la sangre de los testigos de Jesús. Al verla, me asombré grandemente¹.

7Y el ángel me dijo: ¿Por qué te has asombrado? Yo te diré el misterio de la mujer y de la bestia que la lleva, la que tiene las siete cabezas y los diez cuernos. **8**La bestia que viste, era y ya no existe, y está para subir del abismo e ir a la destrucción. Y los moradores de la tierra, cuyos nombres no se han escrito en el libro de la vida desde la fundación del mundo, se asombrarán al ver la bestia que era y ya no existe, pero *que* vendrá.

9»Aquí está la mente que tiene sabiduría¹. Las siete cabezas son siete montes sobre los que se sienta la mujer. **10**También son siete reyes: cinco han caído, uno es y el otro aún no ha venido; y cuando venga, es necesario que permanezca un poco de tiempo. **11**Y la bestia que era y ya no existe, es el octavo *rey,* y es *uno* de los siete y va a la destrucción. **12**Los diez cuernos que viste son diez reyes que todavía no han recibido reino, pero que por una hora reciben autoridad como reyes con la bestia. **13**Estos tienen un *mismo* propósito, y entregarán su poder y autoridad a la bestia. **14**Ellos pelearán contra el Cordero, pero el Cordero los vencerá, porque Él es Señor de señores y Rey de reyes, y los que están con Él *son* llamados, escogidos y fieles».

15También el ángel me dijo*: «Las aguas que viste donde se sienta la ramera, son pueblos, multitudes, naciones y lenguas. **16**Y los diez cuernos que viste y la bestia odiarán a la ramera y la dejarán¹ desolada y desnuda, y comerán sus carnes y la quemarán con fuego. **17**Porque Dios ha puesto en sus corazones el ejecutar Su propósito: que tengan ellos¹ un propósito unánime, y den² su reino a la bestia hasta que las palabras de Dios se cumplan. **18**La mujer que viste es la gran ciudad, que reina¹ sobre los reyes de la tierra».

LA CAÍDA DE BABILONIA

18 Después de esto vi a otro ángel descender del cielo, que tenía gran poder, y la tierra fue iluminada con su gloria. **2**Y gritó con potente voz: «¡Cayó, cayó la gran Babilonia! Se ha convertido en habitación de demonios, en guarida¹ de

17:11
El octavo rey

Esto no se sabe con certeza, pero algunos estudiosos creen que se refiere al anticristo, a quien Dios derrotará en la batalla final.

18:1-3
Por qué Juan no menciona a Roma

Juan dio muchas pistas de que se estaba refiriendo a Roma en estos versículos. Describirla directamente en términos tan negativos hubiera sido considerado un acto de traición.

17:4 ¹ O *piedra preciosa.*   17:6 Lit. *con gran asombro.*   17:9 ¹ Algunas versiones traducen: *Esto, para la mente que tenga sabiduría:*   17:16 ¹ Lit. *la harán.*   17:17 ¹ Lit. *y ejecutar.*   ² Lit. *y dar.*   17:18 ¹ Lit. *que tiene un reino.*   18:2 ¹ O *prisión.*

todo espíritu inmundo y en guarida¹ de toda ave inmunda y aborrecible. ³ Porque todas las naciones han bebido del¹ vino de la pasión² de su inmoralidad, y los reyes de la tierra han cometido *actos* inmorales con ella, y los mercaderes de la tierra se han enriquecido con la riqueza³ de su sensualidad⁴».

⁴ Y oí otra voz del cielo que decía: «Salgan de ella, pueblo mío, para que no participen de sus pecados y para que no reciban de sus plagas. ⁵ Porque sus pecados se han amontonado¹ hasta el cielo, y Dios se ha acordado de sus iniquidades. ⁶ Páguenle tal como ella ha pagado, y devuélvan*le*¹ doble según sus obras. En la copa que ella ha preparado, preparen² el doble para ella. ⁷ Cuanto ella se glorificó a sí misma y vivió sensualmente¹, así² denle tormento y duelo³, porque dice en su corazón: "YO *estoy* SENTADA *como* REINA, Y NO SOY VIUDA y nunca veré duelo³".

⁸ »Por eso, en un *solo* día, vendrán sus plagas: muerte, duelo¹, y hambre, y será quemada con fuego; porque el Señor Dios que la juzga es poderoso². ⁹ Y los reyes de la tierra que cometieron *actos de* inmoralidad y vivieron sensualmente¹ con ella, llorarán y se lamentarán por ella cuando vean el humo de su incendio. ¹⁰ De pie, desde lejos por causa del temor de su tormento, dirán: "¡Ay, ay, la gran ciudad, Babilonia, la ciudad fuerte! Porque en una hora ha llegado tu juicio".

¹¹ »Los mercaderes de la tierra lloran y se lamentan por ella, porque ya nadie compra sus mercaderías¹: ¹² cargamentos de oro, plata, piedras preciosas¹, perlas, lino fino, púrpura, seda y escarlata; toda *clase de* maderas olorosas² y todo objeto de marfil y todo objeto *hecho* de maderas preciosas, bronce, hierro, y mármol; ¹³ y canela, especias aromáticas¹, incienso, perfume, mirra, vino, aceite de oliva; y flor de harina, trigo, bestias, ovejas, caballos, carros, esclavos², y vidas humanas³,⁴. ¹⁴ Y el fruto que tanto has anhelado¹ se ha apartado de ti, y todas las cosas que eran lujosas y espléndidas se han alejado² de ti, y nunca más las hallarán. ¹⁵ Los mercaderes de estas cosas que se enriquecieron a costa de ella, se pararán lejos a causa del temor de su tormento, llorando y lamentándose, ¹⁶ y diciendo: "¡Ay, ay, la gran ciudad, que estaba vestida de lino fino, púrpura y escarlata, y adornada de oro, piedras preciosas y perlas¹! ¹⁷ En una hora ha sido arrasada tanta riqueza". Todos los capitanes, pasajeros¹, y marineros, y todos los que viven del mar, se pararon a lo lejos, ¹⁸ y al ver el humo de su incendio gritaban: "¿Qué *ciudad* es semejante a la gran ciudad?". ¹⁹ Y echaron polvo sobre sus cabezas, y llorando y lamentándose, gritaban: "¡Ay, ay, la gran ciudad en la cual todos los que tenían naves en el mar se enriquecieron a costa de sus riquezas!, porque en una hora ha sido asolada".

18:11-13
Cargamentos y mercadería
Esta lista incluía artículos elegantes y caros. Por ejemplo, el tinte púrpura era costoso, porque había que extraerlo de un molusco llamado *murex*. Las maderas aromáticas eran caras y provenían del norte de África. El mármol se utilizaba para decorar los edificios públicos y las casas de los más ricos. La mirra y el incienso se usaban para hacer perfumes.

18:19
Por qué echaron polvo sobre sus cabezas
Este era un acto de dolor y pena.

18:3 ¹ Tres mss. antiguos dicen: *caído por el.*   ² Lit. *del furor.*   ³ Lit. *el poder.*
⁴ *O su lujo.*   18:5 ¹ Lit. *juntado.*   18:6 ¹ Lit. *dóblenle el.*   ² Lit. *mezclado,*
mezclen.   18:7 ¹ O *lujosamente.*   ² Lit. *de la misma manera.*   ³ O *llanto.*
18:8 ¹ O *llanto.*   ² O *fuerte.*   18:9 ¹ O *lujosamente.*   18:11 ¹ O *su cargamento.*
18:12 ¹ Lit. *piedra preciosa.*   ² O *cidros.*   18:13 ¹ Lit. *amomo.*   ² Lit. *cuerpos.*
³ Lit. *seres humanos.*   ⁴ Lit. *almas de hombres.*   18:14 ¹ Lit. *del deseo de tu*
alma.   ² O *perecido.*   18:16 ¹ Lit. *piedra preciosa y perla.*   18:17 ¹ Lit. *los que*
navegan a cualquier parte.

18:21
Simbolismo de destrucción
Arrojar al mar una piedra del tamaño de una piedra de molino (que era tan grande que se utilizaba un asno para hacerla rodar) representaba un símbolo de destrucción total.

20 »Regocíjate sobre ella, cielo, y *también ustedes*, santos, apóstoles y profetas, porque Dios ha pronunciado juicio contra ella[1] por ustedes».

21 Entonces un ángel poderoso[1] tomó una piedra, como una gran piedra de molino, y la arrojó al mar, diciendo: «Así será derribada con violencia Babilonia, la gran ciudad, y nunca más será hallada. **22** El sonido de arpistas, de músicos, de flautistas, y de trompeteros no se oirá más en ti. Ningún artífice de oficio alguno se hallará más en ti. Ningún ruido de molino se oirá más en ti. **23** Ninguna luz de la lámpara alumbrará más en ti. Tampoco la voz del novio[1] y de la novia[2] se oirá más en ti, porque tus mercaderes eran los grandes de la tierra, pues todas las naciones fueron engañadas por tus hechicerías.

24 »Y en ella fue hallada la sangre de los profetas, de los santos y de todos los que habían sido muertos sobre la tierra».

ALABANZAS EN EL CIELO

19 Después de esto oí como una gran voz de una gran multitud en el cielo, que decía:

«¡Aleluya!
La salvación y la gloria y el poder pertenecen a
     nuestro Dios,
2 PORQUE SUS JUICIOS SON VERDADEROS Y JUSTOS,
Pues ha juzgado a la gran ramera
Que corrompía la tierra con su inmoralidad,
Y HA VENGADO LA SANGRE DE SUS SIERVOS EN
     ELLA[1]».

3 Y dijeron por segunda vez:

«¡Aleluya!
EL HUMO DE ELLA SUBE POR LOS SIGLOS DE LOS
     SIGLOS».

4 Entonces los veinticuatro ancianos y los cuatro seres vivientes se postraron y adoraron a Dios, que *está* sentado en el trono, y decían:

«¡AMÉN! ¡ALELUYA!».

5 Y del trono salió una voz que decía:

«Alaben ustedes a nuestro Dios, todos ustedes Sus
     siervos,
Los que le temen, los pequeños y los grandes».

ANUNCIO DE LAS BODAS DEL CORDERO

6 Oí como la voz de una gran multitud, como el estruendo de muchas aguas y como el sonido de fuertes truenos, que decía:

«¡Aleluya!
Porque el Señor nuestro Dios Todopoderoso reina.

18:20 [1] Lit. *Dios ha juzgado el juicio de ustedes sobre ella.*   18:21 [1] O *fuerte.*
18:23 [1] O *desposado.*   [2] O *desposada.*   19:2 [1] Lit. *de la mano de ella.*

7 Regocijémonos y alegrémonos, y démosle a Él la gloria,
Porque las bodas del Cordero han llegado y Su esposa
se ha preparado».
8 Y a ella le fue concedido vestirse de lino fino,
resplandeciente y limpio,
Porque las acciones justas de los santos son[1] el lino fino.

9 El *ángel* me dijo*: «Escribe: "Bienaventurados los
que están invitados a la cena de las bodas del Cordero"».
También me dijo*: «Estas son palabras verdaderas de Dios».
10 Entonces caí a sus pies para adorarlo. Y me dijo*: «No hagas
eso[1]. Yo soy consiervo tuyo y de tus hermanos que poseen el
testimonio de Jesús; adora a Dios. El testimonio de Jesús es
el espíritu de la profecía».

EL JINETE DEL CABALLO BLANCO

11 Vi el cielo abierto, y apareció un caballo blanco. El que lo
montaba se llama Fiel y Verdadero. Con justicia juzga y hace
la guerra. 12 Sus ojos *son* una llama de fuego, y sobre Su cabeza *hay* muchas diademas. Tiene un nombre escrito que
nadie conoce sino Él. 13 *Está* vestido de un manto empapado
en sangre, y Su nombre es: El Verbo[1] de Dios.
14 Los ejércitos que están en los cielos, vestidos de
lino fino, blanco y limpio, lo seguían sobre caballos
blancos. 15 De Su boca sale una espada afilada para herir
con ella a las naciones y las regirá[1] con vara de hierro.
Él mismo pisa el lagar del vino del furor de la ira de
Dios Todopoderoso. 16 En Su manto y en Su muslo
tiene un nombre escrito: «REY DE REYES Y SEÑOR
DE SEÑORES».
17 Vi a un ángel que estaba de pie en el sol.
Clamó a gran voz, diciendo a todas las aves que
vuelan en medio del cielo: «Vengan, congréguense
para la gran cena de Dios, 18 para que coman carne
de reyes, carne de comandantes[1] y carne de poderosos,
carne de caballos y de sus jinetes, y carne de todos *los
hombres*, libres y esclavos, pequeños y grandes».
19 Entonces vi a la bestia, a los reyes de la tierra y a sus
ejércitos reunidos para hacer guerra contra Aquel que iba
montado en el caballo blanco y contra Su ejército. 20 Y la
bestia fue apresada, junto con el falso profeta que hacía señales en su presencia[1], con las cuales engañaba a los que
habían recibido la marca de la bestia y a los que adoraban su
imagen. Los dos fueron arrojados vivos al lago de fuego que
arde con azufre. 21 Los demás fueron muertos con la espada
que salía de la boca de Aquel que montaba el caballo, y todas
las aves se saciaron de sus carnes.

SATANÁS ATADO DURANTE EL MILENIO

20 Vi entonces a un ángel que descendía del cielo, con[1]
la llave del abismo y una gran cadena en su mano.
2 El ángel prendió al dragón, la serpiente antigua, que es el

19:7
Quién es la esposa
La esposa representa a todo el
pueblo de Dios. En los últimos
tiempos, la iglesia tendrá una
relación más cercana con Cristo,
casi como un matrimonio.

19:11-16
El jinete del caballo blanco
Esta era una imagen de Jesús
regresando como Guerrero,
Mesías y Rey.

19:20
Arrojados al fuego
Esta es una imagen de Gehena, un
valle al sur de Jerusalén donde en
cierto tiempo algunas personas
habían ofrecido sacrificios humanos
a los dioses paganos. Más tarde se
convirtió en un vertedero donde el
fuego ardía constantemente para
destruir la basura. Llegó a ser un
símbolo del castigo eterno.

19:8 [1] Lit. *es*.   19:10 [1] Lit. *No, cuidado*.   19:13 [1] O *La Palabra*.
19:15 [1] O *pastoreará*.   19:18 [1] Gr. *quiliarcas*; i.e. oficiales militares romanos al
mando de mil soldados.   19:20 [1] O *por su autoridad*.   20:1 [1] Lit. *teniendo*.

Diablo y Satanás, y lo ató por mil años. ³ Lo arrojó al abismo, y *lo* encerró y puso un sello sobre él para que no engañara más a las naciones, hasta que se cumplieran los mil años. Después de esto debe ser desatado por un poco de tiempo.

⁴ También vi tronos, y se sentaron sobre ellos los que se les concedió *autoridad para* juzgar. Y *vi* las almas de los que habían sido decapitados por causa del testimonio de Jesús y de la palabra de Dios, y a los que no habían adorado a la bestia ni a su imagen, ni habían recibido la marca sobre su frente ni sobre su mano. Volvieron a la vida¹ y reinaron con Cristo por mil años. ⁵ Esta es la primera resurrección. Los demás muertos no volvieron a la vida hasta que se cumplieron los mil años. ⁶ Bienaventurado y santo es el que tiene parte en la primera resurrección. La muerte segunda no tiene poder sobre estos sino que serán sacerdotes de Dios y de Cristo, y reinarán con Él por mil años.

LA DERROTA DE SATANÁS

⁷ Cuando los mil años se cumplan, Satanás será soltado de su prisión, ⁸ y saldrá a engañar a las naciones que están en los cuatro extremos¹ de la tierra, a Gog y a Magog, a fin de reunirlas para la batalla. El número de ellas es como la arena del mar. ⁹ Y subieron sobre la anchura de la tierra, rodearon el campamento de los santos y la ciudad amada. Pero descendió fuego del cielo y los devoró. ¹⁰ Y el diablo que los engañaba fue arrojado al lago de fuego y azufre, donde también están la bestia y el falso profeta. Y serán atormentados día y noche por los siglos de los siglos.

EL JUICIO ANTE EL TRONO BLANCO

¹¹ Vi un gran trono blanco y a Aquel que *estaba* sentado en él, de cuya presencia¹ huyeron la tierra y el cielo, y no se halló lugar para ellos. ¹² También vi a los muertos, grandes y pequeños, de pie delante del trono, y *los* libros fueron abiertos. Otro libro fue abierto, que es el *libro* de la vida, y los muertos fueron juzgados por lo que estaba escrito en los libros, según sus obras. ¹³ El mar entregó los muertos que estaban en él, y la Muerte y el Hades¹ entregaron a los muertos que estaban en ellos. Y fueron juzgados, cada uno según sus obras. ¹⁴ La Muerte y el Hades fueron arrojados al lago de fuego. Esta es la muerte segunda: el lago de fuego. ¹⁵ Y el que no se encontraba inscrito en el libro de la vida fue arrojado al lago de fuego.

UN CIELO NUEVO Y UNA TIERRA NUEVA

21 Entonces vi un cielo nuevo y una tierra nueva, porque el primer cielo y la primera tierra pasaron, y el mar ya no existe. ² Y vi la ciudad santa, la nueva Jerusalén, que descendía del cielo, de Dios, preparada como una novia ataviada para su esposo. ³ Entonces oí una gran voz que decía desde el trono: «El tabernáculo de Dios está entre los hombres, y Él habitará entre ellos y ellos serán Su pueblo¹, y Dios mismo

20:8
Gog y Magog
Estos eran gobernantes paganos en el Antiguo Testamento. Aquí representan a las naciones del mundo uniéndose para atacar a Dios.

20:12-23
La importancia de las obras
Aunque la salvación es solo por gracia, las obras que las personas hacen demuestran si realmente han sido salvas o no.

21:2–22:5
Un cielo nuevo y una tierra nueva
La descripción del cielo nuevo y la tierra nueva combina elementos de Jerusalén, el templo y el jardín del Edén. Este será un lugar de perfección en el que las personas vivirán con Dios y no habrá dolor ni muerte.

20:4 ¹ O *vivieron.*　　20:8 ¹ I.e. puntos cardinales.　　20:11 ¹ Lit. *cuyo rostro.*
20:13 ¹ I.e. la región de los muertos.　　21:3 ¹ Algunos mss. antiguos dicen: *sus pueblos.*

estará entre ellos². ⁴Él enjugará toda lágrima de sus ojos, y ya no habrá muerte, ni habrá más duelo, ni clamor, ni dolor, porque las primeras cosas han pasado».

⁵El que está sentado en el trono dijo: «Yo hago nuevas todas las cosas». Y añadió*: «Escribe, porque estas palabras son fieles y verdaderas». ⁶También me dijo: «Hecho está¹. Yo soy el Alfa y la Omega, el Principio y el Fin. Al que tiene sed, Yo le daré gratuitamente de la fuente del agua de la vida. ⁷El vencedor¹ heredará estas cosas, y Yo seré su Dios y él será Mi hijo. ⁸Pero los cobardes, incrédulos¹, abominables, asesinos, inmorales, hechiceros, idólatras, y todos los mentirosos tendrán su herencia² en el lago que arde con fuego y azufre, que es la muerte segunda».

LA NUEVA JERUSALÉN

⁹Vino uno de los siete ángeles que tenían las siete copas¹ llenas de las últimas siete plagas, y habló conmigo, diciendo: «Ven, te mostraré la novia, la esposa del Cordero». ¹⁰Entonces me llevó en el Espíritu a un monte grande y alto, y me mostró la ciudad santa, Jerusalén, que descendía del cielo, de Dios, ¹¹y tenía la gloria de Dios. Su fulgor¹ era semejante al de una piedra muy preciosa, como una piedra de jaspe cristalino.

¹²Tenía¹ un muro grande y alto con¹ doce puertas, y en las puertas doce ángeles, y en las puertas *estaban* escritos *los nombres* de las doce tribus de los hijos de Israel. ¹³*Había* tres puertas al este, tres puertas al norte, tres puertas al sur, y tres puertas al oeste. ¹⁴El muro de la ciudad tenía doce cimientos, y en ellos *estaban* los doce nombres de los doce apóstoles del Cordero.

¹⁵El que hablaba conmigo tenía una vara de medir de oro¹, para medir la ciudad, sus puertas y su muro. ¹⁶La ciudad está asentada en *forma de* cuadro, y su longitud es igual que su anchura. Y midió la ciudad con la vara¹, 12,000 estadios (2,160 kilómetros). Su longitud, anchura, y altura son iguales. ¹⁷Midió su muro, 144 codos (64.8 metros), *según* medida humana, que es *también medida* de ángel.

¹⁸El material del muro era jaspe, y la ciudad era *de* oro puro semejante al cristal puro. ¹⁹Los cimientos del muro de la ciudad estaban adornados con toda clase de piedras preciosas: el primer cimiento, jaspe; el segundo, zafiro; el tercero, ágata; el cuarto, esmeralda; ²⁰el quinto, sardónice; el sexto, sardio¹; el séptimo, crisólito; el octavo, berilo; el noveno, topacio; el décimo, crisopraso; el undécimo, jacinto; y el duodécimo, amatista. ²¹Las doce puertas eran doce perlas; cada una de las puertas era de una sola perla. La calle de la ciudad era de oro puro, como cristal transparente.

²²No vi en ella templo¹ alguno, porque su templo¹ es el Señor, el Dios Todopoderoso, y el Cordero. ²³La ciudad no tiene necesidad de sol ni de luna que la iluminen, porque la gloria de Dios la ilumina, y el Cordero

21:16
La forma de la ciudad

La ciudad era un cubo perfecto, al igual que el Lugar Santísimo del tabernáculo y el templo. Toda la ciudad será un lugar en el que los creyentes estarán en la presencia de Dios.

² Algunos mss. antiguos agregan: y será *su Dios.*   21:6 ¹ Lit. *Están hechas.*
21:7 ¹ O *El que venza.*   21:8 ¹ O *indignos de confianza.*   ² Lit. *parte.*
21:9 ¹ O *los siete tazones.*   21:11 ¹ Lit. *luminaria.*   21:12 ¹ Lit. *Teniendo.*
21:15 ¹ Lit. *una medida, una caña de oro.*   21:16 ¹ Lit. *caña.*
21:20 ¹ O *cornalina.*   21:22 ¹ O *santuario.*

es su lumbrera. **24** Las naciones andarán a su luz y los reyes de la tierra traerán[1] a ella su gloria.

25 Sus puertas nunca se cerrarán de día (pues allí no habrá noche); **26** y traerán a ella la gloria y el honor de las naciones. **27** Jamás entrará en ella nada inmundo, ni el que practica abominación y mentira, sino solo aquellos cuyos nombres están[1] escritos en el libro de la vida del Cordero.

EL RÍO DE LA VIDA Y EL ÁRBOL DE LA VIDA

22 Después el ángel me mostró un río de agua de vida, resplandeciente como cristal, que salía del trono de Dios y del Cordero, **2** en medio de la calle de la ciudad[1]. Y a cada lado del río estaba el árbol de la vida, que produce doce *clases de* fruto, dando su fruto cada mes; y las hojas del árbol *eran* para sanidad de las naciones. **3** Ya no habrá más maldición. El trono de Dios y del Cordero estará allí[1], y Sus siervos le servirán. **4** Ellos verán Su rostro y Su nombre *estará* en sus frentes. **5** Y ya no habrá más noche, y no tendrán[1] necesidad de luz de lámpara ni de luz del sol, porque el Señor Dios los iluminará, y reinarán por los siglos de los siglos.

LA VENIDA DE CRISTO

6 Y me dijo: «Estas palabras son fieles y verdaderas». El Señor, el Dios de los espíritus de los profetas, envió a Su ángel para mostrar a Sus siervos las cosas que han de suceder enseguida. **7** «Por tanto, Yo vengo pronto. Bienaventurado el que guarda las palabras de la profecía de este libro».

8 Yo, Juan, *soy* el que oyó y vio estas cosas. Y cuando oí y vi, me postré para adorar a los pies del ángel que me mostró estas cosas. **9** Y me dijo*: «No hagas eso[1]. Yo soy consiervo tuyo y de tus hermanos los profetas y de los que guardan las palabras de este libro. Adora a Dios».

10 También me dijo*: «No selles las palabras de la profecía de este libro, porque el tiempo está cerca. **11** Que el injusto siga haciendo injusticias, que el impuro[1] siga siendo impuro[1], que el justo siga practicando la justicia, y que el que es santo siga guardándose santo». **12** «Por tanto, Yo vengo pronto, y Mi recompensa *está* conmigo para recompensar[1] a cada uno según sea su obra. **13** Yo soy el Alfa y la Omega, el Primero y el Último, el Principio y el Fin».

14 Bienaventurados los que lavan sus vestiduras para tener derecho al árbol de la vida y para entrar por las puertas a la ciudad. **15** Afuera están los perros, los hechiceros, los inmorales[1], los asesinos, los idólatras, y todo el que ama y practica la mentira.

TESTIMONIO FINAL

16 «Yo, Jesús, he enviado a Mi ángel a fin de darles a ustedes testimonio de estas cosas para[1] las iglesias. Yo soy la raíz y la descendencia de David, el lucero resplandeciente de la mañana».

21:27
El libro de la vida del Cordero
Este libro contiene los nombres de todos aquellos que son parte del reino de Dios.

22:4
Ver el rostro de Dios
Una de las bendiciones del cielo nuevo y la tierra nueva será la posibilidad de ver a Dios cara a cara. En la tierra, nadie podía ver el rostro de Dios y vivir.

22:6-8
La verdad de Apocalipsis
El ángel le testificó a Juan que Dios era quien había enviado el mensaje. Juan también testificó que él había visto y oído todas las cosas registradas en Apocalipsis.

21:24 [1] Lit. *traen.*   21:27 [1] Lit. *los que están.*   22:2 [1] Lit. *de su calle.*   22:3 [1] Lit. *en ella.*   22:5 [1] Lit. *no tienen.*   22:9 [1] Lit. *No, cuidado.*   22:11 [1] O *sucio.*   22:12 [1] O *dar.*   22:15 [1] O *fornicarios.*   22:16 [1] O *concerniente a.*

INVITACIÓN FINAL

17 El Espíritu y la esposa dicen: «Ven». Y el que oye, diga: «Ven». Y el que tiene sed, venga; y el que desee, que tome gratuitamente del agua de la vida.

ADVERTENCIA FINAL

18 Yo testifico a todos los que oyen las palabras de la profecía de este libro: si alguien añade a ellas, Dios traerá[1] sobre él las plagas que están escritas en este libro. **19** Y si alguien quita de las palabras del libro de esta profecía, Dios quitará su parte del árbol de la vida y de la ciudad santa descritos[1] en este libro.

ORACIÓN FINAL

20 El que testifica de estas cosas dice: «Sí, vengo pronto». Amén. Ven, Señor Jesús.

21 La gracia del Señor Jesús sea con todos[1]. Amén.

22:18 [1] Lit. *añadirá*.   22:19 [1] Lit. *que están escritos*.   22:21 [1] Algunos mss. antiguos dicen: *los santos*.

Índice de infografías

Índice de mapas

El MUNDO DE LOS PATRIARCAS

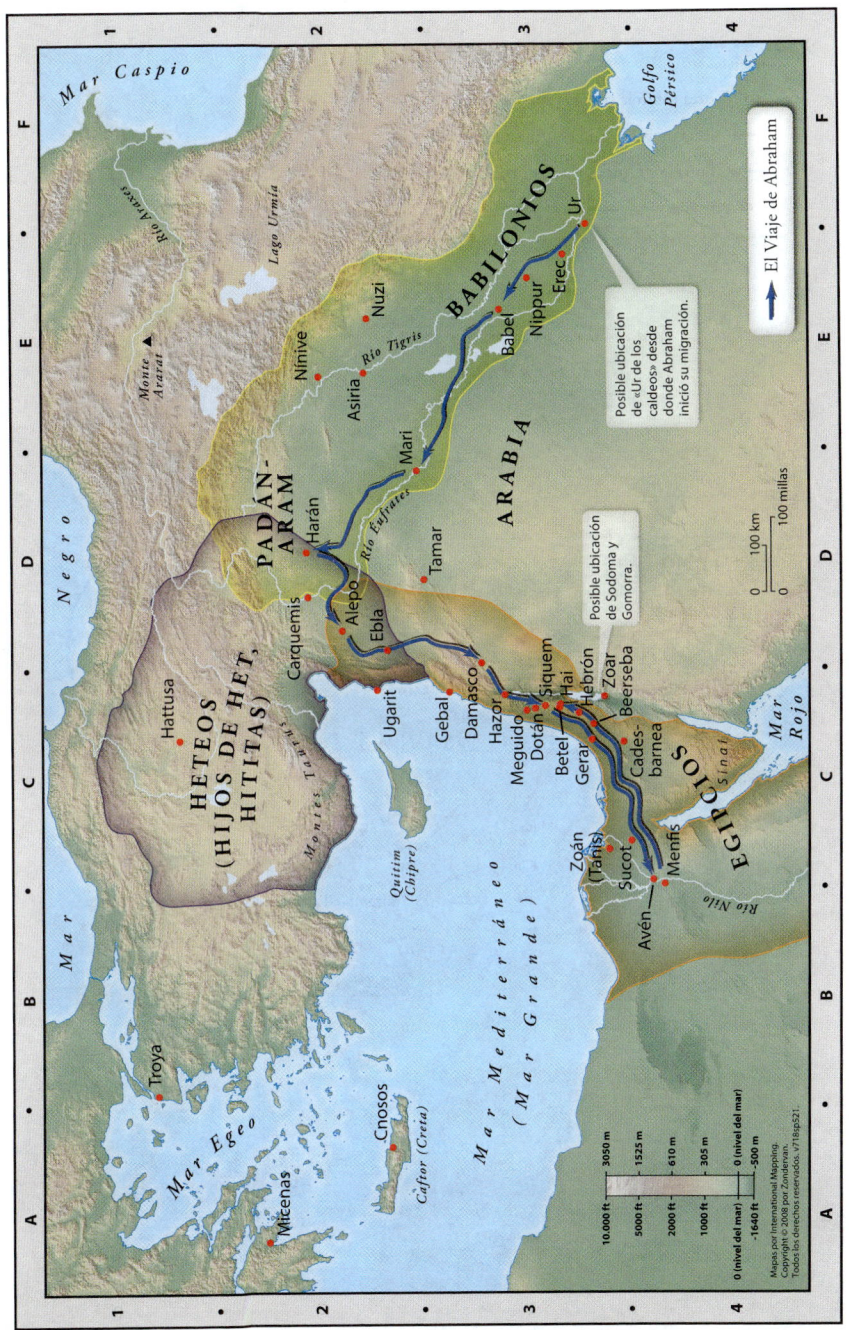

El Viaje de Abraham

Posible ubicación de «Ur de los caldeos» desde donde Abraham inició su migración.

Posible ubicación de Sodoma y Gomorra.

Mar Caspio

Río Araxes

Lago Urmía

Monte Ararat

Nínive

Asiria

Río Tigris

Nuzi

Mar Negro

BABILONIOS

Golfo Pérsico

Ur

Erec

Nippur

Babel

Mari

ARABIA

Río Éufrates

PADÁN-ARAM

Harán

Alepo

Ebla

Carquemis

Tamar

HETEOS
(HIJOS DE HET, HITITAS)

Hattusa

Montes Tauros

Ugarit

Gebal

Damasco

Hazor

Meguido

Dotán

Siquem

Hai

Betel

Gerar

Hebrón

Zoar

Beerseba

Cades-barnea

Quitim (Chipre)

Sinaí

Mar Rojo

EGIPCIOS

Zoán (Tanis)

Sucot

Menfis

Avén

Río Nilo

Mar Mediterráneo (Mar Grande)

Troya

Cnosos

Caftor (Creta)

Micenas

Mar Egeo

Mar

100 km
100 millas

3050 m
1525 m
610 m
305 m
0 (nivel del mar)
−500 m

10.000 ft
5000 ft
2000 ft
1000 ft
0 (nivel del mar)
−1640 ft

Mapas por International Mapping.
Copyright © 2008 por Zondervan.
Todos los derechos reservados. v718sp521

EL ÉXODO Y LA CONQUISTA DE CANAÁN

Área controlada por el antiguo Israel

Ruta probable del peregrinaje en el Sinaí

Entrada a Canaán y ruta de conquista

Batalla

Mar Mediterráneo
(Mar Grande)

BASÁN
Cedes
Merom
Hazor
Mar de Galilea
Monte Tabor
Azeca Gilboa
Río Jordán
CANAÁN
AMÓN
Edrei
Silo
Betel
Siquem
Bet-horón
Gabaón
Jericó
Gilgal
Abel-sitim
Jarmut
Hai
Hesbón
Azecá
Jerusalén
Maceda
Monte Nebo
Jahaza (¿?)
Libna (¿?)
Dibón (Moab)
FILISTEA
Laquis
Hebrón
Mar Salado
Arroyo de Arnón
Eglón (¿?)
Débir
MOAB
Beerseba
Ije-abarim
Lago Manzala
Torrente Besor
Río de Egipto
Desierto de Zin
Arroyo de Zered
EGIPTO
Ramsés
Cades-barnea
Obot (¿?)
Punón
GOSÉN
Sucot
EDOM
Pitón
Gran Lago Amargo
Desierto de Shur
On (Heliópolis)
Desierto de Parán
SINAÍ
Nof (Menfis)
Mara
Desierto de Sin
Ezión-geber
Elim
Río Nilo
Dofca (¿?)
Hazerot (¿?)
Golfo de Suez
Refidim (¿?)
Golfo de Aqaba/Eilat
MADIÁN
Monte Sinaí (Jabal Musa)

Mar Rojo

10.000 ft	3050 m
5000 ft	1525 m
2000 ft	610 m
1000 ft	305 m
0 (nivel del mar)	0 (nivel del mar)
-1640 ft	-500 m

0   40 km
0   40 millas

Mapas por International Mapping.
Copyright © 2008 por Zondervan.
Todos los derechos reservados. v718sp521.

TERRITORIO DE LAS DOCE TRIBUS

Ciudades de refugio
Otras ciudades

Mar Mediterráneo (Mar Grande)

Damasco

Tiro
Ijón
Monte Hermón
Río Litani
Río Farpar
SIRIA

ASER
Dan
Cades
Aco
NEFTALÍ
Hazor
Merom
MANASÉS ORIENTAL
Cabul
Monte Carmelo
ZABULÓN
Rimón
Mar de Galilea
Golán
Astarot
Valle More
Monte Tabor
ISACAR
Río Yarmuk
Edrei
Dor
Meguido
Taanac
Ramot de Galaad
Jabes-galaad
Jezreel
Bet-sán
MANASÉS OCCIDENTAL
Samaria
Tirsa
Monte Ebál
Siquem
Monte Gerizim
Sucot
Mahanaim
Arroyo Jaboc
Afec
Jope
EFRAÍN
GAD
DAN
Betel
Silo
Gabaón
Mizpa
Jazer (¿?)
Rabá (Amón)
Gezer
Quiriat-jearim
Jericó (AT)
AMÓN
BENJAMÍN
Gilgal
Hesbón
Asdod
Ecrón
Beser
Bet-semes
Jerusalén
Gat
Belén
Monte Nebo
Ascalón
RUBÉN
Laquis
Hebrón
Mar Salado
Gaza
Eglón (¿?)
JUDÁ
Dibón (Moab)
Gerar
Engadi
Aroer
Siclag (¿?)
Arroyo de Arnón
Beerseba
MOAB
SIMEÓN
Horma

0 10 km
0 10 millas

Torrente de Zéred
EDOM

10.000 ft   3050 m
5000 ft   1525 m
2000 ft   610 m
1000 ft   305 m
0 (nivel del mar) 0 (nivel del mar)
-1640 ft   -500 m

Mapas por International Mapping.
Copyright © 2008 por Zondervan.
Todos los derechos reservados. v7185p521

LOS REINOS DE DAVID Y SALOMÓN

0   40 km
0   40 millas

Alepo
Río Éufrates
Tifsa
HAMAT
Hamat
Qatna
Tadmor
Río Orontes
Arvad
Cedes
(en el
Orontes)
Quitim
(Chipre)
Gebal
(Biblos)
Berota/Berotai
FENICIA
Río Litani
SIRIA
Sidón
Desierto
arameo
Tiro
Dan
Monte
Hermón
Damasco
Cades
Hazor
Aco
Mar de
Galilea
Astarot
Meguido
Monte
Gilboa
Edrei
Taanac
Bet-sán
Ramot
de Galaad
Siquem
Mahanaim
Jope
Rabá (Amón)
FILISTEA
Gezer
Gibea
Asdod
Jerusalén
Medeba
Gat
Hebrón
Gaza
Mar
Salado
Siclag (¿?)
Beerseba
Kir-
hareset
Tamar
Cades-barnea
Mar Mediterráneo
(Mar Grande)
Río Jordán
AMÓN
MOAB
Desierto del este
Sinaí
Río de Egipto
EDOM
Ezión-
geber
Golfo de
Áqaba

10.000 ft — 3050 m
5000 ft — 1525 m
2000 ft — 610 m
1000 ft — 305 m
0 (nivel del mar) — 0 (nivel del mar)
-1640 ft — -500 m

El reino de Saúl
La expansión de David
Territorio adicional controlado
por Salomón

PROFETAS EN ISRAEL Y JUDÁ

IMPERIOS ASIRIO Y BABILÓNICO

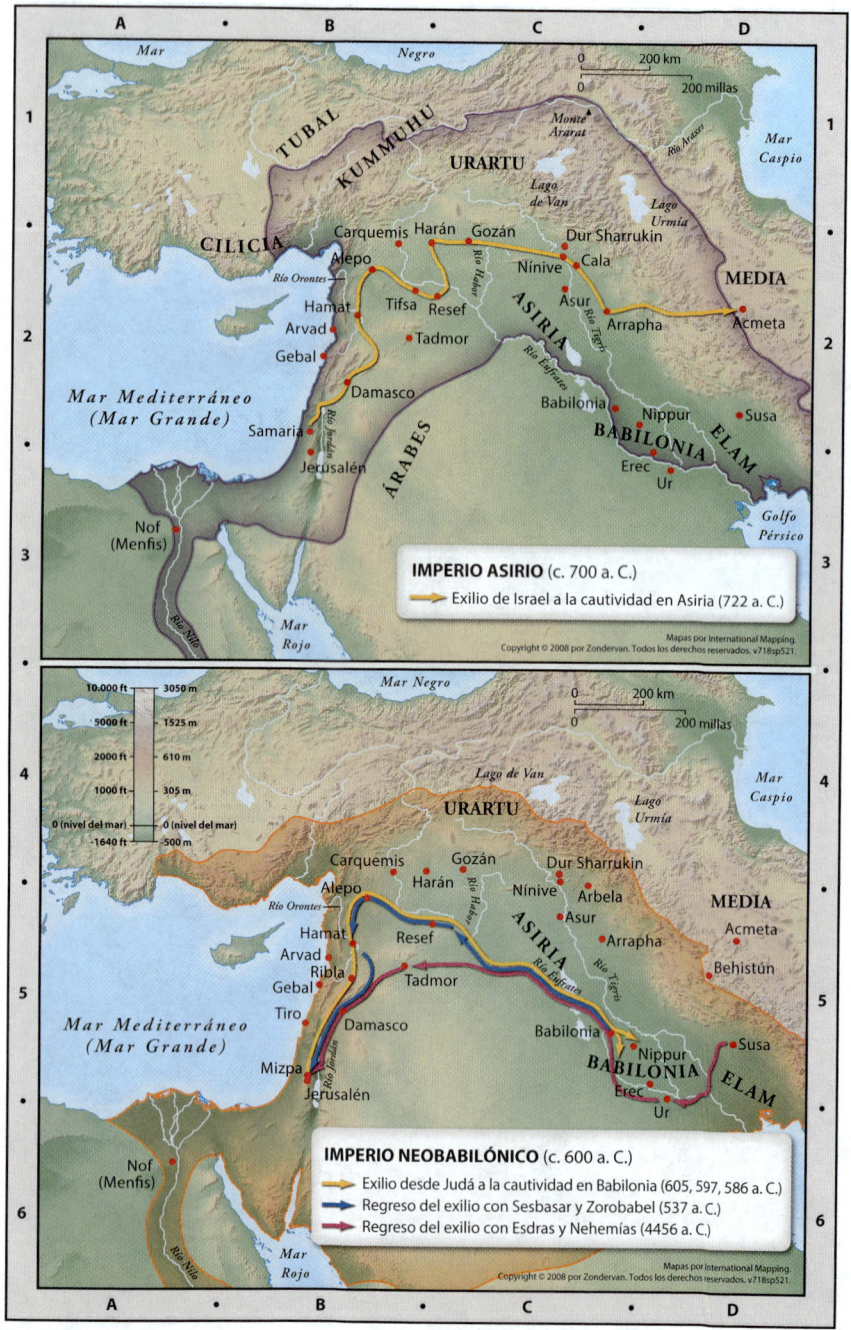

IMPERIO ASIRIO (c. 700 a. C.)

→ Exilio de Israel a la cautividad en Asiria (722 a. C.)

Mapas por International Mapping.
Copyright © 2008 por Zondervan. Todos los derechos reservados. v718sp521.

IMPERIO NEOBABILÓNICO (c. 600 a. C.)

→ Exilio desde Judá a la cautividad en Babilonia (605, 597, 586 a. C.)
→ Regreso del exilio con Sesbasar y Zorobabel (537 a. C.)
→ Regreso del exilio con Esdras y Nehemías (4456 a. C.)

Mapas por International Mapping.
Copyright © 2008 por Zondervan. Todos los derechos reservados. v718sp521.

MINISTERIO DE JESÚS

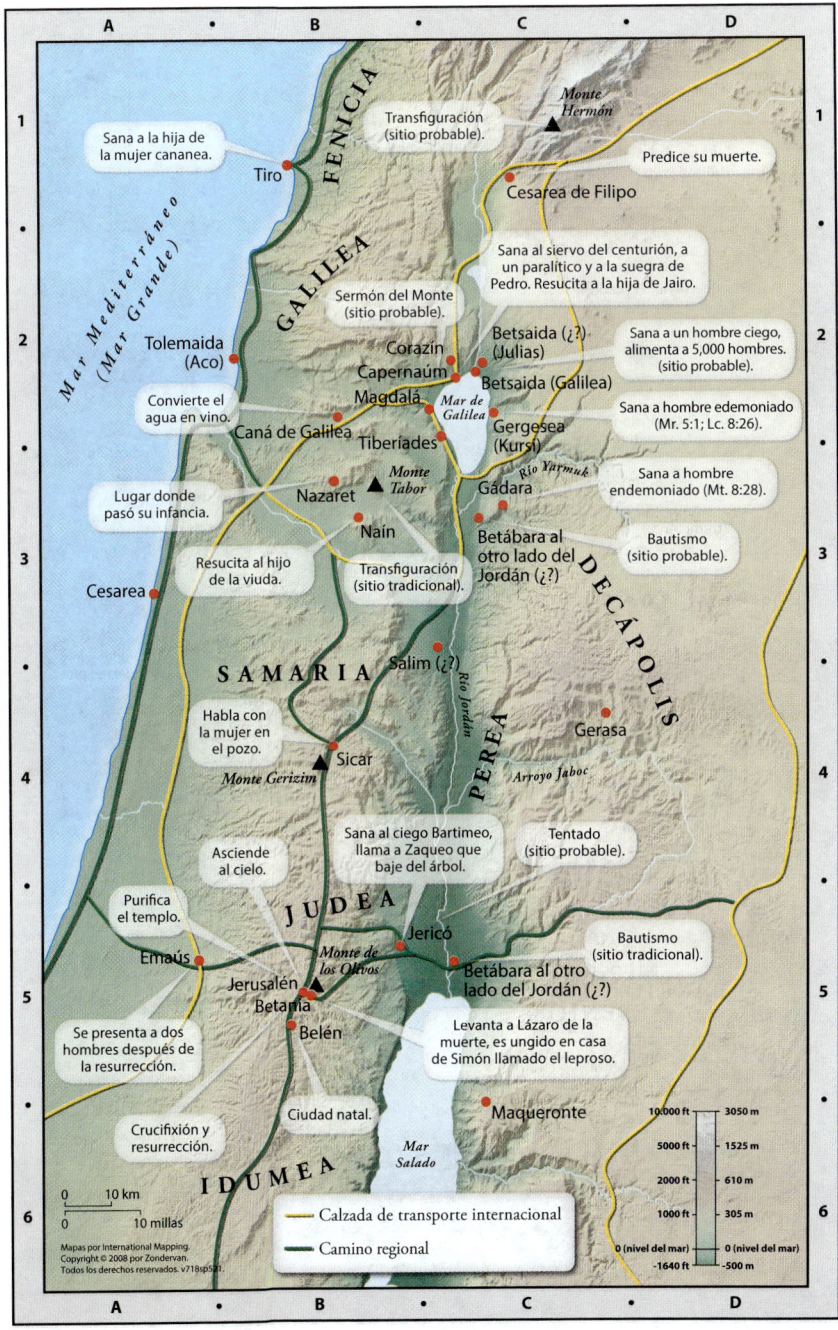

A · B · C · D

1

Sana a la hija de la mujer cananea.

Transfiguración (sitio probable).

Monte Hermón

Predice su muerte.

FENICIA

Tiro

Cesarea de Filipo

Sana al siervo del centurión, a un paralítico y a la suegra de Pedro. Resucita a la hija de Jairo.

GALILEA

Sermón del Monte (sitio probable).

2

Tolemaida (Aco)

Corazín

Capernaúm

Betsaida (¿?) (Julias)

Sana a un hombre ciego, alimenta a 5,000 hombres. (sitio probable).

Convierte el agua en vino.

Magdalá

Betsaida (Galilea)

Mar de Galilea

Sana a hombre edemoniado (Mr. 5:1; Lc. 8:26).

Caná de Galilea

Tiberíades

Gergesea (Kursi)

Monte Tabor

Gádara

Río Yarmuk

Sana a hombre endemoniado (Mt. 8:28).

Lugar donde pasó su infancia.

Nazaret

Mar Mediterráneo (Mar Grande)

Resucita al hijo de la viuda.

Naín

Transfiguración (sitio tradicional).

Betábara al otro lado del Jordán (¿?)

Bautismo (sitio probable).

DECÁPOLIS

3

Cesarea

SAMARIA

Salim (¿?)

Río Jordán

Habla con la mujer en el pozo.

Sicar

Gerasa

Monte Gerizim

PEREA

Arroyo Jaboc

4

Asciende al cielo.

Sana al ciego Bartimeo, llama a Zaqueo que baje del árbol.

Tentado (sitio probable).

Purifica el templo.

JUDEA

Jericó

Bautismo (sitio tradicional).

Emaús

Monte de los Olivos

Betábara al otro lado del Jordán (¿?)

5

Jerusalén

Betania

Se presenta a dos hombres después de la resurrección.

Belén

Levanta a Lázaro de la muerte, es ungido en casa de Simón llamado el leproso.

Crucifixión y resurrección.

Ciudad natal.

Maqueronte

Mar Salado

10,000 ft — 3050 m

5000 ft — 1525 m

2000 ft — 610 m

IDUMEA

1000 ft — 305 m

0 (nivel del mar) — 0 (nivel del mar)

-1640 ft — -500 m

6

0   10 km

0   10 millas

Calzada de transporte internacional

Camino regional

Mapas por International Mapping.
Copyright © 2008 por Zondervan.
Todos los derechos reservados. v718sp521.

A · B · C · D

JERUSALÉN EN LOS TIEMPOS DE JESÚS

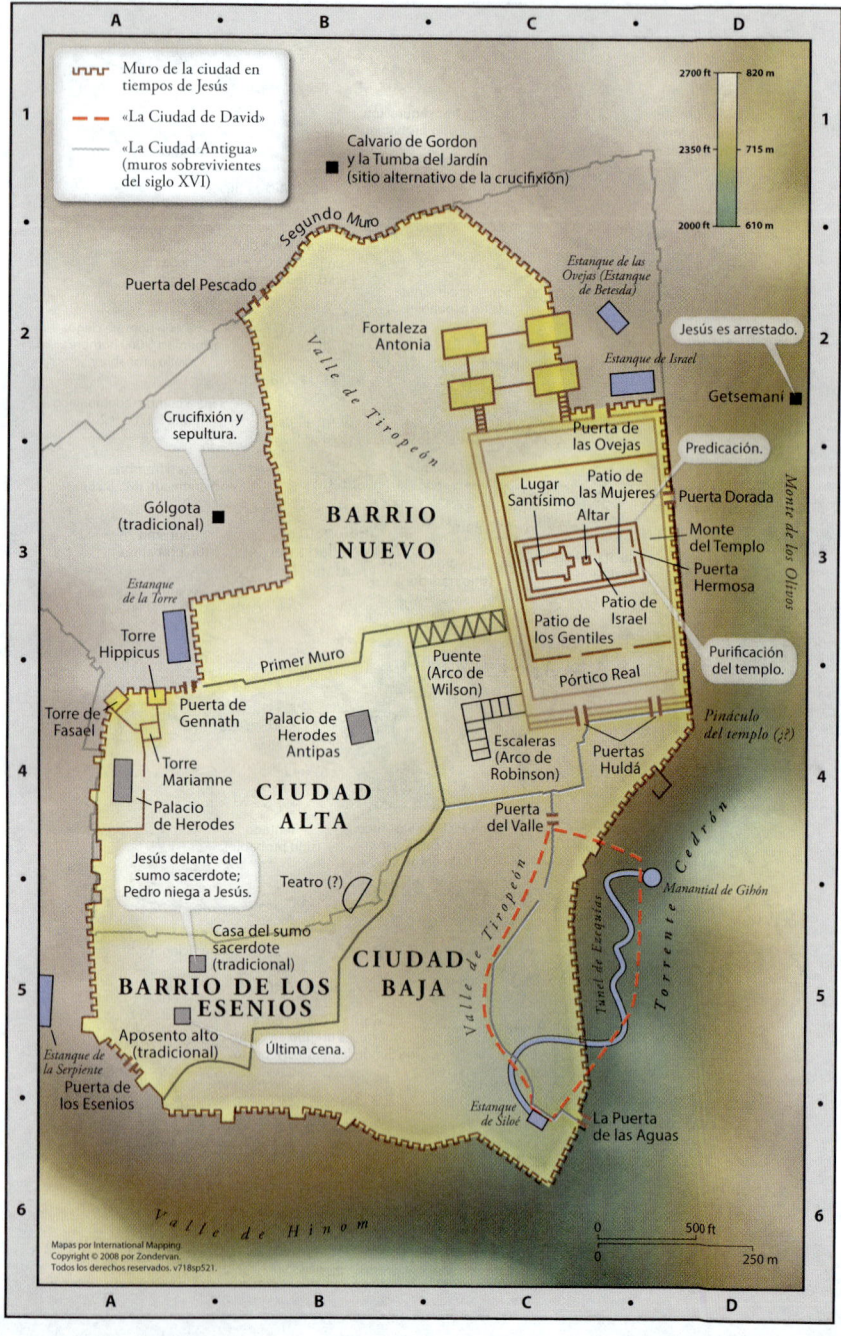

Muro de la ciudad en tiempos de Jesús

«La Ciudad de David»

«La Ciudad Antigua» (muros sobrevivientes del siglo XVI)

Calvario de Gordon y la Tumba del Jardín (sitio alternativo de la crucifixión)

Estanque de las Ovejas (Estanque de Beteda)

Puerta del Pescado

Fortaleza Antonia

Estanque de Israel

Jesús es arrestado.

Getsemaní

Puerta de las Ovejas

Crucifixión y sepultura.

Predicación.

Gólgota (tradicional)

Lugar Santísimo

Patio de las Mujeres

Altar

Puerta Dorada

Monte del Templo

Puerta Hermosa

Estanque de la Torre

BARRIO NUEVO

Patio de los Gentiles

Patio de Israel

Torre Hippicus

Primer Muro

Puente (Arco de Wilson)

Pórtico Real

Purificación del templo.

Torre de Fasael

Puerta de Gennath

Palacio de Herodes Antipas

Escaleras (Arco de Robinson)

Puertas Huldá

Pináculo del templo (¿?)

Torre Mariamne

Palacio de Herodes

CIUDAD ALTA

Puerta del Valle

Jesús delante del sumo sacerdote; Pedro niega a Jesús.

Teatro (?)

Manantial de Gihón

Casa del sumo sacerdote (tradicional)

CIUDAD BAJA

BARRIO DE LOS ESENIOS

Aposento alto (tradicional)

Última cena.

Estanque de la Serpiente

Puerta de los Esenios

Estanque de Siloé

La Puerta de las Aguas

Valle de Hinom

Segundo Muro

Valle de Tiropeón

Monte de los Olivos

Torrente Cedrón

Túnel de Ezequías

2700 ft — 820 m
2350 ft — 715 m
2000 ft — 610 m

0   500 ft
0   250 m

Mapas por International Mapping.
Copyright © 2008 por Zondervan.
Todos los derechos reservados. v718p521.

PRIMEROS VIAJES DE LOS APÓSTOLES

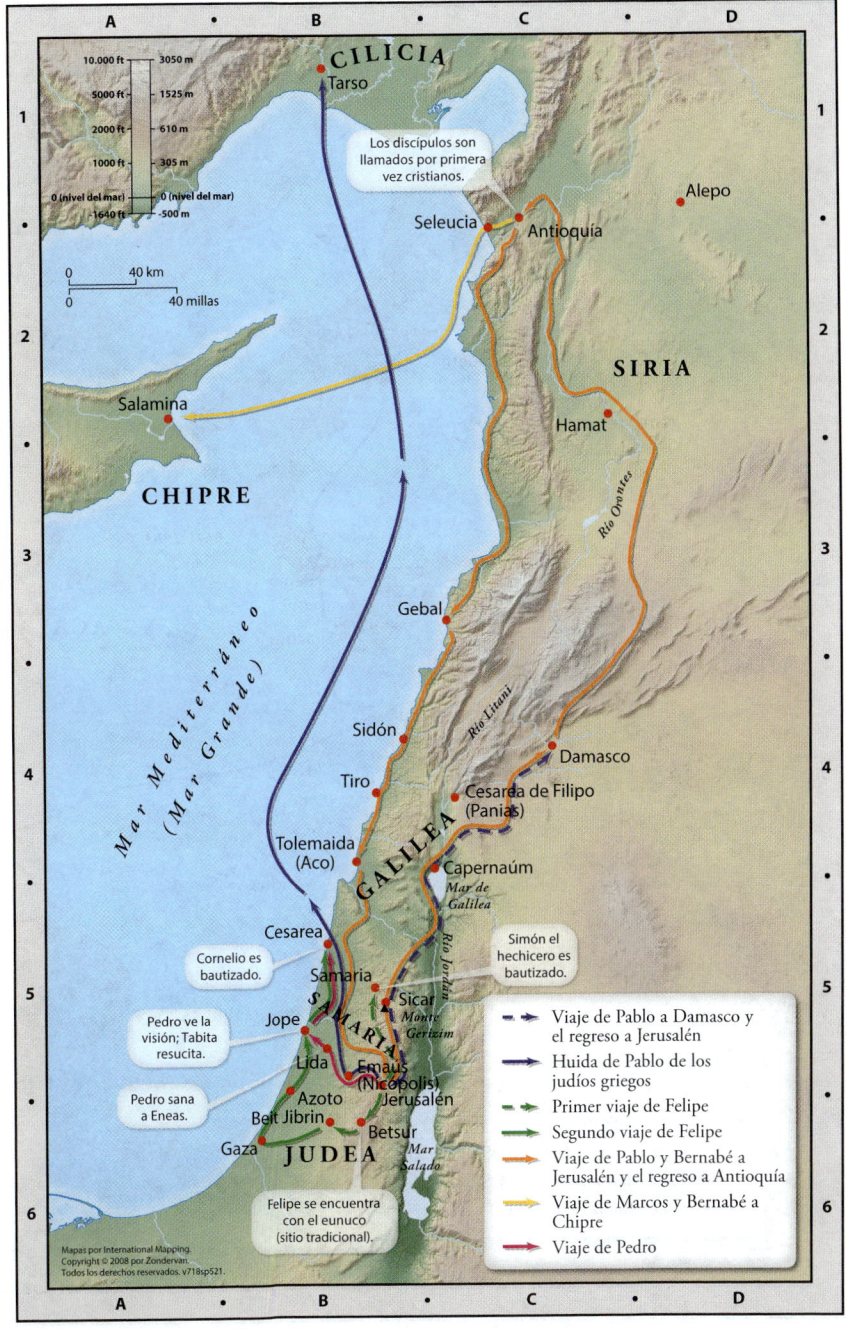

Los discípulos son llamados por primera vez cristianos.

Cornelio es bautizado.

Pedro ve la visión; Tabita resucita.

Pedro sana a Eneas.

Simón el hechicero es bautizado.

Felipe se encuentra con el eunuco (sitio tradicional).

Leyenda:
- Viaje de Pablo a Damasco y el regreso a Jerusalén
- Huida de Pablo de los judíos griegos
- Primer viaje de Felipe
- Segundo viaje de Felipe
- Viaje de Pablo y Bernabé a Jerusalén y el regreso a Antioquía
- Viaje de Marcos y Bernabé a Chipre
- Viaje de Pedro

Mapas por International Mapping.
Copyright © 2008 por Zondervan.
Todos los derechos reservados. v718sp521.

VIAJES MISIONEROS DE PABLO

Primer viaje misionero (46-48 d. C.)
Segundo viaje misionero (49-52 d. C.)
Tercer viaje misionero (53-57 d. C.)
Viaje a Roma (59-60 d. C.)

DACIA

MESIA

TRACIA

Mar Negro

10.000 ft — 3050 m
5000 ft — 1525 m
2000 ft — 610 m
1000 ft — 305 m
0 (nivel del mar) — 0 (nivel del mar)
-1640 ft — -500 m

DONIA
Anfípolis Filipos
Tesalónica Neápolis
Samotracia
Apolonia (¿?)

BITINIA Y PONTO

GALACIA

CAPADOCIA

COMAGENE

Monte
Olimpo

Mar Egeo

Troas
Asón
Mitilene

MISIA
Pérgamo

ASIA

Quío
Delfos
Corinto Atenas
Cencrea

LIDIA
Esmirna
Éfeso
Samos
Patmos
Mileto
Cos
Gnido
Tiatira
Sardis
Filadelfia
Laodicea
Colosas

LICAONIA
Antioquía de Pisidia
Iconio
Listra

PISIDIA

Derbe

CILICIA
Tarso Iso

Río Éufrates

SIRIA

Esparta

LICIA
Atalia

PANFILIA

Pátara
Mira
Perge

Seleucia Pieria

Alepo
Antioquía

Rodas

Chipre

Salamina

ABILENE

Creta
Fenice
Salmón
Lasea
Clauda
Buenos Puertos

Pafos

FENICIA

Sidón

Damasco

Tiro
Tolemaida
Cesarea

Mar Mediterráneo
(Mar Grande)

JUDEA

Río Jordán

Jerusalén

Mar Salado

ENAICA

ARABIA

EGIPTO

Río Nilo

0 — 200 km
0 — 200 millas

Mar Rojo

EL IMPERIO ROMANO

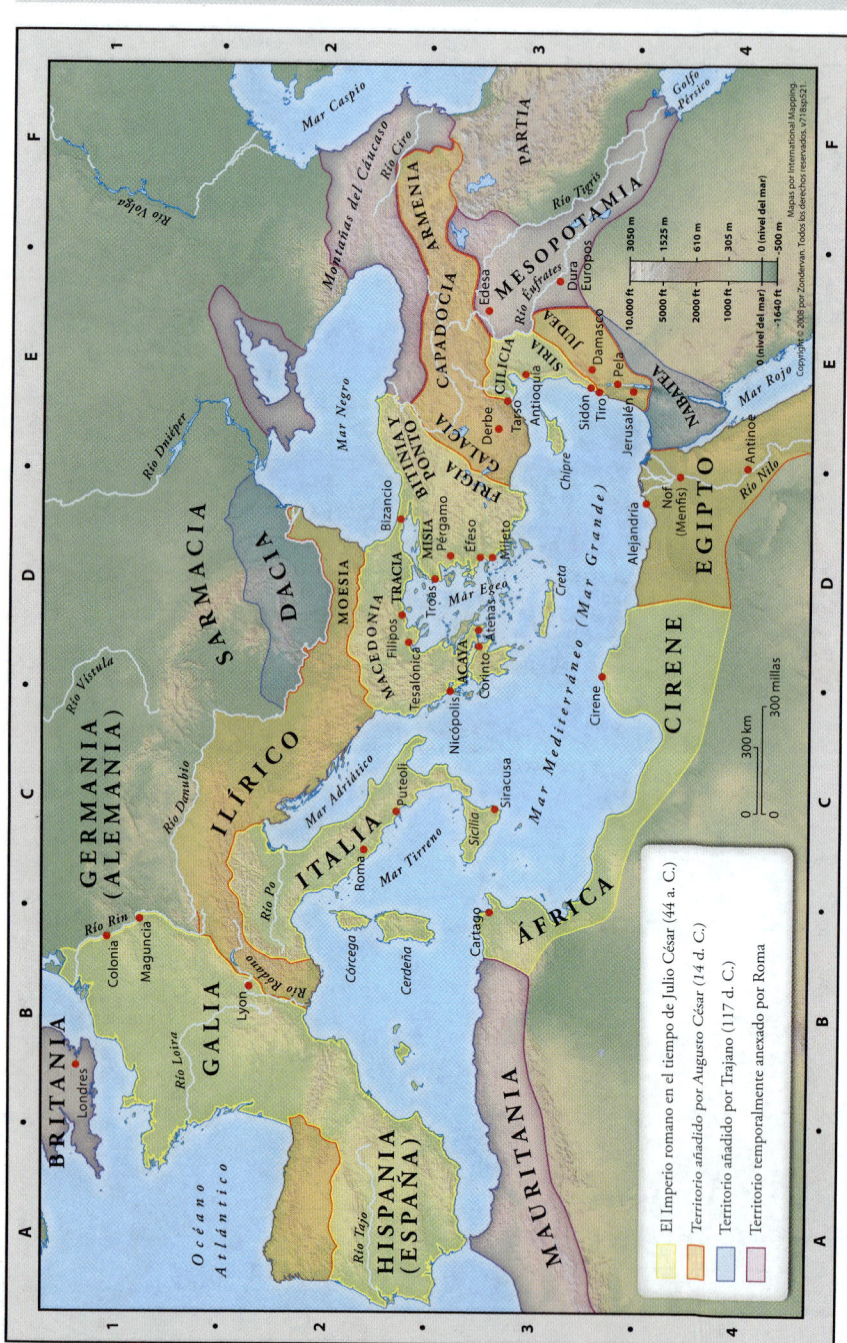